UNREAD

LE ZAPPING

# 拉鲁斯
# 人文历史大百科

[法]
巴西尔·阿米里
Bassir Amiri
塞巴斯蒂安·芭芭拉
Sébastien Barbara
海伦·杰尼
Hélène Génie
热拉尔·德尼佐
Gérard Denizeau
卢多维克·弗洛兰
Ludovic Florin
皮埃尔·米凯洛夫
Pierre Mikaïoff
莱亚·米尔森特
Léa Milsent
著

甘欢 唐淑文 蒋骏 张婉滢
申华明 张芳 译

河北科学技术出版社
·石家庄·

ZAPPING DE LA MÉDECINE
Léa Milsent
© Larousse 2018

ZAPPING DE LA MUSIQUE
Gérard Denizeau
© Larousse 2018

ZAPPING DES MYTHOLOGIES
Sébastien Barbara, Hélène Génie
© Larousse 2019

ZAPPING DE L'HISTOIRE DU MONDE
Bassir Amiri
© Larousse 2018

Current Chinese translation rights arranged through Divas International, Paris 巴黎迪法国际版权代理 (www.divas-books.com)
Simplified Chinese translation copyright © 2024 by United Sky (Beijing) New Media Co., Ltd.

All rights reserved.

著作权合同登记号 图字：03-2022-165号
审图号：GS（2023）914号　书中地图系原文插附地图。
本书简体中文版由联合天际（北京）文化传媒有限公司取得，河北科学技术出版社出版。
版权所有，侵权必究！

---

**图书在版编目（CIP）数据**

拉鲁斯人文历史大百科 /（法）巴西尔·阿米里等著；甘欢等译. -- 石家庄：河北科学技术出版社，2024.4
ISBN 978-7-5717-1874-9

Ⅰ. ①拉… Ⅱ. ①巴… ②甘… Ⅲ. ①人文科学－普及读物 Ⅳ. ①C49

中国国家版本馆CIP数据核字(2024)第039171号

---

# 拉鲁斯人文历史大百科
## LALUSI RENWEN LISHI DA BAIKE

**世界史**　[法]巴西尔·阿米里 著　甘欢　唐淑文 译
**神话史**　[法]塞巴斯蒂安·芭芭拉 [法]海伦·杰尼 著　蒋骏　张婉滢 译
**音乐史**　[法]热拉尔·德尼佐 [法]卢多维克·弗洛兰 [法]皮埃尔·米凯洛夫 著　申华明 译
**医学史**　[法]莱亚·米尔森特 著　张芳 译

---

| | |
|---|---|
| 选题策划 | 联合天际 |
| 责任编辑 | 李　虎 |
| 责任校对 | 徐艳硕 |
| 美术编辑 | 张　帆 |
| 装帧设计 | 程　阁　梁全新　杨瑞霖　孙晓彤 |
| 封面设计 | 艾　藤 |

| | |
|---|---|
| 出　　版 | 河北科学技术出版社 |
| 地　　址 | 石家庄市友谊北大街330号（邮政编码：050061） |
| 发　　行 | 未读（天津）文化传媒有限公司 |
| 印　　刷 | 北京雅图新世纪印刷科技有限公司 |
| 经　　销 | 新华书店 |
| 开　　本 | 787毫米×1092毫米 1/16 |
| 印　　张 | 77.25 |
| 字　　数 | 2000千字 |
| 版　　次 | 2024年4月第1版 |
| 印　　次 | 2024年4月第1次印刷 |
| ＩＳＢＮ | 978-7-5717-1874-9 |
| 定　　价 | 498.00元 |

本书若有质量问题，请与本公司图书销售中心联系调换
电话：(010) 52435752

未经许可，不得以任何方式复制或抄袭本书部分或全部内容
版权所有，侵权必究

拉鲁斯人文历史大百科

# 世界史

# 目 录

## 史前时期简史 — 10
  缺失的一环 — 12
  非洲：人类的摇篮 — 14
  早期的迁徙潮 — 16
  新石器革命 — 18
  攻克技术 — 20
  史前时期的艺术 — 22
  不同文字的产生 — 24

## 古代的帝国 — 26
  早期文明 — 28
  法老的埃及 — 30
  近东的力量 — 32
  波斯帝国 — 34
  非洲的早期帝国 — 36
  美洲早期文明 — 38
  新的东方 — 40
  印度的起源 — 42
  海洋霸权 — 44
  智慧帝国 — 46
  亚历山大的征服 — 48
  凯尔特人 — 50
  罗马帝国的十大概念 — 52
  丝绸之路 — 54
  古代的重要人物 — 56
  古代的世界奇迹 — 58

  宗教起源 — 60
  基督教的诞生 — 62
  帝国的恐慌 — 64

## 600 年至 1000 年 — 66
  拜占庭或古希腊罗马文化遗产 — 68
  在拜占庭帝国的边界上 — 70
  伊斯兰世界的建设 — 72
  穆斯林征服 — 74
  学者与数学家 — 76
  法兰克王国的幸与不幸 — 78
  新的政治棋局 — 80
  帝国梦：欧洲的形成 — 82
  欧洲：初具轮廓 — 84
  商人和海盗的欧洲 — 86
  从玛雅到托尔特克 — 88
  沙漠之路 — 90
  亚洲：变革的时代 — 92
  信仰的时代 — 94

## 1000 年至 1453 年 — 96
  蒙古人的时代 — 98
  伊斯兰世界的跌宕起伏 — 100
  新兴国家法兰西 — 102
  欧洲诸国 — 104
  百年战争 — 106

| | | | |
|---|---|---|---|
| 十字军东征时代 | 108 | 远征 | 168 |
| 日本：武士掌权 | 110 | 现代性抉择关口上的俄国 | 170 |
| 处在十字路口的亚洲 | 112 | 东方的动荡命运 | 172 |
| 探险家们的环球之旅 | 114 | 亚洲，大国陷入危难 | 174 |
| 印加帝国的鼎盛时期 | 116 | 女性的世纪？ | 176 |
| 阿兹特克文化的秘密 | 118 | 美国的诞生 | 178 |
| 艺术世界 | 120 | 法国大革命 | 180 |
| 君士坦丁堡的衰落 | 122 | 欧洲给世界带来的苦难 | 182 |

## 世界重组 …… 124

| | | | |
|---|---|---|---|
| "我们的世界刚刚发现了另一个世界" | 126 | 拿破仑征服欧洲 | 184 |
| 征服北美 | 128 | 复辟，革命 | 186 |
| 海上帝国 | 130 | 人民之春 | 188 |
| 美洲，从征服到开发 | 132 | 欧洲的新面貌 | 190 |
| 思想的激荡 | 134 | 从探索到殖民扩张 | 192 |
| 科学革命 | 136 | 对非洲的争夺 | 194 |
| 不断变化的宗教格局 | 138 | 征服东方 | 196 |
| 宗教战争 | 140 | 西方列强对中国的侵略 | 198 |
| 三十年战争 | 142 | 美国梦：神话还是事实？ | 200 |
| 北欧的辉煌 | 144 | 拉丁美洲的动荡 | 202 |
| 西班牙，黄金世纪 | 146 | 殖民地的反抗 | 204 |
| 欧洲的拉锯战 | 148 | 工业革命 | 206 |
| 庄严朴特：辉煌与苦难 | 150 | 经济与社会革命 | 208 |
| 亚洲和非洲的伟大帝国 | 152 | 现代 | 210 |
| 英国革命 | 154 | | |

## 革命时代 …… 156

## 20世纪：战争的世纪 …… 212

| | | | |
|---|---|---|---|
| 启蒙精神 | 158 | 第一次世界大战 | 214 |
| 不同的政府 | 160 | 世界的重新划分 | 216 |
| 战争与结盟的欧洲 | 162 | 俄国革命 | 218 |
| 争夺殖民地 | 164 | 专制的诞生 | 220 |
| 非洲与奴隶贸易 | 166 | 从咆哮的20年代到黑色星期四 | 222 |
| | | 20世纪30年代：战争序曲 | 224 |
| | | 战争编年史 | 226 |
| | | 漫漫黑夜 | 228 |

"二战"人物 …… 230
战后世界 …… 232
从国际联盟到联合国 …… 234
冷战 …… 236
以色列与巴勒斯坦 …… 238
殖民地 …… 240
从印度支那到越南:八份条约 …… 242
漫漫独立之路 …… 244
甘地与印度的命运 …… 246
第三世界的苦难 …… 248
亚洲的动荡 …… 250
南美洲:黑暗年代 …… 252
东欧局势的缓和 …… 254
1968年,抗议的年份 …… 256
从欧洲经济共同体到欧盟 …… 258
星球大战 …… 260
从石油危机到经济危机 …… 262
南斯拉夫的解体 …… 264
中东的动荡 …… 266
沙漠中的风暴 …… 268
种族隔离 …… 270
巴勒斯坦问题(1) …… 272

## 21世纪的挑战 …… 274
恐怖主义的源头 …… 276
2001年9月11日 …… 278
从反抗到"革命" …… 280
巴勒斯坦问题(2) …… 282
卢旺达的遗产 …… 284
非洲:新的权力斗争 …… 286
非法交易与走私 …… 288
接纳移民 …… 290

世界化与另类全球化运动 …… 292
经济大衰退 …… 294
欧洲的动荡 …… 296
环境保护的世纪 …… 298
从进步到质疑 …… 300

**尾注** …… 302

前450万年 ⟶ 前4000年

# 史前时期简史

追溯史前时期,意味着进入一个未知的陌生世界,因为它迫使我们重新审视熟悉的标志和表象。

## 气候的重要性

就算我们可以想象人类曾经靠双脚跨越白令海峡,但我们如何想得到,撒哈拉也曾并非一片沙漠,而是有成群动物吃草的葱郁土地?你又能否设想在前11.5万年至前1万年,北欧一半的地方均被冰川覆盖,直至比利时;而南方的土地则像北极大草原一样,我们远古祖先的食物来源——成群的猛犸、马、野牛、原牛和驯鹿曾在这里奔跑?随着时间的推移,气候的变化造就了与今日面貌大不相同的世界,而气候变化的结果对于早期人类的发展和生活至关重要。凭借巨大的耐力,人类逐渐适应并且找到了自己的位置。从最初的不堪一击到逐渐大胆、勇敢地主宰自然,现在,我们可以衡量人类走过的距离了。

## 物种年表

时间维度也让探究史前时期的人们头晕目眩。人科动物最早的足迹大约出现在600万年前,我们需要寻找年表作为支撑,因为年表能让我们的描述条理化。19世纪末,研究人员——主要是英国人约翰·卢伯克——提出了旧石器时代、中石器时代、新石器时代这些术语,它们能让我们将认知组织起来。旧石器时代与新石器时代是相关研究者最常做的区分:在旧石器时代,即前250万年至前1万年,人类以狩猎和捕鱼为生;而在新石器时代,由于气候变暖,人类开始在条件适宜的地区开展农业和畜牧业。中石器时代——尤其适用于欧洲——指的是前两者之间的时期。在这一时期,人类靠狩猎和采摘野果为生,处于间冰期的温和环境中——我们目前也处于间冰期。尽管有这些标准,但我们仍有不少疑惑。随着考古发现揭示了早期人类的生活和活动,这些疑惑逐渐减少。

## 人类的探险

早期人类的精彩历险得益于他们的进化与适应能力。人类的适应能力使他们长期以来一直是天才发明者,我们从中看到了世界之初的诸多闪光,以及从最古老的时代积累下来的种种高超技艺和本领——今天的我们已经掌握了这些技能。工具、火、冶金业、栖息地、畜牧业、农业,所有这些对生活或者生存来说

拉斯科洞窟岩壁上的人像和动物像记录了史前时期的生活状况与艺术的诞生（约前 1.86 万年）。

都是必不可少的。早期人类的语言和艺术表现如何呢？器皿、首饰、绘画、雕塑上装饰的图案为我们打开了一扇窗，使我们可以看到他们的情绪或思想。在新石器时代，人类的聚居和纷争催生了最早的城市、社会构造现象以及宗教活动。史前时期在各方面与我们的世界相关联，迫切需要被重新发现。

# 缺失的一环

## 永远年轻

人类的历史约为 600 万年，但直至几万年前，人类才进化出了如今的体形。相比宇宙 150 亿年的"高龄"和太阳系 50 亿年的"岁数"，这区区 600 万年实在不值一提。

由于温度适宜，地球上出现了早期的海洋，而水、二氧化碳、甲烷和氨气在持续的电风暴中发生混合，随后，越来越复杂的分子化合物得以形成，并最终诞生了生命。

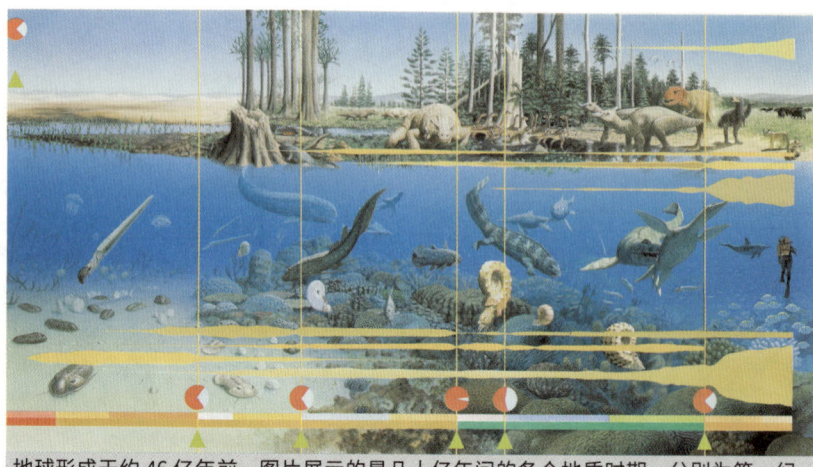

地球形成于约 46 亿年前。图片展示的是几十亿年间的各个地质时期，分别为第一纪、第二纪、第三纪和第四纪[1]。

## 世界之初的气候

气候的冷暖交替影响并决定着人类的历史。

在冰川期，气候变冷，北极冰盖规模扩展，海平面因而下降，冰川覆盖了英格兰，人类不打湿双脚便能横渡加来海峡（多佛尔海峡）。

而在间冰期，极地冰川消融，海水淹没部分平原。所以，我们今天才会时不时在内陆的乡村发现一些贝壳化石。

长颈鹿颌骨化石，发现于南非，推测生活在 500 万年前。

## 人类史的相关资料

科学家追溯人类历史可凭借 3 种资料。依靠生物学数据，科学家可测定现存物种间的差异。根据这些数据我们知道，人类和黑猩猩的基因相似度高达 99.9%。

其他考古学家则描绘了人类的变迁过程，他们研究了人类遗弃或遗失的一些物品，从而得以追溯其变迁与迁移。

最后，通过对不同地域，甚至对相去甚远的地域的语言进行比较研究，科学家可以得知哪些地域的语言同属一个语系，从而找出原始的共同体。

## 人类的祖先：黑猩猩

灵长类动物出现于 6700 万年前。3500 万年前，埃及和阿曼出现了埃及古猿，其体长如猫，被看作人猿超科或者说人猿总科的祖先。随后，埃及古猿经历了数次进化：2500 万年前至 1500 万年前，肯尼亚和乌干达的原康修尔猿没有了尾巴；从 1500 万年前开始，肯尼亚猿就掌握了基本的工具；约 1000 万年前，人类祖先与现存的猿——大猩猩、黑猩猩、倭黑猩猩、猩猩——分裂，最早的人类形态得以出现。

## 进化论

1859 年，英国博物学家查尔斯·达尔文发表了如惊雷一般的《进化论》。1871 年，他又以《人类的由来及性选择》一书，进一步完善了其生物进化论学说。他指出，机体处于不断的进化之中，包括人类在内的所有物种，都有着一个或数个共同的祖先。这一理论引起了激烈的讨论，因为它与传统的基督教观点截然不同：基督教宣扬一切皆由上帝创造，永恒不变，互不关联。

随后，孟德尔遗传规律的提出和 1900 年群体遗传学的建立，使达尔文进化论再度盛行。至此，进化机制已然完善。然而，神造论仍宣称是上帝创造了宇宙与地球。

关于进化论的讽刺漫画《人类不过是一条蠕虫》（爱德华·林利·桑伯恩，1882 年）。

## 图根原人

2000 年，科学家在肯尼亚发现了图根原人。这类原始人活动于 600 万年前，很可能以双足行走。图根原人化石是一些不连续的牙齿和多块骨头，包括基本完整的大腿骨，还有一些颌骨残片。

## 谁是乍得人猿？

这是目前所知最古老的人科动物。其学名为乍得沙赫人，2001 年由一个法国团队发现于乍得共和国。

这具化石有着完整的头颅骨——由于化石作用，头颅有所变形——和一块大腿骨。他生存于 700 万年前，推测体长 1 米，体态特征和猿类接近，而其体毛更是与猿类无异。他生活于潮湿的森林之中，环境不同于现在的萨赫勒。

### 地质年代测定的标准

通过测量随时间推移发生规律性变化的现象，我们可以获知地质年代：某些材料中物质放射性的衰变，如钾、碳 14；埋藏在地下的物体所积累的土壤中的物质是何比例，如氟、铀。

利用年轮学，我们可统计和测量树木的年轮，并比较其年轮信息，从而推算过去几千年间的气候情况——树木的粗壮程度与气候有关。

## 何谓人类？

我们的祖先可以保持直立姿势且能直立行走，这得益于其胯部和脚的构造。然而，这些祖先和我们大为不同：他们全身长有体毛；脑容量仅有 700 立方厘米，是我们现代人的一半大小。

# 非洲：人类的摇篮

## 露西

1974 年，在埃塞俄比亚阿法尔地区的矿床中，考古学家发现了来自同一古猿的 52 块骨头碎片。这一古猿被称为"阿法尔南方古猿"，更广为人知的名字是"露西"。研究者拼凑出了其 40% 的骨骼，推测露西死亡时年龄为 20 岁，生活在 320 多万年前，活动于阿瓦什河一带的森林之中。她的体形仅为现在的 6 岁孩童般大小，但她能以双足行走，既可以在大草原上活动，也能攀爬树木，在树上藏身或休憩。

## 东边故事

1983 年，伊夫·科庞提出关于人类起源的"东边故事"理论。因为东非大裂谷以东的高原全部抬升，所以这些地区变得更加干燥，林地也变为草原。生活于此的灵长类动物为适应环境的变化，不得不调整原本并不丰富多样的饮食习惯，进化成杂食性动物。此外，他们还能以双足行走，从而适应平坦、无树木的环境。而在大裂谷以西，赤道森林依然茂密，为黑猩猩与大猩猩提供了庇护之所。

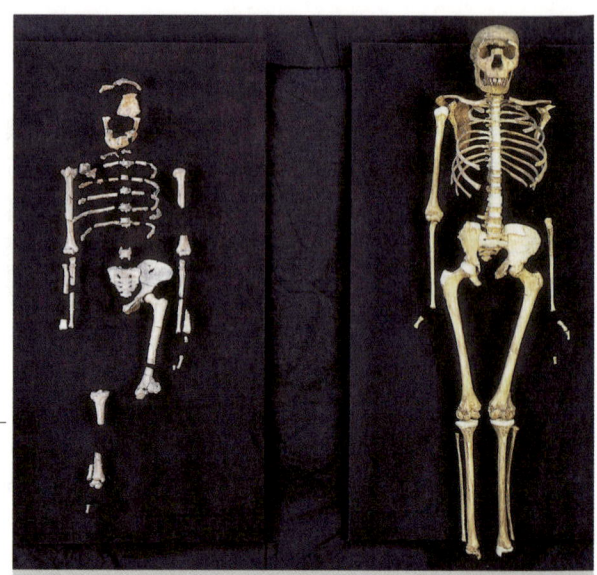

露西（左），生活于 320 万年前，身高约 1 米。图尔卡纳男孩（右），直立人，生活于 100 万年前，身高达 1.6 米。

## 图尔卡纳湖开展了一场革命

图尔卡纳湖彻底改变了人类对祖先的认知。考古学家在此地发现了 149 块碎片，包括 35 块被加工成切割器的碎片，以及充当砧板和打击器的碎片。这次发现，首次证明了南方古猿会使用工具，也拼凑出了一个真正意义上的古代"打石作坊"，这应该是肯尼亚平脸人的作品。1999 年，考古学家在图尔卡纳湖西岸发现了这一人种，但由于肯尼亚平脸人化石相当罕见，且化石保存状态极差，所以我们对他们仍一无所知。此外，图尔卡纳湖东岸的考古显示，在约 50 万年间，直立人与能人共同生活，从而否定了直立人是由能人进化而来的观点。

## 中非的反击

2000 年，东非大裂谷以西 2500 多千米处的考古发现动摇了"东边故事"理论。发现于乍得的人猿"图迈"的颅骨表明，人类并不一定起源于东非。此外，该地区另一具被命名为"阿贝尔"的南方古猿的出土让人们认为，应扩大所推测的人类起源的区域。

### 南方古猿就是人类的祖先？

以著名的"露西"为代表的南方古猿在很长一段时间内都被视为"猴类"，因为人们没有发现它们所使用的工具。它们可能跟黑猩猩一样，也使用木质工具，不过没有留下相关痕迹。2015 年的一些考古发现也证实，工具并非人属的独有之物。

14

史前时期简史

## 最早的人种

能人被视作人属中最早的一个种，生活于距今 245 万年前至 155 万年前的东非与南非，其化石最早是在 1960 年于坦桑尼亚的奥杜威峡谷发现的。能人的身高相当于现在 7 岁孩童的身高，脑容量不到 700 立方厘米。他们可直立行走，但后颅骨仍和南方古猿的相当。科学家推测，能人并不进行狩猎活动，而是以动物腐尸为食。2013 年，在埃塞俄比亚出土的一块腭骨化石表明，现代人是由南方古猿进化而来。经测定，这块化石是 280 万年前的。

在人类进化史上，能人和直立人的出现早于智人。

## 英雄：直立人

"站立的人"出现于约 200 万年前。这一人种有着几大重要变化：第一，直立行走最终得以实现，这既解放了双手，又使脑容量得到了提高；第二，火的使用；第三，制作早期的对称工具——两面器，更加注重切割用途；第四，走出非洲，从其狩猎区域逐渐扩大的角度来看，人类走出非洲，足迹开始遍布欧亚大陆南部各地。

图尔卡纳人（直立人）头骨化石。

> ### 工具的历史：两面器
>
> 这种工具是在一块燧石、黑曜岩或石英的两面分离出石片，打制出几乎对称的凸起，且让靠近尖端的两边十分锋利。由于人类的迁徙，这一技术得以在非洲之外传播。两面器变得日益精美小巧，从而发展出多种不同的用途。在非洲的图尔卡纳湖畔和坦桑尼亚，人们发现了最古老的两面器——176 万年前的。不过，两面器首次被发现是在 19 世纪 30 年代——由布歇·德·彼尔特[2]发现于索姆河谷。

600 万年前的两面器，发现于索姆河谷。

## 征服火

在欧洲和中国，对火的普遍掌握大约可追溯到 40 万年前，但人类在大约 100 万年前就已开始使用火堆。然而，那是他们自己生的火，还是从自然灾害中取得的火种？我们应该注意，190 万年前人类臼齿的数目比现在的少，这可能是长期食用烧煮食物导致的……这至少说明，人类在那时已经在一定程度上掌握了火的使用。

15

# 早期的迁徙潮

### 直立人，迁移的人

在格鲁吉亚的德马尼西遗址发现的 200 万年前的化石，证实了直立人的存在。中国的龙骨坡遗址和印度的西瓦利克山的考古发现虽然也证实了直立人的存在，但科学家并不能推测其确切的年代。西班牙北部的阿塔普埃尔卡遗址为 120 万年前直立人的存在提供了确凿的证据，而朗格多克地区（莱齐尼昂拉塞布）的考古则提供了稍晚时期的相关证据。从 70 万年前起，直立人在法国北部普遍存在。尽管直立人的迁移数量庞大，但几乎没有影响环境。

### 新一轮的迁徙大潮

在前 10 万年前后，由于自然选择，非洲出现了从当地的直立人进化而来的智人，即"解剖结构上的现代人"。这造成了起源于非洲的第二次迁徙大潮：从前 9 万年开始迁徙至近东；从前 6 万年开始迁徙至亚洲；从前 4 万年开始迁徙至欧洲。科学家已证实，澳大利亚在前 5 万年就有智人，他们跨越了长约 100 千米的海域聚居于此；在前 3 万年至前 2 万年，智人开始在美洲生活。不难想象，对一个来自非洲的物种而言，成功适应各种不同的环境必然经历了一个非常缓慢的发展过程。

尼安德特人是南方古猿的后裔，同时是克罗马农人（右）的先祖。

### 直立人的进化

我们知道，直立人有 3 类后裔：30 万年前生活于欧洲和近东的尼安德特人；同一时期亚洲的丹尼索瓦人，于 2010 年发现于西伯利亚，但科学家只发现了属于他们的极少的骨骼化石；最后是弗罗勒斯人，他们相当矮小，生活于前 10 万年的印度尼西亚。或许直立人还有其他种类的后裔有待发现。

### 我们身上的尼安德特人特征

欧亚大陆上的其他现存人种与源自非洲的智人有着一定的联系，这在我们的基因遗产中留下了痕迹：欧洲人平均拥有 2% 至 4% 的尼安德特人基因，而丹尼索瓦人的基因则在亚洲人中保存了下来。

### 人类

最后的尼安德特人约于前 2.7 万年在伊比利亚半岛消失，这让人类处于一种前所未有的局面：通过相对和平的接触实现单一人种的独自主宰。这些迁徙让他们不得不去适应各种各样的气候。随着时间的流逝，因为各个种群相互隔离，所以现代人虽然全都来自同一祖先，却又各不相同。

史前时期简史

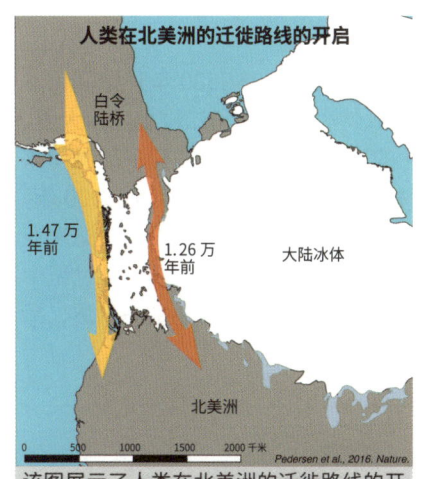

该图展示了人类在北美洲的迁徙路线的开启。红棕色箭头标识的是约1.26万年前形成的白令海峡（米克尔·温特，2016）。

## 冰川的阻碍

人类进入美洲——很可能是为了追逐猎物——意味着，尽管白令海峡坚冰冻结，但并非不可逾越的阻碍。人类从前3万年至前2.5万年开始跨越白令海峡。人类抵达美洲后不久，美洲的一部分大型动物，如猛犸象、大地懒、巨型熊等就灭绝了。今天的美洲原住民有着多种大不相同的语言，科学家因此猜测，这里曾有过一段较长的过渡期。

## 亚洲：1—欧洲：0

关于人类迁徙至美洲，科学家还提出了另一种解释：在最近一次冰期，人类沿着大浮冰航行，当时的大浮冰封锁了北大西洋。

这一假设的依据是欧洲人和美洲人的工具极其相似。然而，要沿着大浮冰航行非常困难，加之此学说在年代上有矛盾之处，所以这一假设备受批评。

## 按语言分类

语言学家约瑟夫·格林伯格试图将美洲大陆的原住民语言划归为3个语系：爱斯基摩—阿留申语系，包括阿拉斯加和加拿大北部的10种语言，与东北亚的语言非常相似；而纳—德内语系（阿拉斯加、加拿大西北部、美国西北部和南部的38种语言）则与亚洲语言相去甚远；最后，美洲印第安语系，包括从加拿大南部到火地岛的其他900种口头语言。尽管相关研究成果有着一定的影响，但是现在几乎所有的历史语言学家都认为，美洲印第安语系并不存在。

## 拉皮塔文化

前2000年到前1000年，俾斯麦群岛出现了一种陶器，其主要特点是表面有以点刻法雕刻的几何图案或象形图案。这种陶器被称作"拉皮塔"，以新喀里多尼亚岛西海岸的拉皮塔遗址命名。拉皮塔文化从俾斯麦群岛向外扩散3000千米，一直延伸至萨摩亚群岛和汤加群岛，遍及波利尼西亚，最远可达复活岛和美洲海岸。这表明拉皮塔人发明了独木舟，有着精湛的航海技术。他们携带动物和植物，以便在陌生的环境中生存下来。这是人类史上最为惊人的迁徙之一。

## 大洋洲迁徙

今天的中国台湾岛据说是前3000年到前2000年间人类迁徙扩张的中心，人类先是扩张到菲律宾，然后是印度尼西亚，随后从一个岛到另一个岛，逐渐扩展至新几内亚和整个美拉尼西亚。

一个拉皮塔陶器的残片。

17

# 新石器革命

## 简明要点

英国考古学家戈登·柴尔德在20世纪前半叶提出了"新石器革命"这一说法。这一进程在6个相互独立的发明地同时发生,并且持续了多个世纪。其主要特点是农业、畜牧业的出现,以及更为普遍的定居生活模式——最近一次冰期结束于前1万年前,人类有了更为温和的环境,所以才能定居。

## 第一个农业中心

近东地区无疑是最古老的农业中心。人类从前9500年开始驯化谷物,主要包括一粒小麦——小的斯佩耳特小麦——和二粒小麦、大麦、黑麦、豌豆、小扁豆。欧洲没有野生的麦子,我们现在的麦子品种均来自近东农业中心,它们从近东逐渐传播开来。在前7000年到前6000年,小麦传播至现在的土耳其全境,然后是整个巴尔干半岛和美索不达米亚平原,直至海湾地区,经高加索到达中亚,经埃及到达北非。7世纪中叶,农业移民通过两条路线抵达欧洲:一条是经海路从地中海到达;另一条是走陆路经多瑙河实现。

## 驯养动物

从英国海滨到日本、近东及美洲,各地域的狩猎采集者都最先驯化了狗。在新石器时代,人们驯养动物大多是为了吃肉。那时被驯养的动物有绵羊、山羊、牛、猪、鸡、豚鼠、鸭和火鸡。

## 动物的作用

人类出于多种原因利用动物:它们生产或提供产品,如肉、血、奶、蛋、骨头、毛皮、兽毛、羽毛、牙齿,等等;为了它们的劳动力价值,如拉车、运输、脱粒;为了它们的能力,如狩猎、看守、战斗、演出;又或者是其在献祭、占卜、交换物品和展示威信方面的象征价值。

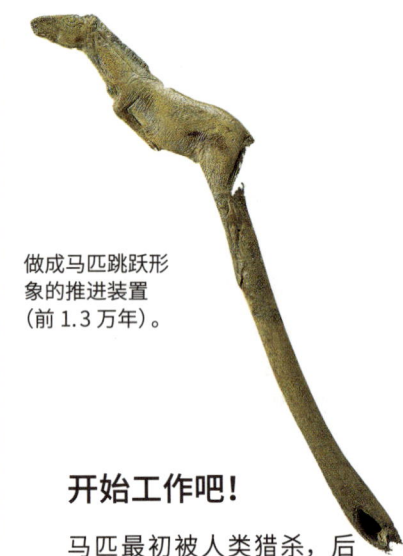

做成马匹跳跃形象的推进装置(前1.3万年)。

于阿拉伯中部内盖夫沙漠发现的陶器:公羊驮着几只罐子,女人头顶一个坛子。在亚洲和非洲的边境地带,科学家获得了最古老的证据,证明前4000年到前3000年人类已在驯养动物。

## 开始工作吧!

马匹最初被人类猎杀,后来,欧洲和近东大草原上的人类开始饲养马匹,再后来,世界各地大都开始养马。西班牙人将马引入了美洲。马既能照看羊群,也能上战场。在前1000年,人类开始骑马。在前2000年至前1000年,中亚人、阿拉伯人与北非人开始驯养双峰骆驼和单峰骆驼。在南美,羊驼只能驮载较轻的物品,所以其扮演的角色更加边缘化。

# 史前时期简史

## 从捕食者到生产者

新石器时代，新出现的农业生产者数量快速增长，使得部分地区的狩猎文化处于边缘地位，很快便销声匿迹，约前5000年的多瑙河岸狩猎文化就是一个例子。

相比之下，定居型狩猎采集者的同化可能更加缓慢和渐进。但也有一些未被同化的特例：一些狩猎采集者定居下来，但依然没有展开农业生活，尤其是当他们拥有充足的资源时。

比如，出现于前1.5万多年的日本绳纹文化，绳纹人有着充足而稳定的水产资源（鱼类、贝壳类、海洋哺乳类动物）。到前300年前后，他们的资源开始减少，但仍然维持了自己的生活方式。

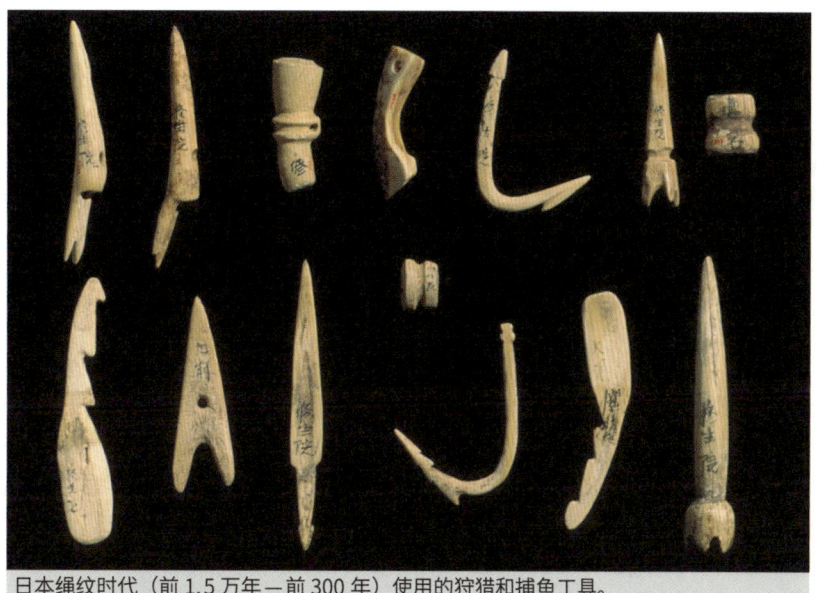

日本绳纹时代（前1.5万年—前300年）使用的狩猎和捕鱼工具。

## 水稻的驯化

人类历史上一定存在着好几个水稻驯化地：中国的长江流域驯化出了多种水稻，随后又传播至日本和东南亚；印度的水稻与中国的大为不同；非洲也是一个水稻驯化地。

## 婴儿潮

新石器革命增加了食物的安全性，使得人类定居下来，从而导致了人口爆炸。根据相关的基因研究，离开非洲去征服世界的智人数量仅为几万人。据推测，在5万年前，人类总人口高达50万人，于是智人"殖民"了古代世界，在一段时间内与尼安德特人和丹尼索瓦人同时存在。这次人口剧增之后，婴儿死亡率极高，原因是多方面的，其中一个就是新的食物含糖量过高，远超过智人所需营养，因而人类患上龋齿，感染的风险增大。

## 美洲制造

我们不知道玉米是不是源于墨西哥的一种野生草本植物，比如，它也许源于玉蜀黍或某种已全然消失的野生植物。玉米于前7000年到前6000年间在墨西哥被驯化，是美洲一切农业生活的基础。后来，美洲还驯化了马铃薯、菜豆、南瓜、鳄梨、花生、辣椒、藜麦、棉花、葫芦、烟草等农作物。在安第斯山脉，真正的定居型农业生活直到前4000年至前3000年间才出现，而在中美洲直到前2000年至前1000年间才出现。

# 攻克技术

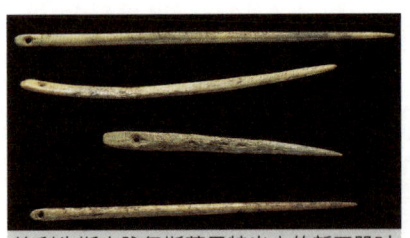

比利牛斯山脉伊斯蒂里特出土的新石器时代的针。

## 穿着

从前 1.8 万年起，借助石制刮刀和磨光器，人类开始使用长 3 至 8 厘米的有孔针，将动物皮毛缝制、组装起来，从而适应各种气候。这种针由驯鹿、鸟类、马匹等动物的骨头制成，也有用象牙和鹿角制作的。在洞穴遗址中还留有鞋底的印迹。

## 从技术到艺术表现

早期的陶器上几乎没有装饰物。后来，锥子、梳子、贝壳等各种物品让尚未焙烧的土有了印痕。人们在模坯上刻痕（在未焙烧的土上刻画）、绘画（通常在焙烧前）。那时的人类，画得更多的是几何图案而非具体形象。

## 打扮

目前所知年代最为久远的首饰可追溯至 8 万年前。它们是串起来的有孔贝壳，发现于南非的布隆伯斯洞穴和摩洛哥的塔福拉尔特的"鸽洞"。随着冶金技术的出现，项链、垂饰、石头手镯和贝壳手镯部分被铜、金、银、青铜首饰取代，冶金技术也成为社会地位的标志之一。

## 陶器

在一些地区，土烧物品和陶土小雕像的出现比农业更早，可以追溯到大约前 2.5 万年（捷克）。最古老的陶土器皿体长底尖，是中国人烧制的；经证实，日本在前 1.4 万年的绳纹时代就有了陶器。而在近东，陶器在农业发展了 3000 年后才出现。在南美，陶器出现于前 5500 年（巴西的塔皮尼亚）、前 4000 年或前 3500 年（厄瓜多尔）、前 1800 年（秘鲁）。

## 耕种土地

从前 3000 年起，摆杆步犁（由人或动物拉动的原始犁）已经可以做到在不翻土的情况下耙土犁地。前 2000 多年，地中海地区开始使用灌溉技术。中国长江流域的水稻种植已有近 1 万年的历史。

## 储存粮食

为了保护谷物或谷物粉免受老鼠啃噬、湿气或发芽的影响，人类需要建造粮仓。人类在地下开凿粮仓，这类粮仓通常密闭性极好。不过，也有一些露天的粮仓，现在还能找到其柱子所穿孔洞留下的痕迹。

## 从生到熟

烹调时，食物可以在明火的上方，或者直接与明火接触。新石器时代，人类使用拱形的黏土炉子为住所取暖或烧煮食物——要么通过与火直接接触的方式，要么任由炉子把燃料烧尽。

在尼斯附近的贝戈山发现岩石画（前 3000 年），画中为两头牛拉一架摆杆步犁。

20

## 冶金技术的发展

自然界中原本就有金属，矿石中也含有金属，依靠极高的温度，人类可以提炼金属。人类在前 4000 多年实现了铜的冶炼，在前 1000 多年学会了冶铁。人类发展冶金技术，一开始是为了制造一些体现威信的东西，后来则是为了彻底改变工具和武器。美洲人极少使用铁和铜，但他们很早就开始使用铂，而欧亚人却在较长的时间内没有发现铂。

疏浚塞纳河（巴黎）时找到的铜制武器。

## 研磨和捣碎

狩猎采集者与尼安德特人已经开始使用固定的磨盘了。他们用磨盘来捣碎颜料。这种磨盘是由石头制成的，将植物放进石磨的洞中，通过来回移动捣杵，就能捣碎植物，将其研磨成粉状。这种磨盘平均每小时可磨出 1000 克谷物粉。

## 车轮的发明

考古发现的牛骨的变形及其表现形式，足以证明人类在前 4000 年发明了车轮。在前 3000 年，欧洲和中东出现了四轮车。在前 1500 年至前 1000 年，实心的笨重车轮被改进为带辐条的车轮，东欧和近东的人们发明了既轻便又快速的战车。不过，美洲的牲畜牵引不那么发达，而且地面不够坚硬、平坦，所以，尽管美洲的人们知道车轮，却极少使用。

## 加泰土丘，新石器时代的城市

加泰土丘建于前 7500 年前后，位于现在的土耳其，是世界上最早的居住地之一，人类曾居住于此长达 2000 年。这是世界上最大的新石器时代的考古遗址，在鼎盛时期，其人口数量高达 8000。加泰土丘的房屋由陶土砖和干稻草建成，彼此相邻，中间仅隔有庭院，居民通过在屋顶开出的洞进出其中。房屋上绘有许多装饰图案，有狩猎场景、几何图案。城内还区分了明确的丧葬场所和生活空间。

## 居住

旧石器时代，洞穴是圣所，所以人类不住在洞穴中，而是住在某种帐篷里。

现在，我们有时会发现这种住所留下的小木桩。迄今所发现的最早的定居住所（前 1.2 万年）位于近东，采用的是早期圆形设计（后来新石器时代的帐篷也是圆形的），不过使用了更加牢固的材料，如石头、木头、柴泥、生砖等。自前 9000 年开始，人类首次采用矩形设计来修建住所。

安纳托利亚的加泰土丘，世界上最早的居住地之一，也是当代最重要的考古遗址之一。

# 史前时期的艺术

### 两类艺术

可移动的艺术：表现在可挪动、运送、带走的物品上的艺术。

石窟艺术：岩壁上的作品。

### 史前狮头人身雕像

史前狮头人身雕像是目前所知最为古老的雕塑品之一，其历史可追溯至前4万年。1939年，科学家在巴登－符腾堡发现了一座猛犸象牙雕像的百余件残片。这座雕像呈现的是一种混合了人和猫科动物形象的生物，其身体修长，头部似狮。由此可推断，这里存在过一个神秘的世界，食肉动物在其中扮演着重要角色。

### 旧石器时代的维纳斯

从比利牛斯山脉到西伯利亚的平原（除伊比利亚半岛之外），考古学家发现了近200件小雕塑，有的是象牙雕刻而成的，有的是石灰石，有的是陶土。它们夸张地展现了女性特征（腹部、髋部、腰部、臀部、外阴）；相比之下，女性身体的其他部位则被大大省略，大而化之，甚至不予呈现。最古老的雕像有4万年的历史，人们也发现了一些新石器时代的雕塑，这些雕像很可能与生育仪式有关。

### 欧洲岩洞中的动物

智人最早期着重标记一些危险的动物，如穴狮、猛犸象、犀牛，后来是马、野牛等，再不济也是原牛、羱羊、驯鹿。拉斯科洞窟的公牛大厅和中殿、洞窟中的壁画《游泳的鹿群》和《黑牛图》，都表明了这一趋势。洞窟中的壁画证实了一些更加罕见的动物的存在，如企鹅（马赛的科斯奎洞穴）。还有一些洞穴现今仍位于海平面之下，其壁画已脱落。我们不禁思忖，这些洞穴是否呈现了更多的海洋主题？

野牛，法国韦泽尔峡谷拉斯科洞窟中的一幅壁画。

维伦多夫的维纳斯，发现于奥地利，距今约2.8万年。

### 几何图案

史前人类既绘制过简单的符号（如杆形、线条、椭圆、圆形等），也绘制过相对复杂的符号（如大括号、角、四边形等），但它们的含义至今尚不明确。这些符号是日常生活（工具、武器、茅屋）的象征，但考古学家还没有掌握破译的密钥。有些人认为它们是性符号，而对支持萨满假说的人来说，这些符号又似乎代表着人类在意识转换状态下看到的事物。

# 史前时期简史

巴塔哥尼亚平图拉斯河手洞中的阳手与阴手，距今 1.2 万年。

## 人类的手

在旧石器时代的艺术中，手占据中心而普遍的地位，阳手与阴手便是其代表。阳手是涂有染料的手的印记；阴手由艺术家以勾勒、喷涂等各种方法将手的轮廓留在岩壁上。它们长久以来被视为一种本能而原始的表现方式，有时是宏大构图的一部分，被一种神秘的氛围笼罩。

## 万物之前的音乐

2009 年，科学家在德国的霍赫勒·菲尔斯洞穴发现了一根骨笛的 12 块残片。这根笛子保存基本完整，其历史可追溯至 3.5 万年前，长 22 厘米，直径 8 毫米。上面有 5 个指孔，两个 V 形凹口，吹奏者可从凹口处吹奏。这根笛子由秃鹰骨头加工而成，霍赫勒·菲尔斯洞穴遗址还出土了天鹅骨笛与猛犸象牙笛残片，这些物品证明了那时的人类有着极为高超的手工艺，也说明音乐的传统古已有之。

## 肖维岩洞的瑰宝

1994 年，科学家在法国阿尔代什省瓦隆蓬达尔克发现了肖维岩洞。岩洞长达 400 多米，其中的壁画与雕刻数以千计，历史可追溯至前 3.6 万年。此外，这里还有一些骨骼、石器、炉子、石磨的考古遗迹，以及动物痕迹和一个 8 岁孩子留下的印记。这个岩洞可以说是人类技术、审美和创造性的集大成者，让人们重新审视一个事实：史前艺术或许不是线性地从简单发展到繁复的。

## 比莫贝特卡石窟

在印度的中央邦，科学家发现了数百个有岩洞艺术品的遗址。不同于欧洲的艺术，比莫贝特卡石窟中的壁画大多是人类打猎和跳舞的形象：有握弓或持箭的人物形象，也有拿长矛或标枪的人物形象，还有狩猎或被动物猎杀的人物形象。壁画涉及的动物种类有孔雀、野牛、老虎、狮子、野猪、大象、羚羊、狗、蜥蜴等。

## 夸尔塔：非洲艺术的开端

科学家在位于上埃及的夸尔塔遗址的 3 块岩石上发现了约 160 幅作品。这些壁画既有原牛、鸟、河马、瞪羚、鱼、驴等动物，也有 9 个特定风格的人物形象，绘制于约 1.9 万年至 1.7 万年前。它们表明，在旧石器时代，非洲也存在类似欧洲旧石器时代的艺术。

## 撒哈拉沙漠：自然博物馆

岩壁上雕刻的大象、大型食草动物、鱼、鳄鱼、河马、水牛等形象让我们了解到史前时期丰富的生命。岩洞艺术集中于前 8000 年之后的山区：阿尔及利亚的塔西利、阿哈加尔高原和马里的伊福拉斯高原，以及阿特拉斯山脉（阿尔及利亚和摩洛哥）、尼日尔的艾尔高原、乍得的提贝斯提山脉和恩内迪高原、利比亚的费赞和阿卡库斯，还有乌韦纳特山脉（位于埃及与苏丹之间）。

（利比亚）撒哈拉沙漠一块岩石上雕刻的鳄鱼形象。

# 不同文字的产生

## 文字的历险

- 前 3300 年：苏美尔人象形文字石碑（目前所知最古老的文字）。
- 前 3200 年：埃及象形文字。
- 前 2800 年：苏美尔人的文字从象形文字过渡到楔形文字。
- 前 2000 年：亚述人和巴比伦人使用楔形文字；奥尔梅克文明（美洲）中出现了文字的迹象。
- 前 1800 年：克里特岛（克诺索斯）出现至今未被破解的线形文字 A。
- 前 1400 年：中国出现刻在龟甲或兽骨上的占卜文字。
- 前 1300 年：腓尼基人创造了 22 个辅音字母。
- 前 1000 年：源自腓尼基文的古希伯来文出现。
- 前 800 年：希腊字母和元音出现。
- 前 700 年：以希腊字母为基础的伊特鲁里亚语出现。
- 前 600 年：（美洲）萨波特克人中出现使用文字的迹象。
- 前 400 年：以伊特鲁里亚语为基础的拉丁字母出现。
- 前 300 年：印度出现两种音节文字，即佉卢文（起源于阿拉米语，向中亚流传）和婆罗米文（催生了东南亚和印度尼西亚的多种音节文字）。
- 前 300 年：（美洲）玛雅人中出现使用文字的迹象。
- 前 200 年：经证实，北非出现了布匿人和柏柏尔人文字。
- 前 100 年：纳巴泰语（佩特拉）和埃及科普特语出现。

## 楔形文字

美索不达米亚平原的抄写人，用削尖的芦苇秆（芦苇笔）将字首词刻写在黏土板上，这种文字呈楔形或钉形，因而获得了"楔形文字"这一称呼（源自拉丁语 cuneus）。大部分的文献资料，不管是公共的还是私人的，记录的都是经济活动。

坐着的抄写人形象，伊特鲁里亚浮雕，丘西，意大利，前 6 世纪。

## 苏美尔文字

巴比伦的一块石板，上面刻有楔形符号（前 1000 年至 2000 年）。

专攻苏美尔历史问题的史学家塞缪尔·诺亚·克莱默（1897 年—1990 年）认为，文字的诞生标志着史前时期的结束。这一标志有时颇受争议，因为各个地方的文字并非始于同一时期。总之，考古学家是在苏美尔发现了目前所知的最古老的文字，他们找到了前 3300 年前后的上千块泥板。

## 永远的文字

汉字是世界上唯一一种在长达 35 个世纪的时间里结构不变的文字。在前 6000 年至前 5000 年间，早期的符号在仪式活动中被铭刻在龟甲上，直到前 2000 年至前 1000 年间，真正的文字才得以出现。

## Alpha……

"字母表"（alphabet）一词源于希伯来语的 aleph（腓尼基语是 boeuf）和 beit（意为"房子"），这两个词语对应的希腊语是 alpha 和 bête。

## 从使用抽象符号到文字

岩洞中有很多抽象符号，科学家们发现岩洞后，开始推测这些符号的含义。城市共同体的出现必然导致文字的产生，以记载土地情况、契约、捐税等。

史前时期简史

## 圣书字

圣书字是希腊人对埃及文字的称呼,意为"神圣的雕刻"。埃及人称他们的文字为 Medouneter,意为"神的文字"。

## 从石头到莎草纸

苏美尔泥板书理应不易保存,它之所以流传到后世,是因为大火的烘烤使泥板变得相当坚硬,所书内容都是有永久保存必要的文字,例如国王或神的赞美诗。古埃及人还在莎草纸上书写,这种书写载体由纸莎草制成,在潮湿环境中极易腐败。古埃及气候干燥,很多莎草纸得以保存。不过,重要的文字依旧都铭刻在了石头上。

刻有象形文字的书板,发现于下美索不达米亚。

## 关于埃及语言的一点语法

埃及文字包括语标(一个符号等于一个词)、限定词(可以对这些符号进行分类)和 24 个标音符号(一个符号等于一个音),这些标音符号后来发展成了字母。然而对埃及人来说,文字并不是记录语言的技术,而是神的恩赐,它确保了世界的秩序,是一种看得见的艺术,保证了所代表东西的永恒性。

## 商博良的"人情债"

法国学者商博良能破译罗塞塔石碑文字(托勒密五世一份政令的复本,用圣书体、世俗体、希腊语书写,铭刻在一根石柱上),是因为他使用了启蒙时代巴泰勒米神父发现的破译未知语言的方法。巴泰勒米神父正是运用这种方法,成功破译了巴尔米拉字母和腓尼基语字母,这两种字母的破译密钥早在古代就已遗失。

## 辅音,元音……

腓尼基人发明了一种由一定数量的字母组成的文字,但他们的语言中没有元音,后来希腊人将元音引入了其中。一开始,人类是从右至左地书写,后来采用牛耕式转行书写法(类似于牛耕种土地,第一行向一个方向书写,第二行向相反方向书写,以此类推),再后来才使用从左至右的书写方式。

拉美西斯二世的儿子阿蒙赫克普谢夫陵寝中的圣书字。

## 尚未被破解的文字

- 印度河谷的文字;
- 克里特岛上希腊人的祖先迈锡尼人使用的线形文字 A;
- 克里特文字,斐斯托斯圆盘是目前所知克里特文字的唯一载体,上面有呈螺旋形分布的 45 种符号;
- 有着 23 个字母符号的非洲麦罗埃文字,这是努比亚和苏丹北部的历史的无声遗迹;
- 伊特鲁里亚文字,研究人员已掌握了其书写系统,但还没有成功破译其语言。

## 玛雅文字的奥秘

玛雅文字的史前历史鲜为人知。科学家辨认出了一些刻在岩洞中的符号,以及一些资料中的雕刻符号(来自希腊语 glyphein,意为"雕刻的"),其历史可追溯到前 4 世纪。玛雅文字的目的并不在于揭示这个世界,而是委婉地表达世界的神秘本质。

前4000年 ⟶ 600年

# 古代的帝国

欧洲人之所以对古代有一种熟悉感，是因为欧洲文化由古希腊罗马的成就塑造，欧洲人的想象也来自古代知识。然而，熟悉并不代表真正了解。接下来，我们将开启一趟走进未知深处的旅程，希望你有新的发现。

## 城邦世界

古代世界的一大特征是当时在各大洲蓬勃发展的城邦。事实证明，城邦这种领土单位是卓越的发展载体。目标一致的人类聚集在首领（被称为君主或国王）麾下，社会制度和社会组织愈发强大。各种政治模式在城邦这个大熔炉中得到发展，有些模式注定长期存在，尽管需要经历相当程度的调整。城邦也是巨大的艺术舞台，艺术活动使城邦成为世界奇迹，同时也彰显了领导者的权势和城邦的强大。城邦是人类政治、社会、文化和宗教生活的镜子，我们应该认识到，这种居住环境有着调节人与人、人与神之间关系的作用。

## 从城邦到帝国

大多数时候，城邦也是起点。所有城邦都有一个共同点：它们的主人都关心如何让其永存，或者让其成为不断扩张的领土的中心。腓尼基城邦和古希腊城邦的殖民运动使它们成为巨大的商业网络的中心。而其他城邦的征服野心也使它们的统治者翻过山峰、越过沙漠，甚至跨越海洋，不断开疆拓土。随着被征服的人口越来越多，已知的世界越来越大，这个世界所提供的财富也越来越诱人。各大帝国的梦想就这样相互碰撞，但这无关紧要。不管它们是因一个出类拔萃的君主而短暂存在，还是经受住了时间的考验，城邦都代表了当时人类的力量与创造力。他们一次又一次地征服，是缔造者和创建者。然而，用武器达成的终究会被武器摧毁：相邻的帝国在数个世纪的斗争中相互交锋；在帝国的边境处，野蛮人在等待着，他们从摧毁者变成了缔造者。"世间富贵，瞬息即逝。"那么，这些帝国还剩下些什么呢？

## 在边界线之外

在刀光剑影之中，在铁蹄践踏之下，有个不引人注目的关键因素具有不可逆的永恒属性：没有人是一座孤岛。在边界上，在旅途中，士兵、商人、外交人员、城邦内外的人，他们相遇，建立联系，相互帮扶、滋养，最终实现融合。这种融合的例子不胜枚举，有宗教方面的，也有文化方面的，古代的帝国留给我们的远古遗产和永远具有现实意义的教训，就建立在这些融合之上。

P. 法尼厄斯·西尼斯特别墅的壁画,创作于约前60年,博斯科雷亚莱,意大利。

# 早期文明

## 河流之间的国家

美索不达米亚，这是前2世纪的希腊地理学家波利比乌斯为底格里斯河与幼发拉底河流经的大片肥沃平原所取的名字。它位于中东的中心地带，在地中海以东900千米。在前4000年至前3000年末期，农业、商业、艺术和政治体系均在此发展起来。

## 两种人

闪米特人征服了两河流域北部直至现在的巴格达。他们通常被称为阿卡德人，得名于下两河流域北部的阿卡德。而苏美尔人则顺着底格里斯河与幼发拉底河南下，在约前3000年占据美索不达米亚平原南部，科学家在底格里斯河与幼发拉底河沿岸发现了苏美尔人早期文化的痕迹。苏美尔人的起源至今仍然不为人所知，而且其语言与其他部落并不具有亲缘关系。他们或许来自中亚、高加索或亚美尼亚高原。

## 古老而多样的移民

前10000年至前8000年，人类住在美索不达米亚北部的岩洞中，到前5000年前后逐渐往南迁移，直到欧贝德，靠近波斯湾。前3500年，闪米特人和苏美尔人定居于此，这片土地便逐渐发展起来。

### 苏美尔王表

这是最古老的碑文之一，记载了多位美索不达米亚国王的名字。

## 绚丽多姿的文明

人们在王陵中发现了令人难以置信的珍宝，它们代表着城邦的繁荣昌盛。乌尔的皇家陵墓就是最好的证明，人们在这些陵寝中发现了相当数量的家具、首饰和艺术品。

乌尔的旗帜（前2550年至前2500年），由马赛克、红玉髓和青金岩制成，体现了美索不达米亚平原的绚丽文明。

## 战争的艺术

每个统治者都想征服邻邦。取得胜利后,他们会保留当地代理人的地位,而王子则获得国王这一享有威信的称号。鹫碑就是这类战争主题艺术的代表作,它是为纪念拉格什国王恩纳图姆战胜乌玛城邦所建。

## 经济生活的见证者

考古学家在乌鲁克神庙和乌尔城邦捷姆迭特·那色时期的遗址发现了庙宇记账用的泥板。此外,泥板中有对收成的清点,还记录了收发货物的品类。

## 商业的统治

美索不达米亚各城邦有着繁荣的农业和手工业,因而开展了大量的商业活动。商人们走遍两河流域,带着驴子商队穿越叙利亚前往地中海,或者乘坐小帆船在波斯湾、阿拉伯海,甚至在印度河流域航行。美索不达米亚平原原材料匮乏,包括木材和石材等建筑材料,以及黄金和硬质半宝石(用于制作首饰、马赛克镶板和家具)等。

## 古巴比伦第一王朝

经历了连年的征战讨伐后,巴比伦国王之子汉谟拉比终于在约前1750年凭借政治和外交才干统一了两河流域,此后长达一个多世纪里,巴比伦城邦始终占据着美索不达米亚平原宗教和文化的中心地位。前1595年,巴比伦王国因邻邦的侵袭而灭亡。

## 《吉尔伽美什史诗》

《吉尔伽美什史诗》总共有12块泥板(或称12个章节),讲述了吉尔伽美什战胜森林看守者巨人胡姆巴巴的英勇事迹。

在好友恩奇都生病之际,吉尔伽美什意识到了死亡的降临,而大洪水的幸存者告诉了他不死的奥秘。于是,这位英雄踏上了寻找长生不老仙草的旅程。然而,他找到的长生之草却被一条蛇偷走了。

## 《汉谟拉比法典》

《汉谟拉比法典》是目前已知的世界上第一部法律汇编,可追溯至前1750年,铭刻在一根玄武岩石柱上。这部法典的名字取自其编纂者,即古巴比伦第一王朝(前1894年—前1595年)的国王汉谟拉比。除了涉及各种惩罚,包括鞭打、断肢、火刑等,这部法典还规定了著名的"以眼还眼,以牙还牙"。它向我们展示了一个等级制度森严的社会,当时的社会将人分为上层自由民、无公民权的自由民和奴隶三个等级。通过这部法典我们了解到,那时的女性可以诉诸法庭,从事社会工作,还能担任公职。

铭刻《汉谟拉比法典》的玄武岩石柱(前1750年),发现于伊朗苏撒。

# 法老的埃及

## 地点、时间和行动的统一

埃及帝国相当强大,且延续了3000多年,这得益于它的地形:埃及帝国地处狭长的河谷,而尼罗河定期泛滥后留下的淤泥又让其土壤肥沃无比;东面和西面均以沙漠为界,使其难以受到侵袭。

## 统一的尼罗河

人们利用尼罗河定期泛滥的水文特点开挖池塘、修建引水渠、兴建蓄水工程。尼罗河为沿岸的人们提供了食物,并在其社会结构中扮演着重要角色。掌控尼罗河就意味着组建共同体和协调大规模的劳动。此外,尼罗河可以运输工人、管理者和食品,因而促进了贸易往来和经济发展。

发现于塞浦路斯的彩釉盘,代表尼罗河文明(前1400年)。

## 三大王国时期

古埃及共经历了30个王朝,其历史可分为3个主要时期——在这3个时期,只有一个国王统治着一个统一的埃及——其间穿插着多个国力衰弱的中间期。

- 古王国时期(前2700年—前2200年):法老时代的文明繁荣发展,强有力的中央集权国家建立。地处开罗以南的都城孟菲斯控制着尼罗河三角洲的大量运输活动。
- 中王国时期(前2033年—前1786年):征服了包括努比亚在内的新领土。都城迁至底比斯,即现在的卢克索。
- 新王国时期(前1550年—前1069年):几位强大的法老征服了亚述人、巴比伦人和赫梯人,这是古埃及历史上一个极为辉煌的时期。但后来法老的权力被祭司的地位威胁,邻邦的相继入侵也使王朝日渐式微。

### 法老是谁?

法老是古埃及的专制君主,掌握着从税收到司法、再到军事战役的一切大权,还是人神两界的沟通者。尽管在日常生活中,祭司才是真正的领导者,但法老确实是神权国家的统治者。从登上王位起,他就获得了神的身份,到死亡之时就彻底变成神。

## 与外国人的接触

从前5000年至前4000年中期起,埃及人在北部与巴勒斯坦、西奈半岛,在南部与努比亚进行贸易往来。这些地区地下矿产丰富,而非洲内地则盛产乳香、油、乌木、象牙和皮毛。从新王国时期起,埃及吞并了大量土地,占有了当地金矿,从而成了古代世界的经济大国。

图特摩斯三世,埃及新王国时期第十八王朝法老。他头戴奥西里斯王冠,王冠上的两个角象征司法权。

## 公务人员的学校

教育的目的在于为法老的行政机构培养人才。一些孩子在皇宫与王室子弟一起接受教育,其他孩子或在家中,或在设立于庙宇的学校,或在父亲的书房学习。他们要研习的书籍包括《汇编》,该书根据既往的资料整理并收录了书信用语、丧葬用语和自传性文本。学生们通过誊写、公务文书写作和文学文章写作进行练习,最终和经验丰富的人共事。

## 埃赫那顿的诱惑

阿蒙霍特普四世(前 1379 年—前 1362 年在位),即埃赫那顿,曾尝试进行宗教改革,树立阿顿神为唯一的太阳神。阿顿神借助太阳光轮每日降临世界,并给予世界生命,其唯一代表符号是一个巨大的象形文字,意为"光"。阿蒙霍特普四世中止了古老的多神教,削弱了阿蒙神的无上权力和阿蒙祭司的影响,但在他去世之后,埃及又恢复了多神教信仰。人们损毁了阿蒙霍特普四世的雕像和浮雕,夷平了他兴建的都城,阿顿神庙的石头也被用于建造新的建筑。

阿蒙霍特普四世和纳芙蒂蒂参拜代表阿顿神的太阳光轮。

## 帝国之末路

波斯人曾一度占领古埃及,随后马其顿国王亚历山大大帝又征服古埃及全境,将古埃及纳入马其顿人的统治之下。亚历山大大帝于前 323 年去世后,直至前 30 年,埃及一直由马其顿血统的法老统治,史称"托勒密王朝",名称取自亚历山大大帝的前将领托勒密。前 30 年,克利奥帕特拉七世去世,此后,埃及沦为罗马帝国的一个行省。

## 古埃及的女性

古埃及女性的地位比大多数古代文明中的女性更高。虽然只有男性才能担任行政职务,但是在法律面前男女平等。女性可以以自己的名义拥有或租用房屋,也可以从商。如果婚姻破裂,女性通常可分得夫妻共同财产的三分之一。此外,父亲去世后,女性可继承同等份额的遗产(若遗嘱中有不同的要求则另当别论)。

## 垄断的系统?

帝国的大权掌握在有权势的家族手中,这些家族垄断了行政职务,外来者通常只能做王室随从:

- 霍伦海布,先是将军,后来在约前 1319 年成为法老。
- 阿蒙霍特普因组织才能和学识而受到阿蒙霍特普三世的赏识,并被委托重振国家经济。他享有在卡纳克神庙塑像的特权,并在国王的祠庙旁修建了自己的墓庙。

# 近东的力量

## 赫梯帝国

约前 2000 年，涅西特人迁至安纳托利亚（小亚细亚半岛），和原住民逐渐同化，形成赫梯人。约前 1650 年，哈图西里一世（即拉巴尔纳二世）统一安纳托利亚各个城邦国家，建立赫梯古王国。在苏庇路里乌玛一世（约前 1370 年—前 1336 年在位）的统治下，赫梯帝国成为近东地区最强大的国家，帝国疆域北起高加索，南至奥龙特斯河，东达幼发拉底河，西至地中海东部，还威胁到其邻国埃及帝国。然而，帝国的辉煌没能长久。前 12 世纪，赫梯帝国在亚述人和来自希腊北部的阿开奥斯人的进攻下瓦解。

## 哈图沙：赫梯帝国的首都

赫梯人是一流的军事建筑师，他们于约前 1650 年在岩石上修建了都城，也就是今天土耳其的波阿兹卡雷。居民房、堡垒和政府建筑与一些由几个房间组成的庙宇毗邻，一道宫墙将皇宫与城市的其他部分分隔开来。此外，这座都城还有一个档案室。在前 2000 年至前 1000 年间，一些小公国在这座盛极一时的城市周围发展起来。

## 乌加里特，东方城邦的典范

乌加里特是一个海港（位于今叙利亚），人们在这里发现了酒、油、迈锡尼文明的器皿，还有经希腊从波罗的海运来的琥珀。这个城邦从塞浦路斯进口铜，以制造武器和作战用的双轮马车，再将其出口给赫梯人和埃及人。在其鼎盛时期，即前 14 世纪和前 13 世纪，来自 5 种文字系统的 8 门语言在此通行；奢侈品手工业发展起来；一些图书馆存放有法律、行政和文学方面的典籍，从这些文字记载中，我们可得知乌加里特人的生活与信仰。

## 冶金之王

赫梯人用铁制作工具和武器，并将制铁工艺传播至近东。他们喜欢用青铜作装饰，拥有精湛的技艺，阿拉加-霍裕克王墓出土的青铜军旗便足以为证。

乌加里特的一位腓尼基士兵（前 1550 年—前 1150 年）。

刻在赫梯帝国首都哈图沙一处遗迹上的赫梯人。

## 东方的港口

这些港口位于叙利亚和黎巴嫩的西面，环境适合发展农业和畜牧业。它们成了海运、陆运、河运的十字路口，联结了埃及、美索不达米亚平原和爱琴海。乌加里特、比布鲁斯、赛达、提尔等独立且开放的城邦国家常年瓜分这些港口。

古代的帝国

## 贸易帝国

腓尼基人于前 9 世纪左右在今天的黎巴嫩定居，青铜时代晚期一度崩溃的黎凡特文明得以再现生机。腓尼基人是一流的航海家和商人，他们出海寻找商机，以促进与非洲、西西里岛、撒丁岛的贸易往来。他们既是迦太基的缔造者，在此发展出了布匿文明，也是整个地中海文明的主要传播者。

## 上帝的子民

希伯来人是一个古老的民族，他们的故事记载于《圣经》中，被广为传颂（"圣经"一词来自希腊语"ta bibla"，意为"书"）。

## 应许之地，征服之地

希伯来人一直过着流浪漂泊的生活，从美索不达米亚平原的乌尔城邦来到了迦南。当时，这片上帝的应许之地掌握在耶利哥、艾城、基遍、夏琐等强大的城邦手中。到前 12 世纪至前 8 世纪，这些城邦展开了一场持久战以抵抗希伯来人的入侵。希伯来人定居下来后腹背受敌：北部是腓尼基人，南部则是被埃及人驱赶而迁居至加沙和亚实基伦一带的人。后者被称作"非利士人"（Philistia），对应的希腊语"Palaistinei"如今被我们译作"巴勒斯坦人"。

前 880 年的浮雕，发现于阿淑尔纳西尔帕二世的旧王宫伊姆古尔－贝尔。浮雕上描绘的是一位国王，很有可能是阿淑尔纳西尔帕二世本人。

## 新亚述王国的国王：创造者

新亚述王国的都城是位于美索不达米亚平原北部的尼尼微。人们在此修建了多所宫殿，并饰以浮雕，描绘宫廷生活场景、宗教人物形象，以及军事胜利场景。亚述人是最强大的征服者，他们还着手修建了其他都城。前 9 世纪，阿淑尔纳西尔帕二世组织修建了尼姆鲁德和夏宫巴拉瓦特（伊姆古尔－贝尔）。而萨尔贡二世则修建了面积多达 300 公顷的新都城杜尔－沙鲁金（今伊拉克赫尔沙巴德），他还在此修建了诸多宏伟富丽的建筑。

## 征服者

亚述人占领了美索不达米亚平原底格里斯河的上游，并发展了此地的农业和畜牧业，还在前 3000 年至前 2000 年末期在安纳托利亚设立了商行。亚述人拥有精良的作战部队和装备，包括骑兵、步兵、双轮马车、攻城武器等。新亚述帝国在前 7 世纪成为空前强大的帝国，疆域西起波斯湾，东至塞浦路斯，北达亚美尼亚，南抵阿拉伯沙漠，尤以阿淑尔纳西尔帕二世（前 883 年—前 859 年在位）时期最为鼎盛。敌方投降之后，亚述人往往会征收贡品，收编军队，还会压榨劳动力。然而，亚述帝国的中央集权逐渐走向极端，致使国力衰微，加之外敌侵扰不断，前 612 年，亚述帝国灭亡。

## 巴比伦的复兴

亚述帝国灭亡后，美索不达米亚平原的主人巴比伦人励精图治 20 年，最终在两河流域重建了一个庞大的帝国，并在尼布甲尼撒二世（前 605 年—前 562 年在位）时期重拾前 17 世纪汉谟拉比时期巴比伦人的威望。

# 波斯帝国

## 波斯王朝

- 阿契美尼德王朝（前 550 年—前 330 年）：波斯帝国在大流士一世时期达到鼎盛，其疆域东起印度河，西临爱琴海，北达亚美尼亚，南抵尼罗河第一瀑布。
- 塞琉古王朝（前 312 年—前 64 年）：这是亚历山大大帝征服波斯后出现的王朝。亚历山大大帝去世后，其部将塞琉古一世自立为王（王朝内部出现过数次分裂）。
- 阿尔撒息王朝（前 247 年—224 年）：半游牧民族及其首领阿尔撒息占领了阿契美尼德王朝和塞琉古王朝的领土。阿尔撒息王朝在一段时间内与塞琉古王朝共存，直到前 188 年前者才脱离后者建国，进入帕提亚时期。
- 萨珊王朝（224 年—651 年）：阿尔达希尔一世在伊什塔克尔（靠近波斯波利斯的一个城邦，古代王朝的发祥地）建立萨珊王朝，随后攻占帕提亚帝国除亚美尼亚之外的所有领土，重新确立了几乎与阿契美尼德王朝一样的边境线，甚至在 619 年—629 年占领了埃及，最终被阿拉伯帝国灭亡。

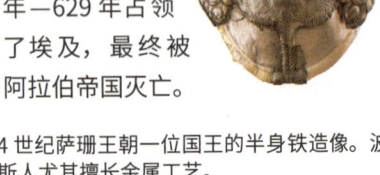

4 世纪萨珊王朝一位国王的半身铁造像。波斯人尤其擅长金属工艺。

## 在米底王国的统治之下

前 1000 年之初，一支印欧人（古伊朗人）——米底人在埃克巴坦纳附近建立了一个王国，并很快强大起来。随后，他们得到巴比伦王国的支持，进而击败亚述帝国，并获得亚述帝国相当广阔的领土。波斯人定居在更南部，他们与米底王国结盟并受其统治，随后吞并米底王国，建立阿契美尼德王朝。

巴比伦的伊什塔尔城门，约建于前 575 年。大门嵌饰着动物形象。

## 帝国—世界

抛开低地区域的两个狭长地带不谈，波斯地处高原，高山环绕并横贯其间，包括扎格罗斯山脉、高加索山脉、厄尔布尔士山脉、兴都库什山脉和帕米尔高原的山脉，富含矿石（含铁、铜、铅、锡）和宝石（雪花石、闪长石、天青石、琥珀）。卡拉库姆沙漠、卡维尔盐漠、卢特盐漠交替分布在波斯高地之中，这种地形有利于统一，不过一些孤立的地区会随着时间的推移变得不那么可控。

## 一点词汇知识

最开始，波斯指现今伊朗西南的一个省，阿契美尼德王朝和萨珊王朝的国王均出生于此。"伊朗"（雅利安人的土地）一词由 3 世纪萨珊王朝的几位国王开始使用，他们去世之后，"伊朗"一词也就无人问津，直至 1934 年巴列维王朝时期，"伊朗"才成为这个国家的官方名字。

# 古代的帝国

## 对波斯的迷恋

商人和传教士作为旅行者,最先让古波斯为世人所知。但直到19世纪,科学家的考古活动才获得了一些文献和新发现。20世纪,塔克拉玛干沙漠的绿洲出土了数万件手稿残片,涉及17种新语言和13种新文字。

### 波斯语单词

集市、沙漠旅行队、海关、国际象棋、菠菜、茉莉花、亭子、菱形、乐土、桃子、开心果、鼓、郁金香……很多波斯语的词汇通过阿拉伯语、希腊语、中世纪拉丁语传到法语中。

## 成功的秘诀

波斯帝国的统治者不仅建造了良好的基础设施,还很明白权力下放的好处。一方面,他们允许极大程度上的地方自治,将相对次要的行政权力交给地方精英。另一方面,他们努力适应地方传统,对宗教采取尽可能宽容的态度。

## 出色的基础建设

阿契美尼德王朝时期,两条主干道从西到东横贯波斯帝国:北线萨迪斯—埃克巴坦纳—巴尔赫—塔克西拉和南线萨迪斯—巴比伦—苏撒—波斯波利斯—坎大哈。这两条要道既用于军队运输,也促进了商业的发展,还为宗教的传播提供了便利:将基督教、摩尼教、琐罗亚斯德教传播至中国,将密特拉教传播至罗马帝国。在当时的各条航道中,大流士一世修建的连通尼罗河与红海的苏伊士运河和塞琉古帝国使用的皇家运河最为著名。

## 总督维持秩序

波斯帝国被划分为多个行政与税收区域,即由省总督管辖的省。

总督出身于上等贵族阶层,是国王在地方的代表,主要负责维持地方秩序和征税。其下属官员的组织方式与国王的类似,有自己的政府部门和金库。

最初,总督可以统率自己的军队,但后来国王撤销了其军权;一些下级官员在不同程度上臣服于他们。

## 多个都城

波斯帝国建立的第一座都城是帕萨尔加德,它是阿契美尼德王朝霸权的永恒象征。但"都城"这一概念是相对的:国王走到哪里,哪里即是权力中心。国王的巡视确保了帝国的统一。在温暖的月份,国王住在埃克巴坦纳和波斯波利斯这样的高海拔地区,而秋冬季节则住在苏撒和巴比伦。

波斯帝国主要城市之一波斯波利斯的一座宫殿的浅浮雕,刻画了一个手持礼物的人(约前500年)。

# 非洲的早期帝国

### 传奇的起源

有关非洲早期王国的口述历史提到了一位缔造者，这位缔造者能说服或强迫非洲人民接受其指示，俨然一个具备超自然能力的外来者。

### 拯救语言

非洲语言的结构表明非洲处于大量贸易往来的中心地带——非洲人有时在港口定居，有时在人口密集的要道定居。许多非洲语言是班图语派生而来的，这证实了班图人（来自乍得湖和尼日尔河之间的地区）在非洲范围内的迁徙。

### 麦罗埃

前5世纪下半叶，麦罗埃（努比亚）这个名字首次出现在本地库施文本和历史学家希罗多德的著作中。而根据一些考古遗迹，麦罗埃的历史甚至可追溯至前7世纪。这座城市本身及其王陵告诉我们，直至4世纪，这里一直有人居住。

麦罗埃王国与埃及贸易往来频繁，尤其是在罗马时期。它还坐拥相当有利的地理位置，掌控了珍贵商品流通的道路。基于以上因素，这座城市的繁荣程度非比寻常。

### 麦罗埃，独特的遗址

古城遗址面积达1000平方米，但城内如今只剩大规模的王家圈地，四周高墙林立。圈地的西南方有一个配有水道系统的大贮水池。古城的建筑和装饰均采用埃及、希腊和罗马的图案，当然也有麦罗埃本地风格。古城东部有三个宫廷墓地，内有坟墓、墓坑，还有一些马斯塔巴[3]和金字塔，出土物品中不乏从地中海地区进口的精美物件。

麦罗埃的金字塔（苏丹），倾斜度极大，构成了大规模的王室陵寝。

古代的帝国

## 库施王国

努比亚人曾在今苏丹北部建立科尔玛王朝（埃及人称科尔玛为"库施"），前 1500 年，埃及人征服了这片土地，并在此设立行省。后来库施人东山再起，在整个前 7 世纪将埃及纳入统治之下。

## 非洲的珍宝

埃及人从非洲带回了贵金属、芳香油、皮革和皮毛。后来腓尼基人、希腊人和罗马人从非洲进口黄金、乳香、鸵鸟羽毛，购买奴隶和马戏团不可或缺的动物。而非洲的犀牛角、龟甲、香料、香水和象牙则被运往东方。

## 独特的风格

狮面阿皮狄马神是麦罗埃风格中的独特元素。王后像臀部宽大，和古埃及艺术中身材纤细的女性形象不同。麦罗埃文最终取代了埃及圣书字，考古学家识别出了所有字符，但未能破解其完整意义。

## 阿克苏姆：神秘之城

公元前最后几个世纪，定居在红海海滨的人们建立了阿克苏姆王国（今埃塞俄比亚）。它虽是内陆城邦，却拥有一处红海海港，并在 1 世纪上半叶发展为商贸要地，主要向其他港口和印度出口非洲象牙。人们在这里修建了庙宇和宫殿，以及数座方尖碑（有的高达 30 米），部分方尖碑保存至今。

## 坟墓会说话

人们在库施的科尔玛发现了数以万计的坟墓。历代国王葬在大型砖墓中，墓室上方封土成丘，考古发掘的最大坟墓宽度达 90 余米。这些墓坑中有死者的遗骸和丧葬用品（罐、家具，鱼叉等渔具），有的还有武器，比如饰有鸵鸟羽毛的弓。

## 努比亚王国

麦罗埃王国衰落之后，尼罗河中游的人们聚集起来，建立了 3 个努比亚王国：诺巴提亚、马库里亚、阿洛迪亚。6 世纪，在基督教传教士的影响下，努比亚国王开始改信基督教。

## 令人眼花缭乱的艺术

在前最后一个千年，西非的诺克文化（在今尼日利亚北部）表现出极大的创造力，在数个世纪内影响了多个王国的众多艺术家。然而，诺克文化在公元 300 年前后突然消失。

诺克文化代表性的头部雕塑，发现于尼日利亚，很可能制作于前 5 世纪至前 2 世纪。

# 美洲早期文明

## 一片土地，多个区域

20世纪40年代，德国人类学家保罗·基尔霍夫提出"中美洲"这一概念，意指一个地理区域的文化特征，该地理区域包括墨西哥南部的三分之一、伯利兹、危地马拉、萨尔瓦多、洪都拉斯西部、尼加拉瓜太平洋沿岸、哥斯达黎加。除了"中美洲"，人们还用"荒漠美洲"指代中美洲北部边界至美国南部边境线之间的区域，用"绿洲美洲"形容美国西南部和墨西哥北部的人类定居模式及农业文明。

## 萨波特克文明遗迹

前3世纪，萨波特克文明进入鼎盛时期。那时萨波特克人定居在墨西哥瓦哈卡谷的阿尔班山。考古人员在一个平坦的山顶上发现150块石板，上面刻有姿势各异的人物形象。在同一地点，考古学家还发现了以52年为周期的历法。这是前哥伦布时期美洲最古老的文字记载之一，也是最古老的数学计算遗迹。

## 更早的文明

拉文塔遗址的碳-14测试结果表明，奥尔梅克文明可追溯至前1200年—前500年，因而19世纪末至20世纪中期的玛雅学家认为奥尔梅克文明是玛雅文明的前身。考古学家最近在墨西哥格雷罗州发现了一些前1600年的遗迹，这些遗迹显然属于奥尔梅克文明。这一发现将之前学界广为接受的奥尔梅克文明的出现时间往前推了400年。

## 奥尔梅克文明，隐藏的珍宝

1862年，科学家在特雷斯萨波特斯首次发现了奥尔梅克文明的巨大玄武岩头部雕塑（高约1.5米，重约8吨），至此，奥尔梅克文明才重新为人所知。然而，直到20世纪人们才真正开始研究奥尔梅克文明。事实上，后续发现一度被认为是玛雅文明的遗迹，因为那时玛雅文明吸引了很多考古学家。

奥尔梅克巨石头像，约前500年。这些雕塑是前哥伦布时期的珍宝。

## 奥尔梅克，您说奥尔梅克？

第一个中美洲文明的真正名字至今仍不为人所知。考古学家赫尔曼·拜尔根据16世纪的编年史将之命名为"奥尔梅克"（Olmec），而瓦尔纳特语中的"olman"一词指"橡胶之乡"，也就是墨西哥湾一带，这里长期被视为奥尔梅克文明的唯一发源地。多个地方的文化遗迹已证明奥尔梅克文明是多民族文明。

38

## 天才的建筑

"查文文化"之名源自查文德万塔尔遗址,这处考古遗址位于马拉尼翁河(流经布兰卡山脉)河畔。这一迄今仍鲜为人知的文化约存在于前900年至前200年,现今留存有规模宏大的建筑和惊人的雕塑。形似猫科动物的半人半兽石雕头像是查文文化的一大特色,当时的人用石榫将其固定在围墙外侧。人们曾在卡尔瓦(帕拉卡斯文化的一处遗址)发现过一些查文文化的陶器,这表明这些地理上相距甚远的区域曾相互交流和影响。

查文文化陶器(约前500年),上面刻有半人半兽的头像。

## 帕拉卡斯文化

1925年,太平洋与安第斯山脉(秘鲁段)之间地带的墓葬中出土了数千块织物和姿势呈胎儿状的木乃伊。这些织物历史悠久,有些可追溯至前500年—前300年,更有甚者可追溯至前1400年。它们由棉花、羊驼毛、小羊驼毛等制成,表明沿海地区和山区存在贸易往来。墓葬中生活用品琳琅满目,有席子、陶器、骨头首饰、黄金首饰、工具等,此外还有花生、红薯、辣椒和玉米等食物。此处遗址属于帕拉卡斯文化,帕拉卡斯文化出现于前800年,在前600年—前400年迎来鼎盛时期,最终于200年消失。

## 织工的语言

要制作帕拉卡斯文化中的纺织物(有的长达20米、宽达6米),针绣、织锦、织纱、网眼编织等工艺是必不可少的。有的织物染色数高达190种,有的甚至饰有300多种图案。人们推测,这些复杂的工艺自成一门语言,且只有织工自己才能破解。

## 纳斯卡线条之谜

帕拉卡斯文化衰落后,纳斯卡文化在秘鲁沿海和内陆地区崛起。纳斯卡文化以拥有南美洲精美绝伦的彩陶著称,其地画(又称纳斯卡线条)更是闻名于世。这些神秘而规模宏大的图案位于现在的纳斯卡城附近,描绘了动物形象和几何图案。

## 莫切文化

查文文化衰落后,秘鲁北部的莫切文化一度与纳斯卡文化并立。莫切文化以农业为基础,主要种植玉米、花生、红薯和甜椒等作物,因庞大的灌溉工程而得以在沙漠地区发展起来。莫契文化的宗教建筑相当威严,由生砖建造而成(比如太阳金字塔,其顶端坐落着一个专供祭司居住的小型神庙),是莫契文化建筑工人智慧与才干的结晶。

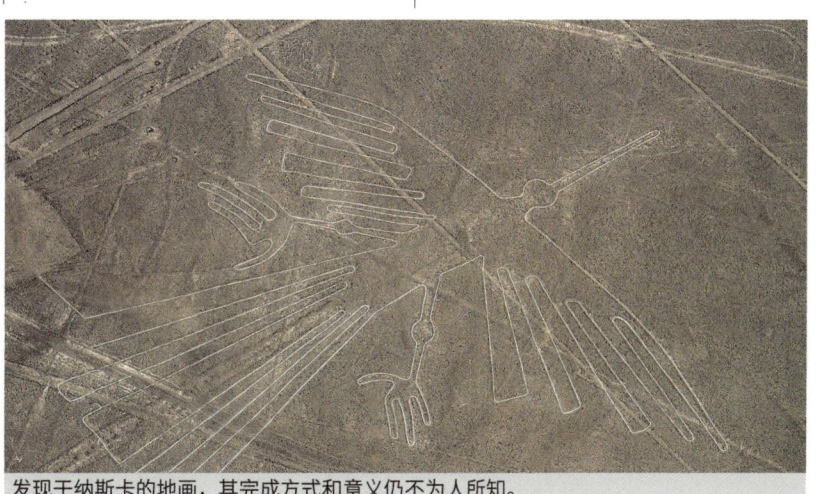

发现于纳斯卡的地画,其完成方式和意义仍不为人所知。

# 新的东方

## 古老的国家

商朝是中国的第二个朝代，始于约前 1600 年，这个朝代出现了文字和带防御工程的城镇，还发展出了精英阶层。商朝诸侯国众多，它们时服时叛，而商文化也与其他文化共存。

## 战国

战国的起始年份说法不一，大约始于前 5 世纪，终止于前 221 年秦统一六国。战国时期见证了独立邦国的诞生（春秋时期的一众邦国只有"半独立主权"），这些邦国有稳定的边境，彼此间以城墙隔离，设有行政机构，以"家"为基础单元治理农民。

### 《孙子兵法》

前 7 世纪，中国的步兵逐步现代化，并开始使用弩。农民参军便可获得土地所有权，于是大量被动员。由于借鉴了北方游牧民族的经验，骑兵也得以快速发展起来。前 6 世纪孙武的《孙子兵法》是中国军事思想史上最古老的著作。

## 始皇帝

前 221 年，秦王统一六国，结束了战国时代，进而获得了"始皇帝"这一尊号。为了巩固统一，秦始皇下令没收所有武器，拆毁城墙，确立中央集权制度，统一文字和度量衡。

商代青铜器（前 12 世纪），出土于中国，上面刻有对称的兽面纹。

## 统治者

周天子延续了商朝的政治结构，但收回了商朝赋予女性掌握兵权的权力。商朝女性的这种权力从军事统帅妇好陵墓的极高规格中可见端倪。

## 汉帝国

作为秦朝的继承者，汉朝在 4 个世纪内致力于为一个长久的统一多民族国家奠定基础。它向东部推行兼并政策，又在塔克拉玛干沙漠等地设立西域都护府。

汉朝传统建筑，陶器（1 世纪），出土于中国。

## 皇帝的地位

汉朝皇帝是立法者，是行政机制的核心。皇帝需要遵照祖宗规定行事，除此之外再无约束。

服饰、徽章和车舆无一不彰显其特权，专用御道可方便其尽可能不与臣民接触。

古代的帝国

## "天命"

天命观来自周人对天的崇拜，这一概念使统治者的权力合法化。有德者受命于天，获得统治权力；统治者失德便失天命，最终被取而代之。君主的"天子"称号赋予其独一无二的权威。

## 井然有序的治理

汉代的郡是最高级地方行政区划单位。西汉共 83 个郡[4]，每郡由一名郡守管理，郡尉、郡监辅佐之。每个郡管辖多个县，每个县设县令，这些官员皆由中央任命。若都城没有足够多的受过良好教育的候选人，中央便命郡守举荐地方贤良，随后举行考试考查这些被举荐者。

## 汉王朝的衰落

东汉时期，外戚与宦官交替专权，军阀四起。220 年，曹丕篡汉，汉朝时代正式结束，长达 300 多年的乱世开始了。

在此期间，北方分裂为诸多短暂的胡人小国，史称"十六国"。由世家大族形成的门阀士族的发展和地方政权军事化是这一时期的重要特征。

汉代骑兵俑，可追溯到前 206 年。出土于咸阳汉墓 11 个陪葬坑中的一个。

孔子（前 551—前 479），儒家学说创始人。

## 官方思想

前 137 年，汉武帝宣布以儒家思想为治国思想。儒家思想强调君、国、家，是接下来 2000 多年君主制度的根基。

## 他们是阉人？

阉人很早便以奴隶的身份出现在周朝的宫廷中，后来汉光武帝（25 年—57 年在位）规定太监必须净身，阉人自此成了宫廷的一个官方组成部分，很快便成了亲信和谋士。

# 印度的起源

## 雅利安人的社会结构

在雅利安人的社会等级中,处于顶端的是婆罗门(祭司)和刹帝利(战争贵族)。然后是吠舍,即一般平民阶级,包括畜牧者、农民、商人和部分手工业者。最后是首陀罗(农奴),他们大多是土著,且被剥夺了社会地位。

## 游牧民族

雅利安人源于里海海滨和中亚南部地区的游牧民族,前2000年至前1000年中期,在经历了连续的迁徙大潮后,抵达今天的印度。他们说一种古老的梵语,信奉吠陀教。

## 在印度河附近

印度河流域的城市出现于约前2500年,其中最著名的是摩亨佐·达罗和哈拉帕。这些城市位处贸易要道,其手工业和商业曾相当繁荣。它们从前1900年开始消亡。

## 孔雀王朝的外交

孔雀王朝(都城华氏城)不仅与印度南部的人们,还和波斯的希腊人,以及埃及、马其顿、昔兰尼、伊庇鲁斯的统治者建立了外交关系和友谊。

## 孔雀王朝

孔雀王朝由旃陀罗笈多在前321年建于恒河平原,后逐渐征服印度中部地区、印度西部各省,直至喀布尔一带(自塞琉古王朝手中夺取,波斯在亚历山大大帝去世后由塞琉古王朝统治),最后统治了除印度南部以外的整个印度。孔雀王朝最后一位国王被暗杀后,印度的领土在很长一段时间内都处于分裂状态。

## 在两个世界之间:巴克特里亚

巴克特里亚位于兴都库什山脉和阿姆河之间(今阿富汗、塔吉克斯坦和乌兹别克斯坦之间),自阿契美尼德王朝时起就有一些希腊的佃农居住于此。前250年,巴克特里亚独立,不再依附于塞琉古帝国。随后,巴克特里亚的统治者征服了孔雀王朝相当大的一部分领土,甚至攻克了现在的阿富汗、信德和旁遮普。150年来,巴克特里亚王国在印度北部统治着一个极为富饶的区域,既有相当丰富的自然资源,又因处于波斯和印度北部的必经之路而有着重大的战略意义。

古代的帝国

## 笈多王朝

笈多王朝，国祚始于前4世纪，到6世纪向匈奴人投降，这一阶段被界定为印度的古典时期。笈多王朝最初通过征服和联姻来开疆拓土：统治者迎娶他们惧怕反对或是他们希望获得其支持的王国的女继承人。其都城很可能是钵罗耶伽，即今天的安拉阿巴德。孔雀王朝的第一位君主旃陀罗笈多被称为"摩诃罗阇"，意为"王中之王"。

蚁垤向一位学生诵读《罗摩衍那》（约前1700年），《罗摩衍那》插图。

## 印度南部的大规模王国

1世纪末，掌管安达罗王国的有权势者依靠宗教机构（主要是印度教和佛教）来统一国家。而王国的繁荣，则是因为在海洋贸易中占有极大优势。安达罗王国与亚洲的多个国家，以及罗马帝国建立了联系，比如，在最南部，泰米尔人的国家尽管处于统治阶级之间的冲突中心，但仍拥有诸多贸易商行。

## 印度的典籍

《摩诃婆罗多》是历史上最长的史诗，成书时间可能在前4世纪至4世纪，讲述了在婆罗多族两支敌对后裔的斗争中印度人民的英勇行为。它包含一段宗教诗《薄伽梵歌》：主人公黑天向战士阿周那展现了他的宇宙形体，那无限、全知，包含一切创造物的形体激励了阿周那勇敢作战。《罗摩衍那》也是一部伟大的印度史诗，用梵文写成，作者是蚁垤，生活于前4世纪。这部史诗讲述了罗摩的一生，从他的童年直至他与妻子悉多分离。《罗摩衍那》对东南亚影响极大。

### 理性生活和爱的艺术教科书

《爱经》相传为婆蹉衍那在约5世纪以梵文编纂，反映了古代印度人的一些文化传统和生活理念。在印度传统中，人生有着三大目标：佛法（获得宗教价值）、财富（获得财富与权力）、爱欲（寻求快乐）。这部经书的7个章节涵盖了方方面面。

## 犍陀罗艺术

犍陀罗（位于今巴基斯坦北部）艺术阐释了前1世纪到5世纪希腊艺术与印度艺术的融合。它们所使用的技艺是当地的，图案是印度风格的，而对希腊—罗马审美典范的参照则无处不在，比如，佛像以阿波罗神像为原型。

讲经的佛陀（3世纪）。这座半身雕塑借鉴了希腊—罗马艺术的手法。

43

# 海洋霸权

### 克里特岛的公牛

米诺斯人是优秀的航海家。他们从前 2500 年开始在克里特岛定居，修建了宏大的宫殿，用壁画装饰，没有防御工事。他们以商贸为生。米诺斯人艺术作品的主题大多是公牛。克诺索斯是克里特岛最重要的城市，其居民人数高达 8 万人。米诺斯人的文明从前 1750 年开始衰落，克里特岛的早期宫殿这时在一场地震中毁坏。

克诺索斯宫殿的壁画（约前 1400 年）。公牛是米诺斯人艺术中的典型形象。

### 希腊人的起源

巴尔干半岛的印欧人在前 2000 年至前 1000 年间逐渐殖民希腊。约前 1450 年，阿开奥斯人攻占克里特岛，随后摧毁了克里特岛人的宫殿，并取代了他们在商贸中的地位。他们吸收了克里特岛的文字，在这一地区使用他们的语言，即希腊语，从而诞生了线形文字 B。阿开奥斯人战士高超的作战技巧被记载于《荷马史诗》中。

#### 弥诺陶洛斯的神话

克里特岛的国王弥诺陶拒绝了向海神波塞冬祭献指定的公牛，波塞冬大怒之下诅咒了他的妻子，使其反自然地爱上了一头公牛。后来，她便产下了半人半牛怪弥诺陶洛斯。这只怪物被关在一座迷宫之中，以活人为食，后被忒修斯所杀。

### 迈锡尼

迈锡尼城是阿开奥斯人最为著名的堡垒，俯视着阿尔戈利斯州（位于伯罗奔尼撒半岛）。人们住在宫殿之外的乡村，组成了村民共同体。荷马在《伊利亚特》中写道，在即将起航前往特洛伊的船只中，迈锡尼所拥有的船只最多，比皮洛斯、梯林斯和雅典更甚。迈锡尼国王阿伽门农是此次出征的领袖，但他不能支配所有的城邦，因为它们在政治上还不是统一体。

### 希腊的中世纪

迈锡尼文明在约前 1200 年消失，具体原因不得而知。人们将此后的 3 个世纪称为"希腊的黑暗时代"。迄今，人们没有发现任何关于大灾难或入侵的文献记载。人们怀疑，可能是因为内乱，而一些埃及文本中则提到有"海上民族"的到来。

希腊国王阿伽门农墓中的面罩，发现于迈锡尼，1876 年。

古代的帝国

## 来自大海的威胁

海上民族在埃及石柱上被描述为入侵者，对古埃及人而言，正是这些海上民族的到来，对爱琴海文明、安纳托利亚和尼罗河三角洲造成了破坏。我们知道有一些民族来到地中海东岸定居，并对所到之处大肆摧毁、发动战争。而事实上，前13世纪至前12世纪，世界各地的民族到达地中海沿岸，令这一地区混乱不堪。

## 特洛伊战争真的发生过吗？

如果特洛伊战争真的发生过，那么它也不过是这一时期诸多斗争中的一个片段——尽管神话中不是这么写的。海因里希·施里曼在土耳其希沙立克古城堡遗址发现了特洛伊遗迹。从1868年起，他发现了7个城邦的多层遗址，其中包括一个在约前2500年统治这一地区的城邦。这座古城堡有多道门，城墙达几米厚，还在有柱廊的水道旁修建了几座宫殿。

## 伊特鲁里亚人，经商高手

前600年至前550年，作为航海者和商人的伊特鲁里亚人控制了意大利从波河平原到庞贝古城一带，在这里孕育了一个灿烂的文明，开采了其领土上的锌、铜和铁，还发展了繁盛的农业和活跃的葡萄种植业。他们还和希腊人、腓尼基人等拥有先进文化的民族建立了往来。而随着古希腊的殖民、高卢人的入侵，以及罗马的掠夺，他们逐渐走向衰落，并失去了海洋霸权。罗马崛起后，伊特鲁里亚人的部分领土被并入罗马范围，后来于3世纪向罗马投降。

## 对手：迦太基

根据文学作品的相关记载，迦太基是腓尼基人在约前814年建立的"新城"，位于现在的突尼斯。事实上，人们没有在此发现任何早于725年的遗迹。迦太基人先是掌控了腓尼基人在地中海的所有商行，后又于前6世纪征服了努比亚人和北非的摩尔人。

迦太基的保护神是巴力·哈蒙。迦太基人都是卓越的航海家，在商场和战场上也是佼佼者，所以，后来他们夺得了希腊和殖民地的控制权，还尝试在罗马建立霸权（以失败而告终）。前146年，迦太基最终在经历了3次布匿战争后灭亡。

## 当心海盗！

第勒尼安人、伊利里亚人和奇里乞亚人受到了海岸多石小岛的保护，还拥有带桨和帆的快船，他们从前12世纪以来发展的大量商业运输中获得了利益。在经历了前1世纪几次徒劳无功的尝试后，罗马通过庞培的斡旋来应对这一威胁。3个月后，海盗的势力受到重创，庞培正式宣称罗马已掌控地中海……然而灾祸并没有彻底消除。

夫妻石棺，伊特鲁里亚人代表作（前6世纪，意大利，切尔韦泰里）。

## 大希腊

这是古希腊人对意大利半岛南部海滨的总称。从前8世纪起，希腊人在这里建立了一系列城邦：每个城邦都会派遣一些移居者，按照他们所来自城邦的样式修建城邦，但同时又完全独立于他们的母邦，这些城邦甚至在财富上会超越母邦。这些城邦包括库迈、纳克索斯、塔兰托、梅坦蓬托、克罗托内、叙拉古等。

# 智慧帝国

### 一个城邦世界

前 1200 年前，多利亚人在希腊建立了一些独立的城邦，每个城邦都有各自的宪法，以公民权的概念为基础。所有城邦都努力争取权力和至高无上的地位，其中最为著名的当数阿尔戈斯、科林斯、底比斯、斯巴达和雅典。

### 永远的对手

在雅典崛起之前，斯巴达是希腊最强大的城邦。斯巴达城邦由两个国王和一个长老会议共同治理。斯巴达人以纪律森严、耐力超常和严肃刻苦而著称。

### 两个希腊

- 古希腊：建立城邦和殖民扩张阶段。
- 古典希腊：前 600 年至前 380 年，民主制度得以出现与发展的时期。

### 制海权

这个词指的是雅典人对爱琴海的控制权。

### 希波战争：希腊人 1— 波斯人 0

对波斯人而言，这是一个扩张的时期；而对希腊人来说，这是一个将爱琴海周围 200 余个城邦聚集起来结成联盟的机会。从前 477 年起，提洛同盟接受城邦的钱财或防守力量，以确保共同体的安全。大多数城邦都满足于支付贡税，而雅典则担负起了保护诸多城邦的责任。比雷埃夫斯接收了军队和舰船，借机增强了其舰队的实力。

### 两次希波战争

大流士一世于前 490 年发起了第一次希波战争。他控制了小亚细亚希腊诸城邦，并试图以武力威胁，取得希腊城邦联盟，让这些城邦附属于波斯。在马拉松战役中，雅典和斯巴达城邦的希腊人取得了巨大的胜利（波斯阵亡 6000 人，而希腊仅阵亡 200 人）。10 年后，大流士一世之子薛西斯再次远征希腊。以斯巴达和雅典为首的 30 多个希腊城邦结成同盟，从而于前 479 年获胜。尽管在温泉关战败（在这次战役中，斯巴达国王列奥尼达因希腊人的出卖，被波斯军队从背后袭击，与 300 名斯巴达士兵全部战死），但希腊人在萨拉米斯岛重新获得制海权，他们的三桨座战船包围了波斯舰船。与此同时，希腊人在普拉蒂亚之战中也大获全胜。前 449 年，波斯放弃对希腊和爱琴海的一切控制。

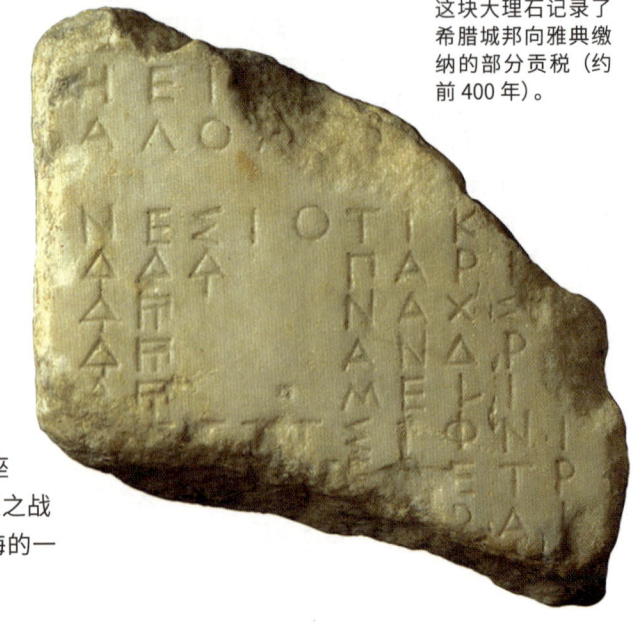

这块大理石记录了希腊城邦向雅典缴纳的部分贡税（约前 400 年）。

## 公民

拥有公民权，意味着可以参加公民大会，可以出席民众法庭（人们每年通过抽签挑选出 600 名公民以裁决诉诸法庭的案件）；也意味着需要参与战争；还意味着可以拥有公民的信仰，如帕特农神庙的檐壁刻画了泛雅典娜节[5]的游行场景，这是该城邦纪念雅典娜女神的重要节日。

古希腊投票用的牌子（前 5 世纪），发现于雅典。

## 从统治马其顿到设立亚该亚行省

在奇罗尼亚，亚历山大大帝之父——马其顿国王腓力二世抓住希腊各城邦冲突不断的机遇，确立了马其顿对希腊诸城邦的控制。马其顿的军队很好地结合了希腊的重步兵和轻步兵，在战场上所向披靡，而骑兵部队的支持则让他们如虎添翼。前 146 年，在经历了三次马其顿战争后，罗马人取得了这一地区的控制权，马其顿成为罗马的行省，马其顿行省总督控制了所有希腊城邦。伯罗奔尼撒同盟试图维持自己的独立地位，然而在前 27 年，罗马帝国还是成功设立了亚该亚行省。

## 城邦内的公共奴隶

1000 至 2000 名担任要职的公共奴隶为雅典城邦服务：管理账目，管理城邦档案，在法庭计算票数，监督重量和尺寸的标准，在货币作坊工作等。他们的工作使得所有的政治权力都掌握在公民手中，一些行政机构不能阻碍民主意愿。

## 公民大会

普尼克斯山离阿哥拉 400 米，面对着卫城，公民每年会在这里聚集 40 次，以共同商议公共事务，并对法律条文进行投票。公民大会的相关事务由执政官筹备，但根据一条基本的原则，任何一位公民都可以参与其中：每个公民对公共事务有着平等的发言权。

## 伯罗奔尼撒战争：斯巴达 1，雅典 0

前 446 年，雅典和斯巴达这两个永远的对手达成了一项维持 30 年和平的约定。然而，这一约定并没有带来和平。前 431 年，战争爆发；前 405 年，斯巴达海军统帅莱山德在阿哥斯波塔米战役中歼灭了雅典相当多的战舰。随后，莱山德封锁雅典海域。前 404 年，雅典宣布投降。斯巴达不想如底比斯和科林斯所愿将雅典夷为平地，所以只是摧毁了雅典的防御工事，仅留下了他们的 12 艘三桨座战船。

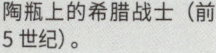

陶瓶上的希腊战士（前 5 世纪）。

# 亚历山大的征服

## 马其顿国王

马其顿王国地处希腊北部，在很长一段时间内没有参与希腊城邦间的攻伐。因为希腊城邦将马其顿人视作异族蛮人，将他们排除在希腊邦际生活之外。然而，1976年发现的维尔吉纳王陵（很可能是马其顿国王腓力二世及其最后一位妻子克利奥帕特拉的陵寝）表明，马其顿在前4世纪就已经完全希腊化了。

## 一所好"学校"

亚历山大大帝（前356年—前323年）的启蒙老师是列奥尼达，后来亚里士多德帮助其完善了知识素养。在喀罗尼亚战役中，20岁的亚历山大表现出了卓越的军事才能。其父腓力二世于前359年登上王位，改组了马其顿的军队，为其提供了范例。亚历山大抓住希腊诸城邦混战的时机，成长为十余年间希腊中部的霸主。

马其顿国王、出类拔萃的征服者亚历山大大帝半身雕像（约前200年），发现于埃及亚历山大。

## 戈尔迪乌姆之结

相传，戈尔迪乌姆有一辆米达斯国王的双轮马车，车辙上打了一个复杂的结，无人能解开；谁能解开此结，便能成为亚细亚的王。亚历山大到达戈尔迪乌姆后，一剑斩断了戈尔迪乌姆之结。

## 征服世界四大地区的国王

征服了小亚细亚、叙利亚、腓尼基和埃及之后，亚历山大在约前336年与波斯国王大流士三世对阵并取得胜利，大流士三世在逃亡中遇刺身亡。亚历山大作为胜利者进入巴比伦和苏撒，洗劫了波斯波利斯，随后将之付之一炬，还掠夺了阿契美尼德王朝的王室珍宝，宣称自己是继承者。据推测，亚历山大抢走的珍宝达1.8万塔兰特[6]（约合4500多吨），这些金银足以让他展开接下来的征服。

## 解放者

亚历山大出征亚细亚，对抗波斯人，实现了其父之志（腓力二世于前336年被刺杀）。他以3万名步兵和4500名骑兵解放了臣服于波斯帝国的小亚细亚的各个城邦，随后他们在特洛伊上岸，攻占了地中海沿岸的所有城邦，并夺取了波斯在这一带的海上霸权。除了泰尔（这里的围攻战僵持了8个月），各个城邦都视亚历山大为解放者。

壁画，这幅画描绘了前333年亚历山大大帝在伊苏斯之战中大战大流士三世。发现于庞贝古城，约前80年。

48

古代的帝国

## 高山战役

人们将征服波斯山区部落的战役称为高山战役,而波斯的一部分军队通过沙漠商队的传统路线——今天仍是从阿富汗通往巴基斯坦的一条道路——占领了印度河河谷,其任务是平定犍陀罗国。在大部分时间,城市被摧毁,居民被杀害,军队还驻扎在要地。

## 东方化的亚历山大

亚历山大保留了波斯由行省总督管辖省的制度,各个省从此由马其顿人和希腊人控制。然而,人们仍使用原来的语言,保留原来的风俗习惯,连亚历山大自己也穿上了东方服饰。此外,他还沿用阿契美尼德王朝的仪式,登上王位且戴上王冠。这大大地激怒了马其顿人和希腊人。亚历山大在东征的过程中,建立了70多座以他的名字命名的希腊化城市,还选定3万名波斯儿童接受希腊教育(他称其为"继承者")。

## "亚历山大止步于此"

前326年,疲惫不堪的亚历山大军队在到达一个地方后,拒绝继续向恒河流域进发。于是,亚历山大在为奥林匹亚诸神而立的12个祭台上写下了"亚历山大止步于此"。这一年,他的军队结束了长达3年的在巴克特里亚和粟特(位于现在的乌兹别克斯坦和阿富汗)的战役,刚刚抵达印度河流域;在印度河流域的上一场战争中,马其顿人获得了旁遮普和克什米尔的控制权。

## 亚历山大的大象

亚历山大让印度的君王为他提供了一些作战用的大象。它们由印度赶象人驱赶,戴着一个环状物,为掩藏在后面的马其顿士兵提供了保护。为了颂扬亚历山大在印度取得的胜利,其继承者们所描绘的亚历山大通常头戴大象皮。

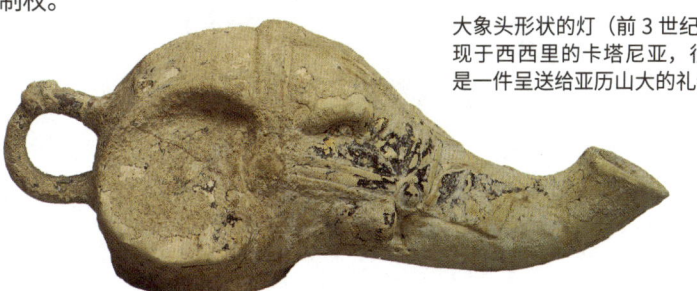

大象头形状的灯(前3世纪),发现于西西里的卡塔尼亚,很可能是一件呈送给亚历山大的礼物。

## 苏撒集体婚礼

亚历山大的妻子有波斯人巴西妮和粟特人罗克珊娜。前325年,为了促进波斯人和马其顿人的融合,亚历山大在苏撒迎娶了大流士的女儿斯妲特拉二世和妹妹帕瑞萨娣丝二世。与此同时,他的亲信和好友也迎娶了阿契美尼德王朝的公主或是波斯显贵的女儿。

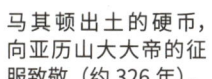

马其顿出土的硬币,向亚历山大大帝的征服致敬(约326年)。

## 征服者之死

前323年,亚历山大大帝去世,死因很可能是患上了疟疾。当时,他正准备出征阿拉伯,以夺取巴比伦与阿拉伯和印度之间的商贸要道。在他离世后,他一手建立的庞大帝国也因部将争夺权力而分崩离析。

# 凯尔特人

## 凯尔特人是谁？

希腊人将起源于多瑙河的人称为凯尔特人（希腊语为 Keltoi，古罗马语为 Galli）。他们定居于今天的小亚细亚，被称作加拉太人，同时还在大不列颠一带定居。凯尔特人很快与当地人融合，从而产生了西班牙的凯尔特伊比利亚人、普罗旺斯的凯尔特利古里亚人，以及贝尔格莱德的斯科迪斯奇人。

## 建筑的见证者

早在金字塔或迈锡尼的宫殿建造之前，巨石建筑就出现在了斯堪的纳维亚半岛南部到西班牙北部，它标志着新石器时代人类优秀的领导力与协调力。可见，在前 4000 年至前 2000 年，他们就已经能够运用如此精巧的建筑技艺。

## 高卢的希腊人

在前 8 世纪至前 6 世纪，希腊人占领高卢，并在此建立了尼斯、昂蒂布和阿尔勒殖民地。前 600 年，弗凯亚的希腊人修建了马赛，这是一个港口城市，且与罗纳河接近，因而成为地中海的商贸中转站。由于它位于锡器之路[7]上，所以高卢人在这里将产品运往希腊和罗马世界。

## 哈尔施塔特时期

哈尔施塔特是奥地利的一个村庄，人们在此发现了一个包含 2000 多座墓的大墓地，并出土了一些铁器，正好说明了从奥地利到勃艮第的亲王贵族制的发展（拥有铁剑和战车是这些贵族的权力基础）。

哈尔施塔特的亲王控制着商贸要道，尤其是萨尔茨堡和萨兰堡等地区的盐道，还控制着塞纳河与上索恩河的汇合处。英国的锡正是经

维克斯的双耳爵是一个巨大的铜瓶，这是一个酒器，于 1953 年在一位凯尔特公主的墓中被发现，年代大约是前 510 年。

由此地运送到意大利和希腊。同时，他们可以进口珍贵的花瓶、首饰、酒等奢侈品。

## 维克斯公主

1953 年，科学家在塞纳河畔沙蒂隆发现了一个 30 来岁的女子的尸体，并将其命名为维克斯。同期还发掘出她的双轮马车和古代最大的铜瓶（很可能是意大利南部生产的）。这次考古发现也挖掘出了其他银瓶、铜瓶和陶瓶，体现了哈尔施塔特王室子弟的权势和当时女性的地位。

## 哈尔施塔特权力的终结

哈尔施塔特官邸在约前 500 年崩塌。这可能是因为那时地中海西岸是伊特鲁里亚人、迦太基人、希腊人和罗马人斗争的舞台，还可能是臣民反抗亲王权力的地方，导致商贸中心重新向黑海转移。

古代的帝国

## 拉坦诺文化时期

拉坦诺文化的名字源于瑞士纳沙泰尔湖畔的一处遗址，科学家在这里发现了一些古墓，墓中有大量的武器和首饰。它代表着从前 480 年恺撒征服高卢人到凯尔特人入侵欧洲大陆的巅峰。早期的拉坦诺文化没有比村庄更高级的组织，坟墓之间也不存在等级差异。

## 比布拉克特

比布拉克特城建于前 200 年至前 150 年，位于伯夫赖山上，面积达 200 公顷，是西方最大的城市之一。这里的居民有 1 万人，可容纳 4 万人。参观者可以从一座 19 米宽的城门入城。城外的山丘上可进行农业种植。罗马人征服此地后，比布拉克特被遗弃，而另一座城市欧坦得以发展起来。

## 是高卢！

独立时期的高卢由多个部落组成。埃杜维人、阿维尔尼人、比图里吉人、卡尔尼特人、塞夸尼人、兰米人、皮克通人、桑东人、特雷维尔人、赫尔维蒂人等部落组成了真正的国家，还有附庸部落。这些成熟的政体拥有议会和选举产生的法官，还制定了宪法。在被罗马征服之前，所有的大部落都会自己铸造货币。一些部落（如埃杜维人）与罗马人建立了外交和经济上的密切联系。

## 日耳曼人

聚居在德国北部和丹麦的日耳曼人较为边缘化，他们是居住在偏僻农场里的农民，依靠木制摆杆步犁耕种土地。在沼泽地或泥炭沼中发现的沉淀物，让我们得以追踪他们的生活痕迹。

### 高卢，哪个高卢？

- 山南高卢（穿罗马式长袍的高卢）：前 118 年，罗马人建立纳博讷高卢行省。
- 长发高卢：被罗马征服前的独立的高卢。
- 三个高卢：阿基坦高卢行省、里昂高卢行省和比利时高卢行省；它们出自被罗马征服后的行政架构。

恺撒家族锻造的银币（约前 46 年）：战利品下方，一个坐着的高卢女人正在哭泣，维钦托利[8]的双手被绑在身后。

维钦托利，高卢的一个部落首领，这张图片展示的是雕刻在一枚硬币上的维钦托利肖像（约前 48 年）。

## 恺撒攻打高卢人

前 58 年，受到赫尔维蒂人威胁的埃杜维人向罗马人求救，恺撒借此机会展开了对高卢人的征服。恺撒的入侵得到了多个高卢部落的支持，而这些部落在恺撒随后设立的机构中得到了特权。尽管在维钦托利的号召下，很多高卢城邦联合起来对抗恺撒，但到前 52 年，高卢人在阿莱西亚战败，维钦托利不得不向恺撒投降。

# 罗马帝国的十大概念

## 一座城市的诞生

通过研究希腊和罗马的历史，生活在前1世纪末的作家瓦罗推算出了罗马的建立时间——前753年——并以此取代了其他时间更久远的学说。考古资料则证实拉齐奥大区早在前9世纪就以独立村落的形式存在，这为我们掌握城市的演变提供了一个视角。对古希腊时代的专家而言，在前7世纪中叶之前，罗马无论如何都不能算是一个城邦。

## 地中海

罗马用了8个世纪才将霸权先后扩张到意大利半岛上的城市（从伊特鲁里亚到意大利中部再至南部的希腊城市）以及地中海周围。罗马帝国以地中海为重心。纪年之初，奥古斯都将其边境定为大河（莱茵河、多瑙河、幼发拉底河）尽头，继任者们的征服活动并未超过这个范围。

## 从城邦到帝国首都

罗马的领土扩张是其与敌人战斗或与盟友联姻的结果，它或卷入领土冲突之中，或通过继承权得到数座城邦（亚细亚、比提尼亚、昔兰尼加）的统治权。"行省"一词在指代领地本身之前，最早是指元老院指派给行政长官的待征服或待管理的职责范围。最古老的罗马行省（西西里、科西嘉与萨丁尼亚）可以追溯到前3世纪。2世纪至3世纪，罗马的行省数量达到40多个。

## 战败者的不幸

在那些时而气势汹汹、时而遭到排斥的好战人物中，为后世所记住的通常是第二次布匿战争中驱使象群翻越阿尔卑斯山的汉尼拔。但在通往帝国的道路上，罗马也遭到了抵抗，包括曾在前390年劫掠罗马的高卢人（维钦托利）、意大利中部令人生畏的萨莫奈人、商业之敌海盗、努米底亚国王朱古达（前111年—前105年）、本都王国的米特拉达梯六世，以及东方的帕提亚帝国。在476年最终亡于蛮族奥多亚塞的攻击之前，罗马帝国要与如此多的敌人进行战斗。

## 管理被征服的土地

罗马帝国由多个城邦组成，所有城邦均在罗马的统治之下，但城邦的内部运转相对独立。被征服的领地需要缴税，由行省总督（罗马的行政长官或前任行政长官）管理。奥古斯都将行省划分为元老院行省和元首行省，后者由奥古斯都委任行省总督进行治理，特点是行省内驻有军团。如果愿意的话，行省的精英们可以直接向皇帝或元老院派遣自己的使者。

罗马的一次人口普查（前1世纪）。

## 罗马公民身份

帝国境内有罗马公民和行省居民之分，前者包括罗马殖民者和政府成员。行省居民可凭功绩或贡献，以个人或集体名义获得罗马公民身份。在帝国统治下，君主可以无限授予公民身份。持有公民身份的人在罗马享有政治权利。212年，卡拉卡拉将罗马公民身份授予全体行省居民。

古代的帝国

大祭司长奥古斯都（罗马，约前 10 年）。

## 奥古斯都，首任皇帝

朱里亚·克劳狄王朝的建立者在罗马史上留下了属于自己的印记。作为第一位罗马皇帝和"罗马和平"（一个对内和对外都相对和平的时代）的开创者，他在多年征战后提出了一种政治模式，即元首制。在表面维持共和制度的同时，该政治模式建立了一种持久的权力形式，由唯一一人掌握君主和法官的权能。

## 从大元帅到皇帝

共和国时代，行政长官的集体职能在于防范权力行使发生偏移。但将军们（大元帅）率领忠实军团打下了赫赫战功，罗马已取得的扩张导致了天命之子的出现，他们无一不被个人权力吸引：马略、苏拉、庞培、尤利乌斯·恺撒、马克·安东尼，还有屋大维（他于前 31 年加冕称帝）。

## 永恒之城罗马

罗马位于台伯河左岸，周围有 7 个山丘（阿文庭山、西里欧山、帕拉蒂尼山、卡比托利欧山、埃斯奎利诺山、维米那勒山、奎利那雷山），围绕着一个广场发展，那里是政治、经济和宗教的中心。大教堂、凯旋门、剧院、斗兽场、用于马车比赛的竞技场、公共浴池、引水渠，以及祭祀设施，罗马凭借这些建筑为帝国的城市提供了参照。在统治者的不断改造下，罗马成了艺术之都、政治之都和意识形态之都。

## 元老院与罗马人民

理论上，罗马制度建立在罗马人民和元老院的权力基础上：元老院和罗马人民代表行动的主体。行政长官属于富有的精英阶层，有能力担任城市的领导职位。在一年任期内，这些行政官员在理事会、元老院的协助下，负责保障公共事务的延续性。至于罗马人民，他们可以参加各种公民大会。从 1 世纪开始，帝国政体在平衡该制度时，增加了一个能代替人民和地方行政官员的权威——皇帝。

奥古斯都时代的罗马广场（复原图）。

# 丝绸之路

## 道路和人

德国地理学家费迪南·冯·李希霍芬（1833年—1905年）最先将中国与地中海之间的所有路线统称为"丝绸之路"。"丝绸之路"并非只有一条，而是随着所经地区的政治和经济变化而不断发展的海陆道路网络。通过"丝绸之路"运送的不仅仅是丝绸，还有香料、宝石和金属。

## 中国汉朝的道路

前2世纪，随着汉朝使节张骞出使西域，汉朝商人频繁往返于从今新疆穿越塔里木盆地的两条路：第一条从北出发，途经焉耆、库车、喀什绿洲；第二条向南，途经楼兰、尼雅、和田和莎车绿洲。

1世纪时，班超将军在西域地区开辟了一条商路，通过帕米尔山口连通了汉朝和帕提亚帝国。同一时期，另一条丝绸之路利用每年反转的季风，扬帆驶向印度。

## 丝绸的奥秘

1世纪，四个帝国共享着已知世界：罗马帝国和中国的汉朝分列两端；中间是帕提亚帝国和贵霜帝国，它们是中转站，既保证了丝绸的运输，又不暴露丝绸的来源。

罗马人认为，丝绸来自被亚历山大征服的土地——远东的塞里斯。拉丁文学者们对于丝绸的制造东猜西想，始终不得其解，罗马帝国的西部地区一直没有参透这个秘密。

事实上，直到550年查士丁尼在位期间，东罗马帝国的修道士们才将蚕藏在朝圣杖中带回来。

在中国的道路上，商人们骑着骆驼出行。该陶瓷制品制作于8世纪的中国。

2世纪前后一位正在还愿的帕提亚商人的浮雕图像。

## 被禁止的珍宝

5世纪之前，中国人一直掌握着丝绸的制作工艺。丝绸的重要性可以用它的价值来衡量，罗马元老院禁止男子穿戴丝绸，并试图阻止丝绸的进口，以限制黄金的外流。然而，这些限制措施无济于事，丝绸服装是罗马人的至爱。不仅如此，西哥特人洗劫罗马帝国时，除了索要大量的金银，还有4000件丝绸外衣。

## 藏起丝绸吧

在一些罗马人眼中，穿戴丝绸是堕落、伤风败俗的标志。在塞涅卡的书《论恩惠》中有这样一段："我看到的丝绸衣服，如果它不能遮掩人的躯体，也不能令人显得庄重，那它能叫衣服？一旦穿上后，女人赌咒发誓她没有赤身裸体，人们却不相信：这就是他们花费巨大代价，从不知名的国家带来的东西，就为了女人们在卧室里袒露得不比在公众场合多，即便是为了取悦情人。"

## 伟大的旅行家

### 法显
他是5世纪中国最伟大的旅行家。怀着拜访佛陀圣地的渴望，他在65岁的时候从中国中部出发，徒步穿越戈壁滩，最终抵达印度。

### 希罗多德
这位希腊历史学家（约前480年—约前425年）以描述希波战争而闻名，他访问了埃及、叙利亚、提尔、波斯帝国、巴比伦和马其顿。他的游记在《历史》一书中有详细记载。

### 皮西亚斯
大约在前340年，他离开马萨利亚（今马赛），穿过直布罗陀海峡，到达布列塔尼与今天的大不列颠。据说，他到了一个"夜晚只有两小时"的地方。他提到的极北之岛可能是冰岛或挪威。他从旅行中带回了一张英国地图，地图准确描述了凯尔特人和哥特人，带来了关于极圈和潮汐现象的新数据。他撰写的《来自海洋》一书如今已经失传了。

## 路上的神明

除了珍贵的物品，思想和宗教也在这些道路上流通，佛教正是沿着丝绸之路传播到了中国和中亚地区。商人们携带着手稿和祭祀用品，而传教士们则开始在莎车、和田、喀什、塔什干等地建立寺院。这些寺院将成为宗教的家园，这种宗教将在亚洲世界发展起来，而在印度，其影响力却在减弱。

## 文化交流

阿富汗的贝格拉姆城址，印证了东西方之间的商业联系和文化模式的传播。中国的漆器和印度的象牙、骨雕等奢侈品与叙利亚—亚历山大时期的青铜器和玻璃器皿共存，叙利亚—亚历山大时期的青铜器和玻璃器皿上再现了希腊罗马神话的主题，例如，朱庇特强抢欧罗巴等。在庞贝城，人们发现了来自印度中部的象牙雕像。

中国僧人促进了佛教在整个亚洲的传播（舒尔楚克出土的前800年前后的壁画残片）。

# 古代的重要人物

## 埃及王后

哈特谢普苏特最初仅以摄政的名义管理国务，之后成为法老（前1482年前后），改为以王室男性的装扮示人。在位期间，她修建了神庙和卡纳克大方尖碑。后来的纳芙蒂蒂以和丈夫埃赫那顿（阿蒙霍特普四世）共同摄政而知名。至于拉美西斯二世的第一任妻子奈菲尔塔丽，则因其在王后谷的坟墓壁画而闻名。壁画中，她时而奉上祭品，时而以女神的形象接受献祭。

埃及法老埃赫那顿的王后纳芙蒂蒂（前1370年—前1333年）的半身像，制作于前14世纪。

## 居鲁士大帝

居鲁士二世（前550年—前530年在位）用了28年的时间，把波斯建设为一个真正的普世帝国。在收服米底后，他将波斯的边境扩展到印度西北部。在西线，他打败了吕底亚，迫使希腊投降。前539年，他征服了巴比伦尼亚，成为国王。与此同时，巴勒斯坦、叙利亚和腓尼基也被纳入波斯的版图。前525年，他的儿子冈比西斯二世征服了埃及，建立了埃及第27王朝。

## 亚述巴尼拔

相传，被希腊人称为萨达纳帕拉的那个人（约前669年—前626年）蹈火而死。

这个享乐至死的东方暴君的原型借鉴了两位伟大君王的特征：亚述的最后一位国王亚述巴尼拔和他的兄弟沙马什·舒姆·乌金。前者下令收集王国内的所有历史、行政、宗教、文学和科学文献，其中有数千块石碑来自被征服的国家，存放在尼尼微的大型图书馆中。后者是巴比伦的国王，前648年，他在宫殿中举火自焚。

## 尼布甲尼撒二世

骁勇善战的尼布甲尼撒二世分别在前597年和前587年两次围攻耶路撒冷。数以千计的犹太人被掳至巴比伦，其中包括以西结、但以理等大先知，以及所有的祭司和犹太律法家。作为王朝的缔造者之一，他重建了首都，下令建造了许多著名的宏伟建筑。

## 伯利克里

这位贵族（前495年—前429年）在前460年至前430年主导了雅典的政治生活和至高无上的地位，把雅典的货币普及到整个爱琴海，并聚集了许多创造者：主持建设帕特农神庙的菲迪亚斯、悲剧作家索福克勒斯、主张"人是万物的尺度"的哲学家普罗泰戈拉。历史学家修昔底德称伯利克里时期的雅典是"希腊的学校"。

伯利克里（前495年—前429年）半身像，雕刻于前450年前后。他是雅典最伟大的雄辩家和政治家。

古代的帝国

## 秦始皇

前 221 年,秦王嬴政统一六国,建立了中央集权制,秉持强有力的对外政策,创立了"皇帝"的尊号,自称始皇帝。他修建了万里长城,把已经建好的零散长城连成一线,并向东、西两方延伸。70 万人被调集来建造他的陵墓,陵墓周围是数个庞大的墓穴,里面安放着 7000 多件像军队一样整齐排列的、真人大小的陶俑,还有马匹和战车。1974 年,这座陵墓意外现世。

## 阿育王

尽管阿育王的统治以暗杀和血腥征服开始,但在统治印度孔雀王朝的 36 到 37 年间(约前 268 年—前 232 年),他被称为"被神宠爱的人"。在位第 12 年,他在分布于全国各地的石柱上刻了 33 篇被称为"阿育王法敕"的敕文。其中有他皈依佛门的记述,他的宗教和道德戒律,以及社会纲领。通过发起密集的传教活动,他确保了佛教在亚洲各国广为弘布。

前 2 世纪阿育王狮子柱头,上面刻着孔雀王朝的官方敕令,现存于鹿野苑。

## 迦腻色伽一世

他是 2 世纪登基的贵霜帝国最著名的国王。他与帕提亚人和汉朝人开战,夺取了喀什、莎车,以及和田绿洲,随之成为一个庞大帝国的首领。部分中亚地区也在他的统治之下,他推动了佛教在那里的传播、发扬。迦腻色伽一世本人被视为一位伟大的舍利塔的创建者。舍利塔是一种用于圣骨崇拜的建筑。

## 甘达刻

在麦罗埃王国,有权有势的妇女在王位上拥有与国王同等的合法性。在麦罗埃的文献中,她们拥有"甘达刻"的尊称,也被称为女王。她们的形象有时是拿着武器屠杀敌人的女性。

最著名的甘达刻是前 1 世纪的阿曼尼瑞纳斯和阿曼尼沙赫托,后者拒绝向罗马称臣,驱逐罗马军团,最远到达埃及,直到与奥古斯都皇帝缔结和约。

## 君士坦丁大帝

君士坦丁大帝于 272 年出生,逐渐皈依基督教,直到 337 年去世时才受洗。他致力于促进宗教和平。在颁布宗教信仰自由敕令的同时,他也让基督教有了知名度,为其未来的强大奠定了基础。

他在拜占庭的遗址上建立了一座城市,把它构想成一个新的罗马,城中有 7 座山丘、市政厅、广场、元老院、引水渠。于是,君士坦丁堡成为东罗马最大的大都市之一,同时是基督教的堡垒。

# 古代的世界奇迹

## 世界七大奇迹

从古至今，人们列出过各种各样的世界奇迹清单，这些奇迹是前3000年至前3世纪建造的宏伟建筑。其中最"经典"的名录由拜占庭的斐罗提出，被认为一定来源于更古老的文献。我们今天依据的文件是一份前3世纪的中世纪抄本，以"Palatinus 398"的名字保存于海德堡。它提到的七大奇迹分别是：

　　摩索拉斯陵墓
　　胡夫金字塔
　　亚历山大灯塔
　　罗德岛太阳神巨像
　　巴比伦空中花园
　　雅典的奥林匹亚宙斯巨像
　　以弗所阿尔忒弥斯神庙

## 一种象征：金字塔

第一座用切割的石头建造的金字塔位于塞加拉，是前2700年前后伊姆霍特普为第三王朝的第二位法老左塞尔修建的。

吉萨高原之后的陵墓都是仿照这座阶梯金字塔而建，如胡夫、哈夫拉、孟卡拉的陵墓，它们显示了当时法老的力量。

金字塔是墓葬群的一部分，也是古埃及最著名的建筑和文化象征。

## 巴比伦

巴比伦数次被毁，在前689年更是几乎湮灭。当时，亚述人改变了幼发拉底河的水道，导致巴比伦坍塌。前6世纪，这座城市得以重建、扩大，用双层围墙加固，还建有塔楼，能容纳10万多人。它以空中花园而闻名于世，围绕着城市守护神马尔杜克的神庙建造起来，在那里矗立着一座90米高的7层庙塔。仪式行列从伊什塔尔[9]之门出发，一直走向神庙。伊什塔尔大门上铺釉面砖和天青石，饰神兽和花卉图案。宽20多米的游行大街两侧是装饰着狮子浮雕的、约3米高的釉面砖墙。

## 阿伊哈努姆古城

这座位于阿富汗北部的城市建于亚历山大到塞琉古一世（前358年—前281年）统治期间，是希腊时代唯一的城市居民区，人们在巴克特里亚地区发现了它的遗迹。虽然这里的宗教建筑和大型贵族住宅都是根据当地传统而建造的，但这座城市却像一个真正的希腊城市。它拥有一个可容纳约5000名观众的剧院、一个体育馆和一个喷泉。

世界七大奇迹。

古代的帝国

## 波斯波利斯

大流士一世期望这座都城坐落在一个巨大的人造平台上，人们需要拾级而上来到薛西斯之门，即"万国之门"，才能抵达。波斯波利斯最重要的建筑之一是阿帕达纳宫。在通往宫殿的台阶上，刻有宫廷权贵、国王的贴身侍卫、"万名神仙"和各个民族代表的雕像。每年的诺鲁孜节，即波斯新年，阿契美尼德人会在这里举行一次盛大的招待会，被征服民族的使者都会到王座前朝拜，并带来祭品和贡品。第一个以胜者姿态进入波斯波利斯的外国人是亚历山大大帝，他将这座城市付之一炬……

## 拉文塔

拉文塔是始于前1200年、终于前400年的奥尔梅克文明的遗址，可容纳多达35000名居民。城内有一座宏伟的建筑：夯土制成的圆锥形金字塔，高约30米，直径128米，有供集会用的院落、石制水渠、供球赛用的场地，以及宗教建筑。所有这些建筑的建材都需人力背负，因为这个前哥伦布时代的文明没有使用轮子，也不用动物负重。自1925年该遗址被发掘以来，已出土了巨石头像、浮雕、祭坛、镶嵌画、小雕像、珠宝、镜子，以及达官贵人的墓室和石棺。

设拉子，波斯波利斯在伊朗的入口。这些台阶通向大流士王宫遗迹。

墨西哥拉文塔遗址的奥尔梅克头像。

## 特奥蒂瓦坎

14世纪，阿兹特克人将位于墨西哥城以北约50千米处的"废墟之城"命名为"众神之城"。虽然可以在这里找到前650年的文明痕迹，但这座城市在2世纪才发展到了巅峰：庞大的仪式中心围绕太阳金字塔、月亮金字塔展开，包括一条45米宽的笔直大道，大道两旁建有一些神庙，其中獠牙面具和长着羽毛的蛇交替出现。考古发掘表明，它是消失于7世纪的一个奉行神权文明的城市。遗址上没有象形文字或实际书写的痕迹，但人们可以辨认与标记星宿时间的数字或年代计算相关的符号。

59

# 宗教起源

## 吠陀

《吠陀经》是一部构成吠陀宗教基础的神圣经文汇编。该宗教由雅利安人的信仰演化而来,并影响到了后来的印度教。起初,这些文本被口口相传,后来在一个未确定的时期被编成 4 个合集(Samhita),被认为是梵天 4 颗头颅的启示。其中,最重要的是《梨俱吠陀》,这 10 本书里有 1028 首赞美诗,展现了暴风雨、风、水、火等自然力量。

## 印度宗教,耆那教

作为对婆罗门社会统治地位的反抗,前 5 世纪,耆那教教义出现了。它建立在非暴力和苦行生活方式的基础上。孔雀王朝的开国皇帝旃陀罗笈多按该教的规定结束生命,绝食而死。

### 吠陀教教义

在吠陀教的精神要点中,灵魂转世信仰早在前 1000 年就开始出现在《梵书》中了。前 7 世纪至前 6 世纪的《奥义书》中也有所记载,还提到了"业"的概念,"业"决定了个人灵魂通过与造物主的普世灵魂相结合而走向救赎的道路。

### 佛陀或"觉悟者"

前 5 世纪末,乔达摩·悉达多王子出生在古印度北部。为了了解人类的处境,他游历 6 年,后来开始修习禅定,终于在 49 天后证悟,明白了世间众生和苦难的奥秘。

耆那教宇宙论主张非暴力,认为空间分为三个部分:极乐世界(上)、我们的"大陆"(中)与地狱(下)。

前 200 年前后的浮雕,出自印度南斯瓦特,描绘了悉达多王子的出生和青年时代(右)。

古代的帝国

## 初转法轮

释迦牟尼于鹿野苑的首次说法被称为初转法轮。在那里，他教导了四圣谛（苦、集、灭、道）。世间充满苦难；苦难来自人的欲望；灭除欲望方得永福，前提是遵循八正道，即：正见、正思维、正语、正业、正命、正精进、正念、正定。如此，平衡生活的正道才会开启。

## 多神

多神教是一种古老的宗教形态。早在前3000年，多神教就已出现。古埃及、古希腊-罗马、古印度宗教中都存在多神崇拜。

老子，道教创始人。

## 儒家学说的起源

孔子是中国古代的哲学家，儒家学派的创始人。孔子强调个人应以修身养性为目的，致力于为社会群体服务。他提倡不断学习、崇拜祖先、家庭团结。"六经"是儒学的六部典籍，在一定程度上奠定了儒家人文教育的基础。

## 前哥伦布时期的文化

在奥尔梅克文明中，美洲豹无处不在：以玉石雕刻的面具、泥塑或雕刻的形式出现在纪念性祭坛的浮雕上。即便我们不清楚它是作为原始神话中的保护者，还是超自然能量的动物代表，它的宗教价值也毋庸置疑。在查文文化中，猫科动物－人类的主题同样随处可见，其特征是一张带有獠牙的嘴，也许是美洲豹神明的象征。以截顶的金字塔为标志的祭祀中心存在于当时不同文化的遗址中。

## 道家经典

老子与孔子生活在同一时代。相传老子创作了《道德经》，开创了道家学派。一些研究者认为，这部作品是多位作者、多方来源的结晶，先是口口相传，然后逐步编纂成书。已知的最古老版本的抄录时间可以追溯到约前300年。该书对中国文化和思想产生了巨大影响。

61

# 基督教的诞生

## 犹太的宗教

被放逐到巴比伦 40 年后,经波斯国王居鲁士二世允许,犹太精英们终于返回耶路撒冷。此时还没有名词可以用来描述我们今天所说的犹太教,但《以斯帖记》谈论了那些"使自己成为犹太人"的人。自此,"犹太人"这个词不再仅仅指代犹大王国(波斯帝国的犹大省)的人,还指那些自前 100 年起遵循一种特殊生活方式的人。

## 散居各国,从亚历山大到罗马

除了巴勒斯坦,犹太人主要生活在耶路撒冷周边的加利利和朱迪亚,还有很大一部分群体,分布在帕提亚帝国以外的美索不达米亚和整个地中海盆地:亚历山大、安提阿、小亚细亚和希腊是重要的聚居地,罗马、意大利和非洲(迦太基)也同等重要,这些地方似乎比西班牙和高卢更欢迎犹太人。每个社区(犹太教堂)都有领袖等级:执政官、书记官,这两个尊贵的头衔好比是犹太教堂的"父亲"和"母亲"。

## 从犹太教到基督教

身为犹太人的耶稣,他的信息自然最早在犹太人的圈子里传播,但很快异教徒也接收到了。基督教与犹太教的分离在所难免,尤其因为基督徒欢迎那些未受割礼、不尊重食物禁忌的异教徒。基督教群体虽然在一开始身微力薄,但最终获得了独立和身份认同,这一点从 3 世纪开始显山露水。

### 词汇

● **教派分裂**:表示少数人对一项实际措施意见不同。例如,非洲多纳徒派全然否定一个"以经换命者"[10](受到迫害交出圣物背叛信仰的人)所授予的圣事的有效性。

● **异端**:神学上的决裂。例如,曾任亚历山大牧师的阿里乌斯所提出的阿里乌斯教派教义认为,只有圣父是神,圣子只是人。尽管在尼西亚公会议上受到谴责,他的教义却传播到了意大利北部、伊利里亚、多瑙河流域省份,远达皈依基督教的哥特人那里。

12 世纪的牌匾:圣保罗与希腊人(异教徒)和犹太人争论,教导他们耶稣教义。

古代的帝国

木质画像：君士坦丁大帝与尼西亚公会议的主教们（381年左右）。

## 明确教义

基督教会的最后几战以明确教义为目的，在教会内部进行。教会分裂与异端接踵而至，对此，公会议组织——集合基督教会所有主教的会议——做出了回应，其中有尼西亚公会议（325年）、君士坦丁堡公会议（381年）、以弗所公会议（431年）、卡尔西顿公会议（451年）。

## 发展新教徒的狂热

直到3世纪中叶，迫害基督徒并非出于铲除这种宗教的政治意愿，而是与暴力冲突相一致。自212年卡拉卡拉敕令（授予帝国所有自由居民罗马公民身份）颁布以来，越来越多的基督徒成为罗马公民，因拒绝参加国家献祭，他们的处境变得十分困难。为镇压被认为对国家安全构成威胁的群体，德西乌斯皇帝发动了第一次系统性的迫害（249年—251年），迫使帝国所有居民向罗马神明献祭，以示忠心。

## 从被迫害到被认可

303年，罗马皇帝戴克里先下令捣毁基督教的礼拜场所，没收财产，囚禁神职人员，强迫所有基督徒祭祀，制造暴力迫害，但各地施行力度不一。10年后，君士坦丁大帝颁布米兰敕令，赋予人民信仰所有宗教的自由。331年，他再次颁布法令，清查异教寺庙，这是充公的前奏，摧毁了异教的经济力量。392年，狄奥多西一世宣布基督教为国教，斩断了异教与国家的联系。

## 教区

3世纪末，经济生活和组织层面进入扩张时期。城市中基督徒人数的增加，再加上农村的福音布道，使地方社区更难集中在主教周围。在乡下和意大利中部地区，主教的数量开始倍增。最终占上风的解决方案是建立教区，由最近城市的主教负责指派牧师。另外，教会的动产和不动产，包括遗产和赠予，特别是王室捐赠，确保了教会的繁荣发展。

63

# 帝国的恐慌

## 巅峰500年

前27年—476年。在5个多世纪里，罗马帝国统治着世界上很大一部分地区。

## 蛮族来了

300年来，与北方和东方蛮族的对抗，调动了罗马军队的防御力量。这些人口流动是其他民族不断到来的结果，他们把来自波罗的海的东日耳曼人持续向西推进，几个世纪以来，一直向南迁移：汪达尔人、勃艮第人、格皮德人，特别是哥特人，3世纪时已经抵达黑海。

## 神的灾难

匈人利用在罗马战争中充当辅助军队的机会，从帝国体系中榨取钱财，一直持续到441年。

447年，在劫掠了许多堡垒和城市后，阿提拉强迫君士坦丁堡将每年向他缴纳的贡品从600磅金币增加到2000磅，以换取安宁，并要求一次性支付6000磅的欠款。这是个天文数字。

之后，阿提拉率领他的军队攻打西欧，于451年兵临巴黎城下。与其说这是为了建立一个帝国，不如说是为了不惜一切代价雇佣一支由战败民族组成的军队，否则这些人可能会反过来对抗他。

## 团结创造力量

2世纪末，原本分散在帝国边缘的各民族聚集起来，结成与罗马军队旗鼓相当的联盟。3世纪初，阿勒曼尼人出现在莱茵河和多瑙河之间，他们的名字透露了集合众人的野心。在莱茵河下游的河道上，卡蒂人、卡马维人、布鲁克特尔人、特恩库特利人、安普希瓦里人、斯卡姆布里人、乌西皮特人和土班特人消失了，被自称是自由人的法兰克人吞并了。

## 蛮族军队

为了解决兵力枯竭的问题，罗马军队养成了用蛮族士兵补充兵力的习惯。到了4世纪，蛮族已经成为首要的招募兵源。他们有时以个人名义加入军团，有时成队编入骑兵和轻步兵的辅助部队。然后，他们的部队以本民族的名字为名，用自己的战法打仗，同时受罗马军官的指挥。

## 哥特人

376年，哥特人渡过多瑙河，向罗马人寻求庇护。他们的命运长期悬而未决，并导致了许多危机。382年，狄奥多西一世接纳了一部分哥特人，他在不破坏部落团结的情况下，接受在其边境建立一个武装民族，这使帝国陷入了一个前所未有的、长期危险的局面。

匈人王阿提拉。16世纪意大利一枚勋章的背面肖像。

## 罗马土地上的蛮族

蛮族不只是罗马帝国疆域之外的民族，帝国境内还有三类身份不同的蛮族人：

- 俘虏，是无条件投降的战俘。他们被剥夺了所有公民权，但仍是自由人，通常变为佃农，在远离原籍的地方开垦大地主的土地。
- 附庸，是因内部冲突或为避免其他蛮族的骚乱，而在罗马领土上避难的部落成员。他们在废弃的土地上沿边界定居，与各省的居民一样受罗马法律的约束。
- 军户，是尝试移民冒险的蛮族。他们以村落为单位，开发那些由于纳税人拖欠税款而被罗马税务部门转包的荒芜土地。

### 罗马最后一任皇帝

罗慕路斯·奥古斯都，他的名字让人联想到罗马传奇般的开国者和帝国建立之初的君王。476年，他被东哥特首领奥多亚塞废黜时才10岁。这位西罗马的末代皇帝，代表了一个曾经如此强大的帝国的自身弱点。

## 沙隆之战

451年，罗马在西哥特王狄奥多里克一世的协助下，联合法兰克人、勃艮第人和阿兰人的军队，在香槟平原与东哥特人和一部分法兰克人支持的阿提拉的匈人会战。这次战役说明了罗马的脆弱及其与蛮族民族间复杂的关系。尽管罗马在战役中取得了胜利，但阿提拉转而剑指意大利，攻克了阿奎莱亚、米兰和帕多瓦，罗马因教皇出面游说并承诺缴纳贡税而免于战火。

一个西哥特士兵的微缩画，摘自《西洛斯启示录》。

## 西哥特王国

418年，西罗马帝国皇帝霍诺留将阿基坦割让给了西哥特人。他们在此地建立西哥特王国，在一个世纪的时间里，国土从卢瓦尔河一直延伸到了西班牙中部。西哥特人击退了骚扰西班牙的苏维汇人、阿兰人和汪达尔人，在沙隆战役中帮助罗马打败了匈人。4世纪，西哥特王国皈依了基督教的阿里乌斯教派（信奉阿里乌斯教派教义）。在507年的武耶战役中，西哥特人败给了克洛维一世。

## 国王已死，国王万岁！

在帝国灭亡时，西哥特人、法兰克人和汪达尔人的首领顺利成为位于西部旧省的新国家的国王。他们中的许多人成为基督徒。法兰克王国的出现是由于罗马帝国的消失，也是因为克洛维消灭了法兰克的敌对军阀，将控制范围扩大到卢瓦尔河以南、莱茵河以东。

600年 ⟶ 1000年

# 600年至1000年

如果说现在已没有人认为中世纪是介于古代璀璨文明和文艺复兴希望之间的一个不幸的时期，那是因为历史学家的工作成果显示，从476年西罗马帝国灭亡到1000年间发生的变革，在很大程度上孕育了我们现代世界的种子。

## 延续和嬗变

如果476年无可争议地标志着一个时代的终结，那么，我们不能忘记的是，罗马帝国在东方的首都君士坦丁堡幸存了下来。东罗马帝国能够更好地抵挡住蛮族的进攻，皇帝还在那里继续做着重建世界帝国的美梦。古代遗产支撑了结构的缓慢转变，赋予其在未来的许多个世纪里维持了拜占庭帝国的独特个性。而它的宿敌萨珊波斯帝国则无法长期抵抗这一时期前所未有的现象：伊斯兰世界的崛起和扩张，使世界的格局在一个世纪的时间里发生了翻天覆地的变化。

伟大的帝国和辉煌文明在7世纪至8世纪同时绽放：在罗马帝国的废墟上，克洛维打好了法兰克王国的根基，在此基础上，查理大帝将建筑基督教帝国的梦想；在世界的另一端，隋朝和国祚更加长久的唐朝，为中国的繁荣而努力，而日本则在悄然觉醒；在中美洲地区，玛雅文明正在发展，今天的人们仅能隐约瞥见它当初的盛世。

## 宗教和权力

宗教作为时代的力量基础和熔炉，出现在世界各地。在西方，天主教会曾是唯一能够稳固而持久地抵御入侵和分裂的堡垒，正是有了它们的支持，国王和皇帝的存在才具有合法性。在阿拉伯，穆罕默德开创了一种宗教，这一宗教首先统一了半岛上的无数部落，随后同化了被征服者。佛教的影响遍及亚洲。而在美洲，大祭司具有主导力量。民众皈依是权力的一种象征，它使帝国更加强盛。在这4个世纪里，上至王侯将相，下至升斗小民，均对宗教满怀虔诚和热忱。不过，这400年也暴露出了宗教与世俗紧密联系的制度弊端：争夺优先权、否认合法性，以及异端被证明是具有破坏性的。

## 新世界

在这些帝国之外，一些人登上历史的舞台，很快成为帝国发展的一部分，例如可怕的维京人。他们进犯加洛林王朝，入侵不列颠，并在其他人一无所知的情况下首先发现了美洲。在非洲，人们开辟了越来越多的道路以穿越沙漠，他们为非洲大陆的活力做出了贡献，加入人口和货物流动的全球网络中。而帝国的解体和崩溃，为当今世界的形成拉开了序幕。

1000 年的世界，摘自约 776 年的《启示录》（左：北方。上：天堂。中：罗马和犹太）。

# 拜占庭或古希腊罗马文化遗产

## 从城市到乡村

在罗马的体制中,城市是行政单位,是与国家相连的纽带。在拜占庭时代,农村占主导地位,由国家直接管理。

## 一座基督教都市

起初,拜占庭只是一座地处欧亚之交、俯瞰伊斯坦布尔海峡的小村庄。它在贸易路线上得天独厚的位置招来了他人的觊觎。它被大流士的军队蹂躏,被希腊人和罗马人占领,被夷为平地又被重建,最终被君士坦丁一世建设为首都。拜占庭成了君士坦丁堡(未来的伊斯坦布尔)。从一开始,拜占庭便是一个基督教都市,一个军事要塞,在鼎盛时期,可容纳多达 40 万的居民。

## 拜占庭帝国的起源

由于戴克里先建立的东西分制,330 年,君士坦丁一世将帝国首都从罗马迁至君士坦丁堡。在戴克里先创立的四帝共治制中,帝国东、西两部的权力分别由两位正帝(奥古斯都)主政,两位副帝(恺撒)辅政,这使东部地区开始个性化,但还不足以建立一个新的国家。然而,西方在蛮族面前的衰落,以及基督徒和东方人的逐渐同化让拜占庭帝国在 3 个世纪里建立起来。

镶嵌画,描绘的是被侍臣簇拥的查士丁尼(拉韦纳)。

## 拜占庭的梦想

寻回罗马帝国的奢华与辉煌的过去,是查士丁尼着手重新征服西境的初衷:530 年,非洲的汪达尔王国被击溃,在此后一个半世纪的时间里,汪达尔将成为拜占庭的一个繁荣地区。535 年至 554 年间,拜占庭遏制并征服了意大利的东哥特人。534 年,西班牙南部地区直至科尔多瓦重新归附。560 年前后,拜占庭的军队和舰队控制了除高卢以外的整个地中海世界。这个梦想的实现以破坏被征服的土地和守卫帝国其他地区为代价,比如,在巴尔干与斯拉夫人对峙、在东部地区与波斯抗衡。

## 拜占庭的乡村

乡村被花园、果园和葡萄园包围着,四周的土地以敞田形式耕种。集体模式并不存在,只有牛群才是大部分村民共有的。牧民牵着牛在村里不归个人所有的休耕田耕作。然而,从 8 世纪到 9 世纪,大庄园的发展是以牺牲独立小农为代价的。

拜占庭的社会以农业为中心,农业是财富的基础(10 世纪的微缩画)。

## 语言变化

7世纪时，拉丁语的影响力被希腊语取代。《查士丁尼法典》这套敕令汇编使用的便是希腊文译本。只有东方人的语言还在与之抗衡。在629年之前，皇帝的头衔也发生了变化：罗马帝国的皇帝恺撒·奥古斯都被拜占庭皇帝取代，一直到帝国崩溃。

## 以上帝的名义

东罗马皇帝声称对整个已知的世界，即人居世界（源自希腊语"Oikoumene"）拥有统治权。其天职无所不在，因其是人间能与神联系的唯一代表。他似乎无法忍受欧洲的其他人自称为皇帝，比如，800年加冕的查理大帝。其他的君主充其量只能是儿子、朋友或兄弟。这一职位的基督教属性出现在继承的时候：即使世袭继承没有法律依据，继承人也会以圣子的名义继承皇位；而篡位者也会以"被废黜的君主已被上帝抛弃"的借口为自己的行为辩白。

## 极度严密的管理

从罗马帝国继承下来的旧有机构、行省和行政区，被"军区"所取代。"军区"原本指的是一个行省的军队，后逐渐成为帝国境内的行政区和军事区。总督将军行使民事、军事和财政上的一切权力，他手下有一支6000至12000人的军队，由已转为农民的前军团士兵组成。在农村，总督将军拿军饷，派劳动力耕种本军区的田地，装备、马匹和武器也自行筹备。

1000年前后拜占庭帝国的征税公告，摘自《纳西昂的格里高利的布道》。

## 拜占庭熔炉

拜占庭的一部分地主贵族生活在城市中，在城市中拥有财产，履行行政职能。在君士坦丁堡这个商业贸易中心，拜占庭商人与外国商人打交道，其中有些人拥有领地特许权：俄罗斯人被限制，仅能在圣玛玛斯区停留3个月；自992年起，威尼斯人在这座城市定居。手工作坊既是商店，也是工场，是一种经济结构，由老板、工匠、家庭成员、一两个工人和几个奴隶构成。

# 在拜占庭帝国的边界上

## 来自波斯的威胁

4 世纪时,拜占庭皇帝查士丁尼以年金 30000 苏的代价,与自前 668 年起就由萨珊王朝统治的波斯人缔结了一项为期 50 年的和平协议。然而,从 572 年起,他的继任者们又重新挑起了持久的敌对行动,在边境地区持续制造紧张气氛。这一时期,波斯帝国的稳定主要依靠从村长中选派文官在县一级进行民事管理。这些县被划归为几个省,由高级贵族出身的总督领导。在边境的是附庸王公,他们有国王的称号,即沙阿。

## 来自西方的威胁

560 年,游牧民族阿瓦尔人统治了多瑙河到伏尔加河的草原,控制着当地各族群,包括斯拉夫人和保加尔人。他们进驻多瑙河平原,与君士坦丁堡发生冲突。阿瓦尔人时常在波斯人的支持下,利用斯拉夫人发动战争。然而,626 年,他们向多瑙河以南的扩张计划却止步于君士坦丁堡,而保加尔人趁机摆脱了阿瓦尔人的控制,获得解放。

## 亚美尼亚的情况

384 年,波斯人与罗马人签订和平协定,亚美尼亚被这两大帝国瓜分。东部并入萨珊帝国,而拜占庭控制了狄奥多西奥波利斯,这引发了亚美尼亚人的不满,特别是拜占庭对他们进行了宗教干涉。因为阿拉伯人的到来,根据 652 年达成的一项协议,亚美尼亚在宗教和军事方面保留了真正的自治:亚美尼亚人向阿拉伯人提供 15000 名骑兵,条件是他们永远不与拜占庭人交战;阿拉伯人则同意不在亚美尼亚驻军,7 年内不向拜占庭人征收贡税。

9 世纪,保加利亚大公克鲁姆正在追击拜占庭皇帝利奥五世,出自《马纳塞斯编年史》。

## 保加尔人是谁?

保加尔人是突厥—蒙古血统的民族,他们在 642 年第一次移民到多瑙河流域,以躲避哈扎尔人的反击,那是一个改信犹太教的民族。他们最终到达黑海之滨,征服了那里的斯拉夫部落。这两个文明在 9 世纪合二为一。从 680 年起,在阿斯巴鲁赫可汗和波雅尔们的领导下,保加尔人和斯拉夫人在普利斯卡(保加利亚)周围建立了该地区唯一稳定的国家。这里的其他民族——阿瓦尔人、多瑙河下游的斯拉夫人、可萨人——不断挑起战争,结成联盟,建立附庸关系,导致第一保加利亚王国迅速灭亡。

600 年至 1000 年

11 世纪的穆斯林骑兵，1100 年前后巴格达学派绘制。

## 边境上的斯拉夫人

斯拉夫人最初定居在乌克兰和波兰东部，后来逐渐通过喀尔巴阡山脉渗入拜占庭帝国，直到西方世界。6 世纪，他们中的一部分人来到了巴尔干半岛、伊利里亚，而其他人则劫掠了边境防守松弛的希腊。当时拜占庭军队忙于重新征服意大利，反击来自波斯人的威胁，无暇顾及他们。斯拉夫人到达了斯巴达、科林斯、奥林匹亚，以至于伯罗奔尼撒暂时摆脱了拜占庭的控制。617 年，他们甚至来到了君士坦丁堡的郊区。

## 阿拉伯的异军突起

波斯人和拜占庭人都没有察觉到穆罕默德掌权的危险。拜占庭在巴勒斯坦边境上不设堡垒，因为贝都因人从来没有构成过威胁。至于穆罕默德所宣扬的新宗教，他们完全不了解其性质。因波斯战争鼓衰力竭的拜占庭，再也无法支撑起一支庞大的军队。早期抗击阿拉伯人失败后，拜占庭也没有能力再重建一支新的军队。从 7 世纪中叶开始，拜占庭的看家本领就是避免战斗。

## 沙漠阿拉伯

贝都因人走遍阿拉伯，他们主要饲养骆驼，也饲养山羊和绵羊。他们在阿拉伯半岛的中心地带种植椰枣和谷物。严苛的生活条件迫使他们时刻控制绿洲。在物资匮乏的时候，他们会突袭敌方部落。

## 阿拉伯福地

这是哪儿？这就是现在的也门。土地肥沃富饶，灌溉技术和梯田使种植水果、蔬菜成为可能，香料和香水被运往北方。示巴女王的领地有着活跃的港口、繁荣的贸易场所和灿烂的文明，先后被罗马人和阿比西尼亚人（埃塞俄比亚人）觊觎，最终沦为波斯的一个省，由总督统治。

71

# 伊斯兰世界的建设

## 谁是阿拉伯人？

阿拉伯中部的游牧民族自古典时代以来就被称为萨拉森人，以部落为单位群居生活。他们分成十几个氏族，每个氏族由酋长领导，酋长是根据个人素质和威望选拔出来的，并由所有家族的族长组成的理事会协助。他们理想的品质结合了勇气、尊严、忍耐、热情好客和不可动摇的荣誉感。多神论的阿拉伯人惧怕神灵、邪灵，崇拜偶像。

## 穆斯林首都

6世纪末、7世纪初的麦加，既是繁华的沙漠商队中心，又是朝圣地，因为这里的居民在圣所克尔白聚集了多达360个神灵，包括麦加人的神，以及经常出入这里的旅行商队所信仰的神。克尔白是一座由灰色石头建成的巨大的立方体，里面藏有一块玄武岩陨石，黑石欢迎着朝圣者的到来。古莱西人是掌管圣所的部落，他们从5世纪开始就统治麦加，在贝都因人面前有一种优越感。

## 新宗教的创传者

穆罕默德出生于麦加的一个商人家庭，于40岁时宣称自己得到了启示，于是在麦加开始创传以信仰一神为中心的伊斯兰教。由于受到威胁，他和他身边的一小批信徒被迫离开麦加，来到雅斯里布，后者随之变成了"麦地那·纳比"，即"先知之城"，今天的麦地那。穆罕默德在这里获得了统治地位，足以在白德尔之战中击败迫使他流亡的古莱西氏族的一部分人。630年，穆罕默德作为胜利者返回麦加，将克尔白变为新宗教的圣地。

### 词汇

- 穆斯林：来自阿拉伯语"muslimun"，意为"把灵魂献给阿拉的人"。
- 希吉来历纪元：这个术语指的是伊斯兰时代的元年，来自单词"hijra"，意为"迁徙"。为纪念穆罕默德迁往麦地那而设。希吉来历纪元开始于622年6月16日。

### 世界的十字路口

当时的阿拉伯民族与拜占庭帝国和波斯萨珊帝国往来频繁。在文化和宗教方面，大量犹太群体生活在麦地那、海拜尔和也门，其中奈季兰也是基督教主教府的所在地。北方的一些部落已经皈依。连接也门与地中海的道路上，贸易商队来往密集，它为重要的地方市场提供物资，也使阿拉伯成为连接东西方的纽带。

600 年至 1000 年

## 皈依者

最早的皈依者来自麦加不同的氏族，有出身于名门望族的年轻人，也有奴隶或者生活在商业寡头统治边缘的个体。他们很少引起当局的关注，直到穆罕默德揭露麦加人的多神论威胁到了麦加的朝圣习俗和繁华的贸易。

### 特殊的历法

穆斯林历法以阴历为根据，每年 364 天，分为 12 个月，每个月 29 或 30 天。要切换到公历，需要将年份乘以 0.97（因为阴历和阳历不同），再加上 622，即希吉来年。

## 穆罕默德和他的继任者们

哈里发制度在穆罕默德去世后建立，穆罕默德去世时没有指定继任者，也没有留下男性继承人成为伊斯兰国家的首脑，哈里发头衔起源于"khalifa"，意思是先知的"继承人"。哈里发的职能是维护伊斯兰世界的统一和扩张，确保对先知的法的尊重，管理帝国。

## 建国

632 年，穆罕默德去世之时，穆斯林群体依然十分脆弱，但穆罕默德已经奠定了一个有别于犹太教和基督教的神教国家的基础。他融合了贝都因人的传统，控制了阿拉伯半岛的主要商业中心。穆斯林正是从这些城市开始了令人瞩目的领土扩张。

## 宗教文献

《古兰经》，阿拉伯语中的"背诵"，代表变为书的真主的话语。穆罕默德在世时，《古兰经》只是零散记录，并未成册。经第一代哈里发令人整理，辑缮保存，至第三代哈里发时期所整辑之本加以订正，并规定为标准本。114 章文本被分为 6000 余节，阐述了建设穆斯林城市的决心、新宗教的教义和活动的定义，其中最简短的文字往往最富有诗意，呼应了 612 年至 622 年麦加的启示。

## 四大哈里发

这四位"受到很好引导"或"很好启发"的人（正统哈里发）都是先知的近亲或同伴。第一位哈里发是艾布·伯克尔（632 年—634 年在位），也是穆罕默德最后一位妻子阿以莎的父亲。两年后，艾布去世。另外的三位分别是：欧麦尔·伊本·哈塔卜（634 年—644 年在位），是穆罕默德的另一个岳父；奥斯曼（644 年—656 年在位），是先知的女婿，他曾先后娶了先知的两个女儿；阿里（656 年—661 年在位），穆罕默德的堂弟、养子和女婿。这三位哈里发或被异教徒刺杀或死于叛军之手。

《古兰经》中关于希吉来历 703 年的手稿页。

73

# 穆斯林征服

## 早期征服

在1个世纪（632年—732年）的时间里，伊斯兰建立了自亚历山大以来最大的帝国：埃及、利比亚、北非、克什米尔、旁遮普，以及印度河畔信德省的部分地区都被武器轻便、擅长突袭的阿拉伯骑兵的机动性打败。有时，他们的征服是对被征服民众的宽慰，后者被拜占庭人或波斯人的税收压得喘不过气来，无力进行有效反抗。651年，波斯帝国土崩瓦解，在半个世纪的时间里被阿拉伯吞并，阿拉伯随后将所有的力量转移到拜占庭人身上。

## 建筑奇观

作为文化中心，城市被宗教建筑所点缀，如大马士革的清真寺或麦地那的清真寺。从倭马亚时代保留下来的最古老的建筑是688年—691年由拜占庭的建筑师和艺术家们在耶路撒冷建造的圆顶清真寺。705年，第一座尖塔在大马士革落成。马格里布和安达卢西亚都有这种方形外观的建筑，形式十分多变，比如拉巴特的哈桑塔和塞维利亚的吉拉达。除了花卉、几何、书法等图案装饰，人们还在这些宫殿上发现了狩猎、舞蹈、宴请等场景。

## 哈里发王朝

- 倭马亚王朝哈里发（661年—750年）首先自立为穆斯林帝国的王，并将首都从麦地那迁至大马士革，同时延续了早期哈里发的扩张政策。
- 阿拔斯王朝哈里发（750年—1258年）选择巴格达作为首都。因此，他拉大了与阿拉伯圣城的距离，将帝国的中心移到了远离地中海和西部各省的地方。从9世纪开始，他不得不在帝国的领地上面对两个敌对哈里发国的竞争。
- 科尔多瓦的倭马亚哈里发王朝，在与倭马亚家族的后裔阿卜杜勒·拉赫曼三世分离后，在伊比利亚半岛存在了一个世纪（929年—1031年）。
- 法蒂玛王朝哈里发（909年—1171年）在什叶派掌权后，先后攻克了北非和埃及。

## 早期分裂

尽管战果累累，但从穆罕默德的堂弟和女婿阿里继承哈里发之位时起，阿拉伯人就面临着内部分裂的危险。三大群体——哈瓦利吉[11]派、什叶派和逊尼派——为争夺政治和宗教权力而冲突不断。

## 战争范围的扩张

北非、马格里布（阿拉伯语中的"西方"）、西哥特王国无力维系的西班牙逐渐沦陷，被伊斯兰教所统治。阿拉伯人占领了法国的卡尔卡松，摧毁了罗纳河谷，洗劫了欧坦。732年，查理·马特在普瓦提埃阻止了他们的进攻，但他们的远征并未就此结束。帝国很快就从比利牛斯山脉延伸到了印度河畔，从撒哈拉扩张到了中亚的咸海。

拜占庭人在耶路撒冷建造的圆顶清真寺，现存最古老的倭马亚时代的建筑。

## 管理帝国

9个省聚集在主要城市周围：库法（伊拉克和伊朗）、麦地那（阿拉伯）、摩苏尔（亚美尼亚、贾兹拉）、福斯塔特（埃及）、凯鲁万（北非、西班牙）。叙利亚和巴勒斯坦直接从属于大马士革。哈里发从阿拉伯人中选出省督，省督在地区首领、法官、将军——有时在从属于哈里发的税务官——的协作下，在该省行使民事和军事大权。

## 花园艺术

花园的设计让人想起古老的绿洲，起到装饰宫殿的作用。池塘、喷泉、果园随处可见。从7世纪起，阿拉伯人在地中海沿岸引进了一些花卉、水果和蔬菜，现在，它们已经完全适应了地中海的环境。亚美尼亚的杏子、叙利亚的李子、大马士革的白玫瑰、巴勒斯坦的洋蓟，以及南瓜、黄瓜、生菜、欧芹、茴香、芹菜、甜瓜、西瓜、橙子，在地中海的花园和果园里比比皆是。

微缩画，摘自《解毒药方》，展现了1000年前后穆斯林的部分生活：药剂师和他的仆人给农民送饭。

## 政府部门的阿拉伯化

曾经，哈里发身边都是希腊人和基督教徒顾问，被一个讲希腊语的政府部门辅助。其中，本土官员拥有很大程度的自主权。而在6世纪时，哈里发开始推行阿拉伯化政策：717年—720年，阿拉伯语成为官方语言，禁止基督徒担任国家最高权力机构的职务，并设立了新的职位。以宫廷名义指定的一个中央机构，负责税基和财产税的征收，主管其他部门（交通、军队、邮政、开支等）。

## 哈里发的宗教职责

为了更好地履行自己的宗教责任，阿拔斯王朝的哈里发们将自己的部分职责委托给一位官员——维齐尔。861年至936年的内战，导致帝国动荡不安。在此期间，突厥卫队控制了首都，任意废立哈里发。当伊拉克总督被任命为大埃米尔（总督的总督），将军队首领和政府首脑的职能结合在一起时，哈里发被降级，仅行使宗教职责，或沦为傀儡。

发现于伊斯坦布尔的画像，呈现了阿拔斯王朝6位哈里发的形象（750年—1258年）。

## 哈里发的东方化

定居在古波斯领土的阿拔斯哈里发，隐在幕后接见来人。人们一个个俯伏在他们脚下，亲吻地面，他们的露面变得更加罕见。从9世纪开始，他们周围配备着从突厥人中挑选的卫队，后者是从中亚地区劫掠过来的奴隶。

# 学者与数学家

## 数学家利奥

作为力学、天文学和几何学的鼻祖,这位拜占庭学者出生于790年至800年间。他发明了信号灯系统,将处于阿拉伯突袭威胁下的托罗斯山脉与首都连接起来,能够在一个小时内提供敌军的动向。他与托勒密相识,首先将阿基米德和欧几里得的著作翻译抄录下来。他还命人誊写了柏拉图的一半作品。

## 提奥法尼的编年史

编年史是一种自世界诞生开始,按年份记录历史的体裁。提奥法尼出生于7世纪中叶的拜占庭。他接续了在284年中断的编年史。他的编年史是我们从602年开始到9世纪这一时期仅有的资料来源。提奥法尼几乎为我们还原了那些未知的更原始的资料,建立了一个确切的年表,并做了详细的叙述。

## 伊本·西拿

他被西方称为阿维森纳(980年—1037年)。在伊朗宫廷中浮沉起落之余,他在哲学上大放异彩,其作品集亚里士多德主义、新柏拉图主义和东方神秘主义于一体。不仅如此,伊本·西拿还撰写了医学领域的综合巨著《医典》,该书后来成为阿拉伯和拉丁世界医学教育的基础。

10世纪一本普罗旺斯植物图集上的微缩画,描绘的是东西方医学的奠基人,《医典》的作者阿维森纳(又名伊本·西拿)。

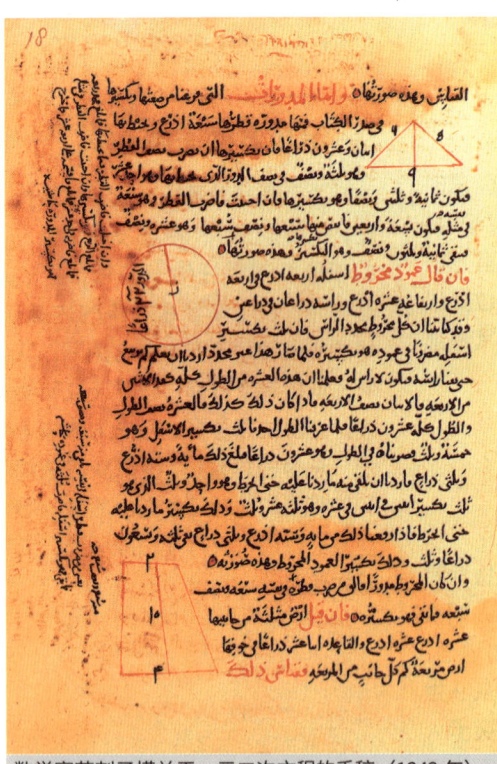

数学家花刺子模关于一元二次方程的手稿(1342年)。

## 花刺子模

花刺子模来自今乌兹别克斯坦,受哈里发马蒙相召,来到巴格达。825年,他写了一篇关于印度数字算术的论文和一部名为《算术之书》的著作,"代数"一词就源于此。他用阿拉伯文写成的著作,从12世纪起被翻译成拉丁文,使代数得以传入欧洲。他的名字在拉丁文中被译为"Algorithm",这也是"算法"这个词的由来。

600 年至 1000 年

## 巴格达的智慧宫

它是阿拉伯世界最古老的"智慧宫",出现于 9 世纪,是收集、抄写、翻译和传播各地各学科著作的场所,包括希腊、波斯、中东、印度和中国等文明,涵盖宇宙学、占星学、数学、历史等学科。巴格达的智慧宫原来是阿拔斯王朝哈里发哈伦·拉希德的私人图书馆,从 832 年起,哈里发马蒙下令向学者开放。

## 数字的历史

从 8 世纪开始,穆斯林作者们采用十进制和印度数字,也就是我们所说的阿拉伯数字。这些数字在中东和欧洲的传播要归功于花剌子模的一部名为《印度数字算术》的著作。

阿拉伯人还使用"零"(来自阿拉伯语"sifr",意为"空"),从而方便了计算。

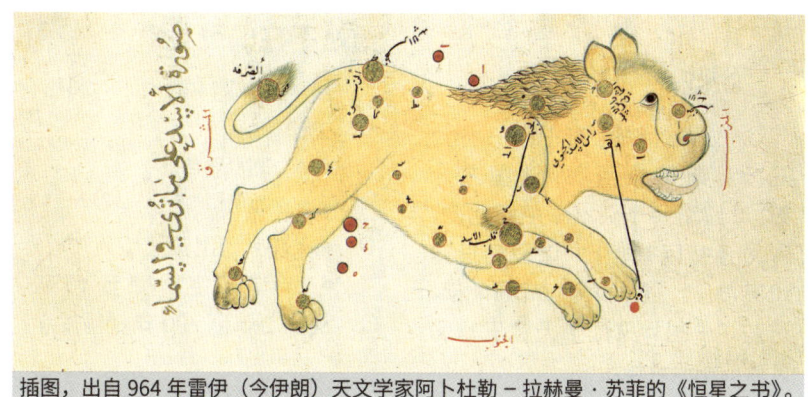

插图,出自 964 年雷伊(今伊朗)天文学家阿卜杜勒-拉赫曼·苏菲的《恒星之书》。

## 非尔多西

出于对伊朗及其传统的热爱,这位诗人在 980 年前后开始用波斯语撰写一部名为《王书》的伟大史诗巨著,于 1010 年完成。在长达 5 万多行的诗篇中,他吸收伊朗的神话传统,以诗歌的形式追溯了自创世纪到阿拉伯人到来期间,古代波斯帝王的历史。他在这样一部卷帙浩繁的巨著中使用波斯语,结合了萨珊时代的波斯语与阿拉伯单词,最终确立了波斯语的使用。

## 比鲁尼

这位波斯学者(973 年—1048 年)提出了日心说理论。他不但是数学家、天文学家,同时还是旅行家和历史学家。比鲁尼随苏丹马赫穆德征服印度,在那里,他学习了梵文、印地语,发表了旨在记录该国历史、科学和风俗的《印度志》。

## 最崇高的科学

在巴格达,人们就是这样看待天文学的。巴格达鼓励天文学的发展。人们研究天文学的实际应用,包括占星、印度洋航海、穆斯林崇拜(祈祷时间、确定斋月的时间)。其中最著名的占星家是计算出地球经度的法甘尼(861 年去世),964 年写出《恒星之书》的阿卜杜勒-拉赫曼·苏菲,以及阿里·伊本·尤努斯。哈里发哈基姆为后者建造了一座天文台。

77

# 法兰克王国的幸与不幸

法兰克国王克洛维一世、王后克洛蒂尔达及其四个儿子（《法兰西大编年史》，15世纪）。

## 被分割的王国，风雨飘摇的王国

511年，克洛维一世逝世之时，墨洛温王朝尽管仍被称为"法兰克王国"，但根据日耳曼人的传统，这个王国已经被他的4个儿子瓜分。现在是谈判、计算和评估领土的时候，这些评估考虑到过去、土地财富、成为王室的领地的重要性、国库、税收收入、信徒和兵员的数量等方方面面。阴谋时常发生，成为争吵和竞争的根源，阻碍王国的发展。

## 新政

561年，法兰克王国一分为三：奥斯特拉西亚（法国东北部）、纽斯特利亚（高卢西北部，有时还有阿基坦），以及勃艮第和奥尔良、里昂、阿尔卑斯北部。这些"子国"见证了无数王室和贵族的宗族斗争。

## 无处不在的死亡

从406年至613年，人们统计有：
- 40年的战争
- 3年蝗灾
- 3年大范围饥荒
- 13年瘟疫：就我们所知，从541年至760年就暴发了15次

当时社会的另一个特点是暴力。酷刑也已制度化，经常实施。

## 法兰克国王克洛维一世

482年克洛维一世登基，重新征服阿基坦，然后又征服了莱茵河地区。退到西班牙的西哥特王国则保住了朗格多克。511年，克洛维一世将其从莱茵河谷延伸到比利牛斯山脉的王国的中枢定为巴黎。他的随机应变不仅体现在谨慎对待教廷当局，以及罗马旧政府的遗民方面，还让墨洛温王朝成为天主教会的主要支持者。他通过征服和世袭的方式，成为权力的唯一拥有者，成为所有土地和权力的王国统治者。他行使个人权力，不受制度限制。他是天主教的坚定支持者，他的威望建立在"上帝的工具"这个角色之上。

629年—638年统治法兰克的国王达戈贝尔特一世的宝座。

## 明君达戈贝尔特一世

623年，奥斯特拉西亚国王达戈贝尔特一世占领了勃艮第和纽斯特利亚，在同父异母的弟弟死后收复了阿基坦，成为法兰克王国唯一的统治者。出于对王国统一的希望，他努力培养未来的管理阶层。他将各地贵族的儿子召入王宫，让他们行使宫廷职责，借此教授政务，然后把他们送回各省，委以教廷或行政职务。

600 年至 1000 年

## 王国的威胁

边境的撒克逊人、弗里斯兰人和阿勒曼尼人向法兰克王国发起进攻，而后方的斯拉夫人就像自地中海盆地而来的阿拉伯人一样令人担忧。在国内，一些贵族氏族（阿尔萨斯的埃提克家族、洛林的阿努尔夫家族、莱茵河的丕平家族、香槟伯爵）拥有大量财富，维持着成千上万的附庸，发展出自治的倾向。

## 宫相

宫相一开始是王室的高级官员或工作人员，逐渐成为王宫的决策人、贵族的代言人，以及"王国总督和神长"。

## 懒王

如 19 世纪以来人们戏称的那样，墨洛温王朝的最后一代国王不再被人畏惧、尊重，而把决策权留给了宫相。除了责任被解除，征战结束、王国分裂和财源的不稳定均加剧了君主制的衰落。不过，出于对克洛维一世及其富有声望的早期继任者们的怀念，再加上一些王宫首领的英明果断，君主制的衰落进程被推迟了。

## 普瓦提埃大捷

732 年 10 月 25 日。虽然在 7 天的武力部署和挑衅结束后，普瓦提埃战役被视为战略上获胜，但实际上，这只是对穆斯林王国正在进行并将继续进行的众多远征中的一次回应。这次胜利发生在倭马亚王朝哈里发持续衰弱、西班牙起义不断、伊斯兰世界四分五裂无力攻下君士坦丁堡的背景下。

## 王国的统一者

查理·马特，丕平二世的私生子，714 年，其父过世后，他使纽斯特利亚人和周边那些意图获得自由的人敬服自己。他在莱茵兰、默兹河谷和摩泽尔河谷拥有巨额财富，还有被征服的纽斯特利亚的财产，并拥有一支由日耳曼人和阿瓦尔人雇佣兵组成的骑兵。骑兵们全副武装，配备着环甲、金属板加固的皮衣和长矛。查理·马特凭借武力统一了王国，成为受到攻击的教皇的拥护者，成为墨洛温王朝在普瓦提埃抵抗阿拉伯人的堡垒。

## 两大家族

在达戈贝尔特一世统治期间，宫相的两大世家联合起来，共同统治奥斯特拉西亚：一大家族为阿努尔夫家族，是达戈贝尔特一世的导师阿努尔夫的后裔；另一大家族为丕平家族，是奥斯特拉西亚第一任宫相丕平·德·兰登（老丕平）的后代，拥有大量土地。未来的加洛林将在这两个结盟家族中诞生。

732 年普瓦提埃之战，查里·马特的军队与穆斯林对峙（《圣德尼编年史》中的微缩画，14 世纪）。

79

# 新的政治棋局

## 世界形势

两大地中海强国拜占庭帝国和哈里发王朝正在东西边境上争夺领土。尽管困难重重,法兰克王国依然巩固了自己的地位,充当了基督教和教皇权威的捍卫者。在此之前,很少在国际舞台上露面的不列颠、斯堪的纳维亚和中欧的一些民族和王国也是从这一时代开始走到台前。

11世纪《伦巴第国王法典》中的插图。左边是伦巴第744年—749年的国王拉奇斯。

## 起初的伦巴第

伦巴第人是一个起源于易北河的日耳曼民族。167年前后,他们迁移到摩拉维亚,之后于3世纪时到达下奥地利。在这里,他们发现了阿里乌斯教派。这些被形容为野蛮残忍的伦巴第人(长胡子蛮族)在拜占庭的军队中服役,重征意大利。568年,他们进入被侵略和战争蹂躏成废墟的意大利,在这里建立了34个公国,主要位于中部地区。从7世纪开始,法兰克人不得不提防他们周期性地越过萨瓦和多菲内阿尔卑斯山区的横谷,入侵法兰克王国。

## 拜占庭的罗马尼亚

这是罗马帝国再征服运动后仍由拜占庭控制的所有领土。600年前后,伦巴第人大获全胜后,希腊人仅控制了如拉韦纳、博洛尼亚等城市周边的少数几个地方公爵的领地。

为了保住征服的土地,拜占庭在拉韦纳、迦太基或北非等地建立了一种被称为总督的行政单位。西西里岛在拜占庭的统治之下被分离出来,直接隶属于君士坦丁堡,而撒丁岛则被北非管辖。

## 西哥特独裁

西哥特人占领了伊比利亚半岛的大部分领土,自552年起,葡萄牙北部被苏维汇人占据,南部则被拜占庭占领。

569年,西哥特人利奥维吉尔德着手在政治、领土、行政和教派等层面上统一半岛。因此,他加强了哥特王朝的君主制,并按照古代和拜占庭的模式重组王国:仿照君权标志(戴王冠、穿双层紫色披风、使用王室头衔和称谓、铸币)。这一内部重组是专制的,哥特人把持着重要职位,强行推广阿里乌斯教派。

## 直布罗陀

709年,统帅塔里克·伊本·齐亚德率领阿拉伯人渡过直布罗陀海峡,远征西班牙。"直布罗陀"这个名字是"塔里克山"的变形。

600 年至 1000 年

## 教皇国的诞生

教廷的财产包括罗马城，罗马城的人口比古代时的少，但它是几个宗教机构的所在地，其中有 25 个教区教堂。此外，教廷在意大利中部、萨班、托斯卡纳、西西里岛、非洲北部的希波、普罗旺斯和达尔马提亚附近也有地产，面积约 50 万公顷。教皇掌控着罗马的古老机构，选拔罗马的行政长官，但他也必须抵御伦巴第人频繁的攻击和入侵。756 年，伦巴第人的国王将包括拉韦纳和罗马公国在内的意大利城市的 2.2 万把钥匙交还矮子丕平，后者转而把钥匙放在了罗马的圣彼得祭坛上。

## 安达卢斯

726 年，阿拉伯迅速征服西班牙，将其纳入统治之下。但自 756 年起，一个独立政权建立起来：倭马亚王朝最后一个继承者在安达卢斯自命为埃米尔，通过严格效法阿拔斯王朝的制度，建立了一个长达三个世纪的王朝。埃米尔的奢华宫廷首先建在科尔多瓦的阿卡萨[12]，继而设在都城近郊的一座宫殿里。哈里发王朝繁荣富足，允许穆斯林、犹太人和基督徒共同生活。1031 年，随着北方基督教公国的崛起和南方柏柏尔人军队的控制，哈里发王朝日渐衰落，最后灭亡。随后建立了二十几个小公国（泰法[13]），由具有阿拉伯、柏柏尔或奴隶血统的当地国王统治。

## 穆斯林统治下的中亚

在东线，阿拉伯人与拜占庭交战，战线更难向前推进。716 年—717 年，君士坦丁堡遭到围攻，小亚细亚以较高的地势阻碍了穆斯林的推进。然而，中亚的大部分地区已然沦陷：664 年喀布尔投降，712 年费尔干纳陷落，一年后木尔坦也落入阿拉伯人之手。在该地区建立起两座城市营地：撒马尔罕和布哈拉。

## 从分裂到统一的不列颠

长期以来，不列颠一直处于分裂状态，各王国由自然疆界划分，其中有些国家吸引了更多的殖民者、商人和传教者。国王带领他的朝臣从一个流动王宫迁往另一个王宫；他主持贤人会议，和他在战争中的盟友共同统治。这些盟友被授予土地，同时可能要承担中央或地方的事务。在该岛西部，凯尔特人首先组建了具有高度发达的氏族结构的农村社群，然后建立了小小的国家，最终某几个小国形成了庞大的整体（爱尔兰的阿尔斯特、康诺特、伦斯特）。

在 754 年的《基耶尔齐条约》中，丕平三世将未来教皇国的钥匙交还教皇司提反二世。

81

# 帝国梦：欧洲的形成

## 从篡权到正统

查里·马特的儿子丕平三世在教廷的祝圣下，废黜了墨洛温王朝的末代国王。他的随行主教在苏瓦松为其祝圣，教皇在圣德尼为其重新加冕，并将他的两个儿子加入进来。这些宗教仪式，使他的政变合法化。随后，教皇禁止在这个天选家族之外选择国王。

## 尚武国王

每一年都会发动新的征战。意大利首当其冲，查理大帝击败了那里的伦巴第人，然后是日耳曼尼亚，接着攻打那些不断劫掠中欧的阿瓦尔人。

805 年，波希米亚接受法兰克的控制。法兰克帝国的面积在那时约为 100 万平方千米，根据估算，人口为 500 万至 1500 万。

战斗中的查理大帝的军队（微缩画，摘自《圣德尼编年史》，15 世纪）。

751 年—768 年在位的丕平三世是第一个称王的温王朝宫相，他开创了加洛林王朝。

## 查理大帝

查理曼是矮子丕平的长子。771 年，他分得了普罗旺斯、塞蒂马尼亚、勃艮第、阿尔萨斯、阿勒曼尼亚和半个阿基坦。兄弟卡洛曼去世后，查理曼成为法兰克王国的唯一统治者。他是教廷的保护者。799 年，查理曼接待受到谋害的教皇利奥三世，护送他回到罗马，并助其复位。800 年圣诞那天，教皇为查理大帝加冕：伟大的查理曼一世诞生了。

## 帝国的边境省份

边境省份的伯爵管理这些暴露在外的保护区。与西班牙边境省对峙的是撒拉逊人，阿瓦尔边境省在恩斯河抗衡未来的奥地利，布列塔尼边境省防御的是哥特……

## 礼贤下士的皇帝

中央政府被简化为王室成员、神职人员，以及负责下发官方文件的大臣。查理大帝四处奔波，召开公共会议，宣布决定，伸张正义。他的臣民宣示效忠于他，并多次重申。

600 年至 1000 年

## 钦差

钦差代表查理大帝，他们通常两人一组，由一个伯爵和一个主教组成，每年有 4 个月的时间到处奔走，视察帝国至少一个地区。帝国被分成了 300 个郡，交付给了几十个与王室联姻的家族，他们负责征收赋税，伸张正义。钦差正是为监督他们的行为而来，以免权力滥用和腐败。

## 走向中央集权

尽管查理大帝的权力以教会为基础，但他却拒绝教会染指社会，并将其置于自己的掌控之中。这也是他对帝国的伯爵们要做的事，强迫他们成为自己的附庸，分封部分领地，以确保他们的忠诚。

## 从帝国到欧洲国家

843 年，按《凡尔登条约》，加洛林王朝被分给了路易一世的 3 个儿子：最小的查理得到了西法兰克王国；日耳曼人路易是东法兰克的国王；而长子洛泰尔承袭帝号，分得了从北海到意大利南部的中法兰克，还有罗马和亚琛。这是帝国的终结，与此同时，欧洲版图的轮廓显露出来。

## 亚琛

在国王巡游的皇家行宫中，位于中心的亚琛是首选之地。那里可以打猎，可以享受著名的温泉，还能监视附近的萨克森。801 年，哈里发哈伦·拉希德派遣的穆斯林大使来到这里，费尽辛苦带来了许多精美礼物，其中包括一头大象和一个水钟。

## 疯狂的想法？

与《罗兰之歌》中的说法相反，学校并不是查理大帝缔造的产物。他不识字，也永远不会识字。于是，他从英格兰请来了一位修道士阿尔琴，并赐予他"高卢导师"的荣誉头衔。阿尔琴改革拉丁语，制定了一个正式的课程系统，提出建立学校的方案，并指明需要教授的学科。其目的是为神职人员提供坚实的学识和道德修养，王孙公子和寒门子弟均可入学。

## 加洛林字母

这种字母是在 770 年前后由科尔比修道院的僧侣们发明出来的。阿尔琴根据查理大帝的意旨将其正规化，并通过帕拉丁学院传播出去。加洛林字母使手稿的誊抄和传播变得更加便利，而有了着色术，手稿的装饰效果非常显著。

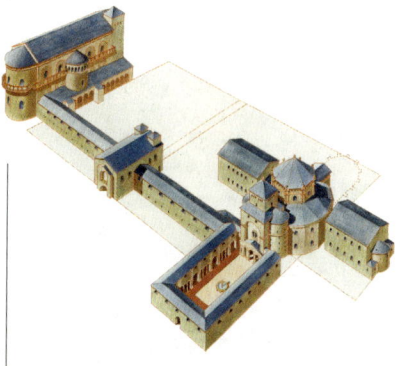

800 年在亚琛登基的查理大帝的宫殿。

## 统一高于一切

两个兄长先后过世后，虔诚者路易作为唯一的继承人由查理大帝亲自加冕为帝。他为维护王国的统一殚精竭虑。817 年，他违背法兰克人的传统，建立长子继承制：立长子洛泰尔为皇位的唯一继承人。这个统一的梦想将被现实中每个人的野心所粉碎。

83

# 欧洲：初具轮廓

## 第一项欧洲条约

《凡尔登条约》（843年）没有留下书面记录。不过，它代表了欧洲历史的一个重大转折，因为这一条约创造了3个不同的王国，它们是后来欧洲联盟的祖先。

- 东法兰克王国在西面以莱茵河为界，囊括了美因茨、施派尔、沃尔姆斯，以及今天的瑞士的部分地区（阿勒曼尼亚、格劳宾登）。这就是未来德国的轮廓。
- 西法兰克王国指法国西部地区，向东以图尔奈到瓦朗谢纳的一条线为边界，然后沿着默兹河、马恩和索恩的上游河谷，一直到罗纳河。
- 中法兰克王国穿过阿尔卑斯山脉、里昂、汝拉山脉、勃艮第部分地区、前奥斯特拉西亚中部地区，连接了亚琛和罗马两个首都。

## 日耳曼民族神圣罗马帝国

从15世纪中叶开始，人们正式称奥托大帝建立的帝国为日耳曼民族神圣罗马帝国。962年，奥托大帝在罗马加冕，将帝号传给萨克森王朝。奥托一世基于其基督教皇帝的职责，推行扩张和传教政策。他恢复铸币，彰显了皇权。直到973年逝世之时，他都是欧洲最强大的君主。不过，他的帝国只剩下日耳曼尼亚和意大利，与查理曼帝国已经毫无瓜葛。

奥托一世之子奥托二世继承父亲之位（967年—983年在位），成为日耳曼民族神圣罗马帝国的皇帝。

## 斯堪的纳维亚：四分五裂的地区

斯堪的纳维亚地区包括瑞典和挪威的广阔半岛、丹麦的日德兰半岛，以及西兰岛（现在的哥本哈根所在地）、菲英岛、哥得兰岛、洛兰岛、法尔斯特岛和博恩霍尔姆岛。在很长一段时间里，斯堪的纳维亚地区都呈分裂状态，一些小的政治单位到了9世纪前后才开始组织成国家。北部的民族因其与海洋、原始语言、多神教、北欧古文字字母表（16个符文）的关系而联合起来。久远历史中口口相传的史诗歌颂了这些民族的荣光：冰岛人的传奇、格陵兰岛人的冒险、红发埃里克[14]和罗洛[15]的故事。

## 瑞典

瑞典的祖先由两个民族组成：在北方乌普萨拉定居的斯瓦尔人经过激烈的战斗，强行统治了南方哥得兰岛上不太富裕的耶阿特人（也被称为哥特人）。

## 丹麦人的国家

在查理大帝的统治时期，今天的丹麦在古德弗里德的统治之下，他修建的土堤——丹麦土墙，至今还屹立在石勒苏益格。那时候，这个国家还很不稳定，加洛林人试图在那里定居下来，传教布道。

600 年至 1000 年

## 瓦良格人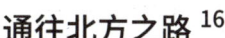

"瓦良格"一词源自 waeringuer，意思是"雇佣兵"，他们来到俄罗斯土地上的原因至今还众说纷纭。他们是被无法治理国家的斯拉夫部落招请过来的吗？抑或在他们到来之际，斯拉夫部落已经有了严密的组织，瓦良格人只是壮大了斯拉夫人的人口？因为他们生活在被称为"城镇"的聚落里。无论如何，他们建立了一个国家，一直延续到蒙古人入侵。

## 通往北方之路 [16]

在 9 世纪之前，挪威是一个由首领统率、由自由渔夫和养殖者等不同群体集合而成的国家。自 6 世纪以来，没有一个人能够统一这些民族，直到一个来自奥斯陆地区的君王——金发王哈拉尔德——用武力征服了沿海峡湾。

9 世纪前后的木刻画：瓦良格王公留里克。

## 俄罗斯民族的基督教化

俄罗斯人是瓦良格人的一支，即罗斯人，他们消灭了诺夫哥罗德—基辅中心的王公，强行统治了所有定居在那里的斯拉夫人。他们与君士坦丁堡签订贸易条约，促使拜占庭人向基辅派遣传教士，让两国互利共赢，尽管俄罗斯人接受拜占庭的基督教，但俄罗斯致力于培养自己的独立性，让俄罗斯教会成为国家性的组织。尤其因为贸易和手工业的蓬勃发展，俄罗斯愈加繁荣。

## 匈牙利的建立

9 世纪末，从北欧走出、在伏尔加河畔定居的马扎尔人，迁徙到多瑙河盆地，建立起一个信奉基督教的统一国家。马扎尔人生性自由，愿不惜一切代价避免近在咫尺的日耳曼帝国的控制。因此，马扎尔人的首领在 1000 年宣布自己是罗马教廷附属国，并被加冕为王。

85

# 商人和海盗的欧洲

## 海滨的维京船

维京人这种标志性的交通工具实际上被称为舰船，冰岛传奇中的典故、石刻（在丹麦的约特斯普林）、巴约的刺绣（11 世纪）和考古学发现使它闻名于世。例如，在挪威科克斯塔德发现的一艘船，其历史可以追溯到 850 年；1962 年，在西兰岛的罗斯基勒峡湾发现了 5 艘船。它们都说明了斯堪的纳维亚的木匠能够设计出既能沿岸航行，又能迎击海浪的船只。维京船没有舵，但有用皮带固定的侧桨，可以搭载 40 至 70 人，维京人能够依靠星空和飞鸟辨认航向。

自 9 世纪以来，维京人登陆英国（11 世纪的微缩画）。

### "维京"的词源

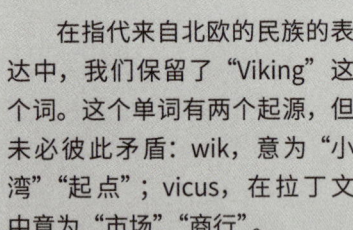

在指代来自北欧的民族的表达中，我们保留了"Viking"这个词。这个单词有两个起源，但未必彼此矛盾：wik，意为"小湾""起点"；vicus，在拉丁文中意为"市场""商行"。

## 一个作为征服者的民族

早在 8 世纪末，斯堪的纳维亚人就出没于英国沿海地区，利用当时无政府的状态获利。沿海和河口地区屡屡遭到袭击和抢劫：842 年，伦敦的商行被烧毁；851 年，坎特伯雷也惨遭不幸。民众纷纷逃亡，有的沦为奴隶。神学家约翰内斯·司各特等知识分子移居大陆，参加了加洛林文艺复兴[17]。

## 目的地：岛屿

9 世纪上半叶，挪威人占领了苏格兰的北岛和西岛，并将其改造成海军基地，作为进一步远征的前沿阵地和通往内陆的门户。除此之外，挪威人还到达了法罗群岛。挪威和瑞典发起几次远征后，冰岛人也蠢蠢欲动。982 年—985 年，一个名叫"红发埃里克"的亡命之徒来到格陵兰岛，在法韦尔角外的西南海岸建立了殖民地。

## 为何踏上征程？

对条件更舒适的新土地的渴望，年轻战士的启蒙仪式（要求他离家远游以证明自己，展示自己的勇气），斯堪的纳维亚的政体变动（挪威）或不稳定局势（丹麦）导致反对者离去，以及以流放方式惩罚那些不法之徒的社会运作……诸多因素解释了斯堪的纳维亚人一拨又一拨的入侵。

86

600 年至 1000 年

## 丹麦在英格兰的飞地

丹麦律法施行区指的是从伦敦到切斯特的罗马古道以北的地区，这个地区施行丹麦法。丹麦人经过艰苦的战斗，终于在 878 年签订了《韦德莫尔条约》，得到了这块地方。约克是十几个小王国的都城，丹麦人、挪威人纷纷前来定居，与盎格鲁－撒克逊人混在一起。这块飞地[18]维持了大约一个世纪，一直到 954 年。丹麦法则施行到了 1066 年。

## 国外商行，文化转移

斯堪的纳维亚人在领地上建设商行，配备完善的港口设施，人们偶尔会在上面发现码头的石制地基，还有仓库。在这些商业据点（比尔卡、赫德比）周围，坐落着大型村镇，有住宅、仓库，生产武器、工具、首饰、陶器、织物的作坊，这些据点凸显了斯堪的纳维亚人在商业方面的特质。9 世纪的征服行动使他们得以在约维克（约克）、利默里克、都柏林、科克和雷克雅未克建立商行，扩大了活动领域。

雕刻在驼鹿角上的维京人的头像（1000 年前后），发现于锡格蒂纳（瑞典王国的前首都）。

## 发现美洲的真实历史

1000 年前后，斯堪的纳维亚人远征到了纽芬兰岛、文兰海岸和马萨诸塞州。这是一条从卑尔根经冰岛到加达的跨大西洋航线的起点，在 11 世纪非常繁荣。

## 尖端装备……

斯堪的纳维亚人的商船，比龙头船更宽更深，可以运输牛马。除此之外，他们还拥有十几米长的渔船，以及可拆卸的马车、雪橇等运输设备。

## 第一次国际交易

比尔卡和哥得兰岛（瑞典）出土了一些穆斯林硬币、织金绸缎、拜占庭织物和一尊 10 世纪的青铜佛像。通常而言，斯堪的纳维亚商人用貂皮、熊皮、黑貂、海豹、驯鹿、象牙、海豹牙、松脂、琥珀来换取摩泽尔或莱茵河的酒水、丝绸、陶器，有时还有武器。大的商人还进行奴隶交易，贩卖凯尔特奴隶或斯拉夫奴隶。

维京龙头船。

## 近道

繁华热闹的玉石之路，连接了波罗的海和黑海、里海，将北欧文明与伊斯兰世界打通，经丝绸之路，一直通往中国和拜占庭帝国。这一长期的商业交易在君士坦丁堡和瓦良格人分别于 866 年、907 年、944 年签订的商业条约中得到了证实，这些条约允许瓦良格人在东方的国度开展贸易，拥有房屋和街区，可以在一年中的部分时间在那里居住。

87

# 从玛雅到托尔特克

## 玛雅

这是 1502 年克里斯多夫·哥伦布在洪都拉斯海湾遇到的那群人所说的地名,当时他正在探索中美地峡的海岸线。从那时起,"Maya"一词指代尤卡坦州墨西哥半岛的居民,后来推而广之,指代属于同一语族的所有人。不过,考古学家直到 19 世纪才发现了这一文明的发达程度,其城市一直位于丛林深处。

## 地图和领土

玛雅地区是指自 3 世纪以来,覆盖了位于今墨西哥、危地马拉和萨尔瓦多的广大区域。100 多个城市按照相同的建筑原则建造,似乎曾发挥过重要作用。特别是最著名的蒂卡尔,位于商业网络中心的乌夏克吞和南部的科潘。

在危地马拉出土的 4 世纪的玛雅图腾。

## 玛雅城邦

玛雅城邦的统治,被认为具有君主制的特征。国王是一位大祭司,身兼军事首领和政治领袖二职。城邦设有一个首都和几个副中心,以及一个行政机构,负责征税、执法,部署交通网络,囤积储备以应对饥荒。没有一个城市是按照相同的城市规划建造的,每座城市都与自身的环境融为一体,无论规模大小,首都都建有象征国王和君权荣耀的建筑。

## 无法实现的统一

尽管屡屡尝试,玛雅文明却从未统一过,真正存在的是众多大小不一、重要程度不同、相互竞争的城邦。对这方面的研究,目前只有十几个城市的建筑史、军事史和王朝史的大致轮廓。

## 三块领地

- 南部地区,多火山,土壤肥沃,属于高山地区,此外还有濒临太平洋的沿海地带。
- 中部地区,包括南部低地(热带雨林)、洪都拉斯部分地区、伯利兹、危地马拉、恰帕斯和塔巴斯科。位于中心的贝登是一片荒原,隐藏着玛雅文明最著名的遗址。
- 北部地区,指的是北方低地:坎佩切和金塔纳罗奥的沿海和沼泽地区,以及尤卡坦半岛的石灰岩大盆地。

600 年至 1000 年

## 时间的诱惑力

时间被构想为一种周期性的无穷现象。玛雅算术是 20 进制（手指和脚趾的总和），在此基础上发展出了阳历和仪式历法。玛雅人显然是唯一用"长计历"[19]来测量时间流逝的族群。也就是说，从一个虚构的起点开始计算，该点对应的是前 3114 年。

## 波南帕克的绘画

这些 790 年的壁画，描绘了祭祀、贵族、战争，以及捕获俘虏的场景。这些俘虏坐在波南帕克领主的面前，手指在仪式上被割流血。20 世纪中叶发现的这些壁画重新掀起了关于人类祭品的争论，尽管人们不清楚这些祭品的数量和出现的场合。

这幅波南帕克壁画描绘了贵族礼仪及其服饰。

## 祭祀

这是玛雅人最重要、举行最频繁，且最有意义的仪式。献祭是一种感谢超自然力量的方式，人们从这些力量中获得利益，并期盼这些力量可以一直存在。祭祀物的痕迹显示，鱼、蛇和鸟是主要祭品，有时还会出现成对的猫科动物和鸟。不过，动物祭品虽然出现的频率很高，却很少被描绘下来。

墨西哥特拉威斯卡尔潘泰库特利神庙遗址上的亚特兰蒂斯男像柱，代表托尔特克的战士。

## 托尔特克文明

特奥蒂瓦坎衰落后，托尔特克人率先发展出了一个囊括墨西哥和中美洲大片地区的庞大祭祀体系。首都图拉似乎在种族和文化上综合了特奥蒂瓦坎的传统和北方原住民带来的克娄特拉脱尔克文化。在 4 个世纪的时间里，图拉从一个小小的城市中心发展成为一个广阔而复杂的城市，在 950 年—1150 年更是如日中天。那时，图拉占地近 16 平方千米，数百个住宅区通过街道和道路网络连在一起。

## 托尔特克的没落

12 世纪末，图拉的周围诞生了新的权力中心，外来移民源源不断地流入，使人口增长与资源生产更加难以同步。

## 亚特兰蒂斯男像柱

穷兵黩武、战争和活人祭祀是图拉建筑和艺术的主题。在特拉威斯卡尔潘泰库特利神庙的顶部平台上，竖着 4 根 4.6 米高的支柱，它们是亚特兰蒂斯男像柱，代表了托尔特克的战士。

89

# 沙漠之路

### 移民之地

人口的交融塑造了非洲的面貌。作为最庞大的迁徙民族之一，班图人从乍得湖和大西洋之间的地方（今喀麦隆）走出，向东和向南发展，几乎在半个非洲大陆上定居。人口的增长、撒哈拉的沙漠化、杰出的冶金家们寻找新的土地或其他铁矿，所有这些都促成了整个非洲中部各地的人自称"班图"或"巴图"。

### 大陆的财富

非洲不但拥有金矿、盐矿，还有铁、象牙、琥珀、乳香和没药等当时珍贵的产物。这里的奴隶通常被运往埃及和中东。

### 道路和商业干线

来自西亚的单峰驼商队沿着精确的路线在撒哈拉中穿梭，沿途设桩，标出驿站和中转站，直到抵达接收和转运货物的城市。因此，非洲是一个庞大市场的中心，乍得湖是中枢之一。非洲出口贵重食品，进口欧亚的制成品。

11 世纪前后的阿拉伯商人（11 世纪巴格达的微缩画）。

12 世纪出土于杰内（今马里）的女性小雕像。

### 城市的形成

尼日尔河上最早的城市之一是杰内，它于 400 年前后形成，以应对撒哈拉地区的大旱。商业运输促进重大城市的发展。大型港口沿东海岸开发，确保了与阿拉伯、波斯、印度尼西亚和印度的商业贸易。向西，加奥、摩加迪沙、蒙巴萨等大城市在 10 世纪出现。

600 年至 1000 年

## 走向国家建构

7 世纪初,阿克苏姆王国走向衰落。与此同时,其他国家兴盛起来。首领凭借军队,以自我为中心组织国家,建立管理和财政制度,征服新的领土。在这些新兴国家中,800 年前后,提贝斯提山地的特达人在萨赫勒通道、盐商队出口处建立了加涅姆王国,也就是西苏丹的萨哈贾帝国。

## 马达加斯加,文化的十字路口

据推测,人类在 7 世纪第一次登上了马达加斯加岛:为了在印度洋一带经商而定居非洲的印尼人、非洲人,以及这两个种族繁育出的混血儿,乘坐独木舟来到了马达加斯加。最早的居民特点是倾向于表现亚洲文化,因为他们在岛上种植水稻。

## 加纳王国

早在 3 世纪,加纳王国就在尼日尔河的三角洲上建国了,但直到 8 世纪在卡亚·马加·西塞的统治下才真正为人所知。加纳王国的发展,建立在丰产的谷类和丰富的黄金矿藏的基础上。头衔为"卡亚·马加"的君主意味着"黄金之主",拥有对黄金的垄断权。尽管君主拥有丰厚的资源,但他总是倾听国民的意见,并经常接见他们。这个朝代的特殊性在于继承原则:已故国王的王位由其姐妹的儿子继承。

在印度穆斯林和阿拉伯世界之间进行贸易的船只(12 世纪的手稿)。

## 基督教中心

基督教通过埃及和马格里布传入非洲。虽然未能真正向南传播,但基督教在东非地区很是活跃。早在 4 世纪时,阿克苏姆的国王就皈依了基督教,并与君士坦丁堡保持着密切联系。阿拉伯的征服改变了局势,但并未完全消除基督教在这块大陆上的存在。

## 伊斯兰教在大陆

伊斯兰教从 7 世纪开始传入北非和红海沿岸。与基督教不同的是,伊斯兰教的传播开始于穿越撒哈拉或在印度洋经商的非洲商人的皈依,然后通过国王的逐渐皈依,渗透了整个大陆。

# 亚洲：变革的时代

8 世纪前后唐代贵族彩陶。

### 朝代更迭

220 年，汉朝灭亡，中国进入动荡时期。隋朝的崛起使中华文明稳定了下来。短短 30 年间（581 年—618 年），隋朝两位皇帝恢复了王朝往日的繁华，确保了丝绸之路的安全，保证了与西方的贸易往来。619 年，隋朝灭亡，新的王朝——唐朝取而代之。唐朝稳定了边疆，巩固了财政制度，繁荣了贸易。

### 贸易规则

中国南方商人在京城贩卖货物，换取纸币作为信用凭证。这样一来，他们就不用顾忌强盗土匪，一路畅行无阻。回到家乡，只要出示凭证，就可以拿回交易得来的钱财。

### 受到影响的日本

5 世纪，大和王朝打败其他敌对氏族，实现了日本列岛的统一。710 年到 794 年，即奈良时代，日本开始了一种受到中国影响的生活方式，并与中国确立了贸易和外交关系。文字、宗教和管理组织均向中国学习。

### 女皇武则天

武则天是中国历史上唯一一位女皇。690 年，她改国号为周，自命为帝。在杀死了李唐宗室的几乎所有后代后，她稳坐朝廷。705 年，在她去世后，她的儿子李显登基。李唐皇族重新夺回了政权。

### 乱世重启

907 年，统治了近 300 年的唐朝覆亡，此后的半个世纪里都没有出现统一的政权：南方以自然边界为界，分裂成多个政权；北方则承受着 5 个争权夺利的朝代的暴虐统治，每一次朝代更迭都造成了大量死亡和破坏。

### 艺术盛放

奈良时代的艺术生活丰富，佛教是该时期艺术昌盛的动力。在中国受训的日本僧侣创立教派，承担着修建豪华寺庙的任务，日本的药师寺、唐招提寺，以及供奉一尊巨大佛像的东大寺纷纷在 8 世纪时建成。

奈良时代与各路敌人斗争的佛教捍卫者执金刚神（8 世纪）。

600 年至 1000 年

## 印度：新的平衡

印度北方自 5 世纪开始动荡不安，于是文明在印度南方蓬勃发展。德干高原西部和今马德拉斯以南的海滨，是文化和政治活力的舞台。然而，这并不能解决在控制河流和水源方面的紧张局势。

### 印度南部的王国

从 7 世纪到 9 世纪，印度地区三国鼎立。遮娄其王朝在孟买地区以巴达米为首都，它成功击退了阿拉伯人，却未能阻挡住前附庸国罗湿陀罗拘陀的进攻，后者在 753 年至 973 年统治国家。在印度半岛最南端的潘地亚王国，尽管年代久远，但直到 6 世纪末才真正繁荣起来，统治着安得拉邦、马德拉斯、阿尔乔特地区的帕拉瓦王朝也是如此。这三个王朝纷争不断。

## 平安时代的文明

日本贵族和僧侣的势力越来越大，他们中的一些人曾试图反抗当时的统治者。桓武天皇在 794 年将都城从奈良迁到了平安京，奈良时代输入的中国文明在平安时代开始沉淀。贵族的斗争并未结束，藤原氏家族在 770 年开始崛起。

### 关于恒河的传说

马马拉普拉姆（一个为发展与东南亚贸易而设的港口）的"恒河降凡"浮雕上，绘着向湿婆祈求赐予圣河的动物、人类和神。一条裂隙象征着恒河，两旁雕刻着鹿、大象和猴子。

"恒河降凡"浮雕局部，该浮雕尺寸为 27m×9m，是世界上最大的浮雕之一。

## 苏门答腊和爪哇，发展中的势力？

苏门答腊控制着通往中国的海上航线，而爪哇的农业非常繁荣。这种双重海上力量创造了灿烂的文明，为艺术和宗教服务，直到 10 世纪爪哇中心地区荒废于一场原因不明的灾难。

## 新国家

968 年，越南丁部领称帝，建立丁朝，定国号为大瞿越。

# 信仰的时代

## 袄教

它是萨珊波斯帝国的官方宗教。该信仰包括崇拜祭坛中的火、庙宇（庙宇穹顶内设有一座礼堂，用来燃烧火焰）。等级最高的神职人员莫巴德指挥宗教事务，干预个人生活中的一切行为。袄教没有发展新教徒的热忱，而是打算绝对统治波斯。

## 帕西人的崇拜

寂静之塔是帕西人用来露天放置死者的地方。8世纪下半叶，阿拉伯征服萨珊帝国，一小批袄教徒被迫从波斯逃到印度，他们就是帕西人。帕西人忠于自己的宗教和传统，不会埋葬死者。他们不受种姓制度的约束，因而可以从事印度教禁止的行业。

## 犹太群体，从融入到排斥

很长时间以来，犹太人和基督徒共居是一种常态，犹太人还会参与公共生活。但是，从6世纪开始，墨洛温王朝的领土和西班牙地区尽管起先允许信仰自由和修行权，然而很快就不再建造新的犹太教堂，拒绝发展新教徒，禁止公开宣扬犹太教。这种排斥随着时间的推移变得越来越严重：禁止异教通婚、社会生活隔离、强制受洗、禁止工作、剥夺财产……

780年—797年统治拜占庭的君士坦丁六世。78

## 罗马，基督教国家的首都

6世纪末，罗马会聚了来自各路的朝圣者和大使。传教士来此地学习。一些国王接受罗马的圣洗，例如，689年的撒克逊人卡德瓦拉。待他们回去时，身上带着手稿、圣物和圣骨。其中，手稿在他们国家的修道院中进行重新誊写。

## 基督教的修道生活

修道生活产生于东方，表达了对第一个理想化的基督教社区，甚至是对亚当时代的怀旧之情，它象征着在一个暴力世界中对精神完美的追寻。第一批隐修的修道士前往沙漠，选择远离或最终放弃政治和社会世界。另一些人则选择群体生活，他们就是修道院僧侣，他们的组织由生活戒律规定。

600 年至 1000 年

二次尼西亚公会议召开，会中谴责了破坏圣像的企图。

## 伊斯兰世界的分裂

● 哈瓦利吉派（出走者）反对世袭王朝，只承认选出的哈里发：权力必须给予任何一个公正、诚实、虔诚的穆斯林。

● 什叶派支持阿里，他们认为阿里体现了先知家族的合法性。只有阿里或法蒂玛（先知的女儿，阿里的妻子）的后代才能继承穆罕默德，成为不朽的引导者。

● 逊尼派人数最多，起初支持第三位哈里发奥斯曼的亲戚、倭马亚氏族的首领、叙利亚总督穆阿维叶，穆阿维叶本人也向往成为哈里发。逊尼派之名取自先知的《圣训》，他们意欲成为先知的代表。在逊尼派眼中，《古兰经》和《圣训》是团结群体、防止一切可能出现的分裂的保障。

## 关于破坏圣像的争论

726 年，拜占庭皇帝利奥三世以"上帝不可描绘，任何表现神的圣像都是迷信的骗局"为托词，禁止民众崇拜圣像。十字架是唯一被容忍的基督教图案。通过尝试压制教徒对圣像神力的信仰，利奥三世试图迫使人们认可他是神与人之间的唯一中介。787 年召开的第二次尼西亚公会议，对这一破坏圣像的企图进行了谴责。即使这一企图在 9 世纪初又死灰复燃，但也未能成功使人接受。

## 西里尔和美多德

这两兄弟是中欧斯拉夫人基督化的开始，体现了当时无所不在的传教士的形象。他们天赋异禀，将基督教文化传播给大众。他们用斯洛文尼亚语布讲，把《圣经》和礼拜仪式翻译成斯洛文尼亚语，并发明了一种衍生于希腊语的字母表——格拉哥里字母，用以书写斯洛文尼亚语，后来的西里尔字母便脱胎于格拉哥里字母。

# 1000年至1453年

离蒙田写出世界本质上是变化的、运动的，而"所谓恒定不过是一种较为缓慢无力的晃动而已"的时代已经不远了（《蒙田随笔集》，第三卷，第二章）。从1000年到文艺复兴的这段时期，似乎是这一感想的完美呈现。处在动乱时局中的帝国，可能承受着冲击，可能走向衰落，也可能与时俱进，他们在继承前人足迹的同时，也逐渐形成了自己的标记。

## 游牧民族与定居民族

动荡尤其体现在接二连三的侵略中，游牧民族与定居民族碰面，斗争不断出现。民族一旦安定下来，就会发现轮到自己面临猛烈的破坏性迁徙，一切重新来过。11世纪的塞尔柱土耳其人，12世纪的阿兹特克人，13世纪成吉思汗率领的蒙古人，14世纪帖木儿麾下的蒙古人，15世纪的印加人都在历史中突然涌现，有时还能建立起庞大的帝国，或长或短地改变了领土地图和人们的生活。但是，征服者的入侵不一定全都是来自沙漠或草原的战士所为。欧洲的地图是按王公、国王、皇帝甚至教皇的扩张主义活动组成并重组的，战败者不得不寻找可以征服的土地。例如诺曼人，在侵吞西西里王国的一个多世纪之前的10世纪，他们还在充当雇佣军，出现在所有的军事行动现场。很快，寻求在受欢迎的土地上立足的不再是背井离乡的人，而是那些深深扎根于本国领土上的大国，他们试图以宗教的名义强征圣地。十字军的理想在13世纪终止，但旧世界的繁华之梦很快将在大洋彼岸实现。

## 行使权力之难

征服然后治理，这是所有大国终将遵循的法则。战争算不了什么，组织胜利，规划领土，管理人民，这才是真正的挑战。在这一时期，社会在中央集权的铁腕统治下，趋向于封建化，能够以忠诚高效的官吏网络为依托，依靠威力迅速调动人际联系。在这个时代，附庸关系、联盟和婚姻策略是国家形成、维系，以及以君主个人为中心的权力巩固的核心。尽管君主的权威使人衷心信服，但它依然是脆弱的，以致出现了影响阿拉伯世界的分裂，以及对教会的屡屡质疑。教会的财富和力量，滋生了教会内部的争端，造成了各国的忧虑。

## 曙光之约

然而，在这些动荡不安的时代，依然诞生了深刻影响人类生活的技术、工业和艺术成果。而一场发轫于15世纪末的革命开辟了一个可能的领域：重新定义已知世界的边界。

# 蒙古人的时代

## 在 13 世纪涌现出的力量

亚洲的定居民族以中国为代表,南边是本土帝国宋朝,北边是女真;在西北的塔里木盆地,则是弘扬佛教文化的回鹘人。还有西辽,这是一个在喀什和和田一带建立的忠于中国文化的帝国,其附庸国——伊朗和河中地区的花剌子模——属于阿拉伯(波斯文化),信仰伊斯兰教和袄教,于 13 世纪到达鼎盛时期。与亚洲的定居民族相呼应的是属于突厥、通古斯或蒙古分支的大量游牧部落,他们在戈壁以北的接近阿尔泰山、杭爱山和肯特山的草原上逐水草而生。

### 《成吉思汗法典》

这部用维吾尔语写在卷轴上的法典已经很难找到踪迹。成吉思汗将该法典应用于整个帝国,它列出了涵盖祖宗传统的政治和道德方面的法律,详细规定了罪行及其惩罚方式,最常见的是死刑。

## 成吉思汗

1206 年,铁木真将几乎所有的蒙古部落联合起来,并为自己取名为"成吉思汗",意思是"整个世界的可汗"。这并不是一句象征性的话,因为成吉思汗率领军队攻打了全世界。这位征服者给世界留下了难以言喻的暴行记忆。他也是一位行政管理者,通过监管,在所控制的地区建立和平,从而促进了思想和货物的流通。

接见来访者的大蒙古国可汗成吉思汗(14 世纪的微缩画)。

匈牙利人和蒙古人在多瑙河上交战(14 世纪的微缩画)。

## 迅速扩张

1227 年成吉思汗逝世之时,蒙古人已经成为最庞大帝国的统治者,国土从黑海一直延续到太平洋。蒙古人从新都城喀喇昆仑出发,向四个方向进攻:阿塞拜疆和外高加索被征服,小亚细亚塞尔柱帝国的突厥苏丹和亚美尼亚沦为附庸;基辅、俄罗斯世界和巴格达纷纷沦陷;攻陷了波兰和匈牙利,一直打到了亚得里亚海;在远东控制了朝鲜。只有日本逃过一劫。

1000年至1453年

## 瓜分帝国

1259年，成吉思汗的孙子蒙哥去世。蒙古帝国分为四个汗国，由成吉思汗的后代领导。

- 钦察汗国，位于俄罗斯中部和南部的草原，由成吉思汗的儿子术赤统治。1252年，这个王朝第一个皈依了伊斯兰教，吸引了穆斯林学者和文人。钦察汗国又名金帐汗国。基辅和莫斯科向其纳贡，称他们是鞑靼人或塔塔尔人，这个名称回响了整个欧洲。
- 察合台汗国，国名来自成吉思汗的第二个儿子。其国土位于中亚的突厥斯坦和阿富汗，囊括了撒马尔罕等丝绸之路上的城市。
- 伊尔汗国，又称波斯汗国，是由成吉思汗的一个孙子，征服巴格达的旭烈兀所统治的一个庞大的国家，包括了波斯和中东地区。伊尔汗国抛弃了蒙古人的游牧生活方式。
- 忽必烈可汗，成吉思汗的另一个孙子，意欲征服中国南方，并在1270年达成所愿。忽必烈自视为真正的中国皇帝，是一位天子。他建立元朝，再度统一中国，保留了中国的行政管理机构，整顿乾坤，在宗教大宽容的背景下发展了一个有利于贸易和旅行的道路交通网络。

### 神风

忽必烈发动军队攻打日本，不料船只为一场飓风所毁，日本于是为这场风取名为"神风"。

### 帖木儿

这个蒙古人的真名是Timur，意思是"铁人"。由于右腿在一场战争中致瘸，他被波斯敌人取了个"跛子帖木儿"（欧洲又称为Tamerlan）的绰号。他是一个残酷的军队首领，用敌人的头颅在城市和村镇入口筑成清真寺尖塔的做法，就是他发明的。

## 收复战争

中亚已被突厥人收入囊中，帖木儿却想重振自称与之有姻亲关系的蒙古的王权。1370年—1405年，他的军队控制了波斯、叙利亚、伊拉克、阿塞拜疆、格鲁吉亚、亚美尼亚和小亚细亚的大部分地区，还入侵俄国南部，转而向印度进军。他们在这些地区大肆杀戮、洗劫、勒索，他们寻求的不是建立一个稳定的帝国，而是有计划地摧毁非穆斯林的社区。

## 帖木儿帝国

1405年—1507年，帖木儿的后代各自建立王朝，统治着波斯、河中地区和阿富汗。一些统治者是开明国君，在15世纪将复兴帖木儿帝国的意愿合法化。撒马尔罕的统治者兀鲁伯是一位天文学家；定居赫拉特的侯赛因·巴伊格拉资助了大量诗人和波斯微缩画的画家；巴布尔自喀布尔出发，征服了印度北部，建立了莫卧儿帝国。

宝座上的军队首领帖木儿（15世纪的微缩画）。

# 伊斯兰世界的跌宕起伏

## 掌权

1050 年前后,巴格达阿拔斯王朝的哈里发受到什叶派的威胁,塞尔柱突厥人的首领图格里勒·贝格前来援救,获得了"鲁克那丁"的称号,意思是"宗教支柱"。作为阿拉伯哈里发的官方代表,贝格确保了世俗权力。在阿拉伯体制的常规框架内,突厥人使阿拉伯帝国名存实亡。

## 掌控权力的柏柏尔人

自 1050 年起,来自毛里塔尼亚撒哈拉的穆拉比特人重振逊尼派,兴建马拉喀什,将马格里布中部的帝国疆域扩张到了阿尔及尔,继而转战西班牙,成功制止了基督徒的再次征服。穆拉比特人非常重视地方风俗传统,鼓励了前伊斯兰教习俗的复兴,使其在日常生活中浸透。穆瓦希德教派则宣扬一种尊重神的唯一性的教义,在 1160 年第一次统一了马格里布。他们自称是"西穆斯林帝国的哈里发",安达卢西亚的犹太人、基督徒和穆斯林之间的宗教宽容气氛终结。一个世纪后,穆瓦希德王朝覆灭。

## 马穆鲁克的征伐

这些希腊人、突厥人、阿尔巴尼亚人和斯拉夫人的奴隶,组成了苏丹的精锐卫队。1250 年,他们将萨拉丁开创的阿尤布王朝的末代君王赶下王位,夺取了埃及的权力。他们建立了一个本质上是军事权力的高度中央集权政权,一直延续到 1789 年波拿巴远征埃及为止。最有名望的马穆鲁克苏丹是拜巴尔一世(1223 年—1277 年),继埃及和叙利亚大捷后,他成功击退了十字军,特别是蒙古人,后者在拜巴尔一世手上尝到了罕见的失败滋味。

## "像突厥人一样强壮"

"突厥"一词长期以来被翻译为"强壮",在现实中实则是一个民族的名字。其中,阿拉伯人从中引申出了一个形容词,意思是"粗鲁的""不懂规矩的"。而无论阿拉伯人欢喜与否,正是这些来自中国北方乃至俄罗斯的河流地区的突厥人,书写了 10 世纪以来穆斯林领土的历史。

## 圣·约翰·阿卡消失了

1291 年,马穆鲁克人包围了阿卡。这个活跃的国际性港口是耶路撒冷十字军国家最重要的城市,也是多个军事领域的中枢。这是马穆鲁克为夺回十字军领地而发动的无往不胜的 30 年战争的成果。经过 5 个星期的围攻,阿卡陷落,这标志了伊斯兰教的胜利。那些未能逃离的人被斩下首级,阿卡城先是被踩蹦,继而被摧毁,彻底夷为平地。

1350 年左右的一块呈现马穆鲁克士兵形象的金银牌匾。

在这盏出土于开罗的 13 世纪的灯上,画着一些马穆鲁克符号和铭文。

1000年至1453年

## 马里帝国

非洲最大的帝国——马里建立于 12 世纪,开国皇帝是松迪亚塔。1312 年—1337 年,帝国在曼萨·穆萨统治期间发展到了巅峰,疆域扩张到了塞内加尔、冈比亚、几内亚、马里,以及今天的尼日尔的部分地区。整个国家归皇帝一人所有,贵族成员法里玛负责监督各省各市的司法系统。每个人都要根据其传统受审判:穆斯林依据《古兰经》,泛灵论者依据习俗。

## 中世纪的非洲帝国

加纳帝国形成于 3 世纪,在 10 世纪时进入黄金时代,后来被穆拉比特王朝推翻。12 世纪,尼日尔和乍得之间的贸易路线上出现了由贵族统治的豪萨人的城邦国家。桑海人的王国以加奥为中心,在 15 世纪繁荣昌盛,后被摩洛哥苏丹吞并。在这些商业王国中,君主是穆斯林,国民可能是穆斯林,但仍然依恋他们以前的神。

## 曼萨·穆萨

作为一位虔诚的穆斯林,曼萨·穆萨于 1324 年前往麦加朝圣期间,向世界展示了自己的帝国,这个帝国拥有丰富的盐矿、铜矿、铁矿和金矿资源。他推动了瓦拉塔、廷巴克图、加奥、杰内等城市跨撒哈拉贸易的发展,促进了与摩洛哥苏丹,以及葡萄牙国王若昂二世的交流。在弘扬伊斯兰教方面,他下令建造了廷巴克图最大的清真寺,使马里帝国成为艺术和思想的生产基地。

## 伊斯兰教时代的印度尼西亚

岛国印度尼西亚同时接受了来自中国和穆斯林的影响。自 1419 年马六甲王朝的统治者改宗开始,大量穆斯林社区出现。因为同宗教的商人群体的发展,穆斯林社区不断壮大,成为越来越强大的国家,印度教只存在于爪哇岛东部和巴厘岛。

曼萨·穆萨,马里帝国的"万王之王",1312 年—1337 年在位(出自 14 世纪的《加泰罗尼亚地图集》)。

## 例外:埃塞俄比亚的基督徒

在札拉·雅各布统治期间,王国内没有改信伊斯兰教,而是维持基督信仰,其他宗教信仰销声匿迹。札拉·雅各布在各个领域捍卫并发扬基督教:建造教堂,在主日传教布道,编纂参考书目。他撰写了《光明书》,在书中提出了自己的宗教理念。1441 年,他派遣埃塞俄比亚代表团参加佛罗伦萨公会议,确定了教会与教廷的附属关系。

# 新兴国家法兰西

## 卡佩王朝

卡佩王朝因开创者雨果·卡佩（约 938 年—996 年）的名字而得名。在 987 年加冕为王之前，雨果·卡佩拥有十几个郡，管理着多个修道院，其中包括图尔圣马丁修道院，那里保存着圣马丁的斗篷。在上一个世纪，大贵族屡屡废立国王，王权的归属在最后的加洛林人和卡佩人的祖先之间摇摆不定。

## 统一国土的国王

征服和管理上的成就使腓力二世·奥古斯都将王国领地扩大了 4 倍，并使其他公国服从卡佩王朝的权威。他创造了集权国家，在卢浮宫设立档案馆，安置政府主要机关，储藏宝藏。与此同时，他在拥有 5 万居民的巴黎，修建了长达 5400 米的围墙，并铺设街道。在地方，北方的执行官和南方的司法总管，代表国王管理每一片区域。他们在那里伸张正义，管理王室领地。

## 封建君主制的胜利

腓力二世遵循圣德尼修道院的院长苏杰关于封建君主制的理论。通过宣誓忠诚，每一个领主都受到另一个领主的约束，他赐予他封地，他是他的附庸。站在金字塔顶端的国王的权力和合法性，只能来自上帝。他不臣服于任何人，并通过颁布全国性的法令，要求附庸们履行义务。除了必须为之服务的共同利益和正义，国王权力不受任何拘束。宗主权变成了君主权。

## 王室领地的脆弱

王室领地在塞纳河和瓦兹河之间，由巴黎、埃唐普和奥尔良周围的几个繁荣大区组成。尽管国王经过加冕成为上帝的选民，威望非常，却没有控制王室领地外的广阔土地。在王室领地的对面，勃艮第公国、诺曼底公国、阿基坦公国、普罗旺斯的侯爵领地，弗兰德、香槟、安茹的公爵领地时刻提醒国王，他不过是其他公国中的一个君主，只能让自己接受这一现实。因此，很大一部分领土在政治上并不属于法国。

## 经济影响

12 世纪，由于土地开垦，农业增长到了顶峰。城市中的手工业者为了改善从业条件，组织成立了职业行会或宗教兄弟会。王国的一些地区经济发展势头强劲，如香槟地区，其集市成为欧洲商业的贸易中心。

### 布汶，出生证明

1214 年 7 月 27 日的布汶战役，象征了法兰西大胜英格兰国王（无地王约翰）、弗兰德公爵、布洛涅公爵、日耳曼诸公国，以及神圣罗马帝国皇帝奥托四世结成的联盟。布汶战役巩固了卡佩王室和王国的君主制度，形成了过去十年击退英格兰人，征服诺曼底、曼恩、安茹、都兰和普瓦图北部的盛极辉煌。

1214 年 7 月 27 日，布汶战役的胜利使法国国王得以巩固权力，抵抗在欧洲的敌人（微缩画，摘自《圣德尼编年史》）。

1000年至1453年

## 开设大学

1200年—1246年巴黎大学的章程制定,规定教会控制教学。一些学院的设立初衷是让贫困的教士先在大学学习,然后再专攻研究。巴黎有50多所大学,其中索邦学院(罗伯特·索邦建于1253年)教授神学,那瓦尔学院(建于1304年)教授法律。几乎同样古老的蒙彼利埃大学研究阿拉伯和希腊的作家,以此为基础开设的医学课程闻名于世。

13世纪巴黎大学的一位教授(摘自《圣德尼编年史》)。

## 强大的摄政王后

1226年—1235年,为了儿子,即未来的圣路易,卡斯蒂利亚的布朗歇担任摄政。那时的法国风雨飘摇,被大贵族玩弄于股掌之间,被英格兰觊觎。布朗歇依靠腓力二世在其时代建立的管理机构,听从一位意大利人——天使圣母院的枢机主教、教皇特使罗曼诺·弗兰吉帕尼——的建议,维持王国统一,并控制了朗格多克。

## 作为嫁妆的法兰西

阿基坦的埃莉诺(1122年—1204年)嫁给法国国王路易七世,带来普瓦图、加斯科涅、利穆赞、阿格耐斯和对图卢兹郡等多处领地的宗主权作为嫁妆。被法国国王休弃后,她又嫁给了英国金雀花王朝的国王亨利二世,后者是安茹和都兰的继承人。二人的领地加起来相当于半个法兰西王国。3个世纪后,一切都没有改变。为了确保布列塔尼依附于法国,路易十一的儿子查理八世与布列塔尼的安妮(1477年—1514年)成婚。查理八世死后,根据第一份婚约的条款,安妮再嫁查理八世的继任者兼堂兄路易十二。

## 新国家的建立

腓力二世的孙子路易九世是一位模范君主,他通过控制官吏的不良行径,使政府办事更加公正,更有效率。他是虔诚国王的化身,专心祷告,收集圣物,其中包括基督的荆棘王冠。为此他命人建造了圣礼拜堂,资助济贫院和收容所。路易九世参加了两次十字军东征,1270年,他在第二次东征时,死于突尼斯。1297年,他被封为圣人。

伸张正义的法国国王圣路易(13世纪)。

103

# 欧洲诸国

### 贸易都城

威尼斯、热那亚、布鲁日、科隆和伦敦是重要的商业中心。如果说在地中海,威尼斯把控了拜占庭的所有贸易,那么在北方,俄国的诺夫哥罗德、挪威的卑尔根,以及伦敦和布鲁日则是发展蒸蒸日上的贸易点。弗兰德和香槟的交易市场构成了地中海和波罗的海之间的交汇点。法国人和英国人之间的冲突将使这些交易黯然失色:意大利的船只自此将绕过西班牙在伦敦或布鲁日靠岸,在被安特卫普取代前,布鲁日一直是欧洲的商业中心。

14 世纪布鲁日的港口,欧洲重要的商业中心(15 世纪的微缩画)。

### 征服者威廉的英国

自 9 世纪以来,英格兰北部便是维京人的殖民地。丹麦的内部纠纷导致王位在 11 世纪重新回到忏悔者爱德华(一个盎格鲁-诺曼人)的手中,爱德华的继承人是其表弟诺曼底的威廉。盎格鲁-撒克逊的贵族拒绝拥戴威廉为王,于是他率领大批没有封地的骑士,经黑斯廷斯一役(1066 年)打通了通往英格兰王座的道路。他的儿子亨利四世(又称贤明者亨利)以盎格鲁-撒克逊精英的利益为代价,真正建立了盎格鲁-诺曼帝国,却没有留下直系继承人。

### 神圣罗马帝国

从 1259 年到 1272 年,拼凑起来的德国被暴力撕扯得四分五裂,这就是我们所说的大空位时代。在瑞士德语区的领主——哈布斯堡的鲁道夫一世——被推选为王之前,王位一直空悬。为了确保权力,鲁道夫一世需要一块领土作为基础。于是,他从波希米亚国王那里夺得了卡尼奥拉、施蒂里亚、克恩顿和奥地利。哈布斯堡王朝一直到 20 世纪才停止对这些领土的统治。

### 尊贵的威尼斯共和国

威尼斯的辖制范围包括拜占庭帝国几近一半的领土、希腊和克里特岛,以及爱琴群岛的部分地区。它垄断了在亚得里亚海过境的无数盐和谷物贸易,控制了丝绸之路和毛皮之路,还把持了在黑海的贸易。不仅如此,威尼斯共和国铸造了一种叫作杜卡特的金币,向欧洲的很多地区提供资金,推动西方的领主们对突厥人发动十字军东征。

1000年至1453年

## 金雀花王朝的稳固组织

王位继承战打了20年，英国和法国西部炮火连天，血流成河。战争结束后，亨利二世继位。他是征服者威廉的曾外孙，法国国王最强大的封建领主之一，美男子若弗鲁瓦（安茹公爵）的儿子。因若弗鲁瓦喜欢在帽子上饰以金雀花，故而被戏称为金雀花王朝。在亨利二世的推动下，财政部作为主管财政的部门，与负责司法的大法官府一起设立在威斯敏斯特。一位王室成员担任首席政法官，在国王不在时，监督国家的一切机构。因为国王经常巡视他在大陆的封地，这些封地的重要性和财富不亚于他的英格兰王国。这样的结构解释了狮心王理查长期不在时，英格兰王国如何保持稳定。狮心王理查是亨利二世和阿基坦的埃莉诺的儿子，他在阿基坦生长，忙于夺回圣地，一生都不会说英语。

## 西西里岛的诺曼人

在与征服者威廉争夺权力时落败的诺曼人四处流亡，成为雇佣军。他们组织起来，出于自己的利益，攻克了穆斯林的西西里岛。1090年，他们攻占马耳他，切断了西方的伊斯兰国家与埃及和叙利亚的联系。诺曼人通过继承和母系联盟，一直到1264年还统治着西西里岛，变成了日耳曼神圣罗马帝国的权力基础之一。

## 棋盘中心的勃艮第

14世纪下半叶，法国国王约翰二世送给他的小儿子菲利普二世两份礼物：勃艮第公爵之位与一位妻子——弗兰德公爵的女儿——从而使他成为王国最强大的领主之一。很快，勃艮第的领土就囊括了弗朗什－孔泰、夏洛莱、比荷卢地区，以及今天法国的北部：勃艮第荷兰。面对英、法两国，勃艮第采取平衡政策，繁荣发展，梦想着在神圣罗马帝国和法国之间建立一个国家，将所有领地合在一起，由一人统治。勇士查尔斯在围攻南锡时丧生，法国国王从中得利，将勃艮第公国据为己有。

## 波罗的海那边的对抗

14世纪初，局部统一的波兰与自10世纪就存在于欧洲中部和东部的德国势力发生冲突。为了对抗德国的统治地位，波兰人将立陶宛的雅盖洛大公推上王位。在那之前一直是异教国家的立陶宛改变信仰，而波兰则成了欧洲中部最为强大的国家。15世纪末，波兰雅盖洛王朝统治着整个欧洲东部，东欧的国家都是贵族共和国，国王被剥夺主动权，不得不与一个被称为"国会"的议会共存。神职人员和贵族在这个议会中所占的分量都很重。

1477年包围南锡时，勇士查尔斯殒命（微缩画，摘自15世纪《菲利普·德·科米纳回忆录》）。

## 招架，反击

为了抗衡法国人，勇士查尔斯的唯一继承人、勃艮第的玛丽与哈布斯堡家族的一位大公联姻，后者的家族成员经常获得神圣罗马帝国的王冠。通过这次联姻，哈布斯堡家族在弗朗什－孔泰和勃艮第荷兰有了立足之地。

105

# 百年战争

## 从卡佩王朝到瓦卢瓦王朝

1328 年，查理四世过世，卡佩王朝不再有直系继承人。爱德华王子（英格兰未来的爱德华三世）是法国国王腓力四世的外孙，也是法兰西王位最接近的继承人。法国贵族不希望英国人登上王位，因此将他排除在外，转而考虑旁系分支：瓦卢瓦的腓力六世被宣布为法兰西的国王。爱德华在 1329 年向其致敬，但在 1337 年又改变主意，要求继承法兰西王国。

## 不睦女神的苹果

吉耶讷就是阿基坦公国，它是阿基坦的埃莉诺与金雀花王朝的亨利二世结婚时作为嫁妆带给英国的最后一块领地。吉耶讷的存在使英、法两国的关系持续紧张，英国对此地的统治维系到了 1453 年。

## 真的有100年吗？

百年战争是指发生在 1337 年至 1453 年的一系列冲突，其间穿插了多次休战。法兰西国王与英格兰国王针锋相对，英格兰国王希望其位于法兰西领土上的大陆领地不受法国的管辖。百年战争起初为王朝争议而战，后来逐渐为国家和领土利益而战。

## 百年战争的三个阶段

● 第一阶段以英国在克雷西（1346 年）和普瓦捷（1356 年）的胜利为标志，两国于 1360 年签订了《布勒丁尼和约》，加莱获得和平：法兰西国王承认英格兰国王在国内一些地区的主权。

● 14 世纪末战局扭转，法国获胜，双方于 1389 年停战。在这一年，法国收复了除加莱、吉耶讷和加斯科尼以外被英国人征服的全部领土。

● 最后一个阶段开始于 1415 年，英格兰国王亨利五世趁法国内部混乱分裂入侵诺曼底；结束于 1453 年，法国在卡斯蒂永战役最终获胜，吉耶讷重新成为国王领地的一部分。

## 加莱平民

加莱在英国人的包围中抵抗了一年。爱德华三世曾发誓，只要赢了，他就会杀光城市里的所有居民。1347 年 8 月，加莱投降。爱德华三世要求城中最富有的名人献钥匙，并把绳索套在脖子上，准备吊死。多亏了爱德华的妻子菲利普·德·埃诺的干预，他们才幸免于难。不过，这座被清空了居民的城市，直到 16 世纪才有英国居民居住。

1347 年 8 月，加莱平民把城市的钥匙交予英格兰国王爱德华三世（微缩画，摘自 14 世纪的《傅华萨编年史》）。

1000年至1453年

## 阿金库尔，英格兰弓箭手的胜利

1415 年 10 月 25 日爆发的阿金库尔战役，说明了战争的两个时代和两种观念：主要由弓箭手组成的英国军队，在短兵相接前就歼灭了全副武装的法军骑士。俘虏被割开喉咙，只有王子们得以幸免，因为英国人希望把他们抓住换取赎金。法国至少有四分之三的贵族世系失去了男性后代。这次战败后，英格兰国王根据《特鲁瓦条约》成为法国王位的继承人。两年后，英格兰国王去世，他的儿子，还是孩童的亨利六世因此成为两个王国的继承人。

在阿金库尔战役中，英国弓箭手对阵法国骑士。这次战役为国王亨利五世打开了通往诺曼底的道路（15 世纪微缩画）。

### 无畏无咎的骑士

贝特朗·杜·盖克兰统帅是布列塔尼的小贵族，他保护效忠法兰西国王的人，以忠诚著称。他是一位饱经磨砺的将领，在 1369 年至 1389 年，他屡次夺回据点，但并不是通过展开决定性的战役，而是通过增加障碍，尤其是针对英国的补给车队设卡。他在围攻沙托纳德朗东期间阵亡，葬于圣德尼修道院。

## "奥尔良、博让西、克莱里圣母教堂、旺多姆……"

英国在阿金库尔战役大胜后签订的《特鲁瓦条约》，确认了三个法国的存在：英属法国包括诺曼底、吉耶讷和巴黎；勃艮第公爵的法国，香槟地区也成为他的领地；王太子查理的法国最虚弱，以布尔日为首都，领地有限。正如童谣所言，王太子查理的领地只有卢瓦尔河上的"奥尔良、博让西、克莱里圣母教堂"和一些还在抵抗的孤岛：勒蒙圣米舍、洛林的几个小封地，其中包括未来的圣女贞德所居住的沃库勒尔，以及富瓦郡。尽管兵强马壮、财源充足，国王却似乎没有任何主动性。

### 圣女贞德的命运

这位被称为"奥尔良女郎"的女孩在 16 岁时恳请国王查理七世给她一支军队，去解救被英国人围困的奥尔良。这座城市的沦陷意味着英国人将长驱直入，侵入查理七世的领地。1429 年，圣女贞德到来后，法国军队恢复攻势，奥尔良被解围。许多落入英国人之手的城市被夺回，1429 年 6 月 16 日，查理七世的军队抵达兰斯，次日国王在这里加冕。在加冕之时，查理七世涂了圣瓶中的油，重新获得了比亨利五世更高的合法性，因为后者在巴黎登基时没有涂圣油。

1429 年 5 月 8 日，圣女贞德解奥尔良之围。

### 女巫！

圣女贞德是一个帮助带兵的战术家？一个启示者？还是一个女巫？我们不得而知，但 5 月 23 日，当她在贡比涅被勃艮第人俘虏时，没有人来为她付赎金，她一贫如洗的父母没有，查理七世也没有。最终，她被卖给英国人，在鲁昂接受审判，罪名是异端和巫术，于 1431 年 5 月 29 日被判火刑，活活烧死。

### 毁灭性的战争

1450 年，法国丧失了三分之二的国土。

107

# 十字军东征时代

1099 年围攻耶路撒冷期间布永的戈弗雷（微缩画，摘自《耶路撒冷征服史》，1150 年—1185 年）。

## "背起十字架"

1071 年，拜占庭帝国无力抵御突厥人的进攻，丧失了对小亚细亚的控制权。这一事件成为十字军东征的重要诱因。士兵在衣服上缝上十字架，才能成为一名十字军战士。1095 年，教皇乌尔班二世号召西欧基督徒夺回圣地。重新征服圣地成为数百名骑士的目标，教皇承诺赦免他们的罪行。11 世纪末，恰逢欧洲人口暴增，这使得大家庭中的幼子、无地的骑士尝试去东方冒险，寻求财富。

### 布永的戈弗雷

作为法国北方和下洛林骑士的首领，布永的戈弗雷成为十字军的模范。他向拜占庭皇帝承诺，把他将要攻克的前拜占庭城市悉数归还于皇帝。他被大贵族们任命为"圣墓守护者"，在夺取耶路撒冷一年后过世。

### 攻克耶路撒冷

1099 年，一些骑士控制了耶路撒冷，他们掠夺、破坏，屠杀了驻军和犹太人，用了整整两天瓜分圣庙的宝藏。在成为穆斯林、犹太人和基督徒聚居的叙利亚和巴勒斯坦的领主后，他们强行推行封建制度，压制了伊斯兰世界长达两个世纪的反攻。而伊斯兰世界则花了 100 多年时间才联合起来对抗十字军。

### 骑士堡

法兰克人只有约 300 名骑士和几千名步兵来保卫王国。因此，他们依靠的是一系列的堡垒。城堡最初是按照诺曼人的模式建造的，有主塔和方形围墙，后来才倚仗自然防御，修建不易受到圆炮弹攻击的圆塔，其中叙利亚的骑士堡便是典型。

### 第三次十字军东征

1190 年，法国国王腓力二世·奥古斯都、英国国王狮心王理查和日耳曼皇帝红胡子腓特烈一世，为了从萨拉丁手中夺回耶路撒冷，率军远征。然而，徒劳无功的他们不得不妥协：仅占有从提尔到雅法的沿海地区，而萨拉丁则控制内地和耶路撒冷。

1190 年，萨拉丁从十字军手中夺回耶路撒冷。图中是狮心王理查的营地。

### 与十字军对阵的萨拉丁

萨拉丁重新统一伊斯兰世界，重建军队，对抗十字军。基督教入侵埃及，萨拉丁应法蒂玛王朝之请，前来营救，并建立了阿尤布王朝，恢复逊尼派，着手收复耶路撒冷，并在占领时没有杀伤一人。

1000年至1453年

## 条顿人的骑士团

耶路撒冷德国人医院兄弟会成立于1191年，当时，吕贝克和不来梅的十字军围攻阿克。兄弟会的主要使命是解放耶路撒冷。1198年兄弟会变成军团，并很快致力于征服北欧的异教徒领地。在日耳曼皇帝的帮助下，它在利沃尼亚和普鲁士获得了大片领土。条顿骑士团名义上对所有国家开放，但实则只招募德国人。

## 十字军兵临君士坦丁堡

拜占庭皇帝伊萨克二世被其兄弟废黜。1203年，伊萨克二世的儿子许以兵员和金钱，请十字军助其复位。这就是第四次十字军东征，其间，十字军围攻了君士坦丁堡。苦苦抵抗了9个世纪各种封锁的君士坦丁堡，终于在大量威尼斯人的攻击下沦陷了。十字军发现这座首都辉煌繁华，洗劫了整整3天。

## 阿拉伯征服

自8世纪初以来，伊比利亚半岛一直受制于阿拉伯人，而西北部的阿斯图里亚斯人的哥特王国还在苟延残喘。自929年起，穆斯林统治下的西班牙便依附于当时西方最大的城市——独立哈里发国的科尔多瓦。

## 圣地亚哥·德·孔波斯特拉

传说，使徒圣雅各在西班牙传教，人们后来在加利西亚海岸发现了他的遗骨，这成为圣地亚哥·德·孔波斯特拉（意为"繁星原野"）繁荣的开始。国王桑乔大帝组织了"圣地亚哥朝圣之路"，这条路成为全欧洲重要的朝圣之路。在圣地脚下，朝圣者们发现了扇形贝壳——圣雅各扇贝，它们成为中世纪基督徒最伟大的朝圣之旅的纪念物。

## 收复失地运动

在伊比利亚半岛北部，一些独立的基督教中心仍在负隅顽抗，收复失地的想法正是在这里产生的。科尔多瓦哈里发国分裂成了多个王国，使富有的基督徒君主能够在政治上征服邻国。其中，最强大的是西班牙北部的桑乔大帝（1004年—1035年在位），他敞开国门，接受基督教的影响：采用罗马礼拜仪式，推动建立本笃会修道制度，促进克吕尼的影响。他死后，其王国被割分。1212年，多国联合驱赶西班牙穆斯林文明。直至1492年，格拉纳达王国被打败，收复失地运动结束。

## 中世纪的西班牙

由于少数群体受到庇护，基督徒、犹太人和穆斯林在西班牙共同生活：在阿拉伯人的统治下，"莫扎勒布"（基督徒）自由地信奉自己的宗教，并被委托以外交使命。在基督教国家，大量穆斯林群体——莫德哈尔人——幸存下来，将他们所掌握的灌溉技术传给基督徒，同时对宗教建筑产生了影响。

16世纪刻在西班牙拉里奥哈的圣托马斯教堂一面外墙上的圣雅各的雕像。

109

# 日本：武士掌权

## 傀儡天皇

自平安时代（794年—1192年）开始，皇权只是一种空想。作为最大的祭司，天皇沦为无权的傀儡，让各大家族争权夺利。朝廷将行政管理和维持秩序的权力交予国守，天皇被剥夺了一切权力，其最重要的任务是维持"年度庆祝周期"，即全年的一系列仪式。

## 摄政和关白

9世纪，天皇年幼，藤原氏家族抓住机会，先设立了摄政之位，又设立了关白一职，天皇成年后，关白拥有和摄政同等的权力。关白有权察看所有文件，再向天皇提交，从而控制了国家最高官职的任命，在官员中建立了自己的拥趸。

## 日本封建制度的形成

土地不再属于农民，而是归达官显贵所有，其财富被重新分配给拥护者，发展了一个利于艺术成长的高雅社会，贵族的亭台楼阁和寺庙的兴盛便是明证。这些大家族将权力授予地方的名门望族，让农民为其工作。农民则通过寻求权贵的庇佑，来保护自己不受地方官员的苛待。因而，人际关系决定了个人的发展和命运，日本进入了所谓的封建时代。

源赖朝，日本第一位幕府将军，从1192年一直统治到1199年。这幅画像来自京都的神护寺。

## 征夷大将军

1192年藩镇争夺战结束后，源赖朝出任征夷大将军。这一头衔的意思是"负责平定蛮族的总将军"，保证了源赖朝对整个日本的统治。天皇承认他是军事和治安的唯一负责人后，源赖朝任命了各省的军事总督，并享有征税的权力。

山中幸盛（1543年—1576年），一个以力量和对权力极度忠诚而闻名的武士。

## 寺庙的守护者

"武士"一词来自古日语动词"saburafu"，意思是"服务于"，适用于为贵族和皇室服务的人。从11世纪开始，这个词与武装护卫的概念联系起来，武士是保镖，是皇族或僧侣的武装仆人。从11世纪到13世纪，武士被组织成武士团，服从他们的宗主。弓和剑是他们的标志性武器。

1000年至1453年

## 幕府

"幕府"一词通常指的是战时将军的营地,源赖朝用它来指代镰仓——一个离东京45千米的小渔村,后来成了他的都城。起初,幕府是军事事务办公室,由秘书处、行政顾问和司法机构组成,后来成为一个基于诸侯制度的文官政府:将军是幕府的首领,他的权力取决于被称为"御家人"的封臣的数量和忠诚度。

## 北条氏摄政

源赖朝过世后,他的长子被任命为幕府将军,但摄政并将权力维持到1333年的是北条氏家族。他们任免幕府将军,控制省府管事。北条氏家族为日本带来了稳定,自1226年起,他们在评定众[20]的协助下治理国家。北条氏家族还制定了直到19世纪还在使用的裁判规则汇编《贞永式目》。

## 面具艺术

能剧是一种戴面具跳舞的音乐剧,其规则是在14世纪的"室町时代"制定的,也就是足利幕府时期。能剧是贵族和武士阶级最喜爱的娱乐活动,它描绘了一个困惑的灵魂和一个宗教人物的相遇。演出时所使用的面具,代表了人物性格、情感或心境。

能剧面具。

## 无法实现的中央集权

在1467年—1477年的10年中,封建领主之间爆发了被称为"应仁之乱"的氏族战争,导致京都被毁坏,大量独立领地建立起来。领主之间的争夺被地方大名和武士利用,后者正在经历意想不到的文化和经济发展。

## 两位天皇统治的日本

从1336年到1392年,日本由两位天皇统治:南朝,后醍醐天皇在吉野山重建朝廷;北朝,武士足利尊氏在京都立了第二位天皇。足利尊氏组建了一个新的幕府,出于家族利益,恢复了征夷大将军一职。日本被两个皇朝撕裂,时不时爆发内战。

## 建武复辟

在蒙古人入侵未遂后,北条氏的摄政越来越受到质疑,天皇也受到影响,而后被飞速废立。直到后醍醐天皇即位,他以恢复皇权并亲政的愿望而出名。屡经挫折后,后醍醐天皇推翻了北条氏的统治,摧毁了都城镰仓,改年号为"建武",这标志着政权的又一次更迭。然而,三年后,后醍醐的统治被心怀不满的武士联盟推翻了。

111

# 处在十字路口的亚洲

## 北宋，南宋

10世纪，北宋结束了中原和南方的分裂割据局面，但不得不面对强邻——契丹、西夏，三方交战频频。1126年，金国侵吞中国北方，将皇帝及其皇族赶出都城。其中一位皇子逃亡南方，定居杭州，建立了南宋。南宋帝国虽然国土有限，但在蒙古人入侵之前非常繁华。

## 富饶的长江三角洲

长江三角洲原本是一个容易被洪水淹没的沼泽地，通过修建排水运河、建筑堤坝、设置灌溉系统，该地区已经变成了农业用地。大约在13世纪的时候，长江三角洲几乎所有的土地都被耕种。分隔稻田的斜坡上种着桑树，桑叶养蚕。靠近海岸的土地则被开发，用来种植棉花。

## 为战争服务的技术

中国人在军事技术方面取得了很多成就，唐代发明的火药逐渐被用来制造火箭、引火球、铁火炮等火器。13世纪末至14世纪初，出现了有金属枪管的步枪和枪支。与此同时，火药的配方和火器传播到了欧洲和阿拉伯人那里。

## 文官的胜利

宋人在全国各州县设立学校，并配备馆阁（类似现在的图书馆）。政府由通过科举考试选拔出来的精英主导。对因经济增长而富裕起来的地主和商人大家族的成员来说，考试成为通往高位的必经之路。

## 非凡的海上霸主

如果说，从10世纪到14世纪，中国是世界上最早的海上强国，那是因为自汉代以来，中国的海上技术不断进步，发明了可根据水深做调节的船尾舵和水密舱。早在11世纪，指南针就被改造，用于航海，水手们也有了海图。除了平头船，从12世纪开始，中国人就开始使用以肌肉力量为动力的桨轮船，其中最大的桨轮船有24片船桨。

宋真宗召集最能干的文人，命令他们当场写作，以判断他们的才干和学识（17世纪的微缩画）。

1000年至1453年

## 元朝的统治

元朝按民族将国民分为若干等级,每个等级在征税、司法和行政方面所服从的政策各不相同。部分关键职位由蒙古人和色目人担任。汉人严禁持有武器、公开集会,不允许与蒙古人通婚,或取蒙古名字。但是,他们却不得不承担苛捐杂税,还被没收了部分土地。

## 明朝建立

元朝末年,民不聊生,各地多有人民起义,元朝政府最终被推翻。朱元璋,一个曾经是和尚的农民,建立了明朝。

## 缅甸经受征服的考验

第一个统一的缅甸王国可以追溯到 11 世纪,以蒲甘为都城。创建者阿奴律陀的皈依,保证了缅甸与锡兰的神职人员的关系(锡兰是当时南印度的主要宗教中心),以及与孟加拉湾的贸易联系。当年为了存放锡兰赠送的珍贵的佛祖舍利而建造的瑞喜宫佛塔,如今仍然是缅甸的宗教中心。由于宫廷斗争而国力衰弱的缅甸,在蒙古人和鞑靼人的攻击下疲惫不堪。复国的伐丽流国王在 1287 年至 1296 年通过一部法典重建了行政和司法框架,这是缅甸最古老的法律汇编,泰国的法规也借鉴了这部法典。

## 紫禁城

这座皇宫既是明清两代皇帝办公和居住的地方,也是中国的政治中心,始建于 1403 年。紫禁城四周围环绕着高高的城墙,城内建筑按中轴对称分布。从 1420 年落成到 1911 年,紫禁城先后共有 24 位皇帝居住过。

## 高棉帝国

高棉的都城吴哥建于 900 年,是帝国的中心。12 世纪,高棉帝国的领土扩张到了顶峰:包括高棉、越南南部、老挝、泰国、马来西亚和缅甸的部分地区。这个柬埔寨王国的行政体系稳定,但主要是建立在宗教先行的基础上。

吴哥王者之门上的雕塑(12 世纪)。

113

# 探险家们的环球之旅

## 一个威尼斯人在中国的经历

马可·波罗出身于威尼斯的一个商人家庭,在中国为忽必烈汗政府服务了17年。在此之前,他曾花了4年时间穿越安纳托利亚、伊朗、阿富汗、帕米尔和中国新疆。1295年回到威尼斯后,他因威尼斯和热那亚之间的战争被关了3年。他向狱友、来自比萨的小说家鲁斯蒂谦讲述了自己的回忆,鲁斯蒂谦用法语将之写成书。

### 世界奇迹之书

马可·波罗在这本书中介绍了当权的元代的历史、国家的经济和军事运行,以及日常生活。这本书的巨大成功,引发了人们对于远东、漆器、瓷器和图案的狂热。有人怀疑这本书是杜撰出来的,不过它却以准确描述见长。

印度洋上的水手。出自15世纪面世的《世界奇迹之书》。

### 穆斯林的陆上旅行

伊本·白图泰自1325年离开故乡丹吉尔以来,历时30年,从大西洋经高加索草原和印度洋,来到了太平洋。他是一位旅行家和地理学家——他修改并完善了安达卢西亚人伊本·朱巴伊尔在12至13世纪对各地的描述,据说,伊本·朱巴伊尔发明了旅行日记。在伊本·白图泰所处的时代,他还是一位伊斯兰国家的敏锐观察者,他访问了所有的伊斯兰国家,目的在于了解这些国家内在的一致性。

## 郑和下西洋

自1405年起,郑和开始代表中国明代的永乐皇帝,率领一支令人印象深刻的船队纵横四海。在7次航行中,他与远东、南印度、阿拉伯半岛,以及非洲东海岸上的35个以上的民族建立了联系。永乐大帝驾崩后,郑和的远洋航行戛然而止,中国因技术优势而实现的扩张也随之结束。

## 航海家亨利

葡萄牙国王若昂一世的这个儿子对探险充满热情。他占领了直布罗陀海峡南岸的摩洛哥小城休达,把它变成通往非洲的桥头堡。他在萨格里什建立了一个中心,配有专家委员会和地理图书馆,每年资助一次远洋探险。

## 葡萄牙:在两个时代的诞生

自9世纪以来,在波尔图以北就存在一个独立的葡萄牙领地,穆斯林从未在这个地区真正扎根。在十字军的帮助下,阿方索一世·恩克里斯最终夺取了里斯本,建立了葡萄牙王国。从15世纪开始,葡萄牙王国开始海上探险,目的是找到通往印度的航线,并通过从穆斯林手中抢走亚洲香料的贸易和削弱伊斯兰教的力量,实现双重打击,从而第二次创造历史。航海家的成功,以及黄金、胡椒和几内亚奴隶贸易的发展,将给王国带来巨额财富。

1000年至1453年

## 快帆

"快帆"这个称呼来自阿拉伯人在地中海上使用的船只的名字 caravo。它的主要优点在于机动性强,能在浅水区航行,而且体积大,因此其军备成本也很合理。快帆配有两根桅杆,单层甲板,船艉有升高的甲板。最重要的是它的一对帆是方形和三角形的,它因此能够适应各种类型的风。

快帆是葡萄牙人在 15 世纪初发明的(布列塔尼领航员使用的领航手册,1548 年)。

## 有指南针却没有路

基于神学概念的中世纪地图没有多大用处,人们不得不依靠古代最后的天文学家和地理学家托勒密的论著。1474 年,他的《地理学》被翻译为拉丁文。领航员有指南针,但他通常会靠风向来决定路线,而非真正的路线。

## 西班牙的选择

西班牙人倾向于向西走,前往印度。这条路线将引领热那亚人克里斯多夫·哥伦布在 1492 年来到美洲。

## 香料之路

巴尔托洛梅乌·迪亚士是葡萄牙国王的侍从。1487 年,他带着由 3 艘快帆组成的商船队离开里斯本。风把他们吹离海岸,推着船队往南航行了 13 天。船队向东转,再向北转,接近了开普敦和伊丽莎白港中间的一条海岸。在不知不觉中,迪亚士的船队已经环游非洲,绕过了后来被国王改名为"好望角"的风暴角。欧亚的海洋交界被打开,珍贵的香料路线被征服。

## 革命性的技术

"回转"是葡萄牙领航员探寻出的技术:向西离开非洲海岸,以获得更有利的风,或避开使船只停滞不前的平静区。在南大西洋,这一追赶西风区的大环形区域与巴西海岸擦肩而过。据说,佩德罗·阿尔瓦雷斯·卡布拉尔在 1500 年前往印度时曾在巴西海岸登陆。多亏了远洋航行,非洲和美洲航线被开辟出来,除了对未知的恐惧,再没有别的限制。

## 什么是发现者纪念碑?

发现者纪念碑的东西两侧是大航海时代对葡萄牙做出巨大贡献的先驱者的雕像。

115

# 印加帝国的鼎盛时期

## 迅如闪电的扩张

13世纪，在安第斯山脉中部定居的印加人还只是一个寻找领地的小部落，他们汲取了奇穆人的技术和经验。奇穆人是一个以都城昌昌为中心的非常集中化的民族，是灵巧的建设者，设计出了水渠、堡垒，以及良好的道路网络。如此多的基础建设和建筑，将是印加人所依赖的，也解释了印加自15世纪以来统治该地区的所有部落的原因。

### 用数字说话

巅峰时期的印加帝国拥有：
- 100万平方千米的领土，从厄瓜多尔延伸到智利；
- 2.25万千米的道路，人们在这条交通、通信和行政管理的动脉上步行，因为那时带轮子的交通工具和马还不为印加人所知；
- 400万到900万人口，分成了100多个民族；
- 1种语言：盖丘亚语。

## 一个帝国的三位国王

维拉科查是印加的第8位国王，在企图扩张的过程中，他被强大的昌卡人部落击败。他的儿子尤潘基在昌卡人围攻库斯科时，成功组织印加人进行抵抗。他以帕查库特克之名继承了父亲的王位，这个名字的意思是"世界的改革者"。在帕查库特克（1438年—1471年在位）和儿子图帕克·尤潘基（1471年—1493年在位）统治期间，印加帝国不断壮大，走上正轨。

萨克塞华曼堡垒的角墙，位于库斯科。

## 黄金之都

库斯科是一座建于1200年的都城，位于今秘鲁境内。都城围绕一个中心广场而建，印加帝国最重要的节日庆典均在这个广场上举办。库斯科宗教气息浓厚，帕查库特克在此建立了太阳神庙的地基——科里坎查，意为"黄金围墙"。庙里设有圣所、附属建筑和一座花园，花园的花草、羊驼和牧羊人用镶满宝石的黄金雕刻而成，象征着太阳。在"黄金围墙"里，天体的力量得以彰显。

1000年至1453年

## 万能的奇普

"奇普"一词的意思是"结"。7 世纪到 16 世纪的所有安第斯文明都曾使用过此物,但它与印加帝国的关系更为密切。奇普是一根系着一些细短绳的绳索,结的位置、长度、颜色和数量都有不同的意义,可以记录各种数据:产品的数量、交易的细节、时间周期。

### 马丘比丘的神秘

马丘比丘城堡 1911 年才被发现,很可能是在帕查库特克执政期间(1438 年—1471 年)建造的,建造目的不明。是献祭给太阳的处女们的安息地?防哨所?还是末代印加国王的避难所?这些由山地花岗岩凿成的建筑,围绕着一个中心空间分布,皇家、宗教、工业、农业等各个功能非常明显的区域分散在其中。

## 家庭:一个义务与联盟的网络

每个印加人都属于一个大家庭,即阿伊鲁,这个大家庭由酋长领导,他负责土地分配和山上各层梯田的分摊。因此,每个家庭群组都消费自己劳作的产品。酋长还负责分配集体工程中的工作,如维修灌溉水渠等。在 3 个月至 1 年的时间里,成年男子轮流耕种属于行政部门的土地,修路建桥,并在军队服役。作为回报,他们得到食物、住所、衣服、工具和保护。

人们至今仍没有揭开马丘比丘古老城堡的神秘面纱,不清楚它的建造目的。

## 印加神话

印加人将对因蒂太阳神的崇拜与对天气神尤拉帕的崇拜联系起来。君主生前是因蒂的化身,死后成为尤拉帕("闪电"),负责完成神圣历法的仪式。除了这一官方崇拜,印加人还保留了以往文明的传统,吸收了各族的祖先崇拜。这些神灵和庄稼的保护神,在库斯科的印加神殿和圣殿中地位非凡。

## 一败涂地

印加的军队在数量上超过 1532 年皮萨罗指挥的军队。然而,他们却屈服于西班牙的火力,屈从于皮萨罗巧妙地与印加敌人建立的联盟,在天花面前一败涂地。除此之外,印加衰颓的原因还在于内战造成的国力枯竭。

117

# 阿兹特克文化的秘密

## 被埋没的都城

特诺奇蒂特兰，是阿兹特克人从今墨西哥西北部的一个地区迁徙过来后，在特斯科科湖中心的小岛上建立的首都。在一个世纪的时间里，这座都城建造了大量宫殿、寺庙和住宅，并通过运河体系彼此连接。在鼎盛时期，这座城市的20万居民的食物供应来自市场，而市场则从水上菜园进货。1519年，科尔特斯的军队摧毁了特诺奇蒂特兰的部分区域。1790年，在疏通航道时，人们在挖出的洞里发现了两座雕塑，特诺奇蒂特兰由此重见天日。

迁徙中的阿兹特克人（《阿萨蒂特兰古抄本》，15世纪）。

## 三国同盟

这一政治制度巩固了阿兹特克和该地区另外两个城邦——阿科尔瓦和特帕尼克——的联盟。周围300多个民族接受这3个国家的统治，并向它们进贡羽毛、珠宝、粮食，还有人。

## 一个社会，两种阶级

阿兹特克的社会被分为：
- 皮尔利（贵族）。他们享有特权，例如，不向皇帝纳税，并担任重要的军事和宗教职务；
- 马塞瓦尔利（平民）。他们遍布各个领域，如陶工、木匠、金银匠、纺织工、农民。阿兹特克的经济以农业、战争和贸易为基础。

### 你们知道吗？

可可豆、棉布片、装有金粉或金块的管子、T形铜斧、铜铃和宝石之间的共同点是什么？它们都是阿兹特克人在交易中用来支付的货币，揭示了一种"财富由食物和贵重产品组成"的经济模式。

## 在等级制度的顶端

在等级制度顶端的是两位大祭司：尊贵的羽蛇神祭司魁札尔科亚特尔·托特克·特拉马卡斯基，负责太阳神维齐洛波奇特利崇拜；特拉洛克的羽蛇神祭司魁札尔科亚特尔·特拉洛克·特拉马卡斯基，负责特拉洛克崇拜，特拉洛克是该地区长期以来备受尊敬的雨水之神。墨西加·特奥瓦特坎负责管理各省和地方的仪式，监督卡尔梅卡克（祭司学校）里提供的教育。

118

1000年至1453年

## 蒙特祖玛二世

第九任阿兹特克皇帝,因导致帝国灭亡而被载入史册。现存为数不多的资料将他描述为一位受人尊敬的能干君主。然而,对于他在西班牙人面前所扮演的角色,人们的意见不一:他的反应是软弱的表现吗?抑或他因过于礼待外国人,反受其咎?

## 军事组织

君主是军队的统帅,位于军队的最高层。登基之后,他的职责是在任期内发动一场战争,以恢复某些省份的和平,并提供俘虏用于祭祀。军队由4名成员组成的最高委员会领导,他们是特拉托阿尼(统治者的称谓)的兄弟或亲属,然后是贵族或平民出身的战士,其中一些人属于有声望的骑士团,如鹰武士或美洲豹勇士。

内萨瓦尔科约特尔,1431年—1472年在位的阿兹特克君主(《伊克特利切特尔抄本》)。

## 人祭

在阿兹特克创世说和人类起源的神话中,太阳和月亮没有其他神做祭品就无法运动。随后,人类用"查尔丘阿"(牺牲者)的血和心脏做祭品,来喂养这些天体;特别是战俘,他们被奉献给众神,以维持宇宙秩序,确保太阳会回来,世界不会沉入永夜。

## 阿兹特克的掘墓人

1485年,埃尔南·科尔特斯出生于西班牙。他在萨拉曼卡大学学习法律,然后于1504年踏上了寻找新大陆的旅程。1519年,他从伊斯帕尼奥拉(多米尼加共和国)出发,代表查理五世率领探险队探索今墨西哥地区。1526年,他成为该地区的总督。在抵达后,他巧妙地与阿兹特克人的附庸和敌人结成同盟,特别是特拉斯卡拉人。并且,他和部下在阿兹特克首都受到了充分礼遇。

## 仪式化的战争

除了征服,战争对阿兹特克人来说是一种神圣的职责,被视为一场仪式化的冲突。在此之前,双方会进行漫长的谈判,提出宣战理由,通常是侵略或拒绝进贡。战争采取对抗的形式,以交战国之一成功进入对手的神殿而结束,战胜国将放火烧掉敌国的神殿。这对阿兹特克人来说,象征着地方神的失败和维齐洛波奇特利的胜利。

水彩画(1579年),描绘的是埃尔南·科尔特斯,他在1526年攻占了阿兹特克帝国。这是新西班牙的创始之举。

119

# 艺术世界

## 十字路口的撒马尔罕

撒马尔罕（今乌兹别克斯坦）自古以来就是一个重要的商业中心，从 5 世纪到 7 世纪受到匈奴和突厥人的影响；从 618 年到 907 年又受到中国人的影响；在 8 世纪时融入倭马亚王朝；曾被成吉思汗洗劫，后成为帖木儿统治时期的首都。撒马尔罕坐落着皇室家族的陵墓夏伊·辛达陵墓群和许多清真寺，其中包括建于 1404 年的中亚最大的比比·哈内姆清真寺。

## 战争挂毯

《贝叶挂毯》也许是应征服者威廉同母异父的弟弟坎特伯雷主教的要求在英国制作的。这条挂毯全长 70 米，描绘了黑斯廷斯战役的故事和之前发生的事件。现存的挂毯并不完整，它的某一部分已经丢失。

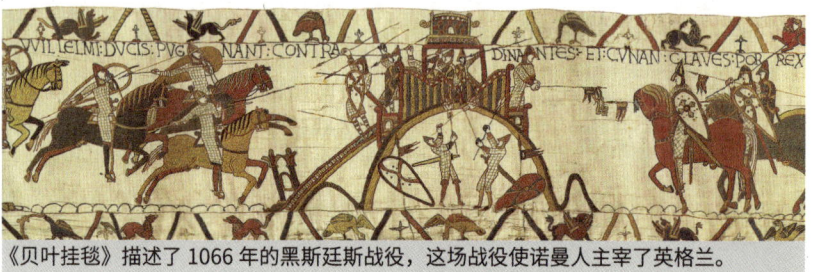

《贝叶挂毯》描述了 1066 年的黑斯廷斯战役，这场战役使诺曼人主宰了英格兰。

## 在文化的交汇之地

诺曼底宫殿由阿拉伯人于 12 世纪在巴勒莫修建，后由诺曼底人于 12 世纪加以改造。这表明诺曼人并没有将战败者的文化拒之门外，而是调整了他们的建筑和某些习俗。建筑室内的天花板是典型的穆斯林艺术，而墙壁、拱顶和后殿则饰以镶嵌画，画上描绘了基督生活的场景。

## 伊费的艺术

西非海岸的一个民族——约鲁巴，其都城是一个伟大的艺术中心，以青铜器作品为主，以现实主义为特征。这座城市的运作接近文艺复兴时期的意大利：有名气的艺术家按委托工作，弟子们则协助他们工作或复制主要作品。

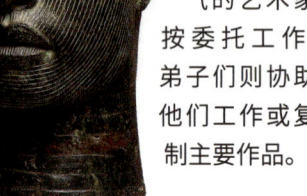

铜制国王头像，出自尼日利亚约鲁巴城伊费。

## 旋转的苦行僧是谁？

苏尔坦·维利德在 13 世纪组织了苦行僧修会，后来在突厥帝国中广为传播。对他来说，通往神的最佳途径是舞蹈和音乐。苦行僧们在笛声和鼓声中旋转，吟诵着真主的名字，以获得与真主结合在一起的狂喜。

## 《四十二行圣经》

这是欧洲第一本活字印刷的书，德国人古腾堡采用了铅、锡、锑的合金和比水性油墨更耐用的油性油墨配方。中国人早在七八世纪就已经掌握了纸上印刷的技术，并在 11 世纪初加以改进，发明了活字印刷术，这种印刷术更加适合字母体系的印刷。1470 年，维吉尔的第一部印刷作品面世；随后，1488 年的荷马、1498 年的亚里士多德，以及 1512 年的柏拉图的作品也纷纷被印刷出来。

1000年至1453年

## 大教堂时代

交叉拱顶最早应用于 1122 年瓦兹省的莫里安瓦勒，极高的柱子被垂直竖起，这呼应了信众的灵魂必须升向上帝的理念。哥特式艺术因圣德尼修道院大教堂（1132 年至 1144 年）、沙特尔主教座堂（1145 年—1155 年）、桑斯主教座堂（1140 年前后）、桑利斯圣母大教堂（1155 年）、拉昂大教堂（1155 年—1160 年），以及巴黎圣母院而扬名。1163 年，唱诗班出现了；1180 年，教堂中殿也被设计出来，还使用了飞扶壁，它能加固拱顶。

### 巅峰时期的罗曼风格艺术

11 世纪初，每次火灾后都要重建的木制屋架被取代了。教堂全部用切割的石头建成，墙壁上绘满了宗教图画。最具代表性的教堂是丰特夫罗修道院、韦兹莱大教堂和克吕尼修道院。

## 女性对日本语言的保卫和发扬

日本女性被禁止用汉语书写。于是，她们以不同体裁使日本文学大放异彩：诗、日记体、物语（故事）。物语倾向于历史叙事或小说，以《源氏物语》为代表。《源氏物语》的作者是一位中产阶级的女性，以主人公天皇的儿子光源氏的一生为中心，描绘了围绕在他身边的约 300 个人物在 60 多年间的命运。

## 从佛罗伦萨到北欧

在佛罗伦萨，建筑师布鲁内列斯基、雕塑家多纳泰罗和画家马萨乔开辟了一条新的美学之路，解决了感官和理性的问题，发展了透视理论。早在 1430 年，北欧的画家就改造了对肖像画艺术，立志通过姿势和写实的线条来渲染个性，并像法国和意大利那样，把现实主义和情感表现出来。

## 吴哥窟

这座寺庙建立于 12 世纪初，是吴哥最大的、保存最好的建筑，历代统治者都在这座城市里修建了知名建筑。吴哥窟的神殿有一座中央金字塔，金字塔由 4 座角塔守护，神殿装饰着旋涡浮雕，刻画了天女和历史神话场景。

## 赞助人

15 世纪末，佛罗伦萨的僭主洛伦佐·德·美第奇名垂青史，被人们尊称为伟大的洛伦佐。这位古典文献的收藏家拥有一个工作室，负责这些文本在整个欧洲的誊抄和传播。他还是一位赞助人，赞助了达·芬奇、波提切利、米开朗琪罗等艺术家。

柬埔寨的吴哥窟是世界上最大的寺庙。

# 君士坦丁堡的衰落

## 古老巨人的衰落

拜占庭帝国只剩下希腊的一小部分和都城周围的一片微不足道的领土，它经受了一次又一次围攻，包括七八世纪阿拉伯征服者的攻击。不过，奥斯曼人拥有当时最大的大炮（8.5米长），很快将城墙打开了缺口。

## 奥斯曼制约下的巴尔干人

1394年，当巴尔干人用来抵御土耳其人的最后堡垒——君士坦丁堡——被包围时，阿维尼翁和罗马的教皇们呼吁十字军东征奥斯曼。1399年，法国元帅布锡考特设法突破封锁，成功将拜占庭皇帝带回西方。匈牙利人在巴尔干地区告捷，阿尔巴尼亚首领伊斯坎德·贝格对奥斯曼帝国发起反叛。受到这些消息的鼓舞，1443年，巴尔干人组织了一次重大行动，但徒劳无功。保加利亚和马其顿仍在奥斯曼帝国的统治之下，阿尔巴尼亚则一直抵抗到了1478年。

## 安纳托利亚的土耳其人

曾将拜占庭人驱逐到小亚细亚中部的塞尔柱帝国，自12世纪末开始危机四伏，东部的蒙古人和内部的对抗使它疲惫不堪。而拜占庭则失去了许多领土。它依赖外国雇佣兵，已经没有办法重新征服整个小亚细亚，因为土耳其人在那里定居，蒙古人则对它虎视眈眈。被塞尔柱帝国统治的这些群体，在13世纪末才重获自由。

## 奥斯曼帝国的征服

1299年，离马尔马拉海不远的一个土耳其小部族的战士领袖奥斯曼宣布独立，自立为王。他建立了"奥斯曼"王朝，形成了"奥斯曼人"，欧洲称其为"奥斯曼帝国"。这个朝代的发展如摧枯拉朽一般迅疾。15世纪初，塞尔维亚人和保加利亚人被打败，东边的土耳其小国也被收服。奥斯曼王朝统治着一个地跨巴尔干半岛和小亚细亚的辽阔领土，但为了推广基于宗教信仰和帝国主义的普世国家理念，奥斯曼人需要一个都城。

1453年穆罕默德二世攻占君士坦丁堡，他因此变成了"征服者"。

## 征服者

在1453年攻占君士坦丁堡、成为"征服者穆罕默德"时，穆罕默德二世只有21岁。除了对巴尔干各国的胜利战役，他还在1474年和1480年多次入侵奥地利和匈牙利，并试图入侵意大利。自此，这位军事领袖开始领导一个地跨欧亚的强大帝国，将成为世界上的重要角色之一。穆罕默德二世也是一位学者，他懂拉丁语和希腊语，还用化名写诗。

1000年至1453年

## 领导一支强大军队的土耳其禁卫军

这支步兵部队成立于14世纪，是奥斯曼军队的一支精锐部队，由君主的奴隶组成。这些奴隶在年轻时被捕获，在主人的控制下接受训练。训练结束后，他们成为雇佣兵，由国库支付佣金。虽然他们首先是君主的贴身卫队和阅兵团，但由于纪律严明、协调一致，他们也在战场上抵抗冲击，在攻城时发动决定性的攻击。

土耳其禁卫军隶属一支极为强大的奥斯曼军队（16世纪）。

## 伊斯坦布尔

这座被征服城市的正式名字依然是君士坦丁堡，但奥斯曼人称其为伊斯坦布尔（希腊语的"is tin polin"，意为"进城"）。即使穆罕默德二世没有立即把它作为自己的首都，但也不同意毁灭这座城市。他保留了君士坦丁堡的主要特点，特别是墙壁、交通路线、政权区、外国人区和住宅区之间的分布，同时，高度重视商业基础设施。住宅区越来越多地被设计成为以礼拜场所为中心的同质宗教群体：教堂、犹太教堂或清真寺。在穆罕默德二世的儿子巴耶济德二世（1481年—1512年在位）统治期间，他建立了160个住宅区。

穆罕默德二世攻占这座城市后，圣索菲亚大教堂变为一座清真寺（佚名画）。

## 拜占庭的遗产

对首都的占有，使奥斯曼苏丹成为拜占庭皇帝的合法继承人，并由此继承罗马，即一个普世帝国。如果君士坦丁堡具有穆斯林城市的特征，它也会像奥斯曼帝国一样，成为一个多民族、多信仰的城市。穆罕默德二世身边的大臣，大多是皈依的拜占庭家族的后裔。遍及城市的清真寺均仿照圣索菲亚大教堂，修建成为圆顶的、意图追随并超越前辈的作品。在很长一段时间内，奥斯曼帝国的苏丹们都从君士坦丁之城（土耳其语Konstantiniyye）开始展开最官方的行动。

## 辗转两个帝国之手的圣索菲亚大教堂

君士坦丁大帝建造的这座大教堂是穆罕默德二世来到后第一个造访的地方。教堂的建筑、装饰和气势磅礴的穹顶令他啧啧称赞。改造成清真寺后，圣索菲亚大教堂改名为由希腊文的"Hayia Sophia"衍生出的"Ayasofya"。穆罕默德二世命人将圣物、十字架、圣像和钟拆除，竖起两座尖塔，并在里面安放一些圣物和穆斯林碑文。下层的镶嵌画被粉刷涂抹，但上层或后面的镶嵌画被保存了下来。

123

1453年 ⟶ 1700年

# 世界重组

16世纪和17世纪，人类经历了一场意味深长的深刻变革。现代人可以畅想比以往任何时候都更遥远的事情，但也从此开始了对世界的怀疑和质疑。

## 重新思考世界

1492年美洲的发现不仅仅是一次地理探险，更是一道惊雷，向世界上每一个自以为孤独的地方揭示了其他个体的存在，它们既相似又不同。中世纪末，葡萄牙航海家将欧洲的认知极限推得更远，他们与"他者"的相遇由此开始。这种相遇考验着良知，因为它迫使人们反思欧洲人在暴力和不容忍的氛围中建立起来的统治关系，而这种氛围是建立在确定性思想之上的。科学家和知识分子很快就质疑这种关系。因为在可见的世界之外，人们现在可以获得大大小小的信息，这导致人们重新审视了自古代以来一直存在并被教会所认可的制度，而制度又赋予了教会话语的合法性。哥白尼、伽利略、开普勒，然后是牛顿，还有其他许多被遗忘或不知其名的人，都是一场根本性变革的主导人。这一变革颠覆了既定的权威，并对官方话语提出疑问，这是怀疑和相对主义的前奏。

## 精神危机

在这股知识的热潮中，天主教会的力量动摇了。伽利略的发现褫夺了托勒密的理论，这一褫夺在同一时间遭受了人文主义文献学家的调查，他们回归《圣经》文本的本源，发现了与牧师和神职人员提供的例子极为不同的信息。在批判者的猛烈抨击下，罗马教会不得不面对路德的宗教改革。路德的改革提出了一种与上帝更直接的关系，以及一种从教会等级制度中解脱出来的内在虔诚。新教在整个北欧日益壮大，然而16世纪初基督教的分裂并没有结束对君主政策和欧洲各王国命运的支配，三十年战争便是证明，它以暴力和破坏为代价重塑了欧洲的版图，法国的宗教战争、英国历史的震荡，以及联合省在苦难中的诞生也与宗教脱不了关系。

## 如此世界

在欧洲处理危机的同时，俄罗斯、非洲、伊朗、印度、中国和日本都在经历大王朝或王国的崛起。一些国家，如俄罗斯或萨阿德王朝时期的摩洛哥，开始干涉欧洲政治。但对其他国家而言，这还是一个单独发展的时期，灿烂的文明开花结果，就像波斯文明一样，它在萨菲王朝的伊朗大放异彩，传播到了莫卧儿帝国时代的印度。欧洲移民定居的早期尝试初现轮廓，如果说这一点导致了日本近两个世纪的封闭，那么，作为与移民美洲和跨大陆贸易有关的"世界经济"的一部分，贸易具有国际意义的时代已经不远了。

克里斯多夫·哥伦布的制图师在 1500 年绘制的地图。我们在上面看到了欧洲和亚洲。16 世纪,这两个世界相遇……

# "我们的世界刚刚发现了另一个世界"

克里斯多夫·哥伦布发现的陆地地图,制作于15世纪末。

## 1492 年

10月12日,当"圣玛利亚号""尼尼雅号"和"平塔号"着陆时,热那亚人克里斯多夫·哥伦布确信,他已经找到了人们在15世纪梦寐以求的经大西洋到印度的著名航线。这支由西班牙君主资助的探险队其实位于加勒比海上的瓜纳阿尼岛,这个岛后来被改名为圣萨尔瓦多。哥伦布随后对这一群岛进行了为期三个月的勘察,将海地命名为伊斯帕尼奥拉,这座岛屿后来成为西班牙探险的桥头堡。

## 哥伦布的失望

这位美洲的发现者在1492年沿着古巴海岸线航行之后,又开启了3次航行。1500年发现了奥里诺科河入口和委内瑞拉海岸,1502年至1504年,探索了中美洲从洪都拉斯到巴拿马的海滨。但征服是痛苦的:与移住民难以相处,梦想中的金矿不见踪影,和西班牙国王之间的信任也被打破。

## 当英国开始探索

虽然葡萄牙和西班牙主导了16世纪的世界探索,但欧洲其他大国也不甘落后。英国拥有才华横溢的航海家,布里斯托尔的船东们梦想从西方抵达中国,资助威尼斯公民、热那亚人约翰·卡伯特的探险。他于1498年到达纽芬兰。之后,伊丽莎白时代开启了探索世界的热潮。在法国,弗朗索瓦一世灵活地阐释了《托尔德西里亚斯条约》,提出在有效占领与开发西班牙人和葡萄牙人不常去的土地的基础上确立占有的合法性原则。

## 神圣分割

1493年5月,教皇亚历山大六世的《教皇诏书》根据亚速尔群岛以西100里格[21]逐点规划的分界线,将土地和海洋分给葡萄牙和西班牙。一年后,在葡萄牙人的要求下(他们认为自己的利益受损),《托尔德西里亚斯条约》[22]将分界线推到距佛得角370里格的地方。不久后,葡萄牙人发现了巴西,条约的修改赋予了葡萄牙人管理这片辽阔领地的权力。

## 新世界

这一表述首次出现在佛罗伦萨航海家亚美瑞格·韦斯普奇写给洛伦佐·德·美第奇的一封信中。1499年—1502年,亚美瑞格勘察了巴西和苏里南海岸。新大陆的名字则要归功于1507年亚美瑞格·韦斯普奇《航海志》的编辑,后者在该作品的导言中使用了"美洲"一词。

世界重组

## 征服加拿大

在弗朗索瓦一世的推动下,雅克·卡蒂亚受命前往位于拉布拉多和纽芬兰之间的土地。在这个圣马洛人对马尔维纳斯群岛进行勘测之后,法国派遣让－弗朗索瓦·罗贝瓦尔担任新土地的中将,以便有效占领这片土地,开始殖民统治。

## 北大西洋的葡萄牙人

与西班牙人对北方探险兴趣缺乏不同,1498 年,葡萄牙人开始在北大西洋远征,最终抵达了拉布拉多海岸。这个名字来自葡萄牙语 lavrador,意思是"农夫":探险队的船上也确实有一个亚速尔群岛的农夫。1501 年和 1502 年,葡萄牙人重走北方的路线,依旧是为了寻找通往印度的道路,他们到达格陵兰岛后,沿纽芬兰和加拿大的海岸线,一直航行到了圣劳伦斯河和哈德逊河。

## 发现之谜

1500 年 4 月 22 日,佩德罗·阿尔瓦雷斯·卡布拉尔在前往印度群岛的途中看到了一块土地,这块土地后来被证实是巴西,而葡萄牙在 1522 年占有了这块土地。这真的是巧合吗?有传言说,葡萄牙人在签订《托尔德西里亚斯条约》时,坚持改变世界的分界线,也许是出于一种预感,甚至是由于早先发现了一个被妥善保守的秘密。

法国航海家雅克·卡蒂亚。

## 法国人的岛

1555 年,法国新教徒在巴西海岸的一个岛屿上定居,这个岛屿自 16 世纪初便为法国所熟知,并且尚未被葡萄牙人占领。维勒加尼翁骑士自告奋勇指挥这次远征,他在那里建立了一个微型社会,人们在这座岛上必须遵守严格的道德和铁一般的纪律。然而,好景不长,4 年后,葡萄牙人便将此地占为己有。

## 麦哲伦海峡

1519 年 8 月,受西班牙王室委托,葡萄牙航海家费尔南多·德·麦哲伦率 5 艘船出发,通过西线寻找盛产香料的摩鹿加群岛。直到 1520 年秋天,船队才发现了一条绕过美洲大陆进入南海的通道,麦哲伦将其改名为太平洋。在史上首次环球航行的途中,麦哲伦在菲律宾遇害。他的继任者巴斯克人塞巴斯蒂安·埃尔卡诺率领仅存的一条船前往摩鹿加群岛,在那里装上令人梦寐以求的香料,于 1522 年返回西班牙,历时 3 年完成了人类史上第一次航行。

马丁·贝海姆的地球仪。它绘制了 15 世纪已知的所有制图信息。

127

# 征服北美

## 征服的困难

无论是法国人还是英国人，探险家和移住民都要面对艰苦的气候、艰难的供给，依靠来自欧洲的不确定的给养，或者当地的资源——猎物和玉米。习惯吃小麦的欧洲人最初很难适应当地的饮食，与印第安人的关系也让他们忧心忡忡。

## 法国的悖论

从卡蒂亚的航行到 17 世纪末，新法兰西的领土不断扩大，使法国成为拥有辽阔美洲领土的帝国，它努力吸引着法国人。在 1608 年建立魁北克、创建法国定居点的尚普兰于 1635 年去世，此时，魁北克的移住民仍然很少。由于柯尔贝尔和让·塔隆的共同努力，以及人口的自然增长，在旧制度[23]行将结束之时，有 7 万人在这里定居。不过，与大西洋沿岸已经存在的 150 万英国移住民相比，这只是沧海一粟。

## 美洲的 13 个英属殖民地

从 1607 年成立的弗吉尼亚，到 1732 年乔治二世统治期间最后建立的佐治亚州，它们的共同点是都有一部宪法，从殖民地旧家族中选出的总督代表王室，而殖民地主选出的议会则控制财政。无论这些殖民地是直接依附于王室，还是在王室特许权下属于一群土地所有者，它们都形成了一个专属于大都市的市场，在活动选择上没有什么余地。

## 被流放者的王国？

法国打发了一些小人物、不受欢迎的贵族，和志愿者一道前往新世界。他们的旅行以 7 年的服务费为代价，之后如果他们有能力的话，就可以定居下来。大不列颠的第一批移住民则往往是因为宗教迫害、不容异己和内战：清教徒、天主教徒和贵格会教徒在英国统治下的领土上定居。

## 在多样化中团结

新英格兰的 4 个北方殖民地——康涅狄格州、新罕布什尔州、罗得岛州和马萨诸塞州——经济繁荣，其特点是社会的宗教倾向。南方的殖民地则是建立在奴隶制基础上的广阔的种植园区域。在中部，查理二世统治时期从荷兰人手中夺取了新泽西州，而宾夕法尼亚州则是由贵格会教派建立的，他们是倡导和平主义的教派。

1681 年，贵格会成员威廉·佩恩从查理二世手中获得了美洲领土的特许权，这片土地便是后来的宾夕法尼亚州（1682 年的雕刻）。

世界重组

## 五月花

1620 年 9 月 16 日，"五月花号"离开南安普敦港，船上有 102 个移民，其中 41 名是受迫害的清.教徒，他们决定去美洲冒险，按照自己的想法建立一个社区。在领袖威廉·布拉德福德的领导下，1620 年 12 月 26 日，这些"朝圣者之父"（这个名称在 19 世纪才出现）在科德角附近登陆，建立了新英格兰的第一个城市——普利茅斯。

为逃避宗教迫害，1620 年 12 月 26 日，"朝圣者之父"移民登陆美洲，建立了新英格兰的第一个城市普利茅斯。

## 感恩节

"五月花号"的移民在寒冬时节抵达美洲，在一个年轻印第安人的建议下才得以幸存。第二年，也就是 1621 年 12 月，移民们用感恩节来赞美他的援助。

## 易洛魁人

这个名字的意思是"蛇蝎般的人"，是他们的敌人取的。他们则自称是"长屋居民"，因为他们群居生活，每个社区由 10 个家庭组成。高度发达的社会和政治组织确保了他们对其他印第安部落的绝对优势。易洛魁联盟以民主方式运作，其领袖由选举产生，还有议会。自塞缪尔-德-尚普兰杀死了联盟五个部落之一的莫霍克部落的首领以来，易洛魁联盟一直对邻国和法国人奉行侵略政策。

## 殖民的代价

一开始，印第安人允许移住民自由定居，用皮毛换取毯子和武器。但过度捕猎使资源枯竭，尤其是海狸，印第安人被迫向更西的地方寻求补给。欧洲的病菌使印第安人人口锐减，烈酒使他们产生暴力和依赖性。在一代人的时间里，殖民者通过屠杀和驱逐，使印第安人从大西洋沿岸消失。

塞缪尔·德·尚普兰在 1570 年前后与易洛魁人交战。他意欲在北美建立法国殖民地的雄心为他在 19 世纪中叶赢得了"新法兰西之父"的绰号。

## 宾夕法尼亚

这个森林密布的州是贵格会成员威廉·佩恩建立的。他是一位杰出的传教士和非国教主义的捍卫者，曾多次在英国被囚禁，于 1676 年前往新世界。在那里，贵格会成员生活在和平、宽容的环境中，法律保护印第安人，1681 年贵格会成员与印第安人签订了条约。首都费城（希腊语中的"兄弟之爱"）的名字，是对兄弟情谊的赞美。

## 哈佛的诞生

马萨诸塞的第一批移住民——受早期斯图亚特王朝迫害的清教徒——到来 6 年后，建立了美国的第一所大学。1626 年，清教徒牧师约翰·哈佛在波士顿郊区的剑桥捐赠了一所学院。1641 年，学院以他的名字命名。这个新英格兰殖民地中最具活力的首都，已经有了图书馆和印刷设施，并很快成立出版社。

# 海上帝国

## 跨大西洋的航线

1503 年，瓦斯科·达·伽马带着 3 万担胡椒返回里斯本。他刚与卡利卡特[24]的君主达成了一项贸易协议，使葡萄牙人能够在没有阿拉伯中间商的情况下，选择南大西洋的航线。西班牙人则继续加强在大西洋的贸易：从 1506 年到 1510 年，在塞维利亚和安的列斯群岛之间往返了 226 次；1503 年到 1520 年，超过 14 吨的黄金到达塞维利亚。

1635 年葡属印度总督航海家瓦斯科·达·伽马，该版画出自《与印度的贸易》。

### 国王的五分之一

征服者应向西班牙国王缴纳每次远征探险所发现的财富的五分之一，尽管王室并未资助任何一次探险航行。在私人资助者（商人、银行家）提供给船长的船上，一个会计（控制资金的人）负责监管这五分之一份额的征收。其余的渔获物则根据船长和资助者之间的合同条款分割。

## 荷兰殖民帝国

1602 年，荷兰人为了独占"香料路线"，赶走了 1510 年以来定居果阿的葡萄牙人，强大的荷兰东印度公司成立了。该公司在中国海和印度洋均设有商行，1616 年垄断了日本的对外贸易。公司总部位于爪哇岛的巴达维亚，雇用了数万名员工，开展亚洲和欧洲之间的商品贸易：胡椒、丁香、肉豆蔻、糖、桂皮、棉花和丝绸，还有茶、咖啡和瓷器。

## 殖民组织

西班牙政府任命总督，负责解决征服者之间的纠纷，指定官员，特别是税务稽查官，以执行王室权力。17 世纪初，两个总督共同负责新西班牙（墨西哥和刚被征服的邻近领土）和秘鲁（智利以北的今哥伦比亚的狭长地带），依靠十几个拥有司法和行政权的议会，这些议会由来到这里或在美洲出生的西班牙人掌控。

### 商局

这是 1504 年在塞维利亚建立的商会，目的是组织美洲货物与大都市之间的贸易。

世界重组

## 对葡萄牙帝国的威胁

在巴西蔗糖的吸引下，荷兰东印度公司利用葡萄牙自 1580 年以来一直依附于西班牙的弱点，以与印度同等的力度攻击葡萄牙在美洲的工厂。荷兰东印度公司于 1624 年占领巴伊亚，1630 年占领累西腓，并将势力扩张到沿海地区，带来了数以千计的非洲奴隶为那里的糖、烟草和木薯种植园工作。1644 年，葡萄牙重获独立后，葡萄牙的移住民也奋起反抗，将荷兰人驱逐出巴西。荷兰东印度公司只保住了库拉索岛。

1601 年前后，万丹（爪哇）的荷兰商行（让－特奥多雷·德·布里的版画）。

### 加勒比海盗

这些海盗也被叫作"为制作熏肉捕猎野牛的人"，这个单词来自"boucan"，指的是他们用来熏肉的木架子。他们生活在被西班牙遗弃的圣多明戈岛和托尔图加岛上，往往欢迎逃兵和离开船的叛乱者，他们中的一些人是醉酒后被强行征召上船的，特别是英国人。

## 海盗的新灵感

从 16 世纪初开始，从新大陆运输贵金属，为海盗提供了一个有利可图的活动领域，尤其是安的列斯海：风向迫使西班牙船只沿着精确的路线航行，而这些岛屿为海盗提供了许多避难所。出于小心，这些船组成武装护卫队从哈瓦那出发。因此，海盗会等待合适的机会：因风暴远离或脱离护卫队的海船。海盗的黄金时代在 18 世纪落下帷幕，英国海军为捍卫其在产糖岛的利益，对海盗予以严厉打击。

## 私掠船主的时代

私掠船具有来自其主权国家的特许证，允许他们在战争时期攻击敌方船只。英格兰征召了大量私掠船，其中最杰出的船长是弗朗西斯·德雷克，被伊丽莎白一世封为爵士。在伊丽莎白一世统治期间，私掠船组成了皇家海军的船员，其水手数量从 16000 人增加到了 48000 人。在法国，柯尔贝尔通过 1681 年的条例将私掠合法化，某些港口，如圣马洛或敦刻尔克成了私掠专用。私掠也是利益的一大来源。让·巴尔因其功绩而被路易十四接见，他以在 10 次战斗中缴获 81 艘船而闻名。

英国私掠船船主弗朗西斯·德雷克。1588 年，他指挥英国舰队与西班牙的无敌舰队开战。

## 谴责海盗

海盗行径受到基督教国家的谴责，这些国家的船只经常遭到来自北非海岸的巴巴里海盗[25]的袭击。这个海盗组织在 16 世纪成立，并得到奥斯曼帝国的支持，它们给地中海沿岸制造了不安。1689 年，图尔维尔伯爵击沉海盗船，轰炸阿尔及尔和的黎波里，之后与阿尔及尔的台伊[26]签订条约。

131

# 美洲，从征服到开发

## 征服者

这些征服者指的是建立美洲帝国的那几千个西班牙人。他们中的许多来自伊比利亚半岛的中部和南部，只有三分之一是贵族出身，为了获得财富、荣耀和贵族头衔而前去冒险。科尔特斯是来自埃斯特雷马杜拉的伊达尔戈人，皮萨罗则是普通农民的私生子。许多人在冒险中死去，他们因在新大陆行使暴力和进行严重剥削而恶名远扬。

## 滥用权力

印第安人的热情好客被西班牙人视为软弱，这加强了他们征服印加人和阿兹特克人的先进文明财富的贪欲。从1520年到1533年，在不到15年的时间里，西班牙人就控制了中美洲，侵入南美洲：1521年8月征服墨西哥，1524年占领今哥伦比亚，1533年又将秘鲁据为己有。他们的侵略并非没有遇到阻力，印第安人中的阿劳坎人在智利北部抵抗了200年。

## 悲痛之夜

1520年6月30日，蒙特祖玛的继承人、阿兹特克战士瓜特穆斯突袭科尔特斯的西班牙营地。西班牙军队的三分之一（约450人）被杀，西班牙的早期定居点受到严重威胁。

1520年6月30日，埃尔南·科尔特斯和他的军队受到阿兹特克战士瓜特穆斯的攻击。这就是西班牙历史上的"悲痛之夜"。

## 监护征赋制，征服的人类贡税

该制度规定，征服者可获得土地奖励，有义务为土著提供食物和保护并教他们识字，作为回报，征服者有权向土著征收贡品。地主接受实物或劳务形式的贡品，从而获得了沦为奴隶的劳动力。

## 同一个和另一个

16世纪，人们对新世界的居民有两种截然相反的看法，其中，在1550年和1551年应查理五世的要求，旨在知道征服应如何进行而组织的"巴利亚多利德论战"就是一面镜子：塞普尔维达作为持有"印第安人天性低劣、奴性十足"论点的人的代表，遭到了回击，持相反意见的人则强调印第安缔造了辉煌的文明，尽管他们的根基与欧洲文化毫无关系。

## 征服的代价

征服的代价是鲜血和分裂。抵抗者被屠杀。皮萨罗到达秘鲁的标志，是近7000个印第安人的死亡。统治者在用黄金赎身后，幸免于难。为了重新组建部队，西班牙人玩起了分裂印第安人的把戏：在阿兹特克或印加奴役下的某些部落，往往支持那些他们认为是解放者的军队。

世界重组

## 致命的扩张

1520 年，墨西哥有近 2000 万人口。一个世纪后，这里只剩下 200 万人，其余的人或因流行病，或被强迫在墨西哥城的种植园和纺织工厂劳动而死。17 世纪，墨西哥城声名狼藉，犯了公法的囚犯被判到这里服刑。秘鲁万卡韦利卡的汞矿开采和波托西的银矿作业对当地居民的生活环境造成了严重破坏。这种人口崩溃对世界其他地区也影响深远：它标志着非洲奴隶贸易的开始。

## 苦役

这种在印加帝国实行的强制性工作轮换制度，要求每个人都为社会利益服务。殖民者延续了这种制度，并将其加入监护征赋制。它变成了为私人利益服务的强制劳动的近义词，轮转更快，工作条件更加恶劣。

## 查理五世的新法

查理五世于 1542 年颁布的法律，旨在改善受监护征赋制影响的印第安人的困境。该法律特别规定，监护征赋制将在其持有人死亡后取缔，这意味着移住民不能将劫掠来的财产遗赠给后代。征服者掀起暴动，将秘鲁总督斩首，该法律最终没有实施。

## 巴西的耶稣会会士

耶稣会会士从 1549 年开始组织巴西教会的生活。他们创建了圣保罗市，将那里的土著聚集在组织之下，让教会圣师监督并管理之，以保护他们不沦为贪婪西方人的劳动力。耶稣会士还对土著文化产生了兴趣。教士安切塔撰写了印第安图皮－瓜拉尼人语言的语法和字典，并将教义翻译成了图皮－瓜拉尼语。

## 精神征服

这是宗教人士领导的事业的名称，他们在科尔特斯的倡议下，在征服者到来后移居该地，为印第安人行洗礼，教授拉丁字母，编写教义，建造教堂。他们的成功是有限的：印第安人将天主教仪式与他们的祖先信仰叠合在一起，这让当局大为光火。

## 皈依

拉斯·卡萨斯原本是圣多明戈一处监护征赋庄园的主人，他发现了伴随征服古巴而发生的屠杀和强制劳动的残酷性。1510 年，被任命为牧师的他放弃了自己的土地，成为印第安人的保护者，试图说服王室建立西班牙农民社区，配备学校和医院，并在其中增设印第安人的村庄。他的布道、信件和书籍不遗余力地谴责征服者的贪得无厌、强制劳动和种族灭绝的行为。

拉斯·卡萨斯与南美印第安人告别。面对屠杀，这位多明我会的教士强烈维护印第安人的利益。

# 思想的激荡

## 对经院哲学的排斥

在一个科学和地理不断更新的世界里，人们对中世纪所教授的哲学和神学有很多不满。教条主义屈从于一种基于不可改变的定律的模式，这种模式阻止了思想的自由进步，而机械地学习未经讨论的真理是对身体的贬低。1534 年前后，拉伯雷在他的著作《巨人传》中刻画了这种教育所产生的弊端，旨在加强智力、艺术或身体锻炼，从而使身体和精神茁壮成长。

## 语言学的突飞猛进

尽管教会对译者持怀疑态度，我们却在古籍的编辑和翻译中见证了真正的语言学工作，其中，弗朗索瓦一世的秘书兼图书馆馆长纪尧姆·比代就是一位积极的贡献者。在西班牙，枢机主教希梅内斯·德·西斯内罗斯委托人编写了一部多语种《圣经》，其中，拉丁文、希腊语和原文版本分栏排列：1514 年出现了《新约》版本，3 年后出现了《旧约》版本，还有希腊文、希伯来文和阿拉米语的词典。

人文主义者纪尧姆·比代，1547 年撰写了《论君主制度》，主张向强国传授语言学。

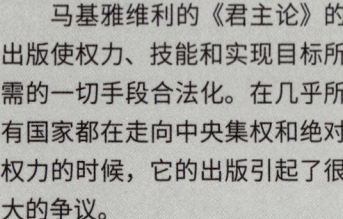

## 马基雅维利主义的颂歌

马基雅维利的《君主论》的出版使权力、技能和实现目标所需的一切手段合法化。在几乎所有国家都在走向中央集权和绝对权力的时候，它的出版引起了很大的争议。

## 回归源头

如果说人文主义的理想是希望通过亲自解读古代的文明宝藏来回归源头，那么 16 世纪则对《圣经》的原始文本格外感兴趣，各地的人们试图用通俗语言进行翻译，以便从神学家的阐释中解脱出来，回归福音书的话语。1521 年，路德发表了德文版的《圣经》，两年后雅克·勒菲弗·戴塔普勒用法语翻译了《圣经》。

## 乌托邦的创作

1534 年拉伯雷在《巨人传》中描述的特来美修道院、1623 年康帕内拉的《太阳城》均属于文艺复兴时期非常受欢迎的一种类型，即在完全颠覆现实中的现行制度的基础上构想社会。这种模型是托马斯·莫尔提出的，他所描述的"乌托邦岛"（这个词在希腊语中的意思是"乌有之乡"）是与他所生活的英国相反的一个理想城市，他在作品的第一部分描述了英国的缺点。在乌托邦，人人平等，金钱被废除，贵族不存在，政府掌握在服从人民的君主手中，居民可自由选择自己的信仰，但要宽容其他宗教，不能激进。

世界重组

## 《愚人颂》

这部由荷兰人伊拉斯谟所作的最著名的作品发表于 1511 年。在这本书中，愚人妙语连珠，讽刺社会中的恶行，特别是司法和教会的罪恶，指责他们背叛了福音信息。在这个意义上，世人所谓的智慧是愚蠢的。伊拉斯谟呼吁发展一个由新的、开明的人组建的博爱社会，他们懂得如何超越仪式和虔诚的外在标志，真正推广基督的信息。

荷兰哲学家和人文主义者伊拉斯谟，小汉斯·荷尔拜因绘于 1523 年前后。

## 放纵的思想

这种放纵不是指爱情上的放荡，而是对信仰的怀疑，特别是宗教信仰，这是当时一些思想家的特点。不信教的人不相信奇迹，不相信《圣经》中的年表，也不相信必须成为信徒才道德高尚。他们拥护唯物主义，认为灵魂的不朽只是一种空想，并认为精神来自感官。

## 蒙田的告诫

这位哲学家对宗教征服和战争进行了总结。在这个过程中，信心、对知识的热情与不稳定的感觉混杂在一起，后者导致人们把人看成流动的、多重的存在，有着迷宫般甚至矛盾的想法和感觉。真理只是昙花一现，有人却声称规则永恒。对不稳定性的认识涉及相对主义，导致了对"规则永恒"的系统性怀疑。

## 笛卡尔的疑惑

"凡是没有明确认识到的东西，绝不把它作为真的加以接受，也就是说尽量避免仓促和成见。"这就是 1637 年笛卡尔在《方法论》中公开提出的第一条行为原则，以便在科学中正确地引导理性、寻求真理。换句话说，通过系统的怀疑，用推理机制所明确证明的真理取代教条式的信念，理性的启蒙时代已经不再遥远。

## 西哈诺·德·贝热拉克

作为艾德蒙·罗斯丹[27]创作原型的这个人实际上生活在 17 世纪上半叶一个远离加斯科涅的地方，他学识渊博，放荡不羁。他还是一位才华横溢的作家，他的遗作发表于 1657 年，题为《另一个世界，或月球上的国家和帝国》，描述了一位英雄在伽利略理论的帮助下，被运到月球上，经历了一场不可思议的冒险。他在月球上发现的世界是一个可以自由发声的社会，有利于就当时哲学和道德问题的矛盾进行辩论。

135

# 科学革命

## 莱昂纳多·达·芬奇的世界

达·芬奇的笔记本里记录了成千上万的新机器的草图，有泵、起重机、有盖坦克、弹射器，这些都是他在实验和观察的基础上想象和设计的。对鸟类和蝙蝠的观察和实验让他明白，是空气的阻力让身体飞行。早在 1495 年，这个佛罗伦萨人就设想了几种飞行器，这是他的爱好之一。

## 测量地球

法国数学家和天文学家让·费内尔（1497 年—1558 年）对赤道长度的估算与今天的估计相差仅 57 千米。费内尔采用了一种经验论的方法：测量在太阳下降一度之前，在巴黎的圣巴巴拉学院到亚眠的路上能走多远。

莱昂纳多·达·芬奇勾画的飞行器，摘自《大西洋古抄本》。

## 变革性的工作

艾萨克·牛顿的《自然哲学的数学原理》在 1687 年首次出版，它是用拉丁语写成的。法语译本则由沙特莱夫人翻译完成，她于 1749 年去世。在这部理论密切联系实际的奠基性作品中，牛顿明确提出了万有引力定律。通过这一理论，宇宙变成了一个可理解的整体，由一些简单的物理定律所支配。它挑战了从古代继承而来的、由教会传达的概念。

## 安德烈·维萨里

这个布鲁塞尔人的名字——法语是 André Vésale——被载入史册，与其说是因为他在 1544 年被任命为查理五世皇帝的医生，不如说是因为他撰写了一部七卷本、图文并茂的著作《人体构造》。该书彻底改变了解剖学，使医学进入现代纪元。他掌握了希腊语、拉丁语和阿拉伯语这三种传递医学知识的语言，开创了把解剖作为解剖学教学的主要载体的先河。这一做法使他能够纠正盖伦[28]的文本，盖伦的文本自古以来就是医学领域的参考文献。维萨里还是第一个描述呼吸作用机制的人。

查理五世的医生安德烈·维萨里把解剖作为解剖学教学的主要工具，被宗教裁判所判刑。

世界重组

### 《关于两个主要世界体系的对话》

伽利略·伽利雷于 1632 年出版的这部著作，对比了创立教会教义的托勒密的地心说与哥白尼的日心说各自的优缺点。很快，这本书就被宗教裁判所列为禁书。伽利略被法庭判定为异端，为了保住性命，他必须公开否认自己的信念。

### 循环吧！

17 世纪最激烈的辩论之一的起因是英国人威廉·哈维发现了血液循环，人们在莫里哀的《无病呻吟》中可以发现一些端倪。在这部戏剧中，一位年轻医生说他正在写一篇反对"循环"的论文。借助实验和逻辑，哈维驳斥了现有的概念，并通过描述大小循环来证明心脏的主要作用。路易十四强制推行循环理论教学的事，成为天才并不总是受到迫害的证明。

### 但它在转动！

16 世纪，伽利略证明了波兰人尼古拉·哥白尼提出的日心说猜想，摧毁了继承于托勒密的宇宙学体系，而教会正是在托勒密的理论基础上建立了自己的宇宙概念。这位意大利学者还观测了月球表面、木星卫星，以及太阳上的黑点，这使人们对天空的不可改变性产生了怀疑，而教会则把天空作为上帝完美的象征。伽利略的观察结束了宇宙的绝对高低之分。在宇宙这个物理统一体中，德国人开普勒（1571 年—1630 年）确立了行星运动的普遍规律，证明了行星的运动轨迹并不是完美的圆形，而是椭圆的。

伽利略最早的两架望远镜。

### "无限小"的发现之旅

正是由于显微镜下的观察，人们开始以迄今未曾想到的角度看待现实。通过开发一种能够将显微镜镜头的功率和质量提高 10 倍的技术，荷兰人安东尼·范·列文虎克（1632 年—1723 年）发现了原生生物的存在，证实了细菌的存在，并在另一个容器中发现了精子，这使荷兰宗教界大为震动。

第一台显微镜，以发明者列文虎克的名字命名。

137

# 不断变化的宗教格局

### 批判火焰下的教会

中世纪的战争和瘟疫的反复蔓延使人类面对死亡,而教会却没有能力回应他们的担忧。这是由于主教们对自身职能和教士俸禄制(向任何担任教会职务的人给予教会财产所带来的收益)的投资很少,导致争名逐利,使得牧师更加远离了自己的神职。

### 改革

对整个罗马教会的批判,导致路德提出了一种与上帝更直接的关系和一种更内在化的个人虔诚。洗礼、福音、信仰构成了教会的形态,每个基督教徒都能理解《圣经》。礼拜不再用拉丁文来举行,而是以传道为基础,传道被认为是对福音书的解释,支持基督教徒的信仰,唱赞美诗,举行圣餐仪式(面包和葡萄酒的圣餐)。

### 《九十五条论纲》

1517年10月31日,隶属于埃尔福特圣奥古斯丁修道院的僧侣马丁·路德向美因茨大主教提出了《九十五条论纲》,对基督教徒通过放纵获得的虚假安全感展开了批判,并因此与罗马教会决裂。新皇帝查理五世将路德逐出神圣罗马帝国,萨克森选帝侯对其施以援手,保护并接待路德,让他得以发展自己的思想。

### 赎罪

"赎罪"的概念爆发于16世纪初,牧师允许人们用金钱购买"免罪符"。教皇利奥十世许诺赦免那些资助建设罗马圣伯多禄教堂的人的罪行,这桩买卖因而更火热了。

马丁·路德,欧洲宗教改革的创始人,撼动了宗教格局。这幅肖像是1526年老克拉纳赫所绘。

### 加尔文宗

在约翰·加尔文的倡议下,一个新的教会在日内瓦成立,开始了第二代宗教改革。在新的教会里,牧师布道,主持两个圣礼(洗礼和圣餐),教会圣师教授《圣经》,长老监督教徒的道德。宗教会议将长老和牧师聚集在一起,追查迷信行为和教皇主义的书籍,追捕不信教者,禁止奢侈和渎神的戏剧。

### 谁是新教徒?

1529年,查理五世下令所有臣民皈依罗马天主教会。14座自由城市和6位德国公爵拒绝了这一命令,他们变成了宗教改革的支持者。宗教改革在北欧取得了进展,尽管天主教顽强抵抗,但丹麦和挪威还是成立了真正的国家教会,随后瑞典也皈依了新教。

世界重组

## 加尔文教义的胜利

加尔文教义从 15 世纪 60 年代开始传播到荷兰、根特、安特卫普、瓦朗谢纳和苏格兰，年长的牧师约翰·诺克斯在苏格兰废除了主教制度，设立了两类新教圣职（牧师和长老）。1555 年，第一批加尔文宗牧师来到法国，宗教改革随即蔓延到了除布列塔尼和中部高原外的整个王国，影响了除农民外所有的社会群体。部分法国贵族的皈依，预示着即将产生的、撕裂王国的思想上的混乱。

## 英国国教

1527 年，亨利八世试图让坎特伯雷大主教宣布取消他的婚姻，却遭到拒绝而被逐出教会。他经议会表决通过了"至尊法案"，成为教会的最高首脑，但并未就此完全放弃天主教的教条。随着 1563 年伊丽莎白一世颁布《三十九条信纲》，英国国教才真正建立起来：保留了天主教的主教等级制度和部分礼仪，但放弃了拉丁文的使用和神父的独身义务，教条则接近加尔文主义。

## 特伦托会议

自 1545 年 12 月 13 日开始，教皇保罗三世在意大利北部召开会议。保罗三世支持从内部改革罗马教会，谴责了新教的论点，重申教会的重要性，再次肯定了人应为自己的救赎做出贡献的信念。他还在纪律问题上表现出坚定的态度，以打击前几百年的弊端。这次大公会议就是如此勾勒出了真正的天主教改革的轮廓。

## 弗朗索瓦的选择

尽管路德的教义早在 1522 年就受到巴黎神学院的谴责，但出于对查理五世的反对，弗朗索瓦一世在与新教徒的斗争中表现得比较保守。1534 年的标语事件（反对弥撒的布告一直贴到了查理五世寝宫的大门上）使查理五世采取了更多的镇压政策，继任者亨利二世更是变本加厉。与此同时，省议会在天主教徒的支持下开展暴力运动，寻找那些拒绝向圣母像或十字架致敬的路人。

## 含糊的成功？

反宗教改革在意大利、西班牙和洛林地区成效显著，但在法国进展迟缓。在英国更是几近于零，尽管 1563 年登上王位的天主教徒玛丽·都铎大肆镇压新教。至于德国，1547 年查理五世的军事行动导致了《奥格斯堡临时协议》的颁布，影响直至 1555 年。在此期间，天主教的礼拜仪式得以在新教领地上恢复。

特伦托会议完成了一项如此重要的改革工作，它对教会生活造成的影响一直延续到了 1962 年的第二次梵蒂冈大公会议。

## 耶稣会

耶稣会是西班牙军官依纳爵·罗耀拉创立的。依纳爵决定建立一个新的宗教组织来为教皇服务，该组织的特别之处在于宣誓服从教皇。1540 年，章程通过后，耶稣会在欧洲之外，面对新教徒表现出了非凡的传教热情。1566 年依纳爵去世之时，这个协会已经有了一千名成员，建立了许多学院，包括在新教领地附近的一个。

# 宗教战争

## 16世纪的困境

16 世纪 60 年代，宗教分歧加剧，由此产生的问题是：应重新建立统一信仰，保障政治稳定，包括使用武器或通过镇压，还是应尽可能地与其他信仰共存？在欧洲，人们尝试了不同的回答，有的好，有的坏。

## 巴黎需要弥撒

新教君主登上法国王位的可能性导致了联盟的形成，即吉斯家族背后的天主教同盟，该联盟得到了西班牙、教皇，以及吉斯家族在香槟、庇卡底和勃艮第地区的大量拥护者的支持。1588 年，沦为联盟傀儡的国王亨利三世派人暗杀了联盟首领，一年后他也被雅克·克列孟刺死。纳瓦拉的亨利（亨利四世）登基后，于 1593 年改信天主教。他在 1594 年的加冕仪式有利于团结天主教徒，向天主教徒授予了有威望的职位和奖金。

## 法国的不幸

除了宗教分裂，1559 年亨利二世去世后，继任者们的软弱使得野心勃勃的大家族更能左右法国政府。洛林家族的旁支吉斯家族因此在国王议会中发挥了决定性的作用，并接管了天主教党的领导权。他们遭到了来自波旁和沙蒂永家族背后的新教贵族越来越多的反对，其中包括海军上将加斯帕尔·德·科利尼。

## 圣巴托罗缪

1572 年 8 月 23 日至 24 日晚，聚集在巴黎的新教党领袖惨遭屠戮，他们是来参加纳瓦拉的亨利与国王妹妹的婚礼的。此后几天，巴黎又发生了针对新教徒的大屠杀，并蔓延到各省，共造成一万多人死亡，但这没有根除新教。在朗格多克和加龙河谷的拉罗谢尔一带避难的新教徒，建立了一个军事和政治组织，几乎把它变成了一个分离主义的国家。该组织绰号"南方联合省"，由集体政府和负责指挥军队的"保护人"领导。

## 和谐敕令？

1598 年的《南特敕令》在两个教派之间建立了一种前所未有的共存关系。它保证了信仰自由，允许新教徒在规定的范围内举行礼拜仪式。为了照顾天主教徒和国会议员，新教的礼拜仪式在巴黎（被遣放到沙朗通）、吉斯家族的领地和主教城市被禁止。此外，国家允许新教徒担任各种职位，在波尔多、卡斯特尔和格勒诺布尔设立混合法庭，审理涉及改革者的案件，并提供 151 个筑有防御工事的地方，其中 66 个由新教徒管理。

纳瓦拉的亨利围攻巴黎时，法国联盟采取了各种手段，以维持人民的狂热，于 1590 年 5 月 14 日在巴黎上演了一场奢侈怪诞的仪式表演。

世界重组

## 荷兰内战

荷兰通过宗教改革摆脱了西班牙的控制，但也遭到西班牙国王派来惩罚异端的 2000 人的报复。这些人的残暴行径使得那时远离宗教冲突的贵族与新教徒走得更近，并引发了意想不到的抵抗。两个联盟因此形成：阿拉斯联盟（1579 年）将以天主教为主的南方各省聚集在国王的权力之下，而乌得勒支联盟则团结了北方七省。1581 年，乌得勒支联盟宣布废黜菲利普二世，等待独立的联合省共和国的诞生。直到 1643 年 1 月"三十年战争"结束之时，荷兰共和国的独立才被承认。

## 英国的少数派

英国国教圣公会受到双重排斥。那些自 15 世纪 60 年代以来就被称为清教徒的人通告废除充塞在圣公会的天主教残余：司铎法衣、对外仪式、主教职位。另一方面，扎根于兰开夏郡、柴郡和约克郡的天主教徒虽然人数不多，但可能与天主教外国势力联系，这使英国当局不安。直到 17 世纪初，他们放弃了一切政治抵抗，这才得到了半分宽容。

## 宗教宽容的概念

对于加尔文教徒不超过 20％ 的联合省来说，信仰自由势在必行，因为联合省必须与存在的少数派和解。信仰自由适合扎根于农村的天主教徒，并扩展到了其他群体：持不同政见者、犹太人和再洗礼派。莱顿、乌得勒支和阿姆斯特丹变成文化中心，并很快成为 18 世纪知识分子和哲学家的避难所。

阿姆斯特丹在 16 世纪、17 世纪是一个以信仰宽容著称的城市。它迅速成为欧洲重要的知识中心。

## 异端中的异端

公谊会（贵格会）是 1652 年在英国创立的新教运动团体，它拒绝《圣经》的权威，宣布在世俗组织的框架内追随圣灵的启示。它独立于宗教结构，导致其成员受到英国政府的迫害。在诉讼时，创始人乔治·福克斯喊道："你们在上帝的愤怒面前颤抖吧！"因此，负责审理此案的法官戏称他们为贵格会信徒，意思是"颤抖的人"。

托马斯·闵采尔，德国的改革家和革命家，再洗礼派的创始人。

### 再洗礼派教徒是谁？

再洗礼派教徒追随茨维考的牧师托马斯·闵采尔，认为路德宗过于软弱，意欲建立一个新教会。在这个教会中，选民在下一次世界末日之前，应组建一个既没有神职人员也没有神像的圣徒团体，成员在成年时接受新的洗礼。

141

# 三十年战争

## 一次和解

因为查理五世未能做到让天主教一统帝国，1555 年，《奥格斯堡和约》规定了德国的新教徒和天主教徒之间的和解条件。尽管查理五世在军事上取得了不可否认的成就，但他不得不考虑到德国王公中信奉路德宗的人数。和解的基础在于"教随国定"原则：拥有领土的君主决定居住在那里的人的宗教。

## 快速解释一场本不应如此的冲突

1618 年开始的这场战争，使神圣罗马帝国的新教徒君主与决心支持反宗教改革的哈布斯堡的天主教王朝对立起来。这场战争本可以在两年后以新教徒的彻底失败而告终，却变成了奥地利和法国家族之间的对抗，奥地利家族希望统治欧洲，法国则力图维护自己的自由。

## 布拉格的"掷出窗外"事件

两名捷克天主教徒议员和一名皇帝秘书被波希米亚的代表们扔出窗外，这三个人尽管被恰好放在那儿的粪堆救回性命，却无法避免战争的爆发。诚然，这是天主教徒与新教徒的两相对立所致，不过，也是因为一些国家希望从哈布斯堡获得自治，许多统治者意图扩张领土。

## 白山战役

1620 年 11 月 8 日，白山战役在布拉格附近爆发，联军部队凭借老练的士兵、可观的财源，还有教皇和西班牙国王的支持取得了明显的胜利。这场战役造成了 5000 名新教徒死亡，带来了对民众的血腥镇压和一场强迫改变信仰的运动。

## 所涉力量

天主教尽管在神圣罗马帝国中属于少数，却拥有庞大的支持。哈布斯堡家族；宗教修会，如非常活跃的耶稣会；维特尔斯巴赫公爵统治下的强大的巴伐利亚，其军事机构建立在征召全体健全人口的基础上：自由民和农民参加步兵，贵族加入骑兵。早在 1608 年，新教各国就联合起来成立了"福音同盟"，天主教徒则相应成立了一个由 2.5 万人组成的"德意志神圣联盟"。

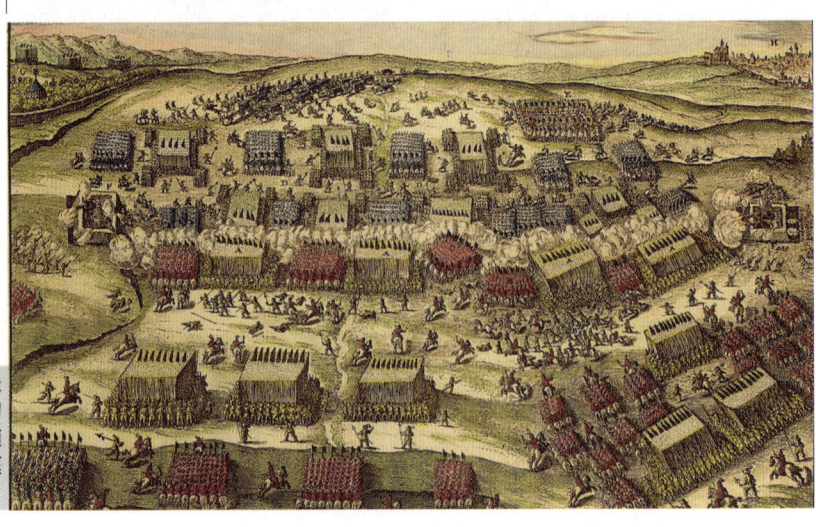

1620 年发生在布拉格附近的白山战役是"三十年战争"早期的一场战斗。捷克的新教军队被天主教联盟的士兵击溃。随之而来的镇压导致数以千计的新教家庭移民。

世界重组

## 欧洲的冲突

1621 年，宗教改革后的联合省重启针对西班牙的战争。1625 年，丹麦国王克里斯蒂安四世介入，目的是加强对波罗的海的控制。1629 年，为了保全自己的国家，他被迫结束战斗。那时，瑞典国王古斯塔夫·阿道夫向新教徒提供援助。瑞典的军队组织有素、纪律严明、作战高效，导致神圣联盟初战失利。黎塞留秘密支持哈布斯堡家族的敌人，1635 年在派人占领洛林（围攻南锡）后，他对西班牙宣战，介入冲突，避免盟友瑞典（尽管瑞典信奉新教）成为行动的唯一主宰。

## 洗劫马格德堡

1631 年，萨克森州的这座新教城市被天主教军队大肆蹂躏并烧毁，3 万名居民几乎全部丧生，成为欧洲舆论的一大丑闻。通常而言，德国的主要贸易城市都会缴纳重金，使军队离开自己的领地，从而避免不幸。相反，农村、城堡和寺院遭到掠夺，居民承受了各种形式的暴力。

## 《比利牛斯条约》

《威斯特伐利亚和约》签订后，法国和西班牙又打了 10 年仗，直到 1659 年 11 月 7 日。根据条约，法国获得了鲁西永、几乎整个阿图瓦地区，以及收复的洛林与荷兰边境的各个地方，巴尔和几个战略要点除外。路易十四则得到了一位未婚妻——西班牙公主玛丽亚-特蕾莎。

## 《威斯特伐利亚和约》

在担忧天主教大国斗争的教皇的压力下，大会终于在 1648 年组织召开，承认帝国存在三种信仰：天主教、路德宗和加尔文宗。德意志的诸侯国有权拥有一支军队，有权在内部或与外国结盟，但根据主权原则，决不能反对皇帝或帝国。最强大的国家扩张了领土：瑞典得到了西波美拉尼亚、波罗的海的港口，以及不来梅和维尔登主教区；法国从奥地利获得了阿尔萨斯的统治权，几年后，洛林成了法国的一个省。现代欧洲在一片衰竭中诞生。

## 悲惨的战争和不幸的命运

蚀刻版画，雕刻家雅克·卡洛在目睹南锡被围困后发表于 1633 年。画中展示了洛林公国遭受的暴力破坏，而人民则是其中的首要受害者。

雅克·卡洛的蚀刻版画谴责了黎塞留的军队在 1633 年 8 月围攻南锡期间的暴行。

# 北欧的辉煌

## 北方的黄金

北欧的财富建立在肥沃的麦田上,在粮食短缺的时候,这些麦田可以供给西方市场。波罗的海沿岸还盛产毛皮、蜂蜜、蜡、木头、铜、铁、柏油(嵌填船缝的必需品)和鱼,包括在封斋期非常受欢迎的鲱鱼。

## 变化中的地缘政治空间

从 1397 年至 1523 年,将整个斯堪的纳维亚置于丹麦霸权之下的卡尔马联盟解体。与此同时,路德宗的传入也结束了宗教的统一。松德海峡是北海和波罗的海之间的一个交通点,也是每艘航船的通行税征收处。控制松德海峡,抑或占领芬兰湾的土地和群岛,由此涉及的经济和领土利益加剧了局势的紧张。丹麦、瑞典、波兰和俄罗斯就这样在力量关系和联盟中发展,而联盟的形成取决于当时的利害关系。

## 波兰的黄金时代

1561 年占领利沃尼亚,1569 年立陶宛王国与波兰王国合并,使领土面积达到 80 万平方千米,人口达到 750 万。雅盖洛王朝的最后几位国王(西吉斯蒙德一世、西吉斯蒙德二世和斯特凡·巴托里)开启通向人文主义的道路,增加出口,尤其是谷物,并开垦新的土地。格但斯克港几乎享有全部的自治权,是波兰出口谷物、亚麻、大麻、松脂、海军军需品的门户,保证了国家的财富。

## 波兰人的宽容

波兰尽管早在 1530 年就引入了路德宗,但仍然偏爱天主教。1581 年的普斯科夫敕令准许信仰自由,并使波兰王国成为所有基督教异端的避风港。因为坚信新教派会因他们的分歧而衰弱,作为反宗教改革支柱的枢机主教霍苏斯也建议采取宽容的政策。

## 公海

1570 年,波罗的海被宣布为"自由通行海域"。阿姆斯特丹的商人、英国人、法国人和波兰人都在这里往来,尽管瑞典的控制倾向于将它变为内海。

1572 年绘制的斯堪的纳维亚地图,突出了欧洲这块地区的财富。

世界重组

## 第三罗马

自 1453 年君士坦丁堡沦陷以来，俄国统治者自认为是拜占庭皇帝的继承者，并将莫斯科视为基督教的新中心。早在 1440 年，伊凡三世就采用了源自恺撒的沙皇尊称，并为君主专制的观念奠定了基础。这一现代莫斯科国家的奠基法案，鼓励在意大利建筑师的主持下建造教堂和宫殿。

## 俄帝国的扩张

16 世纪，俄罗斯王公战胜了定居在莫斯科东部喀山的金帐汗国蒙古人的后裔——鞑靼人，以及顿河地区的哥萨克人。在伊凡四世的领导下，莫斯科王公控制了伏尔加河，以及通往亚速海和黑海的出口。17 世纪，俄国的向西扩张受到瑞典人的阻挠，于是集中向亚洲扩张，征服了西伯利亚。1619 年，俄罗斯人建立叶尼塞斯克，直到 17 世纪末势力才到达太平洋。

## 恐怖的伊凡

伊凡四世以适时的行政和司法改革为其统治揭开序幕，他镇压了波雅尔暴动，依靠教会，并利用教会来教育人民。他向英国人开放了从波罗的海到伏尔加河的道路，促进了贸易。然而，从 1560 年起，他开始实施暴政，镇压那些他认为是敌人的人：1570 年，诺夫哥罗德的居民遭受了好几天的屠杀；1581 年，伊凡四世一怒之下用一根从未离身的包铁长矛杀死了长子。伊凡四世死后，俄罗斯陷入了动荡时期。

古斯塔夫·阿道夫国王从 1613 年起，成为欧洲最强大的国家之一瑞典王国的统治者。

专制的沙皇伊凡四世将俄国的结构现代化，并对欧洲贸易开放国门。

## 瑞典的霸权

古斯塔夫·阿道夫国王在 1611 年至 1613 年的卡尔马战争中战胜了丹麦，并封锁了俄国进入波罗的海的通道，统治了今瑞典的大部分地区、芬兰和爱沙尼亚。他使瑞典成为一个大国，事实上控制着波罗的海，获得了大量的收入，在"三十年战争"期间，瑞典的统治范围一直延伸到德国南部和阿尔萨斯。

## 军服的发明者

瑞典的古斯塔夫·阿道夫最先让士兵都穿上同样的衣服。他还发明了将机动性与火力相结合的战术（通过使用轻炮和骑兵）：规定火枪齐射，火枪手站成 5 排，确保火力持续。

## 瑞典的克里斯蒂娜

古斯塔夫·阿道夫的女儿 6 岁成为瑞典的女王，28 岁让位于她的表哥，后者以卡尔十世的称号领导国家前进。相比政治，克里斯蒂娜对文化更感兴趣，尤其是法国文化：她与帕斯卡通信，后者给她寄来了计算器样本；与笛卡尔通信，后者去了她的宫廷。她在退位后皈依天主教，并在定居意大利之前游历了整个欧洲。

# 西班牙，黄金世纪

## 天主教国王

1479 年成为阿拉贡国王的斐迪南二世与 1474 年成为卡斯蒂利亚女王的伊莎贝拉的婚姻，使两个王国结合在一起。他们一个以商业为使命，一个被旧贵族统治、以传统为荣。夹在全面扩张中的葡萄牙、瓦卢瓦的法国、小国纳瓦拉和格拉纳达伊斯兰王国之间，即便是两个王国合并了，西班牙也远未成为一个强盛的王国。

## 结束征服

斐迪南和伊莎贝拉在 10 年内完成了十字军东征，这是西班牙基督徒于 722 年发起的，目的是将摩尔人赶出伊比利亚半岛。伊斯兰王国格拉纳达于 1492 年投降，斐迪南和伊莎贝拉因而获得了教皇亚历山大六世颁布的"天主教国王"称号。虽然他们保证了最后一个摩尔人国王波亚迪尔的信仰自由和人身安全，但穆斯林面临越来越沉重的赋税和变本加厉的欺压，最终被迫移民。

1492 年，将城市钥匙交给斐迪南象征了格拉纳达的投降，结束了天主教君主对西班牙的重新征服（木雕，16 世纪）。

## 查理五世，伟大的继承人

他出生于 1500 年，通过婚姻联盟成为西班牙的查理一世、勃艮第的查理二世，从 1519 年起，成为神圣罗马帝国的皇帝查理五世。他野心勃勃，计划把国家变成基督教帝国，在巴尔干和地中海地区与奥斯曼帝国战斗。由于法国国王的政策和德意志各诸侯国宗教改革的出现，这位 16 世纪上半叶最强大的皇帝退位了，并于 1555 年将统治西班牙和荷兰的权力让给了儿子腓力二世，1556 年又将统治神圣罗马帝国的权力让给了弟弟斐迪南。

## 银行家的影响

银行家是查理五世的主要支持者。在他们的资助下，查理五世于 1519 年战胜弗朗索瓦一世，当选为神圣罗马帝国的皇帝。因为担心哈布斯堡家族的权力过大，教皇和 7 个选帝侯[29]中的 5 个都支持弗朗索瓦一世。雅各布·富格尔抓住机会借给查理五世 50 多万盾，韦尔瑟家族和意大利银行则借给他差不多 15 万盾。雅各布·富格尔的绰号是"富人"，因为他管理着西班牙骑士团的收入，资助了对美洲的探险，并参与了那里的商业活动。

## 新的宗教裁判所

自 12 世纪以来，教会裁判一直掌握在主教手中。但在 1478 年，教皇西克斯图斯六世授予卡斯蒂利亚的君主任命宗教裁判所法官的权力，使其成为一个国家机构。从 1482 年起，卡斯蒂利亚的裁判所大法官托马斯·德·托克马达与一切威胁到西班牙教会团结的事物做斗争，包括穆斯林，也包括改宗者新基督徒，他们的内心仍是犹太人。1492 年 3 月 31 日，一项驱逐犹太人的法令颁布，限定他们在三个月内离开这个国家。

## 西班牙的黄金世纪

在查理五世的继承人腓力二世的统治下,殖民地的黄金似乎取之不尽。1559年与法国签订的《卡托-康布雷齐和约》保证了西班牙对意大利的统治维持到18世纪(热那亚、威尼斯和萨伏依公国、皮埃蒙特等除外),并使教皇成为西班牙的义务盟友。

1559年4月3日,法国国王亨利二世与西班牙国王腓力二世签订《卡托-康布雷齐和约》,将意大利部分地区,以及萨伏依和皮埃蒙特置于西班牙的统治之下。

## 伊比利亚半岛的主宰们

葡萄牙王国的繁荣一直持续到了16世纪中叶,但随着海上竞争和失去对香料的近乎垄断的地位,它的发展势头变得缓慢。塞巴斯蒂安在这种艰难的背景下上台,他是若昂王子与查理五世的女儿所生的儿子,也是这对夫妇的9个子女中唯一一个活下来的后代,一个被骑士团故事所吸引的体弱的年轻人。1580年,塞巴斯蒂安在一次对摩洛哥的远征(他让教皇为这次远征取名为十字军东征)中丧生,葡萄牙也丧失了财富(为了换回2万名囚犯)和精英。腓力二世竭力维护自己在葡萄牙的王位继承权。在保留葡萄牙行政机构各部门的同时,西班牙还继承了其对印度群岛和巴西的统治。

## 西班牙的财富

1551年至1560年,运抵西班牙的黄金数量最多,其次是来自波托西(今玻利维亚)矿区的白银。国王征收了其中四分之一以上的资金,用来偿还他在欧洲金融市场上的债务。塞维利亚、萨拉曼卡和巴利亚多利德的宫殿及其昂贵富丽的装饰均由私人设计。贵族和资产阶级过着富丽堂皇的生活,他们宁愿进口所缺的商品,也不愿意制造这些商品,并将手工业交给移民。

## 衰落中的西班牙君主国

17世纪中叶,联合省独立,1640年布拉干萨公爵以若昂四世之名登基,宣布葡萄牙复国,西班牙失去了领土霸权。这导致西班牙同时失去了巴西和葡萄牙殖民地——得到北非海岸的休达也不能弥补这一损失。更别说1678年的《奈梅亨条约》将弗朗什-孔泰和荷兰南部割让给了法国。由军费开支引发的财政危机,令这种政治上的没落雪上加霜。

## 加泰罗尼亚的崛起

尽管已露颓象,西班牙在16世纪末依然出现了经济和人口的复苏,特别是外围省份,如加泰罗尼亚。巴塞罗那随着农业生产的增长和纺织消费的发展,贸易量也在增加。

# 欧洲的拉锯战

1540 年，法国国王弗朗索瓦一世和神圣罗马皇帝查理五世进入巴黎。

## 弗朗索瓦一世对上查理五世

1519 年，西班牙国王被推选为神圣罗马帝国的皇帝，这使他控制了意大利、德国和弗兰德的大部分地区。法国因此面临被包围的危险，导致弗朗索瓦一世采取进攻性外交，以对抗查理五世的霸权：1520 年，他在金缕地会晤英格兰国王亨利八世，目的是与其结盟，或至少赢得他的中立；支持宗教改革后的诸侯国与天主教皇帝之间的斗争；向奥斯曼的苏莱曼大帝派遣大使。

## 被各方觊觎的意大利

作为 15 世纪欧洲最大的金融和商业力量，只要佛罗伦萨的领主洛伦佐·德·美第奇用自身权势控制意大利的政治棋盘，意大利半岛就会保持稳定。1492 年洛伦佐去世之时，半岛的每一个公国都试图为自身利益改变平衡，法国也试图在意大利分一杯羹。查理八世和路易十二分别征服了那不勒斯王国和米兰公国，然后得而复失，他们是意大利历史上屡见不鲜的敌盟易位的受害者。之后，弗朗索瓦一世于 1515 年在马林雅诺战役中取得胜利，一度控制了意大利。

## 强大的亨利八世

对于他在位的 38 年，后世一直保留着国王有 6 个妻子的印象。但这位文艺复兴时期的君主、不择手段的独裁者也是英国君主制权力的复兴者，将自己强加为教会之首，其外交活动在弗朗索瓦一世和查理五世之间的竞争中获利，并将王国的舰队数量增加了 4 倍。

## 英国的繁荣

英国的领主们从土地领主权中汲取利益，尤其专注于畜牧。16 世纪，布匹的出口量从每年 8.5 万匹增加到了 12 万匹，主要出口到佛兰德斯。那时还在意大利人和汉萨同盟（12 世纪至 17 世纪期间北海和波罗的海贸易城市的居民所组成的协会）手中的对外贸易也逐渐被英国人控制。

## 英格兰及其边疆地区

1543 年，威尔士成为王室的一部分。1541 年，爱尔兰承认英格兰的主权，此前一直行使的领主权被取而代之。在整个 17 世纪，爱尔兰一直处于殖民统治之下，英国法律在此逐步实施，其间还夹杂着战役和土地充公。直到 18 世纪初，即 1707 年，《联合条约》才将英格兰和苏格兰合并为一个单一的君主制国家（有共同的议会和行政机构）。不过，苏格兰长老会和苏格兰法律仍然独立在外。

世界重组

## 亨利八世的女儿们

1560年左右,在伦敦一次游行中的英格兰女王伊丽莎白一世。她将使英国变为一个一流的文化强国。

如果说西班牙腓力二世的妻子——天主教徒玛丽·都铎因其对新教徒的迫害而遗臭历史,并赢得"血腥玛丽"这一绰号,那么伊丽莎白一世则因自1558年开始的统治留下久远的印记。在她执政期间,国家的财政管理、海上贸易突飞猛进,工业的进步与大量文化活动的发展同步进行,同时代的戏剧发展便是见证,马洛、本·琼森等大师群英荟萃,莎士比亚更是代表性人物。

## 太阳王

1661年3月10日,马扎然去世,他曾在路易十三驾崩后帮助奥地利的安妮摄政。路易十四独掌大权。1673年,议会被禁止在登记法令和条例之前提出谏言。在这个前所未有的歌颂皇权的时代,宫廷礼仪逐渐取代了各种国家机构的规则。

## 专制主义欧洲

王室权威的增加是通过减少或消除权力抗衡、限制城市和省份的自由,以及消灭对手来实现的。在枢机主教黎塞留执政18年间的法国,政治权威的强硬导致了专制主义,这种专制主义在西班牙和英国也有表现。

## 无敌舰队

为了拯救英国天主教徒的命运,反击弗朗西斯·德雷克对西班牙帝国的入侵,1588年5月20日,这支由130艘船、10300名海军和19000名士兵组成的舰队离开里斯本港,目的是给予英国海军沉重打击。不幸的是,只有63艘船铩羽而归。这证明了英国强大的海上力量,现在英国已经准备好征服海洋了。

## 联合省的光辉成就

在17世纪的专制主义中心,拥有150万人口的联合省共和国使第三等级成为主导力量,并将劳动提升到了最高价值;贸易和利润是个人和集体行动的动力。海上力量使它成为一个庞大的殖民帝国,拥有巨大的利润,并挑战来自新西班牙的船只,甚至与来自英国的船只对抗。

## 傻瓜游戏

路易十四在与玛丽亚-特蕾莎公主结婚时,放弃了妻子的子女对西班牙的继承权,但西班牙要支付50万埃居的嫁妆。1659年,在谈判这一条款时,马扎然知道西班牙无法支付这笔款项,因而为法国保留了所有权利。随后发生的事证明了他的机智:1713年,在西班牙继承战争结束时,路易十四的孙子——安茹公爵腓力登上了西班牙的王位。

# 庄严朴特：辉煌与苦难

## 托普卡帕

这座苏丹宫殿内设有皇家议会和决策中心，由大维齐尔[30]主持。苏丹的权力建立在中央集权的基础上，帝国的领土被划分为几大地区，而这些地区又被分成若干封地。奥斯曼帝国的名号就是这种中央集权的象征：庄严朴特[31]其实是苏丹位于伊斯坦布尔的托普卡帕宫大门的名字。

君士坦丁堡（今伊斯坦布尔）托普卡帕宫的入口。

## 奥斯曼领地的扩张

1516 年，奥斯曼人击败了马穆鲁克人。作为叙利亚和埃及的主宰，奥斯曼人保持了两地的行政结构，但强迫他们进贡。奥斯曼还成为麦加和麦地那圣城的保护者。直到 16 世纪末，奥斯曼帝国的军队和海军依然主宰了整个东地中海，而帝国皇帝苏丹则享受着"信徒指挥官"这一头衔所赋予的宗教威望。

苏莱曼，奥斯曼帝国的第 10 位苏丹，梦想着通过巩固自己的领土权力来扩大帝国。

## 征服欧洲

1526 年，苏莱曼利用与宗教改革有关的基督教王公之间的分歧，以及威尼斯人为获得商业特权而与他商谈的需要，夺取了匈牙利。1529 年，他未能征服维也纳，1532 年对多瑙河各省发起的战役也是昙花一现，因为他在波斯陷入了泥潭。最终，他和西方人在地中海决战。

## 勒班托海战

1571 年 10 月 7 日，奥斯曼海军在帕特雷海湾与基督教舰队对抗，这支舰队由西班牙和威尼斯舰队组成，是在教皇庇护五世的倡议下，以神圣联盟的名义联合起来的。热那亚、主教、马耳他和萨瓦的船只进行了增援。土耳其人的最终失败标志着奥斯曼帝国扩张主义的结束，尽管欧洲人的胜利也并没有持续很久。

## 大帝

1520 年，苏莱曼接替父亲成为奥斯曼帝国的统治者，通过改革为自己的统治揭开序幕，这为他在穆斯林中赢得了一个绰号，不是像欧洲那样被称为"大帝"，而是"立法者"。凭借奥斯曼帝国的财产和控制通往印度的贸易路线所带来的财富，苏莱曼梦想着进一步扩大帝国。

### 马耳他骑士团

全名是耶路撒冷、罗得岛及马耳他圣约翰主权军事医院骑士团。1309 年，他们在罗得岛寻求庇护，1522 年被苏莱曼赶了出去，来到了马耳他岛。1530 年，查理五世最终将马耳他赠予他们。1798 年，波拿巴攻占马耳他。1800 年，马耳他骑士团被英国控制。

# 世界重组

## 巴巴罗萨

这是西方人对攻占了阿尔及尔的两兄弟的称呼,他们来自西西里一个改信伊斯兰教的家庭。哥哥是一位出色的航海家,已成为西班牙人的头号敌人,他先后代表土耳其人和突尼斯人对船只进行检查,并把船员和乘客当作奴隶出售,1518 年去世。他的弟弟继承了他的一切,并使其在阿尔及利亚建立的统治有了正式的身份。1520 年,他得到了君士坦丁堡的承认,成为其代表,并对法国和意大利沿海地区大肆践踏。1543 年,与土耳其人签订条约的弗朗索瓦一世利用他攻击查理五世的领地。

## 门奴

他们都是帝国的年轻基督徒,被定期强征招募入伍,根基被斩断,接受教育,并信奉伊斯兰教,以便进入土耳其禁卫军军团,加入高级行政机构,或成为大维齐尔,以"一切尽托与人"的忠诚为苏丹服务。他们始终不掌握权力,构成了帝国的生力军。从 17 世纪开始,土耳其禁卫军获得了结婚和世袭权,成为一个保守的社会集团,敌视任何革新的行为。

巴巴罗萨海盗船为苏丹冷酷者塞利姆服务。这幅微缩画创作于 1510 年前后。

## 遭受攻击的帝国

没有从优选拔的高级官员已无法在艰难的经济环境下履行使命。跨大西洋贸易的发展破坏了帝国的繁荣,此外,波斯人在东部的进攻、一些省份的分裂主义倾向、哈布斯堡家族在多瑙河地区定居的企图,以及彼得大帝的俄罗斯的崛起,都对奥斯曼帝国构成了威胁,使帝国的野心不断被削弱。

## 弑亲继承法

只有苏丹所有的兄弟死亡,才能避免爆发继承战争。17 世纪,他们被禁锢在托普卡帕宫中,在那里无所事事,过着行尸走肉般的生活。那些最终将成为苏丹的人,对帝国的现实一无所知,沦为那些成为主宰的禁卫军或大维齐尔的阴谋的牺牲品。

## 奥斯曼糕点

1683 年 9 月,为了庆祝维也纳战胜土耳其,奥地利首都的糕点师把糕点做成了奥斯曼帝国旗帜上象征伊斯兰教的新月的形状。

## 科普鲁律

这个家族在 1656 年至 1683 年几度出任大维齐尔,整肃了无能的士兵,重新平衡了国家预算,通过征服克里特岛、波多利亚和乌克兰促进了帝国的扩张,并与伦敦和巴黎发展了外交关系。

151

# 亚洲和非洲的伟大帝国

## 刚果之王

国王是根据能力和魄力从王室内部选拔出来的，而王室被认为是王国昌盛的保证。1491 年，刚果之王也饶有兴致地欢迎第一个抵达的基督教传教会带来的洗礼之水，这是一种永生的承诺。然而，这个王国后来落入葡萄牙人的手中，并随着 1518 年贸易的开始而没落。

## 刚果王国

1483 年，葡萄牙航海家迪奥戈·康在到达刚果河口时发现了这个广袤的赤道非洲国家。刚果王国可能建立于 14 世纪，也有学说认为其建立于 5 世纪至 6 世纪。刚果王国以农村活动、冶金业和重要的木制艺术品生产为主，如象征祖先的面具和雕像，以及其著名的头枕。

这个 16 世纪制作的欧洲浮雕侧面像，也许是皈依天主教的刚果国王阿方索一世，他将自己的王国变为葡萄牙的保护国。

## 最长的统治期

穆莱·伊斯梅尔是与太阳王同时代的阿拉维王朝的君主，也是穆斯林历史上统治时间最长的纪录保持者：从 1672 年到 1727 年的 55 年里，他将自己的权力扩张到了摩洛哥，并从首都梅克内斯开始，稳定了与奥斯曼帝国阿尔及利亚的边界，曼苏尔门至今仍见证着当时的繁荣。

## 摩洛哥的鼎盛时期

自 1511 年开始，到 1659 年王国覆灭，萨阿德王朝接替定居大西洋沿岸的葡萄牙人，控制了经非洲南部通往印度的海上贸易路线，并抵制土耳其人，使摩洛哥成为马格里布唯一不依赖伊斯坦布尔的地区。经过数次继承战争，1664 年，阿拉维王朝成立，并继续萨阿德王朝的使命。

## 伊朗的萨菲王朝

7 世纪被阿拉伯人征服后，伊朗成为伊斯兰国家，并诞生了阿拉伯－伊朗文化。1501 年，萨菲人伊斯玛仪一世获得了沙阿（国王）的称号，以什叶派教义统一了西部的土耳其各部落，成功地控制了伊朗，由王朝和什叶派领导国家。

## 阿巴斯一世大帝

1587 年，萨菲王朝创始人的孙子掌权，并从首都伊斯法罕开始，统治了各省总督和大贵族。作为一个中央集权国家的建设者，阿巴斯一世大帝把伊朗打造成了一个贸易大国，控制了波斯湾，特别是与欧洲保持着重要的贸易往来，尤其是丝绸贸易。

## 桑海帝国

桑海帝国建立于 1461 年，以通布图和杰内为思想和宗教中心。它的繁荣建立在农业的农奴制和金矿开采的基础上。1591 年，这座占据整个尼日尔河谷的商业中枢在汤迪比战役中被曼苏尔的摩洛哥打败。

世界重组

## 1526 年 4 月 21 日

3 个世纪前，由阿富汗人穆罕默德·古尔建立的德里苏丹国在帕尼帕特战役中一败涂地，标志着莫卧儿帝国在印度的出现。获胜者巴布尔是一个突厥化的蒙古人。这位帖木儿的遥远后裔自诩为成吉思汗的后代，以自己的名字建立了一个新王朝，接受波斯文明的哺育，以致波斯语成了王室和行政部门的语言。

## 伟大的莫卧儿

从 1556 年起，阿克巴在除德干高原部分地区和次大陆南部以外的印度半岛上，确立了莫卧儿对领土和行政的统治。他还开创了对印度教徒的宽容政策。他的继任者贾汗吉尔、沙·贾汗（下令修筑了泰姬陵）和奥朗则布继续他的政策，没有反对宗教不宽容，却使国家日益受到欧洲商人的影响。

## 从明到清

尽管 1572 年即位的万历皇帝声名显赫，内乱却削弱了明朝的实力。1644 年，明朝的末代皇帝自杀后，新的王朝以清为名。清朝于 1681 年平息南方叛乱，1683 年收复台湾。

## 日本锁国

在一个服从、统一又繁荣昌盛的日本，统治者害怕任何可能威胁其权威的东西：基督教不受欢迎；葡萄牙人和西班牙人被驱逐，对外贸易受到限制；1633 年日本颁布锁国令。当时日本人唯一能接触到的外国人，是聚居长崎的中国商人和居住在出岛并受监视的荷兰人。

莫卧儿王朝最伟大的皇帝阿克巴，在 1556 年—1605 年统治着这个帝国。在这幅约 1590 年的微缩画上，阿克巴正在接见波斯沙阿的大使。

## 江户时代

日本的这一时代由 1600 年前后建立幕府的德川家族统治。德川家族以江户（东京）为首都，很快就成功实现了权力的世袭。幕府将军直接控制四分之一的领土，并在封建等级制度的框架内将其对其余领土的权力下放给大名。为了保持竞争和防止盘踞，大名经常被调动，以免他们生出异心。

153

# 英国革命

## 继承童贞女王之位

1603 年，伊丽莎白一世去世，英国王位重新回到苏格兰国王的手上，他就是詹姆士一世。他对大陆上的改革派态度冷淡，希望向天主教的法国和西班牙靠拢，依恋王室特权，这一切都使人感到不满。他的儿子查理一世将为其接手的专制主义政策付出代价。

## "长期暴政"

这个表达指的是从 1629 年起，查理一世解散议会后单独执政的 17 年。此前议会试图向他提出权利请愿书，规定未经议会同意不得征税，禁止任意监禁。

## 君主制度的最后一搏

1642 年至 1647 年，第一次内战发生，交战双方是议会的支持者"圆颅党"（因为他们不戴假发）和国王（准备从北方重新征服）。"圆颅党"占据了伦敦和王国最富庶的城市，国王则准备率领忠诚的骑兵反攻。国会议员、清教徒奥利弗·克伦威尔组建了一支由虔诚而勇敢的人组成的私人民兵"铁骑军"，他重组的议会军队取得了胜利，导致查理一世被捕。

## 清教徒

坎特伯雷大主教在一个特殊法庭——星室法庭[32]——的协助下，追捕查理一世政策的主要反对者，后者因此四分五裂。虽然他们都要求回归原始教会的价值观，但长老会希望在裁决教义和道德的全国教务会议的权威下，实行更严格的加尔文主义。独立派则主张各个群体自我管理，实行有利于宗教仪式的相对宽容政策。

## 从共和国到独裁

随着上议院被废除，议会被肃清，由 41 人组成的国家议会在奥利弗·克伦威尔的领导下做出重要决定。1653 年 4 月 20 日，克伦威尔通过政变，成为英格兰、苏格兰和爱尔兰共和国的护国公，这位无冕之王使清教徒修会获胜。

## 国王之死

1647 年，国王查理一世在苏格兰人的支持下逃跑，这导致克伦威尔的军队发动了第二次内战。克伦威尔于 1648 年 9 月进入爱丁堡，11 月绑架国王，12 月占领伦敦，肃清议会。他把国王带到一个特别法庭传讯，1649 年年初，法庭判处国王斩首。

1653 年 4 月 20 日，奥利弗·克伦威尔发动政变，成为"护国公"，带领清教徒取得了胜利。

## 执政中的克伦威尔

奥利弗·克伦威尔粉碎了爱尔兰天主教徒的起义，并亲近马扎然，与西班牙作战。1658 年，他从西班牙手中夺回了敦刻尔克。他希望加强英格兰的商业活力，因此成功破坏了使联合省发家致富的过境贸易，并鼓励自 1290 年以来被驱逐出去的犹太群体返回英格兰。

世界重组

在第一次英国革命中上台的清教徒对贵族实行镇压政策（亨利·格林多尼画，18世纪）。

## 奥利弗、理查、查理和其他

1658年9月，克伦威尔去世后，根据他的意愿，他的儿子理查被指定为继承人。因为理查放弃权力，英格兰在等待一个领袖。1660年，在荷兰流亡的查理一世的儿子查理二世接受了议会的请求。1694年，议会通过了《三年法案》，规定英国不能超过三年不召开议会。

## 人身保护法

1678年，英国议会通过了《人身保护法》。这一法案的名字源于"habeas corpus ad subjiciendum"，意为"你可以亲身出庭（接受法官审讯）"。它保证被拘留者有权直接到庭，受法官审讯，由法官说明拘留的理由并裁定其合法性。在1215年无地王约翰签署的《大宪章》中，它建立了个人自由，反对专制武断。

## 直接表达

君主制的垮台导致1647年到1649年间出现了各种诉求运动，这些运动都被克伦威尔镇压。其中，"平等派"不信任克伦威尔，要求工人阶级进入议会，开始真正的变革。"掘土派"分为多股潮流，他们主张分地。

## 辉格党和托利党

第一批政党诞生于国王与议会之间持续不断的对抗中。辉格党是自由派，拥护议会，敌视天主教徒约克公爵，后者是查理二世的弟弟，也是王室唯一的继承人；托利党是保守派，赞成王室特权和自然继承。

## 光荣革命

1688年，查理二世去世后，光荣革命将一位新教君主送上英国王位，取代先王的天主教徒兄弟。不流血的光荣革命导致了1689年2月13日《权利法案》的出台。该法案通过限制君主特权，将最高地位交还王国的精英们，由他们掌握年度预算的表决权，从而维持了君主制原则。

自1689年推翻詹姆士二世[33]以来，《权利法案》就将英国王位交予奥兰治–拿骚的威廉三世。他的统治标志着斯图亚特家族的个人权力向受议会控制的汉诺威家族的过渡。

## 《王位继承法》

此法于1701年6月由议会通过，旨在确保在查理二世的新教徒继承人死亡且没有子女的情况下，新教徒继承英国王位。1714年，正是凭借这一法案，汉诺威王朝因詹姆士一世的外孙女索菲亚嫁给了汉诺威的一位王子，继承了斯图亚特王朝。

155

1700年　　　　　　　　　　　　　　　　　　　　　　　　　　　1802年

# 革命时代

"我们需要的是勇敢、勇敢、再勇敢。"1792 年 7 月 2 日，丹东在议会主席台上发表的这席话，对面临外国军队威胁的、革命中的法国而言，是一场应时的激励，如今看来更是整个世纪的指导思想。

## 思想革命

在年轻人可能因为唱了一首亵渎宗教的小调，或是站在距经过的宗教游行队伍 25 步远的地方没有脱帽，就会被以可疑的罪名拷打并判处死刑的时代，毫无疑问，人们需要勇气来与蒙昧、偏见和权威斗争。拉巴尔骑士事件，以及卡拉斯或西尔旺事件[34]（仅举几个最著名的例子），都说明了思想启蒙对当时社会的重要性，这一热潮使理性、怀疑和批判性思维被视为不可触犯的参照。当女性敢于走出此前其地位强加于她们的保护圈，自称是启蒙运动的保护者或哲学思想的传递者的时候，思想革命结合科学进步和长期探索的发展，正在推倒可能的边界，并为个人和集体的成就提供条件，而本世纪即使面对艰难的现实，也会继续相信这一点。

## 中断和延续

有光就有影子。那些被人们期望的开明君主有效领导了他们国家的现代化，其中不乏机会主义、轻率冒失给臣民带来的痛苦。18 世纪是中央集权和控制监视的时代，当时正在形成的帝国，无论是达荷美王国、玛丽亚－特蕾莎的奥地利，还是彼得大帝、后来叶卡捷琳娜二世的俄国，这些强国，由于君主的胆识而得到公认，如腓特烈二世的普鲁士，都带有实用主义的特点，认为利益高于人民的幸福，往往把哲学原则发配到了底层。启蒙时代为奴隶贩卖的过度发展提供了框架，贩卖奴隶既是人类的灾难，也是一个发展已经完全停止的大陆的灾难；欧洲列强在大陆上掀起战争，将战争输出到了当时正在形成的所有殖民地；大陆见证了古代世界的衰落，尤其是因墨守成规而落败的庄严朴特，以及它们偶尔的复兴，如暹罗和越南。古代世界在中断和延续之间繁荣兴盛。

## 民族革命

不过，对于有些人，掌握自己命运的时候到了。踏上独立冒险之旅来到美洲的移住民知道，他们是为终结一个世界而奋斗，就像 1789 年的革命者们打算结束一个过于陈旧的政体一样。但他们是否意识到建设新世界代表了对抗？在这一探索过程中，长路漫漫，遍布陷阱，新政体及其人民摸索试错，饱尝了苦涩的经历。毫无疑问，这些挑战还将需要勇气。

18 世纪是哲学家的世纪，是理性的世纪，哲学家们总是把理性放在第一位。在这个世纪，达朗贝尔、伏尔泰、狄德罗、孔多塞等人彻底改变了世界。图为让·于贝尔的布面油画（1772 年—1773 年前后）。

# 启蒙精神

## 多元的启蒙

不论是意大利语的 illuminismo、西班牙语的 ilustracion、还是英语的 enlightment、德语的 aufklärung，所有这些表示"启蒙主义"的词语都采用了法语的暗喻，来指代在所有的精神活动中与无知、偏见和迷信的黑暗进行的斗争。

18世纪初，法国的批判以反教权主义为特征，德国的批判更多转向了对合理信仰的寻求，而英国则培育了一种实验思维。

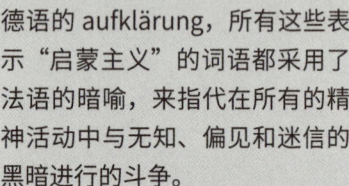

## 哲学家的统治时代

理性思考的哲学家将观察和经验放在首要位置，这使他们的判断变得审慎。理性法则构成了批判社会和宗教的基础，而从科学的不断进步中获得的知识则使人们从迷信中解放出来，获得幸福。

## 从自然神论到无神论

自然神论承认唯一神，同时却否认某一宗教的修行，而随着科学的进步，对生命起源、灵魂存在和物质敏感性感兴趣的唯物主义则拒绝接受神学对世界的阐释。提利·霍尔巴赫认为，自然界中的生命能量足以解释生命的起源。有了无神论的唯物主义，人类就摆脱了与上帝的关联，被视为专制工具的宗教也不再有存在的理由。

伏尔泰是一位自然宗教理论者（18世纪的铜版画）。

## 消灭败类

从17世纪60年代开始，伏尔泰都以"消灭败类"（ÉCRASEZ L'INFÂME）这一命令作为书信的结尾，鼓励和他通信的人与迷信、虚假的信仰和偏见斗争。由于不断地重复，伏尔泰最终将其简化为"ÉCR. L'INF."："我们要对狂热主义所导致的暴行永存畏惧之心。如果我们放任这只怪物，如果我们不再砍掉它的爪子，敲碎它的利齿，如果饱受迫害的理性沉默，我们将看到和过去几个世纪一样的恐怖：病菌将一直肆虐，如果你们不将其扑灭，它将笼罩整个大地。"（《狂热主义和党派精神的后果》）

## 自然宗教

在多种多样的仪式和表现形式之下，存在着一种宗教，它的原则可以被所有的信徒所接受，它的理性使信徒拒绝似乎与他们的理解力相悖的东西。这就是为什么对上帝的祈祷在伏尔泰的《论宽容》中不是对个人的上帝祈祷，而是对"芸芸众生、大千世界和古往今来的神"的祈祷。

158

革命时代

## 文人和学者的共和国

他们是那些在启蒙精神中认识自己的人,有一种归属感,这是一种通过在学院——一个遍布欧洲各首都的密集的、同质的网络——中工作时的社交活动来维持的归属感。他们确保了知识的传播和思想的交流超越宗教或政治边界。

## 《百科全书》的冒险

这本谈论艺术与科学的词典的第一卷出版于1751年。在狄德罗和达朗贝尔的领导下,这部普及和斗争的作品不顾权力的禁止,宣传了启蒙运动的主题,把知识和新思想汇集在一个连贯的体系中,提供所有摆脱蒙昧主义的手段。

## 《论法的精神》

孟德斯鸠的这部作品区分了由人民或部分人民管理的基于道德的共和政府、由唯一一人根据既定法律掌控的基于荣誉的君主制政府,以及没有规则可言、基于恐惧的专制政府。他的结论是,法律对于确保政治自由是必要的。

## 共济会的世纪

自1717年总会在伦敦成立以来,共济会对推广启蒙运动宽容的价值观、公民和道德美德产生了巨大影响。大陆和殖民地上的共济会分会纷纷效仿。1735年,129家共济会支部在英国主办了"兄弟"(贵族、文人、商人)讨论;1740年,巴黎约有10家分会,外省约有15家,由于法国大东方会所的成立,这些分会统一起来,1789年法国大东方会所控制了600多家分会。

## 敏感的世纪

当启蒙运动的理性取得胜利时,18世纪下半叶将焦点放在了敏感上,它也被视为获得幸福的一种方法。语言成为个人灵魂的表达。这是《新爱洛伊丝》和《一个孤独漫步者的遐想》的时代,卢梭在这两部作品中描绘了感情的激荡,使个人的形象浮出水面。

## "只有恶人才会孤独"(狄德罗)

18世纪的咖啡馆(路易十五统治时期,巴黎的咖啡馆不少于600家)、俱乐部和沙龙将会话的艺术发挥到了极致。如果人们相距很远呢?通过书信,远距离的对话得以继续(伏尔泰写了两万多封信)。在这个社交世纪,哲学家们坚信,进步和新思想注定要通过讨论和辩论一步步传播开来。

哲学家让－雅克·卢梭痴迷于草药,这是与自然的新的亲近的象征(18世纪的绘画)。

## 社会契约论

当人们从自由使用其权利的自然状态过渡到集体生活时,他们在此基础上签订了契约,将自己的安全交予一位君主(霍布斯),交予一个负责执行自然权利原则的行政机关(洛克),抑或交予一个由普遍意志担保的集体(卢梭)。契约学说可能各不相同,但都把政治权力的根基与个人相系,而不再是神。

# 不同的政府

## 你的姓名是什么？

1707年以前，英国一直被称为英格兰，直到《联合法案》将苏格兰王国加入进来，形成大不列颠，1800年吞并爱尔兰后，变成了联合王国。

## 国王已死，国王万岁！

在位54年后，路易十四于1715年9月1日去世。他的寿命超过了所有可能在他之后执政的王室成员。他的曾孙，一个5岁的孩子，继承了他的王位。在路易十五未成年时，由奥尔良公爵腓力（路易十四的一个侄子）行使大权。

## 国王与议会

1689年，英国建立的君主立宪制让议会地位优越。1714年，登上英国王位的汉诺威君主对英国的语言和政治文化知之甚少，这使内阁议会的议长变得特别重要。内阁议会会集了一些显要人物，掌握行政权力。

## 多元会议制

摄政王腓力就任后建立的这一议会制度，意在将贵族与法国政府联系起来。腓力召开了八次会议，同时恢复了议会向国王谏诤的权利，但时间很短。18世纪20年代，法国的财政危机使法国回到了路易十四时期盛行的"大臣专制"，当时只有少数几个大臣掌管王国的事务。

## 帝国议会

帝国议会在雷根斯堡召开，它并无权力，在争端面前也无能为力。神圣罗马帝国所有邦国的代表会聚一处，以9人选举团为首，系统性地任命奥地利皇帝，后者对德国的所有君主行使理论上的君权。

## 俄罗斯的专制制度

俄国的这一制度使一个人拥有绝对权力，而不受任何宪法条文的约束。直到1797年，沙皇保罗一世才确定了男性长子继承制。彼得大帝设立的元老院有9名成员，后来增加到20名成员，负责外交和国内政策、行政和司法。实际上，从1722年开始，元老院就受沙皇的监督。后者对所有的决定拥有控制权和否决权。

## 德国的邦国

除了皇帝赠予的大领主的土地，德国还有52个自由城市，主要位于威斯特伐利亚和士瓦本，以及包括科隆、美因茨、特里尔选区和萨尔茨堡大主教区在内的教会公国，还有一批世俗邦国，其中最重要的是普鲁士、萨克森、汉诺威、普法尔茨和巴伐利亚。

彼得一世，1682年—1725年俄国的沙皇，试图粗暴地通过政令，一蹴而就地使俄国进入现代化，并与西欧接轨（纳蒂埃绘，1717年）。

# 革命时代

## 什么是开明专制？

这个被总结发明出来的表达，指的是欧洲君主施行的一整套改革。在哲学家的影响下，这些改革侧重于公共利益，关注行政和司法的现代化，包含限制教会权力和保障信仰自由的措施。

## 从阴影到光明

施特林泽伯爵成为丹麦和挪威王后卡罗琳·玛蒂尔达的情人，他是国王克里斯蒂安七世的私人医生，后者的心智有些障碍。1770年，他使首相失势，废除大臣议会，并在1774年成为大权在握的私人内阁大臣。这位宠臣是启蒙运动的支持者，使哲学原则取得胜利，在司法改革、行政改革、节约预算、减轻农民负担等方面受到欢迎。

## 十三州同盟

瑞士原属神圣罗马帝国管辖，1648年获得独立，与法国结盟。它的十三个州——其中最著名的是日内瓦州，卢梭是该州的公民——通过特殊的契约联系在一起，却在不断地进行着内部战争。大革命期间，法国占领了瑞士，为刚建立的赫尔维蒂共和国奠定了改革基础。

## 像哲学家一样思考，像王一样行动

权力行使的现实情况，标志着一些"开明"君主的言行不一。腓特烈二世主张治理国家需欺骗人民；叶卡捷琳娜二世虽与伏尔泰、达朗贝尔和狄德罗通信，但作家拉季舍夫因大胆地在《从圣彼得堡到莫斯科旅行记》（1790年）中描述农民并要求进行一些改革，而被其先判处死刑，之后被改为驱逐出境。

## 权力下放

从18世纪开始，葡萄牙就一直处于英国的经济和政治统治之下。英国觊觎巴西的木材开采。18世纪上半叶，若昂五世的君主政体受到教会的影响，日趋衰弱。从1750年起，新国王若泽一世将权力委托给彭巴尔侯爵，后者开启了一项由启蒙运动启发的积极政策，以摆脱教会和英国的控制。然而，1771年，当国王去世后，他的所有改革都受到了质疑。

1755年至1777年，彭巴尔侯爵统治葡萄牙。在启蒙哲学的指导下，他制定了开放政策。范·洛和韦尔内绘。

## 一项永久恢复欧洲和平的方案

这是在西班牙继承战争后，圣皮埃尔修道院院长于1713年出版的一部著作的标题。在书中，他为欧洲24个主要国家合并的主张辩护，认为这是解决欧洲大陆两个世纪以来持续不断的战争的补救办法。他提出建立由审议元老院和共同军队组成的立宪制度，这样的主权仲裁将保证永久的和平。

161

# 战争与结盟的欧洲

## 一项缺乏真诚的协约

法、英两国的永恒对抗持续了整个世纪。英国非常活跃的贸易很难容忍法国自柯尔贝尔以来的保护主义。此外，西班牙和荷兰的衰落让两个强国两相对峙。为了维持欧洲的平衡，英国在欧洲大陆爆发的每一场战争中，都会煽动联军反对法国。

## 外国势力控制下的意大利

美第奇家族曾经统治意大利。因灾难性的财政危机而虚弱的罗马教廷不得不服从天主教修道院的要求。至于威尼斯共和国，则因政治制度陈旧，不再干预意大利的事务。

## 家族契约

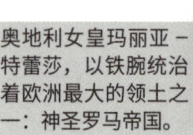

西班牙王位继承战结束后，波旁家族的成员登上了西班牙的王位。在 17 世纪与法国打得不可开交之后，伊比利亚半岛凭借着王朝利害关系一致和共同敌人英国的存在，成为法国最好的盟友。

## 国事诏书

查理六世希望确保王位在其家族中延续，在奥地利签署了这份敕令。这一国事诏书回归当时通行的男性血统继承原则，并且规定，在皇帝去世后，如果没有儿子，皇位将属于他的一个女儿。幸好他签署了这份诏书。查理六世死时，他唯一的儿子也已去世，但帝国仍可以留在哈布斯堡家族，留在他的女儿玛丽亚－特蕾莎的手中。

## 联合省的衰落

从 1740 年开始，随着海上贸易被削弱、内部分裂，以及遵从英国领导的政策，联合省确实在衰落。然而，荷兰的贸易在波罗的海地区仍然很重要，阿姆斯特丹和鹿特丹维持着极大的活力。直到世纪之交，阿姆斯特丹仍然是欧洲主要的金融中心之一。然而，随着 1748 年《亚琛和约》的签订，荷兰失去了大国的地位，尽管路易十五和路易十六曾试图争取它的中立地位。

奥地利女皇玛丽亚－特蕾莎，以铁腕统治着欧洲最大的领土之一：神圣罗马帝国。

# 革命时代

## 连环王位继承战争

几乎所有欧洲国家都参与其中，他们或重塑或确定了领土的轮廓，或建立或摧毁主权，最重要的是，重新界定了欧洲和世界各地的势力范围。1713年—1714年，西班牙继承战争的结果是路易十四的孙子腓力五世以放弃奥地利王位为代价成为西班牙国王。1733年，同时统治波兰的萨克森选帝侯去世，引发了波兰继承战争。1740年，尽管国事诏书已有规定，玛丽亚－特蕾莎关于奥地利皇位的继承权依然受到质疑，奥地利继承战争被引爆。

## 被欧洲各国觊觎的波兰

这块欧洲最广阔的领土之一引起了欧洲列强的垂涎。在国王斯坦尼斯瓦夫·波尼亚托夫斯基开始改革宪法以便更好地治理国家时，对于"强大的波兰"这一构想，敌意满满的腓特烈二世推动叶卡捷琳娜二世采取行动。1768年，波兰成为俄国的保护国。腓特烈随后以保证波兰的制度为借口，要求由普鲁士、俄国和奥地利瓜分波兰的领土，使波兰失去了400万居民，以及所有与波罗的海的直接联系。

1772年，波兰被俄国女皇叶卡捷琳娜大帝、斯坦尼斯瓦夫二世、奥地利的约瑟夫二世和普鲁士的腓特烈瓜分。

## 朋友之间的小型交易

1739年，以领土交换政策为基础的灵活外交使波兰的继承权得到了细致的解决：先王的儿子萨克森选帝侯登上波兰王位；洛林在被路易十五的岳父斯坦尼斯瓦夫一世占有30年后，为奥地利的玛丽亚－特蕾莎的丈夫所有，他预备在斯坦尼斯瓦夫死后将洛林归还法国。作为对这份礼物的补偿，奥地利将在美第奇最后一位代位继承人去世后得到托斯卡纳，而西班牙腓力五世的儿子唐·卡洛斯将统治那不勒斯和西西里。

## 不睦女神的苹果——西里西亚

奥地利的领土西里西亚人口众多，殷实富足。如果得到这块土地，普鲁士就可以通过与勃兰登堡联姻来巩固自己的领土。奥地利继承战争为腓特烈二世提供了吞并的机会，1748年的《亚琛和约》认可了他的这一行为，但前提是普鲁士承认国事诏书。10年后，由于没有放弃西里西亚，奥地利开始了七年战争。

## 七年战争

《亚琛和约》未能解决对立，尤其是法、英两国之间的对峙。在失望中，七年战争爆发了。这场战争的特点是联盟发生了惊人的逆转，普鲁士与英国结盟（1756年签订《威斯敏斯特条约》），而法国则忘记了对奥地利的传统敌视政策，以奥地利为中心联合其他欧洲国家。然而，战役无常，这个联盟尽管在数量上占优势，但还是在1763年被打败了，七年战争提升了普鲁士的威望，加强了英国在殖民地和海上的优势。

# 争夺殖民地

## 东印度的欧洲地理

葡萄牙人只保留了前帝国远离大市场（澳门、加奥）的一小片地区。他们在印度尼西亚被垄断香料销售的荷兰人赶走。自美洲来的西班牙人征服了菲律宾，这个从属于他们的地方几乎没有开发任何商业活动，而是成为基督教化的一个中心，其标志是马尼拉的总主教府。印度大陆沿海地区物产丰富，海上贸易畅通，长期以来，英、法两国的殖民者较为分散，定居地只限于东部和西部沿海的几个商行。

### 马埃

在法国人控制中的马埃城位于马拉巴尔海岸，是胡椒贸易的出口。当时转售胡椒的利润可达300%。

## 贸易公司的统治

诞生于17世纪（也曾在18世纪重组）的东印度公司、荷兰东印度公司和法属东印度公司拥有贸易垄断权和王权（行政、司法、税收、货币、军队、缔结和约及发动战争的权利）。但这些公司经常发生冲突。它们所开发的领土最终留给了宗主国。

一艘荷兰东印度公司的船抵达日本长崎海岸，那里设有一个贸易商行。

## 法国人在印度

东印度公司的法国总督约瑟夫·弗朗索瓦·杜普雷是第一个考虑在印度进行大规模殖民统治的人。他打破了前任官员秉持的和平主义，凭借自己对印度语言和风俗的了解，着手推行干预政策，在1750年控制了几乎整个德干，这让英国人非常不满。

## 广州

这是欧洲人进入中国的唯一口岸。港口迎来的船只越来越多，从1715年的一年6艘增至大革命前夕的60艘。从1720年开始，80%的船只装载茶叶，茶叶进口量从900吨增加到1789年的14000吨。除法国船只外，丝绸很少占到货值的10%以上。瓷器是压舱物。

## 在美洲和亚洲之间的欧洲

欧洲人在美洲建立了独特的经济体系，而亚洲在他们到来时便已是一个围绕贸易网络的高度组织化的大陆，在海关和港口的主人，即君主的授权下，由印度教徒、袄教徒、亚美尼亚人和犹太人等代理人负责。欧洲人从美洲大陆带回外汇，投资于印度和中国的贸易，以便获得当地的产品并在欧洲转售。

## 欧洲活动中的印第安人部落

为了维持自治,易洛魁人试图利用欧洲人之间的矛盾,结果与法国人展开了无休止的游击战。法国人则通过建立以毛皮换火器的贸易联盟,并在传教士的影响下动员了五大湖地区的印第安人。在南方,英国人得到了定居在阿巴拉契亚山脉的印第安人的帮助,后者欢迎英国的捕猎者,学习他们的语言,并采用移住民的农业技术。

## 纳奇兹人

这个部落的统治者以太阳为名。纳奇兹人生活在密西西比河东南部,在 1716 年、1721 年和 1723 年的起义之前,一直与法国人相处融洽。在 400 名部落成员被卖到安的列斯群岛当奴隶后,纳奇兹人被驱赶到西边,并在 1729 年的又一次起义后被法国人屠杀殆尽。

## 新法兰西

这是哈德逊湾和五大湖地区周围广阔的处女地的名字。法国人在 17 世纪中叶开始在这里定居,然后进入密西西比地区冒险。1699 年路易斯安那州成立,1717 年新奥尔良成立。一些法国人将法兰西帝国的领土扩展到密西西比河以西,包围了哈德逊湾,在那里干涉沿着东海岸定居的英国人。

## 错失良机的百年

法国对远方的土地失去了兴趣,并随着欧洲人的每一次定居而失去了更多的东西。1713 年,路易十四将纽芬兰、阿卡迪亚和哈德逊湾割让给英国。印度公司的商人担心总督的扩张政策造成庞大的开支,于是在 1755 年采取策略,使法国人放弃了他们在印度所有的领土收益。七年战争的结果将证明法国在海上和殖民上的失败。

## 阿卡迪亚

法国人在北美洲的这一地区居住,他们对英国自 1713 年以来实行的监护管理并不十分赞成。当与七年战争有关的敌对行动冒头时,英国人担心阿卡迪亚人(Acadian)叛变,所以将他们从前线驱逐出去。他们中的一些人一路来到了路易斯安那州。留在那里的人建立了一个庞大的法语社区:卡津人("Acadian"一词在英语中的变形)。

## 巴黎和约

1763 年 2 月 10 日,七年战争结束后,法国放弃了加拿大、密西西比河和阿巴拉契亚山脉之间的所有土地,以及小安的列斯群岛中的一些岛屿:格林纳达、多巴哥、圣文森特和多米尼加。在非洲,法国割让了圣路易和塞内加尔河。在印度,法国承认英国在德干和卡纳蒂克海岸的保护领地。法国保留了圣皮埃尔岛和密克隆岛、在印度的五个商行(本地治里、亚南、加里加尔、马埃、金德讷格尔)、塞内加尔的奴隶贸易中心戈雷岛和圣多明各,并非常满意地收回了苏克雷、马提尼克岛和瓜德罗普岛。

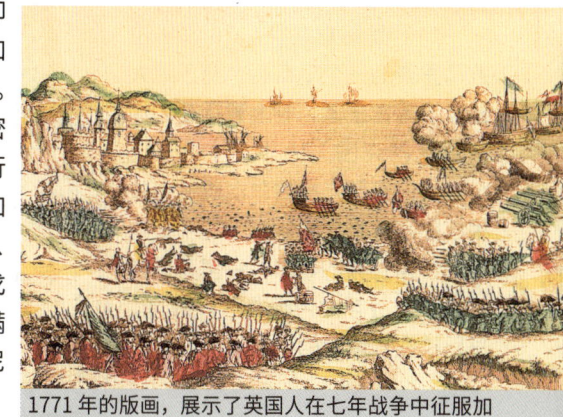

1771 年的版画,展示了英国人在七年战争中征服加拿大的场景。

# 非洲与奴隶贸易

### 抵抗的摩洛哥

由于君主采取的谨慎政策,摩洛哥成功摆脱了奥斯曼帝国的征服企图和欧洲的威胁。18 世纪初,葡萄牙人在摩洛哥只有一个港口据点,那就是马扎甘,而西班牙人却拥有四个,其中包括如今仍为其所有的休达。

### 莫加多尔

1506 年,葡萄牙人建立了古城索维拉,1757 年上台的苏丹穆罕默德三世·伊本·阿卜杜勒扩大城市规模,并建造了一座注定成为欧洲在非洲贸易的桥头堡的港口。莫加多尔位于跨撒哈拉贸易路线的出口,鸵鸟毛、金粉和奴隶从廷巴克图沿航线运来这里。莫加多尔垄断了非洲大西洋沿岸 40% 的贸易。

### 鳄鱼人

他们是班巴拉人。1645 年击败马里最后一个皇帝后,班巴拉人建立了塞古王国,领土囊括塞内加尔和廷巴克图。18 世纪中叶,这个强大的王国与柏柏尔血统的游牧民族图阿雷格人对抗。在这个长期信仰伊斯兰教的等级社会里,酋长的选拔以战斗力为标准。1787 年,班巴拉在沙漠中的统治被终结。

### 在达恩的肚子上

这是 1625 年建立的达荷美王国名字的字面含义。口头传说讲述了一个叫达恩的酋长如何将自己的一部分财产托付给一个年轻人,后者逐渐控制了整个领地。他的老师因此说了下面这句话:"你很快就要在我的肚子上建房子了。"

### 贝宁王国的继承人

达荷美王国和奥约王国这两个强大的中央集权国家争夺领土和资源的控制权。扩张主义让达荷美变成了一个可以直达大西洋沿岸的地区强国,其繁荣建立在奴隶贸易的基础上,不过在经济和军事上逐渐取得优势的是奥约王国。19 世纪,两位伟大的国王盖佐和格莱莱延缓了王国的衰落。1894 年,达荷美王国成为法国的属地。

1830 年,尚未被法国控制的贝宁的一个村庄。

### 达尔富尔王国

15 世纪,柏柏尔人到来后建立了达尔富尔王国。1682 年,王国发展到了巅峰,当时的君主艾哈迈德·波克尔在全国推行伊斯兰教,并给该国带来了前所未有的安全。

# 革命时代

## 繁荣的阿散蒂王国

阿散蒂王国是达荷美的另一个邻国，拥有一支由8万人组成的正规军队，占总人口的五分之一，还有间谍和外交官。当权者居住在中心，即首都库马西（今加纳）。首都周边地区被统合、控制，边远地区则有较大的行政自主权。

## 处于人口贩卖中心的非洲

与欧洲人达成一致后，土著统治者首先送出罪犯，换取制成品（布料、火器、镜子、劣质珠宝），然后对邻近国家或部落发动突袭，以控制新领土。18世纪下半叶，贸易不再是三角贸易：运载奴隶的船几乎不再停靠欧洲海岸。

## 富塔贾隆

1715年，富拉尼人来到这片位于几内亚海岸上的约6万平方千米的高原。这些来自萨赫勒地区的穆斯林阿訇信奉严谨的伊斯兰教，很快就与在该地区定居多年的信仰万物有灵的雅伦卡人发生冲突。

## "这就是你在欧洲吃糖的代价"（伏尔泰）

18世纪，非洲在经历了可与欧洲媲美的前所未有的政治和经济发展后，正处于衰落期。超过2000万人（有些学者认为是1亿人）离开西非。除了人口结构失衡，留下来的人也因这一有利可图的贸易放弃了一些传统活动，而火器的使用则滋生了暴力，使不同民族之间的关系恶化。

## 一项没有陷入危机的事业

1000年，阿拉伯人和奥斯曼土耳其人的到来开启了人口贩卖活动，18世纪发展到顶峰的大西洋贸易改变了人口贩卖的规模。在1650年以前，这项罪恶的活动每年最多交易10000个俘虏，直到大型种植园突飞猛进的发展增加了需求。

## 惊慌失措的劳动力的旅程

奴隶们被铐着铁链，从大陆内部徒步走到海岸，可能要走上几个月，然后被交给船长。在一些地区，如达荷美，君主直接控制了代理人，垄断了与欧洲人的贸易。这些被烧红的铁烙上烙印的俘虏，有很多从未见过白人。他们被带到船上，塞在船舱里，尽管凭借所代表的市场价值，他们能够得到适量的食物，但在航海过程中，平均有20%的奴隶死于非命。

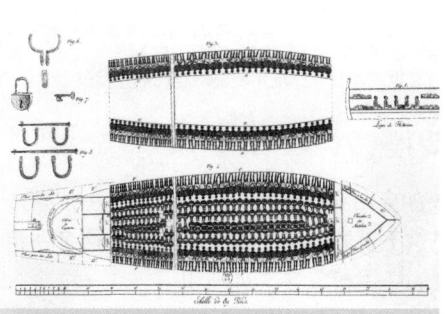

一艘贩卖黑奴的船的内部示意图（L. 德·拉斯特里创作的石版画，1860年前后）。

## 黑人法令

1685年，路易十四颁布了这一法令，以填补法律空白。60条条款规定了囚禁的条件和规则。奴隶没有法律行为能力，是"依附于文化的动产"，他们没有自己的财产，不能聚集，也不能携带武器。但是，主人有义务为奴隶提供食物，并注意限制他们的工作时长和惩罚力度。

167

# 远征

## 白令

这位先后为彼得大帝和叶卡捷琳娜二世服务的丹麦人探索了北西伯利亚的海岸,到达了阿拉斯加和阿留申群岛,然后发现了以他的名字命名的海峡,证明了美洲和亚洲并不相通。

## 地极

1736 年,两个法国人——莫佩尔蒂和拉孔达明,一个在拉普兰德,另一个在秘鲁,测量了当地的子午线 1 度弧,并与在巴黎测量的子午线 1 度弧做比较。结果表明:地球两极是扁平的,但要说服制图师们,还需要很长一段时间。

## 不知疲倦的探险家

詹姆斯·库克的功绩包括:对圣劳伦斯河和纽芬兰海岸的水文测量;1768 年至 1771 年与许多科学家一起探索南半球;发现新西兰,以及将南岛与北岛分开的海峡;1770 年以英国国王的名义攻占澳大利亚;三次穿越北极圈;发现夏威夷,将夏威夷命名为"三明治群岛",以纪念时任第一海军大臣[35]。

## 寻访南方大陆

麦哲伦认为他在与火地岛擦肩而过时看到了它的北端,根据麦哲伦的观察,地理学家们仍然认为他发现的是南方大陆。从 1750 年起,技术的进步使经度的测量成为可能,手表和天文钟越来越精确,水手们有了机动性强的船只,并能为包括测量员、科学家和绘图员在内的大量船员提供丰富的供给。

## 驶向历史的"布德斯号"

1766 年,布干维尔乘坐护卫舰离开布雷斯特,穿越麦哲伦海峡,在塔希提岛登陆,并以资助这次远征的国王路易十五的名义占有了该岛。

这次航行是历史上第十四次环球航行,却是法国人的第一次。它持续了三年,途中发现萨摩亚群岛和新赫布里底群岛。

在这幅布干维尔本人创作的画作中,在 1768 年前后,布干维尔和他的军官们从塔希提岛的居民那里接过了水果。

## 伊夫·德·凯尔盖朗受挫

1771 年,伊夫·德·凯尔盖朗受命寻找南方大陆,发现了一片寒冷荒凉的未知土地,无法探索。但这不重要。回到法国后,他描绘了一番那里的财富,得到了第二次远征的指挥权。这次远征和第一次一样令人失望。真相败露后,他被助手指控行为不端,1775 年被判入狱。出狱后,他开始追求梦想,但南方大陆的概念已不复存在。

革命时代

## 世界上最大的岛屿

早在詹姆斯·库克之前,荷兰人就发现了澳大利亚,同时还发现了新西兰和塔斯马尼亚。18世纪,这一世界第一大岛进入欧洲历史,不过并不是因为其植物种类丰富(詹姆斯·库克将悉尼海湾命名为"植物学湾"),而是它有成为监狱的可能性。

## 发现原住民

自1766年起,第一个发现塔希提岛的萨缪尔·瓦利斯就揭示了原住民的存在。他们热情好客,但也有暴力倾向。尽管布干维尔在1771年回国后,把这个岛描述得好像极乐天堂,但他同样记载了岛上的居民之间的血腥战争,岛上的不平等现象也非常明显,奴隶制盛行,还有人祭的习俗。库克和他的一些水手正是因此而付出了生命的代价。

1768年至1771年,詹姆斯在首次澳大利亚之行中绘制的地图。

## 善良野蛮人的神话

法国的作家抓住土著的形象,将其转化为智慧的典范和自然道德的化身。自美洲的第一次探险以来,善良的野蛮人的形象已经成为自然状态的化身,在文明之前,自然道德占主导地位。因其投向世界的陌生目光,"善良的野蛮人"被用于谴责欧洲人的言行之矛盾。

## 为了科学

拉佩鲁兹是第一个只追求无私目标的航海家。他出于对人民的权利的尊重,拒绝占有所发现的土地,只打算进行科学观察。受路易十六的委托,从1785年开始,他乘坐"罗盘号"和"星盘号"进行了一次科考活动。这两艘船把他带到了日本、朝鲜和库页岛的沿海地区,使他对东西伯利亚的海岸线有了很好的了解。在那里,他让翻译下船,好把他的发现报告给国王。1826年,一场海难使他无法继续调查。

拉佩鲁兹及其船员在复活节岛上岸,并研究岛上的摩艾石像(雕刻,瓦尼公爵绘,1787年)。

# 现代性抉择关口上的俄国

## 彼得大帝的事业

在重铸货币、课征新税后，彼得大帝依赖外国技师来振兴俄国的冶金业和采矿业，特别是通过发展军备工业，使俄国军队成为大陆上影响力最大的军队之一。他赌赢了。1725 年，沙俄帝国生产了 1.1 万吨铸铁，其中 9000 吨来自国有工厂，俄国战胜了对手——瑞典的军队。

## 分裂派

分裂派指的是"旧信徒派"，他们想保持俄罗斯式的信仰和习惯。而在 1653 年，一次主教会议决定向希腊礼拜仪式看齐。1721 年，彼得大帝禁止他们进入城市，强迫他们缴纳双倍的税收，并穿上特殊的衣服。有的人离开了国家，有的人去了冻原，还有的人选择了"红色死亡"，用火烧毁整个村庄。在彼得大帝统治末期，1400 万人中仍有 100 万个旧信徒派。

## 强大的波雅尔

通过一系列改革，彼得大帝强迫这些贵族不再靠财产隐居在庄园，而是走入宫廷。1714 年颁布的法令规定，只有长子才能继承祖业，迫使非长子在国家或军队中服役。作为回报，波雅尔对其农奴有了更大的自主权，并在地方政府中拥有影响力。1722 年，《官秩表》对贵族进行分类，不再以出生为标准，而是以他们在国家中承担的职能为标准，头衔、荣誉和特权成为对其服务的奖励。

## 西化

为了让子民的外貌现代化，彼得大帝让他们剃掉胡子，禁止头发齐肩，把长袍缩短。他引入了新教的儒略历，迫使妇女离开泰雷姆——她们隐居的公寓。简言之，他为俄国提供了一种欧洲式的社会生活。

### 五花八门的税收

彼得大帝实施税收改革的途径令人难以理解。以宗教信仰为名拒绝剃须的公民要为他们的烟囱、浴池和胡须缴税！

## 圣彼得堡

1703 年，彼得大帝在涅瓦河口建立了一座堡垒——彼得保罗要塞，象征着波罗的海的开放。这片岛屿和沼泽组成的荒凉之地，由农民、工匠和建设者组成的大军改造，1712 年，圣彼得堡从一个旨在保护船厂的堡垒变为首都。两年后，贵族业主和富商们不得不按照建筑标准在此建造住宅，使这座城市变得气势恢宏。

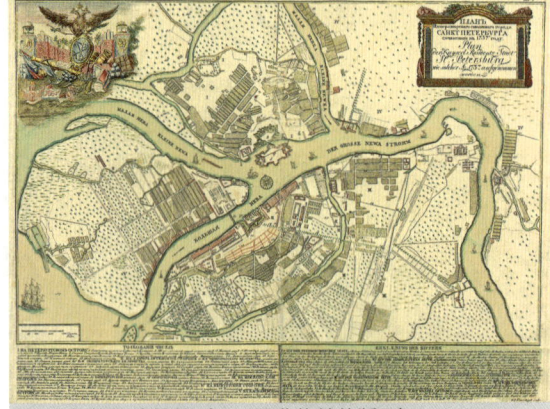

1737 年的圣彼得堡（G.J. 恩弗扎特的版画）。

# 革命时代

## 从瑞典帝国到沙俄帝国

从17世纪中叶开始,瑞典成为波罗的海一带的霸主。1698年12月16日,年仅16岁的国王卡尔十二世加冕。他的好战政策对邻国影响极大,尤其是波兰,他强行让斯坦尼斯瓦夫·莱什琴斯基成为波兰国王。1790年,瑞典的统治随着彼得大帝现代化的俄军抵达战场而结束。1719年和1721年,瑞典的领土被切割,俄国大为受益,得到了波罗的海各省和卡累利阿。

## 全俄国的女皇

叶卡捷琳娜二世其实是一位德国公主,她嫁给了伊丽莎白一世的侄子兼皇储。她以"叶卡捷琳娜"的名字接受了东正教信仰的洗礼,拉拢了众多对她丈夫彼得三世的政策不满的人。1762年6月,她在贵族的支持下成功发动政变。沙皇退位,不久后被刺杀。虽然她很乐于与哲学家往来(她与伏尔泰通信,并在他去世后买下了他的图书馆,还在圣彼得堡接见了狄德罗),但她首先是一个政治家。

叶卡捷琳娜大帝从1762年至1796年铁腕执政,继续彼得大帝的事业。她是一位开明君主,是哲学家的"朋友",也使俄国实现了现代化(费德尔·罗科托夫绘,1763年)。

## 沙俄传奇

波将金在1774年对土耳其的战争中表现突出。他成为女皇的宠臣,主导克里米亚依附俄国,通过鼓励移民、建设城镇和港口来推动克里米亚的发展。

## 帝国之大

叶卡捷琳娜的政策与彼得大帝的事业一脉相承,旨在扩大俄罗斯帝国的版图:1783年吞并了黑海之滨的克里米亚,随后建立了敖德萨港,损害了奥斯曼土耳其人的附庸——鞑靼人的利益;与普鲁士和奥地利瓜分波兰领土,导致波兰在1793年至1795年间亡国;吞并了西乌克兰、立陶宛和白俄罗斯。

## 农奴制度

叶卡捷琳娜二世关心的是如何建立一个有利于贵族的制度,使每个人都能在社会中占一席之地,但对占俄国人口9%的农民,她却什么事情都没做。有些人是自由的,甚至是富裕的,但农奴(半数以上的农民)却过着悲惨的生活。他们归主人即老爷所有,被租金和劳役压迫。

# 东方的动荡命运

## 古老的奥斯曼帝国

因控制地中海航线而崛起的奥斯曼帝国受到了跨大西洋贸易的冲击，还不得不面对广阔领土上的少数民族的反对（黎巴嫩的德鲁兹人、亚美尼亚人、阿尔巴尼亚的天主教徒、塞尔维亚人、保加利亚人），并处理埃及、叙利亚、伊朗，以及突尼斯政权的准自治问题，这会使奥斯曼失去最富饶的地区。在国内，土地开发不足；而军队方面，无论它曾经多么令人生畏，却早已止步不前，阻碍了所有的改革，甚至强行将候选人推向王位。在文化层面，"庄严朴特"不过是昔日残影，甚至拒绝使用印刷术。

## 冲突领域

自 1774 年签订《库楚克·凯纳吉条约》以来，俄国人可以在海峡自由通行，西方列强（法国、英国、奥地利）则担忧俄国会控制这一地区，并有可能侵犯他们的贸易自由。

## 什叶派改革

这场运动摆脱了国家的监控，在宗教阐释方面用个人判断取代了亦步亦趋的解读。它还以一种通俗的方式激情洋溢地上演了以卡尔巴拉悲剧为主题的演出。在卡尔巴拉悲剧中，被视为穆罕默德合法继承人的阿里的儿子殉难。

## 阿卜杜勒·哈米德一世能拯救帝国吗？

在 18 世纪陆续继位的奥斯曼苏丹中，阿卜杜勒·哈米德一世是为维护帝国统治而采取最多必要改革措施的人。从 1774 年到 1789 年，他推行军队现代化政策，改组海军，鼓励手工业，致力于弥补奥斯曼帝国文化上的落后。尽管异议重重，但他还是成功重新建立了国家对各省的权威，为一个衰落的帝国提供了一点如氧气般的生机。

1774 年前后的阿卜杜勒·哈米德一世（F. 托尼奥利绘，18 世纪）。

## 风暴中的波斯

这个在两个世纪以前由萨菲王朝建立的强大国家陷入困境。除了政权昏庸，波斯还遭遇了饥荒、瘟疫、地震，以及哥萨克人的进攻。侯赛因沙阿的统治更是带来了宗教问题。在此之前，波斯统治者一直奉行宽容政策，而沙阿在神学博士的影响下，开始打压所有不属于什叶派正统的人。

革命时代

## 波斯王位上的阿富汗人

面对波斯盛行的宗教不宽容，逊尼派人（今阿富汗地区）于1720年起义，并获得独立。1722年，经过7个月的围困，阿富汗军队攻占伊斯法罕，其首领马赫穆德·霍塔克成为波斯国王。阿富汗人对波斯的统治并没能维持多久：从1730年开始，萨菲王朝的拥护者、奥斯曼人和俄国人争夺波斯主权。1736年，纳迪尔沙夺取政权，建立了阿夫沙尔王朝。

## 波斯的混乱

纳迪尔沙的军事胜利使他从奥斯曼人手中重新夺回了波斯西部和北部，随后击败了阿富汗人，夺取坎大哈、喀布尔和白沙瓦。纳迪尔沙的大军一直行进至印度的莫卧儿帝国，攻占了拉合尔和德里。1740年，沙阿吞并了布哈拉在内的乌兹别克人的部分领土。然而，这位逊尼派统治者横征暴敛，独裁专横，于1747年被暗杀。他死后，国家陷入政治乱局。

## 孔雀宝座

这是位于德里御座大厅、在17世纪为沙·贾汗打造的莫卧儿王座的名字：两只展开羽翼的孔雀立在宝座后面，宝座上镶嵌着红宝石、蓝宝石、祖母绿等精美的宝石。纳迪尔沙的军队从莫卧儿统治者的手中夺走了王位，世界上最大的钻石"光明之山""光明之海"等宝藏也被洗劫。在纳迪尔沙被暗杀后的混乱局面中，孔雀宝座被毁。

## 如何成为波斯人？

我们要感谢安托万·加朗，他是法国驻伊斯坦布尔大使馆的秘书，后来成为路易十四的首席考古学家，他将阿勒颇的朋友给他的《一千零一夜》手稿翻译成了法语。第一卷于1704年面世，其他九卷陆续出版，到1717年全部完成。这部传奇故事在法国风靡一时，引起了读者极大的热情。在当时的文学作品中，波斯人成了传播启蒙思想的便利媒介。孟德斯鸠的《波斯人信札》中的主人公郁斯贝克和黎伽惊讶地看着世界，而伏尔泰笔下的查第格则弘扬了哲学家们的思想。

孟德斯鸠的《波斯人信札》中的插图：一位19世纪的风雅人士。

## 18世纪的阿拉伯

除了红海沿岸的领土，阿拉伯摆脱了奥斯曼帝国的统治。这片土地上的商人、农民和牧民在沙漠的保护下免受侵略，悄悄地繁荣起来，生产出了最好的咖啡，其价格在17世纪末至18世纪初增加了十倍。也门的摩卡是咖啡贸易的中心，但在与锡兰（今斯里兰卡）的竞争中日趋衰落。

# 亚洲，大国陷入危难

1740年左右，伊朗国王占领德里后，莫卧儿皇帝穆罕默德·沙和伊朗的纳迪尔沙（无名氏绘，1740年）。

## 新首都，曼谷

拉玛一世选择这个坐落于昭披耶河三角洲的小城作为首都。他令人在此地修建了大量佛教寺庙，并用旧都大城府的材料建造了公共建筑和城墙。这一象征性的胜利伴随着商业上的成功：除了王室行政人员和士兵，贵族、印度和中国的商人也在此定居，使曼谷成了公认的经济中心。

## 暹罗的复兴

在拉玛一世的领导下，暹罗王国重新变得强大，成为东南亚唯一免遭殖民的国家。它的力量源于拉玛一世的开明政府：能够与佛教徒建立良好的关系，召集王国内不同民族和不同宗教的顾问，实施灵活的贸易政策。在军事上，暹罗王国最终击退了缅甸，将权力扩张到老挝、柬埔寨和马来西亚的部分地区。

## 结局

旁遮普的锡克教徒获得了实际的自治权，马拉塔联盟在半岛各地进行突袭和海上劫掠，种种威胁下，莫卧儿帝国的统治并不稳固。1739年波斯皇帝纳迪尔沙洗劫德里后，莫卧儿帝国对总督只有名义上的权力，后者虽没有背叛，却表现得越来越独立。

## 总督

这些官员原本只是临时任命的地区长官或省长，后来得到了稳定职位，将大部分民权和军权拢在手中。

## 暹罗的历史

1758年，国王波隆摩阁去世，在经历了两个世纪的统一和繁荣后，暹罗不再安稳。先是被宿敌缅甸入侵，接着被贵族分割成几乎独立的公国，暹罗在被掠夺和被支配中苦不堪言。达城军政长官郑信战胜缅甸，试图重建国家权威，但他在贵族和佛教徒中不受欢迎，情况不利，权力落到了却克里将军的手中。1782年，却克里将军以拉玛一世之名迫使其他人宣布他为暹罗王国的君主。

革命时代

## 郑氏越南和阮氏越南

在越南历史上，南北文化分裂，权力两极分化，由两个对立的家族统治着。北方的郑氏建立了一个以稳定的行政管理和大量忠诚的军队为基础的政权；南方的阮氏家族人数较少，根基不深，但在征服了中南半岛南部，特别是湄公河三角洲之后，经济得到了发展。

## 嘉隆

这是打败郑氏的阮氏家族首领阮映的年号，他企图利用农民起义，夺取南方的领土。1788 年，他重新统一越南，确定最终边界。越南变为一个中央集权君主专制国家，农业多样，手工业蓬勃发展，矿业发达，一派繁荣景象。

## 基督教传教士的幸与不幸

皮诺·德·贝尔内主教是路易十四和阮映之间一项军事援助条约的策划者。为了换取法国炮兵对其重新执掌政权的支持，阮映将保罗·孔德雷岛[36]和土伦港[37]割让给法国人，并且许以商业利益。当时耶稣会传教士在中国有很强的影响力，但没有取得同样的成功：1771 年，基督教被判定为违反帝国法律，受到皇帝的谴责。

德川幕府的第八位将军德川吉宗，1684 年至 1751 年统治日本。他通常被认为是最善谋略的人（18 世纪的雕刻）。

## 江户幕府的日本

德川家康在 16 世纪夺取幕府，确立世袭制度，同时致力于恢复中央政权。它在 18 世纪的行动是以儒家思想为标志的，作为道德（禁止淫邪、节俭令）、政治（打击大名的出格行为），特别是金融改革的指南。大片土地被用于促进农业发展，以养活这几个岛上的 3000 万居民。尽管这些改革规模重大，农民的处境却难以改善，领主们也频频提出抗议。

175

# 女性的世纪？

## 强大的女性

奥地利的玛丽亚－特蕾莎、彼得大帝的女儿和叶卡捷琳娜二世成为老练精明的君主的化身，她们能够通过战争或外交手段树立威望，并进行现代化所需的改革。还有许多女性也参与其中，她们虽然不能影响配偶、儿子或情人的政策，却承担起了艺术、文学和科学的保护者的角色。

1775年乔芙兰夫人的沙龙。人们在这里讨论政治、文学和哲学（佚名画作，18世纪）。

## 一场女性主义革命？

《危险的关系》的作者肖代洛·德·拉克洛在文章《论女性教育》中提出："来了解一下，生来是男人伴侣的您是如何成为他的奴隶的……您要知道，只有通过伟大的革命才能摆脱奴隶的命运。这场革命可能吗？唯有您能作答，因为它取决于您的勇气。"

## 女性与沙龙

兰伯特夫人、缅因公爵夫人、唐森夫人、德芳夫人、德皮奈夫人、乔芙兰夫人、莱斯皮纳斯小姐，然后是内克夫人、孔多塞夫人、斯塔尔夫人发扬了上一世纪开始的沙龙传统。她们与最杰出的思想家交流来往，掌控了从学院到政府的一切，促进对话，激发创造，成为启蒙思想不可或缺的载体。

## 女性文学家

启蒙运动的女性是杰出的书简作家，她们在欧洲各地保持着相互通信的网络。十多年来，德皮奈夫人向她曾招待过的那不勒斯的经济学家加利亚尼寄去巴黎的政治和学术生活记录。伏尔泰在费奈与路易十五的宠儿、巴黎的沙龙女作家、腓特烈二世的姐妹（瑞典的路易莎·乌尔莉卡）和拜罗伊特的威廉明妮、萨克森－哥达公爵夫人、普鲁士巡回伯爵本廷克夫人，以及叶卡捷琳娜二世进行了交谈。

## 女性教育

1673年，普兰·德·拉巴尔在《两性平等》中指责法律和社会结构加剧了女性的天然劣势。教育，特别是修道院所提供的教育被摒弃。研究女性教育的专论如雨后春笋般连篇刊出。1762年，卢梭在《爱弥儿》一书中自问，对于一个首先致力于成为妻子和母亲角色的女人来说，教育的目的，难道不应该是给她提供成为男人忠实伴侣的方法吗？

革命时代

## 女性肖像

埃米莉·杜·沙特莱在父亲的悉心教育下，过着无忧无虑的贵族生活，全身心投入学习中。她能读懂西塞罗和教皇的文献，与伏尔泰共同生活了 15 年。她还是一位科学天才，研究莱布尼茨的理论，并将之普及。她把自己关在布莱斯河畔锡莱城堡进行科学实验，与当时最伟大的学者讨论这些实验。1749 年，43 岁的沙特莱第一个将牛顿的奠基性作品《自然哲学的数学原理》翻译成法语，同年过世。

身为数学家和女性文学家的沙特莱侯爵夫人是 18 世纪最具影响力的女性科学家之一。

## 女性小说

信、书信体小说和小说构成了女性写作的天然领域，以至于人们确信女性在感情描摹方面具有优势。她们在这方面取得的巨大成就，在今天看来也是意想不到的，很少有人能让自己的剧目得到法兰西喜剧院的认可。但对她们而言，通往哲学或历史的道路并不容易。正是在冷嘲热讽中，杜·波卡吉夫人翻译了弥尔顿的《失乐园》，在 1749 年又演出了一部悲剧《女骑士》，然后开始创作史诗《哥伦比亚》。

## 但是，她们在写作！

女性文学的传统往往具有贵族阶级的本质，很少有人以写作来保障自己的生活。但那些地位不高的人，却甘愿做多体裁作家：史料汇编、翻译、道德或儿童文学、小说。格拉菲尼夫人是外省的一个小贵族，丧夫，且身无分文，因小说《一个秘鲁女人的信》和戏剧《塞尼》的成功而红极一时，死后却留下了 42000 英镑的债务。

## 女性的地位

奥兰普·德古热在《女性和女公民权宣言》中写道："醒醒吧，女人，理性的警钟之声传遍整个世界，承认你的权利吧。强大的自然帝国不再被偏见、狂热、迷信和谎言所包围。真理之光已经驱散了一切愚昧和侵占的乌云。"

奥兰普·德古热被视为最早为自己的权利，包括为离婚权而斗争的女性之一。

## 介入社会生活的女性

1791 年，革命者、废奴主义者和女性作家奥兰普·德古热为立法议会起草了一份《女性和女公民权宣言》。她在宣言中强调，女性是被大革命遗忘的人。奥兰普·德古热积极活动，致力于取消宗教婚姻，代之以民事契约；实行离婚；承认非婚生子女；敌视有组织的革命屠杀。1793 年，她被送上断头台。她的最后一篇文章是《一个被迫害的爱国者》。

# 美国的诞生

## 印第安人和赋税

自 1763 年后，当英国人在向西部财富进军的道路上畅通无阻时，伦敦的一份公告保障了印第安人的土地自由，禁止向他们购买土地。由于王室向殖民地征税，以清理对法战争造成的烂摊子，人们的不满情绪日益高涨。宗主国不顾征税原则，在法律上不经移住民同意而征税，这遭到了移住民的谴责，他们声称有投票征税的权利。

## 英国最大的殖民地

1700 年，英国的殖民人口约为 25 万人。到了 1760 年，由于出生率高，死亡率下降，人口上升到了 169.5 万人。在北部，丰富的多元文化发展起来；南部首先建造了烟草和水稻种植园，后来发展了棉花种植，同时在诺福克和巴尔的摩发展了强大的造船业。

## 自由之子

这个协会聚集了反对英国税收政策的人，特别是在《印花税法》出台之后。该法律要求任何出版物都要支付印花税。自由之子这一组织在报纸上或现场开展象征性或者更加暴力的行动，谴责英国政策。

## 诞生于7月4日

1776 年 7 月 4 日，托马斯·杰斐逊应大陆会议要求，起草了《独立宣言》。这一宣言由殖民地的代表投票通过，并向世界公布。

## 波士顿倾茶事件

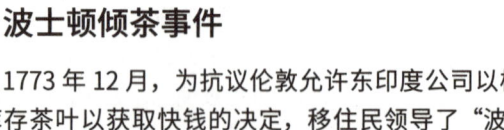

1773 年 12 月，为抗议伦敦允许东印度公司以极低价格在美国出售其库存茶叶以获取快钱的决定，移住民领导了"波士顿倾茶事件"。他们登上三艘装满茶叶的英国船，将茶叶倒在波士顿湾。波士顿港被封锁，英国人派兵进入。

## 约翰·亚当斯的梦想

1774 年，这位来自马萨诸塞州的美国律师呼吁建立一个代表所有移住民的机构，这是美国诞生的前兆。于是，国会成立了。自由之子协会和自 1772 年以来各殖民地之间的通讯委员会为会议提供了便利。1775 年，国会决定组建一支军队，由前民兵上校乔治·华盛顿指挥。

托马斯·杰斐逊、本杰明·富兰克林和约翰·亚当斯起草美国《独立宣言》（佚名，1776 年）。

革命时代

## 七年战争

英国军队面对的是得到欧洲各地的志愿军支持的美国人，特别是来自法国的志愿军。在法国，本杰明·富兰克林的影响力和对英国的永恒敌意都有利于舆论的发展。还有被法国拉入战场的西班牙的志愿军，以及波兰或德国的志愿军。1777年的萨拉托加战役、1780年的国王山战役、1781年10月的约克镇战役，数次胜利都成为向独立进军的标志，使英国承认美国的主权和独立。

## 团结使我们巍然屹立，分裂使我们轰然倒下

这句从战争一开始就存在的口号，在《独立宣言》中以"美利坚合众国"一词具象化。然而，在战争期间指挥军事行动的国会并不长期存在，13个殖民地即使不反对中央集权制，也十分注重地方特性，从而剥夺了政府的任何行使权力的途径。

## 国父们

1787年5月25日至9月27日，在乔治·华盛顿的主持下，七位代表在费城举行会议。他们负责起草一部既能行使中央权力，又能使人口较少的州和要求承认奴隶制的南方州放心的宪法。

乔治·华盛顿，独立战争时期的参谋长和美利坚合众国的第一任总统（朱塞佩·佩罗瓦尼绘，1796年）。

## 两党制的诞生

两党制起源于《宪法》，其条文在联邦与州的权限方面的解释可能相互矛盾。联邦党主张在金融领域扩大中央权力，统一贸易政策。由杰斐逊创立的民主共和党意欲保护各州不受中央集权的影响，保护人民不受州政府的影响。

## 基本原则

宪法原则的基础是平衡和严格分权。立法权掌握在国会手中，参议院由联邦各州代表组成，每个州派出两名代表；众议院由各州按人口比例选出的公民组成。行政权由选举产生的总统行使，总统任期四年。而最高法院由9名大法官组成，经国会提名后由总统任命，终身制，监督立法机构和行政部门，确保遵守宪法，并对州际争端进行裁决。

## 加拿大

独立战争结束后，25000名效忠美国的美洲移住民来到加拿大，壮大了讲英语的人的队伍，但牺牲了法裔加拿大人的利益。1791年6月，加拿大被分为两部分：一个以蒙特利尔和魁北克为中心，主要讲法语；另一个在五大湖周围，主要讲英语，只有4万居民，但以贸易为导向，很快富裕起来。亚历山大·麦肯齐和乔治·温哥华于1789年、1791年分别从陆地和海上对加拿大进行了探索。捕猎者将沿着他们的脚印，在西北地区建立繁荣的贸易站，出售皮毛。

179

# 法国大革命

## 危机四伏的旧制度

除了因援助美国革命者而加剧了王国灾难性的财政状况，社会各个阶层的不满情绪也在弥漫。路易十六和玛丽·安托瓦内特备受争议的性格也让这一情绪进一步蔓延。因租金不堪重负的农民，权力不复往日的资产阶级，因上级缺乏宗教使命感而感到厌恶的底层神职人员，每一个人都在以自己的方式诉说着一个制度的失败。

## 我在哪个等级徘徊

路易十六因财政问题召开法国三级会议，三级会议是代表议事机构，参加者被分为三个等级（神职人员、贵族和市民），要对君主提交的问题发表意见。贵族一上来就要求每个等级都有相同数量的代表，而第三等级占了法国总人口的90%。在它最终确定的654名代表中，没有一个属于手工业层，没有一个底层人物。

1789年，在法国三级会议期间聚集的三个等级（佚名版画）。

## 从回头到向前的飞跃

多年来，贵族和国会议员一直阻止法律落实，征收赋税。这次的投石党运动得到了民众的支持，直到1789年，贵族的反动意图才大白于天下。于是，革命变成了资产阶级和城乡居民的革命，他们因为对特权的谴责和对被承认的渴望而瞬间团结起来。

## 法国的新面貌

1789年至1791年，制宪会议设立了83个部门，用统一的组织取代了王室和领主法庭，修改刑罚力度，废除酷刑，使法国旧貌换新颜。在它形成的君主立宪制中，立法权由一院制议会行使，国王可以对其决定行使延缓否决权。

## 法律面前自由且平等

1789年8月4日，在主张自由的贵族的倡议下，废除特权的决议通过。随后，《人权和公民权利宣言》于8月26日通过。在至高无上的存在——理性和美德的最高原则——的庇佑下，《人权宣言》宣扬公民的自由和平等，路易十六不再是法国的国王，法国人才是，天主教丧失了国教的地位。

1789年8月26日宣布了《人权和公民权利宣言》。

革命时代

## 革命暴力

1789 年，地方和巴黎的暴动导致了 7 月 14 日的攻占巴士底狱事件，这引起了大恐慌，民众武装起来，控制市镇，破坏领主住宅，并威胁居住者。1792 年，起义当局宣称要增加一倍的官方机构，追捕革命的叛徒。一年后，革命法庭和特殊的法律程序[38]迅速将恐怖政权下的反对革命者送上刑场。

1793 年 9 月至 1794 年 7 月，在山岳派[39]的统治下，第二次动乱发生，目的在于消灭所有反对革命的人。这次动乱分阶段发展，从革命法庭的建立到第二年牧月[40] 22 日的法律的颁布，独裁性质日益加重（根据雅克·贝尔托的画作所刻）。

## 第一年

1792 年 9 月 21 日，君主制被废除，共和国在血腥中诞生。这是 1792 年 8 月 9 日和 10 日支持革命的人起义的成果，他们对保皇党的日益动员和外国军队的胜利感到不安。

## 从议会到议会

1791 年 9 月，立法议会分裂为两派，一派认为革命已经结束（斐扬派），另一派则希望继续改革（雅各宾派）。随着 1792 年共和国的建立，刚刚选出的议会不得不让位于新的制宪会议。1794 年罗伯斯庇尔去世后，该议会被推翻。随后，被称为"热月党人"的温和派建立了督政府，行政权由一个五名督政组成的团体掌握，立法权则由两院制议会掌握。

## 当革命在潮流中迷失方向

督政府是吉伦特派和山岳派对峙的场所，前者主张自由，反对关于价格和工资的经济规定，反对任何暴力；后者则坐在最高的阶梯座位上。他们对赞成社会革命的无套裤汉[41]的论点很敏感。无套裤汉的领袖罗伯斯庇尔不得不面对以埃贝尔为中心的忿激派[42]，后者要求采取更加激进的革命措施，而以丹东为代表的温和派则希望停止动乱。

### 前进吧，祖国的儿女……

1792 年，法国的君主政体先后得到奥地利和普鲁士的支持。如果说国王在死前希望通过战争实现复辟，那么革命者的目的则是围绕自由概念建立一种民族凝聚力。这一凝聚力在《莱茵军团战歌》中得以体现，1792 年 8 月，来到巴黎的一个马赛人部队使这首歌流行起来。历经几次重挫之后，曾为国王尽职的堡垒战专家拉扎尔·卡诺重建共和国军队。这支军队在奥什、克莱贝尔、儒尔当、波拿巴等一些年轻军官的领导下不断取得胜利。

181

1802年 —————————————————————▶ 1913年

# 欧洲给世界带来的苦难

如果说18世纪是思想革命的世纪，是质疑权力与教条的世纪，也是法国大革命与美洲人反抗英国殖民统治的开端，那么，在19世纪，革命思想一如既往，这个世纪处于诸多矛盾的中心。

## 斗争，反抗

欧洲经历革命与拿破仑事件之后正在重建，大国试图恢复昔日的力量。各个帝国都希望在自己的领土上重新建立权威，在它们看来，这是力量和强大的保障。但这往往以牺牲人民的利益为代价，他们在尝到变革的滋味后，特别能嗅到被镇压的气息。19世纪为强权的巩固提供了框架，也见证了新国家的建立。这些新国家依靠武力成功地实现了国家的统一。如果说意大利摆脱了奥地利帝国的枷锁，并结束了拿破仑和哈布斯堡王朝先后带来的分裂状态，那么德意志呢？德意志的统一是围绕普鲁士而实现的；德国发展成为一大强国，至今仍备受关注。在大西洋的另一边，分裂的致命幽灵已无影无踪，美利坚合众国正大步向前行进。这些国家集团的组成，意味着民族主义意识形态的发展——前景光明，但这并非没有遭受质疑。人民对自决权的追求冲击着帝国体系，而自由主义追求的权利主张则是对绝对权力的限制。

## 前进中的工业化

以欧洲为中心的技术发展和飞速的工业化，既保证了对外开放也加强了自我封闭，既带来了进步也加剧了不平等，同时还可能成为反抗的火种。无产阶级的出现与工人恶劣的生活条件导致了社会对立，而这种对立只有在压迫与反抗的动力中才能得到解决。在19世纪诞生的多种社会主义形式是超越国界的热潮的起点，尝试在国际工人联盟内部进行联合行动。因此，工业化为大国提供了活力，保障了欧洲在国际舞台上的胜利。

## 欧洲是统治者？

在19世纪之前，非洲大陆未曾遭遇过侵害；但在现实的驱动下，非洲大陆在这个世纪成为系统性勘察的目标，这是肆无忌惮地对非洲资源进行商业占有的序曲，是剥夺非洲国家主权的前奏。法国和英国在延续祖先的对抗中瓜分世界；拉丁美洲殖民地获得独立后，葡萄牙和西班牙早已不构成威胁。但很快，它们就得应对新的竞争对手，那就是因工业和经济发展而充满活力的普鲁士帝国、日本和美国。

# 拿破仑征服欧洲

## 从波拿巴到拿破仑

波拿巴将军因意大利战争和远征埃及而声名大振,后发动雾月政变,成为执政官。1802年,波拿巴通过公投成为首位终身首席执政官,《拿破仑法典》赋予了其立法权和主要的行政权。很快,他获得皇帝头衔,子嗣有权继承其称号。1804年12月2日,他在教皇的见证下,以拿破仑一世的名义于巴黎圣母院为自己加冕。

## 背信弃义的阿尔比恩

英国是当时世界的第一经济强国。它拥有一些制造业的垄断权,并在地中海与法国展开军事斗争,在欧洲大陆与其进行商业竞争。英国希望避免革命暴行的影响,因而是1793年至1815年历次反法同盟的中心。

## 以法典实现征服

《拿破仑法典》于1804年3月21日颁布,在130个省和拿破仑委托其亲信管理的区域内生效,包括莱茵联邦、瑞士、西班牙王国、意大利王国、那不勒斯王国、华沙大公国等。这一规定权利的不朽之作总结了人们以前拥有的权利,以及在大革命期间获得的一些权利,重新确认了个体的自由和对财产的保护,并确立了至关重要的家庭法。同时,该法典也以规定女性低人一等而著称。

## 不可战胜的大英帝国

拿破仑在1814年前采取了大陆封锁政策,波及范围逐渐从易北河岸延伸到布雷斯特。法军在1805年的特拉法尔加海战中大败,英国海上霸主的地位得到巩固,在此背景下,拿破仑的大陆封锁政策旨在削弱并摧毁英国。然而,拿破仑的企图未能得逞。英国获得了补给,还得以出口商品至中立强国(北欧国家、加拿大和美国),获得了法兰克福银行等德国银行的支持,并从非法买卖中获得了利益。

## 莱茵联邦

莱茵联邦建立于1806年7月12日,以日耳曼民族神圣罗马帝国的邦国为基础,最初拥有16个成员国,随后逐渐扩大至30个成员国的规模。其中一些王国是早已存在的,如巴伐利亚、萨克森,它们在这个过程中得以巩固且逐渐壮大;另一些是在被拿破仑征服或主动向其臣服的领土上建立起来的,如伯格大公国和威斯特伐利亚王国,它们被视作针对普鲁士王国的军事行动,也被看作法国模式的辐射中心,促进了奴隶制和行会的废除,推进了天主教徒、新教徒和犹太教徒(其公民身份已得到认可)的信仰自由。

### 拥有130个省的法国

瑞士瓦莱州、荷兰、德国北部沿海区域和前汉萨同盟城市汉堡、不来梅和吕贝克,以及罗马,都属于这个象征性的行政机构。它将大革命时期、帝国时期的土地,以及督政府(皮德蒙特、比利时、莱茵河左岸)的土地汇聚在法国的立法管辖下。这种类型的管理还扩展到了军事统治下的区域:从奥地利、加泰罗尼亚和托斯卡纳征服的伊利里亚地区的斯拉夫边境。

欧洲给世界带来的苦难

## 华沙大公国

波兰曾被俄国、普鲁士和奥地利三国多次瓜分。1806 年，继耶拿战役之后，波兰在拿破仑的扶持下浴火重生。拿破仑从普鲁士军队手中夺回波兰领土，建立华沙大公国，后于 1809 年挫败奥地利，扩大了华沙大公国的版图，并且将克拉科夫附近的加利西亚也并入其中。为了让华沙大公国加入莱茵邦联，其名义上的统治者是萨克森国王，但实际上由法国常驻官员控制。

1807 年 7 月 22 日，拿破仑在德累斯顿签署华沙大公国宪法。

## 不可能的俄法战役

拿破仑迎娶奥地利公主玛丽－路易丝，在奥斯曼帝国问题上的分歧、法国对波兰的支持、大陆封锁政策对俄国贸易的负面影响等因素导致了法俄同盟的瓦解，拿破仑进而于 1812 年 9 月率领 60 万大军占领莫斯科。但法国大军被俄国人的焦土政策打败，拿破仑不得不在饥寒交迫中撤退。别列津纳河战役标志着法国的溃败。

## 处于掌控之中的"长筒靴"[43]

意大利境内有奇萨尔皮尼共和国（拿破仑征战后得以建立）、教皇国和那不勒斯王国（1806 年第三次反法同盟败北前由波旁王朝统治）。1809 年拿破仑吞并教皇国后，意大利归属于同一个政权，但拿破仑仍保留了多个邦国的主权，因为他担心在法国边境会出现一个统一的政治体：意大利的一部分推行行省制度，而由拿破仑的亲信统治的那不勒斯王国和意大利王国保持不变。

1812 年 11 月 26 日，法兰西大军团败于俄军之手。别列津纳河战役标志着俄法战役中法国的失败。

## 不可征服的西班牙

1807 年，拿破仑废黜波旁王朝的君主，波旁王朝经历了一场政权更迭危机。尽管西班牙分为合法皇帝的支持者和害怕斐迪南专制主义的自由党人，但他们共同抵挡住了拿破仑的干涉，并在安达卢西亚的拜伦击败拿破仑的军队。1813 年，英国介入其中，迫使法国军队撤离半岛，长久以来的矛盾终告结束。

## 伟大的民族

"伟大的民族"这个说法是法国大革命期间歌德创造的，后来法国人自己也很乐意使用这一称谓。随着拿破仑不断发动战争，"伟大的民族"在德语中具有了负面意义，直至今日，如果要描述法国人的傲慢（真实存在的或是假定的），这一用法仍会出现在讽刺性的话语中。

# 复辟，革命

## 四大强国的欧洲

1815年的领土重新分割平衡了四大强国的势力，而教会的权力则成为牺牲品（且没有得到恢复），同时，大部分自由城市的利益也遭到损害（它们被吞并）。英国最终获得了马耳他与塞舌尔，因而维持了制海权。俄国占领了之前由瑞典统治的芬兰。德国仍是由39个邦国组成的德意志联邦，其中包括萨克森、符腾堡、巴伐利亚、汉诺威和普鲁士5个王国。普鲁士王国控制了莱茵省的大部分地区，包括富含煤炭资源的鲁尔地区。奥地利则获得了伦巴第和威尼托。

## 变革之风

新的自由主义思潮要求制定一部宪法，以保障公民基本的自由和权利，而民族主义者也在进行斗争，希望自由、负责的民族观念获得认可（主要是在波希米亚、匈牙利和波兰）。在布拉格，意大利籍捷克数学家波尔查诺宣称支持捷克民族，这个民族将同时容纳捷克人和德国人。然而，1820年至1830年在皮德蒙特、那不勒斯王国、西班牙和德国爆发的反抗运动都以失败告终。

这是表现当时情况的一幅讽刺版画：拿破仑遭遇滑铁卢之败后，在1815年的维也纳会议上，奥地利国王、普鲁士国王、俄国沙皇和英国女王瓜分了欧洲。

## 被重新分割的欧洲

1814年11月至1815年6月，欧洲列强（普鲁士、英国、奥匈帝国、俄国）召开维也纳会议，重新划定了1815年拿破仑时代结束后的国界线，恢复了各个"合法"政权，但这次重新分割丝毫没有考虑人民或是他们的期待。波兰再次成为普鲁士、俄国和奥地利三国角逐的对象，而那不勒斯的波旁王朝、教皇和奥地利则共享了意大利，梅特涅曾评论称"意大利只是一个地理名称"。

## 西班牙的反民主复辟

斐迪南七世从法国归来后，废除了1812年颁布的自由主义宪法，并追捕反对者，重新实施独裁统治，这让人们怀念起约瑟夫·波拿巴的自由措施。和其他地区一样，斐迪南七世实施独裁统治的目的在于让人们忘记大革命，并恢复旧秩序。

## 梅特涅

在奥地利，兼任帝国首相的外交部部长梅特涅是镇压自由主义和民族主义运动的领头人。他还组建了一支政治警察部队，渗入秘密委员会，审查书刊，监督大学，并在美因茨设立中央调查委员会，该委员会有权向各州发号施令，决定如何进行镇压和实施逮捕。

## 法国式的复辟

路易十六的弟弟路易十八（1814年—1824年在位）和查理十世（1824年—1830年在位）登上王位，波旁王朝复辟，但这并不是要恢复旧制度，而是实现现代化。虽然法国实行君主制，但同时还存在两大议会：众议院（议员由10万选民根据地产税收标准选出）和贵族院（由国王任命）。大革命的成果（自由、平等、1819年颁布的有关新闻出版自由的法令）也被融入其中，尽管还存在几大势力（极端保皇党、立宪派、自由党）的角逐，但仍然促进了商业和制造业资产阶级的萌芽。

## 自由指引着人民

在光荣的三天[45]（1830年7月28日、29日、30日）里，被复辟王朝遗忘的巴黎人民奋起反抗，他们揭露物价上涨和失业率增加的事实，谴责查理十世颁布的限制新闻出版自由、解散新选出的众议院、修改选举法的敕令。国民警卫队也加入了起义者、工人、学生和记者的革命行列。尽管人民是七月革命的胜利者，但自由党人还是把查理十世的侄子奥尔良公爵推上了王位，成为路易-菲利普一世。共和制还未露头便让位于君主立宪制。

## 德国大学生协会

这些由大学生和大学教师组成的德国协会成为革命基地。1817年10月，300名学生聚集在1521年路德避难的瓦尔特堡，呼吁统一德意志，谴责普鲁士和奥地利的专制统治。

## 烧炭党[44]

活跃于意大利南部的秘密协会的成员反对那不勒斯王国的中央集权制。他们对维也纳会议的决议甚是失望，在自由党人的指引下，他们要求颁布一部新的宪法。

## 不明朗的君主制

法国七月王朝（1830年—1848年）阐释了当时自由主义和专制主义的辩证关系。七月王朝的建立是以与旧秩序的决裂为前提的（以三色旗为国旗，取缔审查制度，不以天主教为国教），它继续实行镇压政策，以消灭反对势力：波拿巴主义者，即路易-拿破仑·波拿巴（未来的拿破仑三世）的支持者；正统派，即拥护查理十世的孙子波尔多公爵重新掌权的人；共和派，镇压让他们鸦雀无声。法国在以阿道夫·梯也尔[46]为首的左翼和以弗朗索瓦·基佐[47]为首的右翼之间摇摆不定，前者以议会制政府的维护者自居，后者则支持公共事务中王权的合法性。

1830年7月28日、29日和30日的革命运动推翻了复辟的波旁王朝，奥尔良公爵路易-菲利普登上王位。法国实行君主立宪制（伊波利特·勒孔特画作）。

# 人民之春

## 比利时

比利时曾是法国 130 个省之一，后在维也纳会议中被并入荷兰联省，其目的在于建立一个足够庞大的国家来抑制法国的帝国主义野心。在这样的统一体中同时存在信奉天主教的比利时人和信奉新教的荷兰人。1830 年，比利时脱离荷兰。列强们虽然承认比利时的独立，但强加给其"永久中立国"的身份和一部宪法，让它成为世袭的君主立宪制国家。

法国画家德拉克罗瓦的油画《迈索隆吉翁废墟上的希腊》，向 1822 年战死于迈索隆吉翁的希腊爱国人士们致敬。

## 希腊的独立

自 1783 年以来，奥斯曼帝国在克里米亚面临俄罗斯的威胁，同时受到奥地利的侵扰。拿破仑远征埃及后，法国也对奥斯曼帝国构成威胁，奥斯曼帝国逐渐衰落，英国的干涉更是促进了希腊的独立进程。1822 年，一些爱国人士（包括逝世于迈索隆吉翁的诗人拜伦）开展的第一次尝试遭到埃及帕夏[48]穆罕默德·阿里的血腥镇压，阿里的舰队是按欧洲人的方式进行训练并装备的。在法、俄、英三国的共同支持下，1829 年，希腊的第二次尝试获得成功。

## 法国，1848 年

一场经济危机撼动了法国，并导致共和派起义。人民占领市政厅，路易－菲利普放弃王位；1848 年 2 月 25 日，共和国宣告成立。

### 没有国王的王国

觊觎比利时王位的人不在少数，其中包括自由党派支持的尤金·博阿尔内之子，但他并未成功；路易－菲利普希望由他的第二个儿子登基，然而英国不想看到一位法国人担任比利时的首领。最后，德国萨克森－科堡家族的利奥波德王子被选定为比利时国王，成为利奥波德一世，执政至 1865 年。令法国人稍感宽慰的是，利奥波德一世迎娶了路易－菲利普的女儿路易斯·玛丽（奥尔良）。

### "总是热爱，总是遭受，总是死去"（高乃依）

1815 年后，俄国在波兰推行了一系列卓有成效的保护政策：设立议会（通过了各项法律和税收政策），创建华沙大学，改良冶金设备，开采煤矿。从 1820 年起，俄国推行的限制自由的镇压政策引起了波兰人民的反抗，后者于 1831 年 1 月 25 日宣布独立。俄国对波兰人民的起义进行了血腥镇压：判处绞刑、没收财产、流放至西伯利亚、解散军队、关停大学、废除宪法、摧毁工商业。波兰的贵族和资产阶级纷纷逃离，其中有三分之二定居于巴黎。

欧洲给世界带来的苦难

## 意大利会依靠自己建立起来

"意大利会依靠自己建立起来",出于这一原则,意大利军队拒绝了欧洲国家的援助,但被奥地利打败,导致 1848 年革命运动的舞台伦巴第和威尼托再次被奥地利夺取。1849 年 2 月至 6 月,罗马共和国短暂地存在过。尽管为了结束影响半岛的混乱状态,那不勒斯国王、教皇和托斯卡纳公爵先后颁布了宪法,但意大利已经失去了获得统一的机会。

## 奥地利的动荡

在维也纳,一场自由党人的革命迫使首相梅特涅辞职;政府向起义者们允诺将会颁布宪法。捷克人要求获得独立,并在布拉格召开了泛斯拉夫人大会,奥地利不得不以武力将其驱散。匈牙利也爆发了革命,要求脱离哈布斯堡家族的统治,获得民族独立。1849 年 8 月,沙俄军队的介入导致匈牙利重回奥地利的"怀抱"。

### 意大利事业的颂扬者

1813 年,朱塞佩·威尔第[49]出生于帕尔马公国。1842 年,他创作的歌剧《纳布科》在米兰的斯卡拉歌剧院演唱,其中著名的关于流亡的希伯来奴隶的合唱让观众热血沸腾。次年,威尔第的《伦巴第人》和后来的《莱尼亚诺战役》,尤其是其中的"意大利万岁"曲调,使意大利的民族主义热情高涨。

## 俄国的稳定

尼古拉一世统治下的俄国,社会稳定、有序、保守,因此波兰和匈牙利人民不再发动起义,俄国得以进入工业时代,商业繁荣,人口从 18 世纪末的 3600 万激增至 1861 年的 6700 万。随着俄国工商业的发展,拥有地产的贵族阶层逐渐失去特权,转而为国家行政机构服务。

## 大德意志 vs 小德意志

在动乱不断的背景下,很多人都赞同建立一个邦联国家,让德意志成为一个统一的国家,拥有一个中央政府。但由于奥地利拥有德意志邦联的领导权,所以德意志邦联与奥地利的关系一直存在争议和分歧:奥地利应是即将诞生的德意志帝国的一部分,还是实现统一的德意志并不应该包括奥地利?1849 年 3 月,普鲁士国王腓特烈·威廉四世采用小德意志方案,建立了一个不包括奥地利的德意志。德意志再次重回只拥有 39 个邦国的局面。

1830 年 12 月,尼古拉一世结束了波兰革命。在这幅署名 J. B. 温得的版画上,尼古拉一世亲自向起义军通报情况。

189

# 欧洲的新面貌

## 意大利的统一

意大利的统一是在加富尔伯爵[50]的领导下，围绕撒丁国王维托里奥·埃马努埃莱二世实现的。拿破仑三世未能兑现他在任期内要让整个国家实现统一的诺言，引发了意大利民族主义者的抗议。1861年3月17日，意大利议会宣布维托里奥·埃马努埃莱二世为意大利国王。1866年，意大利以3500万弗罗林[51]从奥地利人手中收回威尼托；1870年，意大利军队进入罗马。

## 维多利亚女王治下的英国

英国历史上在位时间最长（1837年—1901年在位）的维多利亚女王创建了繁荣而强大的英国。其时伦敦人口高达200万，是世界上最大的城市。英国最早使用蒸汽犁地和收割粮食，率先使用化肥，懂得挑选最优的牛品种，农业繁极一时。英国还掌握了提炼煤炭、制造生铁的技术，同时发展纺织业，开办造船厂，拓展国际贸易，工业得到了蓬勃发展。

### 永远的反抗者

朱塞佩·加里波第率领自行组建的"千人军"（又称"红衫军"），让撒丁国王成为意大利南部的君主。他永远不会原谅加富尔在对抗奥地利战争的初期，以割让其家乡尼斯为条件换取拿破仑三世的援助，但在1870年普法战争期间，他自己却向法国伸出援手，并在此役中出尽风头，尤其是乘虚占领第戎之后。

## 第二帝国的矛盾

1848年，拿破仑一世的侄子拿破仑-路易·波拿巴当选第二共和国总统，任期四年。任期结束时，他以一场政变恢复了帝制。第二帝国表面上实行君主立宪制度，实际上却是君主专政。拿破仑三世握有立法权和司法权，且没有与之相抗衡的议会。第二帝国密切监视政府官员和新闻报刊，但其经济增长引人注目，在这一时期，法国发展成一个强大的工业国家。

## 奥地利的二元君主制

二元君主制指的是都由哈布斯堡王朝统治的奥地利帝国和匈牙利王国同时存在，除了外交、军事和财政共有，两国相互独立。捷克和波兰的贵族没有享受同样制度的待遇，但作为补偿，他们在维也纳的宫廷和政府享有较高的地位。

## 普鲁士的势力

1815年，维也纳会议结束，普鲁士取得莱茵河地区。从1834年普鲁士与邻国建立关税同盟以来，就引领着一个繁荣的经济体，受益于鲁尔区的工业活动，很快就形成了以克虏伯公司为主导的强大的军事工业，其业务范围涉及开采原材料和生产制成品，包括以一种新型钢铁铸造的大炮。

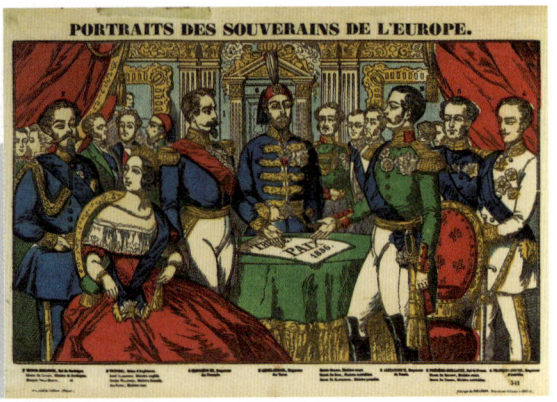

重塑欧洲的各国君主。从右至左：奥地利国王弗朗茨·约瑟夫、普鲁士国王腓特烈·威廉四世、沙皇亚历山大二世、苏丹阿卜杜勒-迈吉德一世、拿破仑三世、英国维多利亚女王，以及撒丁国王维托里奥·埃马努埃莱二世。

## 欧洲的强者

普鲁士首相奥托·冯·俾斯麦是在奥地利帝国逐步衰落的背景下，推动普鲁士发展的主要人物。俾斯麦先联合奥地利打败丹麦，在确保法国将在普奥战争中保持中立后，于 1866 年出兵奥地利。俾斯麦在萨多瓦打败奥地利军队后，建立起普鲁士控制下的北德意志邦联。1870 年，他挑起普法战争，并借此机会将南德意志诸邦和北德意志联邦团结起来，开启了在普鲁士国王支持下的统一德意志之路。随后，普鲁士国王被加冕为德意志帝国皇帝。

俄国皇帝兼波兰皇帝亚历山大三世在位时间为 1881 年至 1894 年。他是一位保守的独裁者，不仅推行沙俄化政策，还要求回归传统的沙俄价值观，其中包括大力排斥犹太人（画作，1886 年）。

### 法兰西第三共和国

拿破仑三世垮台后，梯也尔就任共和国总统，他的首要职责是巩固制度和解放被普鲁士军队占领的地区。在拥护君主制的议会中，"共和国总统"这一称谓以一票的微弱优势得以通过（瓦隆提议的修正案）。至于总统七年任期的规定，最初是因为期待着恢复君主制，想让正统派代表麦克马洪成为政府首脑。

## 各族人民的俄国

沙皇是多个民族的领导者，但俄国推行的东正教沙俄化政策带有镇压性质（尤其是从 1881 年起）。在中亚穆斯林地区——俄国在这里设立了突厥斯坦总督区——俄国实行了同样的独裁制度。除此之外，这一民族主义的受害者还包括犹太区的人们，他们被剥夺了诸多权利并遭受了残暴的大屠杀。

## 1870 年的创伤

1870 年，法国与俾斯麦领导下的普鲁士王国爆发了一场新的战争。9 月 2 日，拿破仑三世率领一部分法军在色当投降。1870 年 9 月至 1871 年 1 月，巴黎遭遇严酷的封锁，莱昂·甘必大乘坐气球离开首都，在各省组织抵抗普军的行动。根据停战协议，法国必须割让阿尔萨斯地区、部分洛林地区给普鲁士，并在三年内支付 50 亿法郎的战争赔偿金。

## 斯堪的纳维亚的命运

斯堪的纳维亚在 19 世纪被分裂为多个国家，然而在文化和经济上仍保持着统一。1890 年至 1905 年，挪威、瑞典相继和平独立。在丹麦的统治下，7 万冰岛人尽管拥有一个自己的议会，但直到 1874 年才拥有真正的立法权，1944 年才完全获得独立。

# 从探索到殖民扩张

## 探险家的世纪

这些冒险者孤独而狂热,就像 1828 年抵达廷巴克图的勒内·卡耶一样。他们或是受到学术团体的委托,如尼日尔曼丁哥语言和风俗的发现者蒙戈·帕克;或是由企图进行扩张的国家派遣,如为了法国的利益而探索刚果河右岸地区的法国籍意大利探险家萨沃尼昂·德·布拉柴,刚果共和国的首都便是以他的名字命名的。也有一些探险家钟情于极地,如 1889 年穿越格陵兰岛的美国探险家罗伯特·皮里,他在此次探险中失去了 7 根脚趾,但他回来后向大众分享了因纽特人的生活,并首次描绘了当地的风土人情。

## 七

这是德国地理学家费迪南·冯·李希霍芬为绘制中国地图而进行的探险旅行的次数。他的探险时期与俄国探险家普尔热瓦尔斯基基本一致,后者穿过戈壁沙漠并于 1871 年抵达北京。30 年前,法国入华遣使会会士古伯察和秦噶哔两位神父就曾到达西藏自治区首府拉萨;与此同时,法国的海军官员也在越南的东京和安南的湄公河开展探险活动。

## "我猜想,您是利文斯通先生吧?"

1871 年 10 月 21 日,东非的伟大发现者、传教士兼医生戴维·利文斯通在坦噶尼喀湖畔的乌吉吉与英国记者亨利·莫顿·斯坦利会合,斯坦利专程组织了 30 位志愿者和 200 名背夫前来寻找他。媒体大肆报道了此次探险,随后,斯坦利在 1877 年 7 月 25 日抵达刚果河口。受比利时国王利奥波德二世的委任,斯坦利打着"国际刚果协会"的旗号继续探索刚果地区。他最后被英国女王授予爵位,称为亨利·莫顿爵士,并被选入下议院,1895 年至 1901 年担任议员。

《马·罗伯茨和浅滩上的大象》(1858 年),探险队成员托马斯·贝恩斯画作。

## 撒哈拉沙漠之路

尽管自 19 世纪 30 年代起法国人已在这一带进行探险,1850 年至 1854 年英国人詹姆斯·理查森和德国人海因里希·巴尔特在此活动,然而由于自然条件恶劣,加之游牧民族图阿雷格人对外来者充满敌意,将前来此地活动的冒险家们驱离或杀死,因此撒哈拉沙漠直到 19 世纪末都未曾被征服。后来,因为军队的加入,人们才得以成功深入腹地,并穿越撒哈拉沙漠。

# 欧洲给世界带来的苦难

## 大洋洲的殖民化

太平洋的群岛和小岛对于各个大国而言只有战略意义,所以它们没有遭到系统的殖民。主岛则大为不同,主岛上的人们经受了重大创伤:一些种族消失,如塔斯马尼亚岛的土著;一些种族人口锐减,传统文化受到威胁,土地被剥夺。新喀里多尼亚在 1853 年沦为法国殖民地,2.5 万美拉尼西亚人被限制在此,他们疾病缠身,饱经战乱,到 1922 年仅剩下 1.6 万人。

## 征服极地

由于极端的生活条件,这些荒芜的土地不太受欢迎,也没有被觊觎,但对于诸多探险家来说,极地却意味着挑战。1906 年,挪威人阿蒙森成功穿越加拿大北极地区。1910 年至 1912 年,他抢在英国人罗伯特·斯科特之前抵达南极点。斯科特在返程途中因精疲力竭而死亡。多位极地探险家惨遭不幸之后,1909 年,美国人皮里乘坐狗拉雪橇首次到达北极点。

## 移住民与毛利人

1840 年英国王室与土著签署的协议规定,英国在新西兰享有主权,不过英国认可毛利人的财产权。但在 1843 年至 1847 年和 1860 年至 1870 年,移住民和土著之间冲突不断。在这些冲突中,大量的毛利人死亡,此后,他们的风俗和权力机构最终与英国的规章制度融为一体。

1838 年 2 月,儒勒·迪蒙·迪维尔的"星盘号"朝着极地行进。

## 苦役犯人,绵羊,黄金

澳大利亚的白人定居点最初由囚犯、爱尔兰反对派或"共同法"反对派组成,后来增加了一些牧羊人(擅自占用土地者)和农民(移民),他们构成了澳大利亚殖民的基本社会结构和原动力。澳大利亚自 1797 年引进绵羊以来,直到 1851 年发现金矿,才有 19 万移民蜂拥而至。为数不多的土著(在 19 世纪初仅 20 万人)为殖民地的发展提供了空间,移民们选择联合起来组成一个联邦国家,以抵抗经济危机,以及日本和美国的野心。它们形成了一个独立的国家,是 20 世纪初最先进的工业社会的所在地。

## 南极洲

1840 年,美国人查尔斯·威尔克斯对这里进行了第一次测绘制图,他深信,他所看到的冰块屏障正是一个新的洲。儒勒·迪蒙·迪维尔于同一年经由大洋洲抵达这里,并发现了"阿黛利海岸"。1839 年至 1843 年,詹姆斯·克拉克·罗斯发现埃里伯斯火山,并抵达了人类能够承受的最高纬度——南纬 78°04′。此外,他还经过了一些后来以他的名字命名的海域,并且绘制了这些海域的地图。

193

# 对非洲的争夺

### 黑奴贸易

丹麦王国于 1803 年禁止黑奴贸易；1807 年，美国和英国也立法禁止贩卖黑奴；1815 年，维也纳会议批准禁止黑奴贸易。然而 1810 年至 1870 年，各国都无法根除黑奴买卖现象，贩卖黑奴仍在秘密进行。

### 商贸平台

非洲大陆在 19 世纪蓬勃发展。在非洲西部，达喀尔、科纳克里、阿克拉、科托努几个港口取代了廷巴克图这样横贯撒哈拉沙漠贸易的城市。在中非，刚果河为来自中部盆地的产品运输提供服务。在东非，非洲人和阿拉伯人的混血儿斯瓦希里人控制着桑给巴尔岛和奔巴岛，他们采伐当地的椰子树和丁香树，并从此地出发去往大陆，寻找欧洲人最热衷的产品。物物交换的方式仍然广泛存在，但古老的货币（贝壳或布条）已然被金币和银币、纸币、票据等取代。

### 非洲的帝国

当欧洲人抵达非洲大陆时，他们发现了多个庞大的帝国。一些帝国由古王国集中而来，如西非的达荷美和阿散蒂；其他的则是在富有魅力的领袖的领导下组织起来的。非洲南部的人们并不知道什么国家原则，恰卡[52]成功地统一了恩古尼部族，并称其为祖鲁人（天空之子）。富拉尼人是改信伊斯兰教的土著民族，分布在整个非洲西部，以畜牧业为生，一直拒绝融入任何国家，其伊斯兰教领袖奥斯曼·丹·福迪奥创建了索科托苏丹国，自称哈里发，并以伊斯兰教法治国。此前分成多个自治小国的马达加斯加岛在政治上统一了起来，而埃塞俄比亚作为古王国阿克苏姆的继承者，在特沃德罗斯二世（1855 年加冕为帝）[53]的统治下重新获得了统一。

### 瓜分非洲

在德国首相俾斯麦的倡议下，有关殖民问题的柏林会议在 1884 年 11 月 15 日至 1885 年 2 月 26 日举行。会议确定了刚果河与尼日尔河流域的通航自由。比利时国王利奥波德二世以个人而非比利时国王的名义独自拥有 1877 年由斯坦利发现的"刚果自由邦"。人们采取了一些措施遏制贩卖黑奴的行为，奴隶贸易尽管已被禁止，但在东海岸一带仍然猖獗。

1879 年 1 月 22 日，英国军队在伊散德尔瓦纳战役[54]中惨败于祖鲁人之手。

### 在欢迎与抵制之间

由于一直相安无事，所以非洲的国王大都很欢迎考察者的到来，在他们看来这些人只是过境而已。但阿散蒂人和祖鲁人，以及达荷美和埃塞俄比亚的居民，一直以来都在抵抗处于工业发展顶峰阶段的欧洲人：他们的地下富含稀有矿石，而这些矿石在欧洲人看来是可以带来利润的。此外，非洲大陆为欧洲人的手工制品提供了商业机会，而且它也是国际竞争中的一个战略性基地。

欧洲给世界带来的苦难

## 达荷美亚马孙女战士

这支由女性精英组成的军队[55]成功击退了试图征服达荷美王国（今贝宁人民共和国）的法国纵队。这些女战士有三种类型：一是最为健壮的女性，她们配备有步枪和军刀；二是捕猎大象的女性，她们拥有长枪和顶端弯曲的宽刀片匕首；三是炮手，她们会操作大炮和火石喇叭口火枪，并且都是会发射毒箭的年轻女孩。

达荷美亚马孙女战士都是强有力的武士，她们顽强作战，以挫败法国的殖民企图。

## 利比里亚

利比里亚是撒哈拉以南非洲第一个获得独立的共和国。从1827年起，美国殖民协会[56]赎买的黑奴在非洲西部梅苏拉多角定居下来，尽管当地土著曼德人和克鲁人对他们怀有敌意，而且他们也无法与这些土著和平共处，但这无关紧要。1847年，新政府宣布独立，并效仿美国宪法制定了一部宪法。第二年，它的合法性得到了大部分大国的承认。

## 意大利的殖民挫败

由于财政资源的缺乏，意大利人对殖民化问题的关注开始得很晚。直到1889年他们入侵厄立特里亚和索马里，才意识到殖民地的潜力。然而为时已晚，欧洲各国早已瓜分非洲。对于刚被殖民的厄立特里亚而言，这是与埃塞俄比亚分道扬镳的开始，以至于1952年厄立特里亚并入埃塞俄比亚也成为一个问题。

## 德国的非洲

德国对非洲的殖民统治姗姗来迟，俾斯麦意不在此，因为欧洲才是他的首要目标。当德国要求获得属于它的那一份非洲大陆时，它与法国和英国之间就产生了矛盾。德国殖民了多哥、喀麦隆、德属西南非洲、德属东非；1890年，它又夺得坦噶尼喀湖，未来的卢旺达和布隆迪都属于这个湖区。

19世纪末，德国获得了喀麦隆和纳米比亚的殖民权。在这幅图中，象牙雪茄烟盒和乌木雪茄烟盒表明这些地区已属于德国。

195

# 征服东方

## 克里米亚战争

1854 年至 1855 年，俄国与奥斯曼帝国对抗，竭尽全力扩大在巴尔干半岛的势力，但遭到了英国、法国、皮埃蒙特的军队的阻挠，此时他们的盟友奥斯曼帝国已经衰弱不堪。对于法国来说，这是 1815 年后重回国际舞台的机会；于英国而言，这有利于在波斯湾南部建立长久的立足点，并对俄国在波斯的扩张和影响力提出质疑。

## 苏伊士运河，争端的原因

在法国的倡议下，苏伊士运河于 1859 年开始修筑。但英国并不喜欢这一项目，因为它担心法国会控制一条通向印度的新的海上航路，并将其影响力扩大到埃及。1860 年，英国尝试通过外交手段中止工程，后又以经济和军事力量进行干预，以便运河通航后将法国赶出埃及。1875 年，英国买下埃及总督的股票，成为苏伊士运河的主要股东。1882 年，为结束可能影响海洋贸易的埃及骚乱，英国以武力进行干预，埃及成为英国的保护国。

## 面对欧洲的野心

恺加王朝（波斯）建于 18 世纪末，经历了两次俄伊战争，失去了高加索地区和阿拉克斯河北部。恺加王朝还遭遇了英国的武装干预，因为前者在阿富汗的扩张可能影响后者在印度的利益。波斯的君主们渴望使国家实现现代化，便将国家的部分行业整个卖给外国公司：俄国的公司得到里海的渔区、煤炭资源的开采权；英国的公司则在 1890 年垄断了烟草贸易和工业。这些妥协引起了国内的暴动，进而动摇了恺加王朝，但其统治仍然维持至 1925 年才被礼萨·沙·巴列维推翻。

维多利亚女王于 1877 年在德里被加冕为印度女皇。

## 英国进入印度

英国的扩张起于加尔各答、马德拉斯、孟买的商行。这些扩张既是出于东印度公司寻求利益的需要，也是英国从 1798 年起实行系统兼并土政策的原因。19 世纪中叶，尽管仍有数百个自治土邦由与英国签订条约的摩诃拉者[57]统治，但次大陆还是处于英国的控制之下，由东印度公司管理。1858 年，东印度公司让位于代表英女王的总督。

## 法国在亚洲

征服印度支那发生在法兰西第二帝国时期，旨在制止英国在中国市场的野心；法国瞄准的是控制进入中国的通道，即湄公河与红河。法国从 1859 年开始入侵印度支那，并于 1887 年建立法属印度支那，包括殖民地南圻，保护国安南、东京和柬埔寨。1893 年，老挝也被并入其中。

法属印度支那建于 1887 年（摄于 1900 年）。

## 法国与英国间的缅甸

法国在印度支那的意图让英国人担心下缅甸也将落入法国之手。因而，从1824年起，英国军队进入仰光，并使下缅甸沦为英属印度的一个省。整个国家在1886年从属于英女王。

## 独立的暹罗

同样的原因并不一定会导向同样的结果。英法在暹罗的对抗确保了暹罗王国的独立——1868年至1910年，暹罗王国由朱拉隆功（拉玛五世）[58]统治——因为它在法属印度支那和缅甸之间起到了缓冲作用。

## 马来西亚的起源

在1826年以来英国和暹罗的双重影响下，1897年，吉隆坡的英国驻扎官将森美兰州、彭亨州、霹雳州、雪兰莪州[59]变成英国的殖民地。这一新的保护国被称为"马来联邦"，是今马来西亚的前身。

## 喜马拉雅山边缘的俄国人和英国人

19世纪末，俄国人完成了对中亚的征服，喜马拉雅山已触手可及，便将眼光投向了印度帝国。作为回应，英国占领了俾路支斯坦和克什米尔，并开始控制喜马拉雅山的主要通道。

## 阿富汗的平衡

第一个独立的阿富汗王朝萨多查依王朝征服了大片领土，并于1772年定都喀布尔。萨多查依王朝之后的巴拉克宰王朝——于1978年灭亡——处于地缘战略冲突的中心：英国和俄国针锋相对，前者怀疑后者想要通过波斯和阿富汗入侵英属印度。阿富汗各部族渴望获得独立，并分别于1839年和1878年击退了来犯的英军。然而，阿富汗不得不让出白沙瓦的主权和印度河与开伯尔山口之间的领土，从而成为两大帝国间的缓冲国，其边界最终于1893年至1896年得以确定。

## 狮城[60]

1819年，新加坡不过是马来半岛南端一个仅有150人居住的小岛。时任苏门答腊总督托马斯·斯坦福·莱佛士[61]将这里变成了一个免征关税和其他税款的自由港口。英国统治下的新加坡吸引了大量的中国商人移民至此，拉开了新加坡成为一座繁荣而独立的城市国家的序幕。

英国统治下的新加坡，1890年前后。

# 西方列强对中国的侵略

## 1796 年,"多灾之年"

1796 年,乾隆皇帝退位。同一年,农民起义和反抗朝廷军队的民间组织领导的游击战爆发[62]。诸多事件如同凶兆一般,预示着 19 世纪初中国国家机器的解体和衰落。

## 鸦片战争

1820 年至 1825 年,每年从广州进入中国的鸦片数量为 5000 箱(每箱 65 千克)。1826 年至 1828 年,数量增至每年 1.3 万箱。至 19 世纪 30 年代,数量高达每年三四万箱。面对鸦片对中国社会的侵蚀,1839 年 6 月,禁烟令的支持者们依照皇帝的旨意收缴并销毁了近 20000 箱鸦片,并责令英国人离开中国。不料英军炮轰广州,并直抵南京,而清军却无力抵抗。

## 清政府的垮台

管理政府的不再是士人,而是通过关系和勾结上位的失德之人。这样的腐败统治是围绕裙带关系展开的,尽管乾隆的继任者们进行了改革,但裙带关系仍然存在。

## 从经济增长到不平等

茶叶、丝绸和陶瓷的出口贸易发展繁荣,经济的增长却并未让更多人受益。因为土地在过度开垦之下变得不再肥沃,农民忍饥挨饿,不胜赋税,而且土地都掌握在大地主手中,导致 1796 年至 1850 年农民起义频繁爆发。

## 从《南京条约》到多项不平等条约

1842 年鸦片战争结束之际,中国被要求赔偿英国被销毁的鸦片的损失,割让香港岛,并开放通商口岸(包括允许鸦片入关)。《南京条约》的签订为此后一系列不平等条约铺平道路,标志着外国列强对中国的控制。它们控制着各大商行,设立租界,还享有治外法权,即不受中国法律制裁,可以无视中国的司法主权。

## 中国市场的前景

英国人在中国没有获得在印度那样的商业利益,便转而从事毒品贸易。英国在其控制的孟加拉、比哈尔、马尔瓦等印度地区的罂粟种植,以及早在 1773 年就获得的在中国进行鸦片贸易的垄断权,都为其在中国从事毒品贸易提供了便利。

1842 年 8 月 20 日,中英签订有利于欧洲的《南京条约》,标志着第一次鸦片战争的结束。

## 分裂的时代

1853 年至 1864 年，太平天国在南方建立了与清政府分庭抗礼的独立政权[63]。北方则在 1852 年爆发了捻军起义，后于 1868 年被彻底镇压。云南的回民甚至也建立了一个短暂的反抗清王朝的政权。朝廷内部分为改良派和保守派，前者希望师夷长技以制夷，而后者力争维持中国传统。与此同时，欧洲列强正在考虑划分势力范围，瓜分中国。俄国已经占领东北地区，德国则已占领胶州湾。

## 东北地区，日俄必争之地

1894 年至 1895 年，日本趁中国衰弱之际占领台湾，并使朝鲜成为保护国。1904 年，日本偷袭停泊在旅顺港外的俄国舰队，将势力范围推进至东北地区。日俄战争对于中国和俄国而言都是耻辱：俄国在战争中败北，而中国无力干预其他国家在自己领土上的战事。

义和团最初是灭洋仇外的民间秘密结社，他们反抗在华的外国势力，并于 1900 年 6 月爆发了抵抗运动。

1867 年至 1912 年，明治时代的日本向西方打开国门并逐渐实现现代化。这张图片展示了新旧交通工具之间的对比。

## 1911 年的革命[64]

清政府向西方列强的步步退让，引发了人民的武装起义和民主革命。这场革命为议会制奠定了基础，促进了政党的创建。其中一个政党是信奉民主和民族主义的国民党，尽管在 1913 年的第二次选举中仅获得少数支持，却揭露了总统袁世凯和西方列强的私下勾结。但袁世凯最终实行独裁统治，直至 1916 年。

## 明治时代

日本靠着在邻国俄国和中国的获益登上了世界舞台，举世瞩目。"明治"意为向明而治，明治新政府于 1868 年结束了幕府时代，并重新确立了天皇的统治权。在此之前，天皇的职能只是象征性和宗教意义上的。对西方开放也就意味着教育、军事和经济结构的现代化。日本修建了铁路，创立了银行，并模仿美元开始发行日元。此外，明治时代使诸多工厂（后来卖给了如三菱集团等私企）得以发展起来。

# 美国梦：神话还是事实？

### 经济起飞

美国在获得独立后不久便实现了经济增长，因为从 1815 年到 1860 年，有 500 万欧洲人移居美国，他们希望摆脱贫困的生活。第一批移民定居在波士顿、纽约、费城、巴尔的摩等城市，为美国提供了大量的劳动力，从而促进了美国的都市化和工业化发展。

### 棉田

1790 年至 1860 年，美国的黑奴数量增加了三倍，确保了宾夕法尼亚南部的棉花种植业的发展（源于英国工业的需求）；400 万黑奴在棉田、甘蔗地、稻田和木蓝属植物地里劳作。

### 迈向远西

美国对西部的开拓始于 1861 年着手修建横贯东西的铁路。到 19 世纪末，西部的原材料已经可以通过 5 条东西铁路运往东部工业区。1862 年颁布的《宅地法》让所有一家之长都可以获得 160 英亩[65]土地，耕种 5 年后或 5 年内在宅地上居住满半年并按每英亩 1.25 美元缴纳费用者，所领取的土地即归其所有。

### 北方与南方

1860 年，主张废除奴隶制的共和党人亚伯拉罕·林肯当选美国总统，除支持国家统一的肯塔基州、密苏里州、特拉华州、马里兰州之外的其他拥护黑奴制的各州纷纷独立。随之而来的 5 年南北战争中，共有 61.8 万人在陆战和海战中丧生。1865 年 4 月 9 日，李将军和格兰特将军在阿波马托克斯为南北战争画上句点。1862 年 9 月 22 日，林肯发表《解放黑人奴隶宣言》；1865 年 9 月通过的第十三修正案进一步确认废除奴隶制。

### 北纬 36°30′

1820 年，南方蓄奴州与北方达成和解，规定此后以北纬 36°30′为分界线，但这一和解并未解决一切问题。1854 年，即将加入联邦的堪萨斯州成为蓄奴论者和反对蓄奴论者之间激烈冲突的场所。除了农奴问题，南方和北方在关税问题上也存在分歧。北方的工业化程度越来越高，所以希望提高关税；而南方需要出口农产品，自然想要开展自由贸易。

### 门罗宣言

该咨文于 1823 年 12 月 2 日在参议院发表，以美国总统詹姆斯·门罗的名字命名。《门罗宣言》确立了美国坚决反对欧洲国家在美洲夺取殖民地的外交方针。《门罗宣言》还要求欧洲不干预美洲独立国家的事务，保证美国不干涉欧洲事务……直至 1917 年。

铁路的修建让垦荒者征服了新的土地——远西。

200

## 欧洲给世界带来的苦难

## "铭记阿拉莫！"

在 1836 年 2 月至 3 月的阿拉莫之战中，包括大卫·克洛科特在内的 187 名美国人战死。战役结束几个星期后，战胜墨军的美国垦荒者对圣哈辛托发出这一高喊。刚脱离西班牙王国控制的墨西哥人起先接受了大批垦荒者的到来，但他们不想让得克萨斯州加入美国联邦。在独裁者桑塔·安纳[66]的一意孤行下，墨西哥于 1847 年 3 月败于美军之手[67]，不得不割让除得克萨斯以外的加利福尼亚州、亚利桑那州、内华达州、犹他州、新墨西哥州。

## 南部路线

杰迪戴亚·史密斯是美洲土地上的诸多猎人之一，他发现了这个山口。1820 年至 1860 年，受到印第安人生活模式的吸引，有两三千人散居在落基山脉一带，靠着皮毛贸易为生，过着亲近自然的生活。人们沿着南部路线可以穿越落基山脉，抵达俄勒冈州和加利福尼亚州。

## 以灭绝的方式进行殖民

移住民不断违反条约——这些条约向印第安人保证，移住民的到来不会改变他们原本的生活方式——印第安人发起了反抗。1876 年，苏人、夏延人、阿拉帕霍人团结起来，在小巨角河附近杀死了卡斯特将军的士兵。殖民者的镇压让很多印第安人逃亡至加拿大，而科奇斯和杰罗尼莫则在东南一带继续抵抗，直至败北。在印第安人的最后一片土地俄克拉何马被殖民时，苏人及其酋长坐牛遭到了最后一场大规模的屠杀。

杰罗尼莫，阿帕切酋长，是抵抗殖民入侵、捍卫美洲印第安人权利的战士。

## 印第安民族

特里吉特人、海达人、奇努克人、夸扣特尔人等部族在太平洋西北岸以捕捞鲑鱼和捕鲸为生，附近还有其他一些定居的部落，如西南的霍皮人、祖尼人、普韦布洛人，他们在高原上种植玉米，从而得以抵御阿帕切人和卡曼契人的劫掠。平原上住着苏人、阿帕切人和夏延人，他们都依靠野牛为生。

## 淘金热

1848 年，加利福尼亚州的一位锯木工人找到了数十块金子，淘金热由此开始。受到吸引前来寻求财富的开拓者有 35 万之众，但其中的 10% 尚未抵达目的地便死于疲劳和疾病。

## 摩门教徒的土地

荒凉的犹他州为摩门教徒提供了庇护，使他们得以逃离长年的迫害。依靠数百个引水渠，他们成功使六万公顷[68]土地变得肥沃多产。在这里，他们根据自己的道德准则（包括一夫多妻制），完全实现了自给自足。1896 年，犹他州成为美国第 45 个州，并废除一夫多妻制。

201

# 拉丁美洲的动荡

## 主权国家的挑战

19世纪初,拉丁美洲被划分为几大部分,包括由西班牙贵族统治的总督辖区(墨西哥地区和美国南部的新西班牙、新格拉纳达、秘鲁、拉普拉塔)和智利、委内瑞拉、危地马拉和古巴等其他几个都督府。巴西是葡萄牙的总督辖区。在几十年的时间里,这些行政体被分割为19个主权国家,但均不具备明确界定的民族文化。

## 宗主国的放弃

西班牙和葡萄牙被大英帝国赶超,双双衰落;自拿破仑入侵以来,两国危机重重,负债累累。斐迪南重新坐上西班牙王位后,面对拉美早期的追求独立的愿望,他实行了镇压政策,这加速了各个殖民地的独立进程。拉美开始追求民族独立的背景是殖民者在殖民地进行商业垄断,而这种垄断使得殖民地无法从与英国、美国的直接贸易中获取利益,所以殖民地的人们对宗主国感到厌倦。

## 等级社会

如果说新来的为数不多的西班牙人或葡萄牙人占据着行政管理和政府的职位,那么克里奥尔人便是财富的持有者。后者是数代前便移民至美洲的古老家族的后裔,渴望着民族独立所带来的权力和利益。他们统治着土著(800万印第安人),还拥有诸多奴隶(来自非洲或出生于美洲的400万黑人)。西班牙人和土著的混血儿则一般是手工业者或小地主。此外,还有500万人是黑人和白人的混血儿或桑博人(印第安人和黑人的混血儿),他们的地位往往不高。

## 独立运动

当拿破仑废黜西班牙国王时,殖民地表明将与法国当局对立,随后各国宣布民族独立。在1824年前后,西班牙失去了除波多黎各和古巴之外的所有殖民地,其中古巴在19世纪90年代末才获得独立。争取民族独立的斗争是以游击战的形式展开的,不仅获得了美国和英国的后勤支持,还从流动的起义者那里获得了全部的地形信息。

### 独立战争中的英雄

西蒙·玻利瓦尔[69]领导的独立战争在北方很大一部分土地上获得了胜利。1822年7月26日和27日,他的军队在瓜亚基尔和何塞·弗朗西斯科·德·圣马丁[70]的军队会合。圣马丁率领军队成功翻越了安第斯山,通过了海拔4200米的乌斯帕亚塔,对智利施以援手,在他抵达之前,智利人民的反抗总是以失败告终。为了抵抗以阿塔卡马沙漠为屏障、在利马极为活跃的西班牙军队,他是否接受了冒险家科克伦勋爵的帮助?科克伦的舰队是否曾将其部队运送到秘鲁?

委内瑞拉人西蒙·玻利瓦尔,拉丁美洲的解放者。

欧洲给世界带来的苦难

## 考迪罗[71]的统治

拉美国家获得独立后,这些领主抓住统治者位置空缺的机会,以武力控制了当地。随后,他们在除巴西之外的整个拉丁美洲长久地实行独裁专制。

## 火药库

独立进程结束之后,19个拉美国家的发展步调并不一致,它们各有特点,有强有弱。克里奥尔人有的是保守派,有的是自由派,但他们凭借庞大的农业财产控制了一切,而印第安人和黑人则被剥夺了土地。为了自身的安全,各个国家都储备了大规模的军事力量,这为后来的政变埋下了伏笔。

### 西蒙·玻利瓦尔的梦想

建立"拉丁美洲联邦",将整个拉丁美洲团结起来是西蒙·玻利瓦尔的梦想。1826年,多个国家在他的呼吁下在巴拿马召开大会。作为委内瑞拉、哥伦比亚、秘鲁和玻利维亚的领袖,玻利瓦尔认为自己的影响力足够巨大。然而,英国反对拉丁美洲联邦的成立,美国对此心存疑虑,连南美洲人内部也四分五裂,拉普拉塔、智利和巴西甚至没有派出代表参会。此次大会以失败告终,拉丁美洲仍是一片分裂的土地。

## 和平的革命

巴西的革命是在和平中持续进行的。1822年9月7日,巴西宣布独立,葡萄牙国王的幼子巴西摄政王加冕称帝。他表示将留在巴西,且与本地的保皇主义者很是亲近,后者虽然希望获得民族独立,但追求的并非共和制。作为君主立宪制国家巴西的皇帝,他尊重宪法,但同时给予了大地主极大的权力。他的继承者佩德罗二世尝试废除咖啡种植园的奴隶制,但这损害了大地主的利益,也让佩德罗二世失去了皇位。

1822年10月12日,佩德罗一世宣布成为巴西的第一位皇帝。他同时担任巴西和葡萄牙的皇帝直至1831年退位。

## 巴拉圭的失败

巴拉圭尽管也在独裁统治之下,但在独立之时已是拉丁美洲的大国,这主要是因为棉花种植,以及木材、水果和皮革的出口让工业获得了极大发展。1864年,巴拉圭对意欲向巴拉圭方向扩张领土的阿根廷、巴西和乌拉圭三国宣战。1868年,巴拉圭拒绝承认战败,战争又延续了两年,以致人口大幅减少,且被割去了12.25万平方千米的领土。巴西军队直至1876年才撤出巴拉圭。

# 殖民地的反抗

## 圣多明各奋起反抗

法国统治下的圣多明各有4.5万黑人奴隶、3万自由混血儿和3万白人。白人不能容忍1791年的法令赋予第二代混血儿平等地位，决定脱离法国并与之决裂。由于革命者拒绝给予黑人自由，后者也开始反抗，逃亡的奴隶聚集在森林和沼泽地，向殖民者发动袭击。1791年8月22日至23日晚，黑人奴隶的暴动发展至高潮，内战爆发，直至1803年战争才得以平息。

### 海地

海地是圣多明各最初的名字。杜桑手下的将领继续奋战，于1803年战胜了法国军队。将领之一的德萨林封自己为海地皇帝，随后被之前并肩作战的伙伴刺杀，由此出现南北分治的局面：佩蒂翁夺得太子港，担任总统；亨利·克里斯多夫在海地北部另立国家，加冕为王，实行独裁统治，直至1820年自尽。1818年佩蒂翁去世后，内战终结了历史上第一个黑人共和国。

## 反对奴隶制之人

杜桑·卢维杜尔本是一名黑人奴隶，于1776年获得自由，原名弗朗索瓦-多米尼克·布雷达。他出生于11月1日，所以绰号"杜桑"[72]，又因骁勇善战而被称为"卢维杜尔"[73]，意指他能够在敌军的战线中打开缺口。起初，杜桑作为一批逃亡奴隶的领头人物，将他们整合成一支4000人的军队，并带领他们与法国殖民者作战。此次反抗获得了占领着圣多明各岛东部、与法国对战的西班牙和英国的支持。1793年8月29日，圣多明各岛的奴隶制得以废除，但随后英军在该岛登陆，所以杜桑·卢维杜尔转而与法国联合，并向法国担保自己会战胜英国。杜桑·卢维杜尔被法国政府任命为旅长，后于1796年被提升为总督，统治整个圣多明各岛。他保证种植园主拥有自己的土地，将收成的四分之一分给黑人，且与美国和英国签订协议重新开展贸易。在形势的最后一次大转变中，他再次拿起武器对抗法国，因拿破仑于1802年在自觉利益受损的种植园主的怂恿下决定恢复奴隶制。杜桑被法军击败后遭人算计，被流放至法国，关押在汝拉地区的茹城堡，最后于1803年4月7日卒于此地。

### 逃亡的奴隶

逃亡的奴隶指的是逃离种植园或矿场的奴隶。

杜桑·卢维杜尔，圣多明各起义军领袖。

欧洲给世界带来的苦难

## 印度雇佣军兵变

1857 年，印度爆发雇佣兵起义，原因在于英国让雇佣兵使用的子弹的润滑油是由牛脂肪和猪脂肪制作的，而牛对于印度教是圣物，猪对于穆斯林是禁物。在密拉特，士兵杀死英国军官，并向德里挺进。他们得到了权力被剥夺的印度王公们的支持，起义蔓延至整个北印度。1858 年 6 月，英国政府虽然依靠锡克人[74]和南印度的雇佣兵结束了混乱，但此次起义让英国殖民的缺陷暴露无遗。

### Smala

在马格里布，这个词指的是阿拉伯首领的全部帐篷，以及他的家人、仆人、士兵、财富、动产和羊群。

## 卡比尔民族起义

1859 年至 1871 年，卡比尔人在奥雷斯山脉、霍德纳和卡比利亚东部（这里居住着有柏柏尔人血统的山民）反抗法国的殖民统治。1871 年 3 月，起义军封锁了欧洲人所在的城市，迫使法国政府与土著部落首领进行谈判。加入起义军的卡比尔农民超过 10 万人，运动甚至蔓延至阿尔及尔城门，但在 1872 年遭到镇压。法国殖民者的镇压异常残暴，卡比尔人失去了自主权，且将 50 万公顷最肥沃的土地作为战争赔偿割予法国。

1835 年前后的阿卜杜勒·卡迪尔。他代表着阿尔及利亚对法国殖民者的反抗。

## 斗争永不停止

阿卜杜勒·卡迪尔象征着本地首领对征服阿尔及利亚土地的法国总督的反抗。在他的家乡马斯卡拉，他所进行的反抗让人民由衷钦佩。尽管他的家人在 1843 年均被俘虏，但他仍坚持不懈地抗争，直至 1847 年他的摩洛哥同盟战败。起初他被关押在昂布瓦斯，后被流放至奥斯曼帝国统治下的叙利亚。1860 年，因教派间发生骚乱，大马士革被血洗，是他保护了成千上万的天主教徒，因而在叙利亚广为人知。

## 布尔战争

布尔人是 17 世纪以后定居在德兰士瓦和奥兰治一带的荷兰人的后裔。他们反抗英国人，因为英国在当地实行的政策明显偏向黑人，而且 1867 年在金伯利发现钻石后，英国便在此推行扩张主义。紧张的状态持续几十年后，布尔战争于 1899 年爆发。英国人的反击结束了布尔人的抵抗，但他们仍组织平民进行了长达 18 个月的游击战，最终使英国认可了布尔人的特权。虽说布尔人的两个共和国均被英国吞并，但是被双方军队招募入伍的非洲人才是本次冲突中最大的受害者。

布尔人，南非的白人先驱者，大部分来自北欧国家。摄于 1899 年。

205

# 工业革命

## 第一次工业革命

第一次工业革命以三位一体的纺织—煤炭—铁具为基础，在18世纪中叶首先发生在英国。19世纪中叶，工业化程度最高的地区均靠近铁矿和煤矿：英格兰中部，苏格兰南部，法国中部、北部和东部，鲁尔，威斯特伐利亚，萨克森州，西里西亚，波希米亚，比利时。从英国进口的机器和现代金融机构的发展促进了纺织、制糖、玻璃、煤炭和冶金业的繁荣，这些行业在1850年的欧洲举足轻重。

英国的煤矿，1800年前后。第一次工业革命的部分基础是钢铁产量的增加。

## 从家族生意到工业资本主义

19世纪初，产量的增加并没有使小作坊和小工场消失，反倒刺激了原料采掘地附近工厂的出现和新城镇的发展，如埃森（克虏伯的工厂）、瑟兰（考克利尔的铸造厂）、勒克佐（施耐德的工厂）。然而从19世纪60年代至80年代起，随着国际贸易的增长（欧洲的出口额在1840年至1913年增长了16倍）出现了两个趋势：一是生产单位的规模逐渐扩大；二是同一行业（或互补的行业）的组织通过合并或收购的方式而越来越集中。

### 詹姆斯·瓦特

这位苏格兰人于1769年发明了蒸汽机，推进了19世纪棉纺织、冶炼和运输等行业的机械化进程。

### 经济：理论的较量

1776年，亚当·斯密在《国富论》中提出自由经济理论。在他看来，供求规律可以调节市场，让各方利益达到自然的和谐。

1817年，大卫·李嘉图强调，所有者、工人、工业家等各个经济参与者的利益是相互冲突的。

1819年，西斯蒙第在《政治经济学新原理》中指出财富分配中存在的不公正，以及竞争对广大劳动者的负面影响，他呼吁制定相应的法规，在不破坏制度的情况下纠正制度。

### 官方的供应商

19世纪初，英国为拿破仑的军队供应服装，而自1807年起，利兹的一位工厂主本杰明·科特开始为英国、俄国、普鲁士和瑞典军队提供床单和被子。

## 财阀 [75]

三菱等日本财阀形成于 19 世纪末,由母公司、与之相连的银行,以及母公司掌控下从事各行各业的其他公司组成。日本的工业化在明治时代(始于 1868 年)得以完成,这些财阀既是工业化进程的参与者,也是受益者——采矿、冶金、电力和机械等行业都在军火库的基础上发展起来。

## 康采恩 [76]

这是在德国产生的一种垄断形式,克虏伯集团是典型代表,1914 年,其员工已达 8 万人。

## 第二次工业革命

第二次工业革命开始于 19 世纪 70 年代至 80 年代。首先是石油能源的发现,1859 年,美国钻出了第一批油井。接着是层出不穷的科技发明:1881 年,爱迪生发明的白炽灯正式投产;1887 年,戴姆勒制成四轮内燃机汽车;1900 年,鲁道夫·狄赛尔发明柴油内燃式发动机。此外,还出现了肥料、塑料、合成纤维、新的钢铁生产手段,等等。从此,工业发展以德国和美国为中心,日本和俄国虽然工业化起步较晚,但也逐渐崭露头角。

## 托拉斯 [77]

在美国,控制国家某一经济领域的几家公司往往由同一个人管理。1881 年,洛克菲勒的标准石油公司控制了全美 90% 的石油产业。1900 年,2% 的工业公司提供了美国一半的制成品。

1870 年前后,勒克佐的施耐德工厂的机动锻锤,是法国乡村工业化的标志。

## 劳工的科学管理

1903 年,美国人泰勒提出科学管理理论。这一理论旨在通过将工人的劳作分解成若干基本的动作,并规定其完成时间,来确保劳动力和工具的最大效率。计件工资制保证了这一生产力标准的实现。

## 在农村地区的得与失

受工业化影响,农村人口大量外流,以英国最为突出。很大一部分农民无法依靠土地生活,因为会遭遇歉收,一旦收成不好,便会粮食短缺,甚至发生饥荒。此外,农业还受到机械行业和化工业的影响,种植面积和产量都有所增加。

# 经济与社会革命

## 工人的状况

工人成了机器的奴隶，不得不接受每天长达 12 至 15 小时的工作，遵守极为严苛的章程制度，过着极度贫困的生活。从 1850 年起，企业实行了一些家长式的政策，竭力限制工人的任何反抗。花园城市（如米卢斯和埃森）的理念改善了工人的生活条件，但也标志着工业时代的社会不平等。

### 1836年：无产阶级的诞生

1836 年，法国社会主义者君士坦丁·皮奎尔首次使用"无产阶级"一词，指代所有除劳动力以外一无所有之人。

19 世纪末，一家纺织厂的孩子们。列维·海因摄。

### 这些孩子都没有笑容，他们要去哪里？（维克多·雨果）

虽然妇女和儿童参加劳作并非 19 世纪独有，但在这一时期他们的工作状况相当糟糕。有些人对这样的状况进行了揭露，各国政府也颁布了相关法令，如 1833 年，英国禁止雇用 13 岁以下的儿童；1841 年，法国规定 8 至 12 岁的儿童的日工作时间不得超过 12 小时。1892 年，妇女的工作时间被限制在 11 小时之内，且禁止在夜间劳作。但这些法令革命性不足，效果微乎其微。

## 工业资产阶级的出现

大型企业的拥有者和管理者也属于传统显贵和大地主的"正宗布尔乔亚"行列。他们的价值观如下：努力可获得成功（也就是美国的靠个人奋斗而成功的模式），受教育和拥有理想化的家庭相当重要。

## 社会主义模式

自由主义模式有诸多替代解决方案，19 世纪初，乌托邦思想提出了一些理想的社会组织模式，如埃蒂耶纳·卡贝的伊加利亚共和国[78]、圣西门的实业制度、查尔斯·傅立叶的法伦斯泰尔[79]，随后又出现了主张通过结社和集体拥有生产工具、建立平等主义社会的潮流。由于工人阶级思想不够先进，无法将政治权力掌握在自己手中，社会民主主义应运而生。它依靠普选权来逐渐减少社会的不平等。这是社会主义政党形成的阶段。马克思主义旨在通过无产阶级占有生产资料和推翻资产阶级政权来建立一个共产主义社会，在它的内部当时也分为革命派和改良派。

欧洲给世界带来的苦难

## 《樱桃时节》

让－巴蒂斯特·克莱芒于 1866 年创作了这首歌，后来，它被看作"五月流血周"（1871 年 5 月 21 日至 28 日）的象征，当时巴黎公社被法兰西第二共和国镇压。这个由约 80 人组成的委员会将总部设在市政厅，政治思想各异的工人和农民成员占主要地位。它的成立，就是为了反对政府一系列增加人民苦难的措施。现在看来，樱桃红一般的血滴象征着巴黎普通人民在路障上的牺牲。

## 第一国际和第二国际

1864 年，第一国际工人联合会在伦敦成立，其目标是让工人自己解放自己，消除阶级压迫。随后，附属于伦敦中央委员会的其他欧洲分部相继诞生。第一国际经历了诸多欧洲革命运动，是各种冲突的中心，最终于 1876 年解散。1889 年，第二国际作为各独立自主的党派的联合会得以成立。

## 市民社会的形成

反教权主义的基础是反对教士影响和干预公共生活，认为个人信奉哪个教派完全是私人的事务。随着反教权主义者掌权，这一点得以制度化，比如，在意大利，反教权主义者在 1867 年确立了公证结婚，并将教士财产收归国有。1905 年，法国颁布有关政教分离的法律，而从 19 世纪末起，在儒勒·费里的努力下，世俗教育成为使年青一代免受宗教影响的一种手段。

## 工人阶级

- 英国勒德分子的抗议（1811 年至 1813 年）；
- 里昂丝绸工人起义（1831 年），西里西亚纺织工人起义（1844 年）；
- 六月起义（巴黎，1848 年）。

这些运动尽管都遭到了严厉镇压，但同时加剧了社会的对立，并促进了阶级意识的产生。

## 工会

1824 年至 1825 年，工人罢工和结社权在英国得以确立。此外，19 世纪 80 年代的工会运动中有一个根本性的问题：工人们组织工会是为了改善工作状况（改良），还是通过广泛的罢工取得权力（革命）？

随着工作状况的恶化，阶级意识出现了，表现为罢工增多和工人阶级对身份的强烈认同感（尤金·拉尔曼斯画作，1893 年）。

209

# 现代

## 20km/h

1825年，英国首条火车线路斯托克顿—达灵顿通车，运行的第一辆火车的速度即20km/h。这一小步开启了诸多进程。除了铁路运输，蒸汽也改变了航运，螺旋桨、铁壳和钢壳都在航运中得到使用，所以轮船的速度有所提高，吨位也得以增加。第一艘潜水艇的发明者是法国的海洋工程学工程师马克西姆·劳伯夫，他从1898年开始设计"纳维尔号"。19世纪末，汽车和飞机的相继问世塑造了下一个世纪。

## 巴斯德革命

1857年至1860年，路易斯·巴斯德证明感染并不是自然发生的，而是由微生物导致的。作为微生物学的奠基者，他提出了灭菌原理，而其他医生则将伤口消毒、器械消毒系统化，把这一原理付诸实践。巴斯德从1881年起以羊进行疫苗试验，后成为狂犬病疫苗的发明者，狂犬病疫苗的出现是人类掌控传染病或病毒性疾病的一场革命。

路易斯·巴斯德采集一只狂犬的唾液。正是这一试验使他得以发明狂犬病疫苗。

## 看待世界的新角度

科学发现冲击了宗教观念，传统上被人广为接受的解释发生了变化。1859年，达尔文在《物种起源》中提出自然选择学说。爱因斯坦在世纪之交以相对论超越了牛顿物理学，而亨利·贝克勒尔发现了天然放射性，皮埃尔·居里和玛丽·居里夫妇开启了原子时代。

## 救治伤者

1859年6月，法国和撒丁王国联军与奥地利帝国军队在苏法利诺交锋，双方均有1.4万人阵亡，还有成千上万人受伤，伤员们在战场上奄奄一息，无人救援。目睹此次战役的瑞士人亨利·杜南特认为，应该建立一个照料所有国籍的战争伤员的组织。1863年，国际红十字会成立。一年后，亨利·杜南特的努力促成了《日内瓦公约》（1864年8月22日）的签订，确立了保护战争受难者的框架。

## 医学的黄金时代

19世纪，妇科学、精神病学、殖民地热带医学等多个专业相继诞生。1866年，研究遗传的格雷戈尔·孟德尔奠定了遗传学的基础，而1875年，华尔瑟·弗莱明辨认出了后来被称为染色体的物质。通过生物化学的研究，科学家了解到激素的运作，并认识到激素在机体中的作用。

## 只有经验让人受益

1830 年至 1842 年,奥古斯特·孔德在《实证哲学教程》中提出了人类知识发展进程的三个阶段:以超自然为基础的神学阶段;以抽象哲学为基础的形而上学阶段;以观察事实、推演支配事实的法则为基础的实证阶段。在孔德看来,根据科学法则为社会重新确定方向,摆脱启示宗教的时刻已经到来。从此,科学实践均对意识形态先验充满怀疑,克劳德·伯纳德在《实验医学研究导论》中提出了一种以实验为基础的研究方法。

## 世界博览会,现代性的窗口

1851 年至 1900 年一共举办了 11 场世界博览会,反映了工业强国对科学技术发展的信心。世界博览会也是展现各国能力的窗口:1851 年伦敦世博会上的水晶宫,这个由玻璃和钢铁建成的巨大展馆位于海德公园南侧,占地面积达 8 公顷;1889 年巴黎世博会上,工程师埃菲尔建造的铁塔轰动一时;在 1900 年的世博会上,电力照亮了一座大型玻璃宫殿,标致、雷诺、菲亚特和福特都展出了它们最早的模型。此外,这次博览会还展示了"未来之路",也就是最早的自动扶梯,此后,巴黎人使用地铁 1 号线(文森城堡—马约门)出行。

## 健康的身体,健康的思想

体育运动在整个欧洲发展起来,人们通过赛马、赛跑、自行车等项目开展竞技比赛。欧洲人逐渐发展集体运动,进而产生了公平竞争精神下的身体对抗:在他们看来,这样的队伍和竞争可以提高团队精神,而团队精神是维持新兴资产阶级网络的活力所必需的。皮埃尔·德·顾拜旦[80]复兴了古代的奥林匹克运动,使体育成为道德价值观的载体。1896 年 4 月,第一届现代奥运会在雅典召开。

## 图像革命

尽管暗室原理早在 18 世纪就已为人所知,但直到 1826 年,尼塞福尔·涅普斯才通过暗盒记录下历史上最早的摄影作品。随后,他的合作伙伴路易斯·达盖尔找到了一种在镀有薄银的铜板上显影并复制的方法。1840 年,英国人塔尔博特成功地在感光薄纸上得到了"负片"。摄影的发明开启了电影之路,穿孔胶片的出现为拍摄电影提供了便利。1895 年 12 月 23 日,卢米埃尔兄弟公映了六部短片,大获成功。

为 1851 年世博会修建的伦敦水晶宫。

1914年 ———————————▶ 2000年

# 20世纪：战争的世纪

20世纪最突出的事情莫过于两次世界大战，它们深深地印在了人们的脑海中。虽然从严格意义上来说，1914年开始的冲突并非世界性的，而是欧洲的，但这场战争却是新秩序的起点，拉开了一个永久对抗的、如历史学家乔治·莫斯所言的"粗暴化"世界的序幕。

## 以混乱开始，以混乱结束

整个20世纪贯穿着暴力行为，最大的危险是伴随暴力普遍化的暴力升级。从被围困在战壕里到死亡集中营，从对格尔尼卡或其他地方的被称作"附带损伤"的平民的轰炸事件到向广岛、长崎投放原子弹，从死亡到根除，从仇恨到种族灭绝，20世纪的种种都让我们感到恐怖，而这种恐怖却成了国家机器的首选武器。想想在两次战争期间出现的欧洲极权主义政权，想想法国极右势力的抬头（右翼联盟对民主派构成威胁），或是想想日本在中国的残酷帝国主义，几乎自然而然地导致了令人难以置信的纳粹主义。解放和建设一个更美好的世界的希望都是短暂的，苏联的劳改营、阿尔及利亚和南美洲的酷刑、种族隔离、中东动乱和南斯拉夫的战火，如此多的例子表明了理性的失败，也证明了在全球范围内为试图确立世界秩序而创建的组织的无能为力。

## 两极秩序

1945年的世界秩序是建立在两极化和两个对立阵营的对抗逻辑上的。它是大部分冲突的直接或间接原因，而世界直到今日仍旧充满冲突。美国和苏联是战争的最大胜利者，它们共享领导权，指导着各国人民的命运和意识形态的表现。尽管民族主义日渐抬头，正在以和平或武力斗争的方式寻求摆脱西方强国或仅仅是昔日盟国的控制。第三世界国家在国际舞台上的出现和不结盟原则的发展，都试图重新平衡现存的多方力量。

## 新的紧张地区

非殖民化使得一些新角色登上国际舞台，苏联在20世纪90年代初的解体，以及经济问题占据主导地位，在20世纪末重新成为紧张局势的温床。虽然不可否认冷战的残余依然存在，但新的问题已然出现。考虑到巴勒斯坦、库尔德或克什米尔，这些问题都是政治方面的，但随着伊斯兰教影响的扩大，也有宗教方面的问题，以及经济和社会的问题（与获得和控制自然资源相关）。在这个新世界，所有人都将目光转向亚洲和中东。

1961年10月,勃兰登堡门前,带刺铁丝网双重路障构成的柏林墙显得无法越过。

# 第一次世界大战

## 国际关系的日益紧张

第一次世界大战前夕，英国和法国正忙于争夺殖民地，尤其是非洲殖民地。德国、奥匈帝国和俄国在争夺巴尔干半岛的控制权。自1871年以来，德法关系紧张，而德国和英国为争夺海上霸权也冲突不断。

## 三国同盟

最初，俄罗斯帝国、德意志帝国和奥匈帝国于1872年结成同盟；1879年，俄国因巴尔干半岛问题而与德奥发生冲突，脱离同盟。1882年，意大利因与法国和英国争夺殖民地而加入同盟。1914年10月31日，奥斯曼帝国加入德奥同盟。

## 三国协约

《三国协约》涉及英国、法国和俄国，这三个国家结成同盟是因为它们有着共同的敌人：德国。1904年4月8日英法签订《挚诚协议》，两国根据征服的现状和各自的势力范围，确立了在外交和军事上的友好关系。1907年，俄国加入同盟。

1914年的一幅德国漫画，表现的是德国四面受到欧洲邻国的威胁。第一次世界大战前夕，德国的四面楚歌充分体现了当时的政治联盟情况。

## 火药桶：巴尔干半岛

巴尔干半岛上住着土耳其人、希腊人、阿尔巴尼亚人、斯拉夫人等20来个信仰不同的民族：塞尔维亚的东正教徒，波斯尼亚的穆斯林，亚美尼亚的基督徒，克罗地亚的天主教徒，他们都要求获得民族独立，同时受到欧洲大国和奥斯曼帝国的觊觎。1912年和1913年的两次巴尔干战争使得巴尔干各国重新分化，导致这一地区的矛盾更加一触即发，半岛人民对生活更为不满。

## 联盟的手腕

1914年6月28日，奥匈帝国皇位继承人斐迪南大公在萨拉热窝被刺杀，该事件引燃了巴尔干半岛的火药库。奥匈帝国向塞尔维亚宣战，俄国出动军队援助塞尔维亚，于是德国向俄国宣战。因为法国是俄国的同盟国，所以德国发布战争总动员，向法国宣战，并攻占了卢森堡和比利时，迫使英国也卷入冲突之中。只有意大利在战争中保持中立。

## 一场世界大战？

日本是第一个参加战争的非欧洲国家：1914年8月23日，日本向德国宣战；25日，日本向奥匈帝国宣战。其目的在于夺取德国在中国北部的势力范围，以及德国在太平洋各岛的殖民地（马里亚纳群岛、马绍尔群岛、加罗林群岛、萨摩亚群岛）。

20世纪：战争的世纪

### 和平主义运动的失败

1913年，让·饶勒斯效仿德国和英国的同道，在法国多次发起和平主义动员，但在1914年7月31日遇刺身亡。作为一个鼓舞人心的演说家，他团结起法国的社会党人士，反对帝国的征服政策；他在《新军队》一书中阐明自己的观点，坚决抗议三年义务兵役制度。

### 消耗战

1917年，欧洲军队内部开始出现叛变，这体现了士兵们对战争的厌倦，以及他们感到自己是在做无谓的牺牲。总共有三四万反叛者，约600人被判处死刑，其中将近100人被执行死刑。

### 战壕战

德国的战争计划是通过占领比利时包围法军，打败法国，再去对付俄国。然而在西线，德军的前哨抵达了离巴黎仅几十千米远的地方，法国在最后一刻因马恩河战役（1914年9月6日至13日）而获救。德军退守埃纳河一线，士兵们躲藏在战壕中。在东线，尽管土耳其在10月31日也加入战争，与德国和奥匈帝国结为同盟，但交战双方谁都无法取得关键性胜利而前进一步。

### 凡尔登战役

凡尔登战役开始于1916年2月21日，德军以猛烈的炮火攻击法军的防御工事，直抵凡尔登。法国利用被称为圣道的巴勒迪克通往凡尔登的公路运送人员和物资补给，将总兵力的三分之二运往凡尔登。在喧哗与骚动中，法军于12月收复被德军攻占的阵地，而德军还在索姆河一带作战。

### 罢免的起源

战争之初，霞飞向利摩日派遣了一些将领，但他们使用的战术造成了大量士兵死亡：这些将军随后都成了"被罢免者"。他用一些已经证明了自己能力的人替换了他们：贝当、尼韦勒、芒然。

### 拉法耶特，我们在这里！

1917年4月6日，美国宣布参战，理由是德国发动了"无限制潜艇战"。从1917年年初起，德国击沉一切船只，包括中立国的船只，以限制协约国的经济。另一个决定性因素是德国外交秘书阿瑟·齐默曼向墨西哥发出一份电报，提议与墨西哥结成对抗美国的军事联盟。1917年6月26日，美国的第一支部队在圣纳泽尔港登陆，随后巴西、希腊和中国也相继投入战争。

1917年美国的宣传海报，鼓励年轻男性应征入伍。

215

# 世界的重新划分

## 威尔逊总统的乌托邦

巴黎和会开始后,威尔逊提出了促进欧洲重建的"十四点"。他提出的纲领包括:杜绝秘密外交、裁减军备、自决权、人民支配自己的自由等。这一并未征求欧洲各国意见的理想主义的纲领没有得到实施,因而美国参议院拒绝批准《凡尔赛和约》。

## 从《色佛尔条约》到《洛桑条约》

巴尔干战争后奥斯曼帝国丧失了在欧洲的领土,青年土耳其革命后建立的军事独裁政府让奥斯曼帝国日渐式微,此后,两个和约与一场战争(1921年—1922年)确定了奥斯曼帝国的命运。1920年,《色佛尔条约》将原属奥斯曼的阿拉伯各省划为战胜国的保护地,阿拉伯基本取得独立,希腊得到安纳托利亚西岸,包括士麦那;计划建立大亚美尼亚,包括土耳其和俄国的亚美尼亚人地区,并在该国东部建立一个自治的库尔德斯坦。"海峡地区"和伊斯坦布尔成为非军事区。大部分土耳其人拒绝承认《色佛尔条约》,穆斯塔法·凯末尔也对该条约提出疑问,他拿起武器反抗希腊人和亚美尼亚人,并在洛桑签订了新的和平条约,确立了今日土耳其的边境线。

穆斯塔法·凯末尔,土耳其共和国缔造者,使土耳其走上现代化之路。

### 阿塔图尔克

现代土耳其的缔造者穆斯塔法·凯末尔(1934年被赐予"阿塔图尔克"一姓)曾参加巴尔干战争,因在达达尼尔战役中阻止英军登陆加里波利而声名大振。作为独立战争的获胜者,他在1922年将100多万希腊人驱逐出安纳托利亚,先后废除苏丹和哈里发制度,成立共和国,制定世俗宪法,提倡性别平等,让人们接受了拉丁字母,并禁止穆斯林妇女戴面纱。

托马斯·伍德罗·威尔逊,1918年。这位美国总统宣称美国参与战争是为了维护欧洲的和平,然而美国参议院拒绝批准他大力促成的条约。

## 奥匈帝国的解体

1919年9月10日,在奥地利代表缺席的情况下,多个国家的代表签署了《圣日耳曼条约》。根据该条约,奥地利的领土仅为首都维也纳和阿尔卑斯山脉的一片区域,其他领土被新捷克斯洛伐克、意大利南部蒂罗尔德语区和南斯拉夫瓜分;禁止奥地利与德国合并;限制其军队数量;此外,奥地利还需支付沉重的战争赔偿。1918年10月,匈牙利宣布独立;1920年6月4日,另一个条约《特里亚农条约》确定了匈牙利的边界,进一步表明了奥匈帝国的解体。

20 世纪：战争的世纪

## 塞尔维亚 - 克罗地亚 - 斯洛文尼亚王国

以贝尔格莱德为首都的南斯拉夫的成立让脱离奥匈帝国的各省组成了一个联盟。它将一些从未共同生活过的人聚集了起来：三个宗教、两种字母、四种语言，诸多民族接受了共同住在由塞尔维亚人领导的王国，以抵抗意大利的控制。

## 捷克斯洛伐克的火药桶

捷克斯洛伐克于 1918 年 10 月 28 日独立时，尽管效仿法国和美国制定了宪法，但这个国家依然十分脆弱，包含多个少数民族：斯洛伐克人与捷克人毗邻，边境线上住着相当数量的后来成为苏台德人的德国人，此外，境内还有一定数量的匈牙利人和波兰人。

## 大赢家

"一战"后，世界经济中心转向美国，经济学家认为美国在战争中获得了 6 年的经济增长。这种增长促进了美式生活（消费社会）的发展。然而，这只是在一段时间内掩盖了美国经济由生产过剩所致的脆弱，以及领导人的畏惧导致的衰退。领导人们希望通过宣扬宗教价值和民族主义价值的回归，保持国家免受共产主义浪潮的影响。

## 爱尔兰问题

1914 年，爱尔兰在英联邦内的地方实行自治，这是一项两年前已投票通过的内部自治方针，因战争的爆发而暂缓。1916 年复活节星期一，激进的民族主义分子要求立即获得民族独立，并在都柏林举行了起义，但遭到英国军队的残酷镇压，除了街头的激烈战斗，起义领袖帕特里克·皮尔斯和詹姆斯·康诺利被送交军事法庭审判并被判处死刑，这改变了爱尔兰公众舆论的倾向，他们转而支持起义者，皮尔斯和康诺利从此被视作英雄和殉道者。

## 但泽走廊

但泽走廊指的是但泽自由市西部的一块狭长土地，以德语为主要语言，是根据威尔逊提出的"十四点计划"的第十三条建立的，用于确保波兰拥有出波罗的海的通路。威尔逊不仅提议建立独立的波兰，还提出要保证其领土的完整。波兰边界的划分让德国和俄国极为不满。

## 新芬党

尽管性质不同，爱尔兰民主主义者联盟仍然承认并扶持新芬党（盖耳语，意为"我们自己"）。因得到美国的爱尔兰团体的支持，新芬党在 1918 年的大选中获胜。当选的新芬党人建立了一个新的议会，即爱尔兰国民议会，宣布爱尔兰岛在埃蒙·德·瓦莱拉的领导下完全独立。瓦莱拉是 1916 年复活节起义的领导人之一，他被免于死刑，但遭到终身监禁。爱尔兰组建了政府和军队（爱尔兰共和军），与英国多次进行谈判，其间两国武装冲突不断。最终，英国于 1921 年承认爱尔兰"自由邦"地位。

1919 年至 1922 年反英的爱尔兰独立战争期间驻爱尔兰的英国军队。

217

# 俄国革命

## 等待 1917 年

俄国社会民主工党领导了俄国反对沙皇的斗争，其内部又有列宁领导的布尔什维克（多数派）和马尔托夫领导的孟什维克（少数派）；1902 年，俄国社会革命党成立。1905 年，一场初期的革命[81]奠定了以苏维埃为基础的革命力量的基石，迫使沙皇进行改革，如实行君主立宪制、通过选举产生立法议会（杜马[82]）等，然而社会主义者和革命者对这些改革并不满意。

## 俄国的末代皇帝

尼古拉二世维持专制政权，通过限制地方特权追求国家的俄罗斯化，并继续镇压包括犹太人在内的宗教少数派。在与日本争夺中国东北地区和朝鲜的控制权上的对外政策的失败，镇压政策，以及其信奉的所谓"神僧"拉斯普京的负面影响，都加速了尼古拉二世的倒台。1918 年 7 月 17 日，尼古拉二世被处决。

## 战时共产主义

这个词指的是 1918 年至 1921 年内战期间国有化的加强。首先，大银行被收归国有，随后，商业船队、对外贸易、所有的公司的活动都受到成立于 1920 年 2 月的国家计划委员会的监督，这个委员会随后还负责征集余粮。因此，俄国的工业产品产量降低，对农业的依赖程度比战前更高。

## 从 1917 年 2 月……

一场示威游行转变成全国范围的大罢工，迫使杜马的议员向示威者承诺将组建一个新的政府。这次行动的组织者们建立了苏维埃，为革命提供了框架，而革命的主要领导人列宁、马尔托夫和托洛茨基等仍流亡在外。沙皇退位后，两个政权并存，但其目标迥然不同：源自杜马的临时政府力求对国家进行改革，并实行议会民主制；而彼得格勒的苏维埃希望改善俄国的经济状况。

1917 年 3 月 11 日（儒略历[83] 2 月 26 日），俄国士兵与工人在彼得格勒举行示威游行。

## ……至 1917 年 10 月

源自杜马的临时政府成功联合了孟什维克和革命派社会主义者，与它对立的只有布尔什维克。布尔什维克依靠的是武装起来的农民和工人（农民厌倦了战争，期望重新分配土地；在工人中，由工人控制生产的思想广受欢迎），他们高呼"一切权力归苏维埃！"10 月 25 日，列宁宣布推翻临时政府，成立革命军事委员会。

## 被分割的苏俄

苏俄与同盟国谈判后，于 1918 年 3 月 3 日签订《布列斯特－里托夫斯克和约》。为了退出"一战"，托洛茨基主张"不战不和"，但敌军步步紧逼，致使苏俄丧失大量领土。

20 世纪：战争的世纪

1919 年苏维埃的宣传海报《骑兵，上马！》。海报上印着一句托洛茨基的话："无产阶级革命应建立一支强大的红色骑兵；共产主义者应是一名骑兵。"

## 红军与白军

在苏俄，布尔什维克红军与法国、英国、加拿大军队支持下的反动派武装白军发生了争夺权力的激烈冲突。托洛茨基组建的红军果断保护苏俄，1922 年布尔什维克取得胜利后，苏俄被称作苏维埃社会主义共和国联盟，也就是说这是一个充分考虑了种族分布原则、地方享有一定自治权的共和国联盟。

## 新经济政策

1921 年至 1928 年的新经济政策允许苏联国内的自由贸易，并给予一些企业主特许权，以同时发展工业和农业，恢复重工业。到 20 世纪 20 年代末，苏联的工业和农业产量已恢复至 1913 年的水平，但农业收益仍相当有限，某些歉收年份令人担忧。

## 大转折

基于新经济政策的相对成功，斯大林开始实行农业全盘集体化，并进行计划经济建设。

## 欧洲的革命浪潮

"一战"结束后，德国、匈牙利和意大利成为革命运动的舞台。其特点是工农委员会夺取了政权，暴动罢工频频爆发，往往遭到残酷镇压。

1918 年，罗莎·卢森堡在柏林的一次示威游行。

### 德国革命的象征

罗莎·卢森堡出生于波兰，曾在德国攻读政治经济学专业，积极参加德国社会民主党（缩写 SPD，当时欧洲第一个社会民主党，后来她成为该党左翼的代表人物）的活动。作为反对战争的国际主义者的领导人，卢森堡于 1915 年被捕入狱。1918 年出狱后，她担任斯巴达克团的领导者，随后又率领德国共产党，将群众运动作为一种政治手段。在柏林起义被镇压时（也被称为"流血周"），罗莎遇害。

219

# 专制的诞生

一次阅兵中的贝尼托·墨索里尼。

## 被削弱的意大利

战争结束后,社会党、天主教或是共产党都未获得明显的多数支持。新出现的小资产阶级和中产阶级都转向"战斗的法西斯"党,该党在 1919 年由墨索里尼成立,起初是为了摒弃被认为应对 1918 年意大利的"半胜利"负责的传统政党,后来则是因为害怕社会主义者会对他们的社会进步造成威胁。

## 法西斯党的束棒[84]

1919 年,"战斗的法西斯"党只有两个纲领:颂扬战争的美德(力量、勇气、服从)和质疑议会制的弱点。随后,墨索里尼四处宣扬民族主义,进而在 1921 年建立国家法西斯党,该党共有 32 万名党员。1922 年 10 月 28 日,墨索里尼借国家法西斯党员的"进军罗马"运动上台执掌政权。

### "意大利式极权主义"

历史学家伦佐·德·费利切用"意大利式极权主义"指代 1924 年起意大利的独裁倾向:一个领导者或者说法律上的唯一负责人,和一个唯一的党派执政。1926 年起,新闻出版自由被取缔,政党遭到禁止,警察系统重组,经济由国家控制(国企和银行)。个人在生活的每一个阶段都受到国家的管理,由此发展出一种战争文化,宣扬凝聚力、自豪感和国家伟大等理念。

## 西班牙:从一个独裁者到另一个独裁者

西班牙在 19 世纪末丧失了所有海外殖民地,并在 1914 年至 1918 年的第一次世界大战中保持中立。西班牙政府被罢工和抗议搞得筋疲力尽,直至 1923 年米戈尔·普里·德里维拉将军通过政变夺取权力,并建立军事委员会。1936 年米戈尔去世后,西班牙出现了一个短暂的共和国,推行取消贵族头衔、允许离婚、政教分离、土地改革等一系列让大地主和教会不满的改革。在西班牙右翼自治组织联合会领导者吉尔·罗伯斯当选之际,无政府主义者和社会主义者骚动不断,为新的独裁者——佛朗哥将军的出现提供了条件。

## 萨拉查的葡萄牙

1910年君主制垮台后,葡萄牙变得相当脆弱:1911年至1928年共爆发了20次政变。葡萄牙在"一战"中最初保持中立,后转而支持英国。1926年5月,安东尼奥·奥斯卡·德·弗拉戈索·卡尔莫纳发动政变,推翻葡萄牙共和国。他的财政部部长萨拉查很得民心,成功平衡了国家的开支,稳定了物价,最终于1932年当选总统。萨拉查相当谨慎,以铁腕治理这个衰弱的国家:推动了家庭天主教观念,激起了人们对共产主义的敌视,实现了祖国的统一,获得了在殖民地无可争议的控制权。

## 何谓纳粹主义?

纳粹主义是民族社会主义(由德意志民族社会主义工人党的名称而来)的德语缩写,它定义了一个独裁政权。1933年1月30日希特勒被任命为德国总理,魏玛共和国宣告结束。纳粹主义的主要特征是反犹主义、反共产主义、强调领袖对"德国共同体的权力",以及在德国经济衰弱(尚未从《凡尔赛和约》造成的损失中恢复过来)的背景下占领生存空间,以促进雅利安民族的发展。

## 霍尔蒂·米克洛什的匈牙利

1919年,共产主义领袖库恩·贝拉作为匈牙利苏维埃共和国的领导人掌管着匈牙利。但随后,捷克人和罗马尼亚人介入,推翻苏维埃共和国,并扶持海军上将霍尔蒂·米克洛什为摄政王,他将匈牙利从两院制变成一个保守、传统的政体。尽管他的立场是反对民族社会主义的,但他希望修改割去匈牙利三分之二领土的《特里亚农条约》,这让他在1933年向纳粹德国靠近。

## 苏联的变化

1924年1月21日列宁去世后,斯大林成为主要领导人。20世纪30年代发动大规模的"肃反"运动,错捕、错杀大批党政军干部和无辜公民。苏联的这种专制管理导致了强制性的集体化,使得劳动力集中于铁路、水坝等大型工程,带来了节奏加快的工业化(斯达汉诺夫运动),还促进了个人崇拜。

## 让德国社会屈从

一开始希特勒作为总理是尊重国家制度的,但很快,他就强行改变了路线。其标志是1933年2月27日的国会纵火案,这是压制个人自由的一个方便借口,打压共产党,使德意志民族社会主义工人党成为唯一党派。行政人员都被纳粹的官员取代,控制了新闻出版和电台,各个阶层的人都处于纳粹的监控之下,而反对者则被关押进集中营。警察部队由盖世太保、希姆莱的党卫军和罗姆的冲锋队组成。不过,罗姆及其冲锋队在1934年6月30日的"长刀之夜"[85]被希特勒剪除。1934年8月,总统兴登堡逝世,希特勒在一次全民公投后身兼总统、总理职务。

1934年的选举,柏林一个选票站的入口处。

# 从咆哮的 20 年代到黑色星期四

## 回应惧怕

"疯狂年代"这个表达符合"一战"及其非人的暴力导致幻想破灭之后,文化界表达自我的意愿。新的艺术表达往往是怪诞的,带有挑衅意味,试图寻求自由和瞬时的愉悦。

## "我们这些后继的文明……太清楚我们是凡人。"

战争的恐怖成为文学作品中反复出现的主题,其中包括亨利·巴比塞 1916 年获龚古尔文学奖的《火线》,乔治·杜阿梅尔的《烈士的生活》(1917 年),罗兰·多热莱斯的《木十字架》(1919 年),路易-费迪南·塞利纳的《茫茫黑夜漫游》(1932 年),等等。这些作品都揭露了战争、殖民主义和社会的不平等。信仰是另一个普遍的主题,如贝尔纳诺斯的《在撒旦的阳光下》(1926 年)。此外,常见的主题还有文明的危机、共同价值等。1919 年,保尔·瓦雷里在《精神的危机》中写道:"我们这些后继的文明……太清楚我们是凡人。"

1920 年前后阿尔伯特·纪尧姆发表在《画报》上的石版画。

## 巴黎的陶醉

巴黎成为节庆与表演之都,海明威、弗朗西斯·斯科特·菲茨杰拉德等美国作家会聚于此,谈论战争如何摧毁了他们的梦想与希望,也有因革命而流亡的俄国人在蒙马特定居。在强哥·莱恩哈特[86]经常登台演出的小酒馆"屋顶上的公牛",爵士乐占据了主导地位。密斯丹盖[87]和约瑟芬·贝克[88]所在的巴黎歌舞厅在促进先锋艺术发展的同时,带来了有益的眩晕效果。

## 战后的风格

艺术装饰风格进入大众视野是通过 1925 年巴黎的一场展览会,它重视工业大批量生产的日常和现代物品的豪华造型。很快,艺术装饰风格被现代风格取而代之,其主要倡导者之一是勒·柯布西耶。柯布西耶推崇的艺术基础与艺术装饰风格一致,并希望艺术可以为大众所理解。1929 年,让·普鲁维修建了一栋完全使用工业材料的建筑,并准备安装铝板和玻璃窗。

## 超现实主义的替代

特里斯唐·查拉于 1918 年发表达达宣言,强调虚无主义,追求文学写作的新技巧(建立在反映人和世界的混乱的偶然性与本能自发性上)。无意识和梦幻是逃避现实的最后手段。属于这一流派的有艾吕雅、阿拉贡、德斯诺斯等诗人,曼·雷等摄影师,达利等画家,以及布努埃尔等导演。

## 《野女孩》

1922 年,维克多·玛格丽特的长篇小说《野女孩》,塑造了莫妮克这样一个希望像男孩那样自由生活的女孩。她喝酒,承认自己的性欲,完全按照"一战"时期那样。在"一战"时期,女性证明了她们也可以担任一些在此之前专属于男人的职位。她们留短发,摆脱胸衣的束缚,她们代表了一场解放运动,但这只是在已经获得自由的圈子内。除此之外的女性们还是只能回到家中,无法享有 1918 年授予英国妇女和 1920 年授予美国妇女的投票权。

## 华尔街股市暴跌

英国一个大集团宣布破产，从而导致 1929 年 10 月 23 日、24 日、28 日、29 日股票市场的崩盘。24 日星期四，这一天有 1200 多万股股票易手；29 日星期二，交易股票达 1600 万股，致使美国 2000 多家公司破产倒闭。对于自由主义经济学家来说，这次危机是全球范围内实行市场经济而不可避免的周期性事故。而在马克思主义者看来，这是资本主义制度的危机。依赖于美国的欧洲经济变得分崩离析。

1929 年 10 月 24 日是华尔街证券交易所的黑色星期四：1200 多万股股票易手。

## 走出危机的策略

各国最常使用的策略是货币贬值和贸易保护主义。欧美各国纷纷设置关税壁垒，以保护国内市场，重振经济。英国经济学家约翰·梅纳德·凯恩斯提出依靠公共信贷，并全面改革资本主义经济，由此催生了美国的新政。

## 脆弱的经济

战争结束后，大多数欧洲强国都依赖于美国的信贷。而在美国国内市场，产量虽然巨大，购买力却极弱。负债司空见惯。国内和国外信贷的增加导致证券交易指数不再体现企业的真正价值，与此同时，经济活动和国际贸易体量都有所减少。

## 重新发牌

1932 年，富兰克林·德拉诺·罗斯福当选美国总统，他一心要以三个系列的政策，即罗斯福新政来解决美国危机。第一个方面是通过兴建公共工程、消除生产过剩和提高农产品价格来恢复就业。国家的干预在社会领域主要体现为失业救济金和联邦养老金制度的出现。通过加强国家干预和公共投资挑战来刺激经济，这是对危机的一次务实回应，但这并不能治愈美国经济的衰弱。

## 从一个危机到另一个危机

1929 年的危机不仅产生了社会和经济后果，还因与新的国际紧张局势耦合，让一些国家开始实行重整军备政策，尤其是日本和德国，这很快将会服务于它们的战争企图。

# 20 世纪 30 年代：战争序曲

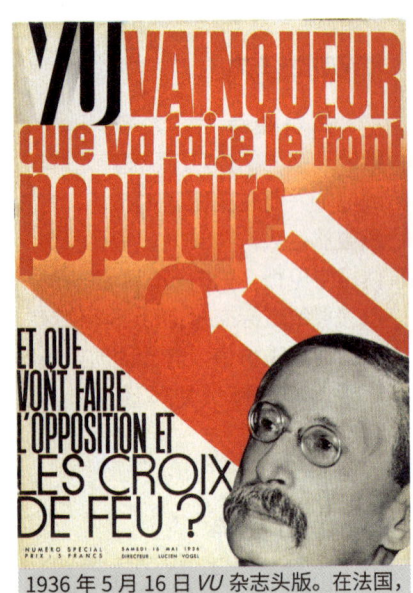

1936 年 5 月 16 日 *VU* 杂志头版。在法国，人民阵线的选举在一定程度上基于该党的反法西斯主义。

## 法国极右势力的抬头

法国的议会制度非常不稳定，必须直面国内极右联盟的壮大。法兰西运动[89]成立于德雷福斯事件之时，发动"国王的卡米洛特"，即出售保王党报纸的人——这是他们的激进分子，支持天主教的国教地位，仇视共和国与民主制度，反对资本主义——还激起这些人的仇外和反犹情绪。它所依靠的是为街头战斗做好准备的战士。1927 年，火十字团成立，起初只是一个退伍军人组织，其目的在于保持对获得战争十字勋章的"长毛军"[90]的记忆，但 1931 年，在其领导人中校拉洛克的推动下，火十字团转变成一个法西斯组织。

## 人民阵线，短暂的晴朗

这个由工人国际法国支部和法国共产党等左翼组成的联盟，曾被认为是一个社会进步的标志，激进党也加入了联盟。它的宗旨是捍卫共和国、反对法西斯主义，并反抗新近抬头的右翼联盟。尽管人民阵线在 1936 年的选举中获胜，工人国际法国支部的领导人莱昂·布鲁姆因此成为政府首脑，但它很快就面临诸多难题，尤其是与法国共产党的不和。1937 年，法国共产党党员人数已达 33 万。他们既不理解政府针对越来越具威胁性的邻国的重整军备政策，也不理解为何布鲁姆拒绝援助西班牙共和主义者。

## 西班牙内战

1936 年 7 月 17 日，驻摩洛哥、加那利群岛、巴利阿里群岛的西班牙殖民军在佛朗哥将军和莫拉将军的领导下发动叛乱，很快，本土的所有兵营纷纷响应。内战由此打响，西班牙开始四分五裂。三年后，佛朗哥取得胜利，战争结束。佛朗哥将军依靠的是三个方面的力量：组织精良的长枪党[91]，该党于 1933 年由之前的独裁者普里·德里维拉之子创立；西班牙神职人员，他们不惜一切代价试图消灭共和军；德国、意大利，以及萨拉查独裁下的葡萄牙和其他自由派国家的志愿军。

## 支持西班牙

自由力量未向西班牙冲突提供官方支持，它们的不行动导致了国际纵队[92]的产生。国际纵队由共产国际建立，以"禁止通行"为口号，聚集了全世界 3 万至 5 万名反对法西斯主义的志愿军，他们与西班牙共和军并肩作战，其中就包括马尔罗和海明威。还有一些志愿军加入了全国劳工联合会、马统工党，如乔治·奥威尔等。

## 731部队

人们之所以还记得 1937 年组建于中国东北地区的 731 部队,是因为它以活人做试验的行为。这并非此类试验的孤立案例。在整个被侵占的中国土地上,成千上万的中国人死于类似手段。

## 外交游戏,骗人的游戏

希特勒无视战后和约确立的外交与领土限制,1934 年退出国际联盟,1935 年扩充军队,1936 年在莱茵兰建立防御工事,还以维护日耳曼人的权利为名吞并奥地利,随后又吞并捷克斯洛伐克的苏台德地区(这里居住着 320 万讲德语的人)。最后,希特勒坐到慕尼黑的谈判桌旁。1938 年 9 月 29 日,希特勒与法国总理达拉第、英国首相张伯伦等签订条约,并承诺不再攻占其他领土。但仅一年后,希特勒出兵波兰,第二次世界大战由此爆发。

## 格尔尼卡

秃鹰军团正是纳粹德国对西班牙国民军给予支持的体现,德国向西班牙派遣了相当多的军队,尤其是空军。秃鹰军团轰炸格尔尼卡,摧毁了这座巴斯克城镇,在恐怖的一天内致使近 1500 人受害,毕加索的名作《格尔尼卡》表现的就是这一事件。

## 日本侵华战争

1937 年,北平沦陷,日军镇压中国人民此起彼伏的反抗,并进一步侵占中国的领土。日本在 1938 年 12 月起屠杀了成千上万的南京人。

## 苏德互不侵犯条约

1939 年 8 月 23 日,希特勒和斯大林签订《苏德互不侵犯条约》。随着《苏德互不侵犯条约》的签订,希特勒确保了东部边境线的和平,而苏联则占领了波兰、芬兰,以及两个波罗的海国家的很大一部分领土。

## 战地摄影师

罗伯特·卡帕在西班牙内战中拍摄了一些照片,揭露战争对平民百姓犯下的暴行,这些照片令西方人震惊不已。和诸多被派往战场的记者一样,他为这场战争的媒体报道做出了贡献,使人们看到 1939 年前势不两立的两大阵营的意识形态之争。

# 战争编年史

1940 年 5 月，法国战役中，德国装甲车摧毁一辆法国坦克。

## 闪电战

希特勒的战术就是闪电战原则。这一战术以其速度快著称，依靠的是在联邦国防军空军的支持下进行装甲车进攻。凭借闪电战，德国在 1939 年至 1941 年迅速取得一系列胜利。首先是攻占波兰（空军不到 48 小时就将其摧毁）、挪威、荷兰、比利时，然后是法国。5 月 13 日，德军袭击法国阿登山脉，6 月 14 日占领首都巴黎，6 月 22 日法国与德国在雷通德签订停战协议。1941 年 6 月攻打苏联时，希特勒在"巴巴罗萨计划"[93] 中继续使用闪电战，这让德国军队得以深入苏联领土。

## 战争范围的扩大

从 1941 年起，除了希特勒违背《苏德互不侵犯条约》攻击苏联，战事还延伸至地中海和非洲。特别是因为墨索里尼想要进行"平行"战争，以他驻扎在殖民地埃塞俄比亚和利比亚的军队控制直布罗陀海峡、希腊、苏伊士运河和埃及。

墨索里尼的计划遭遇了不少困难，不过德国在这些地区对他给予了支持：派遣了德意志非洲军团征战非洲，并征服了南斯拉夫、阿尔巴尼亚、希腊和克里特岛。

1941 年 12 月 7 日，日本轰炸美国珍珠港海军舰队基地。12 月 8 日，美国对日本宣战。

## 太平洋战争

为了夺取东南亚的石油资源，日本必须清除美国的威胁，进而以其帝国主义行为导致太平洋战争的爆发。这就是 1941 年 12 月 7 日日本偷袭美国珍珠港海军舰队基地的原因。此次偷袭导致美国对日本宣战，从而卷入第二次世界大战。作为日本的同盟国，德国和意大利同时向美国宣战。在太平洋西岸，日本的侵略脚步并未减缓：马来西亚、泰国、新加坡、菲律宾、婆罗洲、苏门答腊、巴厘岛和缅甸均被日本征服，日军实行强硬占领，旨在系统地开采这些国家和地区的资源。

## "热血、辛劳、眼泪和汗水"

1940 年 5 月 13 日，为了让英国民众对德国意图登陆英国而展开的大规模轰炸做好准备，新任英国首相温斯顿·丘吉尔在下议院许下这一承诺：热血、辛劳、眼泪和汗水。英国人在一年内不惜一切代价直面希特勒的闪电战，随后希特勒凭借其潜水艇对岛屿实行海上封锁，但英国皇家海军得以成功突破。英军的顽强抵抗最终让丘吉尔的观点被抛弃。

20 世纪：战争的世纪

## 转折之年

1942 年和 1943 年是"二战"的转折点，以几次象征性的胜利为标志，为最终胜利铺平了道路。

● 斯大林格勒。从 1942 年 7 月初起，这里就遭到第六集团军的进攻。斯大林格勒的军民顽强奋战，直至 1943 年 2 月，德国将军保卢斯被迫向苏军投降。苏联军民自始至终控制着这座城市的绝大部分，但在此次战役中，90% 以上的区域被摧毁，120 万军民死亡，其中 50 万死于战斗。然而，苏联的反击并未止步于此，而是最终攻占了柏林。

● 瓜达尔卡纳尔岛。1942 年 8 月，美军进攻所罗门群岛上的这座岛屿，并于 1943 年 2 月攻克该岛，开启了太平洋冲突中的一系列决定性的胜利。

● 在阿拉曼，隆美尔由于缺乏补给和燃料不得不后撤，标志着德意志非洲军团开始向突尼斯撤退，并从这里最终撤离。

## 法西斯帝国的无条件投降

联军的空中轰炸消灭了纳粹德国，平民也未能幸免于难，成千上万吨的炸弹投向德累斯顿等城市。在德累斯顿，炸弹摧毁了整座城市的四分之三，致使 13.5 万余人死亡。1945 年 4 月 25 日，美国和苏联的军队在易北河畔托尔高会合。5 天后，希特勒和爱娃·布劳恩[94]在他们避难的总理府地下室双双自尽。5 月 2 日，柏林投降；5 月 7 日，约德尔将军在兰斯向艾森豪威尔将军签署无条件投降书；5 月 8 日，凯特尔元帅在苏联元帅朱可夫和盟军代表面前再次举行投降仪式。

## 盟军的再次征服

1944 年 6 月 6 日的诺曼底登陆（代号"霸王行动"）之前，"火炬行动"于 1942 年 11 月 8 至 11 日在摩洛哥和阿尔及利亚进行。1943 年 7 月 10 日在西西里岛的登陆，导致墨索里尼法西斯政权垮台。随后，1944 年 8 月 15 日的普罗旺斯登陆让德军进退维谷。1944 年 9 月 12 日，分别在诺曼底和普罗旺斯登陆的两支军队会合。

1944 年 6 月 6 日，美国军队在诺曼底海岸登陆，就此决定了德国的命运。

# 漫漫黑夜

## 最终解决方案

这个词语指的是纳粹德国对欧洲犹太人的种族灭绝计划，从更具有宗教色彩的角度说就是"燔祭"[95]。"最终解决方案"始于1941年，在1942年1月20日的万湖会议上正式落实。从20世纪70年代起，德国展开了一场争论，一方认为希特勒应为犹太人大屠杀计划负责；另一方虽不否认希特勒的排犹思想和他的首要责任，但同时强调这件事从基层到国家上层都难辞其咎。

## "小提琴那长长的呜咽……"

这句来自保罗·魏尔伦[96]的诗是1944年6月通过英国广播公司播出的加密电文，呼吁并号召开展抵抗运动，支持诺曼底登陆。事实上，盟军担心法国人并不欢迎他们，并且怀疑抵抗运动是否有能力发挥真正的支持作用。

## 奥斯威辛集中营

这个名称与对犹太人的关押紧密相连。将犹太人关进集中营的举动使得"种族纯洁"的概念深入人心，这一概念是1935年颁布的纽伦堡法令的核心思想，旨在将犹太人排斥出德国社会。抵制、虐待，1938年11月9日至10日的"水晶之夜"[97]，数百名德国犹太人被杀害。随后是转移至布痕瓦尔德、达豪、特雷布林卡等集中营。在这些集中营里，用于消灭犹太人和吉卜赛人的毒气室与焚尸炉以工业化速度运转着，直至战争结束。

## 有史以来造成死亡人数最多的冲突

大约6000万人，这是"二战"造成的伤亡人数，包括10%的苏联人口（死亡人数1700万）和8%的德国人口（死亡人数500万）。受战争影响最大的国家有中国，还有东欧国家——由于针对犹太人的种族灭绝，约600万犹太人被屠杀，其中将近一半是波兰人。

## 华沙犹太区

这是德国人占领的欧洲土地上最大的犹太人居住区。据调查统计，1941年1月，华沙市中心的这些犹太人街区的人口数量为38.1万人，1941年6月为43.9万人。这些街区的卫生条件令人难以忍受。犹太区由一个犹太人委员会管理，其负责人是亚当·捷尼亚科夫。这里的犹太人于1942年夏天开始被关押进集中营，这导致了1943年4月19日犹太人的武装抵抗，但这场抵抗最终使得德国军队在5月16日摧毁了这个犹太区。

华沙犹太区聚集了38.1万犹太人。在1943年5月的起义之后，它被毁灭。

20世纪：战争的世纪

> 在那些日子里，为了不惩罚有罪的人，我们虐待女孩,甚至告密。

> 了解谁想要
> 心诚者，必将明理
> 理在受害之女
> 她目光如迷路幼童
> 类似死人
> 她以死来换取被爱
> 是于我整个的痛惜
>
> 保罗·艾吕雅
> 《与德国人碰面》，1944年

对被指控与敌人有"横向合作"的妇女的告密，开始于解放之前，一直延续至1946年。

## 党卫军在法国

1939年成立的党卫军[98]第二装甲师[99]参加了多场战役：入侵巴尔干半岛和苏联、诺曼底战役、阿登战役。它的名字起初是"英勇作战"的同义词，但首先让人联想到的是野蛮、暴力、针对平民的战争罪行等。这个部队让人们记住了图勒、克勒斯河畔阿让通、格拉讷河畔奥拉杜尔的名字。1944年6月10日，阿道夫·狄克曼率领的元首团第一营将格拉讷河畔奥拉杜尔几乎所有居民活活打死或烧死，大约有642人。

党卫军第二装甲师在格拉讷河畔奥拉杜尔进行大屠杀后，城市的大部分居民被杀害。这是1946年发行的杂志。

## 合作政策

在维希政府的领导下，法国向德国提供了经济和物资支持。德国在1942年9月至1943年2月，利用战俘和征用法国工人强制劳役。法国当局还参与了最终解决方案，组织了对犹太人的大逮捕（1942年7月16日至17日的"冬赛馆事件"[100]涉及人数最多），并把犹太人送进德朗西、皮蒂维耶、博恩拉罗朗德等集中营，最后再遣送至奥斯威辛。

## "一种新的恐慌呈现在我们面前，它很可能是决定性的。"

——阿尔贝·加缪
1945年8月8日，《战斗报》

尽管遭到了经济封锁和密集的轰炸，但日本并未打算投降。1945年8月6日，在美国总统杜鲁门的命令下，"艾诺拉·盖号"轰炸机[101]在日本第八大城市广岛投下原子弹，将这座城市变为废墟，造成10万多人死亡，并释放了具有毁灭性影响的放射性物质。8月9日，三菱工厂所在地长崎也被核武器轰炸。苏联在同一时间出兵中国东北。日本政府决定展开谈判，并于8月15日宣布投降。

1945年8月6日，美国在广岛市投下原子弹，造成10万多人死亡。

## 肃清

在法国，战争结束后，在真正的司法法庭成立之前，有2万至3万名通敌者或涉嫌通敌者被人民法院和军事法庭相继审判并处决。

# "二战"人物

## 戴高乐,持不同意见者的美德

1940年6月18日,流亡伦敦的戴高乐号召法国人民继续作战,与他并肩解放法国,随后他获得认可,被视作自由法国的唯一领袖。1944年9月,戴高乐在阿尔及尔建立的法兰西共和国临时政府获得承认,正式合法化。在法国获得解放后,戴高乐恢复了共和国的秩序,因而最终取得了法国共产党的支持——在抵抗运动中,法国共产党高效地发展了自己的网络,起到了至关重要的作用。

1940年6月18日,戴高乐在伦敦的英国广播公司面对话筒号召人民进行抵抗。这一拒绝投降的姿态使他成为战后的一个伟大人物。

## 再次归来的诺言

美国第一任驻菲律宾总督的儿子道格拉斯·麦克阿瑟,于1918年在法国战场被任命为将军,时年38岁。"二战"期间,麦克阿瑟在菲律宾奋力抵挡日军的进攻,后不得不撤退至澳大利亚。1943年,作为盟军西南太平洋战区总司令(后来还被任命为盟军太平洋战区总司令)的麦克阿瑟重回菲律宾。麦克阿瑟在"密苏里号"军舰接受了日本的投降,随后被任命为驻日盟军最高司令,在日本以占领军的指挥官身份行使了5年几乎绝对的权力。

## 贝当的命运

贝当毕业于圣西尔军校,因指挥马恩河战役而声名大振,后在凡尔登战役中有卓著功勋。他和福煦都是法国在1918年取得胜利的关键人物。贝当曾任法国元帅、法军总司令,1934年任陆军部长,1939年任法国驻西班牙大使。1940年法国溃败后,贝当成为法国政府元首。但他的两大举动让他威信扫地:一是1940年10月他和希特勒在蒙都瓦进行会谈;二是他领导的维希政权与纳粹德国存在合作关系。1945年,贝当被判死刑,后改判终身监禁,1951年7月死于囚禁地约岛的若安港。

## 逃亡者!

1945年,负责执行屠杀犹太人的最终解决方案的阿道夫·艾希曼从盟军手中逃脱。艾希曼流亡至阿根廷后,遭到以色列一名突击队员的绑架,并被控告至法院,后于1962年被判处死刑。约瑟夫·门格勒,纳粹奥斯威辛集中营的医师,对囚犯(包括儿童,尤其是双胞胎)进行了诸多"科学"实验,在阿根廷居住过一段时间后,于1979年在巴西意外溺水身亡。毛特豪森集中营的"死亡医生"阿里伯特·海姆于1945年被逮捕,但在1947年圣诞节获得赦免,从而继续开展他的医学活动。1962年当德国警方即将逮捕他时,他却突然销声匿迹。1970年,人们在埃及发现了他的踪迹;1992年,海姆离世。

## 沙漠之狐

1939年,埃尔温·隆美尔在希特勒的最高统帅部任职,后因指挥第七装甲师在法国作战而远近闻名。而隆美尔得以全面施展其军事才能,则是因为率领德意志非洲军团。最终,隆美尔在希特勒的逼迫下自尽身亡,是因为希特勒发现他与密谋事件有染,又以其家人要挟。因其声名显赫,希特勒为他举行了国葬。1953年,英国历史学家李德·哈特出版其战时文件,题为《没有仇恨的战争》。

20 世纪：战争的世纪

## 纽伦堡：审判罪犯

1945 年 11 月 20 日，纽伦堡审判开始（希特勒、戈培尔和希姆莱在此前已经自杀）。在被告席上，戈林和赫斯、里宾特洛甫和冯·巴本、约德尔和凯特尔、罗森堡和施特莱彻，以及所有的不具名者，都声称自己无罪。12 名被告被判处绞刑，纳粹德国的所有机构均被法庭控告，从而引入了"集体责任"这一概念，但没有将德国人民与种族屠杀和灭绝行为联系起来。

## 后方军队

1940 年，个人自发性的活动开始出现，随后形成了有一定组织性的网络，这些网络催生了报纸和小册子，还进行破坏活动，并为盟军收集信息。在时任厄尔省省长让·穆兰[102]的努力下，各地的运动组织联合起来。他在戴高乐的后方集结了法国南部三个主要派别的抵抗组织，并致力于成立民族抵抗委员会。1943 年 6 月 21 日，让·穆兰被里昂的盖世太保逮捕，折磨致死。

## 常胜将军们

在莫斯科战役和斯大林格勒保卫战后，苏联的朱可夫率领部队攻入柏林。美国将军艾森豪威尔、英国元帅蒙哥马利也是常胜将军，后者是诺曼底登陆的指挥官，因在非洲沙漠中与隆美尔对战而闻名。1944 年，指挥第二装甲师的勒克莱尔将军攻入巴黎，8 月 24 日巴黎解放后，他继续领军向东部进攻；而在法国南部，拉特尔·德·塔西尼将军解放了土伦、马赛、里昂等城市，随后还解放了贝尔福、米卢斯、科尔马等地。

1944 年 5 月，英美的常胜将军们：艾森豪威尔、特德、蒙哥马利、比德尔·史密斯、利－马洛里、拉姆齐、布莱德雷。他们正在筹备 1944 年 6 月的诺曼底登陆。

## 罗尔－唐吉

共产党抵抗运动的代表之一，原名亨利·唐吉，曾是冶金工人，在西班牙内战期间是国际纵队的一名政府特派员。1940 年，亨利·唐吉化名罗尔－唐吉开始从事地下活动，后于 1944 年成为法兰西岛大区法国军队参谋长。作为巴黎共产党人抵抗运动的领导人，他促进了巴黎的解放。

231

# 战后世界

1945 年 2 月，雅尔塔会议上英国人温斯顿·丘吉尔、美国人富兰克林·德拉诺·罗斯福、苏联人约瑟夫·维萨里昂诺维奇·斯大林。未受到会议邀请的戴高乐将军，因缺席而引人注目。

## 战胜国之间

1945 年 2 月 4 日至 11 日，德国战败前夕，斯大林、丘吉尔和罗斯福在克里米亚半岛举行雅尔塔会议。戴高乐没有被邀请参加。苏联在东欧和中欧的巨大扩张，让英国与美国感到不安：英国担心自己在巴尔干半岛各国和希腊等保护国的利益受损，而美国则害怕与它的苏联伙伴的矛盾将至。

## 被牺牲的波兰？

根据雅尔塔会议的约定，波兰将乌克兰和白俄罗斯割予苏联，而获得德国东面的领土。与此同时，英美承认波兰的亲苏政府。

## 德国的命运

战胜国起初计划摧毁德国的一切工业，让其成为一个农业国家，后希望将德国划分为四个占领区，从美、英两个占领区各划一部分组成法国占领区。在 1945 年 7 月 17 日至 8 月 2 日的波茨坦会议上，四大战胜国就分割德国达成共识：美国、英国和法国各占领德国首都西部的三个区，而苏联则占领德国首都的东部。

## 受到控制

在重建期间，意味着经济上依赖美国。各个国家的一些企业集团遭到肢解，如日本财阀三菱集团、德国的康采恩等，这些集团曾为战败国提供过经济支持或为其效力。法国为德国生产过产品的公司被收归国有，如雷诺。

## 铁幕

出自温斯顿·丘吉尔，他于 1946 年在密苏里州富尔顿城的一次演讲中用这个词强调雅尔塔会议后的紧张局势。从 1947 年起，"铁幕" 所界定的势力范围分为两大阵营：以美国为首的国家被称为"西方国家"，而以苏联为首的国家则被称为"社会主义国家"。这构成了 1989 年柏林墙倒塌之前的国际关系和国内政治。

232

## 20 世纪：战争的世纪

### 1945 年 5 月 8 日的另一个版本

塞蒂夫城大屠杀发生于 1945 年 5 月 8 日，代表着"二战"之后阿尔及利亚独立主义人士的希望彻底被毁。这次大屠杀也预示着接下来被殖民国家的独立道路困难重重。当一万民众欢聚庆祝战争的胜利，并要求释放阿尔及利亚人民党领袖梅萨利·哈吉时，警察却杀害了一位高举阿尔及利亚国旗的穆斯林童子军。阿尔及利亚人民的抗议在五天内致使约 150 名欧洲人被杀，随后，抗议遭到严酷的镇压，殖民者用飞机对抗议者进行轰炸，当局还向欧洲平民提供武器以射击阿尔及利亚民众。

### 美国，新兴超级大国

美国几乎完全控制了航运。它的煤产量占全世界产量的一半，石油产量占全世界产量的三分之二，还拥有全球百分之八十的黄金储备。而公共债务方面，英国增加了两倍，法国增加了四倍，德国增加了十倍。

### 婴儿潮

20 世纪 40 年代，欧洲、北美、澳大利亚，以及南美洲的部分国家的出生率都有所增加。这种促进了工业国家经济发展的人口增长，有时被视作经历了"二战"的恐怖后乐观主义的回归，也是福利国家出台家庭政策的发展结果。

### 福利国家

在英国、法国和意大利，经济发展的一大特征是国家的干预，所以在交通、银行、工业等行业均出现了国有化。法国在 1945 年 10 月 4 日创建了社会保险制度；英国建立了由税收支持的免费医疗保健制度，规定了最低收入标准，并提供了广泛的社会福利。国家会扶持有困难的行业，并启动区域规划政策。

### 港口开放政策

罗斯福推动了自由贸易的发展，并促成 23 个国家于 1947 年 10 月 30 日签署《关税及贸易总协定》。它降低了关税，消除了进口贸易中的限制和歧视。

### 美元，新的基准货币

1944 年 7 月，布雷顿森林会议确定了以美元和黄金为基础的金汇兑本位制，重新建立了国际货币体系。美元成为基准货币，进而从此成为一种国际货币。各国货币对美元的汇率只能在法定汇率上下各 1% 的幅度内波动，这一规定确保了货币制度的稳定性。在本次会议之后，国际货币基金组织于 1945 年建立，它可以向为推行紧缩政策而出现净出口赤字的国家提供贷款。

加斯顿·凡·登·爱德为马歇尔计划创作的海报。

### 陪伴欧洲

美国向包括苏联在内的欧洲国家提供了持续四年的集体性经济援助，这便是马歇尔计划。苏联拒绝美国的支援[103]，认为这是美国帝国主义的体现。随后，斯大林在苏联实行共产主义制度。美国最终提供了高达 130 亿美元的援助，其中法国获得 28.3%，英国获得 21%，意大利获得 12.6%，德意志联邦共和国获得 11%，荷兰获得 8.6%。

# 从国际联盟到联合国

## 通知信

"根据旨在国家不分大小、相互保证政治独立和领土完整的特别盟约,设立国际联合机构。"美国总统伍德罗·威尔逊在《十四点计划》中提出了这一点,拉开了"一战"结束后建立一个国际联盟的序幕。

## 国际联盟面对的挑战

国际联盟之所以面临挑战,是因为美国的威尔逊总统与英国的劳合·乔治[104]支持国际联盟的协约,主张对已实行议会制的德国降低惩罚并与之握手言和,但以法国的乔治·克里孟梭[105]为代表的一方则希望以"以武力确保安全",要求依照《凡尔赛和约》严惩德国。

成立于1919年的国际联盟的徽章。

## 和平者

1925年至1932年,担任法国外交部部长的阿里斯蒂德·白里安[106]带来了法国与德国的和解。在他看来,这可以确保欧洲的和平与稳定。1925年10月,他促成了《洛迦诺公约》的签订,法国、比利时、德国、英国和意大利在这个条约中承诺不再使用武力解决争端。

阿里斯蒂德·白里安(右)在1925年的洛迦诺会议上。另外两位分别是英国首相张伯伦(中)和德国总理古斯塔夫·施特雷泽曼[107]。

## 国际联盟的无能为力

然而,这些条约并没能阻挡住集权主义国家的步伐,国际联盟眼睁睁地看着它们违反各项原则:1931年日本入侵中国东北;1935年至1936年意大利吞并埃塞俄比亚;1936年莱茵河地区恢复军事化;1938年纳粹德国吞并奥地利。在这些事件中,国际联盟没有起到任何干预作用。联盟成立20年后,更是亲眼见证了第二次世界大战的爆发。

## 联合国:从多次会议中诞生

1943年,美国、苏联和英国在德黑兰决定建立一个取代国际联盟的组织,因为国际联盟气数已尽,完全没有制约违背国际法条的国家的政策和办法。1944年秋,中国受邀前往华盛顿附近的敦巴顿橡树园,参与美、英、苏三大国关于联合国组织问题的讨论。在会议中,联合国大会、安全理事会(法国为常任理事国)、秘书处、国际法院等机构得以成立。雅尔塔会议就联合国会员国的代表问题进行了进一步探讨,但并未达成协议。在旧金山会议中,这些问题最终得到解决并通过了《联合国宪章》。国际联盟已逝,联合国万岁!

20 世纪：战争的世纪

## 联合国：阿喀琉斯之踵

联合国不得干涉"在本质上属于任何国家国内管辖之事件"。从《联合国宪章》通过之初起，这一条款便允许了所有国家可以无视它们自己签订的宪章的原则。此外，联合国也不是为解决新的世界秩序提出的问题而设计的，在 1945 年后出现的争端中，各个国家都想要自己决定自己在国际舞台上的位置。而安理会的常任理事国拥有一票否决权，从而限制了美国干预其他会员国的活动。

## 人道主义之路

作为被侵略民族和人民的讲台，联合国大会无法实施的解决办法日益增多，只能在 1945 年至 1962 年成立的联合国儿童基金会、联合国难民署、世界卫生组织、联合国粮食及农业组织、联合国教科文组织和国际劳工组织的框架内，专注于一些人道主义使命。

### 道德原则

《联合国宪章》的签署国保证，尊重人权，尊重人民支配自己的权利，尊重正义，以和平手段解决国际争端，且不分性别、宗教或文化，保障基本自由之实现。

联合国是在 1945 年 4 月 25 日至 6 月 26 日的旧金山会议后成立的，50 个国家就建立一个共同联盟达成一致意见。会议决定，法语和英语将作为联合国的官方语言。

# 冷战

## 条约与协约之战

1949年9月，苏联开始拥有原子弹，从而弥补了与美国的差距与弱势。自此，两个阵营一心想要确保自己的安全，以及获得同盟国的支持。双边与多边条约的签订达到顶峰：成立了北大西洋公约组织、东南亚条约组织；签订了《华沙条约》《巴格达条约》等。

## 日丹诺夫学说

日丹诺夫学说以苏联外交部部长日丹诺夫的名字命名，他将两大阵营的行动理论化，并于1947年9月底建立共产党和工人党情报局，以加强苏联共产党和欧洲各国共产党的联络。

在一些国家，共产主义政权得以建立，而在共产主义者没有当权的国家，如法国和意大利，他促进的这些联系也引发了频繁的罢工，并影响了工人运动。这一时期，法国总工会与法国工人力量总会之间发生分裂。

## 《华沙条约》

《华沙条约》指的是1955年5月11日至14日莫斯科与其他人民民主国家的代表缔结的有效期限为20年的《友好互助合作条约》。这些人民民主国家的军事力量由苏联元帅科涅夫统一指挥。

## 何谓东南亚条约组织？

东南亚条约组织的成员国包括美国、英国、法国、澳大利亚、新西兰、菲律宾、巴基斯坦、泰国。该组织效仿北约组织。条约附有美国提出的"谅解"，说它对于"侵略和武装进攻的意义"，"只适用于共产党的侵略"。

## 北大西洋公约组织

北大西洋公约组织是欧洲国家为实现防卫协作而成立的组织，但很快就依赖于美国，因为美国是其武器的主要提供国，而美国则在这一军事防御共同体中看到了在欧洲与强国苏联相抗衡的办法。柏林封锁（苏联封锁通向柏林的陆路通道）和1948年2月布拉格的"二月事件"（苏联支持的捷克斯洛伐克共产党掌权）使得分歧变得越来越巨大。

1950年，纽约，北大西洋公约组织筹备会议，法国众议员罗伯特·舒曼、美国国务卿迪安·艾奇逊和英国大臣欧内斯特·贝文。

## 20世纪：战争的世纪

## 《巴格达条约》

1955年2月24日，土耳其、伊拉克和英国签订《巴格达条约》，旨在孤立亲近莫斯科的叙利亚和纳赛尔[108]统治的埃及，在整个中东地区扩大北大西洋公约组织的影响。

## 德意志民主共和国 VS 德意志联邦共和国

德意志两个共和国的建立时间相隔几个月。1949年5月23日，德意志联邦共和国率先在西部占领区创建。10月7日，德意志民主共和国成立。

1963年6月26日，美国总统肯尼迪前往两年后修筑柏林墙的查理检查站。他在此表达了自己对西柏林人的支持。

## "我是柏林人"

1963年6月26日，肯尼迪访问西柏林时说出了这句话，当时围绕西柏林的紧张局势持续了将近十年。西柏林是位处德意志民主共和国中心的一块西方飞地，因而大批德国人不断从东德去往西德。西德和苏联之间关于德国重新统一和柏林处境问题的所有协商均以失败告终，涌往西德的人越来越多，因而东德掌权者在东西柏林分界线上部署了2.5万士兵和民兵。最初，他们以带刺铁丝网作为分隔，从1961年8月15日起以混凝土和砖石加固，修建起一道名副其实的墙。

## 古巴

自1959年1月1日亲美独裁者巴蒂斯塔[109]被卡斯特罗[110]（其改革措施主要影响了美国在古巴岛的利益）推翻以来，古巴便开始亲近苏联。随着与苏联签订一项商贸协议，古巴朝向社会主义制度发展，随后两国在军事上结为同盟。1962年，苏联在古巴部署远程弹道导弹对美国形成威胁。虽然第三次世界大战得以避免，但从此，东西方关系中核威慑策略占据了主导地位。

## 猪湾事件

肯尼迪认为，旨在推翻卡斯特罗政权、由美国援助的逃亡者领导的军事干涉将会得到古巴人民的支持，所以他赞同向古巴发动入侵。然而，1961年4月17日，此次进攻以失败告终：部分古巴人民加入了卡斯特罗的军队，而卡斯特罗得以证实古巴人民对他的政权的支持。因此，他让他的国家在社会主义道路上向前迈进了一步。

1963年5月1日，赫鲁晓夫和卡斯特罗在列宁墓前展示他们的同盟关系。

237

# 以色列与巴勒斯坦

## 回到锡安

这个理想出现于 19 世纪——远早于"二战"时纳粹对犹太人的屠杀,甚至是沙皇对犹太人的大屠杀,但它们都起到了催化剂的作用——尤其是在俄国的犹太人之中,因为他们遭受了来自俄国政府的强烈的反犹主义。犹太复国主义认为以色列国是一种再次创造,可以重新确立古老的主权,而在约 2000 年前,即公元 70 年,罗马人攻占耶路撒冷、摧毁圣殿时,犹太人就已失去他们的主权。

## 锡安

这个《圣经》中的地名既指耶路撒冷,也指以色列土地,那片被称作"Eretz Israël"的应许之地。

## 阿利亚运动

阿利亚的原意为"攀登",现指犹太人移居巴勒斯坦地区"以色列土地"的移民行动。第一次阿利亚运动发生于 1881 年至 1882 年,起因是俄国当局对犹太人的大屠杀。从实践意义上说,这次运动是失败的,但取得了精神上和政治上的胜利——这是自 18 世纪以来犹太人第一次大规模地前往以色列土地,而且是作为一个民族,作为政治主体,而不是以朝圣者的身份。

1947 年,一艘美国船只在英国的巴勒斯坦托管地靠岸,为 700 名犹太人找到了避难之地。当时的移民配额非常有限。

## 两个分支

"阿什肯纳兹人"的字面意思是"德系犹太人",指的是原居住于中欧、东欧的犹太人;而"塞法尔迪人"的字面意思是"西班牙系犹太人",指的则是原居住于地中海东南岸一带的犹太人。

## 巴勒斯坦,从土耳其的占领到英国的托管

早期的犹太人抵达巴勒斯坦后,从奥斯曼帝国手中以高昂的价格购入了一些沿海的山谷,而阿拉伯人则居住在耶路撒冷和山区,那里是《圣经》中的城市。1918 年,奥斯曼帝国衰落后,大英帝国统治巴勒斯坦,由英国人处置因阿拉伯人的暴动而不断涌入巴勒斯坦的犹太人。英国发布了一部"白皮书",对犹太人的移居进行更加严厉的管控,并开始限制土地的买卖,这项声明在纳粹时期仍在执行。

1917 年,英国军队在雅法击败奥斯曼人后,进驻雅法城。

238

## 《贝尔福宣言》

这个宣言以英国外交大臣贝尔福的名字命名，他在 1917 年授予犹太复国主义者在巴勒斯坦建立"犹太民族之家"的权利。1920 年的《色佛尔条约》和《圣雷莫协定》进一步确认了英国的这一政策，这激起了阿拉伯人的敌意，而犹太人则开始建立一个名副其实的国家的各个机构（大学、道路、医院、辅助警察、决策机构等），同时期盼着拥有属于自己的领土。

## 以色列国的建立

根据联合国的分治方案，巴勒斯坦地区将于 1947 年建立两个国家，以及一个独立主体，即联合国管理下的耶路撒冷－伯利恒。尽管分配给犹太人的领土并不是一个整体，尤其是将耶路撒冷和约旦河西岸去除在外，但戴维·本－古里安同意了这一方案。对于法国、苏联和美国而言，这样一来，英国不得不离开中东舞台。1948 年 5 月 14 日，以色列国宣布成立，英国的所有士兵撤离。

## 国父

戴维·本－古里安生于波兰，原姓格兰，于 1906 年来到以色列，并使用了反抗罗马人的一位领袖的名字。他参与了诸多行动，在 20 世纪 20 年代曾担任以色列犹太工人总工会的书记；他曾领导反对英国"白皮书"的斗争，但同时在纳粹时期也支持过英国军队；他也是哈加纳游击队组织的领导者，这是一个犹太人防卫组织，是未来的以色列防御力量的雏形。正是戴维·本－古里安以临时政府的名义宣读了独立宣言，并在 1948 年至 1963 年领导了以色列政府。

## "出埃及号"

1947 年春，这艘移民船以前往哥伦比亚为借口，载着 4500 名在"二战"中幸免于难的犹太人从塞特港出发，准备去往巴勒斯坦地区的犹太民族之家。英国士兵扣留了这艘轮船，并在国际的一致抗议声中将船上的犹太人遣返至他们一心只想逃离的德国临时收容所。英国无力处理巴勒斯坦内部犹太人和阿拉伯人的紧张关系，因而求助于联合国以解决问题。

## 一号签证

1948 年 5 月 18 日，作家约瑟夫·克塞尔为了抵达巴勒斯坦海岸并报道此地的斗争而租赁了私人飞机，这是第一架在这个新诞生国家的土地上降落的飞机。克塞尔生于立陶宛，是一名犹太人。他曾加入自由法国，并参与抵抗运动，他和他的侄子莫里斯·德吕翁还为这次运动写下了《游击队之歌》的歌词，这首歌涉及贝当诉讼案件。他为《法兰西晚报》写的关于纽伦堡审判的文章刊登在了报纸的头条："在海法，我获得了进入以色列国的一号签证。"

## 耶路撒冷，圣城

耶路撒冷因其遗产的神圣性而由国际共管，然而这并没有缓解这座城市的紧张局势，因为对于两个一神论民族而言，耶路撒冷是有着象征性意义的。穆罕默德正是在耶路撒冷遇见天使吉卜利勒的，它是伊斯兰教的圣城。尽管从未被指定为帝国或苏丹国家的首都，但这里曾作为阿拉伯的政权所在地，经历了几个世纪，阿克萨清真寺也位于这座城市，这充分体现了其神圣性。对于犹太人而言，耶路撒冷是统一了以色列十二个支派的大卫王选定的都城，是他们的圣殿所在地，是他们的中心。

1950 年前后的耶路撒冷。

# 殖民地

## 何谓英联邦？

英联邦建立于 1926 年，并在 1931 年通过《威斯敏斯特法案》合法化。英联邦取代了大英帝国，是一个邦联，其成员方包括英国、原英国殖民地和保护国、其他一些独立国家，以及英国的自治领（包括加拿大、澳大利亚、新西兰和南非）。尽管它们仍有一种属于一个文化团体的感觉，也感觉到依然要效忠英国，但各成员国在管理国家事务上都享有自主权。

## 两种殖民统治理念

在殖民地的统治上，当时的两大殖民国实行的制度截然不同。法国宣扬的是同化政策，希冀在海外领土复制法国模式；而英国则更看重经济上的联系，并不进行直接的管理，不过管理殖民地的本地官员都是由英国学校培养的。

"二战"期间英联邦部队中的英国海报。

## 受过良好教育的本地人的"投石党运动"

1920 年，在英国学校受过良好教育的本地人在阿克拉（位于今加纳）组织了英属西非国民大会，该组织共有二十个分会，为争取更多的政治权利、行政自主权和管理自主权而斗争。

## 印度的特殊形势

印度的统治者一直是英国国王。由于 1914 年至 1918 年印度人在战争中的贡献，1919 年英国颁布了《印度政府法》，但并没有真正改变印度的人权状况。因此从 1929 年起，成立于 1885 年的国大党在尼赫鲁与甘地的推动下要求印度获得民族独立。

## 第一个突破口

威尔逊总统早已考虑到要公正处理殖民问题，所以在他提出的"十四点原则"中就已表明，美国支持人民的自决权。尽管它希望可以限制宗主国及其殖民地的贸易垄断，从而让世界各国间可以开展自由贸易，但那时美国的威望还不足够。国际联盟再次强调了人民的这一权利，它将奥斯曼帝国的遗留物给予了英国人和法国人，但不同的是，他们对殖民国家仅仅是进行托管。苏联同样赞同这一权利，列宁的后继者们认为资本主义发展到最高阶段就是帝国主义，所以，他们支持被殖民国家争取自己的民族解放。

## 在民族主义的觉醒与政治封锁之间

一些穆斯林政党在法国殖民地得以创建，如突尼斯自由宪政党和阿尔及利亚人民党，此外还有一些社会主义或共产主义的政党，如印度尼西亚共产党。然而在宗主国，殖民地说客和定居阿尔及利亚的欧洲人的压力阻止了穆斯林本地人一切争取更多政治权利的尝试，尤其是在法国人民阵线时期。

## 摩洛哥和突尼斯的保护国

保护国制度规定了保护国法国和被保护国的共同统治权，被保护国由突尼斯的最高统治者贝伊和摩洛哥的苏丹领导。法国在1881年至1883年与突尼斯签订《巴尔杜条约》和《马尔萨协定》，在1912年与摩洛哥签订《非斯条约》，但事实上，法国在摩洛哥和突尼斯占有绝对的控制权，因为派驻当地的最高官员充当了总督的角色。

## 英国对非洲的控制

大英帝国的控制无处不在，包括西非的尼日利亚和黄金海岸，由联合国授权托管的东非的坦噶尼喀、乌干达（有些地区被英国殖民，有些地区仍为王国的领土）、肯尼亚（大量的白人殖民者夺取了马萨伊人、瓦哈博人和吉库尤人的土地）。殖民者在这些国家和地区实施的殖民措施导致了1921年民族主义组织青年吉库尤协会的诞生。1953年，尼亚萨兰与南罗德西亚和北罗德西亚共同组成中非联邦，以取得自治领地位。

## 里夫战争

阿卜杜勒·克里姆[111]在由西班牙统治的梅利利亚的抗议引来了一系列的镇压活动，总驻扎官、摩洛哥总督利奥泰[112]曾尝试阻止这些镇压活动，他支持法国与受过教育的摩洛哥精英进行更广泛的合作。然而他的努力无济于事，克里姆遭到弹劾，贝当领导的法国军队残酷地"平定"了这个国家。

## 印度支那的反抗

自法兰西第三共和国以来，法国统治下的印度支那分为南圻殖民地、安南保护国，以及东京保护国三个部分。1919年向巴黎凡尔赛和平会议递交《安南人民的要求》（请愿书）后，胡志明受到了共产党人的熏陶，并在1930年组建了越南共产党。

## 法国与阿尔及利亚

阿尔及利亚是法国的殖民地，属于法国领土的一部分，并被划分为三个省份。这里的居民也被视作法国人，然而仅有极少数人，也就是住在阿尔及利亚的欧洲人，从19世纪末开始才拥有公民资格，而且这部分人享有政治特权并占有绝大部分财富，尤其是土地。穆斯林们是法国的臣民，他们没有任何的政治权利，被剥夺了土地，只能为殖民者劳作。

总督宅邸与阿尔及尔大教堂，1930年前后。

# 从印度支那到越南：八份条约

### 第一：早期的独立

日本占领者清除了当地的各个法国殖民组织，在一定程度上为独立奠定了基础。1945 年 3 月 11 日，保大帝宣布安南王国独立，但因与日本合作过于紧密，被迫退位。1945 年 9 月 2 日，即日本签署投降书之日，担任民主团结政府首脑的胡志明宣布成立越南民主共和国。

胡志明于 1945 年建立越南民主共和国，并为国家的统一而与一切帝国主义做斗争。

### 第二：权宜之计

打着国际条约的幌子，法国派遣了一支由勒克莱尔将军率领的 5.5 万人的远征军，执行之前由英国和越南独立同盟会进行的督促日本撤除武器装备的监督任务。此外，还计划以"权宜之计"再次占领北部，在这个前提下才会承认越南民主共和国是由东京、安南和南圻三个部分组成的自由国家。

### 第三：达尚留

达尚留是戴高乐将军任命的高级专员，他致力于恢复法国对越南的控制权。这导致了法国与河内政府的一系列暴力冲突，双方摩擦不断。1946 年 12 月 9 日，河内爆发起义，殖民战争由此打响。

### 第四：介入的势力

1946 年至 1950 年，双方冲突不断，在东京的山区和湄公河一带展开游击战。与法军对抗的是越南独立同盟会，他们得到了人民的支持。法国远征军（先有 8.5 万人，后增至 11.5 万人）占据了大城市、交通干线和红河三角洲地区。相对 1950 年爆发的朝鲜战争而言，印度支那的战争就是意识形态斗争的前线。在苏联和中国的支持下，越南独立同盟会组建了真正的军队，由武元甲将军率领，而法国则获得了美国财政与后勤上的支持。

1953 年 11 月，法国军队空降奠边府，让这一盆地成为据点。1954 年 3 月，该据点被攻克。

### 第五：奠边府

1950 年，德·塔西尼将军抵达奠边府，在一段时间内扭转了法国的败局。然而德·塔西尼将军于 1952 年离世后，法军颓势又显。由于越南独立同盟会成功占领整个北方，所以法方决定在奠边府建立一个据点，但在 1954 年 3 月遭受攻击，仅存在了 56 天就被攻克。战后法军撤离奠边府。

## 词汇知识

越共：指的是越南共产党。

越盟：越南独立同盟会的简称，1941年5月由胡志明及其同伴创建，是越南的独立阵线。其宗旨是成立一个民主共和国，并建立平等的制度。越盟号召组织起一个统一的阵线，与日本、法国帝国主义做斗争。

## 第六：日内瓦

1954年4月26日，解决印度支那问题的日内瓦会议开幕；1954年7月21日，停战协议得以签署。随后，竹幕在印度支那形成。在北纬17°线以北，建立了一个共产主义政权，而在17°线以南则产生了另一个政权。两年后越南将进行选举，使南北部重新统一。老挝和柬埔寨也将成为独立国家。

## 第七：第二次印度支那战争

这次战争更常见的称呼是"越南战争"。由于美国扶持下的南部吴庭艳民族主义政权的不配合，统一越南的选举表决遭遇延期，越南战争由此拉开序幕。为了打压北越的渗入和共产主义思想的宣传，美国给予南越经济支持，并派遣越来越庞大的军队抵达越南。至1965年，驻越美国陆军人数达50余万人。

## 今日《启示录》

密集的轰炸，使用凝固汽油，用喷火器镇压藏身丛林的反抗的村民，使用橙剂（一种落叶剂，它既摧毁了丛林，同时也影响了当地人民的健康），1968年美莱村屠杀[113]……这些暴行引发了反对越南战争的声音。随后，媒体也开始发声，公开了一些战争照片，从这些照片看来，美军的暴力日渐加剧。

## 第八：美国陷入困境

尽管驻越美军规模巨大，并向北越投放了数百万吨炸弹，但北越游击队凭借对地形的熟悉和了解，抵抗仍在继续。战争持续到了1975年4月30日，在这一天，北越军队成功夺取西贡，但早在1973年，特别是在亨利·基辛格的主持下，就开始了谈判，以期结束这场战争冲突。

正如这张1967年的欧洲海报所示，对美国挑起的越南战争的抗议是国际性的。人们揭露了此次战争的帝国主义性质，称其为哥利亚与大卫的交战[114]。

# 漫漫独立之路

## 例外与规律

1965 年，英国统治的东非和西非国家均获得独立。法国殖民的赤道非洲被划分为乍得、中非共和国、加蓬与刚果四个国家。只有葡萄牙在莫桑比克和安哥拉的统治维持至 1975 年才结束。

## 法属非洲非殖民化过程中的三大历史事件

- 1946 年：法国联盟兼并撒哈拉以南非洲的领土，但不愿给予非洲人民与法国本土人民同等的政治权利。在马达加斯加，民族主义抬头，人民开始反抗殖民者的命令。继一次被称作"奥拉杜尔大屠杀"的镇压之后，从 1947 年 3 月至 1948 年 9 月，起义运动层出不穷。
- 1956 年：以当时法国海外事务部部长的名字命名的《德费尔框架法》创建了拥有准立法权的本土保卫大会，还提出了经济发展计划。
- 1958 年：一个被称为法兰西共同体的联邦组织为非洲国家通过协商取得独立提供了一个框架。

## 中非：反对种族隔离的尝试

前中非联邦的尼亚萨兰（今马拉维）和北罗德西亚（今赞比亚）于 1964 年废除了白人的特权。南罗德西亚拥有丰富的铜矿资源和大量支持"白罗德西亚"的定居者，所以在 1969 年取得独立时，建立的是一个种族隔离主义的政权，在经受了漫长的"游击战"后，于 1978 年成为津巴布韦。

## 纳赛尔治下的埃及

1922 年，英国承认埃及部分独立。纳吉布将军和纳赛尔上校分别于 1952 年 7 月和 1954 年相继通过军事政变上台，这标志着埃及与西方世界关系的恶化，也表明埃及选择了不结盟政策，拒绝与苏联或美国中的任一大国结为同盟。纳赛尔力图实现让国家走出落后状态的抱负，因而推行了大工程政策，如修建可以灌溉埃及大片土地的阿斯旺水坝。

## 苏伊士运河危机

作为对美国拒绝资助埃及发展计划的回应，埃及政府将苏伊士运河收归国有。在此之前，苏伊士运河由英法共同管理，因而，埃及的这一举措引发了第二次中东战争。1956 年 11 月 5 日英法伞兵在塞得港着陆。第三世界国家揭露了英法的殖民行为，美国对其施加经济压力，而苏联则动用原子弹进行威胁。因此，英法不得不承认和平共处的重要性，将军队撤离苏伊士运河。在这次战争中，埃及取得了政治上的胜利，纳赛尔也获得了无与伦比的威望。

## 民族解放阵线

民族解放阵线在阿尔及利亚召集了争取民族独立的武装斗争支持者，他们于 1954 年 11 月 1 日掀起了一场起义运动。

马达加斯加于 1960 年获得独立。菲利贝尔·齐拉纳纳为共和国首任总统。

## 阿尔及利亚的独立

阿尔及利亚的独立是在民族解放阵线与法国军队和警察的极端暴力冲突中取得的。民族解放阵线团结了大部分的民族主义运动党，开展了密集的游击战，而法国则动用了酷刑与暗杀。1958 年阿尔及利亚共和国临时政府的成立增加了世界对阿尔及利亚人的关注，也壮大了不结盟阵营。戴高乐于 1958 年呼吁"勇敢者的和平"，1959 年 9 月他给予阿尔及利亚民族自决权，1960 年 3 月他提出建立"属于阿尔及利亚人的阿尔及利亚"。随后，戴高乐与阿尔及利亚进行谈判，并于 1962 年 3 月 19 日签订《埃维昂协议》。

## 分崩离析

阿尔及利亚的分崩离析是由多个因素引起的，包括秘密军组织[115]，该组织反对阿尔及利亚独立，制造了大量的袭击事件，并开展了诸多武力行动；1961 年 4 月法国将军的叛乱；阿尔及利亚人在巴黎的示威游行和法国人在夏隆的示威游行所招致的残酷镇压；数十万被遣返回国的人再次回到阿尔及利亚；法国军队撤离后，哈基人（支持法国人的本地穆斯林）遭到报复。

1954 年 11 月 1 日，民族解放阵线在阿尔及利亚多地进行了一系列武装行动。"阿尔及利亚民族解放运动"由此拉开序幕。

### 独立党

独立党是摩洛哥的一个民族主义党，它从 1943 年起要求摩洛哥获得独立，由支持民族独立的苏丹穆罕默德·本·优素福当权。

### 非殖民化时期的摩洛哥和突尼斯

尽管民族主义者大声疾呼，而且恐怖分子的暴乱和行动引起了持续的紧张局势，但皮埃尔·孟戴斯－弗朗斯在 1954 年当选后重新开始了与保护国摩洛哥和突尼斯的谈判，但相关谈判自解放以来一直停滞不前。1955 年，法国允许摩洛哥和突尼斯享有自治权；1956 年，它们获得独立，但与法国仍保持合作关系。

### 新宪政党

新宪政党由哈比卜·布尔吉巴[116]领导，也属于民族主义运动党，其成员为西方化的突尼斯精英。

## 刚果战争

前比利时殖民地于 1960 年 6 月独立为刚果民主共和国，又称刚果金沙萨。这个国家经受了两个派别的斗争所导致的分裂：一方以 1961 年被刺杀的刚果民族运动党领袖帕特里斯·卢蒙巴为代表，支持建立中央集权国家；另一方是各式各样的民族主义政党乃至种族政党，在他们的构想中，国家在未来应实行联邦制。内战持续了 5 年的时间，直至约瑟夫·蒙博托发动政变才得以结束。蒙博托在 1965 年至 1997 年持续实行专制统治，并因其反共产主义倾向得到了西方国家的支持。

# 甘地与印度的命运

## 民族独立英雄

1869年10月2日,莫罕达斯·卡拉姆昌德·甘地出生于古吉拉特邦[117]的一个富裕家庭,后远赴英国学习法律,归国后在孟买当律师。之后甘地去了南非,目睹了那里的种族隔离,创建了纳塔尔印度国民大会,试图以政治力量组织起当地的印度人。由于领导了一些要求印度取得民族独立的运动,1948年1月30日,他被狂热的印度教徒纳图拉姆·戈德森刺杀身亡。

## 斗争中的两个口号

非暴力不合作,这个梵语词汇原意为"真理的压迫",在这里指的是甘地在争取民族独立过程中所采取的消极抵抗原则,他曾在南非试验过这一原则并取得了成功。

"Ahimsa"原意为"非暴力",更广泛地指对生命的尊重。

## 苦行之路

这是甘地从1906年开始选择的道路。作为一个素食者,他斋戒,在积极战斗与静修退隐中交替,丝毫不畏惧完成通常由不可接触者[118]完成的任务。

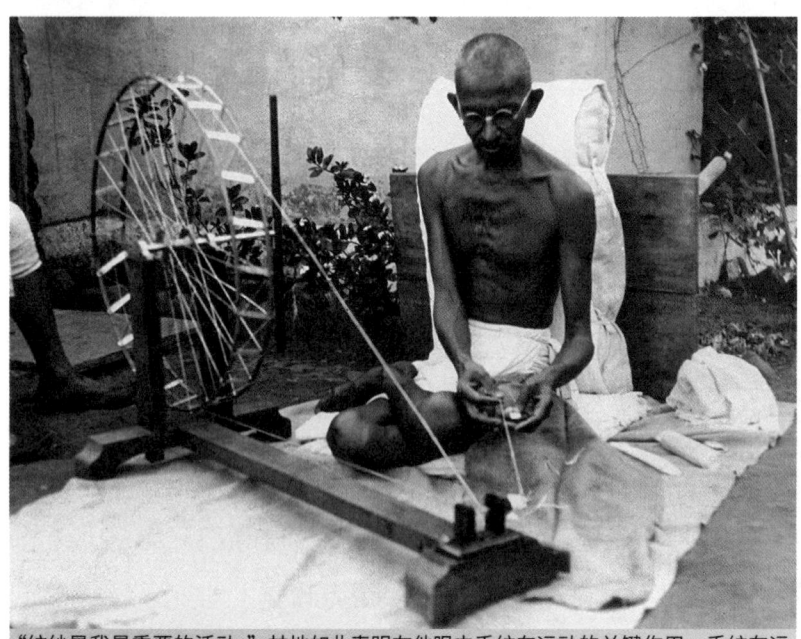

"纺纱是我最重要的活动。"甘地如此表明在他眼中手纺车运动的关键作用。手纺车运动应该是更为广阔的国家运动的一部分。

## 1919年4月13日,阿姆利则惨案

印度人在一个四周高墙林立、仅有一个入口的花园和平抗议《罗拉特法》,该法案规定可随意逮捕并审判被认为是煽动者的人。然而,这一行动违反了英国禁止5人以上集会的法条。英国军队朝示威者们开枪,杀死了数百名印度人。次年,甘地发起非暴力不合作运动,号召人民不服从,并倡导抵制从英国进口的商品。

## 食盐进军

1930年,殖民者开始征收极不公正的盐税,并禁止印度人自己制盐。同年3月,甘地率领多名信徒步行300千米抵达太平洋,将手浸入大海中收集了一点食盐,以此鼓励所有印度人打破英国人的垄断政策。随后,6万印度人被关入监狱,但英国最终改变了他们的决定。

## 国大党

国大党始创于 1885 年，在争取印度独立中扮演了重要角色。自 1915 年起，甘地在该党中就是一位举足轻重的人物，与他并肩作战的还有贾瓦哈拉尔·尼赫鲁，尼赫鲁是印度取得独立后的首任总理，1947 年起在任，直至 1964 年离世。

国大党人掌控印度的政治生活直至 20 世纪 70 年代，印度的总理拉尔·巴哈杜尔·夏斯特里、英迪拉·甘地（她是尼赫鲁的女儿，但从名字看不出来）都出自该党。

## 真纳的穆斯林联盟

全印度穆斯林联盟成立于 1906 年，旨在捍卫印度穆斯林的权利。直至 20 世纪 30 年代，这一政党并未获得广大人民的支持。当"为穆斯林建立一个国家"的想法形成后，1913 年至 1947 年一直担任该党派领袖的阿里·真纳致力于为穆斯林创建一个专属的政治实体。

## 锡兰、缅甸和马来西亚的独立

印度和巴基斯坦取得独立后，锡兰、缅甸和马来西亚也纷纷实现了非殖民化。1948 年，锡兰独立，占多数人口的僧伽罗人使得占少数人口的泰米尔人被边缘化。"二战"后，英国试图在缅甸再次实行经济垄断政策，却遭到由共产党人支持的民族主义者的反对，英国被迫承认缅甸于 1948 年独立，缅甸也拒绝加入英联邦。马来西亚的多种族（马来人、华人和印度人）不利于人民形成民族认同感。马来共产党开始进行游击战，而英国人则以维护意识形态和保护自己的商业利益为名试图镇压。1954 年，游击战终告结束。3 年后，马来亚联合邦取得独立，并加入英联邦。

## 走向分治

国大党和穆斯林联盟都接受了由印度总督蒙巴顿伯爵起草的 1947 年 6 月 3 日方案[119]，并将分别领导印度和巴基斯坦政府，而与此同时，一个混合委员会则根据人民的意愿，负责治理两国的边境地带。印巴分治后，人口的转移导致了两国间的暴力冲突，死亡人数达 100 万人。印度和巴基斯坦均加入了英联邦，从此都属于一个自由的国家组织，英国的统治者地位不过是一种象征。

1947 年 6 月 3 日，印度政治领导人接受印度分治计划。

# 第三世界的苦难

## 第三世界

"第三世界"一词于1952年首次出现在法国经济学家阿尔弗雷德·索维笔下。他用这一词语指代那些经济上落后、人口高速增长的国家。

## 先驱

科伦坡团体是一个由亚洲五国——印度、锡兰、巴基斯坦、印度尼西亚和缅甸——组成的组织。1954年,这五个亚洲国家在印度尼西亚召开会议以找到一个解决办法,并声明反对核试验,抵制殖民主义和集团政治。

## 贝尔格莱德或不结盟的圣地

印度的尼赫鲁、埃及的纳赛尔和南斯拉夫的铁托都主张不结盟。这三个并未达成合作的国家——有的属于社会主义阵营,有的属于西方阵营——都赞同可以避开"阵营"这一必然联系。1961年9月,25国首脑参加了贝尔格莱德会议,他们一致认为可以拒绝属于任何军事联盟,并在这次会议中为一个新的国际组织奠定了基础。

## 不结盟国家:诞生证明

1955年4月,在科伦坡团体的倡议下,万隆会议在印度尼西亚召开。29个国家参与了这次会议,其中大部分为亚洲和中东国家,还有6个非洲国家,分别为黄金海岸(今加纳)、利比里亚、苏丹、埃塞俄比亚、索马里和利比亚。此外,阿尔及利亚民族解放阵线和突尼斯新宪政党的代表们也参加了此次会议。日本是唯一与会的工业化国家。

## 万隆会议的影响

不管是中国、越南等社会主义国家,还是日本等亲西方的国家,抑或印度、埃及、印度尼西亚等中立国家,在出席万隆会议时都支持谴责殖民主义,要求南北之间更好地分配财富,并提出在国际关系中应和平共处。在经济层面,它们呼吁建立一个联合国家基金管理机构,以帮助各国实现工业化。尽管各国之间存在分歧,但此次会议确定了亚非的团结,并赋予了第三世界国家在国际舞台上的政治地位。

铁托,1949年。

## 抵抗者

铁托原名约瑟普·布罗兹,作为带领南斯拉夫人抵抗纳粹德国的领导人,在国际社会中确立了自己南斯拉夫领导人的地位,并一直掌权到1980年去世。铁托元帅接受过共产主义的引导,他领导着一个一党制的国家,但以坚持从苏联脱离获得独立的愿望而闻名。斯大林去世后,铁托与苏维埃政权的和解没能阻止他继续拒绝与克里姆林宫政治的任何结盟。在南斯拉夫国内,铁托的政策主要针对加强国家权力,因为他越来越受到民族主义和分裂主义倾向的威胁。

## 第三世界不复存在？

从 20 世纪 70 年代起，"发展中国家"指第三世界国家。"第三世界"一词不再能够说明这些国家截然不同的现实情况，因为有的国家已经富裕起来，比如石油生产国；有的国家则已实现工业化，比如"亚洲四小龙"中的新加坡、韩国，它们融入了国际贸易，实现了自由贸易，被视作"新兴工业化国家"。其余国家和地区的收入情况中等，正在工业化进程之中，还有就是"不发达国家"。

1963 年，非洲统一组织在阿尔及利亚总统艾哈迈德·本·贝拉、上沃尔特总统莫里斯·亚梅奥果、埃及总统纳赛尔、乌干达总理，以及突尼斯总统哈比卜·布尔吉巴的支持下得以成立。

## 行进中的第三世界

在法国，第一批来自未来第三世界的人口流动可以追溯到"一战"期间。当时，殖民地的劳动者被征召来替代去往前线的工人。此外，在两次世界大战之间，法国本土与阿尔及利亚的三个省之间存在自由流动。在得到《埃维昂协议》认可之后，这种人口流动一直持续到 1968 年。甚至直至今日，某些第三世界国家因为生存困难或是工业化国家对劳动力的需求，此类人口流动依然存在。

## 77 国集团

自 1964 年起，77 个第三世界国家联合起来形成了这一组织，以确保他们出口的初级产品市场价格的稳定。1968 年，他们拟定了一个关于第三世界国家的经济权利的宪章。77 国集团是联合国的一个非正式组织，这些国家的团结具体体现为一些区域组织的形成，如 OPEC，即成立于 1960 年，大部分阿拉伯石油生产国加入其中的石油输出国组织；还有成立于 1963 年的非洲统一组织和成立于 1967 年的东南亚国家联盟。由于这些组织的诸多成员国在非殖民化之后都取得了民族独立，所以影响力巨大。

## 移民潮的新方位

最初，移民潮仅仅是指以前的隶属国人口，即法国的阿尔及利亚人或英联邦国家的居民向殖民帝国的流动，这种附属关系为人们入境带来了便利。但现在，位于欧洲沿海通道上的西班牙和意大利因其地理位置和移民政策成了马格里布和非洲侨民的移民目的地国家。

# 亚洲的动荡

## 冷战风暴中的柬埔寨

从 1970 年开始的柬埔寨内战使取得独立的柬埔寨元首、前国王诺罗敦·西哈努克和共产主义高棉（红色高棉）结盟，并与朗诺将军领导的亲西方派相互对抗。在朗诺派看来，柬埔寨由于与越共的亲密关系而采取的中立政策，阻碍了柬埔寨获得美国的经济支持，这是非常令人遗憾的。

## 走出危机？

越南最初是红色高棉的同盟国，但由于红色高棉政权在边界处展开秘密行动，越南成了波尔布特反对者的庇护所。1978 年，越南出兵柬埔寨，推动了柬埔寨新政府的成立。然而面对走上街头的红色高棉游击队（高棉共产党人获胜），越南军队一直到 1989 年才撤离柬埔寨。1991 年，停火协议在巴黎签署[120]。

## 红色高棉

20 世纪 60 年代出现的柬埔寨共产党人抵抗运动由乔森潘和波尔布特领导，他们的纲领是用暴力彻底改造社会。1975 年 4 月 17 日攻入金边后，红色高棉成功夺取政权，柬埔寨改名为民主柬埔寨。为了使人口农村化，金边居民被迫去往乡村，被分散到各个农业地区，这些地区成为劳动营和再教育营。集中的水稻种植是整个制度的基础，提供了被视作再生的劳动的框架。与此同时，政府取消了私人财产权和货币，关闭了学校。

1975 年，红色高棉夺取政权，实行暴力统治，造成大量人口死亡，直至 1979 年红色高棉政权垮台。

## 残暴的专制者

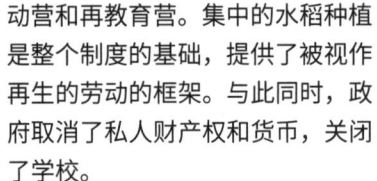

波尔布特（1928 年—1998 年）原名沙洛特绍，于 1949 年投入反殖民斗争，后加入胡志明领导的印度支那共产党。波尔布特曾在巴黎求学，于 1953 年返回柬埔寨，1963 年任高棉劳动党[121]总书记，1998 年去世。他是恐怖与种族清洗政权的主要策划者，导致了一场名副其实的种族大屠杀：1975 年至 1979 年，有 200 万至 300 万人死于流放、劳役、疾病、饥荒和迫害。

## 纯洁之地 VS 孟加拉人的土地

在争取民族独立期间，由于印巴分治，巴基斯坦于 1947 年建立。1971 年，这片"纯洁之地"无法阻止由穆吉布·拉赫曼创建于 20 世纪 60 年代的人民同盟宣布东巴基斯坦为孟加拉国，即"孟加拉人的土地"。面对得到印度支持的分离主义者，巴基斯坦派出的平息起义的军队只能投降。尽管孟加拉国和巴基斯坦已不存在领土争端问题，但因为时常遭受恶劣天气的蹂躏，孟加拉国是全球最贫穷的国家之一。

## 克什米尔，印巴冲突的主要原因

克什米尔的大部分居民是穆斯林，由印度王公统治。由于受到巴基斯坦一些部落袭击的威胁，印巴分治时克什米尔不得不请求加入印度联邦。从1949年起，联合国促成的停火协议将克什米尔一分为二，即印控区和巴控区：印度控制区查谟－克什米尔邦首府在斯利那加；巴基斯坦控制区占克什米尔五分之二强，包括首府是穆扎法拉巴德的自由查谟－克什米尔和首府是吉尔吉特的克什米尔北部地区两个部分。如果说克什米尔是两个地方性大国在政治上的必争之地，那么克什米尔的蓄水量也是两国的竞争愈演愈烈的重要原因，因为它处于喜马拉雅山的高海拔地区，这样的地理优势可以控制印度河盆地。而且，20世纪80年代末导致了暴力对抗和谋杀事件的宗教激进分子的苏醒，也使这一局势更加复杂。

克什米尔，驻印巴边境线的联合国观察员。

## 第一位女总理

贝娜齐尔·布托是巴基斯坦前总理佐勒菲卡尔·阿里·布托的女儿，1988年成为伊斯兰国家第一位当选的女性领导人。贝娜齐尔的总理任期有两个阶段：1988年至1990年和1993年至1996年。2007年，她领导反抗力量，对抗从1999年发动政变以来一直掌权的佩尔韦兹·穆沙拉夫将军。在竞选集会的两个月前，她在一次宗教激进分子组织的谋杀行动中遇刺身亡。

## 从 Burma 到 Myanmar

1948年，缅甸联邦成立。1962年，军方推翻缅甸联邦，并建立了一个独裁政府。1989年，缅甸的英文名由 Burma 改为 Myanmar，但政权的实质并未发生任何改变。1989年，昂山素季反对这一独裁政府，因而遭到软禁。2012年，昂山素季当选为议员。她无法参加总统选举活动，但随后兼任多个部门的部长职位，还出任缅甸总统特别顾问。

## 斯里兰卡的冲突

斯里兰卡是一个以僧伽罗族为主的国家，所以这里的民族主义政策遭到了泰米尔族反抗者的反对。2009年年末，斯里兰卡内战结束，政府军获得胜利，反抗势力的首领被处决。

## 最年长的君王

在很长一段时间内，拉玛九世普密蓬是全世界在位的最年长的君王。2016年，普密蓬去世。尽管政府几度改组，军队时常干预国家事务，但他都成功维持了一个统一的泰国。

# 南美洲：黑暗年代

## 历史上美国的控制

20 世纪 60 年代基辛格与赫鲁晓夫缔结协约后，干预主义成为南美洲历史中的一个重大特点。根据协约，美国于 1965 年向多米尼加共和国派遣军队，以阻止信奉卡斯特罗主义的革命者夺取政权，并将独裁者华金·巴拉格尔推上总统之位，巴拉格尔于 1966 年至 1978 年任多米尼加总统。1973 年，美国帮助智利推翻了从 1970 年起担任总统的萨尔瓦多·阿连德。阿连德因为在智利实行土地改革和工业国有化政策，激怒了大地主和保守的资本家。1979 年，美国开始干预尼加拉瓜的政权，这一革命性政权信奉桑地诺集体主义，由丹尼尔·奥尔特加领导。

## 尼加拉瓜的"投石党运动"

对美国的抵抗也在尼加拉瓜发生。美国在 1912 年取得巴拿马运河后，于 1916 年至 1925 年派军驻扎此地，并于 1926 年扶持索摩查将军当政，后者将在尼加拉瓜实行独裁统治直至 1979 年。然而，由于受到共产主义的激励，桑地诺将军成立了桑地诺民族解放阵线，从 1960 年起反抗索摩查家族的独裁统治。桑地诺民族解放阵线与当局展开了游击战，尽管里根总统派遣了军队进行干预，但他们仍于 1979 年获得执政权，而里根总统因在美国国内的丑闻爆发，不得不撤回军队。随后，其他国家也与美国保持了距离，包括 1999 年由乌戈·查韦斯领导的委内瑞拉，2002 年卢拉治下的巴西，2006 年由美洲印第安人埃沃·莫拉莱斯统治的玻利维亚。

20 世纪 70 年代，中美洲团结委员会全国协调会海报：萨尔瓦多、危地马拉、尼加拉瓜。

## 哥伦比亚的情况

哥伦比亚由两个主要政党共同治理，而且民主选举会让两党派出代表轮流当选总统。1970 年，共产党展开游击战，反对两大党达成的这一协议。由于哥伦比亚具有与巴拿马运河相连的地理优势，并且它向南美洲的其他国家与地区开放，所以游击战很快就开始依赖毒品生产与交易为其提供经济支持。50 年后，尽管早在 1993 年毒枭巴勃罗·埃斯科巴就已被谋杀，但卡特尔同样强大。哥伦比亚是世界上最暴力的国家之一。

## 从民主到军事独裁

19 世纪末，智利开始实行民主议会制，尽管民主政体不时受到冲击，但总能成功得以存续。1973 年 9 月 11 日，奥古斯托·皮诺切特将军发动军事政变，夺取政权。他获得了美国的支持，成功击败三年前通过民主选举获任的萨尔瓦多·阿连德。智利自此进入独裁统治阶段，成千上万人无故失踪，还开始实行系统的酷刑。

1973 年 9 月，奥古斯托·皮诺切特将军以军事政变夺取政权，萨尔瓦多·阿连德的统治遂告终结。

## 秃鹰计划

美国支持的"秃鹰计划"汇集了拉丁美洲6个军事政权的情报机构，分别是智利、玻利维亚（1971年—1978年）、巴拉圭（1954年—1989年）、乌拉圭（1973年—1985年）、巴西（1964年—1985年）和阿根廷。它们的合作目的是在合作监视涉及交换情报的个人的基础上，摧毁破坏性或被认为是破坏性温床的据点，然后组织跨境行动，对被认定是反对者的人进行绑架、审讯并制造失踪，设立一个专门的定点清除小组。该组织效法了阿尔及利亚战争中法国军事情报部门使用的反破坏技术。

## 军事政变

阿根廷于1816年摆脱西班牙殖民者获得独立，但国内军事政变接连不断，所以阿根廷处于脆弱不堪的境地。胡安·多明戈·庇隆发动军事政变后，阿根廷成为一个民粹主义国家，并持续了将近10年（1946年—1955年）。后来另一场军事政变推翻庇隆政府，阿根廷的政治气氛随之改变，极端主义者使得全国暴行肆虐。1976年3月24日，魏地拉在政变后掌权，但阿根廷政权的实质始终未变，军事管制法仍大行其道，压迫与专制也无处不在，近3万人被逮捕、拷问和屠杀。

## 马岛企图

马尔维纳斯群岛位于合恩角附近，具有重要的战略意义，被英国占领。英国人曾被西班牙人逐出马尔维纳斯群岛，后于1833年从阿根廷手中成功夺回。1982年，魏地拉的继任者加尔铁里将军在马尔维纳斯群岛与英国对战，以恢复阿根廷的主权，并试图掩盖阿根廷的灾难性局势。但加尔铁里以战败收场：阿根廷军队抵达马尔维纳斯群岛三个月后，这些岛屿重新回到英国人手中。由于战争的失败和空前的经济危机，阿根廷军政府于1983年垮台，激进党候选人劳尔·里卡多·阿方辛在大选中获胜。

1977年5月22日，阿根廷魏地拉将军主持政府成立两周年纪念仪式，这一政府享有盛誉，但事实上其镇压力量强大，比皮诺切特更加残酷。1982年与英国的马尔维纳斯群岛战争的失利最终使政务会122名誉扫地，次年，军政府垮台。

# 东欧局势的缓和

### "布拉格之春"

捷克斯洛伐克的知识分子认为，共产党总书记诺沃提尼开启的国家自由化有待进一步深化。在这些知识分子的推动下，得到党内支持的共产党领导人提出在全国进行改革。1968 年 4 月，领导人杜布切克再次重申他会严格遵守《华沙条约》，但他预备再次引入多党制，恢复新闻出版自由，重新确立政治受害者的权利。共产党内部的这一倾向立马遭到苏联军队的镇压，他们开进布拉格，让捷克斯洛伐克放弃改革。

### 去斯大林化

1956 年 2 月 15 日，在苏共第二十次全国代表大会上，尼基塔·赫鲁晓夫披露了斯大林的错误，称其为专制"大清洗"与消灭的始作俑者。此事使各社会主义国家共产党产生严重的思想混乱和政治动摇，导致社会主义阵营内部出现矛盾与裂痕。

1968 年 4 月 21 日，华沙条约组织的军队入侵布拉格。

### 匈牙利事件

苏共二十大以后，匈牙利广大党员和群众强烈要求改革。人们公开批评党的领导和现行政策，一些报刊登载了不少各种思想倾向的文章。1956 年 11 月 1 日，纳吉宣布匈牙利中立，退出华沙条约组织并向联合国求援。11 月 1 日晚，卡达尔等人和纳吉政府决裂。11 月 3 日，纳吉改组政府，宣布实行多党制。11 月 4 日，以卡达尔为首的匈牙利工农革命政府宣告成立。应工农革命政府的请求，苏军当天开进布达佩斯。纳吉等人避入南斯拉夫大使馆。

1980 年，莱赫·瓦文萨创立了团结工会。

### "团结工会"

团结工会始创于 1980 年，是那个时期成立的工会之一，由莱赫·瓦文萨担任领导人。该工会聚集了数千万波兰人，致使格但斯克港瘫痪三个多星期。1990 年，莱赫·瓦文萨当选为波兰总统。

# 20 世纪：战争的世纪

## "七七宪章"

这一表达抗议的文件激励捷克斯洛伐克人自由思考、自由行动，也使得"布拉格之春"后反政府的地下活动开始为人所知。剧作家瓦茨拉夫·哈维尔是开展地下活动的代表人物，1979 年至 1983 年曾遭到监禁，后领导了"天鹅绒革命"，这场革命让捷克斯洛伐克于 1989 年走上西式民主之路。

### 热线电话

热线电话指的是 1963 年 6 月 20 日设立、直接连通白宫和克里姆林宫的电传打字机。它象征着两个超级大国即便在危机之中也想要保持对话的意愿，开启了美苏关系一个所谓的缓和时期。

## 柏林墙的倒塌

1988 年 10 月，苏联承认社会主义国家的完整主权，并在整个中欧开展了一场民主革命，社会主义阵营就此瓦解。1989 年 11 月 9 日，德意志民主共和国建立 40 周年纪念庆典后不久，柏林墙倒塌，这是社会主义阵营瓦解的一大象征。由于爆发了针对东德共产主义的领导和史塔西[123]的抗议活动，当局在推行改革政策之前曾犹豫不决。

## 关系缓和

1956 年，在赫鲁晓夫和勃列日涅夫的相继指引下，苏联开始实行与西方阵营和平共处的原则。尽管意识形态和战略上的竞争并未停止，但苏联与西方国家展开了经贸往来。至于美国方面，尼克松和国家安全顾问基辛格想要根据补偿原则，通过协商，继续深化遏制共产主义的政策：在一个重要的方面让苏联人满意，就意味着以退为进。

## 公开性与政治制度改革

20 世纪 80 年代初，苏联经济陷入绝境。政府不顾民生，贪污腐败严重，官僚主义之风盛行，社会岌岌可危。为了解决这些问题，1985 年入主克里姆林宫的新主人、作风强劲的戈尔巴乔夫开始推行公开性与政治制度改革政策。

1989 年 11 月 9 日，波茨坦广场附近，西德人民涌向柏林墙，看着东德的边境监督员用手打开一个缺口。

## 重新统一的德国

1989 年 11 月 28 日，西德总理赫尔穆特·科尔提交了"十点建议"，由此拉开了德国统一的序幕。科尔提出的政策激起了意大利和英国的敌意，也引起了法国的担忧。然而，关于重新统一德国的提议在投票中获胜，从而推动了统一进程。1990 年 8 月 31 日，东德与西德签订统一条约。10 月 3 日，德国最终统一。

# 1968 年，抗议的年份

## 权力归花儿[124]

美国年轻人可以通过电视获取实时信息，他们处于和平主义运动的中心。他们要求美国军队立马撤出越南，且组织起来反对军工联合体和募兵。受 1960 年至 1970 年的婴儿潮影响，美国 14 至 24 岁的年轻人人数从 2400 万增加到 4000 万，因而这次运动更加声势浩大。

## 三天和平与音乐

20 世纪初以来，伍德斯托克是包括鲍勃·迪伦在内的音乐家与艺术家的聚集地。然而，原计划于 1969 年 8 月 15 日至 17 日在此举行的反对越南战争的集会遭到了这座城市的拒绝。伍德斯托克音乐节是反文化与嬉皮士一代的象征，这一年的音乐节最后得以在贝塞尔镇的一处农场举行。观众们在音乐会上看到了吉米·亨德里克斯、"谁人"乐队、詹尼斯·乔普林、乔·库克、CSN 先锋摇滚乐队的演出，在很大程度上受到现场大麻和其他精神药物的影响。

## 哥伦比亚大学

这所位于纽约州的大学校园是 1968 年抗议活动最为活跃的中心之一。在他们提出的要求中，有和平、拒绝消费社会、社会民主化、道德自由化等。这些学生中有许多人是左派的一部分，他们把和平主义、无政府主义混为一谈。但也有相当多的人通过争取民权来进行政治抗议。

## 先锋

1955 年 12 月 1 日，亚拉巴马州蒙哥马利市的一辆公交车上，罗莎·帕克斯拒绝给一个白人让座。随后，罗莎被逮捕，进而成为直至 20 世纪五六十年代仍然盛行的美国种族隔离传统的象征。她的被捕激起了一场席卷数万白人与黑人的运动，他们在全国各地静坐示威、和平游行，要求终止校园、餐厅、公共交通和工作中的种族隔离政策。

## 《我有一个梦想》

1963 年 8 月 28 日，黑人牧师马丁·路德·金发表演讲《我有一个梦想》，以此结束聚集了 25 万余人的华盛顿大游行。这场演讲成功说服美国政府认可取消种族隔离的必要性。1964 年 7 月 2 日，国会投票通过《民权法案》，宣布在公共场合与学校的种族隔离是非法的。次年，《选举权法案》确保黑人也得以在选举名册上登记。

1963 年马丁·路德·金演讲后，纽约街头销售的海报。

## 1968年4月4日，田纳西州，孟菲斯市

马丁·路德·金牧师在这一天遭到暗杀，结束了其战斗的一生。路德·金的活动开始于1955年在蒙哥马利市发起的对公共汽车让座事件的抵制运动，他在战斗中主张非暴力原则和公民不服从原则，后于1964年获得诺贝尔和平奖。他的遇刺身亡令黑人人权事业失去了一位能为广大民众发声的领导者，不过也为他们带来了白人自由主义者的支持。由于路德·金的去世，黑人的抗争变得更加彻底——1965年为抗议美国黑人恶劣的生活条件，洛杉矶市瓦茨区发生了黑人暴动，战斗愈演愈烈。

## 奥运会中的黑人力量

1968年，墨西哥奥运会让世人看到了黑人力量。在200米短跑颁奖典礼的领奖台上，美国人汤米·史密斯、澳大利亚人彼特·诺曼、美国人约翰·卡洛斯都佩戴了奥林匹克人权项目的徽章，而在奏响国歌时，美国获胜者们低下头，举起戴着黑手套的拳头。在国际奥委会主席艾弗里·布伦戴奇的鼓动下，他们受到了禁赛处罚，并被逐出奥运村，终身不得再参赛。但3天后，他们会看到400米决赛的3位获胜者——李·埃文斯、拉里·詹姆斯、罗恩·弗里曼——戴着代表黑人力量的贝雷帽登上领奖台，以更为低调的举起拳头的方式，抗议美国的种族隔离。

## 黑豹党

这个组织于1966年在旧金山湾区成立。它拟订了"十点计划"，要求获得自由、土地、正义与和平，让黑人享有充分就业和受教育的权利，结束警察对待黑人的粗暴行径。他们在黑人聚集区组建了军队，保护黑人不受残暴的警察的压迫，从而广为人知。此外，黑豹党要求享有武装自卫的权利。这个社团后来成了联邦警察的主要敌人，所以多位领导人遭遇暗杀，且有间谍潜入，内部也出现了分歧。

一个学生组织编纂的声援黑豹党的小册子的封面，从1967年开始发行。

## 五月风暴

这次抗议运动发端于达尼埃尔·科恩－本迪领导下的南泰尔大学，最初针对的是学院的运行规则，随后扩展至教育制度，引起了警察与学生的对抗。很快，工人和雇佣劳动者占领了他们的工作地点，以示对大学生们的声援。总理与工会协商失败，罢工迭起，因而人们相信即将拥有一个反对派的政府，一个取代戴高乐、代表人民或由皮埃尔·孟戴斯－弗朗斯领导的政府。然而，戴高乐仍然当权，他在"五月风暴"后举行的选举中再次当选。

1968年5月，巴黎和一些法国大城市的墙上张贴的海报，它象征着学生与工人联合起来反对戴高乐政府。

# 从欧洲经济共同体到欧盟

### 1950 年 5 月 9 日，奥赛码头 [125]

1950 年 5 月 9 日，法国外交部部长罗伯特·舒曼发表舒曼计划，该计划由被视作奠基者的法国经济学家让·莫内起草。舒曼计划指出："欧洲并非一蹴而就，也不能同时建立起来，而是需要一些具体的举措，首先就需要团结起来。"这是建立欧洲煤钢共同体的序曲。欧洲煤钢共同体是"二战"后为解决法国控制萨尔煤田问题的第一项具体步骤。

经济学家让·莫内，欧洲之父，1952 年至 1955 年任欧洲煤钢共同体主席。

### 行动中的欧洲煤钢共同体

欧洲煤钢共同体是欧洲的第一个超国家机构，缔约国有法国、联邦德国、意大利、比利时、荷兰及卢森堡。这是法德和解迈出的第一步，确定了成员国之间取消内部关税，推行统一的对外关税，还成功地控制了企业在某个领域的集中和国家的援助。它在 1980 年至 1986 年的钢铁危机中发挥了作用：限制钢铁生产，确定配额，配合行业的调整。

### 欧洲防卫共同体的失败

德意志联邦共和国建立后，欧洲防卫共同体设想建立一支融合德国军事力量的欧洲军队，在某一成员国遇到攻击的时候，建立一个联合指挥部和一个中央军事政府。因此，欧洲防卫共同体集合了欧洲煤钢共同体的 6 个成员国。然而，德国重整军备并不符合当时国民议会中占主导地位的法国共产党、戴高乐主义者、一部分社会党人、一些激进分子、部分右翼议员的愿望，他们拒绝认可欧洲防卫共同体，这一计划因此流产。

### 欧洲共同体的诞生

欧洲国家的联合在 1955 年至 1957 年再次得到推进，这一时期签订了《罗马条约》，成立了欧洲经济共同体和欧洲原子能共同体，这是一个为了和平目的而创建的核能源组织。尽管欧洲防卫共同体以失败告终，但欧洲煤钢共同体的 6 个成员国相信，他们应该拥有一些共同的组织，成立一个共同市场，且各国的经济政策也应互相协调一致。那时，人们发现，单凭一个国家的力量难以解决的问题日益增多，所以创建欧洲共同体的设想日渐成熟。

### 欧洲机构的三个中心

由于找不到一个唯一的行政机构所在地，所以欧洲的各个机构分布在 3 座城市：

● 布鲁塞尔：部长理事会、经济及社会理事会；

● 斯特拉斯堡：欧洲议会；

● 卢森堡市：欧洲法院，欧洲议会总秘书处。

# 20世纪：战争的世纪

## 戴高乐与欧洲共同体

1958年当选总统的戴高乐尽管反对欧洲防卫共同体和欧洲煤钢共同体，但他并不想要破坏各国联合的成果。不过，戴高乐的关注焦点在于一个"各国的欧洲"，因而他更侧重双边关系的建立。比如，与德国总理康拉德·阿登纳的合作，并从1966年起实行"空椅政策"[126]，以抗议《罗马条约》中规定的大多数决策的表决机制从全体通过制改为多数通过制。

## 英国的反对

英国想要保留对其海关的控制权，和经济合作与发展组织（经合组织）的成员国展开合作，建立自己的自由贸易区。经济合作与发展组织是为实行马歇尔计划而建立的组织。英国尚未成为欧洲经济共同体成员，但因为其大部分的贸易是与欧洲经济共同体成员国开展的，所以它于1961年7月31日首次申请加入欧洲经济共同体，随后于1962年2月申请加入欧洲煤钢共同体和欧洲原子能共同体。

## 共同农业政策：一种象征

欧洲共同农业政策是一次试验，可以评估欧洲经济共同体在内部分歧众多的情况下实行统一政策的能力。1962年，共同农业政策关于进口产品的设定价格、价格下限和最低价格的运转机制得到采纳；1963年，欧洲经济共同体对谷物市场大加抨击，因为法国与德国争执不下，前者要求薄利多销，而后者则试图保护耕作者，不愿降低价格。最终，双方达成协议，且于1967年开始生效。

## 9国的欧洲共同体，12国的欧洲共同体

在进行了三次申请后，英国于1972年加入欧洲共同体。随后，爱尔兰和丹麦也加入其中。挪威在最后关头拒绝加入，因为在全民公投中反对人数占多数，达到54%。1986年，希腊、西班牙和葡萄牙成为欧洲经济共同体的成员国。至此，欧洲共同体晋升为美国之后的第二大经济体，但它仍面临诸多内部困难，因为成员国间存在货币问题，而且英国对欧洲经济共同体批评不断。1979年，撒切尔夫人当选首相，她认为根据"公平回报"原则，一切成员国从共同体预算中获得的收益应与其贡献相匹配，这让欧洲经济共同体的内部矛盾再度升级。

## 《申根协定》[127]：意味着终结？

1995年3月26日，《申根协定》正式生效，人们在申根国家内可以自由通行，同时外部边境的检查也有所加强。

1992年2月7日，12个成员国签署《欧洲联盟条约》。

## 欧洲联盟

1987年至1992年，为了实现统一市场，250多份文件获得通过，进而于1992年2月7日签署《欧洲联盟条约》。根据该条约，欧盟正式诞生，这标志着一个欧洲超国家共同体的成立，可以发展共同外交与安全政策，协调货币政策，以实现货币的可兑换性，创建欧洲中央银行。

# 星球大战

## 佩内明德的开端

1937年至1945年,德国联邦国防军空军在这座位于波罗的海海岸乌瑟多姆岛的小镇,研制多种空对空、地对空和地对地导弹,而德意志国防军也以此为基地,在沃纳·冯·布劳恩[128]的技术指导下研究远程地对地导弹。由于这里建造的送风机、发射道、火箭发动机静态测试台、发射装置等庞大的设施,导弹研制中的推进、导引和空气动力学的大多数问题都得到了解决。

## V2火箭

这些德国火箭是由米特堡-朵拉集中营的3万名囚犯制造的。1944年9月8日,V2火箭首次向巴黎发射,随后袭击了伦敦、法国北部多个城市和安特卫普港。这种导弹的名字V2是"Vergeltungswaffe-2"的缩写,意为"复仇武器2号"。

## 太空竞赛

1957年10月,苏联将"斯普特尼克1号"卫星送入绕地球运行的轨道,美国人大为光火,因为他们认为这显示出美国在远程导弹的制造上已处于落后态势。美国与苏联在科学领域的竞争就此展开。这是两国对峙的开端,它们随后相继向太空发射了人造卫星、载人飞船、空间探测器,最后还把宇航员送上了太空。

## 背后的男人

工程师谢尔盖·科罗廖夫[129]是苏联航天事业的奠基者。在重新组建V2并于飞行中对其进行测试后,他设计出了性能越来越良好的导弹,包括可以运载核武器的R-7弹道导弹,此时的苏联已成功研制出核武器。苏联在哈萨克斯坦的拜科努尔进行了试验,这是一个可以避开美国位于土耳其的监测手段的基地。在第一颗人造卫星"斯普特尼克1号"之前,他所设计的火箭成功将母狗"莱卡"和最早的空间探测器送入了太空。1961年4月12日,尤里·加加林[130]也是乘坐科罗廖夫设计的宇宙飞船成为第一个进入太空的人。

## 人才流失

"二战"结束后,美国和苏联开始与时间赛跑,它们都想得到德国的专业技术和装备,也都在努力争取德国的工程师。沃纳·冯·布劳恩和他的团队转战美国,而其他的专家则分别为苏联、法国和英国效力,他们为这些国家的太空活动与导弹发展贡献了力量。

1961年4月12日,苏联人尤里·加加林,摄于被送入轨道前。

20 世纪：战争的世纪

1969 年 7 月 21 日，宇航员埃德温·尤金·奥尔德林走下"阿波罗 11 号"登月舱。

## 月球上的阿波罗

美国的"阿波罗探月计划"共包含 17 次任务，始于 1961 年，直至 1972 年。其中最为著名的是"阿波罗 11 号"：1969 年 7 月 16 日，机长阿姆斯特朗、指令舱驾驶员迈克尔·柯林斯、登月舱驾驶员埃德温·尤金·奥尔德林乘坐"阿波罗 11 号"飞向太空。1969 年 7 月 21 日，4.5 亿地球人守在电视机旁，见证阿姆斯特朗和奥尔德林踏上月球（柯林斯在指挥舱内继续沿环月轨道飞行）。

## 米尔

在登月竞赛中失败后，苏联人进行了大量的尝试，集中精力建造几乎永久性的地球轨道空间站。米尔空间站在俄语中意为"和平"或"世界"，发射于 1986 年，原计划是 5 年的使用寿命，但事实上它服役了 15 年之久，接待过来自俄罗斯、叙利亚、阿富汗、奥地利、保加利亚、法国、德国、英国、日本、哈萨克斯坦、斯洛伐克、美国等 12 个国家的宇航员，执行过欧洲航天局的两次任务。

### 个人的一小步……

1969 年 7 月 16 日，宇航员们在航天服中携带了可以供给 2 小时 45 分的氧气量和电能，在月球上完成采集 20 余千克岩石的任务，其中的玄武岩据推测为 37 亿年前的。此外，他们还要将一些科学设备安置在月球上，并拍摄登月点的全景图。

## 国际空间站

国际空间站于 1983 年由美国总统里根发起，最初只是美国的一项计划。美国在苏联准备发射米尔空间站时提出这一计划，旨在不让苏联人垄断地球轨道。国际空间站计划成绩斐然，因而美国很快宣布开展国际合作。苏联解体后，美国向俄罗斯发出请求，期待将其一流的工程师也吸引到这一计划中，并避免他们去往伊朗、伊拉克等国。1998 年，首个功能货舱成功发射。

## 空间的开放

1965 年，法国第一次成功发射卫星；1970 年，日本和中国相继取得成功，一年后，英国也实现了卫星发射。1980 年，印度进入探索太空的强国行列；1988 年，以色列也位列其中。1980 年，阿丽亚娜空间公司成立，从此在全球的电信运营商眼中，欧洲是太空运送无可争议的领导者。阿丽亚娜火箭可以同时发射两枚卫星，可靠性高。此外，它拥有近赤道的法属圭亚那的库鲁这一最理想的发射场。

1997 年，库鲁，"阿丽亚娜 5 号"火箭发射。

261

# 从石油危机到经济危机

## 黄金三十年

这一形容出自经济学家、社会学家让·富拉斯蒂耶的《黄金三十年或看不见的革命，1946年－1975年》一书，用于指代"二战"之后工业化国家的重建时期和不断扩张。

## 工业化社会中的石油

1946年到1972年，石油产量从3.75亿吨增长至28亿吨，因此这一化石燃料成为一种经济和外交武器。考虑到石油在取暖和多种衍生品生产中的使用情况，工业化一直在赋予石油更大的影响力。1928年，石油卡特尔控制了石油市场，它由美国埃克森石油公司、莫比尔石油公司、加利福尼亚美孚石油公司、得克萨斯石油公司、海湾石油公司、英国石油公司、英荷壳牌石油公司等7个盎格鲁－撒克逊公司组成。然而，随着20世纪50年代意大利和法国的私人公司，比如阿玛科及国有公司的成立，石油的价格开始降低，这让石油生产国意识到应该为了自己的利益稳定这一宝贵材料的价格。这是建立欧佩克的目的之一。

## 工业的调整

在工业化国家，农业不断衰落，农村人口大量流出。从业人员的35%至40%集中在工业领域，他们有的是熟练工人，有的是来自农村或国外的没有技术的工人。在这一阶段，第三产业逐渐兴起并飞速增长，女性开始工作，不过通常是在一些次要的岗位上。

## 经济增长的黄金时代

1945年至1973年，工业产量年增长率为5.6%。20世纪60年代，德国的国民生产总值每年增长7.6%，日本每年增长9.6%。生产的加紧使生产率得到提高，同时带动了消费，这又促进了生产的发展，形成良性循环。跨国企业的数量有所增加，它们在第三世界国家投资，因为那里的劳动力和原材料相对都更加低廉，这也刺激了这些国家的工业化发展。在大部分国家，失业率不超过从业人员的1.5%。

20世纪60年代，菲利普电视机的广告。

## 迈向消费社会

在法国，爱德华·勒克莱尔超市集团于1949年创立；1963年，第一家超级市场家乐福在圣热讷维耶沃－德布瓦开张。冰箱和洗衣机等家用电器走进了民众家庭，1966年，电视机的家庭普及率达到50%。

## 20世纪：战争的世纪

石油危机波及整个欧洲。1973年，奥地利维也纳，等待购买汽油的队伍越来越长。

### 一种新的文化

1962年，社会学家杜马兹迪埃创建了休闲文化理论，他揭示了机械的广泛使用如何降低劳作的价值，同时指出了休闲的价值所在。以前，休闲是对劳作的恢复和补偿，而现在，休闲具有了娱乐和发展功能，在生活的各个阶段，在与自己和他人的关系中产生一种新的平衡。有了休闲，文化消费才繁荣起来。

### 第一次石油危机

1973年的第四次中东战争导致了这次石油危机，每桶油的价格上涨了70%至100%。与此同时，石油禁运的限制打击了支持以色列的国家。1973年12月，欧佩克将石油的价格上调130%，导致每桶油的价格提高了四倍。在这一时期，工业化国家调整了它们的能源政策：1974年法国启动核能源计划，并依赖于北海的钻井基地。一些限制，如1976年开始实行的夏令时，有利于节省开支。然而，经济增长放缓，投资与产量开始下降，失业率上升。

### 法国式紧缩

在法国，经济危机导致物价上涨，1981年年末通货膨胀达到14%，经济增长速度减缓，净出口赤字加重，9%的从业人员处于失业状态。1981年当选的密特朗是首次当选为第五共和国总统的社会党人，他所领导的社会主义政府下定决心实行紧缩政策，但这必然会引起左翼的纠纷，也会造成一些社会矛盾。与此同时，让－玛丽·勒庞[131]的国民阵线在政治舞台上崭露头角。

1982年5月11日，自失业者工会成立以来，巴黎首次爆发失业者游行。

### 第二次石油危机

石油价格从1978年起再次上涨，其原因来自三个方面：伊朗革命导致伊朗停止输出石油；沙特阿拉伯的油价降低10%；两伊交战，双方都想获得石油销售的最大利润，导致油价上涨幅度失控。对于石油消费国来说，尽管它们的能源需求因为多样化而稳定下来，但所受冲击仍然巨大：失业率再次增加，影响到经济合作与发展组织约8%的劳动力。

263

# 南斯拉夫的解体

## 南斯拉夫之谜

"二战"后,由铁托领导的波斯尼亚和黑塞哥维那、克罗地亚共和国、马其顿共和国、黑山共和国、塞尔维亚共和国、斯洛文尼亚共和国等六个共和国,组成南斯拉夫联邦。科索沃属于塞尔维亚,拥有自治权。塞尔维亚首府贝尔格莱德也是南斯拉夫的首都。南斯拉夫人口杂居,一个人口占绝大多数的民族与其他多个少数民族共同生活在同一片土地上,而各民族宗教信仰的不同让局势更加错综复杂。在波斯尼亚就居住着塞尔维亚人、克罗地亚人、波黑穆斯林,1961年,铁托赋予了他们"人民"地位。

## 建立大塞尔维亚的梦想

在南斯拉夫的诸多民族主义思潮中,塞尔维亚人主张塞尔维亚共和国在联邦内享有优越地位,并认为联邦必须解体,以建立一个大塞尔维亚,因为这个国家将是巴尔干半岛最强大的国家。

## 糟糕的经济形势

1945年至1975年,经济持续增长,这成功掩盖了国际贸易赤字,以及超过200亿美元的负债情况,直至石油危机爆发和经济出现衰退。随着国家经济增长的放缓,各个共和国间的巨大差异凸显出来,民族主义开始萌芽。1980年铁托离世时,相对于富裕的斯洛文尼亚而言,科索沃似乎仍很不发达。

1999年,塞尔维亚科索沃和马其顿边境处布拉采的科索沃难民营。在进入马其顿之前,他们需要在这里待七天左右。

## 波黑战争

1992年2月29日,波黑独立公投之后,占总人口32%并拒绝参与投票的塞尔维亚族人民开始对抗占总人口44%的波黑穆斯林和占总人口17%的克罗地亚族人民,因为他们都对独立持赞成态度。

## 多个阵线

1992 年 4 月 6 日，欧洲经济共同体认可波斯尼亚和黑塞哥维那的独立后，塞尔维亚人也选择宣布以塞族人为主的领土独立。他们的民兵向萨拉热窝发动进攻，联合国难民署的一座空中桥梁将为这座城市提供补给，直至战争结束。克罗地亚人最初与波黑穆斯林结为同盟，后于 1993 年 4 月 23 日在以克罗地亚人为主的地区获得独立，为反抗穆斯林开辟了新的阵线。在西北部的比哈奇，穆斯林内部也存在诸多分歧。1993 年 9 月 27 日，西波斯尼亚宣布成为自治省。

## 三人的统治

1995 年签署的《代顿协定》将波黑领土划分为穆克联邦与塞族共和国，前者是穆斯林及克罗地亚人的土地，后者则居住着塞尔维亚族。波黑的主席团由三人组成，分别代表波黑的三个民族；三个成员轮流就任主席团主席之职，任期为八个月。

## 和解之桥

莫斯塔尔古桥由土耳其人在 16 世纪建造而成，1993 年毁于克族炮击之下。在联合国教科文组织的支持下，古桥得到修复重建并于 2004 年重新开放，这是波黑不同民族之间达成和解的象征。

## 黑山共和国的命运

2003 年 2 月 4 日，南斯拉夫这一名称不复存在，取而代之的是塞尔维亚和黑山国家联盟。这个联盟中的国家拥有共同的军队、司法机关、议会等，但各自经济独立，且在很大程度上实行自治。2006 年，黑山的选民们以 55.5% 的支持率赞成国家独立。

## 斯雷布雷尼察

联合国宣布斯雷布雷尼察为"安全区"，并派遣了 400 名荷兰联合国维和部队（在大屠杀之际驻守此地的人数），但斯雷布雷尼察还是成了大屠杀的舞台。1995 年 7 月，超过 8000 名男子被拉特科·姆拉迪奇将军[132]指挥下的塞族共和国军队杀戮。这个名字如今象征着南斯拉夫冲突中斗争的野蛮性。2017 年 11 月 22 日，姆拉迪奇被海牙国际刑事法庭指控犯有种族灭绝罪和反人类罪，被判处无期徒刑。

1998 年 4 月 24 日，阿尔巴尼亚人穿着联合国部队制服，在一次示威游行中要求宣判斯洛博丹·米洛舍维奇犯有反人类罪。

# 中东的动荡

## 第一次中东战争

第一次中东战争爆发于 1948 年以色列建国第二天，以色列面临阿拉伯国家五支军队同时来犯。1948 年 7 月至 12 月，以色列的反攻让这个新国家得以统治比 1947 年更广阔、更统一的领土，尽管耶路撒冷旧城和哭墙[133]落入了阿拉伯国家之手。

对巴勒斯坦的阿拉伯人来说，这是一场灾难：超过 75 万巴勒斯坦人失去了自己的土地，不得不迁徙。在这场灾难中，以色列人采用了一些受国际法律制裁的方法。

1948 年战争期间驻扎在耶路撒冷的以色列士兵。

## 赎罪日战争[134]

1973 年赎罪日，安瓦尔·萨达特的埃及军队与哈菲兹·阿萨德的叙利亚军队分别进攻苏伊士运河和戈兰高地，打响了赎罪日战争的枪声。埃及的进攻很快被阿里埃勒·沙龙将军成功阻止，但叙利亚士兵受过苏联的精良训练，并配备有苏联的导弹，所以面对戈兰高地来势汹汹的叙利亚坦克和士兵，以色列空军感到艰苦异常。以色列的胜利来之不易，这让他们开始思考一个根本性的问题：他们应该像 1967 年那样先发制人并承受国际的斥责，还是冒着遭遇巨大损失的风险等待？

## 六日战争

1967 年 6 月 5 日至 10 日，以色列先发制人，发动了针对埃及总统纳赛尔领导的阿拉伯联军的六日战争。以色列凭借其空军优势，占领了加沙地区、埃及的西奈半岛、约旦河西岸、耶路撒冷旧城和叙利亚的戈兰高地。然而，这是巴勒斯坦问题的开端：成千上万名阿拉伯难民处于以色列的控制之下。

## 黎巴嫩的"镶嵌画"

黎巴嫩这幅"镶嵌画"由伊斯兰教德鲁兹派[135]、什叶派和逊尼派和一个庞大的基督教团体，尤其是马龙派[136]组成。尽管 1958 年发生了第一次内战，但黎巴嫩经受住了苏伊士运河危机[137]的考验，成为国际经贸的一个中心。然而，各个教派仍按 1943 年的国家协议分配权力：黎巴嫩共和国总统由基督教马龙派人士担任；议长和总理分别由伊斯兰教什叶派和逊尼派人士担任。各方的平衡非常脆弱。

## 黎巴嫩内战

各个宗教派别之间隐秘的紧张关系、社会不平等的升级，以及以色列向驻扎在黎巴嫩南部的巴勒斯坦军队发起的进攻，都为黎巴嫩内战埋下了祸根。以色列的进攻加强了黎巴嫩民兵的权力，比如，皮埃尔·杰马耶勒的长枪党[138]，他们敌视巴勒斯坦，希望维持马龙派在黎巴嫩社会中的优势。1975年4月13日，27名巴勒斯坦人和黎巴嫩人被长枪党杀害，黎巴嫩内战由此爆发。1976年对巴勒斯坦阵营的进攻致使巴勒斯坦解放组织也加入战争。战争造成3万人死亡，6万人受伤，60万人成为难民，经济惨遭破坏，黎巴嫩被叙利亚控制。

黎巴嫩战争期间，始建于1983年的激进主义什叶派政党真主党人攻占贝鲁特，意在按照伊朗模式建立一个伊斯兰国家。

### 萨布拉和夏蒂拉

1982年9月16日至18日，位于西贝鲁特的这两个巴勒斯坦难民营被以色列军队团团包围，以色列人希望摆脱巴勒斯坦解放组织的巴勒斯坦士兵，为此派来了基督教长枪党民兵，他们对成千上万的平民展开屠杀。

## 加利利和平行动

1982年6月6日，以色列发动加利利和平行动，以阻止驻扎在黎巴嫩南部的巴勒斯坦解放组织轰炸加利利，这次行动引发了黎巴嫩战争[139]。以色列军队包围并轰炸了贝鲁特，巴勒斯坦解放组织和支持它的黎巴嫩政党被迫撤离贝鲁特。在巴勒斯坦组织于国际保护下撤出之前，以色列军队造成了大量的人员死亡。以色列国防军被一支国际军队取代，撤离贝鲁特，并于1985年离开黎巴嫩，但直至2000年才彻底撤出黎巴嫩南部的"安全带"。黎巴嫩仍有一些伊斯兰教和基督教小团体，他们继续作战，直至1989年在沙特阿拉伯签署《塔伊夫协议》。

## 真主党

真主党因伊朗的经济支持而于1982年建立，是黎巴嫩的一个什叶派民兵组织。在内战和黎巴嫩战争期间，真主党是叙利亚占领者准许的唯一的武装民兵组织。它介入黎巴嫩的政治领域，也拥有武力力量，进而担负起抵抗以色列的使命，最终致使以色列于2000年撤离黎巴嫩南部。

## 两伊战争

1979年的伊朗伊斯兰革命取得成功，霍梅尼因而想要依靠伊拉克的什叶少数派推翻巴列维的世俗政权。领土争端也是战争的一大原因，主要涉及对阿拉伯河的控制问题。1980年9月23日，伊朗向美索不达米亚平原发动进攻，这一地区决定了对海洋的控制和石油资源的占有。伊朗军队得到了以色列（两边的衰弱于它有利）和美国的军备支持。8年之久的战争让伊朗和伊拉克都变得萧条不堪，死亡人数达100万人，其中很大一部分是平民，负债额触目惊心，伊朗达100亿美元，伊拉克达800亿美元。

## 起义

1982年的战争让巴勒斯坦解放组织失去了后方基地，之后，向执法部队扔石头的青少年推动了这次"抬起头颅"的行动，让这次行动又被称为"石头战争"，随后演变为示威游行和罢工行动，尽管以色列进行了戒严和宵禁，但仍无法疏散民众。1988年，巴勒斯坦解放组织宣布放弃恐怖主义，并认可联合国的一切解决方案，这实际上就是承认以色列的地位，所以国际舆论有所动摇。

# 沙漠中的风暴

## 石油国的君主制度

这里是指波斯湾沿岸的五个国家，分别是沙特阿拉伯、阿拉伯联合酋长国、科威特、巴林和卡塔尔，后三个国家已实行君主立宪制。美国与沙特阿拉伯的优先联盟以安全和石油为核心。考虑到王国内萨拉菲主义者团体的存在，两国的联盟困难重重，并且它们的联盟导致与什叶派国家伊朗的关系变得紧张，因为强大的军事力量在这一地区的存在让伊朗感觉受到了威胁，而且这种存在使较小的逊尼派君主制国家加入了阿拉伯的阵营。

## 阿拉伯复兴社会党

这一政党于 20 世纪上半叶在叙利亚创建，该党的民族主义意识形态建立在拒绝外国对阿拉伯世界的影响的基础上。尽管复兴党赋予了伊斯兰教很高的地位，但考虑到应该实行政教分离，他们主要保留了伊斯兰教的语言和文化遗产。从 1979 年到 2003 年，阿萨德家族统治下的叙利亚和萨达姆·侯赛因统治的伊拉克一直奉行这一意识形态。

## 战后伊拉克

在两伊战争中，伊拉克总计伤亡数十万人，所受的经济损失高达 700 亿美元，负债 800 亿美元。1988 年，伊拉克一片萧条，1979 年上任的总统侯赛因既需要鼓舞人民，又必须让国家走出危机。

鼓舞人民的侯赛因的宣传海报。这位统治者承诺将振兴国家经济。

## Raïs

这是阿拉伯语 ra'îs 的法语形式，指的是社会等级制度的顶端，类似于 ra's，指"头"。如今，这个词的意思是任命一个国家的首领或共和国的总统。除伊拉克之外，中东还有埃及、黎巴嫩、叙利亚和也门等共和国，虽然这些国家名称均为共和国，但实行的基本都是专制制度，权力集中在个人（埃及）、小团体（也门）或是一个家族（叙利亚）的手中。

## 骗人的借口

1990 年 7 月 17 日，萨达姆控告一些波斯湾国家降低石油价格给他的国家造成了损失，因为伊拉克 99% 以上的收入来自石油。他尤其指责科威特自 1980 年起"盗采"边境处的鲁迈拉油田的石油，并责令其向伊拉克支付 24 亿美元。沙特阿拉伯所引导的谈判以失败告终，1990 年 8 月 2 日，伊拉克军队入侵科威特。

## 当伊拉克入侵科威特

科威特拥有全球 10% 的石油储藏量，控制科威特将为伊拉克提供重要的入海口。对萨达姆·侯赛因来说，重要的是，科威特在军事上软弱无力，所以在几个小时内，伊拉克便控制了其首都科威特城，埃米尔逃亡沙特阿拉伯避难。伊拉克吞并了科威特，丝毫不顾及联合国和阿拉伯联盟的反对。不过，西方国家迅速做出反应，对抗石油价格上涨的威胁。

20 世纪：战争的世纪

## 沙漠盾牌行动 [140]

1990 年 11 月 29 日的第 678 号决议授权国际军事力量介入科威特战争，当时这支军事力量在老乔治·布什任总统的美国的主持下建立。这一联盟由大约 50 个国家组成，其中有 12 个阿拉伯国家。与此同时，西方国家和阿拉伯国家还爆发了一些和平抗议活动。1991 年年初，双方代表在日内瓦举行了一次会晤，试图恢复对话。然而这次会谈并未取得成功。

## 第 687 号决议

该决议规定了海湾战争结束后伊拉克应遵守的条件：承认科威特的国界线；支付战争损失；销毁大规模杀伤性武器；维持禁运。

## 沙漠风暴行动 [141]

1991 年 2 月 17 日至 23 日，伊拉克的一些地面设施遭到轰炸，沙漠风暴行动正式开始。萨达姆·侯赛因向以色列发射了多枚"飞毛腿"导弹，让其卷入冲突，以间接获得阿拉伯国家的支持。2 月 23 日至 24 日晚，地面反击战打响。盟军在三日内便夺回了科威特，并挺进伊拉克。萨达姆·侯赛因承认战败。

1991 年 2 月 23 日夜间，美国袭击伊拉克。

## 反对派的反抗

自从停战协议以来，反对派开始暴动。什叶派的反抗活动从巴士拉开始，后扩展至南部和中部的多个城市，而伊拉克库尔德斯坦的几乎所有城市都奋起反抗，当时分别有 15 个和 18 个伊拉克省不受中央的控制。总统的卫队进行了一次残酷的镇压：5 万名库尔德人 [142] 死亡，7 万名库尔德人流亡至伊朗和土耳其。尽管萨达姆·侯赛因仍是伊拉克的总统，但这个国家已经满目疮痍，人民因国际禁运令而饱尝艰辛。

## 奋起反抗与饱受镇压的库尔德人

1980 年，库尔德斯坦劳动党在土耳其发起了战争，以提出他们的诉求。一些阿拉伯人被转移至库尔德人聚居的叙利亚北部，以降低此地库尔德人的比例。而在伊拉克，政府在安法尔行动 [143] 中杀害了 18 万库尔德人，其中最臭名昭著的当属 1988 年 3 月以化学武器实施的哈拉布贾大屠杀。

## 不顾一切建立国家

库尔德人是米堤亚人的后裔，他们总是在寻求一个政治统一体。"一战"后，随着库尔德斯坦的建立，他们的梦想几近实现。然而，穆斯塔法·凯末尔·阿塔图尔克的胜利让他们建立一个民族国家的希望化为泡影：库尔德斯坦的大部分地区被并入新国家土耳其，而法国托管的叙利亚则获得了德杰兹雷和库尔达这两个库尔德人的省。英国托管下的伊拉克重新获得了库尔德人的摩苏尔省，并最终于 1925 年获得这一地区的农业和石油资源。至于伊朗的库尔德人地区，它几乎与波斯人的中央权力处于分裂状态。

269

# 种族隔离

## 词汇补充

在南非荷兰语中,"apartheid"一词意为"隔离发展"。斯坦陵布什大学的南非荷兰知识分子(南非荷兰人即荷兰、南斯拉夫、法国或德国裔南非人)创造了这一概念,特指一个实行严格的种族隔离的体制。它是种族隔离思想的捍卫者确保南非荷兰人应有的统治地位的唯一方法。

## 《土著土地法》

1913 年,南非政府颁布了这一部关于土著土地的法律,划定仅占全国国土面积 7.3% 的土地作为黑人保留地,同时禁止黑人在保留地范围之外购买、租赁土地。大批非洲人涌向兰德的大型工业中心,领着微薄的工资为金矿大亨劳作。

## 种族隔离法

禁止跨种族婚姻;根据身体标准将人分为三个"种族";限定居住地;规定公共交通、剧院、餐厅、长椅、卫生间、沙滩、游泳池的进入权;取缔混血儿投票权;修改黑人学生的教学大纲;禁止就读讲英语的大学;所有年满 16 岁的非洲人必须随身携带"参考书"或"通行证",作为他们的身份证、居住证和工作证。

## 南非土著国民大会

这个组织是南非黑人民族主义的首次体现,1923 年更名为南非非洲人国民大会。1909 年,一些知名人士、宗教人士和小学教员创建了这个组织,他们大部分人在传教会和英国学校接受过教育,因而对语言的力量和非暴力深信不疑。其会计员皮克斯利·塞梅是祖鲁人,毕业于牛津大学,是组织中罕见的黑人律师之一。

## "二战"期间的南非荷兰人

一些人与同盟者并肩作战,而另一些则热烈拥护纳粹关于种族、血统与土地的言论。当被反对者称为"马兰纳粹"的丹尼尔·马兰于 1948 年出任南非总理时,政府班子全是南非荷兰人,这是自 19 世纪布尔人的共和国衰落以来的首个南非政府。在他的带领下,南非经济飞速发展,这让他开始推行种族隔离政策。

## 20 世纪初的南非

20 世纪初的南非有 370 万黑人,还有 110 万白人(南非荷兰人和讲英语的人)、50 万混血儿和 10 万印度人,这些契约劳工在 19 世纪 60 年代来到纳塔尔省[144]的甘蔗种植园工作。为了捍卫他们已遭侵犯的权利,律师甘地第一次拿起武器,并发展出他的消极抵抗和非暴力不合作斗争策略。

## 沙佩维尔事件,1960 年 3 月 21 日

在德兰士瓦省的这个黑人小镇,警察向聚集在警察局门口烧毁通行证的 5000 人开了枪,造成 68 人死亡,180 人受伤。非洲人和平抗议结束:曼德拉秘密创办的"民族之矛"[145]开始暴力行动。

1960 年 3 月 21 日,泛非大会组织的一次示威游行,反对关于内部通行证的种族隔离法,示威游行者被警察屠杀。

## 20世纪：战争的世纪

### 南非荷兰人的梦想

1961年3月15日，南非宣布正式退出英联邦，南非荷兰人就此实现他们建立一个独立共和国的梦想。1961年5月31日，南非共和国正式成立。

### 梳子测试

肤色浅、讲南非荷兰语的混血儿，以及肤色深的南非荷兰人，应该把他们归为哪一类呢？对于这个对社会地位和生活条件至关重要的问题，行政当局以经验主义的方式来解决。他们将一把梳子放在被测试者的头发上，如果梳子掉落，被测试者就被视作白人，而如果梳子不幸抓在头发上，他就会被当作混血儿对待。

### 黑人家园

这些黑人家园是在1913年确立的保留地的基础上建立的。从20世纪60年代起，这里的人们尽管拥有自己的首都、国旗、国歌、议会，但仍处于南非荷兰人的控制之下，因为防卫、外交、内部安全和货币等方面的问题尚未解决。1970年，黑人家园的公民们失去南非国籍，在自己的祖国成了外国人。

### 索维托[146]

这个小镇是青年人为被忽略的数百万非洲人的绝望处境发起抗争的象征。1976年6月16日，警察向这个小镇开火，以驱散举行示威游行的青年人，这引起了南非所有黑人居住区的抗议，也带来了残酷的镇压。

### 反对种族隔离

1983年，一个由700个反对种族隔离的组织组成的大型论坛催生了联合民主阵线，这一阵线开展了强有力的运动，反对彼得·博塔[147]的政策。博塔自1978年起任南非总理，倡导减轻种族歧视，但并没有对这一制度的原则提出疑问。

### 成事在人

这里指的是曼德拉。他是世界上坐牢时间最久（1962年—1990年）的政治犯，于1994年5月10日以62.65%的支持率当选为南非共和国总统。曼德拉实行了诸多开放政策，也与多方进行了和解，融合了国家中的各个民族，为"彩虹之国"奠定了基石。

### 真相与和解委员会

这一委员会建立于1995年，彰显了人们铭记一切，同时努力寻求为共同的未来奠定基础，摆脱与民众所遭受的痛苦有关的怨恨的情绪。如委员会主席、圣公会大主教德斯蒙德·图图[148]在1996年4月15日的第一次听证会上所提出的那样："我们所听到的，是一个深刻的、谦卑的教训，但我们必须迅速采取行动，以使我们可以背弃这一段深不可测的过去，并说'生活是为了活着'。"

在索维托抗议种族隔离起义中出现的宣传画。

# 巴勒斯坦问题（1）

## 巴勒斯坦解放组织

1964年，阿拉伯国家联盟建立巴勒斯坦解放组织。它为相互竞争的团体和国际社会日益认可的共同代表之间的协商提供了框架。巴勒斯坦国家委员会选出了一个执行委员会，其中包括一些部长职位；国家委员会三分之二的代表来自大学生、工人工会、独立人士、女性、作家、流亡群体等民众组织，另外三分之一是军事组织和不同政派的代表。

## 法塔赫 [149]

这一政党由亚西尔·阿拉法特[150]在1959年创建，随后很快控制了巴勒斯坦解放组织。该组织的全名是巴勒斯坦民族解放运动，即"Harakat Tahrir Falastin"，其首字母缩写意为"猝死"，这是一个非常不吉利的偶然，因而人们将字母顺序进行颠倒，变为FTH。"Fath、Fatah"的意思是"征服"。阿拉法特最初参加了国内的军事抵抗活动，后宣扬对外的抵抗运动，并在20世纪80年代发展为政治斗争。

亚西尔·阿拉法特于1959年创建法塔赫，想让巴勒斯坦摆脱以色列的"枷锁"，并建立一个独立的国家。摄于20世纪70年代的一场记者会。

## 阿拉伯国家联盟

"二战"后，阿拉伯国家联盟在埃及的倡议下得以创立，其成员均是以阿拉伯语为官方语言的独立国家。这个联盟希望成为各国政治、经济、文化与社会合作的框架，并确定阿拉伯是一个统一体。然而，在每个阶段，阿盟内部都存在意识形态纷争，冷战期间是亲苏和亲西派的对立，后来是在以色列和平进程这一问题上因所采取的态度的对立。

## 解放巴勒斯坦人民阵线 [151]

乔治·哈巴什[152]建立的解放巴勒斯坦人民阵线倾向于民族主义，但同时信仰马克思主义。这一组织在20世纪七八十年代达到极盛，后逐渐失去影响力，因为相比马克思主义的民族主义，巴勒斯坦对伊斯兰教政治更为敏感。

## 黑色九月 [153]

这一组织源自法塔赫，1971年在开罗暗杀约旦首相瓦斯菲·塔勒，1972年在慕尼黑奥运会上劫持人质，导致以色列奥运会代表团的11名运动员死亡。从六日战争到1982年，巴勒斯坦解放组织和解放巴勒斯坦人民阵线持续对以色列和其他国家发动袭击，包括暗杀、劫持飞机、袭击民用建筑和政府建筑。

## 20 世纪：战争的世纪

### "失效"

亚西尔·阿拉法特用这个词来定性旨在摧毁以色列国的巴勒斯坦解放组织宪章。以色列军队包围贝鲁特后，巴勒斯坦解放组织的领导人不得不在国际的保护之下离开此地，前往突尼斯城避难。他放弃了完全解放巴勒斯坦的梦想，支持与以色列进行和平协商，进而于 1993 年签署了《奥斯陆协议》。

### 移民

这是冲突中难以解决的难题。自 1948 年起，犹太移民成为兼并策略的一部分，约旦河西岸地区的以色列移民高达 50 多万人。他们的定居致使巴勒斯坦领土被划分，实际上也让建立一个主权国家变得不可能，因为巴勒斯坦不再拥有连续的领土。

### 民族主义运动的兴起

巴勒斯坦解放组织参与和平进程促进了激进民族主义运动的兴起，如杰哈德[154]、哈马斯（阿拉伯语意为"热忱"），他们号召继续进行武装斗争，直至巴勒斯坦领土获得完全解放。这些运动的兴起主要反映出巴勒斯坦社会的失望，巴勒斯坦社会已经世俗化，但这个社会没有感受到和平进程所带来的改变。

### 《奥斯陆协议》

1993 年 9 月 13 日，亚西尔·阿拉法特承认以色列国和平安全存在的权利，而伊扎克·拉宾[155]则认可巴勒斯坦解放组织为巴勒斯坦人的合法代表。1995 年签订的第二个协议规定，巴勒斯坦当局必须遵守三个区域的原则。在区域 A（占领土的 3%，包含巴勒斯坦的主要城市），巴勒斯坦委员会承担内部安全和所有民事责任；在区域 B（占领土的 25%，包含巴勒斯坦的大部分农村地区），巴勒斯坦委员会只能管理平民；在区域 C（占领土的 72%），仅以色列拥有控制权。

1993 年以色列总理拉宾与巴勒斯坦解放组织主席阿拉法特在奥斯陆的握手，被所有人视为解决冲突的希望。

### 巴勒斯坦民族权力机构

这个机构是在签署《奥斯陆协议》后成立的，在人们看来，这是一个临时性的机构，他们在等待着建立巴勒斯坦国。巴勒斯坦通过直选产生总统（1996 年是亚西尔·阿拉法特，2005 年是马哈茂德·阿巴斯），任期四年。总统有权指定总理，并由总理担任安全部队的负责人，而立法委员会投票表示对总理的信任。巴勒斯坦民族权力机构有几大经济来源：一部分是以色列为其收取的关税和增值税，以及直接由巴勒斯坦政府收取的捐税；其余部分大约一半是阿拉伯国家、美国、欧洲国家和欧盟的国际援助。2006 年哈马斯在选举中获胜后，一部分国家取消了对巴勒斯坦的援助。

### 逃难的人民

他们是第一次中东战争时逃离家园的人的后代，人数高达 500 多万，这些巴勒斯坦难民散布在黎巴嫩、叙利亚、约旦河西岸和加沙地带。他们的生活状况极不稳定，生存物资十分匮乏。此外，他们还被卷入国家间的冲突中，这些国家收留了在别处毫无容身之所的他们。

2001年

# 21世纪的挑战

在谈论 21 世纪时，我们必须记住，如保罗·利科在文集《书写当下的历史》中指出的那样，这是一段"我们在书写它时不知道结局如何"的历史。因此，以下这些内容仅就 21 世纪近 20 年内出现的重大问题提供一些角度，这个世纪或许还没有完全显露自己的样貌。

## 宗教视角下的 21 世纪

1955 年，安德烈·马尔罗在《明证》杂志上写道："……本世纪末的主要问题将是宗教问题，其形式与我们所知道的基督教和古代宗教问题截然不同。"他肯定没有想到，他的这番话将让 21 世纪的人产生共鸣，因为在 21 世纪，极端主义宗教运动正在兴起，其行动领域已经超出区域范围，成为国际问题。2001 年的"9·11"事件如晴天霹雳一般拉开了 21 世纪的序幕，它揭示了一种根本性的宗教对立的存在，无论是极端分子为反对西方而定义的宗教激进主义，还是处于中东和近东地区骚乱核心的穆斯林什叶派和逊尼派之间数百年的对抗。然而，如果人们忘记了 21 世纪继承的是西方大国在殖民主义时代、冷战时期、缓和时期与非殖民化时期实施的政策和外交，那就大错特错了。从这个意义上看，21 世纪发生的事件与其说是这个世纪的独特性的表现，倒不如说是一种难以承担、难以跨越的遗产的表现。

## 全球化的时刻

20 世纪末，市场的开放导致了两种对立论调的出现：一种是强调参与这一进程的国家的增长模式的优点，另一种则是预测由此产生的不平等，会让全球化中的赢家和输家两相对立。无论我们谈论的是经济、文化还是生活方式，在这两种对立的观点背后都隐藏着一个基本问题：各国人民在主权民族国家和一个越来越开放、流动的世界的双重框架内共存和相互影响的能力。这关系到各国对其确保本国主权和安全能力的怀疑。全球或欧洲范围内的经济危机，气候变暖带来的环境考验，跨国危机的多重性，以及在一个能够移动就意味着能够在暴力和破坏性战争中生存的世界中对移民潮的管理，这些都是需要协同管理的信号。虽然政府组织或非政府组织在此过程中都不乏创举，但这些举措均被自我封闭和保护边界的愿望所抵消。

## 数字化的世纪

在这种开放和封闭的永恒运动中，数字革命催生了一个即时、透明的全球社会，如今我们已经衡量了它的负面影响，却无法保护自己免受其害。如何将这一背景与长期的即时安全需要两相调和，无疑是 21 世纪的重大挑战之一。

21 世纪的开端是一个悖论：世界的空前开放正面临着退缩的诱或

# 恐怖主义的源头

## 恐怖主义者、虚无主义者、无政府主义者

19世纪末，炸弹装置制造者在俄国被贴上虚无主义者标签，而在欧洲则被视作无政府主义者。

在法国，"恐怖主义者"一词从1920年才变得司空见惯。尼古拉·莫罗佐夫（《恐怖主义斗争》作者）和杰拉西姆·罗曼内科（《恐怖主义与常规》作者）这两位俄国作家是1880年第一部关于恐怖主义的著作的作者，他们自己也是炸弹装置制造者。

阿尔弗雷德·诺贝尔在1866年发明的炸药产生了令人意想不到的结果：无政府主义者、与巴枯宁[156]同为自由主义思潮的奠基者的克鲁泡特金[157]宣扬"通过言语、写作、匕首、步枪、炸药等不断反抗"的理念。

## "通过事实来宣传"

1881年在伦敦举行的无政府主义者大会上，人们提出了这一理论。除了个人谋杀原则，这一理论还主张通过武力全面摧毁机构，支持通过文件宣传革命思想的必要性，宣扬所展开的行动的非法特征，还强调为革命事业服务的科学与技术的重要性，以及集体与个人的自主权。

## "直接行动"的策略

"直接行动"：罢工，在工作场所的破坏活动，长期、自发的抵抗，这一组织在20世纪30年代就已完成武器库的建造，供独立斗士、分离主义者和反殖民主义者使用，涉及武装暴力、劫持人质、轰炸公共交通、组建军事化突击队、无视国界的谋杀等。

## 爱尔兰共和军，巴斯克祖国与自由党：独立运动

分离主义者和独立主义者所领导的运动以国家合法性为借口建立军队（通常是秘密的），从而攻击占领者，并最终建立一个国家。因此，成立于1916年的爱尔兰共和军主张使用炸弹进行谋杀，还暗杀政治人物。1979年印度的最后一位英国总督的死亡，就是他们造成的。直到2005年，他们才宣布打算放下武器。在巴斯克地区，巴斯克祖国与自由党在2010年9月第13次宣布停火，但在此之前已造成829人死亡。2017年4月，巴斯克祖国与自由党完全放下了武器。

## 第一个恐怖主义者

1878年1月24日，维拉·查苏利奇开枪打伤圣彼得堡市警察局局长，这个局长因让人鞭打抗议者而臭名昭著。维拉往往被视作第一个恐怖主义者，代表着自19世纪末以来俄国随处可见的抗议运动。

## 泰米尔猛虎组织

自 1973 年起，这一组织为分裂斯里兰卡东北部而活动。他们曾控制一些山区和丛林多年，既在丛林中进行游击战，也在城市里组织恐怖活动。

泰米尔猛虎组织以其女性成员和对牺牲的推崇而闻名，早在 1987 年就使用自杀式炸弹袭击方式，其成员中三分之一是女性。该组织成员都随身携带毒药胶囊，以防被生擒。他们在 1991 年刺杀了印度总理甘地，后于 1993 年 5 月暗杀了斯里兰卡总统拉纳辛格·普雷马达萨。

泰米尔猛虎组织还拥有海军，2007 年对科伦坡附近的军事基地进行了轰炸。

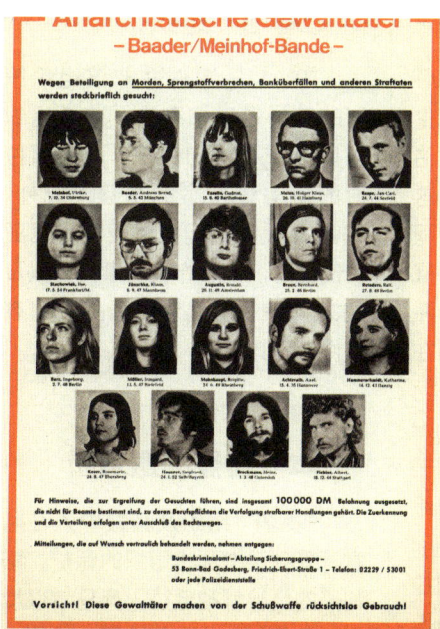

## 沉重的年份

这一表达指的是 1970 年至 1980 年，由于极左武装小团体的暴力行动而在欧洲掀起的恐怖主义浪潮。在意大利，以 20 世纪 70 年代的社会运动著称的红色旅招募了一些年轻工人，进行武装行动。在德国，著名的恐怖组织是"红军支队"，它更广为人知的名字是"巴德尔集团"；而在法国，则有"直接行动"，它的主要恐怖行径包括暗杀奥德朗将军和雷诺汽车公司总经理乔治·贝斯。"直接行动"会将一些迷失方向的年轻资产阶级强行拉入组织。这些恐怖组织都会谋杀、劫持人质和持械抢劫等。

对"巴德尔集团"（或"红军支队"）成员的通缉告示（1972 年）。这个德国的极左恐怖组织自诩为城市游击战组织，1968 年至 1998 年活跃于西德。

# 2001 年 9 月 11 日

### 直接谋杀

2001 年 9 月 11 日，两架改变航线的民航飞机撞向纽约的双子塔，两座建筑随之倒塌，它们是世界上最强大的经济体命运的象征。紧接着，第三架飞机撞向美国军事指挥中心的五角大楼。这次恐怖袭击的影响轰动一时，各家电视台争相报道，它既是象征性的，又是史无前例的：这是美国本土第一次遭到外国人的恐怖袭击。

### 破坏联盟

自 1991 年起以美国为首的联军对伊拉克发动的海湾战争标志着一次决定性的转折。此前，阿拉伯的战斗人员与西方结成联盟反对苏联——尤其是阿富汗——他们认为入侵伊拉克是对伊斯兰圣土的亵渎。当美国和西方军队被允许驻扎在沙特阿拉伯时，这种愤怒更加强烈。对于所有的激进运动而言，这是一次挑衅，它导致了对美国这个前盟友的圣战逆转。而在此之前，美国被看作逊尼派对抗伊朗什叶派的保护者。

### 头号公共敌人

发动这些袭击的主谋名叫乌萨马·本·拉登。这个出生于 1957 年的沙特阿拉伯人是事务厅的领导者，这个机构管理着来自沙特阿拉伯的反对共产主义的战斗力量，并向阿富汗派遣成千上万的志愿军。在导师——巴勒斯坦的阿卜杜拉·优素福·阿扎姆的支持下，本·拉登于 1988 年建立"基地"组织。他反对海湾战争期间美国军队驻扎在沙特阿拉伯的领土上，并自告奋勇保卫国家。作为回应，他被沙特阿拉伯剥夺国籍，流亡至苏丹，从 1996 年起辗转至阿富汗。

### "基地"组织

"9·11"事件并非该组织策划的第一场恐怖袭击，这个组织也是 1995 年和 1996 年沙特阿拉伯的反美谋杀案的主谋。此外，1998 年美国驻坦桑尼亚和肯尼亚大使馆的汽车爆炸袭击事件，以及 2000 年美国"科尔号"战舰遇袭事件都由其操控。

### 本·拉登的避难所

"基地"组织及其领导人在阿富汗受到了塔利班组织的保护，塔利班的精神领袖毛拉·奥马尔以坎大哈为中心，在全国范围内推行宗教激进主义。本·拉登和他的支持者利用坎大哈地势的起伏而得以藏身，而巴基斯坦边境的部落地区错综复杂，让他们可以继续活动。

2001 年 9 月 11 日，美国当地时间上午 8:30 至 10:00，纽约世贸中心遭遇袭击：两架飞机猛然冲向双子塔。几乎与此同时，五角大楼也被袭击。遇难民众总数为 2973 人。

## 21世纪的挑战

### 塔利班的衰落

在经历了苏联的入侵、内战及针对塔利班当权的抵抗运动之后，阿富汗陷入了新的矛盾之中。这一次，在"9·11"事件之后，是阿拉伯军队与以美国及其盟友（主要是英国和法国）为首的西方军队的冲突。塔利班政权于2001年12月倒台，但联军依然驻扎在阿富汗，他们最初是为了寻找本·拉登，后来是为了所谓的"确保阿富汗向稳定过渡"。

### 伊拉克政权的衰落

联军仅用3周便攻占了整个伊拉克。萨达姆·侯赛因于2003年12月14日被抓获，后于2006年12月30日被处决。然而，武装分子对伊拉克平民和联军士兵的袭击并未就此结束。在伊拉克政权交接之时，安全问题尚未得到解决，整个国家陷入混乱之中，暴力事件接连不断。

### 加强国内的安全

"9·11"袭击事件让西方国家加强了与安全有关的程序，这些程序有时甚至与公民的基本权利相冲突。在美国，因为相关法律的出台，对网络的监管、对可疑人物的逮捕和审讯都得以合法化。

乌萨马·本·拉登，2011年5月2日在巴基斯坦被美国的突击队击毙。

### 关塔那摩

这是位于古巴的美国军事基地，从2002年起充当集中营，关押恐怖分子嫌疑人。这些被关押者在这里没有得到战俘的待遇。到目前为止，多达700人被中情局"管理"，中情局也被控在这里实施酷刑。2009年，奥巴马签署了一项法令，命令在一年内关闭关塔那摩。2017年，奥巴马任期结束时，有相当数量的囚徒被释放，并被移交至沙特阿拉伯或阿联酋。然而，仍有40余名"未确定的"犯人被关押在这里。美国认为他们的危险性极大，不能予以释放，但他们通过酷刑获得的供词在法庭上是不被接受的。

# 从反抗到"革命"

### "乌克兰革命"

"橙色革命"是以维克多·尤先科领导的政党的旗帜命名的,在2004年11月21日的总统大选中,他被候选人维克托·亚努科维奇击败。尤先科揭露了选举中的舞弊现象,进而呼吁罢工。随着抗议进入高潮,50万人占领基辅独立广场,投票因此被取消。随后,尤先科在"第三轮"选举中获胜。"橙色革命"后,乌克兰与北约、欧盟都建立了友好关系,但亲俄派和亲西派之间的关系越来越紧张。

2004年,亲俄派的维克托·亚努科维奇获得选举胜利后,维克多·尤先科领导的抗议活动号召罢工,并占领了基辅的重要广场。

### 粮食危机

2007年至2008年,由于必需品价格的上涨(如小麦,价格上涨幅度超过130%),很多人无法解决温饱问题,他们因饥饿而掀起骚乱,尤其是在喀麦隆、科特迪瓦、塞内加尔。由此看出,在农产品,尤其是在基本农作物上投机会对居民造成极大影响。而在北方国家,这类商品的定价是固定的,特别是在芝加哥证券交易所。2008年,据经济合作与发展组织的统计,有36个国家仍在饱受粮食危机之苦,其中有21个是非洲国家。

21 世纪的挑战

2011 年，成千上万名来自西迪布济德省的突尼斯人占领了突尼斯市的总理府邸。

## "茉莉花革命"

"茉莉花革命"是"阿拉伯之春"的导火索，自 2010 年 12 月起发生在突尼斯。这场"革命"导致自 1987 年起任突尼斯共和国总统的扎因·阿比丁·本·阿里下台。这个政权最初打着消除宗教激进主义的幌子，后来又以"9·11"事件后保护国家的名义，限制正义、新闻出版、集会自由，禁止多党制，实行暴力手段，监禁反对者。同时，人民承受着财富分配不均和政府的腐败，为了就业或拿到建房许可证还必须宣誓效忠政党。

## 也门冲突

2014 年 9 月，伊朗支持的什叶派胡塞武装组织成功占领也门大片领土，包括首都萨那。被驱逐至利雅得的政府军队自 2015 年起得到了由沙特阿拉伯领导的联盟的支持。这次内战致使超过 9200 人死亡，5.3 万人受伤，前总统在 2017 年 12 月 4 日被刺杀。2018 年 4 月，由于霍乱肆虐，死伤人数增多，而服从禁止流通令的居民由于生活条件十分恶劣，也出现了伤亡。

# 巴勒斯坦问题（2）

以色列右翼的领导人阿里埃勒·沙龙总理，于 2000 年 9 月 28 日在第二次巴勒斯坦起义爆发之际发表讲话。

## 阿克萨起义

这是始于 2000 年 12 月 28 日的第二次巴勒斯坦起义的名称。这一天，反对和平进程的以色列领导人前往耶路撒冷阿克萨清真寺前的空地，并要求拥有这一地区的主权。他的举动被视作一种挑衅，激起了巴勒斯坦人的军事性反抗。这次冲突在 2000 年 9 月至 2006 年年底造成 5000 多人丧生，其中四分之三为巴勒斯坦人。2001 年当选以色列总理的阿里埃勒·沙龙加强了对巴勒斯坦反抗者的镇压，而巴勒斯坦则对以色列人展开了报复。

## 和平进程的生与死

《奥斯陆协议》似乎为和平进程铺平了道路，但很快它就成了回忆。"哈马斯"和以色列右翼同时对协议置之不理，以色列一直由右翼执政，自 2001 年起阿里埃勒·沙龙[158]担任右翼领导人。《奥斯陆协议》的约束力因两个事件而遭到削弱：一是 1995 年 11 月 4 日伊扎克·拉宾被一名以色列激进分子刺杀身亡；二是亚西尔·阿拉法特于 2004 年 11 月逝世。阿拉法特是巴勒斯坦一个标志性的人物，他的在世勉强维持了巴勒斯坦的国家统一。

## 掌权的哈马斯

2006 年 1 月 25 日标志着一次转折。哈马斯在加沙巴勒斯坦议会选举中取得胜利，因而葬送了《奥斯陆协议》开启的和平进程。2005 年 9 月，以色列在占领加沙 38 年后从这一地带撤军，并将权力移交巴勒斯坦当局。而新当选的哈马斯反对以色列国，不承认《奥斯陆协议》，进而与法塔赫展开了无情斗争。

支持伊斯梅尔·哈尼亚[159]的海报。

## 封锁加沙

国际社会拒不承认哈马斯的当选，对加沙地带实行了封锁。2007 年，埃及的塞西元帅[160]几乎关闭了加沙地带的边境，使封锁更加严密。如此一来，加沙地区 200 万人生活在面积不到 400 平方千米的土地上，饮用水和电的供应都严重不足。

## C 区

C 区包括约旦河西岸 60% 以上的区域，完全处于以色列的控制之下。以色列掌控了这一地区的经济、对外贸易、公共工程，在此建立军事基地，并禁止巴勒斯坦人进入此处的农业地区，还修筑分隔墙，剥夺当地人的土地，这些都是在实行进一步的殖民。1983 年，该区域移住民数量为 2.5 万人，到 2014 年，这一数字激增至 35 万。在东耶路撒冷，移住民从 1972 年的 8600 人增加至 2014 年的 20 多万人。移住民和 230 万巴勒斯坦人的生活可以说截然不同，后者在出门、旅行、前往耶路撒冷、建房和耕种土地等方面都需要获得允许。

## 暴力的螺旋上升

从 2008 年以色列军队对加沙地带的封锁和轰炸，到哈马斯发起反抗而进行"打破围困"行动；从 2008 年至 2009 年以色列发动的"铸铅行动"（导致 1300 名巴勒斯坦人死亡，其中 400 名是儿童），到 2012 年巴勒斯坦向耶路撒冷和特拉维夫发射火箭弹；从提议进行和平会谈到国际谈判流产，巴以冲突陷入困境，实现和平的希望日渐渺茫。

## 获得认可之路？

2011 年 9 月 23 日，巴勒斯坦民族权力机构主席马哈茂德·阿巴斯在第 66 届联合国大会上请求联合国正式承认巴勒斯坦国，120 个成员表示愿意对其投赞成票，这将为其加入海牙国际刑事法院等其他国际机构铺平道路。该机构随后可能被要求就以色列移住民是否可以居住在巴勒斯坦领土上做出裁决。2012 年 11 月 29 日，巴勒斯坦被接纳为联合国观察员国。以色列在过去五年中奉行的右翼强硬政策导致瑞典、英国和法国等多个欧洲国家投票通过认可巴勒斯坦的提案。

## 绊脚石

巴勒斯坦国获得认可之路困难重重，首先因为移归的领土是断裂的，其次则因为以色列的殖民。被以色列看作恐怖集团的哈马斯的地位，还有巴勒斯坦难民回归、耶路撒冷的归属（双方都声称耶路撒冷是其首都），以及巴勒斯坦民族权力机构要求回到 1967 年以前的边界划分等问题，都让巴勒斯坦的危机完全无法得到解决。

巴勒斯坦民族权力机构主席马哈茂德·阿巴斯 2011 年 9 月 23 日在联合国。

# 卢旺达的遗产

## 图西族与胡图族

大湖地区的这两个民族关系密切，因为他们有着同样的语言和信仰，且频繁通婚。在比利时占领时期，从 1924 年开始，根据英国人约翰·汉宁·斯皮克[161]于 1863 年确立的种族区分，一种带有族裔特征的身份证发行，将受教育和担任行政职务的机会限制在占人口的 15% 的图西人身上。图西人是勇士，胡图人是农奴，而到卢旺达取得民族独立之时，二者的支配关系完全颠倒了。1963 年，1.4 万名图西人被杀害，30 万名图西人被驱逐或开始逃亡，而继续留在卢旺达的图西人受到胡图族政权的压迫。1990 年至 1993 年，图西人展开抵抗，试图推翻胡图族政权，但并未取得成功。

### 第一夫人的小集团

朱韦纳尔·哈比亚利马纳总统夫人的亲信于 1991 年创建了一些"行刑队"："0"网络和子弹团体。通过招募贫困者，联攻派民兵组织得以形成。由第一夫人的小集团赞助的千丘自由广播电台–电视台从 1993 年 7 月成立起便号召杀戮图西族人，种族灭绝就如同公共服务事业，需要人民的支持，需要农民的积极参与。

在刚果（金）的戈马，由联合国卢旺达援助团管理的营地收容父母被杀害的卢旺达儿童。

## 卢旺达大屠杀

1994 年 4 月 6 日，胡图族总统朱韦纳尔·哈比亚利马纳乘坐的飞机被击落，在他遇难之后，图西族人被系统性地消灭了。1994 年 4 月 7 日至 7 月 2 日，80% 的图西族人失踪。除了用砍刀执行死刑，图西族女性还遭到了有计划的、公开的强奸，甚至出现了患有艾滋病的强奸犯队伍。

## 卢旺达冲突的扩大

联攻派民兵的暴行在向蒙博托·塞塞·塞科[162]领导的扎伊尔转移，但并未引起国际社会的重视。面对这一局势，卢旺达与乌干达、安哥拉，以及洛朗–德西雷·卡比拉[163]带领的刚果（金）反抗力量联合，于 1996 年袭击难民营，致使 70 万难民返回卢旺达，极端分子逃进森林，很多人在森林中丧生。因此，2007 年，联合国军队多次试图缩减部分民兵组织的规模，这些行动得到了保罗·卡加梅[164]的支持，卡加梅于 2017 年第三次当选卢旺达总统，他呼吁彻底消灭胡图族民兵，因为唯有这样才能确保卢旺达的安全。

21 世 纪 的 挑 战

## 利益交汇处的刚果民主共和国

1997 年，卡比拉当选总统后，刚果民主共和国（金）落入外部势力的手中：多处矿藏被让与乌干达；与西方公司签署多项协议；卢旺达控制着军队和安全部门。当卡比拉尝试夺回这些时，卢旺达、乌干达、布隆迪等之前的盟友们转而反对他，试图维持自己对刚果民主共和国资源的控制。卡拉比能够依靠的只有纳米比亚、津巴布韦和安哥拉的支持，纳米比亚、津巴布韦两国的将领从刚果民主共和国的矿藏资源中得益，而安哥拉想要确保自己在刚果民主共和国的势力，以控制安哥拉国内叛乱分子的后方基地。

## 战争与和平间的布隆迪

20 世纪 60 年代以来，布隆迪是占人口 14% 的图西族和占人口 85% 的胡图族的冲突中心。1993 年至 2002 年，布隆迪一直处于内战状态。布隆迪内战始于当时新当选的胡图族总统被图西族激进分子暗杀，随后由于邻国卢旺达的局势和大湖地区的动乱，布隆迪连年内战。直到 2003 年，布隆迪的和平进程终于实现，开启了制定宪法的道路，这部宪法充分考虑了该国的这两个民族的权益。然而，现任总统第三次参选的引发权力竞争导致暴力冲突于 2015 年卷土重来。

## 难以获得的稳定

2001 年 1 月，洛朗－德西雷·卡比拉遇刺身亡，他的儿子约瑟夫继任总统，自此以后，刚果民主共和国再难恢复和平局面。尽管 2002 年所有外国军队都已撤离，但非法开发矿藏资源和民兵对平民的暴力仍在继续。刚果民主共和国的选举推迟了很长时间，终于在 2006 年和 2011 年举行。约瑟夫·卡比拉在选举中胜出，而这些选举活动总是伴随着抗议和暴力。这个国家并未恢复和平；联合国部队仍在部署，同时在期待着 2018 年的总统大选。届时，约瑟夫·卡比拉将再次竞选总统。

2006 年 7 月 11 日，约瑟夫·卡比拉当选的第二天，警察镇压了一次抗议示威活动。

## 被觊觎的基伍

刚果民主共和国的基伍地区与布隆迪、卢旺达和乌干达接壤，自 1993 年以来从未有过和平。卢旺达把自己国内的冲突转移至此，对农业用地和放牧地的争夺引起了胡图族人和图西族人之间的暴力事件，而由于卢旺达人来到这片土地，暴力事件进一步加剧。基伍的矿藏资源也导致了 21 世纪初的暴力升级，因为这一地区拥有大量的钶钽铁矿，这种矿产对于电子工业至关重要，这引起了邻国的觊觎，也让这里数量庞大的各民族民兵艳羡不已。

285

# 非洲：新的权力斗争

## 苏丹内战

1983 年，南苏丹要求独立，苏丹内战爆发。冲突的起源是领土问题，但还有石油资源的分配和民族宗教冲突问题：北部地区主要由阿拉伯族裔穆斯林构成，而南部主要是基督徒和泛神论者。2011 年，南苏丹 98.8% 的人投票赞成从苏丹分离，故在 2011 年 7 月 9 日正式宣布独立，成为非洲大陆第 54 个国家，联合国第 193 个成员国。

## 达尔富尔发生了什么？

达尔富尔是苏丹一个地域辽阔的地区，拥有 500 万至 700 万居民。自 2003 年以来，阿拉伯游牧民和非洲定者一直在为土地问题和杰贝勒马拉赫火山形成的水库而发生冲突。这场冲突与苏丹内战是同时发生的，很快就变得更为激烈。民众逃往乍得边境和非政府组织提供的营地避难，2011 年时达到 200 万人。尽管有过几次停火，但这一地区的局势仍然很不稳定，斗争和部族暴力事件时有发生。

2011 年 7 月 9 日，南苏丹庆祝国家独立。

## 地缘政治问题

随着南苏丹的独立，关于尼罗河水域的共享被提上议事日程。美国自 2005 年以来对两国和平谈判的高度介入，加剧了这一地区的反美情绪。然而，最难解决的问题在于长达 2000 千米的共同边界。这关系到位于边界且石油资源丰富的阿卜耶伊地区问题、石油运输的管理问题（拥有石油的南部地区需要经由北部才能出口石油），以及游牧民族在迁徙过程中的跨边界旅行问题。

## 敌对的再次上演

2012 年，丁卡人和努埃尔人之间爆发种族战争，苏丹冲突再次发生，并演化为一场国际战争：乌干达军队援助总统军，而苏丹的雇佣兵则支持另一方。1.25 万名联合国维和人员部署在这一地区。在西方和联合国的压力下，2014 年 5 月 9 日，双方签署停战协议，为过渡政府的组建做好了准备，但局势依然高度紧张。据估计，冲突共造成 1 万人死亡，被指责为反人类的罪行。

## 21世纪的挑战

### 尼日尔三角洲解放运动

20世纪90年代发生了数次叛乱,特别是由伊爵人领导的叛乱。2006年成立的尼日尔三角洲解放运动声称代表三角洲的所有人,目的是彻底击垮政府输出石油的能力。由于原油的非法交易,这一组织拥有快艇、重型武器等大量的资源。他们对基础设施发起攻击,包括海上设施,如2008年6月20日袭击了距离海岸线120千米的"邦加"深井油田。暴力事件也针对民众:2009年2月,一架民用直升机在飞行中被摧毁;7月,经济中心拉各斯遭到炸弹袭击;2010年10月1日,在阿布贾举行的尼日利亚独立50周年庆祝活动因一次袭击而中断。

### 罪行的收益

尼日利亚士兵在邻国发挥了他们作为雇佣兵为巴卡西自由战士[165]服务的"本领",他们要求尼日利亚于2008年8月将巴卡西半岛归还喀麦隆。尼日利亚的一支规模不大的核心力量也是非洲海上突击队的来源,这支突击队从2010年以来一直在组织绑架外国船只上的船员,但都没有政治目的。

### 马里的局势

"薮猫行动"指的是从2013年起法国军队对马里内政的干涉。推翻总统阿马杜·图马尼·杜尔的军事政变符合少数民族图阿雷格人的利益,图阿雷格族宣称这一地区独立并称其为"阿扎瓦德",尽管它成了与"基地"组织有关的激进分子的大本营,尤其是廷巴克图。这座城市最终被法国军队和联合国执行马里国际任务的士兵所占领。

### 难以解决的冲突

2011年2月15日,"阿拉伯之春"在利比亚停止,利比亚东部的班加西发生了多场示威游行。尽管受到压制,但抗议不断蔓延,反抗者从3月初起组成过渡国民议会,声称他们是比利亚的唯一政权代言人。以联合国的名义,美国、法国和英国轰炸了政府军队,以保护平民。统治这个国家42年的卡扎菲上校不得不逃亡。10月20日,卡扎菲在苏尔特附近被击毙。在他倒台7年后,利比亚仍混乱不堪:极度不安全,武器在国内流通,民兵控制着国家。这个非洲地区拥有石油储量最多的国家处于危急关头,却没有任何政治解决办法。

2011年2月26日,在利比亚东部(控制权越来越少)获得"解放"后,一场自发的示威游行要求总统卡扎菲下台。示威者与军警产生激烈冲突,有1000余人在班加西被杀死。

# 非法交易与走私

## 石油走私

在 1991 年至 2003 年禁运期间，伊拉克就存在石油非法交易，控制着当地自然资源的"伊斯兰国"也在进行此类交易。2015 年，每月石油生产量为 150 万桶，所以在 2015 年年中，国际联盟开始系统轰炸油井和液罐卡车。在非洲国家，犯罪组织通过凿穿输油管或控制出口港而夺得原油。随后，他们在一些小型机构提炼石油并将其卖给邻国，或通过船只运往附近海域，在塞内加尔、喀麦隆、科特迪瓦、加纳等的大型中心将其洗白为合法原油。

## 文物市场

根据中东交战国的文物非法交易产生的利益估算出来的金额超过 60 亿美元。2014 年，"伊斯兰国"成立了一个考古机构，专门负责使这些物品的交易合法化，并雇用了数百名工人，挖掘和帮助回收陶瓷制品、双耳尖底瓮、古钱币、小铸像等。土耳其是非法交易的过境点，随后，文物进入西方市场并被卖给出价最高者。

## 繁荣的毒品市场

毒品暴力事件从哥伦比亚蔓延到墨西哥，2006 年，总统卡尔德龙宣布对武器装备更精良、更充足的组织发动战争，而这些组织在警察系统和政府部门中都有同谋。2010 年，在里约热内卢，安全部门在装甲车和直升机的支持下，向两个贫民窟发动进攻，因为贫民窟中对立的团伙控制着居民。近年来，塔利班、博科圣地、伊斯兰马格里布"基地"组织等非国家武装团体都在这里出现过。

## 摧毁前伊斯兰时期的遗迹

在发生的一系列摧毁事件中，最引人注目的是 2001 年塔利班组织炸毁巴米扬河谷的大佛，以及 2015 年，"伊斯兰国"洗劫摩苏尔博物馆，用推土机毁坏亚述古城尼姆鲁德。另一个遭受袭击的标志是帕尔米拉城，这里曾是东西方沙漠商队贸易的交叉路口，文物研究带头人员哈立德·阿萨德被杀害，古城内的殡葬炉和巴尔夏明神庙均遭到破坏。2012 年，"伊斯兰卫士组织"[166] 毁坏了廷巴克图 16 座伊斯兰教圣地中的 7 座，并拆除了西迪·雅希尔清真寺的大门。

2015 年 8 月，帕尔米拉古城内的巴尔夏明神庙被"伊斯兰国"摧毁，这是叙利亚保存最好的建筑群之一。

## 全球最大的鸦片生产国

阿富汗是全球最大的鸦片生产国，全世界制造鸦片的罂粟 85% 产自阿富汗。阿富汗是非法交易的源头，交易路线从伊斯坦布尔经德黑兰、喀布尔和阿什哈巴德，直达塔什干。

21 世 纪 的 挑 战

## 非洲——非法贩毒的过境地

摩洛哥是非法大麻种植最多的国家，在里夫有4.7万公顷；合成生产集中在北非和尼日利亚。非洲也是海洛因交易中心，海洛因从阿富汗用船只运来，随后再运往欧洲；非洲还是可卡因和冰毒交易中心，可卡因从拉丁美洲航运至此，再重新发往世界各地。巴尔干国家的毒品贩子掌控着中非的贩毒网络。几内亚比绍、利比亚等国转变为黑手党毒品国。此外，在其他地方，秘密加工点和寻求扩大当地市场的有组织犯罪集团激增。事实上，药物滥用在非洲越来越严重。

## 偷猎的灾难

1千克犀牛角的售价高达2万至3万美元，象牙的价格则为2000欧元。因为存在需求，所以全球猎物市场增大，猎捕现象更加猖獗。2015年，全球大象总数为45万头，而在1985年，这一数字为130万头，每年有5万头大象被猎杀。按照这一速度，预计到2035年它们将会灭亡。

2016年，在尼日利亚，"把我们的女孩带回来"运动在与萨拉菲主义恐怖组织"博科圣地"绑架女性的行为做斗争。

## 人质产业

每一个西方公民似乎都成为敌方的战斗人员，他们通过投票确认了本国政府的外交政策。对于"伊斯兰国"而言，挟持人质尤其有助于宣传，而"基地"组织突出了这个产业的经济利益。2008年至2014年，每名人质的赎金从几十万欧元上涨至数百万欧元。尽管媒体报道较少，但近些年来非西方的人质绑架案确实有所增加——即使国家并不会支付赎金。

### 移民交易

根据记者组织"移民档案"的数据，2000年至2015年间，国际移民需要花费157亿欧元才能抵达欧盟，根据集团和行进方法的不同，平均每人花费1000至10000欧元不等，有的移民甚至愿意出卖自己的器官（一般是肝脏）。

## 女性，首当其冲的受害者

贩卖女性涉及绑架、运输、对弱势群体的收容、性剥削、强迫劳动、奴役、摘取器官等。"博科圣地"在尼日利亚绑架的年轻女孩被迫与军人结婚，或被卖到尼日利亚的卖淫组织。这些组织将女孩们送到英国、德国、法国，她们占这些国家妓女人数的10%，每年的营业额高达150万欧元。

289

# 接纳移民

## 移民还是难民？

身份的区别意味着待遇上的不同。移民是自己选择离开祖国的，无论是为了工作、学业，还是为了改善生活，国家会根据法律和相关的移民程序来应对他们的需求。而难民离开自己的祖国，则是因为基于政治、宗教、社会、性别、种族的不同见解，他们面临迫害或是死亡的直接威胁，人们会根据1951年公约[167]确定的国际标准审查他们的需求，这项公约规定了难民的地位、权利和收容国家的法定义务。

## 难民的情况

全球53%的难民来自索马里（110万）、阿富汗（270万）和叙利亚（490万），他们大多在邻国安顿下来，即土耳其、巴基斯坦、黎巴嫩、伊朗、埃塞俄比亚和约旦。

## 全球的1/113……

世界上每113人中就有1人被迫离开家园，包括难民、寻求庇护者和境内流离失所者。据联合国估计，截至2016年6月，每天有33972人因战争和迫害逃离家园。

## 巴勒斯坦难民

"1946年6月1日至1948年5月15日居住于巴勒斯坦，且于1948年第一次中东战争后失去家园及生计的人民"及其后裔，并不依靠联合国难民事务高级专员公署生存，而是依赖于联合国的一个专门机构，即1949年12月8日成立的联合国近东巴勒斯坦难民救济和工程处。这一机构一开始是临时性的，为分布在约旦、黎巴嫩、加沙地带、叙利亚的59个联合国难民中心的150万难民提供服务，后来它的服务期限被延长至2020年6月30日。

## "境内流离失所者"

"境内流离失所者"指的是身处自己的出生国、受到自己的政府保护的难民，即使政府本该为他们的生活负责。这类难民在不断增加，涉及叙利亚、刚果民主共和国、尼日利亚、南苏丹、索马里、伊拉克和乌克兰等国家和地区，由联合国难民事务高级专员公署负责安置，尽管这并不属于难民署最初的职责范围。

## 新的移民路线

澳大利亚成为移民的又一个目的地，他们经由印度洋的岛屿（如圣诞岛）抵达澳大利亚。然而，澳大利亚政府根据"主权边界行动"拒绝他们入境，让他们聚集在瑙鲁岛和马努斯岛的难民中心。

黎巴嫩的"境内流离失所者"（1978年4月）。

# 21世纪的挑战

## 边界的诱惑

已在边界修筑或计划修筑的隔离墙多达 65 道，其中一半是在 2010 年之后出现的。这并非一种政治回应，而是表明了各国对当下主要问题的焦虑或恐惧。匈牙利、保加利亚、希腊均有隔离墙，以打击非法移民潮；西班牙位于摩洛哥的飞地休达和梅利利亚的隔离墙旨在驱逐非洲移民；以色列的隔离墙是为了分隔已被占领的领土；突尼斯的隔离墙是为了阻止利比亚恐怖分子在对巴尔杜国家博物馆和苏塞发动恐怖袭击[168]后进入；在美国，前总统特朗普签署了一项政令，禁止叙利亚难民踏上美国领土，并着手落实美国和墨西哥边境的隔离墙的扩展计划。

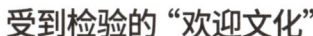

2017 年 9 月，蒂华纳[171]，美国和墨西哥边境的隔离墙。

## 受到检验的"欢迎文化"

尽管对安全环境和对恐怖袭击（如 2016 年 12 月 19 日的柏林恐怖袭击事件[169]）的畏惧导致当今不容忍难民之风盛行，但德国在 2015 年依然接纳了 110 万移民，在 2016 年收容了 60 万叙利亚难民。德国内政部发布的数据显示，在成立于 2013 年的极右政党"德国的选择"[170]的支持下，2016 年，德国发生了 3500 起针对难民和寻求庇护者的攻击事件。

## 一些政治回应

除了对寻求庇护者关闭边境（2015 年波兰、匈牙利、捷克、斯洛伐克实行的政策），法国等欧洲国家拟定了一份"安全"国家名单，包括阿尔巴尼亚、塞尔维亚、马其顿、波斯尼亚等，把寻求庇护者遣返回他们自己的国家。此外，欧盟试图通过移民管理和指导中心，以合作为交换，把潜在的移民安置在土耳其等邻国境内。

## 在路上死亡

欧洲是移民尝试非法跨越边境过程中死亡人数最多的地区。2014 年，在地中海死亡和失踪的人数为 3500 人，2015 年为 3771 人，2016 年为 4742 人，2017 年至少有 3119 人。世界各国目睹了这一切，虽感到愤慨却无能为力。

## 开始全球治理？

移民权限仍是民族国家的特权。相关的全球机构尚不存在，尽管一些交流空间得以建立，特别是 2007 年：在布鲁塞尔举行了第一次全球迁徙与发展论坛会议，为此后每年的会面拉开了序幕。由于联合国大会成员国的沉默，联合国在 2016 年前并未就这一主题举行过峰会。

### 移民的社会学特征发生变化

第一次移民潮因殖民行为而达到顶点，使得移民的工业劳动者形象深入人心。目前，潜在移民的社会学特征发生了很大的改变：移民们往往是国家精英，接受过高等教育，并且来自城市。

# 世界化与另类全球化运动

## 世界化和全球化

世界化指的是加强商品、服务、生产要素的国际贸易,以及各国经济相互渗透。全球化表示的是同一个过程,但同时暗示了行为与生活模式的同质化。在使用这两个词语时,人们都强调全球性问题的存在(气候变暖、资源管理、移民现象等),这些问题都需要全球层面的管控。

## G……7,8,20?

G7是全球最发达的7个国家的首脑会议,包括美国、日本、德国、法国、英国、意大利和加拿大。苏联解体后,在克林顿的倡议下,俄罗斯也加入其中,G7变为G8。G20成立于1999年,这一年度论坛召集了发达国家和新兴市场国家的财政部部长与中央银行行长,旨在促进对全球经济问题的讨论协商并共同解决经济危机。

## 以论坛抗衡论坛

从1970年起,在达沃斯(瑞士)举行的世界经济论坛会集了主要国家的经济与政策负责人。在策划了对1999年西雅图世界贸易组织首脑会议的扰乱后,另类全球化运动组织从2001年开始召开世界社会论坛[172]。该论坛在巴西阿雷格里港与达沃斯论坛同时召开,旨在通过类似的举动表明"另一个世界是可能的",且世界上存在制衡力量。

## 另类全球化运动的面孔

另类全球化运动是对自由主义全球化的一种批判,它认为并不存在确保人民福祉的唯一思想或政策。它构成了一个网络,将动员和社会斗争聚集了起来。它与团结第三世界的运动、工会组织、农民组织合流,集结了住房权、非法移民、失业斗争等运动,围绕针对全球商品化的抗议活动而建立起来,因为全球商品化把个体简化为消费者或销售者。

## 哪些是新兴市场国家?

在全球框架下,"新兴市场"对于投资者来说意味着在繁荣市场中获得新的地理扩张的可能性。2003年,高盛集团[173]预测,至2050年,将仅有美国和日本仍在世界六大经济体之内。对于具备这样资格的国家而言,新兴市场是通过脱离国家干预实现自由化,朝着向国际贸易开放的市场经济发展。

2017年,在西西里,G7的反对者抗议对新兴市场国家的"遗忘"。

## 金砖国家（BRICS）指哪些国家？

这个首字母缩写词是高盛公司在 2001 年提出的，目的是为其客户确定哪些国家将成为 21 世纪重要的经济增长地区。巴西、俄罗斯、印度和中国在列，2011 年，南非也被列入其中。2015 年，金砖国家国内生产总值估计为 17 万亿欧元，占全球国内生产总值的 21.8%。

## 非洲 —— 土地全球化的舞台

作为争夺自然资源的一部分，拥有大量可耕地的非洲大陆吸引了私有企业和主权财富基金的投资，它们来自欧洲、北美、亚洲新兴市场国家、中东和南非，因为这些国家和地区已经预见了全球性粮食需求的增长。

### 软实力

软实力指的是一个国家对另一个国家的非强制性影响。教育全球化就是越来越被各国实践的策略之一，目的是通过语言和文化来强化一个国家的形象和影响。例如，提供伊斯兰奖学金的沙特阿拉伯，其学生人数在 2009 年至 2014 年激增。土耳其、埃及和阿联酋也采取了同样的措施。

## 哥利亚 VS 大卫

非洲国家希望粮食产量快速增长，以促进发展，并确保人民的粮食需求。但必须指出，投资者更想将棕榈油或生物燃料等非洲的产品出口到他国，而且不平等现象仍在加剧：在马里，投资者签下的租约长达 99 年，而数代前就定居于此的农民完全没有使用权保障，他们支付的水费也高于他们实际应缴纳的水费。这些情况揭示了抗议的原因，例如，2011 年在塞内加尔河河谷，意大利公司塞内塔诺想要为欧洲市场生产农业燃料却遭到抗议；2008 年至 2009 年，韩国大宇物流公司计划在马达加斯加种植油棕和玉米[174]，这导致总统拉瓦卢马纳纳[175]下台。

# 经济大衰退

## 何谓金融危机？

金融危机是指一系列金融指标，如短期利率、股价和（或）房价、公司违约和金融机构破产等出现突然的、短暂的、周期性的恶化。除了股市危机，信贷关系往往是金融危机的核心。

## 次级贷款

次级贷款指的是向有风险的借款人提供的抵押贷款，这是相对给予拥有良好担保的借款人的优惠级贷款而言的。次级贷款体系创建于20世纪70年代，旨在刺激银行向条件较差的民众提供贷款。2006年，美国20%的住房贷款来自次级抵押贷款。

## 现代危机的机制

第一步：信心受挫

一场军事冲突的开始或结束、不同寻常的获得、新市场的发现和重大发明等导致经济制度的"偏移"，也就是说在这个新领域重新修改投资策略。

第二步：高涨

这由广泛的投资组成，首先是眼光敏锐的代理人，然后是所有被价格上涨所吸引、感受到了行业魅力的人（先是专业人员，随后是外行）。

第三步：信贷与投机的发展

暴涨与贷款的发放是相伴的，贷款反过来会促进投机性融资（对这些投资的收益期待往往被高估）；经济处于贸易超额条件下。

第四步：泡沫破裂

当投机者发现市场不再走高，或出现破产、财务丑闻等，交易员就会千方百计想要卖出资产。随之而来的是物价的持续下跌和现金需求的猛增，而这种迫切的需求无法得到满足。

第五步：信心的回归

当物价下跌到一定的程度，以至于投资者重新回到购买市场，抑或市场关闭，抑或有放款人介入从而使对现金的需求得到满足，人们的信心就会回归。

2008年10月10日，英国工党[176]成员在英格兰银行[177]前面举行示威游行，反对政府救市。

## 从巨人到泥足巨人 [178]

为了在不增加自有资金需求的情况下提供更多的贷款,银行将次级贷款债务转变为金融证券:银行、保险公司和养老基金会购买这类证券,在复杂的资金筹集方面,这些手段被视作极具吸引力的投资,有着较高的收益,因为房地产市场始终生机勃勃。

## 房地产的循环

从 21 世纪初起,美国房地产市场之所以有所发展,只是因为获得信贷的可能性刺激了人们对房产的需求。2007 年第一季度,利率的升高使次级借贷家庭的欠债率激增:从 2005 年的 5% 增长至 2007 年的 15%。由于无力偿还房贷,100 万个家庭被赶出住所,而这些房子的实际价格很快又降了下来。

## 从市场的崩溃到经济衰退

2007 年 10 月至 2008 年 10 月,道琼斯指数下跌近 40 个点。美国和欧洲实行的走出危机方案,要求困难重重的国家银行重新进入资本市场。信贷被重新配给,消费与增长停滞,破产公司倍增,失业率也上升。

## 银行业的晴天霹雳

房地产市场的大转变让人们对美国和全球多个机构持有的次级信贷的价值产生怀疑,这些机构都在试图摆脱这些债务。银行自有资金匮乏,需要快速找到所缺现金。从 2008 年开始,北岩银行 [179] 被暂时国有化,商业银行贝尔斯登 [180] 获得了其竞争对手摩根大通集团 [181] 和纽约联储银行 [182] 的接济。其他机构则由美国财政部监管。由于没有买家,雷曼兄弟破产了。

麦道夫事件发生的次日,《纽约杂志》将这位金融家描绘成小丑。这个商人让金融世界发生了动荡。

## 走向其他危机?

人们对数字领域的痴迷是未来危机的可能的策源地。2014 年,脸书以 190 亿美元收购色拉布就阐明了这种情绪,这样的收购价与色拉布的利润并不相关。爱彼迎 [183]、优步、户户送 [184] 现在均是增值的对象,其业务合乎规定的变化都有被质疑的危险。

## 21 世纪最大的金融丑闻

作为其投资公司的领导者,伯纳德·麦道夫将投资人的资金都投入对冲基金,因为其利润高于一般基金。当利润达不到预期时,麦道夫便用新的投资者的资金来填补。随着债券危机的爆发,麦道夫的诡计被揭穿,在债券危机之时,所有投资者都希望拿回他们投入的资金,但麦道夫在这个体系里已经将资金挥霍一空。他于 2008 年 12 月被逮捕,并于 2009 年被判处 150 年的监禁。

# 欧洲的动荡

欧盟28国，从2013年7月1日起克罗地亚也包括在内。

## 28个国家的欧盟

2004年欧盟范围大幅扩大，因为有波兰、捷克、匈牙利、斯洛伐克、斯洛文尼亚、拉脱维亚、立陶宛、爱沙尼亚、马耳他、塞浦路斯10国加入欧盟，它们大多是原苏联和原南斯拉夫的加盟国。自1995年奥地利、瑞典和芬兰加入以来，欧盟一直没有扩张。2007年，罗马尼亚和保加利亚成为欧盟成员国，2013年克罗地亚也加入欧盟。2017年，由28个国家组成的欧盟生产总值达15.326万亿美元，超过美国的国内生产总值。

## 汇聚的标准

相关标准共有五条，在《马斯特里赫特条约》签订时就已明确。这些标准规定了各个国家的政策，即便这更多是对遵守趋同标准的政治解释，而不是严格的经济效率。在欧元开始流通时，比利时和意大利对部分标准并不满意，但仍被纳入了这一进程。特别值得注意的是明文规定的几项责任：财政赤字不能超过当年国内生产总值的3%，公共债务不得超过国内生产总值的60%，通货膨胀率不能超过通货膨胀率最低的三个国家的平均通货膨胀率的1.5个百分点，长期利率不能超过通货膨胀率最低的三个国家的平均利率的2个百分点。

## 经济改革

《马斯特里赫特条约》预见到欧洲会发行统一的货币，当时称其为欧洲货币单位，最后在1995年的马德里首脑会议上将其更名为"欧元"，并在2002年1月1日正式投入流通。在此之前，从来没有如此强大的地区将它们的货币主权集中起来。2017年，欧元是欧盟19国的货币单位。欧洲中央银行成立于1998年，总部位于法兰克福。它专注于维持欧元区的物价稳定，负责指定欧盟的货币政策。

### "如果我想给欧洲打电话，该打给谁呢？"

这是美国前国务卿亨利·基辛格提出的问题，他早在1970年就指出欧洲缺乏政治一体化。50年后，国家的关注点依旧没有发生变化，德国和法国不遵守《稳定与增长公约》[185]且没有受到相关制裁就说明了这一问题。2015年，由于法国和荷兰的否决，《欧盟宪法条约》计划失败，这表明要建立超国家的政治权力机构并非易事。

## 21 世纪的挑战

### 异质性政策

《里斯本条约》于 2009 年正式生效。条约通过加强议会的权力，使欧洲理事会成为一个正式的机构，并革新了机构设置，但没能再次推动政治进程，让根本的异质性共存。例如，税收方面的差距非常显著。法国和德国的增值税在 19% 至 20% 徘徊，而在匈牙利却高达 27%。企业所得税在爱尔兰为 12.5%，而在比利时为 34%。

### 债务危机

次贷危机引发经济危机后，2009 年至 2010 年，人们开始怀疑在预算赤字的背景下国家是否有能力确保偿还债务。由于希腊脆弱的财政状况，政府不得不安排债务违约，这让人们害怕持有希腊债券的银行将会破产（法国银行持有 570 亿欧元希腊国债，德国银行则持有 340 亿欧元）。于是市场变得犹豫不决，不愿向西班牙、葡萄牙、意大利和爱尔兰等提供贷款，这些国家的借款利率大幅上涨。

### 欧洲的保证

银行业联盟规定，从 2016 年 1 月 1 日起，一家陷入困境的银行在最终求助于欧洲银行单一解决机制之前，首先向其股东、债券持有人和涉及金额超过 10 万欧元的存款人征集资金。国家只在最后关头才会介入。从 2024 年起，由欧洲银行按其存款的 0.8% 出资设立的欧洲存款担保基金将取代国家银行保护系统，以赔偿破产银行存款人的损失。

### 拯救希腊

希腊债务从私人手中转到国家手中：国际货币基金组织和欧元区国家向希腊提供了 1110 亿欧元的贷款，欧洲中央银行开始回购希腊国债，以避免其价格暴跌。这场危机暴露了欧元区在经济上缺少足够的团结性，制度也不够稳定的问题。

2017 年 12 月 8 日，英国首相特雷莎·梅和欧盟主席让－克洛德·容克就英国脱欧条件进行谈判。

### 英国退出欧盟

2016 年 6 月 23 日，51.9% 的英国人投票支持英国脱欧。英国人希望在商业和金融上与欧盟保持一体化，但拒绝人员可以在欧盟内自由流通的原则，以控制移民流动。2017 年 3 月 30 日，英国首相特雷莎·梅启动《里斯本条约》第 50 条，开始与其他 27 个成员国分离的程序。伦敦和布鲁塞尔共需要两年时间来进行脱欧谈判。

# 环境保护的世纪

自 2004 年以来,一个部际小组一直密切监测亚马孙雨林,以防止森林砍伐。

## 关于地球之肺的一些新闻报道

亚马孙热带雨林的森林砍伐在 20 世纪末达到顶峰。亚马孙热带雨林是世界最大及物种最多的森林,拥有全球五分之一的饮用水储备。自 2004 年起,一个反对砍伐森林的部际小组一直在监测亚马孙雨林。该小组增加了保护区的数量,并加强了监测,特别是通过卫星。2001 年至 2012 年,巴西境内的森林砍伐率下降了 40%,亚马孙地区下降了 70%。

## 争夺水资源的战争即将爆发

获得水资源是 21 世纪的一个重大挑战,有可能激起冲突,在河流流域为多国共享时就更是如此。在流经以色列、埃及、叙利亚、约旦和黎巴嫩的约旦河流域,以色列已经开始对支流国家征税。埃及和苏丹长久以来垄断和控制着尼罗河的水资源。如今这一权力受到埃塞俄比亚、乌干达、肯尼亚等上游国家联盟和埃塞俄比亚修建复兴大坝的挑战。喀麦隆、尼日尔、尼日利亚和乍得共享的乍得湖由于靠近撒哈拉沙漠而蒸发严重,到 2050 年需负担起养育 1.3 亿人口的重任。

## 安纳托利亚东南部工程

1997 年启动的安纳托利亚东南部工程,计划于 2020 年甚至 2019 年竣工。这个项目通过在底格里斯河和幼发拉底河上建造 22 座大型水坝,促进土耳其 170 万公顷土地的灌溉。除了内部的生态动议,这一工程在一个不确定的背景下让伊拉克和叙利亚的对立更加明朗:大马士革失去了对幼发拉底河水坝的控制权,而"伊斯兰国"也瞄准了伊拉克的灌溉设备。

## 绿色新殖民主义?

2015 年,非洲保护区覆盖面积近 400 万平方千米,占非洲大陆的 15%,这与《生物多样性公约》设定的"爱知生物多样性目标"十分接近。然而,诸多非洲保护区不过是一纸空文,西方的非政府组织强加的标准和模式有时会被控告是在进行生态干涉。

## 卡雅尔或渔业资源保护

卡雅尔有 171 平方千米的海洋保护区,于 2004 年由塞内加尔设立,它依靠渔民团体的参与确定捕鱼规则(禁止使用固定渔网)。该举措成功遏制了在 20 世纪 70 年代便已出现的资源减少的趋势,有效缓解了当地渔民和其他地区渔民的冲突。

## 绿色长城

21世纪初,几位非洲国家的领导人设想了修筑绿色长城的计划,这个倡议以再造林计划的形式从塞内加尔延伸至吉布提,试图阻止进一步沙漠化。如今,该地一个保护环境与发展农村实践的试验场——种植、树篱、防止土壤侵蚀的装置、蔬菜种植区、参与式混农林业——吸引了一些国际投资,但很难与当地参与者良好衔接。

## 环境难民

指因为环境的突然或逐步改变,而暂时或永久地离开自己的居住地,在国内或向国外移动的人。在联合国政府间气候变化专门委员会和一些西方环境非政府组织的影响下,人们对气候难民谈论得更多。然而,这个身份丝毫没有法律依据,既没有任何强制性,又不受任何庇护。

## 重新分配人口?

根据联合国预测,到2050年,由于海平面上升、海岸线淹没和降水量增加,将出现2亿移民。在夏威夷和澳大利亚之间的基里巴斯群岛,1999年有两个岛屿已被淹没。随着时间的推移,这一群岛会彻底消失,将有10.5万人需要新的土地。虽然新西兰已承诺会接纳成千上万的基里巴斯人,但相关国家和地区却对这个受到威胁的小国的求救声充耳不闻。

## 第21届联合国气候变化大会

2015年12月在巴黎召开的气候大会上,197个国家一致通过了首个具有法律约束力的全球气候协定。该协定规定将全球变暖控制在2℃以下。批评者们没有提及石油、天然气、煤炭等化石燃料,但这是导致气候变化的首要原因,占全球温室气体排放量的65%。此外,21世纪下半叶的温室气体净零排放目标基于温室气体的产生和吸收之间的平衡,人们认为这种措施并不是鼓励减少污染,而是鼓励发展出抵消污染的手段。

## 2016年

自1880年开始记录以来,截至目前,这是地球上最酷热的一年。

## 从环境保护到可持续发展

里约会议定义的可持续发展被理解为"一种满足当代人需求而不损害后代满足其自身需求的能力的发展模式",它开启了生态之路(并非毫无异议),这条路线不再对增长或消费持反对态度,而是强调推动增长模式既不损害环境,又不影响资本主义。

2015年12月,巴黎,在第21届联合国气候变化大会期间,发生了要求更公正地对待环境和气候问题的示威游行活动。

# 从进步到质疑

### 2018年

有史以来第一次,全世界一半的人口都被连接了起来。

### 蒂姆·伯纳斯·李

英国人伯纳斯·李被视作万维网的主要发明者,2004年,伊丽莎白女王授予其爵位。1980年,他首先创建了一个查询系统,使得他所任职的欧洲核子研究组织的研究人员之间可以分享信息;1989年,他成功开发出一个信息系统,这个系统是由超文本连接起来的电脑文件组成的。两年后,他向所有人提供了这个系统,且不要求任何许可或费用。这就是万维网的开端。

### 互相连接的世界?

第二代万维网对应的是网络向人际交往和多种形式的传播技术的转变,先是博客,随后是社交网络。2005年至2006年,油管、推特和脸书相继问世。2007年,第一部智能手机的出现引入了移动互联网,标志着应用程序的成功。这是对数字革命的认可。

### GAFA

这个首字母缩写源于四个互联网大公司的名称——谷歌(Google)、苹果(Apple)、脸书(Facebook)、亚马逊(Amazon),其营业总额相当于世界排名第35的经济体丹麦的财富总额!这几家公司完全没有减缓发展速度的趋势。由于集中政策,它们在信息搜索、产品生产、电子商务和社交网络等方面均实现了真正的垄断。

### 社会的"优步化"

2015年这个说法出现在法语中,指的是创立于旧金山的优步公司。优步从2009年起在美国推出汽车驾驶服务。优步化体现出服务平台的发展,标志着数字经济提出的专业活动的新关系,而数字经济被指责扭曲了工作条例和限制,比如取得营业执照或是社会保险金的缴纳。对于平台和旅游业专业人士间的拉锯战,未来会告诉我们谁将胜出。

### 网上竞价

当用户加载他们希望浏览的网页时,其资料会被一个自动竞价系统拍卖,这样,广告商编程的机器人就可以在100毫秒内抢夺广告位置,根据所掌握的数据,预估自家广告被互联网用户接受的概率。

GAFA,明日的经济强者?

# 21世纪的挑战

## 欧盟，数字化世界殖民地？

参议院2013年10月以此为题的一场报告拉响了警钟。报告者强调，在亚洲，互联网巨头受到日本、韩国、俄罗斯等国网站的竞争，而在欧洲则有所不同，这些巨头正处于垄断地位，丝毫不担心欧洲当局会保护数据。

## 大数据布鲁斯

21世纪是私人公司或国家收集、处理和利用大数据的时代，自2001年以来，它打着安全的幌子，其实与经济、社会和政治休戚相关。爱德华·斯诺登泄露美国机密后，美国国家安全局的活动备受争论。英国的情报机关也面临同样的情况，它们使用了大量的数据管理程序，这些数据来自网络摄像机、数字社交网络、脸书上的图片或斯盖普上的聊天记录等。

## 基因组的新发现

2007年，科学家完整测定出一种葡萄的基因组，植物生物学领域因此发生了一场巨大的革命。2010年，科学家成功测序黑松露基因组。对人类基因组（32亿个核苷酸对，相当于2000本500页的书字数之和）的破译计划早在20世纪90年代就已制订，并在2003年获得成功，开启了新的探索时代。这是最好的医学进步，但也可能是最坏的。

## 人工智能，未来的危险？

人工智能以前只是出现在科幻作品中，如今却是大家关注的焦点，是令所有人担忧的首要对象。2018年6月，2400名相关领域研究人员、工程师、领导人保证"绝不参与或支持自主致命武器的发展、生产、交易或使用"。面对该领域的增长前景，以及人工智能在民用和军用领域使用的增多，现在的问题是：这股热潮会持续多久？

机器人索菲亚于2018年7月10日在中国香港展出。

# 尾注

1. 地质年代早期分为第一纪、第二纪、第三纪和第四纪，后来经过详细划分，地质年代分为古生代、中生代和新生代。其中第一纪大致相当于古生代，第二纪大致相当于中生代，第三纪和第四纪则合称新生代。——译注（书中所有尾注均为译注，后文不再赘述）
2. 法国考古学家，首先提出原始人打制的粗陋石斧是与已经灭绝的古象等动物同时生存的，为古人类学和旧石器时代考古学的研究奠定了科学基础。
3. 古埃及贵族的一种石墓。
4. 汉初为83个郡。
5. 古希腊宗教节日。起初每年在雅典城举行一次，后改为每四年举行一次。节日期间，雅典所有属地的代表都要到雅典城参加庆祝。届时，人们要向雅典娜奉献一件崭新的绣袍和动物祭品，并举行盛大的体育竞技及音乐比赛，其规模堪与奥林匹克竞技媲美。
6. 古代中东和希腊—罗马世界使用的质量单位。
7. 西欧的一条商业通道。
8. 高卢阿维尔尼人的部落首领，曾领导高卢对恺撒率领下的罗马做出最后的反抗。
9. 巴比伦的自然与丰收女神。
10. 303年罗马皇帝对基督徒大加迫害，不少基督教信徒放弃信仰交出《圣经》，甚至背叛基督教，敬拜罗马皇帝。这些在逼迫中叛道的人后来被称为"以经换命者"。迦太基主教多纳徒斯教导圣礼的有效性在于施礼的圣工人员本身是否圣洁，使分离运动愈演愈烈。他所倡导的异端被称为"多纳徒派"。
11. 哈瓦利吉，Khawarij，意为"出走者"，指的是从伊斯兰教第四任哈里发阿里的队伍中分裂出走的一个派别。
12. 指摩尔人的城堡、宫殿。
13. 原意"帮派、教派"，专指11世纪早期后倭马亚王朝解体后出现在伊比利亚半岛上的一些穆斯林小王国。
14. 挪威维京探险家、海盗，发现了格陵兰岛，并在岛上建立了一个斯堪的纳维亚人的定居点。
15. 第一位统治诺曼底（法国地区）的维京人。
16. "挪威"一词的含义。
17. 发生在8世纪晚期至9世纪的加洛林王朝，由查理曼及其后继者在欧洲推行，被称为"欧洲的第一次觉醒"。
18. 指隶属于某一行政区管辖但不与本区毗连的土地。
19. 长计历，玛雅历法中周期最长的历法。
20. 指镰仓、室町幕府政务、裁判的评议机构。
21. 里格，一种长度名称。是陆地及海洋的古老的测量单位。海洋中1里格约等于5.56千米，陆地上1里格约等于4.83千米。
22. 西班牙和葡萄牙签订的一份旨在瓜分新世界的协议。
23. 旧制度是法国历史上15世纪到18世纪这段时期，从文艺复兴末期开始到法国大革命结束。
24. 印度南部喀拉拉邦第三大城市。
25. 指在北非海岸活动的穆斯林海盗。
26. 奥斯曼帝国在阿尔及尔的统治者。
27. 法国剧作家艾德蒙·罗斯丹以西哈诺·德·贝热拉克为原型创作了一部五幕戏剧《西哈诺》。
28. 盖伦是古罗马时期最著名的医学大师，被认为是仅次于希波克拉底的第二个医学权威。
29. 选帝侯，德国历史上的一种特殊现象。这个词被用于指代那些拥有选举"罗马人的皇帝"权利的诸侯，即德意志中有权选举神圣罗马皇帝的诸侯。
30. 意为"首相"。
31. "庄严朴特"又称"最高朴特"，是指苏丹的对外宫廷，由大维齐尔领导。"庄严朴特"一词取自伊斯坦布尔托普卡帕王宫的大维齐尔总部的门户，苏丹会在那里举行欢迎仪式接待外使。在城门及皇宫大门集合是古老的东方传统。后来，"庄严朴特"可指外交部及当时伊斯坦布尔省的政府部门。此外，这个词还可指奥斯曼帝国是欧洲及亚洲之间的桥梁。
32. 星室法庭，15世纪至17世纪英国最高司法机构。1487年英王亨利七世创设，因该法庭设立在威斯敏斯特王宫中一座屋顶饰有星形图案的大厅中而得名。
33. 即上文的约克公爵。
34. 拉巴尔事件：1765年，法国阿布维利城路口两个十字架被砸碎。拉巴尔因在一次宗教游行队伍经过时未下跪脱帽时被怀疑亵渎圣物，并被屈打成招处以极刑；卡拉斯事件：1761年10月13日，法国图卢兹市的一个胡格诺派信徒卡拉斯被诬陷杀害了自己的长子，因而被判处死刑；西尔旺事件：1762年，西尔旺被指控杀死自己的女儿，1764年在缺席的情况下被判处死刑，1769年得以平反。
35. 指约翰·孟塔古（1718年—1792年），英国政治家、军人，曾三次任第一海军大臣，据说他发明了三明治。他是詹姆斯·库克的上司和赞助人。
36. 今越南的昆岛。
37. 今越南的岘港。
38. 指《嫌疑犯法令》。
39. 法国大革命期间国民公会的激进派议员集团。他们在开会时总是坐在高凳子上，故得此名。
40. 法国共和历每年从秋季（9月22日）开始，将全年月份依次定为葡月、雾月、霜月、雪月、雨月、风月、芽月、花月、牧月、获月（或收月）、热月、果月。

| | | |
|---|---|---|
| 41 | 原指法国大革命初期衣衫褴褛、装备低劣的革命军志愿兵，后来泛指大革命中的极端民主党。 |
| 42 | 法国大革命中代表贫苦劳动群众利益的激进派别。 |
| 43 | 意大利狭长的形状宛若一只长筒靴，此处代指意大利。 |
| 44 | 19世纪前期活跃在意大利半岛的秘密民族主义政党，因成员最初逃避在烧炭山区而得名。 |
| 45 | 这里指"七月革命"。 |
| 46 | 法国政治家、历史学家，奥尔良党人。七月革命后，先后担任内阁大臣（1832年，1834年—1836年）、首相（1836年）和外交大臣（1840年）之职。1871年—1873年，梯也尔担任法兰西第三共和国首任总统。在梯也尔的政治生涯中，他留给各国人民最深的印象是充当了残酷镇压巴黎公社的罪魁祸首。 |
| 47 | 1847年—1848年任法国首相。他是一名保守派人士，在任期间，他未能留心民间的疾苦，对内主张实行自由放任政策；对外则主张成立法比关税同盟，以对抗当时的德意志关税同盟。1848年的二月革命中，路易-菲利普的七月王朝被推翻，基佐也因而下台。 |
| 48 | 奥斯曼帝国行政系统里的高级官员，通常是总督、将军及高官。 |
| 49 | 1842年以歌剧《纳布科》成为意大利一流作曲家。当时意大利正处于摆脱奥地利统治的革命浪潮之中，他以歌剧作品《厄尔南尼》（1844年）、《伦巴第人》（1848年）、《阿尔济拉》（1846年）、《莱尼亚诺战役》（1849年）以及革命歌曲等鼓舞人民起来斗争，因而获得"意大利革命的音乐大师"之称。 |
| 50 | 意大利政治家、外交家，伯爵，意大利统一运动的领导人物，意大利王国第一任首相。 |
| 51 | 1252年热那亚和佛罗伦萨开始铸造名为"弗罗林"的金币，这种金币重3.5克左右，足金。弗罗林币通过南欧日益重要的贸易线路进入西欧和北欧，后来成为大多数欧洲金币的原型。 |
| 52 | 东南部非洲的一位黑人武士，差不多在拿破仑的大军横扫欧洲大陆的同时，他带领为数不多的兵力南征北伐，使一个弱小的部族成为雄霸南部非洲的王国，因而成为南非历史上最有名的人物，有人称他为非洲的拿破仑。他是祖鲁王国的缔造者。 |
| 53 | 埃塞俄比亚皇帝，1855年—1868年在位。他结束了埃塞俄比亚的百年内乱，重新统一了国家，进行了一些改革，在中兴本国封建制度的活动中起到了重要作用。 |
| 54 | 南非祖鲁军对英国殖民军的一次伏击，是欧洲军队三个半世纪以来在非洲的最大败仗，英军阵亡上千人。虽然伊散德尔瓦纳战役在政治上或军事上没有重要的意义，但它代表的是祖鲁人反抗殖民者的英勇斗争精神，是非洲近代历史上光辉的篇章。 |
| 55 | 18世纪初期，欧洲人入侵西非地区，由于国内兵力吃紧，大部分殖民地的统治者都被迫在殖民地内就地解决兵源问题。当时西非地区由于连年的征战，本地男丁稀少，在这种条件下达荷美亚马孙女战士诞生了。兵源多选自西非地区的本地部落成员，她们因为家境贫寒和生存条件的恶劣自幼就习惯了拼命和流血。在后来与法军的战斗中，她们多次击溃法军，作战意志十分顽强。 |
| 56 | 慈善机构，主张让之前的奴隶们重回他们祖先的土地。 |
| 57 | 南亚、东南亚和印度等地对于国王或土邦君主、酋长的称呼。 |
| 58 | 泰国近代史上一位开明的君主。他在位42年，进行了一系列的改革，为现代泰国的社会发展奠定了基础。朱拉隆功带领着曾经闭塞落后的泰国逐渐走入现代国家行列，成为泰国历史上最伟大的君主之一，是现代泰国的缔造者。 |
| 59 | 均为马来西亚州名。 |
| 60 | "新加坡"在马来语中的意思是"狮子"，所以称新加坡为"狮城"。 |
| 61 | 英国殖民时期重要的政治家。他对于新加坡的开辟、建设、法制和长远的规划蓝图做出了相当多的努力，并立下不朽的功绩，让新加坡从一个落后的小渔村发展成为世界上重要的商港之一。 |
| 62 | 指贵州、湖南一带的苗民起义和清代中期规模最大的一次农民战争白莲教起义（1796年—1804年）。 |
| 63 | 指太平天国。 |
| 64 | 指辛亥革命。 |
| 65 | 1英亩约为4046.86平方米。 |
| 66 | 19世纪墨西哥将军和独裁者。1829年，西班牙人发动最后的攻势企图夺回墨西哥，但遭到了他的顽强抵抗而失败，因而他被尊称为民族英雄。在美墨战争中他领导墨西哥军队反对美国，直到被击败而遭流放。 |
| 67 | 指美国与墨西哥在1846年至1848年爆发的关于领土控制权的美墨战争。 |
| 68 | 1公顷=10000平方米。 |
| 69 | 19世纪解放南美大陆的英雄人物，是拉丁美洲独立战争的先驱，先后领导军队从西班牙殖民统治中解放了哥伦比亚、委内瑞拉、厄瓜多尔、巴拿马、秘鲁和玻利维亚，被称为"南美洲的解放者""委内瑞拉国父"。其独立思想至今仍影响着美洲政治思想。 |
| 70 | 南美西班牙殖民地独立战争的领袖之一，阿根廷尊他为"国父"，智利和秘鲁称他为"自由的缔造者"。他将南美洲南部从西班牙统治中解放出 |

来，与西蒙·玻利瓦尔一道被誉为美洲的解放者，被视为国家英雄。

71 亦称考迪罗主义、考迪罗制度，原意是首领、头领。考迪罗制是拉丁美洲特有的军阀、大地主和教会三位一体的本土化独裁制度。考迪罗经济上依靠大地产大庄园主，在政治上靠军人专政来维持其政治统治，对外投靠外国势力，对内残酷镇压人民反抗。

72 Toussaint 的音译。Toussaint 即诸圣瞻礼节，时间在每年 11 月 1 日。

73 Louverture 的音译，化用了法语单词 l'ouverture，意为"开辟、打开、开启"。

74 南亚印度信仰锡克教的旁遮普人。主要分布在印度北方地区，尤其是旁遮普邦，是一个典型的宗教民族。他们身材高大，有尚武传统，作战骁勇，是印度的主要兵源之一。

75 财阀是在同一金融寡头控制下，结合同族、近亲而形成的垄断资本集团。第二次世界大战前日本金融垄断资本集团的通称。日本在 20 世纪 30 年代前，形成了三井、三菱、住友、安田四大财阀，20 世纪 30 年代后，又出现鲇川、浅野、古河、大仓、中岛、野村等一批新兴财阀。这些财阀以家族总公司为中心，形成"家族总公司—直系公司—旁系公司"的特殊持股关系。

76 一种规模庞大而复杂的资本主义垄断组织形式。它以实力最雄厚的大垄断企业或银行为核心，由不同经济部门的许多企业联合组成，范围包括十个以至数百个矿业、工业、贸易、银行、保险、运输等企业，是金融寡头实现其经济上统治的最高组织形式。

77 托拉斯，英文 trust 的音译，垄断组织的高级形式之一，由许多生产同类商品的企业或产品有密切关系的企业合并组成，旨在垄断销售市场、争夺原料产地和投资范围，加强竞争力量，以获取高额垄断利润。参加的企业在生产、商业和法律上都丧失独立性。托拉斯的董事会统一经营全部的生产、销售和财务活动，领导权掌握在最大的资本家手中，原企业主成为股东，按其股份取得红利。参加的资本家为分配利润和争夺领导权进行激烈的竞争。

78 埃蒂耶纳·卡贝在其代表作《伊加利亚旅行记》中按照他的设想建立的理想的共和国。

79 法国空想社会主义者傅立叶幻想要建立的社会基层组织。

80 现代奥林匹克运动的发起人，曾任国际奥林匹克委员会主席，并设计了奥运会会徽、奥运会会旗。由于他对奥林匹克做出的不朽功绩，他被国际上誉为"奥林匹克之父"。

81 这里指的是俄国 1905 年革命。1905 年至 1907 年，俄国发生了一连串范围广泛，以反政府为目的，又或没有目标的社会动乱事件，诸如恐怖攻击、罢工、农民抗争、暴动等，导致尼古拉二世政府于 1906 年制定等同于宪法的基本法、成立国家杜马立法议会并施行多党制。布尔什维克党员常常把这场革命当作 1917 年革命的先驱。

82 杜马，1905 年革命运动爆发后，沙皇尼古拉二世为缓和政治危机，于同年 9 月至 10 月间宣布召集"国家杜马"，并赋予一定权力。1906 年和 1907 年，第一届、第二届国家杜马产生，但随后不久就被解散。后来又产生了第三届、第四届国家杜马，权力都不大，但名义上是国家的议会。

83 罗马共和国独裁官儒略·恺撒（尤利乌斯·恺撒）采纳数学家兼天文学家索西琴尼的计算后，于前 45 年 1 月 1 日起执行的取代旧罗马历法的一种历法。

84 "束棒"是罗马最高长官权力的象征。1922 年墨索里尼以"法西斯"命名自己的政党，并采用"束棒"作为党徽。

85 名义上是解决冲锋队领头人罗姆，其实是对党政的一次剪除。希特勒以"长刀之夜"达到了他的目的，解决了党内的忧患。此后冲锋队改成了党卫队。

86 强哥·莱恩哈特（1910 年—1953 年），法国音乐家，爵士史上最负盛名的传奇吉他手，称其为"法国爵士第一人"，甚至"欧洲爵士第一人"也不为过。

87 红磨坊的第四位舞后，她最引人注目的是那双在灯光下玉石般熠熠生辉的美腿。

88 约瑟芬·贝克（1906 年—1975 年），美国黑人舞蹈家、歌唱家，曾以性感大胆的舞蹈和柔美的歌声红遍法国，也是世界上第一个"黑人超级女明星"。海明威也为她的美貌倾倒，称赞她是"全世界最漂亮的女人"。

89 以 1894 年的德雷福斯事件为契机组成的法国君主主义的右翼组织。两次战争期间，法兰西运动颇负盛名，极具影响力，直到纳粹主义崛起及与天主教会的决裂导致法兰西运动的衰落。

90 Poilu，"一战"中法国士兵的绰号。Poilu 一词的意思是"多毛的、毛茸茸的"，在这里指士兵在战场上连胡子都没有刮，是一个很形象的绰号。

91 西班牙法西斯政党，1936 年 7 月以长枪党为核心的反动势力发动反对共和政府的叛乱。1937 年，佛朗哥成为该党领袖，很快，长枪党成为联合西班牙反革命力量的庞大集团。西班牙内战结束后，该党成为国内唯一合法政党。

92 Brigades internationals，指 1936 年至

1939年西班牙内战期间，许多国家的工人、农民等为支援西班牙人民反对佛朗哥反动军队和德、意法西斯武装干涉所组成的志愿军。

93 德军最高统帅部制订的入侵苏联计划。计划原来的代号叫"奥托"，但希特勒对这一代号极为不满，亲自将其改为"巴巴罗萨"。巴巴罗萨是神圣罗马帝国皇帝腓特烈一世的绰号，他是德意志历史上著名的政治家和战功赫赫的军事家，也是希特勒的崇拜对象。

94 希特勒的妻子。

95 指犹太教徒祭祀时把祭品全部烧掉。

96 法国诗人，象征主义派别的早期领导人。魏尔伦尝试把诗歌从传统的题材和形式中脱离出来，其诗歌以优雅、精美且富有音乐性而著称。

97 1938年11月9日至10日凌晨，希特勒青年团、盖世太保和党卫军袭击德国和奥地利的犹太人的事件。"水晶之夜"事件标志着纳粹对犹太人有组织的屠杀的开始。

98 党卫军，英文普遍简称为SS，是德国纳粹党中用于执行治安勤务的编制之一，与纳粹党武装战斗执行部队的冲锋队并立的另一支纳粹党情报和监视、拷问行刑组织。

99 "二战"中武装党卫军表现最出众的王牌部队。

100 事件发生在1942年德国占领下的法国巴黎，当时德国的秘密警察部队要求法国政府交出年龄介于16到50岁的犹太人。结果法国政府为了力求表现，连出生在法国的犹太儿童都一并逮捕。巴黎及郊区共有1.3万多名犹太人遭到逮捕，并被关进巴黎的冬赛馆。

101 美国空军的轰炸机，1945年8月6日于广岛上空掷下"小男孩"原子弹。"艾诺拉·盖"这一命名源自该机机长保罗·蒂贝茨母亲的名字。

102 法国民族英雄，"二战"时期法国抵抗运动的领袖。

103 严格来讲，不是苏联拒绝了支援，而是马歇尔计划对苏联的限制非常多，而这些限制本身就是针对苏联设置的，目的就是不让苏联参加。

104 英国自由党政治家，1916年至1922年领导战时内阁，1919年他出席并操纵巴黎和会，是巴黎和会"三巨头"之一，签署了《凡尔赛和约》。

105 法国激进党政府总理。1919年代表法国出席了巴黎和会。在这次会议上，克里孟梭力主肢解德国，最大限度地削弱德国，以利于法国称霸欧洲大陆。1919年6月28日签订的《凡尔赛和约》无疑是克里孟梭的杰作，但这也为"二战"时德国反扑报复埋下了伏笔。他为第一次世界大战协约国的胜利与《凡尔赛和约》的签订做出了重要贡献，被当时欧洲人称为"胜利之父"。

106 法国政治家、外交家，法国社会党创始人，《洛迦诺公约》是他的主要成就，以对德和解获得诺贝尔和平奖，以非战公约和倡议建立欧洲合众国而闻名于世。

107 魏玛共和国时期他当了百日总理（1923年）和6年外交部部长（1924年—1929年）。他是作为一个伟大的外交家被载入史册的，在没有武力保护下，他利用《拉帕洛条约》《洛迦诺公约》和《柏林条约》三个条约，成功地拆散了反德同盟，为德国复兴打下基础。他继承了俾斯麦的事业，甚至可以说超越了俾斯麦，因为他所在的德国缺乏俾斯麦所在德国的实力。

108 埃及第二任总统，前任为纳吉布，他被认为是历史上最重要的埃及领导人之一。20世纪50年代及60年代，他曾是阿拉伯民族主义的倡导者。

109 古巴军事领导人，1933年至1940年为古巴实际的军事领导人，1940年至1944年为民选的古巴总统。1952年，他通过军事政变重新成为古巴的最高领导人，他的独裁统治同时招致了民众的普遍反对。1958年年底，巴蒂斯塔在古巴革命胜利在望之时，被迫流亡国外。

110 古巴共和国、古巴共产党和古巴革命武装力量的主要缔造者，被誉为"古巴国父"，是古巴第一任最高领导人。卡斯特罗于20世纪50年代领导古巴革命，推翻了巴蒂斯塔政权，将古巴转变为社会主义国家。

111 柏柏尔部落首领，摩洛哥民族英雄、著名军事家和政治家，1921年至1926年里夫大起义的领袖。

112 法国政治家、军事家，元帅。1873年就读圣西尔军校，曾被派往阿尔及利亚（1880年）、印度支那（1894年）等地，后征服马达加斯加，1912年被任命为法国驻摩洛哥总驻扎官，1916年至1917年任法国陆军大臣，1912年当选为法兰西学院院士，1921年晋升为法国元帅。

113 1968年越南战争之际，美军对越南平民展开了一场可怕的屠杀，有组织地处死了504名越南妇女、儿童和老人。这个案子只是美国在越战中所犯罪行中的一个代表而已。

114 《圣经》中的故事。描述了一场经典的以弱胜强的战斗。

115 Organisation armée secrète，法国在20世纪60年代通过武力反对阿尔及利亚独立的军事化地下组织。

116 突尼斯第一任总统（1957年至1987年在任），被誉为突尼斯"民族之父"和"最高战士"。

117 位于印度最西部的一个邦，接壤巴

305

基斯坦，濒临阿拉伯海。自古就以商业发达闻名。

118　印度各种姓以外的没有权力、没有地位、底层的一部分人，也称移民。他们受到社会的唾弃、剥削和压迫，都是没有土地的雇农和从事"不洁行业"的人，一般是洗衣工、清扫工、屠宰工等。按照印度的古老传统，各种姓的人不能和他们这些下等人接触或者接受他们用过的东西，以免受到玷污。

119　即"印巴分治"方案。

120　1991年10月23日，全面政治解决柬埔寨问题的协定在巴黎签署。共有18个国家的外长参加了这次关于柬埔寨问题的巴黎国际会议，柬埔寨4方代表在和平协定上签了字。《柬埔寨和平协定》的签署标志着延续了13年的柬埔寨战乱从此结束。

121　即柬埔寨共产党。

122　西班牙、葡萄牙的行政组织，某些拉丁美洲国家政变后的政府。

123　即德意志民主共和国的国家安全机构——国家安全部，史塔西为其通称，来自德语"国家安全"（Staatssi-cherheit）的缩写。史塔西被认作当时世界上最有效率的情报和秘密警察机构。

124　20世纪60年代末至70年代初美国反文化活动的口号，标志着消极抵抗和非暴力思想。它源于反越战运动，是由美国垮掉派诗人艾伦·金斯堡于1965年提出的，主张以和平方式来反对战争。嬉皮士信奉象征主义，他们身穿绣花和色彩鲜明的衣服，头上戴花，并且向市民派发鲜花，因而被称为"花的孩子"。

125　法国外交部位于巴黎的奥赛码头，故以此指代法国外交部。

126　1965年，欧洲经济共同体委员会主席、德国人哈尔斯坦试图将欧共体部长理事会的表决机制从全体通过制改为多数通过制，从而扩大欧共体委员会的权力。法国总统戴高乐对此采取了消极抵制的"空椅政策"——法国驻欧共体代表连续六个月缺席欧共体会议。

127　即《关于逐步取消共同边界检查》。

128　德国火箭专家，20世纪航天事业的先驱之一，曾是著名的V2火箭的总设计师。德国战败后，美国将他和他的设计小组带到美国。他最大的成就是在担任美国航空航天局马歇尔太空飞行中心总指挥时主持"土星5号"的研发，成功地在1969年7月首次达成人类登陆月球的壮举。

129　苏联宇航事业的伟大设计师与组织者，第一枚射程超过8000千米的洲际火箭（弹道导弹）的设计者，第一颗人造地球卫星运载火箭的设计者，第一艘载人航天飞船的总设计师。

130　苏联宇航员，第一个进入太空的地球人，也是第一个从太空中看到地球全貌的人。

131　法国政治家，极右党派国民阵线领导人。他曾数次参加法国总统选举，其中在2002年法国总统大选中，一度获得17.4%的得票率，击败当时被看好的法国左派候选人利昂内尔·若斯潘。尽管他最终输给了希拉克，却震惊了整个欧洲。

132　波黑内战时期的波黑塞族军队总司令，在数年时间里曾多次击退穆族和克族的武装进攻，1995年因指挥了在斯雷布雷尼察对穆族的大规模处决而被海牙国际战犯法庭指控并被判处无期徒刑。

133　哭墙又称西墙，是耶路撒冷旧城古代犹太国第二圣殿护墙的一段，也是第二圣殿护墙的仅存遗址。犹太教把该墙看作第一圣地，教徒至该墙必须哀哭，以表示对古神庙的哀悼并期待其恢复。千百年来，流落在世界各个角落的犹太人回到圣城耶路撒冷时，便会来到这面石墙前低声祷告，哭诉流亡之苦，所以被称为"哭墙"。

134　即第四次中东战争。

135　中东的一个伊斯兰教派，属于什叶派伊斯玛仪派的一个分支，教义受到诺斯底主义的影响，被许多正统伊斯兰教派视为异端。该教派信徒主要分布在黎巴嫩、叙利亚、约旦和巴勒斯坦等地，数量在75万至200万人之间。

136　基督教的一种，与天主教、东正教、新教并称基督教四大分支。现今马龙派信徒全球大约有400万人，其中在黎巴嫩有约100万人，占该国人口的约1/4。

137　即第二次中东战争。

138　黎巴嫩政党，1936年11月成立，基督教马龙派政党，创始人为皮埃尔·杰马耶勒。

139　即第五次中东战争。

140　海湾战争中三个主要军事行动之一。

141　海湾战争中三个主要军事行动之一。

142　库尔德族是中东人口中仅次于阿拉伯、土耳其和波斯民族的第四大民族。库尔德人是中东地区最古老的民族之一，相传是古代米堤亚人的后代，两千多年来一直都在库尔德斯坦的山区活动，过去都过着游牧式生活。总人口约3000万，主分布区位于土耳其、叙利亚、伊拉克、伊朗的交界地带库尔德斯坦，有少数分布在阿塞拜疆和亚美尼亚山区。

143　1987年至1988年，在伊拉克北部对库尔德人进行的种族灭绝计划。

144　南非联邦和1994年以前南非共和国的四个省之一。

145　南非人民于1961年12月16日成立的一个秘密武装组织，它坚决反对南非白人的殖民统治，主张以暴力推翻政权。"民族之矛"的创始人和总司令是纳尔逊·罗利赫拉赫拉·曼德拉。

146 南非最大的"城镇"（在"种族隔离"时代被设为黑人居住区）。这座充满生机的城市有 200 万居民，历史古迹比比皆是。索维托有南非最大的贫民窟，是很多黑人的聚居地。索维托英雄辈出，南非英雄曼德拉也曾在那里生活过。

147 南非政治家，总理（1978 年—1984 年）、总统（1984 年—1989 年）。在其担任国防部部长期间（1966 年—1978 年），使南非卷入安哥拉内战（1975 年）。博塔主张支持种族隔离政府，但在 1984 年他主持通过的宪法中，给予了部分非白种的南非人一定的政治权利。

148 他在 20 世纪 80 年代由于坚决反对种族隔离赢得世界的赞誉。他是南非开普敦第一位黑人圣公会和南非圣公会省的大主教，获 1984 年诺贝尔和平奖。

149 巴勒斯坦民族解放运动，简称"法塔赫"，是巴勒斯坦解放组织 8 个成员中实力最强、影响力最大、人数最多的主流派别，掌控着巴解组织的军、政、财务与外交大权，得到阿拉伯国家的广泛承认与支持。"法塔赫"由阿文"运动""解放"和"巴勒斯坦"三个词的首字母颠倒次序组成，寓"征服""胜利"之意。

150 巴勒斯坦政治家、军事家，巴勒斯坦前总统。阿拉法特自青年时代起就投身巴勒斯坦民族的解放事业，为争取恢复巴勒斯坦人民合法的民族权利进行了长期不懈的斗争；因 1993 年与以色列签署《奥斯陆协议》而获得 1994 年的诺贝尔和平奖。

151 巴解组织中仅次于巴勒斯坦民族解放运动（法塔赫）的第二大派别。

152 巴勒斯坦前领导人之一，解放巴勒斯坦人民阵线（人阵）中央委员会总书记。

153 巴勒斯坦激进派组织，曾策划实施多起恐怖活动，如震惊世界的慕尼黑惨案。

154 "巴勒斯坦伊斯兰圣战组织"的简称，其目标是通过"圣战"消灭以色列，在巴勒斯坦建立一个伊斯兰国家，在伊斯兰运动的推动下，重建统一的伊斯兰世界。

155 伊扎克·拉宾两度担任以色列总理，在任期间组织签署了包括《奥斯陆协议》在内的多项和平协议，推动了中东和平进程。1994 年，因为《奥斯陆协议》，中东和平取得进展，拉宾和西蒙·佩雷斯、亚西尔·阿拉法特共同获得诺贝尔和平奖。

156 俄罗斯早期无产阶级革命者，著名无政府主义者。

157 近代最后一个具有国际性影响力的无政府主义者，俄罗斯和欧洲政治思想史上的著名人物。

158 1948 年至 1973 年经历了阿拉伯国家（包括巴勒斯坦）和以色列之间爆发的四次中东战争，1982 年指挥第五次中东战争。2001 年 2 月当选以色列总理，2003 年 1 月 28 日成功连任总理。

159 2006 年至 2014 年任巴勒斯坦民族权力机构总理，哈马斯领导人之一。

160 现任埃及总统。

161 英国驻印度军官、探险家。他曾深入非洲大陆，寻找世界第一长河、古埃及文明的摇篮——尼罗河的源头。

162 1965 年至 1997 年任扎伊尔总统。

163 刚果民主共和国的第三任总统。

164 卢旺达第六任总统，2003 年 8 月正式当选总统。

165 系属喀麦隆分离组织，这个组织反对尼日利亚和喀麦隆于 2008 年达成的巴卡西半岛控制方案。

166 2012 年全国骚乱期间，占领马里北部地区的几个武装组织中的一个。2013 年，美国把"伊斯兰卫士组织"定义为恐怖组织。美国国务院称，自从该组织在 2011 年年底成立以来，他们得到了恐怖组织伊斯兰马格里布"基地"组织的支持，并且一直和该组织保持密切关系。

167 指联合国 1951 年通过的《关于难民地位的公约》。

168 突尼斯巴尔杜国家博物馆和海滨度假胜地苏塞在 2015 年遭遇恐怖袭击。这两起针对西方游客的袭击分别造成 23 人和 38 人死亡，其中发生在苏塞的袭击中有 30 名英国人丧生。"伊斯兰国"宣布对这两起袭击事件负责。

169 2016 年 12 月 19 日晚，一辆货车突然冲进柏林市中心的圣诞集市，造成 12 人死亡，48 人受伤。

170 德国新成立的新政治运动团体。它以抛弃欧元为核心目标，要求德国退出欧元区，并重启德国马克。

171 墨西哥西北边境城市，位于北下加利福尼亚州西北端，临近太平洋，北距美国圣迭戈 19 千米。

172 由反对经济全球化的各国非政府组织发起，有全世界非政府组织、知识分子和社会团体代表参加的大型会议。2000 年 6 月，世界各地的非政府组织代表在日内瓦举行会议，决定在世界经济论坛举行的同时召开世界社会论坛。

173 一家国际领先的投资银行，向全球提供广泛的投资、咨询和金融服务，拥有大量的多行业客户，包括私营公司、金融企业、政府机构和个人。高盛集团成立于 1869 年，是全世界历史最悠久、规模最大的投资银行之一，总部位于纽约。

174 韩国大宇物流公司获得马达加斯加政府授权，取得其 130 万公顷可耕地的使用权，租期为 99 年。大宇公司打算种植粮食作物，并将粮食船运回国。

175 2002 年 5 月 6 日当选马达加斯加共和国总统，2009 年 3 月 17 日因政变被迫辞职流亡国外。

176 英国议会第二大党，英国左翼政党，两大主要执政党之一。

177 英国的中央银行。1694 年创办，初期主要为政府筹措战争经费，并因此而取得货币发行权。在 19 世纪成为中央银行，1946 年由工党政府收归国有。

178 出自《圣经》，比喻实际非常虚弱的笨大东西、外强中干的庞然大物，类似于"纸老虎"。

179 英国五大抵押贷款银行之一。

180 全球 500 强企业之一，全球领先的金融服务公司，原美国华尔街第五大投资银行。

181 美国主要的商业银行。业界称西摩或小摩，中国人习惯称之为"摩根银行"，总部在纽约，是美国最大的金融服务机构之一。

182 美联储的一部分，其设立目的亦是维护经济、金融体系的安全、公正和活力。纽约联储银行是组成美联储的 12 家地区联储银行之一。这 12 家联储银行，再加上位于华盛顿特区的美联储委员会，就构成了美国联邦储蓄系统。

183 一个旅行房屋租赁社区，成立于 2008 年 8 月，总部设在美国旧金山市。

184 这个平台不仅仅局限于提供已有的食物递送服务和在线订购，还为那些没有递送服务的本地餐厅提供外卖递送服务。一旦客户下了订单，餐厅会通过户户送提供的平板电脑发出通知。

185 由欧盟 27 个成员国共同签订，目标是保障经济货币联盟的稳定，对成员国财政进行监督，以及对违约成员国在警告后制裁。但实际上，就算 2010 年以来欧债危机爆发，迄今也没有一个债台高筑的欧元国家受到制裁。

拉鲁斯人文历史大百科

# 神话史

# 目 录

## 世界的混乱与秩序 ······ 314
世界的起源 ······ 316
泰坦、巨人与食人魔 ······ 318
最初的人类 ······ 320
著名的大洪水 ······ 322
普罗米修斯：遭神罚的善行者 ······ 324
人世与神界 ······ 326
从黄金时代到世界末日 ······ 328
三座都城 ······ 330
运动会的神话基础 ······ 332
女性怪物 ······ 334
多头怪物 ······ 336
混种怪物 ······ 338
可怕的守护兽 ······ 340
神话中的发明家 ······ 342
怪物猎人 ······ 344
恶魔与精灵 ······ 346

## 众神志 ······ 348
主神宙斯 ······ 350
白臂女神赫拉 ······ 352
天界众神 ······ 354
波塞冬和他的儿子们 ······ 356
海界众神 ······ 358
夜神和她的孩子们 ······ 360

冥界众神 ······ 362
家庭的守护女神 ······ 364
雅典娜：理性的战神 ······ 366
为战争而生的阿瑞斯 ······ 368
赫尔墨斯：脚踏翼靴的信使 ······ 370
爱神 ······ 372
狄俄尼索斯登顶奥林匹斯山 ······ 374
医药之神 ······ 376
勒托和她的孩子们 ······ 378
阿波罗：欢快的艺术之神 ······ 380
狩猎女神阿尔忒弥斯 ······ 382
火神 ······ 384
风神和他们的孩子 ······ 386
自然之神 ······ 388
天女宁芙 ······ 390
诡异的女神赫卡忒 ······ 392
美惠与时序女神 ······ 394
缪斯的歌声 ······ 396
摩伊赖：命运的纺线者 ······ 398
德墨忒尔与厄琉息斯秘教 ······ 400
弗里吉亚众神 ······ 402
埃及众神 ······ 404
希腊化的埃及众神 ······ 406
伊特鲁里亚众神 ······ 408
高卢众神 ······ 410

311

北欧众神 ·················· 412

## 神的象征 ·················· 414
    橡树、雄鹰与宙斯 ·················· 416
    孔雀、石榴与赫拉 ·················· 418
    阿佛洛狄忒的花与鸟 ·················· 420
    雅典娜：从橄榄树到猫头鹰 ·················· 422
    阿波罗：从月桂到柏树 ·················· 424
    葡萄树、常春藤和狄俄尼索斯 ·················· 426
    与蛇有关的神祇 ·················· 428
    阿尔忒弥斯的动物们 ·················· 430
    德墨忒尔和她的圣花与圣兽 ·················· 432
    赫卡忒：月亮和她的象征物 ·················· 434

## 变形、天选与神罚 ·················· 436
    化作石头、泉水及河流 ·················· 438
    化作植物 ·················· 440
    变成动物 ·················· 442
    血与花 ·················· 444
    一种性别，三重可能 ·················· 446
    不同寻常的变形故事 ·················· 448
    传说中的神隐 ·················· 450
    赫拉克勒斯：从英雄到天神 ·················· 452
    神殒 ·················· 454
    追求永生 ·················· 456
    地狱中的刑罚 ·················· 458
    迈达斯王 ·················· 460
    化作满天星斗 ·················· 462

## 英雄列传 ·················· 464
    奇特的降生方式 ·················· 466
    野性的童年 ·················· 468
    神之双子：卡斯托尔与波鲁克斯 ·················· 470
    不同寻常的童年 ·················· 472
    少年英雄 ·················· 474
    天马与柏勒洛丰 ·················· 476
    珀尔修斯的传说（其一） ·················· 478
    珀尔修斯的传说（其二） ·················· 480
    先知和他们的预言（其一） ·················· 482
    先知和他们的预言（其二） ·················· 484
    男扮女装的英雄 ·················· 486
    德行楷模 ·················· 488
    崇高的阿塔兰忒 ·················· 490
    英雄忒修斯的童年 ·················· 492
    忒修斯与弥诺陶洛斯 ·················· 494
    国王忒修斯 ·················· 496
    忒修斯的悲剧命运 ·················· 498
    天才发明家代达罗斯 ·················· 500
    西比拉的秘密 ·················· 502
    特立独行的半人马喀戎 ·················· 504
    神的乐师：利诺斯与俄耳甫斯 ·················· 506
    无能为力的卡珊德拉 ·················· 508
    美女海伦 ·················· 510
    玛卡翁：英雄们的外科医师 ·················· 512
    骄傲的亚马孙人 ·················· 514
    传说中的女巫 ·················· 516
    阿里翁的传说 ·················· 518

## 众神和英雄人物的恋情 ······ 520
- 奇怪的结合！ ······ 522
- 男凡人的情人们 ······ 524
- 厄洛斯与普赛克 ······ 526
- 阿德墨托斯和阿尔克提斯 ······ 528
- 爱的雕像 ······ 530
- 悲惨的爱情 ······ 532
- 忠诚的故事 ······ 534
- 波吕斐摩斯与伽拉忒亚 ······ 536

## 神话中的冲突 ······ 538
- 血腥的盛宴 ······ 540
- 致命的妒忌 ······ 542
- 遭遇挑战的英雄 ······ 544
- 刽子手和施刑者 ······ 546
- 致命之跃！ ······ 548
- 墨勒阿革洛斯的传说 ······ 550
- 被牺牲的女人 ······ 552
- 被牺牲的男人 ······ 554
- 撕成碎片！ ······ 556
- 几例悲惨事件 ······ 558
- 拉布达科斯家族的诅咒 ······ 560

## 伟大史诗 ······ 562
- 《罗摩衍那》和《摩诃婆罗多》 ······ 564
- 赫拉克勒斯的十二伟业 ······ 566
- 屡屡立功的赫拉克勒斯 ······ 570
- 赫拉克勒斯的复仇 ······ 572
- 阿尔戈英雄历险记（其一） ······ 574
- 阿尔戈英雄历险记（其二） ······ 576
- 远征底比斯 ······ 578
- 帕里斯的裁决 ······ 580
- 特洛伊战争（前奏） ······ 582
- 特洛伊战争（第一幕） ······ 584
- 特洛伊战争（第二幕） ······ 586
- 彭忒西勒亚的命运 ······ 588
- 门农的命运 ······ 590
- 特洛伊战争（第三幕） ······ 592
- 特洛伊的沦陷 ······ 594
- 返乡 ······ 596
- 奥德修斯漂流记：最初的日子 ······ 598
- 为什么奥德修斯要长途跋涉？ ······ 600
- 奥德修斯漂流记：苦难的日子 ······ 602
- 返回伊萨卡 ······ 604
- 埃涅阿斯的传说：漂泊 ······ 606
- 埃涅阿斯的传说：意大利 ······ 608

## 神话故事的主要文学出处 ······ 611

# 世界的混乱与秩序

## 创世

神话的主要作用之一是通过一个创世的故事来解释世界，阐明它的起源、构造，有时也包括它的未来。宇宙起源学（阐释"世界的创造"）和神统系谱学（阐释"诸神的诞生"）是并行的。神话讲述介绍了诸神的起源、他们在世界中所扮演的角色、他们的家族谱系、他们的创造物，以及人类及其他介于人与神之间的生物，如恶魔、半神、仙女和精灵等。

## 混乱与秩序

新一代神的秩序并非在朝夕之间确立的，他们通常需要与更古老的神或混沌的力量作斗争，并在暴力与血腥中完成世界的创造，或确立他们所希望的更完善的秩序。在希腊神话中，奥林匹斯诸神的秩序就是在他们战胜泰坦和巨人之后才建立起来的。

在这类"战斗神话"中，主神或其他众神通常要与巨大、可怕、蛇形的生物战斗，他们的胜利标志着新世界的降临。虽然他们的权力有时会面临威胁，并不稳固，但秩序最终仍会确立。一些文化甚至设想，在爆发于诸神与残酷、邪恶的无序力量间的新的灾难性冲突中，世界将最终毁灭。

## 人类的世代

人类的创造当然是世界历史中非常重要的一幕。人类始终是诸神的高级创造物，并由此对神的造物工作形成一种延续。人类往往在以泥土或血液为原材料的手艺中诞生，并被神赋予灵魂和生命。人类历史曾经历过若干世代的更迭。最初的世代往往是不完善的，或是傲慢、渎神且粗鲁的，他们灭绝于大洪水之类的灾难中。可见，古人十分清楚这一时期地球环境的动荡以及人类的兴盛与衰落。

人们还经常设想，"人类种族"从理想的、幸福的黄金时代逐渐退化到因暴力与渎神而堕落的状态。尽管人类有诸多缺点和不完善之处，却总有一些乐于助人的神给予他们多番帮助。例如，传授他们火的使用方法和农业知识；人类也总是在众神的协助之下，才得以建立城邦并确立各项制度。

## 世界的构造

虽然神话主要讲述的是远古时期的故事，但它同时也阐释了世界的空间构造、神与人在世界中的分布，以及边缘地带其他生物之所在。人们通常认为神处于山顶或更上层的空间，地狱是阴暗的地下空间，而人类的世界则位于两者之间。在古希腊人的构想中，世

巨人之战：在最初的人类被创造出来之前，盖亚所生的巨人与诸神之间的战斗。
（壁画，佩林·德尔·瓦加，多里亚·潘菲利别墅）

界是一个圆形的平面空间，它的中心位于德尔斐，它的外围环绕着一条名为俄刻阿诺斯的大河。其他的文化则更强调世界的纵深性，比如把世界看作一棵大树，或把某座圣山视为"世界的轴心"。另外，许多传奇故事都有着探索世界的一面，比如赫拉克勒斯的十二伟业、阿尔戈英雄的旅程及奥德修斯的归途，在讲述英雄事迹的同时，也对世界进行了描述。

## 怪物和它们的对手

神话中数不胜数的怪物在某种意义上是创世斗争的延续，而与它们战斗的英雄则代表着创世之神的意志。

所有文化中都有关于怪物的记述。它们体现了人类最原始的恐惧，是灾厄和厌憎的化身，或是象征着某些致命的狂热。很多怪物都是以不切实际的方式将真实存在的生物组合起来的混合兽。它们往往被赋予双倍或三倍于正常生物的特征，又或者将某些特征减少，如著名的独眼巨人。其中很多怪物都具有蛇一样的外表。有时，它们是宝藏或某地十分强大的守卫。

英雄作为文明的传播者，常要与这些怪物战斗，有时是为了终止它们的恶行，使世人免受其苦；有时则是为了得到它们看管的宝物。尼努尔塔和赫拉克勒斯等神或英雄，通过此类壮举积累了各种丰功伟绩，成为造福人类文明的存在。

# 世界的起源

## 世界的秩序

在混沌中，一种不稳定的秩序逐渐显现，创世通常是在暴力和痛苦中完成的。冲突和对立有时发生在两代神之间，有时则发生在神和某个原始生物之间，而后者往往以巨蛇的样貌出现。

## 伊米尔之血

在斯堪的纳维亚世界中，包尔的孩子们，即奥丁和他的众兄弟，一起杀死了始祖巨人伊米尔，用他的身体创造了世界：伊米尔的血化为大海，肉体则成为大地。

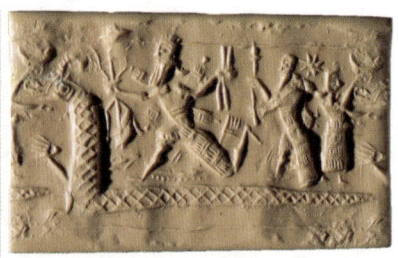

在古巴比伦神话中，世界起源于提亚玛特与马尔杜克之间的斗争。

## 巴比伦世界的诞生

在古巴比伦的创世故事中，淡水和咸水原本是融为一体的，堪称世界上第一对夫妻，淡水神阿普苏和咸水神提亚玛特诞育了其他初代神祇，其中就有天神安努。安努生下水神伊亚（又称恩奇），伊亚则是马尔杜克的父亲。马尔杜克又被称为贝尔（"主神"）。阿普苏被伊亚消灭之后，提亚玛特决定杀掉自己的后代，但马尔杜克挺身而出，与外表如同巨蟒的提亚玛特战斗，并将她杀死。提亚玛特的身体被劈成两半，一半为天，一半为地。她的胸脯成为群山，双眼则化成美索不达米亚平原上的两条大河，即底格里斯河与幼发拉底河。

## 世界之躯

根据16世纪安德烈·特维在《墨西哥历史》中提到的一则阿兹特克传说，世界起初只有天空和水，两位如蛇一般的神抓住了一位巨大的女神，将她撕开，用她一半的身体创造大地，用她另一半身体创造了大自然的其余部分。

## 弑父

关于宇宙起源，希腊神话中有很多版本，其中最著名的是：卡俄斯（或称空间之神）诞生了大地女神，大地女神孕育了繁星璀璨的天空之神乌拉诺斯。天空紧紧覆于大地之上，以至他们的孩子们无法从大地深处出来。于是，大地女神将一把镰刀交给她的儿子克洛诺斯（罗马神话中的萨图尔努斯），并让他切掉他父亲的生殖器。天空与大地分离之后，大地的孩子们：泰坦诸神、独眼巨人和百臂巨人才得以降生于世。而乌拉诺斯的生殖器被抛入大海，从浪花中诞生了爱神阿佛洛狄忒；他的精血飞溅到大地女神身上，后者独自孕育了数位巨人、复仇三女神厄里倪厄斯。夺权后的克洛诺斯娶了自己的姐姐瑞亚为妻。在另一个版本中，克洛诺斯和瑞亚推翻了原本统治奥林匹斯山的蛇神俄菲翁和海洋女神欧律诺墨，并将他们赶回了大洋河。

萨图尔努斯（克洛诺斯），在这幅画中被等同于时间之神。（佩鲁吉诺的壁画，15世纪，佩鲁贾普廖里宫）

316

世界的混乱与秩序

## 宙斯与提丰

提丰（或称提福俄斯）是大地女神和塔耳塔罗斯的孩子。泰坦神战败后，同时拥有人、兽、蛇三种特征的庞大怪物提丰决定挑战宙斯。在赫西俄德的版本里，宙斯用雷电击中提丰，并把它丢进了塔耳塔罗斯地狱。而在后来一个更为详细的版本中，宙斯手持镰刀作战，却被提丰夺走武器、切掉手脚的肌腱，关在了奇里乞亚的山洞中，由蛇女德尔菲涅看守。提丰将宙斯的肌腱小心地藏在一张熊皮中，赫尔墨斯和埃基潘（山羊形态的潘神）设法将其偷走并交还给宙斯。夺回神力的宙斯与提丰再次开战，他追赶提丰一直到小亚细亚，最终在西西里岛用雷火将其击毙并镇压在埃特纳山下。

## 风暴、大地与天空

乌里库米的故事是库马尔比神话的延续，它与提丰的故事有相似之处。库马尔比为了报复忒术布，生下了战无不胜的石头巨人乌里库米。忒术布的妻子赫巴特建议丈夫向水神伊亚求助，伊亚找来马尔杜克当初用来开天辟地的武器，并用它重创了乌里库米，最终帮助风暴之神战胜了石头巨人。

赫巴特和她的丈夫——胡里安神话中的众神之王，风暴之神忒术布。

## "战斗神话"

"战斗神话"讲述的是神与怪物——往往具有蛇的形象——之间的战斗。起初，这类神话常与创世故事相关联，例如马尔杜克和提亚玛特的战斗。在一则受腓尼基神话影响的希腊传说中，克洛诺斯的战斗对象变成了一条叫俄菲厄内乌斯的大蛇。这显然是参照了腓尼基神话中风暴之神巴力和海神阎的战斗，而阎正是一条象征着混沌力量的大蛇。原本掌权的阎被打败后，将王位让给巴力。在希腊人的想象中，这类神话有的是权力之争，比如宙斯与提丰之战；有的是功名之战，例如阿波罗大战巨蟒皮同，以及卡德摩斯与阿瑞斯圣林中的巨蟒战斗的故事。后来则逐渐演变成英雄对抗怪物的神话。

## 暴力中的权力更迭

在赫梯帝国都城哈图沙出土的文献中有一则胡里安神话，这个关于天神国度的神话与乌拉诺斯被排挤出权力中心的故事有诸多相似之处：最初的神阿拉鲁被天神安努击败后，阿拉鲁的儿子库马尔比将安努的生殖器咬掉并吞了下去，因此，库马尔比生下了风暴之神忒术布。后来，库马尔比也想吞掉忒术布，但后者成功逃脱，最终推翻了库马尔比的统治。

## 塔尔洪与蛇神

记载于公元前16世纪赫梯文献中的伊卢扬卡的故事，也是一则"战斗神话"。它讲述了风暴之神塔尔洪为了争夺地下水资源，与蛇神伊卢扬卡战斗的故事。在第一次战斗中，塔尔洪战败并被夺走了双目和心脏。后来，塔尔洪的儿子特里皮努迎娶伊卢扬卡的女儿为妻，并拿回了父亲的眼睛和心脏。重获力量的塔尔洪最终消灭了蛇神，成为众神之王。印度神话中也有一则类似的故事：巨蛇弗栗多偷走天水，堵住地下水源并囚禁了太阳和世间所有植物，导致旱灾降临，最后被天界主宰的雷神因陀罗以闪电（金刚杵）消灭。

# 泰坦、巨人与食人魔

## 宙斯与泰坦诸神

第一代泰坦由盖亚和乌拉诺斯所生,男泰坦有:俄刻阿诺斯、科俄斯、许佩里翁、克利俄斯、伊阿佩托斯和克洛诺斯;女泰坦有:瑞亚、忒弥斯、谟涅摩叙涅、福柏、泰西斯和忒亚。随后,克洛诺斯推翻乌拉诺斯并掌权,他与瑞亚孕育了新一代的奥林匹斯诸神。由于得知自己的王位将被其中一个孩子所推翻,克洛诺斯在他们刚出生的时候就将其吞入腹中。但是,在瑞亚怀上第六个孩子时,她瞒着克洛诺斯在克里特岛生下宙斯。她把孩子藏好后,将一块石头裹在襁褓中交给丈夫克洛诺斯,让他吞下。长大后的宙斯在墨提斯的建议下,用催吐剂迫使父亲把他的哥哥姐姐们又吐了出来。最终,他们推举宙斯做首领,共同对抗他们的父亲克洛诺斯及支持他的泰坦诸神,这就是赫西俄德在《神谱》中所描述的"泰坦之战"。

克洛诺斯(萨图尔努斯)吞食自己的孩子,直到小儿子宙斯出生。(油画,彼得·保罗·鲁本斯,1636年)

### 巨人所过之处

古典时期,人们一直留有与巨人相关的场所的记忆。巨人之战发生在哈尔基迪基地区的帕勒涅半岛,还有同一地区的佛莱格拉,或者更远些,在意大利坎帕尼亚大区的坎皮佛莱格瑞,甚至雅皮吉海角一带都有关于巨人的传说。人们常常将巨人与巨石文化、沟壑纵横的地貌、与火有关的地名或火山活动频繁的地区(如尼西罗斯岛、维苏威火山等)联系在一起。一些盛产化石的地方也流传着巨人的传说,大概是人们将此处发现的巨型骨架当作那些庞大生物的残骸了。

### 泰坦之战

占据奥林匹斯山的奥林匹斯诸神与占据色萨利的俄特律斯山的泰坦诸神对峙长达十年。为取得战争的胜利,宙斯将独眼巨人(阿尔戈斯、斯忒罗佩斯、布隆忒斯)和百臂巨人(布里阿瑞俄斯、古埃斯、科托斯)从塔耳塔罗斯地狱中释放出来,并得到了他们的帮助。宙斯的雷电、哈迪斯的隐形头盔和波塞冬的三叉戟都是独眼巨人献给他们的。最终,泰坦诸神战败并被扔进塔耳塔罗斯地狱,由百臂巨人看管。伊阿佩托斯之子——泰坦神阿特拉斯被罚支撑天穹。据赫西俄德所述,宙斯随后又与提丰展开了一场大战。

# 世界的混乱与秩序

## 北欧神话中的巨人

斯堪的纳维亚世界中存在着一类始祖巨人。相传,在尼福尔海姆的坚冰遇到火之国穆斯佩尔海姆的火焰而融化后,从中诞生了巨人伊米尔。伊米尔独自孕育了其他巨人,后者则生育了诸神。但是,诸神却杀死了伊米尔,并用他的身体创造世界,由此引发的大洪水几乎席卷了所有的始祖巨人。幸存下来的贝格尔米尔又繁育了新的种族霜巨人,他们生活在巨人之国约顿海姆,其中以赫朗格尼尔最为出名,他在单挑雷神托尔时死于对方的战锤莫尔尼尔之下。矮人一族也起源于伊米尔,其中有四个矮人支撑起天空四角,他们的名字正对应东、南、西、北四个方向。

被阿波罗消灭的巨人。(壁画,朱利奥·罗马诺,1528年,曼托瓦得特宫)

## 食人魔

中世纪民间传说中的食人魔常被描述为嗜血成性的巨人,它们继承了部分远古时期巨人和怪物的特征,比如体形庞大、吃小孩,就像克洛诺斯、拉弥亚和斯特里克斯那样。不过,食人魔还具有变形的能力。和狼以及其他用来吓唬小孩的吃人妖怪一样,食人魔只是另一种变体罢了。不过,古典主义文学作品中的食人魔并非野蛮而独居的生物,它们不仅开化、强大,而且富有,正如《奥德赛》中的莱斯特律戈涅斯人一样,它们生活在一个有组织、等级森严却吃人的部落中。当然,并非所有民间传说中的巨人都如此凶残,比如出现在多处巨石建筑名字中的高康大就是一个好巨人。

## 巨人之战

后来,对诸神处置泰坦的方式感到不满的大地女神生下了新一代巨人,他们反抗奥林匹斯诸神,要为泰坦报仇。这些残暴、邪恶又自大的怪物威胁到了奥林匹斯诸神和他们建立的秩序,其中最著名的有阿尔库俄纽斯、波耳费里翁、厄菲阿尔忒斯和恩克拉多斯。与他们一起的还有波塞冬尚未成年的双生子,即人称阿洛伊代的厄菲阿尔忒斯和俄托斯,此二人试图将色萨利的两座大山俄萨山和佩里翁山叠架在奥林匹斯山之上,以进入诸神的居所,结果被阿波罗射杀。巨人之战是一场诸神联盟在赫拉克勒斯的帮助下与巨人们之间展开的战争。这些怪物最终的下场,或被雷电击毙,或被压在山下,或被海水吞没。

319

# 最初的人类

## 神之血

在古巴比伦创世神话中，始祖女神混合了自己的血液和黏土，创造了人类。而在另一则故事里，提亚玛特死后，为惩罚提亚玛特党羽的首领金固，水神伊亚切断他的血管，用他的血液创造了人类。用战败的罪神之血创造人类，希腊传说中也有类似的情节：众神用泰坦和巨人的血创造了人类。

## 重生自先人之骨

在阿兹特克神话中，当第四个太阳纪被毁灭之后，雨蛇神来到冥界米克特兰，从冥界之主米克特兰特库特利那里要来了在前几个太阳纪中死去的人类的骸骨。他命人将这些骸骨碾碎，然后众神将他们的血洒在上面，由此创造了新的人类。

## 有生命的土！

中国神话中的女娲是一位人首蛇身的女神，她用土和水创造了人类。《本达希申》中古波斯的至高神阿胡拉·玛兹达宣称："我是创造万物的神，所有植物和其他生物体内都有我点燃的生命之火，生命之火并不会焚毁它们。"

### 我们的祖先是大树

在北欧神话中，主神奥丁和其两位兄弟用他们在海边发现的梣树和榆树树干，创造了世界上的第一对男女——阿斯克和恩布拉。

## 普罗米修斯造人

在希腊神话中，泰坦神普罗米修斯用水和泥土塑造了人的形象，而雅典娜则将生命的气息吹入人的身体中，从而赋予他们灵魂。柏拉图的《普罗泰戈拉篇》中则说众神将火和土及其他元素融合在一起，于地下创造了一切生灵。利卡奥尼亚的以哥念则流传着这样的传说：大洪水过后，宙斯命令普罗米修斯和雅典娜用黏土制作人形雕塑，然后让风神将生命吹进他们的身体中。

帕萨尼亚斯记录了流传在福基斯地区帕诺佩乌斯的一则民间传说："山涧边缘有一些相当大的石头，大到一块就足以装满一辆车；它们有着泥浆一样的颜色，并不是那种纯土质的泥浆，而是见于山沟湍流中的那种挟裹着砂石的泥浆，闻起来有一种接近人皮肤的味道。当地人说，这些石头就是普罗米修斯造人所用黏土的残余物。"当地有两块石头可以追溯到普罗米修斯时代，佐证了人类的起源。

泰坦神普罗米修斯用水和土塑造了第一个人，雅典娜为他注入了生命。（石棺碎片，约185年）

世界的混乱与秩序

## 大地母亲

在一些神话中，人是从地里长出来的，是真正意义上的土生人，而土生土长的本地人身份正是雅典式民主的基本原则之一。有时从地里长出来的是半人半蛇的生物，比如雅典城的第一任国王刻克洛普斯和他的继任者克拉纳俄斯。同样是土生人的雅典国王厄里克托尼俄斯的情况则要复杂一些：雅典娜用羊毛擦掉火神赫菲斯托斯滴落在她大腿上的精液，沾满精液的羊毛掉在地上，生出了厄里克托尼俄斯。把蛇的牙齿种在地里也能长出人来：卡德摩斯杀掉阿瑞斯圣林的巨蛇后，将蛇的牙齿种在地里，长出来的就是斯巴达人（Spartus，意为"播种后长出来的人"），其中五人成为底比斯城最初的城民。

大洪水之后，丢卡利翁和皮拉让人类重新出现在这个世界上。（亨德里克·霍尔奇尼斯，1589年）

## 丢卡利翁与皮拉，最初的人类

赫西俄德在《神谱》里简短地提到过宙斯用泥土造人，并将他们托付给丢卡利翁的事情。但据流传最广的一个版本，希腊人之父丢卡利翁和妻子皮拉在大洪水中幸存下来，成为最初的一对夫妻，宙斯请他们让人类重新出现在这个世界上，他让他们把石头越过头顶丢到身后，丢卡利翁丢的石头变成了男人，皮拉丢的石头则变成了女人。在奥维德的版本中，按照忒弥斯的神谕，他们需要将"祖母"的骨头扔到身后。丢卡利翁知道"祖母"指的是大地母亲，而她的骨头就是石头。

## 第一个人类

每个神话系统通常都有一个确切的"第一个人类"。在希腊，阿卡迪亚人认为土生人佩拉斯戈斯是第一个人类，同时也是阿卡迪亚的第一位国王。对于阿尔吉亚人来说，河神伊纳科斯与宁芙仙女墨莉娅（一说是阿尔吉亚）之子佛罗内俄斯则被认为是"凡人之父"。对于维奥蒂亚人来说，第一个人类则是阿拉尔科梅涅。根据希罗多德的描述，斯基泰人认为自己的祖先是塔吉塔乌斯，他是帕佩俄斯（斯基泰神话中与宙斯对应的神）和（第聂伯河）河神勃律斯忒尼斯之女所生的儿子。

## 潘多拉，第一个女人？

第一个女人创造于第一个男人之后，如同《圣经》中记述的那样，夏娃来自亚当的一根肋骨。据赫西俄德所述，宙斯为了惩罚被普罗米修斯帮助的人类，命令赫菲斯托斯和雅典娜创造一个"精美绝伦的恶"：潘多拉，世上的女人都将由她而生。每位神都赋予潘多拉美好的品质，除了赫尔墨斯，他给了潘多拉狡黠的心灵和恶毒的言语。宙斯将潘多拉送给普罗米修斯的弟弟厄庇米修斯，在好奇心的驱使下，潘多拉打开了装着世间所有邪恶的罐子，就这样，邪恶遍布大地，只有"希望"还留在罐底。

潘多拉被认为是第一个女人，她打开了装着一切邪恶的罐子（一说是盒子）。唯一的赐福是"希望"，还留在罐中，成为人类最后的慰藉。（油画，亚历山大·卡巴内尔，1873年）

# 著名的大洪水

## 重塑世界

当爱报复的神决定对自己创造的生灵出手，严惩这些粗鲁又渎神的初代人类时，惩戒的形式通常是一场规模浩大的洪水。尽管如此，仍有少数被选中的人可以幸免于难，在大地重新繁衍下去。

## 丢卡利翁与皮拉，希腊神话中的大洪水

希腊神话中记载的第一场大洪水，发生在奥吉戈斯的时代，相传奥吉戈斯是维奥蒂亚或阿提卡的第一位国王。但是，最著名的还是丢卡利翁故事中的那场大洪水，包括尼克提缪斯所统治的阿卡迪亚和佛罗内俄斯所统治的阿尔吉亚在内的整个希腊，都被这场大洪水吞噬。决意毁灭青铜种族的宙斯选择将他们淹死，但是，他希望赦免普罗米修斯的儿子丢卡利翁和他的妻子——厄庇米修斯的女儿皮拉，因为宙斯觉得他们既正直又虔诚。丢卡利翁和皮拉听从普罗米修斯的建议，建造了一个大木箱，他们躲在里面漂荡了九天九夜。最终，木箱搁浅在帕尔纳索斯山的山顶。

## 其他神话中的大洪水

据《阿维斯陀》记载，在阿胡拉·玛兹达的建议下，第一个人类伊玛建造了一个地下围栏，将人类和雌雄一对的各种动物都安置其中，从而躲过了一场冬季大灾变。在印度神话中，人类始祖摩奴因为得到一条鱼的示警而逃过了大洪水。在斯堪的纳维亚的创世神话中，所有的始祖巨人都被大洪水吞没了，唯独藏身于树干之中的贝格尔米尔和他的妻子幸免于难。在玛雅人的圣书《波波尔·乌》中，众神引发洪水毁灭了他们用木头造的人。在印加人的一则受基督教影响的神话故事中，第一个人类帕恰的三个儿子在与一条怪蛇搏斗时引发了一场大洪水，帕恰和他的妻子爬到安第斯山脉的一座山头避难，直到有两只鸟儿告诉他们洪水退去，方才下山。而这个故事最古老且著名的版本其实来源于美索不达米亚。

记录吉尔伽美什功绩的楔形文字石碑。

## 巴比伦神话中的大洪水

在神话故事《阿特拉哈西斯》中，至高神恩利尔决定消灭人类，而人类的守护神伊亚不想让虔诚的阿特拉哈西斯就这样死去，便警告他灾难即将到来，并叮嘱他建造一艘船以便保护家人。《吉尔伽美什史诗》中也有一则类似的故事：乌鲁克国王吉尔伽美什在世界的尽头、两河入海口处遇到一位名叫乌特纳匹什提姆的人，并听他讲述了关于大洪水的传说。当时，众神决定引发大洪水，但伊亚悄悄地将这个秘密告诉了乌特纳匹什提姆，并建议他造一艘船，载满各种动物。没过多久，狂风大作，洪水暴发，持续了六天七夜，直到第七天，一切都恢复平静。但是，所有的人类都灭绝了，他们又变回了黏土。乌特纳匹什提姆的船搁浅在尼西尔山山顶，他先放出去一只白鸽，又放出去一只燕子，但是它们找不到落脚的地方，便很快又飞了回来。最后，他放出去一只乌鸦，乌鸦没有回来，这表明洪水已经退去，乌鸦找到了露出的地面。然而，乌特纳匹什提姆夫妇幸存下来的事情让恩利尔十分愤怒，伊亚及时出现在恩利尔面前，指责他过于残酷。最终，恩利尔祝福了乌特纳匹什提姆和他的妻子，并赐予他们永恒的生命。记载《吉尔伽美什史诗》这则故事的石碑可以追溯到公元前 8 世纪，但这则故事其实还能上溯到更加古老的版本，于公元前 2000 年年初就在美索不达米亚平原广为流传，而其中的一些情节在公元前 3000 年年末的苏美尔文献中就已经出现了。

世界的混乱与秩序

## 40 个昼夜

上古之时，洪水肆虐。诺亚建造了一艘方舟以避难，并带上各种动物，雌雄兼有，以便它们能在洪水过后的大地上重新繁衍。大雨下了 40 个昼夜，洪水持续了 150 天，方舟最终停在亚美尼亚的亚拉腊山上。诺亚先放出一只乌鸦，随后又放出一只白鸽。只有白鸽衔着一条橄榄枝返回方舟，而后又飞走不再回来了。从此，诺亚和他的子孙重新在大地上繁衍生息，日渐兴盛。

### 依据硬币做出的判断

后世有一种说法，认为亚拉腊山位于弗里吉亚的阿帕梅亚基博托斯附近，那里住着一群犹太人，他们的先祖是塞琉古时期定居于此的犹太人雇佣兵。这就解释了在公元 3 世纪，为什么阿帕梅亚所铸造的钱币上会出现诺亚和他的妻子在方舟中的肖像，只是方舟变成了希腊版本的木箱，上面还刻着"诺亚"的希腊文（NΩE）。钱币上还刻着一只乌鸦和一只衔着橄榄枝的白鸽；在左侧，诺亚和他的妻子从木箱中出来，对神明感恩戴德。此外，我们也能够从这座帝国都城的名字中看出类似的解释：基博托斯（kibôtos）正是希腊语中"箱子"的意思，这座城邦的名字其实是"方舟停靠的阿帕梅亚"。

鸽子衔着橄榄枝归来，表明洪水已经退去。

## 逃过洪水的费莱蒙和鲍西丝

弗里吉亚神话中还有两则关于大洪水的故事。第一则故事只在奥维德的《变形记》中出现过：宙斯和赫尔墨斯前往弗里吉亚，却被当地居民拒之门外，只有一对贫穷而虔诚的夫妇费莱蒙和鲍西丝热情地接待了他们。作为对不敬的惩罚，两位神祇决定用洪水淹没这片平原，他们将费莱蒙夫妇带到一座山上，两人从山顶看到他们的村庄被一个池塘中涌出的水淹没。得享天年的这对老夫妇临终前向众神发愿，希望能一同死去，他们死后化身成两棵枝叶交缠的树（费莱蒙变成橡树，鲍西丝变成椴树）。第二则故事为诗人农诺斯所述：当宙斯发动洪水淹没弗里吉亚时，一个名叫普里亚索斯的人正在亚奥尼亚（也就是维奥蒂亚）避难，当洪水泛滥时他回到故乡，恰好碰到自己的父亲即将被洪水卷走，便及时救下了父亲。为了嘉奖普里亚索斯的孝心，宙斯也让他躲过了洪水之劫。

323

# 普罗米修斯：遭神罚的善行者

## 泰坦的礼物

神话中人类的恩人通常会损害神的利益来造福人类。他们往往是一对兄弟，一个聪明而狡诈，另一个则愚笨而单纯。不管前者多么谨慎，人类要么因为后者而失去永生的机会，要么重新陷入悲惨的境地，还不得不承受一位报复心极强的神的愤怒。

## 两兄弟

相传，厄庇米修斯和普罗米修斯乃泰坦神族，是泰坦神伊阿佩托斯和大洋女神克吕墨涅的孩子。柏拉图的《普罗泰戈拉篇》中有这样一则故事：众神命兄弟二人将世间一切美好的品质恰如其分地分配给众生。厄庇米修斯向他的哥哥自请独立完成这项任务，但由于他不如哥哥那般机敏，所有的品质（力量、速度、耐力等）都被他分配给动物了，等到该分配给人类的时候，已经一个都不剩了。普罗米修斯只能沮丧地看着人类落入悲惨的处境。为了帮助他们，他决定去赫菲斯托斯和雅典娜的工坊中偷取火种和各种技术，来抵消不公正分配带来的影响，并纠正他弟弟犯下的愚蠢错误。

## 盗火者

在这个故事最有名的版本中，普罗米修斯从宙斯那里偷走火种，并将其藏在一根空心的茴香秆中，赠予人类。宙斯为了报复普罗米修斯和人类，将潘多拉送到人间，说："伊阿佩托斯之子，你这凡人之中最狡猾的家伙，你因瞒过我盗走神火而高兴，但这罪行会给你和后世之人带来灭顶之灾。为了一雪失窃之恨，我将送给人类一件致命的礼物，让他们在欢欣雀跃之时自取灭亡。"为了惩罚普罗米修斯，宙斯命令赫菲斯托斯将他绑缚在高加索山上，每天都派一只鹰去啄食他的肝脏，晚上又令他的肝脏长回来。就这样，普罗米修斯承受了几千年的酷刑折磨，直到赫拉克勒斯将其解救。

## 祭品的骗局

赫西俄德还记录了一则普罗米修斯为了人类的利益而欺骗宙斯的故事：普罗米修斯被召到墨科涅，解决一场关于祭品分配的纷争。他把用于祭祀的公牛分成两份，其中一份放上肉，将其藏在内脏下边；另一份则放上骨头，并在上面覆上一层香滑的牛脂肪，然后让宙斯来选。宙斯选了带脂肪的那部分，于是骨头后来便成为献给神的祭品。被愚弄的宙斯十分愤怒，决定将人类的火种收走。

普罗米修斯因盗火而受罚，每天早上都有一只鹰来啄食他的肝脏。到了夜间，肝脏重新长好。这样，酷刑便会无休止地进行下去。（绘盘，约公元前 400 年）

## 有迹可循？

在亚历山大大帝东征的途中，马其顿人自认为在兴都库什山脉中找到了普罗米修斯受刑的"高加索山"，那是一座周长 2 公里，高 750 米的峭壁，上面还有一个神窟。

## 普罗米修斯的其他发明创造

希腊人将很多发明归功于普罗米修斯。在埃斯库罗斯创作的悲剧《被缚的普罗米修斯》中，主人公列举了他给人类带来的所有善行和发明：天文学、数学、文学、记忆力、驯养家畜、畜力车、航海、医学以及各种形式的占卜等。

## 普罗米修斯之血

诗人阿波罗尼奥斯在《阿尔戈英雄纪》中提到过一种从普罗米修斯的血中长出的植物"普罗米西恩"，女巫美狄亚就是用这种植物的汁液制成药膏，从而帮助伊阿宋完成科尔基斯国王埃厄忒斯给他的试炼。在药膏的作用下，伊阿宋抵挡住了埃厄忒斯的公牛喷出的烈焰以及土生人的刀剑攻击，在一天的时间内获得了无尽的力量和活力。"这种植物最初是因为嗜血的雄鹰让不幸的普罗米修斯的神血滴在高加索山麓的地面上而长出的。它的花长在双生的茎上，抽出约一肘高，颜色如同科律科斯的番红花，地下的根像一块刚被割下的肉……"

## 其他的盗火者

其他文明的传播者也给人类带来象征进步的火焰。在阿尔吉亚人的观念里，第一个人类佛罗内俄斯在火焰掉落在大地上的时候发现了它。这位文明的传播者带给人类的可能不只是火焰，还有各种善行。不管怎么说，根据帕萨尼亚斯的记录，在阿尔吉亚人的吕基亚式阿波罗神庙中就供奉有"佛罗内俄斯之火"，很可能是一种类似于罗马传统中维斯塔之火那样的永恒之火。在其他神话中也能找到"盗火者"的形象，例如印度古老的诗歌集《梨俱吠陀》就提到：众神将火焰（火神阿耆尼）藏了起来，但是摩多利首却将火种从天神所居之处取走并带给了凡人。

普罗米修斯从宙斯那里偷取火种，藏在茴香秆中带给人类。（油画，伊安·科西埃，1637 年）

# 人世与神界

## 天堂与地狱之间

神话中,人类的世界通常位于中间地带——天堂和地狱之间,天堂中住着众神和被他们选中的子民,地狱则位于地下空间内。往往有山或世界树作为支柱,撑起天与地之间的世界。

## 世界是平的

在古希腊人的世界观中,世界是扁而圆的,它被一条名为俄刻阿诺斯的大河环绕,这条大河也是世上所有河流的父亲。世界的中心位于德尔斐,这里被称作"世界的肚脐"。相传,宙斯想知道世界的中心位于何处,于是让两只金鹰从大地的东西两端以相同的速度飞行,它们在一个叫皮托(德尔斐的旧称)的地方相遇,这里便成为世界的中心。阿波罗神殿中的金鹰就是宙斯为了纪念这件事放置进去的。

## 圆形的世界

在古巴比伦人眼中,大地位于世界的中心,其下方是阿普苏——地下淡水汇集之处,东西两边则被咸水环绕。传说中马尔杜克在一个木筏上堆满尘土,又将它固定住,这木筏便成为大地。冥界库尔又被称作"有去无回之境",是一个幽暗荒凉的地下世界,死者在这里以尘土为食。这里的主宰是女神埃列什基伽勒和她后来的丈夫奈尔伽尔。要想到达冥界,必须穿过由涅杜看守的七道大门,冥界中还有七位判官,他们负责解决纠纷并维持冥界的秩序。这一点使人联想起《奥德赛》中的米诺斯——地狱中正义的维护者。"这位王者端坐在亡灵中间降下审判,求告之人围在他身边或坐或立,挤满了哈迪斯门庭宽阔的宫殿。"荷马如是写道。

## 天地之间的桥梁

有很多圣山被认为是天神的居所,或被视为世界的支柱。比如梵天与众神的居所须弥山,就被认为是世界的支柱以及连接三界的桥梁。

泰坦神阿特拉斯被罚以双臂支撑天穹。

## 高高在上

在希腊,诸神居住在奥林匹斯山上。在某种意义上,山巅与天空之间的界限似乎并没有那么明显。这里是宙斯王座之所在,诸神集会的地方。但是,众神经常到处闲逛,所以他们也会住到卫城当中。而卫城总是建在某座城市的制高点,那里是监督凡人的绝佳场所。

## 天会掉到我们头上吗?

公元前 335 年,一支来自意大利北部的凯尔特人使团,在觐见亚历山大大帝的时候,夸口说他们唯一害怕的事情就是天掉下来砸到他们脑袋上。他们这样说是想表明他们无所畏惧,并不害怕亚历山大和他的军队。天塌下来这件事,对于古人来说其实是一个几乎不可能发生的灾难,因为他们普遍认为天是由山脉、柱子、树木、泰坦甚至矮人支撑起来的。在荷马的笔下,分隔天地的柱子是由泰坦阿特拉斯支撑的。因此,看到这样的描述,与其说作者在担心天会塌下来,倒不如说他坚信末世之战终将来临。

## 斯堪的纳维亚世界的构造

在北欧神话中，一棵巨大的远古梣树构成了世界的各个部分，树的名字叫尤克特拉希尔，意为"世界树"。人类居住的世界叫米德加德，被大海环绕，海中盘踞着一条巨蛇，名为尤蒙刚德，它蜷起身子将米德加德紧紧围绕在中间，因此也被称作"尘世巨蟒"。米德加德之上是阿萨神族的领地，名叫阿斯加德，即"阿萨神族的居所"。这里还有著名的瓦尔哈拉英灵殿，它是战场上最勇武的战士死后的归宿，他们的英魂将被女武神瓦尔基里带到英灵殿中，享受永恒的幸福。米德加德之下则是赫尔，或称尼福尔海姆，那里是死者的国度。

## 不同的地狱

在北欧神话的地狱中，也有专门为恶人准备的地狱（尼福尔赫尔，地狱中最阴冷的地方），那里有一间名为纳斯特隆德的囚室，毒蛇构成这间囚室的四壁，它们把毒液喷射在杀人犯和背弃誓言者身上，使其遭受永无休止的折磨。在阿兹特克人看来，冥界也被分隔成不同的区域。自然死亡的人会去到米克特兰，那里由冥王夫妇米克特兰特库特利和米克特卡奇瓦特尔统治。而在战争中死去的战士会被送往天国，由一位太阳神接纳管理。

## 哈迪斯的国度

冥界是哈迪斯与珀耳塞福涅统治的地下世界。根据《奥德赛》的描述，要想抵达冥界，需要先走到世界的尽头。在俄刻阿诺斯大河彼岸的这片忧郁而阴暗的空间里流淌着5条冥河：弗莱格桑河、斯提克斯河、克赛特斯河、阿刻戎河及勒特河。在后来的作品中，希腊人逐渐完善了对冥界的地理描写。按照他们的构想，冥界被分成三大部分：冥界入口、塔耳塔罗斯地狱和至福乐土艾律西翁。冥界之门由哈迪斯的恶犬刻耳柏洛斯看守。在北欧神话中，赫尔地狱的入口同样被一条狗守护着，虽然它被链条锁住，但其吠声依旧令人胆寒。冥界三判官米诺斯、拉达曼提斯和艾亚哥斯负责将死者引渡到冥界的不同区域：对于一生没有大是大非的死者，他们的灵魂将被引渡到阿斯福黛尔平原；恶人则会被打入塔耳塔罗斯地狱，那里原本是用来关押战败的泰坦神的深渊，后来变为大奸大恶之徒死后受刑的场所；而积德行善的人则会被带到位于大地尽头的至福乐土艾律西翁。再后来，又出现了神佑群岛这一概念，受到众神青睐的英雄可以在这座光明的乐园中享受无忧无虑的快乐生活。

冥界王座上的普鲁托和普洛塞庇娜，卧在他们脚边的是刻耳柏洛斯。

尤克特拉希尔，北欧神话中的世界树，构造并承载着整个世界。

# 从黄金时代到世界末日

## "种族神话"

赫西俄德在《工作与时日》中记录了神话时代人类种族的迭代，各种族是按照金属等级的次序命名的。

黄金种族的人生活在克洛诺斯统治的时代（黄金时代）：那时的人们过着神一般的生活，无忧无虑，青春常驻，他们死亡时就如同睡着了一样安详。

白银种族的人并未存续很久，因为他们不敬神明、荒淫无度，宙斯就把他们又埋回土里去了。

青铜种族生于白蜡树（梣树），他们天性粗暴好战，最终在相互残杀中灭绝。

第四个时代就是所谓的英雄时代，他们当中的一部分被诸神选中，最终去了神佑群岛。

黑铁种族就是赫西俄德时代的人类，他们生活在劳累与烦恼之中，人们不再孝顺父母，也完全没有正义感。

## 真的有世界末日吗？

尽管赫西俄德深感自己的种族将会被宙斯毁灭，但在希腊罗马神话中很少有关于世界末日的描写。有些哲学家预言会有一场焚尽一切的大火，或者认为在经过很多个世纪的"大年"后，宇宙间的星体会回到它们最初的位置并开始新一轮的运动，而之前发生过的一切都会重现，这就是哲学意义上的"永恒轮回"。

## 萨图尔努斯的时代

古时候，人们认为世界正在不断堕落，又因为憧憬先民的美好生活而将遥远的过去理想化，于是就有了"黄金时代"的传说。对于罗马人来说，这个时代属于萨图尔努斯，拉丁姆地区最初的统治神。这个原始的乌托邦反映了人们对舒适惬意的田园生活的怀念，以及对战争和社会道德败坏的批判。那时的人们不须耕作就能收获粮实，也满足于各种随处可见的简易食物。奥维德在《变形记》中写道："这里春意永驻，静谧的西风温柔地吹拂着天生自长的花草。土地不需耕种就长满庄稼，田野无人打理也长满了白茫茫、沉甸甸的麦穗。彼时，河中流淌着乳汁和甘露，金黄的蜂蜜自冬青树上滴落。"然而，到了黑铁时代，邪恶降临于世，人们在海洋中肆意探索，到处都充满了财富的诱惑，渎神的人类进而犯下各种罪行。

黄金时代的人类在永恒的春色中过着自由自在的生活。（油画，约阿希姆·沃特瓦尔，1605年）

世界的混乱与秩序

## 玛雅人的四个世代

《波波尔·乌》中记录着玛雅人的四个世代，这四个世代的次序并非对应着人类从完美的形象开始走向堕落，而是反映了神在造物过程中的探索。由于用泥土做的第一代人并不完美，众神便把他们抹去，又用木头造了一批人：他们强大，但不聪明，也不敬神，于是众神就发动大洪水把他们淹死了。随后，神又用玉米粉捏了四个人，这次造的人精明能干，可是神又害怕他们会强大到与自己分庭抗礼，于是就削弱了他们的视野和智力。最后，这四个能力受限的玉米人成为玛雅人的祖先。

阿兹特克太阳石盘。这个由一整块玄武质熔岩橄榄石制成的石盘，很可能是决斗仪式中用来献祭人牲的祭坛。根据石盘上的文字说明，石盘是阿夏亚卡特尔在位期间为了纪念1479年的新火祭雕刻而成的。（日期刻于石盘上部，两条蛇尾之间。）

## 科尔特斯与羽蛇神

太阳神凯察尔科亚特尔的形象是羽蛇神。相传他在东海岸边自焚，死后化作启明星。还有一种说法称他被群蛇组成的木筏带走，但有先知预言羽蛇神会在某个"甲·阿卡特尔年"从东方再度归来。西班牙殖民者埃尔南·科尔特斯恰好在一个甲·阿卡特尔年（1519年）登陆墨西哥，白皮肤和大胡子的形象又与阿兹特克人想象中的凯察尔科亚特尔一样，于是他被当地人认成归来的羽蛇神。而科尔特斯也利用这一点征服了阿兹特克帝国。

## 第五个太阳

用阿兹特克的纳瓦特尔语写成的文献《五日传说》（《奇马尔波波卡法典》）中记载：人类曾在四个太阳纪中连同他们的太阳一起毁灭过，而第五个太阳纪的人类也终将毁灭。担心世界终将毁灭的阿兹特克人一直生活在痛苦的忧虑之中，为此他们献上大规模的血祭，认为这样做就能阻止太阳消失。

## 永恒轮回

凯尔特人对人生轮回的看法，根据古希腊地理学家斯特拉波在《地理学》中的记录，德鲁伊虽然相信世界是永恒不灭的，但也认为"终有一天，水和火会吞噬大地上的一切"。

## 世界末日，毁灭后的重生

在北欧神话中，世界末日被称作"诸神的黄昏"，是诸神在末日灾难中与怪物、巨人的大战。首先到来的是漫长的严冬，人类道德彻底败坏，战争四起。随后，星辰被巨狼吞噬，大地坍塌。之前一直被诸神用锁链束缚的魔狼芬里尔也挣脱桎梏，它吃掉了神王奥丁，但被奥丁的儿子维达杀死。环绕米德加德的"尘世巨蟒"发起滔天的洪水，它的毒液充斥大地，雷神托尔与它同归于尽。其他的神也纷纷战死，世界最终毁灭在熊熊烈焰之中。在随后诞生的新世界里，新生的人类再一次在大地繁衍生息。

# 三座都城

## 底比斯：母牛停下休息之所

腓尼基人卡德摩斯是苏尔国王阿革诺耳的长子，他前往希腊寻找被宙斯掳走的妹妹欧罗巴。在福基斯的德尔斐，他求到一道神谕，按照神谕的指示，他要放弃寻找妹妹，然后跟着一头母牛走，当母牛停下休息的时候，就在那里建一座城。于是，卡德摩斯跟着一头身上带有月牙印记的母牛来到维奥蒂亚，母牛卧倒休息的地方，就是后来底比斯城所在之处。卡德摩斯想要将引领他的母牛献祭给雅典娜，就派他的随从到阿瑞斯圣林取水，结果他们遇到了阿瑞斯的圣兽巨蟒，受到惊扰的巨蟒对随从们发起攻击，但被随后赶来的卡德摩斯杀死。雅典娜让卡德摩斯将巨蟒的牙齿种下去，结果地里长出人来，也就是后来的斯巴达人。卡德摩斯觉得十分惊讶，就往人群中扔了一块石头，结果每个人都觉得是别人扔的，便互相争斗起来。最后活下来的五个斯巴达人就是底比斯城五大家族的祖先。

## 底比斯的城墙

安菲翁和仄忒斯被认为是底比斯的第二建造者，他们的母亲安提俄珀是底比斯国王倪克透斯之女。安提俄珀被宙斯引诱之后，为了躲避怒不可遏的父亲，她离开底比斯逃到了西锡安，并嫁给了国王厄帕福斯。倪克透斯临终前要求他的继任者吕科斯严惩安提俄珀。后来，吕科斯杀死了厄帕福斯，并将安提俄珀带回。在回去的路上，安提俄珀生下一对双胞胎，将他们遗弃在一个山洞中。回到底比斯后，吕科斯将安提俄珀交给妻子狄耳刻看管。

安菲翁用琴音驱动石头筑起底比斯的城墙。（18 世纪的雕版画）

多年以后，受到狄耳刻百般折磨的安提俄珀最终成功逃脱，回到当年的山洞，找到了已经成年的两个儿子。狄耳刻则一路跟随安提俄珀直到山洞，欲将其强行带回。当年救下这对双胞胎的牧羊人对他们道明身世，两个孩子决定保护母亲，他们将狄耳刻绑在一头野性难驯的公牛身上，把她撕成了碎片。随后，他们杀掉吕科斯，夺回王位，又建造了底比斯的城墙。

安菲翁是天赋异禀的乐师，能够通过弹奏里拉琴，吸引动物和石头来到他身边。因此，他决定好好利用这一天赋：伴随着他的琴音，石头自己动了起来筑成城墙。有人认为，卡德摩斯建造的是底比斯的卫城卡德米亚，而这对双胞胎兄弟则建造了围绕着卡德米亚的城墙，如此便解决了一座城市有两代建造者的问题。

## 兄弟阋墙

关于罗马城建造的"正统"传说与底比斯城的传说有很多相似之处。罗慕路斯与雷穆斯兄弟俩带着一些牧民来到未来会成为罗马城的地方，用观鸟占卜的方式决定谁来给新城命名。雷穆斯登上阿文庭山，看到了 6 只秃鹫；而帕拉蒂尼山上的罗慕路斯则看到了 12 只。获胜的罗慕路斯用犁在地上画出神圣的壕沟以确定城墙的位置，并将这座城邦命名为罗马。但是，两兄弟之间从此有了嫌隙，在随后的一场冲突中，雷穆斯受重伤而死。

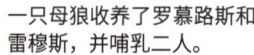

一只母狼收养了罗慕路斯和雷穆斯，并哺乳二人。

世界的混乱与秩序

### 同室操戈

在另一个版本的罗马建城故事中，雷穆斯为了挑战罗慕路斯的权威，跨过正在建造的罗马城墙，也因为这一敌对行为而被他的兄弟杀死。

### 从阿兹特兰到特诺奇蒂特兰

1325 年，阿兹特克人的都城墨西哥－特诺奇蒂特兰建立了，它的后世子民通过一个传说故事来佐证他们统治当地的正统性。阿兹特克人认为他们在墨西哥城的定居是一次漫长迁徙的结果。他们祖上定居在传说中的北境城邦阿兹特兰，意为"白地"，是一个位于湖中央的岛屿，类似于他们后来的建都之地。阿兹特克人的战神维齐洛波奇特利（意为"左蜂鸟"）要求他们迁往别处建立王国。于是，阿兹特克人遵循神的旨意开始迁徙，而这位神则化作白鹰或蜂鸟带领他的子民，并用神谕指引他们找到"应许之地"。

石头中长出的仙人掌指示着建造墨西哥城的地方。（18 世纪的手抄本）

### 种种迹象表明……

当阿兹特克人来到未来会成为墨西哥城的那片荒凉的沼泽地时，发现这里有很多特征与维齐洛波奇特利的描述相吻合：白色的树、白色的动物、洞窟以及活水。最终，他们看到了至关重要的一幕，与神告诉祭司建都地点时使他看到的幻象一模一样：在一棵从石头里长出来的仙人掌上，停着一只张开翅膀的雄鹰，它一边沐浴阳光，一边啄食仙人掌的果实。看到预言中的雄鹰，阿兹特克人就在那里建起了墨西哥城。

331

# 运动会的神话基础

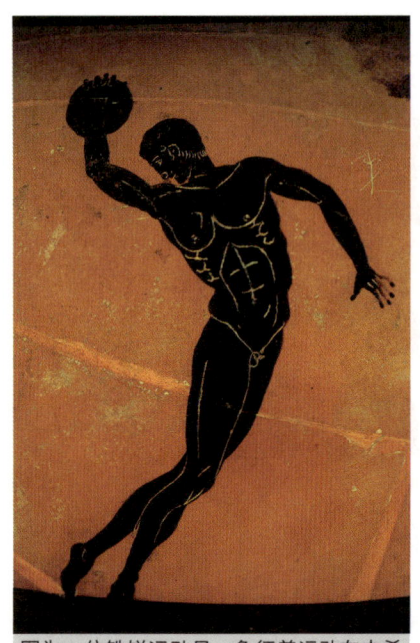

图为一位铁饼运动员,象征着运动在古希腊社会的重要意义。(约公元前 500 年)

## 皮提亚运动会

皮提亚运动会诞生于公元前 582 年,每四年于福基斯的德尔斐举办一次。相传,它是在阿波罗战胜巨蟒皮同后,为了庆祝这一功绩而创立的。这条巨型怪蛇是从色萨利大洪水退去后的泥潭中诞生的,它的身体缠绕德尔斐七周,死死地守护着这里。阿波罗用箭射穿了巨蟒,后者的躯体立刻腐烂殆尽,这也是德尔斐旧名"皮托"(意为"腐坏")的由来。运动会的胜者将会头戴月桂冠,因为阿波罗苦恋达芙涅无果,月桂树就成了他的圣树。

## 有如"蝉"助

关于皮提亚运动会,亚历山太的革利免记录过这样一则逸事:"希腊人齐聚德尔斐,他们鼓掌欢呼庆祝巨蟒之死,来自洛克利的欧诺穆斯为这冷血动物唱起丧歌……伴随着基萨拉琴音,他的歌声中流淌着火焰一般的热情,山上的蝉儿也躲在叶子下面,在炎炎的烈日中放声高歌……洛克利人的琴弦突然断了一根,蝉儿便飞来落在琴轭上,如同停在树枝上那样开始歌唱。就这样,欧诺穆斯用蝉儿代替断掉的琴弦,和着蝉鸣完成了演唱。"

## 竞赛的起源

古希腊的各种竞赛,如运动会、赛马或与各地神殿密切相关的音乐比赛一般被认为起源于神话时代,多是为了纪念某个人物之死而设立的。

皮提亚运动会起源于阿波罗与巨蟒皮同之战。(拉科尼亚杯画,约公元前 550 年)

## 古代奥林匹克运动会

第一届古代奥林匹克运动会(以下简称奥运会)于公元前 776 年(也是奥林匹亚周期的开端)在伊利亚州的奥林匹亚举办,那里有一座十分著名的宙斯神殿。虽然,有人认为奥运会是赫拉克勒斯在完成清洗奥革阿斯的牛圈这一试炼之后创立的,但希腊人普遍认为奥运会起源于英雄珀罗普斯,他的墓就位于奥林匹亚的宙斯神殿中,而且伯罗奔尼撒也是以他的名字命名的。据说珀罗普斯想要求娶比萨国王俄诺玛俄斯的女儿希波达米亚,其他求婚者在与俄诺玛俄斯的战车比赛输掉后都被残忍地杀害了,只有珀罗普斯最终赢得了比赛的胜利,并在此后创立了奥运会。奥运会每四年举办一次,优胜者将被授予橄榄枝头冠。

## 科林斯运动会

科林斯运动会每两年举办一次，地点在科林斯地峡，著名的波塞冬神庙就在那里。相传它是为了纪念百臂巨人布里阿瑞俄斯对波塞冬和赫利俄斯关于科林斯所属权的纠纷所做出的仲裁而设立的。百臂巨人将科林斯地峡判给了波塞冬，而将科林斯的卫城判给了赫利俄斯。根据另一则传说，科林斯城的建立者西西弗斯为了纪念侄子墨利刻尔特斯之死，从而设立了这个运动会。墨利刻尔特斯的母亲伊诺带着被滚水烫死的儿子，为了躲避发狂的丈夫阿塔玛斯，纵身跳入大海。孩子的尸体被一只海豚带回科林斯地峡并安放在一棵松树下。西西弗斯将他安葬，并设立了科林斯运动会。运动会的优胜者将会得到以旱芹或松枝编成的头冠。

## 这名运动员是位英雄

希腊人对运动的兴趣在很多神话中都有体现。在各类史诗作品中，人们参加运动比赛以纪念某些英雄之死，例如帕特洛克罗斯、阿喀琉斯和安喀塞斯。有的英雄擅长跑步，比如被荷马称作"飞毛腿"的阿喀琉斯，他拥有巨人达密索斯的跟腱，因此也继承了它迅捷的脚力；有的英雄则善于格斗，比如同安泰俄斯较量的赫拉克勒斯、战胜了阿密科斯的波鲁克斯以及惩戒了福尔巴斯的阿波罗。

## 涅墨亚运动会

涅墨亚运动会每两年在阿尔戈利斯的涅墨亚举办一次，赛场设在涅墨亚的宙斯神殿附近。关于它的起源，有人认为是赫拉克勒斯在杀死涅墨亚之狮后创立的，还有人认为是阿尔戈斯国王阿德剌斯托斯，在涅墨亚国王吕库尔戈斯之子奥菲尔忒斯（也被称作阿尔赫摩罗斯）死后设立的。起初，有神谕警告不能将奥菲尔忒斯放在地面上，于是，负责照顾他的乳母——利姆诺斯岛的许普西皮勒只得不分昼夜地将他抱在怀中。但在七雄攻忒拜的时候，为了给途经涅墨亚的七位英雄指路，让他们能够找到水源解渴，乳母将奥菲尔忒斯放在一株旱芹下，导致他被蛇咬死。阿德剌斯托斯将蛇杀死，并保下了乳母许普西皮勒。阿尔戈斯人为奥菲尔忒斯举行了葬礼，阿德剌斯托斯则创立了涅墨亚运动会以示对死者的敬意。运动会的优胜者将得到用旱芹编成的头冠，它寄托了对奥菲尔忒斯的哀悼与泪水。

赫拉克勒斯战胜涅墨亚之狮，成为涅墨亚运动会的一个起源。

## 这位英雄是名运动员

传说中一些运动员成为英雄，但他们也为此付出了生命的代价。公元前492年的一次运动会上，来自阿斯缇帕雷亚岛的拳击手克雷奥墨迪斯因为在比赛中杀死自己的对手而声名狼藉。回到岛上后，他推倒了学校的一根石柱，导致正在上课的几个孩子当场毙命。害怕被村民用乱石砸死的他逃到雅典娜的神庙，躲在一口石棺当中，可当人们打开石棺，里面却空空如也。此时一道神谕降下，称阿斯缇帕雷亚岛的居民应当将克雷奥墨迪斯尊为英雄。

参加完奥林匹克运动会的洛克利拳击手欧提莫斯在返程途中经过加拉布里亚，遇到了一个恶魔并从它手中救下一位少女。欧提莫斯将恶魔扔进大海，终止了它对这里的诅咒并与这名少女结为夫妇。在他生命的尽头，欧提莫斯神秘地消失了，也因此成为一名英雄。

全力技与拳击运动员特亚杰涅斯死后，人们在其故乡萨索斯岛上为他立了一座雕像。他生前的一个对手常常在夜里前来鞭打这座雕像，一天早上，人们发现这个不幸的家伙被倒在他身上的雕像砸死了。萨索斯岛的居民断定雕像有罪，并将它扔进海里，可岛上的土地从此变得贫瘠起来。德尔斐的神谕建议岛上的居民将雕像打捞上来，并将特亚杰涅斯奉为神明。

# 女性怪物

## 蛇系怪物

古希腊人的幻想世界中有很多与蛇有关的怪物,其中有不少出自福尔库斯与刻托一脉。

## 夺命的目光

美杜莎是戈耳工三姊妹之一,她们都是福尔库斯和刻托的女儿。美杜莎的两个姐姐叫作欧律阿勒和斯忒诺,都是不死之身,只有美杜莎是凡人之身。关于她们的居所,并没有统一的说法:赫西俄德说她们住在"荣耀的大洋俄刻阿诺斯的彼岸,与幽冥之地相接之处,嗓音清澈的赫斯珀里得斯姐妹也住在那里",因此,理论上她们应当住在西边。但是,有人认为她们同许珀尔波瑞亚人一起住在极北之地,或是在非洲的利比亚,又或是在大地尽头基斯特涅山的附近。关于她们的形象更是众说纷纭:埃斯库罗斯说她们是"长着翅膀和蛇发的三姐妹",其他作家则加上了金色的羽翼、黄铜的手臂和野猪的獠牙等更为具体的特征。不过,无论她们长相如何,从正面去看她们都是不可能的,因为她们的目光具有石化的能力。

## 珀尔修斯的妙计

珀尔修斯遇到了睡梦中的戈耳工三姊妹,他别过脸不去看她们,用镰刀割下了美杜莎的脑袋。另一种说法是,珀尔修斯背对美杜莎,用一面打磨光滑的盾牌当镜子,看到了美杜莎映在其中的影子,进而斩下她的头颅,完成了任务。美杜莎被切断的脖子中生出了长着翅膀的神马佩伽索斯和三头巨人革律翁的父亲克律萨俄尔。

## 蝰蛇

希腊神话中有不少名叫厄喀德那(蝰蛇)的怪物。赫西俄德笔下的厄喀德那是福尔库斯和刻托之女,她的头和上半身是少女的形态,而下半身则是可怕的蛇的躯体。她住在阿里玛的洞窟(被认为是提丰巢穴的神秘地点,位于奇里乞亚或吕底亚)之中,不老不死。她与提丰生下了许多怪物,其中就有刻耳柏洛斯和勒拿九头蛇。厄喀德那常让人联想到德尔菲涅,后者也是提丰的伴侣,一条半人半蛇的女妖,生活在西里西亚的科里西亚洞穴之中。另一个厄喀德那是大地女神与塔耳塔罗斯的女儿,她将经过阿卡迪亚的旅人掳走,最终在睡梦中被百目巨人阿尔戈斯杀死。希罗多德也提到过斯基泰人中的一个厄喀德那,她拐走了赫拉克勒斯的马群,并用交还这些牲口为条件迫使他与自己交媾。她生下了三个儿子,斯基泰人就是以其中的一个儿子斯基特斯命名的。

长着翅膀的戈耳工三姊妹之一。(浅浮雕,公元前6世纪,锡拉库萨)

世界的混乱与秩序

## 美杜莎故事的姊妹篇

珀尔修斯的壮举让人联想到《吉尔伽美什史诗》中的一个故事：吉尔伽美什和他的伙伴恩奇都到雪松林中砍树，遇到了圣林守护怪兽胡姆巴巴，它的嘶吼令人丧胆，嘴里冒着火，喷出死亡的气息。两人最终打败胡姆巴巴，并砍下了它的头颅。在美索不达米亚流传着胡姆巴巴的头可以驱散厄运的说法，而刻有美杜莎头像的坠饰也有类似的作用。同面具一样，美杜莎被切下的头颅象征着一种骇人的、彻底的邪恶和死亡，它最终被镶嵌在雅典娜的神盾埃癸斯之上，用来威慑敌人。北欧神话中"埃吉尔的头盔"也能让所有看到它的人感到恐惧。齐格弗里德在战胜巨龙法夫纳后从它那里得到了这顶头盔。埃吉尔可能与埃癸斯之间存在某种联系。

## 从 50 到 100

蛇怪海德拉的头的数量在不同作家的笔下都是不同的，而且呈现一种越来越多的趋势：诗人西莫尼德斯说它有 50 个头，欧里庇得斯则说有 100 个。帕萨尼亚斯对此感到不以为然，他指责罗得岛的诗人皮桑德洛斯在一首关于赫拉克勒斯的诗中给这个本来只有一个头的怪物多加了好几个脑袋："我很愿意相信这个怪物比普通的水蛇要大得多，也不怀疑它的毒液是如此致命，以至于赫拉克勒斯用它来给自己的箭头淬毒。但是，我认为它只有一个脑袋，卡米洛斯的皮桑德洛斯给它多加几个头，只是为了让它看起来更加恐怖，而他的诗也能因此更加出彩罢了。"但是早在公元前 3000 年，七头蛇怪的形象就已经出现在古巴比伦人的异兽录中了，战神尼努尔塔的功绩之一就是斩杀七头蛇怪。事实上，多头蛇在民间故事或宗教信仰中是很常见的，比如印度神话中的娜迦就是长着 5 个或 7 个头的蛇神。

陶罐上的勒拿蛇怪，公元前 6 世纪。

## 赫拉克勒斯的第二伟业

九头蛇怪的气息含有剧毒，只吸入一点就足以致命。它残害牲畜，令阿尔戈利斯的居民苦不堪言，赫拉克勒斯的第二项试炼就是要杀死这头怪物。这位英雄手持镰刀，切断九头蛇的头，而他的侄子伊奥劳斯则灼烧蛇怪的断颈，以防蛇怪的头再次长出。九头蛇的 8 个头都是可以被解决的，但第 9 个头却怎么也杀不死，于是，赫拉克勒斯将这个头埋入土中并用一块巨石死死压住，随后他把自己的箭头浸在九头蛇剧毒的血液中做成了致命的武器。从整体上看，九头蛇的传说应该与治水有关，因为在中东"战斗神话"中已有的治水主题也频繁出现在赫拉克勒斯的其他伟业中。

## 一条九头蛇！

勒拿蛇怪是厄喀德那与提丰所生的怪物，它是一条长着 9 个脑袋的巨大水蛇，在阿尔戈利斯的阿密莫涅亚泉水旁的一棵悬铃木下被赫拉抚养长大。荷马的一首赞美诗中说赫拉是提丰的母亲，据说很多怪物都是由赫拉抚养长大的，其中就包括涅墨亚的狮子、勒拿九头蛇和斯芬克斯。勒拿的意思可能是"泉水"，而九头蛇则是守护泉水的怪兽，这是神话故事中常见的一个桥段。不过，勒拿也被认为与冥界有关。

# 多头怪物

### 数字律

古时候人们在创造想象中的怪物时，常常会用倍化（如两倍、三倍于常规形象）的方式来塑造或强大，或恐怖，或匪夷所思的形象。这一特征在希腊神话中尤为明显。印度神话中，双头甚至四头、多臂的神明也不在少数。

### 雅努斯与其他连体神明

罗马神话中的神祇雅努斯，同时也被认为是拉丁姆的一位古代国王，有着前后两张面孔的双面神形象，他执掌"前与后"，也统管"过去与未来"。他是正月、道路与开端之神，也被认为是司门之神，虽然门的守护使者通常是双头或三头的形象。从掌管的领域来看，雅努斯与希腊神话中的"三面女神"赫卡忒相似，这位女神主司道路与三岔路。

前后有两张脸的雅努斯是罗马神话中的门神与道路之神。

### 三头犬刻耳柏洛斯

据赫西俄德所述，刻耳柏洛斯是厄喀德那和提丰的第二个孩子，"这是一头不可制服又难以形容的怪物。哈迪斯的嗜血猎犬，名曰刻耳柏洛斯，长了50个脑袋，吠声尖锐刺耳，凶悍残忍，力大无穷。"诗人品达则说它有100个脑袋。尽管刻耳柏洛斯的形象有些许模糊不定，但在主流观念中它只有3个脑袋，有一条蛇形的尾巴，背上还长有若干不同种类的蛇头。荷马只称其为"哈迪斯的恶犬"，负责看守冥界大门，防止里面的东西跑出来，在这一点上它倒是与塔耳塔罗斯之前的看守者（坎珀和百臂巨人）类似。长着3个脑袋的它是一个既恐怖又称职的看守者：没有什么东西能逃过它的眼睛。数字三起到强化的作用，表示"三即全部"。在某些传说中，负责看守伊娥的阿尔戈斯有3只眼睛，象征着他作为看守者具备可靠的能力，而其他版本则说他浑身上下都长满了眼睛。这两种说法想表达的其实是同一件事：他能够看到一切，因此他也被称作"潘诺普特斯"（意为"看到一切的人"）。

### 其他双头怪物

被赫拉克勒斯杀掉的摩利俄涅斯兄弟欧利托斯和克特亚托斯，有时以只有一个身体的双头人形象出现在某些作品中（赫西俄德、伊比库斯）。而在公元前8世纪末的一枚克里特衿针上，他们则是共用一个躯干，有两个头、4只胳膊和4条腿的连体人形象。

在这个双耳瓮上，刻耳柏洛斯周围的人是雅典娜、赫拉克勒斯、赫尔墨斯。

336

## 多头怪物

刻耳柏洛斯的兄弟双头犬俄尔托斯，有时被描绘成拥有两个狗头和7个蛇头的怪物，不过可惜的是，陶罐上的俄尔托斯通常都只有一个脑袋。双头犬的主人革律翁则是一个三体巨人，赫西俄德称他为"三头的革律翁"，不过革律翁更为常见的形象是长着3个躯干却只有两条腿的巨人。诗人斯特西克鲁斯则说他有6只胳膊和6条腿，还长着翅膀。革律翁是克律萨俄尔和大洋仙女卡利罗厄的儿子，他和他的牛群居于极西之地，靠近日落之处与亡者之境的一座名叫厄律提亚的岛上。赫拉克勒斯杀死了放牛的墨诺特斯和双头犬之后，又用毒箭射死了革律翁。在一些晚期作品的描述中，三头的革律翁只有一个身体。

## 输在太老了！

按照赫西俄德的记载，格赖埃是福尔库斯和刻托的女儿，因此也是戈耳工的姐妹。赫西俄德只提到了两个格赖埃：彭菲瑞多和厄倪俄，不过后来的传说一般认为她们是三姊妹。古希腊历史学家、神话编写者费雷西底说她们叫彭菲瑞多、厄倪俄和得诺。她们主要登场于珀尔修斯与美杜莎的故事。身为戈耳工守护者的格赖埃三姊妹并不走运，她们一生下来就是老妇人的样子，而且3个人共用一只眼睛和一颗牙齿，只能轮流使用。珀尔修斯轻而易举地就从她们那里骗走了眼睛和牙齿，并强迫她们告诉自己戈耳工的所在地以及制服她们的方法（一说珀尔修斯只是让格赖埃睡着了）。因为她们3个人共用一个器官，所以格赖埃可以看作三重性的一个变体。这种残缺不全的三重性可能也暗示了她们作为守护者的无能。

## 三人组

乌拉诺斯和盖亚所孕育的库克洛普斯同样也是三人组（阿尔戈斯、布隆忒斯和斯忒罗佩斯），但他们的形象与《奥德赛》中的独眼巨人是一样的：他们都只有"一只圆形的眼睛"。赫西俄德笔下的百臂巨人也有3个（布里阿瑞俄斯、科托斯和古埃斯），他们有50个脑袋和几十条手臂。可见，怪物化一般是通过放大身体以及增加或减少某个特征而实现的。

## 有"三"为证

3个脑袋的形象并不局限于希腊神话，在罗马人统治下的高卢地区就有3个头的墨丘利形象，它其实是高卢本土神祇科尔努诺斯的一种形态。眼观三面的科尔努诺斯有时被描绘为戴着高卢项圈、三张脸长满胡须的形象，但根据某些资料，他有着更为年轻的相貌。高卢神话中还记载着一种三角公牛，跟正常的两角公牛相比，受到三重性强化的它在额头上还长有一只角。

3个脑袋的高卢神明科尔努诺斯。（2世纪）

# 混种怪物

## 多合一

人们创造幻想怪物的另一种重要方式是混种,将自然界中实际存在的生物的不同特征以天马行空的方式组合在一起,产生了一个或一类怪异生物。古希腊人认为很多这样的怪物都来自日出之地黎凡特。

## 恐怖的斯库拉

斯库拉的上半身是女人,但她的下半身却是由狗的前半身组成的,就好像是把厄喀德那的蛇身换成了6条狗一样。人们认为她是克拉泰伊斯、厄喀德那或福尔库斯的女儿。她盘踞在墨西拿海峡的一个洞穴(大概位于意大利雷焦卡拉布里亚省北部的斯库拉岩壁中),攻击从她巢穴前经过的水手。《奥德赛》对她有详细的描述。奥德修斯一行人刚逃离卡律布狄斯大漩涡,又有6名水手葬身于斯库拉的犬牙之下。"闻其声像一只幼犬,但她确实是一头恐怖的怪物……她有12条腿,全部残破不堪,6条奇长的脖子上挂着6颗恐怖的头颅,每张嘴里密密地长着三排牙齿,一层嵌着一层,死亡的气息满溢而出。她半个身子蜷缩在阴森的岩洞之中,却探出脖子,居高临下等待猎物上钩。"(荷马)

## 轻歌的女妖

同哈耳庇厄一样,塞壬也是一种人面鸟身的混种怪物。《奥德赛》中并未提及塞壬的样貌,只说她们共有两个,住在西方的一座小岛上:"她们魅惑所有靠近的凡人,谁要是放松警惕,驻足聆听塞壬的歌声,他家中的妻儿便永远不会等到他归家的那天,因为塞壬美妙的歌声能将人迷惑。她们栖息的草地周围堆满了人类的白骨和腐烂的尸骸。"塞壬的歌声美妙,摄人心魄,她们答应授予知识,并用奉承的话魅惑行人。后来的作品中塞壬的数目增加到3或4个,各自有不同的名字,而她们的出身谱系也众说纷纭。

狮头狮身的喀迈拉,背上长着山羊头,尾巴是一条蛇。图为阿雷佐的喀迈拉像。(佛罗伦萨,公元前5世纪)

## 狮子、山羊和蟒蛇

赫西俄德记载的喀迈拉(奇美拉)为厄喀德那与提丰所生:"喀迈拉喷吐着可怕的火焰,它高大恐怖,迅捷又强壮,长着3个脑袋——一个是目光锐利的狮首,一个是山羊之首,还有一个是凶猛的蛇首。"虽然这段文字说得并不十分明确,但喀迈拉一般都被塑造成狮头蛇尾,背上还长着一个山羊脑袋的形象。喀迈拉的名字来源于古希腊语 chímaira,意为"母山羊",据说是由阿米索达罗斯在吕基亚抚养长大,后来被柏勒洛丰在天马佩伽索斯的帮助下杀死。在吕基亚的古城奥林匹斯以北有一座喀迈拉山,可能与怪物喀迈拉之间存在某种关联山上的岩石裂缝中不断喷出烈焰,因此在土耳其语中这座山也被称作雅纳尔塔什(意为"燃烧的石头")。其东的利米拉城中有一座伯里克利英雄神殿,屋顶上就装饰着柏勒洛丰制服喀迈拉的雕像。

## 喀戎、福洛斯与其他半人马

希腊神话中的半人马大致分为两类：大部分半人马野蛮粗鄙，是色萨利地区拉庇泰的国王伊克西翁的后代，传说他与一朵化作赫拉形象的云发生关系，有了儿子肯陶洛斯，肯陶洛斯又跟母马结合生下半人马。另一类半人马只有两只，无论是家族谱系还是性格都与第一类大不相同，其中一只名叫喀戎，荷马称其为"半人马中最正直的一个"，他是大洋仙女菲吕拉与化身公马的克洛诺斯所生，住在色萨利的佩里翁山上，是阿喀琉斯的老师；另一只名叫福洛斯，是西勒努斯与一位梣树仙女所生，住在福罗厄山上。虽然喀戎和福洛斯都是风度翩翩的君子，但其他半人马都因为其祖先渎神的暴行，尽是一些野蛮粗暴又傲慢无礼之辈。半人马中还有女性，因此他们的种族可以保持半人马的形态一直延续下去（半人半羊的萨蒂尔也是如此）。

## 羞愤而死

人们一般认为海妖塞壬出没在那不勒斯湾一带。当奥德修斯一行人平安无事地经过塞壬的海域之后，她们便羞愤地跳海自尽了。其中有一个名叫帕尔特诺珀的塞壬，她的尸体被冲上岸之后，人们在那里为她竖起了墓碑，传说这个地方就在那不勒斯，帕尔特诺珀则是这座城市最初的名字。

## 斯芬克斯的谜语

"是什么动物，只能发出一种声音，早上用四条腿走路，中午用两条腿走路，而晚上却用三条腿走路？"俄狄浦斯毫不犹豫地回答道："是人。在孩提时代，他们用双手双脚在地上爬行；在成年的时候，他们便可以双脚站立行走；在年老的时候，他们则需要拄着拐杖行走。"

## 底比斯城的看守者

斯芬克斯是起源自近东地区的怪物。赫西俄德称她为菲克斯，是厄喀德那与俄尔托斯的女儿。还有人认为她是喀迈拉与提丰的孩子。在艺术作品中，斯芬克斯有着女性的脸庞、狮子的身体和鸟的翅膀。据说赫拉为了报复底比斯人，将这头怪物带到底比斯城附近的腓基翁山上，她会把所有经过底比斯附近的行人抓走并让他们猜谜语，凡是猜不出的都会被她吃掉。最终，俄狄浦斯猜中了她的谜语，羞愤交加的斯芬克斯便从岩壁上跳下来摔死了，一说斯芬克斯是被俄狄浦斯或狄俄尼索斯杀死的。与厄喀德那、塞壬或哈耳庇厄一样，斯芬克斯也是祸害行人的邪恶女妖。

## 天降灾厄

哈耳庇厄一共有两只或三只，是一种会掳走人畜的鸟身女妖，赫西俄德说她们是海神陶玛斯与大洋仙女厄勒克特拉的女儿。她们的故事主要见载于《阿尔戈英雄纪》：预言家菲纽斯被哈耳庇厄折磨得苦不堪言，后来他得到了北风神波瑞阿斯两个孩子的帮助——长着翅膀的两兄弟把她们驱逐到斯特罗法德斯群岛上去了。

俄狄浦斯与斯芬克斯。（油画，居斯塔夫·莫罗，19世纪）

# 可怕的守护兽

### 不靠谱的看守者

负责看守宝藏或重要资源的怪兽通常是巨大的蟒蛇,因为它们力量强大又机敏警觉。不过,它们最终往往败于计谋或魔法……

### 巨蟒

传说中的很多守护兽都是巨蟒或混种兽。例如,《吉尔伽美什史诗》中雪松林的守护兽胡姆巴巴,以及提丰的伴侣——蛇身女妖德尔菲涅,她负责看守关押在奇里乞亚山洞中的宙斯,以及他被切下的肌腱和肌肉——最终还是被赫尔墨斯和埃基潘设法偷走了。在德尔斐,还有一个德尔菲涅,在某些版本的传说中,她代替皮同扮演守卫盖亚神庙的角色。

### 法夫纳的传说

在北欧神话西格鲁德的故事中,一条名叫法夫纳的巨龙(或大蛇)看守着被诅咒的宝藏。法夫纳原本是一个矮人,为了夺取宝藏,他杀死了还在睡梦中的父亲赫瑞德玛,随后他化身成一条巨龙看守他的战利品。在法夫纳的弟弟雷金的建议下,西格鲁德决定除掉这条恶龙。他躲在一个深坑中,待法夫纳从上方经过时袭杀了它,并得到了宝藏。在这个故事的日耳曼版本《尼伯龙根之歌》中,尼伯龙根的宝藏是由矮人们看守的,其中最著名的是阿尔伯利克,他有一件隐形斗篷,后来被齐格弗里德偷走。

科尔基斯巨蟒将试图取走金羊毛的伊阿宋吐了出来。(杯画,公元前5世纪,保存于梵蒂冈)

### 多头巨蟒

赫斯珀里得斯圣园的"恐怖巨蟒",按照赫西俄德的说法,是福尔库斯和刻托的小儿子;费雷西德说它是提丰和厄喀德那儿子;皮桑德洛斯则说它是大地女神所生;罗得岛的阿波罗尼奥斯说它名叫拉冬。有人说它有100个脑袋,与海德拉的形象相似,它还可以用不同的声音说话。不过它最常见的形象是缠绕在金苹果树上的一条巨蟒,有的记载还说它长了两个脑袋。赫拉派它在赫斯珀里得斯圣园看守金苹果。但是,赫拉克勒斯还是通过杀死巨蟒或其他非暴力的手段,成功拿到了这种珍贵的水果。

### 金羊毛的守护兽

阿瑞斯圣林内,提丰的后裔科尔基斯不死巨蟒不眠不休地看守着挂在橡树枝上的金羊毛。在早期版本中,伊阿宋杀死了这条巨蟒——我们在梵蒂冈陶杯上看到的,则是雅典娜看着巨蟒将伊阿宋吐出来的场景——但是,罗得岛的阿波罗尼奥斯在《阿尔戈英雄纪》记载说是美狄亚用魔药令巨蟒陷入沉睡,从而让伊阿宋毫不费力地拿到了金羊毛。

世界的混乱与秩序

斯基泰金制格里芬像。(公元前 5 世纪)

## 掘金兽

格里芬是一种强大的四足怪兽,形象是长着翅膀和鹰嘴的狮子。巴克特里亚人认为它们看守金矿,甚至会用挖掘出来的金子筑巢。塞维利亚的圣伊西多禄说它们生活在许珀耳波瑞亚的山中,攻击过路的行人和马匹。事实上,在斯基泰出土的文物上,我们的确能看到攻击鹿群和马匹的格里芬形象,而在古希腊的陶罐上还描绘有格里芬与阿利玛斯普人战斗的场面。

## 全能的守护者

北欧神话中有一位特别出众的守护者,他并非某种怪兽,而是阿萨神族的海姆达尔(大意为"普照世界者"),又被称作"白阿萨"或"至明至亮神"。他是阿斯加德的守护者,是邪神洛基的宿敌。他守护着彩虹桥,时刻戒备巨人的入侵,当然,"诸神的黄昏"最终还是降临了。他听觉超群,能够听见青草萌发和羊毛生长的声音;他无须睡眠,无论白天黑夜,他的眼睛都能看到百里之外的东西。

## 全见者

阿尔戈斯,又名潘诺普特斯(看到一切的人),作为监视者登场于伊娥的故事中。伊娥是阿尔戈利斯河神伊纳科斯的女儿,被宙斯所追求。就在赫拉即将撞破二人奸情的时候,宙斯把伊娥变成了一头小母牛,赫拉便要求宙斯将这头可爱的小动物送给自己,并派全见者阿尔戈斯监视变身后的伊娥。在残诗《埃癸米俄斯》中有这样一段描述:"高大强壮的阿尔戈斯有四只眼睛,眼观八方,无所遁形,女神赐予他不知疲倦的精力,困意永远不会降临在他的眼皮上。"有人认为阿尔戈斯有三只眼睛,其中一只长在后脖颈上,又或是绕着脑袋长了一圈眼睛;还有人认为他全身上下点缀着 100 多只眼睛,这也是阿尔戈斯更为世人所熟知的形象。神话编写者阿库西拉乌斯认为他是大地女神所生,因此是很多巨人和巨蟒的兄弟;其他人则认为他是凡人。但无论如何,这位本应万无一失的守卫还是被赫尔墨斯用石头砸死了,一说赫尔墨斯让他睡着后用镰刀割下了他的头颅。在他死后,赫拉将他的眼睛移植到她最喜欢的动物——孔雀的尾巴上了。

浑身长满眼睛的阿尔戈斯试图抵挡赫尔墨斯的攻击。(约公元前 480 年)

341

# 神话中的发明家

## 传播文明的英雄

继普罗米修斯之后,初代人类肩负起传播文明、造福后代的重任。其中的两位先驱者——佛罗内俄斯和卡德摩斯——发明了对于文明进步而言不可或缺的技术,并传授给人类。

## 造福人类的神

人类的进步往往被认为是神带来的,比如阿波罗是医学的发明者,赫尔墨斯则发明了里拉琴。在希腊神话中,泰坦神普罗米修斯承担了大部分造福人类的工作;而在美索不达米亚,人类的进步则要归功于一位叫阿达帕的阿普卡鲁。这位半人半鱼的智者向人类传授了地下淡水之神伊亚的智慧,他也发明了包括巫医术在内的多项技术。在贝鲁索斯的《巴比伦尼亚志》中,阿达帕被称作"俄阿涅斯",他向人类传授了文字和其他学问,包括法律、几何学以及谷物的种植技术,还教会了人类建立城市和修造庙宇。在希腊,罗得岛的特尔卡涅斯人是半人半兽的巫术师,他们发明了冶金和雕刻技术。

## 文明的遗产

很多英雄也是技术的发现者。在古城阿尔戈斯,"凡人之父"佛罗内俄斯发现了火种并将其赠予人类。他还带来了律法、法院、城市制度以及赫拉崇拜等,总之,他带来了一切文明生活所必需的技术和制度。如果说佛罗内俄斯率先从古代利比亚引进了小麦,那么佩拉斯戈斯则发明了用小麦制作面包的技术。这是十分重要的进步,荷马认为,"吃面包"是人类文明开化的首要特征。

佛罗内俄斯,律法、法院及赫拉崇拜的发明者。

## 战争的发明

进步同样涉及其他领域,比如战争、宗教、引入各种崇拜以及体认神的意志。英雄卡尔——卡里亚就是以他的名字命名的——发明了观鸟占卜,而埃斯库罗斯则认为这个发明应当归功于普罗米修斯。阿匹斯是第一个战士,同时也是第一个被暗杀的人;阿革诺耳发明了内战;特罗喀洛斯发明了战车,他的名字就来源于古希腊语的"轮子"(tróchos);厄里克托尼乌斯则是四马双轮战车的发明者。

## 字母的发明

尽管有人认为发明希腊字母的是普罗米修斯或达那俄斯,但是大量资料指出,把腓尼基人创造的字母引入希腊的是卡德摩斯。虽然希腊人的确借鉴了腓尼基字母,不过那是在公元前8世纪,而非神话时代。卡德摩斯是腓尼基王子,父亲是苏尔国王阿革诺耳,母亲是特勒法萨,他因建立了底比斯城而闻名于世。据说他与利诺斯合作发明了希腊字母:卡德摩斯把字母的知识告诉利诺斯,利诺斯则最终确定了每个字母的形状和名字。有的人则认为是利诺斯独自发明了字母,卡德摩斯因为嫉妒杀死了他,并将这项发明据为己有。

## 帕拉墨得斯的发明

帕拉墨得斯是瑙普利俄斯和克吕墨涅的儿子。他跟阿喀琉斯、埃阿斯和赫拉克勒斯都是喀戎的学生。凭借机敏的头脑，帕拉墨得斯在文化和娱乐方面为人类做出了突出的贡献：自斯特西克鲁斯时代起，他就被认为是字母的发明者。后来有人补充说，他是从飞翔的鹤群中得到灵感的。他也是参与特洛伊战争的英雄之一，发明了算术并传授给希腊人，有人说度量衡和天文学也是他发明的。当然，还有骰子游戏和棋盘，或者更确切地说，是在棋盘上用棋子来玩的一种类似于现代国际跳棋的游戏。这项需要谨慎思考、制定策略的娱乐活动帮助士兵在特洛伊围城期间打发了不少时光。军事领域中的许多进步也被归功于帕拉墨得斯，如作战序列、战术策略、用火焰传递信号等。

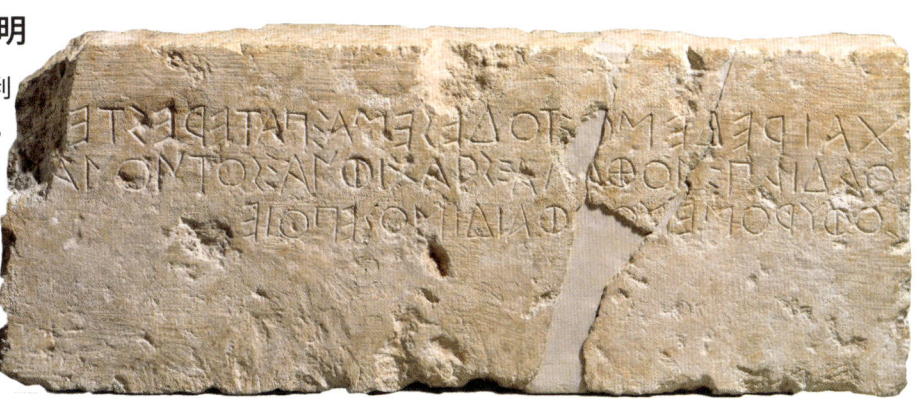

据说卡德摩斯将腓尼基人发明的字母带到了希腊。上图为诗人斐迪莫斯所作的墓志铭。

## 传说中的字母

按照一些资料的记载，卡德摩斯最初从腓尼基引入了17个字母，而在特洛伊战争期间，帕拉墨得斯在此基础上又加了3个（或更多）字母，分别是凯（χ）、艾塔（η）和奥米伽（ω），但实际上这3个字母直到公元前5世纪末才逐渐加入字母表中。还有一个同样荒唐的观点认为希腊字母源于埃及的象形文字，而卡德摩斯最先把它们画了下来。据诗人农诺斯所说，伊纳科斯的女儿伊娥到了埃及成为王后伊西斯，创造了象形文字。对罗马人来说，拉丁字母是女神卡尔门塔传授给伊塔利克人或佩拉斯戈斯人的。但实际上，古代意大利人使用的字母大多数是在信史时代从古希腊人那里借鉴来的。

## 帕拉墨得斯的悲惨结局

造福人类的大发明家帕拉墨得斯最终含冤而死，只因他曾得罪过狡诈多谋的英雄奥德修斯。起初，奥德修斯因不想出征特洛伊而在田地里装疯扮傻，但被帕拉墨得斯看穿，他将奥德修斯的儿子忒勒玛科斯放在犁的前面，迫使其离开伊萨卡远征特洛伊。奥德修斯因此怀恨在心，为了报复，他与狄俄墨得斯合谋诬陷帕拉墨得斯叛国，致其最终被亚该亚人用乱石砸死。

埃阿斯与阿喀琉斯在玩帕拉墨得斯发明的骰子游戏。

# 怪物猎人

## 狩魔者与猎人

在怪物横行天下的时代，人们需要传播文明的英雄驱逐邪恶，重塑秩序。其中既有像尼努尔塔和赫拉克勒斯那样的斩妖诛恶的专家，也有一些出色的猎人，例如俄里翁和墨勒阿革洛斯。

## 尼努尔塔的功绩

虽然我们在吉尔伽美什身上也能看到一些赫拉克勒斯的影子（如环游世界、与怪兽胡姆巴巴战斗），但其实尼努尔塔与这位希腊英雄更为相像。他是风神恩利尔的儿子、苏美尔战神，在尼普尔城备受人们尊崇。他手持弓箭和会说话的权杖（沙鲁尔杖），保护苏美尔人并同侵犯他们的邪恶力量作斗争。阿萨格是天与地所生的怪物，它与山神结合生下众多石头怪，对苏美尔人造成了极大的威胁。尼努尔塔击退了阿萨格的入侵，与之作战并最终杀死了它。阿萨格死后变成了山岩。尼努尔塔也是文明的传播者，他给周边地区的人民带来了农业和灌溉技术。他还是众神之冠，因为在狮鹫安祖偷走恩利尔的"命运泥板"之后，尼努尔塔是唯一与之作战并获胜的神。《尼努尔塔重返尼普尔》中列举了被他消灭的各种怪物（其中就有一只七头蛇怪），这也让人联想到赫拉克勒斯的十二伟业。

## 巨蟒克星

赫拉克勒斯从小就对爬行动物恨之入骨，在他还是个婴儿的时候，就消灭了两条被赫拉派来杀他的蛇。尽管他还创下各种功绩，但仅从杀蛇这一点来说，赫拉克勒斯与许多神话传统中的神或英雄一样都是巨蟒的克星。例如，印度神话中的因陀罗；北欧神话里"尘世巨蟒"的宿敌托尔；亚美尼亚神话中地位等同于赫拉克勒斯的屠龙者瓦哈格恩；波斯神话中杀死蛇王查哈克的费里顿；同样出现在《阿维斯陀》中的克勒萨斯帕，他用权杖杀死了一条名叫斯鲁瓦拉的虬龙；还有谜一样的高卢战神斯墨尔特里摩斯，他手持短棒与巨蟒对峙的形象出现在巴黎的船夫石柱上。常见于各类神话中的屠龙（蛇）者这一形象，一直延续到基督教的圣米迦勒和圣乔治。

## 猎魔的半神

在希腊神话中，赫拉克勒斯毫无疑问是所有怪物最大的克星。他战胜过各种怪物（涅墨亚的狮子、勒拿九头蛇、厄律曼托斯山的野猪、刻耳柏洛斯、折磨普罗米修斯的鹰等），成群结队的怪物（斯廷法罗斯湖的怪鸟）也不在话下，哪怕是传说中无人能降的野兽（刻律涅亚山的牝鹿）最终也败在他手下。他无惧自然界中的各种危险，甚至能够识别并控制它们。赫拉克勒斯还曾制服过海怪，第一次是在特洛伊，他钻进想要吃掉公主赫西俄涅的海怪肚子里杀死了它；第二次是在赫拉克勒斯之柱，他将海峡收窄以防大西洋的海怪进入地中海。他消灭了在古代利比亚肆虐的各种怪物，并通过整顿水利将文明传播到其他地区（如奥革阿斯的牛圈和阿克洛俄斯河）。

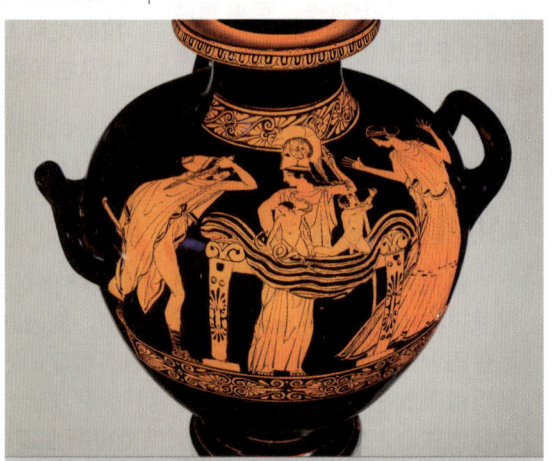

还是婴儿的赫拉克勒斯杀死赫拉派来杀他的两条蛇。（约公元前460年）

世界的混乱与秩序

尼努尔塔,苏美尔神话中的战神,同时也是代表生育、灌溉、劳作、雷霆与南风之神。

## 古希腊最伟大的猎手

俄里翁是维奥蒂亚的一个巨人,波塞冬或大地女神的儿子。他英俊而强壮,尤善打猎。克奥斯的国王俄诺皮翁请他来剿灭岛上肆虐的野兽,俄里翁因此结识并爱上了国王的女儿墨洛珀,每天都为她带回猎物的兽皮。在《奥德赛》中,奥德修斯看到在冥界依旧热衷于打猎的俄里翁:"继他之后,巨大的俄里翁出现在我面前,他手握一根坚不可摧的青铜棍棒,穿越水仙平原,拢赶着昔日在荒山中杀死的野兽。"在奥维德笔下,俄里翁的自负惹怒了众神,因他曾宣称:"没有任何野兽是我战胜不了的。"

### 过分的迷恋

特洛泽那的国王萨龙是一位热衷打猎的伟大猎手,有一次他追赶一头鹿一直追到海里,不肯罢休的他最终淹死了。他的尸体被埋在阿尔忒弥斯的树林中,而他溺毙的那片海湾则被命名为萨龙湾。

### 是英雄,也是猎手

阿塔兰忒的童年在阿卡迪亚的帕特尼翁山中度过,打猎是她的专长。她参与围猎著名的卡吕冬野猪,同去的还有墨勒阿革洛斯,他给了野猪致命一击,因此在艺术作品中他常以手持长矛的形象出现。

### 反制武器

阿普苏(苏美尔神话的地下淡水)之神恩奇不满尼努尔塔的自大,创造了一只巨龟去咬尼努尔塔的脚,将其囚禁起来。类似的情节也发生在赫拉克勒斯与勒拿九头蛇战斗的时候,赫拉派去一只巨蟹钳制住了他的脚。

345

# 恶魔与精灵

马尔杜克的圣兽,长着犄角的怒蛇木什胡什。(伊什塔尔城门,局部)

## 美索不达米亚的守护精灵

精灵一般会依附于某个特定的人,其中男性精灵叫舍杜,女性精灵则被称为拉玛苏。门上的混种兽装饰则用来保护建筑不受邪灵侵扰,包括阿普苏半人半鱼的阿普卡鲁,马尔杜克的圣兽、长着犄角的怒蛇木什胡什,狮鹫安祖和人首翼牛阿拉德拉姆。

## 亚神

除在神谱中所列的众神外,人类的想象世界中还遍布着恶魔与精灵等介于人和神之间的存在,它们代表了人类的恐惧和欲望。

## 专属精灵

古希腊罗马世界有很多介于人和神之间的守护精灵,希腊人叫它们戴蒙,而罗马人则称之为格尼乌斯。它们游荡在空中,有时也会跟随某个特定的人,比如苏格拉底的戴蒙就是一个"有神性的声音",会制止他做不该做的事情。这种戴蒙有的时候也会以蛇的形象出现,"在埃及的时候,有一天我见到两位邻居正在为一条地上爬行的蛇争吵,他们都说那是一个好的精灵,但是两个人都宣称它是跟着自己的。"(普鲁塔克)斯堪的纳维亚世界中的费尔加也是类似的概念,它们是人的第二自我,有时会以动物的形式出现。

## 邪恶的恶魔

美索不达米亚有为数众多的恶魔:阿萨克是疾病的化身;阿鲁是一种幽魂(类似于罗马人说的幽灵);拉玛什图是一种长着毛和爪子的混种兽,它们会攻击刚出生的婴儿和孕妇,给他们带来疾病;帕祖祖是有名的恶神,会传播疫病,但也能辟邪,它有着人的身体、蝎子的尾巴、鸟的爪子和翅膀以及面相狰狞的头。古希腊也有与疾病相关联的恶魔,比如提福斯就是导致发热谵妄的恶魔。阿普卡鲁中的阿达帕能使用巫医术来对抗疾病。希腊罗得岛的特尔卡涅斯人与美索不达米亚的阿普卡鲁十分相似:他们也是半人半鱼的精灵,掌握冶金技术和魔术知识,还能幻化出各种形态。

在美索不达米亚,帕祖祖被认为是恶灵之王。

346

## "土地神"

格尼乌斯一般指某个人的守护精灵（有时也被视为同这个人一起出生的第二自我），但也可以是某个城市或某个群体的守护神，能保护和引导它的命运。这一类神明往往是通过神化某些概念而被创造出来的。保护某个特定场所的精灵（土地神），同希腊人的戴蒙一样，有时也以蛇的形象出现，例如守护住宅的佩纳特斯和守护家庭的拉尔。拉尔是与空间场所相关联的精灵，例如守护十字路口的十字路拉尔和守护道路的道路拉尔。

拉尔是罗马神话中的守护精灵。（庞贝古城壁画，局部）

## 自然精灵

北欧神话中的精灵也是山林川泽等场所的守护神，类似于希腊神话中的宁芙仙女。光明精灵分布在天上，而邪恶的黑暗精灵则幽居地底。

## 夜魔

夜魔，高卢人也叫他们杜希，是一些野兽模样、昼伏夜出的恶魔，他们专门坐在睡觉的人身上使他们喘不上气，还喜欢骚扰女性并在夜间玷污她们。女夜魔则被称为魅魔，其中最有名的就是莉莉丝，其形象可能是从美索不达米亚的恶魔莉露、莉莉杜或拉玛什图演变而来的。

## 吃小孩的妖怪

斯特里格斯是能够隐身的半人半鸟的女妖，会爬到摇篮里吸食小孩的鲜血。也有人说她们是由想要夺取小孩肉体或器官的女巫变化而成的。据说，门轴仙女卡尔娜从门神雅努斯那里得到的山楂树枝，可以让斯特里格斯无法靠近。

## 其他邪恶生物

除了厄喀德那一类的蛇妖，希腊神话中还有很多用来吓唬小孩和乳母的吃人妖怪。恩浦萨是女神赫卡忒召唤出来的一种恐怖女妖，也有人说她就是赫卡忒的化身。阿里斯托芬把她描绘成样貌多变的恶魔，有时会以美女的形象出现，但长着一条驴腿（一说是青铜做的腿）。恩浦萨有时也指在夜间游荡的能够变换样貌的幽灵，据说可以通过咒骂把她们赶走。人们常常把恩浦萨和拉弥亚混为一谈，后者是一种食人女鬼，以美色引诱年轻英俊的男子，而后食其肉、饮其血。

# 众神志

## 众神的世界

神谱中的男女众神主要包括希腊罗马神话中出现的主要神明，他们不仅是宗教在现实世界中的投影，也是神话中英雄身边的常客。此外还有一些小众神明、抽象概念的化身以及从周边文明的神谱中借鉴而来的神。

在希腊神话中，世界的统治权掌控在克洛诺斯的三个儿子手中：天界的宙斯、海界的波塞冬以及冥界的哈迪斯。但在三界中又各自存在着诸多低位神明。一切自然现象都可以被神化，天空和大海中遍布着神明和具有神性的生物，有的代表着各类星辰和大气现象（如赫利俄斯、塞勒涅、赫卡忒、伊里斯、四风之神等），有的象征着海浪与泡沫（如安菲特里忒、涅瑞伊德斯、琉科忒娅等）。而在冥界这片哀伤的领地，除了生活着冥王哈迪斯与珀耳塞福涅夫妇，还住着命运三女神摩伊赖、卡戎和复仇女神。

## 各具特色的存在

尽管奥林匹斯众神占据了神谱中最醒目的位置，其中却也不乏一些后起之秀，诸如狄俄尼索斯和阿波罗，这是两位喜欢惹是生非的危险神明，一个象征着酒醉的迷乱，另一个则跟预言和诗歌的呓语有关。不同于在宗教崇拜和神话中都甚少出现的阿瑞斯，他们在很多传说中都有登场。与这两位神明情况相反的是象征"运数"的堤喀（对应于罗马神话中的福尔图娜），她虽未曾出现在任何一则传说故事中，却在人们的精神世界中占据着重要位置，其形象也逐渐在图像志中鲜明起来，以至于每个城邦都借用堤喀的形象——一个身披轻纱，头戴壁形金冠的少女——来塑造自己的化身。

其他的主要神明则主要与人类在各领域中的活动相关：他们象征着家庭（赫斯缇雅），新生（厄勒梯亚、阿尔忒弥斯），婚姻（赫拉），爱情（阿佛洛狄忒、厄洛斯），年轻人的教育（阿尔忒弥斯），生育力和农业（德墨忒尔），空间（赫尔墨斯、赫卡忒），易物交换（赫尔墨斯），健康（阿斯克勒庇俄斯、许癸厄亚），狩猎（阿尔忒弥斯），战争（一般分为雅典娜代表的理性战争和阿瑞斯代表的狂野杀戮），音乐（阿波罗），畜牧（赫尔墨斯、阿波罗、潘），冶金（赫菲斯托斯），葡萄酒（狄俄尼索斯）……

## 冲突与领地

某些神明的重要性会随着地域的变化而变化。他们眷顾着某个城邦，扮演着守护神的角色。例如雅典娜是雅典的守护神，赫拉守护着阿尔戈斯，阿尔忒弥斯则看顾着以弗所或佩尔格……神明之间关于某一区域的归属权纷争有时也会成为神话故事，如雅典娜和波塞冬争夺阿提卡，或赫拉与波塞冬关于阿尔戈利斯归属问题的纷争。一整部神话的地理线索贯穿在群山、诸城和各大神殿之间。

奥林匹斯众神的集结。(油画,路易·马图,1868年,卢浮宫博物馆)

## 化身

一位神明可以有多项职能,有时也会表现出多副面孔,人们通过加在他们名字前面的呼名("epiclese",祭祀时呼求神明的祷词)来区分这些身份。以雅典娜为例,这位女神的一些呼名反映了地域特色(如罗得岛的林迪雅、色萨利的伊托尼亚或部得亚、苏尼翁的苏尼亚斯),而另一些称号关系到她所司掌的领域、她的特征或附属物,如城邦之神(波利阿斯、波利乌科斯),驯马神(希庇亚、达玛希波斯、卡利尼提斯),战神(普罗玛科斯、萨尔芬克斯、卡尔基俄科斯),胜利女神(尼刻、尼刻福罗斯),工匠神(厄耳伽涅),外女神(帕尔忒诺斯),明眸女神(格劳科庇斯、俄克希得耳刻斯),海禽女神(埃梯亚,此名用在墨伽拉)……

## 影响范围

从那些源自异邦的神明身上,我们也能看到周边文化对希腊罗马神话的重要影响,例如从弗里吉亚、伊朗、埃及或中东地区通过借鉴或融合的形式产生的神明。在伊特鲁里亚、罗马和希腊之间也存在着神明同化的现象。更远一些的印度和伊朗、高卢和北欧,乃至整个印欧人民内部的神明之间都存在着一定的联系和相似之处。某些神明最后甚至在罗马帝国的宗教中占据了极为重要的位置,如库柏勒、密特拉和伊西斯

# 主神宙斯

雷电之神宙斯十分吝惜自己的力量,他把引导凡人生活的杂务交给自己的众多子女。

## 新世界的神

在推翻暴虐的初代神明之后,宙斯为世界带来了新的秩序。他是希腊神谱中的核心人物,与许多主神一样,他也是一位掌握着雷电力量的天神。

## 克里特岛上的童年

瑞亚怀上第六个孩子(宙斯)后,就躲到了克里特岛的狄科特山,并召唤一条金色大狗守护在旁。宙斯出生后,瑞亚将他托付给库瑞忒斯人(或称科律班特人)和宁芙仙女们。库瑞忒斯人通过撞击武器发出声响来掩盖婴儿宙斯的哭声。希罗多德讲述了这段传说的另一个版本:瑞亚因为不忍心再看到她的孩子死去,就向她的父母请求帮助。盖亚回应了女儿的祈愿,降临克里特岛的艾吉翁山,亲自抚养了瑞亚的小儿子。瑞亚回到丈夫身边,将一块石头裹在襁褓中让丈夫吃掉。以为将儿子吞入腹中的克洛诺斯并没有料到,"神王宙斯"在自己不知道的地方逐渐长大,吃的是狄科特山神蜂的蜜,喝的是一头绝美山羊的羊乳。

## 阿玛尔忒娅

根据某些说法,母羊阿玛尔忒娅就是同名的一位宁芙仙女,她是宙斯的乳母,在狄科特山上代替宙斯的母亲照顾他。她用自己最好的山羊乳汁哺育他,它的犄角高高耸起弯向后背。据说,这只山羊的一只角折断后被宙斯拿去做成了"丰饶之角"。山羊死后,它的皮被制成坚不可摧的盾牌,帮助全能的宙斯对抗泰坦众神。这面盾极为坚硬,任何刀刃砍上去都会折断,后来成为雅典娜的神盾埃癸斯(意为"山羊皮")。按照奥维德的说法,宙斯成为天界之王后,为了奖赏阿玛尔忒娅,把她变成了一个星座——摩羯座。

被母羊阿玛尔忒娅哺育的宙斯(罗马神话中的朱庇特)。(油画,菲利斯·吉亚尼,18世纪)

## 后来居上

克洛诺斯是天神乌拉诺斯与大地女神盖亚之子,也是泰坦诸神中最小的一个。他除掉了父亲乌拉诺斯,夺取政权并娶了自己的姐姐瑞亚为妻。因为害怕王位也会被自己的某个孩子夺走——他的父母是如此告诫他的,克洛诺斯在孩子们刚出生的时候就把他们吞到肚子里去了,这种能够吞噬世间万物的特点使得他被视为"时间"的象征。就这样,他与瑞亚结合后生下的赫斯缇雅、德墨忒尔、哈迪斯、波塞冬和赫拉都被他吞入腹中。唯有小儿子宙斯因为母亲的计谋得以幸免。

众神志

## 大雨过后

人们常将宙斯与各种天气现象联系在一起：他名字的来源就与闪电有关。他能让雷声大作、风暴骤起，也能降下霜雪雨露。

在众神的簇拥下，宙斯端坐在奥林匹斯的王座上。（油画，17世纪）

## 宙斯的象征

宙斯是万物之父，是一切的开始与终结。丰饶之角体现了他造物主的力量，这也是他的一个象征。这位至高无上的神同时也是秩序与法律的捍卫者，不论是在神界还是人间，他都会锄强扶弱、维护正义。宽宏大量的宙斯由胜利女神所辅佐，代表他无所不能。他端坐在奥林匹斯的王座上，手中握着象征力量的权杖。雄鹰盘踞在侧，这只猛禽是神王的信使。

## 天界之主

据赫西俄德所述，宙斯是克洛诺斯的小儿子，在哥哥姐姐们的襄助之下，他带头发起了对抗父亲的战争。战败后的克洛诺斯被迫将王位让给自己的儿子，奥林匹斯诸神的时代开始了。在这个体系中，"集云者"宙斯成为天界之主，负责保管天火与天水；而他的两个哥哥，波塞冬和哈迪斯，则分别掌管着海界和冥界。宙斯还从他释放的独眼巨人那里得到了被盖亚藏起来的雷电。

## 大地之脐

宙斯成年后，在计谋的化身、大洋仙女墨提斯的帮助下，给父亲下了药，迫使他将自己的哥哥姐姐们吐了出来。宙斯还拿回了当初被父亲吞下从而救他一命的那块石头，并将它安放在德尔斐。这块石头被叫作"肚脐"，在德尔斐，它是一个圣物，并被当作世界的中心——"世界的肚脐"，接受人们的崇拜。

## 其他的主神

因陀罗相当于"印度的宙斯"，他是掌管雷雨的天神、众神之王，他的武器金刚杵就是雷电的象征。近东和中东的大多数神谱中都有雷神的存在，例如胡里安神话中的雷雨之神忒术布，他是雅泽勒卡亚神谱中的最高神；赫梯神话中的塔尔洪、卢维神话中的塔尔洪塔都是与之对应的雷雨之神。美索不达米亚神话中的雷雨之神名为阿达德，而巴比伦神话中的马尔杜克继承了阿达德的特征，成为主神、秩序的守护者及众神之王。在黎凡特，主神巴力是战胜了海怪利维坦的乌云和风暴之神。

351

# 白臂女神赫拉

## 众神之母

"我歌颂金座之上的赫拉，光辉的瑞亚之女。赫拉，永生的女王，拥有绝世的美貌，是威严的宙斯的姐姐和妻子。奥林匹斯山上所有幸运的居民都敬重她，如同他们敬重雷电之主宙斯一样。"（《荷马颂诗——致赫拉》）赫拉尤其以婚姻女神之名而广为人知，但她的职责远不限于此。她就像一位身兼数职的伟大母亲，既是生育女神，也是女战神……她相当于罗马神话中的朱诺，后者与朱庇特和米涅尔瓦共同组成卡皮托利纳三神。

## 宏大的赫拉崇拜

据说赫拉生于萨摩斯岛因布拉索斯河畔的一棵牡荆树下。阿尔戈斯城附近有一座著名的赫拉神庙。"赫拉坐在宝座上，这座由黄金和象牙制成的雕像出自雕刻家伯留克列特斯之手。赫拉的王冠上装饰着美惠三女神和时序女神的形象，一只手拿着一颗石榴，另一只手则握着一柄权杖。"（帕萨尼亚斯）在科林斯，她是人们崇拜的巅峰女神；在斯巴达，她则是"吃山羊的赫拉"，因为人们在祭祀的时候会为她献上山羊；在阿尔戈斯，她既是巅峰女神也是花神。

## 赫拉的名字

作为宙斯的配偶，赫拉被当成女主神与神后，她同时也是代表银河的天神。但考虑到她作为婚姻守护者的身份，人们则更愿意将她的名字与动词"爱"（Eran）联系在一起。在史诗作品中，她还有许多别的名字，例如"白臂赫拉"或"牛眼赫拉"。有时她也具有某些雅典娜所具有的特征，比如有的传说就将赫拉与"马""童贞"和"武器"等概念联系在一起。

## 与波塞冬之争

赫拉统治着阿尔戈利斯全境，这是她从波塞冬那里赢过来的。"赫拉与波塞冬就阿尔戈利斯的归属问题有过一场纠纷，佛罗内俄斯与三位河神刻菲索斯、阿斯忒里翁及伊纳科斯是这场纠纷的仲裁者，他们将阿尔戈利斯判给了赫拉。据说波塞冬因此截断了这片土地上的所有水源，所以伊纳科斯及前述的其他河流只能从雨水中获得补给，而且每年夏天，除了勒拿的泉水之外，阿尔戈利斯全境的水域都会干涸。"（帕萨尼亚斯）

宙斯与赫拉在奥林匹斯山上的婚礼。（庞贝古城壁画，1世纪）

## 凶悍而阴郁的赫拉

相传，赫拉也有凶神恶煞的一面。她抚养了勒拿九头蛇和涅墨亚的狮子等怪物。《荷马颂诗——致阿波罗》中记载着她为了报复雅典娜的出生而怀上了怪物提丰："在整整一年中她都没有与宙斯同房，也不像往常那样坐在华丽的宝座上给出明智的谏言，而是流连于挤满了崇拜者的神庙，享受着他们献上的祭品。日月更替，时光流转，一年的时间过去了，女神生下了一个非人非神的异类，恐怖的提丰是所有凡人的噩梦。赫拉怀抱着这个怪物，将它交托给另一个同样可怕的怪物（德尔菲涅）抚养，后者答应了。"

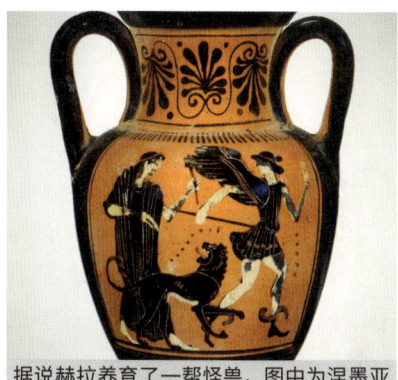

据说赫拉养育了一帮怪兽，图中为涅墨亚的狮子。（双耳瓮，约公元前 500 年）

## 朱诺在看着你

在古意大利，赫拉崇拜常见于各个希腊殖民城邦。波塞冬尼亚的赫拉神殿据说是由阿尔戈英雄所建；而拉基尼翁海角的赫拉神殿则因在公元前 215 年被汉尼拔洗劫过而留下一段传世趣闻。西塞罗的转述如下："汉尼拔在这座神殿中发现了一根金色的柱子，为了确认柱子是否为纯金打造，汉尼拔在上面凿了一个洞，结果发现柱子的确是纯金的，于是便准备将其偷走。但是当天晚上朱诺托梦给他，劝其不要这样做，还威胁说如果他一意孤行，就让他连剩下的那只眼睛也保不住。汉尼拔是个十分谨慎的人，对于这种警告自不能不以为意，他命人用凿下来的金子做成一只母牛的形象，把它安置在柱子顶端。"

## 善妒如赫拉

赫拉善妒，时常迫害宙斯的私生子，尤其是赫拉克勒斯和狄俄尼索斯，还有那些试图保护他们的人，例如阿塔玛斯和伊诺。当然，她也不会放过被她丈夫引诱的人，比如伊娥就被赫拉派去的牛虻折磨得苦不堪言。她禁止厄勒梯亚前往提洛岛，试图阻止勒托分娩；她还命令命运女神摩伊赖中断阿尔克墨涅的阵痛来延缓她的分娩。她还几次三番捉弄宙斯令他陷入沉睡，一次是为了加害赫拉克勒斯，还有一次则是为了在特洛伊战争中帮助亚该亚人。当然，赫拉也因自己的恶行而受到惩罚，宙斯把她吊在天上；为了报复无情抛弃自己的母亲，赫菲斯托斯把她困在了一个无法脱身的宝座上。在《埃涅阿斯纪》中，朱诺是迦太基的守护神（迦太基神话中的塔妮特），因此在维吉尔的笔下，她自然就成了埃涅阿斯的敌人。朱诺试图保护迦太基人，阻止埃涅阿斯前往意大利，但最终还是徒劳无功。

## 神后朱诺

在罗马神话中，与赫拉相对应的就是朱诺。而在普列内斯特，她则被称为救世王母朱诺——一位身披山羊皮的女战神，一只手挥舞长枪，另一只手则握着一面双叶盾牌，有时以站在战车上、气势汹汹逼人的形象出现。她在一片圣林中接受人们的崇拜，那里还有一条神蟒，它能够探知被派来侍奉朱诺的年轻女孩是否保有童贞。这位手持长枪的女神也见于罗马附近的其他城市，例如萨宾人所在的库雷斯城、法利斯克人的法雷利亚城；还有伊特鲁里亚的著名城邦维爱，罗马人卡米卢斯攻下这座城市后，将朱诺崇拜带回罗马。在得到女神本人的同意之后，人们才将她的雕像运回了罗马城。

许多文明中都有类似朱诺的形象，图为伊特鲁里亚人的青铜女神像。（公元前 480 年）

# 天界众神

赫利俄斯负责将阳光洒向他经过的大地。

## 光辉夺目的赫利俄斯

太阳神赫利俄斯是万物之母、大地女神盖亚和天神乌拉诺斯的孙子，泰坦神许佩里翁和忒娅之子，他有两个姐妹，姐姐是黎明女神厄俄斯，妹妹是月亮女神塞勒涅。他常常以一个充满活力的小伙子的形象出现，驾驶着一辆由四匹翼马拉动的金色战车，头戴日芒状王冠，浓密的金色长发映照着俊美的五官，与猩红如火的袍服一同在风中飘荡。他的四匹翼马分别叫作皮洛伊斯、厄俄乌斯、埃顿和弗列贡，这些名字都与光明或火焰相关，它们跑起来风驰电掣，在天空拉着炽热的车驾，自东向西驰骋而过。奥维德说赫利俄斯，也就是罗马神话中的索尔，每天夜里都会回到他那宏伟的地下宫殿中去，而那宫殿散发出的夺目光辉是凡人不能直视的。

## 夜之众神

在北欧神话中，日月及其他主要星体都有专门的马匹拉动。月神玛尼驾驶其中的一匹，他的姐妹日神索尔也驾驶着一匹。他们的天车被两只巨狼追赶，等到末世之时，诸神的黄昏降临，它们就会追上来将日月一并吞下。男性月神在希腊人看来是一件很奇怪的事情，但在其他神话系统中却不乏这样的存在。例如，巴比伦人就有一位名叫"辛"的男性月神，其象征是一弯新月；卢维人的月神阿尔玛斯和弗里吉亚人的月神"缅"也具有相同的属性。

## "玫瑰色手指的黎明女神"（荷马）

黎明女神厄俄斯的职责是连接光明与黑暗，并宣告她的兄弟赫利俄斯的到来。在黑夜将尽之时，她驾着白色天马拉动的战车，向世间降下清露，所过之处，繁花展颜。厄俄斯的神话几乎都与她的风流韵事有关：相传她与阿瑞斯有染，因此阿佛洛狄忒罚她一生桃花不断。

## 昼夜交替

每天早上，赫利俄斯跟在他两个姐妹塞勒涅和厄俄斯的战车之后，把阳光从他的四驾马车上洒向大地。这三位天神每日轮流驾车从天而过，形成了一个笼罩着大地的无尽循环，以此确保昼夜的正常交替。在天界活动的其他神明，例如罗马神话中的"司晨女神"欧若拉，与希腊神话中的黎明女神有诸多相似之处。至于众神的信使伊里斯，她是彩虹的化身，是连接天地的桥梁。

战车上的月神塞勒涅。

## 太阳的对面

塞勒涅也是初代神祇之一。她身披飘逸的温柔轻纱，绾起的头发以新月为饰。她挥动鞭子驱使两匹翼马（一说是公牛）拉动银色的马车。有时，塞勒涅的背后也会展开一对巨大的翅膀，看上去就像天使。她对应着罗马神话中的露娜，但人们从很早的时候就将她与狄安娜混为一谈。

众神志

## 罗马人的黎明女神

罗马神话中有一位起源于古意大利的黎明女神。这位神秘的神明被称为"马图塔妈妈",祭祀她的庆典"主母节"于每年的 6 月 11 日在罗马举行,在这一天,罗马的主母们会举行驱逐黑暗的仪式。事实上,马图塔和厄俄斯之间并没有什么关系,反而与琉科忒娅以及厄勒梯亚更为接近。她可能象征着母性及降临于世间的万物,因此也被人和黎明(白昼的降临)联系在一起。

## 连接天地的桥梁

伊里斯是海神陶玛斯和大洋女神厄勒克特拉之女,也是鹰身女妖哈耳庇厄的姐妹。作为大地女神的孙女,她有着同初代神祇一样古老的出身。她是彩虹的化身,希腊人把她看作众神的信使,而彩虹就是她往返于天界与凡间的桥梁。诗人们用"伊里斯的围巾"来喻指彩虹,那是她为了传达神的信息,踏着轻盈的脚步降临人间时在空中留下的痕迹。她的形象是一个手持传令官权杖、长着金色翅膀的少女,轻盈的面纱在阳光下折射出七彩的光芒。如果说赫尔墨斯专注于为伟大的宙斯传信,那么伊里斯效忠的对象就是与她亲密无间的赫拉。伊里斯常奉神后之命去剪下女人临死前的一缕头发:在维吉尔的《埃涅阿斯纪》中,就是朱诺派伊里斯去剪下狄多的一缕金发,随后普洛塞庇娜才将狄多献给冥王普鲁托。伊里斯总是能带来好消息,所以深受赫拉青睐。不过,伊里斯并非只为赫拉服务,比如在特洛伊战争中,伊里斯就在阿喀琉斯求助于风神之时为他传信。据阿尔卡埃乌斯记载,伊里斯是西风神仄费洛斯的妻子,爱欲之神厄洛斯的母亲。

## 阿萨神之桥

北欧神话也将彩虹看作桥梁,名为"比弗洛斯特"(意为"摇晃中的桥梁"),它连接着人类居住的"中土世界"米德加德和阿萨神族的居所阿斯加德。因为它是由阿萨神族建造的,所以它的另一个名字叫"阿萨布鲁",意为"阿萨神之桥"。为了阻止巨人国入侵阿斯加德,桥上的火焰常年不灭。然而在末世降临之际,这座桥终将毁于巨人的铁蹄之下。

朱诺派伊里斯去剪下狄多的一缕金发,随后普洛塞庇娜将狄多献给普鲁托。(油画,塞巴斯蒂安·布尔东,18 世纪)

# 波塞冬和他的儿子们

波塞冬生气的时候会用三叉戟拍击海浪，或者搅动海水引发风暴。

## 手持三叉戟的海神

波塞冬是克洛诺斯和瑞亚的儿子，宙斯和哈迪斯的兄弟，地中海和一众江河湖泊均在他的统治之下。波塞冬在罗得岛被大洋仙女卡菲拉和特尔卡涅斯人抚养长大。他从独眼巨人那里得到了帮助他对抗泰坦神的三叉戟，他可以用这把武器发动海啸和地震，因此他也被称为"大地的震撼者"。

## 水域之主

奥林匹斯诸神中统管海界的波塞冬，在古希腊人的世界中有着十分重要的地位：他生性易怒，令人生畏，能够发动风暴、海啸和地震。

## 致命陷阱

根据后世的传说记载，在古利比亚，特里同是特里托尼斯湖的湖神。据说这位波塞冬之子会突然从湖里出没，将岸边的牲口掳走吃掉。为了制止他的恶行，当地人在狄俄尼索斯的帮助下设了一个陷阱。他们在岸边放了一杯葡萄酒。特里同为其香气所吸引，拿起酒杯喝了个精光，随后便一醉不起，最后被狄俄尼索斯用斧头砍死。

## 海底金殿

在人们的描绘中，波塞冬通常赤裸着上身，卷曲的头发如同海浪，泛着幽蓝色的虬须令人联想到深邃的海洋。为他拉战车的马打着青铜的马掌，马的后半身是一条鱼尾。他出行时，前方会有一众海洋精灵为他开路：海仙女涅瑞伊德斯、特里同、海马及海豚……他的金色宫殿坐落于海底，在直布罗陀海峡两边耸立的赫拉克勒斯之柱以西，传说中的亚特兰蒂斯岛就是波塞冬的领土。他的正妻是忒提斯的姐妹安菲特里忒。因为罗马人并没有自己的海神，所以他们把波塞冬比作淡水的守护神涅普顿。

## 吹螺号的海神

特里同是波塞冬和海仙女安菲特里忒的儿子，同样生活在大海深处的金色宫殿。在风暴最猛烈的时候，人们会看到他吹响巨大螺号、平息风浪的身影，随后他的鱼尾拍起水花，消失在海洋深处。他有两个女儿：帕拉斯是雅典娜的玩伴，特里提雅是雅典娜的祭司。他踏浪而行，有时也以海豚、海马等海中生物为坐骑。根据某些记载，特里同有一个姊妹名叫罗迪，嫁给了太阳神赫利俄斯。

## 易怒的波塞冬

波塞冬和雅典娜之间有过一场著名的纷争。彼时两位神明为了谁做阿提卡地区的守护神一事争论不休，于是当地市民决定，谁赐予他们的礼物最好，就选谁做守护神。雅典娜选择了橄榄树作为礼物，而波塞冬送出的则是位于厄瑞克忒翁神庙附近的一口咸水泉。经评议，法院决定让雅典娜担任城邦的守护神，雅典城也由此得名。怒不可遏的波塞冬挥动着三叉戟在阿提卡发动了一场洪水。阿尔戈斯城也流传着类似的传说，只不过这一次跟波塞冬起争执的是赫拉。由于佛罗内俄斯做出了有利于赫拉的裁决，气得波塞冬水淹阿尔戈利斯，也有人说他让那里所有的水域都干涸了。

## 双面神明

特里同深受水手们的爱戴,因为他能够平息父亲激起的风浪。他还可以把螺号当成退敌的武器,正如在巨人之战中,敌人误将他的号声当作怪物的嘶吼而退避三舍。不同于他父亲的可怕和野蛮,特里同的身份有些类似于海神和航海者的中间人,他的行动往往充满善意:他引导阿尔戈英雄重返地中海;在宙斯为了毁灭人类而发动的那场著名的大洪水过后,是他让大水从地表退去;朱诺为了阻止埃涅阿斯而发动的风暴也是他平息的。不过,特里同有时也会表现出邪恶的一面,比如在一次祭祀狄俄尼索斯的庆典上,他吓跑了来湖里洗澡的维奥蒂亚妇女。妇女们跑去请求狄俄尼索斯主持公道,由他出面赶走了特里同。

## 预言家格劳克斯

格劳克斯继承了波涛之神所特有的预言天赋。安特顿建有供奉他的神庙,水手们对他歌功颂德并谨遵他的神谕。根据奥维德的记述,是他教会了阿波罗占卜之术。在阿尔戈英雄们寻找走失的成员许拉斯、赫拉克勒斯和拉匹特的波吕斐摩斯时,正是格劳克斯告知了他们的去向;按照西西里的狄奥多罗斯的记载,当阿尔戈号返程遇上风暴时,格劳克斯出现在船上,在那里待了两天两夜,帮助船员渡过难关,告诉每个人与他们各自相关的预言,并提醒他们要信守被众神解救时他们对神明许下的诺言。任务完成后,他又回到了大海。

格劳克斯和他爱上的还没有变成怪物的斯库拉。(油画,洛朗·德拉海尔,约 1640 年)

## 格劳克斯:成为海神的渔夫

海神格劳克斯是波塞冬和一位叫娜伊斯的水仙女之子,原本他只是维奥蒂亚的安特顿城中一名以打鱼为生的凡人,但他命中注定要重归大海,回到父母身边:有一天,正当他准备从铺在草地上的渔网里收鱼时,他惊奇地发现里面的鱼都活蹦乱跳地翻回到海里去了,于是他尝了尝渔网下面的青草,结果便如同被施了魔法一般,也跳进了海里。海洋女神忒提斯和俄刻阿诺斯接待了他,并把他变成了一个长着胡子和鱼尾的海神。据说,格劳克斯爱上了宁芙仙女斯库拉,但他的爱人被魔女喀耳刻变成了怪物。后来,他又爱上了阿里阿德涅,嫉妒的狄俄尼索斯用葡萄藤牢牢地把他捆了起来,虽说格劳克斯最终成功脱身,但爱人还是被狄俄尼索斯抢走了。

# 海界众神

## 海洋之神

蓬托斯是盖亚的儿子,是大海的化身。根据赫西俄德的记载,他跟自己的生母盖亚结合生下了涅柔斯、陶玛斯、福尔库斯、刻托、欧律比亚以及若干种鱼类。有时他也被认为是百臂巨人布里阿瑞俄斯、特尔卡涅斯人(名为阿克泰乌斯、墨伽勒希俄斯、奥尔墨诺斯和吕科斯的四只鱼尾巨人)以及罗得岛女神之母哈里亚的父亲。

## 世界尽头的大河

俄刻阿诺斯是乌拉诺斯和盖亚的儿子,他是最年长的泰坦神。古希腊人认为大地是扁平的,人们便把俄刻阿诺斯想象成一条环绕着大地边缘的大河。他娶了自己的妹妹泰西斯,两人生下的儿子跟大地上的河流一样多,女儿则跟溪流、泉水的数量一样多,他们的女儿统称为大洋仙女(或俄刻阿尼德斯)。荷马称俄刻阿诺斯为"众神之父"和"众生之父",因为星辰从这条大河升起,河流从其中发源,滋养大地。俄刻阿诺斯代表着已知世界的尽头,在它的另一边,一切都是谜。据说,就在这阴森的河岸某处,存在着通往冥界的入口。

俄刻阿诺斯,乌拉诺斯和盖亚的儿子,是希腊最古老的神祇之一。

## 海神的天赋

海神普罗透斯是荷马所称的"海洋老人"之一,他和一群海豹一起生活在法洛斯岛上。这位海神虽然有着预知未来的能力,但是他的预言却只说给能够抓住自己的人听,由于他可以随心所欲地变换形态,想抓住他尤为困难。墨涅拉俄斯就是在普罗透斯的女儿埃多泰娅的帮助下,成功抓住了这位海神,并迫使他告诉自己如何重返斯巴达。

## 大洋仙女:大地的三千活水

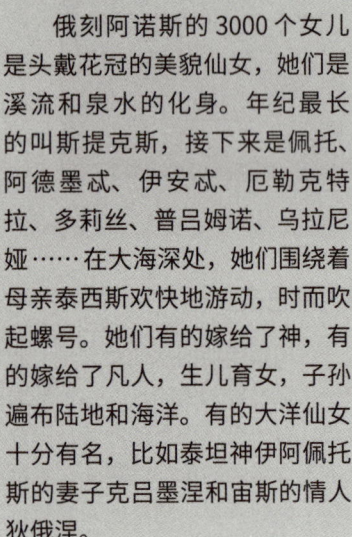

俄刻阿诺斯的 3000 个女儿是头戴花冠的美貌仙女,她们是溪流和泉水的化身。年纪最长的叫斯提克斯,接下来是佩托、阿德墨忒、伊安忒、厄勒克特拉、多莉丝、普吕姆诺、乌拉尼娅……在大海深处,她们围绕着母亲泰西斯欢快地游动,时而吹起螺号。她们有的嫁给了神,有的嫁给了凡人,生儿育女,子孙遍布陆地和海洋。有的大洋仙女十分有名,比如泰坦神伊阿佩托斯的妻子克吕墨涅和宙斯的情人狄俄涅。

## "海洋老人"涅柔斯

早在波塞冬之前,就有一位性格平和、处事公正的海神,名叫涅柔斯,是初代神明蓬托斯和盖亚的儿子。他的妻子是大洋仙女多莉丝,两人育有 50 多个女儿,统称海仙女(或涅瑞伊德斯)。他们还有一个俊美的儿子涅里忒斯,后来阿佛洛狄忒爱上了他,还把他变成了一只贝壳。在另一个版本中,他则是波塞冬的情人。涅柔斯经常以手持三叉戟或权杖,骑在男性人鱼背上的形象出现。也有人将他描绘成上身为人、下身为鱼的形象。作为水手的守护神,涅柔斯在很多希腊传说中都有登场。他居于明亮的山洞中,时不时出来为凡人指点迷津,和他的妻子及其他海神一样,他也有预知未来和变换形态的能力。是他向赫拉克勒斯透露了赫斯珀里得斯圣园的位置,不过这并非他的本意。为了保守这个秘密,他曾试图变成各种动物的模样,躲避赫拉克勒斯的追逐。但是,大英雄赫拉克勒斯最终还是抓住了他,将他牢牢地捆了起来,令他不得不松口。此外,涅柔斯还警告过帕里斯,如果带走海伦,特洛伊城将面临怎样的危险。

## 海的女儿

涅柔斯和多莉丝的女儿们被称为涅瑞伊德斯，她们骑着海豚、人鱼、海牛或海马，游荡在浪花晶莹的海面上。她们是海浪的化身，她们的名字对应着不同形态的海浪：格劳刻是青绿色的海浪，伽拉忒亚则是乳白色的海浪；库莫的意思就是海浪；希俄涅是撞击礁石的海浪，斯佩欧则是流进岩洞里的海浪；狄纳莫涅是强劲的海浪，厄拉托则是温柔宜人的海浪；欧利莫涅是能把水手带到避风港湾的海浪……诗人们歌颂她们的传世美貌：她们的长发轻抚波涛，周身散发着耀眼的光芒，轻纱覆面，神秘的鱼尾在水中摆动。欧里庇得斯的作品中提到：赫菲斯托斯曾赠予她们各类珠宝和金色的武器。在海底深处她们父亲的宫殿中，海仙女们纺纱织线，载歌载舞。她们看护着水手和航海员，为他们提供指引和庇佑。关于海仙女的数量则众说纷纭：阿波罗多罗斯认为有 45 个，赫西俄德则说有 51 个，在荷马笔下只有 34 个，而希吉努斯则认为她们共有 47 个。有人甚至觉得她们有 100 多个……可能她们的数量真的跟大海激起的海浪一样多吧。

### 解救溺水的奥德修斯

海之女神琉科忒娅在《奥德赛》中有一次精彩的亮相：她化身成一只海鸥，把自己附有魔力的面纱借给奥德修斯，帮助他逃过溺水之灾。这位象征着泡沫的白色女神是女英雄伊诺死后化身而成的，她生前曾是卡德摩斯的女儿和阿塔玛斯的妻子。

## 守望相助

神话里最著名的海仙女有：

忒提斯——佩琉斯（阿喀琉斯之父）的妻子；

安菲特里忒——波塞冬的妻子；

白色的伽拉忒亚——独眼巨人波吕斐摩斯的爱人。

海仙女普遍存在于跟海洋有关的希腊传说中，但大部分情况下，她们都是安静的看客。不过，每逢重要的时刻，她们也会陪在姐妹的身边，守望相助。例如，在安菲特里忒和波塞冬的婚礼上，以及珀尔修斯释放安德洛墨达的时候；阿喀琉斯死时，也是她们陪在忒提斯的身边为她哭泣。她们还护送阿喀琉斯的遗体前往琉科岛，好让这位英雄能在岛上得到永生。

骑着海马驰骋在海面上的一位海仙女。

# 夜神和她的孩子们

## 夜神和她的两个儿子

倪克斯是混沌之神卡俄斯的女儿，神秘的黑夜女神，也是创世神话中的初代女神。她头上裹着黑色的轻纱，两匹毛色如乌玉般漆黑的马拉着她的战车在夜空行驶。有时人们能看到她的怀中抱着两个长着翅膀的孩子，身着白衣的是温柔的睡神许普诺斯，身着黑衣的则是死神塔纳托斯。

## 子嗣众多的夜神

和倪克斯一起从原初混沌中降生的还有她的孪生兄弟——黑暗之神厄瑞玻斯。黑夜女神和黑暗之神孕育了他们的对立面：光明的白昼之神赫墨拉，以及光辉灿烂的埃忒耳，他代表着纯净的上层空间，这也是奥林匹斯诸神后来居住的地方。据说倪克斯随后与冥河神阿刻戎结合，生下了恐怖的复仇三女神厄里倪厄斯。此后，她又跟卡俄斯生下了命运之神。根据赫西俄德的记述，倪克斯能够通过分裂的方式独自繁衍后代，正因如此，她生下了一系列象征着各种灾厄的神明：塔纳托斯——死亡；许普诺斯——沉睡；克蕾丝——死灵；涅墨西斯——神罚；厄里斯——不和；以及衰老、欺诈、痛苦、恐惧、悲惨、欺骗、诱惑等。

## 夜的另一面

宙斯继位后，初代神明纷纷退隐，倪克斯也成为大地女神的阴暗面，活跃在哈迪斯的地下国度。在厄琉息斯秘仪中，人们将她和赫卡忒联系起来，与德墨忒尔和珀耳塞福涅并列在一起来崇拜。因此，在巫术仪式中，夜神倪克斯和地神赫卡忒往往是一起被召唤的。夜空变幻莫测的形象昭示着人类出生与死亡的根源。在奥维德的作品中，美狄亚有过这样的台词："哦，黑夜，你是秘术最忠实的伴侣；繁星啊，你们同月亮一同承继白昼之火；还有你，三头的赫卡忒，回应我的呼唤前来与我共谋秘事，用你的咒语和魔法助我一臂之力吧。大地女神啊，你盛产具有强大魔力的植物；还有你们，清风、山川、河流、深湖、森林里的一切神明、黑夜里的一切神明，我呼唤你们，前来助我一臂之力吧！"

### 强大的黑夜女神

倪克斯在俄耳甫斯教中有着十分重要的地位。她与黑暗之神厄瑞玻斯结合产下一枚浅色的蛋。厄洛斯就从这颗神秘的蛋中盘旋而出，世界也在这个螺旋中诞生。荷马在《伊利亚特》中写道："黑夜女神十分强大，她比众神都要强大。"同厄洛斯或斯提克斯一样，她拥有连众神都要敬畏三分的力量。

睡神许普诺斯青铜像。（复制品，原件为古希腊大理石像，公元前4世纪）

## 伟大的睡神

睡神许普诺斯是倪克斯的儿子。不过，有人说他是由倪克斯独自繁衍而生的，还有人说他是由倪克斯和厄瑞玻斯结合所生。跟他的孪生兄弟——死神塔纳托斯一样，他也是一个长着翅膀的年轻人。有时人们会看到他手中握着一枝象征睡眠的罂粟花，又或是拿着一支火把。在奥维德的笔下，许普诺斯住在世界尽头的辛梅利亚，在一个昏暗的山洞中，他躺在羽毛床上，伴着洞外勒忒河潺潺的水声进入梦乡，荒凉的居所四周长满了罂粟，这种诡异而深沉的静谧氛围正适合长久的睡眠。关于他的所在地也有其他说法，比如荷马认为他住在利姆诺斯岛，维吉尔则认为他住在冥界。

众神志

## 催眠者

不论是凡人还是神，许普诺斯都能让他们陷入沉睡，他的这一能力使他在神话中发挥着至关重要的作用。在《忒拜伊德》中，朱诺为了帮助阿尔戈斯人，派伊里斯去找许普诺斯，让他使整个忒拜军团陷入沉睡。同样，在《伊利亚特》中，赫拉让许普诺斯催眠她的丈夫神王宙斯，好让波塞冬能够毫无顾虑地帮助亚该亚人。作为报答，赫拉把一位名叫帕西西亚的美惠女神许配给了许普诺斯。在巨人之战中，赫拉克勒斯也是依靠许普诺斯的力量，在巨人们都睡着之后才战胜了他们。

在赫尔墨斯的注视下，萨尔佩冬的尸体被许普诺斯和塔纳托斯带走。（欧弗洛尼奥斯陶瓶，约公元前515年）

### 睁眼睡觉的人

许普诺斯爱上了俊美的牧羊人恩底弥翁，并赋予他睁眼睡觉的能力，这样他就能每时每刻都看到爱慕他的许普诺斯了。许普诺斯的儿子中最有名的一个是梦神摩耳浦斯，但据说许普诺斯的儿子有千人之多。

## 塔纳托斯 —— 死亡的化身

跟他那位同样长着翅膀的孪生兄弟一样，这位夜之子也是从亡者的国度降临凡间。塔纳托斯平时身处冥界，但凡有人死去，他便会把亡者的灵魂收走。他是哈迪斯的仆人，在罗马神话中则是莫尔斯或莫尔塔扮演着这个角色。塔纳托斯有时被描绘为面目狰狞的样子，有时呈现一个面容冷峻的年轻人模样，有时则是一个倒着拿火把、指向地面的丘比特形象。他的象征物是剑和镰刀。

## 死亡是万物的宿命

塔纳托斯并不是一位残忍的神，但在凡人终有一死的宿命面前，他不会有丝毫动摇。他会剪下将死之人的一缕头发，然后把它交给冥界的神明。他的另一项职责是回收战死沙场的英雄的遗体，他的兄弟许普诺斯也会帮他完成这项工作。正是他们俩把在特洛伊战争中死去的英雄萨尔佩冬的遗体带回到他在吕基亚的家人身边。

## 欺骗死神

死神通常是不可战胜的，但是有两位英雄曾经成功地赶走过死神，一个是靠力敌，另一个则是靠智取。

在希腊传说中，阿尔克提斯代替丈夫阿德墨托斯赴死，赫拉克勒斯却想让她活着回到丈夫身边。他在墓边摆上供品吸引塔纳托斯前来，随后将其抓住。塔纳托斯被他的蛮力压制得动弹不得，只得放弃了这次的猎物。于是阿尔克提斯得以回到丈夫的身边。

得罪了宙斯的西西弗斯也不想死，所以，在塔纳托斯前来押解他的时候，他设下陷阱把死神绑缚了。从此世间不再有人死去，奥林匹斯山上的宙斯很是担忧，最后是哈迪斯派阿瑞斯前去交涉，塔纳托斯才被放了出来。虽然西西弗斯的确为自己争取到了一些时间，但他胆敢愚弄死神，终将为此受到严厉的惩罚。

361

# 冥界众神

在希腊神话中，阴森的冥界和冥界主人之名往往相同。

## 隐形的冥王

哈迪斯是克洛诺斯和瑞亚的儿子，他负责统治冥界，而他的两个兄弟波塞冬和宙斯则分别掌管海界和天界。赫拉、赫斯缇雅和德墨忒尔是他的姐妹。民间词源学把他的名字解释为"隐形"之意，因为在泰坦之战中，他从独眼巨人那里得到了一顶能让人隐形的狗皮头盔。这种隐形的能力也对应着死亡的不可预知性。在史诗作品中，哈迪斯也被称为"艾多纽斯"。在伊特鲁里亚也有一位戴着狼头饰的神，名为艾塔。在罗马，掌管冥界的神则被称为"丰饶父神"狄斯·帕特尔、奥迦斯或普鲁托。

### 禁忌之名

"禁止直呼其名，以免招来他的怒火！"人们会改称他为"普鲁托"以趋避"邪眼"。普鲁托这个名字跟他所辖之界的富饶有着密切的关系。冥界灵魂众多，矿藏丰富，各类种子不计其数，地下世界蕴藏的一切都是富饶的象征。哈迪斯是一位极为富有的神明，所以他手中常常握有一支丰饶之角。这种象征勃勃生机的一面，与阴森的地下世界形成了鲜明的对比，也标志着冥王的两面性。

## 不容置疑的领主

哈迪斯对于他奴役的灵魂来说是绝对的主宰，他不容许任何亡魂重返活人的世界。他的助手包括守卫、引渡人和拷问官：刻耳柏洛斯、卡戎、复仇女神、塔纳托斯、许普诺斯、赫卡忒以及冥界三判官（拉达曼提斯、米诺斯和艾亚哥斯）。他的妻子是德墨忒尔的女儿珀耳塞福涅，她在冥界也变得跟丈夫一样冷酷无情。

## 哈迪斯和珀耳塞福涅

三兄弟中只剩下冥界之主哈迪斯还没有尝过爱情的滋味。宙斯许诺把自己的女儿珀耳塞福涅许配给他，但德墨忒尔一想到女儿要嫁给冥界之主并终生幽闭在地底，就十分抗拒。有一天，哈迪斯看到年轻的珀耳塞福涅跟女伴们在西西里岛的艾纳平原采摘水仙花，狂热的欲望冲昏了他的头脑，他撕裂大地蹿了出来，粗暴地将珀耳塞福涅拖上自己的地狱战车掳走了，这一切都是他和宙斯的密谋。然而，宙斯很快就反悔了，并下令让哈迪斯把珀耳塞福涅还给德墨忒尔。但由于哈迪斯已经给珀耳塞福涅吃了冥界的石榴籽，无论是谁，只要尝过冥界的食物就再也无法重返阳间，珀耳塞福涅只得每年在哈迪斯身边待4个月（有的版本说是6个月），尽心辅佐他。他们并无子嗣。

珀耳塞福涅被哈迪斯掳走之后，宙斯下令让她每年有一半的时间要在她的劫犯身边度过，而另一半时间里则可以返回地面。图片左侧手持火炬的是冥界幽魂女王赫卡忒。（双耳爵，约公元前340年）

## 渡舟上的神

卡戎是厄瑞玻斯和夜神的儿子，他的形象是一位戴着帽子、浑身覆满淤泥的老者，眼睛里有火光喷出。他用篙子撑着锈迹斑斑的阴森小船，负责载着亡魂渡过泥泞的沼泽。他会向每一位由此岸去往彼岸的亡魂收取过路费，所以死者口中一般会放一枚硬币，以免其灵魂永远游荡在冥河岸边，这枚硬币被称为给冥河渡神的奥波勒си。可一旦亡魂上了船，就得自己划桨，而卡戎则在一边像酷吏一样粗暴地责骂他们。

## 意志不坚的守卫

安喀索斯的儿子埃涅阿斯是第一个让卡戎屈服并成功渡过斯提克斯河的凡人。卡戎是个唯利是图的神，于是这位来自特洛伊的英雄便用从库迈的女先知那里得到的金树枝贿赂了他。而赫拉克勒斯则是用拳头（可能还有船桨）胁迫卡戎带他过河。摆渡人因触犯了冥界的律法而受到严厉的惩罚，他戴上了镣铐，被逐出冥界一年。根据另一则传说，是哈迪斯守在冥界的入口阻止赫拉克勒斯，但是大英雄用箭射伤了他。哈迪斯随后被带到奥林匹斯山，并在那里接受了名医派安的医治，后者用魔药治好了他。

卡戎带到冥界的亡魂由赫尔墨斯引导至哈迪斯处。人们都说赫尔墨斯十分狡猾，因此，想要欺骗他让其从工作中分神是不可能的。（细颈瓶画，约公元前450年）

## 灵魂摆渡人

"自那乡向前便是通向阿刻戎河与地狱的道路。这里水流湍急，泥水形成漩涡，不时地激起乱流，将沙砾全部倾注到科库托斯河中。一个恐怖的船夫监管着这片水域及河流，他身上的污秽令人不忍直视，他就是卡戎。"
（维吉尔）

## 执法无情的卡戎

没有什么能让卡戎屈服，所有命数已尽的人都不可避免地被他带到哈迪斯那里。渡舟上的乘客，无论多么青春貌美、纯洁无辜或英勇无敌，都无法打动卡戎。他也从不允许任何一个活人渡过冥河去跟死者相见。对于生前没有被妥善安葬的亡者，他也表现得同样冷酷无情，据说这类灵魂要在冥河边游荡100年，才被允许登上那艘死亡之舟。

## 卡戎和卡伦

荷马和赫西俄德都没有提过卡戎，在他们笔下，是赫尔墨斯引渡亡魂徒步蹚过泥泞的冥河。公元前6世纪左右，卡戎的形象才频繁地出现在各类图像作品和民间信仰中。在伊特鲁里亚文化中，有一个名为卡伦的恶魔，看守着坟墓和冥界的入口。可能就是这个长着鹰钩鼻、手持木槌终结将死之人性命的刽子手形象启发了罗马人，让他们创造出了卡戎。在古罗马的斗兽场，当战败的角斗士倒在地上时，装扮成卡伦的奴隶就会进入竞技场，他们的任务是清点尸体并把他们拖出场外。

# 家庭的守护女神

## 房屋的守护神

赫斯缇雅相当于罗马神话的维斯塔,是家庭和炉火的守护神。不同于赫菲斯托斯吞噬一切的火焰,她们代表的是造福人类的火焰。她们在人们的日常崇拜和社会生活中都扮演着十分重要的角色,但很少出现在神话传说中。

## 不灭的火焰

罗马女神维斯塔有着跟赫斯缇雅同样的职责。她是萨图尔努斯和奥普斯(对应希腊神话中的瑞亚)的女儿,朱庇特、普鲁托、涅普顿、刻瑞斯和朱诺是她的兄弟姐妹。她是罗马神话中最重要的神明之一。不管是家庭中的炉火,还是城邦中心的圣火,都是她的化身。人们在家里祭拜她,她便会守护这个家庭;人们在神庙祭拜她,她就会守护这个国家。永不熄灭的火焰就是女神生动的象征,故而城里很少立有她的雕像。

## 善行女神

"哦,赫斯缇雅,你守护着皮托圣城里阿波罗的神圣居所,散发香气的膏油不断地从你的发辫间流下。你有一颗与人为善的心,请和有先见之明的宙斯一同来到这里,为我的歌声赐福吧!"(《荷马颂诗——致赫斯缇雅》)

## 纯洁的女神

赫斯缇雅在古希腊语中的意思是"炉火",这同时也是她的象征。她是克洛诺斯和瑞亚的女儿、宙斯的姐姐,人们常常把她和炉膛中的火焰以及神坛中的圣火联系起来。她裹着面纱,看顾着家庭,孜孜不倦地守护着炉膛里和神坛中的火焰,同时保护着向这些火焰祈祷的人们。在文学作品中,她被称为"奥林匹斯山受人尊敬的贞女"。人们会在祭祀的时候向她表达敬意,第一份祭品总是献给赫斯缇雅的,她的名字也一般出现在祭文的开头。

赫斯缇雅是古希腊守护家庭和炉火的女神。(版画,G.C. 埃玛特,1675 年)

## 古老的崇拜

对罗马人而言,维斯塔崇拜可以追溯到非常久远的年代,因为维斯塔对应希腊神话中的赫斯缇雅,故被认为是由特洛伊人传入罗马的。据说安喀索斯的儿子埃涅阿斯,将维斯塔崇拜连同佩纳特斯(守护家庭的保护神)一起引入古意大利的拉维纽姆。维斯塔贞女守护的圣物被认为是罗马力量的象征:"埃涅阿斯带到意大利的圣物是希腊人,尤其是萨摩色雷斯岛的居民用各种秘仪祭拜的伟大诸神之像,以及据说是由圣贞女们守护在赫斯缇雅神庙中与不灭之火一同保管的传说中的护国神像帕拉迪昂。"第一座维斯塔神庙位于帕拉蒂尼山脚下的古罗马广场,据说是由罗马的第二位国王、虔诚的努玛·庞皮里乌斯下令建造。它的圆形结构与火炉的形状相呼应。

公元前 7 世纪,罗马的维斯塔神庙据说是在努玛·庞皮里乌斯统治时期建造的。

众神志

## 印度的火神

值得注意的是，印度的火神阿耆尼和圆形炉膛中的火焰，其概念有一定的相似性。在印度，有以对一位神明的乞灵开始祷告，再以对另一位神明的乞灵结束祷告的做法。而罗马人对维斯塔的祈祷正好符合这样的模式，祷告以向雅努斯的乞灵开始，并以对维斯塔的乞灵结束。维斯塔神庙的圆形构造和供奉其他罗马神明的神庙截然不同，这也让人联想到炉膛内燃烧不息的火焰，拉丁姆地区原始建筑的形状可能也是如此。

## 维斯塔贞女

"维斯塔啊，请你眷顾我。如果允许我接近你的圣殿，我将为你、为了崇拜你而歌唱。"（奥维德）在维斯塔神庙中侍奉圣火的女祭司被称为维斯塔贞女。她们自幼便从罗马的贵族家庭中选拔出来。在供奉圣职的30年里，她们必须保持童贞。违背了守贞誓言，对于维斯塔贞女和她们的情人来说都是死罪。罗慕路斯和雷慕斯的母亲——瑞亚·西尔维娅的故事就印证了这一点，相传她被战神玛尔斯引诱，产下双生子后就被活埋了。

## 维斯塔贞女的圣职

维斯塔贞女的职责主要是看守圣火，它是城邦和谐的保障，正如家庭的炉火是家庭和睦的保障。但这种象征意义有时也会引申到世界团结的层面。因此，圣火绝对不能熄灭。如果圣火熄灭，当值的维斯塔贞女将会受到严厉的惩罚——通常是鞭刑。为了保证新火的纯洁性，圣火不能借用其他火种来引燃，必须采用钻木取火的方式重新点燃。

## 维斯塔的驴

同赫斯缇雅一样，维斯塔在神话传说中并没有直接登场，也从来没有陷入任何爱情关系。不过有一则传说解释了为什么人类的好朋友——驴子会成为维斯塔的亲密伙伴。奥维德在他的《岁时记》中讲述了这一趣闻：在一次祭祀库柏勒的庆典上，维斯塔在草地上睡着了，普里阿普斯想要侵犯她。当时森林老者西勒努斯的驴子正在附近的一条小溪边喝水，见此情景，它嘶鸣起来，从而唤醒了维斯塔并赶走了普里阿普斯。

## 古老的维斯塔崇拜

维斯塔崇拜的保守性衬托了这位女神的古老与纯洁，以及她作为守护神的力量。平日里只有大祭司长才能自由进出神庙，而罗马的已婚妇女只能在维斯塔节期间才能入内。维斯塔节是祭祀维斯塔的庆典日，于每年的6月7日至15日举行。维斯塔崇拜自努玛·庞皮里乌斯的统治时期开始到狄奥多西一世结束，持续了1000年。

维斯塔崇拜是罗马最神圣、最被严格遵守的仪式之一。（浅浮雕，罗马阿尔巴尼别墅）

# 雅典娜：理性的战神

## 自宙斯的头颅而生

"宙斯从自己头脑里生出明眸女神特里托革尼亚。她是一位可怕的、呼啸呐喊的女神，她能征善战，永远不知疲倦，总是值得尊敬，并时刻渴望喧嚷和战争厮杀。"（赫西俄德）

## 雅典娜崇拜

厄瑞克忒翁神庙是为了供奉雅典娜和波塞冬·厄瑞克透斯而建造的。神庙旁植有雅典娜送给雅典城的橄榄树，还有一眼波塞冬送的咸水泉，都是人们敬拜的对象。泛雅典娜节是纪念这位女神的重要节日，所有社会阶层的民众聚集在一起，参加官方组织的纪念仪式、公共宴会、马术和体操比赛以及火炬接力赛跑。到了节庆的尾声，游行队列会穿过整座城市，为厄瑞克忒翁神庙中的雅典娜像献上一件佩普洛斯长袍，上面的刺绣是全雅典的年轻姑娘用一年的时间绣成的。

## 雅典的守护女神

雅典人民把雅典娜看作他们的守护女神，也是代表理性的女神，对于他们来说，这是比力量更为重要的品质。雅典娜创立了雅典最早的法院——亚略巴古法院。在雅典，她被称为"帕特诺斯"，源自古希腊语"处女"一词，因为雅典娜本身就是贞洁的象征。帕特农神庙是她在雅典的神庙，由伯里克利下令建造，位于雅典卫城的中心地带。

## 城邦的守护神

雅典娜是宙斯和大洋仙女墨提斯的女儿，她在巨人之战中大放异彩，击毙了两名巨人：帕拉斯和恩克拉多斯。在赫拉克勒斯的协助下，她杀死了帕拉斯，剥下他的皮给自己做了一副胸甲；而恩克拉多斯则被雅典娜一直追到西西里岛，最后葬身海底。她是家庭、乡村和城市的守护神，她还是雅典的护城神。她为诗人和哲学家提供灵感，为艺术家和手工艺人提供庇佑。

## 全副武装

雅典娜穿的羊皮胸甲是宙斯用哺育他的母山羊阿玛尔忒娅的皮制成的。她常常头戴一顶科林斯式头盔或阿提卡式头盔，挥舞着长矛，持一面黄铜盾护住身前，盾上镶有美杜莎的头颅，能让与其对视的人直接石化，这时的雅典娜被称为"普罗马科斯"（意为"战斗在前线的"）。

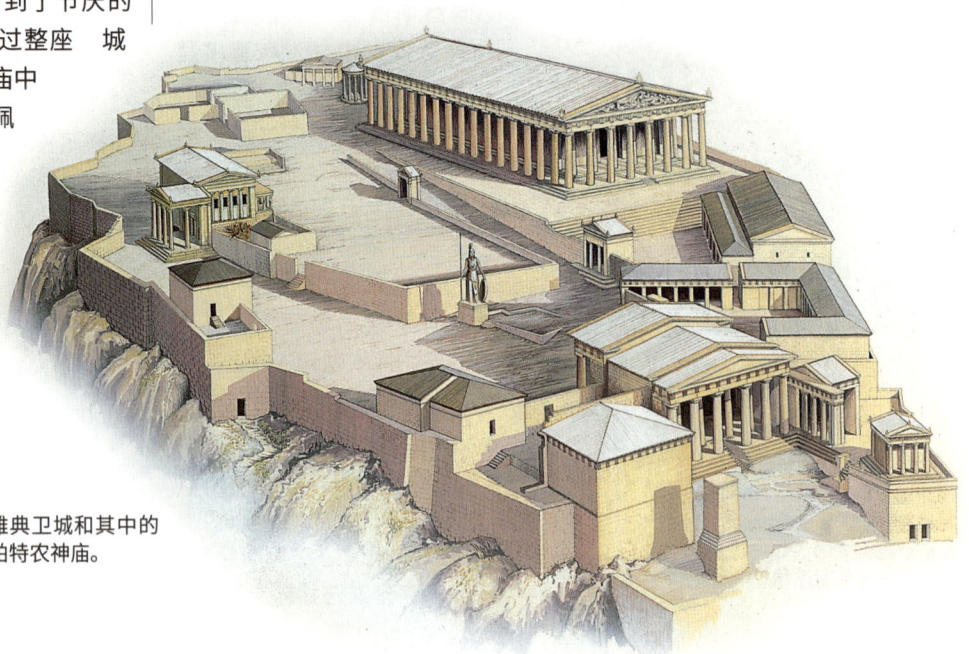

雅典卫城和其中的帕特农神庙。

366

众神志

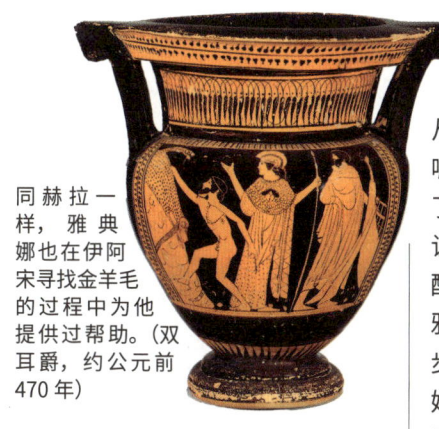

同赫拉一样，雅典娜也在伊阿宋寻找金羊毛的过程中为他提供过帮助。（双耳爵，约公元前470年）

## 雅典娜的儿子——厄里克托尼俄斯

当雅典娜来找众神的铁匠赫菲斯托斯打造兵器时，这位火神被端庄貌美的雅典娜深深地吸引了。他想要跟她亲近，但雅典娜躲开了这位丑陋的追求者，于是他便想对她用强，追逐中，他的精液滴到了遭到冒犯的女武神腿上。雅典娜用一片羊毛把精液擦掉，随后将其扔到地上。羊毛一碰到地面，就长出了一个男孩。一开始，雅典娜把这个意外得来的孩子藏在一个篮子里，托付给刻克洛普斯的三个女儿，并叮嘱她们一定不要打开篮子。三个姑娘没有听从雅典娜的吩咐，她们打开篮子，发现了熟睡中的孩子。不过，篮子里可不只有孩子，还有一条蛇依偎在他身旁，篮子刚被打开，它就咬了这三个好奇的姑娘，让她们命丧当场；另一个版本则说是雅典娜让她们发疯，致使其从卫城上面跳了下去。不管怎样，孩子最后被赐名为厄里克托尼俄斯，雅典娜在神庙中将其抚养长大，后来成为雅典的国王。

## 战争与谋略

雅典娜并没有接受过阿瑞斯的战争训练，她就是为了战斗而生的，从宙斯的头颅里钻出来的时候，她就戴着头盔、手持武器，她的战斗呐喊震天动地。作为父亲的爱女，她声称自己生而无母，但是，她却继承了被宙斯吞下的墨提斯的智谋，在理性且通常是正义的战斗中，是智慧让雅典娜得以采取巧妙的策略克敌制胜。暴躁的阿瑞斯则不是这样，他酷爱战争，并以此为乐，常常盲目地把自己的兵力投入血腥的战斗中去。雅典娜的智慧还表现在她的创造力上：她发明了驾驭马匹的马衔、摆杆步犁和战车。纺织、书写、造船和航海等技术也被归功于她的创造。和她比起来，赫菲斯托斯看起来好像只擅长锤锤材料而已。雅典娜的创造是艺术，赫菲斯托斯的则是技术。

## 英雄的好帮手

雅典娜帮助伊阿宋建造阿尔戈号；帮助达那俄斯造船，助其从兄弟身边逃走；为赫拉克勒斯提供武器，助其完成十二项试炼；给予珀尔修斯黄铜盾牌，助其杀掉美杜莎；与亚该亚人在前线并肩作战。她还在特洛伊战争帮助过提丢斯和狄俄墨得斯；在奥德修斯返回伊萨卡的旅途中全程看顾着他；化身成门忒斯的形象，她守护着奥德修斯和他年幼的儿子忒勒玛科斯；在审判为报父仇而弑母的俄瑞斯忒斯时，她和阿波罗一起帮助他脱罪。

雅典娜既是战争女神又是智慧女神。（细颈瓶画，约公元前480年）

## 罗马女神米涅尔瓦

米涅尔瓦是伊特鲁里亚的古老女神。她名字的词根"men-"意为"智慧"。罗马人将她比作雅典娜：她是卡皮托利纳三神之一，在卡皮托尔神庙中，她和朱庇特、朱诺一起接受人们的崇拜。但是，米涅尔瓦并不具有雅典娜身上战神的特征，她的身份几乎仅限于手工艺人、艺术家和作家的守护神。每年3月的五日节是罗马人纪念米涅尔瓦的节日，因为3月19日被认为是这位女神的生日。

367

# 为战争而生的阿瑞斯

## 战神

作为一位神明,阿瑞斯的名声并不好,而且在神话传说中也没有很多记载。在史诗作品中,厄倪俄常伴其侧,她对应着罗马神话中的贝罗娜。

## 惧怕与恐怖之父

阿瑞斯身材高大,正当壮年,充满阳刚之气,他戴着一顶头盔,身穿青铜胸甲,佩备着一面盾牌、一柄剑和一杆长枪。他的两个儿子得摩斯(意为"恐怖")和福波斯(意为"惧怕")充当他的骑兵,与他们的父亲一同驰骋沙场,一旁还有杀戮女神厄倪俄相伴。阿瑞斯的领地多在北部,例如埃托利亚以及被战神的女儿希波吕忒所率领的亚马孙人占据的蛮荒之地色雷斯。

## 战神的诞生

关于这位战神的诞生,我们或可参阅奥维德所提供的最早的版本。朱庇特独自生下米涅尔瓦之后,朱诺感到十分失落。心生嫉妒的她决定也要依靠自己独立孕育生命。花神佛洛拉告诉朱诺,亚该亚的奥勒涅平原上生长着一种神奇的植物,只要触碰到它的花朵就会怀孕。朱诺采纳了这个建议。佛洛拉用这种带有魔力的花朵在朱诺的胸脯上轻轻拂过,9个月之后,朱诺生下了玛尔斯,并把他托付给普里阿普斯照管。

## "金盔"阿瑞斯

阿瑞斯是战争和杀戮之神。作为宙斯和赫拉的儿子,他属于第二代奥林匹斯神祇。在荷马笔下,他钟爱兵器撞击的铿锵声和战场上的血腥惨象。他象征着来自色雷斯的风暴,普里阿普斯教会他战斗技能。同样是战神,罗马人对玛尔斯(对应希腊神话中的阿瑞斯)则显得尊崇许多。

在罗马,纪念战神玛尔斯的庆祝活动十分盛行。(大理石像,1世纪)

## 子嗣繁多

阿瑞斯和佩罗匹娅生下了著名的强盗库克诺斯。已经跟赫菲斯托斯成亲的阿佛洛狄忒爱上了阿瑞斯,为他生下了哈耳摩尼亚、得摩斯和福波斯。他跟亚马孙女王俄特瑞拉生下了彭忒西勒亚。他还是俄诺玛俄斯和狄俄墨得斯的父亲,前者被珀罗普斯击败,后者则因养马食人而被赫拉克勒斯杀死。

## 可鄙之神

献给阿瑞斯的荷马颂诗中充满了对这位"头戴金盔的神明"的赞美,说他守护城邦、维护正义。但是荷马和其他神话编写者笔下的阿瑞斯是另一副模样:他野蛮、嗜血又好战,跟和谐完全搭不上边。他不是一个招人喜欢的神明。在《伊利亚特》中,他的父亲宙斯告诉他:在奥林匹斯诸神中,他最不喜欢的就是阿瑞斯,因为他的战争格调太差。他丝毫不在乎战争的正当性,这与雅典娜正好相反,而且雅典娜也多次在战场上击败过他。在古希腊,人们供拜阿瑞斯都是私下里进行的,因为这位战神没有自己的神庙。他在神话中败绩频出,他的事迹也并不总是那么光彩。

## 阿瑞斯的败绩

人称阿洛伊代的巨人兄弟厄菲阿尔忒斯和俄托斯是波塞冬的两个儿子,胆大妄为的他们想要掳走阿尔忒弥斯与赫拉。他们先是抓住了阿瑞斯,把他捆起来关在一个铜罐里长达13个月,后来被赫尔墨斯放了出来。而阿洛伊代兄弟还没来得及实施他们的计划就被打败了。阿瑞斯的儿子库克诺斯,因在通向德尔斐的路上打劫前来参拜阿波罗的朝圣者、抢走他们的祭品而臭名昭著。他企图挑衅赫拉克勒斯,却因此丢了性命。阿瑞斯想为自己的儿子报仇,却被他这位同父异母的兄弟伤了大腿,只能忍着丧子之痛,一瘸一拐地回到奥林匹斯山上,是众神的医生派安治好了他。

众神志

## 审判阿瑞斯

在雅典卫城附近，阿瑞斯杀死了波塞冬的儿子哈利罗提俄斯，称其企图强奸自己的女儿——他与凯克洛比亚（以后的雅典城）公主所生的阿尔吉佩。波塞冬强迫他到奥林匹斯众神面前接受审判，地点就在他杀害哈利罗提俄斯的那座山上。最后，阿瑞斯被判无罪释放，而这座山也得名亚略巴古，意为"阿瑞斯之山"，后来这里成为雅典法院所在地。

## 在特洛伊败北

在《伊利亚特》中，战神阿瑞斯偏向特洛伊人，但他的一身蛮力被雅典娜用智谋轻而易举地化解。在雅典娜的庇护和帮助下，狄俄墨得斯先是击败了埃涅阿斯，随后又在与阿瑞斯的战斗中刺伤了他的腹部。阿瑞斯痛得大叫，哭号着逃回了奥林匹斯山，这实在不是一个心怀荣耀的战士该有的表现。

## 战场之上

贝罗娜与来自地狱的恶魔、愤怒女神孚里埃很像：她报复心极强，手里握着一杆长枪或一柄短剑，有时还拿着一把火炬，头上戴着头盔，或者把头发编成蛇辫。她陪在战神身侧，迈过满目疮痍、血雨腥风的战场。她本身也是一个独立的女神，有自己的战车和随从，其中最有名的是吹着号角的流言女神。

雅典娜（米涅尔瓦）在特洛伊战场上对战阿瑞斯。（油画，雅克－路易·大卫，18世纪）

## 战争崇拜

贝罗娜是罗马神话中的战争女神，对应希腊神话中的厄倪俄。在不同的传说版本中，她可以是玛尔斯的姐妹、妻子或是乳母，常常为他驾驶轰鸣的战车。她在罗马的神庙非常有名，公元293年，罗马人决定将此处作为元老会会议的召开地。神庙门口有一根柱子，司战祭司将一杆长枪从柱子上面投掷过去，用来象征性地宣告战争开始。在名为科玛纳的两座同名城市中（一个位于本都，另一个位于卡帕多奇亚），都存在对一位名为"玛"的女神的崇拜，这位女神后来被当作贝罗娜。在卢基乌斯·科尔内利乌斯·苏拉从亚洲归来的途中，他把当地人民对这位手持盾牌和狼牙棒的女神的血腥崇拜带回到罗马。

## 杀戮的化身

希腊神话中的杀戮女神厄倪俄是阿瑞斯的同盟和信使，在乞灵仪式中，她有时也被称作厄倪阿洛斯。在不同的传说中，她可以是阿瑞斯的母亲、姐妹或女儿。正如罗马神话中的贝罗娜，厄倪俄酷爱战争过后的惨状，将死之人的哀号令她无比欣悦，屠城时的烧杀掠夺让她狂喜。不和女神厄里斯和她臭味相投，这也是一位在人们不和的争吵中取乐、煽动战士使用暴力的女神。

象征杀戮的罗马女神贝罗娜。（青铜、木与玻璃合制的雕像，J.L. 杰罗姆，1892年）

369

# 赫尔墨斯：脚踏翼靴的信使

## 多面信使

赫尔墨斯的故乡是阿卡迪亚，聪明而调皮的他十分讨人喜欢。他是个可爱的小偷，同时也是里拉琴的发明者以及众神的信使。在奥林匹斯诸神中，他算是最别具一格同时又受人爱戴的神明。但就是这样一位经常对人施以援手的机智的神明也有着另一面，比如他也负责引导亡者的灵魂前往他们最终的归宿。他相当于罗马神话中的墨丘利，在伊特鲁里亚则被称为图尔姆斯，高卢人则把他比作科尔努诺斯。

## 飞毛腿赫尔墨斯

赫尔墨斯是一个英俊的小伙子，他头戴一顶佩塔索斯帽，身上穿着一件旅行者长袍。凉鞋上装饰的小翅膀象征着他迅捷的脚力，这对于需要往返于奥林匹斯山和凡间、完成众神交托的任务的赫尔墨斯来说是不可或缺的能力。他手中的商神权杖是其作为传令官的象征。这是一根顶端装有一对翅膀的月桂枝，上面还缠绕着两条蛇。在巨人之战中，他戴着哈迪斯的头盔隐去自己的行踪，从而立下战功。

脚踏翼靴、手握商神权杖的赫尔墨斯是奥林匹斯之主的信使。

## 人小鬼大

赫尔墨斯是宙斯和阿特拉斯之女迈亚的儿子。从降生在阿卡迪亚一个山洞中的那一刻起，他就表现出让人难以置信的成熟。实际上，赫尔墨斯刚从摇篮中爬出来，就狠狠地捉弄了他的兄弟阿波罗一番，给人留下了深刻印象。他孤身一人前往色萨利，看到阿波罗正忙着谈情说爱，根本无暇照看阿德墨托斯的牛群。于是，狡猾的赫尔墨斯偷走了12头母牛、100头牛犊和1头公牛。他带着这群牛穿过大半个希腊来到皮洛斯，还机智地在它们的尾巴上绑一根树枝，清除它们经过时留下的痕迹；在另一个版本中，赫尔墨斯则是让牛群倒着走，从而避免被追踪。只有一位名叫巴托斯的老人看到了这一幕，赫尔墨斯便把一头小牛犊送给他当作封口费。到达皮洛斯之后，这位神童献祭了两头牛，将它们分成12份献给奥林匹斯诸神，在把剩余的牛群藏起来后，便一脸无辜地回到库勒涅的山洞中去了。令他声名鹊起的盗案还包括：偷走阿波罗的弓箭、波塞冬的三叉戟、阿瑞斯的长剑、阿佛洛狄忒的腰带、赫菲斯托斯的钳子……

## 情人众多的赫尔墨斯

据说赫尔墨斯与自己的姊妹阿佛洛狄忒结合，生下了厄洛斯。他还是潘神的父亲，母亲是宁芙仙女德律俄珀或珀涅罗珀。他与喀俄涅生下了最狡猾的盗贼奥托里库斯，也就是奥德修斯的外祖父。他还被认为是达芙尼斯的父亲，这个可怜的牧羊人爱上了仙女诺米亚，却因此丢了性命。在罗马神话中，被墨丘利强暴的水仙女拉莱生下了家庭的守护精灵拉尔神。

## 里拉琴的发明者

偷走阿波罗的牛群之后，赫尔墨斯踏上了返程之路，在刻吕多雷亚山脚下，他捡到一只乌龟壳。他把乌龟壳清洗干净，然后把刚刚祭神后剩下来的牛筋绑在龟壳的两端并绷紧。这个造型奇特的乐器就是里拉琴的前身。年轻的赫尔墨斯用它弹奏出的音乐动听到让阿波罗原谅了他偷牛的行为，为了得到这件乐器，他还把自己的金牧牛杖送给赫尔墨斯作为交换，这根牧牛杖就成为后来的商神权杖。有时，赫尔墨斯也被认为是笛子的发明者。

众神志

## 渡灵者

赫尔墨斯引导亡者的灵魂前往哈迪斯处,因此也被称为"渡灵者"。神话中的赫尔墨斯经常扮演守护者和拯救者的角色,宙斯把刚出生的狄俄尼索斯托付给他,使其免受赫拉的迫害;赫尔墨斯还在特洛伊照顾陪在帕里斯身边的海伦。他曾多次对奥德修斯施以援手,比如将一种神奇的植物(摩吕)交给他,使其能够抵御魔女喀耳刻的咒语。

## 一位亲民的神

希腊人认为赫尔墨斯是盗贼之神,也是牧民、商人和演说家的守护神。跟赫拉克勒斯一样,他还是运动员的守护神,所以他的雕像常出现在体育馆中。他是智谋的化身之一。人们有时会在旅途中幸运地跟他偶遇:起初是用石子堆砌起来的小石堆,不久就被换成雕刻成阳具模样的界碑,上面还放着赫尔墨斯的半身像,这些石柱像立在路旁和十字路口,被称为赫尔玛石柱像。它们的作用是帮助旅行者判断距离,因为赫尔墨斯也是度量衡的发明者。界碑还能让旅行者停下来歇歇脚,顺便向这位游牧神祈求庇护,让他们远离旅途中可能遇到的危险。

## 赫尔墨斯的任务

作为一个善意的使节,赫尔墨斯经常介入众神和凡人的生活,改变事件的发展。宙斯指派这个有出息的儿子作为自己的私人信使,但其他神明有时也会请其充当中间人或传令官。在帕里斯判决金苹果的归属权时,是赫尔墨斯召唤雅典娜、阿佛洛狄忒和赫拉前来,好让这位特洛伊的小伙子评判三位女神谁最美。赫尔墨斯还经常扮演向导的角色:普里阿摩斯想要领回儿子赫克托耳的遗体,是赫尔墨斯带他去见阿喀琉斯,后者才同意归还尸体;赫尔墨斯还将死后的阿尔克墨涅带去极乐岛,让她在那里嫁给拉达曼提斯。

## 杀死阿尔戈斯者

赫尔墨斯也立下过不少战功。在百目巨人阿尔戈斯的故事中,他代表宙斯出战。这个巨人是赫拉派去迈锡尼附近监视伊娥的,赫尔墨斯用自己的魔笛让巨人陷入沉睡,而后用一把镰剑割下了他的头颅,这把镰剑后来交给了珀尔修斯。因为这一壮举,赫尔墨斯在史诗中也被称为"阿尔癸丰忒斯",意为"杀死阿尔戈斯者"。

赫尔墨斯(墨丘利)杀死阿尔戈斯,这是他的众多功绩之一。(油画,鲁本斯,17 世纪)

# 爱神

## 让世界运转的是……

厄洛斯所代表的爱，是创世之初就奠定下来的生命之根本。他尊奉阿佛洛狄忒的意志，两位神的力量联合在一起，催生了众神和凡人最原初的欲望。

## 原初之神

根据赫西俄德的说法，厄洛斯无父无母。他和大地女神共同诞生于混沌之中。他能够吸引相反的元素，让宇宙得以凝聚成形，同时确保生命的延续。在俄耳甫斯的创世观中，他被称为普罗托戈诺斯，意为"首个降生的"。阿里斯托芬则认为，厄洛斯是从夜神的蛋中出生的。他降生的时候，蛋壳碎裂的光芒中出现了世界的各个组成部分：大地、天空和海洋。

## 厄洛斯的父母

到了奥林匹斯诸神的时代，厄洛斯的身世又有了另一种说法，他被说成是赫尔墨斯和阿佛洛狄忒的儿子。当然，关于他的父母是谁，还有很多别的说法。他的父亲可能是宙斯、赫菲斯托斯、仄费洛斯或者阿瑞斯。尽管大部分时候阿佛洛狄忒被认为是他的母亲，但厄勒梯亚和伊里斯都有可能扮演这一角色。在不同版本的故事里，各种类型的"爱"也有所区别：狄俄涅的女儿阿佛洛狄忒与阿瑞斯生下的是安忒洛斯（象征着相爱，被认为是厄洛斯的兄弟）；克洛诺斯的女儿阿佛洛狄忒与赫尔墨斯生下的是代表"爱欲"的厄洛斯；阿尔忒弥斯与赫尔墨斯生下的是长着翅膀的爱神，他是很多雕塑家和诗人的灵感来源。在柏拉图的《会饮篇》中，苏格拉底称爱欲之神来自"富足"与"贫穷"的结合。

## 爱是一把双刃剑

起初，厄洛斯的形象是一个长着翅膀、面容俊美的年轻人，他蒙着眼睛，背着一把弓和一个装满箭的箭囊。后来，这个形象演变为一个红脸蛋、塌鼻子、胖嘟嘟的小男孩，背后长着一对翅膀，这就是丘比特。他发射的箭矢能够传播爱情，以手中火炬点燃激情的火焰。有时他也像赫拉克勒斯那般，手握狼牙棒，身披狮子皮。虽然他看上去少不经事，却身兼无比强大的创造力和破坏力。正因如此，不光众神和凡人，连他自己的母亲都怕他。赫拉克勒斯、阿波罗乃至宙斯都被他用箭射中过（成为爱情的牺牲品）。

## 卓越而叛逆的爱神

厄洛斯代表的是"爱欲"，是生命里不可或缺的创造之力。他能唤起人们的和谐、满足、欣喜和愉悦之情。他既代表着肉体意义上的魅力和性欲，也象征着理想和精神意义上的爱情。虽然这位希腊的爱神在古典时期演化为罗马的丘比特，但他在许多神话中都有登场，实际情况要复杂得多。他是阿佛洛狄忒的左膀右臂，女神有任何诱导计划，他都会参与执行。但是，小爱神丘比特也有其自主性，他甚至可以把箭射向爱之女神本人，让阿佛洛狄忒爱上安喀索斯；有时他也会拒绝听从母亲的命令，正如他和赛姬（普赛克）的故事那样。

维纳斯和她长着翅膀的忠实盟友丘比特。（油画，提香，1555 年）

372

众神志

阿佛洛狄忒（维纳斯）最常见的形象是"在海浪中诞生"，此画为亚历山大·卡巴内尔于1863年所作。

## 爱与美的女神

阿佛洛狄忒（罗马神话中的维纳斯）类似古代近东地区代表性欲和新生的母神阿斯塔蒂或伊丝塔，她用爱的力量让人结合，造福人类或毁掉他们。心存善念的时候，她可以使夫妻关系和睦、婚姻稳定、保护新生儿、帮助女子受孕，以及使土地肥沃、滋养生命；然而，她也能生出无节制的、毁灭性的激情，让人走上通奸、荒淫无度的道路。如果说厄洛斯的力量令人生畏，对阿佛洛狄忒也要当心，她有一条神奇的魔法腰带，没人能抵挡它的吸引力，只有阿尔忒弥斯、雅典娜和赫斯缇雅曾躲过这位"月老"的红线。

## 无尽的灵感源泉

阿佛洛狄忒经常出现在艺术作品中。她身材丰满、比例协调，围绕在这位性感女神身边的海豚、贝壳等海洋元素提示着她的出身。她可以通过手中的镜子或阿瑞斯光亮的盾牌，欣赏自己完美的容颜。

## 三位阿佛洛狄忒

忒拜的一座阿佛洛狄忒神庙中立有这位女神的三尊雕像。关于这一点，帕萨尼亚斯是这样解释的："忒拜人的这三尊阿佛洛狄忒木雕像非常古老，他们认为这是哈耳摩尼亚献上的祝圣之物，据说是用卡德摩斯船尾的羽雕制成的。哈耳摩尼亚还给三位阿佛洛狄忒起了名字，她们分别是：乌拉尼亚、潘德摩斯和阿波斯特罗菲亚。乌拉尼亚代表纯洁、不掺杂任何肉欲的爱，潘德摩斯代表肉体的结合，而第三位阿波斯特罗菲亚则能让男人远离不道德的爱情和亵渎圣灵的行为。"乌拉尼亚是乌拉诺斯的女儿，伟大的天之女神；潘德摩斯有时也被称为"尘世的阿佛洛狄忒"，是代表肉欲结合及风尘女子的女神；阿波斯特罗菲亚则是女性的守护者，使她们远离危险的爱情。

## 阿佛洛狄忒的诞生

按照赫西俄德所说，泰坦神克洛诺斯用一把镰刀阉割了父亲乌拉诺斯，夺得了政权。切下的生殖器被克洛诺斯抛进大海，阿佛洛狄忒便从激起的浪花泡沫中诞生。而在荷马笔下，阿佛洛狄忒的父母则是宙斯和狄俄涅。在这个版本中，阿佛洛狄忒的出生依然与海洋有关，因为她是大洋神俄刻阿诺斯的外孙女。埃利亚努斯说她是从一只贝壳中出生的，在这则传说中，她的童年是在涅里斯的陪伴下在大海里度过的，涅里斯的父亲涅柔斯负责她的教育。在大多数版本中，阿佛洛狄忒的出生地都离库忒拉岛不远，这是位于伯罗奔尼撒半岛附近的一个小岛；或是靠近塞浦路斯，那里的人主要崇拜的神明就是阿佛洛狄忒。

373

# 狄俄尼索斯登顶奥林匹斯山

狄俄尼索斯两旁站着萨蒂尔和迈那得斯。（双耳瓮，约公元前530年）

## 酒瓶与迷醉

狄俄尼索斯的形象要么被塑造成一个英俊的年轻人，长长的头发透露出一股中性美；要么是一位长着大胡子的老人，头发编成葡萄藤的样子。他身穿豹皮，手里拿着酒神杖，那是一根缠绕着葡萄叶或常青藤的木杖，顶端通常还缀有一颗松果，表示他是一个草木神，尤其是葡萄树之神，因此他也象征着情到浓时如醉酒的那种恍惚状态。狄俄尼索斯的随从又被称为提阿索斯，包括公山羊、萨蒂尔和西勒尼，都是一些因性欲旺盛而闻名的生物。酒神的"狂女"迈那得斯也被称为巴坎特斯，也随他一起陷入癫狂的迷醉中。他经常手持一只康塔罗斯酒杯，这是一种双柄深底酒杯。作为欢愉之神，狄俄尼索斯能驱散忧愁，让人纵情去爱。在醉酒的胡言乱语中，他得到了预言的能力，他的信徒也可以从中得到启示。人们在祷告时，也会把狄俄尼索斯当作拯救者和治愈之神来求告。

## 抵达天界

给人类带来酒的狄俄尼索斯是一位既野蛮、报复心强，同时又给人类传播文明的神。与其他奥林匹斯神明不同，他不得不为自己在希腊神谱中争得一席之地而战。后来他被收录到罗马人的神谱，罗马人将他比作古意大利的利贝尔父神，并称之为巴科斯。

## 扎格柔斯：俄耳甫斯教中狄俄尼索斯的前世

凡人塞墨勒因直视宙斯的真身而被雷火烧死，她和宙斯所生的酒神也"浴火而生"。但俄耳甫斯教认为还存在一个名为扎格柔斯的"狄俄尼索斯的前世"。他们认为，宙斯和他的女儿珀耳塞福涅结合生下了扎格柔斯。赫拉要求泰坦们抓住这个孩子，并将他剁成碎块。宙斯用雷电击毙了凶手，并要求阿波罗去寻回扎格柔斯的尸体。这之后的故事就有了不同的版本：一种说法是阿波罗只为宙斯找到了扎格柔斯仍在跳动的心脏，宙斯吞下了它；还有一种说法是他成功地找回了扎格柔斯所有的碎块，宙斯将他复活为伊阿科斯。在第一个版本中，宙斯与塞墨勒结合，彼时宙斯的身上已有扎格柔斯之心。据说，扎格柔斯也因此得以转生为狄俄尼索斯。

## 逃离赫拉的魔掌

赫拉对塞墨勒儿子的出生感到不快，她对这个小家伙展开了疯狂的迫害。起初，狄俄尼索斯被托付给拉莫斯河的仙女们，赫拉就施法让她们发疯，指使她们用刀捅死这个可怜的孩子。但是，赫尔墨斯带走了狄俄尼索斯，并把他交给塞墨勒的妹妹——刚刚生下墨利刻耳忒斯的伊诺。伊诺一视同仁地照顾着两个孩子。赫拉怒火中烧，试图杀死伊诺。赫尔墨斯又一次及时赶到，这次他将狄俄尼索斯托付给他的祖母瑞亚，赫拉无法再与她作对。也有人说，伊诺被赫拉逼疯，宙斯为了解救自己的儿子，将他变成一头小羊羔，然后将他托付给了倪萨山的仙女，因此得名狄俄尼索斯。为了感谢这些仙女，宙斯将她们变成天上的毕宿星团。

众神志

## 四处流浪

狄俄尼索斯成年后，赫拉使他疯癫，他成为一位四处流浪的神。他周游世界，向到访过的每个国家——埃及、叙利亚、弗里吉亚等——传播酿造葡萄酒的技术。在弗里吉亚，库柏勒向他传授了自己的奥义，使其恢复理智。他的无数次远行让他声名远播。他乘坐由黑豹拉着的战车，在巴坎特斯、西勒尼和萨蒂尔的陪伴下离开色雷斯前往印度，开启一段相当神秘的旅程，在此期间，他必须向宙斯证明，奥林匹斯山才是他最终的归宿，他注定要回到父亲身边。他建造了一座跨越幼发拉底河的桥梁，而后骑着宙斯派来相助的老虎，渡过了另一条与他的坐骑名字相同的河流：底格里斯河。在印度逗留期间，他打了不少胜仗并建立了许多城市，是一位传播文明的神。

## 跻身诸神之列

狄俄尼索斯给自己的最后一项任务是去冥界寻找他的母亲塞墨勒，并把她带回天界，安置在自己身边照料。他做到了，他的母亲从此改名为梯俄涅。在向奥林匹斯诸神证明了自己神圣的出身后，他终于能在奥林匹斯山占有一席之地，成为一个完完全全的神了。阿佛洛狄忒给他生了一个儿子——生殖之神普里阿普斯。但是狄俄尼索斯无可救药地爱上了被忒修斯遗弃在纳克索斯海滩上的阿里阿德涅，并带她去了奥林匹斯山。

## 野蛮的狄俄尼索斯

恢复理智后，狄俄尼索斯前往色雷斯。国王吕枯耳戈斯企图囚禁狄俄尼索斯无果，便将他的随从巴坎特斯等抓了起来。狄俄尼索斯向海仙女忒提斯求助，救出了巴坎特斯，随后他将这里变成一片贫瘠的沙漠，并让吕枯耳戈斯发疯。国王杀了自己的儿子，还把自己的腿当成葡萄藤给砍了。他的臣属将他五马分尸，才平息了狄俄尼索斯的怒火。在叙利亚，藐视葡萄树的大马士革人将被活剥。在阿尔戈斯，普洛托斯的女儿们发疯，有时会归咎于狄俄尼索斯，因为她们鄙视酒神崇拜。弥倪阿斯国王的女儿们因藐视酒神节而陷入疯狂的杀戮，将她们的一个儿子撕成碎片……回到底比斯之后，狄俄尼索斯又遇上了拒绝酒神崇拜的国王彭透斯。他的母亲阿高厄被狄俄尼索斯逼疯，和巴坎特斯一起把彭透斯肢解了。

青年人模样的狄俄尼索斯（左），随从包括一个萨蒂尔、一个巴坎特斯和一个老西勒尼。在他的脚边，一只黑豹似乎正要从船上跳下来，扑向其中一个海盗并欲将其吞下。海盗们跳入水中变为海豚。

## 狄俄尼索斯对伊特鲁里亚海盗

在前往纳克索斯的途中，狄俄尼索斯遇到了一群想把他当作奴隶卖掉的伊特鲁里亚海盗。他操纵着疯狂蔓延的常春藤将船固定，并用刺耳的笛声逼迫强盗跳进海里。他们被狄俄尼索斯变成海豚，帮助那些遭遇海难的人，以弥补自己的过错。

375

# 医药之神

### 科学的重要性

在古希腊社会，医生占有相当重要的地位，科斯岛和尼多斯都发展出了很多大型的医药类学院。如此一来，医药类神话的诞生，以及希腊神谱中有几位与之相关的神灵，也就不足为奇了。

### 从派安到阿斯克勒庇俄斯

在《伊利亚特》中，派安是一位能够制备药物为众神疗伤的治愈之神。赫西俄德知道他的医疗天赋，并将他与阿波罗区分开来。但后来，"派安"成了阿波罗的一个称号。阿波罗·派安就是医神阿波罗，是打击并驱走瘟疫的神，也是一位治愈之神。不过，阿波罗的儿子阿斯克勒庇俄斯才称得上是专精医术，并继承派安之名的医神。

阿斯克勒庇俄斯的象征是一根缠绕着蛇的木杖。他后来演变为罗马的医神埃斯库勒庇乌斯。

### 阿斯克勒庇俄斯的传说

在赫西俄德笔下，阿斯克勒庇俄斯是梅塞尼亚国王琉喀波斯的女儿阿耳西诺厄与阿波罗所生的儿子。但在品达看来，他则是色萨利的佛勒古阿斯的女儿科罗尼斯和阿波罗的儿子。科罗尼斯怀着阿波罗的孩子，却跟阿卡迪亚人伊斯库斯苟合。一只乌鸦向阿波罗举报了这桩丑闻，气愤不已而又下不了手的阿波罗请姐姐阿尔忒弥斯帮忙处死科罗尼斯。但是，阿波罗从火葬的柴堆上救下了科罗尼斯腹中的孩子，并把他托付给喀戎照料。雅典娜给了他两瓶美杜莎之血，一瓶可以用来杀人，另一瓶可以治愈众生。凭借植物、药剂和手术方面的知识，阿斯克勒庇俄斯成为一位才华横溢的医生，甚至可以起死回生。宙斯对此十分担心，于是用雷火击毙了他。而这个故事的色萨利版本则对应了埃皮达鲁斯的一个传说：来阿尔戈利斯找女儿的佛勒古阿斯带着科罗尼斯回去，却不知道女儿已经被阿波罗引诱并怀孕。在离埃皮达鲁斯不远的地方，科罗尼斯生下一个孩子，并把他遗弃在提提翁山上，当时这座山还叫密耳提翁山。婴儿被牧羊人阿瑞斯塔纳斯的狗保护着，靠山羊的奶活了下来。

### 阿斯克勒庇俄斯的神殿

半神阿斯克勒庇俄斯从古典时期开始成为一个完全的神。在他的出生地色萨利的特里卡就已经有人崇拜他，但有名的阿斯克勒庇俄斯神殿则分布在梅塞尼亚、埃皮达鲁斯、科斯乃至帕伽玛，在这些地方他被称作"救世的阿斯克勒庇俄斯"。他被描绘成一个留着大胡子的中年男子形象，手持一根缠着蛇的权杖，这是阿斯克勒庇俄斯的象征，但与赫尔墨斯的商神权杖没有任何关系。阿卡迪亚的戈尔梯斯城有一座阿斯克勒庇俄斯神殿，里面有一尊由斯科帕斯雕刻的少年阿斯克勒庇俄斯雕像。

### 首位药学家

半人马喀戎生活在色萨利的佩里翁山上。他不仅精通各种技艺，还拥有丰富的植物学知识，被认为是草药医术的发明者。根据诗人尼坎德的说法，在佩里翁山的一个被积雪覆盖的峡谷中，喀戎发现了一种根部可以入药的植物，并用自己的名字命名，即矢车菊，这种植物被认为是能治百病的万灵药。他还用阿尔忒弥斯的名字命名了艾蒿。尽管他熟知药理，却无法治愈自己被赫拉克勒斯的箭射中后的致命伤口，因为那箭头上淬过勒拿九头蛇的毒血。

众神志

### 阿斯克勒庇俄斯的后裔

阿斯克勒庇俄斯是波达勒里俄斯和玛卡翁的父亲，这两位英雄是出现在《伊利亚特》中的医生。他和厄庇俄涅（意为"能减轻痛苦的"）或兰佩提雅生了5个女儿，其中最有名的是许癸厄亚，她是健康的化身，经常以用酒碗喂蛇的形象出现，这个酒碗就是现代医学标志中的"许癸厄亚之碗"。阿斯克勒庇俄斯的其他女儿是帕纳刻亚（万能药）、伊阿索（治愈）、阿刻索和阿格莱亚。后来，人们将忒勒斯福洛斯也算成他的儿子，其形象是一个带着兜帽的男子。古希腊有名的医药世家会被冠以"阿斯克勒庇阿德斯"之名，他们自称是阿斯克勒庇俄斯的后代。

古罗马时期"健康女神"许癸厄亚银币。一面刻着女神戴冠像，另一面刻着女神拿着蛇的形象。

### 分娩女神

在阿卡迪亚的克里托尔和科林斯的埃吉乌姆，人们会把厄勒梯亚与阿斯克勒庇俄斯放在一处进行崇拜。厄勒梯亚是宙斯与赫拉的女儿，她是司分娩之女神，众神和女英雄们的助产士。她出生在克里特岛的阿姆尼索斯的一个山洞里。有时她的形象也会出现在雅典娜降生的场景中，试图帮助"正在分娩的"宙斯。她也可以通过推迟分娩来惩罚别人，正如勒托在提洛岛，分娩的阵痛持续了九天九夜，就是因为厄勒梯亚被赫拉扣在了奥林匹斯山。后来有了伊里斯的介入，厄勒梯亚才得以前去提洛岛帮助勒托生产。阿尔忒弥斯有时也被冠以厄勒梯亚的名字，因为她也有"助产士"的身份。

阿斯克勒庇俄斯的女儿许癸厄亚（罗马人称其为萨鲁斯）是代表健康、洁净与卫生的女神。（大理石像，公元前3世纪）

### 罗马的埃斯库勒庇乌斯

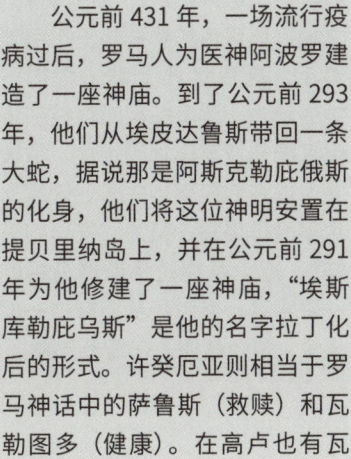

公元前431年，一场流行疫病过后，罗马人为医神阿波罗建造了一座神庙。到了公元前293年，他们从埃皮达鲁斯带回一条大蛇，据说那是阿斯克勒庇俄斯的化身，他们将这位神明安置在提贝里纳岛上，并在公元前291年为他修建了一座神庙，"埃斯库勒庇乌斯"是他的名字拉丁化后的形式。许癸厄亚则相当于罗马神话中的萨鲁斯（救赎）和瓦勒图多（健康）。在高卢也有瓦勒图多崇拜。

# 勒托和她的孩子们

## 月亮的女儿

"虽然被朱诺无情地迫害，拉托娜还是产下一对双生神明。"（奥维德）拉托娜是罗马人对她的称呼，希腊人则称她为勒托。她是代表智慧的泰坦神科俄斯和代表月亮的福柏的女儿，也是阿斯忒里亚（又名俄耳梯吉亚）的姐妹。

## 艰难的分娩

刚一出生，小阿尔忒弥斯就带着她的母亲勒托去了提洛岛的金托斯山，更准确地说是在这座山的北面，那里长着两棵并排的连理树，在树干之间形成了一架树床。宙斯女儿的这番与年纪不符的成熟做派，正好体现了她神族的血统。她请母亲在自己选好的地方躺下，等待孪生弟弟阿波罗的诞生（不过还有一种说法表示两个孩子是同时来到这个世界的）。所有的女神，包括雅典娜，都前来帮助勒托。但她们什么都做不了，勒托之所以难产，是因为赫拉明令禁止分娩女神厄勒梯亚为其助产。最后，众女神派伊里斯给赫拉献上了一条由黄金和琥珀制成的精美项链，她才同意放厄勒梯亚离开。经历了九天的漫长痛苦，勒托生下了阿波罗，据说一只雄鸡在他出生的时候也在场，故而这种动物成了阿波罗的神圣象征。

在众女神的陪伴呵护下，勒托生下阿尔忒弥斯和阿波罗。（油画，鲁本斯，17 世纪）

## 鹌鹑岛

很多传说都提到，宙斯与赫拉结婚后，爱上了美丽的勒托。为了不引起妻子的怀疑，也为了给他的征服对象惊喜，宙斯变身为一只鸟，与变成鹌鹑的勒托结合。但是，赫拉还是知晓了勒托的存在，而勒托已经怀上了宙斯的孩子。赫拉愤怒无比，她派出可怕的巨蟒皮同去追捕这个可怜的姑娘，皮同奉命无休止地追着勒托。赫拉还禁止大地为勒托提供庇护。勒托不得不四处流浪，寻找能接纳她、可供其分娩的土地。精疲力竭的勒托被南风神带到了漂浮的阿斯忒里亚－俄耳梯吉亚岛，即鹌鹑岛，她在那里生下了阿尔忒弥斯。

## 锚定在海底的提洛岛

在勒托来到俄耳梯吉亚之前，这座岛只是漂浮在海面上的一块土地，没有任何依靠。然而，正是这片贫瘠而荒凉的弹丸之地，让可怜的勒托终于不用流浪了，这是世界上唯一容得下她的地方。波塞冬用四根柱子将俄耳梯吉亚牢牢地固定住，植被才得以在此茂盛地生长。这座岛也得名提洛岛，意为"发光的岛屿"，成为基克拉泽斯群岛中的一颗明珠。当时甚至还有过一项法令，禁止任何人在岛上分娩。

众神志

## 有仇必报的双生神

阿波罗一出生就受到宙斯的精心照料，宙斯用花蜜喂养阿波罗，让他茁壮成长，还赠予他金冠、里拉琴和一辆由天鹅拉动的战车。宙斯的这个儿子和他的孪生姐姐很快就长得高大而美貌。为了捍卫母亲的荣誉，他们联起手来一洗勒托在尼俄柏那里受到的侮辱。因为在之前，坦塔罗斯的女儿尼俄柏嘲笑勒托只生了两个孩子，而她就生育了七儿七女。尼俄柏傲慢的鄙视激怒了勒托的两个孩子，他们用箭射杀了尼俄柏的孩子，只留下一个女儿。这场恐怖的屠杀给她留下的苍白肤色将伴其一生，人们称她为"苍白的克洛丽丝"。看着自己垂死的孩子们，尼俄柏吓得呆立在当场，最后被宙斯变成了一块石头。

在吕基亚，勒托深为当地居民的恶行所苦。（油画，G.B. 奇阿里，约 1705 年）

### 勒托与狼

一则传说称，勒托为了躲避赫拉的骚扰，变成一头母狼，从她原本生活的许珀尔波瑞亚人的土地逃离。因为这则传说，阿波罗有时也被称为吕科戈涅斯，意思是"狼所生"。也有传言说，勒托在吕基亚流浪时，曾受到过狼群的指引。

## 勒托的流浪

勒托带着刚出生几天的双胞胎再次上路。由于赫拉从中作梗，她遇不到任何能够帮助或支持她的人。当她经过吕基亚的时候，那里的农民表现得十分恶毒。看到背着孩子、筋疲力尽的勒托想要喝水，他们就辱骂她，为了不让她喝水，甚至搅动池底的淤泥把水弄脏。勒托立下诅咒：她把这个地方变成一片沼泽，这里的居民则被变成了青蛙。

## 惩戒提堤俄斯

巨人提堤俄斯是宙斯和厄拉拉的儿子，在赫拉的煽动下追捕勒托，并企图强暴她。勒托的双胞胎用他们的弓箭射穿了提堤俄斯，并将其扔进塔耳塔罗斯地狱，在那里他将受到无尽的惩罚。

阿波罗杀死巨蟒皮同为母报仇。（16 世纪的徽章）

## 皮同之死

为了磨炼自己的战斗技能，阿波罗在许珀尔波瑞亚人的土地上生活了一年，随后前往德尔斐，杀死在赫拉的命令下迫害他母亲的蛇怪皮同。这只蛇怪常年盘踞在帕耳纳索斯山的一个山洞里，本应守护忒弥斯神谕的它在这片土地上横行肆虐：污染水源、毁坏庄稼、吓跑宁芙、屠杀牲畜。年轻的阿波罗最终杀死了蛇怪，为了纪念这项功绩，他创立了皮提亚运动会。德尔斐的人民也将庆祝他的胜利。

379

# 阿波罗：欢快的艺术之神

图中勒托手里的基萨拉琴很快成为阿波罗的主要象征。（花瓶，约公元前 450 年）

### 一切艺术之神

宙斯和勒托的儿子阿波罗，与他的姐姐阿尔忒弥斯同时出生在俄耳梯吉亚。这位银弓之神报复心极强，他无情地惩戒敌人，令人生畏，但他也是一位拯救之神。占卜是他所偏爱的领域，而就他更为光明的一面来说，阿波罗和各艺术领域都有关联。他是音乐和诗歌之神："没有人能像阿波罗那样多才多艺了。他是神射手和诗人之神，命运之神赐予他弓箭和里拉琴；他是咒术和占卜之神，医生从他那里学会了延缓死亡。"（卡利马科斯）

### 复仇之神

阿波罗睚眦必报，令人生畏。他和他的姐姐阿尔忒弥斯一起保护母亲勒托，使她免受巨人提堤俄斯的侵犯；为捍卫母亲的尊严，他杀死了尼俄柏的孩子；他还消灭了让勒托担惊受怕的巨蟒皮同……在一次音乐比赛中，他残忍地对待胆敢挑战自己的马耳叙阿斯，在对方输掉后，将他活剥。

### 预言之神

阿波罗是一位预言之神，在很多著名的神庙中都能求得他降下的神谕：例如福基斯的德尔斐神庙、爱奥尼亚的迪迪玛神庙和克拉罗斯神庙、吕基亚的苏拉神庙等。阿波罗还是占卜之神，人们自然而然地将他与占卜师、女先知、女巫等职业联系在一起，因为他是这些从业者的力量之源。他的儿子伊阿莫斯是一位有名的占卜师，精通各种形式的占卜。赫勒诺斯和卡珊德拉预知未来的能力也来自阿波罗。阿波罗还有个称号叫洛克希亚斯，意为"含混不清的"，因为他的神谕经常是模棱两可的，例如他给克罗伊斯的那则神谕中预言了一个伟大的王国将被毁灭。克罗伊斯以为预言指的是敌人的王国，但实际上被毁灭的是他自己的国家。

### 百步穿杨的阿波罗

在《伊利亚特》中，阿波罗为了保护他的祭司克律塞斯，把他的箭射向亚该亚人。此处的阿波罗是复仇之神，是百步穿杨的瘟神，因为他发射的实际上是瘟疫之箭："阿波罗怒火中烧，背着弓和箭囊从奥林匹斯山巅降下，箭羽在他奔跑时的肩头鸣响。他大步向前，宛如黑夜降临，在船队不远处停下，射出一支箭镞，银弓发出摄人心魄的炸响。阿波罗先射中骡子和迅捷的猎犬，旋即转而将致命的箭芒瞄向人群，逐个击毙。焚尸的柴火经久不熄，神的箭雨密密麻麻，在军队上空飞越，整整持续了九天九夜。"（荷马）

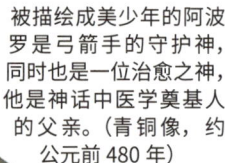

被描绘成美少年的阿波罗是弓箭手的守护神，同时也是一位治愈之神，他是神话中医学奠基人的父亲。（青铜像，约公元前 480 年）

## 拯救之神

虽然阿波罗会带来病痛,但为了躲避灾祸、寻觅解救之法,人们也会向他求助。他既英俊又乐于助人:"阿波罗总是那么年轻而俊美,柔嫩的面颊上没有一丁点儿胡茬。芳香的精油从他的发间流下,但这并不是香水,这可是从阿波罗发间析出的万灵药。"(卡利马科斯)在罗马,阿波罗的第一座神庙是阿波罗·墨迪库斯,也就是治愈之神的庙宇。后来,他的儿子阿斯克勒庇俄斯继承了他的医术,并取替了他在希腊和罗马医神的位置。

太阳神阿波罗在他的神圣战车上,把光辉洒向所过之处。(油画,奥迪隆·雷东,1909年)

## 阿波罗神庙

德尔斐自然是阿波罗崇拜的主要阵地。当初他消灭皮同、收复这里后,就将此地当作自己的主圣殿所在。侍奉神庙的女先知皮提亚,沉浸在梦幻般的恍惚中传达阿波罗的神谕,她传达神谕时所坐的三脚祭坛也成为阿波罗的象征。神圣的提洛岛也有阿波罗崇拜;这种现象在小亚细亚也十分常见:位于米利都附近的迪迪玛和靠近科洛丰的克拉洛斯,都有著名的阿波罗神谕圣殿;特洛阿德地区的斯明忒翁神庙中的阿波罗还被称为鼠神阿波罗。琉迦德、阿克兴姆、库迈和帕拉蒂尼山上也都建有著名的阿波罗神庙。

## 阿波罗的别名

在雅典,阿波罗被称为德尔斐尼俄斯;在阿尔戈斯被称为吕基俄斯,在斯巴达和多利安殖民地则是卡尔尼俄斯:"全能的神啊,有人称呼你为波德洛米俄斯,有人叫你克拉里俄斯!人们争相给你取了100个不同的名字。而我,我要用卡尔尼俄斯的名字来歌颂你,因为这是我祖国的习俗。卡尔诺斯之神;斯巴达是第一个用这个名字崇拜你的人;特拉遵循这个先例,昔兰尼也跟着效仿。"(卡利马科斯)

## 音乐至上

阿波罗是一个光明之神,他光辉闪耀(福玻斯,以及罗马的菲布斯均为此意),与太阳和艺术相关联。他手持里拉琴,这把从赫尔墨斯那里得来的琴是一种用乌龟壳制成的弦乐器。他与缪斯女神的关系很好,操持里拉琴或者基萨拉琴,为她们指挥合唱的阿波罗也被称为缪萨革忒斯(意为"引领缪斯者")。

## 不走运的美男子

阿波罗是个年轻的美男子,但他的爱情却常常不尽如人意。他在扔铁饼的时候不小心砸死了自己的情人雅辛托斯;他爱上了达芙涅,不断地追求她,但达芙涅却拒绝了他,为了躲开他而变成了月桂树;卡珊德拉承诺自己只属于他一个人,但在获得预言的能力后就改变了心意,阿波罗为此惩罚了她:她依然拥有预言的能力,只是再也没有人会相信她了;科罗尼斯怀着他的孩子与一个凡人有染,阿波罗请姐姐阿尔忒弥斯处死了她。

阿波罗还掳走过玛尔佩萨,那时她已经和一个名叫伊达斯的凡人订了婚。伊达斯与阿波罗打得难解难分,不得不由宙斯出面调停。宙斯让玛尔佩萨选择想嫁的人,玛尔佩萨毫不犹豫地选择了伊达斯,理由是她害怕一旦自己人老珠黄,就会被阿波罗抛弃。

# 狩猎女神阿尔忒弥斯

## 阿波罗的孪生姐姐

勒托之女阿尔忒弥斯与她的兄弟阿波罗一样对射箭充满热情,报复心也很强。作为凶悍而纯洁的处女神,她的首要身份是女猎手和"动物之主"。她也是代表月亮和狩猎公牛的女神,又名陶洛波罗斯。当负责接生和年轻人的教育时,她分别被称为罗刻亚和枯洛特洛福斯。

## 有仇必报的阿尔忒弥斯

虽然阿尔忒弥斯帮助阿波罗惩罚提堤俄斯和尼俄柏为母亲报仇,也曾奉他的指示处决科罗尼斯,但她的报复通常是出自个人恩怨。阿克泰翁在女神沐浴时偷看她的裸体,被女神变成一头鹿,这个猎人就被自己的猎狗吃掉了。她的侍女若违背贞操誓言,也会受到她严厉的惩罚。卡利斯托就因为被化身为阿尔忒弥斯形象的宙斯引诱,受到女神的惩罚,变成了一只熊。关于猎人俄里翁的死,一种流行的说法认为是他企图在提洛岛(或希俄斯岛)强暴阿尔忒弥斯,结果被女神变出的一只蝎子蜇死了:"根据我们先辈流传下来的说法,俄里翁拉扯阿尔忒弥斯长袍的下摆。彼时在希俄斯,强壮的俄里翁手持狼牙棒杀遍各种野兽,试图通过出众的猎艺来获得国王俄诺皮翁的青睐。但阿尔忒弥斯随即创造出另一只野兽来对付他,她将岛上的山丘从中间劈开,把它们扔在两旁,从中生出一只蝎子,蜇伤了俄里翁并杀死了他。尽管俄里翁力大无穷,但蝎子更胜一筹,一切皆因俄里翁触怒了阿尔忒弥斯。"(阿拉托斯)

## 阿尔忒弥斯及其化身

许多女英雄都被认为是阿尔忒弥斯在凡间的化身,例如在帕特尼翁山上长大的女猎手阿塔兰忒,还有宁芙仙女布里托玛耳提斯(又名狄克缇娜)。布里托玛耳提斯生于腓尼基,是宙斯的女儿。她在克里特岛时,那里的国王米诺斯爱上了她,在山林中追了她整整9个月。最后,迫于无奈的她从悬崖上跳下来,被渔民们用渔网捞了上来而获救。于是克里特人给她取名狄克缇娜(源自古希腊语 diktyon,"网")。后来,她准备离开克里特岛前往爱琴娜岛,但一个渔夫试图侵犯她。她跳进水里,后来躲进爱琴娜岛的一个树林中,在那里她被尊为"阿淮亚",接受当地人的崇拜。

## 愤怒的女神

在埃托利亚,阿尔忒弥斯也是当地的重要女神。卡吕冬国王俄纽斯的故事中就有她的登场:俄纽斯在向众神献祭时,唯独忘记了阿尔忒弥斯,因此招致了女神的怒火。她唤醒了一头可怕的野猪肆虐卡吕冬,这才有了导致多名希腊英雄丧命的卡吕冬狩猎。同样,亚该亚人的舰队无法离开奥利斯,也是因为阿伽门农射杀了女神的神鹿,还胆敢声称自己射箭的本事胜过这位狩猎女神,触怒了阿尔忒弥斯。为了平息女神的怒火,他不得不献祭自己的女儿伊菲革涅亚:"希腊人迫不及待地想要去伊利昂大闹一番,为海伦复仇,而你把风都束缚起来阻挡了他们的脚步。为了平息你的怒火,阿伽门农把他的船舵都交托在你的手中。"(卡利马科斯)

## 女猎手

阿尔忒弥斯统驭着森林中的所有野兽,它们都归她管控,对她绝对服从。她喜欢野性的生活,时常穿着短丘尼卡衫,手里拿着弓,带上一条或一群猎狗在林中穿梭:"我歌颂金箭女神阿尔忒弥斯,阿波罗的姐妹,她手中的剑闪烁着光芒。她享受着狩猎的喧闹,用箭矢射击群鹿,喜不自胜。在山上,在风吹过的峰顶,她享受着狩猎带来的一切欢乐,弯下闪亮的弓,向远处射出致命的箭雨。"(《荷马颂诗——致阿尔忒弥斯》)

弓箭是这位女神的主要象征。(细颈瓶,约公元前460年)

众神志

## 各地的阿尔忒弥斯

"尊敬的女神啊，向你致敬！你是千城的女神，是刻修斯河与因布拉索斯河的女神，你是喀托涅，是米利都真正的公民……"（卡利马科斯）阿尔忒弥斯在小亚细亚备受尊崇，在那里，她是好几座城市的守护女神：在门德雷斯河畔的马格尼西亚，她被称为"白眉女神"琉科芙吕厄涅；在吕底亚，她被称为阿娜伊提斯或珀尔西刻，意为"来自波斯的女神"；在潘菲利亚的佩尔格，她的名字是佩尔盖亚……但最有名的要数以弗所的阿尔忒弥斯，从她的雕像就可以看出这是一位象征丰饶的女神：她华服盛装，长着多个乳房，浑身上下缀满了各种动物装饰和神圣的饰带，身边围绕着鹿群。她伸出双手，神态无比慈祥。

以弗所的阿尔忒弥斯，华服盛装，有多个乳房。（大理石像，约125—175年）

## 嗜血的阿尔忒弥斯

就孤僻和危险这两点来说，阿尔忒弥斯与亚马孙人很像。陶里斯（伊菲革涅亚就是被阿尔忒弥斯带到此处，并成为她的女祭司）当地崇拜阿尔忒弥斯的仪式十分血腥：每当有希腊人的船只搁浅在此，女祭司就会把他们献祭给阿尔忒弥斯。人们认为阿尔忒弥斯·俄耳提亚（Orthia，阿耳忒弥斯在斯巴达的别称）的雕像就来自陶里斯："拉刻戴蒙（斯巴达）人说，阿尔忒弥斯的木雕像是俄瑞斯忒斯和伊菲革涅亚从陶里斯那里拿走，并由后来成为他们国王的俄瑞斯忒斯带到这个国家的。因此，他们比雅典人更有理由要求保有这尊神像。"（帕萨尼亚斯）

## 血腥的阿尔忒弥斯崇拜

阿尔忒弥斯崇拜在阿提卡的布劳隆十分盛行，在阿克提亚（Arkteia，来自古希腊语"arktos"，意为"熊"）仪式上，年轻女孩会扮成侍奉女神的母熊。而在斯巴达，按照帕萨尼亚斯的说法："吕库古废除了为阿尔忒弥斯·俄耳提亚献活人祭的习俗，以鞭笞儿童取代之。如此一来，亦不妨碍用人血浇灌神坛。于是，从陶里斯的献祭开始，就一直要靠人类的鲜血来取悦这座雕像。"（帕萨尼亚斯）

## 罗马的狄安娜

阿尔忒弥斯在罗马神话中的名字是狄安娜。涅米湖附近的阿里基亚以崇奉狄安娜女神而闻名，在这里她被称作狄安娜·涅莫壬希斯，即"林中的狄安娜"。这一崇拜也被认为是俄瑞斯忒斯从陶里斯带来的。据说，狄安娜的大祭司"林中之王"会被觊觎这个位子的人杀掉，不过新祭司也可能面临同样的命运。

宁芙仙女们簇拥着去狩猎的阿尔忒弥斯。（油画，鲁本斯，1628年）

# 火神

一个铁匠的工坊。(双耳瓮,约公元前 500 年)

### 瘸腿的神明

赫菲斯托斯是宙斯和赫拉的儿子,不过,据说赫拉是独自孕育了他,作为对宙斯独自孕育雅典娜的报复。同样的剧情也出现在玛尔斯和提丰的出生故事中。赫菲斯托斯天生跛足,他的母亲很是嫌弃,将他从奥林匹斯山上扔了下去,他掉进海里,被忒提斯和海仙女们收留并照顾。根据另一个版本,在赫拉和宙斯的一次争吵中,赫菲斯托斯替母亲辩护,愤怒的宙斯把他从神之居所扔了出去,导致他变成了瘸子。他后来掉到了莱姆诺斯岛。

### 火焰之主

赫菲斯托斯的主要身份是才华横溢的工匠和冶炼师,因此他是一位与火焰和窑炉有关的神明。在纳克索斯岛,赫菲斯托斯接受了铁匠刻达里翁的训练,能够制作各种神奇的物件和精致的武器。他设计了一个黄金宝座,里面的机关能将坐在上面的人禁锢起来。他就是用这个宝座困住了赫拉,作为对她抛弃自己的报复。狄俄尼索斯不得不把赫菲斯托斯灌醉,这才让他同意释放赫拉,并回归奥林匹斯山。他还参加了巨人之战。他骑着一头驴与萨蒂尔并肩而战,驴的嘶鸣声吓得巨人们逃之夭夭。

### 众神的锻造师

赫菲斯托斯的妻子阿佛洛狄忒与阿瑞斯偷情被捉奸在床,于是,赫菲斯托斯打造了一张看不见的网将她囚禁起来。他还应忒提斯和维纳斯的要求,分别为阿喀琉斯和埃涅阿斯打造武器。狄俄墨得斯和门农的胸甲,宙斯的镰刀、神盾、权杖以及阿里阿德涅的王冠也都被认为是他的作品……只要众神需要工匠,赫菲斯托斯就会出现。他曾用锤子(或斧头)劈开过宙斯的头骨,使全副武装的雅典娜得以从中诞生,也是他将普罗米修斯禁锢起来,钉在高加索山上。

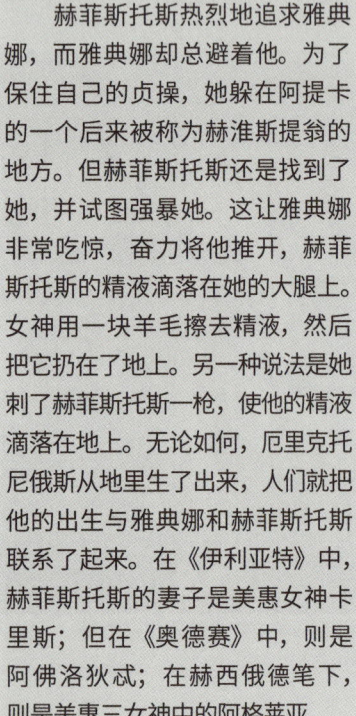

### 赫菲斯托斯与雅典娜的孩子

赫菲斯托斯热烈地追求雅典娜,而雅典娜却总避着他。为了保住自己的贞操,她躲在阿提卡的一个后来被称为赫淮斯提翁的地方。但赫菲斯托斯还是找到了她,并试图强暴她。这让雅典娜非常吃惊,奋力将他推开,赫菲斯托斯的精液滴落在她的大腿上。女神用一块羊毛擦去精液,然后把它扔在了地上。另一种说法是她刺了赫菲斯托斯一枪,使他的精液滴落在地上。无论如何,厄里克托尼俄斯从地里生了出来,人们就把他的出生与雅典娜和赫菲斯托斯联系了起来。在《伊利亚特》中,赫菲斯托斯的妻子是美惠女神卡里斯;但在《奥德赛》中,则是阿佛洛狄忒;在赫西俄德笔下,则是美惠三女神中的阿格莱亚。

众神志

## 火焰的力量

罗马神话中的火神伍尔坎，或者按照拉丁语的发音称"伍尔卡努斯"，与伊特鲁里亚的塞斯兰斯一样，后来都被对应成赫菲斯托斯。家庭女神维斯塔的火焰是可以控制的，但伍尔坎的火焰却会吞噬并摧毁一切。在8月23日的火神节，人们会把活鱼扔进篝火中，净化自己的罪过。人们经常请伍尔坎帮忙销毁从敌人那里缴获的武器，然后用这火焰来点燃遗体。一般认为，是萨宾人提图斯·塔提乌斯将火神崇拜引入了罗马；甚至有人认为是罗慕路斯，用从敌人手中夺取的十分之一的战利品，建造了罗马的火神庙，那里还矗立着一棵与罗马城一样古老的朴树。

伍尔坎将阿喀琉斯的盾牌交给忒提斯。（木版油画，迈尔顿·范·希姆斯柯克，约1540年）

## 喷火的卡库斯

在未来会成为罗马城的地方，一个名叫卡库斯的恶霸试图偷走赫丘利斯的牛。有时卡库斯也被认为是伍尔坎的儿子，因此在他与赫丘利的战斗中，维吉尔决定突出这一特点，把他描绘成可以从三个嘴巴中喷出火焰的怪物："尽管卡库斯在暗处喷着火焰，赫丘利还是抓住了他，用双臂死死勒住，以致卡库斯的眼睛都从眼眶中掉了出来，喉咙中的血也流干了，就这样被赫丘利掐死了。"（维吉尔）

## 伍尔坎的阴谋

在关于罗马国王塞尔维乌斯·图利乌斯身世的传说中，有一个版本认为他是伍尔坎和来自科尔尼库鲁姆的俄克蕾西亚的儿子。当塔奎尼乌斯的妻子塔纳奎尔，要求俄克蕾西亚将酒倒在炉火上进行仪式时，"突然，灰烬中出现了一个男性器官的淫秽图案！按照主人的命令，女俘虏（指俄克蕾西亚）把它抱在怀里。很快她就怀上了神的种子——塞尔维乌斯。当一团灿烂的火焰掠过孩子的头顶，他的发端全都燃起火焰时，人们就知道他父亲是哪位神明了。"（奥维德）

## 发光的不都是金子

维吉尔认为，建立普列内斯特的国王凯库鲁斯是伍尔坎的后代。牧羊人德皮迪兄弟有一个妹妹，有一天她坐在炉边，柴火噼啪作响，迸出的一个火星落在了她的胸脯上。没过多久，她发现自己怀孕了，并将生下的儿子遗弃在朱庇特神庙中的一个火堆旁边。后来这个孩子被托付给德皮迪兄弟，他们给他取名为凯库鲁斯，因为人们在火边发现他的时候，他的眼睛被火灼伤，几乎失明。凯库鲁斯长大成人后，为了说服他的邻居搬到他建立的城市中去住，便请他的父亲伍尔坎帮他完成一项奇迹：伍尔坎先用一圈火焰将来客围住，随后又在他的要求下将火熄灭。

## 生父不详

由火炉中的男根受孕的情节，在阿尔巴的昏君塔刻提乌斯的故事里也有出现。在他向忒提斯求神谕的时候，从火炉中冒出了一根阳具，他被告知如果他让一个处女同这个阳具结合，生下的孩子将会声名显赫，"他的勇气、力量和运势将超过这个时代的所有男性。"（普鲁塔克）他先去找自己的女儿，但其女儿拒绝这么做，并让自己的侍女代替自己。这位年轻的姑娘由此生下一对双胞胎，他们被遗弃在河边，被一头母狼收留哺育。成年之后，他们将塔刻提乌斯从王位上赶了下来。

385

# 风神和他们的孩子

## 风神一族

波塞冬之子埃俄罗斯是风之神。在接到宙斯命令的时候,他可以释放出困在埃俄利亚群岛神秘洞穴中的风,当然,他自己也有这个权力。好的风是阿斯特赖俄斯和厄俄斯的儿子,不好的风则是提丰的孩子。荷马笔下的风包括北风神波瑞阿斯、东风神艾乌洛斯、南风神诺托斯和西风神仄费洛斯。

## 来自色雷斯的风

波瑞阿斯是阿斯特赖俄斯(在荷马的作品中则是埃忒耳)和厄俄斯的儿子,他在罗马神话中叫阿奎罗,是凛冽呼啸的北风,诺托斯和仄费洛斯是他的兄弟,启明星之神厄俄斯福洛斯是他的姐妹。波瑞阿斯经常被塑造为背后长着翅膀、满脸大胡子的老者形象。传说他爱上了厄里克托尼俄斯的母马而变身为一匹公马,他们结合后生下了12匹小马驹,跑起来速度比阿奎罗本人还快,而且看上去很轻盈。据荷马说,它们经过麦田时,麦穗都不会弯曲。

波瑞阿斯掳走俄律梯亚。
(青铜像,约1693—1710年)

## 波瑞阿斯拯救雅典

由于厄瑞克透斯不同意把女儿俄律梯亚嫁给波瑞阿斯,在俄律梯亚沿着穿过雅典的伊利索斯河的岸边散步时,波瑞阿斯掳走了她,并强迫她跟自己结婚。俄律梯亚给他生了一对双胞胎卡拉伊斯和仄忒斯,以及两个女儿克雷奥帕特拉和喀俄涅。在希波战争期间,雅典人在神谕的建议下召唤了波瑞阿斯,强大的北风帮助了雅典人,波斯舰队因遭受北风长期的暴力侵袭而实力大减。雅典人之所以向他求助,是因为他的妻子俄律梯亚是雅典国王的女儿,自然被当成自己人。他们的婚姻让波瑞阿斯赢得了这座城市的尊重,这里还会举行纪念他的庆典活动。

## 秋天的风

希腊人称东风神为艾乌洛斯,罗马人则称他为苏布索拉努斯,意为"生在太阳附近的",因为他的居所就在太阳神赫利俄斯的宫殿附近。埃俄罗斯的这个儿子与秋天的气候有关。他的形象是一个长着胡子、身穿大衣、展开紫色翅膀的男人。

## 夏末的风

阿斯特赖俄斯和厄俄斯的儿子诺托斯是头戴云冠的南风之神,他给人们带来夏末的降雨。罗马神话中他对应的是奥斯忒耳。宙斯在发动大洪水时,就命令他不间断地给人间降下倾盆暴雨。他经常被描绘成拿着水罐的形象。

众神志

## 波瑞阿斯的孩子——波瑞阿德斯

双胞胎卡拉伊斯和仄忒斯在色雷斯长大，兄弟二人合称波瑞阿德斯。十几岁的时候，他们的背上长出了发光闪亮的翅膀。波瑞阿德斯有时被称为"阿波罗的祭司"，因为他们曾在许珀尔波瑞亚举行庆典，纪念那位来自北方的神明。他们参加了阿尔戈号远征，也发挥过重要的作用。在故事中，阿尔戈号中途停靠在比提尼亚稍作休整，前去打水的年轻人许拉斯迟迟不归。赫拉克勒斯和波吕斐摩斯动身去寻找他，但这对兄弟迫不及待地想要启程，他们要求伊阿宋赶在缺席者回来之前扬帆起航。事后，赫拉克勒斯没有原谅这对兄弟，在他们停靠特诺斯岛时，用自己的箭矢射中了他们。他们的坟墓上竖立着一对双生柱，其中一根会随着风吹而振动。

温和的西风吹拂着船只、花朵、果实、丰收的大地……

## 温和的西风

阿斯特赖俄斯和厄俄斯的另一个儿子仄费洛斯，在《伊利亚特》中被描述为多雨而猛烈的风，和他的兄弟波瑞阿斯一样住在色雷斯。但后来的著作则说他温和地把风吹向船帆、花朵、树叶、果实和丰收的大地。按照罗得岛的阿波罗尼乌斯的说法，赫拉想要为阿尔戈英雄的返程提供便利，派伊里斯去找埃俄罗斯，让他命令仄费洛斯吹动阿尔戈号的船帆，直到船顺利抵达阿尔喀努斯岛。他对应罗马神话中的法沃尼乌斯，即沃土之风。他的形象是一个戴着花冠的半裸年轻人。

## 不成功便成仁

波瑞阿德斯因帮助菲纽斯追猎哈耳庇厄的故事而闻名。在萨尔米德索斯，阿尔戈英雄们遭遇了被哈耳庇厄骚扰的菲纽斯，波瑞阿德斯便去追捕这些鸟身女妖。但是，哈耳庇厄只有被波瑞阿德斯抓获时才会死，否则死的将会是波瑞阿德斯。有的版本说，波瑞阿斯的儿子们因这次任务失败而死。但更常见的说法是：他们追赶哈耳庇厄到了斯特罗法德斯群岛，在那里，伊里斯出面调停，解救了哈耳庇厄，于是她们便不再折磨菲纽斯了。

## 复仇之风

波瑞阿德斯还解救过他们的妹妹克雷奥帕特拉。在嫁给色雷斯国王菲纽斯后，克雷奥帕特拉生了两个儿子——普勒克西波斯和潘迪翁，即菲内伊德斯兄弟。后来，菲纽斯又娶了斯基泰国王达耳达诺斯的女儿伊黛亚，她给菲纽斯吹枕边风，把克雷奥帕特拉和她的两个儿子关在地牢里。当阿尔戈英雄们途经色雷斯时，波瑞阿德斯（有的版本说是赫拉克勒斯）把他们救了出来，并杀了菲纽斯。

## 仄费洛斯的爱情故事

仄费洛斯的妻子克洛丽丝给他生了一个儿子，即果实之神卡耳波斯。在后期的神话作品中，他娶了伊里斯为妻，并生下了厄洛斯。神话中的马儿跑得都像风一样快，所以人们把很多快马都当成仄费洛斯和叫波达革（Podarge，希腊语"脚力迅捷"之意）的鸟身女妖所生，例如阿喀琉斯的不死战马桑托斯和巴利俄斯；卡斯托尔和波鲁克斯的名为普洛吉俄斯、阿尔帕戈的两匹战马；以及神马阿里翁，有时它也被当作波塞冬和德墨忒尔所生之子。

# 自然之神

潘神虽相貌丑陋，却是一位杰出的音乐家。

## 躲猫猫

作为牧羊人和牧群的守护神，潘的动作异常迅捷，他可以在岩石之间来回跳跃，并迅速地跑进灌木丛中躲起来，在那里窥伺他想引诱的女孩或男孩。他是一个混种怪物：像萨蒂尔一样，他有着人类的躯干，却长着山羊的腿，脸上满是胡须，头顶还长着角。他象征着大自然的野性和无法满足的力量、性能力、生育力。他还代表着非理性的恐惧（恐慌），并且像赫卡忒一样，他能给人们带来噩梦和可怕的幻觉。他活跃在阿卡迪亚的荒山野岭中，其中迈那路斯山是他的圣山，帕特尼翁山、兰佩亚山和诺米亚山也流传着他的传说。他的代表物是牧羊人的手杖，以及两件象征着他对绪林克斯和皮堤斯不幸爱情的物品：潘笛和松枝头冠。

## 奇异的生物

在山林乡野之中活跃着大量如萨蒂尔和法翁一类的生物，以及像潘和福纳斯一样野蛮而狂暴的神明。

## 潘之一切

在一个版本中，德律俄珀因为生下潘这样丑陋的生物而惊恐不已，在他出生时就遗弃了他。赫尔墨斯收留了他，并用野兔皮把他包裹起来，将他交给奥林匹斯山上的宙斯。众神，尤其是狄俄尼索斯，都嘲笑他，并给他取名为潘，意为"一切"，因为众神无一例外都被他的外表逗得捧腹大笑。这个词源故事被后来的新柏拉图主义者和神话学家采用，将潘视作象征宇宙万物的神。潘也在吕科苏拉降下神谕：在公元前429年，他帮助特洛泽那的居民避开了一场流行病。

## 不幸的爱情

潘的爱情注定要失败。仙女绪林克斯为了躲避他而变成一根芦苇，潘把这根芦苇做成了一支七管长笛，即潘笛。皮堤斯宁愿变成松树，也不愿屈服于他的追求。当厄科也企图溜走时，他将她撕成碎片，只余仙女的声音萦绕在他身上，依旧能被凡人听见。为了勾引塞勒涅，潘将自己丑陋的容貌隐藏在洁白无瑕的羊毛下，并在树林的阴暗处成功得到了月之女神。

## 身世成谜的潘神

在传说中，潘神的身世可谓众说纷纭。人们一会儿说他是珀涅罗珀和奥德修斯的儿子，或是阿波罗和珀涅罗珀的，或是赫尔墨斯与珀涅罗珀的，又或是珀涅罗珀和她其他追求者的；一会儿又说他是赫尔墨斯与宁芙仙女德律俄珀的儿子，或是宙斯与卡利斯托的，或是宙斯和许布里斯的，甚至有人说他是牧羊人克拉提斯和一只母山羊生的……

### 纪念福纳斯

罗马有不少纪念农神福纳斯的节日，例如在12月举行的乡村节日农神节。帕拉蒂尼山脚下的卢珀卡尔山洞也与福纳斯有关，牧羊人浮士德勒就是在这个山洞附近发现了罗慕路斯和雷穆斯。在2月中旬的牧神节，人们会举办环帕拉蒂尼赛跑来纪念福纳斯，据说他能够驱使狼群远离牧民的牲畜。在这场活动中，女性会接受牧神祭司的鞭打，以预防不育症。

## 法翁的进化史

福纳斯是罗马的农神,萨图尔努斯的孙子,皮库斯的儿子和福娜的丈夫。这是一位古老的意大利神明,他守护着溪流、森林、庄稼和牧群。人们在森林中能够听见他的声音,这就是他传达神谕的方式,他也以此闻名。起初,他是一个可怕、残酷的神,象征着狼与强暴。他掌管着人迹罕至的荒野,而耕地和果园则归西尔瓦努斯管辖,有时他们也会被视为同一神明。但后来,福纳斯变得开化了,开始保护人们的田地和牧群。他留着大胡子,穿着山羊皮。他的象征是丰饶之角,因为他会带来丰收,用来引导牲口的木棒也是他的象征。随着罗马诸神的希腊化,人们将福纳斯与潘对应起来,因此他的形象跟潘类似:前额长角,脚是山羊蹄。跟潘一样,他也会给人们带来幻觉和噩梦。

罗马的森林与牧群之神福纳斯。(2 世纪)

## 精确如西尔瓦努斯

公元前 509 年,在罗马人和伊特鲁里亚人的阿尔西亚森林一役之后,双方在夜幕降临时清点各自的死亡人数,看起来好像打了个平手。这时,一个神秘的声音(西尔瓦努斯或福纳斯)传来,提前宣布了罗马人的胜利。这个声音说伊特鲁里亚人会比他们的对手多失去一名战士。西尔瓦努斯说得没错,在黎明时分,伊特鲁里亚人中又有一人死亡。

## 大自然的至高守护神

在罗马,西尔瓦努斯是掌管树林、果园和耕地的神明。起初,他以一棵树的形象接受人们的崇拜,后来才变成手持镰刀、头戴常青藤冠的样子。人们常将他与福纳斯混为一谈,在希腊化后的罗马众神中,人们也把他和潘联系在一起。在古罗马的乡下,对西尔瓦努斯的民间崇拜十分盛行,有时也与赫拉克勒斯和拉尔神的崇拜一起进行。他生活在城市附近的圣林或荒野中,接受水果、牛奶和幼畜作为供品,守护牧群,避免它们受到狼的侵害。西尔瓦努斯就像一个喜欢恶作剧的年轻人,捉弄进入森林探险的徒步者、吓唬折断树枝的顽童是他惯用的手段。正如法翁是福纳斯的化身一样,西尔文是森林中的精灵,他们是西尔瓦努斯与福娜所生的孩子。这些树精灵相当于希腊神话中的萨蒂尔。

# 天女宁芙

## 宁芙的诞生

据荷马所说,宙斯使雨从天而降,雨水化作淙淙泉水,从中诞生的优雅无比的少女就是宁芙仙女。她们代表自然元素的力量,按照精准的比例分布在世界各地。西方童话中的仙女就继承了她们的部分特征。

## 低阶而不可小觑的神明

对于希腊人来说,作为低阶神明的宁芙仙女是具象化的自然界。她们侍奉像阿尔忒弥斯这样的天神,或依附于其他更高阶的宁芙。她们同罗马神话中的戴蒙一样,介于神和凡人之间。希腊语中的"宁芙"也指待嫁或已订婚的少女。宁芙仙女在神话英雄的家世谱系中占据着重要的位置,不少英雄都是她们的子嗣。她们也会与众神结为夫妻(安菲特里忒就是波塞冬的妻子),或与大自然中的雄性力量结合,例如萨蒂尔、潘和普里阿普斯,宁芙仙女是他们永恒的追求对象。

宁芙仙女与水域联系紧密。(油画,大克拉纳克,1518年)

## 人丁兴旺的宁芙家族

生活在海洋中的宁芙,是大洋仙女俄刻阿尼德斯和海仙女涅瑞伊德斯;活跃在江河、湖泊、溪流、山泉中的是水仙女娜伊德斯,她们是宙斯或俄刻阿诺斯的女儿。在陆地上,有树仙女德律阿德斯和哈玛德律阿德斯,前者专司橡树,后者则是俄克绪罗斯和哈玛德律阿斯的女儿,在各种树上都能见到她们的身影;而盖亚和乌拉诺斯的女儿,古老的墨利阿德斯则更钟爱梣树。此外,还有灌木丛中的阿尔色伊德斯、山间的俄瑞阿德斯以及山谷中的娜派埃,等等。每个地方都有对应的宁芙:刻西阿德斯分布在萨摩斯岛的刻尔刻特斯,代表紫罗兰的爱奥尼阿德斯则在伊利斯的比萨附近……人们经常在岩洞中供拜宁芙,最著名的是伊萨卡的宁芙仙洞,斯刻里亚人的宝藏就被奥德修斯藏在那里。

## 低调又迷人,但也不好惹的宁芙

这群迷人可爱的仙女过着快乐而无忧无虑的生活。宁芙并非不死之身,但她们的寿命相当长。根据赫西俄德的说法,她们的寿命是凤凰的10倍,而且不会老去:她们只会与自己所依附的树木同生共死。哈玛德律阿德斯所栖居之树关乎着仙女们的性命,胆敢拿斧头砍树的樵夫可要倒霉了!帕莱比俄斯的父亲砍了一棵橡树,住在那棵树上的宁芙就给他的家族后代带来无尽的诅咒,直到帕莱比俄斯为仙女建设祭坛并献上供奉,厄运才得以停止。

## 宁芙之怒

宁芙仙女半裸着身体,她们有的信步于原野,有的出没于林间;有的踏浪而行,有的逐泉而出。她们生性善良,但生起气来也很吓人:厄庇墨利德斯为了报复梅萨比亚的牧羊人,把他们变成了树。遇到心仪的对象,她们也会将其绑架带走。俊美的许拉斯,就是被迷上他的阿斯卡尼俄斯河的仙女们掳走的。德律俄珀深受哈玛德律阿德斯的喜爱,被她们掳走后也变成了一个宁芙。

## 宁芙之力

宁芙堪称古希腊的送子观音,她们拨弄着泉水,净化前来沐浴的年轻人,促进他们的生育能力。她们还能预知未来,给喝下泉水的人灌输正念,并激发他们的斗志。有时她们也能给人疗伤治病,这项能力源自她们所掌控的纯净而圣洁的水源。然而,有时她们也会让人失去理智。

## 宁芙也有一死

在许多传说中,众神、英雄乃至凡人在面对宁芙仙女时都不免萌生爱意。俄耳甫斯的妻子欧律狄刻是一个树仙女,她的悲剧说明了这些仙女并非不死之身。为了躲避阿里斯泰俄斯的追赶,欧律狄刻被一条蛇咬伤了脚,毒气攻心,一命呜呼。欧律狄刻死后,俄耳甫斯试图将她从冥界带回,但是失败了。

## 因智慧而不同

有的宁芙有大智慧。像塔戈斯一样,威戈亚将预言和知识传递给人类,尤其是有关落雷、划界和水力学方面的知识。厄戈莉亚是罗马一口泉水中的宁芙,据说她曾与国王努玛·庞皮里乌斯夜间密谈,并向他透露了宗教方面的秘密。

## 绝情的爱人

阿尔吉拉是阿卡迪亚一口泉水的名字,那附近有座城市与之同名,同时它也是色勒姆诺斯河河口的名字。根据当地的传说,宁芙阿尔吉拉爱上了年轻英俊的牧羊人色勒姆诺斯,但她很快就厌倦并抛弃了他。对爱情绝望而殉命的牧羊人感动了阿佛洛狄忒,就把他变成了一条河。然而,女神看到化作河流的色勒姆诺斯仍然无法从情伤中解脱,便令他遗忘了阿尔吉拉。于是,这条河水被认为可以疗愈情伤:"当你沐浴在其中时,你就会失去那段黯然神伤的记忆。如果这是真的,那这水要比任何财富更宝贵。"(帕萨尼亚斯)

## 爱上宁芙的阿波罗

达芙涅是色萨利的佩涅俄斯的女儿,也有人说她是大地女神的女儿,一个美丽而纯真的宁芙。阿波罗从看到她的第一眼,就疯狂地爱上了她。达芙涅一直躲避着他的追求,但阿波罗对她紧追不舍。她发了疯一样地跑着,直到筋疲力尽,便乞求她的父母保护她。正当阿波罗以为终于要抱得美人归的时候,她变成了一棵月桂树,这才作罢。同样是色萨利的宁芙,阿波罗与库勒涅的爱情要走运得多。起初,库勒涅在品都斯过着自由奔放的生活,阿波罗看到她制服了一头狮子,从此便爱上了她。他把她掳到自己的战车上带到了利比亚,还把这个国家的部分领地送给了她,即库勒尼加。也有人认为是她建立了库勒涅城。

阿波罗追逐达芙涅。(油画,贾姆巴蒂斯塔·蒂埃波罗,约 1760 年)

# 诡异的女神赫卡忒

希腊女神赫卡忒因其多态性，得名"三面女神"。

## 千面女神

赫卡忒是来自亚洲的神秘女神，起初掌管着天空、大地和海洋三界，后期才被视作冥界女神。她"有三张脸"，是主管三岔路的女神。由于其不确定的起源、"多态性"、丰富的象征意义以及与阿尔忒弥斯、塞勒涅等不同神灵之间微妙的融合，使得她难以定义，而且似乎无法归类。她的行踪飘忽不定，却又无处不在。

## 赫卡忒崇拜

赫卡忒崇拜主要流行于卡里亚地区，供奉场所在拉吉纳圣殿，靠近斯特拉托尼卡和巴拿马的宙斯圣殿。她的名字最早见于公元前6世纪末米利都（爱奥尼亚）德尔斐尼翁神庙的献词中。后来，赫卡忒崇拜传到了小亚细亚。在公元前5世纪中叶的阿提卡，以及希腊的许多其他地区，特别是色萨利、希腊中部、伯罗奔尼撒半岛和黑海沿岸都有赫卡忒崇拜。

## 善良的赫卡忒

在赫西俄德笔下，赫卡忒是一位充满母性的善良神明。她十分强大而且仁慈，引导着海洋上的船只和田野上的牧群。她主司分娩，能赐予人类胜利、财富、繁荣和智慧。但若她认为时候未到，面对人们的祷告，也会拒绝赐福。她是泰坦神的唯一后裔——泰坦珀耳塞斯和阿斯忒里亚的独生女，也是唯一一个在宙斯的统治之下仍保有权力的泰坦神。从她好的一面来说，这是一位慷慨而又无所不在的女神，常常用她的光引导人类。日光使她的形象更接近她的对位神阿波罗，月光使她的形象更接近塞勒涅和阿尔忒弥斯。

## 赫卡忒的三重形象

公元前5世纪中叶，赫卡忒的三头雕像出现在希腊赫卡泰翁神殿中，出自雕塑家阿尔卡墨涅之手。这座雕像高矗于卫城之上，守护着雅典。女神的"三重性"在文字中也有体现，公元前3世纪的一部喜剧作品这样写道："三岔路的女主人赫卡忒有着三种形象和三张面孔。"这种"一体三态"的特点，首先可以解释为她掌管人类的出生、成长和死亡，但也可以诠释为她代表着过去、现在和将来，睡眠、梦境与苏醒。此外也可以表示月相的变化，月份的三旬，道路与命途的交汇等。

## 生命的女神

在《荷马颂诗——致德墨忒尔》中，赫卡忒手持火炬，照亮了珀耳塞福涅所处的黑暗道路，使其重归光明。帮助迷茫之人走出"隧道"、担当引路人的角色，与这位非典型神的使命相呼应：她扮演了引导者的角色，帮助人们度过生命中的重要时刻，她亲切地维系着事物从一种状态到另一种状态的良好过渡。这就是为什么很多地方都立有三重赫卡忒的雕像，以此守护着房屋、门槛以及来来往往的旅行者。

众神志

赫卡忒阴暗的一面使她成为能够引发幻觉、噩梦和地狱般夜视的女神。（油画，约翰·亨里希·菲斯利，1796年）

## 临界的守护者

三岔路是律法所不能及之处，象征着命运及此岸与彼岸的交汇，是赫卡忒钟爱的领域。赫卡忒的雕像被安置在那里，负责保护和划定空间。在罗马神话中，她是三岔路女神特里维亚。人们在三岔路口为其供奉食物，穷人也可以前来用餐，接受她的庇护，这顿饭被称为"赫卡忒之餐"。作为城市、道路、岔路口、房屋和门槛的守护者，她启迪、引导并守护着每一个人。同时，她也会惩罚不虔诚者与亵渎神灵的人。

## 来自地狱的赫卡忒

与之前提到的天使的一面相反，赫卡忒也有着魔鬼的一面，她能够操控恶魔和幽灵。希腊人认为她可以影响人的精神和想象力，从而引发幻觉、夜视、噩梦，并使人看到鬼魂，就像陷入精神错乱的病人所表现的症状那样。她是黑夜的女儿，是暗影之主，经常被描绘成挥舞着火炬、匕首和蛇，后面跟着一群恶犬的形象。她的幽冥之力十分强大。她是一位"无可匹敌的统治者"：她是咒术女王，精通各种咒语，能够从冥界召唤各种幽灵鬼怪。她游荡于暗夜和墓地之中，是墓门的守护者。各种葬礼仪式都有她的存在，她是恐惧和迷信的根源。从公元前4世纪到希腊化时期，她被认为是魔术师，是女巫的守护神。在有的文本中，她是魔女美狄亚的母亲，或是她不可或缺的协助者，因为这位魔女的咒语要靠赫卡忒才能生效。她还会以母马、狼或母狗的形象出现在魔术师和女巫面前。

火炬是阿尔忒弥斯（右）与赫卡忒的共同象征。

## 赫卡忒、阿尔忒弥斯和塞勒涅

将赫卡忒、塞勒涅和阿尔忒弥斯联系在一起的共同点有二：火炬和月相。月相中集合了洁白无瑕的塞勒涅、闪闪发光的阿尔忒弥斯和阴阳交汇的赫卡忒，她如夕阳般灿烂，又如黑夜般幽暗。塞勒涅之月是满月，象征着生命的奥妙，是这一循环中最圆满的一相；阿尔忒弥斯之月是新月，象征着生命的充实和勃发；而朔月则是赫卡忒的象征。赫卡忒之月沉睡在黑暗之中，诡异而冰冷，但生命也将从中诞生。从某种意义上来说，她是促进生命萌发的魔法师。阿尔忒弥斯、塞勒涅与赫卡忒的火炬共同指引着新生命降临于世。

393

# 美惠与时序女神

## 美惠三女神

卡里忒斯（卡里斯的复数，"恩惠"之意），是宙斯的女儿，她们的母亲可能是俄刻阿诺斯之女欧律诺墨，可能是赫拉，还有可能是哈耳摩尼亚。后来的神话作品则将她们的父亲说成阿波罗或狄俄尼索斯。赫西俄德将三女神命名为欧芙洛绪涅（欢乐）、塔莉亚（富饶）和阿格莱亚（光辉）。直到公元前4世纪，她们的形象还是三位身着长裙轻纱、相貌迷人的年轻女子，后期则演变成赤身裸体的形象。她们携手并肩，翩翩起舞，头上戴着缀有果实的用香桃木枝编成的花冠。

## 象征美好生命的女神

卡里忒斯相当于罗马神话中的格拉提亚，是象征着生命中一切美好的女神，她们把欢乐传遍大地，将幸福带到众神和有幸能目睹她们的凡人心中。她们与缪斯都被恩准自由进出奥林匹斯山，为阿波罗的随行队伍增光添色，伴着他的里拉琴声翩翩起舞。有时，她们也会出现在赫利孔山上，连同欲望女神希墨洛斯和文艺女神缪斯一起接受人们的崇拜。她们也会当阿佛洛狄忒的侍女："笑容和善的阿佛洛狄忒飞向塞浦路斯的帕福斯，回到她的圣林和香气缭绕的祭坛。在那里，美惠女神替她沐浴，为她涂抹以仙馔制成的香膏——正是不朽的众神所用之物。她们还侍奉她穿上价值连城的服饰，令人见之惊艳。"（荷马）

## 乖乖女

虽然美惠女神也是爱神厄洛斯的玩伴，但她们比宁芙仙女要乖巧得多。除了赫西俄德记录的一则阿格莱亚与赫菲斯托斯结合的神话之外，人们很少听说她们有什么爱情故事。阿格莱亚为赫菲斯托斯生下了4个女儿，她们的名字也都各有寓意：欧克勒亚（荣耀）、欧忒尼亚（繁荣）、欧斐墨（美名）和菲罗芙洛绪涅（善良）。另有一位名叫帕西忒亚的美惠女神，据说是睡神许普诺斯的心上人。他曾替赫拉效力，好让他成全自己对这位姑娘的一番心意。

## 季节的轮回

时序女神是命运女神摩伊赖的姐妹，宙斯与律法女神忒弥斯的女儿。她们有时也被说成是太阳神和月亮神的女儿。最初，正如她们的名字"荷赖"所示，她们是专司季节的神明，象征着季节的轮回。用她们指代时辰的划分则是后来的事情了。

象征着世间美好事物的美惠三女神经常以手拉着手、赤裸身体的形象出现在艺术作品中。（油画，让·奥诺雷·弗拉戈纳尔，1773年）

### 为什么是美惠"三"女神

"维奥蒂亚人说，厄忒俄克勒斯是最先崇拜美惠女神的人。他们很确定厄忒俄克勒斯提到了三位美惠女神，但他是如何称呼她们的，维奥蒂亚人便记不清了。而拉刻代摩尼亚人只承认两位美惠女神的存在，塔宇革忒之子拉刻代蒙为她们修建庙宇，并称她们为克勒塔和法恩娜，这两个名字十分适合美惠女神；自古就崇拜美惠女神的雅典人给她们取的名字也是如此，他们称其为奥克索和赫革摩涅。卡耳波其实是一位时序女神而非美惠女神，而他们对另一位时序女神塔罗的崇拜则是与潘德洛索斯一同进行的。因此，我们如今崇拜美惠三女神而非二女神，都是源自奥尔霍迈诺斯的厄忒俄克勒斯。"（帕萨尼亚斯）

众神志

## 无法更替的时间秩序

时序三女神是自然之美的化身，她们被描绘成手持鲜花的优雅少女形象。她们共有三人：欧诺弥亚、狄刻和厄瑞涅，她们的名字分别有着守序、正义与和平的含意。作为律法女神忒弥斯的女儿，她们自然也是象征着秩序的女神，维持着社会的平衡。

## 花开有时

时序女神是自然之神，她们与农作物的生长周期也有关系。因此，在雅典，她们分别是春之神塔罗，象征万物初始萌芽；夏之女神奥克索，象征万物蓬勃生长，以及秋之女神卡耳波，象征丰收结果。到了冬天，珀耳塞福涅回到哈迪斯的国度，时序女神也暂时休息。等到春天再临，按照古希腊人的说法，时序女神会"打开她们的屋子"，迎接重回光明的珀耳塞福涅。她们也负责将阿多尼斯带回到阿佛洛狄忒的身边，同时虔诚地服侍女神更衣，为她佩戴珠宝。

春之女神为维纳斯更衣遮体。（蛋彩画，桑德罗·波提切利，1484年）

## 十二时辰

代表时日划分的时序女神共有12个。她们共同组成一天，在雅典接受崇拜。下面是您可能看到过的时序女神的名字（包括她们的变体）：奥克索、欧诺弥亚、斐鲁萨、卡耳波、狄刻、欧波里亚、厄瑞涅、俄耳托西亚、塔罗、奥革、阿纳托勒、穆西刻、艮娜斯提刻、宁斐、墨森布里亚、斯蓬得、厄勒特、阿克特、赫斯珀里斯、底西斯。

## 忠诚的时序女神

时序女神看守着只为众神而开的奥林匹斯山的门户。她们是赫拉的侍女，据说赫拉就是被她们抚养长大的。在宴会上，她们端上甘露和仙馔，随后与缪斯和美惠女神一同起舞。据说，她们也负责为众女神和太阳神的马车卸套。她们时而出没在狄俄尼索斯的随行队列中，时而与潘神一同嬉戏，时而围在珀耳塞福涅身边玩耍，时而在厄俄斯身旁起舞。但是，关于她们的传说故事却很少，除了晚期的一则神话提到一位时序女神（克洛丽丝）嫁给了西风神仄费洛斯，并为他生下了一个儿子名叫卡耳波斯，这个名字在古希腊语中意为"果实"。

395

# 缪斯的歌声

## 缪斯是谁

人们将她们说成是宙斯和记忆女神谟涅摩叙涅的女儿。她们9个人形成一组——9是一个完美的数字（3×3）——象征着记忆和诗歌的灵感。

## 赫西俄德笔下的缪斯

赫西俄德在《神谱》中提到了灵感的具象化，但是他笔下的缪斯住在赫利孔山上："让我们从住在赫利孔神山上的缪斯开始歌唱吧。在漆黑的泉水旁，她们迈着轻盈的步子，在克洛诺斯之子、全能的宙斯的圣坛前翩翩起舞……当赫西俄德正在赫利孔神山下放牧羊群时，缪斯亲自向他传授她们的美丽歌谣。"（赫西俄德）

## 各有所长

缪斯们身穿佩普洛斯长袍，手持各种乐器，头上还戴着紫罗兰花冠，有时很难将她们区分开来。后来，随着她们才艺禀赋的不断显现，每个人都演化出独有的特征。卡利俄佩头戴金冠，手持小号、蜡板或书卷和铁笔；克利俄手中也拿有书写史诗的铁笔和蜡板，但她头上戴的是月桂冠；厄拉托身边有一只天鹅，她手持铃鼓，戴着用玫瑰和香桃木枝编织的头饰，有时也会弹奏里拉琴或基萨拉琴来歌颂爱情；擅长音乐的欧忒尔佩最明显的特征就是手中的笛子（阿夫洛斯管）；悲剧歌者墨尔波墨涅穿着悲剧风格式样的短靴，脸上覆着面具，手持短剑，戴有葡萄藤头饰；波吕许谟尼亚用她的风琴为葬礼和婚礼伴奏；忒耳普西科瑞伴着自己的里拉琴或维奥拉琴的声音翩然起舞，或是侧卧在岩石上，用臂肘撑起脸庞做冥思状；塔利亚头戴常春藤冠，脸上戴着喜剧面具，有时手中还拿着一根牧杖；天文女神乌拉尼亚手中拿着的是圆规、天球仪和指挥棒。

历史缪斯克利俄、诗歌缪斯欧忒尔佩和喜剧缪斯塔利亚。（油画，厄斯塔什·勒絮尔，17世纪）

## 九位缪斯

赫西俄德赋予缪斯众姐妹各自的名字和不同的象征物，以作区分。把缪斯从最初的三位增加至九位：

- "声音悦耳的"卡利俄佩，司雄辩；
- "宣扬者"克利俄，司历史；
- "可爱的"厄拉托，司爱情诗；
- "欢快的"欧忒尔佩，司音乐与抒情诗，并用自己的笛声为之伴奏；
- "歌者"墨尔波墨涅，司悲剧；
- "爱跳舞的"忒耳普西科瑞，司舞蹈；
- "颂歌众多的"波吕许谟尼亚，司哑剧；
- "鲜花盛开的"塔利亚，司喜剧；
- "天空的"乌拉尼亚，司天文。

## 荷马笔下的缪斯

对荷马来说，无缪斯便不成歌。有时候，缪斯就是创作灵感和历史记忆的象征："现在，居住在奥林匹斯山上的缪斯女神们啊，请为我们讲述达南的国王和公主们的事迹吧！你们无所不见，无所不知，而我们一无所知，只听得到一丝荣耀的传言。即使我有10条舌头、10张嘴巴、不知疲倦的声音和青铜般的胸膛，如果没有风暴之神宙斯的女儿、奥林匹斯山上缪斯女神的提醒，那么，对于来到依利翁的首领，我就无法得知他们的名字，也无从描述他们的英雄事迹。"（荷马）

众神志

## 缪斯的能力和职责

缪斯既能预知未来,也能永远铭记过去。她们在音乐和艺术上的才能,令众神和凡人都着迷不已。她们能让人忘记苦恼、终结伤痛。她们是诗人和吟唱歌者的母亲,有时也充当连接诗人及其听众的桥梁。

九位缪斯齐聚圣林。(油画,皮维·德·夏凡纳,19世纪)

### 唯有歌唱

在《费德鲁斯篇》中,苏格拉底讲述了一个有关缪斯能力的美丽传说:"当歌曲与缪斯相伴而生时,许多人都无比欢喜,他们对唱歌是那么充满热情,以至于忘记了吃喝,甚至到死的时候都没有意识到生命已然终结。后来,这些人就变成了蝉,它们从缪斯那里获得了无须饮食的能力。它们从出生的那一刻起就不吃不喝地唱歌,直到生命的尽头。然后它们会找到缪斯,并把凡间崇拜缪斯的人告诉她们中的每一个。"(柏拉图)

## 神之歌

据说缪斯自出生之日起就生活在皮埃里亚的奥林匹斯山上,因此她们也常被称作皮埃里德斯。不管是忒提斯和佩琉斯的婚礼,还是阿喀琉斯的葬礼,她们现身在各种场合为众神献唱。她们出没于德尔斐附近的帕尔纳索斯山,而在维奥蒂亚的赫利孔山,也能看见她们活跃的身影。赫西俄德就出生在这座山的山脚下,山上还有天马佩伽索斯踏出的希波克列那泉。这口泉眼代表着纯净的灵感,自大地深处喷涌而出。头戴紫罗兰花冠的缪斯们在这些景色迷人的地方翩然起舞,身边还有美惠女神相伴。她们列队而行,有时听从着阿波罗的指挥,因此阿波罗也被称为缪萨革忒斯,意为"引领缪斯者"。

### 缪斯在罗马

在罗马,也有跟预言灵感和诗歌相关的神灵——卡墨奈。她们是泉水之神,有时也被称为灵帕仙女。但罗马人后来也引入了缪斯崇拜。公元前2世纪,罗马执行官福尔维乌斯·诺比利奥建造了一座庙宇,供奉引导缪斯的赫丘利,里面放置了他从安布拉西亚劫掠来的缪斯神像。

## 缪斯——神话的中心

缪斯们有着丰富的爱情经历,她们哺育了许多著名的音乐家和诗人。但是她们的孩子往往都有着不幸的命运,例如卡利俄佩的儿子俄耳甫斯,或乌拉尼亚的儿子利诺斯。《变形记》中有一段情节:皮厄鲁斯的9个女儿皮厄里得斯宣称她们的才能堪比众缪斯,于是组织了一场歌唱比赛和众缪斯比试,最后缪斯胜出。因鲁莽而冒犯缪斯的皮厄里得斯则被变成了鸟儿。

# 摩伊赖：命运的纺线者

## 纺线者

摩伊赖对应着罗马神话中的帕尔开，以及北欧神话中的诺伦，是纺织人类命运之线的三姐妹。这三位纺线人居住在洞穴中，掌管着时间与命运。至于克蕾丝，她是战场上的恶灵，有时也被认为是摩伊赖的姐妹。

## 无法改变的生命法则

"纺织吧，纺织这幸福的时代，帕尔开对轻巧的纺锤如此说道，她们总是遵循着无法改变的命运之线。"（维吉尔）在《荷马史诗》之后，从每个人祸福自有定数的命运这一抽象概念中，诞生了这三位象征命运的神明。摩伊赖在古希腊语中意为"份例"，世间的秩序全仰仗她们的安排。这三位姐妹负责管控人类的命运，无人能从中逃脱，连众神也无能为力。萨尔佩冬之死就很好地证明了这一点：他被帕特洛克罗斯所杀，就算是宙斯也无法阻止。根据一则古老的传说，在荷马之前，命运女神只有两位，分别对应白天与黑夜。据说人们在德尔斐崇拜她们。

## 身世成谜的命运三女神

有人说摩伊赖和克蕾丝一样都是夜神的女儿，她们和其他初代神明都代表着世界的原初力量；还有人把她们当作宙斯和忒弥斯的女儿，也就是时序女神的姐妹。以上两种说法都出自赫西俄德笔下。在俄耳甫斯教的神话谱系中，她们是乌拉诺斯和盖亚的女儿。

## 生命中的三个时刻

摩伊赖的名字分别是："纺线者"克洛托、"分配者"拉刻西斯和"不可避免的"阿特罗波斯。她们幽居冥界，丈量着人类从出生到死亡的历程。她们被描绘成身穿白衣的老妇人，终日忙于纺织象征着人类生命的丝线。第一位拿着卷线杆，第二位将丝线缠在上面并分配给每个人各自的命运，第三位则在一个人命数当尽之时，剪断与之相对应的命运线。虽然摩伊赖长相丑陋，但她们的力量异常强大。

摩伊赖三姐妹丈量着人类从出生到死亡的历程。（油画，弗朗西斯科·德·戈亚，1823 年）

帕尔开编织并决定人类的命运。（油画，鲁本斯，17 世纪）

## 忠实的伴侣

人们有时会把分娩女神厄勒梯亚与摩伊赖联系在一起,因为生命的降生也在她们的权责范围内。人们也经常将她们和希腊的命运女神堤喀相提并论,因为命运这一概念与这三位纺线者所代表的事物十分相近。摩伊赖在神话传说中的登场并不多,比较著名的是在巨人之战中,她们杀死了乌拉诺斯和盖亚之子阿格里俄斯和托阿斯。她们也出席了佩琉斯和忒提斯的婚礼,并为他们献上赞歌。在关于墨勒阿革洛斯的诸多故事中,有一个版本,摩伊赖在其中扮演了重要的角色:在墨勒阿革洛斯出生后的第七天,摩伊赖赐予他荣耀和勇气。但是,三姐妹当中的阿特罗波斯也宣称,当炉膛中的木柴燃尽之时,他的生命也将终结。听到这里,他的母亲阿尔泰亚急忙将木柴从炉膛中抽了出来。

## 战场上的克蕾丝

"战士们不停地厮杀,其身后是幽蓝色的克蕾丝。她们闪烁着寒光的獠牙嘎吱作响,目露凶光。这些染满鲜血的丑陋精灵战无不胜,争抢着倒地战士的尸体。"(赫西俄德)在《伊利亚特》中,这些恐怖而嗜血的女妖游荡在战场上,扇动黑色的翅膀,用闪光的獠牙和尖锐的利爪撕扯着尸体。她们身披染满鲜血的长袍,凶猛而暴虐。

## 众说纷纭的家世谱系

在《神谱》中,克蕾丝是夜神的女儿,但她们的身世其实并不明朗。赫西俄德在一段语义不清的文字中说,她们是塔纳托斯和摩罗斯(死亡和厄运)的姐妹;同时他又说她们是摩伊赖的姐妹。到了古典时期,人们因克蕾丝与命运女神摩伊赖,以及复仇女神厄里倪厄斯之间存在一些相似性,逐渐把她们混为一谈。后来的民间传说则将她们归为需要通过献祭来平息的游荡亡灵,就像人们在花月节时所做的那样。

## 命运之重

荷马笔下的克蕾丝更接近于宿命的概念,它不仅体现在英雄注定要面对的死亡中,也体现在他一生所必经的事件中。因此阿喀琉斯在两个可选的克蕾丝中选择了更适合自己的那一个:与其远离战争和荣誉,享受安谧的生活,他更愿意在特洛伊城前马革裹尸,尽情挥洒年轻的生命,以获得永恒的荣耀。据说,宙斯想知道阿喀琉斯和赫克托耳在对决中哪个会殒命,便将两人的克蕾丝放在了天平(灵魂测重仪)的两端。结果,赫克托耳的命运将托盘压向地面(冥界),低过了阿喀琉斯的托盘。这位普里阿摩斯之子便被阿波罗遗弃,独自面对他已经注定的命运。

## "命途已现"

罗马人将帕尔开比作希腊神话中的摩伊赖。诺娜、德喀玛和摩尔塔也被描绘成三个纺线老妪,她们的任务同样是抽出象征世人命运的丝线,在命定之刻将其剪断。她们和摩伊赖一样坚守自己的职责。按照罗马人的信仰,帕尔开与婴孩出生的时刻紧密相连,

两个托盘上的克蕾丝象征着命运的抉择。(《希腊人史》插图,维克托·杜瑞,1887 年)

因为动词"parere"的意思就是"分娩"。但是,帕尔开也受到不少来自希腊的摩伊赖的影响,三姐妹主持着人类的出生、婚姻和死亡。从一名婴孩降生的那一刻起,帕尔开就知道他的命运如何了,因为它已经被写在一张卷轴上了。在婴儿出生一周后,人们就会用"fata scribentia"来形容他,字面意思是"命运正在书写",也可译为"命途已现"。民间流传着教母仙子会降临到初生婴儿的摇篮边的说法,可能就源自上述传说,因为法语中"仙子"(fée)一词就来源于拉丁语的"fata"(命运)。

# 德墨忒尔与厄琉息斯秘教

## 墨塔涅拉家的客人

得知女儿被哈迪斯掳到冥界后,悲伤的大地母神德墨忒尔无心于神职,化身成一位老妇人在凡间游历,直到找回自己的女儿。女神在凡间四处碰壁,唯独在厄琉息斯国王刻勒俄斯和他的妻子墨塔涅拉那里受到了热情的招待。墨塔涅拉命人用胡薄荷燕麦粥招待德墨忒尔,女神狼吞虎咽的吃相招来了一个奴隶的嘲笑,这个名叫阿斯卡拉波斯的男孩是弥斯墨的儿子(一说他是伊阿姆柏之子)。女神心生不悦,将剩下的汤水泼到卡里克罗斯井边的男孩身上,男孩随即变成了一只浑身长满斑点的壁虎。

年轻的特里普托勒摩斯乘坐德墨忒尔送他的魔法车播撒麦种。(三耳瓮,约公元前 490 年)

德墨忒尔将种子交给特里普托勒摩斯并教给他农耕技术。一旁的珀耳塞福涅用右手抚摩他的头,赐予祝福。(厄琉息斯大理石雕)

## 保姆与孩童

墨塔涅拉有个小儿子名叫特里普托勒摩斯,德墨忒尔做了他的保姆。墨塔涅拉还有一个儿子名叫得摩丰,有些故事版本称他才是被托付给德墨忒尔照料的孩子。而特里普托勒摩斯的身份就显得扑朔迷离,他时而被说成厄琉息斯国王本人,时而又是第绍卢斯和包玻的儿子,他还被说成厄琉息斯(庇厄洛之子,与这座城邦同名的大英雄),甚至还有说他是乌拉诺斯和盖亚之子的。德墨忒尔十分喜欢特里普托勒摩斯,她偷偷地给孩子禁食,通过涂抹神圣油脂以及烈火锻体等仪式,想要赋予他不朽的生命。墨塔涅拉无意间见到孩子被吊在火焰上的场景,不明就里的她惊恐万分。仪式被打断了,德墨忒尔把自己大地女神的身份告诉墨塔涅拉后,离开了刻勒俄斯的王宫,而特里普托勒摩斯依旧是凡人之身。

## 德墨忒尔的回礼

德墨忒尔总是觉得自己有负于厄琉息斯统治者的热情招待,既然自己没能赋予主人家孩子不朽的生命,她便送给特里普托勒摩斯一件堪称神器的礼物:一辆由翼蛇拉动的战车。她在拉洛斯平原教会他如何播种、收割和磨制面粉,并派他驾着魔法车飞到空中,把麦种撒满全世界。"丰收女神系上两条翼蛇,让它们衔住嚼子,便驾着战车御风驰骋于天地之间,降落在米涅尔瓦的圣城。她将战车托付给年轻的特里普托勒摩斯,并赐予他出产丰富的种子,让他播撒在已经翻犁过和未曾开垦过的土地之上。"(奥维德)

### 抑扬格韵诗的起源

据说伊阿姆柏见女神德墨忒尔愁眉不展,试图用笑话逗她展颜,抑扬格韵诗就起源于此。有的人则将这个扮演"开心果"的角色安在第绍卢斯的妻子包玻身上,她也是招待德墨忒尔之人。为了博得女神一笑,她掀起裙摆,转过身去,露出自己的屁股。

## 特里普托勒摩斯和伽耳那朋

特里普托勒摩斯是一位善行的传播者，无论走到哪里，他都受到众人的爱戴，除了黑海沿岸。在那里，他遇见了盖塔人的国王伽耳那朋。国王对他充满了敌意，还杀死了他战车上的一条翼蛇。为了不耽误农事，德墨忒尔赶忙为车子换上一条新蛇，但她还是让这片充满敌意的土地变得贫瘠。奥维德在《变形记》中也讲述了一个类似的故事：斯基泰国王林科斯眼见特里普托勒摩斯为城里带来了"刻瑞斯的恩赐"，因而嫉妒他的成功，意图趁他熟睡时杀掉这个受到德墨忒尔庇佑的人。德墨忒尔，也就是罗马神话中的刻瑞斯，当场把渎神的林科斯变成了一只猞猁。

## 飞车失窃案

帕特拉斯国王欧墨罗斯之子安忒阿斯想要取代特里普托勒摩斯。为此，他等到英雄熟睡之后，于深夜悄悄地登上丰收战车，并系好翼蛇，就在他成功地驾上战车，腾空飞天，准备像特里普托勒摩斯一样把珍贵的种子撒向大地时，不料身子一歪，无法掌控方向的他跌下去摔死了。

## 特里普托勒摩斯与秘教仪式

出于德墨忒尔的缘故，特里普托勒摩斯成为秘教之城厄琉息斯的一个重要人物。这位英雄与麦种的萌芽，以及随之而来的大地的丰收息息相关，而这两项也正是厄琉息斯秘仪中不灭循环的重要组成部分。罗马哲学家波菲利称特里普托勒摩斯为厄琉息斯留下了三条戒律："尊敬父母，用果实敬拜神明，善待动物。"而根据柏拉图所言，特里普托勒摩斯因为生前的贤明，死后也得到了协助冥界三判官——艾亚哥斯、米诺斯和拉达曼提斯——的特权。

## 女人的节庆

冬耕节据说起源于特里普托勒摩斯，是在每年10月举行的纪念德墨忒尔的节日，这时正是冬季作物播种的时节，只有女性可以参加，通常分配给男性的任务在这个节日里也会由女性来完成。据说，特里普托勒摩斯是第一个献祭幼猪来敬拜大地女神的人。如果说欧摩尔庇得斯家族的祖先欧摩尔波斯把秘教带到了厄琉息斯，那么按照德墨忒尔的要求，为这些秘术制定仪式的就是特里普托勒摩斯。血腥的祭祀之后，节日会以一场盛宴收尾，席面上主要有面粉、蜂蜜、芝麻、罂粟、奶酪和大蒜。按照当地的传说，厄琉息斯国王克洛孔（特里普托勒摩斯的儿子）和他的兄弟科克戎共同创立的克洛科尼德斯家族，就是一个世代崇拜德墨忒尔的祭司家族。

此场景为德墨忒尔神庙中举行的厄琉息斯秘仪的入教仪式，德墨忒尔位于上方右侧。（彩绘烧陶还愿板，公元前4世纪中叶）

# 弗里吉亚众神

罗马人崇拜女神库柏勒。（安德烈亚·曼特尼亚，1505年）

## 崇拜的起源

弗里吉亚是位于小亚细亚中部的一个地区，处在希腊和中东等多重文化影响下的交叉地带。人们对这一地区特有的几位神明的崇拜得到了充分发展，甚至传播到了弗里吉亚以外的地区，例如众神之母库柏勒、阿提斯、月神勉和萨巴兹乌斯。

## 众神之母

库柏勒是弗里吉亚的重要女神，是群山之神，伊得山、丁狄蒙山和贝雷欣特山与其联系尤为紧密。库柏勒崇拜盛行于小亚细亚，在公元前205—前204年甚至传播到了罗马，当时罗马人决定将佩西农特神殿中的一块圣石带回罗马，这块"黑石头"很可能是一块陨石，被当地人视作女神的象征，后来被当作女神的脸庞镶嵌在罗马的库柏勒银像上。库柏勒也被称为"大神母"或"伊得山之母"，后来被当作众神之母并与瑞亚联系起来。当地人敬奉库柏勒的场面十分喧闹，无论是他们状似癫狂的举动，还是被称作"伽勒"的阉人祭司，都令罗马人大为震惊。

## 大地女神

库柏勒很有可能继承了赫梯女神库巴巴的一些特征，后者起初是幼发拉底河沿岸的卡尔凯美什城的守护神，随后转移到了吕底亚-弗里吉亚地区。她的形象或是站立着，手持镜子和石榴（或其他植物）；或是坐在宝座上，身旁伴着一头狮子，这个姿势使人很容易联想到希腊与罗马时代的库柏勒形象：坐在宝座上的库柏勒头戴高冠，手持铃鼓，有时还拿着麦穗或罂粟，两头狮子卧于两侧。库柏勒也象征着自然之力、大地和它的物产："诸多人民派弗里吉亚军团为她护行，因为根据传说，最初的谷物就是从那个遥远的地区萌发，随后传遍整个大地。"（卢克莱修）库柏勒本身没有什么传说，她出现在阿提斯的故事中，而后者的故事则丰富多彩。

象征着大自然野性一面的库柏勒。

## 英俊的牧羊人

弗里吉亚牧羊人阿提斯被认为是库柏勒的第一位信徒。在某些传说中，他凄惨地死去后化身成植物。他故事里的诸多情节，让人联想到巴比伦的谷神塔木兹、胡里安神话中的库马尔比和乌里库米，以及希腊神话里的阿多尼斯……阿提斯出现在一系列混乱而放纵的故事中，这些故事通常都与库柏勒有关。

## 危险的爱情

按照诗人赫尔迈西纳克斯的记载,弗里吉亚人阿提斯生来就是一个阉人,他定居在吕底亚,并在那里举行祭庆库柏勒的狂欢活动。他与女神的关系十分亲昵,这激怒了宙斯,他派了一头野猪到吕底亚大行肆虐,据说就是它杀死了阿提斯。帕萨尼亚斯讲述了这个故事的另一个版本,但在这个版本中并没有库柏勒:有一天,宙斯的精液掉落在地上,9个月后生出了一个名为阿格狄斯提斯的双性人。众神将其去势,一棵杏树从其生殖器中长了出来。河神桑伽里俄斯的女儿路过此处,摘取了这棵树的杏仁,放在胸前,因此受孕。孩子(阿提斯)生下后就被遗弃,由山羊抚养长大。长大后的阿提斯十分英俊,以至于阿格狄斯提斯都爱上了他。但是,阿提斯去佩西农特娶了国王的女儿。不料在婚礼现场,阿格狄斯提斯突然出现,施咒让阿提斯陷入癫狂并自宫,然后设法令阿提斯的尸身不会腐烂。这个故事还有一个版本,为我们提供了更为清晰的细节:宙斯试图与象征库柏勒的石头结合,从而生下了阿格狄斯提斯;桑伽里俄斯的女儿名叫娜娜,而佩西农特的国王叫弥达斯;从阿格狄斯提斯的生殖器中长出的是一棵石榴树,而非杏树;阿提斯自宫的地方是在一棵松树下;库柏勒将阿提斯埋葬,从他的血中长出了紫罗兰——有一种血红色的紫罗兰就是用库柏勒命名的。而在另一个版本中,阿提斯是在库柏勒的逼迫下自宫的,因为她爱上了阿提斯,而他却为了一个宁芙离开了自己。在奥维德的笔下,这个宁芙是一个名叫桑伽里提斯的树仙女,库柏勒为了复仇,砍掉了宁芙的树并逼疯了阿提斯。

## 蛇神

萨巴兹乌斯要么对应于希腊神话中的狄俄尼索斯,为宙斯与珀耳塞福涅所生,常以蛇的形象出现;要么直接对应于宙斯,有一首俄耳甫斯颂诗称他为"统治弗里吉亚的真福者,宇宙间至高无上的主宰"。他在弗里吉亚和色雷斯受到人们广泛的崇拜和供奉。

## 以月为神

勉是来自弗里吉亚的月神,这位神明在小亚细亚的很多地区(吕底亚、皮西迪亚、吕卡奥尼亚)都颇具盛名,却没有什么关于他的传说故事。他头戴弗里吉亚软帽,穿着裤子,两轮弯月从他的肩膀升起。除了这套特征鲜明的服饰,他的象征物品还有长权杖、公鸡、公牛(或牛头)以及松果。这是一位既能治病救人也能严惩恶徒的神明,人们一般向他祈求治愈疾病、宽恕罪过,或者请求他帮助实现愿望、守护家庭。

阿提斯既是库柏勒的儿子,也是她的情人。(大理石雕,公元前2世纪)

# 埃及众神

## 丰富的多神体系

埃及的多神体系十分繁杂，根据城邦、地区和时代的不同，甚至存在着多种神系。当地的多神体系中最出名的有：八元神体系，由赫尔莫波利斯创世神话中出现的八位神明组成；以造物神阿图姆－拉为中心的赫里俄波利斯九柱神体系；象岛三柱神，由尼罗河的三位神明（库努牡、萨提特和阿努凯特）组成。埃及多神体系的另一特点是动物所占据的重要地位以及数目繁多的混种神灵，让希腊人和罗马人惊讶无比。

## 造物主和创世神

阿图姆－拉从原初的混沌之水努恩中降生，并用自己的唾液或精液创造了舒（空气）和泰芙努特（湿气之本）。舒和泰芙努特结合，生下了地神盖布和天神努特。阿蒙原本是底比斯的一个与公羊有关的神明，后来与赫里俄波利斯的太阳神拉合并，是为阿蒙-拉。拉神的太阳船每天都会受到邪恶的化身、巨蟒阿波菲斯的攻击，但拉神的伙伴——尤其是塞特和被称为"拉神之眼"的猫首女神巴斯特——最终击败了阿波菲斯。阿吞是另一位有名的太阳神，阿吞崇拜广为流行是在阿蒙诺菲斯三世和阿蒙诺菲斯四世统治时期，后者甚至还更名为埃赫那吞，意为"阿吞的荣耀"。

卜塔是孟斐斯的造物神、守护神和治愈之神。他的形象是一个被紧缚的木乃伊，手中握着一根长权杖。他的妻子是野蛮的狮头女神塞赫麦特，她与卜塔，以及象征着原初之莲的奈夫顿，共同组成了孟斐斯人所崇拜的三大主神。不过，埃及神谱还记载着许多其他的造物神，例如像陶匠一样用泥浆造人的羊头神库努牡、备受埃及科普特人崇拜的生殖之神敏，还有托特和涅伊特等。

## 努恩与玛亚特

这是两位将概念拟人化的原初之神，努恩代表着混沌之源、迟滞之水，太阳从这里升起，而玛亚特则代表着宇宙的秩序和正义。玛亚特作为正义的保障者，起着十分重要的作用。她被描绘成人类的模样，但是长着翅膀，以一根鸵鸟羽毛为标志物。

## 最初的夫妇

世界起始于天神努特和她的兄弟地神盖布的不伦结合。阿蒙派空气之神舒介于他俩之间，将其分开。在埃及人对世界的构想中，盖布呈现着淤泥一般的深绿色或者黑色形象，努特则是一个浑身缀满星辰的女性形象，立于盖布之上。

秩序与正义女神玛亚特。

## 智慧之神

托特是一位鹮首人身、与狒狒有关的从事文字工作的神。他象征着知识、科学、文字（象形文字就是他发明的）和魔法，在赫尔莫波利斯尤其受人崇拜。

## 慈母女神

哈托尔是一位母牛形象的天空女神，在丹德拉接受人们的崇拜。她代表着生育、母性、爱与生命。

## 众神志

### 家庭政变

努恩与盖布的儿子俄西里斯是一位农业之神，他被自己的兄弟塞特阴谋推翻，后者是一位粗鄙而邪恶的神，象征着荒芜凶险的边地。俄西里斯被关进一口棺材沉入水底，之后被他的魔法师妻子伊西斯在腓尼基的比布鲁斯找到，并将其带回埃及。然而，塞特偷走了俄西里斯的尸体，把其切成碎块，丢到埃及各地。于是，伊西斯动身前去找齐丈夫的尸块，并成功找到了14块中的13块（俄西里斯的阴茎被鱼吃掉，再也无法找回），她重塑了丈夫的身体，并把他做成木乃伊。后来，伊西斯与俄西里斯的儿子荷鲁斯替父亲报了仇，他赶走了塞特，成为统治埃及的神。

生育之神俄西里斯，两侧分别是他的儿子荷鲁斯和妻子伊西斯，他们各自将手举到俄西里斯的肩膀处，做出保护的姿势。（刻有奥索尔孔二世名字的挂坠，公元前874—前850年）

### 女战神

涅伊特是一位女战神，还发明了纺织技术，因此希腊人顺理成章地将她比作雅典娜。鳄鱼之神索贝克在法尤姆的很多地方受人崇拜，在那里他还有很多名字。

### 生之女神

梅斯赫奈特是掌管分娩的女神，她也决定着新生儿的命运。她还会在人死之后进行灵魂测重时，展示死者生前的行径。因此，她与希腊的命运女神摩伊赖十分相似。赫克特则是一位长着青蛙头的女神，她帮助库努牡创造万物，也帮助女性分娩。

### 眼镜蛇神

埃及有很多神明都与当地特有的眼镜蛇有关，例如，尼罗河三角洲地区的法老守护神瓦吉特，其形象是一条顶着金盘的立尾眼镜蛇；底比斯大坟场的守护神麦里特赛格尔；丰收女神列涅努特，其形象后来演变为伊西斯·忒尔姆提斯。

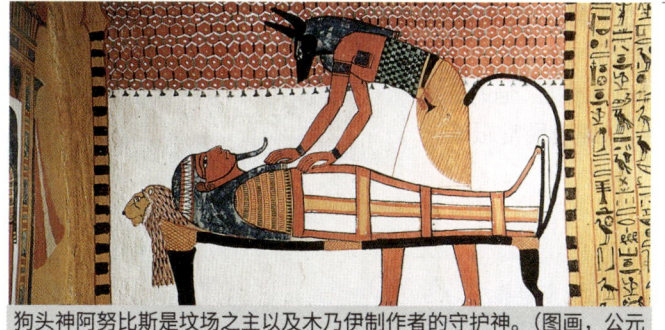

狗头神阿努比斯是坟场之主以及木乃伊制作者的守护神。（图画，公元前1196—前1193年）

### 亡者之神

狗头神阿努比斯是一位与木乃伊制作有关的神，尸体防腐和葬礼工作都需要他的参与。他也是将亡灵带到俄西里斯面前的灵魂摆渡人，随后还要参加对死者的审判，尤其是著名的灵魂测重仪式，即为死者的心脏称重。他会将代表死者灵魂的心脏和玛亚特的羽毛分别放在天平两端，称量的结果则由托特负责记录。

405

# 希腊化的埃及众神

## 神话融合

在希腊化时期及随后的罗马帝国时期，亚历山大港和埃及的其他地区都发展出了在希腊文化影响下的独特的崇拜形式。埃及众神受到希腊化的同时，一些通过融合产生的新神也大放异彩。

### 塞拉比斯

塞拉比斯的名字实际上是"俄西里斯·阿比斯"的形变词。他是一位中年人形象的神祇，长着长头发和浓密的大胡子，手中握着一根权杖，头上顶着一个用来盛放羊毛或水果的篮子。有时他的王座边上还趴着刻耳柏洛斯。他被视为有着治愈能力的哈迪斯。在罗马帝国时期，他的形象有时仅仅是一只脚穿着凉鞋或者围着一条蛇，又或者以一种更为复杂的复合形象出现。这种综合了阿斯克勒庇俄斯、阿蒙和赫利俄斯等特征的形象被称为塞拉比斯·潘透斯（意为"诸神的塞拉比斯"）。

### 宙斯·阿蒙

这位神明的出名之处，在于其位于沙漠中心锡瓦绿洲的利比亚神殿，以及据说与多多纳同时建立的神谕处。连塞米拉米斯和亚历山大大帝都拜求过他的神谕。与宙斯融合的阿蒙是一位长着大胡子和羊角的神，他的形象经常出现在托勒密王朝的硬币上。在罗马帝国时期，他有时也以骑着一头公羊的形象出现。

### 赫耳玛努比斯

正如他的名字所暗示的那样，赫耳玛努比斯是由赫尔墨斯和狗头神阿努比斯融合而来的。由于这两位神明都有引渡灵魂的职能，阿努比斯在托勒密王朝期间就自然而然地转变成了赫尔玛努比斯。他的形象是一个穿着希玛纯的年轻人，手中拿着商神杖和棕榈枝。他的脑袋是人类的模样，身边经常跟着一条狗。

公元前4世纪末，埃及兴起塞拉比斯崇拜，从而将希腊与埃及的信仰相结合。这位神明同时继承了俄西里斯和宙斯的特征。

## 关于塞拉比斯崇拜的传说

塞拉比斯崇拜是在托勒密一世做了个梦后引入埃及的。"一天夜里，托勒密梦见了锡诺普的普鲁托大雕像，他此前从未见过普鲁托的雕像，甚至连他的样子都不知道。在梦中，雕像要求托勒密尽快把自己搬到亚历山大港。由于托勒密并不知道雕像位于何处，带着困惑的他就把自己梦中所见告诉了朋友们。这时，一个名叫索西比乌斯的人来到王子面前，他曾经四处游历，并称自己曾在锡诺普见过类似的雕像。托勒密于是派索忒勒斯和狄俄倪西俄斯前往锡诺普，两个人花了好长时间，历经千辛万苦，最终在神灵的庇佑下成功地将雕像带给了国王。翻译官提莫太和祭祀赛奔尼托斯的曼涅托一见到雕像，就从上面的刻耳柏洛斯和蛇的形象推测出雕像刻画的是普鲁托，于是他们告诉托勒密这一定是塞拉比斯的雕像。塞拉比斯并非锡诺普人对普鲁托的称呼，而是他来到亚历山大港后从埃及人那里得到的名字。"（普鲁塔克）

众神志

崇拜伊西斯时，一位祭司举起象征着女神的装有圣水的罐子。（赫库兰尼姆古城壁画，1世纪）

## 伊西斯

伊西斯是一位拥有多种形象的女神。在帝国时期最常见的几个形态中，首先要说到的就是她作为神之母在宝座上给荷鲁斯喂奶的形象，这种形象被称为"哺乳的伊西斯"；她还是保护航海者的灯塔女神，其形象为手持西斯特尔叉铃，身披随风飘扬的轻纱，伫立在著名的亚历山大灯塔近旁；最后还有骑着狗的伊西斯·索提斯，她是天狼星的象征，这颗星体在8月初升起，伴随着尼罗河的泛滥，标志着一年的开始。

## 哈尔波克拉特斯

哈尔波克拉特斯是一位备受欢迎的神明，他是孩童荷鲁斯，经常揣着一个丰饶之角，将右手食指按在嘴唇上。他乐于助人，能给人们带来繁荣昌盛。他经常被描绘为赤裸身体站立的形象，并且有着十分希腊化的长相；有时他也会像古老的图像中所描绘的那样，坐在一朵莲花上，从原初之水中升起。他的形象在帝国时期，常见于埃及图像志中的自单侧扎下的孩童发辫消失不见了，取而代之的是戴在头上的一朵莲花。

## 阿伽托戴蒙与伊西斯·忒尔姆提斯

阿伽托戴蒙是一位头戴法老王冠，手持权杖、麦穗和罂粟的蛇神。他是象征繁荣的神，也有引渡灵魂的职能。他的对位神是伊西斯·忒尔姆提斯，一条头戴瓦西里翁王冠的眼镜蛇，带有西斯特尔叉铃，有时也长着人的脑袋。阿伽托戴蒙有时也长着塞拉比斯的头，他也是这位复合神明的另一种表现形态。

## 欧忒尼亚

欧忒尼亚是富足的象征，也被认为是涅罗斯的妻子，手持麦穗的她陪伴在河神的身旁。亚历山大港也有具象化的神灵，她通常是一位戴着象皮头饰的年轻女性，面向大帝而立，有时则呈现亲吻大帝之手的形象。

## 具象化的神明

涅罗斯是人们将尼罗河以希腊人的形象为模板具象化所创造的神明：他被描绘为一位卧姿中年男性，留着大胡子，手拿一支丰饶之角或芦苇茎秆，有时则坐在一块岩石上。涅罗斯身边经常跟随着鳄鱼、河马这两种常见于尼罗河的动物；有时他甚至就骑在河马上。

涅罗斯被描绘为一个留着大胡子的中年男子形象，手里拿着丰饶之角和芦苇茎秆。（科内利斯·博斯的版画，16世纪）

407

# 伊特鲁里亚众神

## 解读宇宙

伊特鲁里亚人的文明繁盛于公元前7世纪到前4世纪，他们被誉为"最虔诚的民族"，有许多专人负责解读神灵传下的各种信息，尤其是雷电、动物肝脏上的标记（脏卜术），以及其他传达神灵意志的神迹，比如塔戈斯、威戈亚等人就是将《伊特鲁里亚律法书》中的脏卜术传授给人类的灵媒。伊特鲁里亚信仰的两个显著特点是：非常重视占卜术、恶魔和冥界在其宗教体系中占据重要地位。

## 皮亚琴察铜肝

组成伊特鲁里亚众神谱系的本土神灵，后来大多被同化为与他们存在对应关系的希腊神灵，他们形成一个相互关联的整体，分布在世间各处。一块名叫皮亚琴察铜肝的青铜肝脏模型，让我们得以知晓这些神灵的存在，这件宗教文物上的铭文记录了他们的名字及其分布在世界中的位置：雷电之主提尼亚对应于宙斯或朱庇特；乌尼的名字与朱诺同源，因此对应于赫拉，但据皮尔吉金板上的记载，腓尼基人把她比作爱神阿斯塔蒂；忒库姆对应雅典娜；水神涅顿斯后来与涅普顿画上了等号；太阳神的名字叫作高萨或乌西尔（赫利俄斯）；自然之神有福弗伦斯（狄俄尼索斯）和赛尔万斯（希尔瓦努斯）……还有一位名叫赫尔克勒的神，对应的是赫拉克勒斯。

在伊特鲁里亚神话中，太阳神赫利俄斯被称为乌西尔。（青铜像，公元前2世纪）

## 从希腊神到伊特鲁里亚神

有的神是在两种文化中都存在的对应神，例如伊特鲁里亚的阿佛洛狄忒名叫图兰，赫尔墨斯则是图尔姆斯，米涅尔瓦对应墨涅尔瓦，玛尔斯对应拉兰，厄勒梯亚则被称为萨尔娜或萨拉娜。此外，伊特鲁里亚人还从周边地区借用了一些自己文化中所没有的神，比如阿波罗（阿普鲁）和他的姐姐阿尔忒弥斯（阿尔图姆），以及赫菲斯托斯（塞斯兰斯）；卡斯托尔和波鲁克斯则变成了卡斯图尔和普尔图斯，他们也被称为提尼亚斯·克勒纳尔，意为"提尼亚的儿子们"，对应希腊语中的狄俄斯库里——"宙斯的儿子们"。艾塔相当于哈迪斯，他戴着狼头装饰，坐在她身旁的是他的配偶神菲尔西普涅伊（珀耳塞福涅）。

## 源自希腊罗马神话

伊特鲁里亚人不光借用了希腊人的字母，而且通过进口的花瓶等媒介，他们很快就接触到了希腊人在神话方面的文化遗产。伊特鲁里亚人吸收了那些有名的传说，并将它们以图像的形式呈现在镜子和骨灰瓮上，他们还赋予希腊的神与英雄专属的伊特鲁里亚语名字。在伊特鲁里亚人部分被希腊化的多神教体系中，有的神灵本来就存在于希腊罗马神话中，有的神灵则没有对应神，还有一些神灵由于缺乏详细文字记载，而难以准确辨识。

伊特鲁里亚刻纹铜镜。

## 死之恶魔

卡鲁是象征死亡的恶魔,他长着狗或狼的模样,有时也被描绘成从井里钻出来袭击人类的狼头恶魔。老普林尼也提到过一个名为伏尔塔(维尔萨)的怪物:"根据《年鉴》记载,人们通过特定的乞灵仪式可以(强制性地)降下落雷。这是伊特鲁里亚的一个古老的传统,伏尔西尼城的国王就是以这样的方式召唤雷电,驱逐在其领地上肆虐并威胁人类的怪物伏尔塔。"

## 其他的伊特鲁利亚恶魔

伊特鲁里亚神话中有相当完善的地狱魔鬼体系。恶魔卡伦的名字来源于卡戎,但他却从希腊神话中的冥河渡神演变为象征死亡的恶魔。他有着蓝色的皮肤和鹰钩鼻子,长着翅膀,头发像复仇女神一样如群蛇盘错,手中的木槌象征着死亡。女恶魔图丘查具有猛禽的特征(翅膀、利爪、鸟喙),像萨蒂尔一样尖尖的耳朵和蛇一样的头发,她挥动着蛇鞭作为武器。女恶魔凡斯负责引渡灵魂,她也长着翅膀,挥动着蛇鞭。这些恶魔的形象都被描绘在墓室的墙壁上。

## 草木神

罗马人有一位掌管变形和植物生长的神:维图姆努斯。他的雕像位于罗马的伊特鲁里亚人街区(托斯坎大街),这可能是伊特鲁里亚神明在罗马文化中的延续,大概就是罗马学者瓦罗所说的伊特鲁里亚主神伏尔图姆纳,这位神明在伏尔西尼城附近有一座很重要的神殿。"托斯卡纳是我的故土,能在战乱中离开我的旧国伏尔西尼,我很开心。我喜爱这里的罗马人民。我丝毫不奢求能有一座精美的殿宇,只要能望见集市广场,我便心满意足。"(普罗佩提乌斯)

卡伦是伊特鲁里亚神谱中的一个重要的恶魔,他象征着死亡。(公元前5世纪)

## 装神弄鬼

在公元前356年的一场战役中,伊特鲁里亚人的祭司试图扮鬼来吓退罗马人,至少蒂托·李维是这样记载的:"执政官马尔库斯·法比乌斯·安布斯图斯在与法利斯克人及塔尔奎尼亚人的第一次交锋中败下阵来。敌军的祭司挥舞着熊熊燃烧的火把和长蛇,像复仇女神一样行进着,见到这幅景象的罗马士兵当即吓破了胆。惊讶而又不知所措的他们落荒而逃,撤至军营。但是,执政官和他手下的将领们却大笑着嘲讽他们,说他们居然像小孩子一样被假象给唬住了。士兵们羞愧得无地自容,奋不顾身地朝着之前吓跑他们的东西冲了过去,并在驱散这些'鬼怪'之后遭遇了真正的敌军。他们一路深入,当天就攻下了敌方的营地,收获了丰厚的战利品。在凯旋的路上,他们一边开着士兵间的玩笑,一边嘲笑着敌人的鬼把戏和自己的胆小。"

# 高卢众神

## 艰难的传承

关于高卢人信仰的古代文献少之又少,现有的传世文献通常篇幅短小、叙述片面而又相互矛盾。因此,想要精确地描绘他们的神系非常困难。关于高卢人的宗教信仰,恺撒给我们留下了一些有趣、但已被罗马化的资料。按照他的记载,高卢人主要崇拜墨丘利(或者用高卢的名字称呼他为卢吉乌斯,这个名字源自高卢的光之神卢格),以及阿波罗、玛尔斯、朱庇特和米涅尔瓦,他们自称丰饶父神,即普鲁托的后代。恺撒也着重记录了他们献祭活人的做法。诗人卢坎在提到他们的时候,也重点阐述了高卢人的三位嗜血之神:"他们用令人见之生怖的鲜血平息三位神灵的怒火,残暴的图塔蒂斯、野蛮祭台上的赫苏斯以及塔拉尼斯,他的祭坛并不比斯基泰的狄安娜温和多少。"

## 图塔蒂斯

图塔蒂斯常被恺撒比作高卢的墨丘利(有些人认为墨丘利应该对应卢格,也有人认为他对应科尔努诺斯),卢坎笔下的他是一位残暴的神灵:人们将活人淹死在木桶中作为献给他的祭品。不过,单从名字来看,他应该是部族(图塔)的守护神,他的一些特征也表明其更像一位战神,也可能是高卢人所崇拜的玛尔斯的一种形态。

## 赫苏斯

根据古文献的记载,赫苏斯是玛尔斯的化身,人们献祭给他的活人要被吊在树上,直至死去。他是卢泰西亚船夫之柱所记录的那位拿着镰刀的神明,石柱上的铭文清楚地表明他是一位与林木有关的神明。柱子旁的石块上刻着的一头神牛,也与赫苏斯相关。这头牛身边草木环绕,牛背上停着两只鸟,头上还有一只鸟,一旁的铭文写着"Tarvos Trigaranus",意思是"牛与三鹤",可能指的是某个我们尚未得知的神话故事。这里的鹤可能代表的是三位树宁芙,就像英国出土的一尊小雕像所描绘的三角公牛驮着三位女神一样。这个形象也类似登场于爱尔兰英雄库·丘林的传说中名为库利的棕牛,对于即将到来的危险,战争女神摩莉甘化身为一只鸟(或三只乌鸦),向这头通人性的神牛发出了警告。

## 塔拉尼斯

塔拉尼斯是象征雷电和风暴的凯尔特神明,因此被比作朱庇特。他常被描绘为手持雷电和轮子的形象,或是骑着一匹马碾过蛇足巨人。据卢坎所说,塔拉尼斯接受活人献祭。还有人说,作为祭品的人会被装进木箱中烧死,正如恺撒提到过把人烧死在用柳条编成的大篮子里的献祭一样。在古代,人们有时会将塔拉尼斯比作丰饶父神。

塔拉尼斯,高卢神谱中对应于朱庇特的神明。他左手中的轮子象征着他主宰的天界,右手则高举着闪电。

## 百勒努斯

百勒努斯是阿波罗在高卢衍生的形象之一,可能就是恺撒笔下的高卢阿波罗。他是一位太阳神(其名字的含义为"光明"),象征春天的活力,光明女神贝利萨玛是他的配偶神。

## 苏刻鲁斯

这位手持木锤之神的形象是一位留着大胡子的长者,头上披着狼皮,一手持锤,一手持瓮,酒桶和猎狗也是与他相关的元素。他的样子可能使人联想到狄斯·帕特尔,恺撒认为他就是高卢人的丰饶父神,但他的形象其实更接近于自然之神希尔瓦努斯,因此也可以被视为赐予繁荣的神灵。人们也把他比作爱尔兰神话中的主神达格达,达格达虽然没有木锤,但有一柄狼牙棒和一口煮锅,他被视为"万物之父"。

甘德斯特鲁普大锅(2世纪)表面的银片细节图,长角的草木神科尔努诺斯的坐姿如同佛像一般,一只手抓着一条蛇,另一只手拿着一个项圈。

## 科尔努诺斯

头顶长角的科尔努诺斯是一位象征着大自然生命力的神,作为生灵之主,他长着鹿角的形象见于丹麦出土的著名的甘德斯特鲁普大锅以及卢泰西亚船夫之柱。他被比作墨丘利,经常以手持项圈的蹲坐形象出现,长着两到三个脑袋。羊头蛇也经常伴于其侧,有时他也具备普鲁托的特征。

## 俄格米俄斯

俄格米俄斯是一位具有赫丘利特征的神。他手持狼牙棒,但其所司领域却是雄辩,正如琉善在书中所记录的:"赫丘利在高卢人的语言中被称为俄格米俄斯。此神在高卢人心目中的形象十分奇怪,对他们来说,他是一位十分年迈的老人,头顶有一些完全发白的头发。他的皮肤满是褶皱,被太阳晒得像老水手一样黑。我们可能觉得他像卡戎,像从地狱里钻出来的伊阿佩托斯,总之就是不像赫丘利。尽管他长相如此,却持有与赫丘利相同的配物。他身披狮皮,右手拿着狼牙棒,肩上挎着箭筒,左手拿着一把上了弦的弓,完全是赫丘利的扮相……我们高卢人不像你们希腊人那样认为墨丘利是辩才之神,我们认为这项技能应该属于赫丘利,他的力量也远在墨丘利之上。如果我们把他描绘成一位老者的形象,也请不要惊讶。因为人到晚年时,语言的天赋更能迸发成熟之力。"

## 艾波娜

出于文化的原因,马之女神艾波娜在高卢是十分常见的神明,在意大利也是如此。她是骑手和马匹的守护神。

艾波娜,高卢人的马之女神。(青铜像,约公元前690年)

# 北欧众神

## 阿萨神族、华纳神族及其他

通过成书较晚的萨迦文学中的资料，我们得知北欧神话中存在着阿萨神族（奥丁和他的孩子们、弗丽嘉、巴德尔、提尔、海姆达尔）和华纳神族（尼奥尔德、弗雷、弗雷娅）。这个世界里还居住着巨人、矮人、狼怪和巨蟒。

## 奥丁

斯堪的纳维亚人的至高神奥丁是一位强大而具有多种形态的神。他身边常伴着两只狼和一匹八足神马。他从瞭望塔（至高王座）上俯瞰世界，无所不知，所饲养的两只乌鸦时刻为他带来世间的消息。他是魔法之神，掌握着神秘的知识，曾为了获得卢恩符文而被吊在世界树上过了九天九夜。他之所以独眼，是因为用自己的一只眼睛作为交换，喝下密米尔之泉从而获得了智慧。他还喝下了由巨人苏图恩看守的蜜酒，获得了诗歌的天赋。虽然他有时也被认为是治愈之神，但他主要还是一位战神，激励着他的熊战士和狼战士无所畏惧、所向披靡。在战斗中死去的战士被女武神带回英灵殿，在奥丁的监督下备战众神的黄昏。

## 托尔

托尔是奥丁的左膀右臂，他跟赫拉克勒斯一样强壮、勇敢，而且是个懂得享受生活的人。他有一把蕴藏闪电能量的武器，那是一柄由矮人锻造的名为莫尔尼尔的魔锤，在被掷出后，总能返回雷神的手中。他守护着阿斯加德，对抗巨人，尤其出名的是与巨人赫朗格尼尔以及偷走他战锤的索列姆之间的对决。他也曾对战尘世巨蟒，最后在末日之战与其同归于尽。高卢的雷神塔拉尼斯和手持木槌的苏刻鲁斯、爱尔兰神话中的达格达，还有手握金刚杵的因陀罗都与他有相似之处。

## 弗丽嘉

弗丽嘉是奥丁的妻子，居于雾海之宫芬撒里尔。她是一位代表女性、爱情和家庭的女神，有时也被比作维纳斯。她身着鹰羽长裙，擅长占卜，跟她丈夫一样可以变换形态。托尔、巴德尔和霍德尔都是她的儿子。在神话中她主要登场于巴德尔之死的故事中。

托尔战巨人。（油画，马丁·温格，1872年）

## 巴德尔，神也会死

巴德尔是奥丁的儿子，英俊而睿智的他却死于洛基的嫉妒。关于这位年轻神明的死亡，北欧神话中有这样的记载：巴德尔做了一些让人很不安的梦，并告诉阿萨众神他担心自己命不久矣。他的母亲弗丽嘉便让世间万物发誓不会伤害巴德尔。但是，乔装成一个女人的洛基骗过了弗丽嘉，从她口中得知只有槲寄生没有发这个誓，他就用槲寄生的树枝做了一支箭，并在众神与巴德尔玩投箭游戏时将它交给了瞎眼的霍德尔，他也是奥丁和弗丽嘉之子。洛基利用霍德尔达成了自己邪恶的目的，巴德尔被箭击中后毙命，去了赫尔的地下国度。他的兄弟赫尔莫德想去把他找回来，骑马奔驰了九个昼夜到达冥界，他得知女神赫尔不会放走巴德尔，除非所有的生者与亡灵都为他哭泣。赫尔莫德回到阿斯加德后，众神试图达成这一条件，但一个名叫托克的女巨人拒绝为巴德尔哭泣，因此他只能永远在冥界待下去。不过，等到诸神的黄昏过后，他和被瓦利杀死的霍德尔都可以重返阳间，在新世界中活下去。

## 提尔

提尔是天空之神、战士，也是誓言和律法的维护者。他最有名的事迹就是自愿牺牲一条手臂，以封印恶狼芬里尔。为了禁锢芬里尔，矮人们制造了一条神奇的绳索，但这头狼疑心很重，它表示为了避免自己被欺骗，除非有神愿意将手放在它的嘴里，否则就不配合被这条绳索捆住。提尔答应了芬里尔的条件。恶狼被囚禁了，提尔也失去了一条手臂。在诸神的黄昏中，芬里尔将被释放并对战维达，还有说法称它的对手是提尔。提尔在那场末日之战的对手则是恶犬加姆。

北欧神话中的天神提尔和他用一只手为代价封印的芬里尔。（用来制造头盔板的模具，6世纪）

## 华纳神族

华纳神族是一群象征着富饶的神灵，其中比较著名的有保护航海者的海神尼奥尔德，他的妻子是巨人夏基之女斯卡蒂，一位喜欢雪山的女猎手。弗雷和弗雷娅都是尼奥尔德的孩子。弗雷的身边时常有野猪跟随，他是象征着雨露和阳光的丰饶之神。弗雷娅则是象征着战争、爱与美的女神，她驾着一辆由两只猫拉的战车，也擅长魔法。她的丈夫奥德后来变成了一只海怪。

## 洛基

洛基是巨人法布提之子。他是阿萨神族，却生下了与同族为敌的众多怪物，他本人也是亦正亦邪，真伪难辨。他狡猾、诡计多端、满口谎言，是阿萨神族中堕落的灵魂。巴尔德死后，洛基曾试图变成鲑鱼逃跑，但众神用渔网将其捕获并带至一个山洞中。他的儿子瓦利被变成一头狼，把自己的兄弟纳尔弗开膛破肚，洛基就是被他儿子的肠子捆缚住的。华纳神族的斯卡蒂在洛基的头顶悬挂了一条蛇，蛇的毒液一滴一滴地落在他的身上。洛基的妻子西格恩同情他，用杯子接住毒液，但毒液偶尔也会落在洛基身上，他的挣扎会引发地震。在诸神的黄昏中，洛基与众神对战，最后与看守彩虹桥和阿斯加德的海姆达尔同归于尽。

### 阿萨与华纳之战

华纳神族与阿萨神族之间曾有过战争，后来双方以交换人质的方式和解了。阿萨神族交出的人质密米尔被华纳神族砍下了脑袋，但阿萨神族拿回了这颗头颅，用魔药让它活了下来，并将它安置在密米尔之泉中，这口泉眼位于世界树第二根树根上的霜之巨人所在的国度。这颗充满智慧的头颅会在奥丁向它询问时做出回答，它还能预知未来。

# 神的象征

## 诸神的最佳代名词

大多神祇都有与之相关的特定的动植物。这一特点并不局限于与自然和丰收有关的神，他们当然与草木或野兽有着紧密的联系，但纵观神话世界，几乎所有神灵都有这一特点，它反映了人类希望通过众神的职能来组织并构建生存世界的愿望。动植物作为神明的象征，有的仅停留在符号层面，有的源自某则传说，有的则作为某一神明的起源。自此，一套神话动植物体系得以建立。

## 花、草木与动物

宙斯的代表动物是鹰，一种翱翔天际的王者之鸟。自然界的高低次序也反映了神界的等级制度。动物界的雄鹰和植物界的橡树代表了力量和王权，自然就成了宙斯的象征。他的哥哥海神波塞冬的代表动物则是马，因为这是一种与水源有关的动物，天马佩伽索斯就是很好的例子。要注意的是，波塞冬也与世界上第一匹马斯库福斯的起源有关，在有的传说中，当他将三叉戟击向色萨利的大地时，与神马阿里翁一同降生的就是斯库福斯。

猫头鹰和蛇因为与"明眸女神"雅典娜有着同样锐利的目光，故而是她的代表动物。作为象征物的猫头鹰经常出现在印有女神的硬币上，形象十分优雅。雅典娜送给雅典城的礼物橄榄树，也顺理成章地成为代表她的树木。而德墨忒尔是与农业生产有关的女神，因此人们通常将她和麦穗及罂粟联系起来。

阿尔忒弥斯的代表动物是她的猎物（雌鹿和雄鹿）或是她打猎的助手，比如猎犬。但一般来说，人们认为她是一切野兽的主宰，这也是很多自然女神的特征，例如库柏勒，她的战车就是由两头狮子拉动的。当然，还有一些东方女神也有狮子常伴身侧，例如伊什塔尔、娜娜亚和阿娜伊提斯。库柏勒还从德墨忒尔那里继承了麦穗和罂粟作为象征物。阿波罗的代表植物是月桂树，出自达芙涅传说，这是一个有关变形的故事，月桂树也成为阿波罗占卜术的象征。皮提亚运动会的桂冠也是用月桂枝编成的。此外，柏树、狼和老鼠也是阿波罗的象征。

蛇在这套体系里有多重含义。有时，它们代表阿波罗的占卜术，因此是阿波罗的象征；有时它们与医术相关联，是阿斯克勒庇俄斯和许癸厄亚的象征；它们还可以代表大地或魔法的力量，故而也会出现在德墨忒尔和赫卡忒身边。阿佛洛狄忒是掌管爱与美的女神，人们因此把她和甜美、芬芳的花朵联系起来，比如玫瑰花和常青的香桃木，温和的白鸽也是她的象征。至于酒神狄俄尼索斯，有他的地方自然就有葡萄树；还有一种攀缘植物也是他的象征，那就是展现着惊人生命力的常春藤。在他到东方远行后，猎豹就成为他的象征动物，他的战车一般也是由猎豹

酒神巴科斯身边簇拥着萨蒂尔,驾驶着猎豹拉的战车穿行于花草丛中。（壁画,让·布朗热,17世纪,意大利萨索罗公爵府）

拉动的。

## 动物神话学

把神灵和动物联系起来的现象在其他神话体系中也很常见。在罗马神话中,人们将战神玛尔斯和好斗的狼联系在一起,能发出响亮、有力撞击声的黑啄木鸟也是他的象征。这两种动物也出现在罗马城建立的传说中：玛尔斯的两个儿子,罗慕路斯和雷穆斯被一只母狼在路米娜的无花果树下哺育长大,而这棵树上则栖息着一只啄木鸟。根据哈利卡尔纳索斯的狄奥尼西乌斯的记载,在提奥拉玛贴那有一个阿瑞斯（玛尔斯）神谕处,一只绿啄木鸟会站在木柱上传达神谕。

北欧神话中,为托尔拉战车的是公山羊,弗雷娅的战车则是由猫拉动的。主神奥丁身边常伴着两头狼和两只乌鸦。弗雷有一辆野猪拉的战车,海姆达尔身边则伴有战马古尔托普。

埃及神话体现了十分发达的动物崇拜,很多动物被神圣化,有些神也会使用动物的形态。伊西斯和哈托尔的象征动物是母牛,芭斯特是猫,阿努比斯是狗,塞赫迈特是母狮子,荷鲁斯是隼,亚图姆是鳗鱼,凯布利是圣甲虫,托特是朱鹭,索贝克是鳄鱼,塞尔凯特是蝎子,海奎特是青蛙,库努姆是牡羊,奥佩特和塔沃里特是河马……

# 橡树、雄鹰与宙斯

朱庇特和他的主要象征物：权杖、橡树叶和脚下的雄鹰。（油画，居斯塔夫·莫罗，19 世纪）

### 如宙斯般强大

橡树因其高大、坚韧和长寿的特点经常被描述为象征主神的树。在希腊神话谱系中，它与宙斯这位最强大的神有关。雄鹰的力量和其卓越的品质，也说明了它为什么会被视作宙斯的象征。

### 橡树与主神

老普林尼说，橡树是献给朱庇特的树。被希腊人称为"drus"（橡树）的树也是如此。在北欧神话中，橡树因其坚固而成为雷神托尔的象征之树，他的锤子也是用这种木材制成的。许多语言中表示橡树的名词也似乎与闪电、雷声有关。

### 高卢人的橡树

对高卢人来说，威尔士橡树之所以受到尊敬，是因为它供奉的是一位重要神明，但这位神的名字却不得而知了："在德鲁伊眼中，没有什么比槲寄生和承载它的树更神圣的了，尤其是在那棵树是一棵威尔士橡树的时候。威尔士橡树林本来就是他们眼中的圣林；若无此树——哪怕一片叶子，他们不会举行任何宗教仪式，我们甚至有理由认为'德鲁伊'这个词就源于希腊语的'drus'。生长在威尔士橡树上的槲寄生被视为天赐之物，他们认为这是神亲自选中这棵树的标志。橡树上的槲寄生极为罕见，因此，当它被发现时，人们会携带一个非常大的宗教器具来采摘。"

### 多多纳的橡树

在伊庇鲁斯，多多纳宙斯附近有一片种满橡树的圣林。根据希罗多德的说法，有一天，一只来自埃及的黑色鸽子落在多多纳的一棵橡树上，并向人们宣布应该在那里建立宙斯的神谕处。荷马也提到过这个地方，他说奥德修斯曾经去过多多纳，向一棵枝叶繁茂的神圣橡树祈求神谕。在柏拉图的作品中，苏格拉底说"多多纳的朱庇特神庙中的祭司称，最初的预言来自一棵橡树"，但他在此之前也解释，多多纳的女祭司是通过附灵传达预言的。因此，人们一般认为，当求谕者接近橡树时，这棵树会微微摇摆，随后女先知们便宣称："宙斯说了这样或那样的事情。"

多多纳圣林，宙斯圣所。

## 鸽语

多多纳的神谕处受到很多西部希腊人（如埃托利亚人、阿卡纳尼亚人）的青睐，尤其是伊庇鲁斯人，根据帕萨尼亚斯的说法，"鸽子从神圣橡树降下的神谕，他们深信不疑"。但这里的鸽子，其实是指从朱庇特那里得到启示的女性，她们被称为佩里阿德斯，为多多纳预测未来。当然，这些看似混乱而又相互矛盾的说法，很难通过埋在地底的那些刻着向神灵求助的问题的铅片得到证实，这也是目前唯一发现的求取神谕的做法。

## 力量之鹰

在罗马世界里，雄鹰作为朱庇特或军队的象征极为常见。在它摘走未来的塔奎尼乌斯的帽子时，雄鹰是皇室的象征，而在屋大维的故事里它则是被朱庇特选中的标志，象征着神赋予的权力："在去坎帕尼亚的路上，屋大维正在树林里吃东西时，一只鹰突然抢过他手中的面包，在飞出人们的视线之后，它又慢悠悠地飞回来，把面包还给了他。"（苏埃托尼乌斯）雄鹰也经常作为军旗的装饰图案，象征着军队和胜利。而在王子和皇帝死后封神时，雄鹰会载着他们来到朱庇特的身边。

## 悬铃木下

（东方）悬铃木也是一种长寿之树，因其能提供宽阔的树荫、为人们遮阳纳凉而受到喜爱。有时它也和宙斯联系在一起，因为在奥林匹亚和拉布朗达的宙斯神殿周边都有一片悬铃木林。不过，宙斯与悬铃木之间的联系主要还是通过欧罗巴的故事体现的。化身为一头公牛的宙斯引诱了阿革诺耳的女儿欧罗巴，把她带到自己出生的岛上，并在一棵悬铃木下与之结合。关于这棵位于戈提那的悬铃木，还有一则奇闻："据说在克里特岛的戈提那，有一株生长在泉水边的悬铃木，周围的树木都有凋零之时，唯独它没有。当地人说，宙斯和欧罗巴就是在这棵树下结合的。"

## 百鸟之王

作为最负盛名、最威严、体型最大的猛禽，雄鹰（甚至）被认为是百鸟之王，自然也同众神之王联系在一起。因此，和皇室权杖一样，它是宙斯的主要象征物。端坐于王座之上的宙斯，一只手上停立着这种猛禽，这样的形象被称为"持鹰者"。雄鹰以飞得高、看得远而著称，对于洞悉万事万物的天神来说，这是再合适不过的象征了。此外，雄鹰还经常被描绘为驾驭闪电的形象，它宣告着宙斯的降临，是他的使者；它也是宙斯的仆人，帮助他完成寻找世界中心、将伽倪墨得斯带到奥林匹斯山等任务；同时，它还是宙斯报复（惩罚）普罗米修斯的工具。此外，雄鹰还出现在宙斯童年的传说中：正是它将宙斯从克洛诺斯手中带走，送去克里特岛；它还帮助过阿玛尔忒娅，给宙斯带来甘露。

鹰在神化仪式上是象征宙斯的百鸟之王。

# 孔雀、石榴与赫拉

## 千眼孔雀

传说中有一则故事给孔雀斑斓的羽毛提供了一种解释。被称为潘诺普特斯，即"全见"的巨人阿尔戈斯死后，赫拉爱鸟的羽毛上就被点缀了许多眼睛的图案。起初，阿尔戈斯奉赫拉之命，看守变成母牛的伊娥。这个巨人浑身长着 100 只眼睛，力大无穷，无时无刻不在监视着小母牛。当他疲劳时，会阖上一只眼睛休息，同时睁开另一只眼，没有什么能逃过这位家喻户晓的警卫的监视。深爱着伊娥的宙斯无法忍受这种情况，便派赫尔墨斯来解救她。由于无法躲过阿尔戈斯毫无死角的监视，赫尔墨斯向他扔了一块石头杀死了他，也有说法称是他设法让巨人入睡，砍下了对方的头。

赫拉收回了这位勇敢的守护者的眼睛，为了向他表示最后的敬意，便用它们装饰了忠于她的孔雀的羽毛和尾巴。也有人认为，阿尔戈斯以孔雀这种华美的形态获得了新生："阿尔戈斯，你长眠于此；你众多的目光已经熄灭，无尽的黑夜将常存于你的百眼之中。朱庇特的妻子将它们收集，把其装饰在她爱鸟的羽毛上，如同在它的尾巴上镶满闪亮的宝石。"（奥维德）

## 赫拉的孔雀

"正如我们所知，孔雀是赫拉的圣鸟。"（帕萨尼亚斯）从公元前 4 世纪开始，萨摩斯岛上的孔雀就同赫拉联系在一起。在她的神殿中可以见到这种鸟类，在硬币上，它的形象也经常和女神放在一起，成为这座岛的象征之一。亚里士多德指出，这种来自亚洲的鸟类的尾羽"在树木开始凋零的时候"脱落，并在春天重新长出，标志着季节的轮转。这些脱落的羽毛，可能象征着萨摩斯岛的赫拉拥有着自然轮回般的永生力量。这种极具异国情调的鸟类出现在萨摩斯岛——赫拉出生的岛屿。它的美丽和稀有，使其成为能够凸显奥林匹斯王后威严的一种象征："但是，萨摩斯的赫拉将这种金光闪闪的鸟类据为己有，我是说孔雀，它们的形态是如此美丽，如此值得仔细观赏。"（安提法奈斯）

孔雀是奥林匹斯王后最喜欢的鸟类。（庞贝古城一座庄园的壁画局部，约公元 79 年）

神的象征

## 赫拉的石榴

阿尔戈斯的赫拉神庙中有一尊巨大的赫拉雕像，呈现的是女神手持石榴的形象："赫拉端坐在宝座上，她的雕像比例巨大，由黄金和象牙制成，是波留克列特斯的作品。她戴着一顶皇冠，上面刻有美惠女神和时序女神的图案；她一只手拿着石榴，另一只手握着权杖。有关石榴的说法莫衷一是，请允许我不在这里讨论。至于立在她权杖上的杜鹃，相传当时宙斯爱上了还是处女的赫拉，他变成一只杜鹃，赫拉就把这只鸟当成了自己的玩伴。"（帕萨尼亚斯）石榴经常被视为生育的象征，石榴籽使人联想到种子所蕴含的永恒生命。这点在厄琉息斯秘仪中也有体现，由于哈迪斯让珀耳塞福涅吃下一颗石榴籽，于是她不得不留在冥界。这种果实的血红的颜色和它所含纳的诸多种子，象征着"一生万物"，也反映了生命和造物的奥妙。

赫拉（罗马神话中的朱诺）手中的石榴，象征着女神的双重身份。图为赫拉神殿的女神雕像。

## 石榴的双重象征

石榴是诱惑的象征，这使它成为赫拉和阿佛洛狄忒——代表婚姻、爱情和生育的女神——的象征物。它也是一种象征着收获的果实，因此也受到那些助益作物生长的女神的支配。赫拉还享有别的圣果，例如葡萄、罂粟果、梨和苹果。一个著名的神话故事曾提到，作为新婚礼物，赫拉从她的母亲瑞亚那里收到了一座种着石榴或苹果的花园，即赫斯珀里得斯姐妹的花园。

## 赫拉与牡荆

牡荆生长在河岸边或靠近大海的地方，是一种用于制作绳索的生命力顽强的灌木。海浪中混合着它那淡淡的胡椒香气，指状的叶片如同抚摸着地中海天空的纤手。花穗的颜色呈现出粉白、淡紫、蓝色和紫色的色调，叶片的绿色则在偏灰和翠绿之间渐变，稍晚些还会长出黑色的小浆果，整体看上去五彩斑斓。象征赫拉的牡荆生长在萨摩斯岛的赫拉神殿附近，赫拉就是在这棵树下出生的，正如帕萨尼亚斯所记载的那样："萨摩斯人说赫拉出生在他们的岛上，在因布拉索斯河畔的一棵牡荆树下，至今仍能在神庙中见到这棵树。"在伊特鲁里亚海盗试图掳掠女神雕像未遂的故事中，牡荆树也有登场。海盗们临时将雕像放在河边，而萨摩斯人以为神像想要逃跑，"他们把神像插在一棵空心的牡荆树干中，并将两侧最长的树枝拉过来盘绕着神像，防止其逃脱"。（阿特纳奥斯）

419

# 阿佛洛狄忒的花与鸟

与丘比特在一起的阿佛洛狄忒,手中拿着象征忠贞与爱情的香桃木头冠。

## 温柔与爱情

香桃木是阿佛洛狄忒的圣树,和月桂树一样,是一种不落叶的地中海灌木。在帕里斯评判她为"最美女神"的那一天,她就佩戴了这种香桃木饰品。据说,她对这种灌木的喜爱可以追溯到她出生那天。当女神从大海的泡沫中诞生时,她用香桃木的树枝遮蔽了自己裸露的身体,或许是因为感到害羞,或许是要防范出现在海滩上的那群萨蒂尔。因此,根据奥维德的说法,信奉维纳斯的虔诚教徒在沐浴的时候必须佩戴香桃木头冠。香桃木象征着温柔、爱情和欢愉,也被用来编织婚礼上用的花冠。

## 优雅的阿佛洛狄忒

香桃木和玫瑰是伊利斯神庙中美惠女神卡里忒斯的两件代表物品:"我们很容易推测为什么她们会有这些物品,象征美丽的玫瑰和香桃木是阿佛洛狄忒的圣物,而美惠女神则是她亲密的女伴。"(帕萨尼亚斯)

## 玫瑰的颜色

随着阿佛洛狄忒诞生的还有玫瑰。诗人阿那克里翁说,它和女神同时出现。玫瑰经常用来形容阿佛洛狄忒,例如"玫瑰手指"(rhododaktulos)或"玫瑰色的"(rhodochrous)。关于玫瑰颜色由来的传说经常提到阿佛洛狄忒和她的儿子厄洛斯。有一个故事说,阿佛洛狄忒因阿多尼斯的死伤心欲绝,她没有穿鞋就冲进野地里,脚底被一株玫瑰的刺弄伤了。因此,以往都是白色的玫瑰被她的血染为红色,同时变得香气芬芳。还有一个故事说,厄洛斯打翻了一个装着甘露的酒罐,滴落在地面的甘露赋予了玫瑰鲜红的颜色。

## 银莲花的诞生

通过阿多尼斯,阿佛洛狄忒与另一种植物的诞生也产生了联系。通常认为,银莲花是从阿多尼斯的血中诞生的,阿佛洛狄忒则将玫瑰染成红色。但诗人彼翁的观点恰好相反,他认为是阿佛洛狄忒的眼泪孕育了银莲花,而玫瑰是从阿多尼斯的血中诞生的。诗人在诗中加入了带刺的白花被染红的情节:"阿佛洛狄忒披散着头发,在荆棘丛中徘徊,失去心爱之人的她没系腰带也没有穿鞋;她踏过的荆棘划破了她柔嫩的肌肤,吸收了她神圣的血液。"

神的象征

## 由白鸽孵化的爱神

在一则叙利亚传说中，阿佛洛狄忒是从一颗掉进幼发拉底河的蛋中出生的。鱼儿把这颗蛋带到岸边，由白鸽将其孵化，从中生出了维纳斯。在这一点上，阿佛洛狄忒和中东神话中的女神阿斯塔蒂有相似性：这位象征着生育和爱情的天之女神，也同狮子和白鸽相关联。以阿斯塔蒂－德尔卡托之名闻于世，她也成为一位与海洋有关的女神。

## 阿佛洛狄忒的苹果

作为爱神，阿佛洛狄忒有时也与苹果联系在一起。在古希腊，赠送苹果实际上是一种表达爱意的行为。此外，厄里斯送出的注明"献给最美丽的女神"的"不和的金苹果"，最后也是在帕里斯的评判下落入阿佛洛狄忒之手。另外，在阿塔兰忒的故事中，阿佛洛狄忒送给希波墨涅斯3颗金苹果，好让他能够在赛跑中拖住阿塔兰忒的脚步，并顺利娶到阿塔兰忒。

## 阿佛洛狄忒之鸟

虽然阿佛洛狄忒有时也同麻雀和天鹅联系在一起，但真正属于她的圣鸟还是鸽子或其他与之科属相近的鸟类，比如忠诚的斑鸠。鸽子以其性情温和、繁殖力强和特殊的行为方式——它们会相互拥抱、接吻，被视为情欲的象征。与阿佛洛狄忒有关的城市或地区——帕福斯、塞浦路斯和基西拉岛等地——经常会采用鸽子的形象作为硬币的标志。这些鸟还会为她拉战车，古罗马作家阿普列尤斯是这样描述的："她命令它们驾驭她的黄金战车，作为结婚礼物，这是伍尔坎向她致敬的一件了不起的艺术品……4只白鸽在咕咕叫的鸟群中脱颖而出，它们神气十足地走过去，很开心地将自己闪亮的颈部套进缀着宝石、闪闪发光的车辄中。等她上了车，它们就欢快地起飞，一群淘气的麻雀跟在战车四周叽叽喳喳地鸣叫。其他的空中歌者，用甜美的歌喉和婉转的声调宣布女神的到来。彩云给她让路，天神向他心爱的女儿敞开大门，苍穹因她的到来而欣喜地颤动。众鸟列队而过，一片和谐，不必害怕遇到外出猎食的鹰隼。"

白鸽因其温柔的性格而成为阿佛洛狄忒的代表物之一。（图为弗朗索瓦·布歇的作品《维纳斯的梳妆》局部图，18世纪）

经常出现在阿佛洛狄忒形象中的苹果是对她美貌的肯定。（青铜像，公元前3世纪）

421

# 雅典娜：从橄榄树到猫头鹰

## 送橄榄树的女神

阿提卡的老国王刻克洛普斯试图裁决波塞冬和雅典娜之间的纷争：这关系到他们两位谁将成为雅典的守护神。他决定将这份殊荣归于能够向雅典送出最好礼物的那位神。海神波塞冬举起他的三叉戟击向卫城地面，一股咸水喷涌而出，也有人说那是一片海洋。雅典娜则为阿提卡选择了一棵橄榄树并亲手种下。这两件礼物都可谓货真价实的珍宝。一边是资源丰富的海洋，另一边是结满珍贵橄榄的树。陪审团的成员观点不一。关于这次竞争的裁判，有人说是雅典的两位传奇国王刻克洛普斯和克拉那俄斯，有的人则说是奥林匹斯十二主神。经过一番商讨，橄榄树被选为最有价值的礼物。雅典娜获得了胜利，其影响力也扩展到整个阿提卡王国。橄榄树是和平与繁荣的象征。帕特农神庙三角形门楣上雕刻描绘的，就是雅典娜凭借橄榄树赢过海神波塞冬的情景。

## 雅典的圣树

在古希腊，橄榄树被视为圣树，谁都不得焚毁它，否则必将招致神灵的怒火。这一禁令一直都被严格地遵守着。据说在伯罗奔尼撒战争中，为了避免众神的惩罚，连斯巴达人都没有破坏橄榄树。但在一则传说中，波塞冬的儿子想为落选阿提卡守护神的父亲出气，拿起斧子就要砍向雅典娜的神圣橄榄树。不料斧头自动掉转方向，砍下了这个亵渎神灵的家伙的脑袋。

## 卫城的神圣橄榄树

当波斯人放火焚烧雅典卫城时，位于雅典娜小教堂附近的厄瑞克忒翁神庙庭院中的神圣橄榄树被烧到了树心。同一天，烧焦的树皮中长出了一根生机勃勃、充满朝气的枝条，直冲云霄。亚里士多德声称，这棵树的特殊性在于它的树枝比同类树更柔韧，就像香桃木的树枝那样可以轻松地编织成树冠。它的叶子的颜色与其他橄榄树不同：它们完全是灰色的，但应该只是从地面上看是灰色的，在天空中应是祖母绿色调的。

雅典娜与波塞冬，谁将成为雅典城的守护神？一份礼物定乾坤。雅典娜送出的橄榄树为她赢得了胜利。（素描画，塞萨雷·涅比亚，1570 年）

# 神的象征

## 橄榄树：神的象征

橄榄树是阿提卡地区的一大特色：它生长在干旱的土壤中，清澈的蓝天下，树上的蝉鸣划破四周的寂静。它薄薄的叶子沙沙作响，水中游鱼穿梭，其闪亮的银色与绿色黏土在干燥时所呈现的不可名状的色调混合在一起，仿若雅典娜瞳孔的颜色。在这蓝绿色的渐变背景中，成簇的漂亮白花如棉絮般盛放，预示着人们将得到橄榄和它所提供的油脂，这是可以献给众神的珍贵祭品，也是文明的一个基本象征。

## 雅典娜的疗伤之草

在建造雅典卫城的一座神庙（按照普鲁塔克的记载则是卫城山门）时，一名受到伯里克利赏识的奴隶在工地劳作时摔伤，生命垂危。医生们都表示无力回天，但雅典娜托梦伯里克利，告诉他用墙草可以治疗患者受的伤。那名奴隶用完药后得以康复，这种植物自此就被命名为帕特农墙草，并且成为雅典娜的圣草。

## 晚期的象征

在一则成文较晚的变形传说中，香桃木与雅典娜有着特殊的联系。雅典娜守护着一个名叫密尔西娜的年轻女孩，她相貌出众，力量也胜过年轻男子。密尔西娜因在赛跑中赢了一名男子，对方恼羞成怒，就把她杀掉了。雅典娜决定把她变成香桃木，这种灌木结出的浆果就跟橄榄树结出的橄榄一样多。

## 猫头鹰的眼睛

虽然雅典娜有时也与海乌鸦、公鸡联系在一起，但她和猫头鹰之间存在着最根本的联系，猫头鹰是她的圣鸟。在雅典的硬币上，我们可以看到猫头鹰的图案，这是"明眸女神"最喜欢的动物，有人认为这个称谓形容的是雅典娜眼睛的颜色——介于橄榄绿和天蓝之间，这也为她赢得了"蓝眼睛女神"的称号。猫头鹰的眼睛以这种难以定义的色调而闻名，其与雅典娜在这方面的相似性，使得他们联系更为紧密，它的智慧也是如此。目光锐利的猫头鹰在黑暗中也能看清东西。此外，猫头鹰犀利的圆眼睛与雅典娜持有的镶有美杜莎头颅的盾牌一样有吸引注意力的作用。女神和猫头鹰正是用这种强大的"凝视"武器麻痹猎物，随后给予其致命的一击。

## 守卫者雅典娜

蛇也是一种与雅典娜有关的动物。埃癸斯神盾的边缘就盘踞着毒性很强的蝮蛇，它们会挺起身体逼退敌人。此外，还有温和的城邦守护蛇。著名雕塑家菲狄亚斯以象牙和黄金为原材料制作的雅典娜神像中，就有它的形象。这条巨蟒是雅典娜的圣蛇，是城邦的守护者："雅典人说，卫城的神庙里有一条巨蛇，它是这要塞的守卫和保护者。他们每个月都向它供奉蜂蜜蛋糕，就好像它真的存在一样。"

聪敏、机智、目光锐利的猫头鹰是雅典娜的圣鸟。（双耳酒杯，公元前5世纪）

# 阿波罗：从月桂到柏树

为了躲避阿波罗，达芙涅变成一棵月桂树，这棵树也成为阿波罗的象征。

## 在生命的印记下

棕榈树是生命力、生育力和长寿的象征，与阿波罗的出生有关，因为阿波罗就是在提洛岛的金托斯山上的一棵棕榈树下出生的。据说他的母亲勒托在分娩时就背靠着这棵树："她在那里解下腰带，背靠着一棵棕榈树的树干，剧烈的痛楚将她撕裂，汗水浸透她的衣衫，连呼吸也变得困难……"（卡利马科斯）提洛岛就有一棵树龄长得惊人的棕榈树，在德尔斐，也有做成棕榈树模样的供品。

## 象征神谕的树枝与蛇

女祭司皮提亚传达神谕时所坐的德尔斐三脚祭坛，是阿波罗占卜术的象征。祭坛上经常摆着一截月桂枝，使人联想到月桂冠的传说和战胜巨蟒皮同的阿波罗，女祭司皮提亚也以月桂之叶为媒介，进入与阿波罗交流的状态中。三脚祭坛常有蛇缠绕其上，有人认为这条蛇代表的是皮同，因为阿波罗做出朝它射箭的姿势，就如同克罗顿硬币上所描绘的那样。不过，在阿波罗传授预言术的故事中，蛇通常是作为阿波罗的代行者出现的，三脚祭坛上的这条蛇更应该被视为阿波罗预言能力的象征。在德律俄珀的故事中，阿波罗变成一只乌龟来取悦这位宁芙仙女，随后又化身为一条蛇与之结合。

## 柏树和月桂

月桂和柏树形成的树林经常被视为阿波罗的圣林。传说中，住在刻奥斯岛的库帕里索斯是阿波罗的情人。他看守着一只已经被驯化、准备献给宁芙仙女的鹿，却失手将它杀死了。于是他请求众神罚他永远地哭泣，众神将他变成一棵柏树，这是象征哀悼的树，阿波罗为此万分绝望。但提到代表阿波罗的树，人们最先想到的还是月桂树。宁芙仙女达芙涅是河神佩涅俄斯或拉冬的女儿，为了躲避阿波罗的求爱，变成一棵月桂树。阿波罗折下一截树枝制作了世界上第一顶月桂冠，并把它带到德尔斐。月桂树也成为阿波罗的象征，这位神明经常被称为"戴月桂者"。

## 阿波罗和皮同

阿波罗在德尔斐杀死了德尔菲涅或巨蟒皮同，后来他创办的皮提亚运动会就是为了庆祝这项功绩，这也为他赢得了皮托克托诺斯的称号，意为"杀死皮同的"。但是，通过老普林尼的记载和普拉克西特勒斯所制作的一尊有名的雕像，我们知道了还有一个被称为"蜥蜴杀手"的阿波罗的存在："年轻时的阿波罗用箭瞄准一只从他身边爬过的蜥蜴，这样的阿波罗被称为索罗克托诺斯。"至于这背后有着怎样的传说，我们就不得而知了。

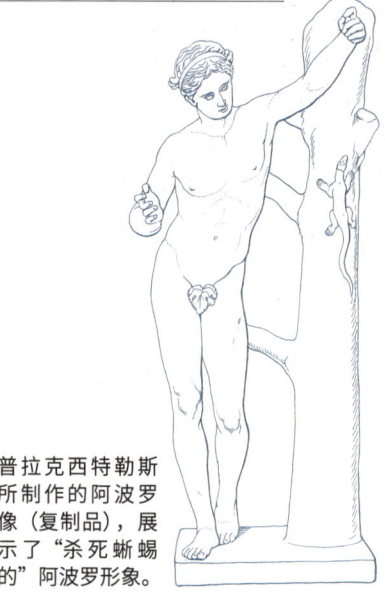

普拉克西特勒斯所制作的阿波罗像（复制品），展示了"杀死蜥蜴的"阿波罗形象。

# 神的象征

## 天鹅之歌

卡利马科斯将天鹅这种歌声悦耳的鸟类与阿波罗的诞生联系在一起。"福玻斯的和歌者、梅奥尼亚的天鹅们飞离帕克托洛斯河,环绕着提洛岛飞行了七圈,每飞一圈,它们就为分娩中的勒托唱一次歌。在它们唱第七次的时候,福玻斯(阿波罗)降生了。为了纪念这反复七次的歌唱,后来阿波罗在制作里拉琴时就使用了七条琴弦。"当阿波罗到北境的许珀玻瑞亚人那里暂居时,天鹅也出现在他的身边。据阿尔卡埃乌斯所说,阿波罗就是乘着由天鹅拉的四驾战车去的北境。在出土的花瓶上,我们也能看到狮鹫为阿波罗拉战车的图像,这种坐骑也肯定与暂居许珀玻瑞亚的阿波罗有关。

祭坛四角的天鹅象征着代表美与艺术的神。

## 阿波罗与狼

阿波罗在阿尔戈斯被称为吕基俄斯,有时人们认为这个称号与狼有关,这样的阿波罗被认为是"狼之杀手"。但是,在阿波罗的传说中也出现过不少没有被他杀死的狼。在狼之国吕基亚,狼群曾为勒托和她的孩子们引路。阿波罗也曾变身为狼,与宁芙仙女库勒涅结合。在德尔斐有一座青铜狼像,关于它的存在有这样的解释:"有个人偷了供奉给阿波罗的金子,带着金子藏身于帕尔纳索斯山上一处灌木最茂密的地方。在他睡觉时,一只狼咬死了他。之后,这只狼每天都到城里嚎叫,城中居民认为其中必有神的旨意,便跟着这只狼,最终找回了金子。为了纪念这件事,他们打造了一座青铜狼像献给阿波罗。"(帕萨尼亚斯)

## 阿波罗与老鼠

荷马曾称呼阿波罗为斯明透斯,这个词来源于特洛阿德地区的城市斯明托斯。由于 sminthos 在艾奥利亚方言中的意思是老鼠,人们有时认为这位阿波罗应该是一位"鼠患终结者",而且正好有个故事说的就是阿波罗阻止了老鼠的入侵。但这也有可能是在特洛阿德建立这种崇拜的克里特人的问题,据说他们曾经接到一条神谕,称他们将与某种"地下生物"作战。在哈玛克西托斯城的阿波罗神庙中,老鼠被当成神圣的动物来饲养。在克律瑟,有一尊出自斯科帕斯之手的雕像,描绘了阿波罗踩着一只老鼠的形象;而亚历山大港的硬币上的阿波罗像,或是手里拿着老鼠,或是脚踩在老鼠身上。

## 黑乌鸦

阿波罗与科罗尼斯生下阿斯克勒庇俄斯后,就丢下她一人回到德尔斐去了,临走时他留下一只乌鸦监视科罗尼斯,那个时候的乌鸦还是白色的。后来,科罗尼斯和伊斯库斯偷情,乌鸦向阿波罗揭发了这件事。恼羞成怒的阿波罗诅咒了这只带来坏消息的乌鸦,把它变成了黑色。

# 葡萄树、常春藤和狄俄尼索斯

### 他是神圣的！

狄俄尼索斯首先是象征着葡萄树和生命力的神："巴科斯，你是永不枯竭的源泉，让我们果园中最甜美的果实成熟吧，令人收获愉悦！"人们很自然地将他和树木联系在一起——"可以说所有希腊人都崇拜树神狄俄尼索斯"，但是，与他关系最紧密的植物还是葡萄树和常春藤。他的代表动物是猎豹。

### 狄俄尼索斯的常春藤

和葡萄藤一样，常春藤也是一种匍匐茎类的植物。这种植物生命力顽强，它们匍匐攀爬、挂壁结绳。狄俄尼索斯经常头戴常春藤冠，因此被称为基索佛洛斯，即"戴常春藤者"。在狄俄尼索斯出生的时候，这种喜阴的植物还使其免受吞噬了他母亲的烈焰的燃烧，后来宁芙仙女们将他浸泡在一口名叫基索埃萨的泉水中。在需要将他藏起来以免被赫拉发现时，摇篮中的常春藤也发挥了作用："美丽的狄尔刻河用她川流不息的河水浇灌着深埋种子的翠绿田埂，就是在这里，咆哮的狄俄尼索斯从他还是处女的母亲身体里出生，宙斯也在一旁。一条蜿蜒的常春藤编织成王冠，将刚出生的狄俄尼索斯盖在它翠绿的枝条下为他赐福，底比斯的女孩们跳起酒神的舞蹈，伴随着妇女们的号子为他庆祝。"（欧里庇得斯）

### 葡萄树与葡萄藤

作为发明了葡萄酒的神，狄俄尼索斯当然和葡萄树以及长满葡萄叶、结满果实的葡萄藤紧密地联系在一起。埃托利亚流传着一则有关狄俄尼索斯和葡萄酒起源的故事。这位流浪的神明爱上了卡吕冬国王俄纽斯的妻子，因为国王放任了他们之间的关系，为了感谢他，狄俄尼索斯就把一株葡萄树送给他并教会他如何酿造葡萄酒。这种饮料也被命名为 Oinos，为的是纪念国王俄纽斯（古希腊语 Oineus）。

### 狄俄尼索斯与酒鬼

喜好杯中物的人常会佩戴常春藤冠，因为他们认为这种植物具有缓解醉酒的作用。但是，食用常春藤则会引起中毒，还可能会导致谵妄。常春藤与葡萄藤的组合在狄俄尼索斯相关的图像志中十分常见，例如胸像硬币上的装饰图案。

### 如常春藤般起舞

晚期的神话传说中有一则关于常春藤起源的故事。酒神的随从中有一位名叫基索斯的年轻人摔死了，大地女神为向狄俄尼索斯致意，生出了一种和这个年轻人同名的植物缠绕在葡萄树上。它有着和那个年轻人一样的活力，盘绕的姿势就像他在跳舞一样。

在酒神的游行中，狄俄尼索斯身边围绕着萨蒂尔、迈纳得斯和西勒涅，他们头戴常春藤冠，手中拿着葡萄酒。

# 神的象征

## 常春藤：酒神的好帮手

常春藤的突然出现，象征着酒神的登场。例如，在伊特鲁里亚海盗的故事中，突然长出的常春藤缠住了船桨；在弥倪阿德斯三姐妹的故事中，常春藤与葡萄树一起出现在三姐妹的住处，将她们逼疯。同样，在吕枯耳戈斯的故事中，葡萄藤是狄俄尼索斯的复仇工具。这位国王因为伤害了受狄俄尼索斯保护的植物而被酒神逼疯，把自己的腿当成葡萄藤砍掉了。

## 动物变形术

在献给狄俄尼索斯的荷马颂诗中，酒神变身成一头狮子把伊特鲁里亚的海盗们吓得惊慌失措："船头的酒神以一头恐怖的狮子形象出现在众人眼前，并发出长长的嘶吼。他又降下另一道神迹，一头毛发直竖的熊出现在船的中央。这头熊咆哮着，用后腿撑起身子站立，而甲板尽头的狮子则虎视眈眈地盯着它。"海盗们随后被变成了海豚。同样，在被彭透斯监禁时，狄俄尼索斯变成了一头公牛。在藐视酒神崇拜的弥倪阿德斯的故事中，狄俄尼索斯先后化身为公牛、狮子和猎豹来威吓她们。这种变身术是他强大的生命力的象征。

当惊慌失措的海盗跳进海中时，狄俄尼索斯将他们变成了海豚。正如这个酒杯上的彩绘所示。这个酒杯可追溯到公元前530年左右。

## 凶恶的猫科动物

狄俄尼索斯的坐骑有公山羊、公牛或驴子，但他最钟爱的动物还是猎豹。他的形象经常是驾驶猎豹拉的战车，或是喝醉了躺在一头猎豹身上。这些出现在他凯旋列队中的猫科动物可以被视为他曾游历东方的证明。有时，为他拉战车的还有老虎。此外，这些猫科动物会将它们的猎物生吞活剥，就像身着鹿皮的酒神的狂女撕裂小鹿那样。根据希吉努斯的记载，狄俄尼索斯曾将吕枯耳戈斯交给色雷斯的罗多彼山中的猎豹处置。

## 狄俄尼索斯的权杖

酒神杖是狄俄尼索斯和酒神的狂女迈那得斯的标志性物品。它由几种不同的植物组合而成。这是一根用大阿魏茎制成的权杖，顶端镶着一颗松果，杖身上缠绕着用常春藤和葡萄藤制成的饰带。

狄俄尼索斯坐在一头猎豹上。（大理石像，1世纪）

## 自印度归来

狄俄尼索斯偶尔也会骑着一头大象，这象征着他在印度取得的胜利，例如在托勒密二世时期于亚历山大港举行的盛大游行就是如此。罗得岛的卡利克塞努斯对此是这样描述的："另一驾战车载着从印度归来的巴科斯的所有行头经过。这位神的仪仗十分气派，他有12肘高，骑在一头大象上，身穿紫色长袍，头戴金制的常春藤冠冕，手里拿的酒神杖也是用金子做的，靴子同样金光闪闪。在他身前，一个5肘高的小萨蒂尔骑在大象的脖子上，头上戴的是黄金松枝冠，他右手拿着一支金羊角，似乎正在下达某项指令。大象的全副装备都是用黄金制成的，脖子上还挂着一个金制的常春藤花环。"

# 与蛇有关的神祇

### 多重含义的象征

蛇作为神的象征物，极其普遍，它的含义并不单一：有时它象征着崇高而神秘的知识，有时则象征着能够对抗有害动物的技能，甚至还能成为可怕的武器。

### 守护蛇

在克里特岛，克诺索斯的"女神"是一位双手各执一条蛇的女性。她的身份似乎是野兽之主，并通过这种姿态显示她的力量。同样，我们在埃及的石碑上能够看到孩提时代的荷鲁斯或救世主谢德双手握蛇、脚踩鳄鱼的形象。这些都是能够保护人类免遭危险动物侵害的神明。

女神挥舞着蛇，这是力量的象征。（克里特岛的克诺索斯宫，约公元前1600年）

### 从标志动物到医学符号

虽然公鸡和狗都与阿斯克勒庇俄斯有关，因为公鸡通常被用来作为他的祭品，而狗则出现在埃皮达鲁斯的传说中——是牧羊人阿瑞斯塔纳斯的狗负责照看幼小的阿斯克勒庇俄斯，但与他关系最紧密的动物还是蛇。人们认为这种自大地而生的动物掌握着秘术知识，并且十分长寿。蛇，确切地说是阿斯克勒庇俄斯的蛇，是他和他的女儿许癸厄亚的主要象征。在色萨利，蛇与阿斯克勒庇俄斯的关系很亲密：诗人尼坎德谈到，派安把蛇饲养在积雪覆盖的佩里翁山靠近佩勒特罗尼翁山谷一侧的一片茂密的橡树林中。在拉里萨的硬币上，阿斯克勒庇俄斯面朝着从芦苇丛中钻出的大蛇；而在特里伽的硬币上，他的形象则是坐在宝座上，伸出手，用手中的鸟喂蛇。但大部分情况下，阿斯克勒庇俄斯和许癸厄亚一样，都是递出手中的酒碗、供蛇取食的形象。

缠着蛇的手杖是罗马医药之神埃斯库拉庇乌斯（对应希腊神话中的阿斯克勒庇俄斯）的象征之一。（象牙双连板，5世纪）

### 地狱的象征

巴比伦神话中的拉玛什图是一种浑身长毛的恶魔，她们同时具有野兽和猛禽的特征，挥舞着两条蛇来威吓敌人。希腊神话中的复仇女神厄里倪厄斯追捕凶手并将其逼疯时的姿态与她们完全相同。这些蛇是她们用来恐吓敌人的剧毒武器，有时她们还长着戈耳工那样的蛇发。刻着美杜莎面容的女魔脸形饰或雅典娜神盾边缘的毒蛇也具有同样的功能。

## 埃皮达鲁斯的蛇

在埃皮达鲁斯，蛇是阿斯克勒庇俄斯的化身。据奥维德记载，阿斯克勒庇俄斯就是以这种形态出现在前来寻找他的罗马人面前的："这位神将自己隐藏在蛇的外表下，抬起仿佛涂着金漆的头，不断发出咝咝声来宣告他的存在。"这种神圣的动物甚至被饲养在圣殿中："至于那些大蛇，主要是那种颜色发红的蛇，都是埃斯库拉庇乌斯的圣蛇，它们不会伤害人类。只有在埃皮达鲁斯地区才能见到这些蛇。"

### 神谕的象征

在阿波罗传授占卜和预言技术——传授给卡珊德拉与赫勒诺斯，以及预言家墨兰浦斯和伊阿莫斯——的几个故事中，蛇是作为阿波罗的代行者出现的。墨兰浦斯是阿密塔翁和伊多墨涅的儿子，他发现了一条死蛇，将其妥善安葬，还养育了它的幼崽，小蛇们感激地用分叉的舌头舔了他的耳朵，从而赋予他理解动物语言的能力。墨兰浦斯是一位预言家，也是一位治疗师，他在治疗伊菲克勒斯时充分展现了这两项才能。至于伊阿莫斯，他是阿波罗和厄瓦德涅的儿子，出生后被母亲遗弃在开满紫罗兰的花坛里，两条蛇救了他并用蜂蜜将他喂养长大。阿波罗后来教会他动物的语言和其他形式的占卜。

### 繁荣大地的象征

作为一种冥界动物，蛇也是大地祝福的传播者，在埃及和希腊都是这样的形象。德墨忒尔有时会与一只缠绕在她权杖上的爬行动物联系在一起，这位女神还拥有一辆由翼蛇拉动的双驾战车，载着她四处游历，寻找女儿珀耳塞福涅。将农耕技术传遍世界的厄琉息斯英雄特里普托勒摩斯也有一辆类似的战车。

蛇神格利康，史上最有名的骗术道具之一。（大理石雕，2 世纪）

### 蛇神格利康的骗局

用爬行动物来创造迷信似乎很容易。公元 2 世纪，来自帕夫拉戈尼亚的一个名叫亚历山大的骗子就做了这样的事情。他在马其顿买了一条被驯服的无毒蛇，将它伪装成阿斯克勒庇俄斯的化身，并在阿伯努忒科斯建立了一个神谕处。随后，他又制作了一种傀儡机关来传达神谕，并以此牟取暴利："一直以来，人们看到的都是他早已准备好的一个布制蛇头，这个蛇头有些许人类的特征，是彩色的，十分生动。它的嘴巴由马的鬃毛操纵开合，还能像蛇一样吐出一条黑色的分叉的舌头，同样也是用傀儡线进行操纵。"这条名叫格利康的蛇引起了大规模的集体崇拜。

# 阿尔忒弥斯的动物们

## 动物之主

虽然阿尔忒弥斯也和某些植物有关，但她与动物界的关系更加紧密。她首先是一位动物之主：她能够驯服并支配它们。作为狩猎女神，她同狗和鹿有着特别亲密的关系。

## 阿尔忒弥斯与植物

与阿尔忒弥斯关系密切的植物是有助于分娩的马兜铃，以及有着相同作用的艾蒿。然而，她对香桃木十分反感，是因为在帕里斯裁决谁是最美丽的女神时，阿佛洛狄忒就戴着用这种植物编成的头冠。还有一个可能的原因是，与阿尔忒弥斯关系密切的宁芙仙女布里托玛耳提斯，在克里特岛试图躲避米诺斯的时候，被香桃木的灌木丛绊住了脚步："香桃木为仙女所憎恨，是因为它的一条树枝挂住了她的衣裙，使她不得不停下奔跑的脚步。"

## 阿尔忒弥斯的熊

熊是象征着荒野女神阿尔忒弥斯的一种动物。这种凶猛而危险的动物代表着动物的本能和强大的繁殖能力，但母熊也可以被看作守护者和母性的象征。在阿提卡，阿尔忒弥斯崇拜与熊有着紧密的联系，在一项仪式里扮演女神侍从的女孩们就被称为"母熊"。传说有一个小女孩被阿尔忒弥斯的母熊所伤，前来救她的哥哥不得不杀死了这头神圣的动物，结果触怒了阿尔忒弥斯，后者在雅典降下一场瘟疫。为了阻止这场灾难，阿波罗建议当地居民将自己的女儿献给阿尔忒弥斯，以平息她的怒火。因此，整个阿提卡的女孩，不管是在布劳龙、穆尼奇亚还是在雅典，都要在阿尔忒弥斯崇拜仪式中扮演母熊。

### 母熊的仪式

参与阿克提亚仪式的女孩，首先要充当泛雅典娜节庆的侍从，为献给雅典娜的长袍刺绣。随后她们会穿上克罗科特衫（一种与熊皮颜色相近的藏红花色的衣服），围着神坛和圣棕榈树跳起入教的舞蹈，这可能是为了模仿熊的行为。她们是这样成为"母熊"的："我从7岁开始就成为庆典侍从，10岁的时候我为我们的女主人舂米。后来我就穿上克罗科特衫，在布劳龙尼亚节庆上扮演母熊。当我长成美丽的大姑娘后，我就当了提篮者，戴着一串干无花果项链。"

阿尔忒弥斯身旁跟着一条猎犬。（大理石像，让－路易·勒莫安，1724年）

神的象征

## 被变成熊的仙女

在卡利斯托的故事中，熊也是一个非常重要的角色。卡利斯托是一位宁芙仙女，在这个故事的其他版本中，她也可能是阿卡迪亚国王吕卡翁，或底比斯摄政王尼克透斯的女儿。这位公主是阿尔忒弥斯的虔诚信徒，她立下贞洁誓言，终日同女伴们一起在阿卡迪亚的群山中打猎。"卡利斯托"的意思是"极其美丽的"，她也有着名副其实的美貌。宙斯一见到她就情不自禁地爱上了她，但这个忠于贞洁女神的少女，不能容忍任何男性在她身旁。于是宙斯化身成阿尔忒弥斯（一说是阿波罗）的形象引诱卡利斯托，并使她怀孕。

阿尔忒弥斯和她的女伴们经常在泉水中沐浴。一直以来设法隐瞒怀孕事实的卡利斯托，因不愿脱衣服与她们一起下水，从而露出马脚。同伴们见她不情愿，便强行脱掉了她的衣服，她的秘密也因此暴露。阿尔忒弥斯对此感到非常生气，把卡利斯托变成熊后，对其展开了追逐狩猎。有的传说将她变成熊一事归因于赫拉的嫉妒；有的则说是宙斯把她变成熊，以使她免遭妻子的妒火。无论如何，当赫拉知道她遭到丈夫的背叛时，她命令阿尔忒弥斯用箭射死了这个情敌。也有人说阿尔忒弥斯因卡利斯托违背贞操誓言而杀死了她。

阿尔忒弥斯将宁芙仙女卡利斯托变成一头熊，以惩罚她向宙斯屈服并怀上了他的孩子。（油画，尼古拉斯·普桑，17世纪）

## 阿尔忒弥斯的狩猎伙伴

阿尔忒弥斯身边的动物都与狩猎有关：帮助她打猎的狗和作为猎物的鹿。有关阿尔忒弥斯的猎队，卡利马科斯是这样说的："因为缺少狗帮你打猎，你就飞到阿卡迪亚，找到了潘。这位长着大胡子的神正在他的洞穴里，把一只迈纳洛斯山的猞猁的肉分给他的一众猎犬。他当即为你挑选了6条勇猛的猎犬，3条垂着耳朵，2条黑白相间，还有一条是杂色的，个个都能把狮子掀翻在地，咬住鬃毛并拖走。他又添上了7只库诺苏拉的猎犬，它们跑起来比风还轻盈，比野兔和小鹿还快，尤其擅长发现鹿的栖息地、豪猪的巢穴和梅花鹿留下的踪迹。"

阿波罗手中拿着基萨拉琴，而阿尔忒弥斯（右）则跟她的爱宠、同时也是其圣兽的鹿形影不离。（双耳爵，公元前5世纪）

## 鹿眼

鹿是献给阿尔忒弥斯的动物，它们经常被描绘在她的身边。它们被套在阿尔忒弥斯的战车上，她用金色的缰绳驾驭它们前行。它们是速度和恐惧的象征，充满了森林深处的神秘色彩。卡利马科斯解释了这些鹿从何而来："你离开此处，猎犬们紧随其后，在帕拉西奥斯山脚下，你看到5只母鹿卧在那里，这群漂亮的动物正在翻滚着黑沙的阿瑙罗斯河边觅食。它们比公牛还大，金色的鹿角闪烁着光芒。你看得呆住了，自言自语道：'它们应该配得上成为阿尔忒弥斯的首批猎物。'于是，在没有猎狗的帮助下，你独自一人跑上前去抓住了其中的4只，并让它们负责拉动你的战车。"

431

# 德墨忒尔和她的圣花与圣兽

## 哺育万物的女神

德墨忒尔是克洛诺斯和盖亚的女儿，她象征着大地母亲，是司掌耕作、收获和生育的女神。因此她很自然地与各种植物联系在一起，在图像志中，她经常以手捧麦穗和用罂粟果扎成的花束的形象出现。有时她还掌管着树仙女居住的神树。人们常将她和蛇联系在一起。在费加利亚，她是一位长着马头的混种神明。

## 麦穗

麦穗代表收获的丰厚、大地母亲的恩惠和土地物产的富足。哺育万物的仁慈女神德墨忒尔眷顾着人类，使他们能够得到她所提供的凡间食物。卡利马科斯写道："致敬，德墨忒尔，向你致敬，你是赋予人类小麦的丰饶女神！"在厄琉息斯秘教中有一种被称为"凝注"的仪式，通过类似于神灵附体的状态，象征性地表演德墨忒尔和宙斯之间的结合。这个仪式处于入教仪式的最后阶段，入教者要目不转睛地盯着一颗麦子。通过这颗种子，人们赞颂德墨忒尔作为生育女神带领教众认识生命奥秘的启蒙作用。这个仪式寓意着季节的有序轮转，丰收来临，作物随后凋零，又在沉睡之后繁衍重生。保持这种生命循环，是这种崇拜本身存在的理由。德墨忒尔把一株麦穗交给厄琉息斯国王之子特里普托勒摩斯，他就是用这株麦穗传授了人类农业技术，一说是德墨忒尔给了他种子，让他从飞行的战车上将种子撒向大地。女神的额前经常戴着用麦穗和罂粟编成的冠冕。

## 罂粟

罂粟果实中包含的大量种子象征着生育力和富足，与丰收女神的形象完美契合。自古以来，罂粟就因其富含油脂的种子而被用于烹饪料理，同时它也是一种药用植物，正如希波克拉底在其著作中所记录的那样，他称赞这种植物具有止泻、镇痛和安神的功效。据说德墨忒尔在女儿珀耳塞福涅失踪期间，就用罂粟来减轻自己的痛苦。在古希腊，罂粟的汁液在入教仪式中深受重用，因为古希腊人认为它能够帮助人们进入与神灵沟通的状态，这也是这些仪式的目的所在。因此，它是一种神秘的植物，以其催眠的作用带来睡眠和遗忘，将人类引向死亡，但随之而来的是他们的新生。德墨忒尔本身也象征着萌动、遗忘及死亡，然后重生的永恒循环。

德墨忒尔和她的主要象征物——镰刀及麦穗。（油画，马丁·诺布莱，1576 年）

## 无花果树

果实繁多的无花果树是象征德墨忒尔的圣树。在位于雅典和厄琉息斯之间的神圣之路上，帕萨尼亚斯曾在刻勒俄斯的墓前驻足，按照他的说法，德墨忒尔就是在这里为款待她的这位阿提卡英雄种下了第一棵神圣的无花果树。此后很长一段时间里，种植这种神树都是刻勒俄斯后代的特权。

## 蛇

作为大地之子，蛇是一种隐秘匍匐于亡者国度的冥界动物。它象征着原初的幽夜。在德墨忒尔的宝座底部，我们能看到这种动物缠绕着她的权杖、手臂乃至整个身体。此外，她的战车也是由两条翼蛇拉动的，特里普托勒摩斯的战车自然也是如此。德墨忒尔作为厄琉息斯秘仪的起源，将肉体生命、灵魂生命与死亡的 3 个象征集中在同一束麦穗中，形成了永不停止的循环。

战车上的特里普托勒摩斯手持麦穗，一条蛇相伴在侧。（花瓶，约公元前 470 年）

## 橡树和黑杨树

色萨利国王特里俄普斯的儿子厄律西克同是一个野蛮又不敬神明的人，有一天他决定砍掉德墨忒尔圣林中的一棵树。根据奥维德的记载，这是一棵橡树，树仙女正在上面跳舞；而在卡利马科斯的版本中，这是一棵直冲云霄的黑杨树，上面住着一群淘气的宁芙仙女。不管怎样，被愤怒冲昏头脑的厄律西克同砍倒了圣林中最神圣的树。但是，冒犯了德墨忒尔庇护的树仙女的人必有灾殃。胆敢亵渎丰收女神之树的厄律西克同，被一种永远无法满足的饥饿感压迫着。在奥维德的版本中，这种饥饿感使他最终把自己吞噬；而在卡利马科斯的版本中，他被父亲流放，终日在垃圾堆里翻找食物以满足自己无尽的饥饿感，直到死去。

## 费加利亚的德墨忒尔

据说，在阿卡迪亚的忒耳浦萨，波塞冬爱上了变成母马的德墨忒尔，于是他把自己变成一匹公马与之结合。在这个传说中，德墨忒尔生下的并不像一些人说的那样是一匹马——也就是阿德刺斯托斯的神马阿里翁，而是一位名叫德斯波娜的女神，她的名字意为"女主人"。后来，德墨忒尔被波塞冬抛弃，并因为女儿珀耳塞福涅被掳走而饱受折磨，悲痛欲绝地躲进了一个偏僻的山洞中，失去了丰收女神的大地则近于荒芜、寸草不生。正在山中玩耍的潘偶然遇到了一身黑衣的可怜的德墨忒尔，于是他向宙斯汇报了此事。宙斯赶忙派摩伊赖到德墨忒尔身边安慰她，并引导她重归光明。费加利亚附近的埃莱昂山的一个洞穴中，供奉着德墨忒尔·墨莱娜，即"黑色的德墨忒尔"。费加利亚人为她雕刻了一尊奇特的木制雕像来代表她。帕萨尼亚斯说，这位女神被描绘成身穿黑色丘尼卡长衫，长着马的脑袋，鬃毛中掺杂着蛇和其他的野兽，一只手托着一只海豚，另一只手托着一只鸽子的形象。事实上，海豚很少与德墨忒尔联系在一起，但考虑到费加利亚女神与波塞冬之间的关系，这就很好理解了。

# 赫卡忒：月亮和她的象征物

## 来自两方面的力量

作为魔法师的赫卡忒通常与魔法植物、毒药和紫衫之类的地狱之树联系在一起："美狄亚说：为了呼唤你，我摇动斯提克斯河波浪中幽暗的枝条。"（塞内卡）从赫卡忒的雕像可以看出她也与水果、鲜花有关。至于动物，她与狗和蛇之间的特殊联系尤其出名。

## 赫卡忒的花园

俄耳甫斯的《阿尔戈英雄纪》中列举了一系列植物，它们构成了人们常说的"赫卡忒的花园"，这片花园通往放置金羊毛的圣林："那里的草地上长满了低矮的药用植物：有金穗花、车前草和优雅的铁线蕨，曼陀罗、油莎草和柔弱的马鞭草，鼠尾草、芥菜和紫色的仙客来，薰衣草、牡丹和浓密的罗勒，曼德拉草和石蚕；此外，还有长着白色绒毛的岩爱草、芬芳的藏红花和水芹；还有牡丹草、穗菝葜、洋甘菊以及黑罂粟、锦葵、万灵草、白嚏根草、乌头和许多其他的有毒植物也长在这片土地上。"这位作者特别提到了一些有毒的以及和魔法相关的植物。狄奥多罗斯称赫卡忒发现了乌头，而瓦莱里乌斯·弗拉库斯则说她找到了普罗米修斯之草："手持浸泡过斯提克斯河之水的镰刀，赫卡忒第一个从岩石缝隙中拔出了它强壮的茎干。"

## 赫卡忒的果实

在雕塑作品中，赫卡忒的手中有时会拿着一颗象征她处女身份的果实，这表示她能够看顾年轻女孩，并在其青春期到婚姻的过渡时期守护她们。一些文学作品在这一点上也与雕塑艺术不谋而合，这些作品中提到的苹果或任何类似苹果的果实（例如梅隆果，可能指的是苹果或木瓜）是赫卡忒的信物之一，象征着生育能力。有时她的手中还拿着石榴，这种使人联想到珀耳塞福涅故事的果实，可以凸显赫卡忒与冥界相关的特征。当珀耳塞福涅停止斋戒，吃下这种禁果后，她就不得不留在哈迪斯身边。因此，赫卡忒身边的石榴也成了一种为信徒打开秘教大门的神圣之果。

赫卡忒与刻耳柏洛斯。（高浮雕，那不勒斯）

## 莲花

有时出现在赫卡忒头顶的莲花能够凸显她的美貌和魅力。莲花光亮的色泽衬托了她的吸引力，在不同的情景中，这朵花可以是白色、粉白、菘蓝色、橘红色甚至红色的。这种花也是埃及女神伊西斯的象征物，并以此闻名，代表着亡灵崇拜中永恒的生命。

## 狗的作用

狗是赫卡忒的主要象征，也是她的圣兽。有时它就像她的影子一样默默地跟随其后，有时则在她身前的兽群中狂吠。它能探测到恶魔一类的超自然存在，也能感知到亡者的灵魂。凭借着对冥界敏锐的"第六感"，它似乎是连接着尘世与彼岸的宝贵纽带。

神的象征

## 马头女神

有时，赫卡忒会以马的形象出现。例如，在《迦勒底先知书》中，赫卡忒被描述为"看上去比光线更加灿烂夺目的马"。在俄耳甫斯的《阿尔戈英雄纪》中，她的肩膀上出现了一匹马："随之而来的是一个相貌多变的生物，长着3个头，这只恐怖到不可思议的怪物就是塔耳塔罗斯的女儿赫卡忒：从她的左肩跳出一匹长鬃毛的马，在她右边的肩膀上可以看到一只母狗暴怒的面孔，中间则是一条样貌凶恶的蛇……"在相关的莎草纸卷中，她被描述为"马头女神"。

赫卡忒和她的两个象征：马和狗。（克兰农的浅浮雕，约公元前350年）

## 鹿

赫卡忒与鹿描绘在一起的形象十分罕见，并且出现得很晚（2世纪），但在文学作品中也并非找不到呼应，因为《俄耳甫斯颂诗》中就有"她以自己的母鹿为傲"的说法。这也许是一种赫卡忒与阿尔忒弥斯形象相融的现象。

赫卡忒有时被描绘为身边环绕着各种水果和植物的形象。（壁画，弗朗西斯科·德·罗西，约1544年）

## 赫卡忒的狗

"英勇的赫卡忒使我听到三声犬吠，我知道我的愿望实现了。"（塞内卡）狗既是赫卡忒的伙伴，象征着她的幽夜之力，又是赫卡忒晚餐的祭品，这种动物所处地位的矛盾性体现在它既是人类日常生活的伴侣，也是被献祭的祭品，与赫卡忒的阴暗面以及死亡相关联。狗也经常被用于巫医术的仪式。

## 赫卡忒的蛇

蛇是赫卡忒常见的象征，甚至就是她的化身。在相关文字记录中，赫卡忒同时具有母狗和蛇的特征。这种动物与赫卡忒的联系还体现在她让人联想到美杜莎或厄里倪厄斯的蛇发，其作用可能是威吓敌人，也可能是驱逐厄运。因此，赫卡忒的蛇所体现的更多是她作为守护者的职责，而非与亡灵之间的某种联系。赫卡忒挥动的毒蛇和她手中的火炬或尖刀，体现了她与地狱的联系，暗示着潜在的暴力以及在厄里倪厄斯身上也能看到的惩戒的概念。蛇也有可能与火炬、狗和酒碗一样，是祭祀的一个元素：在与魔法有关的净化仪式中，蛇可能作为一种被献祭的祭品。

## 双重象征的蛇

蛇是一种矛盾的动物，它象征着死亡、黑暗与毒药，同时又是家庭的好伴侣。它代表正面的医术和驱鬼的力量。它的形象和摇摆不定的能量与赫卡忒的双重身份相一致，和狗一样，它时而以野蛮凶恶的形象出现在地狱之门前，时而是人类的守护者和朋友。

435

# 变形、天选与神罚

## 用神话解释世界

神话深深地扎根于人类的生活环境当中。人们周围的一切都可以通过某位英雄、宁芙或神明来解释：每块石头、每条溪流、每棵树背后都有一个名字，而每个名字背后都有一个故事。自然界的一切都是造物主变形幻化的结果。对自然界多彩的生命感到好奇的古人想要对它们的特征或名字加以解释，或是单纯地想要为沉默的大自然赋予意义，于是他们不断地创作故事，将某种动物、某种植物、某朵花与某个人物相关联，而有些人物的命运则为诸如花瓣颜色或动物行为等特征提供了解释。

古人之所以认为狡猾的黄鼠狼在耳朵里怀幼崽并用呕吐的方式分娩，是因为一个名叫加林提亚斯的女人为自己的所作所为受到了这种惩罚。事实上，阿尔克墨涅分娩赫拉克勒斯的时候遭遇困难，正是因为厄勒梯亚和命运三女神听从赫拉的命令延缓了她的生产，但加林提亚斯为了解救她，赶忙去见三女神并向她们宣布阿尔克墨涅是遵循宙斯的意志在分娩，命运三女神这才高抬贵手，重获自由的阿尔克墨涅才得以顺利分娩。后来，得知被骗的命运三女神愤怒无比，把阿尔克墨涅的朋友变成了黄鼠狼。

## 神罚还是天选

许多仙女、英雄或半神都经历过变形，这种变形有时是一种惩罚，有时是神灵帮助他们逃避迫害的手段，有时则是一种恩赐……当然，想要得到更受优待的命运，逃离对于大部分人来说无可避免的悲惨宿命——成为冥界中的亡魂，还有很多更好的办法，而且在地狱中还有许多比石化更可怕的酷刑。

在死后成为恶魔或英雄的也不在少数，尤其是那些死于暴力的人。他们可能很强大，也可能很危险，因此应该得到特殊的关照。例如，帕萨尼亚斯就记录了美狄亚之子的传说。他在科林斯曾看到过他们的坟墓："他们的名字是墨尔墨洛斯和斐勒斯，按照传说中的记载，他们因为给格劳刻带来礼物而被科林斯人用石头砸死。由于遭受横祸而死于暴力，他们为了复仇，开始屠戮科林斯的新生儿，这种情况一直持续到当地人为他们设立了每年一次的祭祀活动，并建起了一尊惊惧之神的雕像才停止，这也是神谕要求他们做的。"

无独有偶，在阿卡迪亚的卡费埃，帕萨尼亚斯讲述了一则关于康杜雷亚的阿尔忒弥斯的故事：有一天，几个孩子想出了一个坏主意，他们把一条绳子套在女神雕像的脖子上想要绞死她。当地居民看到这渎神之举，就用石刑将他们处死，但神罚很快就降临到他们自己身上，卡费埃的妇女开始接连产下死婴。就这样，康杜雷亚的阿尔忒弥斯变成了被绞死的阿尔忒弥斯。

## 化神

诚然，没有什么比成为神明更让人羡慕的命运了，

猎人阿克泰翁因看到阿尔忒弥斯的裸体而被变成一只鹿，这是一种惩戒式变形。（油画，弗朗西斯科·阿尔巴尼，17世纪）

但这种命运只属于极少数幸运的天选之人，他们能够得到这份恩赐，通常也是因为他们本来就是半神，或是得益于他们的善行、功绩和美德。然而，伊诺与阿塔玛斯的儿子墨利刻尔特斯成为一个名叫帕勒蒙的神，但这个可怜的孩子并未做过任何引人注目的事。这位神明在神话传说中的作用也微乎其微，他仅仅代表着遭受不公暴行的无辜之人。他的母亲伊诺自杀后，成为一位名叫琉科忒娅的海洋女神，常以助人为乐，但她生前的行径却很难配得上这份恩惠，她对待阿塔玛斯和其前妻的儿子（佛里克索斯与赫勒）的态度也称不上慈爱。

被神灵带走，通常也意味着化身为神。可在这一点上，除去那些死后封神的皇帝，以这种方式被选中的人同样少之又少，可能最后也就剩下伽倪墨得斯了吧！变成星座也是一件没什么可抱怨的好事。为数众多的英雄、动物甚至是物品都有幸能被"化星"，即化作一组星星，变成天空中的星座。

## 以儆效尤

与天堂相反，地狱中集结了大奸大恶之徒与犯下重罪之人，他们在那里遭受的酷刑就是用来警示还活着的人，并以此凸显被选中居住在至福乐土上的人是多么幸福。尽管如此，也有一些人，他们把对地狱的描述和那些变形故事当成寓言或者老妇人为吓唬孩子而编出来的瞎话。他们认为这些都是迷信和诗人们的幻想。因此，尽管这些传说故事在集体想象中普遍存在，但人们对其接受的程度，依据各人的社会文化背景，还是有很大的不同。

# 化作石头、泉水及河流

### 一块满是泪水的岩石

坦塔罗斯的女儿尼俄柏与安菲翁生下了七儿七女,因此宣称自己胜过只有一儿一女的勒托。愤怒的勒托请她的孩子们报复尼俄柏。阿尔忒弥斯用箭射死了尼俄柏的女儿,阿波罗则射杀了她的儿子。绝望的尼俄柏逃到了西皮洛斯山,众神把她变成了一块岩石。岩石里流出一股泉水,那是她在不停地为死去的孩子们哭泣:"风已经不再吹动她的长发,她的血液凝固了,脸上也失去了颜色,双眼一动不动。她身上的一切都已死去,舌头冻结在坚硬的嘴里。她的血管中不再有血液流动,头颅变得僵硬,手脚都动弹不得,五脏六腑都变成了大理石。然而,她的眼中却流出泪水,形成湍急的水流流回她的家乡。她被安置在山顶,仍在不停哭泣,眼泪不断地从岩石上流出来。"(奥维德)

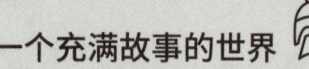

### 一个充满故事的世界

除了动植物之外,很多变形都来自构成世间景物的各种元素。每块石头、每条溪流、每一眼泉水背后都隐藏着一个传说,世间也因此充满了各式各样的故事,为人类生存环境中这样或那样的独特之处提供了解释。

### 美杜莎的力量

珀尔修斯多次使用美杜莎之头来战胜他的敌人,例如在埃塞俄比亚,他就以此对抗海怪以及刻甫斯的兄弟菲纽斯。他回到塞里福斯岛时,由于波吕得克忒斯不相信他真的杀死了戈耳工女魔,大英雄珀尔修斯从袋子里掏出美杜莎之头,将他变成了石头。在有的版本中,珀尔修斯向塞里福斯岛的居民展示美杜莎的头颅,将他们全部石化,为的是替受到塞里福斯国王侮辱的母亲报仇,因为波吕得克忒斯曾在其臣民的怂恿下,不顾她的意愿强行求娶于她。另一方面,由于这座岛上恰好满是岩石,喜剧诗人们因此都言之凿凿地说"连它也被戈耳工石化了"(斯特拉波)。据说珀尔修斯还遇到了牧羊的巨人阿特拉斯,阿特拉斯傲慢无礼地挑衅他,珀尔修斯便亮出了美杜莎之头:"这个大块头一下子变成了一座山,他的胡须和头发竖起来变成了森林,他的肩膀和手臂变成了山坡,他的头是山顶,他的骨头硬化成石头:他不断变大,成了一个庞然大物,并且按照众神的意愿,自那以后,天空和所有的星星都依附在它上面。"(奥维德)

珀尔修斯挥舞着美杜莎的头颅,把所有与他对峙的敌人变成石头。(大理石像《手持美杜莎之头的珀尔修斯》作品局部,安东尼奥·卡诺瓦,1804 年)

### 阿波罗的神罚

克拉加琉斯是一位生活在德律俄匹斯的老牧民,靠近赫拉克勒斯的温泉。由于阿波罗、阿尔忒弥斯和赫拉克勒斯都想获得安布拉西亚守护神的身份,就决定让克拉加琉斯裁决他们三人的争端。他们在这位仲裁面前展开了辩论,最终克拉加琉斯宣判赫拉克勒斯胜出。阿波罗大怒,伸手触碰了克拉加琉斯,这位牧民就原地化为一块岩石。因此,安布拉西亚的居民在庆祝完赫拉克勒斯的节日之后,也会向克拉加琉斯供奉祭品聊以纪念。

变形、天选与神罚

## 珊瑚自何处来

奥维德将珊瑚的起源归因于珀尔修斯，他把美杜莎的头放在一片海草上："这些新剪下来的嫩茎依旧生机勃勃，充满海绵状的汁液，它们感受到美杜莎之头的力量，一碰到它就变得又红又硬。海中的仙女们试着用其他枝条再现这种奇景，同样的实验再次获得成功，随后她们将这些枝条抛入海中，这就是珊瑚繁盛的源头。自那时起，这种灌木状的生物就保持着同样的特性：在海中它们柔嫩易折如同柳枝，遇到空气就会变硬，最后变成石头。"

## 波塞冬之泉

强盗刻耳库翁的女儿阿罗佩和波塞冬生下一个名为希波托翁的孩子，并将他遗弃。他被一匹母马哺育，后被一位牧羊人收留。但刻耳库翁还是知道了这件事，他再一次遗弃了这个孩子，结果孩子又被一匹母马所救。他还杀掉了自己的女儿，后来波塞冬把她变成一眼泉水，泉水的名字也叫阿罗佩。不过她的坟墓还留在厄琉息斯。

## 泪流成河（其一）

基其库斯是基其库斯城的建立者，他刚与林达科斯地区的统治者墨洛普斯的女儿克勒忒结婚不久，就被伊阿宋或阿尔戈号上的其他船员误杀。绝望的克勒忒无法承受失去丈夫的悲痛，在一棵树上自缢："林中的仙女为她哀哭，她们的眼泪汇成了一股泉水，永远地悼念着这位不幸的妻子，这股泉水至今仍以她的名字命名。"（罗得岛的阿波罗尼奥斯）

## 石狐狸

刻法罗斯娶了普洛克里斯之后，从妻子那里得到了米诺斯送给她的两件礼物：一支百发百中的标枪和一条没有任何猎物能逃脱其追捕的猎犬。善妒的普洛克里斯在丈夫打猎的时候监视他，结果被那支著名的标枪误杀；那条猎犬则被借给安菲特律翁，它的任务是追剿在底比斯地区肆虐的透墨索斯恶狐，这是一只永远不会被追上的狐狸。于是，一条永远都能捕获猎物的猎犬——奥维德叫它莱拉普斯——和一只永远不会被抓住的狐狸之间展开了一场无尽的追逐。面对这一无解的难题，宙斯将这两只动物都变成了石头。在有的版本中，只有狐狸被变成石头，而猎狗则被变为天上的星座。

## 泪流成河（其二）

阿波罗在活剥了马耳叙阿斯之后，把他变成了一条河流，不过最常见的说法是他流出的鲜血汇成了弗里吉亚的这条河流。在奥维德的版本中，是萨蒂尔、宁芙仙女和马耳叙阿斯的儿子奥林匹斯的眼泪形成了这条河："大地饮下如此多的泪水，她把它们汇聚起来流淌于自己胸前，形成了一条新的河流。在这条以马耳叙阿斯为名的河里，流淌着弗里吉亚最清澈的水，在经过一道陡坡之后，逝入茫茫大海。"

弗里吉亚的马耳叙阿斯被阿波罗化作一条河。（油画，约翰·梅尔休斯·斯特鲁德威克，1879年）

# 化作植物

### 变成植物的人

变身成植物是神话里最常见的一种变形。这是一种逃离不尽如人意的命运的方式，也可能是经历了过度悲痛之后的一点安慰，可能是一种奖赏，抑或是一种惩罚……

### 救命芦苇

宁芙仙女绪林克斯为了躲避潘神的热烈追求逃至拉冬河边。就在潘神要碰到绪林克斯的时候，她变成了芦苇。潘神砍下不同长度的芦苇，用它们做成了第一支潘笛，并把这种乐器命名为绪林克斯。

### 风的守护

不管是变成芦苇的绪林克斯，还是变成松树的皮堤斯，其故事中都出现了植物在风中低吟这一情节。类似的情节在密西亚的奥林匹斯山上柳树的故事中也得到了重现。几个少女为了躲避波瑞阿斯的求爱被变成了柳树。据说只要有人碰到它们的叶片，就会立刻狂风大作。

### 月桂树与守贞

宁芙仙女达芙涅时而被说成色萨利的河神佩涅俄斯之女，时而被认作阿卡迪亚的河神拉冬之女。阿波罗爱上了达芙涅并疯狂地追求她，但她却非常看重自己的贞操，试图摆脱阿波罗的追逐。眼看自己就要被抓住了，她祈求自己的父亲把她变成一株月桂树。在另一个版本中，她向自己的母亲大地女神求助，大地为此裂开一道缝隙，少女消失了，在其消失的地方出现了一株月桂树。阿波罗砍下一截树枝，用它给自己做了一顶头冠。他把月桂树带回到德尔斐，自那以后，月桂树就成为阿波罗预言能力的象征。

阿波罗热烈地追求达芙涅，后者为了保护自己的贞操，化身为一株月桂树。（木版油画，安东尼奥·德尔·波拉约洛，1470年）

### 逃离潘神的松树

被潘神追求的宁芙仙女皮堤斯也经历了与绪林克斯类似的遭遇。她变成了一棵松树，而潘神则用它的树枝给自己做了一顶头冠。而在另一个版本中，皮堤斯是因为北风神波瑞阿斯的妒忌而成了受害者。同时为潘神和北风神所爱慕的皮堤斯，决定把自己托付给潘神。波瑞阿斯为了报复，刮起大风把皮堤斯从一块岩石上吹了下去。皮堤斯得到大地女神的怜悯，被变为一棵松树。

### 无尽的悲痛

有几种树木因富含树脂,经常被人和哀悼联系起来。树干上的液滴被人们想象为变形成树的人流出的眼泪。关于柏树,就有一些类似的传说,其中最著名的是库帕里索斯的故事,这位英俊的男孩是阿波罗的情人,他住在刻奥斯岛并与一只神鹿成了朋友。不幸的是,他无意中杀死了这只动物。众神将悲痛欲绝的他变成一棵柏树,这是一棵吊丧之树,好让他能够继续哭泣。另一个著名的例子是赫利俄斯的女儿们——赫利阿德斯的故事,她们的兄弟法厄同被宙斯的雷电击中后,坠入厄里达诺斯河(意大利的波河)身亡,她们都为他的死而哭泣。赫利阿德斯化作报丧的白杨树,她们的眼泪则化为琥珀:"她们的眼泪以新的形态继续流淌着,被太阳晒干后,在新生的枝条上凝结成琥珀,掉进湍急的厄里达诺斯河,它们被收集起来做成拉丁姆女人们的饰品。"(奥维德)

因兄弟之死而悲痛万分的赫利阿德斯化作白杨树,法厄同的异父兄弟库克诺斯则被变成天鹅。(油画,桑蒂·狄·提托,1572 年)

### 变不完的树

在德律俄珀的故事中,有一个版本认为,深受宁芙仙女们喜爱的德律俄普斯之女被变成一棵树,这是对她的一种奖赏。阿波罗化身成一条蛇与她结合。她的儿子安菲索斯建立了俄塔城以及那里的阿波罗神殿。在德律俄珀前往神殿的时候,宁芙仙女们将她变成一棵杨树作为对她的奖励,还在树旁边开了一眼泉水。德律俄珀因此成为一名树仙女。几个年轻的姑娘把发生在德律俄珀身上的事情说了出去,生气的宁芙仙女们就把她们变成了枞树。

### 变成薄荷的宁芙

哭河之神科库托斯的女儿门塔的变形故事与惩罚有关。诗人俄庇阿诺斯这样说道:"很长一段时间里,普鲁托在床榻上对门塔情有独钟,但在冥界之神把刻瑞斯的独生女从埃特纳山上带走后,这位母亲被骄傲的门塔的鲁莽之举和嫉妒的言辞激怒,无情地将她踩在脚下。这位美丽的仙女竟敢宣称自己无论是出身还是美貌,都胜过有着漂亮黑眼睛的普洛塞庇娜。她毫无顾忌地声称普鲁托很快就会回心转意,并将自己的情敌赶出冥界。如此骄傲和自负的代价是多么可怕啊!她被变成一种不起眼的植物,卑微地从地里钻出来,薄荷就是它的名字。"

### 宁芙的复仇

梅萨比亚的牧羊人声称他们的舞蹈跳得比苹果树仙女厄庇墨利德斯还要好,并向她们发起挑战。惨败之后,他们被变成了树,到了夜里还能听到他们发出的呻吟。奥维德的版本中只提到了一个牧羊人,他吓唬树仙女、嘲笑她们的舞蹈,还用下流的话骚扰她们,因此被变成一棵树:"自那以后他就成了一棵树,树干里流出的汁液刚好符合他生前的秉性:这是一棵野橄榄树,苦涩的浆果正如他绿色的舌头,完美地继承了他话语中的尖酸刻薄。"

# 变成动物

### 母犬赫卡柏

特洛伊沦陷后,赫卡柏就成了奥德修斯的俘虏。他们在色雷斯停留期间,这位特洛伊王后在河岸边发现了儿子波吕多洛斯的尸体,他是被色雷斯国王波吕莫斯托耳杀害的。决意报仇的赫卡柏许诺给色雷斯国王很多财宝诱他前来,之后,她和她的随从一起将国王的两个儿子杀害,并剜出了他们的眼睛。国王的朋友们追杀赫卡柏,她就被变成了一只母狗。在另一个版本中,希腊人用石刑将她处死,在本应有她尸体的地方,他们却发现了一条母狗。还有的版本称是赫卡忒将她变成母狗的。赫卡柏的故事被设定在色雷斯半岛一个名叫"狗之墓"的地方,公元前409年的库诺色玛战役就是在这里发生的。

### 变成鱼的水手

蓬皮罗斯的故事是罕见的与鱼有关的传说。俄库诺厄是萨摩斯岛的宁芙,是刻西阿斯与河神因布拉索斯的女儿。阿波罗爱上了她,想要把她拐走。她前往米利都参加阿尔忒弥斯的节庆,因为害怕被掳走,就请求父亲的一位朋友蓬皮罗斯用船把她带回萨摩斯岛。但阿波罗突然出现,他把船变成石头,把蓬皮罗斯变成一条舟鲕鱼,还拐走了美丽的仙女。舟鲕鱼又称领航鱼,能为迷途的水手指明航路。

### 变成白鸽的少女

克忒绪拉是刻奥斯岛上的一名少女,她在阿尔忒弥斯的神殿中许诺要嫁给赫尔莫卡勒斯。克忒绪拉的父亲先是答应了这桩婚事,但不久就将此事抛之脑后,又许诺把女儿嫁给另一个人。于是赫尔莫卡勒斯拐走了克忒绪拉并和她在雅典结了婚。由于父亲未能遵守诺言,克忒绪拉难产而死。当人们准备搬运她的遗体时,只见一只鸽子从她临终的病榻上飞起,她的尸体就这样消失了。

### 不要妄图成为宙斯

风神埃俄罗斯的女儿阿尔库俄涅和启明星之神厄俄斯福洛斯的儿子刻宇克斯是一对恩爱夫妻,他们甚至自比宙斯与赫拉。两位神明得知此事后很生气,把刻宇克斯变成了一只潜鸟;阿尔库俄涅则被变成了一只翠鸟,这种鸟生活在海上,叫声十分凄凉。奥维德讲述了这则故事的另一个版本:刻宇克斯遭遇海难身亡,阿尔库俄涅找到了他的尸体,后来两人都被变成了翠鸟。

### 游历世界的小母牛

伊娥的故事与其他同类型故事的不同之处在于,她的变形只是一种权宜之计。宙斯爱上了河神伊纳科斯与墨里亚的女儿伊娥,就在赫拉要撞破他们奸情的时候,宙斯把伊娥变成一头白色的小母牛以避风头。赫拉向宙斯索要这只动物,宙斯无法拒绝。赫拉让阿尔戈斯看守这头小母牛,但他却被赫尔墨斯所杀。于是,赫拉又派去一只牛虻叮咬伊娥,让她不得不踏上无休止的流亡之旅。到达埃及之后,伊娥变回人形,在那里生下了厄帕福斯。

被宙斯引诱的伊娥被变成一头小母牛,以躲避赫拉的监视。(木版油画,本维努托·狄·乔瓦尼,1490年)

变形、天选与神罚

## 鸢与石榴树

伊克提诺斯有一个名叫西德（意为"石榴"）的女儿。他爱上了女儿，但少女宁愿自刎于母亲墓前也不愿屈服。众神对她心生怜悯，大地在染上她鲜血的地方生出了一株灌木，那就是石榴树。而伊克提诺斯则被变成了一只鸢，而且这种猛禽从来不会在石榴树上栖息。

## 一个过分自大的少女

根据奥维德的记载，阿拉克涅住在特摩罗斯山脚下许百帕的吕底亚。她是一个很有天赋的绣娘，但同时又很自大，竟敢向雅典娜发起挑战。女神接受了挑战，她绣的是众神惩罚傲慢的凡人的场面，而阿拉克涅却凭借她的天赋绣了不堪入目的内容：众神的不伦之恋。愤怒的雅典娜用梭子打了阿拉克涅，骄傲的阿拉克涅不堪受辱，试图上吊自杀。于是雅典娜在她身上洒满了有毒的草药汁，把她变成了一只蜘蛛："她说道，活着吧！不幸的人。活下去，但你会永远被吊起来。不要指望你的命运会有所改变。你要将这惩罚传递给你世世代代的子孙。"在另一个版本中，阿拉克涅和法朗克斯是一对兄妹。他们住在雅典，且都师从雅典娜。阿拉克涅学习纺织，法朗克斯则学习行军作战。他们之间发生了不伦的恋情，于是雅典娜把他们变成蜘蛛，让他们被自己的孩子吃掉。

## 被惩罚的牧牛人

阿波罗与阿尔忒弥斯在鹌鹑岛出生后不久，勒托带着他们来到了吕基亚。在前往克桑托斯河的途中，她在墨里特泉水旁停下来想要给孩子们洗澡，但吕基亚的牧牛人为了让自己的牛喝水，把她赶走了。等到勒托在克桑托斯河中给孩子洗完澡后，她原路返回，找到那些牧牛人并把他们都变成了青蛙。她用一块粗糙的石头击打它们的背部，使它们纷纷落入池塘，直到现在它们还在那里呱呱叫个不停。

## 好奇心害死"鹿"

阿克泰翁是阿里斯泰俄斯和奥托诺厄的儿子。他在基泰隆山上打猎的时候，不巧撞见了正在泉水中全裸沐浴的阿尔忒弥斯。愤怒的女神将他变成一头鹿，又激起他的猎犬的野性和杀气，它们立刻开始追逐自己的主人，最后抓住他并将其撕成碎片。

年轻的阿克泰翁因撞见正在沐浴的阿尔忒弥斯，而被变成一头鹿。（挂毯局部图，1662 年）

## 安慰还是惩戒

狄俄墨得斯死后，他的同伴们悲痛欲绝。他们带着因国王道诺斯的背叛而殒命的首领的尸体乘船离去，在亚得里亚海的一座小岛附近遭遇海难，为了平息他们的悲痛，雅典娜将他们变成了海鸟。有的版本说他们在这座岛上为英雄狄俄墨得斯的葬礼献祭时遭到了伊利里亚人的屠杀。宙斯下令使他们的肉体消失，灵魂则变成了海鸟。最后，在奥维德的版本中，狄俄墨得斯那时还没有死，他的朋友们则因为说了侮辱维纳斯的话而被变成了鸟。

# 血与花

## 双重献祭

古巴比伦有关皮拉摩斯与提斯柏的传说故事解释了黑桑树果实颜色的起源。在一棵桑树下，皮拉摩斯从狮子的血盆大口中找到了提斯柏染血的面纱，他以为自己的情人已死，便自杀殉情，用自己的血再次浸染这块面纱。奥维德认为桑树果实成熟分为两个阶段：因为溅上了鲜血，所以桑葚一开始是红色的；随后变黑，是因为这是一种象征死亡的植物。"从桑树根部涌出的血染红了挂在枝端原本洁白的果实。而你，报丧的树啊！请保存好我们的血之印记。从今以后，你要结出象征痛苦和眼泪的果实，作为对双双殉情的我们的血淋淋的见证。"

维纳斯将甘露浇在阿多尼斯身上，把他变成了银莲花。（油画，尼古拉斯·普桑，约1625年）

## 如银莲花般美丽

银莲花从阿多尼斯流出的血中诞生。当维纳斯发现这位英雄倒在血泊中奄奄一息的躯体时，她决定用变形术来追念他："她把甘露浇在他的血上，如雨滴落在水面一般，他的血液中也泛起了很多气泡。只过了一个小时，血液中就长出一株全新的花朵，鲜血染红了它的颜色，正如石榴的果实一般。"

## 于是便有了水仙花……

在有关那耳喀索斯的传说中，有一个版本说这位来自忒斯庇埃的美少年无心情爱，对阿墨尼阿斯的热烈追求无动于衷，甚至还残忍地丢给他一柄利剑，那耳喀索斯的追求者一边诅咒他，一边用这柄利剑自尽了。有一天，那耳喀索斯在一口泉水旁看见了自己的倒影，立刻就爱上了它，但因心中的热情无法得到满足，他也结束了自己的生命。忒斯庇埃附近的人都认为第一株水仙花就是从染上那耳喀索斯鲜血的那片土地上长出的。

## 诞于血中之花

雅辛托斯是拉科尼亚的一位年轻英雄，同时也是阿波罗的爱人。有一次，两人正在练习投掷铁饼，雅辛托斯被弹起的铁饼击中头部而亡。绝望的阿波罗决定用雅辛托斯的血创造一种用他的名字命名的花：风信子。据说，阿波罗还在花瓣上刻下了"AI AI"的字样，恰如他哀叹的哭喊。在这一点上，大埃阿斯与雅辛托斯的故事存有相似之处："终有一日，一位勇武出众的英雄也会化作这种花来到你身边，他的名字也会出现在这花瓣之上。"（奥维德）据说，英雄大埃阿斯挥剑自尽时，也出现了一种类似于风信子的植物，这给花瓣上"AI AI"的字样提供了另一种解释。尽管有很多说法认为这种植物开紫花或红花，帕萨尼亚斯却称大埃阿斯的花其实更接近于白色，而且是一种有别于风信子的花："萨拉米斯岛的居民说，这种以大埃阿斯的名字命名的花，第一次出现在他们岛上的时候，就是这位英雄殒命之时。这种花的颜色是白色的，略带红色，形状如同百合，但要比百合小一点，叶子也没有那么大。花瓣上的字样和风信子相同。"

## 一棵流血的树

特里俄普斯之子厄律西克同是一个不敬神的人，他决定要砍掉刻瑞斯圣林里的一棵圣树。为了惩罚他，女神施予他能够吞噬一切的饥饿感，最后他连自己都吃掉了。在奥维德的版本中，这棵树还流出了鲜血，令渎神的一幕更为戏剧化："当他举起铁斧准备砍下去时，神圣的橡树颤抖着发出低吟，橡果和叶片都变得惨白，树皮上仿佛沁出一层冷汗；斧刃刚一碰到树干，就有鲜血喷洒在地上，就像从祭坛上被宰杀的牛牲头里喷出的一样。"随后就有宁芙现身说道："我是为刻瑞斯所珍视的宁芙仙女，居于此树上，因你所犯下的罪孽而死。上苍会为我复仇：在我临死之际，我要告知你命定的惩罚。如此一来，在你垂死的夜里，我的亡魂也会得到慰藉。"

战车上的刻瑞斯严厉地惩罚了砍倒圣树的厄律西克同，他将被无尽的饥饿感所吞噬。（版画，约 1610 年）

## 树木有灵

当埃涅阿斯逃离特洛伊到达色雷斯时，他发现了一个长满山茱萸和香桃木的小山丘。他把植物拔起来："从地里拔起第一株灌木后，黑色的血液从断根滴落，浸染了大地。冰冷的恐惧使我四肢发抖，血液也因这恐惧在血管中冻结。我继续从另一株植物上扯下一根柔软的茎条，想了解是怎样隐秘的原因造成了这奇迹般的景象。从第二株灌木的树皮中同样流出了发黑的血液。"（维吉尔）其实，埃涅阿斯停留的地方刚巧是波吕多洛斯被杀害的地点。普里阿摩斯的这个儿子受到比斯托涅斯人的庇护，被托付给了国王波吕墨斯托尔。当国王听说特洛伊沦陷之后，就杀死了这个孩子以夺取他的财富。于是，灌木开始对埃涅阿斯说话："这血并非从树枝中流出。啊！逃离这片残酷的土地，逃离这片贪婪的河岸吧！我是波吕多洛斯。箭支刺穿并覆盖了我的身躯，最终长成这尖锐长枪的模样。"（维吉尔）

## 圣树

在奥维德版德律俄珀的故事中，德律俄珀是俄卡利亚国王欧律托斯的女儿。她来到湖边向宁芙们进献花冠，随后为她尚不满周岁的儿子安菲索斯摘了一些忘忧树的花，就有鲜血从花中滴落。惊慌失措的德律俄珀想要逃跑，却被变成了一棵忘忧树，因为她冒犯的那棵树正是宁芙仙女洛提斯变的："为了摆脱淫邪的普里阿普斯，洛提斯变成了这种树，树的名字也叫洛提斯。"

# 一种性别，三重可能

### 女人、男人或是神

变性亦是一种变形，在为数不多但让人大跌眼镜的传说故事中记载着此类事例。如果说凯尼斯是因为向往力量与安全感才许下成为男人的愿望，对于西普洛忒斯，变成女人则是一种惩罚。而对忒勒西阿斯来说，变性使他获得了能够对天性有更高级认识的一种经验。获得第二种性别的事例也应并入这一主题，例如赫尔玛芙洛狄托斯的变形故事。

### 谎言成真

在克里特岛的斐斯托斯，伽拉忒亚嫁给了丈夫兰普洛斯，丈夫做梦都想要得到一个儿子，并且要求她，如果生下女儿就将孩子遗弃。伽拉忒亚生下了一个女儿，但不忍心抛弃这个孩子，她就对外宣称自己生了一个儿子，给孩子取名琉喀波斯，并把她当作男孩抚养。但是，小女孩出落得越来越漂亮，眼见继续蒙骗丈夫无望，伽拉忒亚跑到勒托的神庙中祈求女神把女儿变成男孩，她的愿望实现了。

### 一男一女

按照奥维德的说法，利格多斯以为妻子忒勒图萨生了一个男孩，便给她取名为伊菲斯。他让伊菲斯跟斐斯托斯少女中相貌最出众的金发伊安忒订婚。两人见面后，伊菲斯就爱上了伊安忒，却因无法真正拥有对方而感到绝望。她的母亲就向伊西斯乞求帮助。女神答应了她的请求，把伊菲斯变成了一个男孩，伊菲斯也向她还愿致谢："请接受这些祭品吧，已变成男孩的伊菲斯，实现了他还是女儿身时所许下的承诺。"（奥维德）

### 寻欢，也许不是！

赫西俄德的史诗《墨兰浦斯传》中有一首诗歌讲述了发生在忒勒西阿斯身上的离奇遭遇。在库勒涅山上，忒勒西阿斯遇到了两条正在交配的蛇，他打伤了其中的一条，就被变成了女人。几年之后，她故地重游，发现了同样的一对蛇，她又打伤了其中的一条，结果重新变回了男人。赫拉和宙斯因为在性爱关系中，男人和女人谁能体会到更强烈的快感而争论不休，由于忒勒西阿斯同时有过两种性别的体验，便向他求助。忒勒西阿斯回答："男人的快感，只有女人享受到的十分之一啊！"气愤的赫拉把他变成盲人，宙斯则赋予他预言的能力。蛇在神灵赋予预言能力的故事中是经常出现的角色，忒勒西阿斯看见两条蛇交配的场景，与他后来所讲的关于性的东西可能也不无关联。但无论如何，虽然忒勒西阿斯深谙两性关系中的关窍，他可从没想过一直做女人！

忒勒西阿斯撞见一对正在交配的蛇，他打伤其中一条，就被变为女人。（插图，约翰·斐拉克曼，1807年）

变形、天选与神罚

## 想变成男人的女人

凯纽斯出生时是女儿身,名叫凯尼斯。她是拉庇泰人厄拉托斯的女儿,也是色萨利最美丽的少女。她被波塞冬强暴后,从海神那里得到了一次实现愿望的机会。"'我因你而受辱,因此我的愿望十分重要,'凯尼斯说道,'那就是不要让我再承受这样的暴行了。赐给我一切所需,让我不再身为一个女人。'"(奥维德)于是,她被变成一个刀枪不入的男子,并为自己取名凯纽斯。凯纽斯参加了与人马族的战争,由于人马的武器并不能伤其分毫,它们便用重击把他钉死在地里。凯纽斯死后,化成了一只长有黄褐色翅膀的鸟,也有人说他在地狱中重新变回了女性……在另一个版本中,这位骄傲自大的战士要求人们把他的长枪当成圣物供奉。于是,宙斯派人马去惩戒他,并将他杀死。与西比拉女先知一同下到地狱的埃涅阿斯在哀恸之野见到了凯纽斯,那里是"被残酷的爱情消磨了意志的人"所驻留之地:"曾经的年轻男儿,现在重回女儿身,在命运的带领下,凯纽斯回到其最初的形态。"(维吉尔)

### 是惩罚?

如果变成女人是一种惩罚的话,不幸撞见不该看到的场面的英雄西普洛忒斯就是这种情况。正如阿克泰翁一样,他在一次狩猎途中看见了全裸沐浴的阿尔忒弥斯。

## 亦雄亦雌

赫尔玛芙洛狄托斯是赫尔墨斯和阿佛洛狄忒的儿子,他是一个十分英俊的小伙子,由伊得山的仙女们抚养长大。在卡里亚的一个池塘边,那里的宁芙仙女萨尔玛西斯爱上了他。但是,只有 15 岁的赫尔玛芙洛狄托斯情窦未开,便拒绝了她。仙女先是走开了,但当这个小伙子赤身裸体在湖中沐浴时,她紧紧地搂住他,向神明发出祈祷:"众神啊,让这个孩子永远都不能离开我,也不要让我离开他吧!"(奥维德)于是,赫尔玛芙洛狄托斯变成了一个同时拥有两种性别的人:"人们无法分辨这到底是一个女孩还是一个男孩,其外表既是非雌非雄的,同时又是亦雌亦雄的。"萨尔玛西斯泉能让喝下泉水的人失去男子气概,这也是赫尔玛芙洛狄托斯向众神求得的结果。

### 一本万利的调包术

拥有两种性别的许珀尔墨斯特拉是一位谜一样的女英雄。她用女性的身体赚取钱财,再变回男子,把以此种方式获得的收入带给她的父亲埃顿。

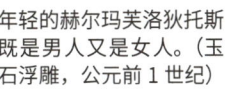

年轻的赫尔玛芙洛狄托斯既是男人又是女人。(玉石浮雕,公元前 1 世纪)

# 不同寻常的变形故事

## 变成回声的厄科

厄科原本是一位林中仙女，最后沦落成一种极度卑微的存在形式："一个只会重复单词最后几个音节的声音。"对于她的这种转变，传说中有着不同的解释。一种说法是：潘神爱上了她，却遭到了拒绝。为了报复，森林之神唆使牧民将她撕成了碎片。大地女神接纳了她善于歌唱的残破肢体，缪斯女神也赐予她模仿声音的能力。在有的版本中，潘神追着厄科不放，直到她变成了回声才罢休。奥维德的版本则更出名一些，厄科在宙斯出轨的时候找朱诺喋喋不休地闲谈，因拖住了女神的脚步而遭到了惩罚，自那以后，她只能在听到别人的话之后重复最后几个字。还有一个版本说的是厄科爱上了英俊的那耳喀索斯，却遭到了拒绝，绝望的她躲到一个僻静的地方开始了自己的变形："她形容枯槁，身体中的水分蒸发殆尽，只剩下她的声音和一把骨头，很快连骨头也变成了岩石；她的声音隐匿在茂密的森林中，不断回应着呼喊她的声音。但是，再也没有人能见到这位不幸的仙女，徒留她的一缕声音尚存人间。"

宁芙仙女厄科被赫拉惩罚，只能重复别人说话的最后几个字。（油画，亚历山大·卡巴内尔，1874 年）

## 蚂蚁变人

虽然在传说中一般都是人被变成动物，但接下来的这个故事却是个例外，动物变成了人。宙斯将河神阿索波斯的女儿爱琴娜掳走，带至一座岛上，这座岛后来就以她的名字命名。他们两人结合生下了埃阿科斯。因为埃阿科斯想要统治一方人民，于是让父亲把岛上的蚂蚁变成了人。由此便诞生了密尔米顿（les Myrmidons）这个民族，他们的名字来源于古希腊语的"蚂蚁"（Myrmèx）一词。"这是一个勤劳朴实的民族，他们精打细算，'利'字当头。"埃阿科斯后来生下了铁拉蒙和佩琉斯，他们分别是大埃阿斯和阿喀琉斯的父亲。

## 变成仙女的船

埃涅阿斯在意大利对战鲁图利亚王子图尔努斯时，有神迹降临在他的船只上。图尔努斯决定烧毁特洛伊人的船只，但是这些船是用库柏勒所赐的伊得山圣松树为原材料建造而成的，宙斯也受库柏勒之托答应守护它们，并在特洛伊人抵达意大利之时将它们变成宁芙仙女。当图尔努斯进攻船队时，库柏勒现身，神迹降临了："顷刻间，每条船船尾上拴在岸边的绳索都断裂开来，船首犹如海豚般扎进海平面，潜入波涛深处。哦，令人叹为观止的奇景啊！随即就有少女的身影出现在海面上，她们的数量和之前固定在岸边的青铜船首丝毫不差。"（维吉尔）

## 千变万化

很多海中神明都能够随心所欲地变换形态。他们通常是不愿轻易吐露秘密的预言家。为了得到他们的预言，就必须牢牢地抓住他们，无论他们变成怎样的形态都不能松开。赫拉克勒斯就是以这样的方式强迫涅柔斯，说出了赫斯珀里得斯花园的所在；墨涅拉俄斯听从了普罗透斯的女儿埃多泰娅的建议，成功地抓住了这位海洋老人；阿里斯泰俄斯也同样在他母亲、宁芙仙女库勒涅的帮助下，得到了普罗透斯的预言："他只要一受到攻击就会逃跑，他会变成愤怒的老虎、巨大的野猪、盘曲的长蛇和咆哮的狮子；他还会变成爆燃的火焰和轰鸣的雷电。但这一切都是徒劳的，他越是千变万化让你眼花缭乱，你就越要收紧锁链，你的攻击就要更加猛烈，要迫使你的俘虏现出原形，才能逼问出他的秘密。"（维吉尔）

无论变成什么形态，忒提斯都无法从佩琉斯的束缚中挣脱。（双耳爵，公元前4世纪）

## 忒提斯与难缠的佩琉斯

水仙女忒提斯有变换形态的能力，她试图以此来摆脱佩琉斯。忒提斯必须要嫁给一个凡人，而佩琉斯受教于人马喀戎或普罗透斯，成功将其俘获。她变成火焰、狮子、蛇，有人甚至说她还变成过乌贼，但都徒劳无功，最终也没能摆脱佩琉斯的掌控，于是两人结为夫妻。他们结合后生下了阿喀琉斯。

### 会变形也无济于事

英雄珀里克吕墨诺斯是波塞冬的孙子，作为涅琉斯的儿子，他继承了父亲的变形能力。在赫拉克勒斯攻打皮洛斯、向涅琉斯寻仇之时，珀里克吕墨诺斯曾与其交手，但他的变形能力在这场战斗中毫无用武之地。他变成一只蜜蜂停在赫拉克勒斯的战车上，但被雅典娜识破，于是大英雄碾死了蜜蜂，结束了珀里克吕墨诺斯的生命。在奥维德的版本中，他在经过多次变形后化作一只雄鹰，结果被赫拉克勒斯一箭射死。

## 变成岛屿

厄喀纳德斯群岛是位于阿刻罗俄斯河河口附近的岛屿群，这条河分开了埃托利亚和阿卡纳尼亚。根据奥维德的说法，有四位宁芙来到阿刻罗俄斯河边向众神献祭，却忘了祭拜河神，河神因此十分生气。据说他把她们和大量的泥土一同卷入河中冲进大海，宁芙们就在海中变成了岛屿。群岛的第五座岛屿与其他岛屿相距较远，有关它的来历就是另外一个故事了。它曾是一个与阿刻罗俄斯有染的少女，奥维德是这样记载的："离这儿很远的地方有一座孤独的岛屿，它对我很重要，水手们叫它珀里墨勒。"得知她怀上了河神的孩子，她的父亲希波达玛斯震怒不已，将她推进了海里。河神暂时托住了她，使其不至于溺亡，随后他请求波塞冬把她变成一座岛屿。阿刻罗俄斯河的水混在大海里，仍然能够轻抚她的身体。

# 传说中的神隐

## 因为爱情

神灵发起的爱情诱拐对于凡人来说有时是一种飞升，但并不总是如此。刻法罗斯被黎明女神厄俄斯带走后，依然保持着凡人之身，此后他还经历了其他的爱情故事；预言家墨兰浦斯的父亲克勒托斯同样被厄俄斯掳走，但女神为他争取到了不死之身；提托诺斯是黎明女神的另一位情人，但他从女神那里得到的只是不完整的恩赏：他虽然长生不死，却不能永葆青春。俄律梯亚被波瑞阿斯掳走后带去了色雷斯，但没人知道她后来的身份是神还是凡人。不过，奥维德以此为蓝本讲述了另一个故事，宁芙仙女克洛丽丝被仄费洛斯带走后成为花之女神，从此享受着永恒的春光："仄费洛斯为了弥补自己的过错，让我成为他的妻子，婚床之上我不再有怨言。我可以永享春光，这里一年到头都保持着繁盛的模样，树叶不会凋落，大地春色常驻；我得到了一片田野作为嫁妆，里面有一个肥沃的花园，风的气息轻抚着它，清澈的泉水浇灌着它。我的丈夫在里面种满了奇花异草，他对我说：'女神啊，你要成为这万花之王。'"（奥维德）

宙斯很中意伽倪墨得斯，将他掳走。（油画，夏尔·约瑟夫·那图瓦尔，1731 年）

## 宙斯的宠儿

伽倪墨得斯是一位年轻的特洛伊王子，在不同的作者笔下，他的父亲可能是特洛斯、伊罗斯甚至是拉俄墨冬。当伽倪墨得斯在特洛伊附近的伊得山上放牧时，宙斯对他一见钟情，"因为他惊人的美貌将他掳走，带入众神之列，并让他成为众神的司酒官"。掳走伽倪墨得斯并把他带到奥林匹斯山上的，可能是宙斯本人或他的鹰，或是宙斯所化的动物。他的工作是将甘露盛在金制酒爵中，然后为众神侍酒。赫尔墨斯告诉特洛斯"他的儿子已经彻底从衰老与死亡中解放出来了"，他的父亲闻此便不再悲伤。在有的版本中，宙斯赠予特洛斯一批战马作为补偿。《伊利亚特》中埃涅阿斯的两匹战马就出自这一脉，后来这两匹马落入了狄俄墨得斯的手中："当初，雷声轰鸣的宙斯将神圣的马种送给特洛斯，作为带走他儿子伽倪墨得斯的报偿。当初，臣民的守护者安喀塞斯偷走了一部分它们的后裔：他瞒着拉俄墨冬，让自己的母马跟它们交配，在他的宅邸中诞生了 6 匹小马驹，他自留 4 匹，养在马厩中，并将剩下的两匹交给埃涅阿斯，它们是破阵的先锋。"

450

## 宁芙之选

德律俄匹斯人之王提俄达马斯特的儿子许拉斯是一个英俊的男孩,他是赫拉克勒斯的同伴兼情人,和大英雄一起参加了阿尔戈号的远征。船队在比提尼亚停留期间,许拉斯到阿甘托涅山或阿斯卡尼俄斯河畔取水,被那里的宁芙拐走带到泉水中去了:"水波倒映着许拉斯的模样,前来求吻的水仙女的身影、长发和她发出的沙沙声都没有扰乱这清晰如画的倒影。突然,她张开双臂环抱住男孩,将他拖走。他呼喊着,但已经太迟了……"(瓦莱里乌斯·弗拉库斯)赫拉克勒斯前来寻找许拉斯,呼喊着他的名字,都无济于事,对方没有留下任何踪迹。

## 赫拉克勒斯化神

赫拉克勒斯的最后一任妻子得伊阿尼拉,因丈夫爱上了别的女人,就送给他一件动过手脚的丘尼卡衫作为惩罚。因为无法忍受这件衣服给他带来的痛苦,赫拉克勒斯来到俄塔山山顶,让人为他准备好火葬用的柴堆,自己躺了上去。但没有人愿意点燃柴堆。后来,菲罗克忒忒斯接下了这项任务,他也因此得到了大英雄的弓和箭。随后,当赫拉克勒斯的身体在烈焰中燃烧时,突然雷声轰鸣,一朵云彩带他去往神界。据说赫拉克勒斯乘着雅典娜的战车进驻了奥林匹斯山。

## 埃涅阿斯的离奇失踪

埃涅阿斯娶了拉提努斯的女儿拉维尼亚,并建立了拉维尼奥之后,领导了一场对抗鲁图利亚人和卡厄拉的伊特鲁里亚人的战争。当时,意大利的原住民和特洛伊人融合形成了拉丁人,在埃涅阿斯的领导下共同战斗。根据传说的一个版本,埃涅阿斯在一场战役中失踪:"到处都找不见埃涅阿斯的尸体,有人说他去了神界,有人则说他死在战场附近的河里了。拉丁人为他建造了一个英雄神殿,上面刻有如下铭文:'献给努米库斯河畔这片土地上的父神'。"(哈利卡尔那索斯的狄奥尼西奥斯)

## 罗慕路斯不见了!

埃涅阿斯消失后,又过了几个世纪,他的后裔罗慕路斯也不见了踪影,至少在这个故事最有名的版本中是这样记载的:"当时他正带领一队人马在山羊泽附近的平原举行集会,突然,风暴骤起,雷声大作,国王被卷入一团密云中,消失在众目睽睽之下,此后凡间再无罗慕路斯。罗马的年轻人都认为是这场风暴带走了他。"(蒂托·李维)

## 皇室"封神榜"

在罗马帝国时期的图像志中,王室成员的死后封神是通过近似于飞升的形式完成的,而帮助他们飞升的可能是朱庇特的鹰、天马或象征永恒的神明埃翁。法兰西大宝石浮雕就证明了这一点。

法兰西大宝石浮雕上展示了死后封神的场面。(1世纪)

# 赫拉克勒斯：从英雄到天神

## 最伟大的英雄

赫拉克勒斯的传奇故事内容复杂而混乱，时间线也经常前后错乱。这位大英雄身上有很多典型的民间传说的特征，从一位拥有离奇命运的半神成为一位完全的神，并入驻奥林匹斯山。古希腊人在面对近邻文化中一些类似的拓荒开智的英雄时，也意识到赫拉克勒斯应该是许多角色混合后的产物，或者可能本来就有若干个赫拉克勒斯的存在。

## 成神的赫拉克勒斯

用涅索斯之血淬过毒的丘尼卡衫冒出火焰，吞没了赫拉克勒斯，他情愿以死来终结自己的痛苦，于是在俄塔山上搭起柴堆躺了上去。有人说他驾云而去，赫西俄德却认为他的确是死了，随后才被迎入奥林匹斯山："他死后到了哈迪斯的悲惨之国。现在他是一位脱离了一切苦难的神明，和众神一同住在奥林匹斯之境，年轻而永生的他是纤足的赫柏的丈夫。"像赫拉克勒斯一样从半神变为神的例子还有很多。各地几乎都有他的神庙。"雅典人最早将赫拉克勒斯作为神来供奉，他们的这种虔诚首先影响了所有希腊人，随后各地人民都把赫丘利敬为天神。"（西西里的狄奥多罗斯）

## 银河的起源

赫拉克勒斯的遴选在神话中很早就由吮吸乳汁这一主题完成了铺垫。为了确保赫拉克勒斯未来成为神，他第一口喝下的必须是女神的乳汁，更确切地说是赫拉的乳汁。实现这一点的难处在于它没有得到女神的同意，因为众神根本不可能向她透露孩子的身份（宙斯私生子）。宙斯、雅典娜或是赫尔墨斯趁她睡着时，将赫拉克勒斯放入她怀中。当她意识到发生了什么的时候为时已晚，赫拉将他推开。有的版本说是因为他吮吸得过于用力了。在埃拉托斯特尼的记述中，这也是银河起源的故事："宙斯的孩子如果未曾吮吸赫拉的乳汁，就无法获得任何荣耀，据说赫尔墨斯带着还是婴儿的赫拉克勒斯，让女神赫拉给他喂奶。当赫拉察觉后就将他推开赶走，很多乳汁洒了出来，形成了一个乳白色的圆环。"据说百合花的白色也来源于这乳汁。同样的故事可能在不同的地方反复上演，根据帕萨尼亚斯的说法，在底比斯的涅伊斯特之门附近，也有一个与此事件相关的地方："在你们看到的这个地方，据说宙斯用某种方式骗过了赫拉，让她给还在襁褓中的赫拉克勒斯喂奶。"

赫拉克勒斯吮吸赫拉的乳汁，间接导致了银河的出现。（油画，鲁本斯，1638年）

## 与赫拉的和解

为了入驻奥林匹斯山,赫拉克勒斯必须和讨厌他的嫡母和解。在赫西俄德笔下,他们之间的矛盾最终得到化解,大英雄也成为"赫拉的荣耀"(此亦赫拉克勒斯之意):"从前,在所有受到祝福的天神和凡人当中,赫拉最讨厌的就是他。如今,她比任何一位不死神明都要爱他敬他。"在一面伊特鲁里亚铜镜上,描绘有成年的赫拉克勒斯在奥林匹斯山上吮吸赫拉乳房的形象,体现了一种二人和解的象征意义。按照西西里的狄奥多罗斯的记载,赫拉对赫拉克勒斯的收养是通过一系列奇妙的仪式达成的,在仪式中,赫拉模仿生下赫拉克勒斯时的场面:"赫拉克勒斯封神之后,宙斯劝说赫拉将其收为养子,并要她今后永远像母亲一样疼爱他。据说收养仪式是这样进行的:赫拉爬到床上,抱着赫拉克勒斯贴紧自己的身体,然后就像真的分娩一样,让他掉落在自己的衣衫之下。直到今天,外邦人想要收养孩子时,还会使用这种仪式。"

仪式用盛水瓶上的腓尼基赫丘利(美刻尔)形象。(公元前 4 世纪)

## 从苏尔到伽德斯,不同神话中的赫拉克勒斯

苏尔的赫拉克勒斯名叫美刻尔,他是一位年轻的海神、弓箭手和城邦的守护者。在地中海的腓尼基航线沿途各地都能找到这位神明的踪影,因为他是远疆的守护神。例如,靠近大西洋的伽德斯(今西班牙加的斯)就是苏尔人建立的城邦,著名的赫拉克勒斯·美刻尔神庙就在那里。根据庞波尼乌斯·墨拉的说法,这座以富丽堂皇而著称的赫拉克勒斯神庙中保存着赫丘利的遗骨。而对于菲洛斯特拉托斯来说,这里其实供奉着两位赫拉克勒斯:其中埃及的赫拉克勒斯有两座神坛,而底比斯的赫拉克勒斯有一座神坛。事实上,这里供奉的美刻尔先是被等同于赫拉克勒斯,后来又被比作赫丘利。

## 有几个赫拉克勒斯?

希罗多德曾去往腓尼基的苏尔,参观了以富丽堂皇且历史悠久而闻名的赫拉克勒斯(美刻尔)神庙。他在那里的所见所闻,令其不由得重新审视希腊人对赫拉克勒斯的信仰。在与当地祭司交谈后,他才知道希腊人所建立的赫拉克勒斯生平年表确有不妥之处:早在阿尔克墨涅的儿子出生前,腓尼基就已经有了一位赫拉克勒斯。在萨索斯岛,希罗多德见到了一座腓尼基人建造的赫拉克勒斯神庙,这座神庙的建造时间"比安菲特律翁之子在希腊降生还要早五个世代"。因此,希罗多德得出的结论是:希腊人将奥林匹斯山的神明赫拉克勒斯和另一位身为英雄的赫拉克勒斯区分开,还是有道理的。

# 神殒

## 宙斯长眠于此

古人早就对克里特岛尤克塔斯山上的宙斯之墓有过不少冷嘲热讽:"你想找宙斯吗?那你可要仔细地找,不是在天上,而是在地下。埋葬他的克里特人会告诉你,正如卡利马科斯在他的《颂诗集》所说的那样:'主神啊,克里特人为你建造了墓穴。'"(亚历山太的革利免)同样的事情也发生在克洛诺斯身上,他被埋葬在西西里岛下,而狄俄尼索斯之墓据说就在德尔斐,因为阿波罗在帕尔纳索斯山上埋葬了扎格柔斯(他被等同于狄俄尼索斯)的残骸。在阿波罗的神庙中,也有一处空穴被认为是狄俄尼索斯的墓穴,后人还在其上杜撰了一段墓志铭:"此乃塞墨勒之子狄俄尼索斯死后长眠之地。"

## 神性为酬

许多半神最终都获得了神的身份,比如狄俄尼索斯与赫拉克勒斯,尽管他们都曾身为半神,又为赫拉所厌憎,最终还是跻身奥林匹斯众神之列。本就是不死之身的波鲁克斯,通过与宙斯协商获得了一个特殊的身份,使他能够和卡斯托尔共享永恒的时光。同样,在古巴比伦《吉尔伽美什史诗》中有关大洪水的故事里,受到伊亚保护而幸存下来的乌特纳匹什提姆和他的妻子,最终获得了"无尽的生命",成为不死之身。

## 神会死吗?

神明会死——哪怕是为了死后重生——这种观点早在公元前6世纪就遭到色诺芬尼的嘲笑。他在意大利游历时,当地伊利亚学派的学者问他是否应该向琉科忒娅供奉祭品并举行冥祭仪式,他的回答是如果他们觉得她是一位神,就不应该为她举行冥祭;但如果他们认为她是一个人,那就不应该向她供奉祭品。在埃及人当中也流传着同样的逸闻,因为他们在崇拜俄西里斯的时候表现得十分哀伤。色诺芬尼告诉他们,如果他们把俄西里斯当作神看,就不应该对他表示哀悼;而如果他们继续为他哀哭,就不应该再把他视为神明。

## 俄西里斯之死

只要留心,你会发现神话中经常有神死掉:俄西里斯就是第一个,他曾经是一位国王,也是继承神之血脉的人,他被塞特杀害,溺死在尼罗河中并惨遭分尸。"伊西斯动身前往布提斯,她的儿子荷鲁斯也是在那里长大的;她将棺材保存在一个人迹罕至的地方。但是,借着月光追猎的提丰找到了棺材,他认出了俄西里斯的尸体,将它切成14块后丢到了不同的地方。伊西斯得知此事后,乘上一艘用纸莎草树皮制成的小船,在附近的沼泽中遍寻丈夫的残躯。……伊西斯每找到俄西里斯尸体的一部分,就在那里为他修造一块墓地;正因如此,埃及许多地方都有俄西里斯之墓。也有人说她命人制造了许多俄西里斯的塑像,将它们交给发现丈夫尸体的每个城市,并设法让他们相信那就是国王的尸体。她想让各地人民都供奉他。这样一来,在与荷鲁斯之战中已获上风的提丰,如果想要找到俄西里斯之墓,一定搞不清哪个才是真正的墓穴。只有俄西里斯的私处,伊西斯无论如何都找不到,因为当时提丰将它扔进了尼罗河,很快就被河里的鲤鱼、鲷鱼和鲨鱼吃掉了,因此埃及人最为厌恶的动物就是鱼。女神为了弥补这项残缺,命人制作了一件替代品,她祝圣这根阳具,直到现在埃及人还举办庆典庆祝它。"(普鲁塔克)伊西斯成功地集齐俄西里斯的尸体碎块,并拼凑起来,他也成为主宰冥界之神。

俄西里斯被塞特肢解后抛入尼罗河中,一条鲨鱼正在吞咬他。(公元前4世纪)

变形、天选与神罚

## 致命的槲寄生

北欧神话中，光明之神巴德尔因槲寄生而丧命，那是唯一一种没有宣誓不伤害他的植物。洛基操纵着用槲寄生制成的箭矢射中了巴德尔，将他送到赫尔的死亡之国。当诸神的黄昏降临，所有神祇尽皆殒命，虽然他们当中有的在新世界得到了重生。

## 被献祭的杜木兹

在苏美尔神话中，杜木兹是一位年轻的牧神，女神伊南娜的伴侣。他虽然是一位神，却遭到杀害而去往冥府。有的版本称这是对他在伊南娜下冥府期间没有为她服丧的惩罚：伊南娜到冥府夺权，却被冥府女王埃列什基伽勒所杀，她想要复活，就必须拿一条性命交换，于是她就牺牲了杜木兹。

## 各取所需

在各种神话中存在一种例外情况，不死生物可以通过交换的方式放弃永生、迎接死亡，比如半人马喀戎之死的传说。忍受着剧烈痛苦却无法解脱的喀戎，情愿将自己的永生换给普罗米修斯，以此终结自己的痛楚。普罗米修斯因此得以永生，而喀戎也如愿以偿地死去、结束无尽的折磨。

赫拉克勒斯被迎入奥林匹斯山。（油画，格里高利·德·费拉里，17世纪）

## 我是神！

有的国王或英雄虽身为凡人，也能得到令人艳羡的永生："从前，金发碧眼的女神使狄俄墨得斯成为一位永生的神。"（品达）这位英雄凭借着自己的勇武和才能，得到了父亲提丢斯在底比斯错失的永生的机会。在看到提丢斯生吞了敌人的脑子之后，雅典娜决定将这份恩赐赋予狄俄墨得斯。还有一些人为什么能得到永生，我们就不得而知了：伊诺在投海自杀后变成了女神琉科忒娅，她的儿子墨利刻耳忒斯在被阿塔玛斯用沸水烫死后变成了一位名叫帕勒蒙的神灵。

455

# 追求永生

## 衰老永驻

有些故事试图告诉我们长生不老与青春永驻是不同的。在厄俄斯与提托诺斯的故事中,黎明女神将这位特洛伊的年轻人掳走,把他带到了埃塞俄比亚。她请求宙斯赋予提托诺斯永生,却忘记要求赋予他不老的容颜。于是,提托诺斯不断衰老,逐渐萎缩,最后变成了一只蝉。

## 失掉的青春

在《吉尔伽美什史诗》中,英雄吉尔伽美什遇见了大洪水的幸存者乌特纳匹什提姆,得知自己无法得到永生,但被告知可以前去寻找一种能够让人永葆青春的植物,"它有着像风车茉莉一样的根系,长着荆棘般的尖刺"。吉尔伽美什潜入深海,取回了这种植物,随后历经千辛万苦回到乌鲁克。中途他停下来沐浴时,一条蛇被这种植物的气味吸引而来并将其偷走,只留下一张蛇蜕,吉尔伽美什则再无续命之望。

在一则希腊的寓言中,宙斯赐予人类一种可使青春常驻的药品,人们将其打包好,让一头驴驮着它。不幸的是,这头驴因为口渴,来到一眼泉水边,为能喝到水,它把自己背负的珍贵行李交给了守护泉水的蛇。故事的寓意在于:本应由人类享有的永恒的青春被蛇得到了,它一并得到的还有驴的口渴,这就是为什么蛇能够蜕皮并且总是感到口渴。美拉尼西亚也有类似的传说:人类的祖先是两名兄弟,一个聪明,一个愚笨。聪明的那个从神那里得到了关于永生的信息,而愚笨的那个却把该信息透露给了蛇。于是,人类便失去了永生的机会。

吉尔伽美什的两侧站着两个人头公牛,他们帮助他举起了有翼的太阳圆盘。(来自哈拉夫遗址的浮雕,公元前9世纪)

美狄亚用草药的力量使伊阿宋的父亲埃宋重获青春。(油画,弗里德里克·桑迪斯,1868年)

## 永葆青春的骗局

青春有时可以用魔法寻回。美狄亚就以这种方式让伊阿宋的父亲埃宋重获青春。她先领他入睡,随后切开了他的喉咙,让他已经衰老的血液流出,并输入一些植物的汁液。后来,她又设下陷阱,诱骗珀利阿斯和他的女儿们相信她能够让这位老国王返老还童。她杀死一只山羊,又让它在自己的锅中复活,随后她请珀利阿斯的女儿对她们的父亲如法炮制,好让他重获青春。但这只是一个骗局,珀利阿斯就这样死在自己亲生女儿的手下。

## 变形、天选与神罚

### 天赋而非永生

中东地区的一则传说讲述了阿达帕在成为阿普卡鲁之前所经历的故事。有一天,阿达帕打鱼时从船上掉进了海里,于是他诅咒了弄翻船的南风。天神安努召见他。伊亚告诫他不要从安努那里接受任何东西,阿达帕获得了安努的原谅,但拒绝了能使人永生的面包和水。相应地,安努赐予了他治愈的能力。

### 救命草药

米诺斯的儿子格劳克斯掉进一个蜜罐里淹死了。米诺斯便要求占卜师波吕厄多斯想办法让孩子复活,他还把波吕厄多斯和格劳克斯的尸体一起关在监狱里,一说是关在坟墓中。不久,一条蛇爬到孩子的尸体旁,波吕厄多斯杀死了这条蛇,又看到第二条蛇爬了过来。这条蛇去而复返,带回了一种草药救活了第一条蛇。波吕厄多斯据此找到这种草药,救活了米诺斯的儿子。

### 获得永生

有两位名叫格劳克斯的人物,他们都是永生传说的主人公。海神格劳克斯原本是贝奥蒂亚的安特顿的一名渔夫,在吃过一种草药后,他变成了海神并获得永生。起初,他将捕到的一条鱼扔在优卑亚岛北部的一片草地上,鱼吃了这种草后就恢复了活力。于是,格劳克斯也吃了这种草从而得到了永生。另一位格劳克斯则是西西弗斯的儿子,也经历了类似的事情。只不过他变为海神的契机是喝下了某种泉水。

### 神赐永生

相传,美杜莎右侧身体中流淌的血液有起死回生之效。雅典娜将这种灵药赠予了阿波罗之子阿斯克勒庇俄斯,但是他却被宙斯用雷电击毙,因为宙斯担心人类会不再需要众神。

### 复活草药

在赫尔穆丝河边,英雄提洛斯被一条蛇咬伤致死。他的姐妹是吕底亚的一个名叫莫里亚的宁芙,她求助于巨人达玛森,后者将蛇杀死。随后第二条蛇出现了,是与先前那条蛇在一起的雌蛇。雌蛇见状,找回了一种草药救活了雄蛇。莫里亚也找到了同样的草药救活了提洛斯,这种草药名叫巴里斯。在吕底亚人赞瑟斯所提供的古老版本中,大地之子、英雄玛斯德涅斯代替了达玛森的角色,而被草药巴里斯救活的则是一条幼蛇。

### 死亡惩戒

在《忒拜伊德》中,狄俄墨得斯之父、埃奥利亚人提丢斯被敌人墨拉尼波斯的箭命中,重伤垂危之际,他请求阿尔戈斯人安菲阿剌俄斯把这个底比斯人的头颅交给自己。提丢斯刚拿到那颗头颅,立刻开始大嚼其中的脑浆。带着不死药的雅典娜(一说是象征着不死的宁芙阿塔纳西娅)本来准备将它交给这位她最偏爱的英雄,却惊恐地看到了这一幕,于是改变了主意,将不死药转赠给他的儿子狄俄墨得斯。

格劳克斯手中握着把他变成海神的神奇草药。(版画,约 1637 年)

# 地狱中的刑罚

### 有罪者，下地狱

如果说被选中的善人死后能够在至福乐土享受他们应得的幸福，那么恶人就要在塔耳塔罗斯地狱中受到惩罚，冥界的这一区域因专门关押大奸大恶之徒而闻名。他们永世都要在这个阴森恐怖的地方接受与自身罪行相符的刑罚，这也是他们为生前的暴行或渎神之举所应付出的代价。

### 冥界中的塔耳塔罗斯

在赫西俄德笔下，塔耳塔罗斯是关押泰坦的监狱，他们被宙斯套上了枷锁，扔进这个深渊。这里是冥界的至深至暗之处，从地面扔一块铁砧下去要十天才能到达这里。这里雾气弥漫、冰冷彻骨，是一个无法逃离的阴森恐怖的地方。深渊的周围是青铜的围墙："三重阴影环绕着狭窄的入口，大地和贫瘠的海洋之根就生在那里。"（赫西俄德）

### 提堤俄斯与永恒的酷刑

这个巨人是盖亚之子，或是宙斯与厄拉拉之子，曾被赫拉利用来报复勒托。女神赫拉激起巨人的欲望让他侵犯勒托，但勒托被她的孩子们所救，他们用箭射死了提堤俄斯，一说他是被宙斯用雷电击毙的。无论如何，提堤俄斯后来到了地狱，在那里接受永恒的惩罚：蛇或秃鹫前来撕咬他的肝脏，而每当新月升空，他的肝脏会重新长好。

### 犯罪者的最终归宿

塔耳塔罗斯地狱中有一面铁制或青铜制的大门和青铜的门槛，是这里固若金汤的象征。起初，塔耳塔罗斯是关押独眼巨人的场所。宙斯杀掉了这里的守卫坎珀，放出了独眼巨人并将他们收为盟友。在战胜泰坦神之后，宙斯把泰坦们关进了塔耳塔罗斯，从那以后这里便由百臂巨人看守。菲勒塞德斯认为塔耳塔罗斯的看守者是波瑞阿斯的女儿哈耳庇厄和风暴女妖堤厄拉。在其他版本的记述中，赫卡忒被称为"地狱中的少女和女主人"，她手中可能握有地狱之门的钥匙。阿普列尤斯赞美她如同三面的普洛塞庇娜，并请求她紧闭地府的大门，以防亡灵作乱。后来，塔耳塔罗斯成为大奸大恶之徒的流放地："那些毕生作恶多端之人，被复仇之灵拖拽着通过塔耳塔罗斯，来到充满阴暗与混乱的大逆不道之人的居所，这里有往永远装不满的水桶中灌水的达那伊得斯、永远喝不到水的坦塔罗斯、内脏永远被撕咬的提堤俄斯，还有因为岩石不断滚落而必须持续重复劳动的西西弗斯。毒蛇舔舐着他们，厄里倪厄斯的火把灼烧着他们，他们被无数的鞭子抽打撕裂，承受着永无止境的酷刑。"

### 西西弗斯的岩石

厄费拉（科林斯旧称）的建立者西西弗斯招来了宙斯的怒火。因为宙斯掳走了河神阿索波斯的女儿爱琴娜，他们经过科林斯的时候刚好被西西弗斯看到。后来，当阿索波斯询问他是谁掳走了自己的女儿时，西西弗斯答应告诉他，但是有一个条件，那就是让阿索波斯在城内生出一眼泉水。河神照办之后，西西弗斯就向他吐露了众神之王的罪行，而后他被愤怒的宙斯用雷电击毙。在另一个版本中，宙斯派死神塔纳托斯去找他，但是狡猾的西西弗斯设计将死神绑了起来。于是宙斯又派阿瑞斯去释放了塔纳托斯，取走了西西弗斯的性命。到了冥界，西西弗斯被罚把一块巨大的岩石沿着斜坡滚上去：他刚一到达顶端，石头就又滚了下来，而他只能一次又一次地重新来过。

在冥界，西西弗斯被罚沿着斜坡推动一块巨大的石头，石头刚一到顶端，就又会滚下来。（油画，提香，1548 年）

## 坦塔罗斯之刑

坦塔罗斯住在吕底亚的西庇洛斯山脚下，据说他在宴请众神时将自己的儿子珀罗普斯切成碎块、做成菜肴进献给诸神。他被罚站于一片沼泽之中，水几乎没过他的下巴，但当他想喝水时，水就会退下去；他头顶正上方的树上结满了晶莹剔透、令人垂涎欲滴的水果，但当他伸手摘果子的时候，风就会把果实吹落。在另一个版本中，坦塔罗斯从众神的餐桌上偷走了甘露和仙馔，众神对他的惩罚则是让他坐在一张摆满丰盛菜肴的桌前，但其头顶却悬着一块随时会掉下来的巨石，令他无法享用美食。

## 达那伊得斯的水桶

达那伊得斯是达那俄斯的（50个）女儿，她们在新婚之夜杀死了自己的丈夫——埃古普托斯的（50个）儿子。她们因为这项罪行遭到石化，一说是被唯一幸存的新郎林叩斯杀死。在塔耳塔罗斯，她们受到的惩罚是去装满一个破了的水罐，因而她们必须永无止境地去打水，试图将其填满，虽然这注定是徒劳无果的。

下到地心深处的埃涅阿斯和西比拉，在斯提克斯河前遇到了此间游荡着的亡魂。

## 地狱之旅

这些刑罚仿佛构成了古希腊地狱的"民间招贴画"，所有讲述各种英雄"地狱见闻"（地狱之行）的诗人都在引用它们，例如赫拉克勒斯或俄耳甫斯、忒修斯和皮瑞苏斯，以及在库迈女先知指引下的埃涅阿斯的地狱之行。因此，在但丁《神曲》（成书于14世纪初）的《地狱篇》中，维吉尔成了诗人的向导，他们在地狱参观的其他刑罚，虽然受到了基督教和时代文明进步的影响，但仍然留下了源自古希腊罗马传统的异教痕迹。

## 其他的罪人

埃涅阿斯凝视着"立有两根坚实钢柱的大门"，随后他见到了看守巨大铁塔的提西福涅，她身着被鲜血染透的衣裙，无论昼夜从不合眼："从那里可以听到呻吟声、鞭子抽打发出的残忍的噼啪声以及铁链拖行的嘎吱声。"（维吉尔）除了前述的罪人，西比拉还带他见识了傲慢的阿洛伊代兄弟；渎神而又自大的萨尔摩纽斯，他曾试图模仿雷鸣来与宙斯抗衡；还有伊克西翁，因试图侵犯赫拉而被宙斯绑在一个燃烧的轮子上；以及科罗尼斯的父亲佛勒古阿斯，据说他曾为报复阿波罗而火烧德尔斐神庙。

# 迈达斯王

## 迈达斯,从历史到传说

迈达斯统治着弗里吉亚,珊伽里俄斯河从那里流过,他被认为是戈耳狄俄斯与库柏勒(或另一位当地的女先知)所生的儿子,也有人说他的母亲是宁芙仙女古奈奇亚。在戈耳狄翁,人们能看到戈耳狄俄斯与迈达斯的宫殿,以及许多丘形坟包,迈达斯的坟墓就在其中。他被认为是安库拉(今土耳其安卡拉)的建立者。据希罗多德所说,迈达斯还曾把自己的王座进献给德尔斐神庙。民间传说对这位历史人物的影响已经到了让他面目全非的地步。

## 戈耳狄俄斯的牛车

戈耳狄俄斯一开始还只是个普通人,凭借这辆牛车获得了权力。但在阿里安为我们讲述的传说中,则是迈达斯登上了王座:"少年时期的迈达斯相貌出众,勇力过人。那时候,弗里吉亚爆发了一场严重的内乱,人们祈求神谕,神谕回答说:当人们看到一个乘牛车而来的人时,战乱就会平息,而此人就是命中注定要登上王位之人。民众正聚在一起讨论这则神谕,乘着牛车的迈达斯就在父母的陪伴下出现在人们当中。人们就将预言应在他的身上,神灵宣告的就是他的到来。于是,迈达斯被选为国王,后来他终结了内乱,并将牛车进献给众神之王以示感谢,作为神之信使的雄鹰也落在了车上。"(阿里安)

## 谁斩断了戈耳狄俄斯之结?

迈达斯的父亲戈耳狄俄斯是戈耳狄翁的建立者,他也因为戈耳狄俄斯之结的故事而闻名于世。他的牛车被保存在戈耳狄翁卫城中的一座宙斯神庙中,车辕上绑着一个用山茱萸树皮系成的绳结,这个绳结的系法十分复杂,以至于没有人能够把它解开。一则神谕说,谁能够解开这个绳结,谁就能成为亚细亚之主。亚历山大大帝占领弗里吉亚的时候,也尝试过这项挑战,由于无法解开绳结,他便用剑将其斩断。

潘神、阿波罗与迈达斯在弗里吉亚。(油画,塞巴斯蒂安诺·里奇,17世纪)

## 迈达斯的愿望

在俄耳甫斯的带领下,迈达斯接触了秘教以及狄俄尼索斯的神圣仪式,他在弗里吉亚推行众神崇拜,也因此对西勒努斯礼敬有加。关于迈达斯与西勒努斯相识的故事有诸多版本。有的说他在野外遇到熟睡的西勒努斯,叫醒他之后和他谈论哲学;有的说是一群猎人将葡萄酒掺在泉水中,灌醉了西勒努斯将其捕获,随后带他去见了迈达斯;还有一种说法称西勒努斯与狄俄尼索斯的随从走失,之后受到正在举办庆典的迈达斯的款待。迈达斯王十分善待西勒努斯,随后又将他送回狄俄尼索斯身边。作为回报,他可以实现自己的一个愿望,而迈达斯选择让自己碰到的东西都变成金子。

# 变形、天选与神罚

## 致命的能力

迈达斯还是孩童时,就被宣告他的富有将尽人皆知,因为蚂蚁曾在他睡觉的时候将麦子堆在他的嘴里,人们将这视为富甲一方的预兆。但是迈达斯没有料到他许下的愿望会带来怎样的后果。他碰到的一切东西,面包、水果、饮料都在接触到他嘴唇的瞬间变成了黄金。他变得比任何君主都要富有,却过得比最低贱的人还要悲惨,迈达斯因此焦虑不已。在黄金如土的世界中饱受饥渴的折磨,他最终哀求狄俄尼索斯消除自己"点石成金"的能力。他真诚的忏悔得到了狄俄尼索斯的认可,于是,酒神告诉他如何摆脱这份致命的馈赠:"为了让你的双手不再沾染黄金,你要前往那实力强大的城镇萨迪斯,到那附近的河流去;沿着陡峭的山路逆流而上,找到它的源头;把头浸在浮满泡沫的水流中,同时把身体和罪恶都清洗干净吧。"(奥维德)迈达斯遵命照办,"瞬时水浪变得金黄,河水承载了他的点金术,从此淘出金色的沙砾。黄金闪耀在河面、岸边还有河水流经的田野之中"。

迈达斯在帕克托罗斯河沐浴,巴科斯(狄俄尼索斯)让河水析出黄金。(油画,尼古拉斯·普桑,约1627年)

## 迈达斯的耳朵

迈达斯不幸被卷入阿波罗和马耳叙阿斯之间的音乐对决。据说在评审宣布判决时,他刚巧在特摩罗斯山,还对判决结果表示不满,虽然并没有人向他征求意见;也有人说他是评审团的一员,而且是唯一一个投票给马耳叙阿斯的人。在奥维德看来,这简直"蠢得要命",不愧是"脑筋迟钝"。无论如何,阿波罗惩罚了他,给他安上了一对驴耳朵。迈达斯羞愧万分,把耳朵藏在高高的王冠下面。但是,他的理发师实在无法对这样的秘密保持沉默,有天实在忍不住了,便在地上挖了一个洞,把这个秘密吐露给大地女神。大自然打开了话匣子,每当有风吹过,洞口附近的芦苇就开始发出声响,不断重复传达迈达斯长着驴耳朵的逸事。

## 迈达斯之泉

据帕萨尼亚斯所说,迈达斯之泉位于安库拉。迈达斯正是在这眼泉水中掺了葡萄酒,灌醉了西勒努斯。不过,迈达斯之泉的说法也被用来指大门德雷斯河的支流、马耳叙阿斯河的源头:"迈达斯一跺脚,地上就出现了一眼金色的泉水,但由于流出的水也变成了黄金,迈达斯和他的士兵们又都口渴难耐,于是他向巴科斯呼求。酒神回应了他的祈祷,让泉眼中涌出充沛的水源。弗里吉亚人这才得以解渴,迈达斯也把从这口泉眼中流出的河水称作迈达斯之泉。"(普鲁塔克)

## 迈达斯的花园

据说在辛梅利亚人入侵小亚细亚的时候,迈达斯王饮"牛血"服毒自尽。但另一则传说则表示他放弃了在小亚细亚的势力,来到欧洲,并在马其顿引进了一种色雷斯玫瑰,那里也是赫拉克勒斯的后裔后来定居的地方。忒墨诺斯的后代离开了阿尔戈斯,"据说他们定居在戈耳狄俄斯之子迈达斯所建造的花园附近,那里生长的野生玫瑰有60片花瓣,香气比其他玫瑰都要甜美。马其顿人还说,西勒努斯也是在此处被俘虏的"。(希罗多德)

461

# 化作满天星斗

## 传说的天空

神话里一种常见的变形，同时也是一种奖赏或是成为圣灵的方式，就是所谓的"化星"，即化作天空中的星辰或星座。繁星点缀的整个天空就是一本神话故事集，因为每个黄道星座以及其他的星群背后都有一个传说。

## 狮子座

作为"百兽之王"，狮子受到宙斯的奖赏成为星座。但按照神话中的解释，化为狮子座的狮子其实专指涅墨亚的狮子，它的死也成就了赫拉克勒斯的第一项伟业："为了荣耀，他用双臂将它扼杀在怀中，这也是唯一一只赫拉克勒斯没用武器就杀死的动物。"（埃拉托斯特尼）在狮子座的尾部，一组7颗星星的星团构成了"贝勒尼基的头发"（也就是后发座）。托勒密王朝的王后贝勒尼基发愿，如果丈夫托勒密三世能从亚细亚的战场凯旋，她就剪下自己的头发供奉在阿佛洛狄忒的神庙中。国王胜利回朝，她也还了此愿，但是头发却不见了踪影，宫廷星象师科农奉承她说自己在夜空中看到了她的头发。

## 大熊座

众所周知而又易于观测的北斗七星所在的大熊座，其名字来源于阿卡迪亚国王吕卡翁的女儿卡利斯托。卡利斯托是阿尔忒弥斯的随从之一，但她背叛了自己的贞洁誓言，与宙斯结合。在这位宁芙沐浴时，阿尔忒弥斯发现她已经怀孕，顿时怒火中烧，将卡利斯托变成了一头熊。卡利斯托生下了阿尔卡斯，母子俩被牧民捕获并送至吕卡翁处。后来，卡利斯托闯入了宙斯圣殿，遭到阿尔卡斯和其他阿卡迪亚人的追捕，他们险些将她杀掉。幸而宙斯把她带走，将其安置在夜空成为大熊座。阿尔卡斯也被变成了小熊座或牧夫座。

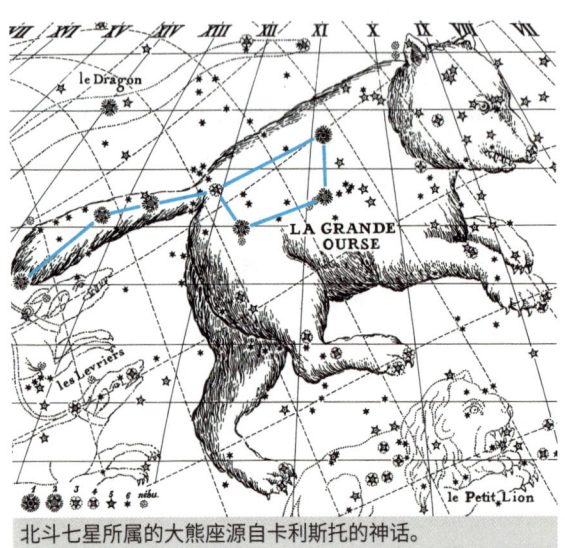

北斗七星所属的大熊座源自卡利斯托的神话。

## 大犬座

大犬座的主星天狼星以前也被称为 Canicula，即拉丁语"小狗"的意思，它被认为和伏天的酷暑有关。有人认为，变成大犬座的狗是宙斯赠予欧罗巴的那只不败猎犬，后来它经由米诺斯和普洛克里斯之手，辗转来到刻法罗斯的身边。由于没有任何猎物能从它的利爪之下逃脱，刻法罗斯就带着它前往底比斯，围剿没人能抓住的透墨索斯恶狐。于是，一犬一狐就开始了永无止境的追逐和厮杀，而宙斯则选择将狐狸变成石头、把狗变成星座来终结这场追猎。还有一些人认为这只狗是著名猎人俄里翁的忠实伙伴，它和它的主人，以及蜇死俄里翁的蝎子都变成了天空中的星座。

# 变形、天选与神罚

英仙座被表现为手持美杜莎头颅的形象。

## 与珀尔修斯有关的星座

古希腊人从珀尔修斯的传说中找到了三个星座的起源。埃塞俄比亚国王刻甫斯的妻子卡西欧佩亚，由于在一次选美比赛中挑衅涅瑞伊德斯，波塞冬便派了一只海怪在埃塞俄比亚兴风作浪。为了平息海神的怒火，刻甫斯同意把自己的女儿安德洛墨达献给这只海怪。但是从戈耳工三女妖处归来的珀尔修斯杀掉了这只怪兽，释放了安德洛墨达。安德洛墨达化成了仙女座，她依然保持着被献给海怪时双臂交叉的姿势。卡西欧佩亚也化为仙后座：她坐着，向空中举起双臂，仿佛在哀叹女儿的命运。"出于对安德洛墨达的考虑，刻甫斯也在雅典娜的建议下被变为仙王座。"（埃拉托斯特尼）在夜空中，安德洛墨达和她的父母距离珀尔修斯并不甚远，珀尔修斯也因为自己的荣誉成为英仙座：他一手举起镰刀，另一只手则拿着美杜莎的头颅。

## 摩羯座

摩羯座是一个小型星座，太阳在冬至时刚好运行到摩羯座，因此人们也将它和冬天的恶劣天气联系在一起。它的起源故事来自埃基潘（潘神的山羊形态）的一个儿子和同样被变成星座的母羊阿玛尔忒娅。潘神的这个儿子和他很像，却长了一个山羊脑袋，他和宙斯一起在克里特岛被母羊阿玛尔忒娅抚养长大。据说在泰坦之战期间，他发现螺号能发出奇怪的声音，便借助这种贝壳的力量，帮助宙斯将众泰坦吓走。埃拉托斯特尼认为，摩羯座的鱼尾也因此指向他和螺号之间的关系。

## 天琴座

与缪斯女神相关的天琴座纪念的是赫尔墨斯发明的弦乐器里拉琴。里拉琴起初只有七根琴弦，因为赫尔墨斯的母亲迈亚是阿特拉斯的女儿——普勒阿得斯七姐妹之一。后来，阿波罗得到了这件乐器，又将它交给缪斯女神卡利俄佩之子俄耳甫斯。俄耳甫斯为了致敬九位缪斯女神，又给里拉琴加上了两根琴弦。俄耳甫斯死后，巴萨里得斯（酒神的狂女巴坎忒斯）不知道该把这件乐器交给谁才好，于是她们请求宙斯将它变成夜空中的星座。

## 射手座

黄道十二宫中的人马宫在今天也被称为射手座。埃拉托斯特尼解释说它代表着一个在小船前方弯弓射箭的男子，而有的人把这艘船看作马蹄，因此将这个人物说成是一只半人马；罗马人也认为射手座代表的是一只半人马。但是，夜空中还有一个叫作半人马座的星座，与射手座隔河相望，它代表的是半人马喀戎。按照埃拉托斯特尼的说法，射手座代表的是克洛托斯，他的父亲是潘神，母亲则是缪斯女神的乳母艾菲蜜。在赫利孔山上，缪斯女神带领克洛托斯发现了箭术的奥秘，而克洛托斯也在女神们歌唱的时候为她们鼓掌欢呼，他的这两项发明也很快被其他人模仿。据说缪斯女神后来请求宙斯将克洛托斯升至夜空成为星座。

射手座微缩图。（12世纪）

463

# 英雄列传

### 英雄的出生与童年

伟大的英雄一般都有非同寻常的来历，他们往往是由变形后的神灵与凡人女子或宁芙仙女结合而生。他们是超凡脱俗的存在，他们生命中的各个阶段都留有这种特殊身份的印记，尤其是在他们出生的时候，根据他们母亲的受孕情况，可能会出现各种不可思议的现象，例如勒达就在与化作天鹅的宙斯结合后生下了一枚蛋。

这些英雄的出生大多并不光彩，他们的童年也经常充满戏剧性的情节，比如注定被遗弃、暴露在荒野等待被野兽吃掉等。但是，神的儿子总会受到上苍的庇佑，他们虽被遗弃，但并没有发生悲剧，反而成就了一系列奇妙的经历，比如弃婴常常被危险的野兽（熊、狼、鹿、蛇等）所救，它们变得温和无比，照顾着被遗弃的孩子。又或者，弃婴被附近的牧民捡走，他们把他抚养成人，始终保留着孩子的贴身物品，好在必要的时候证明他的身份。

许多英雄就这样在荒野中度过了他们的青少年时期，在他们被遗弃的地方，通过狩猎活动把自己训练成为战士。有的英雄很早就表现出非凡的能力，例如赫拉克勒斯尚在襁褓时就制服了赫拉派来的两条蛇，他的父亲惊讶地注视着这一幕，据此怀疑这个不寻常的婴儿身上可能有着某种神性……

### 男女英雄

英雄的一生都是围绕着成就某项非凡的壮举、通过一系列的考验，或是完成一项特定的任务展开的。珀尔修斯和忒修斯的冒险经历尤为丰富，他们也立下了货真价实的功绩。珀尔修斯是一位来自阿尔戈斯的英雄，为了杀死可怕的怪物戈耳工女妖美杜莎，他跨越千山万水。柏勒洛丰是来自科林斯的英雄，他在天马佩伽索斯的帮助下，远离故土，完成了一系列壮举，其中最有名的就是消灭混种怪兽喀迈拉。而忒修斯则是一位雅典英雄，这一点从地缘政治上来说尤为明显，他几乎没有离开过包含阿尔戈利斯、墨伽里斯和阿提卡在内的地区，唯一例外发生在他与亚马孙人的故事中。尽管这些英雄有着不同的出身和地域归宿，他们终究都属于希腊人共同的文化遗产，并成为后世文化的参考标准。

伟大的英雄人物中经常会有来自某一特定地理区域的双胞胎，有时他们还扮演着城邦创始人的角色，如卡斯托尔和波鲁克斯、安菲翁和仄托斯、罗慕路斯和雷穆斯等。其他英雄如埃涅阿斯、克琉比斯和比同，同样因他们出众的德行和强大的力量而名垂青史，对神明的虔诚也是这些英雄不可或缺的品质。

女性英雄的数量比男性英雄要少一些，但神话中仍旧有很多女性形象，而且其中一些女性在运动或战斗方面巾帼不让须眉，阿塔兰忒或亚马孙人就是很好的例子。

击毙弥诺陶洛斯的忒修斯接受众人的欢呼。(油画,朱塞佩·甘玛拉诺,1824 年)

## 手艺人、乐师和医生

很多英雄虽然并没有立下什么丰功伟绩,却身怀高超的才艺或技艺,这也从侧面反映了古希腊人的兴趣爱好。例如像帕拉墨得斯那样的技术发明者,以及一些集雕刻、建筑和机械等技术于一身的工匠,代达洛斯便在此列。在这些人中,还有一些名气不算大的人物,例如珀尔狄克斯、特洛福尼俄斯和阿伽墨得斯。有的英雄还是乐师或诗人,例如俄耳甫斯和利诺斯。医学则是古希腊人的另一项特长。神话中对此的体现一般是将医生的角色赋予某个英雄(玛卡翁、波达勒里俄斯、雅丕克斯等),或是让某人去寻找神秘而博学的前辈(喀戎)。

## 占卜师、女先知和女巫

许多英雄也是占卜师,这也反映了占卜技术在古希腊罗马世界中的重要性。有的占卜师拥有独立的传说故事,例如墨兰普斯或特洛福尼俄斯,其他占卜师则更多出现在宏大的史诗背景中,比如《七将攻忒拜》中的忒勒西阿斯和安菲阿剌俄斯、特洛伊战争中的卡尔卡斯等。此外,还有一些有名的女先知,例如永远都不会被人相信的卡珊德拉。最后,在有关魔法的领域中,我们可以看到罗得岛的魔物特尔卡涅斯人和几位强大的女巫,例如美狄亚和喀耳刻,她们继承了赫卡忒的血脉,也从她那里得到了知识和力量。

# 奇特的降生方式

### 自朱庇特头中而生

雅典娜是宙斯（罗马神话中的朱庇特）与其第一任妻子——象征谨慎和机智的女神墨提斯的女儿，但她实由宙斯独自所生。盖亚和乌拉诺斯曾警告宙斯要提防他即将出生的孩子，这个孩子比他更强大、更机智，将来会推翻他的统治。因此，宙斯吞下了怀孕的墨提斯。当他徘徊在贝奥蒂亚的特里同河岸边时，突然感到剧烈的头痛。他向赫菲斯托斯求助，让他用斧头砍向自己的颅骨，雅典娜就从伤口中跳了出来。她身材高大，全副武装，时刻准备与敌人作战。她发出的第一声呼喊仿若战前鼓舞士气的呐喊，让整个奥林匹斯山都为之震撼。赫西俄德描述了众神当时所感受到的恐惧、海浪的激荡、赫利俄斯的战车突然停住的画面，众神的焦虑与宙斯内心的无比宁静形成鲜明对比，女儿降生，这让他的心中充满了快乐。河神特里同收留了这个孩子，并让她和自己的女儿帕拉斯一起接受教导。

全副武装的战争女神雅典娜从宙斯的头颅中诞生。（意大利乌尔奇遗址出土的瓶画）

### 亦父亦母

因吞下异物而怀孕的父亲，这一情节早在胡里安神话《库玛尔比之歌》中就有出现。为了替被推翻王位的父亲报仇，库玛尔比怀上了风暴之神忒术布，还有阿兰扎（底格里斯河河神）和塔什米舒。他打开自己的脑袋让忒术布出来。助产的女神们将他的头重新缝好，并帮助他从"正确的地方"把另外两位神生了下来。

### 两次出生的狄俄尼索斯

宙斯在狄俄尼索斯出生的故事中也扮演了"孕父"的角色。人们给这位奥林匹斯之神安排的艳遇多不胜数。宙斯的英姿令人无法直视，而且他的出现常伴随着电闪雷鸣，因此当他爱上一个凡人时，他无法以真面目示人，否则他的爱人就有化为灰烬的危险。然而，被宙斯引诱的卡德摩斯的女儿塞墨勒就遭遇了这样的事。在另一个版本中，宙斯的妻子赫拉决意报复塞墨勒，设下圈套引她中计。赫拉伪装成塞墨勒的老嬷嬷贝洛厄，说服她遵循内心的想法，亲眼看看爱人的神圣光辉。塞墨勒因此丧命，化为灰烬。宙斯设法救出了她已经怀了6个月的孩子，他从垂死的塞墨勒腹中取出胎儿，并将其藏在自己的大腿里。就这样，狄俄尼索斯最后从"宙斯的大腿"中诞生……他出生的地点位于尼萨山或尼萨山附近的须弥山上。之后他被托付给赫尔墨斯。他成为象征草木繁盛、葡萄树、葡萄酒和醉意的神。

## 从土块中诞生

在伊特鲁里亚的塔奎尼亚,一个名叫塔尔孔的农民在田里劳作时,惊愕地发现一个小土块在动。生命正在流入这块不成形的土块中,它逐渐呈现出人形,并开始和农民交谈。塔尔孔不由得发出一声惊呼,引得周围的伊特鲁里亚人都前来一探究竟。人们都说这个孩子的父亲是一位侍奉朱庇特的精灵,奥维德则特别指出,伊特鲁里亚人将他命名为塔戈斯。他虽然看似新生儿,但口中已有牙齿,而从他所拥有的智慧和身上散发的气质来看,完全就是一位长者。他向惊叹不已的众人传授了脏卜术,这是一种通过肝脏解读众神旨意的技术。与他对话的塔尔孔成为一名脏卜师,带领众人将塔戈斯的教导记载于伊特鲁里亚圣典之中。

## 独家秘方

有一则关于俄里翁的传说提到了他不同寻常的孕育与降生。塔纳格拉的农夫许里欧斯在家中盛情招待了宙斯、波塞冬和赫尔墨斯,众神答应帮他实现一个愿望。因为他没有妻子,但又想要一个儿子,于是,众神就将献祭过的牛皮铺在地上,然后在上面洒满了他们的精液(或是尿液),然后将其埋进土里。9个月之后,俄里翁从这块受精的牛皮里降生。古希腊语中的 oûron 意为"尿液、精液",这个词与俄里翁名字的相似之处,可能在一定程度上成为这则传说的依据。

## 自蛋中而生

关于海伦的身世,无论是涅墨西斯和变成天鹅的宙斯所生,还是化作天鹅的宙斯与勒达所生,她都是从一枚蛋中出生的。在第一种说法中,涅墨西斯产下的蛋被交给了勒达;在第二种说法中,则是勒达自己产下了这枚蛋。在有的版本中,这枚蛋还生出了海伦的兄弟——双生子卡斯托尔和波鲁克斯。按照帕萨尼亚斯的说法,在斯巴达的琉喀庇德斯神庙的屋顶上悬挂着一枚"用细带装饰的蛋",据说那就是勒达所生的蛋。

勒达的孩子们都是从蛋中出生的,除了海伦,还有克吕泰涅斯特拉以及卡斯托尔和波鲁克斯。(油画,詹皮特里诺·切萨雷·贝尔纳扎诺,16世纪)

## 险些化作灰烬

医神阿斯克勒庇俄斯的降生与一场悲剧相关,根据品达所记录的最广为流传的一个版本,他的母亲科罗尼斯死于他的父亲阿波罗之手。尽管怀着神的孩子,科罗尼斯却与一名凡人相爱、结合,因此招来了阿波罗的怒火。奉阿波罗之命监视科罗尼斯的白乌鸦将她的背叛告知了阿波罗,于是阿波罗将她一箭射死,并将其尸体火化。但是,眼看科罗尼斯的尸体就要被火焰所吞噬,阿波罗突感懊悔,便将阿斯克勒庇俄斯从母亲的腹中取出,并托付给喀戎,让喀戎传授给他医术。

# 野性的童年

## 命运的捉弄

神话中经常出现弃婴的故事，他们可能是私生子，也可能不是，但他们从出生后就被遗弃在林中或山顶，那里荒无人烟，掠食者四处游荡，这就是所谓"荒野弃婴"：把新生儿抛弃在荒野中，让他们在自然选择中被淘汰。如此一来，婴儿注定难逃被野兽吞噬的命运。话虽如此，他们通常还是可以获救，有的孩子奇迹般地被动物哺育，还有的孩子被刚巧路过的人（通常是牧羊人）收留。他们在社会的边缘长大成人，通过一系列非凡壮举揭示自己高贵的出身。有的人在受到民众的认可之后，还会成为某个城邦的建立者。

## 一些例子

阿塔兰忒是被一头母熊抚养长大的；群蛇哺育了伊阿莫斯；在位于特洛阿斯的城邦科罗奈，其君主库克诺斯由天鹅抚养成人；阿斯克勒庇俄斯则是靠喝母山羊的乳汁长大的……还有一则不太有名的例子，墨拉尼珀和波塞冬的儿子——埃俄罗斯和贝奥托斯是被母牛抚养长大的，因为墨拉尼珀的父亲为了报复波塞冬，将自己的女儿双眼刺瞎后监禁了起来，并遗弃了她生下的双胞胎。

## 安菲翁和仄托斯

变身为萨蒂尔的宙斯诱奸了底比斯国王倪克透斯的女儿安提俄珀。得知年轻的女儿怀孕了，倪克透斯气得发疯，他把女儿赶走后自杀，死前拜托兄弟吕科斯为自己洗刷耻辱。吕科斯把侄女带回自己在底比斯的领地囚禁起来，途中，安提俄珀生下双胞胎安菲翁和仄托斯。吕科斯当时就将两个婴儿遗弃在基泰隆山上，好让他们被狼吃掉。然而，他们却被牧羊人收留。安菲翁更是得到赫尔墨斯的照顾，并从他那里学到了诗歌和音乐的艺术。这个年轻的小伙子天赋出众，连大自然都被他吸引。仄托斯则十分擅长打猎和搏斗，他还是一位出色的牧羊人。长大后，双胞胎找到了他们的母亲。他们为母亲报了仇，回到底比斯，并在那里筑起了城墙。

## 注定弑父之人

神话的弃婴故事中最有名的要数俄狄浦斯的故事，据说他名字的来源就与这段童年经历有关。神谕预言伊俄卡斯忒的儿子会娶自己的母亲为妻，并杀死自己的父亲——底比斯国王拉伊俄斯，于是，国王和王后决定将孩子遗弃在基泰隆山上。俄狄浦斯这个名字的意思是"肿胀的脚"，因为他的脚踝被人开了洞，穿上细带就能把双脚绑在一起。但是，奉国王之命送俄狄浦斯赴死的仆人不忍心这样做，就把他交给了邻国的牧羊人。这位牧羊人又将他托付给科林斯国王波吕玻斯，由他负责教育俄狄浦斯。一天，俄狄浦斯偶然间得知了关于自己的可怕预言，决意离家出走，以保护家人，但他怎么也没有想到自己是被波吕玻斯和佩里波亚收养的。他一心想要逃避命运，却注定要走上命定之途……后来，他在三岔路口与人吵架斗殴时杀了拉伊俄斯，却不知道所杀之人就是自己的亲生父亲。被任命为底比斯国王后，他娶了自己的亲生母亲伊俄卡斯忒。

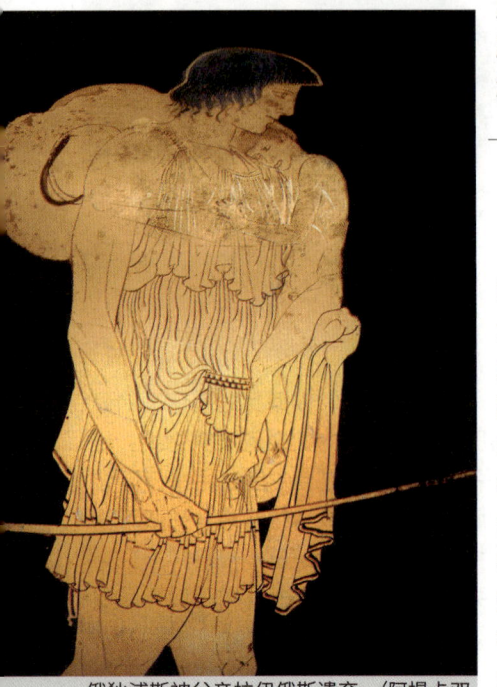

俄狄浦斯被父亲拉伊俄斯遗弃。（阿提卡双耳瓮，约公元前 450 年）

英雄列传

## 为马所救

珀利阿斯和涅琉斯是萨尔摩纽斯之女缇洛和波塞冬的孩子。他们出生的时候就被母亲遗弃，波塞冬让一匹母马哺育了他们。后来，他们被马贩收留。珀利阿斯因为被马踢了一脚，身上留下一块青斑，这也是他名字的由来。两兄弟后来与母亲重逢，得知她被继母西德洛百般欺凌，便要为母亲报仇。西德洛逃进赫拉神庙，珀利阿斯在那里将她杀死。后来，涅琉斯和珀利阿斯因王位归属而起争执，结局是珀利阿斯留在色萨利，涅琉斯则去了梅塞尼亚，并在那里建立了一座名叫皮洛斯的城邦。

## 喝鹿奶长大的孩子

阿卡迪亚国王阿勒俄斯的女儿奥革是一位侍奉雅典娜的女祭司，被赫拉克勒斯引诱后，她违背了自己的誓言，怀上了忒勒福斯，还要面临父亲的雷霆之怒。关于阿勒俄斯对女儿的惩罚有几个不同的版本。有人认为他将女儿驱逐出境并下令将她溺死，奥革和她的孩子被人关进箱子后丢到了河里，阿勒俄斯也因为无法承受这样的悲剧而悬梁自缢，然而箱子却没有进水，并漂到了密细亚；还有人认为，阿勒俄斯命令瑙普利俄斯杀死奥革，方法依然是将她溺死，但瑙普利俄斯却没有勇气这样做，他将奥革交给过路的商人，并没有向任何人透露此事。无论如何，这个版本中的奥革依然到了密细亚，商人把她卖给密细亚国王透特拉斯，国王收她做了养女，并将忒勒福斯抚养长大。

在其他版本中，奥革和她的孩子是分开的。虽然奥革仍旧逃不过被溺毙的惩罚，但忒勒福斯却被遗弃在阿卡迪亚的少女之山——帕特尼翁山上。一只母鹿用奶水哺育了忒勒福斯，后来有位牧民发现了他，把他献给国王科吕托斯，国王将他当成自己的亲生儿子抚养长大。在这个版本中，是科吕托斯给他取名为忒勒福斯，以此纪念救了他性命的那只鹿。

## 最初的先知

弃婴故事在其他国家的古代文化中也有记载。摩西的母亲把他装进一个篮子，遗弃在尼罗河中。这个孩子被法老的女儿捡到，她找来孩子的母亲来做他的乳母，并给孩子取名为摩西。摩西虽然在宫廷里长大，却很清楚自己的身世。后来他带领希伯来人离开埃及，来到神所应许之地，并为他们立下律法。

救了罗慕路斯和雷穆斯的母狼在给他们喂奶。

## 狼的孩子

被战神玛尔斯强暴的维斯塔贞女瑞亚·西尔维娅生下了双胞胎罗慕路斯和雷穆斯。她的叔叔阿穆利乌斯篡权夺位，把她关进监狱，并命令仆人将两个孩子装在篮子里扔进台伯河。正值汛期的台伯河把篮子冲到帕拉蒂尼山附近，这对双胞胎先是被一只母狼哺育，后来被一个名叫浮士德勒的牧羊人收养。他们长大后，过着一边放羊一边抵抗盗贼的牧羊人生活。

摩西被人从水里救出。（油画，尼古拉斯·普桑，1638年）

469

# 神之双子：卡斯托尔与波鲁克斯

## 永恒的双子

双生子在神话中是常见的主题，相关故事可谓丰富多彩，在古希腊罗马神话中尤其如此。神之双子卡斯托尔与波鲁克斯可能是最广为人知的双胞胎了，在印度教中他们相当于双马童阿湿波。他们象征着永恒的青春，被认为是年轻人、骑马者、水手和运动员的守护神。虽然他们是来自伯罗奔尼撒的英雄，但人们对他们的崇拜却遍布整个希腊。

神之双子是宙斯的儿子，他们是骑马者、水手和运动员的守护神。

## 找不同

虽然是双胞胎，但卡斯托尔和波鲁克斯之间还是略有不同。他们两人都善骑马，但卡斯托尔是一名战士和猎手，而波鲁克斯则更擅长另一种技艺：拳击。尽管如此，不论是在战场上冲锋陷阵，还是在情场上恣心所欲，兄弟二人至死都形影不离。因此，人们有时很难将他们两人区分开来。在琉善的《诸神对话》中，阿波罗问赫尔墨斯："你是如何认出他们谁是谁的？他们简直一模一样……从同一颗蛋中出生，头盔上有着同样的星形装饰，手中的标枪、胯下的白马都完全相同。"

## 异父双胞胎

在提及卡斯托尔与波鲁克斯降生的众多传说中，有这样一种说法：埃托利亚国王的女儿勒达，在同一天夜里同自己的丈夫廷达柔斯和化作天鹅的宙斯交欢，同时怀上并生下了两个人的孩子。卡斯托尔和克吕泰涅斯特拉是凡人廷达柔斯的孩子，海伦和波鲁克斯则是主神宙斯的孩子。据说勒达的蛋是在泰格特斯山上孵化的，一个牧民在矮树林中找到了它并将它交给勒达。

## 神之子的英雄事迹

忒修斯绑架了卡斯托尔和波鲁克斯的妹妹海伦，将她囚禁在雅典附近的阿菲德那要塞中。双子前来将她救出，并发起了一场政治起义，迫使忒修斯被流放。他们与伊阿宋一起参加了阿尔戈英雄远征队，在某天夜幕降临之时，两兄弟因设法平息了一场暴风雨而大放异彩。全员安全脱险，他们得以惬意观赏着桅杆之间闪烁的繁星。据说，自那次事件后，双子的头盔上就出现了一颗星星。在比提尼亚，波鲁克斯与珀布律喀亚人之王阿密科斯进行了一场搏击对决。在科尔基斯，双子建立了迪奥斯库里亚斯城，随后，他们回到伊奥尔科斯，帮助伊阿宋推翻了珀利阿斯的儿子阿卡斯托斯的统治。和他们的堂兄弟，即同为阿尔戈船员的阿法柔斯之子伊达斯和林叩斯一样，他们也参与了卡吕冬狩猎。

卡斯托尔和波鲁克斯救出他们的妹妹海伦。（水粉画，诺布林·德·拉·古尔丹，1818年）

英雄列传

在丘比特的帮助下，卡斯托尔和波鲁克斯劫走了他们的心上人——琉喀波斯的两个女儿。（油画，鲁本斯，1618 年）

## 致命的爱情

相传卡斯托尔和波鲁克斯爱上了他们的堂姐妹，即梅塞尼亚国王琉喀波斯的两个女儿，但是她们已经被许配给了同为堂兄弟的伊达斯和林叩斯。受邀去参加婚礼的双子决定将他们的心上人抢走，但这一行为却给他们招来了极大的麻烦。女孩们的未婚夫要求通过决斗来解决这场纷争。在决斗中，卡斯托尔被堂兄伊达斯所伤，丢了性命；有着不死之身的波鲁克斯也在杀死林叩斯的同时负伤。宙斯用雷电击毙了伊达斯，这才救下波鲁克斯，随后他将波鲁克斯带到天上。但波鲁克斯悲伤得不能自已，他无法承受没有卡斯托尔相伴在侧。于是，他请求父亲让他和挚爱的兄弟在死亡的国度团聚。宙斯取了个折中的办法，他允许波鲁克斯每隔一天在冥界陪伴卡斯托尔，后一天则回到奥林匹斯山度过。在另一个版本中则是兄弟两人一起在神界和地府之间交替度日。欧里庇得斯的版本则称宙斯将两兄弟升至星空变成了双子座。卡斯托尔和波鲁克斯的故事象征着兄弟之间至死不渝、直至永恒的模范情谊。

## 不能没有兄弟，永远不

关于神之双子的故事，传说中还有另一种结局。在掳走琉喀波斯的两个女儿之后，双子平安无事，还与她们结了婚。波鲁克斯娶了福柏，卡斯托尔则娶了希莱拉。后来，双子和他们的堂兄弟一起密谋到阿卡迪亚偷牲口，在回程的路上四人因为分赃不匀起了争执。卡斯托尔和波鲁克斯设伏袭击了他们的堂兄弟，争斗中伊达斯和波鲁克斯分别杀死了卡斯托尔和林叩斯。然后，宙斯用雷电击毙了伊达斯，带着受伤的波鲁克斯回到了天界。

## 神之双子与罗马人

公元前 499 年，在罗马共和国与拉丁同盟之间的雷吉鲁斯湖战役中，神之双子站在了罗马人这边，也正是在这场战役之后，罗马引入了双子崇拜。战役爆发前夜，有人看见他们来到市集广场。他们穿着华丽，熠熠生辉，身披烈焰般的短披风，闪闪发光的头发垂至裸露的肩膀上。他们牵着白马到尤图尔那喷泉处饮水，并预言了罗马城会在这场战役中取胜；随后如同变魔术一般消失得无影无踪。于是，人们在喷泉旁离维斯塔神庙不远的地方为他们建起了一座神庙。

## 其他的双子

虽然神之双子是兄友弟恭的典范，其他的双生子却不尽然，要么是像安菲翁和仄托斯（一个擅长艺术，另一个则从事体力劳动）兄弟俩那样丝毫没有相似之处，要么就是彼此不合。兄弟阋墙这一主题并不限于双生子，却自古有之，亚伯和该隐便是一例。在古希腊罗马世界中，比较著名的有厄忒俄克勒斯和波吕尼刻斯，他们两人尚在母胎中便已争斗不休，最后自相残杀；也有很多像罗慕路斯和雷穆斯那样因为权力而兄弟反目的事例。

471

# 不同寻常的童年

## 紫罗兰之子

波塞冬和庇塔涅的女儿厄瓦德涅,被阿卡迪亚国王埃皮托斯抚养长大。她爱上了阿波罗并怀上了他的孩子,但按当时的道德准则,她的这种行为有悖礼法、难容于世。于是,她隐瞒了自己怀孕的事情,隐秘地生下了一个男孩,并将他遗弃在阿尔菲奥斯河畔的一片沼泽地中。沼泽附近的两条蛇从蜜蜂那里偷来蜂蜜,就这样喂了孩子几天。兴许是出于不安和后悔,厄瓦德涅回到她遗弃孩子的地方,无比惊讶地发现孩子被藏在灌木丛中,在紫罗兰盛开的沼泽地中安全健康地活着。她为他取名为伊阿莫斯,意为"紫罗兰的孩子"。

## 伊阿莫斯与阿波罗的声音

有天晚上,少年伊阿莫斯决定去阿尔菲奥斯河畔呼唤他的父亲阿波罗和外祖父波塞冬。阿波罗回应了他,并要求他循着自己的声音来见自己。他将伊阿莫斯带到奥林匹亚,并建议他在此定居,以等待大英雄赫拉克勒斯的到来。赫拉克勒斯后来在这里创立了著名的奥林匹克运动会。阿波罗教会伊阿莫斯鸟语术、占卜术以及如何从祭品上方燃起的火焰中解读信息。在另一个版本中,则是阿波罗亲自将他带到克罗尼翁山上,从那里让伊阿莫斯领略了未来奥林匹亚的风光。据说阿波罗正是在这里赋予了伊阿莫斯预知未来的能力。

## 被母牛所救

埃俄罗斯和贝奥托斯,是赫楞之女墨拉尼珀与波塞冬所生的双胞胎。墨拉尼珀与波塞冬暗中相爱,很快就怀上了海神的孩子。赫楞发现女儿怀上私生子后,觉得自己蒙受了莫大的耻辱,勃然大怒。墨拉尼珀刚生下这对双胞胎,他就残忍地刺瞎了她的双眼,并将她严密地监禁起来,以至于让所有人都忘记她的存在。她的孩子则被弃于荒野,任凭他们被野兽吞食。然而,看似陷入绝境的两个孩子却并没有被饿死,一头母牛机缘巧合地出现,用自己的奶水喂养了他们,将他们从残酷的命运中解救出来。接连几天,母牛都用自己的体温和乳汁忠实地守护着这对双胞胎,直到牧民们偶然发现这两个正在熟睡的健康的孩子,并将他们收留。

## 伊阿莫斯与伊阿密代家族

厄瓦德涅向自己的养父吐露了实情,埃皮托斯虽然觉得难堪,却也非常好奇这位奇迹般存活下来的外孙将来会有何作为,于是便去德尔斐求了神谕。神谕回答说,伊阿莫斯会成为一位伟大的占卜师,一个拥有超凡天赋的先知族系将会自他而出,并且绵延千古。品达在他的作品中写到,伊阿莫斯的族系是注定永生的。在他出生的故事中,其预知未来的天赋和蛇联系在一起,这也跟墨兰浦斯等其他著名占卜师的传说相呼应。在古典时期的奥林匹亚,有一个专注于宙斯崇拜的祭司家族——伊阿密代家族,自称是伊阿莫斯的后裔。在奥林匹克运动会期间,人们征求他们的意见,他们则从献祭仪式的火焰中读出信息并加以解释。希罗多德在其作品中也曾提到过在斯巴达和意大利南部的克罗托那进行祭祀活动的伊阿密代家族。

正在传达神谕的德尔斐女先知。(油画,卡米洛·米奥拉,1880 年)

# 英雄列传

## 适逢其会的母亲

墨塔蓬托斯的妻子忒阿诺因为生不出孩子而陷入艰难的处境，她的丈夫威胁说如果再生不出孩子就要将她休掉。她迫切地想收养一个孤儿，这样或许能让她摆脱悲惨的处境。结果牧羊人帮她找到了，不是一个，而是一对双胞胎，并建议她悄悄地收养他们。于是，忒阿诺设法让墨塔蓬托斯相信是自己生下了这对名叫埃俄罗斯和贝奥托斯的双胞胎。

被阿尔忒弥斯收留后，阿塔兰忒成为一名举世无双的猎人。（石棺局部图，公元2世纪）

## 意料之外的乳母

根据一则阿卡迪亚神话，阿塔兰忒出生后被遗弃在帕特尼翁山上一处被高树密荫遮盖的洞窟附近，还有泉水从旁流过。眼见孩子活命无望，一头经常在附近出没的母熊从那里经过，给她喂奶并保护了她。因此，阿塔兰忒自出生起就注定要被献给处子神阿尔忒弥斯。帕特尼翁山就是人们崇尚守贞的地方，山上的溪流也尽归女猎神阿尔忒弥斯所有，而母熊则是她最宠爱的动物。猎人们收留并抚养了阿塔兰忒，教会她在山野生活以及狩猎的技巧，她将这一切融会贯通，以至于人们都称她为"第二个阿尔忒弥斯"。

库克诺斯的名字来源于收养他的那只白天鹅，他后来在特洛伊战争中被阿喀琉斯所杀。（公元前6世纪）

## 重男轻女的父亲

在底比斯传说中，阿塔兰忒是斯库洛斯国王斯科纽斯的女儿，阿塔玛斯的孙女；而在阿卡迪亚传说中，她则被视为伯罗奔尼撒国王伊阿索斯的女儿，吕库古和克吕墨涅的孙女。但无论是底比斯的斯科纽斯，还是阿卡迪亚的伊阿索斯，他们都不想要女儿，只想要男孩。因此，不管在哪个版本中，阿塔兰忒从一出生就被遗弃。在底比斯传说中她被遗弃在色萨利的佩里翁山上；在阿卡迪亚传说中则是帕特尼翁山。

## 被天鹅喂养的孩子

库克诺斯在古希腊语中的意思是"天鹅"，有不少希腊英雄都叫这个名字，但其中有一位之所以被称为库克诺斯，是因为在他出生时，天鹅哺育了他。他的母亲名叫斯卡曼德洛狄刻，名字来源于特洛阿斯的一条著名河流，她爱上了波塞冬并生下了他的私生子。孩子被遗弃在海边，本无法活下去，但他幸运地被一只天鹅喂养并保护了起来。见到这般神奇景象的渔民收留了他，并用那种白色的鸟儿为他命名。长大后的库克诺斯成为科罗奈的君主。科罗奈是特洛伊的邻邦，与琉科弗吕斯，也就是后来的忒涅多斯隔海相望。

# 少年英雄

## 自古英雄出少年

尽管大部分英雄都是年轻人或正值壮年的男子，但有些孩子，甚至襁褓中的婴儿自幼就展现出卓越的英雄品质。不仅仅是英雄，连众神也是如此，只需看看赫尔墨斯年少时的恶作剧便可知一二。

## 神偷赫尔墨斯

《荷马颂诗——致赫尔墨斯》讲述了赫尔墨斯早期的壮举。他出生刚满一天，就在库勒涅山的洞穴中发明了里拉琴，横跨希腊大地，偷走了阿波罗的一批牛："宁芙生下了一个能言善辩而又狡猾的孩子，他身手敏捷，惯于偷窃，盗牛如同探囊取物。他是梦境的主宰，门户的守护者，夜里的他最为警觉。在不久的将来，他要到那永生的诸神中间，成就可歌可泣的奇功伟业。他早上才降临世间，午间便能弹奏里拉琴，夜里就偷走了阿波罗的牛群。在可敬的迈亚将他生下的那个月的第四天，一切都大功告成。他自母腹中出生，并不过于留恋神圣的襁褓，反而动身寻找阿波罗的牛群，跨入那阴暗的山洞之中……"

## 赫拉克勒斯的早期壮举

赫拉克勒斯是宙斯与安菲特律翁的妻子阿尔克墨涅所生的儿子，他还有一个孪生弟弟（安菲特律翁的儿子）伊菲克勒斯。两兄弟尚不满周岁，赫拉就派了两条大蛇到他们房中，想要将他们除掉。伊菲克勒斯被吓得号啕大哭，而赫拉克勒斯却抓住这两条蛇。"他用自己无敌的双手抓住两条蛇的脖子，狠狠地掐住不肯松手，直到最后一丝生气从它们庞大的身躯中散尽。"（品达）当安菲特律翁手持长剑赶到时，两条蛇已然丧命。他怀疑赫拉克勒斯极可能是神的孩子。按照神话编者费瑞居得斯的说法，这两条蛇是安菲特律翁自己放进孩子们的房间中的，为的就是判断双胞胎中哪一个是神的儿子。

10 个月大的赫拉克勒斯绞杀了两条在他摇篮中作乱的蛇。（壁画，来自庞贝古城维蒂兄弟之家的客厅）

## 勇敢的孩子

少年忒修斯很早就表现出了男子汉的英勇气概。当时赫拉克勒斯正在特洛泽那的庇透斯家做客，所有的孩子都把涅墨亚狮皮当成了一头真正的狮子而被吓得魂不附体。只有年仅 7 岁的忒修斯拿起一把长剑，来到狮皮前准备与之一战。

## 日本的小英雄

在日本，金太郎是一个家喻户晓的少年英雄。出生后就遭到遗弃的金太郎被足柄山女妖山姥抚养长大。还有一种说法是，山姥就是金太郎的亲生母亲，她在梦中跟一条红色的龙结合，后来生下了金太郎。金太郎在山野中度过他的童年：他力大无穷，能够赤手空拳与熊搏斗，也能徒手捕获巨型鲤鱼。他总是被描绘成光着身子、胖嘟嘟的形象；他的皮肤有时是红色的，武器是一把黑色的斧头。

## 河中子

桃太郎是日本民间传说中的一位英雄。他的出生颇具传奇色彩。一位老妇人在河边洗衣时，发现河里漂着一颗桃子，于是便将其带回家中。在她和她丈夫的注视下，一个孩子从桃子里钻了出来，他便被称作桃太郎，意即"从桃子里生出的孩子"。桃太郎被老夫妇收养，生活在乡下，他长得飞快，力气大得惊人。在三个伙伴——狗、猴子、雉鸡的帮助下，他前往鬼岛与恶鬼战斗。多亏有它们的帮助，桃太郎战胜了恶鬼，收到了附近居民的重金酬谢，还收获了一件隐身披风，最后回到了自己年迈的父母身边。

## 吓跑敌人的孩子

在厄利斯的克罗尼翁山山脚，有一座同时供奉厄勒梯亚和索西波利斯的神庙，它的由来跟一个神兵天降的少年英雄有关。"据说阿卡迪亚人带兵打进了厄利斯，正当厄利斯人排兵布阵准备与他们交锋时，一个女人找到了厄利斯人的将领。女人怀中抱着一个小孩，说这个孩子是她所生，而根据她梦中的内容，她应该将这个孩子交给厄利斯人以助他们一臂之力。将领们对这个女人的话深信不疑，他们把浑身赤裸的孩子安置在阵队前，当阿卡迪亚人向他们进军时，孩子变成了一条蛇。阿卡迪亚人见此奇景皆慌乱而逃，厄利斯人则乘胜追击，取得了一场重大的胜利。战斗结束后，大蛇钻进地下，厄利斯人就在那里为其建起一座神庙，并给这位神取名为索西波利斯（Sôsipolis 在古希腊语中意为'城邦的拯救者'）；又想到是厄勒梯亚亲自为他们生下了这个孩子，于是便将这位女神一起供奉于神庙之中。"（帕萨尼亚斯）

# 天马与柏勒洛丰

这块双耳爵碎片上的天马,便是柏勒洛丰的坐骑。

## 神之马

迅疾如风的天马佩伽索斯是一匹来自俄刻阿诺斯之泉的翼马。传说宙斯将它迎入奥林匹斯山,让其负责驮运他的闪电。它出现在著名的柏勒洛丰传说中;在荷马的《奥德赛》中,它则是黎明女神的坐骑。

## 良驹的诞生

佩伽索斯的名字来自古希腊语"泉"这个词,传说珀尔修斯在世界极西之地——俄刻阿诺斯大河的发源地,杀掉怀着波塞冬骨肉的美杜莎时,佩伽索斯从美杜莎的颈部伤口跳了出来。另一种说法是,珀尔修斯趁着怪物美杜莎熟睡之时砍断她的脖颈,从血泊中诞生了两个神奇的生物:挥舞着黄金之剑的巨人克律萨俄尔和天马佩伽索斯。还有一个传说则称美杜莎被珀尔修斯重创后,她的鲜血浸染大地,孕育出了这匹神马。它来到奥林匹斯山,成为宙斯的坐骑,光彩耀人。按照赫西俄德的说法,它还帮助宙斯驮运闪电。

## 柏勒洛丰与佩伽索斯

英雄和神马是在何种境况下相遇的,各种版本说法纷纭。有的说是雅典娜给了柏勒洛丰一个神奇的马笼头,他才得以靠近并制服这匹良驹;有的则说是波塞冬将天马作为礼物送给了柏勒洛丰;还有一种说法是,柏勒洛丰在科林斯卫城附近的佩勒涅泉见到这匹骏马正在饮水,并成功地驯服了它。暂且不管他们是如何相遇的,柏勒洛丰骑着天马飞上高空,狠狠地刺中了喀迈拉,其力道之重让怪物当场毙命;另一种说法是柏勒洛丰装填在标枪上的铅块在怪物口中融化,这才将其杀死。科林斯与琉卡斯的硬币上就印有柏勒洛丰和天马一起与喀迈拉战斗的图案。

## 柏勒洛丰的传说

传说中,西西弗斯之子、厄费拉(科林斯古称)国王格劳克斯与欧律墨德的儿子在狩猎时,无意中用箭射中柏勒洛斯的后背将其杀死,因此得名柏勒洛丰,意为"杀柏勒洛斯者"。在另一个版本中,则是他的弟弟得里阿德斯被他失手杀死。被驱逐出境后,柏勒洛丰逃到了梯林斯国王普罗伊托斯那里。普罗伊托斯的妻子斯忒涅玻亚(荷马称她为安忒亚)向柏勒洛丰示爱,却遭到对方拒绝,恼羞成怒的她为了报复,反过来污蔑柏勒洛丰想要非礼她。普罗伊托斯虽然震怒无比,但碍于待客之道无法对自己的客人下手,于是便将柏勒洛丰送至吕基亚国王伊俄巴忒斯处。伊俄巴忒斯事先便已收到普罗伊托斯送来的石板,上面写满了对柏勒洛丰的怨言,因此便派他去对付著名的怪物喀迈拉。这头可怕的怪物长着狮身羊头,尾巴是一条蛇,口中能喷火。最终,柏勒洛丰在天马的帮助下战胜了它。

在天马的帮助下,柏勒洛丰一枪刺死了喀迈拉。

## 英雄列传

### 柏勒洛丰的丰功伟绩

伊俄巴忒斯看到柏勒洛丰大胜归来，简直不敢相信自己的眼睛，他又交给他另一项危险的任务：与可怕的战斗民族索摩斯人作战。柏勒洛丰再度凯旋。吕基亚国王又派他征战亚马孙人，并坚信这次他一定不会成功。但是，柏勒洛丰将那些强大的女战士屠尽后，又回到了吕基亚。于是，国王派出他最勇敢的战士去伏击他，却被柏勒洛丰尽数歼灭。伊俄巴忒斯不得不认可他的才能和他身上的神之血脉，因为他就是波塞冬的儿子。伊俄巴忒斯放弃了帮助普罗伊托斯惩罚柏勒洛丰的想法，他甚至将女儿菲罗诺厄许配给他，让他成为自己的继任者。柏勒洛丰与菲罗诺厄生了一个女儿——拉俄达墨亚，也就是萨尔佩冬的母亲——以及两个男孩：伊桑德洛斯和希波洛科斯。

### 柏勒洛丰的复仇

怀恨在心的柏勒洛丰想要报复斯忒涅玻亚，正是她的谎言导致了自己一系列不幸的遭遇。当他证明了自己的清白，满载荣耀回到梯林斯时，斯忒涅玻亚害怕不已，她骑上世间最快的天马试图逃走。作为柏勒洛丰忠实的伙伴，天马毫不犹豫地在飞驰中把斯忒涅玻亚从它的背上甩下，将她摔死在墨洛斯岛附近。

### 柏勒洛丰的傲慢

在柏勒洛丰成就了一系列丰功伟业之后，内心膨胀的他发起了一项疯狂的挑战——飞向天界。在有的版本中，佩伽索斯令他跌落马背摔死；有的版本中则是宙斯觉得他过于傲慢，因此派一只牛虻去叮咬佩伽索斯，让他从马背上摔下。身体残疾、失去权势的柏勒洛丰从此过着悲惨的生活，而天马佩伽索斯则被宙斯收至永生众神的居所，众神将它化作星座安置于夜空之中。

### 佩伽索斯与泉水

佩伽索斯与泉水之间的联系体现在它的名字上，也体现在它的身世上，它的父亲波塞冬是象征着地下水和马匹的神，因此古人将一些泉水的起源与佩伽索斯联系在一起就不足为奇了。在一场神界的歌唱比赛中，宙斯的女儿缪斯女神对阵佩拉城的皮厄鲁斯的女儿皮厄里得斯。这些少女的歌声如同仙乐一般，以至于缪斯、阿波罗如痴如醉，甚至连佩伽索斯的居所赫利孔山也忘乎所以地膨胀起来，直抵天际。波塞冬于是让佩伽索斯出面解决，天马用马蹄踢了赫利孔山一下，一切便又恢复如常。赫利孔山乖乖地变回了原来的大小，但在马蹄踏过的地方却出现了一汪泉水，即希波克勒涅泉，意为"马之泉"。按照帕萨尼亚斯的说法，在特洛泽那也有希波克勒涅泉，也是从天马的马蹄所踏之处涌出的。

佩伽索斯与宁芙。（盥洗室挡板局部图，18世纪）

# 珀尔修斯的传说（其一）

达那厄与化作金雨的宙斯结合，生下了珀尔修斯。（油画，提香，1554 年）

## 自金雨而生的英雄

阿尔戈斯的国王阿克里西俄斯曾听闻一则神谕预言，他的女儿会生下一个儿子，并且这个孩子会杀掉他的外祖父。国王十分害怕，就将女儿达那厄关了起来，以为这样就可以改变自己的命运。贺拉斯说达那厄被关在一座有坚固大门的黄铜高塔中，而帕萨尼亚斯则认为达那厄被关在阿尔戈斯地下的一间青铜密室里。达那厄美貌绝伦，宙斯从看见她第一眼起就疯狂地爱上了她。宙斯想了一个办法，他化身为金雨落入青铜高塔，来到房间门前都无人察觉。门上刚巧有一个裂缝，神雨就顺着缝隙流入房内，飘落在达那厄身上。就这样，一个名叫珀尔修斯的男孩从这次温柔而不同寻常的结合中秘密降生了。

### 传说的另一个版本

到了罗马共和国时期，一些神话编写者认为，被阿克里西俄斯扔进海里的装着达那厄母子的箱子，并没有被冲到塞里福斯岛，而是到了拉丁姆的海岸。渔民们发现了这个箱子，收留了这对母子并把他们带到了古老的农耕之神皮鲁姆努斯那里。皮鲁姆努斯爱上了达那厄并娶她为妻，他们一起建立了阿尔代亚城。达那厄和皮鲁姆努斯的孙子就是著名的图尔努斯，鲁图利亚人未来的国王。

## 多情的暴君

在塞里福斯岛上，狄克堤斯向这两名海上来客敞开大门，将他们迎入家中。珀尔修斯在这座好客的岛屿上长大，变得越来越英俊和勇敢。然而，国王波吕得克忒斯从见到美丽的达那厄的第一面起就爱上了她，但珀尔修斯坚决反对国王追求他的母亲，国王便觉得这个少年越来越碍事。不管达那厄愿意与否，他都一定要得到她，可现在她正处在这个对他抱有敌意的男孩的保护之中，于是国王想方设法要将这个碍事者赶走。而珀尔修斯亲自为他创造了这样的机会。

## 在箱子中随波逐流

达那厄在乳母的帮助下秘密地抚养了孩子几个月，直到有一天，仿佛命中注定一般，孩子突然哭了起来，还被阿克里西俄斯听见了。达那厄绝望而又真诚地表示这个孩子是神的孩子，但他拒不相信。愤怒的阿克里西俄斯杀掉了背叛他的乳母，经过一番深思熟虑，他说服自己，只有自己的兄弟才可能是他女儿的情人。于是，阿尔戈斯的国王将女儿和外孙关进一个木箱，并派人悄悄地丢入海中。有人认为宙斯一直在暗中守护，他改变了海水流动的方向，让木箱载着母子俩漂向基克拉泽斯群岛中的塞里福斯岛，并被冲上了岸。木箱被一个名叫狄克堤斯的渔夫捡到，他是岛上国王波吕得克忒斯的弟弟。

## 珀尔修斯的挑战

波吕得克忒斯举办了一场生日宴会,邀请所有的朋友前来参加。珀尔修斯也在众多受邀来宾之列。当王子们讨论要给国王献上一份怎样的礼物时,所有人都同意应该觅得一匹与皇室身份匹配的良驹,只有珀尔修斯回答说如果需要的话,他可以去拿下戈耳工女妖美杜莎的头颅。没人知道他是不是在开玩笑,总之这个主意正合波吕得克忒斯的心意。生日宴会的第二天,王子们都信守诺言,每个人都带了一匹宝马献给他们的主君,只有珀尔修斯两手空空。于是,波吕得克忒斯借机向他提起昨天他说过的话,并且恶毒地要挟他:如果他不去挑战戈耳工女妖,拿下美杜莎之头,自己就要强行娶走达那厄!国王巴不得珀尔修斯在这次挑战中丧命。

## 珀尔修斯与美杜莎

拿到珍贵的装备后,珀尔修斯就启程到世界的另一头去寻找戈耳工三姐妹。三姐妹中有一个名叫美杜莎,是一个可怕的怪物。她头上长满了毒蛇,有着野猪般危险的獠牙、青铜的手臂和金色的翅膀。她的眼中闪烁着光芒,只要与她的目光对视,就会立刻被石化。幸运的是,我们的英雄深受众神的宠爱:雅典娜送给他一面打磨光亮的青铜盾牌,赫尔墨斯则送给他一把用精钢打造的镰刀——百眼巨人阿尔戈斯就命丧此刀之下,而根据埃斯库罗斯的说法,这把镰刀是用钻石做的!

## 飞鞋、褡裢和头盔

珀尔修斯正准备去执行一项不可能完成的任务,赫尔墨斯和雅典娜对此很是担心。他们建议他先去拜访年迈的格赖埃——长相可怕的三姐妹,她们共用一只眼睛和一颗牙齿,轮流守护着戈耳工女妖。他必须想办法让她们说出通往赫斯珀里得斯住处的道路。珀尔修斯偷走了格赖埃的眼睛和牙齿,并答应她们如果告诉他这条宝贵的情报,就把牙齿和眼睛还给她们。知道路怎么走之后,珀尔修斯轻而易举地找到了仙女,并从她们那里得到了要想成功完成任务所必需的魔法装备:飞鞋、褡裢以及哈迪斯的隐形头盔。

在雅典娜(米涅尔瓦)与赫尔墨斯(墨丘利)的帮助下,珀尔修斯得到了能够战胜美杜莎的装备。

## 珀尔修斯的计谋

当珀尔修斯最终找到戈耳工的巢穴时,他脚踏翼靴飞到空中,凭借着雅典娜送给他的盾牌,他成功地避开了美杜莎致命的目光并切断了她的脖颈。作为回报,珀尔修斯后来给将这枚可怕的头颅,即女魔脸形饰交给雅典娜,女神此后一直将它镶嵌在自己盾牌的中央,用来威吓并石化她的敌人。据说,珀尔修斯还保存了美杜莎左侧身体中流淌的血液,作为毒药以备不时之需;也保存了她右侧身体中能够起死回生的血液。

# 珀尔修斯的传说（其二）

## 又一个多情的暴君

珀尔修斯在回程途中遇见了一位神情绝望的少女，她被绑在海边的一块岩石上。珀尔修斯从她口中得知，她是埃塞俄比亚的公主安德洛墨达，刻甫斯和卡西欧佩亚的女儿，因母亲惹怒了波塞冬，海神派一只海怪在此地作乱，而她就是准备献给海怪的祭品。珀尔修斯有感于她所遭受的不幸，也被她的美貌所吸引，便决定帮助她。他以求娶安德洛墨达为条件，答应刻甫斯挽救他女儿的性命。凭借着魔法装备，珀尔修斯战胜了险些就要吞掉安德洛墨达的海怪。他们的婚礼在即，但原本准备求娶安德洛墨达的菲纽斯，也就是她的叔叔，却反对这桩婚事，还筹划了一场阴谋好除掉这位年轻的情敌。珀尔修斯识破了他的诡计，他从褡裢中取出可怕的美杜莎之头，威吓住了菲纽斯和他的同党，将他们全部石化后带着爱妻回到了塞里福斯岛。

珀尔修斯解救绑在礁石上的安德洛墨达。（壁画，庞贝古城双子神之家，约公元300年）

## 达那厄的另一种命运

在另一个版本中，达那厄与菲纽斯结了婚，菲纽斯也因珀尔修斯的缘故成为塞里福斯岛的国王。达那厄给菲纽斯生了两个儿子，分别名叫阿尔勾斯和阿尔戈斯。她带着孩子们来到意大利，定居在未来将会成为罗马城的地方。据说她的儿子阿尔戈斯就是在这里被山坡上的土著居民野蛮地杀害了，他丧命的地方现在叫作阿吉雷多，意为"阿尔戈斯之死"。

## 珀尔修斯在拉里萨

回到挚爱的故土后，珀尔修斯希望能和外祖父阿克里西俄斯冷静地谈一谈。但是，阿克里西俄斯知道自己的外孙回来后，想到他将会是导致自己死亡的罪魁祸首，就逃往色萨利的拉里萨，到佩拉斯戈斯人中间去了。彼时，正值拉里萨的国王透塔米德斯举办运动会，以纪念自己的亡父。天意弄人，珀尔修斯也受邀前去参加这次运动会，在他投掷铁饼的时候，不小心击中了观众席上的阿克里西俄斯。珀尔修斯的铁饼当场击毙了他的外祖父，悲痛万分的他为外祖父举办了一场与其身份相符的葬礼。

## 珀尔修斯的复仇

回到塞里福斯岛后，珀尔修斯得知波吕得克忒斯曾试图对母亲施暴。达那厄幸得狄克堤斯相救，和他一起躲进了一座神庙的圣域之内，这才无人敢上前造次。珀尔修斯怒不可遏，闯到波吕得克忒斯的宫殿破门而入，找到了国王和他的一众幕僚。珀尔修斯挥舞着美杜莎的头颅，用她致命的视线将在场的人全部石化。正直高尚的珀尔修斯认为狄克堤斯是一位像父亲般可敬的人，便将塞里福斯的王位托付给他。见到母亲终于重获自由，他十分欣慰，现在他需要做的就是将魔法装备全部物归原主。

## 珀尔修斯的新王国

因为杀死外祖父这一污点,珀尔修斯不得不将自己本应继承的王国阿尔戈斯,与远亲墨伽彭忒斯所统治的梯林斯交换,墨伽彭忒斯是阿克里西俄斯的兄弟普罗伊托斯之子。在梯林斯,珀尔修斯为密底亚和迈锡尼筑起城墙,因此他被认为是这些城邦的建立者。"所有的希腊人都知道珀尔修斯是这座城市(指迈锡尼)的建立者。"(帕萨尼亚斯)据说,他还在当地引进了一种从埃塞俄比亚国王刻甫斯那里得来的鳄梨树。在迈锡尼的朗吉亚泉附近,珀尔修斯打掉镰刀的套箍(镰刀柄上的金属环扣)坠落在地,迈锡尼因而得名。还有一种说法是,珀尔修斯口渴的时候从地上拔起一株蘑菇,地下水就源源不断地涌了出来,珀尔修斯便将这里命名为迈锡尼。此外,迈锡尼城内还有一眼泉水,名字就叫"珀尔修斯泉"。据帕萨尼亚斯所说,在迈锡尼通往阿尔戈斯的道路左侧,有一座纪念英雄珀尔修斯的神龛。当地人时不时还会前来供奉。

英仙座共计 38 颗恒星。(图片源自约翰·弗兰斯蒂德的《星图》,约 1729 年)

## 珀尔修斯与狄俄尼索斯

一则有趣的传说将珀尔修斯和狄俄尼索斯联系在一起。据说珀尔修斯反对将酒神崇拜引入阿尔戈斯。在两人的对决中,珀尔修斯甚至将酒神丢进了勒拿湖。狄俄尼索斯索性就放弃了阿尔戈斯,来到奥林匹斯山上成为永生的神。在这场冲突中,阿里阿德涅也被珀尔修斯所杀。有的版本则表示阿里阿德涅是这场冲突的唯一牺牲者,而珀尔修斯与狄俄尼索斯也是在赫尔墨斯的介入下才达成和解。在阿尔戈斯有一座酒神狂女之墓。"传说旁边的坟墓就是酒神的狂女科里亚之墓。科里亚是跟随狄俄尼索斯远征阿尔戈斯,并奉其命令作战的众多女性之一。在这场对决中得胜的珀尔修斯将她们中的绝大多数都杀掉并葬在了一起,除了这一位。因为她有着较高的地位,所以有单独的墓穴。"(帕萨尼亚斯)

## 英仙座

按照埃拉托斯特尼的说法,在珀尔修斯死后,雅典娜将其变成了一个由 38 颗星组成的星座。"雅典娜将珀尔修斯置于夜空之中,让人们瞻仰他手提戈耳工女妖头颅的英姿。他的头部、两肩、右手指端和臂肘各有一颗亮星,在他抓着女妖头颅的左手上也有一颗亮星,但他手中的镰刀和头颅则模糊不清。"

## 珀尔修斯的后裔

安德洛墨达为珀尔修斯生下了厄勒克特律翁,赫拉克勒斯之母阿尔克墨涅的父亲;还有阿尔凯俄斯,安菲特律翁之父;以及一个名叫戈尔戈福涅的女儿,她的名字意为"杀戈耳工者",她的坟墓就在阿尔戈斯的市集广场上,旁边的土丘就埋葬着戈耳工的头颅。此外,希罗多德记载了这对夫妇的另一个孩子:珀尔塞斯,他被留在埃塞俄比亚的外祖父刻甫斯身边。后来,珀尔塞斯成了波斯人的祖先,"波斯"和"波斯人"之名就来源于他的名字。

# 先知和他们的预言（其一）

## 玄足的先知

墨兰浦斯是阿密塔翁和菲勒斯之女伊多墨涅之子。他的母亲在树荫下哄他睡觉时，只有他的一双小脚照到了太阳，慢慢地就被晒得黝黑。墨兰浦斯的字面意思即为"黑色的脚"。

## 墨兰浦斯的天赋

墨兰浦斯小的时候喜欢躲在有蛇寄居的树干中。有一天，奴隶们将蛇杀掉了，墨兰浦斯便将蛇的遗体安葬，并精心照料幸存下来的小蛇，给它们带去吃的，保护它们不被野兽伤害。长大后的小蛇们舔了他的耳朵，让墨兰浦斯一下子惊醒过来。他突然发现自己不仅能听懂周围鸟儿们的交谈，还能理解其他动物的语言。于是，他和兄弟比亚斯一起离开了色萨利，到皮洛斯去定居。在阿尔菲奥斯河畔，阿波罗教给他献祭术，他还学会了脏卜术，成为一名天资卓越的先知。

## 墨兰浦斯的功绩

墨兰浦斯的兄弟比亚斯爱上了涅琉斯的女儿——美丽的佩洛，但她追求者甚众。于是，涅琉斯决定，谁能在可怕的牧犬监视下偷走费拉科斯的牛群，他就将女儿许配给谁。为了帮助比亚斯，墨兰浦斯去找费拉科斯，却被他囚禁了一年。然而有一天，他听到牢房横梁上的虫子说，它们咬噬过的天花板就要塌了。墨兰浦斯将危险告知看守他的人，在他刚躲进另一个房间后不久，被虫蛀的牢房就塌了。费拉科斯对墨兰浦斯的预言能力表示十分钦佩，并请求他医治自己患有不育症的儿子伊菲克勒斯。墨兰浦斯向神灵献上祭品，又从一只秃鹫口中得知伊菲克勒斯的病根所在，成功地治好了他。作为回报，他得到了费拉科斯的牛群，让比亚斯娶到了佩洛。

## 疯公主

墨兰浦斯治好了梯林斯国王普罗伊托斯的女儿们的疯病。赫西俄德说她们之所以会丧失理智，是因为她们拒绝参加祭祀酒神的仪式。她们把自己当成母牛，在乡野间游荡。墨兰浦斯同意治疗她们，但要求分得三分之一的王国作为回报。国王觉得这代价过于高昂，就拒绝了他。由于公主们的疯病越发严重，甚至传染给了其他女性，国王只好再次召见墨兰浦斯，这次对方提出的条件是分得三分之二的王国，国王答应了。墨兰浦斯用嚏根草治好了她们。他将王国的一部分交给比亚斯，因为佩洛不久前刚过世，于是兄弟两人又各自娶了一名公主为妻。

## 卡尔卡斯预知阿喀琉斯的命运

卡尔卡斯是一名天资聪颖的先知，他从阿波罗那里学到了关于现在、过去和未来的知识。卡尔卡斯是迈锡尼人，他的父亲是阿尔戈英雄忒斯托尔，故而他本人也是阿波罗的后代。在阿喀琉斯只有9岁的时候，卡尔卡斯就已经知道他会是特洛伊战争中的英雄，没有他，亚该亚人就无法攻下这座城池。阿喀琉斯的母亲忒提斯怕儿子会在战场上死去，就把他藏在斯库洛斯岛上。然而，英雄还是选择了短暂而荣耀的一生，正应了那个致命的预言。

墨兰浦斯治好了普罗伊托斯女儿们的疯病。

## 奥利斯的预言

在出征特洛伊之前，亚该亚人把卡尔卡斯选作他们的先知和大祭司。特洛伊战争的每个重大事件背后都有他的预言。例如，通过观察一条蛇和一窝雏鸟，卡尔卡斯预言出了特洛伊之战要打多久。彼时，亚该亚人聚集在奥利斯的一口泉水旁的悬铃木树下祭祀众神，一条蛇顺着树枝爬向一窝雏鸟。在蛇一只接一只地吞吃了8只小鸟后，母鸟才赶来相救（结果也被蛇吃掉）。亚该亚人认为这是一个十分不吉的征兆，但卡尔卡斯做出了对他们有利的预言："特洛伊城终将沦陷，在这场漫长战争的第十年。"他刚一说完，树枝上的蛇就变成了石头。

## 先知之死

有人对卡尔卡斯预言说，终有一天，他将会遇到一个洞察力比他更敏锐的先知，而且会因这个人而死。特洛伊城沦陷后，卡尔卡斯为亚该亚人预言了回程的艰辛，就动身前往科洛丰。路上，他遇见了预言家莫普索斯，两人都有意凭预言一分高下。挑战的内容是一眼看出无花果树上有多少颗果子（或是说出母猪腹中怀有多少猪崽）。莫普索斯做出了正确的预言，卡尔卡斯则羞愧地自尽了。他的同伴在科洛丰为他举行了一场与他的名声相称的葬礼。

## 献祭伊菲革涅亚

希腊人的船队被海面刮起的狂风困在奥利斯港口，动弹不得，无法抵达特洛伊。有人认为是波塞冬让波瑞阿斯替特洛伊人解围，但卡尔卡斯知道事实并非如此，真相是阿尔忒弥斯发怒了。他建议献祭阿伽门农的女儿伊菲革涅亚来平息女神的怒火。不承想，阿尔忒弥斯有感于女孩悲惨的命运，在献祭的关键时刻用一头母鹿代替了伊菲革涅亚，并将她收为自己的祭司。

卡尔卡斯主持献祭伊菲革涅亚的仪式。（庞贝古城壁画，1世纪）

## 卡尔卡斯在特洛伊

特洛伊战争持续了十年之久，先知卡尔卡斯知道，要平息阿波罗的怒火，就必须把阿伽门农俘获的克律塞伊斯——阿波罗的祭司克律塞斯之女——交还给她的父亲。阿伽门农同意了，但他的交换条件则是带走阿喀琉斯的情人布里塞伊斯作为人质。后来，也是卡尔卡斯告诉亚该亚人，要想取得胜利，就必须让菲罗克忒忒斯带着赫拉克勒斯送给他的弓和箭前来。卡尔卡斯还让亚该亚人抓住了特洛伊的预言家赫勒诺斯，因为他知道怎样才能攻下特洛伊城。于是，亚该亚人从赫勒诺斯口中得知他们必须偷走帕拉迪昂神像，取回珀罗普斯的遗骨并邀请涅俄普托勒摩斯前来参战。

# 先知和他们的预言（其二）

## 忒拜的盲人先知

欧厄勒斯与宁芙卡里克罗的儿子忒勒西阿斯是一位牧羊人，后来成为和卡尔卡斯一样有名的先知。如果说卡尔卡斯是阿特柔斯家族的御用先知的话，忒勒西阿斯则是辅佐忒拜王室的七朝元老，他就是如此长寿。"哦，忒勒西阿斯！你无论天上还是地下、正道或是禁术都无所不知，虽然你目不能视，却知道这座城市面临着怎样的危机，只有你能保护并拯救我们。"（索福克勒斯）忒勒西阿斯是盲人先知的代表。有两则不同的传说解释了他失明的原因，而在这两个故事中，他都涉足了性的禁忌领域。

## 忒勒西阿斯与蛇

年轻的牧羊人忒勒西阿斯在库勒涅山山上见到两条蛇正在交配，就用手中的木杖打死其中一条蛇，奇迹发生了：他立刻被变成了一个女人。就这样，忒勒西阿斯做了七年女人，某天突然有一道神谕让他回到当初被变成女人的地方，在那里又见到两条蛇在交配。忒勒西阿斯做了跟七年前同样的举动，然后重新变回了男人。赫拉和宙斯为了男人和女人在性生活中谁的快感更强烈而争论不休，因为忒勒西阿斯同时拥有过两种性别的体验，便来询问他的意见。忒勒西阿斯毫不犹豫地回答说女人感受到的欢愉比男人多九倍。原本希望保守这个秘密的赫拉勃然大怒，并弄瞎了忒勒西阿斯的双眼。宙斯觉得这很不公平，便赋予了他预知未来的能力和七倍于常人的寿命。

## 来自雅典娜的惩罚

在另一个版本中，雅典娜正和忒勒西阿斯的母亲——宁芙卡里克罗——在赫利孔山的希波克勒涅泉中沐浴。在附近打猎的少年忒勒西阿斯来到泉水附近，目光落在了处子之神裸露的身体上，雅典娜感到自己被冒犯，就让他的双目失明。卡里克罗为此悲痛万分，于是雅典娜减轻了对忒勒西阿斯的惩罚，她交给他一根山茱萸木的手杖，让他能够跟常人一样行动自如。他还获得了占卜和预言的能力，不仅在现世，就连死后去了冥界，他都在替别人预知未来。雅典娜还赋予他超长的寿命和听懂鸟语的能力。

## 忒勒西阿斯之死

在七将的后裔攻下忒拜后，忒勒西阿斯就离开了那里。路上他感到口渴，就想要喝提尔福萨泉的泉水，但泉水寒冷无比，以至于他喝下之后当场毙命。《奥德赛》中，奥德修斯在冥界召唤了忒勒西阿斯的亡魂，即使在彼岸世界，他的预言能力依旧不减当年。他告诉奥德修斯如何安全地重返故土。他早已预见到这位英雄将会面临的考验，并告诉他如何成功通过考验。

冥界中的奥德修斯向忒勒西阿斯的幽灵（图片下方）询问如何安全地重返故土。（双耳爵，公元前4世纪）

## 忒拜人的军师

忒勒西阿斯是一个经常出现在忒拜国王身边的角色。卡德摩斯之子彭透斯曾就是否引入酒神崇拜向他征求意见，忒勒西阿斯对此表示赞同；安菲特律翁传召他前来，想知道是谁冒充自己私会妻子阿尔克墨涅，结果从他口中得知了儿子赫拉克勒斯的传奇命运；多年以后，忒拜瘟疫肆虐，俄狄浦斯杀死了拉伊俄斯，却不知道他就是自己的父亲。忒勒西阿斯对这位英雄以礼相待，却也向他暗示他就是引发这场灾难的罪魁祸首；他预言了厄忒俄克勒斯和波吕尼刻斯为争夺王位而引发的七将攻忒拜之战；也是他向忒拜人建议，如果想要战胜波吕尼刻斯，就需要献祭克勒翁的儿子墨诺叩斯；后来，他还建议忒拜人也为波吕尼刻斯举行葬礼。

## 厄里费勒的背叛

厄里费勒经常在哥哥和丈夫之间发生争论时介入，并替他们做出裁决。她当初同意嫁给安菲阿剌俄斯的条件就是要他对自己千依百顺。波吕尼刻斯知道妹妹对这位先知的影响力，因此希望她能说服她的丈夫去参加忒拜之战。他知道妹妹喜欢打扮自己，于是送给她一件让她无法拒绝的礼物：哈耳摩尼亚在自己和卡德摩斯的婚礼上从众神那里得到的著名项链。然而，这是一份给整个忒拜王室带来不幸的礼物。比起丈夫的生命安全，厄里费勒更看重这条项链，于是她要求丈夫一定要和其他六名大将同去参战。

安菲阿剌俄斯是一位英勇的战士，也是一位杰出的先知。图为他在战车上的英姿。（浮雕，公元前4世纪）

## 英雄，亦是先知

安菲阿剌俄斯的父亲是阿尔戈斯的国王俄克勒斯，母亲则是勒达的姐妹许珀尔涅斯特拉。他的祖父是墨兰浦斯，因此他也遗传了先辈们预知未来的能力，但他也是一位出色的战士。他曾将阿尔戈斯的国王阿德剌斯托斯赶下王位，后来二人重归于好，阿德剌斯托斯还将自己的妹妹厄里费勒许配给他为妻。他们生了两个儿子：阿尔克迈翁和安菲罗科斯。安菲阿剌俄斯先后参加了卡吕冬狩猎和阿尔戈号远征。后来，波吕尼刻斯邀请他一同参加忒拜之战来对抗他的兄弟厄忒俄克勒斯。但是，安菲阿剌俄斯知道自己会在这场战争中丧命，于是就拒绝了。

### 消失的安菲阿剌俄斯

安菲阿剌俄斯最终还是参加了这次出征，临行前他交给儿子们一个任务：在时机来临之时为自己报仇。如预言中所揭示的那样，他们失败了，七将中只有两个人幸存了下来：阿德剌斯托斯和安菲阿剌俄斯。他们逃离了忒拜，但宙斯降下神雷劈开大地，安菲阿剌俄斯掉进去后就消失无踪了。宙斯赐予他永生，使他成为一名预言之神，他的神庙位于阿提卡的俄洛波斯。

# 男扮女装的英雄

## 阿喀琉斯的童年

忒提斯想要保护她刚生下的孩子,对于身为海仙女的她来说,没有比借助水的力量更顺理成章的方式了。她将小阿喀琉斯浸入冥河斯提克斯河中,让他变得刀枪不入。忒提斯本应想办法让他全身都没入河水,这样他的全身上下就都能受到圣水的赐福,但她犯了一个错误:整个过程里她一直抓着阿喀琉斯的脚踝,那将成为这位健壮的英雄一生中唯一的弱点。在另一则不甚出名的传说中,忒提斯选用火来测试儿子是否具备神性,也就是不死的特性。但是,阿喀琉斯只被烧伤了脚踝,因为他的父亲迅速地将他从火堆中拉了出来。后来,阿喀琉斯被烧焦的踝骨被替换为死去的巨人达密索斯的骨头,而达密索斯是跑得最快的巨人,这也是阿喀琉斯号称"飞毛腿"的由来。阿喀琉斯被托付给半人马喀戎。他在色萨利的土地上长大,很快,他在赛跑、搏斗和攀岩等方面无可匹敌。他还是一位技艺精湛的里拉琴手和博学的植物学家。由于一则神谕曾向忒提斯预言说她的儿子将会死在特洛伊,因此一切与战争有关的技艺都让她感到害怕。后来,她又将阿喀琉斯托付给斯库洛斯岛的国王吕科墨得斯,希望能够改变儿子的命运。

## 阿喀琉斯的爱情

阿喀琉斯渐渐长大,他的监护人吕科墨得斯有一位女儿名叫得伊达弥亚,令他怦然心动。诗人斯塔提乌斯称她有着让身边女伴都黯然失色的美貌。扮成女孩的阿喀琉斯悄悄地接近她,并向她透露了自己的真实身份。在一次纪念狄俄尼索斯的庆典上,阿喀琉斯再也无法克制自己对得伊达弥亚的爱,强行与她结合。在得伊达弥亚的乳母的掩护下,两人成为恋人,得伊达弥亚不久便怀孕了。他们的儿子名叫皮洛斯,也被称为涅俄普托勒摩斯。

## 男扮女装的阿喀琉斯

将阿喀琉斯带往安全之地,让他远离"阿瑞斯的工事",并不足以让银足的女神忒提斯完全放心。她还担心有人会认出这位年轻人的身份,因为阿喀琉斯泛着红色的金发颇为醒目。于是,忒提斯决定让他男扮女装,从而彻底避开他那已被宣告的命运。在吕科墨得斯的宫廷里,阿喀琉斯化名为皮拉,藏身在和他穿着类似服饰的国王的女儿们当中长达九年。还是小男孩的阿喀琉斯跟着他的女伴们一起学习纺织羊毛等各种女红。

服侍翁法勒的赫丘利与吕底亚女王互换身份,女王拿着狼牙棒,而他则在纺线。

### 赫拉克勒斯与翁法勒

赫拉克勒斯在杀死伊菲托斯后就疾病缠身。德尔斐的神谕告诉他,若想消除这一罪孽,他就必须被公开拍卖并成为吕底亚女王翁法勒的奴隶,为期三年,而他的卖身之资则会被交给伊菲托斯的孩子们。大英雄接受了这一屈辱却有望让自己病愈的惩罚。被拍卖给翁法勒后,女王交给他诸多任务,例如消灭强盗、怪物和国家的敌人。奥维德称女王常以羞辱这位半神为乐,她强迫赫拉克勒斯穿上女人的衣服纺织羊毛,而自己却用他的战利品打扮起来。就这样,最有男子气概的大英雄赫拉克勒斯"在翁法勒的脚边纺线",而女王则身披涅墨亚的狮皮,手中挥舞着他的狼牙棒。然而,女王还是为赫拉克勒斯的功绩所折服,最终爱上了他,并在让他恢复自由之后嫁给了他。西西里的狄奥多罗斯称他们育有一子,名叫拉蒙。

英雄列传

## 阿喀琉斯被拆穿

准备出征特洛伊的亚该亚人正在四处寻找阿喀琉斯，因为先知卡尔卡斯告诉他们，阿喀琉斯的出战对于这场战争是不可或缺的。机智的奥德修斯找到了英雄留下的蛛丝马迹，他来到斯库洛斯岛，在准备进献给公主们的礼物中藏了一面精美的盾牌。因为他知道，即使打扮成女人，脾气火暴的阿喀琉斯也一定会显露出自己的天性，选择这面盾牌，从而暴露自己的身份。不出奥德修斯所料，阿喀琉斯的真实身份果然暴露了，他不顾得伊达弥亚的哭诉和挽留，毅然决然地加入了希腊人集结在伊利昂的军队。

奥德修斯认出了混在吕科墨得斯女儿当中的男扮女装的阿喀琉斯。（庞贝古城壁画，1世纪）

### 赫利俄斯与琉科托厄

阿佛洛狄忒与阿瑞斯偷情被抓现行，她的丈夫赫菲斯托斯用一张网困住了他们，奥林匹斯山诸神都在嘲笑这对丢脸的情人。但若非赫利俄斯向火神告发此事，这一切就都不会发生。阿佛洛狄忒迫切地想要报复，她让赫利俄斯无法自拔地爱上了美丽的琉科托厄，她的父亲是波斯国王俄耳卡摩斯，母亲则是俄刻阿诺斯之女欧律诺墨。赫利俄斯变成母亲忒亚的模样与琉科托厄亲近，等到二人相熟之后，赫利俄斯就向她透露了自己的真实身份。被深深吸引的琉科托厄爱上了赫利俄斯，并为他生了一个儿子，名叫忒尔萨诺尔。而被赫利俄斯抛弃的克吕提亚为了报复，便向琉科托厄的父亲揭发了她有悖礼节的行为。深觉名誉受损的俄耳卡摩斯命人将女儿活埋，绝望的赫利俄斯只能用自己的光芒轻抚着琉科托厄，却无法使其复活，于是他把芬芳的甘露浇在她的坟墓上，让他的爱人变为乳香树重获新生。

# 德行楷模

## 孝行典范

安喀塞斯与阿佛洛狄忒的儿子埃涅阿斯是特洛伊王子，但他的事迹也流传于罗马神话中，因为他就是维吉尔《埃涅阿斯纪》的主人公，一位极其虔诚的英雄，人称"虔诚的埃涅阿斯"。被洗劫的特洛伊城火光四起，到处都是敌人，埃涅阿斯不得不从达尔达尼亚的城门逃离。埃涅阿斯背着父亲在混乱的特洛伊城的火光中穿行，维吉尔描写的这一场景作为孝道的象征，永远地铭记在大众的记忆深处："来吧，亲爱的父亲，骑在我的脖子上，我会用肩膀驮起你，你不会成为我的负担。"

## 家族精神

逃离特洛伊的时候，埃涅阿斯牵着儿子阿斯卡尼乌斯（罗马人称其尤卢斯）的手。"小尤卢斯在右边牵着父亲的手，迈着跟跟跄跄的步伐勉强跟随，我的妻子则走在后面。我们在暗中穿行。就在不久前，无论是射向我的利箭还是从敌营中突然现身的希腊人都不曾使我动摇分毫，而现在，一阵风都能让我担惊受怕，一点儿声响都能激起我的警觉，我焦躁不安，担心身边的儿子，也担心背上的父亲。"

埃涅阿斯背着父亲安喀塞斯逃离燃烧的特洛伊城。（双耳瓮，约公元前 510 年）

## 故国之意

埃涅阿斯不仅孝顺，对神明也十分虔诚，这一点从他逃离特洛伊城时带走的圣物便可见一斑，即使在逃难之际，他也绝不会忘记带走它们。"父亲，请你将这些圣物和我们祖国的佩纳特斯神像拿在手里。对于刚从如此险恶的战场和杀戮中脱身的我来说，在没有用河中的流水净化自己之前，触碰它们乃是渎神之举。"

## 卡塔尼亚的两兄弟

安菲诺摩斯和阿那庇阿斯也被称为"虔诚兄弟"，两人的英雄壮举流传后世。"古人们对他们的生身父母极为尊敬，从发生在卡塔尼亚，人称'虔诚之子'的两个孩子身上的事情便可见一二，当然，这样的例子还有很多。从埃特纳火山涌出的火焰直奔卡塔尼亚，这两个孩子并没有想着收拾金银细软，而是分别带上他们的父母一起逃跑。由于他们无法跑得太快，眼看火焰就要追上他们，他们也没有因此抛下父母。据说熔岩自动分开，从他们的两侧流了过去，既没有伤害他们，也没有伤害他们的父母。直到今天，卡塔尼亚的人们还在纪念他们。"（帕萨尼亚斯）他们从火海逃生的地方被称为"虔诚广场"。人们还说那些抛下父母逃命的人全都葬身火海了。

英雄列传

## 效忠于赫拉

克琉比斯和比同的传说告诉我们，虔诚的孝子会从女神赫拉那里获得怎样的无上恩赏。不过这份恩赏在现代人看来可能有点儿莫名其妙……他们的母亲库狄珀是任职于阿尔戈斯赫拉神庙的女祭司。在一场盛大祭祀前，女祭司必须在规定时间准时到达神庙，以完成对婚姻女神的祭祀仪式。平时人们都是从牧场找来白牛为女祭司套车，今天这些白牛却迟迟没有送到。眼看就要误了吉时，克琉比斯和比同毫不犹豫地脱下衣物，让自己代替白牛套在车上。他们就这样坚毅地拉着沉重的套车和他们的母亲，在人们钦佩的目光中走完了距离圣殿45场（8.6公里）长的路，刚好及时赶到神庙。完成祭祀仪式的库狄珀请求赫拉嘉奖孩子们的德行，并赐予他们作为凡人所能期待的最好的恩赏。

## 杰出青年

阿尔戈斯人为了纪念克琉比斯和比同，在德尔斐建造了两尊2米多高的雕像进献给阿波罗。希罗多德称之为"杰出青年"的雕像。这两尊男体雕像于19世纪末被发现，现收藏于德尔斐博物馆。

## 待客之道

好客在古希腊是一种美德，因为你不知道什么时候就会把神迎进家门。农夫许里欧斯因款待了宙斯、波塞冬和赫尔墨斯而被答应可以许一个愿望。他想要一个儿子，众神就赐予他俄里翁。费莱蒙和鲍西丝的好客就更有名了。宙斯与赫尔墨斯扮成普通的旅行者来到这对老夫妇的家中，他们受到了非比寻常的款待，而城中的其他居民都将他们拒之门外。作为奖赏，两位主神赐给这两位善良的老人长寿，并在他们死后将鲍西丝变成一棵优雅的椴树，将费莱蒙变成一棵挺拔的橡树。

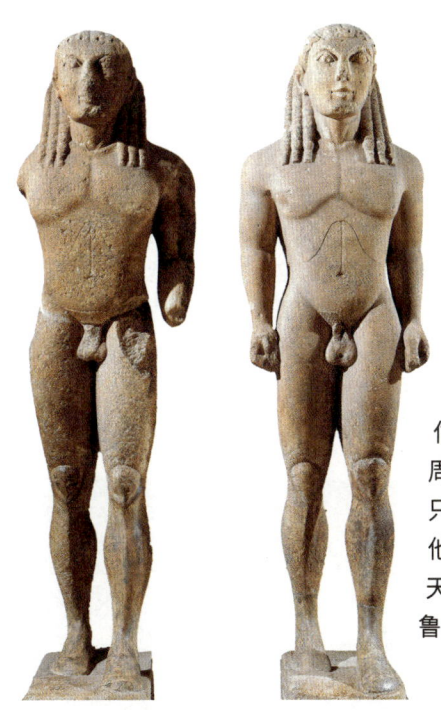

克琉比斯和比同之死，是对他们忠于赫拉的奖赏……（大理石雕像，公元前6世纪）

## 无上的恩赏

克琉比斯和比同参加宴会后在神殿中睡着了……他们再也没有醒过来！赫拉将长眠赐给两位英雄，作为凡人所能期许的至高幸福。这样的情节也出现在阿伽墨得斯和特洛福尼俄斯的传说中："在建完德尔斐的阿波罗神庙后，他们请求神为他们的工作支付酬劳。阿波罗说他们会在一周后获得酬劳，而在那之前他们只需每天尽情玩乐，享受美食。他们遵从了神的指示，到了第七天晚上就在睡梦中死去了。"（普鲁塔克）

489

# 崇高的阿塔兰忒

## 无人能及的猎手

阿塔兰忒是希腊神话中一个有趣而又不同寻常的角色,她的形象可能是由两个同名角色融合而来的。她有着沉鱼落雁的美貌、无可匹敌的速度和精湛的狩猎技巧,阿塔兰忒迈着轻盈的步伐在阿卡迪亚和贝奥蒂亚留下了自己的传说。

## 阿塔兰忒与半人马

许莱俄斯与洛科斯觊觎阿塔兰忒的美貌已久,他们是两个以放荡著称的半人马。埃里亚努斯称他们喜欢在夜里拿着熊熊燃烧的火炬四处纵火,焚烧树木,使整个国家陷入恐慌。一天晚上,当他们靠近阿塔兰忒的洞穴入口企图侵犯她的时候,阿塔兰忒临危不乱,弯弓搭箭,射死了他们。

## 在卡吕冬

在埃托利亚的卡吕冬,国王俄纽斯得罪了阿尔忒弥斯,女神派了一头凶恶的野猪到他的国土搞破坏。国王将全希腊最好的猎手都请来,下令围捕这头野猪。他承诺,谁能杀死这头怪物,就可以得到它的兽皮作为战利品。在墨勒阿革洛斯、忒修斯、伊阿宋以及卡斯托尔和波鲁克斯等参与这场狩猎的众多勇士中,阿塔兰忒是唯一的女性。作为第一个用箭射中野猪的人,她在这次狩猎中脱颖而出,但奖赏最终落在了给予野猪致命一击的俄纽斯之子墨勒阿革洛斯身上。然而,阿塔兰忒却成为一场悲剧的导火索。因为墨勒阿革洛斯出于对她的爱慕之情,决定将兽头和兽皮交给第一个射伤野猪的阿塔兰忒。但这一决定却遭到忒斯提俄斯的儿子们的反对,他们也是墨勒阿革洛斯的母亲阿尔泰亚的兄弟,他们称这样出色的战利品应当归王室所有,而不能给一个黄毛丫头。墨勒阿革洛斯一怒之下将舅舅们杀死,而他的母亲阿尔泰亚在惊慌之下,决定将自儿子出生以来就象征着他生命的木柴燃尽,结束他的生命。

## 离群索居的阿塔兰忒

阿塔兰忒一出生就被遗弃在帕特尼翁山的森林中,因为她的父亲——在不同版本中可能是迈那罗斯、伊阿索斯或斯科纽斯——不想要女儿。在阿尔忒弥斯的保护下,一头母熊用奶水哺育了她,她被猎人们抚养长大,跟他们学习箭术,自己也成为一名猎手。这位有着绝世美貌的女英雄随身携带弓、箭、标枪等武器,片刻不离。她只穿一身丘尼卡衫,并用衿针别住,以免在她最擅长的赛跑中拖慢自己的脚步。她拒绝结婚,立下守贞誓言要像她的保护神阿尔忒弥斯一样保持处子之身,两者的形象也因此常常发生混淆。但她还是嫁给了希波墨涅斯,并为他生了一个儿子,名叫帕耳忒诺派俄斯。这个孩子被她遗弃在帕特尼翁山上。帕耳忒诺派俄斯被国王科律托斯收养,后来成为第一批征战忒拜的七员大将之一。他名字的意思是"纯洁少女之子",以纪念其母亲在生下孩子后仍然是处子之身。

墨勒阿革洛斯将野猪头交给阿塔兰忒。

英雄列传

## 也许参加了阿尔戈号远征，也许没有

阿塔兰忒在另一场英雄盛会中也曾登场，即阿尔戈英雄的远征。在伊奥尔科斯，她参加了纪念珀利阿斯的葬礼运动会，在赛跑中大放异彩，还在搏击比赛中战胜了佩琉斯。有人认为，她是唯一参与伊阿宋寻找金羊毛之旅的女性，虽然她在此次远征的功绩完全没有被提及。另有一种说法是，阿塔兰忒在伊阿宋的劝说下没有参加这次征程，他担心船员会因为她的美貌而起争执。

为了在赛跑中胜过阿塔兰忒并娶她为妻，希波墨涅斯将苹果扔在她的脚下来拖慢她的脚步。（油画，圭多·雷尼，1618年）

## 地名中的阿塔兰忒

除了阿卡迪亚的帕特尼翁山，阿塔兰忒的名字也出现在伯罗奔尼撒半岛南部的库凡塔，那里流淌着"阿塔兰忒之泉"：据说她在打猎时感到口渴，于是就用长枪敲击岩石，随即便有冷冽的泉水涌出。在阿卡迪亚的斯科努斯和迈那罗斯山附近，也有一片"阿塔兰忒之野"，被认为是这位女英雄向她的追求者发起赛跑挑战的地方。

## 阿塔兰忒与希波墨涅斯

阿塔兰忒曾立誓守贞，她希望终生服侍阿尔忒弥斯，但她的父亲在她成年后与她相认，准备把她嫁出去。还有人说她拒绝结婚是因为一则预言，预言中说如果她结婚，就会被变成动物。阿塔兰忒知道自己的速度是所有凡人中最快的，于是她决定向求婚者发起一场让他们必输无疑的挑战：在比赛中赢过她的人可以娶她为妻，但输的人则要被她砍掉脑袋。被阿塔兰忒的美貌冲昏头脑、想要挑战她的男人不计其数，他们都在比赛输掉后被阿塔兰忒毫不留情地亲手处死。希波墨涅斯（或称墨拉尼翁）虽然明知这是疯狂之举，却仍然想要试下运气，用自己的性命做赌注，来求娶这位无人可及的少女。阿佛洛狄忒帮了他，她送给希波墨涅斯三颗金苹果，要他在比赛中扔到阿塔兰忒脚下。在比赛中，阿塔兰忒被苹果神圣的光芒所吸引，停下脚步去捡，因此落了下风。女神帮助希波墨涅斯的手段完美地奏效了，输了的阿塔兰忒只好遵守诺言。

## 阿塔兰忒的结局

比赛结束后，希波墨涅斯忘记了感谢阿佛洛狄忒，甚至还大胆地在宙斯或库柏勒的圣殿中与阿塔兰忒交欢。为了惩罚他们，女神库柏勒将他们变成了两头狮子，让他们永远不能在一起。在奥维德的版本中，库柏勒还将这两头狮子套在了自己的战车上。在其他作者笔下，则是阿尔忒弥斯将他们变成狮子，为了惩罚阿塔兰忒的失贞。

# 英雄忒修斯的童年

## 显赫的家世

忒修斯的母亲是特洛泽那国王庇透斯的女儿，父亲则是雅典国王埃勾斯。不过，因为忒修斯的力量实非常人所能及，有时人们也会把海神波塞冬当成他的父亲。忒修斯双亲的家世都十分显赫，父亲一脉可以通过厄瑞克透斯和其父厄里克托尼俄斯追溯到赫菲斯托斯，母亲埃特拉则是珀罗普斯的孙女。忒修斯是出生在特洛伊战争上一个世代的人，他参加了寻找金羊毛的征程，也在同亚马孙人的战争中与赫拉克勒斯并肩作战。他和淮德拉所生的两个儿子阿卡玛斯和得摩丰参加了特洛伊战争。

在一些传说中，忒修斯是波塞冬的儿子。（水罐，约公元前 480 年）

## 后继有人

埃勾斯被庇透斯灌醉后，与埃特拉共度了一夜良宵。这位雅典的国王怀疑自己有不育症，因为他的前任妻子都没能给他生下孩子，不久前他去了德尔斐神庙求得神谕，并遵循其中的指示以期得到回应。庇透斯认为，神谕指引埃勾斯来到他这里，是为了在他女儿埃特拉身上求得后继有人的保障。和埃特拉过夜后，埃勾斯将自己的佩剑和鞋藏在一块巨大的岩石下面，他让埃特拉在他们的儿子变得足够强大、能够搬动这块大石之后，将石头下面的东西交给他。只有到那时，他的儿子才能够离开特洛泽那，到雅典和自己的父亲重逢。但是，对于这名年轻的英雄来说，雅典是危险的城邦，因为这里也是帕拉斯的 50 个儿子帕兰提得斯的封地。他们是埃勾斯的侄子，因为埃勾斯此前没有孩子，他们就一直声称要继承雅典。

## 有两位父亲的英雄

同很多盛名远播的英雄一样，忒修斯之母埃特拉受孕的过程也有着不同寻常之处。在一次宴会后，埃特拉在同一晚先是被迫与波塞冬结合，又和雅典的国王埃勾斯交欢。有的版本称，在埃特拉遇见埃勾斯的前一晚，雅典娜托梦给她，让其前往斯淮里亚岛，给安葬在那里的曾是珀罗普斯战车手的英雄喀拉斯献上夜祭。这位英雄死后被人称为斯淮洛斯。埃特拉与埃勾斯结合之前，就是在这座岛上被波塞冬诱奸，从而让忒修斯有了两位出色的父亲：一位是神，另一位是凡人。

## 这个孩子前途无量

忒修斯在特洛泽那出生，由母亲和外祖父抚养。负责教育他的坎尼达斯是一位品行高尚的老师，也是喀戎的朋友，忒修斯在这样春风化雨的环境中长大。当赫拉克勒斯拖着涅墨亚狮皮受邀来到庇透斯的宫廷，年仅 7 岁的忒修斯夺过一位仆从的武器，勇敢地向那张仿若活物的兽皮发起挑战，而他的同伴们早已逃得无影无踪了。忒修斯也因此得到了所有人的赞赏。

## 忒修斯发型

按照传统，青年时期的忒修斯需要前往德尔斐，将自己的头发供奉给诸神。当然，他并不会将头发全部剃光，只是剃掉头顶的部分，就像优卑亚岛上骁勇善战的阿班忒斯人那样。据普鲁塔克所说，这种发型也被称作"忒修斯发型"。

## 追随父亲的脚步

忒修斯16岁的时候，就已经身强体壮。埃特拉将他带到巨岩处，他毫不费力地就搬开巨石，拿到了属于父亲的物品，当即决定经陆路前往雅典寻找父亲。庇透斯并不建议这样做，他更想让忒修斯走较为安全的海路，因为自从赫拉克勒斯被卖到吕底亚做奴隶后，各种怪兽和强盗在陆上横行无忌，过于凶险。但是，忒修斯想向世人证明他拥有堪比一国之君的勇气，还是选择走陆路。仿照赫拉克勒斯十二伟业的模式，人们也将一系列功绩算到了忒修斯名下。

## 忒修斯的六大功绩

1. 忒修斯遭遇的第一个强盗是赫菲斯托斯和安提克勒亚的儿子珀里斐忒斯，他活跃在埃皮达鲁斯，有一根用来辅助行走的拐杖或青铜棒槌，也用来攻击闯进他地盘的旅行者。忒修斯杀死了他，并将他的棍棒收归己有。

2. 随后他遇到了斯喀戎。此人是珀罗普斯或波塞冬的儿子，生活在墨伽拉境内海岸边的一处悬崖上。他强迫行人替他洗脚，并乘其不备把他们推落海中，让食人龟将其撕成碎片。忒修斯杀死这个无赖，终结了他的恶行。

3. 辛尼斯，波塞冬之子，人称"扳树贼"，是一个力大无穷的巨人，在科林斯地峡胡作非为。他将抓到的人放在一棵松树的树干上，掰弯树干随即松开，被这样弹射出去的人便再无生还的可能。忒修斯为当地除掉了这一祸患。

4. 在克洛密翁有一头由厄喀德那和提丰所生的母猪妖，名叫淮亚，也是将它抚养长大的老妪的名字。这头嗜血的野兽已经吃掉了不少人，忒修斯用剑杀死了它。

5. 到达厄琉息斯后，忒修斯又遭遇了刻耳库翁，他也是波塞冬的儿子，也有可能是赫菲斯托斯的儿子。他向路人挑战摔跤，然后野蛮地杀死他们。忒修斯在从墨伽拉到厄琉息斯的路上将其击败，此处后来被称为刻耳库翁角斗场。

6. 达玛斯忒斯，又名普洛克儒斯忒斯，活跃在墨伽拉和雅典之间。他有两张床，是他用来迫害行人的工具：他强迫个子高的旅行者躺在小床上，然后砍掉他们的双脚；而个子矮的旅行者则被强迫躺在大床上，普洛克鲁斯忒斯会粗暴地拉伸他们，直到将他们撕成两段。好在忒修斯让这名强盗再也无法作恶。

忒修斯年轻时就因完成了六项功绩而闻名于世。上图中间描绘的是他与弥诺陶洛斯战斗的场景。（黑底红纹基里克斯杯，约公元前500年）

# 忒修斯与弥诺陶洛斯

## 抵达雅典

在刻菲索斯河畔,忒修斯受到了费塔利德斯人的款待,他们净化了忒修斯一路上因杀戮而犯下的罪孽。在百牛月的第八天,英雄忒修斯到达了一片混乱的雅典城。埃勾斯娶了魔女美狄亚为妻,因为她声称可以治好这位老国王的不育症。埃勾斯见到这位年轻人到来,并没有认出他来,就心生畏惧。美狄亚虽然很清楚这位陌生人的身份,却一心想要除掉他,于是便说服丈夫设下鸿门宴,邀请忒修斯前来赴宴,而后设法毒死他。宴会上,忒修斯不动声色,等到上烤肉时,他假装拔剑切肉。埃勾斯当即认出了那把剑,他欣喜若狂,向在场所有人宣布忒修斯就是他的合法继承人,还当场休掉了美狄亚并将她驱逐出境。

## 积怨已久

克里特岛的国王米诺斯对埃勾斯恨之入骨。因为在忒修斯的父亲举办的泛雅典运动会中,米诺斯的儿子安德洛革俄斯赢得了所有比赛的胜利,埃勾斯便派他去讨伐马拉松公牛,他知道安德洛革俄斯一定会为此丧命。安德洛革俄斯死后,米诺斯向埃勾斯索要一项令人发指的赔偿:雅典人每九年向他进贡七对童男童女,以供他的另一个儿子阿斯忒里翁,也就是著名的牛头怪弥诺陶洛斯享用。这样可怕的进贡已经进行了两次,但就在第三次进贡期限快到的时候,雅典人民奋起抗议,于是埃勾斯要求将自己加入贡品名单中。在另一个版本中,是米诺斯亲自挑选了雅典第三次上贡的牺牲品,并满怀恶意地选中了忒修斯。按照规定,被选中的人要解除武器,只要能够赤手空拳杀死弥诺陶洛斯,便可以获得自由。

## 忒修斯与帕兰提得斯

虽然已和父亲相认,但忒修斯还要对付他的堂兄弟们。帕拉斯的儿子们帕兰提得斯以为埃勾斯没有子嗣,本来打算继承他的王位。在看到忒修斯这个合法继承人之后,他们就策划了一场阴谋和伏击。他们兵分两路,一队人马从斯斐托斯正面进攻,另一队则在后方伽尔革托斯设伏,希望打忒修斯一个措手不及。幸运的是,一位来自阿格努斯、名叫勒俄斯的传令官背叛了帕兰提得斯,将他们的计划透露给忒修斯。忒修斯解决了伽尔革托斯的伏兵,此举让城内作乱的敌军溃散而逃,从而结束了与帕拉斯之子的战争。

忒修斯赤手空拳与弥诺陶洛斯搏斗。(双耳瓮,约公元前 500 年)

英雄列传

忒修斯将阿里阿德涅抛弃在纳克索斯岛上。（油画，阿舍·布朗·杜兰德，约 1831 年）

## 命悬阿里阿德涅之线

抵达克里特岛后，忒修斯很快就和米诺斯的一个女儿阿里阿德涅成为朋友，阿里阿德涅也被忒修斯的英雄气概所吸引并爱上了他。她交给忒修斯一团线球，让他能够在那头混血怪物居住的迷宫中找到出路。凭借这一方法，忒修斯按照规定徒手击杀了弥诺陶洛斯，顺着线团成功走出了迷宫，也将雅典人从他们的残酷命运中解放出来。满载荣耀的忒修斯为防止追击，凿穿了克里特人的船只；他还带走了阿里阿德涅，因为他曾许诺跟她结婚，作为对她帮助击杀阿斯忒里翁的答谢，并带上被他救出的其他雅典年轻人一同返回家乡。在另一则传说中，阿里阿德涅交给忒修斯的并不是一团线球，而是一顶会发光的王冠，这是狄俄尼索斯送给她的订婚礼物。忒修斯借助王冠所散发出的光芒，找到了走出迷宫的路。

## 黑帆，白帆

在忒修斯前往克里特岛的时候，埃勾斯交给他两面黑帆。埃勾斯还交给儿子两面白帆，以供其得胜归来时所用。如此一来，这位慈爱的父亲就能在岸边一眼认出将他儿子带回身边的胜利之舟，并为他欢欣鼓舞。但是，忒修斯和他的领航员进入法勒隆港时只顾着高兴，忘记挂上白帆。因此，当老国王望向海平面见到黑色的帆船驶向阿提卡海岸时，以为儿子已殉难，绝望无比的他跳进海里淹死了。在另一个版本中，埃勾斯是从雅典卫城的高处眺望大海里的船只，他满怀希望地想要看到白色的帆船出现在海平面，但他瞥见黑色的帆影时，就从峭壁高处纵身跃下自尽了。

## 抛弃阿里阿德涅

返回雅典的船只在夜间停靠在纳克索斯岛，阿里阿德涅就在忒修斯的怀中睡着了，但当她醒来时，发现自己孤身一人被遗弃在岛上。惊慌失措的阿里阿德涅无助地看着搭载心爱之人的船消失在海平面上。这也许是因为狄俄尼索斯想从忒修斯手中夺回米诺斯的女儿，好在日后娶她为妻？也可能是像一些神话编写者说的那样，是雅典娜或赫尔墨斯让忒修斯将少女留在岛上的？抑或是忒修斯爱上了潘诺佩乌斯的女儿埃格勒，从而抛弃了阿里阿德涅？无论是何原因，忒修斯抛下阿里阿德涅，离开了纳克索斯岛。在最广为流传的版本中，是狄俄尼索斯来到岛上带走了公主。

## 鹤舞

忒修斯中途在提洛岛停留，为的是将一尊从阿里阿德涅那里得到的雕像供奉给阿佛洛狄忒。他发明了一种舞蹈，用来表现迷宫中错综复杂的道路，并邀请从弥诺陶洛斯那里逃出来的雅典年轻人跟他一起，围着一尊名叫刻拉同的祭坛翩然起舞。祭坛之所以叫刻拉同，是因为它是用兽角做成的，据说还都是动物的左角。狄凯阿尔科斯说这种舞蹈名叫"鹤舞"，而且这种舞蹈仪式也延续了下来。

495

# 国王忒修斯

## 统一国家的建立

普鲁塔克写道："根据亚里士多德的说法，忒修斯是第一个倾向于组建民主政府并自愿放弃王权的人。"父亲死后，忒修斯放弃了王位，开始着手组建国家。他的第一项政治举措就是将所有分散在乡间的城镇联合为一个城邦，由此实现了所谓的"城镇合并"。这个新的国家以雅典为首都。忒修斯还下令铸造了印有牛形图案的货币，此举可能是为了鼓励农业发展。他重新组织了纪念波塞冬的科林斯地峡运动会，正如赫拉克勒斯为宙斯设立奥林匹克运动会那样。由此产生的泛雅典娜节，标志着半岛的政治统一。

## 民主的诞生

雅典式民主的著名政治建筑——五百人会议的大会堂就是在这一时期建立的。古典时期的民主开端也已出现。民众被划分为三大社会阶层：贵族、手工匠人和农民。忒修斯的名字——意为"制度"——已经预示了他将在政治方面扮演至关重要的角色。墨伽拉也成为新政权的一部分。为了将伊奥尼亚人和多利安人分隔开，忒修斯在阿提卡和伯罗奔尼撒的边界立了一块石碑。普鲁塔克记录了石碑上的铭文，石碑的东面刻着："此处并非伯罗奔尼撒，而是伊奥尼亚。"石碑的西面则刻着："此处为伯罗奔尼撒，而非伊奥尼亚。"

## 亚马孙人的复仇

在另一个版本中，忒修斯娶了安提俄珀为妻，他们生了一个儿子，名叫希波吕托斯。但米诺斯的儿子丢卡利翁后来答应将淮德拉许配给忒修斯，为了新欢，忒修斯就休掉了安提俄珀。长大成人的希波吕托斯远征阿提卡，意欲为母复仇。宣战之际恰逢忒修斯与淮德拉的婚礼。安提俄珀带着亚马孙人英勇作战，但她在试图进攻满是宾客的婚宴大厅时被杀掉了。在另一则很少有人提及的古老传说中，忒修斯遵照开战之初的一则神谕中的指示，将安提俄珀献祭给了恐惧之神佛玻斯。

## 与亚马孙人的战争

在一些传说中，忒修斯也参与了黑海地区的赫拉克勒斯远征。作为对他所立战功的奖赏，他得到了一位名叫安提俄珀的女战俘。但是，在另一个接受度更高的版本中，忒修斯一到亚马孙人的国家就受到了她们的追捧，这些战神的女儿让美丽的安提俄珀带着见面礼献给忒修斯。忒修斯让她帮忙将礼物装载到船上，乘其不备升起船帆驶离海岸。这次诱拐事件成为亚马孙人向雅典宣战的导火索。她们入侵阿提卡，包围了雅典城。决定性的一役在雅典卫城脚下爆发。就在亚马孙人快要取得胜利的时候，雅典人击溃了亚马孙阵营的一支侧翼，战神的女儿们只得投降。

忒修斯与亚马孙人女王安提俄珀战斗的场面。（柱顶中楣残片，公元前5世纪）

英雄列传

## 忒修斯与庇里托俄斯劫持海伦

拉庇泰人庇里托俄斯是忒修斯的朋友。两人之间的友谊在希腊尽人皆知,据说一切皆由庇里托俄斯对忒修斯的倾慕敬仰而起。在拉庇泰人与半人马之战中,忒修斯就曾与他并肩作战。当海伦在阿尔忒弥斯·俄耳提亚神庙中跳仪式舞蹈时,这两位密友决定将其掳走。随后,他们抽签决定由谁获得这名年轻的女俘虏,最后是忒修斯得到了海伦。作为补偿,忒修斯答应帮助庇里托俄斯劫持珀耳塞福涅。因为海伦还太小,尚不能结婚,忒修斯就秘密将她转移至母亲埃特拉在阿菲德那的住处,随后便出发去帮助朋友完成他大胆的计划。

## 冥界密友

在冥界,哈迪斯设宴,假装热情招待忒修斯和庇里托俄斯。但彼岸之界并非凡人可以来去自如的地方,两人的鲁莽之举很快就招致了冥界之主的惩罚。宴席已毕,两人被定在座位上无法脱身。赫拉克勒斯下冥界时曾试图解救这两个倒霉蛋,但只有忒修斯被允许重见天日,他的朋友则要永远地留在"遗忘之椅"上。据说,忒修斯从椅子上起身的时候用力过猛,将身体的一部分留在了椅子上,因此雅典人的身材总是很苗条。

忒修斯正在追赶一名妇女。(双耳瓮,约公元前440年)

## 国王的典范

俄狄浦斯被逐出忒拜后,和安提戈涅一起四处游荡了很长一段时间,最后是忒修斯收留了他,并让他定居在阿提卡的科罗诺斯。这里也是他后来过世的地方。曾有一则神谕说,俄狄浦斯的安葬之地将会得到神的赐福,但不管忒拜人如何请求,俄狄浦斯都不愿意回到他的故土,为的是感谢忒修斯的热情好客并希望雅典能够享受这则神谕所承诺的赐福。七将攻忒拜之战就是在忒修斯在位期间发生的,阿德剌斯托斯在战败后逃往雅典避难,也是在忒修斯的帮助下,忒拜城下阵亡的英雄们才得到了与他们的英勇相称的葬礼仪式。

## 神之双子的介入

卡斯托尔和波鲁克斯是美丽的海伦的哥哥,他们率领阿卡迪亚人和斯巴达人的军队前往雅典,要求忒修斯释放他们的妹妹。他们先是和平交涉,随后便开始动用武力。阿卡德摩斯对阿提卡地形了如指掌,他知道海伦被藏在哪里,并透露给神之双子。海伦很快就被找到了,这次,忒修斯的母亲埃特拉反而成为俘虏。随后,卡斯托尔和波鲁克斯又将厄瑞克透斯的儿子墨涅斯透斯推上王位。新君的身边很快就聚集了对忒修斯改革感到不满的贵族。

卡斯托尔和波鲁克斯救出妹妹海伦,并将忒修斯的对手推上雅典王位。(瓷器,约1560年)

497

# 忒修斯的悲剧命运

### 无果之爱

米诺斯的女儿淮德拉嫁给忒修斯后为他生了两个儿子：阿卡玛斯和得摩丰，但她却爱上了希波吕托斯——忒修斯和亚马孙人安提俄珀的儿子。按照帕萨尼亚斯的说法，帕兰提得斯死后，忒修斯到特洛泽那净化自己的罪孽，那时淮德拉就见过希波吕托斯。在特洛泽那也留有不少东西见证了这场禁忌之爱：在以希波吕托斯命名的运动场上方有一座阿佛洛狄忒·卡塔斯科庇亚（意为"注视者"）神庙，因为据说对希波吕托斯心生爱慕的淮德拉，就是在这里看着心上人专注于体操练习的。帕萨尼亚斯说他还在附近见过一棵树叶满是针孔的香桃木。"据说这棵树并非一直如此，而是为爱情所苦的淮德拉用自己的发针把它的树叶戳成这样的。"

> "我想要在你眼中显得丑恶非人，为了抗拒你，寻求着你的恨。"
>
> ——拉辛《费德尔》

淮德拉一开始想要自杀，但她的乳母阻止了她，并劝她直面心中的爱情。忒修斯与庇里托俄斯困于冥界期间，淮德拉向希波吕托斯吐露心意，但他却拒绝了继母的表白。这位年轻人终日耽于狩猎，对女人毫无兴趣，淮德拉的情意使他感到恐慌。忒修斯回来后，淮德拉怕他得知实情，于是决定陷害希波吕托斯，称他想要强奸自己。

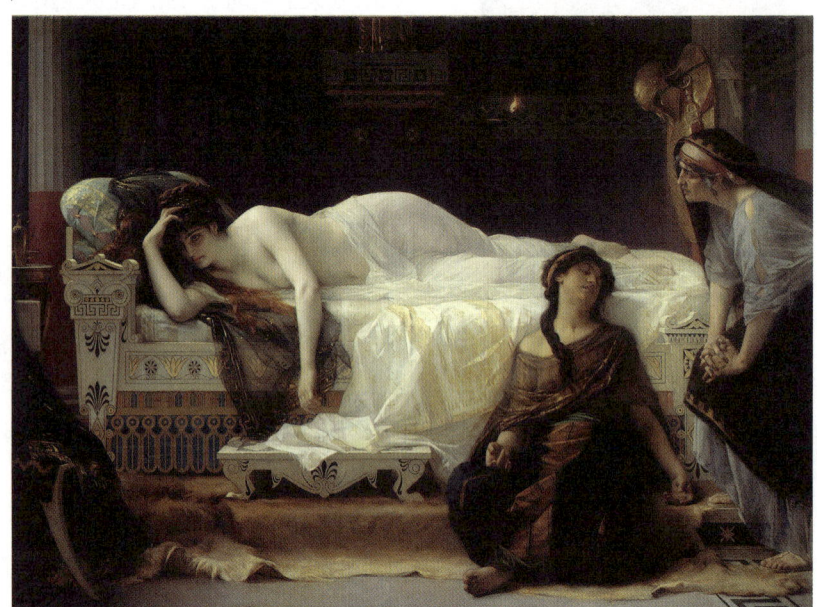

爱上忒修斯之子的淮德拉深陷绝望。（油画，亚历山大·卡巴内尔，1880 年）

### 忒修斯之死

回到雅典后，已被驱逐出境的忒修斯明白自己再无指望重登王位，于是将他的孩子们送至优卑亚的厄勒斐诺尔处，以保他们安全，自己则登船去了克里特岛找自己的舅兄丢卡利翁。但他没有到达目的地，一场风暴让他的船搁浅在斯库洛斯岛上，岛上的国王吕科墨得斯是他的亲戚，他在岛上也有自己的土地。国王热情地接待了他。也有的人说虚伪的国王想要除掉他，或是因为忌惮忒修斯，或是因为想要向墨涅斯透斯示好。国王假意邀请忒修斯到岛上参观，然后将他从山顶推下，令他命丧当场。还有人说是忒修斯在晚饭后独自一人出去散步，结果在山中发生意外，失足摔死。普鲁塔克说当时并没有人注意到他的死亡。

英雄列传

## 淮德拉之坟

忒修斯听信了淮德拉的枕边风，怒不可遏，请求波塞冬处决这个逆子。当希波吕托斯正驾着战车行驶在海岸时，波塞冬变出了两只海怪让他的马匹受惊。希波吕托斯被脱缰的马拉在地上拖行，直至被拖死。随后，淮德拉选择自缢，葬在了特洛泽那。"这里也能见到淮德拉的坟墓，距离希波吕托斯之墓并不甚远，他的坟墓是一个被堆起的土丘，离那棵香桃木很近。"（帕萨尼亚斯）在雅典也有一座希波吕托斯之墓。

## 国王的继承人

忒修斯死后，他的两个儿子参加了特洛伊战争，而墨涅斯透斯仍然统治着雅典。特洛伊战争过后，阿卡玛斯和得摩丰回到雅典，夺回了父亲的王位。他们还从海伦的奴隶和特洛伊的俘虏中带回了祖母埃特拉。雅典人声称拥有特洛伊的帕拉迪昂神像也是因为得摩丰。在一则传说中，是狄俄墨得斯将这尊雅典娜神像交给了得摩丰，但由于阿伽门农向其索要这尊神像，得摩丰便让人做了一件复制品交给他，而原件则被布自革斯带至雅典。在另一个版本中，则是因为狄俄墨得斯和阿尔戈斯人误入法勒隆港，与雅典人发生冲突，神像就是在这场战斗中被雅典人夺回的。

## 英雄遗骨

雅典人声称，在公元前490年由雅典领导的希腊联军对抗波斯帝国的马拉松战役中，有人见到一位英雄，从他英勇无比的战斗方式和无比高大的身形来看，此人只可能是忒修斯，后来也不知道他倒在了战场何处。波希战争结束后，德尔斐神谕指示雅典人将这位英雄的遗骨收集起来，并以最高规制下葬。客蒙决心要完成这项神谕，在征服了斯库洛斯岛后，他看到一只雄鹰正在一处土丘刨土，这激起了他的好奇心。他认为这是神的指引，于是便挖开了百鸟之王标记的地方，结果发现了一位身形巨大的战士的遗骸，旁边还有一柄剑和一杆青铜长枪。这无疑就是光荣的忒修斯。客蒙将遗骸带回雅典，让雅典人安葬了他的遗骨，举行了盛大的庆典来纪念这位故去的英雄，并建造了一座纪念建筑来彰显其荣耀，那里就是后来的托勒密学院所在之处。"这里至今仍是奴隶和害怕被强者欺压的弱小公民的避难所。这座建筑是为了纪念忒修斯而建，他一生中都在保护受到压迫的人，用人性关怀回应向他求助之人的祈祷。雅典人在煮豆月的第八天会举行盛大的祭祀活动来纪念忒修斯，因为在多年前的这一天，他带着其他雅典年轻人从克里特岛归来。雅典人也会在每个月的第八天祭拜忒修斯，因为他第一次从特洛泽那来到雅典就是在百牛月的第八天。"（普鲁塔克）

公元前490年，雅典人在马拉松战役中击退波斯入侵者。（大理石石棺）

# 天才发明家代达罗斯

## 青出于蓝的珀尔狄克斯

有人认为代达罗斯是欧帕拉摩斯和阿尔喀珀的儿子；还有人认为他的母亲是墨洛珀或伊菲诺厄，父亲则是帕莱蒙或厄瑞克透斯的儿子墨提翁。据说他的手艺是雅典娜亲自传授的。在雅典，代达罗斯和自己的外甥塔罗斯一起工作。塔罗斯是一个极具创造力的孩子，他参照一条死蛇的下颌骨，发明了世界上的第一把铁锯，他还发明了圆规和陶轮。他表现出如此卓越的天赋，眼看就要超过自己的师父，代达罗斯便心生嫉妒，将这个可怜的孩子从雅典卫城上推了下去。雅典娜在塔罗斯落地之前将他变成了一只鹧鸪。因此，塔罗斯也被称作珀尔狄克斯，这正是古希腊语中这种不善翱翔、只能低飞的鸟的名字。经雅典战神山议事会审判，代达罗斯因为此项罪行被判死刑，只得逃离雅典。

代达罗斯献上他为国王米诺斯的妻子帕西法厄打造的木制母牛。（庞贝古城壁画，1世纪）

## 代达罗斯在克里特岛

代达罗斯流亡到克里特岛，将手艺传授给岛上的工匠，并用自己独一无二的才能服务于国王米诺斯。守护克里特岛的青铜巨人塔罗斯有时也被认为是代达罗斯发明的。在王后帕西法厄的要求下，代达罗斯打造了一头木制母牛，来满足她和波塞冬送给她丈夫的那头白色公牛交配的愿望。米诺斯后来逼他设计一座迷宫，用来关押帕西法厄生下的弥诺陶洛斯。代达罗斯当时并不知道这座迷宫会成为自己未来的葬身之地。迷宫中的房间和回廊排布错综复杂，没有人能从里面出来，进去的人最后都会被怪物吃掉。

阿里阿德涅请求代达罗斯帮助自己，让忒修斯从其所建的迷宫中脱身。代达罗斯交给她一个线团，忒修斯边走边放线，从而在杀死弥诺陶洛斯之后可以原路返回。（罗马家庭中的镶嵌画，3世纪）

## 阿里阿德涅之线

米诺斯的女儿阿里阿德涅爱上了前来与弥诺陶洛斯搏斗的忒修斯，而代达罗斯再一次背叛国王，帮助阿里阿德涅出谋划策。他告诉阿里阿德涅，可以让忒修斯带一团毛线，一边走一边放线，如此一来便可以在走过的路上留下印记。忒修斯在杀死弥诺陶洛斯之后用这个办法找到了迷宫的出口。不仅如此，克里特国王还要忍受女儿被忒修斯带走的耻辱。为了报复，他把罪魁祸首代达罗斯和他的儿子伊卡洛斯一同关进了迷宫。

## 伊卡洛斯烧掉自己的翅膀

代达罗斯是如何从迷宫中逃脱的？还是凭借着他的机巧之术！在故事的第一个版本中，帕西法厄释放了代达罗斯和他的儿子，他们乘一艘小船离开了克里特岛。为了加快逃跑的速度，代达罗斯发明了船帆以代替船桨，但他的儿子在渡海的过程中淹死了。在第二个版本中，代达罗斯用羽毛和蜡做了两对翅膀，父子俩将翅膀粘在背上，一起从迷宫上方飞了出去。但只有代达罗斯活了下来：伊卡洛斯不听父亲的劝告，在空中飞得太高，翅膀掠过太阳神赫利俄斯散发的光芒时融化了。他坠亡于爱琴海，海中的一座岛屿继承了他的名字，被称为伊卡利亚岛，而周围的海域也就是伊卡利亚海。

为了从关押自己的迷宫中逃离，代达罗斯用蜡和羽毛给自己和儿子打造了两对翅膀。

### 神的恩赐

据说德尔斐神庙建成之后，阿伽墨得斯和特洛福尼俄斯收到了与他们的才能相称的奖赏。阿波罗许诺给他们凡人能得到的最好的东西，他要求他们耐心等待两天，或是六天，并在此期间尽情享受生活的乐趣。在第三天或第七天的黎明，人们发现这两名建筑师已经死去。这个故事说明了诸神能够给予凡人最宝贵的东西就是死亡。

## 蜗牛壳的故事

代达罗斯逃到了西西里国王科卡罗斯那里。米诺斯依然想要报仇，他重金悬赏能将一根线穿过蜗牛壳的每个螺旋的人，因为他知道只有代达罗斯才能解开这样的难题。科卡罗斯经不住赏金的诱惑，将这个挑战交给代达罗斯，后者也果然想出了解决办法。他在壳顶凿开一个小洞，在那里滴上一滴蜂蜜，然后在蚂蚁身上拴了一根线，他知道蚂蚁自己就会在螺旋中找到通往蜂蜜的路，问题就这样解决了。西西里国王将这种奇思妙想据为己有，向米诺斯索要赏金。米诺斯立刻猜到这条妙计是谁的主意，便前来索要代达罗斯，好将他再次囚禁。然而，科卡罗斯的女儿们十分喜欢代达罗斯，因为他给她们做了很多精妙的玩具。她们想了一条计策，在代达罗斯的帮助下杀死了米诺斯。代达罗斯把一根管子穿过米诺斯浴室的天花板，随后由科卡罗斯的女儿们向其中灌入沸水，把米诺斯烫死在浴缸里。代达罗斯这才从追捕者手中逃脱，为了感谢收留他的科卡罗斯，还为他建造了无数的建筑物。

## 过于贪心的两个建筑师

特洛福尼俄斯有时被说成是阿波罗和厄庇卡斯忒的儿子，有时则被说成是厄尔癸诺斯的儿子，由德墨忒尔哺乳养大。在贝奥蒂亚的勒巴底亚，他是一位有名的建筑师，与斯廷法罗斯之子阿伽墨得斯一同工作。许多极负盛名的建筑都出自二人之手，例如安菲特律翁在忒拜的宅邸、德尔斐的阿波罗神庙、波塞冬在阿卡迪亚的曼提尼亚的神庙……他们还为贝奥蒂亚的许里亚国王建造了一间藏宝阁，但这项工程却勾起了他们的贪欲：在夜间，他们移出一块没有被封死的砖石，潜入藏宝阁窃取国王的宝藏。国王察觉后，找到代达罗斯让他困住盗贼。结果阿伽墨得斯掉进了代达罗斯设计的陷阱中。为了防止阿伽墨得斯出卖自己，特洛福尼俄斯砍掉了继父的脑袋，然后逃进了勒巴底亚的森林中。林中的大地裂开一条缝隙，将他吞了进去。

# 西比拉的秘密

## 第一位西比拉

负责释读阿波罗神谕，也就是将神的回答转达给凡人的第一位少女名叫西比拉，是达尔达诺斯和涅索的女儿。她在占卜方面非常有天赋，因而声名鹊起，以至于后来所有的女先知都被称为"西比拉"。另一个由帕萨尼亚斯考证的传说指出，第一位西比拉是宙斯和拉弥亚的女儿，拉弥亚则是波塞冬的女儿。她在利比亚锡瓦绿洲的朱庇特·阿蒙神庙中传达神谕。在这据说共有 12 位的女祭司中，还有一位希伯来女祭司萨柏，她是贝洛索斯和巴比伦女先知厄律曼忒的女儿——但帕萨尼亚斯却说萨柏是埃及的女先知。费托是萨摩斯的女先知，但我们对她知之甚少。

## 第一位女先知

赫洛菲勒是宁芙和凡人（也有人说是阿波罗和树宁芙）的女儿，生在特洛伊战争之前。她定居在玛尔佩索斯，在伊得山树木最茂盛的山坡上。特洛阿斯的亚历山德里亚的人们说她负责管理阿波罗·斯明透斯神庙。她最有名的预言就是"特洛阿斯将会因为一个斯巴达女人而遭到毁灭"，这个女人指的当然是海伦。这位女祭司的足迹遍布萨摩斯岛、克拉洛斯、提洛岛和德尔斐。她每到一个地方传谕，都会随身携带一块石头作为祭坛。这块石头在她死后被当成神圣遗物保存在德尔斐，供信徒瞻仰。她的坟墓位于阿波罗·斯明透斯神庙的圣林中，旁边的石柱上刻着："吾乃福玻斯之代言人西比拉，绝无虚言。昔日雄辩贞女，今化尘土于此石下，永寂无声，无情的命运女神困吾在此，幸得所侍之神眷顾，令吾常伴宁芙、墨丘利身侧。"

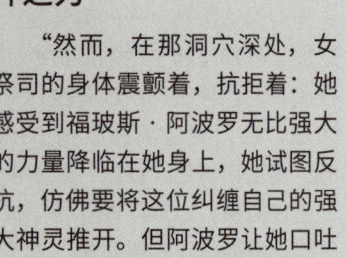

### 神之力

"然而，在那洞穴深处，女祭司的身体震颤着，抗拒着：她感受到福玻斯·阿波罗无比强大的力量降临在她身上，她试图反抗，仿佛要将这位纠缠自己的强大神灵推开。但阿波罗让她口吐白沫，驯服她野性的心灵，使她能够敞开心扉接受神的启迪。立时百门齐开，洞中回荡着女祭司传达神谕之音。"（维吉尔）

第一位负责释读阿波罗神谕的西比拉。（版画，约 1635 年）

## 厄律特莱或库迈的女先知

厄律特莱的吕底亚女先知是西比拉中最有名的一个。她是宁芙仙女伊达和一个名叫西奥多罗斯的牧羊人的女儿。在科律科斯山的山洞中,她刚一生下来就奇迹般地长成了一个棕色头发的大姑娘,吟诵诗句传达她的预言。她在阿波罗神庙中任圣职,但这并非她的本意,因为她曾经预言自己会被阿波罗的箭射死,这则预言后来也的确成真。她有9条命,每条命长达110岁。有的传说认为她就是罗马神话中著名的库迈的女先知,叫作阿玛尔忒娅、赫洛菲勒或是得摩菲勒。同许多其他女先知一样,她也是在山洞中传达神谕。据说阿波罗曾经许诺她拥有和她手中握住的沙粒数目一样多的寿命,但条件是她再也不能待在厄律特莱。据说,也正是这个原因,她才选择迁往意大利,成了库迈的女先知。关于这位女先知的死,有两个不同的版本。在第一个版本中,她收到一封来自故乡的信,看到上面用故乡的泥土制成的火漆蜡封后悲伤过度而死。第二个版本更加离奇,说的是阿波罗爱上了这位女先知,答应实现她一个愿望。她许愿可以长命百岁,但却忘记要求青春永驻。于是,阿波罗就提议她用贞操来换取永恒的青春,但女先知拒绝了。就这样,她逐渐衰老,直至干瘪萎缩成了一只蝉。后来她被带到库迈,关在一个笼子里被挂在阿波罗的神庙中,继续为人们传达神谕。孩子们总是跑来问她同一个问题:"西比拉,你想要什么?"而她则不停地用微弱却尖锐的声音回答道:"我想死。"维吉尔在《埃涅阿斯纪》中描绘了埃涅阿斯在库迈的女先知的引领下拜访冥界的场面。

## 塔奎尼乌斯和库迈的女先知

塔奎尼乌斯在位期间,库迈的女先知曾来到罗马向国王兜售她的九卷神谕集,塔奎尼乌斯认为她开价太高,但国王每拒绝一次女先知,她就烧掉其中的三卷,直到只剩下三卷的时候,国王只好用九卷的价格将它们买下并保存在朱庇特·卡皮托利尼神庙中,而女先知已经悄无声息地离去了。在共和国乃至帝国时期,祭司们经常会参阅这三卷神谕集,其中给出了在发生饥荒、瘟疫、干旱等自然灾害或其他突发事件的时候应当采取的宗教措施(赎罪献祭、引入新神崇拜等),但其中晦涩难懂的神谕则需要专业人士进行解读,例如罗马十五人学会。

### 女先知们的信息

女先知们自诩神之代言人。她们传递的信息并不清晰,往往可以有多重解释。法语形容词"sibyllin"就有谜一样的、模棱两可的、晦涩难懂的、语焉不详等意思,正如阿波罗·罗克西阿斯的神谕那样带有双重含义。广义上的西比拉指的就是通过让神灵附体来替他们传达信息的女先知,有专门受过训练的释谕人将她们口中晦涩难懂的词语翻译成清晰的语句,再告知信徒他们应当采取何种行动。

来自吕底亚的库迈女先知是西比拉中最有名的一个。(西斯汀小堂穹顶壁画局部图,米开朗琪罗,约1536—1541年)

# 特立独行的半人马喀戎

## 与众不同的半人马

克洛诺斯和大洋仙女菲吕拉的永生之子喀戎是一个与众不同的半人马。虽然他的外形跟那些半人半马的生物很相似,但和伊克西翁的那些野蛮粗鲁、茹毛饮血的儿子不同,喀戎既贤明又博学,待人十分友善。他的知识涵盖音乐、狩猎、战争、医学及道德等领域。他也是大英雄们所敬仰的导师。

## 植物疗法的鼻祖

作家希吉努斯将医学的发明归功于喀戎,他还将医学划为三个分支:巫医、外科手术和草药学。喀戎是草药医学的先驱,他还发现了好几种药用植物,其中就包括有促进伤口愈合效果的龙胆科植物百金花。阿尔忒弥斯曾告诉他艾蒿的妙用,所以他为这种植物取名"Artemisia"。喀戎也擅长治疗眼疾。福尼克斯,阿喀琉斯的家庭教师,因为勾引佩琉斯的情妇而被剜去双眼,是喀戎让他重见光明。

## "马"父无犬子

在有的传说中,克洛诺斯爱上了菲吕拉,为了躲避妻子瑞亚的妒火,他变成了一匹马以便自由地与菲吕拉交欢;有的则说他们正在缠绵时被瑞亚撞破,克洛诺斯见到妻子,就变成了一匹马逃跑了;还有的版本则称克洛诺斯强暴了已变成一匹母马的菲吕拉。无论如何,他们生了一个半人半马的孩子。菲吕拉见到孩子的丑模样羞愧难当,克洛诺斯就把她变成了一棵椴树。

喀戎和其他半人马外形相似,但不同的是,他既聪明又温和。(双耳爵,公元前4世纪)

## 马与治疗术

喀戎与色萨利的关系十分紧密,这一地区是阿斯克勒庇俄斯的故乡,也是著名的养马之地。古人常将马和医术联系起来,古希腊最伟大的医生希波克拉底的名字就是由"马"(hippos)和"力量"(kratos)组成的,即"马之力"。吠陀教中的双马童阿湿波也是众神的医师:他们有些类似于希腊的双子神狄俄斯库里,宙斯的这两个儿子也有治愈之力,他们有时也被人称为"宙斯的白马驹"。因此,喀戎集合了马和疗愈师两种身份,是古希腊最早的医生形象之一。

# 英雄列传

## 首位外科医师

喀戎也是外科手术的鼻祖。他的名字和这门学科一样，都源自古希腊语"手"（Kheir）这个单词。喀戎出色地完成过一项精细的手术：治疗阿喀琉斯小时候在一次魔法仪式中烧伤的脚。他成功地进行了一次令人叹为观止的移植手术，将一名已故巨人的骨头移植到了阿喀琉斯被烧伤的脚踝上。喀戎将他的医术传授给阿喀琉斯，后者又将其传授给帕特洛克罗斯，正如《伊利亚特》中受伤的欧律皮罗斯向帕特洛克罗斯求助时说的那样："划开我的大腿把箭拔出，用温水清洗伤口流出的黑血，然后撒上镇痛的药粉，就是阿喀琉斯告诉你的那种良药，据说这是他从最正直的半人马喀戎那里学到的。"

喀戎传授阿喀琉斯医术，阿喀琉斯运用这些知识治疗特洛伊战争中手臂受伤的帕特洛克罗斯。喀戎还教会阿喀琉斯格斗术。（酒杯，约公元前 500 年）

## 英雄的导师

喀戎住在玛格涅西亚佩里翁山上的一个洞穴中。"佩里翁山是赫摩尼亚的一座常刮南风的山。山顶长有翠绿的松树，山坡上满是橡树。山中有一古老的巨岩，据说喀戎就住在那岩石的洞穴中。"（奥维德）普鲁塔克说这里后来成为人们崇拜治愈之神喀戎的场所。喀戎也是在此处培养了众多英雄。按照色诺芬的说法，众神将猎艺作为礼物送给喀戎，"用以嘉奖他的刚正不阿"，喀戎欣然接受。来向他学习狩猎和其他学问的英雄有：刻法罗斯、埃斯库拉庇乌斯、墨拉尼翁、涅斯托耳、安菲阿剌俄斯、佩琉斯、忒拉蒙、墨勒阿革洛斯、忒修斯、希波吕托斯、帕拉墨得斯、奥德修斯、墨涅斯透斯、狄俄墨得斯、卡斯托尔、波鲁克斯、玛卡翁、波达勒里俄斯、安提罗科斯、埃涅阿斯、阿喀琉斯，每一位都是受众神尊敬的时代骄子"。

## 喀戎之死

赫拉克勒斯抓捕厄律曼托斯山的野猪时受到了半人马福洛斯的招待。宴席间，赫拉克勒斯向福洛斯讨酒喝。虽然狄俄尼索斯送过福洛斯一坛用来招待赫拉克勒斯的酒，但这坛酒只能在所有半人马都在场的情况下才可以打开。赫拉克勒斯无视福洛斯的劝阻，径自打开了酒坛。酒香立刻吸引了其他半人马，他们皆因没有受到邀请而十分愤怒。半人马朝洞穴投掷岩石和圆木，赫拉克勒斯则用箭将他们驱赶到喀戎所在的山洞，彼时喀戎已经被拉庇泰人驱逐出色萨利，移居至马里阿海角。就在半人马围聚在喀戎身边时，赫拉克勒斯射出的箭不小心击中了喀戎的膝盖。尽管大英雄全力施救，喀戎的伤口却无法愈合，因为赫拉克勒斯的箭淬有勒拿九头蛇之毒。喀戎痛苦难耐，只想死去，于是普罗米修斯答应将自己的凡人生命交换给喀戎。宙斯将喀戎升到天空中化为半人马座。"宙斯将喀戎带到天上，想用这份恩赐来弥补他的不幸并嘉奖他的虔诚。星空中的喀戎站在祭坛边，牵着一只动物，仿佛正要将其献祭，彰显自己美好的德行。"（埃拉托斯特尼）

## 喀戎与佩琉斯

弗提亚国王、阿喀琉斯的父亲佩琉斯在阿卡斯托斯的宫廷逗留期间，喀戎曾是他的保护者。在其他半人马要攻击佩琉斯的时候，是喀戎保护了他，也是喀戎鼓动佩琉斯和最美丽的海仙女忒提斯结婚，并教会他如何阻止忒提斯通过变形脱身。作为结婚礼物，他送给佩琉斯一把白蜡木长枪，佩琉斯则在忒提斯离他而去后，将阿喀琉斯的教育托付给喀戎。

# 神的乐师：利诺斯与俄耳甫斯

## 利诺斯、俄耳甫斯和里拉琴

跟利诺斯这个名字相关的传说有很多，按照荷马的说法，"linos"这个词原本是指古希腊的一种悲伤的歌曲，随着时间的推移，逐渐形成了一种名叫悲歌的文学体裁。一则贝奥蒂亚的传说将这位英雄说成是卡利俄佩和俄阿格洛斯的儿子，因此也是俄耳甫斯的兄弟。在其他传说中，利诺斯有时被认为是阿波罗和缪斯女神乌拉尼亚，或波塞冬之女阿瑞图萨所生的儿子，有时被认为是赫尔墨斯和乌拉尼亚的儿子，又或者是克利俄与玛格涅斯的儿子。

## 多才多艺的利诺斯

利诺斯是凡人中最伟大的乐师。按照赫西俄德的说法，利诺斯还是其兄弟俄耳甫斯，以及色雷斯的塔米里斯的老师。节奏和旋律也被认为是由他所创。据说卡德摩斯将腓尼基字母传授给利诺斯之后，又对每个字母进行了细微的修饰，并确定了它们的最终形式。他用里拉琴奏出的声音是如此柔和，那本是只有卡利俄佩才能拥有的声音，但利诺斯为了得到更完美的音色，用肠线替代了原本的棉线。他还是致敬狄俄尼索斯的旋律以及一部创世史诗的作曲者。

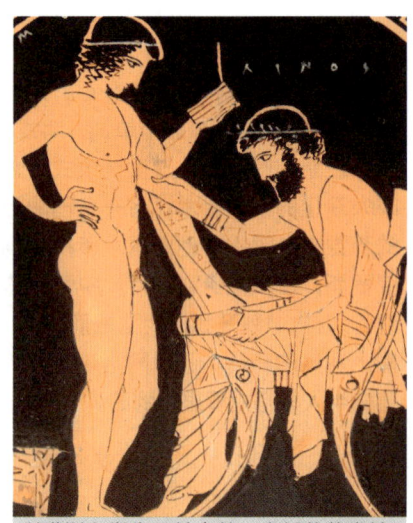

利诺斯在学生面前拿着一卷纸莎草卷轴。（陶器，公元前5世纪）

## 残酷的死亡

拥有与神灵比肩的才能是十分危险的，据说自大的利诺斯声称自己比阿波罗演奏得更好；又或者是利诺斯并未挑衅他，只是阿波罗嫉妒他的才华。但不管怎样，这位音乐与诗歌之神都毫不犹豫地杀死了他的对手。西西里的狄奥多罗斯则讲述了故事的另一个版本：作为利诺斯的"精神之父"，阿波罗从未对他痛下毒手，而是赫拉克勒斯用拨片、凳子、里拉琴或是一块石头砸死了利诺斯。据说利诺斯试图将自己的技艺传授给他，但年轻的赫拉克勒斯在音乐方面实在没什么天赋，厌倦了一直被批评教育的他终于有一天按捺不住，犯下了不可挽回的错误。

## 俄耳甫斯，希腊世界的诗人

头戴金冠的卡利俄佩是掌管诗歌的缪斯女神，赫西俄德称她是缪斯女神之首，她为色雷斯国王、同时也是河神的俄阿格洛斯生了两个儿子：俄耳甫斯和利诺斯，他们后来在音乐方面都大有造诣。俄耳甫斯在里拉琴伴奏下吟唱的神圣歌谣，可以算是希腊神话中最具有代表性的声音了。他也爱好诗词与和声。不管是提到乐师、歌者还是诗人，希腊人都会首先想起俄耳甫斯。

## 利诺斯之歌

希罗多德提到过一种名为"利诺斯"的歌谣。"它们还有许多别的引人注目的用处，尤其是这种叫作利诺斯的歌谣，在腓尼基、塞浦路斯和其他地方都很有名，根据地域民族的不同，这种歌谣也有着不同的名字。不过，人们一致认为它就是希腊人称为利诺斯的那种歌谣。虽然我对埃及的一些奇异风俗感到惊讶，但更让我惊讶的是这种利诺斯之歌，我并不知道它名字的由来。埃及人似乎在所有场合都唱过这种歌，另外，埃及人管利诺斯叫玛涅洛斯。他们说玛涅洛斯是埃及第一位国王的独生子，因英年早逝，他们就用这种哀歌来缅怀他，因此埃及才是这种歌谣的唯一发源地。"

英雄列传

## 琴弓九弦

音乐之神阿波罗是缪斯们的领导者,这也令他与俄耳甫斯情同父子。正因如此,阿波罗被这位卡利俄佩之子展现出来的才华所吸引,就将他顽皮的弟弟赫尔墨斯儿时创造的七弦里拉琴送给了俄耳甫斯。缪斯们将她们的才艺传授给这位天资聪颖的年轻人,而他也给里拉琴增加了两条琴弦,这九条琴弦也对应着九位缪斯女神。

## 高遏行云的俄耳甫斯

只要俄耳甫斯奏响里拉琴,开始歌唱,整个世界就笼罩着一片祥和:众人交口称赞,鸟儿啼鸣不已,树叶沙沙作响,岩石呜咽哭泣,诸神欣喜万分,怪物销声匿迹。"岩石与河流伴随着他的声音起伏,皮埃里亚的橡树也被柔和的里拉琴声吸引,成群结队地涌向色雷斯海岸,它们至今还挺立在那里见证着俄耳甫斯歌声的魅力。"(罗得岛的阿波罗尼奥斯)

## 俄耳甫斯与阿尔戈英雄

喀戎建议伊阿宋带上俄耳甫斯去寻找金羊毛。他为阿尔戈号的桨手喊号子,用里拉琴平息了海面的风暴,也是他让躁乱的船员们冷静下来。他的歌声虽然柔和,却比塞壬的声音更有力量,若非俄耳甫斯,阿尔戈号的船员必定因塞壬的歌声溺水而亡。在某些版本中,俄耳甫斯还在科尔喀斯成功降服了守护金羊毛的巨蟒。

## 从俄耳甫斯到俄耳甫斯教

受教于狄俄尼索斯的俄阿格洛斯,将他的神学知识传授给人称天才的儿子俄耳甫斯,后者还曾前往埃及精进这方面的学识。俄耳甫斯在埃及接触了伊西斯和俄西里斯的秘教,以至于他刚一回国,就有传言说他是希腊人中第一个了解"奥义",也就是永生奥秘的人。据说他以自己掌握的神秘知识为基础建立了一个秘教:俄耳甫斯教。其教义旨在为人们提供死后的幸福,并在很大程度上发展了德墨忒尔及其女儿珀耳塞福涅的神话故事。哈迪斯、狄俄尼索斯-扎格柔斯和赫卡忒是这个宗教所信奉的主要灵神。俄耳甫斯被人们称为伟大的咒术咏唱者,他也被认为是将赫卡忒的启灵仪式引入爱琴那、厄琉息斯、萨莫色雷斯以及色雷斯的人。

俄耳甫斯用歌声感动了天界诸神和自然万物。(镶嵌画,巴勒莫,2世纪)

俄耳甫斯教金片(前351—前301年),上面记载着如何进入地下世界得到永恒救赎的方式。

507

# 无能为力的卡珊德拉

## 被诅咒的卡珊德拉

有什么能比明知最可怕的灾难即将来临却无法行动,自己明明是对的却无人相信更残酷呢?这就是阿波罗惩罚善变的卡珊德拉的方式:阿波罗赋予了这位特洛伊姑娘预知未来的能力,但她的预言永远无法说服任何人,她也成了所有人眼中的疯子。

## 阿波罗与卡珊德拉

一则更出名的传说用另一种方式解释了普里阿摩斯之女天赋的来源。阿波罗爱上了美丽的卡珊德拉,"她就像金色的阿佛洛狄忒",他承诺如果她同意与他结合,就教她预测未来的本事。卡珊德拉满口答应,然后从阿波罗那里接受了宝贵的教导,但当阿波罗抱住她的时候,她却反悔并坚定地躲开了。愤怒的阿波罗朝她口中吐了口水,用这蔑视的印记玷污了她以后所说的每一句话。卡珊德拉的确成为一位女先知,却是一位被剥夺了说服力的女先知:她的话注定永远无人相信。预知未来的能力使她近乎于神,但其所背负的诅咒让她从此以后只能处在社会的边缘。

## 孪生先知

卡珊德拉和她的孪生兄弟赫勒诺斯是特洛伊国王普里阿摩斯和王后赫卡柏的孩子。历史学家安提克利得斯说,在为纪念他们出生而举办的宗教庆典期间,他们被遗忘在廷布拉的阿波罗神庙中过了一夜。圣殿中的蛇盘踞在他们四周,一边用蛇信舔舐着他们,一边将占卜术传授给他们,同时净化他们的眼睛、耳朵和嘴巴。这个因蛇而获得预言天赋的故事,也让人联想到其他著名占卜师,如墨兰浦斯或伊阿莫斯的传说。卡珊德拉与赫勒诺斯也位居大先知之列。

## 卡珊德拉的预言皆是徒劳

卡珊德拉不停地做出预言,一个比一个骇人听闻,这让她成为人们眼中的疯子。"阿波罗教我预言也是徒劳:那些受了苦、经历了不幸的人才会称我为贤明之士,但在他们受苦之前,我已经疯了。"(欧里庇得斯)卡珊德拉从未停止警告人们有关特洛伊未来的不幸。怀孕的赫卡柏做了一个不吉之梦后,卡珊德拉警告特洛伊人必须杀死未出生的孩子,因为他会导致特洛伊的灭亡。但帕里斯在流放中幸存下来,甚至重新回到了特洛伊,并在体育比赛中战胜了他的兄弟。卡珊德拉揭露了他的真实身份,并再次提醒大家他在特洛伊的沦陷中将会扮演的角色,当然,并没有人相信她的话。这位女先知还预言了海伦被绑架将会成为特洛伊战争的起因,她甚至试图劝阻帕里斯前往希腊。

卡珊德拉预言特洛伊的沦陷。(庞贝古城壁画,公元60年)

## 卡珊德拉沦为战俘

特洛伊沦陷时，卡珊德拉跑到雅典娜神庙避难，以逃避追着要奸污她的俄伊琉斯之子"小埃阿斯"。但当他把卡珊德拉从雅典娜的神像前拖走，雅典娜对此视若无睹。希腊人目睹了这一渎神的暴行后，冲向小埃阿斯想要对他施以石刑，小埃阿斯则躲到雅典娜的祭坛旁避难——后来在回程路上，他受到了女神的惩罚。亚该亚人瓜分战利品时，卡珊德拉被献给了对她一见钟情的阿伽门农。卡珊德拉是普里阿摩斯最漂亮的女儿，追求者众多（如俄特律俄纽斯、欧律皮罗斯、科洛玻斯），成为阿伽门农的妾室。卡珊德拉和他一起回到迈锡尼，并给他生了两个孩子：忒勒达摩斯和珀罗普斯。她并非不知阿特柔斯家族的诅咒，她也已经知道阿伽门农回到故国后，等待他的只有一死，她甚至还看到了自己的结局。

特洛伊战争中，小埃阿斯在雅典娜的注视下对卡珊德拉施暴。

## 卡珊德拉之死

克吕泰涅斯特拉的心中充满了对阿伽门农无尽的仇恨，因为他杀死了他们的女儿伊菲革涅亚，将她献祭给阿尔忒弥斯。她同样无法忍受丈夫带了个小妾回来，还对她宠爱有加。于是，她和自己的情人埃癸斯托斯暗中谋划，要在二人从特洛伊回来后，就将他们杀死在迈锡尼的皇宫中。卡珊德拉虽然警告过阿伽门农，却无济于事，最后他们都被克吕泰涅斯特拉亲手杀死了。阿伽门农被困在一张网中动弹不得，死在自己的浴室中，而卡珊德拉则在一旁预言了自己的死亡："是她，两只脚的母狮子，在尊贵的雄狮外出期间与狼共眠，不幸的我就要被她杀死！"（埃斯库罗斯）随后，她便进入宫殿，死在了克吕泰涅斯特拉的手上。"他无言地倒下了。而她则像一只天鹅，低吟着最后的死亡之歌，然后倒在了心爱之人的身边……"埃癸斯托斯还杀掉了他们的双生子。七年之后，俄瑞斯忒斯杀死了母亲克吕泰涅斯特拉，为父亲报了仇。

## 注定令人不幸的天赋

在古代，不尊重或不相信先知的行为总是和傲慢无礼或铸成大错联系在一起，但对于卡珊德拉这种女先知，等到人们相信了她的预言则为时已晚，我们可以毫不客气地称她为"倒霉的女祭司"……有时，普里阿摩斯甚至将她关在塔中，以免她继续制造混乱。卡珊德拉在塔中为特洛伊无法避免的厄运哭泣，通晓过去和未来的能力只能让她深深意识到自己的无力，徒增痛苦。后来，卡珊德拉和廷布拉的阿波罗所钟爱的祭司拉奥孔一样反对木马进城，她试图告诉特洛伊人木马腹中藏有大量希腊士兵，终究无济于事。

# 美女海伦

## 海伦是谁

"如同春日里的第一缕朝霞，在寒冬退往极地之时，闪耀在天边。可敬的夜啊！身材高挑、端庄威严的海伦也如此闪耀在我们中间。"（忒奥克里托斯）"美踝的阿尔戈斯人"海伦是世上第一美女，但也有人将她形容为"可恶的拉科尼亚人""希腊人的祸殃"。她拥有倾国倾城之貌，是一个颇具争议的角色。海伦是宙斯与勒达（一说是涅墨西斯）之女，而她的孪生姐妹克吕泰涅斯特拉则是勒达与廷达柔斯的女儿。她的兄弟卡斯托尔和波鲁克斯也是同母异父所生。海伦自一枚蛋中出生，死后得到了神化。

在被帕里斯掳走前，海伦曾被忒修斯劫持，后为其兄弟卡斯托尔和波鲁克斯所救。

## 海伦第一次被劫持

海伦最初被忒修斯劫持过一次。他将其带至阿菲德那交由母亲埃特拉看管。但是，神之双子趁忒修斯和庇里托俄斯去冥界时将她救出，并将埃特拉作为人质一同带回到斯巴达。有人认为海伦共有五位丈夫：忒修斯、墨涅拉俄斯、帕里斯、得伊福玻斯和阿喀琉斯。

## 特洛伊战争的开端

阿佛洛狄忒许诺帕里斯可以娶到世上最美的女子，帕里斯就去了斯巴达，成了墨涅拉俄斯的座上宾，然后把他的妻子海伦拐走了。海伦则半推半就，带上丈夫的部分财宝随帕里斯而去。两人在佩弗涅登船，中途在吉雄港边的克拉那厄岛短暂停留时私定终身。后来，赫拉发起的一场风暴又将他们带到了西顿。最后两人到达特洛伊，结为夫妇。按照契约，所有的亚该亚人都集合起来要为墨涅拉俄斯复仇，特洛伊战争就此拉开序幕。

被许诺可以娶到世上最美女子的帕里斯，掳走了斯巴达国王之妻海伦。（青铜像，乔瓦尼·弗朗切斯科·苏西尼，1627年）

## 海伦的追求者

起初，廷达柔斯将海伦的追求者召集到斯巴达。亚该亚地区有名的国王全都到场，所有人都想娶到那位"满头秀发的阿尔戈斯女人"。廷达柔斯担心落选者会对自己怀恨在心，于是在奥德修斯的建议下，他让所有追求者发誓要尊重海伦的选择，并且在胜出者有难之时施以援手。廷达柔斯将宣誓地点定在斯巴达附近一个名叫"马冢"的地方，因为他曾在这里献祭了一匹马，用祭马的四肢缔结了契约，随后将马葬在此处。最后，带来最多彩礼的墨涅拉俄斯胜出，赫西俄德说他"全心全意地想成为海伦的丈夫"。他们在斯巴达定居下来，生了一个女儿名叫赫耳弥俄涅。

英雄列传

## 颇具争议的海伦

海伦在这场战争中所扮演的角色有时很难定义。她曾受特洛伊人之托，在木马脚下模仿亚该亚诸雄妻子们的声音呼唤他们的姓名，以判断是否有敌人藏身其内；又在夜幕降临之时拿着火把，给亚该亚人潜藏在忒涅多斯岛的船只发信号，让他们驶向特洛伊。特洛伊沦陷之后，墨涅拉俄斯杀死了海伦在帕里斯死后的丈夫得伊福玻斯，他本想让海伦承受同样的命运，后来扔下剑放弃了这个念头。人们还说，躲在阿佛洛狄忒神庙中的海伦险些被希腊人处以石刑，但他们看到半裸的海伦后都无法动手。特洛伊战争过后，墨涅拉俄斯和海伦抵达尼罗河河口，他们的领航员卡诺珀斯——古埃及城市卡诺珀斯就是以他的名字命名的——被一条蛇咬伤而死。海伦打断了蛇的脊椎，自那以后，蛇便只能以腹爬行。觊觎海伦美色、想要侵犯她的托尼斯也被墨涅拉俄斯杀死。

特洛伊城墙下的海伦。（水彩画，居斯塔夫·莫罗，19世纪）

## 与海伦有关的植物

在斯巴达，人们将海伦与悬铃木联系在一起，因此这种树又被称为"海伦之树"。据说有几种从她眼泪中诞生的植物也是以她的名字命名的，其中包括"堆心菊"，而最有名的当数海伦之岛上的堆心菊，据说赫尔墨斯曾将墨涅拉俄斯的妻子藏在这里。托尼斯的妻子波吕达姆那为了帮助海伦躲避丈夫的追求，将她藏在蛇虫遍地的法洛斯岛上，同时交给海伦一种治疗蛇咬伤的植物，这种植物因此得名堆心菊。据说这种植物还有美容的功效，这也是对它名字由来的另一种解释："从海伦眼泪中生出的堆心菊被认为有美容、保持女子肌肤细腻的功效，可以用于面部和身体的各个部位。另外，人们还说这种植物可以增添使用者的优雅气质和魅力，与酒同服还能引发欢愉之感，与荷马所赞颂的能让人忘记一切痛苦的忘忧药同效。"（普林尼）

## 海伦之死

有种说法是，海伦死在拉科尼亚，和墨涅拉俄斯一同葬在忒拉普涅的一座神庙中；还有一种说法称她被带到了黑海中阿喀琉斯的圣岛琉刻岛，在那里跟佩琉斯的儿子结为夫妻。罗得岛的人则表示海伦惨死在罗得岛上。墨涅拉俄斯死后，海伦被送到特勒波勒摩斯的孀妇、阿尔戈斯人波吕克索身边。"海伦落入她手中时，她正垂帘听政，替年幼的儿子管理着这座岛。为了替死去的特勒波勒摩斯报仇，一日，她趁海伦正在沐浴，派了几名仆妇扮作复仇女神将海伦抓住，吊死在一棵树上。因此，罗得岛人为她建起了一座海伦·登德里提斯（'树上的海伦'）神庙。"（帕萨尼亚斯）

## 自我推翻的斯特西克鲁斯

诗人斯特西克鲁斯在诗中按照传统版本讲述了海伦被诱拐的故事后就失明了。后来他做了一个梦，又或者是从一个叫雷奥尼莫斯的克罗多内人那里得知海伦在琉刻岛上，他便将自己的失明归因于海伦的报复。他随即写了另一首诗，来推翻自己先前的论述："这个故事不是真的。你并没有乘着甲板平坦的船只离去，你也从未到过特洛伊附近。"在这首诗中，他论证了海伦的本体从未与帕里斯一同离开，是海伦的分身、幻影到了特洛伊。据说写完这首诗，他就恢复了视力。

511

# 玛卡翁：英雄们的外科医师

## 神之子

玛卡翁是医神阿斯克勒庇俄斯的儿子，波达勒里俄斯的兄弟。他的母亲是墨洛普斯的女儿厄庇俄涅，她的名字是"镇痛者"的意思，但在某些传说中，他的母亲可能是克珊忒、科洛尼斯、阿尔西诺厄或是赫利俄斯的女儿兰珀提亚。他的妻子是斐赖国王狄俄克勒斯的女儿安提克勒亚。

## 玛卡翁与墨涅拉俄斯

在《伊利亚特》开篇，特洛伊人与希腊人休战，但大家都迫切想知道，刚被阿佛洛狄忒从鬼门关救回来的帕里斯和一直在观望事态发展的墨涅拉俄斯二人当中，到底谁会是最后的赢家。雅典娜希望他们重新开战，于是就变成安忒诺尔之子拉俄多科斯的样子，怂恿潘达洛斯朝墨涅拉俄斯的方向射了一箭。潘达洛斯射伤了墨涅拉俄斯的腹部，阿伽门农只能绝望地看着其伤口流出的黑血。但在女神的眷顾下，这只是轻伤。塔尔堤比俄斯找来阿斯克勒庇俄斯的儿子——"医术精湛的玛卡翁"，为阿特柔斯之子救治。玛卡翁急忙跑到金发的墨涅拉俄斯身边，拔出那支穿透了肩带、青铜腰带和胸甲的箭。他仔细检查伤口，清理污血，然后十分"专业"地将喀戎送给他父亲的药膏涂在伤口上。墨涅拉俄斯很快便痊愈了。

玛卡翁为赫拉克勒斯之子忒勒福斯疗伤。（浮雕，公元前1世纪）

## 是英雄、国王，也是医生

波达勒里俄斯和玛卡翁是色萨利的王子，他们统治着特里卡、伊托墨和俄卡利亚等城邦。他们是海伦的追求者，因此也顺理成章地参与了特洛伊远征，麾下有30艘船。他们的父亲阿斯克勒庇俄斯教会他们医术。据说玛卡翁特别擅长治疗各种棘手的伤势。精湛的手术技术使他成为远征军阵营里的一张王牌，他的兄弟则协助他出色地履行了全科医生的职责。玛卡翁也是一名优秀的战士，但考虑到治疗伤员的任务实在过于重要，希腊人便对他特殊照顾，尽可能让他避免受到敌人的攻击。根据狄奥多罗斯的说法："鉴于他们的特殊职责，他们无须参与战斗及一切军事行动。"但《伊利亚特》中还是记载了他们战斗的场面。

## 忒勒福斯的伤口

在有的版本中，是玛卡翁治愈了赫拉克勒斯之子忒勒福斯大腿上被阿喀琉斯的长枪刺穿的伤口。由于伤口过了八年仍不见好转，忒勒福斯向阿波罗请教，阿波罗告诉他只有造成这伤口的东西才能治愈伤口。于是他去找阿喀琉斯，玛卡翁在他的伤口上撒了一些从阿喀琉斯的长枪上刮下的铜锈，他便痊愈了。

512

## 玛卡翁与菲罗克忒忒斯

菲罗克忒忒斯是海伦的一位追求者，他从垂死的赫拉克勒斯那里得到了他的毒箭和弓，并承诺不透露他的葬身之地。但是，菲罗克忒忒斯违背了他的诺言，正因如此，他在前往特洛伊的途中，在忒涅多斯岛逗留期间，被一支毒箭误伤。还有人则说他是被毒蛇咬伤的。无论如何，他的伤口感染化脓，希腊人不得不将他留在利姆诺斯岛上。

整整十年间，不幸的菲罗克忒忒斯一直在痛苦和孤独中度过，他的伤口无法愈合。由于特洛伊久攻不下，希腊人从先知赫勒诺斯那里得知，没有菲罗克忒忒斯的箭，就无法获得胜利。因此，奥德修斯去寻找这位英雄，无论对方是否愿意，都要带他回来。菲罗克忒忒斯回来后，玛卡翁和波达勒里俄斯负责为他医治，他的伤势立刻有所好转，一直没有结痂的伤口也终于愈合了。他刚病愈就杀死了帕里斯。

## 玛卡翁被帕里斯所伤

在玛卡翁英勇地和亚该亚人并肩作战时，他的右肩被帕里斯射出的一支三头箭射中。希腊人被迫停止战斗。伊多墨纽斯吩咐涅琉斯之子涅斯托耳，将这位受伤的英雄用战车带回亚该亚人的阵地，以便让其接受治疗。他说道："阿斯克勒庇俄斯的儿子玛卡翁，一人可抵千军，因为他懂得如何拔箭，并在伤口上涂抹治愈的药膏。"到达涅斯托耳的营帐后，玛卡翁接受了一位年轻女俘虏赫卡墨得的治疗。

菲罗克忒忒斯被赫拉克勒斯交托给他的一支毒箭所伤后，被迫留在了利姆诺斯岛。（油画，詹姆斯·巴里，1770年）

## 玛卡翁之死

在《小伊利亚特》中，和特洛伊人并肩作战的忒勒福斯之子欧律皮罗斯，杀死了玛卡翁；在阿波罗多罗斯笔下，则是前来为特洛伊人助战的亚马孙人女王彭忒西勒亚杀死了这位医师。后来，涅斯托耳将这位英雄的骨灰带回了梅塞尼亚的革勒尼亚，他的坟墓就在那里；那里还有一座神庙，时有信徒前来向他祈求病愈康复。他的儿子波勒摩克拉忒斯和他有着同样的力量，其坟墓位于阿尔戈利斯的埃瓦。"当地人将他当作神明供奉，并在病痛时向他求助。"（帕萨尼亚斯）

## 波达勒里俄斯的命运

波达勒里俄斯比他哥哥活得更久，见证了特洛伊的沦陷。后来他跟着卡尔卡斯一起去了科洛丰，随后又回到了希腊，因为德尔斐的神谕指示他去一个无须担心天会塌下来的地方定居。波达勒里俄斯在卡里亚找到了一个四面环山的定居地。在另一则传说中，特洛伊之战过后，他于返程途中在海上迷失了方向，在卡里亚的绪尔诺斯靠了岸，并定居了下来。还有一个更详细的版本说他被卡里亚的牧羊人所救，牧羊人带他去见了国王达迈托斯，国王的女儿绪尔那从房顶摔下受了伤。波达勒里俄斯将她治好，并和她结婚。他建立的绪尔诺斯城，就是用自己新婚妻子的名字命名的。还有一种说法是，他在长途跋涉之后来到了意大利。因为在阿普利亚有一座波达勒里俄斯的英雄纪念建筑，从那里流出来一条小溪，溪水可以治疗牲口的各种疾病。

# 骄傲的亚马孙人

### 抗衡英雄的女人

亚马孙人是一群集结于女王统治之下的女战士，曾与最伟大的英雄们（柏勒洛丰、赫拉克勒斯、忒修斯、阿喀琉斯、埃阿斯等）交过手，她们的对手中甚至有一位神（狄俄尼索斯）。此外，她们还参加了最具传奇色彩的特洛伊战争。

### 亚马孙人

相传，亚马孙人是阿瑞斯和阿尔忒弥斯的后代，也有人认为是和谐女神哈耳摩尼亚或赫尔迈厄尼的后代。无论是哪种情况，她们都有着父母两系的神圣血统，这使她们在战斗和狩猎方面出类拔萃。安提俄珀、希波吕忒、密里那和彭忒西勒亚都是大名鼎鼎的亚马孙女王。她们定居在特尔莫冬河畔，此河位于小亚细亚，流入黑海。她们的首都是忒弥斯库拉。对战争的渴望驱使她们从故乡高加索迁徙至多瑙河平原。一般认为，她们在迁徙途中还建立了几座城市，最有名的就是在亚马孙人斯密尔那的领导下建立的以弗所或士麦那。据说她们还是最早在这座自己亲手建起的城邦中崇拜以弗所的阿尔忒弥斯的人，城中阿尔忒弥斯神庙的建造通常也归功于她们。

### 亚马孙人到过的地方

西西里的狄奥多罗斯曾提到过利比亚亚马孙部落的一些成员，他还说亚马孙人出现在这一地区的时间要远早于她们在黑海地区定居的时间。她们在特里托尼斯湖畔安顿下来，建立了克森尼索，在密里那的领导下征服了很多利比亚人，还奴役了亚特兰蒂斯人。她们在这里的繁盛发展，为后来定居小亚细亚、建立声名远播的亚马孙部落奠定了坚实的基础。珀尔修斯或赫拉克勒斯则是她们在此地销声匿迹的主要原因。希罗多德称亚马孙人为斯基泰人的同盟，为她们的存在提供了一定的史料依据，甚至有一些幼稚的历史学家相信亚马孙人曾经遇到过亚历山大大帝。

### 重女轻男

亚马孙人将男人完全排除于社会生活之外，只留下一些男仆负责家务。她们每年同异邦男子行房一次，目的只是传宗接代。如果生下的是女孩，就会被她们抚养长大；如果是男孩，则会被送回父亲身边，杀死或弄残后充为奴隶。

### 神秘的战士

亚马孙人善于驯马，武器（弓、斧）从不离身。这些女战士身着异邦服饰，或者经常半裸着出现在人前，展示着她们勾魂摄魄的完美身材。她们以劫掠和偷盗为生，崇尚暴力，绝不会放过任何战斗的机会。在希腊人眼中，她们结合了男性和女性的特征。她们虽然凶悍，暴虐无度，身材也因历经百炼而健硕无比，但她们也有着罕见的美貌，一种虽不寻常却又摄人心魄的女性魅力。只需投去一个眸光，她们就能燃起英雄们心中的欲火。

亚马孙人拥有令人着迷的美貌，但同样也是强大的战士。（亚马孙人石棺，出土自塔奎尼亚，4世纪）

英雄列传

## 对抗狄俄尼索斯

离开印度前往色雷斯的狄俄尼索斯在路上遭遇了亚马孙人的队伍，并与其交锋，但这些女战士在兵多将广的酒神面前根本不是对手。她们很快就败下阵来，逃到以弗所的女战士无一幸免；只有那些躲进阿尔忒弥斯神庙的亚马孙人才逃过一劫。还有一些女战士取道海路逃往萨摩斯岛，也被这位宙斯之子一网打尽。

### 亚马孙人在特洛伊

帕萨尼亚斯称特洛伊国王普里阿摩斯曾为失手杀死自己妹妹的彭忒西勒亚净化孽，亚马孙女王为此欠他一份人情。在特洛伊有难之际，她率领军队与亚该亚人作战，守卫特洛伊的城墙。但当阿喀琉斯杀死了美丽的彭忒西勒亚之后，所有的亚马孙人都停止了战斗。

赫拉克勒斯被迫杀死了亚马孙女王希波吕忒。（雕塑，文森佐·罗西，16 世纪）

## 忒修斯与安提俄珀

忒修斯参加了赫拉克勒斯与亚马孙人之间令人惋惜的那一战，俘获了女王的妹妹安提俄珀。亚马孙人尽管损兵折将，却依然决定追上两位英雄，夺回已故女王的战神腰带并解救王位继承人。到达雅典后，她们围攻战神山，与忒修斯指挥的希腊军英勇作战，最后在雅典卫城的入口被击退。狄奥多罗斯称安提俄珀对忒修斯动了心，两人生下一子名叫希波吕托斯，意即"亚马孙人之子"。

## 希波吕忒的腰带

赫拉克勒斯的十二伟业之一，是夺走了亚马孙人女王希波吕忒从其父阿瑞斯那里继承的金腰带（一说是肩带）。面对如此骁勇的英雄，希波吕忒为赫拉克勒斯的英雄气概所折服，甚至准备将这件珍贵的饰物双手奉上。但是，赫拉眼见赫拉克勒斯如此轻易地解决了问题，气恼之余决定横加干涉。她化身成亚马孙人，煽动众人相信赫拉克勒斯意图劫走希波吕忒。亚马孙人陷入一片恐慌，纷纷拿起武器攻向赫拉克勒斯，后者则被迫自卫，夺走了几名亚马孙战士及女王的性命，最后带着那件著名的战利品离开了。

# 传说中的女巫

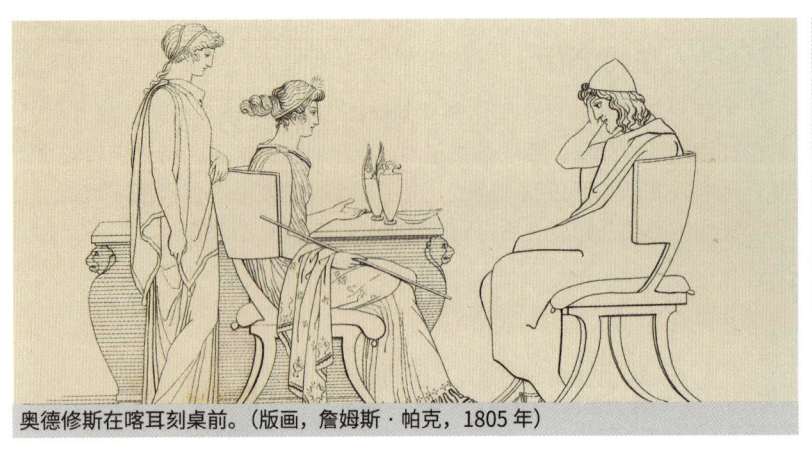
奥德修斯在喀耳刻桌前。(版画,詹姆斯·帕克,1805年)

## 太阳神的女儿

伟大的女巫都是太阳神的后代:东方有赫卡忒和美狄亚,西方有喀耳刻。她们熟知植物的妙用,善用毒药,性情残忍又嗜血。

## 多情的女巫

喀耳刻是赫利俄斯与珀耳塞伊斯或赫卡忒的女儿,也是埃厄忒斯和帕西法厄的姐妹。这位法力高强的女巫有着世所罕见的美貌,却残忍又善妒。她生活在埃艾艾岛上,用药水和魔杖将不慎闯入她领地的旅行者变成动物。奥德修斯的船员就因此被变成了公猪,只有奥德修斯没有中她的毒咒,因为他从赫尔墨斯那里得到的一种名叫摩吕的解毒植物保护了他。有人说,喀耳刻被奥德修斯的魅力吸引,将他留在身边度过一段时间,还给他生了一个儿子,名叫忒勒戈诺斯。拉丁姆国王皮库斯因为拒绝了她的求爱,而被变成了一只绿啄木鸟。道尼人的国王卡尔科斯爱慕喀耳刻,来到她的岛上,反而被她囚禁起来。此外,因海神格劳克斯爱上了美丽的斯库拉,她心生嫉妒,便将斯库拉变成了怪物。

## 陷阱

美狄亚的魔法才能和鬼蜮伎俩在珀利阿斯的女儿们的故事中得到了完美的体现。珀利阿斯回到伊奥尔科斯之后,他的女儿们见到父亲已经如此年迈。恶毒的美狄亚怂恿她们用自己调制的青春药剂为珀利阿斯沐浴,让他返老还童。珀利阿斯的女儿们信以为真,按照女巫的吩咐将被大卸八块的父亲扔进锅里,却不知道她因记恨珀利阿斯掀起寻找金羊毛的风波而想让他死。珀利阿斯再也没能从锅中活着出来。

## 帕西法厄的诅咒

喀耳刻的姐妹帕西法厄也是一位法力高强的女巫。为了终结丈夫米诺斯的出轨行为,她对他施展咒语,让他的精子变成毒蛇和蝎子,杀掉了他所有的情妇。但这些毒物却不能伤她分毫,因为她继承了神的血脉,长生不死。据说,普洛克里斯为了能安全地跟米诺斯同房,用一种与喀耳刻有关的植物曼德拉草的根茎治好了他。

人们常将曼德拉草与喀耳刻联系在一起。

516

# 英雄列传

## 赫卡忒的象征物

赫卡忒身上的几件象征物让人联想到超自然的力量、暴力和冥界。钥匙可以被解释为开启冥府大门所用；蛇和火把在复仇女神身上也经常出现，带有一种令人不安的意味；刀和鞭子几乎只在与魔法有关的灵异场景下才出现，可能是用来降服恶魔的。

## 致命的炉火

伊阿宋和美狄亚定居在科林斯，直到有一天国王克瑞翁决定将女儿克瑞乌萨嫁给伊阿宋，并将美狄亚驱逐出境。面对此种不公，伊阿宋甚至都没有表示反对，这令美狄亚怒火中烧，她只用了一天就完成了复仇：克瑞乌萨穿上一件被她浸过毒药的长袍而死。克瑞翁惊恐地看着女儿在那致命的衣服中受苦挣扎，忍不住最后一次将其抱入怀中，结果身染剧毒，随着女儿一同死去了。从衣服上冒出的熊熊烈焰也烧毁了整座宫殿。为了惩罚伊阿宋，美狄亚杀死了他们的儿子，随后驾着神车飞到了雅典，在那里，她得到了埃勾斯的支持。

## 女巫中的女巫

女神赫卡忒有时也会以英雄的身份出现在神话里女巫世家的家谱中。西西里的狄奥多罗斯认为，埃厄忒斯有一个叫作珀尔瑟斯的兄弟："珀尔瑟斯有一个比他还要残忍的女儿，名叫赫卡忒。她酷爱打猎，但每当她一无所获的时候，就会将人当成野兽杀来取乐。她在制作毒药方面有着丰富的知识，也正是她发现了乌头。她把不同的毒药掺杂在肉里给外邦人吃，来测试它们各自的药效。当她在这种邪恶的学问中获得大量经验之后，她第一个毒死的就是她的父亲，并夺走了他的王位。"赫卡忒也是女巫们的守护神，是象征魔法的女神，有时还会用自己的力量退散恶灵。因此，她的形象经常出现在很多驱邪避凶的护身符和魔法宝石上。她的魔法的影响力在阴森而危险的三岔路口尤为明显，因为这些地方正是她以三重形态统治的领域。她全知全见的能力也是她无边法力的一项证明。

## 伊阿宋的好帮手

喀耳刻的兄弟科尔基斯国王埃厄忒斯的女儿美狄亚是太阳神的孙女。有人认为她的母亲是赫卡忒。美狄亚因帮助伊阿宋寻得金羊毛而出名，她的父亲想要杀掉所有不幸登上他领地的人，但美狄亚出于对许诺与她结婚的伊阿宋的爱，背叛了自己的父亲，并用自己的魔法帮助伊阿宋：她给了伊阿宋一种药膏，保护他免疫赫菲斯托斯的公牛所喷出的烈焰伤害，她还令看守奇妙金羊毛的恐怖巨蟒入睡……美狄亚还凭借一己之力，让守卫克里特岛的青铜巨人塔罗斯失去战斗力。"她吟唱着咒语，召唤复仇女神和刻耳柏洛斯……随后她跪下来，用新的咒语和单纯的祷告分别呼唤它们三次。当她被它们的恶灵凭依之后，便用充满恨意的目光迷惑住塔罗斯的视线，随后仿佛不受控制一般，将她的怒火和恐怖的鬼之力一起射向塔罗斯。"（罗得岛的阿波罗尼奥斯）巨人伤了脚踝，暴露出浑身上下唯一能让他丧命的那条血管。

出于对伊阿宋的爱，为了报复他的不忠，疯狂的美狄亚甚至杀死了他们的儿子。（油画，约翰·威廉姆·沃特豪斯，1907年）

# 阿里翁的传说

## 从历史到神话

阿里翁是诗人兼乐师，约公元前 625 年生于莱斯沃斯岛的墨堤姆涅。据说他弹奏基萨拉琴的技艺出神入化。他在科林斯的僭主佩利安德的宫中一直大有作为，后来佩利安德允许他到希腊和西西里去游历，靠自己的手艺吃饭。阿里翁是一位历史人物，但作为一名天才乐师，后世也有不少关于他的传说。

## 阿里翁的梦

水手们决定在渡海途中窃取这位基萨拉琴手的财宝。他们谋划着要杀死阿里翁，抢夺他的钱财，再行分赃。甲板上的乐师听到了强盗们的窃窃私语，便明白了自己的处境。他孤身一人在这茫茫大海，又寡不敌众，正要感叹"吾命休矣"却做了一个梦。梦中的景象光辉灿烂，令人心安，他见到了打扮成乐师模样、手拿里拉琴的阿波罗。阿波罗已经知晓船员们心生恶念，让阿里翁保持警惕，告诉他需要做的只是歌唱，并且不要轻易放过任何能够获救的机会，不管朝他伸出援手的是谁，这样就不会有任何坏事发生在他身上，到时候阿波罗也会站在他这边。做完这样的承诺，阿波罗就从乐师眼前消失了。

## 归乡

阿里翁每到一个地方，成功都伴随左右，他也过得十分快乐。阿里翁很快就变得非常富有，觉得是时候回国面见佩利安德了，于是便决定在塔兰托乘坐一艘科林斯人的船出发，他正好也认识那艘船的船长。就这样，阿里翁带着名贵的礼物和一路上通过才艺赚来的钱财，随船驶入了公海。

## 阿里翁最后的颂歌

当船员们想要了结阿里翁时，他祈求用自己的财物作为交换，让他们放自己一条生路，但这帮强盗拒绝了他，并逼迫他跳进海里。阿里翁又提出一个请求：让自己换上乐师的服装，最后再演唱一次。船员们听了之后都觉得十分稀奇，便答应了他。阿里翁穿上戏服，戴上头冠，爬到船桅最高处，如最后的祷告一般唱起了阿波罗的颂歌。悦耳的歌声如同有魔力的微风拂过海面。颂歌结束之后，他又弹奏起里拉琴（一说是基萨拉琴）为阿佛洛狄忒高歌一曲，随后从船上纵身一跃，消失在海浪中。彼时，他并不知道阿波罗在这样的境况下还能怎样帮助自己。利欲熏心的船员们也被阿里翁最后的演唱深深吸引，而且相信他已经彻底被海浪吞没，便不再多想，继续赶路。

乐师阿里翁乘船驶向国王佩利安德的王宫，利欲熏心的水手威胁要杀掉他。（版画，17 世纪）

英雄列传

## 阿里翁的海豚

奇迹真的发生了。阿里翁的歌声伴随着里拉琴音吸引了一只海豚,那是阿波罗最宠爱的动物。海豚凑到船前,轻轻地摩擦着船身,只为了从近处聆听那比雨滴落在海面的声音还要动听、比海风吹奏的音符还要迷人的旋律。它在海中起舞,游向绝望的溺水之人,阿里翁也紧紧地抱住神灵赐给他的这位朋友。海豚将他轻轻地驮在背上,支撑着他浮出水面,然后温柔地将他送到最近的岸边,此处刚巧是拉科尼亚的泰那罗海角。阿里翁从那里就可以前往不远处的科林斯,直接拜见佩利安德,倾诉自己的遭遇。

## 佩利安德的圈套

虽然不想怀疑朋友,但对于这样匪夷所思的故事,国王还是有些难以置信。于是他派人将那艘船的船员找来,装作毫不知情的样子,询问阿里翁的情况:既然他们是从意大利回来的,也许他们听说过这位乐师,他也是自己多年不见的好友。强盗们回答说,阿里翁在意大利过得很好,他们也曾想过要带他一起回家,但他在异乡过得很快活,就拒绝了他们的好意。这时,一扇门打开了,那个跳入大海的阿里翁,如今手握里拉琴、盛装出现在目瞪口呆的船员们面前。无从抵赖的船员们被处以绞刑。

阿波罗最宠爱的动物海豚将阿里翁从必死无疑的绝境中救出,此后他们便形影不离。(镶嵌画,3世纪)

## 星空之中

阿里翁心中始终铭记着那只海豚朋友的救命之恩,很长一段时间里,他都留在佩利安德的宫中继续演奏着里拉琴。在泰那罗有一座他的雕像,向人们讲述着他奇迹般获救的经历:"在泰那罗,还有一尊青铜雕像,表现的是基萨拉琴手阿里翁骑着一条海豚的形象。"(帕萨尼亚斯)阿波罗为了纪念基萨拉琴和海豚,将它们变成永远闪耀于苍穹的星座。

# 众神和英雄人物的恋情

### 神的闹剧！

众神间的恋情不胜枚举，神系谱是这些恋情的产物。除非是荷马在史诗中讲述的那类闹剧，比如赫菲斯托斯的网，诸神间的爱情故事很少有特别的发展。宙斯将美丽的阿佛洛狄忒嫁给赫菲斯托斯为妻，但身为工匠之神的后者又丑又瘸，比起他，阿佛洛狄忒更喜欢暴躁的战神阿瑞斯。她和阿瑞斯生下哈耳摩尼亚、福波斯和得摩斯等几个儿女。然而，赫利俄斯发现了他们的事，还将其透露给了赫菲斯托斯。赫菲斯托斯做了张网眼细密的网，将这对赤身裸体的男女捉奸在床，死死困住。随后，他还召唤众神来看这对被困男女的笑话。

更大层面上，人们喜欢用阿瑞斯和阿佛洛狄忒这两个对比鲜明的形象，将战争和爱情联系起来。在雕塑艺术中，性感的阿佛洛狄忒操纵着暴躁的阿瑞斯的武器；而丘比特，这个手持弓箭和火炬的神，则往往被塑造成既粗暴又野蛮的形象。

### 男性神祇与女凡人

男性神祇和女凡人的往来，能够建立起神界和人间的联系，创造神系谱和孕育半神。神祇，尤其是宙斯、波塞冬和阿波罗这三位神，与仙女或公主的风流韵事是几则著名传说的故事原型。例如，宙斯为引诱凡界的女人，曾化身为公牛、天鹅、鹅、蛇和金雨等。许多英雄人物就是从这类不寻常的神人结合中诞生的。

### 女性神祇与男凡人

男凡人和女性神祇的结合较为少见，但仍有处处留情的黎明女神厄俄斯，以及塞勒涅和阿佛洛狄忒的故事。值得一提的还有忒提斯，她和凡人佩琉斯的结合属于特例。根据较早的赫西俄德的版本，宙斯惩罚忒提斯，迫使她与凡人成婚，因为她为不辜负赫拉的信任而拒绝了宙斯的追求。但在最著名的版本里，作者对这段神话有着另一番解释。美丽的海神之女忒提斯为宙斯和波塞冬所觊觎，而神谕说，这位女神孕育出的男孩会比他的父亲更强大，所以诸神宁愿放弃她，把她留给一个凡人。佩琉斯得知此事，决定抓住机会迎娶女神，便和喀戎串通谋划。喀戎教他掌握某种神性，能使其变成忒提斯想要的任何事物。佩琉斯最终成功吸引了忒提斯，与她结合，并娶她为妻。"佩琉斯和一位海神之女成了婚，天神和海神欢聚在他们周围，给他带来贺礼，保证他的后代会非同凡人。"（品达罗斯）

### 爱情有其合理性……

爱情是一些喜剧故事青睐的主题，例如皮格马利翁亲手创造了自己一生中的至爱，且幸运地见证她突然化身成现实中的人。此外，也不乏悲惨的爱情故事，例如

佩琉斯国王在众神面前迎娶海神之女忒提斯。(铜版画，汉斯·罗滕哈默，1600年)

鼎鼎有名的独眼巨人波吕斐摩斯，可以说他对仙女伽拉忒亚的爱恋让他拥有了第二段传奇人生：美女与野兽！

爱情尤其是伟大悲剧的中心主题，这些悲剧都以恋人的同归于尽为结局。例如，因为一个残忍的误解，皮拉摩斯和提斯柏最后双双自杀。还有女主角决定同至爱死后重聚这种情况，就像赫罗与莱昂德尔的悲剧，以及关于普洛忒西拉俄斯和拉俄达弥亚的几个不同版本的故事。此外，还有天才音乐家兼诗人俄耳甫斯，他和欧律狄刻是夫妻，欧律狄刻为躲开阿里斯泰俄斯的追逐，被蛇咬伤，俄耳甫斯因此失去了她。俄耳甫斯下到冥界去救回妻子，哈迪斯和珀耳塞福涅都同意将她归还，但在返回的路上，他不能回头去看欧律狄刻。不幸的是，快到冥界的出口时，俄耳甫斯开始怀疑欧律狄刻是否还跟在他身后，便转身确认，结果他又一次失去了她，这次是永远地失去了她。

在阿多尼斯的故事中，这个大众情人的死促使众女神达成约定。由于这个英俊男子被珀耳塞福涅和阿佛洛狄忒同时追求，她们要求他一年中三分之一的时间要和冥后一起度过，三分之一的时间和美神一起度过，剩下三分之一的时间他可以自由支配。事实上，这部分时间他也是和阿佛洛狄忒一起度过的！

## 要么永远，要么永不！

不伦恋中的恨与罪，或恋人分离的愁与悲，导致了许多变形神话的产生。费莱蒙和鲍西丝的双双变形，是对他们忠诚品德的奖励；对于变成蛇的卡德摩斯和哈耳摩尼亚，或许也是这个道理。

# 奇怪的结合！

勒达与变成天鹅的宙斯。（A.E. 卡瑞尔·贝尔鲁斯，约 1870 年）

## 勒达和天鹅

勒达是埃托利亚国王忒斯提俄斯和欧律忒弥斯的女儿，斯巴达国王廷达柔斯的妻子。一天晚上，在和廷达柔斯约会过后，勒达到欧罗塔斯河沐浴，被变身成天鹅的宙斯迷住。不久后，勒达受孕生出一颗蛋，这颗蛋孕育了两支后代：海伦和波鲁克斯，是她和宙斯的孩子；卡斯托尔和克吕泰涅斯特拉，是她和廷达柔斯的孩子。

### "勒达和天鹅"的另一种版本

根据阿波罗多罗斯的说法，海伦是宙斯和复仇女神涅墨西斯的女儿。在这个版本中，为躲避宙斯的追求，复仇女神变身成一只鹅，而宙斯则变成一只天鹅以达到他的目的。他们的结合孕育出一枚蛋，一个牧羊人在灌木丛中发现了这枚蛋，并把它带给勒达。她将它保存在一个箱子里，直到蛋自己孵化出来。海伦破蛋而出，勒达就把她当作自己的女儿抚养和爱护。

## 为金雨所爱的达那厄

神谕向阿尔戈斯国王阿克里西俄斯预言，他注定要被自己的女儿达那厄所生的儿子杀死。国王十分惊恐，于是把达那厄囚禁起来以避免厄运。根据贺拉斯的说法，可怜的达那厄就这样被关在一座青铜塔里，由那些高度警觉的恶犬日夜看守。宙斯爱上了美丽的达那厄，为接近她，他化作一场黄金雨飘至塔内。他们的结合诞生出一个名叫珀尔修斯的孩子，这个男孩后来意外地杀死了自己的外祖父阿克里西俄斯，预言由此成真。

## 帕西法厄的怪癖

帕西法厄是太阳神赫利俄斯和大洋神女珀耳塞伊斯的女儿，喀耳刻和科尔基斯国王埃厄忒斯的妹妹。她与丈夫米诺斯，还有他们的四个孩子阿里阿德涅、淮德拉、格劳克斯和安德罗格奥斯一起生活。出于友情，波塞冬送给米诺斯一头白公牛，并要求他将其献祭给自己。但因为这头牛太过漂亮，米诺斯不忍心杀掉，想留着它繁衍后代。此事触怒了波塞冬，作为报复，他让帕西法厄对那头白公牛生出非理性的情欲。为引起公牛的注意，帕西法厄躲在代达罗斯制造的木牛里，最终与公牛结合。看到自己的王后生下一个牛头人身的怪物——弥诺陶洛斯，惊恐的米诺斯要求代达罗斯建造一座迷宫，将这个怪物般的儿子隐瞒于世。而根据希吉努斯的说法，是阿佛洛狄忒在帕西法厄身上激发了这种反常的爱，以惩罚她没有足够殷勤地践行对自己的信仰崇拜。

众神和英雄人物的恋情

## 被公牛带走的欧罗巴

欧罗巴是西顿国王阿革诺耳的女儿,宙斯爱上了她,决定将她掳走。为达到目的,这位天神变身成一头公牛,通体洁白无瑕。年轻女孩欧罗巴为其高贵华丽的气质所吸引,忍不住靠近并爬上公牛的背。宙斯就这样载她出海,然后在克里特岛的戈提那停下。在那里,他向欧罗巴坦白了自己的真实身份,并与她结合。作为这份爱情的见证,从那时起,围绕在他们结合处四周的悬铃木就没再掉过叶子。这段结合孕育出三个男孩:米诺斯、拉达曼提斯和萨尔佩冬。随后,宙斯离欧罗巴而去。走之前,宙斯送给她三件礼物作为她嫁给克里特王阿斯特里昂的贺礼:一个能够防护克里特岛海岸的青铜机器人塔罗斯、一条战无不胜的猎犬和一柄百发百中的投矛。阿斯特里昂收养了宙斯的三个儿子。

## 水的结合

阿瑞塞莎是涅柔斯和多莉丝的女儿。她是宁芙仙女,也是阿尔忒弥斯的随从。冒着酷热难耐的天气,阿瑞塞莎发现了一条特别清澈的溪流,忍不住进去沐浴。河神阿尔法斯立刻被水中仙女的美貌所吸引。他试图通过耳语传达他的爱欲,阿瑞塞莎却遭受惊吓逃走,阿尔法斯便化成人形追赶她。仙女跑得很快了,但河神的耐力却比她强,她感觉到自己的发丝被他的呼吸吹乱。阿瑞塞莎恳求阿尔忒弥斯的帮助,这位女神把她藏在厚厚的云层中。然而,云层中的压力和她内心的恐惧使得阿瑞塞莎化成了水。无论走到哪里,她浑身上下都淌着天蓝色的水滴:她变成了一眼泉水。河神却认出那泉水是阿瑞塞莎,他恢复到自己原来的模样,继续追赶,穿过爱奥尼亚海,直到西西里岛。就在奥尔提伽岛的锡拉库萨城前,阿尔法斯终于追上阿瑞塞莎,并与她结合,化成水的他们交汇在一起。这个神话将希腊和锡拉库萨联系起来,显示出两地密切的关系。

## 与神化的蛇结合

与蛇的结合常出现在"圣婚"(神与神之间的婚姻)题材当中。比如,宙斯化身为蛇,与他的女儿珀耳塞福涅秘密结合,生下扎格柔斯,也就是狄俄尼索斯的前身。亚历山大大帝的母亲奥林匹娅斯,据说在她儿子出生前不久曾与一条蛇发生过关系。普鲁塔克曾这样记述:"有天,奥林匹娅斯正酣睡着,人们看见一条蛇蜷在她身边。"腓力二世因此认为他的妻子与一位"神明"结合了,这条蛇或许被他们看作宙斯·阿蒙的化身。亚历山大在西瓦求取阿蒙神的神谕时,得知自己是他的儿子。类似的主题也出现在关于西皮翁·阿非利干身世的传说中,他被认为是朱庇特的儿子。还有奥古斯都,据说他的母亲阿提娅也与阿波罗神庙中的一条蛇发生过关系,蛇在她身上留下了不可磨灭的印记。

宙斯变身成洁白无瑕的公牛,将欧罗巴掳走。(双耳瓮,公元前 380 年左右)

523

# 男凡人的情人们

### 陷入爱河的女神

男性神祇拜倒在凡间美女的魅力之下,进而向对方发起爱情攻势,这种情况在神话里经常发生。对于女性神祇,同样的情况就罕见许多。然而,塞勒涅、厄俄斯还有阿佛洛狄忒都使用过计谋以俘获凡间男人的心,并维持和他们的恋情。

### 永生

阿佛洛狄忒因不能容忍黎明女神厄俄斯与阿瑞斯相恋,对厄俄斯的所有恋情都下了诅咒,这些恋情无一会有好结果。由此,厄俄斯的心上人巨人俄里翁在提洛岛丧生在阿尔忒弥斯的箭下。厄俄斯后来又爱上了刻法罗斯,可对方拒绝了她的追求。

至于她深爱的丈夫提托诺斯,他是拉俄墨冬的儿子,厄俄斯为他生下厄玛提翁和门农两个儿子。厄俄斯从宙斯那里为提托诺斯求得不死之身,却忘了请求让他永葆青春。一种说法是厄俄斯从未抛弃过提托诺斯,也有说法称她后来离他而去,还有一个说法是提托诺斯逐渐衰老,身体萎缩,最后化作一只蝉——一种常使人联想到"衰老"的昆虫。

### 睡美人

月亮女神塞勒涅以其众多的风流韵事而闻名。她和宙斯生有两个孩子,其中一个就是露水女神厄耳萨。为博得塞勒涅的好感,潘神用洁白无瑕的羊毛做伪装来接近她,以掩饰自己不讨喜的面容。策略成功后,心怀感激的潘神又送给她一群白牛。但在塞勒涅的艳遇史中,她与恩底弥翁的恋情最为著名,据说他是宙斯或埃托利亚国王埃托洛斯的儿子。这个神话传说有很多版本,但恩底弥翁永眠的原因最常被解释为他与月亮女神发生私情。年轻貌美的牧羊人恩底弥翁令塞勒涅芳心荡漾,于是她寻求能将这份美丽的爱永留身边的方法。她决定让恩底弥翁陷入无尽的睡眠,让他长眠在卡里亚的拉特摩斯山上的一个山洞中。这样,她可以尽情亲吻他甜美的脸庞。他们奇特的结合生育出了 50 个女儿。依照神话,"月食"现象就可解释成塞勒涅正在看望她美丽的恩底弥翁。

月亮女神塞勒涅看望沉睡着的恩底弥翁,她和这位英俊情人孕育出了 50 个女儿。

众神和英雄人物的恋情

## 绝美少年

阿多尼斯是塞浦路斯国王卡尼拉斯和密耳拉的儿子，其身世命运非常悲惨。这一切都始于他的外婆，竟敢将他母亲密耳拉的美貌与阿佛洛狄忒相比较。美神勃然大怒，对密耳拉施下诅咒，使她内心燃起不寻常的情欲。于是，年轻女孩密耳拉疯狂爱上自己的父亲，并怀有他的孩子。国王发现后便把她赶出皇宫。为保护密耳拉，阿佛洛狄忒将她变成一棵没药树，小阿多尼斯就从这棵树中生出，他一生下来就明艳动人。出于怜悯，美神将孩子托付给珀耳塞福涅，后者将他在冥宫中抚养长大，成为一位美少年。珀耳塞福涅后来爱上他，把他当作自己的情人，不料阿佛洛狄忒也想得到他。宙斯对这一棘手的事做出裁决，既然两人都对这个小男孩有恩，一个救了他的命，另一个把他抚养长大，阿多尼斯的时间就应在这两位女神那里平均分配：一年中三分之一的时间要与阿佛洛狄忒度过，三分之一的时间与珀耳塞福涅度过，其余时间则用来休息。然而，阿多尼斯被身系金带的阿佛洛狄忒的魅力所倾倒，违反了宙斯的命令，把三分之二的时间都花在他的最爱身上。珀耳塞福涅感到失望，于是向阿佛洛狄忒的情人阿瑞斯诉苦。阿瑞斯对阿多尼斯嫉妒至极，他变身成一头野猪，适逢阿多尼斯在黎巴嫩山打猎，他冲撞过去，致使阿多尼斯奄奄一息。阿佛洛狄忒最后只能眼睁睁看着她的爱人逝去。据说，阿多尼斯鲜血流过的地方绽放出"风之花"——银莲花，女神眼泪滴过的地方生长出红玫瑰……

阿多尼斯拜倒在维纳斯（阿佛洛狄忒）的魅力之下。（布面油画，保罗·委罗内塞，1599 年）

## 阿佛洛狄忒的谎言

阿佛洛狄忒在伊得山上初见还是王子的达耳达诺斯国王安喀塞斯时，对他一见钟情，宙斯决定让两人结为夫妻。面对这位王子，阿佛洛狄忒介绍自己只是一个普通的凡人，虽然他很难相信，但还是娶了她为妻。他们的结合诞生出英雄人物埃涅阿斯，他在罗马人民心中的地位相当重要，因为他被认为是恺撒大帝的祖先。人们认为恺撒的家族（尤利乌斯家族）是神的后裔，由于埃涅阿斯和其子阿斯卡尼乌斯（有时也叫尤卢斯）在他们祖上，这个家族也自称是维纳斯（罗马的阿佛洛狄忒）的子孙后代。阿佛洛狄忒和安喀塞斯后来又生了一个儿子，名叫吕洛斯，但他死后没有留下子嗣。阿佛洛狄忒最终向安喀塞斯坦白了她的真实身份，并告诫他为其保密。然而，借着酒劲，安喀塞斯忍不住向人吹嘘此事，宙斯大怒，召唤一道霹雳击了下来，阿佛洛狄忒及时介入才使他免于一死。但这场惨剧致使安喀塞斯从此变得背驼腿瘸，有些文字记述甚至说他被闪电劈瞎了双眼。

### 阿多尼斯的花园

阿多尼斯出自腓尼基神话，他是著名的自然循环荣枯之神，冬季死亡，春季复活。阿多尼斯节期间，叙利亚妇女会哀悼阿多尼斯过早地魂归冥界，她们对阿佛洛狄忒的痛苦感同身受。按照节日传统，妇女们将埋了种子的花盆放在阳光下，用热水浇灌，以加速幼芽的生长，但这种方法并不会让新种的作物存活很久。这些"阿多尼斯花园"能在极短的时间内发芽生长，但它们生命之短暂，能让人们联想起这位英俊情郎的早逝，以及草木复苏的美丽和脆弱。

525

# 厄洛斯与普赛克

## 一则具有普适性的寓言

普赛克和厄洛斯的爱情故事,读起来像一个类似《白雪公主》《灰姑娘》或《美女与野兽》的童话。但在公元2世纪阿普列乌斯的版本中,普赛克是故事的中心,她为寻找爱神厄洛斯,历经无数磨难,构成了一则带有民间通俗色彩的哲学寓言。普赛克象征着人类的灵魂,通过考验和热情实现自我救赎,在爱中找到永恒的幸福。

## 比阿佛洛狄忒还美

从前有位国王,他的三个女儿非常漂亮,其中年龄最小的普赛克比阿佛洛狄忒还美。全世界的人们都来仰慕这个年轻女孩的美貌,爱神阿佛洛狄忒甚至因此感到被世人冷落,这令她怒火中烧。然而,普赛克宛若天神般的美令年轻男子望而生畏。尽管她的两个姐姐很快都找到了终身伴侣,这个最小的女儿依旧没有人来求婚。国王担心有诅咒作祟,为她的婚事发愁,于是咨询神谕。神谕下达了一条可怕的指示:把普赛克打扮成新娘的模样,丢到一处悬岩上,就会有一只外表凶残、连众神都害怕的怪物飞来找她。然而,凡人们并不知道,这其实是阿佛洛狄忒心怀嫉妒,计划派她的儿子厄洛斯用爱之箭射中普赛克的心脏,使普赛克爱上世人可以想象到的最卑鄙的生物。但是,让阿佛洛狄忒始料未及的是,厄洛斯会与普赛克深陷爱河。

## 丢弃

普赛克的父母对不祥的神谕感到绝望,但他们还是为这个葬礼般的新婚之夜做了准备。普赛克被打扮成新娘的模样,迎来她一生中最美丽的时刻。怀着赴死的心情,婚车队伍出发,朝神谕所指明的山顶行进。在所有人都离开后,独留山顶的年轻女孩害怕得瑟瑟发抖。她以为会有一只怪物出现,但出乎意料的是,她感觉到一阵微风轻抚过她,把她托起来,又把她放在山谷间的柔软草地上。这正是厄洛斯所为,他隐匿身份绑架了普赛克,为把她留在他身边……经历过大喜大悲、大惊大恐,这位公主疲惫至极,沉沉地睡过去了。

## 黄金和大理石砌成的宫殿

普赛克在一座宫殿的花园中醒来。这座宏伟的宫殿由黄金和大理石砌成,宫殿的主人不是别人,正是厄洛斯。普赛克下决心进入宫殿,她一经过,一扇扇门都自动为她敞开。接着人声响起,给她指路,满足她的每一个要求。她在这里度过了极其美妙的一天。到了夜晚,普赛克躺在床上,感到身边有一个温柔的存在,她意识到他就是神谕所预言的丈夫,没她想的那般可怕。他低声告诉普赛克不要看他的脸,从那天起及以后都不要看他,否则她会失去他。他也没有向她透露自己的身份。白日里,普赛克像生活在仙境中,到了晚上,她又和她的神秘情人甜蜜地度过。

普赛克之父咨询阿波罗神谕。(棕色墨水画,约1796年)

# 众神和英雄人物的恋情

## 嫉妒

有一天，普赛克想家了，便请求丈夫允许她见见她的姐姐们，她们或许以为她已经死了，也好报个平安。厄洛斯犹豫很久，但最终还是答应了她。仄费罗斯把普赛克的两个姐姐带到宫殿，姐姐们看到妹妹如此恣意享乐，亲人团聚的兴奋劲儿一过，就开始对她优渥的生活条件心生嫉妒，并向她们的小妹妹灌输疑心的思想，让普赛克觉得如果丈夫不想被她看到，恐怕因为他的的确确是只怪物。她们不怀好意地劝普赛克违背诺言，在她丈夫熟睡时借着灯光看清他的真面目，并用匕首杀掉这只怪物。

## 幸福的结局

厄洛斯不能忍受没有普赛克，一看到他的爱人失去生命迹象，永远地躺在那里，便心如刀绞。他抛下怨恨，违背母亲的命令，飞回到普赛克身边，用箭射中她将其唤醒。这对恋人又回到奥林匹斯山，厄洛斯请求宙斯允许他与这名凡间女子成婚。宙斯同意了，阿佛洛狄忒也放下怨恨，和普赛克结为朋友。后来，厄洛斯和普赛克生有一个女儿，名叫"欣欢"。

## 爱神的出走

到了深夜，普赛克确定丈夫熟睡后，于是打灯照亮他的脸。刚一看清他的脸，灯光就随着她的激动也喜悦地抖动闪烁起来，年轻女孩惊叹不已，不敢相信自己的眼睛：枕边人竟和爱神长得一模一样。这就是神谕所说的那个残忍的怪物！随着秘密的揭晓，普赛克心中一片慌乱，她愣在原地，接着欣赏起爱神放在地上的弓，把玩着箭。箭戳破了她的手指，她从此陷进对爱神永恒的爱慕当中。她颤抖着，热情亲吻还在睡梦中的英俊的厄洛斯，完全忘记了小心谨慎。就在这时，普赛克手持的那盏灯将一滴滚烫的灯油滴在厄洛斯的肩膀上，厄洛斯被惊醒。他感到心痛，一言不发地逃走了。

## 普赛克的考验

丢失至爱后，普赛克就像一个痛苦的灵魂四处游荡。朱诺和克瑞斯都拒绝给予她任何帮助，她转而向阿佛洛狄忒求助。但阿佛洛狄忒总是对她心怀怨恨，不停折磨她，给她布置一些让她为难的任务。普赛克都完成了，因为她心灵纯洁，在森林里和小动物们呼朋引伴，大自然也把她当作一位仙女般顺从她的意愿。普赛克要分拣成堆的种子，要从粗暴的绵羊身上剪取金色羊毛，最过分的是，她要下冥界到珀耳塞福涅那里，把装了冥后永葆美丽秘诀的盒子带回给阿佛洛狄忒。阿佛洛狄忒禁止她打开盒子，但普赛克实在是好奇，没有听从，结果盒子一被打开，她就像死了般，沉沉地睡过去。

普赛克惊醒了沉睡中的爱神。（布面油画，路易·让·弗朗索瓦·拉格雷内，18 世纪）

# 阿德墨托斯和阿尔克提斯

## 虽是悲剧,但结局圆满!

"还有什么能比愿意为丈夫赴死,更能显示出一个女人对丈夫的爱呢?"(欧里庇得斯)这就是阿尔克提斯的故事所要表达的,基于这则神话,欧里庇得斯创作了一部著名的悲剧。不过,它的结局是圆满的。

### 阿德墨托斯

阿德墨托斯是色萨利地区弗里城国的国王和创建者,是克雷修斯和泰罗的儿子。他有许多杰出的功绩:曾和最勇敢的英雄们一起猎杀大名鼎鼎的卡吕冬野猪;参加过第一次特洛伊战争,杀死了普里阿摩斯的父亲拉俄墨冬;参加过阿尔戈英雄们的远航……神祇阿波罗甚至欠他人情,因为在儿子阿斯克勒庇俄斯死后,阿波罗因杀死独眼巨人而被宙斯放逐出奥林匹斯山,阿德墨托斯是唯一发善心收留了他的凡人。但是,阿德墨托斯的传说主要和他爱妻的忠贞,以及她无条件的爱有关。他的妻子阿尔克提斯是珀利阿斯国王最漂亮的女儿。

### 招来麻烦的疏忽

幸福至极的阿德墨托斯一心想着结婚,在他成婚那天,却忘记了向阿尔忒弥斯献祭。女神非常恼火,留给他一个可怕的惩罚。待这个年轻人进入洞房,他发现床上躺着的不是温柔的阿尔克提斯,而是一窝咝咝作响的毒蛇。阿波罗转而劝求他的姐姐阿尔忒弥斯和摩伊赖众女神放过他的朋友。摩伊赖答应了,但阿德墨托斯需要完成一笔奇怪的交易:他临死时,应该找一位亲属代替自己下到冥界。等到那一天,阿德墨托斯恳求他年迈的父母替他去死,他们却拒绝了他。唯有阿尔克提斯,愿意为爱献出她的生命。

## 阿德墨托斯是怎么娶到阿尔克提斯的

阿德墨托斯陷入对阿尔克提斯的爱恋,想娶她为妻。然而,阿尔克提斯太过美丽,所有年轻男子都在追求她,以至于她很难做出选择。于是,阿尔克提斯的父亲决定将女儿托付给唯一能用狮子和野猪驾驶战车的求婚者;同时驾驭这两种凶残的动物,让它们服从指挥去拉战车几乎不可能。阿德墨托斯为挑战发愁,但他的守护神阿波罗为他提供了帮助。自独眼巨人死后,阿波罗为阿德墨托斯所收留,依靠放牧聊以度日。出于报答,他教会阿德墨托斯驯服狮子和野猪的办法,让它们和谐相处,一起拉动珀利阿斯的战车。阿德墨托斯最后成功做到了,从而赢得了珀利阿斯国王的注意。他借助神力,驾驭起战车,国王便把女儿嫁给了他。

阿尔克提斯被众多年轻人所追求。凭借阿波罗的帮助,阿德墨托斯最终征服了她。

# 众神和英雄人物的恋情

## 阿尔克提斯的牺牲

阿尔克提斯换上一条白色长裙,准备前往冥界。她向克洛诺斯和瑞亚的女儿赫斯缇雅祷告,恳求赫斯缇雅为阿德墨托斯找到一个挚爱的伴侣共度余生,而阿德墨托斯剩下要做的,就是在宫殿的祭坛下赞美神灵。阿尔克提斯流着泪躺在床上,喝掉毒药,引得阿德墨托斯、仆人和她的朋友们伤心地啜泣。

## 赫拉克勒斯来访

美丽的阿尔克提斯的自我牺牲,在人神两界赢得尊敬和赞许。哀伤盈满阿德墨托斯的宫殿,低沉的哀叹和哀乐相呼应。就在仆人们哀悼他们心爱的女主人时,神祇赫拉克勒斯前来拜访。对于这位途经此地的贵客来说,他的当务之急是制订一个盗取狄俄墨得斯马匹的计划。然而,按照希腊人的好客之道,无论遭遇了何种情况,满脸丧气地面对客人乃失礼之举。于是,身为宙斯之子的赫拉克勒斯受到他应有的尊重,他看上去满心快活,酒也喝多了。他毫无顾忌地狼吞虎咽,也不妨碍他察觉到这里每个人都沉浸在巨大的悲伤当中。大吃大喝过后,得知了阿尔克提斯去世的噩耗,赫拉克勒斯才明白,他的朋友出于待客之道对他隐瞒了这一消息。他立即决定出面救回阿尔克提斯。

## 阿尔克提斯复活

以伸张正义而闻名的赫拉克勒斯踏上通往冥界的路,试图将珀利阿斯那位堪称楷模的女儿带回来。欧里庇得斯写到,赫拉克勒斯在墓地附近和塔纳托斯亲自对峙,要从他手中夺回阿尔克提斯。世间鲜有能战胜死神者,这位英雄却成功了。他把阿尔克提斯带回到她丈夫身边,阿德墨托斯简直不敢相信自己的眼睛。根据另一种流传的说法,珀耳塞福涅被这位年轻妻子的勇气和她为爱牺牲的事迹所震撼,决定送她返回光明的人间。这两个版本的结局,都是阿尔克提斯最终回到她为之献出生命的男人身边,又同他一起生活了许多年。这个悲剧故事一直被视作爱情无私奉献的最伟大的象征。

赫拉克勒斯将阿尔克提斯送回到她丈夫身边。(挂毯,根据夸佩尔为欧里庇得斯的悲剧《阿尔克提斯》第五幕第六场所作的画制作)

# 爱的雕像

## 爱的艺术

根据老普林尼的说法，肖像画的发明者是一位年轻的科林斯女子。为留存住爱人的模样，她借着灯火在墙上画下他的脸。于是，神话传说还将爱情与艺术联系起来，就像皮格马利翁的故事里，他借助艺术，让理想中的爱人成为现实。而在拉俄达弥亚的故事中，艺术则是对缺失和死亡做出的抵抗。

## 皮格马利翁的象牙雕像

皮格马利翁是塞浦路斯岛的国王，这座岛因见证阿佛洛狄忒从海浪泡沫中踏上海岸而闻名。毫无疑问，是爱情女神某一天里给了皮格马利翁创作灵感，因为他开始用雪白无瑕的象牙雕刻出一尊最美丽的雕像。据奥维德所说，这位国王"没有床伴"，女人们对情感的不专一令他痛心失望，他因而发誓终身不娶。但他渐渐爱上了出自他手的这尊象牙雕像所呈现的理想女人的形象，它堪称完美，缺少的只是生命，是他做梦都不敢奢望的伴侣。日子越久，这位艺术家对自己的工作就越发狂热。他欣赏着这尊雕像的躯体，爱抚它，为他亲手塑造出来的魅力而痴狂。这件作品在他的想象里便有了生命。他感觉到她的呼吸，他同她交谈，亲吻她，给她戴上珠宝首饰，让她躺在蓬松的床上……因终日活在幻想的边缘，皮格马利翁日渐消沉。

## 变成伽拉缇的艺术品

爱神节那天，国王向女神献上他的供品，并向她诉说了他最心心念念的愿望：拥有一个如他的象牙雕像那般的妻子。圣坛上的香火聚成火苗向空中蹿了三次，这是阿佛洛狄忒给他的暗示：他的愿望将会实现。回到家里，皮格马利翁注意到象牙雕像的嘴里呼出一丝气，让他大吃一惊。当他看到雕像的胸部挺起、脸颊泛红时，简直不敢相信这一切。雕像变成了一个活生生的女孩，她亲吻着皮格马利翁，梦想由此成了现实。因为她的皮肤很白，皮格马利翁给她取名为伽拉缇。这个年轻女子后来给他生了一个女儿，名叫帕福斯。

皮格马利翁爱上了自己亲手制作的雕像。（布面油画，让·莱昂·热罗姆，约 1892 年）

### 一则具有普适性的寓言

当艺术与人性相抗衡，人会因多情而陷入困顿和混乱。譬如普拉克西特列斯的作品《克尼多斯的维纳斯》中，女神的形象如真人般饱满："她是如此美，乃至她的神性都无法保护她避开无耻之徒的亲热。"（瓦勒里乌斯·马克西穆斯）埃里亚努斯记述了一个比"皮格马利翁综合征"更为悲惨的事例：一个出身本地名门望族的雅典青年，狂热地爱上了市政厅中的一尊幸运女神像。在抚摸过它，将它搂在怀中后，青年狂躁难耐，于是去找当地的执政官，求他们把雕像卖给他，为此他愿意支付一笔巨款。但青年最终没能如愿以偿，于是他把雕像绑上，给它戴上王冠，周身覆以珍贵的装饰物。献上祭品后，他流着眼泪自杀了。

众神和英雄人物的恋情

## 普洛忒西拉俄斯：第一个进攻特洛伊的人

如果说借皮格马利翁之手，雕像获得了生命，那么在拉俄达弥亚的故事中，雕像替代了逝者。普洛忒西拉俄斯是色萨利的某国国王伊菲克洛斯和阿斯提奥克的儿子，他率领由 40 艘船组成的舰队前往特洛伊时，离开了他的新婚妻子——阿尔戈英雄阿卡斯托斯的女儿拉俄达弥亚，且他们还没有举行婚礼的祭祀仪式。神谕向这批希腊人预言，他们当中第一个踏上特洛伊土地的人会很快死掉。所有士兵都不愿上岸，只有普洛忒西拉俄斯无所畏惧，站出来为全体船员献身。不久，他在特洛伊城墙脚下被赫克托耳所杀。神谕成真，阿喀琉斯才得以率领他的战士们进攻特洛伊城。

## 逝者的雕像

根据这个故事的另一种版本，普洛忒西拉俄斯死后，他的妻子拉俄达弥亚孑然一身。因无法承受丈夫的逝去，拉俄达弥亚便让人按照普洛忒西拉俄斯的模样雕刻了一尊蜡像或铜像。每天晚上，她都将这具冷冰冰的雕像紧紧搂在胸前。有天早晨，一个仆人送来献祭用的苹果时，从她卧室的门缝瞥见这一幕，以为她有了个情人，就向其父亲告发了她。阿卡斯托斯发现那尊雕像后，觉得女儿的这种荒诞行为只会加重她的痛苦，且对她永不再嫁感到绝望，就把雕像扔进火中。但阿卡斯托斯低估了拉俄达弥亚对她英勇丈夫热烈的爱。失去了活着的唯一支柱，这个年轻女子也毫不犹豫地投身于火里。

## 永不分离

奥维德在《女杰书简》中写道：想到至爱已离自己远去，深爱着丈夫的拉俄达弥亚始终无法释怀，就让人照着他的模样用蜡做了件他的复制品。这位妻子无法接受丈夫战死的消息，于是祈求神明允许她再见他一次，给他们三个小时作最后的道别，而死去的英雄也有同样的愿望。宙斯让两人如愿以偿。普洛忒西拉俄斯从冥界回到人间，但当时间一过，他又要返回冥界时，拉俄达弥亚下决心随他而去。她在爱人的怀里刺死了自己，从此再也不和他分开。

## 冷漠的慰藉

阿德墨托斯国王为了安慰愿意替他去死的妻子阿尔克提斯，他宣布将会让人制作一尊她的雕塑。"你的模样，由艺术家的巧手再现，与我共枕同眠。我会拜倒在它身侧，用手臂环抱它，冲它呼唤你的名字，这样，我就会觉得搂在我胸前的正是我心爱的妻子，尽管你已离我而去。虽然它给予我的是冷漠的慰藉，但至少会让我内心好受点。你会在我的梦中出现，使我快乐一些。哪怕是在夜晚或在任何时候，只要看见自己所爱的人，我总会有甜蜜的感觉。"（欧里庇得斯）

弗里城国王阿德墨托斯和他的妻子阿尔克提斯。（庞贝古城壁画，1 世纪）

# 悲惨的爱情

### 古巴比伦的恋人

在古巴比伦塞米拉米斯统治期间,一个名叫提斯柏的年轻女孩和她的邻居皮拉摩斯彼此相爱。他们年龄相仿,郎才女貌,但双方父母禁止两人来往。幸运的是,由于两家房子是紧挨着的,他们可以通过墙壁的一道裂缝互诉爱意和交换誓言。

### 意外的遭遇

提斯柏用面纱遮住脸,以防被人认出来。她的心怦怦直跳,赶向泉水边去和她英俊的爱人会合。她刚到,就看见一头口渴的母狮正向泉水靠近,它嘴边还残留着猎物的鲜血。提斯柏拔腿就跑,匆忙中把遮面的薄纱掉在了地上。她发现一个山洞,躲了进去,同时,母狮用它血淋淋的獠牙撕扯她的面纱。提斯柏气喘吁吁地蜷缩在她的藏身处。

### 死后相聚

通过葬礼,这对悲惨的古巴比伦情侣得以相守。两人的骨灰被永远存放在同一个骨灰瓮里。从皮拉摩斯和提斯柏双双离世的那天起,生长在尼努斯王墓脚下那泉水边的桑树就不再结出白色的果实,而是结出血红色的浆果供路人采摘。

### 约会

有一天,皮拉摩斯和提斯柏受够了被石墙分隔,他们约定在森林的中心见面,塞米拉米斯为她深爱的亡夫尼努斯所建的墓就在那里。墓的脚下流淌着一股泉水,泉水旁边生长着一棵结了白色桑葚的桑树。就是在这个位置,这对年轻的小情侣约定见一次面。

### 致命的误会

皮拉摩斯到达约会地点,在尼努斯王墓附近的地面上发现了被撕碎的血红面纱,旁边的泉水仿佛在低声吟唱。他吓坏了,难以相信他的爱人已经丧生猛兽之口。他当下感到深深的自责,悔不该违背禁令、与心上人约会。皮拉摩斯一想到失去了提斯柏,就觉得自己无法活下去,于是拿起剑刺穿自己的心脏,直挺挺地倒在白色桑树下。

### 提斯柏之死

提斯柏小心翼翼地从藏身处出来。她以为母狮已经离开,皮拉摩斯正等着她。唉,她却发现爱人倒在血泊中,心脏处插着他的剑。提斯柏又惊又慌,发生了这样的灾祸,她将错误归咎到自己身上。失去了皮拉摩斯,什么都没有意义了,她宁愿结束这一切,同他死后相聚。提斯柏从至爱的身体上取下剑,插入自己的心脏。

看到死去的皮拉摩斯,提斯柏把剑插进自己的心脏。(布面油画,老卢卡斯·克拉纳赫,15世纪)

众神和英雄人物的恋情

赫罗发现她溺死的爱人利安德的尸体。（布面油画，费蒂，16世纪）

## 为追随阿佛洛狄忒

赫罗是阿佛洛狄忒的女祭司，家住赫勒斯滂，更确切地说，是在塞斯托斯海角的城中，与阿卑多斯海角隔海相望。这个年轻女孩决心效忠于她所崇拜的女神，加之自身腼腆，貌美又遭人嫉妒，一直保持着单身。塞斯托斯举行了纪念阿多尼斯和阿佛洛狄忒的民间庆祝活动，吸引周遭各个岛屿的居民们纷纷前往。男孩和女孩们在现场眉来眼去，但以美貌著称的赫罗却拒绝了所有的追求者。在她看来，侍奉阿佛洛狄忒才是她应该关心的事。

## 相隔海峡的恋人

然而，一个来自阿卑多斯的英俊青年吸引了赫罗的目光，她感觉他和别人不一样。而自打见到赫罗第一眼起，这个名叫利安德的年轻人就知道，眼前这位可爱的女孩正是他一生的至爱。他决定上去与她搭讪，向她表达热切深沉的爱意。赫罗完全被他表现出的爱她的决心和他崇高的感情所吸引。但她是阿佛洛狄忒的女祭司，她父母有钱有势，他们很可能冲这个大胆的年轻人大发雷霆。她劝他不要坚持，利安德不妥协，反而提出一个令她无法反驳的理由：阿佛洛狄忒既然是爱情女神，她怎么会鼓励一个人保持童贞？所以，他同赫罗相爱绝不会冒犯这位掌管婚姻的女神。利安德的话令赫罗有点动摇，就这样被他征服了。但这个年轻人住在阿卑多斯，赫罗则住在塞斯托斯的一座塔楼的最高处，两座城市隔着海峡相望。所以，整个夏天，赫罗在塔楼上点亮灯盏为利安德指路，她的恋人会游过海峡来到她身边，和她秘密相恋。

## 死后重聚的恋人

夏天结束后，利安德仍坚持游过海峡来找赫罗。冬季里的一天，正值北风刮起，利安德没有防备，一不小心，他被困在冬夜波涛汹涌的海水中。利安德在澎湃的海潮里挣扎，逐渐筋疲力尽，迷失了方向。利安德恳求神灵相助，可惜波瑞阿斯、波塞冬和阿佛洛狄忒都没来帮他，冰冷的海水逐渐将他吞没。夜幕已深，她的爱人还没有到，这让赫罗有些担忧。直到黎明时分，她发现利安德的尸体被海浪冲上了岸，静静躺在塔楼下的海滩上。她悲恸欲绝，扯掉自己的衣服，在一声惊叫中跳下塔楼。赫罗坠落在利安德躺着的位置，在他身边咽下最后一口气。

## 恋人的回声

"旅行者，
如果你就此经过，
请找寻赫罗伫立过的塔楼，
她曾在上面手持灯盏，指引着利安德。
请你也找寻海水作响的古阿卑多斯海峡，
直至今天，它仍在为利安德的爱情和他的死，
哭泣着。"（缪塞俄斯）

# 忠诚的故事

## 忠诚的模范

珀涅罗珀的故事，体现了爱人之间的忠贞不渝。很少有妻子能在丈夫奔赴特洛伊战场后坚守贞操，她却成了贞洁的典范。至于鲍西丝和费莱蒙，他们是众神都想要奖励的信仰虔诚和心灵忠诚的楷模。

## 在丈夫和父亲之间，她选择了丈夫

珀涅罗珀是斯巴达国王伊卡里俄斯和宁芙仙女珀里玻亚的女儿，她被承诺嫁给跑步比赛中跑得最快的选手，最后正是奥德修斯赢得了这一比赛。然而，疼爱女儿的伊卡里俄斯想把她留在自己身边。珀涅罗珀不得不在丈夫和家族之间做出取舍，最终她还是决定跟随奥德修斯离开。这对年轻的王室夫妇随后来到伊萨卡岛上。

## 奥德修斯的回归

一众求婚者在奥德修斯的宫殿中住下，一边挥霍着他的家财，一边对珀涅罗珀女王模棱两可的态度感到不耐烦。已经成年的忒勒玛科斯想给予母亲支持，但情况变得极其危险。就在此时，奥德修斯终于踏上家乡的土地。他假扮成一个乞丐回到宫中，并以这个假身份参与了由珀涅罗珀发起的比赛：谁能拉动她丈夫临走前留下的弓并赢得射击比赛，她就嫁给谁。只有奥德修斯通过了考验，轻松驾驭那件熟悉的武器。然后他亮出真实身份，与儿子合谋把求婚者都杀了。

## 离家 20 年……

珀涅罗珀生下忒勒玛科斯时，奥德修斯正要前往特洛伊作战，所以不能看着他的儿子长大。他当时极不情愿地踏上了征程，被迫抛弃心爱的女人和刚出生的孩子，使他痛苦万分。丈夫不在时，珀涅罗珀掌管了伊萨卡王国 10 年时间，特洛伊城陷落后，她又掌管了 10 年。因此，自奥德修斯离开的那天起，20 年过去了……后来有传闻说奥德修斯已客死他乡，珀涅罗珀便被视为寡妇，被要求改嫁。然而，即使没再传来奥德修斯活着的消息，她依旧坚信他会回到她身边。珀涅罗珀对奥德修斯忠贞不渝，并想方设法争取拖延时间。珀涅罗珀借口要为她的公公莱耳忒斯织完寿衣后再另谋婚事。她白天在众人眼皮底下织布，到了晚上，她又偷偷地拆掉她织过的布。但三年后，这个秘密遭人泄露，她又被迫为自己未来的婚事担忧。

为把求婚者打发走，珀涅罗珀，这位坚贞不渝的模范妻子，每天晚上都会拆掉她白日里织过的寿衣。这个计谋持续了三年之久。

## 夫妻团聚

欧律诺墨为奥德修斯准备洗澡水，给他抹上香体精油，为他穿上华服；雅典娜则在他头上"洒下光彩"，使得这位莱耳忒斯之子耀眼得如神一般。然而，珀涅罗珀始终不敢相信她的丈夫会回来，她还对这个看起来陌生的男子进行了考验。她让欧律克勒亚把他们的婚床从婚房里搬出来。如果此人真是奥德修斯，他应该会对这个几乎不可能做到的要求感到惊讶，因为那张床是奥德修斯用一棵华美的橄榄树的树干做成的，他又围绕着这张床建起了卧室。所以，只有从根部将树木锯开，才能挪动被固定在地上的床。奥德修斯因此非常伤心，他想知道床被挪开的详情，并详细描述他是如何满怀爱意地制作了这张床。于是，珀涅罗珀终于相信他确实是奥德修斯，她扑进丈夫的怀里。奥德修斯则吻了又吻他如此忠贞又谨慎的妻子。

众神和英雄人物的恋情

## 好客忠诚的夫妇

只有奥维德讲过关于鲍西丝和费莱蒙的故事。这对年迈而虔诚的夫妇生活在弗里吉亚山区的一个村庄中。他们年轻时就早早地结了婚,且从成婚的第一天起就彼此恩爱。尽管非常贫穷,两人却一直生活在幸福和温情之中。他们住着简陋的茅屋,没有仆人,屋子却总是一尘不染,因为他们相处得极其融洽,共同分担日常杂务。宙斯和赫尔墨斯乔装成普通人来到凡间,向人们请求招待。费莱蒙给他们开了门,并邀请入座。鲍西丝赶忙去烧水,又从费莱蒙种植的菜园里摘菜做饭。为款待客人,她备菜时还拿了些肉出来。等待开饭的过程中,夫妻两人陪客人聊天,以免客人无聊。他们还在一张简朴的柳条床上放了张海草床垫,床垫上面铺了他们最好的床单。两位天神休息时,鲍西丝摆好桌子,为尽量让晚餐显得丰盛一些,她又拿来橄榄、鸡蛋、奶酪、坚果……简陋的桌子中央还摆上一坛盛满酒的双耳瓮和一个漂亮的蜂蜜蛋糕。

## 宙斯的惩罚

用餐时,两位天神一直在给酒瓮续新酒,并改善了酒的口感。鲍西丝和费莱蒙终于发觉他们的客人不是凡人。他们为如此拮据的招待感到不安,恳请神饶恕他们,并准备把仅有的一只鹅杀了献祭。宙斯便解释道,在来到他们家之前,他和赫尔墨斯向村子里的其他村民借宿,都被拒之门外。他们决定在第二天发大水冲毁整个村子,因此,他邀请招待他的夫妻俩到高处避难。

## 鲍西丝和费莱蒙的奖励

除了鲍西丝和费莱蒙的房子,整个村庄淹没在一片湖泊当中,他们的家则变成了一座有着金色屋顶的华丽庙宇。宙斯接着转向费莱蒙,许诺他可以实现一个愿望,以作为对他模范行为的奖励。征得妻子的意见后,费莱蒙请求让他们夫妻一起看守这座新庙宇,他们还希望永远不要被死亡分开,因为他们害怕有一天,他们其中一人要为另一人修建坟墓。天神满足了他们的愿望,他们从此过上幸福的生活,直至死亡在同一时刻把他们带走。他们彼此道别后,肩并着肩,化成了两棵永不分离的椴树和橡树。

宙斯和赫尔墨斯在鲍西丝和费莱蒙的家中受到热情款待。

# 波吕斐摩斯与伽拉忒亚

意大利博斯科特雷卡塞的某座皇家别墅中的一幅壁画，画中形象是波吕斐摩斯与伽拉忒亚。（公元前 1 世纪）

### 不可能的爱？

独眼巨人波吕斐摩斯外形奇怪，长相丑陋；海仙女伽拉忒亚则通体雪白，美貌超凡。波吕斐摩斯爱上伽拉忒亚的故事透着一丝伤感，在古希腊众多爱情悲剧中拥有一席之地。这个故事在希腊化时期广为流传。

### 《奥德赛》中的独眼巨人……

巨人波吕斐摩斯是波塞冬和宁芙仙女托俄萨的爱情结晶。传说他住在西西里岛的埃特纳山脚下，在那里照看着他的无数羊群。他的外表是出了名的可怕：个头巨大，面目狰狞，只有一只眼睛。最可怕的是，他以人肉为食！《奥德赛》中，他是一个凶残又孤独的牧羊人，只喝奶吃肉。他还吞掉了奥德修斯的几个同伴，直到这位莱耳忒斯之子找到办法从他的洞穴中脱身：奥德修斯把他灌醉，刺瞎他的独眼后，将自己绑在羊的身下，跟着羊群一起出洞。波吕斐摩斯为此气得发狂。

### ……陷入爱河的怪物！

处于这般境地，情爱之心往往很难被唤起，但这个残暴如野兽般的丑陋巨人也成了爱情故事的主角。波吕斐摩斯感到自己的心脏因为美丽的伽拉忒亚怦怦直跳。他想向她表白，并试图接近她时，小仙女却对他的丑陋感到害怕，次次都逃跑，躲进亲切的海浪抑或荒野的河岸里。忒奥克里托斯写道："伽拉忒亚躲着波吕斐摩斯'像母羊躲着残暴的狼'。"

### "牛奶肤"伽拉忒亚

伽拉忒亚是多莉丝和涅柔斯的女儿。因为她的皮肤像海浪泡沫一样白，所以被称为"牛奶肤"伽拉忒亚。公元 5 世纪时，基西拉岛诗人菲罗克塞诺斯住在西西里岛的锡拉库萨基城，他在狄奥尼西奥斯的宫中，用酒神颂的形式讲述了这个独眼巨人爱上海仙女的故事。他呈现的是波吕斐摩斯弹奏里拉琴，令白肤伽拉忒亚害羞脸红的情景。同样，普罗佩提乌斯也展现出一个不那么害怕巨人的伽拉忒亚的形象，他说："波吕斐摩斯啊，伽拉忒亚拨转她湿漉漉的头发，为在荒凉的埃特纳山脚下聆听你的歌声。"

独眼巨人波吕斐摩斯弹奏里拉琴。（赫库兰尼姆的罗马壁画，约公元 60 年）

众神和英雄人物的恋情

## 陷入爱河的伽拉忒亚

有一天，伽拉忒亚或许被她疯狂的海上行程弄得疲惫不堪，于是来到西西里岛岸边休息。她在那里遇见了英俊的阿喀斯，这个年轻的牧羊人有着一种令人无法抗拒的魅力。伽拉忒亚被他吸引住，随后他们相爱，而阿喀斯不是别人，正是潘的儿子。他的母亲是息米修斯河的一个宁芙仙女，名叫息米提斯。

## 致命的嫉妒

得知阿喀斯的存在后，波吕斐摩斯嫉妒到发狂。这对恋人在岸上卿卿我我时，被巨人从山顶上看到。伽拉忒亚幸福地把头贴在阿喀斯的胸口处……波吕斐摩斯盛怒之下，抓起一块巨石，朝英俊的牧羊人扔去。阿喀斯想躲开，但终是徒劳，石头还是砸中了他，一股鲜血从致命的石头底下喷涌而出。

## 两个深情者的不幸

诗人们以独眼巨人的悲伤和伽拉忒亚的绝望为歌。他们把波吕斐摩斯塑造成一个命运不公、遭受挫折、生活不幸的怪物，一个被抛弃的边缘人，一个天真的有情人。他登上自家山顶，冲着海洋呼喊他的悲伤。"从黎明起，波吕斐摩斯在海藻覆盖的海岸上徘徊，呼唤伽拉忒亚，内心承受着可怕的维纳斯带给他的深刻打击。他坐在高高的岩石上，眼睛盯着大海，唱起歌来缓解他的痛苦。"（忒奥克里托斯）

## "这就是被我变成河的阿喀斯"

奥维德写到，伽拉忒亚向斯库拉讲述了自己的不幸遭遇，她忘情地描述自己如何亲手将阿喀斯变成河水："唉，我为他做了命运所允许我能做的一切。阿喀斯鲜红的血从石头下面流淌出来，那红色逐渐褪去，不一会儿就变得和泉水一样清澈。石头裂开，缝隙间长出细长的芦苇。岩石的空隙里冒起水泡，发出淙淙的流水声。哦，这时奇迹发生了！一个年轻人突然出现在泉水中。他的额头上有小角，戴了顶灯芯草王冠。这个年轻人就是阿喀斯，他身材高大了些，脸像水一样蓝，这就是被我变成河的阿喀斯。"

## 埃特纳山脚下的永恒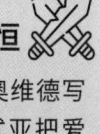

在《变形记》中，奥维德写道："涅柔斯之女伽拉忒亚把爱人洒在石头上的血迹收集起来，将它们变成活水，汇聚成河，这条河至今仍在埃特纳山脚下流淌。"阿喀斯便以这种唯美的方式，顺着海水和他的母亲——息米修斯河的宁芙仙女永远地聚在一起。

## 另一个正面结局的故事版本

某些资料提到这段恋情，或许并没有那么令人悲哀。的确，一开始伽拉忒亚被独眼巨人的丑陋吓坏了，但他显赫的家世也给她留下深刻的印象——波吕斐摩斯是波塞冬的儿子。伽拉忒亚不再躲着他，一方面因为害怕神的报复，另一方面是因为被他的诺言诱惑，波吕斐摩斯答应会给她带来奢华的生活。渐渐地，伽拉忒亚放任自己变得温顺，更何况波吕斐摩斯知道如何增加她对他的好感。据琉善所说，波吕斐摩斯表现得彬彬有礼，对这个年轻女孩疼爱到乃至她的同伴们佯装嘲笑她，实则对她嫉妒得要命。伽拉忒亚也很幸福，尽管独眼巨人外貌粗鄙，但她最终还是爱上了他。他们生有三个儿子：加拉斯、塞尔都斯和伊利里阿斯，加拉提亚人、凯尔特人和伊利里亚人的名称由此而来。

537

## 最初的冲突

从宏大的创世神话开始，基调就固定下来：乌拉诺斯和其母盖亚结合，他们充斥着暴力的结合最终被他们的儿子克洛诺斯对乌拉诺斯的阉割所终结。这一血腥的插曲之后，又发生了姐弟之间的结合，成为父亲的克洛诺斯将自己的孩子统统吞进肚里！相继而来的是奥林匹斯众神推翻父亲克洛诺斯的统治，并与泰坦诸神展开激烈交锋，与巨人族发生剧烈对抗。相应的内容在其他宇宙起源说中都很容易找到。按照这些说法，世界是诸神流血牺牲的产物。

## 血缘关系

人界的情况并没有更温和、更道德。当恐怖不再是众神发怒的结果，它就成了触怒他们的缘由！最初的人类性情少有温顺：第一批人类既粗野又没有道德。有些人甚至会吃自己的孩子，暴露出他们的邪恶和嗜血成性。坦塔罗斯和莱卡翁因此招致众神的愤怒并受到惩罚。莱卡翁被变成了狼，沦为以肉为食、名副其实的野兽。

家庭单位也未能幸免，相反，重大悲剧常常酝酿在家庭内部。赫拉克勒斯被愤怒女神（吕萨）施法，发了疯，对自己的后代展开杀戮。妻子背叛或杀了丈夫，儿子为父亲报仇把母亲杀了。但若这种血腥罪行谋害的是双亲之一，会立即引发复仇三女神厄里倪厄斯的制裁。她们会跟在杀人犯后面，用火把和毒蛇威胁他，把他逼疯。这就是两个有名的弑母者——俄瑞斯忒斯和阿尔克迈翁的遭遇。有说狄俄尼索斯，也有说是赫拉让玻俄提亚国王阿塔玛斯和他的妻子伊诺发了疯。阿塔玛斯开始伤害自己的孩子，为了躲开发疯的丈夫，伊诺抱着儿子的尸身跳海自尽。还有一些人物，他们保持着完全清醒的头脑，把控自己的行为，他们思维冷静，杀人不是出于利益，就是出于报复。比如美狄亚，她肢解了自己的兄弟阿布绪尔托斯，以拖延她父亲的追逐，之后伊阿宋移情别恋，她又杀死了和他在科林斯生的两个儿子作为报复。

## 重大悲剧

某些传说，例如俄狄浦斯的故事或阿特柔斯一族的故事，似乎刻意将各种恐怖元素集合起来：兄弟相残、乱伦、杀婴、弑父！这种集合则显示，人们所谓的神话的宣泄功能正通过故事中的暴力发挥作用。叙述暴力，让人们远离冲动，警告人们不要制造灾难，避免做出违背社会规范的行为……对于大逆不道者和偏离人性者，人们在等待他们的惩罚，让故事唤起人们对神灵的尊重。神话故事中，那些肆无忌惮的暴力有部分确实属于文明的文化问题。

墨勒阿革洛斯的传说就是一连串的灾难，从他忘记向神献祭开始，猎杀野猪也并不能让他如愿抵罪，

美狄亚不幸遭到伊阿宋的抛弃,盛怒之下,她把他们的孩子都杀了。(布面油画,范洛,1759年)

因此,一个惩罚之后又出现了新的惩罚:关于家庭和礼让的纠纷导致墨勒阿革洛斯杀死了他的叔叔们,然后他的母亲为给兄弟们报仇,把他也杀了。

他们要为失控的暴力付出代价,比如赫拉克勒斯中咒发疯,杀了他在底比斯的孩子,他不得不为此赎罪。

## 一个暴力的世界

无论如何,英雄们都活在一个充满暴力的世界中,这个世界充斥着危险的强盗,他们发明了最残酷的酷刑;充斥着奸诈的主人;充斥着蔑视过路人的冷漠君主……暴力死亡、残忍酷刑、自杀事件比比皆是。从这时起,神话故事常常像是一个暴力的集合体,接连不断的暴力旨在冲击心灵和教化人心,而英雄的作用就在于遏制这种野蛮行径,但他们的个人行为也有待改进,

## "METOO"运动

古代社会中,处于弱势和从属地位的女性极易受到男性的暴力侵害,她们在神话中的存在感往往体现在她们是性暴力的受害者,被神或男人侵犯,被劫持,被谋杀……但神话有时也会传达男性对强势女性的恐惧,他们害怕和她们对抗,害怕死在她们手下,或遭到她们的嫉妒和背叛,于是就有了亚马孙女人、许多专门绑架年轻男子的女怪物、屠杀丈夫的达那伊得斯姐妹和利姆诺斯岛妇女这样的例子。

# 血腥的盛宴

### 扎格柔斯和泰坦诸神

扎格柔斯是宙斯和珀耳塞福涅的儿子。尽管他们曾小心翼翼地对赫拉隐瞒了这个孩子，赫拉还是发现了扎格柔斯的存在。她让泰坦诸神去除掉扎格柔斯，后者被俘时变形成了公牛。泰坦们把这头牛杀掉并肢解，一部分被他们生吞，一部分被倒进锅里煮。然而，泰坦诸神遭到宙斯的雷劈，雅典娜也收回扎格柔斯的心脏。根据记述，要么是宙斯把心脏吞了，要么是他让塞墨勒吃掉。总之，这之后他们生下了狄俄尼索斯或伊阿科斯。

### 提丢斯之死

《底比斯战纪》中讲到，第一次远征底比斯时，俄纽斯的儿子、狄俄墨得斯的父亲提丢斯被底比斯人墨拉尼波斯打伤，性命垂危。之后，阿尔戈斯人安菲阿剌俄斯杀死了墨拉尼波斯，垂死的提丢斯便向他索要宿敌的头颅。安菲阿剌俄斯把墨拉尼波斯的头砍下，拿给他，提丢斯却开始吮吸头颅的脑浆。提丢斯的这一举动使他失去了雅典娜赐他不朽之身的机会，也体现出他的粗鄙至极和不可一世。他没有底线，脱离人性，趋向兽性，离成神越来越远。

### 珀罗普斯是如何失去肩膀的

坦塔罗斯是珀罗普斯和尼俄柏的父亲，宙斯和普露托的儿子。他住在西庇洛斯山旁的吕底亚，众神经常上门造访，和他一起用餐。在某个详细讲述了他在地狱受到的惩罚（"坦塔罗斯的磨难"）的传说中，他把自己的儿子珀罗普斯切成块，端给众神吃，以测试诸神是否真的无所不知。所有神都没碰这道菜，除了德墨忒尔，她吞下了自己的那份。诸神把珀罗普斯剩余的碎块重新组合起来，并让他复活，甚至比以前更英俊了。由于德墨忒尔吃掉了他的肩膀，他们又用象牙给他做了一个假肩。

### 骨头的守护者

特洛伊战争期间，亚该亚人到伊利亚的比萨城寻找珀罗普斯的肩胛骨，他们找回骨头后船却沉了。骨头后来又浮出水面，被一个埃雷特里亚的渔夫网住，并打捞上岸。德尔斐神谕命令渔夫将肩胛骨归还给伊利亚人，伊利亚人为了感谢他，让他做这块圣骨的守护者。"在我所处的时代，珀罗普斯的肩胛骨已不复存在，因为它经年累月地藏匿在海浪间，海水对它的侵蚀不亚于时间的摧残。"（帕萨尼亚斯）

坦塔罗斯为众神举办的盛宴上，朱庇特让珀罗普斯复活，并给他装上象牙制的肩膀。（布面油画，胡格斯·塔拉瓦尔，1767年）

神话中的冲突

## 与狼共餐

佩拉斯戈斯之子吕卡翁是阿卡迪亚的国王，他有将近50个儿子。按照最流行的一个版本记载，宙斯想考验佩拉斯戈斯，便伪装成农民造访他家。吕卡翁接待了宙斯。为试探这位客人是不是神，他端上一道人肉餐——由他的儿子尼克提缪斯，或他的孙子阿卡斯的肉和其他肉类混合而成。宙斯大为惊恐，于是用雷劈了吕卡翁和他的儿子们，也有说他将吕卡翁变成了狼。有的版本说尼克提缪斯幸存下来并继承了吕卡翁的王位，而受到吕卡翁迫害的阿卡斯，也就是阿卡迪亚人的名称来源，宙斯将他重新组合并复活。在另一个版本中，吕卡翁并没有这么惨无人道，他和过去许多有身份的人物一样，招待诸神共同用餐。是他的儿子们为试探父亲是否接待了神，决定在吃饭时供奉上一个孩子的肉。他们因此遭到了宙斯的雷劈。

吕卡翁国王被宙斯变成了狼。（布面油画，扬·科西尔斯，1636年）

## 复仇的盛宴

阿特柔斯家族的传说中也发生过血腥盛宴：这是阿特柔斯所选择的报复，以惩罚他的兄弟堤厄斯忒斯。堤厄斯忒斯和阿特柔斯的妻子埃洛珀偷情，并想从他手中夺取迈锡尼的统治权。阿特柔斯便杀了堤厄斯忒斯的孩子，给堤厄斯忒斯准备了一餐，然后把那些不幸儿的头颅拿给他看。堤厄斯忒斯后来又有了一个儿子，名叫埃癸斯托斯，由阿特柔斯抚养长大。他最终为其生父报仇，杀死了身为迈锡尼国王的阿特柔斯。

## 狼人的出现

在故事的另一个版本中，吕卡翁在利卡维托斯山上进行了一场大逆不道的献祭，这使他被变成了狼："然而，吕卡翁把一个新生儿抱上宙斯的祭坛，将婴儿献祭，将其血洒在祭坛上。据说他在献祭后立即被变成了一头狼。我对此毫不怀疑，不仅因为这是阿卡迪亚人的一个非常古老的传统，确实具有一定的真实性，还因为当时的人凭借个人的品性公正和态度虔诚，可以招待神并与神同桌进餐。这就是为什么当他们为人正直时，神会及时奖励他们；当他们犯下某些罪行时，神也会惩罚他们……阿卡迪亚人称，自吕卡翁以来，人们在向朱庇特·吕刻俄斯献祭时都会变成狼。但他们不会终身为狼，如果他们为狼时不吃人肉，十年后又会恢复人形；但如果他们吃人肉，他们就永远是狼。"（帕萨尼亚斯）

## 被牺牲的儿子

色雷斯国王忒瑞俄斯是阿瑞斯的儿子，他与潘狄翁的一个女儿普洛克涅结婚，并与她生有一子，名叫伊迪斯。但他又开始觊觎普洛克涅的妹妹——菲洛墨拉。他强奸了她，又割掉她的舌头，使她不能说话。但她还是通过刺绣的方式向她姐姐告知自己的不幸遭遇。普洛克涅愤而杀死伊迪斯，把儿子的肉端给忒瑞俄斯吃掉，随后和妹妹一起逃走。忒瑞俄斯很快去追两姐妹，就在他即将追上她们的时候，众神把普洛克涅变成了一只夜莺，把菲洛墨拉变成了燕子，把色雷斯国王变成了一只戴胜鸟。

# 致命的妒忌

### 伊堤罗斯的传说

伊堤罗斯的传说是一个关于嫉妒的悲剧。仄忒斯的妻子埃冬只生有伊堤罗斯一个儿子。尼俄柏嫁给仄忒斯的兄弟安菲特里翁,他们生了七儿七女,埃冬因此嫉妒尼俄柏的生育能力。她在夜里企图杀掉尼俄柏的一个儿子,却误杀了自己的儿子伊堤罗斯。悲恸欲绝的她被众神变成了一只夜莺。

### 出于妒忌的暴行

人们常说,美丽的斯库拉是因为遭到妒忌才被变成一只可怕的怪物。根据一种说法,由于波塞冬爱上了斯库拉,安菲特里忒心生嫉妒,于是派喀耳刻将斯库拉变成怪物。另一种说法和海神格劳克斯有关,是他爱上了斯库拉,并来到喀耳刻那里求取爱情药水。喀耳刻向格劳克斯表白自己的爱意,却遭到他的拒绝,这位女巫便将怒火发泄在斯库拉身上。她把含有剧毒的药草倒入斯库拉常来沐浴的海蚀穴中,结果斯库拉只有下半身变了形。"她下水下到一半,发现自己正被嚎叫的怪物包围着。她起初不相信它们实际是她身体的一部分,她想远离它们,从它们身边逃开,害怕它们发怒,激起浪花。但她一逃走,就把这些怪物也拖走了。她摸索着自己的肋骨、腿和脚,在下肢原来的位置,她只找到了一张张刻耳柏洛斯的嘴,她可怕的腰部长出狗头,狗头和她的背部相连,在她周身狂吠。格劳克斯为他所爱之人哭泣,他憎恨喀耳刻的爱,憎恶她采取了如此残忍的手段。"(奥维德)

### 妒忌:悲剧性的主题

妒忌是一个常见的主题,特别是宙斯与众凡界女子存在私情,让赫拉心生妒忌,许多神话传说由此而出,比如有关赫拉克勒斯、伊娥、狄俄尼索斯、拉弥亚的传说。赫拉经常以惩罚的名义折磨宙斯的情人和他们的私生子女。但在许多家庭悲剧或变形神话中,妒忌也是复仇和残忍行凶的动机之一。

### 遭遇出轨的妻子寻求报复……

帕西法厄是赫利俄斯和大洋神女珀耳塞伊斯的女儿。因心怀妒忌,帕西法厄想出一种独特的方法来严格束缚她丈夫米诺斯的不忠行为。"米诺斯使得所有和他睡过的女人都暴毙了,因为帕西法厄发现他经常有外遇,她让他喝下一种药水,其效果是,当米诺斯和其他女人发生关系时,他会在那个女人的体内放入分泌毒液的生物,致使对方暴毙而亡。"(阿波罗多罗斯)

宁芙仙女斯库拉遭到喀耳刻的妒忌,被变成一个海怪。(雕刻,公元前5世纪末)

神话中的冲突

## 美狄亚的毒袍

同样遭遇丈夫背叛，手段却比帕西法厄还要可怕：靠一件浸有剧毒的长袍消灭情敌——这就是美狄亚的所作所为。阿尔戈英雄们归来后，伊阿宋和美狄亚回到色萨利，但珀利阿斯一死，他们又被赶了出来。于是，夫妇俩流亡到科林斯，在那里生下两个孩子。但十年之后，伊阿宋决定与科林斯国王克瑞翁的女儿克瑞乌萨结婚，并休了美狄亚。这位女巫勃然大怒，便为公主准备了一件长袍，把它浸在最致命的毒药中："我为克瑞乌萨准备的这件长袍用毒性极强的毒液浸泡，只要她一穿上，身上便燃起熊熊火焰，乃至她的骨髓都会被火苗吞噬。我在这条金项链中藏了一团看不见的火，这火来自普罗米修斯，他因为从天界盗火受到了相当残酷的惩罚，他还将火与致命力量相融合的法术传授于我。火神伍尔坎还给了我另外一团火，藏在一层薄薄的硫黄下。此外，我还有熊熊燃烧的闪电之火，取自法厄同的身体，他和我一样是太阳的子孙。我还有奇美拉的火焰，有来自科尔乔斯公牛胸腔内燃烧的火焰。我将它们与美杜莎的胆汁混合，以将它们的效果完整保留下来。神圣的赫卡忒，加强这些毒药的威力，孕育这些藏在礼物中的火种，让它们肉眼看不见，经得住磕碰，让我的情敌胸腔和血管发热，烧烂她的四肢，让她的骨头灰飞烟灭，让这位新娘头发着起的火比她婚礼上的火把还旺盛！"（塞涅卡）克瑞乌萨被火烧伤，但她死活脱不掉紧贴在皮肤上的袍子。她父亲试图帮她也无济于事，反而同样被烧死了，很快整座宫殿都毁于火海。与此同时，美狄亚杀掉她和伊阿宋的孩子，然后乘坐翼蛇拉动的车辇向天空飞去。

据说美狄亚为报复伊阿宋，把他们的孩子都杀了。如果妒忌失去底线，那么后果……（绘画，保罗·塞尚，约 1880 年）

## 遭遇出轨的妻子寻求报复……

"毒袍"主题在有关赫拉克勒斯之死的传说中再次出现。英雄赫拉克勒斯来到卡吕冬王国，娶了墨勒阿革洛斯的姐妹得伊阿尼拉为妻。他带着新妻子离开卡吕冬，到达一条河附近时，英雄独自游泳过河，他把妻子托付给半人马涅索斯，请他带她渡河。但涅索斯图谋不轨，赫拉克勒斯便用箭射死了他。涅索斯临死前送给得伊阿尼拉一瓶爱情药水，他声称如果赫拉克勒斯抛弃她，这药水会对她非常有用。药水是由涅索斯的血和勒纳湖的海德拉的毒液混合而成。然而，自攻打俄卡利亚之后，赫拉克勒斯爱上了伊俄勒。得伊阿尼拉害怕被丈夫冷落，于是给他送去一件浸泡过涅索斯血液的衣服。当赫拉克勒斯把衣服穿上后，衣服就粘住他的皮肤，身上开始着火。他痛得难以忍受，投进火堆结束一切痛苦，得伊阿尼拉最后也自杀了。

半人马涅索斯意图占有赫拉克勒斯的妻子得伊阿尼拉，主动提出帮她渡河。他之后迎来的是英雄可怕的报复。

# 遭遇挑战的英雄

## 英雄世界的秩序

英雄的世界不乏强盗和残暴的国王，他们不守好客之道。他们中的许多人招待英雄时不怀好意，其他人则向路人发起挑战，并将那些败给他们的不幸者统统杀掉。而英雄通过消灭这些不守规矩的人，促进秩序和正义的确立，使得古希腊文化的社会准则得以普及。

## 对抗奸诈主人的英雄

在赫拉克勒斯的长途跋涉中，他常和心怀不轨的主人或无法无天的强盗对峙，这些人多多少少会采取暴力方式攻击异乡人。在吕底亚，他半路遇到一个名叫绪琉斯的葡萄种植者，这个强盗常常拦路劫人，强迫对方到他的葡萄园里为他锄地。赫拉克勒斯便拔掉绪琉斯的所有葡萄藤并将他弄死。在埃及，这位英雄杀死了专将异乡人献祭给宙斯的布西里斯国王。赫拉克勒斯还为此被推搡着带上了祭坛，然后他又转身突袭国王和祭司，最后将他们一一消灭。赫拉克勒斯还灭掉了找路人单挑的阿瑞斯之子——勇士库克诺斯。

赫拉克勒斯为安泰俄斯的受害者报仇，将这个险恶的波塞冬之子杀死。（双耳瓮，约公元前 510 年）

## 忒修斯遭遇挑战

刻耳库翁在厄琉息斯附近强迫过客和他角力，并将败给他的人统统杀掉，忒修斯最后灭掉了他。从厄琉息斯到墨伽拉的路上，刻耳库翁向路人挑衅的固定位置被指示出来。"那是一个被称为'刻耳库翁角力场'的地方。据说刻耳库翁把他所有的对手都杀了，而忒修斯更多地凭靠技巧，最终将他打败。"（帕萨尼亚斯）

## 体育挑战！

在利比亚，赫拉克勒斯和波塞冬之子安泰俄斯狭路相逢。安泰俄斯向路人发起摔跤挑战，死者的头骨被他用来装饰父亲的庙宇屋顶。赫拉克勒斯接受了挑战，并成功杀死安泰俄斯。根据后来的传说，安泰俄斯被认为是大地女神的儿子，只要他和大地保持接触，他就能汲取大地女神的力量。为了让安泰俄斯没法得到母亲的帮助，赫拉克勒斯把他举到空中，将他扼死。在西西里岛上，国王厄律克斯向赫拉克勒斯发起决斗，结果丧生，赫拉克勒斯便将土地归还给当地人。

## 忒修斯对抗强盗

忒修斯的事迹受赫拉克勒斯的启发，他也为民除害，除掉了出没在特洛泽那到雅典之间的一些强盗。他杀死用棍子打路人的珀里斐忒斯，把路人绑在两棵松树上撕成两半的辛尼斯，强迫路人给自己洗脚、然后把他们扔进海里的斯喀戎，还有强迫路人躺在床上的普洛克儒斯忒斯——如果是床短人长，普洛克儒斯忒斯就把他们的腿砍掉；如果床长人短，他就把路人抻长！

## 波鲁克斯，拳击冠军！

阿尔戈英雄们停靠在珀布律喀亚王国时，和国王阿密科斯相遇，后者也是波塞冬的儿子。阿密科斯强迫异乡人与他进行拳赛，输了的都会被他杀掉。了解这项运动实情的波鲁克斯挺身迎战，杀死了他。根据另一种说法，阿密科斯禁止人们使用一处泉水，但他输掉比赛后被迫结束自己的恶行。有好几份资料显示波鲁克斯把阿密科斯绑在了树干上。

## 致命的比赛！

阿瑞斯的儿子俄诺玛俄斯是比萨国国王。为了摆脱掉女儿希波达米亚的求婚者，他许诺将希波达米亚嫁给同他赛车中取胜的人。每次比赛，俄诺玛俄斯都让对手先出发，然后凭借自己的战神父亲所赐的骏马，很快就追上了对手，并将对方杀死。求婚者的头颅被用来装饰自己的家。当珀罗普斯来到比萨时，已有十二三人死在俄诺玛俄斯的矛下。但希波达米亚爱上了这个新来的青年，她为爱背叛父亲，帮了珀罗普斯一把。她让车夫密耳提罗斯把国王的战车偷偷弄坏，这使得俄诺玛俄斯在比赛中发生事故而丧生。这个传说在比萨地区很有名，在当地可以看到那些不幸的求婚者的坟墓，他们的名字众人皆知。"你会在帕提尼亚附近发现马尔马克斯的马墓，根据民间传说，他是第一个向希波达米亚求婚的人，也是第一个死于俄诺玛俄斯的矛下的人。他的母马名叫帕提尼亚和厄里法斯，俄诺玛俄斯在它们主人的尸体上将它们砍头，然后让马尔马克斯和这两匹马一同下葬……在离哈耳皮那几步远的地方，你会发现一个非常高的土丘，这里埋葬着爱慕希波达米亚的那些不幸的情人，因为俄诺玛俄斯为了体面，仅把这些人紧挨着葬在某几处高地上，但后来珀罗普斯又赐给他们一座宏伟的坟墓，据说他这样做是为了希波达米亚的荣誉，也为了那些人的荣誉。"

## 比赛中的婚事

体育竞技有时也是赢得心上人青睐的方式。关于阿塔兰忒的故事，根据某种说法，她与她的求婚者赛跑，但他们都没能取胜，于是阿塔兰忒杀死所有败给她的人。直到希波墨涅斯和阿佛洛狄忒合谋赢得了比赛。

珀罗普斯和俄诺玛俄斯进行战车比赛。因为女儿希波达米亚设下陷阱，这位比萨国王在战车事故中丧生。

# 刽子手和施刑者

## 神话中的惩罚

骇人的酷刑在神话故事中比比皆是。因为传统上用于镇压的武器里找不到对应物,这些酷刑因此显得更为不同寻常,即使其中一些刑罚也可能存在于边缘文明中。无论是塔耳塔罗斯还是众人皆知的普罗米修斯,许多传奇人物都受到过残酷的惩罚或处决,即便是不朽且强大的神也未能幸免。

## 被吊起来的马耳叙阿斯!

马耳叙阿斯是山林之神西勒努斯手下的一名萨提里森林神,家住佛律癸亚。据说他是笛子的发明者,也有说他把雅典娜发明又遗弃的笛子收了回去。在倪萨,马耳叙阿斯要和阿波罗比试吹奏技艺,他认为自己吹奏的笛声胜过任何乐器。阿波罗接受了挑战,并要求获胜者可以任意处置失败者。因为比赛一开始胜负难分,阿波罗向对方挑战各自乐器倒置着演奏,里拉琴的优越性便由此体现。阿波罗把这个不幸儿吊在松树上,活剥了他的皮。后来,阿波罗有些内疚,便又把马耳叙阿斯变成了一条河,即马耳叙阿斯河,迈安德尔河的一条支流。马耳叙阿斯因此常被描绘成吊在树上等待酷刑的形象,旁边有个充当刽子手的斯基泰人正磨着刀。

## 神的酷刑

为惩罚害死阿多尼斯的阿瑞斯,阿洛伊代兄弟将战神囚禁在一个大铜瓮中,阿瑞斯困在里面长达 13 个月,最后被赫尔墨斯放了出来。提丰打败宙斯,把他的手筋脚筋都抽了出来。《伊利亚特》中也提到,赫拉陷害宙斯的私生子赫拉克勒斯,曾因此遭到她丈夫的惩罚。宙斯回想起那些惩罚措施说:"你忘了你被吊在半空中的那天吗?我在你脚上绑了两个铁砧,手上捆了条牢不可破的金链,你就那样被倒吊在天空中和云端间。"(荷马)北欧神话里的奥丁神为获取卢恩符文的奥秘甘愿忍受吊刑:他被吊在世界之树尤克特拉希尔的枝干上,"整整九夜,我被吊在狂风飘摇的树上,身受长矛刺伤"。

马耳叙阿斯被吊起来并活剥了皮。(布面油画,提香,1576 年)

## 斯库拉被惩罚

斯库拉是墨伽拉国王尼索斯的女儿,潘狄翁的孙女。尼索斯有一绺紫色或金色的头发。正因为这绺头发,尼索斯战无不胜;而按照埃斯库罗斯的说法,这绺头发使他拥有不死之身,或保护着他的王权。米诺斯国王想为儿子安德罗格奥斯的死报仇,便围攻了墨伽拉。但是,斯库拉爱上了米诺斯,于是她决定背叛父亲。她让米诺斯许下婚娶的承诺,收了他的礼物,并在父亲熟睡时剪断那绺神奇的头发。之后米诺斯得以攻下墨伽拉,但完全出人意料的是,他把这个女孩吊在船头作为惩罚。斯库拉最后溺水而亡,化成了一只鹭。

神话中的冲突

为了给母亲报仇,安菲翁和仄忒斯把狄耳刻绑在一头未被驯服的公牛身上。(双耳瓮,约公元前 435 年)

## 狄耳刻的酷刑

狄耳刻是底比斯国王吕科斯的妻子。她对安菲翁和仄忒斯的母亲安提俄珀施加虐待,安提俄珀最后得以逃脱。这位母亲在她当年不得已弃婴的基泰隆山和她的两个儿子重逢。得知母亲这些年来的苦难,安菲翁和仄忒斯想为她报仇。据说他们把狄耳刻绑在一头野公牛身上,让她被牛拖拽着,身体被岩石棱角划破,被牛蹄狂暴地践踏。塞涅卡提到基泰隆山,"正是在此地,仄忒斯的凶猛公牛拖着这个可憎女人的身体踏过满是鲜血的荆棘",狄耳刻之后被变成了一汪泉水。事实上,狄耳刻已经找回安提俄珀,并准备让她承受这种酷刑。而正所谓因果报应,对待残忍的施刑者,安菲翁和仄忒斯只是以牙还牙。

## 奥德修斯的正义

回到伊萨卡岛后,奥德修斯发现向他妻子求婚的人侵占了他的宫殿,他在儿子忒勒玛科斯的帮助下,将这些求婚者统统杀掉,并残忍地惩罚了和求婚者相勾结的女佣们。她们被勒令搬运尸体,清扫宫殿,然后忒勒玛科斯决定吊死她们:"为让这些女人含羞而死,勒住她们的脖子,一个挨着一个吊起来。有那么一会儿,她们还踢腾着脚,但很快这些女人就停住呼吸,失去生命迹象。"奥德修斯也曾对牧羊人墨兰提俄斯施暴,因为他蔑视并粗鲁对待奥德修斯,后来还想把武器交给求婚者们。

回到伊萨卡后,奥德修斯对珀涅罗珀的求婚者展开屠杀。(插图,安德烈·博纳米,1914 年)

## 普洛克儒斯忒斯和辛尼斯

忒修斯为民除害,消灭的这两个大盗,凭借着各自奇怪又残忍的酷刑而恶名昭著。"他杀死了活跃在科林斯地峡的辛尼斯。这强盗把两棵松树扳弯,每棵树分别绑上路人的一只胳膊,然后他猛然松手放开树,受害者剧痛难忍,身体被猛地撕成两半而毙命。"(狄奥多罗斯)辛尼斯最终也死在自己创造的酷刑之下。至于普洛克儒斯忒斯,他假装款待过路人,但他的床其实是刑具。"这之后,他杀死了普洛克儒斯忒斯,这强盗住在阿提卡的科鲁达尔斯,他强迫路人躺在一张床上,如果人比床长,他就把对方的双腿砍掉;如果人比床短,他就拽着这人的腿把对方抻长。出于此,人们叫他普洛克儒斯忒斯(意为'暴力拉扯拖拽的人')。"(狄奥多罗斯)也有人说普洛克儒斯忒斯有两张床:身材矮小的人睡长床,身材高大的人睡短床……

547

# 致命之跃！

## 高空坠落

跳崖是一种常见的自杀方式：伊诺带着她的儿子墨利刻耳忒斯，从墨伽里斯的莫鲁里德岩石上跳入海中；刻克洛庇得斯三姐妹从雅典卫城墙外的悬崖跳下；虽说有些不可思议，海妖塞壬也以投海的方式结束了自己的生命。斯喀戎悬崖在历史上则是一个险恶之地："墨伽拉人把莫鲁里德岩石献祭给了琉喀忒亚和帕莱蒙。接下来要提到的这处岩石却让人深恶痛绝，因为与这片岩石为邻的斯喀戎把他遇到的异乡人全都从岩上扔进海里，下面有只海龟浮在浪花间将坠崖者吞掉。……斯喀戎受到了报应，因为忒修斯把他从同一处地方扔了下去。"（帕萨尼亚斯）

## 天空飞行的危险

古时候的人们也逃不开天空飞行固有的风险！无论乘坐飞羊、飞车、有翼的马还是使用便携式羽翼，身处高空总是存在危险。乘坐带翅膀的坐骑实际就连带着某种风险性……柏勒洛丰的传说中，从飞马佩伽索斯背上坠落身亡的事故就发生了两起。欧里庇得斯的戏剧里，斯忒涅玻亚曾诬陷柏勒洛丰企图勾引她，后来柏勒洛丰活着回到梯林斯，斯忒涅玻亚惶恐不安，于是想骑上柏勒洛丰的飞马逃跑以躲避报复。但佩伽索斯让她掉进了海里，死于米洛斯附近。柏勒洛丰也从这匹马上摔下过，因为他之后越发傲慢，想凭借这匹有翼骏马跻身奥林匹斯众神，宙斯便差遣一只牛虻去螫咬佩伽索斯，使得柏勒洛丰从马上坠地身亡。也有说他坠马后又幸存下来，变成了一个残废。还有一种说法称柏勒洛丰骑着马往地上看时突然一阵眩晕，之后坠马身亡。

珀罗普斯和马车夫密耳提罗斯串通，击败比萨国王俄诺玛俄斯后，他带着希波达米亚和密耳提罗斯一起离开了伊利亚。在故事的第一个版本中，密耳提罗斯趁珀罗普斯取水离开的间隙，企图侵犯希波达米亚。珀罗普斯回来后，便把密耳提罗斯从革赖斯托斯海峡上扔了下去，这就是密尔托海名字的由来。根据另一种说法，珀罗普斯和他的帮凶们乘坐飞车飞走，他把笨重的密耳提罗斯推下车，这个车夫便掉进后来以他名字命名的大海中。

## 一个不幸的疏忽

埃勾斯派他的儿子忒修斯前去克里特岛，并对其仔细叮嘱：如果他杀死了弥诺陶洛斯并活着回来，就在船上升起白帆；如果没有，就保持去时所挂的黑帆。不幸的是，忒修斯忘了换帆，埃勾斯看到驶来的船上依然挂着黑帆，伤心欲绝，跳海自尽，这片海便以他的名字命名。其中有一点鲜为人知，年轻时杀死斯喀戎的忒修斯后来也坠崖而亡。忒修斯被赶出雅典后，他启程前往斯库洛斯岛。"吕科墨得斯是当时斯库洛斯岛的国王。忒修斯去找他，请求他归还土地，并说自己想在岛上逗留一阵。但又存在其他说法，是忒修斯向他请求支援以抗雅典人。吕科墨得斯要么害怕声名大噪的忒修斯威胁到其地位，要么为了讨好墨涅斯修斯，他把忒修斯引到当地的山上，声称是为了从那里向忒修斯展示他的土地，实则借机把忒修斯从岩石上推了下去，让忒修斯坠崖身亡。也有人说，忒修斯是晚饭后出来散步时，习惯性地一脚踏空，结果摔了下去。"（普鲁塔克）

忒修斯杀死了斯喀戎，这位波塞冬之子曾把路人扔进海里致其身亡。（陶杯图案由多里斯所绘，公元前5世纪）

神话中的冲突

由于距离太阳太近，伊卡洛斯失去了他的羽翼……接着坠落下来。（布面油画，H. J. 德拉波，1898 年）

## 伊卡洛斯的坠落

伊卡洛斯使用他父亲代达罗斯制作的羽翼逃离克里特岛的迷宫。这个轻率的年轻人像法厄同一样，并没把他父亲的警告放在心上。他飞得离太阳过近，阳光融化了粘羽毛的蜜蜡，羽翼便从这个不幸的年轻人肩上脱落，他坠在了以他的名字命名的岛屿——伊卡里亚岛附近。周遭的海也取自他名，即伊卡里亚海。

### 太高，太快了！

法厄同通常被认为是赫利俄斯和克吕墨涅的儿子。他从小不知道自己的父亲是谁，后来母亲把他的身世告诉他。当他能够见到父亲时，法厄同向赫利俄斯提出要求，想驾驶那辆太阳车，赫利俄斯最后同意了。但法厄同没能控制住缰绳，他偏离了常规路线，或他因飞得太高而受到惊吓，反而飞得更高，结果被星座的神兽吓到，于是他再飞低一些，又险些破坏大地表面。宙斯不得不用雷击中他，法厄同便掉进了厄里达诺斯河（波河）中。赫利阿德斯三姐妹找回兄弟的尸体，她们为他的亡故日夜哭泣，最后被变成了一棵棵白杨树。

## 赫勒的坠亡

佛里克索斯和赫勒是阿塔玛斯和涅斐勒的孩子。阿塔玛斯后来娶了伊诺，伊诺想将两个孩子置于死地。但就在孩子们即将被献祭时，涅斐勒送来或宙斯派来一只金色的公羊，羊飞过来将他们驮走，佛里克索斯和赫勒最后得以脱身。他们趁机逃出了俄耳科墨诺斯，但赫勒不慎从羊背上滑落，掉进海里，这片海后来就被称为"赫勒海"——赫勒斯滂海峡（位于马尔马拉海）。至于佛里克索斯，他继续赶路直至科尔基斯，在那里受到了国王埃厄忒斯的盛情款待。于是，他将这头金羊作为祭品献给了宙斯，把它的金色羊毛皮送给埃厄忒斯，之后伊阿宋偷走的著名的金羊毛就源于此。

# 墨勒阿革洛斯的传说

## 埃托利亚的悲剧

墨勒阿革洛斯为埃托利亚国王俄纽斯和忒斯提俄斯之女阿尔泰亚所生，但也有说法称他是阿瑞斯之子。他的传说发生在希腊西北部的埃托利亚山区，再具体点就是卡吕冬城。墨勒阿革洛斯是个完美的年轻人，却最终沦为众神和女人们的牺牲者。他的魂魄在冥界游荡，向赫拉克勒斯断言："凡人难以挣脱神的安排。"（巴克基利得斯）

墨勒阿革洛斯把他刚刚杀死的野猪送给女猎人阿塔兰忒，此举间接导致了他的死亡。（布面油画，鲁本斯，约 1616 年）

## 命运女神的礼物

墨勒阿革洛斯出生后的第七天，命运三女神出现在他的床头。第一位女神给予他高尚的品质，第二位女神给予他勇敢的品质，但第三位女神阿特洛波斯宣称：墨勒阿革洛斯会活到直至炉膛里的那块木柴烧完。孩子的母亲阿尔泰亚随后急忙从火中取出木柴，并将这个牵系着她儿子生命的物件安放在一个箱子里。墨勒阿革洛斯长成青年后，成为一个十全十美，甚至无懈可击的人。他参加了阿尔戈英雄的远征，根据一些说法，他在远征途中杀死了埃厄忒斯。他还在伊俄尔科斯参加了珀利阿斯的葬礼并赢得了标枪比赛。

## 卡吕冬狩猎

墨勒阿革洛斯的悲剧命运围绕著名的卡吕冬狩猎而展开。由于俄纽斯国王在献祭时把阿尔忒弥斯给忘记了，女神为报复他，派了一头体形巨大、力量非凡的野猪去蹂躏伤害卡吕冬的庄稼和畜群。因此，俄纽斯（也有说是墨勒阿革洛斯）决定组织一次狩猎，并召集希腊境内最伟大的英雄们来到卡吕冬，其中有狄俄斯库里兄弟、阿法里得斯兄弟、伊阿宋、安开俄斯、阿塔兰忒、福尼克斯、忒修斯、忒拉蒙、佩琉斯、阿德墨托斯等人。参加狩猎的还有墨勒阿革洛斯的家族成员们，即他外祖父忒斯提俄斯的儿子们，也就是阿尔泰亚的兄弟。在这场持续六天的史诗般的狩猎中，有人负伤，甚至有人死亡（许莱俄斯、安开俄斯、欧律提翁），但野兽最终还是被击倒了，先是被阿塔兰忒一箭射中背部，然后被安菲阿剌俄斯射伤眼睛，最后被墨勒阿革洛斯结果了。

墨勒阿革洛斯杀死卡吕冬野猪。（阿提卡陶杯，约公元前 500 年）

## 一场家庭冲突是如何害死墨勒阿革洛斯的

由于是墨勒阿革洛斯杀死了这头野兽，猪皮和猪头便归他所有，但墨勒阿革洛斯出于爱慕，又把它们献给了阿塔兰忒，给出的理由是她先击中了野猪。忒斯提俄斯的儿子们对这种瓜分方式提出反对，要求得到他们相应的份额。根据有些说法，是阿尔忒弥斯从中作祟，激化了这番争吵，最后事态恶化，双方开始动手，最终墨勒阿革洛斯把两个舅舅杀了。阿尔泰亚得知她兄弟们的死讯后，从箱子里取出那块象征儿子生命的木柴，扔进炉子里。木柴最后被火烧成灰烬，也一并带走了墨勒阿革洛斯的生命。在另一个没提到木柴的版本中，狂怒的阿尔泰亚对她儿子施下诅咒，众神便杀了墨勒阿革洛斯。

## 墨勒阿革洛斯姊妹们的悲伤

墨勒阿革洛斯的姊妹们，尤其是戈耳革、欧律墨得、得伊阿尼拉、墨拉尼珀、欧律狄刻、福柏都悲痛不已。她们在英雄的墓旁不停哀号，阿尔忒弥斯便把她们变成了"墨勒阿格里得斯"（珍珠鸡），并把她们安置在莱罗斯岛上。每逢适宜的季节，姊妹们会为墨勒阿革洛斯哀悼。但应狄俄尼索斯的要求，得伊阿尼拉和戈耳革保住了自己的人形。实际上，得伊阿尼拉在赫拉克勒斯的传说中扮演重要角色。当赫拉克勒斯下到冥界捉回刻耳柏洛斯时，他和墨勒阿革洛斯的魂魄相遇。赫拉克勒斯答应他会娶得伊阿尼拉为妻："我的战神朋友，在俄纽斯的宫殿里，他的女儿中是否有一个与你特征相似的处女？她若

墨勒阿革洛斯因打死忒斯提俄斯的儿子们而被众神所杀。（大理石，2世纪）

身强体健，我想娶她为妻。"好战的墨勒阿革洛斯回答他："我把得伊阿尼拉留在了家里，她有细嫩的脖颈，且对身缠金带的塞浦路斯女神魅惑人类这种事一无所知。"（巴克基利得斯）赫拉克勒斯最后确实娶了得伊阿尼拉，她的妒忌之心也造成了他的死亡。

## 另一个结局？

在故事的另一个版本中，狩猎时发生的冲突演变成埃托利亚人和库勒忒斯人之间的战争。阿尔泰亚诅咒自己的儿子不得好死，墨勒阿革洛斯无比愤慨，于是退出了战场。卡吕冬王国被围困，埃托利亚人发现他们处境堪忧，便派大使到墨勒阿革洛斯的住处恳求救援，却仍是白费口舌。唯独在他妻子克勒俄帕特拉的苦苦哀求下，墨勒阿革洛斯终于同意奔赴战场。杀了忒斯提俄斯几个儿子的墨勒阿革洛斯最终也死了。他死后，阿尔泰亚和克勒俄帕特拉上吊自杀。巴克基利得斯谈到墨勒阿革洛斯和库勒忒斯人的战斗场面以及那块木柴，当他的母亲燃烧那块木头时，墨勒阿革洛斯的生命在战场上也渐渐消亡："那时我正要剥了得伊皮勒她儿子的皮，他英勇又无懈可击如同克吕墨涅般，我却在塔楼前击倒了他，同时其他人逃进普琉戎的老城中。然后，我慢慢感觉不到生命的甜美，逐渐失去力气。我喊叫着，用我的最后一口气，我痛哭起来，为了我失去的灿烂年轻的生命。"

# 被牺牲的女人

## 对女叛徒的惩罚

尼索斯的女儿斯库拉的故事中出现了这一司空见惯的主题。为了爱情，年轻女孩斯库拉出卖了自己的父亲，把城池交给米诺斯，后者却将她溺死以惩罚她。忒勒玻埃人的国王普忒瑞劳斯，在他女儿科迈托的故事中也出现了相同的情节。安菲特律翁出兵征讨普忒瑞劳斯。然而，普忒瑞劳斯拥有一缕金发，这缕头发使他立于不败之地，安菲特律翁始终无法拿下塔福斯城。爱恋着安菲特律翁的科迈托剪掉了她父亲的头发，导致普忒瑞劳斯死去，安菲特律翁得以攻下此城。然而，这位底比斯国王最终杀了科迈托，因为她背叛了自己的亲生父亲。

## 塔尔皮亚被罚

为爱背叛的主题也出现在罗马姑娘塔尔皮亚的故事里，她遭受了类似于石刑和活埋的特殊惩罚。据说这一事件发生在罗慕路斯时期，当时萨宾人想为萨宾妇女绑架事件报仇，萨宾国王提图斯·塔提乌斯便围攻了罗马的中心——卫城山丘，也被称为"塔尔皮亚山"，那里有一处塔尔皮亚之岩，一些死刑犯就是从该处被扔下山。贞女塔尔皮亚是卫城指挥官斯普里乌斯·塔尔皮亚斯的女儿。版本一中，塔尔皮亚出去取水时，塔提乌斯贿赂了她，让她把敌人放进广场里。版本二中，塔尔皮亚对塔提乌斯一见钟情。她承诺，如果塔提乌斯与她结婚，她就交出卫城。这两种版本的结局是一样的：萨宾人一进入卫城，他们就在塔提乌斯的命令下把这个女叛徒用盾牌压死。还有第三种版本，塔尔皮亚知道萨宾人佩戴着用金子或宝石做成的手镯，便要求他们用左臂上携带的物件作为报酬。萨宾人假装不明白，就把他们左臂上绑缚的盾牌都扔了出去，压死了这个女人。

## 被献祭在战争祭坛上的少女

神话中，一些少女并没有犯错，却被处死或被当作祭品。阿伽门农和克吕泰涅斯特拉的女儿伊菲革涅亚就是最有代表性的例子。这个年轻女孩遭到处死，因为根据预言家卡尔卡斯的说法，只有把伊菲革涅亚献祭了，阿尔忒弥斯的怒火才能平息。为了让海港刮起风，使得希腊人的舰队离开奥利斯，朝着特洛伊的方向进军，伊菲革涅亚必须被斩首献祭。阿伽门农最后不得已做出让步，从而引发了克吕泰涅斯特拉后面对他的不满。他让女儿从迈锡尼来到他身边，使她相信自己会嫁给阿喀琉斯，然后把她送到献祭的刀下。但阿尔忒弥斯在最后刀落的一刹那介入，用一只母鹿代替了女孩。她把女孩带到陶里斯，在那里女孩成了这位女神的祭司。伊菲革涅亚把不幸踏上这片土地的异乡人当作祭品献祭。直至有一天，她的兄弟俄瑞斯忒斯机缘巧合来到这里，她便从血腥的神职中逃脱，重回希腊。但根据赫西俄德的说法，因为阿尔忒弥斯的决定，伊菲革涅亚最终变成了赫卡忒。

阿伽门农献祭他的女儿伊菲革涅亚，阿尔忒弥斯却用一只母鹿代替了她。（花瓶，公元前4世纪）

## 被献祭的少女

波吕克塞娜被认为是普里阿摩斯最小的女儿。据说她被希腊军队俘虏后,希腊人为求得从特洛伊返乡回家的顺风,把她献祭了,也有说她被割喉献祭以安抚阿喀琉斯的亡灵。还有人说,阿喀琉斯因为迷恋上了波吕克塞娜,于是答应普里阿摩斯抛弃希腊人。阿喀琉斯被引诱到阿波罗·提漠布里俄斯神庙里,他中了埋伏,被帕里斯一箭射死。有文字描绘了波吕克塞娜死时被捆绑的情形,但据欧里庇得斯说,她拒绝被绑起来:"希腊人啊,你们毁了我的国家,我自愿去死,任何人都别强迫我。我将勇敢地献上我的头颅,以诸神的名义,自我牺牲,请允许我自由地死去。对我这个女王来说,被喊作亡者之奴是可耻的。"

## 洛克里斯女子的赎罪

俄琉斯的儿子小埃阿斯犯下了罪,他竟敢在雅典娜神庙内对卡珊德拉施行侵犯,洛克里斯人不得不承受神的愤怒,其所在地发生了流行病。神谕宣布,1000年里,他们应当每年送两名年轻的洛克里斯女子到特洛伊,为惹怒雅典娜作补偿。"新伊利昂的居民仍声称,希腊人占领特洛伊后,这座城市并没有立刻覆灭,也从未被完全遗弃,因为每年向伊利昂派遣两名洛克里斯处女的传统,在这座城市被占领后几乎很快就开始了。"(斯特拉波)最初的两个洛克里斯处女被特洛伊人杀了,特洛伊人把她们的骨灰撒入大海。后来的女子都幸免于难,但她们被赶到了雅典娜神庙,在那里,这些女人用一生去践行对女神的信仰崇拜。

为安抚阿喀琉斯的亡灵,希腊人把普里阿摩斯最美丽的女儿波吕克塞娜献祭了。(布面油画,查尔斯·勒布伦,1647年)

# 被牺牲的男人

## 残忍的传说

关于女人屠杀男人的故事，有两个著名传说。首先是达那伊得斯姐妹的传说，她们是宙斯和伊娥相爱所生的后代，因而受到赫拉的诅咒。埃斯库罗斯就她们迫于宿命的残暴行为，创作了他最早的一部悲剧作品《乞援人》。此外还有利姆诺斯岛妇女的传说，她们因为被阿佛洛狄忒惩罚，变得嗜血无情，整个岛上的男人无一例外地遭到她们的攻击。

## 重返阿尔戈斯

为躲避"可恶的兄妹通婚"，达那俄斯和他的女儿们决定离开埃及。达那伊得斯众姐妹在阿尔戈利斯的阿波巴忒墨伊登陆，她们恳求阿尔戈斯的国王佩拉斯戈斯给予保护。得知这些年轻女子出身阿尔戈斯，因为她们是伊娥的后代，国王和当地人民纷纷为她们提供庇护。这位统治者甚至不惜冒着引发战争的风险来保护这些异乡女子。当一个来自埃及的传令官来索要达那伊得斯众姐妹，并威胁阿尔戈斯人时，佩拉斯戈斯却坚持自己的立场，发誓无论如何都要守护她们。埃斯库罗斯的剧作就以这样的方式结束。但其他资料记载，虽然达那俄斯最终同意了女儿们的婚事，但他其实有个非常具体的计划要去实行，那就是他的女儿们要把他对手兄弟的儿子们都杀了。

## 自由和独立的女性？

达那伊得斯是达那俄斯国王的女儿。达那俄斯和他的孪生兄弟埃古普托斯共同统治着埃及。达那伊得斯众姐妹实际有 50 人，她们的堂兄埃古普提亚德斯，即埃古普托斯的儿子们也有 50 人。埃古普托斯希望达那俄斯将他的女儿们一一嫁给他的儿子们，但达那伊得斯众姐妹拒绝嫁人、为堂兄弟的利益服务，因为这种联姻可能会让埃古普提亚德斯众兄弟成为无可争议的王位继承人："神警惕我不向男性权力低头。为逃避可憎的婚姻，我决定在星辰的指引下逃亡……"（埃斯库罗斯）达那俄斯也不看好这种有悖伦常的联姻，甚至认为他的兄弟为除掉他，会安排他的儿子们在新婚之夜把年轻的新娘们都杀掉。

达那伊得斯众姐妹死后下到塔耳塔罗斯之狱，她们被判往一个底部开孔的容器里注水，照如此她们的任务永远无法完成。（绘画，费里，17 世纪）

神话中的冲突

## 达那伊得斯的新婚之夜

许珀耳涅斯特拉嫁给了林叩斯；戈耳戈福涅嫁给了普罗透斯；伊斯特鲁斯娶了希波达米亚；卡尔科敦娶了罗迪亚；阿革诺耳娶了克里奥帕特拉；卡伊托兹娶了阿斯忒里亚；克利托斯娶了克勒伊特；斯忒涅洛斯娶了斯特涅勒……年轻的新娘要么通过抽签被选择，要么根据她们的名字两两配对。她们的父亲给了她们每人一柄短剑，让新娘们在新婚之夜趁丈夫熟睡后把他们都杀了。所有女孩都遵从父命照做，除了许珀耳涅斯特拉，她放过了林叩斯，要么因为她爱上了他，要么因为他是唯一尊重妻子的丈夫。

## 悲剧性的结局

集体受害的年轻人都被割掉了头。帕萨尼亚斯说："埃古普托斯儿子们的坟墓里只有他们的头颅，身体则被埋在勒纳的另一处坟墓中，因为他们就是在勒纳被杀的。他们受害时，为了让埃古普托斯看看他的侄女们敢做些什么，达那伊得斯众姐妹割下这些年轻人的头。"雅典娜和赫尔墨斯帮姐妹们涤除了这一血腥罪行。许珀耳涅斯特拉因为违背父令，先是被关进监狱，但后来国王想把他手上沾满鲜血的女儿们嫁出去却未果，就同意了许珀耳涅斯特拉与林叩斯结合。达那俄斯为其他女儿的婚事发愁，这些女孩名声有污点，没有追求者。达那俄斯便发起比赛，胜者们可以迎娶达那伊得斯众姐妹，她们继承了他的遗产。因此，达那人是皮拉斯基人血统的延续。但后来林叩斯为给他的兄弟们报仇，杀死了达那伊得斯众姐妹和达那俄斯。姐妹们被打入塔耳塔罗斯，被判无休止地往一个底部穿孔的坛子里装水。

## 利姆诺斯岛的妇女们

利姆诺斯是爱琴海北部的一个岛屿。起初，利姆诺斯妇女忘记敬拜阿佛洛狄忒，女神对这些女人心怀怨恨，便让她们变得难以接触、脾气暴躁，尤其根据早先的说法，这些女人变得臭气熏天，乃至她们的丈夫不再愿意接近她们。为了娱乐消遣、忘掉自己的妻子，利姆诺斯男人们劫掠了色雷斯并带着女俘虏回来，或在色萨利女奴隶的怀抱中寻求慰藉。被嫌弃的利姆诺斯妇女们倍感恼火，决定把岛上所有的男人都灭掉。她们割断丈夫的喉咙，连自己的父亲和儿子也不放过。守护利姆诺斯岛的卡比里众神对这一滔天大罪非常愤慨，决定弃岛而去。

许普西皮勒是唯一没有杀掉她父亲的利姆诺斯妇女。（细密画，15世纪）

## 许普西皮勒：从女王到保姆

阿尔戈英雄们来到利姆诺斯岛，岛上的妇女们与他们结合，生下了一些男孩。许普西皮勒和伊阿宋生有两个儿子：涅布罗福诺和欧纽斯。美狄亚后来用法术让伊阿宋忘记了他曾经对许普西皮勒的爱意。作为托阿斯和弥里娜的女儿，许普西皮勒女王的背叛终于被其他利姆诺斯妇女们发现，她被驱逐出岛，迫不得已抛下她的孩子们。之后海盗抓到她，并把她卖给涅墨亚国王吕库尔戈斯，她又成为奥菲尔忒斯王子（也叫作阿尔赫摩罗斯王子）的乳母。远征忒拜的七英雄从他们身边经过时，为给七雄指路，许普西皮勒临时把王子放在地上，小奥菲尔忒斯就这样被蛇咬死了。

## 仁慈的女人

正如在利姆诺斯岛妇女们的故事中，只有一个女人表现出仁慈……许普西皮勒是托阿斯国王和弥里娜的女儿。托阿斯是狄俄尼索斯和阿里阿德涅的儿子，弥里娜则和岛上的某座城市同名。唯独许普西皮勒拯救了自己的父亲。她将父亲伪装成狄俄尼索斯像，把他从利姆诺斯岛妇女那里带走，然后让他藏进一个箱子里，投入大海。托阿斯漂流到儿子俄诺皮翁统治的希俄斯岛上。这之后，许普西皮勒成为利姆诺斯岛的女王。

# 撕成碎片！

## 奇迹没有发生在利诺斯身上

利诺斯的故事虽是个例外，却也符合规律。这个被遗弃的孩子并没有被奇迹般地拯救：他的命运与大多数弃儿一样。普萨玛忒是阿尔戈斯国王克罗托普斯的女儿，阿波罗致她怀孕。由于害怕父亲生气，普萨玛忒秘密生下孩子，随后将他遗弃。这个孩子被克罗托普斯的几只牧羊犬撕咬成碎片。阿波罗为报复，向阿尔戈斯派出一个名叫普伊恩（拉丁语意为"惩罚"）的怪物，专把孩子从他们母亲的怀里抢走，直到科罗布斯出现才消灭掉这个怪物。按照故事的另一个版本，利诺斯被托付给一个牧羊人，但结局一样：他被狗咬死了。而克罗托普斯得知他女儿犯下的错后，将她判处死刑。阿波罗怒火中烧，便给阿尔戈斯人送去一场瘟疫。

俄耳甫斯和色雷斯人在一起。（双耳爵，约公元前 440 年）

## 诗人之死

欧律狄刻死后，俄耳甫斯经宙斯同意，去冥界寻找妻子并将她带回凡界。他用他的里拉琴镇住了凶猛的刻耳柏洛斯，安抚住复仇三女神，然后从哈迪斯那里救回了他的妻子，条件是在他到达凡界前绝不能回头看她。当他们走到冥界的门口，俄耳甫斯扭头看欧律狄刻是否仍跟着他，然后，她便从他的视线中永远消失了！

欧律狄刻消失后，俄耳甫斯悲痛欲绝。回到色雷斯的他忠心于逝去的妻子，对当地女人的示爱不屑一顾。气愤的女追求者们便把这位诗人杀了并碎尸。他的头颅被扔进马里查河，漂到了莱斯博斯岛。在阿波罗和缪斯的恳求下，他的琴被宙斯挂在高空的星座中。阿波罗和缪斯还将他散落的四肢收集起来埋葬在奥林匹斯山脚下。因此，唯独他的头颅落进海水后随波漂流到莱斯博斯岛。在岛上，他的头颅被赋予葬礼般的荣誉，安放在一条裂缝中，还会对人们做出预言："他的四肢被截开。冰冷的马里查河，你把他的头颅和他的琴都收到你的怀里。哦，奇事！他的琴和他的头在波浪中滚动，低声细语，发出我不知有多少悲伤的声音，多么哀怨的呜咽，海岸被他打动，回应着他忧伤的口音。他的头和他的琴已经被卷入大海宽广的怀抱中，离开了杨树林立的河床，被带到了莱斯博斯岛的麦提姆那海岸。"（奥维德）斯堪的纳维亚民间传说中也有头颅先知的主题故事，密米尔神的头颅借助法术和它周遭的泉水保持生机，他的智慧还留存在他的头颅中，能够对奥丁预言未来。

## 这是否属于刺杀暴君？

关于罗慕路斯之死，流传最广的说法是他突然消失在"山羊沼泽"中，可由于他尸骨无存，一个更合理、更不光彩的说法后来衍生出来，即这位罗马的创始人遭到了元老院的谋杀。"因此，人们猜测元老们在伍尔坎神庙袭击了他，把他置于死地后切块分尸，各自用袍子装一块带走。"（普鲁塔克）哈利卡纳索斯的丹尼斯写道，元老们密谋反对罗慕路斯，因为他表现得像个暴君。"他们在元老院将他处决后，把他的尸体切成小块以防人看到，他们出去时，每个人的长袍下面都藏了一部分他的尸体，之后再偷偷埋掉。"由此可见，罗慕路斯的尸体分布在城市四处，与他创建的城市合为一体。

## 出于爱

出于爱，美狄亚帮助伊阿宋通过了她父亲埃厄忒斯的考验，并让他偷得金羊毛，从而遭到埃厄忒斯的追杀，他们随后逃跑。但美狄亚把她同父异母的兄弟——埃厄忒斯和宁芙仙女阿斯特罗狄亚的儿子阿布绪尔托斯——也带上了阿尔戈号。为耽搁她父亲的追捕，美狄亚毫不犹豫地杀掉阿布绪尔托斯，然后把他的尸体切成块，散落在海上。国王忙于收回儿子全尸，耗费了时间，乃至无法追上阿尔戈英雄们："据说她在逃亡中，把她兄弟的四肢散落在她父亲追捕她的所经之处，埃厄忒斯忙于收集这些散落的碎块，又要承受身为父亲的悲痛，种种原因放慢了他追杀的脚步。"（西塞罗）有人说这个悲剧发生在亚得里亚海北部，阿布绪尔提得斯群岛附近。

# 神话中的冲突

## 遭到酒神女祭司们的迫害！

底比斯国王彭透斯是斯巴达人厄喀翁和阿高厄的儿子，阿高厄是卡德摩斯与哈耳摩尼亚的女儿。狄俄尼索斯是塞墨勒的儿子，塞墨勒和阿高厄是姐妹。由于阿高厄说，曾和塞墨勒有染的只是一个凡人罢了，并不是什么所谓的宙斯，狄俄尼索斯回到故乡后，一心想要惩罚他的姨妈。彭透斯是当时底比斯的统治者，狄俄尼索斯邀请底比斯的妇女来基泰隆山参加酒神的祭礼仪式。彭透斯反对将这些祭拜酒神的仪式引入当地，且认为他的表兄弟是个冒牌货。在酒神阴险的建议下，他前去寻找那些狂热的妇女。之后，阿高厄在一棵松树下看到了他，当树把彭透斯送到她眼前时，她误以为她儿子是只野兽，冲上去把他肢解了（"英雄的撕裂处刑"）。她把彭透斯当成一只狮子，带着他的头颅一起返回底比斯。

彭透斯被狂热的酒神女信徒们屠戮。（版画，安东尼奥·坦佩斯塔，1606年）

# 几例悲惨事件

## 为了拯救雅典！

在被赫拉克勒斯的后人赶出皮洛斯后，梅兰索斯和他的儿子科德鲁斯来到雅典。梅兰索斯在当地加冕为王，之后科德鲁斯便继承了他的王位。科德鲁斯统治期间，也就是在他70岁的时候，阿勒忒斯率领伯罗奔尼撒人对雅典进行围攻。神谕告诉伯罗奔尼撒人，雅典国王若是死了，他们就不会取胜。之后，这则神谕传到雅典人那里，科德鲁斯决定伪装成一个乞丐前往敌军的阵地。他遇到一些士兵，故意挑衅他们，被其中一个士兵所杀。当雅典人索要他们国王的尸体时，伯罗奔尼撒人意识到他们或许永远不可能攻下这座城池了，于是撤军离开。雅典因其国王的牺牲而得救。

## 大埃阿斯的耻辱

忒拉蒙的儿子大埃阿斯就阿喀琉斯的武器与奥德修斯发生冲突。他把阿喀琉斯的尸体带回来后，提到阿喀琉斯的武器归属的问题，希腊人把武器给了奥德修斯。之后，大埃阿斯狂性大发，对一群羊展开屠杀。据索福克勒斯所说，他把羊群当作阿特柔斯一族对它们左砍右杀，他还把一只公羊当作奥德修斯狠狠鞭打。大埃阿斯清醒过来后，明白自己做了些什么，尽管他的姘妇忒克墨萨苦苦恳求，他还是选择了自杀。夜间或黎明时分，他把自己的利剑倒插进地面，然后倒在上面。"'这把经常沾染弗里吉亚人鲜血的剑，今天将沾染它主人的血；除了大埃阿斯，没有人会是大埃阿斯的对手！'说完，他的胸口第一次被剑刺中。杀人的剑插进他不堪一击的胸膛。"（奥维德）

大埃阿斯无法接受自己的疯癫行为，他将一把剑刺入身体，从而结束了自己的生命。（青铜器，乔万尼·巴蒂斯塔·福格尼，约1690年）

## 出于对罗马的爱

罗马广场裂开一个深坑，罗马人没法把它填上。神谕说，想要填上这个深坑，罗马人就必须把他们最宝贵的东西扔进去。一个名叫库尔修斯的年轻人得悉，罗马最宝贵的财产是当地的年轻人和士兵们。于是，他做完献祭给地狱之神的祭礼，自己全身披甲，跃马跳入深坑，原来的深坑处很快就化为一片小湖泊，人们便给这片湖命名为库尔修斯之湖。

## 致命的悲伤

如果说埃勾斯和淮德拉的自杀众所周知，那么米洛斯和佩利亚双双自杀就罕为人知了。米洛斯出身于提洛岛（确切地说是米洛斯岛），他在卡尼拉斯国王在位时期来到塞浦路斯，成为阿多尼斯的同伴。阿多尼斯国王将佩利亚嫁给了他，他们生有一个与米洛斯同名的孩子，这个男孩受到阿佛洛狄忒的宠爱，并在供奉她的庙宇内将其抚养长大。但是，阿多尼斯被野猪冲撞重伤而亡，米洛斯作为他的朋友也在一棵树上自缢了。那是一棵苹果树或榅桲树，这棵树后来以他的名字命名。佩利亚也随他进了坟墓。阿佛洛狄忒怜悯这对夫妻，她把米洛斯变成了一个苹果（或榅桲），把佩利亚变成了一只鸽子。

神话中的冲突

## 因情而死

索洛埃司也死于悲情。忒修斯征讨亚马孙人后,和安提俄珀一起回乡。回程途中,他们在比提尼亚海岸落脚,并与欧纽斯、托阿斯和索洛埃司结成伙伴。索洛埃司爱上了安提俄珀,并向她透露自己的心事,但遭到她的拒绝。索洛埃司在绝望中投入河中,溺水而亡。忒修斯为他的死感到悲痛,并见证了德尔斐神谕在当地得到应验,神谕说忒修斯会在他自己感到悲伤的地方创建一座城市。因此,忒修斯创建了皮索波里斯,在那里他建立了欧纽斯和托阿斯政权。至于城市邻近的河流,他则以索洛埃司的名字来命名。

## 执意寻死的埃萨克斯

普里阿摩斯的儿子埃萨克斯是特洛伊的一位先知。他曾为赫卡柏解梦,并建议她把生出来的孩子丢弃掉。他追求宁芙仙女赫斯珀里亚时,这个为他所爱慕的女人遭蛇咬后而死,这让埃萨克斯决定跳崖自杀,但忒提斯出于怜悯,把他变成了一只潜水鸟:"忒提斯被他的不幸遭遇所打动,在他坠落时接住他。他新生出的翅膀拂过波浪,他呼唤死亡,却事与愿违。他愤慨着,他仍留着这条可憎的生命,看到自己急于离开躯壳的灵魂也迫不得已被扣留住,他迅速飞起,再次投身大海,羽毛却托住了他。愤怒的埃萨克斯跳入水中,又潜入海底,他不停地探求一条死路。爱使他消瘦,他的两截腿变长了,他的头和身体之间长出长长的脖子。他喜欢海浪,因为他迫切想潜入水中,一次又一次,永不停止,所以他叫潜水鸟。"(奥维德)

## 狄多的火堆

迦太基的女王狄多遭到附近地区国王阿西巴斯的威胁,如果她不嫁给他,他将向迦太基宣战。狄多要求给她一个期限,待期限一到,她便爬上火堆自焚。根据维吉尔普及的版本,狄多爱上了在迦太基附近登陆的埃涅阿斯。朱诺为阻止埃涅阿斯前往意大利,在她的唆使下,狄多和埃涅阿斯有了私情。但掌握命数的朱庇特却迫使埃涅阿斯离开迦太基。狄多遭到抛弃,便拔剑自戕。人们把她的遗体抬到了火堆上,埃涅阿斯在海上看到火焰,却完全没明白发生了什么。后来,他下到冥界时,在灵泊和狄多重逢。

埃涅阿斯离开后,狄多女王在火堆中自焚。(陶瓷,乔治·安德烈奥利大师,1522 年)

## 到了疯癫的地步!

阿格劳洛斯、赫尔塞和潘德洛索斯三姐妹是刻克洛普斯的女儿。雅典娜委托潘德洛索斯保管一个不准她打开的盒子,里面睡着的孩子是厄里克托尼俄斯,雅典娜秘密抚养着这个孩子,想让他成为不凡之人。潘德洛索斯的姐妹们却违背了雅典娜的禁令,打开盒子,发现了这个被蛇盘绕的孩子,蛇便把她们杀了。也有人说雅典娜让她们发了疯,以致她们从卫城上坠崖而亡!

# 拉布达科斯家族的诅咒

### 底比斯：悲剧性的历史

正如珀罗普斯家族遭到俄诺玛俄斯的马车夫密耳提罗斯的诅咒，底比斯的王室家族，即拉布达科斯家族或拉布达科斯的后代同样遭到珀罗普斯的诅咒，底比斯城也因此陷入一连串的灾难当中。

### 谜语

"但愿它从没在这片土地上用它的歌声散布悲伤，那歌声连缪斯女神也憎恶，这斯芬克斯，是个长着翅膀的女人，却也是只野蛮的怪物，曾经袭击我们的城墙，用它的四个爪子把卡德摩斯的子孙掳到日光明亮、高不可及的半空中，它是哈迪斯从冥界派来针对底比斯的祸害！"（欧里庇得斯）这只怪物在城池西边的山坡上筑巢，逢人就吃掉。它监视着城门，在那里伺机等候想要进城的路人，它向路人问一个解不出来的谜语："是什么动物，只能发出一种声音，早上用四条腿走路，中午用两条腿走路，而晚上却用三条腿走路？"没有人知道答案，所以城墙边的路人都不幸沦为它的食物，底比斯便成了一座诅咒之城。

### 诅咒的缘由

拉伊俄斯是拉布达科斯的儿子，卡德摩斯的孙子。他的外祖父吕科斯就任摄政王时，拉布达科斯已死，这位底比斯王子尚在幼年。后来，仄忒斯和安菲翁为了给母亲安提俄珀报仇，他们如愿杀死吕科斯后，拉伊俄斯被赶出了底比斯城。年轻的拉伊俄斯随后到迈锡尼国王珀罗普斯那里避难，珀罗普斯以待客之道接待了他。然而，珀罗普斯有一个名叫克律西波斯的儿子，是个英俊少年，拉伊俄斯迷上了这个年轻人，从而犯下无法弥补的过错：他绑架了克律西波斯。克律西波斯出于羞耻随后自杀，愤怒的珀罗普斯便对拉伊俄斯和他的后代下了诅咒。据说，婚姻女神赫拉也对这一绑架事件感到愤慨，于是决定惩罚整个底比斯城，包括拉伊俄斯和那些没有立即为珀罗普斯国王报仇的臣民。

自从无人能够解开斯芬克斯的谜语进入城内，底比斯便成了一座受到诅咒的城市。（大理石雕塑，约公元前 530 年）

### 斯芬克斯：赫拉的怪物

正是为了惩罚底比斯人，赫拉女神派了一个怪物来到底比斯周边。这个长着翅膀的怪物，有着女人的头、狮子的胸和蛇的尾巴。赫西俄德的作品中就已提到，他在《神谱》中把斯芬克斯描述成底比斯人的祸害：诗人说它是由欧特鲁斯（革律翁的双头狗）和其母厄喀德那乱伦所生的怪物。也有人说它是提丰和厄喀德那的后代，还有说法称斯芬克斯其实是底比斯国王拉伊俄斯，或普里阿摩斯的旧友特洛伊人乌卡勒冈的私生女。

## 帕萨尼亚斯口中的斯芬克斯

帕萨尼亚斯对这一情节提出了更合理的解读，并对斯芬克斯做出另外的解释："有人说斯芬克斯是一个海盗，带着几艘船在海上四处游荡。它落脚在安泰东附近，占领了这座山后，开始对当地进行抢劫，直到俄狄浦斯从科林斯领着一支军队赶来，将它打败后杀掉，这一切才结束。"还有一种说法认为斯芬克斯是拉伊俄斯的一个私生女："拉伊俄斯出于对斯芬克斯的好意，把德尔斐神庙给卡德摩斯的神谕告诉了她。这个神谕在当时只有国王们知道。因此，当她的一个兄弟站出来与她争夺王位时，她使用了如下诡计：斯芬克斯对她的兄弟们说，如果他们真是拉伊俄斯的儿子，他们应该知道传给卡德摩斯的神谕的内容。由于兄弟们不知道该如何回答，斯芬克斯便处死了他们，理由是他们想谋取王位并除掉她，但他们没有权力这么做。后来俄狄浦斯在梦里得知这个神谕，主动站了出来。"

## 俄狄浦斯去而复返

安菲翁和仄忒斯死后，拉伊俄斯在底比斯掌权。阿波罗建议他不要生孩子，但他不顾阿波罗的禁令，与伊俄卡斯忒生下一个儿子，也有说法称是因为他喝醉了才和她发生关系。但不管怎样，迫于威胁，这对夫妻还是决定将孩子丢弃。若干年后，拉伊俄斯却在一个十字路口被一个陌生人所杀。克瑞翁成为摄政王，其子海蒙沦为斯芬克斯的牺牲品，摄政王便在绝望中承诺让出王位，并将伊俄卡斯忒托付给能够灭掉怪物的人。

## 不祥的胜利

德尔斐神谕宣称俄狄浦斯将杀死自己的父亲，并娶自己的母亲为妻。的确，不知道对方其实是自己的亲生父亲，人生地不熟的俄狄浦斯在一次纠纷中杀死了拉伊俄斯。这个年轻的异乡人来到底比斯，与提出致命谜题的斯芬克斯进行对峙。他毫不犹豫地说出答案：早上有四条腿、中午有两条腿、晚上有三条腿，却只有一张嘴的生物只能是人。人在初生时用四肢爬行，长大后用两条腿走路，晚年则靠手杖蹒跚而行。斯芬克斯惊愕，因为它一直相信绝不会有人能给出这个问题的正确答案，它会永远盘踞在底比斯城边，一边蹂躏畜群，一边吞食人类。绝望至极的斯芬克斯从一处悬岩跳下。也有人说，是俄狄浦斯用长矛刺死了它。

这头由赫拉派来的怪物杀害了许多人，并将恐惧和悲伤的气氛散布在底比斯全境。摄政王克瑞翁被这个怪物所制造的麻烦压得喘不过气，他的政治权力也被削弱了。于是，人们忽略了对拉伊俄斯谋杀案进行相关调查。俄狄浦斯在不知情的情况下弑父，但他没有被追究，他因此可以向斯芬克斯发起挑战，获得底比斯的王位，并最终娶了他的母亲伊俄卡斯忒为妻……斯芬克斯让德尔斐的不祥神谕成为现实，并使得拉布达科斯家族被下的诅咒更为灵验。

解开谜题后，俄狄浦斯解放了底比斯并成为国王，诅咒也因此延续下去。（布面油画，安格尔，1808年）

# 伟大史诗

## 伟大的文学作品

伟大史诗是神话的成熟形式。经过充分的加工，一则神话基本固定，它以诗歌的体裁口口相传，但往往在很久以后，它才会被文字记录下来……因此，正是通过对神话的文学加工，神话被固定在想象中，并试图以"集群"的形式，通过相辅相成的叙事，构成一个连贯的整体。一部分史诗是关于宇宙论的，它们讲述了世界的创造、诸神的诞生等，而其他史诗则可能围绕一个英雄人物的事迹展开，独立成篇或相互支撑，或者还可能讲述和王族、勇士们相关的大规模冲突事迹，如《底比斯战纪》《伊利亚特》或《摩诃婆罗多》等。

## 古代史诗

古代史诗的创作是一种普遍现象。最早的例子能追溯至美索不达米亚的《埃努玛·埃利什》，它是一部创世史诗。除此之外，还有讲述乌鲁克国王的人生探索的《吉尔伽美什史诗》。叙述尼努尔塔事迹的文本，如《卢伽尔》或《安祖神话》。但赫梯人也不乏例子，如伊卢扬卡什的神话或铁列平的神话，还有胡里安人的《库玛尔比之歌》，它讲述了库玛尔比和泰舒卜之间的冲突。

印度世界中，有两大诗作特别有名：《罗摩衍那》和《摩诃婆罗多》。《罗摩衍那》讲述了罗摩与魔对抗的一生和功绩，《摩诃婆罗多》则讲述的是般度和持国两族之间的斗争。最后，在斯堪的纳维亚世界里，除了《萨迦》和距离现在较近的散文体《埃达》外，还有所谓的"北欧吟游诗"——由北地诗人，也就是北欧的吟唱诗人所写的诗。诗体《埃达》也收录了许多作品，比如《女占卜者的预言》，这是一篇有关宇宙创世的诗歌。另外，《卡勒瓦拉》也值得提及，这部芬兰史诗既包含宇宙创世的故事，也记述了英雄人物的事迹。

希腊和拉丁文学在所有时期都盛产史诗。仅列举几个留存至今的文本：古希腊化时代，罗得岛的阿波罗尼俄斯的《阿尔戈英雄纪》；奥古斯都时代，维吉尔的《埃涅阿斯纪》；弗拉维王朝时期，斯塔提乌斯的《底比斯战纪》；以及公元4世纪至5世纪，帕诺波利斯的农诺斯所著的《狄俄尼西亚卡》。古希腊游吟诗人的古老作品中，只有荷马的《伊利亚特》和《奥德赛》，以及赫西俄德的《神谱》幸存下来，但仍有一些与创世有关或围绕伟大英雄人物的诗歌至今为人们所知，比如《泰坦之战》和《福洛纽斯纪》。在失传的史诗中，也有许多像《赫拉克勒斯纪》或《忒修斯纪》这种题材的作品。

## 探索世界

有几部希腊史诗的内容和探险相关，并涉及一些四处游历的英雄人物。《奥德赛》中的地理坐标混合了

芬兰神话里，库勒沃是《卡勒瓦拉》中的悲剧英雄。从小受到虐待的他，长大后成了一个无法无天、无知又暴力的人。他侵犯了一个女人后，才发觉对方是他的妹妹，于是他拔剑自刎。
（布面蛋彩画，阿克塞利·加伦·卡勒拉，1901年）

真实、半传说和虚构的成分，故事大多发生在地中海西部地区。珀尔修斯的探险把他带到了天涯海角，往返旅程满是曲折。赫拉克勒斯的冒险经历带他走过希腊，踏遍世界上最荒凉的地区。《阿尔戈英雄纪》起初像是一场主角们在黑海地区的历险，但他们却怀有环游世界的强烈愿望，很快就把足迹延伸到了西方和非洲。狄俄尼索斯则投身一场征服印度的伟大旅行：他在返回希腊之前横穿了整个东方。

## 史诗集群

构成史诗集群的史诗分为两支：一支是《忒拜伊德》，另一支是特洛伊战争。围绕《忒拜伊德》，一些史诗属于"忒拜系列"，比如《俄狄浦斯记》或《厄庇戈诺伊八雄》。但是，有许多诗人尤其想挑战荷马的地位，并就他没有写过的主题作诗，他们创作了《伊利亚特》之前和之后事件的史诗。因此，围绕《伊利亚特》和《奥德赛》又存在一些作品，例如《塞浦路亚》，它叙述了"阿喀琉斯之怒"前的事情，此外还有《小伊利亚特》《攻占特洛伊》和《返乡》，《返乡》讲述的是亚该亚国王们在回乡途中所遇到的困难。

罗马人开始用拉丁文翻译希腊史诗，但他们想比肩希腊人，想拥有能和《伊利亚特》相提并论的经典，于是他们创作了一些民族史诗，比如维吉尔的《埃涅阿斯纪》。一些诗人还创作过历史史诗，如奈维乌斯的《布匿战争》或西利乌斯·伊塔利库斯的《布匿克》，它们讲述的是罗马和迦太基之间发生的几次战争。

# 《罗摩衍那》和《摩诃婆罗多》

## 两部奠基之作

《罗摩衍那》和《摩诃婆罗多》是古印度的两部重要作品。《罗摩衍那》是一部史诗，讲述的是毗湿奴的第七化身——罗摩的故事。《摩诃婆罗多》则意译为"伟大的婆罗多族的故事"，它是世界上最长的史诗，讲述的是般度的儿子们般度五子和他们的表兄弟持国百子之间的斗争，其中还有毗湿奴的第八化身——奎师那的涉入。

## 被放逐的太子的故事

阿逾陀城国王的长子罗摩是一个技艺娴熟的弓箭手，他被认为是毗湿奴的化身。罗摩剪除妖魔罗刹王后，来到弥提罗国，当地的国王正组织一场比赛，获胜者将娶得公主悉多为妻。罗摩成功拉开湿婆的神弓，通过考验，最后娶到了他爱慕已久的悉多。之后，他带着妻子回到阿逾陀城。当他的父亲要选择王位继承人时，首先想到了他这个长子，因为罗摩具备所有必要的品质。但国王的一个妃子提醒国王，他曾发誓要优待他们的儿子婆罗多，这招致罗摩被流放。

## 没有王位的国王

十四年间，罗摩和悉多，还有他的弟弟罗什曼一直生活在森林里。老国王死后，婆罗多登基。然而，婆罗多认识到罗摩才应拥有王权，便去找他，要把权力交还给他。然而，罗摩不愿违背亡父的意愿，婆罗多便带走了罗摩的一双草鞋，然后把鞋放在王座上，以此替代罗摩，表示王权仍属于他的哥哥罗摩，他自己则以副王的身份替罗摩执政。这期间，罗摩和罗什曼对抗森林中的恶鬼，与隐士们一起生活。

## 权力与专断

有天，一个女魔向罗摩示爱，罗摩拒绝了她，然后她去攻击悉多，罗什曼便割了女魔的鼻子、耳朵和胸部作为报复。女魔向她的哥哥魔王罗波那求助，罗波那便绑架了悉多。于是，罗摩和罗什曼出发去找悉多。在路上，他们遇到了神猴哈奴曼，哈奴曼说服罗摩助其灭掉篡夺王权的猴国国王，以夺回国王弟弟须羯哩婆的王位。罗摩答应了，作为回报，须羯哩婆派部下哈奴曼帮助他们找悉多。哈奴曼在楞伽岛找到了她，并与罗摩、罗什曼一起攻打魔王。罗波那有十个头，砍掉后还会再长出来，但罗摩最终将恶魔打败。他救出了悉多却怀疑她不贞，悉多不得不投身进火中以证明自己的贞洁，之后幸存下来。罗摩带她回到阿逾陀城并恢复了王权，但悉多正怀着一对双胞胎，人们内心对她的贞洁产生怀疑，她又被迫流放回森林中。在那里她被隐士蚁垤仙人收养后，生下两个男孩，蚁垤仙人写成《罗摩衍那》。之后，悉多让地母把她吞掉，罗摩放弃王位，投萨罗逾河自尽，梵天把他带到了天堂。

神猴哈奴曼劝罗摩和其兄弟罗什曼帮须羯哩婆夺回王位。（泼墨水彩画，约 1710 年）

# 伟大史诗

## 一名女子，五名男子

《摩诃婆罗多》讲述的是婆罗多国王般度死后，他的盲人兄弟持国掌权，并监护般度的5个儿子——般度五子，同时他自己也有100个儿子——持国百子的故事。般度五子其实是般度的两位妻子与神所生，其中贡蒂生有三子，长子坚战为她和达摩所生，次子怖军是她和伐由所生，阿周那是她和陀罗所生；最小的两个儿子无种和谐天是玛德利和双马童神所生。般度五子合娶了黑公主，这位公主是阿周那通过了射箭挑战所迎娶到的。在赛前，他的母亲贡蒂命令儿子与兄弟们分享奖品，但他并不知道射箭挑战的奖品是一个女人。阿周那必须听从母亲的指示，于是黑公主与般度五子中的每个人共度两日，之后她生下5个孩子。

## 一分为二的王国

然而，般度五子激起了持国百子的嫉妒。他们在难敌的带领下，反对坚战掌权。般度五子在一次阴谋中幸免于难，持国为平息局势，决定把国土的一半分给坚战，另一半分给难敌。

## 骰子游戏

持国百子对这种平分方式不满，于是在他们的叔叔沙恭尼组织的骰子游戏中，对坚战下了圈套。般度长子输掉了他所有的财产、他的兄弟，甚至他们共同的妻子黑公主。持国百子羞辱黑公主，试图当众扒掉她的衣服，但奎师那介入，降下纱丽为她遮身，让她的身体免遭裸露，也挽救了她的颜面。之后，持国不得不出手干涉，他释放了黑公主，又组织一次骰子游戏，沙恭尼再次获胜。他罚般度五子在森林中流放12年，外加一年不能被人认出来。黑公主跟随他们而去。流放结束后，般度五子要求讨回公正，但再次拒绝分享权力，一场大战正在酝酿中。

俱卢之战在般度和持国两族之间打响。图上右边，奎师那驾驭着阿周那的战车。（约1753年）

## 开战

战斗终于在两族之间打响，难敌和坚战都联络了许多国家作支援，战场在德里附近的古鲁格舍德拉。毗湿奴的化身奎师那作为阿周那的马车夫也参与了本次战争。战斗持续了18天，大部分战斗人员牺牲了，但般度五子幸存下来，坚战最终掌权。然而几年后，五兄弟决定放弃权贵生活，把王位退让给阿周那的孙子。他们希望带着黑公主到喜马拉雅山上隐居，但在途中，他们相继死去，坚战是最后一个离世的。他们死后变成了神。

# 赫拉克勒斯的十二伟业

## 赎罪

这12项任务是赫拉克勒斯的堂兄弟欧律斯透斯交给他的。欧律斯透斯是迈锡尼和梯林斯的君主。据说赫拉克勒斯为欧律斯透斯效力是为自己的暴行赎罪。他帮助过底比斯国王克瑞翁,把从俄耳科墨诺斯来的明叶国军队从底比斯的领土上扫除,国王便把自己的女儿墨伽拉嫁给他。墨伽拉为他生了3个孩子。但当赫拉克勒斯不在时,吕科斯杀了克瑞翁,占领了底比斯,并想把墨伽拉和她的孩子们也杀了。赫拉克勒斯回来后杀了吕科斯,但赫拉施法让他狂性大发,他也对自己的孩子展开杀戮。德尔斐神谕便让赫拉克勒斯把他的原名阿尔喀德斯改为赫拉克勒斯,意为"因受赫拉的迫害而建立功业的人",以安抚女神,并让他前往梯林斯效力于欧律斯透斯。赫拉克勒斯的前六项任务发生在伯罗奔尼撒半岛,考验了这位英雄的各种品质。

## 1. 涅墨亚的狮子

这头巨大的狮子是厄喀德那和欧特鲁斯的儿子,提丰的孙子。它由赫拉抚养长大,住在涅墨亚地区一个有着两个洞口的山洞中。它吞食当地的畜群,有时也吃人,所经之处都会遭其破坏。赫拉克勒斯试图用弓箭射死巨狮,但很快发现他是在白费力气,因为这头非同寻常的野兽有着一身刀枪不入的皮毛。于是,他把洞穴的一个口堵住,施计用棒槌把狮子赶进洞穴中,并徒手扼死了它。之后,英雄把这张韧性极强的涅墨亚巨狮的兽皮用一只狮爪割开,做了件衣服,他一穿上它,就有了这头猛狮般所向无敌的力量。

赫拉克勒斯击退了涅墨亚巨狮,这头野兽是出了名的无人能敌。(双耳尖底瓮,约公元前540年)

## 2. 勒纳湖的海德拉

厄喀德那和提丰的女儿海德拉是一条巨大的多头蛇,关于她有多少个头说法不一,有说5个、6个、9个,甚至100个……她呼出的气又臭又热,无论谁一接近她都会当场暴毙。赫拉把她养在阿密摩涅河旁的一棵梧桐树下,目的是让她成为能对赫拉克勒斯构成考验的怪物。海德拉出没在阿尔戈利斯的勒纳沼泽,她破坏庄稼,踩躏畜群。赫拉克勒斯用一把镰剑,即珀尔修斯切落美杜莎首级的那柄剑,砍掉了海德拉的头,但它们很快又长出来了。为支援海德拉,赫拉派来一只螃蟹,螃蟹钳住赫拉克勒斯的脚后被他打碎。随后,赫拉克勒斯唤来侄子伊俄拉俄斯帮助他,伊俄拉俄斯给他带来火把,让他灼烧海德拉的伤口,使得蛇头无法再生。唯独正中间那颗蛇头坚不可摧,赫拉克勒斯便砍下这颗头,埋于土中,再压上一块石头。赫拉克勒斯把自己的箭淬上海德拉的毒液和血,从此,他便有了一筒绝对能将对手置于死地的毒箭。

## 3. 厄律曼托斯的野猪

赫拉克勒斯在阿卡迪亚地区追捕这头怪兽,必须把它活捉给欧律斯透斯。他大叫着恐吓它,把它赶出猪巢,一直赶到乡间厚厚的积雪中,让它筋疲力尽。他用网子捉住猪,然后把它带给珀尔修斯之孙欧律斯透斯。欧律斯透斯被这头野猪吓得惊慌失措,躲进一个坛子中。他再也不想直接与这位英雄打交道了,赫拉克勒斯便不得不把猎物送到城门口。

为了捕获厄律曼托斯的野猪,赫拉克勒斯把这头野兽搞得疲惫不堪。(大理石雕刻局部图)

566

## 4. 刻律涅亚山的牝鹿

根据卡利马科斯的说法,阿尔忒弥斯在利卡维托斯山的草地上发现了5只金角牝鹿,英雄所杀的就是其中一只。有4只用来拉动狩猎女神的战车,第5只被赫拉派往刻律涅亚山对赫拉克勒斯构成考验。由于这只神兽是献给阿尔忒弥斯的,伤害到它就是亵渎神灵,赫拉克勒斯的任务是活捉它,并保证它毫发未伤。据说牝鹿的个头比公牛还大,长有铜蹄,栖息在安诺埃城。它以闪电般的速度在阿卡迪亚的森林中游荡。这位英雄把牝鹿从它的地盘上赶跑,追着它穿过了整个希腊,时间长达一年多。根据品达的说法,这只牝鹿甚至横穿了北极净土族人的领土,到达神佑群岛,在那里,阿尔忒弥斯和她的爱宠重逢,并友好地接待了赫拉克勒斯。又根据另一种说法,这只牝鹿累得精疲力竭,最后跑到阿尔忒弥斯山上避难,并蹚过拉同河,在山上被赫拉克勒斯射成轻伤。可阿波罗和阿尔忒弥斯在阿卡迪亚时也本想试着捉回这只圣兽,赫拉克勒斯便把过错推卸给了欧律斯透斯,好继续进行他的任务。

## 6. 斯廷法罗斯湖的怪鸟

这些鸟儿在阿卡迪亚的斯廷法罗斯湖畔繁殖,它们的数量多到给当地造成危害。有说法称这些鸟儿既可怕又好斗,它们受过阿瑞斯的训练,有着特别锋利的羽毛和特别尖锐的喙,乃至没有猎物能躲过它们。这些鸟儿还糟蹋水果和庄稼,连动物和人类都不放过。雅典娜来援助赫拉克勒斯,给了他两面赫菲斯托斯制造的大铜钹,让他把鸟儿赶走。鸟儿一飞出树丛,英雄便射杀了它们。

赫拉克勒斯用自己的致命之箭射杀斯廷法罗斯湖的怪鸟。(镶嵌画,罗马沃鲁比利斯城遗址,3世纪)

## 5. 奥革阿斯的牛圈

赫利俄斯的儿子奥革阿斯是伊利斯的国王。太阳神传给他一大群牛,但国王对清理牛圈这件事感到厌恶,以致地上满是牛粪,破坏了土壤的生态平衡。欧律斯透斯很高兴有了一个侮辱大英雄的机会,就要求赫拉克勒斯把满地的牛粪清理干净。赫拉克勒斯接受了,但为完成这项任务,他向奥革阿斯索要一笔报酬。有人说,国王许诺把自己的国家送给这位英雄,还有人说他许诺赠送牛群的十分之一,但需要大英雄在一天之内完成任务。赫拉克勒斯把阿尔法斯河和佩纳俄斯河的河床改道,使它们流经国王的牛圈,任务便一步到位地解决了。然而,奥革阿斯并没有遵守承诺,不但没给他预期的奖励,反而将他赶走。后来英雄决定报复……

### 越走越远

为完成剩余 6 项任务，赫拉克勒斯离开伯罗奔尼撒半岛，前往越来越偏远的地区。

## 7. 克里特岛的公牛

波塞冬让克里特岛国王米诺斯的神牛发了疯，所经之处都遭到它的破坏。赫拉克勒斯面临挑战，他要赤手空拳去抓牛，因为米诺斯没给他提供任何帮助。英雄成功抓到牛，并把这个新战利品带给欧律斯透斯。欧律斯透斯想把牛献给赫拉，但女神拒绝了礼物，因为这礼物来自她讨厌的宙斯之子——赫拉克勒斯。愤怒的赫拉把牛放生在阿尔戈利斯的土地上，之后，这头牛可能穿过了科林斯地峡，最终留在阿提卡。

## 8. 狄俄墨得斯的牝马

狄俄墨得斯是色雷斯地方皮斯托纳国的国王，他养了4匹牝马，这4匹马都具备一个骇人的特点，那就是以人肉为食。它们的名字分别叫作珀达尔戈斯、赞索斯、兰登、德依诺斯。根据最早的说法，赫拉克勒斯把狄俄墨得斯本人喂给他的牝马食用，牝马吃饱后就顺从地被英雄牵走，由他带给欧律斯透斯。

## 9. 亚马孙女王的腰带

欧律斯透斯的女儿觊觎亚马孙女王希波吕忒的腰带，这条腰带是阿瑞斯的礼物，象征着他的女儿希波吕忒对她的族民行使的权力。为获得这一珍贵物品，赫拉克勒斯必须前往亚洲。根据某个版本的说法，他与几个同伴乘船前往亚马孙人的居住地。希波吕忒因为他的魅力，对赫拉克勒斯有好感，想把腰带赠予他，但嫉妒的赫拉却伪装成亚马孙女人，在两人之间挑拨离间，让他们都丧失理性。赫拉克勒斯以为自己遭到出卖，在当地展开一场杀戮，希波吕忒在这场杀戮中丧生。

狄俄墨得斯的牝马永不满足，它们在赫拉克勒斯的带领下吞食了……它们自己的主人！（水彩画，居斯塔夫·莫罗，1866 年）

伟大史诗

## 10. 革律翁的牛群

克律萨俄尔是波塞冬和美杜莎的儿子,他的儿子革律翁则是一只三头怪物。作为厄里茨阿岛的国王,革律翁命令牧羊人欧律提翁看守牛群,由厄喀德那和提丰所生的双头狗欧特鲁斯协助他。为抵达厄里茨阿岛,赫拉克勒斯必须渡过大西洋。太阳神能借给他一只钵,他每天乘坐这只钵从海上来到东方,也就是革律翁宫殿所在的地方。为此,英雄不得不用他的箭稍微威胁下赫利俄斯,使其屈服,就像他不得不威胁大洋神平息海浪,让自己免受危险。一到达厄里茨阿岛,赫拉克勒斯就遭到欧特鲁斯的攻击,英雄一棒子打死了它,赶来救狗的牧羊人也被一棒打死,赫拉克勒斯最后带走了牛群。但哈迪斯的牧羊人在附近替主人放牧时目睹了这一幕,便跑去告诉了革律翁。革律翁赶到安提马斯河畔追上赫拉克勒斯。英雄向他射出致命的一箭,然后带着牛群,乘坐太阳神的钵回到大西洋的彼岸。回程途中又满是曲折,以致到达欧律斯透斯的领土时牛群所剩无几,国王欧律斯透斯把幸存的牛献给了赫拉。

六腿怪物革律翁的雕像残体,赫拉克勒斯必须拐走这怪物的牛。

## 11. 赫斯珀里得斯的金苹果

盖亚将神奇的金苹果送给宙斯和赫拉作为他们的新婚贺礼,欧律斯透斯要求赫拉克勒斯去摘取这种金苹果。大地女神把这种神奇的水果种在阿特拉斯山附近的花园中,派一条蛇和三个仙女来看守。蛇是厄喀德那和提丰的儿子,仙女是赫斯珀里得斯三姐妹,她们的名字分别叫作埃格勒(光辉),厄律提娅(红霞)和赫斯珀剌瑞托萨(黄昏的阿瑞塞莎)。据说这座花园可能位于西非的阿特拉斯山脚下,也有说它处在北极净土族人的居所。赫拉克勒斯一路上险事重重,他先是在高加索山上释放了被缚的普罗米修斯,普罗米修斯建议他不要亲自去摘苹果,应把这个任务交给阿特拉斯。赫拉克勒斯到达花园后,阿特拉斯采摘三个金苹果时,英雄便接替这位泰坦神肩扛苍穹的重担。阿特拉斯带着金苹果回来,却想把它们亲自带给欧律斯透斯。赫拉克勒斯假意答应,却请阿特拉斯先等等,声称要找块垫子垫在自己肩上使得肩头更舒服一些。阿特拉斯接过赫拉克勒斯的重担,后者却趁机带着苹果迅速溜走。一拿到苹果,欧律斯透斯不知道该如何处置:他又把果实还给了赫拉克勒斯,英雄便把它们献给了雅典娜。之后,女神将圣果带回了赫斯珀里得斯花园,因为那才是它们的归属之地。

赫拉克勒斯与赫斯珀里得斯花园里的蛇守护者对峙。(三耳瓮,公元前6世纪)

## 12. 刻耳柏洛斯恶犬

为完成最后一项任务,赫拉克勒斯必须下到冥界把刻耳柏洛斯带回来。他先是来到厄琉息斯城,学习进入冥界的秘诀,随后又取道忒那隆城进入冥界。他所经之处,阴魂一见到他便吓得四散而逃,除了美杜莎,她的形态只不过是一个空洞的鬼影。赫拉克勒斯还遇到了墨勒阿革洛斯,他向墨勒阿革洛斯承诺娶其姐姐得伊阿尼拉为妻。他遇到了前来带走珀耳塞福涅、却被哈迪斯捆住的忒修斯和庇里托俄斯,但他只救出了忒修斯,庇里托俄斯被哈迪斯留住,因为冥王认为庇里托俄斯罪有应得。赫拉克勒斯还推开了压在阿斯卡拉福斯身上的石头,这是德墨忒尔对他的惩罚,因阿斯卡拉福斯背叛了她的女儿,他曾告状珀耳塞福涅打破禁令偷吃地狱花园的石榴。然后,赫拉克勒斯向哈迪斯提出他的请求,冥王允许他带走刻耳柏洛斯,前提是他要赤手空拳地抓住它。赫拉克勒斯只穿了胸甲,披着涅墨亚狮皮,徒手制服了刻耳柏洛斯,带着它一起从特洛泽那的出口离开冥界。回到梯林斯后,英雄将哈迪斯的三头犬用绳子拴着牵到欧律斯透斯面前,欧律斯透斯惊慌失措,又躲进坛子里。12项任务完成后,赫拉克勒斯终于重获自由。欧律斯透斯不情愿地向他宣布,他的债还清了。

569

# 屡屡立功的赫拉克勒斯

## 次要功绩

人们称赞赫拉克勒斯功业彪炳,其中有些次要功绩也是他在长途历险中完成重要功绩,特别是那些他在长途跋涉推进主线之余顺带完成的。正如他作为一个推动当地文明开化的英雄,他通常会把沿途遇到的怪物或强盗都消灭掉。

## 50 个昼夜

英雄的第一项功绩是消灭了一只可怕的狮子。这只狮子栖息在基泰隆山上,对安菲特律翁和忒斯庇俄斯国王的畜群构成伤害。赫拉克勒斯借宿在忒斯庇俄斯的宫中,白天追捕野兽,晚上回去睡觉。不过每天晚上,忒斯庇俄斯都会派自己 50 个女儿,即忒斯庇亚德斯众姐妹中的一个去服侍赫拉克勒斯就寝,因为国王希望自己的后裔能拥有英雄的血统。50 天后,赫拉克勒斯除掉了狮子,并与国王的所有女儿都发生过关系,他还以为一直是同一位公主服侍自己呢!

## 拯救底比斯

俄耳科墨诺斯国王厄耳癸诺斯派使者前来底比斯收取贡品,赫拉克勒斯在返回底比斯的路上和这些使者相逢。他割下他们的鼻子和耳朵,并把他们赶回俄耳科墨诺斯。愤怒的厄耳癸诺斯向底比斯发起攻势,但被赫拉克勒斯和安菲特律翁打败,安菲特律翁阵亡。从那以后,俄耳科墨诺斯必须向底比斯缴纳两倍的贡品。底比斯国王克瑞翁为感谢赫拉克勒斯,把自己的女儿墨伽嫁给他,他们育有几个孩子。但赫拉激发了赫拉克勒斯的狂性,这位英雄把自己的亲骨肉扔进沸锅里或用箭射杀。为了赎罪,他被判处到欧律斯透斯那里效力,后者布置给他 12 项任务。

赫拉作法让赫拉克勒斯发狂,他对自己的孩子展开杀戮。(绘画,莫里斯·德·韦内,19 世纪)

## 赫拉克勒斯和半人马

赫拉克勒斯在厄律曼托斯山附近捉野猪时,在福罗厄山遇到一个名叫福洛斯的半人马。福洛斯亲切地招待了英雄,宴请他并为他开了一坛酒。酒香吸引来其他半人马,他们带着树干和石头成群结队地上门袭击。赫拉克勒斯和这群半人马发生激战,几个半人马被杀,其中一个就是福洛斯,他被赫拉克勒斯的毒箭误伤致死。和赫拉克勒斯有瓜葛的半人马还包括为他所杀的欧律提翁和涅索斯:欧律提翁想抢走自己主人得克萨墨诺斯的女儿;而涅索斯企图侵犯赫拉克勒斯的妻子得伊阿尼拉。

伟大史诗

## 一言既出，驷马难追

赫拉克勒斯在"女儿国"亚马孙短暂逗留后前往特洛伊。当地国王拉俄墨冬为躲避波塞冬和阿波罗的怒火，将自己的女儿赫西俄涅公主交给一只海怪处置。赫拉克勒斯答应国王拯救公主，但他向拉俄墨冬索要特洛斯的马匹作为报酬。之后，赫拉克勒斯顺着海怪被它吞进肚中，他攻击海怪的肚子将其击杀。然而公主刚一得救，拉俄墨冬就立刻食言。赫拉克勒斯发誓攻城报仇，他带着忒拉蒙回来，占领了特洛伊，并杀掉拉俄墨冬。离开特洛伊后，赫拉克勒斯被带到科斯岛。当地居民把他当成海盗，向他扔石头，赫拉克勒斯便夜袭科斯，杀死了国王欧律皮罗斯。赫拉克勒斯和科斯公主卡尔基奥佩育有一子，名叫特萨洛斯。

赫拉克勒斯割掉了海怪的舌头，救回拉俄墨冬国王的女儿。（阿提卡地区的基里克斯陶杯，约公元前550年）

## 罗马的海格力斯

赫拉克勒斯到达拉丁姆——后来罗马的所在地，强盗卡库斯觊觎他的牛群，趁他睡觉时偷了他的牛。赫拉克勒斯找到卡库斯的洞穴，杀了他并收回被偷的牛。随后，赫拉克勒斯在帕拉蒂诺山上的帕拉蒂昂受到款待。赫拉克勒斯和厄凡德尔在此相遇，厄凡德尔帮他洗涤杀人的罪恶，并为他设立了所谓的"大祭坛"。罗马人用这个祭坛践行对海格力斯的信仰崇拜。

## 赫拉克勒斯之柱

据说，赫拉克勒斯在直布罗陀海峡的两岸竖起一些柱子，即赫拉克勒斯之柱。人们认为，要么他打通了一条开辟大西洋的通道，要么他缩小了海峡的两岸间距防止海兽进入。回去向欧律斯透斯复命的路上，他还遭到利古斯及其人民的攻击。他杀了许多利古里亚人后得到宙斯的支援，宙斯给当地降下一场石头雨。赫拉克勒斯还开辟了一条穿过阿尔卑斯山的道路，把抢劫路人的强盗制服。

赫拉克勒斯背着两根柱子，准备竖在直布罗陀海峡的两岸以防止海怪通过。

## 赫拉克勒斯在北方游牧部落

赫拉克勒斯一路长途跋涉，甚至来到了黑海北岸的游牧部落地区。在斯基泰，赫拉克勒斯发现自己的母马（不再是他的牛了）不见了。他在一个名叫厄喀德那的蛇女家里找到了它们。蛇女答应交还他的马，但要求赫拉克勒斯和她行鱼水之欢。英雄表示同意。厄喀德那给他生了3个儿子：阿伽杜尔索斯、盖洛诺斯和斯基忒斯。只有最年轻的斯基忒斯能够拉动赫拉克勒斯的弓，系上他的武器肩带。因此，斯基忒斯有特权能够一直留在本地，所有斯基泰国王都被认为是斯基忒斯的后代。

## 赫拉克勒斯的遗产

之后，赫拉克勒斯到达西西里岛。波塞冬之子厄律克斯是当地的国王，他向英雄提出挑战，如果他输了就把国家让给英雄。厄律克斯最终被打败并丧命，但赫拉克勒斯要离开此地，于是他把赢得的土地托付给当地居民，直到他的后人过来认领。公元6世纪末，一位名叫多瑞俄斯的斯巴达王子试图讨还英雄的遗产，结果被杀。赫拉克勒斯再次经过意大利时，杀了想偷他牛的拉喀尼俄斯，无意间把拉喀尼俄斯的女婿克罗顿也杀了。他为克罗顿建造了一座坟墓，并宣布在当地建起一座名叫克罗托那的城市。他后来再继续向前走，创建了赫拉克利亚城。

571

# 赫拉克勒斯的复仇

## 前往赫斯珀里得斯花园的路上

在色萨利的帕加塞,赫拉克勒斯和库克诺斯相遇。后者常常袭击德尔斐神庙的朝圣者。赫拉克勒斯最终杀死了库克诺斯:"阿瑞斯想保护他的儿子并与赫拉克勒斯作战,一道闪电却在他们中间劈了下来,将他们分开。"(卢坎)后来,他穿过伊利里亚,来到厄里达诺斯河(波河)岸边,宁芙仙女们向他透露了涅柔斯的藏身之处。赫拉克勒斯在涅柔斯熟睡时抓住他,把他绑起来。"尽管涅柔斯变形成各种模样,直到他肯说出金苹果和赫斯珀里得斯的下落,赫拉克勒斯才把他放走。"(阿波罗多罗斯)

## 与安泰俄斯的战斗

在利比亚,赫拉克勒斯与强大的大地之子安泰俄斯进行对峙:"一旦身体触到大地,安泰俄斯就会获得一股新力量。他生活在这个洞穴中,一处高高的岩石给他充当屋顶。他捕杀狮子充饥,但他不是睡在狮皮上,也不是睡在森林里的尸体残骸上,而是睡在他母亲赤裸的胸脯上。正是在那里,安泰俄斯变得强劲。起初,没有人能在他拳下生还,包括非洲乡村的居民和被海浪冲上海岸的异乡人。"赫拉克勒斯向他发起挑战,惊讶地看到他一接触地面整个人就精神振奋,于是把安泰俄斯举起来扼死:"地母与她的儿子分离,再不能向他输送活力。阿尔喀德斯掐住他的腰将他举起。即使感觉到安泰俄斯的身体变得冰冷,很长时间里,阿尔喀德斯都不敢把他还给他的母亲。"(卢坎)

赫拉克勒斯对抗大地之子安泰俄斯。(青铜像,1600年)

## 无所畏惧的人

赫拉克勒斯到达埃及的孟菲斯,当地的统治者布西里斯国王为波塞冬和厄帕福斯的女儿(利比亚或吕西亚那撒)所生:"这位国王听从某则神谕,把异乡人统统献祭给宙斯。当时,埃及发生了一场持续九年的饥荒。有个名叫菲利修斯的预言家从塞浦路斯过来,说如果当地每年向宙斯献祭一个异乡人,饥荒就会结束。布西里斯首先将预言家本人献祭了,之后献祭所有到达此地的异乡人。国王抓住赫拉克勒斯,把他带到祭坛上,但英雄挣脱了束缚,把布西里斯、王子安菲达曼斯和传令官卡里奥斯都给杀了。"(阿波罗多罗斯)

## 冲动的英雄

娶了得伊阿尼拉之后,赫拉克勒斯前往埃维厄岛的俄卡利亚。当地国王欧律托斯发布公告,要将公主伊俄勒嫁给比他更为娴熟的弓箭手。赫拉克勒斯通过了挑战,但欧律托斯的儿子们拒绝公主与英雄成婚。然后,要么是欧律托斯的儿子伊菲托斯被赫拉克勒斯所杀,赫拉克勒斯被卖为奴隶为此赎罪;要么是赫拉克勒斯为报复,攻下俄卡利亚并夺回伊俄勒,从而激起得伊阿尼拉的妒忌,得伊阿尼拉给他送来毒衣,导致英雄死亡。根据第一种说法,赫拉克勒斯因为自己犯下的罪病倒在床。他到德尔斐去询问病因,但皮提亚拒绝回答。英雄发怒,想拿走神庙中的三脚祭坛,阿波罗不得不介入其中。他们为争夺祭坛大打出手,直到宙斯用闪电将他们劈开。

赫拉克勒斯想带走德尔斐神庙中的三脚祭坛,从而引发阿波罗的不满。(双耳尖底瓮,约公元前480年)

## 救人一命的笑话

大洋女神提亚的儿子凯尔科佩斯兄弟是一对双胞胎。这些活跃在以弗所（或根据希罗多德所说，在塞莫皮莱附近）的强盗，有时会显出猴子般的特征，抑或直接变成猴子。他们的母亲提醒他们提防某个名叫莫拉姆派格斯的壮汉，这名字意为"有黑屁股的人"。一天，他们碰上正在睡觉的赫拉克勒斯，便想在其睡觉时偷走他的武器。但英雄清醒后，不费吹灰之力就抓到了他们。他把兄弟俩头朝下绑在树枝上带回去，他们保持着这种姿势，打量着赫拉克勒斯毛发稠密的黑屁股取乐。他们恍然大悟，原来这就是莫拉姆派格斯，而臀部是猴子唯一不长毛的地方。英雄也被兄弟俩逗乐，最后决定放过他们。

## 赫拉克勒斯和翁法勒

赫拉克勒斯以3塔兰同的价格被卖给了吕底亚的女王翁法勒，卖得的钱都交付给了欧律托斯。他在女王手下服役了一年或三年。英雄处处服从女王的命令，女王强迫他打羊毛、穿裙子，自己则把玩着他的大棒槌和涅墨亚狮皮。赫拉克勒斯将扰乱当地的强盗赶尽杀绝。后来，女王爱上了他。

赫拉克勒斯和吕底亚女王翁法勒，她强迫英雄男扮女装。（玉石浮雕，约1800年）

## 一个个算账

赫拉克勒斯被认为率领过一支远征队前去惩罚奥革阿斯，因为后者拒绝支付他清理牛圈的劳动报酬。英雄向伊利斯发起进攻，但奥革阿斯派来他的侄子摩利俄涅斯兄弟击退了英雄，并杀死了赫拉克勒斯的兄弟伊菲克勒斯。赫拉克勒斯为报仇雪恨，在克莱奥奈伏击了他们。两兄弟被杀，赫拉克勒斯攻下伊利斯，并杀死了奥革阿斯。赫拉克勒斯还在皮洛斯袭击了涅琉斯，因后者不想帮助杀了欧律托斯之子的赫拉克勒斯洗脱罪名，或因为他支持俄耳科墨诺斯攻打底比斯。在这场战斗中，赫拉克勒斯杀死了极具变形天赋的珀里克吕墨诺斯，还有涅琉斯，而后把王权交托给涅琉斯的小儿子涅斯托耳。

## 赫拉克勒斯和强盗

赫拉克勒斯铲除了强迫路人为其葡萄园除草的绪琉斯，毁掉他的葡萄园还杀了他的女儿。讽刺的是，他女儿的名字叫作色诺狄克（意为"好客的人"）。赫拉克勒斯还消灭了弥达斯的儿子利堤厄耳塞斯，这强盗强迫路人和他一起收割田地，到了晚上将他们一一斩首，或与他们比赛谁收割速度快，输的人都被他杀了。离开亚洲后，赫拉克勒斯在多里切落脚。英雄来到后，多里切换了名字："他在那里发现了被海浪冲上岸的伊卡洛斯的尸体。赫拉克勒斯给他下了葬，并将这个岛改名为伊卡利亚岛。"（阿波罗多罗斯）

# 阿尔戈英雄历险记（其一）

## 神话传说中最伟大探险之一

在希腊人的想象世界里，阿尔戈英雄们的历险神话是最伟大的历险史诗之一。它讲述了一批英雄在黑海上的远洋航行，以及在科尔基斯偷取珍贵的金羊毛的故事。罗得岛的阿波罗尼俄斯的《阿尔戈英雄纪》和瓦莱里乌斯·弗拉库斯的《阿尔戈远航》都着重讲述了这一历险过程。

## 挑战

伊阿宋找回他的父亲，并向珀利阿斯索要王权。珀利阿斯向他提出一项挑战，这项挑战难度堪比波吕得克忒斯要求珀尔修斯取回美杜莎的首级。珀利阿斯向他索要金羊毛，这羊毛在相隔千里的科尔基斯，正是取自救了佛里克索斯和赫勒一命，并把佛里克索斯送到科尔基斯的那头公羊。羊被献祭后，佛里克索斯将珍贵的羊毛送给了接待他的主人埃厄忒斯，埃厄忒斯将羊毛悬挂在阿瑞斯树林中的一棵橡树上，由一条终日不眠的巨蟒看守。伊阿宋接受了这项艰巨的挑战。

## 发生在色萨利的故事

伊阿宋是埃宋的儿子。色萨利地方伊俄尔科斯的国王埃宋，被他同母异父的兄弟珀利阿斯夺取了政权。伊阿宋在佩里翁山被喀戎抚养长大。在他返回伊俄尔科斯的路上，他帮助一个老妇人过河，并丢失了一只鞋。这个老妇人其实就是赫拉女神。当伊阿宋到达伊俄尔科斯时，珀利阿斯惶惑不安，因为神谕曾叮嘱他要提防一个只穿一只鞋的人。

## 阿尔戈号的建造

埃宋之子伊阿宋召集齐50多位英雄，大多版本中都有卡斯托尔、波鲁克斯、俄耳甫斯、赫拉克勒斯、拉庇泰人墨普索斯和波吕斐摩斯、波瑞阿斯的儿子卡拉伊斯和仄忒斯，以及伊达斯、林叩斯、珀里克吕墨诺斯、凯诺斯、佩琉斯和忒拉蒙等人。阿尔戈号是英雄阿尔戈斯在雅典娜的帮助下，于帕加塞建造而成。雅典娜把一块从多多纳的橡树上削下的木板装在船首，这块木板能预言未来。

为了应对等待他的危险，伊阿宋将最伟大的英雄们召集到自己身边，共同登上阿尔戈号，船舶在伊俄尔科斯居民的鼓舞下起航。（木版画，洛伦佐·科斯塔，15世纪）

伟大史诗

## 首次停靠

阿尔戈号逐渐远离帕加塞湾,停靠在爱琴海北部的利姆诺斯岛。利姆诺斯妇女和她们的女王许普西皮勒借机和登上岛屿的英雄结合,因为她们屠杀了岛上所有的男人,所以岛屿的子嗣中不再有男性居民。许普西皮勒和伊阿宋生有两个孩子。之后,阿尔戈英雄们穿过赫勒斯滂海峡,停靠于库最科斯岛。在那里,他们受到了与岛同名的国王、多利俄涅人库最科斯的热情款待。英雄们于夜间起航离开,但逆风又把阿尔戈号刮回到了库最科斯。他们回到岸上,当地人以为海盗来袭,没认出阿尔戈英雄们。于是,双方发生了一场恶战。在战斗中,伊阿宋杀死了库最科斯。等到英雄们意识到这是场误会时,能做的只有懊悔和抱歉。他们给库最科斯举办了一场葬礼,而他年轻的妻子克里忒出于绝望,最终自杀。

## 许拉斯的消失

阿尔戈英雄们再次出发,在阿甘索纽斯山附近的比提尼亚停下。许拉斯是赫拉克勒斯的同伴,这个年轻人出去取水一直没有回来:他被阿斯卡尼俄斯河的宁芙仙女们绑架了。仙女们把他拖进一处泉水里,也有人说,她们把他变成了回声。赫拉克勒斯和拉庇泰人波吕斐摩斯找他未果。阿尔戈英雄们倦于等待,于是留下这两位英雄先行启程离岸。

## 阿密科斯的失败和菲纽斯的挫折

阿尔戈英雄们到达比提尼亚的北部,停靠在珀布律喀亚王国。波鲁克斯与波塞冬之子、国王阿密科斯对峙,英雄打败并杀死了国王。随后,阿尔戈英雄们不得不和珀布律喀亚人拼杀。他们再次起航,船把他们送到赫勒斯滂海峡另一边的色雷斯,在那里他们遇到了盲人预言家菲纽斯,后者受到鸟身女妖哈耳庇厄的欺压。一等他准备进食,她们就会出现抢走他的食物,糟蹋剩下的食物。菲纽斯请求英雄们帮他摆脱掉她们,作为回报他会吐露一则预言。这项任务被委托给波瑞阿德斯兄弟,他们长着翅膀,行动自由,能追着哈耳庇厄们飞。之后,菲纽斯告诉阿尔戈英雄们从叙姆普勒加得斯(又称撞岩)间穿过的方式,这些移动的岩石能够逐渐相互聚拢,直到发生碰撞,摧毁掉冒险进入海峡的船只。

狄俄斯库里兄弟之一的波鲁克斯在一场拳赛中击败了波塞冬之子阿密科斯国王。(菲科罗尼洗漱罐局部图,普雷尼斯特的青铜器,公元前320年)

## 航行结束

通过叙姆普勒加得斯时,阿尔戈英雄们放出一只鸽子。岩石向鸽子聚拢,只夹到它的几根羽毛。一旦岩石恢复到原来的位置,阿尔戈号便趁机向前冲,成功从岩石间穿过。阿尔戈英雄们沿着小亚细亚的北岸航行,到达玛利安底尼亚人的领土,再经过赛尔摩冬河。他们沿着航线行驶,直到在阿瑞斯之岛停下,在那里他们抵抗危险的鸟儿们的袭击,并遇到一个遭遇海难的人,即佛里克索斯的儿子阿尔戈斯。在阿尔戈斯的建议下,他们终于在晚上到达科尔基斯,发西斯河流经此处:"英雄们急忙把船划进宽阔的河床,从四面八方涌动的河水哗哗作响。他们的左边是巍峨的高加索山和埃伊亚岛的居塔亚城,右边是阿瑞斯平原和阿瑞斯圣林。圣林里,一条巨蟒警觉地看守着高高挂于繁茂的橡树枝干上的金羊毛。"(罗得岛的阿波罗尼俄斯)

575

# 阿尔戈英雄历险记（其二）

### 埃厄忒斯的考验

伊阿宋登上埃伊亚岛，向科尔基斯国王埃厄忒斯索要金羊毛。埃厄忒斯同意交出金羊毛，前提是伊阿宋必须通过两项考验：赶着两头生有铜蹄和鼻孔喷火的公牛耕种一块 4 阿庞的田地，并在田中播种一些阿瑞斯巨蟒的牙齿。卡德摩斯是第一个把蛇牙播种在地里的人。伊阿宋对完成这两个挑战感到绝望，但他找到了一个能够应对问题的合作伙伴——埃厄忒斯的女儿美狄亚，她早已爱上了这个色萨利人。

在科尔基斯，埃厄忒斯国王决心守护金羊毛，他对伊阿宋提出一系列考验，美狄亚（图上中间的红衣女子）帮伊阿宋克服了考验。其中，英雄必须驯服两头喷火的公牛，将牛套在犁上，并播种蛇牙。（木板蛋彩画，雅格布·德尔·赛拉埃奥，约 1465 年）

### 美狄亚的干预

实际上，是保护伊阿宋的雅典娜和赫拉求助于阿佛洛狄忒，使得美狄亚爱上了伊阿宋。此外，佛里克索斯的儿子阿尔戈斯以及他的母亲卡尔喀俄珀——埃厄忒斯的一个女儿，都希望能帮助伊阿宋。卡尔喀俄珀鼓动美狄亚："'你敢不敢为了我的儿子们，用一些小伎俩帮助这个异乡人通过挑战？他也想得到你的帮助。其实，阿尔戈斯正是从他那儿来敦促我向你求助，于是我把阿尔戈斯留在家中，以亲自上门拜访。'美狄亚的心激动得怦怦直跳，她美丽的脸庞泛红，幸福到眩晕。"（罗得岛的阿波罗尼俄斯）

美狄亚为了爱情帮助伊阿宋，作为一个强大的法师，她准备背叛自己的父亲。晚上她和英雄在赫卡忒神庙见面。美狄亚拿给伊阿宋一种能抵御喷火公牛的膏药，并告诉他，蛇牙一旦播下，一群手执青铜武器的战士会气势汹汹地从地里冒出来扑向他。如果伊阿宋想躲开，就必须朝战士队列中扔一块石头引发混乱，这些士兵就会转身扑向彼此，自相残害。

### 挑战

在美狄亚的保护和建议下，伊阿宋轻松通过了科尔基斯国王的考验。他把犁套在牛上，播种下蛇牙，并打败了战士！愤怒的埃厄忒斯决定违背诺言，并想向阿尔戈英雄们发起袭击。美狄亚非常恐慌，连夜离开皇宫去找伊阿宋。她要求伊阿宋许诺娶她，并带她到希腊。随后，他们两人潜入阿瑞斯圣林偷取金羊毛："然而，那条巨蟒正蜷在树前，它敏锐地感受到两人的到来，伸出长长的脖子，用它警觉的双眼注视着慢慢靠近的他们。它发出的可怕啸鸣，撼动了四周广阔的河岸和无垠的森林。"（罗得岛的阿波罗尼俄斯）

## 盗取金羊毛

凭借法术，美狄亚制服了巨蟒。"年轻女孩走到蛇面前，用温柔的声音唤来最强大的睡神许普诺斯保护她，蛇被迷得神魂颠倒。她又召唤飘浮不定的黑夜女王，即地狱女神，请求女神赐福于她，帮她实现自己的计划。伊阿宋胆战心惊地跟在美狄亚身后，但蛇已经被咒语蛊惑，放任自己那拜大地所赐、长有长长脊椎的躯体蜷曲，不再盘成一团……美狄亚拿出新砍下的刺柏树枝，从中提取出一种纯净物质来制作法术药剂。她一边吟唱咒语，一边把药剂洒在蛇的眼睛上，这些物质散发出强烈的气味，让蛇陷于深深的困意中。它把下巴搁回地面，倒在它原来挺立的位置，蜷成一圈一圈的躯体向远处摊开，一直延伸到树木茂密的森林深处。"（罗得岛的阿波罗尼俄斯）这时，伊阿宋需要做的就是摘下金羊毛。他和美狄亚回到阿尔戈号，想尽快逃离。

### 伊阿宋和美狄亚在伊俄尔科斯

在伊俄尔科斯，伊阿宋将金羊毛交给珀利阿斯。据品达所说，伊阿宋夺回了王位。但在传说的其他版本中，他凭借美狄亚的才能获益。美狄亚参与了赫拉对珀利阿斯进行的报复，她设下一个陷阱，诱导珀利阿斯的女儿们把自己的父亲杀了。美狄亚令她们相信，她能让国王恢复青春。美狄亚当着珀利阿斯女儿们的面，对一只公羊使用放血回春术，随后提议对国王也施展这种法术。但事情并没有如预期那样：珀利阿斯被他的女儿们放血后，生机不再。最终，伊阿宋和美狄亚离开伊俄尔科斯，在科林斯定居下来。

美狄亚让珀利阿斯的女儿们相信，她能让她们的父亲恢复青春……她拿公羊做实验以向她们做证！诡计进行得天衣无缝……（壁画，卡拉齐兄弟，1584 年）

## 伊阿宋的逃亡

埃厄忒斯发觉美狄亚背叛了他并盗取了金羊毛，开始追赶因得助于赫拉而顺风航行的阿尔戈号。美狄亚把自己的兄弟阿布绪尔托斯也带走了，她杀掉他并肢解，然后把碎块沿着海岸扔了一路以拖延父亲的追捕。埃厄忒斯忙于为儿子收集全尸，这给阿尔戈英雄们赢得了宝贵的时间，他们驶入伊斯特洛斯河（多瑙河）逆流航行。埃厄忒斯则返回科尔基斯，把追捕的任务交给其他科尔基斯人。而根据罗得岛的阿波罗尼俄斯所说，阿布绪尔托斯追捕阿尔戈英雄们，之后在"阿尔忒弥斯岛"遭伊阿宋伏击被害，这个岛在多瑙河另一端，意大利半岛的东部海域亚得里亚海中。科尔基斯人失去他们的首领后便放弃追捕，并在名为阿布绪尔提得斯的岛上定居。接着，阿尔戈英雄们沿厄里达诺斯河（波河）航行，途经喀耳刻的住处，喀耳刻净化了伊阿宋的罪行；然后他们又遭遇了塞壬，俄耳甫斯弹奏里拉琴，帮助他们从这些怪物手下逃脱……阿尔戈英雄们随后到达克基拉岛，费埃克斯人的岛屿，伊阿宋在那里娶了美狄亚。英雄们又从该地被驱逐到利比亚，遭到叙尔特斯人的围困，他们必须用肩把船扛到特里同尼斯湖，特里同指引他们回到海里。他们随后到达克里特岛，在那里遭到巨人塔罗斯的威胁，美狄亚用法术将他制服。最后，阿尔戈英雄们到达帕加塞湾。

# 远征底比斯

## 一场自相残杀的战争

早于特洛伊战争的底比斯（也译作忒拜）战役，是一场以攻陷希腊为目标的大规模冲突。互为宿敌的波吕尼刻斯和厄忒俄克勒斯兄弟之间争夺王权，成为这场战役的导火线。如果说第一次远征，即七雄远征底比斯是完全失败的，那么第二次远征，即厄庇戈诺伊八雄征讨底比斯最终导致了底比斯的被占领和被摧毁。

七英雄的军队在进攻底比斯前集结。（纸上黑色粉画，安·路易·吉罗代·特里奥松，约 1800 年）

## 四个人的军队

七英雄远征底比斯聚集了阿尔戈斯王室的四位首领：阿德刺斯托斯、预言家安菲阿剌俄斯、卡帕纽斯和希波墨冬，再加上投靠他们的提丢斯和波吕尼刻斯，以及阿卡迪亚人帕耳忒诺派俄斯。安菲阿剌俄斯知道自己此去凶多吉少，不想参加远征，但他的妻子厄里费勒从波吕尼刻斯那里受贿得到哈耳摩尼亚的项链，迫使他参战。

## 阿德剌斯托斯攻打底比斯

阿德剌斯托斯统治阿尔戈斯的部分领土时，俄狄浦斯的儿子波吕尼刻斯被他的兄弟厄忒俄克勒斯驱逐出境。波吕尼刻斯夜里来到阿尔戈斯，躲在一个门廊下，和一个英雄在那里发生冲突。这位英雄就是俄纽斯的儿子埃托利亚人提丢斯，他和波吕尼刻斯一样遭到放逐。两人大打出手，吵醒了皇宫的人。当阿德剌斯托斯拉开两人后，他看到一头狮子正与一只野猪搏斗，要么是因为刻在这两人盾牌上的象征物（一种专门刻在盾牌或钱币上的特殊符号），要么是因为这两个英雄一个身披狮皮、一个身披卡吕冬猪皮。阿德剌斯托斯认为这应验了神谕，因为神谕告诉他要把两个女儿分别嫁给狮子和野猪。因此，波吕尼刻斯娶了阿尔琪珂，提丢斯娶了得伊皮勒。阿德剌斯托斯为支持遭到流放的女婿，决定发起一次远征，帮助波吕尼刻斯夺回他在底比斯的王权。

## 血腥使者提丢斯

根据一种说法，七人在抵达维奥蒂亚时，决定向底比斯人派出一名大使，对厄忒俄克勒斯进行试探。提丢斯自告奋勇。他到了那里发现底比斯人正在欢宴，于是向他们提出体育竞赛。在雅典娜的支持下，提丢斯获胜，而底比斯人为此怀恨在心，便在他回去的路上伏击了他。50 人参与了此次袭击，却有 49 人丧命。提丢斯放走了墨昂，留他作为自己此番壮举的见证者。在底比斯时，提丢斯应雅典娜的要求，于一片昏暗中杀死了安提戈涅的妹妹伊斯墨涅，当时她正与某个名叫忒俄克吕墨诺斯的家伙缠绵在床，或许此人就是底比斯人珀里克吕墨诺斯。

## 阿尔赫摩罗斯之死

途经涅墨亚时，英雄们遇到吕库尔戈斯的儿子小阿尔赫摩罗斯（有时被称为奥菲尔忒斯）和他的乳母许普西皮勒。他们正在寻找水源，许普西皮勒因英雄们的询问分了神，把孩子临时放在了地上，随后阿尔赫摩罗斯就被一条蛇咬死了。为纪念这位小王子，七英雄创办了涅墨亚运动会。见证了这一不祥之兆后，英雄们再次朝着底比斯出发。

伟大史诗

## 七人的悲惨结局

卡帕纽斯攻上底比斯的城墙后被宙斯用闪电劈死。提丢斯被墨拉尼波斯打成重伤，安菲阿剌俄斯杀了墨拉尼波斯之后，提丢斯向他索要这位宿敌的头颅。安菲阿剌俄斯怨恨提丢斯挑起了这场战争，虽答应了他的请求，但实际用心险恶，因为后来雅典娜看到提丢斯吮吸敌人的脑浆，就没有赐予他不朽之身，而是任其死去。安菲阿剌俄斯被大地吞没。阿德剌斯托斯多亏了他的马阿里翁才死里逃生。其他人全部阵亡，成为宿敌的兄弟俩互相残害。克瑞翁决定，对发动战争攻打本国的波吕尼刻斯不予安葬。

阿尔戈斯人卡帕纽斯在底比斯的城墙上遭宙斯雷劈。（《神曲》插图，威廉·布莱克，约1827年）

## 厄庇戈诺伊八雄

十年后，阿德剌斯托斯与底比斯之战阵亡英雄的儿子们展开了新的征程，他们被称为厄庇戈诺伊，即"后人"的意思。此次远征大获全胜，因为这些战士与他们的父辈不同，他们一直看重神的指示，并得到宙斯的支持。其中有安菲阿剌俄斯之子阿尔克迈翁和安菲罗科斯，提丢斯之子狄俄墨得斯，卡帕纽斯之子斯忒涅洛斯，墨喀斯透斯之子欧律阿罗斯，阿德剌斯托斯之子埃癸阿勒俄斯，帕耳忒诺派俄斯之子普洛玛科斯，希波墨冬之子波吕多洛斯。其他战士也加入他们：埃忒奥克洛斯之子墨冬，波吕尼刻斯之子忒耳珊特罗斯，或还有阿德剌斯托斯和蒂墨阿斯……阿尔戈斯人最终获胜，除了埃癸阿勒俄斯，他被厄忒俄克勒斯之子拉俄达马斯所杀，后者也当场阵亡。阿德剌斯托斯在回来的路上因儿子的死在墨伽拉郁郁而终。阿尔戈斯人进入底比斯城，将其夷为平地。

## 七英雄攻占底比斯

为拿下底比斯城，七个首领庄严起誓。"这七位英勇的首领在一面黑盾牌上将一头公牛割头献祭，他们用手蘸取牛的鲜血，以阿瑞斯、厄倪俄和嗜血的恐惧神之名发誓，不成功便成仁。要么摧毁并洗劫卡德摩斯城，要么以死相抵、用他们的鲜血来浇灌这片土地。"（埃斯库罗斯）在埃斯库罗斯的剧作中，厄忒俄克勒斯得知这些领袖的名字后，决定派底比斯的保卫者在各个城门与英雄们对峙。普罗伊托斯门，提丢斯将对峙墨拉尼波斯；厄勒克特拉门，厄忒俄克勒斯派波吕丰特斯对峙卡帕纽斯；涅伊斯门，他派墨伽柔斯对峙埃特奥克勒斯；奥涅卡·雅典娜门，他派许佩尔比奥斯对峙希波墨冬；北风神门，他派阿克托尔对峙帕耳忒诺派俄斯。拉斯特涅斯则在霍莫洛斯门与安菲阿剌俄斯作战；厄忒俄克勒斯则在第七道城门和波吕尼刻斯对峙。七位英雄残暴又傲慢，没把不祥之兆放在心上。而在底比斯，应预言家提瑞西阿斯的要求，克瑞翁将他的儿子墨伽柔斯献祭给阿瑞斯。在欧里庇得斯的版本里，这个儿子名叫墨诺扣斯，克瑞翁想挽救他的生命，但墨诺扣斯为了应验预言、拯救底比斯，从城墙上一跃而下，自尽身亡。

579

# 帕里斯的裁决

### 缘起

帕里斯的裁决是争夺海伦的缘起，也是特洛伊战争的导火索。在田园牧歌和轻松诙谐的背后，这段融合混乱、嫉妒、悲惨爱情和宿命的章节，造就了希腊人想象世界中最惨烈的武装冲突之一。

### "不和的苹果"

在忒提斯和佩琉斯的盛大婚礼上，不和女神厄里斯因其唯一没有被邀请参加婚礼而勃然大怒。她想在宾客间挑起麻烦，于是把一个金苹果滚到赫拉、阿佛洛狄忒和雅典娜的脚下，上面刻着"献给最美丽的女神"。随即，三位女神都自称在奥林匹斯山众女神中最有魅力，要求得到这件神圣的礼物。她们为拥有漂亮的金苹果争吵起来，扰乱了婚宴的现场秩序。宙斯不能坐视不管，决定找一个仲裁人。

### 宙斯的女神仲裁人

宙斯委托赫尔墨斯召来帕里斯。这个伊得山的牧羊人必须对三位女神的美貌做出评判，并说出哪一位在他看来是最美的。为什么要求助于他这个普普通通的牧羊人？帕里斯对宙斯的选择产生疑问，并认为自己无权在三位女神间做出裁决，他觉得这三位女神都是那么崇高可敬。但是，赫尔墨斯催促他服从伟大的宙斯的命令，赫尔墨斯说，宙斯选择他是因为他的美貌和对爱情的了解，因此他有资格成为理想的仲裁人。但实际上另有隐情，且命运三女神对此一清二楚：可怕的预言必须应验——普里阿摩斯的最后一个儿子必须把不幸在希腊人中散播开，并给特洛伊人招致失败。

### 赫卡柏的梦

在最后一个儿子帕里斯出生前，赫卡柏做了一个可怕的梦：她生下的孩子变成炽热的火炬，火焰吞噬了整个伊利昂城。她知道这个梦是个不祥之兆，但不明白它的确切含义。为理解这个噩梦所传达的内容，普里阿摩斯咨询了神谕。他得知，他生出的孩子将导致特洛伊城沦陷。因此，普里阿摩斯决定孩子一出生就将他交给一个牧羊人处决。但是，这个名叫阿革拉俄斯的牧羊人本性善良，帕里斯便幸存下来。阿革拉俄斯和他的伴侣在伊得山上用心抚养他。长大后的帕里斯成为一个非常英俊的牧羊人，他有时被称为"击退敌人"的亚历山大（也是帕里斯的名字），这是因为他在看守养父的羊群上拥有天赋，更因为他有着行侠仗义的勇气。

特洛伊王子帕里斯为普里阿摩斯和赫卡柏所生，长大后成为绝世美男。（大理石半身像，安东尼奥·卡诺瓦，1809 年）

## 三件礼物

赫拉、雅典娜和阿佛洛狄忒特都想不惜一切代价在选美中取胜。为成为被裁决人选中的幸运儿,她们想出一个主意,那就是分别许诺向帕里斯赠送一份可以影响他决定的绝世礼物。如果年轻的牧羊人选择把苹果给赫拉,他将统治欧洲和亚洲;如果选择了雅典娜,他将成为最光荣的战士;最后轮到阿佛洛狄忒,如果他把金苹果送给她,他将娶到海伦——这个人世间最漂亮的女人为妻。帕里斯对战争和荣誉完全没兴趣,但阿佛洛狄忒的承诺却令他心动不已,他毫不犹豫地把这个"不和的苹果"送给阿佛洛狄忒,从而结束了这场选美。赫拉和雅典娜大发雷霆,认为这个特洛伊青年冒犯了她们,发誓要报复。根据一种说法,帕里斯选择了宙斯的女儿海伦,是因为他想拥有入赘奥林匹斯王族的巨大特权。

帕里斯必须在阿佛洛狄忒、赫拉和雅典娜三女神之间,根据她们赠送的礼物做出裁决。他最终选择了阿佛洛狄忒。(布面钢笔画,尼古拉斯·曼努埃尔,16世纪)

## 帕里斯夺走海伦

帕里斯恢复王子身份后住在宫中,他一心只想着勒达的女儿海伦,直到墨涅拉俄斯来到当地,帕里斯热情地欢迎他。墨涅拉俄斯回邀帕里斯来斯巴达做客。在远征萨拉米斯期间,帕里斯要求对方归还他的姑姑——普里阿摩斯被劫为人质的姐姐赫西俄涅,并宣称如果不把他姑姑归还,他将绑架一位希腊公主。尽管卡珊德拉预言前方将遭遇不测,船员们还是扬帆起航,阿佛洛狄忒给船队吹来顺风。然而,帕里斯此行的真实目的并不是索要赫西俄涅,他直接奔赴斯巴达,决心要劫走海伦。墨涅拉俄斯以为帕里斯以朋友之名来做客,为他的到来感到高兴,于是便热情接待了他。然而,墨涅拉俄斯的厄运近在咫尺:当海伦和帕里斯眼神交错的瞬间,厄洛斯用箭射中了她。美丽的海伦很快把墨涅拉俄斯抛在脑后:她眼里只有这位英俊至极的客人。她愿意追随帕里斯到天涯海角。当帕里斯向她提出做他的伴侣时,海伦当即抛弃了自己的女儿赫尔弥俄涅、丈夫和家人们。这对恋人趁墨涅拉俄斯不在时私奔了……私奔的途中,涅柔斯警告帕里斯,但徒劳无果:"唉呀呀!马匹和人们将为此流下多少汗水啊!你将为此送葬多少特洛伊人的性命啊!"(贺拉斯)

## 帕里斯返回特洛伊

帕里斯特别喜欢他畜群中的一头公牛,它的美丽和力量超过了他所有的家畜。然而,普里阿摩斯为纪念他以为已不在人世的儿子,每年都会举办殡葬赛会。主办方会把一头牛作为祭品献给获胜者,因此,普里阿摩斯每年都会派士兵寻找当地最漂亮的牛。这回,帕里斯最喜欢的公牛被王室选中,年轻的牧羊人非常烦恼,于是决定参加比赛。这个拥有海伦的青年怀着极大的勇气参加了比赛,他成功打败了特洛伊最强大的拳击手,在赛跑中以最快速度取胜。但他的战绩激起其他人的嫉妒,得伊福玻斯以这个牧羊人靠作弊取胜为借口,想把帕里斯杀了。当帕里斯躲进宙斯神庙时,阿革拉俄斯冲到皇室夫妇面前,喊道:"这个小男孩正是你们今天纪念的人。他就是你们的孩子,帕里斯!"

与墨涅拉俄斯结婚后,海伦还是爱上了特洛伊王子帕里斯。(铅笔水墨画,雅克·路易·大卫,1786年)

# 特洛伊战争（前奏）

### 《伊利亚特》之前

发生在荷马《伊利亚特》之前的一系列事件，时间跨度大约九年。这些事件被特别记述在一首史诗中，名为《塞浦路亚》，因为创作者是塞浦路斯出身的诗人斯塔西诺斯。

### 奥利斯的第一次集合

墨涅拉俄斯、阿伽门农和涅斯托耳召集远征的首领们。墨涅拉俄斯和瑙普利俄斯之子帕拉墨得斯来到伊萨卡寻找奥德修斯，但奥德修斯为逃避此次征兵而佯装发疯。他将一头驴和一头牛放在一起犁地，并在犁沟中撒盐。帕拉墨得斯没有上当，为戳穿奥德修斯的伎俩，他把奥德修斯之子忒勒玛科斯放在犁地的必经之路上。奥德修斯不得不停下，承认自己精神正常。他迫不得已加入盟军，但他之后一直对帕拉墨得斯心怀怨恨。这群希腊人在奥利斯集合，他们在当地见证了一件奇事：一条蛇吞掉8只麻雀和它们的母亲后，被宙斯石化成像。预言家卡尔卡斯认为，这意味着战士们必须持续围城九年，才有希望在第十年拿下特洛伊城。

### 特洛阿德的第一次战役

这帮希腊人在米西亚登陆。他们把铁乌特拉尼亚误认为特洛伊，对其发起进攻。在战斗中，国王忒勒福斯遭到普洛忒西拉俄斯，还有佩琉斯之子阿喀琉斯的攻击，他被后者的长矛刺伤。随后，希腊人再次出发，阿喀琉斯去了斯库洛斯岛，与得伊达弥亚结婚后，又前往阿尔戈斯。在那里，阿喀琉斯帮找上门来看伤口的忒勒福斯治伤，但忒勒福斯只能被刺伤他的东西治愈。因此，人们把阿喀琉斯矛尖上的铁锈撒在他难以愈合的伤口上，忒勒福斯便得以痊愈。忒勒福斯主动提出为这帮希腊人引路，但拒绝和他们在特洛伊一起作战，因为他娶了普里阿摩斯的女儿。于是，众人便在奥利斯第二次集合。

### 伊菲革涅亚的献祭

在另一个没有提到两次奥利斯集合的说法中，奥德修斯和狄俄墨得斯去斯库洛斯岛寻找阿喀琉斯。好多年间，阿喀琉斯一直被国王吕科墨得斯伪装成自己的女儿藏在宫中。阿喀琉斯恢复身份后，众希腊人在奥利斯集合。这期间他们一直等待风向好转，以便启程出发；有说法称被阿伽门农激怒的阿尔忒弥斯掀起逆风阻碍他们出航，因为阿伽门农曾吹嘘自己打猎技术比狩猎女神还厉害。不管怎样，预言家卡尔卡斯说，只有阿伽门农将他的女儿伊菲革涅亚献祭才能安抚女神。阿伽门农向他年轻的女儿承诺，说她会嫁给阿喀琉斯，传召伊菲革涅亚来到奥利斯。就在女孩将被献祭时，阿尔忒弥斯出面干预，用一只母鹿取代了女孩，然后她把伊菲革涅亚带到陶里斯，在那里担任她的女祭司。

### 菲罗克忒忒斯的伤口

船队终于能够离开奥利斯了。他们在忒涅多斯岛或在一个名叫克律塞的小岛边停靠时，菲罗克忒忒斯在祭祀时被一条毒蛇咬伤了脚。他痛苦的号叫让人过于不适，他的伤口散发出令人作呕的气味，于是众人决定将菲罗克忒忒斯抛弃在利姆诺斯岛上。他后来在那里独自生活了近十年，用他的弓，也就是赫拉克勒斯的那柄弓射杀鸟儿为生。

遭蛇咬伤的菲罗克忒忒斯被遗弃在利姆诺斯岛上。（花瓶，约公元前 420 年）

伟大史诗

## 普洛忒西拉俄斯之死

希腊人终于到达特洛阿德。伊菲克勒斯之子,色萨利人普洛忒西拉俄斯第一个踏上这片土地,命丧赫克托耳的矛下,传闻神谕称第一个登陆特洛阿德的人必定会死。这个不幸的人就在不久前才与阿卡斯托斯的女儿拉俄达弥亚结婚。拉俄达弥亚后来从诸神那里得到和丈夫再次见面的恩惠,等到普洛忒西拉俄斯重返冥界,她也自杀了。而在特洛伊联军中,波塞冬之子英雄库克诺斯牺牲了,他被阿喀琉斯所杀。

## 帕拉墨得斯之死

接下来的几年里,因为奥德修斯翻来覆去想着报仇,帕拉墨得斯也最终死去。奥德修斯与狄俄墨得斯勾结谋害帕拉墨得斯,他把黄金藏在帕拉墨得斯的帐篷下,并伪造了一份文书,也有人说他与一个特洛伊俘虏串通,俘虏向人声张帕拉墨得斯被特洛伊人收买并暗中勾结。这一切被阿伽门农发现并公之于众,士兵们用石头将帕拉墨得斯砸死。根据另一种说法,奥德修斯和狄俄墨得斯将帕拉墨得斯引至一口井边,说井中有宝藏。帕拉墨得斯下了井,英雄们便向井里扔石头,最终把他砸死。帕拉墨得斯的含冤而死激起他父亲瑙普利俄斯的怒火,他父亲决心在亚该亚众王回国后进行报复。

## 攻打亚洲城市的战役

随后,希腊人派出由奥德修斯和墨涅拉俄斯组成的大使团前往特洛伊谈判,要求将海伦归还。他们在那里受到安特诺尔的接待,安特诺尔保护他们免受特洛伊人的暴力袭击。这就是为什么安特诺尔和他的儿子们(安特诺里德兄弟)在特洛伊被洗劫时幸免于难。谈判失败,战斗继续。希腊人开始从特洛阿德地区的各个城市和附近岛屿袭击,特别是莱斯博斯岛。他们攻打与特洛伊人结盟的各亚洲城邦。这期间,阿喀琉斯掠走了埃涅阿斯的牛群,然后占领吕尔奈斯城,在那里他抓到了布里塞伊斯。然后是佩达斯城,接着是忒拜。在忒拜,安德洛玛刻的父亲被杀,克律塞伊斯被俘。

## 特洛伊罗斯之死

阿喀琉斯埋伏在阿波罗·提漠布里俄斯神庙旁边,杀死了普里阿摩斯和赫卡柏的一个儿子,一个名叫特洛伊罗斯的俊美男孩。有神谕说,如果他能活到20岁,特洛伊城将永远不会被攻陷。阿喀琉斯藏在一座祭坛后面,窥伺着特洛伊罗斯,接着上前袭击了他并将其斩首。

特洛伊王子特洛伊罗斯被阿喀琉斯所杀。(骨灰瓮,公元前2世纪)

# 特洛伊战争（第一幕）

## 九年之长和一年之间

希腊人想通过武力快速占领特洛伊，但这座城池的城墙被阿波罗和波塞冬加固过，可谓坚不可破，所以阿伽门农决定围攻打持久战。但是，希腊人的军粮最先耗尽了。亚该亚战士们随后对周围的村庄展开掠夺，这进一步推迟了战争的结束。正如卡尔卡斯所预言的那样，要经过长达九年的围城战，特洛伊才会在第十年沦陷。荷马史诗《伊利亚特》讲述的正是第十年间的故事。

## 阿伽门农的梦

忒提斯前去奥林匹斯山，请求宙斯支持她那遭受不公的儿子。宙斯被她所感动，答应援助特洛伊人，为他们伸张正义。天神辗转反侧，思索能帮助阿喀琉斯战胜亚该亚军队的方法。最后，宙斯给阿伽门农托了一个欺骗性的梦，在梦中涅斯托耳告诉阿伽门农，他和他的众多士兵可以披挂上阵，等候即将到来的胜利，因为赫拉已经把整个奥林匹斯山的力量都召集起来投入亚该亚战士的阵营中！阿伽门农一觉醒来，欢欣鼓舞地将这个梦在长老议会上吐露。他想考验战士们的积极性，于是假装撤围，将船队遣回他们的家乡。令他大失所望的是，士兵们因为再次起航，变得松懈散漫，他们纷纷冲向船只，如果不是奥德修斯在关键时刻维持住秩序，特洛伊城将永远不会被攻陷。

## 阿喀琉斯之怒

特洛阿德被劫掠期间，亚该亚人勾引并俘虏了敌方村庄中最漂亮的女孩们。亚该亚国王们把她们当成战利品，视为一个英雄可以得到的最光荣的奖励之一。忒拜沦陷后，阿波罗的大祭司克律塞斯的女儿克律塞伊斯被献给了阿伽门农，布里塞伊斯被阿喀琉斯所俘。然而，克律塞斯亲自去见阿伽门农，赠以厚礼要求释放她的孩子。阿伽门农拒绝了她，克律塞斯只好恳求阿波罗的帮助。阿波罗大怒，他朝着希腊人的营地射出携带瘟疫的箭。如果想摆脱瘟疫，他们必须把克律塞伊斯送回去。阿伽门农被迫让步，但他并不打算放弃自己的那份荣誉，便从阿喀琉斯那里夺走布里塞伊斯。被愤怒冲昏了头的阿喀琉斯退出战斗。这就是荷马《伊利亚特》唱道的，它以这样一句诗开篇："歌唱吧，女神，歌唱佩琉斯之子阿喀琉斯的愤怒……"

索要布里塞伊斯遭到拒绝，阿喀琉斯勃然大怒。（版画，多米尼克·库内戈，18世纪）

## 忒耳西忒斯被罚

忒耳西忒斯感到被自己的国王背叛，因为国王让国家蒙受损失。"他是伊利昂城墙边下最丑陋的来客，"他蛮横无理地和阿伽门农讲话，"阿特柔斯人，你还抱怨什么，你缺少什么？你们帐篷里堆满了青铜器，那么多女俘虏也都在你们帐下……这和一个给亚该亚后人招致不幸的领袖不相称吧……他刚刚还羞辱了阿喀琉斯，他在勇气上却连阿喀琉斯的万分之一都不及。"奥德修斯称他是懦夫，用权杖将他痛揍一顿。忒耳西忒斯目光呆滞地躺在地上，整个军队都嘲笑他。

584

## 卡尔卡斯的预言

为重振亚该亚战士们的士气,奥德修斯想起卡尔卡斯的那则著名预言:在奥利斯,一条蛇吞掉九只鸟儿后被变成石头。根据预言家当时的说法,富裕的特洛伊将在九年后落进敌人手中。远近闻名的特洛伊将很快沦陷,之后战争就会结束。因此,眼看着目标已近在咫尺,在这个关头停下,以致功败垂成是不明智的。整个军队于是热血沸腾起来,急于再次投入战斗。

## 狄俄墨得斯的功绩

雅典娜激起希腊人的士气,阿波罗则提醒特洛伊的守卫者他们没有了强大的阿喀琉斯。尽管特洛伊方占优势,但在战争中有一位希腊英雄脱颖而出,他就是提丢斯之子狄俄墨得斯。在雅典娜的鼓舞下,狄俄墨得斯快速击毙潘达洛斯,还打伤了想收回朋友尸体的埃涅阿斯。阿佛洛狄忒赶来援助她的儿子,却被狄俄墨得斯的长枪刺伤了手。女神随后躲到宙斯那里,同时阿波罗支援埃涅阿斯。狄俄墨得斯准备再次与神祇对战,但阿波罗让他后退,叫他遵守秩序。阿波罗向阿瑞斯抱怨狄俄墨得斯攻击神明的不敬行为,阿瑞斯更加鼓励特洛伊人,但他后来也被无畏的狄俄墨得斯打伤。

## 单挑决斗

赫克托耳咒骂帕里斯致使特洛伊陷入不幸。帕里斯为自己挑起的战争感到惭愧,主动提出与墨涅拉俄斯决斗,胜利将归属赢者的那方人民,希腊人和特洛伊人最终和好如初。虽然墨涅拉俄斯在决斗中占上风,但阿佛洛狄忒决定拯救美丽的帕里斯。她用云彩罩住他,把他带到海伦芳香馥郁的房间里避难。希腊人宣布他们取得胜利。就在战争即将结束时,雅典娜却想延续战火,她使潘达洛斯一箭把墨涅拉俄斯射伤。这一卑鄙行径重新激化了冲突。

## 赫克托耳的告别

赫克托耳前去特洛伊请他的母亲向雅典娜祷告,并吻别他的妻子安德洛玛刻和他们的小儿子阿斯提阿那克斯。安德洛玛刻恳求他停止战斗,或至少不要为特洛伊的荣誉冒生命危险:"可悲的女人!你不要为我太过心碎!因为没有人能提前把我送去冥界。然而我承认,无论懦夫还是勇士,自他来到世上,就无法躲过自己的宿命。但你要回到家中做好分内的事,也就是织布和纺纱,并安排女仆们去做事。把战争的顾虑留给男人,特别是留给我,和所有在伊利昂出生的男人。"这是赫克托耳留给他心爱的安德洛玛刻最后的话。

赫克托耳不顾妻子安德洛玛刻的苦苦哀求,向她作别。(布面油画,约瑟夫·玛丽·维安,18世纪)

# 特洛伊战争（第二幕）

## 赫克托耳对战大埃阿斯

赫克托耳走出特洛伊城，与大埃阿斯决斗。这场战斗一直持续到夜幕降临都没有分出胜负。两位英雄于是停止对决，互赠礼物以示尊重。双方军队宣布休战，并安葬哀悼死去的战士。

## 处境恶化的亚该亚战士

宙斯在伊得山上预测天数，结果显示特洛伊人为胜利者。赫克托耳乘胜追击，亚该亚人被赶逼到战船边。夜幕降临时分，耀武扬威的特洛伊人正面朝向希腊人宿营。没有阿喀琉斯，希腊不存在获胜的可能。赫克托耳和他的士兵击溃了阿尔戈斯人的军队。就在阿伽门农快要放弃时，涅斯托耳让这位国王找回被他激怒的阿喀琉斯。为让阿喀琉斯重回战场，阿伽门农派奥德修斯和大埃阿斯亲自去请，并许诺赠予他大量财富，但被阿喀琉斯断然拒绝。

## 赫拉的诡计

亚该亚人重占上风，把特洛伊人逼退回城墙。但这种逆转是短暂的，因为赫克托耳两次打破希腊人营寨的寨门。赫拉随后尝试了一个诡计：她向阿佛洛狄忒要来刺绣腰带，系好后去见宙斯。腰带激发出赫拉不可抗拒的魅力，让宙斯拜倒在她裙下。再加上许普诺斯的协助，他让天神陷进深度睡眠。一旦没了这位奥林匹斯之王的干预，局势转向对希腊人有利，赫克托耳负伤。宙斯醒来时大怒，派阿波罗为英雄治疗，这让赫克托耳获得了更强大的力量。这一次，希腊人处于非常不利的境地，亚该亚人的战船濒临被烧，但大埃阿斯的英勇筑成了最后一道防线。

## 侦察任务

阿伽门农在大本营里夜不能寐：他太想去刺探近在眼前的敌军军情了。于是他在涅斯托耳的建议下，急派狄俄墨得斯和奥德修斯前去侦察。特洛伊人也有同样的想法，赫克托耳派多隆去侦察亚该亚人的营地。三个侦察兵相遇，多隆被俘。迫于威胁，多隆背叛了赫克托耳，向两位英雄透露前来增援特洛伊的国王瑞索斯和色雷斯人就驻扎在离亚该亚人不远的地方，这些军队还没有防备之心。于是，狄俄墨得斯处决了叛徒多隆，然后对瑞索斯和色雷斯人大开杀戒。而奥德修斯偷走了国王的白马，这些马跑得比风还快是出了名的。

阿喀琉斯与赫克托耳的对决标志着特洛伊战争彻底结束。（版画，塞巴德·贝哈姆，16世纪）

伟大史诗

## 帕特洛克罗斯之死

希腊人濒临战败，帕特洛克罗斯决定拿起阿喀琉斯的武器，率领密耳弥多涅人作战。然而，尽管帕特洛克罗斯英勇善战，在阿波罗的指挥下，赫克托耳还是取了他的性命。得知自己最忠实的朋友已经战死，阿喀琉斯满脑子只有一个想法：杀死赫克托耳为朋友报仇。但阿喀琉斯的绝世武器正在赫克托耳手里，是他从帕特洛克罗斯那里获得的。因此，忒提斯答应儿子给他弄到新武器，这些武器出自赫菲斯托斯之手，完全由金子和银子制成，超越了之前那套装备，耀眼到令人目眩。装备上这套武器，阿喀琉斯获得神力，回到亚该亚人的身边。阿伽门农请求他原谅自己，解释说是宙斯驱使他做出这种事。阿伽门农把布里塞伊斯还给阿喀琉斯，还向他送了许多礼物。帕特洛克罗斯的葬礼上，阿喀琉斯面对挚友火葬的遗体，将12名特洛伊囚犯斩首，之后为纪念他又举办了殡葬赛会。

普里阿摩斯在战死的赫克托耳尸身前恳求阿喀琉斯。（版画，皮洛利根据卡诺瓦的雕刻所画，1795年）

## 赫克托耳之死

为进行最后的决斗，愤怒的阿喀琉斯逐渐逼近赫克托耳，赫克托耳却感到害怕，选择了退缩。他绕城跑了三圈，试图从佩琉斯之子的手里逃脱，但命运已定："宙斯取出他的黄金天秤，上面放了两个象征生命将尽的砝码，一个属于阿喀琉斯，另一个属于驯马人赫克托耳。他提起秤杆中央，已到了赫克托耳命运既定的日子。天平开始倾斜，最后朝冥界下倾。"雅典娜变成赫克托耳的兄弟得伊福玻斯，来到赫克托耳的身边，让他重拾勇气，与可怕的佩琉斯之子对峙。但赫克托耳身上的盔甲是阿喀琉斯穿过的，阿喀琉斯知道那套盔甲的破绽，于是他对准赫克托耳的喉咙刺去。胜负已分，阿喀琉斯告诉跪在地上的普里阿摩斯之子，他的尸体会在帕特洛克罗斯的葬礼上被狗吃掉。赫克托耳死后，阿喀琉斯卸掉他的盔甲，刺穿他的脚踝，穿进皮带捆在战车上，然后把他的尸体拖在尘土飞扬的地上。这悲惨的一幕对整个特洛伊城造成了致命的创伤。

## 普里阿摩斯索要儿子的尸体

阿喀琉斯每天都把赫克托耳的尸体拖在地上，绕着帕特洛克罗斯的坟墓行进三圈，但是，有赖于阿波罗的保护，赫克托耳的尸体依然完好无损。诸神怜悯赫克托耳，宙斯却希望阿喀琉斯按照自己的意愿把赫克托耳还回去。他告诉忒提斯，自己对阿喀琉斯的行为感到愤怒，然后他又派伊里斯到普里阿摩斯那里，鼓动普里阿摩斯向阿喀琉斯求情。没有护卫陪同，普里阿摩斯带着礼物离开特洛伊，前往亚该亚人的营地。在路上，他遇到赫尔墨斯，赫尔墨斯告诉他，他儿子的尸体没被狗吃掉，众神庇护着他，让他毫发未损。赫尔墨斯设法催眠希腊卫兵，并帮助普里阿摩斯来到阿喀琉斯的帐前。返回奥林匹斯山之前，赫尔墨斯揭示了自己的身份，他建议这位老人谦恭地亲吻阿喀琉斯的膝盖，好让这位佩琉斯之子软下心来。一看到赫克托耳的父亲亲自前来，阿喀琉斯惊愕万分，当即决定服从伟大的宙斯，按照神的旨意，把勇敢的赫克托耳还给普里阿摩斯，以换取救赎。他还准许休战11天，以便特洛伊能向他们的英雄表达最后的敬意："于是，他们为驯马人赫克托耳精心举办了隆重的葬礼。"

特洛伊国王普里阿摩斯前来向阿喀琉斯索要他儿子赫克托耳的尸体。（缟玛瑙雕件，1815年）

# 彭忒西勒亚的命运

## 亚马孙女王

彭忒西勒亚是俄特瑞拉和战神阿瑞斯的女儿。她在一次猎鹿中，意外杀死了自己的妹妹希波吕忒，就逃到特洛伊老国王普里阿摩斯那里，普里阿摩斯收留了她并帮她涤除罪行。普里阿摩斯的儿子赫克托耳死后，亚马孙女战士支援这位国王。之后，亚该亚人处境不妙，而阿喀琉斯和大埃阿斯的参战又给这位阿瑞斯之女带来不幸。

## 不祥之兆

普里阿摩斯向宙斯祈求，希望战争的天平能倒向特洛伊一方，亚该亚人被打败，他的爱子赫克托耳能大仇得报。普里阿摩斯寄期望于阿瑞斯之女能给他带来胜利，让他苍老的心重新振作起来。他向上苍祷告着，突然发现在空旷无际的天空中，一只鹰用锋利的爪子抓住一只不幸的鸽子。普里阿摩斯感到自己的心被这个不祥的预兆撕裂。他后来明白，彭忒西勒亚失败了，胜利最终属于亚该亚人。

## 彭忒西勒亚对战阿喀琉斯

亚该亚人死伤惨重，马匹四散奔逃，血流成河，喧嚷声比可怕的风暴还要震耳欲聋。彭忒西勒亚手持长矛，毫不退缩。金戈之声中，她高喊着冲向敌人，突然发现迎面正是希腊战士中最勇敢的阿喀琉斯和大埃阿斯。士麦那的昆图斯记述到，亚马孙人彭忒西勒亚毫不犹豫地将她的标枪奋力投向阿喀琉斯。武器击在赫菲斯托斯亲手为英雄制作的无敌盾牌的青铜面上却没有任何效果，径直掉落在地。彭忒西勒亚气势汹汹地大声叫道她比男人更勇敢，她瞄准大埃阿斯，大埃阿斯爆发出一阵大笑。随后，这个表露轻蔑之意的英雄的长矛险些擦过彭忒西勒亚，划破了她的银绣花战靴，但并没有伤到她。大埃阿斯不和她计较，留下彭忒西勒亚与佩琉斯之子对峙，就像把"鸽子留给秃鹫"一样。彭忒西勒亚试图找寻散落的投枪，不料，阿喀琉斯的长矛气势如虹，刺中她的右胸部，伤口顿时血流如注。就在负伤的亚马孙女王思考权宜之计时，阿喀琉斯一击将她连人带马刺穿。

阿喀琉斯杀死亚马孙女王彭忒西勒亚（双耳尖底瓮，约公元前530年）

## 意外的爱

亚马孙女王倒在她坐骑旁的沙地上。当阿喀琉斯摘下死者的头盔，她惊人的美貌俘获了他的心。彭忒西勒亚被自己的武器围着，就像骄傲的阿尔忒弥斯一样威风，只是她永远沉睡了。看到这一幕，身经百战的阿尔戈斯人都为之动容。阿喀琉斯为夺走她的生命而懊悔无比，他认为她本可以给他带来比战争更美好的东西，他们本可以相爱，他本可以在短兵相接中将她带走……阿喀琉斯流下眼泪，厚颜无耻的忒耳西忒斯就像戏谑阿伽门农一样戏谑他，在各个战友面前嘲笑阿喀琉斯的软弱。但忒耳西忒斯似乎忘记了自己惹怒的是谁……

## 谁笑得最好

阿格里俄斯之子忒耳西忒斯是埃托利亚人。荷马写道："他不仅是整个希腊军队中最丑陋的人，驼背又畸形，还虚伪，喜欢诋毁别人，妒贤嫉能，蛮横无理。"忒耳西忒斯因为曾嘲笑阿伽门农爱上并绑架布里塞伊斯而出名。他指责阿伽门农是从别人那里偷来的这个年轻姑娘。

## 伟大史诗

### 另一个版本

狄克提斯延续了这个故事,据他所说,狄俄墨得斯与忒耳西忒斯是亲戚。狄俄墨得斯为了给他报仇,劫走了美丽的亚马孙女王的遗体,并扔进斯卡曼德洛斯河里,想让她从水中永远消失。但阿喀琉斯又找回遗体。他知道,这份还未来得及表白的爱意所生出的悲伤将始终萦绕着他。他为亚马孙女王举办了一场葬礼,以纪念她特别的勇气,和那份相伴他一生的炙热又悲剧性的爱意。

### 阿喀琉斯的报复

阿喀琉斯爱上躺在他脚边的美人彭忒西勒亚后,他感到一种纯洁真挚的悲伤,忒耳西忒斯却称他"男儿身女儿心",指责他"爱美人不爱江山",并侮辱失去生命的亚马孙女王。阿喀琉斯满腔怒火,难以自持地向忒耳西忒斯扑去,用拳头活活打死了他,还打碎了他的下巴。有人说阿喀琉斯在彭忒西勒亚的墓上将忒耳西忒斯献祭。彭忒西勒亚的尸体被希腊人送还给普里阿摩斯。她的骨灰和普里阿摩斯杰出的父亲——已故的拉俄墨冬葬在一起,以示崇高的敬意。

### 被判没落

这场可怕的战争导致了亚马孙女战士的没落,她们中的许多人在战场上牺牲,包括波勒穆萨、克洛尼、德瑞诺埃、伊万德、安坦德尔、布瑞穆萨、希波托埃、阿尔喀比、安提布洛特、德里马切亚、哈耳摩托埃和忒耳摩多萨。查士丁写道:"俄瑞堤伊亚之后,彭忒西勒亚即位。她在围攻特洛伊时,与多位杰出的希腊战士对战而享有盛誉。彭忒西勒亚最后和自己的女战士们一同牺牲在战场上,而被她留在国家里的孱弱遗民,艰难地抵抗着邻国的攻击,直到亚历山大大帝时代。"

### 卡弥拉——另一个彭忒西勒亚

维吉尔在《埃涅阿斯纪》中刻画沃尔斯基人卡弥拉这位好战的女王时,他想起了彭忒西勒亚:"卡弥拉那双带有女性特征的手一点儿都不习惯使用米涅尔瓦的纺纱锤和毛线篮,但她从少女时代起就习惯了严酷的战斗,不怕吃苦,奔跑起来比风还快。"卡弥拉最终被阿尔隆斯用标枪击中胸部,悲壮地死在战场上。

特洛伊战争期间,彭忒西勒亚受到阿喀琉斯的致命攻击。(布面油画,弗朗茨·冯·施图克,1905 年)

# 门农的命运

图为门农巨像,长期以来,人们总是将门农与埃塞俄比亚战士相提并论。

## 来自东部的新盟友

门农的事迹在阿克提努斯的史诗《厄提俄皮斯》中有记述,这部史诗作于公元前8世纪末。彭忒西勒亚死后,特洛伊人得到来自埃塞俄比亚的新盟友门农的帮助,但门农很快也倒在阿喀琉斯的攻击下,他的母亲黎明女神厄俄斯因此悲痛欲绝。据赫西俄德所说,"黎明女神为埃塞俄比亚国王提托诺斯生下头戴铜盔的门农和发号施令的王者厄玛提翁"。因为提托诺斯是拉俄墨冬的儿子,他和普里阿摩斯是兄弟,所以门农与特洛伊有亲缘联系。有鉴于此,门农离开自己的国家,从东部赶来帮助特洛伊人。

## 诸神之战

门农的美貌与他的父亲提托诺斯不相上下。这位勇士和阿喀琉斯一样身着赫菲斯托斯铸造的盔甲。他先是威胁涅斯托耳,杀死了前来支援老父亲的安提洛科斯,随后死在为安提洛科斯报仇的阿喀琉斯矛下。门农和阿喀琉斯的决斗常被描述。根据一些说法,两位英雄的母亲忒提斯和厄俄斯焦急地注视着宙斯用一杆天平"称量灵魂"。天平上两位英雄最初的代替形象(古希腊语"eidôla",指幻化出来的生者或死者的形象),在士麦那的昆图斯那里,变成了宙斯派来的两只妖怪:"悲惨不祥的那只依附在门农身上,吉祥幸运的那只则贴在佩琉斯之子身上。"

## 门农之死

门农在作战中被阿喀琉斯一剑刺穿胸部,黑色的热血从伤口处喷涌而出。生命,这份众神赐给他的甜蜜礼物随即离他而去。他倒下了,盔甲轰隆作响,平原在他倒下的那一刻颤动起来。周围的人一片惊愕,密耳弥多涅人急忙去抢他的遗体,他的部分将士四散奔逃,阿喀琉斯像一股迅猛的旋风般朝逃跑的特洛伊人猛扑过去。

## 门农的墓

有人说他的坟墓位于弗里吉亚或腓尼基,靠近贝卢斯河;也有人说是在埃及或埃塞俄比亚。根据一个有据可查的说法,他的坟墓位于赫勒斯滂海峡的阿索波斯河口:"仄费罗斯将门农的遗体安放在阿索波斯的迷人河岸上,河水在那里静静地流淌。河畔边有一片美妙的小灌木丛,在那成千灌木的树荫下,他们立了一块华美的墓碑,以赞颂这位英雄。"(士麦那的昆图斯)

### 被变成河的门农

据士麦那的昆图斯所说,门农的血汇聚成一条河:"诸神想将门农的血留给世世代代的后人,以供他们崇敬这位英雄。诸神小心翼翼地收集他洒下的血滴,汇聚成河。如今,这条名为帕佛拉戈尼亚的河流淌在伊得山谷的居民聚居地。年复一年,每逢英雄的忌日,被血染红的河水流淌着,都会冒出腐臭的水汽,那味道足以和顽固性溃疡的臭味相提并论。"

## 门农的转移

厄俄斯恳求宙斯赐予她儿子不朽之身,这位黎明女神将门农的遗体带到了埃塞俄比亚,她的眼泪化为清晨的露珠。然而,在其他版本中,这位英雄的尸体被厄俄斯从空中运往波斯的苏萨。

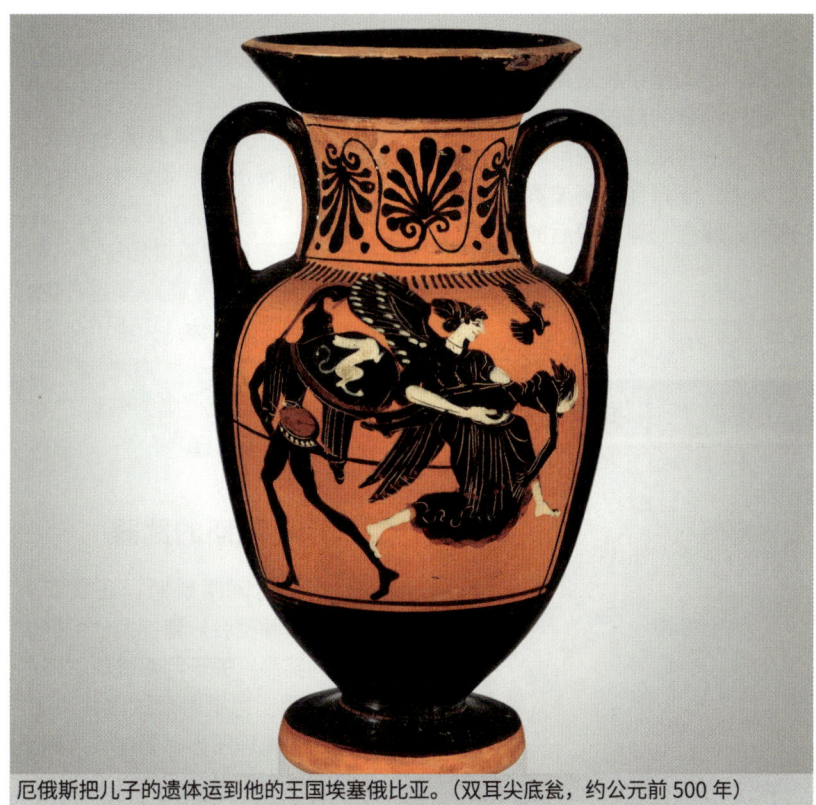

厄俄斯把儿子的遗体运到他的王国埃塞俄比亚。(双耳尖底瓮,约公元前 500 年)

## 门农尼得斯

根据某些说法,"门农鸟"或门农尼得斯指的是门农的众姊妹,她们被烧死在他的火葬堆上,变成了鸟。它们每年都会在他坟头相互扑打,来纪念门农参与的这场战争,安抚他的亡魂。士麦那的昆图斯说,门农尼得斯是一群埃塞俄比亚妇女,她们在国王的坟头哭泣,被厄俄斯变成了鸟。帕萨尼亚斯记述道,这些鸟会打理英雄的坟墓:"这些鸟被称为门农尼得斯。赫勒斯滂海峡的居民说,它们每年都会在某些日子来到门农的坟地,仔细清理墓碑的各个角落,不留一片枝叶,然后它们用羽毛从阿索波斯河取水来洒扫其墓。"

## 门农巨像

帝国时期流传着一种说法,位于底比斯附近的法老阿蒙霍特普三世的纪念雕像,其实是一尊表现门农被石化的巨像:"雕像朝向太阳升起的地方,其外表是一个还没长出胡子的年轻人。它由黑色石头雕成,两只脚有如代达里克风格那样连在一起;他的手臂笔直地靠在座位上,因为雕像表现的是这个年轻人正在起身……雕像表现起立之态,是那些喜欢释放神力者会做的动作。"因为巨像的朝向,这种类比的说法更为可信,再加上神奇的响声,在黎明时分,雕像的石头会发出阵阵声响。

这一现象给这个偏远地区吸引来了成群结队的朝圣者和游客。菲洛斯特拉图斯也就一幅展现门农之死的画作展开描述:"看,遗体被搬走了,我们在画面的边缘能看到门农。所以他被埋在哪儿?在世界的哪个地方?门农的坟墓无处可寻,但门农本人却在埃塞俄比亚变成了黑色的石头。他的姿势是坐着的,至于他的容貌,我想,就是你在画上看到的那样。这座雕像经受阳光的暴晒,光线像拨片一样在门农的嘴上滑动,似乎让他发出了声音,用这种人造的说话声来慰藉一天。"

# 特洛伊战争（第三幕）

## 阿喀琉斯犯了什么错误？

忒提斯曾警告过她的儿子，不能杀死门农，否则他死期将至。但为了给安提洛科斯报仇，阿喀琉斯无视母亲的警告。在杀死门农后，他傲慢地对抗一切危险，把特洛伊人逼回城墙。阿喀琉斯甚至敢威胁阿波罗，后者便向帕里斯提议朝着阿喀琉斯的方向射出一箭，也有说法称阿波罗朝阿喀琉斯射出了帕里斯的箭。神的意志引导箭刺中阿喀琉斯唯一的弱点——脚后跟或脚踝。因为按照惯常说法，他的母亲忒提斯为了让他变得刀枪不入，把他倒提着浸在冥河中，她所提着的部位成为阿喀琉斯身上唯一没有受到河水保护的地方。流传的另一种版本则说阿喀琉斯遭遇了伏击。他爱上了波吕克塞娜，想娶她为妻，于是他在阿波罗·提漠布里俄斯神庙与普里阿摩斯会面。就在这时，躲在一尊神像后的帕里斯向他射出致命的一箭。

## 阿喀琉斯的葬礼

因为阿喀琉斯的敌人们渴望得到他的绝世武器，一场漫长的争斗随之展开。宙斯最终发起暴风雨中止了这场争斗，大埃阿斯和奥德修斯得以收回第一勇士的遗体。大埃阿斯背起阿喀琉斯，奥德修斯则在后面掩护他们。也有说是奥德修斯把阿喀琉斯的遗体带了回来。阿喀琉斯被忒提斯、海仙女和缪斯女神们哀悼了17天后，在第18天的黎明时分，伴着众多动物被宰割献祭，他的遗体接受洗涤，最后被火化。

大埃阿斯运送被帕里斯所杀的阿喀琉斯的遗体。（双耳尖底瓮，约公元前520年）

## "他只剩得灰烬"

阿喀琉斯的骨灰与他朋友帕特洛克罗斯的骨灰混合放在一个金罐里，罐子被安置在西吉昂角附近阿喀琉斯宫的一个小丘中："他只剩得灰烬，曾经那么强大的阿喀琉斯，现在只剩得我不知道如何勉强填满那个小瓮。但他的荣耀永存，足以填充整个宇宙，也正是宇宙的尺度能和这样一位宇宙般的英雄相称。"（奥维德）《厄提俄皮斯》写道："忒提斯把儿子的遗体从火堆上夺下，带到了勒乌刻——'白岛'。"但《奥德赛》写道："奥德修斯在冥界和阿喀琉斯重逢。"

## 阿喀琉斯的武器

为纪念阿喀琉斯，亚该亚人举办了殡葬赛会，诸神为他们提供奇特的奖品。关于阿喀琉斯武器的归属问题，也是时候做出裁决了。武器的归属理所当然要在大埃阿斯和奥德修斯二人之间做出选择，因为是他们把英雄的遗体带了回来。奥德修斯在雅典娜的帮助下赢得武器。大埃阿斯因此暴怒到发了失心疯。他将一群牲畜当作希腊人砍掉了头，恢复理智后，备感羞愧，于是将剑倒插入地面，剑尖朝向天空，而后直挺挺地倒下，让剑刺穿了自己的身体。阿伽门农不想火化他，就把他葬在了特洛阿德。

伟大史诗

## 预言

卡尔卡斯告诉奥德修斯，为攻下特洛伊，奥德修斯必须知道特洛伊预言家赫勒诺斯的预言，他是卡珊德拉的弟弟。奥德修斯在伊得山设下埋伏成功抓到了他，并让他开口。赫勒诺斯便透露了"特洛伊的命运"：若想让这座城市沦陷，阿喀琉斯的儿子涅俄普托勒摩斯要来参战；亚该亚人需要得到珀罗普斯的骨头，还要偷得帕拉迪昂神像——一尊神赐给特洛伊的保护城市不被攻克的雅典娜雕像。也存在说法称除上述条件外，可怜的菲罗克忒忒斯，这个赫拉克勒斯的箭和弓的持有者必须参战。于是，希腊联军派人将珀罗普斯的骨头从比萨送来，菲罗克忒忒斯和阿喀琉斯的儿子之后也被带到了战场。

## 菲罗克忒忒斯的回归

狄俄墨得斯、奥德修斯和涅俄普托勒摩斯到达利姆诺斯岛。十年前，菲罗克忒忒斯因受伤痛得直号叫，这让大家忍受不了，便把他遗弃在岛上。因此，这位英雄不是很愿意帮忙。后来，已成神的赫拉克勒斯亲自劝说他，称他将在特洛伊痊愈并收获他应有的荣耀。玛卡翁或波达勒里俄斯把他治好后，菲罗克忒忒斯重回战场，在作战中一箭射杀了帕里斯。

## 涅俄普托勒摩斯的参战

奥德修斯在狄俄墨得斯或福尼克斯的陪同下前往斯库洛斯岛，受当地国王吕科墨得斯保护的涅俄普托勒摩斯就在此处。这个向外界隐瞒存在的孩子，为阿喀琉斯第一次远征前，即20多年前他和得伊达弥亚所生。奥德修斯轻而易举地请到了这个年轻人，又顺其自然把他父亲的武器交给了他。涅俄普托勒摩斯在特洛伊杀死了忒勒福斯之子欧律皮罗斯，玛卡翁就死在欧律皮罗斯的手中。

奥德修斯把阿喀琉斯的武器交给其子涅俄普托勒摩斯。（阿提卡陶杯，多里斯，公元前4世纪）

## 偷盗帕拉迪昂神像

执行第一次潜入任务时，奥德修斯伪装成一个乞丐进入特洛伊。海伦认出了他并和他接触。帕里斯死后，她想和墨涅拉俄斯和好，于是就请奥德修斯提供帮助。奥德修斯杀掉几个特洛伊人后离开了特洛伊。但后来他在狄俄墨得斯的陪同下又回来执行第二次任务，这次是为偷取帕拉迪昂神像。有说奥德修斯独自进入特洛伊城，同时狄俄墨得斯在城墙处等他。也有说他们两人一起进城，是狄俄墨得斯把女祭司杀掉后偷走了雕像。还有说在返回的路上，奥德修斯又想从提丢斯之子的手中抢走雕像，但狄俄墨得斯借着月光下的影子，捕捉到了奥德修斯威胁性的举动，用剑身平面接住攻击，最终把神像带回到亚该亚人的营地。一旦帕拉迪昂神像落入希腊人之手，特洛伊沦陷的所有条件就都具备了。

奥德修斯和狄俄墨得斯在特洛伊盗取雅典娜的神圣雕像，从而使得希腊人的胜利成为可能。（布面油画，加斯帕雷-兰迪，1783年）

593

# 特洛伊的沦陷

## 木马

受雅典娜的启发,奥德修斯构思出一个巨大的木制建筑,其形状像一匹马,亚该亚将士们可以藏在马的腹部。据神话学家科农所说,这个想法是由特洛伊的预言家赫勒诺斯提出的,目的就是要把木马运进特洛伊城的中心。为实现这一目标,奥德修斯制订了一个大胆的计划。阿伽门农假装率领希腊人撤军,烧毁营地并将军队藏在忒涅多斯岛临近的岛屿后面,而留守在原地的西农则负责瞒过警觉的特洛伊人。这座著名的木马出自巧匠厄帕俄斯之手(在《小伊利亚特》等版本中,厄帕俄斯是木马的发明者,但更多时候他仅因为建造木马而知名),它显眼地暴露在满是灰烬的废弃营地中,里面藏满了亚该亚战士。有说里面有 100 个战士,也有 50 个,还有人说只有十几个首领藏在木马内部。

## 狡猾的西农

西农是奥德修斯的堂兄弟。两人的狡猾性格都来自他们的祖父奥托吕科斯。西农负责给特洛伊人吃定心丸,让他们不会对亚该亚人的匆忙离去感到怀疑,并把木马当作神的礼物。西农则以幸存者的身份出现,声称自己本应被献祭,但希腊人只顾着趁顺风扬帆起锚,整艘船的人在匆忙中把他遗落在那里。他补充道,亚该亚人此次意外撤军,是因为预言家卡尔卡斯的神谕:从亚该亚人偷走帕拉迪昂神像的那一刻,雅典娜就注定不会对他们仁慈,正因如此,胜利者终将是特洛伊人。他还解释说,被亚该亚人遗弃在岸上的马形雕像,是他们返程时为平息雅典娜的愤怒而准备的祭品。希腊人之所以把它制作得如此巨大,是要防止特洛伊人能将它拖进城中,靠着这件祭品才能得到福佑。特洛伊人这才放了心,而想讨好雅典娜的普里阿摩斯则落入奥德修斯的圈套:他决定将巨大的木马运进特洛伊城。

特洛伊人以其驯服马匹的敏捷身手而闻名,希腊人送给他们的木马"诱饵"也不无讽刺意味。(布面油画,詹多梅尼科·提埃坡罗,约 1760 年)

## 攻占特洛伊

特洛伊人费力地将巨型木马运进城内,随后他们兴高采烈地沉浸在酒酿和舞蹈中,以庆祝他们错觉上的胜利。欢庆过后,整座城的人都累得熟睡过去。西农赶向阿喀琉斯的墓,他手持火把,向阿伽门农发出信号,也有说是海伦从特洛伊的城墙上给出了这一信号。希腊人的船只随即从忒涅多斯岛返回。厄帕俄斯,或西农,或特洛伊人安特诺尔用绳子拉开了木马的暗门,希腊战士们一个个从这个庞然大物的肚子里出来。他们从城内打开特洛伊的城门,让亚该亚大军进入这座城市。许多沉睡中的特洛伊人毫无戒备,惨遭屠杀。希腊人进入王宫。涅俄普托勒摩斯在宙斯·赫启欧斯祭坛的台阶上斩下普里阿摩斯的首级。

## 拉奥孔之死

然而,阿波罗的祭司拉奥孔对这巨马格外警惕。他认为,这马里面很可能藏着一些全副武装的亚该亚人:"不管怎么样,我害怕希腊人,甚至那些带着礼物的希腊人。"(维吉尔)他用标枪击打这尊庞然大物的木头构架,藏在里面的亚该亚人吓得瑟瑟发抖。面对这巨马,特洛伊人意见不一,有人说要毁掉它,但普里阿摩斯坚决把它带进城内。拉奥孔的两个儿子在海滩上参加波塞冬的祭祀仪式,两条来自卡鲁德奈群岛的巨蟒冲出水面,将他们拖走。拉奥孔跑去营救儿子,但这个不幸之人也被那两只可怕的怪物捉住,拉奥孔和他的孩子们一同丧生。之后,整个特洛伊城的人都相信,拉奥孔为他先前亵渎神明的言行付出了代价,于是纷纷站在国王这边。卡珊德拉也建议烧掉这个不祥之物,但也只是白费口舌。

拉奥孔和他的儿子们被巨大的海蛇所吞食。(布面油画,埃尔·格列柯,1610年)

## 分摊战利品和俘虏

众多特洛伊妇女被俘,亚该亚人分摊了这些女俘虏。卡珊德拉归阿伽门农,安德洛玛刻归涅俄普托勒摩斯,后来她又嫁给预言家赫勒诺斯。得摩丰和阿卡玛斯的祖母埃特拉与孙子们重聚,她曾在海伦手下为奴。至于卡珊德拉的妹妹波吕克塞娜,她被献祭在阿喀琉斯的墓前。涅俄普托勒摩斯,也有说是奥德修斯,把赫克托耳之子阿斯提阿那克斯从特洛伊的高墙上扔下摔死。希腊人还分摊了战利品。据帕萨尼亚斯所说,在阿尔戈斯的宙斯·拉里萨伊俄斯神庙里,有一尊出产自特洛伊的三眼宙斯的雕像:"人们在祭品中发现一尊木制宙斯像,除了和我们一样有两只眼睛外,额头中间还有一只眼睛。据说,这就是拉俄墨冬之子普里阿摩斯的那尊宙斯父神像。普里阿摩斯本来在宫殿的露天庭院里,特洛伊被希腊人侵入时,他到祭坛处避难。这座雕像在希腊人分摊战利品时归卡帕纽斯之子斯忒涅洛斯所有。这就是为什么人们会在这座庙宇中发现它。"

## 悲哀的结局

墨涅拉俄斯杀掉海伦的新丈夫得伊福玻斯后,他找到这个不忠的美人,下定决心杀掉她,但海伦再次俘获了墨涅拉俄斯的心,他便放了她一命。俄琉斯的儿子小埃阿斯追求卡珊德拉,后者跑到雅典娜神庙里避难,小埃阿斯在女神的雕像前羞辱了她。女神对这种亵渎神明的行为视而不见,但小埃阿斯很快因为这一可憎举动而遭到惩罚。埃涅阿斯受母亲阿佛洛狄忒的保护,或因为他的孝顺而受到希腊人的保护,他带着儿子阿斯卡尼乌斯,肩上扛着老父亲安喀塞斯,手里拿着特洛伊的圣物逃走,但他失去了妻子克瑞乌萨。特洛伊,这座饱受折磨的城市,经过劫掠,在火海中荡然无存。

# 返乡

## 冒险就是冒险

特洛伊陷落后,亚该亚众王起航回家,但他们返程之路也几经波折。虽然他们当中有些人在回家路上顺风顺水,但也有许多人冒险重重、颠沛流离、横遭不幸。这些故事片段被称为"返乡",其中《奥德赛》最为著名。

## 神之愤怒

亚该亚将士们不得不承受雅典娜的愤怒,这也许是小埃阿斯对她不敬的后果。战争结束后,涅斯托耳、狄俄墨得斯、墨涅拉俄斯和奥德修斯立即返航,阿伽门农却留了下来,试图安抚女神的怒火。涅斯托耳和狄俄墨得斯航海顺利,最终各自抵达他们的王国皮洛斯和阿尔戈斯,而墨涅拉俄斯和奥德修斯却被风暴卷到了遥远的地方。确切地说,雅典娜的怒火更多是冲着俄琉斯之子小埃阿斯来的:她发动一场风暴,想让他落海淹死,但波塞冬救了他。小埃阿斯得以在一处海岩上避难,他在那里吹嘘自己逃脱了雅典娜的惩罚。女神要求波塞冬惩罚他,海神用他的三叉戟打碎了那块海岩,小埃阿斯终于溺水而亡。

## 瑙普利俄斯的复仇

帕拉墨得斯的父亲瑙普利俄斯一直等待着为儿子报仇。夜里,当希腊人的船靠近埃维厄岛南部的卡菲琉斯角时,瑙普利俄斯在海边点起火,令希腊船队触岩遇难,俄琉斯的儿子小埃阿斯据说就死在那里。根据一些流传的说法,瑙普利俄斯趁亚该亚众王不在时贿赂了他们的妻子,等他们一回到自己的国家,就都被赶下了王位。

## 克吕泰涅斯特拉的复仇

阿伽门农带着卡珊德拉回到迈锡尼后,被克吕泰涅斯特拉和她的情人埃癸斯托斯——堤厄斯忒斯之子杀害。克吕泰涅斯特拉因此为女儿伊菲革涅亚的死报了仇,而埃癸斯托斯则继续对阿特柔斯一族复仇。

## 英雄之死

狄俄墨得斯回到阿尔戈斯后,得知妻子阿吉雷亚与斯忒涅洛斯之子科墨特斯有染,这或是因为在特洛伊被提丢斯之子致伤的阿佛洛狄忒想要借此报仇,又或是因为瑙普利俄斯阴谋收买了阿吉雷亚。狄俄墨得斯险遭谋杀,他躲到赫拉神庙中,从而逃过一劫。之后他跟随几个忠实的同伴再次出海漂泊,最终漂流到了意大利。进入亚得里亚海后,这位英雄试图在阿普利亚安家落户,他创建了几个城市,其中有阿尔皮、萨拉比亚和坎努西姆。但附近地区的国王多努斯却害死了他。狄俄墨得斯的同伴们把他的遗体安置在邻近的岛屿,他们经常在那里哀悼他,以至于被变成了海鸟。从那时起,这些鸟儿每天都会飞来打理英雄的坟墓和庙宇。

波塞冬之怒波及奥德修斯,他的返乡旅途最为漫长和曲折。这幅画展示了奥德修斯在返回故乡伊萨卡前必须要经历的磨难。(镶板蛋彩画,阿波罗尼奥·迪·乔万尼,1435—1445年)

## 在他乡建国

英雄透克洛斯回到萨拉米斯岛时，因为没能保护好同父异母的兄弟大埃阿斯而被父亲忒拉蒙驱逐。之后他在塞浦路斯落脚，在其东海岸建立了一个叫萨拉米斯的城市。忒拉蒙死后，透克洛斯试图返回萨拉米斯岛，他的侄子俄依萨科斯却反对他回来。随后，透克洛斯前往西班牙，在西班牙的某个城市旁安家，这个城市就是后来的卡塔赫纳。

## 别随便发誓

克里特岛国王伊多墨纽斯回到家乡。他的妻子墨达先前接受了瑙普利俄斯的贿赂，并与琉科斯有染，之后琉科斯杀死了墨达以及她和伊多墨纽斯的孩子们。有人说这位国王为了报复，在他回家后挖掉了琉科斯的眼睛；也有人说伊多墨纽斯被驱逐出克里特岛，被迫流亡。根据又一种说法，抵达克里特岛前，伊多墨纽斯被一场风暴所困。他承诺，如果他能幸存下来，就献祭掉他遇到的第一个人。然而，当他到达家乡时，在岸边见到的第一个人是他的一个孩子。伊多墨纽斯于是献祭了自己的骨肉，但这一重罪导致克里特岛暴发了流行病，国王又被迫流亡。他再次出海，最终在意大利的萨兰托落脚。

## 夫妇的流亡

宙斯送来一场风暴，使得墨涅拉俄斯和海伦漂到马莱阿斯角的一侧，然后他们又回到克里特岛，接着经过塞浦路斯和腓尼基，最后到达埃及，滞留在法洛斯岛。得助于海洋老人普罗透斯的女儿埃多泰娅，墨涅拉俄斯迫使这个和海豹一起生活的老人告诉他被滞留此地的原因。得知情况后，墨涅拉俄斯完成了被他忘掉的神明献祭仪式，终于回到斯巴达。在那里，他遇到了寻找父亲奥德修斯的忒勒玛科斯。根据这个传说的其他版本，普罗透斯是一位埃及国王，真正的海伦被安置在他那里，而在特洛伊的是她的替身。也有说墨涅拉俄斯和海伦在卡诺普斯附近受到国王索尼斯的接待，而墨涅拉俄斯杀死了索尼斯，因为他企图侵犯海伦。

## 善良的菲罗克忒忒斯

菲罗克忒忒斯也是顺利返乡的英雄之一，但他随后因内乱被赶出了他的国家墨利波亚，流亡到意大利南部。在克罗托那地区，他建立了佩特利亚和克里米萨两座城市。后来，他为援助想在本地定居的罗德居民，在与来自佩里尼的殖民者作战时牺牲。据说马略卡的居民敬奉他，因为他在那里把赫拉克勒斯的箭献给了阿波罗·阿拉俄斯神庙。

## 建城者

厄帕俄斯也被驱逐出他的家乡，随后落脚在意大利南部。有人说是他建立了麦塔庞顿还有拉加里亚，厄帕俄斯在后者把自己的工具献给了雅典娜。再往北一些的地区，他也被认为是比萨城的建城者。

## 爱情有其合理性

多亏听从赫勒诺斯的预言，涅俄普托勒摩斯选择走陆路，因而躲过了暴风雨。他在伊庇鲁斯安家，之后与墨涅拉俄斯和海伦之女——赫尔弥俄涅成婚，又娶了安德洛玛刻为妾。根据传说的某个版本，赫尔弥俄涅向俄瑞斯忒斯求助，俄瑞斯忒斯便来到德尔斐神庙杀了涅俄普托勒摩斯。后来，赫勒诺斯与安德洛玛刻结婚，统治了伊庇鲁斯一段时期。

克吕泰涅斯特拉死后，俄瑞斯忒斯到德尔斐神庙避难。（双耳尖底瓮，约公元前325年）

# 奥德修斯漂流记：最初的日子

## 荷马的作品

荷马在《奥德赛》中，用 24 卷诗歌叙述了奥德修斯在漫长的特洛伊战争结束后的返乡旅途。他因遭到波塞冬的惩罚，四处漂泊而不能回到故乡伊萨卡，"这个百转千回的人"在所有亚该亚将士中返乡花费的时间最长，他那传奇般的冒险之旅持续十年之久……

## 返乡的希望

攻打特洛伊后，希腊人各自返程回家，除了奥德修斯，他被阿特拉斯之女、宁芙仙女卡吕普索扣留住。雅典娜保护着他，为他的命运担忧，于是告诉父亲这位不幸的英雄实际心怀虔诚。宙斯被她的求情打动，在除波塞冬之外众神的同意下，他下令让聪慧的奥德修斯回乡。赫尔墨斯把这个消息带给卡吕普索，而雅典娜亲自去和伊萨卡王子忒勒玛科斯交涉。为了不被认出，这位蓝灰色眼睛的女神化身为忒勒玛科斯的导师门忒斯，即塔福斯的国王。当雅典娜站在门廊上，忒勒玛科斯走近化身成门忒斯的她，握住她的右手说："你好！我的客人，欢迎你来我们家做客。请先用餐，再告诉我们你有什么需要的。"

## 雅典娜和忒勒玛科斯

奥德修斯之妻珀涅罗珀的求婚者占据了宫殿，完全不顾及她年轻的儿子忒勒玛科斯的悲痛。他以为父亲已经离世，一直思念着父亲。那些想娶珀涅罗珀的人蛮横无理地索要酒、食物和奏乐，而忒勒玛科斯和雅典娜正是以斐弥俄斯的琴声为掩护进行交谈。女神赋予年轻王子希望和勇气，她向王子保证她和他的父亲是旧交。她声称，神一般的奥德修斯还活着，而且很快就会回来。雅典娜建议忒勒玛科斯勒令那些可憎的求婚者各回各家。至于珀涅罗珀，她应当去她父亲那里避难，而忒勒玛科斯应前往皮洛斯找涅斯托耳，再去斯巴达寻找满头金发的墨涅拉俄斯，他们是最后返乡的亚该亚人，最可能有奥德修斯的消息。

年轻的奥德修斯之子忒勒玛科斯在化为导师的雅典娜的指引下，开启了寻父的漫长旅程。(《奥德修斯的回归》插图，安德烈·博纳米，1914 年)

## 珀涅罗珀和求婚者

雅典娜瞬间消失，忒勒玛科斯惊讶地意识到自己遇见了神灵。就在这时，听到宴会歌曲后，心情悲怆的珀涅罗珀离开她的房间，来到那群正在聆听歌曲的求婚者当中。歌曲讲述的是特洛伊英雄们的不幸归程，王后恳请斐弥俄斯把这个令她心碎的故事主题换掉。而忒勒玛科斯明智又坚定地责备他母亲不要干涉，并要求她回到作为女人应做的事情上去。然后，他以一种前所未有的信心宣布，第二天宫殿的大门将对所有来掠夺他的财富和觊觎他父亲王位的人关闭。到了晚上休息时，忒勒玛科斯已经在考虑雅典娜建议的行程路线：他将努力遵循最强女神的明智指示。

## 忒勒玛科斯的旅途

忒勒玛科斯恳求仁慈的雅典娜给予帮助，他背着伊萨卡的求婚者们悄悄起航。当他到达皮洛斯时，涅斯托耳无法给他任何消息，但他委派他的儿子佩西斯特拉托斯协助忒勒玛科斯寻找父亲。他们一起前往斯巴达，墨涅拉俄斯接待了他们，并告诉他们，据普罗透斯所说，奥德修斯被卡吕普索困在了奥古吉埃岛。

# 伟大史诗

## 忒勒玛科斯处境危险

不幸的是,忒勒玛科斯出走的消息很快传开,求婚者们趁机拟订了一个加害这位王储的计划。他们中有 20 人租了艘船,于阿斯特里斯岛的岸边进行伏击,岛屿所在的海峡位于萨墨(凯法利尼亚岛)和伊萨卡之间。这 20 人等候着忒勒玛科斯从斯巴达回来的船经过此处。

## "因为他的命运不是远离亲人,亡命他乡"

散发明亮光芒的信使赫尔墨斯踏上这个处在世界尽头的岛屿,来到宁芙仙女居住的山洞。奥德修斯不在那里,他正在海角哭泣着,日复一日,心中饱受折磨,想念自己的妻儿和家乡。神女卡吕普索立即认出赫尔墨斯,并询问他为何来访。接着,她以待客之道为这位声名在外的信使张罗了一桌丰盛的饭菜。酒足饭饱后,赫尔墨斯告诉她自己前来的原因:宙斯亲自派他来,让她放走被她困住的可怜英雄。"因为他的命运不是远离亲人,亡命他乡。"这位拯救过海难者性命的女神极不情愿地屈服于全能之神的旨意,她本想着赋予奥德修斯永生,让他做自己的丈夫。卡吕普索最终同意放他离开。

## 卡吕普索的牺牲

卡吕普索去找奥德修斯,以她的仁慈做担保,允许他建造一艘能帮他返回家乡的木筏。她给了他一把斧头,告诉他要砍哪些树:最高大、最干枯的树最容易在海浪上漂浮。仙女还为他提供制作船帆的布。心灵手巧的奥德修斯在四天内造好了船,到了第 5 天,他带着许多食物起航。温和的顺风携着这艘临时制造的小船离开。等到第 18 天,听从了智慧的卡吕普索的建议,奥德修斯一直航行在大熊星座的左边。就在他准备按照宙斯的计划,在离家不远的费埃克斯人的王国靠岸时,激起了波塞冬前所未有的怒火。

## 动荡的旅程

尽管其他奥林匹斯神已下令允许奥德修斯返回伊萨卡,海神却誓要再次打压英雄。海浪汹涌,狂风大作,这一切足以掀翻这艘脆弱的木筏。然而,卡德摩斯之女伊诺(她成为海神后又名琉科忒娅)看到可怜的奥德修斯身陷困境,决定帮助他。她变身成一只海鸥,给他送来一块头巾,使他能够躲避地震之神波塞冬的愤怒。他需要做的就是脱去身上的衣衫,抛弃木筏,用这条神之头巾把自己裹住,一直游到岸上。

赫尔墨斯命令仙女卡吕普索放走奥德修斯。(布面油画,19 世纪)

# 为什么奥德修斯要长途跋涉？

## 奥德修斯在费埃克斯

顺着海水漂流三天后，奥德修斯终于上岸到达费埃克斯人的领地，并将那块救命方巾还给琉科忒娅。英雄筋疲力尽，他来到附近的树林，在两棵仿若上天赐予的橄榄树下休息，这两棵树给他充当了安全舒适的床。他将繁茂的枝叶当作宽大保暖的毯子，把自己埋在里面。

## 基科涅斯人和洛托法戈伊人

从伊利昂出发后，奥德修斯到达基科涅斯人的领土。他攻破伊斯马罗斯，基科涅斯人杀死了他的6个同伴。取得第一次胜利后，奥德修斯和他的船员被击溃，被迫逃离此地。因为波塞冬掀起狂风致使他的船只颠簸，他在马勒亚海角漂泊了九天，到了第十天，他们被迫在洛托法戈伊人的领土登陆。这之后，奥德修斯不得不与自己的同伴对战。由于他们吃了洛托斯，当地居民赖以生存的一种水果："一旦他们当中有人品尝到这些味道如蜜一般的水果，那些人就不愿再回来，也不愿和外界保持联系。"尽管如此，借助武力，奥德修斯还是成功带领他的全体船员再次起航。

## 奥德修斯的讲述

奥德修斯被瑙西卡娅和她女伴们的欢笑声惊醒，这些女人在河边洗完衣服后正在消遣娱乐。费埃克斯国王的女儿瑙西卡娅怜悯他，慷慨地给予他关怀。奥德修斯被服侍洗净，更衣，请去用餐。这个拥有神之美貌的"白臂少女"甚至要把他引荐给她慷慨大方的父亲，国王无疑会欢迎他到王宫做客。国王阿尔基诺奥斯邀请奥德修斯赴宴。宴会期间，饱经沧桑的英雄被歌人得摩多科斯的诗歌所打动。歌人伴着琴声，讲述特洛伊木马计帮助亚该亚人夺取胜利的事迹，奥德修斯不禁潸然泪下，引起了人们的注意，于是大家请他讲讲他的冒险经历。奥德修斯答应了国王的请求，并透露了他的身份：他是奥德修斯，莱耳忒斯的儿子，也就是得摩多科斯口中掠夺特洛伊城的奥德修斯。后面讲述的都是奥德修斯的冒险经历。

奥德修斯和阿尔基诺奥斯国王的女儿瑙西卡娅还有陪同她的随从，在费埃克斯人的岛上。（布面油画局部图，让·查尔斯·雷蒙，1830年）

## 奥德修斯的礼物

随后，奥德修斯在"圆眼巨人的领土"停靠，当地一派草木繁茂的景象。一群独眼巨人在此平静地生活，不事耕种，漫山遍野都是山羊、绵羊和肥美的牧场。奥德修斯想知道岛上居民的身份，于是决定考察一番。他和另外12个同伴一起，准备了只羊皮袋作为礼物送给招待他们的主人，里面盛满欧安特斯之子马戎赠予他的美酒。马戎是伊斯马罗斯城的保护神阿波罗的祭司，奥德修斯和他的同伴们曾洗劫了这个城市，保全住马戎及其妻儿的性命。为了对英雄的仁慈表示感谢，他将自己提炼的7塔兰同黄金、1只银缸和12瓮浓郁的甜烧酒赠予奥德修斯。

## 奥德修斯与波吕斐摩斯

奥德修斯和他的同伴们闯进一个满是奶酪、羊羔和小山羊的洞穴。面对这一洞穴丰盛的储粮，同伴们想享用一番就启程离开，但奥德修斯不同意：他想挑战这里的主人，看对方是否会遵循习俗赠予他礼物。于是他们生起火，祭拜神后，开始享用食物。一只怪物突然赶着羊群进入洞穴，把他们吓了一大跳。这头怪物名叫波吕斐摩斯，它体格巨大，外表丑陋，一只不相称的独眼镶嵌在额头处。它以非凡的力量搬起一块巨岩把洞口堵死，然后把洞里的余火拨旺，它发现了这些异乡人的存在。波吕斐摩斯第一反应视他们为入侵者，尽管奥德修斯向它求饶，还提醒它应尽待客之道，但并不畏惧神明的独眼巨人抓住他的两个同伴，像凶猛的野兽般将其吞食。等到这头丑陋的怪物一熟睡，奥德修斯想杀了它，但他和同伴们根本无法挪动堵住洞门的巨岩，奥德修斯必须运用计谋才能逃出这个可恨的地方。黎明时分，怪物又吃掉两个人后，离开了山洞。奥德修斯在同伴的帮助下，用橄榄木削了一根木桩，在火中把木桩的尖端烧硬。他们把这柄武器藏在羊粪下面，等待独眼巨人回来。晚饭时，独眼巨人又吃掉两个人，还贪婪地喝下奥德修斯送给它的酒。波吕斐摩斯问起他的名字，莱耳忒斯之子狡黠地回答道他的名字叫"无人"。因此，当奥德修斯和同谋的四个人将烧红的木桩刺入波吕斐摩斯的眼睛，这个昏昏欲睡的独眼巨人被疼痛惊醒，他痛得直叫"无人"，其他独眼巨人闻声赶来帮忙，得知了它的疼痛无人所致，只能归咎于它自己疯病发作或神的作为，这些巨人自觉无能为力，于是打道回府。

奥德修斯及其同伴们弄瞎波塞冬之子——独眼巨人波吕斐摩斯。（拉哥尼亚黑绘陶杯，诺拉，公元前550年）

## 对神的冒犯

之后，奥德修斯一行人用结实的柳条将自己绑在公羊和绵羊的肚子下，骗过巨人的眼睛回到船上。他们的船只离小岛越来越远，然而声音仍能传到岛上。奥德修斯壮起胆子挑衅那位波塞冬之子："独眼巨人啊，如果有弱小的世人问起你的眼睛怎么被人不光彩地刺瞎，你就说这拜莱耳忒斯之子所赐，就是那个劫掠城池的奥德修斯，他在伊萨卡有华丽的宫殿。"从那天起，为给受到侮辱的儿子复仇，海神一路追杀奥德修斯，拖延了他回程的脚步。

# 奥德修斯漂流记：苦难的日子

### 风神埃俄罗斯的礼物

离开独眼巨人的岛屿后，奥德修斯到达风神埃俄罗斯的领地。这位希波忒斯之子友好地接待了奥德修斯，并诚恳地问询起攻占特洛伊一事，奥德修斯便向他娓娓道来。他照料奥德修斯的同伴，在一行人离开前往伊萨卡时为他们助佑。埃俄罗斯还赠予奥德修斯一些绝妙的礼物，包括一个装有各个风向的狂风的口袋。这些礼物能让奥德修斯顺利回到他日思夜想的家乡。为随时保持正确航向，英雄一直亲自掌舵，不曾休息。直到他望见熟悉的海岸，确定即将到达家乡时，他才允许自己休息一会儿，随后昏昏沉沉地睡去……

### 随风漂流

就在这时，船员内部有人动起歪心思：那个密封的袋子里装了什么？可能是埃俄罗斯的黄金，莫非他们的领袖奥德修斯想据为己有？在贪欲的驱使下，他们解开牢牢捆住神袋的银绳，紧接着各个风向的飓风一股脑儿地往外涌，强劲的狂风又把船推到汪洋大海中！奥德修斯深陷绝望，很快发现他的船队又回到了埃俄罗斯那里。这回，埃俄罗斯不再眷顾这个"幸运之神都憎恶"的人，无论奥德修斯怎样解释和哭诉，风神没有给予他任何帮助，他只好再次起航。

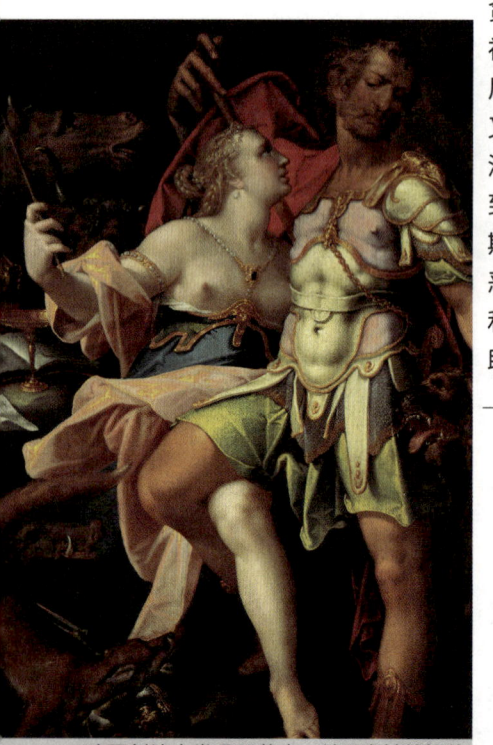

喀耳刻让人类喝下药水，并用魔杖敲打他们，把他们变成动物。这幅画中，奥德修斯请求这位女法师将他的同伴们变回人形。（布面油画，B. 斯普林格，1585 年）

### 第七天

奥德修斯一行人离开埃俄罗斯岛后，在海上漂泊了六天六夜，直到第七天，他们到达莱斯特律戈涅斯人的岛屿。奥德修斯派了三个人前去探路。他们半路遇到一个女巨人，是当地国王的女儿。女巨人向他们指示王宫的位置，残忍的安提帕特斯就在那里等着他们，它"不像个人类，倒像个巨人"。安提帕特斯想吃掉这帮人，它把奥德修斯的一个同伴吞掉后，尖叫着发出警报。臣民们立即赶来，它们无一不是和安提帕特斯同样的巨人！成千上百的莱斯特律戈涅斯人追着奥德修斯一行人到船上，巨人们从悬崖上投掷石块，打碎他们的船。最终，奥德修斯乘坐最后一艘船幸免于难。虽然他保住了性命，但他的大多数同伴都死了，船只也几乎覆没。

### 埃艾艾岛的女巫师

从莱斯特律戈涅斯人的领地逃出后，奥德修斯来到埃艾艾岛，当地住着"拥有一头美丽鬈发"的神女喀耳刻，她是"内心险恶"的埃厄忒斯的姐妹。奥德修斯和剩下的同伴决定在岸上歇脚几天。他打定主意，无论岛上隐藏着什么危险，他都要到处看看。他把船员分成两组，自己负责其中的一组，并任命欧律罗科斯带领另一组。抓阄的结果指定由欧律罗科斯带领的 22 人先去执行侦察任务。这帮人在一个山谷中发现了女法师的宫殿，里面传来她的歌声。为让这块地盘的女主人注意到他们，他们走过去用歌声与她应和。只有欧律罗科斯隐隐感觉有危险，留在了原地。"喀耳刻邀他们进入宫殿，安排他们坐上宝座，然后她把奶酪、大麦粉、新鲜的蜂蜜和普拉姆涅酒混合，再在混合物中加入一些致命的植物。"在他们喝下后，阴险的女法师用魔杖敲打他们，这些人就变成了猪，被她囚禁起来。

## 奥德修斯与喀耳刻

没看见同伴们回来，欧律罗科斯急忙回到船上，通知奥德修斯有危险。莱耳忒斯之子于是决定亲自一探究竟。他前往这座"用磨光的石头建成"的宫殿，在路上，赫尔墨斯伪装成一个青年，告诉他情况，并赠予他一种可以消除喀耳刻魔药作用的草药："这草药根呈黑色，但它的汁液却像奶一样白，诸神称它为摩吕。"赫尔墨斯建议奥德修斯该如何行事，他要装出一副想杀掉女法师的样子，然后答应和她同寝，但要注意，先让她以神明庄严起誓，她保证不会对他有任何非分之想。奥德修斯一切照办，得到了喀耳刻的仰慕和让他同伴恢复人形的药物，几个人变回来后显得更为年轻英俊。喀耳刻真心诚意、体贴友善地款待了奥德修斯。尽管女法师赠送给他们食物和财宝，一行人也在喀耳刻的陪伴下过得很开心，但一年后，奥德修斯和他的同伴们想要起航返乡了。

### 珀耳塞福涅的树林

奥德修斯把出行计划告诉喀耳刻，女法师指点他必须先下到冥界，向预言家提瑞西阿斯请教："他会给你指路，告诉你路程远近，以及如何穿过游鱼丰富的大海，抵达家乡。"英雄听从女法师的建议，和他的同伴们不情愿地起航前往珀耳塞福涅的恐怖之森，这是前往冥界的必经之处。遵照喀耳刻的指示，奥德修斯同底比斯的预言家交谈："你远离这深坑，收回利剑，让我喝下牲血，我会告诉你实话。"不顾波塞冬的愤怒，提瑞西阿斯保证让奥德修斯回到家乡。预言家将前方到来的种种危险都告诉了他，并向他说明应对的办法。得到提瑞西阿斯的点拨后，奥德修斯又立刻回到喀耳刻那里。

### 塞壬的歌声

要回到伊萨卡，船队必须先经过塞壬所在的海域。这群神怪的歌声把人迷得神魂颠倒，却也会杀死想接近她们的人，她们四周的海岸遍布受害者的骨骸……在喀耳刻的建议下，奥德修斯用软蜡把同伴的耳朵都塞住，他自己为了欣赏迷人的歌声没有堵住耳朵，故意将自己牢牢绑在桅杆上。果然，塞壬的歌声动人无比，以至于他疯狂挣扎着要解开束缚。他要求同伴帮他松绑，却徒劳无果，因为他们压根不理会他的要求。整艘船便安然无恙地驶过这片海域。因此，奥德修斯是唯一一个清楚听到塞壬的歌声却没有丧命的凡人。

当船队靠近塞壬们时，为抵制她们歌声的诱惑，奥德修斯命令同伴将他绑在桅杆上，并塞住各自的耳朵。（镶嵌画，沙格镇，200—299 年）

# 返回伊萨卡

## 从卡律布狄斯到斯库拉

奥德修斯不得不从斯库拉面前经过。这只可怕的怪物像狗一样狂吠,它面目狰狞,长有 12 只畸形的脚,6 颗头和 3 排牙齿,盘踞在一个高悬在大海上方的山洞里,靠吞吞鱼类和其他闯进它地盘的海洋生物为食。它能伸长自己的几条脖子去摧毁那些轻率驶来的船只。至于卡律布狄斯则会吞饮海水,一天分三次吐出。它"吞吸海水,大海伴着咆哮被逐渐掏空。波浪四溅,在岩石周围咆哮,大海深处裸露出地表青色的沙砾"。喀耳刻提醒奥德修斯:对应斯库拉的 6 颗头,宁愿失去 6 个同伴,都比失去整个船队要好……于是,奥德修斯选择从西西里海峡通过,险些被可怕的斯库拉覆灭。船员们也经受住了苦难,却残酷地牺牲了 6 名珍贵的同伴。

## 奥德修斯的回归

奥德修斯讲完他的历险经历,整个宫殿的人,包括阿尔基诺奥斯国王都沉浸其中。他们纷纷赠予英雄礼物,随后决定派一艘设备齐全的船只带他回到他的家乡伊萨卡。船员趁着他熟睡时,加快行船速度抵达岸边,以至于他一醒来,惊讶地发现他心爱的家乡就在眼前!到达伊萨卡后,雅典娜让奥德修斯换上一副丑陋的外表,并建议他用这个行乞者的假身份去找他的牧猪人欧迈俄斯,后者会慷慨地接待他。

## 太阳神的牧群

关于太阳神的岛屿,喀耳刻和提瑞西阿斯都曾警告过奥德修斯不要上岛,但筋疲力尽的船员们要求在这个禁忌之岛过夜。奥德修斯答应了,条件是所有人发誓不伤害到赫利俄斯的牧群。每个人都做出承诺后,船队抛锚靠岸。然而,宙斯夜里派诺托斯刮风,导致船只无法航行。船队停滞了一个月,船员们因饥饿备受折磨。奥德修斯前往岛心祈求神明时,欧律罗科斯怂恿他的同伴们去杀了几头牛。奥德修斯回来后,绝望地看到他们烤着圣牛肉,大快朵颐。六日来,他们一直享受着食物。到了第七天,风终于平息,他们再次起航,但宙斯为惩罚他们的不虔诚掀起了暴风雨,结果船只被毁。最终,只有奥德修斯幸存下来,他紧紧抓住船的龙骨,漂流了九天。第十天,他在卡吕普索的岛上搁浅。

## 忒勒玛科斯的回归

雅典娜找到忒勒玛科斯,催促他返程。她让他停止寻找父亲,立刻回家,因为他的母亲需要他。忒勒玛科斯对墨涅拉俄斯表示感谢,并将佩西斯特拉托斯送回涅斯托耳那里。多亏了雅典娜,忒勒玛科斯得以在夜间航行,珀涅罗珀的求婚者的伏击行动也最终失败。他顺利返回伊萨卡并前往欧迈俄斯的住处,然后委托这位牧猪人通知他母亲他已到家。在雅典娜的授意下,忒勒玛科斯和父亲奥德修斯相认。于是,父子两人准备在雅典娜和宙斯的帮助下向可憎的求婚者们进行报复。

奥德修斯伪装成乞丐和珀涅罗珀重逢。(约公元前 450 年)

伟大史诗

## 欧律克勒亚与疤痕

奥德修斯和欧迈俄斯来到皇宫。奥德修斯的忠犬阿尔戈斯认出自己的主人，得以平静地死去。忒勒玛科斯假装把父亲当成乞丐，让奥德修斯向求婚者乞求施舍。安提诺奥斯侮辱了他，真正的流浪汉伊罗斯因为嫉妒和他大打出手。一等求婚者离开，奥德修斯就让忒勒玛科斯拿走厅堂里所有的武器，然后对女仆们进行试探，确认她们是否仍忠于奥德修斯。到了晚上，他与珀涅罗珀交谈，向她保证奥德修斯会回来。他的老乳母欧律克勒亚为他洗脚时，认出了奥德修斯曾经在围猎中被野猪咬伤的伤疤。奥德修斯请求欧律克勒亚为他的身份保密。

## 杀戮求婚者

足智多谋的奥德修斯脱下他的破衣服，向求婚者中最可恨的安提诺奥斯射出他的第一支复仇之箭。众人震惊，试图拿起武器防卫或逃跑，但没能做到。忒勒玛科斯、欧迈俄斯和菲洛提奥斯对这些因饮酒和惊愕而行动不利的人展开杀戮，只有歌人斐弥俄斯和传令官墨得以幸存。给叛徒递武器的仆人墨兰提俄斯遭受酷刑，12名与求婚者厮混的女仆被活活吊死。杀戮过后，奥德修斯点起大火，燃烧硫黄以净化他的屋子……

## 奥德修斯和珀涅罗珀

欧律克勒亚告知女王求婚者都已被杀，奥德修斯已回到家。虽然珀涅罗珀一开始并不相信乳母的话，但她很快就与机智多谋的丈夫相认：眼前这人确实是奥德修斯，只有他知道他们婚床的秘密！求婚者的魂魄都去往冥界，即便在冥界，奥德修斯的勇气和珀涅罗珀的忠诚也备受称赞。这位英雄与他的父亲莱耳忒斯重聚，而宙斯和雅典娜则让那些求婚者的父亲忘记仇恨和复仇。由此，伊萨卡保住了和平。

## 射箭比赛

珀涅罗珀宣布："这是我将向各位求婚者提出的挑战。他们当中谁能轻易拉开奥德修斯的弓，一箭穿过12根柱子，我就跟谁走。我会离开我丈夫的住宅，也就是这座富丽堂皇的宫殿，我甚至会将它的记忆封存在梦中！"求婚者无一成功。自始至终伪装成乞丐的奥德修斯想一试身手。面对安提诺奥斯的嘲讽，在忒勒玛科斯的允许下，欧迈俄斯便把这张在场所有求婚者都拉不弯的弓递给他。狡猾的英雄甚至没从座位上站起来就一发赢得了比赛。同时，和奥德修斯同谋的欧律克勒亚和牧牛人菲洛提奥斯负责关闭厅堂和宅院的门。

奥德修斯的乳母欧律克勒亚认出了他的身份。（布面油画，威廉·布格罗，1848年）

# 埃涅阿斯的传说：漂泊

## 埃涅阿斯之书

维吉尔（公元前 19 年去世）的遗作《埃涅阿斯纪》是一部用拉丁文写就的史诗，普及了有关埃涅阿斯的漂泊、流亡和他在意大利定居的故事。恺撒大帝的家族和罗马人普遍声称他们祖上可追溯至尤卢斯，即维纳斯的孙子、埃涅阿斯的儿子阿斯卡尼乌斯。因此，他们认为自己是希腊神话时代的特洛伊移民的后裔，延续了神的血统。

## 埃涅阿斯，生还者

流传的一些说法已表明，埃涅阿斯在特洛伊沦陷后幸存下来。他和安特诺尔属于为数不多的幸存者，安特诺尔和一些帕夫拉戈尼亚出身的埃涅托伊人共同移民到意大利北部，在那里建立了帕多瓦城。根据维吉尔的版本，特洛伊陷落时，埃涅阿斯在梦中看见赫克托耳的鬼魂，鬼魂鼓动他离开这座城市。英雄一醒来就目睹了特洛伊的毁灭。他在母亲的催促下跑去救他的父亲安喀塞斯，然后背着父亲，牵着儿子阿斯卡尼乌斯，带着特洛伊的圣物——佩纳特斯神像，也有说带着帕拉迪昂神像，离开了这座消亡于火海的城市。逃亡期间，埃涅阿斯与妻子克瑞乌萨走散。克瑞乌萨失去踪迹，但不久后她的鬼魂出现在埃涅阿斯面前，并对他预言，他将在意大利安家落户。

最初流亡时，埃涅阿斯不得不把他的父亲背在身上。但安喀塞斯在他们到达西西里岛时去世，埃涅阿斯在那里为亡父举行了隆重的葬礼。

## 第一阶段：主持公道

特洛伊战争后，逃亡者聚集在伊得山脚下的安坦多斯建造船只，随后他们离开特洛阿德，朝着色雷斯出发。埃涅阿斯的船只正好停靠在普里阿摩斯之子波吕多洛斯被波吕墨斯托耳所害的地方，埃涅阿斯从波吕多洛斯的鬼魂那里得知这一悲剧，并为这个男孩举行了葬礼。

## 第二阶段：种种波折

随后，特洛伊人到达提洛岛。阿波罗在当地传给他们一则模糊的神谕，让他们返回祖先的土地。特洛伊人认为神谕所指之地就是克里特岛，便前往那里，但随后岛上发生了瘟疫。佩纳特斯出现在埃涅阿斯的梦中，向他传达阿波罗的神谕：他要在意大利安家落户。特洛伊人便离开了克里特岛。抵达哈耳庇厄女妖的居住地斯特罗法德斯岛时，这些怪物在一次献祭中对他们进行袭击。女妖塞拉伊诺向特洛伊人做出令人不安的预言：他们最终会抵达归宿之地，但在这之前，他们得把餐桌吃了。

## 第三阶段：警告

特洛伊人再次起航，穿越爱奥尼亚岛，在莱夫卡斯岛停靠。然后他们到达伊庇鲁斯的布特林蒂，在那里意外地和一些同乡人相逢。在涅俄普托勒摩斯死后，安德洛玛刻与预言家赫勒诺斯结婚。赫勒诺斯告诉埃涅阿斯未来前进的路线，并提醒他防范前方到来的危险，让他做好心理准备。之后，特洛伊人离开伊庇鲁斯，到达意大利海岸。他们在雅典娜堡首次登陆意大利，接着再次上路直至西西里。他们在当地遇到一个奥德修斯落单的水手，对方警告他们要小心独眼巨人。他们很快就遭到波吕斐摩斯的攻击，被迫逃离此地。随后，他们抵达特拉帕尼，安喀塞斯就死在那里。

特洛伊王子、战士埃涅阿斯，他是凡人安喀塞斯和爱神维纳斯的儿子。（珐琅画，莱昂纳德·利莫赞，1564 年）

## 埃涅阿斯在迦太基

为父亲举办葬礼后,埃涅阿斯离开了西西里岛。但是,憎恨他的朱诺让埃俄罗斯起风并掀起了一场暴风雨。船队被吹散,埃涅阿斯所在的船只被吹到了非洲。埃涅阿斯抵达迦太基时,正值狄多女王开始建造一座富足的城市。他在朱诺神庙中和她相遇,神庙里饰有描绘特洛伊战争的壁画。特洛伊人受到热情款待,埃涅阿斯向女王讲述了特洛伊最后一夜的情景。维纳斯想保护自己的儿子,便决定点燃狄多对埃涅阿斯的爱欲之火。两人在一次狩猎活动中遭遇了暴风雨,不得不躲进一个山洞中,在那里两人结合在一起。法玛女神到处散播埃涅阿斯与狄多结合一事。朱庇特得知此事后,担心当前的形势,于是派赫尔墨斯去提醒埃涅阿斯,意大利才是他的宿命之地。

到达迦太基后,埃涅阿斯在宫中受到狄多女王的欢迎。之后,由于维纳斯的干预,英雄和女王双双陷入爱河。(布面油画,尼古拉斯·维尔科利,18世纪)

## 狄多的自杀

埃涅阿斯让船队做好准备,并向狄多宣布他要离开。愤怒又绝望的迦太基女王决定了断这一切。她命人准备自焚的火堆,随后用埃涅阿斯的剑自杀。埃涅阿斯离开迦太基时,远远看到狄多火葬的火焰在熊熊燃烧。

## 埃涅阿斯在冥界

埃涅阿斯在坎帕尼亚的库迈登陆后,遇见一位受阿波罗启示的女预言家,赫卡忒让她看管阿维尔努斯的圣林。女预言家向埃涅阿斯传达了一则令人不安的神谕,并答应指引他前往冥界。埃涅阿斯在冥界遇到了帕里努鲁斯,得知这位战友不是溺海而亡,而是被维利亚港附近的土著所杀。之后,埃涅阿斯在灵泊和狄多重逢,但她不想和他说话。埃涅阿斯最后在福林见到了安喀塞斯,父亲把罗马未来的命运和盛世向他一一说明。离开冥界后,英雄在卡耶塔港与特洛伊人会合。

## 返回西西里岛

埃涅阿斯和同伴们返回西西里岛,来到厄律克斯。在那里,他们在安喀塞斯的墓地附近登陆。因为距离安喀塞斯去世已有一年,当地的特洛伊同乡阿刻斯特斯提议举办葬礼运动会。面对父亲的坟墓,埃涅阿斯上前祭奠,这时,一条巨蛇突然出现,品尝了祭品后又回到墓中。之后,众人举办了各种体育竞赛,包括一场划船赛。

## 困难重重

举行赛会时,厌倦了长途跋涉的特洛伊人决定烧毁船只,以防再次出海。埃涅阿斯到达现场时火势旺盛,一场突如其来的暴风雨扑灭了火,特洛伊人只剩下了4艘船。安喀塞斯的亡魂出现在埃涅阿斯面前,鼓励他前往意大利,并让他求得女预言家的帮助,父子好在冥界相见。一部分特洛伊人,包括妇女和老人,跟随阿刻斯特斯在厄律克斯安家落户,其他人则与埃涅阿斯再次出海前往意大利。在横渡海洋时,埃涅阿斯船上的舵手帕里努鲁斯被睡神推下了海,好在埃涅阿斯及时发现了舵手坠海的情况,于是亲自掌舵。

# 埃涅阿斯的传说：意大利

### 抵达拉丁姆

到达泰拉奇纳附近的卡耶塔港时，埃涅阿斯的乳母卡耶塔去世，他把她安葬在那里，然后继续沿岸航行，绕开可怕的喀耳刻所在的埃艾艾岛。特洛伊人最终到达台伯河口，来到劳伦图姆人的领地，稍微在此歇脚。他们吃了一餐，最后还把充当食物托盘的面饼也吃了，尤卢斯便开玩笑说"把餐桌吃了"。就在这时，他们恍然大悟，尤卢斯的戏言正应验了哈耳庇厄女妖塞拉伊诺的预言，他们已抵达归宿之地。

### 遭遇围攻的特洛伊人

就在这时，图尔努斯对特洛伊人的营地进行袭击，企图烧毁他们的船队。然而特洛伊人所造的船取材自伊得山的库柏勒的松树木，朱庇特实现了这位女神的愿望，让这些松树变成仙女的样子。由树变成的神女们赶来告知埃涅阿斯他的营地正处于危险中。面对敌人的包围，特洛伊人决定派尼索斯和欧律阿罗斯夜里冲出敌围，去通知埃涅阿斯营地告急。这对英雄和鲁图利亚人厮杀，随后他们就丧生在拉丁骑士刀下。阿斯卡尼乌斯勇敢地防守遭遇围困的营地。闯入敌营的图尔努斯被特洛伊人紧逼，跳入台伯河才脱险。

### 战争的序幕

拉提努斯是法乌努斯的儿子，拉丁人的名祖。这位老国王向父亲咨询神谕，神谕让他将女儿拉维尼娅嫁给一个异乡人，并从此放弃和鲁图利亚王图尔努斯联姻的想法。见埃涅阿斯一行人登陆，朱诺怒火中烧，便派复仇女神阿莱克托先后煽动拉提努斯之妻阿玛塔王后和阿尔代亚的图尔努斯去攻打特洛伊人。很快，战争的硝烟弥漫到拉丁姆，甚至在整个意大利扩散开来。奥索尼亚的人民奋起反对特洛伊人。图尔努斯召集几个首领，其中有伊特鲁里亚人的国王墨赞提乌斯和其子劳苏斯、英雄凯库鲁斯、哈莱苏斯和墨萨普斯，还有沃尔斯基女王卡弥拉。

### 受保护的英雄

埃涅阿斯去找阿卡迪亚人厄凡德尔请求支援，后者所在的地方就是罗马后来的城址。厄凡德尔答应帮助埃涅阿斯，并派儿子帕拉斯和英雄一起去找阿古拉的伊特鲁里亚人求援，因为这些人与暴君墨赞提乌斯为敌。维纳斯之前让伍尔坎为她疼爱的儿子锻造武器。就在埃涅阿斯前往阿古拉和伊特鲁里亚人的统帅塔尔康谈判结盟的路上，维纳斯把装备交给了他。这套为埃涅阿斯所用的神器套装由一顶头盔、一副甲胄、一柄剑和一面工艺精良的盾牌组成。

埃涅阿斯（中间跪着的人）对战拉丁国王图尔努斯取得决定性胜利。（浮雕，约公元前 100 年）

## 墨赞提乌斯之死

埃涅阿斯带着伊特鲁里亚和阿卡迪亚援军归来,战斗再次开始。厄凡德尔之子帕拉斯杀掉哈莱苏斯,随后被图尔努斯所杀。许多鲁图利亚人死在埃涅阿斯的剑下。朱诺为图尔努斯所处境况担心,便出面干预,让他暂且撤出战场。此时轮到墨赞提乌斯大显身手,他屡立战功,直到和埃涅阿斯交战时负了伤。因为他的儿子劳苏斯赶来支援,墨赞提乌斯才从埃涅阿斯的手中死里逃生。但在劳苏斯被埃涅阿斯杀死后,绝望的墨赞提乌斯又回到战场,最终倒在安喀塞斯之子的攻击下。

## 卡弥拉之死

帕拉斯的遗体被送到厄凡德尔那里。双方阵营分别为阵亡将士举办葬礼。维鲁努斯曾被图尔努斯派往阿普利亚向狄俄墨得斯请求支援,这位使节回来后称,提丢斯之子不愿与特洛伊人交战,并建议图尔努斯和他的敌军媾和。卡弥拉女王率领沃尔斯基骑兵冲向特洛伊人的骑兵部队,她像一个亚马孙女战士般连斩数敌后,还是当场阵亡。然而,杀掉她的阿鲁隆斯没来得及欢呼,女神俄丕斯受狄安娜委托,立即用箭杀死了他。拉丁人此时处于下风。埃涅阿斯正要与图尔努斯交战,黑夜突然降临,双方将士于是被迫分开。

### 罗马的创建

《埃涅阿斯纪》的故事就此戛然而止,但传说的后续我们能从其他资料中获知。埃涅阿斯与拉维尼娅结婚并建立了拉维尼乌姆城。根据某些说法,埃涅阿斯也创建了罗马。在一个流传最广的版本中,埃涅阿斯在努米起亚斯河畔神秘失踪后,由他的儿子尤卢斯继任王位。尤卢斯后来又离乡创建了阿尔巴城。怀有身孕的拉维尼娅出逃,生下西尔维乌斯,他在尤卢斯死后继承了阿尔巴的王位。塞尔维乌斯王朝的祖先可以追溯到努弥托耳,他是瑞亚·西尔维娅的父亲、罗慕路斯和雷穆斯的祖父。努弥托耳被其兄弟阿穆利乌斯篡位,罗慕路斯和雷穆斯又帮助他夺回王权,这对双胞胎随后在他们被抚养长大的地方创建了罗马。

## 最终对决

埃涅阿斯和图尔努斯之间的单独交锋对结束这场战争起着决定性作用,但朱诺的阴谋诡计导致决斗搁浅,混战再次打响。埃涅阿斯大腿受伤,被暂时带离战场,接受医师雅丕克斯的治疗。维纳斯参与救治并协助医师,她去克里特岛取来牛至草,一种有助于把箭镞从埃涅阿斯的伤口中取出,并让他身体得到痊愈的草药。之后,安喀塞斯之子重返战场一心寻找图尔努斯。阿玛塔王后以为图尔努斯已死,选择自杀。埃涅阿斯最终与图尔努斯单独交手,并击垮了图尔努斯,但对是否取其性命而犹豫不决,因为对方主动认了输。但当埃涅阿斯看到图尔努斯身上穿着从年轻又不幸的帕拉斯那里夺来的战利品,他一怒之下就终结了这位鲁图利亚主帅的性命。

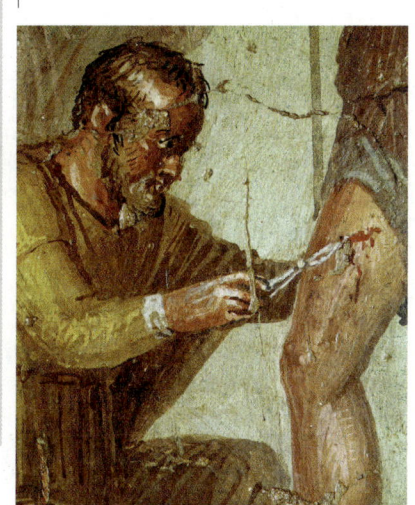

埃涅阿斯大腿受伤,得到雅丕克斯的治疗。(庞贝古城壁画局部图)

# 神话故事的主要文学出处

| | | |
|---|---|---|
| 约前 800 | 荷马 | 《伊利亚特》《奥德赛》 |
| 约前 725 | 赫西俄德 | 《神谱》《工作与时日》 |
| 约前 525—前 456 | 埃斯库罗斯 | 《乞援人》《波斯人》《七将攻忒拜》《被缚的普罗米修斯》《阿伽门农》《奠酒人》《报仇神》 |
| 前 518—前 438 | 品达罗斯 | 《奥林匹亚竞技胜利者颂》《皮托竞技胜利者颂》《涅墨亚竞技胜利者颂》《伊斯特摩斯竞技胜利者颂》 |
| 前 496—前 405 | 索福克勒斯 | 《埃阿斯》《安提戈涅》《俄狄浦斯王》《厄勒克特拉》《菲罗克忒忒斯》《俄狄浦斯在科罗诺斯》 |
| 约前 484—前 420 | 希罗多德 | 《历史》 |
| 前 480—前 406 | 欧里庇得斯 | 《阿尔克提斯》《美狄亚》《希波吕托斯》《赫拉克勒斯的儿女》《安德洛玛刻》《赫卡柏》《疯狂的赫拉克勒斯》《乞援人》《伊翁》《特洛伊妇女》《伊菲革涅亚在陶里斯》《厄勒克特拉》《海伦》《腓尼基妇女》《俄瑞斯忒斯》《伊菲革涅亚在奥利斯》《酒神的女祭司们》《独眼巨人》 |
| 约前 295—前 230 | 罗得岛的阿波罗尼俄斯 | 《阿尔戈英雄纪》 |
| 约 150 | 阿波罗多罗斯 | 《神话全书》 |
| 前 71—前 29 | 维吉尔 | 《牧歌》《农事诗》《埃涅阿斯纪》 |
| 前 59—17 | 李维 | 《罗马史》 |
| 前 43—17 | 奥维德 | 《变形记》《岁时记》 |
| 4—65 | 塞涅卡 | 《疯狂的海格力斯》《特洛伊妇女》《腓尼基妇女》《美狄亚》《淮德拉》《俄狄浦斯》《阿伽门农》《堤厄斯忒斯》《奥塔山上的海格力斯》 |
| 40—96 | 斯塔提乌斯 | 《忒拜伊德》《阿喀琉斯纪》 |
| 约 50—125 | 普鲁塔克 | 《名人传》 |
| 2 世纪末 | 帕萨尼亚斯 | 《希腊道里志》 |

拉鲁斯人文历史大百科

# 音乐史

# 目 录

**前言** ······················ 618

**千年历史** ················ 620
  黑暗的古代时期 ········· 622
  中世纪早期 ············· 624
  哥特时期 ··············· 626
  中世纪 ················· 628
  文艺复兴时期 ··········· 630
  鲁特琴 ················· 632
  器乐的诞生 ············· 634
  小提琴 ················· 636
  繁盛的巴洛克时期 ······· 638
  维也纳古典主义 ········· 640
  绚烂的浪漫主义 ········· 642
  浪漫主义钢琴 ··········· 644
  民族主义音乐 ··········· 646
  标题音乐 ··············· 648
  法国大歌剧 ············· 650
  真实主义 ··············· 652
  调性时代的结束 ········· 654
  20世纪下半叶 ··········· 656
  具体音乐和电声音乐 ····· 658

**作曲家** ·················· 660

  若斯坎·德普雷（约1450—1521年） ········ 662
  克劳迪奥·蒙特威尔第（1567—1643年） ··· 664
  弗朗索瓦·库普兰（1668—1733年） ········ 666
  安东尼奥·维瓦尔第（1678—1741年） ······ 668
  让-菲利普·拉莫（1683—1764年） ········· 670
  约翰·塞巴斯蒂安·巴赫（1685—1750年） ··· 672
  约瑟夫·海顿（1732—1809年） ············ 674
  沃尔夫冈·莫扎特（1756—1791年） ········ 676
  路德维希·范·贝多芬（1770—1827年） ····· 678
  卡尔·马利亚·冯·韦伯（1786—1826年） ··· 680
  焦阿基诺·罗西尼（1792—1868年） ········ 682
  弗朗茨·舒伯特（1797—1828年） ·········· 684
  埃克托尔·柏辽兹（1803—1869年） ········ 686
  弗雷德里克·肖邦（1810—1849年） ········ 688
  罗伯特·舒曼（1810—1856年） ············ 690
  弗朗茨·李斯特（1811—1886年） ·········· 692
  理查德·瓦格纳（1813—1883年） ·········· 694
  居塞比·威尔第（1813—1901年） ·········· 696
  约翰内斯·勃拉姆斯（1833—1897年） ······ 698
  彼得·柴可夫斯基（1840—1893年） ········ 700
  克洛德·德彪西（1862—1918年） ·········· 702
  莫里斯·拉威尔（1875—1937年） ·········· 704
  伊戈尔·斯特拉文斯基（1882—1971年） ···· 706
  埃德加·瓦雷兹（1883—1965年） ·········· 708

## 传奇演奏家 ·············· 710
 20位伟大的管弦乐队指挥 ·············· 712
 20位伟大的钢琴演奏家 ·············· 716
 10位伟大的小提琴演奏家 ·············· 720
 10位伟大的中提琴演奏家和大提琴演奏家 722
 10位伟大的木管乐器演奏家 ·············· 724
 10位伟大的铜管乐器演奏家 ·············· 726
 10位伟大的羽管键琴演奏家、管风琴演奏家和竖琴演奏家 ·············· 728
 10位伟大的女歌唱家 ·············· 730
 10位伟大的男歌唱家 ·············· 732
 10支伟大的管弦乐队和室内乐队 ·············· 734

## 中心地 ·············· 736
 法国和佛兰德乐派 ·············· 738
 维也纳,世界音乐之都 ·············· 740
 巴黎,浪漫主义之都 ·············· 742
 意大利,歌剧王国 ·············· 744
 德国,交响乐人才聚集地 ·············· 746
 法国印象主义音乐 ·············· 748
 北欧音乐 ·············· 750
 民族协奏中的俄罗斯 ·············· 752
 西班牙音乐复兴 ·············· 754
 特别的匈牙利 ·············· 756
 实验室般的美国 ·············· 758
 独特的英国 ·············· 760
 俄罗斯音乐的现代特色 ·············· 762
 边缘化的拉美 ·············· 764
 从达姆施塔特到声学与音乐研究中心,极端的现代特色 ·············· 766

## 体裁与形式 ·············· 768
 尚松 ·············· 770
 奥尔加农,经文歌 ·············· 772
 弥撒曲 ·············· 774
 牧歌,宫廷歌曲,埃尔曲 ·············· 776
 正歌剧,谐歌剧 ·············· 778
 抒情歌剧,芭蕾歌剧 ·············· 780
 众赞歌 ·············· 782
 清唱剧,受难曲,康塔塔 ·············· 784
 前奏曲,托卡塔,赋格曲 ·············· 786
 组曲,三重奏奏鸣曲 ·············· 788
 大协奏曲 ·············· 790
 独奏协奏曲 ·············· 791
 歌剧 ·············· 792
 喜歌剧,歌唱剧 ·············· 794
 序曲,交响诗 ·············· 796
 奏鸣曲 ·············· 798
 交响曲 ·············· 800
 室内乐 ·············· 802
 浪漫的亲密 ·············· 804
 德国艺术歌曲,法国艺术歌曲 ·············· 806
 20世纪的变化 ·············· 808

## 世界的音乐 ·············· 810
 中国音乐 ·············· 812
 越南音乐 ·············· 814
 印度尼西亚音乐 ·············· 816
 菲律宾音乐 ·············· 818
 印度音乐 ·············· 820
 土耳其音乐 ·············· 822
 阿拉伯音乐 ·············· 824
 撒哈拉以南非洲音乐 ·············· 826
 因纽特音乐 ·············· 828

古巴音乐 …………………………… 830
　　拉美音乐 …………………………… 832
　　大洋洲音乐 ………………………… 834

## 爵士乐 …………………………………… 836
　　爵士乐领域的源头 ………………… 838
　　爵士乐领域的交叉时代 …………… 840
　　10位必须提及的美国音乐家 ……… 842
　　爵士乐领域的地理分布 …………… 844
　　欧洲 ………………………………… 846
　　爵士乐领域和法国 ………………… 848
　　爵士乐领域的扩展范围 …………… 850
　　作曲 VS 即兴？ …………………… 852
　　与西方作曲音乐的关系 …………… 854
　　与"世界音乐"的关系 ……………… 856
　　乐器 ………………………………… 858
　　乐队 ………………………………… 860
　　10位爵士乐领域的女演奏家 ……… 862
　　各种状态的人声 …………………… 864
　　舞蹈与爵士乐领域的关系 ………… 866
　　机器与人 …………………………… 868
　　现场演出和录音室 ………………… 870
　　爵士和图像，爵士的形象 ………… 872
　　21世纪：10位非美国音乐家 ……… 874
　　21世纪：10位北美音乐家 ………… 876

## 流行乐 …………………………………… 878
　　它来自那里，它来自蓝调……它来自乡村乐 880
　　摇滚乐之前的流行乐 ……………… 882
　　奠基人 ……………………………… 884
　　世界其他地方 ……………………… 886
　　现代民谣的孩子 …………………… 888

　　黑人力量 …………………………… 890
　　英国摇滚 …………………………… 892
　　美国摇滚 …………………………… 894
　　从乌托邦到工业 …………………… 896
　　音乐剧，永不过时的体裁 ………… 898
　　歌曲内容很沉重 …………………… 900
　　10种受欢迎的乐器 ………………… 902
　　嘻哈 ………………………………… 904
　　刺激神经的摇滚 …………………… 906
　　法国香颂 …………………………… 908
　　职业：作词者 ……………………… 910
　　当摇滚与文学交好 ………………… 912
　　10张改变或差点改变世界的专辑 … 914
　　电影中的音乐 ……………………… 916
　　在流行乐的王国，小并不是美 …… 918

617

# 前言

## ZAP！

没有任何图像和语句能够解释音乐，声音是它唯一的存在形式，因此音乐为研究它的历史学家带来了很多特别的难题，最典型的就是它的传播和保存。我们对史前时期和古代时期的音乐了解多少？是否直到11世纪，记谱法的发明才终于为历史学家提供了可靠的文献资料？

### 发展，全球化

就在几十年前，"古典音乐"这个标签足以指代与那些青史留名的作曲家所创作的严肃音乐有关的一切。如今，一切都改变了，音乐类型之间的隔阂消失不见，取而代之的是融合和交杂。其结果就是，音乐领域迎来了前所未有的活跃期，它的历史也史无前例地难以用一本书概括完。本书"切换原则"的合理性也在于此，它鼓励读者从莫扎特跳到鲍勃·马利，从浪漫交响乐跳到电影音乐，从鲁特琴跳到电吉他，从京剧跳到巴黎音乐剧院等。读者能在本书中找到针对特定主题的不同章节，能从每个细节窥见整体。本书首先呈现了宏大的音乐历史年表，让读者沿着早期的音乐活动的行迹来到现代。音乐是人类活动，所以接下来的两章介绍了重要的作曲家和演奏家，随后的内容是在他们的推动下兴盛发展的音乐中心地，以及他们创作的音乐体裁。几个世纪以来，这些音乐中心地的影响力不断扩大，如今已扩展至全球。最后，读者会了解到在几千年的传统里，世界各地发展起来的丰富多彩的音乐。

## 音乐，表达与颠覆

爵士乐是这庞大的音乐发展浪潮的标志。爵士乐天生反骨，具有颠覆性，它没有沦落到被既有秩序支持者忽略的夹缝之中，更没有沦为"典型的战败者"。"折中主义"和"混合主义"是爵士乐领域的两个关键词，其表现形式的多样化反映了西方音乐分类方式的枷锁。它无意引起徒劳的冲突，或是彻底抛弃严肃音乐所传递的价值观。恰恰相反，读者在有关爵士乐的章节中，会发现两个领域之间存在一个复杂的吸引过程。和其他艺术表现形式一样，爵士乐为人类提供了一种生存方式，一种与不可征服的世界的对抗。爵士乐追求独特性，关注真实性而非现代性，坚持守护记忆而非被迫忘记过去，这些特点解释了为何这种忠实于根源以谋求更多发展的音乐能拥有如今种种吸引人之处。

## 流行乐

与历史告诉我们的截然不同，如今能传递最忠实于时代的回声的，是各种形式的流行乐（一种为了大众，同时也以大众名义而创作的音乐）。在有关流行乐创作的章节中，读者将了解到音乐领域在20世纪发生的巨大变化，它继承了源远流长的传统，并最终迎来了21世纪最具实验性的流行音乐，也涉及了电影音乐、音乐剧等众多音乐类型。这一章包含一些趣味性更强的内容，主题时常出人意料，历史信息丰富，甚至还有些神秘色彩，例如著名音乐家弹奏过的吉他、音乐产业的内幕、不可错过的专辑等。本书始终坚持幽默和轻松的基调，它的首要目标是鼓励读者探索这个无穷无尽的音乐世界，内容上完全不存在精英主义或歧视倾向所带来的可悲障碍。

# 千年历史

关于绘画，最古老的证据可以追溯到三万五千多年前，一些雕塑和建筑的遗迹也拥有几千年历史。音乐则不同，从中世纪早期开始，史料遗失就成为它无法克服的障碍。除了一些被假定为简易乐器的残片，史前音乐没有留下任何蛛丝马迹供我们了解。在古代东方、古埃及、古希腊、古罗马，情况也没有更好，只留存了一些罕见的碎片，专家能否将其复原全凭运气，历史文字和图像也仅能让我们估量音乐在古代社会中的地位。

## 音乐创作的诞生

从中世纪开始，我们才走出黑暗，宗教传统的力量保存了"格里高利圣咏"这份口头遗产，弥撒被尊崇为一种统一的音乐体裁。一千年后，音乐从单声发展到复调，创作音乐的想法促使最早的"作曲家"（雷奥南、佩罗坦）出现，预示着一种以法国南方和北方游吟诗人（trouvère，有时也拼写为 trouveur）为代表的新艺术的诞生。14世纪，纪尧姆·德·马肖成为第一个被后世承认的"天才"。

几个世纪后，包括音乐在内的文艺复兴浪潮席卷欧洲，若斯坎·德普雷成为音乐文艺复兴巅峰的代表人物。尚松在各地流行，例如法国的宫廷歌曲和意大利的牧歌。与此同时，在德国，众赞歌为调式的发展奠定了基础。最后，鲁特琴和管风琴为器乐开辟了道路，使其摆脱了歌唱文本的束缚。

## 西方音乐的巅峰

16世纪的大混乱之后，巴洛克音乐诞生，其统治地位一直持续到18世纪中期。在一些伟大音乐家（蒙特威尔第、吕利、普赛尔）的推动下，歌剧体裁得以确立，并成为巴洛克音乐的重要标志。18世纪上半叶，音乐取得了无比辉煌的发展成就，库普兰、维瓦尔第、拉莫、巴赫、亨德尔、斯卡拉蒂等音乐家为此做出了巨大贡献。然而，在18世纪下半叶，"古典主义"时期的音乐才得以达到完美程度。维也纳是中心城市，海顿和莫扎特是主要推动者，也是令音乐调性获得胜利、德国在音乐领域获得至高地位的先驱。羽管键琴让位于钢琴，弦乐四重奏和交响乐横空出世，贝多芬和舒伯特很快把这两种音乐体裁推向了巅峰。

19世纪，浪漫主义时代开始了。柏辽兹成为现代管弦乐之父，肖邦、舒曼和李斯特创造了一种新的钢琴语言，抒情歌剧在罗西尼、多尼采蒂和贝里尼的影响下取得了关键性的发展。然而，19世纪下半叶也是世界主义向迅猛发展的民族主义过渡（格里格、斯美塔那、德沃夏克）、标题音乐诞生（柏辽兹、李斯特、施特劳斯、圣桑）以及俄罗斯觉醒（格林卡、柴可夫斯基、穆索尔斯基）的时期。在歌剧领域，威尔第成为意大利民族的象征；在德国，瓦格纳从韦伯手中接过火把，确保了德国歌剧的成功。此外，纯音乐（布鲁克纳、勃拉姆斯）占据了一席之地；在法国，古

卡拉瓦乔的《音乐家》，1597年。

诺、比才和马斯奈延续了抒情歌剧的辉煌……

### 声音革命

19世纪末，普契尼作为意大利最后一位歌剧巨匠出现，此时意大利的真实主义（马斯卡尼、莱翁卡瓦洛）比法国的自然主义（夏庞蒂埃）更具创造力，而克洛德·德彪西开启了三个世纪以来影响最深远的声音革命。德彪西深受巴托克、法雅、西贝柳斯、瓦雷兹等音乐家的敬仰，他打破了欧洲传统，拉威尔和斯特拉文斯基则继续了这项使命，其中斯特拉文斯基的《春之祭》被视为音乐现代性的新象征。与此同时，在维也纳，勋伯格和他的学生（韦伯恩、伯格）所使用的十二音体系技法试图确立自己的地位。

第二次世界大战结束后，面对梅西安（布列兹、施托克豪森）和瓦雷兹（泽纳基斯）的影响、杜蒂耶和潘德列茨基的人文主义，以及使用电声弦乐的"具体音乐"（贝勒、亨利），拥有千年历史的音乐呈现出复杂的样貌。未来是否还会有其他音乐形态出现？让我们拭目以待。

# 黑暗的古代时期

## 最早的源自《圣经》的文献

在《圣经》的第一卷《创世记》中，读者会发现一段关于"该隐的后代"的内容。这段奇特的内容是音乐最古老的书面记载："雅八的兄弟名叫犹八，他是一切弹琴吹箫之人的祖师。"亚当的后人（第九代）主要分为三大类：牧羊人、铁匠和乐师。我们可以用现代的概念将他们归入农业、工业和艺术这三大范畴，在整个古代时期，音乐都是连接神与人的各种仪式的基础。

## 过于隐晦的痕迹

古代东方和古埃及几乎不存在严格意义上的音乐史料，即能够被准确破译的乐谱。在古希腊和古罗马地区，虽然有专家在做相关研究工作，但此类文献也很稀少。人们甚至连乐器的性质也难以确定：由于时间流逝，在墓穴中发现的乐器通常都遭到了严重损坏，无法复原。这些障碍常常令音乐学家被迫放弃忠实复原古代声音领域的计划。

## 图像的作用

古代时期留给我们的音乐遗产很少，完全不足以基于此撰写它的历史。幸运的是，花瓶上的绘画、壁画、货币和雕塑对留下的这些信息做出了无比珍贵的诠释，否则这些信息几乎没有使用价值。这些视觉遗产证明了音乐在古代世界有着重要的社会功能，尤其是在节庆宴会、宗教庆典和军事游行之际。正因为有了这些视觉遗产，我们才能了解并把某些音色联系在一起，例如排箫、竖琴和男子声音的组合。

## 古希腊：音乐的神圣特性

在古希腊，演奏音乐具有严肃性，曼提尼亚遗址出土的一块装饰浮雕可以证明这一点：农牧神马西亚斯拿着自己的乐器双管笛（象征着男性生殖器）向阿波罗的竖琴（象征着理性）发起挑战，结果马西亚斯战败，被剥皮处死。此外还有古希腊神话中的传奇人物——诗人奥菲欧。他赞颂人类是自然的主人，却未能成功把爱人尤丽狄西从冥界带回人间，这也表明人类的力量是有限的，无法对抗至高无上的神。在更为久远的时代，基克拉迪文明的竖琴手雕塑和克诺索斯王宫的壁画《仪式队伍》（*Procession*）也都证明了这种深刻的严肃性。

基克拉迪文明的竖琴手雕塑，年代约为公元前2800—前2700年。

## 古罗马：古希腊的遗产

古罗马继承了古希腊的艺术，但在音乐方面并无多少创新。然而，坎帕尼亚（尤其是庞贝）的马赛克画和壁画上的无数图像证明了一种关于音乐魅力的原始理念。例如萨摩斯的迪奥科里斯创作的《巡回乐手》（*Musiciens ambulants*），其中的打击乐器暗示了欢愉的瞬时性，笛子则代表了时间的延续性。号角作为竞技场比赛的伴奏，是最早遭到教会谴责的乐器，在随后的一千年里，其他所有器乐也都遭到过教会批判。

千年历史

描绘宴会场景的内巴蒙墓穴壁画，公元前1350年。

## 所有人类聚集地共有的乐器

虽然在解读古代图像（绘画或雕刻）中的音乐表演时必须谨慎，但我们仍然可以发现，无论是在埃及还是在中东，无论是在希腊还是在罗马帝国，竖琴、齐特拉琴、小号和笛子都是重要的乐器。我们可以提出这样的假设：这些乐器拥有可追溯到史前时期的共同发源地。

## 美索不达米亚，军旗的证明

考古学家在乌尔城的皇家陵墓中不仅发掘出了精美绝伦的弦乐器（竖琴、里拉琴），还发现了展示战争与和平场景的巨型双面乌尔军旗。在旗子上，我们可以看到一位竖琴乐手正在演奏，以及一幅里拉琴装饰图像，它描绘了一头奏乐的驴，旁边的圆柱形封印上呈现的是竖琴乐手和里拉琴乐手。因此，我们可以确定，在古代，宗教、娱乐（尤其是宴会）和战争是使用音乐的三种重要场合，年代更晚一些的亚述巴尼拔浮雕进一步证明了这一点。

## 埃及：音乐，至高的愉悦

阿蒙涅姆赫特墓穴的壁画赞美了音乐带来的愉悦，壁画上的女乐师和女舞者把阴森的仪式变成了庆典。佩戴珠宝的女祭司或赤身裸体，或身穿透明织物，展露出青春肉体的诱惑，她们的肤色是被加深的肉色，这一切主要是为了还原如女祭司的青春和美貌一样稍纵即逝的音乐魅力，而非严肃的丧葬仪式。

623

# 中世纪早期

## 合乎道德的音乐

在中世纪,美因茨主教拉巴努斯·莫鲁斯认为音乐具有道德教化功能,因为"不懂音乐之人才会作恶"。查理大帝在法令中称赞了音乐的教育功能,"每个主教教区和修道院,都要注重诗篇、乐谱、赞歌、年与季的计算及文法等的教学"。

## 凝固在石头中的中世纪音乐

中世纪的画像非常重视"《启示录》中的老者"这个把声音艺术的神圣与庄严相结合的主题。穆瓦萨克的圣皮埃尔修道院(12世纪)大门的半月楣上雕刻有二十四位老者,这三排雕塑彼此独立但又互相依赖,以一种奇特的方式叠加在一起。他们的动作整齐划一,位于中部的基督的姿态却比较随性,这种对比更让人想起当时的复调音乐。这个栩栩如生的场景预示着后来类似的伟大作品,尤其是沙特尔大教堂皇家大门上的音乐雕刻群像。

## 单声音乐,一切的基础

单声音乐遵循一个或多个演唱者一次只同时唱出一个音符的原则,因此它是所有音乐练习和学习的基础。如今参加初级音乐班的儿童仍然要学习齐唱相同的示范旋律,增加一个声部(哪怕只是简单地使用卡农的技法)便意味着难度大幅增加。延续千年的单声音乐开启了欧洲音乐,复调音乐(多声部)出现后,欧洲音乐才进入成熟期。

穆瓦萨克圣皮埃尔修道院大门局部。

## 教会的重要作用

从罗曼风格时期(1000—1150年)开始,欧洲文明才真正围绕基督教义发展起来,教会成为确保权力结构协调一致、减少武装暴力、缓和专横的封建制度、保护最弱势群体的唯一机构,加强了其对当时社会精神和艺术生活的垄断。因此,在罗曼风格建筑诞生的时期,许多艺术和音乐创作也受到教会的影响,这也解释了为何这一时期的音乐(至少是我们所了解的音乐)只存在于宗教领域。

千年历史

## 创造音乐：附加段

从游吟诗人到摇滚乐手，所有音乐家都应该感谢附加段这种既重要又朴素的音乐体裁。10世纪初，在瑞士的圣加尔修道院和利摩日的圣马夏尔修道院中，附加段是一种简单的记忆方法，其做法是在篇幅长且难度高的练声曲上添加歌词。附加段独立并拥有文本和音乐后，成了第一种音乐体裁。

坐着弹奏古提琴的乐师，出自"利摩日圣马夏尔修道院附加段—续唱手抄本"的细密画。

## 玄奥的中世纪音乐

对于不太了解音乐奥秘以及特殊作曲手法的教徒而言，如今保存在巴黎中世纪国家博物馆中的克吕尼修道院"音乐"柱头很可能让他们困惑。这些描绘了八种音调的柱头证明了那个时代人们非常重视音乐素材对塑造心灵的作用。虽然缺少器官学、符号学甚至音乐学方面的背景信息，但以罗曼风格呈现的音乐依旧提醒我们，文化仪式与时代不可分离。音乐让我们得以了解时代。

## 格里高利圣咏

从西罗马帝国灭亡到公元1000年，音乐领域发生了重大变化，从古代传承的无伴奏齐唱乐朝复调音乐转变，与此同时，一套可靠的记谱体系也出现了。教皇格里高利一世是宗教歌曲规范化的关键人物，而直到10世纪，这些宗教歌曲才有了乐谱。一切感官上的愉悦都被视为亵渎宗教，被排除在格里高利圣咏曲目之外，能引发肉欲的器乐也被禁止，因为人们把它与早期基督教徒承受的酷刑联系在了一起。

## 使用数字来创造

数字科学是中世纪音乐和建筑形成统一的重要因素，在音程和建筑图纸设计中找到数字的应用十分有趣，例如2∶1的频率比例关系是八度音，3∶2是五度音，4∶3是四度音等。从此，数字象征体系成为中世纪思想的结构要素，尤其是在艺术领域，音乐家和建筑师都拥有使用数字来创造的能力。

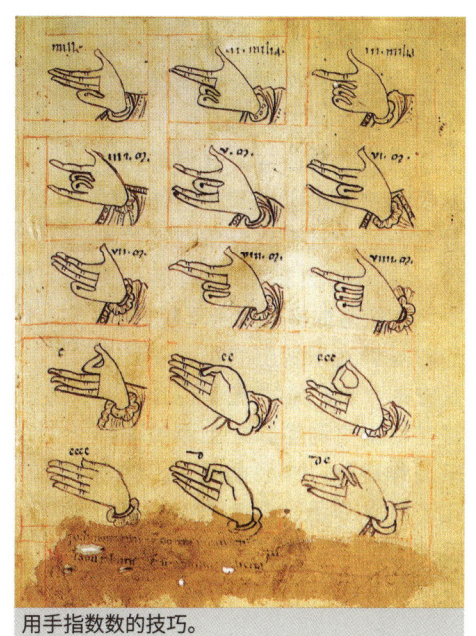

用手指数数的技巧。

625

# 哥特时期

## 复调音乐的出现

1000 年前后，复调音乐诞生了，这是音乐史上最重要的发明。最初，人们在单声部的格里高利圣咏之上增加了第二个平行声部，后来第二个声部逐渐独立，装饰性越来越丰富。佩罗坦创作的《众人皆看到》和《王子端坐》（1199 年）节奏鲜明有力，旋律的创造性令人惊叹，成为复调音乐的巅峰之作。这些作品蕴含了一种可以让人理解永恒的音乐形式，这与它所称颂的上帝理念同时出现，佩罗坦使用四个不同声部完成了这一挑战，在那个时代，这种创作手法的复杂性是无法想象的。

## 佩罗坦，作曲家的先驱

身为雷奥南的学生，佩罗坦凭借自己的创作，极大地促进了作曲家这个在当时音乐史上尚未出现的职业的诞生。这是音乐史上极为重要的里程碑，创作者的灵感开始超越宗教音乐规则的束缚。1200 年到 1230 年前后，佩罗坦在新落成的巴黎圣母院任职，他对复调音乐做出的贡献使其名留史册。他的能力无与伦比，能够在格里高利圣咏之上添加声部来创作旋律，并因此闻名。他创作了许多作品，流传至今的有七首，全都保存在巴黎圣母院的《奥尔加农大全》中。

## 从巴黎圣母院乐派到新艺术

1140 年前后，在哥特艺术时代的早期，已知的第一首三声部奥尔加农出现了，随后，以雷奥南和佩罗坦为代表的巴黎圣母院乐派诞生。从音乐角度来看，这是一个较为复杂的发展过程，并催生了新艺术。"新艺术"这个名字来源于菲利普·德·维特里发表于 1320 年前后的同名论文。将这场新艺术运动发扬光大的，是创作了《圣母弥撒》和经文歌的纪尧姆·德·马肖（约 1300—1377 年）。

## "旅行者"：法国南方与北方的游吟诗人

12 世纪，图卢兹伯国出现了创作抒情诗的游吟诗人，代表人物有普瓦捷的纪尧姆九世以及后来的马卡布鲁、若弗雷·吕德尔、戈塞尔木·费迪、贝特朗·德·博恩、吉劳·里基耶等。一个世纪后，在卢瓦尔河以北地区，内勒的布隆德尔和亚当·德·拉·阿莱等北方游吟诗人开始登上历史舞台。爱情是他们重要的灵感之源，法国音乐家的影响一直传播到意大利和德国。

吉勒姆·德·蒙塔纳格尔，图卢兹的游吟诗人。

千年历史

## 纪尧姆·德·马肖，"天才创作者"的代表

纪尧姆·德·马肖或许是历史上第一个被称为"天才作曲家"的音乐家，他的作品兼具独创性和普遍性。身为诗人和音乐家的纪尧姆·德·马肖在晚年创作了两部杰作：《圣母弥撒》和最早的法语书信体叙事曲《真言集》。他出生在法国兰斯附近，经历了传染病、饥荒、劫掠等各种坎坷，直到死后才享有盛名。他的作品包括叙事曲、回旋曲、莱诗、两韵短诗、经文歌等，但让他永载史册的还是传奇般的《圣母弥撒》。

## 《圣母弥撒》，中世纪音乐的巅峰之作

《圣母弥撒》极有可能是1364年马肖为查理五世的加冕礼所作。它由四个声部构成，包含了弥撒传统的五个部分——《慈悲经》《荣耀经》《信经》《圣哉经》《羔羊颂》，最后以"信众散去"结尾。这部作品动人而庄严，就算无法察觉它作曲手法的精妙之处，细心的听众也能感受到作品中无处不在的静谧与庄严感，以及充满神秘色彩又摄人心魄的回声。

纪尧姆·德·马肖创作的细密画，描绘了一些舞者。

## 纪尧姆·迪费，文艺复兴的先驱

纪尧姆·迪费（约1400—1474年）是当时基督教世界中最著名的音乐家，也是天赋异禀的"新艺术"继承者。纪尧姆·迪费熟练掌握了对位法的精髓，为中世纪时代画上了圆满的句号，同时预示着文艺复兴的到来。迪费在法国康布雷出生并长大，1428年成为教皇唱诗班成员，他也是勃艮第宫廷乐师，后来名扬天下，又回到了康布雷，并于1474年11月27日在当地去世。他在创作的歌曲、弥撒曲和经文歌中所使用的对位法，让各声部获得了自由，他也很注重声部叠加时的美感，尽管这时这种形式还算不上和声。

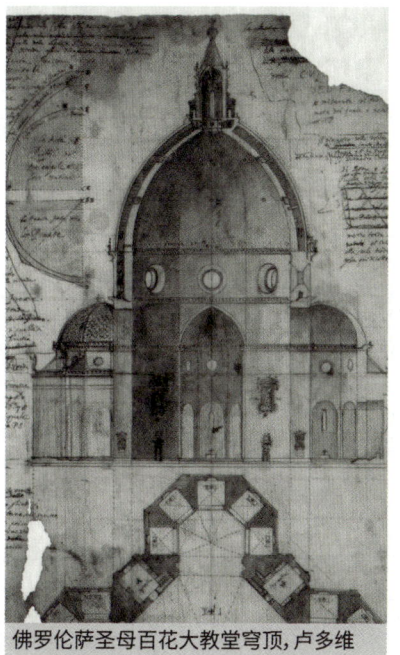

佛罗伦萨圣母百花大教堂穹顶，卢多维科·卡尔迪（又名奇戈利）绘，约1610年。

## 佛罗伦萨圣母百花大教堂穹顶的音乐与建筑

1436年，迪费受邀参加意大利文艺复兴之父菲利波·布鲁内莱斯基设计的佛罗伦萨圣母百花大教堂穹顶的祝圣仪式。为此，他创作了经文歌《玫瑰刚刚盛开》。1436年3月25日，这首经文歌成为教皇亲自主持的仪式的开幕曲，它从开始到最后的"阿门"共有四部分，28个小节，四部分的长度比例为6：4：2：3，与这座建筑的长度比例相同，6是教堂中殿，4是耳堂，2是半圆形后殿，3是穹顶。无论是音乐还是建筑层面，现代性都在这里达到了顶峰。

627

# 中世纪

### 教会的转变

中世纪时期，对民众来说，上帝是首先被侍奉的。没有教会的许可，任何公共活动都不能举办。几个世纪以来，戏剧一直被神职人员排斥，但11世纪初，它突然受到这些神职人员的青睐。毫无疑问，罗马教会高层明白了，把《圣经》搬上舞台只会促进它的传播。因此，在世俗节日和宗教仪式时，大批信众通过"礼拜剧"这种寓教于乐的形式接受教育。

### 《新郎的戏剧》，难以确定的戏剧起始

中世纪戏剧的起始不太容易确定。继《先知剧》中的对话之后，12世纪初问世的非正式礼仪剧《新郎的戏剧》（Sponsus，出自《圣经》中关于十个童贞女的寓言故事）是第一部情节连贯、穿插使用拉丁语和法语的戏剧。也许它只是一段非常古老的"女预言家与先知的对话"的序幕，但它的重要之处在于，音乐是它的构成要素之一。

### 从戏剧到游戏，从奇迹剧到神秘剧

我们有时难以确定歌唱在某些中世纪戏剧中的重要性，但可以确定的是，在中世纪的最后几百年间，音乐越来越重要，尤其是在礼拜剧演出中。这是一种教堂内部的仪式对话问答，本质上是一种更加世俗化的"诗剧"。奇迹剧和神秘剧则在教堂前的广场上演出，奇迹剧讲述的都是圣人的生平故事，最著名的是吕特伯夫的《戴奥菲尔奇迹》（1270年）；神秘剧这种娱乐方式打破了教会空间的限制，散播到城市的广场与大街小巷。

### 乐器

中世纪时，吟游诗人（minstrel）使用戏剧乐器，这些乐器分为"高"和"低"两大类。高乐器用于室外演出，特点是声音高亢，例如小号、鼓、风笛、牛角猎号等；低乐器比较低调，用于室内音乐，例如弓弦乐器维埃尔琴、竖笛、竖琴、吉他等，但它们远称不上古典管弦乐队。

《法国北方日课经》中的一页，描绘了一些演员和乐师。

千年历史

## 亚当·德·拉·阿莱，"阿拉斯的驼背亚当"

1240年前后，亚当出生在阿拉斯。他被家乡的人们视为重要的诗人和音乐家，和其他宫廷唱诗班成员一起过着愉快的生活。为了婚姻，他放弃了教会的职业，后在巴黎大学就读，被人称为"大师"或"艺术家"，与多个国家的宫廷有着密切联系。1282年前后，他离开法国去了意大利，在那不勒斯完成了重要的作品《罗宾和玛丽昂的嬉戏》，1283年到1284年，这部作品在安茹的查理的宫廷上演。根据游吟诗人约翰·马多某版本的《特洛伊传奇》记载，随后不久，1287年时亚当突然离世。

## 《罗宾和玛丽昂的嬉戏》

热尔韦·德·布斯的《福韦尔传奇》插图。

《罗宾和玛丽昂的嬉戏》是一部乡村喜剧，约有七百八十行，语言富有韵味，质朴有力。从一开始（"罗宾爱我，罗宾拥有我／罗宾问我，能否拥有我"），诗句和音乐的轻松与活泼凸显了这出剧的新颖之处。与罗宾和玛丽昂的爱情有关的作品已经有了很多版本，亚当·德·拉·阿莱很可能从这些作品中借鉴了一些内容，但他让这充满魅力的田园恋歌拥有了戏剧上的整体性，这部作品后来也被视为中世纪世俗戏剧的真正开端。

"驼背亚当"的回旋曲，选自《罗宾和玛丽昂的嬉戏》，细密画。

## 道德剧

融合了诗歌、喜剧、音乐、舞蹈等形式的世俗戏剧，从各种民俗、史诗、传奇甚至世俗素材中汲取灵感。因此，后来形成的道德剧的特点是在恣意、欢快的氛围中揭露人类的罪恶和弱点。它的台词既可以由演员讲出来，也可以唱出来，在穿插舞蹈或哑剧时，纯音乐（器乐片段）可以让故事情节暂停。

## 手稿文献的问题

在15世纪印刷术发明之前，中世纪戏剧的音乐只能以匿名手抄本的方式保存下来。亚当·德·拉·阿莱的《罗宾和玛丽昂的嬉戏》有四部手抄本流传至今，分别被保存在普罗旺斯地区艾克斯和阿尔比等地，法国国家图书馆收藏的库存编号为Fr25566的版本最为精美。我们难以根据这样的文献来确定一份没有争议的音乐文本，因为不同的手抄本有着不同的缺陷、错误和其他模糊之处，更不用说抄写者还有可能因为分心或疏忽而出错。

629

# 文艺复兴时期

## 文艺复兴初期的音乐

15世纪，音乐延续了中世纪的复调形式，逐渐落后于视觉艺术的发展，但从16世纪初开始，音乐完全具备了文艺复兴的特征。在那个时代，人们试图让新的审美观念与古代的美学理论共存，建筑师、画家和音乐家共同赞颂摆脱了旧的宗教戒律的人的伟大。以多纳托·布拉曼特（1444—1514年）为代表的建筑领域和以列奥纳多·达·芬奇（1452—1519年）为代表的绘画领域发展到了顶峰，音乐领域也不甘落后，其代表人物是当时的伟大作曲家若斯坎·德普雷（约1450—1521年）。

## 英国的独特之处

英国音乐的一个独特之处在于，它在16世纪和17世纪发展到顶峰后，很快退出了欧洲音乐中心城市之列。这一时期，托马斯·塔利斯（1505—1585年）和威廉·伯德（约1540—1623年）是两位非常重要的作曲家。他们的创作极富表现力和吸引力，而且令人意外的是，这种技巧所包含的前调性观念有助于表达情感，例如激情或痛苦。

## 若斯坎·德普雷，公认的音乐巨匠

若斯坎·德普雷出生在皮卡迪，他热爱旅行，去过罗马、费拉拉、米兰、佛兰德和西班牙。他是教皇唱诗班的乐师，在世时就荣誉满身，对后世影响深刻且持久。他创作了一百多首经文歌、二十多部弥撒曲和六十多首尚松，胜过了同时代的奥布雷赫特、伊萨克、皮埃尔·德·拉吕，甚至还有安东万·德·费温和让·穆东。他的音乐语言中最引人注目的是，对位法技巧在丰富多彩、充满表现力的音乐话语中激发出完美的调和，从而使得真正的前调性观念逐渐确立。

《拉、索、发、来、米弥撒》，若斯坎·德普雷的垂怜经弥撒。

## 法国文艺复兴

16世纪上半叶，克雷芒·雅内坎、克洛德·德·塞米西和皮埃尔·塞尔东的复调尚松通常是描绘性的（例如雅内坎的《马里尼亚诺战役》）。1550年后，复调尚松在克洛德·古迪莫尔、纪尧姆·科斯特莱、尼古拉·德·拉格罗特、克洛德·勒申讷和罗兰·德·拉絮斯的推动下发生了变化。声部数量从四个到八个不等，皮埃尔·德·龙萨成了备受青睐的诗人，音乐话语变得更加复杂，朝着忠实于文本的方向发展。1570年，在诗歌与音乐学院的推动下，这种趋势最终催生了一种著名的法国音乐体裁——宫廷歌曲（air de cour），它在法国的重要性就如同牧歌之于意大利。

## 拉斐尔对音乐的致敬

拉斐尔的画作堪称完美,是文艺复兴的最高成就之一,对音乐场景的处理表现了他在融合视觉信息和声音信息方面的随意自如。在《圣塞西莉亚的狂喜》(1514年)中,群像的对称呼应了圣女匀称的线条,圣女的思想被具象为天空中的合唱团,掉落的管风琴和破碎的乐器象征着对乐器异教特征的谴责。但在位于梵蒂冈的描绘阿波罗和缪斯女神的《帕尔纳索斯山》(1508—1511年)中,拉斐尔把所有人物的目光聚集在了壁画中央的乐器上。

《帕尔纳索斯山》局部,描绘了奏琴的阿波罗,拉斐尔的湿壁画,1511年。

## 德国的变化

在宗教改革的大背景下,德国文艺复兴的主要特点是强烈的宗教情感。然而,与其他国家相比,这一时期的德国音乐似乎有所退步。这是因为德国正在众赞歌的基础上创造一个新的传统,为从约翰·瓦尔特到迈克尔·普雷托里亚斯的调性发展奠定基础。与此同时,男高音歌曲(Tenorlied)这种三或四个声部的世俗歌曲则带有民族色彩。

## 意大利的音乐文艺复兴

16世纪的意大利绘画无可比拟,但这一时期的罗马乐派远未达到巅峰水平,即便在罗马,即便有科斯坦佐·费斯塔的努力,以雅克·阿卡代尔特为代表的法国和佛兰德作曲家仍然走在世界前列。然而,在后来几个世纪里被视为西方宗教音乐之父的乔瓦尼·皮耶路易吉·达·帕莱斯特里纳(1525—1594年),就在罗马这座永恒之城中生活和创作。他是教皇唱诗班的官方乐师,他创作的弥撒曲和经文歌以一种谦卑的态度向过去致敬,并且发展了未来的审美理念。

## 西班牙的神秘

在西班牙,音乐最突出的特点是强烈的神秘主义。除了与维勒莱(virelai)相近的圣诞民歌(villancico),世俗音乐的作品数量比较少,与宗教音乐相比更是显得微不足道。宗教音乐的代表人物有创作弥撒曲和经文歌的克里斯托瓦尔·德·莫拉莱斯(1500—1553年),更有天才作曲家托马斯·路易斯·德·维多利亚(1548—1611年),后者创作了很多宗教音乐,还十分热爱神秘主义的表现手法,只有画家格列柯能与之相比。

# 鲁特琴

### 鲁特琴，16世纪的乐器之王

16世纪，鲁特琴在音乐创作中至关重要，这不仅体现在器乐体裁方面，也表现在对主调音乐大发展的推动上。它与人声相互配合，但又不与其融为一体；既丰富了声音，又不破坏歌词的可理解性。这种拨弦乐器的外观很有辨识度，它的背部隆起，琴颈很短，弦钮箱向后弯成直角，文艺复兴时期没有乐器可与它匹敌。维卫拉琴和吉他在西班牙非常流行，但在其他地区不太受欢迎，尽管它们能演奏的曲目非常丰富。

### 一种脆弱又复杂的乐器

在从复调音乐到伴奏独唱，以及从声乐到器乐的曲折发展过程中，鲁特琴是一种关键乐器。它的结构复杂，几乎全部由木头制成。它的面板是一块狭长的木板，背部由纤细的木条构成，琴颈由轻质木材雕刻而成，指板是深色硬木。音乐家弹奏鲁特琴时，需要用一只手在这块指板上按压羊肠线或金属琴弦，另一只手拨动琴弦。这些琴弦被弦钮箱拉紧，两根或三根为一组，人们称之为"弦组"。

### 源自东方

鲁特琴源自古代波斯，早在古埃及人弹奏鲁特琴之前，它就已经出现了。它如今的名字派生自阿拉伯语的"al'ud"，意思是"木头"。在占领西班牙的几个世纪里，阿拉伯人弹奏这种乐器，在西班牙收复失地运动后，它又传播到了欧洲其他地区，并大受欢迎，但后来它走向了衰落，令人倍感意外，不过欧洲东部地区仍然有人使用。

西克斯图斯·拉乌赫沃尔夫在德国奥格斯堡制作的鲁特琴，1596年前后。

### 阿尔贝·德·里佩

1500年前后，阿尔贝·德·里佩出生在曼托瓦，自1528年开始供职于弗朗索瓦一世的宫廷，他或许是鲁特琴的发展过程中最重要的作曲家。他在世时只发表过三首曲子，但他死后，他的弟子纪尧姆·莫莱印刷出版了他的六卷作品，标题为《琴谱》，体裁包括幻想曲、经文歌、舞曲等。1974年，音乐学家让-米歇尔·瓦卡罗为其制作了现代版本。

### 为宫廷歌曲伴奏……

宫廷歌曲出现在1571年，它由"都市歌声"（或vaudeville，也就是轻歌舞剧）发展而来，歌唱的是骑士的爱情或风流韵事。从17世纪下半叶开始，这种高雅体裁被新的戏剧热潮抢了风头。四声部或五声部的宫廷歌曲通常只有一位歌手负责上方声部，鲁特琴负责伴奏，它可以添加一段前奏和一段间奏，也就是每个唱段之前重复的简短音乐动机。很快，人们就直接用琴谱为鲁特琴创作下方声部，琴谱就是一套标记手指在琴颈上的位置的体系。

## 通奏低音

在文艺复兴晚期，最重要的音乐创新是"通奏低音"原则。这是一种全新的伴奏方式，它在旋律中用一个简单的低音声部，取代了所有声部处于同等地位的复调织体。低音声部的音符上方写有数字，标明用复调乐器为旋律伴奏的和弦的性质和布局。鲁特琴是这种伴奏方式的理想乐器，但它很快就被羽管键琴取代了。

## 意大利油画中的鲁特琴

卡拉瓦乔的《鲁特琴乐手》在呈现音乐的魅力方面，依靠的主要是乐手的面部表情，而非画中的乐器。同样，在《青年音乐会》的群像中，他对鲁特琴的处理有利于开辟画面空间。而在同时代的奥拉齐奥·真蒂莱斯基创作的广受欢迎的《鲁特琴女乐手》中，年轻女子和她纵情弹奏的乐器之间仿佛飘动着撩人的和弦，在观众的视觉享受与演奏音乐的纯粹身体享受之间形成了一种谨慎的类比。

奥拉齐奥·真蒂莱斯基的《鲁特琴女乐手》，约1612—1620年。

## 如今的鲁特琴

对鲁特琴而言，19世纪非常残酷。这种乐器与浪漫主义和印象主义的风潮背道而驰，于是彻底从音乐厅中消失了。直到20世纪，在伟大的音乐学家雅克·夏伊勒之后，一些优秀的作曲家才让它重新焕发光彩。如今，鲁特琴的音色吸引了罗恩·麦克法兰和约瑟夫·范·维塞姆这样的"声音猎手"，不过他们更多地将其视为一种声音实验的工具，而非弹奏和弦与旋律的乐器。

# 器乐的诞生

卡纳莱托，《从圣维奥看大运河》，18世纪。

## 器乐地位的上升与纯音乐的诞生

长期以来，因异教特征而遭到教会排斥的器乐只是人声的配角。虽然16世纪时，意大利和法国的鲁特琴、德国的管风琴和英国的维吉纳琴已经成为许多专著的研究对象，但翻天覆地的改变发生在17世纪。巴洛克艺术的解放催生了组曲和奏鸣曲这两种新的音乐体裁，它们让纯粹的器乐获得了真正的独立。因此，17世纪器乐地位的上升是历史发展的必然结果。

## 意大利的关键作用

在17世纪和18世纪的意大利，如果说亚历山德罗·斯卡拉蒂的故乡那不勒斯依然是欧洲歌剧之都，那么在器乐领域，维瓦尔第所生活的威尼斯也有着相似的地位，阿尔坎格罗·科雷利则确保了博洛尼亚和罗马的地位。在米兰，在乔瓦尼·巴蒂斯塔·萨马蒂尼的推动下，交响乐这种大型器乐体裁诞生了。它凭借一种新的美学理念，摆脱了管弦乐队奏鸣曲的地位，它逐渐抛弃了协奏风格，重视小提琴的最高声部，器乐组的类型多样且均衡。

## 科雷利，从奏鸣曲到大协奏曲

在器乐的历史上，阿尔坎格罗·科雷利（1653—1713年）的地位至关重要。一方面，他发明了现代小提琴的技巧与风格（下一节中会提到）；另一方面，除了奏鸣曲，他还创立了大协奏曲，极大提升了器乐的地位。他过世后出版的《作品第六号》成为大协奏曲的典范。他的作曲手法兼具横向与纵向思维，旋律朴素，这两大特征在约翰·塞巴斯蒂安·巴赫的《勃兰登堡协奏曲》（1721年）中也有所体现。

## 欧洲范围内的影响力

意大利器乐派之所以重要,一方面在于其贡献的多样性,另一方面则在于其遍布欧洲的影响力。例如,大协奏曲在欧洲大陆的传播机制与歌剧或奏鸣曲完全一样。意大利器乐派依靠的是外国音乐家对意大利风格的拥护,以及从马德里到圣彼得堡、从伦敦到维也纳的欧洲宫廷中数量众多的意大利音乐家。

## 曼海姆,未来的实验室

在德国,崇尚法国文化的选帝侯卡尔·西奥多组建了曼海姆管弦乐队。在约翰·斯塔米茨(1717—1757年)最初的领导下,这支乐队推动了管弦乐队演奏的发展。当地作曲家(斯塔米茨、里赫特、卡纳比希、霍尔茨鲍尔)吸取了意大利器乐的经验,确定了交响乐的整体结构,尤其是保证了三到四个连续乐章几乎不再改变,所有器乐组的地位都提升了,音色的选择也不再随机。

## 约翰·巴哈贝尔在德国

约翰·巴哈贝尔曾不幸被人们遗忘,但最近几十年来,他因为《卡农》这部经典作品获得了超高的人气。巴赫非常欣赏这位作曲家的作品。巴哈贝尔在维也纳当过管风琴师,但最终在埃尔福特获得了作曲家和即兴演奏家的美名。他创作了一百多首赋格曲、众赞歌、三重奏奏鸣曲、托卡塔曲和夏康舞曲,为当时器乐的发展做出了重要贡献。

## 多梅尼科·斯卡拉蒂,现代键盘的预示者

多梅尼科·斯卡拉蒂(1685—1757年)是伟大的羽管键琴大师、宫廷和教会乐师,他还创作过歌剧,但让他闻名遐迩的主要是五百五十五部古钢琴奏鸣曲,这是19世纪大获成功的键盘音乐发展历程中的重要里程碑。他在某些片段中使用重音,这直接预示着钢琴音乐风格的诞生,虽然此时还为时尚早。

多梅尼科·斯卡拉蒂肖像画,多明戈·安东尼奥·维拉斯科绘,约1738年。

## 巴哈贝尔的《卡农》

巴哈贝尔的《卡农》创作于1677年,由三把小提琴和通奏低音编制而成,三个多世纪以来,它广为流传,甚至成为17世纪器乐的典范。这个片段虽听起来简单,但它的基础却是重复二十八次的无变化通奏低音。通奏低音之上是一个四小节多变的主题,简单的旋律先降后升,三把小提琴拉奏每段两小节的旋律。虽然这部作品的魅力很难解释清楚,但无论在它的旋律还是和弦中,听众都能感受到调性音乐的萌芽。

# 小提琴

## 悠久的传统

除去那些天马行空的假设，如今公认的看法是，小提琴诞生在16世纪初的伦巴第。但它的起源要久远得多，甚至可以追溯到史前时期由弯曲的树枝和绷紧的绳子组成的弓。在中世纪时期，它有"近亲"维埃尔琴（Vielle）和列贝克琴（Rebec），以及后来的臂上式里拉琴（Lira da Braccio）。小提琴借鉴了里拉琴的主要特点，并做了许多改进。

安德烈·阿玛蒂在意大利制造的小提琴，约1560年。

## 小提琴的构造

描述小提琴的构成再简单不过了。它分为三部分：共鸣箱，用来放大琴弦颤动发出的声音；琴颈，乐手通过手指按压和运弓来制造音符；琴弦，共有四根，每两根相邻的弦之间的音程都相差五度（sol、re、la、mi）。琴弓是一根两端内侧系着一束拉紧的马尾毛的木棍，共鸣箱上的"S"形音孔能将运弓时发出的声音传播出去。小提琴的琴身不是很长（59厘米），组装时对精准度的要求极高。

## 伟大的制琴师

虽然布雷西亚和克雷莫纳这两个城市为第一把小提琴的起源争论不休，但最负盛名的弦乐器制造者安东尼奥·吉亚科莫·斯特拉迪瓦里（1644—1737年）的出生地是克雷莫纳。他制造了几百把乐器，其中有许多人们至今仍在使用，而且被拍卖出天价。还有一些制琴师也获得了国际声誉，例如克雷莫纳的制琴世家阿玛蒂和瓜尔内里家族。此后，再想找到如此高水平的制琴师就必须等到19世纪，例如法国的维尧姆和吕波。

## 科雷利的传奇作品《作品第五号》

阿尔坎格罗·科雷利的《作品第五号》出版于1700年，包括六首教堂奏鸣曲和六首室内奏鸣曲，这些乐曲使用的是小提琴和通奏低音，由四个或五个单一主题乐章组成。这部创新性十足的作品确定了新生的调性理念，创立了既精湛又自然的现代小提琴风格，最终构建了奏鸣曲的框架。这独具天赋的创新推动了音乐发展，并一直持续到20世纪。在意大利本土，阿尔比诺尼、塔尔蒂尼、马切洛、卡尔达拉、杰米尼亚尼、维瓦尔第等所有重要的作曲家都从中受益匪浅。

## 帕格尼尼，魔法师与先知

尼克罗·帕格尼尼（1782—1840年）被视为有史以来最伟大的小提琴家，他彻底改变了小提琴的技术，而且以一种堪称"魔鬼化身"的技术征服了听众。以李斯特为首的浪漫主义钢琴大师在他的影响下，学到了前所未有的方法，精湛的技艺成为声乐创作的一个构成因素。除了著名的《二十四首随想曲》，他还创作了五首协奏曲、许多二重奏奏鸣曲和室内练习曲，以及其他即兴片段。

## 维瓦尔第和小提琴协奏曲

安东尼奥·维瓦尔第（1678—1741年）是科雷利的继承者，也是独奏协奏曲大师。吕利早在《缪斯》（1666年）中就预感到独奏协奏曲的诞生，朱塞佩·托雷利则是独奏协奏曲的创始人，代表作是《作品第八号》中的最后六首作品。维瓦尔第的小提琴协奏曲具有举世无双的价值，迸发的创造力、明晰的旋律和从戏剧中获得的表现力弥补了其形式上的不足。画家卡纳莱托（他的同胞）与他相似，如果没有以非凡的手法完美呈现出威尼斯的光线，这位画家笔下的威尼斯风景或许会单调许多。

尼克罗·帕格尼尼的肖像画，佚名。

## 协奏曲的巅峰

我们在下文中会介绍小提琴协奏曲的起源和历史。许多作曲家选择这种体裁，一方面是为了突出小提琴独一无二的音色，另一方面是为了表达对时代的敏锐观察。维瓦尔第创作了大约二百三十五首小提琴协奏曲，此后，除了帕格尼尼做出的贡献，还有几位重要的音乐大师也涉足了这一领域，其中自然包括在1775年创作了五首协奏曲的莫扎特，还有贝多芬（1806年的协奏曲）、柴可夫斯基（1878年的协奏曲），以及勃拉姆斯（1878年的协奏曲）。

## 小提琴协奏曲《纪念一位天使》

小提琴协奏曲《纪念一位天使》是阿尔班·贝尔格完成的最后一部作品，它通过小提琴娓娓道出玛农·格罗皮乌斯的悲剧：幸福的童年、身患疾病和早逝。这部作品集音乐知识之大成，令人惊叹。它综合了调性和十二音体系（充满了g小调的"泛调性"），展示了小提琴以复杂的方式来诠释情感的能力。

# 繁盛的巴洛克时期

## "巴洛克音乐"是否存在？

许多运动（从哥特艺术到野兽派）都是由它们的反对者命名的，因此我们可以想想，为什么源自视觉艺术的"巴洛克"一词，会被用来形容一个以新生的歌剧和通奏低音为标志的音乐时代（1600—1750年）？与此同时，我们还需要注意，巴洛克绘画并非紧随文艺复兴之后出现，两者之间还有矫饰主义。巴洛克绘画之后也并非古典主义绘画，严格来讲，二者处于同一时期，而"巴洛克音乐"和"古典主义音乐"之间有18世纪中期这条分界线。

## 巴洛克早期的才子亨利·普赛尔

虽然英国并不是最早的音乐强国之一，但天赋异禀的英国人亨利·普赛尔（1659—1695年）通过《狄多与埃涅阿斯》（1689年）和《亚瑟王》（1691年）中令人心碎的语言，预示了未来将出现歌唱人类命运之必然性的浪漫主义歌剧。意大利的牧歌和法国的宫廷歌曲在浪漫主义歌剧的诞生中扮演了重要角色，英国的埃尔曲同样发挥了关键作用。普赛尔本人在《三重奏奏鸣曲》的序言中也承认了这些欧洲音乐体裁的相互影响，他表示，他在创作时"综合了各种风格"。

## 巴洛克式的音乐描绘

对音乐的描绘吸引了这一时期的画家，尤其在荷兰和佛兰德地区。例如，加布里埃尔·梅特苏（1629—1667年）试图在《作曲的女子》中重现作曲的思考过程，巴斯勒莫斯·范·德·赫斯特则在《女音乐家》中直接表现了乐器带来的欢愉。然而，类似题材的杰作当扬·维米尔（1632—1675年）的《坐在维金纳琴旁的年轻女子》，画中人物沉浸在仙境般的美妙氛围中。此外，老勃鲁盖尔的《听觉》也展现了这种与音乐相关的寓意，并且运用了能让人联想到声音的各种要素。

菲利普·基诺和让-巴蒂斯特·吕利创作的抒情歌剧《阿尔米德》（1761年）重新上演时，"仇恨"一角的戏服。

## 法国巴洛克风格的特点

继让-巴蒂斯特·吕利之后，对戏剧表演而非声乐的偏好让芭蕾歌剧和宗教歌剧蓬勃发展。此外，悲剧题材的歌剧取得了很大发展，例如马克·安托万·夏庞蒂埃在1693年创作的《美狄亚》。与此同时，经文歌和清唱剧发生了变化，它们从注重表现力而非戏剧性的"表演风格"中受益匪浅，这种风格以声音的形象化和丰富的器乐为基础。米歇尔-理查德·德拉兰德的经文歌和夏庞蒂埃的清唱剧因此成为高雅神秘音乐的典范。

## 圣灵音乐会，前所未有的机构

1725年，"圣灵音乐会"的创建让巴黎公众欣赏到了库普兰、康普拉、拉莫、科雷利、维瓦尔第、亨德尔、泰勒曼的作品。这个独一无二的机构接纳一切新的事物，邀请最负盛名的演奏高手，传播最新的作品，普及最新的形式，例如路易-加布里埃尔·吉耶曼的《六部意大利交响曲》（1740年）。

## 灿烂的巴洛克晚期

18世纪上半叶对音乐领域来说是一个很难得的时期。就在巴洛克艺术即将被古典主义的浪潮吞没时，音乐创作的丰富程度达到了巅峰。这一方面得益于一些巨匠的推动（库普兰、维瓦尔第、拉莫、约翰·塞巴斯蒂安·巴赫、亨德尔、多梅尼科·斯卡拉蒂），另一方面是由于照亮旧大陆的折中主义，就连最偏远的地区也不例外（施楚洛夫斯基在1740年创作了第一部波兰交响乐）。

## 法国与意大利的对抗

法国与意大利的对抗主要发生在理论领域，意大利的支持者弗朗索瓦·拉格内在1702年出版了《意大利人和法国人的对比》，捍卫民族传统的勒赛尔·德·拉维耶维尔在1740年出版了《意大利音乐和法国音乐的比较》。弗朗索瓦·库普兰（1668—1733年）则试图融合两种风格，例如向科雷利致敬的《风尚汇聚》、赞美吕利天赋的《吕利颂》。最后，"喜歌剧之战"标志着两国之间的对抗达到白热化，但它们都在这场对抗中有所收获，法国胜在自然的风格，意大利则赢在典雅的气质。

## 传统与变化之间

在德国北部，作曲家和管风琴家（从布克斯特胡德到巴赫）抵挡了法国和意大利的双重影响，他们将赋格曲和康塔塔发展到了顶峰。与此同时，清唱剧大师亨德尔则在英国跻身民族音乐家之列。在法国，除了库普兰和拉莫的重大贡献，克里斯托夫·维利巴尔德·格鲁克（1714—1787年）也实行了史无前例的抒情歌剧改革。一个新的时代开始了。

老勃鲁盖尔的《听觉》，约1618年。

# 维也纳古典主义

贝多芬在维也纳大学的礼堂向约瑟夫·海顿鞠躬的铜版画,1808年3月27日。

### 从巴赫到贝多芬

调性的完善和德国音乐的统治地位为18世纪下半叶这一时期打上了深刻烙印。钢琴取代羽管键琴,通奏低音迅速消失,这是这个欧洲音乐新时代的主要特点。在所有的教科书中,从约翰·塞巴斯蒂安·巴赫去世(1750年)到莫扎特去世(1791年)的大约四十年时间都被贴上了"维也纳古典主义"的标签,这是一个方便且合理的称呼。但奇怪的是,这个时期并没有多少伟大的作曲家。除了海顿和莫扎特,我们还可以看到格鲁克在抒情歌剧领域辛勤耕耘,而年轻的贝多芬直到19世纪初才大放光彩。

### 维也纳,新的音乐之都

文学和视觉艺术在18世纪的法国迸发出别样的光彩,但音乐领域却是另一番景象。在音乐创作领域,一直徘徊在二线的维也纳突然发出耀眼的光芒,这座奥地利城市迅速成为世界音乐之都。奇怪的是,它却不太认可最负盛名的莫扎特,并且表现出狭隘的保守主义,其他许多创作者也深受其苦。

### 海顿的审美转变

约瑟夫·海顿(1732—1809年)的古典主义体现在素材和语言的变化上:旋律单位的重要概念,即构成简单旋律的音符序列,改变了主题理念。从此这一主题在他的作品中变得无处不在,甚至存在于听众无法察觉的声部中。作为受灵感支配的原始要素,它决定了作品的命运,它的变化与作曲家的能力所决定的处理方式有关。交响乐和弦乐四重奏在海顿的作品中,实现了从萌芽状态到完善的转变。

## 歌剧的变化

18世纪下半叶，克里斯托夫·维利巴尔德·格鲁克仍然是歌剧革新的支持者。他在波希米亚、布拉格和维也纳接受教育，对意大利歌剧了如指掌。在巴黎，他用法语实现了一系列改革：三幕结构、序曲与戏剧情节相关联、剧本的连贯性和趣味性、角色的人性化、减少装饰、用更加灵活的宣叙调让叙述更加自然等。他的职业信条可以用一句话来概括："声部、乐器，所有的声音都应为表达这一个目的服务。"

## 歌唱剧的典范

1766年，约翰·亚当·希勒把《魔鬼出笼》改编成了歌剧，自那以后，一种新的德国民族的小歌剧体裁逐渐形成。1782年，莫扎特创作的《后宫诱逃》使这一体裁臻于完美，幽默、感性和大众化的副歌唱段完美融合在这部歌剧中。歌唱剧与喜歌剧非常相似，它也借用了异国情调，鼓励音乐家创造快乐的音色效果，尤其是在"具有土耳其色彩"的作品中。

莫扎特的《后宫诱逃》邀请卡，1782年。

## 维也纳，新的交响乐中心

交响乐的诞生在很大程度上归功于意大利人、法国人和德国人，但它在维也纳实现了飞速发展。继一些被人们彻底遗忘的作曲家（瓦根赛尔、蒙恩）之后，海顿、莫扎特和贝多芬让奥地利的首都维也纳成了名副其实、无可比拟的交响乐人才培养地。尤其是海顿，这位在音乐方面集欧洲之大成者创作了一百多部交响曲，并在这个过程中不断发展成熟。

千年历史

## 古典主义暂时的平衡

虽然"古典主义"这个词被滥用了，但欧洲音乐的古典主义时期其实很短暂，它像是在巨大的压力下达到的一个平衡时刻，这些压力产生于成熟的调性语言的稳定意志与新生的浪漫主义萌芽之间。它以一种连贯又不常见的方式，呈现出过渡、尾声和开放的三重特征。因此，弦乐四重奏和交响乐得以产生和发展，但许多巴洛克时期的音乐体裁则消失了。18世纪末，一个新阶段开始了，贝多芬成为当仁不让的主角。

## 欢乐的回声

18世纪下半叶，娱乐性音乐发展到了巅峰，莫扎特是这一体裁无可争议的王者。小夜曲在特定场合演出，能满足节庆仪式的需求；卡萨欣（cassation）专门用于室外演奏，多使用管乐器。这两种音乐体裁能传递一个已经逝去的时代最欢乐的回声，自由、幻想和轻快是它们的关键词。

# 绚烂的浪漫主义

弗朗茨·李斯特在维也纳宫廷弹奏钢琴。

## 音乐与社会

浪漫主义在很大程度上是对启蒙时代的确定性的回应。浪漫主义者拒绝将自己视为广阔世界中的一个小小齿轮，而认为自己是一个神秘又特别的宇宙的中心。他们通过创作来诠释快乐与痛苦、希望与愤怒，而他们的自我也在这个过程中得以确立。浪漫主义时代标志着器乐的胜利，柏辽兹在1830年创作了《幻想交响曲》，创造了现代管弦乐队；肖邦、舒曼和李斯特将钢琴曲的成就推向巅峰。

## 民间音乐与浪漫主义

浪漫主义赞颂了民间音乐素材之丰富，狂想曲最能演绎出这种素材的特性。在19世纪前几十年间，狂想曲的命运与蓬勃发展的民族主义直接相关。狂想曲从民间汲取营养，要么直接借用，要么模仿，它是所有音乐形式中最自由的一种。李斯特通过他著名的钢琴曲推广了狂想曲这种体裁，继他之后，狂想曲几乎总是交由管弦乐队演奏，这是展现高超器乐技巧的绝佳机会。

## 标题音乐的时代

标题音乐是典型的浪漫主义音乐，它不是一种严格意义上的体裁，但是在它的鼓舞下诞生的作品有一种独特的气质，让人无法把它视为一种简单的审美理念。虽然人们通常把埃克托尔·柏辽兹的《幻想交响曲》视为它诞生的标志，虽然它的黄金时期是19世纪，但从约翰·塞巴斯蒂安·巴赫的《送兄远行随想曲》到维瓦尔第的《春》，再到贝多芬的《田园交响曲》和海顿的《告别》，这些作品中都有标题音乐的先兆。

## 音符与色彩

浪漫主义作曲家时常考量他们的"描绘"能力，试图在听众脑中勾勒画面。在《艾斯特山庄的喷泉》中，李斯特利用大七和弦琶音的声音效果，让人联想到溪流，他还用重复的高音符来模仿水滴下落的声音。令人好奇的是，我们在油画《艾斯特山庄的花园》中观察到的正相反。画家柯罗使用的是视觉记忆，比起重现仙境般的自然风景，他更想重新发现景色的细腻之处，然后用纯粹的绘画手段将其诠释出来。

## 歌唱死者的世界

安魂曲是献给死者的弥撒，是一种非常古老的体裁，它在浪漫主义时期成为重要的宗教音乐形式。莫扎特在1791年让安魂曲大获成功，但它的巅峰时期在19世纪。在柏辽兹、舒曼、威尔第和勃拉姆斯等持不可知论或不那么虔信宗教的作曲家的杰作中，它甚至成了神秘浪漫主义的声音表现形式。柏辽兹在《末日经》中营造的空间感，至今仍保留着惊人的戏剧效果。

## 音色的地位上升

浪漫主义音乐特别重视乐器音色，埃克托尔·柏辽兹很早就成了这方面的领军人物，他在1844年出版了《配器法》，这部著作直到20世纪都具有重要参考价值。对管弦乐队而言，演奏的重点不再是美化声音，而是表达激情，在经验的基础上发挥本能。无论对瓦格纳还是对俄罗斯乐派和捷克乐派而言，这都是重要的经验。

根据约瑟夫·卡耶坦的素描雕刻的版画，描绘的是1846年埃克托尔·柏辽兹指挥的一场音乐会。

## 从世界主义到民族主义

继浪漫主义早期典型的世界主义之后，19世纪中期的音乐界受到迅猛发展的民族主义的影响，尤其是在那些之前在音乐方面贡献不突出的国家。在歌剧和交响诗领域，继波兰的肖邦和匈牙利的李斯特之后，挪威的格里格、俄罗斯的柴可夫斯基和穆索尔斯基、捷克的斯美塔那和德沃夏克，还有芬兰的西贝柳斯，他们的作品中都有鲜明的地域色彩，这些地域色彩往往源自民间音乐。

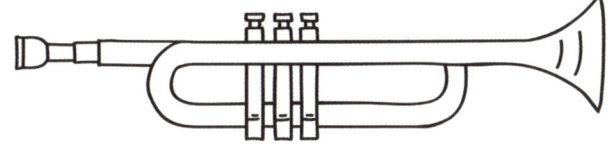

## 艺术歌曲的低调贡献

法国艺术歌曲无意与更能传达浪漫主义精髓的德国艺术歌曲媲美，它的主要特点在于能以细腻而明确的方式来表达它承载的情感。法国艺术歌曲最大的成就是创作于1834年到1841年的声乐套曲《夏夜》。这部作品由泰奥菲尔·戈蒂耶作词，埃克托尔·柏辽兹作曲，用于声乐和钢琴伴奏。1856年，柏辽兹将其改编为由管弦乐队伴奏的作品。

# 浪漫主义钢琴

### 独一无二的地位

大多数作曲家都把钢琴作为音乐创作的实验用具,这种乐器在音乐史上拥有独一无二的地位。早在1698年,意大利人克里斯托福里就制造出了"能表现声音强弱的羽管键琴":演奏时不再需要拨动琴弦,而是用音锤敲击琴弦,擒纵原理让制振器离开被敲击的琴弦。这种新乐器拥有史无前例的丰富表现力。

### 信仰之举

"如今,钢琴就是我,是我的语言,是我的生命:它悄悄保存了我年轻时最热情的岁月里我大脑中涌动的一切,我所有的渴望、理想、欢乐和痛苦都在那里。它的琴弦因为我的激情而颤动,它那温顺的琴键服从我的一切随心所欲!"在堪称预言家的演奏者李斯特之后,没有人能更好地表达浪漫主义钢琴的重要性。

### 短暂又低调的即兴曲

即兴曲的影响非常短暂,但这一时期恰逢钢琴出现。与其他音乐体裁相比,它更适合抒发一时之间的心境,唤起一段记忆,表达一种情感。即兴曲的成功只能归功于它精致、典雅的格调,所以舒伯特、肖邦和福雷能取得成功并不奇怪,在情感和力量之间,这三位作曲家始终选择前者。

### 制造商和音乐家

在法国,伊格纳茨·普莱耶尔在1807年创建了自己的公司,塞巴斯蒂安·埃拉尔在1821年发明了"双擒纵击弦机",这个装置让键盘实现了前所未有的敲击速度。这两人都非常明智地选择了当时最重要的音乐家来推广他们的乐器:肖邦弹奏普莱耶尔钢琴,李斯特弹奏埃拉尔钢琴,这两位音乐家彻底更新了他们的表演曲目:练习曲、叙事曲、谐谑曲、即兴曲、安魂曲等。

### 夜曲,浪漫主义时期的优雅

和宫廷时代的娱乐性音乐中的小夜曲不同,钢琴夜曲是浪漫主义时期的优雅。它的首创者是爱尔兰人约翰·菲尔德,1832年,这位作曲家创作的一系列钢琴夜曲受到巴黎民众的热烈欢迎。菲尔德的夜曲如同用乐器呈现出的辞藻华丽的意大利抒情诗,李斯特和福雷也做出了很大贡献,但肖邦才是这种体裁的王者。肖邦的特点是在即兴的氛围中,传达诗意的力量。

巴尔托洛梅奥·克里斯托福里在意大利制造的早期钢琴,1720年。

## 高超技巧

在音乐方面，各种技艺正是在浪漫主义时期发展到了极致，代表人物帕格尼尼如同魔术师一般，掌握了用小提琴彻底征服听众的秘诀，但演奏技巧在纯音乐方面的功能仍不明确。李斯特在21岁时写道："自我这个怪物，只能成为一个孤独而忧伤的神灵。"1838年，在巴黎上流社交场合与塔尔伯格"斗琴"获得胜利后，他苦涩地抱怨："我是否无可挽回地沦为了经常去沙龙的逗乐艺人？"这表明，在这位有史以来最伟大的钢琴家看来，仅凭手指速度并不能让一个音乐家成为名家。

1878年的油画《音乐厅》描绘了画家米哈伊·穆卡西斯的客厅，弗朗茨·李斯特经常在这里演奏。

## 前所未有的练习曲成就

练习曲在19世纪30年代取得了惊人发展，它在本质上是一种浪漫主义体裁，与演奏技巧的发展有关，并受到钢琴制造商塞巴斯蒂安·埃拉尔发明的双擒纵击弦机的推动。因此，舒曼、肖邦和李斯特在不断创作的同时，还努力精进自己的乐器技巧。1832年，李斯特创作了《钟声大幻想曲》向帕格尼尼致敬。舒曼的《交响练习曲》作品13与肖邦的《练习曲集》作品10和作品25开创了钢琴演奏的新时代。

## 谐谑曲，钢琴的"任性"

"谐谑曲"（scherzo）在意大利语中的意思是"玩笑"或"任性"。直到19世纪初，谐谑曲才成为一种音乐体裁。它在小步舞曲的基础上发展而来，但抛弃了小步舞曲的优雅风格，取而代之的是属于浪漫主义的奔放与活跃。舒伯特、门德尔松、舒曼、李斯特、勃拉姆斯都创作了许多优秀作品，肖邦的四部谐谑曲是其中最成功的杰作，其结构和语言都非常有创新性。

## 叙事曲，浪漫主义钢琴曲的标志

钢琴叙事曲是一种非常自由的形式，类似于只使用一种乐器的缩编版管弦交响诗。叙事曲经常用表现力十足的调式来展开两个主题，它阐述的是相当模糊，甚至没有明确指出的"标题"。因此，这种音乐体裁的巅峰，即肖邦的四部叙事曲，只是以间接方式展现了文学元素（"立陶宛英雄""花季少女"）。

645

# 民族主义音乐

## 民族主义的气息

19世纪,欧洲民族国家迎来了打破外来枷锁、赢得独立的时刻。在意大利,在首相加富尔的带领下,意大利王国逐渐形成;在德国,威廉一世于1871年加冕,德意志帝国成立;在匈牙利,漫长的独立斗争于1867年结束,奥地利被迫接受建立奥匈帝国的方案。西班牙、俄罗斯、捷克斯洛伐克等国都参与了这场运动。在音乐方面,新的歌剧是这场运动的最佳隐喻。

## 爱国主义登场

对于赞颂民族主义的愿望来说,现有的键盘乐器能创作的作品范围似乎太过狭窄。因此作曲家把目光转向舞台,歌剧能传达具有颠覆性的信息,即便使用的是当地语言。歌剧的形式多种多样,它可以表达具体的反抗(例如威尔第的《拿布果》中著名的《飞吧,思想》,就被视为对奥地利占领者的挑战),也可以从民族传统中汲取营养,例如瓦格纳、穆索尔斯基、斯美塔那的作品。这种体裁本身甚至可以成为一种爱国主义宣言:法国大歌剧就是在反抗意大利传统和瓦格纳改革的背景下出现的。

## "民族歌剧"《自由射手》

1821年,卡尔·马利亚·冯·韦伯创作了《自由射手》,这部作品很快就被视为德国民族歌剧诞生的标志,有时这一点甚至掩盖了它卓尔不群的音乐品质。韦伯在伦敦去世十八年后,在理查德·瓦格纳的要求下,装着作曲家遗体的棺木被送回了德累斯顿,受到了民众的热烈欢迎。用瓦格纳的话来说,这位伟大的德国作曲家应该在德国的土地上长眠。瓦格纳在韦伯墓地旁的讲话清楚地表明了这一观点:"没有音乐家比你更能代表德国!"

## 俄罗斯的觉醒

19世纪初,俄罗斯的贵族阶层只邀请意大利、法国和德国的音乐家为其服务。随着米哈伊尔·伊万诺维奇·格林卡登上舞台,一切都改变了,他的两部歌剧成为俄罗斯乐派真正的开端,一部是根据俄罗斯英雄伊凡·苏萨宁的传奇故事改编的《伊凡·苏萨宁》(又名《为沙皇献身》,1836年),另一部是根据普希金作品改编的《鲁斯兰与柳德米拉》(1842年)。

《柳德米拉的婚约》:鲍里斯·比林斯基为这部在巴黎上演的俄罗斯歌剧所作的宣传画,1930年。

## 肖邦的爱国主义

虽然弗雷德里克·肖邦的父亲是法国人,他短暂一生中的大部分时间也是在法国度过的,但他对祖国波兰的热爱从未改变,这份热爱一直持续到生命的最后时刻。因此,肖邦的音乐常常具有反抗色彩。舒曼所言不虚,他在肖邦的作品里听到了"藏在鲜花里的大炮"。因此,在沙皇统治波兰和后来纳粹占领波兰期间,肖邦的音乐被禁也就不令人奇怪了。

《哈林达尔的风景》,挪威画家约翰·克里斯蒂安·达尔的画作,1844年。

## 被误解的西贝柳斯

让·西贝柳斯(1865—1957年)因交响诗篇《芬兰颂》、七部交响曲、小提琴协奏曲而闻名,但奇怪的是,他只是因为让芬兰进入了音乐大国之列,就被赋予了"芬兰民族音乐家"的声名。然而,人们或许很难在他那动情且充满深沉美感的音乐中找到一丝爱国主义甚至地方主义的痕迹。这位芬兰作曲家敬仰德彪西和德国音乐大师,从未从芬兰民俗中选取素材来歌唱对祖国的爱。

## 格里格和挪威大自然

虽然挪威人爱德华·格里格(1843—1907年)年轻时在德国莱比锡音乐学院学习,但他始终把大自然作为自己的灵感之源,尤其是在他的杰作《培尔·金特组曲》和另外一些抒情歌曲中。他曾说:"我经常聆听大自然的歌唱,我想在全世界的音乐厅里让人们闻到挪威松林的芳香。"此外,这位伟大作曲家的音乐试图还原的不仅是大自然的视觉美,还有它在气味方面的魅力,这与波德莱尔的主张不谋而合:"香味、颜色和声音在交相呼应。"

## 《我的祖国》

如同格林卡之于俄罗斯音乐,贝德里赫·斯美塔那(1824—1884年)也被视为捷克音乐的奠基人,但他与格里格和西贝柳斯这样杰出的后浪漫主义时期音乐民族主义的代表人物有区别。他之所以被视为奠基人,或许是因为他把六首交响乐套曲命名为《我的祖国》,其中包括《伏尔塔瓦河》,它因构思新颖而闻名。这些优点让他的钢琴曲、四重奏曲(包括著名的《我的一生》)、歌剧《被出卖的新娘》、合唱曲和艺术歌曲大放光彩。

# 标题音乐

## 百年实践

在长时间的酝酿后,标题音乐在浪漫主义时期发展到巅峰。如今它依然存在,但成就不如以前。但在20世纪,经常有人将其付诸实践,例如法国作曲家保罗·杜卡(1865—1935年),他创作了著名的《魔法师的学徒》(1897年);还有他的英国后辈乔治·本杰明(生于1960年),他的作品包括令人震惊的《曙光》(1982年),这部作品试图用声音来诠释画家透纳的杰作《诺勒姆城堡,日出》给人带来的感受。

## 在13世纪已经存在……

英国卡农曲《夏天来临》大约可追溯到13世纪中期,它不仅是一个古老的对位法实例,也是最早诠释不受宗教、战争和节庆限制的标题的作品。匿名作者通过欢乐的旋律和交错的六声部复调,让人们联想到夏季的美妙。

## 宽泛的自由度

标题音乐与无标题音乐(也称绝对音乐)不同,它的诠释以器乐为主,为各种体裁的音乐提供了营养,例如钢琴奏鸣曲(贝多芬的《告别》)、小提琴协奏曲(贝尔格的《纪念一位天使》)、协奏交响曲(柏辽兹的《哈罗德在意大利》)、钢琴前奏曲(德彪西的《沉没的大教堂》)、弦乐四重奏(梅西安的《末日四重奏》)。标题音乐没有真正确定的形式和体系,它的主要特点是大胆明快,还有耀眼的器乐色彩、摆脱规则束缚的作曲手法,以及刻意模拟自然声响的效果。

## 三位巨匠的相遇

19世纪初,受尽折磨的波兰贵族马捷帕的传奇故事造就了画家西奥多·杰利柯、诗人雨果和作曲家李斯特这三位天才的相遇:杰利柯在1820年创作了一幅奇特又灰暗的画,雨果在1828年写了一首史诗,李斯特谱写了两段钢琴曲(1840年和1851年),他以雨果的诗歌为词创作了一首交响诗,并以这句诗作为结尾:"最终结局来临……他奔跑,飞翔,摔倒在地,站起来的就是国王!"

西奥多·杰利柯的石版画《马捷帕》,1823年。

## 柏辽兹的关键介入

柏辽兹《幻想交响曲》的最后一个乐章有一个颇能引发联想的名字：女巫安息日夜会之梦。主人公的幻觉画面就像戈雅描绘的噩梦，表现手法堪称前所未有。一个奇特的和弦激起了群魔乱舞的叫喊，丧钟阴森的回声之后是《末日经》主题那庄严又可怕的开篇。柏辽兹在这名副其实的音乐素材迸发之中完成了他的标题音乐作品。

弗朗西斯科·德·戈雅的《女巫安息日》，保存在马德里的"聋人之家"。

## 理查·施特劳斯的贡献

在理查·施特劳斯（1864—1949年）的作品中，"标题"几乎是管弦乐审美理念的一个构成要素。的确，交响诗让这位作曲家声名大噪，尤其是他谱写的《唐璜》《死与变容》《蒂尔的恶作剧》《查拉图斯特拉如是说》《堂吉诃德》《英雄生涯》。然而需要注意的是，他创作的许多"纯管弦乐"中也有音乐之外的背景特征，例如《家庭交响曲》《阿尔卑斯交响曲》，以及为钢琴和管弦乐队创作的杰作《滑稽曲》。

## 标题音乐和诗歌

1874年，圣桑创作了《骷髅之舞》，该作品的灵感来自亨利·卡扎利斯的一首描写死者在撒旦的控制下跳舞到黎明的诗歌："咕咕，咕咕，咕咕，这是死亡的旋律/用它的脚跟敲打着墓碑/死神在深夜里弹奏着舞曲的调子/咕咕，咕咕，咕咕，用上它的小提琴/寒风呼叫，天已黑掉/椴树也发出萧萧声/白色的骷髅骨经过那些阴沉的地方/披着的裹尸布都在东奔西跳/咕咕，咕咕，咕咕，每个人都在欢跃蹦跳/舞步者的骨头发出互相撞击的声响/……/唏！突然之间，大家都离开了这个舞圈/他们争先恐后地走开，原来鸡啼了。"真是古怪阴森！

德国作曲家和管弦乐队指挥理查·施特劳斯。

## 《列宁格勒交响曲》

肖斯塔科维奇的《第七交响曲》又名《列宁格勒交响曲》，它用震撼人心的音符描绘了纳粹军队从1941年开始围困列宁格勒的残酷情景。这首作品需要大量乐手参与，共有四个篇章，前两个篇章展现了突袭之残酷，后两个篇章歌唱了世界在面临战争的疯狂蹂躏时的脆弱。在最后一个乐章的最后几小节中，管弦乐队才演奏出噩梦的终结。

# 法国大歌剧

## 一条狭窄但有效的道路

19世纪，法国歌剧有两大对手，一个是宿敌意大利，另一个是新敌德国。自从韦伯创作出了连柏辽兹都致以敬意的《自由射手》，德国的威胁越发明显。从理查德·瓦格纳开始，德国的威胁更加不可忽视。在这种情况下，法国歌剧必须做出回应。它采取了两种方式：首先是从各个方面开发"法式"大歌剧，其次是强调抒情剧的戏剧特征。这两个措施立刻恢复了法国歌剧的国际影响力，甚至连讨厌法国的威尔第和瓦格纳都来到巴黎寻求认可。

## 《犹太女》，昙花一现的成功

弗罗芒塔尔·阿莱维（1799—1862年）创作于1835年的《犹太女》是"法式"大歌剧大获成功但后继无人的典型案例。这部出色的歌剧在巴黎上演了几百次，获得了巨大成功，还被选为1875年巴黎歌剧院的开幕曲目，它在五幕剧中展现了当时的审美偏好：复杂的戏剧结构、豪华的布景、阔绰的排场、精彩的芭蕾舞等。然而，从1934年开始，经过长时间的衰落，它从巴黎舞台上消失了，2007年时巴黎歌剧院重排该剧，但未获成功，这表明后人对它的态度是拒绝的。

## 贾科莫·梅耶贝尔

即便已经去世一个半世纪，梅耶贝尔（1791—1864年）依旧让人好奇。在他生活的时代，他的声誉如日中天，他的作品演出次数远超莫扎特、威尔第和瓦格纳，如今他却被人们遗忘。在世时，他仅凭《恶魔罗勃》（1831年）、《法国新教徒》（1836年）和《先知》（1849年）这三部法国大歌剧的典范之作就获得盛名，实在让人震惊。在那个民族主义逐渐形成的时代，他的"戏剧世界主义"被舒曼和瓦格纳羞辱，但他得到了李斯特和柏辽兹的支持。他也非常钦佩柏辽兹，佩服他在普遍不看好的情况下创作出了《特洛伊人在迦太基》。

## 法国大歌剧

艾蒂安·尼古拉·梅于尔（1763—1817年）于1799年创作了《阿廖丹特》，路易吉·凯鲁比尼（1760—1842年）因《美狄亚》（1797年）而扬名国际，在二位长时间的铺垫后，丹尼尔·奥伯的《波尔蒂契的哑女》（1828年）标志着法国大歌剧正式诞生，这部歌剧当年在巴黎上演了一百多次。后来这种体裁在贾科莫·梅耶贝尔（年轻时创作过歌唱剧和意大利歌剧）和弗罗芒塔尔·阿莱维的作品中得到了充分发展。这一体裁拥有丰富的和弦、激情的旋律和耀眼的管弦乐队，它们共同服务于融合了庄严与幻想的在五幕中展开的剧情。

欧仁·西塞里的石版画，描绘了作曲家阿莱维《犹太女》的第一幕。

## 抒情歌剧，时代的镜子

在19世纪下半叶的法国，抒情歌剧颇受重视。它从大歌剧、喜歌剧等多种体裁中汲取营养，在内容方面逐渐从传说故事向现实主义寓言发展。"严肃剧种"和"喜剧"之间的一切现实界限被打破后，"半性格歌剧"得到发展并广受欢迎。夏尔·古诺是这一体裁最重要的代表人物，他尤其推崇一种歌唱性的朗诵调，后来的儒勒·马斯奈（1842—1912年）让这种唱调变得更加灵活。

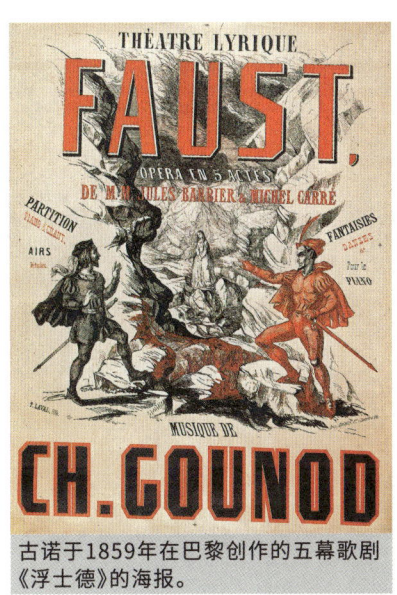

古诺于1859年在巴黎创作的五幕歌剧《浮士德》的海报。

## 被误解的夏尔·古诺

古诺是世界歌剧领域的重要人物，《浮士德》（1859年）、《米雷耶》（1864年）、《罗密欧与朱丽叶》（1867年）这三部作品让他名留史册。然而，在他的名字可以与威尔第和瓦格纳相提并论的时代，他为何被视为某种朗诵方式的捍卫者？毕竟极为严谨的和声和旋律创作是他的语言特色。

## 传奇歌剧《浮士德》

《浮士德》在1859年3月19日首演，立刻为夏尔·古诺带来了辉煌的荣誉。这部作品的剧本由儒勒·巴比耶和米歇尔·卡雷根据歌德的不朽传奇《浮士德》改编，它一直是歌剧演出曲目之一，定期在世界各地上演。古诺创造的渴求神秘真理、屈服于最蛊惑人心的激情的浮士德博士始终令人着迷，但与比才创造的《卡门》相比，或许还略逊一筹。

## 英年早逝的艺术家

36岁去世的乔治·比才（1838—1875年）未能像居塞比·威尔第和理查德·瓦格纳那样圆满完成伟大艺术家的使命。但杰作《卡门》依旧让他成为抒情歌剧领域最受欢迎、作品最常上演的创作者，因为这个热情似火、不顾道德约束的波希米亚女人的命运，超越了为这个19世纪抒情故事提供素材的历史现实。它的力量如同神话，是高于个人自由、反对一切形式的异化的颂歌。

喜歌剧《卡门》的石印油画，贝尔塔雷利收藏，米兰。

# 真实主义

## 一种源自文学的表现形式

在19世纪下半叶积极寻求新的民族认同的意大利,对歌剧艺术的命运产生重要影响的两场运动在本质上都源自文学而非音乐:斯卡皮利亚杜拉运动(字面意思为"散乱",引申义为"波希米亚式的")的代表人物是作家马可·普拉加和阿里戈·博伊托,真实主义潮流的代表人物是路易吉·卡普阿纳和乔万尼·维尔加。因此,真实主义首先是一场文学运动。

贾科莫·普契尼的肖像。

## 四部歌剧中的真实主义

实际上,比起上述四位知名的真实主义作曲家,真实主义的传奇更多地是由以下这四部作品造就的:皮耶特罗·马斯卡尼(1863—1945年)的《乡村骑士》(1890年)、鲁杰罗·莱翁卡瓦洛(1857—1919年)的《丑角》(1892年)、翁贝托·焦尔达诺(1867—1948年)的《安德烈·谢尼埃》(1896年)、弗朗切斯科·奇莱亚(1866—1950年)的《阿德里安娜·莱科芙露尔》(1902年)。这四部作品在戏剧和音乐层面都获得了无可争议的成功,它们在一个世纪里不断取得的成功就是证明。

## 在真实主义的边缘

虽然贾科莫·普契尼(1858—1924年)最伟大的作品(《曼侬·莱斯科》《波希米亚人》《托斯卡》《蝴蝶夫人》《三联剧》《图兰朵》)始终歌唱人类情感的复杂性,描绘劳苦大众的悲惨境遇,但这位出生在托斯卡纳的大师并非真实主义运动的主要人物。一些水平参差不齐的作曲家都受到瓦格纳的影响,例如仅有阴郁且哀婉的《瓦利》成为歌剧保留曲目的阿尔弗雷多·卡塔拉尼(1854—1893年)和安东尼奥·斯马雷利亚(1854—1929年),但他们都不算是真实主义的代表人物。

## 戏剧性优先

真实主义作曲家更加重视戏剧性,因此该流派的主要特点自然也与戏剧而非音乐有关,例如半说话式的声调,让唱词清晰易懂的音节法,连续不断、没有华丽辞藻的叙述,对喜剧色彩的拒绝,便于记忆音乐动机的简单旋律,改变或取消脱节的曲子,夸张而动人的终章,发生在熟悉的环境中的情节,兼具偶然性和日常性的背景等。

乔瓦尼·法托里的画作,描绘的是捡柴女子,约1865年。

千年历史

## 《乡村骑士》,首次成功

1888年,马斯卡尼报名参加了由出版商松佐尼奥发起的独幕歌剧创作比赛。由塔尔焦尼-托泽蒂根据乔万尼·维尔加的短篇小说改编的剧本《乡村骑士》效果惊人。马斯卡尼在极短时间内完成了作曲,并将手稿寄送给评审团(评审们还有另外72份要阅读)。《乡村骑士》最终荣获一等奖,1890年5月7日在罗马孔斯坦齐歌剧院首演并大获成功,观众为之疯狂。这部作品的成功没有局限在当地,它很快就以惊人的速度先后风靡欧洲和世界舞台。

## 《丑角》,全球范围内的成功

1892年5月21日,在托斯卡尼尼的指挥下,《丑角》在米兰韦尔美歌剧院首演,这标志着鲁杰罗·莱翁卡瓦洛大器晚成的歌剧生涯的开始。这部作品取得巨大成功,很快就在意大利和全世界各大舞台上演。一个重要的小细节是,由恩里科·卡鲁索录制的主角卡尼奥的名曲《穿上戏装》成为第一张全球销量达到一百万张的密纹唱片,它唱出了所有痛苦之人的嫉妒和内心的悲哀。

## 边缘的自然主义

人们很容易混淆意大利的真实主义和法国的自然主义,因为这两场运动的确有相似之处,都试图还原"生活片段"的真实性。对比两位歌剧大师贾科莫·普契尼和儒勒·马斯奈,可以发现,真实主义和自然主义各有其不妥协的审美理念,但他们在这两场运动中却是伙伴。在观众面前,法国作曲家没有获得意大利同行那样的成功:自然主义歌剧中最著名的是古斯塔夫·夏庞蒂埃(1860—1956年)的《路易丝》(1900年),但如今它很少出现在曲目列表中。

## 特例《托斯卡》

贾科莫·普契尼的《托斯卡》(1900年)绝对不属于真实主义歌剧,但普契尼通过残酷的主题和各个角色复杂的人性,让它在很多方面有了真实主义的色彩。弥留之际,卡瓦拉多西想起的是情人的爱抚,而不是要把灵魂托付给上帝,卑鄙的斯卡皮亚要求托斯卡献出自己的身体,以换取情人的性命。作品中史波雷塔的伪善、托斯卡的嫉妒、教堂司事的贪食等性格特征,都展现了歌剧世界中很少见的欲望元素。

阿道夫·霍恩施泰因给《托斯卡》绘制的演出海报,1900年。

# 调性时代的结束

## 开启各种可能的德彪西

20世纪初，作为调性的基础，音阶（大调音阶，小调音阶）的使用已经无法为音乐家带来灵感。德彪西则面对了为声音素材带来革新、让音乐与前所未有的审美转变相结合的挑战。这位受到全世界赞美的伟大作曲家也备受斯特拉文斯基、巴托克、法雅、西贝柳斯、瓦雷兹等作曲家敬仰，他用这句含有晦涩诗意的名言总结了他的态度："不要听任何人的建议，除了吹过的风，它能告诉我们全世界的故事。"

## 《春之祭》

作为音乐现代性的代表，伊戈尔·斯特拉文斯基（1882—1971年）的《春之祭》从最初几个小节起就展现出了它的不同寻常：巴松管的紧张音色、异域风情的立陶宛音乐、奇特的伴奏等。几分钟内，一个陌生的世界出现了，节奏跳动很快成为这个世界的主宰。在音乐方面，节奏占据主导的同时，调性也消失在整体深刻的破碎感中，不属于任何一种明确音阶的混合音重复出现，遵从由不规则的音步并列所形成的节奏，整体统一的力度压过了不规则音步的效果。

## 十二音体系

经过八年的思考，1923年，阿诺德·勋伯格在《钢琴曲五首》（op.23）的《圆舞曲》中迈出了关键一步，他使用了绝对新颖的创作手法：十二音体系，十二个半音音阶同等重要，废除了此前已被广泛接受的和弦、对位法和作曲的一切规则。为了保证丰富的创造力，这种方法引入了一种新序列，即由作曲家确定的十二个音符排成的序列，在其他十一个音高出现之前，任何一个音高不得重复。音程的布局为创作保留了自由。

贝拉·巴托克肖像。

## 阿诺德·勋伯格

阿诺德·勋伯格（1874—1951年）的家境贫寒，无力供他学习音乐，他靠着坚强的意志自学成才。勋伯格创立了第二维也纳乐派，并创作了多部带有表现主义色彩的作品（《古雷之歌》《幸运之手》《月迷彼埃罗》），随后他创立了十二音体系，歌剧《摩西与亚伦》是该体系的优秀代表。

## 贝拉·巴托克

贝拉·巴托克能够与我们之后要提到的20世纪其他音乐巨匠（斯特拉文斯基、普罗科菲耶夫、法雅、瓦雷兹、韦伯恩）相提并论，他是音乐现代性的重要代表人物。巴托克在布达佩斯音乐学院接受教育，很早就成为非常优秀的钢琴家和充满想象力的作曲家，后来他和朋友佐尔坦·柯达伊一起，探索匈牙利民间音乐的宝藏。他使用一种前所未有的音乐语言，创作了许多优秀的音乐作品（《蓝胡子公爵城堡》、四重奏和协奏曲），之后他为了逃离纳粹，在远离故土的纽约度过了余生。

## 永远不要重复！

对于十二音体系的追随者而言，"永远不要重复"是必须遵从的命令。这里所提出的是针对原形序列的持续变化原则。这种做法旨在保证语言的统一性，纵向和横向之间的障碍与传统旋律的"被迫变化"都不复存在。对于持怀疑态度的读者来说，安东·韦伯恩（1883—1945年）的《钢琴变奏曲》（op.27）和阿尔班·贝尔格的小提琴协奏曲《纪念一位天使》能够打消他们的疑虑，因为这些音乐作品都取得了毋庸置疑的成功。

阿诺德·勋伯格《钢琴组曲》（op.25）的草图。

## 保罗·欣德米特，新古典主义倾向

如果说十二音体系常被视为20世纪初音乐的表现主义流派，那么被称为新古典主义的另一个流派也吸引了当时许多作曲家。斯特拉文斯基仅凭令人赞叹的《诗篇交响曲》（1930年）就足以成为最著名的代表人物，而德国音乐也有保罗·欣德米特，他在20世纪30年代创作的奏鸣曲和协奏曲，能驳斥任何形式的主观情感。他最常使用的是一种不可调和的旋律，他的对手们生动地称之为"马达主义"。

阿诺德·勋伯格和阿尔班·贝尔格与科利施四重奏团在一起的合影。

## 阿尔班·贝尔格，序列诗人

阿尔班·贝尔格（1885—1935年）师从勋伯格，但他在1909年转向了无调性手法，之后在1926年运用了十二音序列作曲法。他的作品数量不多，排除那些遇到勋伯格之前创作的早期抒情曲的话就更是如此。这些作品的主要特点是令人震惊的密度和持之以恒的严谨度，其中最著名的是他的两部杰出的歌剧：创作于1925年的《沃采克》和《露露》（这部作品在他死后才首演）。

655

# 20世纪下半叶

## 反对勋伯格的整体序列音乐

第二次世界大战结束后不久,一些拥护序列技法的法国年轻作曲家(菲利波、布列兹、尼格、马丁内)批评勋伯格没有意识到新的音乐语言意味着要重新思考所有音乐形式。他们把安东·韦伯恩选为新的思想大师,并且开始把序列原则应用到音乐素材的各个参数之上(音高、音色、音强、音长),从而摆脱了源自表现力的诱惑和对逸闻趣事的使用。

## 韦伯恩,逝去的大师

1883年,安东·韦伯恩在维也纳出生,1945年9月15日,他被美国士兵误杀,正值他声名鹊起、走向辉煌之时。他为人低调,性格内敛,在职业生涯中从未降低过自己的高要求:《钢琴变奏曲》(1936年)和《管弦乐队变奏曲》(1940年),1938年的弦乐四重奏和两部康塔塔(1938年和1943年)都拥有极致的纯净感,表明这位艺术家始终在追求一种美的理想。严格来说,这种美是形而上的。他悲剧性的死亡使得战后一代对他更为崇敬,尤其是在法国,虽然这崇敬来得晚了些。

## 从梅西安到布列兹

著名的作曲家奥利维·梅西安(1908—1992年)留下了一些重要的音乐作品,例如《时间结束四重奏》《图伦加利拉交响曲》《阿西西的圣方济各》等。天主教信仰、对印度旋律的热衷、对异域风情的喜爱等都是他的灵感源泉。他的学生皮埃尔·布列兹(1925—2016年)的管弦乐团指挥身份比作曲家更为公众所知,布列兹最著名的作品是为人声和六件乐器所作的《无主之锤》(1954年),后来他才走到音乐舞台前列,遥遥领先了半个世纪。

## 坚持人文主义的亨利·杜蒂耶

当序列乐派似乎集中了所有的音乐力量之时,一些重要作曲家继续创作以人为侧重点的音乐。亨利·杜蒂耶(1916—2013年)从未停止思考对音乐时间的感知,他创作的《变化反复》令人赞叹,他还创立了"循环时间"原则,加入了与人的命运所处的时间范畴有关的视角。这位作曲家在为大管弦乐团而作的《音色、空间、乐章》(1978年)中进一步扩展了这一原则,作品的副标题是《星夜》,明确点出了对梵高杰作的参考。

安东·韦伯恩肖像,希尔德加德·琼恩绘,约1946年。

亨利·杜蒂耶《变化反复》的手稿乐谱片段,1965年。

## 重视保留情感的捷尔吉·利盖蒂

虽然捷尔吉·利盖蒂（1923—2006年）想要让尽可能多的人了解他的音乐，但他从未削弱自己作品的独创性。在经历了第二次世界大战的折磨后，他很快吸收了欧洲先锋派的探索成果，但也很重视保留音乐中的情感部分（《大气》《历险》《遥远》）。例如，在需要许多演奏人员的《安魂曲》（1965年）中，最动人的段落或许是在"落泪之日"中：两位独奏者根据庞大而朦胧的管弦乐织体来演奏，有时使用的是协和和弦。

## 开放作品

整体序列音乐最终导致了一种固定审美理念的出现，对开放作品的直觉或许就诞生于整体序列主义的束缚。随之而来的第一个结果就是演奏家重新受到重视。在此之前，演奏者被视为写在乐谱上的声音的制造者，此后，他们可以根据作曲家提供的乐谱来发挥主观能动性。对于开放作品来说，演奏家的意志是唯一意志，而被演奏是其唯一的存在方式。

## 潘德列茨基：在潮流的边缘

1933年出生的克里斯托弗·潘德列茨基首先表现出了一种艺术上的激进主义，从而服务于他的人文主义和神秘主义倾向[《广岛受难者的挽歌》（1961年）、《劳敦的魔鬼》（1969年）]，后来他放弃了许多大胆作风，采用一种后浪漫主义语言来歌颂他的信仰，远离一切精神层面的思辨[《路加受难曲》（1966年）、《圣母赞歌》（1974年）、《感恩赞》（1979年）、《波兰安魂曲》（1984年）、《耶路撒冷七道门》（1996年）]。

## 《钢琴曲XI》，开放作品，机遇音乐

卡尔海因茨·施托克豪森（1928—2007年）在1956年创作的《钢琴曲XI》中有一页谱纸，纸上有十九个为钢琴谱写的音乐片段。谱纸背面则是写给演奏者的各种指示：从眼睛看到的第一个片段开始，无须考虑速度、力度、奏法，在下一个随机抽取的片段中再考虑这些内容。因此，作品中不存在任何连续性，不过有时某些片段的最后一个音要持续到下一个片段开始演奏，某些音可以增加或取消、可以升高或降低一个或两个八度等。

阿尔弗雷德·雅里的戏剧《愚比王》中的木偶，该剧由克里斯托弗·潘德列茨基作曲。

# 具体音乐和电声音乐

## 新的音乐迷雾

第二次世界大战后不久，从达姆施塔特到巴黎，从米兰到斯图加特，人们谈论的话题都是如何摧毁旧的音乐素材。因此，在电声弦乐器的推动下，"具体音乐"快速发展。半个多世纪后，当代乐迷发现自己面对的是一团令人费解的迷雾，这种新的音乐吸引的听众数量极少，与此同时，爵士乐和摇滚乐等更大众的表达形式则获得了成功。

## 一段旧史

具体音乐的历史可能早在1907年就开始了，当时费鲁乔·布索尼曾提到撒迪厄斯·卡希尔博士发明的"电传簧风琴"，这是一种能利用自身谐波来制造声音的乐器。1913年，未来主义音乐宣言《噪音艺术》的出版意味着具体音乐正式诞生，而这个时间远早于它最初的发展阶段。无论噪音音乐有什么样的限制，我们都得承认，在欧洲音乐传统中，从未有过放弃强大的旋律力量的先例。

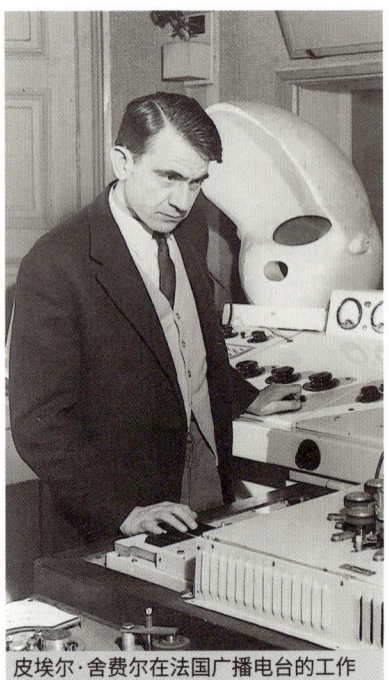

皮埃尔·舍费尔在法国广播电台的工作室，1950年左右。

## 一种新的普通乐理

皮埃尔·舍费尔（1910—1995年）在1951年创立了法国广播电台的具体音乐研究小组。他的意图是获取各种"声音素材"，并根据科学提供的各种技术上的可能性来处理它们，而1951年磁带录音机的发明进一步增加了这种可能性。因此，"声音"和"音乐"之间有了一条明确的界线，前者被视为本就存在的物质，后者则是一种价值判断，属于一种文化。想要构建音乐素材，必须列出全新的声音素材，这就是皮埃尔·舍费尔所做的。此外，他还撰写了《论音乐素材》（1966年）和《声音素材的普通乐理》（1967年）。

1913年，《噪音艺术》的作者路易吉·鲁索洛制作的"噪音机器"。

## 无用的体裁框架

我们应该如何处理"声音素材"的形式,尤其是如何处理能接纳这种素材的新体裁的形式?当这样的问题突然出现时,作曲家似乎瞬间失去了兴趣。皮埃尔·舍费尔和1951年加入他工作室的皮埃尔·亨利(1927—2017年)都不太关注体裁和形式,这难道不令人惊讶吗?练习曲《ut音阶一样的东西》(*Bidule en ut*,1950年)、《单人交响曲》(1950年)和《暧昧协奏曲》(1951年)都没有流露出太多的鼓动性,它们并不关注与自己承载的素材同样新颖的音乐体裁。

## 人才基地GRM

音乐研究小组(GRM)创立于1958年,前身是皮埃尔·舍费尔创立的具体音乐研究小组,它传播了一些既有天赋又有创造力的作曲家的作品,例如弗朗索瓦·贝勒、安德烈·步古尔克里耶夫、卢克·费拉里、皮埃尔·亨利、弗朗索瓦-伯纳德·马什、伊沃·马莱茨、贝尔纳·帕尔梅吉亚尼、米歇尔·菲利波、伊阿尼斯·泽纳基斯等。想了解这一场发展浪潮的人都应该听听弗朗索瓦·贝勒的《杰伊达》(*Jeîta*)、《爱神之地》(*Erosphère*)和《空手》(*La Main vide*),以及伊沃·马莱茨的《倒影》(*Reflets*)和皮埃尔·亨利的《旅行》(*Le Voyage*)等。

## 电声音乐的起源

1951年,赫伯特·艾默特创立了第一个真正的电声音乐工作室(科隆的西德意志广播电台),卡尔海因茨·施托克豪森和亨利·普瑟尔是最早来这里寻找新素材的音乐家。几年后,卢奇亚诺·贝里奥和布鲁诺·马德纳于1955年在米兰成立了意大利国家广播公司(RAI)旗下的电子音乐工作室。1958年,皮埃尔·亨利在巴黎成立了Apsome(电子原声音乐音频处理应用)工作室。不过需要指出的是,这一时期的重要作品,尤其是施托克豪森的《练习曲1》和《练习曲2》(1954年),以及皮埃尔·亨利的《一扇门和一声叹息的变奏曲》(1963年),依旧打着传统题材的标签。

## 《沙漠》的试验

1954年12月2日,埃德加·瓦雷兹(1883—1965年)为《沙漠》安排了一次传统管弦乐队与"组合声音"的相遇,他没料到这个选择竟会引起轩然大波。这个奇特的片段反映了1936年瓦雷兹在墨西哥沙漠中的神秘体验,然而,无论是创新派还是传统派的支持者,都无法接受乐器和磁带在这个片段中交替出现。

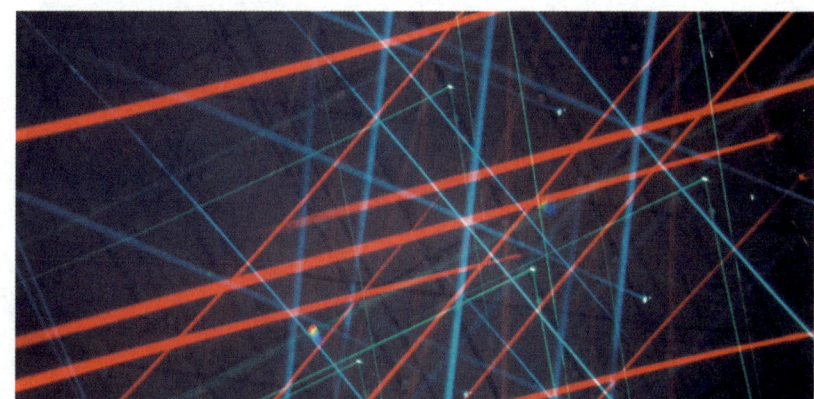

《克鲁尼的多面体》,巴黎克鲁尼温泉浴场中光与声音的相互作用,伊阿尼斯·泽纳基斯作品,1973年。

## 泽纳基斯,声音建筑师与空间音乐家

伊阿尼斯·泽纳基斯(1922—2001年)同时涉足建筑和音乐,曾师从梅西安,也发掘了瓦雷兹,他是所有因拒绝半音音阶而遭遇困境的当代音乐家的代表。他利用了电声弦乐的各种资源,留下了许多可以代表20世纪下半叶音乐的作品:《夜晚》(1967—1968年)、《克鲁尼的多面体》(1972年)、《灯芯草》(1977年)、《标杆》(*Jalons*,1987年)、《卡纳法斯》(1990年)。

# 作曲家

在接下来的内容中，读者必须打消任何与选择甚至分类、等级有关的想法。本章对五百年时间跨度中的二十四位作曲家进行介绍是出于其他考虑。首先，我们选择的是音乐史上必不可少的作曲家，同时避免不连贯的情况出现。其次，话语权属于后人，他们对不重要的部分毫不留情面。从这个角度来看，音乐爱好者选择的作曲家数量之少总让人感到意外，但这恰恰能说明问题。最后，本章并未排除那些没有入选的作曲家，并鼓励读者在书中其他部分寻找他们的身影，他们要么已经出现在开篇之中，要么会在后面的内容中提及。

## 不断变化的合理性

浏览本章介绍的伟大音乐家名录，读者很快就会相信每位巨匠都为构建音乐传奇贡献了一份力量，他们在不同时期都成功地应对了一些重要挑战（调性、世俗音乐、复调音乐、不协和音程等）。21世纪初，音乐史的重要发展历程越来越清晰，音乐学、与历史相关的新科学对此都发挥了重要作用。此外，事无巨细的概述原则应该被更有趣、更能激发兴趣的简短介绍原则所取代，后者有时能以不同寻常但始终清晰的方式，让我们对艺术家有所了解，这些艺术家是各自所生活的时代的见证者。

如果没有这种有意识的选择，谁会相信若斯坎·德普雷的荣耀能够与同时代的巨匠列奥纳多·达·芬奇或米开朗琪罗比肩？谁会想到威尔第的生命垂危既是民族的也是世界的悲剧，整个欧洲都焦虑不安地予以关注，直到他最后去世？谁会想到拉莫与启蒙世纪的百科全书派学者之间的争吵也对哲学产生了既深刻又丰富的影响？谁会想到柏辽兹的《幻想交响曲》在欧洲范围内产生了与雨果同年创作的《欧那尼》同样巨大的冲击？

## 对现代性的呼唤

历史上的伟大作曲家的最大特点或许在于他们能传达时代最重要、有时也最隐秘的共鸣。因此，若斯坎·德普雷是审美理念大转变的参与者，他把中世纪晚期和欧洲文艺复兴联系了起来，为整个欧洲的音乐复兴扫清了障碍。蒙特威尔第也是如此，他的《奥菲欧》既是牧歌这种多声部抒情歌曲的变形，也是歌剧这种在几个世纪里主宰历史的

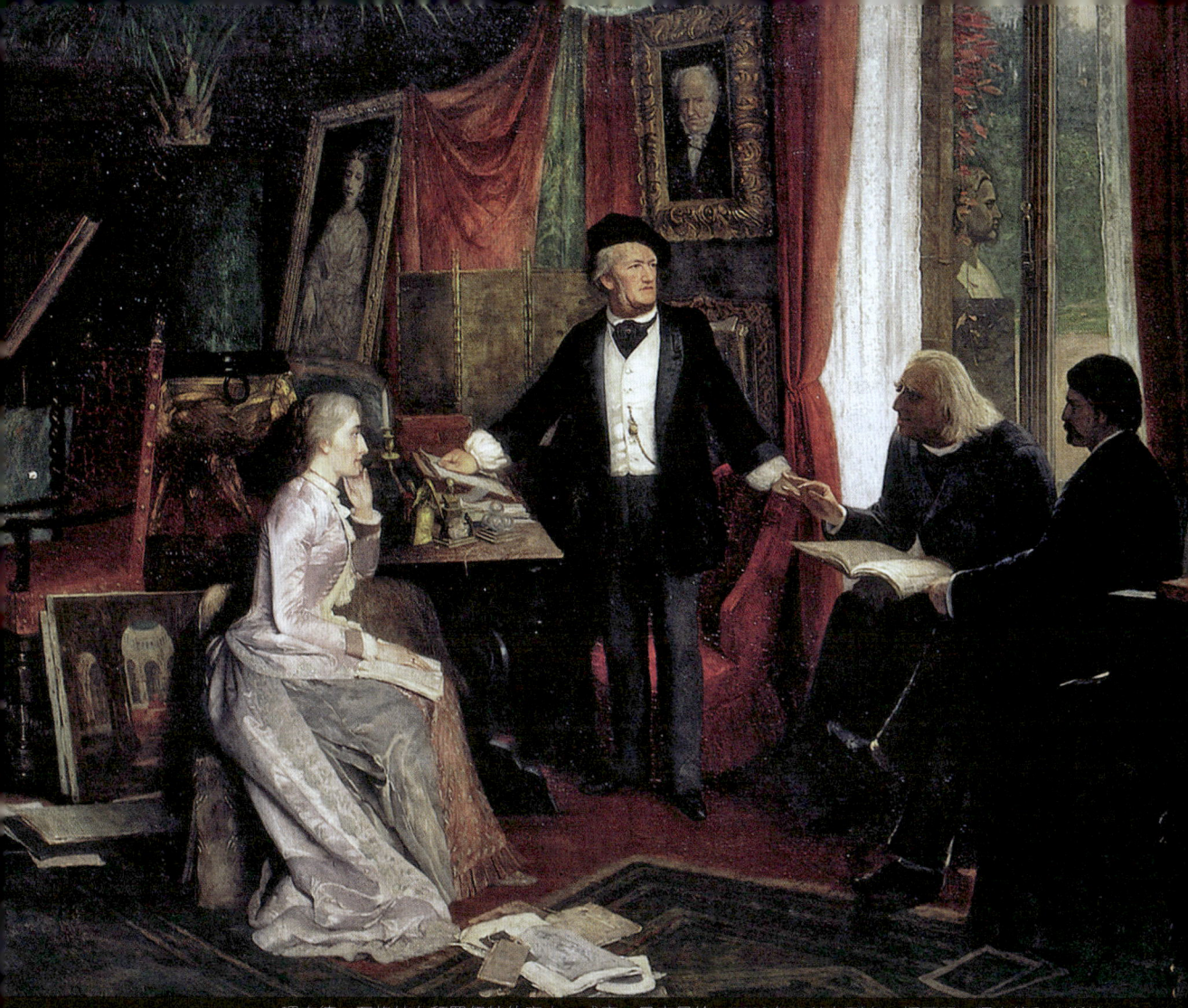

理查德·瓦格纳在拜罗伊特的家中，威廉·贝克曼绘，1882年。从左到右：柯西玛、理查德和李斯特。

体裁的开端。库普兰、维瓦尔第和拉莫的贡献没那么引人注目，甚至吸引力也主要存在于那个时代，但它们也承载了不可思议的可能性，尤其是在宗教音乐、器乐和戏剧音乐方面。随后出现的是约翰·塞巴斯蒂安·巴赫的伟大身影，他拥有无人能比的天赋，但对现代性的任何表现形式都充满敌意。作为名副其实的交响乐创造者，海顿拥有这种现代性，并将它传递给了最有名的后辈莫扎特和贝多芬。

## 从决裂到蜕变

为了努力摆脱"伟大的贝多芬"，德国的韦伯、意大利的罗西尼和奥地利的舒伯特开辟了前所未有的道路，由柏辽兹、肖邦、舒曼、李斯特、瓦格纳和威尔第组成的第一代浪漫主义音乐家们义无反顾地走在这条道路上，他们的后辈包括勃拉姆斯和柴可夫斯基，后来横空出世的德彪西打破了严肃音乐的一切参考要素。德彪西和他那迷人的音乐引领了20世纪绝大多数作曲大师（从拉威尔到斯特拉文斯基，再到瓦雷兹），他们开始重新思考创作过程中的每个阶段。

# 若斯坎·德普雷（约1450—1521年）

## 在世时的无限光荣

在他生活的时代，若斯坎被视为前所未有的最伟大的作曲家，同时代的人毫不犹豫地将他与米开朗琪罗这个文艺复兴时期举世无双的视觉艺术大师相提并论。若斯坎能够诠释当时的主要音乐体裁（弥撒曲、经文歌、尚松），他属于少数在灵感和创造力方面都备受赞扬的音乐大师。无论是服务于教会或贵族，还是歌颂上帝荣耀或为了凡人的欢愉，他在作品中使用的最引人注目的绝技似乎都自然而然地服务于源源不断的创意灵感。

若斯坎·德普雷的版画。

## 不为人知的青年时期

虽然若斯坎·德普雷在他生活的时代享有盛名，但他的生平却鲜有记载，极少数可靠的文献几乎都只是间接地提到了他。他很可能于1450年出生在埃诺伯国，这个地区相当于如今的法国北部分地区，但是经常有一些说法把他的出生年份提前，其主要依据是他在1460年前后曾任圣康坦唱诗班成员。另外一个比较吸引人的假设是，他曾向约翰内斯·奥克冈学习对位法。奥克冈是他一生都非常尊敬的大师，这位大师去世时，若斯坎写下了最为凄美的哀悼词。

## 世纪的磨难

从1489年到1495年，若斯坎客居在罗马，他先后成为教皇英诺森八世和亚历山大六世的唱诗班成员。西斯廷大教堂一堵墙上的"JOSQUINJ"字样或许是他留下的关于他职业生涯的唯一痕迹。大约在1498年，即萨伏那洛拉被处死那一年，若斯坎在路易十二远征意大利之前回到米兰，然后重新在路易十二的宫廷中任职。他后来曾前往费拉拉，但鼠疫的暴发迫使他匆匆离去。

## 动荡的意大利生涯

米兰曾是斯福尔扎王朝极尽奢华的统治中心，后来君主将其抛弃，逃往费拉拉。这座城市在15世纪80年代初收留过若斯坎这位伟大的艺术家，并以此为荣。但此事仍然存有许多疑点，他在巴黎、威尼斯和罗马的宫廷都停留过。因此，传奇般的《费拉拉的赫拉克勒斯弥撒》与若斯坎这一时期的音乐风格并不相符。若斯坎创作这首弥撒曲时居住在费拉拉还是米兰？此外，如果16世纪中期的一份出自罗马的文献可信的话，他的足迹也出现在了匈牙利宫廷中。

扬和休伯特·凡·艾克共同创作的多联画屏《神秘的羔羊》，1432年。我们在根特大教堂可以欣赏到这幅作品。

作曲家

## 辉煌的暮年

1504年，若斯坎返回埃斯科河畔孔代，并留居此地发挥自己的创作活力，直到去世。在此期间，欧洲各地都对他邀约不断，因为晚年的他已经荣誉满身，美名传遍整个欧洲大陆。技术的发展也为这份荣誉添砖加瓦：在欧洲诞生不久的印刷术让若斯坎的作品传到了最偏远的地区。1521年8月27日，他在拟定好遗嘱条款后去世。

《美第奇手抄本》中的一页，描写了若斯坎·德普雷的尚松《纯⋯》，1518年。

## 一种普世性的音乐

若斯坎·德普雷创作了二十多部弥撒曲（《万福光耀海星》《圣母弥撒》《绝望的命运》《武装的人》《唱吧，歌喉》《无标题》等）、一百多首经文歌、六十多首尚松、几首叙事歌（意大利歌曲）等。若斯坎综合了北欧的对位法和地中海的抒情诗，创立了一种国际风格，他的创作生涯长达半个多世纪，并且十分高产。很明显，他对对位法计算兴趣颇浓，但这从未影响他的抒情天赋。

## 过渡时期的人物

15世纪到16世纪的美学转变或许在若斯坎创作的以尚松为主的世俗作品中最为明显，尤其是根据比利时的让·勒梅尔描写爱情分离之苦的诗歌而谱曲的四声部尚松《无限悔恨》。因此，若斯坎的艺术与欧洲文艺复兴时期的时代需求不谋而合。他沉浸在罗马令人充满活力的氛围中，在与罗马乐派的接触过程中，让自己的音乐才华具备了抒情特征，这与他音乐语言中强烈的表现力和清晰的形式相结合，确保了他在同时代人之中的一流地位。

## 一种预言般的艺术

若斯坎的音乐时常带有一丝忧郁，但又刚劲有力。它在多样化、表现力丰富的叙述中很自然地推动了声音混合体（我们如今听到的和弦）的产生。如此一来，这位被公认为欧洲第一位音乐家的法国音乐家为整个欧洲大陆的音乐复兴扫清了障碍，这一波复兴浪潮后来横扫了巴黎、罗马、威尼斯，以及英国、西班牙、德国。

663

# 克劳迪奥·蒙特威尔第（1567—1643年）

克劳迪奥·蒙特威尔第肖像画。

## 意大利歌剧之父

文艺复兴晚期，欧洲艺术欣赏发生转变，蒙特威尔第的音乐随之经历了惊人的变化，尤其体现在他的牧歌中，这些牧歌为歌剧的到来做好了准备。歌剧历史的真正起点是1607年的《奥菲欧》，它是早期歌剧尝试的完美呈现。蒙特威尔第的乐谱反映了他内在的激情，开启了歌剧四百多年的历史。

## 青年时期

1567年5月15日，克劳迪奥出生在克雷莫纳，1587年，他出版了第一本牧歌集；1590年，他进入曼托瓦公爵宫廷管弦乐队。从1602年开始，他担任唱诗班指挥，创立了一种不同于歌曲又更能表达情感的新风格，后来他创作了歌剧《奥菲欧》（1607年）和《阿里安娜》（1608年），在这些作品中，精湛的声乐技巧和极具表现力的风格都为展现他后来所称的"与作曲截然不同的情感"而服务。

## 威尼斯度过暮年

1613年，蒙特威尔第担任威尼斯圣马可唱诗班的指挥，在那里享受着轻松而宁静的生活，这使他创作出了最后几部牧歌集、合唱作品《坦克雷迪和克洛林达之战》和最后几部歌剧。在此期间，1632年，他接受了神父之职，这很可能是因为儿子的离世。1643年11月29日，名满欧洲的蒙特威尔第与世长辞，葬在威尼斯的弗拉利教堂。

## 为声乐而作曲

蒙特威尔第的作品使用多种形式的声乐，题材类型丰富多样。从1582年的《圣乐集》到弥撒曲和教会牧歌，再到晚年著名的《道德与精神之林》（1641年），这些作品都涉及宗教音乐。1610年的《圣母晚祷》是所有这些作品中的巅峰，它是作曲家职业生涯的重要转折点，这部作品和同时代的弥撒曲有了巨大的风格差异。即便对业余听众而言，"必要的"乐器的使用也是前所未有的，从而创造出一种惊人的新颖氛围。

## 九卷牧歌集

蒙特威尔第创作了九卷牧歌集。前四卷（1587—1603年）采用的是五声部作曲体系，第五卷（1605年）首次使用通奏低音原则，这是通往重视唱词内容的主调音乐的关键一步。第六卷（1614年）保留了通奏低音规则，但在第七卷中，蒙特威尔第完善了新风格，很快就被整个欧洲采用。1638年，尚在人世的蒙特威尔第出版了第八卷牧歌，更加不协调的第九卷则在1651年问世。

## 阿里安娜的悲歌

《阿里安娜》中唯一保存下来的乐曲是《悲歌》。这支曲目拥有出色的戏剧结构,副歌和主歌交替出现,揭露了女主人痛苦的犹豫不决,她既祈求爱人回来,又渴望爱人死去让她得到解脱,因而创造了一种歌剧所独有的富有戏剧活力的效果。没什么比副歌蜿蜒曲折的线条更能诠释这种游移不定了,在仇恨与悲怆交织的奇特氛围中,阿里安娜的不幸被戏剧化地呈现了出来。因此,《悲歌》为音乐表达人类悲惨处境开创了新天地。

## 巅峰作品《奥菲欧》

在蒙特威尔第为新生的歌剧所做的重要贡献中,歌剧《坦克雷迪和克洛林达之战》(1624年)、《尤里西斯返乡记》(1641年)和《波佩亚的加冕》(1642年)有着不可忽视的地位。但这些作品都无法与1607年的《奥菲欧》媲美。这部歌剧的序幕展现了奥菲欧的音乐所具有的超自然力量,随后是连贯的情节,直到主人公来到地狱,他试图带走尤丽狄西,然而这只是一场空想。在阿波罗的帮助下,奥菲欧获得永生,他只有在天上才能与尤丽狄西重逢。融合了戏剧和音乐的音乐戏剧就此诞生。

《奥菲欧》的剧院海报。

亚历山大·卡巴内尔《厄科》,1874年。

## 音乐人文主义的诞生

虽然《奥菲欧》《悲歌》《圣母晚祷》,甚至《小坎佐纳》和《音乐玩笑》都有着不可否认的功绩,但让蒙特威尔第登上历史巅峰的依旧是他的牧歌。总的来看,克劳迪奥·蒙特威尔第的几乎所有作品,无论是宗教的还是世俗的,仪式的还是戏剧的,都涌现出一种深沉的情感。正因为如此,在这位伟大的意大利音乐家的作品中,音乐既是新人文主义的声音外壳,也是对赎罪文本的礼仪评注,这一切包含的抒情和神秘主义色彩似乎是永不枯竭的。

# 弗朗索瓦·库普兰（1668—1733年）

## 克洛德·德彪西的致敬

"羽管键琴弹奏家中最伟大的诗人，他那温柔的忧伤仿佛一种回声，从华多画中忧郁人物所处的神秘背景传来。"三个世纪后，克洛德·德彪西渴望把《练习曲》献给久远的先辈库普兰，只用寥寥数语，他就令人惊讶地指出了库普兰那神秘的简洁性和逐渐消逝的忧伤，同时强调了这种转瞬即逝的美学中无法抹除的法式特色。

## 伟大又低调的生涯

弗朗索瓦·库普兰出生在一个可追溯至16世纪的音乐名门世家，他的家乡是绍姆昂布里。他这样的古典时期的天才，比任何人都更能代表某种低调的优雅，略带忧郁但绝不软弱。他的作品让他登上了圣热尔韦教堂和王室礼拜堂的管风琴台，也让他在某种程度上成为路易十四的宠臣。他的生平和作品一样，有一种高傲的低调，这也恰好解释了他人生最后几年离奇的沉寂。

弗朗索瓦·库普兰的肖像画。

## 音乐家，而非朝臣

弗朗索瓦出生于1668年11月10日，他是圣热尔韦教堂管风琴师路易·库普兰的侄子，所以也顺理成章地走上了这条音乐道路。他的父亲是奥尔良公爵夫人的羽管键琴教师，他年轻时在父亲身边学习音乐，随后跟随王室礼拜堂管风琴师雅克·托梅兰学艺。弗朗索瓦的父亲去世后，米歇尔-理查德·德拉兰德曾短暂接替其位置，随后年轻的弗朗索瓦被指定继承父业，担任圣热尔韦教堂管风琴师。因此，从17岁起，他便每年领取三百利弗尔的俸禄，又过了一段时间，在德拉兰德的推荐下，他进入路易十四的宫廷任职。

路易·贝洛在法国制作的羽管键琴，1742年。

## 仅凭实力获得的成功

1689年，库普兰与玛丽-安妮·安索成婚，夫妇共育有四个孩子。次年，他发表了第一部《管风琴曲集》，其中包括两首管风琴弥撒。1693年，他成为王室礼拜堂作曲家，后成为凡尔赛宫王室成员的羽管键琴教师、勃艮第公爵和许多贵族年轻人的音乐家庭教师。1697年，他在巴黎的圣弗朗索瓦大街定居，1702年受封为骑士，并获得"拉特朗骑士勋章"。

作曲家

## 沉寂的最后几年

库普兰的个人生活没有什么特别之处，虽然他撰写了十一部关于羽管键琴的著作，出版了收录《帕纳斯山或科雷利颂》的《风尚汇聚》(1724年)，后来又在1725年写了《吕利颂》，这些乐篇的平衡感和作曲技巧都令人赞叹。1723年，他把圣热尔韦教堂管风琴师的职位传给侄子尼古拉·库普兰；1730年，他放弃了国王管风琴师的职位，按照惯例，把国王羽管键琴师的职位传给了女儿。后来，他安静度过了人生最后几年，1733年11月11日悄无声息地在巴黎去世了。

## 引发联想的标题

库普兰是技艺精湛的羽管键琴演奏大师和理论家，同时也是撰写了大量羽管键琴独奏论著的作者。他的羽管键琴曲目的标题（《耳目一新》《柔情的忧郁》《老派的女财务官》）反映了他的言论："我在创作所有这些乐曲时，总是有一个目标；不同的场合为我提供了这个目标。因此，标题反映了我的想法。"极为有名的回旋曲《神秘的路障》或许便源自一个诗意般的念头，在这部作品创造的独特世界里，四个声部间隔开来（因此是独立的），副歌和三段主歌有规律地交替出现。

## 熄灯礼拜日课

库普兰创作《熄灯礼拜日课》的决定因素是1715年9月1日的路易十四之死。这三首《日课》的平均时长为十五分钟，每首根据所需要的演奏人员的种类来区分：第一首需要女中音和管风琴；第二首需要女高音、大提琴和管风琴；第三首则需要女高音、女中音、小提琴、管风琴和大提琴。这三首曲目具备克制而深沉的抒情色彩所营造的氛围，演唱者精彩的演绎能够呈现出低沉的冥想和浓烈的情感，旋律曲线的变化诠释出一种焦急等待的感觉。

## 神秘主义色彩

库普兰在1690年创作了两首动人的弥撒，即《堂区弥撒》和《修道院弥撒》，这两首弥撒曲都使用了管风琴。虽然它们有着令人赞叹的结构，但姑且不论那些数量众多的有着神秘主义色彩的作品（《赞美颂》《举扬圣体》），单是与那些为教会而作的重要声乐曲、经文歌、《圣母赞歌》，尤其与《熄灯礼拜日课》相比，它们仍稍逊一筹。

谁能比伦勃朗更擅长描绘黑暗？

667

# 安东尼奥·维瓦尔第（1678—1741年）

## 维瓦尔第之谜

维瓦尔第曾出入宫廷、教会、剧院和沙龙，在世时，他便在威尼斯树立了一个传奇人物的形象，然而，他最终却悄无声息地死在了维也纳，直到20世纪才有音乐史学家了解到他的生卒年月，随后在都灵图书馆发现了他几乎所有的音乐手稿。同时代的人，例如约翰·塞巴斯蒂安·巴赫曾毫不犹豫地抄袭维瓦尔第的许多片段，这是创作了《四季》的天才得到同侪认可的标志，但也更凸显出他的低调。

## 有信仰的音乐家

维瓦尔第出生于1678年3月4日，他跟随父亲学习小提琴，1696年，他进入了威尼斯音乐家行会。1703年，他受领神职，成为神父。一年后，他成为皮耶塔慈爱院(Ospedale della Pietà)女子乐团的小提琴教师。他的第一部作品集出版于1705年，是一组十二首三重奏奏鸣曲，巩固了他创新又多产的作曲家的名声。他终生未改变信仰，但从1706年开始，痛苦的呼吸问题导致他无法布道弥撒，但他并没有因此放弃教士身份。

## 国际化的职业生涯

维瓦尔第熟悉整个欧洲的音乐界，他不仅主动结识多梅尼科·斯卡拉蒂和亨德尔，还觐见了丹麦国王弗雷德里希四世，并在1709年把自己的第二部作品集献给了这位国王，这部作品同样由十二首三重奏奏鸣曲组成。另一个能够证明他将目光放到欧洲大陆的例子是他从1711年开始在荷兰出版商艾迪安·罗杰那里出版自己的音乐作品。他在合集《和谐的灵感》中提出的从大协奏曲向独奏协奏曲的过渡既巧妙又合理，震惊了音乐界。

安东尼奥·维瓦尔第肖像画。

## 丰富的音乐活动

1712年，维瓦尔第在布雷西亚创作出光芒万丈的《圣母悼歌》后，开始投身于戏剧领域；1713年，他在维琴察创作出第一部歌剧《奥托尼在维拉》。在获得威尼斯的圣安吉洛剧院的经理职务之后，维瓦尔第便身兼三重身份：歌剧创作者和剧院经理、宗教音乐作曲家、器乐著作作者。他在这三个领域都定期创作出丰富的作品，充分证明了他自己所说的"创作狂热"。

卡纳莱托，《圣马可广场》，约1742—1744年。

## 《四季》与死亡

音乐家维瓦尔第时常游历四方，1724年他受到教皇接见，同年出版了《和声与创意的实验》，前四首就是著名的《四季》。维瓦尔第对《春》这一主题颇感自豪，他在两部歌剧、一首康塔塔、一首为小提琴和两把大提琴而作的协奏曲以及多首歌曲中，都重复了这一主题。他在威尼斯继续着职业生涯，还与伟大的剧作家卡洛·哥尔多尼保持合作，一直持续到1740年。由于一些不为人知的原因，维瓦尔第离开了故乡，1741年7月28日，他因"体内感染"在维也纳去世。

## 大量的作品

维瓦尔第的作品目录中包含了令人惊叹的器乐和声乐材料。九十八首奏鸣曲中的大部分都是为小提琴和低音乐器而作，但也包括大提琴和其他三重奏乐器。除了器乐作品之外，维瓦尔第创作了大约五十部歌剧，其中比较成功的有《疯狂的奥兰多》《格里塞尔达》《卡托内在乌提卡》。除此之外，还有清唱剧《朱迪达的胜利》、四十首康塔塔，以及五十多首圣诗、赞美歌、赞美圣母歌、经文歌等。除了著名的《圣母悼歌》，为中提琴而作的双唱诗班乐曲（《又圣母经》）也广受欢迎。

## 协奏曲之王

维瓦尔第创作了四百五十多首协奏曲（为小提琴、大提琴、曼陀林琴、法国号、鲁特琴、长笛、双簧管、小号、巴松管、管风琴、抒情古提琴等乐器而作），彻底改变了这一体裁，尤其是在小提琴协奏曲《异乎寻常》(op.4)、双簧管协奏曲op.7和长笛协奏曲op.10中。他处处强调节奏的活力和声部组合的对比性，并使用简单的低音弦，赋予音色新的重要性。

## 不朽的"维瓦尔第之春"

《四季》之《春》在开头使用了间奏曲，歌颂鲜花初绽的大自然，随后根据曲段，用小提琴独奏呈现出鸟鸣、溪流和暴风雨的声音。在第二乐章"广板"中，三种声音隐喻重叠（牧羊人打盹儿，树叶沙沙作响，狗在低吠），第三乐章以田园舞曲版的节奏赞美了春天的活力。

安东尼奥·维瓦尔第的乐谱，《和声与创意的实验》中的《四季》之《春》，1725年。

# 让-菲利普·拉莫（1683—1764年）

## 冲突的化身

在世时，让-菲利普·拉莫遭受过攻击，也被滑稽效仿过，他予以还击，未受其害。他首先是一位受启蒙主义思想影响之人，一位始终保有理性的创作者，他在音乐史上遭受的与其地位有关的误解也正源于此。他在《殷勤的印第安人》中将歌剧芭蕾发展到完美程度，还展现出异乎寻常的创新能力与完美的随机应变能力，他把对创新的追求与音乐科学和戏剧感相结合。在评价自己的命运时，他骄傲但又谦逊地表示："我冒过险，有过运气，我坚持了下来。"

## 从学习到创建理论

1683年9月25日，让-菲利普·拉莫出生在第戎，他的父亲是教堂管风琴师，他自己也在不同教堂担任过管风琴师。来到巴黎后，1706年他出版了第一部《羽管键琴曲集》，后来返回勃艮第，继任已故父亲的职位。他年轻时去意大利旅行过，并在米兰了解了器乐和意大利的歌剧，他在不同地区任职期间（克莱蒙费朗、里昂）从未放弃过学习，并尝试练习世俗康塔塔、宗教音乐和羽管键琴曲。经过长期的思考，他在1722年出版了《论和声》。

## 迈入职业生涯

对音乐有了深入了解后，拉莫努力想要让自己的作曲天赋得到外界的认可，但此时他已经40多岁，而且不善社交，所以最初遭遇了不少困难。

让-菲利普·拉莫肖像画，雅克·安德烈·约瑟夫·阿维德绘，约1728年。

1724年，他出版了第二部《羽管键琴曲集》，之后遇到了富有的赞助人和包税人拉普卜利尼埃。这位富豪把他介绍给伏尔泰，这为他打开了歌剧的大门。1733年，拉莫创作出第一部歌剧《易波利与阿利希》，该作品引起了颇多争议：意大利音乐的拥护者表示了不理解和敌意，一些勇敢的音乐家则纷纷热情洋溢地表示支持。

## 与卢梭的争吵

《易波利与阿利希》的剧本由颇具才华的西蒙-约瑟夫·佩尔格兰神父创作，从这部作品开始，拉莫成为当时最重要的法国音乐家，接连推出了一系列引起轰动的作品。但是他取得的辉煌成就也招致了意大利音乐支持者的攻击，为首的便是让-雅克·卢梭。1745年，拉莫成为国王宫廷作曲家，他驳斥了卢梭在1754年所写的《关于法国音乐的信》，毫不顾忌地激烈谴责了在音乐领域纯属业余的百科全书派学者。

## 功成名就和与世长辞

《易波利与阿利希》获得成功后，拉莫创作了多部歌剧乐谱，例如《殷勤的印第安人》（1735年）、《卡斯托与波鲁克思》（1737年）、《达达努》（1739年）、《普拉提亚或嫉妒的朱诺》（1745年），所以他的所有歌剧都是在职业生涯第二阶段创作的，例如四幕英雄田园诗《扎伊》和《纳伊》（1748年和1749年）、五幕抒情歌剧《琐罗亚斯德》和《北方人》（1749年和1764年），以及1751年问世的三幕英雄田园诗《阿康特和塞菲斯》。让-菲利普·拉莫在剧院、宫廷或教堂中表现出色，荣誉满身，1764年9月12日，他在巴黎与世长辞。

## 舞曲音乐家

除了歌剧，芭蕾歌剧也为拉莫的荣耀做出了巨大贡献：《赫伯的节日》（1739年）、《波吕许谟尼亚的节日》（*Les Fêts de Polymnie*，1745年）、《婚神和爱神的节日》（1747年）、《爱之惊喜》（1748年）。1745年的由三支序曲组成的《荣耀的殿堂》和三年后的芭蕾歌剧《皮格马利翁》，成为拉莫这位当时最伟大的法国作曲家创作的最后两部舞曲作品。

让-菲利普·拉莫的抒情歌剧《卡斯托与波鲁克思》的服装示意图。

## 为羽管键琴而创作的作品

在《羽管键琴曲新续篇》（约1728年）中，拉莫似乎受到了为作品取诡异标题的风潮的影响，例如《埃及女人》《三只手》《编织物》等，但这些曲目的内部结构遵守二元规则，第一部分从起始音调逐渐向属音过渡，第二部分利用各种转调回到了主调上，这两部分之后是一个"重奏"，即乐曲的变奏重复。

## 抒情歌剧的复兴

拉莫致力于法国抒情歌剧的复兴，他在《殷勤的印第安人》中展现了无可比拟的作曲技能，这部无价之作拥有优美的旋律、丰富的和弦和举世无双的戏剧色彩。拉莫同样致力于抒情歌剧的创作，神话是他的主要主题来源。《卡斯托与波鲁克思》的乐谱非常有代表性，它的巨大成功在于阐释了笛卡尔的重要理论：世界的良好秩序首先取决于人类灵魂的激情。

根据伏尔泰作品改编、让-菲利普·拉莫作曲的歌剧《纳瓦拉的公主》。

# 约翰·塞巴斯蒂安·巴赫（1685—

## 青年时期

1685年3月21日，约翰·塞巴斯蒂安·巴赫出生在埃森纳赫，他9岁丧母，10岁丧父。巴赫由兄长约翰·克里斯托夫抚养长大，很早就表现出优秀的音乐天赋，1703年，他进入魏玛宫廷，成为有名的管风琴演奏家。1707年，他被米尔豪森教堂任命为管风琴师，并迎娶表妹玛利亚·芭芭拉，他们共育有七个孩子。1708年，他搬到魏玛，在随后的十年间担任管风琴师和小提琴演奏家。在青年时期的这些年间，他成为无人可媲美的管风琴演奏家，他为键盘创作的作品中最著名的是《d小调托卡塔与赋格曲》。

约翰·塞巴斯蒂安·巴赫肖像画，埃利亚斯·戈特洛布·豪斯曼绘，1746年。

## 变幻的职业生涯

巴赫从来都不是性格随和之人。1717年11月6日，被"他的顽固态度"惹怒的魏玛当局下令将他逮捕，投入监狱。一直到12月1日他才出狱，随即前往科腾，在那里他被任命为教堂唱诗班指挥。他负责礼拜仪式音乐，所以必须每周为主日仪式创作一首康塔塔，努力升华民众的思想，在周日和节庆日严格履行义务，维护管风琴的良好状态等，同时也必须避免与可疑之人来往，培养无可挑剔的生活习惯。

## 短暂而美好的科腾时期

巴赫在科腾度过了人生中最美好的时光，那里的专制君主利奥波德王子颇具智慧，热爱音乐。在巴赫最著名的器乐作品中，有一些正是在这一时期创作的（《大提琴组曲》《勃兰登堡协奏曲》《平均律钢琴曲集》等）。1720年，巴赫丧偶，1721年12月3日，他迎娶安娜·马格达莱纳，两人共育有十三个孩子。1723年，他申请莱比锡的教堂合唱指挥一职，4月22日，根据市政委员会的决议，他成功当选。

## 莱比锡，晚年与终点

巴赫在莱比锡度过了人生的最后27年，他在当地担任音乐、宗教和拉丁文教师，为圣托马斯教堂创作音乐，接连奉献了许多杰作，例如《马太受难曲》《b小调弥撒》《圣母赞歌》等。巴赫在晚年逐渐失明，去世前几个月，英国外科医生约翰·泰勒为他做了手术，但以失败告终（这位医生后来在1758年为亨德尔做了手术，结果相同）。1750年7月28日，他因中风去世；安娜·马格达莱纳向莱比锡大学申请托管孩子，十年后，也就是1760年2月27日，她在贫困中去世。

1750年)

作曲家

## 堪称巅峰的作品

巴赫的作品数量众多,共有超过一千首曲目(尽管有所遗失),所以寥寥数行很难介绍清楚。除去盲目崇拜的因素,后人对不少反映他独一无二的创作特色与深度的重要作品推崇备至,例如《马太受难曲》《圣诞清唱剧》,康塔塔《神时良辰》或《吾已足矣》,《圣母赞歌》,为小提琴而作的奏鸣曲和组曲,《赋格的艺术》《哥德堡变奏曲》《法国组曲》《英国组曲》《平均律钢琴曲集》《c小调帕萨卡利亚与赋格曲》《d小调托卡塔与赋格曲》《大提琴组曲》《勃兰登堡协奏曲》等。

## 对乐器的信仰

在这数十年间,对于许多年轻音乐学徒来说,约翰·塞巴斯蒂安·巴赫的作品首推《平均律钢琴曲集》。这部合集收录了二十四首前奏曲和赋格曲,用遍了所有调性。另一个颇具教育意义、令人受益匪浅的作品案例是《哥德堡变奏曲》,它包含了一组令人震惊的音乐变奏,每一个变奏都是独立的,但所有要素都源自统一的乐章,巴赫晚年写的另外两部重要的作品《音乐的奉献》和《赋格的艺术》也是如此。

## 献给上帝的荣光

巴赫终生都受到深刻信仰的鼓舞,他把与礼拜仪式有关的所有重要声乐体裁都推向了顶峰,例如康塔塔、清唱剧、弥撒曲、经文歌等。《b小调弥撒曲》和《马太受难曲》成为这种创作的典范,无论是信教的还是不可知论的听众,都只能被

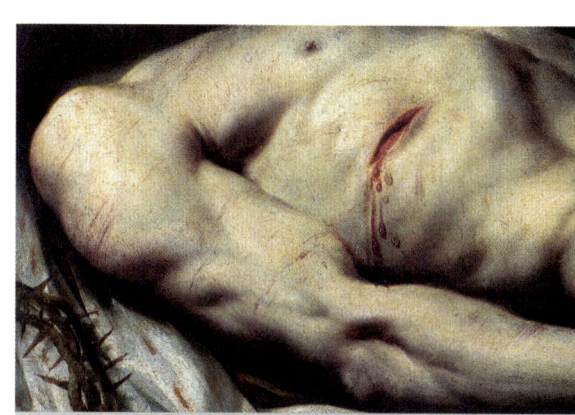

菲利浦·德·尚佩涅的《死去的基督》的局部。

这种奇妙的结构打动,它让空间和时间都具有了一种能够温暖和照亮脆弱之人的心与灵魂的永恒特征。

约翰·塞巴斯蒂安·巴赫的一首经文歌的乐谱。

## 勃兰登堡协奏曲

巴赫献给观众的《勃兰登堡协奏曲》(1721年)具有强烈的统一风格,一共六首,它们以前所未有的方式展示了当时的器乐类型。虽然这六首都拥有源源不断的创新色彩,但第五首突出了羽管键琴的重要性,具有先见之明,在颇具冲突感的本质中,预示着键盘独奏协奏曲的出现,同时还具有某种前浪漫主义的特点。

# 约瑟夫·海顿（1732—1809年）

约瑟夫·海顿肖像画，托马斯·哈迪绘，1791年。

## 举世无双的创造者

约瑟夫·海顿这个名字和维也纳有着密切联系，这座城市在18世纪晚期为欧洲的音乐创造培养了大批人才。年幼的约瑟夫在圣埃蒂安大教堂的唱诗班中逐渐成为新古典语言大师，由于他自学成才，所以这种转变十分神秘。除了他，没有人能如此出色地将18世纪中期的音乐形式与音乐体系中的内容综合起来，在这个领域，无人能与之媲美（包括他的弟弟迈克尔、鲁特、加斯曼、科兹鲁希、杜塞克、瓦根赛尔，甚至施恩克和萨列里）。

## 差点被阉割

1732年3月31日，约瑟夫·海顿出生在罗劳（下奥地利州）的一个普通家庭，家中有12个孩子，8岁那年，年幼的约瑟夫被选入维也纳圣埃蒂安教堂的儿童唱诗班。1749年，嗓音的变化导致他被迫退出唱诗班，虽然雇主们喜欢他清脆又准确的嗓音，但他并没有接受外科阉割手术。在接下来的十年里，他在演奏和聆听音乐作品的过程中，培养了自己的音乐爱好。

## 为埃斯泰尔哈吉家族服务的漫长时光

1761年，富有的王室埃斯泰尔哈吉家族雇用了海顿。那里的音乐活动十分丰富，维也纳贵族接连不断举行音乐会和歌曲演出。作为家族属下乐队的乐长，海顿有充足的时间施展自己的音乐天赋，躲避不幸的婚姻。他的作品数量丰富，种类多样。在这段时间里，他与外界的接触少之又少，他可能都不知道自己早年出版的作品初版（1764年）是什么样子。1780年前后，他才名声在外。

埃斯泰尔哈吉家族城堡剧院中的演出，海顿弹奏羽管键琴，1775年。

## 辉煌的成熟期

1790年，埃斯泰尔哈吉去世后，海顿获得自由，接受了伦敦音乐经理人所罗门的邀约。他在伦敦的两次停留巩固了他的声誉，也让他了解了亨德尔的清唱剧。回到奥地利后，他在当地被视为同时代最伟大的作曲家，他的歌曲《上帝保佑皇帝弗朗茨》在1797年成为奥地利国歌。两部清唱剧《创世记》（1798年）和《四季》（1801年）让他的才华达到顶峰，但此后，他的精力不断衰弱，一直到1809年5月31日忽然去世。拿破仑下令派遣一支法国部队前去参加海顿的葬礼，这足以证明海顿的名声之大。

## 四重奏

虽然三重奏奏鸣曲、小夜曲和小步舞曲证明了海顿的天赋，但他创作的室内演奏音乐的翘楚是他非凡的四重奏。他在六首《太阳四重奏》（1772年）中最终确定了四重奏规则，后来在六首《俄罗斯四重奏》（1781年）中，他根据绝对新颖的作曲技法创作了一组作品。他的作品在某种程度上达到了完美，直到最后的《托斯特四重奏》《阿伯尼四重奏》都有着罕见的品质，但最后的一部作品《精疲力竭》（Hin ist alle meine Kraft）未能完成。

普莱耶尔出版的献给第一执政官波拿巴的海顿《四重奏》全集，1802年。

## 乐器地位的提升

海顿确保了从羽管键琴到钢琴的过渡，他不仅在为钢琴而作的独奏协奏曲领域出类拔萃（他创作了十一首此类作品），也擅长为小提琴、大提琴、低音提琴、长笛、双簧管、法国号、管风琴和"里拉吉他"创作独奏协奏曲。1796年著名的小号协奏曲是海顿创新精神的典范，自从音栓发明后，他就开始有意识地利用这种乐器的音色特点来创作。

## 在巴赫与莫扎特之间

虽然这位伟大的作曲家的创作涉及众多体裁，但交响乐和弦乐四重奏是他创作手法特征体现得最明显的两个领域。例如，在配器法方面，他在《第六交响曲》中为弦乐器增加了长笛和巴松管，在前面五首交响曲中增加了双簧管和法国号（两组）。很快他还使用了定音鼓（《第十三交响曲》）和小号（《第二十交响曲》），在晚期还使用了单簧管（《第九十九交响曲》）。在作曲技法方面，他从1770年开始放弃了通奏低音，采用四乐章结构（慢引子加快板，艺术歌曲或变奏曲，小步舞曲，最后是回旋曲）。

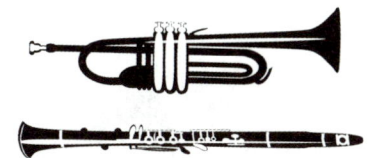

## 声乐方面

除了戏剧和艺术歌曲，海顿终生都忠实于宗教声乐的创作，例如奉献曲、经文歌、赞美歌、感恩赞、弥撒曲等。清唱剧《创世记》呈现出一幅包括了大量描述性和象征性场景的宏伟画面，从最初的混沌到对有信仰之人的赞颂。在世俗音乐方面，《四季》呈现了人类劳作的画面，通俗的气息让作品显得轻松活泼，表明了音乐家对乡村的热爱和向往。

# 沃尔夫冈·莫扎特（1756—1791年）

### 童年和启蒙

1756年1月27日，沃尔夫冈·莫扎特出生于萨尔茨堡。这个小男孩在6岁时就展现出惊人的音乐天赋，9岁时，他随父亲利奥波德一起在欧洲巡回演出。1778年，莫扎特的母亲去世。1784年，他加入共济会，结交了一些重要的社会关系，这些人的思想深度与他因身份地位而不得不参与的肤浅的社交活动形成了强烈对比。

### 阴影与光明

《费加罗的婚礼》（1786年）和1787年在布拉格大受欢迎的《唐璜》让莫扎特品尝到了成功的滋味，但他无法让维也纳接受他的音乐，这是他在物质生活方面不断遭遇困境的源头。在这个困难时期，莫扎特的作曲天赋在歌剧（《女人心》《魔笛》）和最后的协奏曲或室内乐曲领域绽放出独特的光芒。1791年11月18日，他突然病倒，12月5日便与世长辞。莫扎特的葬礼非常低调，这是因为政府在霍乱流行后采取了严厉措施，但一直有人忽略这一点，甚至还有人编造出了不怀好意的"文学作品"。

利奥波德·莫扎特和他的两个孩子，卡蒙泰尔绘，1764年。

《费加罗的婚礼》的服装素描。

### 神秘主义色彩

除了《安魂曲》，莫扎特的宗教音乐在深度方面并不明显。然而《圣体颂》之所以能够把精湛的复调技巧、神圣感和清晰的旋律融合起来，形成一种难以言表的魅力，或许是因为莫扎特在加入共济会后，不再有传播宗教热忱的义务。而《加冕弥撒曲》（1779年）能够绽放光彩是因为它拥有欢快的活力，尤其是在《荣耀颂》和精彩的《信经曲》中。

### 莫扎特的戏剧

歌剧或许是这位伟大作曲家留下的最宝贵的遗产。学徒生涯结束后，莫扎特凭借《克里特王伊多梅纽斯》（1781年）得到公众认可，接下来的作品，从《后宫诱逃》到《费加罗的婚礼》，再到死前两个月完成、取材民间童话和神秘故事的《魔笛》，都是杰作，例如在《费加罗的婚礼》中，他使用了每分每秒都是想象力结晶的新戏剧语言来揭示情感。同样，他拒绝墨守成规的做法也主导了《唐璜》的音乐，在这部描写对欢愉无尽渴求的作品中，所有的期待都被打破。

## 从羽管键琴到室内乐

我们可以在莫扎特早期的钢琴奏鸣曲、钢琴和小提琴奏鸣曲以及更早的二重奏、三重奏作品中发现海顿的影响，但莫扎特后来在这一领域展现出了无与伦比的独创性，尤其在他的三十首四重奏中。《不和谐弦乐四重奏》的音乐演奏出了混乱、无序感，以及走向光明的必要性，在这部作品中，过去的遗产和未来的谋划都为表达一种难以描述的理想而服务。

## 留给后人的遗产：五重奏

五重奏K.515和K.516创作于莫扎特的服丧期，当时他接连失去了第三个孩子、朋友哈茨菲尔德和父亲。莫扎特常常思考死亡，他那封著名的给父亲的信写于1787年4月4日，信中透露出惊人的逆来顺受："既然死亡（必须准确理解这件事）是生命最终存在的理由，那么近年来，我已经非常熟悉这位人类真正的、完美的朋友，对我而言，它的形象不仅不再骇人，甚至让人平静，感到快慰。"对这些痛苦的升华表达赋予了K.593和K.614这最后两部五重奏活力。

## 协奏曲的魔力

虽然莫扎特创作了很多协奏交响乐，但他的天赋在器乐协奏曲中绽放得最为淋漓尽致，他的协奏曲作品数量是罕见的丰富，这四十多首乐曲无疑证明了这一点，乐器的种类也非常丰富，例如钢琴、小提琴、长笛、双簧管、巴松管、法国小号、小提琴和中提琴、长笛和竖琴。在1791年10月7日完成的最后一首协奏曲《单簧管协奏曲》中，莫扎特的作品语言之所以与众不同，一方面是既有独奏乐器有着令人愉悦的流畅度，另一方面是所有旋律与和弦以一种奇特从容的方式融合在了一起。

## 最后的交响乐

虽然维也纳的思想依旧影响着交响曲《哈夫纳》和《林兹》，虽然《布拉格》依旧拥有浓厚的复调音乐色彩，似乎汇聚了先人的成果，但莫扎特最后三部交响曲却开创了一个新时代，理由各不相同：第39交响曲有着紧绷的、令人不安的力量；第40交响曲拥有悲哀的忧郁；第41交响曲则拥有令人欢欣鼓舞的活力。第40交响曲的主部主题是一个灵感与抒情的奇迹，它比任何一首曲子都更能呈现充满力量的光芒，照亮一个失去了神童光环、音乐生涯之初的激情以及同时代人的青睐的32岁作曲家的痛苦。

《g小调第40交响曲》K.550。

# 路德维希·范·贝多芬（1770—1827年）

## 音乐家的青年时期

1770年12月17日，路德维希·范·贝多芬出生在波恩，他是家中七个孩子中最小的，其中只有三个孩子活到了成年。1775年，父亲开始教他音乐，他最早的作品创作于1782年。后来贝多芬被介绍给了约瑟夫·海顿，母亲去世后（1787年），他成为海顿的学生。在即兴演奏方面天赋异禀的他，很快就在维也纳成为公认的技艺无双的演奏家。成为维也纳贵族的宠儿后，贝多芬在1794年出版了第一部作品集，包括三首为钢琴、小提琴和大提琴二作的三重奏，以及早期的奏鸣曲和协奏曲。

## 荣耀和考验

18世纪90年代末，贝多芬创作了最早的六部弦乐四重奏、弦乐和管乐七重奏、奏鸣曲《悲怆》和《第一交响曲》（1800年）。《第一交响曲》受到维也纳乐派思想的影响，从最初的音符开始，它就摆脱了海顿的束缚，但这丝毫没有影响它在1800年4月2日首演时大获成功。正当光辉的未来向他敞开怀抱之时，贝多芬发现他的听力出了问题，但还称不上真正的耳聋。贝多芬后来经历了一场严重的思想危机，1802年10月6日的《海利根施塔特遗嘱》证实了这一点。

## 永恒的爱人

贝多芬创作的优美歌剧《费德里奥》（1805年）没能吸引公众，但他在器乐方面不断取得成功。他后来在爱情上遭遇了一场严重的挫折，那段恋情始于1812年的夏天。贝多芬死后，人们在他的遗物中发现了一封他写给"永恒的爱人"的信，这是它留下的唯一痕迹。有人猜测这位"永恒的爱人"是朱丽叶塔·圭查蒂或玛利亚·冯·埃尔多迪。他的这份爱意从未被寄出，这个谜题也留存至今。

## 时代的力量

1823年3月19日，贝多芬终于把《庄严弥撒曲》手稿呈交给了鲁道夫大公，这是他唯一一部合唱代表作。这首弥撒曲的规模宏大，需要多个合唱团、独奏者、大管弦乐团和管风琴参与，它为《圣经》赋予的表现力在"信经曲"中达到高潮。和《庄严弥撒曲》一样，他于1815年到1819年创作的《钢琴奏鸣曲》（op.106）在长度和美感方面超过了以往同一体裁的所有作品。

油画《贝多芬与庄严弥撒曲手稿》，约瑟夫·卡尔·施蒂勒绘，1820年。

作曲家

卡斯帕·大卫·弗里德里希的油画《注视月亮的两个男子》，约1825年。

## 痛苦的晚年

1822年演出季期间，《费德里奥》重演并获得成功，随后1823年6月16日，贝多芬出版了《迪阿贝利变奏曲》。一年后，《第九交响曲》首演并获得观众欢迎，但商业成绩并不理想。在这之后，一系列事件接踵而至：侄子卡尔自杀未遂，整个8月和9月都在医院度过；在弟弟约翰家发生争吵；在归途中着了凉。贝多芬得了水肿，经历了四次穿刺取出胃部积水后，1827年3月26日，这位伟大的音乐家离开了人世。

## 钢琴奏鸣曲

继海顿和莫扎特之后，贝多芬也为钢琴地位的提升做出了贡献，钢琴富有表现力的音色非常适合这位浪漫主义天才来表达孤独。因此，贝多芬开启了一个时代，在19世纪，钢琴成为音乐创作的主要载体。三十二首钢琴奏鸣曲使用了新的主题阐述原则，它们可以分为三大类：第一类，扩大了钢琴的抒情能力（《悲怆》《月光曲》）；第二类，在扩大的结构中改变了语言（《华尔斯坦》《热情》）；第三类，最后五首奏鸣曲改变了一切形式和作曲规则。

## 九部交响曲

贝多芬的九部交响曲为他赢得了世界性的荣誉，我们甚至无须提到它们有多么伟大。虽然《第五交响曲》和《第九交响曲》最为出色，超过了《第三交响曲"英雄"》和《第六交响曲"田园"》，但这九部作品都有不可替代之处，甚至是带有莫扎特影子的前两首交响曲或向维也纳审美理念致敬的《第四交响曲》和《第八交响曲》。此外，《第七交响曲》或许是他最具神秘感的乐曲，这得益于他对声音素材所进行的介于分解和扩散之间的绝妙处理。由此可见，贝多芬选择交响乐是因为这种体裁相对较新，能让他推陈出新。

## 《第九交响曲》

1793年，贝多芬脑中突然出现了为席勒的《欢乐颂》谱曲的想法，这一漫长的缘起解释了《第九交响曲》的绝对创新性。从一开始，调性似乎消失了，一直到主调d小调在强烈的庄严感中确立下来，随后，和弦随着缓慢而深沉的变化而变化。为了从器乐过渡到合唱，贝多芬在最后一部分果断结束，采用了巧妙的非常规方法：将一部分抒情语句交给低音弦乐，然后著名的主题（"我找到了表达欢乐的方法"）流畅而从容地随着充满激情的重奏被吟唱出来。

679

# 卡尔·马利亚·冯·韦伯（1786—1826年）

卡尔·马利亚·冯·韦伯肖像画，托马斯·劳伦斯爵士绘。

## 探索德国歌剧

不到30岁，韦伯就凭借《西尔瓦娜》成为备受认可的作曲家，这部规模中等的戏剧使用了一部已失传的早期作品的素材。在1810年到1811年，他创作了《阿布·哈桑》。1813年，路过布拉格时，卡尔·马利亚得到了布拉格歌剧院乐团指挥的工作邀约。他在这里开始探索德国歌剧，把各种艺术表现手段融合在一起，服务于歌剧的统一性。

## 教育和早年

1786年11月18日，卡尔·马利亚·冯·韦伯出生在吕贝克附近的奥伊廷的一个音乐家庭，他很早就开始学习钢琴，后来在萨尔兹堡和维也纳分别跟随迈克尔·海顿（约瑟夫·海顿的弟弟）和沃格勒神父学习作曲。18岁时，他在布雷斯劳获得乐队指挥的职位，这份工作让他充分了解了演出曲目和指挥方法，深刻体会了剧院的苛刻要求。1810年，因为一桩从未被澄清的丑闻，他被驱逐出符腾堡，经历了三年的流浪生活，在此期间，他成为令人羡慕的著名钢琴演奏大师。

## 胜利与幸运

1816年，韦伯担任德累斯顿的乐团指挥，这为他的物质生活提供了保障。1817年7月，他开始创作《自由射手》，11月4日，他迎娶了优秀的女歌唱家卡罗利娜·勃兰特。1821年6月18日，《自由射手》在柏林剧院首演并大获成功，随后在巴黎和伦敦也获得成功，韦伯在欧洲范围内声名大噪，最直接的结果就是他接到了《欧丽安特》和《奥伯龙》的预订单。

## 过早去世

1823年10月25日，《欧丽安特》在维也纳首演并受到欢迎，但在德累斯顿演出后却遭到了带有敌意的批评。1826年4月12日，《奥伯龙》在伦敦首演并取得成功。然而，排练和演出带来的压力加速了这位音乐家生命的终结。他渴望与妻子和两个幼子重逢的愿望未能实现，1826年6月4日到5日的凌晨，韦伯与世长辞，享年39岁。

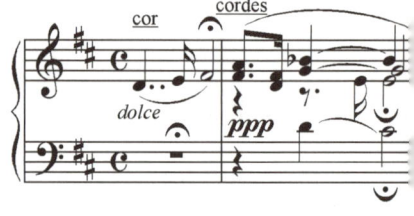

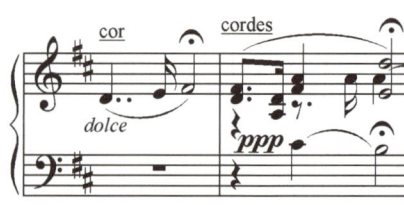

## 对戏剧的偏好

虽然韦伯主要是一位戏剧音乐家，但他创作的器乐的特点表明他的器乐作品和声乐作品拥有同样的力量，例如他在协奏曲中使用的与钢琴传统相悖的震音，以及交响曲、《e小调钢琴奏鸣曲》《g小调钢琴三重奏》、f小调钢琴和管弦《音乐会曲》中丰富的标题元素。虽然他的配器法在很大程度上延续了莫扎特的传统，但韦伯为每件乐器的优点赋予了自己的特色，探索了它们在技术和表达方面的潜力，在他之前，没有任何作曲家这么做过。

## 《自由射手》

《自由射手》受到柏辽兹和瓦格纳的赞赏，堪称韦伯的杰作。对戏剧冲突的坚持（天堂与地狱、善与恶）要求对自然有一种浪漫主义色彩的设想，要么人承受其威胁，要么人获得其保护，只有音乐手段能够表现这种二分法，这构成了一种无可争议的创新之处。韦伯使用歌唱剧、朴素的民俗、奢华的宗教排场来诠释自然的神圣力量和人类灵魂的深渊的方式呈现出了难能可贵的效果。这部作品是他的戏剧本能的成果，开辟了音乐史上的新篇章。

## 《欧丽安特》和《奥伯龙》

《欧丽安特》被誉为"伟大的浪漫主义英雄歌剧"，结合了历史和神话主题的大歌剧与浪漫主义歌剧，虽然它拥有精美的序曲，也有浪漫主义风格的管弦技法和前瓦格纳时期的风格，但它从未得到认可。《奥伯龙》被称为一部"恢宏的、浪漫主义的、仙境般的"歌剧，韦伯将他的天赋屈服于英国面具音乐的传统，同时借用了喜歌剧和抒情歌剧的元素，整体呈现出的效果是灾难般的大杂烩。《奥伯龙》之所以能够悄悄流传下来，仅仅是因为它的优雅和对幻象的审美理念。

歌剧《奥伯龙或精灵之王》，创作于1826年。

## 丰富的遗产

如今，韦伯的精神遗产依旧存在于后人演奏的《自由射手》《欧丽安特》和《奥伯龙》的序曲、单簧管协奏曲和几首钢琴曲或室内乐之中。对于这位对19世纪产生重要影响的作曲家而言，他的音乐遗产数量并不算多，柏辽兹从他作品中预感到新管弦乐团的潜在价值，肖邦的钢琴语言也受他影响，李斯特为键盘作曲的技法也从他作品中受益。韦伯不仅是剧院经理、导演，他也因广博的修为和对哲学的偏爱而成为瓦格纳眼中的伟大楷模。他为争取绝对的艺术完整性而不断进行的英雄般的斗争最终得以完成。

# 焦阿基诺·罗西尼（1792—1868年）

焦阿基诺·罗西尼肖像画，贝泰利绘，1818年。

## 矛盾

罗西尼的肖像画拥有彼此矛盾的特点，我们从中既可以发现幸福者的微笑，也可以看到深度忧郁者的悲伤。我们从他眼中可以读到意外的怒火和宽容的温柔，从他的身形可以发现他对美味佳肴的热爱，也能察觉到过早来临的疾病的诅咒。在音乐史上，没有人像他那样挪动或剽窃自己的旧作。这个懒惰的恶习难改之人在漫长而辉煌的一生中创作的作品数量超过任何人，贪恋女色的他为低音乐器和当时的男中音谱写了不计其数的华丽乐章。

## 经久不变的现代性

1792年2月29日，罗西尼出生在佩萨罗，19世纪歌剧的统一性就诞生在他的戏剧作品中，这种统一性打破了使用宣叙调来间隔乐曲的原则。此外，他的作品中有时近乎癫狂的喜剧色彩有着惊人的现实性，这解释了这位音乐家的身后之名及其主要作品的永恒性（《塞维利亚的理发师》《意大利女郎在阿尔及尔》《灰姑娘》《贼鹊》《威廉·退尔》）。

## 密集的职业生涯

罗西尼的歌剧作曲生涯开始于1810年，当时威尼斯的圣摩西剧院委托他创作了《婚姻契约》，随后他谱写了数量众多的作品（《试金石》《坦克雷迪》《意大利女郎在阿尔及尔》《土耳其人在意大利》等）。罗西尼被非常有影响力的剧院经理巴巴雅邀请到那不勒斯，并在那里创作了多部作品（《灰姑娘》《贼鹊》《穆罕默德二世》《泽尔米拉》），但1816年《塞维利亚的理发师》首演之地定在了罗马，首演并不如人意。

描绘路易吉·拉布拉什扮演的塞维利亚的理发师的木版画，1816年。

## 贝多芬的独特赞美

罗西尼曾满怀敬意地前往美丽但动荡的维也纳拜访贝多芬，贝多芬对这位年轻的意大利同行说的话非常暧昧："啊！罗西尼，您就是《塞维利亚的理发师》的作者？恭喜您。这是一部出色的喜歌剧。永远不要试图做其他事情，想要在另一种体裁中取得成功就违背了您的命运。您知道，悲歌剧不存在于意大利人的天性之中。相信我，您没有真正的音乐技巧来处理真正的戏剧。"这是一种独特的赞美，从中可以听到这位"伟大的聋人"内心的酸楚。

### 走红巴黎

1824年,罗西尼成为意大利剧院的经理。作为一名老练的战略家,他精心准备,打算征服巴黎歌剧界,于是趁此机会把《穆罕默德二世》改写为《科林斯之围》,把《摩西在埃及》改写为《摩西与法老》(1827年)。在某种程度上,这两部改编的作品为"法式大歌剧"开辟了道路,《奥利伯爵》(1828年)和《威廉·退尔》(1829年)则标志着"法式大歌剧"的成熟。这些作品有着绚丽而清晰的旋律、戏剧化的表现力和大胆的和弦,在极尽奢华的舞台背景中成功融合了意式歌剧和法式朗诵。

### 在巴黎的最后时期

1858年,罗西尼在帕西购置了一块地,在那里建了一栋避暑寓所。他还在巴黎另租了一间公寓,他在那里举办的音乐沙龙是巴黎最有名的沙龙之一,威尔第、古诺、梅耶贝尔、德拉克洛瓦、格莉西、帕蒂、瓦格纳等人纷纷前来拜访。这位年迈的大师偶尔也会重操作曲旧业,他戏谑地把最后的几部作品统称为《晚年的罪恶》,也创作了一些艺术歌曲、钢琴曲和小组曲。1868年11月13日周五,76岁的罗西尼在帕西别墅去世。

### 怪异的个性

不计其数的故事讲述了罗西尼的幽默,但它们到底有多少可信性?他真的曾经祝贺柏辽兹不懂音乐,所以能够避免写出糟糕的作品?他真的退回过瓦格纳的乐谱,并表示其声乐效果比普通视唱"好一点"?在那些最让人难以忘记的传说中,或许最能说明问题的是他一生只哭过两次,这两次都和"chute"(法语词,有"失败"和"掉落"两种含义)有关:一次是《塞维利亚的理发师》在罗马首演失败;另一次是某次河上野餐时,一只块菰火鸡掉进了水里。

### 巨大的荣耀

几乎在首演两个世纪之后,作曲令人赞叹的《威廉·退尔》依旧代表着罗西尼歌剧天赋的巅峰和精华,他的荣耀也在这部作品首演时达到了顶峰。无论在媒体还是公众看来,他都是"全世界最伟大的作曲家",他的光芒甚至驱散了巨人贝多芬的神话所带来的阴影,虽然罗西尼本人极其仰慕莫扎特和贝多芬,但他并没有达到狂热崇拜的程度。

塞勒斯坦·德赛伊的《威廉·退尔》第二幕背景版画,1829年。

# 弗朗茨·舒伯特（1797—1828年）

弗朗茨·舒伯特肖像画，威廉·里德勒绘，1875年。

## 在维也纳度过的青年时期

舒伯特出生于1797年1月31日，他的管风琴启蒙老师是一位名叫霍尔泽的人，小提琴启蒙老师则是他的父亲。他是帝国圣堂唱诗班的学生，他最初的试验作品也在那里被演奏，包括一部弥撒曲，一些钢琴片段。从《纺车旁的玛格丽特》（1814年）开始，他的艺术歌曲作品越来越多。1819年夏天，他与歌手福格尔一起前往上奥地利州，这是一趟愉快的旅行，我们在五重奏《鳟鱼》中能够感受到这种快乐。

## 早来的认可

从1821年到1828年，舒伯特在超过11家不同的出版社出版了约106部作品集，因此他能够享受到物质上的舒适和精神上的平静，这是很少有作曲家这么快就能拥有的。1821年，舒伯特为了维持社会关系，加入了"音乐之友协会"，这使他能够经常出入权势阶层，并接受邀请出现在沙龙中。1823年，他成为格拉茨和林茨音乐协会的荣誉会员，很快就成为继当时的音乐大师罗西尼之后，在协会的音乐晚会上作品被演奏最多的作曲家（贝多芬对此非常气愤）。

## 生与死

除了母亲的去世（1812年5月28日），似乎没有什么大的悲痛能让舒伯特规律的生活变得暗淡。他早晨作曲，下午在咖啡馆，晚上去剧院！舒伯特贪恋美酒，喜欢年轻女子。如果能采取预防措施，他或许不会染上梅毒，这种疾病解释了他在1823年遭受的精神重创。最后，他是一位不知疲倦的欢乐聚会组织者，这些聚会被称为"舒伯特小集"。然而，1828年10月，他的身体出现了斑疹伤寒的症状，卫生条件的缺乏导致这一症状加剧。11月11日，这个31岁的年轻人卧床不起，身体极度虚弱。19日，病情突然加重，夺走了他的性命。

## 艺术歌曲的魔术师

《魔王》（1815年）改编自歌德的抒情诗，描绘的是一位父亲抱着弥留的孩子骑马奔驰，在这首歌曲中，琴键的敲击诠释出马的奔跑，令人窒息的旋律表达了父亲的绝望。在这一时期，舒伯特经常为歌德的作品谱曲，例如《野玫瑰》和《风平浪静》。继《鳟鱼》《死神与少女》等杰作之后，他在1823年采用了套曲原则，创作了《美丽的磨坊女》，后来的《冬之旅》（1827年）则通过绝望的回忆讲述了一段令人倍感忧郁的旅程。

## 《未完成》

在公众看来,舒伯特的管弦乐作品虽然质量优秀,但由于其中的《第八交响曲》落得了"未完成的交响曲"的"美名",所以依旧留有缺憾。这部交响曲只有两个乐章拥有完整曲谱,流传至今的第三乐章的谐谑曲只有钢琴谱草稿。这部作品的美是无法超越的,第一乐章的第二主题更是他创作的乐曲中最完美的一支。两个乐章的中速节奏(中速快板和稍快的行板)进一步增加了作品的魅力,音乐素材中出现了非常明显的对比意愿,两个乐章之间出现了从b小调到E大调的变调。

## 五重奏《鳟鱼》

五重奏《鳟鱼》创作于1819年的夏天,第一个乐章的特点是声音层次的重叠,钢琴在高音区变化,确保了低音提琴的独立。整首谐谑曲的活力极具感染力,终曲则采用了变奏和持续展开。从乐章开始到结束,这位22岁的作曲家的成熟在迷人的转调中表现得淋漓尽致。

## 钢琴奏鸣曲

舒伯特的大部分钢琴奏鸣曲创作于1823年到1826年间,他在1822年创作的《流浪者幻想曲》成了它们的序曲。这首作品共有四个部分,探讨了源自艺术歌曲《流浪者之歌》的主题思想。舒伯特的最后三首奏鸣曲创作于1828年。这三首马拉松似的作品似乎忘记了一切限制,暂停了时间,这是音乐家们最难破解的一个谜。

## 幸福的一生

很少有人的生活像舒伯特一样令人羡慕。他出生在一个幸福的家庭,在维也纳最好的学校之一接受教育,很早就学习音乐,周围都是富有又开朗的朋友,也有很多娇小或高挑的女性友人,他能拒绝在他看来太过拘束的教师工作,成为备受认可、报酬丰厚的作曲家,时而过着放荡不羁的生活,时而经历有趣的旅行……这一切似乎都能让他心满意足,与那些曲解了他艺术家命运的故事传说恰恰相反。其实,除了去世较早,他的一生没有别的悲剧。这突如其来的死亡解释了后来他的作品传播的特点。

在约瑟夫·冯·史伯恩(Josef von Spaun)家中举办的舒伯特主题聚会。莫里茨·冯·施温德(Moritz von Schwind)的速写,1868年。

# 埃克托尔·柏辽兹（1803—1869年）

埃克托尔·柏辽兹的肖像画。

## 永远具有现实性的音乐

柏辽兹的音乐不太适合生硬的分析，这位艺术家充满激情的投入拥有无可比拟的力量。这解释了《幻想交响曲》为何拥有永恒的现实性，在整整一代人的耳中，它首先具有宣言般的价值，这一点与同时期的戏剧《埃尔纳尼》（*Hernani*）相同。敏感之人总是能在这独一无二的乐曲的喧闹之中，发现自己的梦想与激情的影子。

## 音乐与激情

1803年11月11日，埃克托尔·柏辽兹出生在法国的科特-圣安德烈，他从小就对音乐充满热情，强制自己学习拉莫的《论和弦》，但被禁止学习钢琴。1823年，他进入巴黎音乐学院学习，于1830年在这里指挥演奏了《幻想交响曲》，这部作品开启了法国的浪漫主义音乐运动。随后他迎娶了心爱的哈丽耶，儿子路易出生后，他体验到了为人父的快乐。

## 伟大职业生涯中的幸运与不幸

柏辽兹从1835年开始担任《辩论日报》的评论员，受法国政府邀约创作了《安魂曲》（1837年）和《葬礼与凯旋交响曲》（1840年）。这位作曲家在法国和其他许多国家都受到了认可，他如同一股"音乐的力量"（出自弗朗索瓦-约瑟夫·菲迪斯），开始了令人羡慕的职业生涯。然而1846年时，史诗传奇《浮士德的天谴》遭遇失败，打断了他通往荣耀的上升之路。这次失败不仅让他破产，也让他的精神备受打击，在国外，尤其是在俄罗斯和德国取得的成功没有让他得到多少安慰。此外，当时他私人生活中的忧愁情绪也影响了他的人生和艺术命运。

1863年，《特洛伊人》最后三幕的布景。

## 悲惨的晚年

50岁那年，这位伟大的音乐家充实力量，创作了清唱剧《基督的童年》（1854年）和两部歌剧《特洛伊人》与《比阿特丽斯与本尼迪克》。柏辽兹疾病缠身，不被人理解，他体会到了高傲的孤独带来的酸楚（"我独自一人；我对人类愚蠢的蔑视、对他们残酷无情的憎恨达到了顶点；我每时每刻都对死神说：'随你什么时候来！'它还在等什么？"，1864年），但至少魏玛、维也纳和圣彼得堡的公众的掌声让他得到了满足。1868年，老朋友安贝尔·费朗自杀，这是他最后一次体会悲伤。1869年3月8日，他在巴黎去世。

## 现代管弦乐的创立

只要有一支管弦乐队，柏辽兹可以做到一切，表达一切。这绝非奇迹，只是一种绝对自信的本能，一种以经验为支撑的思考。其作品最壮观的效果源自声音层次的合理叠加，这些层次彼此烘托，而非相互排挤，这一特点同样体现在序曲[《海盗》（Corsaire）、《罗马狂欢节》（Carnaval romain）]以及所有管弦乐作品中。

## 四部交响曲

柏辽兹在十年时间里创作了四部交响乐：《幻想交响曲》（1830年）、《哈罗德在意大利》（1834年）、《罗密欧与朱丽叶》（1839年）和《葬礼与凯旋交响曲》。柏辽兹为最后两部作品增加了声部，在《哈罗德在意大利》中让中提琴承担了独奏角色。《幻想交响曲》共有五个乐章，《罗密欧与朱丽叶》分为三个独立部分。这些作品的标题是柏辽兹最具创新价值的贡献，这四部杰作都以文学内容为基础，乐章的标题对此有明确表述：《赴刑》《强盗的狂欢》《朱丽叶的葬礼行列》《葬礼祷告》等。

## 曲终散场！

"最后，在我即将结束这封信之际，我要感谢您，保持着纯洁艺术文化的神圣的德国！感谢您，慷慨大度的英国！感谢您，拯救过我的俄罗斯！还有你们，我亲爱的法国朋友，你们高尚的心灵和情操，胜过我所知的任何民族！我何其有幸结识了你们！与你们的交往永远是我最珍贵的记忆。至于你们，狂暴的疯疯癫癫的家伙；至于你们，吉尔登斯特恩（Guildenstern）、罗森克兰茨（Rosencrantz）、伊阿古（Iago）、奥斯里克（Osric），还有各路鬼怪精灵们，再见了，我的朋友。我鄙视你们，但愿我在进入棺材之前能把你们忘个一干二净！"（《回忆录》，1854年10月18日于巴黎）

《幻想交响曲》的乐谱。

## 《特洛伊人》

这部由《特洛伊陷落》和《特洛伊人在迦太基》两部分组成的大歌剧在柏辽兹去世二十年后才首演。这部作品的无可比拟的美感源自恢宏的乐曲、组曲和合唱，也源自极其出色的管弦乐队伴奏。无数段落都能证明这一点，《国王的狩猎和暴风雨》（La Chasse royale et orage）便是其中之一。在这个片段中，铜管乐器凸显出狩猎者这一主题，木管乐器的尖厉声生动呈现了暴风雨的紧张局势，弦乐器的六连音形象表现了溪流下泻成瀑布的景象，山林仙女的合唱构成了背景，回荡着"前往意大利"的召唤。而且这还只是这部歌剧历史上的重要作品的一个普通片段而已。

# 弗雷德里克·肖邦（1810—1849年）

比松（Bisson）于1848年拍摄的弗雷德里克·肖邦的照片。

### 斯拉夫，拉丁，世界……

弗雷德里克·肖邦的母亲是波兰人，父亲是法国人，他钟情于意大利美声唱法，他那巴黎式的优雅达到了考究的程度，他那哀婉动人的细腻表达中有着只属于斯拉夫民族的深沉情感，他是音乐历史上最低调也最受爱戴的音乐天才之一。他拥有非同一般的灵感，所有音乐爱好者都能立刻将其分辨出来。这种灵感催生了独一无二的奇迹，让他具有世界性。

### 波兰的童年

1810年3月1日，弗雷德里克·肖邦出生在热拉佐瓦沃拉，父亲来自法国洛林。年幼的弗雷德里克表现出惊人的早熟，他从6岁开始学习钢琴，1818年创作了第一首波兰语作品。1826年到1829年，他就读于华沙音乐学院。掌握了超凡技巧之后，他在维也纳开始了自己天赋异禀的作曲家生涯，并在那里表演和出版了《让我们携手同行》变奏曲。罗伯特·舒曼在一篇著名的预言般的文章里对这些作品表示赞赏："脱帽致敬吧，先生们！他是个天才！"然而，这位年轻的音乐家已经在憧憬着艺术界最重要的舞台：法国首都巴黎。

### 在巴黎的成功

1830年11月2日，肖邦离开波兰，前往巴黎，从此再也没有回过故土。他带去了第一部练习曲合集，立刻得到了弗朗茨·李斯特的赞赏，而且被认定将成为最伟大的演奏家。肖邦很快在艺术领域和上流社会大获成功，他不仅是作曲家，也是演奏者，同时还是教师，只为那些从最富裕阶层挑选出来的学生授课。1832年2月，他在巴黎举办了第一场音乐会，密集的创作和出版工作紧随而至，他的波兰舞曲、玛祖卡舞曲、夜曲、变奏曲和其他回旋曲为他赢得了广泛认同，尤其是柏辽兹的认同。

### 体弱多病的辉煌音乐家

1838年，在乔治·桑的陪同下，肖邦在马略卡岛短暂居住，但这段时光并不平静。回到法国后，他在诺昂和巴黎之间辗转，前者是乔治·桑的故乡，后者是他的声誉与日俱增之地。他最美妙的乐章就是在这一段时期创作的。1847年，肖邦与乔治·桑分道扬镳，这严重加剧了他身体和精神上的痛苦。在人生最后几年里，肖邦虽然体弱多病，郁郁寡欢，却爆发了惊人的创造力。这位作曲家前往英国做最后一次旅行，在返回巴黎途中备受病痛折磨。1849年10月17日，他在巴黎逝世，享年39岁。

1838年欧仁·德拉克洛瓦所绘的乔治·桑。这是乔治·桑和肖邦的肖像画的一半，收藏在哥本哈根，另一半则在卢浮宫。

作曲家

## 肖邦，绝对的钢琴王者

除了两部协奏曲、重要的《幻想曲》(*Fantaisie*)、《克拉科维克回旋曲》、《让我们携手同行》变奏曲的管弦乐部分以外，在艺术歌曲[《波兰歌曲17首》、《魔法》(*Les Sortilèges*)、《杜姆卡》]、《钢琴、小提琴和大提琴三重奏》、《长笛和钢琴变奏曲》(*Variations pour flûte et piano*)、《引子与华丽的波兰舞曲》(*Introduction et polonaise brillante*)、《"恶魔罗勃"主题大二重奏》和《大提琴和钢琴奏鸣曲》这样的作品中，弗雷德里克·肖邦的天赋全都给了钢琴。他和李斯特一起确立了一个新的公式：表达依赖于技术，所以如果想要讲一种全新的音乐语言，钢琴必须为自己创造一种新的技术。

## 练习曲，高手的圣经

没有任何音乐作品比《练习曲》更能表现高超技艺的无穷力量。无论是巴赫（管风琴）还是帕格尼尼（小提琴），都没有如此深刻地改变自己乐器的语言。这二十四首《练习曲》构成了浪漫主义音乐技巧的代表目录，每一首都拥有精确的技术特点：十度音的右手琶音、手指的重叠、拇指的移动、第五根手指的地位提升、三度音、六度音、八度音等。它们称得上是独一无二的精湛手指技巧的难点大全。

## 无法解释的吸引力

肖邦的四首叙事曲或许是他作品中最美妙的乐章。第一首叙事曲充分展现了他的旋律天赋，第二和第三首体现了他所取得的进步，这些进步直接塑造了第四首在艺术层面上的完美。肖邦的谐谑曲同样有四首，它们都拥有无形的华丽之感，但或许即兴曲和圆舞曲最能揭示出这位音乐家独具特色的吸引力的秘密所在。

弗雷德里克·肖邦的《叙事曲1》。

## 浪漫主义特色

肖邦用玛祖卡舞曲和波兰舞曲，高举反抗旗帜，反对沙皇俄国，所以其中最有名的两首作品被加上了"军队"和"英雄"这样的修饰语也并非偶然。在夜曲中，忧郁之情弥漫于乡愁之中，但又充满力量。至于在马略卡岛短暂居住期间所作的序曲，它们如同转瞬即逝的幻觉，这些幻觉源自一个不堪重负之人的灰暗内心。

689

# 罗伯特·舒曼（1810—1856年）

## 备受折磨的天才

没有人的创作天赋比罗伯特·舒曼更耀眼。这位奇人备受疯狂的自杀倾向折磨，他的作品具有一种难以解释的美，完美得不可思议。这位伟大音乐家的一生绝不仅仅是无止无休的黑暗，在这源自内心的黑暗深处，传出了极为悲痛的不协调的声音，为了抵御这种悲痛，他仅有的自救方法就是他那"配得上世间所有赞颂"的美妙音乐。

## 志向

1810年6月8日，罗伯特·舒曼出生在茨维考，父亲是博学多识的书商，他在童年时期就与德国的知名作家和诗人有密切接触。1819年，在伟大的音乐家莫谢莱斯的一场音乐会上，尚年幼的他第一次受到了来自音乐的冲击。由于他的诗人或音乐家的志向尚未确定，他开始学习法律。一场帕格尼尼的音乐会扫除了他最后的疑虑，他立志成为作曲家。他于1830年创作了《阿贝格变奏曲》和《蝴蝶》。回到莱比锡后，他跟随弗里德里希·维克学习，并在1834年创办了《新音乐杂志》，向浪漫主义一代的天赋致敬。

约瑟夫·克瑞胡波描绘罗伯特·舒曼的石版画。

## 疾病

正当一切似乎都很顺利之时，一个可怕的不幸打破了他的灿烂梦想，他的一根手指麻痹了。虽然医学方面对这个悲剧有不同解释，但现实就是，舒曼将不能再以钢琴家的身份登上音乐会的舞台。除此之外，他也出现了精神障碍的早期症状，具体表现为人格分裂的多种迹象，随着时间推移，这种病情还在不断加重。

女钢琴家克拉拉·舒曼。

## 克拉拉

舒曼疯狂爱上了他老师的女儿克拉拉·维克，他不顾老师的强烈反对，于1840年与克拉拉结婚。克拉拉是技艺高超的著名演奏家，她让整个欧洲都听到了丈夫的作品，鼓励丈夫创作艺术歌曲，当他转向创作管弦乐、室内乐和协奏曲时也一直支持陪伴。但她无力宽慰罗伯特在歌剧方面的失败，他创作德语歌剧的梦（已由莫扎特培育成熟）破碎了，公众追捧意大利歌剧，却对他十分冷漠。

## 作曲家

### 失败

虽然舒曼有八个孩子,家庭生活给他带来了温暖,但歌剧《格诺费娃》的失利以及在杜塞尔多夫担任乐队指挥所遭遇的失败让他深受伤害,脑中的幻觉让他的精神逐渐崩溃。1854年2月27日,跳莱茵河自杀之前,他神志十分清醒地写道:"黑夜开始降临。"被船夫救起之后,根据舒曼自己的要求,他在波恩附近的一家精神病院中度过了人生最后两年,勃拉姆斯曾去那里探访过他。在最后的三周里,他拒绝进食,1856年7月29日,经受痛苦折磨后,他离开了人世。

### 钢琴

舒曼的大部分作品都是为钢琴而作。从《阿贝格变奏曲》和《蝴蝶》等早期作品开始,他的灵感就呈现出变化多端的特质。《间奏曲》和《托卡塔》展示了他不断成长的高超技艺,随后的《狂欢节》和《交响乐练习曲》这两部作品让他的创作一下子超越了当时其他的键盘作品。在《狂欢节》中,陪伴舒曼出场的是这位充满激情的年轻音乐家敬仰和热爱的肖邦、帕格尼尼等音乐家所组成的欢乐队列。在《交响乐练习曲》中,高超精湛的技巧与不停涌现的闪光思想合为一体。

### 声乐

对于艺术歌曲的歌词,舒曼选择了他偏爱的作家,例如海涅(《诗人之恋》)、沙米索(《女人的爱情与生活》)和艾兴多夫(《声乐套曲》),把极致的感性和丰富的想象、温柔和焦虑、恣意的快乐和沉静的冥想结合在一起。相反,《天堂与仙子》《迷娘安魂曲》,甚至歌剧《格诺费娃》都未能获得认可。舒曼未能成功创作出一部典型的德国歌剧,只能痛苦放弃,尤其在听过理查德·瓦格纳的《唐豪瑟》之后。

### 管弦乐

舒曼创作的两部成功的协奏曲是后期的《大提琴协奏曲》(1850年)和令人赞叹的《钢琴和管弦乐协奏曲》(Concerto pour piano et orchestre,1845年),后者深沉的思想性、抒情性和平衡性意味着对演奏的苛刻要求。他的四部交响乐具有难以形容的美感,它们的价值在于丰富的旋律和即兴、随意的特点,这种特点源自贯穿不同乐章的循环音乐动机,这不仅巩固了乐曲的整体结构,也带来了最出乎意料的亮点。

1818年,卡斯帕·大卫·弗里德里希所绘的《云海漫游者》。

691

# 弗朗茨·李斯特（1811—1886年）

弗朗茨·李斯特的照片，拍摄于1866年。

## 欧洲浪漫主义的中心

弗朗茨·李斯特是绝无仅有的在欧洲两次大规模浪漫主义浪潮之间承上启下的音乐大师，他能够接受一切创新。他一直热心帮助那些不被命运眷顾的朋友，见证并参与了被埃克托尔·柏辽兹的《幻想交响曲》打上烙印的时期，以及后来理查德·瓦格纳的《罗恩格林》、居塞比·威尔第的《游吟诗人》、约翰内斯·勃拉姆斯创作的三首奏鸣曲（1852年，被暮年的罗伯特·舒曼所赞赏）开创的新时代。

## 早熟

1811年10月22日，弗朗茨·李斯特出生在靠近奥地利边境的匈牙利的土地上，在人生最初的七年里，他是一个多病且孱弱的孩子，后来表现出惊人的天赋。在将近三年的时间里，他学习了所有钢琴技巧，在11岁时举办了第一场音乐会。从1821年到1823年，他在维也纳跟随切尔尼（Czerny）学习钢琴，跟随萨列里学习和弦，并遇到了贝多芬，贝多芬毫不掩饰自己的惊喜和对他的赞叹。1823年11月，巴黎迎来了这位年轻的大师，巴黎歌剧院向他邀约创作《唐璜》，这部作品在1825年首演，为他赢得了认可。

## 上帝、音乐、爱情

直到1830年，年轻的李斯特的生活都在最初的爱情（尤其是与比他年龄大不了多少的学生）和宗教信仰的召唤之中度过，后者让他在晚年加入了修会。作为柏辽兹的朋友，他对《幻想交响曲》做了令人震撼的改编，并经常在音乐会上弹奏。1832年，小提琴家帕格尼尼获得的成功指引他创作了六首《大练习曲》（Grandes Études，其中包括《钟声大幻想曲》），后来这些作品被深度改编为《超技练习曲》（Études d'exécution transcendante）。1833年，他和玛丽·达古（Marie d'Agoult）伯爵夫人私通，后生下三个孩子：布朗蒂娜、柯西玛和丹尼尔。

## 浪漫主义铁三角

1841年，从家乡匈牙利返回后，弗朗茨·李斯特在巴黎接待了年轻的理查德·瓦格纳。一段长久的友谊从此开始，加上他与埃克托尔·柏辽兹的友谊，这三位作曲家形成了一个反抗古典主义强权的浪漫主义铁三角。定居魏玛是一个关键转折点，李斯特决定从此全身心投入创作。新情妇卡洛琳·赛恩-维特根斯坦（Carolyne Sayn-Wittgenstein）公主一直鼓励他。他同样涉足管弦乐队指挥。他在1849年指挥了瓦格纳的《唐豪瑟》，1851年指挥了《罗恩格林》，1852年和1854年，他分别指挥了柏辽兹的《本韦努托·切利尼》和《基督的童年》。

1850年，《罗恩格林》的平板复印油画。

作曲家

## 从舞台到圣职

1861年，李斯特离开魏玛前往罗马，后来在玫瑰圣母堂（Madonna del Rosario）隐居。隐居期间，他致力于《阿西西的圣方济各》和《保拉的圣方济各》这两首传奇曲的创作。1865年，他接受低品神职，成为"李斯特神父"，讽刺画作者们对此欢呼雀跃。获得内心安宁之后，他创作了《圣伊丽莎白传奇》（1865年）和《基督》（1866年）等重要的声乐作品，辗转于魏玛、罗马和布达佩斯度过晚年，同时继续关注年轻作曲家（比才、圣桑、古诺）。1886年7月31日，李斯特罹患肺炎，在拜罗伊特去世。

## 现代钢琴技巧的发明者

现代钢琴技巧的发明要归功于李斯特。一直到《练习曲》，肖邦的新发现都被视为拜前辈音乐家所赐，但李斯特经过思考，制定了一种新技巧，把年轻时的练习曲升级为囊括了自己新发现的《超技练习曲》。他也彻底改变了演奏者的作用和地位：他是第一个在公共音乐会上独自演奏之人、第一个背谱演奏之人、第一个在独奏音乐会上专门演绎某位作曲家（通常是同时代的）的作品之人。

## 高超技巧

在李斯特的众多作品之中，《匈牙利狂想曲》是最受欢迎的篇章，它们拥有绚丽的作曲技巧、令人眼前一亮的创造力、引人入胜的吉卜赛式节奏。但李斯特也可以表现得诗意十足（《巡礼之年》）、哀婉悲伤（《安慰曲》）、弥足珍贵（《诗与宗教的和谐》）、精彩壮观（《大加洛普舞曲》）、史诗气魄（传奇曲）或精致巧妙（《b小调钢琴奏鸣曲》），这些特点解释了他为何受到全世界演奏者的青睐。

## 管弦乐队

李斯特是交响诗的创造者，四部杰作造就了他最辉煌的名誉：《马捷帕》《哈姆雷特》《匈牙利》，以及根据拉马丁的作品改编的《前奏曲》。《前奏曲》这部作品散发出一股强劲的气息，配器丰富的旋律有着感性的表达，浓烈的爱情由此得到诠释。他的两部交响曲（《浮士德》和《但丁》）则是浪漫主义音乐的重要作品，虽然它们并未始终留在演出必选曲目之中。

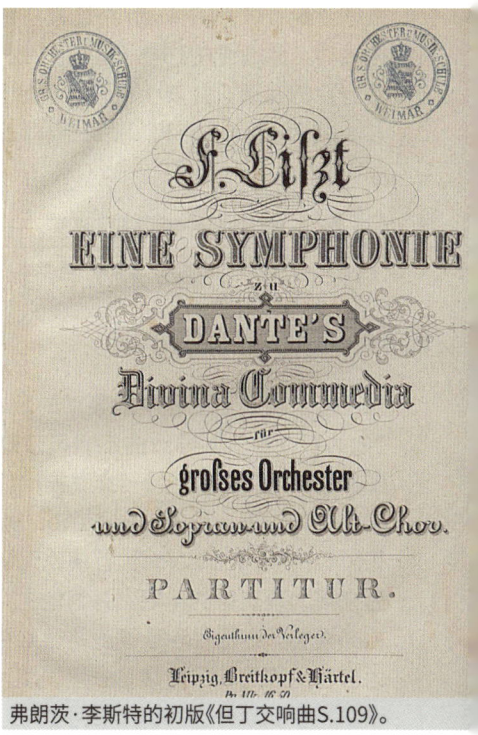

弗朗茨·李斯特的初版《但丁交响曲S.109》。

# 理查德·瓦格纳（1813—1883年）

## 理想

理查德·瓦格纳的音乐从来都不是纯粹的交响乐，它始终与戏剧有密切联系："我的戏剧是可以看见的音乐现象。"在他的作品中，一切都透露着对诗意神话的迷恋，这种神话的根源来自民间，最能保证艺术和人性的真实性。这与19世纪歌剧朝着享乐主义偏离的分支不同："多亏了音乐，了解宇宙的本质甚至都是有可能的！"

## 命运开启

1813年5月22日，理查德出生在莱比锡，18岁时他转向音乐领域，并在1833年创作了第一部歌剧《仙女》（Die Feen）。1839年9月17日，他来到巴黎，在那里遇到了柏辽兹，柏辽兹毫不妥协的高傲态度深深吸引了他。1842年时，他的歌剧《黎恩济》（Rienzi）在德累斯顿首演，并获得成功。他顺势在1845年10月19日安排了《唐豪瑟》的首演，并着手创作《纽伦堡的名歌手》（Die Meistersinger）和《罗恩格林》这两部歌剧。

理查德·瓦格纳的肖像版画。

## 从耻辱到胜利

瓦格纳职业生涯中最轰动的耻辱是《唐豪瑟》的失败。根据传闻，"他的犹太敌人"导致的不测风云迫使他四处漂泊，与此同时他创作了四部曲（《莱茵的黄金》《女武神》《齐格弗里德》《诸神的黄昏》）。1865年，汉斯·冯·彪罗（Hans von Bülow）指挥的《特里斯坦与伊索尔德》（Tristan und Isolde）首演，汉斯·冯·彪罗的妻子柯西玛·李斯特后来成为理查德的伴侣，并为他生育了三个孩子：伊索尔德、埃娃和西格弗里德。在巴伐利亚国王路德维希二世的支持下，瓦格纳在拜罗伊特为自己的作品专门修建了一座剧院，随后开始创作最后一部歌剧《帕西法尔》（Parsifal）。1883年2月13日，他在威尼斯的温德拉敏宫中去世。

## 超乎人类的意志

瓦格纳最开始没有真正的音乐天赋，他的职业生涯靠的是他坚强的意志力。他不把任何事情归结于偶然，在学习期间模仿德国和意大利的大师，连他们最不起眼的音乐创作也不放过。他非常重视柏辽兹的配器法经验，致力于在和弦方面发现前所未有的丰富表达方式，因此逐渐成为当时音乐实力最强大的人物之一。

## 作曲家

### 一个歌剧的世界

理查德·瓦格纳的作品比人们通常想象的还要丰富，从1829年的钢琴奏鸣曲到最后的《帕西法尔》，中间还有一些出乎意料的作品，其中包括1858年的短曲合集《魏森冬克之歌》，以及1847年为格鲁克的《伊菲姬尼在奥利德》重新配器。他的这些歌剧作品奠定了他的后世伟名：《仙女》（1833年）、《禁恋》（1835年）、《漂泊的荷兰人》（1843年）、《唐豪瑟》（1845年）、《罗恩格林》（1850年）、《莱茵的黄金》（1854年）、《女武神》（1856年）、《特里斯坦与伊索尔德》（1859年）、《纽伦堡的名歌手》（1868年）、《齐格弗里德》（1871年）、《诸神的黄昏》（1874年）和最后的《帕西法尔》（1882年）。

### 一个堕落世纪的歌颂者

瓦格纳的哲学思想属于19世纪的潮流。他承认对人类产生影响的宿命论原则，并认为只有放弃对现世的幻想才能找到出路。这让他的创作有时处于无调性音乐的边缘：在《特里斯坦与伊索尔德》撼动人心的最后场景中，伊索尔德关于爱与死的绝美歌声被淹没在听天由命所带来的巨大的快乐之中，命运的波浪把这对恋人带进了永恒的海洋。只有他的音乐织体中痛苦又撕裂的半音体系，才能表现出这种可怕而清晰的矛盾。

### 走向独立

在《唐豪瑟》中，瓦格纳摆脱了意大利和法国模式的束缚，从日耳曼传说的宝库中汲取营养，从根本上重新思考歌剧本身的性质。没有了宏大的歌曲，没有了美声唱法，取而代之的是一种新的"无终旋律"理念。管弦乐队是这种改革的最大受益者，它成为戏剧的参与者、情节的反射镜，它与唱词相互影响，不再是单纯的伴奏。乐剧（music drama）就此诞生，由于需要用音乐表达一切，它促使作曲者采用大胆的作曲和配器手法，这在瓦格纳之前只有柏辽兹有时能凭直觉做到。

### 声音幻想

《莱茵的黄金》的序曲以形象化的莱茵河为基础：三个水中仙女嘲讽矮人阿尔贝里希，于是愤怒的矮人抢走了她们看守的黄金。这个奇特非凡的篇章的特点在于莱茵河神这个贴切的类比，瓦格纳喜欢将河流深处视为自己的起源，持续一百三十六个小节的降E大调和弦，象征着莱茵河的无限。序曲中的声音用某种一成不变的动态把河流形象化，河流在幻想中又塑造了幻想。

亨利·方丹-拉图尔于1864年所画的《唐豪瑟》的场景。

# 居塞比·威尔第（1813—1901年）

在《阿依达》的演出中指挥歌剧管弦乐队的居塞比·威尔第。

## 最初的困难和悲剧

1813年10月10日，居塞比·威尔第出生在帕尔玛附近的隆高勒村，他跟随当地一个管风琴师学习音乐，1832年6月，由于钢琴演奏水平太弱，他被米兰音乐学院拒之门外。但从1836年起，年纪轻轻便已结婚的他开始创作第一部歌剧《奥贝尔托》，这部歌剧于1839年11月17日在斯卡拉歌剧院上演，但它的成功不足以宽慰接踵而至的悲剧：他的孩子维尔吉尼娅和伊奇利奥·罗马诺先后夭折，妻子玛格丽塔也于1840年去世。祸不单行，除了家庭和情感的不幸，1840年11月5日，他的第二部歌剧《一日国王》也遭遇了突如其来的失败。

## 成功时期

威尔第忘记逝去的家人，转向一个有利可图而且能为他提供支持的领域。1843年2月11日，他在斯卡拉歌剧院首演了《伦巴第人在第一次十字军中》，从此邀约接踵而至。在两年半的时间里，六部新作品问世，包括《福斯卡里父子》和《圣女贞德》。《圣女贞德》这部作品的看点在于其中美丽的标题人物，历史事实在这个故事中几乎找不到对应，例如贞德其实是战死沙场，而不是被烧死在火刑柱上。有着令人惊叹的梦游情节的《麦克白》（1847年）和赞美意大利人爱国情感的《莱尼亚诺战役》（1849年）也在这六部作品之列。

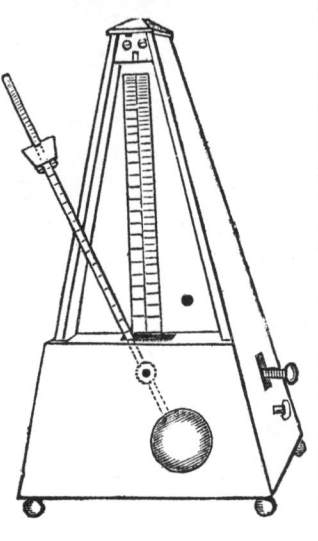

## 《纳布科》

《纳布科》背后的故事非常有名，例如威尔第如何看到剧本中希伯来人那句台词"飞吧，思想，乘着金色的翅膀"，以及他如何立刻写出这部世界最有名的合唱之一。1842年3月9日，《纳布科》在斯卡拉歌剧院首演，取得了难以想象的成功。该作品的人物角色塑造有力，始终是一个整体。纳布科和阿碧凯利由此成为威尔第式的伟大角色。他们在第二幕中令人心碎的对话，愤怒与温柔、惊愕与甜蜜交替，创造了一种惊人的戏剧效果，这是在威尔第以前的作品中难以发现的。

## 成熟期，从《耶路撒冷》到《游吟诗人》

1847年，威尔第的《强盗》在伦敦上演，《耶路撒冷》在巴黎歌剧院上演，女歌唱家朱塞平娜·斯特雷波尼（Giuseppina Strepponi）与他相识，后来成为他的伴侣。此时他开始创作自己的三部曲：《弄臣》《游吟诗人》《茶花女》。《弄臣》改编自雨果的戏剧《国王寻乐》，在这部作品中，他对四个人物的描绘方式让伟大的诗人雨果本人都会感到不安。《游吟诗人》则没有那么大胆，管弦乐队重新成为伴奏，声乐部分成为重要歌曲的主要部分。另外，《看那柴堆上烈火熊熊》《一个寂静的夜晚》《火焰在燃烧》等歌曲也广为人知。

## 备受喜爱的歌剧《茶花女》

在他最受欢迎的歌剧《茶花女》中，威尔第以连续推进的方式讲述了一个现实主义悲剧。如同标题所示，歌剧情节主要围绕"堕落女子"薇奥莱塔展开，她用不可思议的欢快乐曲来表达悲剧情感。激情产生的效果源自内心深处。在这方面，最具代表性的莫过于第一幕的序曲，不和谐的弦乐让它显得非常谨慎。阿尔弗雷德（"怀着爱情在悸动"）和薇奥莱塔（"爱我，阿尔弗雷德"）的咏叹调位于长乐段的末尾，产生了戏剧性的效果，这些长乐段也构成了高潮和意味深长的变化。

## 威尔第，民族主义的象征

1860年左右，威尔第参加了意大利解放运动，他的名字成为新统一的象征，因为意大利国王维克托·伊曼纽尔三世（Vittorio Emanuele Re D'Italia）的首字母缩写就是他的名字。1861年，他接受了圣彼得堡的邀约。他的《命运之力》（1862年）在圣彼得堡取得的成果只能算是差强人意，于是他重新开始创作。1865年，他为巴黎歌剧院谱写了《唐·卡洛斯》，这部作品在1867年的首演令人失望，评论指责威尔第的作品有了瓦格纳的特点。

菲利普·沙普龙（Philippe Chaperon）于1871年为《阿依达》制作的模型。

## 长时间的沉默

在《唐·卡洛斯》之后，威尔第停止了作曲，一直到1871年才再次创作《阿依达》（Aïda）。随后，他再次回归沉寂，1873年5月，为了纪念刚去世的伟大小说《约婚夫妇》的作者曼佐尼（Manzoni），他打破沉默，在1874年4月完成了《安魂弥撒曲》（Messe de requiem）。该作品于5月22日在圣马可歌剧院首演，其独唱者的声音风格与歌剧主角非常相近，《末日经》是他歌剧剧本中暴力场面的典范。

## 辉煌的晚年

《阿依达》和《奥泰罗》这两部作品间隔了十六年。《奥泰罗》于1887年2月在斯卡拉歌剧院首演并大获成功，它证实了一个在《阿依达》中已经被察觉到的特点，即管弦乐队具有自主性，它可以演奏自己的音乐动机。1893年2月9日在斯卡拉歌剧院首演的《法尔斯塔夫》（Falstaff）是威尔第与剧院告别的标志，这位80岁老人所具有的革新能力令人敬佩。七年后，在一场短暂的疾病之后，威尔第于1901年1月27日与世长辞。

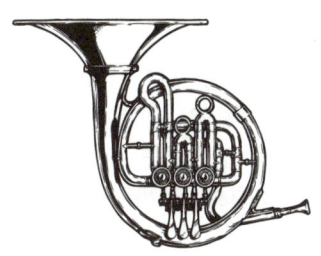

# 约翰内斯·勃拉姆斯（1833—1897年）

约翰内斯·勃拉姆斯肖像画。

## 一个天才！

19世纪晚期，音乐领域的一个主要变化要归功于约翰内斯·勃拉姆斯的独特天赋。这位伟大的作曲家很早就受到罗伯特·舒曼的赞赏（"勃拉姆斯来访，一个天才！！！"），他的主要声誉不仅来自他的四部交响曲、两部钢琴和管弦乐协奏曲、小提琴协奏曲、小提琴和大提琴协奏曲、《德意志安魂曲》，同样也源自他的室内乐、艺术歌曲和钢琴作品。

## 快乐与义务

1833年5月7日，约翰内斯·勃拉姆斯出生在汉堡，7岁开始学习音乐。他家境贫困，十几岁就在酒店里为舞会弹伴奏以补贴家用。他得到伟大的小提琴家约瑟夫·约阿希姆、李斯特和柏辽兹的赞赏，又于1830年9月30日受到罗伯特和克拉拉·舒曼夫妇的接待，并出乎意料地与他们成为朋友。《舒曼主题变奏曲》成了这段友谊最重要的结晶。

## 辉煌与孤独

1863年，勃拉姆斯被任命为维也纳声乐学院的指挥，但他后来辞去了这份光荣的工作，投入到作曲和音乐会中，并开启了备受欢迎的欧洲巡演。首演过一些出色的作品后，他的名声也有所巩固，例如1868年4月10日首演的《德意志安魂曲》、1876年12月17日首演的《第一交响曲》等。他拒绝了许多荣誉称号和光荣的职位（牛津大学的荣誉博士头衔、科隆音乐学院的指挥），仿佛逐渐远离世间喧嚣。1896年，在卡尔斯巴德疗养期间，医生诊断出勃拉姆斯罹患肝癌，他最终于1897年4月3日在维也纳因病去世。

## 艺术歌曲，幻想和思想深度

勃拉姆斯留下了十一部艺术歌曲合集，这是他最容易被接受的音乐作品。勃拉姆斯在这些作品中展现了一贯具有创造力的幻想，但有一种在规模更大的作品形式中罕见的清新与自由。从作曲家难以捉摸的性格来看，我们难以确定这些歌曲中的自传成分。在技术层面，钢琴并非唯一的伴奏，作品91号就包括两首由钢琴和中提琴伴奏的艺术歌曲，勃拉姆斯一有机会也会尝试复调艺术歌曲[《四首四重奏》(Quatre Quators)、《复调经文歌》(Motets polyphoniques)]。

## 歌剧的边缘

作为19世纪极少数不写歌剧的伟大作曲家之一，勃拉姆斯或许在艺术歌曲中才能保持本真，他沉浸在悲伤忧愁与对民歌的迷恋、对戏剧性的痴迷、对大自然的热爱之中。从这个角度来看，《夏夜》(Sommerabend)、《月光》(Mondschein) 以及著名的《旷野孤寂》(Feldeinsamkeit) 直接预示着多年后理查·施特劳斯《最后四首歌》的出现。

马克斯·克林格尔的《勃拉姆斯幻想》是以勃拉姆斯的乐谱为灵感创作的41幅铜版画。这些铜版画被视为他的音乐在视觉上的延续。

## 从协奏曲到室内乐

两首钢琴协奏曲使用了豪华的管弦乐织体（由四个乐章构成的第二首协奏曲拥有史无前例的规模），不过其卓越的钢琴作曲排除了任何对协奏交响乐的参考。小提琴协奏曲和小提琴—大提琴协奏曲将这一体裁补充完整，证明了作曲家的兼收并蓄。此外，他诠释了从奏鸣曲到六重奏的几乎所有室内乐体裁。他的旋律创造力在这些体裁的作品中充分绽放，极为成功，例如钢琴和小提琴奏鸣曲、单簧管和钢琴奏鸣曲、四重奏、五重奏和两首六重奏。

## 交响乐

四部交响乐（皆为杰作）的创作分为两个阶段：前两部在1876—1877年，后两部在1883—1885年。勃拉姆斯遵守了传统的四乐章结构，四部作品的总时长为四十多分钟，他擅长以极为恢宏的风格把器乐色彩融合起来。他在作曲时使用了奏鸣曲、艺术歌曲和谐谑曲的形式，为四个乐章注入了难能可贵的平衡感。不过《第四交响曲》却呈现出更为复杂的面貌，尤其是魅力十足的结尾部分，他在其中使用了三十个变奏和一个固定主题。

## 钢琴，私密知己

约翰内斯·勃拉姆斯一生都为钢琴而创作，他在音乐会上亲自指挥了绝大多数自己的作品。想要了解他如何用最深刻的方式来表达最隐秘的痛苦，就必须在他为钢琴创作的乐篇中寻找。他没有放弃浪漫主义体裁（奏鸣曲、谐谑曲、叙事曲），与此同时，他在许多孤立的篇章、幻想曲、间奏曲和其他狂想曲中，任由幻象、灵感、沉思和奔放的情感天马行空，自由驰骋。在这些作品中，勃拉姆斯证明了自己与舒曼同样灵感充沛，与李斯特一样灵巧，与肖邦一样富有创造力。他弹奏钢琴时如同一支管弦乐队，音乐的思想闪耀在无尽的光彩之中。

# 彼得·柴可夫斯基（1840—1893年）

### "我是地地道道的俄罗斯人！"

虽然彼得·柴可夫斯基是地地道道、彻彻底底的俄罗斯人，但很长一段时间里，他在西方都备受质疑，尤其是在法国，因为他小心翼翼地与"俄国五人组"（米里·巴拉基列夫、亚历山大·鲍罗丁、凯撒·居伊、莫德斯特·穆索尔斯基、尼克莱·里姆斯基-科萨科夫）发起的运动保持距离。他强调音乐要诠释人类激情的悲剧，而非赞颂故乡的精神。

### 普遍性的感染力

没有什么比柴可夫斯基创作的交响乐更能诠释他的感染力，他的交响曲氛围哀婉，其中有快速变换的乐章，使用让人久久不忘的音乐动机，缓慢的片段有着玄奥的旋律。他同样参考了民俗传说和民间歌曲（例如《第四交响曲》中的《田野里有棵白桦树》），它们表露的焦虑是斯拉夫人特有的，但同样具有普遍性。

彼得·柴可夫斯基。

### 室内乐

虽然柴可夫斯基的三首弦乐四重奏、钢琴三重奏和弦乐六重奏《佛罗伦萨的回忆》获得了成功，但他的室内乐并不是很有名。虽然这位俄罗斯大师是优秀的钢琴家，但其钢琴曲作品的质量却并不理想。在他留下的几十首作品中，如今被后人记住的只有奏鸣曲《杜姆卡》和《四季》。《四季》是一部委托创作的作品，一些画作是以它为灵感创作的。

### 光荣而狂热的命运

1840年5月7日，彼得·柴可夫斯基出生在沃特金斯克，他在童年就展现出独一无二的音乐天赋。1866年，他被任命为莫斯科音乐学院的理论教师，并创作了第一首交响乐《冬日之梦》，然后在1874年创作并演奏了第一首钢琴协奏曲，巩固了名声。一部部杰作接踵而至（《天鹅湖》《叶甫盖尼·奥涅金》《D大调小提琴协奏曲》《睡美人》《黑桃皇后》等），他在法国（母亲的故乡）、意大利、德国甚至1891年在美国旅行时都受到了热烈欢迎。1893年11月6日，他因罹患霍乱在圣彼得堡去世。

《天鹅湖》演出照片。

## 作品的写照

柴可夫斯基的作品目录包括歌曲、室内乐、十几部歌剧、六首交响曲、《曼弗雷德交响曲》、交响诗、钢琴协奏曲、小提琴协奏曲，但他最有名的作品是三部芭蕾歌剧《天鹅湖》（1876年）、《睡美人》（1889年）、《胡桃夹子》（1892年）。我们可以认为这三部作品是对这位伟大俄罗斯作曲家的作品的最可靠介绍，它们的主题很容易在人们心中留下印记。它们的和弦、独特的配器色彩和有节奏的想象力都有着极致的纯朴感，绝对惊为天人。

## 旋律中的痛苦

几乎所有柴可夫斯基的歌剧都弥漫着因意外爆发的愤怒而产生的忧伤不幸的氛围（如《叶甫盖尼·奥涅金》中的主角决斗、《黑桃皇后》中老伯爵夫人的死）。他的旋律充满痛苦，极具表现力，他的管弦乐队常常十分豪华，他的结构感几乎不会出错。面对命运的残酷和玄奥的生存问题，《黑桃皇后》的某些片段甚至有一种可怕的超自然色彩。剧中人物赫尔曼的终曲[《人生是什么？一场游戏》](Qu'est la vie？Un jeu)]是19世纪浪漫主义歌剧演出曲目中最令人赞叹的华彩唱段之一。

## 交响曲

《曼弗雷德交响曲》似乎明显借鉴了柏辽兹的创作，除了这部作品，柴可夫斯基的交响曲的特点是对古典主义传统的忠实、对浪漫主义的解放和对表现主义的费解。但这类作品在美学方面的头号标志依旧是抒情性，这是一种非同寻常的旋律天赋的表现，其中一部分源自作曲家非常了解的民间文化宝库，但他从未在唱词中提及。这些交响曲的编排方式都局限于传统的四个乐章（除了《第三交响曲》有五个乐章），平均时长四十多分钟，需要动用所有学院派乐器。

## "命运"的标志

关于交响曲，它们描述性或暗示性的标题之重要性无须赘言，例如《冬日之梦》《小俄罗斯》《波兰舞曲》《悲怆》等。拍子的名称也同样有说服力，例如"阴郁的行板""葬礼进行曲速度""哀伤的行板""稍自由的、如歌的行板""悲伤的柔板""阴郁的慢板"等。人类面对命运的无奈抗争有力地渗透在柴可夫斯基最后三首交响曲中，它常常被诠释为一种萦绕人心的节奏动机。在《悲怆》中，第二主题呈现之后，节奏动机立刻出现在弦乐中，一直持续到作品最终的回音消散。

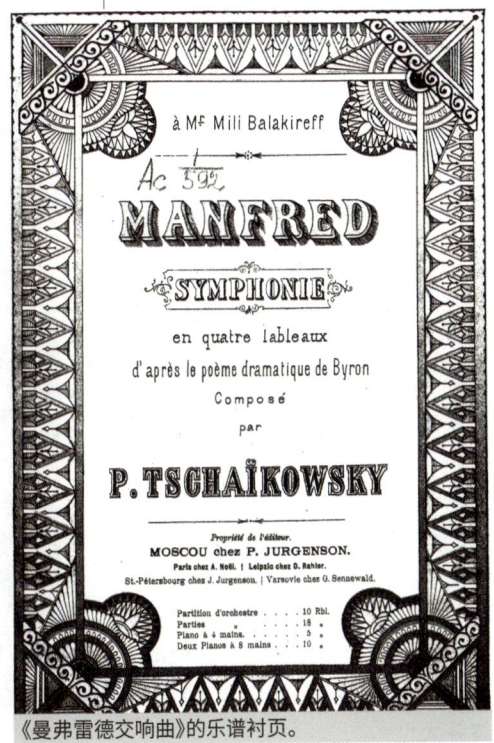

《曼弗雷德交响曲》的乐谱衬页。

# 克洛德·德彪西（1862—1918年）

## 一位先知

德彪西对整个20世纪都产生了影响，他撼动并革新了音乐的所有体系和形式要素。虽然他没有创造任何新体裁，但却充分改变了音乐概念的本质，让一种思考音乐范畴的新方式得到承认。以往安定的形式框架不复存在，取而代之的是无限变化的循环。20世纪的所有新尝试，甚至是开放形式的实验，都以德彪西为典范。

## "法兰西的克洛德"

1862年8月22日，克洛德·德彪西出生在圣日耳曼昂莱。1872年，他进入巴黎音乐学院学习，1884年获得罗马大奖，这标志着他学业的结束。在巴黎，他经常出入文学场合，了解了马拉美和克洛岱尔，与皮埃尔·路易（Pierre Louÿs）成为朋友。他根据马拉美、魏尔伦、路易、维永、查理一世（奥尔良公爵）、缪塞、波德莱尔、保罗·布尔热等人的诗歌而创作的艺术歌曲不断增加（整个职业生涯里共有七十多首），这是一种法式风格极其明显的音乐体裁。

克洛德·德彪西肖像照。

## 序曲与终曲

1894年，《牧神午后前奏曲》让他获得了公众的喜爱，管弦乐《夜曲》(《云》《节日》《海妖》)巩固了公众对他的好感。但德彪西的第一部歌剧，即1902年4月30日首演的《佩利亚斯与梅丽桑德》却引发了争议，他在这部作品中撼动了两个世纪以来的传统。后来他继续创作钢琴曲和管弦乐曲，但再也没有回到歌剧领域。从1916年开始，残酷的战争和恶化的癌症折磨着这位伟大的音乐家，导致他彻底自我封闭，直到1918年3月26日离开人世。

1895年，爱德华·维亚尔的《相册》。

作曲家

## 千变万化的钢琴曲

德彪西最精致的作品都是为钢琴创作的，例如《贝加莫组曲》《为钢琴而作》《意象集》《版画集》《儿童园地》《十二首练习曲》等。或许如此丰富的作品中，《前奏曲》是最为出色的。它的篇章虽然不长，却有足够的时间让听众为之惊喜与着迷，绝不会感觉无聊。他的钢琴作品作曲没有使用程式，始终具有特定的表达方式，它的创新之处甚至影响了形式框架。精心选择的标题也增添了诗意氛围，例如《金鱼》《雪上足迹》《月落荒寺》等。

## 充满魔力的管弦乐

作为德彪西完成的第一部杰作，《牧神午后前奏曲》用轻盈的琴键在音乐色彩的分布中展现出了前所未有的细腻感。主旋律在增四度音程中发展，它依靠不稳定的节奏、旋律线条和增四度音程，在和弦变化中保证了作品的统一性。为管弦乐器和木管乐器而作的《夜曲》则难以定义。德彪西在其中开创了一种全新的思考音乐的方式，这种方式的基础是大量涌现的极为重要的瞬间结构，这些结构一出现便拥有了动态的不连续性，只有不断创新，才能避免这种不连续性变得混乱。

## 被取消的时间

《大海》（1905年）包括三个连续的部分。《海上的黎明到正午》赞颂了涌动的水面上的光亮，《波浪的嬉戏》打破了所有乐谱中的音乐结构，在某种程度上消解了时间的存在。同样的散乱也出现在《风和海的对话》中，这一乐章借由精巧的构思，为听众带来了前所未有的感受。德彪西最奇特的乐谱是芭蕾歌剧音乐《游戏》（1912年）。在令人沉醉的音乐中，调性几乎消失不见，节奏进程也让人无法预料，极具才华的管弦乐配器徐徐展开，迸发出转瞬即逝的光芒。

## 《佩利亚斯与梅丽桑德》

这部歌剧的剧本改编自梅特林克的同名戏剧，情节并不容易概括。戈洛在一片神秘森林中遇到了迷路的梅丽桑德，娶她为妻，将她带回城堡，他的兄弟佩利亚斯也住在那里。佩利亚斯和梅丽桑德爱上了彼此，他们的爱情推动着戏剧的发展，最后戈洛杀死了佩利亚斯，梅丽桑德生下一子之后也死去了。为了还原戏剧富有诗意的强烈冲突，德彪西选择了连续性原则：没有分开的片段，并且乐曲、乐队和合唱都被取消。和弦、音色、强度、节奏等元素结合并改造了故事情节，赋予其绚烂但清晰的面貌。

## 印象主义的德彪西？

我们可以在德彪西的大部分作品中发现所谓的"音乐印象主义"元素：对不确定事物的偏好、中间色调、拒绝交错加强来冲淡节奏、细腻考究的配器法、和弦的叠置而非连贯原则、不确定的旋律线条等。尽管这样比较的意义不大，但这位作曲家所说的这段话不应该被忘记："空气、树叶的运动、花香与声音之间的合作，这种音乐以如此自然的方式把所有这些元素聚集起来，让这音乐似乎有了每种元素的特征。"

703

# 莫里斯·拉威尔（1875—1937年）

1914年的莫里斯·拉威尔肖像。

## 开始

1875年3月7日，莫里斯·拉威尔出生在锡布尔。他在巴黎长大，在音乐学院接受教育，1901年荣获罗马大奖第二名。他很早就因《哈巴涅拉舞曲》《水之嬉戏》《弦乐四重奏》而受到瞩目，他使用的是一种以优雅旋律、大胆和弦、出色的器乐直觉为特征的语言。《自然界的故事》和随后的《西班牙狂想曲》再次证明了这一点，这两部作品也体现了他杰出的配器天赋。

## 名望和孤独

1908年，他创作了两部钢琴曲杰作《鹅妈妈》和《夜之幽灵》，以及舞蹈组曲《达芙妮与克罗埃》，后者于1912年由俄罗斯芭蕾舞团首演。内心始终孤独的拉威尔创作了《库普兰之墓》《圆舞曲》《孩子与魔法》以及两部钢琴协奏曲，1928年时还创作了《波莱罗》（*Boléro*）。随着在美国和欧洲的巡演，他的名望与日俱增，但他的人生也即将走到终点：他生了病，不得不接受脑部手术。不久之后，他于1937年12月28日离开人世。

## 《波莱罗》

拉威尔受芭蕾舞女演员伊达·鲁宾斯坦（Ida Rubinstein）邀约，根据一段循环的旋律创作了他最著名的作品《波莱罗》。这部作品重要的原则被确定了下来，即固定音型（ostinato），也就是一个音乐动机的机械重复。在这部作品里，动机是双重的，也是有节奏和旋律的。一方面是在其他乐器的低调协助之下，小鼓给出的一个贯穿全曲的节奏程式；另一方面是一个分成两部分、每部分各十六小节的旋律。拉威尔的主题看似平平无奇，但其实非常难记忆，它绝不会让听众感觉厌烦，直到无法预料的旋律线条结束，他们都会感到如痴如醉、惊喜不断。

莱昂·莱里茨（Léon Leyritz）为芭蕾舞曲《波莱罗》设计的服装。

## 从钢琴到管弦乐队

拉威尔为钢琴创作了许多精彩的作品，例如《悼念公主的帕凡舞曲》《小奏鸣曲》《镜》《鹅妈妈》《高贵而伤感的圆舞曲》《库普兰之墓》等。然而这一切都无法与卓越的《夜之幽灵》媲美，它是20世纪所有钢琴曲中最具创新性的曲目之一。拉威尔也为管弦乐队创作了许多乐曲篇章，从《天方夜谭序曲》（*Ouverture de Shéhérazade*）到《西班牙狂想曲》，从《达芙妮与克罗埃》到《圆舞曲》……

作曲家

## 音色的魔法

莫里斯·拉威尔是音色的魔术师，他把肖邦（《仙女们》）、舒曼（《狂欢节》）、夏布里埃甚至德彪西（《萨拉班德舞曲》《塔兰泰拉舞曲》）的著名钢琴曲改编成了管弦乐曲。在这一领域，他的代表作是为莫德斯特·穆索尔斯基的《图画展览会》的配器。这部作品是1922年他受指挥家谢尔盖·库塞威兹基（Serge Koussevitzky）委托所写，拉威尔在器乐方面的绝妙新想法（从《古堡》中的萨克斯到《基辅大门》里的钟，还有《侏儒》中钢片琴和木琴的结合）让所有其他类似的尝试都相形见绌。在这方面，他称得上是埃克托尔·柏辽兹的继承者。

## 室内乐

拉威尔对室内乐似乎不太感兴趣，他留下了两首小提琴和钢琴奏鸣曲、一首四重奏、一首三重奏。他最优秀的室内乐篇章是为小提琴和"鲁特"（luthéal，钢琴的附属装置，可以模仿管风琴的音响效果）而写的《吉卜赛人》。拉威尔常常致力于艺术歌曲的创作，这依旧在室内乐框架之内，他用管弦乐队或钢琴为艺术歌曲伴奏。最重要的作品是《天方夜谭》和《马拉美诗歌三首》，其次是《自然界的故事》和《马达加斯加之歌》。《堂吉诃德致达尔西娜的歌》可以用钢琴或管弦乐队伴奏，1915年的三首奇妙的合唱歌曲 [《妮科莱特》（Nicolette）、《三只美丽的天堂鸟》、《轮旋曲》（Ronde）] 则属于无伴奏合唱。

## 舞台上

为舞台而构思的《圆舞曲》在芭蕾舞曲和交响诗之间摇摆不定，这也是为何这部作品的委托者谢尔盖·佳吉列夫第一次听到它时感到非常困惑。1925年，由加布里埃尔·柯莱特编剧的《孩子与魔法》则是一部由两部分组成的抒情幻想歌剧，它是为独唱者、合唱和管弦乐队而写的，是20世纪重要的声乐作品之一。或许在弗朗-诺安（Franc-Nohain）编剧的袖珍歌剧《西班牙时光》中，拉威尔在形式上表现得最为传统，但他也奉献了才华横溢、丰富多彩的音乐画面，这个由荒诞逸事构成的故事中的生硬幽默也因此被他化腐朽为神奇。

## 忧愁与完美

这位作曲家没有留下任何二流音乐作品，他也是某种法式优雅的当代神话的化身，清晰和透彻是形容他的审美理念的关键词。虽然他为人低调，但在世时备受同侪敬佩，超然物外的态度让他广受欢迎。热爱挑战是他的动力，幻想是他的兴趣所在。拉威尔不停地重复，却不断创新，他的艺术散发着神秘气息，这要归结于那种难以理解的忧愁感，奇特的作品《孩子与魔法》最能反映他这种状态。

乌西格诺罗（Usignolo）和契维塔（Civetta）为《孩子与魔法》设计的服装素描。

# 伊戈尔·斯特拉文斯基（1882—1971年）

1910年，雅克-埃米尔·布朗什的油画《火鸟》，画中人物是芭蕾舞演员塔玛拉·卡尔萨维娜（Tamara Karsavina）。

## 从俄罗斯到法国

1882年6月17日，伊戈尔·斯特拉文斯基出生在俄罗斯的奥拉宁堡，他很早就开始学习钢琴，后跟随里姆斯基-科萨科夫学习作曲。1910年，他所写的芭蕾舞音乐《火鸟》让他一举成名，接下来创作了《彼得鲁什卡》（1911年）和《春之祭》（1913年）。第一次世界大战期间，他带着妻子和四个孩子逃亡到瑞士。1920年到1939年，他在法国定居并拿到法国国籍，又在第二次世界大战初期移民美国。

## 世纪音乐家

虽然他的天赋为他赢得了世人敬仰，但从《火鸟》中的东方主义到《特雷尼》的序列主义，再到新古典主义，甚至爵士和马戏团音乐，他的变化让人们在敬仰的同时也时常感到困惑。他的作品数量庞大，除了《春之祭》，还包括20世纪的一些最成功的乐曲，例如《狐狸》《婚礼》《士兵的故事》《管乐器交响曲》《诗篇交响曲》《阿贡》等。1971年4月6日，斯特拉文斯基在纽约去世。

## 当代芭蕾舞曲大师

芭蕾舞曲是与这位俄罗斯大师的名字联系最密切的体裁。虽然《火鸟》还有柴可夫斯基的影子，但从《彼得鲁什卡》开始，斯特拉文斯基放弃了舞蹈戏剧的所有规则，他的创新天赋表现为充满节奏的力量、色彩丰富的音色、大胆的和弦等。然而，虽然有大量不协和音、节拍不断变化、和音比较粗犷、旋律动机呈碎片化，但他的叙述却保持着自然和清新感。斯特拉文斯基是举世无双的大师，例如，他曾成功地把人们耳熟能详的巴黎歌曲《她有一条木腿》（Elle avait une jambe en bois）和长笛、单簧管完美结合在一起。

弹钢琴的伊戈尔·斯特拉文斯基。

## 《春之祭》

《春之祭》是如此让人着迷，它盖过了当时所有其他议论之声。它源自一个让人摆脱束缚的幻象："我像见到一个庄严的异教仪式，年老的智者们围成一圈坐着，观看一个年轻姑娘跳舞，一直跳到死为止，他们把她作为春神的祭品。"（出自《我的一生编年史》）因此，在一种原始蛮荒的背景下，在第一部分，两组年轻男女形象化地表现了春天力量的冲突。在第二部分，一个女舞者被选中献祭给春神，她在长者们的注视下，在献祭舞结束时死去。

## 兼收并蓄与自由洒脱

斯特拉文斯基的天赋有着惊人的兼收并蓄性，没有什么比他作品中发自内心的室内乐、声乐或钢琴乐谱、简单的娱乐音乐更能证明这一特点：奏鸣曲和小夜曲非常适合他，他的艺术歌曲没有和法国模式保持距离，他的室内乐的创新点源于其自身结构，等等。这位大师信仰虔诚，其宗教音乐作品也采用了最古老、最有名的形式，如弥撒曲、赞美歌、颂歌、合唱曲、哀歌等。斯特拉文斯基有着快乐且自由洒脱的气质，他能适应这一切。

## 歌剧

要确定《狐狸》和《士兵的故事》这样新颖的作品到底属于哪种体裁并非易事，因为它们的形式非常自由。从这个角度来看，斯特拉文斯基的六部歌剧同样具有代表性。如果说《夜莺》（1914年）和《玛弗拉》（1922年）仍然遵循歌剧传统，《浪子的历程》（1951年）则已经远离了这种传统，《俄狄浦斯王》（1927年）是刻意保持不变的歌剧式清唱剧，《珀耳塞福涅》（1934年）在某种程度上是说与唱比重相同的舞剧，《洪水》（1962年）近似于中世纪的诗剧。如果不是这些作品的各个方面都体现出这位冷峻而敏锐的大师的才华，那么它们将是历史上风格最混杂的一批歌剧。

《夜莺》中幽灵角色的演出服装。

## 管弦乐

早在1908年的《幻想谐谑曲》中，斯特拉文斯基就表现出了罕见的管弦乐天赋，随后的《C大调交响曲》《三乐章交响曲》，尤其是1930年的《诗篇交响曲》都证明了这一点。作品有着对比产生的强烈戏剧感、具有粗糙美感的旋律形式、粗犷的和弦和对位法程式，这些都有助于塑造这拜占庭风格的宏伟作品中那咒语般的、仪式化的、富有魔力的特点。虽然斯特拉文斯基也创作了小提琴和钢琴协奏曲，但这些作品并没有达到上述作品的高度，室内管弦乐作品也不例外。不过取得巨大成功的《管乐器交响曲》是个特例。

## 反传统的晚年

斯特拉文斯基晚年作品的复杂说明了他在成熟期的不可预知性，12人芭蕾舞剧《阿贡》便是如此。准确来说，该作品是为乔治·巴兰钦的编舞而构思的。这部作品与韦伯恩的作品相近，它展现了一位老人的惊人勇气。它的作曲采用了序列法，但形象塑造和分割这两个重点依旧存在，它们消除了半音体系的冷漠与疏离感。

# 埃德加·瓦雷兹（1883—1965年）

## 独特的情况

在20世纪受德彪西的自由经验影响的所有音乐创新者和改革者身上，我们还有可能发现传统的力量、对秩序的尊重、对连续性的渴望。但这在瓦雷兹身上不存在。在他的作品中，音乐的功能被颠覆了，就像恒星坍塌成黑洞。在这个意义上，瓦雷兹的作品通向令人着迷又令人担忧的深渊，但又极大地满足了那些不把音乐视为单纯的声音艺术之人的期待。

工作室中的埃德加·瓦雷兹，1959年。

## 教育经历

1883年12月22日，埃德加·瓦雷兹出生在巴黎，他的童年充满了悲伤的回忆，父亲是性格专横的工程师，母亲又几乎不在身边。1903年到1905年，他在圣歌学校（Schola Cantorum）接受教育。1906年，这个胆大敢闯的年轻音乐家成立了圣安托万镇的成人大学合唱团，并立刻表现出与一切保守思想决裂的意志。同年，他进入巴黎音乐学院维多尔（Widor）作曲班学习。在维多尔和马斯奈的推荐下，他获得了巴黎市一等艺术奖学金，这证明了他在学业方面的优秀。

## 不被赏识的命运

青春期过后，瓦雷兹就过着颠沛流离，甚至称得上是流亡的生活。他在柏林结识了费鲁乔·布索尼、理查·施特劳斯、罗曼·罗兰等人。他从未否认自己对柏辽兹、德彪西以及所有撼动传统之人的热情，但他同样热爱14世纪和15世纪的复调音乐，他一直非常熟悉这种音乐。1913年，即《春之祭》首演之年，瓦雷兹回到巴黎。失望带来的严重打击接踵而至，他的信中满是对巴黎的怨言，表示自己"厌恶这座有害的城市"。

达达与超现实主义运动宣言，埃德加·瓦雷兹是签名人之一。

## 作曲家

### 初次成熟

1915年12月29日，他抵达纽约，在那里完成了第一部重要作品《亚美利加》。他职业生涯中最高产的时期就此开始，随后他创作了一系列令人费解又令人着迷的作品：1922年的《奉献》（*Offrandes*）、1923年的《双棱体》（*Hyperprism*）、1924年的《八棱体》（*Octandre*）和1925年的《积分》（*Intégrales*）。1928年，瓦雷兹听闻马特诺音波琴发明之后，第一次回到法国。在此期间，他结识了安德烈·若利韦，瓦雷兹最著名作品《电离》（1931年）的诞生要归功于若利韦。然而天不遂人愿，巴黎音乐圈并没有做好准备接受这部作品。1933年，瓦雷兹决定返回美国。

1931年，为37件打击乐器而作的《电离》。

### 忧伤的晚年

在随后的20年里，瓦雷兹不断经历沉寂和气馁，鲜有创作力爆发。后来他离开纽约，前往美国西海岸。他几乎不再作曲，直到1954年为了创作《沙漠》才回到巴黎，这部作品与他在墨西哥荒漠无人区的神秘体验有关。勒·柯布西耶邀请瓦雷兹为其在1958年布鲁塞尔世博会上设计的展馆创作了《电子音诗》。1965年11月6日，瓦雷兹在纽约去世，未能完成最后的作品《夜祷》（*Nocturnal*）。

### 一个新的声音世界

埃德加·瓦雷兹只留下了16部作品，但每一部在当代音乐史上都举足轻重。除了《黑夜长眠》（*Un grand sommeil noir*，1906年），他最重要的作品诞生于几年之内：《亚美利加》（1921年），为女高音和室内管弦乐而写的《奉献》（1922年），为打击乐而写的《双棱体》（1923年），为八重奏而写的《八棱体》（1924年），为管弦乐而写的《积分》（1925年）和《奥秘》（*Arcana*，1927年）。

### 《电离》

《电离》是瓦雷兹之天赋的代表作，它既是了解其所有作品的最佳引子，也最能证明他与传统决裂的意志。这部作品并没有偏离人们关于音乐分析、形式、风格、审美和体系方面的认知，而是表明自古以来人们通用的一般体裁已经过时，鼓励听众思考在最敏感、最丰富的音乐行为中未被纳入声音规则的部分。

### 音乐创造它的形式

埃德加·瓦雷兹希望他的音乐被视为一个旋律整体，而非一个不连贯的乐曲序列，这些乐曲有可能只是音乐的"废话"。很显然，他无法忽视音乐语言所采用或创造的形式的问题，以及这些音乐语言所蕴藏的体裁。他在职业生涯晚期表示："我的每部作品都会发现它自己的形式"。他作品的标题表明了这一点（《双棱体》《八棱体》《积分》《奥秘》《电离》《沙漠》），这些标题提醒人们注意，这位卓越的声音操控大师从来都无意把"感性的声音表达"简化为单纯的"声音的感性表达"。

# 传奇演奏家

演奏家是欧洲音乐史上极为重要的角色，他们的地位与作曲家截然不同，尽管作曲家本人往往也是非常出色的器乐演奏者。除了在纯作曲领域的贡献，演奏管风琴的巴赫或弹奏钢琴的李斯特都站上了技巧大师的金字塔顶端。在所有诠释古典音乐的人员之中，管弦乐队的指挥家是最出名的，也是最神秘的。汉斯·冯·彪罗的出现标志着国际指挥家的形象真正诞生，他既是技术专家，也是重要的音乐家，他致力于让那些同时代最大胆的音乐获得成功（柏辽兹、李斯特、瓦格纳、勃拉姆斯等），也会确保乐器演奏者的合作以及演奏协调一致。

## 以竞争之名

器乐演奏者的情况与乐队指挥大相径庭。社会发展让"技艺大师"成了一个介于赛马和明星之间的无法明确界定的混合体。关于这个问题，没有什么比英国杂志《古典音乐CD》(*Classic CD*)在1999年发布的"20世纪百大器乐演奏家"排行榜更有启发性了。这份榜单的前两名是两位最伟大的俄罗斯音乐家：钢琴家斯维亚托斯拉夫·里赫特和小提琴家大卫·奥伊斯特拉赫。榜单中得包含一些总结性的内容，否则它就没有多少价值，因此我们可以看到，其中钢琴占的比重最大，有43人入选；小提琴紧随其后，22人入选；排在第三位的是大提琴，9人入选。对于音乐家和音乐爱好者而言，这是一个可以预料到的结果，因为两个世纪以来，钢琴、小提琴和大提琴一直位于乐器的第一方阵。所以我们可以清楚地发现，在人们的想象中，越是竞争激烈的领域，演奏者的高超技艺就越突出，因为这些领域人才济济。

## 光与影

我们选择莫里斯·安德烈作为范例来说明，虽然他被视为20世纪最伟大的小号演奏家，但他仅仅排在第47位。同样，如果我们仔细重新看一遍排行榜就会发现，在前68名中，管风琴只出现了一次，即第40位的玛丽-克莱尔·阿兰。我们仍需注意，管风琴和小号领域（后者得益于爵士乐的贡献，即第92位的迈尔斯·戴维斯和第99位的路易斯·阿姆斯特朗）分别有5位和4位技艺大师被提到，而它们还不是待遇最惨的，羽管键琴、长笛、吉他和单簧管只有3位，双簧管只有2位，法国号和萨克斯管只有1位（爵士乐演奏者查理·帕克）。巴松管、长号、

2009年，正在香榭丽舍剧院与巴黎管弦乐团排练的布丽吉特·昂热雷。

低音提琴等类别没有任何人入选，这些都是不受喜爱或被忽视的乐器。此外，只有用于西方高雅音乐的乐器得到了认可，排在第90位的西塔尔琴大师拉维·香卡是唯一例外。

## 重新思考演奏者的地位

21世纪初，另一个值得反思的因素是女性在社会结构中的地位：在100位入选的演奏家中，男性85位，女性只有15位。前50名中只有6位女性，其中排名最高的是第13位的女钢琴家玛塔·阿格里奇。最后一个问题是地缘政治分布。如果我们把名单中的西方国家去掉，几乎就不剩什么了，伟大的演奏家成了文明的代言人（且为男性）。所以，为了以更开放的方式来思考"伟大演奏家"这个概念，同时考虑传统的影响，本书后续章节的致敬对象包括乐队指挥和钢琴家、小提琴家和大提琴家、女歌唱家和男歌唱家、管弦乐队和室内乐队。出于同样的考虑，其他乐器的技艺大师也被致以敬意，例如中提琴、长笛、双簧管、单簧管、巴松管、小号、长号、法国号、大号、管风琴、羽管键琴、竖琴等。最后，还有一个偶然发现：过去几十年间，女性和非欧洲人的地位不断上升，这一现象近期越来越明显，音乐领域的惯例也将发生深刻改变。

# 20位伟大的管弦乐队指挥

### 阿尔图罗·托斯卡尼尼
（Arturo Toscanini，1867—1957年）

阿尔图罗·托斯卡尼尼生于1867年3月25日，卒于1957年1月16日，很难想象有谁比他更适合充当指挥领域的守护者了。1886年6月30日，《阿依达》在巴西演出，在这场演出中，他偶然发现了自己的指挥天赋。在后来的职业生涯中，他不断获得成功，从米兰的斯卡拉歌剧院走向全世界，这在很大程度上归功于他小心谨慎的完美主义。

### 托马斯·比彻姆
（Thomas Beecham，1879—1961年）

托马斯·比彻姆生于1879年4月29日，卒于1961年3月8日，他几乎是在偶然的情况下成为20世纪最伟大的指挥家之一，他在牛津大学接受的音乐教育几乎可以被忽略。1909年，他成立了比彻姆交响乐团，并很快在著名的伦敦考文特花园皇家歌剧院担任指挥。比彻姆才华横溢，举止优雅，极其擅长指挥法国的曲目（柏辽兹、比才、马斯奈），他也是当时公认的莫扎特乐曲指挥大师之一。

### 厄内斯特·安塞美
（Ernest Ansermet，1883—1969年）

厄内斯特·安塞美生于1883年11月11日，卒于1969年2月20日。他最早从事的职业是数学老师，后成为瑞士迄今为止最伟大的音乐指挥家。虽然他很晚才进入指挥领域，但很快就凭借无与伦比的音乐才华得到了认可。凭借这份才华，他能在短时间内出色演绎德彪西、拉威尔、斯特拉文斯基、巴托克、法雅等同时代作曲大师的作品，并让他们得到全世界的掌声。

### 皮埃尔·蒙特
（Pierre Monteux，1875—1964年）

皮埃尔·蒙特生于1875年4月4日，卒于1964年7月1日，师从爱德华·科罗纳（Édouard Colonne）。他在俄罗斯芭蕾舞团指挥了斯特拉文斯基的《彼得鲁什卡》（1911年）和《春之祭》（1913年）、拉威尔的《达芙妮与克罗埃》（1912年）和德彪西的《游戏》，这几场传奇般的演出之后，他很快名扬四海。从那之后，直到去世，他先后在阿姆斯特丹、巴黎、旧金山、纽约等地指挥最重要的室内交响乐团。

皮埃尔·蒙特肖像。

### 威廉·富特文格勒
（Wilhelm Furtwängler，1886—1954年）

威廉·富特文格勒生于1886年1月25日，卒于1954年11月30日。他是被意大利的托斯卡尼尼点名提到过的德国对手，几乎整个职业生涯都担任柏林爱乐乐团的指挥。他是重要的巴赫和贝多芬作品演奏家，也是备受敬仰的瓦格纳作品指挥家。他是彻头彻尾的德国人，在德国音乐之外的领域并不活跃，但这无法掩盖他对柏辽兹、威尔第、弗兰克、德彪西和拉威尔的敬仰。

传奇演奏家

## 查尔斯·明希（Charles Munch，1891—1968年）

查尔斯·明希生于1891年9月26日，卒于1968年11月6日，他曾是莱比锡布商大厦管弦乐团首席小提琴手，后来选择了乐团指挥的道路。他率领法国广播国家管弦乐团在美国大获成功，1949年时又被任命为波士顿交响乐团指挥。这是他光辉的职业生涯的开始，无论在日本还是苏联，在伦敦还是蒙特利尔，他都能把自己的演出变成真正意义上的表演。

## 乔治·塞尔（George Szell，1897—1970年）

乔治·塞尔生于1897年6月7日，卒于1970年7月30日，原籍匈牙利，在维也纳接受教育，从11岁开始作为钢琴家表演，17岁时便指挥柏林爱乐乐团。后来，他的名字与克利夫兰交响乐团有着密切联系，他从1946年开始指挥该交响乐团，直到去世。他担任指挥期间致力于经典曲目（海顿、莫扎特、贝多芬）的演出，但也没有忽视20世纪的普罗科菲耶夫、欣德米特、巴托克和杜蒂耶等人的音乐。

排练中的查尔斯·明希，1948年。

## 叶甫根尼·穆拉文斯基（Evgueni Mravinski，1903—1988年）

叶甫根尼·穆拉文斯基生于1903年6月4日，卒于1988年1月19日，他职业生涯的大部分时间都在担任列宁格勒交响乐团的指挥。他从1929年开始担任指挥，很快就让该交响乐团成为全世界最优秀的交响乐团之一，在巡演的各处舞台上（奥地利、日本、英国、德国）都备受欢迎。巡演期间，他在艺术方面的要求十分苛刻，这只有依靠他在音乐方面的极端权威才能做到。

## 赫伯特·冯·卡拉扬（Herbert von Karajan，1908—1989年）

赫伯特·冯·卡拉扬生于1908年4月5日，卒于1989年7月16日。他的盛名在很大程度上源自萨尔茨堡音乐节以及他终生担任柏林爱乐乐团指挥。作为伟大的歌剧指挥家，他善于指挥瓦格纳的作品，也钟情于德彪西的《佩利亚斯与梅丽桑德》，在所有交响乐演出中都追求完美也是他的特点。

赫伯特·冯·卡拉扬指挥的新年音乐会唱片封套。

### 卡罗·马里亚·朱里尼（Carlo Maria Giulini，1914—2005年）

卡罗·马里亚·朱里尼生于1914年5月9日，卒于2005年6月14日，他在1944年罗马解放之际指挥了第一场音乐会，两年后被任命为罗马的意大利广播交响乐团的首席指挥，并于1950年在米兰创立了米兰广播交响乐团。1953年，他成为米兰斯卡拉歌剧院的指挥，并在这里最终获得了世界声誉，一直到去世，他都致力于歌剧和交响乐曲目的演出。

### 费伦茨·弗里乔伊（Ferenc Fricsay，1914—1963年）

1914年8月9日，费伦茨·弗里乔伊出生在布达佩斯，1963年2月20日去世。他在童年时期就展现出罕见的音乐天赋，师从贝拉·巴托克，后来投身指挥领域。身为柏林RIAS广播交响乐团指挥，他指挥的曲目数量惊人，横跨巴洛克时期和当代。他在指挥巴托克、安东尼·德沃夏克和佐尔坦·柯达伊等东欧重要作曲家的作品时，灵感尤其充沛。

### 伦纳德·伯恩斯坦（Leonard Bernstein，1918—1990年）

伦纳德·伯恩斯坦生于1918年8月25日，卒于1990年10月14日，因其音乐剧《西区故事》（West Side Story）而广为人知。1943年，他担任纽约爱乐乐团助理指挥，1958年到1969年则担任指挥。他在这期间展现出无可挑剔的活力，为了在音乐会当天呈现完美效果，不断增加排练次数。伯恩斯坦对所有音乐流派都持开放态度，也让许多当代作品在该乐团首演。他关注每年演出曲目的更新情况，重视听众的社会阶层多样化。他是20世纪音乐史上拉近各种音乐表现形式之距离的巨匠之一。

### 科林·戴维斯（Colin Davis，1927—2013年）

科林·戴维斯是重要的柏辽兹和莫扎特作品演奏家，他生于1927年9月25日，卒于2013年4月14日。戴维斯很早就为人所知，主要是因为他在1959年临时接替奥托·科伦佩勒（Otto Klemperer）指挥莫扎特的《唐璜》，1960年他又接替托马斯·比彻姆指挥莫扎特的《魔笛》，从一开始就表现出了能征服世界的歌剧指挥才华。他的指挥优雅又精湛，精准又深刻，非常适合柏辽兹的作品。柏辽兹的作品在20世纪上半叶曾遭到忽视，但戴维斯曾经录制过这位伟大作曲家的所有作品，为其名誉恢复贡献良多。

伯纳德·海廷克。

### 叶甫根尼·斯维特兰诺夫（Evgueni Svetlanov，1928—2002年）

1928年，叶甫根尼·斯维特兰诺夫生于莫斯科。1954年，他在莫斯科大剧院管弦乐团指挥里姆斯基-科萨科夫的歌剧《普斯科夫姑娘》，职业生涯从此开始。他是苏联音乐领域的重要人物，1965年被任命为苏联国家交响乐团的指挥，从此走向世界，各个国家的观众都为他富有音乐表现力的天赋活力而欢呼。

### 伯纳德·海廷克（Bernard Haitink，1929—2021年）

1929年3月4日，伯纳德·海廷克出生在阿姆斯特丹，他能获得国际指挥大师的地位，主要是因为他指挥的后浪漫主义作品（勃拉姆斯、马勒、布鲁克纳），但他也让莫扎特、李斯特和肖斯塔科维奇等风格各异的大师的作品获得新生。1961年，他被选为阿姆斯特丹音乐会堂乐团的指挥，并在那里工作了27年。之后他指挥了许多同样著名的乐团，其中包括德累斯顿国家管弦乐团。

# 传奇演奏家

## 尼古劳斯·哈农库特
（Nikolaus Harnoncourt，1929—2016年）

尼古劳斯·哈农库特于1929年12月6日出生在柏林，最初是一名大提琴家。虽然巴赫始终是他最钟爱的音乐家，但这丝毫不影响他率领维也纳爱乐乐团和阿姆斯特丹皇家音乐厅管弦乐团，凭借古典主义和浪漫主义作曲家们的作品成名。2016年3月5日，功成名就的尼古劳斯·哈农库特在86岁高龄去世。

## 卡洛斯·克莱伯
（Carlos Kleiber，1930—2004年）

卡洛斯·克莱伯于1930年7月3日出生在柏林，父亲是柏林歌剧院的指挥。1954年，他在波茨坦开始了指挥生涯，后来多次指挥演出但未接受固定职位，他甚至拒绝了接替卡拉扬担任柏林爱乐乐团指挥的邀约。克莱伯让人无法预料，但总是灵感充沛，交给他的所有乐谱都会发生大变化。1994年时，他告别了指挥台，十年后的2004年7月13日与世长辞。

## 约翰·埃利奥特·加德纳
（John Eliot Gardiner，生于1943年）

约翰·埃利奥特·加德纳生于1943年4月20日，他最初带领着自己的英国巴洛克独奏家乐团，致力于演奏巴洛克时期的曲目（拉莫、巴赫、蒙特威尔第）。加德纳不断扩充自己的演出曲目，很快成为莫扎特、贝多芬、柏辽兹、舒曼和勃拉姆斯作品的重要诠释者。他非常了解法国音乐，曾录制过一版极为出色的克洛德·德彪西的《佩利亚斯与梅丽桑德》。

1996年克劳迪奥·阿巴多指挥柏林爱乐乐团。

## 克劳迪奥·阿巴多（Claudio Abbado，1933—2014年）

1933年6月26日，克劳迪奥·阿巴多出生在米兰，2014年1月20日因胃癌去世。这位令人钦佩的音乐家在米兰一举成名，1968年被任命为斯卡拉歌剧院的常任指挥。阿巴多阅读原乐谱一丝不苟，他的个人素质可与艺术天赋比肩，还被柏林爱乐乐团的成员们邀请，接替卡拉扬成为继任指挥。

## 劳伦斯·埃克尔贝
（Laurence Equilbey，生于1962年）

劳伦斯·埃克尔贝（生于1962年3月6日）是主咏（Accentus）合唱团的指挥，她把该合唱团打造成为全世界最完美的人声合唱团之一，这巨大成功顺理成章地让她成为管弦乐团指挥。她的音乐指挥灵活、丰富而精准，兼具高超的技巧和美感。在指挥许多作曲家的作品时，她都能呈现出力度与抒情性，既严谨又如泣如诉，无人可及。

# 20位伟大的钢琴演奏家

### 威廉·巴克豪斯（Wilhelm Backhaus，1884—1969年）

德国钢琴家威廉·巴克豪斯生于1884年3月26日，卒于1969年7月5日。11岁时，他曾遇到钟爱的作曲家勃拉姆斯，这次相遇对他产生了深刻影响。他是巴黎鲁宾斯坦钢琴大赛冠军得主，也被视为最重要的具有后浪漫主义现代性的钢琴家。他的弹奏朴实无华但很有表现力，风格拥有难以言喻的纯净感，这些特点令他成为最伟大的贝多芬作品演奏家之一。

弹奏钢琴的阿图尔·鲁宾斯坦。

### 阿图尔·鲁宾斯坦（Arthur Rubinstein，1887—1982年）

波兰钢琴家阿图尔·鲁宾斯坦生于1887年1月28日，卒于1982年12月20日。他的天赋很早就被媒体密集报道过，很快就受到了乐迷们的欢迎。他不仅是令人赞叹的肖邦和莫扎特作品的演奏家，也极为擅长演奏浪漫主义时期的所有作品，20世纪的许多作曲家的作品他也很熟悉，例如德彪西、拉威尔、法雅、阿尔贝尼斯（Albéniz）等。

### 威廉·肯普夫（Wilhelm Kempff，1895—1991年）

威廉·肯普夫生于1895年11月25日，卒于1991年5月23日。在漫长的职业生涯中，他最值得被历史铭记的一点是他革新了贝多芬钢琴作品的处理方法。他也录制过莫扎特、舒伯特、舒曼、李斯特、勃拉姆斯的乐曲，让公众了解到这些作曲家的许多不太为人知的作品。他的演奏非常细腻敏感，相较于技巧大师，他其实更像一位诗人。

### 克劳迪奥·阿劳（Claudio Arrau，1903—1991年）

克劳迪奥·阿劳来自遥远的智利，他出生于1903年2月6日，从4岁开始就在音乐会上表演。虽然他偏爱古典音乐，但演奏曲目范围广泛也是他的特点之一。他弹奏的贝多芬和舒曼作品令人难忘，对肖邦、李斯特和德彪西作品的演绎也让公众如痴如醉。他的职业生涯持续了很多年，而且始终出类拔萃，一直到1991年6月9日去世。

### 弗拉基米尔·霍洛威兹（Vladimir Horowitz，1903—1989年）

1903年10月1日，弗拉基米尔·霍洛威兹生于乌克兰，1989年11月5日卒于纽约。他始终凭借高超的技艺让公众为之惊艳，评论家形容他的技艺为"魔鬼般的"（甚至"撒旦般的"）。除了纯粹的技术水平，这位伟大的钢琴家也拥有罕见的能力，他能用激烈的弹奏让听众如痴如醉，尤其是在他自己改编的交响乐作品中。

### 乔治·博列特（Jorge Bolet，1914—1990年）

古巴钢琴家乔治·博列特生于1914年11月15日，卒于1990年10月16日。目前尚不能确定的一点是，他在世时，天赋是否得到了应有的认可。在夺得许多国际大奖的青年时期过后，他主要演奏弗朗茨·李斯特的曲目，并在表演中凸显自己的高超技巧和无尽细微差别的音色，这是他弹奏肖邦、德彪西和拉赫玛尼诺夫作品时的优点。博列特在卓越的职业生涯中也表现出了惊人的多样性，他会根据作品的特点来改变演奏方式，只遵从演奏当下的灵感。因此，他给音乐会上的听众留下了深刻印象，但他的唱片却无法这样如实展现他的惊人天赋。

传奇演奏家

尽情弹奏的斯维亚托斯拉夫·里赫特，德米特里·日林斯基（Dimitri Zhilinsky）绘，1985年。

## 斯维亚托斯拉夫·里赫特（Sviatoslav Richter，1915—1997年）

1915年3月20日，斯维亚托斯拉夫·里赫特出生于乌克兰，他是钢琴史上毋庸置疑的大师级人物。无与伦比的技巧、演绎的深度、演出曲目的广度、令人难以置信的记忆力，这一切都汇聚在这位独一无二的艺术家身上，滋养了他的音乐天赋。虽然他了解从库普兰到肖斯塔科维奇的全世界的音乐，但他最钟情的还是瓦格纳、肖邦和德彪西（"德彪西就是完美的化身"）。1997年8月1日，里赫特与世长辞。

## 埃米尔·吉列尔斯（Emil Guilels，1916—1985年）

1916年10月19日，埃米尔·吉列尔斯出生在敖德萨。他堪称摆脱一切束缚但又对乐谱精益求精的演奏家的典范。直到1985年10月14日突然离世，他的影响力可谓遍及世界，世界各地的人们都赞赏他那无人可比的多变音色、优雅的演奏技艺和无懈可击的联奏，尤其在美国。无论是贝多芬、拉威尔还是普罗科菲耶夫的作品，他的演绎都同样精彩。

## 迪努·李帕蒂（Dinu Lipatti，1917—1950年）

罗马尼亚钢琴家和作曲家迪努·李帕蒂生于1917年3月19日，1950年12月2日因霍奇金氏病离世。在20世纪的钢琴界，没有什么比他的离世更令人惋惜了。他曾经在布加勒斯特和巴黎求学，有足够的时间在国际舞台上留下姓名，尤其是凭借对莫扎特、舒伯特、肖邦、李斯特和拉威尔作品那绝妙的演奏，然而他的事业和生命却在33岁那年戛然而止。

## 阿尔图罗·贝内代托·米凯兰杰利（Arturo Benedetti Michelangeli，1920—1995年）

意大利钢琴家阿尔图罗·贝内代托·米凯兰杰利生于1920年1月5日，卒于1995年6月12日。作为1939年日内瓦钢琴大赛的获胜者，他给后人留下的印象是一位技巧出类拔萃、在审美理念方面毫不妥协的天赋型艺术家。他的演出不多，但极其擅长把控那些最艰深的乐谱，例如拉威尔的《夜之幽灵》。这个特殊的乐章最能淋漓尽致地展现他的天赋。

717

## 乔治·齐夫拉（György Cziffra，1921—1994年）

1921年11月5日，乔治·齐夫拉出生在布达佩斯，卒于1994年1月15日，他被当时的评论家称为"李斯特转世"。他经历了许多变故，但在20世纪50年代收获了突如其来的世界性的荣耀。他对弗朗茨·李斯特最棘手的乐谱的演绎无人能及，他的才华无穷无尽，例如演奏库普兰作品时的细腻、诠释贝多芬作品时的澎湃、弹奏肖邦作品时的抒情等。

## 桑松·弗朗索瓦（Samson François，1924—1970年）

桑松·弗朗索瓦生于1924年5月18日，卒于1970年10月22日。他拥有浪漫主义的激情，接受的是遵循"法国钢琴流派"标准的教育。他在1943年获得隆-提博（Long-Thibaud）国际音乐比赛的冠军，从此开始了钢琴演奏家的生涯。他是一位内心经受折磨、难以预测的艺术家，也是诠释肖邦、舒曼和拉威尔伟大作品的演奏家中理解力最强的一位。在声音本能和纯粹的超凡技巧的助力之下，他的演奏自由流畅。

桑松·弗朗索瓦肖像。

## 格伦·古尔德（Glenn Gould，1932—1982年）

1932年9月25日，格伦·古尔德出生在多伦多，于1982年10月4日逝于出生地。他弹奏的巴赫的《哥德堡变奏曲》曾在电视上播出，让他一举成名。他是一位非典型的艺术家，少时天赋异禀。1964年4月10日，他在芝加哥举办了最后一场音乐会，此后不再在公共场合表演，参与的音乐活动仅限于在录音室录制唱片。他有许多作品留存后世，这些作品的音乐种类范围较窄，且少有浪漫主义音乐。

## 阿尔弗雷德·布伦德尔（Alfred Brendel，生于1931年）

1931年1月5日，阿尔弗雷德·布伦德尔出生在摩拉维亚地区（今捷克境内）的威森堡。相比于大部分同侪，他所经历的变化要普通得多：他逐渐成为最完美的从贝多芬到勃拉姆斯的浪漫主义曲目演奏家之一，并出现在国际舞台上。无论是作为大型协奏曲中的独奏者还是室内乐的合作者，他都如鱼得水。2008年，他告别舞台，全身心投入诗歌创作。

## 哈维·范·克莱本（Harvey van Cliburn，1934—2013年）

1934年7月12日，哈维·范·克莱本出生在美国。他在莫斯科柴可夫斯基国际钢琴比赛中荣获一等奖，蜚声国际乐坛。克莱本对柴可夫斯基曲目的"触电般的"演奏在苏联备受赞誉，回国时，他受到热烈欢迎。他在国际舞台上硕果累累，创立了范·克莱本基金会，并担任基金会的主持工作，直到2013年2月27日突然离世。

### 玛塔·阿格里奇
（Martha Argerich，生于1941年）

1941年6月5日，玛塔·阿格里奇出生在布宜诺斯艾利斯，她尚未成年就已跻身当时的一流钢琴家之列。1957年，她荣获日内瓦钢琴比赛和布索尼钢琴比赛的冠军；1965年，她摘得华沙肖邦钢琴比赛的冠军。她理解力强，技艺精湛，选曲兼收并蓄（从巴赫到斯特拉文斯基，从莫扎特到普罗科菲耶夫），她当仁不让地成为钢琴浪漫主义传统的杰出继承人。

### 弗朗索瓦-勒内·杜沙布勒
（François-René Duchâble，生于1952年）

1952年4月22日，弗朗索瓦-勒内·杜沙布勒出生在巴黎。他13岁时获得了巴黎音乐学院的一等奖，但他拒绝了舞台的诱惑，又花了几年让自己的技艺变得成熟，之后才开始举办音乐会并发行唱片。因此，2003年他宣布结束职业生涯的消息令很多人震惊，这之后，他在一些最让人意想不到的场地和多元文化活动上演出，而且毫不畏惧在学校、医院甚至监狱里表演。他录制了多首肖邦的练习曲、序曲和抒情曲，还有李斯特的协奏曲唱片，他还录制了李斯特改编自柏辽兹《幻想交响曲》的钢琴曲。

### 毛里奇奥·波利尼
（Maurizio Pollini，生于1942年）

毛里奇奥·波利尼出生于1942年1月5日，他以神童的身份进入米兰音乐学院学习，并在1960年的华沙肖邦钢琴比赛中夺冠，成为这届赛事的最大发现。他和作曲家路易吉·诺诺（Luigi Nono）、管弦乐团指挥克劳迪奥·阿巴多有着深厚的友谊。波利尼经历过许多音乐挑战，无论是在音乐会大厅还是在工厂里，他都能无差别演奏从肖邦到施托克豪森的作品。

### 郎朗（生于1982年）

1982年6月14日，郎朗出生在中国。或许他正在开创一种古典音乐事业的新理念：他参加了许多音乐领域之外的盛事（慕尼黑世界杯开幕式和北京奥运会开幕式），也演奏了很多影视音乐，但不要因为这些就忽略他从2001年开始的国际钢琴独奏家的职业道路。这位技艺精湛的钢琴家所获得的，不正是过去专属于摇滚巨星的地位吗？

### 玛利亚-若昂·皮雷斯
（Maria-João Pirès，生于1944年）

1944年7月23日，玛利亚-若昂·皮雷斯出生在里斯本，她5岁时登台演出，7岁就举行了首次莫扎特独奏会。她在里斯本音乐学院求学，后来发展出了一种颇具创新性的技巧，放弃了高超技巧中的一些不必要的效果，一心凸显音乐的纯粹精神层面，尤其是在莫扎特的作品中。2017年时，她已经为在2018年结束职业生涯做好了准备。

2009年，在巴黎普莱耶剧场举行独奏会的郎朗。

# 10位伟大的小提琴演奏家

### 弗里茨·克莱斯勒
（Fritz Kreisler，1875—1962年）

1875年2月2日，弗里茨·克莱斯勒出生在奥地利维也纳。他早年就表现出过人的音乐天赋，7岁时获得维也纳音乐学院的奖章，10岁时获得巴黎音乐学院的奖章，因此他很早就开始了灿烂的职业生涯。他演奏时深沉的音色、激烈的颤音和出色的音乐表现力吸引了全世界所有听众。1941年，克莱斯勒遭遇了一场严重事故，之后逐渐退出舞台，于1962年1月29日在纽约去世。

### 阿道夫·布什
（Adolf Busch，1891—1952年）

德国小提琴家阿道夫·布什生于1891年8月8日，被认为是一位无与伦比的古典主义和浪漫主义杰作演奏大师。他在大型协奏曲中能轻松控制协调管弦乐团，他带领自己创立的室内乐队所录制的贝多芬四重奏唱片让他获得了世界声誉。此外，直到1952年6月9日离世前，他培养了众多学生，从而为20世纪小提琴演奏的复兴做出了重要贡献。布什出类拔萃的技艺都服务于情感与表达，他把小提琴演奏技巧提升到了只有大卫·奥伊斯特拉赫才能超越的水平。

### 亚莎·海菲兹
（Jascha Heifetz，1901—1987年）

俄罗斯小提琴家亚莎·海菲兹生于1901年2月2日，他从15岁起就蜚声国际。他出类拔萃的小提琴技巧开创了一个小提琴演奏新理念，这个理念要求演奏者具备完美的技术（尤其是在颤音弹奏方面），以及对乐谱的严格尊重，不允许有任何炫耀成分。海菲兹经历了漫长而辉煌的职业生涯，于1987年12月10日与世长辞。

### 大卫·奥伊斯特拉赫
（David Oïstrakh，1908—1974年）

大卫·奥伊斯特拉赫生于1908年9月30日，卒于1974年10月24日。对很多音乐爱好者和音乐家而言，他是20世纪最有影响力的小提琴家。他小时候并不是神童，但在国际舞台上成就辉煌，世界各国听众都为他喝彩。他始终忠于自己的祖国俄罗斯，普罗科菲耶夫和肖斯塔科维奇都是他的朋友。他的演奏拥有无与伦比的深度，能在最伟大的乐谱上投射新的光芒。

亚莎·海菲兹肖像。

### 耶胡迪·梅纽因
（Yehudi Menuhin，1916—1999年）

我们不知道耶胡迪·梅纽因身上最值得钦佩的是什么，是他丰富的表演曲目，还是演奏时近乎神秘的浓烈情感？1916年4月22日，耶胡迪·梅纽因出生在纽约，1999年3月12日在柏林去世。这位伟大的小提琴家在童年时期就因高超技巧而闻名，他为所有听众表演，包括那些最普通的民众，一直持续到生命最后几年。有时他会放下小提琴，拿起管弦乐队的指挥棒。他不仅是一位伟大的演奏家，也是一位伟大的人道主义者。第二次世界大战结束后不久，他致力于推动世界各地人与人之间的和解。

# 传奇演奏家

## 吉内特·内芙
（Ginette Neveu，1919—1949年）

1919年8月11日，吉内特·内芙出生在巴黎，1949年10月28日死于飞机失事，光芒四射的演奏与悲剧的死亡让她成为传奇。内芙的职业生涯开端是在加沃音乐厅（Salle Gaveau）演奏马克斯·布鲁赫的《小提琴协奏曲》，当时她年仅7岁。她曾获得华沙国际比赛第一名（超过了大卫·奥伊斯特拉赫），无奈这份荣誉过于短暂。她在演奏必备曲目的重要篇章时所展现的超凡技巧，甚至让卡拉扬都震惊不已。

## 阿图尔·格鲁米欧
（Arthur Grumiaux，1921—1986年）

阿图尔·格鲁米欧生于1921年3月21日，卒于1986年10月16日，他的小提琴音色有着难以想象的纯净感。从18岁作为演奏者登台开始，他就吸引了世界所有听众。这位伟大的比利时小提琴家演奏态度朴实、表达细腻，他主要留下了令人难忘的莫扎特协奏曲和奏鸣曲唱片。或许对这位20世纪最出色的演奏家来说，莫扎特是最让他动情的作曲家。

## 安娜-苏菲·穆特
（Anne-Sophie Mutter，生于1963年）

德国小提琴家安娜-苏菲·穆特出生于1963年6月29日，是一位重要的艺术家。她的特点在于演奏曲目跨度之广，从巴洛克音乐到当代作品都有涉猎。她在很年轻的时候就被卡拉扬发掘，于1976年和柏林爱乐乐团共同演奏。她的演奏赢得了音乐界的一致赞誉，无论是最古老的乐曲还是最新的创作，她都能驾驭。

## 艾萨克·斯特恩
（Isaac Stern，1920—2001年）

艾萨克·斯特恩生于1920年7月21日，卒于2001年9月22日。他在音乐方面受到母亲的熏陶，15岁时就登台演奏圣桑的《第三小提琴协奏曲》。虽然他是优秀的室内乐演奏家，但大型浪漫主义协奏曲（贝多芬、门德尔松、勃拉姆斯、柴可夫斯基）和现代协奏曲（巴托克、斯特拉文斯基、杜蒂耶）才能让他那表现力惊人的强有力演奏创造奇迹，他的多张唱片都能证明这一点。

## 克里斯蒂安·费拉
（Christian Ferras，1933—1982年）

克里斯蒂安·费拉生于1933年6月17日，他很早就获得了国内外最负盛名的奖项。他曾在声名显赫的指挥家（明希、伯姆、卡拉扬）手下演奏，在大型协奏曲中也能凸显自己强烈的个性，留下了很多令人难忘的贝多芬、勃拉姆斯和柴可夫斯基作品的演出。这位法国大师的身体健康状况很差，饱受病痛折磨。1982年9月14日，他最终选择结束自己的生命。

2007年，安娜-苏菲·穆特与柏林爱乐乐团。

# 10位伟大的中提琴演奏家和大提

### 帕布罗·卡萨尔斯
（Pablo Casals，1876—1973年）

帕布罗·卡萨尔斯生于1876年12月29日，卒于1973年10月22日，巴赫的《六首无伴奏大提琴组曲》让他了解了大提琴，从此他终生与这种乐器为伴。这位加泰罗尼亚音乐大师受雇于巴黎拉穆勒乐团（Concerts Lamoureux），很快声名鹊起，在国际上开始了灿烂的职业生涯。他与阿尔弗雷德·科尔托、雅克·蒂博组成了一个传奇般的三重奏组合。1939年起，他定居法国，将大提琴的地位提高到了与小提琴比肩的水平。

### 埃曼纽·富尔曼（Emanuel Feuermann，1902—1942年）

埃曼纽·富尔曼生于1902年11月22日，他很早就展现出独一无二的天赋，13岁时就在菲利克斯·维恩加德纳（Felix Weingartner）指挥的一家维也纳管弦乐团中登台演奏。他在柏林与欣德米特、普里姆罗斯（Primrose）和鲁宾斯坦多次合作，这很快就为他赢得了巨大声誉。他的演奏技巧高超，乐于在舞台上表现出戏剧性。他的人生看似就要走向灿烂的未来，无奈却在1942年5月25日英年早逝。

### 格雷戈·皮亚蒂戈尔斯基（Gregor Piatigorsky，1903—1976年）

格雷戈·皮亚蒂戈尔斯基生于1903年4月17日，7岁开始练习大提琴，后获得国家奖学金，在莫斯科音乐学院完成学业。他在柏林举行了一场独奏音乐会之后，被指挥家威廉·富特文格勒任命为柏林爱乐乐团的大提琴首席。皮亚蒂戈尔斯基的事业一直很成功，直到他于1976年8月6日去世。

### 威廉·普里姆罗斯
（William Primrose，1904—1982年）

威廉·普里姆罗斯生于1904年8月23日，卒于1982年5月1日，他被视为中提琴复兴的重要推动者。这种乐器曾长期被作曲家们忽视，只有柏辽兹是例外——他的《哈罗德在意大利》是应帕格尼尼的邀约，作为中提琴和管弦乐队的协奏曲构思的。普里姆罗斯这位苏格兰音乐家在欧洲和美国的声誉越来越高，他让中提琴在声名显赫的交响乐团和著名的室内乐团中大放异彩。他也是一名伟大的教育家，影响了全世界无数中提琴手的职业生涯，他还曾鼓励许多作曲家为长期被小提琴盖过风头的中提琴创作曲目。

### 保罗·托特里埃
（Paul Tortelier，1914—1990年）

保罗·托特里埃生于1914年3月21日，卒于1990年12月18日。他的演奏天赋和教育才华同样有名，16岁就荣获巴黎音乐学院一等奖。他很早就得到阿尔图罗·托斯卡尼尼和理查·施特劳斯的赞赏，高超的技艺让他的事业无比辉煌。他不仅是独奏者，也在室内乐团中与钢琴家鲁宾斯坦、小提琴家斯特恩共同表演。他对巴赫作品的演奏无与伦比，也极为擅长浪漫主义曲目，尤其是舒曼和勃拉姆斯的作品。后来他对德彪西和普罗科菲耶夫作品的演绎，也展现了其兼收并蓄的一面。

帕布罗·卡萨尔斯的肖像。

# 琴演奏家

传奇演奏家

## 沃尔特·特朗普勒
(Walter Trampler，1915—1997年)

中提琴演奏大师沃尔特·特朗普勒生于1915年8月25日，卒于1997年9月27日，他的父亲是声名显赫的小提琴家，因此他在慕尼黑跟随父亲接受音乐训练。他曾是柏林广播交响乐团的中提琴首席，后于1939年移民美国，参与了林肯中心室内乐协会的创立。他是重要的技艺大师，也是有名的教育家，他不仅热爱巴洛克时期的音乐，也钟情于当代音乐创作。

## 雅克琳·杜·普雷
(Jacqueline du Pré，1945—1987年)

雅克琳·杜·普雷于1945年1月26日出生在牛津，她是托特里埃、罗斯特罗波维奇和卡萨尔斯的学生。神童出身的她在1965年演奏了爱德华·埃尔加的《大提琴协奏曲》，令人记忆深刻，高超技艺与音乐表现力和她与生俱来的舞台感结合在一起，从此她开始了辉煌的职业生涯。不幸的是，她于1971年罹患多发性硬化症，经历了数年痛苦之后，这位伟大的音乐家于1987年10月19日在伦敦去世。

## 马友友
(生于1955年)

大提琴演奏家马友友是法国出生的美籍华人，1955年10月7日出生在巴黎。童年时早熟的他往返于巴黎和纽约之间，通过多场音乐会巩固了自己的世界声誉。他在演奏曲目的选择方面非常自由，无论是巴赫的组曲，还是合作电影配乐，或者为探戈舞伴奏，他的演奏都极具表现力。

## 姆斯季斯拉夫·罗斯特罗波维奇
(Mstislav Rostropovich，1927—2007年)

姆斯季斯拉夫·罗斯特罗波维奇生于1927年3月27日，他13岁时就能在音乐会上演奏圣桑的《第一大提琴协奏曲》。他在莫斯科接受音乐教育（老师包括普罗科菲耶夫和肖斯塔科维奇），拥有无与伦比的记忆力和惊人的高超技艺。他演奏过大约两百首作品，都是同时代最重要的作曲家专门为他创作的。2007年4月27日，拥有世界声誉的他在莫斯科去世。除了演奏天赋，他也是最早在传统圈子之外寻求（并得到）声望的"古典"音乐家之一。他乐于维持自己大众明星的地位，尤其是在电视上，但他在艺术方面从未放弃过精益求精的要求。

2003年，马友友在香榭丽舍剧院与法兰西国家管弦乐团排练。

## 杰拉尔·科塞
(Gérard Caussé，生于1948年)

杰拉尔·科塞于1948年6月26日出生在图卢兹，他延续了20世纪中提琴复兴的光荣传统。他曾获得巴黎音乐学院的奖章（后来在该院校担任教职），后参与创办巴黎当代乐团。1982年，他离开该乐团。他录制的唱片质量出色，获奖无数。他在全世界举行独奏会，也跟随管弦乐团和室内乐团演出。

# 10位伟大的木管乐器演奏家

## 马塞尔·莫伊斯（Marcel Moyse，1889—1984年）

马塞尔·莫伊斯生于1889年5月17日，卒于1984年11月1日，他成功开拓了20世纪长笛的盛兴。1906年，他获得巴黎音乐学院一等奖，后来获得了国际声誉，因而能在重要舞台上演出，推广具有革命性的长笛乐器教学，尤其是在美国。他对当代音乐持开放态度，值得一提的是，1933年，雅克·伊贝尔（Jacques Ibert）创作的精巧的《长笛协奏曲》由他首演。

## 费尔南·乌布拉都斯（Fernand Oubradous，1903—1986年）

1916年，13岁的费尔南·乌布拉都斯被巴黎音乐学院录取，他表现出多方面的天赋，后来专攻巴松管。1927年，他和朋友莫雷尔（Morel）、勒菲弗（Lefebvre）成立了巴黎簧乐器三重奏组合（双簧管、单簧管、巴松管）。他经常向同时代的作曲家（伊贝尔、鲁塞尔）邀约创作作品，后来成立了自己的管弦乐团，名为乌布拉都斯乐团（Concerts Oubradous），面向大众推广自己的乐器。

## 杰克·布莱梅尔（Jack Brymer，1915—2003年）

英国单簧管演奏家杰克·布莱梅尔生于1915年1月27日，卒于2003年9月15日，他因演奏颤音而出名。他从小就天赋异禀，尝试了各种风格，从32岁开始在英国皇家爱乐乐团担任独奏，后来在1963年加入BBC交响乐团。1972年，因为和指挥布列兹不和，他离开了该交响乐团。热烈的音色和丰富的表现力是这位伟大音乐家最大的特色。

## 雅克·朗斯洛（Jacques Lancelot，1920—2009年）

1920年4月24日，雅克·朗斯洛出生在鲁昂。他在巴黎求学，后在巴黎拉穆勒乐团和法国共和禁卫军乐团（Orchestre de la Garde républicaine）担任独奏，很快就因为明亮的音色和精准细腻的音调变化而备受瞩目。他也是当代音乐创作中单簧管领域的重要推动者，曾首演让·弗朗塞（Jean Françaix）的《协奏曲》（Concerto）。自2009年2月7日离世以来，他的声誉一直在增长。

## 皮埃尔·皮埃洛（Pierre Pierlot，1921—2007年）

1921年4月26日，皮埃尔·皮埃洛出生在巴黎；2007年1月9日，他在巴黎去世。他曾在1949年获得日内瓦双簧管大赛的冠军。他不仅致力于重新演绎巴洛克时期的曲目，也用自己的精湛技艺演奏同时代的音乐，首演了雅克·伊贝尔、达律斯·米约等人的作品。他拥有如今的身后之名，在很大程度上是因为他对巴赫和安东尼奥·维瓦尔第作品的令人难忘的演绎。

2000年的让-皮埃尔·朗帕尔。

## 让-皮埃尔·朗帕尔（Jean-Pierre Rampal，1922—2000年）

让-皮埃尔·朗帕尔生于1922年1月7日，卒于2000年5月20日，他是公认的20世纪最伟大的长笛演奏家。朗帕尔最初打算投身油画行业，后来转向长笛。这个决定非常明智——1944年，他得了巴黎音乐学院比赛的大奖。他收到了全世界的演出邀请，其高超的技巧结合了速度与清晰度、温柔与严谨。此外，他还录制了数量众多的唱片留给后人。

## 传奇演奏家

### 莫里斯·阿拉尔
（Maurice Allard，1923—2004年）

法国巴松管演奏家莫里斯·阿拉尔于1923年5月25日出生在桑勒诺布勒，他拥有诸多成就。1949年，他获得日内瓦国际音乐比赛的冠军，后来录制了一系列品质绝佳的唱片，对巴松管教学产生了深远影响，还为法国巴松管和德国巴松管的和谐共处开辟了道路。阿拉尔在1984年悄悄退休，于2004年5月5日在鲁奈尔去世。

### 汉兹·霍利格尔
（Heinz Holliger，生于1939年）

1939年5月21日，汉兹·霍利格尔出生在瑞士巴塞尔，他是近几十年来最伟大的双簧管演奏家之一。他师从皮埃尔·皮埃洛，在巴黎音乐学院完成学业。1959年，他荣获日内瓦国际音乐比赛的冠军，两年后摘得慕尼黑国际音乐大赛桂冠。他不遗余力地推广当代音乐，除了重要的演出曲目，他还首演了利盖蒂、潘德列茨基、贝里奥、卢托斯瓦夫斯基、卡特等作曲家的许多作品。

2000年，萨宾·梅耶与班贝格交响乐团成员共同演奏。

### 弗朗斯·布吕根
（Frans Brüggen，1934—2014年）

弗朗斯·布吕根生于1934年10月30日，于2014年8月13日在阿姆斯特丹去世，他很早就对古代乐器充满热情，更恢复了竖笛这种乐器的地位。他对20世纪下半叶巴洛克音乐的复兴起到了重要作用，为了让竖笛获得更大的影响力，他成立了一个管弦乐团和一所学校，赋予长笛和竖笛同等地位，并致力于许多古代乐器的修复。

从左到右：旧式低音管、双簧管、巴松管、狩猎双簧管、低音单簧管。

### 萨宾·梅耶
（Sabine Meyer，生于1959年）

德国单簧管演奏家萨宾·梅耶生于1959年3月30日。她最初在柏林爱乐乐团担任独奏员，后来选择了演奏家的职业道路。这一方面是因为柏林爱乐乐团有不收女性团员的传统，另一方面也是为了尽可能多地探索表演曲目。无论是协奏曲还是室内曲，她都能完美驾驭。她的演奏拥有美妙的音色和清晰的分句法，在演绎莫扎特的作品时尤其明显。

# 10位伟大的铜管乐器演奏家

### 阿基姆·科兹洛夫
（Akim Kozlov，1908—1992年）

俄罗斯长号演奏家阿基姆·科兹洛夫生于1908年9月9日，他在列宁格勒音乐学院接受教育，后来加入了传奇人物叶甫根尼·穆拉文斯基担任指挥的列宁格勒爱乐乐团。他的演奏音色优美而有力，拥有丰富的表现力和优美的旋律。1992年11月22日，获奖无数的科兹洛夫与世长辞。

### 乔治·巴博多
（Georges Barboteu，1924—2006年）

乔治·巴博多出生于1924年4月1日，父亲是阿尔及尔音乐学院的法国号教师。1951年，他获得了日内瓦国际音乐大赛冠军。巴博多是拉穆勒乐团和巴黎管弦乐团的独奏号手，在唱片和音乐会上演奏过18世纪的重要表演曲目（泰勒曼、海顿），也录制了卡尔·马利亚·冯·韦伯著名的《协奏曲》的唱片，这部作品是这种音乐体裁的巅峰之作。

1992年的莫里斯·安德烈。

### 丹尼斯·布莱恩
（Dennis Brain，1921—1957年）

丹尼斯·布莱恩于1921年5月17日出生在伦敦，他改变了法国号在20世纪的命运。他曾短暂担任过爱乐管弦乐团和英国皇家爱乐乐团的主号手一职，1946年，他和弟弟组建了一个铜管乐器五重奏乐队，很快就获得世界声誉。他对莫扎特和韦伯作品的演奏令人难忘，也演出过许多当代音乐作品。1957年9月1日，他在赫特福德郡的一条公路上遭遇车祸离世。

1953年的丹尼斯·布莱恩。

### 莫里斯·安德烈
（Maurice André，1933—2012年）

莫里斯·安德烈生于1933年5月21日，卒于2012年2月25日，他是无可争议的历史上最伟大的小号演奏家。他在1955年获得日内瓦国际音乐比赛的冠军，职业生涯光辉无限，伯姆、卡拉扬、伯恩斯坦、普拉松等最负盛名的指挥家都曾向他发出邀约。半个世纪以来，他推广了他的乐器，通过数不胜数的改编作品与不为人知的乐曲的演奏，发挥了高超的技巧和极强的音乐表现力。

## 传奇演奏家

### 赫尔曼·鲍曼（Hermann Baumann，生于1934年）

德国圆号演奏家赫尔曼·鲍曼出生于1934年8月1日，他的职业生涯非常不同寻常，因为他最开始学习的是爵士乐。30岁时，他夺得了慕尼黑国际音乐大赛的冠军。他不仅是技艺精湛的圆号大师，也是国际著名的教育家。为了探索巴洛克时期的演出曲目，他致力于发掘各种各样的乐器，尤其是古代乐器。

### 罗杰·波波（Roger Bobo，1938—2023年）

美国音乐家罗杰·波波出生于1938年6月8日，他是技艺精湛的大号演奏大师，曾加入一些著名的管弦乐团。在2001年告别舞台前，他的演奏生涯可谓辉煌无比，更开创了在著名的纽约卡内基音乐厅举办大号独奏会的先例。他开发了大号这种乐器的许多不为人知的可能性，并让它获得了国际影响力，这一方面是因为他举办的音乐会，另一方面是因为他在美洲、欧洲和亚洲开办的教学活动。

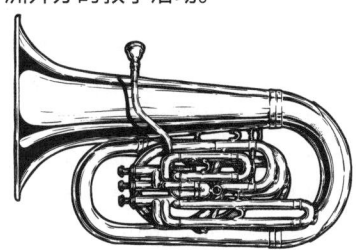

### 贾柏·柏多契基（Gábor Boldoczki，生于1976年）

贾柏·柏多契基出生于1976年，获得日内瓦国际音乐比赛的冠军后，他很快就成为公认的莫里斯·安德烈的继承人。这位音乐家的音乐表现力非常成熟，对他而言，小号首先是一种富有旋律性的乐器，能表达最私密的情感。这种信念让他能在演绎各种当代音乐创作的同时，重新演绎许多重要的协奏曲（海顿、胡梅尔）。

### 谢尔盖·纳卡里亚科夫（Sergueï Nakariakov，生于1977年）

谢尔盖·纳卡里亚科夫出生于1977年5月10日，一位芬兰评论家形容他为"小号界的帕格尼尼"。在故乡俄罗斯，他很早就因过人的天赋而备受瞩目。他14岁时就被邀请参加欧洲重要的音乐节（萨尔茨堡、伦敦），几年之内，演出范围遍及全球。他的演奏技巧高超惊人，这让他得以改编大量乐曲，也为他的乐器开辟了意想不到的前景。

### 尼古拉·穆蒂耶（Nicolas Moutier，生于1983年）

尼古拉·穆蒂耶于1983年3月3日出生在巴黎，他曾荣获许多国际奖项，随后开启了独奏者的职业道路，走遍全球各地。作为斯特拉斯堡爱乐乐团的首席长号手，他吸引了许多作曲家，并为他们的作品举行首演。他不遗余力地推广长号，尤其是在2014年，他接受了欧洲长号音乐节的指挥一职。

### 蒂娜·婷·赫尔塞思（Tine Thing Helseth，生于1987年）

1987年8月18日，年轻的蒂娜·婷·赫尔塞思出生在奥斯陆，她凭自己的天赋在小号界获得了认可。她在奥斯陆接受音乐教育，获得了多项大奖，还与欧洲、亚洲和美洲的许多交响乐团合作演出，从柏林到华盛顿，从维也纳到上海，世界各地都有她的足迹。她的演奏清澈通透，音乐色彩丰富，这让她的职业生涯前景无限，也表明"铜管乐器是男性的特权"这句话从此成为过去式。她难能可贵地让乐迷们注意到，音乐在本质上对什么都不排斥，她也证明了这一点（因为这似乎很有必要）。

# 10位伟大的羽管键琴演奏家、管风

### 旺达·兰多芙斯卡
### （Wanda Landowska，1879—1959年）

旺达·兰多芙斯卡于1879年7月5日出生在华沙，1959年8月16日去世，她改良了大键琴，使其重回人们的视野。她在欧洲和美国弹奏自己的乐器，并在圣勒拉福雷创办了早期音乐学校（École de la musique ancienne）这所世界著名的演奏家摇篮。她也关注当代音乐创作，法雅的《羽管键琴协奏曲》和弗朗西斯·普朗克的《乡间协奏曲》都是为她而作。

### 马塞尔·杜普雷
### （Marcel Dupré，1886—1971年）

1886年5月3日，马塞尔·杜普雷出生在一个音乐世家，他在巴黎音乐学院接受教育，并于1914年获得罗马大奖。他能背谱演奏巴赫的所有管风琴曲。他很快就享誉世界，同时创作了数量颇丰的管风琴曲，还培养了许多学生。1954年到1956年，他担任巴黎音乐学院院长，1971年5月30日，他在默东与世长辞。

弹奏巴黎圣叙庇斯教堂管风琴的马塞尔·杜普雷。

弹奏羽管键琴的旺达·兰多芙斯卡。

### 莉莉·拉丝金
### （Lily Laskine，1893—1988年）

1893年8月31日，莉莉·拉丝金出生在一个俄罗斯移民家庭，1988年1月4日与世长辞。她以竖琴演奏家的身份加入巴黎歌剧院管弦乐队，开始了自己的独奏职业道路。20世纪50年代，技艺精湛的拉丝金被埃拉托唱片公司相中，与让-皮埃尔·朗帕尔合作录制了莫扎特的《长笛与竖琴协奏曲》，结果大获成功。她始终关注竖琴的发展情况，邀请了许多当代作曲家为她创作作品。

### 赫尔穆特·瓦尔哈
### （Helmut Walcha，1907—1991年）

1907年10月27日，赫尔穆特·瓦尔哈生于德国莱比锡，少年时期不幸失明。他对约翰·塞巴斯蒂安·巴赫的管风琴作品的演绎是不可逾越的巅峰。此外，他还做了一项重要的音乐学相关工作：彻底修订了以巴赫和亨德尔为首的旧时代大师们的作品，为他们所有作品的乐谱录制了更严谨细致的版本。1981年，赫尔穆特·瓦尔哈结束了职业生涯，于1991年8月11日在缅因河畔法兰克福与世长辞。

### 拉尔夫·柯克帕特里克
### （Ralph Kirkpatrick，1911—1984年）

拉尔夫·柯克帕特里克出生于1911年6月10日，先后在哈佛大学和巴黎求学。1953年，他编订出版了多梅尼科·斯卡拉蒂的555首羽管键琴奏鸣曲全集，赢得了世界声誉。作为技艺精湛的演奏大师，他通过演绎约翰·塞巴斯蒂安·巴赫和斯卡拉蒂的所有作品，以及用古钢琴弹奏的许多莫扎特的作品而闻名。虽然他晚年不幸失明，但仍坚持工作，直到1984年4月13日离世。或许拉尔夫·柯克帕特里克最大的成就在于让当代听众意识到，羽管键琴绝不仅仅是所谓巴洛克式的矫揉造作的物品，它是一种在18世纪经历了重要变化的乐器。

# 琴演奏家和竖琴演奏家

传奇演奏家

### 罗贝尔·维隆-拉克鲁瓦
（Robert Veyron-Lacroix，1922—1991年）

1922年12月13日，罗贝尔·维隆-拉克鲁瓦出生在巴黎，以与长笛演奏家让-皮埃尔·朗帕尔的二重奏而闻名。从巴黎音乐学院毕业后，他成了一名音乐会演奏家，在四十年的时间里始终极负盛名。他是演奏巴洛克曲目的杰出音乐家，对约翰·塞巴斯蒂安·巴赫的十二首协奏曲的演绎无人能及。他还邀请了许多著名作曲家（如若利韦、奥哈纳、米约）为羽管键琴创作作品，为这种乐器打开了新局面。

### 皮埃尔·科什罗
（Pierre Cochereau，1924—1984年）

皮埃尔·科什罗生于1924年7月9日，卒于1984年3月6日。他不仅是一位杰出的演奏高手，也是伟大的即兴演奏家和作曲家。他很早就证明了自己非凡的天赋，并于1955年获得了巴黎圣母院的大管风琴演奏职位。他因绚烂的演奏和对经典乐曲的忠诚态度而备受赞赏，也用管风琴成功演绎了古典主义、浪漫主义与当代的演出曲目。

### 玛丽-克莱尔·阿兰
（Marie-Claire Alain，1926—2013年）

玛丽-克莱尔·阿兰出生于1926年8月10日，曾就读于巴黎音乐学院。她是20世纪最著名的管风琴演奏家，技艺精湛的她甚至被欧美人称为"管风琴夫人"。她在四分之三个世纪里都是世界知名的演奏家，让巴赫、库普兰、弗兰克等人的音乐传遍全球各地。她也对音乐教学和乐器制造充满兴趣，直到2013年2月26日去世。

### 马丁娜·热里奥
（Martine Géliot，1948—1988年）

1948年12月8日，马丁娜·热里奥出生在巴黎，她在音乐方面惊人地早熟，16岁就获得了以色列国际大赛冠军，并开始了光明的国际职业生涯。这位竖琴演奏家在所有舞台上都备受欢迎，她担任法国国家管弦乐团的独奏家近三十年，音乐表现力和超凡技巧同样卓越。她的事业虽然辉煌，但却不幸罹患癌症，于1988年2月7日与世长辞，年仅39岁。

### 古斯塔夫·莱昂纳特（Gustave Leonhardt，1928—2012年）

1928年5月30日，古斯塔夫·莱昂纳特出生在荷兰，他是20世纪下半叶推动巴洛克音乐复兴的重要音乐家之一。他的演奏天赋和一丝不苟的音乐学家作风受到了广泛赞誉。他让许多被忽视的巴洛克时期的作曲家（包括库普兰）重新受到重视，并仔细修订了约翰·塞巴斯蒂安·巴赫为羽管键琴创作的最重要的乐谱。2012年1月16日，他在阿姆斯特丹去世。

2008年的古斯塔夫·莱昂纳特。

# 10位伟大的女歌唱家

### 热尔梅娜·吕班（Germaine Lubin，1890—1979年）

热尔梅娜·吕班生于1890年2月1日，卒于1979年10月27日。她曾在巴黎求学，很早就声名鹊起，在巴黎歌剧院出色地演绎了剧目中的重要角色。她对威尔第作品在法国的传播及对法国的演出剧目（如古诺、马斯奈）的贡献都无可争议，不过在瓦格纳作品中的演出才是她最大的成就，不幸的是，可悲的历史背景令这份成就染上了污点。

### 希尔斯滕·弗拉格斯塔（Kirsten Flagstad，1895—1962年）

1895年7月12日，希尔斯滕·弗拉格斯塔出生在挪威的哈马尔，1962年12月7日在奥斯陆去世。没有人比她更能代表瓦格纳歌剧艺术的典范。1935年，她因出演《尼伯龙根的指环》而出名。她坚持表演贝多芬和施特劳斯等德国作曲家的剧目，但更偏爱瓦格纳的作品。她能在其中展现自己声音的力量和戏剧表现力。

### 比尔吉特·尼尔森（Brigit Nilsson，1918—2005年）

女高音歌唱家比尔吉特·尼尔森生于1918年5月17日，2005年12月25日在瑞典去世。所有歌剧爱好者都记得她的声音力量、她在高音区的游刃有余、她极具表现力的声音……这与她在台上的静姿形成了奇妙对比。这些品质解释了她为何偏爱最令表演者畏惧的角色，例如普契尼的图兰朵、瓦格纳的布伦希尔德、施特劳斯的莎乐美等。

### 丽娜塔·苔巴尔迪（Renata Tebaldi，1922—2004年）

1922年2月1日，女高音歌唱家丽娜塔·苔巴尔迪出生在意大利佩萨罗，她光辉的职业生涯始于1946年，指导她的是托斯卡尼尼。在斯卡拉歌剧院，她美妙的嗓音和无懈可击的技巧获得观众赞扬，后来她的观众群体遍及全世界。她和玛丽亚·卡拉斯的竞争可以追溯到1950年。1955年，她退出斯卡拉歌剧院，前往纽约大都会歌剧院继续她的职业生涯。1973年，她在大都会歌剧院告别舞台。2004年12月19日，她在圣马力诺去世。

### 玛丽亚·卡拉斯（Maria Callas，1923—1977年）

1923年12月2日，玛丽亚·卡拉斯出生在纽约，1977年9月16日在巴黎去世。她打破了歌剧艺术的一切规则（尤其是意大利的歌剧曲目），因而被载入歌剧界史册。无与伦比的戏剧表现力、宽阔的音域、独特的音色为她赢得了巨大的声誉，甚至超出了音乐领域的界限，这位女歌唱家的过早离世更加巩固了她身上的神话色彩。

著名女歌唱家玛丽亚·卡拉斯。

传奇演奏家

## 琼·萨瑟兰
（Joan Sutherland，1926—2010年）

1926年11月7日，琼·萨瑟兰出生在悉尼，2010年10月10日在瑞士莱阿旺去世。这位女高音歌唱家很早就被评论界和公众称为"不可思议的女高音"，她拥有无与伦比的声音和无懈可击的技巧，在美声唱法领域更是出类拔萃。她彻底更新了多尼采蒂和威尔第年轻时所用的方法，同时把亨德尔和莫扎特的作品扩展为自己的演出曲目。

## 雷金娜·克莱斯宾
（Régine Crespin，1927—2007年）

1927年2月23日，雷金娜·克莱斯宾出生在马赛，2007年7月5日在巴黎去世，这位女高音歌唱家曾就读于巴黎音乐学院。凭借力量出众的嗓音、丰富又具有表现力的音色和清晰的发音，她在普契尼的《托斯卡》、柏辽兹的《特洛伊人》和瓦格纳的《帕西法尔》等作品中的表演征服了所有观众。此外，她也能演唱拉威尔和福雷的艺术歌曲。

## 蒙塞拉·卡巴耶
（Montserrat Caballé，1933—2018年）

1933年4月12日，蒙塞拉·卡巴耶出生在巴塞罗那，她是歌剧领域嗓音最纯净的歌唱家之一。凭借着出类拔萃的呼吸技巧和所有音域中完美统一的音色，她能出色扮演美声唱法的所有角色，她特别钟情于贝里尼和普契尼的作品。此外，她也演绎瓦格纳、圣桑和理查·施特劳斯等人的作品，这证明了她的演唱天赋中也有兼收并蓄的一面。

## 米蕾拉·弗莱妮
（Mirella Freni，1935—2020年）

1935年2月27日，女高音歌唱家米蕾拉·弗莱妮出生在摩德纳，她是歌剧舞台上最令人动情的歌唱家之一，她能为所有角色赋予一种人性的深度和罕见的戏剧敏感性。她最早扮演的角色是比才的《卡门》中的米凯拉。她所演出的莫扎特、多尼采蒂、古诺、威尔第和普契尼的作品都备受欢迎。2005年，70岁高龄的她结束了舞台生涯。

## 费莉希蒂·洛特
（Felicity Lott，生于1947年）

1947年5月8日，英国女高音歌唱家费莉希蒂·洛特出生在切尔滕纳姆，她在戏剧和歌剧领域都极为成功。1974年，她演出了亨德尔的作品，由此出道，随后在1975年演出了莫扎特的作品，但她对理查·施特劳斯作品的惊人演绎最为人所知。与此同时，她凭借堪称典范的法语朗诵，令柏辽兹（《夏夜》）、古诺、德彪西、夏布里埃和福雷的艺术歌曲焕发了生机。

表演中的蒙塞拉·卡巴耶。

# 10位伟大的男歌唱家

### 费奥多尔·夏里亚宾
（Feodor Chaliapin，1873—1938年）

1873年2月1日，费奥多尔·夏里亚宾出生在俄罗斯喀山附近。无论生前还是死后，他都被视为历史上最伟大的男低音歌唱家之一，密纹唱片的发明让亿万听众发现了他那兼具力量和表现力的嗓音。他在《鲍里斯·戈杜诺夫》中扮演的角色更是无人能及。他后来结束享有盛名的国际职业生涯，隐居巴黎，于1938年4月12日在巴黎去世。

### 乔治·希尔
（Georges Thill，1897—1984年）

1897年12月14日，乔治·希尔出生在巴黎，他曾在巴黎音乐学院和那不勒斯音乐学院求学，1924年，他在巴黎歌剧院首演，大获成功，之后在国际舞台的表演同样成功。他因在《路易丝》（古斯塔夫·夏庞蒂埃的歌剧，阿贝尔·冈斯将其拍摄为电影）中扮演的角色而在电影界广受欢迎，他自然也被视为法国和意大利歌剧剧目中最具抒情性的男高音歌唱家。1984年10月17日，他在德拉吉尼昂去世。

### 尤西·毕约林
（Jussi Björling，1911—1960年）

瑞典男高音歌唱家尤西·毕约林出生于1911年2月5日，他长期跟随同为男高音歌唱家的父亲学习，后来在莫扎特的《唐璜》中扮演奥塔维奥一角，职业生涯从此开始。他虽然作为演员资质平庸，但天生拥有明亮的嗓音。他演唱了威尔第、普契尼、古诺和马斯奈为男高音创作的所有重要角色，在世界各地广受赞誉。后来他因病回到故乡瑞典，于1960年9月9日在斯德哥尔摩去世。

### 恩里科·卡鲁索
（Enrico Caruso，1873—1921年）

1873年2月25日，恩里科·卡鲁索出生在那不勒斯，1898年入行，被誉为"有史以来最伟大的男高音歌唱家"。他在全世界的舞台上演绎过大部分重要角色，并收获了极高的荣誉。发行唱片后，他变得更加出名。1907年，他录制的《丑角》中的名曲《穿上戏装》的销量超过一百万张。1920年，他因为健康问题离开舞台，于1921年8月2日离开人世。

1908年的恩里科·卡鲁索。

### 弗朗科·科莱利
（Franco Corelli，1921—2003年）

1921年4月8日，弗朗科·科莱利出生在安科纳。1950年到1976年，他的职业生涯辉煌而显耀。1951年，他获得了佛罗伦萨五月音乐节歌唱比赛冠军，后来他成功扮演了比才的《卡门》中的唐霍塞。他曾在罗马、巴黎、纽约表演，漂亮的音色和风度翩翩的仪态使他在任何地方都引人注目。他还与玛丽亚·卡拉斯和比尔吉特·尼尔森有过多次令人难忘的二重唱表演。2003年10月29日，科莱利在米兰去世。

## 传奇演奏家

### 迪特里希·菲舍尔-迪斯考
（Dietrich Fischer-Dieskau，1925—2012年）

1925年5月28日，迪特里希·菲舍尔-迪斯考出生在柏林，2012年5月18日在贝尔格去世。他是20世纪最著名的男中音歌唱家，在艺术歌曲和歌剧领域都非常成功。他对舒伯特的艺术歌曲的演绎无人能及，杰拉德·摩尔（Gerald Moore）长期为他钢琴伴奏。1950年，他在萨尔茨堡遇到了富特文格勒，并在其指挥下开始了舞台职业生涯。不可思议的分句法和富有表现力的音色是这位歌唱家最明显的特征。

### 阿尔弗雷德·克劳斯
（Alfredo Kraus，1927—1999年）

1927年11月24日，阿尔弗雷德·克劳斯出生在西班牙加那利群岛。他的男高音歌唱生涯漫长而卓越，从1956年一直延续到1998年。他的音色鲜亮，念白完美，在舞台上有着王者般的风范。他是20世纪演绎意大利和法国浪漫主义剧目的最完美的大师。在晚年，他曾在全世界所有重要舞台上演出，最终于1999年9月10日在马德里与世长辞。

### 鲁契亚诺·帕瓦罗蒂
（Luciano Pavarotti，1935—2007年）

1935年10月12日，鲁契亚诺·帕瓦罗蒂出生在意大利摩德纳，2007年9月6日去世。他绝对是20世纪最有名、最受喜爱的歌剧演唱家。他在高音区流畅自如、音色宏伟壮丽、仪态富有戏剧性，这些优点让他的专辑全球销量达到约一亿张，这个创纪录的数字在很大程度上归功于他的兼收并蓄，他把电视和戏剧、歌剧和综艺演出结合了起来。

### 罗伯托·阿兰尼亚
（Roberto Alagna，生于1963年）

男高音歌唱家罗伯托·阿兰尼亚于1963年6月7日出生在法国克利希苏布瓦。他有着独特的教育经历，在各种各样的地方唱歌，直到有一天被一位热爱音乐的餐馆老板发现，他才开始正式学习古典音乐。1988年，他在帕瓦罗蒂国际声乐大赛中获得第一名，很快就登上世界各大重要歌剧舞台，并用无比清亮的音色、完美的发音技巧和独特的演唱征服了所有听众。

### 普拉西多·多明戈（Plácido Domingo，生于1941年）

1941年1月21日，普拉西多·多明戈出生在马德里，他的演出剧目类型之广（演绎了超过一百五十个角色）和艺术造诣之深厚令人震惊。演唱生涯结束，他便拿起乐团指挥棒，并获得成功。他与何塞·卡雷拉斯、鲁契亚诺·帕瓦罗蒂并称三大传奇男高音，因此享有盛誉，他也是罕见的能成功演绎威尔第、普契尼、瓦格纳、比才作品的伟大歌唱家之一。

三大男高音之一普拉西多·多明戈。

# 10支伟大的管弦乐队和室内乐队

## 德累斯顿国家管弦乐团

1548年11月22日，萨克森选帝侯莫里斯成立了德累斯顿国家管弦乐团，它被认为是世界上历史最悠久的管弦乐团。该乐团专精交响乐和歌剧领域，卡尔·马利亚·冯·韦伯、理查德·瓦格纳、理查·施特劳斯等音乐巨匠都曾经担任过它的指挥。20世纪时，卡尔·伯姆、赫伯特·布罗姆斯泰特（Herbert Blomstedt）和科林·戴维斯（被任命为荣誉指挥）先后成为这支在世界上久负盛名的乐团的指挥。

2010年，巴黎普莱耶尔剧院，瓦列里·杰吉耶夫指挥的马林斯基剧院交响乐团。

## 马林斯基剧院交响乐团

1783年，叶卡捷琳娜二世下令在圣彼得堡城成立马林斯基剧院交响乐团，如今它是俄罗斯至今依旧活跃的历史最悠久的乐团。它过去被称为俄罗斯皇家歌剧院管弦乐团，其绚烂多彩的音色很快脱颖而出，尤其擅长演绎柏辽兹和各个俄罗斯大师的作品。现任指挥瓦列里·杰吉耶夫曾经是伦敦交响乐团指挥，他延续了这辉煌的传统。

## 柏林爱乐乐团

1882年，柏林爱乐乐团成立。在汉斯·冯·彪罗的领导下，这支乐团迅速成名，随后在亚瑟·尼基什（Arthur Nikisch）和史上最伟大的乐团指挥之一威廉·富特文格勒（从1922年开始）的带领下，乐团的声誉进一步巩固。威廉·富特文格勒将每位演奏者的水平都提高到大师级别，还能前所未有地将所有音色融合在一起。他的继任者包括从卡拉扬到阿巴多在内的众多名家。为数不多的批评者指责富特文格勒不愿选用当代曲目：这支伟大的乐团很少专注于音乐创新，而且坚持只让男性音乐家加入。

## 科尔托-蒂博-卡萨尔斯三重奏团

1905年，钢琴家阿尔弗雷德·科尔托与大提琴家帕布罗·卡萨尔斯、小提琴家雅克·蒂博创立了一个室内乐三重奏组合，几年之后就在世界上获得了声誉。这三位大师从沙龙的私密空间来到音乐厅的舞台上，为当时被忽视的三重奏表演曲目赋予了新面貌，为三重奏领域带来了变革，特别是他们对贝多芬著名的《大公三重奏》的传奇表演。

## 维也纳爱乐乐团

举世闻名的维也纳爱乐乐团成立于1842年，它的声誉一方面来自完美的演奏，另一方面来自它在每年元旦举办的"施特劳斯音乐会"，这个传统可以追溯到1941年。该乐团最常在维也纳金色大厅演出，该音乐厅以其卓越的音响和金碧辉煌的环境而闻名。乐团每年都会由乐手们选出一位不同的指挥。

## 皇家音乐厅管弦乐团

荷兰的皇家音乐厅管弦乐团于1888年11月3日举行了首场音乐会。1895年,威廉·门格尔贝格成为乐团指挥,他在长达五十年的任期内,使该乐团成为世界一流管弦乐团之一。该乐团后来邀请德彪西、斯特拉文斯基和普罗科菲耶夫接过指挥棒。它尤其擅长表演后浪漫主义时期的曲目,圆润悦耳的音色、演奏者浓烈的情感以及清晰的音乐语言都十分令人惊叹。

## 阿马德乌斯四重奏团

富有传奇色彩的阿马德乌斯四重奏团于1947年在伦敦成立,它一直持续了四十年。中提琴演奏家彼得·席德洛夫于1987年8月15日去世,乐团从此画上休止符。这个四重奏团还包括大提琴家马丁·洛夫特(Martin Lovett)和两位小提琴家诺伯特·布莱恩宁(Norbert Brainin)、西格蒙德·尼赛尔,他们演奏并录制了从莫扎特到布鲁克纳的最伟大作曲家的几乎所有室内乐作品,不过他们演奏的舒伯特作品最为人称道。

## 阿尔班·贝尔格四重奏团

1971年,阿尔班·贝尔格四重奏团在维也纳成立。维也纳是贝尔格的故乡,乐团的名字也源自这位音乐家。直到2008年解散前,这个四重奏团体都坚持着演奏完美、曲目多样的特点,它的演出曲目包括了近三个世纪的音乐作品。金特·皮希勒(Günter Pichler,第一小提琴)、克劳斯·梅泽尔(第二小提琴,一直到1977年)、哈托·拜尔勒(Hatto Beyerle,中提琴,一直到1981年)、瓦伦丁·厄尔本(Valentin Erben,大提琴)是这支声名显赫的乐团的最初成员。这支传奇般的乐团在世界各地都很受欢迎,它留下的唱片数量众多,独一无二,无法超越。它证明了团体在完美演绎当代音乐曲目的同时,依旧可以达到演奏莫扎特作品水平的巅峰。

## 曼海姆乐派

1750年左右,选帝侯卡尔·西奥多创立了曼海姆乐派,标志着一个新时代的开始。在约翰·斯塔米茨的指导下,现代管弦乐演奏风格从此诞生。曼海姆乐派开创了四个乐章的交响乐整体结构,并规定音色由作曲家本人来确定,所以交响乐团无法进行即兴演奏。

阿尔班·贝尔格四重奏团,金特·皮希勒与格哈德·舒尔茨(Gerhard Schulz)是小提琴手,托马斯·卡库斯卡(Thomas Kakuska)是中提琴手,瓦伦丁·厄尔本是大提琴手。

## 流浪者三重奏

小提琴家纪尧姆·苏特[后来由让-马克·菲利普斯(Jean-Marc Philips)接替]、钢琴家文森特·科克(Vincent Coq)和获得多项国际大奖的大提琴家拉斐尔·皮杜(Raphaël Pidoux)于1987年创立了"流浪者三重奏"(Trio Wanderer,"wanderer"在德语中是"流浪者"的意思,他们选择这个名字是为了向舒伯特致敬),在世界各地演出。流浪者三重奏全新演绎了海顿、贝多芬、舒伯特、门德尔松和勃拉姆斯的作品,与此同时,乐团演出曲目有很大一部分选自当代音乐。

# 中心地

在漫长的西方音乐史上，没有什么概念比"中心地"更模糊了。一个中心地可以是一座城市（巴黎、维也纳）、一个国家（意大利、俄罗斯）、一组国家（北欧），甚至一个大陆（拉丁美洲）。它们拥有一些共同特征，在某个特定的历史时刻，这些特征让这些中心地成为对未来有所贡献的实验室。

## 从中世纪的勃艮第到古典主义的维也纳

15世纪的佛兰德乐派便是如此。中世纪勃艮第公国的财富和实力超过了周围邻国，佛兰德乐派大多活动在这个公国的疆域内。在从迪费到若斯坎·德普雷等勇敢大胆、灵感充沛的艺术家和复调音乐大师的推动下，欧洲音乐现代性的重大转变从这里开始。与此同时，法国正遭受着可怕的百年战争的打击。虽然它最终获胜了，但战争留下的创伤需要很长时间才能愈合。

不久后，维也纳和巴黎这两个欧洲旧大陆的重要城市，在偶然间成为创造新的思考与作曲方式的重镇。18世纪下半叶，交响曲、歌剧、室内乐等音乐流派在维也纳诞生与完善，这些是19世纪作品数量最多的音乐体裁。然而，历史也会出现奇怪的转折：维也纳很快成为保守派的中心城市，不愿接受自己的天才音乐家，从海顿到舒伯特，再到莫扎特和贝多芬，都不例外。因此，在19世纪初，巴黎成为公认的最重要的音乐创作中心。

## 巴黎，国际之都

如同从科特圣安德烈而来的柏辽兹、从匈牙利或波兰流亡而来的李斯特或肖邦所发现的那样，巴黎这座欧洲浪漫主义蓬勃发展的首都能成为新的音乐中心，首先得益于它无可比拟的包容性。在这里，一切都被允许，一切似乎都是可能的。罗西尼和韦伯的歌剧在这里大获成功，瓦格纳和威尔第也试图效仿；柏辽兹在这里创立了现代管弦乐；像帕格尼尼这样最负盛名的演奏大师也来到这里，在舞台或沙龙上寻求认可。然而，这座法国城市并不是对任何创新都持开放态度：许多作曲家都因为它落后的一面而饱尝艰辛，如柏辽兹和瓦格纳。

在印象主义时期，巴黎再次成为音乐创新重镇，这得益于德彪西和拉威尔的推动，他们是无数天才艺术家的先驱，例如俄罗斯的斯特拉文斯基和普罗科菲耶夫、西班牙的法雅、匈牙利的巴托克等。差不多在同一时期，奥地利随着"第二维也纳乐派"的出现而再次崛起，代表人物是勋伯格、贝尔格和韦伯恩，他们努力打破调性的一切限制。

阿道夫·冯·门采尔的油画《腓特烈大帝在无忧宫的长笛演奏会上》，1850—1852年。

## 扩大到世界范围

从更广泛的意义上讲，中心地也可以扩展为一个国家，或许意大利是最好的例子，它是歌剧艺术的福地。迄今为止，它仍是最古老、最肥沃的人才孕育之地。从蒙特威尔第的《奥菲欧》（1607年）到普契尼的《图兰朵》（在普契尼去世后，该剧于1926年首演），意大利的歌剧遗产都无可匹敌。正如长期以来，米兰的斯卡拉歌剧院一直是公认的全世界最负盛名的歌剧院。

中心地还有着不可简化的特征。俄罗斯音乐虽然较晚才进入民族音乐的阵营，但硕果累累。它使用的是一种独特的音乐语言，在柴可夫斯基和穆索尔斯基，以及后来的拉赫玛尼诺夫和肖斯塔科维奇的作品中，我们都能立刻发现这种语言。同样，世界上还存在以法雅为当代先驱的西班牙音乐、以巴托克为代表的匈牙利特色音乐，甚至美国和英国也有自己的音乐，虽然英美作曲家（从科普兰到布里顿）的声誉略逊一筹。

从更广阔的视角来看，中心地则超越了国境线，例如堪称交响乐人才培养基地的德语地区，或者为作曲家赋予独特风格的拉丁美洲和北欧地区，他们也用这种曲调来诠释各自的审美理念。在这种背景下，于20世纪晚期诞生在法国和德国的激进现代性不再有任何边界，这不是再正常不过的事情吗？

# 法国和佛兰德乐派

## 文艺复兴的浪潮中

在佛罗伦萨,文艺复兴第一阶段(15世纪)在时间上与15世纪佛兰德乐派的中世纪复调音乐蓬勃发展重合。佛兰德乐派所处地区包括勃艮第和佛兰德,主要作曲家包括迪费、班舒瓦、比努瓦、若斯坎、奥布雷赫特、奥克冈、拉絮斯等。因此,我们无须强行通过具体的日期来证实纪尧姆·迪费(约1400—1474年)和建筑家阿尔伯蒂(1404—1472年)、约翰内斯·奥克冈(约1410—1497年)和画家皮耶罗·德拉·弗朗切斯卡(约1416—1492年),甚至若斯坎·德普雷(约1450—1521年)和列奥纳多·达·芬奇(1452—1519年)处于同一时代。

一张羊皮纸,上面描绘了纪尧姆·迪费(左)和吉莱·班舒瓦(右)。出自马丁·勒弗朗克(Martin Le Franc)的《女性捍卫者》(Champion des dames),15世纪。

## 在佛罗伦萨圣母百花大教堂穹顶的传奇相遇

在佛罗伦萨圣母百花大教堂穹顶的祝圣仪式上,意大利文艺复兴之父、建筑师菲利波·布鲁内莱斯基和当时最伟大的作曲家迪费相遇了。1436年3月25日,在教皇的见证下,这座象征着现代性的建筑在仪式开幕曲经文歌《玫瑰刚刚盛开》中落成,这首歌与这座恢宏建筑的比例相同(6∶4∶2∶3)。下声部(作品的基础)与上声部(直接的听觉吸引力)的对比反映的是宏伟的穹顶,它的外部轮廓让人眼前一亮,内部结构让人精神升华。

## 遍及欧洲的影响力

佛兰德乐派之所以能完美掌握复调音乐,其首要特点便是它的地理特征:音乐中主要的创新和变化都发生在勃艮第公爵的领土以及法兰西王国边境地区。这个音乐中心仍然对欧洲其他地区持开放态度,一方面是因为欧洲大陆战争不断(可怕的百年战争直到1475年《皮基尼条约》签订才正式结束),另一方面是因为该地区的许多大师被征召到欧洲各地的宫廷之中,特别是意大利。

## 享有盛誉的纪尧姆·迪费

纪尧姆·迪费曾在巴黎学习音乐,他是国际音乐家的典范,在欧洲享有极高声誉,在宗教音乐和世俗音乐领域都成就斐然。他最后回到故乡康布雷,并在那里去世。他在歌曲中,经常用三个声部让丰富的旋律和严谨的对位法实现平衡。他的音乐最引人注目的特点之一在于他凭借自己的创造能力,在作品中保证了旋律的连续性,这种创造力体现在那些过渡曲目之中。在他的杰作中,弥撒曲《假使我面色苍白》以他自己创作的一首同名叙事歌的固定声部作为定旋律(cantus firmus)。

中心地

约1405年，选自《妇女城》的微型图画，画中克里斯蒂娜·德·皮桑坐在阅览架旁，手里拿着一本书。

## 吉莱·班舒瓦，诗人之友

在伟大音乐家吉莱·班舒瓦（约1400—1460年）的作品中，尤其是他根据克里斯蒂娜·德·皮桑、奥尔良的查理（Charles d'Orléans）和阿兰·夏蒂埃的诗歌所创作的尚松中，有着同时代的迪费作品中的各种特征，这有力地体现了迪费的典范性。两人的职业生涯还有别的相似之处：班舒瓦曾经是康布雷的唱诗班儿童，服侍勃艮第王国的公爵。他的尚松杰作《越来越》证明了他在艺术方面的创新性和敏感性，用简单的旋律表达就能创造奇迹。

## 一座巅峰，哀悼奥克冈之死

为了致敬1497年去世的音乐和精神导师奥克冈，若斯坎·德普雷选择了能融合好几种语言的尚松—经文歌这种体裁。因此，法文歌词要和悼念死者的弥撒定旋律《主啊，请赐给他们永恒的安息》（拉丁文的格里高利圣咏片段）同时演唱。若斯坎使用了一种大胆的语言，甚至让一个声部消失，作为奥克冈去世的标志，直到最后终止式才让这个声部再度出现。新生的音乐戏剧风格的各种效果从此萌芽，牧歌则在第一时间借用了这种戏剧化，歌剧的统治时期随之开始。

## 比努瓦的旋律天赋

安托万·比努瓦出生在佛兰德，死于1492年，他是勃艮第公爵的仆人。在音乐创造力方面，比努瓦不输奥克冈分毫，能证明他旋律天赋的主要是他数量众多的尚松、回旋诗曲以及由三或四部分组成的处理方式非常自由的牧歌。所有声部都在复调织体中以平等方式歌唱，这种织体的作曲很细腻，使用方法巧妙而讲究，同时又包含了不可忽视的情感表现力。

## 奥克冈的贡献

15世纪末的音乐体现在奥克冈的作品中，他的作品让形式统一的模式和"架构引用弥撒"（parody mass）的原则达到了完美。根据这种原则，所有声部把完整呈现、只根据对位法的需求进行变化的引用作品作为定旋律。因此，他实现了思辨与灵感的融合，令人震惊的《短拍弥撒曲》就是典范。在这首作品中，四个声部同时采用四种不同的节拍，以双重有量卡农手法写成。

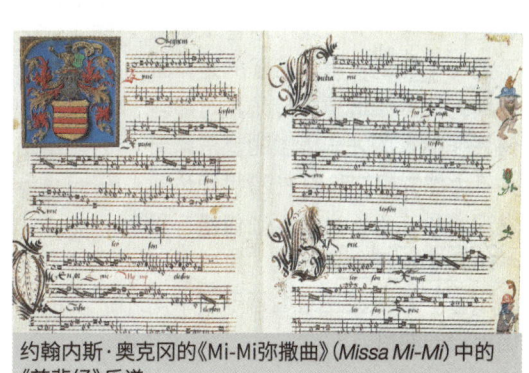

约翰内斯·奥克冈的《Mi-Mi弥撒曲》（*Missa Mi-Mi*）中的《慈悲经》乐谱。

739

# 维也纳，世界音乐之都

1821年，利奥波德·库佩尔维泽（Leopold Kupelwieser）所绘的《舒伯特小集》。坐在钢琴旁边的是弗朗茨·舒伯特。

## 愉悦与节制

约瑟夫·海顿（1732—1809年）准备在空白的乐谱上创作交响乐和四重奏的分谱，面对这些乐谱，他几乎完全自由，他掌握的是调性这种全新的素材，并且从他所处的时代吸收了交响乐和弦乐四重奏这两种最能将这种素材发扬光大的形式。他既重视愉悦的表达，也尊重节制，这预示着欧洲古典音乐成熟期的到来。

## 在传统与创新之间

在18世纪和19世纪之交，即海顿和莫扎特、贝多芬和舒伯特先后所处的时代，奥地利的首都突然成为音乐世界最耀眼的地区，在历史上，这座伟大的城市对音乐做出了无与伦比的贡献。奇怪的是，维也纳的公众始终重视传统，对那些伟大作曲家的才华横溢的音乐革新并不太感兴趣。我们在20世纪也能发现这种态度，当时以勋伯格、贝尔格和韦伯恩为代表的"第二维也纳乐派"也很难在当地音乐厅中演出自己的曲目。

## 一种革命，从海顿到贝多芬

在音乐方面，维也纳的古典主义表现为语言的演变，其最明显的特征是主题的变化。从此以后，主题决定了作品的命运。主题这种原始要素既取决于灵感，也取决于它的处理方式，这与作曲家的自身能力直接相关。这一过程从海顿最早的四重奏开始，在贝多芬晚年最终完成。

## 大卫与莫扎特的关系

莫扎特只比画家雅克-路易·大卫小7岁，他们的天赋在1785年左右同时绽放：画家大卫创作出《荷拉斯兄弟之誓》这部大师之作，音乐家莫扎特开启了辉煌无比的职业生涯。将大卫和莫扎特放在一起对比让人诧异，但他们的共同意志的确将二人深深联系在一起。他们都以创作典范作品为目标，并以创作这些作品为途径来运用全新的美学素材。当时欧洲激荡不安的紧张局势为这些作品提供了创作土壤。

## 超越规则,莫扎特

如果你仔细思考一下,就会发现莫扎特作品中最确定无疑的特征就是出乎意料和不守窠臼。阿诺德·勋伯格后来指出了让莫扎特的审美理念与众不同的无秩序要素。不过他没将其全部指出,只是列举了其中五条:1. 乐句长度不等;2. 唯一的主题概念内汇集了不同的特点;3. 主题与其组成部分的节拍偏离偶数;4. 构思次要理念的方法;5. 引入与"过渡"的方式。

## 关于勋伯格和第二维也纳乐派

第一次世界大战前不久,包括阿尔班·贝尔格、安东·韦伯恩在内的一些年轻音乐家聚集在阿诺德·勋伯格身边。勋伯格最初投身表现主义流派(《月迷彼埃罗》,1912年),随后走上了一条极端道路,于1923年创立了以十二音列理念为基础的作曲技巧,代表作品是《钢琴组曲》(1923年)、《乐队变奏曲》(1932年)、歌剧《摩西与亚伦》(1932年)、清唱剧《华沙幸存者》(1947年)以及众多宗教色彩浓厚的乐曲,例如《科尔·尼德莱》(1938年)和《圣诗》(*Psaumes*,1950年)。

1912年,阿诺德·勋伯格的《月迷彼埃罗》乐谱。

## 20世纪最美的协奏曲

精湛而哀婉的小提琴协奏曲《纪念一位天使》是阿尔班·贝尔格的最后一部完整作品。这首创作于1935年的乐章是贝尔格在去世前受委托创作的,为了纪念在青春期夭折的玛农·格罗皮乌斯。小提琴娓娓演奏出这个女孩的一生:幸福的花季、不幸染病与夭折。这部作品集音乐知识之大成,令人惊叹。它综合了调性和十二音体系(这部作品弥漫着g小调的"泛调性"),利用和弦表现力的纵向原则和利用复调音乐丰富性的横向手法同时出现在这部作品中。

## 不明显但无法抹去的痕迹

战后一代对安东·韦伯恩的崇敬或许与其悲剧性的死亡有关。然而,推崇他的严谨并反对勋伯格的"落后",就等于抹去韦伯恩的人性,甚至包括他的宗教观点,这样的作曲家失去了人情味儿,只懂得用"整体序列"来处理包含在音高、音长、音色和音强之中的数据信息。21世纪初,这样的考虑已经没有任何意义。之后安东·韦伯恩的听众所乐见的,是这位敏感而博爱的伟大艺术家那低调但无法抹去的不为人知的一面。

# 巴黎，浪漫主义之都

## 独一无二的人才培养地

如同柏辽兹、李斯特和肖邦所发现的那样，巴黎这座艺术中心的力量在于它无可比拟的多样性。全欧洲的作曲家都来到这里，施展他们独特的才华，厚古派与现代派在巴黎的文化舞台上展开了激烈的斗争。从这个意义上说，柏辽兹的《幻想交响曲》（1830年）是欧洲灿烂辉煌的浪漫主义历史的一座里程碑，它也证明了反对这股浪潮的势力是多么猛烈。当时欧洲大陆的其他中心城市，都无法容纳如此多的交锋对抗。

约瑟夫·丹豪泽所绘的想象中的浪漫主义重要人物聚会。画中描绘的人物有：弹钢琴的弗朗茨·李斯特，左边是大仲马、维克多·雨果、乔治·桑、尼科洛·帕格尼尼、焦阿基诺·罗西尼，右边是玛丽·达古伯爵夫人（背部），以及贝多芬的半身像。

## 浪漫主义革命的新环境

1801年，巴黎人口为五十五万，到了1851年则突破了百万大关。1830年左右，在城市规划方面，这座大城市已经彻底改观：人行道普及，下水道被拓宽，公共场所使用煤气照明，公共汽车保证了公共交通，塞纳河河岸被重新整治，街道有了系统编号。这些新的城市理念甚至也惠及监狱：建筑师路易-伊波利特·勒巴根据方便监管、改善犯人环境的两项原则，在1825年到1836年修建了小罗盖特监狱。这是一场彻底的革命！

## 巴黎的魅力

巴黎对浪漫主义音乐世界有着无法阻挡的吸引力，在这方面，法国文学对意大利歌剧创作者的诱惑尤其明显。维克多·雨果提供了《卢克雷齐娅·波吉亚》（多尼采蒂）、《欧纳尼》和《弄臣》（威尔第）、《誓言》（Il Giuramento，梅尔卡丹特）、《歌女乔康达》（蓬基耶利）；缪塞提供了《埃德加》（Edgar，普契尼）；小仲马提供了《茶花女》（威尔第）。尽管威尔第对法国、法国首都巴黎和法国歌剧有种种成见，但他依然带着《耶路撒冷》（1847年）、《西西里晚祷》（1855年）和《唐·卡洛斯》（1867年）来到巴黎，寻求渴望已久的认可。

## 沙龙生活

如今我们难以想象沙龙对浪漫主义音乐的产生起到了多么大的作用。最负盛名的作家（夏多布里昂、雨果、缪塞、大仲马、海涅）、最伟大的艺术家（德拉克洛瓦、吕德）和重要的哲学家（拉梅内、蒲鲁东）都涉足了作曲家的领域，支持对管弦乐做出革新的柏辽兹、创造新钢琴语言的大师肖邦和李斯特。

## 李斯特与塔尔伯格的决斗

1837年3月31日,西吉斯蒙德·塔尔伯格与弗朗茨·李斯特这两位当时最伟大的钢琴高手在贝尔吉奥尤索公主家中展开了一场著名的"决斗"。没有任何事件比这场决斗更能证明浪漫主义时期巴黎的地位。这两个誉满欧洲的名人被激动不已的支持者包围,当时还没有"粉丝"这个称呼。那天晚上,两人根据自己对梅耶贝尔和罗西尼的歌剧主题的理解,尽情弹奏。狂喜不已(也哑口无言)的听众无法做出决断,据说最后是罗西尼(也可能是李斯特的情妇玛丽·达古伯爵夫人)做了最终评判:"塔尔伯格是世界上最好的钢琴家,李斯特则是唯一的!"

## 《幻想曲》,一段疯狂爱情的开始

1827年,《哈姆雷特》在巴黎上演。舞台上扮演奥菲利亚的是爱尔兰女演员哈利耶特·史密森(Harriet Smithson),大厅里坐着一位年轻的音乐家埃克托尔·柏辽兹。浪漫主义时期巴黎最美好的爱情故事就此开始。这位美丽的女演员对这位热情的求爱者的书信表白无动于衷,甚至拒绝参加1830年12月5日在巴黎音乐学院举行的引发轰动的《幻想交响曲》首演。然而,这部作品于1832年重演时,她被这位音乐家的才华折服。一年后,两人不顾各自家庭的反对,宣布结婚。这位伟大的作曲家后来在《回忆录》中写道:"她是我的。我可以为此排除万难!"

## 肖邦与乔治·桑,奇特的爱情,奇特的决裂

弗雷德里克·肖邦与乔治·桑在1838年到1847年维持的那段关系已经被人道尽又写尽。一方是一位有着男性气质的女人,另一方是一位身体羸弱的病人。因此,乔治·桑在写给肖邦的最后一封信中所说的话也就不让人惊讶了:"永别了,我的朋友,希望您能够尽快痊愈……偶尔告诉我您的消息。其余的再提也终是无用。"

## 肖邦在今日的巴黎

如今,游客可以在奥尔良码头六号的"肖邦沙龙"博物馆里,找到这位作曲家在巴黎生活的一些最后的影子。比肖邦死后覆盖面部的面具更吸引人的,是他的一只手的复制品,这只手是如此纤细而修长。展厅中央是一架普莱耶尔钢琴(肖邦钟情的品牌),他在弥留之际所坐的扶手椅,还有一些信件、照片和乐谱。墙上挂着的是这位音乐家及其亲友的一些肖像画。

欧仁·德韦里亚的油画《浪漫》(La Romance),19世纪。

# 意大利，歌剧王国

## 世界性的民族自豪感

在音乐领域，意大利是（也永远是）历史上最非凡的声乐人才摇篮。美声唱法被广为接受之后，意大利歌剧就成了其民族精神最典型的特征和最璀璨的表现形式，而这个民族在视觉艺术领域同样灿烂辉煌。19世纪，在意大利所有地区都经历着漫长而痛苦的统一过程的时期，歌剧在声乐中找到了最佳媒介，打破了时间和地理界限，征服了全世界的听众。

## 意大利的声乐特色

意大利语中，元音的重音和变化明确的口型有利于产生响亮的发音，确保人声盖过管弦乐团。阉伶歌手的消失为女高音歌唱家的成功开辟了道路，她们的能力在19世纪不断提高。一些伟大作曲家（以威尔第为首）的做法也让男高音和男中音从中受益，促使他们打破传统的限制。于是就有了两个针锋相对的流派：米兰流派以音乐的纯粹性为名，主张发音清晰；那不勒斯流派则坚持音调低沉的原则。

## 米兰斯卡拉歌剧院的非凡"榜单"

米兰斯卡拉歌剧院内部，1827年的铜版画。

创立于1778年的米兰斯卡拉歌剧院乘着意大利歌剧复兴的东风，很快拥有了巨大声誉。在这座剧院首演的作品可以说明这一点：罗西尼的《鹊贼》，贝里尼的《海盗》和《诺玛》，梅尔卡丹特的《誓言》，威尔第的《奥贝尔托》《一日国王》《纳布科》《伦巴第人》《贞德》《奥泰罗》和《法尔斯塔夫》，博伊托的《梅菲斯托费勒》，蓬基耶利的《歌女乔康达》，卡塔拉尼的《瓦利》，焦尔达诺的《安德烈·谢尼埃》，普契尼的《蝴蝶夫人》和《图兰朵》等。有这样一份榜单，米兰斯卡拉歌剧院的地位不言自明。

## 歌唱家的新辉煌

在从罗西尼到普契尼的辉煌时代，许多伟大的歌唱家迅速获得了国际声誉，也积累了巨额财富。在这些新星之中，我们仅举几例：女高音歌唱家艾玛·阿尔巴尼（Emma Albani）、圭迪塔·帕斯塔（Guiditta Pasta）、阿德里娜·帕蒂和朱塞平娜·斯特雷波尼，男高音歌唱家弗朗切斯科·塔马尼奥（Francesco Tamagno）和恩里科·卡鲁索，男中音歌唱家乔治·隆科尼（Giorgio Ronconi）。这些都是所有歌剧艺术爱好者耳熟能详的名字。

女高音歌唱家艾玛·阿尔巴尼。

## 文学的力量

在19世纪晚期的意大利，两个源自文学领域的运动对歌剧艺术产生了重要影响：一个是斯卡皮利亚杜拉运动（scapigliatura，字面意思为"散乱"，引申义为"波希米亚式的"），代表人物是普拉加和博伊托；另一个是真实主义运动，主导人物是卡普阿纳和维尔加。这解释了为什么真实主义歌剧的主要特征是戏剧性强于音乐性：有利于台词理解的音节划分、剧烈又极端的对比、拒绝喜剧特色、有利于主要主题记忆的简单旋律、改变或取消独唱曲、浮夸而悲怆的终曲、故事情节环境的偶然性和日常性等。

## 置身事外的普契尼

贾科莫·普契尼的主要杰作（《波希米亚人》《托斯卡》《蝴蝶夫人》《三联剧》《图兰朵》）歌唱的始终是复杂的人类情感，但这位天赋异禀的托斯卡纳歌剧大师只在一段时期内参与了真实主义运动。而阿尔弗雷多·卡塔拉尼这位作曲家仅仅留下了阴郁又伤感的《瓦利》这部作品，他和安东尼奥·斯马雷利亚（1854—1929年）都受到了瓦格纳的影响，无法被视为真实主义的代表人物。

## 真实主义的四部作品

相比于四位作曲家，在真实主义歌剧剧目中占主导地位的实际上是四部杰出作品：皮耶特罗·马斯卡尼的《乡村骑士》、鲁杰罗·莱翁卡瓦洛的《丑角》、翁贝托·焦尔达诺的《安德烈·谢尼埃》和弗朗切斯科·奇莱亚的《阿德里安娜·莱科芙露尔》。这四部作品在戏剧表演和音乐层面都获得了毫无争议的成功，它们在一个世纪里不断取得成功，粗犷的魅力丝毫未减。

## 《图兰朵》，终结！

1924年，贾科莫·普契尼未能完成最后的杰作《图兰朵》（作曲家弗朗科·阿尔法诺最终将其完成）便离开人世，随之一同逝去的是整个歌剧传统。这并不是说意大利作曲家们就此放弃了这个让他们国家位居音乐强国之列的音乐体裁。然而，像伊塔洛·蒙泰梅齐、埃尔曼诺·沃尔夫-费拉里、里卡尔多·赞多伊、路易吉·达拉皮科拉，甚至吉安·卡洛·梅诺蒂（于1928年定居美国）这样受人尊敬的音乐家的作品也没能经受住时间的考验，在如今看来，或许他们作品中的大胆不过是不堪而平庸的。

1896年，绘有贾科莫·普契尼形象的《波希米亚人》明信片。

# 德国，交响乐人才聚集地

## 长长的杰作名单

虽然也有例外情况（柏辽兹、柴可夫斯基、德沃夏克、斯特拉文斯基、普罗科菲耶夫、肖斯塔科维奇等），但对交响曲历史做出最具创新性、最丰富贡献的地区非德国莫属。德国交响乐在很大程度上是由约瑟夫·海顿"发明"的，然后被莫扎特和贝多芬推上巅峰，被舒伯特、门德尔松、舒曼、勃拉姆斯演绎得炉火纯青，布鲁克纳、马勒和理查·施特劳斯的把握程度则略逊一筹。在将近两个世纪的时间里，德国交响乐人才辈出，杰出作品接连不断，无可匹敌。

## 交响曲的十颗明星

这里列出的十首交响曲都是随机挑选出来的，目的是让读者了解德国交响乐在发展过程中表现出的令人难以置信的多样性：约瑟夫·海顿，交响曲《时钟》；沃尔夫冈·莫扎特，交响曲《朱庇特》；路德维希·范·贝多芬，交响曲《田园》；弗朗茨·舒伯特，交响曲《未完成》；菲利克斯·门德尔松，交响曲《意大利》；罗伯特·舒曼，交响曲《莱茵》；安东·布鲁克纳，交响曲《命运》；约翰内斯·勃拉姆斯，交响曲《维也纳》；古斯塔夫·马勒，交响曲《泰坦》；理查·施特劳斯，交响曲《阿尔卑斯》。

## 更加梦幻而非真实的《田园》

在交响曲《田园》的开头，贝多芬细心地写道："情感表达为主，描绘为次。"后来他又在素描本上写道："任何想要注入过多器乐的描绘都会失去力量。"因此，我们可以假设他根本不打算描绘，甚至无意引发联想，他想要的是歌唱人与自然之间的和谐。这是某种德国精神的典型思考，它要突破世界表象，寻找它的真相，尤其是在交响乐中。

## 贝多芬的阴影

对于出生在贝多芬之后的德国交响曲作者来说，在很长一段时间里，他们所处的情况都可以概括为舒伯特所说的一句话："在贝多芬之后，如今谁还能有一番作为？"在维也纳之外的地区，尤其是在德语国家，这个问题一直困扰着19世纪的人们。因此，由柏辽兹这个法国人用《幻想交响曲》来迎接挑战并非偶然。或许正是因为贝多芬的丰功伟业带来的困扰，舒伯特那卓越的"未完成交响曲"才会在作者去世37年后才公布于众。

路德维希·范·贝多芬的一部乐谱合集的封面。

## 勃拉姆斯也一样！

听到贝多芬的《第九交响曲》之后，年轻的勃拉姆斯曾喊道："我要写的就是这样的音乐！"这年少无知的话是多么可爱。事实很快证明这只是空想，这位伟大的作曲家把自己的第一首交响乐改成了一部协奏曲，随后对一位朋友坦言："我们作曲家在创作时，身后总是传来贝多芬这样的巨人的沉重脚步声，您不知道那是个什么滋味！"

## 一句奇特的献词

《第九交响曲》的创作始于1887年，九年后因安东·布鲁克纳去世（1896年10月11日）而中断。这首作品有一句独特的献词："献给亲爱的上帝，但愿他能接受它！"这首宏伟的管弦乐篇章的神秘之处是否就在这里？这位伟大的音乐家不顾病痛，一直坚持创作到生命的最后一天，其中的许多片段似乎都迸发出超自然的光芒。

米歇尔·埃契特（Michel Echter）的水彩画，描绘了1845年在慕尼黑剧院上演的《唐豪瑟以及瓦尔特堡的歌唱比赛》中的"维纳斯山"一幕。

## 瓦格纳，歌剧的交响乐

理查德·瓦格纳被列入这一章节，不是因为他在年轻时创作的两首交响曲（第二首并未完成），而是因为他将歌剧变成了某种宏伟的交响乐整体，它将变化或固定的形式与诗意或音乐的声音结合在一起，使其成了整体艺术诞生时承载思想的容器。这位作曲家是歌剧剧本和音乐的创作者。为了保证形式和语言的统一（"旋律必须完全诞生于语言"），他在创作时汇集了戏剧的所有元素，使用管弦乐织体来确保其整体统一。

## 一次伟大的启蒙之旅

理查·施特劳斯著名的《阿尔卑斯交响曲》创作于1915年，它串联了二十二幅风景，描绘了人们夏季登山时的许多情节。人们可以在这首作品中听到从山谷出发，最终抵达山顶的过程，伴随着鸟儿的歌唱、湍流轰鸣、阿尔卑斯山号角的呼唤、羊群的铃铛声……根据作曲家的日记所述，他的创作其实有更大的雄心，他想要描绘通往终极真理的启蒙之旅的不同阶段。

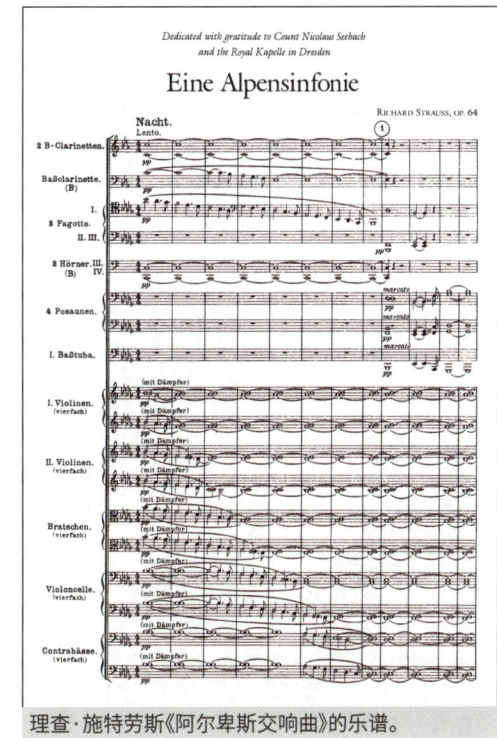

理查·施特劳斯《阿尔卑斯交响曲》的乐谱。

# 法国印象主义音乐

## 印象主义和音乐,一种朦胧的相遇

虽然印象主义音乐可以用"朦胧"这个概念来概括,但是从福雷到年轻的克洛德·德彪西,它在整个19世纪下半叶的痕迹是可以被感觉到的。公众把这些反传统的音乐家的新理念视为一种决裂,没料想到这个音乐流派的力量会让后人给这种音乐打上"印象主义"的标签。

## 印象主义音乐的特点

音乐研究领域接受了源自视觉艺术领域的印象主义概念,并确定了一些能用来概括这场运动的审美理念的要素:倾向使用模糊的轮廓和易察觉的音色变化;放弃交错的加强音来淡化节奏;弦乐配器法细致又讲究;和弦自由并列,而非遵循既定规则来线性排列;故意不凸显旋律,从而呈现出某种不稳定性等。简言之,这一切都是传统所反对的。

《蓝和金的小夜曲》,1872年,詹姆斯·阿博特·麦克尼尔·惠斯勒绘。

## 印象主义还是象征主义?

印象主义音乐和象征主义音乐之间的界限非常微妙。从这个角度来看,加布里埃尔·福雷很有典范性,尤其是他的艺术声乐套曲《美好的歌》(1892年),整部作品的歌词取自魏尔伦的诗歌。这位作曲家去除了其中过于视觉化的内容,他倾向于引发回忆,经常使用形象化表现法(figuralisme,例如用调式来唤起回忆),尤为注重营造一种神秘又有诗意的氛围。

## 萨蒂与德彪西

虽然德彪西的音乐带有一种诗意的模糊直觉的特征,但他对印象主义概念依旧非常谨慎。然而,埃里克·萨蒂(1866—1925年)在去世五年前(也就是德彪西去世两年后),毫不犹豫地用当时的油画来解释自己的音乐主张:"为什么我们不使用克洛德·莫奈、塞尚、图卢兹-劳特累克等人呈现给我们的表现方式?为什么不把这些手段转换到音乐中?这再简单不过了。难道这不是一种表现方式吗?"他说这话的时候,想到的是图卢兹-劳特累克的《巴黎花园里的雅内·阿夫里尔》这幅肖像画(虽然表现主义色彩很浓厚)吗?

加布里埃尔·福雷,1889年,约翰·辛格·萨金特绘。

## 镜子

德彪西为《夜曲》写了这段介绍："《云》描绘了久久凝滞不变的天空，云朵徐缓而孤寂地移动，带有几分凄凉，消散在灰白色的虚无缥缈中。《节日》如耀眼炫目的强光突然涌现，以独具舞蹈气氛的旋律、节奏来表现，用插入乐句表示参加节日庆典并加入其中的游行（眩惑如梦般的幻影）。游行的基调以后仍连续不断地出现，这是节日庆典，由音乐和整体节奏呈现华丽灿烂而又尘土飞扬的热闹节庆场面。《海妖》则表现大海和它那无比多样的节奏，海面被月光染成一片银色，海妖的神秘歌声伴着笑声在银波上荡漾。"

## 声音的秘诀

虽然德彪西对美妙绝伦的《夜曲》的形容诗意十足，但这段话完全没有解释这些作品为何拥有无法形容的魅力。虽然不缺少视觉标记，但这些篇章引发回忆的力量使用的是纯音乐的新手法，对了解音乐的人来说，这并不算特别复杂：调性连贯与饱含旋律的音程相配合，主题与动机的重复，有时被颠覆、片段化或分配给意想不到的演奏者，以管弦乐的方式来处理声乐（《海妖》无词合唱中的音节"啊"），根据演奏人员的数量来变化激烈程度等。

## 从印象主义到表现主义

拉威尔的钢琴三部曲《夜之幽灵》标志着音乐家被表现主义所吸引。其中《水妖》还原了水中仙女这个奇异的形象，她因爱上一个冷漠的凡人而疯狂，但最终回到水中；《绞刑架》让一座不确定的城市边缘的可怕丧钟不停地回响；《幻影》呈现了一个魔鬼般的侏儒的鬼脸。印象主义的美好幻梦逐渐消失，噩梦开始降临……

## 反对印象主义的六人团

1916年前后，六个年轻人效仿俄罗斯的五人团，聚集起来反对印象主义音乐。阿蒂尔·奥涅格（1892—1955年）是团体中最有名的，但其他人也都有自己的个性。乔治·奥里克（1899—1983年）、路易·迪雷（1888—1979年）、热尔梅娜·塔耶弗尔、达律斯·米约和弗朗西斯·普朗克共同经历了这场精彩的"旅程"，尽管他们的合作时有时无。他们共同创作的最有名的作品是芭蕾舞曲《埃菲尔铁塔的新婚夫妇》，最初受邀创作这部作品的只有奥里克一人，最终的创作成员中则独缺路易·迪雷。

雅克-埃米尔·布朗什的画作，描绘的是一些法国时尚年轻人的聚会：弗朗西斯·普朗克、让·谷克多、玛塞勒·梅耶（Marcelle Meyer）、达律斯·米约、阿蒂尔·奥涅格、热尔梅娜·塔耶弗尔、让·维纳（Jean Wiener）和乔治·奥里克。

# 北欧音乐

## 来自寒冷地区的音乐

除了拉丁语系、德语和斯拉夫语地区的重要音乐中心,北欧地区的音乐家也让他们独特的音乐风格为人所接受。与此同时,他们也没有陷入外来事物的诱惑。在挪威的爱德华·格里格和芬兰的让·西贝柳斯这两位伟大艺术家的作品的影响下,这个拥有各类天才的地区让自己的音乐走进了世界各国的音乐大厅。当然,几乎同样高产的尼尔斯·加德和卡尔·尼尔森这两位丹麦作曲家的贡献也不容忽视。这四位音乐大师非常了解当时的音乐革新,他们从中汲取营养,赞颂故乡的独特精神。

## 加德与舒曼

对音乐爱好者来说,尼尔斯·加德的名字就是丹麦音乐的代名词。他曾击败舒曼,获得莱比锡布商大厦管弦乐团指挥的职位。作为北欧音乐在情感方面的启蒙者,加德在他生活的时代非常有名。他身兼作曲家、乐团指挥和教育家,职业生涯十分辉煌,但他个人处于民族意识觉醒的大背景下,后来很快就从人们心中国家文化生活的建设者变成了落后传统的守卫者,幸好后人并不认可这种评判。

## 格里格的"民间民族主义"

"对我来说,用音乐来描绘挪威的大自然、民间生活、历史和民族诗歌,是我的一个理想,我觉得我有能力实现。"格里格将这些不同的概念并列甚至融合在一起,用音乐来诠释这一切,他很快就让在作品中使用民间素材的手法变得合理起来。这是他从音乐伙伴叶罗夫和诺拉克那里借用的理念。

## 格里格,北欧的歌颂者

1843年6月15日,爱德华·格里格生于卑尔根,在莱比锡接受教育。他年轻时就志向高远,想要创造一种源自本土民间素材的挪威音乐。1867年,他创立了挪威音乐学校,并在那里创作了最早的一批杰作,其中包括《挪威民间生活素描》。1876年,他与易卜生相识,《皮尔金组曲》的创作便源于这次相遇。这部作品为他带来了荣誉,也让他确信创作一部真正的挪威歌剧已不再是当务之急。巴黎和其他许多城市的民众都对他的作品报以热烈回应。1907年9月4日,他因肺结核去世。

爱德华·格里格的钢琴。

中心地

## 一种神秘主义观点

"还有什么比大海的呼啸声更能让人感受到神的伟大？在那一刻，每个人都能瞬间明白，他只拥有感谢这种奇迹的创造者的能力。上帝不仅赋予他创造的生灵欣赏这些自然奇迹的能力，还令他们拥有创造赞颂他伟大的作品的能力。"选自爱德华·格里格的日记，这份信仰宣言写于1865年8月7日。

## 卡尔·尼尔森，一种命运

卡尔·尼尔森（1865—1931年）有着独特的命运，他出生在并不适合发展音乐事业的阶层，但凭借自己杰出的天赋成为伟大的音乐家。从家中农场到哥本哈根音乐学院，从趣伏里公园音乐厅到世界上最富丽堂皇的音乐礼堂，尼尔森最终拥有了此前似乎并不适合他的国际声誉。他是一位纵情于现代性的古典音乐家，协奏曲和交响曲为他赢得了名望，不过在丹麦，他之所以留在人们的记忆中，是因为他激动人心的声乐作品（包括歌剧《假面舞会》）。

卡尔·尼尔森肖像。

让·西贝柳斯肖像。

## 西贝柳斯之谜

去世六十年后，让·西贝柳斯（1865—1957年）依旧是关于他那个时代所有主要音乐争论的核心人物。所谓的陈旧过时的审美、被推定的民族主义、理想中的斯堪的纳维亚民族特性……他作品中的一切元素都能引起争议。就像挪威的格里格一样，西贝柳斯首先遭受了巨大的误解，他那华丽的音乐摆脱了狭隘民族主义的所有框架。此外，这位伟大的音乐家生于萨蒂之前，死于奥涅格之后，如此长寿让情况变得更加复杂，难以解释清楚。20世纪20年代中期，他放弃作曲，此时距他去世还有三十多年。

## 作品以交响乐为主

西贝柳斯的作品主要为管弦乐团而作：从1899年到1924年的七首交响曲、从1893年到1926年的众多交响诗[包括《芬兰颂》，以及《死亡》（*Kuolema*）中的《悲伤圆舞曲》]、小提琴协奏曲、两首小提琴和乐队的小夜曲。还有一些器乐作品值得一提，例如钢琴小奏鸣曲、室内乐、协奏组曲、弦乐即兴曲等。他还有一些康塔塔和实验性质的歌剧作品，但较少涉及声乐。

751

# 民族协奏中的俄罗斯

## 姗姗来迟但成果辉煌

19世纪初,俄罗斯一些贵族邀请外国音乐家为他们服务。随着米哈伊尔·伊万诺维奇·格林卡(1804—1857年)的出现,一切都发生了变化,他的两部歌剧成了真正意义上的俄罗斯乐派的开端,一部是根据俄罗斯英雄伊凡·苏萨宁的传奇事迹改编的《为沙皇献身》,另一部是根据普希金的作品改编的《鲁斯兰与柳德米拉》。为身先士卒的格林卡提供增援的是第二位主要人物亚历山大·达尔戈梅日斯基(1813—1869年),他是第一位认真关注丰富多彩的俄罗斯民间音乐财富的音乐家,他的歌剧《水仙女》和《石客》从中受益。

创作《鲁斯兰与柳德米拉》时的米哈伊尔·伊万诺维奇·格林卡,伊利亚·列宾于1887年绘。

## 无法回避的五人团

在艺术领域宣扬爱国主义的雄心壮志传遍欧洲大陆所有民族国家之际,1862年,五位年轻的俄罗斯作曲家聚在一起,推崇一种地方特色明显的音乐。这种音乐以民间传统为基础,打破了西方音乐模式。公众尤其记得其中最有名的莫德斯特·穆索尔斯基(1839—1881年),及其四位同伴:亚历山大·鲍罗丁(1833—1887年)、米里·巴拉基列夫(1837—1910年)、凯撒·居伊(1835—1918年)和尼克莱·里姆斯基-科萨科夫(1844—1908年)。这四人都享有国际声誉,柏辽兹、李斯特、德彪西甚至拉威尔都是他们的支持者。

## 低调而关键的凯撒·居伊

1862年,把五人团的宣言归结为四点的正是凯撒·居伊。在目标明确的主题中,他们拒绝粗制滥造;忠实还原地方色彩;要求形式自由;相对于歌词,音乐要有独立性……这些都是鲍罗丁在1869年开始创作《伊戈尔王子》以及《在中亚细亚草原上》时所遵守的信条,著名的《波罗维茨舞曲》(又名《鞑靼舞曲》)便选自《伊戈尔王子》这部歌剧。居伊在根据海涅的戏剧改编的歌剧《威廉·拉特克利夫》(William Ratcliff),以及米里·巴拉基列夫著名的钢琴曲《伊斯拉美》(1869年)中,也都遵守了这些信条。

## 五人团宣言

"新的音乐流派希望戏剧音乐能拥有独立于歌词的纯粹音乐价值……戏剧中的声乐应当与唱词完美契合。歌剧音乐的形式不应当依赖于惯例所固定的传统模式,它们应当自由、自发地产生于戏剧情境和台词的特定要求之中。用音乐形式来诠释戏剧情节中每个人物的性格和类型,并尽量使其鲜明、生动,具有历史特征的作品不能有一丝一毫的过时,必须忠实还原地方特色,这些都非常重要。"

中心地

## 里姆斯基-科萨科夫的案例

尼克莱·里姆斯基-科萨科夫的特殊情况向来让人困惑。他因在圣彼得堡音乐学院任教（格拉祖诺夫、斯特拉文斯基和普罗科菲耶夫都是他的学生）而享有盛誉，还拥有《金鸡》、第二交响曲《安塔尔》（Antar）、《西班牙随想曲》、《舍赫拉查达》和《俄国复活节序曲》这些完美的作品，但这位音乐家居然没有在伟大音乐家的等级体系中享有更高的地位，这难道不让人奇怪吗？

1869年到1887年间，亚历山大·鲍罗丁的《伊戈尔王子》俄语版乐谱封面。

## 柴可夫斯基的立场

有一个流传已久的传闻是，19世纪最伟大的俄罗斯音乐家彼得·柴可夫斯基对五人团（1867年，评论家斯塔索夫称其为"强力集团"）怀有敌意。实际上，双方的关系坦率而诚恳。五人团曾为柴可夫斯基的第一交响曲《冬日之梦》叫好，柴可夫斯基也把自己的幻想序曲《罗密欧与朱丽叶》献给了米里·巴拉基列夫。虽然柴可夫斯基的母亲是法国人（所以他能流利使用法语），虽然他的音乐很快就走向世界，但在民族特色方面，他从未向五人组让步。

## 独一无二的穆索尔斯基

莫德斯特·穆索尔斯基生于1839年3月9日，他很早就选择为创作具有俄罗斯民族特色的音乐而努力。因此，1867年，他创作的《荒山之夜》问世。又过了一年，他开始创作歌剧《鲍里斯·戈杜诺夫》，随后是《霍宛斯基党人之乱》和《索罗钦集市》。1874年，他创作了最著名的《图画展览会》，随后是《暗无天日》和《死之歌舞》。最后这部作品成为他于1881年3月28日突然去世的前奏。

1881年，伊利亚·列宾所绘的莫德斯特·P.穆索尔斯基肖像。

## 严格的民族主义

穆索尔斯基只认可欧洲的"巨匠柏辽兹"，他把目光转向俄罗斯音乐的民间宝库。如果说他的歌剧标题道出了他歌颂祖国精神文明的意愿，那么他的严格和反复修改也表明了他选择的道路有多么艰难。以《鲍里斯·戈杜诺夫》为例，他在世时就有两个版本（1869年和1874年），另外两个版本由里姆斯基-科萨科夫创作（1896年和1908年），最后还有肖斯塔科维奇在1959年创作的同样出色的版本。

# 西班牙音乐复兴

## 一个民族的觉醒

虽然西班牙曾拥有托马斯·路易斯·德·维多利亚和克里斯托瓦尔·德·莫拉莱斯这样的巨匠，巴洛克时期的音乐发展也非常辉煌，但后来它却陷入低迷，直到20世纪初西班牙乐派复兴。新西班牙音乐的支持者费利佩·佩德雷尔的弟子曼努埃尔·德·法雅（1876—1946年）是这场波澜壮阔的复兴运动的领头人，其他许多重要的作曲家也做出了贡献。在西班牙音乐现代性的发展过程中，伟大的钢琴家里卡多·维涅斯（1875—1943年）扮演了不容忽视的关键角色。无论是在巴黎还是在马德里，他都是一位出色且无法超越的当代音乐创作大师。

## 法雅，绝对的大师

作为一名伟大的西班牙音乐家，曼努埃尔·德·法雅是20世纪最重要的作曲家之一，也是创造了一个辨识度极高的声音世界的罕见天才之一。他在这方面拥有非同寻常的天赋，既让人困惑又让人着迷，没有人会想要质疑他令人钦佩的音乐作品中的个性力量。对于那些仅满足于坚持民间素材真实性并将其作为首要特征的评论者，他可以轻松地告诉他们，仅仅依靠借用这种手段，不管多高明，都无法成为具有现代音乐特色的大师。

## 伊萨克·阿尔贝尼斯

伊萨克·阿尔贝尼斯肖像。

在与德彪西同时代的一流音乐家中，伊萨克·阿尔贝尼斯（1860—1909年）占据一席之地，他一生不知疲倦、活力充沛。1893年，他来到巴黎，丹第、肖松和德彪西热烈欢迎了这位非凡的钢琴大师。这位作曲家创作的《伊比利亚组曲》（1905—1908年），是历史上最为优美的钢琴乐章之一，这12首曲子不仅具有不可思议的声音魅力，也包含令人着迷的大胆探索精神，可以比肩李斯特最优秀的作品，李斯特这位备受尊崇的大师的传统也是阿尔贝尼斯所尊重的。然而，阿尔贝尼斯在戏剧领域就没有这么幸运，尽管他的歌剧《佩皮塔·希门尼斯》（Pepita Jimenez）获得了巨大成功。

## 伟大音乐家的摇篮

恩里克·格拉纳多斯（1867—1916年）是当时最具天赋的作曲家之一，他创作了大量歌剧音乐和器乐。他于1911年创作的钢琴组曲《戈雅之画》超越了肖邦或舒曼的经验，作品中精湛的技巧和悲伤又优雅的氛围尤为突出。他的后辈华金·图里纳（1882—1949年）拥有罕见的天赋，在作品中使用了安达卢西亚民间音乐的和弦与节奏原则。费德里科·蒙波（Federico Mompou，1893—1987年）先后在巴塞罗那和巴黎学习音乐，他也有着漫长的职业生涯，创作了一系列既有原创性又令人愉悦的作品 [《亲密印象》（Impressions intimes）、《海滩游戏》（Jeux sur la plage）、《儿童场景》（Scènes d'enfants）、《魔力歌声》（Chants magiques）]。

1921年，伊格纳西奥·朱洛阿加（Ignacio Zuloaga）所绘的曼努埃尔·德·法雅肖像。

中心地

## 标志性的《三角帽》

法雅最适合入门的作品或许是受谢尔盖·佳吉列夫之托创作的芭蕾舞曲《三角帽》，它于1919年在伦敦首演。这部作品在构思方面拥有精确的活力和跳跃性，分镜头与舞台要求相适应，出色地展现了音乐素材的密度和声音效果的集中程度，后者是这位接受当时音乐领域一切经验成果的西班牙大师最明显的标志。

## 《阿兰胡埃斯协奏曲》

《阿兰胡埃斯协奏曲》是为古典吉他与管弦乐团所作的名曲，它比任何乐曲都更能代表西班牙精神，作曲家华金·罗德里戈（1901—1999年）的主要荣誉都得归功于这首作品。1939年，罗德里戈在巴黎创作了这首曲子，标题取自阿兰胡埃斯王宫的花园，他渴望还原花园中"木兰花的芬芳、鸟儿的歌唱和喷泉的潺潺流动"。虽然协奏曲的首尾两个乐章也颇有趣味，但它们的光彩被充满热情的第二乐章的慢板掩盖了。在第二乐章里，吉他与多种独奏乐器对话，尤其是木管乐器，这非常近似于以前的大协奏曲。

## 低调的人，秘密的音乐家

1876年11月23日，法雅出生在加迪斯，他很早就开始学习音乐。1907年到1914年，这位声名显赫的钢琴家、西班牙特色音乐的支持者居住在巴黎，在这里思考了德彪西提供的具有自由主义特征的经验。回到西班牙后，他继续着令人羡慕的职业道路，但西班牙内战对城市的破坏和诗人朋友费德里科·加西亚·洛尔迦遇刺一事让他心惊胆战。1939年，他离开西班牙，前往阿根廷。1946年11月14日，他在阿根廷去世。

## 少而完美

法雅的作品数量并不多。在他的舞台音乐中，有四首非常重要，为他赢得了荣誉：《人生短暂》《魔法师之恋》《三角帽》《佩德罗师傅的木偶戏》。除了钢琴曲和室内乐组曲，法雅还留下了两首协奏曲杰作：《西班牙花园之夜》和为羽管键琴、长笛、双簧管、单簧管、小提琴和大提琴而作的协奏曲。

1657年，迭戈·委拉斯开兹所绘的《阿兰胡埃斯王宫花园岛的海神喷泉》（*The Fountain of the Tritons in the Island Garden, Aranjuez*）。

# 特别的匈牙利

## 匈牙利音乐？吉卜赛音乐？

在任何一个音乐爱好者看来，最经典的匈牙利音乐，例如李斯特和巴托克的音乐，使用的节奏和形式在其他地方都是很难找到的。因此，自19世纪以来，有一条理念广为流传：李斯特著名的狂想曲对吉卜赛艺术产生了决定性的影响。这个草率得出的结论认为李斯特著名的狂想曲并非"匈牙利音乐"，而是"吉卜赛音乐"。这种说法如今站不住脚，吉卜赛音乐特色众多，但它们从未出现在上述作曲家的作品中，而且吉卜赛音乐使用的乐器多种多样，这些都是上述作曲家所不了解的。

## 匈牙利音乐？吉卜赛音乐？

另一方面，或许也是最重要的一点，流浪民族的其他典型族群散居在法国、西班牙、俄罗斯，他们的音乐从来没有使用过这些辨识度很高的"匈牙利"特色，在布达佩斯大街上走一圈就可以发现这一点。所以，我们可以得出结论，在匈牙利音乐这种复杂的艺术形式中，两个特别的民族特性偶然相遇后，碰撞出了激烈的火花：一个是匈牙利民间音乐特性，贝拉·巴托克和佐尔坦·柯达伊为开发这丰富的音乐宝库做出了贡献；另一个是吉卜赛传统特性，它可以追溯至史前时代。

## 漫长的历史

最早的匈牙利音乐是敬献给基督教的。它的最初形式是声乐，在来自法国和德国等遥远地区的音乐家的影响下，它很快就被器乐丰富起来。18世纪，匈牙利的宫廷音乐变得非常璀璨，尤其是在约瑟夫·海顿的影响下。这位伟大的作曲家是奥地利人，但他的雇主却是匈牙利人。匈牙利音乐最终获得完全独立是因为弗朗茨·李斯特，19世纪末，布达佩斯音乐学院的创立推动了匈牙利音乐的完善，这所学院最著名的学生正是巴托克。

## 巴托克，年轻的征服者

贝拉·巴托克生于1881年3月25日，年轻时他就反抗德国文化对匈牙利的影响，很快就成为公认的演奏大师和作曲家。在探索匈牙利民间音乐宝库的同时，他在他所热爱的法国完成了学业，随后同意在效仿苏联的匈牙利革命中领导民间音乐建设工作。他的革命事业很短暂，因为这场革命运动被海军元帅霍尔蒂的军队镇压，此人建立的独裁政权一直持续到第二次世界大战结束。与此同时，巴托克的声誉也传遍了各大洲。

贝拉·巴托克（左2）、佐尔坦·柯达伊（右2）与匈牙利弦乐四重奏组合瓦尔德鲍尔-科佩利（Waldbauer-Kerpely）。

中心地

《莎乐美》，阿尔丰斯·穆夏的石版画，1897年。

## 悲伤的晚年

被霍尔蒂和纳粹联手赶出匈牙利后，巴托克被迫流亡至美国。"我的作曲家生涯基本结束了，那些对我作品的抵制还在继续。"（1941年12月31日）失去哥伦比亚大学的教职后，他依然创作了《乐队协奏曲》，并开始创作第三部钢琴协奏曲，但最终未能完成。1945年9月26日，他因病去世。

## 一批出色的作品

巴托克作品以数量多、种类丰富而闻名。他在各个领域都闪耀光芒。在他的杰作之中，被后人尤其铭记的有：《小宇宙》（153首钢琴练习曲），歌剧《蓝胡子公爵的城堡》，芭蕾舞剧《木偶王子》，《舞蹈组曲》，三首钢琴协奏曲，《为弦乐、打击乐和钢片琴而作的音乐》，小提琴和钢琴奏鸣曲，《乐队协奏曲》和六首弦乐四重奏曲。

## 佐尔坦·柯达伊，作曲家和教育家

佐尔坦·柯达伊生于1882年12月16日，他在布达佩斯音乐学院结识了巴托克，一段永恒的友谊从此开始。两人年轻时带着录音机到匈牙利乡间采集传统歌曲，创建了一个真正的民间音乐宝库，这些歌曲素材直到现在依旧被人使用。作为作曲家，柯达伊经常被拿来和朋友巴托克对比，但巴托克经常为他辩护，强调他音乐的独创性，为一种同时从学术与民间取材的音乐辩护。柯达伊也是一种非常有名的音乐教学法的创始人。1967年3月6日，他在布达佩斯去世。

## 弗朗茨·莱哈尔的微笑

说起音乐家，人们应该对捷尔吉·库塔格和捷尔吉·利盖蒂，甚至约瑟夫·科斯玛的名字都耳熟能详，而弗朗兹·莱哈尔（1870—1948年）的名字会让人立刻想起匈牙利音乐界最亲切的面孔，因为这位举世闻名的维也纳轻歌剧大师原籍匈牙利，他的许多作品都获得了无可争议的成功，俘获了全世界听众的心，例如《风流寡妇》《卢森堡伯爵》《吉卜赛的爱情》《俄国皇太子》《微笑的国度》等。

757

# 实验室般的美国

## 美国音乐的模糊地位

只要提到美国音乐，混乱情况就随之而至。对绝大多数人来说，北美音乐属于传统框架之外的特别范畴，例如黑人灵歌、福音歌曲、爵士乐、乡村音乐、摇滚乐、流行乐、说唱音乐等。本书将在其他章节中详细介绍这些类别。提到它的"经典"分支，亨利·考威尔、阿隆·科普兰、查尔斯·艾夫斯、约翰·凯奇等名字都是"大胆实践""百无禁忌"的同义词。人们乐于提到音簇、预制钢琴、重复音乐（简约派音乐）等概念，但通常带着一丝令人恼火的轻蔑。

## 不确定的开始

对于许多美国音乐学家来说，洛厄尔·梅森（1792—1872年）是美国音乐教育的推动者，因为他创立了波士顿音乐学院，又在1842年创立了纽约爱乐乐团。然而，整个19世纪的美国音乐依旧主要受外国影响，尤其是意大利和德国。出人意料的是，鼓励学生从民间音乐和原住民音乐中寻找灵感，推动独一无二、真真正正的美国音乐诞生的，是被任命为纽约音乐学院院长的捷克作曲家德沃夏克。

## 娜迪亚·布朗热的影响

在两次世界大战之间，年轻的美国音乐家们来到法国，他们相信自己的音乐事业即将从这里起步。不过他们停驻的地点并不是巴黎，而是枫丹白露，师从20世纪最具天赋的音乐教育家娜迪亚·布朗热（她让斯特拉文斯基都倍感震惊！）。阿隆·科普兰和维吉尔·汤姆森由此彻底改变了发展方向，后来因极简主义音乐成名的菲利普·格拉斯也一样。而更令人惊讶的是，娜迪亚·布朗热的教学方法都建立在回归音乐基本原理之上，尤其是拿学生作品与约翰·塞巴斯蒂安·巴赫的作品对比。

## 最早的伟大作曲家

时间进入20世纪，摆脱了欧洲审美束缚的真正美国音乐出现了。三位伟大的人物脱颖而出：查尔斯·艾夫斯、乔治·格什温和阿隆·科普兰。这三个人的选择截然不同，但他们都同样强调自己的美国特性。艾夫斯被视为现代美国乐派的创始人，他是第一个特意在作品中使用美式结构的音乐家，他的态度值得称赞，但他却因此长期遭受排挤，直到后来与古怪的亨利·考威尔相识，这种情况才被打破。

1923年，娜迪亚·布朗热和她的学生在枫丹白露。

## 从考威尔到巴伯

被瓦雷兹深深吸引的亨利·考威尔（1897—1965年），与卡特和凯奇一起代表着美国音乐颠覆传统的一面，1925年首演的《机械芭蕾》的作者乔治·安太尔（George Antheil）则在欧洲扮演了这个光荣的角色。塞缪尔·巴伯（Samuel Barber，1910—1981年）则持另一种立场。他创作的《弦乐柔板》由阿尔图罗·托斯卡尼尼指挥首演，这部作品体现了美国崇尚情感的新浪漫主义倾向，包括约翰·威廉斯在内的电影音乐家都充分利用了这一特色。

### 音簇，一个美国的发明

"音簇"（tone cluster）是一个特定的音乐术语。它指的是一组同时连续敲击出的音。从这个角度来看，值得注意的是，许多法国作曲家在18世纪末就已经在使用它了，但他们当时只是为了模仿炮火的声音。音簇是一种当代音乐的典型手法，它通常是用拳头或手臂敲击一系列相邻的钢琴键所产生的。这个术语还被推广开来，指代一切近似音的集合体。瓦雷兹在《电离》的尾声所使用的音簇或许是最有名的。

### 凯奇的神话

布列兹曾思考过，约翰·凯奇除了自己的学生，有没有创造出其他东西，如今这个问题可以用来反问他自己。勋伯格觉得年轻时离经叛道的凯奇很有意思，却不承认他有任何音乐才华。不过这并不重要，凯奇依旧是机遇音乐（aleatory music）的领头人、在普通钢琴琴弦之间插入各种物品的"预制钢琴"发明者、"盖上钢琴盖"奏鸣曲的创作者……他是名副其实的规则破坏者！

## 从系列主义到极简主义

20世纪60年代，反感复杂的序列主义的拉蒙特·扬（La Monte Young）和特里·赖利（Terry Riley）创造了使用延长音和长休止符、拒绝旋律性和节奏性的极简主义音乐。史蒂芬·莱许（Steven Reich）和菲利普·格拉斯重新使用了这种手段，让它朝着短音乐动机不断重复的方向发展。我们发现，和凯奇认为的一样，极简主义所尊崇的先驱者，正是欧洲音乐界伟大的非主流人物埃里克·萨蒂。

1999年，菲利普·格拉斯在罗马的音乐节上。

# 独特的英国

描绘羽管键琴演奏家彼得·普瑞留尔展示"现代"音乐的雕版画，1731年。

## 对复制品的爱好

每当欧洲大陆发展出一种新的音乐体裁，英国音乐总会创造出一种特定的复制品。12世纪的"基梅尔"（gymel）便由此而来。它在形式上与法国的奥尔加农相近，但它倾向于使用三度和声音程，因而能与奥尔加农区分开，后来的音乐家约翰·邓斯泰布尔（John Dunstable，约1385—1453年）的作品也能证明这一点。此外还有16世纪的"埃尔曲"，它在约翰·道兰德的作品中达到巅峰。17世纪的假面剧（masque）也是法国宫廷芭蕾歌剧的近亲，巴洛克时期的圣歌与法国的经文歌、德国的康塔塔都很相近。

## 两个时代之间的托马斯·塔利斯

托马斯·塔利斯生于1505年，卒于1585年，他经历了宗教改革和天主教复辟时期，宗教政治影响了他一生的创作。他为英国国教圣公会宗教仪式创作的乐曲朝着垂直叠置的方向发展，这预示着和弦原则即将出现，而他为天主教会写的乐曲采用的是对位法规则，即旋律的叠置。1575年，塔利斯与学生威廉·伯德共同出版了《圣歌集》（Cantiones sacrae）。他在80岁高龄去世，留下了三首弥撒曲、包括《寄愿于主》（Spem in alium）在内的三十多首经文歌、两首《圣母赞歌》、《耶利米哀歌》，以及许多管风琴曲。

## 威廉·伯德，无与伦比的创造者

约1540年出生的威廉·伯德在伦敦成名，他出版了《圣歌集》，并投身音乐出版行业，1575年，他从英国女王那里获得了二十一年的特许专有出版权。1593年，他离开伦敦，前往埃塞克斯的一个小村庄司东顿马西（Stondon Massey），为当地的天主教社区创作了《升阶曲集》（Gradualia）和三首弥撒曲。他最后出版的几部作品，即多首弥撒曲以及之后的两卷《升阶曲集》都具有惊人的作曲自由度和前所未有的创造力。从王室礼拜堂登记簿的记载中我们可以得知，他于1623年7月4日去世。

## 奇怪的悖论

从未有人对英国作为音乐中心的地位提出过质疑，因为音乐世界里的许多伟大演奏家和重要乐派就是在这里诞生的。然而，或许是难以解释的命运使然，英国没有为后世贡献任何一个拥有世界影响力的作曲家（事业辉煌的普赛尔是例外）。或许这和它民族特性的独特传统是一脉相承的。

## 巅峰的亨利·普赛尔

普赛尔于1659年生于伦敦，1682年被任命为王室礼拜堂的管风琴手，于1695年去世，年仅36岁，留下了约五百首宗教乐曲、世俗乐曲、声乐、器乐和戏剧音乐作品。他的埃尔曲和其他宗教音乐作品对宗教礼仪的诠释富有表现力，从不畏惧不协和音程和形象化表现法。在世俗音乐领域，他的颂歌表现出卓越的创造性和精湛的创作技巧。在戏剧领域，他的天赋在《狄多与埃涅阿斯》《亚瑟王》《仙后》中迸发出光彩，在这些作品中，他的成就超越了吕利这位典范人物。颂扬人类情感的他，是英国最伟大的作曲家。

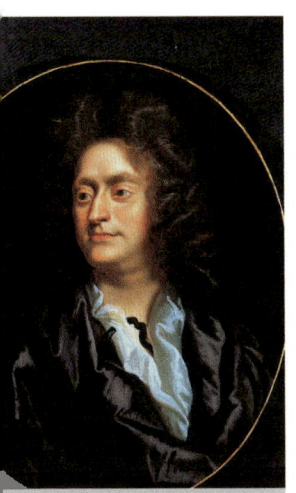

约翰·科洛斯特曼（John Closterman）于1695年所绘的亨利·普赛尔肖像。

## 本杰明·布里顿

本杰明·布里顿（1913—1976年）24岁时就因《弗朗克·布里奇主题变奏曲》一举成名。从创作富有戏剧性的歌剧《彼得·格兰姆斯》开始，他的职业生涯就一帆风顺，创作了歌剧[《保罗·班扬》、《卢克莱齐亚受辱记》、《螺丝在拧紧》、《熊熊炉火》（The Burning Fiery Furnace）、《魂断威尼斯》]、室内乐（三首弦乐四重奏）、为业余爱好者写的作品[《双子变奏曲》（Gemini Variations）、《金色梳妆台》]，以及一些声乐和器乐作品。他最著名的作品是震撼人心的《战争安魂曲》，这是一首纪念所有战争死者的悲痛的交响曲。

## 拉尔夫·沃恩·威廉斯

拉尔夫·沃恩·威廉斯生于1872年，卒于1958年。他在英国之外的名声有限，不过最近名望有所恢复。他借鉴巴黎作曲家莫里斯·拉威尔的宝贵经验而创作了四首交响曲，在其中引入了民间音乐片段，这几首作品不仅壮美，也极具多样性。他在歌剧和电影音乐领域同样出色，培养了许多年轻作曲家。

## 霍尔斯特的《行星》组曲

作曲家古斯塔夫·霍尔斯特（1874—1934年）创作了卓越非凡的交响诗《行星》组曲。一个世纪以来（这部作品于1919年首演），它的成功无可争议。这部伟大的作品融合了占星学的神秘和表现主义的抒情，歌唱了人类命运的偶然性。其中既有和平之爱最终获胜的时期（金星），也有因为好战与破坏欲而导致的不可避免的终结（火星）。

拉尔夫·沃恩·威廉斯肖像。

# 俄罗斯音乐的现代特色

亚历山大·斯克里亚宾肖像。

## 亚历山大·斯克里亚宾的"颤动"

斯特拉文斯基与德彪西或许是20世纪最伟大的作曲家,但他的几位同胞也在音乐史上留下了印记。对亚历山大·斯克里亚宾(1872—1915年)来说,感知音乐现象的方式只有"把音乐事实之间的意识状态联系起来,构成它们唯一本质的颤动"。这句话解释了一种独一无二的创作方式,这种创作揭示了一个仅通过一种感官而感知到的世界。斯克里亚宾的身后之名主要来自他为乐队创作的"颤动的"作品,《狂喜之诗》和《普罗米修斯:火之诗》这两首交响片段比他的三首交响曲本身更有名。

## 奇特的普罗科菲耶夫!

谢尔盖·普罗科菲耶夫是一个奇特的人物。虽然无人质疑他的天赋,但也没有人能确定他在20世纪的音乐界中的位置。他犷悍又抒情、野蛮又高雅,他勇敢的创造力和声音想象力不输任何著名音乐人。折中主义或许为他获得了身后盛誉。他那无可比拟的音乐作品深受钢琴家和乐团指挥、编舞家和导演、乐迷和影迷的喜爱,这些作品靠着兼容并包、快乐无限的洒脱,在各种形式之间来去自如,这种洒脱感似乎支配着这位无法被归类的音乐家的艺术创作和私人生活。

## 演奏大师与作曲家谢尔盖·拉赫玛尼诺夫

生于1873年4月1日的谢尔盖·拉赫玛尼诺夫很早就声名鹊起,但第一次世界大战中断了他规划好的人生道路。他被当作演奏大师的那段时间没有什么时间作曲,然而在流亡期间,他依然有一些精彩作品问世,例如《帕格尼尼主题狂想曲》。他在美国的时候得知第二次世界大战爆发了。1942年,他的肺癌开始发作,可怕的战争冲突让他无法返回欧洲。1943年3月28日他去世之前,有幸得知了两个月前纳粹在斯大林格勒战役中投降一事。

## 两首传奇的协奏曲

谢尔盖·拉赫玛尼诺夫总是担心自己重要的音乐信息是否被有效传递,两首不朽的钢琴协奏曲(第二和第三钢琴协奏曲)获得的巨大成功或许能让他宽心,尤其是第三钢琴协奏曲,它是全世界最美妙的协奏曲乐章之一。虽然在19世纪,协奏曲的形式和体裁似乎在漫长的发展过程中光芒不再,但这首作品却能带来永恒的愉悦,这是一项最高的艺术成就。

1927年,谢尔盖·普罗科菲耶夫的歌剧《三个橘子的爱情》的服装水彩画。

## 古典交响曲

普罗科菲耶夫始终惊讶于精致又充满魅力的《古典交响曲》（1917年）会获得成功，在他这位创作了轰动之作的反传统作曲家看来，这首快速完成的美妙作品似乎不太符合他的个人风格，没有狡黠和讽刺，更没有夹杂挑衅意味的玩世不恭。这首作品由四个乐章组成，其中戏谑的态度与充沛的情感并驾齐驱，鲁莽放肆与矫揉造作旗鼓相当。面对这样完美的作曲，以及乐章中迸发的创造性，音乐爱好者陷入两难境地：这是个玩笑，还是真正的杰作？当然，两者皆是，而且两者都闪烁着才华之光。

## 发生变革的钢琴

身为非凡的演奏者，普罗科菲耶夫创作了五首协奏曲。这些惊人的作品颠覆了所有规则，撼动了一切确定的事实。它们包含了一切：演奏速度惊人，但没有一丝多余；抒情不外露，却包含最热烈的情感；普罗米修斯式的力量，但绝不庸俗粗暴。它们美化了现实，让野蛮变得文明，让现代性具有神话色彩。

## 《列宁格勒交响曲》

1942年3月5日，被称为《列宁格勒交响曲》的《第七交响曲》在古比雪夫（萨马拉的旧称）文化宫首演，作为一部音乐杰作，同时也是历史的见证，它迅速震惊了公众。7月19日，托斯卡尼尼在美国纽约举行了精彩的北美首演，这首伟大的乐曲很快在世界各地的音乐厅上演。肖斯塔科维奇不仅是一位才华横溢的音乐家，在纳粹入侵的痛苦打击下，他以这部作品揭露了人类社会的混乱与危机。

## 迪米特里·肖斯塔科维奇的命运

迪米特里·肖斯塔科维奇生于1906年9月25日，他于1926年创作了第一首交响曲，优美的作品立刻得到了音乐界的一致赞扬，连贝尔格和托斯卡尼尼都对它赞赏有加。他在钢琴曲、室内乐和歌剧领域都取得了成功，但他最出色的作品是《列宁格勒交响曲》，他创作这首作品时刚刚获得斯大林大奖。步入晚年后，他享有世界声誉，却仍不断努力寻求新的灵感。1975年8月9日，肖斯塔科维奇在医院病逝。在生命最后的日子里，他也一直在工作。

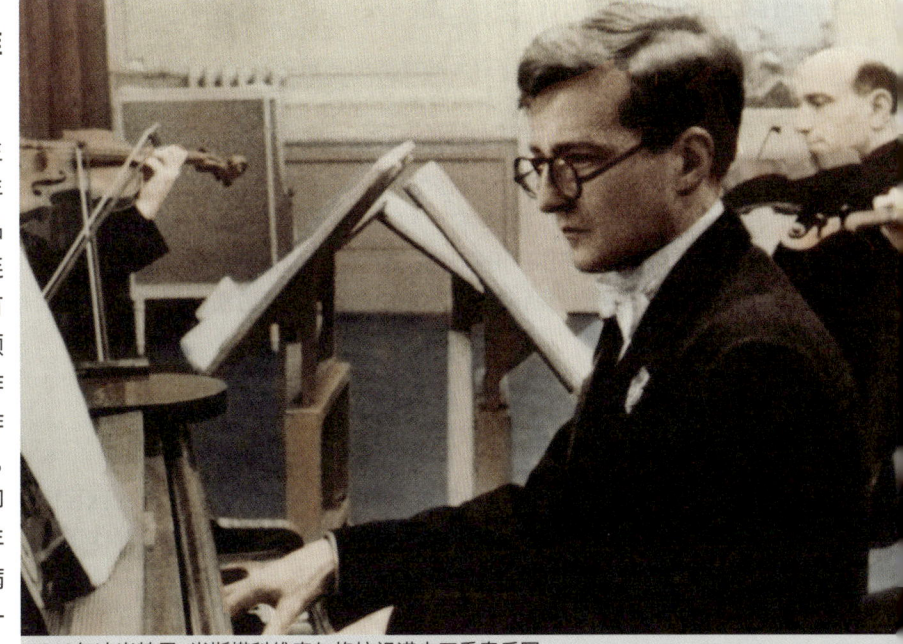

1940年迪米特里·肖斯塔科维奇与格拉祖诺夫四重奏乐团。

# 边缘化的拉美

## 拉丁特色极不明显的音乐

从墨西哥的北部边境到最南端的火地岛,这片广袤的土地上聚集了很多国家,在这个介绍音乐遗产的章节里,把它们放在一起讨论似乎有些不合理。然而,"拉丁"一词是为了提醒人们,几个世纪以来,在被葡萄牙和西班牙殖民者奴役的世界中,确实存在一个特别的实体。它多姿多彩、丰富多样,却依然不太被了解,其中只有少数几个名字(维拉-罗伯斯、查韦斯、希纳斯特拉、庞塞)代表了一种通常被简化为探戈或萨尔萨风格音乐的"古典"一面。

## 海特尔·维拉-罗伯斯,先驱

在所有拉丁作曲家中,海特尔·维拉-罗伯斯绝对是最有名的。1887年3月5日,他出生在里约热内卢,年幼时就接受了新颖的音乐教育。他在父亲的指导下练习单簧管和大提琴,还加入了当地的民间音乐团体。他曾经去寻找巴西民间音乐宝库,回到里约热内卢后,他开始了高产且兼收并蓄的作曲生涯,他为钢琴、人声和管弦乐团创作,为教会和剧院创作,也为沙龙和音乐厅创作,很快获得了世界声誉。1959年11月17日,他在里约热内卢去世。

卡洛斯·查韦斯与阿隆·科普兰。

## 高雅的民间音乐?

拉丁作曲家对哥伦布发现新大陆之前的遥远时期的音乐(民间音乐)是否有兴趣,与各个地区的不同情况密切相关。例如在委内瑞拉,这些古老的音乐传统依旧鲜活,有些学校甚至还会讲授相关知识,而在阿根廷,它们只存在于与民族音乐相关的研究之中,几乎没有其他人对它感兴趣。然而各地作曲家都认为,将这些不为人知的音乐根源与当代音乐技术相结合,是大有裨益的事,正如同巴托克在匈牙利,以及穆索尔斯基在俄罗斯所从事的工作。伟大的巴西音乐家海特尔·维拉-罗伯斯在他生活的时代也做过这样的尝试。

## 从民间音乐到十二音体系

维拉-罗伯斯的创作巅峰是他在20岁时创作并大获成功的《巴西民间组曲》(*Suite populaire brésilienne*)。为了向巴西风格致敬,他创作了许多乐曲,这些作品也标志着他越来越了解德彪西的印象主义。在职业生涯晚期,这位作曲家似乎接受了主流现代性的限制,在作品中使用了流行的十二音体系,这或许掩盖了他在创作上的衰竭。

## 卡洛斯·查韦斯,以所有墨西哥人之名

卡洛斯·查韦斯出生于1899年6月13日,他的祖先是西班牙人和"印第安人"。他的老师是作曲家曼努埃尔·庞塞,墨西哥音乐复兴的推动者。他创作了第一部优秀的芭蕾舞曲《新火》,这部作品在很大程度上受到了美洲印第安音乐的影响。他在欧洲和美国停留时,很快获得了令人羡慕的声誉,随后创立了墨西哥交响乐团,并担任乐团指挥长达二十一年。他后来致力于作曲,创造了一种难以模仿的个人风格。1978年8月2日,查韦斯在墨西哥城去世。

## "印第安交响曲"

1936年创作的"印第安交响曲"让全世界都知道了查韦斯的名字。他没有模仿,而是引入了哥伦布发现新大陆之前的民间音乐片段,用深沉动人的音调歌颂了因西班牙的征服而湮灭的文明。为了增加音乐的真实性,他使用了很多不常见的乐器,例如沙锤、响棒、木琴、无音色的滚动共鸣箱、刮瓜等。

## 过早去世的西尔维斯特雷·雷维尔塔斯

西尔维斯特雷·雷维尔塔斯和查韦斯一样,也出生在1899年,但40岁就英年早逝。他希望让音乐服务于和平和社会公正的理想,因此,他为了向在西班牙被佛朗哥军队杀害的费德里克·加西亚·洛尔迦致以崇高敬意而创作,也受墨西哥革命政府之邀,创作了一首致敬渔夫罢工的作品。他在北美音乐界备受尊崇,却于1940年10月5日早早去世,没能完成他最重要的音乐作品。

西尔维斯特雷·雷维尔塔斯肖像。

阿尔贝托·希纳斯特拉肖像。

## 阿尔贝托·希纳斯特拉,阿根廷之声

1916年4月11日,阿尔贝托·希纳斯特拉(Alberto Ginastera)生于布宜诺斯艾利斯,1983年6月25日去世。在辉煌的职业生涯中,他几乎一路挺进,走向成功。他非常巧妙地在民族主义和世界主义之间游移,在选择音乐素材和框架方面表现出极大的自由度,将调性和民间音乐形式、传统体裁和自由形式、表现主义的猛烈与抒情诗的平和相结合。或许他的三部歌剧《唐·罗德里戈》、《博马尔索》(Bomarzo)、《贝亚特丽切·倩契》(Beatrix Cenci)最能体现他独特的天赋。

# 从达姆施塔特到声学与音乐研究中

## 达姆施塔特，起点

1948年，达姆施塔特的克拉尼希施泰纳学院（the Kranichsteiner Institute）邀请勒内·莱博维茨（1913—1972年）前来讲授十二音序列作曲法的规则。这种作曲法影响了整整一代音乐家，其中皮埃尔·布列兹是绝对的领军人物。布列兹的《无主之锤》在形式上受到勋伯格的《月迷彼埃罗》的启发，但它让所有音乐参数都具备扩大化的序列主义所青睐的自主性。让-路易·马丁内、米歇尔·菲利波、汉斯·维尔纳·亨策（Hans Werner Henze）、卡尔海因茨·施托克豪森、路易吉·诺诺和卢奇亚诺·贝里奥都参与到这场欧洲音乐的新发展之中，比利时音乐家亨利·普瑟尔（Henri Pousseur）也不例外，他创作的《你的浮士德》推崇多变的形式。

## 布列兹，重要参与者

皮埃尔·布列兹出生在蒙布里松，他之所以受到公众敬仰，并非因为他的作曲家身份，而是因为他卓越的指挥天赋以及身为声名显赫的巴黎声学/音乐协调与研究所（IRCAM）所长的教育才能。虽然他在童年时期并未接受太多音乐启蒙，但他很快就创作了最早的一批作品，走上了一条比较激进的道路：《无主之锤》、为钢琴而作的《第三奏鸣曲》、《新婚面容》（Visage nuptial）、根据马拉美诗歌创作的《重重褶皱》（该作品后来被深度改编）、为两架钢琴而作的《结构》（Structures）等。以勒内·夏尔的诗歌为歌词的《无主之锤》如今依旧是他最知名、最具代表性的作品。

## 奥利维·梅西安，标杆人物

1973年，一次排练中的奥利维·梅西安。

奥利维·梅西安痴迷于鸟鸣、素歌和印度音乐，他是20世纪下半叶几乎所有有影响力的音乐家的重要标杆。从泽纳基斯到布列兹、从施托克豪森到贝勒的所有音乐家都深深记得梅西安在巴黎音乐学院的教导。梅西安的作品是对他教学的最佳阐释，他的许多著名作品如今都被视为经典，例如《时间结束四重奏》、《对圣婴耶稣的二十次凝视》、《三首小巧的神圣礼拜曲》（Trois Petites Liturgies de la présence divine）、《图伦加利拉交响曲》、《四首节奏练习曲》（Quatre Études de rythme）等。

## 卡尔海因茨·施托克豪森，先知的姿态

在达姆施塔特夏季课程的所有参与者和梅西安的所有弟子之中，1953年创立了科隆电子音乐工作室的卡尔海因茨·施托克豪森或许是最被后人铭记的一位。他的作品数量众多，体裁丰富。他最受人瞩目的作品有《钢琴曲》（Klavierstück）、《群》（Gruppen）、《接触》、《调谐》（Stimmung，1968年）、《天狼星》（Sirius，1977年）等，它们的听众远远超出音乐领域。在生命最后几十年，施托克豪森致力于创作由七部歌剧组成的系列作品《光》，每部剧对应每周的一天。

1986年，皮埃尔·布列兹在声学与音乐研究中心。

# 心，极端的现代特色

中心地

## 弗朗索瓦·贝勒，声音诗人

弗朗索瓦·贝勒（François Bayle，生于1932年）这位作曲家的职业生涯非同寻常。他通过收音机了解了音乐，后来成为奥利维·梅西安的音乐分析课程成员。1958年，他在布鲁塞尔受到埃德加·瓦雷兹的《电子诗》的启发。1960年，贝勒成为"音乐研究小组"（GRM）的成员，凭借《无法居住的空间》（Espaces inhabitables）初次品尝了成功滋味，后来成为20世纪下半叶公认最高产、最具创新性的作曲家之一，包括《杰伊塔或水的呢喃》（Jeïta ou Murmure des eaux）、《合成的颤动》（Vibrations composées）、《夜的颜色》（Couleurs de la nuit）、《暗影剧院》（Théâtre d'ombres）、《空手》（La Main vide）、《精神的形状是一只蝴蝶》（La forme de l'esprit est un papillon）等。

## 体裁的终结？

作曲家们是否还需要全新的体裁？从贝里奥的《继叙咏》（Séquence）、布列兹的《奏鸣曲》（Sonates）等作品的标题来看，我们对此表示怀疑。即便像约翰·凯奇创作的那样自由的作品，为加料钢琴而作的《奏鸣曲与间奏曲》这样的标题也备受欢迎。而激进的让·巴拉凯也创作了《练习曲》《奏鸣曲》《继叙咏》等作品，并在作品中保留了无限的开放度。

## 音乐与声学协调及研究学院，现代音乐崇拜的圣殿

1969年，在法国总统乔治·蓬皮杜的要求下，由皮埃尔·布列兹创立的巴黎声学/音乐协调与研究所成为科学研究、技术创新和音乐创作的中心。研究所渴望让音乐与科学互动，它受法国文化部管理，致力于电声弦乐和媒体制作领域的发展。

从巴黎的斯特拉文斯基广场望去，声学/音乐协调与研究所建筑的延伸部分。

## 高雅音乐，大众电影

电影《2001太空漫游》的主角弗洛伊德博士离开月球空间站，登上了一艘宇宙飞船。他的任务是研究一块奇怪的黑石板。正在此时，一些非常重要的难以察觉的声响出现了，它们有一种动静兼具的感觉，似乎是从无尽太空中涌现出来的声音织体。在这样一部面向大众的电影中，捷尔吉·利盖蒂的《永恒之光》证明了最高雅的音乐依然适合每一位普通观众。

767

# 体裁与形式

"必须让音乐摆脱一切科学器材。音乐就应只为取悦于人。在这些限制之中，或许还存在一种绚丽的美。极端的复杂与艺术背道而驰。"

我们该如何回应德彪西这位"反对音乐行家的克罗士先生"的这句著名的感慨？在聆听一首音乐作品时，除了愉悦、感动和它带来的其他情感，听众是否还要关注其他东西？从这个角度来看，作为一名艺术家，德彪西说得有道理。然而，无论他的天赋有多么卓越过人，都不应当过于盲目，以至于忽略了生而为人最重要的特点——好奇心。相比文学或视觉艺术领域，听众最常想到的问题是它是如何完成的。作曲家是采用何种方式让音乐素材成形的？他是如何组织语言、构建乐谱、赋予作品统一性的？简言之，他是如何成为创造者的？

## 命名乐谱，组织语言

让我们回顾一下漫长的音乐学习的各个阶段（从音乐理论到作曲课），直接了解年轻作曲家的处境：他面前是空白的谱表，他应当根据"灵感"（这个术语虽不精确，但足够道出它的神秘性）的指挥在上面创作。他应当如同精良的技师，写出一段旋律，必要时叠加好几段旋律，然后增加和弦，用节奏来点缀他的语言，随心所欲地使用转调来确定调式。在最艰难的阶段，他会面临两个选择，即选择统领作品的体裁和形式。但在外行人看来，这似乎没什么值得惊叹的。

体裁和形式这些概念之间的规则存在太多混淆。体裁（如交响曲、尚松）为乐曲命名，让听众能将其分辨出来；形式则更难被发现，它负责统筹乐曲，使其具有统一性。

然而，在这两种情况下，作曲家的选择都至关重要，他能让乐曲依循传统，也能让它独辟蹊径。贝多芬的天赋备受赞誉，就是因为他能在三十二首钢琴奏鸣曲作品中不断创新。相反，我们也只能感慨这种体裁的力量——它迫使音乐史上最伟大的巨匠之一反复遵循它的规则，多达32次！

## 极其古老的声音遗产

在接下来的内容中，我们在介绍最重要的音乐体裁时，遵循的原则是介绍的体裁种类少、音乐爱好者"无须任何科学器材"就能了解它们的性质。一种音乐体裁的产生远比它的发展更令人惊奇，因此我们的介绍采用了时间顺序，这个原则虽然带来了一些困难，却是最行之有效的。

巴黎玛德莲娜教堂的古典音乐会。

## 绚烂的绽放

本章内容以尚松作为开始，无人会对此感到意外。尚松诞生于史前时期，却从未丢失现实性，它在各个时期不断发展，因此得以保持生命力。在这种情况下，当代摇滚乐手取代过去的游吟诗人又何妨？随着音乐记谱法出现，名字带有玄奥色彩的各种体裁出现了，例如附加段、奥尔加农、经文歌等，这些模式都丰富了中世纪时期的重要体裁弥撒曲的创作。

文艺复兴时期，音乐领域的发展不如视觉艺术领域那么宏大壮观，但其体裁和形式依旧发生了深远的变化。牧歌的出现，预示着巴洛克时期、古典主义时期和浪漫主义时期的音乐体裁之王歌剧的诞生。拥有不同面貌的歌剧（正歌剧、喜歌剧、抒情歌剧、芭蕾歌剧等）、声乐（清唱剧、受难曲、康塔塔）和器乐（序曲、托卡塔曲、赋格曲、组曲、奏鸣曲、协奏曲）的类型不断增加。随后则是古典主义和浪漫主义时期，交响曲、室内乐、钢琴曲、芭蕾舞曲等发展到了巅峰，浪漫歌曲和艺术歌曲则代表了声乐方面的成就。在音乐创新阶段（电子声乐，开放作品），20世纪的音乐家最终将这些音乐类别抛在身后，投身于新的音乐历险之中，但结果如何，将留待后人评说。

# 尚松

### 远古时期的源头

尚松源自久远的史前时期，我们无法了解到任何相关信息，只能猜测远古时期的人类在某一天（为了狩猎？为了祈祷？为了战斗？）想到了用简单的歌声来表达想法。这就是单调吟唱（psalmodier），也就是用重复的旋律吟唱一个单调的声音。当词句与这种简单旋律相结合时，尚松就诞生了，它是音乐史上最基本的音乐体裁。从人类诞生之初到核武器时代，尚松的存在前提都是歌词和音乐这两方面的创造能力，除此之外，它或许还需要器乐伴奏方面的创造能力。

### 中世纪起源

在中世纪的最初几百年，单调尚松（chanson monodique，单声部）经历了漫长而且难以了解的发展过程。12世纪初，它在形式和结构上都达到了令人惊讶的完美水平。它很可能在加洛林王朝时代就已存在，但在1100年左右才具备了一定的形态，在12世纪和13世纪的法国发展到巅峰，之后被复调尚松（多声部）取代。虽然它在法国是一种不太重要的音乐体裁，但在德国却因为"贵族恋诗歌手"（Minnesänger）以及随后"名歌手"（Meistersinger）的贡献而普及开来，一直持续到文艺复兴时期。

### 游吟诗人

在奥克语地区（卢瓦尔河以南）和奥依语地区（卢瓦尔河以北），游吟诗人的抒情诗歌唱的是宫廷爱情主题。这种优雅又具有贵族气质的尚松出现在1100年左右，半个世纪后，它扩散到了北方地区，有了细微差别和乡土气息，它激发了诗人兼音乐家们的创作天赋。无论"trouveur"一词（意为发现者）源自奥克语（trobar）还是法语（trover），它指的都是乐曲的创作者，而乐曲演奏则通常是流浪艺人的任务，他们是巡游四方的歌手兼杂耍艺人。如此一来，作曲家和演唱者这两个音乐史上至关重要的角色便诞生了。

1470年，让·德·蒙特谢努（Jean de Montchenu）编制的意大利和法国尚松歌曲合集，形状为心形。

体裁与形式

## 人类的记忆

这一时期的尚松通过 13 世纪和 14 世纪的手抄本"尚松集"流传至今，例如《圣日耳曼德普雷尚松集》和《米兰尚松集》。很明显，这种传播形式会导致文本大量遗失，可信性也会大打折扣。但这一时期的游吟诗人经受住了时间的考验：普瓦捷的纪尧姆九世、旺塔杜的贝尔纳（Bernard de Ventadour）、马卡布鲁、若弗雷·吕德尔、戈塞尔木·费迪、贝特朗·德·博恩。一些北方最重要的游吟诗人也不例外：特鲁瓦的克雷蒂安、内勒的布隆德尔、加斯·布吕莱、贝蒂讷的科侬（Conon de Béthune）、特奥巴尔多一世、让·布勒泰尔（Jehan Bretel）和亚当·德·拉·阿莱（Adam de la Halle）。

微型画中描绘的游吟诗人旺塔杜的贝尔纳，约 1125 年—12 世纪末。

## 叙事曲

叙事曲出现在 13 世纪，它无比诗意优雅，令人赞叹。叙事曲中的歌词与音乐的结合非常细腻，虽然歌词的形式主宰了音乐的形式，但两者相互独立；诗歌依旧占据主导，但音乐的重要性也不容忽视。14 世纪，诗人与作曲家纪尧姆·德·马肖让这种音乐体裁发展到了顶峰，使其在一定程度上达到了完美。

## 莱诗

莱诗（lai）很可能源自凯尔特人，不过它的起源依旧很神秘。它最初是一种文学形式，经过游吟诗人的深度改造，从叙事形态（音乐性或许不太强）转变为歌唱 14 世纪典雅爱情的抒情曲形态。在纪尧姆·德·马肖确定的最终形式中，它共有 12 节，每一节都各不相同，只有最后一节重复第一节的旋律。

## 回旋曲

这种声乐曲是一种短小的轮舞歌曲，出现在 13 世纪的游吟诗人作品中，它和叙事曲成为整个 14 世纪传播范围最广的尚松曲形式。回旋曲在中世纪经历了辉煌与没落，在 16 世纪被宫廷歌曲取代。虽然它以器乐的形式继续存在，尤其在 18 世纪库普兰和拉莫的作品中，但这种存在有名无实，因为此时的它不过是意大利回旋曲的法国版而已。

## 复调尚松

复调尚松是中世纪世俗严肃音乐的代表，它与当时的宗教音乐有着明显不同，尤其在内容和歌词方面。叙事曲、回旋曲和维勒莱这三种最重要的体裁主要是诗歌形式，但音乐常常占据主导地位。14 世纪和 15 世纪之交的文献数量众多，也比较可靠，例如著名的《尚蒂伊手抄本》（*Manuscrit de Chantilly*）保存了 65 首叙事曲、18 首回旋曲和 10 首维勒莱，《牛津手抄本》（*Manuscrit d'Oxford*）则将 19 首叙事曲、79 首回旋曲和 8 首维勒莱保存至今。在这两部文献中，作者之多、作品之丰富都令人瞩目。

771

# 奥尔加农，经文歌

## 两种永留后世的音乐体裁

从 9 世纪到 13 世纪，复调音乐（多声部）的诞生和发展始终摇摆不定，具有偶然性，有时甚至是混乱的。然而，以"古代艺术"[拉丁语原文为"Ars antiqua"，与 14 世纪的"新艺术"（Ars nova）相对]为主要特征的 13 世纪出现了一些新的音乐体裁，其中最重要的是奥尔加农和经文歌。欧洲严肃音乐的第一个伟大成就，即开启了欧洲大陆音乐文明新阶段的唱经弥撒（messe chantée），正是在这两种音乐体裁的发展过程中诞生的。

## 奥尔加农的诞生

奥尔加农摆脱单调原则（单声部演唱）的最早尝试出现在公元 1000 年之前。9 世纪这个最初阶段属于探索时期：在"主声部"上添加一个音调更高、平行发展、音对音的"附加声部"。在这之后，非常重要的进步出现了：附加声部与主声部从同音开始，然后远离主声部，达到四度后开始平行运动，最后在结尾处汇入同音。12 世纪是奥尔加农发展的最后阶段：附加声部不再平行发展，它摆脱了主声部，获得了自由。

## 奥尔加农，创造的源泉

在利摩日的圣马夏尔修道院，奥尔加农取得了引人注目的发展，在"主声部"的每个拖长的音符上方，"附加声部"演唱各种长度的乐句，这是名副其实的创新发展。然而，能被称为"真正的音乐创造"的自由装饰要归功于 12 世纪的圣母院乐派，例如作曲家雷奥南（Léonin，活跃于 1180 年左右）在他的《奥尔加农大全》中使用了二声部或三声部奥尔加农。他的继承者佩罗坦（活跃于 1200 年左右）留下了两部四声部杰作（《众人皆看到》和《王子端坐》）。这两部作品的节奏鲜明有力，旋律充满跳跃性，它们是奥尔加农这种音乐体裁的巅峰之作。

圣母院乐派的佩罗坦的乐谱，1200—1250 年。

## 经文歌，奥尔加农的继承者

从历史角度来看，经文歌出现在奥尔加农之后，它既是中世纪音乐中最重要的体裁（重要性远超其他体裁），也是最大胆的推动音乐摆脱束缚的要素。经文歌出现于 13 世纪初，呈现形式是简单的两声部叠加：一个是主声部（或固定旋律），即格里高利圣咏片段；另一个是含有独立歌词的新旋律，即经文歌声部（motetus）。经文歌中很快加入了第二个新声部，即第三声部（triplum）。经文歌的一个重要特征是乐器可以偶尔取代声部。

体裁与形式

## 一系列创新

在经文歌带来的一系列创新之中,有三个原则对中世纪音乐史产生了重要影响。第一个原则正是神圣性与世俗性的共存。虽然经文歌是源自基督教的音乐体裁,但它的世俗性却更加明显。第二个原则是第一个原则的直接结果,即同时使用拉丁语和通俗语。最后一个原则是,经文歌鼓励多个旋律与多个唱词叠加。这是前所未有的自由原则,但它依旧受到许多规则的约束,这些规则控制着纵向旋律线的累加以及节奏样式的布局。

## 经文歌大师

14世纪,菲利普·德·维特里(1291—1361年)和纪尧姆·德·马肖是这种音乐体裁的翘楚,随后的代表人物是纪尧姆·迪费(他创作的《玫瑰刚刚盛开》是1436年佛罗伦萨圣母百花大教堂的祝圣仪式开幕曲)和约翰内斯·奥克冈。然而,在这一领域,纵然拉絮斯、帕莱斯特里纳和维多利亚等后来者也做出了巨大贡献,但创作了一百多首经文歌的若斯坎·德普雷的天赋似乎无法被超越。

## 不断增加的声音魅力

15世纪的经文歌依循的是复杂的"多元统一"原则,它鼓励通过模仿来作曲,作曲家以这种方式将相同的旋律样式分布到不同声部中。管风琴和鲁特琴演奏低音声部,它们各自音色的魅力与乐曲相结合。因此,享乐的理念让音乐摆脱了枯燥乏味的严肃教条特征。

## 必要的简化

14世纪,出于对混乱和无序的担忧,复调音乐家确立了新的结构原则,尤其是让各种旋律拥有相同结构的"等节奏型"(isorhythm)。一个世纪后,作曲家通常只让演唱者负责两个高声部,两个低声部则由乐器演奏,从而使谱曲之后的唱词更容易被理解。

纪尧姆·德·马肖的《爱情箴言》(Les Dits amoureux),1300—1377年。

773

# 弥撒曲

## 两千年的纪念

弥撒曲是欧洲音乐史上最重要，也可能是最古老的宗教音乐体裁。4世纪，拉丁语取代希腊语成为基督教礼拜仪式语言，从此弥撒成为公开举行的仪式。主祭向上帝敬献象征基督肉与血的面包和葡萄酒（就像耶稣在最后的晚餐上向使徒提供面包和葡萄酒一样），之后在领圣体时，信徒将会吃下面包，喝下葡萄酒。作为对基督最后的晚餐的纪念，弥撒遵从神圣的宗教礼仪顺序，这个顺序规定了属于常规弥撒（ordinaire）或专用弥撒（propre）的歌唱与祈祷的次序。

## 常规弥撒

在礼仪年中，人们在常规弥撒中吟唱的祈祷词固定不变，包括《慈悲经》（"求主垂怜"，这是拉丁文弥撒中仅留存的一句希腊语）、《荣耀经》（"荣耀归于上帝"）、《信经》（"我信唯一的天主"）、《圣哉经》（"圣哉，圣哉，圣哉，上主，万有的天主"）、《羔羊颂》（"上帝的羔羊，你除去世上的罪"）五部分。教士最后以"弥撒礼成"（Ite missa）结束仪式。

圣歌唱本，15世纪的主日日经课本，这幅微型画的作者被推定为洛伦佐·摩纳哥（Lorenzo Monaco）。

## 专用弥撒

常规弥撒的特点是它的不变性，专用弥撒则不同，它由一系列有变化的乐曲组成（进台经、使徒书信、升阶经、奉献经等）。信众非常熟悉这些乐曲，但这些乐曲的唱词根据礼仪年中仪式庆典的不同而有所变化。专用弥撒的许多片段只属于某些庆典仪式，最著名的例子就是悼念死者的安魂弥撒的祈祷词。

## 漫长的形成过程

格里高利弥撒最早被记载的例子不早于10世纪。单声部、纯人声的格里高利弥撒把常规弥撒的五个部分连接了起来。格里高利弥撒经历了漫长的形成过程，在1000年左右成形，但我们目前所掌握的二十多份例子（作者均为佚名）解析起来难度颇大，因为这些片段支离破碎，而且作曲手法和音乐记谱法在格里高利弥撒形成晚期才开始被应用。不过基本可以确定的是，复调的使用要早于最早的真实乐谱。

体裁与形式

## 先驱典范马肖

最早的三声部复调弥撒（包括《图尔内弥撒》）编排了一定数量由不同音乐家为不同情况创作的音乐片段。1364年，四声部的《圣母弥撒》是第一部由一位作曲家（纪尧姆·德·马肖）独自完成的、被视为一个有机整体的复调弥撒作品。这部作品中出现了旋律和格律单位，它们让整部作品富有节奏感，使其真正地统一。唱词最丰富的祈祷经文《荣耀经》和《信经》创造了自己的主题，这有利于采用一种更加巧妙、灵活的对位法。

## 演变

当马肖、迪费、奥克冈和若斯坎·德普雷在中世纪大获成功的时代过去后，特伦托大公会议谴责弥撒的"装饰倾向"。为了抵制宗教改革的影响，大公会议强制回归格里高利时期的弥撒，乔瓦尼·皮耶路易吉·达·帕莱斯特里纳的作品很快满足了大公会议的要求。17世纪，音乐家在弥撒曲中使用了管弦乐队和富有表现力的语言，这一理念在约翰·塞巴斯蒂安·巴赫的《b小调弥撒》中发展到顶峰，海顿和莫扎特成为最负盛名的代表人物。在此之后，教会丧失权威，宗教内容在音乐创作中的比重下降。

## 杰作

从马肖的《圣母弥撒》（1364年）到迪吕弗莱的《弥撒曲"喜悦"》（Messe cum jubilo，1966年），弥撒曲中的杰作数不胜数。我们可以列举出迪费的《假使我面色苍白弥撒》、若斯坎·德普雷的《费拉拉的赫拉克勒斯弥撒》、帕莱斯特里纳的《马尔切利教皇弥撒》、维多利亚的《万福光耀海星弥撒》、约翰·塞巴斯蒂安·巴赫的《b小调弥撒》、莫扎特的《加冕弥撒》、贝多芬的《庄严弥撒》、斯特拉文斯基的《弥撒曲》等。

## 安魂曲

中世纪的安魂曲是格里高利圣咏独有的，后来15世纪到17世纪的复调音乐大师（奥克冈、帕莱斯特里纳、拉絮斯、维多利亚）成功使用了这种体裁。虽然在近代，莫扎特在1791年赋予了安魂曲崇高的地位，但很明显它在19世纪才迎来巅峰。在那些无神论的、不可知论的或者并不那么虔信宗教的作曲家（柏辽兹、舒曼、威尔第、勃拉姆斯、福雷）的优秀作品中，它成为宗教浪漫主义的音乐表现形式。到了20世纪，它依旧是热门体裁，有些以接近传统的形式呈现（迪吕弗莱），有些则被赋予了全新的风格（利盖蒂）。

象牙双联画的一扇，描绘的是聚集在领唱员身边吟唱进台经《上帝，我向你举起我的心》（Ad te levavi）的唱诗班。

775

# 牧歌，宫廷歌曲，埃尔曲

## 牧歌，文艺复兴的试验田

牧歌出现在14世纪的佛罗伦萨，形式上近似于法国的回旋曲，它的第二次诞生（因为这个术语在1530年重新出现）和变化呈现了16世纪意大利艺术演变的特征。牧歌继承的是15世纪的诗体民歌弗罗托拉（frottola）。它吸收了许多外国音乐家的特点[佛兰德乐派的维尔德洛（Verdelot）、阿卡代尔特（Arcadelt）、维拉尔特（Willaert）和拉絮斯是一些最早的牧歌创作者]，在费拉拉、罗马、曼托瓦等地发展起来，之后在卡洛·杰苏阿尔多（Carlo Gesualdo，约1560—1613年）的作品中达到顶峰。这位作曲家的音乐风格令人困惑且非常复杂，但极具表现力。

## 前所未有的特点

意大利牧歌最初是五声部复调音乐，但很快它就远离了早期的对位法理念[又称"第一实践"（première pratique）]，转向"表现风格"[又称"第二实践"（seconde pratique）]。这种风格让它受到诗歌富有表现力的音调变化影响，也在结构方面赋予了它很大的灵活性。卢萨奇、杰苏阿尔多、蒙特威尔第等应用"第二实践"的作曲家逐渐公开违背沿袭自复调音乐的规则，推行使用宣叙调、主调、二重奏、三重奏、合唱的混合结构，让牧歌的形式十分接近世俗康塔塔，有时二者甚至会被混为一谈。

## 超前的洞察力

1555年，一位名叫尼古拉·维岑迪诺（Nicola Vicentino）的音乐家针对牧歌发表了一篇论述，预示了音乐在未来几个世纪的变化："根据歌词创作的音乐，除了通过和声来表达歌词的意义、激情和情感之外，没有别的意图……如果作曲家想创作一首悲伤的乐曲，他要使用缓慢的速度和较小的协和音程。如果他想创作欢快的音乐，就要使用较快的速度和较大的协和音程。"

## 意大利特产

牧歌虽然诞生在意大利，但后来成了欧洲其他地区的许多大师都使用的音乐体裁。继卢萨索·卢萨奇（Luzzascho Luzzaschi，约1545—1607年）及其《演唱与演奏牧歌集》（Madrigali per cantar et sonare，1601年）之后，我们仍可以发现卢卡·马伦齐奥（Luca Marenzio，约1553—1599年）和他从1580年到去世这段时间创作的十二卷牧歌，以及卡洛·杰苏阿尔多及其创作的七卷五声部或六声部牧歌集。不过，这种音乐体裁的巅峰成就则是克劳迪奥·蒙特威尔第在1587年到1651年出版的九卷牧歌集。

## 蒙特威尔第的重大贡献

在克劳迪奥·蒙特威尔第的作品中，牧歌这种音乐体裁发展到了顶峰，该体裁的声乐技巧和表现风格不断进步，蒙特威尔第用它来呈现他所说的"与作曲相对的激情"。蒙特威尔第的牧歌不仅最终确立了伴奏齐唱的主导地位，也推动了具有协奏风格的合唱团体（二重唱、三重唱）的引入，这种协奏风格是新兴的巴洛克美学的标志。在英国，即便有伯德、莫利（Morley）创作的埃尔曲的竞争，牧歌这种体裁后来仍以"音乐绘词法"（word painting）之名获得了成功。

不知名艺术家所绘的克劳迪奥·蒙特威尔第。

# 体裁与形式

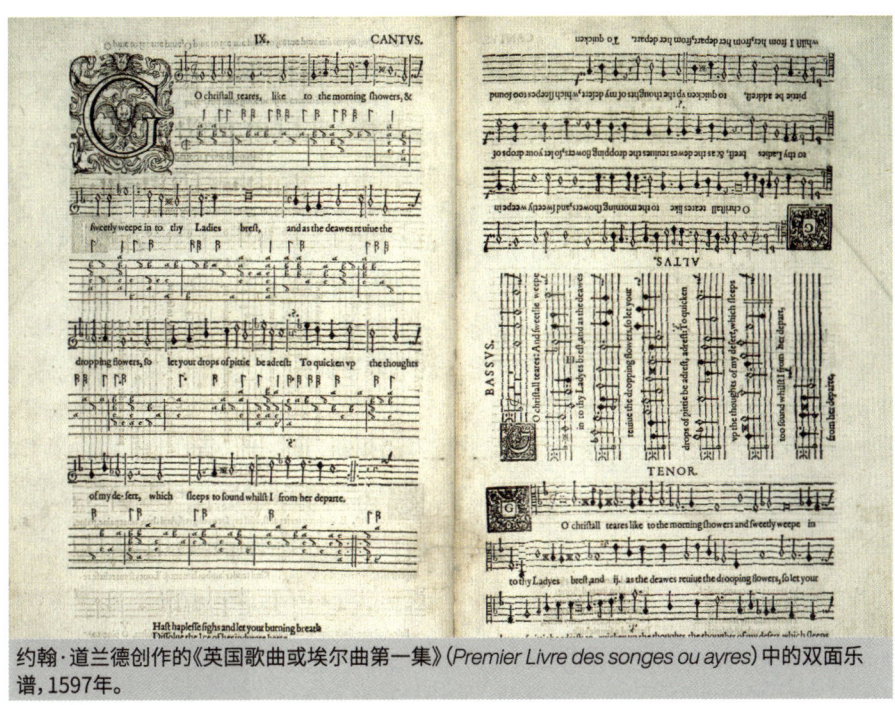

约翰·道兰德创作的《英国歌曲或埃尔曲第一集》(*Premier Livre des songes ou ayres*) 中的双面乐谱，1597年。

## 法国的宫廷歌曲

歌手在演唱四声部或五声部的法国宫廷歌曲时，只负责高音声部，其他部分由鲁特琴负责。"宫廷歌曲"这个术语出现在1571年出版的一部合集中，这种新音乐体裁在其中被介绍为"都市之声"（voix de ville，所有段落都用同一旋律演唱）这种流行歌曲的继承者。这种音乐体裁在16世纪上半叶大放异彩，但之后迅速走向衰落。它的形式是分节的，诗句虽始终受到八音节的限制，但足够自由。这种体裁在17世纪下半叶逐渐衰落。

## 文艺复兴的精神

爱情一直是宫廷歌曲的重要主题，文艺复兴时期的文学作品为它提供了理想的文本。不过宫廷歌曲的旋律装饰距离巴洛克美学还很遥远，它与诗歌情节引发的画面没有任何联系。演绎的问题依旧存在，它不仅要求乐手具备高超的声乐技巧，也要求他们对这种"法式温柔"有特殊理解，这是法国宫廷歌曲与更戏剧化的牧歌的区别。

## 埃尔曲，英国的特色

埃尔曲是牧歌和宫廷歌曲的竞争对手，它是英国作曲家为了保护自己的音乐特色而做的新颖尝试。它出现在16世纪晚期，很快约翰·道兰德（Johan Dowland）的作品就令它达到了巅峰。约翰·道兰德是一个奇人，他经常搬到不同的国家居住，也经常改变宗教信仰。从1612年开始，他成为詹姆斯一世的宫廷歌手和鲁特琴演奏师。这种音乐体裁由四个独唱部分构成，其中需要歌手演唱的只有一个高音声部，其他部分由器乐（尤其是鲁特琴或古提琴）伴奏。从1625年开始，这种高雅又带有忧郁感的音乐体裁走向衰落。

777

# 正歌剧，谐歌剧

历史上第一部歌剧《尤丽狄西》。

## "第一部歌剧"

在佛罗伦萨，在一个名为"卡拉梅塔同好会"（Camerata Bardi）的人文主义圈子里，有人提议复兴古希腊戏剧的辉煌，这个想法最终于1600年成就了一场前所未有的演出：以演唱形式呈现的悲剧《尤丽狄西》，里努契尼（Rinuccini）和佩里分别负责编剧与作曲。历史上的"第一部歌剧"就此诞生。这个称号时常引发争议，因为有些演出的举行时间比它早，但影响力稍逊一筹。这部戏剧开辟了所有角色均以演唱形式呈现的戏剧谱曲方式，在未来将与巴洛克风格密不可分。

## 牧歌的影响

在歌剧创作中，蒙特威尔第没有忘记创作牧歌的经验，尤其是在形象化表现法的使用方面。我们在《奥菲欧》中可以发现，他使用小音程来表达慌乱情绪，并将某些音色与歌剧中的不同角色联系起来，例如阿波罗与竖琴，这是受古代艺术影响的表现。另一位重要的作曲家皮耶尔·弗朗切斯科·卡瓦利（Pier Francesco Cavalli，1602—1676年），在创作简单轻快的歌曲时也受到了牧歌的影响。

## "全面的"作品

歌剧最重要的特点（这个特点被保留在古典主义歌剧、浪漫主义歌剧和现代歌剧之中），是它能吸收同时代的各种体裁、形式、作曲手法，为己所用。在这种前所未有的新体裁中，舞蹈和演唱、悲剧和喜剧的密切联系反映了"opera"（歌剧）这个术语的来源，它是拉丁语"opus"（作品）的复数形式。这种体裁的横空出世不仅推动了意大利正歌剧和喜歌剧出现，从更长远的角度来看，也促进了抒情歌剧和法国芭蕾歌剧出现，但这两种类型的歌剧在经历了古典主义时期的变化后便消失了。

## 正歌剧

虽然《尤丽狄西》作为先驱者的角色无须质疑，但我们需要注意，克劳迪奥·蒙特威尔第的《奥菲欧》（1607年）才是正歌剧真正诞生的标志。与它的推动者所期待的风格相比，正歌剧的抒情特征更明显，朗诵特征更弱。对于这样一个哲学本质的主题（奥菲欧的神话），作曲家使用四种音乐要素，创造了宏伟的"画卷"：第一是宣叙调，有节奏的歌词朗诵，这有助于理解歌剧情节；第二是咏叹调，它通过富有旋律感的分节叙事，强调歌唱的艺术，同时减缓了情节的进度；第三是合唱，它直接源自牧歌；第四是序曲（sinfonia），这是纯器乐插曲。

18世纪油画，描绘的是一位女歌唱家的肖像，不知名画家所作。

体裁与形式

## 历史标志

继雅各布·佩里（Jacob Peri，1561—1633年）的《尤丽狄西》之后，在蒙特威尔第的《奥菲欧》的引领下，一批著名歌剧作品诞生了。蒙特威尔第还创作了《波佩亚的加冕》（1642年），他唯一的真正对手皮耶尔·弗朗切斯科·卡瓦利也凭借《埃吉斯托》（*L'Egisto*，1643年）、《卡利斯忒》（1651年）和《情人赫拉克勒斯》（1662年）证明了自己。更著名的还有维瓦尔第及其《疯狂的奥兰多》（1727年）、亨德尔及其《朱利亚斯·凯撒》（1724年）和《阿尔辛那》（*Alcina*，1735年），他们将歌剧这种体裁推向了巅峰。

巴尔达萨里·加卢皮（Baldassare Galuppi）的歌剧《狄多的遗弃》（*Didone abbandonata*）的舞台布景假想图，1714年。

## 谐歌剧

谐歌剧被命名为"谐"歌剧，是为了和"正"歌剧区分开，这种体裁最初是创作者们在正歌剧的三幕之间插入的那不勒斯乐派风格的幕间喜剧（因此每晚有两场，它们很快就成了同一部作品的两个部分）。从1709年开始，那不勒斯的弗兰提尼剧院（Teatro Fiorentini）只上演谐歌剧。在这个领域，大师佩尔戈莱西（Pergolèse）因优秀作品《女仆作夫人》（1733年）而大受欢迎，该作品由两幕幕间剧组成。这位作曲家英年早逝之后，在滑稽的"谐歌剧之战"（Querelle des Bouffons）期间，这部作品被拿来与法国作曲家的作品比较。

## 欢乐至上

谐歌剧的人物与即兴喜剧（commedia dell'arte）一脉相承，为了让剧中角色具有生动感，其音乐采用的是简洁有效的作曲手法和形式。在谐歌剧中，宣叙调和小咏叹调欢快地相继出现，通常采用快速朗诵的方式，念白多于歌唱，终曲则汇聚所有主角，共同创造一个无比滑稽的时刻。这种对声乐的低要求（通常是由于演唱者的技巧不如正歌剧演员）导致意大利作曲家优先考虑即时效果，从不使用管弦乐队的表现能力。

## 几部代表性作品

谐歌剧的巅峰之作是乔万尼·巴蒂斯塔·佩尔戈莱西（1710—1736年）著名的《女仆作夫人》，但这种体裁的曲目非常丰富，许多久负盛名的作曲家都为它贡献了自己的力量，例如尼科洛·皮契尼（1728—1800年）的《好姑娘》（1760年）、乔瓦尼·帕伊谢洛（1740—1816年）的《塞维利亚的理发师》（1782年）和多梅尼科·契马罗萨（1749—1801年）的《秘婚记》（1792年）。

# 抒情歌剧，芭蕾歌剧

### 先驱：宫廷芭蕾

在法国抒情歌剧史上，1581年10月15日是一个至关重要的日期。这一天，在乔尤斯公爵与德·沃德蒙小姐的婚礼上，一出不同寻常的宫廷芭蕾歌剧《王后的喜剧芭蕾》上演了，它以奇特的方式融合了各种艺术表现手段。小提琴家与芭蕾舞大师巴尔塔扎·德·博若耶、音乐家博利约（Beaulieu）和萨尔蒙（Salmont）、诗人拉谢思奈（La Chesnaye）和装饰画家雅克·帕坦（Jacques Patin）共同创作了一场将叙事、歌曲、合唱、舞蹈和哑剧相结合的演出，这部作品的创作理念深受新生的人文主义的影响。

加布里埃尔·德·圣奥宾的素描，呈现的是1686年巴黎歌剧院中《阿尔米达》的演出场景。

### 抒情歌剧，法国的回应

1662年，意大利人卡瓦利创作的《情人赫拉克勒斯》在巴黎遭遇失败，其中只有让-巴蒂斯特·吕利写的芭蕾幕间剧受到观众欢迎。吕利生于佛罗伦萨，于1652年定居法兰西宫廷，又于1653年成为国王的作曲家。1672年时，他接过了管理王家音乐学院的大权，他也因此具备了得天独厚的条件，与剧作家基诺共同发展了一种新的戏剧美学。如果说《卡德摩斯与赫耳弥俄涅》（1673年）是这种戏剧美学的开山之作，那么《阿尔西斯特》（Alceste，1674年）则是抒情歌剧的开端。

### 抒情歌剧的表达方式与特点

首先是序曲（必须为赞颂君主的荣耀而作），之后是继承自古典悲剧的传统五幕剧，这就是抒情歌剧的结构。与正歌剧不同的是，抒情歌剧中宣叙调的地位高于歌曲，情节往往比较简单。然而这丝毫没有减少抒情歌剧中与神话相关内容的比重，但因为它是法国人创作的，所以也具有理性色彩。因此，神的等级划分与人相同，例如朱庇特的表达方式不同于墨丘利。最后，人性化的神对歌唱和舞蹈充满兴趣，所以每一幕都必须出现舞蹈插曲。

### 一个世纪的杰作

虽然吕利的《阿尔西斯特》、《阿迪斯》（Atys，1676年）和《阿尔米德》更为公众所知，但他创作的所有悲剧都值得一提。康普拉（Campra）、德图什（Destouches）、穆莱（Mouret）等人都是吕利的后继者。安德烈·康普拉的《埃西翁娜》（Hésione，1700年）、《坦克雷迪》（Tancrède，1702年）和《伊多梅纽斯》（Idoménée，1712年）都保留了充满欢乐、始终如一的想象力，不过推动这种音乐体裁走向巅峰的还是让-菲利普·拉莫，这位伟大作曲家的成功不胜枚举：《易波利与阿利希》（1733年）、《卡斯托与波鲁克斯》（1737年）、《达达努》（1739年）、《普拉蒂埃》（Platée，1745年）等。此后，虽然格雷特里（Grétry）或多弗涅（Dauvergne）也创作了不少优秀作品，但抒情歌剧不可避免地消失了。

# 体裁与形式

## 芭蕾歌剧，一个消失的时代的回声

1697年，作曲家安德烈·康普拉和歌剧剧本创作者安东万·乌达尔·德·拉莫特（Antoine Houdar de La Motte）在《华丽的欧罗巴》（*L'Europe galante*）中开创了一种具有鲜明法国特色的音乐体裁，在吕利和帕斯卡·科拉斯（Pascal Collasse）于1695年创作的《芭蕾四季》（*Ballet des Saisons*）中，这种体裁已经呼之欲出。在这类体裁的演出中，视觉应当获得与听觉和精神相同的享受：背景装饰豪华，编舞富有激情与创造力。然而，它的歌剧剧本不是内容贫乏，就是结构不连贯。人们创作这种体裁的目的是愉悦宫廷，戏剧统一性不在其考虑范围之内，取而代之的是各种怪诞主题的拼凑。

让-菲利普·拉莫的芭蕾歌剧《殷勤的印第安人》中的女演员服装。

## 精巧与简洁之间

起曲构成了芭蕾歌剧的各个部分，每个部分都包括连续的宣叙调、小咏叹调、合奏曲和合唱曲，它们既精巧又简洁。拉莫让这种体裁拥有了不同寻常的规模，尤其是在插曲方面，他要求加入一个合唱团和一个增加人数的管弦乐队。此外，在舞蹈段落中，强度与速度的强烈对比能产生显著的效果。

## 基本结构

连续的"起曲"（entrée）构成了宫廷歌曲，每个起奏都会引出特定的音乐和编舞。例如，在《华丽的欧罗巴》中，各个国家（法国、西班牙、意大利、土耳其）都对应着连续的起曲，它们产生的娱乐效果让舞蹈的地位胜过了声乐。这也是芭蕾歌剧的弱点所在——舞蹈没有戏剧性，破坏了情节的逻辑性。

## 鲜为人知的遗产

让-菲利普·拉莫为芭蕾歌剧做出了巨大贡献，其中《殷勤的印第安人》（1735年）和《赫伯的节日》（1739年）如今依旧在必演剧目之列，但除此之外，芭蕾歌剧留下的遗产鲜为人知。不过它过去的成功案例也不少，例如安德烈·康普拉的《华丽的欧罗巴》和《威尼斯狂欢节》（*Les Fêtes vénitiennes*）、德图什的《爱之阴谋》（*Les Stratagèmes de l'amour*）、约瑟夫·穆莱的《众神之爱》（*Les Amours des dieux*）、让·德·蒙东维尔（Jean de Mondonville）的《诗坛的嘉年华》（*Le Carnaval de Parnasse*）等。

# 众赞歌

## 反对宗教音乐的戏剧化

抒情歌剧的迅速发展对宗教音乐也产生了影响。众赞歌体裁在很大程度上就受到歌剧发展的推动。想要理解众赞歌体裁的特殊性是如何出现的，就必须考虑反映了18世纪上半叶欧洲大陆音乐融合的地方特征（英国的赞美歌、德国的众赞歌、法国的经文歌）。宗教音乐发展到了这个关键节点，从1750年起，它开始面临着创造新体裁的必要性，这样才能避免被过度戏剧化。

## 宗教改革之歌

众赞歌是源自宗教改革的宗教歌曲，它从德国民歌宝库中汲取营养，也受到了格里高利圣咏的影响，从而奠定了路德教派的音乐传统。确切地说，它的历史就开始于16世纪初的宗教改革时期。马丁·路德自己称得上是一名音乐家，此外，他也是作曲家约翰·瓦尔特的朋友。路德在1520年左右创作了四十多首众赞歌，但众赞歌的鼎盛时期是17世纪，德国作曲家赖因肯（Reinken）、布克斯特胡德和巴哈贝尔使用了复调音乐的所有技巧，让众赞歌融入礼拜仪式中，而没有破坏它的深厚根基。

## 简单的赞美歌

众赞歌最初是一种简单的音节式赞美歌，也就是说，它的结构模仿的是歌词的结构，每个休止符（由歌词决定）后都有一个延长的停顿，即延长记号（Fermata）。歌词使用德语，是基督教圣咏拉丁文歌词的译文，所以歌中有许多因为翻译而做的调整。这些类型各异的语句由两部分组成，第一部分几乎是重复的，旋律很容易被记住。17世纪，它变得愈加清晰和稳定，即便在复调版本中也是如此，所有歌词都能被理解。

## 巴赫，完美的化身

18世纪上半叶，得益于约翰·塞巴斯蒂安·巴赫的伟大贡献，经历了漫长发展过程的路德众赞歌迎来了巅峰时期。巴赫的四声部作曲手法融合了旋律线条之美与和弦的表现力，这在他留给后世的几百首众赞歌中创造出了惊人的效果。同样值得注意的是，在器乐作品中，他几乎一直使用管风琴演奏，所取得的成就不亚于众赞歌。

为德国莱比锡圣托马斯合唱团演奏管风琴的约翰·塞巴斯蒂安·巴赫。

## 体裁与形式

### 不均等的贡献

最初,众赞歌的代表人物是一些优秀的德国音乐家和虔诚的新教徒,例如约翰·瓦尔特、迈克尔·普雷托里亚斯、迪特里希·布克斯特胡德、约翰·巴哈贝尔、约翰·塞巴斯蒂安·巴赫等。后来,这种音乐体裁在门德尔松[为两个合唱团、管弦乐队和管风琴而作的《上帝我主,我们颂扬您》(1843年)]、塞萨尔·弗兰克[为管风琴而作的《众赞歌三首》(Trois chorals,1890年)]和奥涅格[《弦乐交响曲》(Symphonie pour cordes,1941年)的器乐众赞歌]的笔下失去了独立性。

### 赞美歌,相似又不同于众赞歌

赞美歌是一种英国特色明显的体裁,它在许多方面都很接近经文歌和康塔塔,与路德众赞歌也有相似之处。赞美歌谱曲的是英文版圣经文本,16世纪,在既是诗人又是音乐家的国王亨利八世推动的英国宗教改革时期,它经历了快速发展。赞美歌与英国圣公会仪式的演变有密切联系,它经历了多次彻底的变化,从复调织体原则发展到通奏低音伴奏主调原则。亨德尔是这种体裁的最后一位著名代表人物,他的作品深深影响了包括众赞歌在内的其他国家的音乐。

### 传递神圣信息

赞美歌的主要形式是交替演唱,作曲手法的特点是频繁使用多声部的旋律模仿,这种模仿是为了确保作品形式统一。由于这种仪式体裁谱曲的文本种类很多,它的结构也很多变。它最常使用的演唱者是合唱团,有无伴奏演唱的,也有由管风琴伴奏的,但合唱团也可能与一个或几个独唱者交替演唱。赞美歌的作者一般优先考虑以清晰易懂的方式,来明确传达神圣信息。

### 鲜为人知的体裁,著名的创作者

威廉·伯德、奥兰多·吉本斯(Orlando Gibbons)、约翰·布洛(John Blow)等最早致力于赞美歌创作的大师虽然做出了突出贡献,却不是该体裁最负盛名的代表。亨利·普赛尔("听我的祈祷""为主歌唱")和乔治·弗里德里希·亨德尔(《钱多斯赞美歌》《加冕赞美歌》)则为这一体裁增添了光彩,其中后者的贡献尤为重要。值得一提的是,著名的斯特拉文斯基也创作过《赞美歌》(Anthem,1962年)。

威廉·荷加斯的漫画,演唱亨德尔的清唱剧《朱迪斯》(Judith)的合唱团员。

# 清唱剧，受难曲，康塔塔

### 从意大利到德国

礼拜剧和神秘剧这两种中世纪的戏剧形式预示了清唱剧的出现。1600年，埃米利奥·德·卡瓦利埃里的《灵魂与肉体的戏剧》标志着清唱剧的诞生。17世纪，贾科莫·卡里西米赋予了清唱剧宏大的特点，从而吸引了观众，他的追随者也毫不犹豫地运用这种新的体裁。清唱剧虽诞生在意大利，但并未在那里发展到顶峰。在法国致力于发展经文歌时，日耳曼国家则在《圣经》与宗教改革这两个坚实的传统之上，在18世纪上半叶将清唱剧这种体裁推向了顶峰。

### 对后世悠远的影响

亨德尔是清唱剧大师，意大利之旅为他带来了灵感启迪。他所有重要的清唱剧作品都带有史诗气息，丰富的旋律和充满节奏感的活力都服务于这种饱含前所未有的力量感的戏剧典范。世俗清唱剧的代表人物也是亨德尔，但一直到约瑟夫·海顿的《四季》（1801年），它才臻于完善。海顿还创作了古典主义时代最后一部重要作品《创世纪》。清唱剧在19世纪也取得了一些成功，尤其是柏辽兹和弗兰克的作品。距离我们更近的奥涅格也是这种旧体裁的大师级人物。

### 受难曲，痛苦的歌唱

受难曲很难定义，它虽与清唱剧类似，但具有哀婉感人的特征，让人联想起基督在最后时刻经历的苦难。最初形式的受难曲由几个主要角色演唱，没有器乐伴奏。以伯德为代表的英国和以维多利亚为代表的西班牙的受难曲形式比较严肃，意大利的亚历山德罗·斯卡拉蒂则使用罗马清唱剧的框架，有利于展现声乐技巧。受难曲的巅峰依然出现在约翰·塞巴斯蒂安·巴赫的作品中，他的受难曲拥有丰富的复调色彩，无人可及，他创造的旋律朴素又新颖，拥有无可比拟的表现力。

### 清唱剧的特点

清唱剧是某种没有布景的戏剧表现形式，主要角色负责演唱宣叙调、歌曲，乐队和合唱团负责演唱谱曲的故事情节。管弦乐队的重要性上升，它负责的不再是纯粹音乐层面的氛围，也要为情节推动提供理由。亨德尔再次赋予合唱团非凡的光彩，但也没有忽视独唱者和乐队负责的部分，同时从德国对位法合唱传统与意大利抒情传统中汲取营养。最后，世俗清唱剧与宗教清唱剧的区别仅仅在于前者更有意寻求戏剧效果。

詹多梅尼科·提埃坡罗的油画《耶稣跌倒在去往加略山的路上》(Chute du Christ sur le chemin du Calvaire)。

体裁与形式

## 古老信仰的表达

17世纪，海因里希·许茨（1585—1672年）凭借《约翰受难曲》和《马太受难曲》确立了受难曲的规范。格奥尔格·菲利普·泰勒曼（1681—1767年）遵循该规范，创作了大约44首受难曲。巴赫的《马太受难曲》（1729年）让所有后来的音乐家望而却步，继他之后，直到20世纪，波兰音乐家潘德列茨基才创作出现代版本的受难曲，即1966年的《路加受难曲》。

## 康塔塔，庄重又欢快的演唱

康塔塔（cantate，意为"清唱套曲"）出现于17世纪初，最初是继承了牧歌传统的意大利人使用的体裁，尤其是卡里西米，他赋予了康塔塔优雅、清晰的特征以及新的声乐广度。在巴赫的时代，宗教康塔塔在朗读福音书之后被演唱，它服务于主日礼拜和几个宗教节日。虽然德国涌现了无数康塔塔作品，其他音乐强国却并不太重视这一体裁，可能是因为它们认为康塔塔过于严肃，也可能是因为它们选择了更符合民族精神和地方特色的音乐。

## 简单与真诚

康塔塔由一些短小的乐篇构成，这种安排让咏叙调、咏叹调、重唱和合唱曲交替出现。在特殊情况下，康塔塔作品可以单独委托给合唱团（《复活节康塔塔》，巴赫，1725年）。康塔塔的演出场所是教堂或音乐会，而非剧院。它追求的是音乐独一无二的真实性，这解释了它为何在遵循文学情节的作品结构中，大量使用器乐和声乐组合。

## 世俗康塔塔，现代康塔塔

世俗康塔塔大师包括夏庞蒂埃、康普拉和拉莫，拉莫凭借《背叛的情人》和《忠实的牧羊人》这样极具特色的作品受人尊崇。具有爱国主义色彩的康塔塔在法国大革命期间诞生。虽然古典主义出现以来，康塔塔遭到忽视，但得益于几位作曲家的贡献（巴托克的《世俗康塔塔》、韦伯恩的《康塔塔》、奥涅格的《圣诞康塔塔》），它在20世纪恢复了一定的活力。

约翰·塞巴斯蒂安·巴赫的康塔塔《幸福降临我们》（1731年）。

# 前奏曲，托卡塔，赋格曲

弗朗索瓦·于贝尔·德鲁埃的肖像画《弹羽管键琴的查尔斯·西蒙·法瓦尔夫人》，1757年。

## 前奏曲，即兴演奏的边缘

如同它的拉丁语词源所示（prae=前，ludus=演奏），前奏曲（prelude）的首要功能是在主乐曲之前演奏。17世纪，它的演奏内容很自由，常常不被写在乐谱上。巴赫在他的两部《平均律钢琴曲集》中，系统整理了前奏曲的语言和形式。为管风琴或羽管键琴而作的前奏曲成了一种结构更合理的音乐体裁，它使用对位法与和弦创作的技巧，让原本的主题变得多样化，巧妙的作曲手法与精湛的演奏技艺紧密结合。

## 浪漫主义时期的转变，现代时期的变化

刚开始出现时，前奏曲能让乐器协调一致，营造有利于主乐章演奏的氛围，因此意大利人将其称为"音准"（intonazione）。在整个16世纪，鲁特琴一直被用于前奏曲，后来则轮到了管风琴和羽管键琴。直到浪漫主义时期，特别是在肖邦的作品中，前奏曲才找回了它的即兴特征，《前奏曲》是这位伟大音乐家最自由的乐篇。后来，德彪西赋予了前奏曲引发超自然联想的魅力（《沉没的教堂》《月照露台》等）。

## 羽管键琴，新乐器之王

在17世纪和18世纪，欧洲器乐领域的发展使得键盘乐器大幅改良，尤其是管风琴和羽管键琴。与鲁特琴或吉他的琴弦不同，羽管键琴的琴弦颤动并不依靠人们弹奏的手指，而是依靠固定在琴键末端支柱上的拨子，拨子本身则要用琴键的运动来激活。虽然羽管键琴取得了如此巨大的进步，但它依然有两个缺点，这也是它后来被钢琴取代的原因：色调变化的音域较窄，以及颤动发声时间短，无法维持较长的时间。

## 托卡塔，为羽管键琴而作的乐曲

和前奏曲一样，托卡塔的词源也十分易懂："toccata"在意大利语中的意思是"触碰"。托卡塔一般由键盘乐器或拨弦乐器独奏，这种体裁始于16世纪的意大利。1650年到1750年，托卡塔发展到巅峰，尤其是在德国管风琴演奏家的作品中，然而意大利人却抛弃了它，转而使用奏鸣曲。虽然在古典主义时期它不可避免地被人遗忘，但它在现代依然存在，这主要得益于一些杰出的作品，例如舒曼、德彪西和普罗科菲耶夫为钢琴而作的托卡塔，还有维多尔、维埃纳和杜普雷为管风琴而作的托卡塔。

## 自由度与超凡技巧

虽然很少有音乐体裁拥有如此完全的自由，但托卡塔的形式足够新颖，能保证它的独立性。作曲家经常利用这种自由度，以统一的节奏为基础，来制造音高、速度和强度方面的反差。在风格方面，早期的管风琴托卡塔似乎试图模仿中世纪的铃声，这解释了它的音色为何如此明亮。这种特色一直持续到20世纪，甚至在谢尔盖·普罗科菲耶夫的钢琴《托卡塔》这样对演奏技艺要求极高的成功乐篇中，也有这种特色存在。

## 以模仿为基础的赋格曲

赋格曲是一种历史并不太久远的体裁，在17世纪下半叶才出现，但它的起源久远而复杂，因为它的谱系由所有使用模仿的音乐类型构成（所谓"模仿"就是反复使用特定动机的一个或多个声部）。卡农凭借其长远的历史与简单的理念，成为赋格曲形成过程中最重要的因素，其他重要因素还有狩猎曲（caccia）、寻求曲（ricercare）等。

巴赫时代的音乐会。

## 周密的结构

赋格曲是一种多声部的创作形式，它通过相继进入的声部来呈现被称为"主题片段"（subjet）的旋律动机。第一个声部呈现动机之后，紧随而来的是"对题"（countersubject），与此同时第二个声部呈现主题。主题与对题的交织让这两个乐曲中的关键要素形成了令人困惑的关系。各个声部呈现完毕，自由的展开部紧接其后，最后则是再现部，即短暂的结尾部分。

## 从巴赫到斯特拉文斯基

巴赫凭借自己创作的声乐赋格曲和器乐赋格曲，很快将这种创作形式推向了巅峰。此后，虽然莫扎特取得了成功，贝多芬使其面目一新，柏辽兹在精神层面对其做了处理，赋格曲却还是失去了重要地位，它的单一主题原则使得人们无法真正探索调性推行的音乐逻辑。然而，作为一种音乐形式，赋格曲仍然吸引了从勃拉姆斯到斯特拉文斯基等众多作曲家。

# 组曲，三重奏奏鸣曲

## 组曲，恰当的命名

没有任何音乐体裁的名称比"组曲"（suite）更贴切，它由同一调性的各种舞曲串联而成。关于"舞曲"这个术语，我们需要明确指出，音乐舞蹈并非自始至终都靠编舞来诠释。在大多数情况下，"舞曲"这个术语（加沃特舞曲、阿勒曼德宫廷舞曲等）源自一个简单的音乐分支，其特点是使用特定的节奏样式。这种形式可以追溯到中世纪，当时盛行一慢一快的对比性舞曲的组合。17世纪初，弗雷斯科巴尔迪的作品预示了它的出现，约翰·弗洛伯格（1616—1667年）则最终确定了它的形式。

## 节奏是基础

组曲中的舞曲有时以一首前奏曲作为引导，它们的节奏、速度和特征各不相同，但都采用相同的调性，遵循相同的处理方式。最常见的舞曲有阿勒曼德宫廷舞曲、布列舞曲、库兰特舞曲、福尔兰纳舞曲、加利亚德舞曲、加伏特舞曲、快步舞曲、快三步舞曲、帕凡舞曲、利戈顿舞曲、萨尔塔雷洛舞曲等。某些舞曲形成了独立的体裁，例如夏康舞曲和帕萨卡利亚舞曲，但它们能被整合到一个更大的结构框架中。快慢交替是最基本的原则，就像17世纪中期法国的羽管键琴组曲。

## 连曲，组曲的变形

17世纪，欧洲所有音乐中心都使用组曲来创作，弗朗索瓦·库普兰的"连曲"对组曲做了更新，组成连曲的不再是舞曲，而是一系列描述性的乐曲，不过某些作品的片段还保留了舞曲的形式。库普兰创作的法式连曲是一系列以更加自由的方式组合起来的各种乐曲，而且他为许多优美的乐曲取名时，也表现出强烈的诗意幻想（《清凉》《柔情的忧郁》《神秘的路障》《年迈的情人和年迈的女财务官》）。

## 德国的帕蒂塔

约翰·弗洛伯格创作的最早的组曲可追溯到1650年，而德国作曲家更愿意采用帕蒂塔（partita）这种形式的组曲。在这种特别的体裁中，音乐遵守差异原则。无论是旋律还是节奏，所有乐曲都在不同程度上取决于第一首乐曲。在这个领域，巴赫的作品无人能及。在巴赫之后，组曲被套曲（嬉游曲、小夜曲）取代。然而在20世纪，德彪西、普罗科菲耶夫、米约等作曲家让它重新焕发了生机。

多纳托·克雷蒂（1671—1749年）的《音乐家和舞者》。

体裁与形式

## 三重奏奏鸣曲，巴洛克音乐的原型

三重奏奏鸣曲或许是巴洛克器乐风格中最具特色的一类。就像康塔塔用于歌唱，诞生于17世纪的奏鸣曲则使用乐器来吹奏。16世纪时，意大利有一种音乐名叫"canzone da sonar"（直译为"吹奏的歌曲"，即以器乐形式表演的歌曲），它很快演变成了交响曲（sinfonia），而其丰富程度略逊一筹的形式则演变成了奏鸣曲。德国人把它当作器乐组曲的前奏曲，1650年后，他们又将其命名为"三重奏奏鸣曲"。它与组曲的主要区别在于其不包含任何形式的舞曲。

## 为教堂，为沙龙

意大利作曲家把奏鸣曲发展成两种形式：教堂奏鸣曲（各个部分根据速度命名）和室内奏鸣曲（实际上是一系列舞曲）。教堂奏鸣曲使用的赋格手法非常严格，室内奏鸣曲则以舞曲的形式将片段连接起来。在奏鸣曲领域，阿尔坎格罗·科雷利做出了突出贡献。

## 作曲家及其作品

乔万尼·加布瑞利（约1553—1612年）的三声部奏鸣曲作品开辟了新天地，阿尔坎格罗·科雷利紧随其后，创作了许多教堂三重奏和室内三重奏，尤其是传奇般的《第五号作品》中的奏鸣曲。安东尼奥·维瓦尔第（1678—1741年）凭借为两把小提琴和低音乐器创作的奏鸣曲而声名远扬，彼埃特罗·洛卡泰里（1695—1764年）也因三声部奏鸣曲而大获成功。此外，亨利·普赛尔、约翰·塞巴斯蒂安·巴赫以及乔治·弗里德里希·亨德尔也都做出了贡献，而该音乐体裁中最优美的乐谱无疑是巴赫所写。

## 特点

三重奏奏鸣曲一般需要使用两把小提琴来负责高音部，一把大提琴（或低音古提琴）负责通奏低音部，第四把乐器（羽管键琴、鲁特琴或管风琴）负责通奏低音的和弦。三重奏奏鸣曲通常有四个连续的乐章，快慢交替。这些乐章没有使用舞曲名称，而是采用了普通的速度标识（柔板、快板），这是一个彻底向纯音乐转变的迹象。最后，原主题回归主调性的想法要归功于科雷利。

安德烈·布伊斯（André Bouys）的画作《米歇尔·德拉巴尔和其他音乐家》（La Barre and Other Musicians），约1710年。

789

# 大协奏曲

### 大协奏曲，巴洛克时期的历程

大协奏曲正式诞生于1674年，在17世纪的最后二十五年间，它在意大利由托雷利、斯特拉代拉、科雷利、阿尔比诺尼和维瓦尔第等音乐家进一步完善。大协奏曲是在教堂（教堂协奏曲）或沙龙（室内协奏曲）中演奏的音乐体裁，1714年，它的最终形式在科雷利死后结集出版的作品中得以确立。约翰·塞巴斯蒂安·巴赫的六首《勃兰登堡协奏曲》（1721年）是这种体裁的巅峰。18世纪下半叶，它逐渐被独奏协奏曲取代，后者的规模更大，更能适应对演奏技艺的超高要求。

### 具有冲突性的原则

协奏曲（concerto，它的拉丁词源是动词concertare，即"斗争"）可以被定义为一种冲突与统一相融合的音乐原则，它是一种"和谐的冲突"。一个或多个器乐部分是其音乐语言中的亮点，但在具备多样性的同时，乐曲的所有要素又趋向统一。因此，大协奏曲包括形成对比的两组乐器：协奏部（ripieno，即管弦乐队大组）和主奏部（concertino，即独奏乐器小组）。在17世纪与18世纪之交，这种音乐体裁一般有三个乐章，按照意大利人确立的规则呈现"快—慢—快"的布局。

### 科雷利的模式

科雷利的协奏曲能让人了解这种复杂音乐体裁的精髓。按照这位作曲家的指示，协奏部可以单独演奏（两把小提琴、中提琴、大提琴），也可以和主奏部共同演奏（主奏部重复协奏部）。协奏部始终由独奏者组成，但主奏部可以在同一部分使用多位乐手。因此，乐手的数量是变化的。在为瑞典克里斯蒂娜女王表演时，科雷利指挥了一个由大约150名演奏家组成的合奏团，人数之多足以证明这次演出的重要性。

### 作曲家和作品

在数量众多的大协奏曲作品之中，最初脱颖而出的是格奥尔格·穆法特、阿尔坎格罗·科雷利、朱塞佩·托雷利和弗朗切斯科·杰米尼亚尼的作品。不过最为公众所知的意大利作曲家是安东尼奥·维瓦尔第，著名的组曲《四季》就是他的作品。在德国，约翰·塞巴斯蒂安·巴赫的《勃兰登堡协奏曲》和乔治·弗里德里希·亨德尔的《大协奏曲》让这个体裁臻于完美。

亨德尔，作品第六号，第七首，《大协奏曲》乐谱。

# 独奏协奏曲

体裁与形式

## 独奏协奏曲的问世

在吕利于1666年创作的芭蕾舞剧《缪斯》中,独奏协奏曲的原理已经初现端倪,它的出现源自弦乐器的进步和作曲手法的丰富,公共音乐会的发展使其得以巩固。吕利在《缪斯》中扮演了奥菲欧一角,这也让他利用小提琴与管弦乐队交流。18世纪,托雷利、勒克莱尔和维瓦尔第让一种用乐器取代独唱团体的新体裁为人们所接受。古典主义时期,协奏曲的数量不断增加:海顿的小提琴、大提琴、钢琴、法国号、小号、管风琴协奏曲,莫扎特的小提琴、长笛、竖琴、法国号、钢琴、巴松管、单簧管协奏曲,贝多芬的小提琴和钢琴协奏曲等。

## 音乐特征

独奏协奏曲的必演曲目丰富异常,因此许多作曲家以独奏者的身份演出。协奏曲通常采用莫扎特最先提出的三乐章划分结构,以及传统的形式框架:奏鸣曲快板、变奏曲、回旋曲等。第一乐章的第一主题由管弦乐团给出,随后独奏者将其改变,并展现出独创性。华彩乐段(cadenza)是只由独奏乐器演奏的长篇自由片段,通常出现在第一乐章结束之前,而且是即兴演奏,这种情况一直延续到贝多芬时期。

描绘早年帕格尼尼的图画。

## 浪漫主义时期的舞台

协奏曲充满激情、精彩纷呈,凸显了演奏者的作用,歌颂了钢琴的演奏效果。在浪漫主义时期,协奏曲也从不断发展的演奏技艺中受益匪浅,20世纪的伟大作曲家继承了这份遗产,并取得了累累硕果。使用多位独奏者的协奏曲虽然获得了一些成功(贝多芬,为钢琴、小提琴和大提琴而作的《三重奏协奏曲》),但它为演奏者带来的声誉略逊一筹,地位也比较边缘。

## 难以抉择

由于无法严格筛选,我们只能列举一些非常成功的作品:莫扎特、贝多芬、舒曼、肖邦、李斯特、勃拉姆斯、柴可夫斯基、圣桑、拉威尔、巴托克、普罗科菲耶夫的钢琴协奏曲杰作,维瓦尔第、莫扎特、贝多芬、帕格尼尼、勃拉姆斯、柴可夫斯基的小提琴协奏曲杰作,海顿为小号而作的协奏曲,莫扎特和韦伯为单簧管而作的协奏曲,舒曼和德沃夏克为大提琴而作的协奏曲,理查·施特劳斯为法国号而作的协奏曲。

# 歌剧

## 古典歌剧的变化

与巴洛克歌剧相比，古典歌剧始终重视创新，而非传统，莫扎特就是最有说服力的例子（比贝多芬唯一的歌剧《费德里奥》更令人信服）。此外，通过历史，我们可以了解到德国歌剧的起源及其在浪漫主义时期的首次成功，即韦伯的《自由射手》。虽然罗西尼喜爱法国悲剧一事众所周知，但意大利音乐家带来的变化产生了深远影响，让改变了抒情歌剧的调性发生了巨大变化，它与巴洛克歌剧之间的联系变得非常微弱。

卡尔·弗里德里希·蒂勒（Karl Friedrich Thiele）描绘1815年在柏林演出的《魔笛》场景的铜版画。

## 格鲁克的改革

克里斯托夫·维利巴尔德·格鲁克是18世纪下半叶歌剧变革的重要推动者。这位优秀的意大利歌剧大师在巴黎用法语推行了一系列不可逆转的改革措施：三幕结构、序曲与戏剧情节之间的连接、歌剧剧本的连贯性与趣味性、角色的人性化、减少声乐装饰、灵活的宣叙调、更加自然的朗诵方式等。他的职业宣言可以概括为这样一句话："歌词与演唱之间的结合应当足够密切，让诗对音乐的影响大于音乐对诗的影响。"

## 莫扎特，一个新时代

莫扎特创作了20多部歌剧，这或许是他最珍贵的遗产。他对声乐和管弦乐团的掌控、对法国和意大利模式的了如指掌、令人心碎的歌曲表达以及合唱团的戏剧性，都是让文本与音乐相互影响的成功手段。这些特色让他的作品与众不同，从德国风格明显的《后宫诱逃》到《费加罗的婚礼》，再到取材民间童话和寓言的《魔笛》（莫扎特去世前两个月亲自指挥），莫不如此。

## 表达激情

古典歌剧真正的精妙之处在于文本与音乐的新关系、歌剧剧本的诗意信息以及通过声音效果传达的激情。莫扎特的所有歌剧都具备这些特征，而《唐璜》最为明显。贝多芬只创作了一部歌剧《费德里奥》，这部作品几经更改，其创作思想是对爱情的忠诚。虽然这部歌剧中没有真正的创新元素，但它保证了民间歌唱剧的传统与后来出现的浪漫主义戏剧之间的过渡，后者要归功于卡尔·马利亚·冯·韦伯在19世纪初的贡献。

# 体裁与形式

## 一种新的意式严肃性

在浪漫主义的19世纪初,意大利歌剧因罗西尼创作的才华横溢的作品而备受瞩目,这些作品减少了故事推进中的人为因素。多尼采蒂和贝里尼的作品往往带有悲剧性,主角注定命运多舛,精彩的旋律有时哀婉动人,因此这些作品已经属于浪漫主义。朝着戏剧的严肃性与心理真实性演变是居塞比·威尔第职业生涯的重要特征,19世纪末阴郁的现实主义风格进一步强调了这种演变的影响,而贾科莫·普契尼的作品中,只有《贾尼·斯基基》这一部歌剧遵循了戏剧传统。

## 法国传统

面对老对手意大利歌剧和理查德·瓦格纳的左右夹击,法国歌剧发展出了大歌剧和抒情歌剧这两种体裁,例如梅于尔、凯鲁比尼、奥伯、梅耶贝尔、阿莱维等作曲家的作品。在这两类体裁的作品中,巧妙的和弦、充满活力的旋律和新颖的配器法都为戏剧情节服务,这些戏剧情节融合庄严与幻想,由五幕组成。古诺是抒情歌剧中最重要的代表人物,他推崇演唱形式的朗诵,后来马斯奈将这种形式变得更加灵活。

## 德国民族主义

最早以理性方式呈现民族主义现象的是德国歌剧。早在1821年,韦伯就在《自由射手》中创造了一种从意大利和法国模式中独立出来的模式(只有莫扎特和贝多芬曾预见到),这种模式被瓦格纳推向巅峰。在瓦格纳的作品中,歌剧剧本的重要性大大提升,以至于文本与音乐之间的平衡成了所有戏剧获得成功的前提条件。

弗朗茨·史塔生描绘理查德·瓦格纳的《女武神的骑行》的插画。

## 欧洲范围内的扩张

直到19世纪下半叶,人们才目睹了抒情剧和民族主义愿望融合为浪漫主义理想,那些民族主义愿望是反抗列强的体现。因此,面对法国人柏辽兹、德国人瓦格纳和意大利人威尔第的杰出成就,俄罗斯人穆索尔斯基和柴可夫斯基、捷克人斯美塔那和德沃夏克,甚至略晚一些的丹麦人尼尔森和西班牙人格拉纳多斯也都创作出了举世闻名的作品。

793

# 喜歌剧，歌唱剧

## 喜歌剧，比戏剧更具颠覆性

从某种角度来看，喜歌剧和意大利以前的谐歌剧很像。意大利谐歌剧的来源很明显，它的主要人物源自即兴喜剧。歌剧剧本没有参考神话或讽喻故事，而是把更普通的能嘲讽体制的角色搬上了舞台。歌唱场景与对话念白交替出现，音乐仅由民间歌曲组成，讽刺或滑稽台词穿插在这些歌曲中。这种歌唱形式在表演者与敏锐察觉颠覆性讽刺的观众之间立竿见影地确立了一种默契。

## 从卢梭到比才

喜歌剧的真正精髓可以在法瓦尔、菲利多尔、蒙西尼、格雷特里、达莱拉克，甚至让-雅克·卢梭的作品中找到，这些新颖的作品让所有在音乐中寻求简单的感官娱乐之人着迷。在19世纪下半叶，喜歌剧成为抒情歌剧的一种重要体裁，代表人物和作品是乔治·比才及其杰作《卡门》。《卡门》中的宣叙调最初是讲出来的，但人们更常听到的是比才的朋友、德彪西在巴黎音乐学院的老师埃内斯特·吉罗（1837—1892年）谱曲的版本。

## 歌唱剧的德国摇篮

1743年，柏林的一家剧院张贴了一部载歌载舞的喜剧《魔鬼出笼》（Der Teufel ist los）的海报。这部喜剧随即大获成功，被多次重演和改编，1768年，约翰·亚当·希勒甚至将其改编成一出完整的歌剧，具有德国特色的歌唱剧诞生了。1778年，约瑟夫二世想要创立服务于德意志民族的德国艺术和德国戏剧，下令成立了附属于维也纳城堡剧院的国家歌剧团。四年后，莫扎特创作的《后宫诱逃》将这一体裁推上巅峰。这部作品大获成功并受到歌德的热烈欢迎，歌德本人也是歌唱剧剧本的创作者。

## 异域风情

轻松幽默、充满感性、合乎道德规范和流行的副歌在歌唱剧中充分融合，在这方面，歌唱剧与喜歌剧、谐歌剧非常相近，它在很大程度上借鉴了后两者的结构要素。它的对话念白取代了宣叙调，所使用的音乐手段依然比较基础。它惯用的异域风情常常让剧本带有不同的色彩，也促使音乐家使用一些独特的音色效果，尤其在土耳其风格的作品中。

扮演卡门一角的法国女高音歌唱家艾玛·卡尔韦，尚特朗（Chantran）绘。

体裁与形式

## 莫扎特，海顿……和其他人

歌唱剧领域最优秀的代表人物并没有获得真正应得的名誉，只有莫扎特除外，他的《后宫诱逃》（1782年）出类拔萃。除他之外，还有名声稍逊一筹的约瑟夫·海顿，他创作的《费莱蒙与鲍西斯》（*Philemon und Baucis*）在1773年大获成功。此外，还有两位作曲家的名字拥有一定的知名度，那就是创作了《医生与药剂师》（*Doktor und Apotheker*）的卡尔·狄特斯·冯·迪特斯多夫（1739—1799年），以及创作了《埃尔文与埃尔米尔》（*Erwin und Elmire*）的约翰·弗里德里希·赖夏特。

## 轻松与幽默至上

轻歌剧与喜歌剧在结构上十分相似，二者有时甚至很难区分，因此，埃马纽埃尔·夏布里埃（1841—1894年）创作的《星》（*L'Étoile*）或许既可以被归为轻歌剧，也可以被归为喜歌剧。在轻歌剧中，念白片段的出现频率更高，音乐素材更加轻松，尤其是在声乐部分。轻歌剧的旋律通常欢快活泼，甚至很通俗，容易记忆，分节形式比较受重视。至于练声曲，无论是在轻歌剧还是在喜歌剧中，它都以幽默夸张的形式被保留下来。

夏尔·艾蒂安-皮埃尔·莫特的石版画，描绘了一群喜歌剧爱好者，1822年。

## 法国或维也纳的轻歌剧

轻歌剧诞生于19世纪中期，它的特点是愉悦、欢快，还有些放肆。夏尔·勒科克和雅克·奥芬巴赫是法国轻歌剧的大师级人物，奥地利轻歌剧的代表人物则是约翰·施特劳斯和弗朗茨·莱哈尔。喜歌剧与轻歌剧极其相似，它们都有着令人愉悦的肆意，但喜歌剧更侧重戏剧性的滑稽模仿。从这个角度来看，奥芬巴赫的《地狱中的奥菲欧》属于喜歌剧，《佩里绍莱》则属于轻歌剧。20世纪，虽有几部作品获得成功，但这种体裁逐渐衰落，变得近似于杂耍歌舞，后来演变成音乐剧。

1869年，朱尔·谢雷为雅克·奥芬巴赫的《强盗》绘制的海报。

## 必演剧目

夏尔·勒科克（1832—1918年）著名的《安戈夫人的女儿》（*La Fille de Madame Angot*）或许是最具魅力的轻歌剧作品，它和上文中提到的奥芬巴赫的乐曲取得了成功，并且经久不衰。值得一提的作曲家和作品还有埃尔维的《滑头小姐》（*Mam'zelle Nitouche*）、埃德蒙·奥德朗的《吉祥物》（*La Mascottte*）、路易·瓦尔内的《修道院的火枪手》（*Les Mousquetaires au couvent*）、罗贝尔·普朗凯特的《科尔内维尔的钟声》（*Les Cloches de Corneville*）、亨利·克里斯蒂内的《菲菲》（*Phi-phi*），维也纳的代表人物则是施特劳斯（《蝙蝠》）和莱哈尔（《风流寡妇》）。

# 序曲，交响诗

## 序曲，从简单的前奏曲到独立的体裁

意大利或法国的序曲源自巴洛克时期的抒情戏剧，而格鲁克是第一个让它拥有真正独立地位的音乐家。贝多芬创作了十一首序曲，其中四首是为他唯一的歌剧《费德里奥》而作，但没有任何一首让他完全满意。从贝多芬开始，序曲不再承担引入功能，逐渐与作品脱离，成为一种被许多浪漫主义作曲家采用的体裁，尤其是像柏辽兹这样成就卓著的管弦乐大师。在整个19世纪，序曲都拥有和交响诗差不多的自由度，两者有很近的亲缘关系。

## 标题音乐

标题音乐并不是一种真正的体裁，但它在音乐史上开创了一个独特的板块，人们受它启发而创作出的作品是如此独特，我们甚至无法将其视为一种简单的审美形式。虽然它的诞生时间通常被认为是1830年，标志是柏辽兹以文学为基础创作的《幻想交响曲》，但在此之前，从克莱芒·雅内坎的《马里尼亚诺战役》到维瓦尔第的《春》和贝多芬的《田园交响曲》，还有约翰·塞巴斯蒂安·巴赫的《送兄远行随想曲》和海顿的交响曲《告别》中，我们都可以发现标题音乐的诸多痕迹。

## 管弦乐的试验田

序曲一直都是为管弦乐队而作的，它本身的戏剧色彩鼓励作曲家使用配器法的所有对比效果，让他们的创作手法变得更加大胆，尤其在和弦方面。在形式上，巴洛克序曲由或快或慢的三部分组成。法国式序曲共有三个乐章，遵循"慢—快—慢"的结构。第二个慢乐章被拉莫取消后，序曲就成了二元结构。但在古典主义和浪漫主义时期，序曲受到全新的交响曲的显著影响，使用的是交响曲的结构和器乐手法。

## 一些著名的序曲

许多非常重要的作曲家都是这种体裁的代表，但相较于其他人，贝多芬（《埃格蒙特序曲》《科里奥兰序曲》《雅典的废墟》等）和柏辽兹（《李尔王》《海盗序曲》《罗马狂欢节》等）最具代表性。其他重要作曲家还有门德尔松（《仲夏夜之梦序曲》）、舒曼（《浮士德》）、勃拉姆斯（《悲剧序曲》《学院节日序曲》）、巴拉基列夫（《西班牙进行曲主题序曲》《三首俄罗斯民歌主题的序曲》）、柴可夫斯基（《1812序曲》）和普罗科菲耶夫（《希伯来主题序曲》）。

《幻想交响曲：第二乐章"舞会"》，亨利·方丹-拉图尔。

# 体裁与形式

## 当音乐讲述故事时

人们对音乐"标题"的诠释主要依靠乐器,它所发展出的主题多种多样,音乐家处理这些主题的方式也千变万化,例如贝多芬的奏鸣曲《告别》、贝尔格的小提琴协奏曲《纪念一位天使》、柏辽兹的交响曲《哈罗德在意大利》、德彪西的序曲《沉默的大教堂》、梅西安的《末日四重奏》等。因此,标题音乐没有任何形式或结构上的定义。

## 交响诗,如此浪漫

交响诗是标题音乐中最成熟的体裁。19世纪,它在弗朗茨·李斯特的笔下诞生,优美的《山间所闻》(1849年)改编自维克多·雨果的诗歌,可以被视为交响诗的首创之作。面对意大利、德国和法国这些公认的音乐强国,中欧和俄罗斯的作曲家乐于使用交响诗来歌颂故乡及其独特之处。但这并不能阻止德国作曲家理查·施特劳斯成为继弗朗茨·李斯特之后最负盛名、最多产的交响诗创作者。

《天鹅湖》中的安娜·巴甫洛娃。

## 许多著名乐篇

除了李斯特(《马捷帕》《前奏曲》《理想》)和理查·施特劳斯(《唐璜》《梯尔的恶作剧》《查拉图斯特拉如是说》)的作品,还有许多乐曲广受欢迎,例如穆索尔斯基的《荒山之夜》、鲍罗丁的《在中亚细亚草原上》、斯美塔那的《伏尔塔瓦河》、柴可夫斯基的《曼弗雷德》、圣桑的《骷髅之舞》、杜卡的《魔法师的学徒》、里姆斯基-科萨科夫的《天方夜谭》、德彪西的《大海》、奥涅格的《太平洋231》等。

## 芭蕾舞曲

经历了古代、中世纪和文艺复兴后,芭蕾舞在19世纪下半叶取得了惊人的发展。在众多剧目中,没有任何作品能与柴可夫斯基的三部杰作相媲美:《天鹅湖》《睡美人》,以及他离世前一年完成的《胡桃夹子》。芭蕾舞曲这种体裁服务于舞蹈情节,因此它也是一种"标题"音乐。20世纪上半叶,人们对芭蕾舞的青睐丝毫未减,这主要得益于佳吉列夫领导的传奇般的俄罗斯芭蕾舞团,斯特拉文斯基能崭露头角也归功于他。

# 奏鸣曲

《贝多芬奏鸣曲》,阿尔弗雷德·爱德华·埃姆斯利。

### 三重奏奏鸣曲的继承者

作为"发出鸣响的乐曲",奏鸣曲的发展史在前面"三重奏奏鸣曲"标题下已有概述。作曲家约翰·库瑙(1660—1722年)把三重奏奏鸣曲改为键盘乐器独奏,但18世纪之前仅此一例,没有后续。在那个时期,随着通奏低音被放弃,老式钢琴出现,作曲家遵循新的音乐动机展开原则,奏鸣曲彻底从组曲中分离出来。约瑟夫·海顿在这个复杂的过程中依然扮演了至关重要的角色,为莫扎特和贝多芬开创了一条作品多产的道路。

### 体裁与形式,反复出现的混淆

在音乐学家看来,奏鸣曲的历史有着根深蒂固的模糊性,这在海顿的早期作品中就已经体现出来了。它作为一种被无数音乐作品采用的形式所留下的财富,远多于它作为一种独立的体裁。因此,19世纪很少有严格意义上的奏鸣曲,但与此同时,奏鸣曲式却成了无数器乐体裁必须遵循的规范(呈示部—展开部—再现部)。甚至在20世纪,在各种试验和创新的过程中,音乐家也时常遵循奏鸣曲式,尤其是钢琴奏鸣曲。

### 调性的理想模式

奏鸣曲作为一种曲式,也就是一种统一的音乐叙述组织形式,从18世纪诞生伊始,就成了作曲家对调性语言创新的回应,因为调性确立了曲式的双重核心,即相同音阶中的大调或小调,以及处于平衡状态的主音和属音。最终结果就是确立了一种建立在紧张与缓和的动态平衡之上的新体系。正是以这一规则的名义,从卡尔·菲利普·埃马努埃尔·巴赫(1714—1788年)开始,作曲家必须依照对立互补原则,用两个主题来构建奏鸣曲。

### 一种无可替代的曲式

奏鸣曲式是一种非常清晰的由三部分组成的结构:第一部分是呈示部,展示两个主题,第一个是主调上的主部,第二个是属调上的副部,由连接段衔接起来。这两个主题的时值必须既相辅相成又相互对立,作品的所有元素都应在多元中趋向统一。第二部分是展开部,它是一个自由片段,用灵活的方式展示呈示部的信息,根据具体情况灵活调整。第三部分是再现部,它通常只是对第一部分的重复,但使用同一个主调来呈现两个主题。

## 规则与自由之间

作为一种体裁，奏鸣曲的乐章数量不定，大部分奏鸣曲有三个乐章，沿袭了意大利乐派"快—慢—快"的顺序。这些乐章都有动态的舞台指示（快板、行板），舞曲的标题已经过时。这些不同部分的结构主要遵循惯例而非规则：第一乐章是奏鸣曲式，第二乐章是三部曲式（ABA）或变奏曲式，最后一个乐章是回旋曲式（ABACADA），而且有无数偏离规则的情况。奏鸣曲的器乐构成是一个问题，它在这方面是自由的，但钢琴奏鸣曲或钢琴和小提琴奏鸣曲占了绝大多数。

## 浪漫主义奏鸣曲

李斯特是新钢琴语言大师，但他只创作过一首永垂不朽却又低调的奏鸣曲，舒伯特（二十一首钢琴奏鸣曲、一首钢琴和小提琴奏鸣曲）、门德尔松（三首钢琴奏鸣曲）、舒曼（三首钢琴奏鸣曲）、肖邦（三首钢琴奏鸣曲、一首钢琴和大提琴奏鸣曲）和勃拉姆斯（三首钢琴奏鸣曲）的贡献，都证明了这个领域的整整一代人都在思考的重要问题：继贝多芬之后，音乐家应该创作什么？

## 现代奏鸣曲

20世纪，斯特拉文斯基的早期作品和贝尔格的首次成功作品都是奏鸣曲，它在巴托克成功创作的钢琴奏鸣曲（1926年）和小提琴独奏奏鸣曲（1944年）中丝毫没有丢掉现实性。普罗科菲耶夫的作品也不例外，他的九首钢琴奏鸣曲为所有敢于挑战的伟大演奏家带来了灵感。布列兹和巴拉凯等整体序列主义的追随者也曾尝试这个似乎不会过时的体裁。

## 古典奏鸣曲

对作曲家而言，创作奏鸣曲并不难，但创作出精品并非易事，这一点不同于其他任何一种音乐体裁。在维也纳古典主义时期，约瑟夫·海顿创作了六十多首羽管键琴奏鸣曲和小提琴奏鸣曲。莫扎特没有如此高产，但他扩大了奏鸣曲所涉及的乐器范围，包括钢琴和小提琴。贝多芬也使用了这两种乐器，但他之所以成为奏鸣曲这一体裁的佼佼者，主要还是因为他的三十二首钢琴奏鸣曲。

钢琴家和管弦乐团指挥弗拉基米尔·阿什肯纳齐，因录制肖邦钢琴全集而闻名。

# 交响曲

## "古典"音乐的原型

交响曲间接沿袭自16世纪的"序曲"(sinfonia)，它是一种管弦乐曲，通常由多个乐章组成，词源(symphonia，意为"和谐一致的声音")表明了各声部之间的平等理念。古典交响曲是一种重要的器乐体裁，也是现有曲式的精华，它阐明了海顿—莫扎特—贝多芬之间的重要承袭关系。不过，即便有柏辽兹这个早期的典范，浪漫主义交响曲也并没有给听众提供什么新颖的内容。但无论是古典主义的、浪漫主义的还是现代的，在公众心中，交响乐都是与高雅音乐概念联系最紧密的体裁。

米哈伊尔·伊万诺维奇·门科夫的油画《交响乐，小提琴》(*Symphonie, violon*)，1915年。

## 从过多到罕见

海顿在漫长的创作生涯中创作了一百多首交响曲，虽然他是当时这个领域的集大成者，但把"交响曲之父"的称号赋予他是对历史的简化，而且这种说法有些言过其实。在他之后，交响乐作品数量锐减：莫扎特有四十多首，贝多芬有九首，舒伯特、布鲁克纳、德沃夏克、马勒同样有九首（数字略有出入）。算上《曼弗雷德交响曲》，柴可夫斯基只有七首，门德尔松有五首，柏辽兹、舒曼、勃拉姆斯各有四首，里姆斯基-科萨科夫有三首，李斯特有两首，而弗兰克只有一首。

## 各种各样的起源

18世纪上半叶，研究交响曲的历史学家一般认为它有三个来源：米兰乐派，萨马蒂尼（1695—1750年）是其中最有名、最高产的代表人物；曼海姆管弦乐队，灵魂人物主要是弗朗兹·里赫特和斯塔米茨；巴黎乐派，吉耶曼和戈塞克致力于发展交响乐的新框架。除了伦敦和柏林等其他几个影响力弱得多的中心，我们还必须要提到维也纳古典乐派，代表人物有瓦根赛尔、蒙恩，以及后来的海顿、莫扎特、贝多芬。奥地利的首都很快成了无可比拟的音乐中心。

## 最初的特征

18世纪时最早的交响曲只有三个乐章，而且是为弦乐器编写的（两个小提琴、一个中提琴、一个大提琴和低音提琴共同的部分）。除了这些乐器，双簧管和法国号、小号、定音鼓和长笛之后逐渐加入，再后来还有单簧管、长号、竖琴等。交响曲保留了三重奏奏鸣曲的等分原则，同时借用了奏鸣曲中最常见的曲式框架：

1. 快板（奏鸣曲式）；
2. 曲调缓慢的乐章（三部曲式、变奏曲式）；
3. 小步舞曲（借用自组曲，后在贝多芬的作品中被谐谑曲取代）；
4. 终章（回旋曲、奏鸣曲式）。

体裁与形式

## 贝多芬的遗产

贝多芬创作的九首堪称杰作的交响曲推动了这一体裁的发展，随后，标题音乐的贡献让它不断丰富，并飞速发展，甚至可以说有些畸形：马勒的《第八交响曲》召集了一支庞大的管弦乐队，还有一支人数众多的打击乐队、两个合唱团、八位独唱歌手，更有钢琴、钢片琴、风琴、管风琴和曼陀林等乐器，这一切都是为了一场约九十分钟的演出。而从勋伯格到奥涅格，从斯特拉文斯基到韦伯恩的20世纪作曲家，彻底改变了这种生命力惊人的体裁。

## 边缘化的交响协奏曲

"交响协奏曲"（symphonie concertante）融合了协奏曲和新交响曲的要求，它在18世纪的后几十年里非常流行。它为莫扎特的几首重要作品提供了灵感，但后来佳作（包括柏辽兹的《哈罗德在意大利》和拉罗的《西班牙交响曲》）寥寥无几。比起管弦乐队的一个或多个独奏乐器，它保留了交响曲的结构和风格精神。

## 必要的成熟

人们常常注意到，除了埃克托尔·柏辽兹的《幻想交响曲》，一位作曲家最优秀的交响曲通常是他最后的作品，例如海顿的《伦敦交响曲》、莫扎特的最后四部作品、贝多芬的《第九交响曲》、舒伯特的《未完成交响曲》、舒曼的《莱茵交响曲》（他真正的最后一首管弦乐《第四交响曲》是对之前作品的改编）、勃拉姆斯的《第四交响曲》、柴可夫斯基的《悲怆交响曲》、圣桑的《管风琴交响曲》、德沃夏克的《新世界交响曲》等。

海顿的《第104号交响曲》。

《1813年，指挥第五交响曲的贝多芬》，威廉·托尼（Wilhelm Thöny）的画作。

## 20世纪的贡献

虽然德彪西表示，在贝多芬之后，交响曲的无用性已经得到了证明，但在20世纪，交响曲继续着辉煌之路（德彪西自己在20岁时也曾写过一首交响曲）。那些让交响曲焕发现代光彩的伟大作曲家包括：理查·施特劳斯、斯特拉文斯基、韦伯恩、弗朗克·马丁、普罗科菲耶夫、奥涅格、肖斯塔科维奇、梅西安等，甚至包括皮埃尔·舍费尔（《孤独者的交响曲》）。

# 室内乐

## 弦乐四重奏

弦乐四重奏这种音乐体裁由两把小提琴、一把中提琴和一把大提琴组成，它是18世纪时嬉游曲的乐器个性化和作曲技巧进步的直接结果。在维也纳，约瑟夫·海顿让弦乐四重奏取得了重大进步，在这个过程中有《太阳四重奏》和《俄罗斯弦乐四重奏》等里程碑式的作品。弦乐四重奏作为室内乐的主要体裁与纯音乐领域的一项成就，几乎吸引了音乐史上所有重要的音乐家，在21世纪初仍然有许多新作品问世。

在歌德与贝多芬的女仰慕者家中举办的四重奏演出，J.C.阿诺德的水彩画，1855年。

## 一种受重视的方法，主题变奏

对室内乐来说，衡量作曲家能力的标准不是他创作主题的能力，而是他处理主题时的创新性。在这种情况下，能调动作曲家的旋律、和弦和节奏天赋的主题变奏，自然在室内乐创作中大受欢迎。五重奏《鳟鱼》的最后部分就是一个著名的例子，它融合了小提琴、中提琴、大提琴、低音提琴和钢琴，是舒伯特根据自己同名艺术歌曲的主题创作的。

## "所有音乐体裁中最难处理的"

想了解四重奏的听众可能会把自己的选择范围限定在海顿、莫扎特、贝多芬、舒伯特和巴托克的几部优秀作品上。但这些听众很快就会发现，这种体裁其实千变万化，无论是在处理方式方面，还是在灵感来源或地方特色方面，例如鲍罗丁、德沃夏克和米约等人的作品。然后他会想起柏辽兹对一位渴望成为作曲家的人说过的话："不要小看四重奏，它可能是所有音乐体裁中最难处理的，能成功驾驭它的大师寥寥无几。"（柏辽兹自己并没有尝试过。）

## 更低调的三重奏

古典三重奏使用的乐器通常是小提琴、中提琴和大提琴。从贝多芬开始，系统性地使用钢琴能产生音色的对比效果，尽管这三种乐器的对位演奏结构十分紧密。簧乐器三重奏更少见，它使用的是双簧管、单簧管和巴松管，这种体裁几乎没有什么知名作品。在浪漫主义时期，三重奏几乎总是由小提琴、大提琴和钢琴组成，不过也有个别出色的作品是例外，这些"例外"中又以勃拉姆斯的作品为多。

体裁与形式

## 对音乐领域的撼动

弦乐四重奏放弃通奏低音,最终确定曲式框架,重新引入对位法风格,将初始动机的旋律和节奏开发得淋漓尽致,这些发展都归功于约瑟夫·海顿。这些进步的影响并不局限于乐器领域,整个音乐艺术的历史都受到了撼动,因为在欧洲艺术思想选择将目光投向未来的时候,海顿迎接了新音乐素材孕育的新曲式所带来的挑战。

## 嬉游曲

嬉游曲并不是严格意义上的室内乐,但从其特征或框架等许多方面来看,它都预示着室内乐的诞生。因此,嬉游曲通常是为独奏乐器创作的,虽然它的演奏往往被交给小型管弦乐团。此外,虽然它不是为沙龙创作的,但它面向的仍是享有特权的群体,这些人将音乐视为感官和精神上的愉悦。因此,海顿和莫扎特能在这个领域取得成功也就不令人意外了。

## 一个消失的世界的回声

小夜曲(与晨曲相对的夜间音乐)在18世纪末发展到顶峰,它是当时器乐创作的一种温柔的表达方式。为了满足聚会庆典氛围的需求,它的作曲手法总是十分轻快,配器法也很精彩。莫扎特创作了传奇般的《小夜曲》(1787年)等作品,他在这个领域无人可及。嬉游曲同样轻快,它的特点是充满自由、幻想与活力,而这些因素将其限制在一个肤浅的框架内,所以它并没有真正成功的作品。

## 严谨与灵活

在18世纪的最后25年里,弦乐四重奏的结构几乎已经被固定下来,无论是乐章数量(四个)还是出现顺序(最常借用奏鸣曲),抑或是配器法的特征。最常规的编排(两把小提琴、一把中提琴、一把大提琴,还经常用钢琴代替一个部分)仍然占主导地位,但它也并非独一无二,无数乐谱可以证明这一点,例如莫扎特的弦乐和长笛四重奏。

表演莫扎特作品的四重奏乐队。

803

# 浪漫的亲密

## 练习曲，超凡演奏技巧的试验田

练习曲的起源非常久远，但它主要存在于浪漫主义时期，这与演奏技巧的发展密切相关。小提琴家帕格尼尼让舒曼、肖邦、李斯特这些最负盛名的钢琴练习曲的作者都惊叹不已。弗朗茨·李斯特发表了包括《钟声大幻想曲》在内的《六首帕格尼尼大练习曲》；弗雷德里克·肖邦则凭借《练习曲作品10》和《练习曲作品25》这两部合集，开创了钢琴新时代；舒曼也不甘示弱，完成了《交响练习曲》。

## 超凡技巧与音乐性

"练习曲"的名字说明它是用来学习某种乐器的技术的音乐片段，从初学者的练习曲目到公认的技巧大师的音乐会曲目，所有难度等级都包括在内。练习曲常常围绕一个具体难度等级进行变化，因此演奏者要学习用各种方法来解决问题。然而，浪漫主义练习曲没有把自己局限为一种技巧的汇编，而是综合了技术性与音乐性。

《少年维特之烦恼》，根据罗贝尔·德·圣阿芒的素描制作的彩色版画，1774年。

## 叙事曲，史实的一面

叙事曲在很长一段时间内专属于声乐，19世纪时它进入了器乐领域，浪漫主义作曲家乐于使用这种钢琴体裁，它巧妙地综合了纯音乐的技巧和标题音乐的表现力。因此叙事曲被视为某种纯乐器交响诗，不过它依然是一种非常自由的体裁，仅以暗示的方式反映出其文学背景。肖邦的四首叙事曲是这种体裁的巅峰之作，它们诠释了和传统有关的主题，例如立陶宛英雄、变成花的少女等。李斯特、勃拉姆斯、格里格，甚至福雷，在这个领域也非常优秀。

《弹钢琴的肖邦》，艾丽莎·拉齐维乌的画作，1826年。

## 谐谑曲，从管弦乐队到钢琴

在贝多芬的交响曲中，谐谑曲紧随小步舞曲，占据了小步舞曲的位置（第三乐章）和结构，用它浪漫的狂热取代了小步舞曲的优雅。浪漫主义音乐家将这种曲式与钢琴结合，创作出了一些最优美的乐篇，从舒伯特（两首谐谑曲）到勃拉姆斯（《谐谑曲作品4》），再到门德尔松（两首谐谑曲）、舒曼（《谐谑曲、吉格舞曲、浪漫曲和小赋格曲》）和李斯特（《g小调谐谑曲》）。这些作品都很成功，但肖邦的四首杰作在结构和语言方面都更有创新性，无可比拟。

## 即兴曲，短暂的存在

即兴曲具有影响力的时间非常短暂（它能进入19世纪纯属偶然），这一时期恰逢浪漫主义钢琴曲出现，即兴曲比任何其他音乐体裁都更能充满诗意地抒发一时的情绪。即兴曲作品的成功在于其敏感细腻，因此奥地利的弗朗茨·舒伯特（八首即兴曲）、波兰的弗雷德里克·肖邦（四首即兴曲）和法国的加布里埃尔·福雷（六首即兴曲）能创造出大获成功的即兴曲，也就不令人吃惊了：这三位作曲家令人着迷的美学魅力，超越了他们的民族特性。

## 狂想曲，异域风情与民族主义之间

狂想曲的命运与19世纪民族主义的兴起有着直接关联。这种器乐体裁利用了民俗传统宝库中的素材，作曲家要么直接借用民间传说，要么仿效其精神内涵。弗朗茨·李斯特以其著名的钢琴作品普及了这种音乐体裁，但在他之后，狂想曲几乎总是由管弦乐团或者钢琴和交响乐团合奏演绎，这样的形式恰好能突出呈现高超的器乐演奏技艺。除了李斯特的十九首《匈牙利狂想曲》，勃拉姆斯也有两首精妙的狂想曲值得注意。

《弹钢琴的弗朗茨·李斯特》，1842年的漫画。

## 彻底的自由

狂想曲的结构比任何音乐体裁都简单，它由一系列对比鲜明的乐曲片段组成，因此作曲家拥有极大的自由，可以根据自己的想象力和创造力，随意拓宽乐器的语言范畴。狂想曲的作曲手法总是配有精湛的演奏技巧。民间音乐也因为这种自由度而蓬勃发展，这是其他体裁无法做到的。

## 低调的夜曲

夜曲是一种悲伤的乐曲，通常用钢琴演奏，和古典主义宫廷时代的嬉游曲中的小夜曲（notturno）没有关联。夜曲源自爱尔兰钢琴家约翰·菲尔德，1832年，他创作的《钢琴夜曲合集》受到巴黎民众的热烈欢迎。然而，与夜曲联系最紧密的名字依然是弗雷德里克·肖邦，他的夜曲作品和具有史诗感的波兰舞曲、玛祖卡舞曲一样，十分受欢迎。

# 德国艺术歌曲，法国艺术歌曲

### 德国艺术歌曲，根深蒂固的德意志特色

"利德"（lied）的历史悠久，可以追溯至中世纪。从17世纪开始，在海因里希·阿尔伯特的推动与意大利咏叹调的影响下，"艺术歌曲"（kunstlied）真正在德国兴盛起来。虽然海顿和莫扎特也创作过这种新体裁的作品，但贝多芬才是第一位推动其发展的作曲家，并赋予了它"有钢琴伴奏的声乐作品"的特点。弗朗茨·舒伯特是这种音乐体裁无可争议的大师，他创作了几百首杰出的艺术歌曲。继他之后，这一领域又涌现了舒曼、勃拉姆斯、沃尔夫、马勒、理查·施特劳斯等人。

弗朗茨·李斯特根据约翰·沃尔夫冈·冯·歌德的一首诗创作的艺术歌曲《魔王》，E.库泽（E. Kutzer）的插画，1815年。

### 一种完美的诗意体裁

浪漫主义艺术歌曲的发展与歌德、席勒、里赫特、诺瓦利斯、克莱斯特、荷尔德林和迈尔霍费尔等文学巨匠有直接关系。不过有时也有这样的情况：乏善可陈的歌词被它的音乐包装彻底改变，从而展现出作为阅读文本时无法被察觉的魅力，著名的《冬之旅》就是如此，名气不大的诗人威廉·缪勒创作的这首诗，让舒伯特有了充分发挥天赋的完美机会。在19世纪的德国，音乐与诗歌的这种相互影响臻于完美，在其他地方则难觅踪迹。

### 德国艺术歌曲的特征

艺术歌曲的结构模仿了分节结构，副歌则并非必需。乐曲以线性呈现时，如同没有反复的宣叙调（舒伯特的《魔王》），此时的艺术歌曲类似于声乐叙事曲。艺术歌曲的曲式，即三部曲式（ABA）的主要特点是低调与简单。钢琴部分并非普通的旋律伴奏，它与声乐一样富有表现力，承载了诗歌中一切没有言明的内涵。它让人联想起诗歌的氛围、背景、冲突、悲剧的迫近、宿命和最终结局。而从古斯塔夫·马勒开始，管弦乐团取代了钢琴。

### 堪称典范的舒伯特

弗朗茨·舒伯特留下了六百多首艺术歌曲，包括四部声乐套曲：《美丽的磨坊女》《湖上美人》《冬之旅》《天鹅之歌》。《冬之旅》的二十四首歌曲充分展现了艺术歌曲的悲伤本质（一种忧郁的绝望，偶有微光闪现）和丰富的表现形式，及其形式和结构方面无尽的多样性。这部作品的故事梗概非常简单：在一个寒冷的深夜，一个年轻人离开了村子。他在夏天收获了幸福，但这幸福却永远消失了。他带着回忆、插曲和幻想，逐渐消失在茫茫雪景之中。

体裁与形式

## 创作者，作品

海因里希·阿尔伯特（1604—1651年）开创了艺术歌曲，这种体裁吸引了贝多芬（《致远方的爱人》）、门德尔松、李斯特、瓦格纳（《魏森冬克之歌》）、施特劳斯（《最后四首歌》）、勋伯格和贝尔格（《阿尔滕贝格的歌曲》）用自己的天赋创作。舒伯特和舒曼的杰出之处，在于他们作品的丰富性和美感。舒曼创作了两百多首艺术歌曲，包括几部合集（《诗人之恋》《女人的爱情与生活》）。

以门德尔松的《无言歌》为灵感的画作，弗雷德里克·莱顿爵士绘，1861年。

## 法国艺术歌曲

与德国艺术歌曲相比，法国艺术歌曲在诠释情感时直觉性较弱，精神性较强。自大革命以来，抒情歌曲在法国盛行，后来被艺术歌曲所取代。这种体裁最早的重要作品是1841年柏辽兹根据泰奥菲尔·戈蒂耶的同名诗集创作的《夏夜》。后来，夏尔·古诺为法国艺术歌曲的确立发挥了至关重要的作用，加布里埃尔·福雷凭借一百多首乐曲的合集和套曲创造了艺术歌曲的巅峰。亨利·迪帕克若不是因病于1885年开始隐居，或许也能达到福雷的高度。

## 法国艺术歌曲的特点

法国艺术歌曲最初是以独唱加钢琴曲的形式呈现的。它的伴奏（通常是管弦乐队）十分具有表现力，声音形象化（用声音来诠释歌词中的意象）是其主要手段。其结构与诗歌的结构紧密相关。我们在福雷的作品中发现，法国艺术歌曲从固定分节模式朝着通谱贯穿发展式变化，在这个过程中也曾受德国艺术歌曲的三部曲式影响。

## 在法国之外

夏布里埃、圣桑、拉罗、肖松、马斯奈、德彪西、拉威尔和其他许多作曲家都为法国艺术歌曲的诞生贡献了一份力量，但这份功劳并不独属于法国人，穆索尔斯基和法拉的作品也不容忽视。20世纪下半叶，法国艺术歌曲凭借各种文本与音乐手法迎来了新机遇，菲利普·埃尔桑和让-克洛德·艾鲁瓦这样有成就的音乐家也参与了这场"在音乐中阅读"的潮流。

# 20 世纪的变化

## 前所未有的境况

20世纪初，听众面临的是一种令人费解的混乱局面。一切都被允许，但各种作品的声音效果似乎都源自一种单调的审美理念，与那些被广泛使用的自由新手段没有任何关系。这是一种危机吗？音乐在其发展过程中已经多次经历这种情况。事实是：一方面，高雅音乐领域的受众群体很小，而爵士乐和摇滚乐这种通俗的表达方式一般从民间汲取灵感；另一方面，音乐体裁的式微已经成了最近这段时期音乐历史的一个典型状况。

## 由未来决定？

虽然有新的音乐体裁出现，但它们基本没有名字，之后才会由行政机构命名，这一点和那些因为新的社会需求而被创造出来的职业一样。20世纪下半叶，音乐体裁的概念之所以被抛弃，纯粹是出于必需，所有人都可以根据私人的意图，按照自己的方式，将其为己所用。音乐体裁的独特命运就这样被颠覆了。

## 具体音乐

1907年卡希尔博士发明电传簧风琴后，1913年鲁索洛发表的《噪音的艺术》宣言正式标志着具体音乐诞生。皮埃尔·舍费尔注意到了这种变化，成立了法国广播电台的具体音乐研究小组。他的意图是获取各种声音素材，用科学技术手段处理它们，录音机的发明让这些手段更加丰富（《声音素材的普通乐理》，1967年）。被视为独立存在的"声音"和属于价值评判、根植于文化之中的"音乐"之间，有了一条清晰的界线。

## 看似无用的新体裁

通过20世纪上半叶德彪西、斯特拉文斯基和勋伯格等备受认可的创新者的作品，我们发现，沿袭传统的体裁所发生的变化最终耗尽了它们的可能性。这种情况迫使20世纪下半叶的作曲家采用不同的方式来思考音乐语言，就连音乐体裁这个概念自身的合理性都受到了质疑。人们对形式的关注、新音乐素材的出现导致体裁概念退居次要地位，它也因此失去了在音乐史中的重要性。

路易吉·鲁索洛和乌戈·皮阿提的实验音乐。

## 对体裁的漠视

皮埃尔·舍费尔和1951年加入他工作室的皮埃尔·亨利都不太关注体裁，这难道不令人吃惊吗？无论是利用旋转盘创作的练习曲，还是名为《ut音阶一样的东西》的练习曲，抑或是《单人交响曲》和包括《暧昧协奏曲》在内的协奏曲，都没有流露出太多的鼓动性，它们并不关注与自己承载的素材同样新颖的音乐体裁。

## 电声音乐

1951年，赫伯特·艾默特在科隆创立了第一个真正的电声音乐工作室，施托克豪森和普瑟尔是最早前去寻找新素材的音乐家。几年后，1955年，贝里奥和马德纳在米兰成立了电子音乐工作室。1958年，皮埃尔·亨利在巴黎成立了Apsome（电子原声音乐音频处理应用）工作室。需要指出的是，这一时期的关键作品，尤其是施托克豪森的《练习曲1》和《练习曲2》，以及皮埃尔·亨利的《一扇门和一声叹息的变奏曲》，依旧打着传统题材的标签。相反，随弗朗索瓦·贝勒的《杰伊达》（1970年）、《爱神之地》（1980年）和《空手》（1994年）一同出现的，则是一个全新的世界。

作曲家卡尔海因茨·施托克豪森在1989年的肖像。

## 开放作品

或许正是因为序列主义的限制过多，依靠直觉的开放作品才会出现。演奏者因此重新受到重视：在此之前，演奏者需要做的只是再现乐谱上的声音，但从此之后，他们可以根据作曲者的提议发挥主观能动性，参与创作。这似乎开辟了一个无限广阔的应用领域。

## 《钢琴曲XI》，一种模式

施托克豪森的全部乐谱都写在一张大纸上，上面有十九个为钢琴谱写的音乐片段。谱纸背面则是写给演奏者的各种指示：从眼睛看到的第一个片段开始，无须考虑速度、力度、奏法，在下一个随机抽取的片段中再考虑这些内容等。

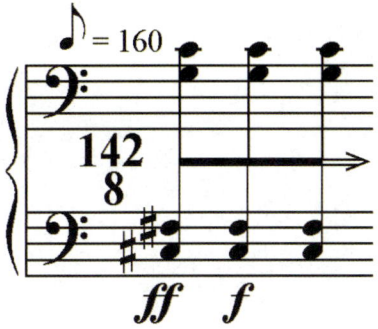

# 世界的音乐

本章比其他章节都更贴近本书的标题。要想在寥寥数页中汇总并讲解人类那庞大的音乐遗产，往好了说是鲁莽，往难听了说就是痴心妄想。但还有什么比简单介绍各个地区丰富多彩、灿若星辰的音乐传统更令人兴奋的呢？

## 西方垄断的结束

本章介绍的并不是有关异域情调的内容，至少不是那些通常被定义为"本国没有的"文化，不是那种用来指代一切不属于欧洲文明的"异域情调"。我们必须追溯到蒙田的《随笔集》（1580年），才能发现对不同文明的真正思考。在殖民时期的欧洲，人们用了几个世纪才证实蒙田先见之明的真实性，欧洲人对待各地文化传统的蔑视态度中往往带有微妙的敌意。从20世纪开始，人们才真正关注那些存在于欧洲之外的音乐形式，这主要得益于过去几十年间世界博览会向人们展示的音乐。在1889年的巴黎世界博览会上，爪哇岛的甘美兰（gamelan）和越南戏剧给克洛德·德彪西留下了深刻印象。前奏曲《月落荒寺》的五声音阶模式、《宝塔》中的远东音乐元素等，都说明了这项音乐发现的重要程度。

## 迷人又脆弱的遗产

"异域情调"在音乐上的影响多种多样。例如，在普契尼的作品中，《曼侬·列斯科》的结局发生在北美，《西部女郎》的情节也设定在那里，《蝴蝶夫人》和《图兰朵》则分别与日本和中国有关。不过比才在这方面走在了普契尼前面，《采珠人》（斯里兰卡）、《贝城佳丽》（中世纪苏格兰）、《札米列》（埃及），甚至《卡门》（吉卜赛人居住的安达卢西亚）都把故事背景设定在遥远而神秘的土地。从拉威尔《天方夜谭》到梅西安《图伦加利亚交响曲》，这个传统被很好地传承了下来。

如今人们对"世界音乐"的热爱，依旧建立在这种对别处的迷恋之上。这种迷恋先让人产生幸福感，再让人臣服。然而，民族音乐为我们的文化做出了巨大贡献，彻底改变了事情的背景，公众对这类音乐的兴趣已经不再有任何居高临下之感。奇怪的是，这份音乐遗产却从未如此脆弱，由于英美流行音乐风行，全球各地的传统都在消失。因此，我们需要对许多国家（中国、印度、菲律宾等）的文化领域中具有影响力的人物致敬，他们做了很多努力，通过政府补贴、呼吁人们保留这份记忆，来保护这份遗产。

描绘弹奏卢达维纳琴的乐师的油画,邦迪,拉贾斯坦邦,印度。

## 全球各地的回声……

著名的中国钢琴家郎朗如今的盛誉几乎盖过了中国几千年的音乐成就,这说明了西方在文化时尚方面的控制。但与此同时,无论在中国还是全世界,中国的民族音乐从未像现在这么引人关注,有如此多的唱片录制并发行,面向如此多的听众。越南音乐和印度尼西亚音乐也是一样,虽然它们在年轻群体中的流行度不高,但越来越受到保护。

近几十年来,菲律宾对传统音乐遗产散落与消失的恐惧或许最为强烈。我们只能对它在保护和(低调)传播传统音乐方面所做的努力致敬。而印度明显属于另一种情况。这一方面是因为该国本身是一个重视传统的次大陆,另一方面则是因为在过去一个世纪,西方对印度音乐的兴趣从未减弱,尤其是在披头士乐队来到印度参与修行之后。所以,从古巴到格陵兰岛,从大洋洲到拉丁美洲,无论是土耳其、阿拉伯地区还是撒哈拉以南的非洲,在全球各地寻找各种回声的非凡之旅仍在继续……

# 中国音乐

## 有几千年历史的音乐

考古学界始终在向历史更深处追溯中国音乐的起源。如今，中国的音乐学家将音乐的起源推定为公元前6000年。和其他文明一样，节日、宗教和战争场景最早都需要音乐伴奏。从最古老的时期到现在，历史学家始终重视这些音乐行为的通俗性。对于经验不太丰富的听众来说，中国音乐的首要特征便是五声音阶（只有五个音符），这种形式让欧洲的普契尼和德彪西都为之着迷。

## 从史前时代到早期王朝

中国音乐考古界通过出土的乐器来推断中国音乐的起源时间。人们在贾湖遗址发现了一些带孔的骨头，它们是最早的笛子。实验室的检测表明，它们有8000年的历史。在两个相距很远的遗址出土的黏土制成的管乐器也同样古老，大约有6000年的历史。然而，从周朝开始，礼仪音乐把诗歌和舞蹈紧密联系起来的进程才正式出现。

## 音乐与道德

在孔子看来，音乐是提高自身道德修养的重要方式，是文雅举止与高贵气质之源，但这只针对一种特定的音乐体系，即雅乐这种古代宫廷音乐，它是治理国家的保证。而孔子对待民间音乐出奇地严苛，他认为民间音乐败坏思想。后来的许多思想家和统治者都推崇他的这种思想。

## 中国乐器

中国传统音乐一般为独奏乐器或小型乐队形式。竹笛很可能是管乐器的起源，它经常被用来和打击乐队、铙钹、锣、编钟等一同演奏。用拨或弹的方式演奏的弦乐器则属于另一类，其中最重要的是琴（古琴），演奏方式是用手指弹奏镂空的共鸣箱上方的琴弦。中国乐器可以根据不同制作材料分为八大类：金、石、土、革、丝、木、匏、竹。

周朝的编钟，在仪式典礼上用作音乐伴奏。

坐姿吹笛者，唐朝汉白玉雕刻。

世界的音乐

## 发现欧洲音乐

传教士利玛窦有诸多功绩，其中一项就是让中国人发现了欧洲音乐。这位学识渊博的耶稣会士敬仰中国文明，1601年，他带着令人惊叹的礼物来到北京：两座时钟、一幅世界地图……还有一台古钢琴！他为西方歌曲填上汉语歌词，在1608年出版了一部包括八首曲子的合集《西琴曲意》。

中国戏曲。

## 中国戏曲

中国戏曲的独特性毋庸置疑（常常让一些完全没有知识背景的游客一头雾水），各个地区的不同曲种首先都是一种戏剧表演，是有着悠久民间传统的听觉与视觉盛宴。在舞台上，演员既是歌手也是舞者，他们倾情投入，献上精彩的演出。演出往往通过伴唱、舞蹈、服装、布景和身段姿态来讲述一个古老的传奇故事，在欣赏表演前，观众最好先了解一下故事情节。其配器法均衡考虑了弦乐器和打击乐器，男女表演者或高或低的唱腔与这些乐器高亢的声音相呼应。

## 声乐特征

对外国人来说，中国的声乐艺术常常让人惊讶，因为它似乎非常重视高音区，通常使用假声（或头声）发出。此外，它的独唱传统比合唱更普遍，演唱时的伴奏并不突出，听众能更好地理解歌词的意义。

## 难以预料的发展

以享誉世界的钢琴家郎朗（生于1982年）为代表，中国的音乐家成功闯入了西方音乐界，这让人不由得思考中国本土音乐的未来，近来中国人对爵士乐和摇滚乐的喜爱更增加了这种不确定性。虽然中国拥有世界顶尖的交响乐团和音乐学院，但它并没有就此忽略自己的传统音乐宝库，我们有理由相信这些传统音乐能永久流传。

813

# 越南音乐

## 多样化的源头

多样性或许是越南音乐最令人瞩目的特点。越南音乐的体裁极为丰富，从戏剧到民间音乐，从节庆到宗教仪式，无所不包。它使用的乐器数量众多，地区特色多姿多彩；它的源头众多，或近（中国、印度尼西亚）或远（印度、欧洲）。这一切都让它在音乐爱好者的耳中显得与众不同，在亚洲各个音乐中心地中尤为突出。

## 地方民间音乐的多样性

无论是为表现丰功伟业的歌曲伴奏还是歌颂忧伤的爱情，无论是表达节日的喜庆还是葬礼的悲伤，越南民间音乐的特征始终在于它的即兴和一定程度的严肃性。声乐在其中至关重要，但它有时也只使用乐器，例如在游行队伍中将打击乐和弦乐器或木管乐器结合起来的五音音乐（nhạc ngũ âm）。吟诗（ngâm thơ）同样值得一提，这是一种使用乐器伴奏和吟唱的抒情演奏形式。

## 独弦音乐

在越南所有弦乐器中，独弦琴（ĐÀN BẦU）或许最令人着迷。它只有一根琴弦，但技艺精湛的演奏者能使用竹制拨片，利用精湛的技巧，弹奏出绝妙的音符。乐手可以握住琴杆推拉来改变音高，从低到高挑弹拨片，使琴弦颤动，共鸣箱放大了声音效果。这种乐器与越南人民的传统音乐密不可分，但它的历史并不特别久远，诞生时间可追溯到18世纪末。

## 越南筝，乐器之王

越南筝（dàn tranh）是一种琴弦数量不定（常见的为16弦）的拨弦乐器，与日本筝非常相近，它起源自中国古老的弦乐器。在外观上，它的琴体超过一米，琴弦从最初的十几根发展到现在的超过二十根，共鸣箱则呈拉伸的圆弧形。乐手使用拨片弹拨中间弦柱上紧绷的琴弦。这种乐器的声誉与地位主要来自它为诗朗诵和越南改良剧的伴奏，它能为其创造出无可比拟的氛围。

弹奏越南筝的乐手。

世界的音乐

## 神秘的一面

十几个世纪以来，佛教的仪式音乐以其种类丰富的乐器而闻名，尤其是"大音乐会"（ĐẠI NHẠC），它需要十到二十五位表演者来演奏不同乐器。与此同时，它也发展出了同样丰富的以赞佛曲为基础（和世界其他地区一样）的声乐曲目。

## 舞台上的木偶

在越南的所有音乐演出中，水上木偶戏或许是地方特色形式中最具代表性的一种。这种极为新颖的演出很早就出现在越南（专家认为，它早在10世纪就诞生了），它的舞台搭建在水池上，背景则是一道竹帘。它的配乐几乎是纯打击乐，观众可以看到木偶神秘的动作变换，这些被提绳操纵的木偶用舞蹈来表演复杂的故事情节。

越南胡志明市，一场演出中的水上木偶。

## 戏剧

越南戏曲之所以复杂，一方面是因为它源自古老的中国戏曲；另一方面是因为它包括从剧和嘲剧，体裁比较复杂，这导致它相对来说没有那么大众化。嘲剧通常被视为越南最古老的戏剧形式，它取材于十分丰富的民间传说宝库，念白的背景音乐融合了弦乐器、木管乐器和打击乐器。而从剧的贵族色彩更深厚，长久以来，它是贵族阶层的娱乐方式，演绎的是重大历史事件，鼓在其中的意义非同寻常。

一场戏剧的台上和幕后，嘉定艺术学院，1938年。

## 在欧洲的影响

作为曾经的殖民地，越南与法国关系密切，如今这种关系建立在相互尊重与交流的基础上。在这样的背景下，越南传统音乐在维持自身特点的基础上加入了西方记谱法，以及一些和弦和配器的原则。知名的河内音乐学院在这个过程中发挥了重要作用，虽然作为音乐成果之一的民族音乐改编（nhạc dân tộc cải biên）有时会受到纯粹主义者的批评。

815

# 印度尼西亚音乐

## 对比鲜明

无论是仪式的还是庆典的,传统的还是现代的,田园的还是城市的,印度尼西亚音乐都以其多样性脱颖而出,这便是这个由广阔群岛组成的国家在音乐方面的特征。歌曲是印度尼西亚音乐的重要组成部分,最古老的形式是"塞卡尔阿贡"(sekar agung),这种使用古典语言演唱的单调旋律歌曲主要分布于爪哇岛和巴厘岛。印度尼西亚的乐器分为管乐器、弦乐器和打击乐器三大类,材质包括金属、鬃毛、竹子、铜、角等。

## 以沙隆铜片琴为代表的打击乐器

印度尼西亚的打击乐器数量众多,无论是形状还是产生的音色都很多样化。沙隆铜片琴(saron)是最具特色的乐器之一,它有七个固定在共鸣箱上方的铜片按键。演奏者把它放在地面,用一根木制或水牛角制成的槌来演奏,不同的敲击技巧能够减弱或加强打击和共鸣的效果。在婆罗浮屠的一处浮雕上,考古学家发现了最古老的沙隆铜片琴的形象,这表明这种乐器在一千多年前就已经存在了。

甘美兰演奏者。

## 甘美兰

在人们的想象中,印度尼西亚音乐常常被概括为甘美兰的曲目,这种传统的器乐组合主要由打击乐组成,根据材质可以分为膜质乐器(皮)、铁琴(金属)和木琴(木材)。弦乐器和管乐器也占据一席之地,主要是列巴布琴(rebab)和苏灵笛(suling)。鼓负责标记节拍和提醒强度变化。甘美兰通常为舞蹈伴奏,尤其是在宗教或文化仪式上,以新颖的方式将声音持续时间与动作空间结合在一起。

## 德彪西与甘美兰

在1889年的巴黎世界博览会上,克洛德·德彪西了解到爪哇岛的甘美兰及其"声音本身令人激动的美感"。这位伟大的作曲家深受震撼,他评价道:"让耳朵放下它习惯了的欧洲音乐,去聆听(爪哇音乐的)打击乐器的魅力,你将不得不承认我们的乐器几乎无法创造出巡回马戏团般的原始音效。"关于爪哇乐手,德彪西还写道:"他们的音乐学院,是大海的永恒节奏,是吹过树叶的风。"

沙隆铜片琴。

## 世界的音乐

## 弦乐器中的列巴布

如同沙隆铜片琴之于打击乐器，列巴布在弦乐器中也非常重要，它属于提琴乐器（非常古老），即弓弦乐器中的一类。演奏者席地而坐，在羊肠弦上拉动琴弓（通常由马毛制成），同时转动这把由一根木杆穿过共鸣箱制成的乐器，没什么比这演出景象更令人着迷了。

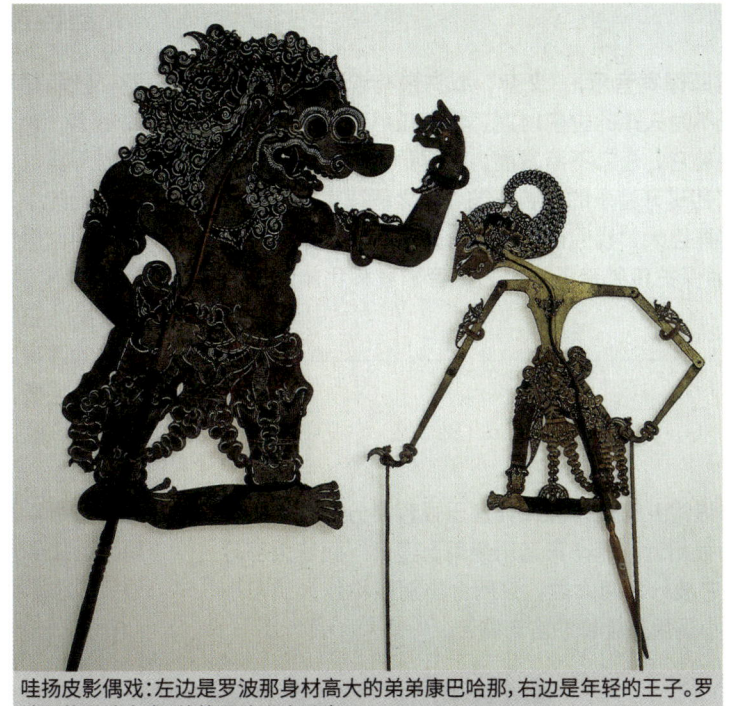

哇扬皮影偶戏：左边是罗波那身材高大的弟弟康巴哈那，右边是年轻的王子。罗波那的灵魂高贵，他的死让观众动容。

## 音乐戏剧

总的来讲，印度尼西亚的音乐戏剧有三种形式：木偶马戏、面具舞、演员表演。音乐戏剧为宗教庆典或定期举行的仪式助兴，而且明显偏好婚庆活动。其中最完善的一种形式是哇扬皮影偶戏（wayang kulit），这种充满魅力的皮影戏把皮革雕成的戏偶搬上了舞台。戏偶师在演唱角色台词的同时，还要用木槌指挥甘美兰的打击乐队。

## 苏灵笛的气息

整个东南亚地区都使用苏灵笛，但它在印度尼西亚更为普遍，它的外形是一根普通的竹笛，有四到六个孔。演奏者通过改变手指在孔上的位置、吹口处的吹气力度来吹奏出各种声音。在巴厘岛的音乐中，苏灵笛至关重要，它的音乐既有仪式感，又富有表现力，它的声音绵长且稳定，能够对抗打击乐的碰撞节拍，创造出令人难忘的韵律。

## 无法预测的发展

20世纪下半叶，传统音乐受到西方音乐潮流的影响。奇怪的是，在古典音乐领域，这种新局面的影响最小，那些来到巴黎音乐学院或巴黎声学/音乐协调与研究所工作的作曲家，依然拥有一些忠实听众。而面对爵士乐和摇滚乐先后掀起的浪潮，流行乐节节败退，尤其是在年轻群体中。人们用甘美兰对这些国外音乐类型做的改编让人相信，在未来很长一段时间里，当地音乐中纯粹的印度尼西亚特色将会保持下去。

# 菲律宾音乐

### 传统多于民族

如果用一个词来形容菲律宾音乐,"交杂"或许最有说服力、最贴切。它的起源可以追溯至不为人知的史前时期,但美拉尼西亚、亚洲尤其是印度尼西亚一直影响着它,让它不断发展,变得更加丰富多元。从16世纪开始,它还受到了西班牙音乐的重要影响。加之菲律宾不同地区之间的语言和艺术习俗差异巨大,我们很容易理解为何菲律宾音乐极难被定义。所有在20世纪为保护传统音乐而努力的音乐家和民族音乐学家,都值得赞扬。

### 新颖的方式

对于没有经过专业训练的人来说,菲律宾音乐很容易分辨,因为它使用的调式和欧洲的音阶很相近。菲律宾音乐使用七度音(而非大部分亚洲音乐的五声音阶),它被分为两大类,这两个类别被称作大调和小调:大调用来歌唱快乐,小调用来诠释怨言与痛苦。

### 风格混杂的宝库

传统的库铃铛乐曲有一个奇特之处:它能代表菲律宾的音乐创造性,与此同时,它起源的多样化也着实令人惊讶,甚至要追溯到菲律宾群岛被确定为一个国家之前。它的宗教起源也是一样,在久远的形成过程中,佛教徒和印度教徒都影响了它,他们旗鼓相当,很久之后的穆斯林和基督徒也对其有一定影响。最后,它的起源地同样无法确定,最常被提到的源头是比较近的印度尼西亚,虽然整个东南亚或许都对它的诞生有一定贡献。

### 库铃铛,创作的基础

在菲律宾群岛的南部地区,库铃铛(Kulintang)是一种主要的乐器,它由十几个放置在共鸣箱上的小锣组成。它的声响类似编钟,很容易识别,能挖掘出金属木琴的所有潜能,尤其是锣。虽然它的外形统一,但不同群体的演奏方式完全不同,其中有两种主要演奏方式,分别叫作"马京达瑙"(Maguindanao)和"马拉瑙"(Maranao)。虽然它的诞生可以追溯到非常久远的时期,远在第一批欧洲人到来之前,但它的起源地依旧不确定。

一套库铃铛。

世界的音乐

## 象征性的乐器，阿贡

阿贡（agung）由两个悬挂的锣组成，是一种传统乐器，盛行于整个菲律宾群岛地区，尤其在库铃镗音乐中。两个锣的尺寸和重量很有特点，它们的大小超过50厘米，重量在6到7千克，有的甚至超过10千克。阿贡平时被悬挂在天花板或树枝上，演奏时，演奏者用系绳控制锣的位置，并用名叫巴鲁（balu）的沉重鼓槌来敲击它们。阿贡的价值近乎神圣，人们相信它与大地力量之间具有关联，它以能减轻地震和其他自然灾害的破坏程度而闻名。

2016年10月，菲律宾玛得利加合唱团成员。

## 节庆与消遣

对有幸观看辛迪尔（sindil）的游客来说，它一定是一次难忘的回忆。"辛迪尔"的字面意思是"音乐对抗"，指的是一定数量的男歌手或女歌手（歌手必须是同一性别）在愉快的比赛氛围中登台演出的表演形式。歌手在木琴和提琴的伴奏下，以歌词中的嘲讽与幽默互相比拼，这些歌曲的音乐动机通常是重复的。

## 西班牙的影响

从1565年到1898年，菲律宾是西班牙殖民地，随后又落入美国手中。在1899年的战争中，美国人屠杀了15%的菲律宾群岛人口。虽然菲律宾的英语化令大部分源自西班牙的影响消失不见，但它的许多痕迹仍保留在民间传统音乐中，其中最引人注目的是源自伊比利亚半岛的小型拨弦乐队朗德拉亚（rondalla），它使用的乐器有曼陀林、吉他和低音提琴。不过菲律宾的朗德拉亚有着自己的特点，即鼓负责调整乐队的节奏。

## 菲律宾玛得利加合唱团

在这个专门介绍菲律宾音乐的章节中，我们无法忽略玛得利加合唱团（简称为Madz）惊人的发展历程。这个合唱团由安德里亚·韦内拉西翁（Anrea Veneracion）在1963年组建，有约两百名成员，专长是无伴奏合唱。它音乐水平高超，曾在1997年和2007年的欧洲国际合唱大赛中夺冠。2009年，玛得利加合唱团获得了联合国教科文组织颁发的"和平艺术家"头衔，在全世界范围内广受赞赏。

819

# 印度音乐

## 广袤的地域

印度音乐的影响范围远远超过了如今印度的国界,虽然印度不同地区的语言、宗教、民俗和戏剧特色众多,它的音乐仍然覆盖了整个曾被英国殖民的南亚次大陆,除了印度,还包括巴基斯坦、尼泊尔、孟加拉国和斯里兰卡。因此,有一种思想广为流传——音乐不是个人的创造,而是共同精神的表达。

## 高深复杂的韵律节奏

没有任何节奏体系能自诩比印度音乐更复杂。西方人直接使用梵语"塔拉"(tâla)来表示印度音乐中的节奏音阶。这些节奏音阶拥有丰富的微分音,能够创造出精妙无比的变化效果,所以非常难以捉摸。印度音乐的节奏和西方音乐的节拍相去甚远,它遵循的是节拍循环周期原则,这一点突出体现在各种打击乐器上。

## 神圣的起源

和世界上几乎所有地方一样,印度音乐有一个神圣的起源:梵天先发出"嗡"(om)这个最早的声音,然后创世,就像基督教中上帝先有语言,然后创造了光。手持鼓(湿婆和湿婆之子象神甘尼许)或鲁特琴(辩才天女)的众神是最早的音乐家,后来人类使用相同的乐器与自身久远的起源联系起来。传统音乐既用于宗教场合,也用于世俗娱乐。它遵从的是师傅传徒弟的口授规则,但始终受到种姓制度的约束,在现代印度,有一些人正努力让这种制度变得更灵活。

## 拉格,久远的原型

拉格(raga)是印度古典音乐旋律所用的调式。这个词很难翻译,它包括了色彩、情感、气息等概念。人们常常误以为拉格只是严格意义上的调式,但拉格也与表现力丰富的特定场景有关:欢乐、悲伤、春天、黄昏等。它的开头一般是一段漫长的引子,用来营造氛围,有点类似西方音乐的前奏曲或序曲。通常情况下,鲁特琴弹奏负责充分挖掘拉格的可能性,而打击乐则反复奏出不变的节拍周期,两部分在最后结合在一起。

1760年的水彩画,画中湿婆纵情舞蹈,毗湿奴和梵天为其伴奏。

820

世界的音乐

## 独奏音乐

无论是器乐演奏家还是歌手，印度音乐家首先是一位有伴奏的独奏表演者。歌手偶尔会有鲁特琴和打击乐器来伴奏，但在表演中这些乐器只是配角。器乐演奏家同样可以享有打击乐的伴奏，但它也只是一种简单的支持。拉维·香卡（Ravi Shankar）和阿里·阿克巴·汗（Ali Akbar Kahn）这两位顶级演奏家，把尤伽尔班迪（jugalbandi）这种需要两位独奏者合作的音乐形式推广到了全世界。

1964年的唱片封面。

## 梅西安，一次天赐

对奥利维·梅西安而言，职业生涯中让他收获最丰厚的发现是印度音乐："这是天赐好运。一次偶然，我得到了沙楞加德瓦（Çârngadeva）的论著以及著名的一百二十种节奏型列表（deçitâlas）。这份列表对我来说堪称天赐，我马上明白这是一座非同寻常的宝库。我读了它，把它抄下来，在后来的许多年里，我从各个角度反复思考，想弄明白它隐藏的意义。好运再次降临，一位印度朋友给了我这些梵文的翻译，让我了解了其中包含的宇宙与宗教符号。"[《音乐与色彩》（Musique et couleur），1986年]

## 调式

印度音乐的基础是与西方音乐的音阶相去甚远的调式，它的本质是富有旋律性的，它的和弦原则也是东方音乐中罕见的。印度音乐的调式数量众多，既有主调式，也有属调式，它们由一系列千变万化的音程组成。因此，我们在八度音内可以发现二十二个微分音，而西方音乐中只有十二个。在这些调式的基础上，印度音乐家根据古老而严格的规则（印度音乐创作没有乐谱）即兴表演，学习这些规则要花很长时间，记住无数个样式。

## 南方音乐，北方音乐

印度音乐在其千年历史中，逐渐衍化为南北两大派系。北方的印度斯坦音乐将阿拉伯—波斯艺术融入自己的传统中，克亚尔（khyal）由此诞生，这种音乐形式融合了西塔尔琴（鲁特琴）的旋律和塔布拉双子鼓（tablâ）的节奏。在西塔尔琴即兴独奏了一段较长时间的序曲之后，打击乐参与进来，以突出从舞蹈中借用的节奏。在南方，传统音乐（又名"卡纳提克音乐"）更重视另一种鲁特琴：维纳琴（vînâ），演奏者可以根据鼓点跳跃的节奏，用它即兴演奏出巧妙的旋律。

西塔尔琴。

821

# 土耳其音乐

## 土耳其音乐，奥斯曼音乐

提到土耳其音乐时，我们通常说的是奥斯曼音乐。由于土耳其音乐家分散在延续了六个多世纪（1299—1923年）的奥斯曼帝国的不同时期，所以这种认知再合理不过了。然而，虽然土耳其音乐自身呈现出混杂的面貌，它依旧保留了一些明确的特征。无论用于宗教还是战争，在贵族阶层还是学院之中演奏，它首先都是权力与财富的象征。

## 音乐家君主

奥斯曼帝国苏丹塞利姆三世（Selim III）于1789年至1807年在位，他很早就因为自己的作曲、鲁特琴演奏和笛子演奏的天赋而闻名，他创作的六十多首作品如今都是土耳其古典音乐的必备曲目。他是一位开明又阔绰的赞助人，也是简化记谱法的发明者和名副其实的宫廷音乐复兴的推动者。他思想开放，1797年，他成为第一个在土耳其组织歌剧演出的君主。

## 调式与即兴

土耳其音乐建立在调式体系之上，各种调式能对应通过声音来呈现的所有情境，相比作曲，它更常依赖于即兴演奏。通常来说，演奏的开头是类似前奏曲的引子，这能让听众关注演奏者试图用声音塑造的氛围。在声乐或器乐的即兴表演之后，是对选定主题的展开，持续时间较长，调式较为重复，变化不大。在此期间，音调的作用至关重要。记谱音乐虽不太常见，但也有着悠久的历史，它证明了土耳其音乐的不断发展。

1870年的鲁特琴。

《拜兰节当日苏丹塞利姆三世的仪式队伍》(Procession du sultan Selim III, le jour du Bayram)，路易·弗朗索瓦·卡萨斯（Louis François Cassas）的水彩画，1798年。

世界的音乐

## 达布卡手鼓，低调的打击乐器

达布卡手鼓（darbouka）并不是土耳其传统独有的，它是一种鼓类打击乐器，地位至关重要。达布卡手鼓有着约3000年的历史，是最古老的乐器之一。鼓面由动物皮革制成，陶制鼓身充当共鸣箱。达布卡手鼓大小不一，但都是中等尺寸，可以夹在腋下或放在肩上。

## 图尔库特色

图尔库音乐（türkü）取材于民间音乐，巡游歌手把它传播到了最偏远的地方，这些歌手使用沙兹琴（saz）伴奏。沙兹琴是一种鲁特琴，它的琴颈很长，所以能够演奏出宽广的音域。图尔库音乐中最流行、发展得最成熟的分支是土耳其民歌，它起源于安纳托利亚，但并没有拒绝外来影响。这种民间艺术的另一种不同形式是乌尊哈瓦（uzun hava），一种节奏自由、装饰丰富的单调旋律长歌，它与拥有严格舞曲节奏的克利克哈瓦（kirik hava）形成了鲜明对比。

伊兹米尔的艾赫迈德·阿德南·萨伊贡雕像。

## 库尔德的音乐遗产

库尔德音乐是一个如今不存在边界的民族的情感表达形式，它保存了库尔德民族的民俗传统与其上千年的重要历史记忆。库尔德音乐的基础是木卡姆（maqam，一种用来诠释各种情感的旋律音阶的特定组织形式）音阶原则，独唱占据绝对优势地位是其重要特点。库尔德音乐配器法丰富，以几种不同形式的鲁特琴为主导。在库尔德音乐中，很难说有真正的作曲，其规则依旧是根据音乐框架来即兴创作，但这些框架太过久远，已经不为人知了。

## 吉卜赛音乐

吉卜赛人来自遥远的印度河流域盆地，这个人口众多的民族已经在土耳其生活了几个世纪。他们虽然已经彻底融入了这个国家，却仍然保留了大部分音乐传统，甚至将其发扬光大。吉卜赛音乐主要用于宗教仪式与节庆场合，它的特点是具有深沉美感的演唱和精妙的乐器演奏技巧。特别是在卡农琴（kanoun，一种与竖琴相近的拨弦乐器）的曲目中，这种高超的演奏尤为动人。在这种音乐中，提琴、鲁特琴和打击乐器也很重要。

## "土耳其五人团"

"土耳其五人团"的命名参考了"俄罗斯五人团"，他们是土耳其西方音乐的先驱。1923年，穆斯塔法·凯末尔·阿塔图尔克成立了土耳其共和国，五人团的几位音乐家正是受到了此事的鼓励。其中最重要的是艾赫迈德·阿德南·萨伊贡（1907—1991年），他是樊尚·丹第在巴黎圣乐学校的学生。他忠实于土耳其民间传统。乌尔维·策马尔·埃尔金（Ulvi Cemal Erkin）在巴黎接受了音乐学院和娜迪亚·布朗热的教导，懂得如何在作品中保留明显的独创性。这独具创新特色的五人团中还有另外三人：策马尔·莱希特·莱伊（Cemal Reşit Rey）、哈桑·菲利特·阿尔纳尔（Hasan Ferit Alnar）和奈希尔·卡西姆·阿克赛斯（Necil Kazim Akses）。

823

# 阿拉伯音乐

## 从亚洲到大西洋

阿拉伯音乐覆盖了从中东到非洲大西洋沿岸这片广阔的地域，它包括多个分支，这些分支同属一个音乐谱系，在各地以口头形式传承。阿拉伯语和伊斯兰教是这庞大音乐体系的两大支柱，虽然在伊斯兰教出现之前阿拉伯音乐就已存在，虽然其他语言也融入了阿拉伯音乐之中。波斯被视为大多数阿拉伯音乐传统的发源地，但各地区都在很大程度上丰富了阿拉伯音乐。不过直到20世纪，奥斯曼土耳其帝国的严酷统治被遗忘后，拯救这份音乐遗产的任务才受到重视。

## 古典音乐

在西方人耳中，阿拉伯古典音乐听起来如同悠长的单调旋律，装饰音丰富，以固定不变的低音为背景，这种低音在欧洲也可以听到。它的复杂之处源自它富有表现力的旋律调式木卡姆。毫无疑问，这些调式的最奇异的特点是它们来自古希腊——最早的阿拉伯音乐理论家深入思考了毕达哥拉斯的同胞们所重视的音程和调式理论。

## 传承的传统

阿拉伯音乐只能以口头形式传授，老师直接教授学生乐器技巧、丰富的传统曲目以及演奏的微妙细节。年轻的弟子很快就会被要求展现作为即兴演奏者的资质，既要有创造力，又要遵守许多历史悠久的规则。尤其在节奏和旋律两方面，学生要经过长期学习，才能掌握古典原则，避免机械演奏和过于随意这两大陷阱。一旦掌握了其中的奥妙，学生便可进入演奏者之列。

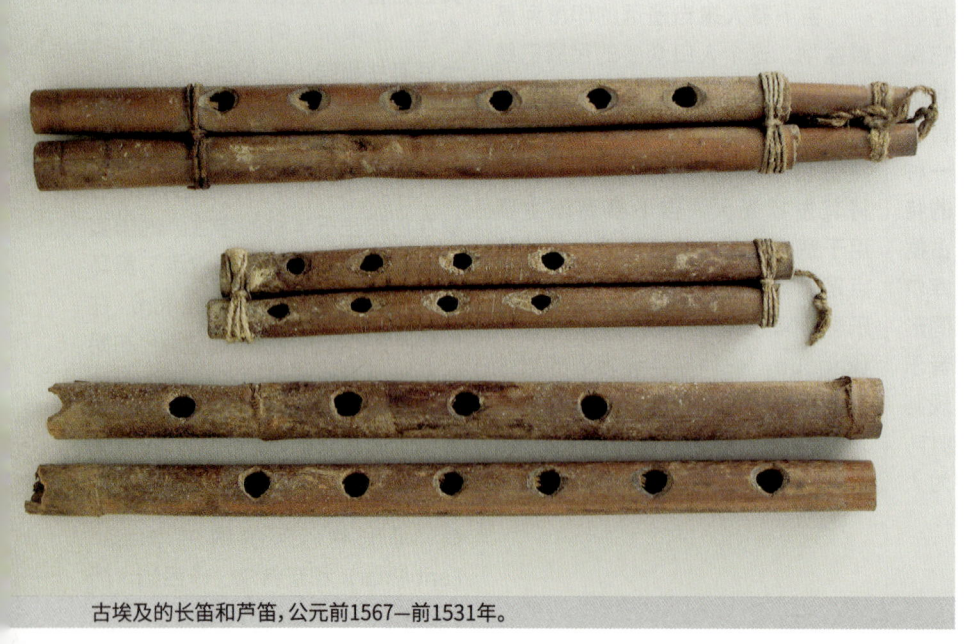

古埃及的长笛和芦笛，公元前1567—前1531年。

## 乐器种类的多样性

阿拉伯音乐中最独特的乐器是鲁特琴家族的祖先乌德琴（oud），以及管乐器的祖先、苇管制成的纳伊（nay）。打击乐器也不例外，鼓和铁琴种类丰富，尺寸一般比较小，能发出高音。根据起源地和演奏曲目不同，这些乐器的名称也有所不同，这是一个难题。在拨弦乐器中，音乐家最喜欢使用拉巴卜（rabâb）来表达旋律，这是一种以直立姿势演奏的提琴类乐器。

## 丰富的装饰音

在阿拉伯音乐最迷人的特点中，最重要的是其不可思议的装饰音体系。歌手从非常简单的旋律线开始，可能还加入一件乐器伴奏，增添各种装饰效果（震音、滑音、波音、倚音、颤音等），在复杂的节奏框架中，呈现自己高超的演唱水平和丰富的音乐知识。

## 音阶

阿拉伯音乐不同于欧洲音乐的调式音阶，它使用不同于常规的全音和半音的音程所组成的音阶。因此，虽然当代音乐标识系统有了很大进步，使用西方记谱体系来记录阿拉伯音乐仍然非常困难。这些音阶在不超过一个八度音的音域中变化，因此可以使用三分之一音、四分之一音，甚至九分之五音。

## 人民的音乐

阿拉伯世界同时存在无数民俗传统，外来元素让它们变得更加丰富。如今民间音乐依旧坚持着参考借鉴外来元素和忠实于古典风格这两大传统。因此，人们在演唱会上经常可以看到音乐家站在电子键盘前，随着鼓点的节奏演唱当代歌曲。同样，民间歌手也会根据演出所在地的风俗习惯来调整他们的音乐表达。在这一领域，最典型的例子是阿尔及利亚的通俗音乐（raï），它将传统与雷鬼乐和摇滚乐结合了起来。

## "阿拉伯世界的卡拉斯"

女歌唱家乌姆·库勒苏姆（Oum Kalthoum，1898—1975年）一生享有盛誉，是一个影响远超过阿拉伯世界范围的神话。她小时候就天赋过人，后来与艾哈迈德·拉米（Ahmed Rami）、穆哈迈德·埃尔·卡萨布基（Mohamed El Qasabji）相遇，这是她职业生涯中的关键时刻，前者是专攻法国文学的诗人，为她写了许多歌曲；后者是鲁特琴大师，让她了解了故乡的古典音乐。库勒苏姆很快开始了国际巡演，1967年11月，她在法国举办了在西方的首场演出。她是一位嗓音非凡的女低音歌手，始终歌唱自己对祖国的热爱，直到1975年2月3日去世。

1967年，巴黎音乐会上的乌姆·库勒苏姆。

# 撒哈拉以南非洲音乐

## 统一的马赛克拼图

虽然在语言、宗教仪式和文化方面千差万别，撒哈拉以南非洲地区的音乐仍有许多超越时间和国界的共同特征。在撒哈拉以南地区的所有国家，一切与音乐相关的事件依靠的都是纯粹的口头传统，无论是在演奏还是在传承方面。另外，该地区的音乐都带有神圣的色彩，即便是为娱乐或工作伴奏的音乐也一样，它贯穿了人的出生、结婚、葬礼等各个阶段。最后，与其他地方相比，这里的音乐的节奏性是其最显著的特征。

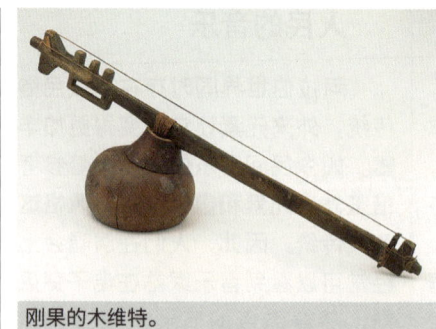

刚果的木维特。

## 刚果的混合特色

在刚果共和国及其边境接壤地区的疆域上，音乐混合了各种来源，形成的声音效果足以震撼经验不够丰富的听众。这里的四大民族（刚果族、桑加族、姆博希族、太凯族）的传统融合在一种音乐表现形式中，人们能在布拉柴维尔和金沙萨的音乐表演场所听到这种表现形式的各种形态。这种音乐有两种主要乐器：木维特（mvet，一种带有共鸣箱的齐特拉琴）和形态万千的木琴。稍微回顾一下历史，我们会发现这种音乐明显受到了爵士乐和古巴音乐的影响。

## 加蓬的仪式音乐

虽然加蓬的面积不大，人口不多，但它在撒哈拉以南非洲地区的仪式音乐历史上至关重要。加蓬是古老的宗教传播中心，它拥有珍贵的布威蒂教（bwiti）音乐宝库，这是该地区的第一大宗教。但奇怪的是，加蓬也明显受到了西方音乐的影响。著名的吉他手和歌手皮埃尔·阿肯登盖（Pierre Akendengué，生于1943年）在自己的歌中加入了一些欧洲元素，他在法国掌握了这些欧洲音乐元素，然后使其在整个非洲法语区传播开来。

加纳的鼓手。

## 音乐与舞蹈

在整个撒哈拉以南非洲地区，音乐都与舞蹈联系在一起，尤其当舞蹈吸引人们参与时，例如节日庆典、长者讲述故事、集体劳动和仪式典礼期间。从这个角度来看，音乐的社会价值举足轻重，它让动作有了节奏，从而培养团结精神。这就是为什么从事打击乐的音乐家必须坚持拥有悠久传统的节奏模式，否则将被处以重罚。音乐家和舞者童年时就开始学习这种排除一切即兴成分的音乐，直到完全掌握，此时恰好进入成年阶段。

## 卢旺达音乐

近年来，卢旺达经历了可怕的悲剧，却仍将自身的音乐遗产保存了下来，它们在各种社会习俗与仪式中至关重要。从出生到死亡，从成人礼到婚礼，这里的一切都受音乐支配。卢旺达音乐重视打击乐，能根据狩猎、节庆、看守牲口或葬礼仪式等不同活动，给出迥异的舞蹈节奏。

2017年的尤索·恩多。

## 塞内加尔的穆巴拉

塞内加尔音乐是整个非洲地区最有名的音乐风格之一，这主要得益于节奏特征独特的穆巴拉（mbalax）的流行。塞内加尔音乐的基础是各种打击乐器确立的一些节奏模式，它的流行主要归功于进入政坛前的歌手尤索·恩多（Youssou N'Dour，生于1959年），他是塞内加尔的"穆巴拉之王"。这种艺术的源头是非洲传统歌舞艺人的歌曲，他们是赞颂神灵和大地力量的抒情诗人。

## 卡波西

卡波西（kabosy）是一种极具异域风情的乐器，它是一种典型的非洲弦乐器，能用来弹奏几个世纪以来的音乐。它源自马达加斯加，历史悠久，或许这解释了它的外形为何如此独特：共鸣箱为四边形（椭圆形更少见），这让人想起最早被用作共鸣箱的龟壳。卡波西经常出现在民间歌曲伴奏中，它和古典吉他一样有六根弦。

## 科特迪瓦"切挪音乐"的现代性

21世纪初，"切挪音乐"（coupé-décalé）这种奇特的音乐突然出现在远离非洲大陆的巴黎大区的科特迪瓦群体中。它使用繁杂的"城市音乐"，同时保留了科特迪瓦音乐的特色，但这种特色有时会被相似的刚果音乐盖过。"切挪音乐"与有律动的舞蹈密不可分，这种舞蹈本身是对一种古老的舞蹈传统的效仿。这种音乐先后掀起了几次流行浪潮，是旧殖民统治下映照文化和艺术的一面镜子。

# 因纽特音乐

## 遥远北方的音乐

因纽特音乐覆盖的区域非常广阔，但它的演奏者和听众却少之又少。这种音乐主要集中在格陵兰岛、加拿大北部地区和阿拉斯加，根据地区不同有多种变体，但都具备两点基础特征：一是极具特色的声乐形式［包括一种叫"卡塔夹赫"（katajjaq）的喉音唱法］，二是几乎系统性地用打击乐器突出标记相关的舞蹈动作。对西方人来说，因纽特音乐的节奏体系令人困惑，它的确非常复杂，旋律的音域也很窄（朗诵多于歌唱）。

喉音唱法表演。

## 起源

几个世纪以来，因纽特人与世隔绝，这为研究他们的音乐起源带来了障碍。可以肯定的是，它总是被用于那些旨在获得精神力量的仪式之中，尤其是狩猎或捕鱼活动前夕举行的仪式。相反，爱情歌曲几乎不存在，只有在哄孩子睡觉的融合单旋律歌曲中才能觅得一些温情的踪迹。不过，随着欧洲的探险家和渔民到来，这些情况发生了变化，因纽特人开始乐于在他们自己的传统中加入西方的乐器和体裁。

## 声音多于音乐

虽然在通常意义上，音乐是"声音的艺术"，但我们很难确定因纽特音乐中的艺术部分。最早研究这种音乐的民族音乐学家惊讶地发现，因纽特文化中并不存在纯音乐的概念，这种文化将口语、声音和音乐不加区分地联系在一起。因此，因纽特音乐更像是声音表现，而非艺术行为。

## "卡塔夹赫"，声乐竞赛

因纽特人的音乐活动中最具代表性的莫过于"卡塔夹赫"。这是一种古老的比赛，两个女人（最常见的情况）面对面进行。两位女歌手靠得很近，近到偶尔会碰触到彼此的嘴唇。她们要发出一段紧密相连的单调旋律。这场表演的精妙之处在于强弱声调随着短暂音乐动机的重复而交替，这些音乐动机大部分时候像是在模仿动物叫声，而非传统的副歌旋律。比赛者要小心不能犯错，谁先在单调旋律中口误或笑出来，谁就输了。

世界的音乐

## 因纽特鼓"基劳特"

在因纽特文化中,"基劳特"(qilaut,从词源来看意为"呼唤灵魂的方式")已经被人们使用了几个世纪,这种鼓的特点在于它有一个柄。演奏者使用一根名叫"卡图克"(qatuk)的小木棍来敲击驯鹿皮制成的鼓面,鼓面会发出一种低沉而悲伤的声音,类似远处传来的雷声。"基劳特"的尺寸一般比较小,但直径也可达一米,因此它的振动时间很长。

## "因纽特小提琴"

"陶第鲁特"(tautirut)广为人知的名字是"因纽特小提琴",它在因纽特音乐中至关重要。它类似于齐特拉琴,共鸣箱一般由桦木雕刻而成,有两三根不太紧的弦。乐手把它放在膝盖上,用一根琴弓演奏。琴弓由鲸鱼骨制成,上面涂有云杉树胶,以保证琴弓顺滑。共鸣箱上部的方形开孔让声音能传出。

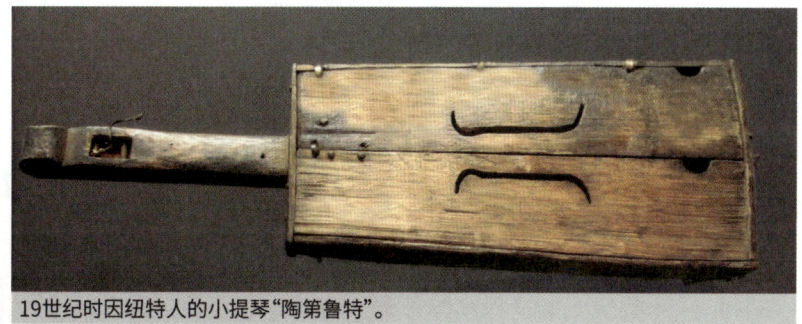

19世纪时因纽特人的小提琴"陶第鲁特"。

演奏"基劳特"的女乐手。

## 独唱

因纽特人居住地的许多社群都有独唱(chant solitaire)的习惯。表演者通常并不只是唱歌,有时用一件打击乐器来伴奏,有时也跟着歌曲的旋律节奏舞动。这种独特的表演在公共集会上备受好评,每位表演者都力图凭借自己独特的表演在公众的眼中和耳中脱颖而出。除了传统的鼓,表演者也会使用小金属琴、铃铛或拨浪鼓,来凸显歌唱的节庆特点。

## "纳鲁卡塔克",彻底的节庆

对不了解因纽特音乐的人来说,了解其魅力的最佳场合就是"纳鲁卡塔克节"(nalukataq),这个夏季节日标志着捕鲸活动的结束。这个节日在当地上千年的历史中至关重要,经历了捕鲸的严峻考验后,人们在节日当天享受快乐。人们在分发捕捞成果的同时,一整天都在唱歌、讲故事。仪式结束时,所有人都聚集在一起,在打击乐和歌声的伴奏中跳起仪式舞蹈。祈祷或许是最感人的时刻,这神秘的吟唱透露出热烈而低调的虔诚。

829

# 古巴音乐

## 多个来源的交汇

混合是辨别古巴音乐的首要元素。这种混合的复杂之处首先在于它有多个来源,但也在于它吸收这些来源的阶段和方式明显不同。它最初肯定是一种古巴土著音乐,但由于西班牙殖民,这种音乐的性质已难以确定。后来欧洲风格也影响了它,伊比利亚半岛地区的影响最显著。最后,亚洲和美洲大陆的音乐也参与了它不断变化与丰富的过程。

## 独特性与普遍性

古巴音乐之所以普及得如此广泛,很可能是因为它成功让不同类型、彼此毫无关联甚至对立的来源互相融合。谈到古巴音乐最突出的特性,"热带现代性"(modernité tropicale)或许是最常见的表达,它或许不够确切,但却能为人所接受。古巴音乐从加勒比和拉丁美洲音乐、欧洲和弦体系和非洲节奏结构中汲取养分,在全世界都备受欢迎,这巧妙地证明了"音乐让风俗变得柔和"这句谚语。

佩雷斯·普拉多的黑胶唱片,1957年。

## 圣地亚哥,至关重要的中心城市

圣地亚哥是古巴各种音乐体裁的摇篮,例如常被视为20世纪古巴音乐黄金时期"体裁之母"的"颂"(son),或者波莱罗舞曲(boléro),抑或是更晚出现的"恰恰恰"(cha-cha-cha)、曼波(mambo)、廷巴(timba)等都起源于此。古巴音乐中最独特、最与众不同的融合,就是非洲加勒比打击乐和以吉他为主的欧洲拨弦乐器家族的融合,也出现在圣地亚哥。两者的相遇带来了极其丰富的作品。

## 民众的音乐

19世纪末,圣地亚哥附近的乡村出现了一种前所未有的体裁"古巴颂"(son cubain)。它是一种小型器乐组合演奏的音乐,以简单的四节拍为基础。它很快风靡全岛,象征着一个渴望自由的民族的希望,并主张法国大革命时期确立的共和理想。在一个多世纪的历史中,它不断变化发展,但从未背弃过自己的根源。

## 世界的音乐

### 舞曲

20世纪中叶，古巴小提琴家恩里克·佐林（Enrique Jorrín）几乎是在偶然之间创建了一个后来闻名世界的音乐体裁"恰恰恰"。显然，这个奇怪的名字来自脚步摩擦舞池地板时发出的声音。这个新体裁的基础非常简单但极为有效：主旋律和伴奏始终错开（主旋律在正拍上，伴奏在反拍上）。

### 多样化的主题

古巴音乐的主题类型似乎无穷无尽。爱情明显占据了重要位置，但无处不被歌颂的大自然、海岸和河流、高山和平原、动物和植物等也都包含其中。劳动，尤其是收割甘蔗，是许多歌曲的来源，当地菜肴的辛辣味道、季节的流转或者更为重要的社会议题等也都是重要来源。

### 充满激情的音乐研究

没有人比著名小说家阿莱霍·卡彭铁尔（Alejo Carpentier，1904—1980年）对古巴音乐的描写更加贴切了。他父亲是法国人，在巴黎工作。他在巴黎接受了音乐启蒙，但他深爱着自己的祖国（和整个拉丁美洲），致力于研究古巴当地音乐的历史。身为电影音乐作曲家和散文家，他在1946年出版了《古巴的音乐》（*La música en Cuba*）这部如今依旧重要的著作，在书中总结了自己的主要研究成果。

### 波莱罗舞曲，"典雅的"一面

可不要将古巴的波莱罗舞曲和西班牙的抒情舞曲或拉威尔的同名杰作弄混了，古巴的波莱罗舞曲诞生在圣地亚哥，也就是说，在城市而非乡村。这并不奇怪，因为这种体裁是当地音乐中最优雅的一种，类似于欧洲的小夜曲，是充满热情的求爱者在见不到的爱人的窗下弹奏的一种乐曲，偶尔还有几个乐手为他伴奏。

箱鼓。

### 为日常生活提供节奏

在古巴数量众多的打击乐器中，箱鼓（cajón，西班牙语，意为"大箱子"）独具特色，它一直很流行。它由非洲奴隶创造，最初用回收的废弃木箱或金属盒子改装而成，音乐家用手或小木棍敲打它们发出声音。它演奏起来非常简单，所以在民间古巴音乐中被广为使用，尤其在底层民众之中。

# 拉美音乐

## 巨大的棋盘

拉丁美洲以讲西班牙语为主，不过除了巴西讲葡萄牙语，还有一些地区讲法语、英语或荷兰语。拉丁美洲如同一块巨大的音乐棋盘，整体具有统一性，但也拥有无数种体裁、曲式、调式和乐器。虽然我们在本书中无法做出详尽的汇总，但对这块大陆上的主要音乐发展中心做一些基础介绍还是大有裨益的。

## 墨西哥的传统

在墨西哥，音乐和所有庆祝活动密不可分。早在这个国家有历史记忆之初，在被西班牙人征服之前，音乐的仪式功能就和所有传统紧密相连。它歌唱着人们的快乐与忧伤、期待与失望，也经常与地震或火山喷发等自然灾害联系在一起。此外，墨西哥街头乐队（mariachi）是最受欢迎的形式，他们是由歌手和乐手组成的欢快乐队，在各种节庆和仪式场合表演。"墨西哥街头乐队"现象历史悠久，如今已成为墨西哥音乐的标志。

墨西哥音乐家。

## 牙买加的活力

一种集体创造的音乐很快就获得了国际地位，这种奇特现象就出现在牙买加岛上。加勒比地区经历了血腥的战争、海盗的破坏和野蛮的殖民统治，在这种环境下，音乐很早就创造出各种杰出的音乐体裁和曲式，成为一段动荡历史的回声。牙买加保留了奴隶制时期的音乐痕迹，例如随意的节奏、自然的旋律、忧伤和反抗的主题等。正是在这样的背景下，非洲音乐和欧洲音乐才得以实现前所未有的融合。

## 雷鬼

雷鬼音乐出现在20世纪60年代末，它充满异域风情，被视为牙买加音乐的原型，但更被视为一种与欧洲文化几乎没有任何关联的本土音乐创造。雷鬼音乐源自宗教仪式，它表达的是被隔离在贫民窟的黑人民众的痛苦。最初将雷鬼音乐普及开来的是吉米·克里夫（Jimmy Cliff，生于1948年），后来鲍勃·马利（1945—1981年）这位传奇音乐人成了它的代言人。马利英年早逝，却让雷鬼成为一种风靡全球、持续流行的音乐体裁。

## 世界的音乐

### 多样化的巴西

巴西音乐继承了本土音乐、欧洲音乐和非洲音乐这三重遗产，生命力旺盛且极具多样性。有一种带有歧视色彩的陈旧观点，将巴西音乐简化为桑巴和巴萨诺瓦这些类型，但真实情况绝非如此。其引人注目之处恰恰是，在这片广袤的土地上，不同地区的音乐风格与形式千变万化，丰富程度令人惊叹。例如音乐学家经常提到的"阿伯约"（aboio），这是一种奇特的调式歌曲，模仿的是牧群的叫声，巴西东北部地区的牧民时常哼唱这种音乐，这里的经济与民生命脉就是畜牧业。

### 卡波耶拉，巴西特色

卡波耶拉（capoeira，葡萄牙语，意为"鸡棚"）的创造者是殖民时期的非裔移民，它最初只有打击乐。但使用"贝兰波"（berimbau，源自班图文明的弓弦）创作的版本让卡波耶拉成为早期巴西音乐的标志性体裁。"贝兰波"的制作方法是用一根铁丝绑在一根木棍两端并将木棍拉成弓形，木棍上套一个半开口的葫芦作为共鸣箱。演奏者用一根小木棍敲击铁丝，就能发出声音。

弹奏贝兰波的卡波耶拉乐手。

### 哥伦比亚的节奏

土著民族、非洲奴隶和西班牙殖民者都丰富了哥伦比亚的传统音乐。这份丰富的音乐遗产最明显的特征或许是它惊人的节奏变化，每位参加当地节庆活动的游客都能大饱耳福。在当地所有音乐体裁中[昆比亚（cumbia）、卡雷加（carrega）、瓦伦纳托（vallenato）、尚佩塔（champeta）等]，鼓是主要乐器，重要程度超过竖琴和吉他等拨弦乐器。最后，祖祖辈辈传承下来的严肃性是歌唱重要主题的主要特点。

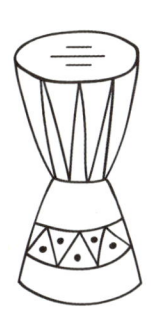

### 秘鲁，印加帝国的记忆

如今的秘鲁大致对应的是被西班牙人征服的印加帝国。在这个国家，根据不同的自然特征，民族音乐也分为不同区域。巍峨的安第斯山形成的屏障在狭窄的滨海平原、高海拔的山地高原和遥远的亚马孙丛林之间形成了一道无法逾越的鸿沟。在秘鲁所有音乐体裁中，最具特色的是"瓦伊诺"（huayno），它的历史可以追溯到哥伦布发现新大陆之前。20世纪时，著名的《山鹰之歌》（*El Cóndor Pasa*）让瓦伊诺被人铭记，它总是能为高原地区的节日带来活力。

833

# 大洋洲音乐

## 音乐群岛

在大洋洲这个丰富多彩的世界，音乐很难被视为一个统一体。仅澳大利亚一个国家就几乎占据了大洋洲的所有陆地面积，而英国的殖民统治几乎把当地土著的文明抹除殆尽，音乐首当其冲。无独有偶，新西兰的毛利文化经历了同样的毁灭性打击。夏威夷和波利尼西亚的文化遗产比较受尊重（新喀里多尼亚则是通常被提到的特殊案例），因而保留了许多宝贵的民族音乐传统。

澳大利亚土著部落的迪吉里杜管演奏者。

## 仪式与节日

和世界其他地方一样，音乐是这个地区所有宗教或世俗节日、私人或公共庆典的声音载体。声乐是最常见的表达方式，器乐的发展则相当薄弱（总体来说，大洋洲的乐器局限于笛子和一些打击乐器）。这种音乐与舞蹈关系密切，远离任何理论范畴的纯口头传播方式也是它的独特之处。它是岛屿生活的真实写照，在过去的两个世纪里，基督教的传入让它变得丰富多元，它也赋予基督教一种独特的调性。

## 最早的澳大利亚

在英国殖民者到来前，土著音乐是这个岛屿大陆各类文明中的一个重要分支。迪吉里杜管（didgeridoo）这种乐器就是土著音乐的象征，这是一种用木头雕琢的长管，它的起源可以追溯到数千年前。它能发出一种奇特的嗡嗡声，在歌曲伴奏方面效果甚佳，能营造一种平静又有戏剧性的氛围。人们对这种古老的乐器知之甚少，但最近几十年来，澳大利亚政府逐渐意识到这份非物质文化遗产的宝贵，并为保护它做出了诸多努力。

## 特殊的毛利人

在英国人来到新西兰前，毛利人是一个繁荣的民族，他们在这片土地上创造的音乐的最突出特点是声乐的丰富类型，有的还配有轻打击乐。这种音乐中既有舞曲和吟诵忧伤的歌曲，也有摇篮曲和迎宾曲，战争与爱情主题紧密相连。但其过去的调式和其他音阶都已经失传，尤其是在采用西方音阶体系之后。

世界的音乐

## 波利尼西亚特色

我们所说的"波利尼西亚音乐"是一种简化的说法，它指的是在一些特征迥异的岛屿上发展起来的一种艺术，这些岛屿通常相隔数千公里。这其中既有法属波利尼西亚，也有库克群岛、图瓦卢群岛、汤加群岛，还有许多面积更小但数量众多的区域。夏威夷是一个重要的例外，它是唯一分布在北太平洋的群岛。

## 声乐和打击乐

波利尼西亚音乐几乎只有声乐，它唯一的伴奏是打击乐，而且通常并不明显，难以被察觉。最早的赞美歌无疑是用于宗教仪式，后来则用于配合农活节奏，但由于缺少书面传承，人们很难得出任何确切说法。值得注意的是，白人殖民者的到来并没有剥夺声乐表达的传统主导地位，宗教音乐与声乐的结合非常理想。

夏威夷吉他尤克里里。

## 爱情歌曲

波利尼西亚音乐中最新颖的形式是"爱情诗"（hiva kakala，意为"愉快的歌曲"），这是一种流行于整个汤加群岛的爱情歌曲。它可以为几乎所有节庆场合伴奏，独唱歌手负责演唱，合唱团负责和声，音乐效果常常让人想起复调音乐的原始形态，即不同声部叠加，但不能算作和声，甚至不能称之为临时的和弦。近几十年来，这种声乐体裁经常使用弦乐器伴奏。

新西兰毛利人女歌手。

## 边缘的夏威夷

夏威夷音乐和"近亲"波利尼西亚音乐并没有太大不同，但无论在宗教、节庆还是仪式音乐方面，它最大的特点都是从殖民时期开始就受到美国的深远影响。虽然声乐依旧是最传统的表达形式，但夏威夷音乐却凭借"夏威夷吉他"的独特音色在全世界流行了起来，电声弦乐器人为增强了吉他的音色，进一步扩大了夏威夷音乐的影响。然而，夏威夷音乐中最具异域风情的尤克里里却没有从技术进步中得到改良。

835

# 爵士乐

从"爵士乐"(jazz)这个词首次出现以来（1913年，在《旧金山公报》关于一项不知名运动的报道中），它的用法和起源，以及它涵盖的音乐类型，一直是困扰乐迷、评论家和音乐学家的一个难题。人们为这个词找到了不同的源头：非洲语言、18世纪的法语、美国俚语、新奥尔良的克里奥语等，而且这只是针对这个词义的词源，并不涉及它的不同含义。虽然摇摆节奏（swing）和即兴节奏是人们通常所说的"爵士乐"的组成部分，但这些要素并非不可分割：贝西伯爵（Count Basie）的交响乐团演奏的《一点钟舞会》(One O'Clock Jump)中没有即兴节奏，钢琴家麦考伊·泰纳（McCoy Tyner）弹奏的"智者"序曲(Wise One，《新月传奇》，约翰·柯川四重奏，1964年）中没有摇摆节奏，但没有人敢说这不是爵士乐。

## 对爵士乐下定义是否（仍然）可行？

那么，爵士乐到底是什么？直到今天，这个问题仍没有确切答案。或许是因为回答这个问题意味着要设定区分标准，投身这种音乐形式的音乐家们恰恰拒绝被这些标准束缚。自从2001年亚历山大·皮埃尔蓬（Alexandre Pierrepont）的同名著作出版以来，"爵士乐领域"[由米歇尔-克洛德·扎拉尔（Michel-Claude Jalard）最早提出]这个表达方式似乎获得了普遍赞同。这个"领域"似乎无所不包，但实际上，它将各种表面看起来相对立的音乐表现形式联系了起来，例如拉格泰姆音乐/自由爵士，融合爵士/新咆勃爵士等。爵士乐的领域在不断扩张，这是一个连接、交错、融合的动态过程。这种音乐实践的形式虽与西方作曲传统非常不同，但它也并未忽略这一传统。

## 对话的历史

在历史上，音乐家（至少是一些最主要的音乐家）在爵士乐领域表达的声音思想，源自凭借记忆演奏乐器的学习方式，他们演奏乐器的方法最初与乐谱或古老的口述传统无关。意大利音乐学家文森佐·卡波拉莱第（Vincenzo Caporaletti）称这种音乐学习法为"声韵感知"，这是一个重要概念，能让人绕过关于"爵士乐"的无止境争论中反复出现的挑战：黑人/白人演奏"爵士乐"的方式、流行/高雅、即兴/作曲、口传/作曲等争论都被规避，取而代之的是设想实施音乐行为的特定方式。摇滚乐和流行乐的"声韵感知法"与爵士乐的"声韵感知法"的不同之处在于，后者与克里斯蒂安·贝杜恩（Christian Béthune）在《爵士乐与西方》(Le Jazz et l'Occident)中提到的"模拟社群"（communauté mimétique）有关。爵士乐领域的音乐家与复调传统对话（主题反复、引用、对某首改编曲的参考，以及对某种方法的嘲讽、对某些方面的拒绝等），让该传统变得更具活力。对与之合作的音乐家和听众而言，这么做是很有意义的。音乐学习者理解这种爵士传统时，主要通过反复聆听唱片而非阅读乐谱，因此爵士乐领域的运行机制以唱片为主。

罗曼·诺金（Roman Nogin）的画作，来自"爵士之声"系列，通过颜色、线条和造型形式来表现爵士乐。

## 两位堪称典范的音乐家

为了说明上述内容，让我们来看看两位非常多面的音乐家：美国长号演奏家乔治·刘易斯和法国萨克斯演奏家让-路易·肖当。比起确认他们是不是"爵士音乐家"，从他们各自与爵士音乐融合程度的角度来看待这些创作更加合适，因为其他重要音乐类型（世界音乐、城市流行乐等）吸收了他们作品的元素，这两位艺术家也从这些领域获得了灵感。因此，面对某些无法归入任何"类别"的作品，一些细心又谨慎的音乐研究者便会心生焦虑。这并不只针对最当代的作品（被贴上先锋爵士、新兴爵士、民族爵士等标签的作品），也包括泽兹·康弗里（1895—1971年）和他的新奇小品、风琴·舒勒（1925—2015年）的音乐，以及马塞尔·阿佐拉（1927—2019年）的手风琴演出。有时我们很难把人们所称的"爵士乐"归结为一种简单的娱乐音乐形式，爵士乐的表现形式其实要丰富和复杂得多，这恰恰是它的价值所在。

在"爵士乐"和"流行乐"这两章中，乐曲标题都以加引号的方式表现，唱片标题都以加书名号的方式表现。

# 爵士乐领域的源头

## 大地之母？

从第一批非洲奴隶来到新大陆，到20世纪初爵士乐诞生，其间经历了漫长的时间。虽然非洲在爵士乐领域留下的印记毋庸置疑，但它在音乐实践中的确切表现却很难得到证实，"大师们"想尽办法抹去了一切与最初的奴隶来源地有关的元素。直到第二次世界大战后，爵士乐领域的大师才第一次在非洲表演。因此，在20世纪30年代，艾灵顿公爵的"丛林"风格既唤起人们对非洲的想象，又让人想到美国的都市丛林。

## 顺其自然！

福音布道催生了黑人灵歌与后来的福音音乐，它们是非裔美国人独有的教会音乐，源自卫理公会的赞美诗与圣歌。欧洲歌曲节奏基础中的严谨性被破坏，但和声被保留下来，例如，奴隶制废除不久后，菲斯克大学朱比利歌唱团就比较青睐这种和声。灵歌一直滋养着爵士乐领域的主要人物，令其不断发展，例如路易斯·阿姆斯特朗（《路易斯与圣经》，1958年）和艾伯特·艾勒[《默契》（Spiritual Unity），1965年]等一些风格迥异的音乐家。

## 帕瓦仪式

美洲印第安人和非裔美国人之间的接触非常少，但音乐无疑是这些被压迫者能实现互相理解的领域之一。例如，在露营会（camp meeting）上聚集起来的黑人围成圆圈，有节奏地跟随音乐踏步时所唱的"绕圈呼喊歌"（ring shout），就让人想起美洲印第安人的"帕瓦仪式"（pow wow）。两大族群的接触不仅体现在音乐领域：低音提琴演奏家奥斯卡·佩蒂福德（1922—1960年）的母亲是乔克托人，父亲则是切诺基人和黑人的混血。

## 流汗的田野，内心的歌声

奴隶制的维护者支持这种集体的音乐表达，因为它能提高劳动效率。这些"劳动歌曲"也能疏解痛苦，带来勇气，有利于协调难以完成的工作任务，但它们也汇集了奴隶主未能察觉的抗议性的一面。奴隶主再也无法控制这些在田间回响、传遍大街小巷的"田间号子"（hollers）。

## 好了，跳起舞吧！

从横渡大西洋开始，黑人奴隶接触到了欧洲音乐。为了让奴隶们适应长途跋涉，贩卖黑奴者强迫他们在甲板上跟着小提琴或风笛的声音跳舞。在美国，黑人接触到的音乐主要来自欧洲。白人资产阶级非常鄙视表演行业，也乐于让"有天赋的"黑人来从事这项"差事"。这些舞蹈主要是来自欧洲的华尔兹、波尔卡舞和四对舞，黑人的舞蹈基本忠实于原貌。

1881年的菲斯克大学朱比利歌唱团。

## 非波德莱尔式的忧郁

蓝调出现在黑人从密西西比三角洲向美国北部和东部迁徙的过程中。它的歌词是演唱形式的独白，比乐曲更重要。这些四处迁移的人、农民、逃跑的苦役犯和工人的痛苦讲述，改变了音乐的深度。因此，蓝调音符（blue notes）具有一种接近忧郁的特殊色彩，人们诸事不顺时便会沉浸其中。蓝调获得了充分的发展，如果没有它，爵士乐或许不会横空出世。

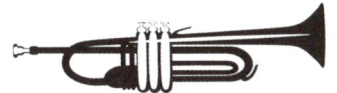

## 吟游诗人再现！

19世纪，贫困阶层的白人创造了最早的真正的美国民间音乐，奴隶和获得自由的奴隶巩固了它。这些成果是爵士乐和乡村音乐的源头，从1830年开始，它们随着"黑脸走唱秀"（minstrel shows）一同出现，在这种演出中，白人打扮成黑人，载歌载舞，弹奏音乐，表演幽默朗诵。演出以"慢步舞"（walk-around）结束，这是一种压轴表演的法兰多拉舞，黑人对其做了颠覆改造，成为"步态舞"（cake-walk），这是对矫揉造作的白人资产阶级舞蹈的滑稽模仿。

## 吹起小号，奏起大号

无论是军事音乐还是平民音乐，露天表演的音乐在美国各地响起。军乐队和其他铜管乐队让舞会充满活力，它们演奏的曲目主要是当下流行歌曲的大杂烩、最有名的古典音乐旋律的改编曲，此外还有一些欢快的军事进行曲和备受欢迎的欧洲舞曲。得益于约翰·菲力浦·苏萨（1854—1932年）的作品，步态舞曲成为表演曲目的一种。在新奥尔良，这种交响乐团常常在大街小巷游行，比拼谁的集体力量更强大，谁的节奏更具创造性。

## 破碎的节奏

拉格泰姆音乐（ragtime）源自舞曲、进行曲和步态舞曲，是一种几乎只在室内演奏的钢琴音乐体裁。它"有着破碎的节奏"，演奏者的左手以沉稳的低音伴奏，右手弹奏变化无常的切分旋律。斯科特·乔普林的《枫叶拉格》（Maple Leaf Rag，1899年）是爵士乐领域的第一个巨大成功。在后来十几年里，他引领了拉格泰姆音乐风格的潮流，无论是白人、黑人、克里奥尔人、铜管乐队指挥、器乐合奏乐团指挥还是独奏者，都被这种风格俘虏。

斯科特·乔普林作曲的一份乐谱的封面。

# 爵士乐领域的交叉时代

"老虎拉格"乐谱封面,正宗迪克西兰爵士乐队,1918年。

## 喷涌的文化

1917年,新奥尔良的正宗迪克西兰爵士乐队录制了"迪克西兰爵士乐队单步舞曲"(Dixieland Jazz Band One-Step)和"马房布鲁斯"(Livery Stable Blues),人们把这一年视为"爵士乐元年",但爵士乐并未成熟。音乐学家洛朗·库尼(Laurent Cugny)称19世纪90年代到20世纪30年代为"前古典时期"。爵士乐还走在认识自我的路上:有的乐队拥有位置排列紧凑的乐器组编制,例如弗莱彻·亨德森的乐队;不过很快又出现了编制十分简单的金·奥利弗的新奥尔良式乐队,独奏者在乐队中很受重视,但集体即兴表演受到限制。此外,拉格泰姆音乐成了"大跨度钢琴风格"(strid)的基础。

## 规范确立

20世纪30年代,摇摆节奏到来。一种有着自己的习惯的"普遍做法"(出自洛朗·库尼)确立下来:行进贝斯(walkin' bass)、"莎巴达"(chabada)、主题—即兴—主题、标准化结构等。从1945年开始,虽然比波普(bebop,又译咆勃爵士乐)看似是一种革新,但它实际上是对这种普遍做法的深入挖掘,并给出了规则:"更快、更高、更响亮"。比波普成了爵士乐实践的新基础(如今依旧通行),它还有延伸的"表亲",例如冷爵士乐(减弱了比波普的奔放程度)、硬波普(重新注入了更确切的黑人元素)、主流爵士(中和了摇摆乐和比波普)等。

## 解缆起航

为什么要把"调式"潮流放在现代时期?因为它包含了萌芽状态的自由爵士和即将出现的融合爵士的一部分特征。查尔斯·明格斯的"直立猿人"(Pithecanthropus Erectus,1956年)、比尔·伊文思的"和平之歌"(Peace Piece,1958年)以及迈尔斯·戴维斯的"弗拉门戈素描"(Flamenco Sketches,1959年)撼动了爵士乐表现形式的基础之一:稳定且不可改动的结构。自由爵士进一步对其造成了冲击,它改变了呈现主题的目的与和弦的主导地位。爵士乐、电子摇滚乐和詹姆斯·布朗的放克音乐相融合的推崇者对循环往复的调性节奏很有好感。

在三颗骰子俱乐部(The Three Deuces)演出的查理·帕克和迈尔斯·戴维斯,1947年。

840

## 百花齐放

自由爵士的浪潮及其与融合爵士的支持者的多次结合，催生了各种各样的实验。这个后现代时期的特点是蓬勃发展的折中主义，爵士乐领域的音乐家频频与所谓的"世界音乐"[莎蒂乐队（Shakti）、柯多纳乐队（Codona）]、"城市流行音乐"[史蒂夫·科尔曼（Steve Coleman）]，甚至所谓的"当代音乐"（贝里奥的《交响曲》中的即兴演奏者，也就是重新演绎约翰·斯科菲尔德作品的马克-安东尼·特内奇）来往。几次复兴浪潮应运而生，例如温顿·马萨利斯的新波普、大卫·斯潘塞·韦尔的新自由爵士。

## 一段复杂交错的历史

人们经常将爵士乐领域的发展与所谓的西方"严肃"音乐的发展相比较。但爵士乐领域的时间跨度除外：得益于现代技术手段的发展，它的演变与发展发生在一段非常短的时间内。虽然马肖不认识施托克豪森，但阿姆斯特朗或许听过安东尼·布莱克斯顿的音乐。因此，随着时间推移，爵士乐领域的风格重叠变得越来越密集。在1959年的纽约市，人们可以在一个晚上听到阿姆斯特朗、艾灵顿、迈尔斯·戴维斯、约翰·柯川和奥尼特·科尔曼的音乐，他们都各自拥有特定的风格。

## "西班牙风味"

20世纪30年代，安的列斯群岛的摇摆节奏有着浓郁的异域风情[例如胡安·梯佐尔（Juan Tizol）和艾灵顿作曲的"大篷车"]，尤其是杰利·罗尔·莫顿所说的"西班牙风味"（近似于哈巴涅拉舞曲），为爵士乐领域带来了丰富滋养。20世纪40年代，通过迪兹·吉莱斯皮乐队的古巴音乐家恰诺·普佐（Chano Pozo，但人们认为查理·帕克录制了一张非常平庸的库卡拉恰舞曲唱片）以及随后的波萨诺瓦浪潮（安东尼奥·卡洛斯·若宾和斯坦·盖茨共同创作的作品最有名），拉丁爵士奠定了自己在爵士乐领域的地位。然而拉丁色彩逐渐融入通用惯例之中，就像21世纪的音乐家米格尔·泽农（Miguel Zenón）所诠释的那样。

## 尝试

人们常常简单地把詹姆斯·P.约翰逊（James P. Johnson）视为大跨度钢琴演奏风格大师，把鼓手奇科·汉密尔顿（Chico Hamilton）视为西海岸音乐的代表，把费拉·桑德斯视为自由爵士的代表。约翰逊曾创作过交响乐，汉密尔顿在20世纪70年代痴迷放克音乐，桑德斯演奏过的"灵与肉"（Body & Soul）也十分精彩，可见很少有音乐家被局限在某个特定的风格之中。坚持自己的内心，同时能适应各种音乐情境，这就是爵士音乐家的主要优点。

2012年的萨克斯演奏家米格尔·泽农。

# 10位必须提及的美国音乐家

1946年在纽约的路易斯·阿姆斯特朗。

### 书包嘴

路易斯·阿姆斯特朗1901年8月4日生于新奥尔良，1971年7月6日去世，他彻底改变了20世纪音乐的发展轨迹。凭借摇摆乐的力量，他为西方所有音乐种类注入了一股前所未有的活力。人们在1928年的"西区蓝调"（West End Blues）和"如此紧凑"（Tight like this）中听到的是一种真正前所未有的音乐现象。20世纪30年代，他的嘴唇受了伤，但无论是吹小号还是唱歌，他的节奏天赋和旋律灵感从未减弱。

### 领军人物

艾灵顿公爵（1899—1974年）拥有诸多身份，他懂得如何打动人心，他创造了前所未有的和弦方式（例如小调布鲁斯），创作了经久不衰的曲目，还是某种钢琴理念的奠基人[被塞隆尼斯·蒙克（Thelonious Monk）、兰迪·韦斯顿（Randy Weston）、马修·西普（Matthew Ship）和其他音乐人发扬光大]。他真正的绝技在于从白人占据主导的美国社会中脱颖而出，一路从舞厅来到最重要的音乐厅。

1946年的艾灵顿公爵。

### 高空飞翔

继阿姆斯特朗之后，绰号"大鸟"（Bird）的查理·帕克（Charlie Parker）成了大众想象中的爵士乐独奏家代表。他的演奏手法极为精湛，将即兴演奏艺术提高到了前所未有的复杂程度。他做出了许多创新，包括系统使用丰富的和弦、在任何节奏上都使用双拍乐句、结构内部的位置安放自由，以及难以预料的重音等。他是绝对的蓝调音乐家，也是极具天赋的主题创作者。他生于1920年8月29日，卒于1955年3月12日。

### 偶像

和艾灵顿公爵一样，迈尔斯·戴维斯懂得如何发掘合作伙伴最佳的一面。他生于1926年5月26日，死于1991年9月28日。他能够名留史册，一方面是因为他是酷派爵士运动、调性方法、融合爵士的关键人物，另一方面是因为他是好几个传奇乐团的领导者。作为独奏家，迈尔斯·戴维斯拥有无可比拟的音乐特色、敏锐的空间感和戏剧感，他是20世纪的一位偶像级人物。

### 出类拔萃

约翰·柯川生于1926年9月23日，从1957年到1967年7月17日离世，他在十年间多次拓展爵士乐领域的范围。1959年，他把和弦体系的边界拓展到了非调性的边缘；一年后，他在"我喜欢的事"（My favorite things）的静态和声中实现了彻底转变；最后，他于1965年迈出了关键一步，终于转向了自由爵士。柯川的光环源自他与他的四重奏的互相影响，也源自他在萨克斯领域的创新。作为一位器乐演奏家，柯川探索出了次中音萨克斯管的超高音和交替指法（可以同时演奏好几个音符），让高音萨克斯管备受追捧，为未来的萨克斯演奏者开辟了新世界。

爵士乐

## 自由自在

奥尼特·科尔曼生于 1930 年 3 月 9 日，死于 2015 年 6 月 11 日，他从不轻言放弃。经历了最初的惨败，1958 年，他独特的音乐风格在美国西海岸受到了认可。他推出了好几张唱片，唱片标题都具有预言性质[《未来爵士乐的风貌》(The Shape of Jazz to come)、《问题在于明天》(Tomorrow is the Question) 等]。1961 年，《自由爵士》(Free Jazz) 的问世如同惊雷一般，其影响至今仍未消散。他的和声旋律混成乐 (harmolodics) 理念源自一种生活哲学，出现在他的四人乐队中，以及他的"黄金时间"(Prime Time) 乐团的自由放克中。

## 从挫折到广阔的体系

安东尼·布莱克斯顿生于 1945 年 6 月 4 日。在一场独奏音乐会上，他选择了真正的即兴演奏，以一种彻底"从无到有"的方式来创作。几分钟后，他就明白自己无法再坚持下去了。为了克服这个挫折带来的心理创伤，他设想了许多种音乐体系，从多个领域寻找灵感：爵士乐（传统的和近期的）、当代音乐、电子音乐、美洲印第安人的太阳祭祀仪式等。他将自己的乌托邦设想变成了完整独立的世界。他出版了一部三卷本的著作，在其中阐释了自己的三公理理论，还著有五本《作曲笔记》，这些著作在几代音乐人（从玛丽莲·克里斯佩尔到玛丽·霍尔沃森）中都有不错的反响。

2003 年，布里斯托音乐会上的温顿·马萨利斯。

## 传统主义？

温顿·马萨利斯生于 1961 年 10 月 18 日，是一位独具一格的小号演奏家，也是一位曾经深入分析过巴迪·博尔登（1877—1931 年）等伟大先辈的研究者。他是天赋异禀的演讲者，但更重要的是，他被视为所谓的"真正爵士乐"的捍卫者。因此，所有爵士乐领域的音乐家都不得不根据他的意见来自我定位。

## 多面手

如果有一位音乐家能体现后现代主义的博采众长，那肯定是 1953 年 9 月 2 日出生的约翰·佐恩。除了对奥尼特·科尔曼这样的音乐家[比如《谍对谍》(Spy vs. Spy)]或硬波普作品[比如《给露露的消息》(News for Lulu)]表示敬意，他也深入挖掘了爵士乐的实验性。约翰·佐恩能迅速转换音乐类型，也会定向即兴创作（game pieces，属于实验音乐的概念）。他会演奏管风琴，创作过安魂曲和协奏曲，他也不畏极限，敢于挑战[比如《邪恶花园》(Torture Garden)]。

## 黑人的才能

生于 1956 年 9 月 20 日的史蒂夫·科尔曼心怀伟大理想。在音乐方面，他偏好黑人音乐，胜过其他任何音乐表现形式。他专注于传统音乐（萨德·琼斯/梅尔·刘易斯的大乐团），也非常了解嘻哈文化。他是 M-Base 团体的发起人，提出了"用鼓吟唱"(drum chat) 概念，以取代常见的西方韵律体系。和迈尔斯·戴维斯一样，史蒂夫·科尔曼也有一些追随者，包括阿卡·穆恩乐队 (Aka Moon)、卡尔代 (Kartet)、维杰·伊耶尔 (Vijay Iyer) 等。

843

# 爵士乐领域的地理分布

## 非裔聚集地

加勒比海的岛屿与非洲的联系非常紧密，这种联系甚至一直持续到了19世纪。许多非洲黑人为了躲避奴役逃往西印度群岛，这促进了双方的音乐交流，尤其在打击乐领域。这种影响在整个20世纪一直持续，古巴与西印度群岛的节奏（例如比吉纳舞曲到如今的阿兰·让-马利）滋养了爵士乐领域，而它们也从爵士乐领域收获颇丰。

1948年左右的纽约第52街。

## 新生之城

新奥尔良这座城市回荡着各种各样的音乐：歌剧、杂耍艺人、舞蹈管弦乐团、街头铜管乐队、红灯区钢琴家、宗教歌曲、蓝调音乐等。虽然爵士乐的诞生地并非只此一处，但这座城市提供的养分比其他任何地方都更丰厚。1917年，斯特里维红灯区关闭后，新奥尔良音乐的影响遍及整个美国。新奥尔良的音乐传统跨越了整个20世纪，称呼几经更迭，有"迪克西兰爵士""复兴爵士"，还有后来的"后卡特里娜时期爵士"。

"小子"欧瑞的管弦乐队，来自新奥尔良。

## 风城

20世纪20年代的芝加哥发生着最热门的音乐新闻。杰利·罗尔·莫顿、路易斯·阿姆斯特朗、以比克斯·贝德贝克为代表的芝加哥人以及其他许多音乐家录制了爵士乐领域至关重要的几首乐曲。20世纪40年代，电声蓝调发展起来。20年后，穆哈尔·理查德·阿布拉姆斯、罗斯科·米切尔、弗莱德·安德森等作曲家让这座城市热闹非凡。本尼·古德曼、艾哈迈德·贾马尔、赫比·汉考克和史蒂夫·科尔曼等重要音乐家都在这座城市中成长。

## 大苹果

纽约城曾经是爵士乐领域的中心，如今依旧是。这座世界大都市与欧洲隔大西洋相望，各种文化在这里交融。它历史悠久，有许多传奇般的圣地（第52街、棉花俱乐部、先锋村、石头俱乐部等）和大师授课的场所。纽约城吸引着全世界最具潜力的音乐家，将自己略显疯狂的能量赋予在这座城市创作的音乐作品上。

## 蓝调之城

20世纪20年代末，堪萨斯城被视为爵士乐领域的重要之地。这首先是因为蓝调在这座城市中的重要地位，在这里长大的查理·帕克就是例证。这座城市位于美国中部，是无数乐团巡回演出的必经之地，激情澎湃的即席演奏成就了它的名声，其中最著名的是1933年莱斯特·扬和科尔曼·霍金斯在这里举行的即席演奏。堪萨斯城也见证了代表摇摆时代的大乐团——贝西伯爵乐团（1904—1984年）的诞生。

## "我是柏林人"

魏玛共和国时期，为了忘记第一次世界大战的痛苦，人们纷纷涌入小酒馆，聆听夸张又幽默的"爵士乐"。在柏林，库尔特·魏尔在自己的舞台作品中使用了这些音乐。纳粹倒台后，爵士乐恢复了活力。1960年，艾拉·菲茨杰拉德在柏林演唱的由魏尔作曲的"小麦飞刀"（Mack the Knife）是一个极为精彩的版本。1966年，钢琴家亚历山大·冯·施利彭巴赫（Alexander von Schlippenbach）为柏林爵士音乐节创作了"环球统一"（Global Unity），并组建了同名即兴创作管弦乐团，在音乐节上首演。而近期，柏林见证了钢琴家米夏埃尔·沃尔尼（生于1978年）的崛起。

## 天使之城

1911年，来自新奥尔良的弗莱迪·凯帕德（Freddie Keppard）在洛杉矶举办了演出。1922年，"小子"欧瑞（Kid Ory）带领黑人合唱团在洛杉矶录制了第一张唱片。1945年到1946年，查理·帕克在洛杉矶待了很长时间。20世纪50年代，洛杉矶经历了"西岸爵士"的巅峰时期（切特·贝克、亚特·派伯等）。斯坦·肯顿和查尔斯·明格斯这样风格迥异的艺术家也在这里发展。这之后，各种音乐蓬勃发展[奥尼特·科尔曼、贺拉斯·泰普斯科特（Horace Tapscott）、罗瓦四重奏（Rova Quartet）等]，大众音乐（融合爵士和"温柔爵士"）也不甘示弱。洛杉矶的气候和工业，尤其是雇用大量音乐家的电影产业，使得这里的音乐和纽约的大不相同。它更加轻松，也能发展起各种实验形式。

## 反差之城

在东京，人们可以紧跟美国模式（例如上原广美），也可以探索最极端的形式。1966年，约翰·柯川在东京演奏了迄今为止最长版本的"我喜欢的事"。蓝调东京俱乐部（Blue Note Tokyo）的多场音乐会被录制下来，永留史册。但也正是在这里，约翰·佐恩实现了电声乐器和日本传统乐器的跨界合作[《约翰·佐恩的眼镜蛇：1994年东京计划》（John Zorn's Cobra : Tokyo Operations '94）]！

## 雾都伦敦

1914年，非裔美国鼓手路易·A. 米切尔（Louis A. Mitchell）在伦敦大获成功。如果说与美国的特殊联系让伦敦拥有了罗尼·斯科特爵士俱乐部，之后它则凭借着丰富的自由即兴演出展现了独立性，知名音乐家有德瑞克·贝利（Derek Bailey）、伊凡·帕克（Evan Parker）、基斯·迪佩特（Keith Tippett）、保罗·丹马尔（Paul Dunmall）、自由音乐合唱团（Spontaneous Music Ensemble）成员等。约翰·麦克劳林和大卫·霍兰德等音乐家甚至创造出了"爵士乐"和前卫摇滚融合的作品。

艾拉·菲茨杰拉德的唱片《小麦飞刀》封面，1966年。

# 欧洲

## 两个"北方"

斯堪的纳维亚半岛和欧洲大陆北部构成了北欧的两面。从20世纪60年代开始,荷兰人[哈恩·本尼克(Han Bennink)、威廉·布鲁克(Willem Breuker)]和德国人[彼得·布罗茨曼(Peter Brötzman)]提出了一种极端的"破碎旋律音乐"(kaputtspiel-musik)。和欧洲大陆一样,斯堪的纳维亚半岛的爵士乐传统也令人瞩目[拉斯·古林(Lars Gullin)、N.H.Ø.P、卡林·克罗格(Karin Krog)等]。从20世纪70年代开始,该地区发展出一种由大量均匀音调组成的独特形式。波波·史坦森(Bobo Stenson)、泰利耶·里达尔(Terje Rypdal)和特莱格维·赛姆(Trygve Seim)的作品并不狂热,没有布鲁斯元素,摇摆节奏也很少,听来令人深思。

## 南方之地

对美国爵士乐领域来说,意大利是重要的人才基地,例如尼克·拉洛卡(Nick La Rocca)、莱昂·罗珀洛(Leon Roppolo)、乔·韦努蒂(Joe Venuti)、艾迪·朗(Eddie Lang),或者距我们更近的乔·洛瓦诺(Joe Lovano)。除了泰泰·蒙托里乌(Tete Montoliou),直到最近西班牙才涌现第一批人才[乔治·罗西(Jorge Rossi)]。

1946年身在纽约的强哥·莱恩哈特肖像。

## 寒冷国度的热风

1921年,瓦伦丁·帕尔纳赫为米切尔的爵士之王乐团(Mitchell's Jazz Kings)的演出所倾倒,回到俄罗斯后,他成为爵士这种"激情"音乐最重要的推广者之一。第二次世界大战后,爵士乐领域的火苗在东欧并未熄灭。在波兰,人们演奏一种"墓穴爵士",它是20世纪60年代在波兰发展起来的一种前卫音乐,代表了独立和不拘一格的品性,代表人物是克里斯托弗·柯梅达(Krzysztof Komeda),在东德的代表人物则是约阿希姆·库恩(Joachim Kühn)。

## 东方的救世主

中欧的贡献主要是装饰音和不对称节拍这两方面。在20世纪90年代之前,除了吉他手阿提拉·佐勒等匈牙利人,很少有来自这一地区的音乐家对爵士乐的发展产生影响。不对称节拍的使用普及后,中欧音乐家也融入了爵士乐领域。塞尔维亚钢琴家博扬·佐勒菲卡尔帕希奇(Bojan Zulfikarpasic)和亚美尼亚钢琴家季格兰·哈马西安(Tigran Hamasyan)取得了巨大成功。

## 二指吉他

强哥·莱恩哈特(1910—1953年)创造了爵士乐历史上独一无二的声音。他的演奏技巧与众不同,十分高超,一次事故导致他失去了两根手指,他不得不寻找新的吉他技巧,因此开创了独特的音乐风格。1946年,他受艾灵顿公爵邀请,到美国表演。不久后,他了解到比波普,并开始采用电声放大的技术。20世纪80年代,吉卜赛爵士(人们用这种不符合时代的表达来指代莱恩哈特演奏的音乐)将他的音乐遗产发扬光大。

## 三重障碍

乔治·薛灵（George Shearing，1919—2011年）面临着好几道难关，因此他的成功就更令人瞩目。他出生在英国，生来目盲，后来为了事业发展而移民美国，最终获得了成功。他用三种复调乐器（颤音琴、吉他和钢琴）组成五重奏，呈现的音乐听起来十分轻松，不仅继承了摇摆乐，还吸收了比波普的最新成果。他也因为创作了"鸟园摇篮曲"（Lullaby of Birdland）而名留史册。

## 不可或缺之人

瑞士鼓手丹尼尔·于麦尔（Daniel Humair，生于1938年）几乎和所有人都合作过，无论是传统派音乐家（唐·比亚斯），还是最前卫的音乐家（史蒂夫·莱西）。他和约阿希姆·库恩、让-弗朗索瓦·热尼-克拉克（Jean-François Jenny-Clark）组成了20世纪末最撼动人心的三重奏组合之一。21世纪，他和亚特·布莱基（Art Blakey）一样，提携了许多年轻音乐家。

## 对话体

恩里克·皮耶拉努齐（Enrico Pieranunzi，生于1949年）始终无法被归类。他的音乐充满了布鲁斯色彩，但他会在作品中加入多梅尼科·斯卡拉蒂和博胡斯拉夫·马尔蒂努（Bohuslav Martinů）的片段。他虽然专注于即兴创作，但也喜欢构思一些非常严谨的独奏。身为作曲家，他继承了奥尼特·科尔曼和加布里埃尔·福雷的衣钵。

图茨·蒂勒曼斯的唱片《亚利日尼》（Airegin）的封面。

## 独一无二的图茨

图茨·蒂勒曼斯一手创造了爵士乐口琴。他凭借着娴熟的吉他和口琴演奏，成为被吉姆·霍尔（Jim Hall）和比尔·伊文思钦佩的大师。他的华尔兹舞曲"小蓝调"（Blusette）被爵士乐"圣经"《真实的书》（Real Book）收录。

## 欧洲之声

扬·葛柏瑞克（生于1947年）是独一无二的萨克斯演奏大师，也代表了北欧精神。加入凯斯·杰瑞的四重奏乐团后，他享誉海外，还做了各种探索，例如与世界音乐（参与扎克尔·侯赛因的《制造音乐》）和电子乐器，甚至中世纪音乐（与希利雅德合唱团合作的《圣祷》）跨界合作。

2011年，在威尼斯吹奏萨克斯高音小弯管的扬·葛柏瑞克。

# 爵士乐领域和法国

## 法国爱爵士

至少可以说,自1917年吉姆·尤若普(Jim Europe)的地狱战士乐团(Hellfighters)举办音乐会以来,爵士乐就开始在法国流行。于格·帕纳西耶(Hugues Panassié)开创了爵士唱片艺术。在他的影响下,热乐俱乐部在法国各地开枝散叶。20世纪40年代,夏尔·德劳内(Charles Delaunay)创立了第一个只制作爵士乐的厂牌。1935年,杂志《爵士热》(*Jazz Hot*)创刊,一年后,美国杂志《重拍》(*Downbeat*)创刊。吕西安·马尔松于1959年创立的《爵士手册》,以严肃态度研究爵士乐的表现形式。继马赛音乐学院之后,许多音乐学院如今也开设了爵士乐课程,包括声名显赫的巴黎音乐学院。

## 爵士音乐人爱法国

美国音乐家也很热爱法国。迈尔斯·戴维斯在法国度过了他最快乐的时光。肯尼·克拉克、巴德·鲍威尔、芝加哥艺术合奏团、阿尔奇·谢普都在法国住过一段时间。他们都当过老师,有的与当地音乐家一起演奏,有的在课堂上指点学生,例如艾伦·希尔瓦(Alan Silva)曾在法国艺术文化学院(IACP)授课,一些人还从事过专门研究,例如史蒂夫·科尔曼和乔治·刘易斯。

## 法式"爵士"的代言人

1986年,法国成立了全世界第一个国家爵士乐团。乐团指挥由选拔委员会任命,而指挥可以为乐团选择未来的成员。弗朗索瓦·让诺(François Jeanneau)是第一任指挥,但他的任期只有一年。二十多年来,从克洛德·巴特勒密(Claude Barthélémy)、丹尼斯·巴朵(Denis Badault)到更近期的奥利维·伯努瓦(Olivier Benoît),乐团领导们执行了各种规划。许多天才音乐家由此被发现,例如梅德里克·柯利农(Médéric Collignon)、安多南-特里·黄(Antonin-Tri Hoang)和艾娃·李赛(Ève Risser)。

## 爵士乐和它的替代品

安德烈·奥戴尔(André Hodeir,1921—2011年)的母亲想让他成为"下一个梅纽因",但他成了著名的作曲家,在美国也备受瞩目。他毕业于巴黎音乐学院的作曲专业,是第一个将电声音乐和爵士音乐结合起来的人(比如歌曲"爵士&爵士"),也是第一个将音色旋律(Klangfarbenmelodie)与十二音序列应用于爵士乐的人。他根据乔伊斯的文学作品创作了《安娜·利维亚·普鲁拉贝尔》(1966年)和《苦涩的结局》(1972年),这两部作品非常成功。此外,奥戴尔还是一位非常出色的分析者[《人与爵士乐的问题》(*Hommes et problème du jazz*)]。

## 谨慎的笛卡尔主义者

马夏尔·索拉尔(生于1927年)是名副其实的见证者,强哥·莱恩哈特于1953年最后一次录音时,他为其弹奏钢琴。索拉尔与莱恩哈特截然不同,他是一个对传统了如指掌的爵士音乐家,不太认同自由爵士,但他仍然从这种潮流中汲取经验,为己所用。他是杰出的演奏家,也是经验丰富的作曲家。在理性与考究的外表下,他的艺术风格隐藏了一定程度的享乐主义。

1955年6月,法国爵士学院主席让·谷克多与马夏尔·索拉尔在巴黎。

## 洒脱

我们必须承认，埃迪·路易斯（Eddy Louiss，1941—2015年）是律动大师。斯坦·盖茨曾经与他合作（《王朝》，1971年），称其为"世界上最优秀的管风琴手"。埃迪·路易斯与小提琴家让-吕克·蓬蒂（Jean-Luc Ponty）、吉他手勒内·托马斯（René Thomas）组成的三重奏影响了20世纪50年代的法国。他之所以在美国没有名气，是因为他更喜欢享受生活，而非追求事业。秉承着这种洒脱的态度，他创建了"多彩感受铜管乐团"（Multicolor Feeling Fanfare）。这个乐团吸收了一些业余爱好者作为节奏乐器组，以及一些技艺精湛的独奏家，他们的风格类似于欢乐的新奥尔良式，但也具有自己的时代特色。

## 法式特色

伯努瓦·德尔贝克（Benoît Delbecq，生于1966年）构思作品时的灵感主要来自织物和书法，他的创作介于严格的作曲和完全的即兴之间。他推崇预制钢琴，是"多速模式"（覆盖不同节拍的节奏层）的开创者，他为爵士乐领域注入了法式特色。

## 《总数E》（E Total）

身为一名钢琴家，安迪·埃穆勒（Andy Emler，生于1958年）用教堂的管风琴学会了即兴演奏，但也被柯川、拉威尔、弗兰克·扎帕（Frank Zappa）和披头士乐队所吸引。只需聆听几秒，人们就可以分辨出他的风格。他和他于20世纪80年代成立的兆字节乐团（MegaOctet）一起，设想了一种结合提前作曲、定向即兴、集体即兴演奏和独奏者自由发挥的音乐形式。

## 不仅仅是吉他英雄

马克·杜克莱（Marc Ducret，生于1957年）最初是演奏摇滚乐的舞会乐手，他的发展令人惊叹，因为他近期的创作参考了当代音乐。他曾加入国家爵士乐团，发行了几张专辑，后来萨克斯演奏家蒂姆·伯恩（Tim Burn）把他招进了自己的大撒旦乐团（Big Satan）和科学摩擦乐团（Science Friction）。《谁在说话？》（Qui parle?）和他后来根据纳博科夫的《阿达》创作的《塔桥》系列都取得了成功，它结合了细致的作曲和自由的定向即兴创作。身为一位吉他手，他在全世界都备受尊敬。

2016年，马克·杜克莱与"私人日记乐团"（Journal Intime）在图卢兹。

# 爵士乐领域的扩展范围

## 爵士作曲家同业公会

1964年10月，小号演奏家比尔·迪克森（Bill Dixon）发起了爵士乐界的"十月革命"，在纽约为非传统领域的年轻先锋音乐家举办了一系列音乐会。在查尔斯·明格斯和马克斯·罗奇的爵士艺术家同业公会的影响下，爵士作曲家同业公会成立了。这个组织由一些极具影响力的人物组成（保罗·贝利、桑·拉和塞西尔·泰勒），从1965年起迅速发展。在卡拉·贝利（Carla Bley）和迈克尔·曼特勒（Michael Mantler）这两位前成员的推动下，行业公会与他们的爵士作曲家管弦乐团一同重新焕发了活力。

在迈克尔·曼特勒的指挥下排练的爵士作曲家管弦乐团。

## 一个以创造性为宗旨的协会

20世纪60年代，在芝加哥，以钢琴家穆哈尔·理查德·阿布拉姆斯为中心的创新音乐家促进协会初现雏形，最终于1965年成立。协会推崇"伟大的黑人音乐"，信条是"个人的创意表达和集体团结"。随着时间推移，协会成了提供教育资源的核心，制作了许多无法归类的唱片。到了21世纪，它依旧保持着旺盛的生命力[如妮可·米切尔（Nicole Mitchell）、亨利·思雷德吉尔（Henry Threadgill）、瓦达达·里奥·史密斯（Wadada Leo Smith）等人]。

## 艺术表演

创新音乐家促进协会建立后，其他形式的合作组织在美国其他地区发展起来。1968年到1972年，在圣路易斯，由哈密耶特·布鲁耶特（Hamiet Bluiett）、朱利尤斯·亨菲尔（Julius Hemphill）和奥利弗·莱克（Oliver Lake）领导的黑人艺术家团体策划了一些综合了音乐、诗朗诵、戏剧和视觉艺术的表演。

## 独奏乐团

爵士乐领域的某些音乐家始终保持着彻底的独立性，例如桑·拉。他那"跨越星际"的音乐（他声称自己不是地球人）融合了摇摆乐、福音歌曲、硬波普、自由爵士和迪斯科音乐（早期）。塞西尔·泰勒的乐团在演奏时遵从"单元结构"（unit structures）的形式，这些灵活确定的元素由乐团的音乐家掌握。

桑·拉的黑胶唱片《宇宙》(*Cosmos*, 1977年) 封套。

## 爵士乐

### 欧洲革命

20世纪60年代,欧洲人震惊地发现了自由爵士。这股席卷世界的风潮激励了欧洲这片旧大陆的一小部分年轻人争取独立。奇怪的是,欧洲的即兴音乐与爵士乐的技术、美学理念和方法相抵触,但正是这些造就了它。欧洲即兴音乐的特点在于它的集体演奏围绕的核心是"鲜活的"音乐,要把身体考虑在内,"自由地"互动即兴,这些都与当代音乐的趋势有关。

### 让我们抛弃过去

"欧洲即兴音乐""欧洲自由即兴演奏""非惯常的即兴演奏""完全的即兴演奏"……所有这些表述都能说明,为欧洲各种实验音乐分类是多么困难。与规模有关的挑战更加棘手。他们为自己的方式命名时,摆脱了爵士乐领域的传统,但他们恰恰应当感谢这种传统。因此,期待视野已经确定:通过抛弃过去,促成一种前所未有的、闻所未闻的新事物的出现。然而,以这种理念为基础的灵感和天赋观念反映的都是典型的西方的美学价值观。

### 集体的理想

从20世纪60年代开始,欧洲的乐队就十分多元化:荷兰的威廉·布鲁克·克勒克蒂夫乐队(Willem Breuker Kollektiv)的幽默,英国的AMM乐队的政治维度,罗马的实验音乐团体"新韵即兴乐团"在定向即兴演奏中的严密性,法国的新语音艺术乐团中即兴演奏者与作曲家的碰撞,巴里·盖伊(Barry Guy)的伦敦爵士作曲家管弦乐团的图像作曲手法,里昂自由爵士工作坊乐队对虚构民间传说的探索,以及擅长融合爵士的伊恩·卡尔的原子核乐队(Nucleus)、法国的特罗克乐队(Troc)和克里斯蒂安·旺德的岩浆乐队(Magma)。

### 电子互动

合成器一出现就给一些音乐家带来了灵感,例如赫比·汉考克和乔·扎维努尔,以及"电子音乐万岁"乐团。有了它,一些电声音乐实验得以实现,例如巴尼·威良于1967年发行的《洛伦佐·邦蒂尼的悲惨命运》(*Le Destin tragique de Lorenzo Bandini*)和乔治·拉塞尔于1968年发行的《为被自然热爱的灵魂而作的电子奏鸣曲》(*Electronic Sonata for Souls Loved by Nature*)。音乐信息技术也出现在爵士乐领域,其形式是编程序列[派特·麦席尼乐团的"你和我走吗"(Are You Going With Me)]和与音乐家实时互动的现场电子乐[乔治·刘易斯的《航海者》(*Voyager*)],电子鼓和采样的使用也很重要。

赫比·汉考克,肩上斜挎着最新潮的键盘乐器,1980年。

# 作曲 VS 即兴？

1946年左右，鲍勃·格雷廷格在纽约。

## 三合一

人们有时会否认"爵士作曲家"的贡献。可以肯定，"就是现在"（Now's the Time）达不到《春之祭》的高度，但也有一些有可比性的例子，例如斯特拉文斯基的作品与鲍勃·格雷廷格的《玻璃之城》（City of Glass，1948年），以及艾灵顿公爵时长三分钟的"Ko-Ko"（1940年）。区别在于，爵士作曲家创作的是能让即兴独奏演奏者充分发挥的时间与空间。爵士乐领域的创作者位于时间和空间之间，他的地位在作曲家、编曲家、主题作者[如安德烈·奥戴尔在《爵士世界》（Les Mondes du jazz）中所述]和即兴演奏者之间摇摆不定。

## 一个案例

1940年，艾灵顿公爵创作了"库蒂协奏曲"（Concerto for Cootie），这首曲子是为他的管弦乐团的小号手库蒂·威廉姆斯而作的。这并不是艾灵顿第一次尝试协奏曲体裁。在此之前，他已经在1936年为巴尼·比加尔创作了"单簧管哀歌"（Clarinet Lament），还为莱克斯·斯托尔特创作了"黑桃小号"（Trumpet in Spades）。乍一听，他为库蒂创作的协奏曲似乎没有什么特别之处，但其实这首曲子里没有一个音符是即兴的。虽然艾灵顿编写了所有音符，但这首曲子依然需要他人参与。如果没有库蒂·威廉姆斯的掌控（或者说"唇"控），乐谱或许就失去了存在的意义。

## 演奏？

在所谓的西方严肃音乐中，演奏者听从乐谱和作曲家的指示。在爵士乐领域，情况则有所不同。乐手在演奏既有的音乐样式时，总是会预留出一些即兴发挥的空间。乐手为独奏者伴奏的过程，更像是"临时表演"（extemporisation，出自音乐学家文森佐·卡波拉莱第），而不是"演奏"。一切都不是事先谱好的，但这种形式又不算是真正的即兴演奏。

## 一切都在脑中

在爵士乐领域，人们更愿意讨论演奏前设想的素材，而不是完善的作曲。乐谱并非必需，有时使用乐谱反倒无益。"脑中编曲"（head arrangement）就是一个范例。它是根据所有成员都了解的提纲来实施的，成员集体创作出能被快速记忆的各个部分，这样便能高效呈现演出效果。这种"作曲"理念取得了成功，例如贝西伯爵和胖子沃勒（1904—1943年）的一些小合奏团体。

## 障眼法

爵士乐领域有一种预备独奏的传统。一些经典的独奏曲,其实都是提前设计好的成果,例如路易斯·阿姆斯特朗的"西区蓝调"(West End Blues,1928年)的引子,还有查理·帕克的"突尼斯一夜"(A Night in Tunisia,1945年)的暂停独奏(break)。许多粉丝都上了当,以为它们都来自突如其来的灵感。在爵士乐领域,作曲和即兴之间的界限被打破了,但这丝毫不影响阿姆斯特朗和帕克演出的价值。

## 讲故事

虽然谈到爵士乐领域的即兴演奏时,最好避免使用"自发创作"这个说法,但一段稳定可靠的独奏还是要有一定的结构,才能"讲好故事"。即兴演奏者讲述故事的艺术既包括创作开头、中段和结尾的能力,也包括个性化的声音特质、肢体动作在音乐创作中的存在感(现场演出时看到的或者听唱片时想象的)等。只有在这样的演出情境中,音乐家才能创造出与听众共享的一段时间。

## 模拟即兴

钢琴家杰利·罗尔·莫顿有时对他的乐手的即兴独奏乐段不满意,便会亲自操刀他们的独奏表演创作。因此,作曲即兴并不是新生事物。大约20年后,在20世纪40年代末,盖瑞·穆里根的无钢琴伴奏四重奏的多场表演只是被戴上了"即兴"的帽子而已。安德烈·奥戴尔进一步推进了该原则,他创造了模拟即兴的方法,将作曲家和即兴演奏者的思想联系在一起(他曾说要"像音乐家一样思考"),形成了一个逻辑严密的整体。21世纪,马克·杜克莱将这个方法发扬光大,进一步模糊了作曲和即兴的界限。

1956年,安德烈·奥戴尔为《逐渐消失》(*Evanescence*)创作的中提琴独奏曲。

## 受限制的自由

常规形式之外的即兴创作所带来的自由,让越来越多的音乐家为自己设定即兴规则。无论是"指导的""概念的"(布莱克斯顿)还是"定向的"(德尔贝克),这种受限制的即兴创作的形式多种多样。在任何情况下,即兴演奏者都要摆脱自己的演奏习惯,抵抗自己的某些条件反射。事实又一次证明,设定框架能带来自由。然而这种自由有很高的风险,因为有时框架有很强的约束力。

# 与西方作曲音乐的关系

### 永远的联系

"无论谁想摆脱欧洲艺术的桎梏，都不应当首先转向爵士"，这是安德烈·奥戴尔在《人与爵士乐的问题》中说的。的确，爵士乐领域的和弦概念、音乐记谱体系（即使是改造过的）、使用的大部分乐器以及音乐家最常用的结构，都源自西方理念。虽然非裔美国人常常试图和这些因素保持距离，但更像是与它们协调制衡，而不是将其彻底清除。

### "我们的价值观不同"

现代西方艺术所承载的价值观，例如追求"美妙声音"的绝对哲学，作曲家堪比造物主（有时被称为"天才"）的理念，一致性、创新型、现代性等概念，在爵士乐领域都不重要。这些价值观并不一定被排斥，但它们被排在爵士乐领域自己的价值观之后。这些价值观有：拥有个性化的音色而不必考虑理想的美、创造高质量的细微节奏变化（摇摆与律动）、让"歌词"服从风格（而不是让风格服从歌词）、控制瞬间创造的节拍（以及随之而来的风险和领悟）等。

### 从借用到改变

爵士音乐家最爱的一种做法是借用一段西方严肃音乐的乐曲，然后对其做不同程度的处理。对"爵士化"而言，借用的乐曲只是即兴创作的由头，音乐家偶尔会用爵士节奏来表演巴赫的音乐，也会重新为肖邦的作品搭配和弦。被"盗用"的音乐的整体得以保留，但有了不同程度的变化，有的甚至无法辨认原作。钢琴家尤里·凯恩（生于1956年）无疑是这方面最重要的代表人物。

2000年在卢塞恩的尤里·凯恩。

### 第三条道路

1957年，在布兰迪斯大学的一次研讨会上，冈瑟·舒勒第一次提出了"第三流派"（third stream）这个说法。这是一种不同于西方严肃音乐和爵士乐的音乐理念，它从这两大流派中汲取经验，是独立的第三种流派，认为让不同的音乐思考方式相互接触大有裨益。换句话说，这是一种充分利用爵士乐的技巧与所谓"当代"音乐的作曲技巧，来打破某些界限的尝试。

# 爵士乐

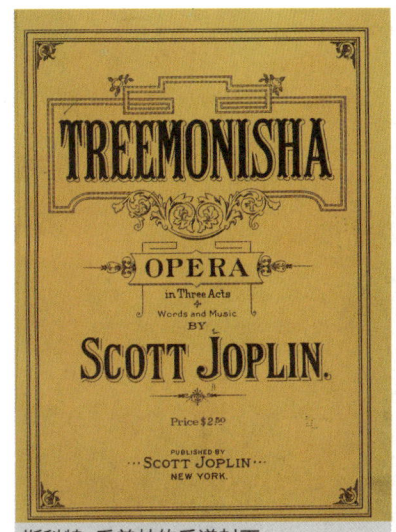

斯科特·乔普林的乐谱封面。

## 爵士歌剧

新奥尔良曾经有一家歌剧院,一些歌曲传遍了城市的大街小巷。阿姆斯特朗深受男高音歌唱家卡鲁索的影响。爵士乐领域的音乐家们很早就被舞台吸引,尤其是斯科特·乔普林(1868—1917年),他终生怀有一个执念:看到自己创作的歌剧《特里莫妮莎》(Treemonisha)登上舞台。从那时起,许多作曲家投身这一体裁:安东尼·布莱克斯顿创作了九部歌剧,安东尼·戴维斯(生于1951年)创作了四部歌剧,奥地利的弗朗茨·克格尔曼(Franz Koglmann,生于1947年)创作了《害怕溺亡》(Fear Death by Water)和《加入吧!》(Join!),法国人洛朗·库尼(Laurent Cugny,生于1955年)则把自己的《云的构造》(Tectonique des nuages)搬上了舞台。

## 共享的经验

两大领域的音乐家自然而然地有了接触。20世纪40年代,伍迪·赫曼委托科普兰和斯特拉文斯基创作作品。1957年,瓦雷兹邀请爵士乐手做定向即兴演奏演出。亨策为冈特·汉佩尔的五重奏乐团作曲。从1968年开始,波特和让-弗朗索瓦·热尼-克拉克多次参与施托克豪森的"直觉"音乐的创作;三年后,唐·谢利和克里斯托弗·潘德列茨基合作了"行动"(Actions)。21世纪,马克·莫内(Marc Monnet)邀请马克·杜克莱参与他的歌剧《砰!》(Pan!),卡拉瓦乔乐团则集合了两位作曲家和两位即兴乐器演奏家。

## 当古典遇到爵士

拥有西方美学观念的作曲家对爵士乐的借鉴,根据不同的人和不同的时期有所变化。19世纪,钢琴家路易斯·莫罗·戈特沙尔克已经开始从新的美国音乐中寻找灵感(《班卓琴》,1955年)。如果说在20世纪上半叶,"爵士乐"还是用来与学院派区分开来的借口,那么在20世纪下半叶,情况就变得更加多元了。若利韦的某些作品受到爵士音乐的影响,其他音乐家(伯恩斯坦、亚当斯)关注的则是它的功能维度,例如舞蹈。齐默尔曼(1918—1970年)创作的小号协奏曲《众人皆醉我独醒》(Nobody Knows the Trouble I See,1954年)运用了爵士乐的元素,这是因为在他心中,"爵士"代表了一种自由的理想。

1946年,在伊戈尔·斯特拉文斯基的指挥下吹奏单簧管的伍迪·赫曼,一支爵士乐队伴奏。

# 与"世界音乐"的关系

2010年,巴黎音乐城,维莱特爵士音乐节上的贡萨洛·鲁瓦尔卡瓦。

## 从异域风情到回归本源

由于和非洲的地理距离、时间距离以及因此导致的文化距离都非常遥远,爵士乐领域的音乐家与非洲保持着一种想象中的关系。得益于交通工具和声音复制技术的发展,这种情况很快改变了。人们在1963年可以听到艾灵顿公爵的"非洲小花"(Fleurette afraicaine),1972年可以听到尤瑟夫·拉蒂夫的"非洲之歌"(African Song)。柯川和桑·拉创作了"非洲"系列作品。兰迪·韦斯顿、亚特·布莱基和其他许多音乐家都前往非洲大陆。1985年,赫比·汉考克与克拉琴弹奏家福代·穆萨·苏索(Foday Musa Suso)组成了一个二重奏,这证明了几个世纪以来爵士乐领域和非洲音乐形式之间的距离。

## 适应

20世纪,爵士乐传遍了非洲大地,一些本土爵士乐作品诞生了。20世纪20年代,由加纳人组成的"爵士乐之王"(Jazz Kings)让非洲人听到了新奥尔良的音乐。一种南非特有的"爵士乐"发展起来,休·麦瑟凯拉(Hugh Masekela)和克里斯·麦克格雷格(Chris McGregor)脱颖而出。早在20世纪40年代,人们便称这个国家的音乐为"非洲爵士乐"或"姆巴堪噶"(mbaqanga)。能演奏多种乐器的埃塞俄比亚音乐家穆拉图·阿斯塔特科(Mulatu Astatke)与艾灵顿合作,人们开始讨论埃塞俄比亚爵士乐。塞内加尔的圣路易音乐节(创立于1990年)是20世纪30年代以来爵士乐在西非地区的重要成果。

## 隔绝的好处

和在美国一样,欧洲文化和非洲文化的交融在古巴形成了一种前所未有的音乐形式。它的特殊性有两点:一是受西班牙的影响非常明显;二是来自尼日利亚的约鲁巴人后裔所继承的节奏遗产。20世纪下半叶的大部分时间里,古巴音乐家与世隔绝,探索出了一种独特的风格:疯狂的节奏、高超的乐器技巧、复杂交错的节奏层次、冲击力极强的管弦乐队等。这些元素可以用来描述帕奎多·德里维拉(生于1948年)、贡萨洛·鲁瓦尔卡瓦(生于1963年)和阿图罗·桑多瓦尔(生于1949年)等音乐家的演奏方式。

## 另一个美洲

爵士乐很快传到了南美洲。南美洲和非洲选择的道路非常相似,声韵感知体系的地位高于作曲。20世纪30年代,巴西的毕辛金亚(Pixinguinha)创作的流行音乐受爵士乐的影响,波萨诺瓦音乐则反过来传播至全世界。20世纪70年代的桑巴融合爵士乐(以奇克·考瑞阿为代表)节奏感极强。埃尔图·莫莱拉(Airto Moreira)的打击乐和埃尔梅托·帕斯科亚尔(Hermeto Pascoal)的键盘乐为迈尔斯·戴维斯的音乐增添了色彩。米尔顿·纳西门托影响了韦恩·肖特的音乐,而从2000年起,巴拿马钢琴家达尼洛·佩雷兹(Danilo Pérez)也在肖特的音乐中留下了自己的特色。阿根廷也有一些重要的音乐家,如拉罗·施夫林(Lalo Schiffrin)、盖托·巴彼耶里(Gato Barbieri)、佩德罗·阿兹纳尔(Pedro Aznar)。

## 从密西西比河到恒河

由于印度音乐的节奏技巧以及悠久的即兴演奏传统,这个国家对爵士乐领域有着极强的吸引力。与西塔尔琴大师拉维·香卡会面后,印度给约翰·柯川带来了许多特别的灵感。约翰·麦克劳林前往这片次大陆,向大师学习。他曾加入摩诃毗湿奴管弦乐团,更在莎蒂乐队中,与杰出的塔布拉双鼓演奏家查吉尔·胡赛因(Zakir Hussein)一起,发挥自己所学。出生于美国的维杰·伊耶尔和路德莱什·马汗塔帕(Rudresh Mahanthappa,生于1971年)是印度裔移民,他们都取得了巨大成功。

## 音乐香料

说到中东地区,除了异域风情,它首先是一个远离盎格鲁-撒克逊白人清教徒霸权的地方。有几位音乐家皈依了伊斯兰教,例如杜拉尔·布兰德(Dollar Brand),他给自己改名为阿卜杜拉·易卜拉欣(Abdullah Ibrahim)。20世纪70年代,萨克斯演奏家比尔·伊文思(他给自己改名为尤瑟夫·拉蒂夫)和唐·谢利效仿低音提琴手艾哈迈德·阿布都·马利克(Ahmed Abdul Malik),吸收了一些东方的音乐元素。20世纪末,音乐融合的现象不断增多,乌德琴演奏家拉比·阿布-卡里尔(Rabih Abou-Khalil)成了这方面的先驱,以色列低音提琴手阿维沙伊·科恩(Avishaï Cohen)则以作品《阿达玛》(*Adama*)取得了成功。马格里布地区的不对称节奏与中东有关联,如今被爵士乐领域的许多音乐家采用。

## 亚洲制造的爵士乐

20世纪20年代,爵士乐的光芒也照耀到了亚洲。爵士乐在新加坡、东京和吉隆坡传播开来。在美国的影响下,日本涌现了许多音乐人、唱片公司和大型音乐节,从20世纪70年代开始,他们要么倾向于模仿,要么倾向于最极端的即兴演奏。随着时代的发展,越南裔的阮力(Nguyên Lê,生于1959年)、华裔的胡健良(Jon Jang,生于1954年)和巴基斯坦裔的莱兹·阿巴西(Rez Abbasi,生于1965年)都对当今爵士乐领域的多样性做出了贡献。

2016年,在巴黎维莱特爵士音乐节上演奏的阿维沙伊·科恩。

# 乐器

## 铜管乐器的主宰

和萨克斯一样，小号也是爵士乐的象征。作为新奥尔良复调音乐的核心，路易斯·阿姆斯特朗的小号演奏方式出类拔萃。在大乐团里，小号是美国乃至全世界流行音乐电影原声带中必不可少的元素，这种情况一直持续到第二次世界大战结束。萨克斯、钢琴和吉他（迈尔斯·戴维斯在他的电声时期为吉他增加了一个哇音踏板）为小号伴奏，除了传统的"力量十足的"演奏方式之外，切特·贝克和乔恩·哈赛尔（Jon Hassel）的作品中也出现了一种更柔和的方式。

## 带伸缩管或音栓

虽然长号一直存在于爵士乐领域，但它在杰·杰·约翰逊（Jay Jay Johnson）的作品中拥有了现代特征。随着时代发展，音乐家设想出越来越多前所未有的演奏长号的新方法，甚至让它的声音变得无法识别，我们比较一下"小子"欧瑞和杰克·蒂加登（Jack Teagarden）的长号，与阿尔贝·门杰尔斯多夫（Albert Mangelsdorff）和伊夫·罗伯特（Yves Robert）的长号，就会相信这一点。一些音乐家更喜欢按键式长号，而不是带伸缩管的，例如鲍勃·布鲁克梅尔（Bob Brookmeyer）。

## 王者钢琴

从带有纸卷打孔的自动钢琴到预制钢琴，再到各种类型的合成器，这种键盘乐器依旧是一个深不见底的灵感源泉。钢琴是否可能取代萨克斯和小号？这种乐器与低音提琴、架子鼓结合在一起，在任何音乐情境中都能演奏出"爵士乐"。

## 音乐殿堂的守卫者

20世纪30年代以前，低音提琴通常为乐曲的节奏与和弦打基础。随着金属制弦材料的出现，它成了一种独奏乐器。放大器和电子低音乐器出现后，一些独奏家开始能和经常出现在舞台一线的音乐家平起平坐。

## 令人着迷的黑管

作为新奥尔良的主要乐器，单簧管随着"摇摆乐之王"本尼·古德曼的横空出世而成为这个城市的标志。1945年后，与萨克斯相比，单簧管的声誉有所下降，艾瑞克·杜菲和吉米·朱弗尔是少有的在先锋派爵士乐中高举单簧管大旗的音乐家。欧洲爵士乐领域则为单簧管带来了新鲜空气，代表人物是米歇尔·波特、加布里埃莱·米拉巴西（Gabriele Mirabassi）和擅长低音单簧管的路易·史克拉维斯。

"摇摆乐之王"本尼·古德曼。

爵士乐

## 多合一

架子鼓是唯一源自爵士乐领域的乐器，它使用的鼓和钹最早由不同的打击乐手分别演奏。它使歌曲的节奏跳动起来，演奏出轻松活泼的韵律。20世纪60年代，它的功能朝着维持声音的流动性发展（例如埃尔文·琼斯），后来成了一些融合爵士乐团的核心。从某种程度上来看，它是属于20世纪的乐器，但这还只是一个开始，因为从21世纪开始，改变爵士乐领域游戏规则的音乐家往往是鼓手[马库斯·吉尔摩、斯特凡纳·佳朗（Stéphane Galland）、马克·吉利亚纳、丹·韦斯]。

## 英雄

由于面临着来自班卓琴的竞争，吉他在大型乐团中几乎被埋没，但放大器出现后，吉他取得了飞跃式的发展。"二战"后，吉他是青少年最喜爱的乐器，也是高度个人主义社会的象征。在吉米·亨德里克斯（麦克劳林、麦克·斯特恩）之后，吉他带有摇滚乐的色彩；在鲍勃·迪伦（约翰·阿伯克龙比、拉尔夫·汤纳）之后，它则带有民谣色彩。21世纪，尼尔森·维拉斯、吉拉德·赫克塞尔曼和朱利安·拉格继续挖掘着这种全世界使用人数最多的乐器的无穷潜力。

## 走上另一条道路的弦乐器

拨弦乐器在西方严肃音乐领域所处的文化地位，使它们在爵士乐领域并不多见。然而，在早期新奥尔良的音乐中，拨弦乐器是很常见的。继乔·韦努蒂之后，斯蒂芬·格拉佩里很早就让小提琴获得了认可。从那以后，小提琴变得电气化（代表人物有让-吕克·蓬蒂、米哈乌·乌尔班尼亚克），获得解放（勒罗伊·詹金斯），具有了后现代色彩（泰奥·塞卡尔迪）。小提琴手与中提琴手（马特·马纳里、纪尧姆·罗伊）、大提琴手（弗雷德里克·卡茨、文森特·库尔图瓦、托梅卡·里德）一起，组成了演奏"爵士乐"的四重奏（IXI四重奏）。

## 各种萨克斯

如果萨克斯不被用在爵士乐领域，这类乐器如今会是什么样子？除了西德尼·贝彻，高音萨克斯几乎被所有人忽视，直到20世纪60年代，在史蒂夫·莱西和柯川的影响下，它才登上舞台。继本尼·卡特和约翰尼·霍吉思后，查理·帕

2002年，在巴黎文森森林的花卉公园演出的迈克尔·布莱克。

克让中音萨克斯具有了百转千回的特征。科尔曼·霍金斯和莱斯特·扬塑造了次中音萨克斯的特征，它在费拉·桑德斯、谢普、艾勒的手中甚至呈现出喷薄与爆发的特征。迈克尔·布莱克集前人之大成，拥有众多追随者。

## 好奇箱……

在爵士乐领域，有人弹奏梳子（"红色"麦肯齐）、竖琴（多萝西·阿什比、埃德马·卡斯塔涅达）、羽管键琴（米德·勒克斯·刘易斯、麦考伊·泰纳），约翰·格拉斯和朱利叶斯·沃特金斯则用法国号吹奏摇摆乐，罗兰·科克（Roland Kirk）吹奏曼泽洛管、斯特里奇管、弹音器、口簧琴等。

# 乐队

## 独奏

独奏这种形式并不为钢琴家所独有，也不专属于吉他手。"宝贝"多兹在1946年录制了一张完整的架子鼓独奏专辑，科尔曼·霍金斯在1948年使用高音萨克斯录制了歌曲"毕加索"，桑尼·罗林斯更是用萨克斯录制了《独奏专辑》(Solo Album)。独奏从此成为一种常见的表现方式，一些低音提琴演奏家的作品就是例子[手腕骨折的马尔腾·阿尔特纳录制的独奏专辑《残疾》(Handicaps)]。其中一种经常出现的挑战是创造好几种乐器共同参与的错觉[雅格·帕斯托利乌斯(Jaco Pastorius)的"崔西的肖像"(Portrait of Tracy)]。

2007年，在巴黎进行二重奏演出的布莱德·梅尔道和派特·麦席尼。

## 两人更好

二重奏因为能表达人们内心的情感而受到推崇。钢琴与吉他的合作对反应速度和专注力的要求最高（和弦选择、音区分布、力度问题）。无论是搭档（汤纳—阿伯克龙比、汉考克—考瑞阿、霍兰德—菲利普斯等）还是不同乐器的组合（萨克斯—架子鼓、钢琴—竖琴、萨克斯—长号），二重奏都能表现出演奏者的真情实感。

## 三人组合

三重奏并没有很快成为爵士乐领域的主要构成类型，20世纪上半叶是大型合奏团的繁荣时期（人数多，有优势）。"钢琴—低音提琴—架子鼓"组合脱胎于大乐团，其声望与日俱增，甚至成了一种艺术形式[布莱德·梅尔道的《三重奏艺术》(The Art of the Trio)]。包括萨克斯（罗林斯、亨德森）和吉他（比尔·弗里塞尔、约翰·斯科菲尔德、南方三重奏）在内的三重奏也不断发展。爵士乐中，节奏不对音乐产生影响的三重奏很少见[本尼·古德曼的三重奏、布莱克斯顿的专辑《为了三重奏》(For Trio)]。

架子鼓后的多兹，纽约，1946年左右。

## 2 × 2

四重奏的优势在于它的演奏效果堪比管弦乐团，却又具有室内乐的细腻感。不少表现手法迥异的四重奏乐团都具有神话色彩，例如戴夫·布鲁贝克、约翰·柯川、奥尼特·科尔曼、韦恩·肖特（21世纪）、大卫·斯潘塞·韦尔和许多其他音乐家的四重奏。不过这种乐团形式并不是最稳定的，它介于大获成功的三重奏和更多样化的五重奏之间。

## 五人乐团！

和三重奏、大乐团一样，五重奏乐团是人们眼中爵士乐的象征。这得益于比波普音乐家的成功（包括1950年在蒙特利尔组成的传说般的五重奏：帕克、吉莱斯皮、鲍威尔、明格斯、罗奇），更要归功于蓝音唱片（Blue Note）录制的硬波普音乐家的唱片，当然也不能忘记阿姆斯特朗的热力五人组的非凡成就。在迈尔斯·戴维斯的推动下，这种乐团形式发展至顶峰[他的第一五重奏和第二五重奏，以及"失落的五重奏"（The Lost Quintet）]。

约1926年，阿姆斯特朗的热力五人组。

## 大杂烩

"小乐团"（smalltet）的规模介于五重奏和大乐团之间，没有固定的人数。这个被评论家和音乐学家频繁使用的体裁术语，是否能涵盖爵士乐历史上最畅销的六重奏专辑《泛蓝调调》（Kind of Blue）？乔治·拉塞尔（他可能就是"smalltet"这个词的创造者）的小乐团有七位音乐家。然而迈尔斯·戴维斯的九重奏更有话题度，但就像这个九重奏乐团的专辑名称一样，《那又怎样？》（So what?）。

## 摇摆时代

大乐团是一个自成一派的系统。它出现于20世纪20年代，恰逢新奥尔良音乐流行时期。早在1919年，阿特·希克曼就在乐器组中使用了萨克斯，拓宽了乐团的声音类型。弗莱彻·亨德森很早就能熟练使用小节奏组。20世纪30年代，也就是1929年的"大萧条"后，乐团的构成稳定下来，很快大获成功。由于成本过高，大乐团浪潮在"二战"期间逐渐消退，但野火烧不尽，春风吹又生，大乐团后来仍然在全世界遍地开花。

## 与弦乐器合作

爵士乐演奏者与弦乐团的关系一直比较暧昧不清。弦乐团的声音美感很吸引人，但节奏方面的问题比较严重。保罗·怀特曼是第一个在大型乐团中引入弦乐器的人，他在世界上取得成功。查理·帕克对自己的弦乐器组非常骄傲[尤其是"只是朋友"（Just Friends）和"巴黎四月"（April in Paris）]。他们通常将弦乐器当作音乐背景来烘托独奏者（克利福德·布朗、坎农博尔·阿德利、查理·海登等），而在斯坦·盖茨和埃迪·索塔尔[《焦点》（Focus，1961年）]、克劳斯·奥杰曼（Claus Ogerman）和迈克尔·布莱克的合作中，音乐家使用弦乐的目标更加高远。

## 群星荟萃

20世纪30年代，制作人诺曼·格兰茨萌生了召集爵士乐明星举办国际巡演的想法。或许"超级乐团"这个概念要追溯到他组织的"爵士乐走进爱乐厅"（Jazz at the Philharmonc）系列音乐会。后来人们开始用"超级乐团"这个词来指代由各种乐器领域已成名的独奏家组成的合奏团。一些乐团雄心勃勃，想成为"超级乐团"，例如以赫比·汉考克为核心的V.S.O.P.乐团。其他乐团正走在成为"超级乐团"的路上，例如回归永恒乐团（Return to Forever）和派特·麦席尼乐团。

# 10位爵士乐领域的女演奏家

## 阿姆斯特朗夫人

虽然在美国没有得到和男性乐手一样的普遍认可，但女性在爵士乐领域的地位仍然不可忽视。从这个角度来看，里尔·哈丁是一个具有代表意义的人物。她生于1898年2月3日，于1971年8月27日去世。1917年，她在弗莱迪·凯帕德的乐团中弹奏钢琴，著名的金·奥利弗随后成了这个乐团的指挥。路易斯·阿姆斯特朗加入乐团后，她很快被其吸引。两人后来结了婚，在她的督促下，路易斯的事业飞速发展，她则在芝加哥指挥自己的乐团。1931年，两人离婚，哈丁继续自己的音乐事业，直到20世纪60年代初。

1958年，在多伦多排练的秋吉敏子。

## 女性手中的小号

在爵士乐领域，有一批女性小号演奏家，但她们大多被那些书写历史的人忽视了，例如科罗拉·布莱恩特（Clora Bryant）、安·库珀（Ann Cooper）、泰妮·戴维斯（Tiny Davis）、多莉·琼斯（Dolly Jones），以及命运多舛的瓦莱达·斯诺（Valaida Snow）。瓦莱达·斯诺出生于1904年6月2日，20世纪20年代至40年代，这位女音乐家在世界各地演出。1942年，她在瑞典被捕，后来被遣送到纳粹集中营。她作为囚犯通过交换回到美国，最终于1956年5月30日去世。

## 摇摆女士

如果没有玛丽·卢·威廉姆斯（1910—1981年），堪萨斯城的爵士乐就不会有今天这副面貌。为了向她在1929年到1942年在"十二朵欢乐之云"（Twelve Clouds of Joy）乐团中做的工作（钢琴家、作曲家、编曲家）致敬，安迪·科克经常演奏歌曲"让乐团摇摆的女士"（The Lady Who Swings the Band）。她在卡内基音乐厅演奏《十二宫组曲》（Zodiac Suite），成立了一个女子合奏乐团，预言了比波普的崛起，还曾与塞西尔·泰勒一起演奏。

## 尊重

梅尔巴·利斯顿生于1926年1月13日，于1999年4月23日去世，生而不妥协的她曾表示："没有女性的参与，如今我们了解的爵士乐就不会存在。"凭借精湛的长号演奏技巧和新颖的语言，她加入了迪兹·吉莱斯皮、昆西·琼斯和兰迪·韦斯顿的管弦乐团。此外，她也是一位优秀的编曲家，供曲对象包括电视节目和她在1958年加入的女子五重奏，也曾为明格斯编曲。

## 日本的女爵士音乐家

秋吉敏子早年在日本和中国（她于1929年12月12日出生在中国）生活，1956年来到美国后投身爵士乐领域。这是一个大胆的赌注，因为日裔女性的身份对她的事业来说并不是一个有利条件。然而，这位女钢琴家却被大众所承认，甚至为大乐团带来了一种特殊的色彩，这要归功于她越来越频繁地在作品中使用来自祖国的独特音乐元素（尤其是笛子）。她与第二任丈夫、萨克斯演奏家卢·塔巴金共同指挥她的大乐团，以坚定又有创意的方式带领这支乐团（1980年，它在美国被选为"最佳大乐团"）。

862

爵士乐

在大乐团中弹奏管风琴的卡拉·贝利。

## 乐团女指挥

卡拉·贝利（生于1936年5月11日）是爵士作曲家同业公会中唯一的女性。她自学成才，作为保罗·贝利的妻子，最先见证了奥尼特·科尔曼最早创作的自由爵士作品的诞生。她曾在纽约的俱乐部里卖烟，在那里聆听了最伟大的音乐家的演奏。她独立创建了不受惯例约束的管弦乐团，甚至成了查理·海登的"解放音乐管弦乐团"（Liberation Music Orchestra）的音乐总监。她创作的《穿山电扶梯》（*Escalator Over the Hill*）堪称杰作。

## 女性主义者

虽然若埃勒·莱昂德尔（Joëlle Léandre）并非爵士乐出身，但她很快在这个领域拥有了一席之地。她生于1951年9月12日，毕业于巴黎音乐学院。这位低音提琴女演奏家在表演贾钦托·谢尔西和约翰·凯奇的作品时，发现了非裔美国人的自由爵士。20世纪80年代，她走上了自由即兴演奏的冒险之路，与先锋派和实验派音乐家合作，还探索出了一种与音乐剧有关联的形式。作为女性主义者，她创建了多个女性合奏团。

## 安静的力量

玛利亚·施耐德生于1960年11月27日，她的力量在于她那温柔细腻的敏感性，而且她懂得如何用这一特点来影响大乐团。她是鲍勃·布鲁克梅尔和吉尔·埃文斯的学生，并将他们的理念发扬光大。20世纪90年代，她的管弦乐团每周一在"视觉爵士乐俱乐部"（Visones）演出，这是一个发掘了许多年轻音乐天才的俱乐部。她不仅创作了爵士乐交响诗《天蓝》（*Sky Blue*），也曾为大卫·鲍伊的最后一张专辑编曲。

## 女鼓手

把鼓棒交给一个女人并不是理所当然的事，直到泰莉·林恩·卡林顿（生于1965年）出现。在她之前，历史上也有过女鼓手，但她强有力的演奏和个人魅力令人折服，让她得到了认可，家族隔代遗传也是一项有利条件（她的祖父曾经当过胖子沃勒和查克·贝里的鼓手）。她曾经受雇于赫比·汉考克长达十年，并在斯坦·盖茨、克拉克·特里、韦恩·肖特和艾尔·贾诺身边演奏，向全世界展示自己的鼓技。

## 女萨克斯演奏家

英格丽德·劳布洛克生于1970年9月24日，她很早就得到了爵士乐领域名流的认可。这位德国音乐家曾长住英国，在英国表演长达十年，从2008年开始定居纽约。她很快开始与最前卫的音乐家共同演奏，例如安东尼·布莱克斯顿、玛丽·哈尔沃森、克里斯·戴维斯、泰肖恩·索雷、克雷格·塔波恩等。2015年，《重拍》杂志称她为高音萨克斯的"明日之星"。她的职业道路才刚刚开始！

863

# 各种状态的人声

## 另一个故事

歌唱这个领域拥有自己的历史,不同于器乐演奏家的历史。因此撰写它的历史时,最好以人物而不是音乐风格为线索。不过歌手与器乐演奏家之间一直有交流:声乐有时可以成为乐器(艾灵顿作品中的艾薇·安德森),几乎所有器乐演奏家都有几位歌手作为榜样。许多器乐演奏家都表示,想要正确演奏一首曲目,就必须了解它的歌词。

## 从蓝调到爵士乐

关于蓝调歌手,我们可以从三个时期来考虑。1920年以前,蓝调歌曲主要被男歌手垄断。1920年到1930年,女歌手占据上风。录制第一张爵士乐唱片的三年后,玛米·史密斯成为第一位录制蓝调歌曲的女歌手["疯狂蓝调"(Crazy Blues)],随后是玛·雷尼、艾达·考克斯,当然还有"女王"贝西·史密斯。20世纪30年代后,种族唱片浪潮式微,取而代之的是爵士乐,埃塞尔·沃特斯用歌声把两个领域联系了起来。

## 女神们

女歌手数量众多,但其中有三位脱颖而出,无可争议:艾拉·菲茨杰拉德、萨拉·沃恩和比莉·哈乐黛。第一位比任何人都擅长摇摆乐,把即兴的拟声唱法提高到了无人可及的高度。如果人间有上帝的恩典,那它就是通过萨拉·沃恩的歌声传播的。她高超的演唱技巧始终服务于极其精妙的情感表达。至于比莉·哈乐黛,她用自己的天赋和灵活的音调变化,歌颂非裔美国人的命运。她曾经与莱斯特·扬有过震撼人心的合作,她的节奏感令人心跳加速。

1946年,萨拉·沃恩在纽约。

## 反叛者

某些女歌手与传统的迷人形象相去甚远,她们是有着积极的介入精神的音乐斗士,代表人物是艾比·林肯和珍妮·李。掌握了标准曲目后,艾比·林肯在马克斯·罗奇的《自由小屋》(Freedom Now Suite,1960年)中大胆尝试了尖叫音。她积极参与为黑人争取权益的斗争,因此遭到唱片公司的排挤。珍妮·李探索出一种非同寻常的唱腔,重点集中在词语的意义及声音上。

2017年,纽波特爵士音乐节上的瑟西儿·麦克罗恩·莎芳。

## 复兴

在唱片行的货架上和"爵士乐舞台"上的无数女歌手中,有一些人不断改变着自己的演唱方式,例如韩国歌手罗玧宣。令人惊讶的是,21世纪的法国也涌现出好几位明星歌手,例如艾莉兹·卡隆、克洛迪娅·索拉尔、让娜·阿戴和法裔美国人瑟西儿·麦克罗恩·莎芳。莎芳在2010年荣获著名的塞隆尼斯·蒙克大赛桂冠,她几乎将从贝西·史密斯到现在的整个爵士乐领域声乐历史融会贯通。

爵士乐

## 三位歌手，三种风格

和女性歌手一样，男性歌手本身就构成了一个独立的世界，每个人都有不同的风格。乔恩·亨德里克斯、鲍比·麦克菲林和库特·艾灵就是最好的例子。亨德里克斯凭借与众不同的即兴填词（vocalese）闻名，这是一种在已有的器乐独奏中即兴填词的人声演唱方式。麦克菲林完成了不可能的挑战：用单声部在不同音区转换，创造出了复调乐曲。四个八度的音域让艾灵成为一个能低声吟唱、拟声演唱，还能唱出几乎不可能实现的即兴填词的歌手。

1932年，米尔斯兄弟四重奏。

## 兄弟姐妹

声乐合唱团是爵士乐领域的组成部分，无论有伴奏（"曼哈顿中转站合唱团"）还是没有伴奏（"金门四重唱团"），他们都取得了堪比大乐团的成功。自菲斯克大学朱比利歌唱团以来，这种艺术不断精益求精：20世纪20年代的鲍什威尔姐妹合唱团、30年代的米尔斯兄弟合唱团、40年代的安德鲁斯姐妹合唱团。"兰伯特、亨德里克斯和罗斯合唱团"活跃于1957年到1962年。20世纪80年代的"取六合唱团"（Take 6）则是复调演唱领域的不可逾越的巅峰。

## 从乐器到人声

让音乐家成为会唱歌的器乐演奏家的原因有很多：出于形势考虑[1926年，阿姆斯特朗在歌曲"焦虑不安"（Heebie Jeebies）中无意创造了拟声唱法]、为了确保成功（胖子沃勒和乔治·本森）、为了演出（吉莱斯皮）、出于幽默感（克拉克·特里的嘟哝），也可能只是出于兴趣（切特·贝克）。

## 开放

爵士乐领域的边界并不是死板一块，甚至可以说是非常开放的。一些真正的民间和流行艺术家常"闯入其中"，其中最活跃的是琼尼·米切尔。她曾邀请派特·麦席尼、莱尔·梅斯和雅格·帕斯托利乌斯参加自己的巡演，为了向明格斯致敬而构思了一张专辑。2001年，她录制了两张专辑，由文斯·门多萨编曲。比约克在出道之初曾与一个大乐团录过音，她后来也很信任这位编曲家。里基·李·琼斯和大卫·鲍伊也曾向爵士音乐人发出邀约，首先是乔·亨德森和查理·海登，后来还有唐尼·麦卡斯林。

865

# 舞蹈与爵士乐领域的关系

### 爵士乐就是舞蹈

"声韵感知"（用耳朵演奏，不使用乐谱）音乐与舞蹈的联系密切，尤其是爵士乐。从黑人奴隶的"绕圈呼喊歌"（ring shout）到"摇摆乐时代"，舞蹈和音乐一直在互相启发。虽然调性爵士或自由爵士这样的变化乍一看似乎不太利于舞蹈表达，但无论是节奏还是迷乱的情绪，这些音乐风格的本质都是对身体的肯定与充满活力的表达。20世纪30年代，音乐家与观众相互影响：优秀的管弦乐团的演奏声音不能太大，这样人们才能听到舞者的步伐。

### 在节奏的影响下

想要完全了解爵士乐领域的一些音乐风格，就必须跳舞。拉格泰姆这种音乐就与步态舞、两步舞以及著名的狐步舞（20世纪之前，许多舞蹈的灵感都来自动物，例如灰熊舞、西迷舞、火鸡舞等）都有关联。转折出现在20世纪20年代初，一些与特色节奏有关的各种形态的舞蹈出现了。《狂奔》（Runnin' Wild，1923年）和《黛娜》（Dinah，1924年）这两本杂志分别强推查尔斯顿舞和黑人扭摆舞。这股浪潮掀起后再也没有停下，它在30年代催生了林迪舞和吉特巴舞。

### 会跳舞的音乐家

某些音乐家为了跳舞会毫不犹豫地放下乐器。除了唱歌和指挥，凯比·卡洛威在摇摆乐时期甚至把舞蹈当作自己的专长。迪兹·吉莱斯皮指挥大乐团时，拾起了前老板卡洛威的爱好。当音乐旋律称心如意时，蒙克会跳起谜一般的圆圈舞步。塞西尔·泰勒和蒙克一样，上台时会绕着钢琴转圈。此外，他的钢琴演奏技巧也具有舞蹈风格。桑·拉的"阿卡斯特拉乐团"（Arkestra）的表演常常包括一些舞蹈动作，有时近似杂技。

### 踢踏舞

踢踏舞的地位比较特殊，因为它更注重节奏而不是空间。1922年，约翰·巴布斯（John Bubbles）发明了踢踏舞，它在20世纪30年代和40年代发展到顶峰，其中一段著名的舞蹈是尼古拉斯兄弟在电影《暴风雪》（Stormy Weather，1943年）中，在凯比·卡洛威的管弦乐团伴奏下跳的踢踏舞。踢踏舞是以节奏为基础的舞蹈，它和爵士乐一样，都喜欢围绕复杂的节奏展开即兴表演。一些著名的鼓手也跳踢踏舞，例如乔纳森·琼斯、巴迪·瑞驰和菲利·乔·琼斯。21世纪，一些音乐家邀请踢踏舞者加入他们的合奏团，例如小号演奏家温顿·马萨利斯和钢琴演奏家格里·艾伦。

1964年，一张宣传照上的约翰·巴布斯。

## 比波普爵士乐能用来跳舞吗？

20世纪40年代，随着比波普的出现，舞蹈似乎远离了爵士乐领域。很少有习惯摇摆乐的舞者能适应这种风格的快节奏和它难以预料的音符。然而，比波普音乐家对艺术家地位的要求也体现在非裔美国编舞家身上，例如凯瑟琳·邓翰和珀尔·普赖默斯。不管怎样，舞者的关注重心开始转移。未被先锋乐派所吸引的舞者则在节奏蓝调中找到了归属。20世纪50年代，这种音乐风格衍生出了摇滚乐（路易斯·乔丹是这两种音乐的衔接者）、扭摆舞和一种抽筋舞（jerk）。

## 现代爵士舞能使用爵士乐伴奏吗？

从20世纪60年代开始，"现代爵士舞"这个术语指的是编舞家塔利·毕蒂（Talley Beatty）和埃尔文·埃利（Alvin Ailey）的作品。它指的是一种舞蹈方式，融合了为搭配摇摆音乐而设计的动作和现代西方传统的学院派舞步。现代爵士舞并非即兴，人们可以跟着"爵士乐"来跳，但两者相去甚远。不过爵士乐的精神自然还是影响着它的编舞。

亚历山德拉·埃克斯特为布罗尼斯拉娃·尼金斯基在《爵士乐》（1925年）中的服装所画的示意图。

## 爵士乐芭蕾

1922年，美国作曲家约翰·奥尔登·卡朋特创作的《疯狂的猫：一出爵士乐哑剧》（*Krazy Kat : A Jazz Pantomime*）开创了爵士芭蕾音乐。其他非裔美国人很快开始效仿，例如威廉·格兰特·斯蒂尔和他的《撒赫吉》（*Sahdji*，1930年），也包括百老汇的无数歌舞演出，此外还有西德尼·贝彻及其《夜晚是一个女巫》（*La nuit est une sorcière*，1953年）。另外，编舞家安娜·特蕾莎·德·吉尔梅克根据迈尔斯·戴维斯的《泼妇酿酒》（*Bitches Brew*）和约翰·柯川的《至高无上的爱》（*A Love Supreme*）等歌曲构思了一些芭蕾舞作品。

## 合作的力量

与现代爵士舞相反，一些艺术家喜欢完全即兴的表演，而且通常是双人舞蹈。这些合作让舞者和音乐家之间的互动更为紧密。戴安娜·麦金泰尔（Dianne McIntyre）和奥鲁·达拉（Olu Dara），或者距离我们时代更近的卡洛琳·卡尔森和米歇尔·波特就专门探索这种方式。一些低音提琴演奏家甚至会手持乐器与搭档共舞，例如若埃勒·莱昂德尔和约瑟夫·纳吉、巴里·盖伊和托马斯·哈尔特（Thomas Hauert），以及巴·菲利普斯（Barre Phillips）和朱利安·汉密尔顿（Julyen Hamilton）。

867

# 机器与人

## 节拍器

19世纪，随着时间的推进，精确且合理化的节拍逐渐成为主流。这是拥护黑奴制的时代，也是音乐节拍器的时代。随着爵士乐的发展，一种微妙的辩证思想出现了：在限制性的框架中寻找自由。机械旋律所规定的节拍与音乐家放置节奏的自由之间，形成了一种前所未有的关系。摇摆乐便源于此。

1877年，托马斯·爱迪生发明的留声机。

## 打孔纸卷

在乐谱出现之后，在20世纪的唱片出现之前，带有打孔纸卷的自动钢琴把"严肃"音乐和"流行"音乐带到了许多家庭和公共场所。因此，我们可以认为最早的爵士乐唱片并非出现在1917年，而是1911年，它就是《金莺拉格泰姆》(Ragtime Oriole)，是詹姆斯·斯科特的打孔纸卷专辑。随后拉吉·罗伯茨（1913年）、斯科特·乔普林（1916年）、詹姆斯·P. 约翰逊和尤比·布莱克（1917年）的打孔纸卷专辑也陆续问世。

## 再大点声！

麦克风和放大器改变了20世纪20年代爵士乐领域的游戏规则。麦克风提高了声音录制的质量，很快让唱片录音成为明日黄花。它和放大器一起，陪伴着那些擅长表达内心情感的低吟歌唱家。20世纪60年代，摇滚乐和融合爵士提高了放大器的音量，这个参数甚至成了这些音乐类型的美学理念的一部分。

1927年，RCA公司为Victor公司开发了一种高质量的麦克风，胖子沃勒和艾灵顿等人都用它录制。

## 刻纹录音

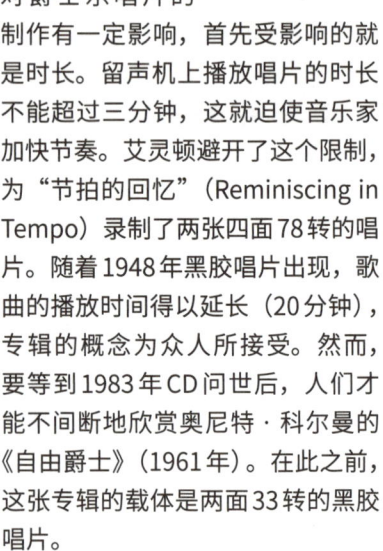

不同类型的录音方式对爵士乐唱片的制作有一定影响，首先受影响的就是时长。留声机上播放唱片的时长不能超过三分钟，这就迫使音乐家加快节奏。艾灵顿避开了这个限制，为"节拍的回忆"(Reminiscing in Tempo)录制了两张四面78转的唱片。随着1948年黑胶唱片出现，歌曲的播放时间得以延长（20分钟），专辑的概念为众人所接受。然而，要等到1983年CD问世后，人们才能不间断地欣赏奥尼特·科尔曼的《自由爵士》(1961年)。在此之前，这张专辑的载体是两面33转的黑胶唱片。

868

爵士乐

## 空中的电流

音乐水平的提高导致了电子乐器的出现。如果说20世纪50年代，莱昂内尔·汉普顿乐团的蒙克·蒙哥马利弹奏的电贝斯是一个特例，那么二十年后，随着斯坦利·克拉克和雅格·帕斯托利乌斯等高手出现，这种情况已经不再是特例了。在吉他方面，得益于电子乐器的发展（早在1929年，埃迪·德拉姆就做过相关尝试），查理·克里斯蒂安让吉他成为真正的独奏乐器，为未来的吉他英雄们开辟了道路。合成器也出现在爵士乐领域，代表人物是桑·拉，后来它在融合爵士和先锋爵士中占据着核心地位。很快，一切都电气化了，包括鼓、小号（电子活塞乐器）、萨克斯（电子木管乐器）等。

## 制作

迈尔斯·戴维斯是第一位认可录音室的地位从简单的录制工具变为音乐器材的爵士乐巨匠。制作人特奥·马斯罗将戴维斯的乐团在录音室中的各种非正式演奏片段，剪辑成一个连贯的整体。从那以后，迈尔斯要求他的专辑封面上必须写有"迈尔斯·戴维斯音乐执导"的字样。

## 机器 vs 鼓手

20世纪80年代，爵士乐领域到处可见电子鼓的踪迹，这给鼓手带来了挑战。电子鼓更加精确（它们不会加速），能实现前所未有的效果，音色具有"现代感"，虽然声音的生硬感会导致律动感消散。鼓手适应了这种情况，演奏精准度很快就赶上了机器，例如丹尼斯·钱伯斯。21世纪，鼓手找到了一种平衡，他们能模仿机器的效果，并在其中加入独一无二的个性色彩。

## 数字革命

音乐信息技术在爵士乐领域的应用多种多样：声音编程（例如贾德·米勒）或录音室编程[1986年，马库斯·米勒为迈尔斯·戴维斯编程的《短裙》（*Tutu*）]；交互式程序开发[史蒂夫·科尔曼在IRCAM开发的"拉姆西斯2000"（Rameses 2000）]；序列的使用或舞台上使用的定序器[2010年派特·麦席尼的"自动交响"（Orchestrion）技术]。此外，"现场电子乐"[1977年乔治·刘易斯的《芝加哥慢舞》（*Chicago Slow Dance*）、伊凡·帕克的电声合奏组（Electro-Acoustic Ensemble）]和音乐会上电脑的应用[火箭科学乐团（Rocket Science）、森郁惠（Ikue Mori）]也不应被忘记。

## MP3的主宰

爵士乐能适应数字化的世界。自从MP3格式的声音文件出现（1995年）并在互联网流传开，专辑的概念便发生了动摇，流媒体通过音云（SoundCloud）和脸书等共享网站蓬勃发展。音乐会的举办方式也在变化。2007年，戴夫·布鲁贝克在他的纽约录音室里呈现了现场演出，为其伴奏的是身在伦敦的英国广播公司（BBC）交响乐团。有了家庭录音室，一些音乐家开始在YouTube上发布作品，以打响自己的名声（例如最近的雅各布·科里尔）。

1958年，迈尔斯·戴维斯在录音室录制乔治·格什温的《波吉与贝丝》。

# 现场演出和录音室

### 保留最精彩的录音

20世纪上半叶,录音室的录音带有现场实录的特点:当时无法修音和重录,剪辑技术在"二战"后才发展起来。许多爵士音乐人习惯了最初的操作方法,他们通常会把同一首曲子多录几遍,然后保存并发行他们认为最精彩的版本。为了取悦乐迷,唱片公司有时会发行未被采用的录音片段,这些录音被称为"其他版本"。

### 连带效应

录音影响了音乐会的惯例。最早的录制唱片出现后,音乐会的节奏越来越快。音乐家们通过模仿听到的独奏来学习。例如,当伦尼·特里斯塔诺的"排队"(Line Up)于1955年发行时,没人知道他为了呈现一种独特的划分乐句方式,采用了一种技术手段(在录制独奏时把伴奏部分放慢)。然而,这影响了所有的钢琴家,他们的乐句最终变得非常相似。另一方面,现场实录的表演能延长录音的时长。

### 没有修音

为了摆脱录音室剪辑的负面影响(缺少活力、乐器演奏产生的错觉、音乐出现偏差等),某些音乐家喜欢在唱片内页注明自己录制的音乐没有经过任何修音。这就是"直接录制"(direct-to-track)。从某种意义上来说,这是一种老式的录音室录制方法,因为录音是一次性完成的,但使用的是现代设备。在爵士乐迷看来,这种"录音室现场实录"在一定程度上保证了作品的真实性,在音乐家同行看来,它是一种高水平的职业精神。

### 电台爵士

有一种媒介处于录音室和现场表演之间,那就是无线电广播。从20世纪20年代开始,无线电广播对爵士乐在美国千家万户的传播至关重要,横跨美国东西海岸的电台广播于1927年出现后更是如此。无数唱片源自无线电广播,其中最著名的例子有贝西伯爵在1938年发行的唱片的广播版本、柯川唯一现场版本的"崇高的爱"(1965年录制于法国昂蒂布),以及法国广播电视管理局于1971年现场录制的考瑞阿与布莱克斯顿的"循环乐团"(Circle)的唱片。

1939年左右的贝西伯爵。

2014年,在法国佩尔讷莱方丹的拉比松纳录音室(La Buissonne)的安迪·埃穆勒的"兆字节"乐团。

## 盗版

伟大的音乐家令人神魂颠倒,官方发行的音乐作品甚至无法满足乐迷。因此,一些在音乐会上非法录制的私制唱片(bootleg)在业余爱好者之间流传。虽然音乐家因此承受了经济损失,但历史学家却非常庆幸:多亏了迪恩·贝内代蒂,人们才能更好地了解查理·帕克的艺术。这些私制唱片如今已经成为不可缺少的部分,甚至一些"官方私制唱片"也得以发行,例如哥伦比亚唱片公司的《私制唱片系列》(例如迈尔斯·戴维斯的各个合奏团的音乐作品)。

## 为了后世

一场音乐演出的成功与否取决于它的表演环境。热情的观众常常能激发出音乐家的最佳演出状态。如果音乐厅内碰巧有麦克风,演出的盛况将会被长久保存。纽约的先锋村(Village Vanguard)这样的俱乐部拥有录制现场演出的优越条件。比尔·伊文思、桑尼·罗林斯、约翰·柯川、布莱德·梅尔道、保罗·摩逊等人的现场演出永远在爵士乐领域的天空中闪耀。此外还有艾罗尔·加纳的演出[《海边音乐会》(Concert by the Sea)]、艾哈迈德·贾马尔在潘兴酒店录制的演出、艾伯特·艾勒的《梅洛基金会之夜》(Nuits de la Fondation Maeght)等。音乐节也常常让音乐家情绪高涨:《明格斯在昂蒂布》(Mingus at Antibes,1960年)、米歇尔·波特小组的"沙陀瓦龙:1972年8月23日"(Châteauvallon: 23 août 1972)演出、韦恩·肖特的《足迹现场!》(Footprints Live!)。

## 记录

唱片能够实现了不起的壮举:保罗·冈萨夫斯在"蓝调渐弱与渐强"(Diminuendo and Crescendo in Blue,1954年)中吹出二十七个和弦;凯斯·杰瑞的史上最畅销的钢琴独奏专辑《科隆音乐会》(Köln Concert,1975年);管弦乐团指挥本·赛尔文(Ben Selvin)录制了9000多首歌曲;艾伯特·格伦尼(生于1870年)或许是年龄最大的爵士乐唱片录制者(1940年);桑尼·罗林斯在"B. Quick"(1956年)中演奏出了有史以来最快的拍子——四百一十个四分之一音符;歌手鲍比·麦克菲林录制的无任何后期制作的独唱专辑《声音》(The Voice,1984年)……

## 精彩时刻

录音室的私密环境中发生过许多故事:杰利·罗尔·莫顿用手肘演奏音簇["爷爷的法术"(Grandpa's Spells),1923年];本尼·古德曼的节奏制造者乐团(Rhythm Makers)在1935年6月6日一天录制了五十一首歌;西德尼·贝彻通过叠录的方式,同时演奏六种乐器(1941年);蒙克在独奏"我爱的人"(The Man I Love,1954年)时一直沉默;奥斯卡·佩蒂福德假装演奏难度过高的"美妙的角落"(Brilliant Corners,1956年);乔治·拉塞尔在"五点俱乐部"的假现场实录……

# 爵士和图像，爵士的形象

## 第七艺术中的爵士乐

爵士乐很早就为电影提供了灵感。第一部带有墨面秀历史痕迹的有声电影《爵士歌手》问世后，音乐家来到了摄影机前。虽然路易斯·阿姆斯特朗同意以非洲野蛮人形象出现在电影银幕上[《黑与蓝的狂想曲》（1932年）]，但他的天赋却无法被羞辱。在《新奥尔良》（阿瑟·卢宾，1947年）中扮演女仆的比莉·哈乐黛从未摆脱电影的影响。一些电影赞美了爵士乐手和具有传奇色彩的爵士乐相关场所，获得了不同程度的成功：安东尼·曼的《格伦·米勒传》（1953年）、克林特·伊斯特伍德的《爵士乐手》（1987年）、贝特朗·塔维涅的《午夜旋律》（1986年）、罗伯特·奥特曼的《堪萨斯情仇》（1996年）、丹·普里茨克（Dan Fritzker）的《路易斯，一部默片》（2010年）。

小阿奇伯德·莫特利的画作《爵士歌手》。

## 印在胶片上

观看舞台上的艺术家常常会带来强烈的情感冲击。身体的参与是爵士表现形式的基本要素，录制的音乐会能让观众更好地感受他们喜爱的音乐家的力量和精神。查尔斯·明格斯在欧洲巡演期间录制的音乐会（1964年）、艾拉·菲茨杰拉德和艾灵顿公爵在蓝色海岸的音乐会（1966年）、迈尔斯电声乐队在怀特岛的音乐会（1970年）、气象报告乐团在蒙特勒的音乐会（1976年）、凯斯·杰瑞的三重奏乐团在日本的演唱会（1933年）等，这些演出留在所有人的记忆中。

## 描绘爵士乐

绘画和音乐的共同之处是对运动的动态追寻。因此，如果说爵士乐无法给画家带来灵感，那就太奇怪了。继描绘了哈勒姆文艺复兴的非裔美国画家小阿奇伯德·莫特利和费尔南·莱热后，马蒂斯的剪纸画《爵士乐》在1947年大获成功。1953年，尼古拉·德·斯塔埃尔甚至向西德尼·贝彻致敬。20世纪80年代，让-米歇尔·巴斯奎特在绘画中诠释了爵士乐精神。爵士音乐家也喜欢拿起画笔，例如强哥·莱恩哈特和20世纪80年代的迈尔斯·戴维斯。1970年，奥尼特·科尔曼的一幅画充当了《即兴演奏者的艺术》（The Art of the Improvisers）这张唱片的封面，呼应了专辑《自由爵士》封面上的波洛克的滴画法。丹尼尔·于麦尔和彼得·布罗茨曼也都是公认的著名画家。

1927年，出演电影《爵士歌手》的阿尔·乔尔森。

## 动画片

动画片让人们有机会听到爵士乐，早在 1929 年，米老鼠就与那架能演奏爵士乐的钢琴斗法（《爵士愚人》）。后来的动画片中也出现了剑拔弩张的人物关系：贝蒂娃娃面对着凯比·卡洛威的鬼魂（《米妮公主》，1932 年）、《音乐国度》（1935 年）中爵士乐队和交响乐团的战争。只有音乐能让特克斯·艾弗里笔下的麦克狼发狂吗？如果没有亨利·曼西尼的音乐（吹奏萨克斯的普拉斯·约翰逊），《粉红豹》会是什么样子？迪士尼用《森林王子》（1967 年）和《富贵猫》（1970 年）让孩子们随音乐摇摆。诺曼·麦克拉伦和伊夫琳·兰巴特用实验性更强的风格，将奥斯卡·彼得森的三重奏放进了《色彩幻想》（1949 年）。

## 爵士乐的对话圈

和其他平面艺术一样，漫画也对爵士乐感兴趣。两者几乎同时诞生，爵士乐在插图叙事方面为漫画提供了灵感，例如罗伯特·克拉姆的《那是生活》（*That's Life*，1975 年），以及鲁斯塔尔（Loustal）和帕兰戈（Paringaux）的《巴尼蓝调》（绘本的伴奏 CD 重启了巴尼·威良的职业生涯）。爵士音乐家的生活是漫画的另一重要灵感来源，例如《爵士热》上发表的作品，以及《丁丁历险记》《皮小子斯皮鲁》或一些绘本（如伊戈尔·图维和卡洛斯·桑帕约的《胖子沃勒》）。在法国，西内（Siné）和布洛奇（Blutch）都特别偏爱爵士乐主题。

## 唱片封套的艺术

随着时间发展，专辑成为一个整体。音乐固然重要，但内页文字、照片、唱片及其视觉风格的细节也是专辑的重要组成部分。在某些重要的专业人士的推动下，唱片公司进一步重视它们的身份特征。因此，里德·迈尔斯（Reid Miles）为蓝调之音公司设计的唱片封面大获成功，盛誉（Prestige）公司的唐·施力腾（Don Schlitten）、脉冲（Impulse!）公司的罗伯特·福林（Robert Flynn）、ECM 公司的芭芭拉·沃吉尔什（Barbara Wojirsch）和 Tzadik 公司的陈香香（Heung-Heung Chin）等设计师都取得了成功。

## 黑盒子

照相技术与爵士乐领域的扩大相伴相随。威廉·克莱克斯顿和弗朗西斯·伍尔夫等光影大师的拍摄技巧，以及让-皮埃尔·勒鲁瓦（Jean-Pierre Leloir）、古·勒·盖莱克（Guy Le Querrec）、不走寻常路的查尔斯·斯图尔特（Charles Stewart）和朱塞佩·皮诺（Giuseppe Pino）等人敏锐的目光，都塑造了照相技术的神话。照片同样讲述了爵士乐的历史，例如巴迪·博尔登的照片和亚特·凯恩的成就，后者在 1958 年 8 月 12 日会集了五十多位重要音乐家共同拍照。2008 年，菲利普·莱维-斯塔博（Philippe Lévy-Stab）效仿《哈勒姆美好的一天》，召集了定居法国的五十多位音乐家，共同拍摄了《巴黎美好的一天》（在里基·福特的提议下）。

1994 年，让·巴赫执导的关于迪兹·吉莱斯皮、米尔特·辛顿（Milt Hinton）、玛丽安·麦克帕特兰（Marian McPartland）等人的纪录片。

# 21世纪：10位非美国音乐家

### 简约派小号

和许多1965年后出生的重要音乐家一样，挪威小号演奏家阿尔菲·亨利克森（Arve Henriksen，生于1968年3月22日）用新颖又独特的方式，把各种风格迥异的音乐融为一体。世界音乐（他的小号听起来像日本乐器尺八）、电子音乐（与乔恩·哈赛尔、尼尔斯·皮特·穆尔瓦合作）和自由即兴演奏为他带有北欧民俗风情的演奏提供了许多素材。《绘制大地》（*Cartography*，2008年）精彩地呈现了他的简约主题。

### 魔法酋长乐团

马利克·梅扎德里（Malik Mezzadri）这位法国作曲家生于1969年1月29日，他将古代的音乐手法，例如中世纪的"塔列亚"（talea）和"克勒"（color），和其他成熟的音乐技巧综合起来，尤其是"调性音符"（signatures tonales，使用最少数量的音符所确立的调性）。身为长笛演奏家，他综合运用这些概念来即兴演奏。另外，他还探索出了一种令人印象深刻的头声使用方法，他吹奏长笛时经常使用这种头声。

### 阿根廷牛仔

和吉尔·埃文斯一样，吉耶尔莫·克莱因（Guillermo Klein，生于1969年）首先是作曲家，然后才是器乐演奏家。他在大管弦乐团的创新备受赞誉，名声甚至超过了美国音乐家玛利亚·施耐德（不过他的唱片销量比施耐德略逊一筹）。两种乐器不断转换的十六分音符旋律、令人陶醉的增速和减速效果［《过滤》（*Filtros*），2008年］、密集又轻盈的温柔和弦，这些还只是这位阿根廷音乐家的部分优点。

### 三人团体

"恋上"（In love with）三重奏的三位音乐家在法国爵士乐领域至关重要。小提琴家泰奥·塞卡尔迪和他的大提琴家兄弟瓦伦丁可以演绎各种风格的音乐。2013年，鼓手西尔万·达里弗科（Sylvain Darrifourcq，曾以埃米尔·帕里西安的四重奏成员的身份为人所知）成立这个乐团后，三人探索出一种质感分明的音乐。这种音乐有着鲜明的流行乐/摇滚乐节奏，而且始终夹杂着音调突变和插入的噪音片段，音效近似于室内乐。

2014年，蒙特雷爵士音乐节上的莱昂内尔·鲁埃克。

### 多才多艺之人

莱昂内尔·鲁埃克（Lionel Loueke）生于1973年4月27日。他最初在家乡贝宁学习打击乐，后来转学吉他，因此他精心呈现的节拍和组曲有一种不同寻常的自然感。鲁埃克的音乐听起来轻松又流畅，让复杂的乐曲变得更为日常。他凭借自己的非洲血统，在爵士乐领域的"自然环境"中不断发展。21世纪时，他成了赫比·汉考克的固定合作对象。

搂着乐团成员泰奥和瓦伦丁·塞卡尔迪的鼓手西尔万·达里弗科。

爵士乐

2017年，歌手安德烈亚·谢莱尔在汉堡的一个音乐节上。

## 萨克斯的呼喊

继自由爵士和欧洲自由即兴演奏中的吼叫型萨克斯演奏家之后，欧洲的萨克斯演奏家从朋克舞台上获得了灵感，把表现主义推向极致，代表人物是丹麦女音乐家梅特·拉斯穆森（Mette Rasmussen）。她柔弱的外表下隐藏着火山般的性格，没有人能像她那样吹奏萨克斯。她同时受到了艾勒、马茨·古斯塔夫松和布莱克斯顿的影响，她的思想充分体现在她的即兴演奏之中。

## 不同寻常的歌手

声音以一种私密的方式触动着我们每个人，所以歌手安德烈亚·谢莱尔（Andreas Schaerer）所呈现的表演就更令人印象深刻。这位瑞士音乐家生于1976年12月17日，他不仅能诠释爵士乐的标准曲目（准确度与感情等），还掌握了其他许多技巧：拟声唱法、节奏口技、朗诵唱、朋克噪音、花腔音调、模仿各种噪音、花式饶舌等。一切都在他的掌握之中。

## 清晰又复杂

尼尔森·维拉斯生于1977年8月6日，是一位定居法国的巴西音乐家。他的吉他演奏指法极为复杂。这位精妙的旋律大师用非常现代的方式，让爵士乐演奏达到了炉火纯青的境界，这是一种通过对所有参数做合理化分析，来深入理解音乐现象的方式（例如节奏中保留"非理性"的时值，不同的节拍长度相结合等）。

## 灵敏与高雅

以色列吉他手吉拉德·赫克塞尔曼生于1983年2月3日，他的特点是低调不炫技的演奏手法。他欣赏音乐色调的微妙变化，这一特点凸显了这位音乐家的细腻。赫克塞尔曼用另一种方式表现了这种神秘色彩：在不改造乐器的情况下，他在吉他的丰富体系中诠释了一种令人激动的声音，这得益于他清晰易懂的演奏手法，他那高雅的演奏也因此显得更加细腻。

## 电钢琴艺术

有些艺术家凭借个人特色超越了任何一种音乐风格，但并未因此改变风格的性质。出生于1975年4月27日的比利时人约瑟夫·杜姆兰（Jozef Dumoulin）就是其中之一。这位弹奏芬达罗德钢琴的钢琴家（他在2012年使用这种钢琴录制了第一张独奏专辑）能创造出纯粹的音乐织体，也能满足对乐器来说最苛刻的要求，例如被称为"M-Base与梅西安的混合体"的奥科顿乐团（Octurn）的要求。

# 21世纪：10位北美音乐家

## 艺术家

1996年，凯斯·杰瑞中断职业生涯时，1970年8月23日出生的爵士钢琴新典范布莱德·梅尔道发行了他的《三重奏艺术：第一卷》。他让不对称节拍的使用成为一种普遍做法，还在即兴演奏时使用真实的双声部复调，他反复使用流行乐与摇滚乐（涅槃乐队、电台司令乐队等），并在独奏时把贝多芬的扩展性变奏法应用于这些音乐之中。

## 天才

克雷格·塔波恩（Craig Taborn）于1970年2月20日出生在底特律。他同时受到创意音乐家促进会（AACM）和底特律金属乐、电子打击乐的影响，为21世纪的钢琴音乐树立了第一座里程碑。他的作品中，松散性与复杂性重叠，自由的时间与极其讲究的复节拍固定音型交织。他将自己的惯用表达和非惯用表达融合在奔涌的激情之中。他是一个多维度的天才。

2016年鲁兹爵士音乐节上的克雷格·塔波恩。

## 硬派萨克斯和柔和萨克斯

在次中音萨克斯行业，有两个人在爵士乐领域分庭抗礼：一位是克里斯·波特（生于1971年1月1日），他的演奏技巧高超、风格雄壮有力（与霍金斯、罗林斯、柯川、布莱克等大师一脉相承）；另一位是马克·特纳（生于1965年11月10日），他的风格更加克制，对沃恩·马什的（再）探索对他的演奏风格的转变起到了决定作用。无论这二人有何差别，他们的表达方式都无与伦比、扣人心弦。

## "灵与肉"

史蒂夫·莱曼（生于1978年）的《艰辛、变化与流动》（Travail, Transformation and Flow，2009年）堪称名副其实的宣言，是非裔美国人音乐（从爵士乐到嘻哈乐）和频谱音乐（以特里斯坦·米拉伊为领头人）的结合产物。这部作品的成功之处在于它始终能给人带来身体和精神上的愉悦，这是爵士乐领域的平常现象，但它却以前所未有的方式，将时间和空间融合在一起，这是频谱音乐思想的核心。

## 超级音乐家

与天赋异禀的马库斯·吉尔摩不同，泰肖恩·索雷（生于1980年7月8日）并不只是一个架子鼓手。他的演奏像机器一样精准，还带有人情味儿，他还能游刃有余、满怀激情地演奏难度最高的音乐。在同时代人眼中，他是一个跨度颇广的作曲家，极具现代视野。罗斯科·米切尔称他为"超级音乐家"，即一个在作曲和"口传"方面都超凡绝伦的人物。

爵士乐

2012年，玛丽·哈尔沃森在纽约的一个爵士音乐节上。

## 出乎意料

在霍华德·曼德尔看来，生于1980年10月16日的玛丽·哈尔沃森或许是"纽约这座城市里最出乎意料的即兴演奏者"。这赞美不容小觑，因为这座城市至今仍是爵士乐领域的中心。必须承认，哈尔沃森作为同代人中的佼佼者，吸收了实验摇滚乐、钢棒吉他和布莱克斯顿曾使用过的概念即兴创作等方法。玛丽·哈尔沃森的"出乎意料"绝对不止有一种方式！

## 爵士乐小号的复兴

掌握爵士乐的规则是为了更好地摆脱它，这就是安布罗斯·阿钦摩西尔（Ambrose Akinmusire，生于1982年5月1日）的理念。除了令人眼花缭乱的节奏感，这位小号演奏家的优点之一在于能创造出超过两个八度的旋律。此外，他的即兴演奏也有着复杂的构思基础。这些构思彼此交织，被他以一种近乎有机的形式呈现出来。

## 未知世界之旅

克里斯·戴维斯（Kris Davis，生于1980年）受到塞西尔·泰勒、捷尔吉·利盖蒂和伯努瓦·德尔贝克的启发，发展出了自己独有的美学理念。这位加拿大女音乐家的作品总是处于作曲和即兴创作的边界，在随时会失控的令人痴狂的风格与精准的高超技艺之间游走。她对音乐节奏、音区、质感和力度等概念做了深度思考，因此能带领听众前往未知的世界。

## 安静的力量

低音提琴手托马斯·摩根生于1981年8月14日，他的演奏风格介于以摇摆乐见长的雷·布朗和极端自由主义的查理·海登之间，清晰明了却又神秘莫测。他使用低音提琴创造出的旋律空间感有时极为确切，有时则飘忽不定。弹奏过较长的固定音型后，深厚的瞬间转换能力和非同寻常的预知能力能让他轻松完成最大胆的即兴创作。

## 交错

安娜·韦伯（生于1984年11月26日）将作曲和即兴创作结合在一起，令人印象深刻，她音乐风格或许仍在不断变化。"交错"无疑是其风格的关键词之一。她的作曲就结合了预先使用对位法创作的部分和音乐家即兴创造的部分。这位加拿大即兴演奏家从极简音乐、频谱音乐结构、蒂姆·伯恩的对位法和亨利·思雷德吉尔设计的结构中受到启发，也考虑了旋律、节奏与和弦的融合方式以及微分音的因素。

2014年的安布罗斯·阿钦摩西尔五重奏。

# 流行乐

### 试图定义

"流行音乐"这个标签涵盖了庞大的音乐体裁范围。如果对它做简短的定义,那就是:"任何不需要学习就能欣赏的任何非作曲类音乐"。但是这个定义经不起推敲,因为自从流行音乐成为娱乐产业的分支以来,专业的编曲人、作曲人和职业音乐人弥补了演唱者的缺陷。弗兰克·辛纳特拉虽然自学成才,但修饰他嗓音的弦乐部分是在乐谱上写好,由管弦乐团指挥指导的。如果没有乔治·马丁这位受过古典乐训练的制作人,披头士乐队就不会是真正的"传奇四人组"。《伊莲诺·瑞比》《生命中的一天》和其他许多作品的弦乐部分都由他创作。

### 流行音乐还是流行乐?

在20世纪60年代初流行音乐(popular music,根植于传统)与流行乐(pop music,更具实验性)分裂之前,伴随着广播和电视的发展在50年代中期突然出现的摇滚乐,证明了婴儿潮一代在人口和经济领域的重要性,而娱乐产业从中获益最多。随着披头士乐队、鲍勃·迪伦等音乐人的出现,无法被轻易定义类别的流行音乐成了一种生活方式。在这种生活方式中,流行音乐除一首歌的2分30秒之外无须额外附加其他东西。33转唱片和45转唱片的消费者之间形成了一道无形的界线。

### 20世纪70年代

1969年的伍德斯托克音乐节是一个重要的转折点,这是友好的留着长发的乌托邦主义者们最后参加的大规模活动之一。从那时起,类似活动就有太多利益方参与了进来。20世纪70年代,虽然全球经济受到石油危机重创,唱片市场却欣欣向荣,在音乐种类不断细分的背景下,巡回演出蓬勃发展。人们不再听流行乐,而是听乡村音乐、爵士摇滚、硬摇滚、前卫摇滚等,这些"音乐帮派"已经没有什么共同点。然而,70年代末,它们却聚集在一起,羞辱迪斯科为"无脑的""只适合跳舞的""同性恋的"音乐,而这几乎都是摇滚乐刚出现时承受过的谴责。

### MTV明星

20世纪80年代,唱片工业充分利用了一种20年前诞生的宣传工具,即音乐录影带,它随着音乐电视网(MTV)的出现而再次流行。影像在流行音乐中一直很重要,此后它甚至占据了主导地位。麦当娜、迈克尔·杰克逊和文化俱乐部组合(Culture Club)都证明了这一点。当然了,那些边缘的艺术家是无法参与拍摄录影带这种有钱人的项目的。

1985年7月13日,自伍德斯托克音乐节以来规模最大的摇滚明星聚会——"拯救生命"慈善演唱会(Live Aid)通过卫星转播,让十九亿电视机前的观众大饱眼福。这证实了公众音乐爱好的标准化和电视的重要性。

### 电脑、采样器和互联网

20世纪90年代,个人电脑、音序器、合成器和其他采样器的普及推动了新的音乐形式的出现:浩

里科·丰塞卡（Rico Fonseca）的壁画《格林尼治村》，纽约。

室音乐、说唱音乐、电子音乐、鼓打贝斯（drum and bass）以及它们的衍生类型。艺术家们变得更加独立自主，在录音室录音已经不再是他们的迫切需求。与此同时，唱片市场经历了最后的好时光。

## 15秒名气

21世纪初，随着互联网的强势崛起和自由交换任何数字音乐的可能性出现，音乐工业经历了有史以来最严重的危机之一，这迫使它重新审视自己的经济模式。目前

黑胶唱片的回归远不足以弥补音乐人和唱片公司遭受的损失。《明星学院》（Star Academy）、《流行明星》（Popstars）和《好声音》（The Voice）等选秀综艺节目一枝独秀，带来的经济利益超过了艺术贡献。它们推出了一些昙花一现的歌手，青少年一边购买他们的专辑，一边梦想着成为下一个偶像。

## 本章内容

我们将回顾源自现代流行音乐的音乐类型，追溯那些蓝调音乐、

乡村音乐、摇滚乐的先驱，我们也会介绍世界范围内的音乐，盘点从金属乐到嘻哈音乐等20世纪的重要音乐潮流。我们同样对"制造"流行音乐的工具充满兴趣，例如吉他、放大器、合成器、唱机转盘等。我们也将介绍法国香颂、作词人、音乐剧、经典专辑和电影原声带的作曲家。当然了，我们也为读者精心保留了一些惊喜，有待你们发现。

# 它来自那里，它来自蓝调……它来

## 奠基人

人们对罗伯特·约翰逊知之甚少，能证明其生平的，除了为数不多的传记内容和唱片，其余就只有传说了。首先就是那个他为了获得吉他技术而将灵魂出卖给魔鬼的传说。1938年，27岁的他被一位妒火中烧的有妇之夫毒死，结束了被演奏、女人和蓝调填满的一生。20世纪60年代，艾里克·克莱普顿和滚石乐队等英国年轻人让他重回大众视野，这些年轻人将他无与伦比的专辑《三角洲蓝调歌王》(King of the Delta Blues Singers) 奉为圭臬，鲍勃·迪伦受到了他的影响。

## 未经雕琢的钻石

切斯特·阿瑟·伯内特（1910—1976年）在模仿乡村歌手的"蓝调约德尔"(blue yodel) 时，创造出了凄凉的吟唱，这也让他获得了"嚎叫野狼"的外号。1951年，"猫王"埃尔维斯·普雷斯利的伯乐山姆·菲利普斯成为第一个为伯内特录音的人。后来伯内特离开他，与切斯唱片公司签约，并在该公司内部成为穆迪·沃特斯的竞争对手。这个巨人（身高1.92米，体重124千克）也因按时支付乐手薪酬而闻名，这种事情非常罕见，所以值得一提。和其他蓝调音乐家一样，20世纪60年代大众对蓝调兴趣重燃也让他获益，尤其是滚石乐队翻唱了他的"红色的小公鸡"(Little Red Rooster)。

## 时髦的蓝调音乐家

由于年幼的麦金利·摩根菲尔德（1915—1983年）喜欢在泥坑里玩水，所以他的祖母给他取了个外号叫"穆迪"(Muddy，意为泥泞的)。20世纪40年代初，穆迪·沃特斯（Muddy Waters，意为泥水）离开家乡密西西比前往芝加哥时，已经是一位老练的音乐家。他毫不犹豫地用自己的原声吉他换了一把电子乐器，为电声蓝调奠定了基础。他的职业生涯与切斯兄弟的唱片公司密不可分，他在这家公司录制了他最具代表性的歌曲，而且他的歌通常由低音提琴手威利·迪克森作曲，例如"我的咒语开始灵验"(Got My Mojo Working)、"浪荡子"(Hoochie Coochie Man) 和"滚石"。米克·贾格尔的乐团和詹恩·温纳的杂志的名字都来自最后这首歌。

1965年，在纽约阿波罗剧场表演的穆迪·沃特斯。

880

# 自乡村乐

流行乐

汉克·威廉姆斯。

## 蓝调之王

B.B.金（1925—2015年）是毋庸置疑的蓝调之王。他的一切都令人肃然起敬：他的演出、他的吉布森335吉他（取名为"露西尔"）、他的唱片，最重要的是他那无法模仿的演奏，既优雅又令人激动。虽然他从1951年发行第一张唱片开始就大获成功，跻身节奏蓝调类别最佳销量排行榜，但直到20世纪60年代后半期他才征服白人听众，这主要得益于艾里克·克莱普顿和滚石乐队等年轻英国音乐家：前者经常向他致敬，后者在1969年的一场美国巡演中邀请他担任首场演出嘉宾。

## 黑衣人

"我在里诺杀了一个人，只是为了看着他死去。"这句歌词的作者成长于大萧条时期的美国阿肯色州。音乐拯救了约翰尼·卡什（1932—2003年），让他免于成为农业工人。他的音乐生涯开始于1955年的太阳唱片公司（Sun Records），一直到2003年去世，这期间他经历了成功、失败和奇迹般的翻红。他这一生中拥有一些奇特的友谊，他的朋友既有福音布道家葛培理也有鲍勃·迪伦。1994年，他与嘻哈厂牌美国唱片公司（American Recordings）签约，出了一系列专辑，在其中翻唱了莱昂纳德·科恩、汤姆·威兹、U2、赶时髦乐队和九寸钉乐队的歌，给乐迷们带来了惊喜。

## 乡村音乐的莎士比亚

汉克·威廉姆斯出生于1923年。他之于乡村音乐就像罗伯特·约翰逊之于蓝调，他是人们衡量所有其他艺术家的标杆。他带领漂浮牛仔乐团（Drifting Cowboys）频繁出入亚拉巴马州的酒吧和剧院演出时才15岁，他的母亲是他的经纪人兼司机。不幸的是，他在探索音乐之路的同时，也发现了威士忌。他酗酒、依赖阿片制剂（部分是为了缓解脊椎畸形引起的疼痛），然而这些都不能阻止他有三十五首歌进入乡村音乐和西部音乐类别的销量榜前十名。和所有英雄人物一样，他在1953年英年早逝，年仅29岁。

## 叛道乡村音乐

看着20世纪60年代媒体为威利·纳尔逊拍摄的照片，我们很难想象这个乖巧的短发年轻人后来会为"叛道乡村音乐运动"的发展做出贡献，轻松地打破了这种略为保守的音乐风格的标准。他那布满皱纹的面庞、修修补补的吉他和嘶哑的嗓音，让他的影响力远远超出了乡村音乐的受众范围。他的朋友约翰尼·卡什和韦伦·詹宁斯（1937—2002年）早就离他而去，而克里斯·克里斯托弗森则选择了退休。

881

# 摇滚乐之前的流行乐

平·克劳斯贝和丹尼·凯耶，1954年的音乐电影《白色圣诞节》（White Christmas）中的一幕。

## 美国典范

在演艺行业里，最难的是长红不衰。佩里·科莫（1912—2001年）与那些很快就过气的艺术家截然相反，他从1938年到1994年一直持续推出唱片。与此同时，他还主持一档著名的电视节目长达十九年，这一切离不开他那令人安心的形象（而且可以任意选择）：理想的丈夫、女婿、父亲、同事或教友（这位虔诚的天主教徒习惯在节目排练期间暂停去忏悔）。

## 辛纳特拉狂热

在猫王和披头士乐队之前，弗兰克·辛纳特拉（1915—1998年）卖出的唱片已经数以百万计。在流行音乐史上，第一次有艺术家的成功不再依赖成年群体，而是依靠20世纪40年代的少女粉丝，即早期的"骨肉皮"群体。辛纳特拉不仅录制了五十九张专辑，每周的演出有时多达四十五场，他也是一位演技可靠的演员，他在《金臂人》（1955年）中饰演的备受摧残的角色可以证明这一点。

弗兰克·辛纳特拉，1947年纽约利德克兰兹音乐厅。

## 比杰克逊更强

平·克劳斯贝（1903—1977年）是辛纳特拉的榜样和对手。在1929年到1977年，如果把所有载体都算在内，他一共卖出了十亿张唱片。他的大银幕作品和唱片同样受欢迎，他的名字——和他的合作伙伴鲍勃·霍普、多萝西·拉莫尔一同——与系列音乐剧《路》（《新加坡之路》《摩洛哥之路》《桑给巴尔之路》……）密不可分。在美国，一场成功的圣诞聚会上必然会听到他的史上最畅销单曲《白色圣诞节》。

## 酷王

尝试在拳击领域发展但失败后，迪恩·马丁（1917—1995年）开始在俱乐部里唱歌。他认识了杰瑞·刘易斯并与其组成喜剧二人组，舞台和电影事业先后飞速发展。20世纪50年代末，他开始出演一些正剧角色，业内地位不断上升，在《赤胆屠龙》中与约翰·韦恩飙戏，在《十一罗汉》与辛纳特拉拼演技，同时继续推出大热单曲，其中包括凸显他意大利裔美国人身份的"那就是爱"（That's Amore，1953年）和"飞翔"（Volare）。

## 天鹅绒般的声音

纳京高（1919—1965年）是技艺高超的钢琴家，在当时，他拥有能够取悦包括白人在内的广大听众的嗓音。20世纪40年代末，继"纳京高三重奏"的柔顺爵士之后，他转向更加商业化的风格。他出演了几部电影，并主持了一档电视节目，但后来因为缺少赞助商而终止，因为赞助商拒绝与黑人主持人合作。后来发生的一次种族主义攻击令这位原本不关心政治的艺术家开始为公民权利奋斗。

流行乐

## 世事不可强求

如今被人遗忘的多丽丝·戴（1922—2019年）在1945年到2011年录制了六百五十多首歌，演的许多电影也赢得了不错的票房成绩。其中既有音乐剧和浪漫喜剧，也有一些更有抱负的电影，例如希区柯克的《擒凶记》。拒绝了《毕业生》中的罗宾逊夫人这个角色是她的错误，到20世纪60年代末，她只能在电视上发挥余热，因为她过于优雅的形象已经过时了。

## 演艺圈先生

"鼠帮"（Rat Pack）成员最明显的共同优点是幽默，这是一个由辛纳特拉领导的非正式俱乐部，小萨米·戴维斯（1925—1990年）是其中成员。一个朋友问戴维斯他打高尔夫球的不利条件是什么，戴维斯回答道："说到不利条件，我可是个独眼的黑人犹太教徒。"20世纪50年代到60年代，他同时出现在舞台、电影和电视上，但他依旧抽时间为公民权利积极奔走，先后支持约翰和罗伯特·肯尼迪，并于1972年公开支持理查德·尼克松。

1972年，鲍勃·福斯的《歌厅》中的丽莎·明奈利。

## 永不褪色

1926年出生的托尼·贝内特最开始演唱的曲目非常简单，他称之为"蜜糖小情歌"。大部分充满魅力的歌手都受到了1955年年底开始的摇滚浪潮的影响，但他却转向了爵士乐。然而，披头士乐队的出现让他远离音乐榜单多年。20世纪70年代末他走到破产这一步，后来却又征服了看着MTV长大的一代人，他们通过他发现了永不过时的美国流行金曲。

## 邦德女郎

雪莉·贝西生于1937年，在威尔士度过了贫穷的童年。她参加过一些巡回歌舞演出，录制了唱片，最后在1959年，凭借"就像我爱你"（As I Love You）这首歌成名。此后，她与当时一些最重要的音乐人共事，例如尼尔森·里德尔（Nelson Riddle）和约翰·巴里（John Barry）。前者是辛纳特拉的编曲师，后者带着她成为詹姆斯·邦德系列电影主题曲演唱者之一，她为《007之金手指》（1964年）、《007之金刚钻》（1971年）和《007之太空城》（1979年）演唱了主题曲。

## 名字里有个Z的丽莎

如果你的父母是朱迪·加兰和文森特·明奈利，那你怎么可能躲得开娱乐圈？虽然丽莎·明奈利（生于1946年）的唱片销量始终平平，但在名气方面，她却称得上是女版辛纳特拉或阿兹纳弗，而且她曾经在20世纪80年代和90年代与他们同台演出。她也是演员和舞者，凭借电影《歌厅》（Cabaret，1972年）和《纽约，纽约》（New York, New York，1977年）成名。

883

# 奠基人

## 温厚的摇滚歌手

这位20世纪最令人震惊的音乐革命的开创者看起来完全不像一个反叛的年轻人。比尔·哈利（1925—1981年）有着永远不变的鬈发，身材微胖。1955年，他在前一年发行的单曲"昼夜摇滚"（Rock around the Clock）因为成为电影《黑板丛林》的主题曲而登顶音乐排行榜，此时他刚30岁。后来他又与他的乐团"比尔·哈利和他的彗星"推出了好几首大热单曲，成为怀旧摇滚歌手的心头好。

## 敏锐的时代记录者

查克·贝里（1926—2017年）或许和鲍勃·迪伦一样，是20世纪最伟大的诗人之一。他的歌词就像拍摄着青少年世界的宝丽来相机：光鲜的汽车、播放摇滚乐的自动点唱机、长得像杂志封面女郎的姑娘等。从1955年到1959年，他轻松地创作了不少大热单曲，但20世纪60年代初，他因为劫持未成年人而被捕入狱。刑满释放后，他在1972年推出的轻快的"我的小铃铛"（My Ding-a-Ling）成为他唯一一首冠军单曲。

## 害羞的摇滚歌手

在埃尔维斯、贝里和科克伦之前，摇滚乐还被称为"节奏蓝调"时，"胖子"·多米诺（1928—2017年）的"胖男人"（The Fat Man）就卖出了一百万张。但这位土生土长的新奥尔良人的名字却和一首并非他创作的"蓝莓山"（Blueberry Hill, 1956年）密不可分，他热情的嗓音和灵动的钢琴演奏奇妙地烘托了这首歌曲。他也是最早吸引各种群体的黑人艺术家之一，但并非一帆风顺。1956年，他在费耶特维尔的演出引发了骚乱。

## 撼动世界的节奏

波·迪德利（1928—2008年）凭借苏格兰花纹外套、蝴蝶结、玳瑁眼镜和方形吉他，塑造了一个远离摇滚刻板印象的独特形象。他是最早邀请女性音乐家加入自己乐团的摇滚歌手之一，这在20世纪50年代末是很罕见的。他那以"波·迪德利节奏"为背景音、以最喜欢的主题（他自己）为核心的漫长独白，让人不禁觉得他也可能是嘻哈音乐的发明者之一。

## 瞬间一切改变

长久以来，山姆·菲利普斯很清楚，如果他找到能够像黑人一样唱歌的白人，财富将滚滚而来。然后，1935年出生的埃尔维斯·普雷斯利走进了他的迷你录音室。余下的事情都写入了历史，化身为一首首神奇的单曲："温柔地爱我"（Love Me Tender, 1956年）、"监狱摇滚"（1957年）、"怀疑的心"（Suspicious Mind, 1969年）等，还有一些质量平平的电影。直到1977年，这位被贪婪又狭隘的经纪人严重压榨的艺术家的生命以悲剧告终。

1957年，理查德·索普执导的《监狱摇滚》中的埃尔维斯·普雷斯利。

884

## 陨落的天使

吉尼·文森特在欧洲是被崇拜的对象。他曾经发行过"碧波帕露拉"（Be-Bop-A-Lula）和其他几首销量超百万张的单曲，但在故乡美国，他很快就被遗忘了。身穿黑色皮衣的他是典型的摇滚歌手，但硬汉形象背后却是一个脆弱的男人，在一起车祸中受的腿伤让他痛苦半生。他生于1935年，1971年去世，后来几乎被所有人遗忘。

## 摇滚"女王"

摇滚乐界有一位"女王"，那就是小理查德（1932—2020年）。早在同性恋被社会接受之前，他就顶着堪比路易十四时期宫廷风格的发型化妆登台，他如痴如醉的叫喊让审查者中的"钢铁直人"都为之震撼。但如果小理查德不是一个举世无双的钢琴家和表演艺术家，这一切都毫无意义。此外，他充满争议的"水果冰激凌"（Tutti Frutti，1955年）也改变了摇滚乐的面貌。

## 杀手

随着"摇滚继续"（Whole Lotta Shakin' Goin' On）的推出，杰瑞·李·刘易斯（1935—2022年）在1957年享誉全球。然而，一年之后，英国媒体爆料他与13岁的表妹结婚，震惊了公众，他在美国的形象也因此败落，一直到1968年他选择乡村音乐之后，才重新得到公众青睐。他在舞台上（和舞台下）的狂野行为让他拥有了一个他不配得到的外号："杀手"。

## 得克萨斯州拉伯克的现场直播

没有巴迪·霍利（1936—1959年），或许就不会有披头士。他是第一个重视旋律胜于节奏的摇滚歌手。他那老实的笑容和办公室雇员一般的服装与传统的摇滚形象截然不同。他的歌曲优雅又变幻无常，1957年的"那绝不可能"（That'll Be the Day）、"佩吉·苏"（Peggy Sue）、"不要消失"（Not Fade Away）让众人接受了他的独特风格。两年后，他的音乐生涯戛然而止——在两场演唱会的间隙，他的飞机在起飞后不久坠毁。

巴迪·霍利。

## 流星

从1957年到1960年，埃迪·科克伦（生于1938年）创作了摇滚历史上最著名的曲目列表之一："二十段台阶摇滚"（Twenty Flight Rock）、"夏日蓝调"（Summertime Blues）、"大家一起来"（C'mon Everybody）、"其他事情"（Somethin' Else）等。所有你能想象到的身体、精神和艺术素质，他都拥有，唯独欠缺一点运气。1960年4月16日，在英国巡演时，他乘坐的出租车爆胎，他被弹了出去，意外身亡，同乘一辆车的吉尼·文森特则幸免于难。

# 世界其他地方

### 小敖德萨

克莱兹默（Klezmer）是一种在德系犹太群体内部的婚礼或其他庆祝仪式上演奏的器乐。它起源于东欧，在19世纪末随着意第绪文化的移民来到美国，在美国扎根。克莱兹默与爵士乐结合之后变得更加复杂。20世纪90年代，约翰·佐恩的马萨达乐团（Masada）成为名副其实的音乐实验室，让这种音乐类型有了新的发展前景。

### 风笛和旧花边

西欧有很多民族自认是凯尔特人，他们与他们的加拿大和美国"表亲"都演奏凯尔特音乐。20世纪70年代，凯尔特音乐重新燃起了人们的兴趣，法国有阿兰·斯迪威尔（Alan Stivell），英国有费尔波特协定乐队，还有更近期的棒客乐队。许多重要活动上都有人演奏这种音乐，例如洛里昂的世界凯尔特节。

### 噢莱！

吉卜赛人的弗拉明戈（flamenco）这种艺术形式既包括音乐也包含舞蹈，它诞生于18世纪末的西班牙南部地区。它的基础是吉他伴奏的歌唱，必要时还有舞蹈相伴，节奏可以用拍手或跺脚，甚至响板来表示。据统计，根据是否有歌唱、器乐、吉他、伴舞等，弗拉明戈有五十多种不同形式。吉他演奏家帕克·德·路西亚（1947—2014年）是最负盛名的代表人物之一。

### 法朵的忧伤

法朵（fado）是一种流行于葡萄牙的音乐表现形式，基调忧伤，通常描绘水手或码头工人。19世纪初它出现时，只有一些拿着拨弦乐器伴奏的男人弹奏，如葡萄牙吉他和古典吉他。后来出现了无数女性法朵演奏家，如阿玛利亚·罗德里戈斯（1920—1999年）。我们可以将法朵和佛得角的莫尔纳（morna）音乐作比较，后者由西莎莉亚·埃沃拉（Cesália Évora，1941—2011年）普及开来。

### 阿巴拉契亚山的现场

蓝草音乐（bluegrass）诞生在阿巴拉契亚山脉的山地高原地区，融合了爱尔兰、苏格兰和英格兰的传统。它的特点在于演奏者的精湛技艺。它的节拍很快，和声众多，每个和声都有机会展现自己的技巧。曼陀林演奏家比尔·门罗（1911—1996年）是这种音乐体裁的主要推动者之一，其他还有班卓琴演奏家厄尔·斯科拉格斯和比尔·基斯（Bill Keith）、吉他演奏家多克（Doc）和梅尔·沃森（Merle Watson）。电影《逃狱三王》的原声带也有一部分是蓝草音乐。

1972年，在巴黎舞台上的阿兰·斯迪威尔。

流行乐

## "四季豆不咸"

阿卡迪亚音乐或卡津音乐是19世纪以来路易斯安那州的法语使用者所演奏的音乐形式。手风琴、小提琴和三角铁构成了这种音乐的基础，后来逐渐增加了吉他、架子鼓、电贝斯和键盘。扎卡里·理查德（Zachary Richard，生于1950年）和道格·科肖（Doug Kershaw，生于1936年）延续了这种集粗犷、原始、动感、欢乐于一体的音乐传统。它在非裔美国人群体中的变体——柴迪科舞曲音乐[原文为zydeco或zarico，是haricot（四季豆）的派生词]后来出现，让人们发现了手风琴演奏家克利夫顿·谢尼埃（Clifton Chenier，1925—1987年）。

## 新浪潮的温柔抚摸

波萨诺瓦诞生在巴西，它融合了桑巴和爵士乐。它的最初形式是由尼龙弦吉他伴奏的人声。20世纪60年代末，若昂·吉尔贝托（João Gilberto，1931—2019年）和妻子阿斯特鲁德（Astrud）、爵士音乐家斯坦·盖茨通过翻唱安东尼奥·卡洛斯·若宾的"伊帕内玛姑娘"（The Girl from Ipanema），把这种音乐形式推广到了全世界。想要深入了解相关内容的人，强烈建议你们去听希科·布阿尔克、吉尔贝托·吉尔、巴德·鲍威尔和卡耶塔诺·费洛索的歌曲。

## 萨尔萨之声

萨尔萨这种古巴音乐诞生于19世纪末，它的配器以古巴吉他（tres，一种小型吉他）、邦哥鼓（bongos）和演奏低音的马林布拉（marimbula）为基础。伊格纳修·皮涅罗（Ignacio Pineiro，1888—1969年）则将小号引入乐团。在20世纪60年代的纽约，萨尔萨和其他拉美节奏融合在了一起。1997年，雷·库德（生于1947年）重组"好景俱乐部乐队"（Buena Vista Social Club），把古巴之声重新带回大众视野当中。这个乐队由当时几乎被遗忘的老音乐人组成，例如康贝·塞康多。

## 吹起小号！弹起维卫拉琴！

玛利亚奇（mariachi）既能指代一种音乐体裁，也可以代表演奏它的乐团。它从18世纪开始出现在墨西哥。它丰富的音色融合了小号、小提琴、维卫拉琴（vihuela，带有小共鸣箱的吉他）、吉他和吉他隆（guitarron，充当贝斯）。加斯帕尔·瓦尔加斯（Gaspar Vargas）于1897年组建的"瓦尔加斯·德·特卡里特兰马里亚奇乐团"（Mariachi Vargas de Tecalitlán）是其中最著名的合唱团之一，成员代代更新，活跃至今。

描绘民间乐团舞者的石版画，1941年。

## 有待重新发掘的丰富曲库

比吉纳（biguine）音乐诞生于19世纪的安的列斯群岛，是非洲节奏与民间舞会音乐结合的产物。有一种纯节奏的比吉纳音乐以打击乐为基础，另一种管弦乐形式的比吉纳音乐在20世纪30年代的法国获得认可。经历了漫长的衰落期，它在20世纪80年代重新开始流行，这要归功于马拉瓦（Malavoi）组合的成功。

887

# 现代民谣的孩子

1943年的伍迪·格思里。

## 美国的眼中钉

美国民谣的另一个伟大人物是皮特·西格（1919—2014年），他的一切都能惹怒20世纪50年代的思想正统之人。在麦卡锡主义盛行时期，他的"织工乐队"被列入黑名单，因为西格是共产主义者。1958年，他开启了个人的职业生涯，但完全没有否认自己之前的承诺，继续为和平与公民权利积极奔走。他最著名的一首歌是"假如我有铁锤"（If I had a Hammer），这首歌在全世界已有几百个版本。

## 如果只能留一个

1962年，琼·贝兹（生于1941年）的名气已经远远超出了格林尼治村的酒吧，她有超过三张专辑登上了排行榜，天使般的面庞还登上了《时代》杂志的封面。她当时的伴侣鲍勃·迪伦的早期职业生涯成绩平平，但却从贝兹的名望中获益不浅，贝兹则从迪伦那里获得了大量歌曲。与鲍勃·迪伦不同，她从未背弃自己年轻时的承诺。她为公民权利而战，反对美国出兵越南，也反对南美独裁政权，这些斗争最终让她分身乏术，甚至将歌手事业置于次要地位。

## 这台机器杀死了法西斯主义者

伍迪·格思里（1912—1967年）对鲍勃·迪伦，或者说对20世纪50年代到60年代的民谣舞台有着重大影响。他是另一个美国的记录者：一个流浪汉的美国、一个失去社会地位者的美国、一个遭受"大萧条"重创的美国。他留下了包括《这片土地是你的土地》在内的几百首抗议歌曲，以及1976年被改编为电影的著名自传《荣光之路》。他在书中回顾了自己在20世纪30年代的流浪经历。

## 风流男人

20世纪50年代时，莱昂纳德·科恩（1934—2016年）已是有作品出版的小说家和诗人，他开始民歌征程时已经33岁。1966年，他的歌曲"苏珊"（Suzanne）获得成功，演唱者是朱迪·柯林斯，而科恩次年才亲自录制这首歌。这是他长达五十年的唱片生涯的第一个里程碑。1977年，由菲尔·斯佩克特制作的浮夸的《大众情人之死》（Death of a Ladies' Man）为他带来的争议堪比鲍勃·迪伦转向电声乐器时遭受的批评，他很快就回归了更加适合他那朴素旋律的极简主义编曲风格。

1979年的莱昂纳德·科恩。

## 像一块滚石

鲍勃·迪伦（生于1941年）出现在本书多个章节里，但他最早是以民谣歌手的身份成名的。因此，他自己虽然并不情愿，但仍被贴上了"时代代言人"的标签，他在早期专辑中表达了一代人的恐惧、憧憬和希望。1965年，他在新港民谣音乐节上与一支摇滚乐队共同登台演出，引起了人们的愤慨（当时他被人称为"犹大"），这与民谣界对他的歌词和立场的重视程度是相匹配的。但是谜一般的鲍勃·迪伦不属于任何人，他时而是民谣歌手，时而是摇滚歌手，有时是犹太人，有时是基督徒，也可能再次成为犹太人……

埃瓦·克罗斯（Ewa Klos）画的鲍勃·迪伦。

## 汤姆&杰瑞

西蒙和加芬克尔这个二重唱组合有着水晶般清脆的嗓音，也有着乖巧大学生一样的形象。二人的外表再正常不过，与20世纪60年代的奇装异服派截然不同，而他们的歌声如同神的馈赠，称得上是埃弗利兄弟二重唱的竞争对手。广大听众也慧"耳"识珠：直到1970年二人解散前，他们的专辑和单曲都定期登上销量排行榜榜首。保罗·西蒙（生于1941年）后来开始了辉煌的独唱生涯，亚特·加芬克尔（生于1941年）则尝试在电影圈发展，偶尔也录制一些歌曲。

## 不合群的人

虽然尼尔·扬（生于1945年）有时会使用电声乐器，让后来的涅槃乐队看起来像一个宣扬革命和叛逆的乐团，但1968年他离开水牛春田乐团（Buffalo Springfield）单飞时，他被视为第N个"新鲍勃·迪伦"，仿佛坐在篝火旁，抱起吉他，歌唱乡村生活的美好。20世纪70年代初，他短暂加入克罗斯比、斯蒂尔斯和纳什乐队，为我们带来了《似曾相识》（*Déjà Vu*）。这张专辑是加利福尼亚音乐的奠基石之一，融合了民谣和乡村音乐，并点缀了人声和弦。他的个人专辑数量众多，无法归类，他作为电影制作人和企业家的各种活动也是一样。

## 民谣可以实现一切

这位后来改名为"优素福·伊斯兰"（Yusuf Islam）的歌手在发行"达班维尔女士"（Lady d'Arbanville）时受到公众喜爱。凯特·斯蒂文斯生于1948年，直到1970年事业才真正起步。当时他与小岛唱片（Island）签约，终于能按照自己的想法录制歌曲。九年后，他退隐歌坛，投身于与他的新信仰有关的慈善事业。他偶尔会回到台前，推出一张专辑，或者说出一番有争议的言论。

# 黑人力量

1962年5月在巴黎奥林匹亚音乐厅举办音乐会的雷·查尔斯。

## 节奏蓝调中的瑞士军刀

雷·查尔斯擅长爵士乐、福音歌曲、流行乐和蓝调，他在1962年发行的一张惊人的乡村乐和西部音乐专辑卖出了一百万张。他的经典作品["我有一个女人"（I got a woman）、"我该说什么"（What'd I say）等]是由他于1952年加入的大西洋唱片公司出品的。20世纪60年代，他扩大了自己表演的歌曲范围，经常演绎列侬和麦卡特尼的作品。

## 节奏蓝调变成灵魂乐

和许多灵魂乐歌手一样，萨姆与戴夫组合最开始主要演唱的是福音歌曲。他们有两首经典歌曲："等一下，我来了"（Hold On, I'm Coming，1966年）和"灵魂男子"（Soul Man，1967年）。他们也是令人叹服的表演者，奥蒂斯·雷丁因为担心被比较，拒绝和他们出现在同一张海报上。他们离开斯塔克斯唱片公司，与大西洋唱片公司签约后，逐渐过气，因为新公司无法为他们提供合适的录音室和制作人。

## 炸药先生

詹姆斯·布朗（1933—2006年）是高产的灵魂乐歌手，他在1956年推出"拜托，拜托，拜托"（Please, Please, Please），初尝成功滋味。他在哈勒姆的阿波罗剧院的演出被载入史册，也被录制成唱片。1966年，他的职业生涯出现了转折，他在麦迪逊广场花园体育馆点燃了白人观众的热情。第二年，他录制了"冷汗"（Cold Sweat），这首单曲标志着他从经典灵魂乐向后来被称为"放克"的音乐的转变，后者的时长更长，更强调架子鼓和节奏吉他。

詹姆斯·布朗在纽约的阿波罗剧院。

## 五个密友

"诱惑合唱团"的成员不仅是五位歌手，更是五个非同寻常的密友。与摩城唱片（Motown）签约之后，他们在1964年拥有了第一首冠军单曲，随后又有一系列大热单曲出现在节奏蓝调榜单上，有时也出现在流行乐榜单上。他们的经典作品无数，比如"我的女孩"（My Girl）和"爸爸是浪子"（Papa Was a Rollin' Stone），后者长达十二分钟，是真正的灵魂交响乐。随着迪斯科时代到来，他们的黄金时代在20世纪70年代中期结束了。

流行乐

## 就是最优秀的

蒂娜·特纳（1939—2023年）和丈夫艾克组成了最受好评的乐队之一，两人合作时间长达十五年，为他们和声的是"艾克特女子和声组"（The Ikettes）。对于大众而言，艾克与蒂娜开创了跨界音乐的先河。1966年，菲尔·斯佩克特为他们创作了令人难忘的"山高水深"（River Deep Mountain High），他自己也将其视为杰作。这首歌在相关榜单上长期停留在第八十八位。1976年，蒂娜与艾克离婚，几乎从零开始重新建立自己的职业和形象。1984年的专辑《私人舞者》以及大热单曲是她努力的回报。

## 中断的命运

奥蒂斯·雷丁生于1941年，1962年与斯塔克斯唱片公司签约并发行"我的这些臂膀"（These Arms of Mine），很快走红。他的唱片常常登上节奏蓝调榜单高位，但他的目标却是打破根据肤色区分艺术家的隐形歧视。为此，他在洛杉矶摇滚舞台的发源地"来来威士忌"（Whisky a Go Go）酒吧演出，也在1967年的蒙特利国际流行音乐节（Monterey Pop Festival）上表演。同年12月9日，他乘坐的飞机在莫诺纳湖坠毁。就在事故几天前，他还录制了《坐在港口码头》。

## 灵魂歌后

艾瑞莎·弗兰克林生于1942年，父亲是一位浸礼会牧师，她在1956年录制了第一张福音歌曲专辑，之后几年连续推出了一些乏善可陈的流行作品。后来她终于遇到了杰瑞·韦克斯勒，这位制作人为她提供了与其才华相匹配的音乐宝库。她的一系列大热单曲就此问世，包括"尊重"（Respect，1967年）和"思考"（Think，1968年），这些单曲为她赢得了"灵魂歌后"的美称。她与其他几位节奏蓝调的传奇人物共同出演了电影《福禄双霸天》（1980年）。

## 黑人摩西

艾萨克·海斯生于1942年，是斯塔克斯唱片公司的作曲人之一。1971年，他为"黑人剥削电影"《黑街神探》创作了原声带，他的制作和编曲天赋得到了全世界的认可。20世纪80年代初，面对新近作品不够成功的情况，他参演了一些电视剧和动作电影。在《纽约1997》中，他高大的身材和光头造型大获成功。

1989年的蒂娜·特纳。

## 底特律之声的骄傲

发掘了戴安娜·罗斯（生于1944年）的"至高无上女子组合"在某种程度上是摩城唱片对披头士乐队的反击，也只有披头士乐队的成功能与之相提并论。1964年，身兼词曲创作的三人组合"霍兰—多济耶—霍兰"（Holland-Dozier-Holland）为她们创作了第一首冠军单曲"我们的爱哪去了"（Where Did Our Love Go）。六年后，戴安娜单飞，该组合一直维持到1977年。

## 神童

史蒂夫·旺德（生于1950年）被摩城唱片的子厂牌塔姆拉唱片发掘时才11岁。一年后，他录制了首支单曲，并在20世纪60年代推出多张打入排行榜前四十位的唱片。到了20世纪70年代，重新签订合同之后，他有了完全的艺术自由，推出了《有声读物》（Talking Book，1972年）、《生命之钥》（Songs in the Key of Life，1976年）等杰作。

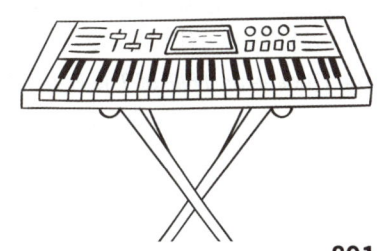

# 英国摇滚

## 传奇四人组

从1957年到1970年,从采石工乐队到披头士乐队,约翰·列侬(1940—1980年)和保罗·麦卡特尼(生于1942年)组建了全世界最有名的四人组合。他俩与乔治·哈里森(1943—2001年)和林戈·斯塔尔(生于1940年)一同诠释了流行音乐的方方面面(乡村摇滚、迷幻摇滚、蓝调等),与20世纪60年代的艺术、媒体和社会变革相伴,甚至还更超前。他们的唱片比任何相关论著都更能反映那个时期一代人的历史。

1966年的45转黑胶唱片封面。

## 我的一代

为了与披头士乐队和滚石乐队划清界限,"谁人乐队"(The Who)设计演出服时把英国国旗画在上面,成为"摩德运动"(Mod movement)的先锋。他们的美学理念属于流行艺术,舞台风格接近艺术家阿尔曼的作品《愤怒》(Colères)系列,他们可能是英国最先锋的团体。1969年,他们录制了摇滚音乐剧专辑《汤米》(Tommy),实现了乐队核心人物皮特·汤申德(生于1945年)的愿望,让摇滚不再只是惊喜派对上的背景音乐。

## 英国团体中英伦风格最突出的

雷和戴夫·戴维斯兄弟分别是奇想乐队(The Kinks)的主唱和吉他手,他们经常在后台打架,与此同时创作出了引发轰动的连复段["你真的迷住我了"(You Really Got Me),1964年],为未来的硬摇滚风格奠定了基础。但很快雷就厌倦了舞台的喧嚣,他冒着失去听众的风险,在概念专辑中记录英国的过去和现在,例如《亚瑟(或大英帝国的衰落)》[Arthur (Or The Decline and Fall of The British Empire),1969年]和《保留节目1》(Preservation Act 1,1973年)。

## 欢迎来到第五空间

1965年,几个伦敦的大学生组成了平克·弗洛伊德乐队(Pink Floyd),其独特之处在于乐队成员西德·巴勒特(1946—2006年)借鉴科幻小说而写出的癫狂歌词。巴勒特才华横溢,但却精神脆弱。他们的音乐被称为"太空摇滚"(space rock)。他们的演唱会就像一场旅行,漫长的器乐片段与让人产生在天空翱翔之感的精致灯光秀相结合。平克·弗洛伊德的吉他手是大卫·吉尔莫(生于1946年),贝斯手是罗格·沃特斯(生于1943年)。这支乐队在20世纪70年代连续推出了多张白金唱片,例如《月之暗面》(1973年)、《迷墙》(1979年)等。

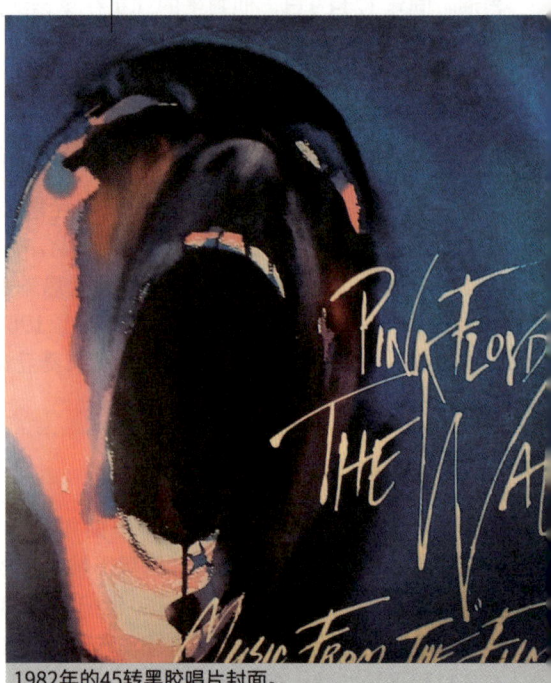

1982年的45转黑胶唱片封面。

# 流行乐

## 巴洛克

皇后乐队的专辑《歌剧院之夜》（1975年）的标题出自马克斯兄弟（Marx Brothers）主演的电影。凭借这张专辑，皇后乐队与摇滚经典作品彻底决裂，并明确了乐队未来专辑的模式：一些能满足体育场观众的重金属歌曲、一些为喜欢浪漫音乐的粉丝而创作的抒情歌曲、一些适合在电台节目播放的流行歌曲，还有弗雷迪·默丘里（1946—1991年）自由发挥想象力的华丽表演（参见《波希米亚狂想曲》）。

## 撒旦陛下

滚石乐队的成员都留着乱蓬蓬的头发，抽着奇怪的香烟。在20世纪60年代的很长一段时间里，他们都被视为披头士乐队的反面（归功于巧妙的营销定位）。他们曾经让人反感，但逐渐改变了僵化的英国。他们以沉重的代价获得了自由，某些人甚至付出了生命的代价。21世纪初，在米克·贾格尔的带领下，他们继续凭借不朽的音乐作品和大规模的巡演让乐迷臣服。

1970年9月，在巴黎体育宫举办演唱会的滚石乐队。

## 支持你的当地警察

把一个在英国不得志的美国鼓手、一个曾经加入动物乐队（The Animals）的资深吉他手、一个曾经当过老师的贝斯手和主唱召集起来，给他们取一个"警察乐队"（The Police）这样怪异的名字，这就是1979年到1983年最受欢迎的乐队。把他们的成功与披头士乐队相提并论或许有些傲慢和随便，但他们的唱片能在全世界榜单上登顶。没有任何地方能抵挡斯汀（生于1951年）带领的三个金发男子的魅力。

## 以爱之名

1976年，以波诺（生于1960年）为核心的U2乐队在爱尔兰成立，它成功做到了演艺圈中最难的事情：乐队始终没有解散，风格还不断变化，更重要的是，乐队最初的成员从未离开。20世纪80年代时，合成器是音乐界的主宰，但他们是吉他摇滚的捍卫者。他们抛弃后朋克风格的服装，无法抵挡来自大西洋彼岸的召唤，在1987年发行了专辑《乔舒亚树》（The Joshua Tree），用美国风格来装点他们的音乐，成功占领了全世界最大的音乐市场。

## 时髦与破坏

如果要选择一个能定义20世纪80年代的乐团，"赶时髦乐团"或许会是第一个浮现在人们脑海中的名字。从1981年的"永远都不够"（Just Can't Get Enough）到八年后的"私人耶稣"（Personal Jesus），他们的音乐伴随着整个20世纪80年代，从百分之百的合成器音乐开始，最终融入了蓝调和摇滚传统。

## 兄弟反目

兄弟二人同在一个乐队一直是一种比较棘手的情况。绿洲乐队证明了这一点。从销量高达约2200万张的第二张专辑《晨光荣耀》（1995年）开始，利亚姆·加拉格尔和诺埃尔·加拉格尔无休止的争吵就成了小报热衷的话题。加拉格尔兄弟互相忍耐的局面持续到2009年，在一次演唱会开始前的几分钟，两人爆发争吵，导致乐队解散。

# 美国摇滚

## 吉他齐声响起

飞鸟乐队的成员包括罗杰·麦奎恩（生于1942年）和大卫·克罗斯比（1941—2023年）等，它被视为民谣摇滚的先驱，也是让鲍勃·迪伦的早期作品为大众所知的推动者之一。1965年，飞鸟乐队用电子乐器改编的"铃鼓先生"（Mr. Tambourine Man）登上了排行榜榜首。1973年，这支乐队解散了，不过10年后，许多乐队表示受到了他们的影响，例如史密斯乐团（the Smiths）、普利姆灵魂乐团（The Plimsouls）、汤姆·佩蒂与伤心人合唱团（Tom Petty & the Heartbreakers）。

## 格子衫帮

约翰·福格蒂（John Fogerty）和汤姆·福格蒂（Tom Fogerty）兄弟身上没有任何嬉皮色彩。他们乐队的名字"克里登斯清水复兴合唱团"给人感觉乡土气息浓重。1968年，当东方哲学广为流行而20世纪50年代的摇滚被看低时，他们翻唱自乡土摇滚吉他手戴尔·霍金斯（Dale Hawkins）的歌曲成为他们的首支大热单曲。在这之后的四年里，他们不断获得成功，但团体内部也矛盾连连，直到1972年最终解散。

## 一个美国故事

芝加哥乐队的优势和独创性在于它的铜管乐器组，这是20世纪60年代的白人团体很少使用的乐器。除此之外，他们还有一个吉他手泰里·凯斯（Terry Kath，1946—1978年），吉米·亨德里克斯表示他"比自己更优秀"，以及一些能力互补的作曲家：罗伯特·莱姆（Robert Lamm）的作品雄心勃勃，彼得·赛特拉（Peter Cetera）能创作打入排行榜前四十名的抒情歌曲。凯斯去世后，这支乐队便不再是那个能在现场专辑《芝加哥乐队在卡耐基音乐厅》（At Carnegie Hall，1971年）中引吭高歌的乐队了。

## 吉他之神吉米

吉米·亨德里克斯的音乐事业无比辉煌，在1966年到1970年（他在世时仅发行过三张录音室专辑），他为电吉他的演奏方式和录音室的制作效果带来了巨大变革。双碟专辑《电子女儿国》（Electric Ladyland，1968年）是他无可争议的杰作。1970年9月18日，27岁的他在睡眠中与世长辞，当时的他似乎正站在前所未有的音乐体验的开端。

纽约一堵墙上的吉米·亨德里克斯头像涂鸦。

## 精力早衰的萨满

吉姆·莫里森生于1943年12月8日，他的歌词和演唱与他的荒唐行径同样有名。他经常酩酊大醉、在演唱会上迟到，有时甚至无法演唱，他轻而易举地违背了20世纪60年代北美演艺界的通行规则。但是任何形式的宣传都是有益的，从1967年到1971年他在巴黎去世，大门乐队（The Doors）一直是美国青少年最喜爱的乐队。

## 声音和吉他

1968年，大卫·克罗斯比、斯蒂芬·斯蒂尔斯（生于1945年）和格雷厄姆·纳什（生于1942年）组成了"克罗斯比、斯蒂尔斯和纳什乐队"，当时他们已经是成名的音乐人，尼尔·扬偶尔也会加入。这个乐队聚集了三位出色的歌曲作者和歌手，这是创造力的渊源，也是可怕冲突的根源，他们的自我与他们的天赋相匹配。1970年发行的《似曾相识》之于他们，就如同《佩珀军士的孤独之心俱乐部乐队》之于披头士乐队，是一座无法超越的高峰。

## 神秘主义者

卡洛斯·桑塔纳（Carlos Santana，生于1947年）是一位精力充沛的吉他手，他把拉美音乐节奏带到了摇滚乐中，这种混合的音乐形式效果惊人，1969年他在伍德斯托克音乐节上的火热表演就是证明。20世纪70年代，桑塔纳投入到各种类型的实验中，既有音乐领域的，也有精神层面的，不过当他意识到他的"使命"只是给听众带来快乐时，他便回归到一种更让人容易接受的模式中了。

1969年8月在伍德斯托克音乐节上表演的卡洛斯·桑塔纳。

1985年在英国演唱会上表演的布鲁斯·斯普林斯汀。

## 四个冲浪者和一个天才

海滩男孩乐队在入行之初发行了一系列赞美女孩、海滩和冲浪的大热单曲，这些单曲几乎都是由天赋异禀但命运多舛的天才布莱恩·威尔逊（Brian Wilson，生于1942年）创作的。滥用致幻剂让他和乐队伙伴渐行渐远，也影响了1966年发行的专辑《宠物之声》（Pet Sounds）和歌曲"美好感受"（Good Vibrations）的创作。23岁时，布莱恩实现了他的梦想：与菲尔·斯佩克特比肩。

## 为调频波段量身定做

老鹰乐队的成员都有着长头发和古铜色皮肤，他们有钱又有名。在20世纪70年代，这支乐队代表了某种加州的生活艺术，慵懒的"放轻松"（Take it Easy，1972年）或献给他们喜爱的鸡尾酒的"龙舌兰日出"（Tequila Sunrise，1973年）都表现了这种态度。他们的专辑《加州旅馆》（1976年）是史上最畅销的专辑之一，相比之下《亡命之徒》（Desperado）和《游走边缘》（On the Border）则没那么受欢迎。但在这两张专辑中，他们的乡村音乐根源更加明显。

## "老大"

发行了两张不温不火的专辑之后，布鲁斯·斯普林斯汀（生于1949年）凭借备受好评的《生来奔跑》找到了他的风格和受众。在对他言听计从的"E街乐队"（The E Street Band）的支持下，他在马拉松式的演唱会中巩固了自己的声望——"大河巡演"（River Tour，1980—1981年）的演唱会每场都至少持续四个小时。1984年的《生于美国》（Born in the USA）标志着他在商业和艺术两个领域都达到了顶峰。后来，随着他的专辑变得更加温和与私人化，他的流行程度也在下降，但依旧维持着许多人梦寐以求的高度。

# 从乌托邦到工业

## 朋友的时光

1963年6月22日，已成为青少年"圣经"的《嗨朋友》（Salut les Copains）杂志为了庆祝创刊一周年，在民族广场组织了一场免费音乐会。虽然受邀的艺术家如今在我们看来都与世无争，但在那个炎热的夏夜，理查德·安东尼（Richard Anthony）、约翰尼·哈利代（Johnny Hallyday）、野猫乐队（Les Chats Sauvages）和西尔维耶·瓦尔坦（Sylvie Vartan）都令人心生畏惧！原本预计的三万名"朋友"变成了十五万，路灯、栗子树、阳台、报亭、卡车等一切能当作瞭望台的地方都被人潮占领。虽然他们没有造成任何明显的事故，但第二天仍然有一家日报发表了标题为《嗨流氓！》的文章。

## 爱之夏

相比不久之后的其他音乐集会，1967年6月的蒙特利国际流行音乐节考虑周到、井井有条。观众坐在椅子上，没有任何人缺水喝或没东西吃。然而，盖在人们舌头上的印戳（指LSD）被视为"打开通向知觉之门"，让观众全方位体会妈妈与爸爸合唱团（The Mamas & The Papas）、吉米·亨德里克斯、詹尼斯·乔普林、奥蒂斯·雷丁、谁人乐队和拉维·香卡的音乐。

观看演唱会的观众群，1969年迈克尔·沃德利（Michael Wadleigh）拍摄的纪录片《伍德斯托克》中的一幕。

## 伍德斯托克一代

1969年8月的伍德斯托克音乐与艺术节象征着一个时代的巅峰和终结。如果说这场音乐节让那些对社会不满的年轻人了解了他们的力量（超过40万观众前来参加），那么它也标志着嬉皮乌托邦，也就是认为能"以不同的方式"生活的一代人的乌托邦的结束。20世纪70年代，演艺界的旧规则回归，与这"为了和平与音乐的三天"有关的电影和唱片都赚得盆满钵满。

## 暴力与仇恨之夜

滚石乐队没有参加伍德斯托克音乐节，但他们参加了几个月后在加州北部的阿尔塔蒙特赛车场举办的另一个音乐节。负责维护现场安全（"破坏现场安全"或许更准确）的是地狱天使摩托帮（Hells Angels）。随之而来的是令人难以承受的野蛮场面，一名观众被刺死，恰好被梅索斯（Maysles）兄弟的摄影机拍了下来。那天晚上，音乐只是次要元素。

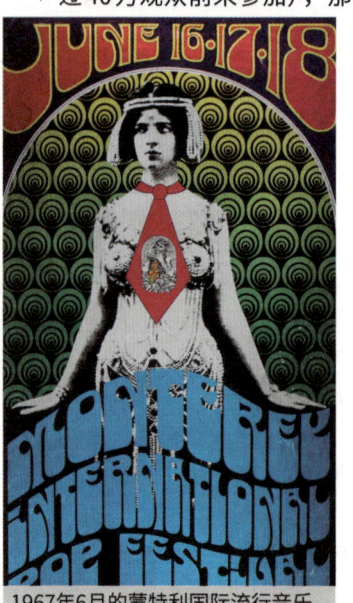

1967年6月的蒙特利国际流行音乐节海报。

896

流行乐

## 随他去吧

在电影《随他去吧》(Let It Be，1970年)中，披头士乐队在苹果唱片公司楼顶，面对着几位亲朋好友演唱了几首歌曲，这个著名的镜头在许多方面都令人感动。这不仅仅是一个处在解散边缘的团体试图找回一点率性和共同演奏的快乐，更是一个充满希望和理想的时代的终结。几个月后，披头士乐队解散，成员们重新成为约翰、保罗、乔治和林戈。一切都成为一个象征。

## 欧洲也一样

为了回应美国举办的大型音乐盛会，英国在1968年举办了第一届怀特岛音乐节，但仅吸引了一万名观众到场。然而，第二年，曾经对伍德斯托克音乐节表示不满的鲍勃·迪伦在这个音乐节上回归舞台。1970年，超过六十万观众前来聆听芝加哥乐队、谁人乐队、琼·贝兹、大门乐队、吉米·亨德里克斯等。英国政府对这场盛事的规模感到恐慌，便禁止继续举办，直到2002年才将这个活动重启。

## 拯救世界

1985年7月13日，伦敦和费城同时举办了两场历史上前所未有的演唱会，组织者鲍勃·盖尔多夫（Bob Geldof）和米治·尤里（Midge Ure）称之为"拯救生命慈善演唱会"（Live Aid）。继慈善义演单曲"他们知道现在是圣诞节吗"（Do They Know It's Christmas）和"天下一家"（We Are the World）之后，摇滚明星们继续为埃塞俄比亚大饥荒筹集善款。他们聚集了史无前例的豪华阵容，现场有约十七万名观众，电视观众达到十九亿。这些巨星包括斯汀、U2、恐怖海峡乐队、皇后乐队、大卫·鲍伊、谁人乐队、埃尔顿·约翰、保罗·麦卡特尼、艾里克·克莱普顿、齐柏林飞艇乐队、琼·贝兹、黑色安息日乐队、海滩男孩乐队、迈克尔·杰克逊、米克·贾格尔、鲍勃·迪伦等。

欧洲版单曲"天下一家"的封面。

## 金钱第一

1969年7月，埃尔维斯·普雷斯利在拉斯维加斯作了舞台回归表演。十年来，他演的电影常常令人失望（他必须承认这一点），唱片销量也急剧下滑，他已经很久未在公众面前演出了。他知道自己不能犯错，因此做了精心准备。首场表演之后，观众和媒体一致认为："王者归来！"这位王者可以安心开启自己的20世纪70年代。

## 一刻钟的荣耀

在几十个国家开枝散叶的《好声音》（The Voice）让一个比密纹唱片还古老的娱乐理念焕然一新：音乐选秀。从2012年开始，这个节目有了法国版，名为《法国好声音》。许多唱片公司会定期在这个宝库中挑选人才，与获胜者签订唱片合约。冠军们频频在电视上出现，变得家喻户晓。然而，事实证明，他们之中很少有人能经得起时间的考验。

897

# 音乐剧，永不过时的体裁

1961年电影版音乐剧《西区故事》一幕。

## 在纽约的街道上

编舞在1957年上演的百老汇剧目《西区故事》中起了重要作用。负责配乐的伦纳德·伯恩斯坦、负责剧本的亚瑟·劳伦斯和负责对白的斯蒂芬·桑德海姆突发奇想，把《罗密欧与朱丽叶》的情节搬到了20世纪50年代黑帮争斗横行的纽约。属于欧洲移民后代的"鲨鱼帮"和波多黎各裔的后代"喷气机帮"发生了冲突。"鲨鱼帮"的一个年轻人爱上了"喷气机帮"头目的妹妹，随之而来的是可以想象的复杂局面。罗伯特·怀斯执导的电影版取得了巨大成功。电影里的多首歌曲成了经典曲目，例如《美国》。

## 头发的故事

由詹姆斯·拉多（James Rado）和杰罗姆·拉尼（Gerome Ragni）编剧、加尔特·麦克德莫特（Galt MacDermot）编曲的《毛发》（Hair）在1967年登上外百老汇的舞台，随后在百老汇和大部分国际大都市上演。故事取材于嬉皮反文化和正在进行的性革命。对毒品的提及以及几处裸身场面让演出声名大噪。歌曲的法语版由雅克·朗兹曼（Jacques Lanzmann）创作，他也是成人杂志《他》（Lui）的主编、雅克·迪特隆（Jacques Dutronc）的歌词作者。1979年，米洛斯·福尔曼（Miloš Forman）执导了电影版。

## 犹大之吻

根据安德鲁·罗伊德·韦伯（Andrew Lloyd Webber）和蒂姆·莱斯（Tim Rice）的概念专辑改编的《耶稣基督万世巨星》于1971年登上百老汇舞台，但它却在伦敦取得了最为持久的成功。它是对福音书的自由改编，描写了犹大与耶稣之间的关系。抗议随之而来。一些基督徒认为这部音乐剧亵渎神灵，后来又有人指责它传播反犹思想，因为其中最令人厌恶的角色是犹太人。匆匆下映的法语版歌词由皮埃尔·德拉诺埃（Pierre Delanoë）编写。

## 比喻

在20世纪70年代初，耶稣这个主题绝对是个"潮流"，这或许是因为将嬉皮士的群体生活与早期基督徒作对比很吸引人。《福音》（Godspell）是根据《马太福音》中的寓言故事改编的，它是编剧约翰-迈克尔·特贝拉克（John-Michael Tebelak）的毕业项目的一部分。作曲家斯蒂芬·施瓦茨（Stephen Schwartz）受雇为其创作原声带。1971年，该剧首次上演，随后在外百老汇重演。次年，它的版权被卖到国外，最终于1976年在百老汇大获成功。

## 成为第一夫人的女演员

安德鲁·罗伊德·韦伯和蒂姆·莱斯在《贝隆夫人》中呈现的是艾娃·贝隆（Eva Perón）这个人物的生平：从贫困的青春期开始，到后来社会地位飞速上升，并最终进入阿根廷政府高层。1976年，这部摇滚歌剧最初以专辑形式发行，两年后被搬上舞台。阿兰·帕克（Alan Parker）执导、麦当娜主演的电影版是1996年票房最成功的电影之一。

## 重要的宏伟画幅

维克多·雨果在《悲惨世界》中描绘的经典人物已经进入了公众记忆之中，例如苦役犯冉阿让、不幸的珂赛特、卑鄙的德纳第夫妇等。作曲家克洛德-米歇尔·勋伯格与编写对白的阿兰·布伯里勒和让-马克·纳泰尔（Jean-Marc Natel）合作，从小说取材，创作了一部音乐剧，并于1980年在巴黎体育宫上演。它被赫伯特·克雷茨默改编成英文版后，在全世界大获成功。

## 夜晚，所有的猫都是灰色的

1981年在伦敦首演的《猫》是安德鲁·罗伊德·韦伯根据T.S.艾略特的一部诗集《老负鼠的猫经》改编而来。小时候，母亲经常给他读这本书里的诗。一群叫作"杰里科猫"的猫每年举行一次聚会，选出一只猫进入猫族的天堂"九重天"，并在那里获得新生。年迈多病、被逐出猫群很久的格里泽贝拉最终被选中。

## 狮子王国里有不可告人的坏事

1994年，《狮子王》以动画片的形式问世，三年后被改编成音乐剧。歌词由经验丰富的蒂姆·莱斯创作，音乐由埃尔顿·约翰负责。电影和音乐剧都在全世界取得了成功，单是在百老汇，这部音乐剧就获得了十亿美元票房。和迪士尼的其他电影作品一样，小狮子被剥夺王位后展开的冒险虽然是一个全新的故事，但却是从不同故事中获得的灵感，其中最重要的就是《哈姆雷特》。

## 比利重新戴上拳击手套

《跳出我天地》改编自2000年上映的同名电影，这部音乐剧的音乐由埃尔顿·约翰创作，台词由李·霍尔打造。这是一个绝无仅有的特例，音乐剧描绘了小男孩比利放弃拳击转而追求芭蕾舞的故事，其历史背景是一场对英国产生深刻影响的社会冲突：20世纪80年代反对玛格丽特·撒切尔政策的矿工罢工。2005年，这部音乐剧在伦敦首演之后，也在全球各地上演。

杰米·贝尔扮演的人物（比利·埃利奥特）剧照。

# 歌曲内容很沉重

### 一位完美祖父

伊基·波普（Iggy Pop，生于1947年）年过七十依然有着傲人的腹肌，从20世纪60年代开始，他就在重金属音乐的背景下尽情扭动身体。傀儡乐队（The Stooges）是他的第一支乐队，1974年解散，三十年后重组时才取得成功。在这期间，外号"鬣蜥"的他录制了许多令人惊叹的唱片，其中包括与大卫·鲍伊合作的《傻瓜》（The Idiot，1977年）与《生活的欲望》（Lust for Life，1977年）、《新价值》（New Values，1979年）、《僵尸禽舍》（Zombie Birdhouse，1982年）和《B大街》（Avenue B，1999年）。

### 木偶乐团

艾利斯·库珀（Alice Cooper，生于1948年）为硬摇滚带来了幽默的一面。他在20世纪70年代举办的演出既像恐怖电影，又像节日集市。他最喜欢的舞台道具包括一把电椅、几个玩偶（用来砍头）、一条蟒蛇（活的）和一个绞刑架。他的巅峰期在1972年到1975年。20世纪70年代末，他因酗酒而沉寂。1983年，他戒掉了各种成瘾，开始录音和定期举办巡演。

1975年的艾利斯·库珀。

### 黑色安息日

英国团体黑色安息日乐队为20世纪70年代初的重金属音乐奠定了基础。1979年，主唱奥兹·奥斯本（Ozzy Osbourne，生于1948年）因酗酒被乐队开除（乐队其他成员并不比他更清醒），十八年之后才重新加入。与此同时，奥兹开始了成果累累的单飞生涯，尤其在美国。他在21世纪初因《奥斯本家庭秀》（The Osbournes）而成为电视真人秀明星，在节目中展示了他的家庭生活。

### 我的小企业没有危机

伦敦人吉米·佩吉（Jimmy Page，生于1944年）和约翰·保罗·琼斯（John Paul Jones，生于1946年）是20世纪60年代最受好评的录音室乐手。但凡有团体录制唱片不成功，他们就会被求助。可以说，1968年他们与罗伯特·普朗特（Robert Plant）和约翰·博纳姆（John Bonham）组成齐柏林飞艇乐队时已深谙行业之道。他们的成功随之到来，甚至超出了他们的期待，一直到1980年博纳姆去世。

### 紫色分贝

深紫乐队的特点是高超的技巧和强大的声音力量。约翰·罗德（1941—2012年）是一位受过古典音乐教育的键盘手，而1968年乐队成立时，吉他手里奇·布莱克摩尔（生于1945年）已经有了长时间的录音室工作经验。直到《摇滚的深紫》（Deep Purple in Rock，1970年）这张名称恰如其分的专辑，他们才选择了有攻击性的重金属音乐，这也让他们一跃成为硬摇滚巨星。现场专辑《日本现场》（Made in Japan，1972年）是这支英国乐队的巅峰之作。

900

流行乐

1979年，AC/DC的专辑《通往地狱的高速公路》。

## 穿短裤的硬摇滚

澳大利亚乐队 AC/DC 的特点是纯粹的摇滚多于硬摇滚，还带着青春期的怒气，至少在早期是如此。从 1976 年开始，他们凭借《高压电》（High Voltage）这张专辑成为音乐界的王者。他们的王牌是穿着中学校服、带着吉他和书包上台的安格斯·扬（Angus Young，生于 1955 年）以及始终在崩溃边缘的主唱邦·斯科特（Bon Scott，1946—1980 年）。邦·斯科特去世后，乐队与替代主唱共同录制的《回归黑暗》（Back in Black，1980 年）成为史上最畅销的专辑之一。

## 一股清新的风吹向重金属

1978 年时，范·海伦乐队的出现吹响了美国硬摇滚复兴的号角。乐队成员打破了这种音乐体裁的窠臼，身上不再佩戴代表魔鬼的各种饰物，而是散发出一种典型的加州式的休闲感。吉他手艾迪·范·海伦（生于 1955 年）或许是他那一代乐手中最优秀的吉他手，他与狂妄的天才主唱大卫·李·罗斯（David Lee Roth，生于 1954 年）的合作带来了极为成功的专辑《1984》，但这合作也只是暂时的，罗斯的享乐主义生活方式最终遭到了乐队其他成员的厌烦。

## 感谢 MTV

1971 年到 1981 年，ZZ TOP 乐队制作了一些结构精巧的蓝调摇滚专辑，行内人士评价颇高，销量也不错，但让这几个得州人成为真正的 MTV 明星的是专辑《清除者》（Eliminator）。此时的他们开始使用合成器，还开始留胡子、戴墨镜。他们的形象与录影带中出现的迷人女子在很大程度上促成了他们的成功。

## 有思想的金属乐

20 世纪 80 年代初，金属乐队（Metallica）与大屠杀乐队（Megadeth）、炭疽乐队（Anthrax）、杀手乐队（Slayer）共同成为"激流金属"这一重金属音乐分支的先驱，但 90 年代初，金属乐队与这种音乐渐行渐远，转向一种能吸引更多听众的重金属风格，结果就是《金属》这张专辑在美国的销量达到了一千六百万张。他们的优势在于能从其他金属乐队中脱颖而出，他们和旧金山管弦乐团一起录制了《S&M》（1999 年），和卢·里德录制了《露露》（Lulu，2011 年），还在纪录片《某种怪兽》（2004 年）中把他们的关系问题搬上了银幕。

## 连续剧

枪炮与玫瑰乐队于 1987 年发行的首张专辑成为销量榜冠军，此后它为报纸的娱乐版面提供了丰富的素材（戒毒康复、关系破裂、和解等），甚至成为对摇滚生活方式的赤裸裸的讽刺。枪炮与玫瑰乐队根植于美国流行文化，它在重金属领域依然毫无疑问具有商业价值，从 2016 年开始的盈利颇丰的《此生无望巡回演唱会》（Not in This Lifetime...Tour）证明了这一点。

1992 年，枪炮与玫瑰乐队的主唱艾克索·罗斯。

901

# 10种受欢迎的乐器

## 为何改变？

芬迪吉他（Fender Stratocaster）在1954年问世之初，就凭借三个麦克风、颤音效果和贴合乐手身体的线型共鸣箱掀起了一场革命。这把天才之作是里奥·芬迪（Leo Fender）和弗莱迪·塔瓦雷斯（Freddie Tavares）在吉他手比尔·卡尔森（Bill Carson）的建议下发明的。很快，巴迪·霍利、吉米·亨德里克斯，还有影子乐队（The Shadows）和鲍勃·迪伦等人都开始使用它，这些最伟大的艺术家让这款吉他普及开来。

1954年的芬迪吉他。

## 昨夜一个DJ救了我的命

黑胶唱机Technics SL-1200像坦克一样坚实，像瑞士手表一样可靠。它在1972年出现在高保真音响设备市场上，很快就被DJ和电台所使用，也很快出现在嘻哈领域。它的优点包括能够确保瞬间启动的扭矩、能够允许搓碟又不损坏构造的直驱唱盘，还有可以改变音乐节奏和调性的转速调节装置。

## 可以装进口袋的贝斯

Bass Line Roland TB-303是为想要用可设计的合成贝斯伴奏的吉他手设计的，但销量一直很低迷。然而在1981年到1984年，这个小型单声道定序器被生产了一万台。在20世纪80年代中期，芝加哥的DJ和导演们重新发现了它，赋予了它第二次生命。浩室音乐（house music）、迷幻浩室音乐（acid house）以及它们的衍生音乐种类都要归功于它。

## 保证满意

由吉普森（Gibson）公司制造的用于贝斯或吉他的Mastro FZ-1 Fuzz-Tone是第一款工业生产的失真脚踏效果器。它在1962年就已问世，但基思·理查兹三年之后才发现它，并决定将它加进"（我无法得到）满足"[(I Can't Get No) Satisfaction]的吉他重复段中，它也因此被写进历史。滚石乐队无意之中的助推改变了FZ-1的命运，在此之前几乎没有音乐人对它感兴趣。

## 吉米的秘密武器

Dunlop Cry Baby于1966年上市销售，知名使用者吉米·亨德里克斯和艾里克·克莱普顿令它迅速成为标杆性的哇音效果踏板。最初它的特点是可以模仿一种被堵住的小号的声音，但音乐家改变了它的使用初衷。值得注意的是，和其他电子效果器不同，人们使用它之前需要学习一段时间才能掌握要领。

流行乐

## 马歇尔计划

入行之初，吉姆·马歇尔（Jim Marshall）在伦敦开了一家专营打击乐器的商店，但后来里奇·布莱克摩尔和皮特·汤申德等年轻吉他手不断走进店里，要求他设计一款他们想要的放大器，他决定放手一搏。1963年，最早的设备问世，很快就找到了买家。随着乐手们对音量的需求不断增长，1965年，著名的Marshall Stack放大器问世：100瓦的放大器，与之连接的是两个带有四个喇叭的扬声器组，堪称顶级配置。

## 从神圣到世俗

纽约人劳伦斯·哈蒙德（Laurens Hammond）从1935年开始销售电风琴，他的目标市场是教堂。这是一个明智的选择，到20世纪30年代末，他的公司蓬勃发展。其中最有名的型号是1955年上市的Hammond B-3，首先被吸引的是爵士音乐家，到了20世纪60年代，蓝调、硬摇滚和前卫摇滚的团体也纷纷购入。1974年，这款产品下线了，因为它的制作成本和193千克的重量不再符合时代要求。

## 这还是钢琴吗？

罗氏电钢琴（Rhodes piano）是一种声音沉闷的键盘乐器，我们在雷·查尔斯、史蒂夫·旺德、披头士乐队和大门乐队的一些作品中可以听到，而且以上这些还只是一小部分使用过它的音乐人。它的第一个版本由哈罗德·罗德斯（Harold Rhodes）发明，芬迪公司制造，于20世纪60年代问世，为钢琴家们提供了一款可靠且便于携带的乐器。虽然它的键盘按键与钢琴类似，但其独特的音色让它成为一种独立的乐器。

1975年的迷你穆格琴。

## 合成器减肥了

1970年，美国人罗伯特·穆格（Robert Moog）想要用自己发明的迷你穆格琴（minimoog）取代当时价格高昂、结构复杂的合成器，让它成为一款人们买得起的替代产品。在舞台上，它使用起来很方便，而且体形小巧，如它的名字所示。一些前卫摇滚乐团使用了它，例如埃默森、莱克和帕尔默乐队（Emerson, Lake & Palmer），还有让-雅克·佩莱（Jean-Jacques Perrey）这样的素材库音乐专家，或者他的朋友葛森·金斯利（Gershon Kingsley）。金斯利是"爆米花"（Popcorn）的作曲人，这是一支使用穆格琴素材创作的极简主义旋律，后来风靡全球。

## 自然音或半音

和来口琴（Harmonica Hohner）体积小、价格不贵，可以放进爵士音乐家、乡村音乐家和摇滚乐手的口袋里。鲍勃·迪伦吹奏旋律（有时在跑调边缘）时用的是一把Marine Band口琴，和尼尔·扬、小瓦尔特（Little Walter）一样。使用这个品牌的其他著名音乐人还有录音室音乐家查理·麦考伊（Charlie McCoy）和爵士音乐家图茨·蒂勒曼斯。

和来口琴与包装盒。

# 嘻哈

### 搓盘大师

闪耀大师（Grandmaster Flash）是嘻哈运动中具有历史意义的DJ之一，更是搓盘技术（scratching）的先驱。他和几个朋友在纽约布朗克斯区成立了"闪耀大师与狂暴五人组"（Grandmaster Flash and the Furious Five）。他们的第一支单曲于1979年发行。到1982年，他们录制了几首单曲，其中"信息"（The Message）的歌词精准地描写了贫民窟的生活。这张唱片的封面只有团体中的一位成员，它标志着团体的巅峰和结束。

### 仇恨的预言家

1987年的专辑《哟！浪子上镜头》（Yo! Bum Rush the Show）让全民公敌乐队（Public Enemy）在嘻哈界崭露头角。他们的歌词揭露了美国社会的种族主义问题，受到赞赏，但又因为某些歌词带有反犹太人和恐同色彩而受到指责，还引起了强烈争议。

全民公敌乐队。

他们随后的道歉让人十分尴尬，并没有什么说服力。《惧黑》（Fear of a Black Planet）这张专辑中的"对抗权威"（Fight the Power）被收入斯派克·李（Spike Lee）的《为所应为》（1989年）电影原声带中，成为他们最有名的单曲。

### 大跨界

RUN-DMC组合成功实现了摩城唱片当年的成就，它从节奏蓝调榜单来到了流行榜单上，实现了跨界，征服了白人听众。在首张专辑《Run-DMC》（1984年）中，电吉他给极简主义编曲增加了一丝摇滚色彩。这张专辑成了金唱片，他们第二年发行的专辑《摇滚之王》（King of Rock）成了白金唱片，此前没有任何一个嘻哈团体有过这样的成就。他们最受摇滚乐迷喜爱的作品是翻唱的史密斯飞船乐队（Aerosmith）的"这边走"（Walk This Way），而且是与史密斯飞船乐队共同翻唱。

### 残忍男孩

1986年，野兽男孩（Beastie Boys）发行专辑《作恶执照》（Licensed to Ill）时，《滚石》杂志发表了一篇标题为《三个傻瓜创作了一部杰作》的文章，精准地总结了具体情况。这几个纽约人的专辑卖出了九百万张，他们举行了一系列巡演，舞台布景中有几位被关在笼子里的女舞者和一个巨大的男性生殖器，和滚石乐队一样，但比他们晚了十二年。

### 说唱对雏菊的影响

灵魂乐队（De la Soul）在1989年推出的首张专辑《3英尺高并还在上升》（3 Feet High and Rising）一举震惊世人。这个三人组合与嘻哈圈的大男子主义审美理念决裂，唱片封面的背景是黄色，上面画着一些雏菊和一个和平标志，三人的形象排列在背景上。随着时间流逝，这三个美国人聚集了一批忠实的粉丝。2015年，他们为内容丰富多彩的专辑《匿名的无名小卒》（And the Anonymous Nobody...）发起众筹，在十个小时内就达到了最初筹集十一万美元的目标。

便携式播放器。

流行乐

## 李小龙的追随者

"武当派"（Wu-Tang Clan）的九位说唱歌手在纽约斯塔滕岛的暴力环境中长大。每天下午，做完了小混混要做的那些事之后，他们就会看功夫电影放松，后来他们常在作品中向这个类型片致敬。他们的组合名字源自电影《少林与武当》，于1993年发行的首张专辑《进入武当世界（之36绝技）》也参考了香港电影《少林三十六房》。

## 鞭炮兄弟

柏树山乐队（Cypress Hill）成立于加利福尼亚州南门市，他们之所以备受瞩目，是因为它是第一支打入说唱市场的拉美乐队。由于他们在商业上的成功（1993年的第二张专辑《黑色星期日》登顶美国销量排行榜）在很大程度上依赖于白人听众，他们逐渐受到嘻哈群体的排斥。事实上，他们很难被框定在某一种音乐类型之中：2000年的双碟专辑《骷髅与骨头》(*Skull & Bones*）便均衡地融合了说唱与金属摇滚。

## 当心美洲豹

在很长一段时间里，法国在全球说唱市场中只能位居二线，说唱与摇滚不同，大部分唱片的销量依靠的是本土艺人，或许是因为这种类型的音乐在很大程度上是以歌词为基础的。1991年，由乔伊·斯塔尔（Joey Starr，生于1967年）和库尔·申（Kool Shen，生于1966年）组成的NTM发行第一张专辑后，唱片行业开始意识到法国说唱的商业潜力。到1998年为止，NTM发行了几张唱片，举办巡演，并引起了争议，被媒体大肆宣传。《弹如雨下的巴黎》(*Paris sous les bombes*，1995年）被认证为白金唱片，而他们的最后一张录音室唱片《至尊NTM》(*Suprême NTM*）的销量是前者的两倍。

## 白上加白的说唱歌手埃米纳姆

埃米纳姆（Eminem，生于1972年）是21世纪初美国唱片销量最高的歌手之一，他也为报纸的社会新闻栏目提供了丰富的素材，例如对一些明星人物、LGBT群体、美国总统和自己母亲（他在"我的名字是"这首歌里把母亲描述成一个瘾君子）的"友好态度"；用武力解决冲突，有时甚至使用枪支等。他的律师团队就没有闲下来过。

2002年的埃米纳姆。

# 刺激神经的摇滚

## 在国王罗伯特·弗里普的宫殿里

以吉他手罗伯特·弗里普为核心发展起来的绯红之王乐队更换成员的速度几乎和岩浆乐队一样快。凭借1969年发行的《在绯红之王的宫殿里》(In The Court of The Crimson King)，它为前卫摇滚奠定了基础。但乐队没有被框定在一种流派里，它在不断解散和重组的过程中探索新的领域。第一次解散是弗里普于1974年提出的，当时他厌倦了乐队内部的紧张关系和音乐产业的运作方式。

## 你会说科巴语吗？

20世纪70年代，岩浆乐队是少数名扬国际的法国乐队之一。它也是唯一一个发明了自己的语言"科巴语"（Kobaian）和音乐类型"泽勒"（Zheul）的乐队。1969年之后，法国一些最优秀的器乐演奏家先后成为打击乐手和钢琴演奏家克里斯蒂安·旺德的同伴，他是这支乐队的联合创始人、主要作曲人，也是乐队最初成员中唯一留下来的人。大部分其他成员都从事着收入颇丰的职业，例如录音室音乐人、广告曲作曲人，也有些成员加入了其他乐队。

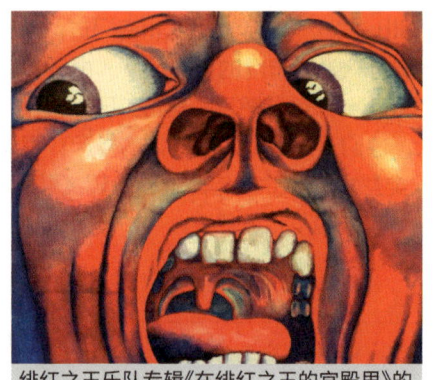
绯红之王乐队专辑《在绯红之王的宫殿里》的封套，1969年。

## 菲尔·柯林斯的"创世纪"

创世纪乐队最初有五名成员，最终只剩下了三人。1974年皮特·加布里埃尔离队，1977年斯蒂夫·哈克特离队。成员一个个离开，乐队也逐渐变得受欢迎。乐队偏爱的形式是专辑，他们的受众是爱好"严肃"音乐的大学生。菲尔·柯林斯成为主唱后，乐队变得更加流行，推出了专辑《当时就三人》(...And Then There Were Three..., 1978年）和第一首真正的热门单曲"跟着你，跟着我"(Follow You Follow Me)。

## 被公众喜爱，被评论排斥

20世纪70年代，YES乐队经常因为非主流的打扮和偶尔浮夸的编曲而受到嘲讽。它凭借乐队成员的才能（高超的器乐技巧）和音乐长度（长达二十分钟的歌曲）而成为前卫摇滚的象征，人们甚至把这支英国乐队视为朋克摇滚诞生的因素之一。它的成功也有一部分源自插画师罗杰·迪恩设计的天马行空的唱片封面。要么与时俱进，要么消失不见，1983年，YES乐队靠"孤独之心的主人"(Owner of a Lonely Heart) 这首歌成功转向流行乐。

## 现代

德国的前卫摇滚是世界上最具创新性的（除英国外），意大利也一样。发电站乐队在其中占据了重要地位。这些充满幻想的艺术家痴迷于技术，是极简主义摇滚和机器人摇滚的先驱，并影响了大卫·鲍伊和新浪潮音乐。他们的专辑封面也对他们的传奇地位有贡献，在不同时期，这些封面的灵感来源不同，有些源自流行艺术（1970年的《发电站》和1972年的《发电站2》），也有些源自20世纪30年代的苏联宣传艺术（1978年的《人—机器》）。

创世纪乐队。

## 浮夸的艺术家

ELP乐队由三人组成，三个字母来自成员姓氏的首字母：埃默森（Emmerson）、莱克（Lake）和帕尔默（Palmer）。他们的作品风格很容易被形容为浮夸，在舞台上也表现得十分狂野，这样的表演被记录在1970年的影片《爱的讯息：怀特岛音乐节》之中。不过，人们也可能会怀疑他们对莫德斯特·穆索尔斯基的《图画展览会》（1971年）做的自由改编是否有益。

## 电子奶酪和会飞的茶壶

1967年，软机器乐队巡演归来后，澳大利亚音乐人大卫·艾伦被拒绝入境英国。于是他在法国定居，组建了锣乐队（GONG），一个以致幻剂、东方哲学、科幻小说、集体生活等另类文化为灵感源泉的乐队。这个乐队出的专辑有时没什么条理[《电子奶酪》（Camembert Electrique，1971年）]，介于太空摇滚[《会飞的茶壶》（Flying Teapot，1973年）]和爵士摇滚[《起泡！》（Gazeuse!，1976年）]之间。

## 融合音乐

约翰·麦克劳林生于1942年，是技艺高超的吉他高手，还是钦莫伊大师的弟子。他的摩诃毗湿奴管弦乐团是爵士乐、印度拉加和摇滚的融合。《火之鸟》（Birds of Fire，1973年）这张如此复杂的器乐专辑打入了美国排行榜前二十名，而这还不是这个乐团的最大成就。

## 机器之声

"软机器乐队"借用了威廉·巴勒斯的一本小说的名字，这个名字预示着这个音乐组合的趣味性。软机器乐队来自英国坎特伯雷，这是20世纪60年代末至70年代初前卫摇滚最活跃的中心城市之一。这支乐队拒绝使用当时流行音乐的套路，甚至在1970年的《三》和1973年的《七》这两张专辑之间的时期放弃了吉他。它的成员有罗伯特·怀亚特（生于1945年）和凯文·埃尔斯（1944—2013年）这样无法归类的音乐家。

## 破坏分子

弗兰克·扎帕生于1940年，是一位自学成才的美国音乐家和电影人。他从小就开始收集摇滚和节奏蓝调的45转唱片，也听了很多瓦雷兹和斯特拉文斯基的作品。1966年，他与发明之母乐队一起发行了第一张专辑。他在世时发行了多达62张唱片。他一直不遗余力地使用幽默和挑衅元素，在戏仿音乐和更有野心的乐曲之间摇摆，直到1993年离世。

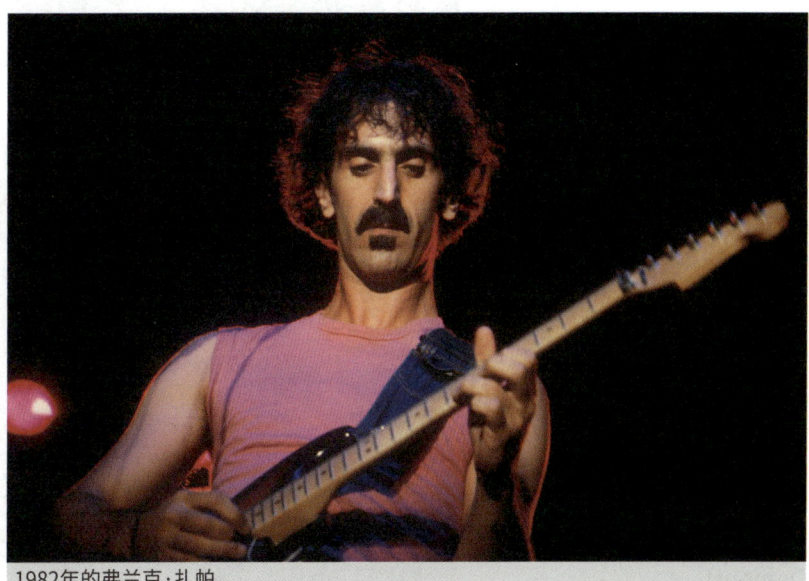

1982年的弗兰克·扎帕。

# 法国香颂

### 唱歌的疯子

夏尔·德内（1913—2001年）把摇摆乐带到了法国香颂之中，因此成为受到鲍里斯·维昂赞美的少数词曲作者之一。但他也是一位狡黠的诗人，善于在独特的表象背后隐藏更加严肃的意图。最有说服力的例子就是"我歌唱"（Je chante，1937年），这首歌讲的是一个关于最终上吊自杀的流浪汉的故事。"甜美法兰西"（Douce France，1943年）、"大海"（La mer，1945年）、"诗人的灵魂"（L'âme des poètes，1951年）和"7号国道"（Route nationale 7，1955年）都是跨越潮流与世代的经典歌曲。

### 法国香颂，安静的力量

乔治·布拉桑（1921—1981年）的音乐技巧虽然有限，却能够创造一个丰富多彩的，或者至少是具有个人特色的世界。他从1952年到20世纪60年代中期在法国取得的巨大成功永远留在人们的记忆里，例如"大猩猩"（Le gorille）、"奥弗涅人之歌"（Chanson pour l'Auvergnat）、"公共长椅上的恋人"（Les amoureux des bancs publics）、"伊莲娜的木鞋"（Les sabots d'Hélène）、"矮矮的我"（Je me suis fait tout petit）、"朋友优先"（Les copains d'abord）等。他的歌曲的力量在于不循常规的幽默歌词。

1966年9月，乔治·布拉桑与朱丽叶·格雷科。

### 黑色人生

埃迪特·琵雅芙（1915—1963年）的生平十分具有传奇色彩，也充满了戏剧性。琵雅芙的童年非常悲惨，她热切地渴望着爱，却常常遭到背叛，让她频频失望。她被自己的嗓音所拯救，她拥有毋庸置疑的天赋。她把那些有才华的年轻人聚集在自己身边，这些人通常是她的爱人，而且大多都对法国香颂有重要影响，例如伊夫·蒙当、乔治·穆斯塔基、夏尔·阿兹纳弗和夏尔·迪蒙（Charles Dumont）。

乐谱封面上的埃迪特·琵雅芙。

### 海报之上

夏尔·阿兹纳弗（1924—2018年）于1946年被埃迪特·琵雅芙发现，在随后八年里，他生活在琵雅芙的影子里，担任她的秘书和管家，同时继续唱歌。1960年的"我已见过我自己"（Je m'voyais déjà）标志着他迎来了事业辉煌的十年。在此期间，除了写给自己的"喜剧演员"（Les comédiens）和"波希米亚人"（Le bohème），他也为新一代艺术家创作歌曲，例如西尔维耶·瓦尔坦和约翰尼·哈利代。他也是一名演员，曾出演弗朗索瓦·特吕弗执导的《射杀钢琴师》。

流行乐

1985年，塞尔日·甘斯布在巴黎维尔讷伊街的家中。

## 有品！

塞尔日·甘斯布（1928—1991年）等了五十年，才凭借1979年的专辑《拿起武器，等等》（Aux armes et caetera）迎来了自己的成功。在此之前，他曾经为法兰丝·盖儿、朱丽叶·格雷科、简·铂金、碧姬·芭铎、利菁、佩杜拉·克拉克等众多歌手写歌，同时他也推出了许多经典作品，例如《美洛蒂·尼尔森的故事》（Histoire de Melody Nelson）和《白菜头男人》（L'Homme à tête de chou）。甘斯布也是一位被低估的电影人，《我爱你，我也不爱你》（1976年）和《情欲爱火》（1983年）便可以证明。在两部电影中，绝望的人物在精美绝伦的布景中上演自己的故事。

## 来自阿维尼翁的女子

自1966年发行第一张唱片以来，米雷耶·马蒂厄（生于1946年）的完美发型就没有变过。她在音乐、政治和服装上的保守态度时常被媒体揶揄，但却受到听众的喜爱。作为埃迪特·琵雅芙的粉丝，她凭借带有一点普罗旺斯口音的有力唱腔在流行歌曲界占据了一席之地，也成功打入了德国和俄罗斯的市场。

## 法国猫王

生于1943年的歌手约翰尼·哈利代创下了各项纪录，包括职业生涯的长度（将近六十年）、尝试多种多样的音乐风格（从摇滚到综艺）、录制歌曲的数量（一千多首）、唱片销售量（超过一亿张，但这也是保守估计）和举办过的演唱会的数量（三千多场）。对许多法国人而言，他是一个理想的兄长与楷模。在2017年12月5日这个悲伤的日子之前，他都能让他们通过自己来体验一种梦想般的生活。

## 来自巴黎的耶耶摇滚女孩

弗朗索瓦丝·阿迪（生于1944年）的故事就像是童话：一个青春期少女创作了几首曲子，把它们交给一家唱片公司，然后签了合同，发行的第一首单曲["所有的男孩和女孩"（Tous les garçons et les filles，1962年）]就卖出了一百万张，成为20世纪60年代的偶像。此后她发行了许多专辑，不过有时并不受公众欢迎，例如《问题》（La Question，1971年）、《如果我在之前就走》（Et si je m'en vais avant toi，1972年）、《危险》（Le Danger，1996年）等。

## 夜总会蓝调

派翠西亚·卡斯（生于1966年）和米雷耶·马蒂厄一样拥有有力的嗓音，她也是埃迪特·琵雅芙的粉丝。她从13岁开始在一家夜总会唱歌，成名之后，她受到那些在夜总会唱歌的魅力舞女的启发。1987年，"唱蓝调的女子"（Mademoiselle chante le blues）让法国人发现了她。为她写歌的音乐人有迪迪埃·巴伯利维安、让-雅克·戈德曼、帕斯卡·奥比斯波、雷诺·塞尚和弗朗西斯·卡布莱尔。她的歌曲挖掘的都是现实主题，例如"我的男人"（Mon mec à moi，1988年）和"他说我很漂亮"（Il me dit que je suis belle，1993年）。和来自阿维尼翁的前辈米雷耶·马蒂厄一样，她在俄罗斯也备受青睐。

909

# 职业：作词者

## 吉尔贝、米歇尔和其他人

皮埃尔·德拉诺埃（1918—2006年）创作了几千首歌曲和诗歌。的确，这位曾经是税务行政督察员，并在1955年到1960年间担任欧洲第一广播电台台长的歌手，为20世纪下半叶的许多流行歌手写过歌，例如吉尔贝·贝科、埃迪特·琵雅芙、乔·达辛、杰拉尔·勒诺曼（Gérard Lenorman）、达利妲（Dalida）、克洛德·弗朗索瓦等人的作品。米歇尔·萨尔都则认为他创作的一些歌词有争议，例如"法兰西"（Le France，1975年）、暗含恐同色彩的"我控诉"（J'accuse），以及经常被视作殖民主义赞歌的"殖民时代"（Le temps des colonies，1976年）。他也把《福音》和《万世巨星基督耶稣》等音乐剧改编成了法语。

1984年的波利斯·博格曼。

## 丁香园的梦想者

艾蒂安·罗达-吉尔（1941—2004年）的父母为了逃离佛朗哥政权而从西班牙逃亡到法国，他继承了父母的极端自由主义情感。1967年，他开始与一位年轻的歌手，也就是后来的朱利安·克莱尔长期合作，并取得了累累硕果。他也为莫特·舒曼出色的专辑《亚美利加》（Amerika，1972年）写过歌词，后者是曾在布里尔大厦摸爬滚打过的美国作曲家。他并不排斥流行歌曲，为克洛德·弗朗索瓦后期的专辑、1987年让瓦妮莎·帕拉迪斯成名的"永远的木棉花"（Magnolias for ever）和"亚历山大，亚历桑德拉"（Alexandrie, Alexandra）、约翰尼·哈利代的专辑《凯迪拉克》（Cadillac，1989年）写过词。他与平克·弗洛伊德乐队的前成员罗格·沃特斯合作了一部关于法国大革命的摇滚歌剧，这部作品完成于1988年，但十四年后才在皇家阿尔伯特音乐厅公演。

## 他让法语和摇滚言归于好

1968年春天，希腊的爱神之子乐团因罢工而滞留巴黎，一位发行商要求波利斯·博格曼（Boris Bergman，1944年）为他们写歌词，那年他才23岁。他写了"雨与泪"（Rain and Tears），爱神之子乐团立刻将其录制完成。突然之间事业起步后，他为朱丽叶·格雷科、娜娜·穆斯库莉、帕特里克·朱维（Patrick Juvet）、妮珂莱特（Nicoletta）、克里斯托夫（Christophe）等人写过歌词，直到1975年年底，他遇到了阿兰·巴颂，此时他们都在等待事业第二春。五年后，巴颂凭借"加比，噢！加比"（Gaby, oh! Gaby）和"爱昏了头"（Vertige de l'amour）如愿以偿。2010年，为了纪念前一年去世的巴颂，他执导了纪录片《把强尼·基德交给他……或者我知道的他的两三首歌》（Remts-lui Johnny Kidd... ou 2, 3 chansons que je sais de lui）。

## 克洛德的乐团

每个作词人都会在某一天遇到理想的演唱者，为歌词带来第二次生命。对克洛德·勒麦尔（Claue Lemesle，生于1945年）而言，这个人就是乔·达辛，他为这名歌手写了"长牙齿的花"（La fleur aux dents），也和皮埃尔·德拉诺埃合写了"印度的夏天"（L'été indien，1975年）。唱过他写的词的歌手有米雷耶·马蒂厄、塞尔日·雷吉亚尼、胡里奥·伊格莱西亚斯、吉尔贝·贝科等。他长期主持创作研讨会，培养了几十名作词人。

## 英国最优秀的作词人之一

基斯·莱德（生于1946年）在伦敦出生长大，父亲是一位侥幸逃过纳粹大屠杀的维也纳犹太律师。他发现鲍勃·迪伦之后，意识到为流行音乐创作有意义的歌词是可行的。他与钢琴家兼歌手加里·布鲁克（Gary Brooker）一起创作了普洛可哈伦乐团的几乎所有歌词，其中包括它最热门也是英国电台播放次数最高的单曲之一：《苍白的浅影》（1967年）。

## （几乎）形影不离

1967年，贝尔尼·陶宾（生于1950年）和埃尔顿·约翰同时回复了一份发行商寻找词曲作者的小广告。陶宾的词更佳，约翰的曲更优，于是发行商灵机一动，把他俩组合在一起，他们的合作关系就此开始。他们合作了三十多张专辑，其中有许多对20世纪70年代产生了重要影响。陶宾的大部分热门单曲都是与这位天马行空的钢琴家合作的成果，但也与其他音乐人有过几次合作，例如与艾利斯·库珀共同创作的专辑《从内到外》（From the Inside，1978年）、与考特尼·洛芙合作的"不酷"（Uncool，2004年），以及和布莱恩·威尔逊合作的"圣诞节我真的想要什么"（What I Really Want for Christmas，2005年）。

1978年的约翰尼·哈利代和迪迪埃·巴伯利维安。

## 您再来一句诗

让·福科（Jean Fauque，生于1951年）长期生活在阿兰·巴颂的背后，他是巴颂的知己、朋友、设备师、经理人。1989年，巴颂与波利斯·博格曼关系破裂后，福科又成为巴颂的作词人。他与巴颂共同创作了"挑战约瑟芬"（Osez Joséphine，1991年）和"我的小企业"（Ma petite entreprise，1994年）等热门单曲，以及一些更有深度的专辑，例如《军人幻想》（Fantaisie militaire，1998年）和《轻率》（L'Imprudence，2002年）。在20世纪90年代和21世纪初，他为一些歌坛重量级人物写过歌，例如雅克·迪特隆、约翰尼·哈利代、派翠西亚·卡斯和瓦妮莎·帕拉迪斯。

专辑《挑战约瑟芬》封套。

## 歌曲猎人

迪迪埃·巴伯利维安（生于1954年）是一名深谙流行乐的创作型歌手，他凭借自己个人的和与费利克斯·格雷（Félix Gray）的二人组合的专辑而为人所知，他也是达利妲、克里斯托夫、C.热罗姆（C. Jérôme）、大卫与乔纳森（David et Jonathan）、派翠西亚·卡斯、吉尔贝·蒙塔涅（Gilbert Montagné）、米歇尔·萨尔都、席琳·迪翁、约翰尼·哈利代等歌手的作词人。从他打入歌曲排行榜前五十的单曲数量来看，20世纪80年代似乎是他独领风骚的时期。

# 当摇滚与文学交好

## 讲故事的人

克里斯·克里斯托弗森（生于1936年）是美国空军军官之子，他得到奖学金之后前往牛津大学读书。渴望成为作家的他抱着迟疑的心态，在20世纪50年代末录制了几首歌曲，但未获成功。回国后，他在军队服役到1965年，然后试着推销自己的作品。约翰尼·卡什购买了其中一首，并在1970年使其成为热单。与此同时，他写了"我和波比·麦克吉"（Me and Bobby McGee），詹尼斯·乔普林死后，这首歌冲到了排行榜第一名的位置。他作为词曲作者的职业生涯开始了，但20世纪70年代时，他转而投身电影业，在萨姆·佩金帕和迈克尔·西米诺的电影中发挥演员才华。

克里斯·克里斯托弗森的乐谱。

## 你们肯定听过他的歌

在兰迪·纽曼（生于1943年）的摇篮旁俯身观看的不是仙女教母，而是他的三个叔叔，他们都是好莱坞声名显赫的作曲家。他创作的歌曲被一些当红歌手演唱时，他才18岁。他于1968年推出的首张专辑没有进入排行榜，但其中的"我想今天会下雨"（I Think It's Going to Rain Today）却被无数人翻唱。他继续为少数有眼光的歌迷录制唱片，直到1977年发行的"矮个子"（Short People）获得成功。五年后，"我爱洛杉矶"（I Love L.A.）又为他赢得了一次全球性的成功，他在歌词中向这座自己所生活的城市致敬。除了这些珍贵的唱片，他还曾为二十多部电影配乐。

## 隐士杰拉尔

杰拉尔·芒塞（生于1945年）的事业开始于1968年，很不幸，他的歌曲"我们是邪恶动物"（Animal on est mal）推出时恰逢那个动荡的春天。为了给华丽的概念专辑《奥利翁之死》（La Mort d'Orion，1970年）的弦乐部分谱曲，这位自学成才的音乐家沉浸在一本关于和弦的论著中。虽然他不信任媒体，但他仍凭借"他独自旅行"（Il voyage en solitaire，1975年）走红。他从未上台表演过，似乎也不急于此。20世纪80年代，他展出了自己的油画和摄影作品，并开始出版小说以及关于亚洲长途旅行经历的游记。

## 挚爱兰波

帕蒂·史密斯（生于1946年）最初出版过一些诗歌小册子，她一开始和一个吉他手合作，后来又组建了一个乐队，在演出中诵读这些诗歌。20世纪70年代中期，她轻松融入了纽约的朋克圈子，并获得了一张唱片合约，她从此在欧洲成名。她"艺术性"的性格、粗犷的演唱和演奏不够准确的乐手在欧洲更受青睐。为了养育孩子，她在1979年到1988年经历了漫长的隐退，后来又回到台前，出版了唱片、诗集和回忆录。

## 双拍节奏的文学

卢·里德（1942—2013年）在雪城大学学习文学，毕业后于1964年在纽约定居，并投身他的第二爱好：音乐。他与约翰·凯尔和斯特林·莫里森一起成立了一个乐队，也就是后来由安迪·沃霍尔管理的地下丝绒乐队。1970年，发行了四张专辑并均宣告失败之后，里德选择放弃，回到父母家中，1972年，他凭借大卫·鲍伊制作的《变压器》这张专辑开始了单飞生涯。在几年里，他完美演绎了颓废又吸毒的同性恋摇滚歌手形象，随后融入了1982年的"普通男子"（Average Guy）这首歌中的形象，唱起了异性恋爱情的快乐。他在职业生涯后期创作了一些重要的作品：《纽约》（1989年）和《灵魂出窍》（Ecstasy，2000年）。

## 最后的节奏

除了极少数例外情况，汤姆·威兹（生于1949年）的专辑销量都很惨淡，但受到评论家和同行的赞扬。虽然他在加利福尼亚长大，但他对20世纪60年代的嬉皮文化一窍不通。他的灵感来自摇滚出现之前的音乐，例如蓝调、爵士乐、歌舞剧等。在1973年的专辑《打烊时间》（Closing Time）中，他塑造了几近流离失所但颇具魅力的酗酒钢琴家的人物形象。他为音乐喜剧《旧爱新欢》（One from the Heart）创作了配乐，1980年，他在这部剧的拍摄过程中与凯瑟琳·布兰恩（Kathleen Brennan）相识，从此开始变得神秘，很少接受访问，讨厌与自己有关的传记文字，也极少登台演出。

## 顽童

生日派对乐队（1978—1983年）的主唱尼克·凯夫（生于1957年）精心塑造了一种狂野且有攻击性的演唱风格。他们具有末日气息的演唱会以及他塑造的无比真实的命运多舛的诗人形象，为他们赢得了忠实的哥特摇滚和怀旧朋克粉丝。在他组建的下一个乐队"尼克·凯夫与坏种子"中，他的创作更加深刻，他从《旧约》或乡村乐和蓝调的神话中获得灵感，创作了《长子之死》（The First Born is Dead，1985年）和《温柔猎物》（Tender Prey，1988年）。他出版过多部诗集和小说，电影《关键协议》（2005年）和《无法无天》（2012年）的剧本也是他创作的，前者是一部发生在19世纪澳大利亚内陆的"西部片"，后者的背景是美国禁酒时期。

1972年，卢·里德的专辑《变压器》封面。

# 10张改变或差点改变世界的专辑

## 历史上最著名的唱片封面之一

1955年11月,太阳唱片公司把一位名叫埃尔维斯·普雷斯利的年轻歌手的合约转让给了美国广播唱片公司(RCA)。次年1月,RCA推出《心碎旅馆》,这首歌火速成为冠军单曲。RCA匆忙推出一张33转唱片,内容包括一些新录制的歌曲和太阳公司制作的单曲。专辑《埃尔维斯·普雷斯利》在3月问世,并成为第一张获得销量冠军的摇滚乐专辑。

## 瓦茨拉夫·哈维尔的床头唱片

安迪·沃霍尔出资并设计封面的《地下丝绒与妮可》在1967年推出时几乎无人问津。这张唱片只录制了三天就完成了,但制作精良,收录了卢·里德的早期创作,探讨了当时的流行歌曲所忽略的危险主题。据说曾经购买过这张专辑的为数不多的乐迷,最后都组建了自己的乐队。

## 另一个自我

在1972年的专辑《齐格星尘和火星蜘蛛的兴衰》中,大卫·鲍伊为自己创造了一个来自外太空的双性恋巨星形象,灵感来自伊基·波普和文斯·泰勒。这张专辑是在他发布首支单曲的八年后推出的,当时华丽摇滚风头正劲,这张专辑也就成了他的封神之作。专辑发布几个月内,许多青少年试图模仿齐格雌雄同体的装扮,然而,1973年7月3日,鲍伊公开宣布与这个形象分道扬镳。

## 处于创造力巅峰的音乐人

在那些敢于冒险发行双碟专辑的艺术家中,只有极少数能避开自命不凡带来的风险。发行了《伦敦呼唤》(1979年)的冲撞乐队直接进入了这个封闭的小圈子。乐队翻过朋克摇滚这一页后,这几个伦敦人为我们带来了一张成熟的、克制的、变化多样的专辑,轻松地从乡土摇滚转向雷鬼,其中还带有一点爵士乐的特色。冲撞乐队的表现前所未有的优秀。专辑封面的灵感来自普雷斯利的首张专辑,展示了这个乐队回归摇滚初心的意愿。他们的目标达到了。

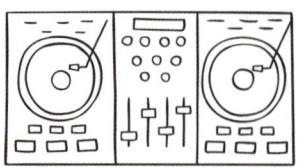

## 拉斯塔法里主义对外输出

凭借1976年的《拉斯塔的共鸣》(*Rastaman Vibration*)这张专辑,鲍勃·马利与哭泣者乐队获得了国际层面的影响力。在此之前,在牙买加以外的地区,雷鬼是只有内行人才了解的音乐类型,如今它却征服了西方人的耳朵。这张专辑是在金斯顿录制的,混音在迈阿密完成,负责这项工作的是小岛唱片的老板克里斯·布莱克威尔。他非常喜欢牙买加文化,能在马利的根源和白人的品位之间找到恰当的平衡。

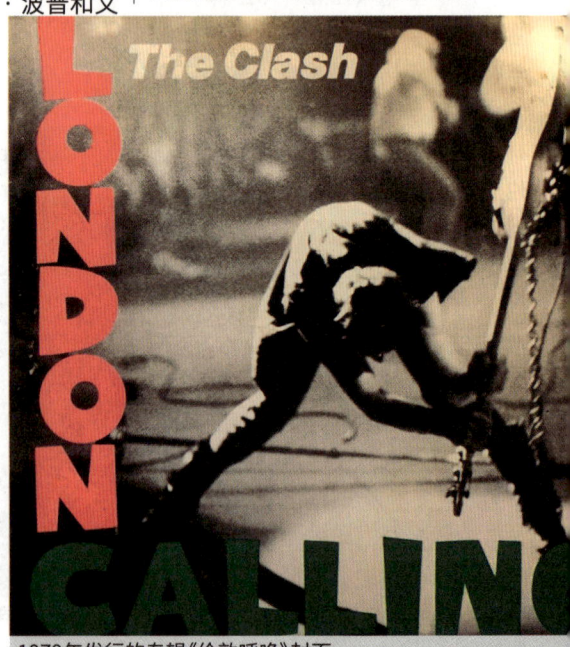

1979年发行的专辑《伦敦呼唤》封面。

流行乐

## 提升至主流艺术层次的蔑视

《别管那些屁话，性手枪来了》之于20世纪70年代，就像《佩珀军士的孤独之心俱乐部乐队》之于60年代，都是一场音乐革命的巅峰。性手枪乐团用几首歌曲描绘了1977年的英国：烦恼、失业、沮丧、过时的君主制……这张唱片本可以为他们带来很多机会，让他们成为新的滚石乐队。然而，经历了一场灾难般的美国巡演之后，乐队于1978年1月解散。

## 一座黄金和钻石宝矿

《战栗》（Thriller，1982年）是由迈克尔·杰克逊和昆西·琼斯严格挑选、精心制作的歌曲合集。这是一张可以用所有的"最"来形容的专辑：最畅销（销量据估为六千六百万张）、盈利最多、获奖最多、热门单曲数量最多（有七首进入美国排行榜前十）。不过真正令人战栗的事情才刚刚开始：一位24岁就已经达到事业巅峰的歌手，必须开始思考如何避免以后一直走下坡路。

1984年麦当娜的黑胶唱片封面。

## 迪厅圣母

尼尔·罗杰斯被邀请共同制作麦当娜的第二张专辑《宛若处女》（Like a Virgin，1984年）时，刚刚把大卫·鲍伊推上事业巅峰。麦当娜知道自己想要什么（从明星变成超级巨星），她凭直觉明白将宗教（她的名字来自一个《圣经》人物）和性（她以"少男玩物"的形象出现在唱片封面）相结合能引发争议，不可能被忽视。二千一百万张的唱片销量证明她是有道理的。

## 动听的垃圾摇滚

《没关系》（Nevermind，1991年）的成功震惊了所有人，最感意外的应该是涅槃乐队的成员和他们的唱片公司。它将垃圾摇滚和与之相配的服装推广到了全世界：运动鞋、格子衫和破洞牛仔裤。科特·柯本的歌曲的流行让这个三人组合陷入了一个永远没有答案的问题：如何在卖出三千万张唱片的同时，保持自己的另类风格初心？

## 当DJ发现音乐

蠢朋克乐队厌倦了只使用机器做音乐，于是在《超时空记忆》（Random Access Memories，2013年）这张专辑中向一些音乐家发出邀约。在尼尔·罗杰斯和乔吉奥·莫罗德尔等嘉宾的拔刀相助之下，这张专辑以令人信服的方式，向20世纪70年代和80年代的放克音乐和迪斯科音乐致敬。它叫好又叫座，获得了美国唱片销量排行榜冠军这样的成绩。

# 电影中的音乐

### 神童

尼诺·罗塔（1911—1979年）创作过一百五十部电影原声带，他为电影业做出的巨大贡献不仅体现在数量上，更体现在质量上。他与费德里科·费里尼的合作是音乐家和电影人之间成果最丰硕的合作之一，例如《大路》（1954年）、《甜蜜的生活》（1960年）和《八部半》（1963年）等。《洛可兄弟》（1960年）、《豹》（1963年）和《教父》系列的前两部（1972年和1974年）也都有他的重大贡献。

### 大银幕

莫里斯·雅尔（1924—2009年）创作的音乐在好莱坞电影和宽银幕电影的黄金时代比比皆是，例如大卫·里恩的《阿拉伯的劳伦斯》（1962年）和《日瓦戈医生》（1965年）、卢奇诺·维斯康蒂的《纳粹狂魔》（1969年）、彼得·威尔的《证人》（1985年）和《死亡诗社》（1989年）等。这些贡献为他赢得了好莱坞星光大道上的一颗星星。

1964年戛纳电影节上的阿涅斯·瓦尔达、雅克·德米与米歇尔·勒格朗(中)及其凭借《瑟堡的雨伞》荣获的金棕榈奖。

### 弹药会说话

创作了包括广播剧音乐在内的各类作品后，恩尼奥·莫里康内（1928—2020年）从1961年开始为小成本电影创作原声带。这些颇为有趣的曲子都是按照当时流行音乐的思路来编曲的，其中一些可以在《莫里康内流行乐》（Morricone Pops）这张合辑中找到。他的名字永远和西部电影《黄金三镖客》（1966年）、《西部往事》（1968年）联系在一起。这也使得昆汀这样的类型片爱好者向他邀约创作《八恶人》（2015年）的电影原声。

### 星际之中

在遇到史蒂文·斯皮尔伯格之前，约翰·威廉斯（生于1932年）已经在动作片中证明了自己的才华，尤其是《波塞冬历险》（1972年）和《火烧摩天楼》（1974年）这两部电影的原声。《大白鲨》的导演斯皮尔伯格几次向他邀约（《印第安纳·琼斯》系列、《E.T.外星人》、《侏罗纪公园》），还说服朋友乔治·卢卡斯邀请他为《星球大战》创作电影原声，并如我们所知，大获成功。

洛杉矶第41届格莱美奖上的约翰·威廉斯。

### 三获奥斯卡的职业生涯

人们必然会把米歇尔·勒格朗（1932—2019年）与新浪潮、阿涅斯·瓦尔达、让-吕克·戈达尔等人的电影联系在一起，其中雅克·德米的音乐喜剧尤其值得一提，无论是《瑟堡的雨伞》（1964年）还是《柳媚花娇》（1967年）都深深影响了影迷。被美国电影界发现后，他在之后的一些年里保持着工业化的速度，为惊悚片、喜剧片、间谍片和最差的邦德电影（《007外传之巡弋飞弹》，1983年）创作了电影原声。

## 从德米斯·卢索斯到雷德利·斯科特

范吉利斯（1943—2022年）从1970年开始为电影创作音乐，当时他还是爱神之子乐团的成员。20世纪70年代，他为导演弗雷德里克·罗西夫的动物纪录片配乐。80年代，他把合成器应用在《烈火战车》（1981年）和《银翼杀手》（1982年）的配乐中。21世纪以后，他似乎更加注重纪录片，而非科幻电影。

## 从羔羊到指环

霍华德·肖尔（生于1946年）是灵活多变的作曲家，他能为电吉他六重奏谱写前卫的配乐（《欲望号快车》，大卫·柯南伯格导演，1996年），也能从阁楼里翻出特雷门琴（合成器的远亲）来诠释蒂姆·波顿《剪刀手爱德华》（1994年）的奇特主角的冒险历程，还会借助交响乐团的力量（2000年之后的《指环王》三部曲）。我们可以在柯南伯格的几乎所有电影、《沉默的羔羊》（1991年）和《七宗罪》（1995年）等票房大片以及马丁·斯科塞斯多部电影的演职员名单中找到他。

## 巴尔干狂热

虽然两人对此表示不悦已经很久，但人们还是不可避免地把戈兰·布雷戈维奇（生于1950年）的名字与埃米尔·库斯图里卡联系在一起，因为他为后者创作了三部电影原声带，其中包括《亚利桑那之梦》（1993年）。他创作的其他引人注目的音乐还有佩德罗·阿莫多瓦的《基卡》（1993年）和帕特里斯·谢罗的《玛戈王后》（1994年）的电影原声。近期他似乎抛弃了电影，将重心放在了他的婚礼与葬礼管弦乐团（Wedding and Funeral Orchestra）上。

## 室内乐

与巴格斯乐队短暂合作后（别忘了1979年的《录像杀死电台明星》），汉斯·季默（生于1957年）的第一个重要贡献是与斯坦利·迈尔斯共同创作的《我美丽的洗衣店》（1985年）电影原声带。电影《雨人》（1988年）的配乐为他打开了好莱坞的大门。从此他的名字不断出现在各种大片的片尾，例如《末路狂花》（1991年）、《狮子王》（1994年）、《角斗士》（2000年）、《加勒比海盗》四部曲，以及几部超级英雄电影。

## 许多科幻电影，但不止于此

詹姆斯·霍纳生于1953年，是导演詹姆斯·卡梅隆的固定合作伙伴。他为一百多部电影配过乐，例如《泰坦尼克号》（1997年）、《阿凡达》（2009年）。2015年时，他驾驶的飞机坠毁，不幸遇难。1980年，他在罗杰·科尔曼的B级片中积累了经验，后来跻身好莱坞顶级作曲家之列。《异形2》（1986年）、《阿波罗13号》和《超凡蜘蛛侠》（2012年）等都由他配乐。

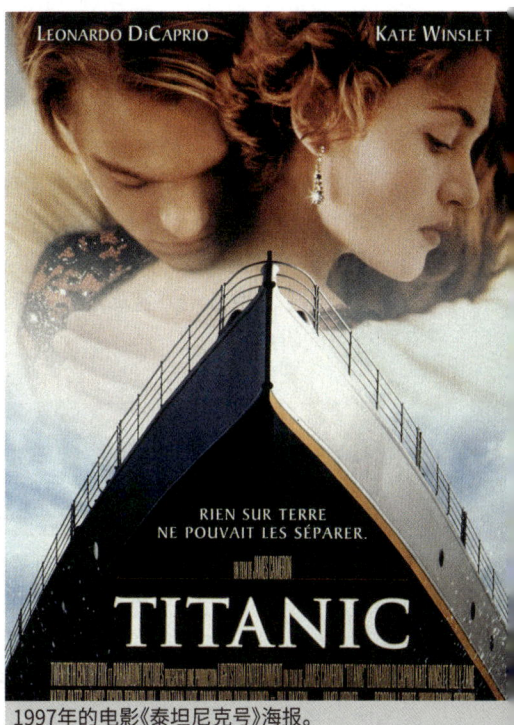

1997年的电影《泰坦尼克号》海报。

# 在流行乐的王国，小并不是美

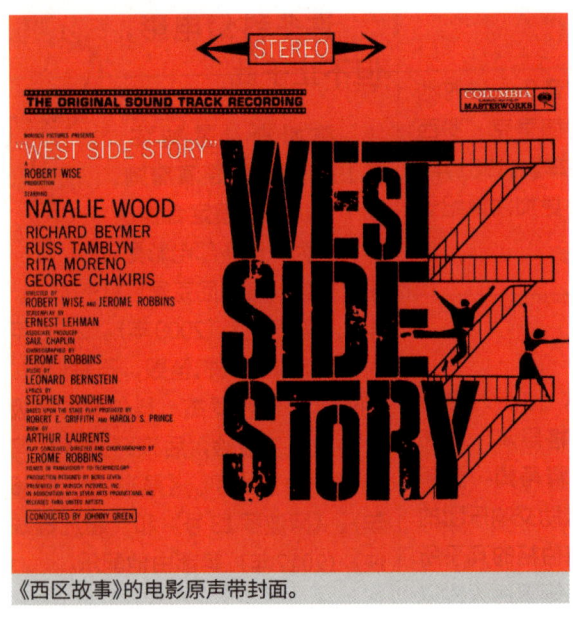

《西区故事》的电影原声带封面。

## 重磅

在法国，专辑销量最高的艺术家毫无疑问是约翰尼·哈利代，唱片和卡带共卖出1.1亿份（他去世前的统计数据）。英国的第一名毫无意外是披头士乐队，专辑销量高达2.7亿多张。在美国，唱片工业需要感谢三位现象级人物：埃尔维斯·普雷斯利（专辑销量高达2.1亿张）、迈克尔·杰克逊（1.8亿）和麦当娜（"仅有"1.7亿）。

## 无比亲密

活跃的滚石乐队并没有创下史上规模最大音乐会的纪录，他们凭借2006年在科帕卡巴纳海滩上聚集起的一百五十万名观众而位居第二。罗德·斯图尔特与让-米歇尔·雅尔并列第一。1994年，斯图尔特在同一片海滩上吸引了三百五十万名观众。三年后，雅尔在莫斯特举办的音乐会拥有同样多的听众。

## 壮举

希伊·冈萨雷斯创下了史上最长演唱会的纪录——2009年5月，在巴黎的"电影13剧院"，他连续弹奏钢琴长达二十七小时。在这些疯狂的舞台表演者中，不可能不提到感恩而死乐队。这是一支1995年解散的加利福尼亚乐队，他们曾有演出持续了五到六小时。布鲁斯·斯普林斯汀稍逊一筹，2012年7月31日，他在赫尔辛基打破了自己的纪录，在舞台上的表演时间长达四小时六分钟。

## 几乎无法撼动

在排行榜第一名停留时间最长的歌曲是玛利亚·凯莉和大人小孩双拍档合唱团合作的"甜蜜的一天"（One Sweet Day，1995年），长达十六周。在专辑方面，《西区故事》的电影原声带高居榜首五十四周。平克·弗洛伊德的《月之暗面》（1973年）则在前两百名停留了八百六十一周，超过十六年！

1987年演唱会上的约翰尼·哈利代。

## 不知疲倦

鲍勃·迪伦于1988年开始举办"永不停止的巡演"系列演出。从这一年开始，这位曾经的"一代人的代言人"往返不同城市之间，放下行李的时间很少超过几周。这场无止境的奔波的原因依旧神秘，但没有人会对此表示不满。何况在巡演的过程中，他也在不断推出与共同表演的乐队一起录制的专辑。1997年，迪伦因为患上组织包浆菌病而必须休息三个月，这是最长的一次巡演中断。

流行乐

## 波诺的嗅觉

U2乐队的主唱波诺之所以能自诩为流行音乐界最富有之人,并不只是因为他的音乐事业。2006年,他为一个知名社交网站投资了5900万先令,如今这个股票投资组合价值约为14亿欧元。保罗·麦卡特尼只能排名第二,他的财富约为10亿欧元。德瑞博士紧随其后,虽然这位说唱歌手的财产并不十分透明。至于米克·贾格尔,他的2.33亿欧元身价只能屈居第八。人们可能都想为他的往日辉煌成立一个基金会给他捐款了!

## 嘎巴嘎巴嘿!(Gabba Gabba hey!)

披头士乐队的《请取悦我》(Please Please Me,1963年)在一天之内录制完成,成本为400镑,这绝对是历史上最赚钱的专辑。雷蒙斯乐队的第一张33转唱片(1976年)没有达到同样的巅峰,它在一周之内录制完成,耗资6400美元,2014年在美国获得"金唱片"认证,这也说明这张专辑有着不错的利润率。值得注意的是,唱片封面的照片是从作者罗贝塔·贝利(Roberta Bayley)那里花125美元买来的,也没有为唱片公司增加财政负担。

## 喜欢就不计较钱

全世界最贵的吉他是一把普通的量产芬迪吉他,但上面有包括米克·贾格尔、斯汀和保罗·麦卡特尼等人在内的十九位摇滚明星的题字。2005年,为了给2004年印度洋大地震和海啸的受难者筹集资金,这把吉他被拍卖,成交金额高达270万美元。排名第二的吉他是曾经属于吉米·亨德里克斯的芬迪吉他,微软公司的联合创始人保罗·艾伦开出一张200万美元的支票,将其收入囊中。

1963年披头士乐队的《请取悦我》黑胶唱片和封面。

## 费尽心力

佛利伍德·麦克乐队的专辑《塔斯克》(Tusk,1979年)的成本为140万美元。竞争专辑录制耗时最久纪录的团体有斯迪利·丹乐团,其专辑《南美牛仔》(Gaucho)的制作从1978年持续到1980年;我的血色情人节乐队(My Bloody Valentine)花了两年时间仔细打磨专辑《无爱》(Loveless,1991年),最后唱片公司差点倒闭。

## 避开!(Beat it!)

一位已经去世的音乐人获得了史上最丰厚的唱片合约。2010年,迈克尔·杰克逊的遗产管理团队允许索尼音乐经营杰克逊的音乐作品,合约金额约为2.5亿美元。

拉鲁斯人文历史大百科

# 医学史

# 目 录

## 医学及医学工具的起源 ············ 926
起步 ························· 928
最初的医学革命 ··············· 930
改变对人体的看法 ············· 932
医学的现代化 ················· 934
好痛啊!外科手术的出现 ········ 936
卫生学的发现 ················· 938
战争时期的医学 ··············· 940
一个传统的世界 ··············· 942
进入图像盒子 ················· 944
激光治疗 ····················· 946
测量衡量 ····················· 948
犯罪现场的医生 ··············· 950
无痛手术 ····················· 952
中医:理论与实践 ·············· 954
千年阿育吠陀 ················· 956
看不见的医学 ················· 958
能量和磁力 ··················· 960
医学的其他形式 ··············· 962
以健康为目标的国际组织 ······· 964

## 有骨有肉的身体 ················· 966
骨头的故事 ··················· 968
和细胞有关的一切 ············· 970
一个纤维外壳 ················· 972
关节和连接的情况 ············· 974
运动的关键 ··················· 976
储备能量 ····················· 978
关于眼睛 ····················· 980
我们来说绕口令! ·············· 982
噪声还是旋律:激素的错? ······ 984
倾听一切,听到一切 ··········· 986
胸腔里的故事 ················· 988
一切都要被消化 ··············· 990
球状神经 ····················· 992
有獠牙! ······················ 994
脑部特写 ····················· 996
满满一脑 ····················· 998
人类的心脏 ·················· 1000
谁是关乎生死的器官? ········· 1002
神秘器官 ···················· 1004
血液是生命之源 ·············· 1006
几万千米的血管 ·············· 1008
人体是液态的? ··············· 1010
体毛……还有指甲! ·········· 1012

| | |
|---|---|
| 触觉 | 1014 |
| 会阴 | 1016 |
| 鼻子碰鼻子 | 1018 |
| 皮肤颂歌 | 1020 |

## 从头到脚的健康 ………… 1022

| | |
|---|---|
| 用放大镜看眼睛 | 1024 |
| 吸,呼! | 1026 |
| 疼痛实验 | 1028 |
| 免疫系统 | 1030 |
| 身体爆发战争 | 1032 |
| 使人恢复体力的睡眠 | 1034 |
| 运动使人身体舒服! | 1036 |
| 相信自己的十指 | 1038 |
| 源自家族谱 | 1040 |
| 背痛! | 1042 |
| 移花接木:移植术的巨大成就 | 1044 |
| 修复车间:愈合 | 1046 |
| 减半的感官 | 1048 |
| 缺陷的多种面貌 | 1050 |
| 不是小伤,就是大伤! | 1052 |
| 康复的方法 | 1054 |
| 超标了! | 1056 |
| 螃蟹夹紧钳子 | 1058 |
| 超重 | 1060 |
| 癫痫:小发作,大发作 | 1062 |
| 认知的秘密 | 1064 |
| 需要考验的智力 | 1066 |
| 孤独症:差异还是疾病? | 1068 |
| 趋于老化 | 1070 |

## 在头脑中 ………… 1072

| | |
|---|---|
| 神经病学简史 | 1074 |
| 西格蒙德·弗洛伊德革命 | 1076 |
| 灵魂的大头 | 1078 |
| 在精神病和神经症之间 | 1080 |
| 离开长沙发 | 1082 |
| 聚焦心理学家 | 1084 |
| 心情忧郁 | 1086 |
| 像孩子的游戏 | 1088 |
| 被修改的意识状态 | 1090 |
| 瑜伽和冥想:让自己放松 | 1092 |
| 沉思 | 1093 |
| 胆量:害怕和恐惧 | 1094 |
| 困在梦中 | 1096 |
| 备受关注的压力 | 1098 |
| 当精神影响身体 | 1100 |
| 安慰剂效应 | 1102 |
| 关于记忆 | 1104 |

## 1+1:性与生殖 ………… 1106

| | |
|---|---|
| 变成成年人的身体 | 1108 |
| 激素的芭蕾 | 1110 |
| 女性性征 | 1112 |
| 男性性征 | 1114 |
| 多情的身体 | 1116 |
| 避孕方法 | 1118 |
| 爱的疾病 | 1120 |
| 让人等待的白鹳 | 1122 |
| 生殖辅助 | 1124 |
| 从细胞到生物 | 1126 |
| 9个月的耐心等待 | 1128 |
| 消除疑问 | 1130 |

过早终止 ·················· 1132
到了剪断脐带的时候 ·········· 1134
忙碌的第一年 ··············· 1136
童年星球 ··················· 1138

## 去药房 1140
从花园到实验室 ············· 1142
处于初步探索中的药剂 ········ 1144
用植物进行治疗 ············· 1146
正确瞄准：对抗细菌的战役 ···· 1148
奇怪的植物 ················· 1150
止痛 ······················· 1152
疫苗接种：加强免疫 ·········· 1154
药物是如何被同化的 ·········· 1156
用测试验证药物的功效 ········ 1158
卫生丑闻：受指控的药物 ······ 1160
拷问架之上 ················· 1161
探寻新的策略 ··············· 1162
针对健康儿童的科学 ·········· 1164
身体健康 ··················· 1165

## 当环境因素参与其中 1166
充满能量 ··················· 1168
"E"的集合 ·················· 1170
饮食的变化 ················· 1172
应该让肉被替代吗？ ·········· 1174
喝一杯来解渴！ ············· 1176
各种各样的光 ··············· 1178
小怪兽攻击大怪兽 ··········· 1180
微生物的世界 ··············· 1182
人类、原子和辐射 ··········· 1184
行动成瘾 ··················· 1186
内分泌干扰素及其他隐藏的危险 ········ 1188

隐患 ······················· 1189
身体的运动是自然发生的 ······ 1190
把人累垮的工作 ············· 1192

## 新的技术和方法 1194
医学中的放射性 ············· 1196
细菌：充满善意地回归 ········ 1198
改变外貌 ··················· 1200
从流行病到大流行病 ·········· 1202
HIV病毒的产生 ·············· 1204
制作零件 ··················· 1206
治疗细胞和基因 ············· 1208
药物可以智能吗？ ··········· 1210
新时代的医学 ··············· 1212
科技影响人类 ··············· 1214
神经科学：大脑的细节 ········ 1216
医患关系的转折点 ··········· 1218
关于性别 ··················· 1220
替代医疗：改变方法 ·········· 1222
超人类主义者的梦想 ·········· 1224
句号：生命的终结 ··········· 1226

## 图片来源 1228
世界史 ····················· 1228
神话史 ····················· 1229
音乐史 ····················· 1231
医学史 ····················· 1233

925

# 医学及医学工具的起源

## 骗人的大象

有一则富含哲理的印度寓言，特别适用于我们今天所知的医学。这则寓言讲的是，有 6 位伟大的盲人智者决定一起去认识大象这种动物，以增长自己的见识。他们围着大象摸索，摸到大象身体的人说它像墙，摸到象牙的人把大象比喻成长矛，摸到尾巴的人将大象形容成绳子，摸到鼻子的智者把大象想成蛇，摸到耳朵的人觉得大象像扇子，摸到象腿的人说大象像树。

这 6 位智者对大象的形象有着不同的见解，他们开始讲起自己的感受，可谁也不能说服谁，于是激烈地争论起来。那位摸到大象粗糙、坚硬的皮肤的人怎么能够相信将它形容为柔软而有曲线的动物的人？其他人难道疯了吗？可对旁观者来说，显然这些智者坚称的每一个特点都属于大象。

19 世纪 70 年代的显微镜。

## 探寻事实

这个故事想说的是，我们总是倾向于把自己看到的当作普遍事实。如果它不有悖于我们捍卫的真理，就不一定与其他人或其他文化主张的现实产生冲突。最后，可能正是多样的观点和不同的现实使我们能够尽可能地接近事物的真相。但为了实现这个更长远的愿景就必须记住，我们的主张必定基于一定的信念和特定前提，而它并不一定比基于其他信念和前提的主张更加准确。

直线就是一个例子，它的定义随着数学的发展不断增加。它可以被定义为一条始终趋向同一个点且不发生偏离的线，也可以被定义为圆心位于无穷远处的圆的轮廓线。如果跟随其中一个定义，我们就会向前走，或不停绕圈？两种情况同时发生也不是不可能。

## 同一范畴的两个极端

我们与医学领域的联系非常简单。一方面，我们拥有现代、先进的西方医学，它能利用工具和先进的技术来扩充自身领域的知识，因此它将人类疾病理解为化学反应、破坏性分子、基因缺陷等。西方医学致力于抑制症状，通过修复

大大小小的病变来恢复健康。另一方面，传统医学旨在了解环境和处于环境中的人类，以及两者之间的关系，所以我们去研究大自然才发现植物是知识的源泉，更是不可思议的药物宝库。精神也是传统医学中的重要因素，它可以是头脑中的思想，也可以关乎人的信仰、自然、星宿、宇宙，即无限大的范围。多亏传统医学具备相同的创造、维持或缓解疾病的能力，才让进步得以实现。因此传统医学旨在重建身体与心灵、身体与"精神"之间的和谐。尽管这两种医学的治疗方法各有不同，但是我们逐渐发现，这两种医学中的病人和护理人员有着共通之处，即将思想打开，摘下人类的"有色眼镜"，以一种更宽广的视野看事物。我们为此欢欣鼓舞，因为我们得以靠近关于"大象"的现实，而这个现实终将触手可及。

927

# 起步

### 被雕刻的开端

在美索不达米亚地区,主要在伊拉克境内,发现了超过 1000 块记录医学行为的泥板书。这些泥板书追溯了医学的发展,记录了 3000 多年来医学与信仰和魔法密切相关的文化现象,构成了最早的医学文献。

### 临床医学的诞生

希波克拉底(前 460—前 377)把病人放在医学观察的首位,并发展了对病人的检查(视诊、触诊、叩诊等)。他创造出一种名为"临床"的医学。他将自己观察疾病症状的结果与科斯岛药神庙的经验性治疗记录结合起来,这使他能将疾病分类并预测疾病的演变。于是,医学诊断,也就是寻找病理起源的时代开始了。

### 医生和驱魔人

对美索不达米亚地区的亚述人、巴比伦人和古埃及人来说,疾病的产生是由于诅咒,以及神或者恶魔的惩罚。于是出现了一位占卜者,他先分析各种预兆与象征(星宿、鸟、油滴等),再诊断和预测。最后,他的治疗包括两部分,一部分是驱魔(祭祀、祈祷、咒语等),另一部分则是医疗(药膏、煎剂、手术等)。

### 尝试就是接受!

在古代,经验主义方法是和疾病有关的唯一的哲学思考。医生注重经验和观察,测试药方,尝试重现药效,记录结果,从而构建起可以传播并且揭去疾病神秘面纱的知识。

阿斯克勒庇俄斯,医学的英雄,后成为医药之神。

### 神话与神杖

在神话中,阿斯克勒庇俄斯是医生也是英雄,他因试图让死者复活而被宙斯的天雷击中,后来化为蛇夫座升入天空。他被供奉在神殿内,生病的人会向他祈求健康。如今,权杖上缠绕着一条蛇的阿斯克勒庇俄斯之杖就是西方文化中医疗的象征。

### 看好您的瘴气!

长期以来,人们用瘴气来解释疾病的传播。污浊的空气或不健康的食物是导致疾病的原因,这在印度、中国和欧洲的医学史上都有记录。直到 19 世纪末出现了用于观察"微生物"的显微镜,科学界才改变了相关观点。

# 医学及医学工具的起源

希波克拉底和盖伦（右），现代医学的创始人。

## 了解得更深入

罗马帝国时期，盖伦（129—200）对解剖学的研究有了很大进步。他的信条是从实验中推理，因此他不断开展动物解剖和活体解剖，这让他对人体有了更深入的了解，尤其在神经系统和泌尿系统研究方面取得了长足的进步。

## 文艺复兴时期的新生

虽然各时期的信仰、禁忌和治病方法有所不同，但是到14世纪，希波克拉底、盖伦和阿维森纳的研究奠定了医学知识的基础。从文艺复兴时期开始，科学方法的发展和印刷术的发明使知识以无与伦比的速度和影响力传播开来。

### 阿维森纳，第三位大师

中世纪，欧洲科学的发展停滞不前，与此同时阿拉伯世界的知识却在蓬勃发展。中世纪波斯著名医学家阿维森纳（980—1037）撰写了《医典》，这是第一本集中了当时所有医学知识的百科全书，囊括了前辈们的知识和他自己的观察。阿维森纳因对包括精神病在内的许多症状做出描述而闻名世界，他能够准确地描绘出眼睛的解剖结构，还指出了微生物的存在，并提出了有关鼠疫传播的假设。

## 从高处跌落

罗马帝国的衰落使欧洲失去了一个有组织的医疗网络。外族入侵时期，主要文本被毁坏，此后对疾病的治疗又变为了仪式。随着基督教影响力的上升，仪式又被祈祷替代。由于当时人们认为疾病代表神的惩罚，所以医生找不到真正的工作。从那时起，人们开始去修道院或临终关怀机构寻求治疗，以至那里的医学和药理学知识逐渐积累起来。

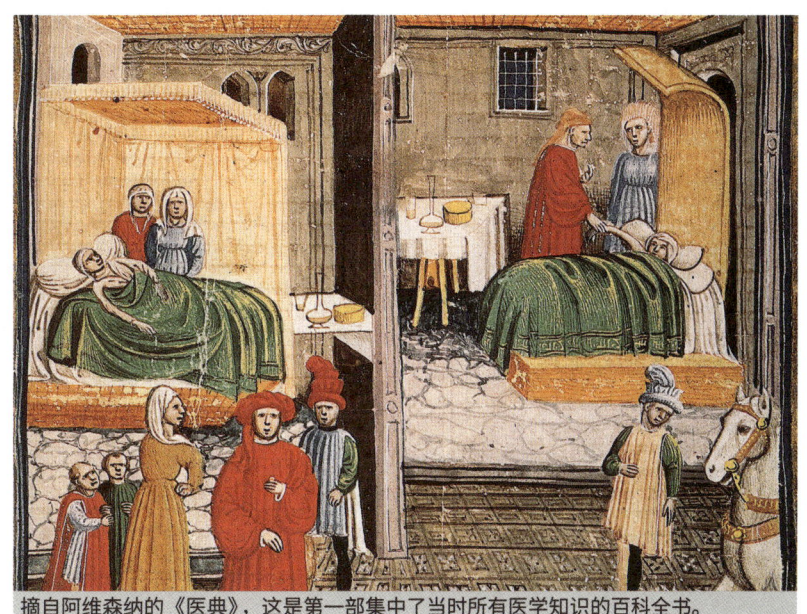

摘自阿维森纳的《医典》，这是第一部集中了当时所有医学知识的百科全书。

# 最初的医学革命

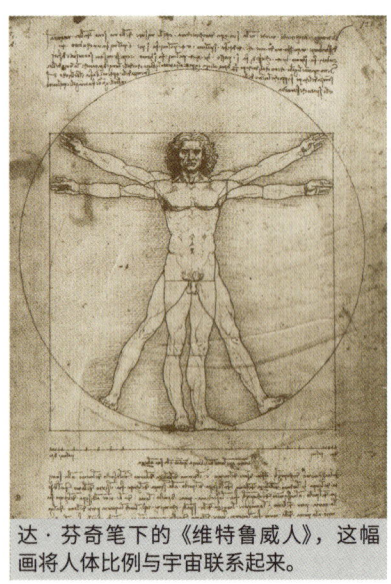

达·芬奇笔下的《维特鲁威人》，这幅画将人体比例与宇宙联系起来。

## 古代的发现和重新发现

文艺复兴时期，古代医学的专论被人们重新发现。为了帮助大家理解，这些专论被翻译并被加上了各种注解。如果最初这些专论的有效性没有被质疑，那么从15世纪起，印刷术可以大大促进这些知识的传播，满足当时人文主义医生的学习欲望。

## 达·芬奇：丢失的宝藏

列奥纳多·达·芬奇（1452—1519）在包括解剖学在内的诸多领域展现出极大的创造性。他切割头骨的方法揭示出鼻窦的存在（此前从未被观察到）。通过他创造的注射蜡技术，我们可以观察到因太软而无法被解剖的大脑和中空器官的内部。他对肌肉的细致研究解释了运动的产生。他制造了一个玻璃心脏模型来弄清楚心脏如何跳动，而他确实几乎阐明清楚了。不幸的是，他的著作很难读懂（他患有阅读困难症，写作并不规律，而且他习惯从右向左书写，所以阅读他的著作需要一面镜子）。直到20世纪，这些著作才开始被研究、推广。

## 安德烈·维萨里：纠错者

在解剖学的发展过程中，一度出现医学教授一边背诵书本上的知识，一边让理发师进行解剖的现象。解剖学家安德烈·维萨里（1514—1564）严厉抨击这一现象。他开始将医学著作（尤其是盖伦的著作）与真实的人体对比。很快，他得出动物解剖学无法应用于人类的结论，随后他开始撰写《人体构造》一书，在书中纠正了古代医学的错误。尽管这本著作后来名声大噪，但在当时却遭到了广泛的反对，这迫使维萨里放弃了在久负盛名的帕多瓦大学任教。

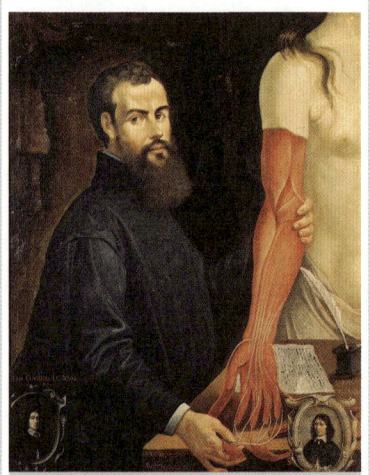

安德烈·维萨里因强烈批评古人的医学原则而闻名，他在16世纪受到强制调查。

## 身体成了新的研究主题

随着1492年美洲被发现，地球成了科学研究的课题，人体同样成了探索的主题。当时的研究条件有很大限制，每年允许解剖的尸体数量非常有限。解剖学家们与当时著名的画家（如拉斐尔、米开朗琪罗等）合作，画家们也借此机会提高了自己的艺术水平。关于人体的新知使外科手术得到了前所未有的发展。

930

## 医学及医学工具的起源

### 器官的名称

如今，一些器官仍然以文艺复兴时期解剖学家们的名字命名：耳咽管也称"欧氏管"，取自巴托罗梅奥·欧斯塔基奥（1520—1574）的名字；连接卵巢和子宫的输卵管也被称为"法洛皮奥管"，来自加布里埃尔·法洛皮奥（1523—1562）的名字；让·佩凯用自己的名字命名了他研究的淋巴系统中一条重要的淋巴管；将唾液输送到口腔的腮腺管也被称为"斯坦诺管"，这个名字取自第一个发现它的解剖学家尼古拉斯·斯坦诺（1638—1686）。

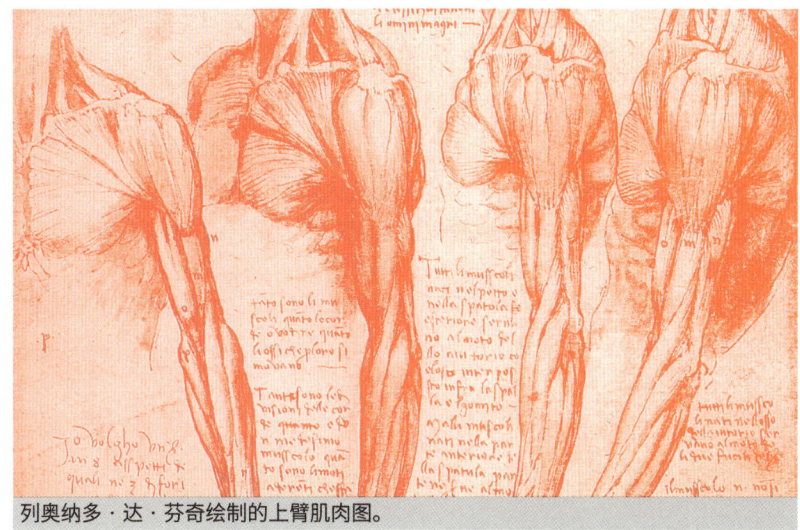

列奥纳多·达·芬奇绘制的上臂肌肉图。

罗伯特·胡克校准时使用的显微镜。这位英国学者能够以前所未有的精准度观察软木细胞。

### 看不见的事物显现出来

16 世纪末期，最早的显微镜被（詹森、伽利略、狄米西亚尼）发明出来。这个工具使我们看到了之前只能被猜想或想象的事物。组织可以被近距离观察；细胞概念的出现（罗伯特·胡克，1665 年）；一些细菌被发现（列文虎克，1674 年）。但是直到很久以后，人们才确认了它们与病理之间的联系。

### 医学前行的阻碍

1628 年，威廉·哈维揭示了血液循环的存在。经过大量实验，他验证了弥贵尔·塞尔维特几十年前的猜想（塞尔维特因此遭受火刑）：血液从心脏流出，经动脉流向肺部，然后沿静脉回到心脏，再送达全身，接着开始另一个循环。这一论点和伽利略于 1633 年提出的日心说一样，虽然非常准确，却在之后的很多年里饱受非议。

### 实验的颂歌

真正的科学变革发生在 17 世纪，实验在当时得到了重视。从此，科学真理来自被观察、分析和验证的事物，人们也最终了解了观察到的现象的起源。实验柜，即实验室的前身被创造出来，这促进了生理学（器官功能研究）的飞速发展。

931

# 改变对人体的看法

## 希波克拉底和盖伦的体液论

根据一直延续到 18 世纪的古代体液理论，人体由四种液体（体液）构成：血液、黄胆汁、黑胆汁，以及黏液（也被称为淋巴液或痰液）。这四种体液在人体中所占比例的变化影响着人类的身体健康。这些体液与元素、季节、年龄、器官，以及性情紧密相关（脾气暴躁的人多被认为是胆汁质，冷静的人则被认为是淋巴质）。于是，当时的治疗方式就是重建体液的平衡。例如：体液缺乏时通过饮食来补充；体液过量时通过排泄或是放血达到平衡。

笛卡尔的《屈光学》（1637）中的插图。尽管假设有误，他还是在书中阐明了各种光现象的定律，并描述了眼睛的功能。

## 可耻的身体

中世纪的身体形象十分矛盾。基督教会一边歌颂身体（圣体、肉身的复活），一边虐待它（反复斋戒、鞭打）。体液变成了禁忌。即使耶稣的血是神圣的、女人每个月流失的经血是不洁的，血液也不应该流出身体。与另一种体液，即精液有关的性行为受到抑制，而生殖却被当作人类的一种责任。此外，生殖器官的血管和神经被认为是"可耻"或"羞耻"的。

## 移动的子宫

在所有器官当中，子宫有着一段不同寻常的经历。在古代，它被认为是至关重要且可移动的器官，它可以和其他器官结合引发一些症状（如眩晕、气短、情绪波动等）。子宫还被描述为一种用于追求性爱的"动物体内的动物"，它会被好闻的气味吸引，而给阴道熏香可以让子宫回到原位……后来，人们又认为妇女的癔症与子宫有关。癔症在很长一段时间里通过结婚或者火烧来治疗，直到 19 世纪，人们才承认癔症的病因与子宫无关。

中世纪时对子宫的描述。

## 应用于人体的物理学

在《方法论》（1637）一书中，勒内·笛卡尔认为人体像上帝创造的机器，由此推演出可应用于大自然的物理法则同样适用于人体。伽利略和牛顿也同意这个观点。赞同这一观点的医生们被称为机械论者，他们致力于把病理学与物理法则结合起来。因此，心脏被看作发条，肺则被看作风箱。

医学及医学工具的起源

### 头骨的预言

颅相学的诞生源于约瑟夫·加尔（1757—1828），他坚信脑回（大脑表面的凸起）确定了大脑各个区域的不同功能。虽然此前人们认为大脑是灵魂的所在地，是不可分割的，但加尔的假设不乏创新性。可是他后续的思考是错误的。在他的逻辑里，大脑的凹凸不平表现为颅骨的变形，针对颅骨的研究可以描述出其主人的特点和先天倾向（记忆力好坏、善恶倾向、数学能力等）。虽然颅相学有些异想天开，但是它曾经被应用于预测人的犯罪倾向。

### 化学是关键词

与机械论者相反，化学医学派遵循帕拉塞尔斯的教训，坚信化学反应有可能使人们了解人体的生理现象，并将其与一种静止状态相比较。18世纪末，该学说主张推行恢复酸碱平衡的疗法。一些该学说的捍卫者（生机论者）认为，这些化学反应是由区别于灵魂的非物质活力驱动的。

### 灵魂是驱动者

施塔尔（1659—1734）提出的"万物有灵论"是启蒙时期的流派之一。考虑到人体的生长朝着既定的物质形态发展，万物有灵论者认为指导人体发展的是一种智能的意志形式。灵魂是唯一可以联系身体和精神的物质，在万物有灵学派看来，灵魂是身体组织的原动力，遵循着物质的各种规则。

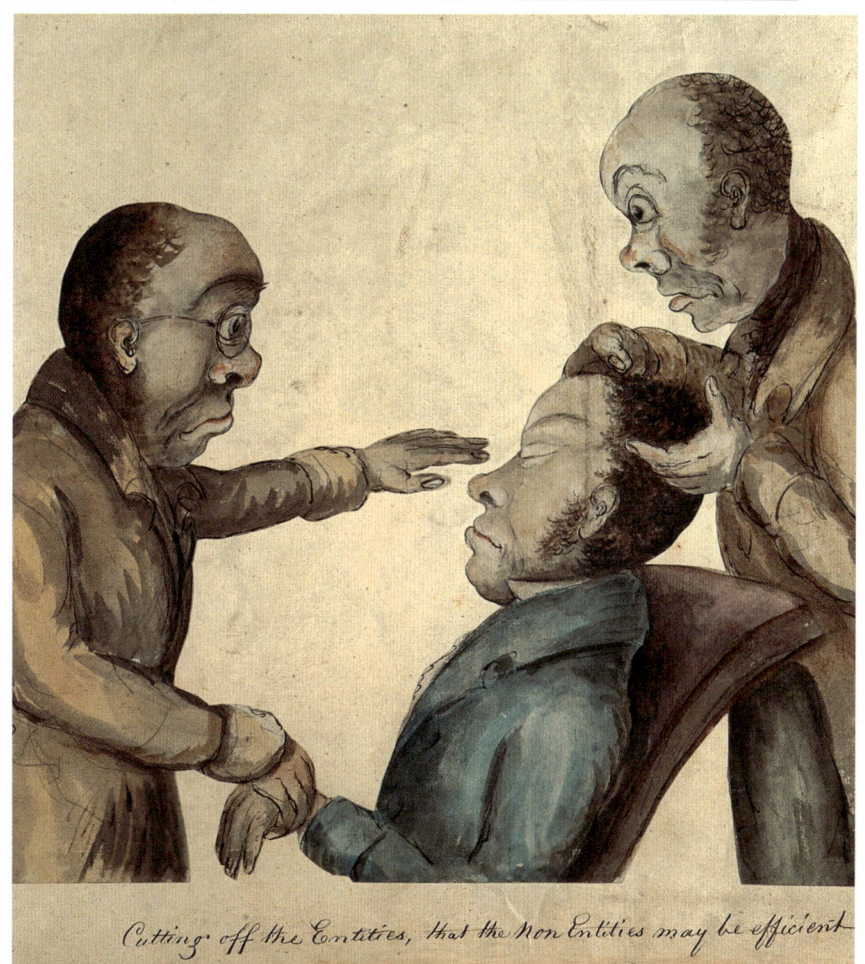

描绘约瑟夫·加尔研究病人大脑结构的漫画。

933

# 医学的现代化

## 巴斯德和科赫：细菌学史上伟大的名字

细菌学领域的两位举足轻重的人物路易斯·巴斯德（1822—1895）和罗伯特·科赫（1843—1910）为传染因素的发现铺平了道路。路易斯·巴斯德在证明了一些疾病是由细菌引起的之后，便开始关注传染病。他因此能够诊断相关疾病，然后通过他的主要发明——疫苗——治疗这些疾病。他的德国同行科赫使用微生物培养和分化的创新方法发现了疾病和细菌的关联法则。科赫发现了很多种细菌，其中就包括能导致结核病的结核分枝杆菌。

1889年，法兰西学院，克劳德·伯尔纳在自己的实验室里。他开创了实验医学。

## 专注于实验

实验生理学家克劳德·伯尔纳（1813—1878）认为，医学不能只基于简单的观察，必须通过实验来验证假设。因此伯尔纳奠定了现代实验医学的基础。他重点研究生理学，并从实验中得出结论：一方面，器官功能并非来自一个器官，而是源于多个组织；另一方面，疾病与造成细胞或组织损伤的内环境紊乱有关。

1897年的罗伯特·科赫（前排）。

## 医学专业大量涌现

19世纪，生理学的兴起使医学相关专业数量激增。继人们发现神经冲动的电学性质后，神经学诞生了。它描述了多发性硬化症等疾病，并证明了神经结构（小脑、语言中枢等）的存在和作用。心脏病学在人们终于可以测量脉搏和血压后诞生。内分泌学随着人们对糖尿病和甲状腺疾病的了解发展起来。之后又出现了血液病学和皮肤病学，而医学相关专业的列表还在不断增长。

医学及医学工具的起源

## 医学领域的女性

自13世纪以来，法国虽没有明令禁止女性从医，但还是不允许她们进入医学院学习。首先在苏黎世，随后在巴黎，女性逐渐获得了学医的权利。实际上，巴黎大学是由教皇支持的道德权威，只有从这里毕业的学生才有医学执业资格，然而它只面向单身男性招生。伊丽莎白·加勒特·安德森于1870年在巴黎完成了关于偏头痛的博士论文，获得了博士学位，她也是英国第一位获得博士学位的女性。但直到1885年，女性才被允许参加住院实习考试，而这个考试对女性而言也不乏敌意。

1870年的伊丽莎白·加勒特·安德森。她是英国第一位获得医学学位的女性。

## 揭开病毒的面纱

1892年，德米特里·伊万诺夫斯基首次揭开了病毒的神秘面纱，这是一场大变革。当时人们无法培养出病毒，而且病毒会通过用于细菌研究的烛式过滤器传播，所以非细菌感染的问题仍待解决。在20世纪40年代电子显微镜出现之前，人们对病毒的研究一直是间接的，甚至有些病毒至今依然有待观察。例如，丙型肝炎病毒在1989年才首次被发现。

## 修复活体

到20世纪，外科手术逐渐改变了它的目标。它之前的主要任务是"摘除"，小到结石，大到肿瘤，也包括截肢。如今的外科医学旨在维护和修复身体。这一进步出现在几次战争之后，要归功于相关学科的发展：麻醉学、救生法、卫生学、免疫学等，以及医疗设备的进步。手术治疗更为精确，侵入性小（内腔镜检查、显微外科手术等），移植术和修补术可以用于修复衰竭和受损器官。

DNA结构的发现革新了医疗方法。直到今天，基因疗法仍然在促进医学发展。

## 双螺旋：医疗的变革

1953年，罗莎琳德·富兰克林拍摄到的DNA的X射线晶体衍射照片，为DNA双螺旋结构的发现做出了巨大贡献。两年后，人们确定了人类染色体的数量为46条，也阐明了染色体三倍体症。1966年，人们发现了基因密码。1990年，庞大的国家人类基因组计划着手测定人类的DNA序列。测序的最终结果发表于2003年，它为疾病的诊断和治疗开辟了一条新的途径，即基因疗法。

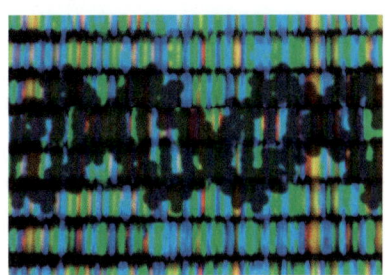

935

# 好痛啊！外科手术的出现

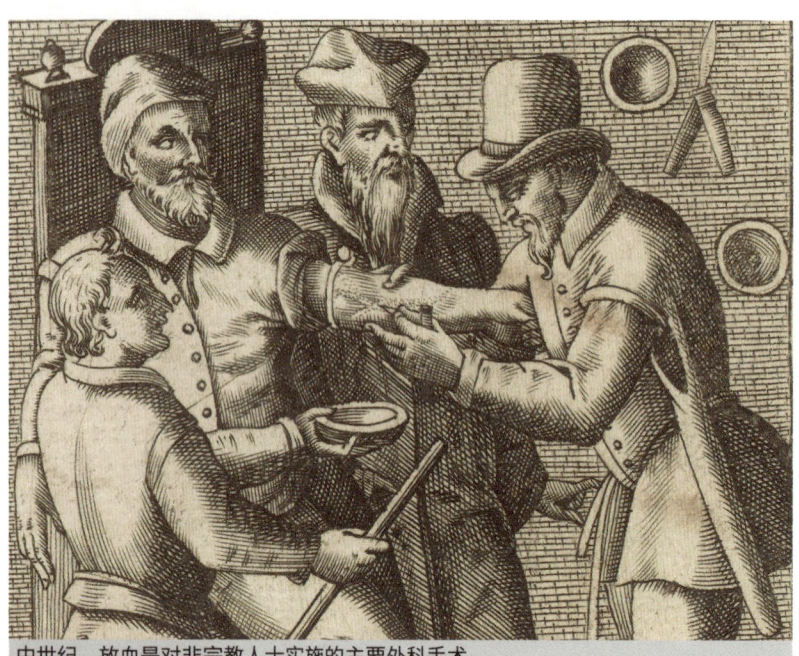

中世纪，放血是对非宗教人士实施的主要外科手术。

## 令人生厌的冲突！

学科的分离导致了学院派医生和外科医生之间的冲突。前者只懂得理论，后者虽对医学知识知之甚少，却有丰富的实践经验。这种冲突一直持续到1743年，那一年，路易十五宣布学院派医生和外科医生地位平等。

## 畏惧鲜血

中世纪时期，希波克拉底及盖伦的著作都被当作参考。尽管医疗实践和外科手术之间并没有任何区别，但是天主教会作为知识的守护者，在1163年宣布禁止使用放血疗法，违者将被逐出教会。因此，放血和小型外科手术都委托给非宗教人士（如外科医生、理发师、接骨师、接生婆等），他们习惯于使用锐利的器具，但是无法像医生那样受人尊敬。

## 跌宕起伏！

外科手术的发展过程在其历史和文明的进程中跌宕起伏。早在公元前5000年，埃及人就已经可以对伤口做缝合处理或者通过灼烧止血。2500年后，巴比伦人和美索不达米亚人可以对膀胱甚至眼睛实施手术。然而在中世纪的法国，外科手术的实践却严重倒退。

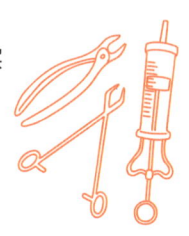

### 外科手术纲要

大约在1000年，阿布卡西斯出版了30卷医学百科全书《医学宝鉴》。其中关于外科手术的卷宗被抄录和翻译了好几个世纪。在书中他以当时非常罕见的辅助插图描述了200多种手术器械，还包括手术、骨折复位和助产等方法。

## 显微镜下的操作

显微外科结合了手术技巧和显微技术，通过放大手术介入区域，可以非常精确地修复神经或动脉等小结构，提高移植质量，还可以应用到儿科（包括早产儿）的治疗中。

# 医学及医学工具的起源

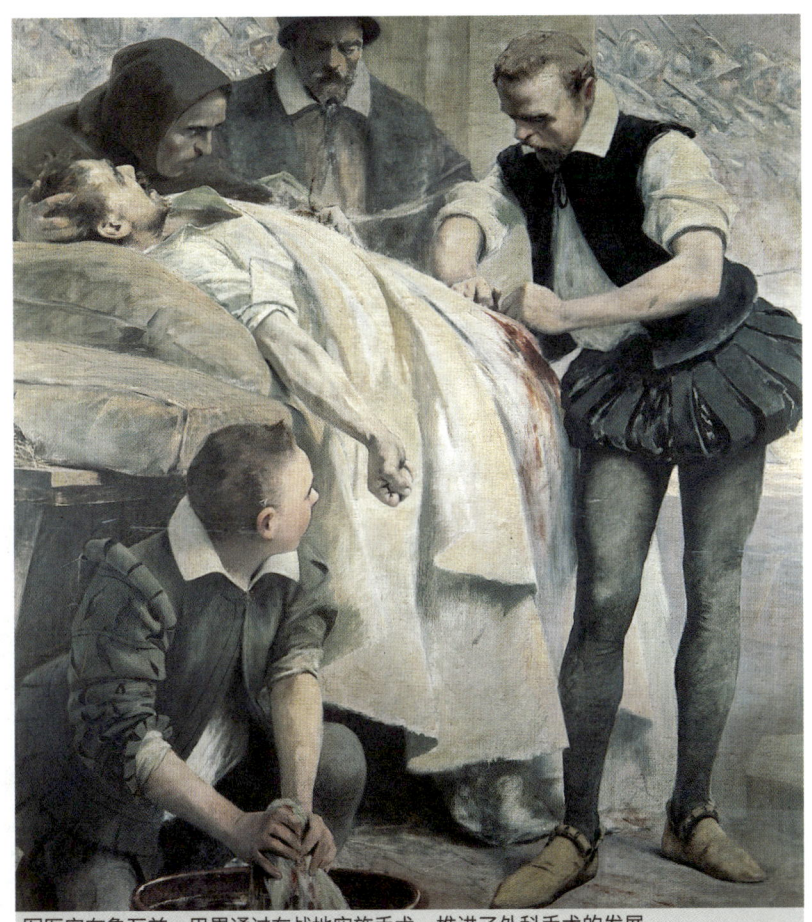

军医安布鲁瓦兹·巴累通过在战地实施手术，推进了外科手术的发展。

## 现代外科手术之父

安布鲁瓦兹·巴累（1510—1590）在年轻时就成了训练有素的外科医生。他在战场上享有很高的声誉，他做手术有效又温和（他不会用热油或者滚烫的烙铁灼烧伤口）。多年来，他改善了伤口和创伤护理的方法，并用法语而非拉丁语出版著作，使更多人有机会获取知识。

## 进入手术室

约瑟夫·李斯特（1827—1912）是首位在手术过程中应用无菌理论的人，而在那个时代，人们认为伤口上出现脓液是伤口恢复的迹象。李斯特认为，用酒精消毒空气、器具、伤口和医生的罩衫至关重要。20年后，由于他的做法大大减少了术后死亡的人数，无菌法在外科手术中被广泛采用。

19世纪，李斯特通过在外科手术中使用苯酚而发明了首种无菌技术。然而，他于1887年放弃使用喷雾，因为他认为这对医生来说太危险了。

## 手术室里的机器人

手术机器人的使用范围越来越广。如今，世界各地的数千家医院都配备了这种机器人。目前，外科医生可以操控它们来完成既定任务。它们的优势在于可以减小切口面积并提高手术精准度。

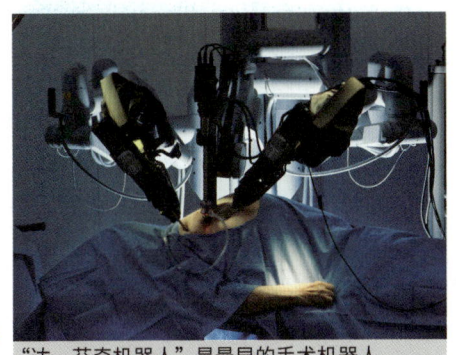

"达·芬奇机器人"是最早的手术机器人之一，由外科医生控制。

937

# 卫生学的发现

### 与水有关的改变

早在 19 世纪末,大城市就建立了庞大的饮用水网络。这为每家每户提供了自来水,有利于个人卫生,而修建下水道则使污水能够排出。

### 医学和瘴气

直到 19 世纪,瘴气一直被认为是导致疾病蔓延的元凶。依据这个理论,瘴气是污浊空气的蒸汽,有着腐烂的气味,人一旦接触了瘴气就会生病。这就解释了为什么当时的医生戴着有长喙的面具:他们要在长喙里放入有保护作用的草药。

### 医生必须洗手

医生伊格纳兹·菲利普·塞麦尔维斯告诉我们,为了保证身体健康,洗手非常有必要。19 世纪中叶,基于妇产科医生需要在解剖室和分娩室之间穿行,塞麦尔维斯提出一个假说,即可能是医生的手沾染了尸体上的肉眼无法看到的物质,导致了产妇的死亡,而由此造成的死亡率远高于助产士帮助产妇分娩时产妇的死亡率。他提出的措施在健康方面取得了成功,可他的医生同事们为此非常不满,使他最终被医院开除。

### 病菌的出现

"自然发生说"为人们理解疾病传播造成了巨大障碍。事实上,从亚里士多德开始,人们普遍接受的观念就是细小生物(如霉菌、昆虫幼虫等)是自然产生于腐烂物质上的。弗朗切斯科·雷迪于 17 世纪的研究或 18 世纪拉扎罗·斯帕拉捷的研究证明了这种想法是毫无根据的,但与之相关的争论一直很激烈,直到 19 世纪,路易斯·巴斯德的研究终结了这场论战,并提出微生物理论。

### 消灭细菌

巴氏灭菌法得名于它的发明人路易斯·巴斯德,并于 1865 年获得了发明专利。这个方法是将食物在空气环境中加热到 60 ～ 90 摄氏度(不需要煮沸),然后将食物快速冷却。巴氏灭菌法可以消灭大多数细菌,所以能延长食物的保存期限。巴氏灭菌法的大规模推广使葡萄酒、牛奶等产品进入消费市场。现在,人们依然用这个方法来生产和储存果汁、啤酒、鸡蛋、果酱、果泥等。

路易斯·巴斯德研究"自然发生说"时使用的鹅颈瓶。

## 医学及医学工具的起源

### 附加步骤

巴斯德在外科手术中提倡使用无菌法，包括对医疗器械消毒、使用沸水、洗手，以及对手术区域做灭菌处理。无菌法改善了手术条件，因为过去并不是每次手术都会使用消毒用品。

### 酒精喷雾

巴斯德证明了空气中充满细菌。约瑟夫·李斯特在巴斯德研究的基础上推断，伤口腐烂不是愈合过程中的一环，而是源于感染。他开始制作含有苯酚的敷料，然后将酒精涂在手术器械和手术服上，并在房间内喷洒酒精。这个被他称为灭菌法的方法使他将术后死亡率降低了25%。

### 卫生变成公共事宜……

从19世纪70年代起，法国政府开始处理卫生问题。国家不但给公众提供免费的医疗服务，还为老年人、体弱者、孕妇和多人口家庭提供照护计划。1928年，社会保险诞生，医院制定了相关规定，如地板和床上用品如何处理、使用白色床单、穿橡胶鞋和方便洗手的短袖、系统化地戴手套等。

英国人约翰·斯诺因其对霍乱传播的研究，成为卫生学和公共健康领域的先驱。

### 问题来源

1854年，英国医生约翰·斯诺的猜想得到了证实：霍乱是通过水传播的。通过研究病人饮用水的源头，他发现了他们的病因并呼吁关闭不洁水源，霍乱的流行由此被遏制。斯诺因此成为流行病学的先驱。他和巴斯德一样，是卫生学的先驱。

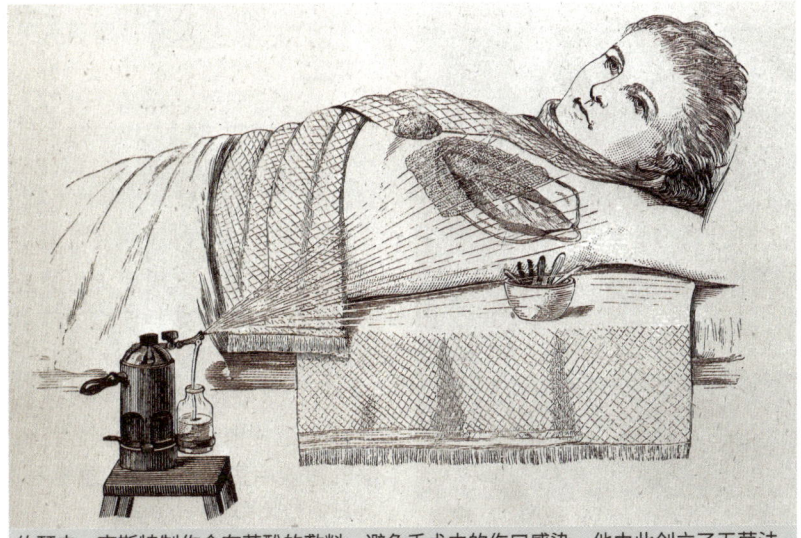

约瑟夫·李斯特制作含有苯酚的敷料，避免手术中的伤口感染。他由此创立了无菌法。

# 战争时期的医学

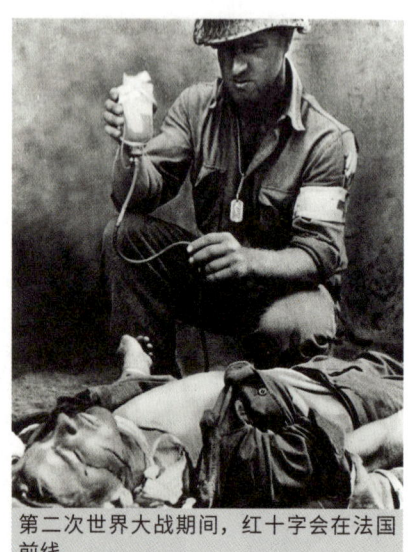

第二次世界大战期间,红十字会在法国前线。

## 运送血液

20世纪40年代,人们找到了保存血液的方法,发现了Rh因子,以及提取血浆的方法。于是盟军建立了庞大的网络,将数千升血液从伦敦和纽约运送到诺曼底海岸。纳粹由于担心收到不干净的血液而阻止了大范围的输血行动,导致大量人员伤亡。

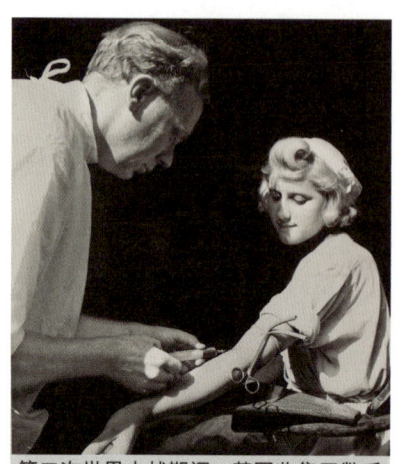

第二次世界大战期间,英国收集了数千升血液送往前线。

## 军队饮食

战地食物的供应是确保军队维持生命力并避免与营养不足相关的疾病发展的关键。在1810年罐头食物发明之前,士兵主要食用面包和肉干。现在,密封食物是最常见的,用这种方法可以提供数十种丰富且营养均衡的套餐。

## 适应战时条件

战争医学是一门必须对特殊问题做出反应的学科,这些特殊问题不只源于使用的武器,也源于冲突直接或间接造成的后果。战争医学还要能够应对大量伤员的涌入,并迅速做出和创伤、外科、骨科,以及精神病科有关的决定。

## 致命的流行病

流行病是战争期间真正的灾难。食物短缺、气候变化和居住环境混乱加剧了多种疾病的传播(如霍乱、结核病、斑疹伤寒、梅毒等),这些疾病的致死率远高于战争造成的致死率。因此,军医的首要职责就是设定卫生标准,并尽可能控制疾病的传播。

1914年,巴黎皮加勒广场的一家电影院在门口展示了在流感流行期保护观众健康的预防措施。

## 医学及医学工具的起源

### 前线的医疗车辆

1914年，医疗车辆"auto-chir"[1]采用了在拿破仑战争时期就已存在的概念，成了真正的移动手术室。它们在战场附近待命，避免伤员被远距离挪动，从而提高了救护成功率。居里夫人为200辆医疗车辆装配了X光设备，并对照顾被炸伤者的人员进行了培训。这使诊断更加明确，手术更有效率。

[1] 这个词由"auto"（法语含义"汽车"）和"chirurgie"（法语含义"外科"）的第一个音节组成。——译者注

### 战火中的抗生素

第二次世界大战期间，抗生素成了士兵和人民的救星。1942年，青霉素开始量产。德国人发现，每一个美国士兵都带着一个装有磺酰胺的袋子上前线，而且有人教他们如何把药撒在伤口上。战时及战后，这两种抗生素大幅降低了坏疽、肺炎、麻风、伤寒等疾病的发病率。

### 学习急救

由于恐怖袭击的出现，为了更好地抢救伤者，法国施行了一项措施：自2017年开学之日起，医学生要重新学习军医技术，以便救助遭遇此类事件的伤者。

### 毁容者的福音

伊波利特·莫雷斯坦被公认为能给毁容者带来福音，因为他具备解剖学知识且手法灵巧，并创造出了新的移植方法，所以能给在战争中被毁容的人做整形治疗。第一次世界大战之后，众多外科专家创立了整形外科，不过当时的治疗仅限于鼻子复位和耳朵缝合。

### 战时伦理

在危难时期，伦理对医生来说是真正的问题：救死扶伤的责任确实会和军事命令相矛盾。因此，有时医生会得到与伦理背道而驰的命令。1946年，一些参与过人体实验的医生在纽伦堡接受审判。该审判制定了一套在人类实验中必须遵守的规则。

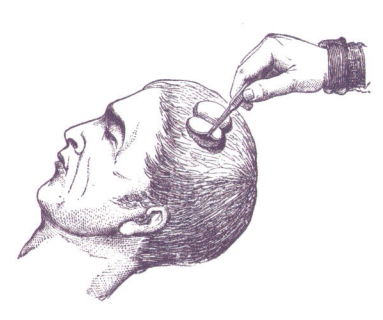

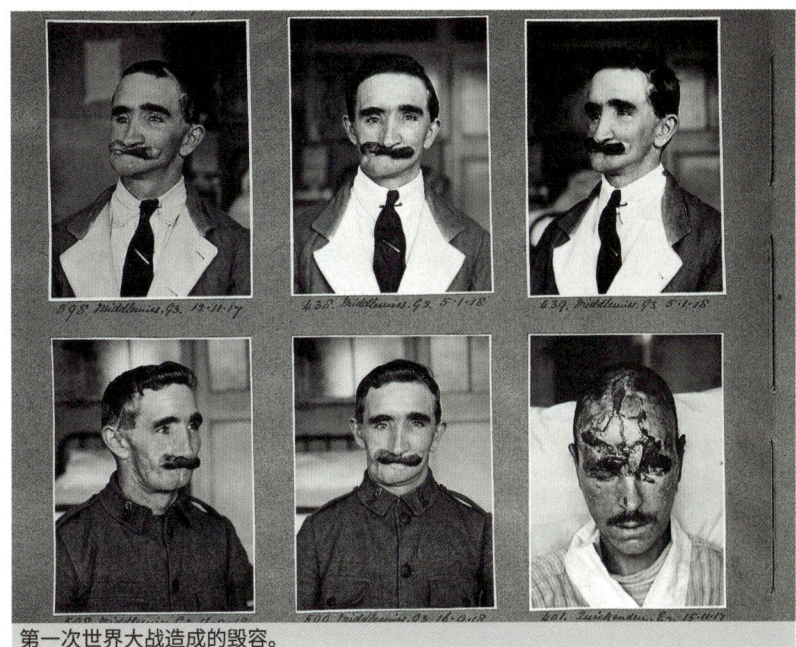

第一次世界大战造成的毁容。

# 一个传统的世界

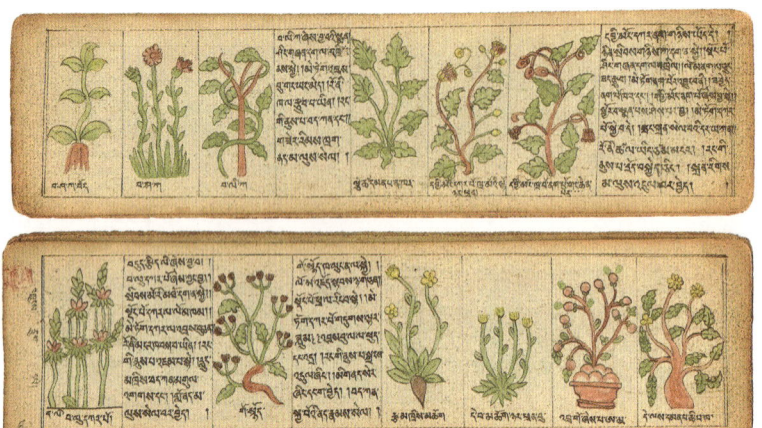

藏医书节选,书中介绍的植物被用作各种治疗的基础。

## 寄希望于日历

阿兹特克人对疾病发展的预测基于先进的占星术和数秘术。日历是一种既可以确定每个人的命运(人的出生日期就可以体现吉凶),又可以确定病源的工具。在他们的文化中,每一天都和人体的部位一一对应。根据发病的日期,就可以推算出病因并给予治疗。

在印度、尼泊尔、不丹和中国,虫草被应用于传统医学。它可以有效对抗疲劳,治疗支气管和肺部疾病,降低低密度脂蛋白。

## 喜马拉雅的医学

藏医学受到多个地区多个医学流派的启发,它们的启发贯穿于整个藏医学发展史。藏医提供的治疗基于饮食建议和一本包含2000多种植物的药典,藏医用这些植物制作油、糖浆、药丸等。在藏医理论中,人们的身体健康状况受佛法、宇宙和星宿的运转影响。

##  代表世界的秩序

药轮经常出现在美洲印度安人的治疗方法中,各部落使用的药轮之间有很大差异。它是精神世界的物质代表,可以给人类提供建议。药轮是一个直径约30米的石圈,其中竖立的柱子分别代表一个基点、一个季节、一个时代、一种元素和一种情感。在石圈的中心有一个石头做的火炉,其中燃烧的火焰象征着生命、地球。

## 昔日的艰苦

居住在墨西哥的阿兹特克人有着非常严格的生活方式,这种生活方式有很多的规则(关于食物、性、祭祀等)。他们对神充满敬畏。在他们看来,疾病是神的旨意、神的惩罚,或者是敌人的诅咒。除此之外,他们有着非常好的卫生条件:公共场所会被清洁和维护;垃圾会被收集起来;引水渠带来饮用水;传统浴缸或蒸汽浴缸既在日常使用,又是治病的用具。

942

## 医学及医学工具的起源

### 印加人遥远的后裔

卡拉瓦亚人是玻利维亚安第斯山脉上擅长运用草药行医的民族。"卡拉瓦亚"在盖丘亚语中的意思是"背上背着植物的人"。他们对地球母亲有着深深的眷恋，也非常重视人类与环境的关系。他们关于医学的渊博知识只在男人之间用秘密的方言口口相传，现在这些知识已经被列入联合国教科文组织人类非物质文化遗产名录。

在喀麦隆，一个被认为受到恶灵侵扰的病人正在接受巫医的治疗。

### 文化的融合

南非的传统医学中有几种不同类型的治疗师：巫师、占卜师、用植物制作草药的药剂师和外科医生。强烈的信仰渗透了整个国家，他们相信自己的传统医学和西方医学可以广泛共存。南非的种族隔离制度限制了西方医学的应用，可是当病患的生命财产或精神受到疾病侵袭时，种族隔离制度也显得苍白无力。

一个北美洲的男性土著医生。

### 受宇宙力量指引的人类

印度安人的医学观是每天都要与地球母亲和谐共处。主要使用植物治病的男女药师起着维持宇宙和谐的作用。根据部落的说法，这些治疗师与神明或生命的7个层级（矿物、植物、动物、人类、超人类、光明的导师和圣灵）缔结了契约，他们通过参加入教仪式拥有了与大自然交流的能力，可以从中获得能量并恢复能量。

### 研究伙伴

在坦桑尼亚和科特迪瓦，人们会将西医和当地的传统医学相结合，研究传统药物的特性，尤其研究与艾滋病相关疾病的疗法。他们的目的是启发科学家研究的灵感，同时为药物开发提供新的研究途径。另外，当地的治疗师获得了认可。他们处在检测感染的第一线，如今他们经过培训，可以识别疾病，并在必要时上报发现。

943

# 进入图像盒子

### 像荧光笔一样的造影剂

每种医学成像技术都需要一种造影剂。造影剂通过口服或注射的方式进入人体，让医生看到通常无法辨别的人体组织结构。在使用 X 射线进行检查时，利用这种含有碘或氢氧化钡的物质的不透明性，可以让医生看到泌尿系统、生殖器官、消化道、血液循环系统和关节内部等。

## X 射线下

和光一样，X 射线也是电磁波，只是我们看不到它。1895 年，威廉·伦琴发现了 X 射线，如今它被应用于医学（放射学的开端）和娱乐，甚至被列在博览会的助兴节目表上。威廉·伦琴不知道如何定义这些新射线，于是给它们取名为"X"，象征未知的科学。

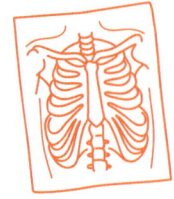

## 不只是骨头

在放射学图像上最突出的元素是骨头，因为骨头结构能够吸收最多的 X 射线。我们还可以间接地观察到其他元素。通过观察骨头之间的空间，可以看到关节；心脏出问题时，它的轮廓看起来是变形的；肺部出问题时，会出现阴影；通过胸部 X 线检查，可以发现乳房中的钙化和异常等。

## 在机器前注意身体姿势

由于 X 射线提供的是二维图像，所以为了做出诊断，需要多次照射（正面、侧面等）。为方便观察特定部位，医学界设置了照射时的标准姿势：如果要检查腹部，病人需要分别以站立和平躺的姿势拍片两次，因为这两种姿势会改变内脏的位置；拍片时保持嘴巴张开，可以看到第一节颈椎；拍身体侧面时，通过不断变化角度，可以观察到髋关节或肩关节；拍片时膝盖弯曲 20 度，可以看清本来看不到的关节损伤。

## 追求三维成像

电子计算机断层扫描，俗称 CT，是弥补 X 射线成像不足的第一个成果。由于不同的平面重叠在一起，器官在 X 光片上产生阴影，可能会误导诊断。于是人们想到让 X 射线的发射器绕着人旋转，这样就可以得到三维画面（X 线断层成像）。

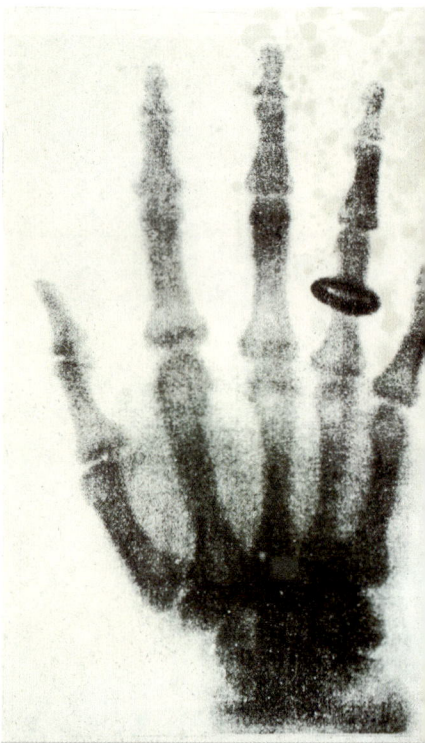

威廉·伦琴给妻子拍了世界上第一张手部 X 光片。

医学及医学工具的起源

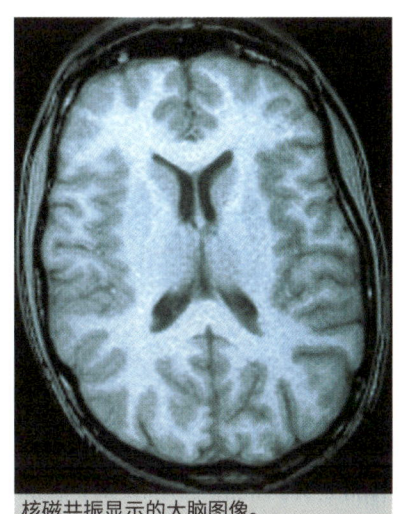

核磁共振显示的大脑图像。

### 3D 技术的另一形式

核磁共振可以通过断层扫描进行三维成像，其工作原理与 CT 扫描截然不同。它不需要射线照射，而是利用人体内水的氢原子。检测仪器通过一大块磁铁创造磁场，磁场激发质子并捕获电磁响应。因此，富含水（富含氢原子）的组织，例如：器官、肌肉、动脉等可以被精准识别，而含水量低的骨头则很难通过核磁共振观察到。

 **双管齐下**

核磁共振和 CT 扫描的可检测范围有很多相似之处，但是核磁共振更多用于检查大脑、四肢、软骨或韧带。CT 扫描虽然精准度较差，但是由于其实用性更强（可用设备更多、使用禁忌更少、速度快、成本低）且图像更易被解释，因此使用范围更广。然而，多模态成像（将用不同方法获得的图像叠加起来的方法）正在发展，它在神经病学和肿瘤学中具有广阔的应用前景。

### 用声音做解剖

除了核磁共振，超声波检查也属于非辐射检查。和山谷中的回声现象原理相同，探测器会发出人耳听不到的超声波，它在遇到人体组织时会反射，反射时长会根据碰到组织的不同而长短不同。仪器会用不同的颜色对应接收到的不同时长的声音，以形成可用的图像。

### 立体成像

1972 年，图像的数字化提高了扫描的效率。这些图像可以呈现非常细微的身体切面，当我们将这些切面叠加起来，就可以非常精确地看到骨骼和解剖结构（器官的形状、肿瘤等）之间的差异。

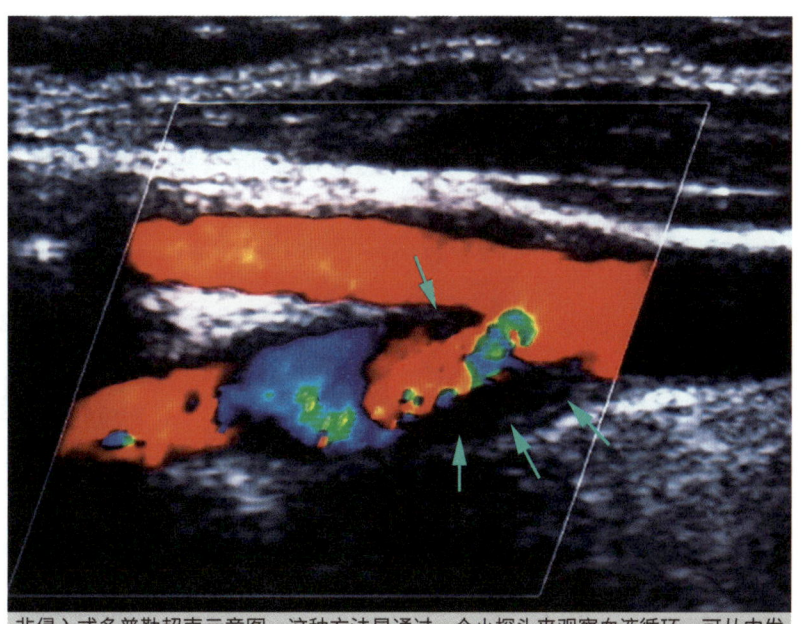

非侵入式多普勒超声示意图。这种方法是通过一个小探头来观察血液循环，可从中发现心血管狭窄和分流性病变。

945

# 激光治疗

### 精准的光线

激光是一种光束，其中所有光子都沿同一方向传播。在医学应用中，它们可以沿着针一般粗细的可移动光纤传播。在处理血管瘤或静脉曲张这样的血管病变时，激光具有无与伦比的可操作性和精准性。

### 精准破坏

使用激光治疗肿瘤的原理是给患者体内注射一种可以精准附着在肿瘤组织上的物质，当被某一种特定的光照射时，这种物质就会被破坏。这种疗法诱导了两种特异性（肿瘤组织和光的特异性），因此比目前常用的化学疗法更加安全、精准。

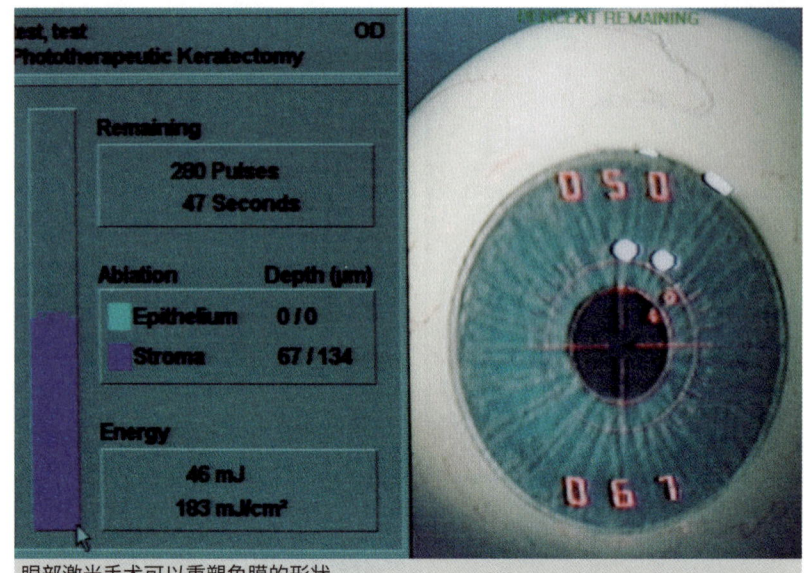

眼部激光手术可以重塑角膜的形状。

### 手术方案

激光接触到人体组织时，纳秒级脉冲使用的激光能量会产生足以破坏人体组织的冲击力。光子被人体组织吸收时，它们就会破坏分子间的连接。激光也可以转化为热量或激活某些因子，触发体内的化学反应。

### 控制功率

激光的功率是可调的，当我们想破坏某个结构时，就可以在短时间内使用高功率。相反，眼科手术中对角膜的塑形则需要长时间使用较低的功率。

### 皮肤再生

激光装置可以帮助术后伤口愈合。用50摄氏度的激光加热伤口边缘，可以刺激皮肤修复，同时减少炎症。

可以在短时间内使用高功率激光治疗牙齿。

## 医学及医学工具的起源

### "以旧换新"

激光被应用在医疗美容中，它可以减少或者去除皮肤上的疤痕、斑点和皱纹，这会导致皮肤受到或深或浅的磨损。因此，一些激光治疗只能用于光洁的表面，另一些则只作用于狭窄的条状区域。接受激光治疗后的裸露真皮可能需要较长的时间愈合，在此期间皮肤不可暴露在阳光下。

### 恢复视力

从 20 世纪 70 年代起，近视、远视和散光的矫正手术都是通过激光完成的，其原理是以微米级的精准度重塑角膜形状。之前，这种手术需要外科医生帮助打开角膜，而现在通过计算机建模，以矫正度为参数，就可以精准地确定需要去除组织的数量和位置。

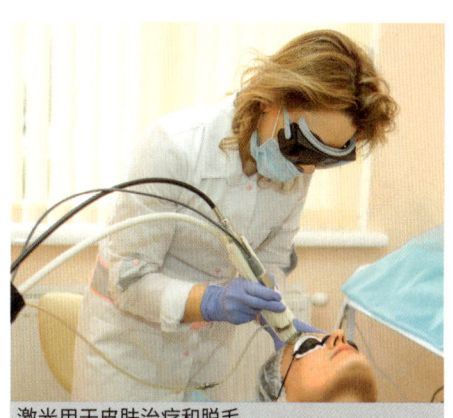

激光用于皮肤治疗和脱毛。

### 颜色的选择绝非偶然

对激光的颜色、种类和功率的选择，取决于要实施的手术类型。所选波长应该能被特定种类的组织吸收，而又不会对相邻或相叠的组织造成太大损害。因此，为了实现最高效率的手术，必须谨慎选择。

### 脱毛

将激光脱毛应用于浅色皮肤，是基于对有黑色素着色的毛发的识别。光束进入毛囊，黑色素在吸收了光之后转化为热量，从而破坏毛囊的生发能力。近年来，人们已经研发出针对浅色毛发或不损害深色皮肤的激光脱毛技术。

### 去掉文身

要去除文身，必须用不同的激光处理每一种墨色。目前，使用最广泛的技术是在极短时间（皮秒）内发射光子，将文身的色素击碎，直到它们小到可以被人体自然吸收。有一些颜色（如蓝色、绿色）仍然很难去除，尤其是在文身很深的情况下。另一些颜色会在激光的作用下发生成分的改变，颜色也会随之变化。

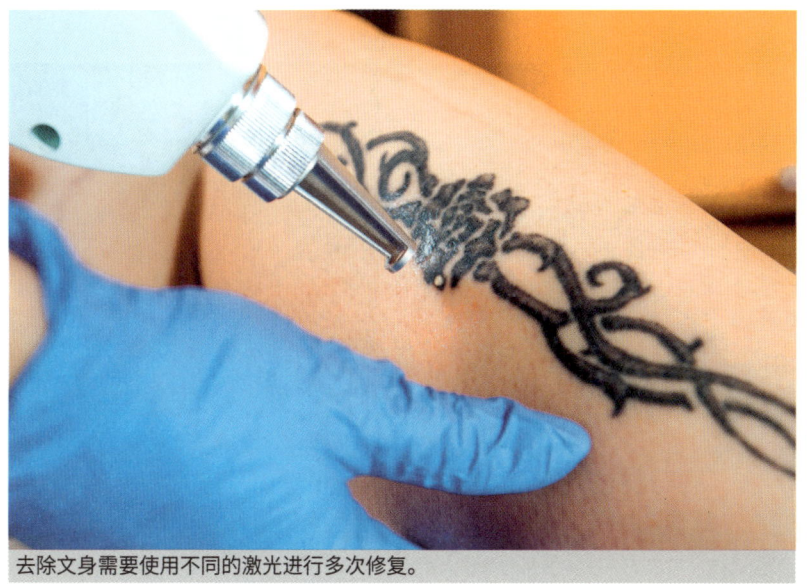

去除文身需要使用不同的激光进行多次修复。

# 测量衡量

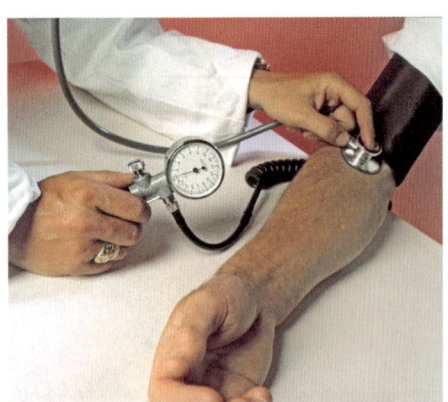

压强的正式度量单位是帕斯卡（简写为 Pa），但根据实际情况，也可以使用毫米汞柱（简写为 mmHg）、巴（简写为 bar）或者标准大气压（简写为 atm）等单位。

### 140 和 90 之间

血压由两个极值来表示：一个是收缩压，也就是心脏收缩时的血压，通常小于 140 毫米汞柱；另一个是舒张压，指心脏放松时的血压，理论上应低于 90 毫米汞柱。

### 通过袖带测量血压

血压计能够显示血液施加在动脉壁上的压力。它配备一条围绕手臂或者腕部的充气袖带，测量血压时，袖带会充气，直到血压计感觉不到动脉搏动。之后袖带逐渐放气，并记录下脉搏声出现时产生的压力（收缩压），以及脉搏声减弱到无声时产生的压力（舒张压）。

### ⚠ 胸部远距离听诊

从词源的角度讲，"听诊器"（stéthoscope）一词来自"检查"（skopein）和"胸部"（sthêtos），这也说明了听诊器的功能。勒内·拉埃内克（1781—1826）首先使用卷起的纸放大胸部的声音，由此发明了听诊器。听诊器不仅能帮助医生听得更加清楚，还能使医生和病人的身体隔开一定距离，这从卫生和礼仪的角度来看都是一件有意义的好事。后来，这个工具被改成了现在的式样，更加柔软，而且为每只耳朵都配备了耳塞。

### 心脏的电活动变化图形

心电图（ECG）可以通过放置在皮肤上的电极将心脏的电活动可视化。我们会得到一张图，图上的波形展示了与心房收缩有关的凸起，以及神经冲动扩散时的平波；之后会出现反映心室收缩的大峰，在一段时间后，会有以波浪形为标志的心室和心房的放松。对心电图波形的医学分析需要经验和精准度，因为其中有很多种变化，解释也各不相同。

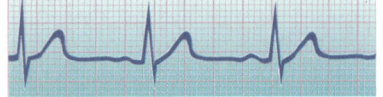

心电图的草图：
一张正常的心电图，包括与心跳不同阶段对应的一定数量的连续偏转。

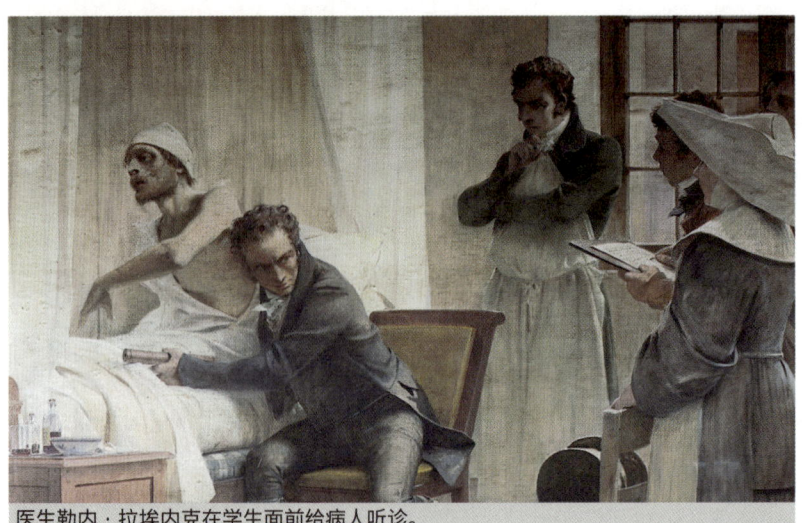

医生勒内·拉埃内克在学生面前给病人听诊。

948

# 医学及医学工具的起源

## 声音目录

随着听诊器的诞生,听诊也出现了。我们可以听到人体内部(如心脏、肺、动脉、肠道等)的声音,并将这些声音按照音色和状态分类。放置在皮肤上的听诊器听头是可以翻转的,一面是带有振动片的平面,它对尖细的声音非常敏感;另一面是钟形的,更适合听音调低的声音。

19 世纪拉埃内克使用的第一个听诊器,通过它可以"远距离"地听到身体里的"杂音"。

## 保持在适合的热度

正常情况下,我们身体的温度在 37 摄氏度左右徘徊,早上低一点儿,晚上高一点儿。这个常量的稳定对人体内许多化学反应的顺利进行至关重要。下丘脑可以调节人体温度,无论外界温度如何,它都可以通过出汗降低体温,或者通过打战升高体温。但是女性的情况有些不同。月经周期的后半段,在荷尔蒙的影响下她们的体温会升高 0.5 摄氏度。

 ## "中央锅炉"

温度计自古就有。随着温度计准确度的提高,人们发现人体的温度是恒定的。温度计被应用在医学中,尤其被用来监测患者发烧时体温的变化。它与皮肤(腋窝)接触所得的温度值会产生一定的误差,测量出的温度加上这个误差值才是更准确的体温。通过红外线测量直肠或耳内温度能得到最准确的体温。

由于水银有毒,出于安全方面的考虑,已逐渐禁止使用水银温度计。现在,为了更清楚地"看到"温度,水银被其他液体替代,如红色或蓝色的酒精、从石油中提取的碳氢化合物或一种名为镓铟锡合金的液态金属。

## 在广口瓶底的液体

排尿量是一种许多病患需要监测的生理常量。在身体健康的情况下,人每 24 小时的尿量是 1 升至 1.5 升,这个常量的变化与饮水、外界温度或身体活动有关。它能够体现肾脏在排泄废物和维持水平衡方面的功能。排尿的频率、尿量、尿液颜色和尿液成分是诊断或监测病情发展的重要参考指数。

## 氧气饱和

血氧仪通过夹在指端的小夹子测量血液的氧饱和度,这个常量通常为 98%。这种小型的非侵入式设备使用小红外灯,可持续监测血液的颜色在没有足够氧气时发生的细微变化,让我们可以快速检测到可能由呼吸或心脏问题引起的缺氧。

 ## 每分钟140下

人在静止状态下,心跳频次会随着年龄的增长而减少:新生儿的心跳频次每分钟超过 140 下,老年人的心跳频次在每分钟 65 下左右。

949

# 犯罪现场的医生

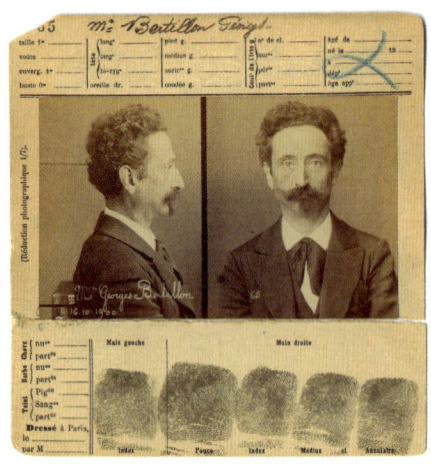

指纹是识别某人身份的第一要素。

## 给尸体标上姓名

将一个人的指纹与官方指纹库中的指纹比对之后，就可以鉴定这个人的身份。牙齿的痕迹也可以用于辨别某人的身份，这需要将受害者的信息与医疗互助保险公司、牙科诊所，以及个人保存的所有医疗文件（包括 X 光片、就诊票据、照片、仪器、牙科诊所提供的治疗方案、牙模等）进行比对。而 DNA 是无可辩驳的身份证明。

## DNA 画像

犯罪现场发现的 DNA 样本可能不足以精准地确定一个人的身份，但人像绘制机器人可以依据这些样本绘制出 DNA 画像。它为研究人员提供了形态学的研究方向。

## 最终检查

尸检，即通过尸体解剖发现死因（无论是事故、犯罪还是疾病导致）。这个检查首先会观察尸体的外观，以确定尸体的外在特点（如身材、文身、疤痕等），以及和死亡有关的线索（如皮下血肿、伤口、水肿等）。随后会检查尸体内部，主要检查器官的位置、病变和大小，如有必要还会做实验室分析。

## 独一无二的痕迹

指纹是肤纹的一种，是人类手指末端指腹上凹凸的纹路。胎儿在母体内发育到 3～4 个月时，指纹就已经形成。它受基因影响（如皮肤质量、指头形状等），但环境因素（如生长速度、宫内压力等）也很重要，即使是同卵双胞胎也会拥有不同的指纹！

## 证明死亡

死亡体征可以证明该人已经死亡，可参考体征包括尸体冷却、尸体的僵硬和柔软程度、脱水现象（如体重减轻、眼睛浑浊、硬化现象等），以及尸体的腐坏程度。

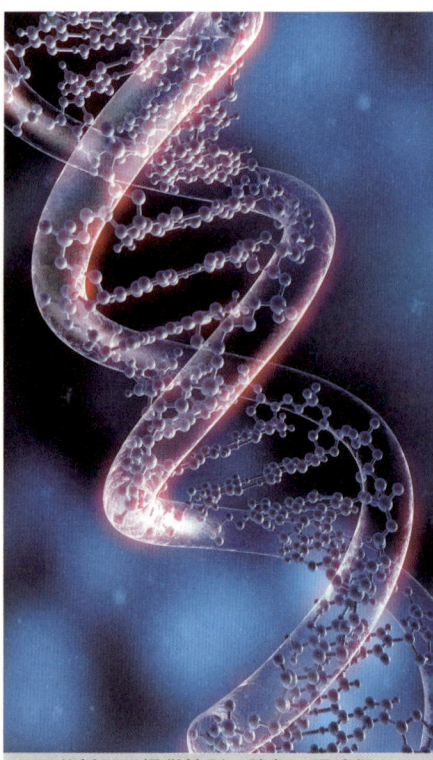

DNA 分析可以提供性别、肤色、眼睛颜色、发色等信息。这些信息也可以帮助人像绘制机器人绘制 DNA 画像。

医学及医学工具的起源

法医使用的工具。

## 死亡证明

医生需要列举出证实死亡发生的体征,如格拉斯哥昏迷评分为3分、肌肉缺乏张力、对包括光照在内的外界环境没有反应、心跳呼吸停止。死亡证明还应包括尸体的体温等数据。

## 尸僵

尸体会在死亡后5小时内僵硬,僵硬现象最早出现在下巴和脖子,然后向下到脚。这是由于尸体内的钙大量析出,使肌肉收缩。几天之后,肠道细菌会导致尸体腐坏,尸僵现象逐渐消失。因此,分析尸僵程度可以推断出死亡时间。

## 尸体医生

法医在医学和法律之间扮演着非常重要的角色。司法机关会将在公共道路上死亡、身份不明的尸体交给法医,也可能将可疑凶案、暴力凶案或神秘凶案中的尸体交给法医。法医检查后会出具尸检报告,并将报告递交给相关法院或提出检查申请的死者家属。

## 完全冰冷的尸体

在人死后的24小时内,尸体温度每小时下降1摄氏度。但是,要想推断出更加准确的死亡时间就必须考虑到其他因素,如尸体周围的温度和湿度,以及客观因素对尸体的保护(如衣服、掩埋、肥胖等)。通过直肠测量尸温的方法将很快被用超声测量脑温的方法替代,虽然后者仍处于试验阶段,但它可以将估计值的误差范围减少到15分钟之内。

### 评估标准

格拉斯哥昏迷评分法可以评估一个人的意识状态。评估基于3个标准:双眼睁合状态、动作反应和言语反应,每个评估标准的最低分为1分。15分说明一个人完全清醒,如果低于8分就是昏迷。死去的人只能得到3分,但是这个分数并不足以证明一个人的死亡。

951

# 无痛手术

### 打晕就当是麻醉!

长久以来,患者的疼痛和发抖都是外科手术中很难解决的问题。把患者绑住,给病人的头上重重一击,让患者几近窒息或给患者大量放血,都是为了让他失去意识!

### 睡着是为了醒来

几个世纪以来,能够使人成瘾的麻醉药品和精神药品的使用越来越受到重视。医生们发现它们有"致幻"作用,还发现这种幻觉越温和,人们就越难醒来。麻醉的技巧就在于药物的剂量上,既不能让患者感到痛苦,也不能让患者因药物而神志不清。理想的麻醉就是完全、持久并且安全的。经过多年研究,医学界才实现这一目标。

### 用在战场上,也用在牙科诊所中

低温麻醉法是在拿破仑的战场上被发现的。多米尼克·拉雷医生发现在极寒的天气下,截肢是无痛的。于是冰被用来辅助去除容易发病的肿瘤。虽然低温麻醉的效果比较短暂,但是在拔牙或给儿童插尿管时会使用喷雾来实现低温麻醉的效果。

装有乙醚的广口瓶。1846年,乙醚第一次被应用在牙科手术中。

### 镇痛的植物

我们对手术中镇痛方法的研究最早可以追溯到公元1世纪。古罗马人使用的是曼德拉草的根,古印度人和古埃及人使用的是大麻。后来,人们发现了罂粟、毒芹和颠茄的作用,开始把它们利用在宗教仪式以外的场合中。

### 温和的硫酸

19世纪,乙醚成为一种麻醉剂。这种挥发性液体也被称为"温和的硫酸"。虽然之前已经在鸡的身上做过试验,但由于没有在人身上做过试验,所以它对人的效果并没有被验证。这种极易挥发的化合物有严重的缺陷:它的高易燃性可能在手术过程中引起火灾;它会导致患者出现恶心、呕吐等症状;它的毒性可能导致肝肾功能不全的患者死亡。现在,使用卤代醚就不再有这样的风险了。

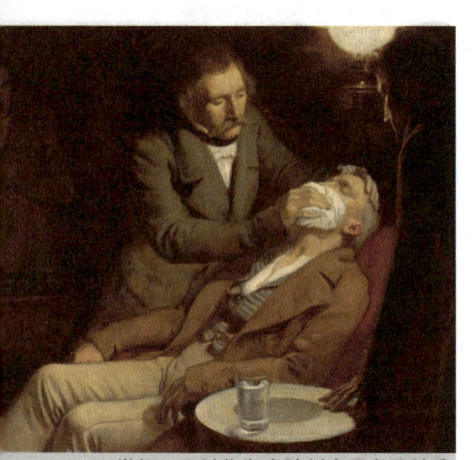

19世纪,乙醚作为麻醉剂应用在牙科手术中。

952

## 医学及医学工具的起源

### 一大口欢乐的气体

笑气,即一氧化二氮于18世纪被发现。它让人欣快的作用最早被用在滑稽演出中,几十年后人们才发现它具有麻醉功能,但由于演示实验失败,它被遗忘了一段时间,取而代之的是乙醚。笑气也并非没有副作用,因为如果使用的剂量不对,患者就有窒息的危险。现在,笑气可以与氧气结合,减轻手术或分娩过程中的痛苦。

人们在18世纪发现了一氧化二氮拥有让人欣快的特性,后来才发现它具有麻醉功能。

### 是谁在做什么?

无论是吸入麻醉还是注射麻醉,都可以让病人在手术期间保持昏迷、静止不动。如果接受全身麻醉,病人对治疗不会有任何记忆(记忆缺失)。止痛药可以抑制疼痛,与催眠药或促进肌肉松弛的药物结合可起到麻醉作用。镇痛药是减轻疼痛的药物,如对乙酰氨基酚、阿司匹林、布洛芬等。

### 镇痛药

硬膜外麻醉被广泛应用于产科,这种方法是将麻醉药注射到硬膜外腔。疼痛减轻,运动神经部分麻痹,产妇分娩时依然可以发力。脊髓麻醉要注射得更深一些,需要注入脑脊髓液中。这个方法速度更快,效力也更强(敏感性和运动机能会被完全阻断),因此常被应用于剖宫产的局部麻醉中。

### 让人入睡的药物

在乙醚和一氧化二氮诞生的年代,随着化学研究的发展和知识的积累,三氯甲烷出现了。关于这种化合物有害作用的讨论异常激烈。于是,这三种化合物被轮番使用,也被轮番排除,直到20世纪80年代开始广泛使用氟烷后,它们才逐渐被氟烷家族替代。

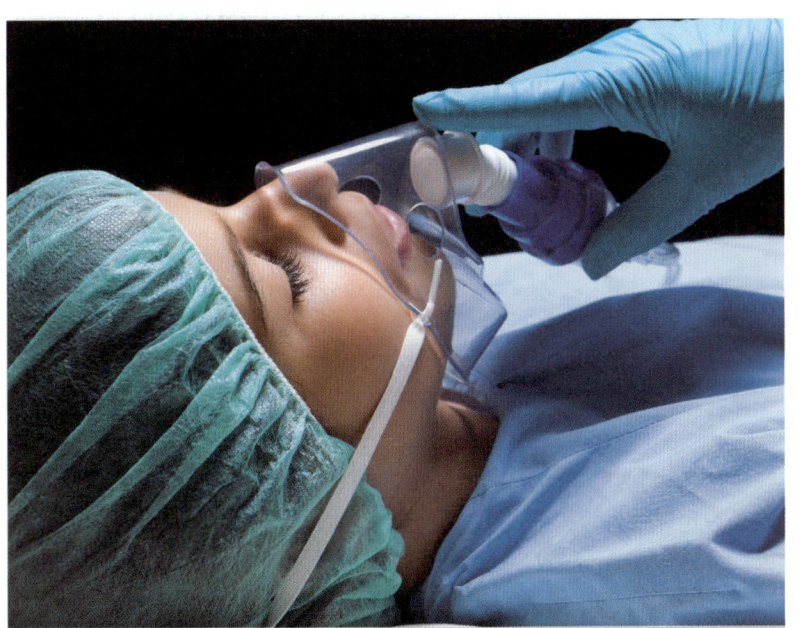

现在通常以吸入或注射形式实施麻醉。止痛药可以消除痛感,与催眠药或促进肌肉松弛的药物结合可起到麻醉作用。

953

# 中医：理论与实践

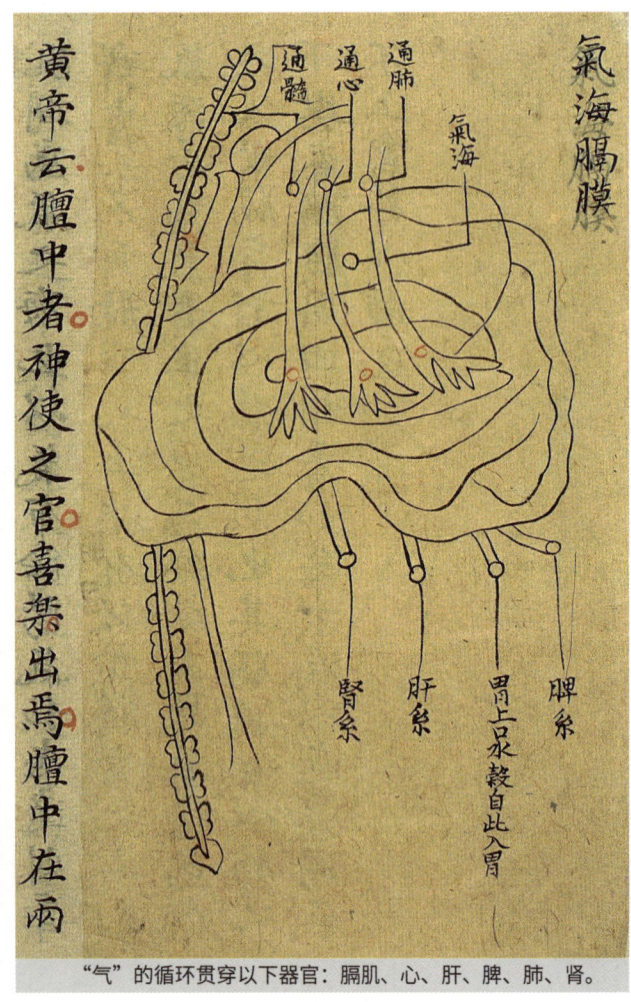

"气"的循环贯穿以下器官：膈肌、心、肝、脾、肺、肾。

## 有能量的"气"

中医讲究"气"，认为它是驱使宇宙运转的基本能量，因此每个人身上都有一定量的"气"。当气量充足并能在身体中正常循环，就可以确保身体和心理的健康。

## 阴阳平衡

道家认为世界是由两种相反却互补，并且相互依存的力量，即阴和阳推动的，它们是万物生成的基础。例如，植物生长需要太阳（太阳为阳），也需要水（水为阴）。人的体内也一样，需要这两种力量和谐共生，否则就会生病。

### 两条鱼组成的圆

人们通常用"太极图"来表示阴阳，在图中我们会看到两条"鱼"，黑色代表阴（代表一切消极、静止、阴暗、寒冷的事物），白色代表阳（代表一切有活力、温暖、轻快的事物）。这种象征在亚洲很常见，甚至还出现在韩国的国旗上，只是颜色变成了蓝色和红色。

## 以生者为研究基础

与西医不同，中医从观察生命着手，旨在通过维持人体平衡来保持健康，所以中医通常以预防为主，会用到5种手段：针灸、推拿按摩、食疗、药物治疗和运动（如气功、太极拳等）。

## 用"五"来解释人体

在中医理论里，"心、肝、脾、肺、肾"这5个主要器官支配着身体。它们分别和别的脏器、肠道、体内物质，以及身体能量相互作用。这些器官也以一种很形象的方式与"金、木、水、火、土"五行一一对应，还会受到外界5种因素（风、寒、湿、热、干）和体内7种不同情绪因素的影响。

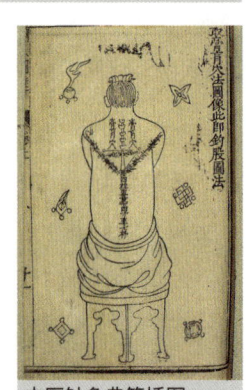

中医针灸典籍插图。

# 医学及医学工具的起源

## 能量的循环途径

身体的能量在一个复杂的经脉网络中循环，经脉不遵循任何物理解剖结构。这个经脉网络由 361 个穴位组成，可以通过按压、针灸、艾灸或按摩（如推拿、指压等）来调节人体内的"气"。

## 用植物治病

中国的药典中记载了数千种植物、矿物质和动物制品，人们可以利用这些药材，根据疾病和病因来量身定制治疗方法。虽然在西方，它不像针灸一样广为人知，但实际上它是中医治疗的基本工具。

中医的胃经穴位分布。

## 观察是关键

中医问诊的目的是了解造成身体不适、不平衡的根源，诊查病情。因此医生必须仔细询问病人，注意他的外表，观察他的肤色、指甲、呼吸、舌头，还要给病人切脉。

## 吸住，这是治病！

火罐是中医的一种常用工具。医生会将火罐放在穴位上，借助热力排除罐中空气，造成负压，使罐体吸附于皮肤，形成局部充血或淤血现象，从而促进局部血液循环、逐寒祛湿。拔火罐对呼吸、消化、妇科或者皮肤疾病有一定的治疗作用，也可缓解背痛或头痛。

## 看针！

针灸就是将非常细的针放置在用于调节"气"的能量点上。针放置的位置非常准确，几乎无痛。还可以使用点燃的艾蒿小棒（艾灸）、微弱的电流或热量来刺激穴位。

## 在舌尖

观察舌头是中医问诊中很重要的一个检查步骤。舌头的形状、颜色和舌苔等，可以反映出由心（舌尖）到肾（舌根）的基本情况。

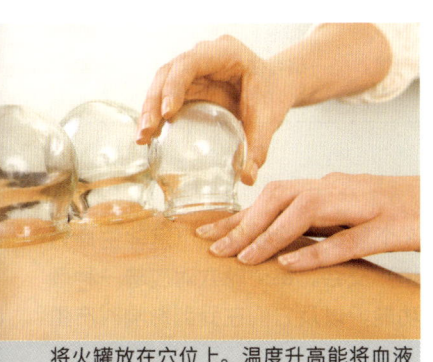
将火罐放在穴位上。温度升高能将血液吸引到皮肤表面，并加热下层的经络。

955

# 千年阿育吠陀

## 源于几千年前

"阿育吠陀"在梵文中的意思是"生命的科学"。这门传统医学起源于公元前 5000 年前的印度。它关注人类的身体和灵魂的平衡,以及它们与宇宙的关系。它提倡一种完整的生活方式,其中包括饮食、冥想、瑜伽、唱歌、呼吸和按摩。

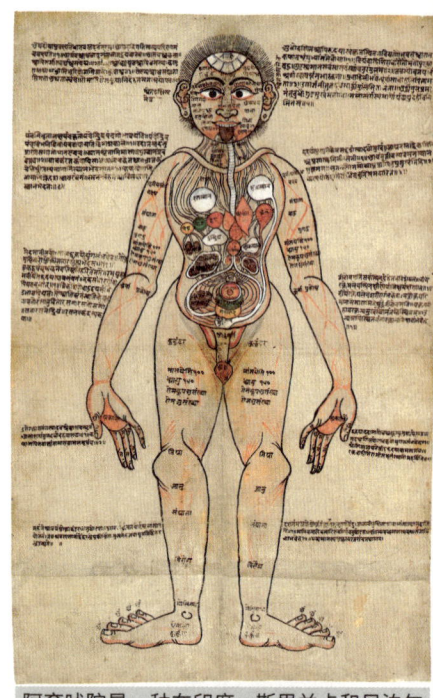

阿育吠陀是一种在印度、斯里兰卡和尼泊尔很常见的医学。18 世纪的图画。

## 用声音和振动表达一切

"曼怛罗"(Mantra)由一个或几个音节组成,被赋予了浓烈的神秘色彩。念曼怛罗时的节奏和振动被认为可以给身体和精神带来益处。

## 一切由"OM"开始

"OM"(也称为 Pranava)被用在宗教、瑜伽和冥想中。其发音低沉,具有强烈的象征意义,被认为是宇宙之声。诵唱 OM 可以让自己的意识与万物相连。

## ⚠ 脉管中的动物

与中医一样,脉诊是阿育吠陀医学中必不可少的一种检查。为了感知到脉搏的跳动,医生将 3 个手指放在手腕的动脉上,就可以感受到 3 种不同的跳动。通常情况下,最靠近手的脉搏跳动像一条快速移动的蛇,中间那条像跳动的蛙,最后一条像在水中游动的天鹅。

## 能量的和谐

人类自己就是一个小宇宙,也是由 5 种物质组成:风、火、土、水和地。这些物质所占的比例决定了人的 3 种督夏[1]——心理状态、身体状态、精神状态。此外,食物、环境、年龄、季节和情绪都会使督夏发生变化,它们往往会耗尽人体的能量。阿育吠陀介入的作用就是重建和谐。

---

1 阿育吠陀认为督夏是我们的身体内的 3 种能量。——编者注

## 生命力的循环轨迹

7 个重要的轮穴沿脊柱分布,与 3 个重要的能量通道(运输生命力的中央能量通道和两条旁侧的能量通道)交会。每个轮穴对应着一种颜色、一个元素、一种身体功能和情感功能,以及它们在受到影响时产生的症状。

医学及医学工具的起源

## 火，生命力的守护者

人体内的"火"支持着人的生命力，如果火减弱了，人就会生病。火能够维持身体组织的正常运行并消除体内有害废物。阿育吠陀描述了血浆、血液、肌肉和精子这些组织，也包括将体内物质排出体外的各种途径：汗水、泪水、哈欠、尿液等。

### 印度姜黄的作用

姜黄是一种被广泛应用于阿育吠陀医学中的植物，具有多种功效：促进伤口愈合、消炎、抗氧化，有利关节、促消化等。姜黄是咖喱的成分之一，可以起到上色（黄色）和防腐的作用。科学研究证明，姜黄对于癌症、阿尔茨海默病和糖尿病的治疗均有益处。

姜黄因具有促进伤口愈合的功效，而被广泛应用在阿育吠陀医学中。

## 量身定制的按摩

在印度传统中，阿育吠陀按摩（精油按摩）既是一种治疗方式，也是一种日常的预防措施。按摩使用的手法因人而异（如按压、拉伸、摩擦等），这些手法可以安抚或激活人体的能量回路。例如，"风"型的人需要相对缓慢且规律的按摩，而普通人则需要速度比较快的按摩。

## 按压下的询问

根据诊脉时感受到的手指的压力，医生就可以知道病人各个器官的健康状况：小肠、心脏、结肠、肺、胃、脾等。这个手法很复杂，想要掌握正确的诊断方法需要多年的学习。

## 选择好的食物

六味是阿育吠陀营养学的基础。这些味道（甜、苦、酸、咸、辣、涩）与温和或清凉的能量混合在一起，具有促进消化的作用。不同的食物组成比例对人体能量的平衡有不同的功效。

医生为病人诊脉。这是一种在阿育吠陀医学中很常用的方法。

957

# 看不见的医学

### 精神的诞生

故事和文本中的神和英雄滋养了我们的集体潜意识。同样，我们的先祖也或多或少地提供了与我们家族史相关的想象。在萨满的思想里，这些人物出现在无形的精神世界，介于来世和我们生活的世界之间，通过故事的记忆得到永生。

### 萨满也是治疗师

萨满会在几个层面上进行干预以完成治疗任务。除了会使用植物做的草药来治疗身体上的损害，他们也会治疗精神或灵魂受到的损害。

### 寻着踪迹

通过通灵术中的鬼魂附身，萨满可以和灵魂交流。这些将使他清楚地了解他试图解决的问题的深层含义。

### 在世俗中传播

萨满被无数族群接受：蒙古人、土耳其人、凯尔特人、美洲印第安人、斯堪的纳维亚人等。在不同的时代和文明中，萨满祭司扮演着治疗师、魔术师、占卜师和牧师的角色。在不同的语言里，他的名字意味着"知道的人"，或是参照他在仪式中所做的事情，他还是"跳动、晃动或者跳舞的人"。

### 生或死？

为了保持某种形式的永生，灵魂通过影响生者的世界、复活或者转世而永久地留在我们的记忆里。灵魂对永生的渴望是我们的社会得以存在、不断发展、变得复杂的动力之一。然而灵魂的力量经常难以控制，因此就出现了混乱、疾病和不幸。

萨满的面具是灵魂的代表，象征着动物或是逝去的灵魂。

传说鬼魂附身时，萨满根据自己的能力，可以召唤灵魂或与之交流。

# 医学及医学工具的起源

## 世界的交叉点

萨满的作用是驯化那些太过野蛮的灵魂和不健康的灵性，这将减轻不祥之物带来的恶果，使其仅限于使社会复杂化，而不是摧毁社会。萨满可以在两个世界中行动，现实世界和"另一个世界"，也就是精神世界。

## 和其他宗教的差别

萨满教认为人在死后有另一种生活，人可能转世，人的命运可以被预言，并且存在某种形式的神意。它与其他宗教的区别在于它并没有教条，因此它没有教阶制度和绝对真理，每一次体验都是个人对宇宙的全新发现。

## 改变意识状态

鬼魂附身是萨满教最常使用的手段，它可以影响人与环境和灵魂之间的连接，或者获得预言未来的能力。被鬼魂附身的方法有很多：祈祷、唱歌、跳舞、敲鼓、使用作用于精神的植物药物等。总之，没有固定的方法，因为每个萨满在做治疗时都有自己的特点。

## 灵魂与身体

在萨满看来，灵魂可以在梦中或癫狂状态下离开身体，然后重新回归身体。当灵魂变得衰弱，如果没有被正确供养，它就有可能永远离开身体。

## 另一种方法

与精神分析法完全相反，萨满教的精神疗法不是基于纠正过去，而是希望更好地面对现在和未来。虽然这种疗法也可能影响记忆，但其原则是完美地结束一个事件和能够与之关联的世界，建立一个更和谐的新世界。

## 带回灵魂

灵魂的疾病通常与邪恶的灵魂或者诅咒有关。在更高级别的程度上，它们还包括一个人的灵魂出走或和其他个体的灵魂互换这两种情况，它们表现为截然相反的症状：冷漠、分心或者烦躁不安等。仪式上演奏的音乐可以唤醒病人的灵魂，当萨满找到出走的灵魂时会引领它走上回家的路。

在仪式上，萨满戴着神圣的面具，并伴随着音乐舞动。图片拍摄于1920年左右的西伯利亚。

959

# 能量和磁力

### 隐形事物的表现

早在能控制电和磁以前,人类就已经注意到一些他们无法解释的现象,于是人类将它们与鬼神、灵魂联系在一起。

### 动物身上的电

在古希腊,一些鱼(例如鳐鱼)因具有治疗功能而闻名。它们发出的电可以减少疼痛,治疗关节炎或头痛。18世纪,这些鱼被应用于医学领域,用来治疗麻痹、肌肉疼痛、失明或精神疾病。在精神病学领域,电的功效被应用在电休克治疗中,也就是著名的"电击"。

### 电的起源

公元前3000年,美索不达米亚人就发现,被摩擦过的黄色琥珀可以吸起很轻的物质(如灰尘、稻草、头发等)。由于人们无法解释这个现象,所以很长一段时间里,人们都认为这种树脂是有灵魂的,于是它被用作辟邪物。

### 指端的磁力

磁疗师被认为拥有治疗的天赋,这归因于他们有"产生并控制磁波的能力"。他们主要是分享自己剩余的"流体"。这种治疗通常通过按压手来实现,可以令身体、精神和情绪恢复元气。

黄色琥珀被摩擦后成了一种带电的绝缘体。琥珀自带负电荷,通过静电吸引正电荷。古希腊时期,琥珀被称为"electron",所以现代物理学中的电和电子因其得名。

### 用石头治病

在实践中,石疗认为矿物质和晶石会释放出一种振动能量,可以恢复人体的平衡。使用合适的石头对生理和心理健康均有益。例如,玛瑙和玉髓可以抗抑郁,海蓝宝石可以增强免疫力和调节心率,赤铁矿可以促进伤口愈合等。

19世纪起,电疗被应用于治疗肌肉损伤。

### 电刺激

现在,电疗是一种使用低强度电流的常规医疗手段。它常用于肌肉复健,但是没有镇痛作用。

# 医学及医学工具的起源

## 身体的回应

能量疗法认为，人类会产生某种形式的能量，无论其性质如何，这种能量对外界环境的能量都非常敏感。因此，针对能量展开的治疗可以促进身心健康，甚至起到康复作用。这些概念存在于主要的传统医学流派（如中医学、印度医学、埃及医学等）中。

### 江湖骗子王

20世纪20年代，艾伯特·艾布拉姆斯发明了一系列设备，声称通过一滴血或者触发振动（他称之为"辐射"的东西）可以检测疾病。他还声称可以借助另一种设备远距离传递治疗能量给病人，让病人康复。当他从一个（实际上是健康的）豚鼠的血液样本中诊断出许多严重的人类疾病后，他开始声名狼藉。

中医学和日本医学的基础是能量的循环。这个小塑像展现了身体里的能量经过的各个通道。

## 能量与科学

从科学的角度看，人体（神经系统）的确会产生电，构成人体的细胞和分子也确实会被"极化"。某些生物反应对弱磁场有敏感性，这一点也已被证实。但个体之间能否实现能量或磁力传输，还没有严格的定论。

## 疏通能量

灵气疗法于20世纪初在日本再次进入人们的视野，其起源可以追溯到千年以前。治疗师称，他们在实践时能够连接到宇宙能量，并收集这些能量用于治愈患者。这种疗法的流派颇多，且都具有一定的神秘性，都会将轮穴作为能量的入口。

## 多与少的平衡

在极性治疗中，向身体施加轻微压力就可以恢复正极和负极之间的平衡，目的是恢复身体的自我修复能力。

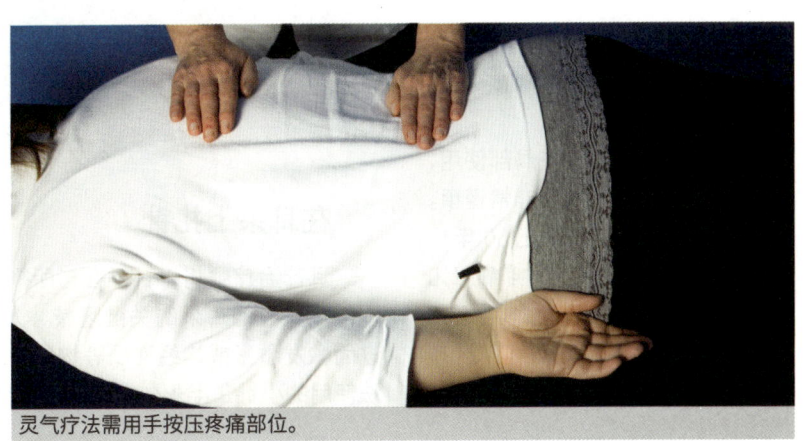

灵气疗法需用手按压疼痛部位。

961

# 医学的其他形式

### 为运动服务

整骨医生可谓"移位"的专家，他们的技术完全靠双手完成，通过触诊和各种特定的测试来确定出现紊乱的身体结构。在骨科的哲学中，患者被视为一个整体，并且在条件允许的情况下，患者可以自我修复。整骨医生为患者恢复健康提供了更多机会。

### 将神经重新回归轴心位置

脊柱推拿疗法主要用于治疗关节疼痛或关节运动幅度受限等疾病。脊柱推拿师通过双手或工具（如专门用于关节治疗的工作台、叩诊工具等）来放松和激活人体背部及与之相连的神经系统。在法国，脊柱推拿师和整骨医生是被正式认可的非辅助医疗保健专业人员。

### 少量注射

由于局部疗法只在局部使用，所以注射药物的剂量要非常谨慎。这种方法诞生于20世纪50年代的法国，主要用于应对疼痛（如腰痛、关节炎等）、损伤（如扭伤、肌腱病等），以及美容治疗（如皱纹和橘皮组织的处理等）。

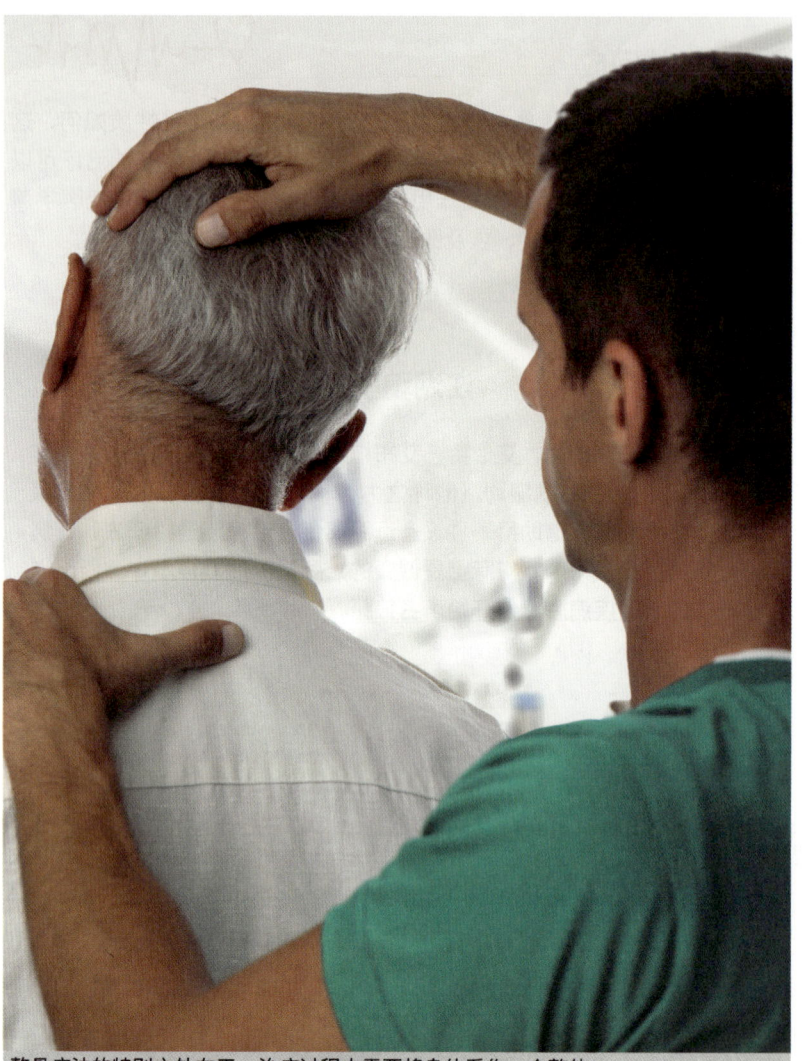

整骨疗法的特别之处在于，治疗过程中需要将身体看作一个整体。

### 在耳朵上扎针

耳针治疗师将小针插在与所需治疗疾病（如疼痛、成瘾、压力、过敏等）对应的耳朵的关键区域。人们认为这些小针可以刺激神经系统，进而触发激素或神经递质等物质的释放。和针灸术所用的针不同，针疗法使用的小针是半永久性的，当小针不再发挥作用，就会自行脱落。

# 医学及医学工具的起源

### 在耳穴上

20世纪50年代，同样诞生在法国的还有耳针疗法。和反射学的原理相同，这个学科将身体的不同区域与耳朵上特定的点一一对应。

### 病因

源于德国的"全面生物学"认为，所有疾病都由心理冲突引起，当冲突失控时，就会对身体造成影响，这种理论受到科学家的严厉批评。"全面生物学"旨在解释疾病的深层含义，从中找出病因并解决问题，以便找出治愈疾病的途径。

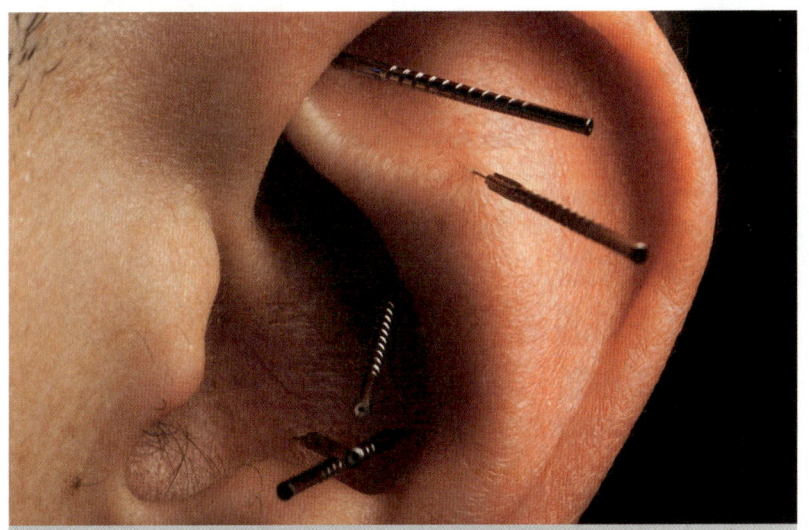

耳针疗法和针灸一样，都是通过将身体上的点与能量连接来治疗各种形式的成瘾。

### 抑制疼痛

疗痛师的传统可以追溯到中世纪，当时他们已经可以减轻烧伤和带状疱疹（痛感严重的成年人"水痘"）带来的痛苦。现在，一些医院中也有疗痛师，他们可以为病人减轻放射治疗带来的疼痛。但是，与这种疗法相关的知识无法真正被传授，因为它主要来自一种天赋，不同的疗痛师会使用不同的手段，例如祈祷、念咒、按压等。

### 生物反馈

运动治疗师与身体沟通的途径是肌肉测试（也就是生物反馈）。治疗师借助电子设备来记录病人自主收缩肌肉时的微弱电信号，这些电信号会以视觉或听觉等能被人们理解的方式显示出来。在治疗师的指导下，病人通过训练，有意识地控制自己的生理活动，以达到调整机体功能和治疗的目的。

### "蜜蜂护士"

蜜蜂疗法自古便有。这种疗法是用蜂箱里产生的物质来治疗各种疾病。蜂蜜具有灭菌和促进伤口愈合的作用，在医院治疗伤口或烧伤时也会用到含有蜂蜜的药物。蜂胶具有类似的疗效，蜂王浆可以增强免疫力、减轻疲劳并有助于治疗性病和月经不调。蜜蜂的毒液还可以减轻关节痛或炎症导致的疼痛。

963

# 以健康为目标的国际组织

世界卫生组织出版的材料。

## 世卫组织

自 1948 年成立以来，世界卫生组织一直致力于尽可能地提高世界各地的健康水平。该组织的主要任务包括指导和协调国际卫生工作，提出国际卫生公约、规划、协定，促进并指导生物医学研究工作等。世界卫生组织现有 193 个成员国，有 7000 多名工作人员。

## 装盘前的食物

欧洲食品安全局在 20 世纪 90 年代的食品危机之后成立。它是一个独立机构，最初的任务是关注人类健康和福祉、关注动物健康和植物保护。它监控整个食物生产链（如生物多样性、生态环境、添加剂等），收集必要的科学数据，以制定适用于整个欧洲的准则。

## 被监管的药物

欧洲药品管理局成立于 1995 年，它的任务是评估药物的安全性和有效性，从药物研究的初始阶段一直到药物获得上市许可。管理局也监管动物用药，因为这些药物被广泛使用在以生产食品为目的的畜牧行业中，它们的药效直接影响人体健康。管理局在欧洲各国都设有独立机构行使职责。

医学及医学工具的起源

### 改变范围

区域卫生管理局（ARS）在地方推广公共卫生政策。因为它负责管理提供医疗服务的机构（如医院、诊所等），所以发挥了重要的经济作用。

### 道德问题

在欧洲范围内，欧洲道德组织（GEE）负责处理与科学和新技术有关的道德问题。它汇集了各领域的人才（如科学家、医生、哲学家、神学家、农艺学家、法学家等），面对随着科学或医学进步出现的问题，他们会从各自的学科出发给出论证。这个中立机构会在公民参与讨论之后发表意见。公民的态度可以影响欧盟对包含胚胎法案、纳米药物在内的敏感话题的选择。此外，每个国家和地区还有自己的道德委员会。

### 所有鸡蛋回到一个篮子里

2016年，法国公共卫生局成立，并合并了之前的三个部门：负责在出现健康危机（危险物质、流行病等）时发出警报的公共卫生监督协会；负责推广政府卫生政策的卫生防疫教育协会；负责管理卫生用品和一支由2000多名预备役卫生专业人员组成的团队（该团队随时准备在必要时采取卫生行动）的紧急情况准备和响应机构。

### 健康的科学之基

在法国，国家卫生管理局（HAS）作为独立机构，在卫生方面协助公共机构做出决策。它决定是否对产品和实验提供资金支持，以及医疗人员和医疗机构的认证。它的科学性使其能通过各种工具和指南为专业人士和普通民众提供可靠的建议和准确的消息。

### 寻求发现的15000人

从1964年起，法国医学研究的代表机构——国家卫生和医学研究所（INSERM）每年出版近12000种出版物。它探索的领域众多，从医疗创新到生物或疾病研究。自创立以来，它推动了基础发现（如艾滋病毒的发现）和革命性技术（如体外受精、首次皮肤移植）的诞生。

### 推进研究

西非国家成立了非洲人类健康局（AARSH），研究影响西非地区的主要疾病：艾滋病毒、疟疾、埃博拉病毒、结核病等。它与世界卫生组织、大学、基金会、制药行业等组织在世界范围内就生物医学研究达成合作。

### 参与实验的人，既要自愿，也要安全！

伦理保护委员会（CPP）的职责是保护参与生物学或医学实验的个人。未经该委员会同意，不得在法国进行涉及人类的实验。

# 有骨有肉的身体

## 在欢乐和痛苦中的发现

2006 年，冥王星的命运得到最终判决：它不再是一颗行星。由于它无法满足所有成为行星必需的条件，因此被降级为矮行星。只有银河系的八大行星为它哀悼。

2017 年，肠系膜的命运也得到最终判决：它是一个器官。因为它满足所有成为器官必需的条件。

随着工具的不断发展，通过直接或间接地观察，我们必然能得到新发现，从而改变我们看待事物的方式。以冥王星为例，当我们发现了更符合行星定义的星体，为确保行星的同质性，就要修改行星的定义，于是冥王星被踢出九大行星的行列。相反，对人体来说，我们却很难想象在没有任何细微变化的情况下，人类体内突然有了一个新的器官。然而……

## 器官的等级

要知道，我们对人体的探索起步较晚，而解剖学的知识可以追溯到人类在上古时期的研究，这些知识主要是通过和动物类比来得到的。直到 16 世纪，人类解剖学研究才重新在欧洲获批，与之有关的知识才得以发展。我们逐渐了解了人体的解剖结构，即人类是由什么构成的；生理学、器官的功能等巨大的奥秘被逐一破解。心脏、大脑、肺、肾、肝、胰腺等器官曾被认为是"高贵"的，而身体的其他区域则被描述为"不光彩的"（例如整个生殖系统），某些器官（例如肠系膜）更是被遗忘了！那些"高贵"器官后来被归类为"致命"器官并被广泛研究，因为它们对生命至关重要。某些身体结构更成为众多医学发现的主题。例如，由于各种医学影像的出现，我们可以用非常新的方式来探索大脑，而在文艺复兴时期，这是不可能实现的。再举一个例子，长期以来，肠是一个被忽略的器官，因为它的功能虽然重要，但是很倒人胃口，如今它却成为研究的焦点。这不仅是因为寄居于肠道并形成微生物群的细

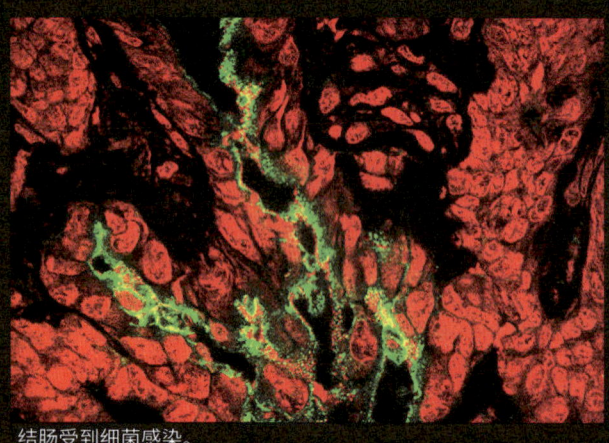

结肠受到细菌感染。

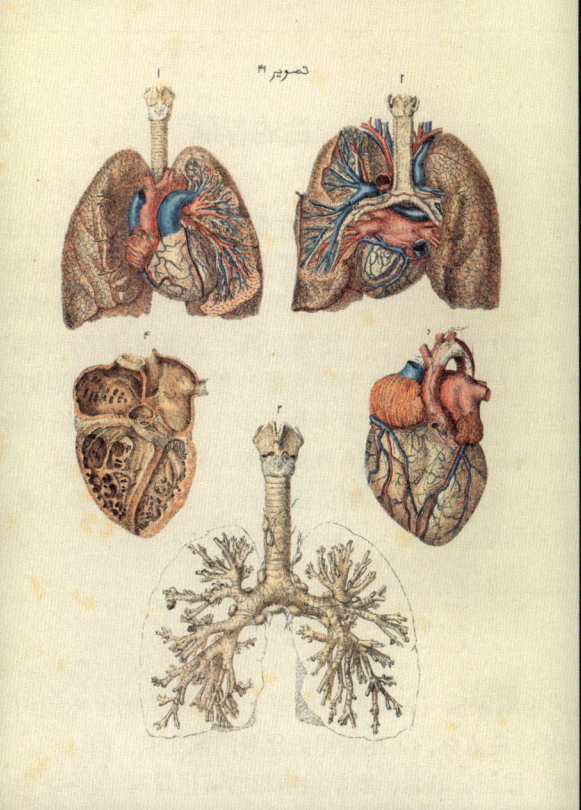
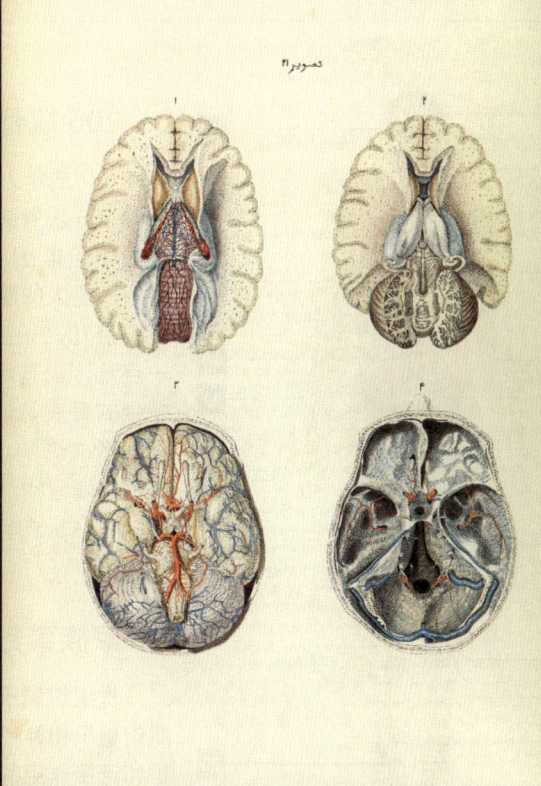

菌与人体健康直接相关,更是因为肠道具有复杂的神经组织,被称为"第二大脑",这一点即使在今天也鲜有人知。还有一个研究证明,肠系膜将小肠固定在腹部后壁,这虽然和我们的认知相反,但证实了它确实是一个有机组织。因此,尽管它的具体功能尚不清楚,并且仍是人体内的一个谜题,但它的确是一个器官。

摄入和流失、合成和降解),因此,对被遗忘器官的研究给我们带来了好消息,即便研究是分器官或分功能展开的,但最终也可以一砖一瓦地构建起人体功能的纪念碑计划。人类就是这样掌握了生命这种不稳定平衡的微妙之处。而这场变革也正在其他科学领域进行着。可怜的冥王星!

## 一场持续的变革

人体的运行模式基于内稳态的维持(一种保持人体永久活力的总体平衡,可以实时适应人体内物质的

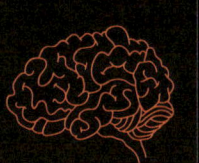

# 骨头的故事

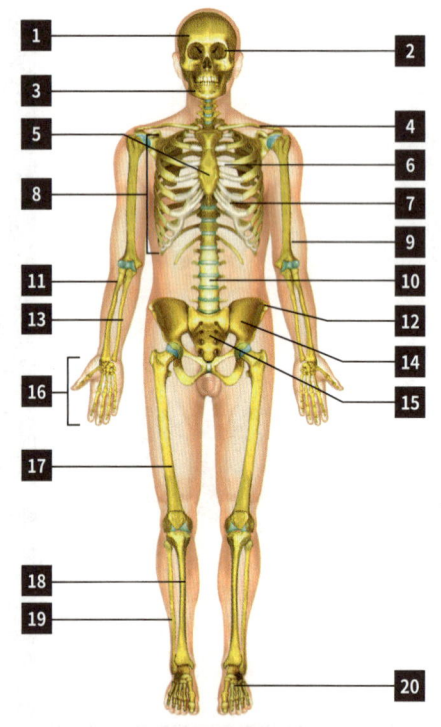

1. 颅骨 2. 眼眶 3. 下颌骨 4. 锁骨
5. 胸骨 6. 肋骨 7. 软骨 8. 胸廓
9. 肱骨 10. 脊柱 11. 桡骨 12. 髋骨
13. 尺骨 14. 骨盆 15. 骶骨 16. 手
17. 股骨 18. 胫骨 19. 腓骨 20. 足

## 两种相互补充、相互平衡的细胞

和所有的生物组织一样，骨头由细胞组成。成骨细胞是骨形成的主要细胞，负责骨头的重建、修复和不断更新。相反，破骨细胞负责破坏骨头。随着生命周期的变化，这两种细胞之间的平衡被打破，从而使骨头生长或退化（骨质疏松）。

## 206 块骨头

一个成年人平均拥有 206 块骨头。这个数字可能因人而异，因为一些人的肋骨可能多一点儿，一些人的肋骨可能少一点儿，也有可能一些人有小的多余的骨头，但这些不会对人体机能造成影响。例如尾骨，它是尾巴的残留物，现在因个体不同，它由 3～5 节尾椎融合而成。

## 家族事务

骨组织属于结缔组织家族（其他的是覆盖大部分器官的上皮组织、肌肉组织和神经组织）。在人体内，结缔组织是专门起支撑、保护和连接作用的元素。肌腱、软骨、脂肪组织和血液也是其中的一部分。

## 多出几块骨头

儿童体内的骨头总数比成人的多，因为许多儿童的骨头生长是由化骨核而来。（髋骨就是一个很好的证明：髋骨最初由 3 部分组成（坐骨、髂骨、耻骨）。它们最终在髋臼的水平处融合为髋骨。髋臼是容纳股骨以形成髋关节的腔。

## 合二为一

骨头的组成包括两部分：第一部分是有机质：以骨胶原和蛋白质为主，富含碳元素；第二部分是矿物质，包含人体大部分的钙和磷，以维持骨头的硬度。

## 钙的存储

人体 99% 的钙都存储在骨头中。钙除了能够保证骨头强度，还影响肌肉、神经，以及细胞间物质传输等正常功能。这也解释了严格控制钙含量的重要性。钙的吸收主要涉及至少 3 个器官或组织（肠道负责吸收、肾脏负责排泄、骨骼负责存储）、几种甲状腺激素、1 种维生素 D。

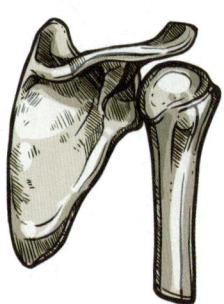

肩膀中的肩胛骨和肱骨关节相连。

有骨有肉的身体

### 骨头的形状

按照形状，骨头被分为：长骨（如胫骨、肱骨、指骨等），较长，由一个骨干和两个骨骺组成；短骨，通常形似立方体（如手腕骨或足跗骨）；扁骨（如肩胛骨或胸骨）；不规则骨（如椎骨）。

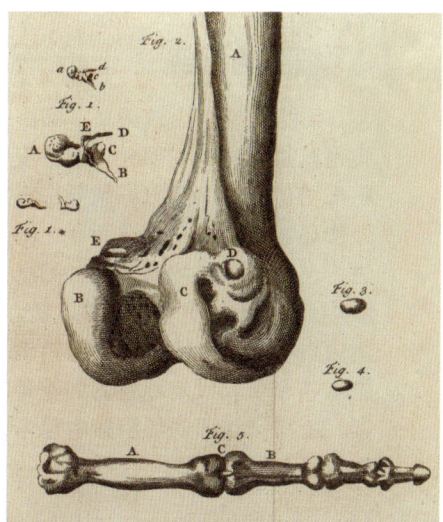

每根手指由 3 块指骨组成，中间由掌骨连接，掌骨与手掌的腕骨相连。

### 在骨髓的中心

越过表层坚硬致密的骨密质，骨头内部是骨松质。骨松质呈海绵状，骨髓填充于骨松质腔隙和骨髓腔中，婴幼儿的骨骼腔内主要是红骨髓（负责产生造血细胞）。成年后，红骨髓主要集中在扁骨、不规则骨和长骨的骨骺中。长骨的骨髓腔里包含一种脂肪组织——黄骨髓，当机体严重缺血时，部分黄骨髓可转变为红骨髓。

### 治疗白血病

骨骼中的红骨髓由造血干细胞组成。造血干细胞可以分化为红细胞、白细胞或血小板，它们的这一特点使骨髓移植成为对抗白血病和其他血液疾病的有效疗法：植入的细胞取代之前经过化疗的病变组织，占据骨髓中的空间。这种方法可以防止疾病复发，缓解一半以上的病情。

### 黑色骨头

在生长过程中，长骨的软骨位于骨骼的干骺端，也就是骨干与干骺（骨骼末端）相连的地方。这个使骨头增长的区域在 X 光片上显示为黑色，容易让人们联想到骨折，但事实上它什么都不是。

### 一只精雕细琢的蝴蝶

在所有形状不规则的骨头中，形状像蝴蝶的蝶骨是最复杂的。蝶骨位于颅骨的中央，与额骨、顶骨、颞骨相连。蝶窦也包含在蝶骨内，它将垂体与鼻腔分隔开。

### 拉丁语的好处

自 1955 年起，凡解剖学术语均需统一使用拉丁语命名，肩胛骨被命名为 "scapula"，髌骨被命名为 "patella"，尺骨被命名为 "ulna"。虽然公众没有真正意识到这场变革，但它使世界各地医生和科学家之间的交流更加顺畅。

# 和细胞有关的一切

## 细胞的解剖

细胞的结构比较简单,细胞膜是其重要的组成部分,细胞膜将细胞的内部介质(细胞质)与外部环境分开,并允许两者之间进行信息交流和物质交换。细胞液中有大量分子(如离子、糖、蛋白质等)、细胞器,以及维持细胞形态和保持细胞稳定的细胞骨架。由核膜包裹的细胞核中包含DNA及其合成物质。

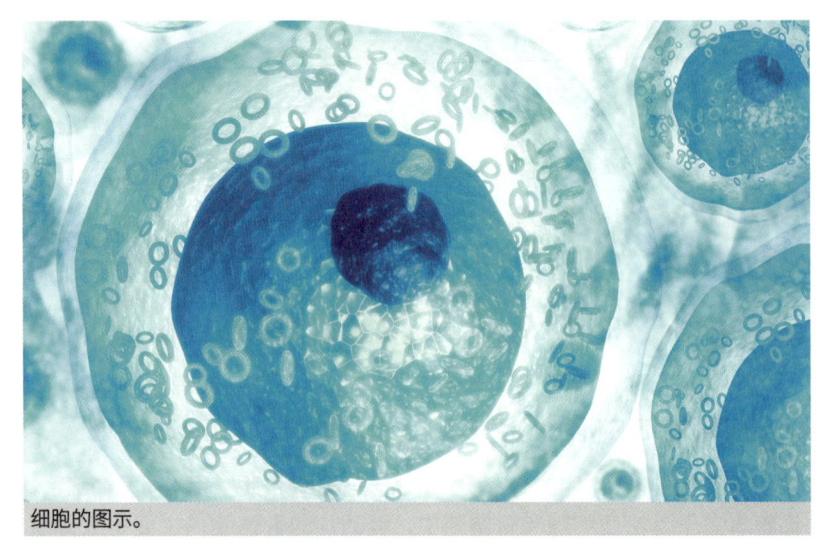

细胞的图示。

从剖面图可以看到,细胞是人体中最小的结构单位。细胞膜是它的外部屏障。细胞由含有DNA的细胞核和含有细胞器的细胞质组成。

## 以二为规则

细胞的分裂方式根据其是不是生殖细胞(配子)而决定。细胞有两种分裂方式。体细胞的分裂方式是有丝分裂:它们复制自己的DNA,然后分裂成两个与母细胞相同的子细胞。有丝分裂维持细胞的增长和替换。生殖细胞的分裂方式是减数分裂。通过这种分裂,细胞将自己的DNA分散开,从而使每个配子只获得一半的DNA。在受精过程中,两个配子(卵母细胞和精子)融合,使DNA的数量恢复正常,形成与原始细胞不同的卵细胞。

## 脂质外衣

磷脂(脂质)双分子层是构成细胞膜的基本支架,使细胞膜具有半透性。它能够分离表面的物质,从而形成包含分子的囊泡,这些分子可以被运输、排出或破坏。根据细胞的类型,细胞膜还可以形成微绒毛。

##  规则之外

人体组织都是特化的,它们的细胞具有允许它们执行其功能的特性,也形成了一些和"传统"细胞描述不符的例外。例如,血液中的红细胞没有细胞核,而肌细胞则有好几百个细胞核。

## 生物工具盒

细胞质中的细胞器是细胞生物学功能的效应器。内质网、核糖体和高尔基体参与合成(其他细胞器发育所必需的)蛋白质和(或)脂质。液泡和溶酶体分别是营养物质和消化酶的储存处。线粒体负责细胞的呼吸并从糖(葡萄糖)中产生能量。

有骨有肉的身体

## 细胞死亡，细胞万岁！

细胞死亡是不可避免的。一些偶然的原因（如灼伤、化学作用、毒素等）会导致细胞坏死。还有一些细胞因DNA严重受损或被感染而处在生命的尽头。在这种情况下，细胞会崩溃，即细胞凋亡。机体会根据它们残留物的作用选择将其回收还是排出。与细胞坏死不同，细胞凋亡不会产生炎症，也不会扩散。事实上，它是对抗肿瘤发展的机制之一。

## 生存时间

人体内有250多种不同类型的细胞，它们的再生速度各不相同。血液中的红细胞可以存活120天，胃里的细胞存活时间不超过5天，皮肤细胞则可以存活2周，骨骼细胞的寿命是10年左右，呼吸肌细胞的寿命是15年左右，而所有神经元细胞存活的时间和它主人的寿命相同，均无法再生。

## 好的沟通的关键

体内的细胞通信是通过信号分子（激素、神经递质）从信号生成细胞到达靶细胞受体来完成的。信号分子的3D构造决定了其能否与受体兼容，就像钥匙和锁的关系。这会有好几种后果：一个信号分子可以导致多个响应；一个信号分子只对某些细胞群有效，因此它的行动非常准确；只要它们的形态与受体兼容，多种类型的分子就可以和受体结合并调节其反应（如反馈、药物等）。

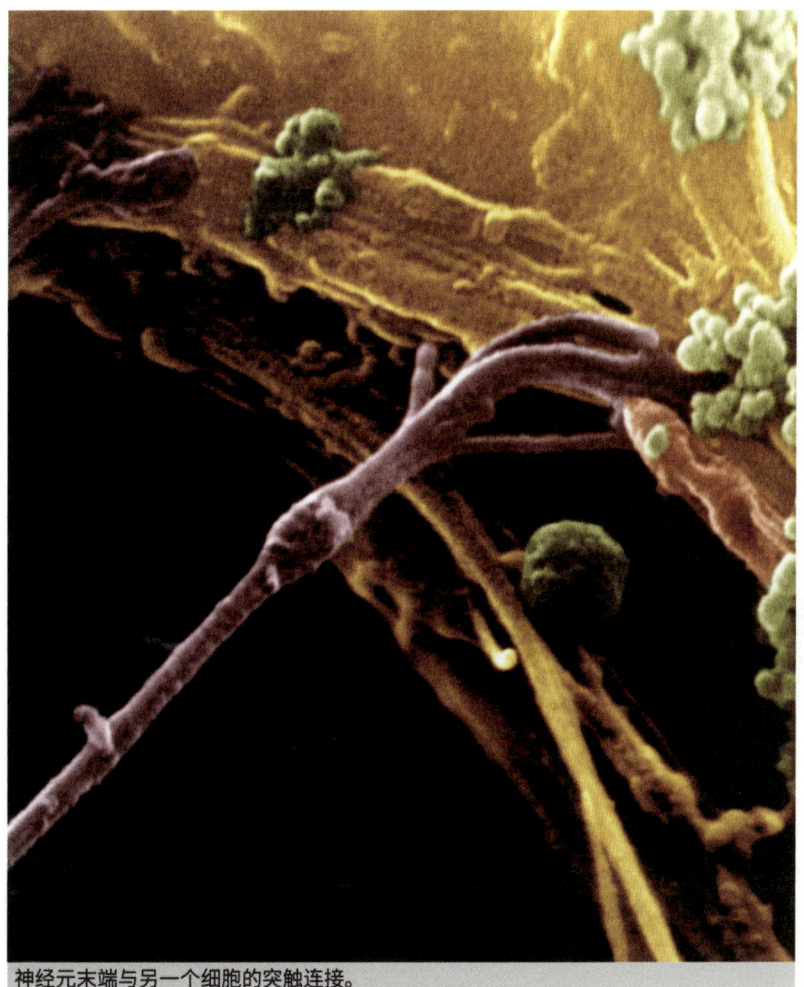

神经元末端与另一个细胞的突触连接。

# 一个纤维外壳

### 纤维的杂糅

人体中的主要纤维由弹性蛋白或胶原蛋白组成。弹性蛋白正如它的名字一样,非常有弹性。胶原蛋白形成的是较厚的纤维,它是人体内最常见的蛋白质,参与所有结构的构建。由于胶原蛋白具有不可延展性,因此在整容手术中被用于掩盖皱纹。纤维组织的稠密度取决于这两种蛋白质的比例。

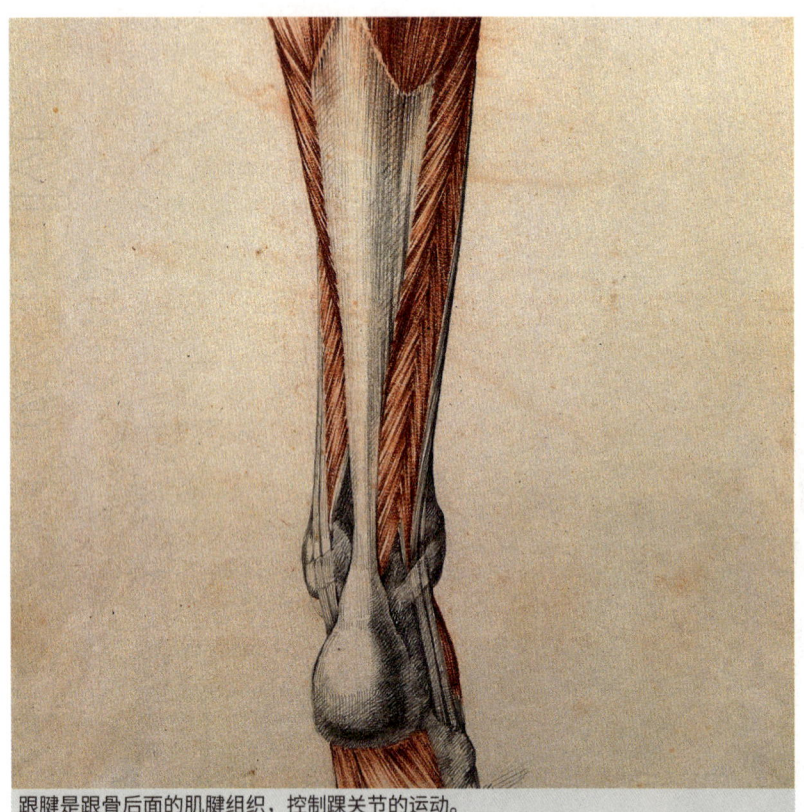

跟腱是跟骨后面的肌腱组织,控制踝关节的运动。

### 各就各位

具有类似功能(如弯曲、伸展等)的四肢肌肉被密集的筋膜分隔,形成筋膜间室。在手臂上有 2 个筋膜间室,前臂、大腿和小腿各有 3 个筋膜间室。肌肉数量很多时(前臂中大约有 20 块),它们会被更细的筋膜纤维分隔为浅层组织和深层组织。

### 连接一切

长期以来,筋膜被描述为各种解剖结构之间的常见填充组织。然而从 20 世纪 80 年代起,学界开始认为筋膜是器官。实际上,它们可以保护组织器官。它们在原纤维网络中的构造对人体构造的内聚力起着非常重要的作用,而它们的收缩力和敏感性可以保持人体张力的平衡。

### 骨头的内聚力

骨间膜是一种结缔组织,连接于前臂的桡骨和尺骨之间或腿部的胫骨和腓骨之间。这些膜确保了应力的分布(如承载负荷、缓冲等)和骨骼的稳定性,尤其是对于前臂,当前臂两骨处于旋前或旋后位时,它们会相应地变得松弛或紧张。

### 一切都在鞘中

由于手指肌腱承受着很大的压力,因此它们需要滑膜鞘的保护。滑膜鞘也由纤维组织组成,含有与关节相同的液体(滑液)。这些起保护作用的鞘是造成手部感染(蜂窝织炎)加快和加重的原因,因为它们是病原体增殖和扩散的首选途径。脚面和踝后部的一些肌腱也有鞘。

有骨有肉的身体

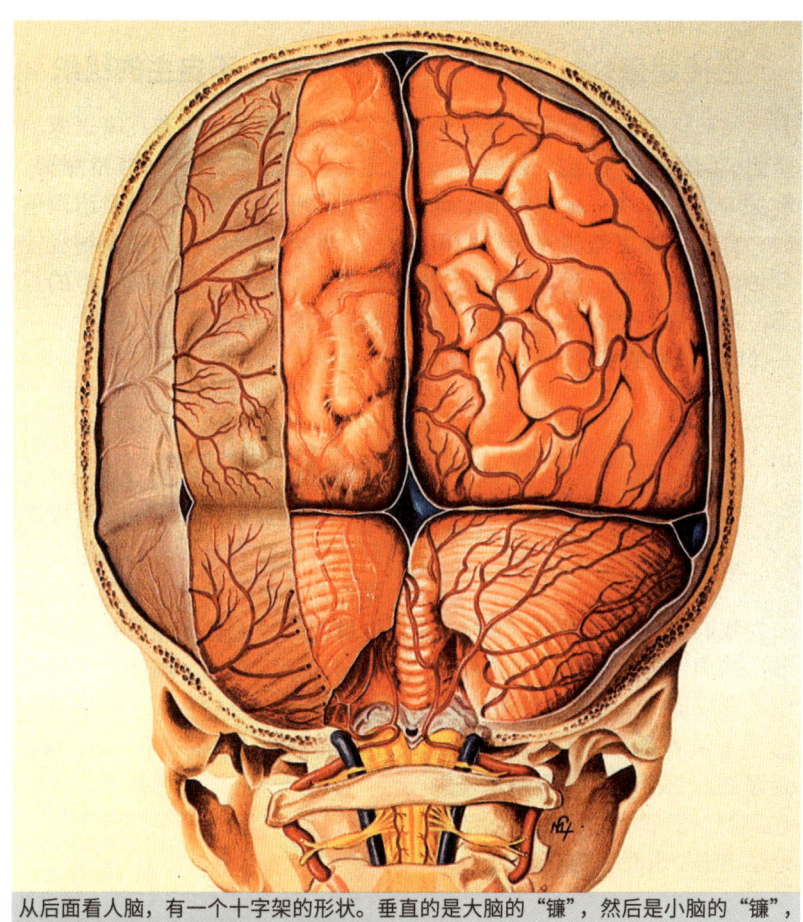

从后面看人脑，有一个十字架的形状。垂直的是大脑的"镰"，然后是小脑的"镰"，水平的是小脑幕。静脉窦出现在硬脑膜内外层之间。

 **小脑的帐篷**

在颅骨中，脑脊膜的褶皱可以保护脑纤维。这些水平方向的膜被称为"幕"。这样的"幕"有两种：一种将大脑和小脑分开；另一种将保护垂体的骨腔封闭起来。垂直方向的膜被称为大脑和小脑的"镰"，它们分别位于各自的半球之间，形成了颅内静脉窦通过的位置。

## 固定带

韧带是将四肢的肌腱固定在适当位置的纤维带。实际上，位于较高位置的肌肉体细化为肌腱，这些肌腱的末端位于脚或手的骨骼上，这使前臂和小腿呈锥形。为了防止这些肌腱在运动时断裂，韧带就像一条有黏性的带子，它可以将肌肉固定在适当的位置，同时又允许肌肉运动。如果韧带在腕部收缩，就会压迫下方的肌腱和神经，从而出现腕管综合征。而腕管松解手术需要一个切口。

不太有弹性的筋膜覆盖整个脚掌，使足部具有内聚力。

## 就像脚上有一根刺

慢跑者、徒步旅行者和舞者都知道，足底筋膜是一种较厚的筋膜，覆盖在从脚跟到脚趾的整个脚掌上。这种不太有弹性的膜可以保持足部的内聚力，它通过支撑足弓，在人行走或跑步时提供缓冲力，使运动稳定，并分散推进力。在快速运动时，这个筋膜可以支撑数倍于体重的力。如果足底筋膜反复运动，可能引起炎症和疼痛。这种问题通常出现在脚后跟，由于牵引力的作用，可能会形成骨刺（跟骨刺）。

973

# 关节和连接的情况

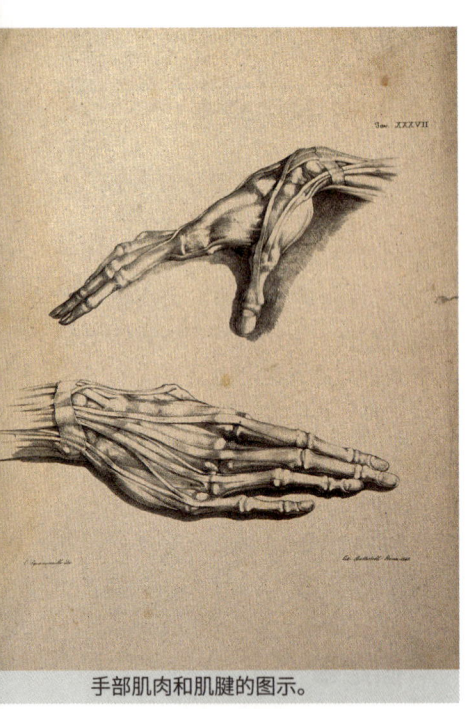

手部肌肉和肌腱的图示。

## 连接起来！

关节可以连接两个或者多个骨骼：例如肘关节连接 3 块骨头，腕关节连接 5 块……当关节活动时，骨头末端覆盖的一层软骨可保护摩擦的表面。而在其他情况下，通常是纤维组织连接骨头，头骨就是这样的情况。

## 软骨，不自主的组织

软骨是一种只有几毫米厚的组织，虽然它对运动非常重要，但是几乎无法重生，而且出现伤口后很难愈合。因为没有神经或血管，所以它完全依赖邻近的组织来吸收所需的营养和氧气。

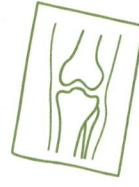

## 冻住了

我们发现滑膜关节（简称关节）的周围有一个囊。这个纤维组织形成了一个可分泌滑液的腔。由于无法解释的原因，这个囊会变厚或收缩。这种情况通常发生在肩膀，肩膀会疼痛，然后随着运动范围受限而"冻结"。

## 舒适的垫子

椎间盘是相邻两个椎骨椎体间的纤维软骨盘。它们富含胶原蛋白，具有柔韧性，可以减震并支撑运动，尤其是在骨头之间的交错出现问题时。膝关节内的关节盘不是完整的一块，而是两个月亮形状的"盘子"——半月板。

**膝关节图解**

关节囊（红色部分）划定了关节腔（浅蓝色部分）的范围，关节腔中含有可以使软骨自由滑动的液体（深蓝色部分）。

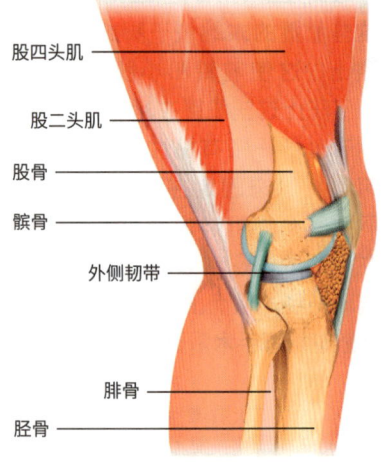

- 股四头肌
- 股二头肌
- 股骨
- 髌骨
- 外侧韧带
- 腓骨
- 胫骨

关节中含有滑液，可以使运动时的摩擦力最小化。加上肌肉和韧带的参与，关节活动既灵活又稳定。

## 肘部润滑液

滑液是一种液体，看上去像没有加工过的蛋清，它位于活动性很大的关节之间（如膝盖关节、髋关节、肩关节、肘关节、指关节等）。它的作用至关重要，因为它可以润滑关节表面、减震，还可以给软骨提供营养和氧气。

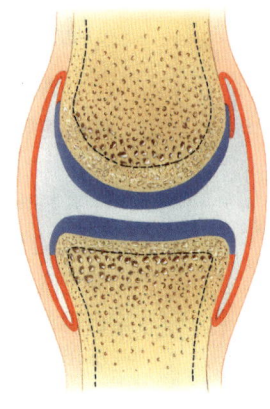

有骨有肉的身体

## 注射器出场

当关节疼痛，医生会建议使用浸润疗法。也就是需要将透明质酸（滑液的成分）直接注射到关节腔中，以恢复其黏性和保护作用，或作为消炎药。

## 安全的肌肉附着点

为了稳定关节，韧带在相邻的骨骼之间建立了桥梁，有时甚至需要好几束。它们非常坚固，可以支撑关节，引导运动。当它们突然被强力拉伸，就会扭伤。情况严重时，会撕裂甚至撕脱（韧带从骨头上脱落下来）。

## ！背上的鹦鹉

当软骨出现问题时，骨头就会过度生长，发生变形，形成骨赘（俗称骨刺）。这些骨头上的赘疣可能导致关节变形。由于形状特殊，所以在脊柱上的骨赘被称为"鹦鹉的嘴"。

## 当软骨被磨损

当关节表面的软骨退化、磨损甚至消失，使骨头裸露在外时，就会出现我们常说的关节病。这种器质性的磨损会导致邻近组织发炎，在运动过程中导致关节疼痛。关节炎发病的原因主要是年龄的增长，但是超重、过度使用和遗传因素也可能导致发病。

## 出现晶体

痛风发作时，过于丰富的食物在肠道中分解所产生的尿酸无法完全排出，于是尿酸在血液中过量堆积，在关节里沉积为晶体。这些沉积物会引发炎症（代谢性关节炎），最常见于男性的大脚趾。其他类型的晶体也可能滞留在关节中，在女性中发病率较高的羟磷灰石沉积病就是磷灰石滞留在肩关节中导致的。

## 病情发作

关节炎和非炎症性关节病的机制完全相反：关节会反复发炎，其症状是发红、肿胀和疼痛，然后逐步导致软骨退化。导致炎症的原因有很多：传染性的、免疫性的或代谢性的。

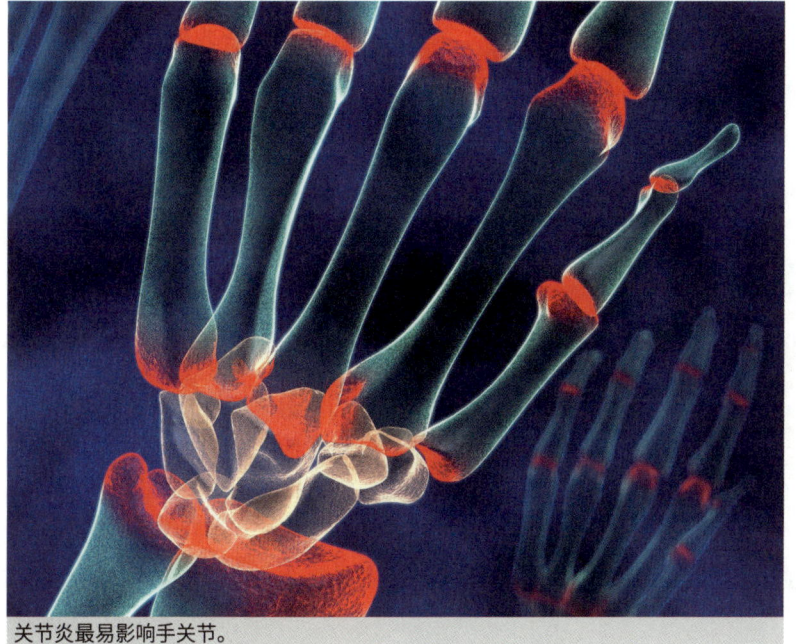
关节炎最易影响手关节。

975

# 运动的关键

### 赶走钙！

肌肉通过释放钙来放松。这个动作可以在 30 毫秒内完成，但是必须利用腺苷三磷酸（简称 ATP）。人在死亡后，钙会在肌肉细胞中积聚，肌肉逐渐收缩从而导致尸体僵硬。还有一种说法是，钙元素缺乏可能是抽筋和手足抽搐的原因。

### 背靠背

为了能够运动，肌肉在关节的两侧以拮抗组的形式发挥作用。大腿前部的股四头肌使膝关节伸展，而大腿后部的腘绳肌使膝关节弯曲。当一块肌肉收缩，另一块必须放松时才能发生运动，两块肌肉要保持张力来维持一个姿势（如站立、下蹲等）。

### 解剖肱二头肌

我们在运动时，可以直接或者通过肌腱锻炼到附着在骨骼上的骨骼肌。它们的每根纤维都是由一些融合的肌肉细胞组成的。纤维聚集成束，很多的纤维束组成肌肉。每一个层级都包括血管、神经网络，以及维持整体内聚力并参与肌肉收缩的筋膜。

### 收缩的根源

神经末梢控制着肌肉纤维，它通过让钙进入细胞来触发肌肉收缩。然后，钙使肌动蛋白和肌球蛋白的肌丝对接，逐渐靠近。这种机制使肌肉可以等张收缩（肌肉缩短，关节活动）或者等长收缩（肌肉长度不变，但是会变硬，关节保持稳定，例如保持固定的姿势）。

### 用力后感觉酸痛

酸痛是轻微炎症引起的。事实上，非常规地用力会对最弱或最老的纤维造成微损伤，在拉伸肌肉时会出现持续几天的疼痛。习惯了锻炼的运动员会经历更频繁的细胞更新，因此避免了这种疼痛。

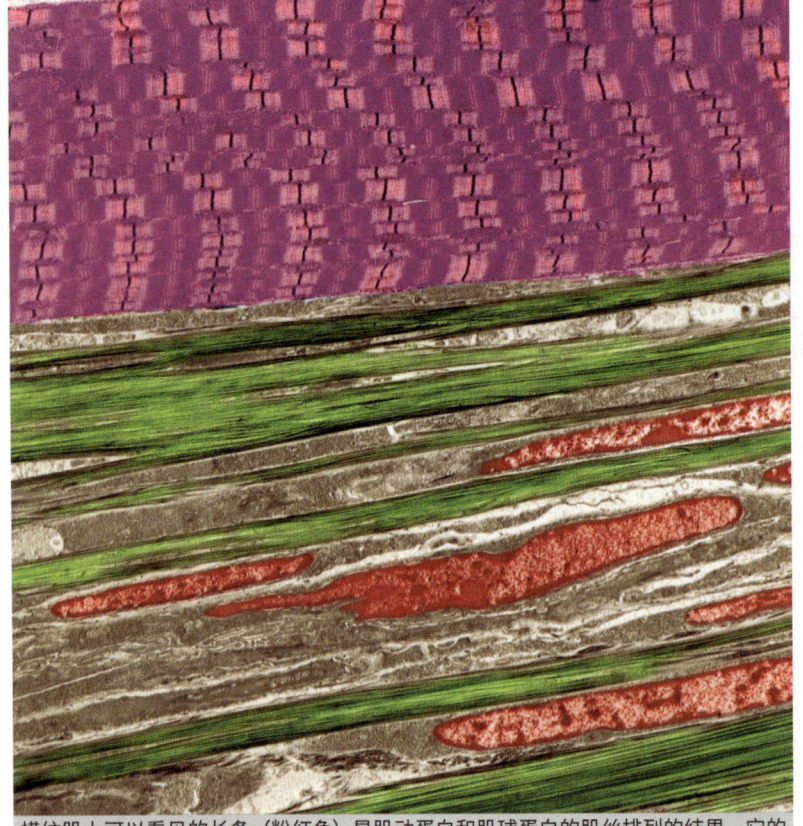

横纹肌上可以看见的长条（粉红色）是肌动蛋白和肌球蛋白的肌丝排列的结果。它的宽度取决于肌肉的收缩水平。

有骨有肉的身体

### 奇怪的心肌！

心肌属于非典型肌肉。在显微镜下观察，它看起来像骨骼肌一样有横纹，而它的神经支配像平滑肌一样是自主的。

### 既自主又被动

膈肌是主要的呼吸肌，它的运动介于自主和被动之间。它有节奏的运动由脑干控制，于是我们无须思考就可以呼吸。但我们也可以自主地控制它，例如屏住呼吸，或是相反，像给气球充气一样用力地吹气。

### 用来亲吻

括约肌是环状肌肉，可以部分或完全控制人体官腔的开合。括约肌主要分布在消化道中，在那里，它们可以调节食物从一个腔室通向另一个腔室（位于胃和食道之间的括约肌通常可以防止食物回流）。但是在膀胱也能发现括约肌，它们确保了膀胱的紧密性；眼睛里的括约肌起收缩瞳孔的作用；嘴周围的括约肌是用来亲吻的！

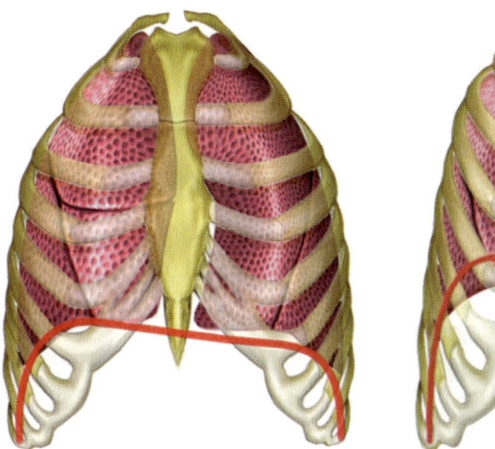

呼吸的各个阶段：在左图中，膈肌收缩变得扁平，这是吸气；在右图中，膈肌松弛并向上，这是呼气。

### 肠道做锻炼

胃或肠这样的消化器官的壁上有平滑肌。这些肌肉无法被控制，它们的蠕动呈波形，经消化道将食物从口腔逐渐推至肛门。人体其他的中空结构（如动脉）也有这种类型的肌肉。

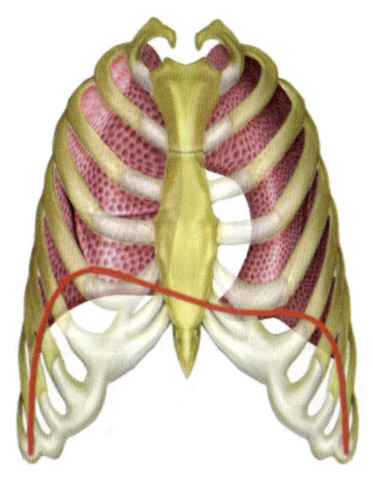

### 病态的肌肉

肌病是一种影响肌肉及其运动控制的罕见疾病。症状的轻重程度根据受影响因素而不同，并可能因人而异。有一些肌病是由基因引起的，肌肉结构（肌萎缩）或肌肉的功能机制（代谢性肌病）会受到影响。还有一些是源于和自身免疫反应相关的炎症。

图示中显示的是让身体可以运动的骨骼横纹肌。

977

# 储备能量

### 建设和毁灭的游戏

新陈代谢（无论是生物代谢还是细胞代谢）是体内反应的总和。一方面，合成代谢合成分子成分（如蛋白质、DNA、脂肪酸、激素、糖等）；另一方面，分解代谢[1]将分子降解从而产生能量。

---
[1] 一般指异化作用。——编者注

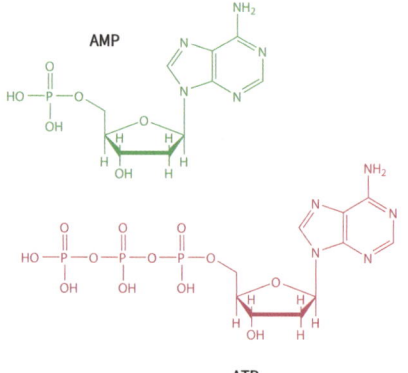

### 摆渡人

通过协助扩散的方式输送离子和分子不需要消耗身体能量。当有必要逆转这种主动运输时，嵌入细胞膜中的蛋白质担负起"摆渡人"的工作。蛋白质要想发挥作用，需要离子和（或）腺苷三磷酸（ATP）。

### 必不可少的"砖"

腺苷是腺嘌呤分子和糖分子的组合。作为合成 DNA 的基础之一，这种糖是脱氧核糖。说到核糖，这个分子是 RNA 的成分之一。当它与包含磷（磷酸）的 3 个化学基团结合，我们就能获得腺苷三磷酸（ATP）——细胞能量的关键。

### 让磷酸跳跃的艺术

腺苷三磷酸（ATP）通过断裂 3 个高能磷酸键中的一个来释放能量。这个反应可以释放出 10 大卡（1 大卡是 1000 卡路里）左右的能量。为满足人体的日常需求（平均 2000 大卡），与磷酸基团的结合需要不断更新，相当于每天要创造出好几千克的腺苷三磷酸。

### 分子的开关

释放能量后被回收的磷酸基团是许多反应的起源：酶或蛋白质被激活还是被灭活取决于它们是否磷酸化。腺苷三磷酸还具有改变化学反应的能力：它通过与可以激活或加速化学反应的酶结合来影响反应过程。

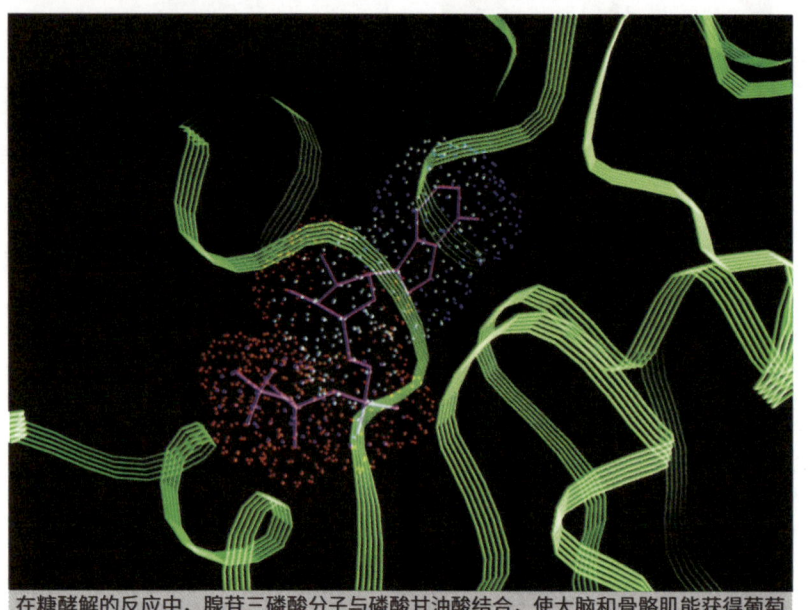

在糖酵解的反应中，腺苷三磷酸分子与磷酸甘油酸结合，使大脑和骨骼肌能获得葡萄糖的放能。

有骨有肉的身体

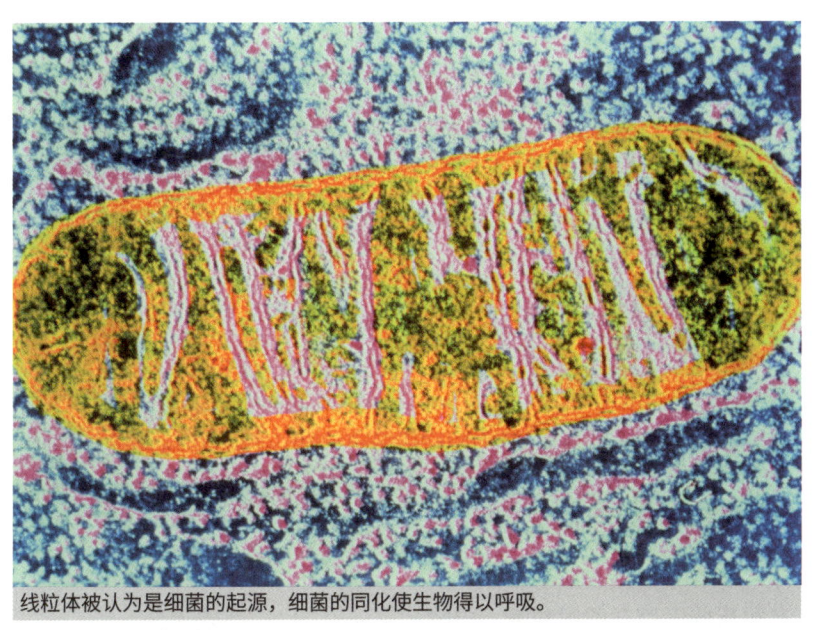
线粒体被认为是细菌的起源，细菌的同化使生物得以呼吸。

## 呼吸的细胞

细胞呼吸与细胞的线粒体有关。它们从葡萄糖、血糖和氧气中产生腺苷三磷酸，并像肺一样释放出水和二氧化碳。

### 为大脑提供的剂量非常讲究

大脑会消耗掉人体内大部分的葡萄糖（平均每天 120 克），同时也会消耗肝糖原。而肌肉储备的葡萄糖只供肌肉使用。当"库存"耗尽，它们无法直接使用脂肪酸，而是要让脂肪酸先转化为酮体。酮体也可供心脏使用。

## 肌肉燃烧燃料

运动开始时，肌肉并不使用氧气（厌氧阶段），它们使用的是自身拥有的腺苷三磷酸、糖原和磷酸肌酸，因此这个时候我们可以做高强度、短时间的运动（例如 100 米短跑）。如果运动时间较长，那么必须有充足的氧气才能获得更好的能量效率。在这两种运动的过渡阶段，厌氧反应会消耗糖原，从而产生乳酸，乳酸作为厌氧反应产生的废物，在肌肉中积聚，于是我们会有疼痛感。

## 存储作用

人体能量所需的葡萄糖不会留存在血液中。当葡萄糖达到一定的阈值后，胰岛素分泌增加，促使身体各组织加速摄取和储存葡萄糖。肝脏和肌肉可以将这些分子中的大部分聚合起来，形成它们自身存储的糖原（糖原生成）。能量储备中最重要的部分仍然是脂肪细胞中的脂质（脂肪酸）。线粒体也可以将一部分葡萄糖转化为脂肪酸以维持储备。

## 发挥灵活性

包括肌肉蛋白质在内的所有物质都有利于在体内产生能量。在不摄入碳水化合物的情况下，肝脏会将肌肉蛋白质转化为葡萄糖和脂肪酸。禁食期间，这种糖异生的过程非常有用，因为在产生足够的酮体前，该过程有利于维持大脑的必要能量供给。

## 像火柴一样

肌肉中所含的磷酸肌酸可以迅速将磷酸基供给 ADP，从而生成 ATP。当磷酸肌酸的浓度较高时，这个过程可以反复进行几次，从而延长产生肌肉力量的时间。

979

# 关于眼睛

## 尺寸问题

人在 15 岁左右时,眼睛的大小基本定型,平均直径达到 2.3 厘米,眼睛的体积与刚出生时比,增长了 3 倍,其功能也逐渐发展。事实上,刚出生几天的婴儿的视距只有 30 厘米,而且只能看到暗沉的颜色。

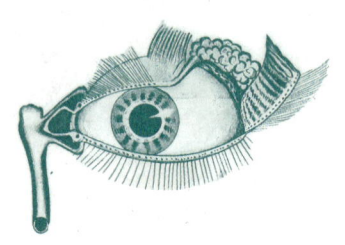

## 在眼白中

当我们观察对面人的眼睛,可以看到巩膜(眼白)、虹膜(体现为眼睛的颜色)和瞳孔(位于眼球中心,呈黑色)。虹膜和瞳孔表面覆盖着一个穹顶形的透明部分——角膜,它承受眼球 60% 以上的力并且受神经支配。这就是为什么当我们的眼睛里进了很小的灰尘时也会反复眨眼。

## 在蓝色和棕色之间

眼睛的颜色取决于虹膜、头发和皮肤中存在的黑色素。眼睛中色素的数量由好几种基因决定,拥有黑色素多的人眼睛是棕色的,没有黑色素的人眼睛是蓝色的,黑色素浓度中等的人眼睛呈绿色或灰色。

## 调色盘

视网膜中有 3 种视锥细胞,每一种都可以让我们看到一种特定长度的光波:短波(蓝色)、中波(绿色)和长波(红色)。光激活了这些细胞,它们向大脑传递神经信息。一个人缺少其中一种视锥细胞,就会看不到相应的颜色,这就是我们所说的色盲。

## 起保护作用的泪液

眼睛总是被泪液所包裹,泪液可以起到适当的润滑作用,也可以滋养并保护眼睛不受感染和刺激。眼泪由位于眉尖下的泪腺产生,通过一条由眼睛内角通到鼻子的泪道排出。这就是为什么我们哭泣时会流鼻涕。

## 覆盖眼底

视网膜覆盖了整个眼底,它包含几亿个光敏细胞,分为两种类型:辨别颜色的视锥细胞和对光非常敏感的视杆细胞,这些细胞使我们在夜间也能有清晰的视线。我们在夜间看到的只有灰色的色调,因为视锥细胞在光线昏暗时不活跃。

 **充满了眼睛**

眼球体积的 80% 由一种被称为玻璃体的胶状体组成,玻璃体的成分中 99% 为水。这种位于晶状体后面的胶状体在眼睛中能承受一定的压力,维持眼球的形状,并使晶状体和视网膜保持在适当的位置。

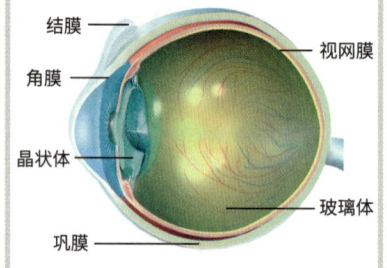

眼球的横截面,可以看到其组成部分,尤其是晶状体。

有骨有肉的身体

## 眼屎

晚上，眼睛的清洁机制变缓，因为与白天相比，眼睛大多数时候是闭合的。睑板腺分泌的油脂性物质从眼睛表面收集灰尘和坏死细胞，眼睑在眨眼时把它们扫到一起，积聚在眼角，它们变干后就形成了"眼眵"，而不是"眼睛的粪便"。

### 一滴情绪

哭泣之所以可以减压，部分原因是我们常说的"情绪化"眼泪含有人体在压力下自然产生的止痛激素。

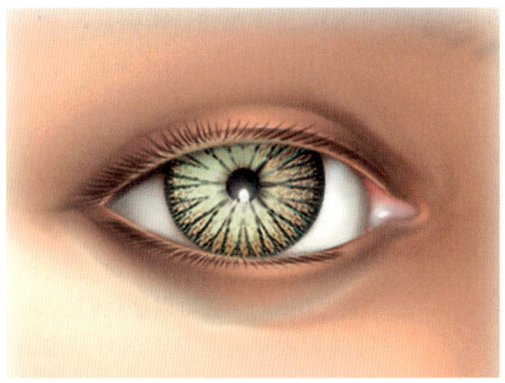

收缩的瞳孔。

## 让阳光进来吧！

和照相机的光圈原理相同，眼睛的瞳孔会在黑暗中放大。在夜间或黑暗中，为了让尽可能多的光线进入眼睛，瞳孔直径可以达到8毫米。相反，当光线充足时，瞳孔会收缩以保护眼底（视网膜）。借助虹膜周围和后部的两条肌肉，瞳孔可以做开合运动。

## 模糊的原因

瞳孔后面的晶状体可以变形，好让穿过眼球的光线聚焦在视网膜的精确点上，从而获得清晰的图像。当晶状体无法准确调节，或者眼轴过长（近视）或过短（远视）时，我们的视线就会模糊。随着年龄的增长，晶状体变得浑浊、发白，视力下降，这就是白内障。

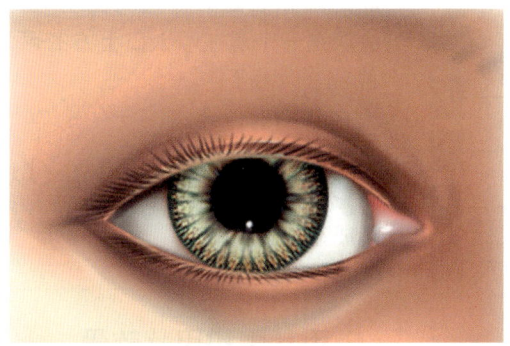

放大的瞳孔。

## 转动眼球

每只眼睛的运动都需要6块肌肉：4块肌肉可以让眼球上下左右移动，另外2块肌肉可以让眼球顺时针和逆时针方向旋转。这些附着在眼白（巩膜）上的肌肉受3种不同的脑神经支配。因此，6块肌肉中的任何一块有损伤都会导致眼球运动障碍。

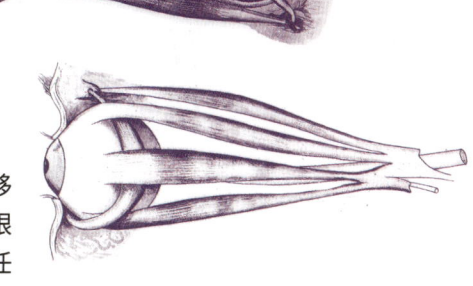

眼睛的肌肉群。

981

# 我们来说绕口令！

### 发声神经

仅发声就需要6对直接来自大脑和脑干的脑神经。它们中的大部分是混合的，以确保感觉和运动神经的统一。喉返神经在喉部运动机能中的重要性在于，喉返神经一旦被麻痹，就会导致发声困难。

### 朝管子吹气

为了发出声音，我们会使用呼出的空气。如果声带不振动，就会发出清音，如"S""P""F"音。如果配合声带振动，就会发出浊音和元音。还有一些音需要阻断气流（如发唇音"P""B""M"等）。

### 奇怪的声音

当我们吸入氦气时，声音会失真。出现这种情况的原因是，氦气的密度比空气的密度低，传播声音的速度更快，声带振动得更快，声音频率增加，于是声音变得更尖锐。

喉是发声器官，位于气管顶端，被许多软骨包围，具有一定的硬度。会厌软骨是其中一块软骨，位于喉的上部。

1. 口咽 2. 会厌
3. 舌骨 4. 喉咽
5. 甲状软骨
6. 环状软骨
7. 气管

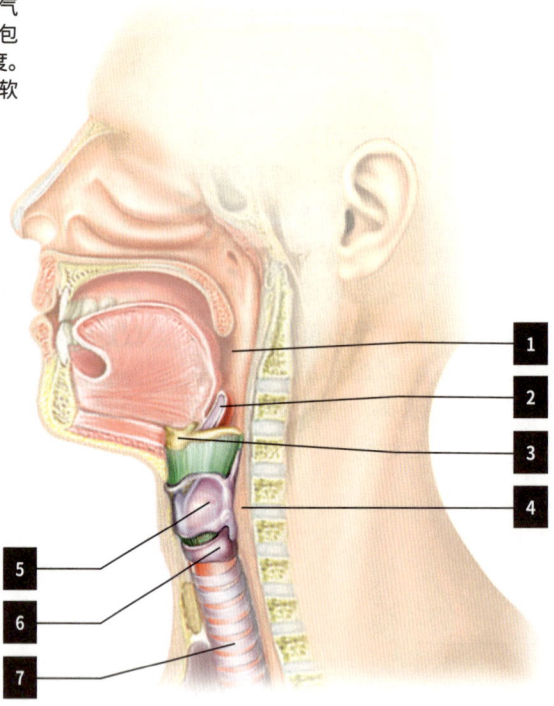

### 来来回回

咽是气道和消化道之间的"交叉路口"，它可以让我们吞咽、呼吸和发声。两条管道分别由嘴和鼻进入，然后发生交叉，为前面的喉和后面的食道腾出空间。会厌是一个悬在喉入口上方的可移动的"阀门"，人在吞咽时，会厌会堵住气管以避免食物走错路线造成窒息。

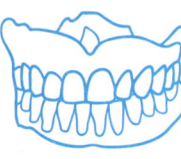

### 甲状腺和甲状软骨

法语"thyroïde"对应身体的两个不同结构。一个是器官甲状腺，其内分泌功能对生物体至关重要。另一个是环绕着喉的甲状软骨，可以保护声带。甲状软骨位于脖子前部，很容易辨别，因为它形成了男人的喉结。

### 用软骨作为盔甲

喉位于气管上方，气管经由支气管通向肺。由5块软骨和十几块肌肉组成的活动壳体支撑起了喉，形成了一个坚硬的通道。

有骨有肉的身体

## 清晰发音

发声器官包括舌及其17块肌肉、腭（软腭和硬腭）、嘴唇、牙齿和下颌（颌骨）。我们通过控制发声器官的运动改变发声空间的体积来改变我们发出的声音。发声空间包括口腔、鼻腔、咽腔等。

## 发小舌音是一种艺术！

舌是口腔底部的肌性器官。在我们吞咽时，它会向上贴住上腭以防止食物逆流到鼻腔。在我们讲话时，它可以让我们发出小舌音。有研究称，舌头与打鼾也有关系。

上图：闭合的声襞。
下图：张开的声襞。呈倒V形，尖端朝向会厌（由会厌软骨和黏膜组成）。它们位于气管之上，气流通过声门裂，使声带振动发出声音。

### "大舌头"

小儿构音障碍是描述言语障碍的一个术语，即儿童在学习语言时难以正确地发出某些音。通常会构成发音困难的是辅音"j""z""s""ch"。除了身体原因（如长牙、唇腭裂等）导致的小儿构音障碍，语言治疗师可以参与康复治疗。

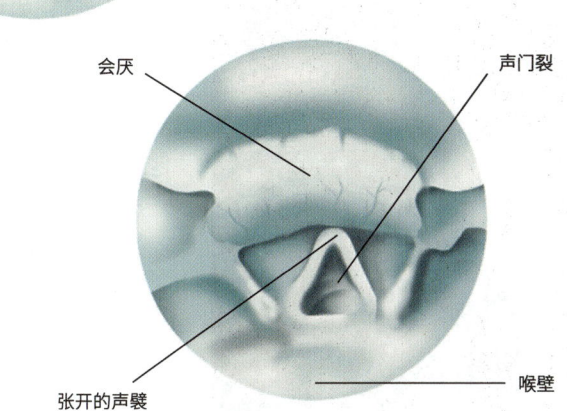

## 声音的身份证

从解剖学的角度讲，每个人的音色都是独一无二的：它是由声带、共鸣器官的形状决定的。在青春期，男孩的声音会变得低沉；其实女孩也一样，只是变化不明显，不易被察觉。变声是由于青春期分泌的雄激素（睾丸素或雌激素）促使喉部发育。正是这个原因，在被剥夺了睾丸产生的睾酮后，成年的阉人歌手却依然保持着明亮的声音——他们的声带停止了生长。

## 出现振动

"声带"这个名字起得并不恰当，因为它并不是带状的！声带由声襞（一对黏膜皱襞）、声韧带和声带肌组成，是重要的发音结构。咽部各结构的运动可以改变声带的长度和声门裂开口的大小，与所有弦乐器一样，声带绷得越紧，发出的声音就越高。

983

# 噪声还是旋律：激素的错？

## 无处不在的激素

激素是一种分子，由内分泌腺和内分泌细胞直接分泌到体液中，可以在远离内分泌腺的地方发挥化学作用。它们以非常低的浓度分布在全身，但只将自己的信息发送到能够与它们结合的特定细胞（如靶细胞）。

## 多米诺骨牌的推倒

激素的反馈调节是反馈系统精细调节的结果。这意味着激素刺激的产物能够产生回应，促进（正反馈）或抑制（负反馈）激素自身的产生。这种反馈通常涉及几种激素或分子，它们的作用会以级联或循环的方式被触发或抑制。

### 增加优点

有一些激素是由神经元产生的，它们因此兼具快速分泌和全身传播这两种优点。这种类型的激素包括肾上腺素、多巴胺、去甲肾上腺素等。

### 内分泌腺

内分泌腺只能产生激素，有时会产生好几种类型的激素，如肾上腺分泌肾上腺素、肾上腺皮质激素、脱氢表雄酮、醛固酮等。内分泌腺还可以同时具有内分泌和外分泌的功能（将分泌物排到腺体之外），如睾丸或卵巢就属于这种情况（它们分泌精子、卵母细胞和类固醇激素）。除了内分泌腺，内分泌细胞也可以聚集在其他组织里，如胰腺、脂肪组织等。

### 专制的甲状腺

甲状腺位于颈部下方，它通过来自垂体的TSH激素（促甲状腺激素）刺激T3激素（三碘甲状腺原氨酸）和T4激素（甲状腺素）的分泌，这两种激素能够被体内所有细胞感知。甲状腺激素担负着调节器官节奏以适应环境的重任。它和情绪、生长、疲劳、消化、体温、心率等相关。

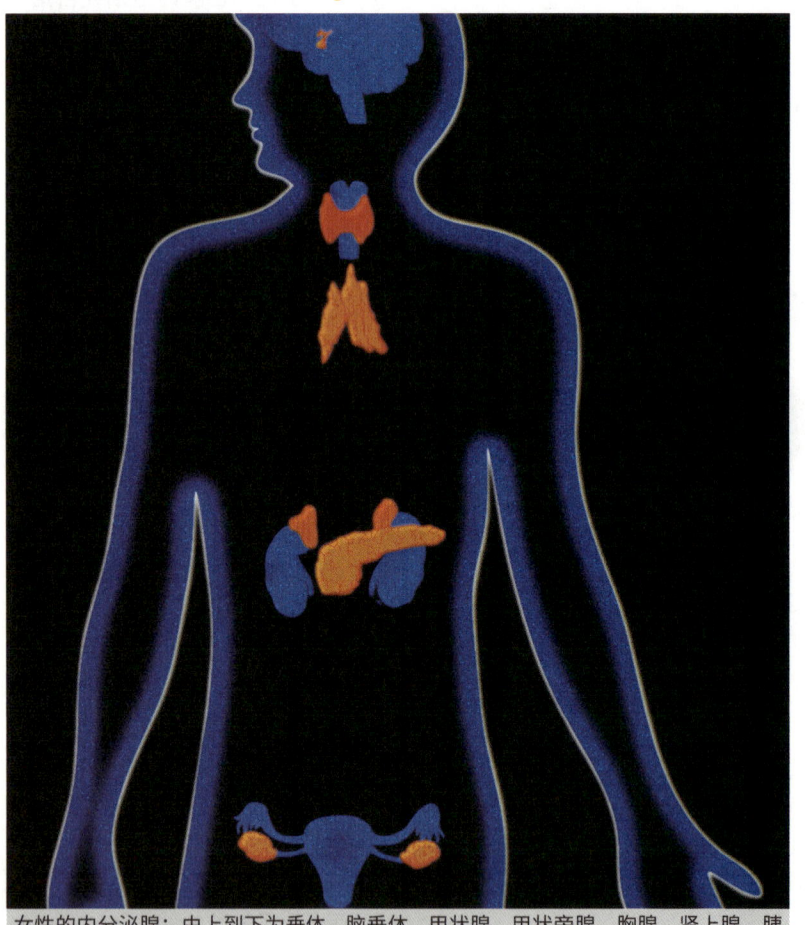

女性的内分泌腺：由上到下为垂体、脑垂体、甲状腺、甲状旁腺、胸腺、肾上腺、胰腺和卵巢。这些腺体产生负责调节机体的激素。

有骨有肉的身体

## 统领中的统领

下丘脑-垂体系统与大脑相连，在下丘脑和垂体之间形成了一条有形的桥梁，也是神经（电）和内分泌（化学）之间进行交流的功能性桥梁。通过汇总从全身接收到的信息，这个系统可以调节其他身体结构（如生殖腺、甲状腺、肾上腺等）分泌激素的"秩序"。

## 相反两方的对峙！

许多激素都有拮抗作用。以饥饿机制为例：消化器官分泌的饥饿素示意我们需要进食了。因此当我们吃饭时，这种激素就会停止分泌；脂肪组织分泌的瘦素接下来会带给我们饱腹感。同样的情况也适用于"控制"血糖水平的胰岛素和胰高血糖素，以及维持体内钙量的降钙素和甲状旁腺激素。

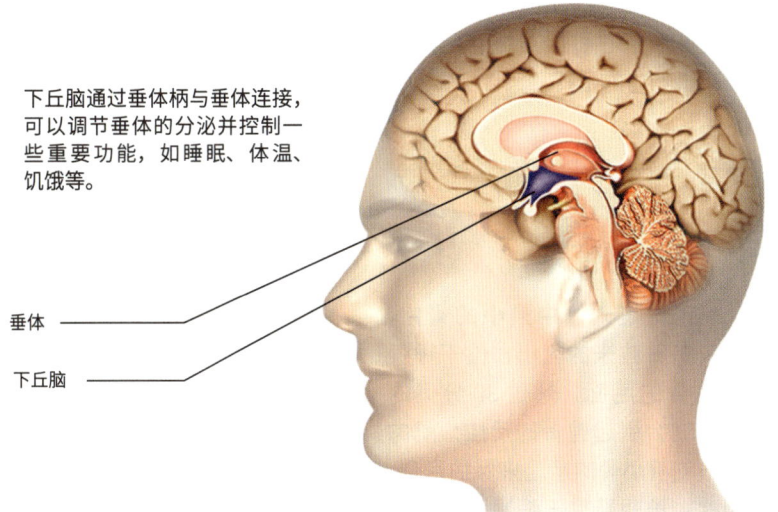

下丘脑通过垂体柄与垂体连接，可以调节垂体的分泌并控制一些重要功能，如睡眠、体温、饥饿等。

垂体
下丘脑

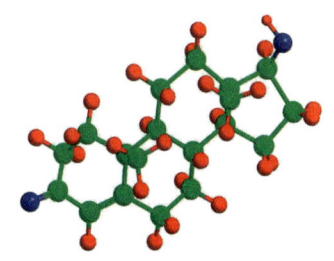

睾酮（类固醇激素）的分子结构。

## 滴剂和片剂的激素

作为医学治疗的一种手段，激素补充往往是比较困难的，因为人体内自然分泌的激素在不断自我调节；激素不是连续产生的，其分泌节奏由每个人特有的峰值决定。由于药物摄入可能需要长时间的适应才能找到可接受的剂量，针对某些疾病（例如糖尿病）的装置（泵）因此而诞生，它们的作用是重建一个协调的节奏。

### ! 资源充足的胆固醇

类固醇和维生素D是源自胆固醇的激素，它们由身体自然合成，而促蛋白合成类固醇是合成激素。这些合成激素与天然睾酮一样，都可以促进肌肉、骨骼生长和男性性征的发育（低沉的嗓音、体毛生长）。但它们也有副作用，例如可能引发高胆固醇血症、动脉高血压、肝损伤、心脏衰竭、情绪暴躁等。它们在体育运动中被用作兴奋剂（提高肌肉量、增加力量），因此在很多学科中被禁用。

# 倾听一切，听到一切

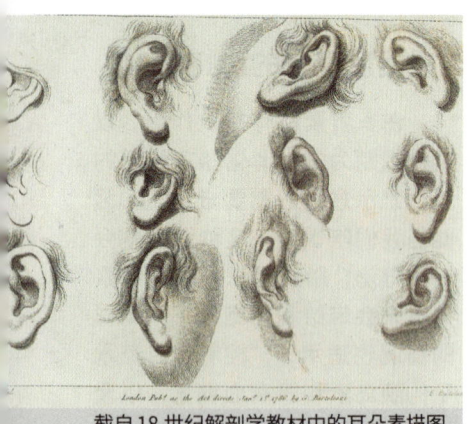

截自 18 世纪解剖学教材中的耳朵素描图。

## 承受压力的耳朵

咽鼓管连接中耳和鼻腔后部（鼻咽部）。这个小小的通道不仅可以连通耳鼻，还可以在鼓室中维持适当的压力，以免鼓室破裂。它确保黏液排出，但也会使引发感染（中耳炎）的细菌"顺管"而上。我们在打哈欠或吞咽时可以感觉到它的张开。

耳朵的解剖模型。这个感受器包含 3 部分：外耳，包括耳郭和外耳道；中耳，包括鼓膜（蓝色部分）和由 3 块听小骨组成的听骨链；内耳包括两个结构，其中之一是耳蜗。

## 两只耳朵乘以 3

我们的耳朵实际上被命名为耳郭，以此避免将它们与整个听觉系统器官混淆。听觉器官深入到颅骨，由 3 部分组成：外耳、中耳和内耳。耳郭和耳道构成了外耳，外耳的作用是捕获和放大声音。

## 最小的骨头

镫骨是人体中最小的骨骼。它只有一粒米的大小，位于锤骨和砧骨的后面。超过 80 分贝的噪声就会引起镫骨的反应：肌肉会限制听小骨的运动来保护耳朵。因此，长期暴露于强噪声中会造成镫骨损伤。

1. 砧骨 2. 锤骨
3. 镫骨 4. 耳蜗神经
5. 内耳 6. 耳蜗
7. 中耳 8. 耳咽管
9. 鼓膜 10. 外耳道

## 中耳

鼓膜之后就是中耳的范围。这个薄而圆的膜在接收到声音时会振动，由 3 块听小骨组成的听骨链随之运动，将声音传递到内耳（耳蜗）内的淋巴液。中耳位于两种介质（空气和液体）的交界处，因此对压力的变化非常敏感。

## 在迷宫深处

内耳迷路包括两个不同的器官：一个是负责听力的耳蜗，另一个是负责平衡的前庭和半规管。两者都浸在淋巴液中，以实现发挥其功能所需的运动。

## 窃听的蜗牛

耳蜗绕蜗轴卷曲两圈多。蜗管中有螺旋器。听小骨的运动经淋巴液传导，使组成螺旋器的毛细胞纤毛颤动。它们将听小骨运动转化为神经冲动并汇集到听觉神经。

有骨有肉的身体

 ## 眩晕

轻微的眩晕可能导致恶心，严重时会让人失去平衡而摔倒，这种症状的原因可能源自内耳。通常，前庭中的纤毛提供有关头部在空间中的运动（如晃动、加速、位置改变等）信息。但是，如果耳朵和身体提供的信息不一致，大脑就会迷失方向，这就是眩晕。

 ## 声音变形

当我们听到自己声音的录音，会觉得奇怪而陌生。这是因为录音没有办法体现我们每天都在经历的骨传导。在我们看来，自己的声音应该比录音里的声音更尖、更轻。

眩晕的原因源自内耳。

## 听力损失的级别

听力损失根据其程度有等级之分，从程度较轻的听觉减退（损失为20分贝起）到程度严重的全聋（损失超过120分贝）。听力损失有可能在出生时就出现，也可能由衰老或病变引起。耳聋可能源自从外耳道至听神经的某一个结构，也可能源自神经中枢（大脑或脑干）。

## 所有骨头都在颤动

骨头通过振动感知声音，这就是骨传导。这个功能越来越多地被应用到听力设备中，这些听力设备能让患有听力障碍的人再次听到声音。它还有一个有趣的用途：音乐耳机。骨传导音乐耳机既可以保护耳膜，又可以让人有在现场听音乐的感觉，耳朵和骨骼都能感受到音乐振动。

## 耳石带来的干扰

突如其来的眩晕通常是耳石导致的。耳石附着在内耳细胞的纤毛上，它们的重量影响我们感应平衡。如果耳石脱落（如感染、撞击、退化等），就无法正常发挥作用，甚至会干扰内耳的功能。

# 胸腔里的故事

### 十几块骨头

胸廓由12块胸椎、12对肋骨、1块胸骨及其之间的连接组成。肋弓大部分紧贴胸骨，胸骨是支撑两根锁骨的一块扁平的骨头，形成了肩膀和身体其他部位之间的唯一骨关节。

### 真肋、假肋和浮肋

肋骨通过肋软骨与胸骨相连。肋软骨比肋骨短，下方的肋软骨比上方的肋软骨长。第1～7对肋软骨与胸骨直接相连，叫作"真肋"。第8～12对肋骨叫作"假肋"，它们不单独与胸骨直接相连，会聚集起来连至第7对肋骨。这样形成的软骨斜面使胸廓下部更柔韧，对呼吸有好处。最后的两对最短的肋骨，由于前端没有附着，因此被称为浮肋。

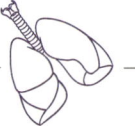

### 通风良好的"双层公寓"

膈肌位于胸腔和腹腔之间：上部是胸腔，是心、肺的所在地；下部是腹腔。膈肌包裹着较低的肋骨呈穹顶形，其顶部高度和男性乳头的位置齐平。事实上，膈肌由许多肌肉组成，这些肌肉在中央交叉形成了形似三叶草的"中心腱"，允许连接心脏的韧带穿过，也可以让下腔静脉通过而不压迫到膈肌。

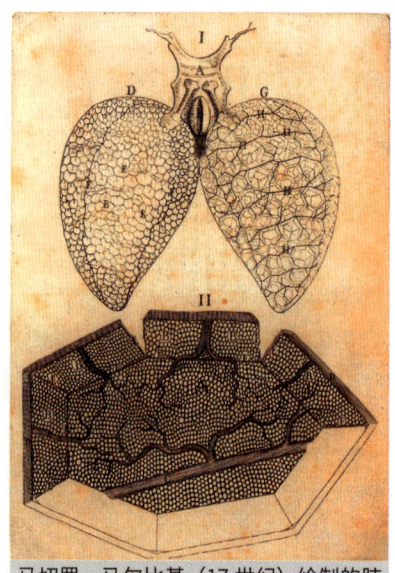

马切罗·马尔比基（17世纪）绘制的肺泡。这里是血液进行气体交换的地方。

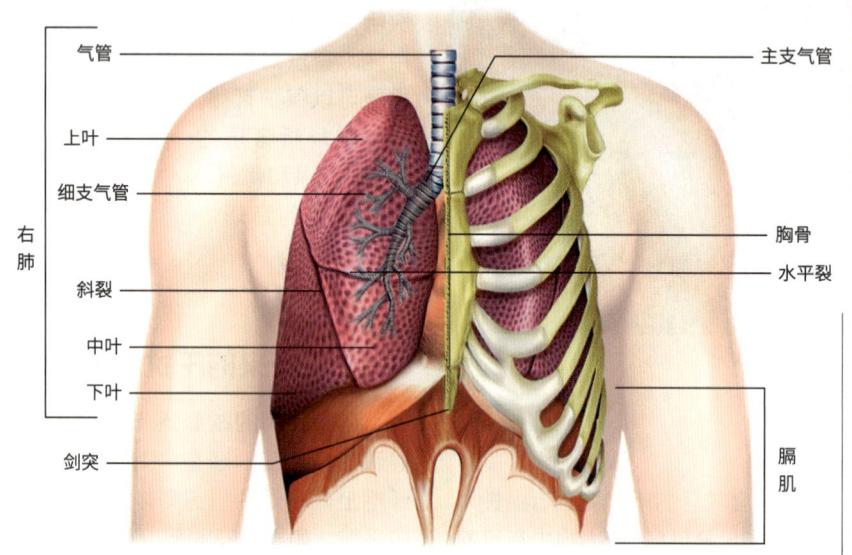

肺在膈肌的作用下膨胀，然后自然恢复到起始状态。肺中有数亿个细胞，包含4.5~5.5升空气，每次呼吸平均可以更新肺中的0.5升空气。

### 骨的多形性

剑突是胸骨最下面的部分。它的形状不定，可能是凹陷的，在皮下凸起甚至可能穿破皮肤。这个小附件即使在人成年后仍保持软骨状，它形成的区域是腹直肌（四种腹肌之一）或膈肌等附着的区域之一。

有骨有肉的身体

 **通过声音来检查**

用听诊器检查胸部的目的是听体内的噪声。我们从肺部听到的水泡杂音，与呼吸过程中的空气流通有关。心脏听诊主要在 4 个点，这 4 个点对应着瓣膜。每一个点发出的噪声都可能因病症或其他异常声音（如摩擦声、呼吸声、啰音或喘鸣等）而减弱。医生必须有训练有素的耳朵，才能识别这些声音。

直径小于 1 毫米的支气管的分支将支气管与肺泡相连。

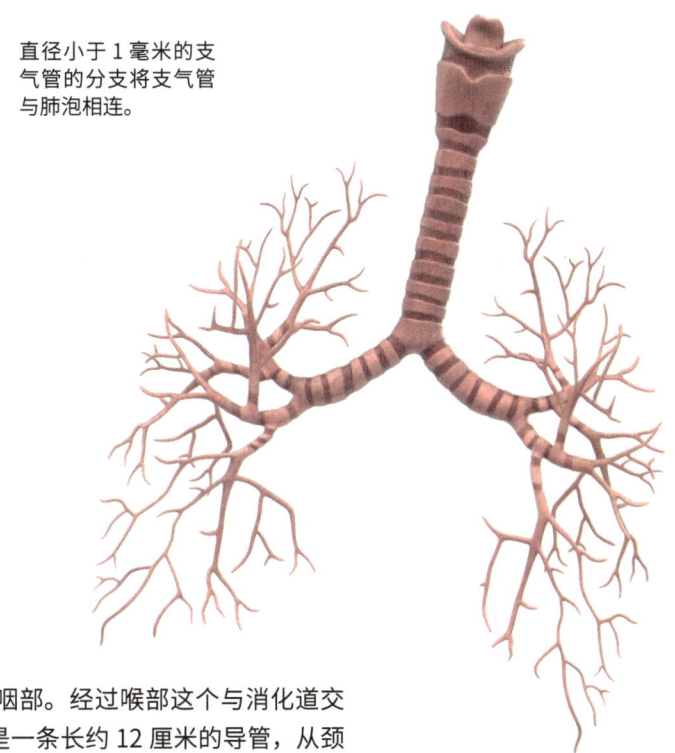

## 呼吸路径

呼吸道以鼻子为起点，一直延续到咽部。经过喉部这个与消化道交叉的十字路口之后，就是气管了。气管是一条长约 12 厘米的导管，从颈部的前部可以摸到，它形成了一种环形软骨管。进入胸腔后，气管就分为两个进入肺的主支气管。

## 紧密包裹

胸膜是一种浆膜，它包裹着肺部，与肺紧密结合，并伸入肺叶间裂内。胸膜有两种（一层覆盖在肺表面，另一层覆盖在胸腔内壁、膈上、纵隔两侧），它们之间有几毫升的浆液，使这两个平面可以相互滑动。其他器官也受浆膜的保护：心包膜保护心脏，腹膜保护内脏。

## 两棵颠倒的树

从下呼吸道的两个主气管开始的反复分支，形成了肺内的树状结构。支气管在肺内大约有 20 多级的分支；它们的直径逐渐减小，最后变成细支气管，细支气管的末端是肺泡。肺部的节段组织是右侧有 3 个肺叶，左侧有 2 个肺叶，因此在肺部需要手术时（肺部结节、肺癌），不必切除整个肺部。

 **至关重要的位置**

纵隔是两个肺之间的空间。它容纳了心脏、胸腺、食道、气管、支气管、血管（如主动脉、肺动脉、腔静脉等）、神经，以及复杂的淋巴组织。做胸部 X 线检查时需要仔细观察纵隔，因为它的轮廓线出现任何变化都是异常的。

989

# 一切都要被消化

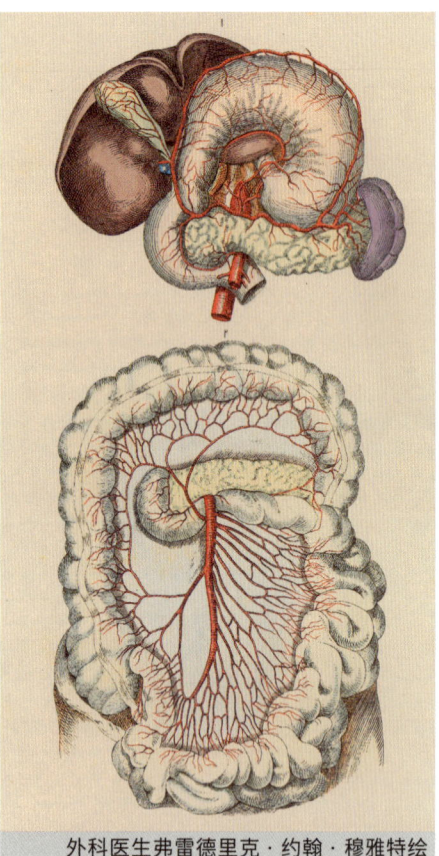

外科医生弗雷德里克·约翰·穆雅特绘制的草图，展示了人体肠道内肠系膜动脉中丰富的血管分布。

## 什么都做的细胞

上皮是覆盖人体的组织。它们由相互连接的细胞组成，构成皮肤的表皮、中空器官的黏膜，以及血管和腺体的内壁。在不同的位置，这些细胞有对应的形状和功能：在肠道中，小肠绒毛增加了营养物质的吸收面；在胃中，一些细胞分泌胃液，另一些细胞则分泌保护胃壁的黏液。

### 反酸

如果胃液反流回食道便无法再起到保护作用，反而会引起刺激。于是你可能会觉得胸口有种灼烧感或嘴里发苦。相应的治疗方法是减少胃酸产生（奥美拉唑）或服用抗酸剂。

## 调整酸度

胃液呈酸性，所以它可以有效地将蛋白质还原为肽。当胃液离开胃进入十二指肠，它的酸性就会大幅度下降，这使胰液接下来起到分解有机物质的作用。在整个肠道中，肠液的 pH 值在中性范围内波动。

## 细细咀嚼

在消化系统（从口腔到肛门）中，食物的消化需要经过机械性消化（咀嚼、搅拌）和化学性消化（消化液中消化酶参与的变化）。食物团一旦进入胃就变成食糜，然后继续被降解直到变成营养物质（如糖、脂肪酸、氨基酸、维生素、矿物质等）。

## 内部腐蚀

溃疡是上皮组织的深层伤口。当它出现在胃和十二指肠时，会打破胃壁的保护机制（黏液）和侵略者（胃液）之间的平衡。溃疡可能由细菌、幽门螺杆菌引起，也可能是由于服用消炎药（如阿司匹林）、酒精、香料、咖啡或吸食烟草等引起。

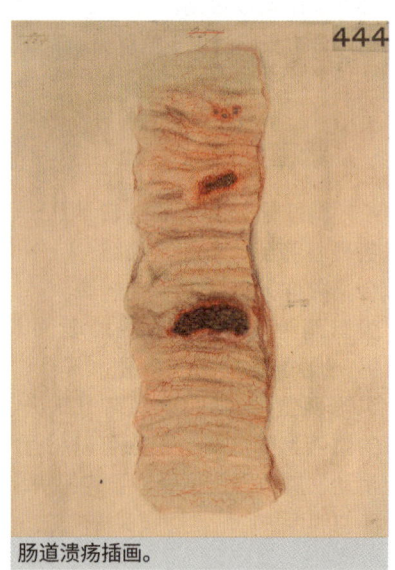

444

肠道溃疡插画。

990

# 有骨有肉的身体

## 像工厂的流水线

肠道的不同部分具有不同的作用。和胃相连的是十二指肠，食糜与胰液和肝胆汁在这里混合，促使脂肪溶解。接下来是小肠，营养在这里被大量吸收。最后是结肠，消化液（唾液、胃液、胆汁等）在这里被重新吸收。剩余的废物形成粪便并被存储起来，直到排出体外。

克罗恩病是一种肠道（这里指结肠）慢性炎症性疾病。这种疾病最早是伯里尔·伯纳德·克罗恩于1932年发现的。虽然它的发病率很高，但是病因尚不清楚。

 ## 肠道内的变革

近年来，对肠道内的所有微生物（肠道菌群）的研究都可以在体内进行。由此可以发现，我们的身体和体内重达2千克的肠道菌群之间的相互作用，而且每个人体内的肠道菌群各不相同。人们发现，微生物除了具有消化功能，还和肠道炎症性疾病（克罗恩病）、慢性病（糖尿病、肥胖症）、某些肿瘤，以及神经精神疾病（例如抑郁症或孤独症）的发展有关，但是相关细节还有待研究。

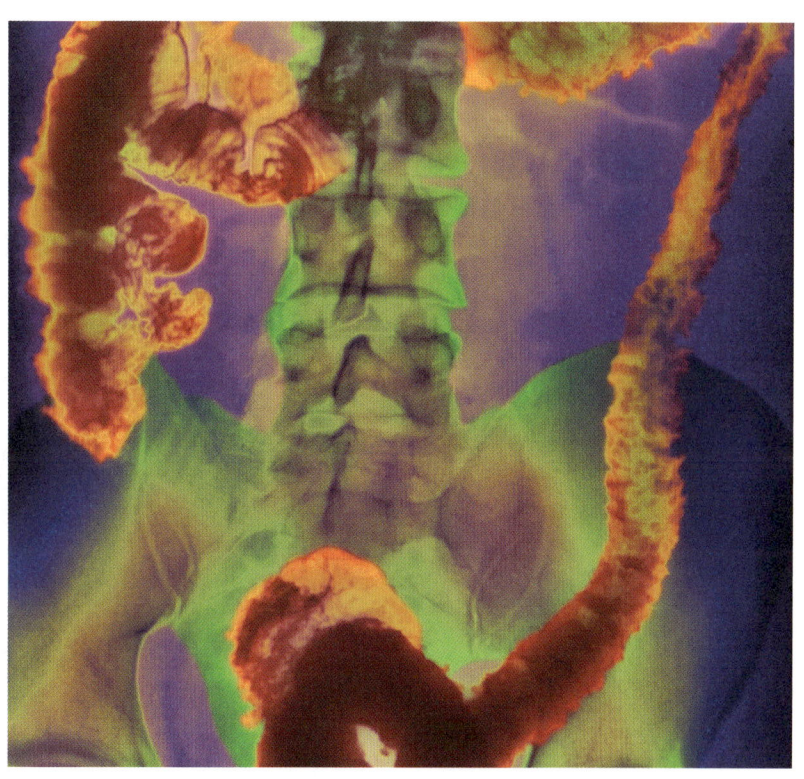

## 肠胃胀气是什么？

肠胃胀气是肠内食物发酵分解的结果。每天这种气体的体积有0.5～2升，具体的气量取决于肠道内菌群的类型、饮食中的纤维量，以及简单碳水化合物和复合碳水化合物的含量。扁豆、卷心菜、乳制品、苹果和樱桃有利于肠胃胀气的产生。当肠胃胀气中含有因分解红肉或蛋白质类食物而产生的硫化气体，就会变得难闻。

## 肠道内的第二大脑？

我们之所以把肠道称为"第二大脑"，是因为它拥有自己的神经系统——肠神经系统。它由数百万个神经元组成，可以协调营养的吸收、相关能量的消耗、运动机能，以及肠内的连通和屏障。这些独立工作的神经元形成了连接网络，很容易让我们联想到"真正的"大脑功能，而且肠道和大脑使用的是相同的神经递质。

# 球状神经

## 先驱

希罗菲卢斯[1]（前335—前280）是第一个将神经描述为连接到脊髓和大脑的身体组成部分的人。他还强调了神经的敏感性和驱动作用。自那之后，人们知道了很多神经是混合的。直接来自脑的神经（大脑＋脑干＋小脑）是颅神经，脊神经在脊髓的各节段成对出现，一直延伸到骶骨。

---

[1] 古希腊医生，有"解剖学之父"的称号。——编者注

## 移动锥体

运动传导通路分为两种：一种是锥体系，它用于有意识地运动，反应速度快，受与相关肌肉对应的大脑半球控制。中风时，这个系统会受到影响，因此左侧的病变会导致右侧的运动障碍。锥体系以外的一切与躯体运动有关的传导通路被称为锥体外系，它控制姿势、平衡、协调性和反射性运动。

## 两大系统

神经系统包括整合并协调身体数据的中枢神经系统（大脑和脊髓）和负责感知、运动反应的周围神经系统。它的一部分是由意识控制的，另一部分（如心脏、消化、平滑肌等）是自主控制的。

## 细微的感觉

在神经学中，"感觉"这个词涵盖了多种功能。首先，与5种感官有关的感觉可以告诉我们和周边环境有关的信息，并识别痛苦的刺激（如咬伤、灼伤等）。其次是"本体感觉"，它可以告诉我们身体在空间中的位置，从而保持姿势和开展运动。最后是我们还不能直接意识到的"内感"，它可以评估内在的感受，以引发寒冷感、饥饿感、焦虑感等。

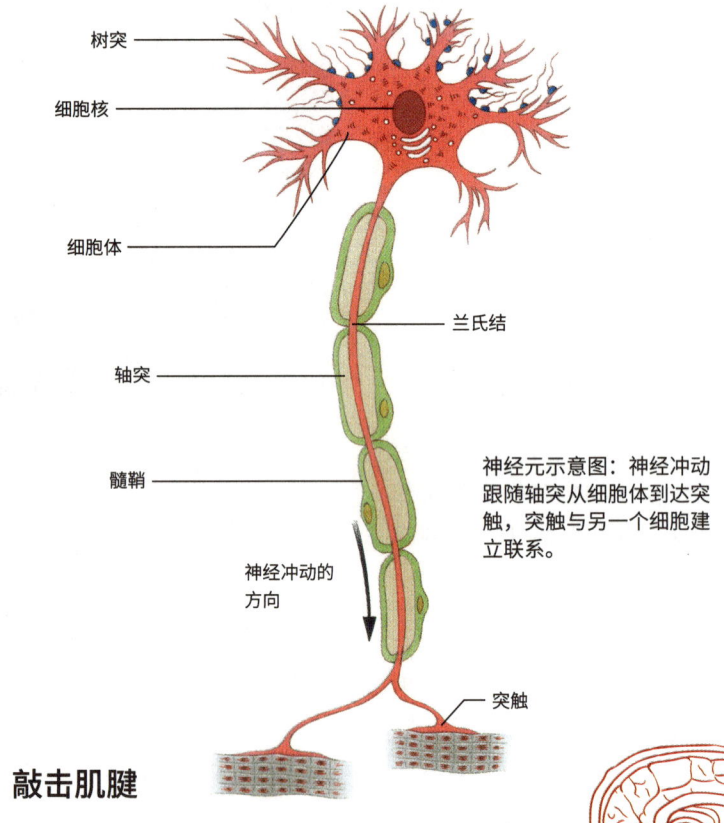

神经元示意图：神经冲动跟随轴突从细胞体到达突触，突触与另一个细胞建立联系。

## 敲击肌腱

反射中枢也位于脊髓，脊髓反射的反射弧不经过大脑，因此能做出更快的响应。在医学检查中，医生通过用锤子敲击肌腱来测试反射中枢。为响应肌腱的拉伸，肌肉收缩，同时拮抗肌放松。我们扭到脚踝时，正是这种机制使脚迅速回到正确的位置。

有骨有肉的身体

### 以髓磷脂为目标

多发性硬化是影响髓鞘最常见的疾病。少突胶质细胞在自身免疫反应后被破坏，于是神经冲动变缓甚至停止。由此会导致很多问题，如麻痹、眩晕、视力减退和疲劳，疲劳感会随着病情的发展而加重。

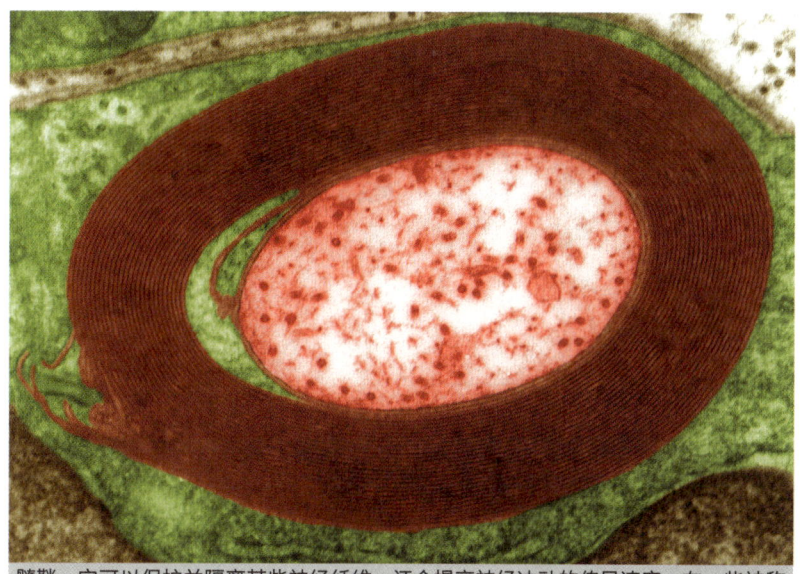

髓鞘。它可以保护并隔离某些神经纤维，还会提高神经冲动的传导速度。在一些被称为兰氏结的地方，神经元的轴突是裸露的。因此神经冲动可以由一个结跳到另一个结上，这就使其在更短的时间内传导相同的距离。

### 电的问题

神经控制所需的消息是以电的形式传送的。它们的传播速度取决于轴突的直径、长度和髓鞘的形成。髓磷脂在神经周围形成一个鞘，这使神经冲动跳跃式传导并大大提高了传导速度。电信号必须转化为化学信号才能在神经元之间传递。

### 背上的马尾

在生长过程中，脊髓的生长速度没有脊柱快。脊柱生长完成时，脊髓只能到达第一腰椎下缘。这就意味着在脊柱下部只有"马尾辫"似的神经纤维。

### 穿着紧身衣的神经

髓鞘是由特殊细胞产生的：中枢神经系统的少突胶质细胞和周围神经系统的施万细胞（又称神经膜细胞）。这些细胞中的每一个都会缠绕轴突几十圈，但由于覆盖的长度不超过1毫米，所以根据神经的长度判断，可能需要数千个细胞。

### 神经会再生吗？

周围神经可以再生。如果轴突断裂，那么在可能的情况下，轴突会按照之前的生长方向以每天1毫米的速度重生。而在中枢神经系统中，有很多因素阻碍轴突的恢复。这就解释了为什么截瘫病人（腿瘫痪）或四肢瘫痪的病人无法恢复其功能。当然，我们的研究就是要找出解决这些问题的方法。

# 有獠牙！

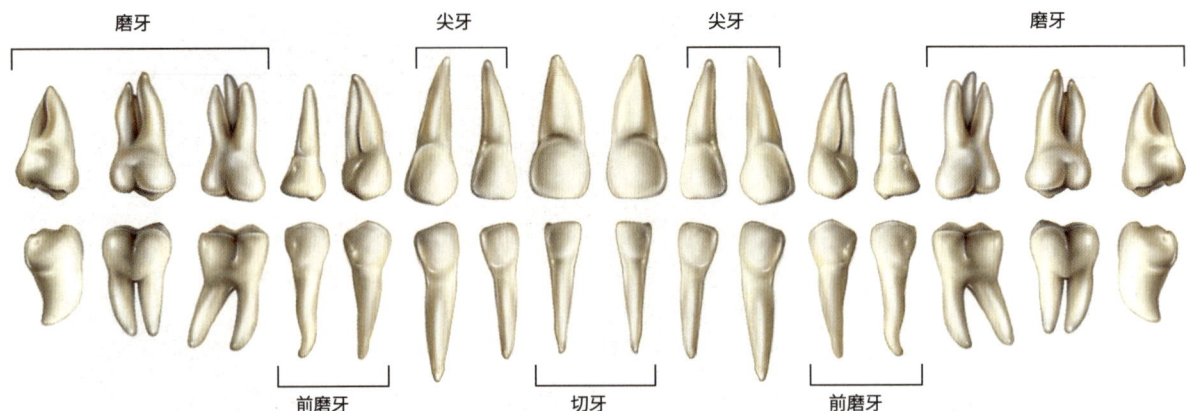

磨牙　　　　尖牙　　　尖牙　　　　磨牙

前磨牙　　切牙　　前磨牙

## 枕头下的惊喜！

儿童有 20 颗乳牙。乳牙从出生 6 个月左右开始生长，大约在 6 岁开始脱落，以便给恒牙腾出成长空间。在不同的文化里，有掉落的乳牙被仙女、天使或小老鼠收走的说法。

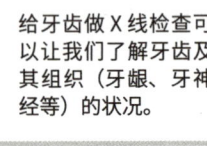

给牙齿做 X 线检查可以让我们了解牙齿及其组织（牙龈、牙神经等）的状况。

## 参观口腔

通常一个成年人有 32 颗牙齿，它们平均分布在上颌骨和下颌骨，不同的形状决定了它们的特殊作用。在前面，有 4 颗切牙把食物切成块；切牙旁边有两颗尖牙，用于撕碎食物；再向后，有两颗前磨牙和 2～3 颗磨牙（这取决于是否有智齿）用于研磨食物。

## 小的生态系统

每小时有超过 30 亿细菌在口腔中更新。

## 500 种细菌

细菌天然存在于口腔中，遍及人体皮肤和黏膜。它们构成了 500 多种不同的微生物群。这些微生物群与唾液蛋白相结合，可以去除口腔中残留的食物残渣。

## 数一数！

为了方便辨认，牙医会给我们的牙齿编号：右上的牙齿是第一组，左上是第二组，右下是第三组，左下是第四组。每个牙齿的编号是从口腔的中轴开始的，因此尖牙的编号分别为 13、23、33、43。

## 同心结构

牙齿由好几层组成。最表层是牙釉质，它覆盖在牙冠表面。其显著的矿化作用使自身非常坚硬且耐腐蚀。再往里一层是牙本质，它是牙齿的主体结构，主要由矿物质组成。牙齿的中心是牙髓，它是牙齿"生命力"的关键，其中包含血管、淋巴和神经。

## 细菌的组织

由口腔细菌和蛋白质基质组成的生物膜永久性地覆盖在牙齿上。由于口腔细菌之间的竞争非常激烈，因此这种生物膜的整体成分也在不断变化。食物和唾液分泌等外部因素同样会改变它的成分。

有骨有肉的身体

## 牙菌斑的形成

糖是改变生物膜内细菌力量平衡的因素之一。糖给细菌带来的变化使它们可以在牙齿上留下或多或少带颜色的软沉积物——牙菌斑。牙菌斑会沉积在牙齿或牙齿矫正器上，也会沉积在牙龈之下。

## 轻微失衡导致严重后果

龋齿是由细菌引起的病变。实际上，饮食、吸烟、服用药物或健康状况（压力、疲劳等）都可能导致口腔内的细菌平衡被打破。当然，也要考虑到遗传因素。当病原菌菌群形成，它们释放出的酸性毒素会侵蚀牙釉质。如果不采取任何治疗措施，这些毒素会一直向下发展直到牙神经，那时我们就会感到疼痛。

## 越来越硬

细菌的基因表达会随所处环境而变化。在合适的条件下，牙菌斑会矿化，形成牙垢。定期刷牙的目的是去除菌群，防止牙垢形成，因为牙垢中的病原菌更容易扩散并可能引发感染。

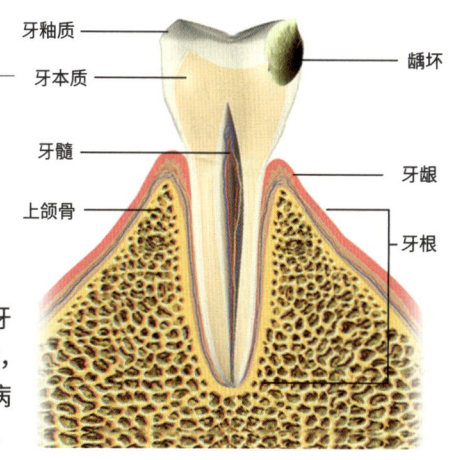

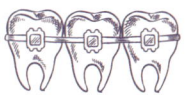

## 使用义齿

如果牙齿被腐蚀得过于严重，可能需要放置假牙冠。在某些情况下，假牙冠像头盔一样被放在治疗后的牙齿上以起到保护作用。在其他情况下，例如牙齿必须被拔除或牙齿不再具有天然牙冠时，就需要将螺钉植入牙龈或者残余的牙根以固定义齿。无论是哪种情况，义齿都必须尽可能地和其所取代的牙齿形状一致，以免影响下颌的平衡。

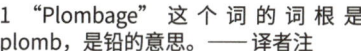

## 为您堵上一块

在很长一段时间里，银汞合金都是治疗龋齿的首选材料。完成牙齿清洁和消毒后，汞合金被用于填充牙齿。在法语中，用"plombage"[1]一词表示补牙填充物其实并不恰当，因为补牙填充物中并不含铅。银汞合金的优点是耐磨，也因为它避免了重金属污染可能造成的毒性，所以相对安全。

[1] "Plombage"这个词的词根是plomb，是铅的意思。——译者注

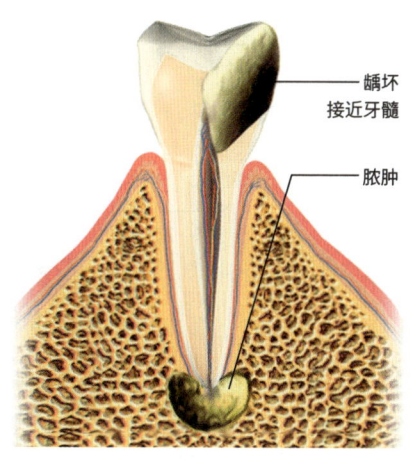

995

# 脑部特写

## 大脑还是脑？

"脑"这个词是用来表示颅骨内神经结构的术语。它包含大脑、小脑和脑干。脑干是大脑和脊髓之间的物理连接，因此它是向大脑输送运动信息并从大脑输出敏感信息的通道。它还可以管理心率、血压、呼吸、咳嗽、打喷嚏等基本功能。

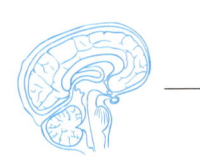

## 选择一方

大脑左、右半球的机能是不对称的。尽管左、右半球的大多数结构是一致的，但是其中一侧可能更发达。在运动机能方面，90%右撇子的左脑更发达，因为神经元在运动过程中发生了变化。对右撇子来说，语言区的大部分也在左脑。

### 思想从哪里来？

在古代，人们认为思想的中心是心脏而不是大脑。

## 各自为政

大脑的两个半球上都有脑沟分隔出的大脑叶。我们可以从表面观察到大脑叶有4个（如下图中的1～4）。边缘叶和岛叶（又称脑岛）位于深处，前者与情绪和记忆有关。

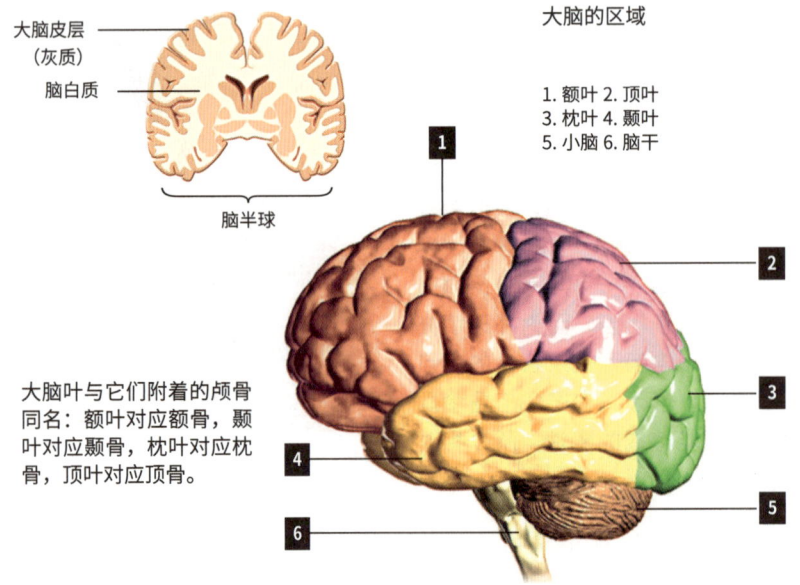

大脑皮层（灰质）
脑白质
脑半球

大脑的区域

1. 额叶 2. 顶叶
3. 枕叶 4. 颞叶
5. 小脑 6. 脑干

大脑叶与它们附着的颅骨同名：额叶对应额骨，颞叶对应颞骨，枕叶对应枕骨，顶叶对应顶骨。

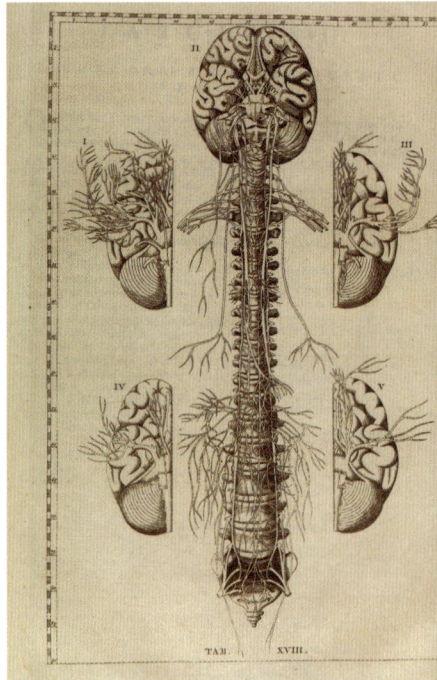

中枢神经系统与周围神经直接相连。

## 一石二鸟

大脑半球一侧优势通过整合相邻区域的功能来加快信息处理的速度。这可以扩大脑容量，因为神经元间的交流势必占用更多的空间。

有骨有肉的身体

## 唤醒最初的鳄鱼

根据20世纪60年代的"三位一体大脑"假说，爬行动物脑（脑干和小脑）是最古老的，也是维持"生存"的基本。古哺乳动物脑被认为是与哺乳动物同时出现的，也被称为边缘系统。最后进化出的是新皮质，只有灵长类动物尤其是人类的大脑中才包含新皮质，它使人类拥有语言、思想、想象力和意识等功能。

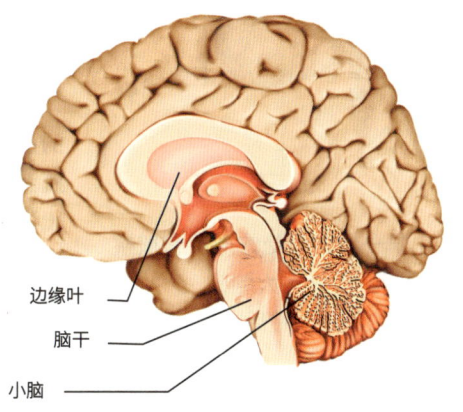

边缘叶在大脑半球的内侧面，包含以下结构：下丘脑、杏仁核、海马体等。

边缘叶
脑干
小脑

## 像一张巨大的蜘蛛网

大脑中各结构间的相互关系决定了大脑的效率（因此"三位一体"理论被摒弃）。实际上，一个巨大的神经元网络可以使大脑的各区之间相互交流以建立适当的响应。在这个物理系统中还需要加入一个化学成分，那就是激素，因为大脑还受到激素的调节。激素可以调节行为的强度，为行为加入情绪（压力、愉悦等）这个新的维度。

## 左边的力量

左撇子的大脑比右撇子的大脑更复杂，是因为他们的大脑单侧化并不明显。例如，70%的情况是语言区优先在左脑，但我们观察到的功能区分布在两个脑半球的情况也不罕见。这让了解大脑的病变变得更加困难，但这也许给我们提供了更多的康复机会。

## 星星和小手

神经元细胞是大脑的重要组成部分，它们通过弱电流传递信息，数量达数百亿，和神经胶质细胞的数量相当。神经胶质细胞虽然没有神经元的名气大，却是必不可少的，因为它们是神经组织的支撑，也起到保护、滋养、清理的作用。少突胶质细胞作为神经胶质细胞的一种，通过形成髓鞘来提高自身效率。

## 信号的变化

电流要从一个神经元传递到另一个神经元，由于它无法跳跃过突触间隙，因此必须通过突触释放的化学信使——神经递质。根据神经递质的成分和浓度的不同，神经递质可能激活（形成新的电流）或抑制下一个神经元。药物可能介入这个化学步骤，从而影响大脑活动。

### 被弃用的假说

"三位一体大脑"假说将大脑的结构与人类进化过程联系在一起。因此我们的大脑内堆叠了从最古老到最发达的三个独立结构。虽然这个理念非常过时，但它时常被提起。

# 满满一脑

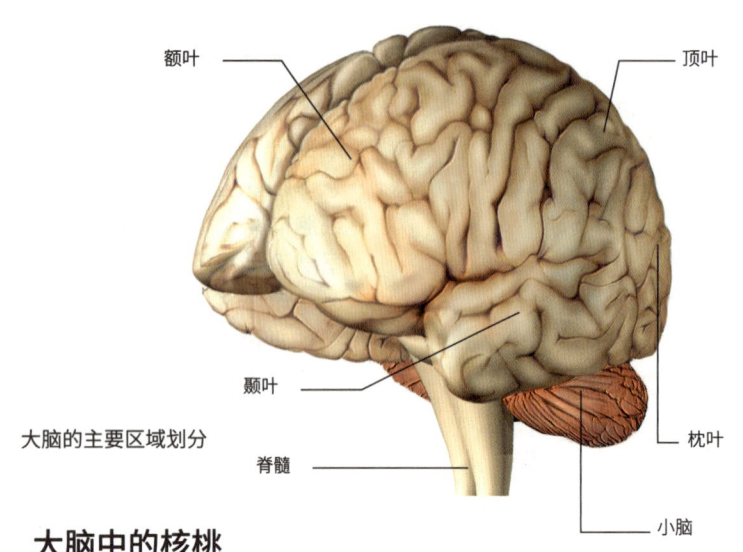

额叶　顶叶　颞叶　枕叶　小脑　脊髓

大脑的主要区域划分

## 大脑中的核桃

大脑的两个半球由胼胝体连接在一起，乍一看，大脑的形状和核桃相似。但再仔细一看，这个类比就不太合适了。首先，大脑的重量约为 1.5 千克；其次，它是一种比较柔软的物质；最后，它有 4 个腔，腔中分泌脑脊液。

## 大脑是什么颜色的？

人死后，大脑的颜色会发生变化：从粉红色（因血液的供应）变成表面灰色、内部白色。这种颜色变化源自大脑细胞组织。在外围，我们可以看到神经元和胶质细胞的尸体；在内部，神经元的轴突被包裹在白色的髓鞘中。

## 协调的指挥

小脑位于颅骨后部、大脑下方。它负责监督运动：如果我们想边看报纸边喝咖啡，它可以让咖啡成功到达我们嘴边，或者更简单地解释，我们每天正常的走路都归功于小脑的协调。

## 激素的地位

在颅骨中，激素也有它们的位置和作用。垂体高约 1 厘米，隐藏在颅中窝，与眼睛齐平，承担着非常重要的功能。在下丘脑（通过垂体柄连接）的监督下，垂体负责分泌生长激素、催乳素和促黑激素。

## 打开盒子

大脑本身并不敏感，因此外科医生会要求病人在清醒状态下接受开颅手术。

## "电钻"的觉醒

偏头痛是一种在女性中多发的严重头痛。发病原因是压力、疲劳、遗传因素等导致脑膜血管出现炎症，继而出现偏头痛症状。它可能会导致短暂的大脑皮层紊乱，发病的先兆包括言语不清、视觉混乱或消化不良。

偏头痛的先兆在视觉中表现为眼前出现闪光点、视力模糊或视野狭窄。

998

有骨有肉的身体

## 鼻窦

鼻窦深至面部骨骼和颅骨底部。连通鼻窦的腔体提供了一种清洁呼吸空气的形式,传播我们发出的声音,有助于分散我们面部和头部可能接收的冲击力、参与头骨的热调节并减轻自身整体重量。当鼻窦出现炎症时,额骨、颧颊和鼻子后部的沉重感会让我们迅速意识到它们的存在!

## 婴儿的颅骨

婴儿出生时,颅骨的骨化并不彻底。这样的骨骼结构可以让婴儿适应分娩时通过母体骨盆的压力,也有助于大脑的发育。通过触摸婴儿的颅骨,我们可以感受到囟门的柔软和跳动。囟门在孩子 3 岁之前会逐渐骨化并完全消失。

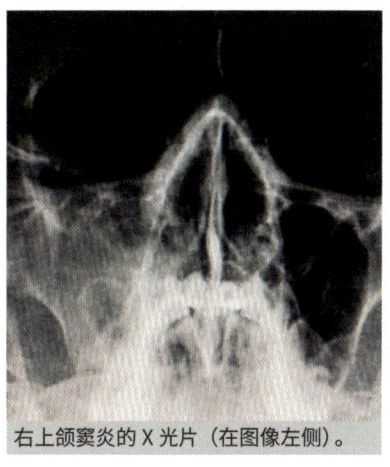

右上颌窦炎的 X 光片(在图像左侧)。

## 起保护作用的脑脊膜

脑脊膜是包裹脑和脊髓的膜。它们被牢牢地固定在颅骨上,可以保护大脑对抗冲击,也可以为大脑提供营养和免疫力。当脑脊膜出现炎症(脑膜炎)时,就会引发神经系统疾病。通过脑脊液穿刺可以确定致病菌。

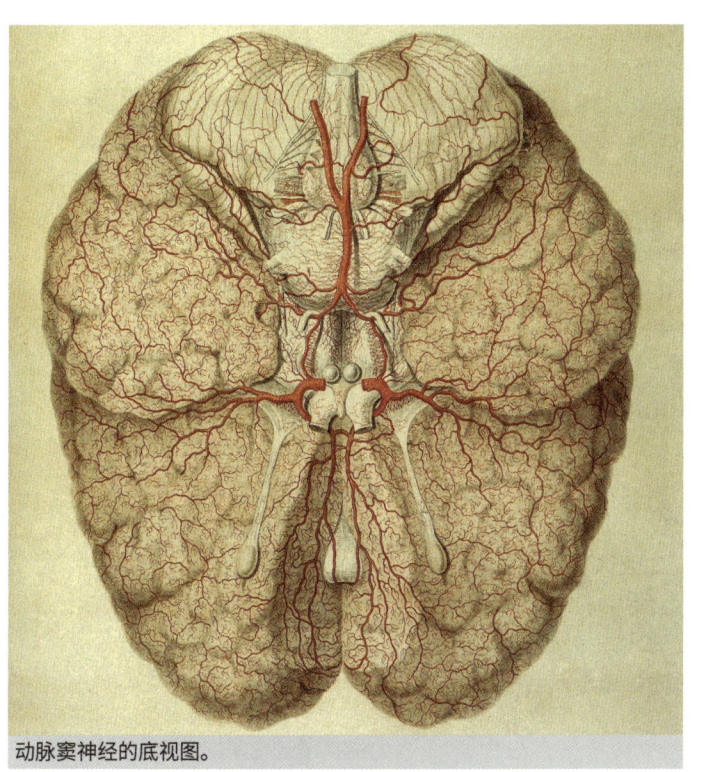

动脉窦神经的底视图。

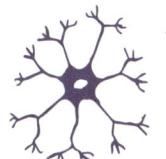

## 迷走神经?

人体一共有 12 对脑神经。它们中的大多数负责感官、平衡和运动机能,以及面、目、耳、口、舌和喉咙的敏感性。而第 10 对神经,也就是迷走神经,具有完全不同的功能。它沿着食道一直延伸至胃,与心脏和膈肌有接触,和它有关的功能包括发声、消化、心率调节、呼吸和打嗝。

999

# 人类的心脏

## 从一根管开始

心脏是胎儿的第一个功能器官。一般在妊娠 7 周左右就已经可以监测到胎心搏动了。然而，在子宫中的 9 个月里，胎儿心脏的形状发生了巨大变化：起先它是一根简单的管，然后通过扭曲、移位、旋转、重叠、靠拢、分隔和融合等变化，形成了最终的形状。

## 有洞的肌肉

心脏是一个中空的肌性器官，主要由心肌组成，它的内外分别被两种膜包裹：外部的心包和腔内的心内膜。心肌的收缩和电（神经）传导的关键就在于心肌细胞。虽然心脏是血液循环的引擎，但它本身是靠血管和冠状动脉灌溉的。

### 和神经有关！

心脏有自己的神经系统，因此心脏可以自主收缩：即使将心脏与身体断开连接，它也可以继续跳动一段时间。在历史上，心脏的这个特性是各种仪式和信仰的源头，并且也使心脏移植成为可能。心脏也受外部神经调节：迷走神经通常会减慢它的节奏（心动过缓），而交感神经则会刺激心脏（心动过速）。

## 血管堵塞

如果冠状动脉上有沉积物，动脉血流量就会变小，肌肉就会缺氧。运动过程中氧气摄入不足会引发心绞痛，会产生一种拉紧胸部的疼痛感，而如果运动停止，疼痛也会停止。当血液循环停止时，心肌细胞就会坏死，这就是急性心肌梗死。病人通常会经历剧烈的胸痛，背部、左臂和下巴也会感到这种疼痛。

## 两种循环

心脏的四个腔将心脏分为两部分。一方面，左边的心脏从肺部收到含氧的血液（呈红色），然后以强大的压力将血液输送到全身；另一方面，右边的心脏会收集含氧量不足的血液（呈蓝色），并以较小的压力将血液送到肺部，从而释放二氧化碳，开始新的循环。胎儿在母体子宫内就拥有这两种循环之间的自然连接，但是如果胎儿出生时这种连接依然存在，就属于病理范畴了。

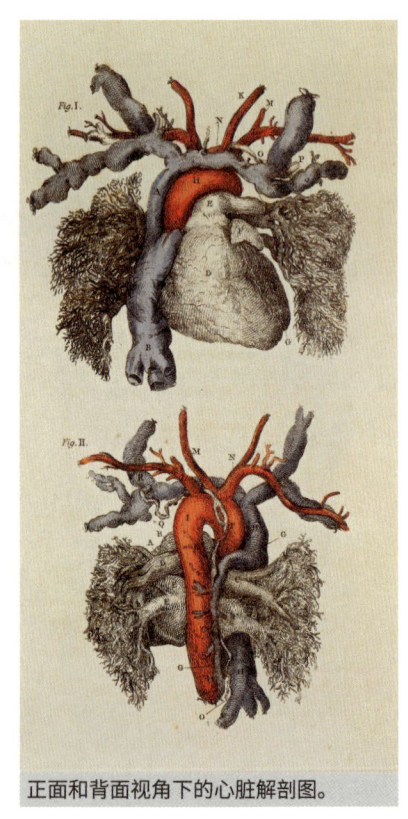

正面和背面视角下的心脏解剖图。

有骨有肉的身体

## 心脏的门

心脏瓣膜共有 4 个。在左侧，二尖瓣分隔左心房和左心室，主动脉瓣分隔左心室和主动脉。同理，在右侧有三尖瓣（分隔右心房和右心室）和肺动脉瓣（分隔右心室和肺动脉）。

## 不会骗人的症状

急性心肌梗死（或心脏病发作）会造成心肌细胞死亡，它们会在血液中释放肌钙蛋白（一种通常与肌肉细胞的肌动蛋白相连的蛋白质）。通过测量血液中肌钙蛋白的量，我们不但可以快速诊断出急性心肌梗死（即便心脏检查显示正常），还可以根据其浓度判断心肌梗死的严重程度。

## 心脏内部

心房和心室之间的循环始终朝着相同的方向：心房收集到达心脏的静脉血，然后在心室中排空，心室收缩，将血液从心脏输送到动脉。为了防止逆流，瓣膜在这些腔室之间起到密封门的作用。

## 打击乐

心脏听诊时听到的"咔嗒"声是心脏舒张和收缩结束时瓣膜关闭的声音。当瓣膜因变厚或变窄无法正常工作，这个声音就会消失，取而代之的是喘气声。

## 寻找脉搏

按压动脉时，我们可以感觉到脉搏。我们通常会用食指和中指来感觉脉搏，而不是拇指，因为如果使用拇指就会很难区分感受到的脉搏是来自自己的拇指还是被检查者的动脉。颈部下方、腕部、膝盖后部、脚面等处更容易摸到脉搏。

## 更换电池

心脏起搏器的工作原理和电池一样，如果心脏跳动异常地弱，它就会发出电脉冲以重新启动有节奏的收缩。根据每个患者对刺激的需求，它会被连接到导致心脏活动异常的神经节上。

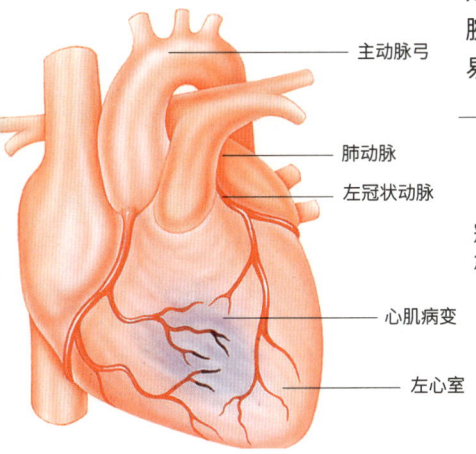

主动脉弓
肺动脉
左冠状动脉
心肌病变
左心室

冠状血管的堵塞会引发急性心肌梗死。

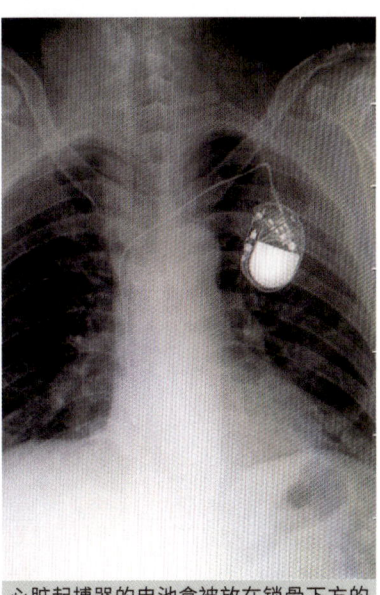

心脏起搏器的电池盒被放在锁骨下方的皮肤下。

# 谁是关乎生死的器官?

## 生与死的问题

致命器官是指所有对生命至关重要且其损伤或缺失会导致死亡的器官。这些器官包括大脑、心脏、肝脏、胰腺，以及成对的肾和肺（因为如果肾和肺只有一个，依然能维持功能）。

## 变成黄色

黄疸是由红细胞的代谢产物胆红素引起的。这种色素的正常排泄会使尿液和粪便的颜色发生改变，而且受肠道细菌的影响，粪便会呈棕色。如果肝脏无法正常吸收胆红素，无法消除其毒性并将其排出体外，那么胆红素就会大量堆积在血液中，从而使皮肤和眼白呈淡黄色。

## 像鸭子一样肥？

肝脏具有异常的再生能力，一旦这个能力失常，就会出现肝硬化。肝脏若长期暴露于酒精或病毒（乙型肝炎和丙型肝炎）中，就会纤维化。肝脏结构的病变是不可逆的，肝脏会变硬，呈颗粒状。酒精中毒、肥胖症和糖尿病会导致脂肪变性：如果肝细胞中脂肪过多，肝脏会变"肥"。

## 用于消化的"梨子"

胆囊位于肝脏后方，呈梨形袋状，是容纳胆汁的容器，如果消化过程需要，胆汁就会通过胆总管进入肠道。胆囊中包含的胆固醇、钙盐有可能会沉淀为结石，结石容易堵塞胆囊引发绞痛。

## 器官中的瑞士军刀

肝脏受身体右侧较低的肋骨保护，具有多种功能。它通过分泌可吸收脂肪的胆汁参与消化。它可以储存维生素、铁和糖原，可以代谢（合成和分解）碳水化合物（糖）、脂质（脂肪）和蛋白质，还可以过滤血液，从而降解有毒物质、药物、酒精等。最后，它还具有内分泌功能，因为它能产生几种激素。

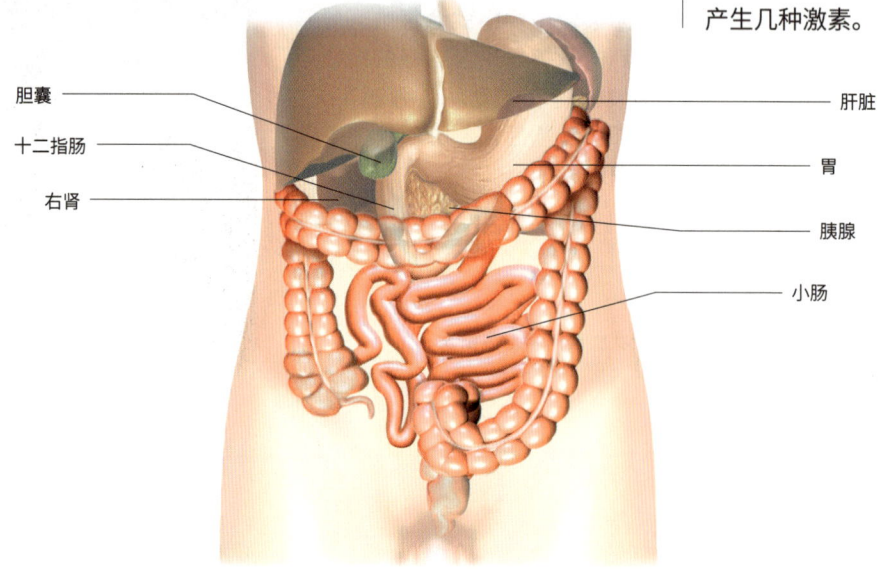

胆囊
十二指肠
右肾
肝脏
胃
胰腺
小肠

有骨有肉的身体

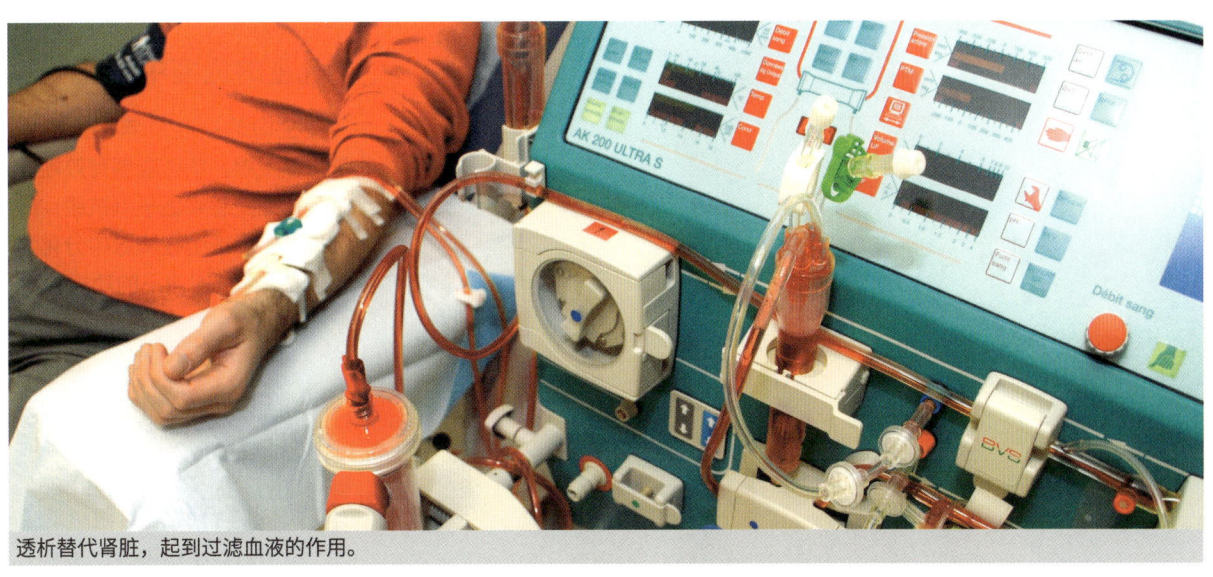
透析替代肾脏，起到过滤血液的作用。

## 人工过滤

透析是一种人工方法，当肾脏的血液过滤功能衰竭时（肾衰竭），透析是替代肾脏过滤血液的最后手段。血液中的肌酐水平可以检测出肾脏的衰退，因为肌酐可以消除肾衰。

## 防护良好的墓地

脾脏位于身体左侧，胰腺的最前端，人们常把脾脏比喻为墓地，因为血细胞（红细胞和血小板）和传染性物质都是在这里被破坏的。但是，当我们还是胚胎时，脾脏的作用正好相反——它是血细胞的产地（造血作用）。它还具有人体防御功能，因为有一些免疫细胞（淋巴细胞和巨噬细胞）也被储存在脾脏中。

## 两个四季豆

肾脏位于脊柱的两侧，从浮肋的高度一直到腰椎中间，形状像四季豆。它们的功能是什么？是过滤血液、排出废物、确保体内储存一定量的水，同时调节身体的酸碱度和矿物质的平衡。此外，肾脏还具有内分泌功能，可以调节血液、红细胞的产生和钙的吸收。

## 双重用途

胰腺是重要的消化器官和分泌器官。胰腺的绝大部分用于制造消化液，而小的细胞团（朗格汉斯岛，即胰岛）可以产生两种对人体能量储备至关重要的激素：胰岛素和胰高血糖素。

## 极点之谜

长久以来，人们认为运动中"极点"的出现和脾脏有关，所以脾脏被摘除的人就可以不受限制地奔跑。可事实并非如此。

1003

# 神秘器官

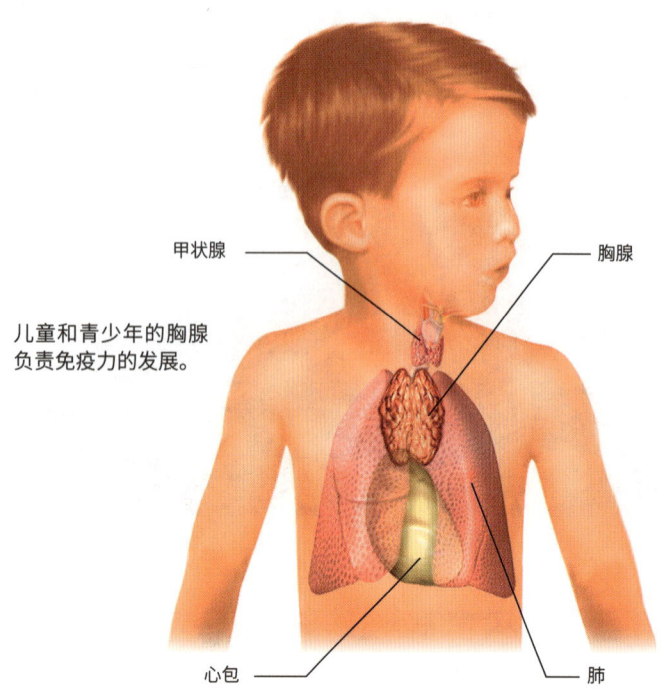

甲状腺 — 胸腺
心包 — 肺

儿童和青少年的胸腺负责免疫力的发展。

## 儿童的免疫中枢

在生命的最初几年，免疫力非常依赖胸腺。胸腺能够有效地过滤血液，免受感染因子（抗原）的侵袭。淋巴干细胞在胸腺中分化为T淋巴细胞并获得自己的功能。

## 肠系膜有什么新情况？

如今对肠系膜的研究表明，出于它对小肠神经的滋养作用和支配作用，研究人员建议给它冠上"器官"的称号。这也激发了人们对腹膜及其皱襞的研究兴趣，因为此前人们认为它们只是简单的附件，而没有了解它们的实际功能。

## 越来越小的器官

儿童的胸腺是一种随年龄增长逐渐退化的器官。在儿童时期，它"散布"在胸骨后，位于两肺之间，覆盖于心脏之上。从青春期开始，胸腺逐渐变小，最后被脂肪组织替代。

## 脑袋里的"松果"

松果体位于大脑中央，与和视网膜相连的神经元有着紧密的联系。因此它能够根据外界环境的明暗分泌褪黑素，褪黑素能够影响我们的生物节奏（包含睡眠）。

## 肾脏的帽子

两个肾脏的上方各覆盖着一个肾上腺。肾上腺的中心部分是肾上腺髓质，它的结构与神经节类似，可以产生儿茶酚胺，其中包括肾上腺素、多巴胺和去甲肾上腺素。肾上腺的外围是肾上腺皮质，它分泌肾上腺皮质激素。这些由类固醇混合而成的激素使肾脏可以控制人体某些离子、与新陈代谢和某些免疫反应有关的激素，以及性激素的含量。

## 甲状腺的4个火枪手

甲状旁腺与甲状腺紧密相连，数量通常为4个（有时更多）。很长一段时间里，甲状旁腺的存在和作用都不为人知。在研究了切除了甲状腺的病人（在这种情况下是切除了甲状旁腺）的痛苦之后，人们才了解它们的功能。这些腺体具有内分泌功能，可以增加血液中钙的含量，而无须垂体的控制。

有骨有肉的身体

腹部切面图显示了腹膜（黄色边框）及其周围的器官：胃、脾、肾、肝等。

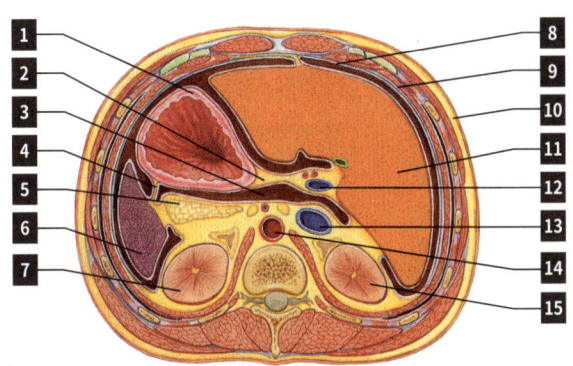

1. 胃 2. 大网膜 3. 腹腔 4. 小网膜的胃脾韧带
5. 胰腺 6. 脾 7. 左肾 8. 肝圆韧带 9. 壁腹膜
10. 内脏腹膜 11. 肝 12. 门静脉 13. 下腔静脉
14. 主动脉 15. 右肾

 **青春和争论**

DHEA（脱氢表雄酮）是一种由肾上腺产生的雄激素，是睾酮生物合成过程的中间产物，其在人体中的含量随年龄的增长而减少。从医学的角度来看，它可以用于治疗狼疮。DHEA 也被称为"青春激素"，因为它能减少一些与年龄有关的疾病（如骨骼脱矿质、性欲减退、认知缺陷等）和勃起功能障碍，但这些特性尚未得到正式证明。

## 高与低

甲状旁腺分泌的甲状旁腺激素（简称 PTH）不足时（由于手术切除、自身免疫性疾病等），人体内就会缺钙。由于钙可使肌肉松弛，因此会出现手足抽搐、痉挛、心悸等症状，也会出现其他异常，如指甲易断、牙齿问题和精神疾病等。相反，如果 PTH 过高，骨骼容易脱钙并断裂。

## 各就各位

腹膜使腹中的内脏保持在适当的位置，并且由于腹膜腔中有浆液，所以内脏可以自如地活动。腹膜形成的皱襞包括网膜和肠系膜。网膜有小网膜和大网膜，前者连接胃和肝；后者从胃大弯大片垂下，落在肠道上。肠系膜构成了小肠后部的附着物。腹膜一旦出现炎症（腹膜炎）是非常紧急的，因为其感染扩散的风险很高。

## 最初的器官

母体组织和胎儿组织结合产生的胎盘在妊娠的第三个月末开始完全发挥作用。这个短暂存在的器官通过脐带将孩子和母亲连接起来。它为胎儿提供营养和氧气，确保胎儿可以在子宫内安全地度过几个月。胎盘还会分泌激素，促进胎儿成长。

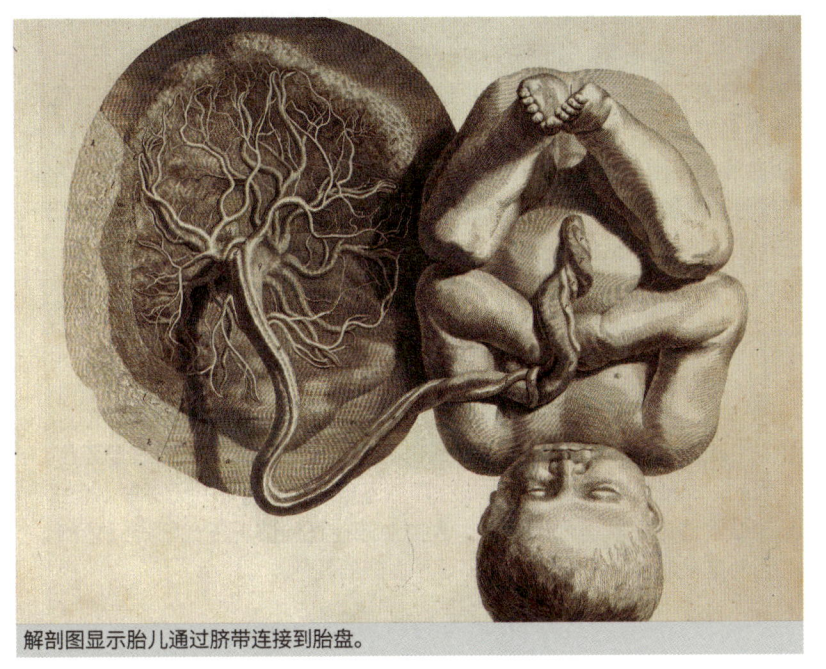

解剖图显示胎儿通过脐带连接到胎盘。

1005

# 血液是生命之源

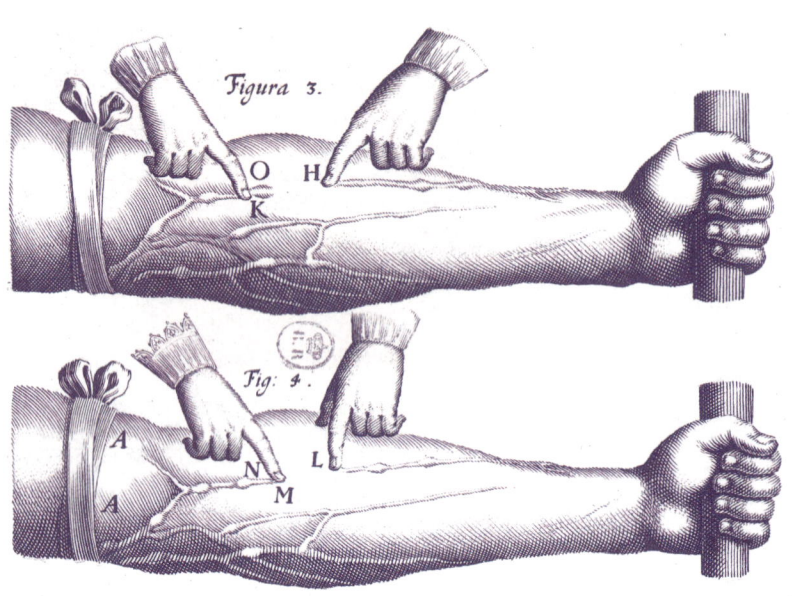

威廉·哈维制作的第一个展现血液循环的解剖模型。

## 血液及其成分

血液由几种类型的细胞组成，这些细胞是血液中的有形成分，位于血浆中。其中数量最多的是红细胞，它们携带氧气和二氧化碳；血小板是具有凝血作用的细胞碎片；白细胞则负责维持免疫力。

### 120天

红细胞的寿命是 120 天，血小板的寿命约为一星期。

## 但是它在循环！

威廉·哈维（1578—1657）首次正确描述了血液循环。他的发现让人们彻底抛弃了肝脏和心脏不断产生血液的想法。他还给放血疗法画上了句号（因为人体内并没有多余的血液），并为输血开辟了道路。

## 它在流动！

肝脏产生的白蛋白是维持血液运输（如离子、激素、脂肪酸、药物等）的重要血浆蛋白。白蛋白还可以平衡血液和周围组织之间水的分布。在营养严重缺乏的情况下，白蛋白可以被降解以提供氨基酸。

## 血液药物

血浆在血液中的占比约为 55%，可以通过离心机来获得。捐献血浆虽然非常简单，但是很重要，因为血浆可以制作约 20 种血浆衍生药物，这些药物对大面积烧伤、严重外伤、免疫力低下或血友病患者来说必不可少。

## 血液诞生的地方

传统观点认为，造血的中心（红细胞的产生）是红骨髓。但是在 2017 年，科学家们首次证明肺中也形成了数百万个血小板！

## 红色或蓝色

通常情况下，富氧血液呈红色，经过器官后的贫氧血液呈蓝色。因此，血液的这种表现与它是在静脉还是在动脉循环并无关联。但即使血管透过皮肤呈现出蓝色，人类血液在任何情况下也都是红色的，因为这是血红蛋白中的铁原子赋予血液的颜色。

1006

有骨有肉的身体

血液细胞。红细胞的直径约为 7 微米，而毛细血管内腔直径约为 5 微米，因此红细胞无法通过最细的毛细血管。

## 在红细胞的中心

血红蛋白是红细胞中的主要蛋白质，它起着运输氧气和二氧化碳的作用。当血红蛋白指数迅速下降，人就会贫血，可能出现面色苍白、疲劳或头痛的情况。尿液和粪便的颜色也受血红蛋白分解产物的影响。

## 给予和收获

O 型血的人可以给任何血型的人捐献红细胞和血小板，而他们只能接受 O 型血人的输血；而 AB 型血的人可以接受任何血型的人捐献的红细胞和血小板[1]。但是如果是捐献血浆，情况则正好相反！

[1] 该说法是早期人们对血型的认知，并不严谨，理论上，迫不得已时可少量输血，实际临床工作中几乎不会出现这种情况。——编者注

## 蓝色的血液

有一些动物的血液天然是蓝色的，因为它们的血液中富含铜。

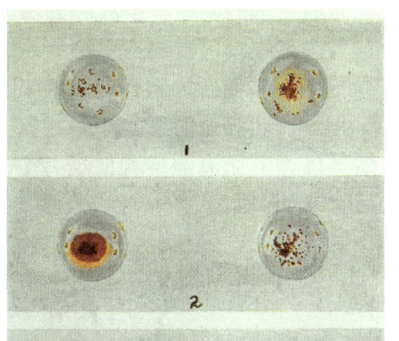

## 集体事务

血型与红细胞表面标记物是否存在有关：A 抗原或 B 抗原创造了 4 种血型（A 型、B 型、AB 型，以及不包含这两种抗原的 O 型），它们与抗原 D 结合（Rh 阳性或 Rh 阴性）构成了 8 种可能性。因此，A 型血患者的血浆中会出现抗原 B，从而破坏输入血液中含有 B 标志的红细胞；AB 型血患者的血浆中不含任何与该标记物相关的抗原。

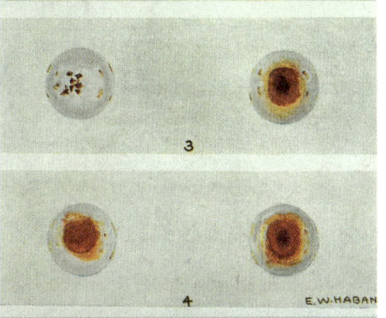

20 世纪初，不同血型的表现。Rh 因子也称恒河猴因子，于 1940 年在恒河猴身上被发现，故而得名。

## 有毒的礼物

受污染的血液事件于 20 世纪 90 年代初爆发，当时的民众认为是政府和医疗机构任由污染血液（尤其是感染丙型肝炎和 HIV 病毒的血液样本）传播。这次事件产生的效应使人们加强了献血的安全意识。在法国，由于男同性恋被认为是极易感染 HIV 病毒的人群，1983 年他们被禁止献血。直到 2016 年，他们才重新获得献血的权利。

1007

# 几万千米的血管

## 三重循环

人体内有三大循环系统：动脉将血液从心脏输送到外围，再到毛细血管；静脉将血液带回心脏；淋巴系统排出淋巴液。

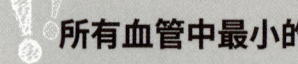

### 所有血管中最小的

毛细血管是血管中最小的，它们的最大直径约为5微米（比红细胞还要小！）。它们是动脉系统向静脉系统过渡的地方。

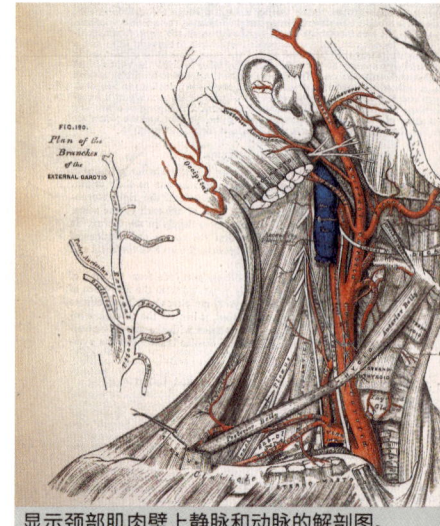

显示颈部肌肉壁上静脉和动脉的解剖图。

男性的淋巴系统。淋巴结和淋巴管沿大血管的路径延伸，大量分布在内脏周围。只有右臂和头部的一部分淋巴液不会通过胸导管返回心脏。

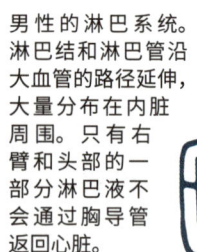

### 肌肉发达的壁

静脉壁和动脉壁都有3层：与血液接触的内膜、中膜和外围的外膜。中膜包含由自主神经系统控制，并受多种激素调节的平滑肌细胞。这些肌肉的收缩或松弛可以调节血液流量和血压（在运动中、饭后等）。

胸导管

### 高速公路和羊肠小道

仅血液网络的总长度就超过9万千米。至于淋巴液，胸导管收纳全身约3/4的淋巴液。胸导管起于肠道后方几厘米的乳糜池，然后上升大约40厘米到达颈部下方，之后汇入左锁骨下动脉。

### 淋巴液的来源

血浆通过毛细血管渗出到组织间隙，成为组织液，细胞浸润在组织液中，可与组织液进行物质交换。多余的组织液（总量约为2升）进入淋巴管，成为淋巴液，而后再经过滤回流至静脉，参与血液循环。

### 有骨有肉的身体

## 主动脉

为了能以较高的压力输送血液，动脉血管壁必须坚固、平滑且有弹性。它们当中最粗的是直径为 2 厘米的主动脉，它直接连接心脏，沿脊柱延伸，为负责给大脑、肾脏、肠道等器官供血的动脉提供通道。

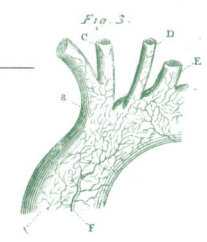

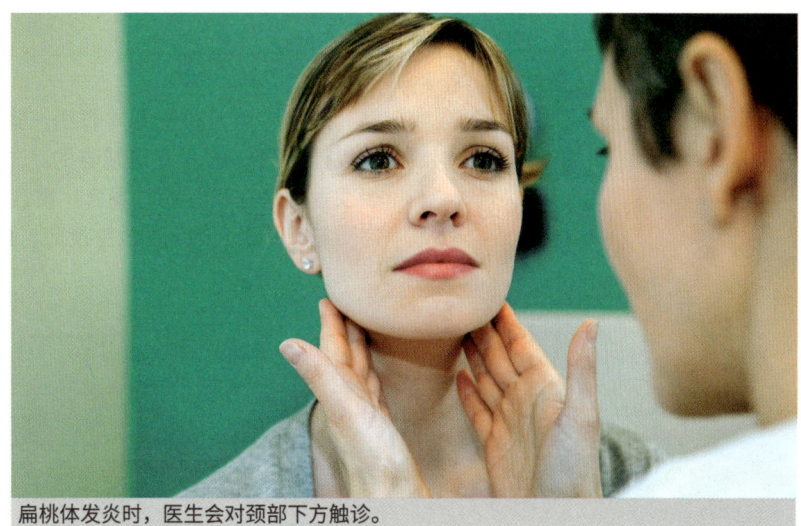

扁桃体发炎时，医生会对颈部下方触诊。

## 静脉

静脉可分为两种：一种是靠近骨骼的深静脉，它沿着动脉的路径，负责输送 90% 的静脉血；另一种是我们可以从皮肤表面看到的浅静脉。这两种静脉由穿静脉连接。

### 喉肿痛

淋巴网络里布满了负责过滤淋巴的淋巴结，淋巴结中的免疫细胞（淋巴细胞）能够识别病原体并迅速做出防御反应。这个过程会导致淋巴结肿胀，变得明显（颈部、腋窝、腹股沟等部位）。淋巴结在评估乳腺癌肿瘤扩散（转移）的过程中起关键作用。

### 回到开始的地方

当我们站立时，低压静脉血必须与地心引力做斗争才能到达心脏。多亏了肌肉的收缩，才使血液可以上升。静脉内部有静脉瓣，它们可以引导循环方向并防止血液倒流。

### 什么是痔疮？

当血液回流机制有了缺陷，会导致静脉功能不全，就会出现静脉曲张。血液停滞在浅静脉中，由于浅静脉具有柔韧性，所以它们会膨胀。静脉膨胀，则凸显于皮下。当肛门和直肠的静脉受到影响时，也会出现类似的情况，形成痔疮。

### 危险的斑块

有时动脉的内壁上会形成脂肪沉积（动脉粥样硬化斑块）。随着沉积的发展，动脉内径减小，血液流动受到影响。最终，增厚的斑块可能破裂并形成可移动的血块，这些血块会滞留在其他血管中，从而导致梗死、中风、静脉炎或栓塞。

1009

# 人体是液态的？

### 几升水！

我们在出生时，身体的75%都是水，随着年龄的增长，这个比例会下降，到成年时，水在人体中约占55%。细胞内液含水28升，细胞外液含水14升，其中有3升水是在血浆里的。

### 体味的产生

汗腺广泛分布于身体表面，集中在手掌和脚底。因为汗液中含钠，所以汗腺分泌的汗液是咸味的。顶泌汗腺（主要分布在腋窝、腹股沟、胡须等处）在青春期时发育。富含脂质和蛋白质的汗液比较浓稠，这些物质与皮肤表面的细菌发生反应，会产生特有的麝香味。

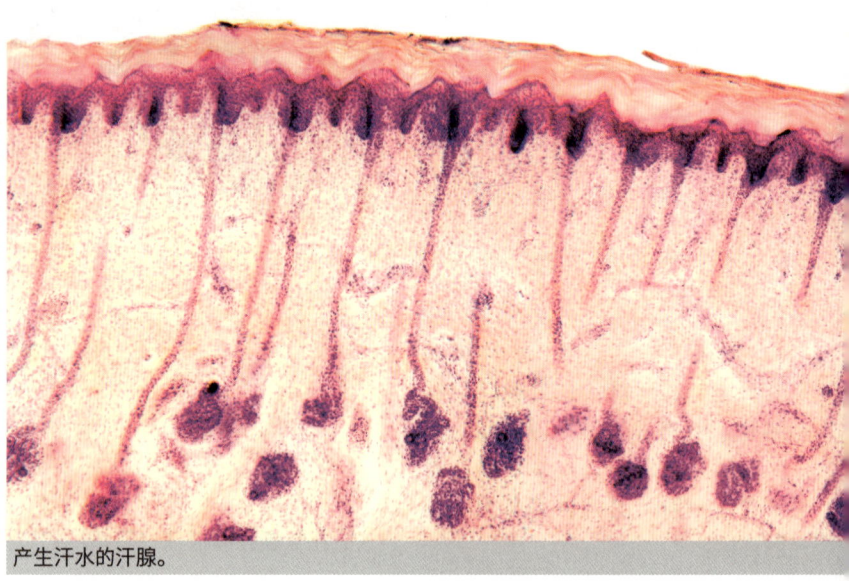

产生汗水的汗腺。

### 汗水对抗发烧

汗液源自组织液。它可以使人体体温保持在37摄氏度左右，同时给皮肤补水。直到今天，我们依然无法知道汗液中是否包含人类的信息素。

汗水可以降低人体温度，使体温保持在37摄氏度左右。

### 充满惊喜的液体

肾脏通过过滤血液产生尿液。尿液中包含离子、矿物质和大量废物，这些废物中主要是尿素（由蛋白质分解产生）和白蛋白。我们可以从尿液中观察到3000多种不同的化合物，其中2/3来自降解后的药物、化妆品或食物。如果尿液中含有血液、蛋白质或葡萄糖等物质就是异常现象了。

### 尿液中有细菌

膀胱中有一种天然的菌群，就像肠道中或皮肤上的菌群一样。尽管这种菌群看上去是无害的，但认为尿液是无菌的这个想法是错误的。众所周知，大肠杆菌有可能引发尿路感染，但它并不存在于这个菌群中。相反，人们已经证明某种细菌的存在和大小便失禁有直接关系。

有骨有肉的身体

## 为什么流口水？

唾液有助于滋润从口腔到胃部的黏膜。它包含的抗菌元素可以保护食道和牙齿免受感染，它还使我们能够消化淀粉（一种复杂的植物糖）。另外，它具有一定的抗菌作用。我们去舔伤口时，在身体反射的作用下，依然会用到唾液。

## 用胆汁来消化脂肪

肝脏每天产生的1升富含胆固醇和胆汁盐的胆汁对消化脂质（脂肪）有很大帮助。通过分泌胆汁，肝脏可以与毒素（如酒精、药物等）分离，从而确保自身的健康。

## 酶的注入

胰液和胆汁都会流入十二指肠（肠道的第一段）。胰液含有多种消化酶，可以消化蛋白质、糖和一些脂肪。胰液可以有效中和胃酸，降低食糜的酸度。

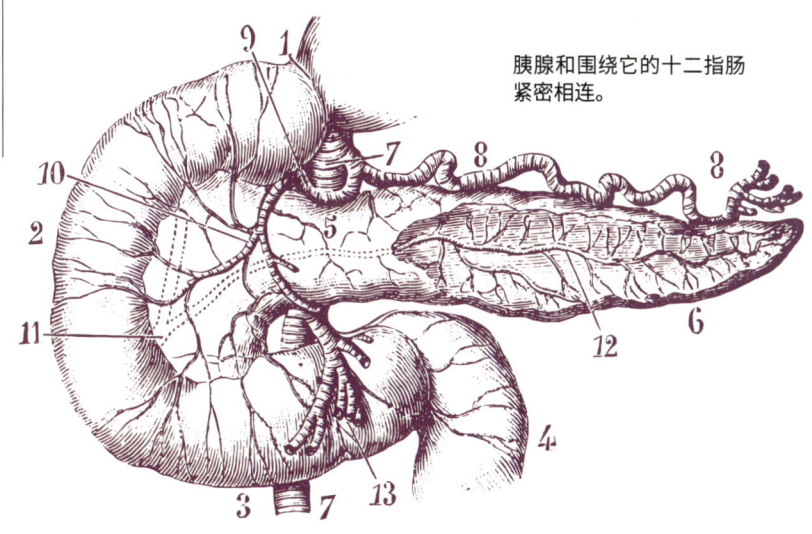

胰腺和围绕它的十二指肠紧密相连。

## 大脑浴

脑脊液浸润着我们的整个中枢神经系统，由附着在脑室的脉络丛在大脑内部产生。然后，它在脑室、室管膜和脊髓中央管里自由循环，或者相反，在脑膜各层之间的空间中循环。

## 头部受压

脑脊液的正常流量受到阻碍时，颅内压力就会增加。如果这种情况发生在婴儿身上，其引起的结构性扩张会导致颅骨变形，也就是脑积水；而当这种情况发生在成年人身上时，因为成年人的骨骼已经融合，大脑就会受到压迫和损伤。这两种情况都会导致脑积水。

 堵住了

实际上，耳垢是皮脂和汗液混合的产物，会随着下巴的运动（说话、咀嚼等）从耳内流出。耳垢的流出也就是灰尘从耳朵里出来，而且由于它是酸性的，还可以保护耳朵免受感染。耳垢堆积导致堵塞大多是由外部原因，而不是由内部原因（分泌过多、管道狭窄等）引起的。

# 体毛……还有指甲！

## 多种外形的角蛋白

上皮组织是在皮肤深处产生的。无论是体毛（包括睫毛、眉毛、头发）还是指甲，它们都来自少量的干细胞。这些干细胞富含角蛋白（一种让干细胞更为稳固的蛋白质），在分裂之后就会死亡。因此上皮组织是没有活力的，它们可以跟化学物质起反应，对脱水作用非常敏感，但是切割它们既不会改变它们的形状，也不会改变它们的生长速度。

### 死亡器官

体毛由死去的细胞组成，剪去体毛既不会影响它们的生长速度，也不会影响它们的浓密程度。

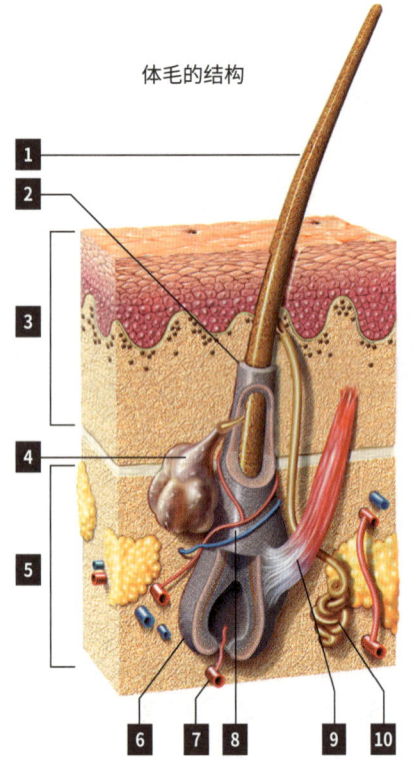

体毛的结构

毛干是体毛可见的外部部分。皮下组织部分是活的：毛囊，图中的紫色部分。
1. 毛干 2. 毛囊 3. 表皮 4. 皮脂腺 5. 真皮 6. 球部 7. 毛细血管 8. 髓质 9. 立毛肌 10. 汗腺

## 指甲的颜色

指甲主体的颜色之所以是粉红色，是因为甲床的颜色。甲床滋养着指甲并让指甲可以牢固地附着其上。指甲受到冲击或在强压之下时会形成血肿（指甲变成蓝黑色），指甲的营养也会被破坏，甚至会脱落。

## 10个根部

甲基位于指甲根部的角质层之下，是指甲生长的源泉。如果甲基受损，指甲就无法正常生长，表面会出现条纹、裂缝，会畸形生长或停止生长。甲基的顶端部分是指甲底部可见的一条较浅的弧线（月牙儿）。

## 就近保护

指甲不仅具有好看的外观，也有一定的保护作用。指甲紧密的鳞状结构可以保护手指和脚趾的尖端。另外，指甲不仅加强了手指的坚硬程度，还使我们更容易抓握小物体，并具有更好的灵敏度。

## 同心的毛发

毛发由内到外可分为三层。第一层是毛髓质；第二层是富含黑色素的毛皮质，它赋予毛发颜色；第三层是毛小皮，它由具有透明鳞片的角蛋白组成。毛囊腺产生的皮脂可以滋润并保护毛发表面。

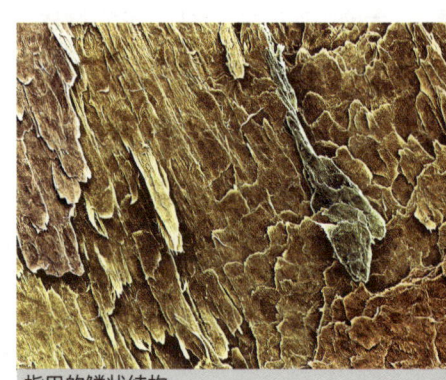

指甲的鳞状结构。

1012

有骨有肉的身体

## 形状的产生

和所有的毛发一样,每根头发都是从毛囊(位于皮下几毫米的腔)中长出的。毛囊可以影响头发的形态:在显微镜下可以看到,直发的毛囊横截面是圆的,而鬈发的毛囊横截面比较扁平。

## 鸡皮疙瘩

每根毛发都有一束立毛肌,能使毛发立起来。这也是人在感到寒冷时会起鸡皮疙瘩的原因。

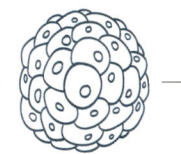

## 宝宝的绒毛

胎儿在子宫内从第四个月开始长毛发。由这些毛发形成的绒毛一直覆盖在胎儿身上直至出生,被称为胎毛。

## 真菌和收获

头癣是头皮、胡须,以及其他毛发区域被寄生虫感染的表现。皮肤真菌家族的一种微小真菌会攻击角蛋白,并形成一个头发脱落的圆形区域。其他机制也可能引发脱发,例如斑秃的发病机制可能就是自身免疫性疾病。

## 胡椒和盐

头发变花白可能是由白发病引起的。当不含黑色素的头发与其他深色头发叠加在一起,就容易给人一种头发呈灰色的感觉。这种着色中止的确切机制还不明确,可能与年龄、遗传疾病或自身免疫性疾病有关(例如使皮肤、毛发色素脱失的白癜风)。

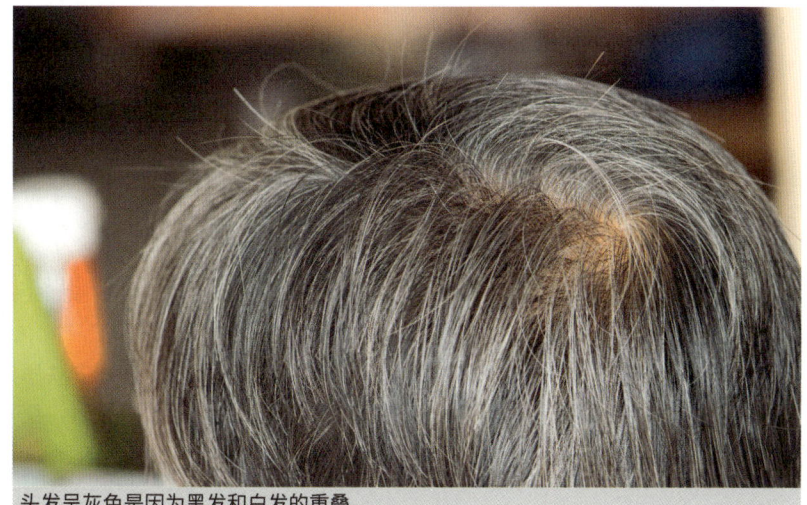

头发呈灰色是因为黑发和白发的重叠。

## 与头发有关的激素和基因

为了避免秃顶,一个简单而粗暴的解决方案就是阉割。自古以来,男人过早脱发与睾丸之间就存在联系:阉人就不会脱发。虽然脱发的部分原因和遗传有关,但另一方面,睾丸产生的睾酮会加速颅顶毛囊中干细胞的活动,使它们的活性过早终止。

1013

# 触觉

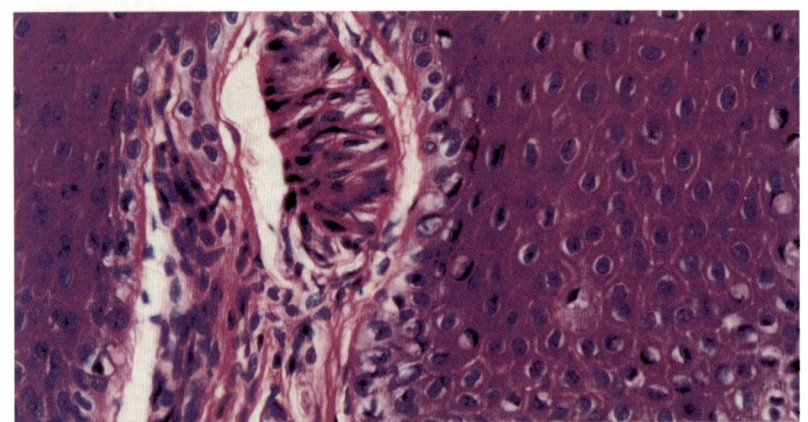

指尖的表皮细胞（皮肤最外层）。迈斯纳小体（触觉小体）是一种高精准度的触觉感受器，它让我们能够感受到最轻柔的触摸。这些小体位于表皮下，大量分布于指尖、舌头和嘴唇等部位。

## 细胞的敏感性

躯体感觉（简称体感）通常被简化为皮肤感知的触摸。然而，这种基本感觉（日常只有一部分是有意识的）也关系到我们感知温度、疼痛和身体在空间中所处的位置（本体感觉）的能力。

## 任务分配

体感的感受器众多，并且具有各自的专业领域：热度、化学物质、疼痛、机制约束和本体感觉。它们广泛分布于皮肤，当然也分布于肌肉、肌腱、骨骼、内脏，甚至毛发，这就解释了为什么哪怕只拔一根毛发也会很痛。

## 表皮烧伤，疼痛的灼伤？

表皮烧伤之所以疼，是因为皮肤的机械感受器。因此，严重烧伤却感受不到疼痛是一种危险的征兆，这表明烧伤很深，不仅破坏了皮肤，还至少破坏了真皮，甚至破坏了神经末梢。

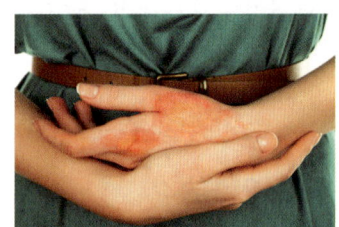

深度烧伤破坏了皮肤的神经末梢。所以说疼痛感与伤口的严重程度不成正比。

## 不会没完没了

大脑会将触觉信息排序，以避免没完没了地处理不变的参数。这就是为什么我们不会一直感觉到衣服或首饰的存在。

## 从最细致到最粗糙

从生理上讲，各个身体部位的触摸功能不可能都是相同的，因为这会导致不必要的信息进入大脑。因此，感受器在体内的分布并不均匀。例如，手指的触摸功能很强，而像手臂和大腿这样比较长的身体部位的触摸功能要弱很多。另外皮肤质量也会影响触觉的敏感度，因为当皮肤变厚，被角质或毛发覆盖时，获得的感觉也会更粗糙。

有骨有肉的身体

## 失去真实性

失去体感会导致严重的心理疾病。事实上，失去体感后，我们再也无法感觉到自己的身体和身体极限，无法感知地面和接触到的物体。于是我们无法知道其他的感觉是否真实。就好像我们被困在梦境中，或是变成了幽灵，虽然没有穿过墙壁，但确实脱离了现实。

## 对外在世界的感受

对外部信息的敏感性包括精辨觉（又称精细感觉），它让我们能够准确地区分纺织物的质地；相反，原始触觉要粗糙得多。热痛觉是感受到的与温度有关的疼痛，它由主要位于皮肤中的机械感受器（如感受压力、摩擦、振动等）来感知。

## 来自深处的消息

岛叶是位于大脑深层的大脑叶，它与多种生理活动（如心跳、热敏、消化、体内平衡等）相互关联。实际上，它会接收所有来自身体内部的敏感信息（内感），并将它们与外感信息联系起来，再将它们重新分配到大脑的认知或情感中心，以便我们采取适当的行动。

## 本体感觉

我们的体感中无意识的那部分是由所有的身体结构和器官带来的，它们受到的刺激不是来自外部而是来自身体内部，即本体感觉。这些信息包括肌肉收缩水平、外界施加的压力、身体各部分相对于其他部分的位置等。

## 掌舵的小脑

意识是本体感觉的组成部分，所以即使我们闭上眼睛也知道如何调整身体动作（如挠痒、交叉双臂、整理发型等）。本体感觉产生的所有数据都直接送至小脑，因此小脑是保持平衡、调整姿势和协调无意识动作的核心。

## 手脚不利索

感官的敏锐度会随着年龄的增长而降低。听觉和视觉的下降很容易判断，但是感官敏锐度也会随年龄的增长或某些疾病的发生而降低，即感觉减退。随着人口老龄化，这种状态应被重视，因为它对于老年人保持自理起着重要作用。

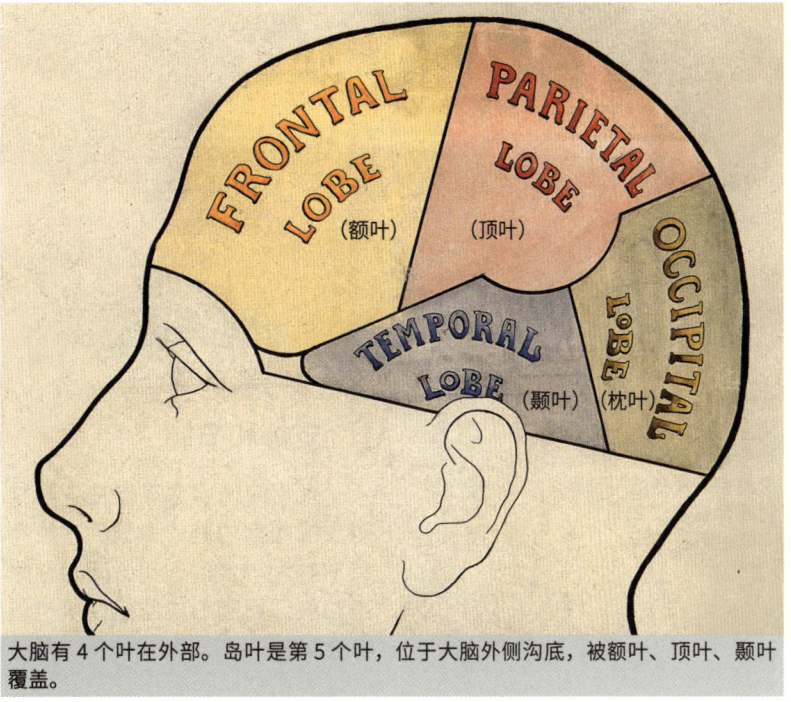

大脑有 4 个叶在外部。岛叶是第 5 个，位于大脑外侧沟底，被额叶、顶叶、颞叶覆盖。

# 会阴

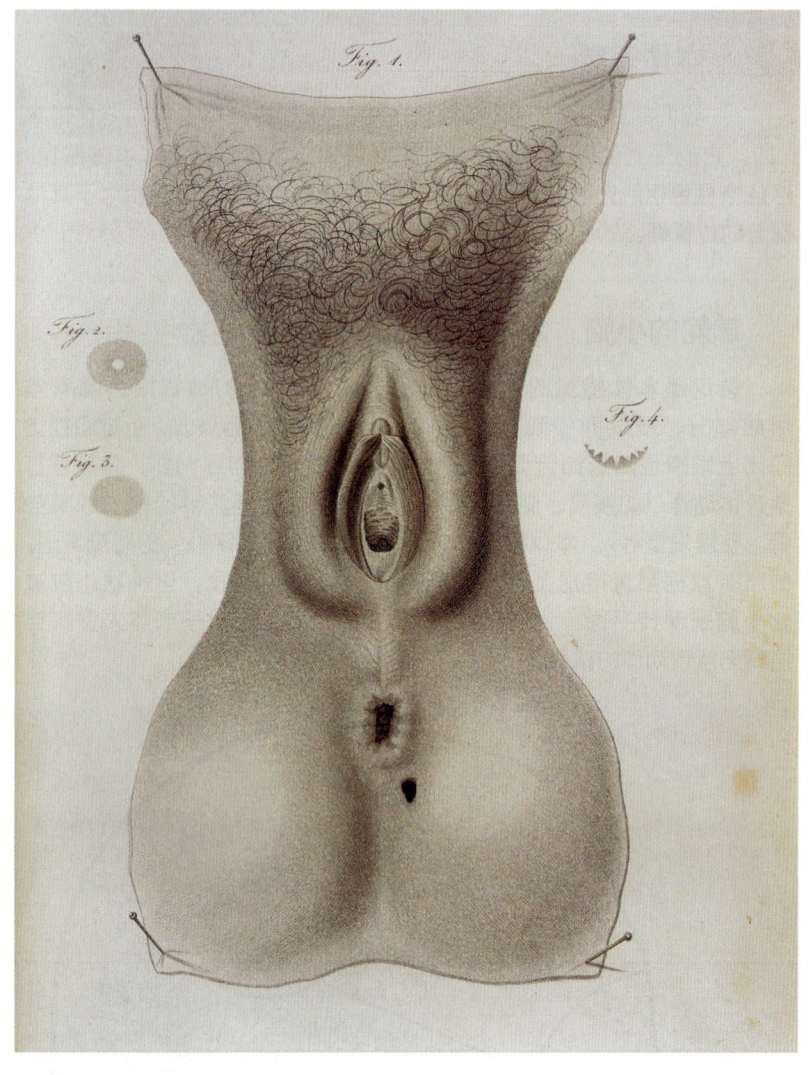

女性的尿道、阴道和肛门位于会阴部。狭义的会阴是指阴道口与肛门之间的软组织,广义的会阴是指盆膈以下封闭骨盆出口的所有软组织。

## 支撑和节制

会阴的作用之一是在人站立时支撑腹部内脏的重量。它也具有节制大小便的作用,因为在尿道和肛门周围形成的括约肌也位于会阴部。

## 骨盆

骨盆由左髋骨、右髋骨、骶骨、尾骨和耻骨联合连接而成,这些骨头为腹部的器官形成了一个具有保护和支撑作用的环。骶骨位于骨盆后部,它通常在臀部上方形成两个小浅窝。尾骨位于骶骨下方,它的尖端非常靠近肛门。骨盆的两侧是两个髋骨,髋骨的前下部是耻骨,髋骨的后下部是坐骨。"尖臀"的人坐在我们的膝盖上时,我们就更能感受到这对突出的骨头。

## 骨盆的下壁

会阴是两腿之间封闭骨盆底部的"壁"。其前界为耻骨联合下缘,后界为尾骨尖,两侧为耻骨下支、坐骨支、坐骨结节和骶结节韧带。会阴上的洞口是消化道、尿道和阴道的出口。因此男性和女性的会阴部结构不同。

## 柔韧性冠军

会阴的柔韧性使产妇在分娩过程中使婴儿从产道通过。但是有时会出现超过会阴的弹性极限的情况,这就会导致会阴撕裂,严重时,破裂会从阴道口延伸到肛门。

1016

有骨有肉的身体

## 会阴康复训练

女性分娩后,以及某些手术（前列腺手术）后、插导尿管后或慢性便秘时,都有必要做会阴康复训练。医疗专业人士（物理治疗师、助产士）通过使用全自动探针或人为参与（生物反馈）来强化患者的肌肉。甚至也可以通过肌肉收缩或呼吸运动来锻炼肌肉。

## 陷入堵塞

与排便困难相关的慢性便秘往往需要很大的推力,而这个推力可能伤害会阴。但是通常只要蹲着排便,或者保持坐姿时将双脚抬起并向前倾斜身体就可以解决一部分便秘问题。实际上,这个姿势可以放松耻骨直肠肌,释放结肠和肛门之间的角度,从而促进排便。

## 放松的器官

脱垂表示器官不同程度地下降。直肠、阴道、子宫和腹膜都可能脱垂。悬吊器官的附件（韧带、筋膜等）受损是脱垂产生的原因之一,但是如果会阴的支撑功能不足,也可能出现这种情况。起初,可以通过康复训练来稳定病情,如果这个情况持续发展,则需要做恢复手术。

## 手术干预

20世纪20年代,为防止分娩时会阴严重撕裂,外阴切开术开始应用。这是一种外科手术,阴道的黏膜和肌肉会被切开几厘米以扩大阴道口。到了21世纪初,这项手术在欧洲国家的女性身上的实施率达到90%,但是由于人们对它的益处提出质疑,实施率又开始下降。在法国,这项手术在分娩过程中的使用率超过25%;而在丹麦,其使用率为5%;在塞浦路斯,其使用率为75%。世界卫生组织建议将此手术的最高实施率定为20%。

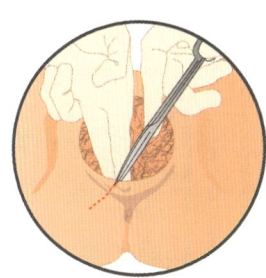

外阴切开术是指在产妇分娩时切开会阴。

## 自行车、坐垫和会阴

经常训练的自行车运动员会患上会阴下降综合征。为了限制摩擦、压迫或其他与该运动相关的微创伤造成的伤害,必须通过选择足够宽的坐垫使坐骨可以完全放置其上;还要注意调整坐垫,因为其倾斜位置会增加骨盆底支撑的重量;另外还需时常调整骑行姿势。

## 性爱肌

几个世纪以来,佛教宗派密教和中国道教的文献都讲授了通过锻炼会阴的肌肉来提升性快感的方法。通过控制会阴的肌肉,可以让女性收紧阴道,让男性控制勃起和射精的发生。

1017

# 鼻子碰鼻子

## 硬骨和软骨

鼻根的骨头是硬骨，鼻梁、鼻尖和鼻翼的骨头是软骨。在鼻腔的深处、眼睛的下方，有3块顶端弯曲的小骨头，也就是鼻甲。

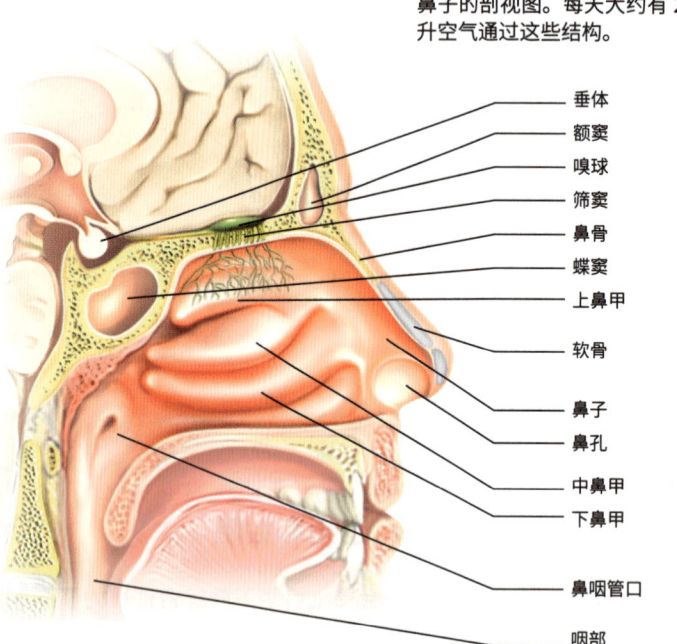

鼻子的剖视图。每天大约有2万升空气通过这些结构。

标注：垂体、额窦、嗅球、筛窦、鼻骨、蝶窦、上鼻甲、软骨、鼻子、鼻孔、中鼻甲、下鼻甲、鼻咽管口、咽部

## 从后部流走

鼻子每天产生1升左右的黏液。这些黏液自然地向后流，沿着喉咙后部向下被吞咽和消化。来自支气管和喉部的黏液向上到达咽部，然后进入消化道。

## 绞尽脑汁

严格意义上讲，鼻窦并不属于鼻子，它们是颅骨中的空腔。但是，由于被呼吸道黏膜覆盖，它们产生的黏液通过黏膜上的纤毛运动被带到鼻腔。

## 鼻甲

鼻甲上覆盖着一层厚厚的黏膜，黏膜通过分泌黏液捕获空气中的灰尘来净化吸入的空气。鼻甲上有丰富的血管和神经，它们因此可以收缩，从而影响气流波动参数（如流速、压力等）。因为空气与黏膜接触后会变得温暖、湿润，所以不会损害它经过的身体结构。

## 充满鼻腔

鼻子受到感染或过敏时，黏膜肿胀导致鼻子堵塞，影响呼吸。黏膜炎症导致黏膜产生更多的黏液来抵抗病原体，这时黏液无法像过去一样向后流，只能向前流，于是我们开始流鼻涕。过多的黏液还会导致嗅觉细胞无法正常工作，因此嗅觉失灵成了鼻炎的典型表现。

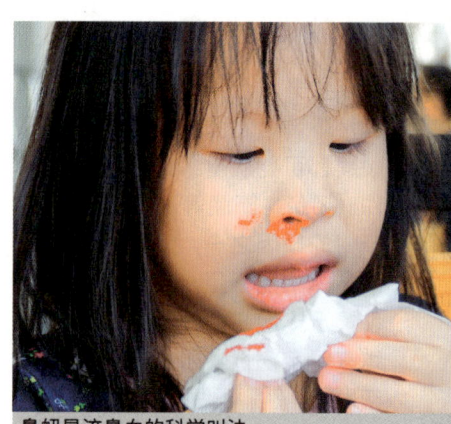

鼻衄是流鼻血的科学叫法。

1018

有骨有肉的身体

## 堵了一半

两个鼻孔的运转是交替进行的，大概每隔4个小时，我们就会更换呼吸的鼻孔。可能在感冒的时候我们才最能意识到这一点：一个鼻孔比另一个更容易流鼻涕；在很短的一段时间内，似乎两个鼻孔都畅通，然后，流鼻涕的鼻孔就换成了另一个。

## 退化的第五感

嗅觉可能是人类最不发达且研究最少的感觉，而在其他动物中，嗅觉是占据主导地位的感觉。例如，我们有一个萎缩的犁鼻器，但其他物种的犁鼻器是相当发达的，这个器官让它们可以探测信息素，这是一种能引起同种其他个体产生特定行为或生理反应的信息化学物质。

## 同样的形状，不同的气味

具有相同分子组成但结构只是对称的分子（类似我们的一双鞋），可能具有完全不同的气味。柠檬烯或香芹酮就属于这种情况。

## 吃饭了！

实际上，食物的味道更多与嗅觉有关，而不是味觉。舌头的味蕾只能感知5种类型的味道（咸、甜、酸、苦、鲜），而鼻子则可以识别成千上万种不同的气味分子。当食物进入口中，这些分子进入鼻子然后上升到喉咙，这就解释了为什么当我们捏住鼻子时味觉会丧失。

## 失去嗅觉

阿尔茨海默病的标志之一就是嗅觉丧失。目前，人们对此的解释是大脑皮层负责嗅觉的区域发生了变化。但是对小鼠的研究表明，早在该病发作前，动物的嗅觉就已经受损。相关的解释机制仍在研究中，也许有一天可以在人类中建立早期筛查方法。

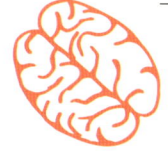

## 气味的路径

对于气味的感知始于鼻腔顶部，那里有数百个不同的嗅觉神经元。在外力作用下，这条神经路径通向与情绪和记忆直接相关的大脑结构（下丘脑、海马体）。

## 我闻不到了！

某些气味可以唤醒压力反应，有助于确保我们的安全。例如：压力反应会阻碍我们的呼吸，从而防止化学药品带来的损害；变质食物发出的臭味会消除我们吃东西的冲动，或者相反，如果食物发出香味，就会引起我们的食欲！

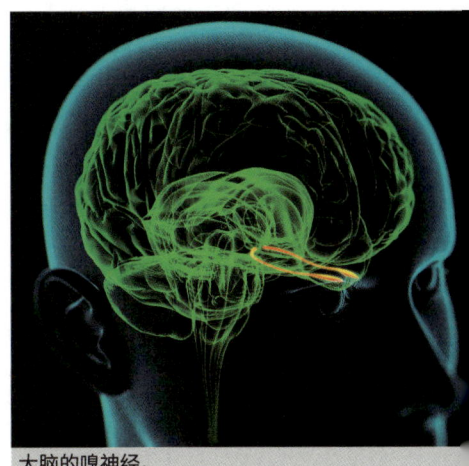

大脑的嗅神经。

1019

# 皮肤颂歌

## 瑞士军刀

皮肤不仅具有防水功能，还有很多其他功能。它构成了阻止微生物进入人体的物理屏障，让我们拥有触觉；它还可以过滤光线，是维持人体热量（汗水、寒战）和合成维生素 D 的主要参与者之一。

## 保护环境的死细胞

我们的皮肤每天分离出 5 亿个死细胞，丹麦的一项研究表明，散落在房间里的表皮中的脂质可以捕获多达 15% 的臭氧，臭氧是自然存在的有害气体，对呼吸道有害。

## 用数字描述皮肤

皮肤的平均质量为 5 千克，是人体最重的器官。它的表面积略小于 2 平方米，容纳了包含 500 多种不同微生物（如细菌、酵母、寄生虫等）的微生物群，这些微生物的分布随身体部位的不同而变化。在法国，1/3 的人受皮肤疾病的影响（其中 80% 的人同时患有几种疾病），痤疮、湿疹和牛皮癣是最常见的皮肤病。

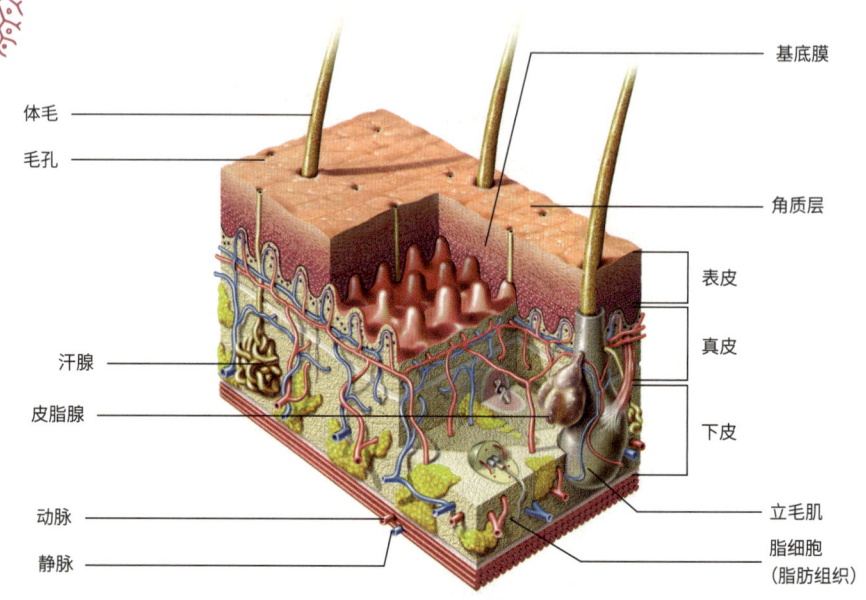

皮肤结构。从总量上看，皮肤是人体最重的器官。

## 待在表层

表皮是皮肤的最外层结构，主要由角质形成细胞组成。角质形成细胞可以产生角蛋白。角质形成细胞的生命周期为 35 ～ 45 天，在这个周期内，它们从表皮深处迁移到表面，并形成角质层，这是死细胞在脱皮之前的最后避难所。

## 进入深层

真皮位于深处，是血管丰富、可以滋养表皮的一层，而表皮中是没有血管的。文身时，墨水要注入真皮层。真皮层是皮肤神经和淋巴网络的所在地，富含胶原蛋白和弹性纤维，可以使皮肤柔软，随着年龄的增长，真皮下垂会形成皱纹。

1020

有骨有肉的身体

### 会传染的瘙痒

瘙痒可能会传染，因为当我们看到一个人抓痒时，下丘脑的视交叉上核就会被激活，于是它会释放一种能引发瘙痒的名为"periostin"的蛋白。

### 皮下脂肪

真皮下面是皮下组织。皮下组织是厚度不一的脂肪组织，可以起到减震作用，并与下面的结构（如肌肉、腱、骨骼等）形成一个滑动的接触面。

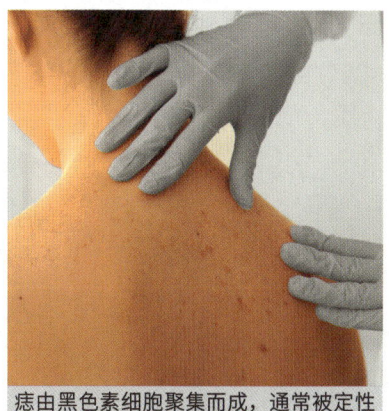

痣由黑色素细胞聚集而成，通常被定性为由黑色素细胞增生所形成的良性肿瘤。

### 美黑也会晒伤

自晒黑剂中含有一种活性成分DHA（二羟丙酮），它可以和表皮角质层细胞中的氨基酸发生反应。从化学角度看，这是一种美拉德反应（糖对蛋白质的作用），也是使羊角面包在烘烤时呈金黄色的反应——形成橙黄色至棕色的色素。在皮肤中，与之相关的是黑色素。尽管这种颜色很有欺骗性，但实际上无法抵御紫外线。

### 痒：快乐的循环！

痒觉会让我们想要抓痒。我们抓挠皮肤引起的炎症引发了血清素的释放，一方面，它减轻了痛苦的感觉，代之以愉悦的感觉；另一方面，它激活了神经元，加剧了瘙痒的感觉。因此这两种机制造成了一种恶性循环：我们越抓痒就越想抓，也越会感到愉快（尽管这很疼！）。

### 颜色的差异

黑色素细胞是一种表皮细胞，可以分泌黑色素。不同的黑色素囊泡大小和浓度，以及各种色素的比例也使皮肤的颜色有所不同。最常见的黑色素是真黑色素。在紫外线的作用下，真黑色素分解得更快。因此，它起到的保护作用较小。

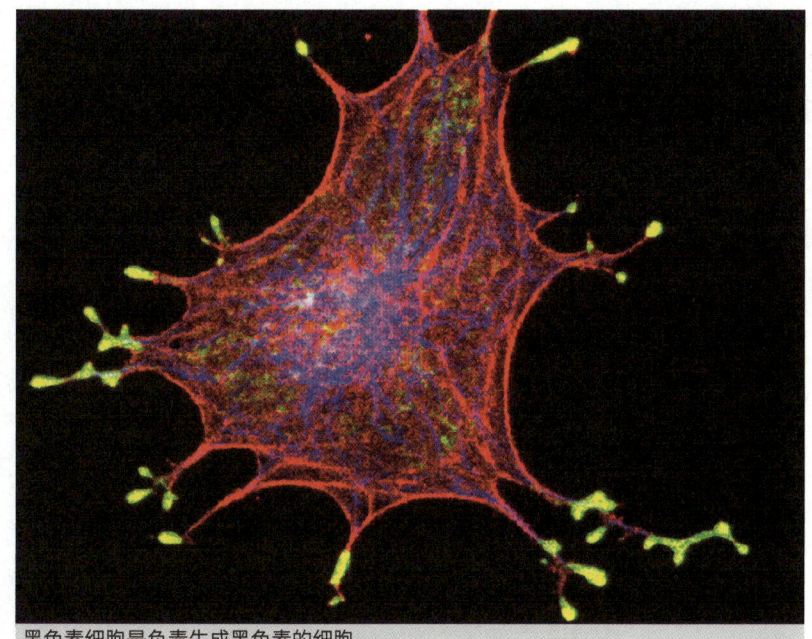

黑色素细胞是负责生成黑色素的细胞。

1021

# 从头到脚的健康

## 重视健康

虽然生物体确实受物理和化学的普遍规律支配,但生物体会生病,而疾病的规则远没有那么系统。生命系统特有的复杂性实际上是围绕平衡位置的一个永恒振荡。这种振荡可以在许多不可预见的情况下调节突发事件。生命在随之而来的各种可能的状态中维持着平衡,直到不平衡占上风,导致生命的丧失,也就是死亡。可将生物体的状态大致分为两种:健康状态和疾病状态。疾病状态是消极的,应谨慎对待,并明确其特征。我们选择的假设是建立一个统计学上定义正常变化的基准,所有超出基准范围的都属于病理范畴。于是就有了医学上的"常数",它们在一定的限制内波动。因此对于所有的年龄段、性别和特殊情况,我们都知道其对应的指数、频率、压力、大小、重量,以及所有可以被测量的统计值。

## 健康与疾病之间的细微界限

以这种方式定义的健康状态使病理学成为人们关注的焦点,可以说,病理学已经成为研究人员唯一的兴趣来源。病理学研究脱离了人类情感,只建立在既定的标准上。疾病是一种"无形的恶",我们察觉不到它们,却被它们从内部蚕食。就像胆固醇或某些肿瘤一样,即使患者感觉完全健康,但通过预防性检查可以发现它们。相反,我们描述出一些症状,但是检查出的数值属于标准范围,因此无法做出病理诊断。这表明,健康和疾病之间的界限是很主观的,一个人和另一个人之间的界限并不相同,而且这界限在生活过程中、人生经历中不断变化,心境、疲劳、社会环境等也会对它产生影响。所有这些不可预测的且部分可量化的变量就像一个大问号(或感叹号),让做卫生保健的专业人士不解,让病人处于一无所知的状态(如果病人没有发病的感觉)。为了不再将这些迹象掩盖起来,不再将它们归为心理或心身疾病(而且有时这种归类是不恰当的),合适的解决方案是将个人重新置于医疗体系的中心。不要再忘记一个人的标准可能

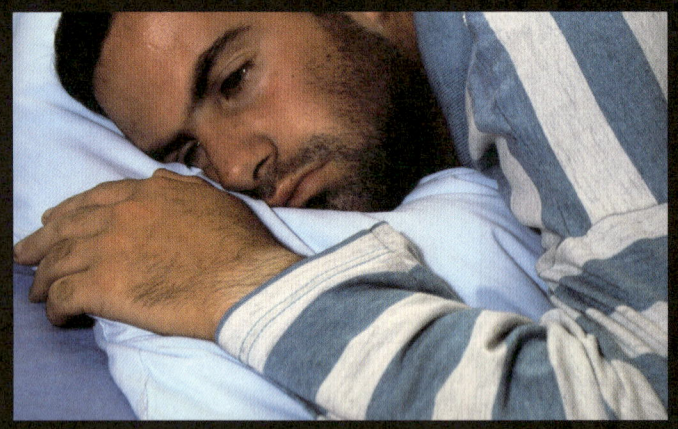

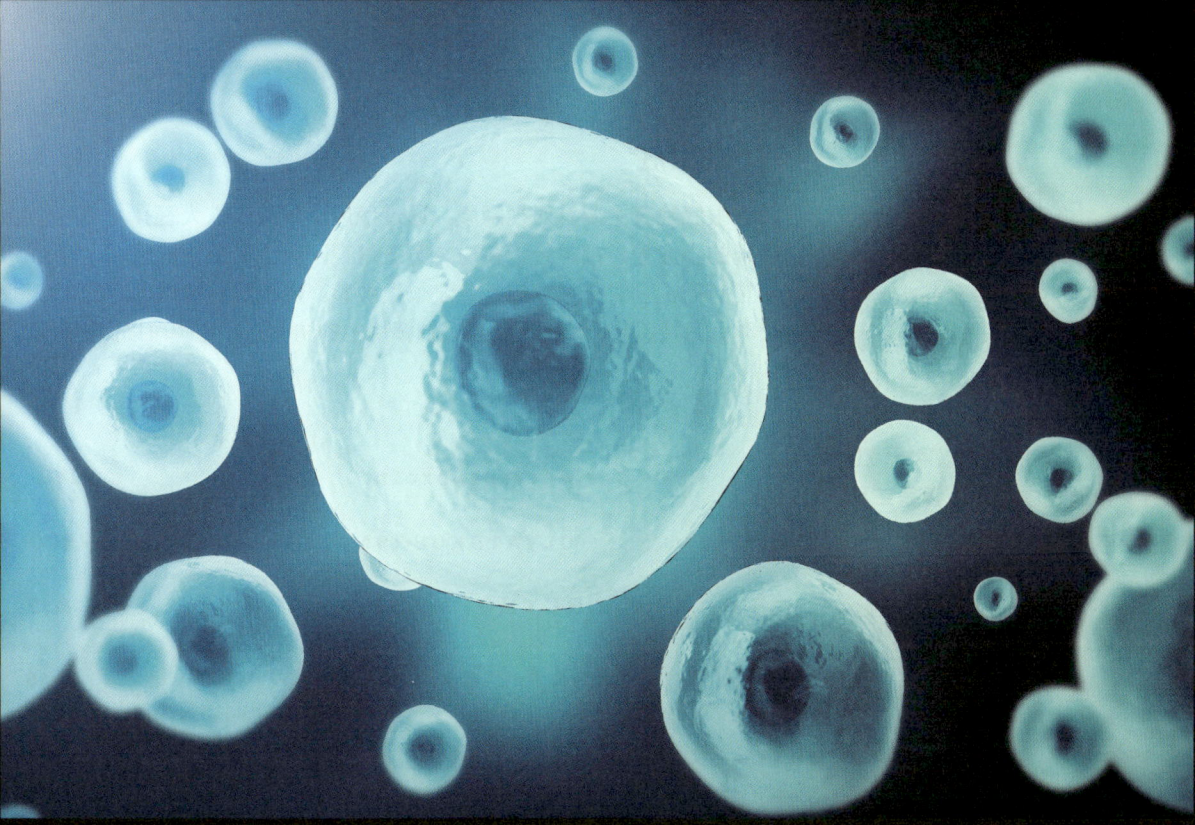

与一般人群的标准不同，一个人的健康状况可能成为全球统计数据的例外，因此，这个人的感受是和所有分析结果具有同等价值的健康预警信号。

## 退步是为了更高的效率

基于这个发现，医学界反思后重新做出了规划。与社会标准和精神状态一样，生物标准也在发生变化。与数字紧紧捆绑的关系更趋于灵活。身体分析重新恢复完整性；身体、思想和环境应该一起被考虑；与健康有关的方法变得多样。患者越来越了解疾病的情况，有些甚至成了预防、重要信息、数据支持、实际经验和建议的参考。我们不再"忍受"治疗，因为医患之间建立了伙伴关系，知识共享，人人都有善意，个体被平等相待、赋予责任。精神和智力被列入考虑范围。如今不是简单地赶走疾病，而是促进、维持健康，由此，西方医学进入了一个新的时代。

1023

# 用放大镜看眼睛

 **测试视力**

从 1875 年起,出现了两种用大写字母测试视力的传统视力表。一种是在 5 米远处测试视觉敏锐度,以字母 NXV 结束;还有一种是在 3 米远处测试视觉敏锐度,以字母 ZU 结束。通过由下向上读第二种视力表每一行的第一个字母和最后一个字母,我们可以发现这个视力表发明人的名字:Ferdinand Monoyer(费迪南德·莫诺)。

## 在眼底

眼底检查主要针对视网膜。通过使用滴眼液来扩大瞳孔,然后检查眼睛的小血管、视神经和黄斑。黄斑是视网膜上最敏锐的区域,对阅读非常有用,它对光线中的蓝色波长很敏感。出现眼底黄斑病变的人如同长时间佩戴黄色镜片的眼镜。现在镜片上的防蓝光过滤膜可以保护眼睛。

| | |
|---|---|
| MRTVFUENCXOZD | 10/10 |
| DLVATBKUERSN | 9/10 |
| RCYHOFMESPA | 8/10 |
| EXATZHDWN | 7/10 |
| YOELKSFDI | 6/10 |
| OXPHBZD | 5/10 |
| NLTAVR | 4/10 |
| OHSUE | 3/10 |
| MCF | 2/10 |
| ZU | 1/10 |

## 人造眼

如今,人工视网膜可以用于恢复视力。这种直径为几毫米的小植入物会被放在视网膜上并连接到为其供电的外接设备上。尽管植入物中的电极数量在增加,但目前这些设备仅能够感知光斑,分辨率仅为 100 像素。但是,这已经改变了佩戴者的生活,因为在长期训练之后,他们已经可以自如地辨别方向并走动。

1024

从头到脚的健康

## 10/10！

在法国，视觉敏锐度（辨别两个不同的点的能力）的满分是 10。10 分是全民总体水平的标准。然而 10/10 并不是最好的视觉敏锐度，儿童的视力达到 15/10 的情况并不罕见，有些人甚至可以达到 20/10。

## 矫正镜片

最早放置在角膜上的矫正镜片发明于 17 世纪末。它们是由吹制玻璃制成的，镜片质量较大，并且会使眼睛缺氧，因此人们无法连续几个小时佩戴。到了 20 世纪 60 年代，水凝胶（一种含水并且可渗透氧气的聚合材料）的发现使镜片变得更柔软，因此可以长时间佩戴。

## 违背意愿的斜视

斜视患者的眼睛无法正确聚焦。斜视严重时，两只眼睛获得的图像都无法提供正确的三维图像。于是，大脑不再从偏斜的眼睛接收信息，与这只眼睛相关的神经网络也不能正常发育，因此斜视患者很难有效地评估速度、距离和立体感。

## 眼睛 VS 激光

虽然各时期的信仰、禁忌和治病方法有所不同，但是到 14 世纪，希波克拉底、盖伦和阿维森纳的研究奠定了医学知识的基础。从文艺复兴时期开始，科学方法的发展和印刷术的发明使知识以无与伦比的速度和影响力传播开来。

## 好的矫正

眼镜和隐形眼镜的功能旨在将人的视力提升到 10/10。对于近视（看远处模糊）的人，它们起负矫正作用；对于老花眼或远视（看近处模糊）的人，它们起正矫正作用。矫正程度用屈光度来表示，要提升一个点的视力，就需要 0.25 屈光度。因此，对视力为 3/10 的近视患者，需要在镜片上矫正 -0.75 屈光度。

## 隐形眼镜的技术

现在，科技已经进入隐形眼镜领域。有一些先进的隐形眼镜可以在佩戴者眨眼或移动眼球时变焦，其他类型的隐形眼镜可以测量糖尿病患者的血糖水平，或者给眼部提供药物。

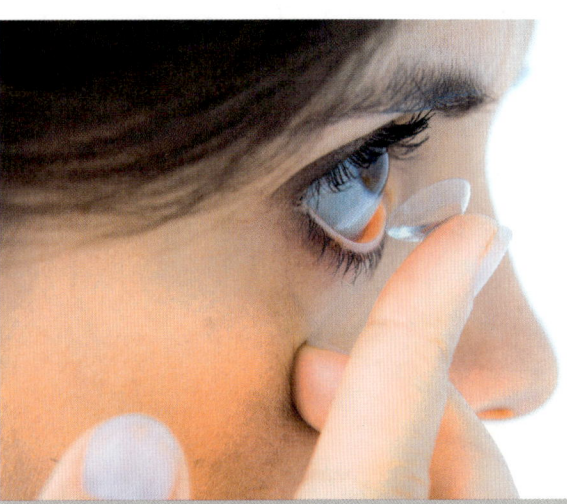

佩戴隐形眼镜时，必须有充足的氧气。自从它们被发明以来，相关技术一直在不断改进。

# 吸，呼！

## 血中的空气

我们的生命得益于 3 亿个肺泡。肺泡是直径约为 0.1 毫米的半球状囊泡，它的壁非常薄，是人体进行气体交换的场所：吸入的氧气进入毛细血管网，并收回由肺动脉带来的二氧化碳。

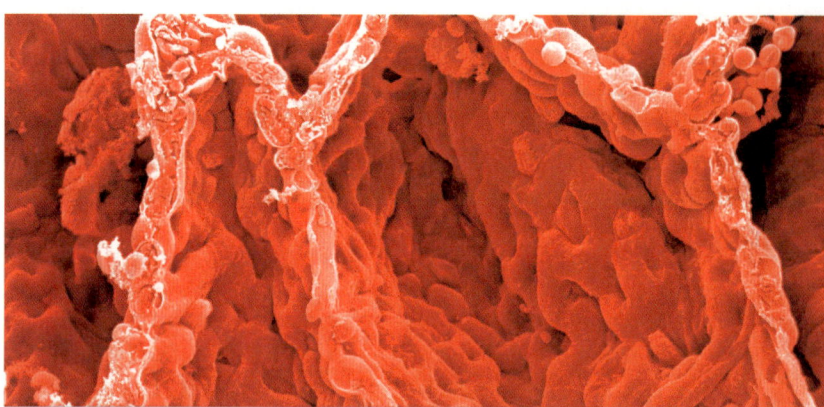

电子显微镜下看到的肺泡。

## 从呼吸到情绪

负责自动呼吸的神经元与合成去甲肾上腺素的蓝斑核有关。这种神经激素对情绪、睡眠、兴奋和慢性压力有影响。针对小鼠的实验表明，神经联系的建立方式是通过呼吸来控制压力，而不是用压力来控制呼吸。在人类身上展开的实验还在进行中，并且可以为治疗焦虑症之类的疾病提供方法。

## 肺活量游戏

肺不会主动使用自己全部的容量。通常我们吸入和呼出 0.5 升的空气，同时保持 2.4 升的肺储备，其中一半无论如何都不能呼出。在深呼吸或体力劳动时，总的肺活量就会增加，必要时总量可以达到 6 升。

## 叹气！

包氏复合体是延髓的一个小结构，它拥有的神经元从出现起就负责自动呼吸。这 200 多个神经元就是人叹气的来源。也许你会觉得很惊讶，但为了给肺泡充气，这件事每 5 分钟就会发生一次。

## 危机爆发

支气管的慢性炎症使支气管壁更加敏感，尤其是暴露于致病因素（过敏原、寒冷、劳累等）中，它们会膨胀、收缩并分泌更多黏液。在这种情况下，人会喘不过气，呼吸时有呼哧声，胸口发紧，这就是哮喘发作的症状。最常见的治疗哮喘的方法是吸入沙丁胺醇，这是一种类似肾上腺素的化学物质，可以扩张支气管，并使呼吸迅速恢复正常。

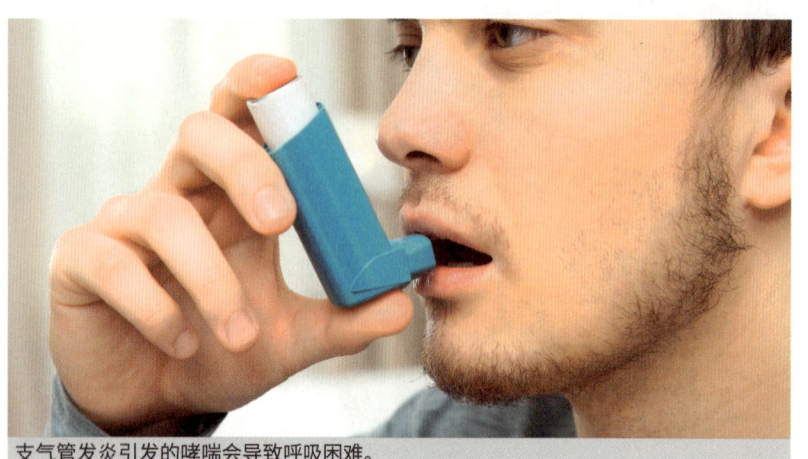

支气管发炎引发的哮喘会导致呼吸困难。

从头到脚的健康

## 有毒的烟

烟草与绝大多数的肺癌有关，据估计，全世界每年有 600 万人因吸烟死亡。香烟除了会在肺部留下沉积物并引发感染，还含有 70 多种致癌物。这些致癌物会导致肺、喉、咽，以及未直接暴露于烟雾中的器官（如肝或膀胱）细胞发生基因突变。

## 睡眠呼吸暂停

若一个人每小时至少呼吸暂停 5 次，每次暂停时间超过 10 秒，就可以被诊断为睡眠呼吸暂停综合征。这通常是由咽部肌肉松弛导致空气无法短暂通过导致的。这种呼吸暂停会导致疲劳、注意力不集中，并可能因心血管疾病而复杂化。治疗呼吸暂停首先需要减轻体重，有必要的话，晚上睡觉时戴上呼吸面具。

## 和哮喘有关的数字

目前，全球约有 3 亿名哮喘患者，在工业化国家中，哮喘病的患病率在 15 年内翻了一番。这种强劲的增长是多个因素综合造成的，包括污染（包括家庭污染）、过敏原（尘螨、花粉、霉菌等）、烟草、宠物、传染病等。

## 嗓子里的公鸡

百日咳在法语中写为 coqueluche，其中包含 "coq"（意思是公鸡）。之所以这样取名，是因为咳嗽的声音让人想起公鸡啼叫。它是一种具有高度传染性的呼吸道传染病。虽然有相关疫苗，但全球仍有超过 5000 万人受到影响，并造成许多死亡。

## 让咳嗽镇静下来！

咳嗽是一种保护呼吸道免受吸入颗粒或过多分泌物侵害的反射动作。湿性咳嗽有助于排出含有病原体的黏液分泌物（痰），直到全部排出。因此，用药物阻止这种咳嗽会起反作用，因为它会导致呼吸系统阻塞并促进微生物生长。

## 位置不佳的血块

肺栓塞相当于肺部中风：通常是来自腿部的血块停留在肺部血管中。这会导致血液输入量减少（缺乏氧气），尤其会导致剧烈疼痛并伴有突然的呼吸急促。

X 光片显示的肺栓塞：血块阻塞了一条肺动脉。

# 疼痛实验

当肢体被截去，患者依然能感到疼痛，这就是幻肢痛。

### 幻想的疼痛

超过 2/3 的截肢患者表示能感觉到被截去的肢体的疼痛，这种疼痛被称为幻肢痛，与躯体感觉皮层和下行运动控制有关——躯体感觉皮层保留着对残缺肢体的精确图像（这个图像可以由想象力产生），而大脑发给肢体的运动命令则是无效的。

## 疼痛的记忆

疼痛信息到达大脑后会经过丘脑，丘脑会把相关的感官信息分类。然后，信息被投射到前额叶皮层，引起不愉快的感觉，并可能与情绪关联，触发疼痛感。同时，边缘系统会将疼痛信息与已有的类似经历做比较，以确定是否要采取特定的态度（消毒、寻求帮助等），必要时，大脑会将其添加到记忆中。

## 和疼痛有关的词

疼痛的定义经历了数次发展。现在大众普遍接受的定义是：疼痛是与实际的、潜在的或用术语描述的，与组织损伤相关的不愉快的感觉或情绪体验。因此，疼痛感因人而异，很难被评估。现在，人们已经开发出各种类型的测量表或调查表，以帮助理解患者的感受和疼痛程度。

## 辨别危险

伤害性感受器是专门接受疼痛信息的。它遍布于人体，并在受到过多的热力、化学或机械应力（吹、振动）的影响时产生痛觉信息。首先，这些信息被附近的脊髓感知，以快速激活保护性的动作反射（例如脚踩到图钉后迅速抬起），然后信息返回大脑以准确报告疼痛类型、位置和强度。

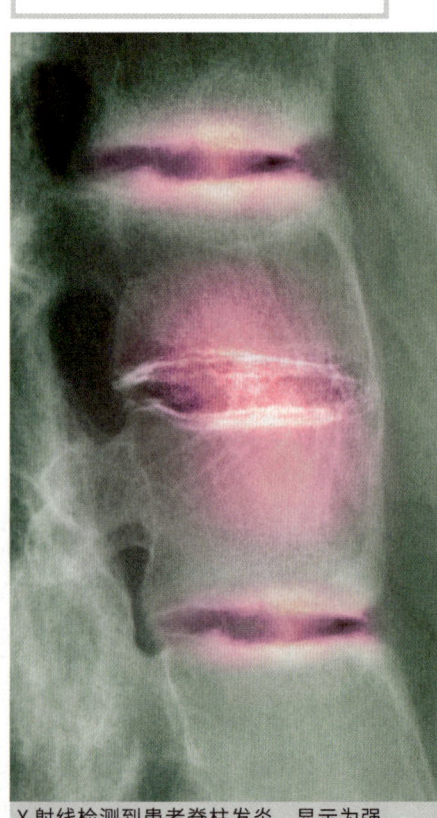

X 射线检测到患者脊柱发炎，显示为强直性脊柱炎。

从头到脚的健康

## 疼痛的信使

在分子范围内，有 20 多种神经递质参与传导疼痛信号。最常见的是对急性疼痛做出迅速反应的谷氨酸，以及与慢性疼痛相关、反应速度较慢的 P 物质。相反，诸如内啡肽这样的物质使我们能够忍受疼痛并将注意力集中在其他事物上。

## 拉响警报

剧烈疼痛是一种警告信号，表示身体出现了一些暂时的危险，如发炎、术后创伤、器官创伤等。剧烈疼痛有时甚至被描述为"晴空霹雳"，但是如果导致疼痛的原因被消灭了，疼痛就停止了。

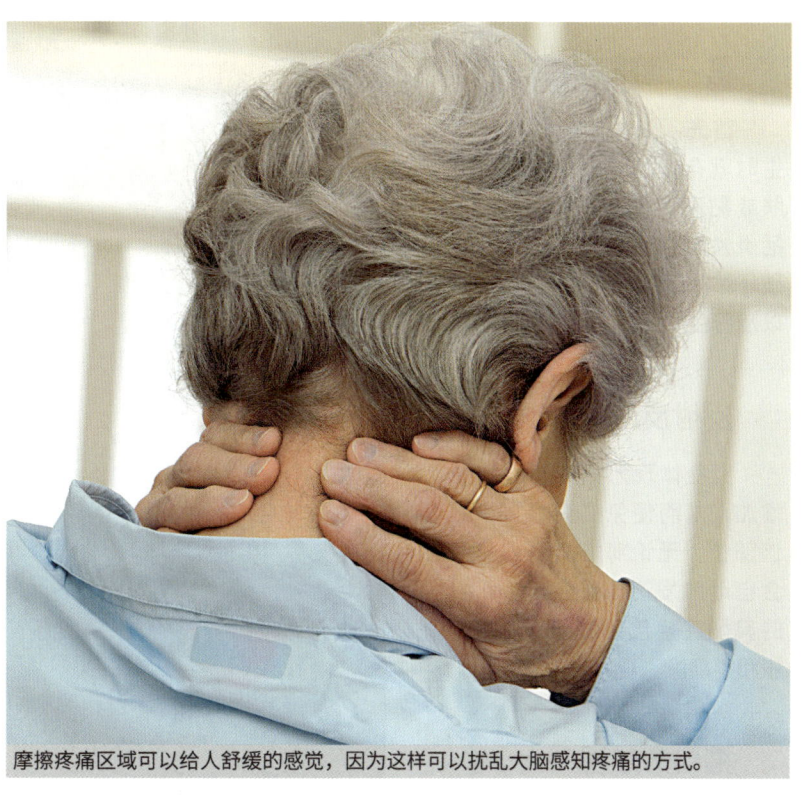

摩擦疼痛区域可以给人舒缓的感觉，因为这样可以扰乱大脑感知疼痛的方式。

## 长久的影响

如果疼痛持续数月或频繁发生，则属于慢性疼痛。这是一种与伤害性机制（炎症等）、神经性机制（偏头痛、坐骨神经痛等）、心理性机制（躯体化等），甚至以上这些机制的组合相关的疾病。这种疼痛影响了大量人群，由于长期刺激扁桃体、延髓或网状组织等身体结构，从而导致情绪障碍、睡眠和心律失常、生活质量下降和抑郁。

## 有治愈作用的爱抚

疼痛信息只有在刺激到达创伤阈值时才会被诱发。由于疼痛信息与感觉受体传递信息使用的是相同的路径，因此可以通过使传播路径饱和来减轻痛感。这就是为什么我们会自发地摩擦刚刚受到碰撞的身体区域——摩擦带来的敏感信息"冲淡"了与碰撞有关的信息。于是，痛感似乎不那么强烈了。

## 哪里痛？

由于内脏的伤害性感受通路较少，与之相关的感觉鲜为人知，所以很难准确说出疼痛的位置，而疼痛通常会投射在别的地方。因此心脏疼痛通常体现在左臂或下巴；肾脏疼痛体现在背部，甚至是睾丸；而宫外孕产生的疼痛会体现在肩膀上。

1029

# 免疫系统

## 第一道防线

首先，人体的防御依赖于出生时就存在的先天免疫。它由皮肤或黏液等物理屏障组成，也包括炎性反应、血液中能够吞噬和破坏体内异物的免疫细胞、抗原，以及蛋白质（补充部分）。

## 反射反应

炎症体现为病症周围的血流增加，从而使免疫细胞更快到达该部位。无论病灶类型如何，都会自动触发这个反应。由此引发的典型症状包括发红、发热、肿胀和疼痛。

## 摧毁的过程

吞噬作用始终遵循相同的过程：病原体或细胞碎片被吞噬细胞捕获，形成由膜包裹的吞噬小体，然后与溶酶体融合，最后产生的残留物被回收。

### 注意

免疫系统会记住哪些抗体是有用的，以便在再次接触相同因素时可以更快地重复使用它们。疫苗的接种就是基于免疫系统的记忆原理。

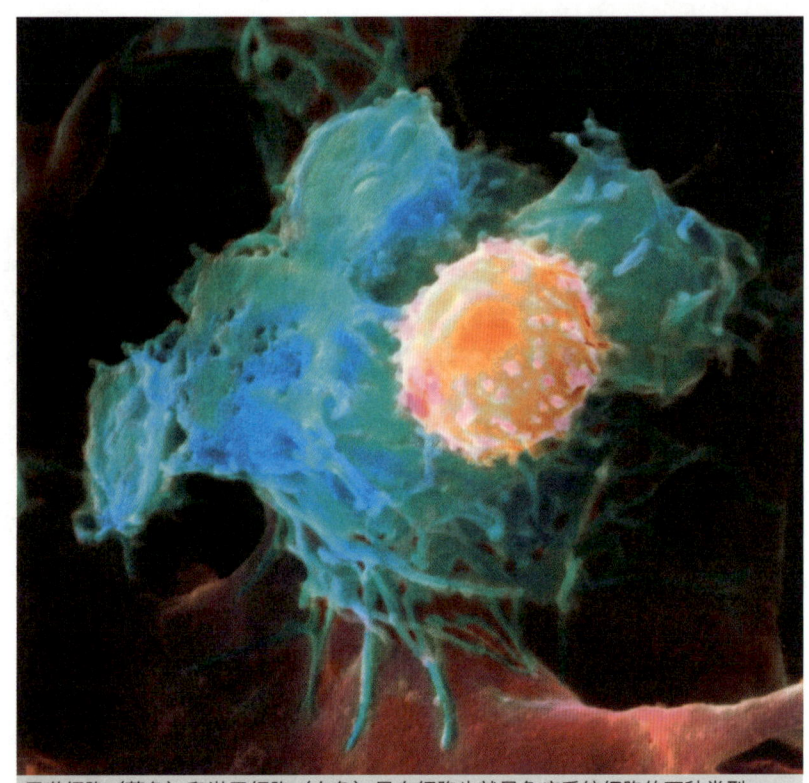

巨噬细胞（蓝色）和淋巴细胞（白色）是白细胞也就是免疫系统细胞的两种类型。

## 白细胞的大家庭

在血液中，负责维持免疫力的白细胞由多形核粒细胞、淋巴细胞和单核细胞组成。多形核粒细胞会根据自身类别攻击寄生虫（嗜酸性粒细胞），引发炎症和过敏反应（嗜碱性粒细胞）或破坏病毒和细菌（中性粒细胞）。淋巴细胞会产生抗体。单核细胞可以离开血管去吞噬病原体。

## 像在自己家一样

要消灭病原体意味着能够识别它们。这是可能实现的，因为有机体的所有细胞表面都有一个标记——自身。因此，任何不包含这些标记的外来元素都被认为是"非自身"，就会被免疫系统破坏。正是这种识别特性引发了移植的排斥反应。异常细胞（受辐射、肿瘤、感染等）同样也会因为自身发生变化而被清除。

## 从头到脚的健康

## 夺门而出

在血液中循环的单核细胞会离开血液组织,成为骨头中的破骨细胞、中枢神经系统中的小胶质细胞等。它们中最著名的是巨噬细胞,被称为人体的"清道夫"。

## 交界区

人体内有 800 多个淋巴结,它们是促进免疫反应的交界区。由于淋巴结充满了淋巴细胞并且沿着血管遍布全身,所以淋巴循环的目的是滤除不需要的物质。淋巴结被激活时会肿胀,用手就可以摸到(沿着脖子、腹股沟褶皱处等)。

## 前哨的秘密

我们的扁桃体包括腭扁桃体、咽扁桃体、舌扁桃体,其中最明显的是位于口咽壁两侧的一对卵圆形腭扁桃体,它们是咽喉炎的病灶部位。与咽扁桃体(或腺样增殖体)一样,它们与空气或食物接触的位置,以及它们不规则的细菌定植表面,使它们成为早期发现病原体的可贵前哨。

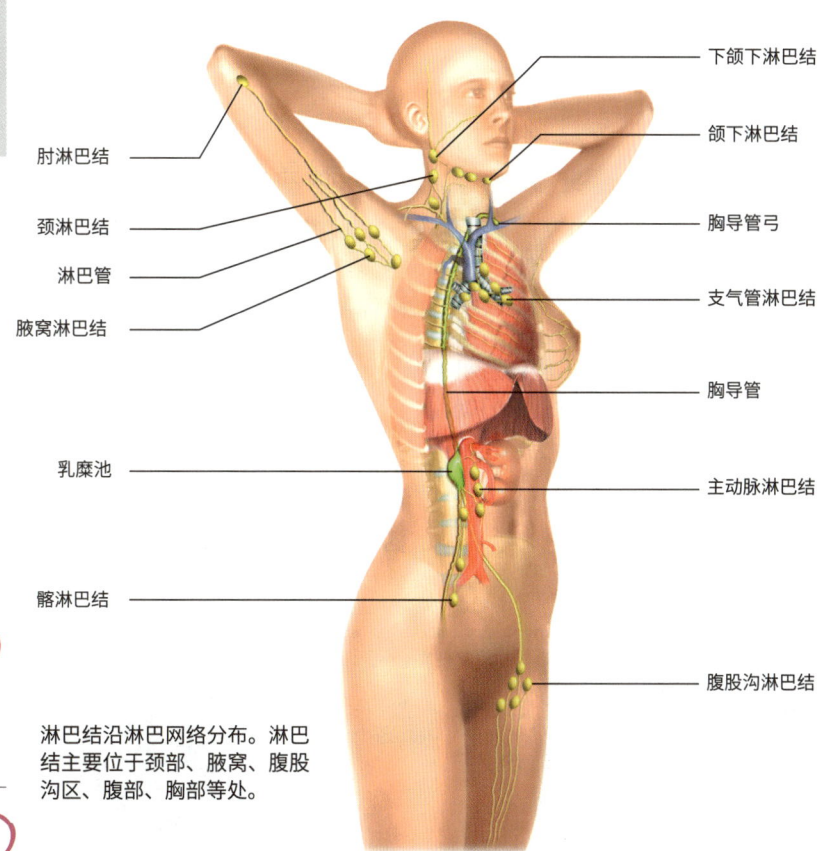

淋巴结沿淋巴网络分布。淋巴结主要位于颈部、腋窝、腹股沟区、腹部、胸部等处。

## 适应是关键

淋巴细胞是所谓的获得性免疫或适应性免疫的参与者,因为这种免疫是个体出生后通过与抗原物质接触而建立起来的。淋巴细胞拥有抗体,即一种随机合成的小蛋白,这些抗体可能与特定的抗原结合。淋巴细胞在血液和淋巴液中循环,如果一个淋巴细胞与抗原结合,它就会激活,从而开始该种抗体的增殖过程。其他免疫细胞也会识别遇到的抗原的类型。因此,获得性免疫是专门针对某一种病原体的。

1031

# 身体爆发战争

## 免疫系统紊乱

免疫系统紊乱主要有 3 种形式：自身免疫，会直接攻击（自身）机体；免疫缺陷，反应太弱无法克制病原体（艾滋病等）；过敏，对相对无害的外来物质的过度反应。

## 三巨头

自身免疫性疾病影响了世界 8% 的人口，因此是仅次于癌症和心血管疾病的常见病。自身免疫性疾病包含了 100 多种病症，这些病症还会杂糅在一起，并与多种因素相关，因此很难对这些病症做出诊断和解释。

## 细胞的护照

自身系统的抗原可以识别我们体内的所有细胞，因此免疫系统能够识别我们的正常成分。当免疫细胞不再正确识别机体细胞携带的蛋白质时，它们就会发起攻击，就像对待所有外来病原体一样。

## 胰岛素的下降

1 型糖尿病是一种自身免疫性疾病，主要因胰腺 β 细胞遭到破坏导致胰岛素分泌绝对不足所造成。如果这些细胞中的 3/4 被破坏（通常是在儿童时期），就会出现糖尿病症状。近年来，这种疾病的发病率越来越高，而病因尚不明确。目前被提及的原因包括遗传和环境因素（病毒、食物等）。

## 分类的艺术

通常，过度反应的淋巴细胞在穿过骨髓、胸腺或其他遍布全身的保护机制时会遭到破坏。当这些防线中的一道或多道被击破，"有缺陷"的淋巴细胞就会增殖，从而引发自身免疫性疾病。

## 6 号染色体

主要组织相容性复合体（简称 MHC）是一组紧密连锁的基因群。这些基因表达可将抗原呈递给免疫细胞，然后免疫细胞根据识别抗原是否属于自身来选择发起维护还是破坏。人类的 MHC 被称为"人类白细胞抗原"，简称 HLA，由 6 号染色体携带。它们的表达有众多可能性，因此除了同卵双胞胎，每个人都拥有自己独特的 HLA。

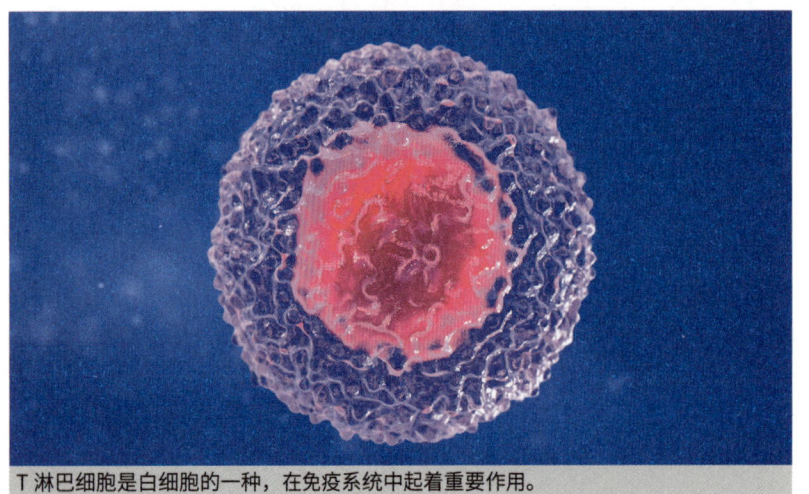

T 淋巴细胞是白细胞的一种，在免疫系统中起着重要作用。

从头到脚的健康

 ### 如果这是狼疮?

狼疮就是一种自身免疫性疾病，会影响人体结缔组织。这种起支持和保护作用的组织广泛存在于人体中，因此狼疮会影响皮肤、关节、血细胞和器官等，并被认为是"散布的"。它之所以被称为狼疮，是因为在发病时病人脸上会形成淡红色的面具（像威尼斯的狼）。

### 以甲状腺为目标

当甲状腺成为免疫细胞的目标，可能会受到更多的刺激（格雷夫斯病）或者出现炎症（桥本甲状腺炎）。在大多数情况下，诊断的依据是血液中甲状腺激素水平异常，出现颈部肿胀（甲状腺肿）、声音变化、呼吸或吞咽困难等症状，这些都和甲状腺体积变大有关。

托勒密一世。对托勒密王朝时期的艺术品研究表明，脖子肿胀和眼睛突出是格雷夫斯眼病的特征。

### 平静和风暴

与大多数自身免疫性疾病一样，多发性硬化也是在复发中发展。"复发缓解型多发性硬化"表现为初次发作后临床症状和体征基本恢复，但之后会多次缓解复发；"继发进展型多发性硬化"表现为在复发缓解型多发性硬化的后期，复发后不能完全缓解而遗留后遗症，且病情逐渐加重。

### 免疫性疾病的治疗

自身免疫性疾病的治疗旨在减轻免疫反应，通过免疫抑制药物或炎症调节剂（例如皮质酮）过滤血液，以清除针对人体的多余抗体，或者采取包含生物分子的生物治疗以恢复免疫平衡。相关研究集中在疫苗的生产，以及干细胞或细菌（微生物群）的使用上。

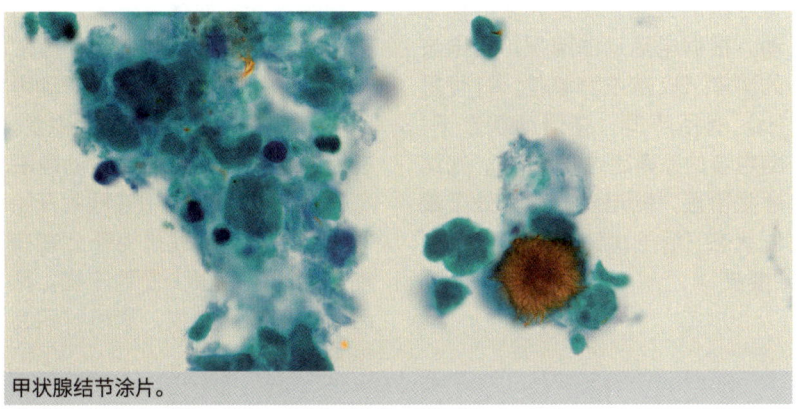

甲状腺结节涂片。

### 激素的错?

女性更容易受免疫性疾病的影响，多达80%的感染者都是女性。她们的性激素是罪魁祸首。

1033

# 使人恢复体力的睡眠

## 睡眠的方式

睡眠可以被分为 1.5～2 小时的周期,每晚重复 4～6 次。入睡后,我们进入浅睡眠,在这个阶段我们可能醒来。在这之后是深睡眠,它在整个睡眠周期中占 20%,在此阶段,我们的体力可以最大程度地得到恢复。最后是快速眼动睡眠,在此阶段我们会做梦。一个周期结束后,如果没有什么将我们唤醒,下一个周期就开始了。

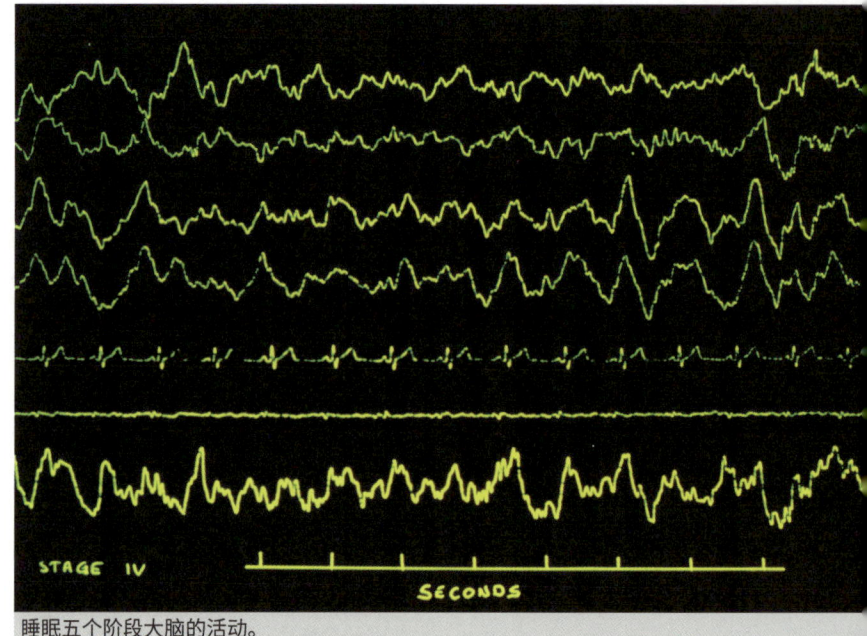

睡眠五个阶段大脑的活动。

## 工作中的时钟

时间生物学研究身体的节律,这些节律中很大一部分都发生在昼夜节律周期中(平均持续 24 小时)。位于下丘脑前区视交叉上核的生物钟控制着我们的睡眠、体温、饥饿、记忆力等多种功能。三位美国科学家对这些周期的研究获得了 2017 年的诺贝尔医学奖。

## 缓慢的波

从早到晚,我们的意识状态都在变化。脑电图检查可以监测这些变化,人们需要佩戴一种带有电极的头盔来测量大脑的电活动。根据电活动的情况,脑电波的频率(以赫兹为单位,符号是 Hz)有所不同:在活动状态下,脑电波的频率超过 30 赫兹;在深睡眠阶段,脑电波的频率处于最低状态(低于 0.5 赫兹),被称为"慢波"。

## 与质和量有关的事

入睡前的活动会影响每个睡眠阶段的持续时间。睡眠不足或一整天的体育活动之后,深睡眠阶段会变长;而休息一天或者白天小睡过,就会为快速眼动睡眠(矛盾睡眠表现发生在快速眼动睡眠中)提供机会,因此就会做梦。在所有情况中,非快速眼动睡眠(又称慢波睡眠)阶段在睡眠开始时尤为重要,这就是为什么在夜晚开始时睡眠很少受到干扰,然后随着周期的变换,梦境时间会延长。

从头到脚的健康

## 在黑暗中睡觉

褪黑素是一种激素，它的分泌有助于调节细胞分裂或入睡等功能，因此它被用于对抗癌症，含有褪黑素的处方药也可用于调节某些睡眠障碍。褪黑素的分泌受眼睛吸收的环境光影响，也会受到人造光（尤其是蓝光）的影响，例如来自屏幕和 LED 灯泡的光。因此这些光都会影响睡眠。

## 小心混合物！

苯二氮䓬类药物（法语中以"zépam"结尾的药物的统称，其销售名称为安定、阿普唑仑等）和与之相关的活性成分是最常用的处方安眠药。从分子水平看，它优化了 γ-氨基丁酸（简称 GABA）受体的效率，使更多的氯进入神经元，降低了神经元的兴奋性。由于酒精也具有相同的作用，因此这些药物与酒精结合起来就会非常危险。

褪黑素分子影响入睡。

## 咖啡vs疲劳？

腺苷在一天里不断累积，达到阈值时就会抑制大脑活动、触发睡眠。在睡眠不足的情况下，腺苷水平会升高，从而导致行为改变。咖啡因也可以与腺苷受体结合，阻止腺苷的"减慢"作用，这就是为什么咖啡有提神的效果。

## 在模糊状态中度过的时间

睡眠不足会导致注意力不集中或警惕性降低，相关大脑区域（额叶皮层）的灰质体积也会缩小。睡眠不足被认为与糖尿病、高血压或肥胖症等慢性疾病有关，因为睡眠不足会使基于睡眠—清醒交替的激素机制失调。

## 所有时间

一个人所需的睡眠时间因年龄而异：出生时需要 15 小时睡眠，青春期时需要 11 小时以上，成年人的睡眠时间为 7～9 小时。

# 运动使人身体舒服！

### 手指和脚趾

通常情况下，我们脚趾和手指的数量都是 10 根。10 根脚趾中，有两根脚趾各包含 2 块趾骨，其余脚趾则各有 3 块趾骨。与手指不同的是，在所有的脚趾中，只有大脚趾有名字——拇指。其他的都是简单地用数字来编号。

足部骨骼

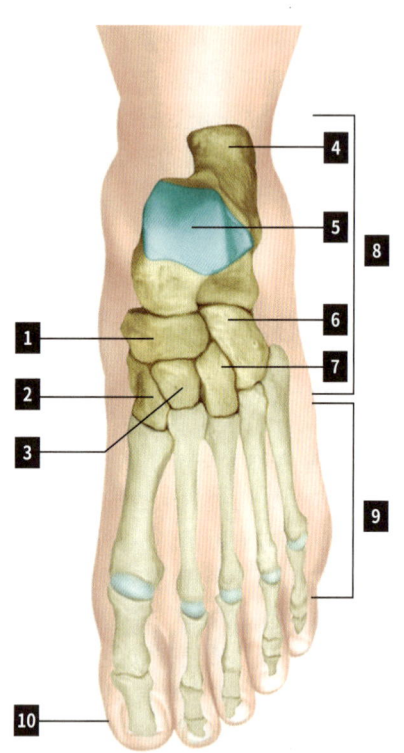

### 不走正道

当我们理解了"拇指外翻"的含义，就会发现这个名字起得恰如其分。拇指外翻使脚趾外侧和脚底的受力点容易长出茧子，这无疑给穿鞋带来了麻烦，因为我们必须寻找更宽的鞋，而且当突出的关节失去了活动性（如发炎、僵硬等），就会引发疼痛。

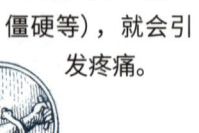

### 脚的构成

仅一只脚就由 26 块骨头，约 100 根韧带和约 20 块肌肉组成。

### 向外翻

肘关节伸直时，前臂处于外翻位（正常状态）。膝盖外翻让双腿呈 X 形，这与内翻不同，因为内翻会导致脚踝并拢时膝盖分开。外翻也会影响到小腿，导致足跟向内倾斜并经常伴有扁平足。当下肢关节失衡，所有的静止姿态和走路的姿势都会发生变化。

1. 舟骨 2. 第一楔骨 3. 第二楔骨
4. 跟骨 5. 仰趾 6. 骰骨 7. 第三楔骨
8. 跗骨 9. 趾骨 10. 拇指

### 神话中的一只脚

跟腱连接足跟和小腿肌肉。跟腱在法语中写为 achille，这个单词来自希腊神话：海洋女神忒提丝为了让自己的儿子阿喀琉斯（Achilles）能够刀枪不入，将他放入斯堤克斯河中。忒提丝的愿望实现了，但是因为她是抓着儿子的脚跟让他进入水中的，所以阿喀琉斯有了一个很大的弱点……

从头到脚的健康

### 好像脚上的一根刺

足跟骨刺会使人用脚撑地时感到疼痛，这种情况是由筋膜造成的。筋膜连接足跟和脚掌，它的张力维持了足弓的形状。事实上，当筋膜被过度拉伸（剧烈运动、穿不合适的鞋等），就会发炎并钙化为一个尖，人每走一步，脚部都会刺痛。

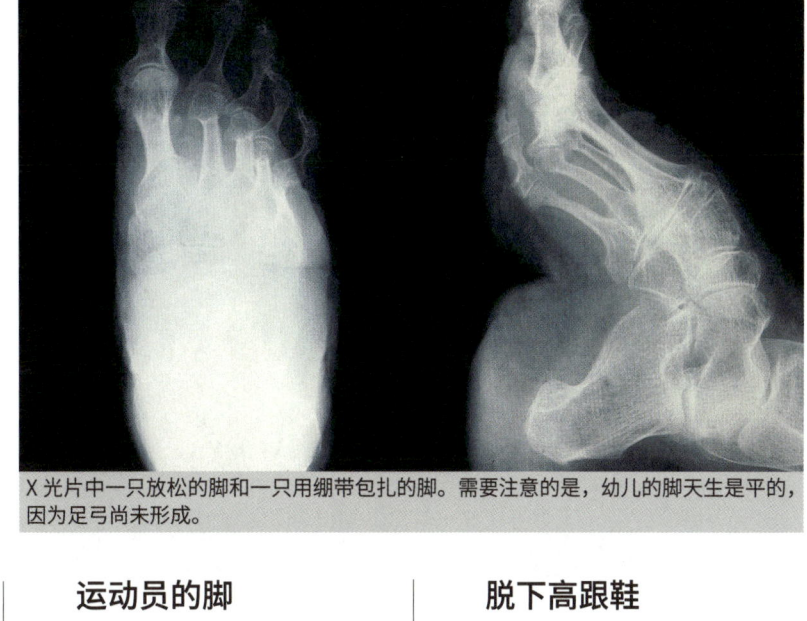

X光片中一只放松的脚和一只用绷带包扎的脚。需要注意的是，幼儿的脚天生是平的，因为足弓尚未形成。

### 探索反射点

足底反射学认为，人体的各个器官在足底都有一个相对应的部位。按照近似中医学的原理（因为足底反射学源于中医学），适当刺激足底（加压、按摩）可以激活或镇定各个器官和系统。尤尼斯·英厄姆是第一个撰写现代足底反射疗法论文的人。

### 运动员的脚

说某个人拥有一双"运动员的脚"，并不是一种赞美，而是指这个人的脚有臭味，之所以有这种叫法，是因为运动员的脚往往容易有臭味。脚臭实际上是脚部被真菌感染了，症状有脚部瘙痒、脱皮、皮肤发红等。

### 脱下高跟鞋

穿高跟鞋会给身体造成很多影响，因为全身的姿势都要跟着做出调整。下背部要更挺，这会引发下背部疼痛；膝盖在走路时会因过分受力而过早磨损，久而久之，跟腱可能会收缩，最后发展到脚无法放平的地步。

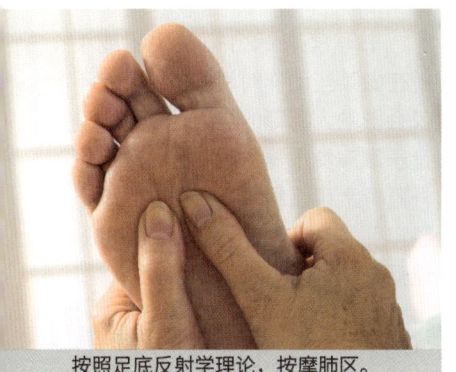

按照足底反射学理论，按摩肺区。

### 运动的分析和矫正

矫正鞋垫是利用最新技术发展起来的医疗设备之一。起初，这个技术是根据静态观察的结果做出块状物来拉平和稳定脚。如今，可以通过压力测量来分析脚的运动和缓冲能力，从而定做鞋垫，以纠正脚和调整姿态。

### 脚臭！

脚特有的臭味与异戊酸的形成有关，异戊酸是足部微生物群中的细菌在消化死皮的过程中产生的。

1037

# 相信自己的十指

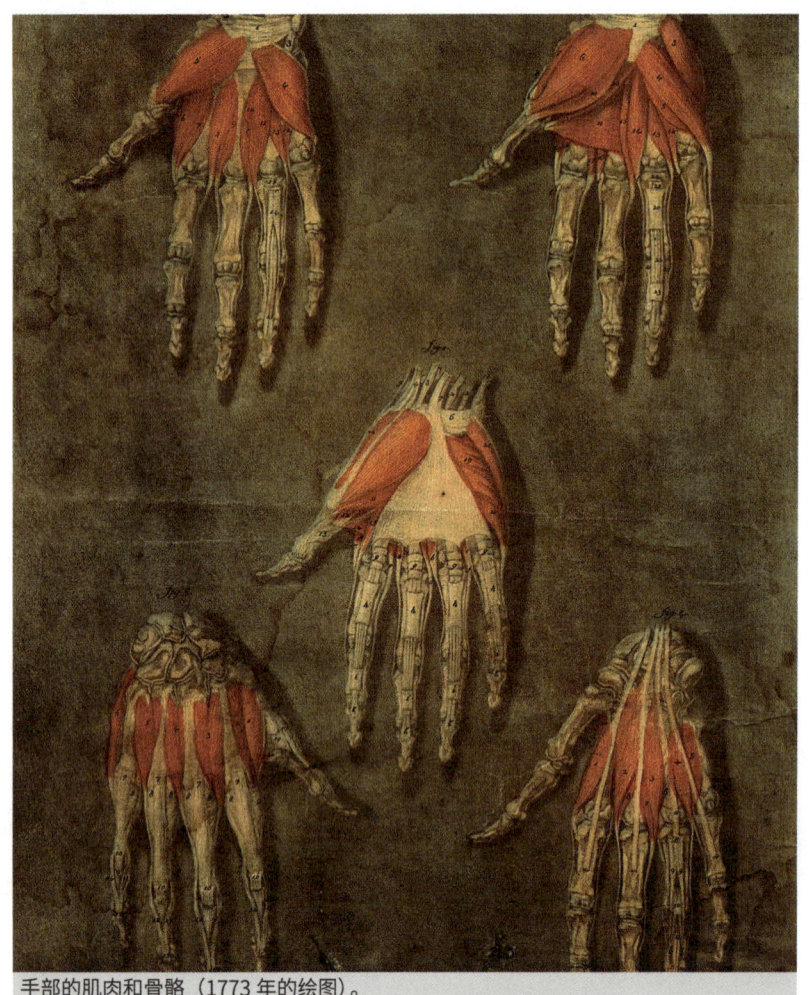

手部的肌肉和骨骼（1773 年的绘图）。

### 释放压力

在法国，每年有超过 13 万人接受腕管手术。当其他医疗手段（固定、止痛药和消炎药、浸润）都不再有效，才需要手术干预。这种手术需要切割环形韧带，现在会更多地用到内窥镜，将切割工具插入到腕管中，比起从外部切割，这样留下的疤痕显然更小。

### 神经上有蚂蚁在爬

腕管综合征属于肌肉骨骼类疾病。它表现为拇指、食指和中指有疼痛感、蚁走感和敏感度损伤。出现这些感觉是由于穿过腕管的肌肉结构发炎、肿胀。由于腕管容积不会增长，因此产生的压力会压住正中神经并引发症状。

### 讨厌的痉挛

书写痉挛综合征是手指或手腕在做某些动作时发生痉挛。它不仅会影响人握笔的能力，还会影响音乐家演奏乐器的能力。注射肉毒杆菌毒素可以缓解症状，这类似于整容手术中使用的保妥适[1]，目的是让受影响的肌肉不再收缩。

---

[1] 注射用 A 型肉毒毒素。——编者注

### 集中力量

手指肌腱可以使手指弯曲或伸直。它们在关节附近被厚厚的纤维鞘包裹，形成了一个在用力时可以集中力量的"滑车系统"。因此在攀岩等运动中经常出现滑车系统断裂的情况。

### 骨骼构造

手部的腕骨由 8 块小骨构成，整体呈弓形，与指骨延伸出的 5 块掌骨相连。8 块腕骨在掌侧面形成的一条沟被称为腕骨沟，腕横韧带与腕骨沟之间围成的管叫腕管。屈指肌腱和正中神经都从腕管内穿过，我们的手指因此得以弯曲。

从头到脚的健康

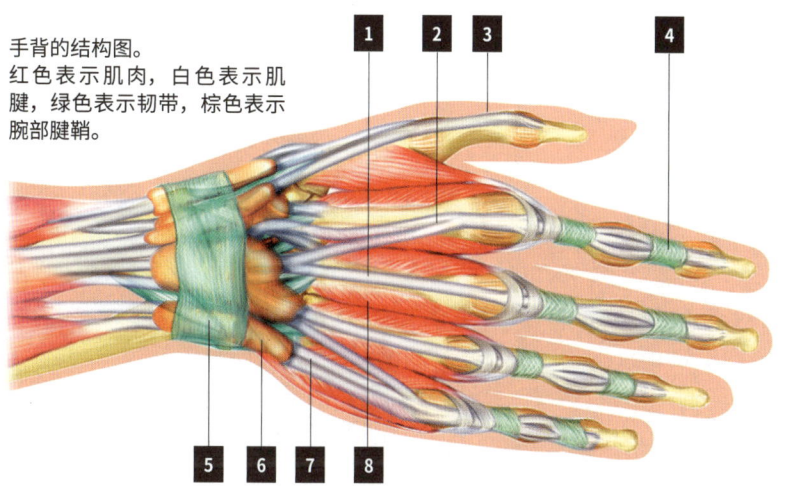

手背的结构图。红色表示肌肉,白色表示肌腱,绿色表示韧带,棕色表示腕部腱鞘。

1. 指总伸肌腱 2. 示指伸肌腱
3. 拇长伸肌腱 4. 滑车 5. 手背环形韧带
6. 腱鞘 7. 小指伸肌腱 8. 背侧骨间肌

## 指环

无名指的法语名字 annulaire 源于它是要戴"anneau"(戒指)的手指。结婚戒指戴在左手无名指上的习俗可能来自上古时期:事实上,这根手指被认为是通过静脉直接与心脏相连的,因此在左手无名指上戴戒指具有很强的象征意义。可是从解剖学的角度看,每根手指都具有相同类型的血管,并且左手无名指并没有比其他手指与心脏联系得更紧密。

## 扭曲肘部

尺骨神经穿过肘外侧的导管,如果肘部受到压力,会引发无名指和小指的不适。这个特点也解释了为什么当肘部受到撞击时痛感会非常强烈。

## 被诅咒的田鼠!

电脑鼠标是产生肌腱病的根源,该病的发病率正在持续增长。肌腱病主要影响食指和腕部肌肉的肌腱,我们做每一个微小动作时,这些肌腱都需要保持恒定的张力。由于受影响的肌肉是沿着前臂插入的,所以疼痛经常上升到前臂。为避免肌腱病,我们可以使用简单的腕托或将鼠标的式样改成垂直的,又或者用手写笔代替鼠标。

## 使用鼠标的专业人士

长时间高强度频繁地玩电子游戏会加速手部病变的发生。专业的电竞选手每天可以花十几个小时做训练。一些高级玩家在 20 岁之前就已经做了腕管手术,而腕管综合征的发病时间通常是在 40 岁之后。这些电竞选手的关节检查还表明它们正处于早衰状态,因此他们在 30 岁之前就不得不退役。

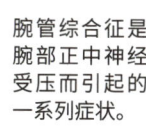

腕管综合征是腕部正中神经受压而引起的一系列症状。

## 短信病

我们每天平均会花费 2 小时在手机上。由于大量使用手指,以及随着屏幕尺寸的增加导致拇指过度使用,肌腱病成了我们这个时代的典型疾病。

1039

# 源自家族谱

## X 形

细胞核内的 DNA 通常以相互缠绕的双螺旋细丝的形式存在。在细胞分裂过程中,这些细丝被一一复制,所以每个副本都可以"装配"两个子细胞。为了做好分离的准备,这两条细丝连接于一个着丝点,染色体因此呈 X 形。

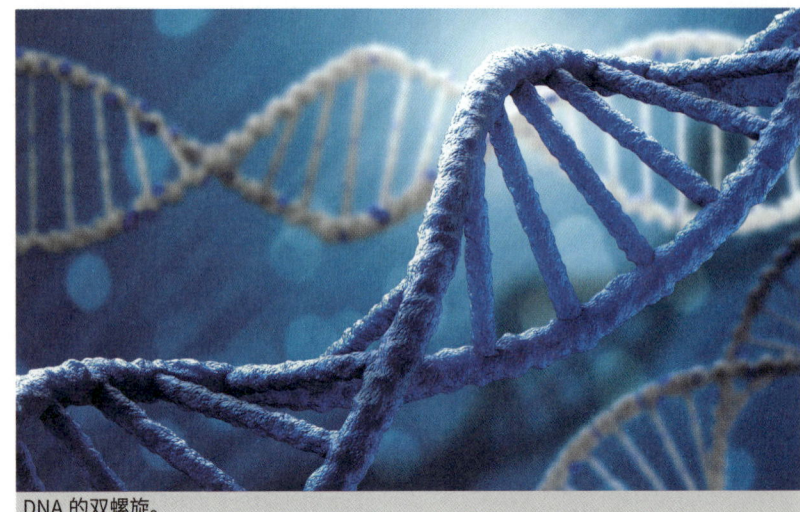

DNA 的双螺旋。

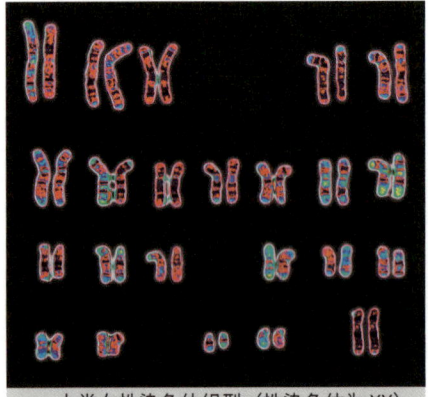

人类女性染色体组型(性染色体为 XX)。

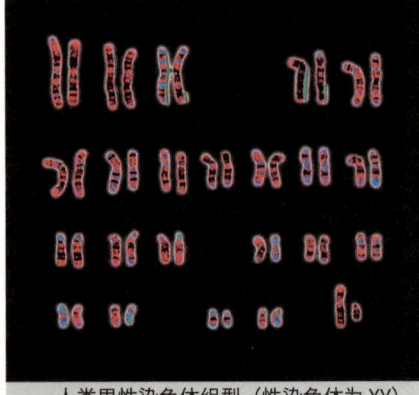

人类男性染色体组型(性染色体为 XY)。

## 关于遗传的最初理论

希波克拉底的生育力理论描述了女性和男性的两种种子:一种较弱,另一种较强。按照他的理论,生育中会出现 4 种不同的组合,这不仅决定了孩子的性别,还决定了长相。早在发现染色体之前,这一理论就说明一个孩子具有父亲和母亲的共同特征。

## 一人准备一半

在配子(精子和卵子)形成的过程中,生殖细胞通过减数分裂连续分裂两次:第一次分裂为成对的染色体,第二次分裂为染色单体。这样就会使 4 个子细胞的染色体数目只有母细胞的一半,而一条染色体只有一半的 DNA。受精是通过融合两个配子而形成具有完整遗传基因的卵细胞。

## DNA 的双螺旋

DNA(脱氧核糖核酸)是遗传信息的载体。它由两条互补的脱氧核苷酸链组成,这两条脱氧核苷酸链以化学键相连,并通过自身扭曲形成双螺旋。

## 确定DNA位置

每个人类细胞核的基因组都是由 22 对常染色体和 1 对性染色体组成,因此正常情况下总共有 46 条染色体。此外,还有我们从母亲那里继承的线粒体 DNA,这个基因能够合成呼吸细胞所需的 30 多种蛋白质。无论 DNA 的位置如何,它都是遗传疾病的病灶。

1040

## 从头到脚的健康

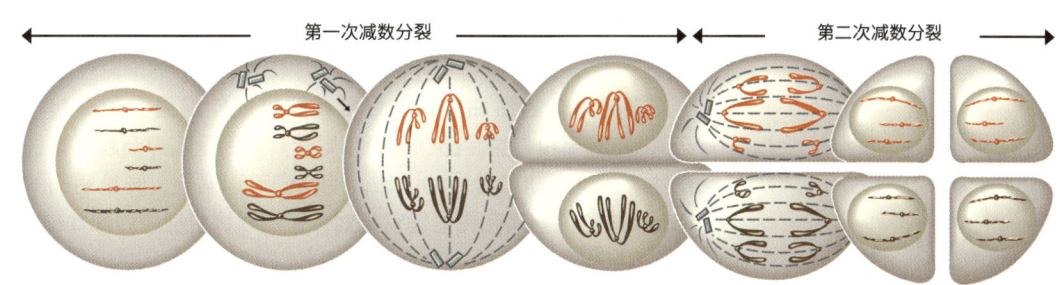

1 个母细胞　　　　　　　　　　　　　　　　　　　　　　　　　　4 个子细胞：配子

减数分裂的不同阶段：细胞的两次分裂导致细胞中的染色体数目减半。减数分裂发生在生殖细胞或配子形成时。

### 机遇之轮的方方面面

在减数分裂过程中，有几种机制会产生基因融合。一对染色体中的每条染色单体虽然具有相同类型的基因，但它们并不总是拥有相同的版本（等位基因）。因此 46 条染色体的随机分离可能出现新的组合。另外，染色体在分离前的接近有利于染色单体片段的交换，这也导致了遗传的独特性。最后，在受精过程中，两种不同基因型的相遇也给遗传带来了更多奇异性。

> ### 单体或三体
>
> 三体性是指一条额外的染色体加入到一对染色体中。最常见的是 21—三体综合征（唐氏综合征）。但是也有其他一些染色体异常的情况，例如 13—三体综合征（帕塔综合征）或 18—三体综合征（爱德华兹综合征），这些疾病的众多畸形特征使它们与过早死亡关联紧密。相反，单体是指染色体缺乏，特纳综合征就是缺少性染色体。大多数染色体数量的异常都会导致胎儿无法存活，发生流产。

### 症结不请自来

异常现象发生在各种基因融合的过程中。如果一对染色体无法正确分离，那么一些配子可能会有多余的染色体，而另一些则可能缺失。同样，如果染色单体的部分片段没有很好地完成交换，则可能改变遗传信息（减少、消失、重复等）。

### 显性基因与其他

对于一个特定的性状，可能存在与其表达相关基因的几个等位基因。当显性性状只体现在一条染色体上，而隐性性状存在于两条染色体上时，显性性状就会表现出来。因此，隐性性状必须由父母双方传递，如果他们的另一个等位基因是显性的，那么父母双方可能不会表现该性状。这个遗传规则体现在一些无害的人体属性上（例如湿耳垢是显性特征，干耳垢是隐性特征），也体现在一些非传染性但具有遗传性的遗传疾病上。

1041

# 背痛！

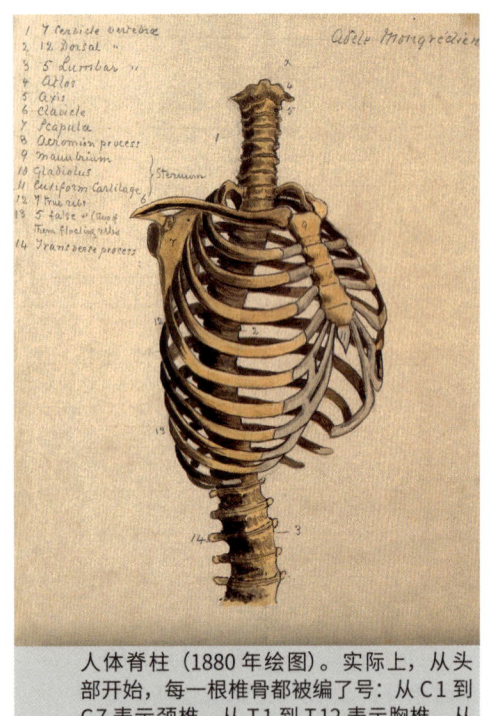

人体脊柱（1880 年绘图）。实际上，从头部开始，每一根椎骨都被编了号：从 C1 到 C7 表示颈椎，从 T1 到 T12 表示胸椎，从 L1 到 L5 表示腰椎，从 S1 到 S5 表示骶椎。

## 凸起和凹陷

脊柱具有自然曲度：在颈椎和腰椎处向前呈弧形凸起（脊柱前凸），在胸部和骨盆后部（骶骨和尾骨）向后呈弧形凸起（脊柱后凸）。脊柱前凸是活动和缓冲的区域，使我们可以站立；脊柱后凸的活动性较差，与胸部器官和骨盆器官相对，可以对抗机械应力和冲击。

## 背上的一根刺

脊柱由 7 块颈椎、12 块胸椎（肋骨与胸椎相连）、5 块腰椎、1 块骶骨（由 5 块骶椎融合而成的扁平骨头）组成，骶骨上还附着 2 块髋骨。脊柱的最下面还有 1 块尾骨，尾骨也是由小的椎骨融合而成。

## 椎骨的构造

椎骨的前部是椎体（一种实心的圆柱体）。腰部的椎体较宽，因为那里需要支撑更大的重量。椎骨的后部是椎弓，它划定了脊髓神经通道，以及包含脊髓的椎管的范围。每一个椎弓都有 7 个突起（一对横突，一个棘突，一对上关节突，一对下关节突），沿着后背可以摸到位于后部的突起。

## 头脑里装满了神话

第一颈椎的法语名称是"Atlas"（阿特拉斯），是希腊神话中的擎天神。就像阿特拉斯支撑的天穹一样，这块椎骨支撑着颅顶。它的解剖结构非常特殊，因为它的形状大致为一个环形。第二颈椎的法语名称是"Axis"，这个名字的由来非常简单，因为它是头部旋转的轴（法语为 axe）。其他椎骨按照位置从上到下被编号。

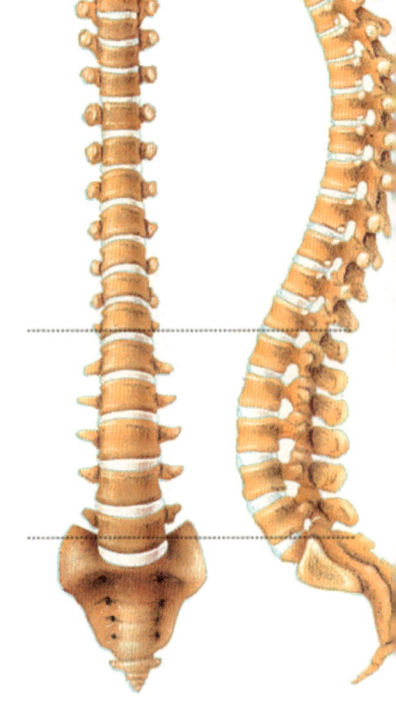

脊柱结构包括颈椎、胸椎、腰椎和骶骨。最后一节腰椎（L5）和骶骨之间的夹角使得分离它们的椎间盘呈锥形。这个形状可以使腰部灵活运动并支撑身体重量，也会导致椎间盘磨损。

1042

从头到脚的健康

 **为何颈椎如此重要?**

颈椎区域集中了人体主要结构的通道：食道、气管、通向大脑的动脉（颈动脉、椎动脉）、静脉（颈静脉），当然还有神经结构。由于脊髓组织是层叠的，因此脊髓损伤会导致下层功能丧失。当颈椎受损，可能会四肢瘫痪，甚至呼吸停止（膈神经）。

### 背痛、脖子痛！

背部和颈部的疼痛治疗正在发生变化。尽管长期以来的医学建议是尽量保持固定不动，但最近的研究表明，适当的体育锻炼恰恰可以减轻疼痛，因为肌肉增强后可以更好地支撑脊柱，恢复运动有利于血液循环。

### 卡在中间的盘

灵活的椎间盘将椎体隔开，为脊柱提供缓冲，使其具有支撑力和活动性。椎间盘由几层同心的纤维组织组成，这些同心层包含一个核，即髓核。若髓核移动，就会导致椎间盘突出：椎间盘发生位移，并因其位置的不同会挤压到脊髓或神经（包括著名的坐骨神经），于是疼痛会扩散到脚。

### 2D 还是 3D，可以看出的脊柱侧凸

脊柱侧凸（俗称脊柱侧弯）是一种脊柱在三维空间的畸形，不仅脊柱弯曲成"S"形，而且椎体也可能发生旋转。人的身体向前倾时，胸腔的不对称或"剃刀背"（驼峰）会将脊柱的扭曲突显出来。非结构性脊柱侧凸，如姿势性侧凸，只发生在两个平面上（没有脊柱扭曲）。它与长短腿或骨盆不平衡有关，治疗方法相对简单，例如使用矫正鞋垫。

**真的扭到腰了吗？**

我们通常把下背部称为"腰部"。肾脏受感染（肾盂肾炎）会引发严重的腰椎痛。我们常用"扭到腰"来指腰痛（其实肾劳损也表现为腰痛），但只有因突然运动或旋转引发的腰痛才是"扭到了"！

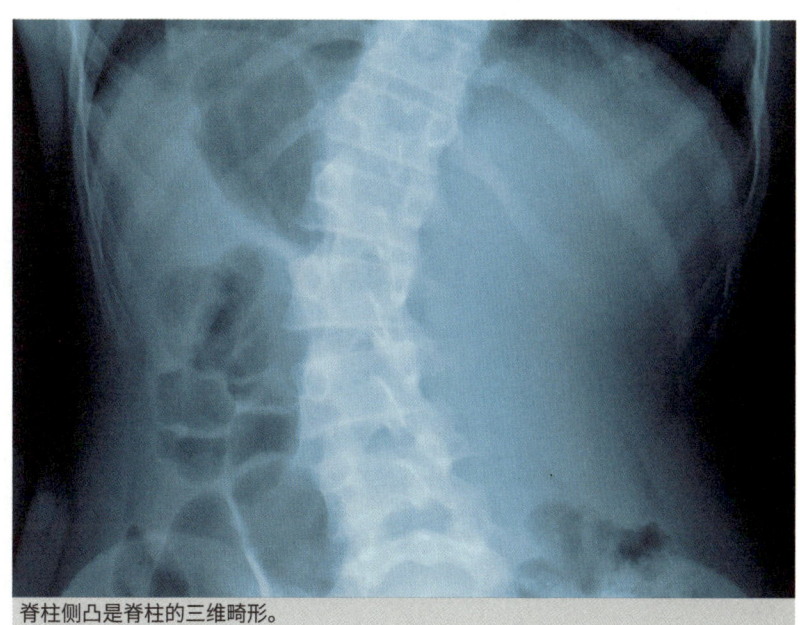

脊柱侧凸是脊柱的三维畸形。

1043

# 移花接木：移植术的巨大成就

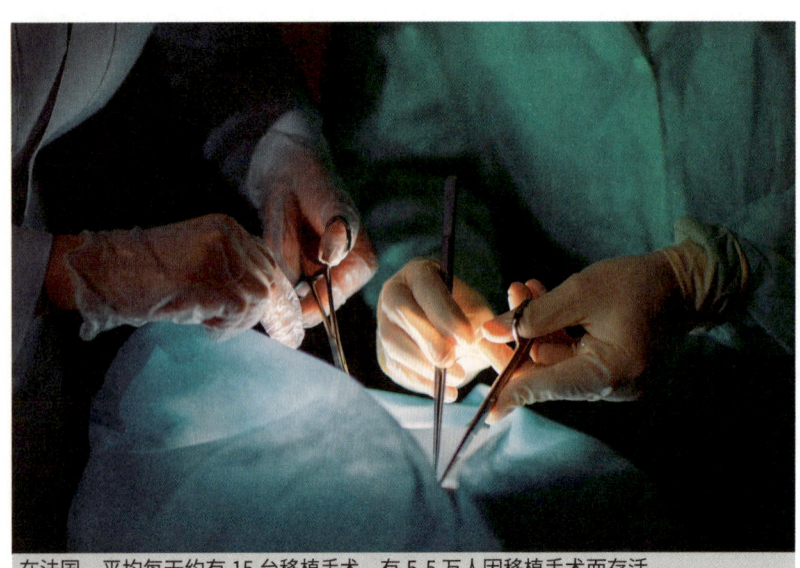

在法国，平均每天约有 15 台移植手术，有 5.5 万人因移植手术而存活。

## 修复骨骼

目前开展最多的是骨骼移植手术，欧洲每年有超过 100 万台治疗骨折或骨坏死的手术。人工骨移植日益发展，现在经常用到含有干细胞的人工骨植入物来实现骨骼的最佳愈合和强化。

## 寻求帮助

移植需要一个提供者。当提供者和接受者属于相同物种，这是同种异体移植；当二者分属不同物种，这是异种移植。由于器官短缺导致接受器官移植的人需要等待好几年，因此以动物作为供体的移植术得到发展。

## 变戏法

移植术可应用于器官（如肾脏、肝脏、肺、胰腺、心脏等），也可以应用于组织（如皮肤、角膜、血管、肌腱等）和细胞。细胞疗法的目的在于通过注射干细胞来恢复功能。这项技术可能带来的简便性、高效性和持久性使其成为非常受欢迎的研究主题。

## 好的染色体

限定提供者和接受者之间移植兼容性的基因集中在 6 号染色体。

## 多种移植来源

自体移植就是将一个人身体的组织直接取下并植入自己身体的其他部位。这种情况常见于皮肤移植，例如，当皮肤受到严重伤害（烧伤），可以采集健康皮肤的样本（如大腿、臀部等）来替换受伤部位。

## 超级猪

目前，猪是最有希望被应用于异种移植的动物。人们可以对猪进行基因改造，抑制导致移植失败的组织标记并防止传染病传播。现在，猪的心脏瓣膜和肌腱已经应用于人体临床。

## 被识别的闯入者

移植术的挑战是什么？不出现排异。实际上，由于人类白细胞抗原的存在，人体的防御机制会将移植物视为外来异物，并试图摧毁它。因此人们会使用最具兼容性的组织器官来减少排异反应，但是也无可避免地要使用终生免疫抑制治疗。

## 从头到脚的健康

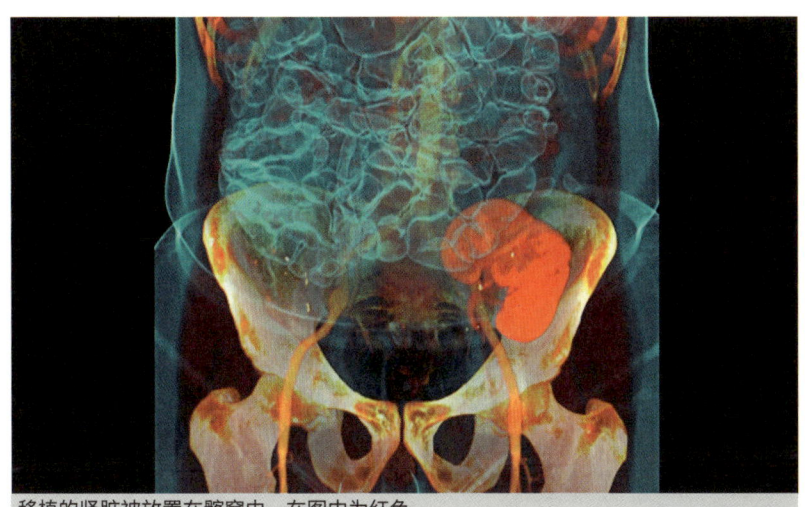

移植的肾脏被放置在髂窝中,在图中为红色。

### 更换过滤器

肾脏是器官移植中最常见的脏器。由于人拥有一个肾脏就可以存活,因此对肾脏有需求的患者只需要移植一个肾脏。这意味着捐献者在捐献器官之后可以继续活着,或者捐献者死后可以让两个人获益。移植时,肾脏被置于髂窝(髂骨翼内侧面光滑并凹陷的前部),并同时连接到血管系统和膀胱。

### 捐献的来源

被移植的器官通常来自脑死亡患者。他们的呼吸和血液循环可靠人工维持,器官的质量因此得以保持。但是这些潜在捐献者的器官只有一半会被成功提取。事实上,1/3 的情况是,这些潜在器官捐献者的家属或本人是不同意捐献器官的。其他情况可能是病人之前的病史导致器官无法捐献。

### 丧失功能

经过免疫抑制治疗后,与抗体有关的体液免疫依然可以发挥作用。体液会逐渐附着在移植物上并引发一连串的反应,最终,纤维组织代替健康的组织,导致移植物丧失功能,必须被更换。

### 悄悄地拒绝

目前的免疫抑制疗法可以预防 90% 的由淋巴细胞攻击(细胞免疫)导致的急性排斥反应,这种反应通常发生在移植后数小时或数月内。免疫抑制疗法结合了一些能够发挥效能的分子,但是也会引发副作用和一定的肾毒性。

###  出借的器官

到 2017 年底,已经有 8 个婴儿是从移植的子宫中出生的。他们的母亲虽然没有子宫,但是卵巢功能正常,于是她们先接受了子宫移植,然后再植入体外受精的胚胎。分娩采取了剖宫产的方式,婴儿出生时身体健康。目前,接受子宫移植的母亲在怀孕一到两次后,只需将植入的子宫移除就可以停止随之而来的免疫抑制治疗。

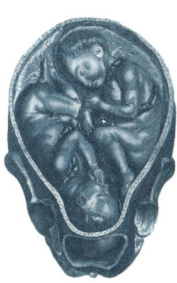

真正的双胞胎(同卵双胞胎)具有相同的组织标记,因此他们可以成为彼此的提供者而不会发生排异(同种移植)。2017 年,一名身体 95% 烧伤的男子在接受了来自双胞胎兄弟的皮肤移植后幸存了下来。

### 纪录!

目前,一颗移植心脏的最长寿命是 31 年。

# 修复车间：愈合

### 堵住伤口

伤口愈合通常是从凝血、止血开始的。随之而来的是炎症阶段：免疫细胞清理阻塞在伤口上的坏死细胞，并在局部保护伤口免受感染。然后，伤口临近的细胞会聚集过来，通过不断繁殖来填充伤口。根据伤口位置的不同，替换的组织也有所不同：替代骨骼的组织是同一的，替代皮肤的组织比较薄，替代肌肉的组织是纤维性的。

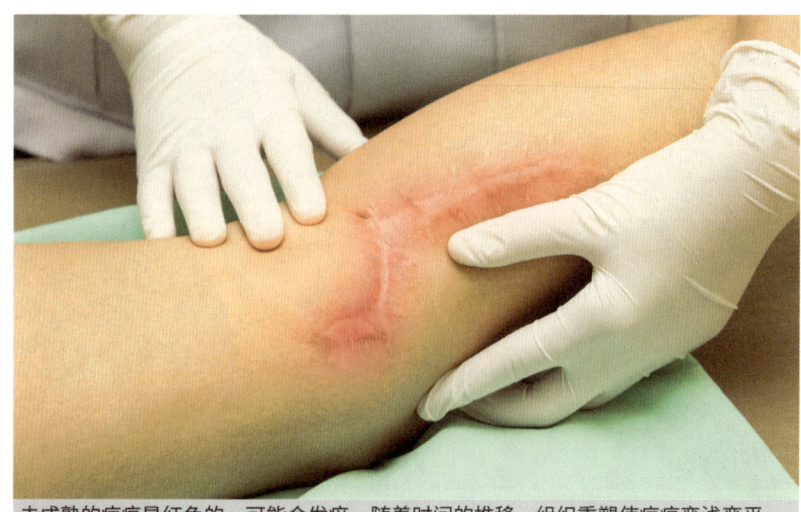

未成熟的疤痕是红色的，可能会发痒。随着时间的推移，组织重塑使疤痕变浅变平。

### 现代敷料

保持湿度是现代敷料的目的，这样做是为了促进伤口良好愈合。它让伤口保持在不会脱水的环境中，在保护其细菌生态系统的同时，使其免受外部污染物的侵害。这个过程还可以促进细胞增殖、分化。不同的伤口类型需要使用不同特性的凝胶，以保持敷料的透明度、加速伤口愈合、增加水合作用、吸收渗出液等。

### 错的好主意

将伤口暴露在空气中会导致伤口结痂。于是，修复细胞（成纤维细胞）就会被困在不利于它们发挥作用的环境中。因此它们无法做出正确反应，于是就形成了纤维化的伤疤。

### 不完美的再生

肌肉受伤后，往往会形成无法收缩的纤维组织。这种基本功能的丧失对心肌的影响尤其具有破坏性（心肌梗死），心肌因此无法再正常跳动。这可能会导致动脉壁肌肉功能不全或弹性降低。

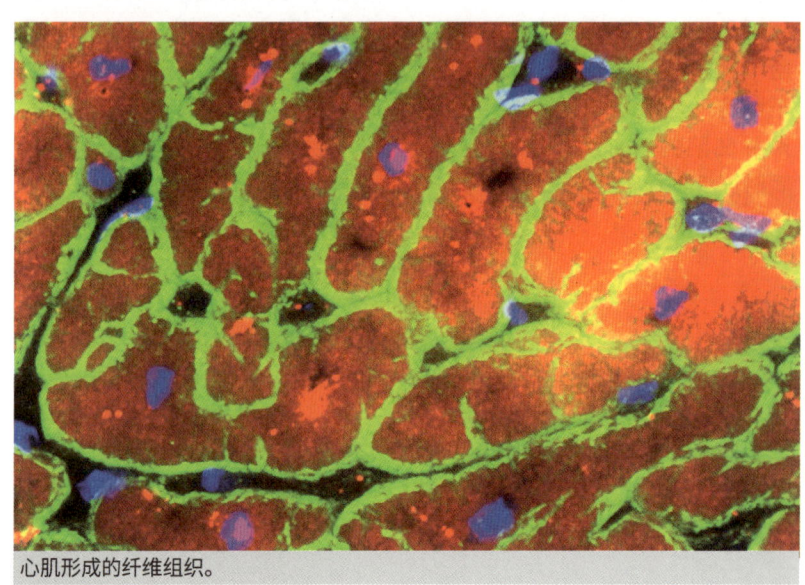

心肌形成的纤维组织。

1046

从头到脚的健康

 **为什么要在上手术台前戒烟？**

烟草会延缓伤口愈合，甚至给感染创造可乘之机。许多类型的外科手术（如牙科、医美、整形、消化等）、日常擦伤、疱疹和骨折等都会受到烟草的影响。事实上，香烟中的化合物会降低血液质量（血液变稠、含氧量变低），使毛细血管收缩，影响血液循环，并降低防止感染的淋巴细胞（白细胞）的活性。由于炎症因子保持在一个较高的水平，因此术后的恢复会更痛苦。

### 夜晚的小伤口

伤口愈合的速度在夜间会变慢。在夜间产生的伤口可能需要花费两倍以上的时间才能恢复，这和每个人的生物节律有关，如果能理解并考虑到这一点，则能促进术后恢复：手术治疗可根据个人意愿在更适合的时间进行。

### 黏合伤口

在外科手术中，缝合是人为地将（器官、肌肉、皮肤等上的）伤口边缘聚合在一起，以促进愈合。缝合中使用的线材质不同，有的可以自行消失，有的则需要拆线处理。外科手术技术和设备的发展让切口越来越小，人们开始研究其他类型的缝合。我们也看到了手术黏合剂的出现和发展，它们可以轻易地将血管壁快速紧密地黏合起来。

### 涂抹百香果蜜的伤口

在伤口上涂抹蜂蜜的做法可以追溯至古代，现在，它又出现在了医院中。蜂蜜确实是一种价格合理的天然产品，它具有抗菌、消炎和促进伤口愈合的特性，因此可以服务于很多科室（烧伤科、妇科、外科、创伤科等）。百香果蜜是一种非常有名的蜂蜜，因为它保留了植物的一些药性。

蜂蜜可以促进伤口更好地愈合。

1047

# 减半的感官

## 残疾与残缺

残疾是身体、精神、认知、感觉和心理完整性的部分或全部残缺，有时甚至是这几项的叠加（多重残疾）。残疾可能是先天的（出生时就有），也可能是后天的（事故引起），或是衰老后出现的。有些残疾是暂时的，还有一些则是终身的。

## 视觉参数下降

视障的定义是指视觉敏锐度小于3/10，视野缩小（小于20度）。当视觉敏锐度小于1/20或视野小于5度，则达到失明的程度。如果这两个参数达到绝对值，那么人根本无法感知光。

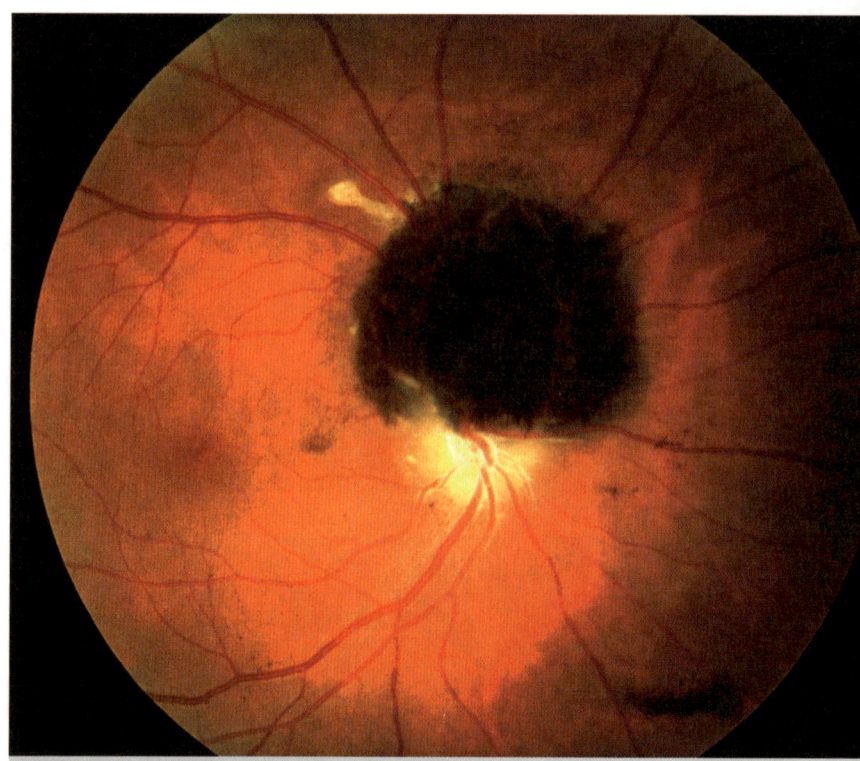

当视网膜受损，视野就会出现问题。本图中的眼睛对颜色和细节的感知水平降低。

## 黑点问题

最常受视觉障碍影响的是中央视觉：它影响视网膜的中部，从而影响视野。这会形成一定深度和范围的阴影区，而视线会到达这个阴影区。受影响的视网膜细胞也是那些能够区分细节、形状和颜色的细胞，因此，阅读、辨识人脸或定位物体变得困难，例如识别白色桌子上的白纸和伸出土地的树根等。

## 透过钥匙孔

周边视觉受损会缩小视野的边缘，就好像人一直通过钥匙孔看世界。因此，尽管人依然具备阅读能力，但是需要较小的字符并且字不能超出视野范围（字典、报纸等），运动的自主性也会降低，因为人很难体会空间、跟踪运动或辨别某些危险。

## 讨厌的模糊

视力模糊是视觉障碍的表现之一。视力模糊的人眼看到的外界环境只能是具有粗糙轮廓的整体，他们无法正确判断距离、速度、深度、起伏等。

## 从头到脚的健康

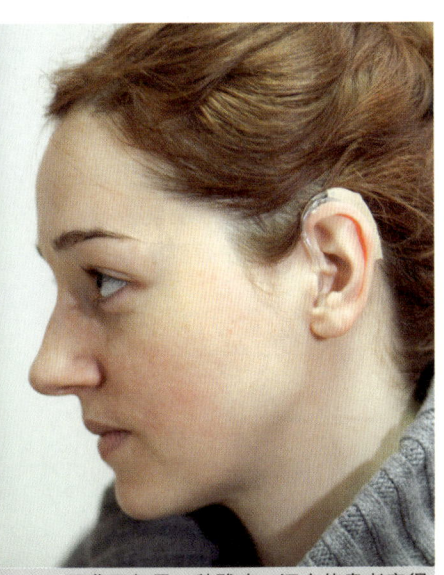

耳聋不仅是一种残疾，还会使患者变得孤僻。

### 从出生起

每1000名婴儿中就有一名在出生时或出生后的几年内患上先天性耳聋。先天性耳聋可能是由于遗传因素。耳朵结构的畸形也可能源于感染。事实上，母亲可能将风疹、弓形虫或巨细胞病毒传给胎儿，从而影响胎儿的听力。

### 与大脑有关

由于感觉信息是由大脑处理的，所以即使器官功能正常，大脑的病变也可能导致残疾的产生。例如视觉失认使人无法识别看到的物体（一个人无法认出放在眼前的开瓶器，但是一旦他把开瓶器拿到手中，就知道它是什么，以及如何使用它）。听觉失认是指患者拥有听力却无法辨别声音，例如他们分不清笑声和关门声。

### 空气中的振动

传导性耳聋是指耳朵无法正常传导空气中的振动，尤其是低沉和较小的声音很难传到耳朵里。患有这种耳疾的人说话声音很低，因为他们通过骨传导听到的自己的声音比其他声音要大很多。

### 电故障

与内耳或听神经损伤有关的耳聋会影响知觉。机械信息无法正确地转换为神经信息，使得各种类型的声音患者都听不清，由于他们也听不到自己的声音，所以说话声很大。

### 看不见的残疾的双重障碍

听力损失带来的障碍是双重的。一方面，他与别人的交流受阻；另一方面，在当今社会，"听不到"通常和"听不懂"联系在一起。有听力损失的人经常觉得自己像得了"幼稚症"，或由于让对话者重复说话而令对方感到厌烦，这些都可能使他们变得孤僻。

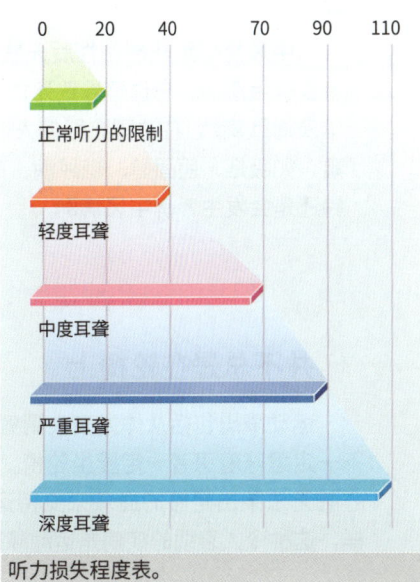

失去的分贝数

| 0 | 20 | 40 | 70 | 90 | 110 |

- 正常听力的限制
- 轻度耳聋
- 中度耳聋
- 严重耳聋
- 深度耳聋

听力损失程度表。

1049

# 缺陷的多种面貌

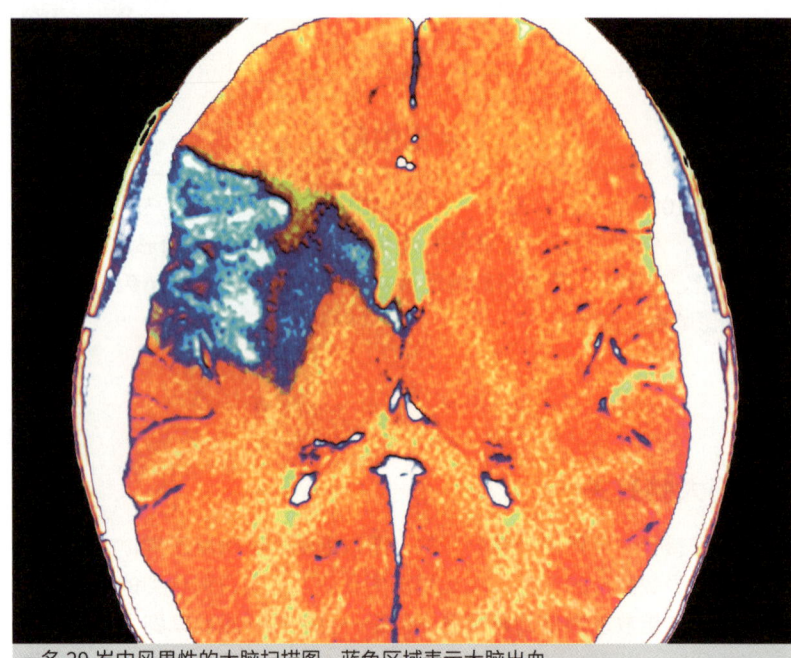

一名 29 岁中风男性的大脑扫描图。蓝色区域表示大脑出血。

## ⚠ 用数字说明脑病的发作

中风是导致非创伤性后天残疾的首要原因，因为 40% 的中风患者会有后遗症。它也是导致死亡和痴呆的第二大主要原因（仅次于阿尔茨海默病）。在法国，即使人们已经消除或控制众多的致病危险因素，如吸烟、胆固醇、糖尿病、高血压、超重、酗酒等，但是每 4 分钟还是会发生 1 例中风病例。

## 并不总是在轮椅上

运动障碍包括从体力丧失到瘫痪的所有和运动有关的问题，因此它不一定意味着患者一定要坐轮椅。例如，心力衰竭限制了运动，因为心脏无法泵出足够的血液来支持运动。所以，与许多其他疾病一样，这种令人衰弱的疾病是运动障碍产生的原因。

## 网络问题

当大脑血管阻塞（占病例的 85%）或破裂（出血），人就会中风。失去营养输入的区域迅速退化，细胞死亡，导致功能障碍和丧失（通常表现在病变区域的另一边）。

## 一半一半

当身体的右半部分或左半部分瘫痪时，我们称之为偏瘫。这是中枢神经系统的运动通路受损的迹象（中风、外伤、感染、肿瘤等）——这些运动通路无法到达它们通常控制的肢体。不同的病变类型对肌肉的影响程度不同，因此运动功能也会受到不同程度的影响。早期的复健可以恢复一部分功能。

## 中断接触

脊柱中脊髓的损伤会影响脊髓与"下层"之间的传感和运动交流能力。从腰部到颈部底部的病变可能引发截瘫。颈椎病变会导致四肢瘫痪。如果负责膈肌收缩的膈神经受损，那么严重程度就会增加。

1050

从头到脚的健康

## 按它的节奏走

智力障碍会降低人们理解新知识或复杂知识的能力，并减弱学习能力。智力不健全通常伴随着智力发展缓慢，其表现为智商低于 70。这种疾病对日常生活的影响取决于受影响的技能及其程度。它可能会在说话、穿衣、理财、阅读、识别方向等方面造成困难。

用于检测儿童的理解力、注意力或语言方面障碍（失读症）的测试。

## "困难"障碍

学习障碍包括所有注意力障碍和所有"困难"障碍：阅读困难（阅读）、拼写困难（书面表达）、计算困难（数学活动）和言语困难（口语表达）。这些障碍最初出现在患者的童年时间，通常发生在学校中。40%的患者会有好几种"困难"。这些障碍不会自己消失，但是可以指定一些代偿策略来减少它们对日常生活的影响。

## 找出原因

唐氏综合征或脆性 X 染色体综合征等遗传异常已经成为导致智力障碍的主要原因。很多因素可以导致这些疾病，例如怀孕期间的营养不良、中毒、感染等，分娩时的胎儿窘迫[1]、严重早产等，或胎儿出生后的感染、颅脑创伤等，但还有很多病例仍然无法被解释。

---

1 指胎儿在子宫内因缺氧危及其健康和生命的综合症状。——编者注

## 精神疾病的发生

精神残疾是指人在可以维持智力功能的同时患上了神经系统疾病（如阿尔茨海默病、癫痫等）和精神疾病（如抑郁、偏执狂等）。精神残疾对患者日常生活的影响（如记忆力、注意力、疲劳等）随着病情的发展而变化。与其他看不到的残疾一样，评估这种疾病是很困难的。

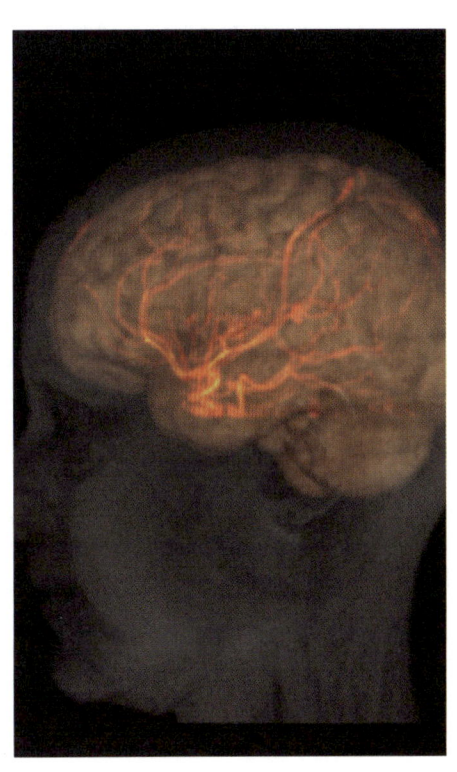

1051

# 不是小伤，就是大伤！

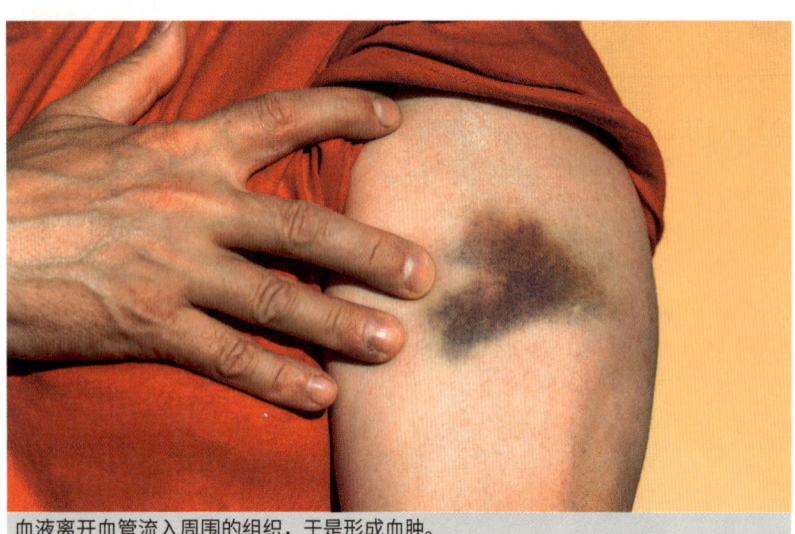

血液离开血管流入周围的组织，于是形成血肿。

## 彩虹蓝

吮痕、淤斑（皮下"青肿"）或血肿（更深层的血液积液）都是血液流出血管进入周围组织造成的。首先，皮肤上会出现一个淡红色的斑点；然后，收集血液中铁元素的巨噬细胞（白细胞）介入，使皮肤颜色变深（甚至是紫黑色）。于是只剩下一部分红细胞的血红素（含有铁原子的结构），这些血红素首先被分解为胆绿素（绿色），然后被分解为胆红素（黄色），最后皮肤颜色恢复正常。

## 脱臼！

当关节面失去正常的对合关系，韧带变得过于松弛或在创伤后（通常在离关节有一定距离的地方），肢体对关节施加压力，就会出现脱臼现象。和骨折一样，脱臼也是骨骼异常移位，与常说的自发性"移位"（尤其是椎骨）截然相反。

## 避免摔倒

肌牵张反射可以让身体保持一定姿态并在不平衡的情况下恢复姿态。当肌肉突然拉伸，就会发生这种自动反应。感觉信息直接在椎骨被处理，无须经过大脑，因此身体可以快速响应：受牵拉的肌肉会发生反射性收缩，而拮抗肌肉则会放松。如果这种反射不足以恢复平衡，就可能发生创伤。

## 情况反转

扭伤是关节韧带的过度拉伸。在这种情况下，韧带通常会肿胀，严重时还会撕裂。它会影响四肢的关节，如脚踝、膝盖、手指等。颈部也可能扭伤。

## X形的膝盖

在膝关节内有两根交叉的韧带。当运动中枢发生创伤，前交叉韧带的最大伸展性可能受损且无法自行修复，这限制了身体活动，增加了骨关节炎的发病风险。

## 取出冰块！

发生创伤后，迅速并有规律地对受伤区域冷敷，可以减轻疼痛，减少血肿和水肿（肿胀）的形成，并在短期内限制炎症。冰敷也有助于缓解关节疼痛（关节炎、关节病等）。相反，非炎症性的肌肉疼痛适合热敷，让肌肉放松（肌肉酸痛、下背部痛等）。

从头到脚的健康

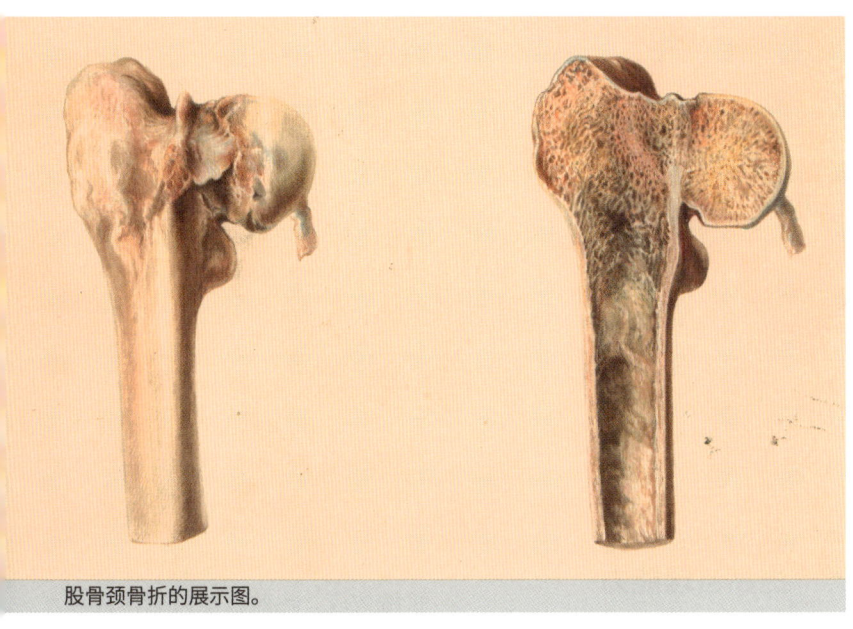

股骨颈骨折的展示图。

## 网球带来的病变

"tennis"（网球）这个英语词汇出现在医疗用途中通常表示受伤，而这些伤害并不只影响这项运动的爱好者。"网球肘"是肘部外侧区域发炎（肱骨外上髁炎），"网球腿"是跖肌腱的断裂。

## 肌肉损伤

损伤发生时的机制，决定了肌肉是牵拉损伤还是撕裂损伤。肌肉的牵拉损伤是指肌肉拉伸超出了弹性范围。撕裂损伤是指肌肉在收缩时遭受外伤（电击、收缩过强）。撕裂意味着肌肉纤维的破裂，严重的肌肉撕裂或需要手术矫正。

## 最好不要乱伸腿

股骨又名大腿骨，具有特殊的解剖结构：它由一根长的股骨体构成，股骨体与股骨颈之间有一个 125 度的夹角（转子），股骨颈上是与髋关节连接的股骨头。随着年龄的增长，骨密度降低（骨质疏松症），股骨颈变薄而成为骨骼的脆弱区域。在法国，每年有超过 7.5 万例股骨颈骨折的病例，主要发生在老年群体中。

 **尽可能固定好**

骨头的愈合分为多个阶段。骨折后 1～2 周内，骨折断端及周围组织形成血肿，在机体的机化作用下，血肿逐渐转化成纤维性物质，形成纤维性连接，但此时还是不牢固的连接。大约 2 周后，成骨细胞将纤维组织转化成骨组织，形成骨痂。之后是骨痂的塑形改造期，待最终确定骨化后，固定用的绷带等可以拆除。骨痂最初很厚，随着时间的推移变得越来越细：表面变得光滑，内部结构得以稳固。

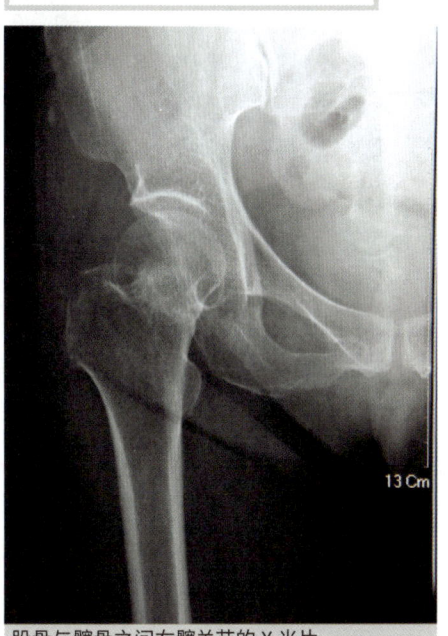

股骨与髋骨之间右髋关节的 X 光片。

1053

# 康复的方法

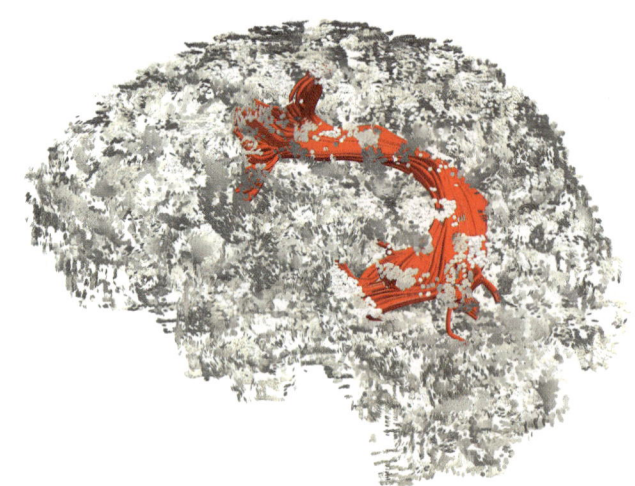

语言受大脑几个区域（图中标红）的控制，它们之间有着密切的联系。

### 后续治疗

由运动或神经功能缺损造成的运动障碍可采取物理治疗和康复治疗。治疗旨在恢复患者的自理能力，并使他们能够在残疾的状态下更好地生活。

### 小声音，大效果

超声波（频率高、波长短）能产生减少肌肉和肌腱纤维化的机械效应。热效应能减轻疼痛和炎症的反应，从而使肌肉和肌腱恢复柔韧性。除了应用于理疗，超声波还可以用于破坏肾结石或某些肿瘤，以及治疗眼部疾病。

### 提高自理能力

康复治疗会使用所有可用的工具，不仅可以恢复身体状态，还可以恢复社交或心理方面的能力。它可以通过多种方式来完成，例如运动治疗、职业治疗。

### 有1001种办法的言语治疗师

言语障碍的康复（无论是从表达上、书面上，还是理解上）属于言语治疗师的责任。言语障碍的起源可能有生理方面的和（或）社会心理方面的，并且可能与记忆、理解、逻辑或其他认知功能受损有关。其症状有很多种，如口吃、学习困难、吞咽功能障碍等。相关的复健方式通常是游戏和个性化练习。

言语治疗师负责矫正和治疗存在言语障碍的人。

###  梅济耶尔方法

弗朗索瓦·梅济耶尔创立了一种用于功能康复的方法，被称为梅济耶尔方法。这种方法依赖于协同工作的肌肉链，肌肉链过度紧张引起的干扰会反映在整个身体和姿势上。手法治疗旨在恢复张力的平衡，以消除适应性补偿运动带来的疼痛。

从头到脚的健康

### 彩色的高级绷带

体育界普遍使用色彩非常鲜艳的肌内效贴布（运动贴布）。这种贴布于 20 世纪 70 年代起源于日本。如果用放大镜来观察，能发现胶的分布非常讲究，这使贴布可以在皮肤上保持特殊的张力。将肌内效贴布贴在不同的位置和方向，既有消肿止痛的作用，也有调理或放松肌肉的作用。

### 肌肉中的 100 伏特

电疗法包括用电流刺激神经，从而减轻敏感神经的疼痛。这个疗法还通过刺激运动神经来参与康复和体育训练。在康复训练中，它可以激活很少用到的肌肉（肌肉僵硬、萎缩），减轻肌肉疲劳，增加肌肉振幅和关节稳定性。

### 运动和心理相遇

心理障碍是神经、社会和心理发展的交叉。从运动的观点看，它表现为控制困难（抽搐）、协调困难（运用障碍）或动作执行力不佳（例如书写）。在心理社会维度，它体现为人际关系和行动方面的困难、学习迟缓和认知障碍。这些问题的预防、筛查和治疗由精神运动康复治疗师负责。

### 在各自的屏幕前

虚拟现实技术已经被应用于功能和运动康复领域。它使人工重建日常活动成为可能，因此在医院中也可以复制和处理这些日常活动的行为。此外，与视频游戏的结合也为患者提供了参与动机，在照护受过严重心理冲击的患者时，这是不可忽略的要素。

### 关注运动

费登奎斯方法的信条是找到正确的动作。这种方法不需要过度努力，也不会产生紧张和疼痛。它教会人们重新注意自己采用的姿势，这有助于恢复灵活性。实际上，费登奎斯方法是一种生活保健方式，身体通过该方法完成了自我重建。

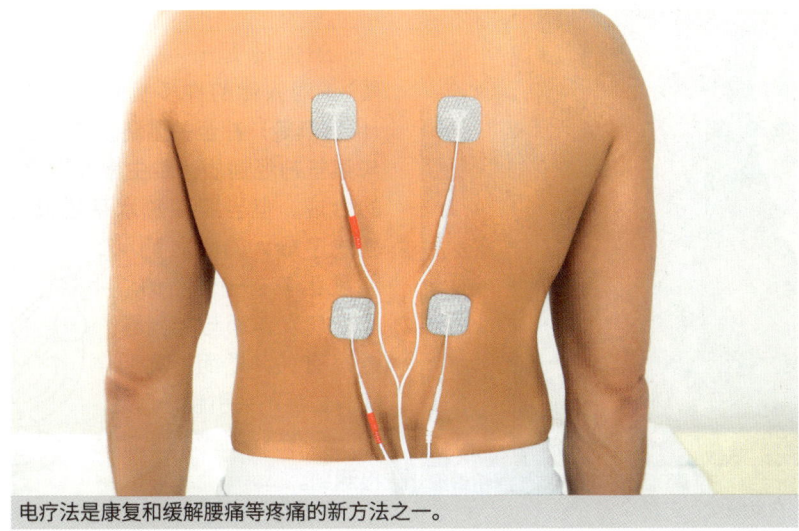

电疗法是康复和缓解腰痛等疼痛的新方法之一。

1055

# 超标了！

## 甜的血

没有妥当管理饮食中的糖是造成糖尿病的原因之一。它会导致高血糖，即血液中有过量的葡萄糖。另一种评估血糖的方法是测量储存在血细胞中的葡萄糖水平（糖化血红蛋白，即 HbA1c），它可以显示几个月内的平均值。

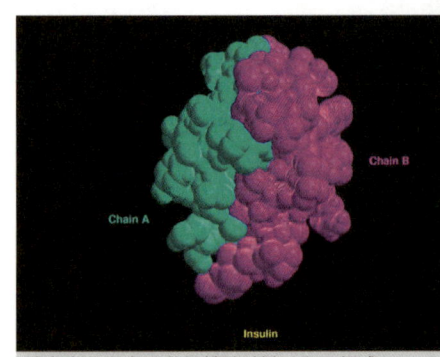

胰岛素分子由两条氨基酸肽链A和B组成。

## 糖尿病的真相

全世界有超过 4.42 亿人患有糖尿病。如果血糖水平不受控制，血液就会变稠，从而导致各种问题，如眼睛血管病变引发的失明风险、勃起功能障碍、中风、冠心病等。糖尿病的病症还会体现在四肢，特别是脚部。血液循环不畅，加上神经病变（敏感性降低），让糖尿病患者的伤口不易愈合、容易感染，如果病变严重致组织坏死，甚至需要截肢。

## 处境不稳的胰岛素

糖尿病与胰岛素有关，胰岛素是负责存储体内葡萄糖的激素。高血糖的迹象表现为：排尿增多、口渴、头晕、夸张的饥饿感等。糖尿病有不同的类型，1 型糖尿病是胰腺不能再产生胰岛素，2 型糖尿病是胰岛素无法正确识别靶细胞，妊娠糖尿病是由于胎盘激素的存在而阻断了胰岛素的作用。

## 糖尿病的治疗

直到今天，我们还不能治愈糖尿病。1 型糖尿病需要终生注射胰岛素。其他的糖尿病患者首先必须注意保健营养措施（如均衡饮食、进行体育锻炼等），然后随着疾病的发展，他们可能需要服用抗糖尿病药物，甚至注射胰岛素。

## 胆固醇是把双刃剑

胆固醇是一种脂肪酸（脂质），对人体的许多机制和结构（细胞膜等）都至关重要。它还参与某些神经递质、维生素和激素的合成。但当胆固醇水平过高，就成了最大的心血管危险因素——50% 的心脏病发作都与胆固醇过高有关。然而，高胆固醇血症不会引起任何症状，只有通过血液检查才能检测到。

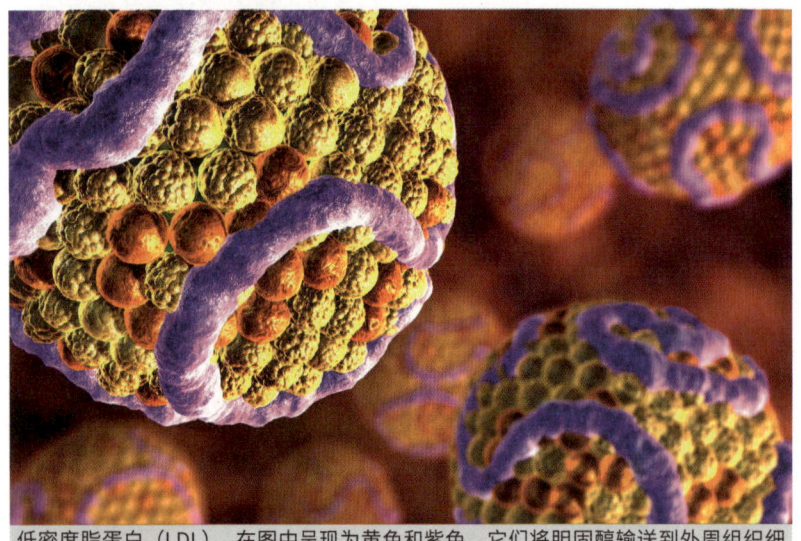

低密度脂蛋白（LDL），在图中呈现为黄色和紫色。它们将胆固醇输送到外周组织细胞，在过量的情况下，其携带的胆固醇会附着在动脉壁上。

从头到脚的健康

## 重要的搬运工

我们所谓的"好胆固醇"和"坏胆固醇"实际上是指血液中携带的蛋白质。高密度脂蛋白比较重,可以维持动脉健康,而且能将多余的胆固醇带到肝脏排出——它是"好的"搬运工。相对地,低密度脂蛋白较轻,会黏附在血管壁上形成动脉粥样硬化斑块。斑块要么逐渐变厚,使血管壁口径变小直至完全阻塞;要么变成碎片,形成血栓,释放到血液中,可能导致中风、心肌梗死、脑梗死、肺栓塞等。

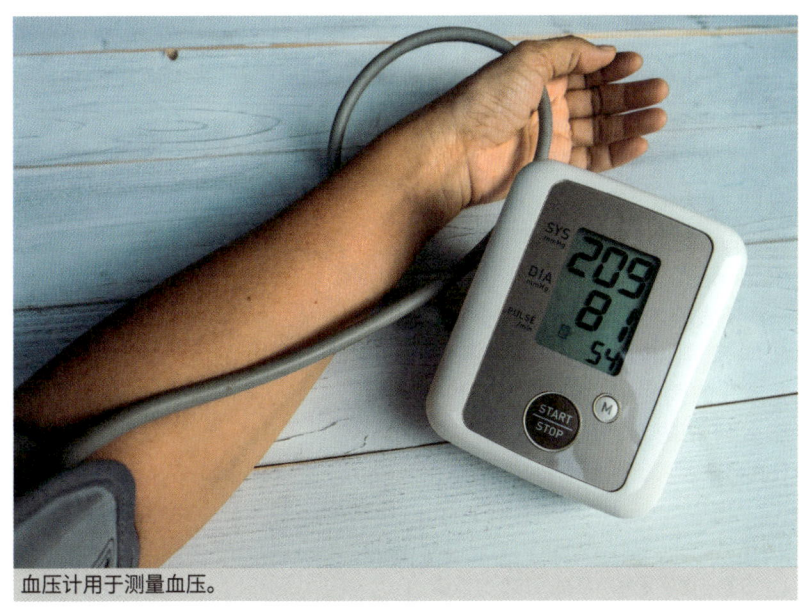
血压计用于测量血压。

## 完成血脂检测

甘油三酯是来自食物(油、脂肪)的脂肪,人体会将它作为能量储备存储在脂肪组织中。它的比例随食物(脂肪、酒精)的摄入而增加。如果甘油三酯含量过高,就会出现病症。

## 两个用于维持平衡的离子

在我们体内,钠离子和钾离子保持平衡,从而维持细胞膜的电位,以支持神经元的神经冲动传播或肌肉细胞收缩。这两种矿物质也参与人体的水分平衡:高钠血症时,细胞内水分外渗,引起细胞内脱水。于是,血管会接受大量的水,导致高血压,因此需要准备无盐饮食。

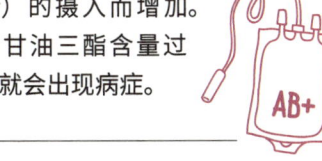

## 压力上升

动脉高血压是指动脉中血压异常高。血压由两个数值表示:数值较高的是收缩压,另一个是舒张压。高血压的确切病因尚不清楚,但与遗传因素和生活方式密切相关。

氯化钠晶体,也就是我们俗称的盐。

## 近距离观察盐

从化学角度讲,我们食用的食盐是氯化钠晶体(NaCl),也就是氯离子(Cl⁻)和钠离子(Na+)的组合。过去,钠的法语名称是natrium,因此与之有关的钠血症的法语名称是natrémie。

1057

# 螃蟹夹紧钳子

### 为什么是螃蟹？

希波克拉底是第一个描述癌症病例的人。他观察到扩散的乳腺肿瘤状似"螃蟹"。"cancer[1]"（癌症）这个词就源自希腊单词"karkinos"（螃蟹），而"cancer"一词还表示"巨蟹座"。另外，"肿瘤学家"（oncologue）是"癌症专家"的同义词，它的词源是不那么诗意的希腊语词汇"肿块"（onkos）。

---

[1] 古罗马医学家塞尔苏斯用拉丁文编纂百科全书时，将"karkinos"翻译为拉丁文"cancer"，用以命名癌症。英文也同样接受了这个拉丁文名称，并沿用至今。——编者注

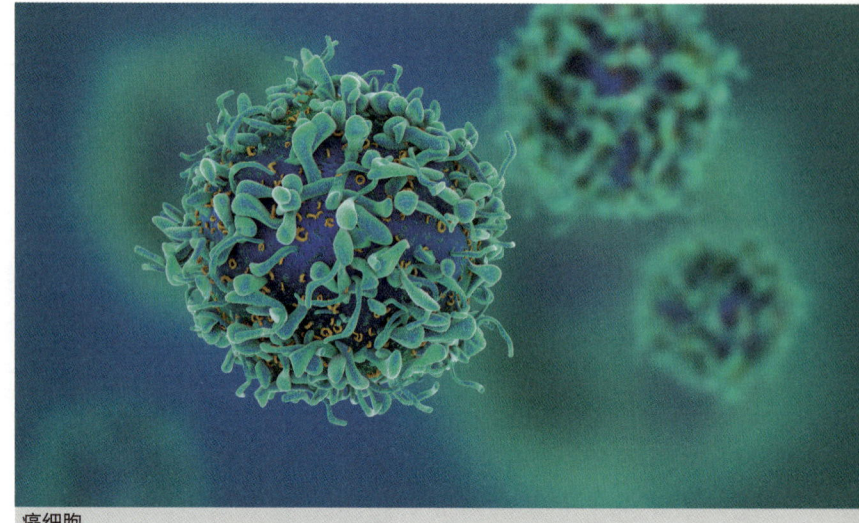

癌细胞。

### 分裂是出发点

细胞分裂时，可能会出现DNA复制错误的情况。大部分的这种错误不会产生后果，但是有一些则会导致异常。当这些改变影响到生殖细胞，就可能遗传给后代，而体细胞则可能转化为肿瘤。

### 产生的原因

据估计，60%的癌症是由细胞分裂中的偶然因素引起的。其他危险因素则源自个人（如遗传因素、性别、肥胖、年龄等）、环境（如污染、辐射、内分泌干扰物、病毒等）或生活方式（烟草、饮食、酒精、日晒等）。

### 从良性到恶性

肿瘤由大量的异常细胞组成。如果这些细胞疆域明确，甚至是被封闭起来的，那这个肿瘤就是良性的，去除后不会复发（如纤维瘤、血管瘤等）。而恶性肿瘤发展迅速且边缘不规则。它们通过血液或淋巴侵入附近甚至远处的组织（转移）。

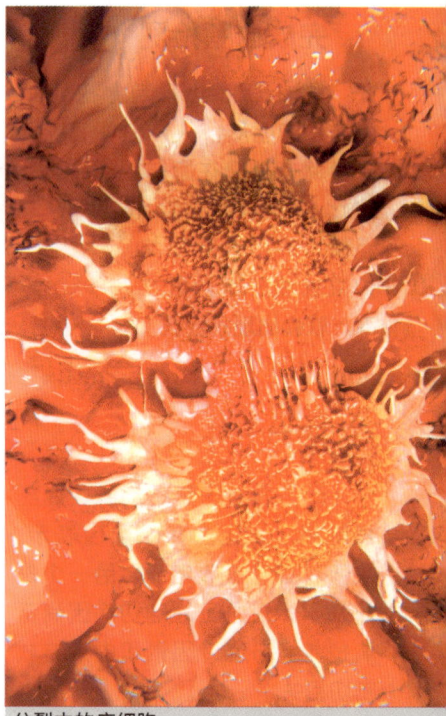

分裂中的癌细胞。

## 从头到脚的健康

### 在放疗和化疗之间

消除肿瘤可以采用多种方法，而且这些方法可以组合。外科手术的目的是切除异常组织及其周围组织以防止肿瘤复发。放射治疗通过发出的射线来破坏受肿瘤影响的细胞，使细胞死亡。化学治疗使用药物来破坏快速分裂的细胞，因此它不仅可以攻击恶性肿瘤，还会攻击一些健康的细胞，例如口腔或头发中的细胞。

### 恢复防御

免疫治疗是抗癌研究中最有希望的方法之一。由于癌细胞能够欺骗免疫系统来保护自己，所以免疫治疗的原理就是让免疫系统识别并破坏癌细胞。抗癌疫苗是未来治疗癌症的曙光。

### 无法类比

就发病频率而言，男性中最常见的是前列腺癌，其次是肺癌和大肠癌。女性中最常见的是乳腺癌。由于前列腺癌和乳腺癌对促进病情发展的激素非常敏感，因此可以采用激素治疗，通过阻断激素的产生和（或）抑制受体来阻止癌细胞增殖。

---

### 瞄得更准

大约有 30 种靶向治疗专门阻断携带与癌症相关的蛋白质或基因的细胞。靶向治疗切断了癌细胞的内部交流及其与周围环境的交流，让摧毁肿瘤成为可能。与传统治疗方法相比，它的副作用更少。

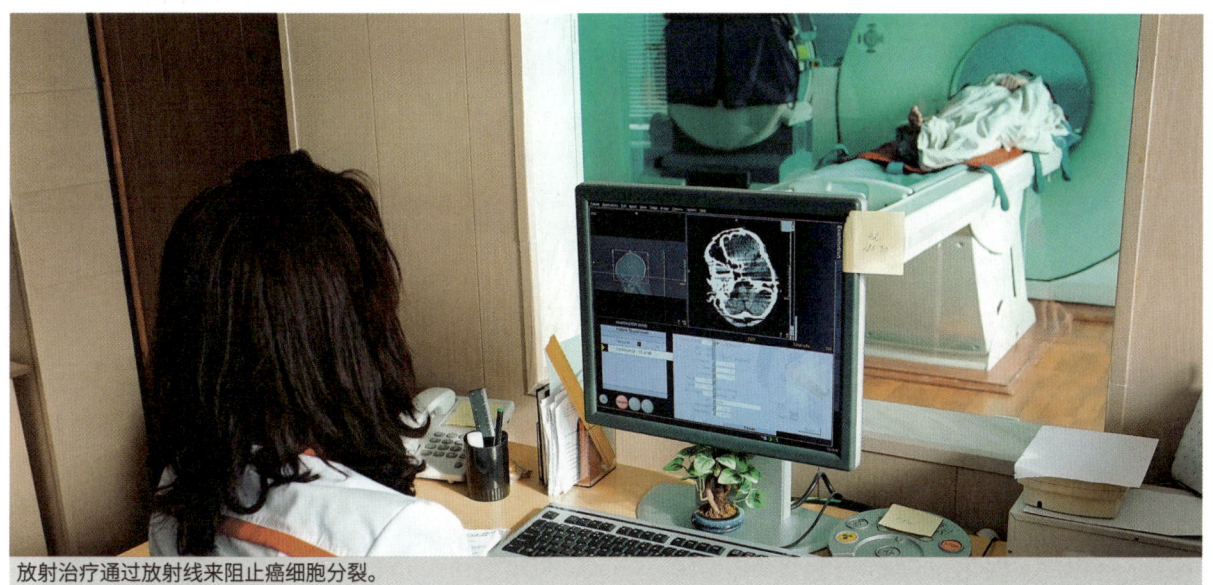

放射治疗通过放射线来阻止癌细胞分裂。

1059

# 超重

## 肥胖测定

身体质量指数（BMI）界定了从营养不良到肥胖状态的体型标准。成年人的正常指数介于 18～25。BMI ≥ 25 就是超重，BMI ≥ 30 就是肥胖。儿童有自己的特殊标准，这个标准考虑到了他们的成长因素。

## BMI 指数的例外

虽然 BMI 指数非常有用，但也有局限性，即它是在不考虑脂肪组织比例的情况下给出体重指数的。因此，例如运动员或孕妇的 BMI 指数高是由于肌肉的重量或胎儿的体重。在这些特殊情况下，与高 BMI 有关的风险并不具备参考价值。

## 生活方式变化

体重超标的原因在于生活方式的变化，例如，膳食中的热量摄入增加，而体力活动消耗热量减少。导致体重增加的其他因素还包括遗传、心理疾病（焦虑、抑郁等）、药物、睡眠不足等。

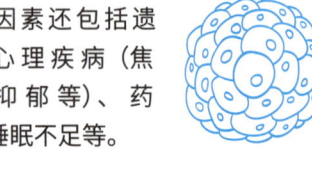

### 计算

成年人的 BMI 指数 = 体重 / 身高$^2$。体重以千克（公斤）为单位，身高以米为单位。

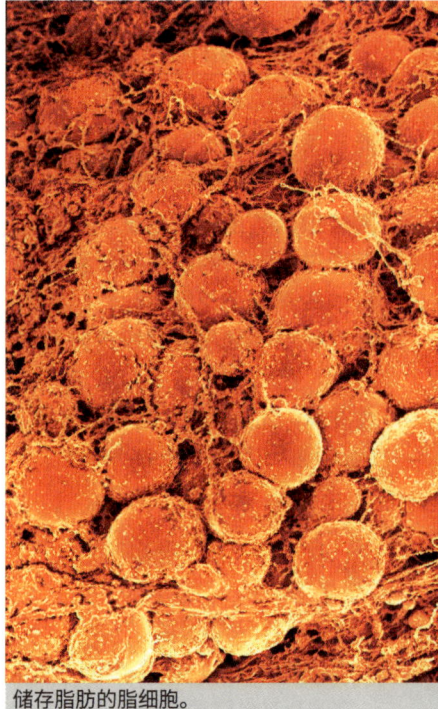

储存脂肪的脂细胞。

## 一切与脂肪有关

储存脂肪的脂肪细胞仅占脂肪体积的 1/3，其余部分由干细胞、免疫细胞或神经末梢组成。这意味着脂肪组织与大脑、消化道、肌肉和器官（心脏或肝脏）有密切关系。

## 存储甘油三酯

白色脂肪是人体内最重要的"能量仓库"。受胰腺分泌的胰岛素影响，它以甘油三酯的形式存储起来，占体重的 15%～20%。

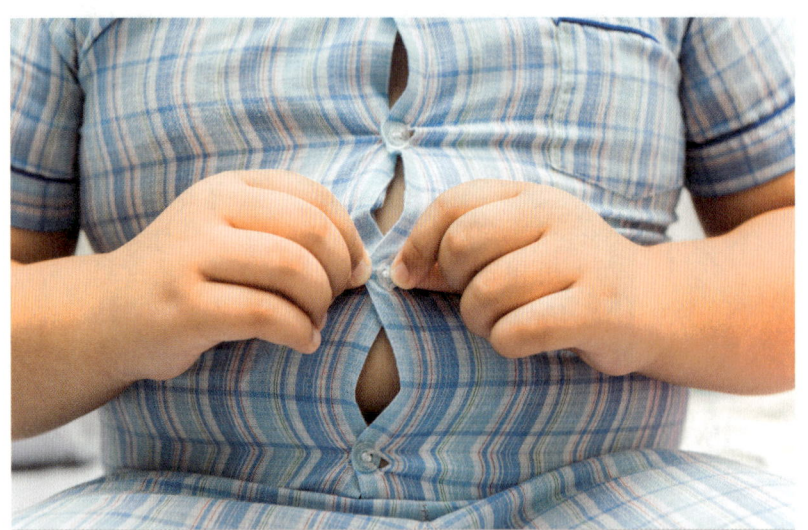

据世界肥胖联盟（World Obesity Federation）公布的最新版《世界肥胖地图》报告，预计到 2035 年，在全球范围内将有超过 19 亿成年人肥胖。

从头到脚的健康

## 自我管理的组织

白色脂肪不仅负责脂肪存储，还分泌控制饱腹感的瘦素。如果这种内分泌功能受损，而人感觉不到的话，体重控制就不再有保证。

## 热力中心

在显微镜下，棕色脂肪和白色脂肪是不一样的。它们的功能也不尽相同。棕色脂肪会产生热量，然后将热量传递到其所在的血管中，动物就是依靠这种脂肪度过冬眠期。它在人类婴儿的体内含量最高。婴儿出生时，它可以控制母亲子宫与外界之间的温度差。

## 肚子太大可不好

男性的腰围超过 100 厘米或女性超过 88 厘米是健康风险增加的另一个指标。和 BMI 指数过高一样，腰围过大就是大量脂肪堆积在腹部，形成中心性肥胖，它可能引发高血脂、脂肪肝、高血压、糖尿病等多种疾病。

## 生活方式的改变

减轻体重的第一项措施是改变生活方式，如恢复体育运动、重新平衡饮食、建立心理支持等。如果经过这些努力体重依然没有下降，则可以考虑药物治疗。

## 走捷径

内镜袖状胃成形术的原理是利用腹腔镜纵向切除胃大弯侧的大部分胃，以形成一个衣袖状的胃。由于胃的体积减小、吸收能力降低，于是体重会明显减轻。

## 欺骗食欲

水凝胶是人体无法吸收的植物胶。在有液体存在的情况下，例如在胃中，它会膨胀并呈凝胶状，从而给人饱腹感。起初，它被用于治疗便秘，现在它和其他植物产品一样，被用于治疗肥胖症。

摄入的能量大于消耗的能量将造成热量不平衡，会导致肥胖。

# 癫痫：小发作，大发作

## 自远古以来

癫痫在印度阿育吠陀的梵文著作和古巴比伦的文献中已经被详细记载过。在不同的文化和时代背景下，癫痫的病因有多种说法。在古希腊，它是"神圣的疾病"。尽管希波克拉底和阿维森纳都提出这个疾病与大脑有关，但是直到19世纪，这个理论才被大众接受。

## 突发的短路

癫痫是大脑活动功能异常的结果，这种异常发生得很突然，会带来危险。癫痫是一种往往要发作数次才能被认识的疾病。大多数情况下，癫痫的发作没有任何诱因。根据癫痫发作时受影响的大脑区域不同，可分为部分性发作和全面性发作。

## 抗癫痫药物

药物治疗可以减少甚至抑制癫痫发作。有很多药物可供选择。医生会根据癫痫类型、药物对人的影响，以及药物的有效性和耐受性来开具处方。如果治疗百分之百有效，在某些情况下，几年后就可以停止治疗。

## 大脑的分区域研究

"简单部分性癫痫发作"出现时，患者是无意识障碍的。病人的感觉与受影响的大脑区域有关，因此它可分为很多种：运动性发作、感觉性发作、自主神经性发作等。"复杂部分性癫痫发作"出现时，患者表现出不同程度的意识障碍，可能会失去部分或者全部意识。

## 几秒钟的失神……

典型失神发作是一种全身性癫痫发作，它会扩散到整个大脑，导致失神。大部分情况下，儿童和青少年会有几秒钟静止不动，目光呆滞，但他们意识不到。这种情况有时候一天会发生几次，但是时间很短，周围的人看到他们这样只会以为是注意力不集中。

中世纪，瓦伦丁[1]在某些地区是癫痫患者的守护神。这可能是因为他的名字发音类似"fall net hin"，在德语中的意思是"不跌倒"。一些著名人物，如文森特·梵高、莫里哀、拿破仑·波拿巴和圣女贞德都是癫痫患者。

---

1　瓦伦丁（Valentinus）是公元3世纪古罗马的一位天主教神父。——编者注

本图摘自19世纪对癫痫的临床研究。

Fig. 19. Phase tonique. Grands mouvements toniques. La malade se trouve ramassee en boule et fait un tour complet sur elle-même.

从头到脚的健康

## 抽搐

全面强直-阵挛性发作癫痫（也被称为癫痫大发作）是癫痫最惊人的发作形式，也是它让癫痫广为人知。这种发作首先出现的是"强直期"，患者失去意识，在瘫倒前可能大叫；然后患者的身体会完全僵硬好几秒；之后进入"阵挛期"，身体会剧烈抽搐几分钟。一旦发作结束，患者通常就会入睡。

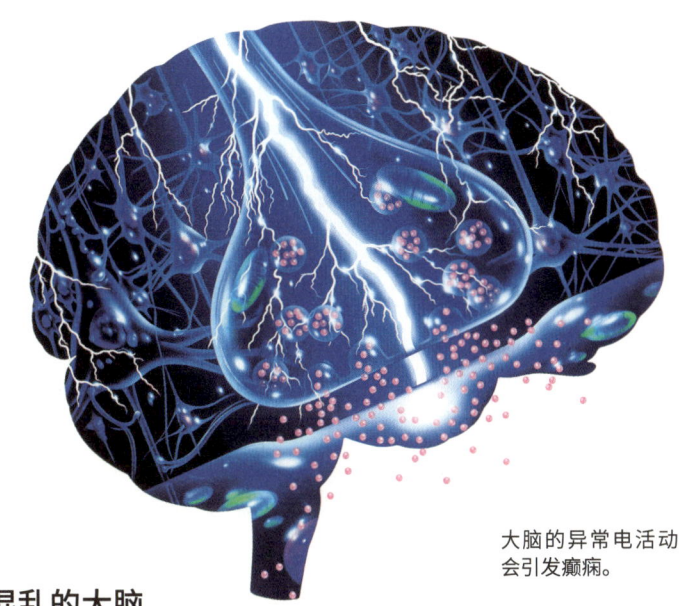

大脑的异常电活动会引发癫痫。

### 和癫痫有关的数字统计

癫痫是继阿尔茨海默病之后的第二大神经系统疾病。据估计，在法国受这种疾病影响的人有60万。平均有5%的人一生中会经历一次癫痫发作。

## 混乱的大脑

有些癫痫症是由脑损伤引起的，因此被称为继发性全面性癫痫发作。引发的原因包括感染、畸形、创伤、肿瘤、血管意外等。

### 学会应对

目击癫痫患者发作的人通常不知道该如何反应。首先需要说明的是，病人绝对不可能吞下自己的舌头，并且不必控制他的抽搐。此外，最好保护他远离可能伤害到他的东西（如家具、眼镜等），保护他的头部并在他身边耐心等待，直到他完全恢复意识。如果癫痫发作持续时间超过5分钟，或者发生第二次癫痫发作，或者病人醒得很慢甚至受伤，最好选择呼救。

## 不安稳的夜晚

儿童良性癫痫伴中央颞区棘波（又称儿童良性罗兰多癫痫）是儿童期最常见的部分性癫痫，病症表现为阵挛（短暂收缩），主要发生在一侧面部/口角，也可能发生在手臂和腿上。这种癫痫发作通常发生在入睡或醒来时，一般不需要治疗，只需1～2年就可自愈。

## 手术治疗

对于部分药物治疗无效的癫痫患者，可以考虑手术治疗。要实施手术，必须正确识别引发癫痫发作的病灶，并确定切除病灶后不会导致功能障碍。

1063

# 认知的秘密

## 大脑的能力

认知是与最广泛意义上的思维有关的大脑功能。因此,这种广义的能力包括:学习、记忆、语言、推理、规划等。

## 保存知识
### 并发现它们的奥秘

认知研究处于几个学科的交叉点,包括心理学、神经科学、哲学、人类学等。它是特别流行的研究领域之一,部分原因是这个学科范围广泛,隐藏了许多奥秘;更重要的原因是,人类的衰老会导致认知功能改变,这是我们长久以来试图解决和对抗的问题。

## 掌握正确的姿势

运动协调是指大脑无须思考即可调节行为的功能,因此行为可以被正确地协调、模仿和引向目标。

## 铛铛铛铛

保罗·布罗卡(1824—1880)发现了一个与语言(失语症)相关的大脑区域,因此这个区域以他的名字命名。布罗卡区位于大脑左半球额叶,该区域发生病变的人将无法掌握口语表达和书面表达的能力。尽管布罗卡的第一个病人没有任何理解障碍,但是只能发出"tan"(发音为铛)这一个音节。

保罗·布罗卡,医生,解剖学家。

## 没有意义的话

卡尔·韦尼克(1848—1905)发现了理解语言的区域(被命名为韦尼克区)。承载该区域的是大脑左半球的颞叶。如果这个区域受伤,病人能够保留所学词汇,会说话,但他说的话没有任何意义。

## 三角形队形

第三个区域,也就是格施温德区,负责词义(语义)并完善言语结构。它不仅与布罗卡区和韦尼克区有关,还与感官区域(视觉、听觉等)和记忆区域有关。和语言相关的这些结构出现任何损伤(中风、头部外伤等)都会导致一定形式的失语症(语言障碍),这使我们有可能找到相关的区域。

## 行为障碍

有一些与运动协调有关的令人吃惊的障碍:尽管身体上一切都好,但失去了使用工具(不能削苹果或用笔写字)、做出象征性的手势(挥手打招呼,摇头拒绝),以及将物品之间的关系概念化(例如堆叠立方体)的能力。

## 从头到脚的健康

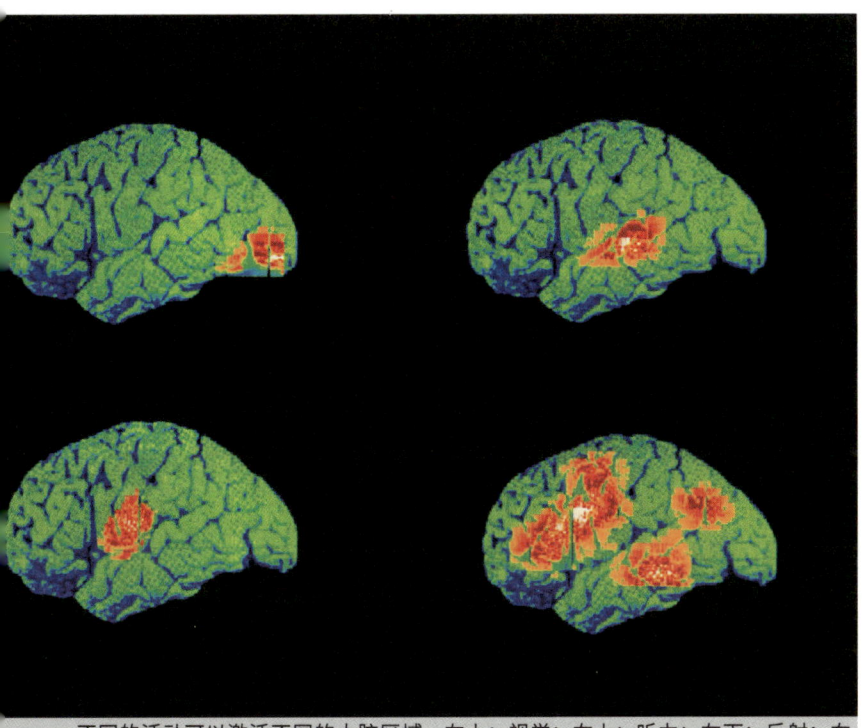

不同的活动可以激活不同的大脑区域。左上：视觉；右上：听力；左下：反射；右下：语言。

### 影子机制

执行功能协调所有其他认知功能，引导它们朝目标前进并确保成功。任务的完成需要依靠一些机制，这些机制几乎不需要任何有意识的思考和注意。因此，在执行基本任务时，执行功能负责分配优先级，做出选择和规划，分阶段组织，在必要时切换到B计划。

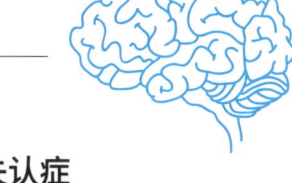

### 失认症

失认症是指对一种或多种类型的敏感信息的识别（辨识）出现障碍。失认症患者可能无法阅读（可以书写），因为对他们来说，字母不再有意义；他们可能要非常费力或者通过别的方式（例如通过声音）才能辨认面孔；他们甚至会觉得自己的身体看起来很陌生……

### 只有一半

"三偏"（偏瘫、偏感觉、偏盲）是中风后常见的疾病。根据大脑病变位置的不同，患者通常会"忘记"左侧或右侧。例如只吃盘子中一半的食物，只给照片的一半上色，只洗身体的一边，经常撞到被忽视的那一侧等。

---

### 抑制功能

"抑制"是执行功能的一部分。它使我们能够停止自动反应（不自动接听电话），并忽略对正在进行的任务的不必要刺激（可以在餐馆中与人交谈而不去听邻桌的谈话内容）。这是一种重要的机制，能让我们完成已经开始的任务，同时保持社会互动。

1065

# 需要考验的智力

## 尺寸并不重要

人类智力的定义随着时间的推移而变化。现在，它指的是大脑可以提供的所有的功能，这些功能非常广泛，使我们能够应对一生中遇到的情况。科学证明，大脑的重要作用不仅与其大小无关，而且与大脑前额叶的大小也无关，虽然前额叶是推理和思考功能区域。

我们只使用大脑部分能力的假设无法被证实：大脑的所有区域都得到了利用，只是没有被同时利用。

### 我们只用了10%的大脑？

与人们普遍的观点相反，实际上，大脑的能力已经得到充分利用。在特定的时间只使用大脑的特定区域，这和我们所需完成的任务有关，并不存在终生都没有被使用的大脑区域。保持一种不活动的形式也是通过节省能量来维持生存。大脑处于完全活动状态时的消耗确实很难由机体控制。

## 比奈 - 西蒙智力量表

最初的比奈 - 西蒙智力量表包括 30 个测验项目，这些测验不涉及写作和阅读，而是针对不需要学习的心理过程，例如推演、想象力、理解力、记忆力等。智力量表包括一系列难度不断增加的练习，只有达到一定年龄才能做这个测试，而且它还可以测试心理年龄。

1928 年，苏格兰医生詹姆斯·丹佛和玛丽·柯林斯开发了一套测试方法。如图所示，这个测试被用来评估聋哑儿童"具体智力"的发展。

从头到脚的健康

### 最初的测验

早在 1882 年，阿尔弗雷德·比奈就开始了第一个智力测验。这个测验的诞生源于当时的一个社会问题——虽然法国当时已经实行了义务教育，但是人们发现很大一部分儿童没有接受教育的能力。而该测验可以在早期阶段识别出有学习困难的孩子，从而引导他们接受更适合的教育方式。

阿尔弗雷德·比奈，早期智力测验的创始人。

### 多元智能

霍华德·加德纳创立了多元智能理论，他将智能分为以下几类：逻辑 - 数理智能（普遍通过智商测试来检测）；言语 - 语言智能（主要在传统学校教育中发展起来）；视觉 - 空间智能；音乐 - 节奏智能；身体 - 动觉智能；内省智能（自我意识）；人际智能（与他人的关系、同理心）；后来他又加入了第八种形式，与环境敏感性相关的自然智能。

### 寻找 DNA 中的智力

人体内有 40 个与智力有关的基因。尽管这个数字很大，但它们仅占人类智力的 5%，大部分的人类智力是由表观遗传因素形成的（人们通过环境、文化、教育等获得）。但是这些智力基因也与一些疾病有关，例如精神分裂症、阿尔茨海默病、抑郁症等。

### 从斯特恩[1]到韦克斯勒的智商测试

比率智商是通过计算测试得出的心理年龄与实际年龄之间的比率得出的，但这个测试仅适用于儿童。标准智商测试改革了测量方法，并提出使用校准的统计曲线，将一个人与其所在年龄组的人做比较。按照惯例，智商的平均值被设为 100，正常值在 90~109。低于 70 的被称为智力障碍，高于 130 的则被称为高潜力（或天才）。

### 模式的变化

自 20 世纪 80 年代以来，多元智能的概念一直在质疑依赖推理和逻辑评估的智商测试的重要性。孤独症就是一个很好的反例，孤独症患者的某些能力低下（智商较低），但他们的其他许多能力却得到了发展。

### 教育革命

另类教育模式考虑了各种智力形式，从而提供可以吸引所有人的趣味教育方法。它的目标是让孩子全面发展。

---

1 "智商"（intelligence quotient，简称 IQ）这一概念由德国心理学家威廉·斯特恩首次提出。——编者注

**1067**

# 孤独症：差异还是疾病？

患有孤独症的女孩。

###  疾病的杂糅

孤独症可能伴有其他疾病，如脆性 X 染色体综合征、唐氏综合征（21—三体综合征）、雷特综合征、结节性硬化症、获得性癫痫性失语（儿童失去使用和理解语言的能力）等。

### 多方面的障碍

孤独症的复发症状包括交流和社会关系方面的困难，以及行为问题（如注意力有限、重复性运动等）。但是孤独症还可能伴有癫痫病、智力缺陷、阅读障碍、注意力障碍等问题。每一个孤独症患者的症状各有不同，因此我们将它们统称为孤独症谱系障碍（ASD）。

### 一个新的定义

孤独症既不属于心理疾病，也不属于精神疾病，而是广泛性发育障碍的代表性疾病。这种理解使它脱离了儿童精神病的范畴。这种认识上的改变意味着父母（尤其是母亲）不再和这个症状的发作有关，也不必将焦虑或创伤考虑为发病原因。

### 障碍的原因

孤独症的发病与遗传、大脑、行为和潜在环境因素有关。它的症状发作较早，在 3 岁之前就会出现，但是严重程度各不相同，并且病情可能一直发展，导致确诊时间较晚。

### 与别人接触

普通人与孤独症患者之间的关系可能显得比较特殊，因为孤独症患者不会试图建立联系，甚至逃避接触（避免目光接触、缺乏回应、很少笑等）。他们往往显得孤僻，与他人的理解和默认的规则格格不入。

1068

从头到脚的健康

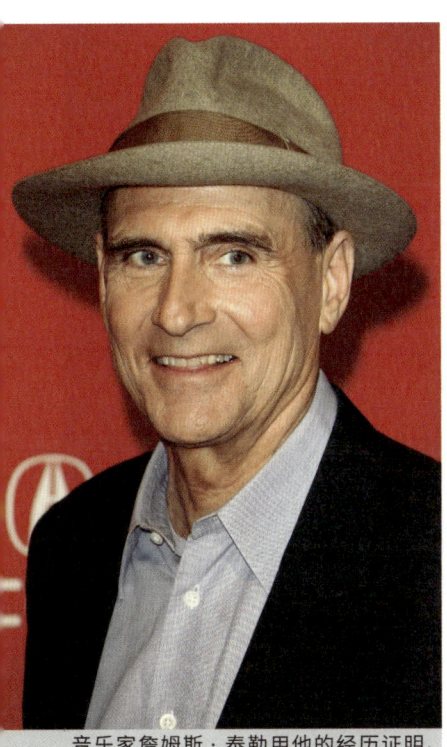

音乐家詹姆斯·泰勒用他的经历证明，阿斯伯格综合征可以促进某些技能的超常发展。

### 进入社会

人们与孤独症患者的交流可能很少，因为一部分患者不能正常说话，只会重复句子或音节。他们可以进行非语言交流（如暗示、语调、手势、面部表情等），而且他们造句的方式可能显得奇怪。

### 重复的行为

孤独症患者会有一些重复性的活动（刻板性行为），例如不断摆动身体、反复挥舞手臂、喜欢在仪式性或逻辑性强的活动中执行相同的动作。实际上，孤独症患者非常在意规律化的行动（如整理、行程安排、路线安排等）。"基准"发生丝毫变化都会让他们感到不安。

### 日常帮助

由于没有可以缓解孤独症谱系障碍的治疗方法，因此，人们采取教育训练、行为治疗和交流训练来帮助孤独症患者尽可能地获得自理能力。

巴瑞·莱文森执导的电影《雨人》于1988年上映，这是最早关注孤独症的电影之一。电影中的人物雷蒙·巴比特有一些重复性的行为：他习惯在特定的时间看电视，以免错过自己喜欢的节目；任何临时变化都可能引发他的焦虑……

### 知识的宝库

阿斯伯格综合征患者获得的知识通常很丰富，虽然只涉及少数学科，如技术（火车、计算机）、音乐等，但有些患者甚至成了某些领域的专家。

### 一种奇怪的孤独症

阿斯伯格综合征属于孤独症谱系障碍。尽管阿斯伯格综合征患者没有智力障碍和语言障碍，但他们很难解读从环境和社会中接收到的所有信息（如生活规则、情感等），因此他们非常需要一些"标准"来应对淹没他们的大量信息，否则他们很快就会感到不知所措。尽管他们的词汇量特别丰富，但他们总是表现出笨拙的行为，并使用"不寻常"的交流方式。

1069

# 趋于老化

### 保护染色体

2009 年，伊丽莎白·布莱克本、卡罗尔·格雷德和杰克·绍斯塔克因对端粒的研究获得了诺贝尔生理学或医学奖。端粒是真核细胞染色体末端的一小段 DNA-蛋白质复合体。细胞分裂过程中染色体会被复制，而端粒的作用就是保护染色体的末端。随着年龄的增长，染色体保留了完整的遗传信息，端粒却变短了。当端粒过短时，细胞就会停止分裂并开始退化。

2018 年，英国设立"孤独事务部"。有研究表明，孤独是衰老和过早死亡的原因之一。

### 永生的梦想

永生是人类无法企及的。众多针对该问题的研究结果都证明了这一点。实际上，尽管世界范围内人类的寿命在不断增加，但很少有人能超过 115 岁。

### 健康地老去

健康寿命是指人能以健康状态生活的年龄。它是人口统计学和公共卫生领域提出的新的数字指标，因为它直接影响卫生、社会保障、养老金系统的运作和一个国家的生产力。在法国，男性的健康寿命约为 62.6 岁，女性约为 64.4 岁，接近退休年龄。这个数字比预期寿命小 16 岁。

### 阻止端粒缩短，延长生命

可以考虑通过修复缩短的端粒来延长寿命。然而，这种操作并非绝对无害：细胞确实会得到永生，并以与癌细胞相同的方式无秩序地增殖。因此，对端粒的研究也会被应用于抗癌领域。

### 理解退化

面对人口老龄化问题，老龄学致力于了解与年龄有关的退行性疾病的机制。它面临的挑战之一是延长寿命，但关键是要延长健康的寿命。

### 不明确的起源

仅 1% ～ 2% 的阿尔茨海默病是遗传性的，且发病年龄在 60 岁之前。而绝大多数的阿尔茨海默病病例，发病原因尚不清楚。人们只发现了一些风险因素（肥胖、高血压、烟草中毒、抑郁、缺乏智力活动等）。到目前为止，人们能做的只是减缓这种疾病的发展。

从头到脚的健康

> **阿尔茨海默病在分子水平上的表现**
>
> β-淀粉样蛋白在神经元上积聚并形成沉积物——阿尔茨海默病标志性的"老年斑",它会破坏细胞的活性。Tau蛋白的积累和在神经元之间的传播变得异常,导致神经元逐步破坏,出现神经原纤维缠结。

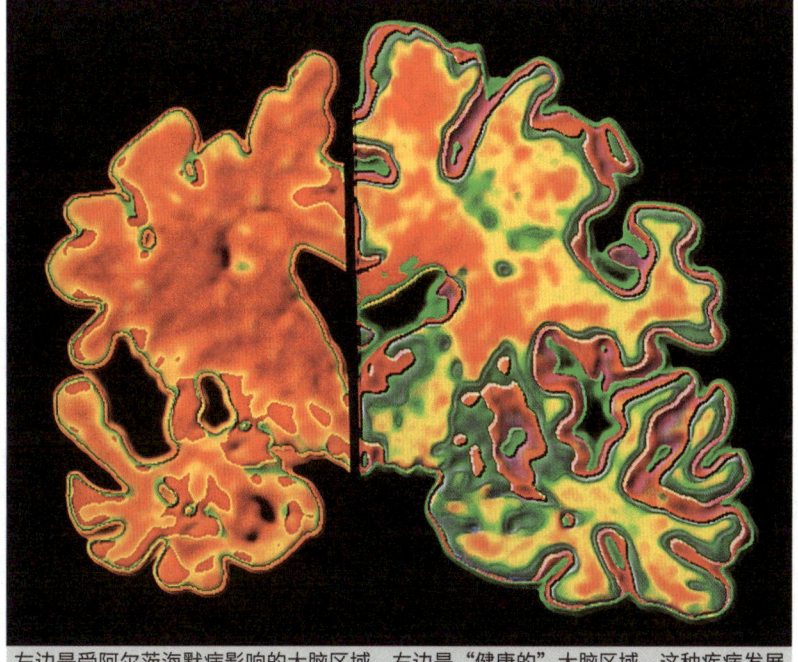

左边是受阿尔茨海默病影响的大脑区域。右边是"健康的"大脑区域。这种疾病发展到晚期,会使语言和记忆区域缩小。

## 记忆被抹去

阿尔茨海默病是老年人病理性痴呆的一种形式。它是由负责认知能力(记忆、推理、理解等)的神经元病变引起的。首先是海马区受到影响,导致与近期事情有关的记忆丧失。这种疾病的发展缓慢。晚期(有时是在症状初次发作几十年后),这种疾病会导致语言能力、认知能力、空间定位能力和个性的改变。

## 多巴胺不见了

帕金森病在症状出现的前几年就已经开始发展了。负责产生多巴胺的脑细胞退化,使多巴胺这种神经递质减少,由此导致平衡障碍和运动障碍,通常表现为静止性四肢震颤、运动启动变慢(反射降低)和肌肉僵硬。目前没有治愈帕金森病的方法,只能通过使用提高多巴胺活性的药物或直接激活神经元的电极来延缓疾病的发展。

除了走路不稳,震颤是帕金森病的典型症状之一。

1071

# 在头脑中

## 赶走坏的种子

在西方历史上，疯子的生活状况并不令人羡慕。他们被锁起来，在一些时期甚至会被火烧死，他们中只有很少的人可以成功成为供国王娱乐的小丑。但是这些依附权力、哗众取宠的小丑真的是疯子吗？从上古时期到中世纪，人们普遍将疯狂与出现在头部并干扰大脑正常功能的异物（可能是结石，也可能是水疱）联系起来。书本中记载了一些江湖骗子，他们利用人们的轻信，号称自己可以从被他们认定是疯子的亲人的头骨里取出石头，以此来挣钱。弗拉芒画派的画家耶罗尼米斯·博斯和彼得·勃鲁盖尔都留下了关于这种手术的画作，尽管他们的作品引起了争议，因为这种手术不符合当时的脑叶切开术的方法。18 世纪末，弗朗茨·约瑟夫·加尔医生的颅相学处于鼎盛时期。颅相学认为对头骨骨骼形状的研究有助于定义一个人的能力和行为。这个理论在当时被解释为严格的大脑分区，它看似合理，因为大脑的每个区域都与一个性状相关，当大脑的某个区域过度发展，甚至表现为肿块，与之对应的形状则会过于突出。相反，不发达的性状会导致颅骨表面形成凹陷。如果说最初加尔想为精神疾病的研究、智力能力的评估，以及犯罪行为的预测做出贡献，那么与他同时代的一部分人则明智地等待着研究转变方向。颅相学确实确立了白色人种优于其他种族的殖民主义理论。在纳粹德国时期，这个理论获得了历史上的又一次飞跃，疯子或稍微有一点儿精神失常的人都得不到好的待遇，因为纳粹的种族灭绝行动对待精神病患者和所有残障人士的方式是完全相同的。

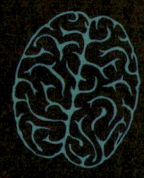

## 一个观点问题

然而在其他文化中，"疯狂"被视为一种天赋、一种与神明沟通的许可。疯子被尊重、被崇拜、被倾听。因此对疯狂及其严重性的定义属于文化问题。同性恋是另一个明显的例子。在上古时期，同性恋盛行，之后被压抑了几个世纪，直到 20 世纪 70 年代才非刑罪化，但在某些国家，它依然是要被判死刑的不法行为。1990

《愚人船》(1490)，耶罗尼米斯·笔下的愚人。

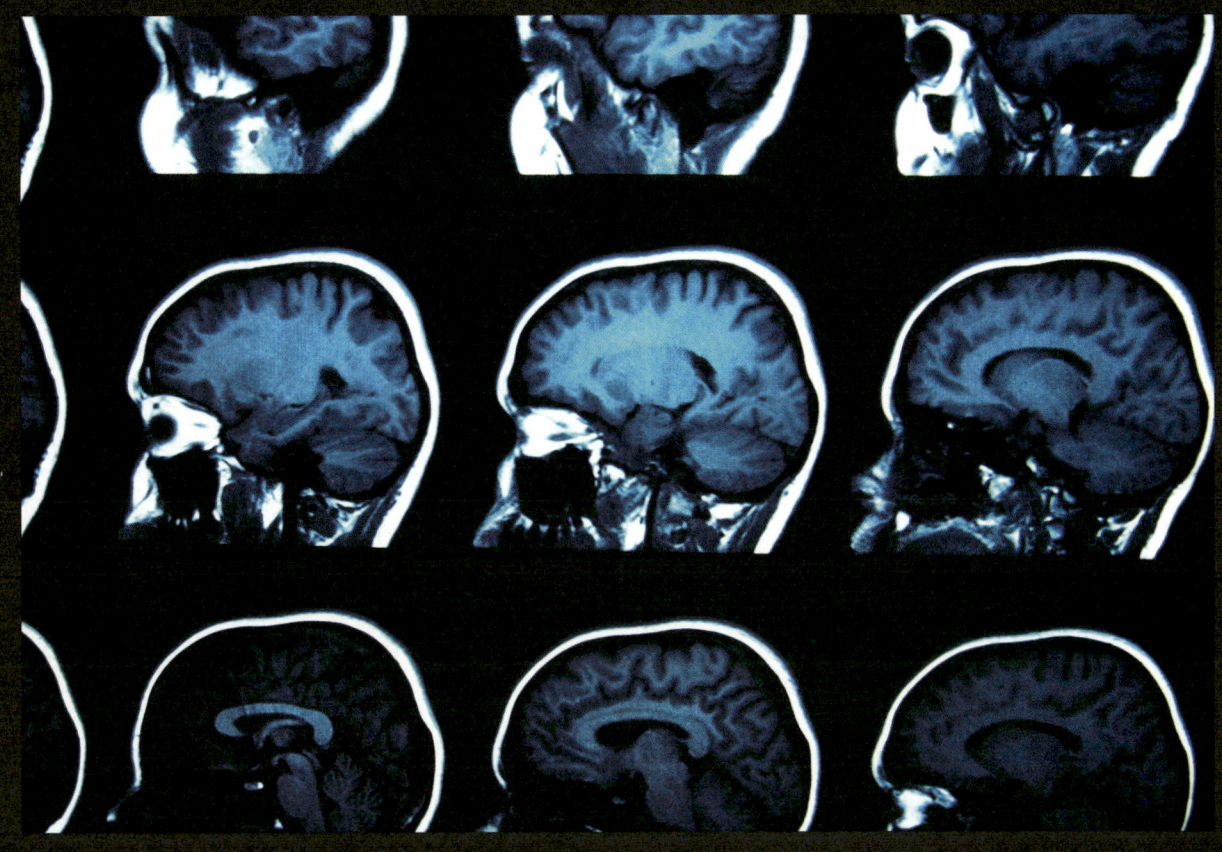

年，同性恋才脱离了精神病学领域。然而在 21 世纪最初的 10 年里，西班牙的诊所试图对同性恋者进行治疗（同性恋权利开放的一个例子），或者像巴西和英国那样，"治愈同性恋"疗法或"转化"疗法重新（或者说一直）成为热点，即便在这两个国家同性恋婚姻是合法的。

## 今天的疯狂在未来就不是疯狂

现在的疯狂在未来就是正常，反之亦然，这样的情况并非不可能。和未来有关的事情都犹未可知。但是也许我们很快就能知道答案，因为对脑机制的理解正在迅速发展。神经科学正在探索我们的思维、行为和学习方式。我们最终一定会发现意识的组成。因此在不久的未来，当不再有未解之谜，当疾病可以被预防，当所有障碍都可以被消除，我们最终的辩题或许是要知道我们身上还有多少是属于人类的东西。当人类哀悼起那些天才、那些温柔的疯子、那些艺术家和那些不复存在的先驱者，也许会带着一些嫉妒和一些怀念，感慨道：那些疯子是幸福的，因为他们的身上有光透过。

# 神经病学简史

### 每个人都有自己的小癖好……

在古代,"mania"(癖好)这个词指的是疯狂的行为:精神异常,但身体没有发烧。虽然医学和哲学对这种症状做了很多诠释,但人们普遍认为出现这种症状是牧师的责任,他们的宗教仪式可能诱发躁狂症。

### 一个精神的漏斗

中世纪的学者们被描述为头上顶着漏斗的形象,漏斗的尖端朝向下方,好让神圣的知识流向他们。与这种智慧相反的就是理性的消失,这一象征逐渐表现为一个倒置的漏斗,疯子会将它戴在头上。

中世纪疯子的形象,头上戴着倒置的漏斗。

### 上帝和撒旦之间

几个世纪以来,宗教阐释了疯子的命运。有时精神疾病被认为是撒旦的作品,其患者会被火刑处死,有时他们必须被带回正确的道路,成为慈善和朝圣的对象。路易十四时期,疯子是不受欢迎的,他们会被关在医院或监狱里。

### 一朵给疯子的玫瑰

长久以来,圣诞玫瑰一直被认为可以治愈疯病。它也被称为嚏根草(黑嚏根草)或疯人草。这种植物有毒,能引发心脏疾病和惊厥,也被用作泻药,让·德·拉封丹在《野兔与乌龟》这则寓言中提到了这一点。乌龟被建议吃4粒圣诞玫瑰的种子清空自己的肠胃,这也暗示它的疯狂会因此得到治疗。

长久以来,"圣诞玫瑰"被认为可以治愈疯病。

### 精神病医生的胜利

对所谓的"精神病"而言,"精神病医生"(aliénistes)的标准是未来心理治疗的基础,也推动了1838年6月30日关于精神疾病的法律的颁布。这部法律旨在保护精神病患者,并为他们提供生活和治疗的公共空间,即疯人院(asile)。这部法律一直施行到1990年,之后新的公共卫生法取代了它。1937年,"疯人院"这个词被"精神病医院"(hôpital psychiatrique)取代,而"疯子"(aliéné)这个词直到1958年才消失。

在头脑中

1838年让-艾蒂安·埃斯基罗尔作品中疯子的形象。

## 优生学的考验

纳粹时期，优生学把精神病人和残疾人看作"吃得太多的嘴巴"。在德国，强制绝育运动后，T-4行动"释放"了20%可供精神病治疗使用的病床以及没有正常生存能力的人。超过20万人被安乐死。在德国占领法国期间，精神病患者多为营养不良，其中4.5万人死亡。

## 摆脱锁链

法国大革命结束后，人们对"疯子"的看法发生了变化：他们只是生病了，不再需要对自己的疯狂负责。约瑟夫·达坎（1732—1815）、菲利普·皮内尔（1745—1826）、让-艾蒂安·埃斯基罗尔（1772—1840）、纪尧姆·费吕（1784—1861）等医生为推进精神病治疗方面的改革积极活动，他们为来访的精神病患者提供专门的空间，拿下捆绑病人的锁链，并给病人们提供合乎道德的治疗。

## 趋向虐待

1860年，法国境内有近3万家疯人院。那些地方拥挤不堪，对待患者的方式遭到强烈批评：监视无处不在；取消了探视和散步；鞭笞、身体约束（使用针对罪犯和疯子的紧身衣）、冰水淋浴等暴力手段在此重见天日。起初的人道主义思想变成了虐待。在公众看来，疯人院成了剥夺自由的地方，人们无法从这里逃脱，正常人来到这里也会变成疯子。

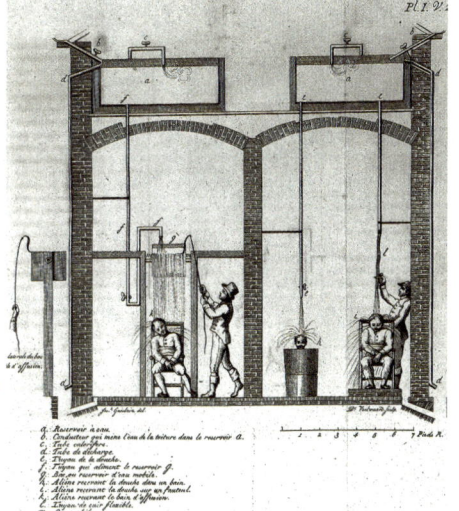

19世纪末，冰水淋浴是疯人院的暴力手段之一。

## 最初（真正）的治疗方法

20世纪生物学的进步使人们能够以低成本合成更新、更强效的化学分子，其中包括抗精神病药物，而且比战争期间广泛实验的脑叶切除术更有效。1952年，氯丙嗪诞生了，如今这种药物依然在世界卫生组织列出的基本药物清单上。尖叫和咆哮的时代因此结束，精神病院变得安静了。

1075

# 西格蒙德·弗洛伊德革命

1891年的西格蒙德·弗洛伊德。

## 神经学的开端！

西格蒙德·弗洛伊德（1856—1939）决定从事神经病学的研究。他曾在维也纳大学医学院学习。当时的实证主义思潮不惜一切代价地寻找身体疾病的根源。他们的目标是什么？是揭示可以预测进化的绝对自然法则，从而找到治疗疾病的方法。

## 在影响之下

在弗洛伊德的整个职业生涯中，他常与布洛伊尔、让-马丁·沙可、伊波利特·布伦海姆见面，并向他们学习，他们都是通过催眠治疗癔病的专家。通过与他们的交流，弗洛伊德对心理现象产生了越来越浓厚的兴趣，这与他最初所受的教育背道而驰。

## 障碍上的光

弗洛伊德发现，精神宣泄，即重温记忆后情绪的解放，并不总是足够，因为有防御和抵抗机制存在。因此约瑟夫·布洛伊尔的"涤清法"以及弗洛伊德的催眠法通常作用有限。

1887年，神经科医生让-马丁·沙可在萨尔佩特里埃医院。他推进了催眠疗法的发展。

## 万能的移情

根据弗洛伊德提出的移情概念，精神分析法诞生了。它的基本前提是在任何关系中，人们都会无意识地将自己的一部分情感归因于他人，从而产生学习、情感同化、恋爱关系等现象。在精神分析中，这可以让患者将自己压抑的情感转移到一个物理对象（此处指医生）上，让医生可以测量、分析和理解患者的问题。

在头脑中

## 选择自己的全景

超心理学囊括了弗洛伊德的心理研究理论。它的经济观描述了其内部的能量流彼此相互作用，受到寻求满足的欲望和冲动的驱动。动力观关注的是这种能量的运动，能量流可能与运动对立（心理冲突）或与防御冲突。最后，拓扑学研究了精神装置的不同潜在要求之间的关系。

## 精神地理学

弗洛伊德建立了一个由两种拓扑学阐述的心理空间组织，其中意识与现实和外部世界相连，允许反射以及对感觉和刺激的感知。前意识是一种记忆形式，它的出现并不明确（脱口而出的词、似曾相识的感觉等）。而潜意识是储存着所有远离意识的表象的空间。

### 无意识的变革

弗洛伊德发现无意识的存在本身就是一场变革，因为这些发现质疑了笛卡尔捍卫的自由意志，这在当时非常难能可贵。

## 自由的长沙发

弗洛伊德让自己的病人躺在长沙发上。他发现，只要倾听，不需要审视或评价他们口述的回忆，就和催眠一样有效，甚至更有效。这种方法被称为"自由联想"，它成了精神分析法的基础。

## 戴着面具表达

失败行为，也就是"没有击中目标"（如过失、遗忘、误解、丢失物品等）的事件显然是不由自主的，实际上它们可能是被压抑的思想转化为隐藏意识的表现，是无法识别的。对弗洛伊德来说，在这种症状出现之前还有另一种无意识的交流渠道，即梦境。

人们可以躺在沙发上，背对着心理治疗师。这个长沙发是精神分析法的关键工具之一。

## "我"和其他

本我、自我和超我是弗洛伊德在第二人格学说中描述的个性的组成部分。本我对应的是潜意识；自我是具有身份和稳定需求的人格，它在另外两个部分的需求之间占据着中心位置；超我是我们内心的规则，是社会和道德规则以及父母规则同化的结果，它观察和判断被禁忌限制的自我。

## 障碍和压抑

压抑是非常有力的保护机制，可以将那些痛苦的、不可告人的想法关在意志的门外。压抑是防止"被压抑者回归"到精神病源头的障碍。它在潜意识和前意识之间有着重要的作用，在前意识和意识之间则比较松弛。在实践中，精神分析试图削弱这些障碍，让潜意识得以表达，释放多余的能量，从而减少冲突。

# 灵魂的大头

威廉·冯特是实验心理学的创始人。

### 精神分析法的发展

弗洛伊德掀起的精神分析法潮流影响了一些医生，其中就包括卡尔·古斯塔夫·荣格（1875—1961），起初他们是朋友，后来成了对手。荣格创立了分析心理学，摆脱了精神分析法中重要的性理论和压抑的概念。

### 从假设到实验

威廉·冯特（1832—1920）率先创立了实验心理学实验室，其目的在于进行实验。在实验中，可以重现某个情景，与之有关的所有变量都可以受到控制，这种实验可以应用于人群。每个实验组将修改其中一个需要讨论的变量，然后通过与结果集比较，以统计受到改变影响的信息。

### 让位于科学

古斯塔夫·西奥多·费希纳（1801—1887）试图通过自己的心理物理学理论将心理学和科学结合起来，从而定量测量出一个人从何时起开始感觉到物理刺激（如声音），并区分出两种刺激之间的不同。费希纳称之为"灵魂与身体之间关系的精准科学"，这使心理学向数学开放了。在这之后，建立诸如智能或记忆等测量系统成为可能。

### 母亲和孩子

在儿童心理学领域，唐纳德·温尼科特（1896—1971）将研究重点放在母子关系上。通过他的广播节目，他让英国公众了解到婴儿也有自己的情绪状态；游戏和可爱的毛绒玩具很重要；母亲不必处处完美，只要"足够好"就可以了。约翰·鲍比（1907—1990）和玛丽·爱因斯沃斯（1913—1999）继续了温尼科特在发展心理学领域的研究，他们明确了依恋机制的概念。

### 影响行为

约翰·华生（1878—1958）致力于对行为的研究，他是行为主义学派的创始人。弗雷德里克·斯金纳（1904—1990）发展了这一学派，他专注研究学习的概念。他重新开始动物研究，试图将其结果应用于人类。他的目的在于了解行为的方式，从而推断出该如何出于教育或治疗的目的对行为做出修改。这种思想从那时起就开始发展了，后来被应用于教育软件及认知行为疗法。

在头脑中

通过对儿童智力发展的心理学研究，让·皮亚杰分析了知识的连续结构及其构建原理。

## 发展心理学

让·皮亚杰通过研究人获得语言能力之前的智力，解释了人类逻辑的建构方式。他还确立了人从生命最初几个月到童年结束时的概念获得的阶段。根据他的模式，知识积累起来，构成了一座阶梯状的建筑。后来这个理论被重新审视，因为新实验表明还有其他研究方法。

## 有争议的童年

梅兰妮·克莱因（1882—1960）为了让儿童接受，开始通过游戏做心理分析。安娜·弗洛伊德（1895—1982）在精神分析的"大争议"时期是克莱因的反对者。她们的争论既是理论上的，也是方法上的。在第二次世界大战期间，许多心理学家都加入了这场争论。

## 给孩子空间

弗朗索瓦兹·多尔多（1908—1988）通过广播电台普及了自己对童年阶段的看法，尤其是对教育的愿景。特别是她捍卫了一个事实：即使是很小的孩子，也是一个完整的人，因此也有必要和他们交谈，向他们解释事情，而不是对着他们撒谎。

## 认知的革命

自20世纪50年代起，乌尔里克·奈瑟尔（1928—2012）的研究让思想重新成为心理研究的一部分。通过认知心理学，奈瑟尔推进了对人类思想中产生的心理模式的研究。如果说那个时代使人们在计算机模型上进行大脑研究，那么现在的认知心理学更接近神经科学，并将研究重心放在了情绪、社交关系和精神障碍上。

精神分析学家梅兰妮·克莱因专门研究幼儿及对其内心世界的治疗。

1079

# 在精神病和神经症之间

是否有对错乱的意识是神经症和精神病之间巨大的差异之一。

## 怀疑占了上风

妄想狂是一种精神疾病，患者会用自己的方式来解释事实，他们有自己的逻辑，会把事件解释为严重的迫害（如他人联合起来反对他）、追还（如要求赔偿）或忌妒（如认为同事在和自己竞争）。因为妄想狂患者对现实变得不信任、充满猜忌，并将自己永远置于与他人冲突的境地。

## 谵妄的组织结构图

精神病的谵妄可能只涉及一个人生活的一个方面（例如职业生活），这使患者在其他方面可以正常活动，而且他的谵妄也具有一定的逻辑性。对谵妄（幻想）机制及其主题（迫害）的研究使我们能够确定精神病的类型并给出适当的治疗方案。

## 一个新的医学专业

"Psychiatrie"（精神病学）这个词于1842年被引入法语。它由两个希腊语词根组成，即"psychè"（灵魂）和"iatreo"（我治愈）。最初人们把它与神经学混为一谈，后来它逐渐成为独立的医学专业。

## 从欢笑到泪水

躁郁症患者的人生有两个极端，他们会陷入情绪突然跳跃的循环。患者的"正常"（处于正常状态）时期中穿插着极度欣快状态的狂躁期和高自杀风险的抑郁期。然而这两个状态的交替并不是系统性的，疾病形式也是多样的。有些人被称为"单相"，因为他们只经历两个阶段中的一种，最常见的是抑郁阶段。

## 冲突再次浮出水面

神经症是痛苦的精神状态，它会造成能被患者意识到但无法控制的行为障碍。相反，它通常与无意识的机制相关，即创伤或欲望与禁忌之间的冲突。神经症的症状（如焦虑、攻击性、恐惧、情绪不稳定等）由此产生，并可能改变人格，而这些症状源自欲望与禁忌之间的和解。

## 失去联系

与神经症相反，精神病大多是无意识的。患者失去了和现实的联系，开始出现谵妄症状。

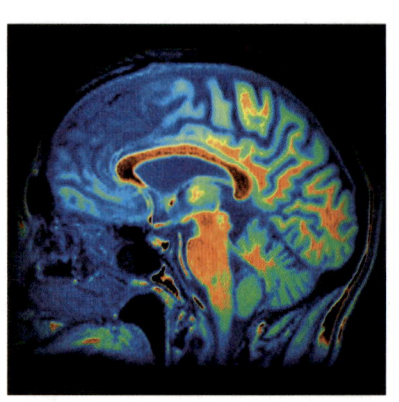

在头脑中

## 焦虑危机

焦虑症通常急性发作,表现为无意识恐惧、呼吸困难、心跳加速,也可能出汗和头晕。当这种状态变为慢性,患者会定期思考可能降临在自己身上的灾难,感觉自己身处危险中,并无法放松。

## 什么是自恋症?

自恋症表现为一种病理性自恋。患者感到自己无所不能,凌驾于社会和道德准则之上。他们非常需要被爱和被钦佩。他们的反常表现为对自己征服的人缺乏同情心,并抱着一种潜在的虐待愿望。这二者的结合产生了复杂的人格,他们会虐待受害人,可在其他人眼中,他们又很正常。

## 分裂却不是一分为二

精神分裂症表现为一种分离性综合征。人们对这种疾病的刻板印象是患者有双重人格,但实际并非如此。患者会在思想、行为或情绪上变得反复无常。患者会出现幻视或幻听,出现谵妄,他们与现实割裂,对外界的一切不再有兴趣,变得自闭。世界卫生组织认为全世界罹患精神分裂症的人超过2100万。

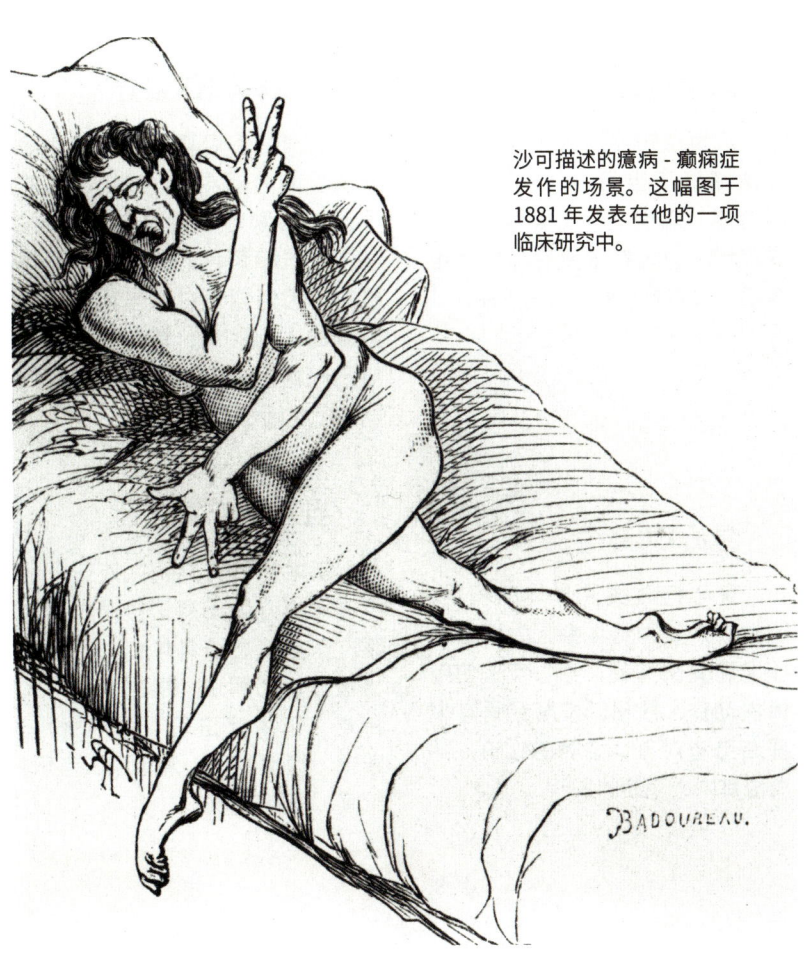

沙可描述的癔病-癫痫症发作的场景。这幅图于1881年发表在他的一项临床研究中。

## 癔病诞生

癔病不再像弗洛伊德或让-马丁·沙可描述的那般歇斯底里。21世纪的癔病很少成为巨大的危机,而在过去,癔病造成的肢体扭曲和尖叫让很多女性被处以火刑。现在,得了癔病的女性和男性一样,往往会发抖、昏厥或戏剧性地丧失意识。

# 离开长沙发

## 改造行为

行为认知疗法试图通过复健方法减轻不当行为（如恐惧症、强迫症、恐慌症、烟瘾等）导致的症状。它旨在改变患者的思维方式，以回应触发行为的事件。

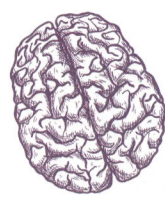

## 身心疗法

身心疗法关注身体的表达。这种疗法认为身体会因为情绪的压抑而变得僵硬。身心疗法使用体操动作、放松、按摩或语言来提高患者对身体姿势的认识，并释放其内心隐藏的东西。

## 完全即兴的治疗

心理剧使用舞台表演来消除未解决的内部冲突，找出困难的根源或客观地看待痛苦的处境。剧中场景和角色的分配并不是随机的，因为要通过这些因素处理困难的人际关系、情绪管理、对自己和对他人的感知等问题。而剧本创作则是完全即兴的。

## 当艺术成为关怀

艺术疗法的高明之处在于利用艺术媒介为无意识打通表达之路。一旦信息被具体化，就更容易被理解和解决。根据患者个人特点，艺术疗法可以采用舞蹈、雕塑、模型制作、滑稽剧、音乐、绘画、摄影等形式。

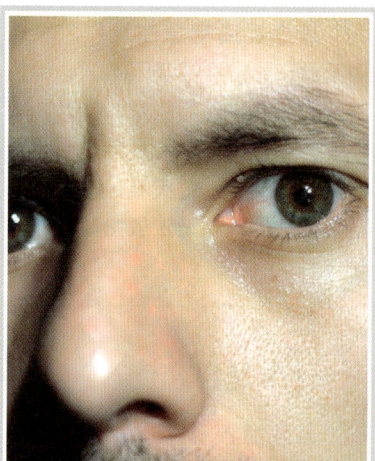

眼动脱敏与再加工疗法（简称EMDR）是通过眼动来进行脱敏和再处理的疗法。这种快速疗法有助于解决深层创伤。

## 面对压力的反应

眼动脱敏与再加工疗法对在创伤（事故、袭击、嘲笑、骚扰、丧亲之痛）发生后的治疗非常有效。这种疗法的创始人弗朗辛·夏皮罗因为这个发现获得了很高的声望，现在这种疗法得到了包括世界卫生组织在内的许多机构的认可。世界卫生组织在首次创伤后应激障碍发作的急救方案中推荐了这种方法。

绘画、雕塑、舞蹈、滑稽剧都是艺术疗法的工具，可以让患者在不知不觉中表达自己的潜意识。

1082

## 在头脑中

### 跨越世代

当家族影响导致心理疾病产生并世代相传时，心理谱系学会对其进行干预。这个学科涉及对家族史的研究，重现重大事件，发现家族秘密，追溯冲突根源，并整体研究以发现其中反复发生的情况。这种方法属于跨代精神分析，是多种学派的源头。

### 治疗，一种生活艺术

格式塔疗法聚焦于患者当前与环境的联系上。确实，我们的担忧、情感、过去、经验甚至受到的刺激改变了我们对周围事物的看法。放大我们理解当下的方式特征使我们能够理解它造成的认知变形，以及我们将自己禁锢在时而不当的反思或反应模式中的方式。

格式塔疗法通常会使用错视图像。由于不同的人关注点不同，有人关注细节，有人关注整体，所以每个人看到的事物也有所不同。

### 始终热门的电休克疗法

在一些精神病案例中，人们依然会使用电休克疗法。现在疗法中的电流得到了控制，电击不会造成痛苦，也不会使记忆消失，患者处于完全麻醉状态。这种方式和癫痫发作时触发的放电机制作用相同。通过对大脑放电，受刺激的神经元会建立新的连接，从而解决严重问题。

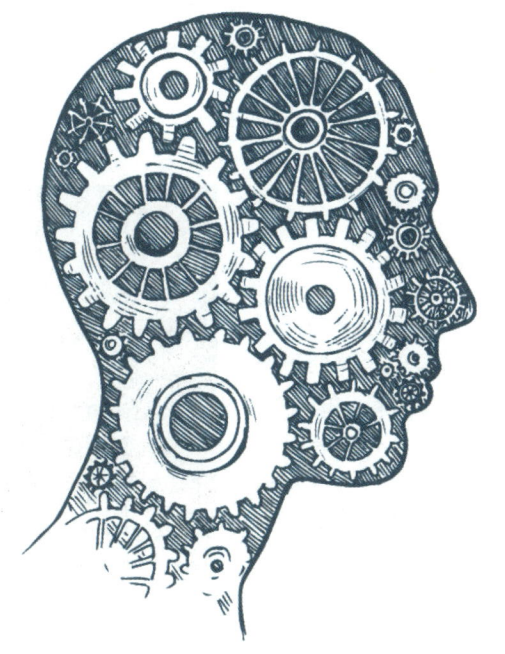

### 赶走黑暗的想法

在创伤后，消极的想法可能泛滥成灾。为了扭转这个趋势，EMDR技术将行为或催眠等多种治疗方法进行了融合。它旨在分离眼球运动时的情绪记忆。事件不会被从记忆中抹去，但当事人会变得更加平静。

1083

# 聚焦心理学家

精神科医生拥有医学资格，因此有提供药物治疗建议的资质。

## 原因与方法

应用心理学家的目标是理解和解释心理现象的发展，即使这个心理现象不属于病理性（工作面试、学业指导等）。他们和精神病医生一样，也接受了心理病理学方面的教育，能够正确识别疾病（神经症、精神病等）。他们会寻找疾病的根源和病因，尽一切努力改善患者的状况，恢复他的安全感并使其向良性方向发展。

## 各种可能性

心理学关注所有与心理现象相关的领域，但是这些领域的表达方式各不相同（注意力、记忆力、情感等）。其中很多专业可能与生理年龄（如儿童医学、老年医学等）有关，也可能与解剖结构（神经心理学）或其独特意义（心理生理学）有关。

## 头部的医生

精神科医生是心理健康方面的医学专家。他们所受的教育使他们能够区分与身体有关的症状（体质方面）和与精神有关的症状（精神方面），以便开出适合的精神药物。

## 打破偏见

心理学家的职业道德标准确定了他们干预的范围和要求。医学干预是在尊重个人的前提下进行的，没有评价、教化或影响，但是这个职业现在依然受到负面形象影响。

## 进入企业

在工作领域，心理学家起着协调的作用，这可以使公司正常运营并改善员工福利。他们从入职面试起一直追踪员工的职业发展、在冲突中担任调解人、进行技能评估以及组织培训等。

## 被研究的群体

在心理学的社会分支中，研究重点集中在群体中个体处于彼此之间的关系（如家庭、企业等）中的心理现象，以及社会关系引起的心理影响。通过研究社会和人类等变量，这门学科建起了心理学和社会学之间的联系。

心理学家将治疗的重点放在对语言的使用上。在教育领域，心理学家的介入通常可以提供指导和对职业规划的建议。

在头脑中

只有精神分析才会使用长沙发，关于自我的自由表达可以引导对潜意识的探索。

## 在长沙发上闲谈

精神分析学家是弗洛伊德所说的无意识专家。为了帮助来咨询的人，他们用弗洛伊德、拉康或荣格的方法进行精神分析。通过这种方法可以解决特定问题及遇到的困难，或帮助患者进一步了解自我。在任何情况下，谈话中患者表达的都是需要关注的焦点。根据不同的工作类型，精神分析可能持续几个月到几年。

## 面对不合逻辑的新词

2011年，法国出台了具体的规定，没有上过大学相关课程的人不得使用"心理治疗师"这个头衔，于是"心理医生"这个词出现了。培养心理医生的专门学校侧重于对实践、内省和交流能力的教学，这些都是与护理患者有关的必备职业素养。他们使用的工具依然是心理治疗工具。

## 方法大全

心理治疗汇集了所有解决心理问题的非药物技术（包括精神分析）。这些技术非常多样，而且其中有些从概念上讲是完全相反的。因此，患者需要选择治疗方法适合自己的医生。

## 从学校开始的职业生涯

在法国，心理学家接受的不是医学教育，而是学术教育，持续5年。这个头衔的授予和使用均受法律约束。接受过心理治疗师技术培训的精神科医生（必须接受医学教育）和心理学家都有权获得这个头衔，而它是近期才被认可的，并且只有在学习心理学或精神分析学满5年之后才能获得。精神分析师头衔的获得资格尚未制定规范。虽然有相关的教育培训，但是任何以自己的方式给他人做过精神分析的人都可以自称精神分析学家。

# 心情忧郁

### 全球有 3 亿抑郁症患者

情绪障碍使人很难进行情绪管理，这些情绪通常是负面的，使人处于痛苦之中，还会改变人的行为。当悲伤感很弱但至少持续了 2 年，而情绪低落的表现更加明显，这就是我们所说的病理性性情改变。抑郁症可能始于儿童时期，其严重程度有高有低，发作时间或长或短，通常会反复发作。

抑郁症是世界范围内致残的首要原因。

### 并非女性专利

传统上普遍认为男性受抑郁症的影响比女性小。最新研究表明，实际上此前对男性病例的诊断并不充分。男性较少就此类问题进行咨询，而且他们的症状表现形式可能有所不同，如变得有攻击性、出现身体疼痛、出现性功能障碍、酗酒、药物消费增加、更爱冒险等。

### 抑郁症症状

抑郁症的最典型症状是悲伤，对平时享受的活动失去兴趣和乐趣。精神病学教科书总共列出了 9 种类型的表现，包括疲劳、失眠、食欲不振、自我贬低、注意力不集中、精神运动变缓和产生死亡的念头等。这些症状中如果满足 5 个或 5 个以上就可以被诊断为抑郁症。

### 黑暗的想法和付诸行动

抑郁发作时期最大的威胁是自杀的风险，因为 80% 的患者会产生死亡的念头。这种行为可能是预先策划的，或者完全相反，是对突然的冲动做出的反应。与周围的人和 / 或治疗师聊天以及使用药物是缓解这一过程的最佳方法。

### 随之而来的沮丧

婴儿抑郁症是指某些女性在分娩后感到的所有悲伤情绪，有时会伴有哭泣、烦躁和睡眠障碍。由于激素的不稳定、疲劳和情绪的影响，这是一种常见但短暂的疾病，它也可能影响新生儿的父亲。

患有抑郁症的男性与女性症状不同，男性最常见的症状为性功能障碍及开始酗酒等。

在头脑中

人们可能无法理解周围有人正"处于抑郁状态",因为这种疾病造成的痛苦是不可见的。

## 发生在大脑中

抗抑郁药物的益处基于将抑郁症解释为大脑中单胺类神经递质(多巴胺、去甲肾上腺素、5-羟色胺)失衡的理论。在开始治疗后的几周内,患者就能感受到它们的效果,这时应该再服用几个月药物以巩固疗效,然后逐渐停止治疗。

## 筋疲力尽的妈妈们

分娩后较长一段时间内出现抑郁迹象或婴儿抑郁症时期延长都意味着产后抑郁症的出现,这时就需要使用医疗手段,因为母子关系可能会因此动摇,甚至会使婴儿处于危险之中。

## 疗愈的工具

精神治疗和药物治疗可以同时进行,在病情较轻的情况下也可以只采用前者。眼动脱敏与再加工疗法也已经被证明有效。当抑郁症对这些疗法产生了抵抗力或患者自杀风险过高时,可以考虑采用电疗(电击)以及外部脑刺激(经颅磁刺激)或内部脑刺激(脑深部电刺激)。

## 单相还是双相?

当抑郁症反复发作,就可能出现了单相情感障碍。如果患者发作后恢复到稳定状态,那么下次发作就会更严重、发作时间更长。据估计,有1%的人患有双相情感障碍,即抑郁期和欣快期(也称狂躁期)交替出现。

## 发生在别处

人们正在寻找除神经递质之外的其他致病原因,以更好地了解抑郁症并提供抗抑郁药物的替代疗法。对炎症的探索是研究的途径之一。确实,抑郁症患者的免疫系统特别活跃。人们也在探索其他治疗途径,如改变饮食结构和肠道菌群,因为饮食的改变通常会使抑郁症复发次数减少。

# 像孩子的游戏

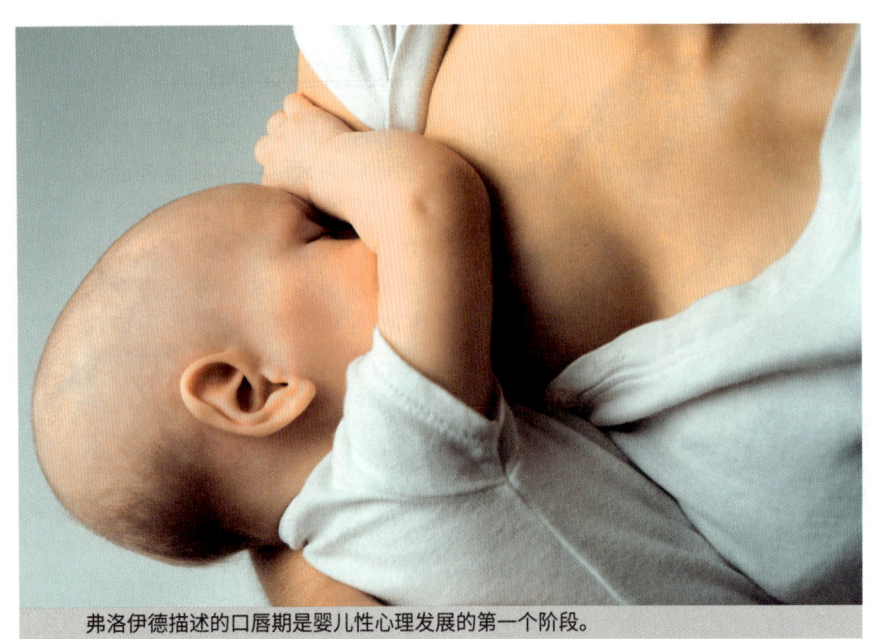
弗洛伊德描述的口唇期是婴儿性心理发展的第一个阶段。

## 孩子的快乐

敏感部位与儿童发育的各阶段有关。婴儿的口唇期和母乳喂养有关。在大约2岁时，对括约肌的自主控制使孩子进入肛门期。几年后，孩子们发现了性别的区别，因此进入生殖器期。一段时期的潜伏期过后就是青春期，从那时开始，生殖器性行为会伴随孩子成长，直到成年。

## 冲向阴茎！

弗洛伊德认为，所有处于男性生殖器崇拜阶段的儿童都会面临"阉割问题"，这是因为他们意识到了两性之间的解剖学差异：一方有阴茎，另一方没有。小女孩认为自己是"被阉割"的，所以会因她受到的偏见而产生一种自己是受害者的情结，而男孩会因为害怕自己像女孩一样"被阉割"而产生焦虑。

## 被遗忘的性

弗洛伊德提出了"婴儿性欲"的概念。这是一个人在成年后就会忘记的过程。它由几个心理性阶段组成，这些阶段的正确推进带来了"正常的"成年人性生活。

### 恋母情结的根源

在古希腊神话中，俄狄浦斯在出生时被他的父母，也就是忒拜的统治者抛弃，后被科林斯王室夫妇收养。这对夫妇抚养他，却并未透露他的身世。当神谕告诉他，他注定要杀死自己的父亲并娶自己的母亲时，他逃跑了。在他逃亡期间，杀死了忒拜国王拉伊俄斯，并与国王的遗孀伊俄卡斯忒结婚了。他的命运因此实现了。当这可怕的真相被揭露时，伊俄卡斯忒自杀了，而俄狄浦斯刺瞎了自己的眼睛。

"不"是儿童理解的第一个抽象概念。当孩子掌握了这个概念，就标志着孩子在沟通方面以及对自己欲望的界定方面取得了进步。

## 俄狄浦斯情节

俄狄浦斯情结会出现在儿童 3～5 岁期间。男孩把自己的母亲当作爱的对象并痛恨自己的父亲（因为父亲是竞争对手），同时又畏惧父亲。相反，女孩改变了自己爱的对象，她会亲近父亲。随着年龄的增长，儿童对父母双方的爱以及注意力转向其他欲望对象会打破这种情结。

## 不需魔杖的魔法

3～6 岁的儿童喜欢与涉及魔法的想法相关的仪式，他们会将一些行为与影响现实的力量联系在一起。为了减少焦虑，他们让大人在床下守着，觉得这样可以吓跑妖怪，或者认为背诵一首童谣就可以带回好天气。这些行为常出现在游戏里，因为在游戏里一切都可能发生，但是这些影响在他们成年后就变成了迷信（如为了获得好运而交叉手指）。

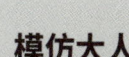

## 上满发条

通俗术语"多动症"指的是注意缺陷多动障碍（简称ADHD）。也就是说，受该症状影响的儿童（主要是男孩）的运动能力增强，但由于这种运动能力是无序的，病情通常是急性的，并伴有明显的注意力集中困难。现在人们发现这种疾病源自神经系统，可能和多巴胺、镁或铁有关，并且与遗传和环境因素也有关联。

## 模仿大人

在神经症或精神病中，儿童和成年人拥有同样的精神结构类型，但对儿童来说，正常的界定标准并不严格。言语表达的可能性受年龄限制，身体体征（睡眠障碍、食欲不振、胃痛等）和大人一样笼统，因此儿童精神或神经疾病是很难预见的。

弗洛伊德整合了俄狄浦斯的神话，以此解释婴儿期父母与子女之间的关系。

## 忘记是为了长大

幼年记忆缺失会使人忘记 3 岁之前的自我回忆。弗洛伊德认为这是因为婴儿性行为的压抑。神经科学研究表明，这种记忆缺失和复杂的思维结构有关，这种思维结构并不总是允许幼儿正确表达自我的认识。此外，自我意识的发展会本能地引发记忆和遗忘的过程。

# 被修改的意识状态

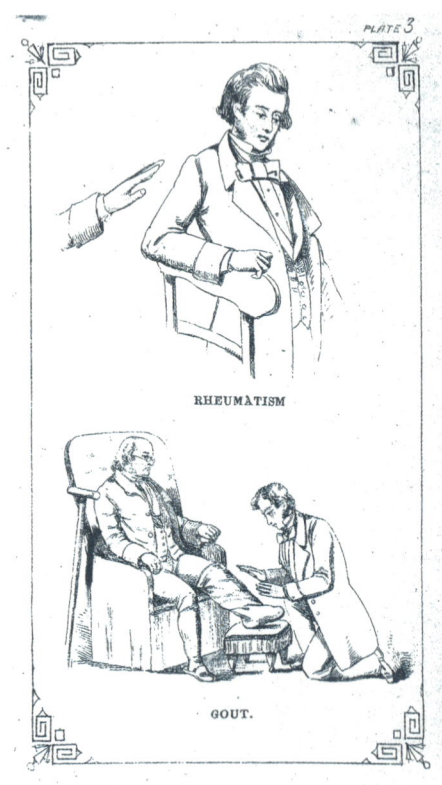

18 世纪，弗朗兹·安东·麦斯麦采用了一种特别有争议的治疗方法，涉及人体内体液的分布。

## 意识的隐藏面

自古人们就认识到了人被催眠后的状态。在 18 世纪 80 年代，弗朗兹·安东·麦斯麦就展现了这种方法的治疗能力，但在一次非常重要的治疗中，这种方法出现意外，此后声名狼藉。尽管如此，这种治疗方式仍继续以其他名字发展，并从中催生出了"催眠术"这个词（源自詹姆斯·布雷德）。

## 暗示是关键

两次世界大战之间，美国精神科医生米尔顿·艾瑞克森（1901—1980）利用已有资源改进了催眠方法。因此，他不再像过去那样提供专断的指示（"你的眼皮很重""你感到很累"，就和我们在催眠表演中看到的一样），而是做出间接暗示。

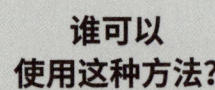

## 谁可以使用这种方法？

据估计，有 80% 的人可以感觉到催眠的效果，剩下 20% 的人分为两类：特别容易接受催眠的人和特别不容易接受催眠的人。这个比例因年龄而不同，儿童对催眠的接受度最高。

## 向月亮进发

催眠使用的是将思想和行动分离的自然现象。我们在月球上就能体验这种分离的感觉。我们对自己说："嘿，我已经到了！"就可以摆脱自己的幻想，这也意味着催眠正在起作用。在催眠过程中，诱导和加强这种分离的方式有些像鬼魂附体：肌肉和精神处于放松状态，大脑则在全速运转。

## 南锡学派对抗巴黎学派

让-马丁·沙可是萨尔佩特里埃医院的神经学家，他认为催眠是癔病的症状之一。他认为这是一种与神经变性有关的疾病，而他本人是这方面的专家。相反，南锡学派的神经学家希波莱特·伯恩海姆则主张催眠是一种可以通过暗示进入（并允许治疗）的状态。19 世纪末，这两个学派发生了激烈冲突。

神经学家让-马丁·沙可。

在头脑中

## 感觉的变化

要达到催眠状态，我们必须从选择性关注的状态过渡到被动关注的状态。所谓选择性关注状态是指我们可以控制自己执行任务的想法，而被动关注状态更多依靠我们的感官，允许我们自然而无意识地考虑身处的环境，即外部温度、环境噪声、呼吸等。

## 经过验证的有效

催眠治疗对与心理因素有关的症状有效，它可以改变患者与这些症状之间的关系，因此有助于管理疼痛、焦虑和压力，还可以用于治疗某些皮肤病（牛皮癣、湿疹等）、炎症（肠易激综合征等）、成瘾、恐怖症、肥胖、睡眠障碍等。

## 在适合的波涛上冲浪

催眠状态下产生的脑电波与冥想时的脑电波具有相同的频率，但脑活动并不相同。催眠状态下产生的脑电波是48赫兹的θ波，介于深度睡眠的δ波（0～4赫兹）和轻度放松或入睡时的α波（8～12赫兹）之间。

### 催眠状态下的外科治疗

催眠术可以在某些外科手术中替代全身麻醉。它结合了催眠状态和局部麻醉与镇静剂（止痛药）。因此，就算患者在手术过程中意识清楚、可以感觉到发生了什么，但并不会感到痛苦。由于这个方法降低了并发症出现的概率，也缩短了手术后的恢复时间，所以结果特别令人满意。

### 艾瑞克森催眠

米尔顿·艾瑞克森开创了适合每个患者的交流方式（隐喻、趣闻、词汇等），并将这些方式投入到记忆或虚构的世界中。通过引导，患者可以自己从中找到解决问题的方法。患者喜欢这种类型的活动，因为这是他们在无意识的参与下做出的改变，所以这些改变具有持久性。

现在，催眠被用于治疗与心理因素有关的疾病。

# 瑜伽和冥想：让自己放松

**折叠身体……或许不必！**

莲花式坐姿通常和冥想有关，它只是练习冥想的一种方法，就如道士会通过太极拳或气功等一系列慢速运动来冥想。另外，印度教徒会通过练习瑜伽做出其要求的姿势，让身体和心灵和谐相处。

## 中立观点

内观是佛教冥想的第二阶段，即正念阶段。内观练习需要禅修者内省，做到观察事物却不产生任何判断、情绪以及随之而来的不由自主的想法。它会带来一种超然和宁静的感觉，这正是冥想实践追求的。

## 驯服心灵

佛教的禅修始于"止禅"阶段，也就是"心灵的平静"。它要求禅修者专注于某个物体、某个概念或自身的呼吸，然后停止思考，不在思想上停留。当心灵迷路时，它会回到最初专注的主题上，最后就能达到一种平静的状态。

## 在美国的第一次突破

在乔·卡巴金的推动下，冥想在1979年首次进入西方医学。卡巴金开设了相关课程，让患者学习如何应对疾病对心理造成的有害影响。冥想的指导思想之一是如果不能改变外部现实，就要学会改变感知它的方式，并发现内部的精神力量，使自己不再遭受痛苦并获得宁静。

## 冥想是位老妇人

冥想起源于印度。最早与之有关的著作可以追溯到5000多年前，而对冥想的首次实践还要更古老。公元前500年，冥想从印度传入亚洲的其他地区，减轻人们在身体和精神上的痛苦。

按照冥想的不同类别，冥想时手脚的姿势也各异。照片中的姿势是"半莲花势"，通常用于瑜伽中。

# 沉思

在头脑中

### 你说正念？

正念是一种冥想练习，旨在将注意力集中在当时的感觉上，而不去判断感知、时刻或自我。正念可以让人寻找内在的感觉（如疼痛、欲望、压力、烦恼、愉悦等）或外部的刺激。

## 斩断桥梁

神经元的可塑性说明在人的生命中，神经元会不断建立和切断连接。在焦虑症的病例中，杏仁核，这种位于大脑中心的小结构对压力非常敏感，所以它的神经元连接会成倍增加，焦虑状态就会维持。然而事实证明，冥想可以阻止这一过程：神经元连接减少了，人对压力的敏感度就会降低。

## 植根于当下

"当下时刻"的概念之所以对冥想重要，是因为只有将自己置于"此时此地"，才能将自己从对过去的塑造和对未来的预测中解放出来，因为在瑜伽里，这是在不必要地浪费时间，甚至会影响人在当下的生活质量。

### 对老奶奶来说，冥想是个不错的选择

认知功能所在的前额叶皮质和扣带皮层（与创造力、内省和记忆有关）的神经元密度会随着年龄的增长而增长。这一发现使人联想到冥想有助于延缓许多与衰老有关的疾病（如阿尔茨海默病）的发展。

## 终结抑郁！

用于治疗抑郁症的冥想有助于预防疾病复发，它的功效和抗抑郁药物相当，但不会产生药物的副作用。成功的原因是什么？冥想会让人的感官变得足够敏锐，认识到负面情绪的发作，并及时采取防止疾病发展的必要方法。

## 弱化效果

冥想对疼痛管理的作用是双重的，它可以减弱对疼痛的感知，还可以减轻大脑在处理与疼痛有关信息时的反应。越频繁进行冥想练习，能承受的痛苦就越强。因此，冥想是慢性疼痛患者可选用的治疗方式之一。

冥想中的贤者展示的脉轮位置。

# 胆量：害怕和恐惧

### 生存的本能

恐惧是人类的自然反应，对脊椎动物而言，这种情绪更加普遍。它是基本的生存机制之一，因为这个机制是在察觉到危险或威胁时触发的。它会根据对情况的分析来评估实际危险并采取相应的态度，决定是逃跑还是战斗。

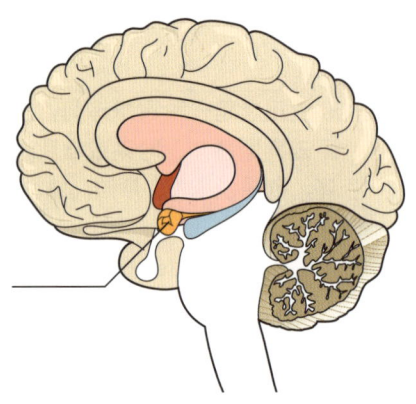

大脑中两个半球各有一个杏仁核。它属于管理情绪的边缘系统。

### 提高效率

当恐惧出现，肾上腺素和交感神经系统会协同工作，它们的联合行动使我们能动用身体所有资源来面对危险，继续努力维持生存，表现为心率和呼吸加快、瞳孔放大、对疼痛的感知减弱等。

### 预测过度

焦虑是一种弥漫性的恐惧形式，没有特别针对的对象，也没有引起担忧和害怕的根源。最初，它可以预见危险，好让我们采取适当的规避措施。但如果焦虑过于强烈，就成了一种疾病。

### 拉响警报

大脑中的杏仁核管理着我们的报警系统。它能辨认出来自感官和记忆的危险刺激，因为我们会记住或回想起过去经历的危险情况。

### 任何状态下的身体

焦虑症是人在焦虑时的对应生理反应，主要表现在心理方面。突然发生的强烈危机会导致焦虑症出现，其症状因人而异，包括心悸、流汗、发抖、胸闷等。它的起因可能不仅是心理上的，还和病理（例如甲状腺病变）、药物或环境（工作、家庭等）有关。

---

#### 隐藏在词语背后的传说

在古希腊神话中，战神阿瑞斯和爱神阿佛洛狄忒有两个儿子：福波斯（Phobos）和得摩斯（Deimos）。他们成为恐惧之神，或者更具体地说，福波斯是恐怖之神，得摩斯是恐惧之神。他们陪伴自己的父亲战斗，受到了士兵们的拥戴，因为士兵们希望他们可以带给对手恐惧。"Phobos"这个名字就是"phobie"（法语中的"恐怖症"）这个词的来源，它也是火星（拉丁文为"Ares"）的两颗卫星之一。当然，另一颗卫星就是"Deimos"。

得摩斯，古希腊神话中的恐惧之神。

1094

在头脑中

人群恐惧症是一种较为复杂的恐惧症，通常表现为极度害羞，它可以完全改变患者的生活方式。

### 他人即地狱

广场恐惧症是指对难以逃脱的公共空间的恐惧。人们常会把它和害怕人群的人群恐惧症混淆。

### 害怕到失去理性

恐怖症是指人在面对特定情况或物体时会产生无法控制的恐惧。患者通常能够意识到自己反应过度却无法控制。恐惧症患者感到的害怕使他们不敢接触任何可能触发其恐惧的情况或物体，这会严重影响他们的生活质量。

### 吓死了！

肾上腺素过高会损坏身体组织，尤其是心脏。如果心脏已经变得脆弱，那么就很有可能被"吓死"。

### 恐惧症患者在怕什么？

有一些物体可能是特定恐惧症的诱因，它可能是动物、自然元素或血液（注射、意外、伤害等）。还有一些恐惧症与特定情境或一大堆无法被归类的物体联系在一起。呕吐恐惧症患者害怕呕吐，关注恐惧症患者害怕别人的注视，失败恐惧症患者害怕失败，赧颜恐惧症患者害怕在公共场合脸红，灰尘恐惧症患者害怕灰尘，恐惧恐惧症患者害怕……恐惧！

### 失去控制

惊恐发作是焦虑症发作最急性的表现。除身体症状，患者还会遭受巨大的恐惧侵袭。患者可能会感觉到死亡即将到来，他的感知可能发生扭曲，思想可能陷入瘫痪。惊恐发作短暂但强烈，会使患者陷入焦虑状态。

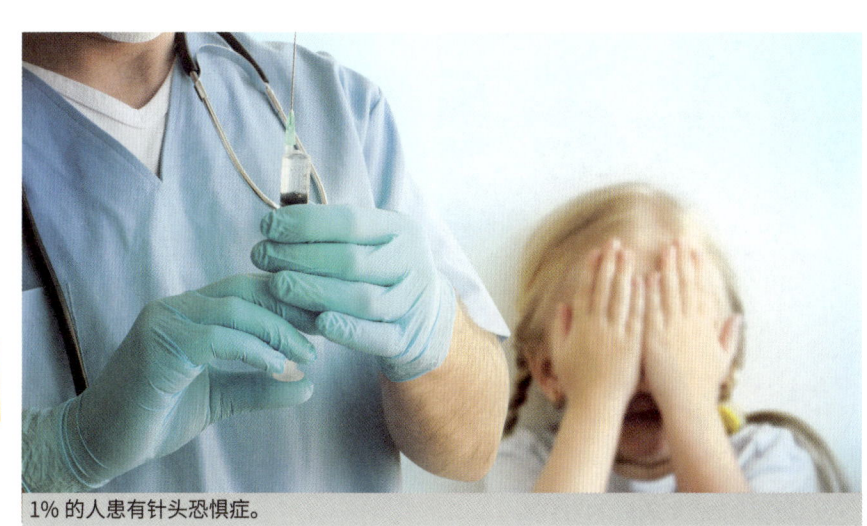

1% 的人患有针头恐惧症。

1095

# 困在梦中

### 梦的禁忌

长期以来,梦是预感自身所在世界的一面镜子。从古罗马时期到今天,关于梦有很多种解释。在西方,天主教会将对梦的研究与异教魔法仪式联系起来,并将其定位为非法行为。到1994年,法国刑法典规定可以惩处"任何以解释梦境为职业的人"。

### 弗洛伊德眼中的梦

弗洛伊德认为梦是潜意识的表达。潜意识将内心无法接受的冲动和想法幽禁在意识深处。在浅睡眠期,"栅栏"抬起,这些念头以一种迂回的方式,借用并重组了记忆中的图像来接近意识。因此,弗洛伊德十分重视对梦的分析,通过分析,他可以发现被压抑的冲动。

### 掉落的牙齿

对梦的解释是非常微妙的。在大多数情况下,可以通过将一些思想关联起来获得笼统的观点。事实上,根据梦境和个人情况的不同,要小心处理其中涉及的符号。所以根据情况的不同,梦见掉牙齿可能是一个坏兆头,但也可能和权力、决策、性欲、自信心、分手等概念有关,因此没有必要为此紧张。

弗朗西斯科·德·戈雅的《理性的沉睡产生怪物》(1798)。自19世纪以来,梦一直是灵感和研究的主题。

1921年的西格蒙德·弗洛伊德。

### 有治疗作用的梦

在指导下,"白日梦"成了一种用于精神分析的方法。患者被带入一种能隐晦地体现他问题的情境,通过这个梦他会发现自己的问题,并学会如何解决。

### 在半睡半醒之间

在睡着之前,有一个所谓的"催眠"阶段让我们处于半睡半醒状态:精神飘忽不定,向睡眠靠近;思想慢慢消散,身体却一直在接收感官和环境传递的信息。这种身体和精神之间的脱节甚至会让一些人出现幻视或幻听。醒来时,这种脱节可能会以相反的方式呈现,即精神醒来而身体还在沉睡。这可能会引发一种麻痹的感觉,这就是催眠状态。

在头脑中

卡尔·古斯塔夫·荣格将集体无意识和原型的概念引入精神分析学。

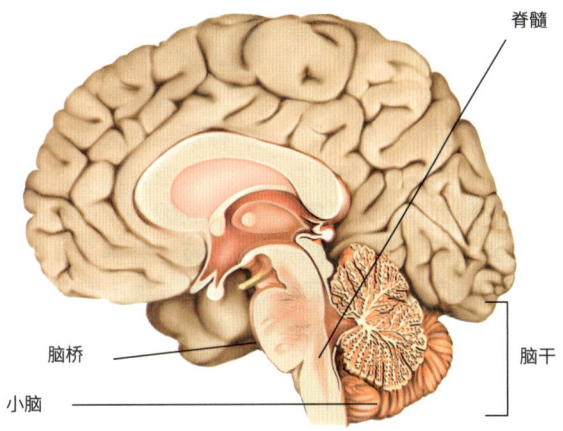

脑桥位于大脑和脊髓之间，它是脑干的中间部分，负责梦的产生。

## 荣格的决裂

关于梦境，弗洛伊德的学生卡尔·古斯塔夫·荣格提出了一种与自己的老师完全不同的观点。他认为，如果梦是潜意识的表达，那么它有自己的交流方式，由各种图像和符号组成。在这些符号及其含义之间建立联系，就可以让我们了解心理和人格发展与平衡的方向。

## 梦的所在

梦产生的位置是脑桥，而不是大脑本身。事实上，这个结构连接了大脑（形成图像的地方）、小脑（运动控制中心）和脊髓（负责运动命令的传递），从而产生睡眠的快速动眼期。梦的生化机制仍在被研究。至今发现了几种神经递质，根据一些有待研究的触发和抑制链来看，它们和梦的产生有关。

## 灵感的钥匙

众所周知，萨尔瓦多·达利将入睡前的幻觉用在了自己的创作中。为此，他在睡午觉时手里会拿着一把钥匙，手下方放一块金属板。当他睡意深沉，身体放松，手中的钥匙就会掉落。钥匙落在金属板上的响声令他惊醒，也会让他准确地记住梦境中的景象，为他提供创作灵感。

## 处于矛盾状态的梦

梦会出现在睡眠的快速动眼期，也称矛盾性睡眠期。这个阶段之所以被称为"矛盾性"，是因为大脑的剧烈活动与身体的静止状态相矛盾，二者之间的联系就像被切断了一样。在单个夜晚的整个睡眠周期中，这个阶段的持续时间会延长。因此从理论上讲，我们能够做梦的时间是从睡着后的几分钟到睡醒前的一个多小时。

 **有意识地做梦**

清醒梦在科学界仍有争议。尽管一些人努力想要证明人可以控制自己的梦并按照自己的意愿引导梦的发展，但还有一些人认为这是已经睡醒的人在故意保持半意识状态，以延长自己的梦境为乐。

**1097**

# 备受关注的压力

### 超出极限

当压力源持续存在时，人体会出现一个"抵抗"阶段来承受考验，这需要大量的资源和精力。这个阶段延长就会导致人筋疲力尽，身体资源不足，出现溃疡、湿疹、高血压等症状。这种疲惫状态出现与否取决于每个人对压力的心理认知。

### 反应的核心

激素是应激反应的核心。这种反应的触发链从下丘脑开始，下丘脑会分泌促肾上腺皮质激素释放因子，这种激素会使我们保持警觉并刺激其他激素释放。总共有 5 种不同的激素在人体的应激反应中起作用。

### 完善的自适应机制

应激反应汇集了所有我们适应环境限制（威胁、新情况等）的方法。这是一个本能的过程，尽管它对我们在当代社会的生存不再具有决定性作用，但同样重要。急性应激可以帮助我们在逃离危险和与之斗争之间做出正确的选择。它会诱发人体内的生理反应，也会作用于我们的思维方式和行为。

### 另一种应激

当逃避或斗争的选项看起来不适应当前情况，完全抑制行动就成了第三种可能的选择。这种顺从机制让一些动物在面对捕食者时静止不动，希望自己不被发现。人类也常用这种解决方法，尤其是在心理承受压力（亲人的死亡、工作条件不佳、挫败感、冲突等）的情况下。

### 多重含义

在法语的日常用语中，"stress"（压力）这个词可以指触发压力的因素、面对压力时的应激反应，以及压力出现时人的感觉状态。

### 提高警惕

警报阶段会激活脑干，启动应激反应链。在肾上腺素和去甲肾上腺素的影响下，身体会被完全动员起来，受到刺激并提高效率。血液离开皮肤和消化系统，优先为肌肉和大脑提供能量，能量储备被排空，以便被迅速调用，心跳和呼吸加快，而肌肉会收紧。

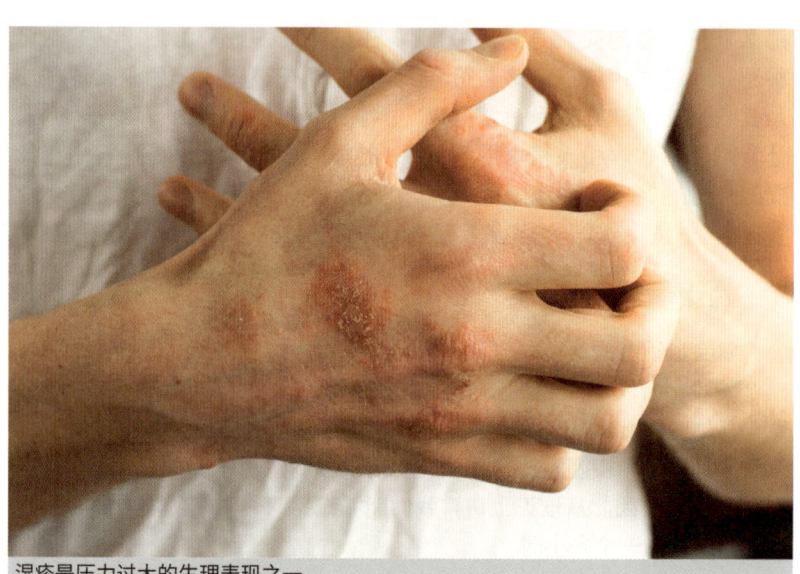

湿疹是压力过大的生理表现之一。

在头脑中

在欧洲，每 5 个人中就有 1 个人在工作中承受着过大的压力。

## 压力激素

皮质醇是由我们的两个肾上腺产生的激素。在正常情况下，它主要参与人体能量储备的管理。在长期的压力下，血液浓度增加，超过一定阈值就会对健康产生影响，因为会提高血糖水平、维持高血压状态、削弱免疫系统、降低骨骼坚固度、破坏记忆力、影响睡眠状态等。

## 体内消耗

倦怠是一种与工作有关的疲劳综合征。它是慢性压力对身体造成生理影响的结果，慢性压力的反复和加强最终会影响人的精神状态。倦怠的表现因人而异，但是会从情感（焦虑、悲伤等）、社交（孤独、攻击性、成瘾等）、身体（消化系统疾病、睡眠障碍等）以及认知（记忆力、注意力等）方面对人造成影响，并削弱人的主动性。

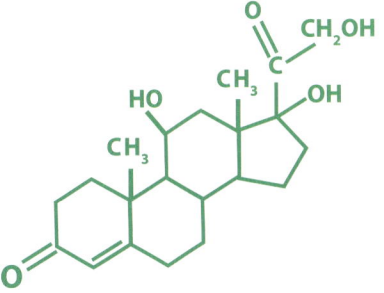
皮质醇分子结构图。

## 精神高度紧张的工作

在欧洲，有 1/5 的人承受着过大的工作压力。工作压力的来源是缺乏自主权（例如，一个人没有做出决定的自由）、与他人之间的关系失调、层级管理的模式或者工作本身，如工作量、目标、工作任务的截止日期等。

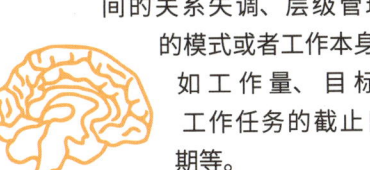

## 心碎时……

情绪和情感创伤会造成影响心肌的心尖气球样变综合征。由这种压力引起的儿茶酚胺（肾上腺素、多巴胺等）大量释放会阻止心脏尖端收缩，所以这种疾病有绰号为"心碎综合征"。

## 面对创伤

创伤后应激障碍会影响那些事故、自然灾害、袭击、战争等严重事件中的幸存者。它会影响直接受害人、目击者或他们亲近的人，并在事件发生后几个月或几年内发作。它会产生各种症状，如噩梦、令人不快的记忆侵袭、持续的负面情绪等。

# 当精神影响身体

哲学家勒内·笛卡尔（1596—1650）是第一个想到身体与精神之间的分离与联系的人。

## 我思故我在

17世纪，科学家、哲学家勒内·笛卡尔提出了许多给科学界和哲学界带来革新的思想，其中就包括他首次将精神看作一个完全独立的事物。虽然它不是有形的，却是意识和思想的所在。

## 冲突浮现

心身医学是心理学的一个分支，更侧重于精神分析。它观察精神状态与身体症状之间的联系，并试图了解是哪些内在冲突导致了身体上的表现。当然，寻找病因及其心理疗法无法取代药物对身体疾病的治疗。

## 在学科的十字路口

心理神经免疫学属于医学学科，通常将身体看作一个整体，而不是通过单独的器官或功能对其进行观察。它关注的是精神和情绪通过刺激免疫系统带给身体及其健康的益处。

## 二元论

笛卡尔认为，精神在各个方面都与身体相对，因为这是两个独立存在的实体，它们既没有相同的目标，也没有相同的性质。但是，笛卡尔已经认识到两者会互相影响，因为当身体让精神认为其需要正常运作时，精神就会成为身体运动的起源。笛卡尔认为，正是这种相互作用构成了个体的统一性。

## 重新考虑安慰剂

心理神经免疫学认为，安慰剂效应能够很好地证明康复过程是一种在个体内部触发的机制，这与长期以来的观察一致。人们很早以前就发现，被治愈或活下去的愿望本身就是能缓解严重疾病的积极因素。

## 主观性，一个未知的领域

人的精神依然是一个谜团，因为尽管技术设备使我们能够越来越准确地了解大脑中起作用的机制，但仍只是一种外部方法。直到今天，一个人的主观感受依然只有他本人可以描述，别人不可能做到。

在头脑中

## 以间接的方式

医院也会采用心身疗法。身体被用来平复精神，反过来精神可以调节身体。心身治疗需要一些技巧，如语言表达（放松、催眠、冥想、谈话和组织互助小组等）、身体的被动形式（按摩、触摸治疗等）或身体的主动形式（瑜伽、气功等），甚至是艺术（舞蹈、话剧等）。

## 从精神到身体

心身疾病通常会导致皮肤疾病（湿疹、牛皮癣等）或肌肉骨骼疾病（背痛、肌腱病等）。它还会导致头痛、反复感染或睡眠障碍。

### 生物的怪现象

对精神分裂症患者的研究表明，他们的生理常数会随不同的人格而变化，而他们的思想会分散到多个人格中。例如，某个人的某些人格可能患有糖尿病，他的其他人格则没有，即使这些人格会共用同一个身体。

## 力量的光明面

事实证明，积极的思想对身体健康有益，因为它可以增强对感染的抵抗力，延长寿命，还能降低心血管疾病发作的可能。积极的思想也包括欢笑和欢乐的时光、愉快的社交关系、爱、放松等。

### 培养积极态度

库埃疗法是最早通过思想给身体带来积极影响的方法之一。它要求患者采取一种健康的生活方式，用积极的想法（"我会成功的""我很健康"等）取代自卑等消极的想法（"我很没用""我不会成功的"等）。事实上，这个理论认为，自我暗示作用于想象，为思想赋予了一种现实形式。

## 多合一

综合医学考虑了身体和精神的作用，无论是在治疗症状方面还是在保证患者的生活质量方面，身体都要作为一个整体得到照顾。因此，综合医学会使用所有可用的方法，包括生物学方法、严格的医疗手段、辅助疗法和心身疗法等。

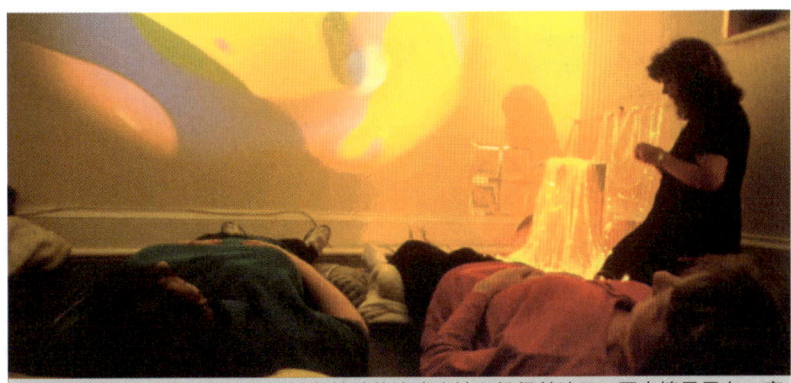

在一些医院，一些以放松和冥想为基础的治疗方法已经很普遍了。图中情景是在一家苏格兰医院里。

1101

# 安慰剂效应

### 只为了高兴

从历史上看，安慰剂效应已经存在了几个世纪。它的名称源自拉丁语，意思是"我会很高兴"，这是因为它带给病人更多的是愉悦而不是真正的疗效。

### 对数字的曲解

长期以来，安慰剂效应一直被认为是一种偏差，会改变研究结果的质量。事实上，大多数症状和疾病的暂时缓解通常都归功于免疫系统，但是使用安慰剂可以加强这种缓解的效果。因此，与安慰剂比较研究得出的结果和什么都不做的结果是不一样的。但是如果没有安慰剂，就是不遵守试验"双盲"的规则，即为避免影响患者和医生的判断，他们都不能知道对方采用了怎样的措施。如果不采取任何行动，试验就无法完成了。

### 形成对照组

安慰剂具有药物的外观，但不含有任何活性物质。它可以表现为各种形式，包括胶囊、注射剂、滴剂甚至手术。这是医学研究必不可少的基本要素，因为它具有先验的中性性质，可以形成对照组，对它的测试结果将与在相同条件下测试的有效组的结果进行对比。

### 来自"无"的好处

安慰剂效应是使用安慰剂引发的一系列积极结果。这种效应会体现在1/3的受试者身上，他们所服的药物虽然并不包含和疾病有关的活性成分，却有了良好效果，这种效果甚至可以通过谈话触发。研究证明，一些保证病人很快就会康复的话会给缓解病情带来积极作用。

### 幻觉疗法

只是相信安慰剂有效是不够的。事实上，研究表明，在所谓的"开放性安慰剂"试验（受试者完全知道自己正在服用无效的药物）中，安慰剂药物依然对患者有益。安慰剂的有效性受到多种因素调节，这些因素增强了它的可信性，包括服药的方式、获得药的方式、包装类型、价格等。比如，对用于放松的安慰剂而言，蓝色的涂层比红色的涂层效果更好。

### 心理是成功的标准

儿童对安慰剂效应的敏感度是成年人的两倍。他们强大的想象力和极高的信任度可以解释这种现象。

在头脑中

在服药后马上就感到好转是因为安慰剂效应，其实这时药物还没有被吸收呢。

## 宽广的有效领域

疼痛是安慰剂主要的作用领域之一。实际上，当安慰剂针对的是心理因素引起的症状时，它的效果更为显著，比如针对疲劳、焦虑、疼痛、湿疹、失眠、发烧等。在一些疾病中，病程发展并不稳定，安慰剂有时可以被证明比传统药物更有效，而且没有副作用。

### 相反的效应

反安慰剂效应与安慰剂效应完全相反，并可能引发真的疾病。例如在实验中，在安慰剂的介绍里附上伪造的副作用清单，这些副作用就有可能在一些受试者身上出现。

## 幕后花絮

安慰剂效应的作用机制尚不明确，但可以刺激伏隔核，即参与奖赏机制的大脑结构。安慰剂效应会触发多巴胺（一种与愉悦感和动力有关的激素）的分泌，也会触发可以减少疼痛的内啡肽的分泌。

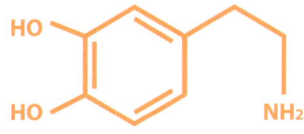

多巴胺的分子结构图。

## 关于颗粒的讨论

顺势疗法使用的颗粒的稀释率解释了许多科学家认为它是安慰剂的原因。实际上，据统计，在其中发现活性物质的概率为0。它的有效性得益于开处方的医生和服用它的患者对产品的信心。

## 自动规划

大脑似乎可以通过服用药物来复制它学到的东西：如果服用兴奋剂，它会提高心率和血压；如果服用止痛药，它会分泌多巴胺和内啡肽……我们还发现安慰剂可以作用于家畜（包括马和牛），但不适用于野生动物，这更说明了这种学习机制的存在。

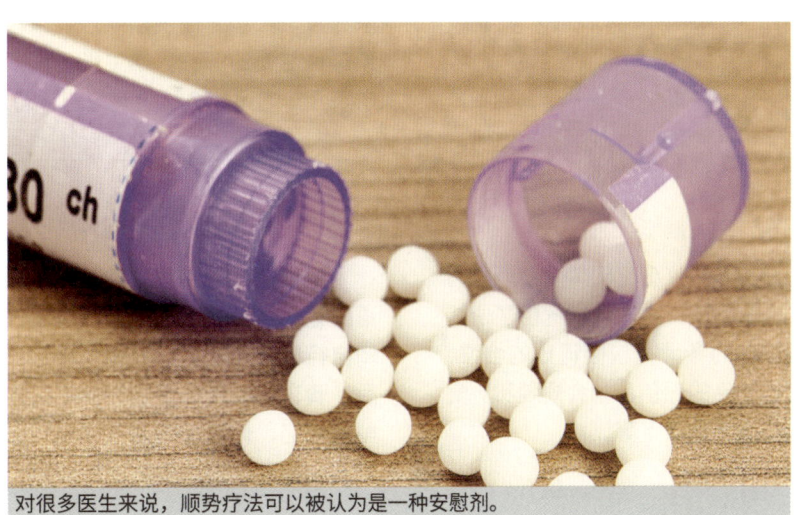

对很多医生来说，顺势疗法可以被认为是一种安慰剂。

1103

# 关于记忆

重复是一种将新知识带入长期记忆的方式。

## 瞬息即逝的感官记忆

与感官有关的感知记忆可以持续几分之一秒。如果感官记忆包含的信息引起了人的注意，那么记忆的存储空间就会发生变化，否则这些信息将被遗忘。人类的记忆与视觉有关，视觉是最发达的感觉，例如视觉让我们能够快速阅读，我们还没看到的文字其实已经存在于我们的记忆中了。

## 得以进步

记忆是我们的大脑不可或缺的基本功能，因为它使我们能够学习。我们记得自己学过的知识，所以技能和行为才能够发展。

## 选择进入路径

信息进入长期记忆的方式有两种：重复（如通过重复相同的电话号码，我们可以记住它）和情感（如求婚时的对白令人刻骨铭心）。

## 短时记忆

保留短期（约1分钟）信息的工作记忆使我们能够记住现在。使用工作记忆的传统例子就是记电话号码，我们只能在背号码的那一刻记住它，好让自己写下来。工作记忆还可以帮助我们对话，因为有了它，我们才能记住句子的开头。

## 通过感觉获得记忆

情绪记忆在现代教育中被应用得越来越多，例如人们会使用寓教于乐的方法，激发愉悦和娱乐情绪，让人更好地记忆。体育活动是人们发现这种益处的源头。学生坐下来安静地重复课程内容的陈旧教学方法在未来几年内可能会被更有效的学习方法取代。

## 自动导航的记忆

做某件事的流程本身就是完全独立的长期记忆。它们属于不借助词语的记忆类型，因为人们只须记住行事的方式而不必解释它。此外，对骑自行车技能的掌握最能体现这种记忆，因为即使在学会骑车的多年之后，骑车的动作仍是被完美记忆的无意识动作。条件反射也属于这种类型的记忆，你可能无法准确地知道马桶的开关在哪里，但是当你用马桶时不必用目光去找开关，你的手就能够找到它。

## 数据库

语义记忆汇集了我们所有的常识，并为我们提供了永久性的参考，包括词语的含义、物品的颜色、社会规则和历史人物的名字等。

1104

在头脑中

## 白纸上的自传

遗忘症首先会影响情景记忆，这是一种长期记忆形式，可以保留个人经历过的事件，无论这些事件是个人的还是公共的（明星去世、电影上映、现任总统的名字等），但大多数情况下会保留完整的记忆。如果大脑失去的是病变前的回忆，我们称这种情况为逆行性遗忘；如果人在事故后无法创建记忆，那么无论是神经性的还是心理性的，我们都称这种情况为顺行性遗忘。

## 记忆中的大家庭

忘记是一种健康的记忆过程，因为事实上，并不是所有信息都对我们有用。遗忘使我们可以用一条信息代替另一条信息（例如，忘记旧信用卡号或以前同学的名字），并保持脑中的知识持续更新。最终可以确定的是，我们更倾向于忘记不愉快的事件。

## 推理的出现

在大脑中，记忆分布在不同的位置（海马体用于情景记忆，额叶和颞叶皮层用于语义记忆）。推理就诞生于这些联系中。例如，如果你从来没有见过阿沙瓦犬，你就无法从这个词中推理出什么，但如果有人告诉你这是一种狗，你就可以从中推断出它有四条腿、两只耳朵等信息。

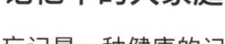

## 寻找词语

与其他痴呆一样，阿尔茨海默病也会影响语义记忆。患有这种病的人说不出想用的词，使用的复杂术语也越来越少。例如，随着疾病的发展，患者只会把"朗姆酒松软蛋糕"称为"蛋糕"，后来就只能把它称为"食物"。

在大多数痴呆病例中，患者控制语义记忆的大脑区域都受到了影响。

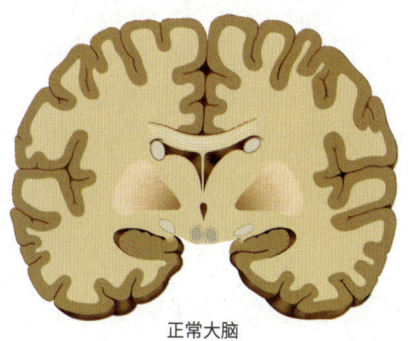
正常大脑

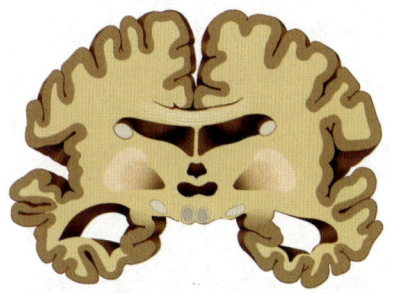
阿尔茨海默病患者大脑

### 记忆会在睡着时出现

睡眠有助于记忆的巩固，相反，一天的学习会改变睡眠周期，并给快速动眼期留出更多的空间。我们也可以通过训练记住信息来积极地加强记忆力。

1105

# 1+1：性与生殖

## 生殖链的开端

性并不是一直存在的，它是在 15 亿年前才进入历史的。它的到来是一场革命，因为它成了物种进化的强大引擎。多亏了它，繁殖不再在任何方面都给人相似的感觉，而是充满了令人惊喜的新意、充满了偶然。人类的生殖在历史早期是一种挑战，阴茎也成为生育和富足的象征。在许多文明中甚至有奉献给生殖的仪式，因为男性的精液的确可见，其作用也易于识别。甚至有人认为，这是男女之间第一个差异的由来。

## 古代文明的思考

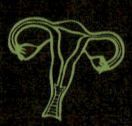

在所有古代文明中，埃及人尤其关注生殖。根据史料记载，他们饶有兴趣地研究母鸡，而且他们是最早发现即使不直接由母鸡孵化，鸡蛋也可以破壳出雏的人。他们还试图通过一系列实践、效果适中的药物以及补救措施来控制人类的生育能力，这在当时已经很了不起，成了避孕手段的基础。在其他古代文明中，不孕不育被视为神的旨意或是某种诅咒，但在古埃及，它已经成为一个医学问题。虽然古埃及人也会使用巫术和祈祷，但他们会思考，并采用能够恢复生殖功能的措施。因此，现在所有与后代有关的问题在 2500 年前就已经存在了。另外，为了理解隐藏的机制，需要许多理论（现在看来完全是荒唐的）才能得到现在的知识。例如，长期以来人们认为精子是独特的，只属于男性，它来自大脑、血液或脊髓，它的存在有力地证明了男人在任何情况下都不会成为不育的对象，而女性则恰恰相反。甚至在一神论宗教发展起来之前，女性常常遭受咒骂。然后出现了潜在的第二颗种子的概念，这次和女性有关，这颗种子决定了孩子的性别，很多别的方面也因此发生了变化。接着到来的是关于"女性睾丸"的发现，它位于女性腹中，而人们对它的探索正逐渐展开。现在人们可以描述人的解剖结构，发现了生殖细胞的存在，揭示了激素的作用。最终，人类揭开了生殖的奥秘。

## 当代的解决方法

关于生殖的问题虽然古老，但至今仍未得到解决。20 世纪 50 年代，格雷戈里·平卡斯研发出第一款避孕药，这种药在 60 年代获得成功，当时它被批准在市场上销售，还得到合法化。1978 年，第一个试管婴儿诞生，这开启了扫除生育障碍的时代。一年后，人们发明了第一种堕胎药，从而减少了对抽吸技术的使用。自此，节育技术从两个相互对立的方面（预防和解决）控

1106

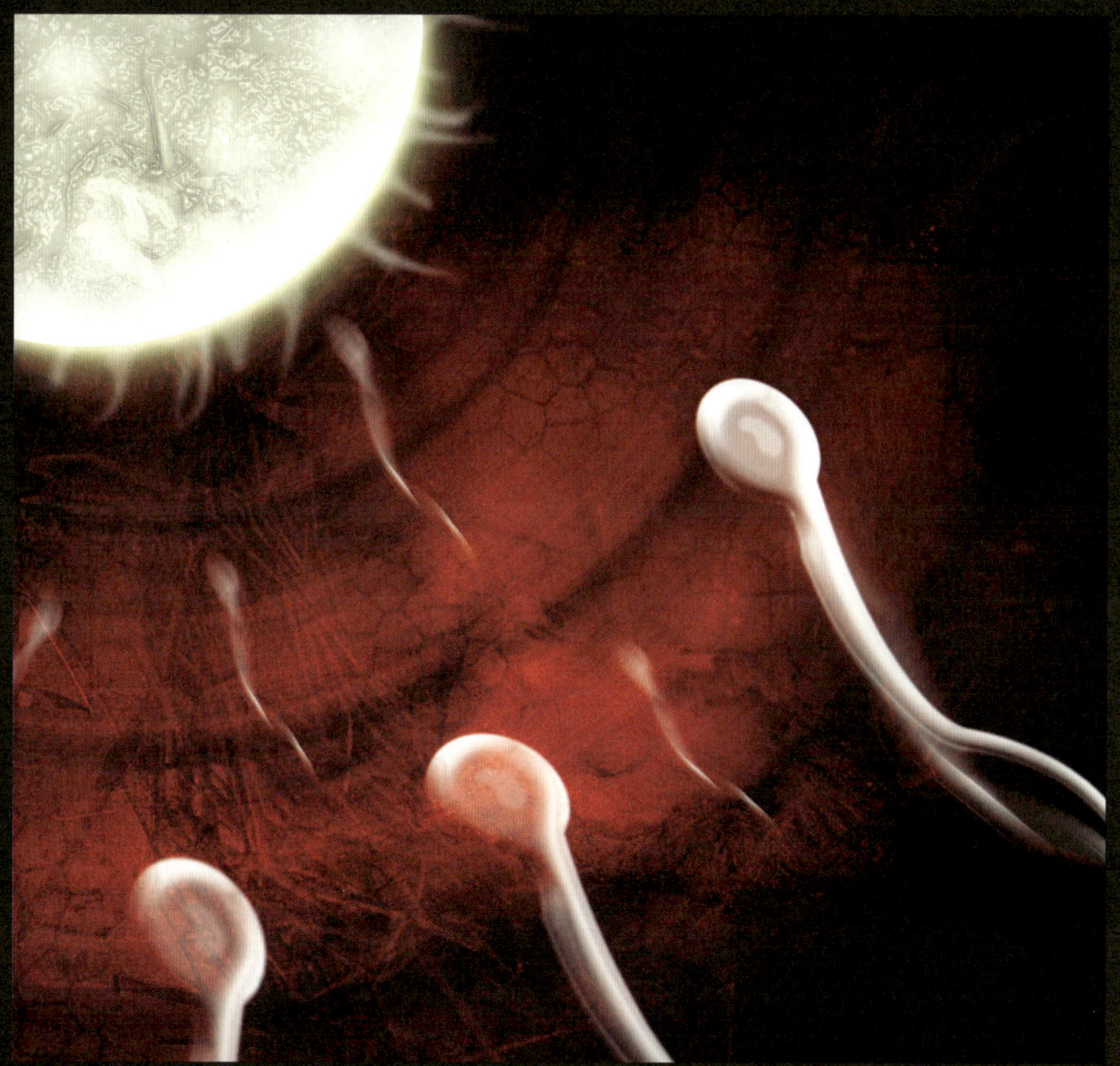

精子流向卵子。

制了生殖。2014年，一名女性用临时移植的子宫生下一个孩子，从此女性得以摆脱生物学的束缚：如果她的生殖器官无法起作用或不再能起作用，她依然可以成为母亲。然而这些变革并非一帆风顺，因为人为影响受孕让一些人非常不适。避孕措施是随具体情况而变的，因为每种解决方案都会引发道德问题。目前关注的重点是代孕、对女性生殖年龄的限制、女性身体对胚胎的接纳及与维系胚胎生命相关的问题。

# 变成成年人的身体

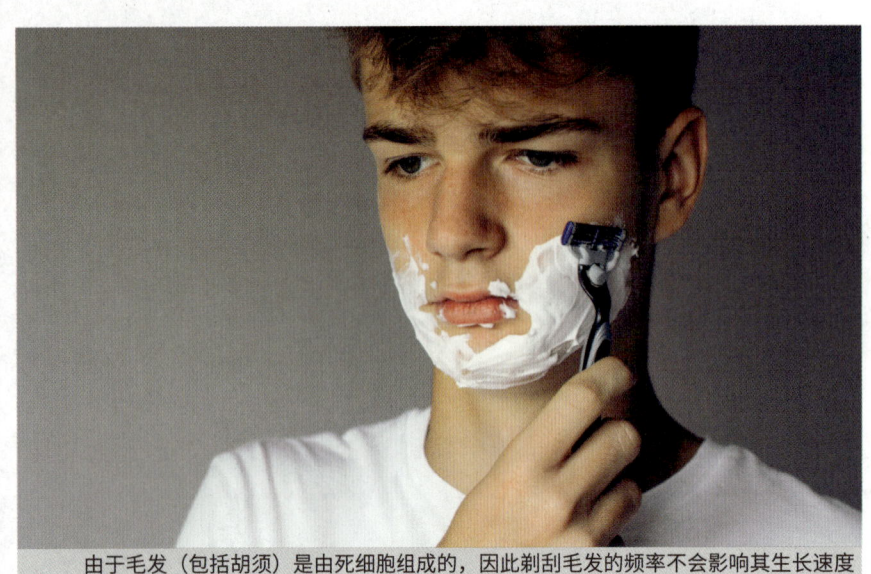

由于毛发（包括胡须）是由死细胞组成的，因此剃刮毛发的频率不会影响其生长速度和浓密度。

## 细毛发变粗

汗毛是由没有毛髓质的细短毛组成的。在青春期，一部分汗毛（位于阴部、腋窝、躯干、腿部等部位）会变成浓密、较长、颜色更重的永久性毛发。

### 跟踪这些变化

谭纳标准是通过一些性特征的成熟来观察青春期进展的参考工具。这个标准当然存在男女差别，但它对男孩和女孩来说都有 5 个阶段，第一个阶段是青春期前，第五个阶段则是成熟期。

## 一大杯养料

在儿童时期，身高增长的速度每年超过 5 厘米，在青春期时会加速，在 12～14 岁的顶峰期会达到每年 8 厘米。此时，骨头会逐渐成熟并失去会不断骨化的骺软骨。总体而言，男孩在青春期平均长高 25～28 厘米。和普遍的想法相反，月经初潮并不是生长结束的绝对标志，女孩在整个青春期会长高 23～25 厘米。

## 毛发的生长

在拉丁语中，"pubes" 表示毛发。这个词造就了法语名词 "pubis"（阴部）。青春期的时候，它上面开始长出 "poils pubiens"（阴毛），显然这个词的词源也是 "pubes"。女孩阴毛的生长伴随着乳房的生长、乳头和外阴的发育以及月经初潮。男孩则会出现阴茎和睾丸的体积增大、阴囊颜色变深的情况。

## 发生变化的身体

在青春期，神经因素和激素波动导致生理和心理的变化，这些变化使身体呈现成年状态。女孩的青春期开始于 10～11 岁，男孩的青春期开始得比较晚，在 12～13 岁。青春期会持续大约 4 年。正是在这个时期，人获得了从童年时期开始一直处于休眠状态的生殖功能。

黄体酮分子结构图。

# 1+1：性与生殖

## 不明确的因素

下丘脑会分泌导致青春期出现变化的促性腺激素。人们已经了解人体在早熟和晚熟情况下出现的紊乱，并发现这和遗传（X0，XYY）、中枢（下丘脑和垂体）或外周影响（药物、囊肿或性腺间质肿瘤）有关。但是我们还不知道所谓"正常"的青春期是由哪些因素引导的。

## 激素起作用

促性腺激素是作用于性腺（睾丸或卵巢）的激素。促黄体生成素（LH）使男性产生睾丸激素，女性产生黄体酮。它也是女性排卵的原因，所以通过排卵测试可以检验出激素水平。促卵泡激素（FSH）可以激活精子以及卵泡的形成，直至排卵。

##  身高的变化

在法国，成年女性的平均身高是 163 厘米，成年男性的平均身高是 175 厘米。各国国民身高的平均值不同，拉脱维亚女性的平均身高世界第一，为 170 厘米；丹麦男性的平均身高世界第一，为 182 厘米。对身高差异的研究表明，遗传因素和环境因素（饮食、活动等）都可能影响身高。总的来说，世界人口的平均身高都在增长。韩国女性在 1 个世纪里平均增高了 20 厘米，她们保持了世界纪录。

乳房、阴茎和体毛的生长符合由下丘脑管理的激素分泌过程。

睾酮分子结构图。

## 暴风雨预警

身份危机是青春期的心理特征之一。身体的变化伴随着对自己、对他人的注视，以及对未来各种可能性的必要认识，之后是对家庭模式甚至整个社会的质疑。但是，解决这种身份危机并不总要经历对抗权威的"危机"。

**1109**

# 激素的芭蕾

## 金字塔尖

神经激素，即促性腺激素释放激素（GnRH）从青春期开始变得活跃。它由下丘脑分泌，影响垂体，并通过调节两种促性腺激素（FSH 和 LH）的释放，将它们置于性激素金字塔的顶端。这两种促性腺激素对性腺起作用。当出现了与性激素有关的疾病时，可以使用能够直接降低 GnRH 有效性的治疗方法。

## 对生殖腺的命令

促性腺激素释放激素与生殖器的功能密切相关。促黄体生成素维持卵巢周期，触发女性排卵，也能使男性睾酮生成。促卵泡激素作用于卵母细胞的成熟和精子的形成。在怀孕期间，胚胎，也就是后来的胎盘会分泌第三种激素，即人绒毛膜促性腺激素（HCG）。

## 音乐椅

与生育有关的所有激素活动都依赖于反馈系统，这实际上是激素对自身分泌产生间接作用的机制。根据激素浓度，高级中枢（下丘脑、垂体）将根据各自的标准促进激素分泌（正反馈），或者减少分泌（负反馈）。

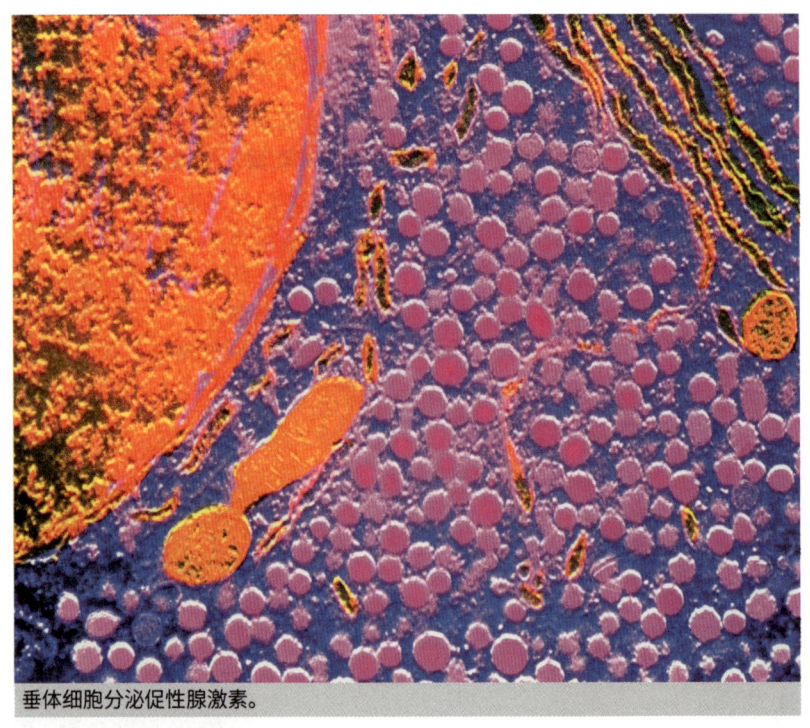

垂体细胞分泌促性腺激素。

## 关于激素的权威性意见

妊娠期间人体会分泌人绒毛膜促性腺激素，这有助于维持胚胎存活所需的性激素水平。因此，一些妊娠测试依赖于对母体血液的检测。

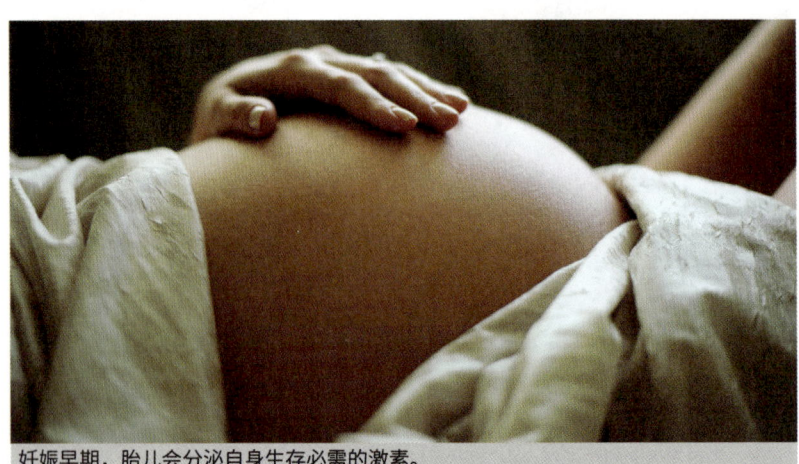

妊娠早期，胎儿会分泌自身生存必需的激素。

1+1：性与生殖

### 足尖上的舞蹈

雌性激素浓度较低时，会妨碍促性腺激素的释放。在月经周期的第一阶段，雌激素水平随着分泌它的卵泡的生长而提高。当它在血液中达到阈值，负反馈出现，促卵泡激素和促黄体生成素就会突然释放，导致排卵。

### 搬起石头砸自己脚的激素

在月经周期的第二阶段，黄体分泌的黄体酮会活跃起来。这种激素会使身体等待确认受精的信息，因此会阻止促卵泡激素和促黄体生成素分泌，从而阻止自身分泌。在没有受精的情况下，它的浓度过低，子宫内膜就会脱落，这就是月经出现的原因。

### 储备用尽

大约在 50 岁的时候，女性体内卵母细胞的储备耗尽，这就是更年期出现的原因。由于没有卵泡来产生性激素，激素水平急剧下降，人体就可能出现潮热、出汗、黏膜干燥等不适症状。利用雌激素治疗可能暂时减轻这些症状。超过 5 年的治疗会导致患乳腺癌的风险增加，因此需要重新评估这种治疗方法的益处。

### 短效口服避孕药！

纯孕激素避孕药中只含有极少量的人工合成孕酮，被称为"微丸"。它可以增稠宫颈黏液，阻塞精子通道，使子宫内膜不适合着床。这样的避孕方式可能使月经受到抑制，使用某些激素还可以阻止排卵。

### 团结就是力量

复方避孕药结合使用孕激素和合成雌激素。它的作用与纯孕激素避孕药相同，但会系统地阻止排卵。虽然两种激素的结合可减少某些副作用（出血、疼痛、痤疮等），但雌激素的存在会增加女性患心血管并发症的风险。已经面临这些风险的女性（有静脉炎或栓塞史、高血压、高胆固醇、吸烟等），应该选择更为安全的避孕药物。

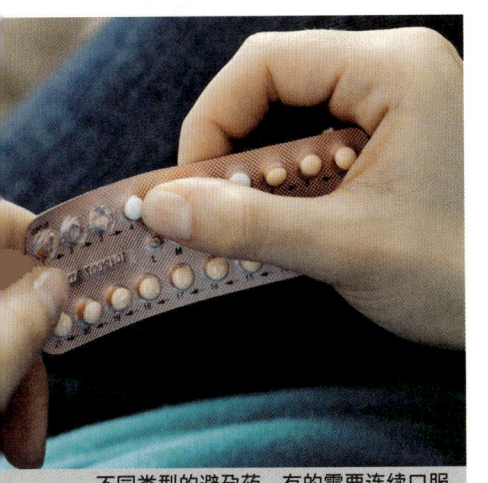

不同类型的避孕药，有的需要连续口服，有的则不需要。

### 和欲望开玩笑

欲望的波动和激素波动有关，随着雌激素的增加，性欲也会增加，而随着黄体酮水平的上升，性欲会减弱。迄今为止，尚未证明两者之间存在因果关系。我们无法科学地认定激素避孕药对性欲有影响，也无法证明女性服用睾丸激素可以刺激性欲提升。

# 女性性征

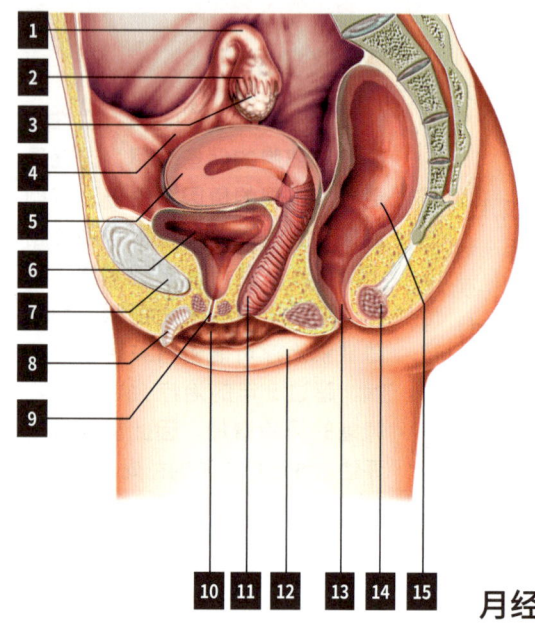

女性生殖器官图。

1. 输卵管 2. 输卵管开口
3. 卵巢 4. 腹膜 5. 子宫
6. 膀胱 7. 耻骨联合 8. 阴蒂
9. 尿道 10. 小阴唇 11. 阴道
12. 大阴唇 13. 肛门
14. 肛门括约肌 15. 直肠

## 错误的象征

处女膜,学名阴道瓣,是一种柔软且含有少量血管的膜性组织,可阻塞部分阴道入口。它的大小和外形都是可变的,并随着人的生长而发生变化,因而处女膜在青春期有自行消失的可能。初次性交的疼痛和出血并不是它引起的,而它的消失和童贞的消失也没有关联。

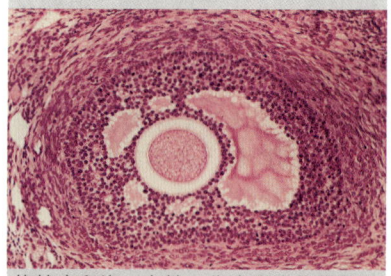

格拉夫卵泡。女性一生中卵泡的数量会不断减少。出生时女性有几百万个卵泡,而到绝经前只剩几百个仍会成熟。

## 内膜出走

子宫内膜异位症是由子宫内膜细胞迁移引起的疾病,子宫内膜细胞在子宫外保留了自己的特征,就会引起子宫内膜异位症。它们可能附着在附近的器官(如卵巢、阴道、直肠、膀胱等)上,或比较罕见地附着在较远的器官(肺)上,并引起粘连。尽管这种疾病非常普遍(每10名女性中就有1名患有这种疾病),但其机制还没有被很好地理解,并且子宫内膜细胞在体内扩散的范围和症状的严重程度(疼痛、生殖障碍等)似乎没有关联。

## 月经周期

女性的月经周期体现在几个层面,每个层面都为生育奠定了基础。它以月经开始出血为起始,排卵是这个周期到达中期的标志。排卵之后的几天适合受精,此时整个身体都已经准备好怀孕了。

## 子宫的活动

子宫内膜在月经周期的前期会增厚,在没有受精的情况下会分解,形成月经。子宫颈也会经历状态的交替,在这期间,宫颈产生的体液或多或少呈黏稠状。"高质量"的黏液促进精子进入子宫,也会在生殖期之外阻止配子和细菌进入。

## 改变用途

排卵后,卵巢中残留的卵泡塌瘪成为黄体,分泌维持子宫壁厚度的黄体酮。在受精的情况下,它将保持这个功能;而在没有受精的情况下,失去用途的黄体将被吸收。

1+1：性与生殖

### 女性的快感器官

从外阴顶部可以看到的阴蒂只是冰山一角，实际上，阴蒂头与两根长约10厘米的阴蒂海绵体相连，围绕着阴道口，后端由两根阴蒂脚支撑。它拥有无数的神经末梢，是女性快感的主要参与者，能够诱导生殖器润滑并触发性高潮。

### 分泌润滑液的腺体

在性唤起期间，两个前庭大腺分泌的液体可以润滑外阴和阴道。它们只有两颗豌豆大小，位于大阴唇中较深的位置。它们在青春期时发育，在更年期时作用减退，从而造成某些阴道干燥的病例出现。

### 清空库存

卵巢在女性出生时就含有定量的性细胞。卵泡在未成熟阶段不会发育，从青春期开始逐渐恢复分化功能。在每个月经周期中，这些细胞的刺激导致卵母细胞的释放。这种功能性的生殖细胞从卵巢移向输卵管，完成排卵。

### 2亿受割礼的女性

在许多文化中，女性割礼仍然存在。这是指对部分或全部阴蒂进行非医疗性切割或切除，有时也会切除小阴唇，还可能缝合大阴唇。这些做法遭到许多国际组织（联合国人权委员会、世界卫生组织、联合国儿童基金会等）谴责，但与之相关的文化烙印仍是废除女性割礼的阻碍。

### 经前综合征

经前综合征包括月经来潮之前出现的各种表现，如胸部肿胀、头痛、腹胀、体重增加、情绪波动等。虽然经前综合征很常见，但其原因尚未明确。尽管如此，仍可以通过服用止痛药、适当的避孕药或使用激素治疗来减轻疼痛。

在中非，女性割礼仍然被广泛实施。在索马里、几内亚、马里、吉布提和埃及，超过90%的女性接受了割礼。图中是一名手持割刀的女性。

# 男性性征

## 从大脑滴下的种子

在古代，男性精液的起源存在争议。虽然盖伦观察到睾丸受伤的角斗士会变得不育，但根据不同的思想流派，人们也认为精子可以从大脑、神经系统、血液或整个身体中分泌出来。

男性生殖器与泌尿系统紧密相连，因为这两种解剖结构的排出途径在前列腺内合并。和舌头或嘴唇一样，包皮也有纤维状的系带。系带让包皮可以折叠并能包覆在龟头上。

## 都依靠睾丸

睾丸产生精子，也产生类固醇激素，主要是睾丸激素。它们被包裹在坚固的外壳中，以维持产生精子必需的一定的内部压力。每个睾丸上方都有一个逗号形的器官，即附睾。

## 可以抗癌的高潮

人们发现精液中含有少量致癌化合物。美国的一项研究表明，定期射精可以降低这些致癌物的浓度，从而预防前列腺癌。女性体内分泌的催产素是一种与快感（包括性高潮）相关的激素，可以预防乳腺癌。

## 关于逗号的问题

如果没有附睾，精子就无法发挥功能。精子经过附睾之后就成熟了，获得了运动能力和受精能力。附睾也是等待射精时存储精子的器官。

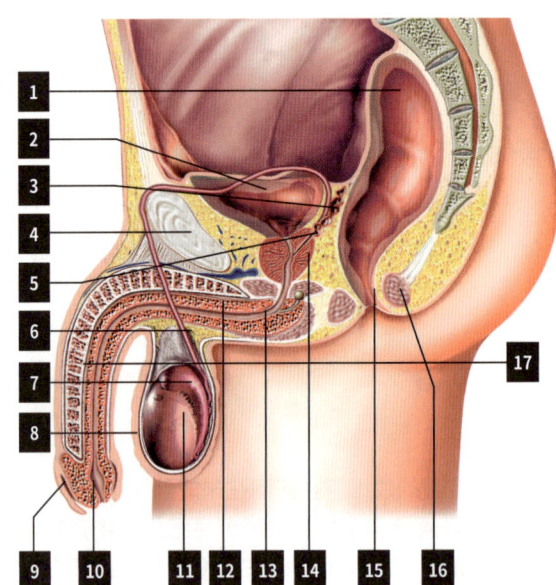

1. 直肠 2. 膀胱
3. 精囊 4. 耻骨联合
5. 射精管 6. 输精管
7. 附睾 8. 阴囊 9. 包皮
10. 龟头 11. 睾丸
12. 海绵体 13. 尿道
14. 前列腺 15. 肛门
16. 肛门括约肌
17. 海绵体

## 筋斗和云霄飞车

在射精过程中，精子从附睾出发，经过睾丸的输精管。这两根管上升到膀胱的高度，然后向后移动，进入前列腺。在前列腺中，它们与精囊结合，名称因此变为射精管。然后它们连接到从膀胱出来的尿道，并沿阴茎延伸到尿道口。这趟旅程总长约为50厘米。

## 最终产物

精液由细胞组成，主要是精子，还有免疫细胞和细菌，它们浸在精液中。精液从附睾开始，沿精索传输。精囊和前列腺提供了大部分精液。精液负责精子的运输和营养（如糖、维生素、矿物质等）。

1+1：性与生殖

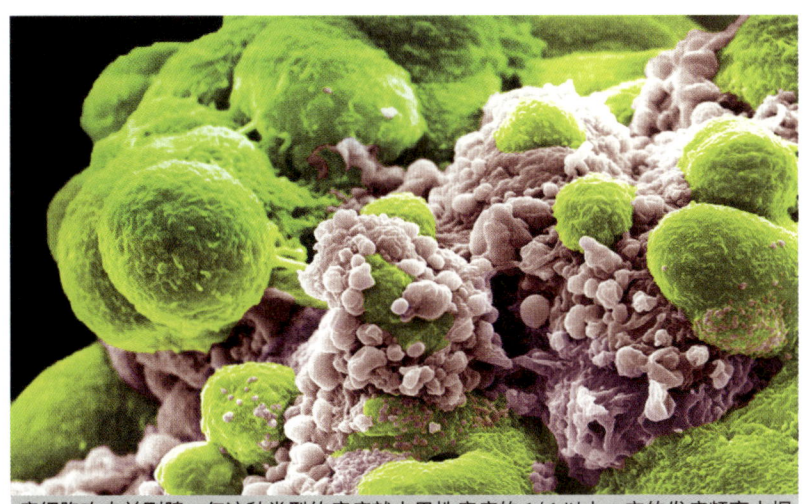
癌细胞攻击前列腺。仅这种类型的癌症就占男性癌症的 1/4 以上，它的发病频率占据首位。

## 射精之前

在性唤起期间，位于阴茎根部、尿道周围的两个尿道球腺会分泌透明的黏性液体。它的黏度可以清洁尿道（如果最近发生了射精，尿道中就会充满精子），并可以润滑阴茎。

## 噼里，啪啦，咔嚓！

阴茎体连接尿道，周围是尿道海绵体，上方是两个阴茎海绵体。在性唤起时，血液使海绵体膨胀，让它们增大并变硬。当阴茎勃起时，如果受到过大压力，这些海绵体就会破裂，这被称为"阴茎骨折"，虽然阴茎里并没有骨头。

## 超过 35 摄氏度

阴囊让睾丸保持在身体之外，因为人体内温度过高，无法形成精子。这就是为什么睾丸未落入阴囊（隐睾症）是男人不育的原因。

### 悠悠球游戏

位于精索内外筋膜之间的睾提肌通过降低或升高温度来维持适合睾丸的温度。这就解释了为什么外部温度会影响睾丸的高度。

## 前列腺制造压力

前列腺环绕尿道，后方和膀胱相连，它的功能是产生精液，并在两次射精之间将精液存储起来。男性 50 岁开始它会变得肥大。它的体积增加，形成腺瘤，会导致泌尿后遗症，症状为尿量减少但频率增加。

## 选择自己的路

精液和尿液都是以尿道为排出途径的。射精和排尿不会同时发生，因为成年人射精所需的阴茎勃起会阻碍膀胱排空。

瑞格涅·德·格拉夫绘制的阴茎解剖结构图。

## 太紧了

包裹龟头的包皮有时会太紧，让龟头无法露出。用皮质酮进行局部治疗可以恢复组织的柔韧性，也可以考虑进行包皮环切手术，即切除包皮。

# 多情的身体

### 室内运动

做爱可以消耗大约等于跑步 20 分钟的卡路里。此外，它可以促进内啡肽的分泌，从而舒缓神经、改善睡眠质量并减轻疼痛，产生的睾丸激素还可以维持肌肉质量。

### 爱造成的混乱

从生物学的角度看，坠入爱河仅需 5 秒钟。此时大脑的 12 个区域被激活，血液中的成分发生变化。奇怪的是，此时人体内出现了更多的神经生长因子（NGF），它们通常会在过敏或出现炎症时分泌。

### 动物的信息素

在动物和植物中，信息素会触发闻到气味的相同物种的特定行为。它们会让动物追踪路径（蚂蚁）、划定领土（狗、熊）、保持凝聚力（蜜蜂）、发出警报，甚至交配。时至今日，人类信息素是否存在依然是科学界一个极具争议的话题。

### 性欲的波动

弗洛伊德提出了"力比多"这个术语，这是他的精神分析学理论的支柱之一，我们已经掌握了这个术语当前的含义。由于生活中发生的各种情况（如疾病、疲劳、劳累过度等），性欲会发生自然波动。50 岁后，除了疾病（如癌症、高血压、糖尿病等）及药物治疗引起的后果，男性和女性激素水平的下降也会导致性欲减弱。

### 快感区

人体能够激起自身性欲的快感区存在于人体表面，这些部位的皮肤通常很薄，而感官的神经支配力很大，对体表的适当刺激可以导致性唤起。主要区域包括生殖器官（阴蒂、阴道、阴茎）。早期的研究显示次级敏感区域（嘴唇、舌头、大腿内侧、肛门、乳头等）的理论主要适用于女性，现在已证明也适用于男性。

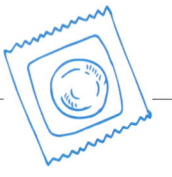

### 遵医嘱自慰

最初，振动按摩器被应用在医疗领域，然后被普及给公众，用于治疗癔病。癔病患者的性欲通常都得不到满足，因此几个世纪以来，通过自慰，他们得到了治疗。现在人们已经可以系统地为俄狄浦斯情结给出精神分析学方面的解决方案了。

睾酮分子结构图。

1116

1+1：性与生殖

## 大脑中的快感

性高潮的机制位于神经学和内分泌学相交的十字路口，我们仍在探索它的边界和内容。例如，迄今为止，我们知道男性射精时使用的大脑区域与奖赏回路使用的相同，以及性高潮时多巴胺的释放和服用可卡因等药物引起的释放是相似的。

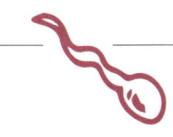

## 兴奋点

"G点"的名字来自格拉齐伯（Gräfenberg），他于20世纪50年代通过研究尿道在女性高潮中的作用对G点进行了描述。这个能够激起性欲的区域位于阴道前壁，但科学尚未给出它确实存在的正式证据。男性有对应的"P点"，这个点指前列腺，从肛门进入对前列腺进行按摩被认为可以触发与刺激阴茎不同的性高潮。

### 不同的时代 不同的周期

几百万年前，在雌性哺乳动物高潮期间发生的激素分泌似乎可以触发排卵，因为它们没有周期性排卵机制。

## 减弱的精力

当勃起质量或持续时间无法进行令人满意的性交时，就证明勃起功能障碍出现了。在大多数情况下，这是由医学原因引起的，如动脉粥样斑块、循环系统疾病、高血压、肾衰竭、糖尿病、激素失衡等。心理原因（抑郁、焦虑等）和不良生活方式（饮酒、疲劳等）也可能造成这种障碍。

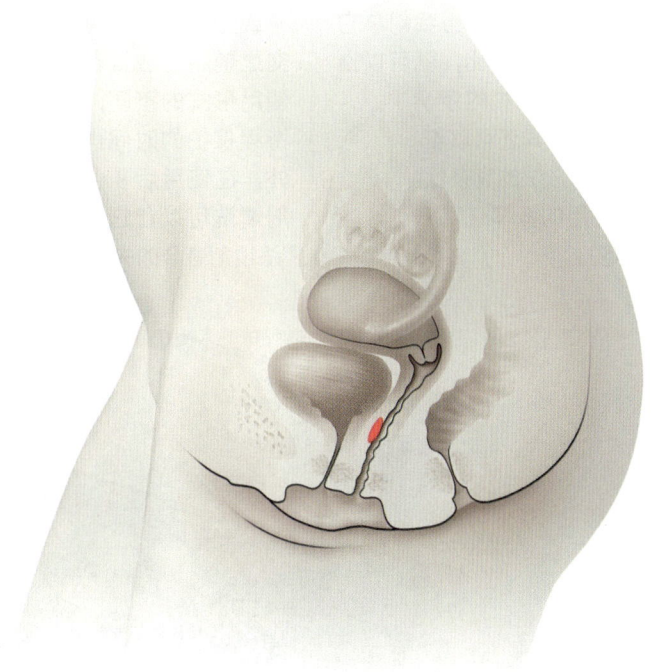

女性的G点可能位于阴道前壁。

1117

# 避孕方法

### 卫生棉条的雏形

在古埃及卡洪城遗址出土的莎草纸（公元前1850）记载了一种避孕方法：将蜂蜜、椰枣和刺槐的刺的粉末混合之后放入阴道。这种方法的成功率并不明确，但后来许多研究证明，这种混合粉末中含有乳酸，而乳酸是20世纪杀精剂的成分。

### 避孕套

避孕套是唯一能为性传播感染提供保护的避孕方法。男性使用的避孕套在阴茎上展开，女性使用的避孕套则放置在阴道中。在这两种情况下，避孕套的有效性取决于使用的正确性和唯一性（和一个伴侣发生一次关系）。

### 估计有效性

珀尔指数是衡量某种避孕方法年失败率的指标。当我们拿它和实际效果进行对比，就可以推导出与该方法相关的怀孕风险。这种差异还可以着重指出避孕方法的复杂性或错误使用的概率（如忘记服药等）。

### 冲向精子！

顾名思义，杀精剂会杀死精子或至少让精子失去活性。在性交之前将它放置在阴道内，根据使用形式的不同，它的有效性和持续保护的时间也有所不同。此外，在使用后8小时内使用清洁剂清洗可以让它失效。单独使用杀精剂避孕的失败率约为30%。

### 男性避孕药

1979年出现了一种男性避孕药，形式为每周一次的激素注射，作用是阻止精子的形成。注射结束的几个月内，睾丸逐渐恢复功能。此后也有其他方法成功通过了测试，但由于缺乏推广以及会对男性带来社会和心理负担，这种方法的使用率仍然很低。

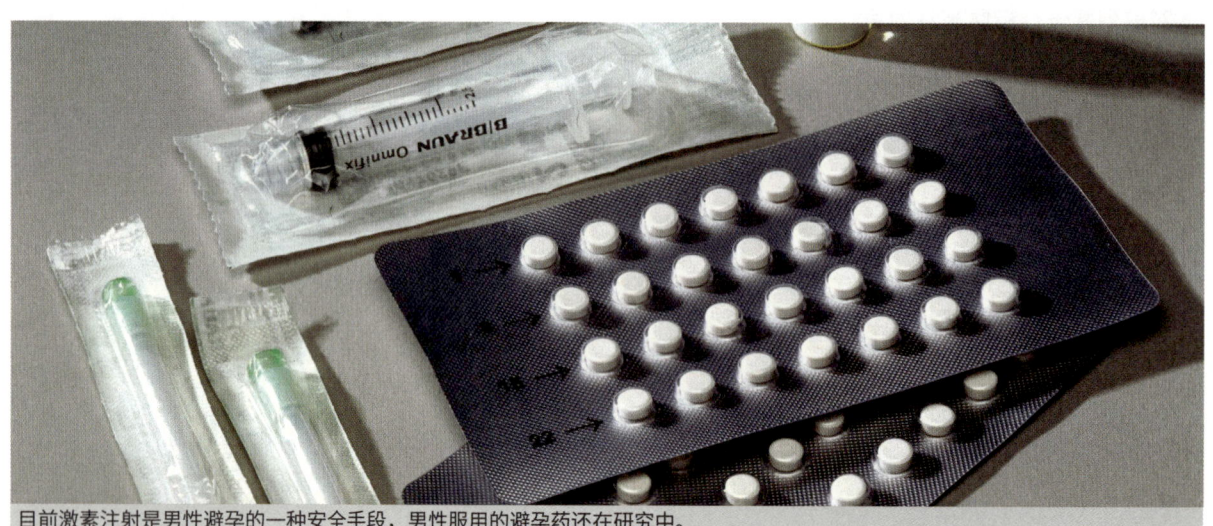

目前激素注射是男性避孕的一种安全手段，男性服用的避孕药还在研究中。

1+1：性与生殖

### 制造障碍

避孕帽，也称子宫帽，是一种小型硅胶杯，可手动放置，抵住子宫颈以堵住其入口。使用后建议不要过早移除，配合杀精剂使用可以提高避孕成功率。

### 三角内裤中的高温

穿着特殊的三角内裤可以让男性避孕，这种方法可以抬高睾丸位置，使睾丸处于过高的温度，从而无法产生精子。

### 宫内节育器

体内放置的避孕工具现在叫作"宫内节育器"（简称 DIU），以抵消这个词给人造成的错误影响，因为法语中避孕工具是"stérilet"，和"stérilité"，即"不育症"类似。最常见的避孕工具呈 T 形，但形状和大小不一，因此它可以适用于所有体质，包括从未怀孕的女性。

### 皮肤下面

皮下埋植避孕法是在局部麻醉后，将一根火柴大小的塑料棍植入手臂内侧的皮肤下。3 年内，它将释放出阻止排卵的孕激素。3 年时效过后，就需要再次通过植入时的小开口对避孕器进行更换。这种方法避孕效果良好，缺点是会导致月经周期不规律。

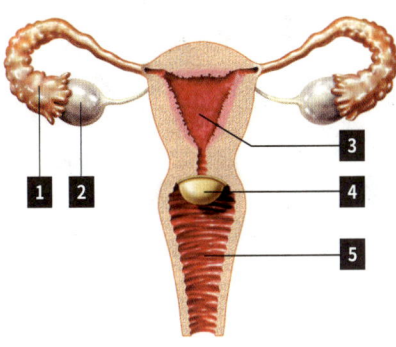

女性生殖系统的解剖图，显示了放置在子宫颈上的避孕帽的位置。在性交时放置避孕帽，保持至少 8 小时，可以防止精子进入子宫。

1. 输卵管 2. 卵巢 3. 子宫腔
4. 避孕帽 5. 阴道

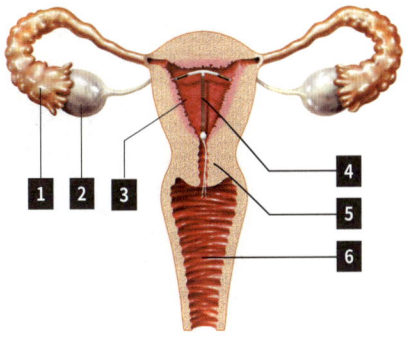

1. 输卵管 2. 卵巢
3. 子宫腔 4. 宫内节育器
5. 子宫颈 6. 阴道

女性的生殖系统的解剖图，显示了宫内节育器在子宫腔中心的位置。这种避孕方式具有器械性和化学性：铜质的宫内节育器可以释放阻止胚胎着床的金属离子。

### 激素游戏

激素避孕可以通过口服避孕药、避孕贴片、皮下植入或体内植入（阴道环、宫内避孕器）等方式进行。阴道环和避孕贴片及避孕药丸一样，含有雌激素和孕激素，使用方式也和避孕药丸一样，使用 3 周之后停用 1 周。

### 二合一

宫内节育器由专业医护人员放置在子宫中，它的平均使用年限为 5 年。其中有些只含有使精子失去活性的铜线，但是可能增大月经量，而另一些含有类似植入物的孕激素。因此，宫内节育器的作用是双重的，因为它们在子宫中的存在阻止了受精卵的着床。

# 爱的疾病

### 爱神的报复

性传播感染（简称 STI）曾被称为"性病"，性病的法语名称为"maladies vénériennes"，这个词源自爱神维纳斯。它是与细菌、病毒或寄生虫有关的感染，在任何类型的无保护生殖器接触中都会传播，有些还会通过血液或母乳传播。

### 大回归

自 2000 年以来，梅毒在法国和其他欧洲国家再次出现。它与梅毒螺旋体细菌有关，表现为皮肤或黏膜的病变（下疳），这种病变具有极强的传染性。在没有抗生素治疗的情况下，梅毒会继续发展，引起多种症状，直到最后阶段。最后阶段可能在感染发生几年后出现，并影响许多器官以及中枢神经系统，导致精神疾病、瘫痪等。

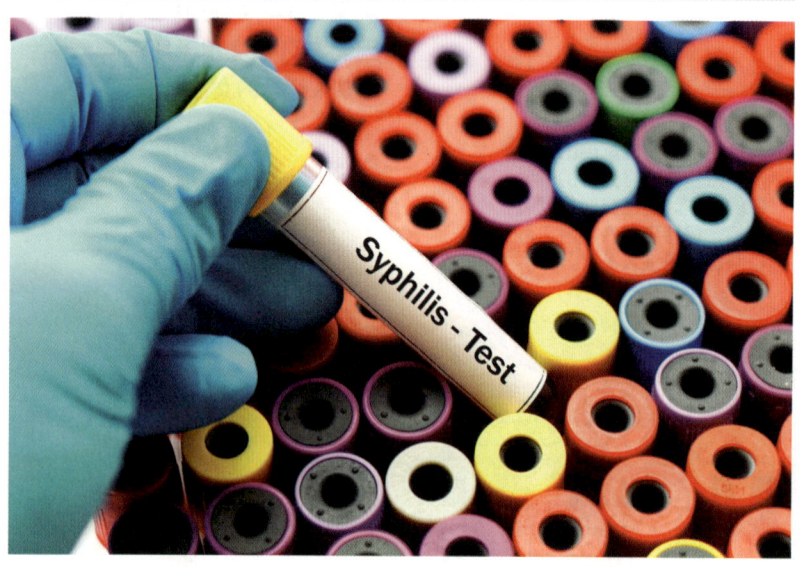

通过血液检查可以发现梅毒。每年有 35 万名新生儿因父母性传播感染而患并发症，婴儿可能因此死亡。

### 检出和告知

性传播感染很普遍，因为一些受影响的人即使被传播上病毒也不会出现症状，即健康的病毒携带者。当诊断出性传播感染时，应对感染者目前和以前的性伴侣均进行检测，以限制病毒传播。

### 接吻病

人类疱疹病毒第四型是一种浪漫的病毒，因为它通过接吻传播。这种病毒和水痘或唇疱疹一样来自疱疹家族，实际上它存在于唾液中（经唾液交换、餐具交换等传播）。据估计，全世界 90% 的成年人都是其携带者，通常在童年时感染，大多数人在童年时没有严重症状。人们很容易在血液中检测到这种疱疹病毒的存在，因为它会导致某种白细胞（单核细胞）数量急剧增加，所以它引起的疾病也被称为传染性单核细胞增多症。

### 梅毒的假姐妹

天花也被称为"小梅毒"，因为它也会引发脓包。在发现新大陆期间它被带到美洲，导致当地大量人口死亡。这种病毒性疾病和梅毒的相似之处仅限于传染性和皮疹症状。

1+1：性与生殖

## 淋病

和很多性传播疾病一样，淋病患者数量也呈上升趋势，特别是在 30 岁以下的人群中。在法国，它平均每年影响 1.5 万人。这种疾病的特征是排尿时生殖器有灼热感。和其他性传播疾病一样，如果不及时治疗，它可能会引发并发症，导致不育。

### 对抗淋病奈瑟菌的魄力
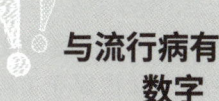

淋病奈瑟菌是一种导致淋病的细菌，它的特点是感染几个月后就不再引发症状，这让人以为病情康复，事实上感染还在继续。与这种细菌有关的另一个问题是，它对抗生素的耐药性越来越高，并且与之有关的研究只能进行非常少的动物实验，因此很难开发新的治疗方法。

### 与流行病有关的数字

最常见的四种性传播疾病（衣原体感染、淋病、梅毒和滴虫病）每年会影响全球 3.57 亿人口，超过 5 亿人携带生殖器疱疹病毒。

## 性传播感染和癌症之间的人乳头瘤病毒

人乳头瘤病毒（简称 HPV）是一个大家族，其中有 20 多种病毒会导致宫颈癌，每年新增的 50 万宫颈癌病例中，它在致病因素中名列第二。这种病毒通过性行为传播，在常规的妇科检查中可以通过涂片对它进行检测。近期研究表明，HPV 疫苗可能会使人体对 70% 以上造成癌性病变的人乳头瘤病毒种类免疫。

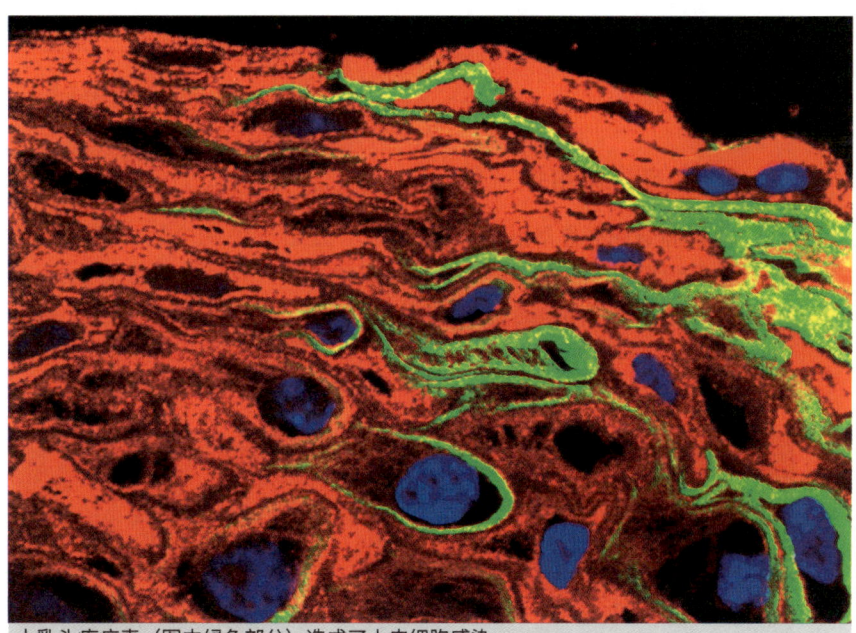

人乳头瘤病毒（图中绿色部分）造成了上皮细胞感染。

乙型肝炎病毒的结构图。

### 甲、乙、丙

甲型肝炎和乙型肝炎通过性传播，而这种传播方式在丙型肝炎中较为罕见。丙型肝炎通常由血液传播，它也是三种肝炎中唯一没有疫苗的。

1121

# 让人等待的白鹳[1]

### 避免自然生育

所谓自然或传统的方法包括观察女性月经周期（尤其是体温的变化）来避免受精，或者相反，如果想要孩子就可以根据这个周期来计划性交。在 1/4 的案例中，这种避孕方法会失败，因为观察到的参数可能会发生变化。

### 精子消失

男性不育的病例越来越常见，部分原因是 20～35 岁的男性中患睾丸癌的人数上升。这种疾病预后良好，但会不可逆转地影响生育能力。男性生殖系统异常的概率也大幅上升，精子数量原因不明地持续减少，大约 10 年来，平均每毫升精液中精子的含量减少了 240 亿，其形态也发生了变化。

### 错位的静脉曲张

精索静脉曲张是静脉曲张的一种，是精索内静脉的异常扩张。在咨询不育症相关问题的男性中，有 2/3 的人患有这种疾病。

### 比预期更艰难的考验

每个月经周期受精的机会约为 25%。除必须在正确的时间性交，还必须使两个配子（精子和卵母细胞）存活，女性的生殖道会让它们相遇。受精卵也必须存活，并且成功地在子宫着床。

### 国家给出的数据

在国家层面，生殖困难很难考量，因为得到推广的避孕手段可以控制家庭生育，并且无法和以前的数据比较。我们还注意到，人们生育一胎的平均年龄逐渐下降，但是 30 岁之后的生育率也在下降。

### 数月份

从理论上讲，受孕要花 4～5 个月，但实际上，夫妻们需要更长的时间，1/5 的女性要花 1 年以上才能受孕。据估计，有一半妊娠会出现早期自然流产的情况，而且由于发生得过早，所以不常引起人们的注意。

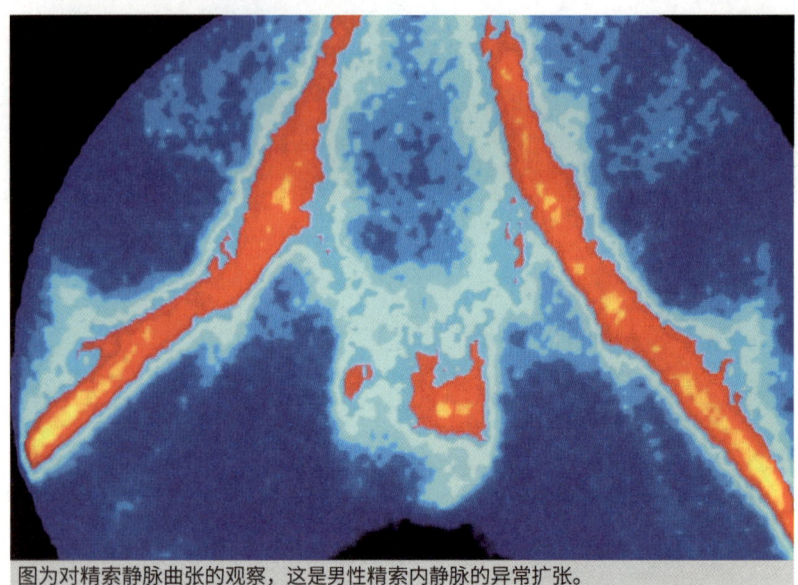

图为对精索静脉曲张的观察，这是男性精索内静脉的异常扩张。

---

1 在西方传说中，白鹳是送子的鸟类。——译者注

1+1：性与生殖

## DNA 的介入

遗传因素是女性不孕症的起源。遗传因素会参与多囊卵巢综合征等病症，影响排卵的规律性和质量，或是原发性卵巢功能衰竭，导致卵母细胞数量提前减少并过早绝经。

## 做好储备

一些治疗方法（化学疗法、放射疗法等）会改变生殖功能。因此，越来越多的人被建议在接受这些治疗前冷冻配子，供以后使用。

## 常见的性传播感染

淋病和衣原体感染是两种性传播感染疾病，缺乏诊断和治疗会导致不孕。这些疾病会阻塞女性的生殖道，影响男性的睾丸功能。

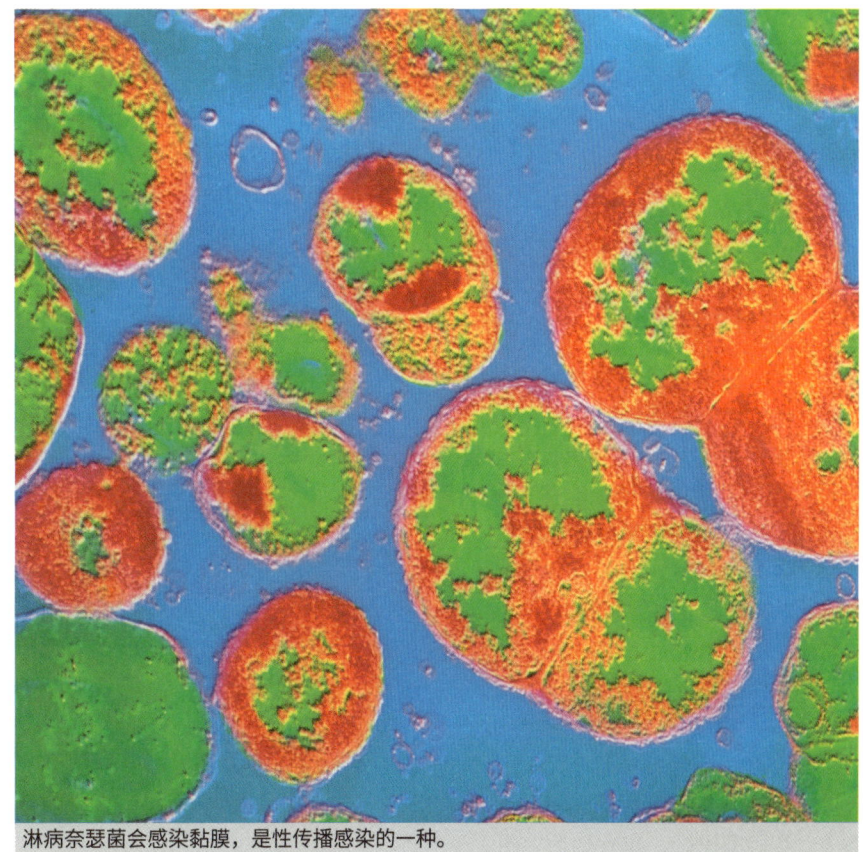

淋病奈瑟菌会感染黏膜，是性传播感染的一种。

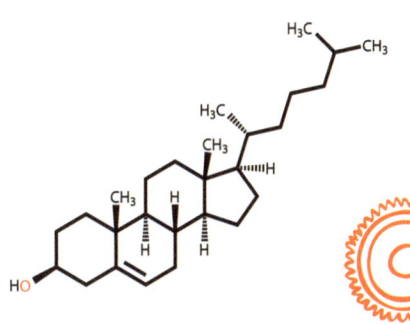

胆固醇分子结构图。高胆固醇与饮食失衡有关，会导致精子活性降低。

## 敲打出正确的节拍

高胆固醇与饮食失衡有关，会导致精子活性降低。这一方面不利于配子的移动，另一方面不利于受精。事实上，最近的研究发现表明，合适的精子鞭毛跳动频率是成功受精必不可少的因素。为了易于受精，精子鞭毛跳动应该保持 2 分钟，并且每分钟跳动 16 下左右。

### 影响生殖的副作用

事实证明，长期服用一些常见药物，如对乙酰氨基酚或阿司匹林，也会影响生殖能力。如果孕妇长期服用这些药物，还会影响胎儿的生殖能力。

1123

# 生殖辅助

在工业化国家中,有 10%～13% 的夫妇面临受孕困难的问题。

## 医学帮助

医学辅助生殖技术或针对生殖的医学帮助是通过控制雄性和/或雌性生殖细胞来再现导致妊娠的自然机制,所以这些干预手段可以使女性正常地怀孕。在法国,每年有超过 14.5 万次尝试,近 2.5 万名婴儿因此诞生。

## 试管中的相遇

试管受精转移了受精发生的地方,让胚胎发育的第一阶段在实验室进行。48 小时后,由 2～4 个细胞组成的胚胎被直接移入子宫,让它们完成着床。

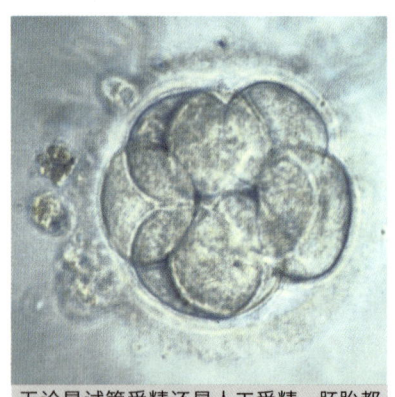
无论是试管受精还是人工受精,胚胎都会保持相同的形态。

## 把所有机会放在有利面

人工授精是侵入性最小、成本最低的辅助怀孕手段。这种方法会在排卵后几天内将精子直接注射到子宫里,从而使受精在女性的生殖道内自然发生。每个月经周期人工授精的成功率约为 16%。

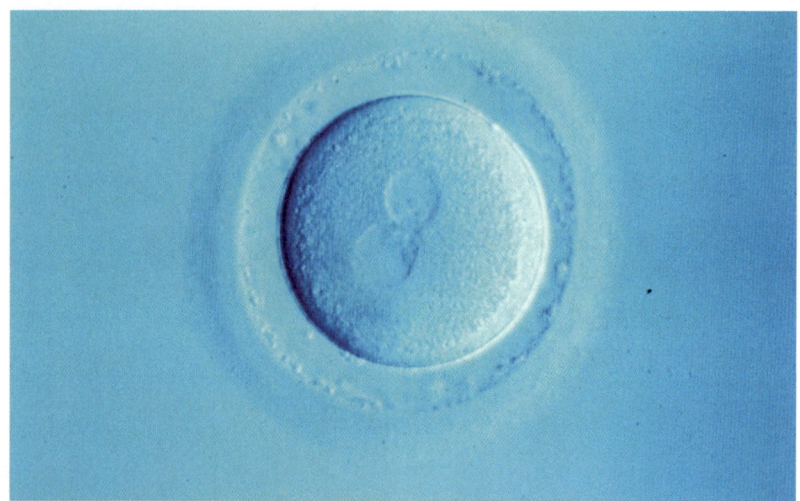
受精后,卵母细胞有了两个原核,它们融合形成受精卵。24 小时后受精卵开始分裂,形成胚胎。

## 模仿过滤仪式

精子的准备是必不可少的。在自然条件下,精子要穿过女性的宫颈黏液才能获得受精能力。因此,直接注入精子无法导致受孕。人们在实验室里重现这个过程并过滤精子,以便只选择看上去合适的精子为卵子受精。

## 受击的卵巢

在医学辅助生殖技术出现之前,女性要通过接受注射进行激素治疗,目的是促进一次或多次排卵,再对照血液分析结果对治疗进行调整。如果条件允许,可以人工触发排卵,进行人工受精,如果要进行试管受精则要提取卵母细胞。

1124

1+1：性与生殖

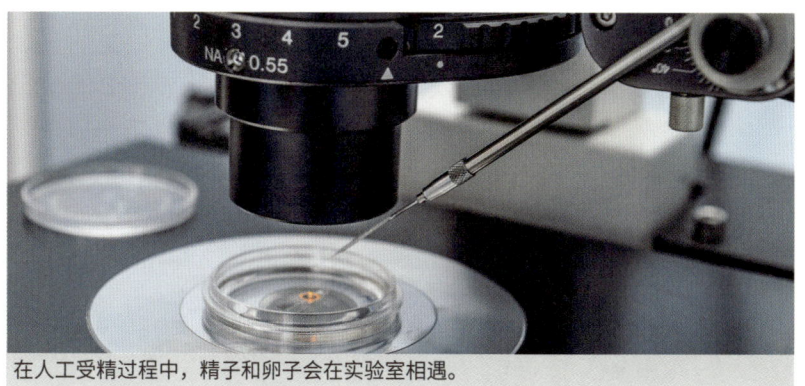
在人工受精过程中，精子和卵子会在实验室相遇。

## 安排好的约会

人工受精越来越多地补充了体外受精的方案。在显微镜下，操作员直接将精子注射到卵子中，所以这两种方法叠加使用可以解决与精子和输卵管有关的问题。

## 捕获精子

在整个医学辅助生殖技术实施过程中，采集精子是出发点。首先男性需要禁欲几天，然后通过自慰获得精子，其间必须遵守一定的卫生条件。之后，精子必须在实验室中接受处理，最后才能使用。

## 概率估算

在胚胎移植过程中，通常会放置1～4个胚胎在子宫里，具体数量取决于女性的个人情况（年龄、不孕类型等），以使成功率最大化，同时避免多胎妊娠。如果还有未使用的胚胎，可以将其冷冻储存。

## 一段冷冻期

储存冷冻胚胎允许人们在受孕失败或希望再次怀孕时进行另一次胚胎移植，这也使人们不必重新从穿刺这一步开始。在夫妻双方同意的前提下，这些胚胎也可以捐赠给想要孩子的不育夫妻或用于科学研究。如果不再想对胚胎进行储存，则可以应夫妻的要求销毁。

## 捐赠

捐卵数量远低于捐精数量，原因是卵子捐赠的执行过程更加复杂，它需要进行和试管婴儿相同的刺激和穿刺。许多夫妇正在等待卵子的捐赠。实际上，即使女性的卵巢衰竭，子宫通常还保有正常功能，可以怀孕。

### 出借子宫

代孕是试管婴儿的一种，胚胎的移植发生在第三人的子宫中，这个人被称为代孕母亲。但这种做法引发了道德争议，因此并未受到所有国家认可。

## 细数成功案例

不同的受孕方法成功率各有不同：人工受精成功率约为16%；试管婴儿成功率约为20%；如果人工受精和试管婴儿结合使用，成功率约为22%；冷冻胚胎移植成功率约为14%。

**1125**

# 从细胞到生物

### 俄罗斯套娃

首先，受精卵分裂成一个桑葚状的胚胎，即桑葚胚，然后会形成一个充满液体的空腔。组成胚胎的细胞逐渐分化，开始在外周形成胎盘和脐带，胎儿位于其中心。

### 身份的转换

当器官发育结束，也就是怀孕的第8周左右，我们开始把胚胎称为胎儿。虽然这时它们只有几厘米长，但大部分器官已经存在，胚胎能够移动，成长的时机已经成熟。相反，某些类型的细胞有组织地死亡，以改善身体部位的形状或功能，因此四肢的末端能够形成手指和脚趾。

### 器官的起源

当胚胎有了3个胚层，胎儿的器官就开始形成了。外胚层是胚胎最外面的胚层，会形成表皮、黏膜、部分感觉器官（眼睛、耳朵）和神经系统。中胚层是大部分器官、真皮、骨骼、肌肉和整个血管系统的起源。最内侧的内胚层将形成消化道、消化腺、呼吸道和负责免疫的淋巴器官。

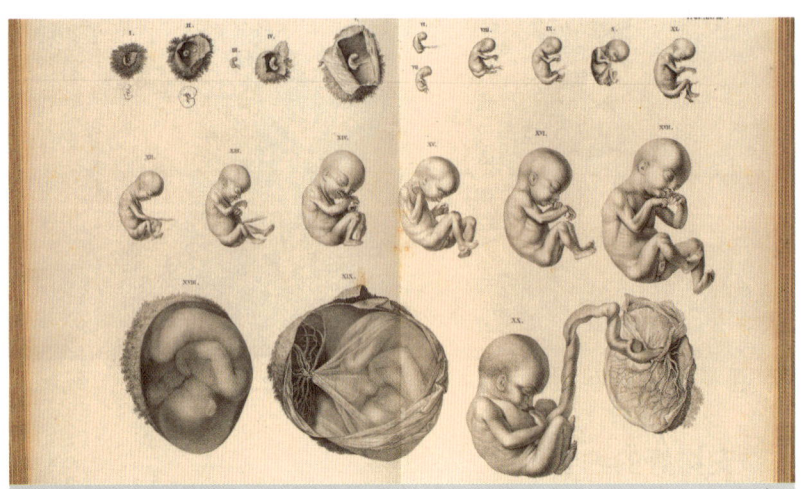

胎儿的发育过程。图片选自出版于1844年的《产科图集》（Geburtshilflicher Atlas）。

### ❗ 无限可能的世界

直到桑葚胚阶段，也就是受精之后的前4天，胚胎中的每一个细胞都是全能细胞。它们有成为所有类型组织的可能。

### 三重厚度

在胚胎发生过程中，细胞分化使构成整个生物体的3个基本胚层出现。因此从怀孕第4周开始，器官开始成形。

### 第一次分裂

受精后，会形成一个直径约100微米的受精卵，在从输卵管进入子宫的过程中受精卵开始分裂，形成胚胎。

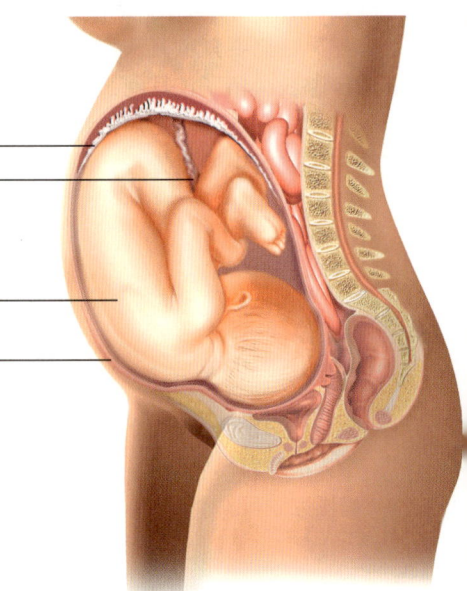

怀孕9个月时母亲腹中胎儿的示意图。胎儿通常倒置在子宫中，和滋养其的胎盘相连。

胎盘
脐带
胎儿
子宫

1+1：性与生殖

### 早熟的游泳选手

在母亲的腹中，胎儿沐浴在羊水中。羊水除了让胎儿可以活动，还起到了防冲击和防感染的作用。从第 5 个月开始，胎儿会吞咽这种液体，这有助于胎儿肺部的发育。

### 短暂却必不可少的器官

胎盘在胚胎着床的地方由胎儿和母体组织发育而来。在整个孕期，由于它拥有丰富的血管网络，并能分泌孕期所需的激素，所以它本身就是一个成熟的器官，可以保证胎儿的氧合作用和营养。怀孕 10 周后，胎盘成为母血和胎儿血液之间的屏障，因此母血和胎儿血液会各自独立循环。但是它无法过滤病毒和药物，无法阻止它们在母婴间传播。

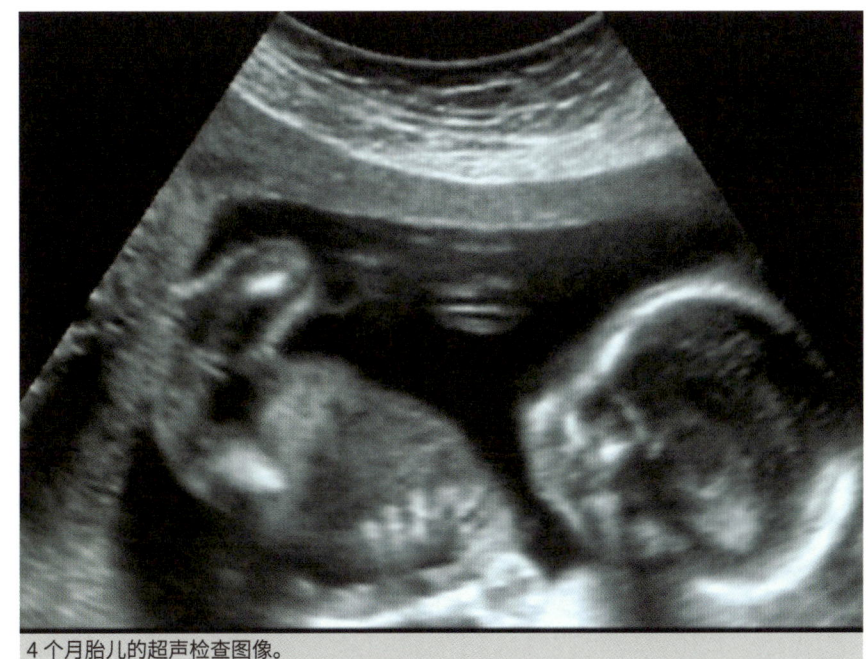

4 个月胎儿的超声检查图像。

### 提供滋养的脐带

从怀孕第 4 周开始，脐带便会形成，其作用是将胚胎连接到胎盘，它是营养和氧气传输的主要途径。两条动脉缠绕在一条静脉上，因此脐带看上去是扭曲的。它在分娩后被切断，其中含有的几毫升血液可以用于捐献，因为其中含有干细胞。它们可以被移植到严重血液疾病（白血病、镰刀型细胞贫血病等）的患者体内作为治疗。

### 不定位的区域

胎儿在成长过程中会形成附件，这些附件对胎儿的生存至关重要，包括胎盘、羊膜（界定羊膜腔的膜）、尿囊（有助于胎盘和脐带的形成）以及卵黄囊（产生胎儿最初的血细胞和生殖细胞）。

### 从玫瑰到卷心菜

从孕 5 周开始，胎儿的生殖器官表现为一个未分化的结节。直到孕 8 周，它才逐渐变得可以被辨认：男婴的结节变长形成阴茎，女婴的结节消退形成阴蒂。

1127

# 9 个月的耐心等待

孕妇体重的增加幅度因人而异,差异大小取决于脂肪储备量的多少。

### 每 1 千克都有自己的功能

怀孕期间女性体重通常会增加 10 千克左右。5 千克是胚胎、胎盘和羊水的重量,约 3 千克是身体组织(子宫、乳房等)为适应妊娠导致尺寸增大造成的增重,其余的则是脂肪储备的重量。

### 拿出计算器!

我们通常说怀胎 9 个月,因为它持续的时间为 38～39 周。为了方便,怀孕的时间从末次月经开始的那一天算起。女性此时其实并没有怀孕,但算这个日子要比算受精的时间更容易。因此按照惯例,正常分娩的日期以闭经的周数计算,通常是 40 周或 41 周。

### 充满维生素

维生素 $B_9$,也就是叶酸,对胚胎中枢神经系统的形成至关重要。备孕或刚怀孕的女性都会被建议补充维生素 $B_9$,以确保妊娠顺利。

### 全部向左!

为了避免低血压,孕妇会被建议睡觉时向左侧躺。实际上,这个姿势避免了位于腹部右侧的腔静脉受到压迫,从而避免了静脉回流受阻。静脉回流受阻会造成低血压,引起孕妇不适,还会影响胎儿的心率。

### 肚皮上的黑线

孕妇的肚子上(从耻骨到肚脐或高出肚脐的地方)会出现一条深色的线。这是深色的色素沉着,因为胎盘会分娩一种激素,这种激素还会使乳头和外阴颜色变深,甚至导致雀斑。色素沉着出现在孕妇脸上就会形成孕期黄褐斑,分娩后色素沉着会恢复正常。

### 恶心之谜

孕期前 3 个月孕妇会出现恶心反胃的现象,这种机制尚未得到充分的解释。但研究倾向于认为恶心是妊娠进程的积极因素,因为它的发生伴随着流产风险的降低。

1+1：性与生殖

## 情况转变

怀孕第 7 个月，胎儿会转身变成头朝下的姿态。在完成这个操作后，可能会发生各种变化，这取决于胎儿背部和头部的位置。分娩时最有利的胎儿姿势是颈部弯曲，下巴抵着自己的胸部，背部贴着母亲的腹部。

### 变化的身体

在怀孕期间，孕妇的心率会提高 30%～50%，肾脏会生长 1 厘米左右，并在分娩后数周恢复到最初的大小。

## 胚胎的旅程

受精 1 周后，胚胎在子宫内膜着床。胚胎开始时有一条尾巴，随着生长，尾巴逐渐消退。另外，受精后第 19 天，胚胎早期的神经系统就出现了。

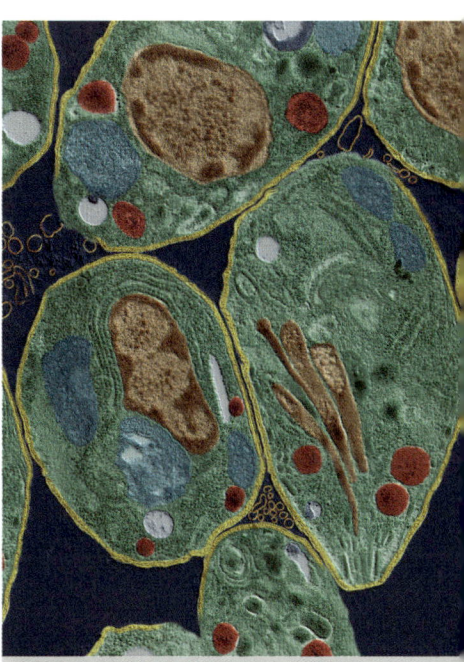

弓形虫病中的寄生虫寄生于人体细胞中的图像。

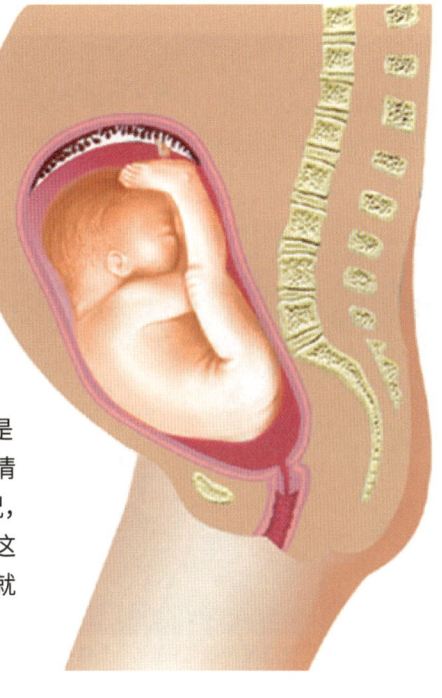

图中的胎儿臀部会先出现，头朝上，脚和脸的位置齐平。这是异常胎位中最常见的一种。

## 头朝上

5% 的胎儿在孕妇骨盆中的姿势是臀部向下。有时胎儿也会以横向姿势出生，也就是胎儿横卧于子宫中，虽然这种情况并不多见。根据胎位的情况，医生可以手动进行胎位倒转，这样就可以进行阴道分娩，否则就要进行剖宫产。

## 弓形虫

弓形虫病是一种由寄生虫引起的通常轻度的感染，这种寄生虫栖身于土壤中，以动物为宿主进行繁殖。接触被污染的食物（水、未煮熟的肉、未充分清洗的蔬菜）、含有寄生虫的土壤（从事园艺活动）或动物粪便（尤其是猫的）有可能被传染弓形虫病。弓形虫病会给胎儿带来不良影响，因为它可能导致流产或造成一些问题，如智力低下、失明和 / 或失聪、神经系统后遗症等，这些病在青春期之前都有可能发作。

# 消除疑问

## 医疗事业的普及：可变的事实

不同国家对孕妇的检查各有不同。迄今为止，还没有针对医疗就诊和应做检查（血液检查、尿液分析、阴道检查、超声检查等）的益处、频率或次数的国际建议标准。同样，不同国家中负责检查孕妇的人可能是妇科医生、产科医生、助产士或主治医师，他们的责任承担也各不相同，因此新生儿和孕产妇的死亡率也有巨大的波动，甚至在欧洲一些国家之间可能有 1～3 倍的差异。

## 基因检测

产前检查的目的是在妊娠过程中发现胎儿的严重疾病，这样父母就可以决定是否继续妊娠，以及是否选择自行终止或医疗终止妊娠。为了避免优生学的影响，这种检测的工具和目的遵循严格的生物伦理法则的规定。

## 检测血清

怀孕期间对血清标志物的检测可以检测出母体血液中的许多胎儿蛋白，这可以确认妊娠过程的正常进行。它还提供了支持确诊唐氏综合征或诸如脊柱裂（未适当闭合的脊柱畸形）等疾病的依据。

## 头后部的眼睛

在闭经第 14 周的胎儿超声检查中可以看到一个叫作颈后透明带的白色带状区域，之后这个区域会消失。当颈后透明带与胎儿的大小相比显得过厚时，按统计学的观点看，通常就说明出现了胎儿异常的情况，可能与唐氏综合征或畸形等遗传疾病有关。这种超声显示的清晰度不足以让医生确诊，必须通过进一步检查来确认。

## 第一次见面

在怀孕第 11 周左右进行超声检查可以推定怀孕日期。这个检查的目的是确认怀孕并确保它发生在子宫内。事实上，胚胎着床可能发生在其他人体结构（输卵管、腹膜等）上，使胎儿无法存活，对母亲也特别危险。在检查过程中，还可以确定怀孕开始的日期，以推算出大概的分娩日期，观察胎儿的生命力并发现异常情况。

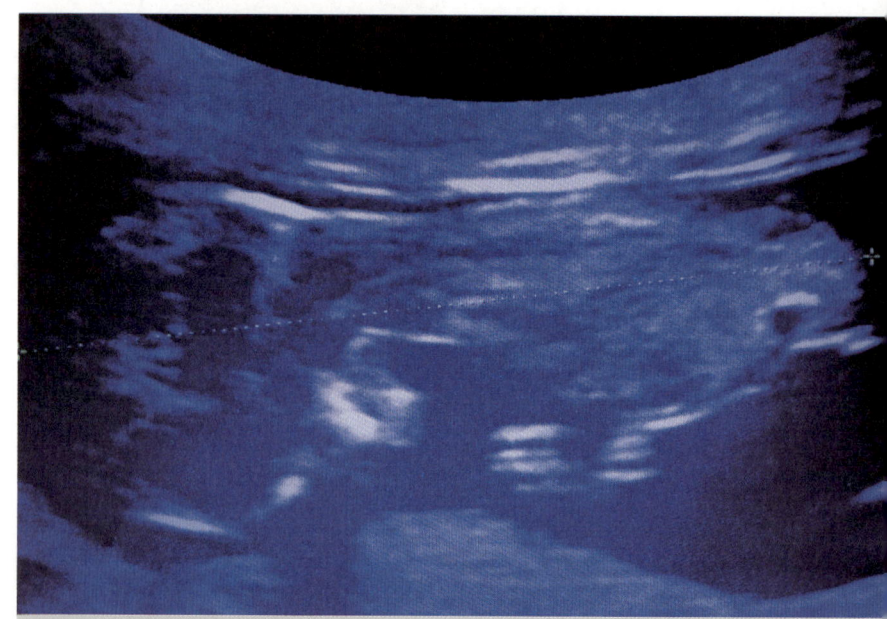

怀孕 3 个月的胎儿超声检查图像。图像中白色标记就是颈后透明带。

1+1：性与生殖

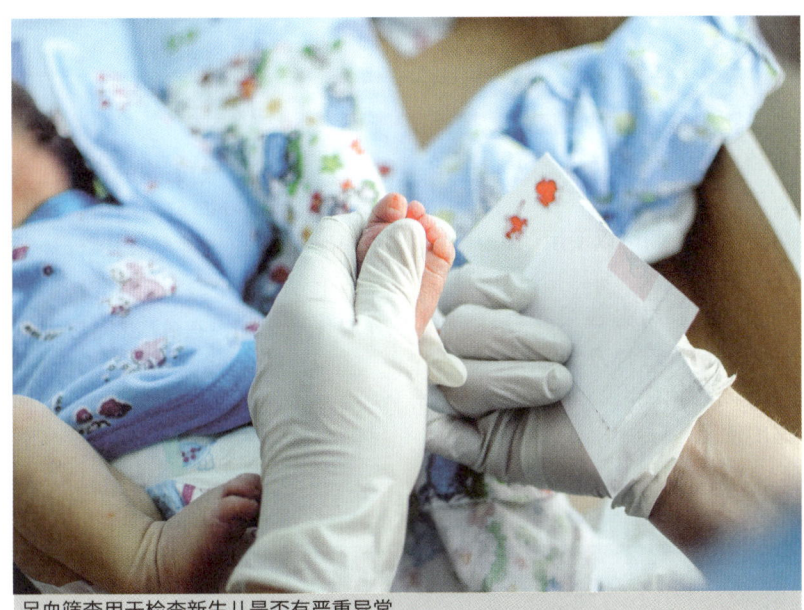

足血筛查用于检查新生儿是否有严重异常。

### 不被喜爱的染色体

21号染色体三体被诊断为大多数流产的原因。"传统"检查可以通过检查结果和危险因素（孕妇年龄、是否有烟瘾等）来确定患唐氏综合征的风险。2017年5月以来，一种更新、更可靠的检查方式出现了。这种方式对胎儿来说没有侵入性，因为它分析的是母体血液中存在的细胞。不幸的是，由于这种检测成本高昂，它没能成为首选的检查方式。

### 检查羊水

羊膜穿刺术是指提取几毫升羊膜腔中的羊水进行检测。这个检测的实施要求非常精细，而且只有在有关胎儿健康的问题非常重要且需要被证实时才会采用这种检测。它可能涉及遗传和传染问题。

### 足跟血筛查

胎儿出生后，可以收集几滴新生儿血液进行检测，即苯丙酮尿症筛查。这可以筛查出罕见且严重的疾病（如囊性纤维化、苯丙酮尿症等），这些疾病需要及时进行特定治疗。

### 尽早检出

如果怀疑胎儿存在异常，可以尽早提取滋养层细胞样本进行分析。滋养层是发育成胎盘的胎儿组织，允许母婴之间进行营养和气体交换。它的细胞中含有胎儿的遗传物质，人们可以对这些细胞进行染色体、遗传或代谢异常分析。

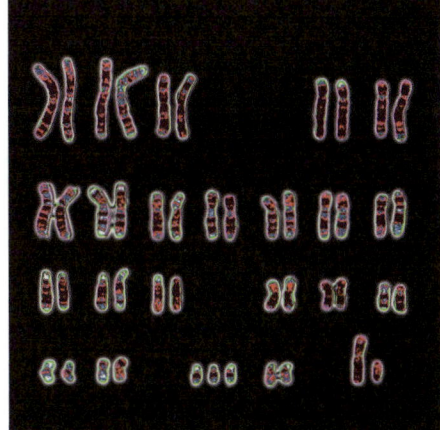

唐氏综合征表现为21号染色体有3条，而不是正常的2条。

1131

# 过早终止

### 避免怀孕

紧急避孕药可防止无保护性行为后的怀孕，随着时间的推移，这种避孕方式的有效性会降低。此外还可以使用激素，在性交后 5 天内插入铜质宫内节育器可能就足够了。在 99% 的情况下，这样可以防止受精卵在子宫内膜着床。

### 堕胎药

通过药物终止妊娠的第一步是服用第一片米非司酮（俗称 RU-486），它可以抑制黄体酮作用，导致子宫内膜按照与月经期间相同的机制脱落。首次服药两天后，可以服用一片米索前列醇引起子宫收缩，加快妊娠终止过程。这个过程通常在之后的几个小时或者几天内完成。

### 健康作为标准

医学终止妊娠是指通过诊断发现孕妇的身体健康受到威胁或胎儿患有无法治愈的疾病（如染色体异常、遗传疾病、畸形、严重感染等）时进行流产。在法国，它可以在怀孕期间的任何时间实施。这同时涉及医学与司法，需要多学科小组的共同商议，但最终决定权在胎儿母亲或父母双方。

### 终止妊娠

堕胎是通过排出胚胎或胎儿来终止妊娠。在法国，堕胎率为 1/5，通常发生在怀孕的第 2 个月之前。人们可以使用药物流产，在闭经第 7 周之前药物是有效的，超过 7 周则有必要采取抽吸方法，这种方法可以在闭经第 14 周之前使用。

### 自发性流产

自然流产是妊娠的自发性终止。在每个月经周期中，25 岁的女性群体流产的可能性约为 12%，这个概率随着年龄的增长而增加，在 42 岁时达到 50%。最常见的原因是胎儿基因组缺损。创伤或感染也可能导致流产。

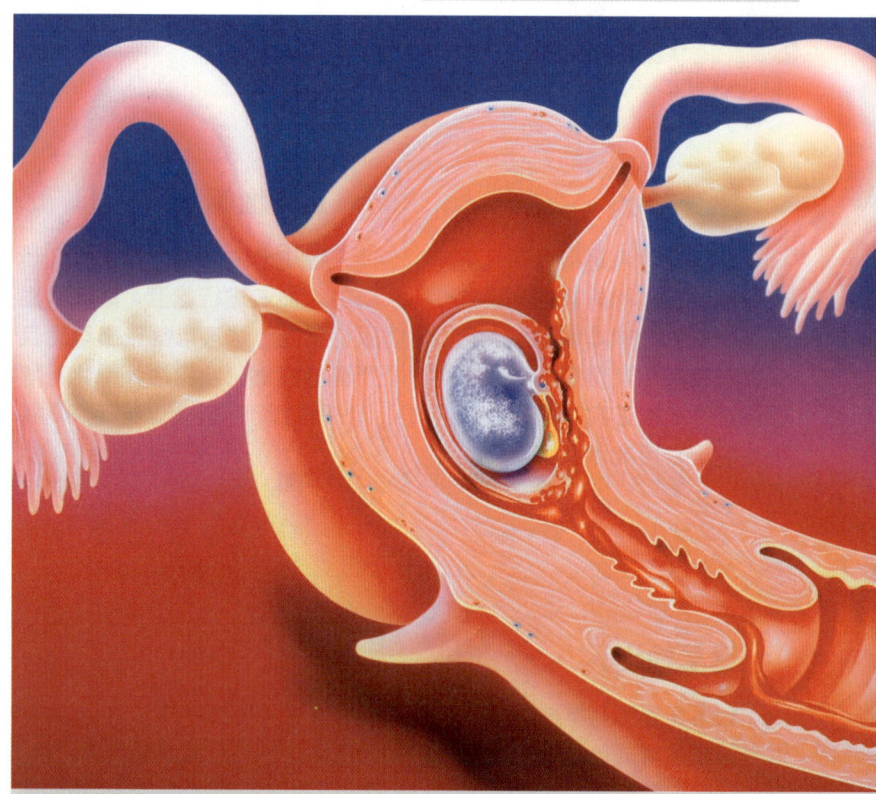

在药物流产期间，附着在子宫上的胎盘会被撕裂，引起出血，然后胎儿（图中蓝色部分）及其附件与子宫内膜一起被排出。在法国，在母亲闭经后第 22 周胎儿基本可以稳定成活。

1+1：性与生殖

### 帮助避孕

紧急避孕药由合成激素组成，可以阻止排卵（如果尚未发生），从而防止受精。当排卵已经发生并开始受精，这种药物可以通过阻止受精卵着床来降低怀孕风险，但是如果怀孕已经发生它就无法起到作用了，所以及时采取该措施效果最好。紧急避孕药的平均成功率为85%，因此不能用作常规避孕方法。

### 医疗过程

在用医学手段终止妊娠的过程中，如果堕胎技术无法适用，可以采用诱导分娩的方法。当怀孕时间超过24周，为了防止胚胎受苦，有可能在分娩之前先终止它的生命。

### 手术干预

通过器械流产在医院或诊所进行，并且必须麻醉。首先，将子宫颈扩张至允许适当直径的导管通过。导管被引入子宫，然后将受精卵吸出。这个手术持续时间约10分钟。

### 进入法律范畴

在法国，1975年的"韦伊法案"承认堕胎是一项权利。如果是自愿流产，可以在末次月经后的12周内合法进行。在非洲、南美洲以及中东、印度和东南亚的大多数国家，如果没有正当理由（如胎儿畸形、女性身体条件不允许、强奸造成等），依然禁止堕胎。

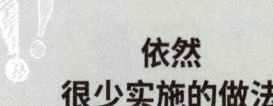

### 依然很少实施的做法

在全球范围内，只有不到40%的女性可以堕胎。在苏里南和萨尔瓦多等国家，无论出于何种原因，堕胎的人都会被判处多年监禁。

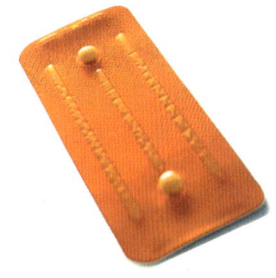

紧急避孕药可以阻止排卵或胚胎着床。

### 其他方法

艾蒂安 - 埃米尔·博利乌医生及其团队于1981年发现了米非司酮这种药物的作用。博利乌医生还研究具有潜在抗衰老特性的分子、脑激素和阿尔茨海默病，并因此闻名于世。

1975年印制的法国计划生育运动宣传图。
图中文字：如果我愿意，我会在我想的时候生一个孩子。

1133

# 到了剪断脐带的时候

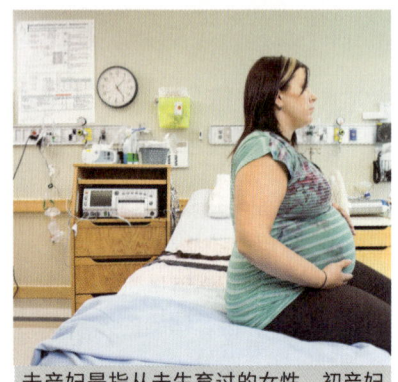

未产妇是指从未生育过的女性，初产妇是指首次生育的女性，经产妇是指生育过（无论次数多少）的女性。

## 子宫口打开

分娩阶段和子宫颈的消失相对应。在产程中，子宫颈会逐渐打开，好让胎儿顺利娩出。随着子宫收缩的出现，产妇会越来越有分娩的感觉。从子宫颈开口为2厘米时开始测量子宫口，平均在10个小时后子宫口会开到最大，也就是10厘米。在这些阶段，"假临产"是指虽有宫缩，但在最初几个小时内子宫口打开的速度非常慢的情况。

 **一些顽固的观念**

统计数据表明，月亮对分娩绝对没有影响。尽管分娩开始的征兆更多地发生在夜晚，但白天出生的婴儿和夜间出生的婴儿一样多。

## 以出口为方向

在人体内，指示分娩的精确信号对我们而言还不明确，但是研究表明，这与移植过程中的排异原理相同，它对应的是母亲对胎儿的耐受性的终止。这个假设也可以解释某些自然流产或早产情况出现的原因。

## 标记日期

正常的分娩日期不是具体的一天，而是生育概率很高的一段时间。怀孕持续时间本身会受孕产妇个体、遗传和环境等因素影响，各国之间计算分娩日期的方式也不相同，因此正常的分娩日期一般处于超声检查推定的分娩日前后15天之内。

## 尺寸比例

骨盆狭窄的概念出现于20世纪60年代。相关研究表明，随着人类的进化，人的骨盆逐渐变得狭窄以允许双足行走，头骨却变大了。简而言之，得到的结论就是这会给人类的分娩带来问题，因为变大的头骨要通过变窄的产道。后来我们知道，骨盆的韧带在分娩过程中会伸展，从而改变骨盆的尺寸，婴儿的头骨也可以交叠，使自身不受损害地从骨盆中被分娩出。

浮雕描绘了古代分娩时的场景。

1+1：性与生殖

## 理想的分娩过程

产科说的分娩过程包括胎儿为了通过产妇骨盆所做的所有运动。首先胎儿的头倾斜，下巴贴着胸部。婴儿的头骨直径需要达到最低标准，约9.5厘米。接着伴随着旋转，婴儿入盆。在分娩时婴儿的头只要伸一下就可以绕过耻骨，所以分娩时婴儿的头先露出来，接着是肩膀以及其他身体部位。

### 分娩：一种艺术！

18世纪，昂热利克·迪库德雷得到由路易十五颁发的皇家证书，授权她在分娩领域培养女性护士以降低婴儿死亡率。她出版了一本教学手册，并制作了第一个产科用人体模型。这个模型对人体结构进行了精确还原，为这个行业培养了5000多名女性从业者。

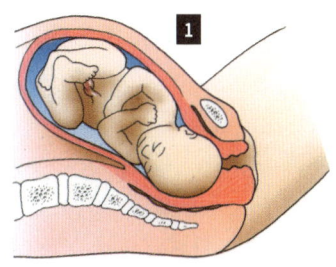
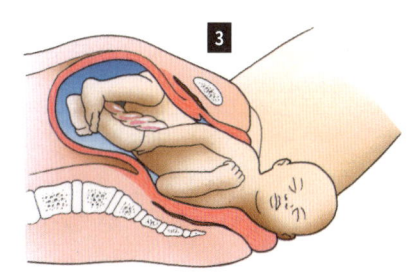
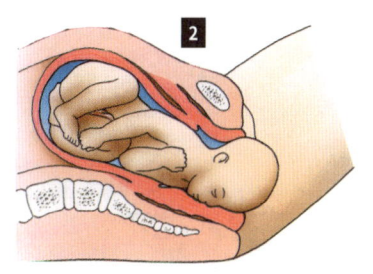

婴儿胎位正常时（头位）的分娩主要阶段。图中婴儿处于"头先露"的位置。此时产妇子宫颈变宽，婴儿的头会先娩出，接着是身体和其他部位。

## 一系列的选择

当胎儿心率显示异常、出现胎停或母亲的状态不允许继续妊娠时，就需要使用器械提前分娩。将吸盘通过吸力固定在胎儿的头部，就可以精准固定胎儿，然后医生会使用产钳来摆正胎儿位置，并引导其通过产道。

## 最后一步

婴儿被娩出的下一步是胎盘被排出。大约在一刻钟后，子宫恢复收缩，但强度减弱。胎盘脱落，并伴随子宫收缩被推出。然后医生会检查胎盘是否全部被排出，因为如果其中一部分留在子宫里，就可能导致产妇感染。

## 活动性的关键

分娩时胎儿处于垂直体位可以使胎儿找到正确的位置，也就是说，此时胎儿处于子宫收缩的方向，可在重力的帮助下顺利娩出。在分娩期间母亲姿势的变化可以加快分娩速度，同时更好地控制疼痛。这样的运动可以使骨盆更具必要的活动性，方便胎儿通过，而仰卧的姿势虽然可以让产妇背部更放松，但无法起到加速分娩的作用。

1135

# 忙碌的第一年

### 之后的活动

出生时，受脑干的控制，婴儿可以进行原始反射行为，因此婴儿的嘴唇在碰到东西时会产生吮吸反射，匍匐时会寻找乳房，气道阻塞时会挪动头部。他们还会紧紧握住手中的东西，在水中时会划水，站在地上时会做出走路的动作。而随着他们的神经成熟，这些原始反射行为会在几个月内消失。

### 物体的永恒性

对于蹒跚学步的婴儿来说，没有出现在视野范围内的物体是不存在的。直到第 8 个月，婴儿才开始寻找从视线中消失的物体，并且可以开始玩"躲猫猫"类型的游戏。从 1 岁起，孩子们就知道物体不仅是永恒存在的，还可以被移动。他们不再仅能寻找被藏起来的物体，还会推断它们的运动轨迹。

### 婴儿的控制力

阿诺德·格塞尔（1880—1961）对婴儿的运动机能的发育进行了描述。开始时运动机能是整体的、不受控制的，后来随着它的不断完善，它变得受意识控制。运动机能会随着时间的推移而加强，它的发展不是线性的，可能出现倒退，然后又恢复。运动机能发展的顺序是从上到下、从里到外的。婴儿首先会抬头，之后才会用脚玩耍。手的精细运动机能（包括写字）是运动机能发展中的最后一环。

### 意想不到的婴儿的能力

让·皮亚杰（1896—1980）是第一个对儿童在掌握语言之前的智力水平提出疑问的人。通过建立适合儿童的实验，他在儿童的运动和认知领域收获了很多发现。但是他的方法并不全面，只考虑到了知识积累的角度。之后他的实验被重新设计。

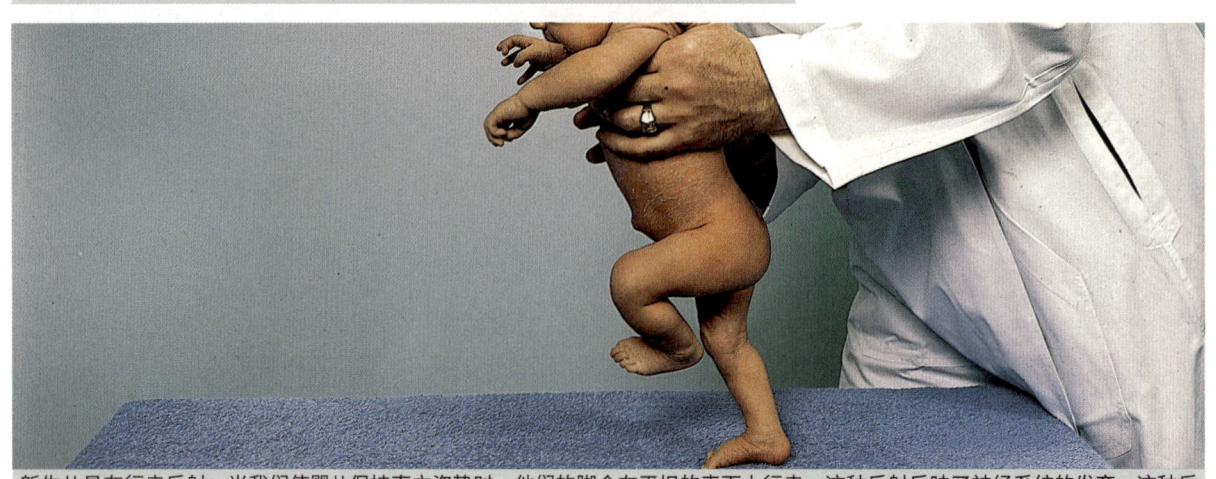

新生儿具有行走反射：当我们使婴儿保持直立姿势时，他们的脚会在平坦的表面上行走。这种反射反映了神经系统的发育。这种反射在婴儿 2～4 个月时会消失，他们会拥有新的运动行为。

1+1：性与生殖

婴儿在 8 个月左右开始用四肢爬行。

## 追求垂直状态

婴儿从 5 个月开始匍匐，8～9 个月时，他们会发现可以用四肢向前爬行的移动机制。然后他们开始借助支撑物站立，并练习保持直立的姿势，也会横着走以练习自己的横向平衡。1 岁左右，他们开始迈出自主的第一步，他们的前后平衡能力从而得到发展。之后他们还需要几个月的时间才能学会脚跟着地走路，让自己的脚步变得更稳健。

## 眼不见，心焦虑

分离焦虑出现在婴儿 8 个月大左右。他们尽管知道自己与周围的亲人不同，仍无法理解亲人们在自己看不见时会继续存在。在这段时间，孩子很少对陌生人微笑，也不再喜欢待在陌生的地方。

## 理解和表达情绪

心智理论是将自己的意图归因于他人的认知能力。起初，几个月的婴儿能够理解他们父母的反应与自己的并不完全相同，可他们对电话、视频中的交流没有兴趣，因为他们无法理解对话者在反应中有很长的时间滞后。6 个月到约 3 岁时，孩子们有了共同的关注方向，他们会寻求唤起情绪并将它与他人分享。

### 安抚用的毛绒玩具

唐纳德·温尼科特（1896—1971）首先提出了"安抚物"的概念。这个由孩子选择的物体可以营造出令人放心的氛围，帮助孩子忍受等待、父母缺席或任何其他情况造成的沮丧情绪。毛绒玩具是欲望和现实之间的缓冲，让孩子逐渐建立内部方法来管理自己的情绪。

1137

# 童年星球

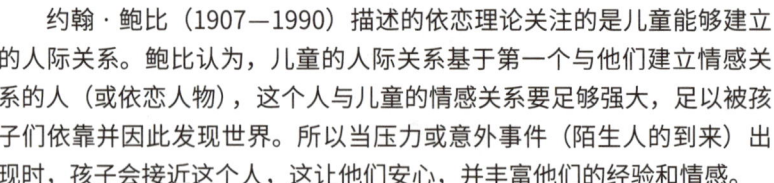

### 心智理论的结果

萨莉和安娜一起玩，萨莉在离开之前把一个球放在篮子里。萨莉离开后，安娜把球放到了一个盒子里。那么问题来了：萨莉回来以后会在哪里找这个球？3～4岁的孩子都会指向那个盒子，而年龄更大的孩子则会设身处地地为萨莉考量，因为萨莉并不知道球已经被挪走了。他们会指向篮子，尽管他们知道球已经不在那里了。这说明此时心智理论已经被孩子们正确地掌握了。患有孤独症的孩子通常无法通过这项测试。

### 面对新鲜事物

约翰·鲍比（1907—1990）描述的依恋理论关注的是儿童能够建立的人际关系。鲍比认为，儿童的人际关系基于第一个与他们建立情感关系的人（或依恋人物），这个人与儿童的情感关系要足够强大，足以被孩子们依靠并因此发现世界。所以当压力或意外事件（陌生人的到来）出现时，孩子会接近这个人，这让他们安心，并丰富他们的经验和情感。

### 关系破裂

玛丽·爱因斯沃斯（1913—1999）提出了依恋障碍理论。当孩子与照顾他的人之间的关系变弱，就可能是某种形式的虐待的反映。这还可能导致某些疾病（通常到成年后才会显现），表现为与他人关系恶化、难以建立联系、情感冷漠、自闭、好斗等。

### 脚踏实地

"现实原则"是获得正常心理功能必需的，而童年就是获得"现实原则"的时期。在那时我们了解到，并不是所有的欲望、快乐或恐惧都会实现，有些是幻想或虚构的，还有些则可以延迟得到满足。

### 害怕黑暗

噩梦是向管理挫折和危险过渡的机制之一。它在儿童3～5岁最为常见，会使恐惧或潜在风险重现，而这些在白天并不总会发生（碰见大狗、遇见吃人的妖怪等）。噩梦使孩子们以一种不真实的方式经历这些恐惧或潜在风险，从而获得这些经验。

噩梦是让孩子们控制恐惧或危险感的机制之一。

1+1：性与生殖

水痘在 1～14 岁的儿童中很常见，它是由疱疹家族的病毒引起的，平均每年会影响多达 70 万人。这种疾病在成人身上也会复发，表现为带状疱疹。

## 小却严重

大多数情况下，欧洲主要的儿童疾病是水痘，接种疫苗可以预防麻疹、腮腺炎和风疹的发作，也可以预防百日咳。这些疾病通常具有极强的传染性，当它们在成年人中传播时可能造成严重的后果，例如腮腺炎可导致男性不育，而麻疹如果影响到孕妇可导致胎儿先天缺陷和流产。

## 床单喝水了

遗尿症是指 5 岁以上的孩子仍会在夜晚尿床。当孩子还没有培养起完全的卫生习惯时，它被称为原发性遗尿症。相反，如果孩子已经培养起卫生习惯又出现遗尿，则被称为继发性遗尿症。患这种疾病的原因可能是生理上的，如膀胱和膀胱括约肌未成熟、睡眠太深无法醒来、荷尔蒙失调等，有时也可能是心理上的，如搬家、弟弟妹妹的出生等。但无论是哪种情况，这个"意外"都是非自愿的。

## 未来的艺术家

儿童从 2 岁开始以涂鸦的方式作画。这些涂鸦通常是抽象的，孩子们到 3 岁时才能在完成画作时给自己的创作一个意义。在 5 岁左右，他们可以用圆头以及一些棍子做成的"四肢"给自己制作一个"跟班儿"。然后，他们的创作有了越来越多的细节，也有了一些象征性的意义：这些画作代表孩子对现实的了解（房子是透明的，可以让人看到里面发生的事情）以及对客观世界的描述（通过三维展现）。

3 岁半孩子的画作。画中的小人有棍子做成的"身体"，还有一个圆圆的头。

# 去药房

## 从植物到非专利药

最早的药物是植物。在对植物研究的基础上发展出了许多传统药物，因此产生了数千种药典。但是与现在普遍存在的天然成分"不会造成伤害"的观念相反，自然提取物（无论是药物、精油还是软膏等）都可能造成副作用。莫里哀在他的喜剧中戏谑地描绘他那个时代的医生，强调那时造成死亡的大多不是病人得的疾病，而是医生提供的治疗。实际上，从一种植物到另一种植物，每种活性成分（有好有坏）的浓度都不相同，尽管医生全心全意地制药，但是由于剂量很难控制，所以药物的效果也不稳定。

正在研发新药的制药实验室研究员。

化学的兴起为药理学领域带来了一场革命。植物可以被研究，其活性成分可以被鉴定、被分离，也可以申请专利。人们可以将这些活性成分与天然伴随它们的有害物质分开，然后做出调整，以消除它们的副作用。对它们的测量变得更加轻松，对其作用的研究变得更加容易，药物的开发也变得更加安全。最后，人们可以为研发的药物申请专利，这使制药行业特别有利可图。只有在专利到期后（或尚未申请专利时），其他公司才能复制这些活性成分，因此出现了所谓的"仿制药"。

## 被筛选的植物

目前，依然有一半以上的药物中含有植物成分。民族药理学家继续周游世界各地研究植物，研究传统药物中使用（或不使用）的地区矿物质或动物的提取物，以及它们的特性。在实验室里，筛选技术可以检测这些植物中成分的类型，然后评估它们是否值得关注。

这些研究的目的有三个方面：首先，允许实验室就地使用当地资源来制备药物；其次，验证传统疗法的可信度（3/4 的传统疗法都是可信的）；最后，更新可用于开发新药的未知成分。所以，这些研究是随机的，一部分靠的是运气。例如，紫杉醇是一种非常有效的抗癌物质，它是红豆

杉的提取物，而正是在实验室的花园被修剪后，人们研究了被剪下的叶子，才发现了它。

### 一个与钱有关的问题

然而这种具有生物前景的方法或多或少被抛弃了，因为虽然这些方法确实可以带来希望，但它们需要大量投资以实现很低的收益，所以投资人和制药行业并不总是感兴趣，他们会更专注于纯化学合成的药物。化学合成药物的缺点在于，一方面，它受到技术的制约，因为技术无法让人们非常轻松地组合各种成分；另一方面，它受到人类想象力的限制，因为人类通过想象合成的分子无法与自然发现的分子相媲美。但是，现在"个性化"药物开始在市场上出现，它们具有很大的优势。这些基于遗传学研发的药物可以专门修复局部遗传病变或缺陷。对那些细胞中有更多靶向目标的人来说，针对每个组织进行标记可以只靶向某一种类型或适应每个人的生物学变化，从而让限制不良作用成为可能。关于药物开发的最新想法之一是为每个人制作3D打印的药品。未来的药剂师可以通过处方为特定的患者制作药丸、贴剂或其他类型的药物。针对现在有 1/3 的老人每天要服用超过 7 种药物的情况，我们可以想象，这有助于减少使用药物的种类，将是一个多么大的进步！

# 从花园到实验室

现在,一半以上的药物都含有植物成分。图中展示的是一株艾蒿,它具有抗疟疾的特性。

## 漫长的避孕之路

1921 年,研究人员将兔子卵巢的提取物进行了同类移植,这表明卵巢提取物可能引起暂时不孕。20 世纪 30 年代,人们从动物身上分离并提炼出性激素,但当时这仅仅被用于治疗月经不调。在随后的 10 年中,人们掌握了合成性激素的技术,但关于它对生殖的损害知之甚少。直到 20 世纪 60 年代,第一批口服避孕药才上市销售。

## 动物提取物

在研究植物之后,药理学展开了对动物的研究,并掌握了合成激素和神经递质的技术,能够合成乙酰胆碱、肾上腺素、组胺、胰岛素、黄体酮等。但它们在人体中的作用直到很久之后才被发现。

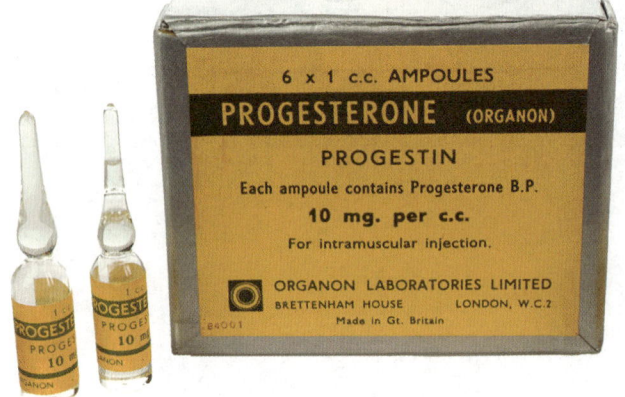

装有黄体酮的安瓿瓶。

## 根本的变革

化学的发展使分离活性成分成为可能,对这些活性成分的研究标志着一门新学科,即药理学的诞生。药理学带来的好处非常明显,即现在可以减少某些自然药物的副作用,因为这些药物中的有害成分可以提取出来了。治疗剂量的概念也因此出现。

## 实验药理学的先驱

1809 年,弗朗西斯·马戎第注意到药物和毒药的副作用对人类和动物的伤害是一样的。他开始了对动物的研究(最初是在马和兔子身上),然后在人体上进行测试,并将药物和安慰剂进行比较。他由此推导出治疗标准,并将这些标准归类为表格,其中列出了药物及其作用和推荐剂量。现在这依然是新药开发中使用的方法。

去药房

### 知识的重要性

第一部药学专用词典于 1914 年问世。那时它只是薄薄的一张纸，而现在已经有 3648 页。治疗手段的蓬勃发展是近期才有的，因为它从 20 世纪 30 年代才开始起步。在这部词典的最初版本中，我们还可以看到吗啡、可待因和阿托品，香烟被推荐用于治疗支气管疾病，这进一步证明了当今医学真正的突破意义。

### 偶然的成果

第一种抗生素青霉素是偶然间被发现的！1928 年，休假归来的亚历山大·弗莱明发现他的细菌培养物受到了特异青霉素霉斑的侵袭。通过观察这些培养皿，他发现真菌周围的区域没有细菌，由此，他正确地推断出这些真菌可以分泌一种破坏细菌的毒素，并称之为"青霉素"。后来，他还偶然在实验室附近市场里一个腐烂的甜瓜上发现了这种真菌中最有效、直到现在依然被使用的 G 菌株。

### 关于药片的绝妙主意

第一批制药工业诞生于 20 世纪，当时人们对天然活性成分的研究变得越来越系统，效率也更高，活性成分可以经人工合成获取了。一家制药公司提出了片剂的概念：将剂量精确的药物压缩为粉末，制成片剂，这样有利于批量生产和销售。这个冒险始于美国，然后扩散到世界各地。

### 不再死于治疗

通过化学方法，我们最终可以精确地计算出每种活性成分的剂量。事实上，过去对相同的治疗方法来说，药物源自对植物的提纯，而剂量过大可能致命。如果人们可以确定每种药物给药量的有效范围，治疗就变得更加安全了。

### 摸索前行

20 世纪，对新的活性化合物及其作用的发现往往是偶然、凭直觉或靠运气的。实际上，为了解决某个特定的问题，人们可以测试数百种不同的化合物。例如，人们于 1908 年就成功合成了苯妥英钠，但在将近 30 年后，人们在治疗癫痫症的研究中实验了 600 多种其他化合物之后，才发现它具有抗癫痫的特质。

亚历山大·弗莱明于 1928 年发现了青霉素的特性。

1143

# 处于初步探索中的药剂

## 纯天然的来源

7000 多年来,传统医学一直在使用植物。我们还知道,同一种植物的根、芽、叶、花等都具有不同的特性。

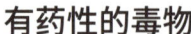

## 有药性的毒物

现代化学首先研究的是有毒的植物,并从中分离出活性成分。因此,现在使用的药物有一半都源自植物。相反,无毒的药用植物很难研究,因为它们的药效源自几种活性成分的协同作用,而这些活性成分难以复制。

## 相似性理论

最早治疗药剂的选用是通过对受疾病影响器官的外形进行类比。在西方,直到文艺复兴时期,人们一直认为植物带有神的旨意,它们的外形揭示了它们对健康的益处。菜豆的形状说明了它对肾脏有益,芦笋的外形赋予了它壮阳的功效,蓝莓的颜色证明它对眼睛有益,红色的花和根茎对血液有益……

## 不同的成分

在中世纪,源自动物和矿物的成分会被用作药物。动物成分包括骨头、内脏或粪便;矿物成分包括硫、盐、明矾、硝石甚至宝石(蓝宝石、黄玉等)。这些成分被制成各种形式的药物(糖浆、药丸、滴眼液、药膏),但是由于缺乏可靠且标准化的测量系统,这些药物的成品效果很不稳定。

## 炼金术士的秘方

7 世纪,阿拉伯炼金术士认为普通的金属是肮脏的,而一种叫作"哲人之石"的物质可以将它们净化并使它们变得珍贵。这种与炼金术士寻找长生不老药有关的信念却让人们发现了很多化学物质,如硝酸、盐酸和硝酸银,其中的一些可以被应用在医学中。

中世纪的细密画描绘了炼金术士创造"哲人之石"的场景。

16 世纪的药房。

1144

去药房

## 药剂专家

在过去的法国，药剂师（"apothicaire"，旧时对药剂师的称呼）经常与食品杂货商或草药商等发生冲突，后来他们终于获得了认可。1777 年，路易十六颁布法令，任命他们为"药剂师"（"pharmacien"，现代对药剂师的称呼），让他们正式负责药物的研发、储存和销售。在拿破仑统治时期，这个行业受到国家管控。

18 世纪药剂师的形象。

## 寻找万灵药

蝰蛇的肉、鸦片和蜂蜜是一种解毒药的成分。几个世纪以来，这种解毒药的配方和声誉都得到了发展，在不同地区，它的配方总共包含 60 多种成分。过去，它被认为是万灵药，一种可以有效抵抗所有疾病的药。直到 18 世纪末，这种昂贵的药物一直在被使用。

## 有机化学的开拓之路

化学的进步使人们逐渐能够从已在使用的化合物中分离出活性成分，之后，这些活性成分也可以被独立使用，人们不再采用当时普遍流行的多种药剂并用的方式。1828 年，尿素成为第一个从惰性物质中人工合成的有机分子。

## 不是去除, 不是创造, 只是改造

安托万-洛朗·德·拉瓦锡（1743—1794）是现代化学的先驱之一。他证明了在化学反应中每种化合物都会被保留，这挑战了当时的炼金术理论。他还研究了燃烧反应和呼吸，这使他发现了被他命名为"氧气"的气体的作用。

现代化学先驱安托万-洛朗·德·拉瓦锡及其妻子。

## 与印加人的相遇

随着对新大陆的发现，人们获得了印加帝国的医学知识，新的植物被载入欧洲药典，其中包括奎宁、烟草、古柯、吐根、马黛茶等。令人遗憾的是，这些文化交流也使疾病在大西洋两岸传播，导致欧洲大陆和美洲大陆的人口大量死亡。

1145

# 用植物进行治疗

用于治疗癌症的长春新碱是从马达加斯加长春花中提取的活性成分。

## 源于自然的健康

植物疗法是使用植物和真菌作为治疗方法和预防方法的传统医学。它涉及将近 2000 种植物的草药学知识,这些植物被用于制作药茶、汤剂、香膏或浸液,最近,它们还被制成了胶囊和安瓿剂。

### 水性蒸馏物的新生

和精油一样,花露来自对植物的蒸馏(水性蒸馏物),它的活性化合物含量比精油低得多。它可以用于对皮肤和头发的美容护理或者烹饪(如橙花水)。

## 通过蒸馏

通过水蒸气蒸馏可以获得优质的精油。将芳香植物的提取物放在一个有水蒸气通过的容器中,水蒸气会释放并将芳香提取物送到冷却格。随着温度的下降,收集的水和油分离,获得的水是花露,而获得的油(精油)可能包含几百种成分,可用于芳香疗法。

## 保持协同作用

在植物疗法中,药用植物指其中包含的所有活性物质。最好尽可能地保留这些活性成分,因为根据植物疗法的原理,这些不同化合物之间的协同作用产生的效果要大于它们各自产生的疗效。

## 成分的变化

植物的化学类型会影响它的特性。实际上,不同生长环境中的植物也会具有不同的生化成分。例如,来自马格里布的桉油醇迷迭香可以对呼吸道起作用,来自科西嘉的马鞭草酮迷迭香可以治疗肝病,而来自普罗旺斯和西班牙的樟脑迷迭香则会对心脏起作用。

仅百里香在地中海周围就有 7 种不同的化学类型。

1146

去药房

## 依赖精油的治疗方法

芳香疗法是植物疗法的一个分支，它只依赖于对精油的使用。可以通过口服、皮肤吸收和气雾吸入使用精油，但是由于它会刺激黏膜，不能使用纯精油，所以在精油中通常会混入其他成分（如中性油、蜂蜜等），并且不推荐儿童和孕妇使用。

## 饱受争议的药物

围绕顺势疗法的争议与它的第三个法则有关，即无限小法则，这受到了科学界的强烈抨击。顺势疗法假设药物剂量的有效性会随着稀释程度的增加而减少，以致顺势疗法的药物中可能不再包含任何活性成分。活性成分的缺失可以通过猛烈摇动药液使之"充满活力"来弥补。对每种被稀释的药物来说，摇动的过程对药物的有效性至关重要。

## 混合物
## 发生抵触作用！

使用植物并不是没有危险，有些植物虽然是天然的，但是具有毒性。此外，它们还含有可能与常规药物或食品补充剂发生相互作用的活性化合物，因此必须正确告知或规定它们的使用方法。

## 希波克拉底的相似性

顺势疗法是一门相对较新的学科，它是基于一种古老的护理原则，即相似性产生的。它规定使用的物质能够在健康人中引发与患者相同的症状，药物触发的反应则会使患者的症状消失。提取物的选择因人而异，因为顺势疗法假定每个人会根据自己的体质表现出不同的疾病，因此必须从整体上进行观察。

薰衣草精油是世界上使用最广泛的精油，其治疗作用自古以来就为人所知。

## 第一号油

真正的薰衣草精油也被称为药用精油，使用范围最为广泛。在欧洲，人们自古以来就知道它的特性，会用它来清洁身体和衣物（薰衣草的法文名称是"lavande"，词源是拉丁语的"lavare"，是"洗"的意思，"洗衣妇"，即"lavandières"也来自这个词源）。在印度，薰衣草的特性也广为人知。它具有消毒和促进愈合的特性，可以减轻多种痛苦，舒缓身体和心灵。

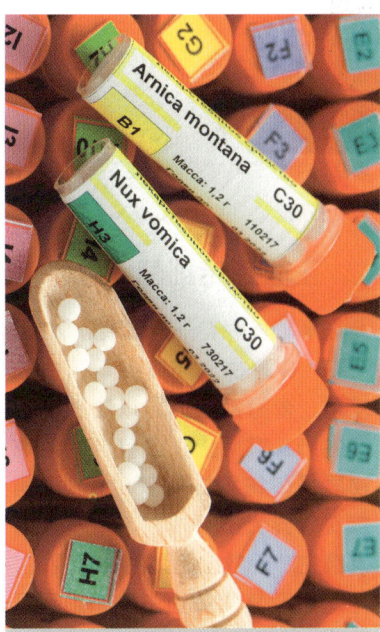

现在，顺势疗法使用的药物在原理和功效上都引起了争议。

**1147**

# 正确瞄准：对抗细菌的战役

### 显微镜下

细菌通常是仅由一个细胞组成的有机体，人们经常通过它们的形状来命名它们，比如杆菌是杆状的，球菌是圆形的。球菌还可以根据不同的形态分类：成对（双球菌）、链（链球菌）或簇（葡萄球菌）。只有一部分细菌会导致人生病。

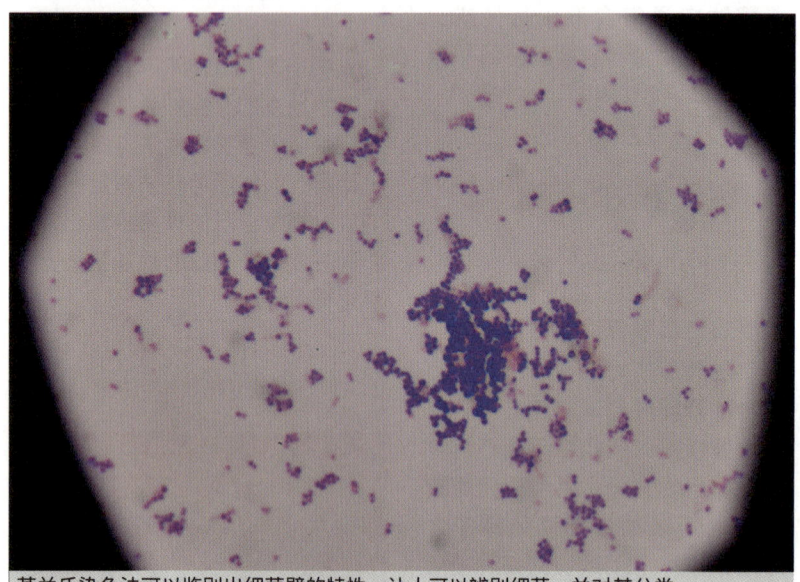

革兰氏染色法可以鉴别出细菌壁的特性，让人可以辨别细菌，并对其分类。

### 抗菌的开端

格哈德·多马克通过在细菌上使用各种染料测试，最终发现了一种对细菌有效且对人类无害的化合物，即磺胺米柯定。它被冠以"百浪多息"的名字进行销售，是第一种抗菌药物，而且由于它已经存在，因此无须支付专利费。由于这一发现，格哈德·多马克获得了1939年的诺贝尔生理学或医学奖。

### 依靠噬菌体治疗

自1917年以来，以噬菌体为代表的病毒因其对细菌的破坏能力而闻名。它们被遗忘了一段时间，现在人们再次对它寄予希望，希望它可以替代抗生素。

### 正面赶走细菌

青霉素源自一种真菌。20世纪初，G菌株从产黄青霉菌中被发现，青霉素因此能以工业化规模生产。实际上，它包含的活性物质是传统菌株的200倍。在第二次世界大战爆发时，青霉素的大量生产挽救了无数生命。现在，青霉素及其众多衍生物（如阿莫西林）仍在被广泛使用。

### 通过分裂达到药效

百浪多息是第一种对多种菌株（链球菌、葡萄球菌等）有效的抗菌药物，研制了几年才取得成功。巴斯德实验室的研究揭示了它的另一个特性，即这种化合物在实验室中的活性远低于在活体中的活性。人们最终找到了原因：人体会将它代谢为另一种更有效的成分，即磺胺。

### 进行挑选

在实验室中，简单的检查包括对细菌使用革兰氏染色法。阳性的细菌呈紫色。这能鉴别出细胞壁的成分，以确定要采用的治疗类型。

去药房

### 不要抗生素

抗生素对病毒无效。由于在实际操作中很难判定疾病是否由细菌引起,因此会进行快速检测(如针对心绞痛的检测),并允许医生开出相应的药物。

### 抵抗运动

在发现青霉素之后不久,就出现了首例对抗生素有抗药性的病例。这是细菌抵抗药物攻击的天然防御机制。但是,有些细菌已经变异或获得了其他细菌的抵抗能力。

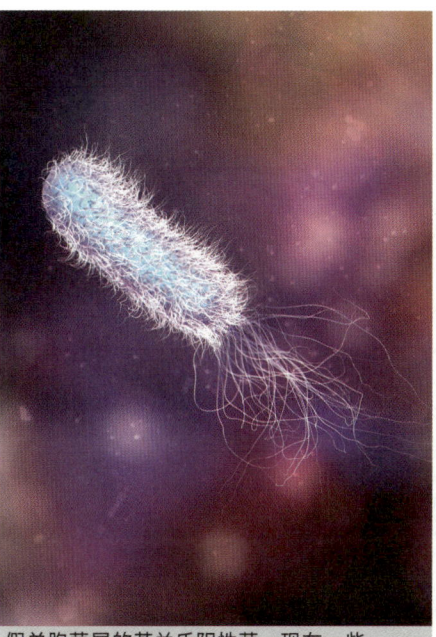

假单胞菌属的革兰氏阴性菌。现在一些种类的细菌对抗生素具有抗药性。

### 大家庭

β-内酰胺类抗生素(青霉素、头孢菌素等)的使用最为广泛。此外还有磺胺类、氨基糖苷类、喹诺酮类、四环素类抗生素等。它们的作用机制使它们对某些细菌具有特异性。因此在治疗前,必须确定与疾病有关的细菌种类。

### 暴风雨预报

如果太多细菌产生抗药性,那么人类的健康就会受到威胁。实际上,抗生素是人类卫生保健系统的支柱,其他抗生素的替代疗法有限,而我们还没有发现新的疗法。因此,在没有解决方案的情况下,必须尽可能长时间地维持现有药物的有效性。

### 非自然产生的抗生素

细菌抗药性提高的原因之一是抗生素的过度使用,因为服用抗生素会消除所有受其影响的细菌。在这些细菌中,如果某些菌群具有抗药性,它们就会继续生存,并可以自由繁殖。反复服用抗生素有助于推动这一过程。

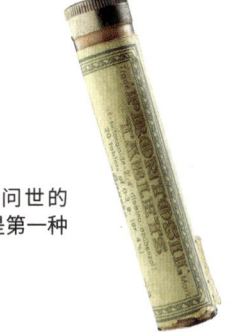

于1932年问世的百浪多息是第一种抗菌药物。

导致金黄色葡萄球菌产生的细菌。一个抗生素攻击了左边的细菌。

### 发现解决办法

对新抗生素的研究受到了阻碍,因为人们提出使用抗生素应谨慎,所以该行业无法过多盈利。现在人们正在探索其他途径,如阻断细菌的抗药性基因或致病特性。

1149

# 奇怪的植物

位于德国克吕尼的药用植物花园，那里生长着几百种药用植物。

## 万灵药的起源

人参是许多具有各种特性的植物的通用名称。它们都属于人参属，所以"人参"确实算是一种万灵药。几千年来，中国的草药疗法基本都在使用它，它也因具有滋补的功效而闻名，可以减轻疲劳，提高注意力（缓解抑郁、健忘等），增强免疫系统，以及刺激性欲。由于它具有的这些特性，它一度是越南士兵和苏联宇航员的物资。

由于自然生长的人参越来越少，它逐渐失去了原本的优势。西伯利亚人参可能是首选的替代品。

## 丰富的目录

据 2017 年统计，全球有 28187 种具有药用价值的植物。传统药典中的药用植物对这个数目起了很大的贡献，现在"只需要"研究新发现植物的有效成分就可以了，这无疑有助于发现新的治疗方法。目前，只有 16% 的植物出现在了医学出版物中。

生长在地中海周围的曼德拉草的根具有止痛和麻醉的作用。

## 人形植物

曼德拉草和人参在竞争"土中人"的头衔，因为这两种植物的根部都会让人联想到人的身体。曼德拉草最初来自地中海盆地，具有很多功效（可以用作止痛药、麻醉剂、安眠药、伤药等），但是用药过量时它的毒性也很强（导致眩晕、精神错乱、死亡）。它的形状让它成为许多传说的主题，赋予它神奇的特性，有时是引起情欲的药水，有时可以带来爱情、幸福及金钱等。

## 用新的视角看香蕉

香蕉因其特性在许多文化中被使用。在非洲，将香蕉的内皮盖在伤口上可以舒缓烧伤。在阿育吠陀文化中，根据其成熟程度，它可以治疗消化障碍或恶心，还会被推荐给贫血患者（它含有大量的铁）。在夏威夷，它被用于治疗真菌感染。它包含的色氨酸可以用来治疗抑郁症，它含有的维生素 $B_6$ 可以缓解月经紊乱，它包含的钾可以降低血压，对大脑有益。

去药房

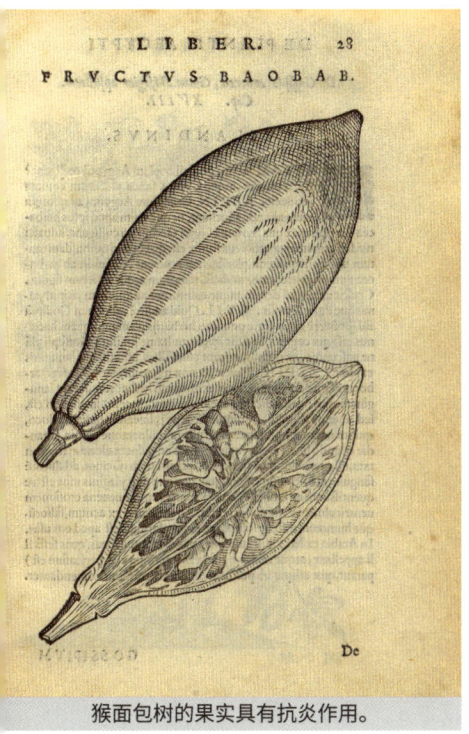

猴面包树的果实具有抗炎作用。

## 小辣椒

史高维尔指标被用来衡量辣椒的辣度，0 分表示最柔和的辣度（如甜椒）。哈巴内罗辣椒得分为 30 万分，而卡罗来纳死神辣椒平均得分甚至超过 150 万分！

## 猴面包树

猴面包树是一种形状奇特、树身很高的树，在非洲许多地方都是神圣的象征。它甚至是塞内加尔的象征。它的每一个部分（树皮、树叶、果实、种子等）都可以用作食物或药物。它确实具有消炎和止泻的功效。

## 一点刺激

辣椒中的辣椒素使它具有辣味，辣椒素含量越多，辣椒的辣度就越高。辣椒还含有多种维生素、微量元素和抗氧化物，可以保护细胞健康。南美的传统医学广泛使用辣椒，因为它具有促进消化、抑制食欲和消炎的功能。目前人们正在研究一些辣椒在预防癌症和慢性病方面的作用。

## 别把所有鸡蛋放在一个篮子里！

在药用植物的术语中，"茶"这个词让我们想到了茶树（山茶科山茶属）。茶树的叶子（也被叫作"茶"，所以经常引起混淆）在中国已经有数千年的历史了，中医认为茶叶可以预防心脏和肝脏疾病，对糖尿病有好处，还可以促进消化。而另一种来自澳洲的茶树（互叶白千层）有 80 多个树种。因其具有抗感染、抗菌和抗真菌的特性，人们会从中提取油或精油来对抗疾病。

## 对肺有好处的卷心菜

卷心菜是美洲原住民部落经常使用的植物之一，它被记录在美国第一批药典中。例如，用晒干的卷心菜叶做熏疗可以治疗哮喘，用卷心菜制作的糖浆可以治疗咳嗽。它还被用于治疗炎症、关节疾病以及促进伤口愈合。

## 供养诸神，治愈人类

哥伦布发现新大陆之前，美洲人就已经使用可可了。可可的功效在于使人充满精力、努力工作，长时间运动也不会感到饥饿或疲倦。含有可可的口服药可以治疗贫血（因为它富含铁）、抑郁症、消化系统或泌尿系统感染。

1151

# 止痛

## 疼痛等级

评估疼痛程度是很困难的，因为每个人的感受都不一样，最常用的是自我评估方法。这种方法基于对受众的调查问卷或量表系统。成年人通常被要求对自身疼痛进行评分，满分为 10 分，0 分表示没有疼痛。

## 针对不同疼痛的药物

我们会根据镇痛药的功效对它们进行分类。第一级药物最为常见，它们具有局部镇痛作用，包括对乙酰氨基酚、阿司匹林和其他非甾体抗炎药。第二级药物包括针对中枢的弱阿片类药物，这些药物作用于大脑和脊髓，包括曲马多、可待因等。最后一类是类似于吗啡的强效阿片类药物。

直到 1987 年，婴儿能够感受到疼痛才得到正式确认。

## 1987 年，得到确认的那一年

印度人坎沃尔吉特·安纳德的研究让人们意识到婴儿也能感到疼痛。他的研究结论清楚地表明，对婴儿疼痛的治疗对他们的康复有益，而且他们从在子宫中的第 6 个月起就已经能感觉到疼痛了。

## 禁忌的疼痛

对婴儿疼痛的认识有着一段比较混乱的历史：婴儿无法表达疼痛，这确实成了人们理解这种疼痛的障碍。长久以来，人们普遍认为婴儿的神经系统还不成熟，感受不到疼痛。此外，药物对他们身体的影响更不明确，因此在对儿童进行外科手术（哪怕是非常重大的手术）时都不会使用麻醉剂。

## 疼痛还是疾病？

当疼痛表现为慢性时，它本身就会被越来越多地认定为一种疾病，而其原因尚不明确。

## 分解疼痛

止痛药可以减轻疼痛。具有局部止痛功能的药物的作用方法是抑制造成痛感的物质合成，并改变大脑对疼痛信息的感知。具有中枢止痛功能的药物甚至可以影响服药者的心理。

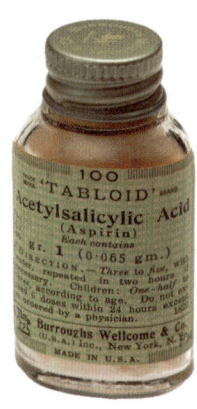

旧时的阿司匹林药瓶。

去药房

### 抑制炎症

医生普遍使用的首字母缩写词"NSAIDs"是指一大类非甾体抗炎药，如双氯芬酸钠、布洛芬、吲哚美辛等。它们的作用方式是阻碍前列腺素的形成。前列腺素是引发炎症的分子。

罂粟被用于生产鸦片，吗啡就是从鸦片中提取来的。

阿司匹林晶体，白柳树皮的提取物。

### 减轻痛苦的激素

肾上腺皮质激素是甾体抗炎药，可以被用于治疗过敏、癌症或移植手术之后的维持。长时间使用这种药物会带来许多潜在但可逆的不适，主要表现在骨骼、外表和情绪方面。

### 从柳树到阿司匹林

阿司匹林的雏形源自白柳树的树皮，尽管它会引起胃溃疡，但自古以来就为人所知。直到19世纪末，人们才成功合成了一种毒性较小的乙酰水杨酸分子，也就是阿司匹林。这种药物属于非甾体抗炎药，它还具有维持血液流动的特性，是一种抗凝剂，它会被开给患有脑血管疾病的病人防止病情复发。

### 罂粟和超级罂粟

吗啡是鸦片的提取物，而鸦片源自各种罂粟。它的止痛效果使它成为评估其他止痛药有效性的基准。但是，纳布啡、丁丙诺啡或芬太尼等分子的止痛作用已经比吗啡高出了100倍。这些药物易导致嗜睡和成瘾，因此被归类为麻醉药品。

### 神经危机

神经病理性疼痛会影响神经，并有非常多样的表现形式（刺痛、灼热、电刺激等）。抗癫痫药或抗抑郁药可以对此进行治疗。

1153

# 疫苗接种：加强免疫

## 一次而不是两次

有些疾病人一辈子只会得一次，这个事实自古以来就广为人知。实际上，这种独特性是由我们的免疫系统实现的，它会产生自己曾经战胜的疾病的抗体。

## 自愿接种天花疫苗

在中国，天花疫苗的接种早在 16 世纪就开始了，方法是将天花患者脓包中的脓液接种给健康人群。如果被接种者在这之后得以幸存，就可以大大减少真正的天花感染带来的影响。这种方法沿着丝绸之路传到了 18 世纪的西欧，当时天花已在那里肆虐。

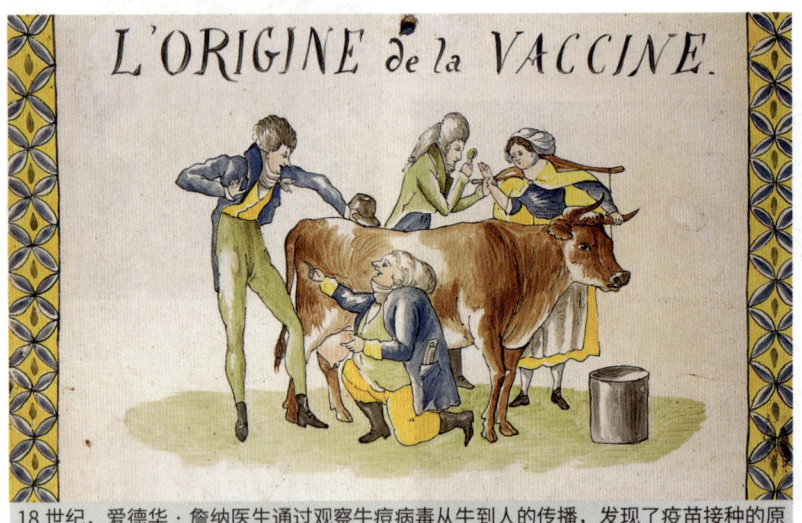

18 世纪，爱德华·詹纳医生通过观察牛痘病毒从牛到人的传播，发现了疫苗接种的原理，由此保护人类免受天花侵害。

1885 年，路易斯·巴斯德将狂犬病病毒接种到一个 9 岁孩子的体内，这个孩子被受病毒感染的狗咬伤了。这个试验获得了成功。现在，狂犬病每年依然会造成全球近 6 万人死亡，有 1700 万人在暴露于这种疾病后得到治疗。狂犬病通常与被动物（狗、蝙蝠等）咬伤有关。

## 哦，奶牛！

爱德华·詹纳（1749—1823）发现，给奶牛挤奶的人不会得天花，他将这种现象和牛痘的传播联系起来。牛痘是一种症状类似于天花的发作于牛的传染病。通过研究，他发现牛痘确实可以传染给人类，并会让人对天花免疫。因此自 1796 年起，接种牛痘成为针对天花的首选预防方法。疫苗诞生了！

## 回归人类

路易斯·巴斯德（1822—1895）通过研究狂犬病，解决了这种同时影响动物和人类的疾病。1885 年，他进行了第一次对人的试验并获得成功，一个被疯狗咬伤的 9 岁孩子因此得救。这个试验是在遭受病毒感染之后、症状出现之前进行的，因此他研发的是一种治愈性疫苗，而非预防性疫苗。现在这种疫苗既可以用于治疗也可以用于预防，但必须在出现症状之前注射。

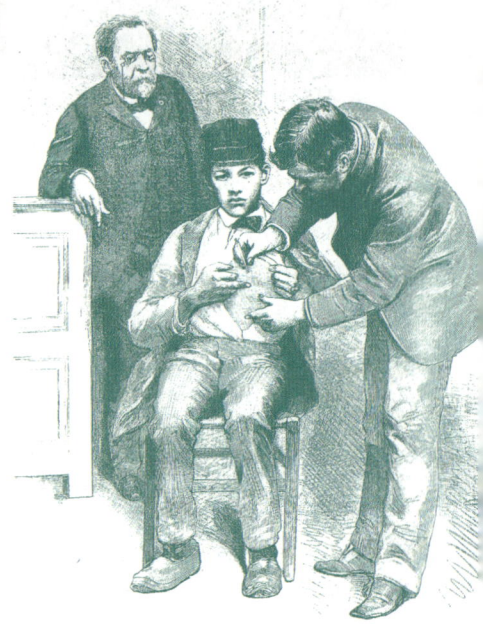

去药房

## 目标：
### 减弱细菌的影响

疫苗接种在近一个世纪的时间里没有什么发展，随后路易斯·巴斯德用他的细菌理论阐明了疫苗的作用方式，使它得到了发展。巴斯德认为，牛痘是一种天花，其中的细菌被削弱了。因此，他试图削弱其他疾病的细菌，并观察免疫作用是否正常。他的方法首先战胜了禽巴氏杆菌病，然后战胜了由绵羊、奶牛等动物传染的炭疽热。

### 抗体疗法

血清疗法和疫苗接种不同，因为它直接提供针对感染（破伤风、狂犬病、中毒等）的特异性抗体，因此它被称为"被动方法"。它既可以预防，又可以治疗。

### 预防胜于治疗

注射预防性疫苗的目的是使人体能够识别传染因素。进入人体的疫苗是无害的，但它可以使免疫系统产生足够的抗体，当身体出现感染时抗体就会起作用。

### 论战风暴

疫苗接种经常成为论战的核心议题，这些论战总是带有颇具偏见甚至误导性的信息。举个例子，甲醛在燃烧（点火、烹饪食物等）过程中释放，存在于家具、清洁剂、香烟烟雾中，但也存在于许多天然产品中，可疫苗中含有甲醛会使人们担心它们会造成危害，因为人们在大量接触这种化合物期间，证实它是一种会对人类产生刺激甚至致癌的物质。但是，由于甲醛在疫苗中的含量只是微克量级的，而且人体会迅速破坏它，所以通常注射的疫苗剂量绝对不会对人体有害。

### 多种疫苗

目前的疫苗包括病毒灭活疫苗（流感疫苗、鼠疫疫苗、甲型肝炎疫苗等）和减毒活疫苗（麻腮风疫苗、卡介苗、水痘疫苗等）。它们可能只含有属于传染元素（乙型肝炎病毒、乳头瘤病毒等）的蛋白质或某些无害的毒素（破伤风杆菌、白喉棒状杆菌等）。

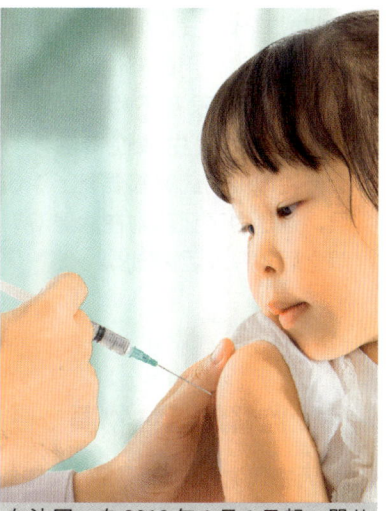

在法国，自2018年1月1日起，婴儿必须接种11种疫苗，而此前只有3种。

### 最广的覆盖率

疫苗的接种覆盖率非常重要，当人口中大多数都接种了疫苗，就可以避免流行病的发生，人们感染该疾病的可能性会降低，易受疾病攻击的群体（免疫力低下的人、老年人等）以及无法接种疫苗的人（患病、怀孕、过敏等）也可以受到保护。

1155

# 药物是如何被同化的

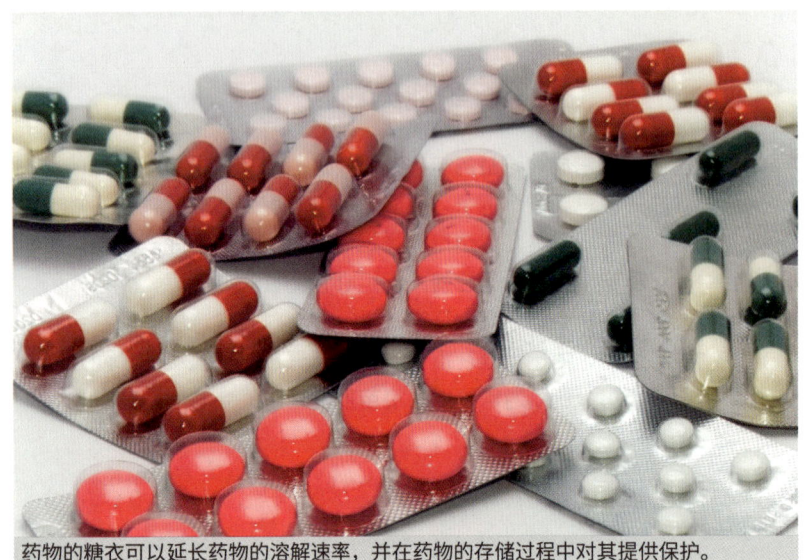

药物的糖衣可以延长药物的溶解速率,并在药物的存储过程中对其提供保护。

## 药剂的释放

药剂的形式可能减慢药物被吸收的速度。事实上,如果一定剂量中包含的活性物质突然进入血液循环,那么它们可能会变得有毒或对人体产生不良影响,所以药物有各种释放形式:加速释放(泡腾片)、延迟释放(胶囊)或延长释放(在销售中有明显标识的药物)。

## 全部进入血管

药物的实际吸收量是指相对于所服剂量而言进入血液的药量,以及药物进入血液、达到此剂量的速度。静脉注射的实际吸收量是参考基准,因为所有活性化合物都是即时进入血液的。对其他药剂形式来说,药物的实际吸收量受其他药物、膳食、疾病、年龄、怀孕等因素影响而发生变化。

 **各种细节**

药剂的形式并不是随机选择的。实际上,这些药物可以被制成片剂、安瓿剂、胶囊、糖浆或其他形式,但不同形式的同种药物作用的部位、药量以及有效期限各不相同。例如,与胃液发生酸性接触才会产生改变的药物都要裹上涂层,这是为了让药物在涂层溶解之后才释放活性物质。

## 合理分配的艺术

在血液中,药物可能与白蛋白等蛋白质结合,而只有自由循环的分子才具有药理活性,所以活性物质在器官中的分布取决于它们穿过器官壁的难易程度、它们和血液蛋白的亲和性(亲和性越弱,可获得的药物越多),以及它们和器官本身的亲和性(器官越重要,对药物的响应越强)。

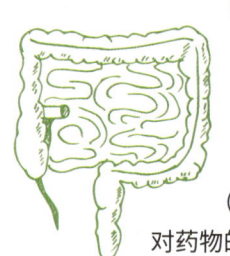

## 吸收中枢:肠道

由于肠道表面积大、血管丰富、酸度低(碱性环境),因此大部分药物都被小肠吸收。

## 受监督的活性物质

药物代谢动力学研究药物中的活性物质在释放后进入人体内各阶段的发展:吸收、分布、代谢和消失。

去药房

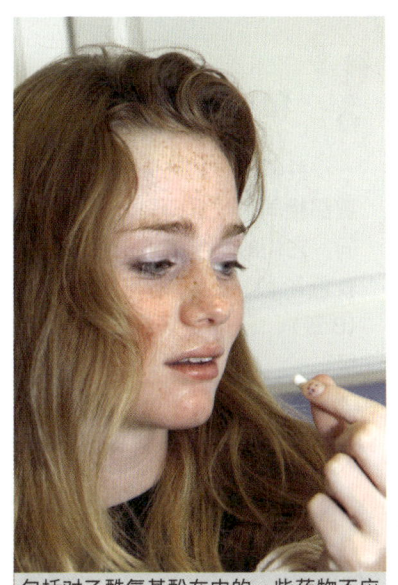

包括对乙酰氨基酚在内的一些药物不应被大量服用，它们会迅速产生毒性！

### 跃过障碍

放置舌下或经皮给药（软膏、贴剂等）的药物顺着血管网络起作用，可以防止药物首先进入肝脏，这也可以使药物更快起效。

### 代谢时的肝脏

酶和细菌使药物发生生物转化，这种转化的目的是降低毒性，使之易溶于水以便排出。这些反应主要发生在肝脏中，也会发生在肠道内，还有一小部分发生在肺、肾或血浆里。生物转化之后的代谢物被认为不再具有活性。

### 重新开始循环

肝脏通过胆汁清除一部分药物，当这部分药物被释放到肠道中，就可能被再次吸收，这种现象被称为肝肠循环。进入这种速率较低的消除周期的药物（如某些消炎药）的作用会延长。

### 被测试的功效

口服药物的有效性最难评估，因为药物必须先穿过消化道，然后进入门静脉系统（汇集于肝脏的毛细血管网络），最后还要经过肝脏的过滤。每经过这些障碍中的任何一个，药物都可能被转化，甚至被破坏。

### 回到纯净状态

清除率是指纯化所有药物产品所需血浆的过滤量。了解负责清除某种药物的器官，可以评估过滤失败时的影响，从而调整剂量。

### 这里是出口！

肾脏会将大多数药物以其原始形式或降解产物的形式排出体外。

肝脏中的胆汁会参与药物的清除。

1157

# 用测试验证药物的功效

沙丁胺醇晶体，它的分子被用于治疗哮喘和支气管炎。

 **精华中的精华**

并非所有的临床研究的质量都相同，根据研究方式的不同，它们的科学证据水平分为较低阶段（C级）、推测阶段（B级）、已确定证据阶段（A级）。

## 升级

当一种分子的治疗潜力已通过大量模型设计进行优化，并且可以被高质量生产时，它就可以成为试验性药品。据估计，1万个接受测试的分子中只有100个能被称为试验性药品，其中10个可以进入临床阶段，而最终可以上市销售的只有1个。

## 拿出弓和箭

在药物开发中首先需要确定的是治疗目标，这需要人们对疾病起源机制有最精准的了解，以提供一种或多种可利用的治疗途径。

## 从列表中划去危险

毒性风险评估是选择开发分子的标准之一。人们必须确保这些分子不会修改基因组（不会成为诱变因素），也就是说它们不应该给使用者的后代造成先天缺陷。关于这种评估存在快速且廉价的测试方法，但作为预防措施，必须对两种动物进行至少两代的测试。孕妇不能参与这种临床检查。

## 基础研究为开端

药物开发平均需要15年的研究。实际上，基础研究必须首先确定与病理学相关的生物学目标，然后再将目标与潜在的治疗分子关联起来。当人们发现了治疗分子，则需要评估与之有关的分子或衍生分子是否可以更稳定、更有效、作用时间更长等。

 **女性除外**

从市场上撤出的药品中有80%是因为会对女性造成副作用。实际上，出于谨慎考虑，药物临床试验的第一阶段并不经常在女性身上进行。

## 第一次测试

临床前评估标志着新的活性物质进入药物本身的开发阶段。在这一阶段，人们会在实验室中将这些活性物质在培养的细胞或动物（小鼠、大鼠、兔子等）身上进行测试，以评估它们的作用、稳定性和特异性，并判断它们可能产生的毒性。

1158

去药房

准备在一所美国学校进行药物临床试验（第一阶段）。

## 人体试验

人体临床试验是从一小群健康人开始的，这可以验证该物质的安全性及其在一定时间内的作用（第一阶段）。如果这一阶段成功，则可以在一些自愿参与试验的患者中测试其疗效，以确定最佳治疗剂量及其可能引起的副作用（第二阶段）。第三阶段是在规模更大的患者群体中进行的。

## 严谨高于一切

为了避免结论出现偏差，临床研究需要在几个不同的地理位置进行。人们需要在足够长的时间内比较至少两个随机形成的群组（随机抽样），每个群组的人数必须足够多（包括放弃试验的人），并且能够代表接受测试的人群。两组中的一组应使用新的活性物质，另一组则使用安慰剂或标准疗法，而患者和医生都不知道谁在服用什么药（双盲）。

## 投放市场

临床试验的最后一步发生在药物上市之后。它需要接受药物警戒，使人们更加了解它的作用方式及对健康的影响。因此，研究人员可以在更长的持续时间和更大的人口样本中发现药物的作用与风险之间的关系。

###  用两只脚踩刹车

在药物警戒期间，如果风险普遍存在，卫生主管部门就可能随时对其做出处理决定：修改其适应症；限制或暂停其分销甚至制造。

## 留意结果

临床试验受严格管控，如果不符合安全条件就不能继续进行。在法国，人员保护委员会和药品安全机构负责监督和颁发这些试验的授权。

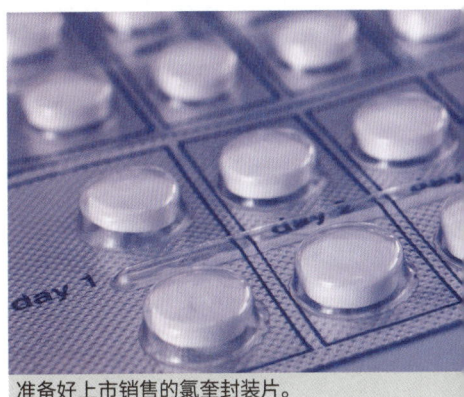
准备好上市销售的氯奎封装片。

# 卫生丑闻：受指控的药物

### 守护后代

20 世纪 50 年代末，一些孕妇会服用沙利度胺以镇静心神和缓解恶心。这种药物在 50 多个国家被广泛使用，它没有毒性，但事实证明它具有高度致畸性：1 万多个婴儿在出生时存在严重畸形，其中许多在出生的第一年就夭折了。人们用了很长一段时间才在这两件事间建立起因果关系，此后药物在上市前必须接受致畸风险测试。现在沙利度胺仍然被用于妊娠期之外的其他适应症。

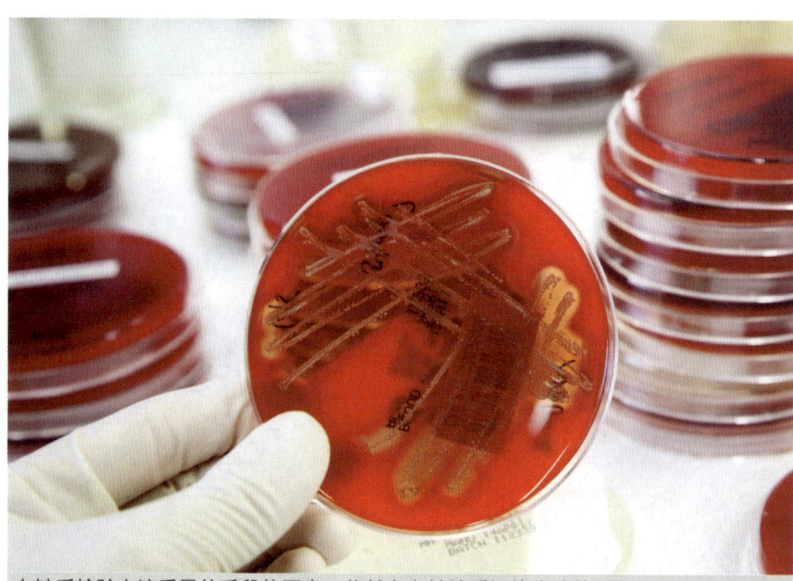

在缺乏检验血液质量的手段的国家，依然存在输注受污染血液的问题。

### 总是严重的后果

母亲服用己烯雌酚的后果会影响女性后代。而实际上，这种药物只于 1971—1983 年在某些国家和地区停售。己烯雌酚的副作用表现为患癌（乳腺癌、阴道癌、子宫癌等）风险增加、生殖障碍（生育问题、流产、早产等）以及后代面临风险（畸形、早产等）。

### 隐藏的毒性

20 世纪 40 年代，己烯雌酚是开给流产女性的处方药。尽管它的疗效尚未确定，但总计有超过 17 万女性使用了这种治疗方法。人们花了很长时间才了解这种药物的副作用，因为它会影响婴儿的生殖器官发育，在女性婴儿中表现得更明显，但这种影响很难被观察到。

### 花了太长时间搭帐篷

DI-ANTALVIC 是一种结合了对乙酰氨基酚和右丙氧芬的镇痛药。由于药物中含有右丙氧芬，欧洲药品管理局将它及其仿制药从市场撤回，因为这种活性成分在人体内积聚会导致死亡。此外，该药物的益处还没有明确。法国对这种药物的消费量占欧洲的 95%，所以撤回的决定在法国特别不受欢迎。

### 捐献陷阱

20 世纪 90 年代发生了血液污染丑闻，人们发现血液中心有意为患者输入受 HIV 病毒和丙型肝炎病毒污染的血液。这一健康丑闻影响了很多国家，数千人因此被感染。尽管媒体对本案及相关审判做了大量报道，但 2016 年，印度也出现了同样的问题：由于缺少检测 HIV 病毒的设备，捐献的血液导致 2000 多例 HIV 病毒感染。

# 拷问架之上

去药房

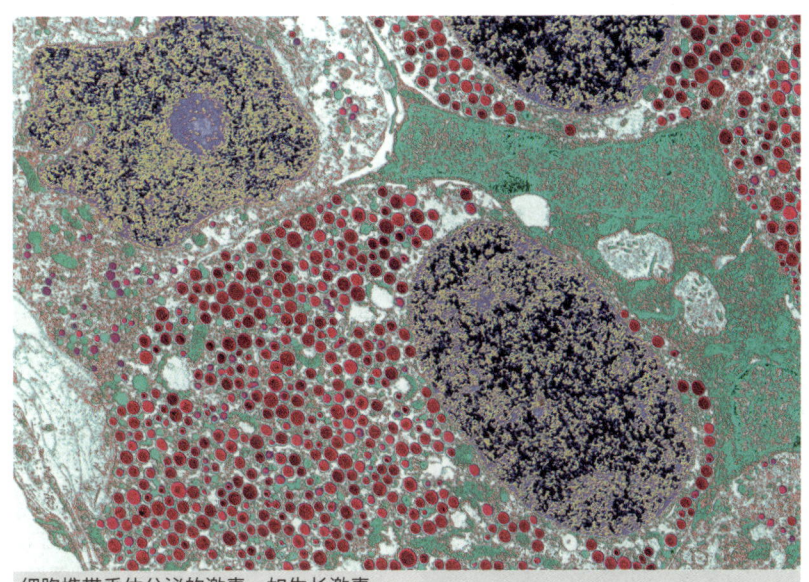

细胞携带垂体分泌的激素,如生长激素。

## 更好地成长,但代价是?

20 世纪 90 年代初发生了生长激素丑闻。这种激素被指定用于解决儿童的生长障碍,但是它需要从死者的垂体中提取、纯化,然后再注入患者体内。这种方法会导致朊病毒传播,而朊病毒在人体内会导致克罗伊茨费尔特 - 雅各布病,让神经系统退化。

## 假的药物,真的利润

药品是非法交易的重要对象,它的经济利益比毒品还高。实际上,目前互联网上有数以千万计的假冒药品,大部分来自印度和新加坡,主要销往非洲和南美洲。目前这个行业正在向全球范围蔓延。

## 妊娠期癫痫的治疗

德巴金这类含有丙戊酸钠的药物被用于治疗癫痫或双相情感障碍。20 世纪 80 年代以来,人们就知道了它们的危险性,但到 2000 年才明确宣布它具有致畸性,目前对其造成的后果仍在研究中。据初步统计,已有数千名受影响的婴儿在出生时出现畸形、发育迟缓或自闭症等症状。

## 一位反对美蒂拓的女性

肺科医生伊莲娜·福拉松证明美蒂拓会导致可致死的心脏病,因此向法国当局发出警告。随后的审判裁定施维雅制药公司明确了解该产品的不利影响。

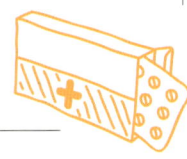

## 苯氟雷司的禁止之战

从 1976 年上市到 2009 年退出市场,全球共售出 1.45 亿盒美蒂拓。它所包含的苯氟雷司起初被用于治疗糖尿病,而由于它具有抑制食欲的特性,后被当作减肥药,并因此出现滥用。在发现其毒性后,很多国家和地区都禁用了该药,而法国却在继续销售。

布雷斯特的肺科医生伊莲娜·福拉松,拍摄于 2013 年。

# 探寻新的策略

聚乳酸-羟基乙酸共聚物（简称 PLGA）被用于伤口缝合、体内植入等。它可被生物降解。

## 打碎存钱罐取钱

基因疗法"Luxturna"是世界上最昂贵的疗法之一。它于 2017 年底在美国上市，通过基因疗法治疗某种形式的视网膜变性（这种疾病会导致失明）花费超过 80 万美元。世界范围内还有其他基因疗法被使用和销售（用于治疗白血病、肌肉萎缩症等），根据所需剂量的不同，治疗费用可能超过 100 万美元。这些高昂的费用提出了关于医疗门槛及社会保护制度的问题，而目前法国的社会保障制度尚无法支付这些费用。

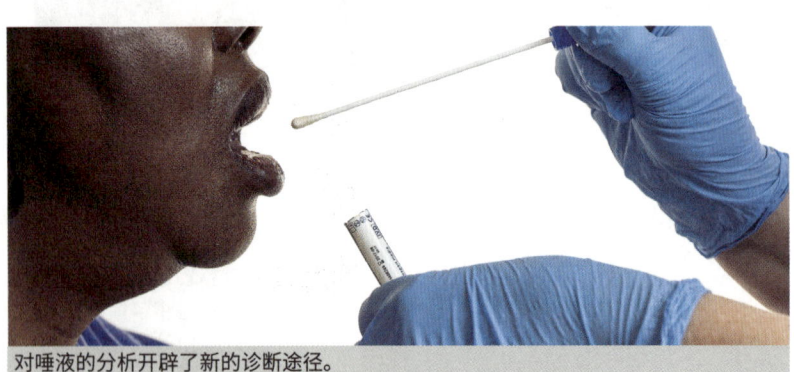

对唾液的分析开辟了新的诊断途径。

## 苏人的智慧

生物医药倾向于利用人体的自然机制帮助治疗疾病，根据个人的不同情况使用药物，这就让它们特别有效，还可以降低副作用，但也非常昂贵。

## 加速诊断

医学检测行业正在蓬勃发展，目标是开发能够快速、有效并容易推广的工具（与成本、尺寸、可操作性、培训等相关），以便筛查和诊断。现在已经可以快速检验艾滋病毒是否存在，或咽峡炎是感染性还是细菌性的。这使主治医生能够了解病因并开出处方（决定是否使用抗生素等）。

## 用新的视角探索口腔

唾液是目前医学研究中非常有趣的人体分泌物。事实上，分析唾液中所含细菌可以发现数量惊人的疾病，除口腔疾病外，还有阿尔茨海默病、癌症、寨卡病毒感染等。人们也对呼吸进行了研究，因为呼吸中包含的具有挥发性的分子也可以昭示一些疾病的病理（如多发性硬化症、帕金森病、癌症等）。

去药房

## 免疫疗法的智慧

单克隆抗体通过取代天然抗体来扩充自己的数量。对抗体的选择不是随机的，而是要选择能够专门识别某一类细胞（如肿瘤细胞）的抗体。医生可以凭此做出准确的诊断，并结合适当的药物给予治疗。

## 癌症有一种气味

狗或许可以成为某些疾病的天然探测器。迄今为止，已有 130 人参与了试验。人们发现经过训练的狗仅凭嗅觉就可以 100% 检测出癌症细胞。这种方法显然需要进一步测试，但它可能会彻底改变目前诊断肿瘤的方法。

## 减少剂量

在确保患者治疗效果的前提下，尽可能减小对他们日常生活的影响，以提高患者的生活质量，这是目前研究的重点之一。这样做的目的是简化随访过程，让患者更好地接受治疗，因为某些疾病的患者倾向于不再接受治疗。这不仅对他们自身的健康构成威胁，还可能让疾病传染给他人。

## 从每天一次到每周一次

对艾滋病的治疗反映出人们对药物数量减少的关注，只有不到 1/3 的患者可以正确接受治疗。目前的治疗方法是每天用药 1 次。人们还在研究新的治疗形式，即以胶囊形式汇集一定剂量的不同药物成分。它会在胃中依次释放药物，因此每周只需服药 1 次。

## 信息技术的作用

信息算法必须与医学研究同步发展，这样才能创造新的治疗方法和诊断设备。实际上，它们的发展越来越多地依靠淹没于大量信息中的对蛋白质或基因的分析。因此，必须开发能够管理大量数据，并精确提取有用数据的信息技术工具。

# 针对健康儿童的科学

## 消除疑虑

当有严重遗传病风险的人要通过体外受精受孕时，可以进行胚胎植入前遗传学诊断。这个检查方案对夫妻双方而言是一致的，但在实验室中则略有不同，因为对胚胎的分析发生在它被植入母体子宫之前。

## 确定目标问题

植入前遗传学诊断仅用于探寻可能遗传的特定疾病，例如囊性纤维化或杜氏肌肉营养不良症等。携带遗传缺陷的胚胎会被销毁，其他胚胎则继续进行体外受精，用这些胚胎成功受孕的概率相同。

## 系上腰带再加上背带

植入前遗传学诊断不仅可以避免疾病，还可以确保未来的孩子能与兄弟姐妹兼容。这需要分析他们各自的人类白细胞抗原，即表明属于人体的细胞标记物。它们归属于免疫系统，会排斥和破坏任何外来细胞（移植细胞、细菌等）。这种双重选择通常会延长辅助生殖的过程，因为测试发现胚胎间并不总是兼容的。

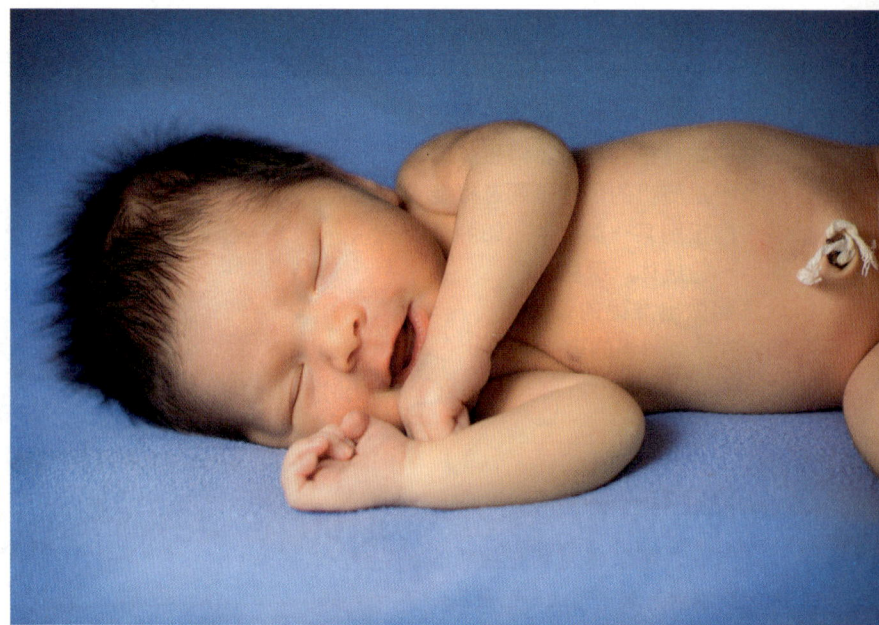

脐带血可以在婴儿出生时进行收集，并捐赠给患血液疾病的人。

## 细胞搬家了

人类白细胞抗原的兼容性体现在一个事实上，即从出生婴儿的脐带上收集的干细胞可以被他的兄弟姐妹完全接受。这些细胞可能治愈和血液有关的疾病。在化疗之后，干细胞被移植到患病的孩子体内，将在几周内替代已经衰老的细胞。

## 消除担忧

植入前遗传学诊断的好处有两个：一个是由于遗传是导致流产的因素之一，植入前遗传学诊断增加了受孕的机会；另一个是避免了在怀孕期间发生胚胎异常的可能、与产前诊断（羊膜穿刺术）有关的风险以及父母做出（或不做出）医疗终止妊娠艰难决定的可能。

# 身体健康

去药房

### 选择恰当的词语

有一些婴儿的孕育是为了治疗自己的哥哥或姐姐,他们最初被称为"医疗婴儿",但现在这个术语已经演变为"希望婴儿"或"救命婴儿"。这看似只是简单的语言变化,但也标志着潜在的伦理学发展。在伦理学看来,这些婴儿的出生不只是作为"药物",还被寄予了希望,家长希望他们的诞生可以成为其兄弟姐妹的治疗方法。因此,正如伊曼努尔·康德在"绝对命令"中强调的那样,这是目的,而不仅仅是手段。

### 什么是生命"真正"的开始?

植入前遗传学诊断引发的讨论之一是看待胚胎的态度。有些人认为,对其他已经具有生命的生物而言,这些胚胎只是简单的细胞簇。那么问题来了,生命的存在究竟是从何时开始的?受精时吗?有了第一次心跳时?从它具有一定数量的细胞时?还是出生时?法国法律对人的定义是从出生时开始的,如果孩子出生时活着并且可以继续存活,那么他就具有法律意义上的人格。但是如果涉及的是利益问题(如继承问题),则可以把这个时间点向前推。伦理委员会正在重新思考这个议题。

### 备用计划

如果脐带血中包含的干细胞移植失败,则可以进行骨髓移植。但是这种方法更具侵入性,因为骨髓需要提取,而脐带血只需在婴儿出生时收集。

### 受限制的选择

胚胎选择涉及的伦理问题与优生学有关。也就是说,这种选择可能会失去控制并变得系统化,所以人们就会系统地消除可能有残疾的胚胎并保存令人满意的胚胎,所以无法对"好胚胎"下定义。

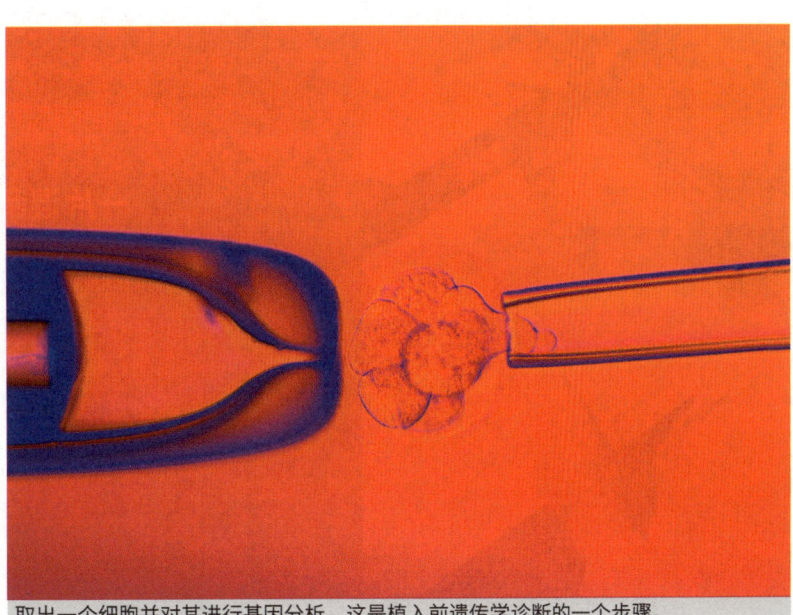

取出一个细胞并对其进行基因分析,这是植入前遗传学诊断的一个步骤。

# 当环境因素参与其中……

## 字里行间的阅读

谁真的相信一切都写在 DNA 里？可能所有人都相信，但是不会持续很久，或者不会以我们最初认为的那种方式相信。实际上，基因的表达受各种机制影响，排在第一位的就是表观遗传学（表观遗传学的法语是"épigénétique"，它的前缀"épi"表示"高于"，这里是指"在遗传学之上"）。表观遗传学认为各种细胞都拥有自己独特的功能。事实上，如果我们观察骨细胞和免疫细胞中的遗传基因，就会发现即使这些细胞的外观和作用完全不同，遗传基因也是完全相同的。

在每一个细胞里，表观遗传学实际上是在不修改 DNA 的情况下对 2.5 万个基因进行读取。正是它使同卵双胞胎之间存在足以区分彼此的差异，或者将人类与和人类有 98% 相同基因的猴子区分开。根据细胞的类型，某些基因实际上会被读取并激活（激活的程度有不同），而其他的则不会。说得更形象一些，就像我们翻阅报纸时只会根据自己的兴趣阅读体育、时政或小启事版面。与基因变异不同，这种读取的命令是可逆的，但当细胞分裂时，它们会保留自己原本的功能。这很容易理解，如果一个皮肤细胞突然想要变成肠细胞，另一个则想成为心脏细胞，那就太令人烦恼了。

## 一片混乱

细胞对读取方式的学习贯穿从胚胎时期开始的整个发育过程，然后在生命过程中不断发展以应对不同限制，包括与身体（生长）直接相关的事件，也包括源自外部的事件。例如几千年来，人体已经知道该如何控制细菌或压力，还有一些"新事物"，如烟草、内分泌干扰物、纳米颗粒等，这些是造成混乱的因素。当表观遗传机制发生异常，调节细胞分裂、寿命或细胞活性的基本任务发生变

对可能遗传给后代的基因变异的研究。

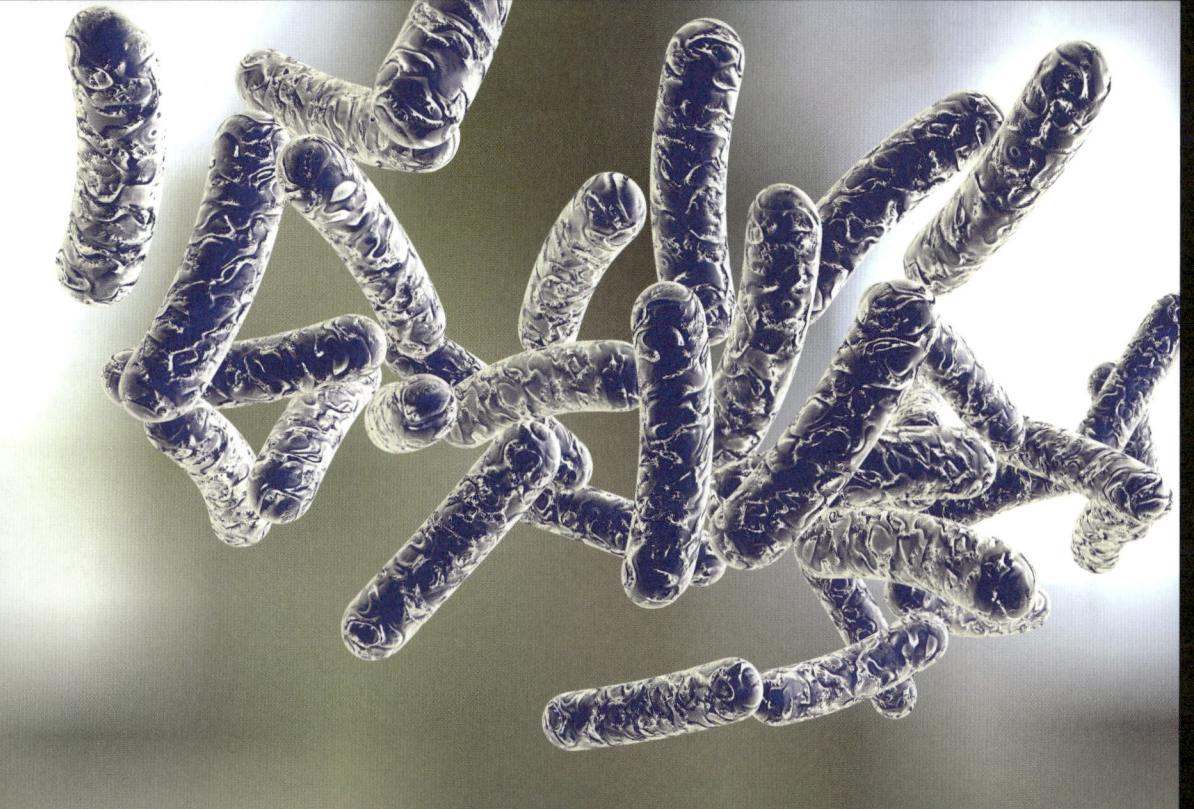

引起军团菌病的细菌，它们通常出现在水中。

化，就有可能引发复杂的疾病，如癌症、阿尔茨海默病、帕金森病、2型糖尿病、肥胖症和其他慢性疾病。

## 非遗传挑战

另一个令人不安的问题是，我们观察到大鼠的表观遗传因子会遗传给后代。这一发现令科学家非常头疼，因为所有哺乳动物的生殖细胞（卵母细胞和精子）似乎都需要经过"清洗"才具有中性表观遗传基础。但是，如果我们已经在大鼠身上意识到这些因子的传播，就难免会怀疑人类是否也会如此。

而且，由于我们尚未完全了解人类所有的表观遗传机制，所以问题就很严重了。当然，面对这些令人担忧的发现，研究人员不会袖手旁观，他们正在开发专门针对表观遗传相关疾病的药物。而且这些"表观遗传药物"将成为靶向治疗的一部分，以便其继续正确地读取 DNA。

那么，谁会依然相信一切都只写在基因里呢？

1167

# 充满能量

## 食物的宝藏

食物带来的能量主要源自碳水化合物（糖占主要部分）、脂肪和蛋白质。这些不同类别的物质在体内的同化是通过各自的途径单独完成的。

### 替代糖

甜味剂（如阿斯巴甜、甘露醇、糖精、山梨糖醇等）能够提供的能量很少，但可以增加甜度。由于大脑会把甜味与碳水化合物能量摄入联系在一起，所以在减肥时食用甜味剂会适得其反。

## 注意平衡

为了保护心血管，理想的摄入量是每5个OMEGA-6对应1个OMEGA-3，但在西方人群的饮食中，在很大程度上这个比例是相反的。

## 没有 α 但有很多 Ω

OMEGA-3 和 OMEGA-6 是多种身体功能必需的多不饱和脂肪酸。它们参与细胞膜的合成、血液胆固醇的调节、对抗炎症与过敏、免疫反应以及记忆等工作。

## 微型的糖

从化学角度看，碳水化合物由糖（果糖、葡萄糖和半乳糖等）组成。它们中的一些是单糖，而多糖则由大量单糖组成，如淀粉等。

## 计算能量

大卡（1大卡=1000卡路里）是衡量能量摄入的传统计量单位。每克脂肪提供9大卡能量，每克蛋白质和碳水化合物提供4大卡能量。为了保证能量摄入平衡，我们每天需要2100～2600大卡能量。

## 蔬菜中的糖

大多数蔬菜纤维是我们无法消化的碳水化合物。蔬菜纤维中可溶解的物质对肠道有保护作用，并给人饱腹感。不可溶解的物质会激活肠的运动。这两种类型的纤维也会减慢人体对其他碳水化合物和脂肪的吸收。可溶纤维通常存在于果肉中，不可溶纤维则存在于果皮和种子中（豆类、麸皮等）。

## 评估血糖指数

根据碳水化合物的类型以及烹饪食物方式的不同，经过消化的糖进入血液的速度有快有慢。快糖（如蔗糖）会快速提高血糖水平，而淀粉类食物（如谷物、香蕉、豆类、土豆等）中的慢糖则相反。

三文鱼、杏仁、核桃、榛子、橄榄油和鱼油等食物中含有 OMEGA-3。

当环境因素参与其中……

## 辅助新陈代谢

微量营养素包括维生素、矿物质（钙、钠、镁、磷、钾等）和微量元素（铁、铜、锌、氟、碘、锰、硒等）。它们不会提供能量，但对人体内新陈代谢中许多化学反应的正常进行至关重要。

### 脂肪酸的重要性

一些脂肪酸对人体功能至关重要，但是身体无法合成它们，所以我们必须通过食物摄入亚麻酸（葵花籽油、玉米油、葡萄籽油等）和 α-亚麻酸（脂肪性鱼肉、大豆、菜籽油等），它们是 OMEGA-6 和 OMEGA-3 的前体。

## 摄入量

每天需要摄入的矿物质和微量元素的量是不同的。人每天对矿物盐的需求大约为 10 毫克，而对大部分微量元素的需求仅为几微克。

## 叉子上的脂肪

我们通过饮食吸收的主要脂质是富含能量的脂肪酸。它们在化学上可能非常稳定（饱和脂肪酸），也可能存在一个或多个自由化学键（单个或多个不饱和脂肪酸），需要摄入更多的维生素 E 才能吸收它们。

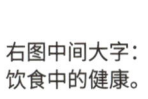

右图中间大字：
饮食中的健康。

## 阻塞血管

动物脂肪（黄油、猪油、奶油等）会沉积在血管壁并导致心血管疾病，它与富含不饱和脂肪酸的植物脂肪（橄榄油、菜籽油、棕榈油、葵花籽油等）不同，植物脂肪可以起到保护心血管的作用。

## 构建人体的一砖一瓦

蛋白质主要存在于肉类和某些植物食品中。它们提供的能量较低，但会为人体提供形成蛋白质（激素、酶、抗体等）所需的氨基酸。它们约占人体总重量的 15%。

1169

# "E" 的集合

### 更光滑导致更多的炎症？

流行病学研究发现，乳化剂在市场上的出现与肠炎以及结直肠癌患者的增加有关。这种类型的肿瘤通常与消化道天然菌群的平衡被破坏有关，人们为此用小鼠进行了试验。在与人类条件相同的情况下，小鼠肠道内的微生物群发生了变化，为炎症的发展提供了空间。

### 维生素的双重作用

有时维生素也可被用作添加剂：维生素 C 可作为抗氧化剂，维生素 $B_3$ 可用作固色剂。

### 计算出的添加量

食品添加剂是添加到工业产品中的化合物，可以延长食物保存的时间，改变食物外观（颜色、口感等），改善口味或调节酸度。食品添加剂不一定具有营养价值，但能够形成产品的商业优势，使产品更易于运输、销售时间更长，并对消费者更具吸引力。

乳化剂（聚山梨酯、纤维素胶等）可以提高奶油、冰淇淋、调味料、蛋糕和糖果等食物的光滑度。

### 小鼠试验引发怀疑

一些小鼠试验让人们怀疑某些添加剂是否具有毒性。二氧化钛是用于人类食品（糖果、糖霜、奶酪等）、化妆品或药物中的白色染料，会影响免疫系统，还可能导致肠道癌性病变。谷氨酸是用于酱汁、汤或开胃饼干的增味剂，通过小鼠试验人们发现，它可能具有神经毒性，会影响食欲并导致发胖。这些结论不能直接应用于人类，需要进一步研究，但足够引起人们的怀疑。

### 最新的味道

欧盟正式要求一些添加剂必须在含有该添加剂的食品成分列表中标明。目前，由于科学研究对某些化合物的安全性提出质疑（据估计25%的食物添加剂并不安全），因此科学家们正在重新评估这些化合物的状态，可能会对一些食品添加剂的使用许可和最大剂量提出新的建议。

当环境因素参与其中……

出现在糕点、巧克力制品、饮料和果酱中的酒石酸结晶。

## 给身体健康带来风险

近期，许多化妆品，包括儿童用化妆品，因含有太多化合物而被注意到。这些化合物主要有过敏原（MIT、柠檬烯、芳樟醇等）、干扰甲状腺和性激素的内分泌干扰物（环戊硅氧烷、二苯甲酮-1、二苯甲酮-3等）以及可能对血液或肝脏有害的物质。

姜黄可用作添加剂，给果汁或糖果等食物着色。

## 对羟基苯甲酸酯的疑问

对羟基苯甲酸酯是使用广泛的防腐剂，但其中一些被认为是内分泌干扰物、过敏原或潜在致癌物。迄今为止，一些研究认为它们是安全的，而另一些研究则表明这些物质会给女性使用者的后代造成影响。如果这些问题被证实，就可能需要审查包含此物质的100多种药物的配方，并修改许多化妆品和食品的细菌和真菌防护方法。

## 剂量问题

和很多产品一样，添加剂的使用量与它们可能产生的潜在影响直接相关。为了避免增加剂量，也避免添加剂与尚不明确的后果发生连锁反应，最好选择成分简单的食品，这表明产品的工业加工已经减少了。

## 添加天然成分

纯天然物质可以被用作添加剂，例如可以通过姜黄或焦糖获得橙黄色、从含有叶绿素的植物中获取绿色等，而愈疮木的树胶和树脂可以被用作防腐剂和抗氧化剂。

## 编号为"EXXX"

从1979年起，每种获得授权的食品添加剂被分配了一个由"E"和三位数字组成的编号。第一位数字通常对应一种功能，如"1"表示着色剂，"2"表示防腐剂，"3"表示抗氧化剂，"4"表示增稠剂，"6"表示增味剂等。

1171

# 饮食的变化

### 饮食习惯的发展

2017 年初，对饮食的建议得到发展，适应了最新的科学知识。结果表明，有必要提高饮食结构中低精制的谷物（如面包、米饭、全麦或半全麦的面食等）、豆类（小扁豆、蚕豆、红芸豆、菜豆和豌豆等）以及包含在富含脂肪的鱼、坚果、菜籽油等优质脂肪中的 OMEGA-3 的比例。

### 注意污染物质

如果完全参照营养建议，就必须深入研究水果和蔬菜的种植方式。实际上，现在的水果和蔬菜上残留大量的金属（铅、镍等）和农药。如果大量食用这些水果和蔬菜，对金属和农药的吸收也会增加，所以会对人体健康造成威胁。水果和蔬菜的包装也需要改良，因为包装上使用的墨水也可能污染食物。

### 吃水果，别喝果汁

水果和蔬菜仍然备受人们重视。实际上，饮食建议每天至少吃 5 种、每种 80 克的水果和蔬菜，以摄入适量的纤维和矿物质。果汁和浓缩果汁不再是水果，而变成了像苏打水一样的含糖饮料。因为无法提供水果所含的营养成分，而且特别甜，所以建议每天饮用含糖饮料不超过 1 杯。

全麦面粉由保留了胚芽和壳的小麦种子制成，因此全麦面粉制成的面包富含纤维和矿物质，可以降低血糖指数，这使它逐渐成为人们的首选食物。

水果和蔬菜的每日推荐摄入量为 400 克。

### 饮食的多样性

食物种类、食物来源（鱼类）和供应方式（市场、生产商、超市等）的多样性是人类获得多种营养素的秘诀。这也降低了与化学污染物有关的饮食风险。

当环境因素参与其中……

### 能否消化牛奶

乳糖是牛奶中的糖，全脂牛奶的乳糖含量最高，乳糖的含量会随着牛奶精炼（黄油、奶酪、酸奶等）程度的增加而减少。乳糖酶可以消化乳糖，新生儿体内的乳糖酶含量是最高的，但随着年龄的增长，乳糖酶的含量减少，一些人对乳制品的消化能力也会降低，我们称这种表现为乳糖不耐症，在一些成年人身上体现为胃痛、腹胀等症状。真正的牛奶过敏与牛奶中的某些蛋白质（如酪蛋白）有关。这种过敏会从婴儿时期开始，随着年龄的增长逐渐消失。

### 面对谷物的肠道

麸质是小麦、大麦、燕麦或黑麦中不溶性蛋白质的混合物，它可以使烘焙食品和饼干更加膨松，更有弹性。有些人对它不耐受，他们的肠道在接触麸质时会引发自身的免疫性炎症反应，使麸质蛋白被逐渐降解，造成乳糜泻。也有人对麸质过敏，可能出现皮肤发红、肿胀和荨麻疹等症状。还有人对它比较敏感，他们的症状并不总是非常明显（消化系统疾病、疲劳、疼痛等），与疾病相关的生物学检查结果也呈阴性，只要停止食用含麸质的食物，症状就会消失。

### 儿童过敏

儿童的主要食物过敏原按概率由高到低排序依次为鸡蛋、花生、鱼以及牛奶中的蛋白质。

### 喝牛奶对骨头好？

不光能通过乳制品摄入钙，沙丁鱼罐头、干果、蔬菜和芳香植物中也含有钙。科学界统一认为，如果没有维生素 D，钙就无法附着在骨骼上，但是关于应摄入钙的量及类型依然存在争议。研究得出的结论经常彼此矛盾，而且通过补钙来预防骨折或骨质疏松的效果似乎有限。

### 减肥：规定方法

研究表明，通过食用某种类型的食物来限制卡路里摄入的节食方法，效果还不如遵循营养建议正常进食、放弃零食的方法。节食减肥还会反弹，让体重不减反增，其原因是在一段时间的节食后，身体会自然增加自己的储备。减肥需要考虑的另一个参数是能量的消耗量与摄入量之间的差值。

我们发现钙不只存在于牛奶中，还存在于干果、芳香植物和沙丁鱼罐头等食物中。

1173

# 应该让肉被替代吗?

人体功能所需的蛋白质不仅存在于肉中,所有的动物产品(蛋、乳制品、鱼等)和植物都能提供蛋白质。

### 找到正确的尺度

近期我们发现,过量食用红肉和熟食肉类会使患结直肠癌的风险显著增加。我们也怀疑患乳腺癌也与这种饮食习惯有关。因此,现在建议每人每周摄入红肉的量不超过 500 克,摄入熟肉制品不超过 150 克。

### 寻找组成部分

氨基酸构成了我们在童年时期成长和我们的人体组织在整个生命中的自我再生中所需的蛋白质。我们会分解来自动物和植物等食物的蛋白质,并将其重组成我们自己的蛋白质,包括消化酶、激素、抗体等。

### 硝酸盐和亚硝酸盐

红肉和熟食肉制品那令人胃口大开的粉红色与对硝酸盐和亚硝酸盐的使用有关。这些天然存在于环境中的化合物最初因其具有防腐特性而被应用于食品工业,这种防腐特性可以让食物在一段时间内不会使食用者肉毒杆菌中毒。现在硝酸盐和亚硝酸盐被归类为可能的致癌物。

### 白色还是红色?

2015 年,红肉的定义发生了变化,变得与我们通常的用法不同,指来自哺乳动物肌肉的所有产品(因此将家禽排除在外)。所以,红肉还包括传统上被认为是白肉的小牛肉和猪肉。

蓝莓具有抗氧化作用,可以抵消自由基的负面影响,包括食肉造成的部分。

### 排毒食品

抗氧化剂可以抵消肉类产品的有害影响。它们存在于干果(核桃、榛子等)、浆果(桑葚、蓝莓等)、水果(橙子、猕猴桃、石榴、苹果等)、蔬菜(菠菜、西蓝花、红椒、茄子等)、蘑菇、香料、芳香植物(百里香、丁香、可可等)、茶和咖啡中。因此营养指南建议每人每天至少吃 5 种水果和蔬菜。

当环境因素参与其中……

### 植物大混合

植物蛋白由氨基酸组成,但和动物源蛋白相比,它们的比例变化较小。为了保证摄入足量的各种必需的氨基酸,必须让食物多样化。具体来说,就是要结合豆类(扁豆、蚕豆、菜豆、大豆等)、谷类(大米、小麦等)以及花生、开心果、杏仁等种子类食物。

### 素食主义者不吃什么?

素食者的饮食不包括肉、鱼和海鲜。纯素食主义者的选择更为严格,因为他们只食用植物性食品。因此,他们从广义上排除了动物源食品,包括乳制品(奶酪、奶油、黄油等)、鸡蛋以及蜂蜜等。

### 什么是素食主义者?

素食主义是一种生活哲学,超越了对食品的选择(此处指的是纯素食主义者)。素食主义者尊重动物,因此在消费时会排除任何剥削和滥用行为,不使用皮革制品、羊毛制品、所有在动物身上测试过的产品、珍珠及贝壳饰品、蜡烛及蜂蜡制品等。

### 不可或缺的氨基酸

人类需要 20 种氨基酸来构成所需的蛋白质。我们能够通过葡萄糖(糖)合成其中一大部分,但是有 9 种氨基酸必须通过食物获得,它们也是必不可少的。

### 最新风潮

"弹性素食者"是最近几年出现的术语,指减少食用肉和鱼的人。他们采取相对偏好素食的饮食方式,但和纯粹的素食者仍有差异。

### 小心营养缺乏!

只吃肉的人没有足够的纤维来维持良好的消化,而且饱和脂肪摄入过多。以植物性饮食为主的人可能出现维生素缺乏症,尤其缺乏维生素 $B_{12}$,这种营养素对细胞维持正常功能至关重要。

在没有肉的情况下,必须维持饮食的多样性,以便为人体提供所有必需的氨基酸。在种子类食物中,藜麦是唯一可以提供所有种类氨基酸的食物。

**1175**

# 喝一杯来解渴！

### 一切都是水！

水是人体最重要的组成部分，主要存在于细胞中，占成人体重的 65%。但是水无法被储存，在呼气、出汗、形成尿液或者构成占比比较小的其他分泌物（如眼泪）时，水就会被永久消耗掉。为了达到平衡，水的摄入主要通过饮用，有的水果也可以提供水，如西瓜等含水量可以达到 90% 以上。

### 安全用水

饮用水是指可以饮用、不会造成危害的水。也就是说，它的有害物含量必须非常低，病原微生物（病毒、细菌、寄生虫、藻类等）、重金属（铅等）或化学物质（硝酸盐、杀虫剂、碳氢化合物等）都属于有害物质，它们中的每一个都要通过严格的标准来确定其阈值。在法国，95.6% 的人口能够获得安全的自来水。

### 喝过啤酒后的小便

为什么酒精会造成脱水？因为它阻断了抗利尿激素作用，这个激素通常通过重新吸收体内应组成尿液的部分水来限制尿液的形成。例如，喝了几杯啤酒后小便会变得频繁，尿液量甚至会超过摄入的液体量，所以可能导致脱水。

### 硬还是软？

水的硬度取决于水中钙离子和镁离子的水平。摄入钙离子和镁离子不会对健康造成影响，但会影响卫生情况，因为太硬的水会使皮肤干燥，并减弱肥皂和清洁产品的功效。相反，太软的水似乎会让清洁产品无休止地起泡。

### 海上的后勤保障

人体内离子和分子的运输可以通过渗透作用被动地进行，也就是说不需要能量，当两个隔室被不允许大分子通过的膜隔开时，液体就会自发地朝浓度高的方向移动。这就解释了为什么饮用海水会导致脱水，因为海水中的盐分含量高，人体要"清空"自身的水分以维持平衡。

在欧洲，有近 2000 种不同的天然矿泉水。

当环境因素参与其中……

### 并非完全没有味道

水的味道源自水中所含的微量元素和矿物质，这些物质中有一些对人体至关重要。矿物质含量高的水（700～800 毫克/升）味道重并且偏咸，矿物质含量低的水（低于 150 毫克/升）味道更酸、更苦或更有金属味。

### 瓶装水的功效

无盐饮食需要使用微量元素含量低的矿泉水。这些微量元素在水中的浓度不尽相同。碳酸氢盐有助于促进消化，并有较弱的愈合作用；硫酸盐具有利尿和愈合作用；氯化物对抗呼吸系统疾病有益；钠有利于心率稳定；镁可以减轻压力和疲劳。

世界卫生组织估计，每人每天需要 20～50 升干净的水才能自在地生活。在法国，人均每天用水量为 150 升。

### 去药店买水

在一些国家，只有对健康有积极作用的水才能被称为矿泉水，这与饮用水的标准无关。19 世纪末，药剂师要学习水文学、矿物学和化学课程，这样他们才能向患者推荐当时仅在药房出售的水。

### 装入小瓶

装在瓶子里出售的水是从地下饮用水源保护区中提取的，那里的水可以免受污染。泉水是天然的可饮用水，不应被加工处理。矿泉水与自来水的区别在于矿泉水保证了矿物质和微量元素的含量稳定。

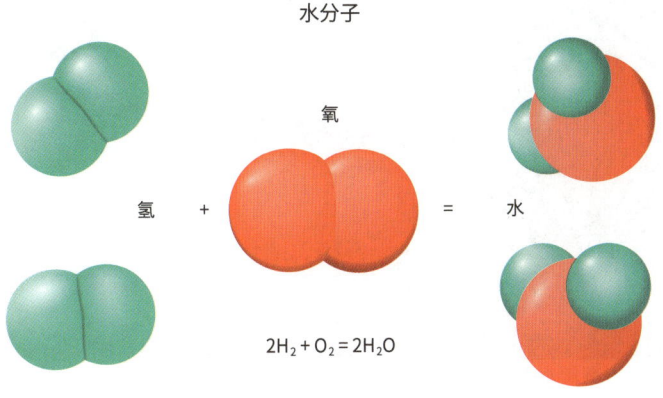

水分子

氢 + 氧 = 水

$2H_2 + O_2 = 2H_2O$

### 饮用水问题

在法国，由于农业或管道污染，全境范围内有 300 万居民居住地的自来水不适宜饮用。

1177

# 各种各样的光

太阳发出的 B 段紫外线能量很高，但穿透力不强，不像 A 段紫外线会造成真皮损伤。这就解释了为什么防晒霜应含有针对这两种自然辐射的过滤物质。

### 脸晒黑了但不健康

晒黑室使用的是人造紫外线，如果使用不慎，会对皮肤造成危害。实际上，在晒黑室里停留会导致患皮肤癌的风险提高 1 倍。在法国，平均每年因此造成 350 例黑色素瘤和 76 例死亡。尽管如此，近 2/3 的机构仍不遵守旨在进一步保护用户的法规。

### 柠檬黄色的婴儿

近 2/3 的婴儿出生时体内积累了过多的胆红素，这就是他们的肤色呈淡黄色的原因，这种症状被称为新生儿黄疸。这种淡黄色的色素源自红细胞更新过程，通常会被肝脏分解，但这个周期在婴儿体内发生较慢。体内长期含有过量的胆红素会造成神经系统损伤，因此有必要通过蓝光光疗来帮助身体吸收胆红素。这可以加速胆红素分解，使其被肾脏清除。

### 防御紫外线

人们引入了"阳光资本"的概念，目的是提高人们对以下事实的认识：每种类型的皮肤都有自己的保护机制，可以抵御阳光（尤其是紫外线）的有害影响，但是这些保护机制与生俱来，不会自我更新。这种标准无法测量，但是皮肤受阳光照射的量超过保护标准时，包括 DNA 在内的细胞修复将无法正常进行，因此有患皮肤癌（黑色素瘤）的风险。

### 在灯光下

光疗是使用各种光来治疗疾病的方法。例如，可以使用接近阳光的白光，或只使用紫外线来治疗湿疹、牛皮癣等皮肤病或某些眼部疾病。

晒黑室使用的人造紫外线对皮肤有潜在危害。

当环境因素参与其中……

## 让癌症掉入自己的陷阱

某些癌症细胞留存光敏剂的时间比其他细胞要久,这成了它们的一个弱点,人们因此发现了破坏它们的方法。等到癌细胞成为唯一包含光敏剂的细胞之后,就可以开始光动力治疗。我们可以使用与光敏剂发生反应的适当的光进行治疗,即使光敏剂只存在于个别细胞中,人们也能够针对性地破坏癌症细胞。

## 点亮新的灯泡

LED 灯正在取代其他照明方式,以节省大量能源。和所有光辐射一样,LED 灯发出的波长对眼睛有害。相关规定给除 LED 灯以外的其他照明方式(卤素灯、荧光灯等)设置了阈值,但这些阈值似乎不适用于 LED 灯。实际上,这种灯不会引起视网膜退化,而会直接影响视网膜细胞。目前人们正在研究它是否与眼睛过早老化有关。

### 冬天的阳光病

当白天缩短,日照时间减少,可能致使有些人患上季节性抑郁症。这种疾病的治疗包括每天进行光疗。

## 完全被打乱的生物节奏

我们的大脑将蓝光当作白天的标志。正常暴露在阳光的蓝光中,可以让我们保持清醒。问题在于,我们在现代使用的大多数设备都配备了能够发出强烈蓝光的 LED 灯(发光二极管)。如果我们长时间停留在屏幕前,尤其是在晚上,就会扰乱生物钟,造成睡眠、情绪或认知障碍。因此应避免使用 LED 灯作为夜间照明,还应为屏幕安装滤光片(物理或贴膜)以阻止蓝光穿透。

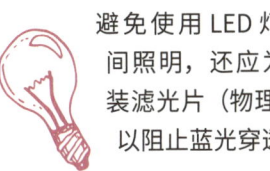

1927 年,在半导体首次发光的 20 年后,奥列弗拉基·洛谢夫对 LED 进行了调整,让它们能在电流经过时发光。

**1179**

# 小怪兽攻击大怪兽

螨虫的长度不超过 2 毫米。它们产生的蛋白质会造成人类不同形式的过敏。

## 所有人的脸上都有螨虫

螨虫有约 5 万种不同的种类，它们和蝎子、蜘蛛一样，同属蛛形动物。最小的螨虫不到 1/10 毫米，最大的则有 1～2 毫米。它们无处不在，甚至存在于我们皮肤的毛孔中。

## 灰尘过敏

家中的尘螨是造成过敏的原因。有 8 种螨虫以人体的皮屑为食物（死皮、头发、体毛、指甲等），它们生活在我们的床上用品、地毯、扶手椅上。实际上造成过敏的不是螨虫本身，而是它们产生的蛋白质，它们将这些蛋白质以粪便的形式排出体外。这些粪便很小，会让人通过呼吸吸入，让敏感的人患上鼻炎（打喷嚏和流鼻涕），甚至导致哮喘发作。

## 持久的混乱

患者和医学界就是否存在慢性莱姆病产生了争论。这种病的症状为疲劳、弥漫性疼痛以及记忆力和注意力障碍。这些症状都不是特异性的，因此很难让医生给出确切诊断。对治疗不满意的患者会求助于未经核准的手段，一些协会倾向于阴谋论。此外，世界范围内，官方对此没有统一的论述，因此在人们头脑中播下了混乱的种子。

## 头虱

有两种不同虱子的亚种会寄生在人的头部或身体上。第一种寄生在头发中，喜欢混杂的环境；第二种则寄生在衣物中，在不稳定的情况中更容易出现。这两种虱子以血液为食物（吸血），会引起温和的虱病，表现为瘙痒。

壁虱是一种螨虫，平均大小为 3～6 毫米。

## 壁虱有钩子！

和恙虫一样，壁虱属于螨虫家族，它们生活在潮湿的环境（如树林、高高的草丛或花园）中。它们寄生在动物或人身上，以血液为食，有时会在动物或人身上寄居 1 个星期之久。

当环境因素参与其中……

## 小吸血鬼

臭虫是一种大小和形状都像苹果种子的小昆虫。自20世纪90年代以来，它们的数量一直呈上升趋势。夜晚，它们从藏身之处（床上用品、木地板的凹槽、踢脚线等）出来，叮咬人类，吸食血液。它们不是任何疾病的载体，但被它们叮咬后产生的瘙痒感很快就会让人难以忍受。

## 手段高明的叮咬

蚊子是人类最大的寄生虫和疾病传播媒介，其中最严重的就是疟疾，每年有2.5亿病例，其次还有脑炎、西尼罗河热、丝虫病等。不同类型的蚊子会传播不同的疾病，例如，伊蚊属（俗称虎蚊）的263种蚊子是基孔肯雅热、寨卡病毒、登革热和黄热病的传播媒介。

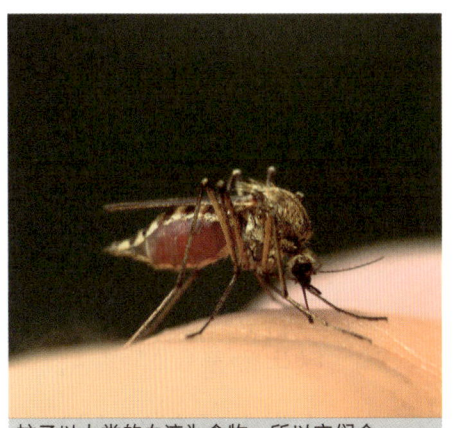

蚊子以人类的血液为食物，所以它们会叮人。

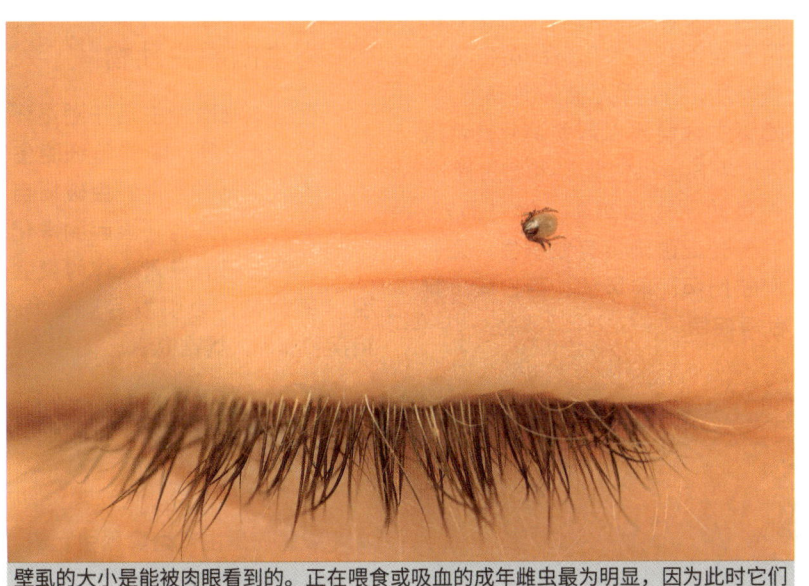

壁虱的大小是能被肉眼看到的。正在喂食或吸血的成年雌虫最为明显，因为此时它们比处于其他发育阶段的壁虱体形要大得多。

## 肠道寄生虫

绦虫是肠道内的寄生虫，通过牛肉或猪肉传播给人类，如果肉没有被充分煮熟，它们就可以存活。人体内一旦有了这种寄生虫，食欲就可能受到影响，体重也可能下降。在3个月内，绦虫就能生长到成虫大小，并释放出包含虫卵的环状节片，节片会通过受感染者的肛门排出。

## 伯氏疏螺旋体

莱姆病是由于壁虱叮咬导致的伯氏疏螺旋体感染。开始时被咬部位周围的皮肤明显受到严重的刺激，然后逐渐扩散为环状（游走性红斑）。如果早期没有使用抗生素治疗，让疾病扩散到全身，就可能导致并发症，主要为神经和关节疾病。

## 三角裤内的不愉快

阴虱是一种寄生于耻骨和肛门区域的虱子。鉴于它生长的位置及其高传染性，它引起的虱病（阴虱叮咬过的地方会有淡蓝色的斑点，并会引起瘙痒）被归类为性传播感染。

1181

# 微生物的世界

## 揭开隐形物的面纱

大约在 1674 年，安东尼·范·列文虎克发现了"微小动物"，他在水中、牙结石和精液中观察到了这些微小的生命形式。这要归功于他自己制造的显微镜镜头，这些镜头精度很高。他发现的"微小动物"其实是原生动物、细菌和精子。

## 微生物是人类永恒的敌人吗？

1878 年，夏尔-艾曼努尔·塞迪洛特提出了术语"microbe"一词（源自"mikros"和"bios"，这两个词分别是"小的"和"生命"的意思）来指代所有引起疾病的微型生物。这个术语被使用了很长一段时间，之后被不具致病含义的"microorganisme"取代。在当今这个工业时代，这些微生物被用于合成人体所需的维生素、酶或抗生素。

## 原核生物的肖像

细菌是（无核的）单细胞原核生物，平均只有人体细胞的 1/50 大小。人生存的环境中，细菌无处不在。大部分细菌依靠人类存活，并给我们带来许多好处，如腐生细菌可以帮助消化，合成维生素 $B_6$、维生素 $B_9$ 和维生素 K，并有助于免疫防御。相对而言，另一些细菌则具有致病性，会引发破伤风、麻风病、百日咳、霍乱等疾病。

## 有核还是无核

真核生物的细胞和人类细胞一样有着具有遗传物质的细胞核。从微观上讲，我们可以区分单细胞真核生物（单细胞生物，即藻类与真菌，包括霉菌、酵母菌等）和原生动物。

## 寄生的原生动物

原生动物是指生活在潮湿环境（水、土壤等）中的单细胞生物。从本质上讲，它们会破坏自身食用的细菌并对环境起到净化作用。可当它们进入人体时就会变得很危险，会引发弓形虫病、疟疾和非洲人类锥虫病。

## 真菌的生长

霉菌病是由微型真菌引起的。皮肤真菌会破坏人体外部（皮肤、指甲、毛发等）的角蛋白，导致头发和毛发脱落，造成皮癣。念珠菌病（如鹅口疮）与假丝酵母菌有关，皮肤和黏膜的热量和水分有助于假丝酵母菌的发育。

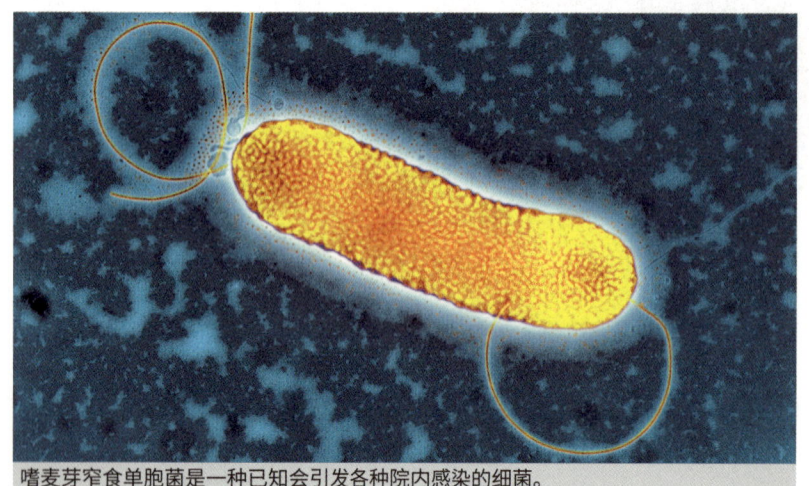

嗜麦芽窄食单胞菌是一种已知会引发各种院内感染的细菌。

当环境因素参与其中……

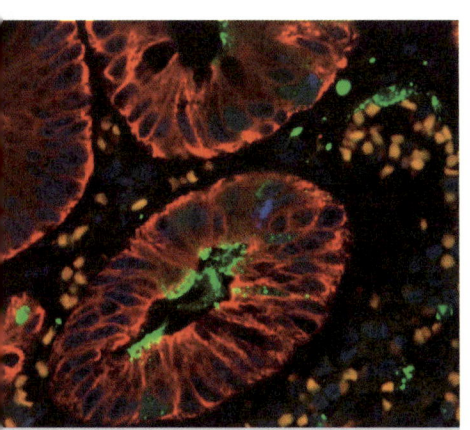

阑尾细胞感染了麻疹病毒（图中绿色部分）。

### 快速诊断

快速诊断测试可以在几分钟内鉴定出与疾病相关的抗原、抗体或基因序列。这加速了诊断，使医生可以给予患者适当的治疗，尤其可以确定感染是病毒性还是细菌性的（脑膜炎、咽峡炎等），因此并不总是需要使用抗生素。目前，我们发现这些测试可用于检查病毒（艾滋病、流感等）、寄生虫（疟疾等）、细菌（鼠疫、霍乱、咽峡炎等），还可以用于验孕。

### 对细胞的非法侵占

病毒是仅由包含遗传成分（DNA 或 RNA）的外壳构成的感染因子。为了繁殖，它们必须寄生在细胞中。它们是流感、水痘、艾滋病、埃博拉等疾病的源头。

### 抵抗时期

使用抗生素可以破坏对其敏感的细菌，但也为对其不敏感的细菌的繁殖提供了便利，于是细菌就对抗生素产生了抗药性。当对抗生素不敏感的细菌越来越多，它们就都拥有了这种抗药性，这导致"超级细菌"出现，抗生素也失去了作用。这是一个重大的公共卫生问题，因为我们的医疗保健系统在很大程度上依靠着这些药物，而且迄今为止我们还没有找到其他解决方案。

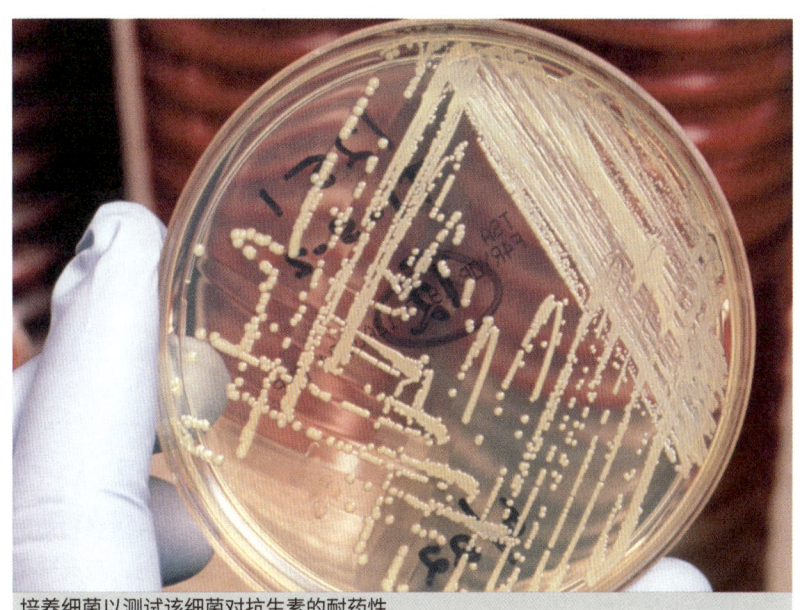

培养细菌以测试该细菌对抗生素的耐药性。

### 是否使用抗生素？

抗生素的作用方式是防止细菌和某些原生生物繁殖或被破坏。为了达到这个目的，它们会攻击特定类型的蛋白质，这就是抗生素无法通用的原因。即使有些抗生素是"广谱抗菌"（对几种菌株有效）的，也可能需要进行抗生素敏感试验来揭示病理中涉及的细菌并选择适当的治疗方法。在所有情况下，抗生素都对病毒感染无效。

# 人类、原子和辐射

## 与波有关的论战

科学界就电磁敏感度是否存在的问题展开了辩论。需要确定的是，越来越多的电波照射是不是因人而异的多种非特异性症状（疲劳、头痛、皮肤问题等）出现的原因。迄今为止，没有任何研究能够证明二者之间存在联系，而一些协会指出这些研究掩盖了很多因素，因此其结论是错误的。

## 通过光子传输

电磁波是能量粒子（光子）振动的结果。这些波是自然存在的，例如阳光或放射性辐射等。我们还使用它们来传输信息，或利用它们能够激活分子却不会电离分子的能力（无线电波、红外波、微波等）。

## 不好的家用器具

从手机和平板电脑开始，在无线技术中广泛使用的无线电射频已被警告可能对儿童产生不利影响。对这些电子产品使用的增多确实与认知障碍（记忆力方面、注意力方面等）产生和舒适感降低有关。

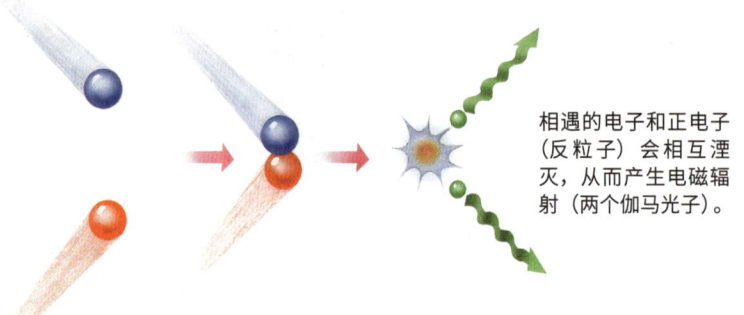

相遇的电子和正电子（反粒子）会相互湮灭，从而产生电磁辐射（两个伽马光子）。

## 对身体造成的后果

电离辐射的危害表现为烧伤，细胞被破坏可能导致各种症状，如恶心、脱发等。根据细胞经历的不同转化，随后的效应会随机发生。因为很难确定这些效应与辐射相关，所以很难对其做出检测。

## 越过组织的阈值

当辐射能够穿透并破坏物质时，我们就称之为电离辐射，但并非所有的辐射都是电离辐射。电离辐射的类型不同，造成病变的严重程度也不同，因此需要不同的保护手段。例如，抵挡 α 射线只需要一张纸，但抵挡 γ 射线需要一堵 1 米厚的混凝土屏障。

## 体检也有问题？

在法国，每位居民因接受身体检查而暴露在放射线中的平均辐射量为每年 0.06 毫希沃特。

## 学会测定剂量

有效剂量用于测定整个人暴露在辐射中时遭受的辐射量。考虑到自然的放射性（土壤、食物、宇宙波等），我们每年的辐射量为 2.4 毫希沃特。暴露在工作场所（核电站、医院等）遭受的辐射量不能超过每年 20 毫希沃特，但在紧急情况下可能达到每年 100～300 毫希沃特。

当环境因素参与其中……

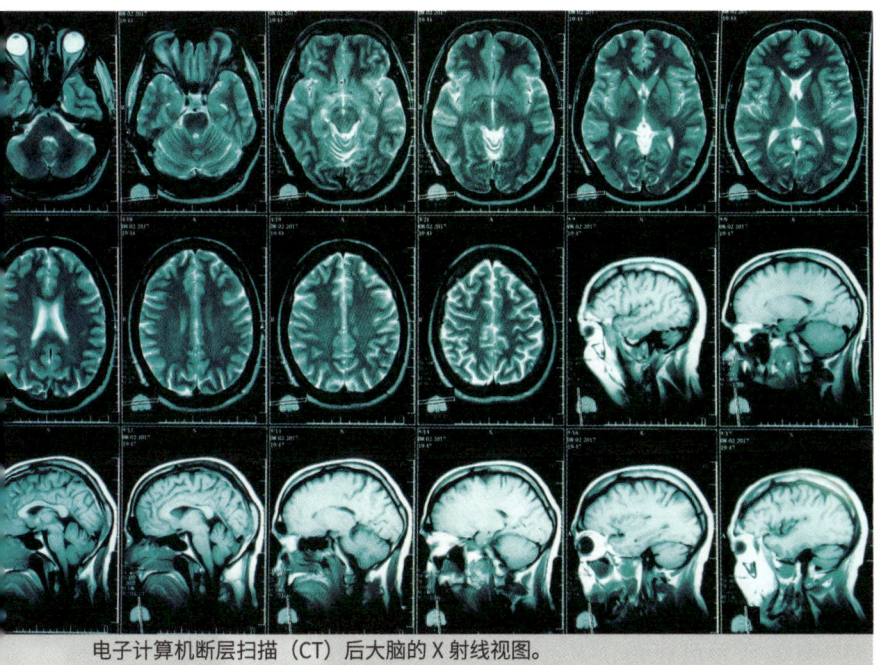

电子计算机断层扫描（CT）后大脑的 X 射线视图。

## 测量衰变

贝克勒尔（Bq）是测量物质每秒钟放射性衰变次数的单位，这个单位与衰变的危险程度无关。这个单位来自放射性的发现者之一安东尼·亨利·贝克勒尔。比如说，我们摄入的某些碳原子和钾原子具有放射性，使食物也具有弱放射性，奶酪的放射性活度为 59 贝克勒尔/千克，土豆的放射性活度为 170 贝克勒尔/千克。

据估计，人体发出的放射性活度为 120 贝克勒尔/千克，这个量是非常少的。

## 天要塌下来了

宇宙射线是源自太空的非常高能量的粒子，有些粒子甚至来自银河系之外。大气层和地球磁场可以保护我们免受其影响，但我们必须了解它们对人类的影响，以便考虑太空旅行（如火星计划）会对人类产生怎样的影响。

## 微粒的参与

辐射是通过物理载体（粒子）携带能量的波。不同性质的粒子（电子、中子、质子等）可以产生不同类型的辐射，如 α、β 或 γ 射线等。

## 致死的量

戈瑞（Gy）是测量物质吸收的电离辐射的量的单位。1 戈瑞（100 希沃特）吸收的能量就会对健康造成损害；超过 10 戈瑞，就有致死的危险。

## 放射性和人体

希沃特是测量放射性的第三种方法。由于它考虑了辐射的生物效应，因此更适用于人体。不同类型的辐射对物质的影响并不完全相同，组织本身的易损性也不尽相同。

气球运载的宇宙射线能量和质量实验在南极进行，用于测量宇宙射线。

# 行动成瘾

## 再也不能停下来

成瘾是与对物质或活动的依赖相关的病理表现。它出现在 DSM 手册（用来诊断精神疾病的指导手册，该手册是国际参考标准）中，手册描述了以下症状：难以抑制的需求、丧失控制、其他活动减少、尽管已造成严重后果仍会持续、在使用某物质或进行某活动后症状缓解等。

## 第一号

烟草是具有最强成瘾能力的精神活性物质，因为 1/3 的吸烟者会受其影响，其次是海洛因、可卡因和酒精。但就频率而言，烟草、酒精和大麻居领先地位。然后是阿片类衍生物和其他合成药物，这些药物的普及程度较低，在社会上更受贬低。2017 年，一项研究将糖列为成瘾性物质，但其排名受到质疑，因为这项研究认为糖是世界上消耗量最大的精神活性物质。

## 死亡原因

在法国，发生在 65 岁之前的死亡中有 30% 涉及上瘾状态。

## 受支配的行为

有的行为可能会让人上瘾，赌博、玩电子游戏、购物、运动、享受美食、性爱和上网等都属于易上瘾行为。它们起初能带来愉悦感或减轻不适感。

## 上瘾的大脑

最易成瘾的时间是青春期至约 25 岁之前，因为在 25 岁左右，人的大脑就会发育成熟。

尼古丁是造成烟草成瘾以及戒烟期间出现各种症状的原因。

## 成瘾的时间轴

愉悦是成瘾的起点，因为令人上瘾的活动或物质通常具有令人愉悦的身心影响。所以人们就会寻求这种舒适，然后进入需要摆脱渴求的状态，最后就会失去控制，但即使成瘾也已无法找回最初那种愉悦的感觉。

## 快乐之路

引起成瘾的精神活性物质会对奖赏回路造成不正常的刺激。这个神经网络通常通过使我们获得满足感来强化行为。因为它，我们会想吃想喝，会照顾自己的孩子，会保持社会关系，会感受到欲望，也会获得性快感。

当环境因素参与其中……

## 具有多种功能的快乐分子

多巴胺是奖赏回路中的主要神经递质，因此它有"快乐分子"的称号。只有少数神经元会使用它，但它与注意力、运动技能、记忆力、学习或动机相关的其他功能有关。因此，多巴胺水平异常与帕金森病、精神分裂症、多动症、肥胖症、抑郁症以及成瘾等疾病有关。

## 搞乱突触

药物对与多巴胺接触的结构起作用。有一些物质，如尼古丁或吗啡会在其受体上伪装成多巴胺，并在通常不会激活奖赏回路的情况下激活奖赏回路。其他物质，如可卡因或苯丙胺会增加天然多巴胺的分泌。还有一些物质，如酒精可以防止多巴胺的自然破坏，并相对于正常情况而言延长其信息的传递时间。

停止使用成瘾物质会导致戒断状态出现，可能造成生理和心理上的痛苦。此外，精神活性物质的使用史在几个月之后还会体现在头发中，这成了警方用于鉴定的一种工具。

## 缺失感是依赖的标志

当身体"缺乏"它习惯的精神活性物质时，就会出现戒断综合征。由于涉及的物质类型不同，戒断综合征的表现形式也不同。它可以表现在身体上（疼痛、震颤等）、生理上（心悸、出汗等）或心理上（焦虑、幻觉等）。

## 其他分子

奖赏回路的组成成分很多，其中包含具有镇痛和抗焦虑功能的5-羟色胺以及能减轻疼痛并带来幸福感的内啡肽。

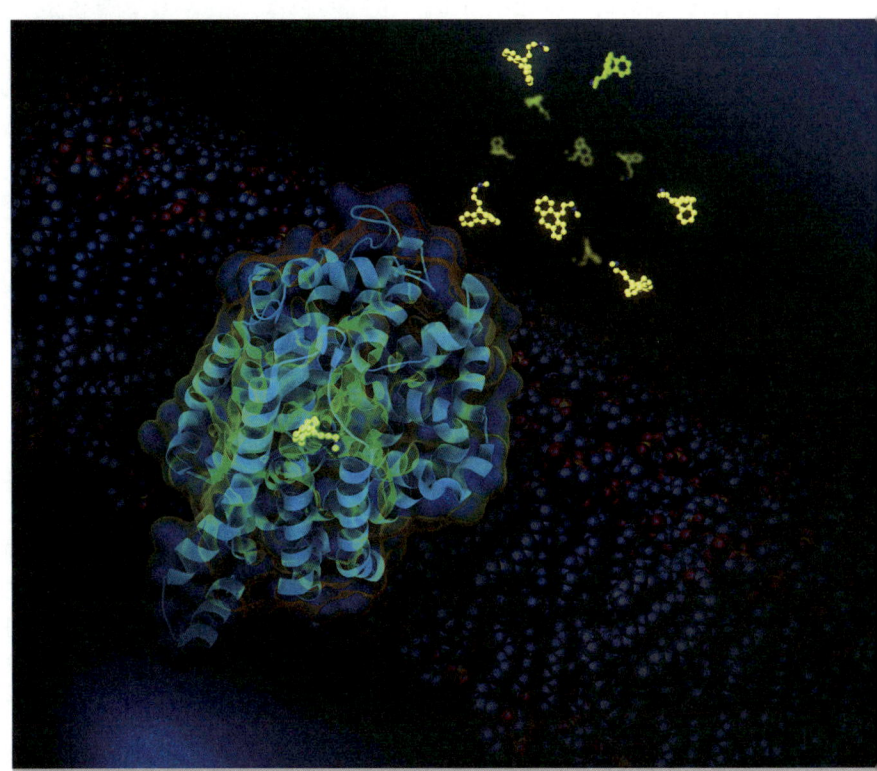

某些抗抑郁药物（图中的黄色分子）对携带多巴胺的蛋白质（图中的蓝色分子）起作用。如果我们突然截停这些蛋白质的作用，就会引发缺失感。

1187

# 内分泌干扰素及其他隐藏的危险

### 有太多孔隙的纸板

源自石油的矿物油被用于食品包装的黏合剂和油墨中，它们也存在于所有再生纸中。最近已经证明，当包装由纸或纸板制成，一部分有遗传毒性和诱变性的矿物油就会进入食物中，所以带有油墨的包装注定要被替代。

### 大气污染

环境空气中的细微颗粒物是受到最严格监测的污染物之一，它们会进入肺部，是许多癌症的病因。尽管执行了相关标准，但80%的欧洲人仍暴露于过量的细微颗粒物中，这些颗粒物主要来自燃料（木材、煤炭、燃油等）。这会使每个人损失超过8个月的期望寿命。

### 干扰激素

内分泌干扰物是一些存在于环境（水、空气、灰尘等）或消耗品中的物质。它们一旦进入体内就会干扰激素系统。激素系统功能的改变会导致神经系统疾病，给生长和生育能力造成障碍。内分泌干扰物还被认为与癌症、2型糖尿病和免疫系统疾病的出现有关。它们的影响越来越有可能传递给后代。

### 隐藏在"解毒"疗法背后

自由基是细胞在呼吸过程中产生的不稳定分子。当这种不稳定性扩散时，会产生一种被称为氧化应激的现象，导致皮肤老化。它还会导致心血管疾病和癌症。吸烟、污染或长时间暴露在阳光下会增加自由基的释放。幸运的是，富含水果和蔬菜的饮食能够使人体产生抗氧化剂，可以尽可能减缓自由基扩散。

细胞中的氧自由基，现在我们知道它们与皮肤加速老化有关。

### 健康的铁腕

制造商对停止使用内分泌干扰物的禁令总是能拖就拖，因为它们通常价格低廉并且很有效，迄今为止还没有发现完全的等效物。它们被用于农业（杀虫剂等）、食品业（包装、防腐剂等）、化妆品业和制药行业等。人们除了质疑这些产品的危险性，还提出了对使其保有使用许可的财务依据的质疑。然而截至目前，仅在欧洲，由这些物质导致的健康支出就超过了1600亿欧元。

# 隐患

当环境因素参与其中……

塑料包装中含有邻苯二甲酸酯,现在它被认为是一种内分泌干扰物。

## 并不神奇的塑料

邻苯二甲酸酯属于内分泌干扰物。它们出现在塑料涂料(包装、地板、油漆、电线等)和许多化妆品(指甲油等)中。双酚也存在于塑料(包装、罐头盒等)中。第一个被证实与激素失调有关的干扰物是双酚A,但其他干扰物也会造成相同类型的危险。这两种物质被禁止在玩具和奶瓶中使用,以减少其与幼儿的接触。

## 并无担保的"不含对羟基苯甲酸酯"

对羟基苯甲酸酯越来越多地被取代,因为人们强烈怀疑它是内分泌干扰物,并与患乳腺癌有关。但是很多替代它的物质不仅同为内分泌感染物,还是强烈的过敏原、致癌物、刺激物等。而且迄今为止,贴着标注"不含对羟基苯甲酸酯"的标签并不代表该产品是完全无害的。

## 糖果中的纳米颗粒

二氧化钛是以纳米颗粒形式出现的最常见的添加剂之一。它能够吸收紫外线,呈白色。它出现在许多糖果、工业化生产的糕点和防晒霜等产品中。

## 如此之小……

顾名思义,纳米粒子的大小是以纳米为单位的,也就是十亿分之一米。这些粒子天然存在,比如在燃烧过程中它们就会出现。但由于它们能够赋予材料特性,所以被用作所有工业领域(汽车、食品、化妆品等)的添加剂。它们一旦进入体内,就会进入细胞并逐渐累积,可能产生毒性。

## 到处可见的合成产品

内分泌干扰物在产品中所占比例通常很小,问题主要是它们无处不在,它们会累积,因此暴露在它们之中也会造成损害。比如,全氟化合物(存在于冰箱、空调、火炉等家电中)是会造成温室效应的气体,需要长时间降解。我们也会在水中发现它们。它们对人类及环境而言都是有毒的。

出现在糖果和一些蛋糕中的纳米颗粒。

1189

# 身体的运动是自然发生的

即便是轻柔的运动,也可以克服肌肉缺乏力量导致的软骨退变。

### 非常疲劳

一项关于骨关节炎演变的研究表明,它的发病率在 50 年内翻了一番。相关的解释并不在于人类预期寿命的延长,而在于缺乏体育锻炼和饮食过度丰富。缺乏体育锻炼会导致缺乏刺激以及肌肉过于无力,无法提供足够的支撑,最终导致软骨退变。饮食过度丰富会使骨关节更容易发炎。

### 古时候参加运动的人们

古时候,希波克拉底就已经宣扬了体育锻炼可以保持身体健康的理念。在他看来,运动可以恢复我们消耗掉的力量。随后,亚里士多德主张身体和精神的运行强度高度相关,如果只注重思考就会损害身体,同理,过度的身体消耗也会阻碍精神的发展。因此,他认为要掌握正确的度。

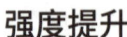

### 强度提升

我们将身体活动分为三种类型,它们的强度逐级增加。低强度运动对应的是缓慢的步行,如给花园浇水、玩滚球游戏、除尘等;中强度运动包括快走、舞蹈、自行车、游泳等;高强度运动包括跑步、足球、篮球、搬运重物等。

由于容易参与,跑步重新获得了大众的关注。

### 重新认识运动的本质

身体活动并不等同于体育运动。事实上,做家务、园艺、走路、遛狗都属于身体活动。

### 最早的介入

瑞典于 19 世纪初创建皇家中央体操学院,成为这一领域的先驱。随后,运动风潮在欧洲传播,尤其是在普鲁士和法国,在这些国家出现了很多军事类型的体操机构。

### 有好的运动吗?

一项研究结果表明,与长寿相关的运动有骑自行车、游泳、球拍运动、体操、舞蹈和有氧运动。这个研究还提到了足球和跑步。

当环境因素参与其中……

### 可避免的后果

在世界范围内，几乎有 1/3 的人没有足够的精力做释放活动。这种活动的缺乏是继烟草和酒精之后第三个会致癌但可预防的因素。

### 从中获得实利

锻炼身体的好处不仅仅是避免患病风险，因为从健康角度来看，锻炼身体可以强健骨骼（防止骨折）、保持平衡、增强力量和耐力，从长远角度看，还可以让人保持自律。它还有助于睡眠、减少焦虑和抑郁症状，并能对抗衰老、防止背痛。近 3/4 的人在一生中都会受背痛困扰。

### 过于舒适地坐在屏幕前

随着人们花越来越多的时间保持坐姿，久坐的生活方式成了公共健康问题，且正在全球范围内蔓延。在屏幕前（计算机、电视等）度过的时间是衡量久坐习惯的常用指标之一。在法国，这个数字在 10 年内翻了一番，平均每天超过 5 小时。在青少年中这个数字尤其令人担忧，因为在许多国家，他们在屏幕前度过的时间超过 6 小时，甚至比睡眠时间还长。

### 至少……

关于身体活动我们有如下建议：成年人每周应至少进行 2 小时 30 分钟的中强度运动，或 1 小时 15 分钟的高强度运动。所有额外的活动都会为健康带来好处。孩子的运动需求量更高，他们每天应至少进行 1 小时强度中等且持续的运动。

###  习惯使人振奋

所有人都对久坐习惯感到担忧，因为现在已经确定，即使是爱运动的人也会面临与坐卧太久有关的疾病风险，例如在从事某种职业之后。降低这些风险的最佳方法是养成运动的生活习惯，如使用一些"活动的"交通方式（步行、自行车、滑旱冰等）；多走楼梯；把打印机或垃圾桶移到离自己比较远的地方，迫使自己站起来；站着工作等。

###  大脑运动

人们对一对双胞胎的大脑分别进行研究，其中一人经常运动，另一人不运动。结果表明经常运动的那个人大脑中的控制和协调运动区域出现了更大的发展。

游泳是一项特别全面的运动，因为可以锻炼到许多关节和肌肉。

# 把人累垮的工作

## 痛苦的组织

肌肉骨骼疾病是最常见的职业病，它包括影响肌肉骨骼系统的所有疾病，也就是影响所有帮助运动的身体部分（肌肉、肌腱、神经、关节、韧带等）的疾病。工作会引起、延续或加重背部疼痛，这种疼痛是所有疼痛中最常被抱怨的。

## 预防措施的重要性

在法国，雇主负责预防员工面临的职业风险，所以他们有责任评估风险并采用专业方法来避免员工患肌肉骨骼疾病。这就需要合适的工作设备和防护设备、恰当的工作安排（轮流负责烦琐的任务），并实施针对风险规避方法的培训。

## 蔓延的不适感

肌肉骨骼疾病的发展是分阶段的。起初它仅在工作时造成疼痛；之后会出现得更频繁，并需要更长时间才会消失；最后进入慢性阶段，无论做什么运动，身体的疼痛总会出现。尤其是当工作需要力气、重复运动、特殊姿势、搬运重物等时，这种疾病更容易出现。

众所周知，在工厂里工作，尤其是重复性工作对身体健康有害，所以才有了涉及提前退休的问题。

### 来自华盛顿的女士及其与铅中毒的斗争

爱丽丝·汉密尔顿博士（1869—1970）是职业病研究的先驱之一，并成为美国官方研究人员，提出了工厂中人力成本的重要性。她最伟大的斗争之一是与工业领域（油漆、抛光、印刷、搪瓷等）铅中毒的对抗。

## 弦绷得太紧

肌腱病变会引起与肌腱恶化和/或与腱鞘发炎有关的疼痛。尽管肌腱没有直接发炎，但这种病通常被称为"肌腱炎"。同一手势的不断重复（音乐家、超市收银员、流水线工人等）是造成这种困扰的首要原因，但是激烈的发力（跑步运动员、足球运动员等）、恢复时间太短、用药、抽烟、之前已经存在的病变也会导致肌腱炎。

1192

## 当环境因素参与其中……

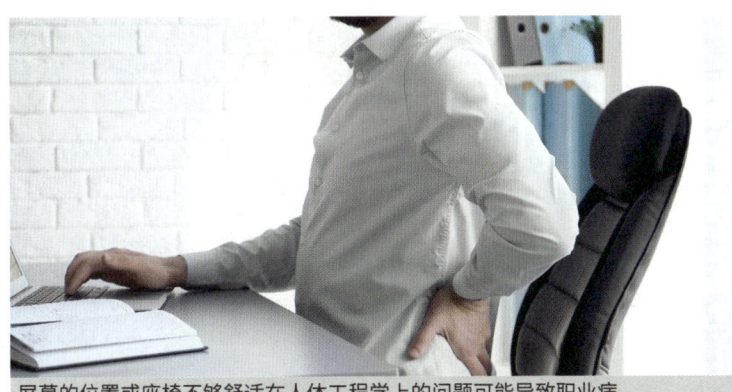

屏幕的位置或座椅不够舒适在人体工程学上的问题可能导致职业病。

### 监控压力

社会心理风险威胁着工作者的身心健康。这些风险包括与工作直接相关的压力（高要求、任务时间过短、超负荷、缺乏自主权等）或与同事、上级、客户或其他外部人员有关的暴力（冲突、压力、骚扰等）。对社会心理风险的监测非常重要，因为它们很可能导致员工倦怠甚至自杀。

### 正确地坐在电脑前

把一个有电脑的工位打造得更符合人体工程学，需要带脚轮和扶手的椅子，座椅与靠背的高度和倾斜度应该都可以调节。当背部和臀部压在靠背上时，脚应该接触地板（或脚凳）。如果视力良好，电脑屏幕的上沿应和眼睛齐平，距离面部大约为手臂伸直的距离。当肩膀放松时，双手放在键盘或鼠标上，肘部应在胸部附近，呈90度角放在椅子的扶手上。

### 使空间处于最佳状态

从最初阶段就考虑符合人体工程学，或按照人体工程学来调整工作位置，可以减少对身体造成的部分不良后果。可以请专业人士干预，尽可能地优化空间和设备。基本规则包括需要足够大的空间、合适的照明和温度以及减少噪声或机械污染（如振动）。还可以调整工作台的高度，减轻所用器械的重量，使用保护装置等。

### 耐心地对待肌腱炎

治愈肌腱病变可能需要几个月，并且需要减少可能影响肌腱的活动。这可能需要患者服用止痛药，并进行物理治疗或渗透治疗。要预防肌腱病变，需要在运动前系统地预热，然后做伸展运动，也要适当补充水分，使用合适的装备并定时休息。

据估计，现在有1/5的员工存在倦怠心理，这和工作压力有直接关系。

1193

# 新的技术和方法

## 通向未来的道路

几十年来，人类医疗技术已经达到了很高的水平，并取得了很大的成功。外科手术造成的后遗症越来越少，术后住院的时间变短，甚至可能无须住院，病人当天就可以回家，恢复的时间也缩短了。我们疯狂地追求速度，但是令人惊讶的是，相较而言，康复期，也就是身体恢复到最佳状态的时间依然很长。当我们得到了治疗，就要进入下一阶段了。目前到了修复的时间，我们需要恢复肢体运动、身体功能等。现在已经有了许多可能性，干细胞提供了几乎通用的人体组织，切割DNA的新方法允许对其进行改造，而纳米技术可以把个性化制造的药物送到体内的特定位置。

## 永远向前

在技术、发现以及对成功的渴望的驱动下，人们要开始面对修复和改善之间的界限问题。超人类主义者认为自己已经找到了答案，他们被一些人看作梦想家或先驱者，却也被另一些人认为是危险者或疯子。在技术发展的基础上，他们对事物的愿景是一个未来，一个在他们看来并不遥远的未来。在这个未来里会出现人类的"2.0"版本，更强大，更高效，除了没那么像人类，他们的一切都比现在的人类厉害。还有一些人虽然不像超人类主义者那样有着疯狂的热情，却非常乐观。他们对所有新生事物寄予厚望，认为可能在疾病出现前就将其消灭。对包含了与每个人相关的全部数据的大数据研究让我们可以了解人体所有功能，通过目前的技术（互联网浏览记录、智能手表、会员卡信息等）就可以轻松获取这些数据。由于卫星技术的发展，远程流行病学也为疾病研究开辟了新的途径。卫星会扫描地球，生成图

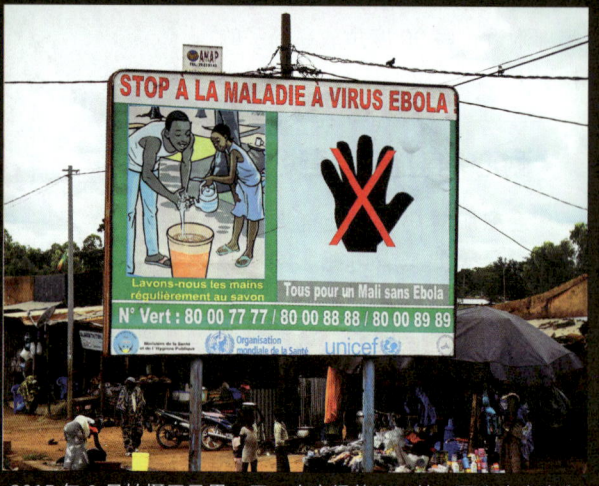

2015年9月拍摄于马里，于一个市场的入口处。图上大字意为"遏制埃博拉病毒扩散"。

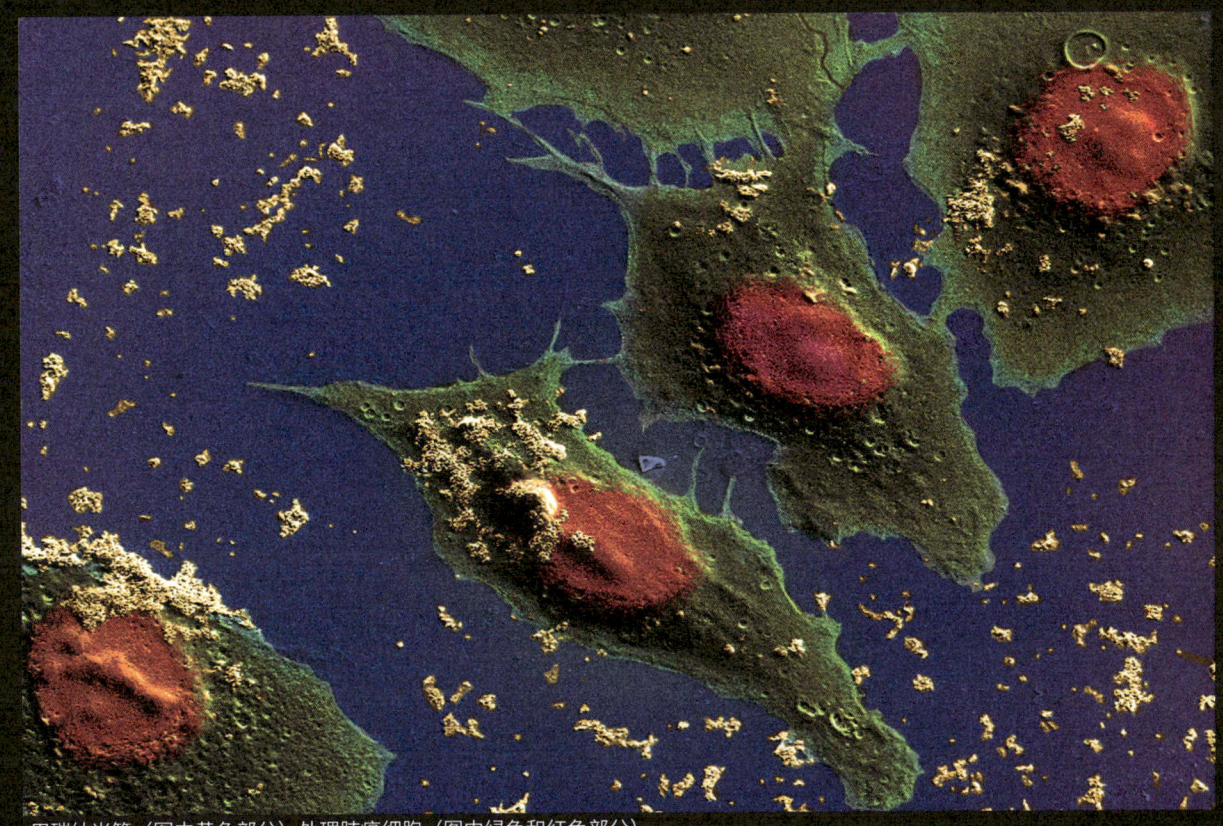

用碳纳米管（图中黄色部分）处理肺癌细胞（图中绿色和红色部分）。

像，这些图像与地面卫生系统收集的数据相关联，就可以对流行病风险做出预测性评估。

## 回归现实

这种对事物异常乐观的观点有时简直就像科幻小说，而科学依然停留在当前的现实中。这个现实受身体可能性的限制。现实在我们耳边窃窃私语："不，不是所有东西都可以被理解、被掌握。"这个现实在寻找，寻找，再寻找，却始终没有发现。这个现实告诉我们，即使理论毫无缺陷，在实践中也会漏洞百出。这个现实建议我们将事情按照优先级安排。这个现实让我们统计无法遏制的大流行病的受害者数量。这个现实被直觉与证据、知识与信念无情地撕扯。这个现实必须被反复解释，并不是所有人，所有领导者、投资者和高层人士都能够完全了解自己的担忧或惊慌。这个现实会提醒我们预防的原则。这个现实必须自我捍卫。这个现实为人类而担忧，并负责提醒我们人类只是人类，要遵守普遍的物理定律，即便人类能够飞行，在俯冲后也需要双脚着陆、休息片刻。所以，我们会有两个视角，就好像看待一个装了半杯水的杯子，对一些人而言它是半满的，对另一些人而言它是半空的。这似乎构成了无法调和的对立，可是还有人认为这个杯子是装满了的——它装了一半的水和一半的空气。水和空气是生命必不可少的两部分，它们都必须得到保护，只有这样人类才能有节制地朝未来的现实迈进。

1195

# 医学中的放射性

在实验室里的物理学家玛丽·居里和皮埃尔·居里。

## 最小的细节

正电子发射计算机断层扫描（简称 PET）基于与闪烁扫描类似的技术，但得到了改进。这种先进的检查可以三维重建追踪生物过程的区域。它被用来监测癌症及其治疗，还可以标记一些像水一样的简单元素，为认知科学的研究开辟了道路。

## γ 射线在行动

闪烁扫描使用的仪器能够检测到放射性药物发射的 γ 射线。它被用于骨骼检查（骨骼闪烁扫描），可以识别出活动异常的区域，如炎症、感染、骨折等，检查乳腺癌或前列腺癌的效果尤其突出。它也可以用于观察某些器官的活动，包括心脏、肾脏、肺等。

## 让眼睛看到活动性

在核医学中，小剂量的放射性物质（放射性药物）使我们能够研究药物附着组织的功能，且不改变组织正常的功能。放射性药物的性质和需要诊断的疾病类型（癌症等）或目标结构相匹配，如放射性同位素碘-123 被用于检查甲状腺疾病。

## 医学中的放射性

19 世纪末，安东尼·亨利·贝克勒尔、皮埃尔·居里和玛丽·居里共同发现了天然存在的放射性。大分子量的原子会释放出粒子和能量，以达到更稳定的状态，因此它们具有放射性。核电站就是利用原子的这种衰变原理来产生能量的。在医学上，放射性被用于辅助诊断和治疗。

## 保持正确标准

等效剂量可以评估辐射带给每个组织或器官的危害。例如，给牙齿拍摄 X 射线会产生 0.02 微希沃特的辐射，与一根香烟造成的辐射量一样。

新的技术和方法

## 双刃剑般的选择

通过对医疗检查的积极方面（利用图像治疗）和消极方面（暴露于电离辐射中）的评估，我们会选择做医疗检查的方式。以对骨盆的检查为例，X 射线造成的有效辐射量为 0.83 微希沃特，而 CT 扫描的辐射量为 9.4 微希沃特，所以尽管 CT 扫描的精确度更高，也只在必要时使用。

## 与肿瘤接触

近距离放射治疗使用铱-192 丝状源或球状源作为放射源。最大的区别在于，这种疗法的照射是在人体内进行的，需要尽可能靠近肿瘤（尤其是子宫肿瘤、前列腺肿瘤、乳房肿瘤等），并且仅照射其周围的组织。在每次治疗中，根据所需剂量，患者需要携带铱元素几个小时至几天不等。这需要住院治疗。

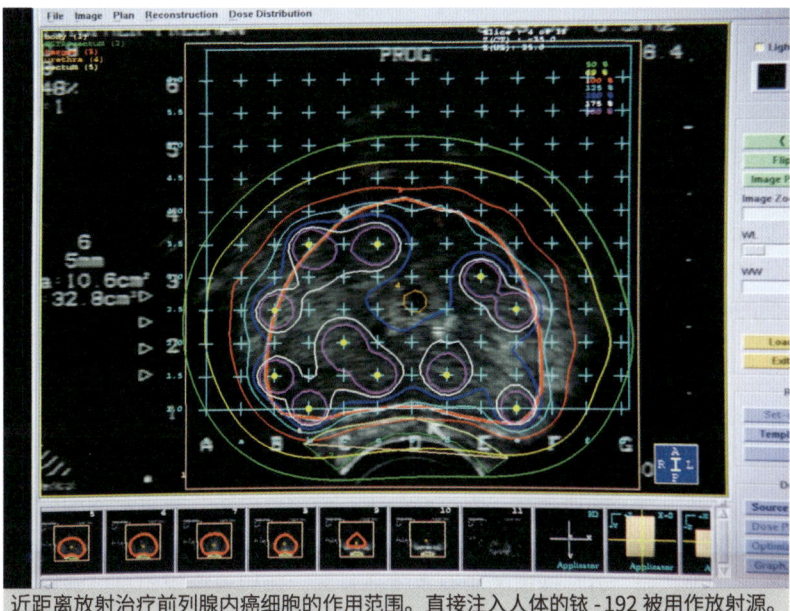

近距离放射治疗前列腺内癌细胞的作用范围。直接注入人体的铱-192 被用作放射源。

## 利用放射治疗

放射疗法旨在照射癌细胞，使它们不再继续繁殖，并破坏它们。放射疗法在外部进行，部分粒子束穿过人体。因此定位肿瘤、确定必要的照射剂量对正确划定要治疗的区域、保护附近器官及确定射线最初的照射路径来说至关重要。

## 在癌细胞的中心

代谢放射疗法使用具有辐射性的药物专门针对肿瘤细胞。当药物被肿瘤组织吸收，放射性原子便会被困在肿瘤组织中并被分解，它们的射线会释放至细胞，从而破坏细胞。

### 抗癌三重奏

在法国，每年有超过 18.6 万人接受放射疗法。一半的癌症患者受益于此。放射疗法和外科手术、化学疗法一起组成了治疗肿瘤的主要方法。

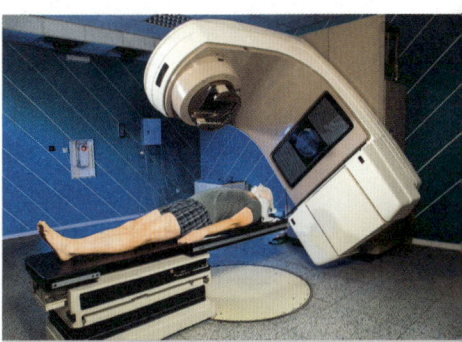

放射治疗机的设计是为了让病人处于准确位置，便于治疗。

1197

# 细菌：充满善意地回归

### 有用的细菌

人类与细菌共生。如果没有人类，细菌无法生存；如果没有细菌，人类也无法生存。它们帮助我们完成单靠自己无法完成的任务，如消化；它们还增强了我们的一些能力，如免疫力。

### 极强的适应性

线粒体是细胞有氧呼吸的场所，而它本身就源于细菌。它的适应性非常好，所以成了真核细胞的主要成分，也是人体的重要成分。

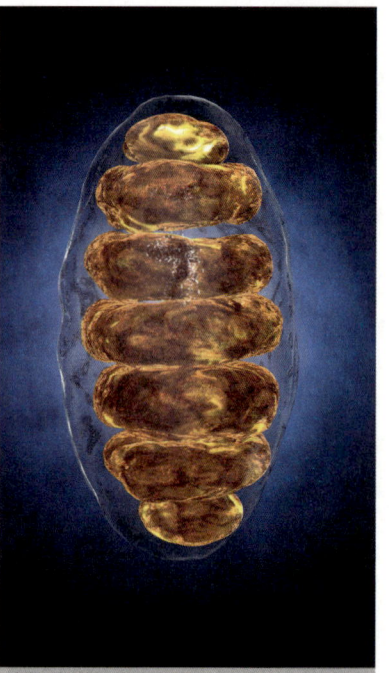

线粒体是细胞有氧呼吸的场所，它本身就源于细菌。

### 并没有那么坏

长久以来，致病细菌一直是我们唯一的研究对象，这是有合理解释的，因为它会让我们生病，甚至可能杀死我们。关于细菌还有很多事实尚待发现。对"好"细菌的研究正蓬勃发展，我们发现它们可以减轻炎症、提高药物治疗的效果，还能解释疾病为何产生。

### 肚脐的菌群

肚脐上的菌群可能包含100多种不同的细菌。这些细菌可能存在于 2300 个不同的物种身上。

### 非常丰富的肠道菌群

健康人的肠道中平均有 160 种不同的细菌，其中约有 15 种负责整个身体的正常运转。

### 每个人都有自己的菌群

人体是数百种不同细菌（大多数停留在肠道中）的载体，这些细菌与许多其他微生物一起形成了自己的微生物群。2014 年，对肠道内容物的分析表明，直到现在肠道内 85% 的细菌依然不为人所知。每个人都有自己独特的菌群，形成了像指纹一样独一无二的细菌学"身份证"。

### 抑制迁移运动

虽然同属于消化道细菌，口腔中的细菌仍与肠道中的细菌不同。每种类型的细菌都有自己的"领土"，这似乎是身体健康的标志。确实，在肝硬化、结直肠癌或肠道炎症的患者身上，我们发现 40% 的肠道菌群被口腔细菌替代了。另外，胃中通常是无菌的，因为胃酸的酸度高。

新的技术和方法

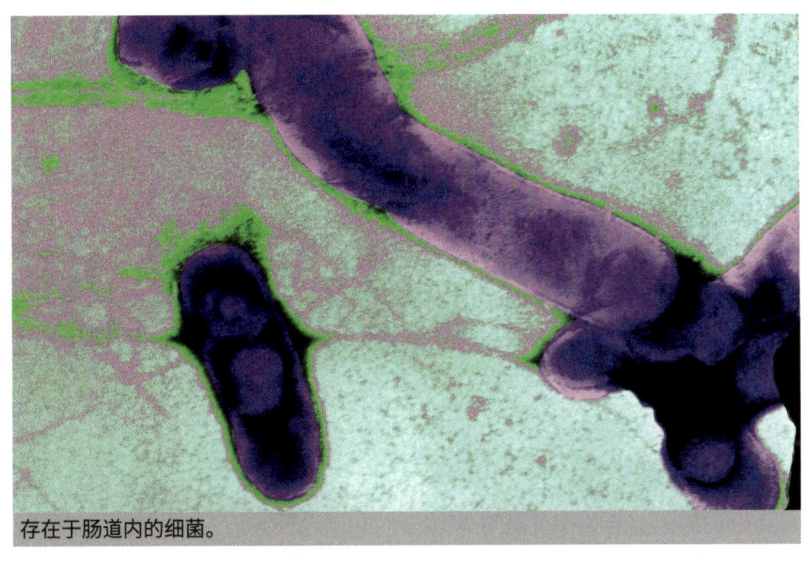
存在于肠道内的细菌。

### 菌群的校准

我们的细菌处于永恒的进化状态：群体感应是细菌的交流方式，它使细菌能够相互识别、繁殖、计数等，从而适应它们进化的环境条件。我们以食物为例，食物的摄入会迅速破坏细菌的生物多样性，从而影响我们身体的能量消耗、饱腹感或脂肪的存储。因此我们会发现，肥胖者的肠道菌群相对减少了，即出现菌群失调。

### 聚焦细菌

针对皮肤、肠道、呼吸道或生殖器的菌群研究证明了一个事实，即微生物能改变自己所处的环境。这使它们能够在有利于自己的条件下进化，同时极有利于我们的健康。通过了解微生物的组织和机制，人们可以查明迄今为止尚未了解的，并可能导致症状或疾病的异常现象。

### 大便的宝库

大便是非常珍贵的，因为它可以用于移植。也就是说，将粪便从供体转移到接受者的肠道内，从而让它发展出某些菌群。对大便的分析基于对某些菌群的检测，以此诊断疾病，也就不需要血液检查或其他"侵入性"检查了。

### 菜单中的细菌

食物与肠道菌群之间的联系让我们找到了一条治疗途径。可以通过调整膳食促进我们需要的细菌发展。

### 肠道中的新东西！

技术资源的缺乏曾经阻碍了我们对人体菌群的探索，因为以前是不可能在体外培养菌群的。而宏基因组学技术让这项研究成为可能。宏基因组学技术可以清算一组细菌（如肠道细菌）中的所有基因。对这些基因的研究可以将它们与某些可被重组基因组的物种联系起来。这些数据共有数十亿。计算机负责完成对数据的处理，甚至还可以发现未知基因的功能。

现在，粪便移植被认为可以治愈某些疾病，因为接受移植者可以因此获得并发展对自己有用的细菌。

1199

# 改变外貌

## 一位为女性服务的女士

苏珊娜·诺埃尔（1878—1954）跟随希波利特·莫里斯学习，并成为第一位修复面部的女性。她首先从修复第一次世界大战造成的面部损伤开始。在那个疯狂年代，她将自己的艺术与女权主义相结合，专门从事女性整形手术。她属于第一批对面部之外的身体部位感兴趣的整形医生，还发明了提升面部皮肤和为其他身体部位吸脂的工具，其中一些至今仍在使用。

肉毒杆菌毒素作用于神经，所以能够雕塑前额和眼周的肌肉。

## 隐藏证据

整形手术的创口会被隐藏，如胸部整形的创口会位于乳房下方的褶皱处、乳周或腋窝处。面部整形手术的创口则被隐藏在发际线或耳朵后面。在大多数情况下，要花整整1年才能看到整形手术最终的效果。

## 停用的技术

美容医学已经停止使用胶原蛋白，取而代之的是透明质酸，因为后者引起过敏的概率较低，还可以用于对其他身体部位（臀部、嘴唇、大腿、阴茎等）的填充。在目前的手术中，更常见的是鼓励使用身体的自然成分。例如可以将具有张力的线滑入真皮，并对线进行拉伸，以重新塑造脸的椭圆形。胶原蛋白会沿着线形成，所以会增强雕塑效果。

## 抹去时间的痕迹

肉毒杆菌毒素是一种较温和的细菌毒素形式，可能引起中毒，导致肌肉麻痹。在美容医学中，肉毒杆菌毒素被用于局部注射，以雕塑额头和眼周的肌肉。它的作用会影响面部的小神经，减少皱纹，效果可以持续数月。但如果过量注射则可能使面部僵硬，让人看起来像戴着毫无表情的面具。

## 万能的酸

人体含有大量的透明质酸，因为它是软骨、皮肤等许多组织的组成部分。由于它具有保湿特性和恢复皮肤弹性的能力，所以经常出现在美容产品中。它可以被注射到关节中以减轻炎症，并使关节恢复良好的润滑度；也可以被注射到皮肤中以消除皱纹并减少黑眼圈。

## 拉紧皮肤

面部去皱术是一项大手术，需要沿发际线切口，剥落从脸颊底部到太阳穴的皮肤，然后将脸部肌肉拉紧。这项手术会去除脂肪沉积物，切除多余脂肪并尽可能谨慎地缝合皮肤。

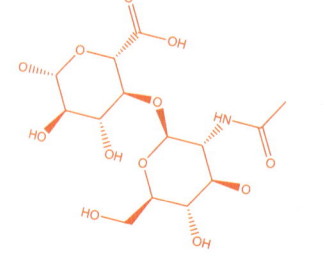

透明质酸分子结构图。

新的技术和方法

## 对整形的狂热

韩国是仅次于美国和巴西的整容大国，最普遍的是开眼角手术，以及对鼻子和下巴的整形。这普遍是受社会环境影响的，因为在该国背景下，美已经成为获得工作或进入婚姻的基本标准。

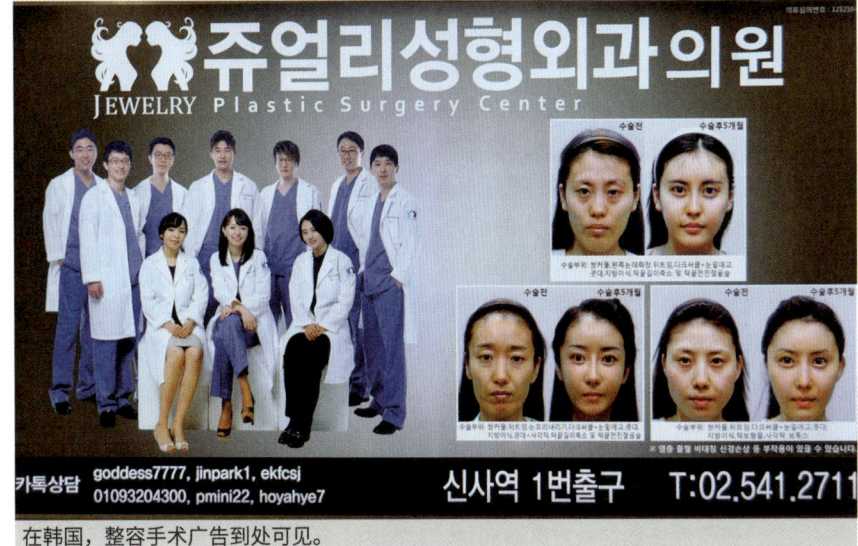

在韩国，整容手术广告到处可见。

## 找回头发

毛发植入是解决秃顶的方法。由于头顶周围和后枕部的头发不会受此影响，所以可以进行自体移植。这些部位的毛囊会被提取，然后植入发秃的部位。植入的头发会先掉落，几个月之后就会持续生长出来。

## 焕然一新的胸部

乳房整形手术包括乳房固定术，即当乳房过于下垂或不对称，可以通过去除皮肤使之隆起，也可以通过切口去除一部分腺体，或对乳头进行复位来缩小乳房。相反，对胸部进行假体植入可以增大或恢复乳房大小，还可以矫正乳房的形状。

## 吸脂

吸脂通过吸收深层脂肪沉积物来达到调整体形的目的。但最近的研究表明，从长期来看，接受吸脂手术的人身体的脂肪量会恢复，但脂肪的分布会发生变化，主要堆积在上半身。人们提出了一种假设来解释这种现象，即对人体而言，控制自身的恒定脂肪量以恢复体内成分平衡十分重要。

21世纪初，隆胸是最常见的手术。2013年国际美容整形外科协会（ISAPS）的全球调查显示，吸脂术是实施率（18.8%）最高的整形手术。

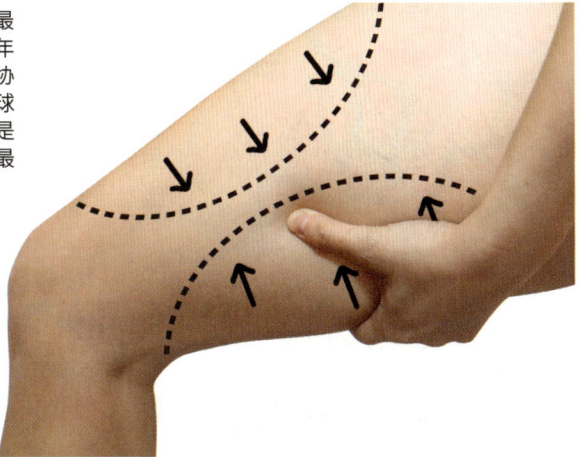

1201

# 从流行病到大流行病

## 地方病

地方病是指经常或定期在某些地区自然发生的疾病。这些疾病由自然疫源引发，并具有永久性感染未有此种病史的人的能力。疟疾、霍乱、黄热病、甲型肝炎都属于此类疾病，因此到相关高危地区旅行前必须接种疫苗。

## 流行性感冒

流感病毒有 A、B、C 三种分型。最常见的是 A 型，因为这种流感会导致大流行病（H1N1、H3N1 等）传播。它们通过空气传播（咳嗽、飞沫、打喷嚏等），也会通过被污染的物体（门把手、地铁扶手、电梯按钮等）传播，因此要提倡戴口罩、勤洗手。

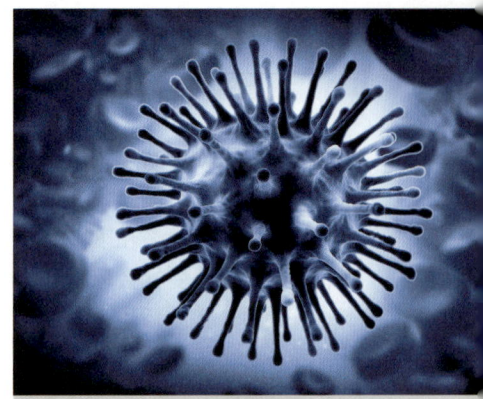

H1N1 流感病毒的计算机建模。

## 流行病

流行病是指在特定区域和特定时期内，新发病例数量突然且过量增加的疾病。它可能像流感一样周期性发生，也可能像艾滋病毒一样在全球范围内传播时达到大流行病的标准。

17 世纪，医生穿着瘟疫防护服。这种防护服的面罩上有长长的"喙"，里面装有香料，既可以防止感染，又掩盖了尸体的气味。

### 休眠的鼠疫

14 世纪，鼠疫使欧洲人口减少了近一半。现在，它在某些国家（马达加斯加、秘鲁等）仍是地方性流行病。经过多年的沉寂，它又开始定期在世界各地出现并成为流行病。

## 公共健康问题

流行病学是与疾病传播有关的医学分支。它的部分内容是描述性的，以确定受流行病影响的区域、持续时间以及受影响公众的类型。另外，它着重分析收集到的数据，以了解与疾病发作有关的风险因素。最后，它可以评估为控制流行病而采取的手段的有效性。

## 不洁的水

霍乱与污染水和食物的霍乱弧菌有关。霍乱症状表现为严重腹泻，如果不及时治疗，可能会导致迅速死亡。

新的技术和方法

## 第七位

19 世纪，霍乱经过了数次大流行，造成数百万人死亡。现在我们将它定位为第七大传染病，每年全世界多达 400 万病例。控制其传播的最佳方法仍然是采取卫生措施和使用清洁的水。

## 从老鼠到跳蚤，从跳蚤到人

感染了鼠疫耶尔森菌的跳蚤叮咬人时就会把这种细菌从动物身上传播到人类身上。鼠疫耶尔森菌也可以通过直接接触或空气传播。鼠疫可分为腺鼠疫、肺鼠疫和败血型鼠疫。肺鼠疫较为罕见，但缺乏有效治疗的抗生素，所以尤其致命。

## 3700 万感染者

感染人群的描述总是会耽误对艾滋病的筛查。现在，艾滋病已成为一种大流行病，每年感染人数超过 200 万。艾滋病以较为隐蔽的方式发展，在不同国家或地区，超过 1/3 的病毒携带者并不知道自己被感染，所以无法控制其传播。

## 影响非洲的病毒

发现埃博拉病毒是近期的事，因为其首个病例出现在 1976 年。它的最近一次流行发生在 2013—2016 年的西非。该病症状表现为高烧和大出血，致死率高达 30% ～ 90%。针对埃博拉病毒的研究仍在进行中，主要是为了了解其复发机制。相关疫苗也在测试中。

## 从开始到蔓延全球的艾滋病毒

20 世纪 80 年代初，艾滋病刚刚被发现，当时它被称为"粉色瘟疫"或"同性恋瘟疫"。那时人们仅把它与同性恋、卖淫或吸毒联系在一起。有些人甚至将它视为对放荡行径的合理惩罚。

自 20 世纪 90 年代以来，对预防艾滋病的宣传是为了阻止艾滋病毒的传播。图为 1990 年的海报。
海报中文字为：注意！为了阻止艾滋病传播，需要负责任的性行为。

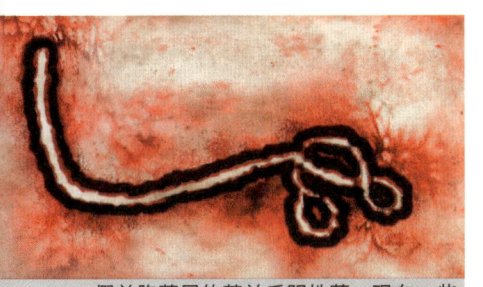

假单胞菌属的革兰氏阴性菌。现在一些种类的细菌对抗生素具有抗药性。

## 画下句号

自 20 世纪 80 年代以来，得益于疫苗接种，人类天花病毒已经被彻底根除。由于全球各国采取了一致行动，这种极具传染性的病毒成了第一种消失的病毒。

1203

# HIV 病毒的产生

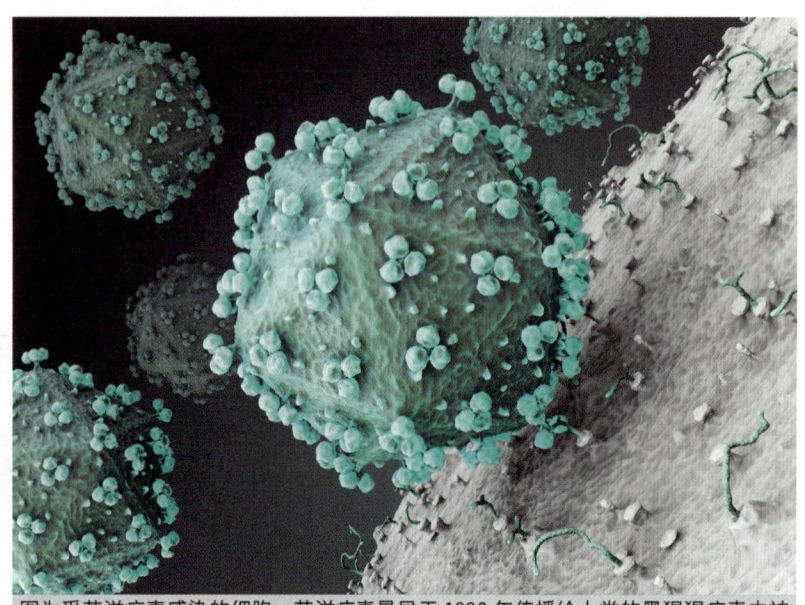

图为受艾滋病毒感染的细胞。艾滋病毒最早于 1920 年传播给人类的黑猩猩病毒中被发现。1981 年出现了第一批艾滋病患者，两年后人们发现了这种病毒。从那以后，超过 7800 万人感染了艾滋病毒，其中一半以上已经死亡。

## 免疫队伍中的不和

从字面上看，艾滋病毒是人类免疫缺陷病毒。这种病毒会攻击特定的白细胞，包括 T4 淋巴细胞。这些淋巴细胞负责协调人体的免疫反应，因此当它们被认定为异常，就会被人体破坏。它们的数量逐渐减少，就给了病毒可乘之机。防御系统紊乱的有机体无法对抗病毒。

## 第一阶段

原发性感染发生在暴露于艾滋病毒后，有时会表现为类似流感的症状（发烧、疲劳、腺体肿胀等）。在接下来的几个月中，病毒到达淋巴组织（淋巴结等）并繁殖，而免疫系统会产生针对病毒的抗体（血清转化）。因此，即使在这一阶段患者并不知道自己已经被感染，其传染性也是很高的。

## 二元对立的健康状况

感染后的几年里，感染者会一直处于无症状阶段。即使病毒持续活动，艾滋病毒检测呈阳性的人看上去也会非常健康，但其免疫系统会逐渐衰弱。

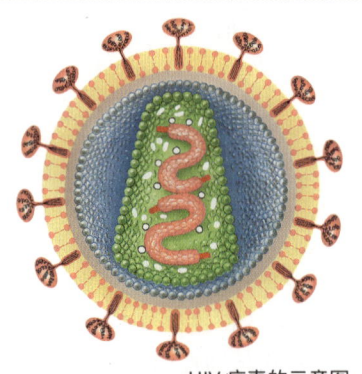

HIV 病毒的示意图。

## 可以接吻

艾滋病毒存在于某些体液中，尤其是生殖液、血液和母乳中。尿液、唾液、汗水或眼泪等体液中不包含该病毒。

## 有抗原在

当一个人的血清中含有一定量艾滋病毒抗体时，其艾滋病血清检验会呈阳性。

## 危险性行为

艾滋病毒会通过性行为传播，因为它存在于阴道分泌物、精液以及尿道球腺液（射精前阴茎分泌的润滑剂）中。因此，无论是阴道性交、肛门性交还是口腔性交都存在风险，只有正确使用安全套才能预防艾滋病毒传播。

# 新的技术和方法

## 艾滋病发作

艾滋病阶段（获得性免疫缺陷综合征）是感染艾滋病毒的最后阶段。在没有治疗的情况下，肿瘤和一些机会性感染（由环境引起的疾病，如结核病等；或存在于体内但通常受免疫系统抵抗的疾病，如弓形虫病等）会发作，最终导致感染者死亡。

## 禁锢病毒

有6类抗病毒药物可以在不同水平上阻止艾滋病毒的复制。几个月内，虽然病毒依然存在，且载量不足以被检测出，但免疫细胞能够得到恢复。这些药物并不是总能到达所有病毒的"储存库"（尤其是大脑中的），所以无法让全部相关疾病得到缓解。

针对艾滋病制作的海报，旨在预防艾滋病毒。全世界每17秒就有一个新患者艾滋病毒检验呈阳性。
海报中文字为：这并不是虚拟现实。艾滋病毒不再只是电脑病毒。

## 加速检出

尽早进行艾滋病毒检测可以快速获得医疗服务，提高治疗效率并避免大流行发生。在不到30分钟的时间内，快速诊断测试可以检测出一滴血液中是否存在艾滋病毒抗体。许多地方（筛查中心、医院等）都可以做此测试，患者甚至可以在家自测，但在暴露于病毒3个月后才有效。如果结果呈阳性，则必须通过标准的酶联免疫吸附实验确认。

## 快速反应！

暴露于病毒后的处理有助于遏制感染。这是一种抗逆转录病毒疗法，应在暴露于艾滋病毒后的4～48小时内尽快采取。

## 寻找病毒

酶联免疫吸附实验是检测艾滋病毒的参考工具。它可以检测免疫复合物（病毒和抗体的组合），有效地将检测周期缩短为6周。当测试结果呈阳性时，实验室会使用相同的血液样本自动执行确认测试（蛋白质印迹法），但这次测试为的是寻找艾滋特异性蛋白质。

## 结合力量

抗逆转录病毒疗法是一种终身疗法。它结合使用几种抗逆转录病毒药物（通常为三种），并会尽可能减轻药物的副作用。尽管艾滋病无法被彻底治愈，但这些早期治疗可以延长感染者的预期寿命。在一些国家和地区，治疗后的感染者的实际寿命可以达到该地人口平均寿命。

## 艾滋病警报

通过测量血液中的两种标志物可以对艾滋病毒的发展做出生物监测。两种标志物分别为病毒载量（病毒的存在）和T4淋巴细胞的水平。

1205

# 制作零件

## 人体组织工程师

组织工程学将细胞生物学与材料学结合起来,以此制造用于置换的人体组织(生物材料)。最初人们成功地制造了皮肤和软骨,现在则正在制造更复杂的组织(血管、膀胱、支气管等)。我们的目标是通过人工手段制造所有器官。

## 实验室制造的组织

生物材料包括天然成分、合成成分或兼具以上两种成分,以优化它们与人体的融合度。有一些材料被称为惰性材料,因为它们与身体之间几乎不产生任何相互作用(包括固定骨折的钉子、膝盖或髋关节假体、隐形眼镜等)。另一些材料则具有生物活性,因为它们含有作用于植入环境的分子。这种生物材料是有生命的,由人或动物组织构成,人们可以对其做出修改,以匹配需要的功能(如用于皮肤、心脏瓣膜等)。

## 优点多多的陶瓷制造术

陶瓷已成为制造某些假体(牙齿、髋关节等)应用最广泛的材料之一。它的磨损率低,并且因其中性特质,可以预防排异反应,所以使用时间更长。目前,人们在通过测试3D打印制造陶瓷假体,并试图让它拥有更多孔隙,这样陶瓷就可以逐渐与骨骼融合。人们还尝试让陶瓷中包含抗感染物质或抗生素,这样就可以让这些物质扩散到骨骼这种最难治疗的组织中。

## 量身定做的置换植入物

3D打印正在成为假肢制作领域的尖端技术。它使定制的植入物可以用合适的材料制成。2014年,由钛制成的人造颈椎能够代替受损的颈椎,同时因无须螺钉固定大大降低了感染的风险。2015年,胸骨替换手术获得成功。

制作陶瓷牙。由于陶瓷的排异率低,它被广泛用于假体制作中。

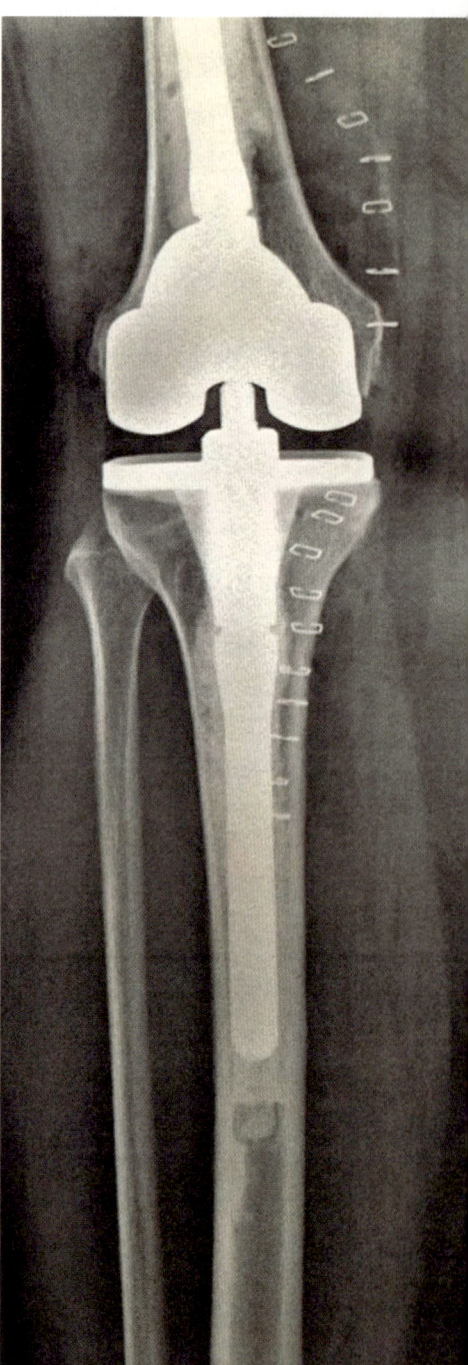

钛金属制的膝关节假体。

新的技术和方法

### 在实用和美观之间

截肢后对假肢类型的选择取决于美观和功能性。美观的假肢也被称为"社交"假肢，目前仅用于掩盖肢体或器官（手臂、手、眼睛等）的缺失。功能性更强的机械假肢则需要电路系统来承担肌腱的作用（手指的屈伸、拇指和食指夹起的动作等），以恢复某些常用的功能。有时还可以在假肢上加入一些适用于日常活动的可替换工具（餐具、工具等）。

### 机器人化

高科技设备的成本达数万欧元，所以难以推广。但在创客运动志愿者有意识地推动下，一些模型的制造图纸和方案可以在互联网上自由且免费获取。尽管其适应性受到限制，但每个人都可以用较低的成本使用 3D 打印制造假肢，这提高了假肢使用者的比例。目前这个比例不足 10%。

### 为生活带来舒适的技术

仿生电子手是智能的机械化人造肢体，它们尽可能地还原人类肢体具备的能力，无论形状和尺寸都与人类肢体接近。最新的研究使它们特别易于操作，精确、防水，并能部分恢复人体触觉。

### 肌电假肢

肌电假肢的一端带有与皮肤接触的电极，可以检测肌肉电信号并将其传输给假肢，假肢再将信号转换为运动。因此，这种类型的假肢需要非常明显的神经冲动，但能否达到这种要求因人而异。

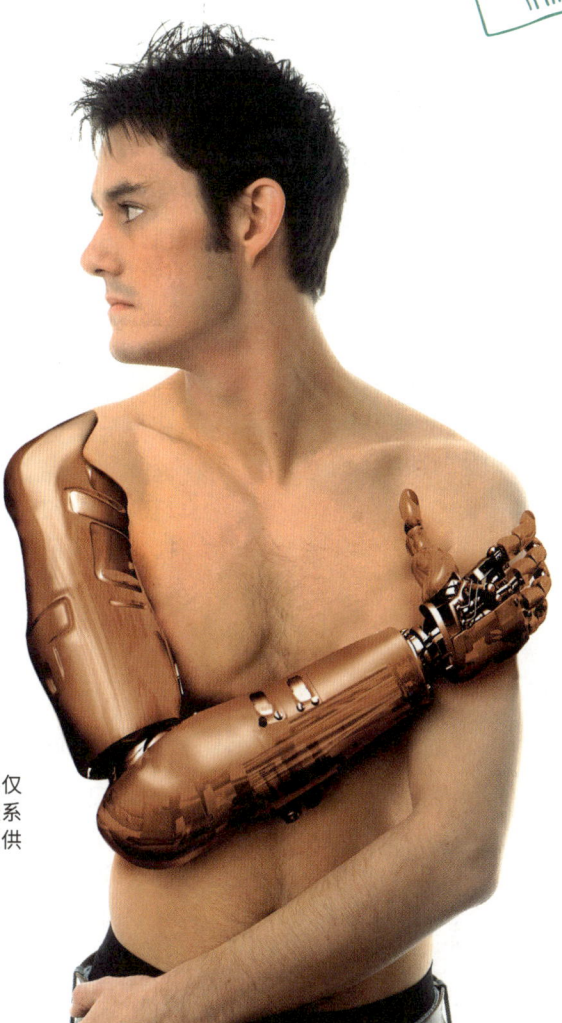

这种手臂假肢不仅受使用者的神经系统控制，还能提供触觉。

1207

# 治疗细胞和基因

基因序列的鉴定为治疗研究开辟了新的路径。

## 为健康服务的病毒

病毒可用于基因治疗，这是因为病毒具有将自身的遗传物质放入宿主细胞中自我繁殖的能力。通过修改它们的遗传信息，病毒可能变成治疗药物。也可以直接将 DNA 或 RNA 片段注入细胞中。

##  基因治疗的希望

基因治疗试验的成功好坏参半，在基础研究中获取的结果一旦离开实验室，对人类的副作用就让人难以忽略。这就是为什么像 CRISPR-Cas9 这样的基因编辑技术为医学领域带来了希望。

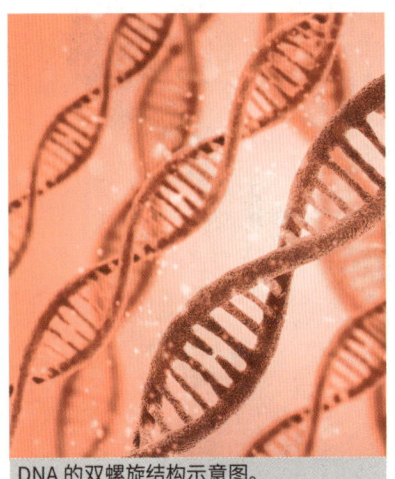

DNA 的双螺旋结构示意图。

## 移植细胞

细胞疗法指干细胞移植，通过单次注射就可以恢复器官或组织功能。供体和受体的细胞之间必须有相容性，否则移植后会出现排异反应。与其他形式的移植一样，移植后必须对患者使用免疫抑制疗法。

## 使用转基因方法

在转基因过程中，根据其特性选择的基因被从一个生物体中复制，引入另一个生物体，后者会对其进行基因修饰，然后再表现出来。依据相同的原理，这种方法也被应用于医学和食品工业领域。在医学领域使用转基因技术是为了更有利于患者的身体健康，在食品工业领域使用则可以获得动物和植物的新品种。可以预见，这些新品种的特点可以满足生产要求。

## 用于治疗的 DNA

基因治疗使用两种携带细胞遗传信息的核酸：DNA 和 RNA。因此，这种疗法会尝试直接替换 DNA 中的缺陷基因，加入一种新的基因，以此通过 RNA 来治疗或调节基因表达。

新的技术和方法

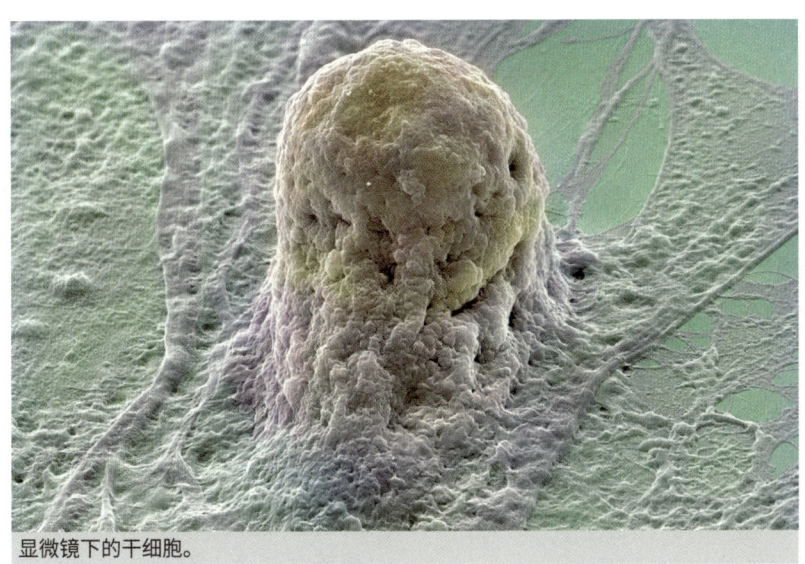
显微镜下的干细胞。

## 多能干细胞

多能干细胞的特化能力受到一些限制。间充质干细胞的使用最为广泛，因为它们很容易从成年人的骨髓或脂肪组织中收集。

## 特定条件

干细胞要分化为特定组织需要特定于每种类型的外部条件。因此，有必要了解哪些蛋白质、激素等可以帮助达到既定结果。我们已经了解了皮肤或视网膜等组织的"配方"。

## 脐带中的宝藏

脐带中的干细胞具有成为血细胞的特性。它们也很难被免疫系统识别为外来物。因此，当脐带中的干细胞被注入患有白血病或其他遗传性、非遗传性患者的体内时，就会表现出很好的耐受性。

## 万能的细胞

干细胞的特殊之处在于，它们在形成后可以变成几种类型的分化细胞（心脏、神经、血液、肌肉等），并无限自我更新。干细胞中的多能干细胞可以提供所有类型的细胞。它们天然存在于形成几天后的胚胎中，也可以在实验室中被创造。

## 修复

有关使用分子剪刀的伦理问题层出不穷。2017年，基因编辑技术的发展可能会改变游戏规则。实际上，这种新工具具有 RNA 特异性，可以在不影响 DNA 编码的情况下诱导基因表达产物发生变化。另外，这种基因编辑的结果受到时间限制。

## 按要求剪断DNA

2012 年，艾曼纽·夏邦杰和詹妮弗·道娜发明了"分子剪刀"，即 CRISPR-Cas 9 基因编辑技术，使 DNA 可以在非常特定的位置被快速切割，让编辑基因变得非常容易。这种成本低廉的技术使许多之前无法负担费用的实验室获得了进行基因研究的机会。

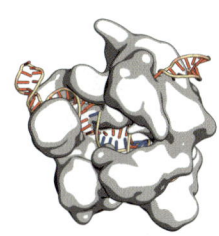

CRISPR-Cas 9 是一种由 RNA 引导的 DNA 核酸内切酶，即专门用于切割具有两个活性切割区域的 DNA 的酶，双螺旋结构的每条链上都有一个切割区域。

# 药物可以智能吗？

保罗·埃尔利希是1908年的诺贝尔生理学或医学奖获得者，是第一个进行"魔弹"研发的人。"魔弹"是指专门针对病原体，而不攻击人体细胞的药物。

## 抗生素辅助

法国一家生物技术公司正在研发一类高度靶向性可编程药物，它带来了解决细菌耐药性问题的新希望。随着越来越多的抗生素失效，每年有70万人死于抗生素，这个问题的确至关重要。这些新分子的特性（仍用小鼠测试）是可以特异性地破坏发生已知突变的细菌，因为这种突变使细菌具有耐药性，可以使抗生素更有效。

## 升级

智能药物中最基础的是专门用于化学疗法的药物。它们可以专门针对快速更新的细胞（包括肿瘤细胞），但无法区分健康细胞和病变细胞。由于它们会破坏频繁分裂的细胞（毛发、口腔黏膜等），所以会出现许多不良反应。但是，化学疗法是治疗癌症的宝贵工具，研究人员希望使它们更具特异性，从而更加"智能"。

## 分子大小的工具

纳米技术可以对物质进行纳米（1纳米等于十亿分之一米）级操作。物质的一些特性在纳米这种级别上会发生变化，这些微型工具利用的正是这一点。它们还可以将许多任务在狭小的空间中分组。纳米技术在征服了计算机和电话等电子科学领域后，又进入了医学领域。

## 确定范围

对药物载体的规定是非常严格的：这些载体必须具有生物相容性，以便在人体内释放自己的内容物，还必须具有生物可降解性，好让它们发挥作用之后消解。因此，目前的研究优先于对可制成胶囊的自然成分的复制上。最先进的研究已经可以做到识别细胞表面的分子标记，从而确定某种类型的细胞。

## 受电子控制的治疗

第一种智能药丸于2017年投放市场。这是一种用于治疗精神分裂症和双相情感障碍的抗精神病药物，其特殊性在于配备了一个传感器。当药物进入胃部，传感器就会启动，并与患者佩戴的皮肤贴片连通，以确认药物正在生效。通过蓝牙技术，传感器收集的信息会传输到病人的智能手机上，在必要时也可以传输给病人的医生。

新的技术和方法

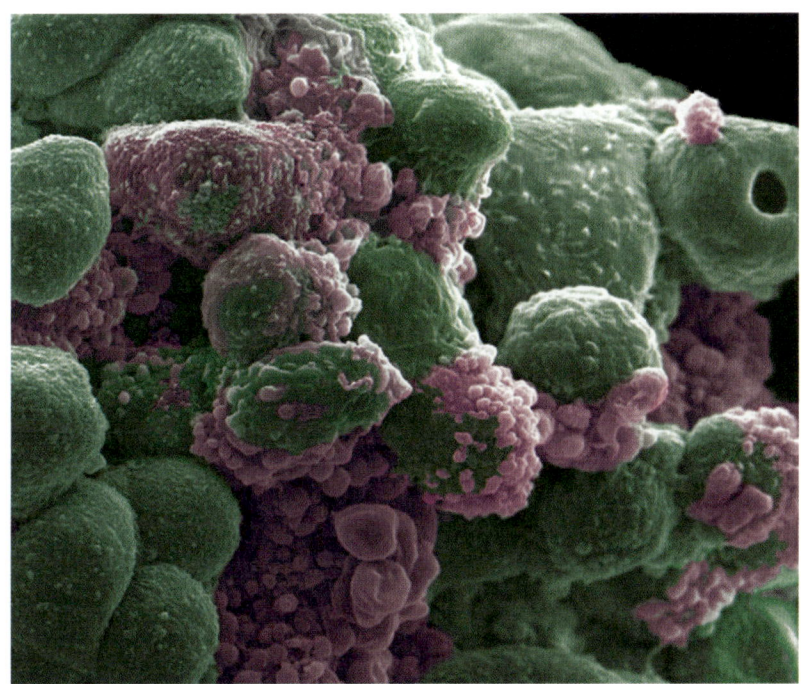

通过纳米医学杀死前列腺癌细胞（图中绿色部分）。纳米医学使药物中的活性物质直接到达需要破坏的细胞，而不攻击健康细胞。

## 针对病灶

微型植入物可能会成为智能药物的新形式。植入给药系统可以将胰岛素输送给糖尿病患者，免去患者自行注射，或者将其安置在无法手术治疗的肿瘤附近，使肿瘤被逐步破坏。这些植入物还可以刺激帕金森病患者的神经元。

## 乘坐胶囊旅行

传播载体可以让药物直接抵达某个身体组织（如肿瘤组织）。活性成分被一种壁包裹，使它能够穿过人体的壁，即便遇到最复杂的壁，它也不会在到达目标组织之前被降解，更不会对其他组织产生毒性。新纳米材料的发展也使我们能够通过外部激活来控制活性成分释放的时间。外部激活的手段一般有激光、X射线、磁场等。

## 压缩实验室

新型检测手段的开发让一些通常在实验室进行的检测可以被应用于诊断。它可以分析生物体液（血液、尿液、唾液等）样品，在几分钟内检测出与某些疾病（流行性感冒等）、器质性疾病（心脏病等）或麻醉药品有关的蛋白质。它还可以检测呼吸，因为呼吸中含有挥发性化合物，可以检测出包括多发性硬化症、帕金森症、克罗恩病及多种癌症在内的20余种疾病。

## 微型医学

纳米医学使用纳米技术来优化药物的分配，筛选靶组织类型，控制药物释放速度，使药物的作用更具有针对性。人们还开发了其他用于诊断的医学纳米技术，以尽早发现疾病。

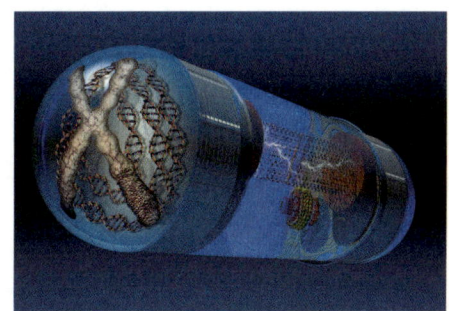

可以为基因治疗提供药物的智能药丸的开发还处于理论阶段。

1211

# 新时代的医学

## 药物引起的变化

从治疗的角度看,成功地根据基因型直接定制个性化药物能尽可能减少不良反应的发生,排除患者不适用的分子,精准确定必要的剂量,并在适当的时机干预疾病的发展。

## 从风险统计到预测

从基因中可以发现易患某些疾病的先天影响因素。DNA 测序可以揭示患上某些疾病的风险,包括骨关节炎、糖尿病、高血压、部分癌症、阿尔茨海默病、帕金森病及精神障碍(双相情感障碍、精神分裂症)等。对突变的检测可以加强对患病基因携带者的监测,但不足以做出诊断或预测这些疾病何时发作,因为具体情况还受很多其他因素影响。

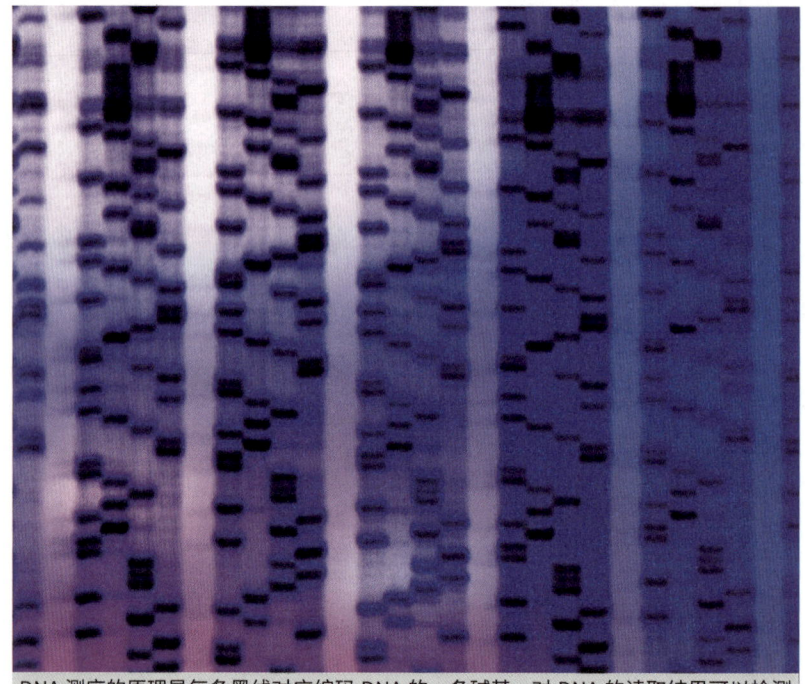

DNA 测序的原理是每条黑线对应编码 DNA 的一条碱基,对 DNA 的读取结果可以检测异常。

## 使用怎样的数据

当人类 DNA 被应用于医学或研究中,就会产生道德问题。个性化医学引发的问题与对结果的阐释有关,应避免误诊并引起患者不必要的担心。那应该如何处理获取的信息呢?事实上,如果检查与身体异常有关,并且揭示了患病倾向,就有必要采取积极态度。

## 提出新的治疗方法

个性化医学未来的发展趋势是根据每个人的遗传因素选择适合的个性化治疗方式。最近的技术可以快速并以大众可承受的成本对每个人的 DNA 测序,使人们能够发现诱病因素、预防疾病发作并进行治疗。

### 针对性治疗

当致病原因是基因突变时就可以确定是哪种疾病,并制定可以准确针对其后果的治疗方法。针对某些形式的糖尿病或囊性纤维化症已经有了非常有效的药物。然而这些治疗方法只能惠及有限的患者,主要是因为它高昂的费用使推广受到限制。

新的技术和方法

### 有治疗作用的屏幕

虚拟疗法使用电子游戏常用的工具（如虚拟现实技术），使患者沉浸在感官世界中。通过这些多媒体形式，可以对病人的运动和认知功能做康复治疗，也可以帮助病人在心理领域克服恐惧症，改善其与他人的关系或提升其自信。

### 面对屏幕

对完全虚拟的医生的开发正在进行中。"他"实际上是医生形象的人工智能软件。这种软件可以汇总信息，根据算法尽快做出最佳决策。这些智能设备不仅能够为患者提供日常使用的监测工具，还可以让真正的医生使用软件的存储和分析功能。

### 通向未来医学的路

当异常数据、与人体微生物群落中诸如细菌等"半外部"因子有关的数据以及与环境（表观遗传学）相关的数据都可以成为与健康有关的可用数据时，医学的"4.0时代"才真正开始。我们的各种医疗设备将建立精准度前所未有的医疗记录，让我们了解现在还难以理解的大量知识。这场变革的挑战在于优化预防措施及诊断和治疗方法。

### 远程医学服务

在法国某些医疗欠发达地区出现了使用远程医疗的咨询室。这种咨询室和照相亭一样大，里面配备了可用于医学诊断的所有工具和传感器（可以测量血压、体温、体重、血糖、心电图等）。附带的使用说明让患者可以独立使用。这些咨询室还会和医生建立远程联系。

模拟病人和医生之间的虚拟咨询。

1213

# 科技影响人类

### 更换电池

当心脏功能减退时,心脏起搏器可以刺激心脏的收缩。心脏起搏器中有一块电池,定期将电脉冲传递到与心脏接触的电极上。装有电池的外壳被放置在人体锁骨下方。佩戴心脏起搏器的人不能暴露在磁场中,以免发生干扰,所以他们不能接受核磁共振检查,也不能通过安全门,还被强烈建议不要太靠近电磁炉、手机远离心脏起搏器外壳,并避免长时间暴露在阳光下等。

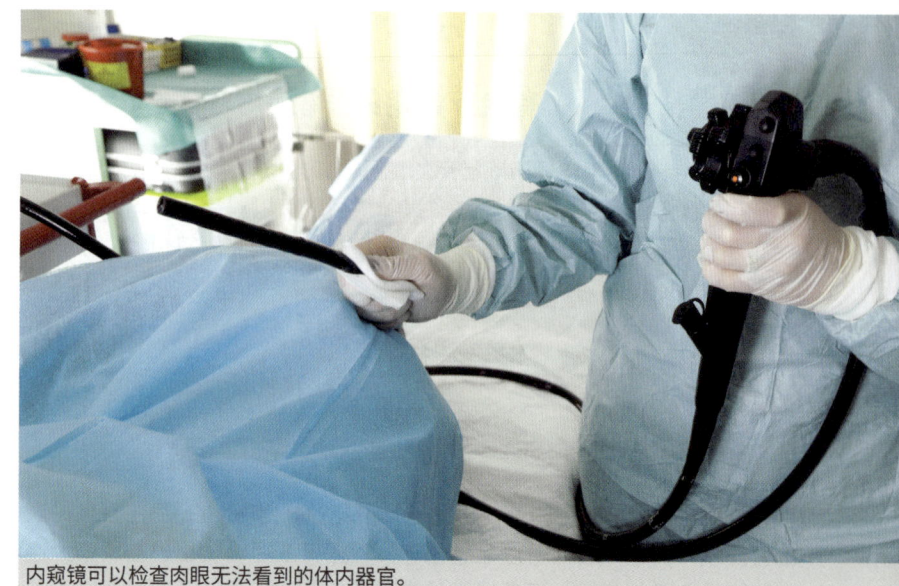
内窥镜可以检查肉眼无法看到的体内器官。

### 内窥镜

使用内窥镜是为了在非手术的情况下观察体内。起初,它是一个简单的灯管,末端带有照明系统。现在,大部分内窥镜都是柔性的(纤维镜),并且可以拍照或录像。内窥镜可以直接应用于支气管、食道、胃、结肠、膀胱等器官。

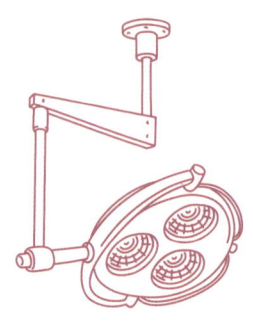

### 小型侵入

关节镜检查可以观察关节内部,必要时可以对关节中多余的液体做穿刺术或手术(去除半月板、韧带修复、腕管减压等),这种介入治疗只需很小的切口就可以让关节内窥镜和其他工具进入。这种方法除了不影响美观,还大大降低了并发症(如术后感染)风险,更有助于快速恢复。

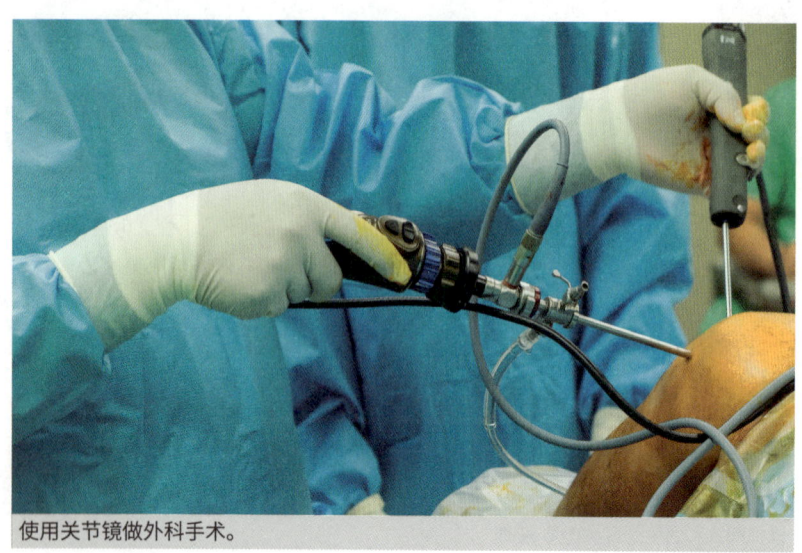
使用关节镜做外科手术。

# 新的技术和方法

## 安装芯片

很快，假肢就会配备电子芯片。只要对芯片进行扫描，就可以得到关于假肢状态（型号、磨损程度、是否感染等）的信息，还能得到它们替代的关节在运动过程中的图像，这比传统的 X 射线成像更精确。

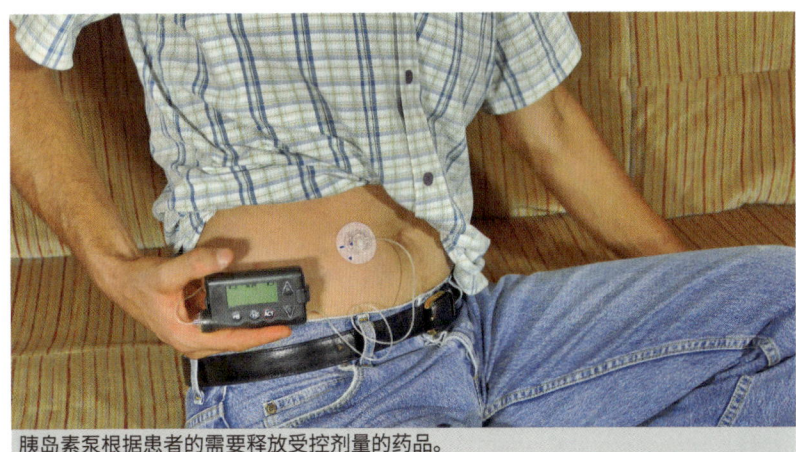

胰岛素泵根据患者的需要释放受控剂量的药品。

## 最小化

机器人正变得越来越小，纳米级大小的机器人可以进入人体。人们目前正在努力加强对机器人在人体内运动的远程控制，试验样机已经可以独立探索血管了。这些机器人的任务是将药物运送到特定部位，检测肿瘤并参与对肿瘤的破坏。它们可能会永久地存在于人体内，成为检测人体异常的哨兵。

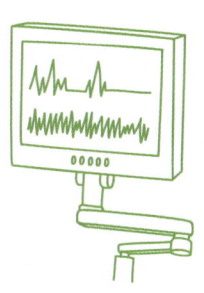

## 电子控制下的糖

为了持续将胰岛素输送给糖尿病患者，研究人员已经开发出模拟胰腺功能的泵。它们由一个外部电子盒组成，可以控制胰岛素的释放速度，使之持续低剂量释放。在患者进食、运动、睡觉等时，它会调整至适当的释放方式。胰岛素被存储在一个容量为几毫升的储液罐中，在皮下通过小导管输送。

## 喉咙中的摄像机

摄影设备的微型化使内窥镜胶囊的发展成为可能。这种胶囊的尺寸小于 3 厘米。它进入消化道时每秒可以拍摄几帧图像，之后通过弱无线电波将图像传送到安装于腰带上的接收器中，这样图像就会被保存，可供以后查看。然后，胶囊会被自然地排出体外。这种胶囊是一次性的。

## 黑客威胁

肺科医生伊莲娜·福拉松证明医疗设备的智能化需要适当的网络安全系统。2012 年，一名黑客（在未植入的设备上）演示了通过破坏操作系统来破解心脏起搏器是多么容易，甚至可以以此方式轻易威胁佩戴者的生命。所有的泵、监护仪、手术工具等都越来越依赖科技。这个演示让我们有理由反思安全性过低带来的后果。

1215

# 神经科学：大脑的细节

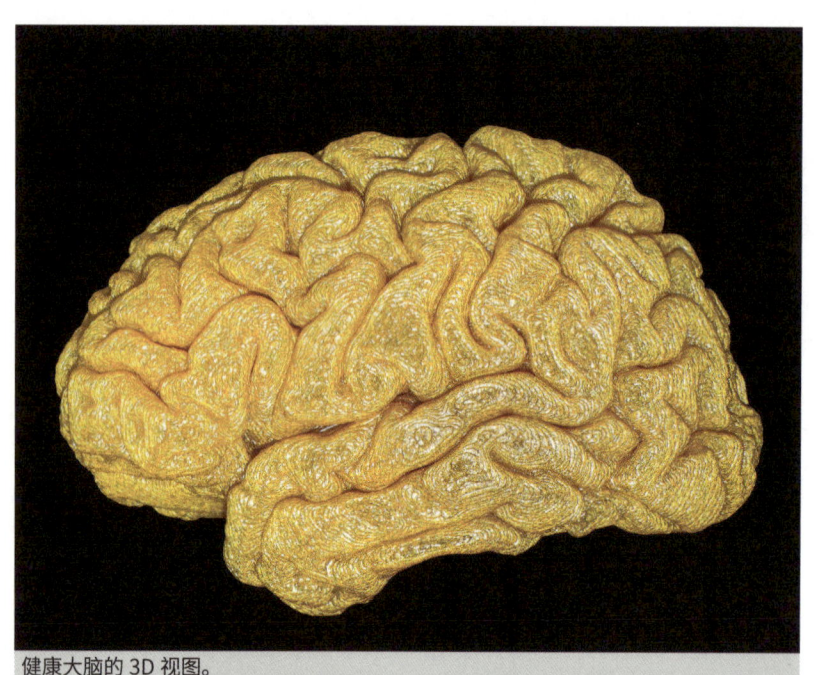

健康大脑的 3D 视图。

### 大脑活动探测器

在成像工具中，功能性核磁共振在神经科学中非常有用。这种磁共振成像的工作原理与传统技术相似，只是其分析重点是血液中的氧气水平。由于大脑区域的激活与其消耗量的增加密切相关，所以功能性核磁共振是绘制大脑活动区域的理想工具。而且它以毫秒为单位，在时间上具有精确性。

### 我为人人，人人为我

神经科学的优势在于它的跨学科性。很少有研究领域可以将不同的学科融合在一起。这也使我们可以使用所有可用的观测和分析技术，并使用大量预算来加快取得成果的速度。

### 影响范围

神经科学获得了极大的关注，可以说，神经科学的研究发现不仅涉及健康领域，还涉及市场营销、社会科学、教育，甚至人工智能计算机开发领域。

### 大脑的细节

神经科学是一门致力于研究神经系统的学科，研究对象从最小的单位，也就是生物分子，到最复杂的表现形式，如认知和行为方式（学习、想象力、记忆、精神疾病等）等都包括。

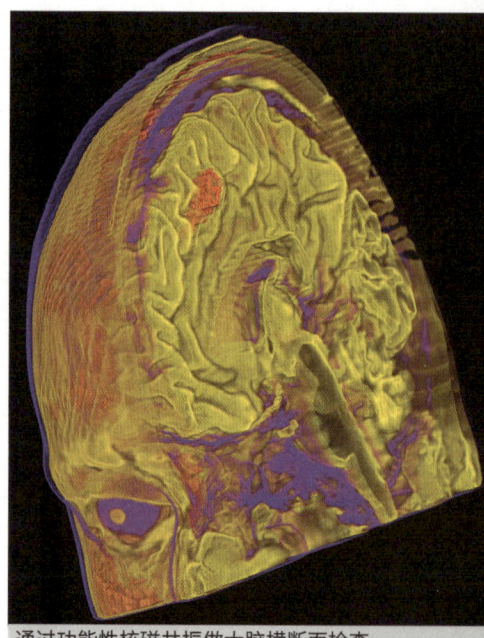

通过功能性核磁共振做大脑横断面检查。紫色区域表示氧气水平高，说明此区域发生了剧烈的活动。

新的技术和方法

## 可被塑造的大脑

神经可塑性是研究的主要领域之一。我们知道,大脑能够根据生活经验来改变大脑神经元的组织和连接。这种能力已经在儿童中得到证明,但实际上它会伴随人的一生。对这个机制的研究一方面可以让我们理解人吸收新知识的过程,另一方面可以带来修复神经元的病变和退化(如痴呆症)的希望。

## 正在消失的科学

随着神经科学的发展,人文科学正在经历着痛苦的变革。实际上,从传统上讲,心理学、社会学、哲学甚至精神病学中科学的部分都涉及对从外部收集的与人类功能有关的数据分析,包括观察、证明、实验、回忆等。而神经科学忽略了(试验者和受试者的)个体主观性,以无可争议的方式解释所有人类现象。从长远看,我们可以想象今天我们了解的人文科学逐渐消失的情况。

## 谁是船长?

由于神经科学的出现,自由意志的概念被彻底打乱了。关于自由意志的主题,有两种哲学流派产生了冲突:其中一种捍卫其存在,另一种则认为如果宇宙由不可变的规律支配,那么人类也是,所以人类的行为必定是受支配的,自由的感觉是一种幻想。科学正在证明第二种理论,因为在大脑中,神经冲动在很大程度上先于对做出手势产生意愿的简单意识。这就是说,仅通过观察大脑就可以预测一个人将要做出的手势,甚至可以在一个人意识到自己的想法之前就预测到他要做出的手势。

## ! 经过验证的教育

在教育学领域,神经科学受到了高度宣传,因为它提出对某些教育方法深入改革。通过观察大脑功能和不同方法(运动类型、推荐年龄等)带来的影响,可以确定某种教学方法的有效性、可改善的实践方式以及最有效的策略。正确进行这些研究可以用科学理性的方法结束对理论的争论。

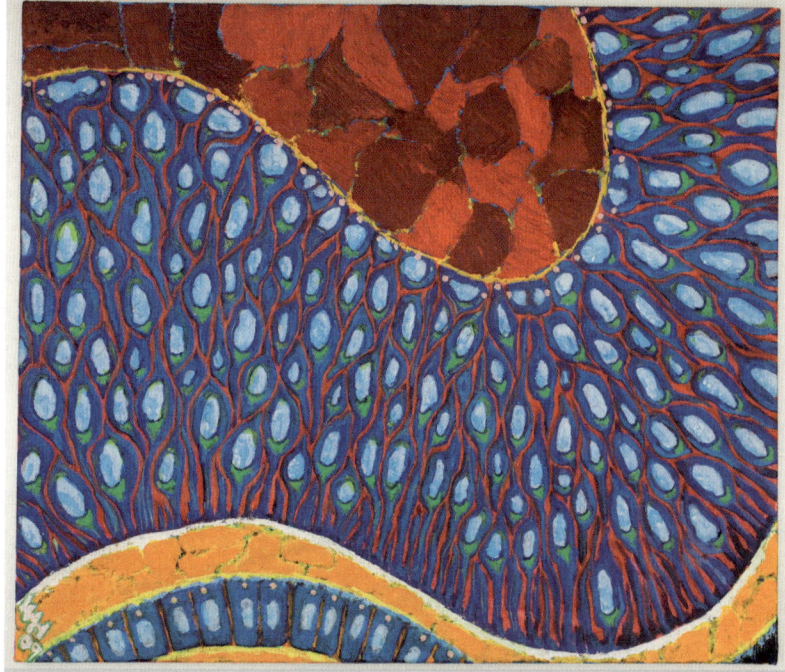

艺术家对大脑神经组织的印象。蓝色部分代表细胞,黄色部分代表肌动蛋白(蛋白质),红色区域是脑脊液所在的位置。

# 医患关系的转折点

### 以好爸爸的身份！

几个世纪以来,"家长式作风"一直是传统的医学表达方式。拥有全部知识的医生对患者的健康做出决定。因此,患者需要完全信任医生,而医生则以他认为符合患者最大利益的方式行事。但这个模式遭到了人们的质疑:一方面,盎格鲁-撒克逊模式认为医生是为病人服务的;另一方面,在不同价值体系的指导下,医患双方可能会做出不同选择。

### 决定权

"同意"这个概念得到了加强,已成为一项法律义务。患者必须在所有医疗行为或医学检查之前表示同意,并完全可以拒绝接受治疗。这种同意被称为"知情同意",因为医生必须对患者提供解释,以使患者理解,并在知道前因后果的情况下做出决定。另外,这种同意必须是自愿的,也就是说,没有任何强迫或压力迫使患者做出非自愿的决定。

### 寻找准确的信息

在互联网出现之初,公共信息网站上的医疗内容通常是外行人撰写的,表达中有很多不准确之处,甚至是错误。之后这个领域逐渐变得专业化。现在,越来越多的网站内容由专家编写,这些专家致力于使知识尽可能多地被公众接受。但是,患者必须确认自己搜索的信息及其潜在意图(包括商业利益)的可靠性。

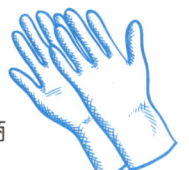

### 共享知识

医疗保健专业人士必须面对这样一个事实:来咨询他们的患者已经具备了一部分专业知识,并试图参与有关自身健康的决定。这不再是关于家长式作风的问题,而是关于在医者和患者之间建立伙伴关系的问题。

### 非物质化的集中

患者社群的存在,以及通过其成员建立的论坛和博客提供有关该疾病的信息,可以增加患者对某些疾病知识的了解。病理学提出尚待探索的问题使人们能够比较相关护理类型,甚至进一步指导研究。

新 的 技 术 和 方 法

## 久病成医

"患者专家"是正在迅速变化的医疗保健系统中的"新雇员"。这个角色在糖尿病或癌症等疾病中最能发挥作用。在这些病例中，病情得到缓解的患者可以学习并参与到同种疾病的病友的治疗中，给他们一些信息，分享自己的经验并向他们提出建议等。

## 网络的限制

自我诊断和自主用药治疗是医生最讨厌和担心的事情。现在超过一半的患者会在网上寻找医疗信息。这种方法有时有积极作用，但也会导致危险行为，如自发停药或自行用药物治疗等。另外，患者寻找信息的导向是为了确认一种感觉，而这种感觉本身可能就是错误的。患者找到的信息可能会增加不必要的恐惧、困惑或焦虑，消除这些信息的影响则成了医生额外的工作。

## 互联网效应

互联网的兴起造成了另一类患者的出现。这类患者为了了解自己的健康状况，会寻求线上社群的建议和支持。这些线上社群不仅将患者聚集起来，还会招揽一些医疗保健专业人士。

## 平衡医患关系

2017年夏天，关于妇科和产科暴力的证据大量涌现。许多女性谴责医生突然的行为没有征得患者同意，无视自己的言语和痛苦进行不必要的动作。她们还提出了对心理暴力以及更为普遍的缺乏护理习惯的质疑。一些护理习惯尽管是善意的，但仍可能被女性视为创伤。医学界对这些言论的接受程度参差不齐，这也说明平衡医患关系还有很大的进步空间。

1219

# 关于性别

## 一个和重量有关的问题！

男性大脑平均比女性大脑重 150 克，这在解剖学上一直是男性优于女性的论据。按照这个理论，鲸鱼的大脑有 7 千克重，那它应该比人类聪明 5 倍！现在，这种理论已经过时了。显然我们可以确定的是，与人脑认知能力成正比的是神经元之间连接的密度和质量，而不是大脑的重量。

## 生物学 VS 社会

性和性别并不是一回事。性与男性和女性的不同的生物学特征有关，涉及生殖器、染色体和激素。而性别更多指一种文化和社会概念。在西方国家，男性性别通常和男子气概、力量等概念相关，而女性性别通常与脆弱、优雅等概念相关。

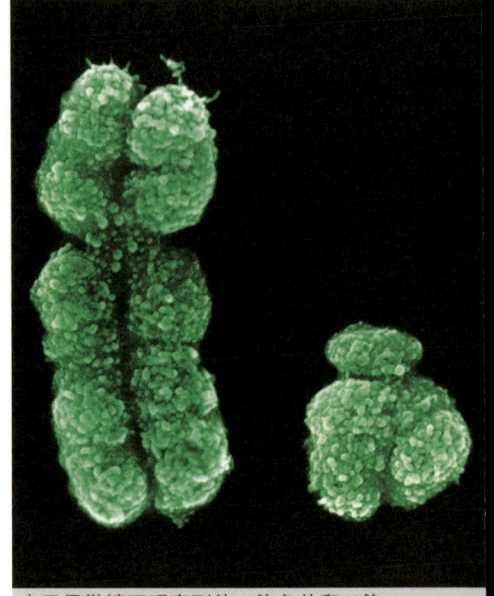

电子显微镜下观察到的 X 染色体和 Y 染色体。

### 中性？

法国的社会保险号码目前只有两个选项（男性为 1，女性为 2）。欧洲人权法院正在考虑是否应该加入"中性"这个选项。

## 重新计算性别

据估计，双性人占人口总数的 1%～2%。这些人的生殖器官通常没有鲜明的性别特征，因为他们患有萎缩性疾病，既不是完全的女性，也不是完全的男性，而且他们的性器官通常没有相应功能。出现这种器官畸形主要是由于特定的染色体或激素变异。

### 适合的研究对象

近年来，只要有相关性，欧洲的临床试验就必须让等量的男性和女性受试者参与。而事实上，关于子宫癌风险的研究也在男性中进行着。

## 刻板印象的影响

医学和社会科学的结合可以改变卫生专业人士的行为和分析，使医疗服务更加平衡。实际上根据患者的反映，我们已经观察到，性别因素会导致错误的诊断。男性胸部疼痛通常让我们联想到心脏病发作，而女性胸痛则让人联想到焦虑发作，这就导致她们心血管的问题受到忽视，而这是造成女性死亡的主要原因。相反，抑郁症出现于女性患者时相对容易被发现，而在男性患者身上更容易被忽视。

# 新的技术和方法

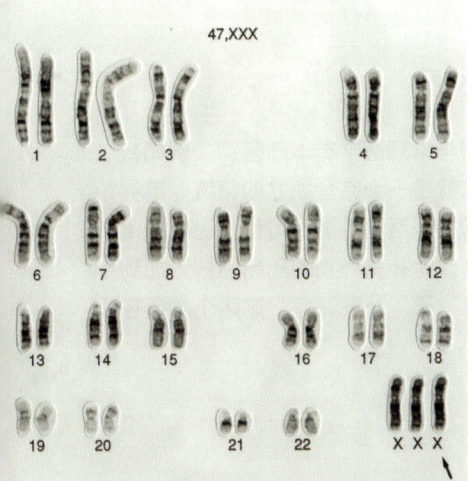

三X染色体综合征患者的染色体组型示意图。患病的女性通常身高超过平均水平，可能出现月经周期不规律，且患语言学习障碍风险较大。

##  选择自己的性别

当婴儿在出生时被检测出性器官畸形，就需要频繁进行性别重置手术。最近，这种做法因会对人体造成损伤而受到质疑。这一行为引发了为争取自由决定性别的权利而斗争的人们的呼声。

## 默认为女性

雄性Y染色体上的SRY基因决定了胎儿生殖器形态向男性表型分化。在没有这个基因表达的情况下，进化会自发地表现为女性表型。

## 性激素混乱

1905年，内蒂·史蒂文斯发现了Y染色体在性别决定中的作用。而30年后，人们才能够描述这些染色体的异常：缺少一条性染色体的特纳综合征（单染色体XO，如果缺少单染色体YO则会导致死亡），以及由三条染色体（XXY）组成性染色体的克林菲尔特综合征。

##  性的二分法

基因突变后我们可以观察到性反转：雄性拥有XX染色体，雌性拥有XY染色体。这样的情况很罕见，但凸显了准确定义性别概念的难度。

## 顺性别还是跨性别？

跨性别的人感到自己对自身的性别认同与生理性别之间有差距，或者对两种性别都有归属感。这不同于"顺性别"的人，顺性别的人的生理性别和性别认同都符合当前社会标准。2010年，法国成为第一个不再将性别认同差异视为精神疾病的国家。但是，在进行改变性别的操作过程中（激素摄入、变性手术等），跨性别者仍然需要接受精神病学随访。

## 初步阶段

生殖器的解剖特点是在胚胎阶段就确定的。直到怀孕第8周，我们仍只能从胎儿腹部看到两个未分化的性腺和两对管体（沃尔夫氏管和米勒氏管）。女性表型仅保留米勒氏管，而男性表型则保留沃尔夫氏管。这些管体会发育成为生殖道。

普拉德分级用于定义生殖器的类型：女性为0，男性为5，中间值为双性。

1221

# 替代医疗：改变方法

脊柱按摩可以治疗脊柱和运动系统的疼痛综合征。这种疗法至今仍被承认和使用。

### 选择术语

有很多术语看起来相同，但它们与常规医学有本质区别。例如替代医疗，如果我们参照它的定义，它就是一个完全独立的领域，不被建议使用，因为它通常很危险或属于宗派活动范畴。可替代医疗提供了第二种可能的选择，而那些有资格作为补充药物的药物则被添加到传统的护理服务中。因此"替代医疗"和"补充医疗"这两个术语在某种程度上享有特权。

### 选择阵营

对抗疗法是指使用可能有害的方式治疗疾病。这种疗法通过相反的作用来平衡症状以达到消除症状的目的。而顺势疗法使用的是相反的理论，它建议使用引起同类型症状但剂量很小的物质治疗相关疾病。

### 全球范围的观察

世界卫生组织列出了400种补充医疗、替代医疗和传统医疗的药物，并将它们分为两类：基于身心联系的药物和源自传统医学的药物。此外，全球将近1/3的国家和地区为医疗专业人士提供高水平的培训。世界卫生组织提出将这些医疗纳入卫生系统并改善患者健康状况、生活质量和接受治疗时的感受。

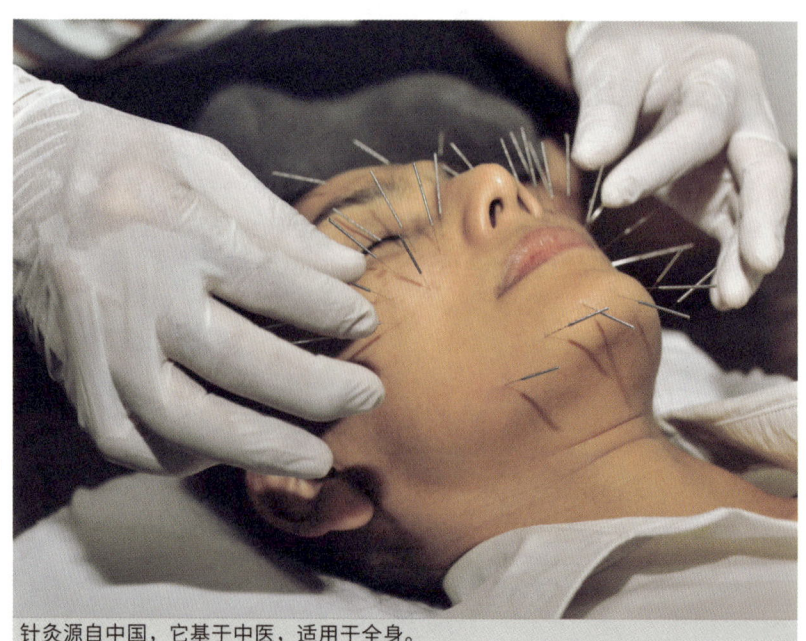

针灸源自中国，它基于中医，适用于全身。

# 新的技术和方法

## 不同方法

在替代疗法和补充疗法使用的技术中，有一些以生物学为基础，使用的是天然物质，如植物药疗法或植物性芳香疗法。其他方法则采用人工方式来解决身体问题，如正骨疗法或按摩疗法。诸如催眠或食疗之类的疗法是针对身体和心灵的。最后，被称为"整体系统"的疗法建立在原始理论模型上，这种理论模型有可能并不源自传统疗法（针灸、顺势疗法等）。

## 寻找证据

西方医学界对非常规疗法持保留意见，因为对这些疗法的有效性仍有争论。负责评估疗效的人员认识到，对此很难进行严格的研究，很容易出现自相矛盾的情况。实际上，非常规疗法使用的技术并非总是严格且可复制的，并且不总能进行双盲试验。其他技术则过分依赖治疗师的专业知识。

### 回归基本

自1946年以来，世界卫生组织将健康定义为"一种完好的身体、精神和社交状态，不仅仅包括没有疾病或身体虚弱的状态"。精神状态和医疗实践的发展有望让这个定义在接下来的几年内成为现实。

### 一些矛盾

由于缺乏科学严谨性，补充疗法遭到了批评，但有趣的是，法国医学界承认其中四种：顺势疗法、局部疗法、针灸和正骨疗法。

## 综合医学

通往综合医学的道路正在建设中。它将人作为一个整体来考虑，会综合考察患者的症状、之前的经历、所处的环境、生活方式、饮食、承受的压力等。综合医学会围绕患者将所有的治疗方法（常规疗法或非常规疗法）展开，这不仅能使患者康复，还可以改善其健康状况。

植物疗法建立在使用植物提取物（输液、汤剂等形式）以及天然活性成分的基础上。

1223

# 超人类主义者的梦想

### 试金石 2.0

超人类主义运动对科学以及科学带来的可能性充满信心。超人类主义相信科学可以增强我们的身体特征(力量、耐力等)和心理特征(智力、记忆力等)。

### 各种可能性

超人类主义的一个分支对生物学的发展感兴趣,因为生物学的发展可以通过医学实现人类的细胞及器官被逐步取代。超人类主义的另一个分支则相信技术的进步和仿生机器人的发展。这两种情况的目标之一都是让人类得到永生。

### 被自动装备围绕

外骨骼可以让人重新掌握平衡、行走,还可以减轻与工作有关的疼痛,甚至增强人的力量和耐力。外骨骼和身体相适应,配备了十几个电机,可以在很短的时间里对穿戴设备的人做出的动作给出反应。这些机动化的外骨骼已经用于工业和军备,并开始在医学领域中普及。

在法国,低温保存活体是被法律禁止的。在其他国家可以使用低温保存活体,其费用从 3 万欧元到 18 万欧元不等。图为低温保存血液样本。

### 细胞级的修复

再生医学使用培养的干细胞针对性地修复受事故或神经退行性疾病影响的目标器官或组织。我们也可以期望有一天能够通过让成年人的牙齿或软骨再生来永久性地治愈牙病或消除骨关节炎。现在,数百项研究正逐步使这样的治疗成为现实。

### 离开冰块

人体应该可以保存于低温环境下(—196°C的低温可以实现活体保存),直到科学能够治愈致死的疾病,从而使人获得"第二次生命"。目前的问题之一是我们不知道如何让身体复苏,或者就算成功了也会造成冷冻对象脑损伤,即使是最轻的程度,这种情况也会占相当大的比例。

新的技术和方法

## 咬自己尾巴的蛇

可实现性问题和与道德有关的问题成了这些新技术引发的广泛争论的主题。目前，新技术高昂的成本让它无法被普及，而且其使用范围极小，更使它无法发展，所以之后相关技术的价格可能会降低。

 **修改自己的基因**

约西亚·扎伊纳将作为第一个真正的生物黑客被载入史册。他自愿注射 CRISPR-Cas 9 来编辑自己前臂肌肉的 DNA。他演示的目的是证明正如生物黑客运动（参与式生物学的一个分支）所声称的，很多基因编辑是可以在家中"自行操作"的。

### 用思想控制

人机界面除了实现了科幻小说描写场景的梦想，还有更突出的贡献，因为它直接将大脑指令和计算机设备联系起来。它绕过了肌肉的作用，直接用思想来控制计算机执行操作，如演讲、写作、移动等。

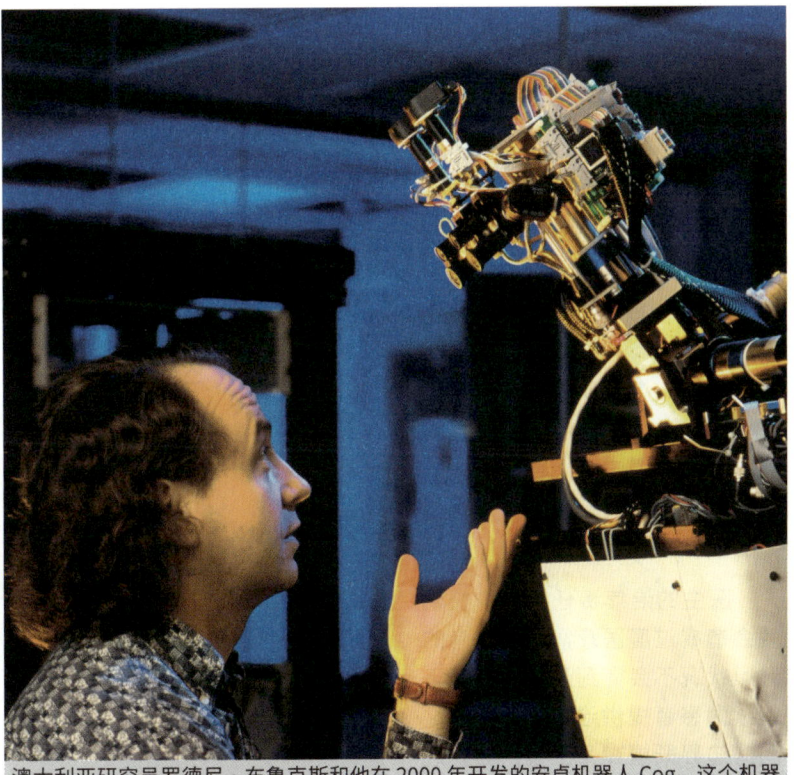

澳大利亚研究员罗德尼·布鲁克斯和他在 2000 年开发的安卓机器人 Cog。这个机器人已经表现出智能的迹象。

### 共享是为了更好实验

参与式生物学旨在让生物学和基础研究走出实验室。虽然有人认为这很危险，但也有人认为这可以摆脱限制实验开展（包括对人类的实验）的预防原则。还有人从这次运动中看到产生新思想和新知识的可能性，因为我们依靠的是集体智慧，而不只是那些精英。

### 增强未来的人类

使人体有更好的性能是修复人类的第一步（通过已有的各种假肢或植入物即可以实现）。我们可以挪用动植物世界中已存在的一些特征，如夜视的能力。得益于纯粹的技术带给我们的一切，我们也可以（就像有些人已经想象的那样）成为心灵的感应者，保护自己的意识和记忆。

1225

# 句号：生命的终结

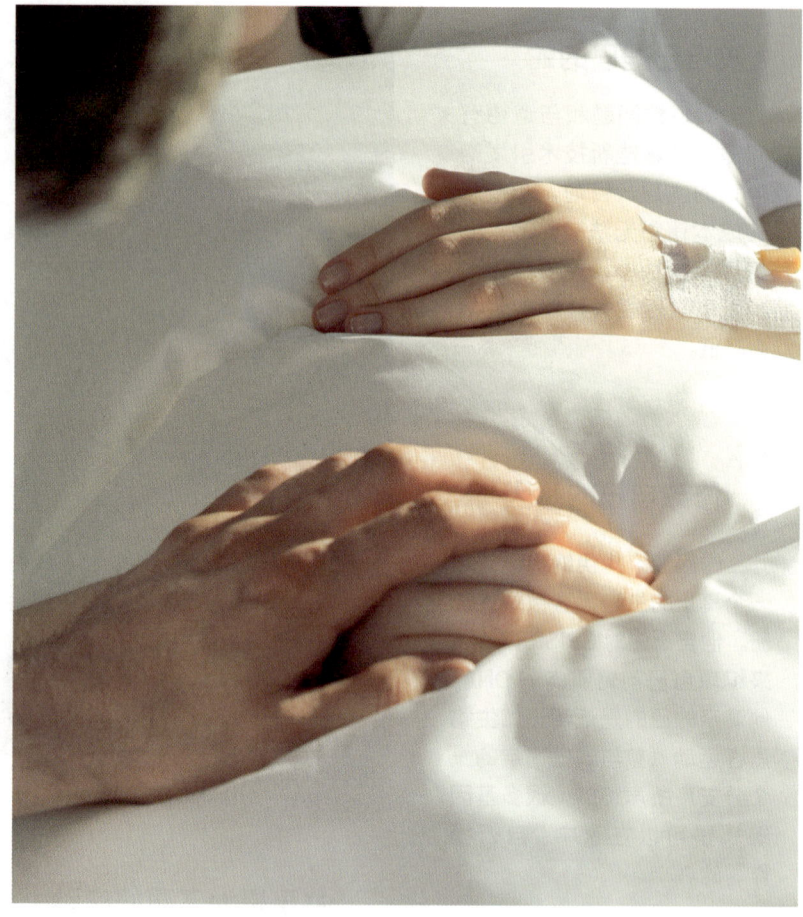

### 赢在质量

姑息治疗可以使患有严重疾病或长期患病的人的症状（如疼痛、疲劳、恶心等）得到缓解。尽管它的目标是在整个传统治疗过程中维持患者生活质量以及身心健康，但这种治疗往往与患者生命的终结有关系，而传统治疗的目标则是治愈患者。

### 太多好的意愿

医生的治疗责任被推向极端就会造成过度医疗，即在患者的健康状况不会得到改善的情况下继续为患者提供治疗。这两者之间的边界既模糊又主观，因此经常会引发争议。

### 明确的选择

在一些国家，当医生经过思考将致死的药物用于患者时，就是主动安乐死。这种做法需要规范，需要明确承担的责任。重要的是要知道究竟是谁做出了这个决定，是患者本人、患者指定的亲人（如果患者在昏迷、失语等情况下不再能表达自己的意愿）、医生还是护理团队等。与之有关的争议始终存在。

### 舒适地离开

从词源上讲，安乐死是一种"温和的死亡"。如今，它属于医疗领域。在部分国家，当疾病给病人带来的痛苦无法通过其他方式缓解时，就可以执行安乐死来缩短痛苦。

### 任由死神到来

当停止治疗或根本不提供治疗时，就属于被动安乐死。治疗可以只表现为提供舒适的护理。由于已知镇静剂和阿片类药物可以缩短寿命，所以虽然这种治疗方法的目的不是给病人实施安乐死，但它也被称为"间接安乐死"。

新的技术和方法

###  尊重患者意愿

在法国，人们可以表达自己关于生命终结的立场。在告知患者相关过程及患者做出的决定会带来后果后，无论患者决定拒绝治疗还是接受治疗，其选择都应该被尊重。但主动实施安乐死和协助自杀都是非法行为。如果病人无法表达自己的想法，则应由医学专家根据病人家属的意见做出集体决定，这个决定的依据是法律框架内应遵循的程序。

### 辅助自杀

辅助自杀是一种应对精神状态变化的方法，这种变化会使患者要求使用工具自杀，摆脱病痛。辅助自杀可以在医疗帮助或亲人的帮助下完成。尽管这种做法不一定会将责任推给医学界，但它开启了对其必要条件的讨论。

### 选择的权利

"有尊严地死去"是捍卫安乐死权利者的主张之一。他们声称每个人都可以自由地决定自己想要离开世界的方法，并且这些选择应该被尊重。

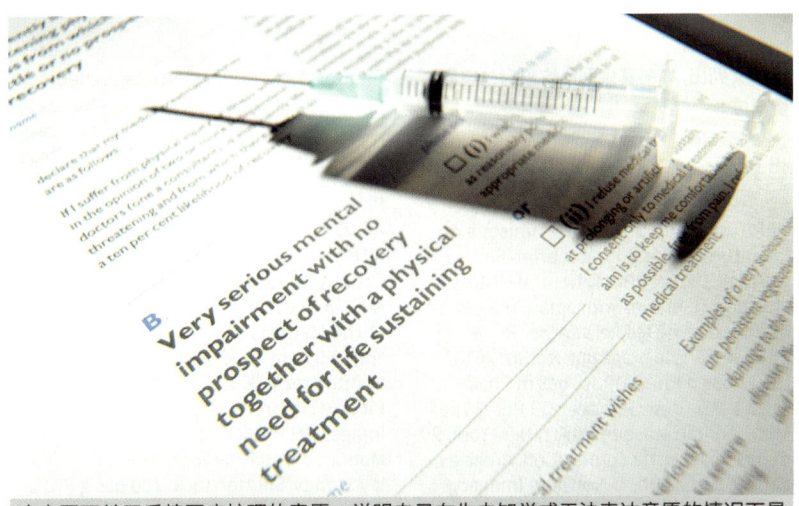

病人写下关于后续医疗护理的意愿，说明自己在失去知觉或无法表达意愿的情况下是否愿意继续接受医疗护理。

### 维多利亚州，合法安乐死

在澳大利亚，只有维多利亚州将安乐死合法化了。法案于 2019 年生效，只针对 18 周岁以上的成年人，而且仅限于病人的身体情况只允许维持 6 个月生命的情况下。如果病人心智健全，而且承受着无法忍受的疼痛，则可由医生签发许可。

### 谁掌握死亡权？

在美国，虽然部分州允许执行死刑，但在大部分州安乐死是非法的（安乐死也可能被用于执行死刑）。

### 比利时关于生存疲惫的讨论

自 2002 年立法以来，比利时和荷兰对实施主动安乐死的适用条件不断增加。现在，主动安乐死的事实既可以回应成年人的意愿，也可以回应那些在无望的医疗条件下，或难以忍受的痛苦中挣扎的未成年人的意愿。最近，人们就是否可以将其推广到那些认为自己已经拥有了"充实生活"、健康却希望离开人世的老年人身上展开了讨论。根据调查，在比利时有 70% 的人表示支持。

1227

# 图片来源

**除下文列出，本书其余图片均来自拉鲁斯资料库。**

### 世界史：

11 Ph. © N. Aujoulat, CNP - Ministère de la Culture.11 bas g Ph. Ecoprint/Shutterstock.15 bas g Ph. © Natural History Museum, London/Bridgeman Images. 17 ht g © Carte de Mikkel Winther Peders en publiée dans le magazine Nature 2016/DR.17 bas d Ph. © DR. 18 bas m Ph. © Erich Lessing/AKG-Images. 19 Ph. © The Metropolitan Museum of Art, New York. 20 m bas Ph. © H. de Lumlev/Coll. Archives Larbor. 21 bas Ph. © Northern Imagery/Shuttersto-ck. 22 m d Ph. © Thipjang/Shutterstock. 23 ht g Ph. © pablo_hernan/Fotolia.com. 23 bas d Ph. © Moussar/Shutterstock. 27 Ph. © The Metropolitan Museum of Art, New York. 29 Ph. © Erich Lessing/AKG-Images. 30 bas d Ph. © V. Perrin. 31 Ph. © Rex/Shutterstock. 32 m bas Ph. © Lauradibi/Shutterstock. 32 ht d Ph. © Los Angeles County Museum of Art. 33 Ph. © The Metropolitan Museum of Art, New York. 34 bas g Ph. © The Metropolitan Museum of Art, New York. 34 ht d Ph. © Chris Hill/Shutterstock. 35 Ph. © Los Angeles County Museum of Art. 36 Ph. © Kertu/Shutterstock. 38 Ph. © The Metropolitan Museum of Art, New-York. 39 m g Ph. © The Metropolitan Museum of Art, New-York. 39 bas d Ph. © Robert CHG/Shutterstock. 40 m g Ph. © The Metropolitan Museum of Art, New York. 40 bas d Ph. © The Metropolitan Museum of Art, New-York. 41 m d Ph. © Laurent Lecat/AKG-Images. 43 ht m Ph. © Los Angeles County Museum. 43 bas d Ph. © Walters Art Museum, Baltimore. 44 bas d Ph. © Svineyard/Shutterstock. 46 Ph. © The Metropolitan Museum of Art, New York. 47 ht m Ph. American School of Classical Studies Archives Larbor. 48 ht d Ph. © Spiroview Inc/Shutterstock. 49 m g Ph. ©The Metropolitan Museum of Art, New York. 50 Ph. © De Agostini Picture Lib./G. Dagli Orti/AKG-Images. 54 bas m Ph. © The Walters Art Museum, New York. 54 ht d Ph. © The Metropolitan Museum of Art, New York. 56 ht m Ph. © Tkachuk/Shutterstock. 57 Ph. © Musée archéologique de Sârnâth.59 ht d Ph. © Alexandersr/Shutterstock. 59 bas d Ph. © Arazu/Shutterstock.62 Ph. © Victoria and Albert Museum, Londres/Bridgeman Images. 63 Ph. © DR. 67 Ph. Coll. Archives Nathan. 74 Ph. © Bargotiphotography/Shutterstock. 80 Ph. © De Agostini Picture Lib./A. Dagli Orti/AKG-Images. 81 Ph. © DR. 84 Ph. © AKG-Images. 85 Ph. © AKG-Images. 88 Ph. © The Metropolitan Museum of Art, New York. 89 m m Ph. © Madrugada Verde/Shutterstock. 89 ht d Ph. © De Agostini Picture Library/G. Dagli Orti/Bridgeman Images. 92 Ph. © The Metropolitan Museum of Art, New York. 93 Ph. © Nickolay Stanev/Shutterstock. 100 bas g Ph. © Bridgeman Images. 100 bas d Ph. © The Metropolitan Museum of Art, New York. 101 Ph. © DR 109 Ph. © Jorisvo/Shutterstock. 110 bas g Ph. © The Walters Art Museum, Baltimore. 110 ht d Ph. © DR. 111 Ph. © The Metropolitan Museum of Art, New York. 116 Ph. © Christian Vinces/Shutterstock. 117 Ph. © Saiko 3p/Shutterstock. 121 Ph. © Anton_Ivanov/Shutterstock. 129 Ph. © Bridgeman Images. 132 Ph. © De Agonstini Picture Library/A. Dagli Orti/Bridgeman Images. 133 Ph. © Collection Gregoire/Bridgeman Images. 141 Ph. © National Trust Photographic Library/Bridgeman Images. 144 Ph. © Institut Tessin, Hôtel de Marle, Paris/Archives Charmet/Bridgeman Images. 145 g Ph. © Musée des Beaux-Arts, Strasbourg. 148 Ph. © Nemeth/AKG-Images. 150 ht d Ph. © Brian Maudsley/Shutterstock. 155 ht g Ph. © Sotheby's/ AKG-Images. 155 bas m Ph. © British Museum, London/Bridgeman Images. 161 Ph. © De Agostini Picture Library/G. Dagli Orti/Bridgeman Images. 163 Ph. © AKG-Images. 170 Ph. National Library of Sweden. 174 Ph. © Musée Guimet, Paris/Pictures from History/Bridgeman Images. 178 Ph. © Library of Congress, Washington. 189 Ph. © AKG-Images. 191 Ph. © AKG-Images. 197 Ph. © Library of Congress, Washington. 201 Ph. Library of Congress, Washington. 203 Ph. © De Agostini Picture Library/Bridgeman Images. 208 Ph. © Library of Congress, Washington. 210 Ph. © Gert Schütz/AKG-Images. 216 et p. 217 Ph. © Ken Welsh/Bridgeman Images. 235 Ph. © Yould/UN Photo. 237 ht m Ph. © John F. Kennedy Presidential Library and Museum. 237 bas d Ph. © Sovfoto/UIG/Bridgeman Images. 238 m g Ph. © AKG-Images. 238 bas d Ph. © Library of Congress, Washington. 239 Ph. © Library of Congress, Washington. 245 Ph. © La Dépêche quotidienne. 246 Ph. © SZ Photo/Scherl/Bridgeman Images. 247 Ph. © WHA/World History Archive/ AKG-Images. 249 Ph. © Bridgeman Images. 250 Ph. © Bridgeman Images. 251 Ph. © Albert Fox/UN Photo. 252 bas d Ph. © Rex Features. 253 Ph. © Bridgeman Images. 254 bas g Ph. © Bridgeman Images. 254 ht d Ph. © Bridgeman Images. 255 Ph. © Gérard Malie/AFP. 257 m Ph. © Granger/Bridgeman Images. 259 Ph. © Communauté européenne, 1992/Source : EC-Service audiovisuel. 261 ht g Ph. © NASA. 261 bas d Ph. © ESA. 263 ht g Ph. © Bridgeman Images. 263 bas m Ph. © Philippe Ledru/AKG-Images. 264 Ph. © John Davis/UNHCR/UN Photo. 265 Ph. © Jaspar Juinen/ANP/AFP.266 Ph. © Tallandier/Bridgeman Images. 267 Ph. © Bridgeman Images. 268 Ph. © Bruno Barbier/AKG-Images. 269 Ph. © Pictures from History/AKGImages. 270 Ph. © Africa Media Online/AKGImages. 272 Ph. © Sputnik/AKG-Images. 273 Ph. © Bridgeman Images. 275 Ph. © Sergey Nivens/Shutterstock. 277 Ph. © AKG-Images. 278 Ph. © Ken Tannenbaum/Shutterstock. 279 Ph. © AFP. 280 Ph. © Anatoly Medzyk/Pool/AFP. 281 ht d Ph. © Fethi Belaid/Pool/AFP. 282 ht g Ph. © Awad Awad/AFP. 282 d Ph. © Abid Katib/Getty Images/AFP. 283 Ph. © Cia Pak/UN Photo. 284 Ph. © John Isaac/UN Photo. 285 Ph. © Marco Longari/AFP. 286 Ph. © Eskinder Debebe/UN Photo. 287 Ph. © John Moore/Getty Images/AFP. 288 Ph. © Pictures from History/AKG-Images. 289 Ph. © Stringer/AFP. 290 Ph. © John Isaac/UN Photo. 291 Ph. © Omar Martinez/AFP. 292 Ph. © Michael Kappeler/DPA/AFP. 294 Ph. © Geoff Caddick/AFP. 295 Ph. © Timotthy A. Clary/AFP. 296 Ph. © DR. 297 © Union Européenne, 2018/Ph. Etienne Ansotte. 298 Ph. © Rich Carey/Shutterstock. 299 Ph. © Denis Prezat/Crowdspark/AFP. 300 Ph. © Lionel Bonaventure/AFP. 301 Ph. © Isaac Lawrence/AFP.

## 神话史：

315 Ph. © DeAgostini/Leemage. 316 ht d British Museum, Londres. Ph. Coll. Archives Larbor. 316 bas g Ph. © DeAgostini/Leemage. 317 dessin de Texier. © DR. 318 Musée du Prado, Madrid. Ph. © Archives Larbor. 319 Ph. © Raffael/Leemage. 320 Ph. © Musée du Prado, Madrid. 321 hg Ph. © National Gallery of art, Washington. 321 bd Ph. © The Walters Art Museum, Baltimore. 322 British Museum, Londres. Ph. © Luisa Ricciarini/Leemage. 323 miniature du Psautier de Saint-Louis, XIIIe siècle, bibliothèque nationale de France, Paris. Ph. Coll. Archives Larbor. 324 Ph. © Musée du Vatican. 325 Musée du Prado, Madrid. Ph. Coll. Archives Larousse. 326 Dessin - Archives Larousse. 327 bas g Miniature vers 1500, Bibliothèque nationale de France, Paris. Ph. Coll. Archives Larbor. 327 d Ph. Arni Magnusson - Institute for Icelandic Studies. 328 Ph. © The Metropolitan Museum of Art, New York. 329 Musée national d'Anthropologie, Mexico. Ph. © Fabio Imhoff/Shutterstock. 330 bas Ph. © National Gallery of Art, Washington. 330 ht d Ph. © Rijksmuseum, Amsterdam. 331 Bibliothèque nationale de France, Paris. Ph. Coll. Archives Larbor. 332 ht g Ph. Pedicini © Archives Larbor. 332 bas Musée du Louvre, Paris. Ph. © Photo-Josse/Leemage. 333 Ph. Coll. Archives Larousse. 334 Musée d'Archéologie Régionale, Syracuse. Ph. © DeAgostini/Leemage. 335 Ph. © Getty Villa, Malibu. 336 ht Dessin - Archives Larousse. 336 m Ph. © The Metropolitan Museum of Art, New York. 337 Musée d' Aquitaine, Bordeaux. © Mairie de Bordeaux, ph. L. Gauthier. 338 Musée archéologique, Florence. Ph. © Archives Larbor. 339 Ph. © The Metropolitan Museum of Art, New York. 340 Musée grégorien étrusque, Cité du Vatican. Ph. Coll. Archives Larbor. 341 ht Ph. © The Metropolitan Museum of Art, New York. 341 bas Kunsthistorisches Museum, Vienne. Ph. © DeAgostini/Leemage. 342 haut-relief de A. et N. pisano, 1348. Ph. © Salko – DR. 343 ht Ph. © The Metropolitan Museum of Art, New York. 343 bas Ph. © The Metropolitan Museum of Art, New York. 344 Ph. © The Metropolitan Museum of Art, New York. 345 British Museum, Londres. Ph. Coll. Archives Larousse. 346 ht Ph. © Shutterstock. 346 bas Ph. © DeAgostini/Leemage. 347 Ph. © BlackMac/Shutterstock. 349 Ph. © Angelo/Leemage. 350 ht g Ph. O.Ploton © Archives Larousse. 350 bas Collection particulière, Bologne. Ph. © Electa/ Leemage. 351 Musée des Beaux-Arts, Orléans. Ph. © Archives Larbor. 352 Ph. © Luisa Ricciarini/Leemage. 353 ht Ph. © The Metropolitan Museum of Art, New York. 353 bas Musée archéologique, Florence. Ph. © Luisa Ricciarini/Leemage. 354 ht g Dessin - Archives Larousse. 354 bas d Dessin - Archives Larousse. 355 Musée de l' Ermitage, Saint-Pétersbourg. Ph. © FineArtimages/Leemage. 356 Musée national du Bardo, Tunis. Ph. © V. Perrin. 357 Ph. © J. Paul Getty Museum, Los Angeles. 358 Dessin P. de Jaubadère - Archives Larousse. 359 Musée national du Bardo, Tunis. Ph. © V. Perrin. 360 British Museum, Londres. Ph. Coll. Archives Larbor. 361 Museo Nazionale Cerite, Cerveteri. 362 ht g Dessin Archives Larousse. 362 bas Ph. © The Metropolitan Museum of Art, New York. 363 Ph. © The Metropolitan Museum of Art, New York. 364 m d Ph. © Rijksmuseum, Amsterdam. 364 bas Ph. © Shutterstock. 365 Musée de la civilisation romaine, Rome. Ph. © Luisa Ricciarini/Leemage. 366 Dessin Claire Felloni - Archives Larousse. 367 ht g Ph. © The Metropolitan Museum of Art, New York. 367 m d Ph. © The Metropolitan Museum of Art, New York. 368 Ph. © The Metropolitan Museum of Art, New York. 369 ht Musée du Louvre, Paris. Ph. © Photo Josse/Leemage. 369 bas Ph; © Archives Larbor. 370 sculpture de J.G. van der Schardt. Ph. © J. Paul Getty Museum, Los Angeles. 371 Musée du Prado, Madrid. Ph. Coll. Archives Larbor. 372 Ph. © Archives Larbor. 373 Musée d' Orsay, Paris. Ph. H. Josse © Archives Larbor. 374 Ph. © The Metropolitan Museum of Art, New York. 375 Musée national du Bardo, Tunis. Ph. © V. Perrin. 376 Dessin - Archives Larousse. 377 g © DR. 377 d Ph. © Getty Villa, Malibu. 378 Ph. © Musée du Prado, Madrid. 379 ht Galleria Spada, Rome. Ph. © DeAgostini/Leemage. 379 bas Ph. © The Metropolitan Museum of Art, New York. 380 ht Ph. © The Metropolitan Museum of Art, New York. 380 bas Musée du Louvre, Paris. Ph. Hubert Josse © Archives Larbor. 381 Musée des Beaux-Arts, Bordeaux. Ph. Alain Danvers © Archives Larbor. 382 Ph. © The Metropolitan Museum of Art, New York. 383 ht g Musée d' archéologie, Éphèse. Ph. © DeAgostini/Leemage. 383 bas d Ph. © J.Paul Getty Museum, Los Angeles. 384 Museum of Fine Arts, Boston. Ph. Coll. Archives Larbor. 385 Kunsthistorishes Museum, Vienne. Ph. © FineArtImages/Leemage. 386 Ph. © J.Paul Getty Museum, Los Angeles. 387 Ph. © Archives Larousse. 388 Ph. Coll. Archives Larbor. 389 Ph. © Musée du Prado, Madrid. 390 Ph. Coll. Archives Larousse. 391 Ph. © National Gallery of Art, Washington. 392 Dessin - Archives Larousse. 393 ht Ph. © The Metropolitan Museum of Art, New York. 393 bas Ph. © The Walters Art Musuem, Baltimore. 394 Musée Fragonard, Grasse. Ph. © Archives Larbor. 395 Musée des Offices, Florence. Ph. © Raffael/Leemage. 396 Musée du Louvre, Paris; Ph. © Archives Larbor. 397 The Art Institute, Chicago. Ph. Coll. Archives Larousse. 398 bas Musée du Prado, Madrid. Ph. Coll. Archives Larousse. 398 d Musée du Louvre, Paris. Ph. © Photo Josse/Leemage. 399 Ph. © DeAgostini/Leemage. 400 ht d Ph. © The Metropolitan Museum of Art, New York. 400 bas g Ph. © The Metropolitan Museum of Art, New York. 401 Musée national archéologique, Athènes. Ph. Coll. Archives Larousse. 402 ht National Gallery, Londres. Ph. © Archives Larbor. 402 bas Dessin Archives Larousse. 403 Musée archéologique, Venise. Ph. © Luisa Ricciarini/Leemage. 404 Ph. © The New York Public Library. 405 ht Ph. © Archives Nathan. 405 bas Ph. Coll. Archives Larousse. 406 Dessin - Archives Larousse. 407 ht g Musée archéologique national, Naples. Ph.Rocco Pedicini © Archives Larbor. 407 bas Ph. © Riksmuseum, Amsterdam. 408 ht d Ph. © The Metropolitan Museum of Art, New York. 408 bas g Ph. © The Metropolitan Museum of Art, New York. 409 Ph. © DeAgostini/Leemage. 410 Musée des Antiquitésnationales, Saint-Germain-en-Laye. Ph. Luc Joubert © Archives Larbor. 411 ht National Museet, Copenhague. Ph. Coll. Archives Larbor. 411 bas Bibliothèque nationale de France, Paris. Ph. Coll. Archives Larbor. 412 Ph. © National Museum, Stockholm. 413 Statens Historiska Museum, Stockholm. Ph. © Werner Forman/UIG/Leemage. 415 Ph. © DeAgostini/Leemage. 416 ht g Musée Gustave Moreau, Paris. Ph. Coll. Archives Larbor. 416 bas d Ph. Coll. Archives Larousse. 417 Bibliothèque nationale de France, Paris. Ph. Guiley Lagache © Archives Larbor. 418 Ph. © Getty Villa, Malibu. 419 Ph. © The Stapleton Collection/Bridgeman Images. 420 Ph. © The Metropolitan Museum of Art, New

York. 421 bas The Metropolitan Museum of Art, New York. Ph. © Archives Larbor. 421 d Ph. © The Metropolitan Museum of Art, New York. 422 Ph. © The Metropolitan Museum of Art, New York. 423 Ph. © The Metropolitan Museum of Art, New York. 424 ht g Musée Jacquemart André, Paris. Ph. Jeanbor © Archives Larbor. 424 bas g Dessin - Archives Larousse. 425 Ph. © The Metropolitan Museum of Art, New York. 426 Musée national du Bardo, Tunis. Ph. © Archives Larbor. 427 ht d Staatliche Antikensammlung und Glytothek, Munich. Ph. Coll. Archives Larousse. 427 bas g Ph. © The Metropolitan Museum of Art, New York. 428 ht d Liverpool Museum. Ph. © DeAgostini/Leemage. 428 bas g Ph. © Anna Pakutina/Shutterstock. 429 Archaeologisches Landesmuseum, Constance. Ph. © DeAgostini/Leemage. 430 Ph. © National Gallery of Art, Washington. 431 ht d Collection privée. Ph. © Bridgeman Images. 431 bas g Ph. © Getty Villa, Malibu. 432 Ph. Hubert Josse © Archives Larbor. 433 Ph. © Getty Villa, Malibu. 434 Musée national archéologique, Naples. Ph. © Electa/Leemage. 435 g Palais Vecchio, Florence. Ph. © FineArtImages/Leemage. 435 ht d Ph. © British Museum, Londres. 437 Musée du Louvre, Paris. Ph. © Bridgeman Images/Leemage. 438 Ph. © The Metropolitan Museum of Art, New York. 439 Ph. © National Museum of Wales/Heritage Images/Leemage. 440 National Gallery, Londres. Ph. © Aisa/Leemage. 441 Palais Vecchio, Florence. Ph. © Luisa Ricciarini/Leemage. 442 Ph. © The Walters Art Musuem, Baltimore. 443 Ph. © The Metropolitan Museum of Art, New York. 444 Musée des Beaux-Arts, Caen. Ph. © Bridgeman Images/Leemage. 445 Ph. © Bridgeman Images. 446 Ph. Coll. Archives Larousse. 447 Ph. © Getty Villa, Malibu. 448 Ph. © The Metropolitan Museum of Art, New York. 449 Musée national étrusque, Villa Giulia, Rome. Ph. © DeAgostini/Leemage. 450 Musée des Beaux-Arts, Troyes. Ph. Coll. Archives Larousse. 451 Bibliothèque nationale de France, Paris. Ph. © Bridgeman Images/Leemage. 452 Musée du Prado, Madrid. Ph. Coll. Archives Larousse. 453 Antiquarium Arborense, Oristano. Ph. © Luisa Ricciarini/Leemage. 454 Ph. © Werner Forman/UIG/Leemage. 455 Collection privée. Ph. © Luisa Ricciarini/Leemage. 456 ht d Ph. © Birmingham Museums and Art Gallery/Bridgeman Images. 456 bas g Musée national d' Alep. Ph. © Aisa/Leemage. 457 Ph. © Leemage. 458 Musée du Prado, Madrid. Ph. Coll. Archives Larousse. 459 Ph. Coll. Archives Larbor. 460 Collection privée. Ph. © Electa/Leemage. 461 Ph. © The Metropolitan Museum of Art, New York. 462 Ph. © Archives Larousse. 463 ht g Ph. Coll. Archives Larbor. 463 Ph. Coll. Archives Larbor. 465 Palais Royal de Caserta. Ph. © DeAgostini/Leemage. 466 Ph. © Selva/Leemage. 467 Staatliche Museen, Cassel. Ph. © DeAgostini/Leemage. 468 Bibliothèque Nationale, Paris. Ph. © Bianchetti/Leemage. 469 d Dessin - Archives Larousse. 469 bas g Musée du Louvre, Paris. Ph. © Archives Larbor. 470 m g Dessin - Archives Larousse. 470 bas d Ph. © National Gallery of Art, Washington. 471 Alte Pinakothek, Munich. Ph. Coll. Archives Larousse. 472 Ph. © The Metropolitan Museum of Art, New York. 473 ht National Archeological Museum, Athènes. Ph. © Bridgeman Images. 473 bas Ph. © The Metropolitan Museum of Art, New York. 474 Ph. © Prisma Archivo/Leemage. 476 ht g Ph. © The Metropolitan Museum of Art, New York. 476 bas d Ph. © Getty Villa, Malibu. 477 Palais Royal de Caserte. Ph. © DeAgostini/Leemage. 478 Musée du Prado, Madrid. Ph. © Archives Larbor. 479 Ph. © The Metropolitan Museum of Art, New York. 480 Musée archéologique, Naples. Ph. © Raffael/Leemage. 481 Ph. © Heritage Images/Leemage. 482 Ph. © Bibliothèque nationale de France, Paris. 483 Musée archéologique, Naples. Ph. © Luisa Ricciarini/Leemage. 484 Bibliothèque nationale de France, Paris. Ph. Coll. Archives Larbor. 485 Pergamon Museum, Berlin. Ph. © Bridgeman Images. 486 Ph. © The Metropolitan Museum of Art, New York. 487 Musée archéologique, Naples. Ph. © Luisa Ricciarini/Leemage. 488 Ph. © Getty Villa, Malibu. 489 Ph. © De Agostini/G.Dagli Orti/Bridgeman Images. 490 Ph. © The Metropolitan Museum of Art, New York. 491 Musée du Prado, Madrid. Ph. Coll. Archives Larousse. 492 Ph. © The Metropolitan Museum of Art, New York. 493 British Museum, Londres. Ph. Coll. Archives Larbor. 494 Ph. © The Metropolitan Museum of Art, New York. 495 Ph. © The Metropolitan Museum of Art, New York. 496 Musée archéologique, Delphes. Ph. © DeAgostini/Leemage. 497 ht g Ph. © The Metropolitan Museum of Art, New York. 497 bas d Ph. © The Walters Art Museum, Baltimore. 498 Musée Fabre, Montpellier. Ph. © Photo Josse/Leemage. 499 Musée civique romain, Brescia. Ph. © Aisa/Leemage. 500 Musée national du Bardo, Tunis. Ph. © V. Perrin. 500 ht d Ph. © DeAgostini/Leemage. 501 Dessin Archives Larousse. 502 Ph. © The Metropolitan Museum of Art, New York. 503 Ph. © Electa/Leemage. 504 Ph. © Los Angeles County Museum of Art. 505 Antikensammlung, Berlin. Ph. © Archives Larbor. 506 Musée du Louvre, Paris. Ph. © Marie-Lan Nguyen-DR. 507 bas g Musée archéologique national, Palerme. Ph. © Luisa Ricciarini/Leemage. 507 bas d Ph. © Getty Villa, Malibu. 508 Musée national d' archéologie, Naples. Ph. © Electa/Leemage. 509 Museo Provinciale Campano, Capoue. Ph. © DeAgostini/Leemage. 510 ht Dessin - Archives Larousse. 510 bas g Ph. © J.Paul Getty Museum, Los Angeles. 511 Ph. Hubert Josse © Archives Larbor. 512 Musée national d' archéologie, Naples. Ph. © Luisa Ricciarini/Leemage. 513 Pinacothèque nationale, Bologne. Ph. © Electa/Leemage. 514 Musée archéologique, Florence. Ph. © Archives Larbor. 515 Palais Vecchi, Florence. Ph. © Raffael/Leemage. 516 ht Ph. © The Metropolitan Museum of Art, New York. 516 bas Ph. Coll. Archives Larbor. 517 Ph. © The Maas Gallery, Londres/Bridgeman Images. 518 Ph. © The Metropolitan Museum of Art, New York. 519 Ph. © DeAgostini/Leemage. 521 Musée de l' Ermitage, Saint-Pétersbourg. Ph. © FineArtImages/Leemage. 522 Ph. © The Metropolitan Museum of Art, New York. 523 Musée d' art cycladique, Athènes. Ph. Coll. Archives Larousse. 524 Ph. © The Metropolitan Museum of Art, New York. 525 Musée du Prado, Madrid. Ph. © Archives Larbor. 526 Ph. © J. Paul Getty Museum, Los Angeles.527 Collection particulière. Ph. Luc Joubert © Archives Larbor. 528 Ph. © Musée du Vatican. 529 Musée du Louvre, Paris. Ph. Hubert Josse © Archives Larbor. 530 Ph. © The Metropolitan Museum of Art, New York. 531 Musée national d' archéologie, Naples. Ph. © DeAgostini/Leemage. 532 Neue Residenz, Bamberg. Ph. © Leemage. 533 Kunsthistorisches Museum, Vienne. Ph. © Bridgeman Images/Leemage. 534 Ph. © Bianchetti/Leemage. 535 Ph. © The Metropolitan Museum of Art, New York. 536 ht Ph. © The Metropolitan Museum of Art, New York. 536 bas Musée national d' archéologie, Naples. Ph. © Electa/Leemage. 539 Musée des BeauxArts, Pau. Ph. © Bridgeman Images/Leemage. 540 Châteaux de Versailles et de Trianon. Ph. Coll. Archives

Larousse. 541 Musée du Prado, Madrid. Ph. Coll. Archives Larousse. 542 Ph. © The Metropolitan Museum of Art, New York. 543 ht d Kunsthaus, Zurich. Ph. © Archives Larbor. 543 bas g Ph. © The Metropolitan Museum of Art, New York. 544 Musée du Louvre, Paris. Ph. © Archives Nathan. 545 © DR. 546 Musée national, Kromericz. Ph. Coll. Archives Larousse. 547 ht g Museo della Sibaritide. Ph. © Electa/Leemage. 547 bas Ph. © Isadora/Leemage. 548 Altes Museum Antikensammlung, Berlin. Ph. © DeAgostini/Leemage. 549 Tate Britain, Londres. Ph. © Archives Larbor. 550 ht d Ph. © The Metropolitan Museum of Art, New York. 550 bas g Ph. © The Walters Art Museum, Baltimore. 551 Ph. © The Metropolitan Museum of Art, New York. 552 British Museum, Londres. Ph. Coll. Archives Larbor. 553 Ph. © The Metropolitan Museum of Art, New York. 554 Ph. © Rijksmuseum, Amsterdam. 555 Ph. Coll. Archives Larbor. 556 ht Ph. © The Metropolitan Museum of Art, New York. 557 Ph. © The Metropolitan Museum of Art, New York. 558 Ph. © The Metropolitan Museum of Art, New York. 559 Ph. © The Metropolitan Museum of Art, New York. 560 Ph. © The Metropolitan Museum of Art, New York. 561 Musée du Louvre, Paris. Ph. © Archives Nathan. 563 Ph. © Ateneum Art Museum, Finish National Gallery, Helsinsky/Bridgeman Images. 564 Ph. © The Metropolitan Museum of Art, New York. 565 Ph. © British Library Board/Leemage. 566 ht Ph. © The Metropolitan Museum of Art, New York. 566 bas Ph. © The Metropolitan Museum of Art, New York. 567 Ph. © DeAgostini/Leemage. 568 Ph. © J.Paul Getty Museum, Los Angeles. 569 ht g Ph. © The Metropolitan Museum of Art, New York. 569 bas Ph. © The Metropolitan Museum of Art, New York. 570 Musée des Beaux-Arts, Marseille. Ph. © Jean Bernard/Leemage. 571 ht Musée national, Taranto. Ph. © Luisa Ricciarini/Leemage. 571 m Ph. © The Art Institute of Chicago. 572 ht Ph. © The Art Institute of Chicago. 572 bas Ph. © The Metropolitan Museum of Art, New York. 573 Ph. © The Metropolitan Museum of Art, New York. 574 Musei Civici Eremitani, Padoue. Ph. © DeAgostini/Leemage. 575 Musée national étrusque, Villa Giulia, Rome. Ph. © Bridgeman Images/Leemage. 576 Ph. © The Metropolitan Museum of Art, New York. 577 Musée civique médiéval, Bologne. Ph. © Electa/Leemage. 578 Ph. © The Cleveland Museum of Art. 579 Ph. © National Gallery of Victoria, Melbourne/Felton Bequest/Bridgeman Images. 580 Ph. © The Art Institute of Chicago. 581 ht Kunstmuseum, Bâle. Ph. Coll. Archives Larousse. 581 bas Ph. © J.Paul Getty Museum, Los Angeles. 582 Ph. © The Metropolitan Museum of Art, New York. 583 Altes Museum Antikensammlung, Berlin. Ph. © DeAgostini/Leemage. 584 Ph. © Detroit Institute of Arts. 585 Musée du Louvre, Paris. Ph. Coll. Archives Larousse. 586 Ph. Coll. Archives Larousse. 587 ht d Ph. © Rijksmuseum, Amsterdam. 587 bas Ph. © The Metropolitan Museum of Art, New York. 588 British Museum, Londres. Ph. © Archives Larbor. 589 Harvard University, Cambridge. Ph. © FineArtImages/Leemage. 590 Ph. © Anton Master/Shutterstock. 591 Ph. © The Metropolitan Museum of Art, New York. 592 Ph. © The Walters Art Museum, Baltimore. 593 ht Kunsthistorisches Museum, Vienne. Ph. Fotostudio Otto © Archives Larbor. 593 bas Galerie nationale, Parme. Ph. © Electa/Leemage. 594 National Gallery of Art, Londres. Ph. © FineArtImages/Leemage. 595 National Gallery of Art, Washington; Ph. Coll. Archives Larousse. 596 Ph. © The Art Institute of Chicago. 597 Ph. © The Metropolitan Museum of Art, New York. 598 Ph. © Isadora/Leemage. 599 Musée civique, Modène. Ph. © Ravenna/Leemage. 600 Musée des Beaux-Arts, Nantes. Ph. © Photo Josse/Leemage. 601 Ph. Coll. Archives Larousse. 602 Kunsthistorisches Museum, Vienne. Ph. © Luisa Ricciarini/Leemage. 603 Musée national du Bardo, Tunis. Ph. © Archives Larbor. 604 Ph. © The Metropolitan Museum of Art, New York. 605 Musée des Beaux-Arts, La Rochelle. Ph. © Selva/Leemage. 606 ht Dessin - Archives Larousse. 606 bas Ph. © The Walters Art Museum, Baltimore. 607 Ph. © J.Paul Getty Museum, Los Angeles. 608 Ph. © Getty Villa, Malibu. 609 Musée national d' archéologie, Naples. Ph. © Luisa Ricciarini/Leemage.

## 音乐史：

P. 621: Ph. © The Metropolitan Museum of Art, New York; p. 622: Ph. © The Metropolitan Museum of Art, New York ; p.623: British Museum, Londres. Ph. Coll. Archives Larbor; p. 624: Ph. © Shutterstock ; p. 625 ht m: Ph. Coll. Archives Larbor ; p. 625 bas d: Ph. Coll. Archives Larbor; p. 626: Ph. Coll. Archives Larbor ; p. 627 ht d: Ph. Coll. Archives Larbor; p. 627 bas m: Ph. © DR; p. 628: Ph. Coll. Archives Larbor; p. 629 ht g: Ph. Coll. Archives Larbor; p. 629 m d: Ph. Coll. Archives Larbor; p. 630: Ph. © Biblioteca Apostolica Vaticana, Cité du Vatican - Archives Larbor; p. 631: Palais du Vatican, Rome. Ph. © DeAgostini/Leemage; p. 632 : Ph. © The Metropolitan Museum of Art, New York; p. 633: Ph. © National Gallery of Art, Washington; p. 634: Collection Thyssen-Bornemisza, Madrid. Ph. © Archives Larbor; p. 635: Ph. © DR; p. 636: Ph. © The Metropolitan Museum of Art, New York; p. 637: Ph. Jean-Loup Charmet © Archives Larbor; p. 638: Ph. Michel Didier © Archives Larbor; p. 639: Musée du Prado, Madrid. Ph. Coll. Archives Larbor; p. 640: Ph. Coll. Archives Larbor; p. 641: Ph. Coll. Archives Larousse ; p. 642: Ph. Coll. Archives Larbor; p. 643: Ph. Jeanbor © Archives Larbor ; p. 644: Ph. © The Metropolitan Museum of Art, New York ; p. 645: Ph. © The Metropolitan Museum of Art, New York ; p. 646: : Ph. Coll. Archives Larbor ; p. 647: Ph. © The Metropolitan Museum of Art, New York ; p. 648: Ph. © The Metropolitan Museum of Art, New York; p. 649 ht d: Musée du Prado, Madrid. Ph. Fototeca Internacional © Archives Larbor; p. 649 m : Ph. O. Ploton © Archives Larousse ; p. 650: Ph. Coll. Archives Nathan; p. 651 ht m: Ph. Coll. Archives Larbor; p.651 bas d: Ph. © Archives Larbor; p. 652 ht m: Ph. Coll. IMSLP ; p. 652 bas d: Collection particulière, Milan. Ph. © Archives Larbor; p. 653 : Ph. © Archives Larbor; p. 654: Ph. Coll. Archives Larbor; p. 655 m g: Ph. © Archives Larousse ; p. 655 bas g: Ph. Coll. Archives Larbor-DR; p. 656 bas m: Ph. Coll. Archives Larousse ; p. 656 bas d: Ph. Coll. Archives Larousse-DR; p. 657: Ph. Jeanbor © Archives Larbor; p. 658 ht d: Ph. © Serge Liolo/Coll. Archives Larbor - DR; p. 658 bas g: Ph. © Leemage; p. 659: Ph. © DR; p. 661: Richard Wagner Museum, Lucerne. Ph. Coll. Archives Larbor; p. 662 ht d: Ph. Coll. Archives Larousse ; p. 662 bas d: Ph. Coll. Archives Larbor; p. 663: Ph. D. Pineider © Archives Larbor; p. 664: Ph. © Archives Larbor; p. 665 ht d: Ph. © The Metropolitan Museum of Art, New York ; p. 665 bas g: Ph. Jeanbor © Archives Larbor - DR; p. 666 ht d: Ph. Coll. Archives Larbor; p. 666 bas m: Ph. © The Metropolitan Museum of Art, New York; p. 667: Ph. © Rijksmuseum, Amsterdam ; p. 668 ht d: Ph. © Archives Larbor; p. 668 bas d: Ph. © National Gallery of Art, Washington; p.

669 : Ph. Coll. IMSLP ; p. 670: Ph. Rémy © Archives Larbor ; p. 671 bas g: Ph. Michel Didier © Archives Larbor; p. 671 m d: Ph. Coll. Archives Larousse ; p. 672: Ph. Coll. Archives Larbor; p. 673 ht d: Musée du Louvre, Paris. Ph. © Archives Larbor; p. 673 bas m: Ph. Coll. Archives Larbor; p. 674 ht g: Ph. Coll. Archives Larousse ; p. 674 bas d: Ph. K. Broszat © Archives Larbor ; p. 675: Ph. Stanford Libraries, Stanford; p. 676 ht d: Ph. Jeanbor © Archives Larbor; 676 bas g: Ph. Coll. Archives Nathan - DR; p. 677: Ph. Coll. IMSLP ; p. 678: Ph. Coll. Archives Larousse ; p. 679: Ph. © The Metropolitan Museum of Art, New York; p. 680: Ph. Studio Etienne © Archives Larbor; p. 681 : Ph. K. Broszat © Archives Larbor; p. 682 ht g: Ph. G. Tomsich © Archives Larbor ; p. 682 m d: Ph. Coll. Archives Nathan; p. 683: Ph. Michel Didier © Archives Larbor ; p. 684: Ph. Meyer © Archives Larbor ; p. 685: Ph. Coll. Archives Larbor ; p. 686 ht g © National Gallery of Art, Washington; p. 686 bas d: Ph. Coll. Archives Nathan; p. 687: Ph. Coll. IMSLP; p. 688 ht g: Ph. L.A. Bisson/Coll. Archives Larbor; 688 bas d: Ph. Coll. Archives Larousse; p. 689: Ph. Coll. IMSPL ; p. 690 ht d: Ph. Coll. Archives Larbor; p. 690 bas m: Ph. Coll. Archives Larbor ; p. 691: Kunsthalle, Hambourg. Ph. Ralph Kleinhempel © Archives Larbor; p. 692 ht g: Ph. Erwin Hanfstaengl/Coll. Archives Larousse ; p. 692: -693: Ph. © Archives Larbor ; p. 693 bas d: Ph. Coll. IMSLP; p. 694: Ph. O. Ploton © Archives Larousse ; p. 695: The Los Angeles County Museum of Art, Los Angeles. Ph. © Archives Larbor ; p. 696: Ph. Coll. Archives Larbor; p. 697: Ph. Coll. Archives Larbor; p. 698 : Ph. Coll. Archives Larbor; p. 699: Ph. © The Metropolitan Museum of Art, New York ; p. 700 ht d: Ph. Coll. Archives IMSLP; p. 700 m d: Ph. R. Houston/Coll. Archives Larousse - DR; p. 701: Ph. Coll. IMSLP ; p. 702 ht d: Ph. H. Manuel/Coll. Archives Larousse ; p. 702: -703: Ph. © The Metropolitan Museum of Art, New York; p. 704 ht g: Ph. © Costa/Leemage ; p. 704 bas d: Ph. Jeanbor © Archives Larbor; p. 705 : Ph. Coll. Archives Nathan; p. 706 ht g: Ph. Coll. Archives Larbor; p. 706 bas d: Ph. H. Manuel/Coll. Archives Larousse ; p. 707: Ph. © The Metropolitan Museum of Art, New York; p. 708 ht d: Ph. Coll. Archives Larousse - DR; p. 708 bas d: Ph. Coll. Archives Larbor; p. 709: Ph. Coll. Archives Larousse - DR; p. 711: Ph. © Martinot/Lebrecht/Leemage; p. 712: Ph. Coll. Archives Larousse; p. 713 ht g : Ph.P. Vals/ Archives Larousse ; p. 713 m d: Ph. © DR; p. 714: Ph. Coll. Archives Larousse ; p. 715: Ph. © Marcello Mencarini/Leemage ; p. 716: Ph. Coll. Archives Larousse - DR; p. 717: Ph. © FineArtImages/Leemage; p. 718 bas g: Ph. © Maximilien S Francois/ Leemage; p. 718 bas d: Ph. © Shutterstock ; p. 719 : Ph. © Fred Toulet/Leemage; p. 720: Ph. Karsh/Coll. Archives Larbor; p. 721 bas g : Ph. © Shutterstock; p. 721 bas d: Ph. © Lebrecht/Leemage; p. 722: Ph. Coll. Archives Larousse; p. 723: Ph. © Thierry Martinot/Lebrecht/Leemage ; p. 724 : Ph. © Thierry Martinot/Lebrecht/ Leemage ; p. 725 ht d: Ph. © G. Anderhub/ Leemage ; p. 725 bas m: Ph. © Bridgeman; p. 726 ht d: Ph. © Thierry Martinot/Lebrecht/Leemage ; p. 726 bas m: Ph. © Brian Seed/Lebrecht/Leemage; p. 728 ht m: Ph. Coll. Archives Larousse ; p. 728 bas g: Ph. Coll. Archives Larousse - DR ; p. 729 bas d: Ph. © Yannick Coupannec/Leemage; p. 730: Ph. Coll. Archives Larousse ; p. 731: Ph. © PrismaArchivo/Leemage ; p. 732: Ph. Library of Congress, Washington; p. 733: Ph. © Farabola/Leemage; p. 734: Ph. © Fred Toulet/Leemage ; p. 735: Ph. © Thierry Martinot/Lebrecht/Leemage; p. 737 : Neue Nationalgalerie, Berlin. Ph © DeAgostini/Leemage; p. 738: Ph. Coll. IMSLP ; p. 739 ht g: Ph. Coll. Archives Larbor; p. 739 bas d: Ph. Coll. Archives Larbor ; p. 740: Musée historique de la ville de Vienne. Ph. Collection Archives Larbor. p. 741: Ph. Coll. IMSLP; p. 742: Ph. Coll. Archives Larousse; p. 743 : Musée de Langres. Ph. Coll. Archives Larbor; p. 744 m g: Ph. © Archives Larbor ; p. 744 bas d: Ph. © DR; p. 745: Ph. © Archives Larbor; p. 746: Ph. Coll. IMSLP ; p. 747 ht d: Ph. K. Broszat © Archives Larbor; p. 747 bas d: Ph. Coll. IMSLP ; p. 748 ht d: Ph. © Art Institute of Chicago, Chicago; p. 748 bas g: Ph. Jeanbor © Archives Larbor; p. 749: Musée des Beaux-Arts, Rouen. Ph. Ellebé © Archives Larbor ; p. 750: Ph. © Archives Larousse; p. 751 ht d: Ph. Coll. Archives Larbor; p. 751 m g: Ph. Coll. Archives Larousse - DR; p. 752: Ph. © Archives Larbor ; p. 753 ht g : Ph. Coll. Archives Larbor; p. 753 bas m : Ph. Coll. Archives Larousse ; p. 754 m g: Ph. Coll. Archives Larousse ; p. 754 bas d: Ph. J. Bottet © Archives Larbor; p. 755: Musée du Prado, Madrid. Ph. Coll. Archives Larousse ; p. 756: Ph. © DeAgostini/Leemage ; p. 757: Ph. Coll. Archives Larousse ; p. 758: Ph. Library of Congress, Washington; p. 759: Ph. © Marcello Mencarini/Leemage ; p. 760: Ph. © Archives Larousse ; p. 761 ht g: Ph. Coll. Archives Larousse ; p. 761 bas m: Ph. Coll. Archives Larousse ; p. 762 ht g: Ph. Coll. Archives Larousse ; p. 762 bas d: Ph. Coll. Archives Larbor - DR; p. 763: Ph. © Lebrecht/Leemage ; p. 764: Ph. Coll. Archives Larousse; p. 765 ht d: Ph. Coll. Archives Larousse ; p. 765 bas g: Ph. © Bridgeman; p. 766 m g: Ph. © Neil Libbert/ Lebrecht/Leemage ; p. 766 bas d: Ph. © Martinot/Lebrecht/Leemage ; p. 767 : Ph. O.Ploton © Archives Larousse; p. 769: Ph. © Pascal Deloche/Godong/Leemage ; p. 770: Ph. Coll. Archives Larbor; p. 771: Ph. Coll. Archives Larbor ; p. 772: Ph. Coll. Archives Larbor; p. 773: Ph. Coll. Archives Larbor; p. 774: Ph. D. Pineider © Archives Larbor; p. 775: Ph. © Fitzwilliam Museum - Archives Larbor ; p. 776: Ph. Coll. Archives Larbor; p. 777: Ph. © The British Library Board/Leemage ; p. 778 ht g: Ph. G. B. Pineider © Archives Larbor ; p. 778 basd : Musée théâtral de la Scala, Milan. Ph. © Archives Larbor; p. 779: Ph. Klauss Broszat © Archives Larbor ; p. 780: Ph. Michel Didier © Archives Larbor ; p. 781 : Ph. Coll. Archives Larbor; p. 782: Ph. © Bianchetti/Leemage; p. 783: Ph. O.Ploton © Archives Larousse ; p. 784: Musée du Prado, Madrid. Ph. © Archives Larbor ; p. 785: Ph. Library of Congress, Washington; p. 786: Ph. © The Metropolitan Museum of Art, New York; p. 787: Ph. © Archives Larousse ; p. 788: Ph. © National Gallery of Art, Washington; p. 789: National Gallery, Londres. Ph. © Bridgeman Images; p. 790: Ph. Library of Congress, Washington ; p. 791: Ph. Coll. Archives Larousse ; p. 792: Ph. Jeanbor © Archives Larbor ; p. 793: Ph. Coll. Archives Larbor; p. 794: Ph. Coll. Archives Larbor; p. 795 ht d : Ph. Coll. Archives Larbor; p. 795 bas m: Ph. © Michel Didier Coll. Archives Larbor ; p. 796: Ph. © Archives Larousse ; p. 797: Ph. Library of Congress, Washington ; p. 798: Guildhall Art Gallery, Londres. Ph. © Bridgeman Images ; p. 799: Ph. © Suzie Maeder/Lebrecht/Leemage ; p. 800: State Art Museum, Samara. Ph. © FineArtImages/Leemage ; p. 801 ht d: Ph. Coll. IMSLP ; p. 801 bas g : Ph. Coll. Archives Larousse - DR; p. 802: Ph. © Frankfurter Goethe - Museum/Archives Larbor; p. 803: Ph. © Archives Larousse; p. 804 ht d: Ph. Walter Klein © Archives Larbor; p. 804 bas m: Ph. Coll. Archives Larousse; p. 805: Ph. © Archives Larousse; p. 806: Ph. © Lebrecht/Leemage; p. 807: Tate Gallery, Londres. Ph. © DeAgostini/Leemage; p. 808: Ph. Coll. Archives Larousse ; p. 809: Ph. © Marcello Mencarini/Leemage; p.

811: Ph. ©The Metropolitan Museum of Art, New York ; p. 812 bas m: Ph. © The Metropolitan Museum of Art, New York; p. 812 bas d: Ph. © The Metropolitan Museum of Art, New York ; p. 813: Ph. © Shutterstock; p. 814: Ph. © Shutterstock, p. 815 ht d: Ph. © Shutterstock; p. 815 m: Ph. © Selva/Leemage; p. 816 m m: Ph. © Shutterstock ; p. 816 bas d: Ph. © Shutterstock; p. 817: Ph. Jeanbor © Archives Larbor; p. 818: Ph. © Shutterstock ; p. 819: Ph. © Allan Paolo Barazon - DR; p. 820: Ph. © LACMA, Los Angeles; p. 821 ht m: © World Pacific Studio - DR; p. 821 bas d: Ph. © The Metropolitan Museum of Art, New York ; p. 822 bas g: Ph. © The Metropolitan Museum of Art, New York; p. 822 bas d : Ph. J. J. Hautefeuille © Archives Larbor; p. 823: Ph. © Iditoffolo/Shutterstock ; p. 824: Ph. © LACMA, Los Angeles; p. 825: Ph. © Annette Lena/Gammarapho ; p. 826 ht m: Ph. Coll. Stichting Nationaal Museum van Wereldculturen ; p. 826 bas g: Ph. © Shutterstock; p. 827: Ph. © A. Katz/ Shutterstock; p. 828 : Ph. © Shutterstock ; p. 829 m m : Ph. Coll. of the McManus galleries, Dundee - DR; p. 829 bas g: Ph. © Shutterstock ; p. 830: © Philips - DR; p. 831: Ph. © Shutterstock ; p. 832: Ph. © Shutterstock ; p. 833: Ph. © Shutterstock ; p. 834 : Ph. © Shutterstock ; p. 835 ht d: Ph. © The Metropolitan Museum of Art, New York; p. 835 bas m: Ph. © Shutterstock; p. 837: Ph. © Shutterstock ; p. 838: © DR; p. 839: Ph. Library of Congress, Washington; p. 840 ht g: © DR ; p. 840 bas d: Ph. © William P. Gottlieb/Library of Congress, Washington ; p. 841: Ph. © Eva Hambach/AFP ; p. 842 ht g: Ph. © William P. Gottlieb/Library of Congress, Washington; p. 842 m m: Ph. © William P. Gottlieb/ Library of Congress, Washington; p. 843: Ph. © Lebrecht/Leemage; p. 844 ht d: Ph. © W. Gottlieb/Library of Congress, Washington; p. 844 m m: Ph. Coll. Archives Larousse ; p. 845: © DR; p. 846: Ph. © William P. Gottlieb/Library of Congress, Washington ; p. 847 m g: © Records Vinyl Passion; p. 847 bas d: Ph. © Graziano/ Leemage ; p. 848: Ph. © Bridgeman Images; p. 849: Ph. © Ludovic Florin ; p. 850 ht d: Ph. Coll. Ludovic Florin; p. 850 bas d: © DR; p. 851: Ph. © Bridgeman Images; p. 852 : Ph. © William P. Gottlieb/Library of Congress, Washington ; p. 853: © Michèle Hodeir; p. 854: Ph. © G. Anderhub/Lebrecht/Leemage ; p. 855 ht g: Ph. Library of Congress, Washington; p. 855 bas d: Ph. © Metronome/Archive Photos/Getty Images; p. 856: Ph. © Fred Toulet/Leemage ; p. 857: Ph. © Sadia/ Gamma-Rapho; p. 858 ht d: Ph. © Archives Larousse ; p. 858 bas d: Ph. Coll. Archives Larousse ; p. 859 m d : Ph. © Ludovic Florin ; p. 859 bas d: Ph. © Archives Larousse; p. 860 ht d: Ph. © Ludovic Florin ; p. 860 bas g: Ph. © William P. Gottlib/Library of Congress, Washington; p. 861 : Ph. © Granger/Bridgeman Images; p. 862: Ph. © Everett Collection/Bridgeman Images ; p. 863: Ph. © Marcello Mencarini/Leemage; p. 864 m d : Ph. © Douglas Mason/Getty Images; p. 864 bas g: Ph. © William P. Gottlieb/Library of Congress, Washington; p. 865: Ph. © Everett Collection/Bridgeman Images ; p. 866: Ph. © Everett Collection/Bridgeman Images ; p. 867: Ph. Library of Congress, Washington-DR; p. 868 ht d: Ph. Coll. Archives Larbor; p. 868 bas m : © DR; p. 869: Ph. © Georgegershwin/Bridgeman Images; p. 870: Ph. © Bridgeman Images; p. 871: Ph. © Christophe Charpenel; p. 872 ht d : University Art Gallery, Macomb. Ph. © Valerie Gerard Browne/Musée d' histoire de Chicago/Bridgeman Images © Jr Archibald Motley ; p. 872 bas g: Prod. : Warner Bros Ph. Coll. Archives Larbor; p. 873: © DR; p. 874 bas g: Ph. © JeanPascal Retel; p. 874 m d : Ph. © Craig Lovell/Corbis/ Getty Images; p. 875: Ph. © Markus Scholz/DPA/AFP; p. 876: Ph. © Ludovic Florin; p. 877 ht g: Ph. © Lev Radin/ Shutterstock; p. 877 m d : Ph. © Aija Lehtonen/Shutterstock; p. 879: Ph. © V. Perrin - DR; p. 880: Ph. © Herve Gloaguen/ Gamma-Rapho; p. 881: Ph. © Everett Colletion/Bridgeman Images; p. 882 ht g: Prod.: Paramount Pictures Corporation. Ph. Library of Congress, Washington-DR; p. 882 m d: Ph. © William P. Gottlieb/ Library of Congress, Washington; p. 883: Prod.: Allied Artists, ABC Pictures Corporation. Ph. Coll. Archives Larbor-DR; p. 884: Prod. : Metro-Goldwyn-Mayer. Ph. Coll. Archives Larousse-DR; p. 885: © DR; p. 886 : Ph. © Giovanni Coruzzi/Bridgeman Images; p. 887: Ph. © GraphicaArtis/ Bridgeman Images; p. 888 ht g: Ph. © Al Aumuller/Library of Congress, Washington ; p. 888 bas d: Ph. © United Archives/ Leemage; p. 889: Ph. © Ewa Klos/Leemage ; p. 890 ht g: Ph. © Gerald Bloncourt/ Bridgeman Images; p. 890 m m: Ph. © Marcello Mencarini/Leemage; p. 891: Ph. © Luciano Viti/LUZphoto/Leemage ; p. 892 ht m: © EMI- DR; p. 892 bas d: © DR; p. 893: Ph. © JeanPierre Leloir/Gamma-Rapho; p. 894: Ph. © V. Perrin - DR; p. 895 m g : Ph. © Bridgeman Images; p. 895 ht d: Ph. © Bridgeman Images; p. 896 ht d: Ph. © United Archive/Leemage ; p. 896 bas m: © DR; p. 897: © DR; p. 898: Prod. : Mirisch Corporation. Ph. Coll. Archives Larbor-DR; p. 899: film de Stephen Daldry avec Jamie Bell. Prod. Studioland, Working Title Films, Arts Council of England, Tiger Aspect Productions, Wt2 Productions. Ph. © Bridgeman Images ; p. 900: Ph. © Collection Everett/Bridgeman Images, p. 901 ht g: © DR; p. 901 bas m: Ph. © Bridgeman Images; p. 902: Ph. © Christie' s Images/Bridgeman Images ; p. 903 m g: Ph. © Granger/Bridgeman Images; p. 903 bas d: Ph. © Don Troiani/ Bridgeman Images; p. 904 m g: Ph. © Ilpo Mutso/REX/Shutterstock ; p. 904 bas d: Ph. © Shutterstock ; p. 905: Ph. © Bridgeman Images ; p. 906 m m: © E. G. Records - DR; p. 906 bas g: Ph. © Luciano Viti/LUZphoto/ Leemage ; p. 907: Ph. © Marcello Mencarini/Leemage; p. 908 ht d : Ph. © AGIP/ Bridgeman Images; p. 908 bas m: Ph. Coll. Archives Larbor © Ed. Salabert - DR; p. 909: Ph. © Patrick Jacob/Opale/Leemage; p. 910: Ph. © Laurence Sudre/Leemage ; p. 911 ht d: Ph. © AGIP/Bridgeman Images; p. 911 bas g: © Barclay Records - DR; p. 912: © DR; p. 913: © RCA Victor-DR; p. 914 : © CBS Records - DR; p. 915 ht m: © Sire Records Compagny - DR; p. 915 bas m: Ph. © Shutterstock. © 1982 MJJ Productions Juc.; p. 916 ht d: Ph. © AGIP/Bridgeman Images; p. 916 bas m: Ph. © Featureflash Photo Agency/Shutterstock; p. 917: Prod.: Twentieth Century Fox Film Corporation, Paramount Pictures, Lightstorm Entertainment. Ph. Coll. Archives Larousse - DR ; p. 918 ht g: © DR; p. 918 m d: Ph. © AGIP/ Bridgeman Images; p. 919 : © Parlophone - DR; pour toutes les autres illustrations sans légende : © Shutterstock.

## 医学史：

绘图者 : Michael Saermann、François Poulain、Laurent Blondel、Denis Horvath、Léonie Schlosser

. Shutterstock : pages 942 b., p. 946 b., p. 947 h et b., p. 953 b., p. 954 m., p. 955 b., p. 960 h., p. 961 b., p. 962, p. 970 h., p. 973 h., p. 978 h., p. 979 m., p. 987, p. 989, p. 994 b., p. 998 b., p. 999 h., p. 1001 b., p. 1009, p. 1010 b., p. 1013, p. 1014 m., p. 1018 b., p. 1021, p. 1023, p. 1025 , p. 1026 b., p. 1029, p. 1032, p. 1035m. et b., p. 1037 b., p. 1038 b., p. 1039 b., p. 1040 h., p. 1041, p. 1044, p. 1046 h., p. 1047 h. et b., p. 1049 h., p. 1052, p. 1053 b., p. 1055, p. 1057 h. et b., p. 1058 h. et b., p. 1059, p. 1060 b., p. 1061, p. 1066 h., p. 1069 h., p. 1070, p. 1071 b., p. 1073, p. 1075, p. 1080 h., p. 1082 h. et b., p. 1083 h., p. 1084 h. et b., p. 1085, p. 1086 h. et b., p. 1087, p. 1088 h. et b., 1091, p. 1092 b., p. 1094 h., p. 1095 h. et b., p. 1098, p. 1099 h. et m., p. 1101 h., p. 1102, p. 1103 h., m. et b., p. 1104, p. 1105, p. 1108 h. et b., p. 1109 h. et b., p. 1111, , p. 1116 b., p. 1120, p. 1121 b., p. 1123 b., p. 1124 h., p. 1125, p. 1127, p. 1128, p. 1130, p. 1131 h., p. 1133 h., p. 1134h. , p. 1137 h. et b., p. 1138, p. 1139 h. p. 1147 b., p. 1148 h., p. 1149 h., p. 1150 h. d et. g, p. 1152 h., p. 1155 p. 1157 h., p. 1160, p. 1162 b., p. 1163, p. 1164, p. 1167, p. 1168, p. 1170, p. 1171 b., p. 1173, p. 1174 h. et b., p. 1175, p. 1176, p. 1177 h. et m., p. 1178 h. et b., p. 1179, p. 1185 h., p. 1186, p. 1187 b., p. 1189 h., p. 1190 h. et b., p. 1191, p. 1192, p. 1193 h. et b., p. 1194, p. 1197 b., p. 1198, p. 1200, p. 1201 h et b., p. 1202 h., p. 1203 b., p. 1204, p. 1206 b., p. 1208 b., p. 1209 b., p. 1213, p. 1214 h. et b., p. 1215, p. 1218, p. 1221 b., p. 1222 b, p. 1223 b., p. 1226. . Cosmos : Mark de Fraeye/SPL p. 927, Peter Menzel p.937 b., Pascal Maitre p. 943 h., Zephyr/SPL p. 945 b., Peter Menzel p. 946 h., Cordelia Molloy/ SPL p. 963, Eye of science/SPL p. 971, Animated Healthcare LTD/Science Photo Library p. 975, Steve Gschmeissner/SPL p.976, p. 993, Oxford Molecular Biophysics Laboratory/SPL p. 978 b., CNRI/SPL p. 979 h., Pasieka/Science Photo Library p. 984, p. 1071 h., CNRI/SPL p. 991, AJ Photo/Science Photo Library p. 1003, Dr Keith Wheeler/SPL p. 1010 h., Astrid & Hans Frieder Michler/SPL p. 1014 h., Peter Gardiner/SPL p. 1016 b., Roger Harris/SPL p. 1019, Conor Caffrey/SPL p. 1022, Zephyr/SPL p. 1027, p. 1050, p. 1080 b., Dr. P. Marazzi/SPL p. 1028 h., Robert Becker/Custom Medical Stock Photo/SPL p. 1030, James Holmes/SPL p. 1034, Antoine Rosset/Science Photo Library p. 1045 h., R. Bick, B. Poindexter, UT Medical School/SPL p. 1046 b., Sue Ford/SPL p. 1048, Lea Paterson/SPL p. 1051 b., Lea Paterson/SPL p. 1054 b., Animated Healthcare Ltd/Science Photo Library p. 1056 h., John Bavosi/SPL p. 1063, Wellcome dept. Neuro./SPL p. 1065, Ulla Kimmig p. 1068, Antonia Reeves/SPL p. 1101 b., p. 1197 h., CNRI/SPL Photo Library p. 1110 h., Science Pictures Ltd/SPL p. 1112 h., Henning Dalhoff/SPL p. 1116 h., S.S.P.L. p. 1118, Ouellette et Théroux, Publiphoto Diffusion/SPL p. 1122, CNRI/SPL p. 1123 h., Eye of science/SPL p. 1129 h., John Bavosi/Science Photo Library p. 1132, Geoff Tompkinson/SPL p. 1140, Andy Crump, Tdr, Who/SPL p. 1142 h., CNRI/SPL p. 1149 b., Prof. P.; Motta/Dept. Of Anatomy/University/La Sapienza, Rome p. 1157 b., Colin Cuthbert/SPL p. 1159 h., David McCarthy/SPL p. 1162 h., Pascal Goetgheluck /SPL p. 1165, James King-Holmes/ICRF/SPL p. 1166, p. 1208 h., Centre for Infections/Public Health England/SPL p. 1182, Hank Morgan/Science Photo Library p. 1183 h. g., Art & Science, Inc./Custom Medical Stock Photo/SPL p. 1188, Louise Murray/Science Photo library / Cosmos p. 1199 b., Victor Habbick Visions/SPL/Cosmos p. 1207, Carol et Mike Werner, Visuals unlilited/SPL p. 1211 b., Stéphanie J. Forkel, Natbrainlab, King's College, Brain and Spine Institute, La Salpêtrière p. 1216 h., Parashkev Nachev p. 1216 b., Prof. Bill Harris p. 1217, SPL/Cosmos p. 1220, James King-Holmes/SPL p. 1224, Sam Ogden/SPL/Cosmos p. 1225, Tek Images/SPL/Cosmos p. 1227.. Wellcome Images : p. 1074, p. 1075 b., p. 1076 h., p. 1078, p. 1090 h., p. 1091, p. 1113, p. 1141, p. 1144, p. 1145, p. 1146 b., p. 1150 b., p. 1152 b., p. 1205 h., p. 1210, p. 1222 h. Science Museum London p. 926, p. 932 h. et b., p. 933, p. 934 b., p. 935 h., p. 949, p. 952 h. et b., p. 953 h., p. 954 h. et b., p. 955 h., p. 956, p. 967 h. et b., p. 958 m., p. 959 m., p. 960 b., p. 961 h., p 1066 b., p. 1134 b., p. 1142 m, p. 1144 b., p. 1148 b., p. 1150 b., p. 1151, p. 1152 b. Peter Artymiuk p. 935 b., p. 936, p. 937 m., p. 938, p. 939 h. et b., p. 940 h. Dr., p. 941, p. 942 h., p. 943 b., p.945 h., Kate Whitley p. 948 h., S. Schuller p. 966, p. 967, p. 969, p. 972, p. 973 h., p. 974 h., p. 977 b., p. 980, p. 981 b., p. 986 h., p. 988 h., p. 990 h. et b., p. 996 m., p. 999 d., p. 1000, p. 1005 b., p.1007 b., p. 1008 b., Dr Thanuja Perera p. 1012 b., p. 1015, p. 1016 h., Alistair Hume p. 1021 b., David Gregory & Debbie Marshall p. 1026 h., p. 1028 b., William R. Geddie p. 1033 b., p. 1037 h., p. 1038 h., Wessex Reg. Genetics Centre p. 1040 m., p. 1042, p. 1045 b., p. 1131 b., p. 1221 h., Patrick Hales, UCL p. 1051 h., p. 1053 h., Stephanie Forkel NatBrainLab p. 1054 h., T. Blundell & N. Campillo p. 1056 h., David Gregory and Debbie Marshall p. 1060 h., p. 1062 m. et b., p. 1064, Bill McConkey p. 1107, Khuloud T. Al-Jamal & Izzat Suffian p. 1115 h., NIMR, Francis Crick Institute p. 1121 h., Alan Handyside p. 1124 m., K. Hardy p. 1124 b., p. 1126 h., Sue Snell p. 1146 h., p. 1153 h, Rowan McOnegal p. 1147 h., Annie Cavanagh p. 1153 m., p. 1158, p. 1180 h., p. 1189 m., p. 1209 h., Lauren Holden p.1159 b. University of Edinburgh p. 1161 h, Gwyneth Thurgood p. 1171 h., David Gregory & Debbie Marshall p. 1180 b., Pete Andrews, Royal Surrey County Hospital NHS Foundation Trust p. 1181 b., p. 1183 h. d., RCSB Protein Data Bank p. 1187 h., Khuloud T. Al. Jamal et Izzat Suffian p. 1195, University of Edinburgh p. 1199 h., Service d'éducation pour la Santé p. 1203 m., Khuloud T. Al-Jamal et Antonio Garcia p. 1211, Michel Studer p. 1212, Wessex Reg. Genetic Center p. 1221 h.. World Health Organisation p. 964.. OMS p. 964.. EFSA p. 964.. HAS p. 964.. Archives de la Préfecture de Police/ Tous droits Réservés p. 950 h., p. 951 . Fotolia.com : p. 950 b., p. 1007 h, p. 1110 b. , p. 1156, p. 1172 b., p. 1181 h.. Library of Congress, Washington : Alice S. Kandell p. 958 b., p. 959 b. . Marie-Lan Nguyen p. 1033 h. . Yann Perrin p. 1139. . Fred Tanneau/AFP p. 1161. The Metropolitan Museum of Art, New-York p. 1145 b. . CFES p. 1169 . NASA p. 1185 b. . Marie-Pierre Belleteste p. 1206 m. . CCM Benchmark Institute /DR. p. 1219.